梅新林　俞樟华　钟晨音　王　锐　潘德宝　撰

中国现代学术编年

第一卷 （1911—1917）

华东师范大学出版社·上海

华东师范大学出版社六点分社　策划

浙江省哲学社会科学重点研究基地"浙江工业大学浙江学术文化研究中心"重大项目

华东师范大学出版社六点分社　策划

总 目 录

第一卷

第二卷

第三卷

第四卷

第十二卷

目　　录

前　　言

　　自1911年至1949年,是中国传统学术走向现代与世界的重要阶段,也是现代学科体系与学术范式创建和转型的关键时期,其间造就了诸多学贯中西、融汇古今的学术大师,出版了一批开拓创新、影响深远的经典名著。《中国现代学术编年》是迄今为止国内外第一部以编年体形式全面反映中国现代学术发展演变历程与成果的集成之作,共分12卷,约1800万字,收录10万余位学者,8万余部学术著作,5万余篇学术论文。全书规模宏大,内容丰厚,体例新颖,对于具体而详实地展示中国现代学术重构的历史进程与学理逻辑,系统总结中国传统学术向现代学术转型的成果与经验,推动21世纪中国学术文化研究的深入开展,重构基于本土特色而又富有世界与现代意义的中国学术体系、学科体系与话语体系,具有重要的基础性意义。

一、中国学术编年的古今衔接与贯通

　　《中国现代学术编年》与2013年由华东师范大学出版社出版的《中国学术编年》相衔接,是《中国学术编年》在现代时期的延续与拓展。

　　回望《中国学术编年》的艰难编纂与出版历程,至今依然感慨万千。自1985年率先启动《清代学术编年》研究项目至2013年贯通历代的《中国学术编年》正式出版,其间恰与世纪之交以“重写学术史”为主旨的“学术史热”相始终。世纪之交,以“重写学术史”为主旨的“学术史热”再次兴起于中国学术界,这与上个世纪之交的“学术史热”同中有异:同者,都是集中于世纪之交对源远流长的中国学术史进行反思与总结;异者,一是旨在推进中国传统学术的中西交融与现代转型;一是旨在通过对中国学术史的反思建构新的学术体系、学科体系与话语体系,借此促进中国学术的伟大复兴,因而彼此并非世纪轮回,而应视为世纪跨越。

　　世纪之交以“重写学术史”为主旨的“学术史热”也再次触发了学界对于中国学术史研究历程、体式与成果的深度思考。概而言之,以《庄子·天下篇》发其端,《荀子·非十二子》《韩非子·显学》等踵其后,一同揭开了中国学术史研究的序幕。先秦以降,中国学术史研究的论著日趋丰富,体式日趋多样。以《庄子·天下篇》为发端的“序跋体”,以《史记·儒林列传》为发端的“传记体”,以刘向《七略》为发端的“目录体”,以及以程颐《河南程氏遗书》、朱熹《朱子语类》等为发端的“笔记体”等学术史之作相继产生。至朱熹《伊洛渊源录》,又创为“道录体”(亦称“渊源录体”),率先熔铸为学术史研究专著体制,并以此推动中国学术史研究走向成熟。再至黄宗羲的《宋元学案》，另创"学案体"，代表了传统学术史研究的最高成就。清末民初，由梁启超、章太炎、刘师培、钱穆等引入西学理念与著述体例，"章节体"成为学术史研究著作之主流，标志着中国学术史及其研究走向现代并与世界接轨。此外，民国期间刘汝霖所著《汉晋学术编年》《东晋南北朝学术编年》等学术"编年体"之作，也是学术史研究的重要类型。于是，中国学术史研究之成果不仅演变为中国学术史本身的一大支脉，而且反过来对学术发展起到了重要的推动作用。

在上述序跋体、传记体、目录体、笔记体、道录体、学案体、编年体、章节体等八大体式中，编年体兼具传统与现代的双重特性与功能。编年体最初导源于《春秋》，由《资治通鉴》集其大成，这是编年体学术史的主体渊源。另一个渊源是学者年谱。北宋元丰七年（1084年）吕大防著成《韩吏部文公集年谱》与《杜工部年谱》，是可据现存文献证实的中国古代年谱之体的发轫之作。这一崭新体例，对于编年体学术史研究具有重要启示与借鉴意义，因为从文学年谱到学术年谱，本有相通之处。如宋代李子愿所纂《象山先生年谱》据《象山先生行状》《语录》及谱主诗文编纂而成，内容多涉学术。如论陆九渊讲学贵溪之象山，颇为详细；而记淳熙八年（1181 年）与朱熹会于南康，登白鹿洞书院讲席，以及与朱熹往复论学，乃多录原文，因而可以视之为学术年谱。宋代以降，与文人学者化的普遍趋势相契合，文人年谱中学术方面内容的比重日益增加，显示了年谱由"文"而"学"的重心转移倾向，而从个体学术年谱到群体性的学术编年，以及一代乃至通代的学术编年，实为前者的不断放大而已。

然而，由于种种原因，超越个体的编年体学术史著作晚至民国时期才得以开花结果。早期的重要成果以钱穆的《先秦诸子系年》、刘汝霖的《汉晋学术编年》《东晋南北朝学术编年》等为代表。尤其是后二书，已是成熟的编年体学术史研究著作，更具开创性意义。刘汝霖所著《汉晋学术编年》《东晋南北朝学术编年》，在著述体例上，主要以编年体史书代表作《资治通鉴》为参照，同时吸取纪传体与纪事本末体之长，加以融会贯通。作者在自序中重点强调以下五点：一曰标明时代。即有意打破前代史家卷帙之分，恒依君主生卒朝代兴亡史料之多寡为断，充分尊重学术本身的发展。比如，两晋之间地域既殊，情势迥异，倘以两晋合为一谈，则失实殊途，故有分卷之必要。二曰注明出处。即将直引转引之书注明版本、卷页、篇章，使读者得之，欲参校原书，可收事半功倍之效；而欲考究史实，少有因袭致误之弊。三曰附录考语。中国旧史多重政治，集其事迹，考其年代，尚属易易。学术记载向少专书，学者身世多属渺茫，既须多方钩稽，又须慎其去取。故标出"考证"一格，将诸种证据罗列于后，以备读者之参考。四曰附录图表。有关学术之渊源，各派之异同，往往为体例所限，分志各处，以致读者寻检不易，故有图表之设，以济其穷。包括学者传播表、学术著述表、学术系统表、学术说明表、学术异同表。五曰附录索引。包括问题索引与人名索引。刘汝霖率先启动编纂《中国学术编年》，如此宏大的工程，的确是一个空前的学术创举，但以一人之力贯通历代，毕竟力不从心，所憾最终仅完成《汉晋学术编年》与《东晋南北朝学术编年》二集，而且此二集中也存在着收录不够广泛、内容不够丰富等缺陷。1930 年，姜亮夫曾撰有《近百年学术年表》，时贯晚清与民国，也是问世于民国早期的学术编年之作。若与刘汝霖的《中国学术编年》衔接，则不仅可以弥补其他四卷的阙如，而且还可以形成首尾呼应之势；但这一编年之作终因内容单薄而价值不高，影响不大。

进入 21 世纪之后，又有两部重要的编年体学术史研究著作问世。一是陈祖武、朱彤窗所著《乾嘉学术编年》。尽管此书未能涵盖整个清代，但已把握住了清代学术的核心内容。

从乾嘉学术编年本身确有独立研究价值来看,此书既是一项开创性工作,又有独立研究之价值。另一重要著作是张岂之主编的《中国学术思想编年》。此书之价值,一在以"学术思想"为内容与主线,二在贯通历代。著者力图将上自先秦、下迄清代有关学术思想上的代表人物、著作、活动、影响等联系起来,力求使学术思想的历史演进、学派关系、学术影响、学术传承等方面展现于读者面前,实乃一部编年体学术思想史;但因其内容的取舍与限定,与刘汝霖《汉晋学术编年》《东晋南北朝学术编年》等综合性的编年之作有所不同,则其所长亦其所短也。

　　一代有一代之学术,一代亦有一代之学术史,这是因为每个时代都有对学术理念、路向、范式的不同理解,都需要对特定时代的主要学术论题作出新的回答。从这个意义上说,"重写学术史"既是一种即时性学术思潮的反映,又是一项永无止境的学术创新活动。不同时代"重写学术史"的依次链接与推进,即是最终汇合成为学术通史的必要前提。那么,今天,当我们站在21世纪新的学术制高点上,以比较理性的立场与态度来审视世纪之交以"重写学术史"为主旨的"学术史热"时,就不能仅仅停留于客观的历史追述,而应在进程中发现意义,在成绩中找出局限,然后努力寻求新的突破。无可讳言,"学术史热"既然已从学术崇尚衍为一种社会风潮,那么它必然夹杂着许多非学术化的因素,甚至难免出现学术泡沫。相比之下,"重写学术史"的工作显然艰苦得多,更需要沉思,需要积淀,需要创新。其中最重要的莫过于先进的学术史观与扎实的文献基础的双重支撑。以此衡之,世纪之交的"学术史热"显然还存在着诸多局限。其主要缺失在于未能对中国学术、中国学术史、中国学术史研究三个关键环节展开系统梳理与辨析,从而未能从历史与逻辑辩证统一的高度完成新型学术史观的建构以及对学术史的历史还原与重建。另一方面,学术史研究的进展还取决于扎实的文献基础,其中学术编年显得特别重要。然而,在世纪之交的"重写学术史"的讨论与实践中,学术编年的重要性普遍受到忽视,甚至尚未进入相关重要话语体系之中,这不能不说是一个严重局限。有鉴于此,我们更加庆幸能以编撰《中国学术编年》的方式,积极参与"重写学术史"这一世纪学术大厦的奠基与建设工程,并最终完成了规模浩大的9卷本《中国学术编年》的编纂与出版,这是迄今为止学术界首次以编年的形式对中国历代学术发展史的系统梳理,是一部力图站在21世纪新的学术制高点上全面综合与总结以往学术成果的集成性之作,同时也是一部兼具研究与检索双重功能的大型工具书。正如我们对《中国学术编年》的期许一样,相信《中国现代学术编年》的出版,能够继续对21世纪中国学术的研究与复兴起到积极的推动作用。

二、中国现代学术的中西交融与新旧转型

　　然而,由于工程过于浩大等原因,《中国学术编年》上起远古而终于清末,未能将源远流长的中国学术史延续至现代学术的中西交融与新旧转型,的确是《中国学术编年》的一大遗憾,因而尤有必要加以弥补。

　　1. 从"学术"概念史的维度来看,现代"学术"概念经历了中西交融与新旧转型的意义重释。晚清以来,在西学东渐的背景下,随着中国"学术"从传统向现代的转型,学界对"学术"的内涵也进行了新的审视与界说。早在1895年,严复在天津《直报》上连载《原强》,由重点介绍达尔文和斯宾塞的学说,进而推崇西方学术精神,谓"其为事也,又一一皆本之学术;其

为学术也,又一一求之实事实理,层累阶级,以造于至大至精之域,盖寡一事焉可坐论而不可起行者也;推求其故,盖彼以自由为体,以民主为用"。然后至1898年,严复在《论治学与治事宜分二途》一文中尖锐批评"天下之官,必与学校之学相应,而后以专门之学任专门之事,而治毕举焉",认为"以此论矫当世之论则可耳,若果见诸施行,则流弊之大,无殊今日",①强调应将旧时混为一体的治学、治事分为二途,因为彼此本质与要求迥然不同,这实际上涉及学术人才培养乃至学术研究的相对独立性问题。再至1902年,严复又在翻译出版的《原富》(南洋公学译书院1902年版)"按语"中这样界定"学术"中"学"与"术"的区别:"盖学与术异,学者考自然之理,立必然之例。术者据既已知之理,求可成之功。学主知,术主行。"②这是20世纪最先引入西方学术观对传统学术概念作出的新界说。

1902年,梁启超在其创办于日本的《新民丛报》创刊号上进而提出了"新学术"的重要概念,谓"有新学术,然后有新道德、新政治、新技艺、新器物;有是数者,然后有新国、新世界",③即以"新学术"作为"新民"的关键环节,亦是新道德、新政治、新技艺、新器物以及新国、新世界的重要基础。再至1911年,梁启超又作《学与术》一文,对传统"学术"进行了融通中西的新阐释:

> 近世泰西学问大盛,学者始将学与术之分野,厘然画出,各勤厥职以前民用。试语其概要,则学也者,观察事物而发明其真理者也;术也者,取所发明之真理而致诸用者也。例如以石投水则沉,投以木则浮。观察此事实,以证明水之有浮力,此物理也;应用此真理以驾驶船舶,则航海术也。研究人体之组织,辨别各器官之机能,此生物学也。应用此真理以治疗疾病,则医术也。学与术之区分及其相互关系,凡百皆准此。善夫生计学大家倭儿格之言,曰:科学(英 Science,德 Wissenschaft)也者,以研索事物原因结果之关系为职志者也。事物之是非良否非所问,彼其所务者,则就一结果以探索所由来,就一原因以推断所究极而已。术(英 Art,德 Kunst)则反是。或有所欲焉者而欲致之,或有所恶焉者而欲避之,乃研究致之避之之策以何为适当,而利用科学上所发明之原理原则以施之于实际者也。由此言之,学者术之体,术者学之用。二者如辅车相依而不可离,学而不足以应用于术者,无益之学也;术而不以科学上之真理为基础者,欺世误人之术也。④

梁启超以西学为参照系的对"学术"的古语新释,集中表现了当时西学东渐、西学中用的时代风气以及梁氏本人欲以西学为参照,推动中国学术从综合走向分科、从古典走向现代并以此重建中国学术的良苦用心;但取自西学的科学、技术与中国传统"学术"仅具某种对应关系,而非对等关系,难免有以今释古、以西释中之局限。由此可见,对于中国学术尤其需要西方与本土、传统与现代学术概念的学术通观与对接。

同在1911年,王国维则在为新创刊的《国学丛刊》所作《序》中对"学术"进行了更富现代意义的新阐释:

---

① 严复:《论治学与治事宜分二途》,《国闻报》1898年7月28、29日。
② (英)斯密著、严复译:《原富》,北京时代华文书局2014年版,第305页。
③ 梁启超:《近世文明初祖二大家之学说》,《新民丛报》1902年创刊号。
④ 梁启超:《学与术》,《国风报》1911年6月26日第2册第15期,第1—2页,署名沧江。

学之义不明于天下久矣。今之言学者,有新旧之争,有中西之争,有有用之学与无用之学之争。余正告天下曰:学无新旧也,无中西也,无有用无用也。凡立此名者,均不学之徒。即学焉,而未尝知学者也。

学之义广矣。古人所谓"学",兼知行言之。今专以知言,则学有三大类:曰科学也,史学也,文学也。凡记述事物,而求其原因,定其理法者,谓之科学;求事物变迁之迹,而明其因果者,谓之史学;至出入二者间,而兼有玩物适情之效者,谓之文学。然各科学,有各科学之沿革。而史学又有史学之科学。如刘知幾《史通》之类。若夫文学,则有文学之学如《文心雕龙》之类焉。有文学之史如各史文苑传焉。而科学、史学之杰作,亦即文学之杰作。故三者非斠然有疆界,而学术之蕃变,书籍之浩瀚,得以此三者括之焉。

凡事物必尽其真,而道理必求其是,此科学之所有事也。而欲求知识之真与道理之是者,不可不知事物道理之所以存在之由与其变迁之故,此史学之所有事也。若夫知识、道理之不能表以议论,而但可表以情感者,与夫不能求诸实地,而但可求诸想象者,此则文学之所有事也。古今东西之为学,均不能出此三者。惟一国之民,性质有所毗,境遇有所限,故或长于此学而短于彼学。承学之子,资力有偏颇,岁月有涯涘,故不能不主此学,而从彼学。且于一学之中,又择其一部而从事焉。此不独治一学当如是,自学问之性质言之,亦固宜然。然为一学,无不有待于一切他学,亦无不有造于一切他学。故是丹而非素,主入而奴出,昔之学者或有之,今日之真知学、真为学者,可信其无是也。

夫然,故吾所谓学无新旧,无中西,无有用、无用之说,可得而详焉。何以言学无新旧也? 夫天下之事物,自科学上观之与自史学上观之,其立论各不同。自科学上观之,则事物必尽其真,而道理必求其是。凡吾智之不能通而吾心之所不能安者,虽圣贤言之有所不信焉。虽圣贤行之有所不慊焉。何则? 圣贤所以别真伪也,真伪非由圣贤出也。所以明是非也,是非非由圣贤立也。自史学上观之,则不独事理之真与是者,足资研究而已,即今日所视为不真之学说,不是之制度风俗,必有所以成立之由,与其所以适于一时之故。其因存于邃古,而其果及于方来,故材料之足资参考者,虽至纤悉不敢弃焉。故物理学之历史,谬说居其半焉。哲学之历史,空想居其半焉。制度、风俗之历史,弃髦居其半焉。而史学家弗弃也。此二学之异也。然治科学者,必有待于史学上之材料。而治史学者,亦不可无科学上之知识。今之君子,非一切蔑古,即一切尚古。蔑古者,出于科学上之见地,而不知有史学。尚古者,出于史学上之见地,而不知有科学。即为调停之说者,亦未能知取舍之所以然,此所以有古今新旧之说也。

何以言学无中西也? 世界学问,不出科学、史学、文学。故中国之学,西国类皆有之。西国之学,我国亦类皆有之。所异者,广狭、疏密耳。即从俗说,而姑存中学、西学之名,则夫虑西学之盛之妨中学,与虑中学之盛之妨西学者,均不根之说也。中国今日,实无学之患,而非中学、西学偏重之患。京师号学问渊薮,而通达诚笃之旧学家,屈十指以计之,不能满也。其治西学者,不过为羔雁禽犊之资,其能贯串精博,终身以之如旧学家者,更难举其一二。风会否塞,习尚荒落,非一日矣。余谓中、西二学,盛则俱盛,衰则俱衰。风气既开,互相推助。且居今日之世,讲今日之学,未有西学不兴,而中学能兴者;亦未有中学不兴,而西学能兴者。特余所谓中学,非世之君子所谓中学;所谓西学,非今日学校所授之西学而已。治《毛诗》《尔雅》者,不能不通天文博物诸学;而治博物学者,苟质以《诗》《骚》草木之名状而不知焉,则于此学固未为善。必如西人之推算日食,证梁虞劇、唐一行之说,以明《竹书纪年》之非伪,由《大唐西域记》以发见释迦之支墓,斯为得矣。故一学既兴,他学自从之,此由学问之事,本无中、西,彼鳃鳃焉虑二者之不能并立者,真不知世间有学问事者矣。

顾新旧、中西之争,世之通人,率知其不然,惟有用、无用之论,则比前二说为有力。余谓凡学皆无用也,皆有用也。欧洲近世农、工、商业之进步,固由于物理、化学之兴。然物理、化学高深普遍之部,与蒸气、电信有何关系乎? 动植物之学,所关于树艺、畜牧者几何? 天文之学,所关于航海、授时者几何? 心理社会之学,其得应用于政治、教育者亦尟。以科学而犹若是,而况于史学、文学乎? 然自他面言之,则一切艺术,悉由一切学问出。古人所谓"不学无术",非虚语也。夫天下之事物,非由全不足以知曲,非致曲不足以知全。虽一物之解释,一事之决断,非深知宇宙人生之真相者,不能为也。而欲知宇宙、人生者,虽宇宙中之一现象,历史上之一事实,亦未始无所贡献。故深湛幽渺之思,学者有所不避焉;迂远繁琐之讥,学者有所不辞焉。事物无大小,无远近,苟思之得其真,纪之得其实,极其会归,皆有裨于人类之生存福祉。己不竟其绪,他人当能竟之;今不获其用,后世当能用之,此非苟且玩愒之徒所与知也。学问之所以为古今、中西所崇敬者,实由于此。凡生民之先觉,政治教育之指导,利用厚生之渊源,胥由此出,非徒一国之名誉与光辉而已。世之君子,可谓知有用之用,而不知无用之用者矣。

以上三说,其理至浅,其事至明,此在他国所不必言,而世之君子犹或疑之,不意至今日而犹使余为此哓哓也。适同人将刊行《国学杂志》,敢以此言序其端。此志之刊,虽以中学为主,然不敢蹈世人之争论,此则同人所自信,而亦不能不自白于天下者也。[①]

此《序》旨在驳难学术的新旧、中西、有用无用之争,强调"学无新旧也,无中西也,无有用无用也",深得现代"学术"之精髓,堪称是一篇现代"学术"何以为"学术"的宣言,较之严复、梁启超更具会通古今中西以及回归学术本质的超越性意义。

2. 从"学术"发展史的维度来看,现代"学术"进程经历了中西交融与新旧转型的价值重建。中国学术孕育于中国文化之母体,受到多元民族与区域文化的滋养而走向独立与兴盛,并在不同时期呈现为不同的主流形态与演变轨迹,而中国学术之所以生生不息,与时俱进,也就在于其同时兼具自我更新与吸纳异质学术文化资源的双重能力,在纵横交汇、融合中吐故纳新,衰而复盛。因此,从"文化—学术""传统—现代""本土—世界"这样三个维度,重新审视中国学术史的历史进程与演变规律,则大致可以重新划分为华夏之融合、东方之融合与世界之融合三个历史时段,这三个历史时段中的中国学术主导形态及其与世界的关系依次发生了变化,分别从华夏之中国,到东方之中国,再到世界之中国。而就其中的"世界之融合"亦即"世界之中国"的第三个历史时段观之,又以16世纪中叶西方传教士陆续进入中国进行"知识传教""学术传教"为始点,在"西学东渐"的背景下,在与西方文化融合的过程中,中国学术的世界化与现代化先后经历了三次运动,即明清之际的传统学术转型初潮、清末民初时期现代学术的建立以及20世纪后期的学术复兴之路。

---

① 王国维:《国学丛刊序》,《国学丛刊》1911年2月创刊号,第1—7页。

　　诚然,从晚清"西学东渐"的重启到现代学术转型的完成是一个相当专业而又复杂的问题,也是现代学术史必须直面的核心问题,葛兆光先生认为,真正意义上的学术史要讨论的重点有:第一,学术史要说明今天我们从事的"现代学术",是怎样由"传统学术"转型而来的? 也就是说,学术转型是一个重点;第二,学术史要指出这一"学术转型"的背景和动力是什么? 是域外刺激、学术制度变化、新资料新方法的推动,还是政治情势、国家危机和国际环境的作用? 第三,学术史还要说清楚一个时代学术研究的趋向、理论和方法,什么是重要的,什么是改变的,什么是显著的主流,什么是被压抑的潜流? 只有这样,学术史才能够给今天的学者指明,过去如何变成现在,现在又应当如何变成未来。① 诚然,围绕这些关键问题的现代学术史研究的入场路径与方式依然有诸多不同的选择与结果,但总体而言离不开以下几个层面:

　　一是以"二千年未有之巨变"的传统学术危机为特定背景。传统学术的危机发端于鸦片战争以及随后的洋务运动,至戊戌变法时期的中西论战渐趋强烈:"戊戌时期中西'学战'之结果,是西学从'夷学'上升为'新学',而中学则由'圣学'降为'旧学'。戊戌以后,随着西学之大规模引入,中国传统学术逐渐被纳入西方近代学科体系及知识系统中,中西学术地位发生了逆转,中学在西学猛烈冲击下面临着生存危机。"② 然后一直延续至 20 世纪前期,从 1903 年清代朴学殿军孙诒让发出的深沉感触:"今世变弥亟,风尚日新。……古学将湮,前尘如梦,余又何能无感于心哉!"③ 到 1927 年 6 月 2 日王国维从容写下"经此世变,义无再辱",而后自沉昆明湖,以及十几天之后的 6 月 14 日深夜陈寅恪与吴宓长谈,吴宓自谓面对旧理想和新世界,就像左右双手分牵二马之缰,双足分踏两马之背,"二马分道而驰,则宓将受车裂之刑",而陈寅恪则以"凡一国文化衰亡之时,高明之士自视为此文化之所寄托者,辄痛苦非常,每先以此身殉文化"相慰,直至数月后,陈寅恪在纪念王国维的《挽词》小序中谓"今日之赤县神州值数千年未有之钜劫奇变,劫尽变穷,则此文化精神所凝聚之人,安得不与之共命而同尽"④,都具有一定的代表性。

　　二是以从传统走向现代与从本土走向世界为双重使命。爆发于 1911 年的辛亥革命,以推翻延续两千多年的中国封建君主制度、建立中华民国的辉煌成果永载史册,同时也以此为界,将源远流长的中国学术史划分为古代时期与现代时期两个历史阶段。其中以辛亥革命为新起点的现代学术堪称中国学术由传统向现代转型的关键时期,尽管其延续的时间只有数十年之长,但在"西学东渐"背景下中国社会与学术转型的关键时刻,却承担起了走向现代与走向世界的双重使命,在创立与建构现代学术体系方面奠定了 20 世纪中国学术发展的坚实基础。表面看来,"走向世界"主要缘于"本土—西方"关系,标示着中国学术从本土走向世界的共时性维度,但在中西比较的视境中,以西学为参照、为武器而改造中国传统学术,即由"本土—西方"关系转换为"传统—现代"关系,以及从传统走向现代的历时性维度,可见中国学术的现代化与世界化本是相互依存、相互促进,并可以相互转换的。就此而论,中国学术从传统走向现代必然同时是从本土走向世界,反之亦然。其中的双重使命

---

① 葛兆光:《阴晴不定的日子——1927 年 6 月 2 日纪事》,《天涯》1997 年第 5 期,第 151—155 页。
② 左玉河:《从保存国粹到整理国故》,郑大华、邹小站主编:《中国近代史上的民族主义》,社会科学文献出版社 2007 年版,第 361 页。
③ 孙诒让:《古籀余论·后叙》,中华书局 1989 年版,第 169 页。
④ 葛兆光:《阴晴不定的日子——1927 年 6 月 2 日纪事》,《天涯》1997 年第 5 期,第 151—155 页。

只不过是中国现代学术转型的一体两翼而已。

三是以伴随"五四"新文化运动的文化觉醒为逻辑基点。1922年,梁启超曾在《五十年中国进化概论》中以自己的切身感受扼要揭示了半个世纪以来中国知识分子伴随近代化进程的心路历程变化:第一期,先从器物上感觉不足;第二期,是从制度上感觉不足;第三期,便是从文化根本上感觉不足。"简单说,这二十年间,都是觉得我们政治法律等等,远不如人,恨不得把人家的组织形式,一件件搬进来,以为但能够这样,万事都有办法了。革命成功将近十年,所希望的件件都落空,渐渐有点废然思返,觉得社会文化是整套的,要拿旧心理运用新制度,决计不可能,渐渐要求全人格的觉悟。恰值欧洲大战告终,全世界思潮都添许多活气,新近回国的留学生,又出了几位人物,鼓起勇气做全部解放的运动。所以最近两三年间,算是划出一个新时期来了。"①五十年间的三个历史阶段,直至1919年"五四"新文化运动的全面爆发,标志着清末民初学者群体真正的精神觉醒,这是晚清以来从物质到制度再到文化变革渐进过程与知识分子精神觉醒进程内外互动与复合的结果,也是中国学术完成现代转型并与世界接轨的精神坐标。

四是以纵横交织着各种矛盾冲突的学术论争为重大论题。中国在20世纪上半叶短短几十年间,在世界范围内经历了两次世界大战,在国内则经历了辛亥革命、五四运动、北伐战争、国共内战、抗日战争直至解放战争,这些重大事件都一同熔铸在中西交融与新旧转型的时空坐标上。的确,在"这半个世纪里面,风云诡谲,政局多变,加上从帝制到共和,既统一又分裂,刚启蒙又救亡,时势对于学术提出太多的问题,也刺激了太多的思想,因此,这个时代的学术,就有着传统时代所没有的内在紧张、丰富内涵和多元取向"。② 所有这些都无不对现代学术发展与走向产生了深刻的影响,而当纵横交织着各种矛盾冲突的学术论争被不断激发之际,便会进而凝练和提升为关乎现代学术诸多核心问题的重点论题,大而言之,关于整理国故和科学精神的论争,关于白话文与文言文的论争,关于东西方文化的论争,关于问题与主义的论争,关于新人文主义的论争,关于科学与玄学的论争,关于"疑古"与"信古"的论争,关于马克思主义与三民主义的论争,关于中国社会性质的论争,关于"民主与独裁"的论争,关于"国防文学"与"民族革命战争的大众文学"的论争,关于学术民主与自由的论争,……围绕这些重大问题的学术大论战,可谓此起彼伏,连续不断,由此可以更加深刻地认识和把握现代学术的内在脉动与发展规律。

五是以现代学科体系、学术体系与话语体系建构为主要标志。根据晚清以来新型学者群体在急切向西方学习过程中形成的中西观的历史演进与内在逻辑,曾先后经历了中西比附、中体西用、中西体用、中西会通、激进西化观的剧烈演变,从而为"五四"新文化运动的兴起与现代学科体系和学术范式的建构铺平了道路。经过"五四"新文化运动的精神洗礼,通过从文化启蒙向学术研究的转移,从全盘西化走向吸取西学滋养,从全面批判走向对传统学术的意义重释与价值重估,终于在中西交融与新旧转型中完成了开创现代学科体系、建立现代学术范式的历史使命,并通过新型大学与研究机构加以落实、巩固与推进。

六是以诞生一批学术大师与经典名著为核心成果。首先是近代以来社会巨变激发了传统知识分子的分化,从中快速诞生了一批新型学者群体,成为推动中国现代学术转型的

---

① 梁启超:《中国人的启蒙》,中国工人出版社2013年版,第96—97页。

② 葛兆光:《阴晴不定的日子——1927年6月2日纪事》,《天涯》1997年第5期,第151—155页。

主导力量,主要由以下三类人所组成:其一是开明官员知识群体。如林则徐、曾国藩、李鸿章、丁日昌、左宗棠、薛福成、刘坤一、张之洞等朝廷重臣、地方要员,成为推动中国走向近代化的主导力量。其二是"新职业"知识群体。如李善兰、华蘅芳、徐寿、蒋敦复、蒋剑人等,他们主要在书局、报社等单位从事翻译、写作、编辑等新兴职业,是旧式文人通过"新职业"转型为新型知识群体的杰出代表。其三是"新教育"知识群体。包括海外留学、国内传教士创办的教会学校与中国人仿照西方创办的新式学校培养的学生群体,但以留学生为主体,这些留学生后来大都成长为政治家、军事家、思想家、科学家以及著名学者,成为中国现代学科的开创者与现代学术的奠基者。以上三类新型知识群体于清末民初的快速成长即为现代学术的建立奠定了十分重要的主体条件,同时又由其代际交替与学术接力,终于造就了一批学贯中西、融汇古今的学术大师,诸如康有为、梁启超、章炳麟、罗振玉、王国维、严复、刘师培、蔡元培、黄侃、吴梅、鲁迅、胡适、陈寅恪、赵元任、梁漱溟、欧阳竟无、马一浮、柳诒徵、陈垣、熊十力、郑振铎、俞平伯、钱穆、汤用彤、冯友兰、金岳霖、张君劢、郭沫若、李大钊等,并由他们撰写和出版了一批开拓创新、影响深远的经典名著。

3. 从"学术"研究史的维度来看,现代"学术"史论经历了中西交融与新旧转型的范式重构。此与上述现代"学术"概念的意义重释、现代"学术"进程价值重建构成三位一体、互为因果的共振并行关系,所以与后一个世纪之交的"重写学术史"热一样,清末民初基于传统学术反思的学术史热的勃兴亦是历史的必然。就现代时期问世的学术史论著而言,既有承续源远流长的传统学术史体式,诸如唐晏《两汉三国学案》(1914 年)、徐世昌《清儒学案》(1938年)、姜亮夫《近百年学术年表》(1930 年)、刘汝霖《汉晋学术编年》(1932 年)与《东晋南北朝学术编年》(1935 年)、钱穆《清儒学案》(1941 年)[①]等,但伴随 20 世纪之初新型学术史研究的勃兴与进展,逐渐占据主流地位的则是引自西方的章节体学术史论著。在其间所经历的从传统著述体式到报章体再到章节体学术史的发展演变中,尤以梁启超、章太炎、刘师培、钱穆贡献最著。

梁启超(1873—1929)自 1898 年戊戌变法失败流亡日本以后,即于同年 12 月在横滨创办《清议报》,至 1902 年 2 月又在横滨创办《新民丛报》,其间受到日本学者白河次郎、国府种德合著的《支那学术史纲》的启示,率先开始中国学术史研究。[②] 梁启超先是在《新民丛报》创刊号上发表《论学术之势力左右世界》一文,依次举证与论说对世界文明史产生巨大影响的西方学者,包括哥白尼、培根、笛卡尔、孟德斯鸠、卢梭、富兰克林、瓦特、亚当·斯密、达尔文等,最后寄希望于中国学者,谓其"即不能左右世界,岂不能左右一国;苟能左右我国者,是所以使我国左右世界也"。然后于《新民丛报》第 3、4、5、7 号连载《中国学术思想变迁之大势》这一长文,可见前文实际上是为后文提前做好理论准备与学术定位。《中国学术思想变迁之大势》以西方学术史为参照,以进化论为武器,对几千年来中国学术思想的发展进程进行了崭新的宏观审察。其创新之处有三:一是在《总论》中提出了新的中国学术史分期

---

①　钱穆《清儒学案》成书于 1941 年,原书已佚,其序尚存。

②　夏晓虹(《中国学术史上的垂范之作——读梁启超〈论中国学术思想变迁之大势〉》,《天津社会科学》2001 年第 5 期)认为,梁氏此文受到日本学者白河次郎、国府种德合著的《支那学术史纲》(东京:博文馆,1900 年)的启示,《支那学术史纲》作者在卷首《小引》自诩其著作的特点即在"于体裁改而新之,令方今读者易知其大纲,更加入新研究而推阐之,然后绍介于世",而在研究方法上强调"将其国文物制度、地理思想剀切地征于历史而究以科学",梁启超的《中国学术思想变迁之大势》与此一脉相承。

法，力图打破长期以来以儒学为中心的学术史模式，以融通古今、中西的崭新学术史观，还原中国学术原生状态与内在逻辑，将中国学术史划分为八个时代："一胚胎时代，春秋以前也；二全盛时代，春秋及战国是也；三儒学统一时代，两汉是也；四老学时代，魏晋是也；五佛学时代，南北朝隋唐是也；六儒佛混合时代，宋元明是也；七衰落时代，近二百五十年是也；八复兴时代，今日是也。"这的确是一个重大突破，标志着中国学术史研究已实现从传统向现代转型并与世界接轨。可以说，此后的中国学术史构架几乎都是以此为蓝本而不断加以调整和完善，当"先秦诸子学—两汉经学—魏晋玄学—隋唐佛学—宋明理学—清代朴学—近代新学"已成为后来概括中国学术史流变的通行公式时，尤其不能遗忘梁氏的创辟之功。二是提出关于学术思想发展的新解释。以往的学术史，或以道统为先验性学术构架，或虽突破道统论的束缚，但也多停留于论述其当然而不求其所以然；梁氏则能透过现象深入到学术发展过程的内部探索其发展变化的因果关系。三是首创章节体的中国学术编纂新体裁，即以章节为纲，以"论"说"史"，以"史"证"论"，史论结合，既"述"且"作"。综观以上三点，这篇长文无论对梁启超本人还是 20 世纪章节体新学术史研究而言都是拓荒、奠基之作，是中国学术史研究实现从传统向现代转型并与世界接轨的重要标志，具有划时代意义，对中国现代时期的学术史研究影响巨大而深远。继《中国学术思想变迁之大势》之后，梁启超又有《国学小史》（商务印书馆 1914 年版）、《中国古代学术思想变迁史》（群众图书公司 1927 年版）等通代学术史研究之作问世，但其学术重心则在清代，其发表于 1904 年的《近世之学术》（《新民丛报》第 3 卷第 5 号）本为《中国学术思想变迁之大势》原书计划的第八、九两章，亦是梁启超研治清学史的处女作。而至 20 年代问世的《清代学术概论》（商务印书馆 1921 年版）①、《中国近三百年学术史》（上海民志书店 1929 年版）②皆已成为清代学术史的经典名著。

　　章太炎（1869—1936）与梁启超分属于革命派与改良派两大阵营，在学术史观上迥然有别，但在创辟新型学术史研究方面则同为前驱，且多有交集。章太炎致力于新型学术史研究的开山之作亦是清代学术史研究的奠基之作，是首载于 1904 年日本重刊本《訄书》的《清儒》。③ 仅就著述体例而论，《訄书》大体类似于《史通》《文史通义》等，而其中的《清儒》亦未先行刊载于有关报刊，但就内涵而言，"《清儒》以宏阔的历史视野与深刻的学理分析，展现出清代三百年学术的整体面貌，考其源流、辨其派别、论其得失，成为了清代学术史研究的开山与典范。太炎总结了清代学术'求是观化'的基本精神，将其作为中国思想学术未来发展的价值基础，体现出改造传统、建设中国现代学术文化的宏远追求"。④ 诚然，以章太炎的学术格局，不可能局限于清代学术史，其《国故论衡》（日本东京秀光舍 1910 年初版）分小学、文学、诸子学 3 卷，系统论述了文字音韵学、文学、诸子学、经学及佛道之学等流变；其《国学概论》（泰东图书局 1923 年版）亦广泛涉及传统经学、诸子学、文学的流变。两书在中

　　① 《清代学术概论》于 1920 年连载于《改造》第 3 卷第 3、4、5 期，次年由商务印书馆出版。

　　② 《中国近三百年学术史》撰于 1923 年至 1925 年春，原是作者在南开大学和清华大学教授中国学术而编写的讲义，至 1929 年由上海民志书店出版。

　　③ 《訄书》为章太炎第一部自选的学术论文集，初刊于 1900 年春，然此初刊本并无《清儒》之作，至 1904 年日本重刊本增录《清儒》，大致成于 1903 年春，参见朱维铮：《〈訄书〉〈检论〉三种结集过程考实》，《复旦学报》1983 年第 1 期，第 53—60 页。

　　④ 孟琢：《清代学术的历史总结与思想突破——章太炎〈清儒〉的四重解读》，《北京师范大学学报》2017 年第 1 期，第 100—108 页。

国现代学术史上有着极其重要的影响。至 30 年代，又有《经学略说》(上下册)、《诸子略说》、《史学略说》等，由苏州章氏国学讲习会于 1935 年出版。然而，由于清末民初特定时代前后交替的原因，章太炎的《清儒》迅速激发了人们对清代学术史的热情。一方面是章太炎本人学术研究的不断深化，先后有《清代学术之系统》(1932 年于北京师范大学演讲，后载《师大月刊》1934 年第 10 期《文学院专号》)、《汉学论》上下(《制言》1935 年 9 月 16 日创刊号)等相继问世；另一方面则得到了梁启超、邓实、王国维、刘师培、罗振玉、钱穆等的热烈回应，除了上述梁启超的《近世之学术》《清代学术概论》《中国近三百年学术史》之外，尚有邓实《国学今论》(《国粹学报》1905 年第 4 期)、王国维《论近年之学术界》(《教育世界》1905 年第 93 期)、刘师培《清儒得失论》(《华西学报》1933 年第 1 期)、罗振玉《本朝学术源流概略》(大连中日文化协会 1930 年版)、钱穆《中国近三百年学术史》(商务印书馆 1937 年版)，等等①。

刘师培(1884—1919)的新型学术史研究启动于 1905 年，一是所著《周末学术史序》连载于 1905 年 2 月至 11 月《国粹月报》(第 1—5 期)，由总序、心理学史序、伦理学史序、论理学史序、社会学史序、宗教学史序、政法学史序、计学史序、兵学史序、教育学史序、理科学史序、哲理学史序、术数学史序、文字学史序、工艺学史序、法律学史序、文章学史序等 17 篇组成，实为以序的形式撰写的《周末学术史》一书的提要。这是中国学术史上首次以"学术史"命名并首次按照西学现代学科分类法为著述体例的学术史研究论著。二是所著《南北学派不同论》连载于 1905 年 2 月至 10 月的《国粹学报》，包括《总论》《南北诸子不同论》《南北经学不同论》《南北理学不同论》《南北考证学不同论》《南北文学不同论》，②这是对梁启超发表于 1902 年的《中国地理大势论》(《新民丛报》1902 年第 6、8、9 号)引入西方人文地理学重新审视与阐释中国学术文化以及率先重新提出"南北"学术与文学的比较论题的回应与总结。而后，刘师培又连续撰写和发表了《两汉学术发微论》(《国粹学报》1905 年第 4、10、11、12 期)、《汉宋学术异同论》(《国粹学报》1905 年第 2、4、6、7、8 期)、《论近世文学之变迁》(《国粹学报》1907 年第 1 期)、《近代汉学变迁论》(《国粹学报》1907 年第 6 期)、《近儒学术统系论》(《国粹学报》1907 年第 6 期)、《中古文学史讲义》(北京大学 1920 年印行)③、《清儒得失论》(《华西学报》1933 年第 1 期)等一系列学术史论著，几乎贯通了历代学术史研究。

钱穆(1895—1990)相对梁启超、章太炎而言，属于学术晚辈。1928 年 3 月，钱穆在苏州中学任教时，曾在《苏中校刊》上发表《述清初诸儒之学》一文，为其治清代学术史之开端。然后至三四十年代相继发表出版《国学概论》(商务印书馆 1931 年版)、《先秦诸子系年》(商务印书馆 1935 年版)、《中国近三百年学术史》(商务印书馆 1937 年版)、《两汉博士家法考》(《文史哲季刊》1944 年 4 月第 2 卷第 1 期)等。《国学概论》上篇七章，依次论述了孔子与六经、先秦

---

① 　再如王国维为沈曾植撰《沈乙庵先生七十寿序》(1919 年 3 月 30 日)、傅斯年《清代学问的门径书几种》(《新潮》1919 年 4 月 1 日第 1 卷第 4 号)等虽然不是纯粹的清代学术史之作，但都涉及清代学术史的核心问题，前文谓"我朝三百年间学术三变：国初一变也，乾嘉一变也，道咸以降一变也。……国初之学大，乾嘉之学精，道咸以降之学新"，后文主张用"清代学问"称呼清代学术比"汉学"和"朴学"更合适，并将清代学问概括为四派五期，四派是朴学派、今文学派、理学派、浙东学派；五期是胚胎时期(从王应麟到焦兹)、发展时期(从顾炎武到江慎修)、极盛时期(钱大昕、戴震、段玉裁等人的时代)、再变时期(从孔众仲到俞曲园)、结束时期(代表人物是康有为和章太炎)。

② 　其中《总论》《南北诸子不同论》《南北经学不同论》刊于《国粹学报》第 2 期，《南北理学不同论》刊于《国粹学报》第 6 期，《南北考证学不同论》刊于《国粹学报》第 7 期，《南北文学不同论》刊于《国粹学报》第 9 期。

③ 　此书为 1917 年章太炎于北京大学国文门讲授文学史课程时的讲义，至 1920 年由北京大学出版。

诸子、嬴秦之焚书坑儒、两汉经生经今古文之争、晚汉之新思潮、魏晋清谈、南北朝隋唐之经学注疏及佛典翻译；下篇三章，主要论述宋明理学、清代考证学、最近期之学术思想，相当于一部简明通代学术思想史，然常有精辟之论，时人有"竟体精深"之评价。《先秦诸子系年》原名《先秦诸子系年考辨》，自孔子至吕氏，各家排比联络，一以贯之，对先秦诸子的生平事迹、学术渊源、各家思想流变轨迹——加以考定。根据作者的归纳，"先秦学术，惟儒墨两派"，"分家而寻，不如别世而观，寻宗为说，不如分区为论"，体现了该书的要旨与方法，所以此书并非编年而是考辨之作，相当于一部先秦学术史。钱穆《中国近三百年学术史》与梁启超《中国近三百年学术史》两书同名，皆为清代学术史的经典名著，但彼此在学术渊源、宗旨、内容、体例等方面迥然有异。大体而言，梁著以西学为参照，以"学"为中心，钱著承续学案体，以"人"为中心；梁著以朴学传统论清学，认为清学是对宋明理学的全面反动，钱著是从宋学精神论清学，认为清学是对宋明理学的继承；梁著更偏于知识论层面的学术史，钱著更偏于思想层面的学术史；梁著更具现代学术之品性，钱著更受传统学术之影响。两书代表了 20 世纪前期章节体学术史研究的最佳成果。陈祖武谓："近人治清代学术史，章太炎、梁任公、钱宾四三位大师，先后相继，鼎足而成。太炎先生辟除榛莽，开风气之先声，首倡之功，最可纪念。任公先生大刀阔斧，建树尤多，所获已掩前哲之上。钱宾先生深入底蕴，精耕不已，独以深邃见识而得真髓。学如积薪，后来居上。以此而论章、梁、钱三位大师之清代学术史研究，承先启后，继往开来，总其成者无疑当属钱宾四先生。……今日治清代学术史者，无章、梁二先生之论著引路不可，不跟随宾四先生之《中国近三百年学术史》深入开拓尤不可。"[①]

经过梁启超、章太炎、刘师培、钱穆等先驱者的开疆拓土之后，现代时期新型学术史研究主要向通代与断代两个方向延展，前者主要承续梁启超《中国学术思想变迁之大势》《中国古代学术思想变迁史》而来，相继问世的重要论著有：常乃惪《中国思想小史》（中华书局1930 年版），蔡尚思《中国学术大纲》（上海启智书局 1931 年版），杨东莼《中国学术史讲话》（北新书局 1932 年版），胡行之《中国学术思想之变迁》（上海光华书局 1934 年版），王伯祥、周振甫合著《中国学术思想演进史》（上海亚细亚书局 1935 年版），孙其敏《中国学术思想史》（世界书局 1932 年版），王治心《中国学术小史》（出版时间不详）、《中国学术体系》（福建协和大学 1934 年印行），李宗吾《中国学术之趋势》（首刊于 1935 年重庆《济川公报》），侯外庐、杜守素、纪玄冰（赵纪彬）《中国思想通史》第 1 卷（上海新知书店 1947 年版），等等，皆为承续《中国学术思想变迁之大势》之作，其中杨东莼《中国学术史讲话》尤为敏锐地注意到1925 年之后支配思想界的"三民主义"与"共产主义"的两阵对垒，而胡行之《中国学术思想之变迁》则进而尝试运用马克思主义理论重述中国学术史，为后来马克思主义的学术史论开启了先河。断代学术史研究方面，则分别从清代上溯与先秦下移，主要见之于顾颉刚《中国近来学术思想界的变迁观》（1919 年作）[②]，《汉代学术史略》（上海东方书社 1941 年版），胡朴安《民国十二年国学之趋势》（《民国日报·国学周刊》1923 年 10 月 10 日国庆日增刊），王国维《最近二三十年中中国新发见之学问》（《科学》杂志 1926 年第 6 期），陈中凡《两宋思想述评》（商务印书馆 1933 年版），吕思勉《先秦学术概论》（上海世界书局 1933 年版），郭湛波《近三十年中国思想史》（北平人文书店 1935 年版），谭丕模《宋元明思想史纲》（开明书店

① 陈祖武：《清代学术拾零》，湖南人民出版社 1999 年版，第 340 页。
② 此文作于 1919 年，当时未发表，后刊于《中国哲学》1984 年第 11 辑，人民出版社 1984 年版，第 307 页。

1936 年版)，蒋维乔、杨大膺《宋明理学纲要》(中华书局 1936 年版)，夏君虞《宋学概要》(商务印书馆 1937 年版)，何干之《近代中国启蒙运动史》(生活书店 1937 年版)，刘大杰《魏晋思想论》(昆明中华书局 1939 年版)，陈安仁《明代学术思想》(商务印书馆 1940 年版)，容肇祖《明代思想史》(开明书店 1941 年版)，杜金铭《中国儒学史纲要》(国立华北编译馆 1943 年版)，侯外庐《中国古代思想学说史》(文风出版社 1944 年版)、《中国近世思想学术史》(重庆三友书店 1944 年版)，嵇文甫《晚明思想史论》(重庆商务印书馆 1944 年版)，杨荣国《中国十七世纪思想史》(东南出版社 1945 年版)，郭沫若《先秦学术述林》(福建东南出版社 1945 年版)，童书业《新汉学与新宋学》(1946 年 12 月 13 日《益世报·文苑》)，蔡尚思《战后中国思想学术论争》(《中国建设》1947 年 1 月 1 日第 3 卷第 4 期)，莫东寅《汉学发达史》(北平文化出版社 1949 年版)，等等。其中侯外庐《中国古代思想学说史》《中国近世思想学术史》率先尝试以马克思主义系统探讨先秦思想学说史，前书将古代思想发展划分为西周的官学、春秋时代的缙绅之学以及战国时代的诸子百家并鸣之学三个阶段；后书则分为 17 世纪的启蒙思想、18 世纪的汉学运动以及 19 世纪中叶以至 20 世纪初叶的文艺再复兴三编，其下限直接与现代学术相衔接，所取时段大致与梁启超《中国近三百年学术史》相近，但学术史的定位与理念迥然有别。

在上述整体学术史研究之外，也陆续出现了一些注重于特定学科、学派、区域乃至专题性的学术史论著。在特定学科的学术史论著中，传统的经学、子学仍居重要地位，经学方面主要有：江琼《新本经学讲义》(商务印书馆 1918 年版)，皮锡瑞《经学通论》(商务印书馆 1920 年版)，皮锡瑞著、周予同注释《经学历史》(商务印书馆 1928 年版)，周予同《经今古文学》(商务印书馆 1926 年版)、《群经概论》(商务印书馆 1931 年版)，蒙文通《经学导言》(重庆出版社 1923 年版)①、《经学抉原》(商务印书馆 1933 年版)，范文澜《群经概论》(北平朴社 1933 年版)，钱基博《经学通志》(中华书局 1936 年版)，马宗霍《中国经学史》(商务印书馆 1936 年版)，卫聚贤《十三经概论》(开明书店 1935 年版)，杨向奎《西汉经学与政治》(重庆独立出版社 1945 年版)，等等；子学方面主要有：陈中凡《诸子通谊》(商务印书馆 1925 年版)，姚永朴《诸子考略》(北平资研编译社 1928 年版)，高维昌《周秦诸子概论》(商务印书馆 1930 年版)，张文治《诸子治要》(文明书局 1930 年版)，杜国庠《先秦诸子思想概要》(三联书店 1949 年版)，等等。然而，与此同时，由经学与子学转型为新兴之哲学史以及由旧史学转型为新史学则更为兴盛，其中早期的草创之作是廖平出版于 1913 年的《孔经哲学发微》(上海中华书局版)，此系作者参加孔教会第一次全国大会前为纪念孔子而撰写的一部著作，在当时传统经学逐渐被西方学科体系所消解的背景下，廖平试图引入西方"哲学"新概念对孔子及其经典进行创造性的诠释，认为孔子经典中的"空言""思想"是哲学，这些哲学思想不同于历史，而是孔子为后世所作的规划，这种规划在以往的中国已经部分地实现，也必将会在以后通过"沟通中西"而实现孔教的一统天下，但廖平所构建的孔经哲学体系以及由传统经学与子学向新兴之哲学史的转型最终却未能成功，这一方面是由于其西学知识的局限，过度地尊孔及穿凿附会的解经方法，另一方面也充分证明了在当时社会与学术的转型期，不能简单地将传统经学纳入新型学科体系之中就能实现新旧转型。② 由此我们不能不将目光

---

① 《经学导言》初名《近二十年来汉学之平议》，载《友声》1922 年双十增刊，1923 年改题为《经学导言》，由重庆出版社出版。

② 崔海亮：《廖平与早期"中国哲学"——以〈孔经哲学发微〉为中心》，《宜宾学院学报》2013 年第 7 期，第 7—13 页。

转向北京大学新开设的哲学门的中国哲学史探索与实践。先是在 1914 年陈黻宸任北大文科教授期间,开始讲授诸子哲学与中国哲学史等课程,并在 1914 至 1915 年间著成诸子哲学课程讲义《诸子通义》《老子发微》《庄子发微》等,然后至 1916 年又有中国哲学史等课程讲义《中国哲学史》正式成稿。《诸子通义》实为一部先秦哲学史,属断代史性质的哲学史著作,《中国哲学史》则是一部尚未完成的通史性的哲学史著作,内容上还只是"上古"哲学部分。尽管这两种性质有别的哲学著作,不论是其内容,还是体例方法,都具有中国哲学史由古典形态向现代形态转换时期的特色,但他依据自己理解的哲学观念考察中国的传统学术,不仅在国家的最高学府把中国哲学史作为正式课程讲授,而且率先著成诸子哲学与中国哲学史讲义,这对于现代中国哲学史学科的建立,无疑具有开创性意义和价值。[①] 同在 1916 年,谢无量所著《中国哲学史》由中华书局出版,此书将中国哲学史分为上古先秦哲学、中古两汉至隋唐哲学、近世宋元明清哲学三个阶段,以国际视野和现代思维重新审视与阐释中国传统哲学,对从远古黄帝到清代戴震约五千年中的一百多位哲学人物进行了专题研究,对每个时代的哲学发展趋势亦有相应的简述,在注重宇宙本体、人性思想以及运用比较方法等方面独具特色,实已具中国哲学通史的规模,较之陈黻宸《中国哲学史》更为完整,而且先行出版,堪称中国哲学史尤其是中国哲学通史的开山之作。但严格地说,此书依然处于新旧转型的过渡阶段,终究未能完成新型中国哲学史研究理念与范式的建构,于是这一学术使命便落到从美国学成归来的胡适身上,其《中国哲学史大纲(卷上)》(商务印书馆 1919 年版)引入西方实验主义理论与方法,并与中国传统训诂学相融合,首次以白话文的形式对先秦诸子百家的哲学思想进行意义重释,从内涵到方法再到形式都给人耳目一新之感,更具作为新型中国哲学史研究的奠基意义,蔡元培称之为"第一部新的哲学史",[②]出版后立即在学界引起轰动,同时也引来了不少批评意见。此后的代表作当推冯友兰《中国哲学史》(上、下册),分别于 1931 年、1946 年由神州国光社、商务印书馆出版,其最重要的成就是完整建立起了新理学哲学体系,陈寅恪在两书的审查报告中都予以了充分肯定,赞为"取材谨严,持论精确"。与此形成鲜明对比的是陈寅恪对胡适《中国哲学史大纲》的批评,尤其是针对《中国哲学史大纲·导言》所标榜的"评判的态度""系统的整理""审定史料的真伪",一一加以针砭,由此可见其对胡、冯两种著作的褒贬态度。其他的中国哲学史重要论著尚有:汉民(胡汉民)《中国哲学史之唯物的研究》(《建设》1919 年 10 月第 1 卷第 3 号),陆懋德《周秦哲学史》(京华印书局 1923 年版),蔡元培《五十年来的中国之哲学》(上海《申报》馆 1923 年版),钟泰《中国哲学史》(商务印书馆 1929 年版),蒋维乔《中国近三百年哲学史》(上海中华书局 1932 年版),蒋维乔、杨大膺《中国哲学史纲要》上册(中华书局 1934 年版),姚舜钦《秦汉哲学史》(商务印书馆 1936 年版),范寿康《中国哲学史通论》(开明书店 1937 年版),陈元德《中国古代哲学史》(中华书局 1937 年版),向林冰(赵纪彬)《中国哲学史纲要》(重庆生活书店 1939 年版),金公亮《中国哲学史》(重庆正中书局 1940 年版),袁钺《革命哲学史观》(成都铁风出版社 1941 年版),贺麟《当代中国哲学》(重庆胜利出版公司 1945 年版),等等。直接受益于 20 世纪初梁启超等对于"新史学"的极力倡导与论争,相继问世的论著主要有:李大钊《史学思想史》(1923 年讲义),郑鹤声《汉隋间之史学》(《学衡》1924 年 9

① 田文军:《陈黻宸与中国哲学史》,《武汉大学学报》(人文科学版)2010 年第 1 期,第 46—51 页。

② 蔡元培:《五十年来中国之哲学》,上海《申报》馆编:《最近之五十年》,上海《申报》馆 1923 年版,第 151—160 页。

月第 33 期)，陈竟《上古史学概论》(《中大季刊》1926 年 12 月 15 日第 1 卷第 3 号)，齐思和《最近二年来之中国史学界》(《朝华》1931 年 3 月第 2 卷第 4 期)、《现代中国史学评论》(《大中》1946 年 1 月第 1 卷第 1 期)、《近百年来中国史学的发展》(《燕京社会科学》1949 年 9 月 19 日第 2 卷)，朱谦之《中国史学之阶段的发展》(《现代史学》1934 年 5 月 20 日第 2 卷第 1、2 期合刊)，江世禄《现代史学述略》(《师大月刊》1936 年 10 月 30 日第 30 期)，曾繁康《中国现代史学的检讨》(《责善》1940 年 5 月第 1 卷第 5 期)，金毓黻《中国史学史》(商务书馆 1941 年版)，魏应麒《中国史学史》(长沙商务印书馆 1941 年版)，周予同《五十年来中国之新史学》(《学林》1941 年 2 月第 4 期)，叶蠖生《抗战以来的历史学》(《中国文化》1941 年 8 月第 3 卷第 2 期)，王玉璋《中国史学史概论》(商务印书馆 1942 年版)，张绍良《近三十年中国史学的发展——为纪念中国史学会成立而作》(《力行》1943 年 4 月第 7 卷第 4 期)，胡绳《近五年间中国历史研究的成绩》(《新文化》1946 年 9 月半月刊第 2 卷第 5 期)，顾颉刚《当代中国史学》(南京胜利出版公司 1947 年版)，周谷城《中国史学之进化》(香港生活书店 1947 年版)，等等。其中顾颉刚《当代中国史学》虽然冠之以“当代”，但实际上也与齐思和《近百年来中国史学的发展》一样，皆以近百年史学史为断代，而与周予同《五十年来中国之新史学》所取半个世纪之时段不同。与此同时，引自西方的政治、经济思想史也受到学界的高度重视，前者主要有梁启超《先秦政治思想史》(中华书局 1923 年版)，白鹏飞《近百年政治思想变迁史略》(华通书局 1929 年版)，陶希圣《中国政治思想史》第 1—4 册(新生命书局 1932—1935 年版)，王德周《近代政治思想史大纲》(北平西北书局 1932 年版)，陈安仁《中国政治思想史大纲》(商务印书馆 1932 年版)，吕振羽《中国政治思想史》(上海黎明书店 1937 年版)，杨幼炯《中国政治思想史》(商务印书馆 1937 年版)、《中国近代政治思潮论》(重庆青年出版社 1947 年版)，萧公权《中国政治思想史》(商务印书馆 1945 年版)，秦尚志《中国政治思想史讲话》(世界书局 1945 年版)；后者主要有杨昭悊《近世经济思想之变迁》(《东方杂志》1919 年 11 月 15 日第 11 号)，甘乃光《先秦经济思想史》(商务印书馆 1926 年版)，李权时《中国经济思想小史》(世界书局 1927 年版)，吴贯因《中国经济史眼》(又名《中国经济史概论》，上海联合书店 1930 年版)，唐庆增《中国经济思想史》上卷(商务印书馆 1936 年版)，沈志远《近代经济学说史》(上海生活书店 1937 年版)①，赵丰田《晚清五十年经济思想史》(哈佛燕京学社 1939 年版)，夏炎德《中国近百年经济思想》(商务印书馆 1948 年版)。涉及其他学科的学术史论著尚有：陆和九《中国金石学》(北平中国大学 1933 年版)，卫聚贤《中国考古小史》(商务印书馆 1933 年版)，朱芳圃《甲骨学商史编》(中华书局 1935 年版)，董作宾、胡厚宣编《甲骨年表》(商务印书馆 1937 年版)；胡适《先秦名学史》(上海亚东书局 1922 年版)，郭湛波《先秦辩学史》(中华书局 1932 年版)；胡适《五十年来中国之文学》(《申报》五十周年纪念特刊，1923 年)，陈中凡《中国文学批评史》(中华书局 1927 年版)，陈子展《中国近代文学之变迁》(中华书局 1929 年版)，郭绍虞《中国文学批评史》上册(商务印书馆 1934 年版)、下册(商务印书馆 1947 年版)，罗根泽《中国文学批评史》第 1 册(北京人文书店 1934 年版)、第 2—4 册(商务印书馆 1943、1944、1945 年版)，徐懋庸《文艺思潮小史》(生活书店 1936 年版)，朱东润《中国文学批评史大纲》(桂林开明书店 1944 年版)，郑昶《中国画学全史》(中华书局 1935 年版)；王治心《中国宗教思想史大纲》(中华书局 1933 年版)，许地山《道家思想

---

① 1944 年改题目为《近代经济学说史纲》，由国讯书店出版。

与道教》(《燕京学报》1927 年 12 月第 2 期)、《道教史》上册(商务印书馆 1934 年版),傅勤家《道教史概论》(商务印书馆 1934 年版)、《中国道教史》(商务印书馆 1937 年版),胡适《中国禅学的发展》(《师大月刊》1935 年 4 月 30 日第 18 期),汤用彤《汉魏两晋南北朝佛教史》(长沙商务印书馆 1938 年版),徐宗泽《中国天主教传教史概论》(上海圣教杂志社 1938 年版),白寿彝《中国伊斯兰史纲要》(文通书局 1946 年版);潘光旦《中国家谱学略史》(《东方杂志》1929 年 1 月 10 日第 1 号),蒋元卿《校雠学史》(商务印书馆 1935 年版),姚名达《中国目录学史》(长沙商务印书馆 1938 年版),许同莘《公牍学史》(商务印书馆 1947 年版);张其昀《近二十年来中国地理学之进步》(《科学》1935 年第 19 卷第 10—12 期,1936 年第 20 卷第 1—9 期),王庸《中国地理学史》(商务印书馆 1938 年版);舒新城《近代中国留学史》(中华书局 1927 年版)、《近代中国教育思想史》(中华书局 1929 年版);徐守桢《现代科学进化史》(商务印书馆 1930 年版),钱宝综《中国算学史》上卷(中央研究院历史语言研究所 1932 印行),陈邦贤《中国医学史》(商务印书馆 1937 年版);等等。

　　关于特定学派的学术史论著主要有:谢无量《阳明学派》(中华书局 1915 年版)、《朱子学派》(中华书局 1916 年版),王桐龄《儒墨之异同》(北京高等师范学校图书馆 1922 印行),杨树达《汉代老学者考》(《太平洋》1924 年 9 月 5 日第 4 卷第 8 号),梁启超《颜李学派与现代学术思潮》(《东方杂志》1924 年 11 月 25 日第 1 号),胡适《汉初儒道之争》(《北京大学研究所国学门周刊》1925 年 9 月 21 日第 2 期),陈中凡《秦汉间之儒术与儒教》(1922 年 11 月 24 日在东南大学国学研究会作的演讲),金申受《稷下派之研究》(商务印书馆 1930 年版),嵇文甫《左派王学》(开明书店 1934 年版),朱星元《战国纵横家学研究》(上海东方学术社 1935 年版),陈启天《中国法家概论》(中华书局 1936 年版),方授楚《墨学源流》(中华书局 1937 年版),蒙文通《儒学五论》(成都路明书店 1944 年版),杨荣国《孔墨的思想》(上海生活书店 1946 年版)等。关于特定区域的学术史论著则主要有:陈训慈《清代浙东之史学》(《史学杂志》1931 年 4 月 1 日第 2 卷第 5、6 期合刊),何炳松《浙东学派溯源》(商务印书馆 1932 年版),碧遥《浙江学术源流考》(《大陆杂志》1932 年第 1 卷 2 期),张寿镛《两浙学术考》(《光华大学半月刊》1936 年 11 月 7 日第 5 卷第 2 期,第 3—5 期连载),李济生《论鲁学》(《责善》1941 年 7 月 1 日第 2 卷第 8 期),钱基博《近百年来湖南学风》(求知书店 1945 年版),李肖聃《湘学略》(湖南大学 1946 年印行),罗香林《世界史上广东学术源流与发展》(广东建设研究委员会 1947 年印行),陈仲章《广东学术的今昔与今后学人的要务》(《文会丛刊》1948 年第 1 期)等。① 至于专题性的学术史论著则更为丰富多彩,诸如梁启超《近代学风之地理的分布》(《清华学报》1924 年 6 月第 1 卷第 1 期),曹养吾《辨伪学史——从过去说到最近的过去》(《水苂》1928 年 5 月第 1 卷第 1 期),陈寅恪《吾国学术之现状及清华之职责》(《国立清华大学二十周年纪念刊》1931 年 5 月号),吕思勉《魏晋法术之学》(《光华大学半月刊》1935 年 10 月 10 日第 4 卷第 1 期),伍启元《中国新文化运动概观》(现代书局 1934 年版),陈端志《五四运动之史的评价》(上海生活书店 1935 年版),刘雪谷《五四运动史》(重庆青年出版社 1940 年版),包遵彭《五四运动史》(南京青年出版社 1946 年版),郭沫若《先秦天道观之进展》(商务印书馆 1936 年版),陈觉玄《中国民主思想发展史》(成都大学印书局 1945 年版),吴恩裕《马克思的政治思想》(重庆商务印书馆 1945 年版),贺昌群《魏晋清谈思想初论》(重庆商务印书馆 1946 年版),(德)傅吾康《中日

---

　　① 　皮学军:《民国学人的学术史研究》,《南京社会科学》2013 年第 8 期,第 146—151 页。

战争期中后方之汉学研究》(《中国文化研究汇刊》1946年第6卷),杜守素《中国古代由礼到
法的思想变迁》(《中苏文化》1946年2月第17卷第1期),马叙伦《中国历史上的民主痕迹和
民主思想》(《理论与现实》1946年5月第3卷第1期)。其中德国学者傅吾康时任华西协和
大学外籍教授,乃以抗战期间亲历者的身份关注和研究中国后方学术研究,认为尽管中国教
育和学术研究机构在1937—1945年间遭受了最严重的损失,学者们治学条件极端艰苦,但依
然完成了一些研究成果,然后在《中日战争期中后方之汉学研究》一文中按照"书目文献研究"
"哲学与宗教""语言研究""文学研究""考古学、上古史、天文学""历史和地理研究""民族学与
民间文学—艺术史""西南边疆研究"的分类,就其认为"含有汉学研究新成就的出版物"加以
概述,这是对抗战时期中国后方学术研究的首次梳理和总结,但由于是英文写作,故在中国现
代学术史研究领域影响不大。该文后被王启龙译补为《抗战期间(1937—1945)中国后方的学
术研究》(载《国际汉学》2007年第15期)。① 还有一些学者比较关注中西学术交流中的重要
影响与成果,乃至直接尝试撰写外国学术史,前者如张荫麟《明清之际西学输入中国考略》
(《清华学报》1924年6月第1卷第1期),柳诒徵《华化渐被史》(《学衡》1922年第7、8、10、11、
16期连载),徐宗泽《明末清初灌输西学之伟人》(徐家汇圣教杂志社1926年版),张星烺《欧
化东渐史》(商务印书馆1934年版),陈受颐《明末清初耶稣会士的儒教观及其反应》(《国学季
刊》1936年5月第5卷第2号),朱谦之《中国思想对于欧洲文化之影响》(商务印书馆1940年
版),张维华《明清间基督教及西洋学术东渐史自序》(《责善》1941年9月1日第2卷第12
期),王静如《二十世纪之法国汉学及其对于中国学术之影响》(《华北编译馆馆刊》1943年8
月1日第2卷第8期);后者则有高一涵《欧洲政治思想史》(商务印书馆1923年版),刘伯明、
缪凤林《近代西洋哲学史大纲》(中华书局1921年版),黄忏华《西洋哲学史》(商务印书馆
1923年版),姚从吾《欧洲近百年来的历史学》(《中央日报·文史副刊》1936年12月6日第5
期),汤用彤《印度哲学史略》(重庆独立出版社1945年版),孟云桥《西洋政治思想史》(重庆国
立编译馆1945年版),张贵永《最近几十年来的德国史学》(《文史哲季刊》1945年3月第2卷
第2期),赵廼抟《欧美经济学史》(上海正中书局1948年版),等等;介于上述两者之间的是西
方汉学研究史,如王古鲁(王钟麟)《最近日人研究中国学术之一斑》(1936年自刊),中法汉学
研究所编《十八世纪十九世纪之法国汉学》(中法汉学研究所1943年版)等。以上相关论著中
也有部分延续甚至侧重于现代时期。

　　现代"学术"史论经过中西交融与新旧转型的范式重构,显然还应包括方法论的变革与
创新。严复率先致力于译介西方实验的方法和逻辑的方法,以此矫正中国传统训诂方法之
弊,相继翻译了《穆勒名学》(1903年)与《名学浅说》(1909年)。严复在作于1898年的《西学
门径功用》谓西方的科学方法包括三个层次:一是考订,二是贯通,三是试验,认为"试验愈
周,理愈靠实矣,此其大要也"。② 又在初版于1903年的《穆勒名学按语》中称逻辑是"一切法
之法,一切学之学",③都旨在强调实验的方法与逻辑的方法的重要性。严复率先对此加以
译介、评点与倡导,对于现代学术研究方法论的变革与创新无疑具有拓荒之功,在梁启超、胡
适、王国维、陈寅恪等学术名家的方法论探索中都能看到强烈的回响。早在1902年,梁启超
在《新民丛报》上发表了著名的长文《新史学》,倡言"史界革命",力图从理论上批判"旧史

---

①　王学典主编:《20世纪史学编年:1900—1949》(下),商务印书馆2014年版,第931页。
②　严复:《严复集》第一册,中华书局1986年版,第93页。
③　严复:《严复集》第四册,中华书局1986年版,第1028页。

学"，创立"新史学"，这是试图以西方进化论建立新的史学理论体系的重要标志。然而，"新史学"之不同于"旧史学"，既是史观也是史法的变革与创新。然后至 1921 年，梁启超在南开大学的授课讲义《中国历史研究法》，对其所倡导的"新史学"方法论进行了系统的总结与阐释，次年由上海商务印书馆出版。再至 1925 年春，梁启超在《中国近三百年学术史》进而为"学术史研究"设定了四条规范：(1)叙一个时代的学术，须把那个时代重要的各学派全数网罗，不可以爱憎为去取；(2)叙某家学说，须将其特点提挈出来，令读者有很明晰的观念；(3)要忠实传写各家真相，勿以主观上下其手；(4)要把各人的时代和他一生经历大概叙述，看出那人的全人格。这四条规范是梁启超基于其学术史研究切身体会而提出的学术史通则，具有更为普遍的借鉴与启示意义。比较而言，胡适对于方法论问题更为注重和执着，但更多的是受其哥伦比亚大学导师杜威实验主义理论与方法的影响，曾自谓："我治中国思想与中国历史的各种著作，都是围绕着'方法'这一观念打转。'方法'实在主宰了我四十多年来所有的著述。从基本上说，我这一点实在得益于杜威的影响。"[1]胡适在哥伦比亚大学所作的博士论文即题为"古代中国逻辑方法之进化"，与严复注重和倡导西方实验的科学方法殊途同归。然后至 1919 年 11 月，胡适《北京大学月刊》第 1 卷第 5、7、9 号连载《清代汉学家的科学方法》，通过总结清代学者的治学经验，提出了著名的"大胆的假设，小心的求证"的治学方法："清儒之所谓汉学者，一名朴学，对于宋儒之理学而言，不外文字训诂校勘考订之学。而其治学之法，不外两事：曰'大胆的假说'，曰'小心的求证'。假设不大胆，不能有新发明。证据不充足，不能使人信仰。此欧儒之所以治科学，而吾国惟治朴学者为得其意焉！"最后以"但宜推求，勿为株守"八字为全文作结。钱基博认为此文"于是言古学者，益得皮附科学，托外援以自张壁垒，号曰新汉学，异军突起"，由此揭示了"新汉学"的旗帜与主要理论。[2]　再至 1921 年 7 月，赴南京高等师范学校暑期学校演讲《研究国故的方法》，随后刊发于同年 8 月 25 日的《东方杂志》第 15 号，重点归纳为历史的观念、疑古的态度、系统的研究以及整理四种方法，主张以怀疑的态度，将一切"国故"当作历史来分辨其得失，系统地加以整理。次年，胡适在其所著《先秦名学史》中进而明确提出："我们的责任是借鉴和借助于现代西方哲学去研究这些久已被忽略了的本国的学派。如何用现代哲学去重新解释中国古代哲学，又用中国固有的哲学去解释现代哲学，这样，也只是这样，才能使中国的哲学家和哲学研究用思考与研究的方法与工具时感到心安理得"。他强调借鉴和借助于现代西方哲学去研究本国学派、用现代哲学去重新解释中国古代哲学以及用中国固有的哲学去解释现代哲学，"三管齐下"，从而达到融会中西古今、推动传统学术范式与方法的转型。王国维、陈寅恪等也同样高度关注方法论的总结与创新，王国维于 1925 年在清华大学发表《最近二三十年中国新发见之学问》的讲演时说："古来新学问起，大都由于新发见。"然后印证系列典型案例："自汉以来，中国学问上之最大发现有三：一为孔子壁中书；二为汲冢书；三则今之殷虚甲骨文字，敦煌塞上及西域各处之汉晋木简，敦煌千佛洞之六朝及唐人写本书卷，内阁大库之元明以来书籍档册。此四者之一已足当孔壁、汲冢所出，而各地零星发现之金石书籍，于学术之大有关系者，尚不予焉。故今日之时代可谓之发见时代，自来未有能比者也。"[3]而王国维在同年于清华国学研究院讲授《古史新证》则进而归纳和总结为著名的"二重证据法"："吾辈生于今日，幸

①　胡适：《胡适口述自传》，安徽教育出版社 1999 年版，第 108 页。
②　陈祖武：《清代学术拾零》，湖南人民出版社 1999 年版，第 340 页。
③　乔继堂选编：《王国维散文》，上海科学技术文献出版社 2013 年版，第 49 页。

于纸上之材料外,更得地下之材料。由此种材料,我辈固得据以补正纸上之材料,亦得证明古书之某部分全为实录,即百家不雅训之言,亦不无表示一面之事实。此二重证据法,惟在今日始得为之。"①然后至1930年,陈寅恪在为陈垣《敦煌劫余录》所作《序》中接着王国维"新学问由于新发现"那句话再次说道:"一时代之学术,必有其新材料与新问题。取用此材料,以研求问题,则为此时代学术之新潮流。治学之士,得预于此潮流者,谓之预流(借用佛教初果之名)。其未得预者,谓之未入流。此古今学术史之通义,非彼闭门造车之徒,所能同喻者也。"②再至1934年6月3日,陈寅恪在为《海宁王静安先生遗书》所作《序》中更是说道:"自昔大师巨子,其关系于民族盛衰学术兴废者,不仅在能承续先哲将坠之业,为其托命之人,而尤在能开拓学术之区宇,补前修所未逮。故其著作可以移一时之风气,以示来者以轨则也。先生之学博矣,精矣,几若无涯岸之可望,辙迹之可寻。然详绎遗书,其学术内容及治学方法,殆可举三目以概括之者:一曰取地下之实物与纸上之遗文互相释证,凡属于考古学及上古史之作,如《殷卜辞中所见先公先王考》及《鬼方昆夷狁考》等是也;二曰取异族之故书与吾国之旧籍互相补正,凡属于辽金元史事及边疆地理之作,如《萌古考》及《元朝秘史之主因亦儿坚考》等是也;三曰取外来之观念,与固有之材料互相参证,凡属于文艺批评及小说戏曲之作,如《红楼梦》评论》及《宋元戏曲考》《唐宋大曲考》等是也。此三类之著作,其学术性质固有异同,所用方法亦不尽符会,要皆足以转移一时之风气,而示来者以轨则。"③诚如葛兆光先生所言,陈寅恪总结过的三句话虽然是说王国维,但也归纳了当时学术的新方向:第一句话是"取地下之实物与纸上之遗文互相释证",也就是用地下考古发现的各种实物和现在传世文献上的文字材料来相互证明;第二个是"取异族之故书与吾国之旧籍互相补正",就是外族的文献和中国的史书互补,像研究辽金元、西北史地就要通过这个方法;第三个是"取外来之观念与固有之材料互相参证",就是用外来的新观念、新理论与我们中国本身所有的材料来互相证明,这样可以在旧话题中开出新思路。④

对于处在中西交融与新旧转型特定时空中的现代文人群体而言,由于新学术史观前沿意识的普遍自觉,所以他们对于新方法论尤为敏感与重视,广泛涉及国学、史学、考古学以及其他社会科学领域。早期重要论著有姚永朴《历史研究法》(京师京华印书局1914年版),朱希祖《整理中国最古书籍之方法论》(《北京大学月刊》1919年3月第1卷第3号),傅斯年《清代学问的门径书几种》(《新潮》1919年4月1日第1卷第4号),李泰棻《史学研究法大纲》(北京武学书馆1920年版)等。这些论著皆问世于1921年梁启超在南开大学讲授"中国历史研究法"之前,其中李泰棻《史学研究法大纲》对梁启超《中国历史研究法》产生了一定影响。在此激发下的后续之作主要有:谷凤池《历史研究法之管见》(《史地丛刊》1922年2月第1卷第3期),刘掞藜《史法通论》(《史地学报》1923年7月1日第2卷第5期),何炳松《历史研究法》(商务印书馆1927年版)、《历史上之演化问题及其研究法》(《史学与地学》1928年10月第4期),梁园东《古史辨的史学方法商榷》(《东方杂志》1930年11月第22号),傅斯年《考古学的新方法》(《史学》1930年12月第1期),罗家伦《研究中国近代史的意义和方法》(《社会科学季刊》1931年3月第2卷第1号),齐震《中国社会史研究方法的商

---

① 方麟选编:《王国维文存》,江苏人民出版社2014年版,第490页。
② 陈寅恪:《陈垣敦煌劫余录序》,《金明馆丛稿二编》,生活·读书·新知三联书店2011年版,第266页。
③ 陈寅恪:《王静安先生遗书序》,《金明馆丛稿二编》,生活·读书·新知三联书店2011年版,第246—247页。
④ 葛兆光:《谛听余音——关于学术史、民国学术以及"国学"》,《书城》2015年第11期,第5—12页。

権》(《文史》1934 年 6 月第 1 卷第 2 期),陈伯达《研究中国社会史方法论的几个先决问题》(《文史》1934 年 8 月 4 日第 1 卷第 3 期),王宜昌《中国原始社会史方法论》(《新社会科学季刊》1935 年 3 月第 1 卷第 4 期),李秉衡《方法与材料》(《食货》1935 年 4 月 1 日第 1 卷第 9 期),王瑛《研究中国经济史的大纲与方法》(《食货》1935 年 7 月 16 日第 2 卷第 4、5 期连载),朱谦之《社会科学与历史方法》(《现代史学》1936 年 5 月 25 日第 3 卷第 1 期),李悌君《中国古史问题及其研究法》(《励学》1936 年 7 月 15 日第 6 期),连士升《研究中国经济史的方法和资料》(《大公报·史地周刊》1936 年 10 月 9 日第 106 期),张少孙编《国学研究法》(上海大华书局 1937 年版),杨鸿烈《历史研究法》(长沙商务印书馆 1939 年版),蔡尚思《中国思想研究法》(长沙商务印书馆 1939 年版)、《中国历史新研究法》(昆明中华书局 1940 年版),翦伯赞《中国历史科学与实验主义》(《读书月报》1940 年 5 月 1 日第 2 卷第 3 期),吴泽《中国历史研究法》(重庆峨嵋出版社 1942 年版),李絜非《论历史方法》(《思想与时代》1943 年 11 月第 28 期),陆懋德《史学方法大纲》(独立出版社 1945 年版),吕思勉《历史研究法》(永祥印书馆 1945 年版),童书业《"疑古""考古"与"释古"》(1946 年 11 月 28 日《东南日报·文史周刊》)。此外,1935 年 2 月 1 日《食货》第 1 卷第 5 期率先开设"方法与技术"栏目,刊载了汤象龙《对于研究中国经济史的一点认识》、吴景超《近代都市的研究法》、陈啸江《二十五史文化史料搜集法》、王瑛《研究中国经济史之方法的商榷》等文;同年 10 月《现代史学》第 2 卷第 4 期也推出了"史学方法论特辑",刊载了朱谦之《历史论理学》、陈啸江《建立史学为独立的(非综合的之意)法则的(非叙述的之意)科学新议》、岑家梧《戏剧史方法短论》、朱杰勤《龚定盦的史地学》等文。总体而论,这些论著普遍吸取了西学新方法论要素,然后于旧学新知加以融会和阐释。1919 年 5 月 1 日至 1921 年 7 月,美国著名实用主义哲学家杜威来华赴 11 省作巡回讲演,宣传实验主义哲学理论与方法,其间由胡适口译,毋忘、邓初民、郭绍虞笔录,讲稿在各大报上连载,曾在当时的中国思想文化界引发了一股实验主义热潮。另有何炳松编译《西洋史教授法之研究》自 1919 年 10 月 14 日起连载于《北京大学日刊》第 460—531 号,杨成志所译美国 M. Rostovtzeff 著《历史之目的及其方法》刊载于 1928 年 2 月 7 日《国立中山大学语言历史学研究所周刊》第 15 期,陈韬所译德国伯伦汉著《史学方法论》先刊载于 1936 年 10 月 9 日《大公报·史地周刊》第 106 期,次年由商务印书馆出版。又法国朗格诺瓦、瑟诺博司所著《历史研究导论》(又译为《史学原论》),与伯伦汉《史学方法论》一样,亦为西方实证史学方法论权威著作。何炳松在出版于 1927 年的《历史研究法序》中指出:"德国朋汉姆(现译为伯伦汉)著作之所以著名,因其能集先哲学说之大成也。法国朗格罗亚、塞诺波(现译为朗格诺瓦、瑟诺博司)著作之所以著名,因其能采取最新学说之精华也。一重承先,一重启后,然其有功于史法之研究也,则初无二致。吾国先哲讨论史法之文学,亦何尝不森然满目? 然今日之能以新法综合而整齐之者,尚未有其人耳。"可见当时中国学者对于西方实证主义方法论的普遍青睐与关注。即以梁启超《中国历史研究法》为例,杜维运《与西方史家论中国史学》认为此书主要受到伯伦汉《史学方法论》与朗格诺瓦、瑟诺博司《史学原论》的影响,他"曾将梁氏的《中国历史研究法》与郎、瑟二氏的《史学原论》细作比较,深觉二者关系极为密切,梁氏突破性的见解,其原大半出于郎、瑟二氏"。[①] 上述论著以及大量见于各种学术史著作的序跋以及融会于学术史论述之中的新

---

① 杜维运:《与西方史家论中国史学》附录三,东大图书有限公司 1981 年版,第 339 页。

方法论的种种尝试与探索,一同成为现代"学术"研究史范式重构的重要组成部分。

以上现代"学术"概念史维度的意义重释、现代"学术"发展史维度的价值重建以及现代"学术"研究史维度的范式重构三个方面,充分印证了现代时期是中国传统学术中西交融与新旧转型的重要阶段,也是现代学科分化以及走向独立与成熟的关键时期,所以尤有必要将《中国学术编年》延续至现代时期。

三、中国现代学术史研究的百年接力与超越

在20世纪首尾的两次学术史热中,现代学术因为处于中西交融与新旧转型的特殊阶段而受到学界的高度关注,但彼此的基点与取向并不相同。前者先是往往在中国学术史的古今通观中由"古"向"今"延展,如梁启超《中国学术思想变迁之大势》即明确以当时为中国学术思想史上的第八个时代——复兴时代,谓"我中华当战国之时,南北两文明初相接触,而古代之学术思想达于全盛。及隋唐间与印度文明相接触,而中世之学术思想放大光明。今则全球若比邻矣,埃及、安息、印度、墨西哥四祖国,其文明皆已灭,故虽与欧人交,而不能生新现象。盖大地今日只有两文明:一泰西文明,欧美是也;二泰东文明,中华是也。二十世纪,则两文明结婚之时代也。吾欲我同胞张灯置酒,迓轮俟门,三揖三让,以行亲迎之大典。彼西方美人,必能为我家育宁馨儿以亢我宗也",但实际上还是处在一种充满理想的预期之中。再如杨东莼《中国学术史讲话》、胡行之《中国学术思想之变迁》、王伯祥与周振甫合著《中国学术思想演进史》、王治心《中国学术小史》与《中国学术体系》、李宗吾《中国学术之趋势》等也大多如此。杨东莼《中国学术史讲话》以学术的特点和流派为线索,从先秦一直延续至新文化运动时期的思想流派,甚至论及学界学术史观之"三民主义"与"共产主义"的两相分化与对峙;胡行之《中国学术思想之变迁》也同样从先秦学术起源一直延续至"五四"时期学术发展,而在最后一部分《结论》所谈的三个问题中,则由"学术思想兴衰的原因""过去学术思想的总账"进而展望"今后中国学术思想";李宗吾《中国学术之趋势》也在古今延续中展开对未来学术趋势的展望,认为"将来中、西、印三方学术融合,是学者自由研究之结果,并非强人信从,国际上,学术上,这种现象,都是天然的趋势……我们看清楚这种趋势做去,才不至违反潮流"。

同样,梁启超《清代学术概论》《中国近三百年学术史》等清代断代学术史著作也曾论及现代学术。《清代学术概论》本是作者为好友蒋方震《欧洲文艺复兴史》所撰之《序言》,先以《前清一代思想界之蜕变》为题,连载于1920年出版的《改造》第3卷第3、4、5期,次年由商务印书馆出版单行本,所以很自然地以西方文艺复兴为参照,同时引入佛教"流转相"四期之"生、住、异、灭"的认识论,将清代思潮分为四个时期,贯通于明清之交至清末民初。第一期为启蒙期,以顾炎武、胡渭、阎若璩等为代表;第二期为全盛期,以惠栋、戴震、段玉裁、王念孙、王引之等为代表;第三期为蜕分期,以康有为、梁启超为代表;第四期为衰落期,以俞樾、章炳麟、胡适等为代表。经此辨析之后,清代学术脉络已比较清晰。不过,作者将"清代思潮"类比于欧洲文艺复兴,谓"'清代思潮'果何物耶?简单言之:则对于宋、明理学之一大反动,而以'复古'为其职志者也。其动机及其内容,皆与欧洲之'文艺复兴'绝相类。而欧洲当'文艺复兴期'经过以后所发生之新影响,则我国今日正见端焉"。又说:"综观二百余年之学史,其影响及于全思想界者,一言蔽之,曰:'以复古为解放'。第一步,复宋之古,对于王学而得解放;第二步,复汉、唐之古,对于程、朱而得解放;第三步,复西汉之古,对于许、

郑而得解放;第四步,复先秦之古,对于一切传注而得解放。夫既已复先秦之古,则非至对于孔孟而得解放焉不止矣。然其所以能着着奏解放之效者,则科学的研究精神实启之。"所谓"欧洲当'文艺复兴期'经过以后所发生之新影响,则我国今日正见端焉",则以俞樾、章炳麟、胡适等为代表的第四期——衰落期,又何尝不是下一轮循环的学术新生期和复兴期?客观而论,梁启超将清代学术发展归结为"以复古为解放",的确非常精辟,然以此比之于西方同时期的文艺复兴,却全然忽略了彼此的异质性,未免类比过当。此外,梁启超在对《中国近三百年学术史》解题时明确谈到此书之所以"题目不叫清代学术史",一方面是因为晚明的二十多年,"已经开清学的先河";另一方面则是"民国的十来年,也可以算清学的结束和蜕化"。① 其中由清代"民国的十来年"的下移,同样已延续至现代学术史。

在上述通代或断代的"古—今"通观与延续之外,也有一些学者专注于现代时段的学术史研究。其中长则二三十年,如抗父(樊炳清)《最近二十年间中国旧学之进步》(《东方杂志》1922年第19卷第3号),王国维《最近二三十年新发见之学问》(《科学》杂志1926年第6期),甘蛰仙《最近二十年来中国学术蠡测》(《东方杂志》1924年第21卷纪念号),郭湛波《近三十年中国思想史》(北平人文书店1935年版),张其昀《近二十年来中国地理学之进步》(《科学》1935年第10—12期,1936年第1—9期),张绍良《近三十年中国史学的发展——为纪念中国史学会成立而作》(《力行》1943年4月第7卷第4期),冯达生《二十年来中国学术思潮总批判——由五四运动到新革命运动》(《主流》1947年第1期)等。其中,抗父《最近二十年间中国旧学之进步》、王国维《最近二三十年新发见之学问》两文的学术理路相近,都是重在总结和介绍20世纪最初20年旧学的发展概况,前者从"古器物古书籍之发见"和"新研究之进步"两科分述,后者则将其合在一起论述,并因新研究的进展而略有增补与删改,彼此内容基本相同。侯书勇《〈最近二十年中国旧学之进步〉作者考辨——兼论其学术史意义》认为前文署名抗父,即樊炳清(少泉),然而从王国维致罗振玉书信及相关史实的梳理,文章内容与行文风格,尤其是与王氏后来所作《最近二三十年新发见之学问》比较看,该文当出自王国维之手,反映了王国维对20世纪最初20年间"旧学"发展的认知及所辟新途的自我评定,与当时居于学界主流地位的章太炎、梁启超、胡适等人的认知和所辟新途不同,从另一视角解读了近代文化转移时期中国学术发展之一面相,具有重要的学术史意义。② 次之为十余年,如胡朴安《民国十二年国学之趋势》(《民国日报·国学周刊》1923年国庆日增刊),钱基博《十年来之国学商兑》(《光华大学半月刊》1935年第9—10期)等。前文重在对民国十二年间(1911—1923年)学术加以总结和展望,认为"中国国学,至清乾嘉时而极盛,道咸以后,迄于光宣之际,日即衰微矣"。虽今学界佼佼可数者,"为足当启发学术之任,亦可谓翘然异于众人矣。惟世界息息推移,学术亦时时递变,诸先生之学术,仅足结清室之终,未足开民国之始,其著作之精粹,可供吾人之诵读,其治学之方法,不能为吾人之楷式",强调"一种学术,必有他种学术与之接触,始能发生新学术之径途。……苟努力不已,则民国之学术,必能迈前世而上之"。再次之为数年,如林同济《第三期的中国学术思潮——新阶段的展望》(《战国策》1940年11月1日第14期),刘炳藜《战时之学术研究》(《中央周刊》1940年第2卷第43期),叶蠖生《抗战以来的历史学》(《中国文化》1941年8月

---

① 梁启超:《中国近三百年学术史》,商务印书馆2017年版,第1页。

② 侯书勇:《〈最近二十年中国旧学之进步〉作者考辨——兼论其学术史意义》,《齐鲁学刊》2012年第3期,第40—45页。

第 3 卷第 2 期)，孙本文、瞿菊农等《中国战时学术》(正中书局 1946 年版)，(德)傅吾康《中日战争期中后方之汉学研究》(《中国文化研究汇刊》1946 年第 6 卷)，胡绳《近五年间中国历史研究的成绩》(《新文化》半月刊 1946 年 9 月第 2 卷第 5 期)等，皆专为抗战时期学术史之总结。最短者则仅一二年而已，如齐思和《最近二年来之中国史学界》(《朝华》1931 年 3 月第 2 卷第 4 期)，蔡尚思《战后中国思想学术论争》(《中国建设》1947 年 1 月 1 日第 3 卷第 4 期)、《一年来中国学术思想的论争》(《中国建设》1948 年第 5 卷第 4 期)更是聚焦于最近一二年间中国学术思想界论争的梳理与评述。

　　然而，学术史毕竟呈现为一种面向过去的时间取向，对于处于"当下"的现代学者而言，现代学术史并非"已然"而是处于"未然"的发展演变之中，因而不可能产生相对独立完整的"现代学术史"研究。这一历史局限终于在 20—21 世纪之交的"重写学术史"热中得到了有效弥补。

　　鉴于现代学术负有中西交融与新旧转型的双重使命，本来可以通过中国通代学术史、中国百年学术史以及中国现代学术史三个维度同时切入，而事实上，勃兴于 20—21 世纪之交的"重写学术史"也是贯通历代，即包含对整个中国学术史的反思与重述，李学勤先生在《重写学术史》(河北教育出版社 2002 年版)一书的"内容提要"中这样写道："'重写学术史'意味着中国各历史阶段学术思想的演变新加解释和总结。这与我过去说的'重新估价中国古代文明'和'走出疑古时代'，其实是相承的。晚清以来的疑古之风，很大程度上是对学术史的怀疑否定，而这种学风本身又是学术史上的现象。只有摆脱疑古的局限，才能对古代文明作出更好的估价。"在此，李学勤先生特别强调 20 世纪考古发现之于"重写学术史"的重要性，提出要由改写中国文明史、学术史到走出疑古时代，由"二重证据法"到多学科组合。张立文先生则在《中国学术的界说、演替和创新——兼论中国学术史与思想史、哲学史的分殊》(《中国人民大学学报》2004 年第 1 期)一文中，对"中国学术史是什么"作了如下辩思与界定："学术在传统意义上是指学说和方法，在现代意义上一般是指人文社会科学领域内诸多知识系统和方法系统，以及自然科学领域中的科学学说和方法论。中国学术史面对的不是人对宇宙、社会、人生之道的体贴和名字体系或人对宇宙、社会、人生的事件、生活、行为所思所想的解释体系，而是直面已有的中国哲学家、思想家、学问家、科学家、宗教家、文学家、史学家、经学家等的学说和方法系统，并借其文本和成果，通过考镜源流、分源别派，历史地呈现其学术延续的血脉和趋势。这便是中国学术史。"但就目前业已出版的多卷本中国通代学术史著作观之，则往往以清末为下限。比如，李学勤主编的《中国学术史》凡 11 卷，依次为《先秦卷》(上、下)、《两汉卷》、《三国两晋南北朝卷》(上、下)、《隋唐五代卷》、《宋元卷》(上、下)、《明代卷》、《清代卷》(上、下)，自 2001 年起，由江西教育出版社陆续出版。张立文《中国学术通史》凡 6 卷，依次为《先秦卷》《秦汉卷》《魏晋南北朝卷》《隋唐卷》《宋元明卷》《清代卷》，于 2005 年由人民出版社整体推出。两书的相继出版，一同填补了中国学术史上长期缺少通史研究巨著的空白，代表了世纪之交"重写学术史"的重要进展。但两书均未进而延续至 20 世纪，毕竟是一大局限。这就意味着需要重点从中国百年学术史与中国现代学术史两个维度同时走向现代学术史前沿研究。

　　中国百年学术史之所以受到世纪之交"重写学术史"的重点关注，除了现代学术史作为中国百年学术史的"新起点"与"上半场"之外，还得益于世纪学术反思的激发与推动。首先值得重点关注的是相关学术会议与笔谈，诸如 1996 年《光明日报》、福建教育出版社举行

"20 世纪中国学术回顾"座谈会，①1997 年《学术月刊》召开"20 世纪的中国学术"专题学术研讨会，②1998 年《学术月刊》设立"20 世纪中国学术史研究"专栏，同年《天津社会科学》第 3 期举办"20 世纪中国学术思想论衡"笔谈，1999 年湖北省社会科学院历史研究所主办"五四思潮与 20 世纪中国"学术座谈会，③等等。其中 1997 年 4 月《学术月刊》社邀请沪上及外地专家学者 40 余人召开的"20 世纪的中国学术"的专题学术研讨会，与会学者就"20 世纪中国学术"的历史起点与逻辑起点、学术史观与研究方法等发表了各自的意见，并就 20 世纪中国学术在中西文化与学术的碰撞和融合的背景之下的现代品性与总体特点，以及存在的问题与教训、部分具体学科在 20 世纪的发展脉络等展开了热烈的讨论。其次是相关学术史论文，主要有：陈伯海《20 世纪中国学术文化的世界意义论略》（《学术月刊》1997 年第 9 期），刘克敌《学人·学术与学术史》（《北方论丛》1999 年第 3 期），李学勤、江林昌《世纪之交与中国学术史研究》（《烟台大学学报》1999 年第 4 期），严春友《20 世纪中国学术之遗憾与警示》（《山西大学师范学院学报》2001 年第 3 期），李方祥《中国共产党与 20 世纪中国学术研究论纲》（《宁夏党校学报》2004 年第 3 期），高翔《马克思主义与 20 世纪中国学术道路》（《马克思主义研究》2005 年第 2 期），张国刚《陈寅恪、唐长孺、胡如雷与 20 世纪中国学术史》（《河北学刊》2005 年第 5 期），殷国明《"原话语"的失落与重构——20 世纪中国学术史的纠结与转型》（《河北学刊》2013 年第 3 期），王银《试论 20 世纪中国学术史的沉浮》（《同行》2016 年第 12 期），王长华、李笑岩《漫论 20 世纪中国学术研究的转型》（上、下）（《名作欣赏》2018 年第 13、16 期），等等。其中刘克敌《学人·学术与学术史》一文将 20 世纪百年中国学术划分为四个阶段：一是现代学术的创建期（从世纪初到"五四"前后）；二是现代学术的成长期（从 20 年代至 40 年代）；三是现代学术的迷失期（从 50 年代直到 80 年代末）；四是现代学术的回归期（从 90 年代初至世纪末）。然而，为数更多的是各不同学科的 20 世纪学术史回顾与总结之作，此不赘述。再次是相关学术史著作，主要有：戴逸《二十世纪中华学案》（北京图书馆出版社 1999 年版），黄敏兰《20 世纪百年学案》（陕西人民教育出版社 2002 年版），杨向奎《百年学案（上下）》（辽宁人民出版社 2003 年版），邴正、邵汉明主编《20 世纪中国学术回顾》（吉林人民出版社 2005 年版），陈高华、张彤主编《二十世纪中国社会科学》（上海人民出版社 2005 年版），朱尔明《20 世纪中国学术大典》（福建教育出版社 2006 年版），于沛史主编《20 世纪中华学术经典文库》（兰州大学出版社 2000 年版），瞿林东主编《20 世纪中国学术文存》（湖北教育出版社 2006 年版），等等。当然，规模更为宏大的是 20 世纪学术史研究丛书，包括罗志田主编《20 世纪的中国：学术与社会》（山东人民出版社 2001 年版），龚翰雄《20 世纪中国人文学科学术研究史丛书》（福建人民出版社 2005 年版），邓福星主编《二十世纪中国学术论辩书系》（百花洲文艺出版社 2009 年版），张林杰主编《20 世纪文化大师与学术流派丛书》（大象出版社 2010 年版）等。其中《二十世纪中国学术论辩书系》这一大型丛书共计 4 卷 38 种 40 册，以哲学、历史、文学、艺术为四个着眼点，旨在勾勒一百年间学术论辩的历史演化、主要内容形态以及核心成果，总结其经验教训，探求其发展规律，堪称 20 世纪中国重要学术思想的汇要，具有重要的学术价值与社会意义。④

①　《20 世纪中国学术回顾座谈会举行》，《高校社科信息》1996 年第 4 期。
②　晋荣东：《"20 世纪的中国学术"讨论会综述》，《学术月刊》1997 年第 6 期，第 107—110 页。
③　史讯、高山：《"五四思潮与 20 世纪中国"学术座谈会述要》，《社会科学动态》1999 年第 6 期，第 7 页。
④　张越：《回望百年论辩，重温学术风云》，《中华读书报》2014 年 11 月 12 日。

　　与上述从中国通代学术史、中国百年学术史两个维度切入不同,第三个维度是中国现代学术史研究,尽管在名称上或许有现代学术、近代学术以及民国学术史之别。大致从 20世纪 80 年代中期起,现代新儒学研究受到学界的高度关注,方克立先后主编并出版了《现代新儒学研究丛书》(辽宁大学出版社 1994 年版)、《现代新儒家学案》(中国社会科学出版社1995 年版)、《现代新儒学与中国现代化》(天津人民出版社 1997 年版)等 30 多种著作,将近千万字,遂使现代新儒家迅速成为显学,并在海内外产生了广泛影响。陆续问世于世纪之交的大型著作尚有刘梦溪主编的《中国现代学术经典》(河北教育出版社 1996 年版)与张岂之等主编的《民国学案》(湖南教育出版社 2011 年版)。前者共计 36 本,堪称中国现代学术经典论著的汇编。刘梦溪《中国现代学术经典总序》谓:"这套丛书的编纂即祈望能够比较多地梳理出现代学术史上那些具有恒在意义的东西。所谓经典,主要指在学科上有开辟意义、对某一领域的研究有示范作用,既为后来者开启无穷法门,又留下未决之问题供研究者继续探考。弥久不变和与时俱新是经典的两个方面的品格。着眼点完全在学术,尤重视学术本身的独立价值,采择去取尽量做到不受学术以外因素的牵扰。所选各家,言论主张各异,学养人格有殊,其于家国、世道、人心,俱可执偏而补全。学术之立名,理应包括人文社会科学和自然科学,兹编所限,自然科学部分没有收入,只好遗为一憾。相信今天的学子若要使自己学有宗基,取径有门,传承有绪,中国现代学者的这些具有经典意义的著作不只无法绕行,且将成为他们获得学思灵感的重要源泉。"后者著录民国时期各学科代表人物共254 位,内容涵盖哲学、历史学、语言学、文学、美学、经学、训诂学、考古学、图书版本目录文献学、地理学、方志学、宗教、社会学、法政、经济学、新闻学、教育学、科技史、艺术、军事学等学科。在每个学案里有人物生平、学术思想、学术著作以及学术旨要扼要的介绍与评述,兼具学术性、文献性、工具性特征。与方克立、李锦全主编《现代新儒家学案》具有精与博的不同取向与价值。至于更具学术个性化的著作则有:陈平原《中国现代学术的建立——以章太炎、胡适为中心》(北京大学出版社 1998 年版)、薛其林《民国时期学术研究方法论》(湖南人民出版社 2002 年版)、卞孝萱《现代国学大师学记》(中华书局 2006 年版)、刘梦溪《中国现代学术要略》(生活·读书·新知三联书店 2008 年版)、麻天祥《中国近代学术史》(武汉大学出版社 2007 年版)、桑兵《晚清民国的学人与学术》(中华书局 2008 年版)、叶隽《异文化博弈——现代留欧学人与西学东渐》(北京大学出版社 2009 年版)、胡文辉《现代学林点将录》(广东人民出版社 2010 年版)等等。陈平原《中国现代学术的建立——以章太炎、胡适为中心》(北京大学出版社 1998 年版)选择以清末民初三十年间的社会与文化为背景,以中国现代学术建立的"关键时刻"为切入点,通过对以章太炎、胡适之为代表的"晚清"与"五四"两代学人的文化理想、学术思路、治学方法以及文化心态的描述,展现中国现代学术转型的复杂性,揭示、发掘各种被压抑、被埋没的声音,挑战以"西学东渐"为代表的"现代化叙事",并以现代大学者群体的登场、现代学科体系与学术范式的建构作为中国现代学术建立的核心标志。刘梦溪《中国现代学术要略》在重点阐述中国现代学术这个概念的基础上,聚焦于学术思想的隆替与变异、多元并立的中国传统学术、传统学术向现代学术转变、经今古文学的互动、中国现代学术的发端与繁盛、中国现代学术的学术传统以及学术史具有恒在意义等重要论题,充分凸显了立足现代、通变古今、对话大师、重释经典的独特定位与取向。薛其林《民国时期学术研究方法论》则通过整体与个案的交融,就民国时期学术研究方法论作了系统梳理、归纳与总结,同样富有启示意义。

　　在上述学术史著作相继出版之际，也有大量聚焦于现代学术史的论文问世，举其要者有：姜义华《现代中国思想文化嬗变轨迹的新探寻——民国时期思想文化史研究述评》（《近代史研究》1988年第6期），雷颐《关于现代学术传统》（《学人》第1辑，江苏文艺出版社1991年版），刘梦溪《王国维与中国现代学术的奠立》（《学人》第10辑，江苏文艺出版社1996年版），耿云志《胡适与五四前后中国学术的几个新趋向》（《浙江学刊》1999年第2期），翁美琪《经学的衰落与诸子学向中哲史的嬗变——20世纪初中国学术的转型》（《社会科学战线》1997年第5期），李慎之《什么是中国现代学术经典》（《开放时代》1998年第5期），朱汉国《创建新范式：五四时期学术转型的特征及意义》（《北京师范大学学报》1999年第2期），黄道炫、钟建安《1927—1937年中国的学术研究》（《史学月刊》2001年第2期），麻天祥《创变中的民国学术》（《浙江学刊》2001年第2期），张立文《民国学术的发展与中国学术理论形态的应世转生》（《求索》2001年第3期），张弘、夏锦乾《科学理性的命运与范式演进——关于20世纪中国学术现代转型的反思》（《江海学刊》2001年第3期），肖朗《中国近代大学学科体系的形成——从"四部之学"到"七科之学"的转型》（《高等教育研究》2001年第6期），罗志田《无名之辈改写历史：1932年清华大学入学考试的作文题风波》（《历史研究》2008年第4期），张玉法《民国初期的知识分子及其活动（1912—1928）》（《聊城大学学报》2013年第1期），宗杨涛《中国现代学术及其开端》（《现代妇女》2014年第1期），葛剑雄《被高估的民国学术》（《文汇报》2014年10月17日），乐爱国《"民国学术热"意味着什么？》（《光明日报》2015年1月13日）、《"民国学术热"的当下意义》（《深圳特区报》2015年1月22日），葛兆光《谛听余音——关于学术史、民国学术以及"国学"》（《书城》2015年第11期），姜萌《评判民国学术的维度与态度》（《光明日报》2016年3月19日），周维东《民国学术的"热"与"冷"》（《中国社会科学报》2017年3月28日），欧阳哲生、左玉河、阎书钦、李帆、郑大华关于《多维度视阈下的民国学术发展》的笔谈，包括欧阳哲生《民国学术之历史定位》、左玉河《民国学术研究的体制化及其局限性》、阎书钦《民国时期社会科学理论体系构建的双重路径》、李帆《民国学术的清学传统》、郑大华《要重视对民国学人群体的研究》（《史学理论研究》2020年第1期）等。这些论文与上述"重写学术史"的讨论一样更见学术的前沿性、思辨性与创新性，不仅对"民国学术热"的问题作出了及时的回应，而且广泛涉及现代学术史的价值定位、逻辑起点、历史分期、转型标志、学者群体、经典论著、创新路径、重要贡献、深远影响等重要论题，由此将现代学术史研究推向新的境界、新的高度。

　　得益于历史的积累与时代的超越，勃兴于20世纪末的"重写学术史"讨论显然较之20世纪之初学界的自我总结具有更为广阔的视野、更为丰厚的学术资源以及更为深邃的学术洞察力，尤为重要的是当今学者能够站在21世纪新的学术制高点上对现代学术史成果加以全面、系统、深入的梳理、辨析与总结，从而使当代中国对20世纪历次学术论辩的回望有了更为科学而深刻的认识，并以全新的姿态展望新世纪中国学术研究复兴的美好前景。然而，令人遗憾的是跨学科集成性的现代学术编年的再次缺席。毫无疑问，现代学坛领袖与大师群体即是主导现代学术方向、创造现代学术成就的主角，这一学术群体的个体年谱编纂愈来愈受到学界的重视，并取得了显著成就。然而，从学者个体年谱进而走向专题尤其是专门学科的学术编年却未引起学界应有的重视，迄今为止只有数种致力于专门学科的学术编年重要著作陆续问世，尚有更多专门学科的学术编年需要相关学科学者继续付出努力。至于以诸多学者个体年谱与专门学科的学术编年为基础而编纂为跨学科集成性的现代学术编年之作则一直阙如,因而在重写现代学术史的跨世纪接力中更需要加以重点突破。因为就学术容量而言,唯有跨学科集成性的学术编年史才能装下现代时期 10 万余位学者以及 8 万余部学术著作、5 万余篇学术论文,除此别无选择;而从更高目标来看,则跨学科集成性的学术编年体别具其他各种学术史体式难以比拟的独特优势,而且可以通过学术理念与体例的更新,更好地为传统学术编年体补缺赋能。

四、重绘中国现代学术地图的模型与结构

鉴于中国现代(1911—1949)学术本身的杰出成就与当前研究热闹但不够厚重的明显反差,尤其是作为现代学术研究基础工程的学术编年尚未引起学界应有的重视,所以我们在编撰规模宏大的《中国学术编年》之际,即已积极筹备《中国现代学术编年》这一后续工作,彼此在著录的时间上正好相互衔接。与此同时,我们也一直致力于《中国现代学术编年》理念与体例的探索与完善。

基于从“文化—学术”“传统—现代”“本土—世界”三个维度重新审视中国学术史的历史进程与演变规律,我们在《中国学术编年·前言》中首次提出了“四大规律说”,借助学术编年体努力揭示中国学术史发展演变的四大规律:(1)注重中国学术史的宏观发展演变历程,以见各代学术盛衰规律。(2)注重学术流派的源起、形成、鼎盛及至解体历程,以见学术流派的兴替规律。(3)注重学术群体的区域流向、位移、承变历程,以见学术中心的迁移规律。(4)注重中外学术的冲突、交流与融合历程,以见跨文化的学术传通规律。然而,鉴于现代学术历时较短,而且处于历史动荡与战乱年代,政治中心的频繁迁移,学术群体的广为流动,都对整个现代学术的时空坐标与价值取向产生了重要影响。所以,我们拟在这里进而提出“重绘现代学术地图”的构想。梁启超曾在发表于 1902 年的《中国地理大势论》(《新民丛报》1902 年第 6、8、9 号)中提出“‘文学地理’常随‘政治地理’为转移”的论断,现代学术史又何尝不是如此。又陈寅恪先生在《元白诗笺证稿》中指出:“苟今世之编著文学史者,能尽取当时诸文人之作品,考定时间先后,空间离合,而总汇于一书,如史家长编之所为,则其间必有启发,而得以知当时诸文士之各竭其才智,竞造胜境,为不可及也。”①所谓“时间先后”与“空间离合”的结合,即可为文学史提供一种新的时空坐标,这对于《中国现代学术编年》同样富有启示意义。因为学术编年体首先基于“时间先后”,同时又关乎“空间离合”,即在注重和强调时间流程与空间流向的两相互动交融中,需要重新建构学术史与学术圈的有机关系:学术圈首先是一个空间单位,但学术圈的形成与演化又是一个时间的连续过程,当学术圈随着时间的推移沉积、重叠而成历史序列时,便构成了学术史。在此,二者已合而为一:学术圈标志着学术史的空间布局,学术史标志着学术圈的时间演化。只有“时间先后”与“空间离合”亦即学术史与学术圈的相互交融方能重现学术史的立体图景,方能从历史与逻辑辩证统一的高度完成对学术史的历史还原与重建。鉴此,我们在《中国现代学术编年》中对其间 40 年学术史进行了重新定位与审视,并在中西交融与新旧转型的时空坐标中“重绘现代学术地图”,然后提出如下新的现代学术史发展模型结构:

1. 北京—上海双都轴心与现代学术的转型(1911—1927)。近代以来,随着上海新型都

---

① 陈寅恪:《元白诗笺证稿》,生活·读书·新知三联书店 2001 年版,第 9 页。

市文化的崛起,逐步形成了京沪新旧学术轴心的崭新格局。在中西交融、新旧蜕变的文化背景下,从洋务派到维新派、革命派,再到新文化运动,文人群体的进退分合相互交错,新兴社团、书馆、报刊、学校,更是令人眼花缭乱,伴随传统文人的率先转型与新型学者的快速聚合,上海最终以非凡业绩确立了自己作为商业新都、文化新都、学术新都的崇高地位,成为洋务运动、维新变法与辛亥革命的前沿阵地,成为国人出境、外人入境两相对流交融的纽带。近代学者群体正是通过留学、出使、出访与游历等途径由上海—域外通道走向世界,近代学术地理版图因此进一步从本土延向海外,呈现为以日本为主、以美国与英国为辅的空间流向与区域结构,问世于近代的诸多旅外游记和小说率先反映和展现了这一历程与成果。美国学者罗兹·墨菲(Rhoads Murphey)曾在一部比喻性十足的《上海——现代中国的钥匙》(上海人民出版社 1998 年版)中,形象地将上海比喻为现代中国的钥匙,断言现代中国在上海诞生,由此可见上海这一新型国际都会崛起之于近代中国走向现代与世界以及重构北京—上海双都轴心的特殊意义。

　　1911 年辛亥革命成功,次年民国政府定都南京,于是近代以来逐步形成的北京—上海双都轴心由此演变为北京—上海—南京的三足鼎立。1912 年 1 月 1 日,中华民国临时政府在南京宣告成立之际,改清代之江宁府为"南京府",作为直属中央的特别行政区域。同日,孙中山宣誓就任中华民国临时大总统,发布《临时大总统就职宣言》和《告全国同胞书》。1月 2 日,孙中山通令改行公历,确定 1912 年为中华民国元年。1 月 3 日,中华民国南京临时政府正式成立。19 日,蔡元培以教育总长主持教育部正式启用印信之日,即发布了《中华民国教育部普通教育暂行办法通令》十四条及《普通教育暂行课程标准》十一条,可见蔡元培就任教育总长之后对于教育改革心情之迫切以及工作效率之高。2 月 1 日,蔡元培发表《对于新教育之意见》,系统提出了军国民教育、实利教育、道德教育、世界观教育、美感教育"五育"并举的教育方针,[①]对于中国现代教育价值的国家导向具有奠基意义。5 月 3 日,蔡元培呈准由袁世凯发布命令,将京师大学堂改名为北京大学校,任命严复署理北京大学校校长,从而实现了北京大学的现代转型。7 月 10 日,在蔡元培主持下,教育部于北京召开民国政府第一次教育会议,历时 1 月,向大会提交了 47 件议案,大部分获得通过。其间,蔡元培因不满袁世凯而于 7 月 14 日坚辞教育总长,至 7 月 26 日教育次长范源濂接任教育总长后,根据蔡元培的教育理念、改革设计以及第一次教育会议通过的议案,相继颁布了《学校系统令》《校学校令》《中学校令》《大学令》《专门学校令》等一系列具有划时代意义的教育文件,标志旧教育制度的结束和中国近代新教育的诞生,也充分凸显了蔡元培作为民国教育家之首的崇高地位,因而不妨将 1912 年称为"教育新政年"。然而,1912 年 3 月袁世凯接替孙中山担任临时大总统后,坚持定都北京,临时参议院未能坚持原议而同意迁都。4 月,临时政府各机关北迁至北京,由此结束了南京短暂的轴心时期而向北京—上海双都轴心回归,此后,曾为民国首都的南京再次下降为学术亚中心地位。

　　然而尽管首都北京仍是全国文学轴心所在,但在新旧、中外文学的激烈交锋中,上海既比北京处于前沿,也比北京走在前列,从这一点上说,上海因开近代风气之先,业已成为不是陪都的陪都,甚至于压倒首都北京,于是由上海与北京共同构成京沪新双都轴心

---

　　①　先后刊载于《民立报》1912 年 2 月 8、9、10 日,《教育杂志》第 3 卷第 11 号(1912 年 2 月 10 日出版),《东方杂志》第 8 卷第 10 号(1912 年 4 月出版)。

结构。其实，1912 年 1 月 1 日中华民国临时政府在南京宣告成立不久，即有学者对此拥有清醒的认知，田光在刊发于 1912 年 2 月 12 日《民立报》的《上海之今昔感》一文中这样写道：

> 上海北京为新旧两大鸿炉，入其中者，莫不被其熔化，斯诚精确之语。北京勿论矣，请言上海。自甲午后，有志之士成集于上海一隅，披肝沥胆，慷慨激昂，一有举动，辄影响于全国，而政府亦为之震惊，故一切新事业亦莫不起点于上海，推行于内地，斯时之上海，为全国之所企望，直负有新中国模型之资格。

的确，上海作为新兴国际都会的生机、活力以及革新与反叛精神，诚为北京所不及或所没有，田光关于"新旧两大鸿炉"的比喻甚为精到，从戊戌变法失败之后，分别作为革命派与立宪派大本营的上海与北京，直至民国政府从南京迁往北京以及此后袁世凯的称帝，显然一直处于尖锐的南北对立之中，但更准确地说，彼此既有新旧对峙，又有共趋互动。其中的标志性事件是 1915 年 9 月 15 日陈独秀先于上海创办《青年杂志》(1916 年 9 月 1 日出版第 2 卷第 1 号时改名为《新青年》)，至 1916 年 12 月蔡元培出任北京大学校长后，于次年 1 月聘请陈独秀担任北京大学文科学长，而陈独秀创办于上海的《新青年》也因此走进了北大。其实，蔡元培请来的不仅是一位文科学长、《新青年》的主编，而且还是"五四"及新文化运动的旗手。所谓风云际会，正是时势使然。同年，胡适、陈独秀相继发表《文学改良刍议》《文学革命论》，从此拉开"五四"文学革命的序幕，直至 1919 年以北京为中心的"五四"新文化运动的全面爆发而臻于高潮，其间北京大学自然成为新文化运动的中心、"五四"运动的策源地，而《新青年》则成为"五四"运动的号角，成为宣传马列主义、宣传反帝反封建思想的阵地。

从 1916 年 12 月蔡元培出任北京大学校长至 1927 年其卸任，被视为北京大学校史上的一段辉煌期，由此"奠定了北大的传统和精神"。蔡元培仿效德国大学的管理制度，秉持"大学者，研究高深学问者也""自由原则、兼容并包"的大学理念，在北京大学推行教授治校、民主管理的治理体系的系列改革，尤其重视大学的学术研究功能，先于 1917 年底设立文、理、法三科研究所，后又于 1919 年 12 月增设地质研究所，这是中国高校最早的研究所，至 1921 年底，蔡元培创立了北京大学研究所国学门，成为中国大学最先最早建立并成功运作的学术研究机构，首开大学学术研究风气之先。蔡元培为了把北大打造成理想的研究学问之府，"广延积学与热心的教员，认真教授，以提起学生研究学问的兴会"，[①]延聘名师，罗致人才，不讲资历、学历、政治派别、学术门派，不论年龄、国籍若何，但问是否为"纯粹之学问家"。先后聘请陈独秀、夏元瑮分别出任文科、理科学长。其中文科方面又聘请胡适、李大钊、鲁迅、刘半农、梁漱溟、李四光、王星拱、颜任光、钟观光、任鸿隽、李书华、丁西林、马寅初、陶孟和、陈启修、王世杰等到校任教。此间在北京大学任教的著名学者还有黄节、吴梅、刘文典、陈垣、马裕藻、沈兼士、朱希祖、马衡、康心孚等。对有学术造诣、政治上守旧的辜鸿铭、刘师培、黄侃等人，蔡元培也用其所长。在理科方面，蔡元培除了任用著名的物理学家、相对论学者夏元瑮任理科学长之外，还陆续延请、续聘了李四光、朱家骅、翁文灏、丁文江等

---

① 蔡元培著、高平叔编：《蔡元培教育论著选》，人民教育出版社 1991 年版，第 709 页。

教授。蔡元培的系列改革不仅率先为北京大学建立起了现代大学制度,同时也为民国时期的大学树立了典范,为其他高校所纷纷仿效。于是以北京大学为首的现代新型大学即成为全国学者荟萃的高地,诸如任教于清华大学的梁启超、王国维、陈寅恪、赵元任、吴宓、李济;任教于北京高等师范学校的林砺儒、任国立;等等。其中年长一代的(如梁启超、刘师培、王国维等)业已成为学术大师,但更多的是正在成长中的未来的一代学术大师。他们与新型社团以及出版机构、刊物构成彼此互动的完整学术链,从而推动了传统学术向现代学术的转型。此外,也有一些著名学者如章太炎于苏州设立章氏国学讲习会,长期讲学以为业,而未尝入职新型大学或研究机构,但并不妨碍其与新型社团以及出版机构、刊物的互动,也不影响其在现代学术转型中成长为一代学术大师。

要之,在中国学术从传统走向现代的转型期(1911—1927),以北京—上海双都轴心为驱动,以现代大学学科为平台,以现代新型社团以及出版机构与刊物为阵地,尤其在经历"五四"新文化运动的洗礼之后,中国学术终于初步完成了走向现代与走向世界的双重使命,促进了早期现代学术的中西交融与新旧转型,同时也实现了现代学科体系与学术范式的重构。

2. 两京—上海三足鼎立与现代学术的繁荣(1927—1937)。1927年4月18日,南京国民党中央政治会议发表《定都南京宣言》,在南京另组国民政府。此后至1937年抗战全面爆发,国民政府再由南京迁都重庆。其间前后十年,南京取代北京而确立了其首都地位,由此带给学术版图的变化是:随着南京学术地位的上升,此前的北京—上海轴心为新的两京—上海三足鼎立结构所取代,彼此在构筑新的学术生态过程中,一同书写了本时段现代学术的繁荣。

1927—1937年间,南京国民政府在学术研究上的最大建树是设立中央研究院,同时也与当时教育部改革大学院密切相关,蔡元培身兼两职,再次显示了卓越的个人魅力与能力。先是1927年6月17日,蔡元培任大学院院长后,仿效法国体例,试行大学区制,撤销教育行政委员会,改设中华民国大学院为全国最高学术教育行政机关。11月9日,《中央研究院组织法》公布,明定"中央研究院直隶于国民政府,为中华民国最高学术研究机关"。1928年6月9日,蔡元培与中央研究院各研究所负责人杨铨、李四光、竺可桢、丁燮林、周仁等在上海召开第一次院务会议,宣告中央研究院正式成立。此后,陆续设立物理、化学、工程、地质、天文、气象、历史语言、国文学、考古学、心理学、教育、社会科学、动物、植物等14个研究所,分布于南京、北京、上海、广州等地。中央研究院及其14个研究所的建立,标志着国家最高学术组织体系已趋于成熟,不仅由此凝聚了超豪华的学术精英队伍,而且培养了一大批各学科的领军人才。以1935年6月20日中央研究院首届聘任的41位评议员为例,其中中央研究院内部11人为当然评议员,分别为中央研究院院长蔡元培、物理研究所所长丁燮林、化学研究所所长庄长恭、工程研究所所长周仁、地质研究所所长李四光、天文研究所所长余青松、气象研究所所长竺可桢、历史语言研究所所长傅斯年、心理研究所所长汪敬熙、社会科学研究所所长陶孟和、动植物研究所所长王家楫。同时又选聘中央研究院之外的全国著名学者30人为评议员,依次为:物理组李书华、姜立夫、叶企孙;化学组吴宪、侯德榜、赵承嘏;工程组李协、凌鸿勋、唐炳源;动物组秉志、林可胜、胡经甫;植物组谢家声、胡先骕、陈焕镛;地质组丁文江、翁文灏、朱家骅;天文气象组张云、张其昀;心理组郭任远;社会科学组王世杰、何廉、周鲠生;历史组胡适、陈垣、陈寅恪;语言考古人类学

组赵元任、李济、吴定良。再以直属中央研究院的著名的语言历史研究所为例,该所于
1927年夏设于广州中山大学,当时名为语言历史研究所,次年更名为历史语言研究所,傅
斯年任所长。1929年迁北平(今北京)北海静心斋,1936年再迁至南京鸡鸣寺。历史语言
研究所分设历史、语言、考古三组及各组主任。第一组主任兼专任研究员陈寅恪,第二组
主任兼专任研究员赵元任,第三组主任兼专任研究员李济;专任研究员9人,包括董作宾、
李方桂、岑仲勉、梁思永、丁声树、郭宝钧、劳干、陈槃、周一良;兼任研究员沈兼士、韩儒林;
通讯研究员12人,包括胡适、陈垣、高本汉、顾颉刚、罗常培、马衡、徐炳昶、徐中舒、翁文
灏、陈受颐、陶德思、梁思成;副研究员11人,包括芮逸夫、全汉昇、董同龢、张政烺、石璋
如、高去寻、傅乐焕、夏鼐、王充武、杨时逢、李光涛。上述学者多数在当时的学术研究中卓
有建树。在1948年中央研究院评选出的第一届81位院士中,上述评议员及历史语言研
究所的著名学者多人在列。

　　北京自1928年6月20日起改名北平,在本时段学术发展过程中与南京构成南北双
都轴心。然而,不幸的是,在1927—1929年间,北京大学处于动荡时期,先是遭到攫取北
京政权后的奉系军阀摧残,于1927年宣布撤校,与北京其他8所国立大学合并为京师大
学校。至1928年南京国民政府接管北京大学之后,先将其改为中华大学,复改为北平大
学,后又改为国立北平大学北大学院。1929年北大宣布自行复校,随后国民政府恢复国
立北京大学。1930年蒋梦麟出任北京大学校长,翌年1月正式就职后,着力改革北京大学
管理制度,提出"教授治学,学生求学,职员治事,校长治校"十六字方针。1932年6月,北
京大学实行学院制,设文、理、法三个学院,胡适、刘树杞、周炳琳分别出任院长。1928年8
月17日,清华学校改为国立清华大学,罗家伦出任校长,对学校组织结构大加整改,延请
了蒋廷黻、张奚若、萧公权、冯友兰、张子高等几十位著名教授。1931年10月14日,梅贻
琦出任校长,其在任17年中,对学校建设贡献巨大,确定了清华著名学府地位。此外,美
国传教士司徒雷登创办的燕京大学于1929年在中国注册,设有文学院、自然科学院和应
用社会科学院,包括中文、外语、历史、哲学、心理、教育、新闻、音乐、化学、生物、物理、数
学、家事、政治、经济、社会等学系。1934年设研究院,下分文、理、法3个研究所。司徒雷
登广泛邀聘著名中国学者来校任教,一时名师云集,任教于此的著名学者有刘廷芳、洪业、
吴雷川、胡适、吴文藻、冰心、冯友兰、陆志韦等,使燕京大学在壮大北京学术轴心中发挥了
重要作用。此外,北京轴心的同仁学术团体也相当活跃,值得重点关注的是1935年4月
13、14日,中国哲学会第一届年会在北京大学召开,选举黄建中、方东美、宗白华、张君劢、
范寿康、林志钧、胡适、冯友兰、金岳霖、汤用彤、贺麟、祝百英为理事。会议由冯友兰致开
会词,北京大学校长蒋梦麟致欢迎词,胡适则代表哲学会致欢迎词。中国哲学会首届年会
的召开,在中国现代哲学发展史上有重要意义,当时《大公报》记者就说:"中国哲学会第一
届年会,实为中国思想进展上之重要阶段,即由过去零碎的介绍和个别的研究时期,到集
团的检讨、比较与批评时期。各派各家的哲学思想,经这样集团的批判与论争之后,自然
可以熔合成长一种新的哲学思潮。"①

　　上海轴心承续了上一时期的多元包容性,但似乎更加凸显了趋新与"叛逆"的特点,其
中文化学术界的重要政治活动有:1930年5月20日,中国社会科学家联盟在上海成立,其

---

① 《哲学年会闭会以后(北平通信)》,《大公报》1935年4月18日。

首要任务是以马克思主义理论促进中国革命。1931年12月19日,上海文化界反帝抗日联盟成立,其任务是"团结全国文化界,作反帝抗日之文化运动及联络国际反帝组织"。1932年,上海出版界以商务印书馆为首,联合49家出版社,反对政府施行出版法,要求言论出版自由。1933年3月14日,上海学术界举行马克思逝世50周年纪念会。1936年5月29日,全国学生救国联合会在上海成立,全国17个城市和广西全省学生救国联合会的30余名代表参加会议。1936年5月31日,全国各界救国联合会在上海召开成立大会。宋庆龄、沈钧儒、邹韬奋等被选为领导。联合会要求各种国内政治力量停止军事冲突,释放政治犯,派遣代表谈判,以便制定共同救国纲领,建立统一救国政权,准备抗日。1937年7月28日,上海文艺界救亡协会成立,宗旨是联合文化界爱国人士,开展抗日救国运动,直至1937年11月12日上海沦陷。因此,上海成为"左联"的根据地,成为具有左倾思想的文人学者的大本营,并非偶然。与南北两京不同,上海轴心最具同仁团体与活动的鲜明特色。其中与"左联"密切相关的是文艺社团活动,诸如:1927年12月12日田汉在上海创立的南国社;1928年1月蒋光慈、钱杏邨(阿英)、孟超等发起成立的太阳社;1928年12月潘汉年、冯乃超等发起成立的中国著作者协会;1930年7月许幸之、沈西苓、于海等发起成立的中国左翼美术家联盟;等等。而在学术性社团中,则有:1930年5月20日成立的中国社会科学家联盟;1931年3月1日成立的中国语言文字学会;1933年1月28日成立的中国教育学会;1933年11月11日蔡元培、柳诒徵、缪凤林、张其昀、何炳松等人发起成立的中国历史学会;1934年7月25日在上海交通大学成立的中国数学会;等等。

在本时段两京—上海三足鼎立的局面下,南京作为国民政府的首都,居于两京—上海三足鼎立中的核心地位,对于全国学术布局与发展具有统领作用,同时也在贯彻"三民主义"官方主流价值方面走在前列。相比之下,北京具有"五四"运动的光荣传统,学生爱国运动此起彼伏。1935年12月9日,北平学生举行抗日救国大示威,16日,举行更大规模示威游行,反对华北特殊化,掀起"一·二九"运动,引发全国响应,这是"五四"精神的新的时代回响。而上海作为"左联"的根据地以及左倾思想的文人学者的大本营,充分彰显了不同于官方倡导的"三民主义"主流价值的"叛逆精神"。以1930年5月20日成立的中国社会科学家联盟为例,实际上,该联盟是中国共产党在上海建立的传播马克思主义的文化理论团体,是第二次国内革命战争时期中国共产党领导的重要的革命文化团体之一,其在《社会科学战线》创刊号上发表《中国社会科学家联盟纲领》一文公开宣布其任务为:(1)以马克思主义理论促进中国革命;(2)普及马克思主义理论;(3)批驳一切非马克思主义思想;(4)领导新兴社会科学运动沿着正确的方向发展;(5)参加无产阶级解放运动的实际斗争。[①] 就此而论,通过本时段两京—上海三足鼎立可见三方角力的不同取向与消长。

在1927—1937年的十年间,现代学术走向全面繁荣。陈平原《中国现代学术之建立——以章太炎、胡适为中心》(北京大学出版社1998年版)一书借用库恩(Thomas S. Kuhn)的"范式"(paradigm)理论衡量中国现代学术转型与两代人的贡献,认为1927年是中国现代学术建立的"关键时刻",其核心要素在于:一是新的学术范式的建立。通过戊戌、五四两代学人的学术接力,创建了现代新的学术范式,包括走出经学时代、颠覆儒学中心、标举启蒙主义、提供科学方法、学术分途发展、中西融会贯通,等等。二是现代学科体系的建立。

---

① 《中国社会科学家联盟纲领》,《社会科学战线》1930年创刊号,第1—3页。

此实与现代教育制度逐步按西学知识体系实施分科专业教育密切相关,其中"西化"最为彻底,也最为成功的,当推大学教育。三是现代大学者群体的登场,如康有为、梁启超、章炳麟、罗振玉、王国维、严复、刘师培、蔡元培、黄侃、吴梅、鲁迅、胡适、陈寅恪、赵元任、梁漱溟、欧阳竟无、马一浮、柳诒徵、陈垣、熊十力、郑振铎、俞平伯、钱穆、汤用彤、冯友兰、金岳霖、张君劢等。他们既是推动中国现代学术转型的主导力量,也是中国现代学术建立的重要成果。

　　3. 重庆—昆明战时轴心与现代学术的裂变(1937—1946)。抗日战争不仅改变了中国现代的历史进程,而且改写了现代学术的地理版图,由此形成重庆—昆明新的战时双轴心结构。早在 1932 年上海发生"一·二八"事变时,国民政府为躲避战火,曾从南京暂迁洛阳,并立洛阳为"行都"。1937 年 11 月 12 日上海沦陷、淞沪会战失败后,国民政府于同月 20 日决定迁都重庆。直至 1945 年抗战胜利,遂由重庆还都南京。在此抗战期间,重庆取代南京成为全国政治文化学术中心。与此同时,随着北京、天津、上海、南京、广州、武汉等市的先后沦陷,中国东部高校以及其他文化教育学术机构纷纷迁至重庆以及西南、西北等偏壤之地。其中以 1937 年 9 月 10 日国民政府教育部发出第 16696 号令为标志,以由北京大学、清华大学、南开大学组成的长沙临时大学以及由北平大学、国立北平师范大学(即现在的北京师范大学)、国立北洋工学院三所院校所组成的西北(西安)临时大学为先导,从此开始了中国现代历史上最为悲壮的学界大撤退行动,同时也从根本上改变了先前中国学术版图东盛西衰的整体格局。尤其是西南联大于 1938 年由长沙再迁于昆明,直至抗战胜利后回归平津复学,不仅创造了战时人才辈出、学术繁荣的教育奇迹,而且由此形成了重庆之外的另一学术中心,并与重庆一同建构新的两大学术轴心,然后以此带动西南—西北弧形学术地理版图结构的形成与演变。其中延安作为特殊时期的新的学术中心的兴起与活力,从一定意义上说已预示了下一时期学术版图演变的新结局。

　　1937 年 11 月 20 日,国民政府主席林森发表《国民政府移驻重庆宣言》,宣布国民政府"为适应战况,统筹全局,长期抗战起见,本日移驻重庆"之后,国民政府的党、政、军机关陆续迁到重庆。中国共产党派出以周恩来为首的中共代表团和中国共产党在大后方的机关报《新华日报》移驻重庆。与此同时,中央研究院与南京中央大学等著名教育科研文化艺术机构和团体以及世界著名通讯社、国际反法西斯机构、外国驻华使领馆纷纷内迁重庆。1940 年 9 月 6 日,国民政府正式决定重庆为"陪都",实际上重庆承担起了战时首都的功能,同时也是抗战时期全国新的学术轴心。其中作为中国最高学术机构的中央研究院以及南京中央大学、复旦大学等著名高校的西迁重庆,无疑是重庆学术轴心形成的核心标志。1937 年 11 月中旬,中央研究院奉命西迁,原在京沪两地之各所处,遂全部迁入内地。至抗战结束时,中央研究院下辖总办事处以及 14 个研究所(含数学研究所筹备处),分布于重庆、北碚、李庄、昆明四区。中央研究院西迁重庆前期,仍由蔡元培任中央研究院院长。1940 年 3 月 5 日蔡元培在香港病逝后,则由朱家骅继任院长。同年选出新一届聘任评议员 30 人,其名单如下:物理和数学组:姜立夫、吴有训、李书华;化学组:侯德榜、曾昭抡、庄长恭;工程组:凌鸿勋、茅以升、王宠佑;地质组:翁文灏、朱家骅、谢家荣;天文与气象组:张云、吕炯;历史组:胡适、陈寅恪、陈垣;语言、考古与人类学组:赵元任、李济、吴定良;心理组:唐钺;社会科学组:王世杰、何廉、周鲠生;动物组:秉志、林可胜、陈桢;植物组:戴芳澜、陈焕镛、胡先骕。中央研究院的西迁,是一项具有战略意义的举措,不仅在战火中为国家基本完整地保存了最高学术研究机构,以及研究队伍和重要资料、仪器、设备,而且在科学考察、学术研究与国际交流三个方面取得了卓越成果,这对于推进科学、教育、文化事业,加速国家近代化的进程,夺取抗战胜利,都有着深远的意义。而在知名高等学府西迁方面,据1936年教育部统计室的统计,战前全国高校数量为108所,战后西迁重庆的有14所,加上部分院系迁渝的高校,共21所。其中最具学术实力且社会期许与自我期许最高的是原设立于南京的国立中央大学,该校原有教职员543人,西迁重庆实到318人,著名学者有罗家伦、顾孟余、顾毓琇、吴有训、胡焕庸、李剑晨、赵少昂、沈兼士、陈东原、潘菽、梁希、金善宝、赵九章、柳诒徵、朱希祖、白寿彝、徐悲鸿、朱东润、黄汲清、经农、李瑞年、唐君毅。1941年教育部部聘教授中,以中央大学居于首位,西南联大、浙江大学分居第二、三位,由此可见中央大学人才之盛。难能可贵的是,抗战时期,中央大学等校学生响应国民政府"一寸山河一寸血,十万青年十万军"的号召,投笔从戎,参加青年军的学生占在校生的三分之一。抗战时期西迁于重庆的另一所著名大学是复旦大学,先后在该校任教的名师有:孙寒冰、吴泽、陈子展、陈望道、周谷城、洪深、曹禺、潘震亚、靳以、马宗融、李仲琐、梁宗仍、严家显、吕振羽、顾颉刚、邓广铭、吴斐丹、张志让、秉志、蒋天枢、方令孺、汪东、周予同等,可谓人才济济。[①] 除了中央大学、复旦大学之外,交通大学、武昌中华大学、山东大学、北平师范大学、金陵大学等高校也聚集了不少著名学者。高校之外社会学术力量的集聚,其主体是缘于南京向重庆的转移,但也有部分来自全国其他地区,主要包括任职于政府机构、活动于社团组织、创办刊物与出版机构的学者群体等。总之,抗战时期成千上万名教授、学者、专家、诗人、记者、科学家、艺术家和几十万流亡学生转移重庆,一同铸就了重庆作为全国新的学术轴心的地位。

　　昆明作为抗战"大后方"的后方,其远离抗日战场与优越的气候环境条件吸引了来自全国各地的人员,包括官员、学者、商人、民众以及援华的国际友人,昆明的人口暴增到空前的50多万,使其迅速成为一座繁华的国际化城市,同时也成为与重庆相呼应与联动的两大学术轴心之一。其中南迁的西南联大、西迁的中山大学以及本土的云南大学都是支撑这一新轴心形成的中坚力量,但居于核心地位的则是西南联大。西南联大由南迁的北京大学、清华大学、南开大学组成,设有文、理、法商、工、师范5个学院26个系。最初沿袭长沙临时大学建制,由清华大学校长梅贻琦、北京大学校长蒋梦麟和南开大学校长张伯苓组成常务委员会共同管理校务。后因蒋梦麟、张伯苓均在重庆任职,只有梅贻琦长期留于昆明,故一直由梅贻琦主导校务。西南联大在滇八年间,前后任教的教授多达300余人,师资主体为自北大、清华、南开著名专家、学者、教授,仅就人文学科而言,可以从以下名单中强烈感受到当时西南联大文学院和法商学院教授的强大阵容:(1)文学院。其中中国文学系有:朱自清、罗常培、罗庸、魏建功、杨振声、陈寅恪、刘文典、闻一多、王力、浦江清、唐兰、游国恩;外国语文学系有:叶公超、柳无忌、莫泮芹、陈福田、燕卜荪、黄国聪、潘家洵、吴宓、陈铨、吴达元、钱钟书、杨业治、傅恩龄、刘泽荣、朱光潜、吴可读、陈嘉、冯承植、谢文通、李宝堂、林文铮、洪谦、赵诏熊、闻家驷、陈家民、温德、黄炯华、胡毅;历史学系有:刘崇鋐、雷海宗、姚从吾、毛准、郑天挺、陈寅恪、傅斯年、钱穆、王信忠、邵循正、皮名举、向达、张荫麟、蔡维藩、葛邦福、吴晗;哲学心理学系有:汤用彤、冯友兰、金岳霖、沈有鼎、孙国华、周先庚、张荫麟、冯文潜、贺麟、郑昕、容肇祖、王维诚、王宪钧、陈康、敦福堂、熊十力(专任讲师)。(2)法商学

---

　　①　李能芳:《抗战时期复旦大学办学研究》,西南大学硕士学位论文,2010年。

院。其中政治学系有：张奚若、张纯明、崔书琴、邵循恪、吴之椿、浦薛凤、王赣愚、张佛泉、钱端井、罗隆基、王化成、沈乃正、赵凤喈；经济学系有：陈盛孙、赵迺抟、周作仁、秦瓒、伍启元、周炳琳、李云鹏、张德昌、徐毓丹、杨西孟、戴世光、萧蘧、周覃绂；法律学系有：燕树棠、戴修瓒、蔡枢衡、罗文干、张企泰、李士彤、费青、芮沐、马质夫、章剑；商学系有：丁信、李卓敏、陈序经、陈公孙、林维英、李云鹏、周覃绂；社会学系有：陈达、潘光旦、李景汉、李树青、吴泽霖、陶云逵、费孝通（讲师），真可谓大师云集，人才济济。即以 1948 年首届中央研究院首届院士评审为例，出于西南联大的即有 27 人入选。所以，可以毫不夸张地说，正是西南联大赋予了昆明作为民国学术的另一中心的崇高地位，并在抗战期间与重庆构成驱动民国学术发展的两大轴心。

　　与上述重庆—昆明战时轴心相对应的是延安—陕南战时亚轴心。由于西北临时大学西迁西安以及延安作为抗战青年知识分子汇集的大本营的强大引力，延安—陕南构成了与重庆—昆明两大轴心相对应的战时亚轴心，由此改写了西北以及全国的学术地理版图。1936 年 12 月 16 日，经历二万五千里长征的红军进驻延安。1937 年 1 月 13 日，中共中央机关迁驻陕西延安。8 月 15 日，中共中央发表《中国共产党抗日救国十大纲领》。9 月 6 日，根据国共双方达成的协议，中国共产党将陕甘宁苏维埃根据地更名为陕甘宁边区，下辖陕西、甘肃、宁夏 3 省 23 县，边区政府设在延安。22 日，国民党中央通讯社发表《中共中央为公布国共合作宣言》，国共两党第二次合作正式形成。延安作为全国抗战青年知识分子汇集的大本营，在新型文化学术体系建构上，集中体现在理论创新、思想洗礼、战时教育与文化整合四个方面，对整个延安学术发展有着决定性的作用和影响，同时具有改写西北学术地理版图以及预示全国学术未来走向的双重意义。另一方面，与西南联大形成有趣对比的是西北联大。1937 年 9 月 10 日，北平大学、国立北平师范大学（即现在的北京师范大学）、国立北洋工学院（原北洋大学，即现在的天津大学）三所院校迁至西安，组成西安临时大学。11 月上旬太原失陷以后，西安临时大学又迁往陕南。次年 3 月，由西安临时大学分出国立西北工学院、国立西北农学院，其余部分改称国立西北联合大学。1939 年，西迁一年多的西北联大"一"分为"五"——西北工学院、西北农学院、西北医学院、西北师范学院和西北大学。抗战期间，西北联大及其分立五校共有 500 余名教授，包括黎锦熙、许寿裳、魏寿昆、许兴凯、赵进义、张贻惠、张贻侗、沈志远、曹靖华、章友江、季陶达、李仪祉、张伯声、虞宏正、马师儒、罗章龙、谢似颜、黄文弼、韩幽桐等一大批著名学者，由此建立了比较完整的西北高等教育体系，对当时全国学术地理版图的变化也产生了重要影响。尽管无论是历时、成就与影响都无法与西南联大相比，但正如有的学者所说的："与西南联大一样，西北联大也延续了中华民族的文化命脉，不应湮没在沧海桑田之中，它在秦巴之间的弦歌不辍，也不应永远沉寂在渺远的记忆里！"[①]

　　1937—1945 年抗战期间由重庆—昆明战时轴心引发现代学术的裂变，集中体现在以下三个方面：一是形成沦陷区、国统区与解放区三位一体的学术版图结构。因为日军占领中国的线路和方向是从北向南、从东向西，所以沦陷区、国统区与解放区三位一体的学术版图结构也伴随抗日战争的进程而发生相应的变化，其中最具标志性意义的是原为三足鼎立的北京、上海与南京的相继沦陷以及大批学者群体的西撤，整个沦陷区学术板块呈空心化趋

---

① 　孙强：《西北联大湮没在历史的尘埃中》，《华商报》2012 年 9 月 29 日。

势；与此形成鲜明对比的国统区学术板块呈密集型分布态势，主要呈现为从东到西的内迁及其向西南、西北两个方向的延展，其中西南链接着重庆和昆明两大学术轴心，又是重中之重所在；至于解放区学术板块则呈集散性状态，即以延安为中心而散布于其他解放区，但在汇聚学术高地与学者群体的规模、数量与水平方面一时无法与国统区相提并论。二是西北—西南弧形学术纵轴线的形成。在经历东部学术板块向西南、西北的重心大转移后，由原先的两京—上海三足鼎立演变为重庆—昆明与延安—陕南的弧形学术纵轴线，其中重庆—昆明为战时学术主轴心，而延安—陕南则为战时学术亚轴心。这一战时弧形学术纵轴线既是原先两京—上海三足鼎立整体西移的结果，由此直接带动了西部学术的发展，但同时也具有贯通南北国统区与解放区学术板块的重大意义。三是不同主流意识形态导向的冲突。其中第一个层级是沦陷区民族矛盾中抗战与卖国的斗争，从 1939 年 1 月 14 日伪北京大学到 1942 年 12 月 18 日伪华北政务委员会教育总署学术文化审议会在北平成立，一批学者走上汉奸之路，但有更多的学者则在艰难和危险的环境中坚守，甚至为此付出生命的代价；第二个层级是国统区与解放区"三民主义"与"马克思主义"的根本对立，分别以重庆与延安为两大堡垒；第三个层级是国统区中"马克思主义"的传播与民主力量的滋长。比如在重庆，既有中国共产党派出以周恩来为首的中共代表团和中国共产党在大后方的机关报《新华日报》移驻重庆，以及陈柱天创办的中国出版社先后出版《共产主义运动中的"左派"幼稚病》《论反对派》《国家与革命》《列宁主义问题》等马克思列宁主义经典著作，又有中国民主同盟、中国民主建国会、九三学社等民主党派在促进联合抗日、掀起争取和平民主运动等方面发挥了重要作用；而在昆明，西南联大经过抗战血与火的洗礼，不仅书写了中国教育史上的传奇，而且在民主运动中同样走在前列，遂有"民主堡垒"之誉，其中值得重点关注的是在中共中央南方局影响下的以李公朴、闻一多、费孝通、吴晗等著名人士为核心的爱国民主运动，尤其是 1946 年 7 月 11、15 日相继发生的"李闻惨案"迅速引起了全国各地各界的强烈抗议，同时也强有力地激发了大批学者群体与国民党当局以及"三民主义"主流意识形态的分离和反叛。

　　4. 北京—南京双都轴心与现代学术的结局（1946—1949 年）。1945 年 8 月 15 日，日本宣布无条件投降后，国民政府便开始着手将首都回迁南京。同年 12 月，国民政府行政院及各部先遣人员到达南京，着手准备还都。1946 年 4 月 30 日，国民政府颁布《还都令》。5 月 5 日，国民政府正式告别重庆，"凯旋南京"。随着重庆相关学术文化机构的返回南京与上海以及西南联大的回归平津复学，于是由战时首都重庆还都南京至此终于告竣，而抗战时期以重庆—昆明为轴心的学术地理版图又重新复原为战前的两京—上海的三足鼎立。所憾由于战时上海学术失血过多，一时难以快速复原，因而占据主导地位的是北京—南京的双都轴心结构。然而，"雕栏玉砌应犹在，只是朱颜改"，此"双都"已非彼"双都"。对于即将见证现代学术大分化之结局的学者群体而言，他们所面临的首先是北京—南京双都轴心复原中的空间选择与流向，然后便是伴随三年解放战争进程而必须作出的去留离别的严峻考验，是学者的分途与学术的分化的相互交织，一同为现代学术史画上了并非圆满的句号。

　　1946 年 5 月南京轴心地位的回归，首先表现在以中央研究院、南京中央大学为标杆的学术机构的回迁与学术活动的恢复。1946 年 6 月 24 日上午，中央研究院召开复员回京后第一次院务会议，朱家骅、萨本栋、傅斯年、竺可桢等 16 人出席。然后于 10 月 20 日、22 日、23 日、24 日连续召开中央研究院评议会会议，从一个方面反映了中央研究院回迁南京之后复原工作的重要性和紧迫性,会议期间所作出的各项部署对于本时段中央研究院的快速恢复与发展具有特别重要的意义,随后中央研究院下属研究所即由战前的 14 个增加到 23 个,学科的覆盖面更为广泛。在此后的三年中,中央研究院倾力而为的重大事项即是首届院士的评审。1947 年 3 月 10 日,中央研究院总办事处致函朱家骅、翁文灏、萨本栋、傅斯年、王世杰、陶孟和、李济、李四光等 26 位分处京、沪两地的评议员,邀请其参加 3 月 15 日午后 4 时在南京本院总办事处举行的谈话会议,以便商讨、草拟院士选举和院士会议两项规程,中央研究院首届院士评选工作自此启动。然后至 1948 年 4 月 1 日,中央研究院经过一年多以来的反复酝酿和评选,终于正式公布了首届 81 名院士名单。其中数理组 28 人:数学姜立夫、许宝騄、陈省身、华罗庚、苏步青;物理学吴大猷、吴有训、李书华、叶企孙、赵忠尧、严济慈、饶毓泰;化学吴宪、吴学周、庄长恭、曾昭抡;地质学朱家骅、李四光、翁文灏、黄汲清、杨钟健、谢家荣;天文气象学竺可桢;工程学周仁、侯德榜、茅以升、凌鸿勋、萨本栋。生物组 25 人:动物学王家楫、伍献文、贝时璋、秉志、陈桢、童第周;植物学胡先骕、殷宏章、张景钺、钱崇澍、戴芳澜、罗宗洛;医学李宗恩、袁贻瑾、张孝骞;药物学陈克恢;体质人类学吴定良;心理学汪敬熙;生理学林可胜、汤佩松、冯德培、蔡翘;农学李先闻、俞大绂、邓叔群。人文组 28 人:哲学吴稚晖、金岳霖、汤用彤、冯友兰;古文字学余嘉锡、胡适、张元济、杨树达;历史学柳诒徵、陈垣、陈寅恪、傅斯年、顾颉刚;语言学李方桂、赵元任;考古学李济、梁思永、郭沫若、董作宾;建筑学梁思成;法律学王世杰、王庞惠;政治学周鲠生、钱端升、萧公权;经济学马寅初;社会学陈达、陶孟和。1948 年首届院士选举实开中国院士制度的先河,在中国学术发展史上具有重要的里程碑意义。第一,标志着中国现代学术体制化建设趋于成熟,及以院士为主体的国家学院体制在中央研究院“成立二十年之今日,乃告完成”。第二,中央研究院通过授予院士的至高名衔与荣誉,汇聚了国内各学术领域中的大批知识精英,并基于院士会议及评议会的体制保障,及精英群体们的学术权威性与代表性,切实地履行其议订国家学术方针,指导、联络、奖励国内外学术研究等多项职能,从而建构了中国的一大学术重心。第三,树立起民主、公正、理性的知识评价体系和运作程序,及学术独立的双重理念与知识人格,由此成为学术共同体内自主选举的一个成功典范。[①] 从现代学术史的视角而言,中央研究院首届 81 名院士名单无疑即是现代学术的“封神榜”,是从学术评价制度上对现代学术的一次历史性总结。

　　同在 1946 年 5 月,由北京大学、清华大学、南开大学三校组成的西南联大迁回原址,于是抗战时期形成的另一轴心昆明也随之为北京所取代。至 1948 年 1 月 14 日,国民政府明令定北平为陪都。而实际上,在抗战结束之后,北京已经居于陪都的地位。随同西南联大北归的是一批学术大师和著名学者。胡适于 7 月回到北平,9 月任国立北京大学校长。11 月,以国民政府代表团首席代表的身份,在伦敦出席联合国教育科学文化组织会议,制订该组织的宪章。12 月,与朱经农等 200 余人在向国民党会提交的教育提案中,建议政府“保障学术与思想之自由”,对于“独立之教育基金及科学研究经费,应予以保障”,并保护教育、科学、艺术文化工作者的生活和工作条件。[②] 1947 年 10 月,胡适在《观察》第 7 期上发表《争取学术独立的十年计划》,主张“在十年之中建立起中国学术独立的基础”,提出中国高等教

　　① 　李来容:《院士制度与民国学术——1948 年院士制度的确立与运作》,南开大学博士学位论文,2010 年。
　　② 　胡适:《“教育文化应列为宪法专章”的提案》,胡适著,陈漱渝、姜异新选编:《胡适论教育》,福建教育出版社 2016 年版,第 33—34 页。

育"应该有一个自觉的十年计划",即"在十年之内,集中国家的最大力量,培植 5 个到 10 个成绩最好的大学",使其成为"第一流的学术中心"和"国家学术独立的根据地"。[①] 应该说,1947 至 1948 年间在发起与参与学界围绕学术独立问题的广泛争论中,各位学者的动机、立场与观点颇多分歧,但由于胡适作为北京大学校长及其本人的学术地位,实际上居于北京轴心乃至全国学坛领袖。然而,深受国共政局以及深度介入的美国势力的影响,此时的北京学界业已发生明显的分化,其中的典型事件如 1948 年 6 月 18 日北平各大学教授包括朱自清、金岳霖、吴晗、陈梦家、钱伟长、朱德熙、余冠英等 100 多人发表《抗议美国扶日政策并拒绝领取美援面粉宣言》,抗议美国政府扶植日本,并拒绝领取美援面粉;6 月 29 日,北平各大学朱光潜、沈从文、吴晗、俞平伯、徐炳昶(旭生)等 104 位教授联名发表宣言《抗议轰炸开封》,严正抗议国民党轰炸开封;11 月 4 日,北京大学、清华大学、燕京大学严景耀、雷洁琼、许德珩、朱光潜等 47 名教授联名发表《我们对于政府压迫民盟的看法》的抗议书,抗议国民政府用所谓"处置后方共产党临时办法"强行解散民盟。著名教授群体的这些重要活动实际上代表了北京轴心学界的最新思想动向。

1948 年 11 月,蒋介石授意朱家骅、傅斯年负责制定"抢救"平津教育界知名人士计划,并由傅斯年、陈雪屏与蒋经国组成三人小组具体执行和实施。居于这一"抢救学人"名单之首的是北京大学校长胡适,其次是清华大学校长梅贻琦,重点是以下四类人:一是大陆各大专院校的负责首长;二是原中央研究院院士;三是因政治原因必须限令离开大陆的高级知识分子;四是在国内外学术上有杰出贡献者。12 月 14 日,第一批被"抢救"的学人胡适、陈寅恪、毛子水、钱思亮、英千里、张佛泉等少数著名教授飞抵南京。12 月 21 日,第二批被"抢救"的学人梅贻琦、李书华、袁同礼、杨武之等二十几位教授飞抵南京。但有更多的学者愿意留在北平等待中共新政权的到来,表明"抢救学人"计划最终不得不以失败而告终。以 1948 年 4 月 1 日中央研究院评审出来的首届 81 名院士名单为例,其中迁往台湾的有胡适、梅贻琦、朱家骅、傅斯年、李济、董作宾、袁贻瑾、王世杰、王宠惠、李先闻、凌鸿勋、吴敬恒;迁往美国的有陈省身、李书华、吴宪、林可胜、汪敬熙、陈克恢、李方桂、赵元任、吴大猷、萧公权;但更多的院士则留在了大陆。值此学术分化与学者分途的关键时刻,每位学者都不可避免地经历了精神与灵魂的煎熬与洗礼,而大陆与台湾的去留比例,则已鲜明地反映了当时的人心向背。

尽管现代学术前后仅仅历时 40 年,却经历了以下四个阶段的重大变化:一是北京—上海双都轴心与现代学术的转型(1911—1927);二是两京—上海三足鼎立与现代学术的繁荣(1927—1937);三是重庆—昆明战时轴心与现代学术的裂变(1937—1946);四是北京—南京双都轴心与现代学术的结局(1946—1949)。由此,对"学术史地图"加以重新定位与审视,不仅可以重塑现代学术史发展模型结构,而且可以深化对现代学术中西交融与新旧转型内涵与意义的认识。

五、中国现代学术编年的文献集成与编纂体例

尽管现代时期不足 40 年,但其间所产生的 10 万余位学者及其 8 万多部学术著作与 5

---

① 胡适:《争取学术独立的十年计划》,胡适著,陈漱渝、姜异新选编:《胡适论教育》,福建教育出版社 2016 年版,第 112—114 页。

万多篇学术论文的海量文献,则是以往任何时代所无法比拟的,所以尤为需要对《中国现代学术编年》的文献集成与编纂体例作出新的思考与探索,前者偏重于"内容"方面,后者则偏重于"形式"方面,彼此相辅相成,相得益彰。

（一）关于文献集成问题

《中国现代学术编年》以文集、目录(图书与报刊目录)、年谱、年鉴、传记、日记、笔记、回忆录等为主要文献依据,同时也重点参考并征引了相关学案、编年以及学术史论著。其中的"学术背景"栏主要参考和征引了有关历史编年论著;"学术活动"栏主要参考和征引了有关学者年谱;"学术论文"栏主要参考和征引了有关报刊目录;"学术著作"栏主要参考和征引了有关图书目录;"学者生卒"栏主要参考和征引了有关学者传记。诚然,这仅仅是就主流而言,而事实上则更多呈现为彼此相互交叉、相互包容的情况。即以其中的学者年谱为例,通常以谱主的生平事迹为主线,仅仅著录了相关学术活动,同时也普遍载有学术论著的问世及其影响、贡献与评价,实际上即是特定学者个体文献的综合集成,也是《中国现代学术编年》重点参考与征引的学术文献,故而有必要在这里再略加讨论。

通常而论,学者年谱的编纂是与其学术地位与贡献成正向比例的,学者的学术地位越高、贡献越大,越会受到学界的重视,因而也就更有可能有相关年谱甚至多种年谱问世。大而言之,学者群体可以划分为著名学者与普通学者两大类型,其中前者又可以再分为学术领袖、学术大师、学术名家三个层级,然后与作为基座的普通学者,一同构成一个包括四个层级的金字塔结构。基于综合因素考量,《中国现代学术编年》所著录的著名学者群体主要有(按姓氏笔画排列):丁文江、丁声树、丁惟汾、丁福保、于省吾、千家驹、马衡、马一浮、马其昶、马宗霍、马叙伦、丰子恺、王力、王云五、王亚南、王光祈、王国维、王宠惠、王拱璧、王重民、王献唐、太虚、戈公振、方国瑜、尹达、邓初民、艾思奇、卢戆章、叶德辉、田汉、冯友兰、冯沅君、冯承钧、冯雪峰、成仿吾、师复、吕澂、吕思勉、吕振羽、朱士嘉、朱光潜、朱自清、朱谦之、任中敏、华岗、向达、刘天华、刘半农、刘师培、刘国钧、刘海粟、汤用彤、孙本文、孙海波、苏曼殊、杜亚泉、杜国庠、杜定友、李达、李俨、李济、李大钊、李石岑、李平心、李仪祉、李时灿、李叔同、李剑农、李健吾、李景汉、杨杰、杨塈、杨东莼、杨守敬、杨贤江、杨昌济、杨明斋、杨荫浏、杨树达、杨钟健、连横、吴宓、吴梅、吴晗、吴金鼎、吴承仕、吴景超、吴稚晖、岑仲勉、何干之、何炳松、余嘉锡、邹韬奋、沈钧儒、沈兼士、沈曾植、张大千、张元济、张友渔、张世禄、张东荪、张申府、张尔田、张伯苓、张君劢、张季鸾、张荫麟、张相文、张竞生、陆侃如、阿英、陈达、陈垣、陈衍、陈东原、陈序经、陈国符、陈独秀、陈恭禄、陈望道、陈寅恪、陈撄宁、陈鹤琴、陈黻宸、邵飘萍、青主(廖尚果)、范文澜、茅盾、林励儒、林语堂、林惠祥、欧阳予倩、欧阳竟无、尚钺、易君左、罗振玉、罗根泽、罗常培、金岳霖、金毓黻、周扬、周予同、周谷城、周鲠生、冼玉清、冼星海、郑宗海(郑晓沧)、郑振铎、宗白华、孟森、孟宪承、经亨颐、赵元任、赵纪彬、赵景深、胡风、胡适、胡绳、胡朴安、胡厚宣、柯劭忞、柳诒徵、侯外庐、俞平伯、闻一多、姜亮夫、洪业、费孝通、姚从吾、姚永朴、姚名达、贺麟、贺昌群、袁同礼、聂耳、贾兰坡、夏衍、夏鼐、夏丏尊、夏孙桐、夏承焘、夏曾佑、顾颉刚、晏阳初、钱穆、钱玄同、钱钟书、钱基博、钱端升、徐中舒、徐旭生、徐悲鸿、高步瀛、郭化若、郭廷以、郭沫若、郭宝钧、郭绍虞、唐兰、唐文治、容庚、容肇祖、陶行知、陶孟和、黄自、黄侃、黄文弼、黄远生、黄炎培、黄宾虹、萧一山、萧友梅、萧孝嵘、曹靖华、常书鸿、康有为、章炳麟、商承祚、梁启超、梁实秋、梁思永、梁思成、梁漱溟、董作宾、蒋百里、蒋廷黻、蒋伯潜、蒋维乔、韩儒林、辜鸿铭、嵇文甫、傅斯年、傅增湘、鲁迅、曾昭燏、谢无量、谢兴尧、谢国桢、蒙文通、雷海宗、简又文、蔡元培、裴文中、廖世承、谭其骧、熊十力、黎锦熙、翦伯赞、潘菽、潘天寿、潘光旦、戴季陶、瞿秋白等。居于这一学术名家群体之上的学术大师群体，则大致可以参照 1948 年 4 月 1 日中央研究院正式公布的人文组 28 人名单：吴稚晖、金岳霖、汤用彤、冯友兰、余嘉锡、胡适、张元济、杨树达、柳诒徵、陈垣、陈寅恪、傅斯年、顾颉刚、李方桂、赵元任、李济、梁思永、郭沫若、董作宾、梁思成、王世杰、王庞惠、周鲠生、钱端升、萧公权、马寅初、陈达、陶孟和。鉴于此前已有学者陆续去世以及院士评审中的其他因素，因而还可以参照陈平原《中国现代学术的建立——以章太炎、胡适为中心》中提到的 1927 年之前登场的现代大学者群体名单：康有为、梁启超、章炳麟、罗振玉、王国维、严复、刘师培、蔡元培、黄侃、吴梅、鲁迅、胡适、陈寅恪、赵元任、梁漱溟、欧阳竟无、马一浮、柳诒徵、陈垣、熊十力、郑振铎、俞平伯、钱穆、汤用彤、冯友兰、金岳霖、张君劢等。据此可以在上述 28 位院士的基础上加上康有为、梁启超、章炳麟、罗振玉、王国维、严复、刘师培、蔡元培、黄侃、吴梅、鲁迅、梁漱溟、欧阳竟无、马一浮、柳诒徵、熊十力、郑振铎、俞平伯、钱穆、张君劢等。居于上述学术大师群体之上以及整个学术名家群体顶端的则是学术领袖群体，当以蔡元培、梁启超、章炳麟、王国维、陈独秀、胡适、傅斯年、陈寅恪、陈垣、郭沫若、竺可桢、马寅初、陶孟和、冯友兰、顾颉刚、钱穆等为代表。其中梁启超、章炳麟、蔡元培、陈独秀、胡适、傅斯年、陈垣、郭沫若、竺可桢、马寅初、陶孟和、顾颉刚、钱穆皆学政两栖，唯王国维、陈寅恪为纯粹学者，蔡元培、陈独秀皆以学术思想而非学术研究见长，蔡元培更是以政秉学、以政领学。

如前所述，中西交融与新旧转型的现代时期，是一个需要大师而又创造了大师的时代，他们既是推动中国现代学术转型的主导力量，又是中国现代学术建立的重要成果，同时也是学者年谱编纂的主要对象，排除一些特定时代以及某种偶然的因素，迄今陆续问世的学者年谱编纂大致亦与学术领袖、学术大师、学术名家的不同层级成正向比例，现大致按 19 世纪下半叶前段（1875 年以前）、后段（1876—1900 年）与 20 世纪初（1901 年之后）的出生年代分为三个群体。

1. 出生于 19 世下半叶前段（1875 年以前）的学者群体年谱。主要有：杨世灿编《杨守敬学术年谱》（湖北人民出版社 2004 年版），李贵连编著《沈家本年谱长编》（山东人民出版社 2010 年版），王蘧常编《沈寐叟先生年谱》（上海商务印书馆 1938 年版），许全胜《沈曾植年谱长编》（华东师范大学博士学位论文，2004 年），严修自订、高凌雯补、严仁曾增编、王承礼辑注、张平宇参校《严修年谱》（齐鲁书社 1990 年版），廖幼平编《廖季平年谱》（巴蜀书社 1985 年版），康有为著、楼宇烈整理《康南海自编年谱》（中华书局 1992 年版），吴天任著《康有为年谱》（广东人民出版社 2018 年版），杨剑锋《陈三立年谱简编》（《中国韵文学刊》2007 年第 1 期），李开军《陈三立年谱长编》（中华书局 2014 年版），陈步编《侯官陈石遗先生（陈衍）年谱》（载陈步编《陈石遗集》，福建人民出版社 2001 年版），张旭、车树升、龚任界编著《陈衍年谱》（福建人民出版社 2020 年版），廖幼平编《廖季平年谱》（巴蜀书社 1985 年版），罗耀九主编《严复年谱新编》（鹭江出版社 2004 年版），谢增寿编著《张澜年谱》（群言出版社 2013 年版），孙应祥著《严复年谱》（福建人民出版社 2014 年版），陈祖壬编《桐城马先生（其昶）年谱》（载《晚清名儒年谱 16》，北京图书馆出版社 2006 年版），丁文江、赵丰田编著《梁启超年谱长编》（上海人民出版社 2009 年版），姚奠中、董国炎著《章太炎学术年谱》（山西古籍出版社 1996 年版)，汤志钧编《章太炎年谱长编(增订本)》(中华书局 2013 年版)，庄安正编著《张謇年谱长编(民国篇)》(上海交通大学出版社 2018 年版)，崔建利、王云《徐世昌年谱及其编者考论》(《民国档案》2009 年第 1 期)，王逸明、李璞编著《叶德辉年谱》(学苑出版社 2012 年版)，陈谧著《陈介石先生(黻宸)年谱》(载《晚清名儒年谱》17，北京图书馆出版社 2006 年版)，范志鹏《易顺鼎年谱长编》(华东师范大学博士学位论文，2013 年)，马兴荣《夏孙桐年谱》(《词学》2008 年第 1 期)，高平叔编著《蔡元培年谱长编》(人民教育出版社 1996 年版)，王世儒编撰《蔡元培先生年谱》(北京大学出版社 1998 年版)，杨恺龄编《吴稚晖先生敬恒年谱》(台湾商务印书馆 1981 年版)，张人凤、柳和城编著《张元济年谱长编》(上海交通大学出版社 2011 年版)，全根先《夏曾佑年谱简编》(《文津学志》，2016 年)，江苏省泗阳县政协编《泗阳张沌谷居士(张相文)年谱》(载江苏省泗阳县政协编《张相文》，中国文史出版社 2008 年版)，刘桂秋《唐文治年谱长编》(上海交通大学出版社 2020 年版)，罗继祖《永丰乡人行年录(罗振玉)年谱》(江苏人民出版社 1980 年版)，贾浩《孟森先生学术年表》(载孟森著《明清史讲义》，商务印书馆 2011 年版)，徐清祥编《欧阳竟无先生学术年表》(载欧阳竟无著《欧阳竟无内外学》，商务印书馆 2017 年版)，卫洪平编著《张瑞玑先生年谱》(北岳文艺出版社 2020 年版)，王兴国著《杨昌济年谱》(载王兴国著《杨昌济的生平及思想》，湖南人民出版社 1981 年版)，孙英爱《傅增湘年谱》(河北大学硕士学位论文，2012 年)，陈谊编《夏敬观年谱》(黄山书社 2007 年版)，陈镱文、姚远《杜亚泉先生年谱(1873—1912)》(《西北大学学报(自然科学版)》2008 年第 5 期)，陈镱文、亢小玉、姚远《杜亚泉先生年谱(1912—1933)》(《西北大学学报(自然科学版)》2008 年第 6 期)，赵成杰编《高步瀛学术年谱简编》(载王京州编《河北近现代学者年谱辑要》，国家图书馆出版社 2017 年版)，张传刚、吴浩著《张尔田年谱简编》(载张传刚、吴浩著《张尔田词学整理与研究》，河南文艺出版社 2016 年版)，高毓秋《丁福保年表》(《中华医史杂志》2003 年第 3 期)，沈谱、沈人骅编著《沈钧儒年谱》(群言出版社 2013 年版)，等等。

2. 出生于 19 世纪下半叶后段(1876—1900 年)的学者群体年谱。主要有：梁吉生撰著《张伯苓年谱长编》(人民教育出版社 2009 年版)，龚克主编《张伯苓全集》第 10 卷附编《张伯苓年谱》(南开大学出版社 2015 年版)，陈鸿祥著《王国维年谱》(齐鲁书社 1991 年版)，袁英光等编《王国维年谱长编》(天津人民出版社 1996 年版)，郑喜夫编《民国连雅堂先生横年谱》(台湾商务印书馆 1980 年版)，刘文耀、杨世元《吴玉章年谱》(四川人民出版社 1998 年版)董郁奎著《经亨颐大事年表》(载董郁奎著《一代师表：经亨颐传》，浙江人民出版社 2007 年版)，许汉三编《黄炎培年谱》(文史资料出版社 1985 年版)，刘乃和、周少川、王明泽《陈垣年谱配图长编》(辽海出版社 2000 年版)，林子青编著《弘一法师年谱》(宗教文化出版社 1995 年版)，林子青编《弘一大师年谱与遗墨》(时代文艺出版社 2010 年版)，郭武编《陈撄宁年谱简编》(载郭武编《中国近代思想家文库·陈撄宁卷》，中国人民大学出版社 2014 年版)，袁景华编《章士钊先生年谱》(吉林人民出版社 2001 年版)，张仁善《王宠惠先生年谱》(《王宠惠法学文集》，法律出版社 2008 年版)，鲁迅博物馆、鲁迅研究室编《鲁迅年谱》(人民文学出版社 1981 年版)，蒙树宏编著《鲁迅年谱稿》(广西师范大学出版社 1988 年版)，曹聚仁著《鲁迅年谱》(生活·读书·新知三联书店 2011 年版)，张菊香、张铁荣主编《周作人年谱》(南开大学出版社 1985 年版)，谭徐锋《蒋百里年谱简编》(载《蒋百里全集》，北京工业大学出版社 2015 年版)，刘文耀、杨世元《吴玉章年谱》

（四川人民出版社 1998 年版），上海鲁迅纪念馆编《陈望道先生纪念集》（复旦大学出版社2006 年版），张雨晴《马一浮学术年谱整理（1911—1949）及其儒学践履活动研究》（贵州大学硕士学位论文，2019 年），彭华《马寅初年谱简编》（《淮阴师范学院学报》2005 年第 1期），胡步川著《李仪祉先生年谱》（河海大学出版社 2019 年版），卢礼阳《马叙伦年表》（载卢礼阳《马叙伦》，群言出版社 2014 年版），万仕国编著《刘师培年谱》（广陵书社 2003 年版），陈奇编《刘师培年谱长编》（贵州人民出版社 2007 年版），黄锦君《刘师培生平学术年谱简编》（《儒藏论坛》2009 年第 1 辑），刘长荣、何兴明编《谢无量年谱》（《文教资料》2001年第 3 期），彭华《谢无量年谱》（《儒藏论坛》2009 年第 1 辑），唐仕春编《师复年谱简编》（《中国近代思想家文库·师复卷》，中国人民大学出版社 2015 年版），曹述敬著《钱玄同年谱》（齐鲁书社 1986 年版），刘思源整理《钱玄同自撰年谱》（《鲁迅研究月刊》1999 年第5 期），柳亚子、柳无忌编《苏曼殊年谱及其他》（北新书局 1927 年版），马以君《苏曼殊年谱》（《佛山大学佛山师专学报》1988 年第 3、5 期），王宠惠著、张仁善编《王宠惠法学文集》附录《王宠惠先生年谱》（法律出版社 2008 年版），蔡仁厚《熊十力先生学行年表》（明文书局 1987 年版），叶贤恩著《熊十力年谱》（载叶贤恩著《熊十力传》，湖北人民出版社 2010年版），司马朝军、王文晖合撰《黄侃年谱》（湖北人民出版社 2005 年版），王红军《黄远生年谱》（载王红军《清末民初思想界的黄远生——新闻撰述生涯及生平史实之考辨与补正》，复旦大学博士学位论文，2010 年），王一心《王云五简明年表》（《文教资料》1991 年第6 期），柳无忌编《柳亚子年谱》（中国社会科学出版社 1983 年版），郭佐唐《邵飘萍年谱》（《浙江师范大学学报》1986 年第 4 期），傅宏星编撰《钱基博年谱》（华中师范大学出版社2007 年版），张芷《杨树达先生年谱》（《文教资料》1983 第 4 期），聆群等《萧友梅生平年表》（载陈聆群等编《萧友梅音乐文集》，上海音乐出版社 1990 年版），王语欢《余嘉锡学术年谱》（黑龙江大学硕士论文，2013 年），高大同编著《高一涵先生年谱》（上海文化出版社2011 年版），庄华峰《吴承仕生平及著述活动年表》（载庄华峰编《吴承仕研究资料集》，黄山书社 1990 年版），赵慧芝《任鸿隽年谱》（《中国科技史杂志》1989 年第 3 期），赵新那、黄培云编《赵元任年谱》（商务印书馆 1998 年版），朱文通主编《李大钊年谱长编》（中国社会科学出版社 2009 年版），李贵忠著《张君劢年谱长编》（中国社会科学出版社，2016 年版），宋广波编著《丁文江年谱》（黑龙江教育出版社 2008 年版），左玉河编《张东荪年谱》（群言出版社 2014 年版），葛晓燕、何家炜编著《夏丏尊年谱》（中国文史出版社 2012 年版），李永圻、张耕华编撰《吕思勉先生年谱长编》（上海古籍出版社 2012 年版），王卫民《吴梅年谱》（载《吴梅全集·日记卷》，河北教育出版社 2002 年版），唐宝林、林茂生著《陈独秀年谱》（上海人民出版社 1988 年版），王拱璧著、窦克武等整理《（王拱璧）年谱简编》（载《王拱璧文集》，河南大学出版社 2013 年版），耿昇《冯承钧先生学术年表》（载冯承钧《中国南洋交通史》，商务印书馆 2011 年版），牛济编《张季鸾年谱》（载中国人民政治协商会议陕西省榆林市委员会编《张季鸾先生纪念文集》，陕西人民教育出版社 1991 年版），《金毓黻文集》编辑整理小组编《金毓黻学术年谱》（吉林省社会科学院《学术研究丛刊》1987 年增刊），牟哥《金毓黻先生著述考》（东北师范大学硕士学位论文，2017 年），李永春编著《蔡和森年谱》（湘潭大学出版社 2008 年版），吴汉全、吴颖《邓初民先生学术年表》（载邓初民《新政治学大纲》，商务印书馆 2011 年版），杜学元、郭明蓉、彭雪明编著《晏阳初年谱长编》（上海交通大学出版社 2017 年版），《梅光迪年谱简编》（《新文学史料·梅光迪专辑》

2007 年第 1 期），王新田《柳诒徵先生年谱简编》（《中国文哲研究通讯》1999 年第 4 期），
萧致治《李剑农先生学术年表》（载李剑农《中国近百年政治史》，商务印书馆 2017 年版），
蒋天枢《陈寅恪先生编年事辑（增订本）》（上海古籍出版社 1997 年版），卞僧慧著《陈寅恪
先生年谱长编》（中华书局 2010 年版），黎泽渝编《黎锦熙先生年谱》（载《黎锦熙语文教育
论著选》，人民教育出版社 1996 年版），房鑫亮《何炳松年谱》（载刘寅生、房鑫亮编《何炳
松文集》第 4 卷，商务印书馆 1997 年版），张京华、王玉清《陈柱学术年谱》（《广西社会科
学》2007 年第 2 期），周可、汪信砚《李达年谱》（人民出版社 2017 年版），徐瑞岳编《刘半农
年谱》（中国矿业大学出版社 1889 年版），曹波、万兵《刘半农小说著译学术年谱（1913—
1920）》（《广西社会科学》2020 年第 1 期），郑锦怀《林语堂学术年谱》（厦门大学出版社
2018 年版），田彩凤《陈达先生年谱》（《清华大学学报》1995 年第 2 期），陈其泰编《范文澜
年表》（载范文澜《中国通史简编》，商务印书馆 2017 年版），蔡仲德《冯友兰先生年谱长
编》（中华书局 2014 年版），杨书澜编《金岳霖年谱简编》（载金岳霖《金岳霖学术文化随
笔》，中国青年出版社 2000 年版），唐金海、刘长鼎主编《茅盾年谱》（山西高校联合出版社
1996 年版），邓明以、陈光磊《陈望道先生生平年表》（《陈望道先生纪念集》，复旦大学出版
社 2006 年版），陈秀云、陈一飞编《陈鹤琴生平年表》（载陈秀云、陈一飞编《陈鹤琴文集》，
江苏教育出版社 2007 年版）；王伦信《陈鹤琴生平大事年表》（载《教育家陈鹤琴研究》，山
东人民出版社 2016 年版），郭洋整理《蒋廷黻简明年谱》（载蒋廷黻《中国近代史》，江西教
育出版社 2016 年版），严一萍《董作宾先生年谱初稿》（载严一萍《萍庐文集》第 2 辑，艺文
印书馆 1989 年版），段怀清编刘定祥《梁漱溟著述年谱》（《社会科学家》1989 年第 1 期），
李渊庭、阎秉华编著《梁漱溟先生年谱》（广西师范大学出版社 2003 年版），王炯华《毛泽
东读书记》附录《毛泽东读书与著作年表》（长江文艺出版社 2004 年版），中共中央文献研
究室编撰《毛泽东年谱（1893—1949）》（中央文献出版社 2002 年版），中共中央文献研究
室编撰、逄先知主编《毛泽东年谱（1893—1949）》（人民出版社、中央文献出版社 1993 年
版），刘明华《吴宓教育年谱》（《重庆教育学院学报》1999 年第 4 期），郑良树编《顾颉刚学
术年谱简编》（中国友谊出版公司 1984 年版），顾潮编《顾颉刚年谱（增订本）》（中华书局
2011 年版），韩立文、毕兴编《王光祈年谱》（人民音乐出版社 1987 年版），闻黎明编著《闻
一多年谱》（群言出版社 2014 年版），郑锦怀《林语堂学术年谱》（厦门大学出版社 2018 年
版），孙世光《孙本文学术年谱》（载孙世光《开拓与集成：社会学家孙本文》，南京大学出版
社 2001 年版），赵新那、黄培云编《赵元任年谱》（商务印书馆 2001 年版），周洪宇编《杨东
莼生平年表》（载周洪宇《杨东莼文集·论文卷》，华中师范大学出版社 2014 年版），龚济
民、方仁年编著《郭沫若年谱》（天津人民出版社 1982 年版），王继权、童炜钢编《郭沫若年
谱》（江苏人民出版社 1983 年版，中国人民大学出版社 2014 年版），印顺《太虚法师年
谱》（宗教文化出版社 1995 年版），胡颂平编《胡适之先生年谱长编初稿》（台北联经出版
事业公司 1984 年版），王承军《蒙文通先生年谱长编》（中华书局 2012 年版），郭一曲《张
申府年谱简编》（载郭一曲《现代中国新文化的探索——张申府思想研究》，广东人民出版
社 2002 年版），赵建永《汤用彤先生编年事辑》（中华书局 2019 年版），王文岭《陶行知年
谱长编》（四川教育出版社 2012 年版），耿云志编《胡适年谱》（福建教育出版社 2012 年
版），秦启明《刘天华年谱》（《艺苑》1987 第 3 期），方立平编《刘天华年谱》（载《刘天华记忆
与研究集成》，上海教育出版社 2009 年版），孙继南《黎锦晖年谱》（《齐鲁艺苑》1988 年第

1—3 期），胡宗刚编著《胡先骕先生年谱长编》（江西教育出版社 2007 年版），范伯群、周全《周瘦鹃年谱》（《新文学史料》2011 年第 1 期），韩复智编著《钱穆先生学术年谱》（中央编译出版社 2012 年版），李永春编著《蔡和森年谱》（湘潭大学出版社 2008 年版），黄文弼著、黄烈整理《黄文弼著作目录及简略年谱》（载黄文弼著、黄烈整理《黄文弼蒙新考察日记 1927—1930》，文物出版社 1990 年版），韩复智《傅斯年先生年谱》（《台大历史学报》1996 年第 20 期），盛仁学编《张国焘年谱及言论》（解放军出版社 1985 年版），路海江《张国焘传记和年谱》（中共党史出版社 2003 年版），张书学、李勇慧《王献唐年谱长编 1896—1960》（华东师范大学出版社 2017 年版），宛小平《朱光潜年谱长编》（安徽大学出版社 2019 年版），张傲卉、宁彬玉等编撰《成仿吾年谱》（东北师范大学出版社 1994 年版），周永祥《瞿秋白年谱新编》（学林出版社 1992 年版），王子舟《杜定友年谱初编》（载王子舟《杜定友和中国图书馆学》，北京图书馆出版社 2002 年版），邹嘉骊《韬奋年谱》（《出版史料》2005 年第 1 期），成棣编《周予同先生年谱》（载上海社会科学院《传统中国研究集刊》编辑委员会编《传统中国研究集刊》，上海社会科学院出版社 2019 年版），陈孝全《朱自清年谱》（《枣庄师专学报》1995 年第 1 期），姜建、吴为公编著《朱自清年谱》（光明日报出版社 2010 年版），陈其强《郁达夫年谱》（浙江大学出版社 1989 年版），王燕妮《潘光旦年谱》（载《光旦之华》，长江文艺出版社 2006 年版），陈福康《郑振铎年谱》（三晋出版社 2008 年版），麻星甫编《楚图南年谱》（群言出版社 2008 年版），史永元、张树华编辑《刘国钧先生著译系年目录》（载史永元、张树华编辑《刘国钧图书馆学论文选集》，书目文献出版社 1983 年版），张国义《朱谦之先生学术年谱》（《世界宗教研究》2004 年第 3 期），陈星《丰子恺年谱长编》（中国社会科学出版社 2014 年版），游宝谅《游国恩先生年谱》（《淮阴师范学院学报》2002 年第 1 期），袁志煌、陈祖恩编著《刘海粟年谱》（上海人民出版社 1992 年版），杨成寅《潘天寿先生年谱》（载杨成寅、林文霞编著《现代美术家画论·作品·生平：潘天寿》，学林出版社 1996 年版），吴敏编《周扬年谱简编》（《现代中文学刊》2014 第 4 期），曾宪通编《容庚先生著述年表》（载曾宪通编《容庚文集》，中山大学出版社 2004 年版），李光谟编《李济先生年谱简编》（载李济《李济学术文化随笔》，中国青年出版社 2000 年版），邓杰《任中敏先生年表》（载陈文和、邓杰编《从二北到半塘：文史学家任中敏》，南京大学出版社 2000 年版），王德毅编《姚从吾先生年谱》（《台大历史学报》1974 年），庄福伍《冼玉清教授年谱》（《岭南文史》1994 第 4 期），王仰之《杨钟健年谱》（《西北大学学报》(自然科学版)1983 年第 2 期），张兰馨《周谷城年谱》（载《周谷城教育文集》，吉林教育出版社 1991 年版），张傲卉、宋彬玉《成仿吾年谱》（《东北师大学报》1985 年第 5 期），张光润《袁同礼先生年谱初编(1895—1965)》（载张光润《袁同礼研究(1895—1949)》，华东师范大学博士学位论文，2018 年），中共东莞市委宣传部、东莞市文学艺术界联合会编《容肇祖生平年表》（载中共东莞市委宣传部、东莞市文学艺术界联合会编《东莞当代学人》，广东教育出版社 2008 年版），徐亮工《徐中舒先生学术年表》（载徐中舒《古器物中的古代文化制度》，商务印书馆 2015 年版），杜学元、吴吉惠、范琐哲等撰著《杨贤江年谱长编》（光明日报出版社 2005 年版），林同华《宗白华生平及著述年表》（载《宗白华全集》，安徽教育出版社 1994 年版），《罗常培文集》编委会《罗常培年表》（载《罗常培文集》第 10 卷，山东教育出版社 2000 年版），孙玉蓉编《俞平伯年谱》（天津人民出版社 2006 年版），李永翘《张大千年谱》（四川省社会科学院出版社 1987 年版），中共中央文献研究室编《刘少奇年谱

(1898—1969)》(中央文献出版社 1996 年版),中央文献研究室《周恩来年谱1898—1976》(中央文献出版社 1998 年版),顾友谷《常乃德学术思想评述》及《常乃德先生年谱》(云南大学出版社 2013 年版),何民胜《施复亮年谱》(商务印书馆 2019 年版),张向华编《田汉年谱》(中国戏剧出版社 1992 年版),阎万钧《向达先生著译系年》(载阎文儒、陈玉龙编《向达先生纪念论文集》,新疆人民出版社 1986 年版),张向华编《田汉年谱》(中国戏剧出版社 1992 年版),包子衍《雪峰年谱》(上海文艺出版社 1985 年版),冷柯、毛粹《曹靖华年谱简编》(《河南师大学报》(社会科学版)1984 年第 5 期),朱政惠编《吕振羽年谱简编》(载吉林大学社会科学研究处编《吕振羽和中国历史学——学术研讨纪念文集》,吉林大学出版社 1996 年版),吴无闻辑《夏承焘教授学术活动年表》(载吴无闻等编《夏承焘教授纪念集》,中国文联出版社 1988 年版),李剑亮编《夏承焘年谱》(光明日报出版社 2012 年版),张谷、王缉国《王力先生年谱》(载《王力传》,广西教育出版社 1992 年版),钱厚祥编《阿英年谱》(《新文学史料》2005 年第 11 期、2006 年第 2 期),景李斌《欧阳予倩年谱》(中国戏剧出版社 2020 年版),马强才《罗根泽先生年谱简编》(载王京州编《河北近现代学者年谱辑要》,国家图书馆出版社 2017 年版),沈宁、沈旦华、沈芸编《夏衍年表》(载沈宁、沈旦华、沈芸编《夏衍全集》,浙江文艺出版社 2005 年版),陈夏红编撰《钱端升先生年谱长编》(中国政法大学出版社 2017 年版),张培森主编《张闻天年谱》(中共党史出版社 2000 年版),等等。

3. 出生于 20 世纪初(1901 年之后)的学者群体年谱。主要有:张兴祥《王亚南先生学术年表》(载王亚南《中国官僚政治研究》,商务印书馆 2017 年版),牛建强《谢国桢先生年谱》(《明史研究》2010 年),马瑞洁、江沛编《雷海宗年谱简编》(载王京州编《河北近现代学者年谱辑要》,国家图书馆出版社 2017 年版),夏和顺《陈序经先生年谱》(载夏和顺《全盘西化台前幕后:陈序经传》,广东人民出版社 2010 年版),万直纯《梁实秋年谱》(《阜阳教育学院学报》1994 年第 3—4 期),刘玲《张荫麟先生学术年表》(载张荫麟《中国史纲》,商务印书馆 2017 年版),林惠祥编《文化人类学》附录《林惠祥先生学术年表》(商务印书馆 2011 年版),林家骊《姜亮夫先生年谱》(《中文学术前沿》2015 年第 1 期),冯烈、方馨未《冯雪峰年谱》(载《冯雪峰全集》12,人民文学出版社 2016 年版),杜运辉《侯外庐先生学谱》(中国社会科学出版社 2013 年版),彭华《贺麟年谱新编》(《淮阴师范学院学报》2006 年第 1 期),赵易林编《赵景深年谱简编》(载《赵景深日记》,新星出版社 2014 年版),许志杰《陆侃如、冯沅君年表》(载许志杰《陆侃如和冯沅君》,山东画报出版社 2006 年版),李墨《王重民年谱》(河北大学硕士学位论文,2008 年),毛大风、王存诚《聂绀弩先生年谱(1903—1986)》(《新文学史料》2003 年第 3 期),戴鹏海《黄自年谱》(《上海音乐学院学报》1981 年第 2 期),李维音《李健吾年谱》(北岳文艺出版社 2017 年版),方福祺《方国瑜年谱》(载《方国瑜传》云南大学出版社 2001 年版),周棉《冯至年谱》(《徐州师范学院学报》1992 年第 3、4 期),习之编《吴晗年谱·著述篇》(北京教育出版社 2017 年版),叶佐英《艾思奇主要著译年谱》(《学术研究》1983 年第 3 期),艾思奇著作编委会编《艾思奇生平年谱》(载《艾思奇全书》第 8 卷,人民出版社 2006 年版),费宗惠、张荣华编《费孝通年谱》(载费孝通《费孝通全集》第 20 卷,内蒙古人民出版社 2009 年版),洪惟杰编著《戈公振年谱》(江苏人民出版社 1990 年版),中国社会科学院考古研究所《夏鼐先生学术活动年表》(载中国社会科学院考古研究所编《夏鼐文集》,社会科学文献出版社 2000 年版),秦启明《冼星海年谱简编(1905—1945)》(《星海音乐学院学报》1989年第2期），陈虹、陈晶《陈白尘年谱》（《新文学史料》1989年第1—3期），傅敏、罗新璋《傅雷年谱》（《新文学史料》1984年第2期），王文政《千家驹年谱》（群言出版社2014年版），沈文冲《卞之琳年谱简编》（《南通师范学院学报》2002年第1期），田本相、张靖编著《曹禺年谱》（南开大学出版社1985年版），葛剑雄《谭其骧先生学术年谱》（载谭其骧《长水粹编》，复旦大学出版社2015年版），李铮编《季羡林教授年谱》（《北京大学学报》1991年第5期），何林英《胡厚宣年谱》（载王京州编《河北近现代学者年谱辑要》，国家图书馆出版社2017年版），盖建民、杨子路《陈国符先生学术年谱》（《世界宗教研究》2013年第6期），《聂耳全集》编辑委员会编《聂耳全集》附录《聂耳年谱》（人民音乐出版社1985年版），艾以《王西彦年谱》（《青海师范大学学报》1988年第3期），杜琇《王瑶年谱》（《新文学史料》1990年第8期），等等。

　　上述学者年谱成果大致与学术名家群体相契合，并可印证出生于19世下半叶前段（1875年以前）的学者群体为现代学术的先导力量，出生于19世纪下半叶后段（1876—1900年）的学者群体为现代学术的主体力量，出生于20世之初（1901年之后）的学者群体为现代学术的后继力量。所憾三大时段中尚有部分著名学者并无年谱问世，需要学界作出进一步的努力。然而，更为重要且与上述个体学者年谱形成鲜明反差的是相关专科或专题编年尚未引起学界应有的重视，迄今为止只有数种重要著作问世：董作宾、胡厚宣《甲骨年表》（上海商务印书馆1937年版），齐家莹编《清华人文学科年谱》（清华大学出版社1999年版），中央教育科学研究所编《中国现代教育大事记》（教育科学出版社1988年版），张强主编《现当代学人年谱与著述编年》（上海三联书店2007年版），付祥喜《20世纪前期中国文学史写作编年研究》（北京师范大学出版社2013年版）、王学典《20世纪史学编年（1900—1949）》（商务印书馆2014年版），吴永贵《民国图书出版史编年（1912—1949）》（社会科学文献出版社2018年版）等。鉴此，有必要借鉴王学典《20世纪史学编年（1900—1949）》，按照学科分类全力推进专科学术编年的编纂，同时也更需要致力于如董作宾、胡厚宣《甲骨年表》，付祥喜《20世纪前期中国文学史写作编年研究》，吴永贵《民国图书出版史编年（1912—1949）》之类专题编年的编纂。

　　以上诸多学者个体年谱以及专门学科的学术编年即是奠定和促进现代学术编年文献集成的重要基础，也是《中国现代学术编年》文献参考与征引的主要成果。诚然，由于涉及的学者群体过于庞大，在《中国现代学术编年》编撰过程中，总是不断有学者年谱被发现和添加进来，尤其值得重点提及的是中国人民大学出版社2015年出版的《中国近代思想家文库》，共收入100位近代思想家，每卷都附有各思想家的《年谱简编》，除了部分过于简略之外，多具有重要的征引与参考价值。与此同时，《中国现代学术编年》还多方参考和征引了相关文集、目录、索引、年鉴、传记、日记、笔记、回忆录、评述、学案以及相关学术史论著等，最后完成了中国现代学术编年的综合文献集成。

（二）关于编纂体例问题

　　学术编年史直接源自于编年体史书，但同时又融合了其他各体史书的长处与优点。刘知几《史通·六家》将古代史书归纳为六家，谓"古往今来，质文递变，诸史之作，不恒厥体。权而为论，其流有六：一曰《尚书》家，二曰《春秋》家，三曰《左传》家，四曰《国语》家，五曰《史记》家，六曰《汉书》家"。章学诚《文史通义·书教下》曰："《尚书》一变而为左氏之

《春秋》,《尚书》无成法而左氏有定例,以纬经也。左氏一变而为史迁之纪传,左氏依年月而迁书分类例,以搜逸也。迁书一变而为班氏之断代,迁书通变化,而班氏守绳墨,以示包括也。就形貌而言,迁书远异左氏,而班史近同迁书,盖左氏体直,自为编年之祖,而马、班曲备,皆为纪传之祖也。推精微而言,则迁书之去左氏也近,而班史之去迁书也远;盖迁书体圆用神,多得《尚书》之遗;班氏体方用智,多得官礼之意也。""《尚书》变而为《春秋》,则因事命篇,不为常例者,得从比事属辞为稍密矣。《左》《国》变而为纪传,则年经事纬,不能旁通者,得从类别区分为益密矣。……司马《通鉴》病纪传之分,而合之以编年。袁枢《纪事本末》又病《通鉴》之合,而分之以事类。按本末之为体也,因事命篇,不为常格;非深知古今大体,天下经纶,不能网罗隐括,无遗无滥。文省于纪传,事豁于编年,决断去取,体圆用神,斯真《尚书》之遗也。在袁氏初无其意,且其学亦未足与此,书亦不尽合于所称。故历代著录诸家,次其书于杂史。自属纂录之家,便观览耳。但即其成法,沉思冥索,加以神明变化,则古史之原,隐然可见。书有作者甚浅,而观者甚深,此类是也。故曰:神奇化臭腐,而臭腐复化为神奇,本一理耳。"以上诸种史书中,要以编年、纪传、纪事本末体三者最具学术生命力,三体分别以纪时、纪人、纪事为纲,各有长处与短处,一体之长处即另外两体之短处。

现存先秦编年体史书的代表作是《春秋》《左传》《竹书纪年》等,东汉荀悦《汉纪》始创断代编年体,然后至北宋司马光《资治通鉴》不仅发展为通史编年体,而且在编纂体例上更是集前人之大成。由于编年体史书以时间为经,以史事为纬,所以比较容易反映出同一时期各个历史事件的联系。但编年体往往将同一历史事件分于不同年份,不易于集中反映彼此前后的发展演变的历史进程,也不易于凸显重大历史事件中的重要人物的作用与评价。故而刘知几《史通·二体》评论编年体的长短曰:"夫《春秋》者,系日月而为次,列时岁以相续,中国外夷,同年共世,莫不备载其事,形于目前。理尽一言,语无重出。此其所以为长也。"然"其有贤如柳惠,仁若颜回,终不得彰其名氏,显其言行。故论其细也,则纤芥无遗;语其粗也,则丘山是弃。此其所以为短也。"有鉴于此,司马光在编纂《资治通鉴》过程中,不仅认真总结并吸纳以往编年体的得失,而且努力借鉴和融会记言体、记事体以及纪传体的长处,终使《资治通鉴》成为集前人之大成的典范之作。袁伯诚《论〈资治通鉴〉的编纂体例》作了如下归纳:一是重视时间观念,增强编年体例的严密性和史事的可靠性。这是继承和发展了以《左传》为代表的编年史的优良传统。二是叙事方面兼收编年与纪传二体的长处。即既深得《左传》精微,扬长避短,极力避免编年体易成流水账簿的通病,尽量发挥编年体年经事纬、眉目清楚的长处,又吸收了纪传体"包举大端""委曲细事"的长处,尤其遇到重大的历史事件,往往不惜笔墨详尽而清楚地交代前因后果,并力求将重大的历史事件集中描写,把当时错综复杂的史事,多样的人物,生动而又形象地展现出来。三是创造性地把历代制度沿革当作一条完整的历史发展体系加以重点记叙,有助于读者深入了解历史进程。四是借鉴纪传体史书往往附录立传人物的文章,如奏议、词赋之类的体例,借此更能反映历史人物的身世思想、政治主张、历史见解和哲学观点等。五是取法于最详尽的编年史——实录"年经月纬"的记录体例,并以唐以后的实录为蓝本。六是以"臣光曰"的形式发表了114篇史评,同时又选录前人史论95篇,共计209篇。从历史编纂学的角度来看,这一史评形式导源于《春秋》,取法于《左传》《汉纪》。而司马光则更加自觉地把《春秋》褒贬精神注入到自己的著作中去,但只取《春秋》

的褒贬精神，而不取《春秋》"微言大义"的褒贬形式，往往是把史家据事直书和褒贬善恶结合起来，必待贬绝而后罪恶见者，强调"明辨善恶""好是正直"的效果，具有总结历史经验，为现实政治服务的鲜明特点。由此可见，"臣光曰"的史论是《通鉴》不可分割的重要组成部分，是他贯彻"资治"这一修史宗旨的点睛之笔，与《通鉴》内容的取舍编排有着内在的联系。[①]

北宋稍晚于司马光（1019—1086）的吕大防（1027—1097）于北宋元丰七年（1084年）率先将编年体史书应用于杜甫、韩愈年谱的编纂，而有《杜工部年谱》《韩吏部文公集年谱》问世。赵子栎《杜工部年谱》卷首谓"吕汲公大防为杜诗年谱，其说以谓次第其出处之岁月，略见其为文之时，得以考其辞力，少而锐，壮而肆，老而严者如此"，实与以年代为线索而按年、月、日顺序编排、记述有关历史事件的编年体史书息息相通，或者说是编年体史书在文人学者年谱上的借鉴与移植，以及从个体学术年谱到一代乃至通代群体性学术编年的不断扩容。然而，由于长期以来学术史研究领域从"序跋体""传记体""目录体""笔记体"到"道录体""学案体"的盛行与衍变，超越个体的编年体学术史著作晚至民国时期才得以问世和兴盛。正如《乾嘉学术编年》著者陈祖武先生所言：

> 历代史籍，浩若烟海，体裁完备，编年、纪传、纪事本末，若三足鼎立，源远流长。其间，编年体史籍虽成书最早，然以之述学，则又较之其他体裁史书为晚。二十世纪二十年代初，钱穆先生著《先秦诸子系年》，或可视为其发轫。惟钱先生大著旨在考证先秦诸子史实年代，准确地说，与其称之为编年体学术史，例如将其视为历史年代学的开风气杰作，更加名副其实。因此，较钱先生略后，刘汝霖先生之大著《中国学术编年》，则无疑可称开山之作。依先生的著述计划，原拟承接二十年代末先成立之《周秦诸子考》，上起两汉两晋，下迄清末民初，凡作云集，合为《中国学术编年》大著。惜天不遂人愿，第一、二集《汉晋学术编年》《东晋南北朝学术编年》刊行之后，其余诸集竟成遗志。[②]

追本溯源，《汉晋学术编年》与《东晋南北朝学术编年》即是上述两大渊源相互交融的结果，一方面，《汉晋学术编年》与《东晋南北朝学术编年》以《资治通鉴》为主要参照，同时也充分吸取纪传体与纪事本末体之长而以融会贯通；另一方面，两书也可以视为汉晋南北朝相关学者众多个体年谱的集成、放大与完善。此后，各种学术编年著作陆续问世，在著述体例上也得到了不断完善。比如陈祖武、朱彤窗所著《乾嘉学术编年》之于原始史料的重视与学术思想流变考辨的有机结合，张岂之主编《中国学术思想编年》之于学术思想的历史演进、学派关系、学术影响、学术传承等方面的多方位展现，都在传统编年体的学术创新上进行了新的探索，富有借鉴和启示意义。

然而，我们在编纂规模宏大的《中国学术编年》过程中，并不满足于前贤既有的探索成果，而是进一步思考学术编年体如何全面创新的问题，因为学术编年体毕竟不同于编年体史书，需要从学术史的本位立场出发，以《资治通鉴》等历代编年体史书为范本，然后多方借

---

① 　袁伯诚：《论〈资治通鉴〉的编纂体例——〈资治通鉴〉研究之三》，《固原师专学报》1982年第1期，第67—76页。

② 　陈祖武：《乾嘉学术编年编纂缘起》，载陈祖武《乾嘉学术编年》卷首，河北人民出版社2005年版，第1—2页。

鉴和吸取纪传体、纪事本末体等各种史体的长处,以弥补编年体长于记时、短于记人记事之不足,然后融合为基于学术史要求与特点的学术编年体。经过一番认真思考、探索和比较之后,我们终于从司马迁《史记》中获得了有益的启示,首创了一种不同于以往学术编年体的崭新体例,主要由"学术背景""学术活动""学术成果""学者生卒"四大栏目所构成,同时在各栏目适当处加"按语",另外又在每年右边重点记载外国重大学术事件,以裨中外相互参照,合之为六大板块。以上编纂体例的创体之受《史记》启发者在于:《史记》分本纪、表、书、世家、列传,最后有"太史公曰",为六大板块。"本纪"为帝王列传,《编年》之"学术背景"栏与此相对应,"世家""列传"为传记,以"人"为纲,重在记行,《编年》之"学术活动"栏与此相对应;"书"为典章制度等学术成果介绍,《编年》之"学术成果"栏与之相对应;"表"按时间先后记录历史大事和历史人物,《编年》之"学者生卒"栏与之相对应。"太史公曰"为史家评论,《编年》之"按语"与之相对应。以上综合《史记》之体而熔铸为一种学术编年的新体例,是一种具有学术创新意义的新探索。此外,"外国学术"栏,主要参照一些中西历史合编的年表而运用于《中国学术编年》之中。

再到《中国现代学术编年》,我们又在编纂体例上进行了适当调整,重新设定为"学术背景""学术活动""学术论文""学术著作""学者生卒""学术评述"六大栏目,加之"按语",合之为七大板块。

(1)学术背景。以事件进程为序著录,着重反映深刻影响中国学术史发展进程的重大文化政策以及政治、经济、军事、外交诸方面的重大事件,以考察学术演变的特定时代背景及其对学术思潮、治学风尚的影响。

(2)学术活动。以人物兴替为序著录,着重记述学者治学经历、师承关系和学术交流活动,以明学术渊源之所自、学术创见之所成、学术流派之脉络以及不同流派之间的争鸣、兴替轨迹。其中学者仕历与学术思想和学术活动之演变关系密切,故多予著录。人物兴替以空间流向为板块,以学坛领袖为中心,以学术大师为主角,以代际交替为序列,有时遇相关或相近活动则一并著录之。

(3)学术论文。以论文刊载为序著录,着重记述具有代表性的学术论文,兼录奏疏、序跋、书信以及译文等等。鉴于5万多篇学术论文的海量文献,故而按照学术论文发表的刊物为序编排。

(4)学术著作。以著述类型为序著录,着重记述具有代表性的学术著作,包括纂辑、校勘、评点、注释、考证、译著等等。鉴于8万多部学术著作的海量文献,故而分为旧籍重刊、自著、译著以及编译四种类型,其中旧籍重刊以时代为序,自著以类别为序,译著以国别为序,编译以未署名的著作列于最后。

(5)学者生卒。以卒年生年为序著录,又分卒年、生年两小栏。其中卒年栏著录学者姓名、生年、字号、籍贯以及代表性的重要著述,凡特别重要人物,略述其一生主要成就、贡献与地位、传记资料及后人的简单评价。

(6)学术评述。以上述文献著录为基础,再就每年的学术活动与成果以及发展趋势加以简要归纳和揭示,犹如揭示各代学术发展的"纲目",以此与以上各栏目的"按语"组合起来,即相当于一部简明学术史。

(7)编者"按语"。在"学术背景""学术活动""学术论文""学术著作""学者生卒"五栏重要处再加编者"按语",内容包括补充说明、原委概述、异说考辨、新见论证、价值评判等,更具学术史评述的容量与特点。

与《中国学术编年》相比,《中国现代学术编年》的主要变化与创新,集中体现在以"重绘现代学术地图"理念为引领,对中国现代学术史进行了重新定位与审视,并在中西交融与新旧转型的时空坐标中重新勾画中国现代学术史地图,而后据此将中国现代学术史划分为以下四个阶段:(1)北京—上海双都轴心与现代学术的转型(1911—1927);(2)两京—上海三足鼎立与现代学术的繁荣(1927—1937);(3)重庆—昆明战时轴心与现代学术的裂变(1937—1946);(4)北京—南京双都轴心与现代学术的结局(1946—1949)。与此相契合,在编纂体例上则重点做了以下调整:一是在"学术背景"上更加凸显中西交融与新旧转型的时空特征,与此相应的是删去《中国学术编年》的"外国学术"栏。二是根据"重绘现代学术地图"的理念,以空间流向为板块,以学坛领袖为中心,以学术大师为主角,以代际交替为序列。比如,第一阶段(1911—1927年)主要分为北京、上海、其他以及海外四大板块著录,其中1912年1月因建都南京至4月迁都北京而增列南京—北京这一板块,合之为五大板块;第二阶段(1927—1937年)主要分为北京、南京、上海、其他以及海外五大板块著录;第三阶段(1937—1946年)主要分为重庆、昆明、延安、陕南、其他及海外六大板块著录;第四阶段(1946—1949年)主要分为北京、南京、上海、其他以及海外五大板块著录。三是鉴于著录10万余位学者及其8万多部学术著作、5万多篇学术论文的巨大容量,遂将《中国学术编年》的"学术成果"分为"学术论文""学术著作"两栏;四是新增"学术评述"栏,旨在对每一年度的总体学术成果与走向加以扼要评价和论述,实际上是在"学术背景""学术活动""学术论文""学术著作""学者生卒"五大栏目"按语"基础上的提升与总结,更具揭示各代学术发展的"纲目"的性质与分量。

需要强调指出的是,《中国现代学术编年》固然以重在记时的编年体为主体,但同时又充分吸取与融会了长于记人的纪传体与长于记事的纪事本末体各自的学术优势。前者主要通过"学术活动""学术论文""学术著作""学者生卒"四大栏目著录10万余位学者及其8万多部学术著作、5万多篇学术论文,重在发挥以人为纲、以人记言、以人记事的纪传体的学术功能,因为一部学术发展史,归根到底是由若干巨星以及围绕着这些巨星的光度不同的群星所形成的历史。既然学术活动与成果的主体是学人,这就决定了学术编年不能不以学人为纲来排比材料,而取舍人物,做到既不漏也不滥,确实能反映出一代学术的本质面貌,则是学术编年体的创新关键,这也决定了学术编年体与以人为纲的纪传体的密切关系。后者则主要通过"学术背景""学术活动""学术论文""学术著作""学者生卒"五大栏目、"按语"以及"学术评述",重在发挥以事为纲、以事记人、以事记言的纪事本末体的学术功能,尤其是针对刘知几《史通·二体》所论编年体之长短:"夫《春秋》者,系日月而为次,列时岁以相续,中国外夷,同年共世,莫不备载其事,形于目前。理尽一言,语无重出。此其所以为长也。""其有贤如柳惠,仁若颜回,终不得彰其名氏,显其言行。故论其细也,则纤芥无遗;语其粗也,则丘山是弃。此其所以为短也",庶几可以扬其之长而补其之短。相对而言,"学术评述"对于弥补编年体长于记时而短于记人记事的不足作用尤大,学术分量更足,具有提纲挈领、贯通学脉的重要功能。

《中国现代学术编年》经过了较长时期的酝酿与积累,于2012年正式启动编撰,至2017年获得国家出版基金资助。前期由俞樟华、钟晨音撰成初稿,其中俞樟华负责"学术背景""学术活动""学术著作""学者生卒"栏的编纂,钟晨音负责"学术论文"栏的编纂;后期由梅新林、俞樟华负责全书的修改和统稿，并撰写《前言》，经过历时3年半的"扩容提质"，全书篇幅增加了一倍多，内容更为厚实，条例更为清晰，体例也更为完善。此外，王锐参与了"学术评述"栏部分内容的撰写，潘德宝则负责相关文献的收集与整理。作为新世纪中国学术界的一项基础建设工程，《中国现代学术编年》的编撰与出版具有多方面的意义与价值。一是以编年形式系统梳理现代学术历史进程之价值。鉴于1911至1949年是中国传统学术走向现代与世界的重要阶段，也是现代学科分化与走向独立的关键时期，相继涌现出了一大批具有世界视野与现代意义的学术大师与经典成果，学界需要对此予以全面系统深入的梳理与总结。二是与中国古代学术编年相互贯通之价值。《中国现代学术编年》可以视为我们先行编纂出版的《中国学术编年》的续篇，是中国古代学术的终结与现代学术开端的相互衔接与转换，反映了中国传统学术从被迫到自觉转型的艰难历程与丰富成果，因而有助于古今学术史的贯通与互释。三是学术容量与体例创新之价值。《中国现代学术编年》收录10万余位学者、8万多部学术著作、5万多篇学术论文，然后按照"学术背景""学术活动""学术论文""学术著作""学者生卒""学术评述"六大板块，逐年著录并全面反映中国现代学术发展演变的历程与成果，无论是规模之宏、容量之大，还是体例之新，均具有为其他体式的现代学术史论著所无法替代的独特优势。四是促进当代学术创新发展之价值。《中国现代学术编年》对于系统总结中国传统学术走向现代与世界的成果与经验，重构基于本土特色而又富有世界与现代意义的中国学术体系、学科体系与话语体系，具有重要的启示意义。尤其是当年一代学人面对"西学东渐"的巨大冲击而保持对中国学术发展转型的开放心态与理性精神，对于今日复兴中华文化有着特别重要的现实意义。五是兼具大型工具书检索功能之价值。《中国现代学术编年》与《中国学术编年》一样，在书后编有详细完善的索引，便于读者阅读与检索，遂使《中国现代学术编年》同时兼具研究与检索的双重功能。然而，鉴于本书内容过于宏富，卷帙过于繁多，更限于我们自身的精力与水平，其中不足或错误之处在所难免，比如在著录内容方面的选择与取舍问题，其中所录论文主要取自学术刊物，而由于报纸论文数量太多不得不予以舍弃；又如在"按语"以及"学术评述"栏目方面的把握与评价问题，更是常常囿于跨越多学科的知识储备不足而易于出现疏漏甚至错误；再如在引录相关文献与研究成果方面的疏漏与缺失问题，由于正文条目往往参考并征引了有关历史编年、年谱传记、书刊目录、研究论著等众多文献综合而成，因而除了在《前言》列出被重点征引的相关学者年谱与专科编年以及最后附录"征引与参考文献"之外，还在"学术活动"栏中对于内容丰富、事迹详瞻的重要学者重点注出所引年谱，并在"按语"所引相关文献时多注明出处。然而，面对现代学术的海量文献，同时又受学术编年条目式体例所限，《中国现代学术编年》所引文献往往难以在每一条目中一一具列，所以依然难免出现不同程度的疏漏与缺失，祈请得到有关学者的包涵与斧正。

　　值此《中国现代学术编年》即将付梓之际，特别令人感慨与感谢的是华东师范大学出版社六点分社倪为国先生。他长期专注于学术出版，曾策划主持了多种重要丛书和数百种有影响力的学术著作，可谓痴心不改，锲而不舍，在学术界与出版界有口皆碑。他在我们编撰《中国学术编年》(9卷)和《中国现代学术编年》(12卷)的漫长过程中，始终鼎力相助，从确认选题、发凡起例、厘清思路，到成功申报国家出版基金(其间经过反复交流与修改)，直至最终付梓，都付出了极大的心血。

　　最后,我们还要衷心感谢华东师范大学出版社社长王焰女士给予的鼎力支持,六点分社全体编辑为本书的出版所付出的辛勤劳作;借此机会,也对所有关心支持并为《中国现代学术编年》的编撰作出贡献的前辈、同仁,一并致以诚挚的谢忱!

浙江工业大学人文学院　梅新林

浙江师范大学人文学院　俞樟华

2023年5月18日改定

凡　例

一、《中国现代学术编年》（以下简称《编年》）是一部以编年体著录中国现代学术发展历程与成果的集成性之作，同时兼具工具书的检索功能。

二、《编年》起于 1911 年，迄于 1949 年，在时间上与《中国学术编年》相衔接和贯通。

三、《编年》共分 12 卷，约 1800 万字，收录 10 万余位学者，8 万余部学术著作，5 万余篇学术论文。

四、《编年》具有自己独特而鲜明的学术追求，重点关注本时段学术主流特色与学术发展趋势两个方面，重在揭示以下四大规律：

1. 注重中国学术史的宏观发展演变历程，以见各代学术盛衰规律；

2. 注重学术流派的源起、形成、鼎盛及至解体历程，以见学术流派的兴替规律；

3. 注重学术群体的区域流向、移位、承变历程，以见学术中心的迁移规律；

4. 注重中外学术的冲突、交流与融合历程，以见跨文化的学术传通规律。

五、《编年》综合吸取历代史书与各种学术编年之长而加以融通之，率先采用一种新的编撰体例，由学术背景、学术活动、学术论文、学术著作、学者生卒、学术评述六大栏目构成，同时在各栏目适当处加按语，合之为七大板块。若遇跨类，则以"互见法"于相应栏目分录之。

六、《编年》中的"学术背景"栏目以事件进程为序著录，着重反映深刻影响中国学术史发展进程的重大文化政策以及政治、经济、军事、外交诸方面的重大事件，重点突显中西交融与新旧转型的时空特征，以考察学术演变的特定时代背景及其对学术思潮、治学风尚的影响。

七、《编年》中的"学术活动"栏目以人物兴替为序著录，着重记述学者治学经历、师承关系和学术交流活动，以明学术渊源之所自、学术创见之所成、学术流派之脉络以及不同流派之间的争鸣、兴替轨迹。其中学者仕历与学术思想和学术活动之演变关系密切，故多予著录。人物兴替以空间流向为板块，以学坛领袖为中心，以学术大师为主角，以代际交替为序列，有时遇相关或相近活动则一并著录之。

八、《编年》中的"学术论文"栏目以论文刊载时间为序著录，着重记述具有代表性的学术论文，兼录奏疏、序跋、书信以及译文等等。鉴于 5 万余篇学术论文的海量文献，故而按照学术论文发表的刊物为序编排。

九、《编年》中的"学术著作"栏目以著述类型为序著录，着重记述具有代表性的学术著作，包括纂辑、校勘、评点、注释、考证、译著等等。鉴于 8 万余部学术著作的海量文献，故而分为往代著述、时人自著、译著以及编译四种类型,其中往代著述以时代为序,时人自著以类别为序,译著以国别为序,编译以未署名的著作列于最后。

十、《编年》中的"学者生卒"栏目以卒年生年为序著录,又分卒年、生年两小栏。其中卒年栏著录学者姓名、生年、字号、籍贯以及代表性的重要著述,凡特别重要人物,略述其一生主要成就、贡献与地位、传记资料及后人的简单评价。

十一、《编年》中的"学术评述"栏目,以上述文献著录为基础,再就每年的学术活动与成果以及发展趋势加以简要归纳和揭示,犹如揭示各代学术发展的"纲目",以此与以上各栏目的"按语"组合起来,即相当于一部简明学术史。

十二、《编年》采用正文加按语的形式著录。按语的主要内容是:

1. 价值评判。即对学术价值以及对学术之影响进行评价,直接评价或引用前人成说皆可。

2. 原委概述。对其缘起、过程、流变、结果、影响诸方面作一概要论述。

3. 补充说明。即对其具体内容以及相关背景材料再作扼要说明。

4. 史料存真。即录下比较珍贵的史料或略为可取的异说,裨人参考。

5. 考辨论断。对于异说或有争论者,略加考辨并尽量作出断论,或择取其中一说。

"按语"犹如揭示各代学术发展的"纲目",更具学术史评述的容量与特点。

十三、《编年》采用公元纪年,配之以民国与干支年号。凡因农历与公历差异产生年份出入问题,以公历为准。鉴于公元纪年始于1912年,此前的1911年以两者兼录作为过渡。无法确切考定月、日者,用"是年""是月"标之。凡在系年上有分歧而难以断定者,取一通行说法著录之,另以按语录以他说。

十四、《编年》所涉及的地名,以民国行政区划为据,一般不注今地名。

十五、《编年》以文集、目录(图书与报刊目录)、年谱、年鉴、传记、日记、笔记、回忆录等为主要材料依据,同时也重点参考了相关学案、编年以及学术史论著。所录文献,引文标注所出,以示征信;其他材料,限于体例,未能一一注明所出。

十六、《编年》充分借鉴和吸取了学界前辈同仁的诸多学术成果,包括文集、目录、索引、年谱、年鉴、传记、日记、笔记、回忆录、评述、学案、编年以及相关学术史论著等,除了部分见于《前言》以及有关条目"按语"之外,主要载于最后所列"征引与参考文献",包括著作与论文两个方面。征引与参考文献的著录顺序:先著作,后论文,按拼音先后排序。

十七、《编年》根据一以贯之的统一要求与体例格式进行编写,但根据学术发展演变的实际情况或有变通处理,力求达到规范与变通的有机结合。

1911 年　宣统三年　辛亥

一、学术背景

宣统三年正月初一日(1 月 30 日),湖北革命团体文学社在武昌黄鹤楼召开正式成立大会,遥戴孙中山为总理,以同盟会"驱除鞑虏,恢复中华,建立民国,平均地权"十六字为纲领。会上推举蒋翊武为正社长,参谋部长刘复基,参议员王华国、杨载雄,侦探科唐鼎甲,联络科王守愚、李擎甫,调查科龚霞初、陈磊,总务部长张延辅,庶务罗良骏、唐羲支。文书部长詹大悲,评议部长刘尧澂,书记蔡大辅,会计王守愚。

正月初九日(2 月 7 日),云南绅商在咨议局开会,议决成立中国保界会。

按:该会决定:第一,联合全国各报馆、各宣讲所,分别著论演说,号召人民起而斗争;联合各省志士仁人,上书外务部,请与英人严正交涉,并以此案发交海牙和平会裁判。第二,在买卖货物、乘载轮船、雇作佣工等方面对英国进行限制,同时奖励并补助自设工厂和轮船公司。宣言要求全国及海外华人在各自驻地普遍设立保界会,并特别声明:"我国现值积弱,只宜用文明之抵制,不可为野蛮之举动。"(《云南保界会之宣言书》,1911 年 3 月 7 日、8 日《帝国日报》)云南咨议局的呼吁,迅速得到各省咨议局的响应。贵州咨议局复电称:"英据片马,先以不买英货抵制,各界协议,表同情,并电政府力拒。"陕西咨议局复电称:"非人自为兵,无以救亡",建议以 3 月 9 日为期,联络各省咨议局同时致电资政院,奏请就地开办团练(见1911 年 3 月 13 日《帝国日报》)。

正月二十八日(2 月 26 日),留日中国国民会成立。东京中国留学生遍发传单,召开全体大会,到会者 1200 余人。会议决议在一星期内成立救亡机关,向内地及欧美南洋华侨发送警告书及电报,同时成立国民军,请驻日公使汪大燮代电政府,要求拒俄。

二月初二日(3 月 2 日),民政部奏陈《户籍法》8 章 184 条,此为中国第一部《户籍法》。

按:清政府在考察欧美各国之后,认识到"宪政之进行无不以户籍为依据,而户籍法编订又必由民法与习俗而成"(公安部户政管理局编《清末至中华民国户籍管理法规》,"民政部编订户籍法奏折",群众出版社 1996 年版,第 3 页),在参考东西各国之良规的基础上制定了中国历史上第一部《户籍法》单行法规。

二月十三日(3 月 13 日),中国国民会以留日全体学生名义公布《中国危亡警告书》,陈述俄、英、法侵略中国的严重局势,说明治标之法是要求政府严拒俄人之请,治本之法是联合各省速创国民军,本中之本是革政治、励教育、兴实业。

三月初二日(3 月 31 日),全体留日学生通过《民立报》向 21 省咨议局发出通电,慷慨激昂地宣布:"俄侵伊犁、英占片马,法强索滇矿,若稍退步,全国沦亡。政府无望,已集全力捐现金,设立救国机关。"请求各咨议局速"开临时会,组织国民军以救灭亡"(《民立报》1911 年 3

月31日)。

按:林志友《论清末新政与辛亥革命的爆发》(《信阳师范学院学报》2004年第2期)说:"清末咨议局的设立,为新式资产阶级绅商提供了建言议政的机会和孔道,为民族资产阶级进一步争取政治权力提供了有利条件。辛亥革命爆发前,资产阶级的政治代表(主要是立宪派)正是以咨议局为阵地,激烈地抨击封建专制制度,积极地参与地方政务。更重要的是,资产阶级立宪派人得以利用这个合法机构,逐渐形成有组织的政治力量,组织了全国性的立宪团体——各省咨议局联合会,并且以此为核心,发动了大规模的拒债保路运动、抵制外货运动和请愿立宪运动。这些活动既有利于资产阶级民主参与意识的普及和提高,也推动了清末民主宪政改革的进程。以孙中山为首的反清志士则为了杜绝君主制的存在而频频向专制王朝发起了武装进攻,试图通过暴力来完成近代政治革命的历史使命。这是清朝统治集团始料不及而又无法改变的政治发展趋势。"

三月初五日(4月3日),学部上奏《修订存古学堂章程折》。

按:《学部修订存古学堂章程》发表于5月1日(四月初三日)上海《申报》,曰:"臣部前于筹备单内奏定各省一律设立存古学堂,按之现在各省教育经费支绌,情形实觉力有未逮。若勉强设立,经费不充,师资缺乏,转不足以得真材,自应由各省体察情形。其财力实在艰窘者,暂准缓设或与邻省合并办理。"

按:存古学堂是清末为"保存国粹"而设立的学校。光绪三十一年(1905年),湖广总督张之洞首先改武昌经心书院为存古学堂。1908年江苏省仿照设立。1911年清政府颁布《存古堂章程》,在学制方面另成系统。宗旨是为了培养师范学堂和中学堂的经学、国文、中国历史教员及经科、文科大学的预备生。设经学、史学、词章三门课程。分中等科(修业五年)和高级科(修业三年)。

同日,中国医学博士伍连德代表中国参加有俄、美、日、德、法、英、奥、意、荷、印等国家参加的国际防鼠疫病研究大会。

按:本月3日至28日,在沈阳惠工公司陈列室召开"万国鼠疫研究会"。此次大会由英、日、俄、德、法、美、比、意、奥等国代表参加。该会由清政府倡议召开,由中国人作为大会主席。这是近代以来在中国本土举办的第一次真正意义上的世界学术大会,表达晚清政府为抗击鼠疫主动向世界各国医学界学习求教的意愿(《万国鼠疫研究会开会督帅演词》,宣统三年三月初七日《盛京时报》第2版)。

三月初十日(4月8日),同盟会革命军统筹部在香港召开会议,制订广州起义作战计划,预定4月13日发难。众举黄兴为部长,赵声为副部长。陈炯明召集东江同志马育航、钟秀南、陈演生、陈达生、陈耀寰、陈小岳、陈协群、马醒南、陈汝英、马永平、陈其尤、吴道周、林斗文、陈竞杰、陈潮等百余人,到广州组织先锋队,准备起义。

按:曹亚伯曰:"辛亥三月十日,开发难会议于总机关部,列席者数十人。议决十路进攻计划如下:一、黄兴率南洋及闽省同志百人攻总督署。二、赵声率苏、皖同志百人攻水师行台。三、徐维扬、莫纪彭率北江同志百人攻督练公所。四、陈炯明。胡毅(生)率民军及东江同志百余人防截旗满界,及占领归德、大北两城楼。五、黄侠毅、梁起率东莞同志百人攻警察署、广中协署,兼守大南门。六、姚雨平率所部百人占领飞来庙,攻小北门,延新军入。七、李文甫率五十人攻旗界石马槽军械局。八、张六村率五十人占龙王庙。九、洪承点率五十人破西槐二巷炮营。十、罗仲霍率五十人破坏电信局。此外,加设放火委员,入旗界租屋九处,以备临时放火,扰其军心。其总司令则为赵声,副之者黄兴。"(《武昌革命真史》前编,中华书局于1927年版)

三月二十九日(4月27日),广州起义爆发。黄兴、朱执信亲率"先锋"(敢死队)进攻两广总督署,总督张鸣岐逃走。起义遭到清军镇压,旋失败。

按:赵春晨、孙颖《论辛亥革命时期的三次广州起义》(《学术研究》2004年第8期)说:"1911年黄花岗起义是辛亥革命时期革命党人历次起义中最重要、影响最大的一次,其意义也更为重大。这次起义直接地推动了全国革命高潮的到来,为此后不久爆发的武昌起义的胜利及推翻帝制、建立民国开辟了道路。孙中山说:'是役也,集各省革命党之精英,与彼虏为最后之一搏。事虽不成,而黄花岗七十二烈士轰轰烈烈之概已震动全球,而国内革命之时势实以之造成矣。'又说:'是役也,碧血横飞,浩气四塞,草木为之含悲,风云因而变色。全国久蛰之人心,乃大兴奋,怨愤所积,如怒涛排壑,不可遏抑,不半载而武昌之大革命以成,则斯役之价值,直可惊天地、泣鬼神,与武昌革命之役并寿。'这些评价完全符合实际,毫不过分。应当说,若没有黄花岗起义的惨烈失败,就很难有武昌起义的迅速胜利,辛亥年间在中国大地上发生的这两次大的武装起义,前后相互辉映,同为中国近代革命史上的两座丰碑。另外,这次起义中革命党人所表现出的高尚情操和革命英雄主义的气概,也永远激励着后人。"

四月初一日(4月29日),全国各省教育总会联合会在上海江苏教育总会召开第一次会议,讨论有关实施军国民教育、统一国语方法、推行义务教育、改良小学教育等方案。到会者有江苏、湖南、浙江、河南、奉天、直隶、江西、山东、湖北、福建、广东、广西、安徽等13省代表。会议决定:请停止毕业奖励案,内容包括:实官奖励立即停止;废进士、举人、优、拔、岁贡、廪、增、附生等名称;大学堂毕业称学士,其他各学堂毕业均称毕业生,并另颁学位章程(朱有瓛主编《中国近代学制史料》第二辑上册,华东师范大学出版社1987年版)。

同日,清华学堂在清华园开学,清末兼管学部和外务部的军机大臣那桐于宣统辛亥年为清华学堂题写了校名,此为清华历史的开端。

按:1904—1905年间,美国政府因"所收庚子赔款原属过多",决定退还部分,徐世昌主张用此款开发东北,袁世凯主张用于实业,而时任清政府外务部右侍郎的梁敦彦则力主开办学堂。梁敦彦的主张恰好与美国政府计划一致。1908年,梁敦彦代表清政府与美国签约,中国自1909年起每年选派100名留学生赴美学习,直至1940年。根据中美协议,清政府成立了"游美学务处",梁敦彦还推荐同为第一批留美幼童的唐国安主持赴美留学事宜。1909年清政府成立了游美学务处,负责直接选派学生游美,同时着手筹设游美肄业馆。唐国安参与"庚款留美"的具体组织工作,担任外交部、学部所共属的"游美学务处"会办。1910年,唐国安任外务部考工司主事,1910年11月,游美学务处向外务部、学部提出了改革游美肄业馆办法。唐国安为游美学务部肄业馆选址清华园,故呈请将游美肄业馆名称改为"清华学堂"。12月,清政府学部批准了这个改革办法。1909—1911年,清华学堂大楼分西部、东部两期建成。1911年,清末兼管学部和外务部的军机大臣那桐于宣统辛亥年为清华学堂题写了校名。1912年10月17日,清华学堂更名为清华学校,唐国安被任命为第一任校长。(清华大学校史编写组《清华大学校史稿》,中华书局1981年版)

四月初四日(5月2日),福建咨议局三月提议,要求根据形势需要,提前召集第二次各省咨议局联合会。上届联合会委托担任通信联络的湖北咨议局将其提议通报各省咨议局,得到热烈响应。遂决定于五月初邀集各省咨议局所推代表齐集北京。至本日,各省多数代表陆续到京。第二届各省咨议局议员联合会遂定于本月12日在京召开。

按:耿云志《辛亥革命前夕的各省咨议局联合会》(《福建论坛》2002年第2期)说:"各省咨议局联合会,其确切名称是'直省咨议局议员联合会'。各省咨议局是由民选议员组成的带有地方议会性质的地方民意机构。各省咨议局联合会是一种联络性质的组织,无常设机构,无固定领导机构,议员也不固定,每次开会由各省咨议局推派代表到京参加会议,他们多是议长、副议长和有活动能力的议员,也包括部分资政院民选议员。联合会的第一届会议于1910年8—9月在京举行,最重大的议题是请愿速开国会。1911年的第二届会议,在国内外发生一系列紧迫问题的情况下,经各省咨议局相互联络提前于5月召集。其最大议题是反对皇族内阁和广练民兵。由于联合会两次上折,毫不妥协地反对皇族内阁,使清朝廷极为恼怒,而议员们对朝廷也产生绝望心理。其广练民兵的主张反映了他们认定政府不可靠,对外、对内都有一种'紧急自卫之意'。第二届各省咨议局联合会是大多数议员及其所代表的立宪派在政治上与顽固的清朝廷开始决裂的一个征兆,是清朝统治的政治基础开始塌陷的一个标志。"

是日,革命党人潘达微收得广州起义死难烈士遗骸72具,丛葬于红花岗,后改名黄花岗,史称"七十二烈士"。

按:方声洞、林时爽、林觉民、喻培伦等86人在广州起义中牺牲。黄花岗起义后,同盟会会员潘达微多方设法收殓烈士遗骸72具,合葬于城东红花岗,后改名黄花岗。1932年,查得此次死难烈士姓名达86人。由于习惯,人们仍称"黄花岗七十二烈士",但七十二位烈士的姓名直到民国11年(1922年)春才完全查出,乃在黄花岗上勒石记名。下面是七十二位烈士的姓名籍贯:广东人:徐佩旒、徐礼明、徐日培、徐广滔、徐临端、徐茂燎、徐松根、徐满凌、徐昭良、徐培添、徐保生、徐廉辉、徐容九、徐进照、徐褶成、徐应安、李柄辉、李晚、李文楷、李文甫、李雁南、陈春、陈潮、陈文褒、罗仲霍、罗坤、庞雄、周华、游寿、江继复、郭继枚、劳培、杜凤书、余东雄、马侣、黄鹤鸣、饶辅廷、张学铨、周增、林修明;福建人:方声洞、冯超骧、罗乃琳、卓秋元、黄忠炳、王灿登、胡应升、林觉民、林西惠、林尹民、林文、林时爽、刘六符、刘元栋、魏金龙、陈可钧、陈更新、陈与焱、陈清畴、陈发炎;广西人:韦树模、韦荣初、韦统淮、韦统钤、李德山、林盛初;四川人:秦炳、喻培伦、饶国梁;安徽人:程良、宋玉琳、石德宽。

四月初八日(5月6日),御史石长信奏铁路关系全国,亟宜核定办法,请将各省干路概归国有,枝路归民有,奉旨,该御史所奏确有见地,著邮传部按照所奏各节,妥核具奏。

按:给事中石长信奏曰:"奏为铁路亟宜明定办法,昭示来兹,免误大局而苏民困。恭折仰祈圣鉴事,窃查铁路实为交通要政,我国幅员广远,风气各殊,尤非铁路联络,不足以收行政统一之效。况值时局艰难,民生困苦,商务衰颓,凡一切军事实业财政民瘼,无一不受交通之影响。近年内外臣工,疏陈补救之策,咸以大修全国铁路为请。乃历览各省已办未办等路,或以款绌而工程停辍,或因本亏而众股观望。固因民间生计困难,集股不能踊跃,亦由各省绅耆,自私乡土,枝枝节节,未能统筹全局。长此因循,实于国利民福,大有妨碍。兹当朝廷力行宪政,注重统一,自应以铁路为当务之急,而规划线路,尤宜贯通南北,扼要以图。谨虑要端,为我皇上缕晰陈之:溯自我国兴造各省铁路,其病在事前并未谋定后动,如有一定方针,使率土有所率从,自无扰乱分歧之弊。夫铁路者,为缩地之良法,国与民所利赖。然利赖之中,有轻重缓急之分。干路枝路之别,其纵横直贯一省或数省,而远达边防者,为干路;自一府一县接上干路者,为枝路。干路互相为用,如百川之汇于江河。今为国计民生,兼筹并顾,惟有明定干路为国有,枝路为民有之一定办法,明白晓谕,使天下人民咸知国家铁路政策之所在。此后上下有所遵循,不致再如从前之群议庞杂,茫无主宰。当此时事日急,边防最为重要,国家若不赶将东西南北诸大干路迅速次第兴筑,则强邻四逼,无所措手。人民不足责,其如大局何? 此中利害,间不容发。惟有仰肯乾纲独断,不再游移。在德、奥、法、日本、墨西哥诸国,其铁路均归国有,而我分枝路于民,已为优异。况干路相辅,上下相维,于理尚顺,于事稍易。此路政之大纲,亟宜明定办法者,一也。又查东南干路,以粤汉议办为最早。光绪二十六年,督办大臣会同湖广督臣等奏准借美款兴造。当时定订合同后,业已筑成粤省之佛山三水铁路一百余里。广州至英德干路,亦已购地开工。乃三十年春间,张之洞忽信王先谦等之言,不惜巨资,竟向美公司废约,坚持固执,卒至停罢而废约。后欲集鄂、湘、粤三省之力以成此路,讵料悠忽数年,粤则有款而绅士争权,办路者甚少;湘、鄂则集款无著,徒縻局费。张之洞幡然悔悟,不护前非,仍议借款筑造。乃向英、德、法三国银行,定订借款草合同,签押后正欲入告,因美国援案插入,暂缓陈奏。张之洞旋即病故,此事遂一搁至今。计自废约以来,已越七载。倘若无此翻覆,粤汉亦早已告成。亦如京汉,已届十年还本之期矣。至川汉集款皆属取诸田间,其款确有一千余万。绅士树党,各怀意见。上年始由宜昌开工至归州以东。此五百里工程,尚不及十分之二三。不知何年方能告竣。而施典章擅将川路租股之所入,倒账竟至数百万之多。此又川粤汉干路之溃败延误亟宜查办者,一也。近来云贵督臣李经义议造滇桂边路,于国防尤有关系。然不有粤汉干路,自湖南之永州与广西之全州相接,则滇桂路何能自守? 考之列强造路,无不由腹地造起,以达边陲,断不能边路孤立,与腹地不相连贯。不特修养之费难筹,即防守之兵,亦难往援。是以日本欲筹造朝鲜之铁路,必先收回国中民办之铁路。今我粤汉直贯桂滇,川汉远控西藏,实为国家应有之两大干路,万一有事,缓急可恃。故无论亥延数千里之干路,断非民间零星凑集之款所能图成。即使迟以十年或二十年造成之后,而各分畛域,仅于有事之际,命令不行仍必如东西洋之议归国家收买。此干路之必归国家有者,又一也。国家成法,待民宽厚,虽当财政极困难之际,不肯加赋。四川、湖南,现因兴造铁路,创为租股名目,每亩带征,以充路款。闻两省农民,正深訾怨。偶遇荒年,追呼尤觉难堪。但路局以路亡地亡之说惊吓愚民,遂不得不从。川省民力较舒,尚能勉强担负。湘民本非饶足,若数年之间,强迫百姓出此数千巨万之重资,而路工一日不完,路利一日无著。深恐民穷财尽,欲图富强而转滋贫弱。是以干路归国有命下之日,薄海百姓,必无阻挠之处。况留民力以造枝路,其工易成,其资易集,其利易收,其土货得以畅行,亦如河南之芝麻、黄豆岁入数千万之多,民间渐滋饶富。此枝路之可归民办者,又一也。以上数端,如蒙皇上俯加采择,应即责成度支部筹集款项,并令邮传部将全国重要之区定为干线,悉归国有。其余枝路,准由各绅商集股办理。庶几缓急轻重,不为倒置。民政军政财政,从此皆可扼要以图,关系似非浅显。所有铁路亟宜明定办法各缘由。臣愚昧之见,谨具折沥陈,是否有当,伏乞皇上圣鉴。谨奏。"(《东方杂志》第8卷第4号《中国大事记》,1911年)清政府将粤汉、川汉商办铁路收归国有而引发的保路风潮,最终导致了清王朝的覆灭。

四月初十日(5月8日),清廷诏改立责任内阁,颁内阁官制。

按:授庆亲王奕劻为内阁总理大臣,大学士那桐、徐世昌俱为协理大臣。以梁敦彦为外务大臣,善耆为民政大臣,载泽为度支大臣,唐景崇为学务大臣,荫昌为陆军大臣,载洵为海军大臣,绍昌为司法大臣,溥伦为农工商大臣,盛宣怀为邮传大臣,寿耆为理藩大臣。复命内阁总、协理大臣俱为国务大臣,内阁总理大臣、协理大臣均充宪政编查馆大臣,庆亲王奕劻仍管理外务部。置弼德院,以陆润庠为院长,荣庆副之。罢旧内阁、办理军机处及会议政务处。大学士、协办大学士仍序次于翰林院。裁内阁学士以下官。置军谘府,以贝勒载涛、毓朗俱为军谘大臣,命订府官制。赵尔巽会陈夔龙、张人骏、瑞澂、李经羲与宪政编查馆大臣商订外省官制(《清史稿·宣统皇帝本纪》)。

四月十一日(5月9日),诏定铁路国有,引发大规模保路风潮。

按:先是,给事中石长信疏论各省商民集股造路公司弊害,宜敕部臣将全国干路定为国有,自余枝路准各省绅商集股自修,上韪之,下邮传部议。至是,奏言:"中国幅员广袤,边疆辽远,必有纵横四境诸大干路,方足以利行政而握中枢。从前规划未善,致路政错乱分歧,不分枝干,不量民力,一纸呈请,辄准商办。乃数载以来,粤则收股及半,造路无多。川则倒账甚钜,参追无著。湘、鄂则开局多年,徒供坐耗。循是不已,恐旷日弥久,民累愈深,上下交受其害。应请定干路均归国有,枝路任民自为。晓谕人民,宣统三年以前各省分设公司集股商办之干路,应即由国家收回。亟图修筑,悉废以前批准之案。"故有是诏(《清史稿·宣统皇帝本纪》)。

按:《清史稿·盛宣怀传》曰:"先是给事中石长信疏论各省商民集股造路公司弊害,宜敕部臣将全国干路定为国有,其余枝路仍准各省绅商集股自修。谕交部议,宣怀复奏言:'中国幅员广袤,边疆辽远,必有纵横四境诸大干路,方足以利行政而握中枢。从前规划未善,致路政错乱分歧,不分枝干,不量民力,一纸呈请,辄准商办。乃数载以来,粤则收股及半,造路无多;川则倒账甚钜,参追无著;湘、鄂则开局多年,徒供坐耗。循是不已,恐旷日弥久,民累愈深,上下交受其害。应请定干路均归国有,枝路任民自为,晓谕人民,宣统三年以前各省分设公司集股商办之干路,应即由国家收回,亟图修筑,悉废以前批准之案,川、湘两省租股并停罢之。'于是有铁路国有之诏,并起端方充督办粤汉、川汉铁路大臣。"

四月十四日(5月12日),第二届各省咨议局议员联合会正式开会,推选湖南咨议局议长谭延闿为主席,会议作出三个决定:(1)把推翻清政府作为立宪党人奋斗的近期目标;(2)组织宪友会,大办民兵;(3)以上海、汉口商团为中坚,发展自己的实力。

四月十八日(5月16日),湖南长沙各团体在教育总会召开全体大会,到会者一万余人,皆反对铁路国有,主张完全商办。湘路公司协赞会、湖南商务总会、湖南粤汉铁路公司、长沙筹办自治公所、劝学所、教育会职绅等致电湖南巡抚杨文鼎请代奏清廷废约自办。

四月二十二日(5月20日),邮传部大臣盛宣怀与英、法、德、美四国银行团在北京正式签订《湖北湖南两省境内粤汉铁路、湖北省境内川汉铁路借款合同》,合同25款,借款600万英镑,出卖两湖境内粤汉、川汉铁路修筑权,从而引发川、湘、鄂、粤四省的保路运动。

按:《清史稿·盛宣怀传》曰:"宣怀复与英、德、法、美四国结借款之约,各省闻之,群情疑惧,湘省首起抗阻,川省继之。湘抚杨文鼎、川督王人文先后以闻,诏切责之,谕:'严行禁止,倘有匪徒从中煽惑,意在作乱者,照惩治乱党例,格杀勿论。'"

五月初二日（5 月 29 日）,中国留美学生在芝加哥召开会议,决定将原由依利诺斯大学中国学生会发起成立的军国民期成会改名为爱国会,以保全主权、联络友国为主旨。

五月初四日（5 月 31 日）,学部奏设立中央教育会。

按:学部奏称,窃以教育之兴废,为国家强弱所由系。教育之良否,为人民知昧所由分。惟是教育理法,极为博深。教育业务,又益繁重,绝非一二执行教育之人,所能尽其意蕴。日本曾订有高等教育会议章程,汇集教育名家,开议教育事项,上自大学,下至初等小学,均可列作议案,共同讨论。文部省颇收集思广益之效。意美法良,足资采取。伏念自创兴学堂以来,分科大学及专门高等各学,中外办学衙门,虽皆竭力筹设,然以中学毕业学生尚少,并困于教育经费,一切规划,均未能骤期完备。揆诸近日情势,尚可徐为筹议,惟中学以下普及教育,与宪政尤为息息相关,在今日实有迫不及待之势。中国幅员辽阔,民生艰窘,其间土俗人情,又各自为风气。措办学务每多扞格。其普及教育之推广维持教授管理,在在均须广集教育经验有得人员,周咨博访,始足以利推行。臣等筹思至再,惟有酌采日本高等教育会议章程,变通办理,订定中央教育会章程十四条,召集各项学务人员,在京师设立会所,由臣部监督,专议中学以下各事宜。其中难解之疑问,滞塞之情形,均可藉以沟通,取便措注。以为臣部教育行政辅助之机关。似于学务前途,不无裨益,等语。并另片奏,会员所需川资旅费,应由公家筹措。惟学部经费,艰窘异常,万难统由学部给发。其各省学务公所议长议绅等员,拟均由各该省酌给。由学部酌派人员,如在外省者,即由学部酌给。此外他项人员,概不给予。奉旨均著依议。（陈学恂主编《中国近代教育史教学参考资料》（上册）,人民教育出版社 1986 年版）

是月,上海城自治公所颁布《取缔影戏场条例》7 条,规定开设影院须申报领取执照,男女观众必须分座、不得有淫亵之影片放映,这是中国最早的电影放映管理条例。

五月初八日（6 月 4 日）,各省咨议局联合会孙洪伊、徐佛苏、雷奋、汤化龙、谭延闿、林长民、蒲殿俊等在北京正式成立"宪友会"。推雷奋、徐佛苏、孙洪伊为常务干事,籍忠寅、李文熙、谢远涵为候补常务干事,另有庶务文耀,文书李文熙、吴赐龄,会计李素,交际欧阳允元、陈登山,调查康士铎、何宗瀚,编辑王葆心、余绍宋。各省设支部。

五月初十日（6 月 6 日）下午,劝戒纸烟会职员会在上海成立,推举伍廷芳为会长,陈润夫、沈敦和、李平书为副会长,张元济与郑孝胥、沈缦云、王一亭、狄楚青、朱葆三等被推为宣讲员。

五月十五日（6 月 11 日）,《法学会杂志》由北京法学会创刊。

是日,上海各界 4000 人在张园召开大会,宣布中国国民总会成立,以沈缦云为正会长,马相伯为副会长,叶惠钧为坐办。

五月二十一日（6 月 17 日）,四川咨议局铁路公司股东会在成都发起成立四川保路同志会,推举立宪党人蒲殿俊、罗伦、张澜主持会事,以"拒借洋款,废约保路"为宗旨。会后,罗纶、伍肇龄等 2000 余人至督院请愿。各州县闻风响应,纷纷成立保路分会,参加人数多达数十万。

按:黄绶《四川保路运动亲历记》说:"蒲、罗、张等立宪派人积极筹备成立保路同志会,准备走武装斗争的道路。事实证明,四川保路运动的武装斗争,直接充当了辛亥革命的先导,促进了武昌起义的成功。孙中山先生说:'若没有四川保路同志会的起义,武昌革命或者还要迟一年半载。'吴玉章同志说:'川汉铁路的集股自办,本来就是为了反对英、法帝国主义对四川的侵略,因为,他的本身,即带有民族性的政治性。'郭沫若同志说:'公平而且严格地说,辛亥革命的首功,是应当由四川人担负,是应该由川汉铁路的股东担负的,虽然他们并没有革命的意识,然而要他们才是真正的社会革命的发动者,而且也是民族革命的发动者。事实是这样,并不是我们目前想有意阿谀或有意翻案。'可见辛亥革命的四川保路斗争,是中国近代史上的重大事件,她的光辉业绩,应载入史册,传之后代。"(成都市政协文史学习委员会编《成都文史资料选编·辛亥前后卷》,四川人民出版社2007年版)谭力《论立宪派和革命派在辛亥革命时期的关系》(《探索》1986年第2期)说:"在革命派积极进行反清的斗争中,立宪派领导了收回利权运动,起到了推动革命形势迅速发展的积极作用。特别是四川保路运动,在立宪派人蒲殿俊、罗纶为正副会长的'四川保路同志会'的领导下,揭露了清政府的卖国行径,领导人民进行了'破约保路'的斗争,号召人民不纳正粮,不纳捐税,使清王朝'二千数百万之岁入,顿归无着'。在经济上给清王朝以沉重打击。这场运动不仅矛头直接指向了清王朝,并且为武昌起义的爆发和胜利创造了极其有利的客观条件。这场运动主要是由立宪派组织和领导的。"

五月二十四日(6月20日),清廷谕旨:学部奏设中央教育会遵章开会,请派张謇充该会会长,张元济、傅增湘充该会副会长一折,著依议。

六月初三日(6月28日),四川女子保路同志会在成都成立。

六月初五日(6月30日),各省咨议局联合会发表宣言,通告全国,指出铁路国有化政策失信于国人,反对皇族内阁。

六月二十日(7月15日),中央教育会在京师举行会议,138人出席会议,至8月14日(闰六月二十日)闭幕,历时30天,议决案12件,推举张謇为会长。

按:本次会议议决12案,即:一、军国民教育案;二、国库补助推广初等小学经费案;三、试办义务教育章程案;四、划定地方教育经费案;五、振兴实业教育案(以上五案系学务大臣交议);六、停止实官奖励案;七、变通考试章程案;八、初级完全师范学堂改由省辖案;九、全国学校讨论会办法大纲案;十、统一国语办法案;十一、国库补助养成小学教员经费案;十二、变更初等教育方法案(以上七案系会员所提议)。

闰六月初六日(7月31日),宋教仁、谭人凤、陈其美等人在上海北四川路湖北小学校正式成立中国同盟会中部总会,作为策动长江流域各省起义的领导机关。推举宋教仁、谭人凤、陈其美、杨谱笙、潘祖彝等5人为总务干事,设本部于上海,设分会于苏、皖、湘、鄂、川各省,并发布《中国同盟会中部总会宣言》《中国同盟会中部总会章程》。

按:《中国同盟会中部总会宣言》曰:"现政府之不足以救中国,除丧心病狂之宪政党外,贩夫牧竖,皆能洞知,何况忧时之志士? 故自同盟会提倡种族主义以来,革命之思潮,统政界、学界、军界,以及工商各界,皆大有人在。顾思想如是之发达,人才如是之众多,而势力犹然屡弱,不能战胜政府者,其故何哉? 有共同之宗旨,无共同之计划;有切实之人才,无切实之组织也。何以言之? 如章太炎、陶成章、刘光汉辈,已入党者也,或主分离,或事攻击,或如客犬,非无共同之计划有以致之乎? 而外此之出主人奴,与夫分援树党,各抱野心者,更不知凡几耳。如徐锡麟、温生才、熊承基辈,未入党者也,一死安庆,一死广州,一死东三省,非无切实之组织有以致之乎? 而外此之朝秦暮楚,与夫轻举暴动,枉抛生命者,更不知凡几耳! 前之缺点,病不合,推其弊,必将酿旧史之纷争;后之缺点,病不通,推其弊,必致叹党员之寥落。前一缺点伏而未发,后一缺点则不自今日摧伤过半人才始。前精卫陷北京,南洋《中兴报》曾载有曰:'跳来跳去,只此数人。'呜呼! 有此二病,不从根本上解决,惟挟金钱主义,临时招募乌合之众,掺杂党中,冀侥幸以成事,岂可必之数哉? 此吾党义师所以屡起屡蹶,而至演最后之惨剧也。同人等激发于死者之义烈,各有奋心,留港月余,冀与主事诸公,婉商善后补救策,乃一以气郁身死(指赵声),一以事败心灰(指黄兴),一则晏处深居(指胡汉民),不能谋一面,于是群鸟兽散,满腔热血,悉付诸汪洋泡影中矣! 虽然,党事者,党人之公责任也。有倚赖性,无责任心,何以对死友于地下? 返沪诸同志,迫于情之不能自已,于是有同盟会中部总会之组织。定名同盟会中部总会者,奉东京本部为主体,认南部分会为友邦,而以中部别之,名义上自可无冲突也。总机关设于上海,取交通便利,可以联络各省,统筹办法也。各省设分部,收揽人才,分担责任,庶无顾此失彼之虑也。机关制取合议,救偏毗、防专制也。总理暂虚不设,留以待贤豪,收物望,有大人物出,当喜适如其分,不至鄙夷不屑就也。举义必由总部召集各分会决议,不得怀抱野心,轻于发难,培元气、养实力也。总部对于各团体,相系相维,一秉信义,而牢笼诱骗之手段不得施也。各团体对于总部,同心同德,共造时机,而省界情感之故见,不可有也。组织之内容,大概如是,海内外同志,其以为不谬,肯表同情赞助欤?党人幸甚,中国幸甚!"(转引自张学继《陈其美与辛亥革命》第二章,黑龙江人民出版社2002年版)

闰六月十七日(8月11日)午后,张元济另行发起组织的中国教育会假北京政法学堂举行成立大会,到会200余人。张元济致开幕辞,就该会章程第一章"应世界之趋势,以定教育方针,察社会之现状,以求教育之进步"引申其义,会议公决通过《中国教育会章程草案》20条。

按:《中国教育会章程草案》发起人署名者有张謇、杨度、王季烈、陈宝泉、谭延闿、汪荣宝、严复、傅增湘、黄炎培、罗振玉、伍光建、颜惠庆、孟昭常、陆费逵、陈敬第、张元济等五十人。8月12日(闰六月十八日),《大公报》刊载《中国教育会章程草案》,全文如下:

第一章　总　纲

第一条　本会以谋本国教育之发达及其改良为宗旨,其纲要如左:一、应世界之趋势,以定教育之方针;二、察社会之现状,以求教育之进步。

第二条　本会注意事项列举如左:一、国民教育之普及(男女无歧视);二、人才教育之设施;三、女学以养成贤母良妻为主;四、提倡男女补习教育及职业教育;五、为年长者设短期教育以应社会之急需;六、提倡通俗教育。各种教育事业皆以致用为目的,并养成勤俭勇信之学风。

第二章　组　织

第三条　本会会所设于京师,并设事务所于上海。

第四条　凡赞成本会宗旨者,皆得为会员。惟须有会员二人以上之介绍。

第五条　本会职员及其职务如左:会长一人,对外代表本会,对内主持会务,开会时则充议长;副会长二人,平时辅助会长,会长不到则代理之;评议员十人,乃至三十人,组织评议会评议一切会务;干事十六人以上,分别驻京、驻沪,执行各种会务。以上各员皆自会员中公选,以三年为一任,任满续被选者,仍得连任。评议员、干事员人数视会务发达状况,于大会时酌定。

第六条　本会每年开大会一次,于暑假期内举行。凡大会前及临时有重要事件,均开评议会。

第三章　会　务

第七条　本会会务列举如左:一、关于教育行政及种种教育事项,随时发表本会意见,以建议于当局,或供全国教育家之参考,或唤起舆论;二、当局如有关于教育之问题咨询本会,本会当竭力调查研究以供采择;三、随时延请中外名人开演讲会讲演学术及关于教育之事项,许公众旁听;四、随时选派会员分往各处宣讲,以启发社会之知识;五、于暑假、年假期内,酌开教员讲习会,讲习各种学术,以资教员之补习;六、遇有教育上特别问题,本会特设调查会讨论研究;七、每年刊行会报一次,以志会务进行,将来拟发行杂志;八、附设图书馆,备置有关学术之图书以供本会参考及公众阅览;九、酌编通俗书报,廉价发行;十、凡对于教育有功绩者,以本会名义表彰之。

第四章　会　议

第八条　大会时,凡会员皆得提议事件。

第九条　凡会员提议事件,须于会期前十日送交会所,经评议会审查认为应议者,始得提交会议。

第十条　凡会议事件,以到会会员过半数决之可否;人数相等,则取决于议长。

第十一条　本会议决事件,由会长执行或交干事执行之。

第五章　评议会

第十二条　评议会以会长、副会长及全体评议员组织之。

第十三条　评议会至少须有该会员三分之一以上到会方得开议。

第十四条 评议会会议事件,以到会人数过半数决之可否,相同则取决于议长。

第六章 经 费

第十五条 本会经费之收入分为四种,如左:一、会员常捐,每年三元。如一次交足三十元以上者,得永免其常捐;二、会员特捐,自由酌捐;三、会外捐助,会外同志捐助财产、款项于本会者,当随时登报志谢。以上两项在百元以上者,由本会承认为特别会员,榜示会场,以志高谊;千元以上者,则特制相片永悬本会;四、国家补助,俟本会稍有成效,拟援外国成例,呈请国家补助。

第十六条 会员常捐每年于七月朔以前交至京师会所或上海事务所。

第十七条 本会收款皆由事务所制取收条为凭,收支报告当刊入会报。

附 则

第十八条 本章程于第一次大会通过后即日实行。

第十九条 各种办事细则另行订定。

第二十条 本章程有应行修订者,须于开大会前十日提出,经评议会审查再交大会议决。

闰六月二十五日(8月19日),内阁奏设内阁官报,颁布《内阁官报条例》。

七月初一日(8月24日),四川铁路公司股东会和保路同志会在成都发动罢市、罢课,停纳捐税,数十州县亟起响应,以"拒借洋款,废约保路"相号召,发动大规模的请愿运动。革命党人杨庶堪等筹划重庆起义。

七月初二日(8月25日),清廷以四川铁路股东会议及保路同志会倡导罢市罢课,命川督赵尔丰严行弹压保路运动。

七月初九日(9月1日),四川铁路股东大会正式议决,自本日起即实行不纳正粮,不纳捐输,不卖田地房产,不认国债,已解者不上兑,未解者不必解。并布告全国,声明以后不担任外债分厘。决定自今日起各地成立股东办事处,如清廷仍不允收回成命,则各地办事处即为推行上述决议之机构。

七月初十日(9月2日),清廷以四川倡言废约,并有罢市罢课之举,遂命督办粤汉川汉铁路大臣端方率兵入川,认真查办铁路事宜。并命赵尔丰严厉镇压,迅速解散。赵尔丰致电内阁:川中群情义愤,有人乘机利用,实行改革主义,如不准所请,变生顷刻,全国受其牵动。

七月十二日(9月4日),赵尔丰致电内阁,称川人不听解散,惟假兵力剿办,请朝廷主持,内阁维持。是日,清廷饬赵尔丰迅速解散、切实弹压保路同志会。

七月十三日(9月5日),川汉铁路股东特别会举行会议,讨论应付端方带兵入川查办之办法。同盟会会员朱国琛、刘长叔等人印发《川人自保商榷书》,主张练兵、办团,设兵工厂,自收赋税等。赵尔丰得到其表侄、布政使尹良的密告,急调巡防军边军入省。下午7时,尹良召集十七镇统制朱庆澜、参谋处总办吴钟镕及司道等开会,认为《川人自保商榷书》系谋反,要朱庆澜率兵镇压,朱庆澜表示不能打同志会。尹良连夜入告赵尔丰,共定诱捕蒲殿俊、罗纶等人之计。赵尔丰见《川人自保商榷书》后,即召尹良、杨嘉绅、田征葵、路广钟等官员商量对策,同时致电内阁请示办法,并命巡防军速集省城布防,专派田征葵为总指挥。

七月十五日(9月7日),上午,四川藩署电话通知保路同志会,谓川督赵尔丰请保路会各部长、股东会正副会长等到督院看邮传部对川路的回电。四川咨议局正副议长蒲殿俊、罗伦和铁路股东会、保路同志会首领颜楷、张澜、邓孝可等人到督院,即被逮捕。民众闻讯,涌入督院,要求释放蒲、罗等人。赵尔丰下令开枪镇压,当场死者数十人,伤者数百人,成都血案发生。

按：赵尔丰原先曾支持川民保路，后来为什么会镇压川民争路运动呢，冯静、万华《再评辛亥革命中的赵尔丰》（《四川师范大学学报》1988 年第 5 期）说：首先，赵毕竟是封建官僚，他支持保路是因为借款筑路有损大清帝国主权，亦不利于包括他自己在内的清朝统治阶级的长远利益。但是，当保路运动触犯了大清帝国利益时，其阶级本性必然会使他甘当"戎首"而重施"屠户"故伎。其次，盛宣怀、端方、瑞澂和清室的一再施加压力，是赵尔丰转变态度的重要原因。

是日，四川保路同志会从四川京官中选出驻京争路代表，川东李文熙、川南赵熙、川西黄德章、川北胡骏及其他京官 200 余人在北京全蜀馆开会，签名严劾盛宣怀，请朝廷罢免盛宣怀。

七月十六日（9 月 8 日），四川咨议局秘书长程莹度及议员姚厉渠等密商，派黄绥赴湘、鄂联合两省咨议局反清保国，并赴北京资政院请愿，要求惩盛宣怀借款卖路之罪，惩赵尔丰擅捕滥杀之罪，借以营救蒲殿俊、罗伦等人。是日，四川保路同志军在各州、县相继起义，全川震动。

七月十七日（9 月 9 日），四川总督赵尔丰逮捕咨议局议长蒲殿俊、副议长罗纶、保路同志会长邓孝可、股东会长颜楷、张澜及胡嵘、江三乘、叶秉诚、王铭新等 9 人后，保路同志会聚众围总督署，击之始散。是日，四川保路同志会代表刘声元至北京地安门上书摄政王载沣，请收回成命，并治当事大臣以应得之罪。

七月十九日（9 月 11 日），清廷发布上谕，禁止四川旅京官、绅、商、学开会、递呈。川督赵尔丰发布告示，申明日前逮捕的保路同志会诸人，乃"犯上作乱"之徒。

七月二十日（9 月 12 日），清廷明谕对川省用兵，饬端方率湖北新军趱程入川。

按：本日奉上谕，自铁路干路，收归国有，凡从前商股民股，均经饬部妥定办法，既已减轻民累，复不令亏损民财，乃川人未明此意，借端争执，罢市罢课，迹近嚣张。旬日以来，该省突有人散布自保商权书，意图独立。本月十五日，竟有数千人，凶扑督署，肆行烧毁，显系逆党勾结为乱，于路事已不相涉，万难再予姑容。已电饬赵尔丰相机分别剿办。该署督迅即严饬新旧各军，将倡乱匪徒，及时扑灭，毋任蔓延。端方带队入川，务须申明纪律，严加约束，不准骚扰。并沿途晓谕居民，朝廷不得已而用兵，纯系为除莠安良起见，等因，钦此。（《东方杂志》第 8 卷第 8 号《中国大事记》，1911 年）

七月二十二日（9 月 14 日），湖北文学社、共进会在武昌雄楚楼 10 号刘公住宅召开第三次联合会议，初步确定联合大计，并决定派杨玉如、居正二人赴沪请黄兴、宋教仁或谭人凤来鄂做起义指挥，主持大计。会议由刘公主持，蔡大辅记录，孙武报告湖北形势。

七月二十三日（9 月 15 日），清廷命前两广总督岑春煊入川，会同赵尔丰办理剿抚事宜。

七月二十四日（9 月 16 日），湖北文学社、共进会召开联合会议，成立起义统一机构，推举蒋翊武为总指挥，王宪章为副总指挥，孙武为参谋长。又派居正、杨玉如自武昌乘船前往上海，催请黄兴、宋教仁、谭人凤等迅速赶赴武汉主持举义。

七月二十五日（9 月 17 日），四川旅沪保路协会开特别大会，到会千余人，议决举代表面谒岑春煊，请勿带兵入川。

七月二十八日（9 月 20 日），署理四川总督赵尔丰电奏川乱办理情形后，清廷发布上谕，仍著赵尔丰严饬各军分路剿办，迅速击散，分别良莠剿抚，被胁者宥之。

八月初二日（9 月 23 日），刘复基（代表蒋翊武）、孙武、邓玉麟、蔡济民、李作栋、彭楚藩等人在武昌雄楚楼 10 号刘公宅召开会议，研究起义领导人选问题。决定以蒋翊武为军事总指挥，管军令；孙武为军务部长，管军政；刘公为总理，管民事。并决定第二天召开大会，讨论政府人选和起义计划。

八月初三日(9月24日)，湖北文学社、共进会在武昌胭脂巷11号胡祖舜家召开第四次联合大会，孙武为临时主席。决定中秋节(10月6日)起义，并推定起义后的负责人，草拟文告，制定旗帜、符号。同时派人赴沪，迎接同盟会领导人黄兴等前来"主持大计"；又派人赴湖南等省和湖北宜昌、襄阳等地联络，到时响应。

八月初四日(9月25日)，四川同盟会会员吴玉章、王天杰、蒲洵等在四川荣县宣布独立，建立全国第一个革命政权，为全川及全国的独立先导。是日，居正抵达上海，详细报告湖北近况，同盟会中部总会决定接受率先在武汉发动起义的计划，并决定南京、上海同时发动，派人到香港请黄兴速来，宋、谭等先一步西行。因谭人凤得病，宋教仁又犹豫不决，决定等黄兴到上海再商议。

八月初七日(9月28日)，湖南党人焦达峰函告武昌起义指挥部，10月6日起义湖南准备不足，请展期10天。起义指挥部决定10月16日湘鄂两省同时发难。

八月十三日(10月4日)，清帝溥仪对典礼院缮单上呈国歌《巩金瓯》谕"声词尚属壮美，节奏颇为叶和。著即定为国乐，一体遵行"。

按：最早提议制定国歌的是曾纪泽，认为清政府无国歌，"常感缺憾之不足以壮国威"。因其本人谙熟音律，便自创"国调"，名为《华祝歌》，并在一次博览会上首次作为中国国歌演奏，但未被清廷准奏。1910年4月，先由礼部左参议曹广权上奏，"各国皆有专定国乐，极致钦崇，遇亲贵游历，公使燕集，既自奏其国乐，又必奏公使等本国之乐"，"国乐亟须编制，拟请饬下出使各国大臣，考求乐谱咨送到部，以便会同乐部各衙门，延聘海内知音之士，公同考订参酌古今编成乐律，请旨颁行"。12月25日，礼学两部会同军谘处、陆军部、海军部议复。准奏之后，从康熙、乾隆时所作的皇室颂歌中选了几首曲子，礼部聘请清华大学堂京剧专家傅侗改写曲谱，翻译家严复填写歌词，词名《巩金瓯》，歌词为：

巩金瓯，承天帱，民物欣凫藻，

喜同袍，清时幸遭，

真熙皞，帝国苍穹保，

天高高，海滔滔。

此为中国第一首正式的国歌，但至1911年10月10日武昌起义爆发，宣统皇帝逊位，该国歌未待普及，就成遗作。(参见余凌云《中国宪法史上的国歌》，《中国法律评论》2015年第3期)

八月十八日(10月9日)，共进会孙武等人本日下午在汉口俄租界宝善里14号机关部制造炸弹失慎爆炸，秘密机关遭破坏，起义计划被暴露，起义的旗帜、符号、名册、文告、印信等被俄国巡捕缴获。湖广总督瑞澂得到密告，立即下令在武汉三镇进行搜捕。当晚，起义总指挥蒋翊武逃离武昌，重要骨干刘复基、彭楚藩、杨洪胜等30余人相继被捕，翌晨遇害。是夜举事未成。

八月十九日(10月10日)晚，武昌起义爆发。新军辎重十一营、工程第八营熊秉坤等首起发难，打响起义第一枪，占领军械库，控制蛇山制高点，炮轰总督府。新军各标、营革命党人纷纷响应，迅速攻占湖广总督衙门，鄂督瑞澂、提督兼新军第八镇统制张彪仓皇出逃。

按：《清史稿·瑞澂传》曰："武昌变起。先是党人谋乱于武昌，瑞澂初闻报，忧惧失措，漫不为备，惟悬赏告密，得党人名册，多列军人名，左右察知伪造，请销毁以安众心。瑞澂必欲按名捕之，获三十二人，诛其三，辄以平乱闻。诏嘉其弭患初萌，定乱俄顷，命就擒获诸人严鞫，并缉逃亡，于是军心骚动，翌日遂变。瑞澂弃城走，诏革职，仍令权总督事，戴罪图功，并令陆军大臣荫昌督师往讨，萨镇冰率兵舰、程允和率水师援之，而瑞澂已乘兵舰由湖北汉口而芜湖而九江，且至上海矣。……辛亥革命，乱机久伏，特以铁路国有为发端耳。宣怀实创斯议，遂为首恶。鄂变猝起，瑞澂遽弃城走，当国优柔，不能明正以法。各省督抚遂先后皆不顾，走者走，变者变，大势乃不可问矣。呜呼！如瑞澂者，谥以罪首，尚何辞哉？"

按:为纪念辛亥革命胜利,1912年9月28日,中华民国临时参议院议定,以武昌首义日为"双十节",即中华民国国庆日。

八月二十日(10月11日)凌晨,武昌全城光复,革命党人宣布成立第一个革命政权——湖北军政府。上午,蔡济民、张振武、李作栋、高尚志、陈宏浩、吴醒汉、徐达明、邢伯谦、苏成章、黄元吉、朱树烈、高震霄、王文锦、陈磊等陆续到咨议局会商大计。经汤化龙、胡瑞藻、刘赓藻等建议,会议决定,咨议局由刘赓藻为代表,党人由蔡济民为代表,迎接清新军第二十一混成协协统黎元洪到咨议局与会,并推举其为中华民国军政府鄂军都督,但黎元洪推辞不就。会议暂时委任各部负责人:参谋部由杨开甲主持,交通部由李作栋主持,外交部由杨霆垣主持,书记部由冯昌言主持,庶务处、统计处和总务科由邢伯谦主持;为看守黎元洪,又专设警卫司令,司令先为方定国,后方以汉奸嫌疑被杀,改由甘绩熙任警卫司令,又改高尚志任之。

是日下午,在咨议局再次举行会议,与会者有蔡济民、张振武、李作栋、高尚志、陈宏浩、吴醒汉、徐达明、邢伯谦、苏成章、黄元吉、朱树烈、高震霄、王文锦、陈磊、吴兆麟、邓玉麟、向翊谟、李翊东、方兴和及刚出狱的胡瑛、张廷辅、牟鸿勋等。因黎元洪未实际任事,蔡济民提议成立谋略处,作为军政府的决策机构。谋略处随即议定军政府暂设参谋、军务、政务、外交四部,并推定参谋部以张景良为参谋长,杨开甲、吴兆麟为副长。李廉方被推为军政府首席秘书(秘书长)。蔡济民、吴醒汉、张廷辅、邓玉麟、高尚志、徐达明、王文锦、陈宏浩、谢石钦、李作栋、黄元吉、吴兆麟、蔡大辅、胡瑛、王宪章、杨开甲等任谋略。当晚,谋略处于咨议局开始办公,作出如下一些重要决议:(一)湖北革命领导机关定名为中华民国军政府湖北都督府,设于咨议局;(二)称中国为中华民国;(三)以本年为黄帝纪元四千六百零九年;(四)都督暂用黎元洪名义,布告地方及通电全国;(五)革命军旗为九角十八星旗等。

按:《中华民国军政府鄂军都督黎布告》,当天贴遍了全城。布告的全文如下:"今奉军政府令,告我国民知之:凡我义师到处,尔等不用猜疑。我为救民而起,并非贪功自私。拔尔等出水火,补尔等之疮痍。尔等前此受虐,甚于苦海沉迷。只因异族专制,故此弃尔如遗。须知今满政府,并非我家汉儿。纵有冲天义愤,报复竟无所施。我今为民不忍,赫然首举义旗。第一为民除害,与民戮力驰驱。所有汉奸民贼,不许残孽久支。贼昔食我之肉,我今寝彼之皮。有人激于大义,宜速执鞭来归。共图光复事业,汉家中兴立期。建立中华民国,同胞其毋差池!士农工商民众,定必同逐胡儿。军行素有纪律,公平相待不欺。愿我亲爱同胞,一一敬听我词!"同时,颁布刑赏条令十六条:"本都督驱逐满奴,恢复汉族,凡我同胞,皆宜信守秩序,勿违军法。所有刑赏各条,开列于后:藏匿满人者斩;藏匿侦探者斩;买卖不公平者斩;伤害外人者斩;扰乱商务者斩;奸掳烧杀者斩;邀约罢市者斩;违抗义师者斩;乐输粮秣者赏;接济军火者赏;保护租界者赏;守卫教堂者赏;率众投降者赏;劝导乡民者赏;报告敌情者赏;维持商务者赏。"(贺觉非《辛亥武昌首义史》第五章,湖北人民出版社1984年版)

按:葛仁钧《论同盟会在辛亥革命中的得失》(《辽宁大学学报》1995年第5期)说:"历史证明,宋教仁等人主张在长江流域策动武装起义,为辛亥革命的爆发作了正确的策略准备;同盟会中部总会的成立,适应了革命形势发展的客观需要,为辛亥革命的到来作了必要的组织准备。武昌起义的爆发,从表面上看是一个偶发事件,而在实际上则是这一准备的必然结果。虽然同盟会为辛亥革命的到来做了多方面的准备,但当革命高潮到来时,同盟会却又缺乏必要的直接领导。10月武昌起义爆发后,同盟会的主要领导者均未亲临武汉。同盟会领袖孙中山在国外闻知武昌起义消息后,直至12月底才回到国内。在国内的同盟会其他领导人亦未在武昌起义爆发后即刻赶到武汉来领导这场斗争,以致武昌起义爆发后一度处于群龙无首的状态。起义的士兵和下级军官在尚未完全认识政权极端重要的情况下,将本来敌视革命的清军协统黎元洪逼上了鄂军都督的宝座,导致后来革命党人不得不承受这一既成事实。这是辛亥革命到来时同盟会的一个严重失误。"

　　按：张皓《武昌军政府内部矛盾演变与湖北辛亥革命的失败》（《历史档案》2004 第 1 期）说："共进会与文学社在辛亥革命爆发前就存在着门户之见，虽然双方为了联合发动起义而建立了暂时的联盟，但是由于起义以后军政领导职务的分配问题未能解决而形成了刘公、孙武、蒋翊武鼎足分立的局面，没有形成一个坚强的领导核心，这就给黎元洪上台提供了便利条件。军政府成立以后，许多革命党人认为革命止于反满，致使革命与反革命的政治界限逐渐模糊，从而导致矛盾在新形势下进一步发展，文学社与共进会之间，湖南人与湖北人之间，革命派和立宪派之间，革命党人之间，矛盾重重，争执不已。黎正好利用这些矛盾冲突，借刀杀人，各个击破，巩固了自己的统治地位，吞并了湖北地区辛亥革命的胜利果实，辛亥革命首先在湖北失败。难怪袁世凯致电称赞他'深谋远虑'。紧接着所谓湖北的'二次革命'，袁就篡夺了临时大总统之职，辛亥革命在全国失败。"

　　八月二十一日（10 月 12 日），湖北军政府发布《黎都督宣布满洲政府罪状檄》《布告全国文》《布告汉族同胞之为满洲将士文》《黎都督布告海内人士电》《鄂军都督致满清政府书》《黎都督谕湖北各府州县政务及自治公所电》《黎都督通告城镇乡自治职员电》《代中华民国军政府鄂军都督黎檄各府州县文》《檄各督抚文》《黎都督通告各省城镇乡地方巡警电》《湖北军政府都督命令》等。

　　按：《黎都督宣布满洲政府罪状檄》曰："为吊民伐罪，誓众出师，昭告于天下曰：呜呼！皇天不造，降乱中邦，满清以塞外胡种，滔据神皋，超二百六十有七年。覆我宗社，乱我陵寝，杀戮我父母，臣妾我兄妹。丧昧人道，罔有天日。九万里宗邦，久沦伤心惨目之境；五百兆臣庶，不共戴天履地之仇。阅及近兹，益逞凶悍，毒屠诛杀，不遗余力。举天下之膏血，尽贶四邻；割神州之要区，归之万国。淫凶酷虐，炽于其前；刀锯鼎镬，随于其后。立足无地，偷生何从。罪恶滔天，奇仇不赦。普天同愤，草木皆兴问罪之师；动地兴悲，鱼龙亦感风云之会。况复黄炎神胄，忍堕狱城，爰举国民义兵，歼除大盗。择日出师，当天誓众。铙歌初唱，汉帜齐张。河南既克，两粤旋恢。义师已据武昌，南军直来湖上。戈矛十万，同挥贱虏之头；子弟八千，共唼胡王之血。山河依旧，先人之庐墓可亲；冠带奚存，九式之仇雠宜复。凡我同志，努力前驱。择日扬鞭，一荡中原之腥秽；擒王克敌，重瞻上国之衣冠。驱胡群于关外，定霸图于亚洲。内洗三百年灭国之辱，外当六十国逐鹿之冲。义戈所指，天地廓清，民命堪怜，秋毫无犯。须知为国复仇，并非许民作乱。守万国公同之约，勿害邦交；值六雄并峙之秋，各尽天职。呜呼！黄冠草履之民，谁无尊亲之血气；四海九州之内，何非故国之山。秉尔白矛，报尔先德；重新九鼎，再奠神京。灭此朝食，与诸君同为黄龙之饮；建兹民国，俾万邦共睹赤日之光。一念血诚，千秋伟业。传檄天下，用布皇言。昔拓跋氏窃号于洛，代北群胡，犹不敢陵轹汉族。满清入关以来，恐吾汉人心存光复也，凡属要害，悉置驻防，监视我汉人之耳目，使汉人永远降为满清之奴隶而后快。心如蛇蝎，行同虎狼。其罪一。清廷昔创一条鞭之法，谓以后永不加赋，乃未几而厘金之制起，杂税之制兴。近更变本加厉，割吾民之膏，吮吾民之血，使吾民死于囹圄，葬于沟壑者，盖不知几千万。外窃仁声，内存饕餮。其罪二。流寇肆虐，遗黎凋丧，东南一隅，犹自完具。清廷谓'汉人死不尽，满人不得安'，于是下江南，所过城邑，肆意屠杀。读'扬州十日记''嘉定三屠录'，凡属汉人，当无不沉沉泪下也。汉人无罪，尽膏清兵之刃。其罪三。前世史书之毁，多由直笔书其虐政，苦在旧朝一无所闻。清廷恐人心思汉，焚毁书籍八千余通，自明季诸臣奏议外，上及宋末之遗书，靡不焚烧。令汉人忘祖，永习为奴。其罪四。世奴之制，普天所无，胡清窃据中国，视汉人如猪羊。汉人小有过失，即发八旗，永与满人为奴，有潜逃者，罪及九族。雍乾时，东南名士，如庄廷鑨、戴名世、吕留良、查嗣庭、陆生楠、汪景祺之家族，发往胡域者几千万家。背逆人道，苛暴齐民。其罪五。满清为灭绝汉人计，严其刑罚，苛其条例，吾民一触其网罗，则有死无生。历观数年来寻常私罪，多不覆按，府电朝下，囚人夕诛，好恶因于郡县，生杀成于墨吏，私刑毒杀，暗天无所。其罪六。犬羊之性，父子无别。胡酋以盗嫂为美谈，以淫妹为法制，其他淫烝，史不绝书。使华夏清严之地，一变而为狐狸之乡。遗臭中原，传笑万国。其罪七。垂狗尾以为饰，穿马蹄以为服，衣冠禽兽，其满清之谓。入关之初，强汉族蓄尾，不从死者遍天下，至今受其

束缚,贻九洲万国差,使吾衣冠礼乐,夷为牛马。其罪八。"(曹亚伯《武昌革命真史》,中华书局1927年版)

是日,湖北军政府派汤化龙、胡瑛、夏维松至汉口,以中华民国军政府名义,照会驻汉口各国领事,宣布对外新方针,要求各国严守中立。

按:东京同盟会曾对革命后政权的外交政策有若干规定,并事先草拟了革命政府的对外照会。湖北军政府成立后,便以这个照会的文稿作底本,稍加变通。其文要略如下:"为照会事:我军政府自广州之役团体溃后,乃转而向西,遂得志于四川。在昔各友邦未遽认我为与国者,以惟有人民主权而无土地故耳。今既取得四川属之土地,国家之三要备矣。军政府复祖国之情切,愤满奴之无状,复命本都督起兵武昌,共图讨满,推倒满清政府,建立民国,同时对于友邦各国,益敦睦谊。以期维持世界之和平,增进人类之幸福。所有民军对外之行动,特先知照,免致误会。一、所有清国前此与各国缔结条约,皆继续有效;一、赔款外债照旧担任,仍由各省按期如数摊还;一、居留军政府占领地域内之各国人民财产,均一律保护;一、各国之既得权利,亦一体保护;一、清政府与各国所立条约,所许之权利,所借之国债,其事件成立于此次知照后者,军政府概不承认;一、各国如有接济清政府以可为战事用之物品者,搜获一概没收;一、各国如有助清政府与军政府为敌者,概以敌人视之。以上七条,特行通告各友邦,俾知师以义动,并无丝毫排外之性质。"照会一式五份,由胡瑛送往汉口各国领事馆。(《辛亥武昌首义史》第五章,湖北人民出版社1984年版)

八月二十六日(10月17日),湖北军政府军务部成立。军务部下设人事局、军事局、军学局、军医局、经理局、总务局、兵站、陆军第一、二医院、马鞍厂、军械库、器材库等。是日,武昌军政府举行祭天仪式,黎元洪主祭,谭人凤授旗、授剑,居正演说革命意义;颁布由汤化龙主持制订的《中华民国军政府暂行条例》。

八月二十八日(10月19日),湖北军政府内务部发布禁止妇女缠足文。

按:文曰:"照得缠足恶习,有碍女界卫生,躯体受损尤小,关系种族匪轻。现值民国成立,理宜百度维新。男子一律剪发,女子亦宜振兴。况为国民之母,岂可玩忽因循。特此示令放足,其各毋违凛遵!"(《中华民国公报》1911年10月19日)

是日,中国报界俱进会第二次常会在北京召开。

按:中国报界俱进会于1910年9月3日在南京劝业会公议厅成立,是近代第一个全国性的报界团体组织。

八月二十九日(10月20日),协理大臣徐世昌奉奕劻之命,到彰德敦劝袁世凯,袁世凯与徐世昌磋商后,提出召开国会,组织责任内阁,宽容武昌事变人员,解除党禁,总揽兵权,宽予军费等复出要求。

九月初三日(10月24日),陈其美与宋教仁、沈缦云、范鸿仙、叶惠钧、叶楚伧、蔡元培等同盟会重要成员在《民立报》馆开会,决定准备上海起义事宜,议决以联络商团、沟通士绅为起义的工作重点,利用《民立报》宣传革命胜利消息,激励民气。此时,光复会也在沪、杭一带利用各种关系秘密运动军警、会党,筹划起义。尹锐志联络吴淞海军朱庭燎、巡警黄汉湘等参加光复会,组建光复军,李燮和由南洋爪哇回到上海,担任光复军总司令,司令部设在锐俊学社。

九月初四日(10月25日),由孙武、刘公、张振武等提议修改《中华民国军政府暂行条例》,颁布《中华民国鄂军政府改订暂行条例》,决定成立由革命党人组织的军事参议会。规定除战争外,都督发布命令必须召集军事参议会议决施行。调整都督府的机构设置和组成成员,取消包揽行政大权的政事部,改设内务、外交、理财、交通、司法、编辑等6个部,后又增设教育、实业2个部。

九月初五日(10月26日),资政院言邮传大臣盛宣怀侵权违法,罔上欺君,涂附政策,酿成祸乱,实为误国首恶,诏夺职。

九月初七日(10月28日),黄兴偕宋教仁抵达武昌,与黎元洪会商军事,被推为革命军总司令,指挥汉口保卫战。宋教仁力主组织中央临时军政府,以争取交战团的合法地位,并起草《鄂州约法》,参与起草的尚有刘公、居正、胡瑛、陶德琨、王正廷、汤化龙、陶凤集等。

九月初九日(10月30日),摄政王载沣下诏罪己。命溥伦、载泽纂宪法条文,迅速以闻。是日,清廷诏开党禁。戊戌政变获咎,及先后犯政治革命嫌疑,与此次被胁自归者,悉原之。

九月十一日(11月1日),清廷授袁世凯内阁总理大臣,命组织完全内阁。袁世凯至孝感视师。陆海各军及长江水师仍听袁世凯节制调遣。

是日,庆亲王奕劻罢内阁总理大臣,命为弼德院院长。那桐、徐世昌罢内阁协理大臣,及荣庆并为弼德院顾问大臣。罢善耆、邹嘉来、载泽、唐景崇、荫昌、载洵、绍昌、溥伦、唐绍仪、寿耆国务大臣,俱解部务。载涛罢军咨大臣,以荫昌为之。起魏光焘为湖广总督,命速往湖北。

是日,云南军政府成立,推举协统蔡锷为都督,李根源为军政部总长兼参议院院长,殷承瓛为参谋部总长,韩建铎为军务部总长。

是日,江西军政府成立。

九月十二日(11月2日),湖北军政府召开紧急会议,正式举黄兴为中华民国军政府战时总司令,指挥汉口保卫战。是日,冯国璋指挥清军攻陷汉口,放火焚烧自桥口至蔡家巷一带,烟焰蔽天,烈火三日不熄,繁华市区化为焦土,居民死伤无数。

九月十三日(11月3日),资政院奏采用君主立宪主义,上重大信条十九事。

按:《大清帝国宪法重大信条十九条》(1911年11月3日):第一条　大清帝国皇统,万世不易。第二条　皇帝神圣,不可侵犯。第三条　皇帝之权,以宪法所规定者为限。第四条　皇位继承顺序,于宪法规定之。第五条　宪法由资政院起草议决,由皇帝颁布之。第六条　宪法改正提案权,属于国会。第七条　上院议员,由国民于有法定特别资格者公选之。第八条　总理大臣由国会公举,皇帝任命。其他国务大臣,由总理大臣推举,皇帝任命。皇族不得为总理大臣及其它国务大臣并各省行政长官。第九条　总理大臣受国会弹劾时,非国会解散,即内阁辞职。但一次内阁,不得为两次国会之解散。第十条　海陆军直接皇帝统率。但对内使用时,应依国会议决之特别条件,此外不得调遣。第十一条　不得以命令代法律,除紧急命令,应特定条件外,以执行法律及法律所委任者为限。第十二条　国际条约,非经国会议决,不得缔结。但媾和宣战,不在国会开会期中者,由国会追认。第十三条　官制官规,以法律定之。第十四条　本年度预算,未经国会议决者,不得照前年度预算开支。由预算案内,不得有既定之岁出;预算案外,不得为非常财政之处分。第十五条　皇室经费之制定及增减,由国会议决。第十六条　皇室大典,不得与宪法相抵触。第十七条　国务裁判机关,由两院组织之。第十八条　国会议决事项,由皇帝颁布之。第十九条　以上第八、第九、第十、第十二、第十三、第十四、第十五、第十八各条,国会未开以前,资政院适用之。(《东方杂志》第八卷第九号《中国大事记》,1911年)

九月十四日(11月4日),上海光复,成立沪军都督府,随即派兵往苏州,迫江苏宣布独立。是日,大汉贵州军政府成立。

九月十五日(11月5日),江亢虎在上海以社会主义研究会发起人名义召集特别会,提议"改组社会",宣告中国社会党本部成立,为中国第一个以"党"命名的政治团体,也是中国第一个明确以社会主义为纲领的政党,江亢虎任本部部长。后于江浙和南方各省设支部490余处,党员最多时号称达52.3万人。

按：1912年6月，中国社会党与中华民国工党联合。1913年因涉嫌参加二次革命被袁世凯政府取缔查禁，8月被解散。1916年6月21日，中国社会党在中华慈善协会召开临时会议，宣布复党重建。

是月，林宗素在上海参与江亢虎组织的中国社会党，发起成立"女子参政同志会"，以"普及女子之政治学识、养成女子之政治能力、期待国民完全参政权"为宗旨，为民国初年出现的第一个女子参政团体。

九月十六日(11月6日)，沪军政府成立，陈其美任沪军都督；浙江、江西宣告独立。

九月十七日(11月7日)，广西宣布独立，改巡抚衙门为军政府，咨议局为议院，桂军为国民军，以原清广西巡抚沈秉堃为都督。

九月十九日(11月9日)，清廷特命袁世凯为内阁总理大臣。从资政院奏，依宪法信条公举，故有是命。黄兴以战时总司令名义从武汉发出《致袁世凯书》，劝其归诚起义，勿为清廷所利用。

是日，广东宣布独立，举胡汉民为都督。

九月二十一日(11月11日)，山东巡抚孙宝琦宣告独立。

是日，袁世凯派遣刘承恩、蔡廷干赴武昌，谋与黎元洪"议和"。

九月二十二日(11月12日)，江苏都督府代表雷奋、沈恩孚和浙江都督府代表姚桐豫、高尔登联名通电武昌、南昌、福州、广州、长沙、昆明、安庆、桂林、太原、贵阳、成都、西安、济南、天津、开封、沈阳、吉林、齐齐哈尔、兰州、迪化等处，请各省公认伍廷芳、温宗尧为临时外交代表，并请各省派代表来沪，议设临时会议机关。

是日，赵凤昌与张謇等人发起，邀请已独立各省咨议局代表和部分革命党人在上海方斜路江苏教育总会召开临时政府筹备会议，决定成立"全国会议团"，以保疆土之统一，复人道之和平为宗旨，采用共和政体。拟暂时公认武昌为中华民国新政府，并公认上海为临时外交政府之所在地。

九月二十六日(11月16日)，由清廷批准，总理大臣袁世凯，外务大臣梁敦彦，副大臣胡维德；度支大臣严修，副大臣陈锦涛；法律大臣沈家本，副大臣梁启超；邮传大臣杨士琦，副大臣梁如浩；农工商大臣张謇，副大臣熙彦；陆军大臣王士珍，副大臣田文烈；海军大臣萨镇冰，副大臣谭学衡；理藩大臣达寿，副大臣荣勋；学务大臣唐景崇，副大臣杨度；民政大臣赵秉钧，副大臣乌珍。(《清史稿·宣统皇帝本纪》)

是日，王河屏、沈敦和等在上海张园发起成立共和建设会，选举姚文枬为会长，王河屏、秦槟为副会长。

按：该会以拥护共和为宗旨，宣称"性质系纯民立、处政府对待地位"。宣布章程3条：(1)研究共和政体之组织及前途革新方法，咨询国民公意，择其切实可行者条陈政府，以备采择。(2)发达人道主义，开通国民智识。俾资格及早划一，共享共和幸福。(3)有破坏共和进行者，得全力与之抵抗，至共和政体组织完备而止。

十月初七日(11月27日)，张謇致电袁世凯，再次重申"潮流万派，毕趋共和"。

是日，四川成都宣布独立，成立大汉四川军政府，赵尔丰发布《宣告四川地方自治》文。举咨议局议长蒲殿俊为都督，新军统制朱庆澜为副都督。

十月初十日(11月30日)，14省代表在汉口英租界集会，召开第一次会议，筹备成立中央临时政府，潘祖彝、谢鸿焘、雷光宇、谭人凤、邹代藩、胡瑛、时象晋、孙发绪、王正廷等与会，推举谭人凤为临时议长。会议议决：由临时议长致函黎元洪都督，追述代表在沪时，曾经议决公认鄂军政府为中央军政府，请黎元洪以大都督名义，执行中央政务。又议决：答复清军统冯国璋停战条款。

十月十一日(12月1日),博克多哲布尊丹巴八世活佛发表《告蒙古民众书》,宣布蒙古"独立"。

按:外蒙古宣告独立,章太炎《复梁启超书》曰:"兵强财盛,本部足以雄视世界;兵屦财尽,虽有无数外藩,亦何所益耶?""共和政体既就,蒙古必无恶感。仆所见蒙古人,其恨满人至于街骨,其对汉人犹有同舟相济之意。所患者,俄人之诱之耳。然即清帝不退,能使俄人无蚕食之心耶?"(汤志钧编《章太炎年谱长编》上册,中华书局1979年版)

十月十三日(12月3日),汉口各省代表会议通过《中华民国临时政府组织大纲》21条,直隶、山东、江苏、浙江、福建、河南、湖北、湖南、安徽及广西十省代表共22人在大纲上签名确认,以法律形式确认共和政体诞生和封建制度灭亡。

是日,中国社会党在上海召开共和建设会正式成立大会,宣布以研究共和政体,咨询国民公意,条陈政府以备采择为宗旨。

十月十五日(12月5日),汉口各省代表会议讨论通过《和议大纲》4条:推倒满清政府,主张共和政体,礼遇旧皇室,以人道主义待满人。同时决定以汉口为议和地点,准备与清政府开议。又议决:密电请伍廷芳来鄂,与北使会商和平解决,并公推胡瑛、王正廷为之副。

十月十七日(12月7日),清廷诏授袁世凯全权大臣,委代表人赴南方讨论大局。

十月二十七日(12月17日),14省代表会议改举黎元洪为大元帅,黄兴为副元帅。同时决定由黄兴代行大元帅职权,组织临时政府。

十月二十八日(12月18日),南北议和代表伍廷芳、唐绍仪在上海英租界市政厅首次开议,决定延长停战期限,从25日起再延长一周。

十一月初六日(12月25日),孙中山由欧洲到达上海,船泊吴淞。在沪诸名流前往欢迎。

十一月初十日(12月29日),17省代表和华侨列席代表在南京召开会议,以每省1票的方式16票赞成1票反对的结果选举孙中山为中华民国临时大总统。

按:是年孙中山在新加坡创办同德书报社,以传播三民主义,启发侨胞智识为宗旨。

十一月十二日(12月31日),17省全体代表开会,大总统特派黄兴到会,议改用阳历,并以中华民国纪元。

是日,中华民国湖北军政府在发布的《内务部关于中华民国改用阳历的通谕》中,明确将年节称为"春节"。

是年,学部令京师图书馆选择数种敦煌遗书,作为中国古纸的样本,转送奥匈帝国首都维也纳为庆贺奥国皇帝八旬寿诞而特设的实业手艺博物院陈列展览。

是年,《大共和日报》《建言报》《春申报》《阳秋报》《香山循报》《震旦日报》《云南政府公报》《四川警务官报》《自理月刊》《国风日报》《福建省教育行政月刊》《南风报》《夏报》《国学丛刊》《法政杂志》《人权报》《暾社学谈》《民心》《左海公道报》《粤路丛报》《新佛教》《少年杂志》《中国青年学粹》《左海公道报》《民醒报》《克复学报》《法政浅说报》《通州师范校友会杂志》《梧江日报》《梦花杂志》《贵州教育官报》《大同日报》《白话日报》《民辛画报》《江苏日报》《湖南通俗报》《两广官报》《吴门杂志》《时事新报星期画报》《启民爱国报》《妇女时报》《国是日报》《法学会杂志》《时事新报月刊》《保路同志会报告》《顺德公报》《朔望报》《医学新报》《吴声》《新中华报》《滇南公报》《醒报》《留美学生年报》《社会星》《朔望星》《军华》《锐进学报》《图画报》《民立画报》《纵横报》《平民画报》《民生报》《资政院公报》《通俗新报》《国光新闻》《图画灾民报》《繁华报》《小上海》《中外晚报》《公理报》《北洋旬日画报》《白话省钟报》《白话新报》《社会》《北京法政学杂志》《谐铎报》《新民日报》《醒民报》《中原报》《武风鼓吹》《民国报》《齐民报》《大汉报》《湘省大汉报》《紧报》《黄汉新闻》《国民晚报》《时事新报（午报）》《南声日报》《革命军》《蜀醒报》《新汉报》《新事报》《警报》《小民主报》《中华民国公报》《午报通信》《近事画报》《改良婚假会月报》《共和日报》《江苏公报》《军声》《江汉报》《国民日报》《国民军事报》《进步杂志》《民国报》《大汉民报》《大汉公报》《大风》《大汉新报》《大汉报》《大汉报晚报》《香山新报》《皇汉大事记》《独立白话报》《独立新报》《新汉民报》《新汉报》《滨江画报》《帝国大同报》《山西民报》《飞报》《中东日报》《汉民日报》《民声》《机关急报》《光复报》《兴汉报》《军政总机关报》《迅报》《大汉国民报》《黑河白话醒时日报》《钟声日报》《四川军政府官报》《民心报（福建）》《民心报（武昌）》《民意报》《华兴报》《无声》《通海新报》《时事新报》《大汉滇报》《秦中日报》《海军杂志》《人道杂志》《黄浦潮》《常报》《晚报》《鄂报》《游艺》《缅甸公报》《国民报》《国民话报》《浅说直报》《河东日报》《东陲新报》《南越报》《平民报》《天民报》《军国民报》《中原报》《南侨日报》《大江日报》《天铎报》《平民画报》《政学日报》《南兴报》《津京新报》《虞阳白话报》《蜀风日报》《蜀风杂志》《新少年报》《新民国报》《新阳羡报》《福建商业公报》《醒狮潮》《广东警务杂志》《女界报》《女铎报》《天民报（成都）》《天问》《天声丛报》《太仓画报》《中医杂志》《中国军事日报》《中国革命记》《中国国民禁烟总会杂志》《仁声报》《正俗新白话报》《北报》《北京官报》《四大都旅沪学会杂志》《四川正报》《四川实业杂志》《白话午报》《白话报》《民权画报》《民视报》《西顾报》《光复学报》《自治旬报》《并州日报》《江阴杂志》《兴汉报》《安徽日报》《国民报》《赤霞报》《快报》《闲闲报》《启智画报》《青年军报》《奉天官报》《明报》《明星画报》《昌言报》《改良婚嫁全月报》等报刊创刊。

二、学术活动

唐景崇年初由学部大臣署禁烟大臣。5月8日，清廷诏改立责任内阁，颁内阁官制，唐景崇授学务大臣，为13名大臣中仅有的4名汉族大臣之一。上任伊始，唐景崇即仿照日本高等教育会议章程，着手筹组中央教育会。5月31日，学部奏设立中央教育会，曰："日本曾订有高等教育会议章程，汇集教育名家，开议教育事项，上自大学，下至初等小学，均可列作议案，共同讨论。文部省颇收集思广益之效。意美法良，足资采取。伏念自创兴学堂以来，分科大学及专门高等各学，中外办学衙门，虽皆竭力筹设，然以中学毕业学生尚少，并困于教育经费，一切规划，均未能骤期完备。揆诸近日情势，尚可徐为筹议，惟中学以下普及教育，与宪政尤为息息相关，在今日实有迫不及待之势。中国幅员辽阔，民生艰窘，其间土俗人情，又各自为风气。措办学务每多扦格。其普及教育之推广维持教授管理，在在均须广集教育经验有得人员，周咨博访，始足以利推行。臣等筹思至再，惟有酌采日本高等教育会议章程，变通办理，订定中央教育会章程十四条，召集各项学务人员，在京师设立会所，由臣部监督，专议中学以下各事宜。其中难解之疑问，滞塞之情形，均可藉以沟通，取便措注。以为臣部教育行政辅助之机关。似于学务前途，不无裨益。"学部认为各省教育未能统一，拟于暑假期间，仿日本高等教育会议办法，召集各省教育总会职员及各学堂监督教员等于北京召开中央教育会议。因为当时各省教育总会联合会刚刚闭幕，或以为中央教育会为各省教育总会联合会所促成,实则学部召开中央教育会,正是为了研究解决普及教育与宪政问题。6月20日,清廷谕旨:"学部奏设中央教育会遵章开会,请派张謇充该会会长,张元济、傅增湘充该会副会长一折,著依议。"

唐景崇主持制订中央教育会章程14条。7月15日,中央教育会会议在京师开幕,唐景崇并致开幕辞。本次会议共有138人出席。与不久前建立的皇族内阁一样,唐景崇力图将会议办成全国教育界官绅集思广益的大会,实际上却基本秉承摄政王的意旨进行,学部不仅负责拟订中央教育会章程及会议规则,而且掌握与会代表构成比例的决定权,并不能充分反映教育界公意,与学界存在着明显的分歧。学部大臣唐景崇的致辞重点关注普及教育、实业教育,而中央教育会会长张謇演说内容则是提倡军国民教育,两人所述内容大相径庭,两种指导思想和教育主张南辕北辙,学部和清廷主要注重新式教育量的扩张,而教育界士绅则更加侧重于质的改变。前者以推行宪政巩固统治为目的,后者却旨在增强国民素质以拯救民族危亡。由于官绅期望不一,理念不同,会议的整个过程始终贯穿着尖锐的观念冲突与言词交锋,处于主持协调各方利益的张元济颇为尴尬,不得不斡旋、奔走于不同的势力之间,同时决定另组中国教育会。8月14日,中央教育会闭幕,唐景崇代表学部致闭幕辞。此次会议历时30天,推举张謇为会长,张元济、傅增湘为副会长。达成议决案12件,即:一、军国民教育案;二、国库补助推广初等小学经费案;三、试办义务教育章程案;四、划定地方教育经费案;五、振兴实业教育案(以上五案系学务大臣交议);六、停止实官奖励案;七、变通考试章程案;八、初级完全师范学堂改由省辖案;九、全国学校讨论会办法大纲案;十、统一国语办法案;十一、国库补助养成小学教员经费案;十二、变更初等教育方法案。11月16日,由清廷批准,袁世凯任总理大臣,唐景崇仍任学务大臣。(参见黄剑《甲辰开复后的张元济与清末教育新政》,《中山大学学报》2021年第5期)

张謇2月6日在预备立宪公会新年大会暨补行上年年会上,通过通信投票,当选为会长,郑孝胥、张元济为副会长。同月29日至5月12日,由江苏教育总会发起联络于上海建全国教育联合会,11省教育总会或学界代表20余人出席会议,张謇出席会议并撰《全国教育联合会发起词》。

按:《全国教育联合会发起词》曰:"有世界知识,而后可以知一国之地位;有全国知识,而后可以谋一部分之利益。教育宗旨及补救于国家者,非一省之单独资料,必各省有共同一致之方针,起而各谋进步。此发起本会之意也"。(《申报》1911年4月30日)

张謇6月6日启程北上,致电袁世凯:"别几一世矣,来晚诣公,请勿他出。"7日傍晚,抵河南彰德洹上村,访袁世凯,长谈国事。8日,抵京师,端方公子与胞弟、善耆世子、许鼎霖、白作霖等10余人往车站迎接。晚赴端方宴,宿翁同龢故宅。6月10日,访内阁总理大臣、庆亲王奕劻;出席各省咨议局联合会组织的欢迎大会。12日,访内阁协理大臣徐世昌。13日8时,摄政王载沣于勤政殿召见,表示嘉慰。20日,学部奏设中央教育会遵章开会,张謇任会长,张元济、傅增湘任副会长。7月,撰《请新内阁发表政见书》,批评皇族内阁成立"两月之间,寂无表见,何以新外人之耳目,慰士民之属望"建言请发表政见,刷新中外耳目;请实行阁部会议之制;请与国务大臣并开幕府,遴辟英俊。同月15日,中央教育会开幕,到会百余人,学部尚书唐景崇致开会词,张謇会长发表演说,会上散发正副会长签署之组织研究议案会传单,规定提交议案必须预先讨论确当方可提交大会。8月9日,于《盛京时报》载文批评中央教育会,指责学部诸公既不知世界之大势,对于教育国民又无一定方针,对各省代表也深表失望。12日,张謇与张元济、严复、江谦、杨度、王季烈、陈宝泉、谭延闿、汪荣宝、傅增湘、黄炎培、罗振玉、伍光建、颜惠庆、孟昭常、陆费逵、陈敬第等50人联名在《大公报》发表《中国教育会章程草案》。

张謇8月20日返回南通。11月5日,苏州独立,程德全自任中华民国军政府苏军都督,并成立都督府,张謇任民政部长。11日,张謇与伍廷芳、唐文治、温宗尧联名致电摄政王载沣,表示大势所在,非共和无以免生灵之涂炭,保满汉之和平。13日,偕程德全撰文,嘱杨廷栋面呈袁世凯,劝袁赞成共和,顺应潮流。16日,清廷批准总理大臣袁世凯完成组阁,张謇任农工商大臣。27日,张謇致电袁世凯,再次重申"潮流万派,毕趋共和"。12月2日,抵上海,晤章炳麟、宋教仁、黄兴、于右任等革命党首领,议商内容"可能谈到临时中央政府的筹建问题"。10日,再抵上海,闻革命党人内部歧义颇多,党人外有党,党人中有党,感叹"破坏易,建设难,谁知之者?"11日,致电北方代表唐绍仪,强调南北和谈地址应定于上海。14日,自剪发辫寄张督,自谓"此亦一生纪念日也"。21日,与伍廷芳、唐文治、温宗尧、陈其美、赵凤昌、汪精卫、景耀月等发起组织共和统一会。22—24日,在《申报》发表《共和统一会意见书》,提出实现统一七项举措。25日,张謇抵上海,常赴上海南洋路10号赵凤昌住宅惜阴堂,偕黄兴、汪精卫等与北方代表唐绍仪密谈。30日,中华民国临时政府成立在即,张謇受黄兴相邀,定于1月1日赴江宁参加中华民国临时政府成立仪式,并任实业总长。(以上参见庄安正《张謇年谱长编》,上海交通大学出版社2018年版;张人凤、柳和城编著《张元济年谱长编》,上海交通大学出版社2011年版)

张元济6月20日被清廷任命为中央教育会副会长,主要负责筹备召开中央教育会会议。7月3日晚,张元济乘新丰轮离沪北上,陆费逵同行。9日午后5时,抵津。10日晨9时,乘火车入都,傅增湘、刘春霖、王克敏同行。15日,中央教育会会议在京师开幕。16日,中央教育会召开预备会议,张元济报告了唐文治的三件提案:停止实官奖励、变通考试章程、提倡军国民教育。唐文治为前农工商部署理尚书,也是当时学界领袖和中央教育会副会长备选之一,与张元济过从甚密,此次提案与张謇的主张也是不谋而合。会议期间,张元济多次主持会议。又与学界名流缪荃孙、于式枚、傅增湘、蔡元培频繁交换意见,一展教育事业的抱负。23日,张元济致信汪康年,附送在中央教育会上演说稿,"如以登报,还祈削正为幸"。不仅与官员交换意见,也企图通过舆论工具造势,以唤起社会关注,造成更大程度的影响。然而,由于大家各怀心事,张元济主持的中央教育会往往难以达成共识。24日,中央教育会第四次会议,讨论国库补助小学经费案及表决办法,张元济的提议被否决。30日,张元济致书汪康年:"新政之为害与夫京外各官之不负责任,只便私图而不顾大局,无论改弦更张,即欲行专制政体,恐亦不得。循是以往,必致灭亡。公似可于报中谆切言之。"因为张元济心中了然新政之害,在于新瓶旧酒,名为收集民意,实为专制,所以他表面上秉承官方意图进行提案讨论,暗地又企图利用汪康年等报人,加强对政府的监督,但为时已晚。8月1日,张元济主持中央教育会第九次大会,讨论"军国民教育咨询案审查报告","争论甚剧"。3日,中央教育会第十次大会。"是日,轩然大波起矣。学部员到会者骤多。第五条体育会,尽力欲删去。表决得少数。打靶、拳术等语又欲删去。表决不得少数。部员大恚。最后以不正之手段,重请独删打靶。张副会长漫徇之,报称多数,哗乱至不可问。为前所未有。"

张元济鉴于中央教育会各方意见难以协调,相关讨论难免不流于形式,成为清廷谢幕前的一场闹剧,决意另起炉灶。8月4日,张元济主持中央教育会大会时,谓各会员"言勿及于题外,并望勿徒于文字上吹求"。然"各会员以张副会长昨漫徇部员之请,为不正当之表决,又多抑制发言,纷纷乘隙为难,张副会长大窘"。同日,张元济另行发起成立中国教育会,黄炎培复函赞同。11日午后,张元济等筹组的中国教育会假北京政法学堂召开成立大会,到会200余人。张元济致开幕辞,就该会章程第一章"应世界之趋势,以定教育方针,察社会之现状,以求教育之进步"引伸其义,会议公决通过《中国教育会章程草案》20条。张元济被推举为会长,伍光建、张謇为副会长。12日,《申报》刊发张元济等在北京发起组织中国教育会消息。发起人有张謇、杨度、谭延闿、傅增湘、黄炎培、罗振玉、伍光建、颜惠庆、陆费逵、张元济等50人,参加人员与中央教育会成员重叠。同日,张元济、张謇、严复、江谦、杨度、王季烈、陈宝泉、谭延闿、汪荣宝、傅增湘、黄炎培、罗振玉、伍光建、颜惠庆、孟昭常、陆费逵、陈敬第等50人联名在《大公报》发表《中国教育会章程草案》,分为6章加附则,总共20条章程。张元济在中央教育会与学部不能协调的情形下成立中国教育会当为早有打算,所以在京不到10天,即充分利用其拥有的媒体资源,在中央教育会尚未闭幕的情况下,通过相关友好刊物对外公布了成立中国教育会的消息。这种公开与政府争夺教育资源的事件充分说明清政府社会控制能力日渐式微,从张謇的敷衍塞责到张元济的另立门户,均为当时社会复杂面向的表现。

按:由于中央教育会在京召开,张元济认为全国教育家云集,故提议在中央教育会之外,另组私立全国性教育会,以谋求学务之进步,并据此扩大自己的影响。虽因清廷迅速覆亡,未在政府层面取得预期效果,但张元济长期积累下来的教育资源,最终将商务印书馆推上了其他出版企业难以企及的高峰。事后看来,张元济通过成立相应组织延展人脉,获得自身企业继续前行的方向,其办事格局非常人能及。

张元济8月14日出席中央教育会闭幕式,代表全体会员致答词并演说。22日,《申报》转引北京《帝国日报》的文章,言指中国教育会成立有七大弊端:(一)商务印书馆为日资企业,张元济担任会长意味着全国教育权为日本人所掌握;(二)会中有不少革命党;(三)会章出自商务印书馆职员之手;(四)由于副会长张謇不理事,教育会实权为张元济所把持;(五)干事部职员多为商务印书馆馆员、学部司员及立宪公会会员;(六)由于张元济把持会务,干事、评论员形同虚设;(七)骗取清廷资金,扩充企业实力。25日,张元济致书张謇,对其出京后中央教育会发生的事态作了通报,并对张謇支持成立中国教育会表示感谢。张謇与张元济都是晚清政坛上由政转商的重要人物,晚清统治者试图将他们这类人物重新纳入政府体系,但适得其反,他们与清廷离心离德,分化反而加速了。9月12日晨,张元济赴天津,乘轮返沪。离京前,谒庆亲王奕劻,又致书庆亲王奕劻论立宪政体及补救方案。

按:张元济致庆亲王奕劻书论立宪政体及补救方案,代表了当时张元济的主要政见,曰:

窃维我国采用立宪政体,无非为救亡图存起见。然三年以来,举行宪政,大都有名无实。上下骚然,民气愈嚣,民生愈困,恐循是以往,非独不能救亡,且适足以速亡。为今日计,惟有速定方针,以为补救之策。谨陈大要,列举如左:

一、宜审察国情,以握行政之纲。今日我民智未开,无可讳言。而人才缺乏,财力艰难,一切新政岂能同时并举。九年筹备,误事不少。后改定者亦岂真能实行?若知其不能实行而始为敷衍粉饰之计,病国病民,莫此为甚。朝廷亟宜下诏罪己,择其不可行者速行停办,然后就其可行者并力兼营,循序渐进,或者其可收效乎。

一、宜扫除旧习,以清行政之根源。新政之不可行者固宜停罢,而不可行者不止新政中有之也。我国政体昔为专制,今为立宪。根源既异,途径必殊。条教号令凡有与专制相维者,在昔日为要图,在今日则为障碍。近日更定法制,新旧杂陈,两不相容,必无一无所可。窃以为举行宪政,不亟更新,宜先除旧。凡旧制之与新政凿枘者,宜亟去之,毋徒存姑息之念也。

一、宜划定区域以作行政之标准。旧弊既去,新机自萌。惟我国幅员广大,风俗至不齐一。今行一新政,辄曰"一律成立",此必不可能之事也。似宜先就京师或风气开通之省会、商埠,择定数处,先行试办。其未开办之省分,即可派人至试办之处学习,逐渐改良,逐渐推广,由近省而远省,由省会而府、而州县,迟以十年二十年,必较今日之"一律成立"为有实际也。

一、宜开表其诚意,以结国民之感情。国家既许民以立宪,且参与政事矣。既与复拒,势必不能。国事艰危至此,就令上下一心,犹不知能否有济。若互相猜嫌,未有不败。资政院、咨议局固时为新政之梗,然议员非无具有知识之人,亦非人人存一破坏之见。苟开诚布公,善为联络,正可借为推行新政之机。以欧美各国国民之程度,其议员政府且能利用之,而我国又何难乎? 窃谓举借外债,干路国有两事,倘彼时果能开一临时会,凯切宣布,议员之心气既平,虽不免仍有冲突,而终比近日各省之抵抗为易也。且临时会可不开,而常会终不能避。此固为立宪所不可少之事乎。国民对于政府每办一事,无论当否,无不反对,其原因必有所在。若不速为疏通,窃恐上下睽离,必有不可收拾之一日。此则急宜注意者也。

一、行之刚断,以示政府之威信。由上文言之,是庶政必公诸舆论矣。然行政者宜顾全舆论,而不可为舆论所劫持。且舆论示当视其所从出之地。今之所谓舆论,非真舆论也。乃一班无学识、无阅历、纯以意气用事之报馆主笔之言论耳。岂足为国民之喉舌哉。(全国非无可采之报,此就其多数言之。)政府以至公至诚至虚至明之心审度事势,见为必不可行者,报馆虽曰可行毅然而拒之可也。见为必当行者,毅然而为之可也。贤哲举事,当为百世之毁誉计,而不可为一时之毁誉计。况即为一时计,誉未必得,而毁且立至乎。

以上五者为行政之宗旨。宗旨既定,而后政策乃可施行。请再言之:

甲、理财　今日财政紊乱已极。吾国上下若不革面洗心,痛自裁节,力求整理,再过数年,即为破产之日。彼时不以监督财政之权授与外人,必不能再借外债。此即与亡国何异? 言念及此,甚为寒心。请言裁抑之道三:

一、朝廷首崇节险,以为天下先。此王爷宜痛哭流涕,吁恳皇太后、摄政王仰念祖宗,下顾臣民,坚忍刻苦而为之者也。

二、曰裁罢不急之务。陆海军经费占全国岁入三分之一。国势至此,岂真能与外国开战? 若防内乱,何须如此? 全国审判厅成立,须经费四千万。此亦非不可缓。类此者甚多,宜一律分别裁罢。

三、曰汰冗官。虚靡廪禄害犹小,贪黩、营私、中饱患至大。况国家取财用财之事,无不寄之官吏之手。官愈(多)则取财愈苛,用愈滥。国与民两受其害。近议改定京外官制,关系极大。若少有畏难偏徇之心,不如不改之为愈矣。裁节之事既举,而后整理乃可得而言。如统一国库也,画一币制也,改良征收机关也。设立会计审查院也,皆亟宜施行者也。至于增加赋税之事,亦为当务之急,不能不办。然不先节流,断难开源。且不先振实(兴)实业,而国民亦有负担之力,故其事可暂勿论。

乙、外交　今我国尚能存立,只各国均势,互相牵制之故。近来联德、联美之说盛行,即幸而成,亦必许以特别之利。他国起而相争,均势之局必破。所联之国不过一、二,而未联之国尚有七、八。我所联之国,断不肯出而与其他之七、八国为我争也。今惟有不偏不倚,忍辱负重,保持现状,使各国无隙可乘,我或可乘此机会修明内政,徐图自强。否则利未形而害已至,危险不堪设想矣。国民排外,气焰日炽,遇有交涉,无论外人公道与否,无不可恶意视之。报章簧鼓,社会欢迎,若不消弭,大祸且至。此亟宜以全力补救者也。

丙、民政　地方自治为立宪之精神。然习俗相沿,地方绅士稍自爱者,向不肯干预公事。国民程度太稚,又不知自治为何事。故选举一出,往往有刁绅劣监厕足其中。观各省自治之案,可知其难。窃以为就都城、省会及风气开之繁盛地方先行试办,以立模范。欲竟全功,非数十年不可也。天灾流行,何国蔑有? 然先事预防,要非无策。国家宁费数十万、数百万以为临时之赈恤,而断不肯移此款以为未雨之绸缪。此亦民生困穷之一大原因。亟宜聚精会神,预为规画,毋蹈覆辙。

丁、教育　新政日增，人才有限。事浮于人，百举俱废。现在教育方针宜注重人才教育，造就办事而习成一艺者不可用违其才，尤不可任给一官，置于无用之地。通俗教育足以开发愚民。日本近甚注重此事。我国尤不可缓。学部所定简易识字学塾，范围似尚狭隘，移陆海军经费之一部分办理此事，收效必不止什百也。

戊、实业　前开阁议，王爷宣布政策以振兴实业为要。诚至当不易之论。然所谓振兴者，非官为筹款，设一公司，开一制造厂，自谋赢利之谓也。亦非以官款补助民间之公司或制造厂，令得成立之谓也。窃谓振兴之道有二：一曰奖励：凡能创一新法，制一新器，苟有裨于民生日用者，无不可许以专利。宁宽毋严，宁滥毋隘。从前农工商部所定商勋章程，过于郑重，不足以示奖励。政府既以振兴实业为唯一之政策，则凡为农、为工、为商，苟著有成效，为社会所推重者，朝廷亟宜特别褒宠。即予以五等之封，亦不为过。二曰保护：凡政令之不便于农工商者，一切删除之。此消极之保护也。外人有与我争利而农工商将受其害者，宜一切扶助之。此积极之保护也。他如增订各种法律，以为善良之障卫；改良金融机关，以利经济之流通，皆不可缓之事矣。此皆正用之以为振兴者也。然亦有反用之者，则监督是矣。然非以官力干预之谓也。亦除莠安良而已。实业之要在于资本，资本之源在于信用。近来各省倒帐巨案屡见迭出，若不尽法严惩，恐信用无从恢复，而资本家从此束手，实业永无振兴之望矣。平时既以舞弊营私为事，而事败之后，又复逍遥事外，甚有居高位、膺厚禄如故者。恐世界各国无此破产律也。

己、交通　夫曰振兴实业，而于交通机关未能完备，则虽有名产佳制而不能转运，以为市易之事，实业终无由振兴也。然岂惟实业一端而已，其他庶政无不恃交通而后能施行也。交通之最要者，莫如道路。干路国有政策已定，自宜并力进行。其他商办铁路，非有特别事故，不能于原定期限竣工者，亦当即收回官办。然不可不清还商本，以免国家攘夺商利之嫌。其他不能遽设铁路之处，亦宜分别支干，规定尺寸，修辟道路，以便行旅。此事似小，而凡百庶政皆受其益，不可忽视。

庚、司法　司法独立，无可更议。然各级审判，欲于明年一律成立，财力不足，上文已言之矣。即言人才，仅仅短期养成之法官，亦岂能胜任也？既已宣布，万难反汗，亦惟有择省会、商埠先行试办而已。抑独立云者，不受一切干预之谓也。尊如君主，且不能挠其权。其他更无论矣。亦既明认司法为独立，则无论何人，苟违犯法律，胥当受其裁判。此当于京师切实行之，而后推之各省，乃能名实相符。否则，徒责愚贱者之遵奉，有法等于无法矣。

辛、理藩　财力有限，新政无穷。我即专力治理行省已大不易，若欲经营外藩，必至本末交抚。外人窥伺蒙藏，未必即攘夺。我以名义善为抚驭，亦未始不可羁縻。即不幸有至万不得已之时，亦只能效壮夫断臂之为。他日内力已充，得徐徐为之整理，仍可为我捍卫牧围。二十二行省果能保全，锦绣山河，犹足为世界之第一名国也。惟此政策，切宜秘密，不可宣露。

壬、军备　教育、实业，两未发达，空言军备，终归无效。此事诚要，然更有要于此者。故今日若能裁减，将来或尚有扩充之期。否则国用匮竭，恐将来不止于裁减矣。此事关系至大，不能不统筹全力，以速定方针也。

愚者之虑，容有一得。狂夫之言，圣人不弃。谨持此义，冒渎上陈。临颖悚惶，伏祈垂鉴。（参见张人凤、柳和城编著《张元济年谱长编》，上海交通大学出版社 2011 年版；庄安正《张謇年谱长编》，上海交通大学出版社 2018 年版；黄剑《甲辰开复后的张元济与清末教育新政》，《中山大学学报》2021 年第 5 期）

傅增湘继续任直隶提学使。4 月 27 日，视学京畿。28 日，共阅初师、高小、初小、女学、堂操各处。29 日，到夏店尖和三河县视学初小、高小和女学。30 日，到段家岭视学，并与严慈约、袁观澜、赵相文，同游盘山天成寺。6 月 20 日，学部奏准《中央教育会会议规则》，并任命张謇为会长，张元济、傅增湘为副会长。夏，傅增湘以重值购赵秋谷评点《李太白诗》，开始嗜好古本，"然间于缪艺风、曹奎一、董绶金往还，薰习日深，颇谙崖略"。7 月 15 日至 8 月12 日，中央教育会于京师开会。张元济与傅增湘由此认识，开始了 38 年的友谊。9 月下旬，于津沽四徐轩撰《登岱岳记》。辛亥革命前，3 年的直隶提学使任上，"减骑从，冒寒暑，走穷村古寺，目验而口喻之，所至集官绅评优劣，而申以奖惩，风习得以周知，士气为之奋发，盖提学巡视之举全国莫先焉。复筹设初级师范四校，分布保定、天津、滦州、邢台各地，为全省小学广储教师，迨校舍落成而革命之军作矣"。12月17日，以四川省代表身份，随唐绍仪南下议和抵沪，访张元济未遇。2日，访张元济于商务馆编译所，观涵芬楼善本。30日，出示新购各书于张元济。冬，傅增湘在沪上数月，屡至涵芬楼观张元济所搜得旧籍，相与讨论版本。又借涵芬楼所藏沈宝砚手校宋本《南华真经》，所据为赵谏议本，临校于世德堂本，同时知《庄子》各版本外，又添赵谏议本。是年，拜见唐春卿尚书于学部，尚书自注《唐书》；购结一庐旧藏清写本《梅山续稿十七卷杂文一卷》上册；手稿《蠹迹琐谈》1册，为1910至1911年购书记录，内多记明清人诗文集。（参见孙英爱《傅增湘年谱》，河北大学硕士学位论文，2012年）

　　严复仍在学部名词馆供职。2月28日，为上海国学扶轮社所编《普通百科新大辞典》撰序，阐述甄别名词的意义。4月12日，以海军部一等参谋官被特授为海军协都统衔。6月20日，学部奏设中央教育会，为该会成员。6、7月间，开始评点《古文辞类纂》。8月3日，出席中央教育会议，议军国民教育案。12日，与张謇、张元济、杨度等联名发表《中国教育会章程草案》。9月3日，题《铜官感旧图》，论曾国藩1854年4月为太平军所败，在铜官渚投水被救事。20日，批阅《王荆公诗集》卷首本传，论王安石变法。28日，到禁卫军公所，定国乐，歌词《巩金瓯》为严复所作，为中国第一首国歌。

　　按：严复《致乔·道·德来格函》称《巩金瓯》歌词系出自他之手，曰："你询问有关国歌的短札已收到。歌词确系出自愚下之手，……谱曲者名义上是溥侗，溥伦之弟。这件事的过程是这样：他们从当初康熙和乾隆皇帝所谱的皇室颂歌中选了几个调子，要我根据调子填写歌词。乐曲自然现成的，他们所做的唯一事情是把中文的索、拉、米、多音符改写成新式乐谱中使用的点和线。溥侗懂一点音乐，他还从禁卫军找一些助手。"（骆惠敏编，刘桂梁译：《清末民初政情内幕》上卷，第916页，知识出版社1986年出版）

　　按：《巩金瓯》歌词云："巩金瓯，承天帱，民物欣凫藻，喜同胞，清时幸遭。真熙皞，帝国苍穹保，天高高，海滔滔。"（见《清朝续文献通考》卷一百九十九，《乐十二》）在清廷危亡关头，严复写下的《巩金瓯》依旧是"帝国苍穹保"。（以上参见罗耀九主编《严复年谱新编》，鹭江出版社2004年版；孙应祥《严复年谱》，福建人民出版社2014年版）

　　严复10月10日以武昌新军起义，总督瑞澂弃城逃跑，在日记里记下"武昌失守"四个大字。同月，致书张元济，谓"夏间揖别，彼此黯然，不图祸发之近如此"。11月7日，严复在北京东城金鱼胡同致信英国《泰晤士报》驻京记者莫理循（G. E. Morrison），分析武昌起义的起因和过程，国民党和保皇会的作用，对起义后中国的发展动向极为忧虑。信中既指责推翻满清帝制的革命党人选择共和国体是草率的，缺乏某些常识，又以为最好的办法是拥有一种较高形式的政府，即保留君主制，以适当的宪法条款加以约束，表达了反对共和，主张立宪的思想，并希望国际干涉中国革命。

　　按：严复致莫理循的信曰："我昨天写信告诉你我的藏书就要运到了，并衷心感谢你在这样一个动乱时期向我表示的善意。目前我的孩子们在天津，我独自和几个仆人住在我的这所房子里。形势日趋恶化，我真不知道如何是好。我实在无能为力。中国怎么会到今天这种地步，她目前究竟处于什么样的状况，你和外交界对此一定有精辟的见解，一定给予了密切的注意。尽管如此，如果我告诉你们从我的观点看形势是怎样的，或许你们会更感兴趣。我国目前这场起义的远因和近因可归纳如下：（一）摄政王及其大臣们的极端无能；（二）心怀不满的新闻记者们给中国老百姓头脑中带来的偏见和误解的反响；（三）秘密会党和在日本的反叛学生酝酿已久；（四）近几年来长江流域饥荒频仍，以及商业危机引起的恐慌和各个口岸的信贷紧缩。这些就是共同导致目前灾难的因素。年幼的皇帝登极以前，海外有两个反对中国政府的秘密团体。一个团体的名字叫国民党，即革命党。但这个名称过于广泛了，他们仅仅是反满的会社，带有一点共和主义的味道。另一个团体称自己为保皇会,即康有为的党,他们宣称要保卫先皇帝光绪。这两个团体有完全不同的纲领。摆脱满人的枷锁,消灭这个最可恶的种族,是第一个团体所作的宣传;他们曾在横滨出版过叫做《民报》(意即人民的言论)的报纸作为他们的喉舌。后一个团体的纲领要温和得多,而且确实理智得多。他们坚持中国的统一;要求彻底改革中国政治;对满族没有深仇大恨;把光绪皇帝奉上天,把先太后骂入地狱。他们大多数人是1898年间的逃亡者。他们有一个很有能力的领导成员梁启超,他有一支带感情的笔,并且熟悉政治、经济和哲学。不久前,他们的喉舌就是一份报纸或杂志叫《新民丛报》,后来是一份三月刊杂志叫《国风报》。这两份刊物都畅销,对中国的舆论具有巨大影响。当今的皇上即位时,即光绪皇帝和他的养母慈禧皇太后去世后,康党作了极大的努力来取得大赦以使他们的人得以返回祖国。他们认为,因为摄政王是光绪陛下的弟弟,他一定会同情他可怜的皇帝哥哥,会对于因为他才被放逐海外的人表示好意的。那时确是一个如此行事的好机会。杨锐的儿子把一份早先在杨锐手中,后来又传给儿子的皇上诏书展示出来。如果摄政王不是个无情无义的傻瓜,又没有庆亲王、张之洞蒙蔽圣聪的话,他会赢得大多数民心而绝不会发生目前的叛乱的。然而,康党大失所望。于是,自1908年起,康党参加反满活动。梁启超开始用他的杂志对摄政王政府进行了毫不留情的攻击。……内务部和各省当局被言论自由这个学说吓住了,也不敢加以镇压。这家杂志,连同各省数百家其他革命报刊,为全国对今年这场灾难做了准备。今年春天,他们在广东发动第一次进攻,牺牲了数十名学生,但未获成功。随之而来的是倒霉的盛宣怀和他的铁路干线国有化政策。这给了他们借口来抗议政府背信和掠夺人民合法财产。要是政府知道如何对付四川人民,事情或许会好办些。而清政府除了懦弱、自相矛盾外无所作为,结果导致四川省暴乱。革命党人那时在为各省咨议局的联合而工作,我不知道他们在这方面取得了多大的成功。但是武昌起火了,由于军人(我指的是大清的军队)的参加,使问题的处理百倍困难。所有现代组建的中国军队大多由湖北人充任军官,这些人先在张之洞创办的军官学校中受训,而后或在湖北由日本军人加以训练,或被送往日本学习军事。与此同时,他们吸收革命思想,也吸收被曲解了的爱国主义的真理。因此,当两支部队接到命令调往汉口惩处那里的造反士兵时,他们敢于第一次起而抗争,并宣称:'不! 我们不打自己的同胞。'或者更确切地说:'我们不打我们的同种同族!'可以说,这简直就像个法力无边的魔王,霎时间将悉心经营二百七十年的大清王朝推向绝境,进而将中华帝国碎为齑粉。十多年前,先有普鲁士亨利亲王,后有一名日本军官(我想是福岛)向满族王公们建议:中华帝国的当务之急和首要任务是要拥有一支现代化的、组织得很好的军队;其次,将权力完全集中于皇室中央政府。满族王公们努力照此行事十二年,除此之外无所作为。谁能说这些是错的? 但是前面提到的两位先生都不知道他们恰如将一件锋利的武器给小孩玩,或拿一块马钱子碱当补药给婴儿吮吸! 政府以其总收入的三分之一用于改编军队,而摄政王完全凭借这支军队作为靠山,以为这样一来他就将壮丽的城堡建筑在磐石之上了。他自封为大元帅,让他一个兄弟统率陆军,让他另一个兄弟统率海军。他认为这样至少不愁没有办法对付那些汉族的叛逆子民了。他做梦也不会想到恰是他所倚仗的东西有朝一日会转而猛烈地反对他。因为他不知道他所倚仗的东西的基础已被数百个新闻记者的革命宣传瓦解了。随后一切都失去控制,甚至北方的军队也杀机毕露。于是便有十月三十日的诏书,皇上发誓要永远忠实服从不久就要召开的国会的请愿。他发誓不让任何皇室成员进入内阁;他同意对所有政治犯甚至那些反对皇上的革命者实行大赦;宪法由议会制订并将无条件被接受。如果一个月前做到这三条之中任何一条的话,会在清帝国发生什么样的效果啊! 历史现象往往重演。这和十八世纪路易十六的所作所为如出一辙。所有这些都太迟了,没有明显效果。所谓的宪法的十九项条款在我看来根本不是宪法。它不过将专制政权从皇帝转移到未来的国会或现在的议会。这种事绝不会持久、稳固,因而不是进步的。袁世凯最初被任命为湖北总督,而后在一些请愿书的推荐下当了总理大臣。袁世凯赋闲不久,又面对着完全变化着的政治形势,现在不再胜任他的工作了。而北方和南方的中国人对他怀有不同的感情。他确还为北方人所爱戴,但另一方面,为许多有影响的南方人如张謇、汤寿潜等人所厌恶甚至仇恨。后来发生在上海及其附近地区杭州和苏州的起义,很可能是因为他们对遴选袁世凯为总理大臣不满而引起的。本以为十月三十日及以后的诏书使革命党人得到抚慰,感到满意,可以较容易同他们和解,可是我们大错特错了。十九项条款公布的第二天早晨就收到各省发来的若干抗议电报。电报指出:资政院绝不是一个忠实于人民,能同皇室政府作出这种安排的机构;而由于最近汉口发生的屠杀(如果属实,对满人来说是最不幸的事情),人们再也不信任他们了。这样,上海市、江南制造局、杭州、苏州等等,一个紧接一个地造反。被占领的市镇仍保持敌对状态,没有和解的迹象。资政院在开会二周多之后,现在再也无能为力。他们必须辞职。如果辞职不获准,他们将自行解散。这两天我没有得到任何确切的消息,但据说在上海将召开一个真正的人民代表会议。他们没有军队办不成事,因而在武昌或别的地方也会有一个军队的代表会议。有了这两个政治团体,他们将试图解决问题。一旦他们像个样子了,他们将向北京政府发号施令! 他们允许目前这个王朝在法律上存在呢,还是干脆将其废除代之以中华共和国呢,还是他们相互战斗直到最后,而以一个中国的波拿巴为最终结果呢? 现在没有人敢于预言。但依我愚见有一点可以肯定,即如果他们轻举妄动并且做得过分的话,中国从此将进入一个糟糕的时期,并成为整个世界动乱的起因。直截了当地说,按目前状况,中国是不适宜于有一个像美利坚共和国那样完全不同的、新形式的政府的。中国人民的气质和环境将需要至少三十年的变异和同化,才能使他们适合于建立共和国。共和国曾被几个轻率的革命者如孙逸仙和其他人竭力倡导过,但为任何稍有常识的人所不取。因此,根据文明进化论的规律,最好的情况是建立一个比目前高一等的政府,即保留帝制,但受适当的宪法约束。应尽量使这种机构比过去更灵活,使之能适应环境,发展进步。可以废黜摄政王;如果有利的话,可以迫使幼帝逊位,而遴选一个成年的皇室成员接替他的位置。现在已是列强采取一致行动来询问双方他们要干些什么的时候了。为人道和世界公益起见,他们可提出友好的建议,让双方适可而止,进行和解。如果听任一些革命党人的种族敌对情绪走向极端的话,现在的满族人确实毫无防卫能力了,可是蒙古、准噶尔等地又将以何处为归宿呢? 他们会同纯粹的汉人一道组成一个广袤的、难以驾驭的共和国吗? 还是他们会从今宣布独立? 两者似乎都不像! 前者不可能,因为有种族仇视问题及感情、习俗、法律、宗教的完全的差异;后者不可能,因为他们的政治力量不足。于是这些广阔的地域连同它的人民势必要归属附近的某个强国。一旦出现这种情况,'分裂中国'的老问题就来了。愿苍天保佑我们免受浩劫! 当最坏的事情发生时,任何自认为文明开化的人都负有责任,因为他们具有防止它发生的能力。对如此重大的事情,你当会原谅我此信写得冗长。你如能对我所写的东西有所赐教,我将不胜欣慰。你也可以按你的心愿将此信给你的任何对中国抱有良好愿望的朋友看。"(《严复合集》第5册,台北联经出版公司1998年版)

严复11月9日离京赴津。原拟避居租界,但因人极众,至无借宿地。不得已,乃寓裕中洋客店。12日,返京。16日,袁世凯内阁成立。12月2日下午4点,往谒袁世凯,商谈国事,提出六条建议。8日,袁世凯派唐绍仪为全权代表,严复以福建代表身份与其他各省代表南下议和。9日上午,随唐绍仪乘专车赴汉。12日下午,严复与唐绍仪及各省代表由汉口渡江去武昌,往见黎元洪。14日,严复随唐绍仪乘"洞庭"号轮船离武汉。17日,抵上海。18日,出席在上海英租界市政厅举行首次南北和谈会议。22日,在上海先后拜访郑孝胥、张元济等。(以上参见罗耀九主编《严复年谱新编》,鹭江出版社2004年版;孙应祥《严复年谱》,福建人民出版社2014年版)

按:唐绍仪为全权代表的北方代表团同行者有参赞杨士琦、严修,幕府有王孝绳、欧赓洋、廖恩涛、唐宝锷及袁世凯指派之"各省代表":严复(福建)、傅增湘(四川)、章宗祥(浙江)、刘若曾(直隶)、许鼎霖(江苏)、关冕钧(广西)、张国淦(湖北)、侯延爽(山东)、冯耿光(广东)、孙多森(安徽)等。尚有赶赴不及之陈善同、庆山、绍彝、齐忠甲、郑沅、朱益藩、刘庆笃、雷多寿、段钰、蹇念益、渠本翘、张楷诸人,则于21日出京。(《郑孝胥日记》,第1370页)

杨度5月出任清政府成立"皇族内阁"统计局局长,但并没有大的作为,而是继续为袁世凯出山谋划。10月,武昌起义爆发,杨度赴河南彰德与袁世凯密谋出山之事。11月15日,杨度与汪精卫发起国事共济会,联名发表《国事共济会宣言书》,要求资政院具奏请旨:即日停战、举行临时国民会议议论君主民主政体、清廷和南军都要服从这一决议。《国事共济会宣言书》附有国事共济会的简章,杨度任命自己的秘书方表为国事共济会干事,在天津组建国事共济会本部。随后,杨度以国事共济会君主立宪党领袖名义,起草一份呈请内阁代表书,请内阁代奏皇上,明降谕旨停战,开国民大会。同时向资政院上陈情书,建议南北即日停战,召集临时国民议会来解决君主民主问题,清廷与革命军均应服从决议。16日,袁世凯正式成立责任内阁,杨度出任学部副大臣。随后,替袁世凯办的最有影响的事情,一是组织国事共济会,二是秘密参与南北议和谈判,极力促成南北统一。12月5日,杨度宣布解散国事共济会,直接与黄兴函电商讨南北议和问题。中下旬,杨度以参赞名义随唐绍仪南下上海,以袁世凯私人代表的身份,在上海秘密会晤孙中山、汪精卫、刘揆一、王宠惠、胡汉民等人,斡旋南北议和,为袁世凯就任民国临时大总统立下大功。(参见左玉河编《中国近代思想家文库·杨度卷》及附录《杨度年谱简编》,中国人民大学出版社2014年版)

宋育仁在学部所组织的中央教育会上,就新旧两派废经、读经的争论发表见解,提出应当分别学级,从中学校起开始读经,以后每级分程递加,"遂得改从此议表决,得多数可决"。然尚未颁行,即因辛亥革命中辍。宋育仁在礼学馆任总纂,主编皇室典范。就礼法之争提出礼律交涉根本解决论,赞同除去亲权丧失、无夫奸不论罪两条,修订法律馆主任日人冈田为此愤而辞职。修订法律大臣调停,礼学馆坚持不可,空而置之,未及施行,礼部取消,改为典礼院,执行权力归民政部。礼部裁撤后,宋育仁改任典礼院直学士。7月,与内阁侍读大学士甘大璋等人联名上折,称赞同将川路公司款项收作国股,并将此费用作修筑渝万铁路段。川汉铁路股东总会、四川保路同志会等均致电北京,称并未委任呈部附股,指责甘、宋等"窃名送款"。10月,代典礼院直学士曹广权主笔奏折,要求将资政院所拟《重大信条十九条》交总理大臣会同资政院,再加审酌,"俟各省代表群集,公同研究审订覆奏,然后宣誓,庶足以定国是而坚信守"。是年,宋育仁因四川保路运动、武昌起义诸事起,上疏自劾,呈递内阁。

按:呈文称:"推原夫祸始之所始,虑应坐以不应为而为。俯首何辞,痛心在咎。抑人臣之义,有罪不逃刑,良史有言,为法当受恶,举朝当坐,请以身先。乞免所居官,即予革职,书昭炯戒,以明比户之可诛,重予薄惩,长为农夫以没世。"(参见王东杰、陈阳编《中国近代思想家文库·宋育仁卷》附录《宋育仁年谱简编》,中国人民大学出版社2015年版)

盛宣怀1月6日被授为邮传部尚书。上旬,上奏清廷,为遵旨将各省官办电报归邮传部办以昭划一,酌拟办法。21日,致郑观应函,告以招商局商办事需力图补救。2月,言官奏劾邮传部官办铁路滥借滥费,请饬查整顿。词连多人。盛宣怀不欲对部属事业骤加裁抑,仅先撤图书通译局、交通研究所,以节糜费。同月,上奏"不能为人择地",请撤梁士诒铁路局长差。又与度支部会奏,议复陕甘总督长庚请在甘肃建造铁路,并呈轨线全图。3月16日,致电南洋高等实业学堂校长唐文治:尽力支持唐欲购买屋地添办商船学校的请求。4月14日,电唐文治:同意另设吴淞商船学校,"腾出课堂添设邮科"之请亦同意照办。3个月后商船学校招生时,考生竟达2000余人,因"取额极隘",又另开办商船学校宁波分校。

按:盛宣怀《筹办商船学校大概情形折》曰:"奏为设立商船学校,谨将筹办大概情形,恭折具陈,仰祈圣鉴事。窃维商务振兴,必藉航业,航业发达,端赖人材。通商以来,洋舶辐辏,内河外海,门户洞开,我国地居大陆,不习海事,虽有轮船招商局,仅通域内,未涉重瀛,管驾各员,且皆借材异地,三年蓄艾,今为要图。臣部管理全国航业,责无旁贷,故于历届筹备宪政折内,兢兢以建设商船学校为船员之需,意实在此。正拟相度地势,克日经营,旋准臣部上海高等学堂监督前农工商部左侍郎唐文治咨称:翰林院修撰张謇,愿将上海吴淞口渔业公司地基,并所领官款六万元,呈送臣部,办理商船学校。复准筹办海军大臣咨称:

浙绅李厚祐报效宁波益智中学堂一所，奏明预备臣部商船学校之用。先后咨交前来，当即派员前往吴淞、宁波两处履勘地址、筹议办法。据称：吴淞江面宽阔，各国商船络绎往来，地居南北之中，交通至便，毗连浚浦局船澳，建筑船校为天然适当之区。宁波益智中学堂左带甬江，海舶时至，校舍崇闳，占地爽垲，甬民习于水性，招生尤为合宜。两地均堪备用等情。臣等公同商酌，窃以中国幅员广大，海岸延长，果能于吴淞、宁波同时并举，规模愈远，成材愈多，洵为盛事。惟商船学理深邃，程度极高，一旦两校兼营，不独财力维艰，且恐教习、学生均难应选，不若并力先办吴淞一处，较易观成。查臣部上海高等实业学堂于路电两科外，已设立高等船政专科，惟人数不多，拟即就此扩充，添招学生名数，以为商船学校之基础。一面在吴淞建筑校舍，俟工竣后，将学生移入该校，并归上海高等实业学堂监督管理，以期接洽而昭简易。其宁波益智学堂所有房屋地基，均应作为船校产业，将来或改为商船中学，当视日后之款项人材以为进退，此时暂从缓办。至学科办法，前经咨商出使大臣，调查各国船校现办章程，以资仿效。并查考留学商船之学生，预备任使，现已陆续咨复到部，应即参酌损益，轮派妥员办理，务求至当。计开办时，建筑房屋，购买轮船、帆舶、书籍、彝器，以资练习，用费尤巨。原估开办经费二十万两，常年经费十三万两，业于上年册报资政院，查核在案。惟目下情形，臣部财力甚形拮据，而开办尤难迟缓，不得不先筹一半，即行试办，拟暂定开办经费十万两，常年经费六万两，将来筹有之款，再行随时设法扩充办理。除俟渔业公司交到官款六万元，拨充开办经费外，其余拟均在臣部经费项下撙节动支。恭候命下臣部钦遵办理。所有拟设商船学校大概情形缘由，谨恭折具陈，伏乞皇上圣鉴训示。谨奏。本月十八日奉旨。"

　　盛宣怀5月初复陈铁路明定干路枝路办法，认为其要尤在干路收归国有，迅速筹办枝路，则仍可由商民量力办理，此为处理铁路之要领。8日，清内阁改制，"皇族内阁"成立。奕劻为内阁总理，盛宣怀被留任简授为邮传大臣。9日，盛宣怀奉上谕：所有宣统三年以前各省分设公司集股商办之干路延误已久，应即由国家收回赶紧兴筑，除枝路仍准商民量力酌行外，从前批准干路各案一律取销。10日，电告川汉、粤汉两大铁路干线有关督抚：奉谕旨"干路均归国有"，枝路可商办。20日，遵旨接办粤汉、川汉铁路，接议英、德、法、美各银行600万镑借款合同，本日定议签订。干线国有与这次借款，引起川、粤、两湖保路风潮。22日，清廷下诏派端方以候补侍郎充督办粤汉、川汉铁路大臣迅速前往妥筹办理收归铁路国有事宜。下旬，奏请邮政归邮传部接管，以归统一而符名实。8月23日，致鄂督瑞澂函，告以干路归国有，应坚持到底。28日，端方来电，说四川风潮平息非有袁世凯其人不可。这是首次动议要起用袁世凯。夏秋间，从四川开始的保路风潮兴起后，广东、两湖也随之继起，清王朝处于风雨飘摇之中，保清派人士群起攻击盛宣怀肇事。盛宣怀乃成为众矢之的。10月10日，武昌起义爆发，随之各省相继宣布独立。盛宣怀与端方等人认为非请袁世凯出山率兵镇压，不能平息起义。盛宣怀一方面以老朋友身份电请袁出任统帅，答应所需各种条件，另一方面向清廷极力推荐袁出任镇压起义重任。但均无济于事。25日，资政院第二次会议，集中讨论铁路国有与保路风潮事，众议集矢于盛宣怀。26日，清王朝为平息众怒稳住统治，将盛宣怀作为替罪羊革职，永不叙用。28日，盛宣怀逃离北京，经天津去青岛。受日本驻中国公使之命的日本顾问高木陆郎等随行。高木一直跟随左右，名为保护，实是监视和控制。12月31日，盛宣怀由大连去日本，僦居神户之盐屋山。（参见夏东元《盛宣怀年谱长编》，上海交通大学出版社2004年版）

　　沈家本3月22日奉旨去职资政院副总裁和修订法律大臣，回任法部左侍郎。5月，在清王朝组织以奕劻为首的"皇族内阁"、自行解去法部左侍郎一职之后，致力于《刑统赋解》《粗解刑统赋》《刑统赋疏》的整理。《刑统赋解》《粗解刑统赋》《刑统赋疏》，皆为后人就北宋末年律学士傅霖《刑统赋》所作的注释，沈家本为三书纠谬正误，臻于完整，为研究宋代典章制度的重要成果，后编入《枕碧楼丛书》。11月16日，袁世凯责任内阁成立，充任司法大臣。

冬,手订付印《寄籍文存二编》。(参见李贵连《沈家本年谱长编》,山东人民出版社2010年版;李欣荣编《中国近代思想家文库·沈家本卷》及附录《沈家本年谱简编》,中国人民大学出版社2015年版)。

陈宝琛6月简授山西巡抚。8月10日,清廷下谕,派陈宝琛和大学士陆润庠入毓庆宫"授皇帝读",充任6岁小皇帝溥仪的师傅。继而出任帝师者尚有满汉双榜进士伊克坦,以及罗振玉、梁鼎芬与教授英文的庄士敦。小皇帝赐陈宝琛诸多珍贵御藏图书。为报皇恩,陈宝琛在祖宅赐书轩后门建新楼,更名"赐书楼",收藏所赐御书。陈宝琛因此被誉为"藏书之富,甲于闽中"。《清史稿》卷二百五十九《伊克坦传》载:"宣统三年,伊克坦与大学士陆润庠及侍郎陈宝琛,同奉命直毓庆宫,朝夕入讲,遇事进言,忧勤弥甚。丁巳复辟,润庠已前卒,宝琛为议政大臣,伊克坦一不争权位,日进讲如故。及事变,誓临危以身殉。伊克坦忠直有远识,主开诚布公,集思广益;而左右虑患深,务趋避,时复相左。伊克坦忧郁遂久病,日寄于酒。"(参见张旭、车树异编著《林纾年谱长编:1852—1924》,福建教育出版社2014年版)

刘廷琛继续任京师大学堂总监督。4月8日,刘廷琛为格致科监督汪凤藻守制等情咨明学部:"钦命京师大学堂总监督刘为咨明事。案照本堂格致科大学监督翰林院侍读汪凤藻于宣统二年秋间请假回籍省亲。兹接该监督来函,据云去年七月二十三日在籍丁忧,现在修理坟墓,经营葬事,不能来京供差,函请咨报等情。除将格致科应办事宜由本总监督饬提调等妥为经理外,所有汪监督在籍守制,未能来堂缘由,相应咨呈大部,请烦察核施行。须至咨呈者。右咨呈学部。"5月4日,学部为免实习学生车费咨商邮传部,文曰:"总务司机要科案呈为咨商事。准京师大学堂函称:窃照格致科、农科、工科学生,除在堂讲授法理外,尚须随同教员巡验实习,藉资考证。惟巡验应到之处,半系铁路所经,前学期旅行数次,往返车费不赀。本年功课加多,经费一项经度支部预算核减,深虑无从支拄。与分科监督迭次筹议,措置困难。伏查欧美各国大学校,凡学生旅行实习,一律免收车价,以示优待。用特函恳钧部俯念巡验功课关系重要,收效之日甚长,可否暂照外国办法,嗣后格致、农、工各科学生旅行巡验,奏请免收车价,以节经费而示优异之处,只候衡夺施行等因到部。查各国学生巡验实习,如经由铁道,均一律免收车价。该大学格致等科学生实地巡验,藉资练习,自与他项学生旅行者不同。该学堂功课加多,经费核减,措置困难亦系实在情形。巡验学生人数有定,稽查颇易,所请免收车价一节,应由邮传部核准,以凭办理。相应咨商贵部查核见覆可也。须至咨者。右咨邮传部。"5月12日,邮传部复学部,文曰:"邮传部为咨复事。接准咨开,准京师大学堂函称:窃照格致科、农科、工科学生,须随同教员巡验实习藉资考证,惟巡验应到之处,半系铁路所经,前旅行数次,往返车费不赀。本年功课加多,经费核减,措置困难。函恳奏请免收车价等因到部,相应咨商查核见覆,等因前来。查京外各学堂学生,每年均于假期旅行实地练习,所在多有,向无免价之例。此次京师大学堂所请免收车费,实为向章所无,且与本部光绪三十四年十二月奏定免价章程不符,兼恐各处学堂纷纷效尤,于路务殊多窒碍,未便照准。相应咨复贵部查照转复可也。须至咨者。右咨学部。"19日,学部复大学堂请免实习学生车费,文曰:"总务司机要科案呈为咨行事。前准大学堂函称:学生巡验,拟请免收车费等语。当经咨商邮传部,去后,兹准覆称:京外各学堂学生,每年均于假期旅行实地练习,所在多有,向无免价之例。此次京师大学堂所请免收车费,实为向章所无,且与光绪三十四年十二月奏定免价章程不符,兼恐各处学堂纷纷效尤,于路务殊多窒碍,未便照准等因前来。相应咨行贵总监督查照可也。须至咨者。右咨大学堂总监督。"(参见萧超然等编《北京大学校史》,北京大学出版社1988年版;北京大学校史研究室编《北京大学

史料第一卷：1898—1911》，北京大学出版社1993年版）

　　劳乃宣3月出任江宁提学使。9月，入京赴资政院会议。武昌起义后，劳乃宣在《民是报》上发表了《共和正解》《君主民主平议》等，反对革命，倡言复辟，抨击武昌起义是"为少数无知妄人所煽动，不轨军队所劫持"，主张仿效周召"共和"故事，实行君主立宪，企图挽救即将灭亡的清朝。11月26日，劳乃宣任京师大学堂总监督。12月，兼署学部副大臣。其实当时京师大学堂受武昌起义的影响，学生和教习也都无心上课。清政府为稳定人心，维持局面，由学部通令大学堂照常上课。该通令称："现在武昌事起，伪言风闻，几于无日无之。其实沿江各省有事之说，皆系谣传，各省官电，均称安静。即武昌之事，大兵已过信阳，火车尚通，寻将抵汉；海军兵舰，亦经到鄂，开炮攻城，声势甚盛。……乱事当可克日敉平。此时人心不靖，尤贵镇定。且徒事忧惶，亦属无济于事。所有学堂学生，习知世务，动为人则，亟须照常上课，加意坚定，慎勿轻信浮言，致滋纷扰。……兹书其各学堂监督、学长以及管理各员、为学生师表，尤不得随意旷课，以致学生无所事事，妄生念虑，斯为至要。"然而，随着革命形势的迅猛发展，各省起义消息频传，大学堂的"教员学生请假回籍者，已居多数；以致不能上课"。局面已经无法继续维持，大学堂当局只得咨呈学部，请求"暂时停办"，并给外国教习发3个月薪水，中国教职员发一个月薪水，"暂令出堂，以节虚糜，俟开学有期，再令回堂办事"。于是，清末的京师大学堂到此结束。

　　按：1902年至1911年的京师大学堂，后来也称为壬寅大学：经过张百熙的惨淡经营，京师大学堂初具规模。但由于顽固势力的多方掣肘，张百熙未能全部施展他兴学的抱负。壬寅大学比起戊戌大学，虽有所扩充和改进，但其实质仍是一所半殖民地半封建的学校，距离近代大学的要求还很远。（参见萧超然等编《北京大学校史》，北京大学出版社1988年版；劳乃宣《清劳韧叟先生乃宣自订年谱》，台湾商务印书馆1978年版）

　　章梫继续任京师大学堂译学馆监督。3月1日，《学部官报》第145期载《奏译学馆丙级毕业生请奖折》，曰："奏为译学馆丙级学生毕业循章请奖恭折仰祈圣鉴事。窃查京师译学馆，自光绪二十八年开办以来，甲乙丙班已于三十四年及宣统元年先后毕业，均照章奏请奖励在案。丙级学生系光绪三十一年下学期入馆肄业，计至本年上学期五年期满，由该馆监督呈请考试毕业等情前来。当经臣等定期于九月初九至十三等日，按照所习学科在臣部分场扃试。除胡宪生现经游美学务处考送出洋未经与考外，计应考者共四十名。臣等当即遴派司员，将各科试卷详细分校并由臣等覆加核阅，评定分数，计取列最优等三名、优等八名、中等二十七名、下等二名，已于本月初四日发行该馆照例榜示。查奏定译学馆奖励章程内开考列最优等者，作为举人出身，内以主事分部尽先补用，外以直隶州知州分省尽先补用；考列优等者，作为举人出身，内以内阁中书尽先补用，外以知县分省尽先补用；考列中等者，作为举人出身，内以七品小京官分部，外以通判分省补用。又上年臣部附片奏准，嗣后译学馆及各高等学堂毕业学生已有职官者，曾经臣部奏准原系试用者，以原官补用；原系补用者，以原官尽先补用，毋庸再保升阶各等语，历经遵办在案。此次该馆毕业生，除取列下等之徐用明、高钟二名，均应照章补习外。所有取列最优等、优等、中等各生，自应照章给奖，以资鼓励。惟取列优等之张恂、中等之汪德章、陈承遵、平士履等四名现在丁忧期内，此次所得奖励应俟服阕后再行发给执照，咨照吏部分发，以符定章。谨缮具该生等履历并奖励清单，恭呈御览。如蒙俞允，即由臣部咨行吏部钦遵办理。所有京师译学馆丙级学生毕业循章请奖缘由谨恭折具陈。伏乞皇上圣鉴。谨奏。宣统二年十一月二十九日奉旨，依议。钦此。谨将译学馆丙级毕业生履历，分数缮具清单，恭呈御览。"

章梫8月作《京师译学馆同学录叙》，系第三次为京师译学馆校友录作序。希望译学馆校友能和昔日同文馆校友一样见用于时，成效彰著。序曰："二十年以来，士大夫群好言变法，往往朝令夕改，增并裁削如弈棋，非身处其地者莫能悉数其沿革。所谓疾行无善步，时势之所迫者为之也。京师之有译学馆，光绪庚子以后因同文馆旧制而设，为大学堂以内四馆之一，置提调一员主之者也。未几离大学而特立，改提调为监督，自壬寅至辛亥十年矣。今学部又奏请停罢。十年之间，监督六易人，学生先后招致甲、乙、丙、丁、戊五级，约七百余人，毕业仅三百余人而已。馆中甲、乙、丙级学生故印有同学录，丁、戊两级缺焉。今召云农监督恒浚汇刻各级同学录，以余前曾监督馆事，丁戊两级学生又予所招致，因属为之叙。予朅陋，丝毫无裨于诸生，而邵监督任事三年，视诸生若亲子弟，循循以致之成业，宜诸生之依不舍也。同文馆创于同治元年，至光绪二十六年庚子之变，而止其第七次题名录。邵监督方毕业为黑龙江翻译官，嗣又派往俄国留学，历历若前日事，而今问斯馆之所在，非身履其地者不能答，他日之译学馆亦若斯焉耳。然同文馆第七次题名学生不过百余人，大半见用于时，学之成效又若是彰著也。今时事滋多，需才孔亟，同学毕业三百有余人，较同文题名为倍半。但使异日之考是录者，与国史名臣循吏儒林文苑传目相表里，视同文题名而增耀，则邵监督所欣慰亦即余所欣慰也已。"（参见《一山文存》卷九，朱有瓛《中国近代学制史料》第二辑上册；北京大学校史研究室编《北京大学史料第一卷：1898—1911》，北京大学出版社1993年版）

林纾继续任教于京师大学堂。1月，陈宝琛、陈衍、陈曾寿应端方之邀至宝华庵雅集，梁鼎芬、林纾、缪荃孙、刘师培、于式枚、傅岳棻、李文石、陈毅力、何劭忞、王式通、劳乃宣等在座。2月23日至次年2月12日，与静海陈家麟合译美国锁司倭司（Emma Dorothy Eliza Nevitte Southworth）原著小说《薄俸郎》（The Changed Brides），连载于《小说月报》第2年第1—12期，计48章，标"哀情小说"。2月，御史胡思敬上疏："劾宪政编查馆，言新官不可滥设，旧官不可尽裁，起草应用正人，颁行当采众议，下其章于政务处，闻与论列亲藩之疏，同时并上。"疏未报，请辞。林纾撰序送之。同月，陈衍与陈宝琛、郑孝胥、林纾、胡思敬、曾习经、温肃、樊增祥、罗惇曧等结辛亥诗社，逢佳日良辰，寻访胜迹，诗文唱酬，为一时盛会。3月11日，在温肃的召集下，辛亥诗社的成员来到慈仁寺举行雅集。参加此次雅集的有陈宝琛、林纾、陈衍、郑孝胥、胡思敬、曾习经、冒广生、林思进、罗惇曧和潘博。林纾为此次雅集作图，晚上则饮于广和居。回去后各自作诗，汇集至主人温肃处，后来这些诗作都刊于4月19日《国风报》第2年第8期"文苑"栏。23日，林纾赴陶然亭雅集，聚者除江翊云未到外，其他如郑孝胥、赵尧生、胡瘦篁、温毅父、曾刚甫、罗掞东、潘博、林山腴、冒鹤亭、陈弢庵、陈石遗、梁众异悉数到齐。晚，饮于广和居。

按：诗社每每雅集，林纾皆绘图纪念。温肃在《温文节公年谱》中也有记载言："会必有诗，畏庐为图。"

林纾是年春在北京参加了樊增祥、罗惇曧发起组织的诗社，写下一首题画诗《画竹自题》，透露出他对清当局的强烈不满，宁肯清白自守，也不愿意去趋奉谄媚那些权贵的心境："辇下貂蝉半苦饥，一逢朱邸即低眉。先生种竹年年活，尽有山厨得笋时。"4月1日，林纾应林思进召集与同人修禊于南河泊，并绘制《南河修禊图》。同月初，陈三立于江船中阅览林纾文集，仰慕之情益深，遂赋诗以寄，题作《江舟诵林琴南文编益慕其为人因赋寄》。27日，中国同盟会在广州发动起义，福建籍人士前往参与者有百余人（华侨不计），死难者27人，其中福州籍的有林文、方声洞、林觉民、林尹民、陈与燊、陈可钧、陈更新、冯超骧、刘元栋（钟群)、刘峰(六符)10人,称"黄花岗十杰"。对于黄花岗之牺牲者,林纾虽认为是英雄,但对新的政权是十分不满的,认为当权者只是为私利,为党争。他说:"死者已矣,生者尤当知国耻为何物,舍国仇而论私仇,泥政见而争党见,隳公益而求私益,国亡无日矣!"5月,《小说月报》第2年第3期刊载侗生的《小说丛话》,其中论及林纾翻译与创作小说,谓"近代小说家,无过林琴南、李伯元、吴趼人三君。李君不幸蚤世,成书未多;吴君成书数种后,所著多雷同,颇有江郎才尽之诮;惟林先生再接再厉,成书数十部,益进不衰,堪称是中泰斗矣。"然后将当时已出版的林译小说分为三类,同时也注意到1911年以后林纾的翻译开始走下坡路。

按:文中说:"总先生所译诸书,其笔墨可分三类:《黑奴吁天录》为一类,《技击余闻》为一类,余书都为一类。一以清淡胜,一以老练胜,一以浓丽胜。一手成三种文字,皆臻极点,谓之小说界泰斗,谁曰不宜? 林先生所译名家小说,皆能不失原意,尤以欧文氏所著者,最合先生笔墨。《大食故宫余载》一书,译笔固属绝唱;《拊掌录》之《李迫入梦》一节,尤非先生莫办也。"论《块肉余生述》云:"西人所著小说虽多,巨构甚少,惟迭更司所著,多宏篇大文。余近见《块肉余生述》一书,原著固佳,译笔亦妙。书中大卫求婚一节,译者能曲传原文神味,毫厘不失。余于新小说中,叹观止矣。"论《神枢鬼藏录》云:"林先生所译《神枢鬼藏录》出板(版),某报讯之。实则该书虽非先生杰作,详状案情,形容尽致,有足多者。惟近译《贝克侦探谭》二编,事实、译笔,均无可取。转思某报所言,似对是书而发者。贝克、贝克,误林先生不浅也。"论《不如归》云:"余不通日文,不知日本小说何若。以译就者论,《一捻红》《银行之贼》《母夜叉》诸书,均非上驷。前年购得小说多种,中有《不如归》一书。余因为日人原著,意未必佳,最后始阅及之。及阅终,觉是书之佳,为诸书冠(指同购者言),恨开卷晚也。友人言:'是书在日本,无人不读。书中之浪子,确有其人,武男片冈,至今尚在。'又曰:'林先生译是书,译自英文,故无日文习气,视原书尤佳。'"论《天囚忏悔录》云:"《天囚忏悔录》一书,亦林先生所译,事实奇幻不测,布局亦各得其当。惟关节过多,以载诸日报为宜。今印为单行本,似嫌刺目。且书中四十章及四十五章,间有小错,再板(版)时能少改订,可成完璧。"论《埃及金塔剖尸记》云:"《埃及金塔剖尸记》一书,半言鬼神,有吴道子绘地狱之妙。其叙儿女私情处,亦能曲绘入微。"论哈葛德创作云:"英人哈葛德,工于言情,尽人皆晓。然守钱虏之丑态,武大之慷慨,一经哈氏笔墨追摹,亦能惟妙惟肖。《玉雪留痕》中之书贾,《玑司刺虎记》中之大尉,形容如生,可歌可泣。《洪罕女郎传》,兼武夫、钱虏而有之,宜见特长。然其中著墨处,反逊二书。似哈氏状物最工,今遇其善状之人,不应如是。再三思之,中有一理:哈氏身为小说家,书贾之性质,哈氏所最晓,《玑司刺虎记》中之大尉,身在兵间,其事足为国人范,想亦哈氏所乐述。一切于身,一关于国,言之较详,理也。《洪罕女郎传》之大尉,固属赋闲,且于本书无绝大之关系,故不能偏重;书中之小人,为哈氏所唾骂者,又不仅一钱虏,势不能少分墨渖,以状余人。以是故不能如二书之详尽。"论《新茶花》云:"《新茶花》一书,既多袭《茶花女》原意,且袭其辞,毫无足取。余尝谓中国能有东方亚猛,复有东方茶花,独无东方小仲马。于是东方茶花之外史,不能不转乞于西方。尤幸《茶花女》一书,先出于七八年前,更省逐译之苦,于是《新茶花》竟出现于今日。"

林纾与陈家麟合译英国名家柯南达利著《小方簏》5月28日至6月6日刊于上海《时报》,标"海上谭丛"。该日有附告:"《非洲石壁》暂停,自今日起易登林琴南先生之《小方簏》,俟此篇登完后,续登《非洲石壁》。"6月14日,胡适在《日记》中记有:"读《林畏庐集》。畏庐忠孝人也,故其发而为文,莫不蔼然动人。《集》中以《先太宜人玉环铭》《寿伯弗行状》《谢秋浔传》及诸记为最佳。"7月2日,林纾与郑孝胥、严又陵、高子益、高梦旦等雅集陶然亭。9月2日,与人合译《冰洋鬼啸》,刊于《小说时报》月刊第12期。10月10日,"武昌起义"爆发,15日,郑孝胥在《日记》中记有:"出城市,过叔伊、琴南,琴南欲送眷暂避于天津租界。"9—10月间,作《聂政图》,题跋中赞颂武昌起义前遇难的彭楚藩烈士为战国聂政一样的义士:"中国革命前,刺客亦盛,余终以彭烈士为第一。壬子八月,客窗无事,写聂政图不能不慨于彭君也。"秋,在天津补作《夕照寺为冒巢民先生作生日记》,文中对辛亥革命爆发后的时局深表忧虑。11月9日,林纾封存好京城家中的财物,携全家老小前往天津的英租界避难。临行前,他思绪万端,写下一首长诗《九月十九日南中警报,急挈姬人幼子避兵天津,回视屋上垂杨,尚凌秋作态,慨然书壁》,诗前有序曰:"是岁九月,革命军起,皇帝让政,闻闻见见,均弗适于余心,因触事成诗。"17日,60岁生日,家人在天津为其祝寿。次日,回京检视故宅,随即返回天津。25日,吴虞"阅《块肉余生述》几落悲泪"。12月6日,辛亥革命已经爆发,改良主义运动已宣告失败。随着清廷起用袁世凯,林纾怀着痛苦的心情作《辛亥十月十六日感事》。不久,又写下《不眠》一诗,反映出辛亥革命之年自己的不佳心绪。11—12月间,赵熙至京师,与陈三立相见。陈为其题所藏敦煌唐人经卷及林纾所写《万松深处》图。

按:胡先骕《京师大学堂师友记》曰:"诸师中最令人怀念者为林琴南先生。先生幼孤寒以苦读成名,少时不能得书,则代人补缀破书以得读书之机会,或以贱价收买残书以研习,故其学驳杂而包罗万象,善属文,以《史记》《汉书》为圭臬。少时教蒙馆自给,乡荐后境始稍裕,清末来北京主讲五城学堂,已垂垂老矣。先生以翻译欧西小说成名,虽不通西文,赖译者口授而先生笔述;以史汉之笔而能曲尽原著者之意,一时无二。故林译小说,不胫而走。司各脱、狄更司、小仲马、柯南道尔之名著,皆先生所介绍也。而所译小仲马之《茶花女遗事》,司各脱之《撒克逊劫后英雄略》,狄更司之《块肉余生述》与《贼史》,尤为有声。首以司各脱比况太史公者先生也。惜自身不谙西文,而合译者之文学修养亦不高,遂每至浪费笔墨,以选译哈葛德等二三流之小说,殊可惜也。先生素精技击,每每在授课时述及技击故事,辄眉飞色舞,津津有味,曾著笔记小说曰《技击述闻》,皆述耳闻目睹之实事,虎虎有生气,武士之须眉,若可睹也。入民国后,先生以雄于文为徐树铮所尊礼。蔡子民先生出长北大后,胡适之、陈独秀辈提倡白话文,先生乃攘臂起与相抗,惜不通西文,未能以子之矛攻子之盾,终不能居上风,遂在一时代之风尚下,首作牺牲矣。实则林先生岂真能代表封建者,胡、陈辈所攻,殆亦最弱之一环耳。先生在预科所授之课为人伦道德,此学科在表面看来必定枯燥无味,而腐气四溢,再进亦不过以宋元明学案,作系统哲学之叙述,除能引起少数劬学之学生注意外,必为多数学生所厌弃;而先生之授此课则不然,先生之语言妙天下,虽所讲授者为宋明学案,而以其丰富之人生经验以相印证;又繁征博引古今之故事以为譬解,使人时发深省,而能体认昔贤之明训,于是聆斯课之学生,咸心情奋发,不能自已。所谓循循善诱,惟先生能蓄之也。常忆此课在下午一点钟讲授,适在午餐之后,又值夏初长日,睡思袭人之时,上他课则不免昏睡,上人伦道德之课,则无人不兴奋忻悦,从可知欧西名牧师讲演号召之魔力所由来也。"(参见张旭、车树昇编著《林纾年谱长编:1852—1924》,福建教育出版社2014年版;胡宗刚《胡先骕先生年谱长编》,江西教育出版社2007年版;杨萌芽《都下雅集:陈衍等宋诗派成员清末在京师的文学活动》,《中山学刊》2008年第3期;张雪《"何必非真"——〈花之寺图卷〉中的文人雅集》,《百花》2022年第2期)

　　章鸿钊是年夏从东京帝国大学理科大学地质学科毕业,获理学学士学位,成为我国选学地质学并获理学学士学位的第一人。站在即将启程的轮船上,章鸿钊的内心百感交集,耳边再次响起了老师小膝文次郎的叮嘱:"君知此行所负之责任乎?今世界各国地质已大明,惟君之国则犹若不开辟之天地然,而今开辟之责具在君乎!"章鸿钊心怀一颗矢志报国的赤子之心归国后,即应罗叔韫老师之邀回国,担任京师大学堂农科大学地质学讲师。9月,京师学部举行留学生考试,章鸿钊赴京考试,以最优等成绩获得"格致科进士"。同榜中还有从英国学地质归来的丁文江,两人相谈甚洽,都抱有一颗开创中国地质事业的决心。随后,他在京师大学堂任教,成为国人在大学讲授地质学的第一人。

按:据章鸿钊《我对于丁在君先生的回忆》(《地质论评》1936年第1卷第3期)回忆:"我和丁先生初次在北京见面,是前清末年,即民国的前一年。那一年,丁先生初从欧洲载誉归来,只不过二十四岁的一位少年,一副英英露爽的眉宇和一种真诚坦率的态度,一见便知道他是一位才德兼优的人,已使我拨动了一种相见恨晚的情绪;何况那时候在中国要觅一位地质学界的朋友,远不像现在那样容易,也许还没有第二人。所以这一次会面,在我个人一生中,是最有意义的,也最不能忘记的。"又据章鸿钊《六六自述》(武汉地质学院出版社1987年版)回忆:"学部考试毕,予列最优等,赐格致科进士出身。时同榜中尚有一学地质者,即丁文江氏也。丁氏亦于是年从英国毕业归国者,曾与之遇,相谈甚洽,此即予他日之同志矣。"(参见冯晔、马翠凤《章鸿钊年表》,中国地质图书馆编《第三届地学文献学术研讨会暨纪念章鸿钊学术思想研讨会论文集》,地质出版社2016年版;王雪莹《章鸿钊:开中华地质之鸿蒙》,《北京科技报》2022年11月20日;宋广波编《中国近代思想家文库·丁文江卷》及附录《丁文江年谱简编》,中国人民大学出版社2014年版)

胡先骕是年春负笈北京入京师大学堂预科学习。其时师友著名者有郭立山、林琴南、柯劭忞、何育杰、李仪祉、秉农山、李麟玉、姚鹤雏、汪辟疆、林庚白、黄秋岳、梁鸿志等。

按:胡先骕《京师大学堂师友记》曰:"预科讲席颇多名师:如国文教习郭立山先生者,著名之桐城文家也。先生虽以文名,然口讷不善讲授,体甚胖,在第一讲堂(最大之讲堂)讲课时,每以其脐部紧顶讲台之尖角,操湘乡土音,称赞苏子由之文,而言辞实不能发挥之,学生颇难获益。至改文则以简洁为尚,试卷之矜才使气者,皆痛被删,数百言之文,能存百十字则大幸矣。姚鹤雏兄锡钧为文极豪放,下笔千言不休,而每得三十分,观者每为之扼腕焉。先生继娶女经学家戴礼女士,以细故反目,竟至涉讼公庭,可称怨偶矣。然戴女士仍盛称先生之文,谓彼须数十句始能说明之事,先生十余言即敷陈详尽,自愧勿如云。其敬佩之情,有不能自已者。陈石遗先生在《石遗室诗话》中,为左袒戴女士而丑诋先生,殊不足尽信也。继郭先生主讲国文者为安徽之陈剑潭先生,其宗派与郭先生有南北极之别。郭先生墨守桐城家法;陈先生则宗尚《孟子》《战国策》与《史记》,尤喜为纵横家言,其命题非上美国罗斯福总统(老罗斯福总统)书,即上德皇威廉第二书。今日回忆,亦殊可哂矣。发讲义则为笔削《战国策》或《史记》。《战国策》之文素以支蔓沓冗著,经先生笔削后倍觉峻洁有力,学生读之,获益真非浅鲜矣。先生既标榜《战国策》与《史记》,故对于学生之课文,亦喜其才气纵横者。姚鹤雏兄在郭先生手下月课只能得三十分,陈先生则每次皆给以一百分云。"(参见胡宗刚《胡先骕先生年谱长编》,江西教育出版社2007年版)

周自齐继续任外务部游美学务处总办。1月5日,学部札核准游美肄业馆改名清华学堂,并将初等科改名中等科编定高等中等两科课程报部查核。2月,制订《清华学堂章程》。同月21日,游美肄业馆所聘第一批美籍教员16人到京。3月,游美肄业馆在北京宣武门内学部考棚举行入学复试。参加复试的共468名,其中有各省保送的184名,1910年7月录取的第一格留美备取生143名,12月在北京招取的第二格学生141名。经过复试全部合格,入肄业馆学习。4月9日,外务部会同学部奏请批准,将游美肄业馆改名为"清华学堂"并订立章程。奏折称:"已传示诸生分起入堂,于三月初一日暂行开学,俟其余工程一律完竣,于暑假后定期举行开学礼式。"11日,清宣统皇帝朱批:"依议。钦此。"奏折所附2月制订的《清华学堂章程》,共分8章:总则、学程、入学、修业毕业、游学、管理通则、职员、附则。《清华学堂章程》规定:清华学堂"以培植全材,增进国力为宗旨""以进德修业,自强不息为教育之方针";学程"设高等中等两科""两科八年通修功课以学分计";高等科"以美国大学及专门学堂为标准""中等科为高等科之预备""入学年龄,高等科在十六以上二十以下,中等科在十二以上十五以下";学堂学科分10类:哲学教育、本国文学、世界文学、美术音乐、史学政治、数学天文、物理化学、动植生理、地文地质、体育手工;据该《章程》规定,"本学堂监督,以游美学务处会办兼任,总理全堂一切事宜",下设教务长、庶务长。游美学务处总办周自齐兼任清华学堂监督,会办范源濂、唐国安兼任副监督,胡敦复任教务长,唐孟伦任庶务长。29日,清华学堂在清华园正式开学。这就是清华历史的开端。以后学校定于每年4月最后一个星期日举行校庆活动。同月,清华学堂大楼、北院等建筑竣工。5月,游美学务处总办周自齐陪同载振参加英王加冕仪式。外务部委派颜惠庆任游美学务处代理总办。

（参见清华大学校史研究室编《清华大学一百年》，清华大学出版社2011年版；清华大学校史编写组编著《清华大学校史稿》，中华书局1981年版；清华大学校史研究室编《清华大学史料选编》第一卷《清华学校时期：1911—1928》，清华大学出版社1991年版）

颜惠庆时任外务部主事。5月，外务部委派任游美学务处代理总办。6月23—29日，本学堂举行高等科期末考试。134名高等科学生参加考试，选定第三批直接留美生共63人赴美留学，49名继续留堂学习，其余学生予以退学。第三批考取留美学生名单如下：黄国栋、周明玉、张福运、司徒尧、吴宪、顾宗林、江山寿、高大纲、朱启蛰、陈德芬、张贻志、卫挺生、周伦元、史宣、姜蒋佐、张傅薪、吴康、谭其萘、黄明道、陈长蘅、刘崇勤、陈承杺、徐书、鲍锡藩、崔有濂、郑辅华、史译宣、龙夷、梅光迪、杨光弼、孙继丁、陈明寿、胡博渊、宋建勋、罗邦杰、顾荣精、杨孝述、裴维莹、何庆曾、陆鸿棠、黄宗发、柴春林、徐仁錤、钟心煊、严昉、王谟、邱崇彦、赵文锐、王康、孙学悟、蔡翔、陆懋德、梁基泰、虞振镛、费宗藩、陈嘉勋、梁杜蘅、许彦藩、邓宗瀛、章元善、陆守经、甘启纯、张景芬。8月7日，第三批直接留美学生乘坐"波斯"号轮船由沪启程赴美。游美学务处派英文教员钟文鳌、英文文案谭辉章、前期留美学生施赞元等护送前往。9月6日，游美学务处呈文外务部修订《清华学堂章程》，将高等科由4年改为3年，中等科由4年改为5年。16日，游美学务处呈文外务部，请由黄鼎专司留美学生监督。10月初，本学堂从中等科选拔的幼年留学生14名，赴上海准备留美，因不久武昌起义爆发，未能成行。后来，其中10人于1914年与1913级和1914级毕业生一同赴美。11月9日，因10月10日武昌起义爆发，以及清政府挪用这一年"退还"的"庚子赔款"去弥补军费，清华学堂经费断绝。清华学堂于本日宣布停课。（参见清华大学校史研究室编《清华大学一百年》，清华大学出版社2011年版）

胡敦复时任清华学堂教务长。3月，清华学堂在北京宣武门内学部考棚，举行了入学复试。参加复试的有各省保送的学生184名，1910年7月备取的留美生143名，在北京招考的学生141名。这次经过复试合格，入学的学生，共有468八名，其中五分之三编入中等科，其余入高等科。这是清华学堂最早的一批学生。4月，所颁布的《清华学堂章程》第七章《职员》第二节：本学堂设教务长一员，教员、管理员若干员，庶务长一员，文案员一员，庶务员若干员，会计员一员，医员一员。第三节：教务长主任教授管理事宜。凡延订教员、管理员，厘定功课，考核成绩，皆商承监督办理。胡敦复因主张学生多读理工科课程，与美籍教员瓦尔德（P.I Wold）主张多念英文和美国文学、美国史地的意见发生分歧，上诉到外交部，美国公使出面干预，结果胡敦复被迫辞职。可见美国教员在学校中，是美国西方教育的主要传播者。他们在美国公使的支持下，在早期一直左右着清华的教务。（参见清华大学校史编写组编著《清华大学校史稿》，中华书局1981年版；清华大学校史研究室编《清华大学史料选编》第一卷《清华学校时期：1911—1928》，清华大学出版社1991年版；清华大学校史研究室编《清华大学一百年》，清华大学出版社2011年版）

张伯苓1月8日为齐集天津县议事会的直隶省绅界公推为临时会长，共议如何救援被捕的温世霖。次日，张伯苓往督署递奏，严修日记云："遂经伯苓为之剖辨，全无效力。"19日，本埠士绅开会商讨维持温世霖创办的普育女学校办法，公推张伯苓为董理，胡家祺、李琴襄等7人为董事，担任普育女学经费及教务，以使该校继续办理。30日，被发配新疆的温世霖路经西安，写信给张伯苓。3月31日，由华人组成的天津基督教青年会董事会召开首次会议。主持会议并当选天津基督教青年会董事长。同月，直隶提学使傅增湘令将天津客籍学堂、长芦中学堂归并南开，两校经费一律归南开支用。校名改为公立南开中学堂。5月

4日,清华学堂监督范源濂为聘张伯苓任清华学堂教务长事自北京来天津严宅。严修电约张伯苓"来商议清华学堂事"。22日,范源濂从北京来,与严修同访张伯苓。7月3日,在北京召开中华基督教青年会北方官立学校学生大会,任大会主席,发表关于教师的讲演,号召与会人员"投身教育中国的下一代"的事业。

张伯苓7月27日赴京往清华学堂。8月,张伯苓到校接任教务长。同月12日,《吴宓日记》记述张伯苓任清华教务长后对教务的改革,云:"新教务长张伯苓先生已将教务事宜大行变更。课程班次,皆已另行订定。言本校为划一学制起见,将班次一切改与中国各校相同。"18日,张伯苓向清华学堂学生讲解教务事宜,"演说至二小时之久"。24日,在清华学堂食堂向学生讲解课程设置。夕,发布课程表。29日,由京回津,晤严修。31日,由津赴京。9月28日,经张伯苓同意,清华英文会今日下午开第一次演说会。10月11日,张伯苓往法政讲习所听《行政法》《国际公法》演讲。23日,在法政讲习所听讲《民法》。31日,与陈宝泉、高旷生等谈论天津局势。10—11月,武昌起义爆发后,革命潮流波及天津,南开中学堂一时陷于停顿。学校发展面临严重困难。11月17日,严修被任命为度支部大臣。晚与严修谈其去留。21日下午,与严修、范源濂等谈话到傍晚。22日上午,在南开中学堂与范源濂、严修、高旷生、李伯芝议事。晚,在造胰公司与高旷生、李伯芝、范源濂、严修聚谈至11时。24日,到咨议局与正副局长谈天津形势。(参见龚克主编《张伯苓全集》第十卷附编《张伯苓年谱》,南开大学出版社2015年版;清华大学校史研究室编《清华大学一百年》,清华大学出版社2011年版)

吴宓2月1日(正月初三)晚8时乘京汉铁路火车抵达北京正阳门外西车站下火车。到京后三日,即同张继祖毅然将发辫剪去。18—20日,在西单牌楼学部署内举行复试。吴宓以第二名考入清华学堂留美预备班。4月8日(三月初十日)前后,奉令入学。29日,清华学堂行开学礼,即日上课。入民国后,改用阳历。清华学校及清华大学遂永以此日为其成立纪念日,并为毕业生返母校之日。入校后,学生以俱不相识,建议每省各举代表1人,会议、办事,并为众介绍。于是吴宓为陕西省代表,陈达为浙江省代表,孙克基为湖南省代表。江苏省、四川省以学生人多,各18名,各有两代表,其中四川省代表中,川西刘庄,川东吴芳吉,而仿各省咨议局之例,推直隶省代表杨颐桂为首席或领袖代表。暑假,吴宓兼读中英文书。始钞写吴宓离西安以后诗编为《雨僧诗稿》卷一,作"自叙"1篇。又据叶声昌所述技击(拳客)故事,作《雨僧杂记》12篇。

吴宓是年有《学堂日记》一册,其中多有阅读对林纾译书的记载:1月13日,吴宓在《日记》载:"至孟二兄处阅《孽海花》小说。《孽海花》者,实历史小说也,中国三十年来之真确历史也。……林琴南先生颇许此书,谓彩云者非书中之主人翁,作者之宗旨别有在也。此话甚是,书中所叙事实斑斑可考,即所有人物亦无虚造者。"2月17日,吴宓在《日记》载:"竟午无事,昼寝半小时许。又阅《茶花女遗事》,法国著名小说家小仲马所著也。此书缠绵悱恻,脍炙人口已久。余于丁未之冬曾一读之,顾彼时尚不大喜阅哀情之作,率意翻阅,殊负佳书。今特取而重读。以余所见泰西哀情之作,其中女子类皆于末路收场,能力制爱情,图其财产之领得,并多方设计以暂时秘之谎之而求无害于其心,无沮于其事,或竟伪绝之者,以增其怒而冀其所图之成就,己之利害生命则全置不顾。其道力伟矣。如《红礁画桨录》中之毗罗亚德斯,若《红泪影》中之阿礼斯,若《迦茵小传》之迦茵,莫不皆然,今之《茶花》,又见之矣。"23日,吴宓在《日记》载:"午,及张君至琉璃厂,在商务印书馆购《畏庐文集》一册。"8月15日,吴宓在《日记》载:"晨,阅《技击余闻》,佳书也。余生世为年无多,社会上之经历甚少,即此等奇人异事毫无闻见,宁非憾事哉!……笔记小说《技击余闻》林琴南先生著。"(参见吴宓著、吴学昭整理《吴宓自编年谱:1894—1925》,生活·读书·新知三联书店 1995 版;张旭、车树昇编著《林纾年谱长编:1852—1924》,福建教育出版社 2014 年版)

梅光迪 3 月 30 日致函胡适,信中还表达了梅光迪对于"文"与"人"关系的认识:"文以人重。文信国、岳忠武诸公,文章皆非至者,而人特重其文。明之严嵩,在当时文名亦甚好,然至今无人道及。"勉励胡适"坚持为学之旨,以文、岳二公为师,不必求以文传而文自传耳"。信中还提到:"近日考试分班,至昨始毕。迪有多门不能及格,今岁西渡无望矣。"夏,考取官费奖学金,被美国威斯康辛大学录取。8 月 18 日,胡适见到梅光迪名列清华学校留美学生名单时,在日记中称自己"狂喜不已"。暑期,梅光迪赴美国威斯康辛大学留学。11 月 28 日,致函胡适,就"程朱学派"与"颜李学派"这一话题与胡适展开激烈论辩。(参见眉睫《梅光迪年谱初稿》,海豚出版社 2017 年版;眉睫《梅光迪致胡适信函时间考辨》,《黄冈师范学院学报》2013 年第 1 期)

汤用彤 2 月考入清华学堂留美预备班。清华学堂通过考试录取了第二格学生 141 人。其中正取 116 人,备取 25 人。汤用彤属于 116 名正取的第二格学生。3 月 19 日,入学清华学堂中等科。6 月 13 日,汤用彤与兄用彬及汤霖弟子 20 余人于北京万牲园为父亲庆贺 61 寿辰。随后汤霖门人固原画家吴本钧绘有《颐园老人生日游图》纪此盛况。是年始,汤用彤列入清华国文特别班研习国文典籍。(参见汤一介、赵建永编《中国近代思想家文库·汤用彤卷》及附录《汤用彤年谱简编》,中国人民大学出版社 2015 年版)

陈达在杭州考上游美预备班。清华学堂在浙江省录取 12 名,陈达第一名被录取,来北京复试合格。4 月 29 日,清华学堂正式开学,录取学生五分之三入中等科,其余入高等科,陈达被分到中等科学习。10 月,辛亥革命爆发。11 月,学校宣布停课,陈达返回故里。(参见田彩凤《陈达先生年谱》,《清华大学学报》1995 第 2 期)

金岳霖 3 月投考北京清华学堂高等科,国文题目为《人有不为而后可以有为》,应对自如。考后被录取。4 月,清华学堂开学,入学。11 月,因时局混乱和清华学堂经费被挪用,学校宣布停课,食堂关门,金岳霖亦被迫离京回家。(参见王中江编《中国近代思想家文库·金岳霖卷》及附录《金岳霖年谱简编》,中国人民大学出版社 2015 年版)

陈鹤琴 2 月入上海圣约翰大学。春,向四哥表达"要济世,要救人,非有学问不可;要有学问,非读书不可"的志向。考进圣约翰大学,插入一年级下学期。对学校歧视中国教员、纨绔子弟欺侮中国教员之风愤愤不平。暑期,投清华学堂留学预备。报名投考通过浙江省初试,被保送去北平复试。清华在 1000 多名考生中录取 100 名,陈鹤琴名列第 42 名。秋,进入清华学堂高等科一年级学习。入学后,与部分同学抵制行祭孔跪拜礼。开学不到两个月,武昌起义,学校遣散,陈鹤琴回到杭州,剪掉辫子,回圣约翰大学读书。(参见蔡怡曾、陈一鸣、陈一飞编《陈鹤琴生平年表》,载《陈鹤琴全集》第 6 卷,江苏教育出版社 2008 年版;柯小卫《陈鹤琴传》,江苏教育出版社 2008 年版)

陈问咸继续任京师优级师范学堂监督。10 月,辛亥革命爆发,优级师范学堂陷于停顿。清代末年,自京师大学堂师范馆成立,至京师优级师范学堂的停顿,历时约 9 年。在这 9 年中,毕业生两期共 306 名。未毕业的学生约 230 名,其中已入分类科的 80 余名,大部分还在公共科。师范馆、优级师范科这两期师范生毕业的时候,正当资产阶级民族民主革命兴起、推翻帝制、建立民国的前夕,在这些毕业生中,有不少人参加了政治活动,后来成为政治界的"风云人物,功过亦不相掩",但更多的是终身从事平凡的教育工作,在文化教育学术界作

出了各自的贡献。（参见北京师范大学校史编写组编《北京师范大学校史》，北京师范大学出版社1982年版）

丁文江4月毕业于格拉斯哥大学，获动物学、地质学双学科毕业证书。5月10日，丁文江在越南北部港口海防登岸。12日，抵昆明。29日，丁文江离昆明，经贵州、湖南回故里。9月，丁文江在北京参加游学毕业试，成绩名列最优等，奖给格致科进士，并"授农商部主事"。其间，与任教于京师大学堂的中国早期地质事业创始人章鸿钊相识。（参见宋广波编《中国近代思想家文库·丁文江卷》及附录《丁文江年谱简编》，中国人民大学出版社2014年版）

缪荃孙5月16日至宝山路商务印书馆编译所访张元济及孙毓修，观金抄本《蔡中郎集》等古籍。7月30日，缪荃孙与董康、罗振玉于会贤堂宴张元济、傅润孙、王国维、柯劭忞（凤荪）等。散席后参观京师图书馆。10月2日，张元济致缪荃孙书，谓："奉手教，并录示船山《儒统论》一篇。期许过当，岂所克任。"（《张元济全集》第3卷，参见张人凤、柳和城编著《张元济年谱长编》，上海交通大学出版社2011年版）

徐佛苏继续任《国民公报》主编。该报于上年7月创刊于北京，以促进君主立宪，提前召开国会为宗旨。11月，清政府宣布缩短立宪预备期限，国会请愿同志会改组为帝国宪政会。至是年5月，又改为宪友会。同月30日，召开发起会，发起组建宪友会的共有70人，徐佛苏名列其中。6月4日，在北京湖广会馆召开宪友会成立大会，与会者100余人，公推谢远涵为临时主席，黄远庸、李文熙为临时书记。会上首先选举出常务干事，雷奋、徐佛苏、孙洪伊当选。籍忠寅、李文熙、谢远涵当选为候补常务干事。是年，《国民公报》移与徐佛苏个人主办。移交后的《国民公报》，言论主张接近梁启超等人的进步党和研究系。（参见侯宜杰《清末合法政党宪友会的成立》，《社会科学战线》1991年第4期）

蓝公武年初从日本帝国大学哲学系毕业归国，闲居于北京江苏会馆，常向鼓吹民主宪政的《国民公报》投稿，介绍西方资产阶级政治思想，很快受到该报主编徐佛苏的赏识，遂被聘为记者。从此，蓝公武开始报业生涯，并正式加入梁启超派的政治活动。11月16日，袁世凯任命梁启超为内阁司法副大臣，梁启超未就任，但与袁世凯已有函电往来。12月19日，蓝公武致信梁启超："推测其意，袁世凯所以仰望二先生（指康梁），一欲借二先生以搜罗人才，挽回言论，一望二先生联络华裔，整理财政。"

白逾桓为社长的《国风日报》2月10日在北京创刊，田桐、程家柽、仇亮、景定成、王雅如、王虎臣等编辑。

严一蘑、陈鹭洲、田桐、景定成等主办的《国光新闻》8月9日在北京创刊，宣传推翻清朝统治，建立共和民国。

按：南北议和后，曾因报道宋教仁被刺案真相，与《国风日报》同遭袁世凯查封。

狄葆贤在北京发刊京津版《时报》。是年，影印出版80回本"戚蓼生序本石头记"。

按：狄葆贤眉批曰："北静王水溶，今本作作'世荣'，当以原本为是。"

陈衍、郑孝胥、林纾等同光体诗人在北京结为诗社，经常诗酒宴集。（参见陈步编《侯官陈石遗先生（陈衍）年谱》，载陈步编《陈石遗集》，福建人民出版社2001年版；张旭、车树升、龚任界编著《陈衍年谱》，福建人民出版社2020年版）

张申府与梁漱溟、郭仁林、朱羲胄等为同学，辛亥革命爆发后，张申府一人留京，剪发明志，为家庭所不容，几乎与家庭断绝经济关系。（参见《张申府年谱简编》，载郭一曲《现代中国新文化的探索——张申府思想研究》，广东人民出版社2002年版）

梁漱溟是冬毕业于顺天中学堂。经甄元熙介绍参加京津同盟会，此为北方革命团体之

最大者。是年,梁漱溟开始茹素。(参见李渊庭、阎秉华编著《梁漱溟年谱》,商务印书馆 2018 年版)

李达继续就读于北京京师优级师范(北京师范大学前身)。10 月,因辛亥革命爆发,京师优级师范暂时停办,回到家乡。(参见宋俭、宋镜明编《中国近代思想家文库·李达卷》及附录《李达年谱简编》,中国人民大学出版社 2014 年版)

张克诚毕业于北京殖边高等学堂,曾习俄、蒙文字。

按:1908 年考入,3 年后以优等成绩毕业。(参见于凌波《中国近现代佛教人物志》,宗教文化出版社 1995 年版)

徐旭生毕业于京师译学馆,该馆设于京师大学堂,从中学毕业生中考收学生入馆肄业,以培养高级翻译人才为宗旨。

道阶以入京请藏的因缘,得识京中法源寺住持智果禅师,智果对其道学非常崇仰,欲揽为法嗣,光耀祖庭。道阶随喜应允,因之于是年继任法源寺住持。由此兼主南北两大名刹——湖南金钱山寺和京师法源寺。(参见于凌波《中国近现代佛教人物志》,宗教文化出版社 1995 年版)

章炳麟是年继续在日本东京讲学,10 月 10 日武昌起义的消息传到东京后,即中断讲学。10 月 25 日,以中国革命本部名义在东京发布《中国革命宣言书》。在此前后又发布《致满洲留日学生书》及《支那革命党及秘密会社序》等文。26、28、31 日,在马来西亚槟榔屿的《光华日报》"论说"栏上连载《诛政党》一文,论中国政党,非妄则夸,并校第品藻,分为七类。又逐一评点康有为、梁启超、张謇、杨度、蒋智由、严复、马良、陈景仁、汤化龙、汤寿潜、林长民、郑孝胥等人。

按:汤志钧编《章太炎年谱长编》(上册,中华书局 1979 年版)曰:"《诛政党》是章太炎在辛亥革命前夕在海外发表的一篇政治论文。他以为'朋党之兴,必在季世','天下之至猥贱,莫如政客'。中国政党,'非妄则夸',并'校第品藻',分为七类":第一类指的是康有为在变法前聚徒讲学,政变后"俶张为幻",并骗取华侨捐款,"腥德彰闻"。至于"学未及其师",则指梁启超;第二类指的是地主、官僚和民族资产阶级上层的一些立宪分子。1908 年 6 月间,广东士绅代表入京呈递国会请愿书。康有为的"中华帝国宪政会"也联合华侨中的立宪分子,以海外二百余埠华侨的名义上书要求开国会,实行立宪;第三类的"高谈佛理",指蒋智由;第四类中"上者学文桐城",指的是严复,"近且倡言功利,哗世取宠,徒说者信之",指严复翻译甄克思《社会通诠》,比附其说,谓"中国社会,宗法而兼军国者也",断言民族主义不足以救中国,实质上反对革命,为清政府辩护,立宪党人又予渲染,章氏曾撰《社会通诠商兑》驳之;第五类指政闻社法部主事陈景仁奏请速开国会,马良复致宪政编查馆"宣布期限,以三年召集国会"。以及梁启超派他的密友徐佛苏去北京活动。1910 年春,徐佛苏在北京参加了请愿代表团,和当时的请愿代表汤化龙、孙洪伊、林长民等发生联系,开展"国会请愿运动";第六类指资政员和各省咨议局员;第七类指江浙的张謇、汤寿潜以及争粤汉、京汉铁路权利的湘、川、闽、粤士绅。"章太炎认为这七类,虽则'操术各异,而兢名死利,则同为民蠹害,又一丘之貉也'。事实上,这七类都是立宪派,跟随革命形势的发展,立宪派的立宪请愿活动也就越益频繁。立宪派抵制革命,阻止历史前进,是反动的改良主义的政治活动,章氏把《诛政党》发表在海外华侨聚集,立宪保皇分子一度盘踞之地,揭露立宪分子的卑劣面貌,无疑是起一定作用的。但这时已是辛亥革命前夕,武装起义时机成熟,清朝统治面临崩溃,章太炎却丝毫不提领导革命的同盟会,也不谈武装革命,而说什么'赫然振作,以恢九服'后,各政党'内审齐民之情,外察宇内之势,调和斟酌,以成政事而利国家,不亦休乎?'这就说明了章太炎当时对同盟会的裂痕和在政治上的彷徨,以致武昌起义胜利,章氏返国后,他自己也和立宪分子沆瀣一气,搞起他本来'诛'过的政党活动了。"

章炳麟 11 月 15 日从日本回到上海,上海《民立报》11 月 16 日发表章太炎"回国返沪"

的消息，并专门刊载《欢迎鼓吹革命之文豪》社论。20 日，《民立报》刊载《章太炎之计划》。21 日，章炳麟在《民立报》刊登回国启事，对《章太炎之计划》提请更正。

　　按：《欢迎鼓吹革命之文豪》社论曰："章太炎，中国近代之大文豪，而亦革命家之巨子也。正气不灭，发为国光，文字成功日，全球革命潮，呜呼盛已。一国之亡，不亡于爱国男儿，文人学士之心，以发挥大义，存系统于书简，则其国必有光复之一日，故英雄可间世而无，文豪不可间世而无，留残碑于荒野，存正朔于空山，祖国得有今日，文豪之力也。今章太炎已回国返沪矣，记者谨述数语以表欢迎之忱，惟望我同胞奉之为新中国之卢骚。"（汤志钧编《章太炎年谱长编》，中华书局 1979 年版）

　　章炳麟 11 月 24 日于上海主持召开国民自治会，并发表演说，称"时势危急，诸君毋多财以贾祸。至于政治，宜先认武昌为中央政府。各省地方冲突，多由于省垣政治，握于附部少数人之手，如参用各处人，平均调和，其势自平"。发言者另有伍廷芳、陈其美等。会后，上海各业设法劝募款项。

　　章炳麟在 12 月 1 日《民国报》第二号上发表《宣言》9 则，其第九则谓："鄙人本非在位，今以一人之见，品藻时贤；谓总理莫宜于宋教仁，邮传莫宜于汤寿潜，学部莫宜于蔡元培；其张謇任财政，伍廷芳任外交，则皆众所公推，不待论也。"

　　按：其曰：一，"今日承认武昌为临时政府，但首领只当称元帅，不当称大总统；各省都督，亦不应称总统。以总统当由民选，非可自为题署。北方未定，民众未和，公选之事未行，则总统未能建号，元帅、都督，皆军官之正称也"。二，"各省只应置一都督，其余统军之将，但当称司令、部长，与民政官同受都督节制"。三，"今虽急设中央政府，兵事未已，所布犹是军政，虽民政官亦当受其节制。各处咨议局议员，只当议及民政，无参预军国建置之事。盖自地方自治说兴，而省界遂牢不可破，咨议局员，保守乡曲之见者，多绅士富商，夜郎自大，若令议及大事，必至各省分离，排斥他人而后已。是则中国分为十数土司，正堕北廷置宣慰使之术中矣。逮北廷既覆之后，建设真正共和政府，然后与议员以大权，未晚也。"四，"方今惟望早建政府，速推首领.则内部减一日之梦乱，外人少一日之觊觎。初起倡议者黎公，力拒北军者黄公，今之人望，舍此焉适！元帅、副元帅之号，惟二公得居之。至虏廷倾覆以还，由国会选大总统，或应别求明德耳"。并以为孙中山"长于论议，此盖元老之才，不应屈之以任职事。至于建置内阁，仆则首推宋君教仁，堪为宰辅，观其智略有余，而小心谨慎，能知政事大体"。五，"今者文化陵迟，宿学调丧，一二通博之材，如刘光汉辈，虽负小疵，不应深论。若拘执党见，思复前仇，杀一人无益于中国，而文学自此扫地，使禹域沦为夷裔者，谁之责耶？"六，"今日但应由首领委任内阁总理，总理组织内阁各部。如是，权不外制，举不失才，庶于时局有济。若各都督府以私意选举，彼此牵掣，虽管、萧不能任总理之职也。敬告诸府，急于秣马厉兵，刻期北伐，弗徒以推毂人材为务。"七，不赞成在上海设临时政府，谓："今日仍宜认武昌为临时政府，虽认金陵且不可，况上海边隅之地。"八，"阁员之选，当一任中央政府，若诸府争举，则意见滋生，而纷争自此起矣。如仆一身之计，则愿处言论机关，以裁制少年浮议，教育、法律二事，所怀甚多，亦不能专处学部之任也。"九，"今以一人之见，品藻时贤：谓总理莫宜于宋教仁，邮传莫宜于汤寿潜，学部莫宜于蔡元培，其张謇任财政，伍廷芳任外交，则皆众所公推，不待论也。海陆军主干者，军人中当有所推，非儒人所能定。若求法部，惟有仍任沈家本。"（汤志钧编《章太炎年谱长编》上册，中华书局 1979 年版）

　　章炳麟 12 月 2 日与宋教仁、黄兴、程德全、陈其美、汤寿潜、张謇、唐文治、伍廷芳、赵凤昌、温宗尧、虞和德、李钟珏、朱佩珍、王震、于右任、范鸿仙、郑赞成联名电贺"南京光复"。3 日，有《致赵凤昌书》，谈到关于建都地点的意见。

　　按：书曰："昨日议临时政府地点，迄无成议。主鄂者惟有下走，主金陵者惟有克强，而渔夫斟酌其间，不能谈论。今日所望，在临时政府从速发表。若如渔夫圆活之说，又迁延无期矣。雪楼、蛰仙意在主鄂，而皆噤口结舌，不敢坚持。盖雪楼处嫌疑之地，蛰则慎于发言，坐令议政府地点者，惟在一二革命党之口，此非国人之耻耶？蛰仙私言：'前已认武昌为政府，危而背之，于心有疚。'此诚长者之言，然不敢当众发表,而独与下走私语,为之快然。窃念曩日满政府虽孱弱寡谋,然遇有兵祸时,省城虽危急将陷,犹未以外府为省会,必待真正失守,乃移行省于他处。今吾侪之认政府,反不能如满廷之认省会耶? 以武昌为都城,以金陵为陪都,此今日正当办法,愿公大宣法语,以觉邦人。不然,仆辈所持,既与克强不合,终无谈了之期。若曲循金陵之议,援鄂之心必懈,冒昧之策必生。其祸将不可解也。"(汤志钧编《章太炎年谱长编》上册,中华书局1979年版)

　　章炳麟给武昌谭人凤等人的电文在12月12日的天津《大公报》上发表,章炳麟提出"革命军起,革命党消"的主张。(以上参见姚奠中、董国炎《章太炎学术年谱》,山西古籍出版社1996年版;汤志钧编《章太炎年谱长编》,中华书局1979年版)

　　按:汤志钧编《章太炎年谱长编》(中华书局1979年版)载11月27日清军冯国璋攻陷汉阳。黄兴辞民军总司令职,由武昌去上海。当黄兴在汉阳时,"尝以扩大同盟会远询于"章,章太炎"以'革命军起,革命党消'告之,克强未纳。"(《民国光复》讲演)

　　按:章炳麟给武昌谭人凤等人的电文曰:"革命军起,革命党消,天下为公,乃克有济。"今读来电,以革命党人召集革命党人,是欲以一党组为同盟会的重要成员之一,其"革命军起,革命党消"的论调公诸报端以后,加深了同盟会内部的矛盾。孙中山1923年10月10日《在广州国民党党务会议的讲话》说:"'革命军起,革命党消'说倡自热心赞助革命之官僚某君(指张謇),如本党员黄克强、宋渔父、章太炎等,咸起而和之,当时几视为天经地义。自改组国民党,本党完全变为政党,革命精神遂以消失。"(《孙中山全集》第8卷,中华书局1986年版)

　　蔡元培是年仍在莱比锡大学,继续研习第五学期所选各门课程,并为上海商务印书馆从事编译。2月8日,所译《撒克逊小学(国民学校)制度》一文刊于《教育杂志》第3年第1、2期,署名"留德记者"。10日,收到张元济去年(十二月廿一日)自上海发来的信以及汇来的548.70马克,此后陆续汇至。4月4日,寄4月1日出版德文《中央文学报》于周豫才(鲁迅)。8月20日,撰《杨笃生先生蹈海记》一文。31日,将所译普鲁士学制译稿交邮寄与张元济。至此,蔡元培多次与张元济、孙毓修书函往还,又先后接孙毓修、章炳麟、陶成章、张继、高梦旦、张星烺、吴稚晖、陶孟和函。10月13日,阅报得知革命军已克武昌、汉阳。18日,接吴稚晖10月16日(九月廿五日)由伦敦发来的长信,详述所获武昌起义的各方讯息,随即复函吴稚晖,本以为武昌起义爆发后,革命成功有望,为之喜而不寐,但见清廷起用袁世凯之讯,预言"故彼之出山,意在破坏革命军,而即借此以自帝"。

　　按:蔡元培10月18日《致吴敬恒函》曰:"俄焉于报纸中见吾党克复武昌之消息,为之喜而不寐。盖弟意蜀事本早有头绪,湖南、广东、安徽皆迭起而未已者,得湖北为之中权,必将势如破竹。无几,报纸中于得汉阳、汉口等消息外,又确有长沙及广东、安徽军人起事之说。其时弟胸中一方面愧不能荷戈行间,稍尽义务;一方面以为大局旦夕可定,日盼好消息,或无目前自尽国民分子义务之余地。无何昨日所见报纸,有袁世凯肯任湖广总督之讯,于是弟之十分乐观,生一顿挫。弟以为袁世凯者,必不至复为曾国藩,然未必肯为华盛顿。故彼之出山,意在破坏革命军,而即借此以自帝。"(王世儒编《蔡元培先生年谱》上册,北京大学出版社1998年版)

　　蔡元培10月19日赴柏林,访俞大纯、李偶君、顾梦渔等,集会演说,声援武昌起义,希望革命早日成功。26日,蔡元培与刘庆恩联名致信孙中山,拟为革命军购炮。11月4日,获得莱比锡大学所发在该校学习3年的修业证书。5日,接陈其美电报促其归国。6日,在柏林,往驻德使馆,属写护照;张静江、姚叔楠、郑明永自巴黎来此相晤。13日晚11时,由柏林启行,从西伯利亚回国。28日中午12时,抵上海,寓天津路开泰栈。12月4日,出席各省代表在江苏省教育会举行的会议。26日,蔡元培、章炳麟电请孙中山,请其出面保释被资州军政府拘押的刘师培。(以上参见高平叔编著《蔡元培年谱长编》,人民教育出版社1996年版;王世

儒编撰《蔡元培先生年谱》,北京大学出版社1998年版)

宋教仁1月抵达上海,应《民立报》社长于右任的邀请,担任《民立报》主笔。后以"渔父"为名发表时论文章多篇,盛享时誉。2—4月,在《民立报》发表《国际法之新发明》《因粮于敌之妙用》《蒙古之祸源篇》《钦定宪法问题》《奇拔之建议案》《滇西之祸源篇》《非律宾独立说》《假仁义与真面目》《自由行动之流行》《二百年来之俄患篇》《政府之罪恶大矣》《东亚最近二十年时局论》《承化寺说》《滑稽之官制一斑》《讨俄横议》《门外汉之华人》《无常识之一斑》《滑稽之新名词》《宪政梦可醒矣》《答问津者》《外债感言》《论南满铁路属地行政权混杂之害》《政府借日本债款十兆元论》《故纸堆中之滇人泪》《亡国之臣》《临时吃墨水》《再论政府借日本债十兆元》《中国古宪法复活》等近30篇文章。4月中旬,赴香港参加筹备广州起义,接替陈炯明任统筹部编制课课长,拟订文告、约法及中央与地方的各种制度草案三巨册,准备在起义胜利之后颁布施行。28日,宋教仁由香港抵广州参加起义,事败,宋教仁亦负伤,后返香港,住清风馆疗伤,研究善后之策。5月,回到上海,仍住《民立报》报社,任主笔。6月,拟赴日,未果。是月,在《民立报》发表《论近日政府之倒行逆施》《变相之割让》《北方又割地矣》《端方》《近日各政党之政纲评》等文。

宋教仁7月31日与谭人凤、陈其美等各省代表33人在湖州会馆召开中国同盟会中部总会正式成立大会,当选为总务会干事,分掌文事部,起草总会章程、总务会暂行章程及分会章程。是月,在《民立报》发表《东南各省水患论》《极东政局之转变》《希望立宪者其失望矣》《后四国借款之纷议》《论日英同盟条约之修改》《摩洛哥问题之纷议》《日俄同盟之将成》《日人将纵秦桧归矣》《四国借款之用途》《历法平议》《今后中国之命运》等文,并发表"新刊批评"数十则。8月,在《民立报》发表《论都察院宜改为惩戒裁判所》《社会主义商榷》《上海渔业权又被夺矣》《论〈美英公断条约〉》《民族元气安在》《将来之朝廷》《英国之国会革命》等文,及"新刊批评"10余则。9月1日,与谭人凤致信吴玉章,告知组织同盟会中部总会事。16日,湖北革命党人推派居正、杨玉如二人启程赴上海报告起义计划,并催请宋教仁与黄兴、谭人凤等迅速莅临武昌主持大计。25日,居正、杨玉如抵沪,报告湖北近况,邀宋教仁赴武昌主持大计。是月,宋教仁在《民立报》发表《日人之密窥蒙古》《宁赠友邦毋给家奴》《日本内阁更迭感言》《"法令"二字何解》《中葡澳门划界问题》《外交公文亦用法令耶》《论川人争路事》《宁赠友邦毋给家奴》《中国国民之进步》《四川之历史》《新疆又大借款矣》《葡国改革之大成功》《果为干涉内乱耶》《罢市果为善法乎》等文,及"新刊批评"10余则。10月上旬,宋教仁在《民立报》发表《土意之的利波里纷争》《救灾平议》《论东三省新借日本债款》《又见老大国受愚矣》《蜀道难》《今年资政院之难关》《又是一朝鲜》等文,及"新刊批评"数则。10月17日,宋教仁致信内田良平,请其向日本当局交涉,要求他们承认革命军为"交战团体"。

宋教仁10月24日与陈其美、沈缦云、范鸿仙等在《民立报》报社开会,决定以联络商团、沟通士绅作为上海起义工作的重心,同时利用《民立报》宣传革命胜利消息,激励民气。28日,宋教仁与黄兴一同抵达武昌,参加革命政府工作,协助胡瑛办理外交。10月中下旬,宋教仁在《民立报》发表《近事观》《交战时之中立论》《湖北形势地理说》《上海市面无意识之恐慌》《敬告日本人》《最后之胜负如何》《日人借款》等文。是月,宋教仁与于右任、樊云门、张謇、汤寿潜等十四省代表通电,提出仿照美国独立战争时的十三州会议,由各省举派代表,组织全国会议团,于上海设立临时会议机关,磋商对内对外方法。10月28日至11月13

日,宋教仁起草《中华民国鄂州约法及官制草案》。12日,宋教仁与黎元洪一起与袁世凯所派代表蔡廷干、刘承恩谈判议和条件,坚持民主共和,反对君主立宪,要求袁世凯首先倒戈北伐,推翻清廷,再言其他。13日夜,宋教仁与日本友人北——辉等乘日轮大利丸号离武汉顺流东下,谋划成立由革命党人控制的中央政府。20日,宋教仁以湖南都督府代表名义,在上海参加各省都督府代表联合会。12月1日,章太炎在《民国报》《神州日报》上发表言论,认为孙中山只是"元老之才""至于建制内阁,仆则首推宋君教仁,堪为宰辅,观其智略有余,而小心谨慎,能知政事大体,虽未及子房、文终,亦伯仲于房、杜",于是引发部分人对宋教仁的误会,怀疑宋教仁想当总理,竟致形成反宋风潮。3日,宋教仁与于右任等抵达南京,调解各军将领之间的矛盾。4日,宋教仁委欧阳瑞骅为个人代表,参加各省都督府留沪代表会议,鼓动推举黄兴为大元帅,黎元洪为副元帅。9日,宋教仁被委任为江苏都督府政务厅厅长。12月26日,宋教仁由南京抵达上海,参加同盟会干部会议,同意推举孙中山为临时大总统,但坚持总统不掌握实权的责任内阁制。27日,与黄兴由上海返回南京,参加各省都督府代表会议,讨论政府组织体制,提出实行责任内阁制,但被否决,仍坚持己见。(以上参见郭汉民、暴宏博编《中国近代思想家文库·宋教仁卷》及附录《宋教仁年谱简编》,中国人民大学出版社2015年版)

伍廷芳继续寓居上海,凭借个人的社会声望,从事公益活动。10月10日,武昌起义爆发,各省闻风响应。伍廷芳受到革命激流推动,"外观大势,内审舆情,首联诸名流",乃宣布赞成共和,声援起义。19日,南方光复各省在武汉一致推举伍廷芳为民军总代表,同袁世凯派来的代表唐绍仪进行谈判。11月4日,上海光复。6日,宋教仁、陈其美等人商量在上海起义,成立"沪军都督府",由陈其美任沪军都督。12月3日,伍廷芳、张謇、唐文治、温宗尧、陈其美、钮永建、胡瑛、汪精卫、赵凤昌、马君武、王宠惠、于右任、朱葆康、景耀月等14人发起的共和统一会在上海成立,会长姚文栋,副会长王河屏、秦槟。同时创办机关报《大中华报》。他们宣称唯一的天职是"设一共和政治进行时代有力之枢机,而期成一巩固健全之大共和国家"。

按:该会于1912年2月底与国民共进会、政治谈话会合组统一共和党。

伍廷芳12月5日由代行中央政务的鄂军都督黎元洪宣布为民军总代表,主持南北和谈,且希"不辜负十一省代表推举之望"。消息传出,咸谓得人。唐文治、雷奋、赵凤昌等13人在《唐文治等上沪军都督府书》中认为,"此重要之位置,必如伍君之中外素深景仰者,方足以胜任愉快"。8日,伍廷芳作为南方民军方面全权议和代表,与清廷内阁总理大臣袁世凯的代表唐绍仪在上海举行南北议和谈判,达成六省停战协定。22日,为早日促成袁世凯推翻清朝、赞成共和并避免列强干涉的危险,伍廷芳、张謇等人发表《共和统一会意见书》,认为内战如继续打下去,可能引起国际列强的入侵干涉。在谈判中,伍廷芳坚持停战必须以承认共和为前提,但同时他暗示北方代表,只要袁世凯赞成共和、迫清帝退位,革命党人可以让其出任大总统职务。29日,李书平、杨廷栋、郑允恭、伍廷芳、徐企文等7人发起的中华共和宪政会在上海江苏教育总会召开成立大会,为由宪政预备会改组而在上海成立的协会组织,以"制定宪法,确立共和政体"为宗旨,政纲有"振兴实业""整理财政""建立同盟""普及教育""缩小军备"。该会在杭州、嘉兴、宁波、南京、扬州等地设立支部。出版《共和宪政杂志》。

按:次年3月24日,该会在江苏教育总会召开政党会议,改组为中华民国宪政党,举伍廷芳为正领袖,李平书为副领袖。(参见丁贤俊、喻作凤《伍廷芳评传》,人民出版社2005年版;陆阳《唐文治年谱》,上海三联书店2013年版)

胡汉民1月1日由新加坡到安南、暹罗筹款。2月初,由西贡抵香港,参加统筹部工作。4月27日,晚乘船由港到穗,起义失败后,返回香港。6月,处理完"三二九"起义善后事宜,到西贡发展当地党务。10月29日,得知武昌起义的消息,赶赴香港,与朱执信等筹划光复广东。11月9日,广东光复,被推为广东都督。12月21日,到香港迎接由欧归国的孙中山。25日,随孙中山抵上海。(参见陈红民、方勇编《中国近代思想家文库·胡汉民卷》及附录《胡汉民年谱简编》,中国人民大学出版社2014年版)

吴稚晖1月7日接孙中山来伦敦电,至车站迎接。11日,送孙中山启程赴美。同日,《荒古原人史》译竣,寄上海文明书局。2月12日,孙中山来函代旧金山《中国少年报》邀吴稚晖为该报主笔,未允。同月,在《民立报》发表《致蔡鹤卿论学书》。4月1日,张继至伦敦,旬日送其返法。6月,始撰"上下古今谈",8月完成。8月4日,接杨守仁寄绝命书。5日,杨守仁赴利物浦海边蹈海殉国。随后函告孙中山与蔡元培,蔡元培在柏林举行追掉大会。11月21日,启程回国。12月28日,抵达上海回国(参见杨恺龄编《吴稚晖先生敬恒年谱》,台湾商务印书馆1981年版;金以林、马思宇编《中国近代思想家文库·吴稚晖卷》及附录《吴稚晖年谱简编》,中国人民大学出版社2014年版)

戴季陶1月9—11日在上海《天铎报》连载《檄告全国青年》。13—16日,在上海《天铎报》连载《地方分治论》。2月2—3日,在上海《天铎报》连载《无政府主义之神髓》。3月11—24日,在上海《天铎报》连载《新女训》。春,戴季陶在上海新婚不及一月,因《天铎报》被查封,名列清廷指名逮捕之列,遂逃亡日本长崎。两星期后,潜回浙江吴兴县,匿隐于云巢山道观。不久,好友雷昭信(雷铁崖)介绍往南洋槟榔屿任《光华日报》编辑。其间,在槟榔屿加入中国同盟会。10月中旬,回到上海,后赴武汉参加保卫战。继而转赴上海与周浩组织《民权报》,并协助陈其美筹划上海起义。冬,赴东北筹划起义事宜。12月,孙中山由海外回到上海,戴季陶以党员及记者身份首次谒见,迅即受到器重。(参见桑兵、朱凤林编《中国近代思想家文库·戴季陶卷》及附录《戴季陶年谱简编》,中国人民大学出版社2014年版)

陶成章继续任光复会副会长。3月,广州起义失败后,陶成章奋起重整旗鼓与尹锐志、尹维峻在上海创建"锐峻学社",作为光复会总部的机关,主持光复会与光复军的领导工作,继续不懈地奔走江浙之间,号召革命党人图谋再举,积极筹划光复会员光复杭州、南京,为辛亥革命建立了功勋。7月,为了支援即将普遍爆发的武装起义,再度去南洋各地募集巨款,以为应援。11月初,陶成章于从南洋归国,指挥光复会旧部参与上海光复行动。上海光复后,又领导光复军参与光复南京与杭州。攻克杭州后,被举为浙江军政府总参议。11月27日,陶成章在上海《民立报》上刊出"广告",为自己辩护。"广告"曰:"仆抱民族主义十余年于兹,困苦流离,始终不渝,此人之所共见者也。今南北未下,战争方兴,仆何敢自昧生平,而争区区之权利?"(参见陶永铭《辛亥志士:祖父陶成章事略》,《绍兴文理学院学报》,2011年第2期)

任鸿隽为准备武装起义,曾与张奚若等在日本参与购买武器活动。4月,为配合黄花岗起义,与喻培棣制作发动举事的布告。夏,升入高工二年级。10月,武昌起义爆发后,即放弃学业,准备回国。在此前后,曾因四川保路风潮在《民立报》上发表《川人告哀文》《为铁路国有告国人书》等。11月初,从日本回国,在上海参加由川中革命党人组织的蜀军,向四川进发。途中至武汉停留时得悉四川已告独立后,自行返回上海。12月末,各省代表会议选举孙中山为临时大总统。应胡汉民征选,随同孙中山赴南京就职。(参见樊洪业、潘涛、王勇忠

编《中国近代思想家文库·任鸿隽卷》及附录《任鸿隽年谱简编》,中国人民大学出版社 2015 年版)

王宠惠归国抵天津,正值武昌起义爆发,南下上海,被上海都督陈其美聘为顾问。南京光复后,被推选为广东省代表,赴南京选举孙中山为中华民国临时大总统,并与汤尔和一起,持当选证书赴上海迎接孙中山来宁就任。(参见张仁善《王宠惠先生年谱》,载《王宠惠法学文集》,法律出版社 2008 年版)

汪东 6 月有信寄兄汪荣宝,信中附录汪东代作题姑苏图一诗。11 月 5 日,原江苏巡抚程德全在苏州宣布"独立",改称都督。汪东受聘为都督府上海办事处秘书,"二次革命"后,都督府撤销,汪东亦离职。是年,与夏敬观订交。夏敬观与汪凤瀛、汪荣宝皆有旧。(参见薛玉坤《汪东年谱》,河南文艺出版社 2016 年版)

夏廷桢 11 月在上海发起成立中华共和研究会,旨在"邀集吾国之绅商学界、报界同志诸公,与熟悉中西法律专研家共同研究""随时讨论先进国之共和机关,编译宣布""以启民智,为中国前途,力求幸福,将专制积习自然消弭于无形,而达共和目的"。

按:1912 年 3 月,改称为"国民公党",推举岑春煊、伍廷芳、程德全为名誉总理,王人文为总理,温宗尧为协理。8 月后,并入国民党。

马叙伦赴日本,在东京由章太炎介绍加入同盟会。回国后,在浙江参与筹办民团,响应武昌起义。后协助章炳麟在上海创办《大共和日报》,任总编辑。(参见《马叙伦年表》,载卢礼阳《马叙伦》,群言出版社 2014 年版)

杨杰从日本陆军士官学校第 10 期炮科学习毕业,深感清政府腐败,不推翻无以救中国,决意回国参加辛亥革命。年底,抵达上海。(参见皮明勇、侯昂妤编《中国近代思想家文库·蒋百里、杨杰卷》及附录《杨杰年谱简编》,中国人民大学出版社 2014 年版)

张君劢赴京参加殿试,授翰林院庶吉士,即所谓"洋翰林"头衔。武昌起义后,返沪任宝山县议会议长,与四弟张公权等筹划发起神州大学与国民协会。前者拟仿照早稻田大学体制,以培养法律和政治人才为目的;后者在于养成国民的政治习惯。是年,张君劢应黎元洪等的请托,前往日本,迎接梁启超返国。12 月 25 日,张君劢致书梁启超,力主联合袁世凯。(参见李贵忠《张君劢年谱长编》,中国社会科学出版社 2016 年版;翁贺凯编《中国近代思想家文库·张君劢卷》附录《张君劢年谱简编》,中国人民大学出版社 2015 年版)

黄侃是春至河南,为布政使江瀚幕客,并在豫河旅学任国文教员。因在课堂上宣传革命,不到半年即被解职。7 月 25 日,自河南回到汉口。《大江报》社长詹大悲设宴为之洗尘。酒后黄侃大骂立宪派,认为他们所提出的和平改革方案纯属欺骗,当下提笔为《大江报》撰写时评——《大乱者救中国之妙药也》(署名奇谈),反对改良,疾呼革命。

按:其文曰:"中国情势,事事皆现死机,处处皆成死境。膏肓之疾,已不可为,然犹上下醉梦,不知死期之将至。长日如年,昏沉虚度,软痴一朵,人人病夫。此时非有极大之震动,激烈之改革,唤醒四万万人之沉梦,亡国奴之官衔,行见人欢然自戴而不自知耳。和平改革,既为事理所必无,次之则无规则之大乱,予人民以深创剧痛,使至于绝地,而顿易其亡国之观念,是亦无可奈何之希望。故大乱者,实今日救中国之妙药也。呜呼!爱国之志士乎,救国之健儿乎,和平已无可望矣,国危如是,男儿死耳,好自为之,毋令黄祖呼佞而已。辛亥闰六月初一日。"(武汉大学历史系中国近代史教研室编《辛亥革命在湖北史料选辑》,湖北人民出版社 1981 年版)此文一出,深为革命人士所欢迎。

黄侃 7 月 26 日返回蕲春。因《大乱者救中国之妙药也》公然号召革命,引起巨大反响。湖广总督瑞澂于 28 日下令查处《大江报》,"永禁发行",并将社长詹大悲、总编辑何海鸣逮捕入狱。10 月,黄侃奔走于武昌及鄂东诸县,谋聚义师。11 月 1 日汉口沦陷,鄂东起义亦

告失败。黄侃随后赴九江、上海。（以上参见司马朝军、王文晖合撰《黄侃年谱》，湖北人民出版社
2005 年版）

江亢虎是年春因父亲江德宣在南京江宁知府任上病逝，遂即从欧洲回国奔丧。这次的
世界之旅，历时整整一年，先后游历了日本、英国、法国、德国、荷兰、比利时和俄国等，最后
取道西伯利亚返回国内。4 月，回国奔丧居忧南京期间，拟发起成立"个人会"，并撰写了"意
见书"。但当时无人赞成，故未能建立。同月，在南京撰写《忠告女同胞文》，积极鼓吹妇女
解放，希望中国妇女从家庭的束缚中走出来，从"淑女、良妻、贤母"和"社会的附属品、补助
品"，变为"世界上一完全个人"。为此提出四条"忠告"。6 月 1 日（端午节），应杭州"惠兴女
学"主持人的邀请，在杭州女学联合会演讲《社会主义与女学之关系》。此为国内第一篇关
于社会主义的演讲，浙江巡抚增韫派军警干涉禁止，将演讲的印刷文本悉数销毁，将江"驱
逐出境"，并电奏朝廷，称此讲演"非圣无法，祸甚于洪水猛兽"，要求将江革职逮捕。同月，
江亢虎回到南京后，冒险登台，在江南工商研究会发表演说，指出社会主义同工商界有极亲
密的关系，且"社会主义，实工商发达之极则也"。7 月 5 日，应上海"城东女学社"杨白民校
长的邀请，在女学社毕业典礼上发表演说，纵论家庭主义、国家主义和世界主义的女子教
育，声称自己主张的是世界主义的女子教育，并从社会主义的角度谈及女子的义务和权利。
同月，创办《社会星》杂志，江亢虎在杂志的发刊词中，声称该刊为中国"社会主义最初惟一
之言论机关"，并宣布杂志的任务有四："输布全世界广义的社会主义之学说""详载内外国
社会主义进行者或反对者及一切与有关系之事情""发挥中国古来社会主义之思想""交通
中国近日社会主义之言论"。该刊仅出三号后即被当局查禁。

江亢虎 7 月 10 日在上海张家花园举行"社会主义研究会"成立大会，宣告研究会的宗
旨和任务是研究和宣传社会主义，称社会主义为"正大光明之主义、大同之主义、世界通行
之主义、人类共有之主义"。同月，江亢虎应邀在上海商界、学界的社会教育机构"惜阴公
会"演讲，宣称自己"以社会主义为唯一之信仰，以倡道社会主义为唯一之天职"，也希望采
用社会主义为社会教育的宗旨。同月，撰写《释个人》，结合当时开始流行的"新个人主义"，
谈论"个人"同世界、国家、民族、家庭、宗教等的关系。以个人主义为本位，成为江亢虎社会
主义思想的一个特点。8 月 13、14 日，在《民立报》上读到宋教仁的《社会主义商榷》一文，
"为之狂喜"，但因"意偶有异同"，遂撰写《〈社会主义商榷〉案》，在《天铎报》上发表，并附有
宋教仁文章的原文。江亢虎在同宋"商榷"时，分别从"学理"和"事实"两个方面，阐释了自
己的社会主义观。9 月，社会主义研究会的杂志《社会星》被迫停刊后，该党由惜阴公会又推
出《社会》杂志，江亢虎为其撰写了发刊词，

　　按：其中的"祝词"为："社会主义，纵贯永劫，横行寰宇，以覆载为量，与日月同寿，永不消磨，至人类
灭绝时；《社会》杂志，亦纵贯永劫，横行寰宇，以覆载为量，与日月同寿，永不消磨，永不停止，至人类灭绝
时。又更其词曰：《社会》杂志可以停止，社会主义不可以消磨。《社会》杂志出一册，社会主义得一册之鼓
吹；《社会》杂志著一字，社会主义得一字之鼓吹。乃至不出一册，不著一字，而社会主义之精神，幻为无量
数《社会》杂志之化身，永不消磨，永不停止，至人类灭绝时。"

江亢虎 9 月在《社会》杂志上发表《〈社会主义述古〉绪言》，认为"社会主义乃我国往籍
所固有"。10 月，鉴于武昌首义以后湖北地区发生诸多"兴汉灭满"、屠戮满人事件，江亢虎
在避地上海时，撰写《致武昌革命军书论兴汉灭满事》，刊发在《天铎报》上。11 月 5 日，江亢
虎以"社会主义研究会"发起人的名义，召集特别会议，改"社会主义研究会"为"中国社会
党"，并撰写、公布党纲八条和规章。会上被推举为中国社会党本部部长。8 日，上海《民立

报》报道了中国社会党成立的消息。10日,江亢虎任总编辑的《社会》杂志第2期发布了《中国社会党宣告》,称该党为社会主义在中国"最初惟一之团体机关"。11月15日,中国社会党的《发起共和建设会通告》在上海《申报》和《民立报》等大报上刊发。次日,召开共和建设会筹备会议,江亢虎被推举为会章的四位起草人之一。17日,江亢虎在上海本部召集谈话会,提议组织"实行团",进行"遗产归公、教育平等"的试验,以贯彻党纲。12月3日,共和建设会成立大会在上海张园举行,有1000多人参加,包括20多位女宾。在选举会长、副会长时,江亢虎得到较高的票数。该会当时为促进共和的建立做了大量的工作,发挥了积极的作用。17日,在上海召集中国社会党的谈话会,商议中国社会党南京支部的筹备问题。25日,孙中山从海外回到上海。江亢虎代表中国社会党也前往码头迎接,并在轮船舷梯旁同孙中山握手,这是江亢虎第一次与孙中山见面,后江亢虎曾专门撰写《中国社会党欢迎孙中山先生辞》,表示"本党之欢迎先生,尤有特别之感情"。30日,孙中山在寓所接见江亢虎。从下午3点至4点多钟,会见持续了一个多小时。胡汉民、蔡元培参加了会见。(以上参见汪佩伟编《中国近代思想家文库·江亢虎卷》及附录《江亢虎年谱简编》,中国人民大学出版社2015年版)

　　陈翼龙与江亢虎11月5日一同在上海发起成立"社会主义研究会",创建中国社会党,明确以社会主义为纲领,并在江浙、南方各省及京津等地设立支部,对传播社会主义发挥了重要作用。12月,成立苏州支部,陈翼龙为总务干事,多次赴上海、崇明、昆山等地发表演说,纵论其"社会主义"无国界、无种族界、无宗教界、无男女界,一律平等、一概自由、一致亲爱;教育普及、财务均配、嫁娶自主、人人尽力于职业、人人受公众之保护,以达到都能平均享有人生所最需要的衣、食、住三大要素。(参见曹绥之、曹嘉荫《中国社会党兴灭简记》)

　　林宗素11月5日在上海参与江亢虎主持的"中国社会党",又在社会党内成立"女子参政同志会",并任会长,以"普及女子之政治学识、养成女子之政治能力、期待国民完全参政权"为宗旨,为民国初年出现的第一个女子参政团体之发端。

　　郑观应2月被盛宣怀札委为轮船招商局会办,职司稽查。次月,赴上海任职。6月22日,郑观应致函盛宣怀,为其壮胆,并告以出巡长江的目的。29日,盛宣怀批准郑观应溯长江西上考察各埠商业情形的请求。7月25日,郑观应致函盛宣怀,告以即日溯江而上,并云对保路风潮要"恩威并制"。8月,郑观应为化解盛宣怀在保路风潮中声望下降的危机,从上海出发巡查长江各埠,著有《西行日记》。11月,逢辛亥革命,避居重庆狮子山的叶家花园。12月,局势稍安,从重庆多次换轮船,返回上海。(参见任智勇、戴圆编《中国近代思想家文库·郑观应卷》及附录《郑观应年谱简编》,中国人民大学出版社2014年版;陆阳《唐文治年谱》,上海三联书店2013年版)

　　汪大燮时任驻日本公使。1月,张元济来访会晤。5月,汪大燮见外侮日亟,国势陆危,特回国至沪,召唐文治与张元济在张宅密议救国之策。议定请醇邸奉皇上赴英美求学,请庆邸当国,多招贤士大夫为之辅佐,或可挽国运于万一。公推汪大燮赴京条陈其事。(参见刘桂秋《唐文治年谱长编》,上海交通大学出版社2020年版)

　　马相伯继续任复旦公学校长。6月11日,马相伯出席在上海沪西张园召开的中国国民总会成立大会,5000人到会,马相伯被推举为副会长,沈缦云为会长。总会即在南京、江都、江西设立分会,"以提倡尚武,兴办团练,实行国民应尽义务为宗旨"。实乃江浙人士为接收清政权之预备。15日,民治公会成立,马相伯为发起人之一。11月,辛亥革命爆发后,马相伯担任江浙联军总司令部外交部长、江苏都督府外交司长。12月2日,马相伯组织江浙联军前锋部队之"镇军",从太平门攻入南京。中华民国临时政府委任马相伯担任南京府尹

(市长)。辛亥革命中,复旦公学校园被光复军总部占用,图籍设备毁去。12月中旬,校长马相伯、教务长胡敦复等人,在无锡士绅的支持下,借惠山李鸿章公祠为课堂,昭忠祠为宿舍,筹备复学。拟建成为哲理、文学、政治、象数、理化各科大学。马相伯说:"民国光复,吾复旦亦光复矣。吾十余年来所梦想共和政府下的学校,今始遂愿矣。"但因该地"接近花市,萧鼓画船,实不宜建设学校",上课月余,被迫迁回上海。(参见李天纲编《中国近代思想家文库·马相伯卷》及附录《马相伯年谱简编》,中国人民大学出版社2014年版;《复旦大学百年志》编纂委员会编《复旦大学百年志:1905—2005》,复旦大学出版社2005年版)

李登辉继续任复旦公学教务长。8月,美国人密勒(Thomas F. Millard)在上海创办《大陆报》,李登辉与朱少屏、伍廷芳、聂云台等参与筹备,并被举为该报董事。10月10日,辛亥革命爆发。武汉军政府外交部长胡瑛不谙外文,黎元洪电邀李登辉前往主持外交,不赴。然与革命党人过从甚密。12月,李登辉等38名学界人士发起组织"国民协会"。中旬,复旦公学迁无锡惠山办学。月余又迁回上海。是年,李登辉一度脱离复旦公学,任《共和西报》主笔,直到1913年。同时兼任中国公学教员。(参见钱益民《李登辉传》及附录四《李登辉年谱简编》,复旦大学出版社2005年版)

唐文治继续任上海高等实业学堂监督。2月,颁布修订后的《邮传部上海高等实业学堂章程》,云:"本学堂分设高等科学,造就专门人才,尤以学成致用振兴中国实业为宗旨,并极意注重中文,以保国粹。"同月,颁布《邮传部上海高等实业学堂附属高等小学堂章程》,其中定办学宗旨为:恪遵《奏定章程》,以涵养国民之善性,培植国民之实学,扩充国民之智识,强壮国民之体魄。学科设置为:修身、讲经、国文、书法、算术、历史、地理、理科、图画、体操、唱歌、英文。3月18日,邮传部奏呈《筹办商船学校大概情形折》及《上海实业学堂购置地亩需用银两片》,奏请清廷设立商船学堂。该折奏上,"奉旨依议"。唐文治亲往相度地势,命工师绘图,克日兴工。4月29日至5月12日,江苏省教育总会发起联络,邀请江苏、安徽、山东、湖北、直隶、福建、湖南、浙江、河南等13省代表20余人,在上海举行各省教育总会联合会,决议建立全国机构,唐文治作为东道主代表在所致欢迎词中强调:"鄙会发起联合会之目的,在沟通各省教育界之知识与情谊,以期对于学部可发表共同一致之意见。"会议最后决议称:"唐文治等于宣统二年发起各省教育总会联合会,意在公议关系全国教育事宜,期于共同一致,改良进步,为帝国教育会之预备,促各省教育之进行。"

按:会后,唐文治等呈学部《各省教育总会联合会会议议决案》,其中"呈请学部施行事件"有《请定军国民教育主义案》《统一国语方法案》《请停止毕业奖励案》《请变更初等教育方法案》《请变更高等教育方法案》五件;"各省自谋进行事件"有《定军国民教育主义案》《改良初级师范教育方法案》《变更初等教育方法案》《组织各种学堂职员联合会案》《实行义务教育之预备方法案》五件。

唐文治5月作《咨邮传部转咨学部文》,主张停止官职奖励,改正毕业生的授位名目。6月,邮传部并同意派遣去年毕业的铁路专科第二届毕业生李保龄、康时清、陆世勋、周熙、梁树钊5人赴英国留学。7月15日至8月12日,学部奏准召开中央教育会会议,并"招集各项学务人员,在京师设立会所",并奏定严修、黄瑞麒、唐文治、林炳章、汤寿潜等34人为中央教育会会员。唐文治因"目疾"未能赴会,推举沈信卿、黄炎培、贾丰臻、杨保恒和袁希洛为高等教育会议议员,又派实业学堂监学陆规亮为该校出席会议的代表。唐文治向会议提出"目前教育事宜应行改革提倡"的三项"说帖":一是停止实官奖励,二是变通考试章程,三是提倡军国民教育。同样,唐文治以"目疾"为由坚辞不就中央教育会副会长一职。8月,商船学校竣工,定名"邮传部高等商船学堂",仍由邮传部上海高等实业学堂管理,唐文治兼任学堂监督。至此,中国近代史上第一个高等航海学府诞生。9 月 9 日,清廷奏准学部停止学堂实官奖励,但各学堂毕业生名称仍沿袭旧学。15 日,邮传部高等商船学堂上课,唐文治作训辞。

按:唐文治训辞曰:"诸生今日来校学习航海,日后,个个要到海上做事,看大浪,吹飓风,航海生活是枯燥的,辛苦的。一个生命财产之安危,均操在船长手中,试想所负这个责任,又何等重大。同时诸生亦应记得,商船驶到国外,其实是国家的势力所达之处。此外还赚外国人钱,以富裕自己的国家,试想这样的意义,更是何等重大。还有国家一旦有事,诸生即是海军,故东西各国,均特别优待商船人才,今朝廷效外国,亦决定优待你们,愿诸生学成致用,不负朝廷厚望。勉之,勉之。"学堂成立后,除了新招的一年级学生外,航海科二班学生转至高船学堂高等科三年级、二年级肄业。该学堂是我国第一所高等航海学府。

唐文治 10 月 23 日出席江苏教育总会召开常年大会,继续当选为会长,张謇、蒋炳章继续当选副会长。11 月 6 日下午 4 时,上海实业学堂举行更名大会,改"邮传部上海高等实业学堂"为"中国南洋大学堂"。唐文治宣布"开会宗旨",其内容概括而言,约为五端:一、本校自即日起改名为中国南洋大学堂。本校全体师生员工要以坚定毅力维护新中国,本校将来须成为中国第一大学,校旗所到之地,即中国国旗所到之地。二、维持本校之道,首重经费。经费不外开源节流二法。节流之法,同学代表朱宝绶、谢尹等建议减膳减薪二事均可照办;开源之法监督当竭力筹划。三、本校仿照泰西大学堂制度,不再设教务、斋务、庶务三长,以免隔阂。教务之事分科由科长担任,斋务事由监学担任,庶务长可改为庶务员。四、本校学团需用枪支已设法购领。五、剪发一事,监督深表同情,明日监督亦即剪发。最后,唐文治谓有四语愿与全校师生员工共勉:固结团体,保守秩序,提倡风气,咸与维新。教员代表李颂韩,学生代表黄理中、谢尹、周槃、文之孝、谭作民、叶鸣珂、陈郁瑞等先后登台发表演讲。11 月 9 日清晨,全校教职员和学生在学堂运动场上举行剪发大会。11 日,庄蕴宽从武昌来校,出示伍廷芳等所拟请求宣统皇帝逊位电稿,邀列名。唐文治叹曰:"人才不用,国运尽矣。"遂附名。13 日,唐文治、刘树森、雷奋、赵凤昌、庄蕴宽、黄炎培、沈信卿、杨廷栋等 13 人联名上书沪军都督府,对上海光复后的诸项事宜提出意见和办法。秋,唐文治撰《中国改革建设政体论》。12 月 15 日,唐文治呈文江苏都督程德全,要求更改校名并刊刻关防,称:"本学堂原系高等实业学堂,隶属邮传部,自本年十月起,已宣布更名南洋大学堂,监督改为校长,极需关防,以昭信守,特备文请贵部都督刊刻本学堂关防一颗颁发到校,以便钤用。"同月,南洋大学堂经费无所仰给,学校经费全然无着落。因经费支绌,唐文治辞去兼任的商船学堂监督职务,商船学堂学生暂行插班实业学堂肄业,商船学堂校务一时呈停顿状况。(参见陆阳《唐文治年谱》,上海三联书店 2013 年版)

辜鸿铭继续任南洋公学监督。2 月 11 日,《东方杂志》译载《俄国大文豪托尔斯泰伯爵与中国某君(即辜鸿铭)书》。10 月 10 日,武昌起义爆发。10 月 24 日,辜鸿铭在上海的英文报纸《字林西报》发表了一封致编辑信,称辛亥革命"是一场暴乱",把革命军喻之为"身体上的毒瘤",他提出"必须立即割治,迟则蔓延全身,不可救药"。因而引起学生强烈愤慨,向他提出抗议,并要他在《字林西报》上公开认错。辜鸿铭面见唐文治,要求惩办"造反"学生,唐文治表示"此乃潮流所趋,我也无法阻止"。11 月,辜鸿铭致信《字林西报》编辑,谴责该报诬蔑、诋毁慈禧太后。旋即辞南洋公学监督职,去往北京。是年,卫礼贤将其《中国牛津运动故事》一书(含《文明与无政府状态》一文)译成德文出版,题为《中国反对欧洲观念的辩护:批判论文集》。

按:西方报《字林西报》是在上海租界里最有影响的报纸,辜鸿铭致《字林西报》编辑信登出后,各报转载,舆论哗然。南洋公学学生包围而诘责之,辜辞职(一说被学生驱逐,此从蔡元培《辛亥那一年》说)。据陆阳《唐文治年谱》(上海三联书店2013年版)载:上海光复后,学生再次对辜鸿铭说:"你污蔑革命为毒血,要开刀挤出消毒;现在全校已升起白旗投降革命军,你挤出毒血,还是革命挤出你?"辜闻言大骇,犹大声抗辩:"言论本可自由,汝等不佩服我,我辞职。"言毕,立即乘坐马车出校。学生早已预备好鞭炮,挂在马车后面,马突然听到鞭炮声响,惊得乱跑,学生们在马路两旁拍手欢呼,辜鸿铭就这样狼狈地逃出校门,学校保皇党人于是偃旗息鼓,校内"和平光复"。(参见黄兴涛编《中国近代思想家文库·辜鸿铭卷》及附录《辜鸿铭年谱简编》,中国人民大学出版社2015年版;陆阳《唐文治年谱》,上海三联书店2013年版)

林语堂7月以第二名的优异成绩从协和中学毕业。林玉霖以及同样来自福建的周辨明与马约翰均从上海圣约翰大学毕业,获文学士学位。林玉霖与周辨明留校担任英语教员,马约翰则到上海英美烟草公司担任译员。林玉霖答应贴补林语堂到上海读书的费用,林至诚又向以前的学生陈子达借了100银圆,才使得林语堂最终能够到上海圣约翰大学求学。9月,林语堂正式入读圣约翰大学预科四年级。入学后,他弃用谱名"和乐",改称"林玉堂"。预科期间,他通过钻研一本袖珍牛津英文字典,差不多学通了英文。(参见郑锦怀《林语堂学术年谱》,厦门大学出版社2018年版)

杨守敬10月13日携家逃离武昌,赴上海,家中书籍、衣物等交付旧仆数人看守。

按:杨守敬家藏书甚富,逃难时无法带走,当时,黎元洪曾出告示加以保护。杨世灿《杨守敬学术年谱》(湖北人民出版社2004年版)曰:"在上海,天气渐寒,衣褥皆单,米珠薪桂,算计必不能经久,杨守敬乃嘱三儿杨必昌赴鄂取钱物。杨必昌回武昌后,仅略移出衣箱数口,怀夹得银元少许而出,其重要之书籍皆未及携出,而城闭;杨必昌回沪,乃向父亲告知,日本寺西秀武请于黎元洪都督.已有保护杨守敬书籍告示粘贴门首,并加封条于室内。其示文云:'照得文明各国,凡于本国之典章图籍,罔不极意保存,以为国家光荣。兹查有杨绅守敬藏古书数十万卷,凡我同胞均应竭力保护,如敢有意图损毁及盗窃者,一经查觉,立即拿问治罪。杨绅系笃学老成之士,同胞咸当爱敬,共尽保护之责,以存古籍而重乡贤'等语。"

杨守敬自撰《邻苏老人年谱》,12月30日作记于上海虹口旅次。

按:杨世灿《杨守敬学术年谱》最后写道:"盖自到上海,嘱两儿至武昌取物已经三次,每次枉费钱文不赀,而自两儿去后,吾每夜不能成寐,若有差失,吾命休矣,全家何所依赖?今幸日本人知余在此,尚有求余书者,所得润金亦略可补济,若余复死,则全家饿莩矣。吁!世之藏书者,大抵席丰履厚,以不甚爱惜之钱财,或值故家零落,以贱值捆载而入;守敬则自少壮入都,日游市上,节衣啬食而得;其在日本,则以所携古碑、古钱、古印之属交易之,无一幸获者;归国后,复以卖字增其缺,故有一册竭数日之力始能入厨者。天鉴艰难,当不使同绛云一炬,若长此不靖,典籍散佚,则非独吾之不幸,亦天下后世之不幸也。涕零书此,知我者,其勿以不达笑我。辛亥十一月十一日,邻苏老人记于上海虹口旅次。"

杨守敬是年主持编纂《历代舆地图》完成,1906—1911年间陆续刊行,共34册,358卷,45个图组,其中图集首为《历代舆地沿革险要图》71幅,概略表示历史境域大势,是一部贯通古今的历史地图,为中国历史地图的代表作。(以上参见杨世灿《杨守敬学术年谱》,湖北人民出版社2004年版)

沈曾植2月7日致函朱祖谋。7月5日,与夏曾佑赴商务印书馆看书。7日,移居戈登路33号。武昌起义爆发后,避居上海,与同人谋救时事,其《海日楼题跋》多为避居上海后所作。是年,曾赴南京与杨仁山居士讨论学术,一月始归。(参见许全胜《沈曾植年谱长编》,华东师范大学博士学位论文,2004年)

陈三立于南京青溪旁筑新宅。10月,辛亥革命爆发,南京革命军起义,自此,陈三立以"遗老"的身份,避兵乱挈家迁沪,与沈曾植、朱祖谋、沈渝庆、梁鼎芬、樊增祥等交游。(参见杨剑锋《陈三立年谱简编》,《中国韵文学刊》2007年第1期)

张元济1月中旬由美国抵达日本神户,晤梁启超。在日期间又晤汪大燮。18日,与高凤谦返沪。21日晚,虞含章、杜亚泉等发起晚餐会,在一品香公宴张元济,所中同人及外来者共到40余人,张元济应邀演说环游地球一周情景,历时3小时。

按:《少年》杂志是年3月第2、3期连载登张元济《环球归来之一夕谈》(上),文前编者按语曰:"海盐张菊生先生名元济,上年二月间到外国去游历。从上海动身,历览南洋各岛,即到欧洲。在英国上岸,再由英到欧洲大陆,至比利时、荷兰、德意志、奥地利、匈牙利、瑞士、意大利、法兰西等国,共五月有余。在欧洲游毕,然后渡大西洋而入美洲,由东而西,又阅月余。在旧金山乘舟渡太平洋,经过日本,又在日本住半月,归至上海,适环游地球一周。张君之朋友开会而欢迎之,并公宴之于一品香。记者亦预会听其演说,颇有感触。归来用笔记之,以供未游者之一读。"

张元济2月6日在预备立宪公会新年大会暨补行上年年会上,以通信投票方式当选为副会长,张謇为会长。3月25日,张元济与方表、沈钧儒、林长民、孟森、孟昭常、邵羲、金泯澜、秦瑞珍、高凤谦、陶保霖、陈承泽、陈时夏、陈敬第、陆尔奎、贺绍章、雷奋、杨廷栋、蒲殿俊、蔡文森、熊范舆、刘春霖、刘崇祐、刘崇杰共24人发起成立《法政杂志》社,并创刊《法政杂志》月刊,聘陶保霖为编辑主任,由商务印书馆印刷发行。同日,张元济《环游谈荟》刊于《东方杂志》第8卷第1号。6月20日,清廷谕学部奏设中央教育会遵章开会,与傅增湘充该会副会长,张謇为会长。29日,请蒋维乔代拟中央教育会议议案。晚8时,应寰球中国学生会邀,至该会作报告,名誉会长伍廷芳主持,报告重点在谈西方小学教育,述及聋哑盲人特殊教育。同月,应浙江法学协会出版《法学协会杂志》邀作序。7月3日晚,张元济乘新丰轮离沪北上,陆费逵同行。9日午后5时,抵津。10日晨9时,乘火车入都,傅增湘、刘春霖、王克敏同行。16日,出席中央教育会开预备会。17日,出席中央教育会第一次会议。8月14日,中央教育会闭幕,唐景崇演说,张元济代表全体会员致答辞并演说。会议期间,张元济多次主持会议。9月12日,晨赴天津,乘轮返沪。离京前,谒庆亲王奕劻,又致书庆亲王奕劻论立宪政体及补救方案。

张元济9月下旬赴访购古书。10月上旬,自杭返沪。11月4日,上海光复。13日,张元济被推为浙江省代表,参与议定《组织全国会议团通告书稿》。12月8日,张元济《民立报》第一版广告栏刊登《张菊生启事》。15日,商务印书馆刊登征求革命史料广告。22日,因昨日报被袁世凯任为学部副大臣,张元济致电袁世凯拒绝。(以上参见张人凤、柳和城编著《张元济年谱长编》,上海交通大学出版社2011年版)

按:张元济《张菊生启事》曰:"昨见国民公启传单,谓鄙人受袁世凯嗾使,为之运动报馆,造汉阳失守之谣云云。揣言者之意,不过谓鄙人欲借此以博富贵。鄙人于丙午复职以后,始终未入官途,何独于危亡颠覆之时转发做官思想?若欲得钱,则取不义之财,孰有如做官之便者。终岁勤劳,仅博砚田之获,亦十有余年矣,何一旦改其初志也。钟鸣漏尽,及时报复,哀我同胞,何必甘为阮圆海乎!此等无稽之言,本不足辩,因名誉有关,兼恐有损各报馆之名誉,故持声明。"(《张元济年谱》引)

按:张元济致袁世凯电曰:"北京内阁袁总理大臣鉴:报载元济补学部副大臣。宗旨不合,不敢承受。既承雅意,愿进一言:人心如此,大势已去,全局安危,系公一人,若必强行遏抑,不特祸国殃民,即为皇室计,亦何必争此虚位,以贻无穷之奇祸。事机危迫,望速断行。张元济叩。"

夏曾佑家居上海,为商务印书馆翻印古籍、编纂之教科书担任审校、咨询工作。(参见全根先《夏曾佑年谱简编》,载《文津学志》2016年)

杜亚泉2月任商务印书馆《东方杂志》主编,对《东方杂志》进行重大的改革,扩大篇幅,活跃版面,增加内容,增设"科学杂俎"等栏目传播科学知识,设"谈屑"等栏目议论时弊,从而面目一新,使其销量大增,成为当时国内销量最大、最有影响的文、理、政论综合性学术期刊。武昌起义后,杜亚泉撰写《革命战争》,刊于《东方杂志》第8卷第9号,旗帜鲜明地公开站在革命军一边。是年,绍兴7县旅沪同乡会在上海成立,杜亚泉被推为议长,邵力子为副议长。

按:杜亚泉在任主编9年间,于世界大势、国家政象、社会演变、学术思潮,靡不搜集编载,研究讨论,贡献于国人。杜亚泉本人也是一位高产学者,在《东方杂志》的9年期间,曾用"伧父"或"高劳"笔名撰写论文、杂感或译著300余篇。章锡琛评价:"及君主编,始广大篇幅,多载政治、经济、哲学、科学论著,一新面目,销行激增。《东方杂志》之有今日,君之力也。"胡愈之亦坦言:"《东方杂志》是在先生的怀抱中抚育长大的。"(参见陈镱文、姚远《杜亚泉先生年谱(1887—1912)》,《西北大学学报》(自然科学版)2008年第5期;周月峰编《中国近代思想家文库·杜亚泉卷》及附录《杜亚泉年谱简编》,中国人民大学出版社2014年版)

钱智修毕业于上海复旦公学。8月,进入商务印书馆编译所任编辑。同月,在《东方杂志》第8卷第6号发表《社会主义与社会政策》一文,承认马克思为"近世社会主义之开山",但视社会主义为实行社会政策的手段,认为社会主义在所谓经济学和社会学上都存在着"谬点",社会主义不仅不能成立,也不适合于中国。引发次年《社会主义与社会政策》一文的批评。(参见王炯华《煮尘与民国初年马克思主义的介绍——附煮尘其人》,《浙江学刊》1987年第6期)

恽铁樵任上海商务印书馆编译,并开始主编《小说月报》。冬,鲁迅在绍兴的时候写了一篇小说。12月6日,在绍兴的周作人给这篇小说加上题目《怀旧》,署名"周逴",寄到上海《小说月报》。12日,就收到恽铁樵的回信,说明投稿已寄到。28日,周作人又收到了《小说月报》社寄的稿费5元。

按:《小说月报》第4卷第1期直到1913年4月才出版。7月5日,周作人于得知"怀旧一篇已载《小说月报》中,因购一册"。7月21日,"又购一册"。同月,鲁迅回绍兴探亲期间才知几年前所写的文言小说已刊发。

邓实(秋牧)创办的《国粹学报》停刊,自1905年创刊至此共出82期。12月15日,邓实参加中华民国联合会,创办《大共和报》。

按:《国粹学报》月刊于1905年2月23日在上海创刊。邓实任主编,以"发明国学,保存国粹"为宗旨,宣传反清思想,宣传爱国、保种、存学。设有社说、政篇、史篇、丛谈、撰录等栏目,主要撰稿人有刘师培、陈去病、章炳麟、王国维、孙诒让、柳亚子、罗振玉、黄节、黄侃、马叙伦等50余人。1911年10月武昌起义后停刊。

邵力子继续在上海主持《民立报》。在"绍兴旅沪同乡会"任副议长。与光复会领导人陶成章结交,为他组织"光复义勇军"北伐,大造革命声势。10月10日,革命党人武昌首义枪声响起,邵力子闻讯兴奋之极。11日,《民立报》以三号宋体字作标题刊出有关起义专电,最先向上海人民报道了起义消息。随后,全国各省纷纷响应武昌起义,高举义旗,宣布共和,《民立报》又特辟"武昌革命大风暴"等专栏,对相关消息及时予以报道。(参见晨朵《邵力子生平大事纪要》,《浙江师范学院学报》1983年第1期;朱顺佐《邵力子传》,浙江大学出版社1988年版)

刘文典仍在日本留学。10月10日,辛亥革命爆发。消息传到东京后,刘文典当即回国,到达上海,进入《民立报》,任编辑和英文翻译,与于右任、邵力子等共事。11月17日,端方在四川资州被部将所杀,投靠端方的刘师培被资州军政分府拘捕。刘文典为之积极奔走,恳求章太炎等人参与营救。12月25日,孙中山离开日本,回到上海,首访《民立报》,并为之作中英文题字。刘文典时在《民立报》任编辑,首次晤见孙中山。31日,《民立报》刊登孙中山中、英文题词。(参见章玉政编著《刘文典年谱》,安徽大学出版社2011年版)

李瑞椿主编的《克复学报》月刊6月创刊于上海,为早期资产阶级革命派刊物,由上海克复学报社负责该刊的编辑出版与发行工作,社址位于上海爱尔近路存厚里内。该报为线装书形式,每册4万余字。主要栏目有学说、言论、外稿、外论、传记、世界大事记、国内大事记、克复堂丛刊、克复斋文选、谈乘、小说、诗词等。其中所载宣扬个人英雄主义的文章,极具鼓动性。

按:《克复学报》只出版了3期,便被清政府查禁。第2期起,除了转载别家革命报刊文章形式广泛介绍国内外革命党活动情况,还率先开辟《革命党列传》栏目,颂扬当年4月广州起义中为革命而牺牲的革命党人,并为朝鲜国在华牺牲的烈士树传,包括在我国东北刺杀日本侵华元勋伊藤博文的安重根、明家鸿烈士等。第3期刊载《论史学之变迁》,重点讨论了中国史学体例问题。所论史学变迁,即世道人心之变迁;虽只谈及体例形式的变迁,但把史书形式的变迁与人类社会的发展联系起来,还是难能可贵的。

王河屏、沈敦和等11月16日在上海张园发起成立共和建设会,选举姚文枏为会长,王河屏、秦槟为副会长。

按:该会以拥护共和为宗旨,宣称"性质系纯民立、处政府对待地位"。宣布章程3条;(1)研究共和政体之组织及前途革新方法,咨询国民公意,择其切实可行者条陈政府,以备采择。(2)发达人道主义,开通国民智识。俾资格及早划一,共享共和幸福。(3)有破坏共和进行者,得全力与之抵抗,至共和政体组织完备而止。

佴诲等主编《进步杂志》1911年11月在上海创刊,由基督教青年会主办,旨在以进步思想鼓动吾国人,以发展新知识与新道德为创办目的。强调"不分类之分类",自创刊起就没有具体的栏目设置,主要分为插画、译著、论著、撰著、杂著、社论、社评、外评、时评、小说、游戏等栏目,主要讨论内政外交问题、社会风俗、科学实业、道德品行等方面,极力追求公正平实的风格,主张客观地讨论问题,传播合时宜的新知识。该刊佴诲为作《进步弁言》。同期又载佴诲《东方旧文明之新研究》。

按:《进步杂志》刊物内容涉及学术研究、历史地理等方面。佴诲《进步弁言》刊于《进步杂志》第1卷第1号,作者对中国发展现状深表忧虑:"立乎今日,而回顾十年以前之中国,其现状之视今日若何。……而遥望十年以后之中国,其现状之视今日若何。"原因何在?"西哲有言,思想者事实之母也,欲变易世界现有之事实,必先变易世界现有之思想。……今吾国之所谓更始,所谓革新,大都属于事实,而思想之陈旧,仍为三千年老大国民之故态,宜乎十年来之进步,虽有可观,要皆骛形式而乏精神。"至1917年2月与《青年》杂志合并为《青年进步》。

侗生5月在上海《小说月报》第2年第3期发表《小说丛话》。文中已有意识地使用比较文学研究方法,谓"英人哈葛德所著小说,不外言情,其书的结构,非二女争一男,即二男争一女,千篇一例,不避雷同,然细省其书,各有特色,无一相袭者。……曹雪芹所著《石头记》,所记事不出一家,书中人又半为闺秀,闺秀之结果,又非死即苦,无一美满。设他手为此,不至十回,必致重复,曹氏竟纡徐不迫,成此大文。"文中还有对林纾翻译小说的阶段划分与评价。(参见《二十世纪中国小说理论资料》第一卷,北京大学出版社1989年版;张旭、车树昇编著《林纾年谱长编:1852—1924》,福建教育出版社2014年版)

陈布雷毕业于浙江高等学堂(浙江大学前身)。秋,应上海《天铎报》之聘,任撰述记者,开始以"布雷"为笔名。

周瘦鹃的《落花怨》6月在上海《妇女时报》创刊号上发表,是为作者的第一篇正式发表作品,以后"瘦鹃"成为最常用的笔名。(参见范伯群、周全《周瘦鹃年谱》,载《新文学史料》2011年第1期)

黄宾虹是年携全家至沪定居，任上海《神州日报》笔政。夏秋之际，与安徽同人发起筹办《安徽船日报》。9 月 2 日起，在《神州日报》上连载所撰《苟楼画谈》，始署名"滨虹""宾鸿"。17 日，赴上海愚园参加南社第五次雅集，被推为庶务。11 月 4 日上海光复后，参加南社临时集会，商讨"以言论鼓吹共和"方案。是年，黄宾虹与邓秋牧合编《美术丛书》开始在上海印行，专门刊载金石书画。

按：黄宾虹和邓实搜罗唐、宋、元、明、清和日本人画论 300 余种辑编《美术丛书》40 辑。是书本年 2 月出版第一集，以后每月出版一集，每集分订 4 册，共计 120 册，于 1920 年出齐。这是我国出版史上一项很有意义的创举。（参见王中秀编著《黄宾虹年谱》，上海书画出版社 2005 年版）

周湘创办上海第一所私立美术学校——中西美术学校。

陈抱一入周湘开办的布景画传习所习画。

颜文梁入上海商务印书馆画图室学习西画。

太虚在在广州组织僧教育会，住持白云山双溪寺。时与革命党人有联络，参加秘密活动，因作《吊黄花岗》死难烈士诗，险遭不测，遂离粤至沪。

按：太虚《自传》曰："我的政治社会思想，乃由君宪而国民革命，而社会主义，而无政府主义。并得读章太炎《建立宗教论》《五无论》《俱分进化论》等，意将以无政府主义与佛教为邻近，而可由民主社会主义以渐阶进。"（参见释印顺编著《太虚法师年谱》，宗教文化出版社 1995 年版）

宗仰 12 月至上海吴淞迎候孙中山，登轮话旧，并代哈同表达欢迎之意。孙中山曾约宗仰同赴南京，参加政府，被宗仰婉谢，送孙中山赴京后，乃隐居山林，谢绝交游。（参见于凌波《中国近现代佛教人物志》，宗教文化出版社 1995 年版）

朱执信任《中国日报》主笔。3 月 30 日，陈炯明在广州创办《可报》，朱执信任主编，旨在鼓吹革命。5 月起，朱执信主持香港同盟会机关部。10 月武昌起义后，负责接洽李准反正事宜，联络并指挥民军响应起义，促成广东光复。11 月，广州光复，军政府成立，朱执信受任"总参议"，组成北伐军，参加北伐战争。又负责拟定广东临时省议会组织法。年末，朱执信开始翻译《社会主义大家马尔克（马克思）之学说》。（参见谷小水编《中国近代思想家文库·朱执信卷》附录《朱执信年谱简编》，中国人民大学出版社 2015 年版）

卢谔生、郭唯灭、黄霄九、卢博浪、李孟哲、李竟生编撰的《天民报》6 月 22 日创刊于广州。9 月，郭唯灭、卢谔生、杨计白、李劲生等为主笔的《中原报》在广州创刊。

黄世仲等人 11 月 9 日在香港创办《新汉日报》，宣传革命。黄世仲自任总司理兼撰述员。卢新任督印人。发起人有邝敬川、黄耀公、黄世仲、卢梭公、卢博浪、梁大拙、林伯梁、陈耿夫、谢心准、梁励、卢梭魂、刘汉在、吕颂铭、黄永台、卫沧海、古剑夫、李振声等。赞成人有扶植三、颜思汉、马福屏、关保南、颜太恨、源如东、李煜堂、吕乐之、薛德明。

青主参加由陈炯明直接指挥的进攻广东潮州知府衙门的战斗，亲手击毙潮州知府陈绍棠，获"革命军功牌"。

高剑父参加黄花岗起义，担任外围接济和军械运输的工作。是年，在广州西关举办中国近代第一次个人画展，随后创办"春睡画院"，广收门徒。

按：高剑父培养了一批杰出的画家，如方人定、黄少强、黎雄才、赵少昂、杨善深、关山月、黄独峰、容大块、伍佩荣、黄浪萍、苏卧农、何磊、叶少秉、何漆园等。广东画坛风气为之一变，因而他们所形成的画派被称为"岭南画派"。

师复参与林冠慈炸伤李准事件和李沛基炸死广州将军凤山事件。林冠慈是暗杀团成员，李沛基炸死凤山的炸弹由师复制造。武昌起义后，师复在广东参与策动民军的活动。革命形势的逆转给师复以很大的刺激，遂于次年春解散了暗杀团。（参见唐仕春编《中国近代思想家文库·师复卷》及附录《师复年谱简编》，中国人民大学出版社2015年版）

陈垣正月在广州圣心大教堂副主教魏畅茂资助下参与创办并主编《震旦日报》及其副刊《鸡鸣录》。12月5日，在《震旦日报》上发表《时局之可虑》，认为真正"可虑者"是"异党其一，劣绅其二，猾吏其三"等三种人。是年继续任光华南等医学校任教。

　　按：陈垣针对当时一般人对革命前途的忧虑集中在"各属扰乱""北京未破"（即清政府未推翻）、"外人窥伺"等问题上，独自认为"可虑者不止此"，真正"可虑者"是对革命有异心的如下三种人："异党其一，劣绅其二，猾吏其三"。（参见刘乃和、周少川、王明泽《陈垣年谱配图长编》，辽海出版社2000年版）

张知本3月任同盟会湖北支部评议长，秘密发展组织，宣传革命。辛亥首义后，初任武昌军政府政事部副部长，司法部成立后任部长，并参与《鄂州约法》的草拟工作。

余日章从美国回国，任文华大学附中校长，在汉口首创中国第一届夏令营。辛亥武昌首义时，创办红十字会，自任总干事，率员赴前线救护；又任黎元洪的英文秘书，参与外事活动。

熊十力参加震惊中外的武昌起义，并任湖北都督府参谋。12月，与吴昆、刘子通、李四光等人聚会武昌雄楚楼，三人展纸题字，熊十力写下"天上地下，唯我独尊"八个大字。（参见蔡仁厚《熊十力先生学行年表》，明文书局1987年版；《熊十力年谱》，载叶贤恩《熊十力传》，湖北人民出版社2010年版）

王世杰继续在天津北洋大学采矿冶金科就读。10月10日，辛亥革命在湖北武昌爆发。王世杰闻讯后立即经南京于旧历十月初七赶到武昌，投身革命活动，担任湖北省都督府秘书。是年，王世杰以湖北省都督府代表身份前往湖南求援，得到湖南都督谭延闿的支持，引导赵恒惕率领的部队同乘招商局轮船前来武昌支援。（参见薛毅《王世杰传》及附录《王世杰大事年表》，武汉大学出版社2010年版）

李四光继续就读于湖北中等工业学堂。5月，李四光以同盟会会员身份与当时在工业学堂的学生、共进会在该校的代表陈磊等联系，共同为共进会与文学社的联合往返奔走，对促进共进会与文学社的联合作出了贡献。后李四光又联络日知会等团体策划8月19日的起义。9月，为了应付官府，李四光进京参加辛亥第六次游学毕业生廷试考试。10月4日，公布黄榜，李四光考试的成绩达81分以上，列为"最优等"生，获"工科进士"称号，丁文江、章鸿钊也在这一届被列为"格致"科进士。10月10日，武昌起义（辛亥革命）爆发，消息传到北京，李四光非常兴奋，正好与从黑龙江到北京的湖北留日同学高仲和一起离开北京，经天津、上海，返回武昌。到武昌后不久，被湖北军政府委任为理财部参议。其间，结识董用武（董必武），与之共事。10月28日，黄兴、宋教仁来到武昌，黄指挥抵抗袁世凯北洋军阀的猛烈进攻，退保汉阳。李四光组织码头工人和人力车工人运输军火，支援前线，进行抵抗。（参见马胜云、马兰编著《李四光年谱》，地质出版社1999年版）

董必武是年春在麻城县立高等小学校教国文。夏，经纪钜伟推荐，入武昌湖北文高等学堂读书。然因学业以及经济负担太重，不得不放弃学业，应黄州府中学校长陈遂九邀请，到该校教英文。10月13日，得武昌起义消息后，立即离开黄州府中学，赶赴武汉投入辛亥革命。12月，经同邑刘兰松推荐，和张国恩、姚汝婴到武昌军政府理财部任秘书官。年底，参加同盟会，与同乡张国恩等组织同盟会鄂支部，并当选为支部中二十个评议员之一。（参见田海燕《董必武年谱》，《社会科学战线》1980年第4期；《董必武年谱》编辑组编《董必武年谱》，中央文

献出版社1991年版)

刘复参加武昌起义,任《中华民国公报》编辑,筹设警察局。其间,积极参加革命活动,入则挥毫为文,出则荷枪巡哨。黄兴对其赞赏有加,曾书赠一联云:"上马杀贼,下马草露布;左手持螯,右手执酒杯。"

胡石庵10月15日在汉口创办《大汉报》,并任主编。以"言论造成民国,鼓吹共和"为宗旨。

何海鸣在武汉参加文学社,任《大江报》主笔。

牟鸿勋、张越主编的《中华民国公报》10月16日在武汉创刊。

慈舟在湖北随县佛垣寺出家,同年在汉阳归元寺受戒。

王先谦8月24日七十寿辰,瞿鸿禨等以文诗寿之。武昌起义后,王先谦改名王遯(意为逃避),迁居乡间,闭门埋首著书,并罗致文人进行古籍和历史文献的编校刊印。

叶德辉年初起整理誊抄历年校勘《书目答问》笔记。6月,在苏州,晤叶昌炽等旧友。9月,作《题少保公像》,始志其祖为宋叶梦得。约此时,瑞澂嘱余诚格为叶德辉开复,郑孝胥也转述瑞澂意。10月,因长沙响应武昌起义,叶德辉只身逃往湘潭南部之朱亭镇。编其南逃途中所作诗为《南游集》。11月23日,编本年10月30日以后所作诗为《朱亭集》。是年,叶德辉参与创办湘鄂印刷公司。著有《瓯钵罗室书画过目考》、《燕兰小谱》5卷、《海沤小谱》1卷、《重刊足本乾嘉诗坛点将录》1卷、《石林家训》1卷、《石林治生家训要略》1卷、《建康集》8卷、《石林遗事》3卷(《附录》1卷)、《石林词》1卷、《游艺厅言》2卷、《藏书十约》1卷、《吴中叶氏族谱》66卷(附《卷末》1卷)发刊。(参见王维江、李鹜哲、黄田编《中国近代思想家文库·王先谦、叶德辉卷》及附录《叶德辉年谱简编》,中国人民大学出版社2015年版)

黎锦熙湖南优级师范史地部毕业,成绩列全校第一名,毕业时正值武昌起义,长沙响应建立军政府,先父被湖南都督谭延闿聘为秘书,到任数日,发现军队复杂,无法办事,旋辞职,办《长沙日报》,任主笔,鼓吹各省反清独立及资产阶级民主政治,后被迫停刊。(参见黎泽渝《黎锦熙先生年谱》,《汉字文化》1995年第2期)

黎锦晖自岳麓山高师毕业后,被湖南省教育会聘为单级师范教练所音乐教员,同时兼任广育师范女校音乐教员。(参见孙继南《黎锦晖年谱》,载《齐鲁艺苑》1988年第1—3期)

徐特立2月辞去周南女校校长职务,任教于长沙单级教授训练所,主教《单级教授法》。春,参与组织和发动湖南"反对铁路国有"运动。10月22日,长沙新军起义胜利后,被推选为湖南省临时议会副议长。两月后即辞职,"我还是回到教育界去,用教育来改革人心罢!从此以后,我就变成一个教育救国论者"。23日,中华民国湖南军政府更名为中华民国军政府湖南都督府,下设民政、军政两部。民政部下设民政、财政、教育、司法、交通、外交6司。徐特立任教育司科长。(参见《徐特立年谱》编纂委员会编《徐特立年谱》,人民出版社2017年版)

毛泽东是年春入长沙湘乡驻省中学,首次看到同盟会《民立报》,接受孙中山、黄兴革命思想的影响。曾写一文于学校墙壁,主张由孙中山、康有为、梁启超组织新的政府,反对专制独裁的清王朝。10月武昌起义爆发后,投笔从戎,参加湖南新军,用自己的军饷订报,始知"社会主义"名词。(参见中共中央文献研究室编撰《毛泽东年谱(1893—1949)》,中央文献出版社2002年版)

杨华生10月23日在长沙创办《湘省大汉报》(又名《大汉民报》),李任民、刘芷、游大瀛、雷项等编辑。

张澜1—5月仍在南充办中小学教育。6月17日,出席四川保路同志会成立大会,与立宪党人蒲殿俊、罗伦等主持会事。8月5日，以四川南充代表出席川汉铁路股东大会，当选为副会长，领导四川人民开展保路运动，促进了全川人民大起义，为武昌起义点燃了导火线。9月7日，被捕入狱。10月26日，被释放。11月27日，成都成立了大汉四川军政府，宣告四川独立。蒲殿俊任都督，朱庆澜任副都督，尹昌衡任军政部长。12月10日，重新建立四川军政府，尹昌衡任都督，罗纶为副都督。下旬，军政府决定设五道宣慰使，张澜就任川北宣慰使职。(参见谢增寿编著《张澜年谱》，群言出版社2013年版)

吴玉章1月底至香港，参加统筹部关于广州起义的密议并接受任务。受命到日本负责购运军火。4月底、5月初，参加广州起义善后处理。之后，携黄兴万言长信回东京同盟会总部。5月，参加筹划同盟会的策略转变，拟以农历八九月间为全国各地同时发动武装起义之期。又协助陕西方面派来的张奚若购运军火。6月20日，受命回国发动革命，行前与党人作端午节聚会。6月下旬，回到上海。会晤谭人凤、淡春谷等人，商议营救但懋辛、办报、运动军队、川陕联络。以武昌为中心起义等事。7月上旬，离上海去宜昌。途中会晤孙武，约定川鄂起义联络办法。7月中旬，到达宜昌。在川汉铁路职工和会党中作革命宣传和组织工作。9月25日，在荣县学衙召开各界大会，发表演说，宣布荣县独立。12月25日，离渝东下去南京出席临时政府会议。(参见刘文耀、杨世元《吴玉章年谱》，四川人民出版社1998年版)

谢无量仍任四川存古学堂监督。6月17日，出席四川保路同志会成立大会，与张澜、蒲殿俊、杨沧白等投入四川保路运动。12月15日，廖平、吴虞至谢无量处，并与刘师培晤谈。(参见彭华《谢无量年谱》，《儒藏论坛》2009年第1辑)

廖平年初仍在井研杜门家居。春，应川汉铁路公司总理曾培聘请，任《铁路月刊》主笔，因复挈眷至省，仍居汪家拐。廖平在《铁路月刊》刊文支持四川保路运动。8月，遣眷回县，独留成都。10月，四川军政府成立，聘廖平为枢密院院长，对于川中军政多有谋略。(参见廖幼平编《廖季平年谱》，巴蜀书社1985年版)

刘师培1月20日在《国粹学报》第74期发表《白虎通义源流考》。同月，撰成《敦煌新出唐写本提要》。2月，撰成《楚辞考异》。3月20日，所撰《周书略说》载《国粹学报》第76期。又《春秋左氏传时月日古例诠微》始载《国粹学报》第76期。春，旅居天津，情思郁郁，作《轸春思词》。5月，撰成《群书治要引贾子新书校文》《晏子春秋斠补》。同月18日，端方被委任为督办粤汉、川汉铁路大臣。22日，端方南下接收鄂、湘、粤、川4省铁路公司。刘师培充参议官，随同赴任。7月7日，刘师培撰成《周书补正》6卷，为刘师培经学研究的代表性论著之一。同月15日，所撰《管子斠补》始载《国粹学派》第80期。9月，端方受命率湖北新军两千人增援四川，镇压保路运动，刘师培随同入川。11月18日，刘师培随端方至资州。同盟会员、新军第31标1营督队官陈镇藩率新军起义，杀死端方及其弟端锦。

按：端方被杀后，重庆民军代表李某将装有端氏兄弟头颅的铁盒里押解上船，运抵武昌。鄂军都督黎元洪下令将两颗头颅游街示众，武汉万人空巷，围观此头。后由端方长子端继先寻回并运回北京安葬。

刘师培11月27日在资州被资州军政分府拘押。刘师培在安徽芜湖执教时的弟子刘文典闻讯，急赴上海找章炳麟设法营救。章炳麟不念旧恶，全力救助。12月1日，章炳麟在上海《民国报》发表《宣言》，呼吁军方不要杀刘师培。

按：《宣言》曰："昔姚少师语成祖云：'城下之日，弗杀方孝孺。杀孝孺，读书种子绝矣。'今者文化陵迟，宿学凋丧。一二通博之材如刘光汉辈，虽负小疵，不应深论。若拘执党见，思复前仇，杀一人无益于中国，而文学自此扫地，使禹域沦为夷裔，谁之责邪？"(参见万仕国编著《刘师培年谱》，广陵书社2003年版；陈奇编《刘师培年谱长编》，贵州人民出版社2007年版；黄锦君《刘师培生平学术年谱简编》，《儒藏论坛》

2010年第3辑)

蒙文通入存古学堂就读,但当时蒙文通中学尚未毕业,又无科举功名,只好捐一监生乃得报名。后因保路运动、辛亥革命事起,社会和家庭都动荡不安,存古学堂未能开学,翌年乃得入学。

按:存古学堂为四川总督与提学使为保存国学而奏请设立,延聘谢无量任监督,以经、史、理学、辞章为课。民国成立,存古学堂亦改为国学馆,刘师培任馆长,延聘廖平主讲经学、曾习之主讲理学,刘师培自主小学。三先生对蒙文通之影响皆大。同时同学有向宗鲁、彭云生、曾宇康等。在学制上,存古学堂仿江苏,三年毕业颁发文凭,派至中小学堂充任国文教师。第三年届满愿意留堂深造者,即参照湖北章程七年毕业。招生对象为举人、贡生、秀才、监生及中学毕业生,但须中文素有根底者。(参见王承军《蒙文通先生年谱长编》,中华书局2012年版)

晏阳初夏秋之际经姚牧师介绍结识英国青年传教士史梯瓦特(James Stewart),全力协助其在成都设立辅仁学社,任该社副主任,担任翻译工作,成为其工作中的得力助手。辅仁学社"取以友辅仁,以仁辅友"之意,以文化和娱乐活动辅导青年。10月,辛亥革命全面爆发,成都各学堂宣布放假,让学生回家。晏阳初于是回到巴中县,不久,即应巴中县立中学之邀任英语教师,任教一学期。是年,继续习练武术,适乡间游匪乘机攻袭县城,参加与邻里壮丁组织的自卫队,携带刀枪,乘夜防剿,游匪溃散。(参见杜学元、郭明蓉、彭雪明《晏阳初年谱长编》,上海交通大学出版社2017年版)

王光祈继续就读于成都高等学堂。夏秋之间,四川保路运动兴起。王光祈以高昂的热情投入了保路运动的洪流,和同学们一起听四川省谐议局副议长、四川保路同志会副会长罗纶激动人心的演讲,高唱《保路歌》,加入了罢课和游行的行列。10月10日武昌起义胜利的消息传来,王光祈立刻剪掉了自己头上象征腐朽落后和屈辱的辫子,对未来充满了憧憬和希望。(参见四川音乐学院、成都市温江区人民政府编《王光祈文集》及附录一《王光祈年谱》,巴蜀书社2009年版)

吴虞自去年逃离成都后至是年11月4日返回成都。12月5日,在日记中始称其父为"魔鬼"。

按:吴虞于1907年36岁时自日本学成归国,先后在成都县中学堂、嘉定府中学堂、通省法政学堂等校教书,并在报刊上发表反孔"非儒"的文章,宣扬"非儒"思想。至1910年某一日,吴虞偶失言,称其父之继室李氏为"李寡妇",触父怒,其父夜草讼牒,将以不孝之罪出首吴虞。家婢泄其事后,吴虞夺状裂之,吴父益怒,操杖挞逐,逢人辄道吴虞之过。吴虞因述《家庭苦趣》以自白,四川教育总会会长徐炯以为吴虞"扬亲之过,名教罪人,不可恕",将其逐出教育界。四川护理总督王人文认为吴虞"非圣无法,非孝无亲,淆乱国宪",并移文各省对其通缉。吴虞被迫逃离成都,先后隐身于双流母舅刘藜然家、犍为妻弟曾天宇家、嘉定乌尤寺。(参见朱玉、孙文周《吴虞年谱简编》,《吴虞诗词研究与整理》附录一,河南文艺出版社2016年版)

虚云在云南大理鸡足山祝圣寺传戒,继之又结禅七七四十九日。武昌革命的消息传到滇中,地方大乱。统兵官李根源排斥佛教,率兵入鸡足山,欲拆寺逐僧,经他出面解释,李根源皈依三宝,引兵而去。(参见于凌波《中国近现代佛教人物志》,宗教文化出版社1995年版)

程德全时任江苏巡抚,开始一直在劝说清廷顺应民意,早日立宪。但因清政府顽固不化,程德全不得不转变了自己的立场与态度,以保民生和保稳定为第一目标,于是极力在革命军和清军之间斡旋,希望能保障江苏不受战火的侵扰。当时江苏士绅已经看清了形势,纷纷劝说程德全起义。9月4日,程德全穿着革命军的军装挑落了衙门上的牌匾,在发表了演说之后,他又和大家一起挂起了"民国政府江苏都督府"的大牌子。11月3日,程德全销毁了清朝授予他的官服、印信等,在江苏军民代表50余人的推举下,宣布就任革命政府的江苏都督。同日,程德全向清廷奏《奏存古学堂暂行停办折》,请准江苏暂行停办存古学堂,此后各地存古学堂陆续停废。5日,江苏宣告独立。江苏巡抚程德全被推为江苏都督。

按:《存古学堂暂行停办折》称:"兹据苏州提学使樊恭煦详称:查咨议局请裁存古学堂系在学部修订新章未经颁发以前,现在既奉新章,情形与上年不同,自以续办存古、实力奉行为正办。惟总教唐文治等兼陈改办文科、续办存古两义,亦系为慎重学务起见。复经详奉提交会议厅议决仍从存古,由堂造具宣统四年分经费预算,附册送由清理财政局,呈部核办。一面于五月间举办毕业,详蒙莅堂考试,由司遵照部电,将已满六学期各生比照中学堂毕业奖案,详请咨部奏奖,其余给以学业证书,俾各出堂,以便结束。至明年办法,应俟宣统四年预算附册经部核准,咨由督抚臣交局议决,呈奉公布后再行照办。除将该堂收支款目暨校舍、书籍、校具分别派员妥为经营外,所有苏省存古学堂遵饬举办毕业,暂行停办。"

按:据王欣夫《藏书纪事诗补正》中《庚辛稿》卷三中提到:"吾苏存古学堂虽不久即废,然当时师资之盛,造就之弘,有足述者。吾师曹叔彦先生元弼为经学总教,孙伯南先生宗弼副之。叶鞠裳先生昌炽为史学总教,沈绥成先生修副之。邹咏春先生福保、王捍臣先生仁俊、唐蔚之先生文治递为词章学总教,孙益庵先生德谦副之。其肄业者,多一时俊彦,如松江杜君经侯肇纶,《诗》《礼》之学,卓然经师,兀兀毕生,著书满家,已于去年谢世,遗稿赠上海图书馆保存。则几世无知者。"(参见崔杰《清代戍边将军——程德全传》,黑龙江教育出版社2013年版;陆阳《唐文治年谱》,上海三联书店2013年版)

王宠惠回国抵天津,适值武昌起义爆发,南下上海,为上海都督陈其美聘为顾问。南京光复后,被推选为广东省代表,赴南京选举孙中山为中华民国临时大总统,并与汤尔和一起,持当选证书赴上海迎接孙中山来宁就任。(参见张仁善《王宠惠先生年谱》,载《王宠惠法学文集》,法律出版社2008年版)

孟森5月随张謇等人从上海乘轮船溯江而上。6月初,二人于北上途中特地下车看望蛰居彰德的袁世凯,"道故论时",对政局多所计议。旋即又赴关外各省谘议局积极联络,为立宪派的主张进行最后的游说。又据旅途见闻撰《蒙古郭尔罗斯后旗旅行记》。10月,辛亥革命爆发,程德全率江浙联军进攻南京,孟森应邀为其起草誓师檄文,表达立宪派主张。同年,被推选为共和党干事。(参见孙家红《师之大者:史学家孟森的生平和著述》,《书品》2007年第2期;贾浩《孟森先生学术年表》,载孟森《明清史讲义》,商务印书馆2011年版)

黄炎培是年仍任江苏咨议局常驻议员。3月间,江苏教育总会拟定《各省教育总会联合会简章》,并定于4月29日开会,函请各省教育总会先派员至上海。4月29日,由江苏教育总会发起之"全国各省教育总会联合会"召开成立大会。与沈恩孚、杨保恒3人为江苏省代表莅会。6月,和沈恩孚代表江苏省至北京与各省咨议局局长,资政院议员孙洪伊、汤化龙、张国淦、杨度、谭延闿、马良、沈恩孚、罗纶、蒲殿俊、林长民、袁金铠等组织宪友会。该会政纲六条:(1)尊重君主立宪政体;(2)督促责任内阁;(3)整理各省政务;(4)开发社会经济;(5)注重国民外交;(6)提倡尚武教育。是为立宪派活动之始。9月15日,江苏苏、常、松、镇、太五属人民代表在江苏教育总会举行会议,被推为代表,劝江苏巡抚程德全起义。至苏州,程已先宣布独立,被留参加新政府办公,参与起草新官制。新政府成立后,被任为民政司总务科长兼教育科科长。民政司长为张一麐。张未到任,由沈恩孚代理。10月15日,黄炎培应苏绅赵凤昌之约,至赵寓"惜阴堂"与张謇、马相伯、姚文相等商讨时局,一致认为,以当时形势论,唯有拥有实力之袁世凯,乃能迫使清廷让位,并可统一全国各方之力量,以建立一巩固的民国政权。遂即决定,推与袁世凯有较深关系的张一麐赴京,对袁进行工作。

（参见许汉三编《黄炎培年谱》，文史资料出版社1985年版；余子侠编《中国近代思想家文库·黄炎培卷》及附录《黄炎培年谱简编》，中国人民大学出版社2015年版）

丁文江4月乘船离开英国归国。5月初，经过越南西贡海防，改乘刚通车的滇越铁路火车进入云南，继续游历贵州、湖南。7月底，经南京抵达家门。9月，赴北京参加游学毕业生考试，与章鸿钊等得"格致科进士"。同届获"工科进士"的有李四光。按清朝《考验游学毕业生章程》规定："因各国留学生，多有毕业后并不赴部考试……兹特定强迫考试办法，电致各出使大臣，查明凡毕业后各留学生，均需勒令来京考试，否则永远停其差遣。"其间与章鸿钊相识。10月10日，武昌起义爆发。丁文江在家乡"倡编地方保卫团，经费不给，则典鬻以济之。又手定条教，早夜躬亲训练，以备不虞。卒之市民安堵，风鹤不惊"。（参见欧阳哲生主编《丁文江文集》第七卷附编《丁文江先生年谱》，湖南教育出版社2008年版；宋广波编《中国近代思想家文库·丁文江卷》及附录《丁文江年谱简编》，中国人民大学出版社2014年版）

张东荪是春从日本回国，按照清政府的有关规定，和其他留学生一起在太和殿面见宣统皇帝，进行殿试，被清廷授予翰林。5月，在《东方杂志》第8卷第4号上发表了第一篇政论性文章《论现今国民道德堕落之原因及其救治法》。10月武昌起义爆发后，离京南下，先乘船先到上海，经苏州到达南京。（参见左玉河编《张东荪年谱》，群言出版社2014年版）

蓝公武毕业于日本东京帝国大学哲学系，归国后在北京江苏会馆闲住，屡次向鼓吹民主宪政的《国民公报》投稿，获总编徐佛苏赏识，被聘为记者。12月19日，因此前袁世凯任命梁启超为法部副大臣，遂致信梁启超，谓"推测其意，（袁世凯）所以仰望二先生（指康、梁），一欲借二先生以搜罗人才，挽回言论，一望二先生联络华裔，整理财政"。

屠寄5月22日过沪，邀张元济与蒋维乔等在九华楼晚餐。6月，屠寄与吕思勉一同前往翰墨林书局拜访金泽荣。武昌起义爆发后，常州设立军政分府和民政署。常州商会、教育会和农会三法团在武阳教育会开会，选举屠寄为民政长。是年，将先撰成的纪传体蒙古族通史《蒙兀儿史记》54卷在常州自家刻印，并继续撰写、修订。

赵光荣、吴清庠、程鉴、奚侗、叶玉森、于树深、姜若、邱锦棠、张承恩、陈匪石、黄咸泽、李翰翔、白曾然、赵宗抃、赵清绶、吴士荣、姚锡钧、茅乃煌、马振宪、叶玉鑫、闵可仁、唐邦治、张学宽、何希澄、戴振声、陈钟器、薛传薪、颜泽祺、张寅清、胡蕴、韩元龙、成园、杨正龄、李葆黻、庄树声、赵臣杰等36人7月在江苏镇江创立海门吟社。

胡小石继续任两江师范学堂附中博物教员。10月，因辛亥革命起，胡小石离开附中。南京城将破，两江师范学堂停办。其时，李梅庵代署布政使。11月，李梅庵携家人离开南京寓居上海。离宁前，胡小石从城北居所急往城南藩署谒别。（参见谢建华《胡小石先生年表（1888—1962年）》，载《胡小石文史论丛》，南京大学出版社2008年版）

陈中凡在两江师范学堂读书，受业于李瑞清、缪荃孙、陈三立诸名师，曾与胡小石为同学。10月，辛亥革命爆发。陈中凡经原两江师范学堂学监汪律本（曾佐柏文蔚治文书）介绍，毅然加入革命军为书记官。（参见姚柯夫编著《陈中凡年谱》，书目文献出版社1989年版）

柳诒徵任丹徒县临时县议会副议长及镇江中学校长，因议革农民纳粮缴税事，与当时县长龃龉，又因剔除学校会计私弊，与校中职员相左，遂于夏间辞职赋闲。12月下旬，孙中山赴宁就职前过镇江，剪辫并赴车站欢迎。（参见孙文阁、张笑川编《中国近代思想家文库·张尔田、柳诒徵卷》及附录《柳诒徵年谱简编》，中国人民大学出版社2014年版）

吴梅受陈去病之邀，为纪念秋瑾《西泠悲秋图》题写散套越调《小桃红》。

按：其中第二曲《下山虎》云："半林夕照，照上峰腰，小冢冬青少。有柳丝几条，记麦饭香醪，清明拜扫,怎三尺孤坟也守不牢? 此情那处告! 土中人,血泪抛,满地红心草。断魂可招,你敢也侠气英风在这遭!"(参见王卫民《吴梅年谱》,载《吴梅全集·日记卷》,河北教育出版社2002年版)

吕思勉时在江苏南通国文专修馆任教,颇留意民间歌谣的搜集与研究,辑录许多常州、南通等地民谣、谚语,一一圈点、评析,写成短文,刊于报端,以供同好者赏析。3月,应《东方杂志》社征文,撰成《禁止遏籴以抒农困议》,文中主张采用社会经济政策,以缓解农民生活的困难。此为吕思勉早年论文之一。6月,曾与屠敬山一起拜访流寓南通的朝鲜义士金于霖。是年,撰有《立宪古谊》一文。(参见李永圻、张耕华编撰《吕思勉先生年谱长编》,上海古籍出版社2012年版)

居元博时任常州府中学堂校长,为早期同盟会会员。武昌起义的消息传来,居元博等人结束了在南京召开的江苏省咨议局常驻议员会议后,立即返回常州,召集紧急会议,商量响应之策,又分赴上海、苏州等地联络同志。10月25日,由于政局动荡,人心不稳,再加上各县所承担的学校经费不能按时送来,常州府中学堂遂宣告暂停。11月6日,常州宣布光复,家家悬挂白旗作为光复的标志。12月25日,孙中山先生从上海乘火车赴南京就任临时大总统途经常州。常州军政分府组织群众到车站迎送,常州府中学堂全校师生参加,以表达对这位革命家的敬仰之情。(参见徐瑞岳编著《刘半农年谱》,中国矿业大学出版社1989年版)

刘半农继续在常州府中学堂学习。辛亥革命后,常州局势动荡,学校迟迟不能复课,遂肄业于常州府中学堂。刘半农从常州回江阴。受当时江阴县翰墨林小学校长王翊唐之聘,暂回母校教书,月薪仅10元。暇时,他便和吴研因等人编辑《江阴》杂志。(参见徐瑞岳编著《刘半农年谱》,中国矿业大学出版社1989年版)

陶行知继续就读于金陵大学,开始研究王学,信仰知行合一理论,并把名字"文濬"改为"知行"。是年,南京战乱,金陵大学停课半年,回徽州歙县任县议会秘书。(参见余子侠编《中国近代思想家文库·陶行知卷》及附录《陶行知年谱简编》,中国人民大学出版社2015年版)

顾颉刚继续就读于苏州公立第一中学堂。在校组织"国学研究会",油印《艺兰要诀》等研究会丛书。读谭嗣同《仁学》,有冲破一切罗网的雄心。秋,武昌起义爆发,苏州光复。作《妇女与革命》,宣传妇女参军及争取选举权等事,以妻子之名投《妇女时报》,翌年刊出,此系在报刊发表之首篇文字。(参见顾潮编著《顾颉刚年谱》,中国社会科学出版社1993年版;顾潮编《中国近代思想家文库·顾颉刚卷》及附录《顾颉刚年谱简编》,中国人民大学出版社2013年版)

叶圣陶2月12日编《圣陶诗甲集》,次日送观里(玄妙观内)书坊装订。2月22日,草桥中学开学,叶圣陶升入五年级。8月24日,《儿童之观念》刊于《妇女时报》第3号(7月望日)。10月16日,章伯寅为叶绍钧改名圣陶,取"圣人陶钧万物"之意。28日,叶圣陶作《政府的弊病与我们的革命》。12月20日,作书致《天铎报》主编李怀霜先生(即李叔同),请其提倡改革人心与实行改革人心。(参见商金林编《叶圣陶年谱》,江苏教育出版社1986年版)

范烟桥考入江苏苏州长元公立中学(苏州草桥中学前身),与顾颉刚、叶圣陶、吴湖帆、陈俊实、蒋吟秋、郑逸梅、江铸等同学。创办《同南社社刊》。

杨仁山9月28日病逝,遗命陈樨庵任印刷流通,欧阳竟无任编校经典,陈宜甫任外来交际。后辛亥革命爆发,革命军围城,欧阳竟无于危城中守护经坊40天,经版无一损失,自此主于刻经处30余年。

按:清同治五年(1866),杨仁山居士(1837—1911)创办金陵刻经处,在此刻印流通大量佛教经典,并创设祇洹精舍和佛学研究会,讲学以刻经,阐教以益世,以此推动了中国佛教的复兴。杨仁山居士主张八宗兼弘,培养出一大批卓越的佛学人才:谭嗣同专于华严,桂伯华精于密宗,黎端甫善于三论,欧阳竟无、李证刚、梅光羲、章太炎、谢无量均擅长于法相唯识,遂使三论宗、唯识学等宗派均能得以复明旧义、宗旨重光、绝学恢复,近代中国佛教从此走上各大宗派全面复兴之路,杨仁山因此被誉为"近代中国佛教复兴之父"。杨仁山后继者欧阳竟无(1871—1943)及吕澂(1896—1989)等踵事增华,发扬光大,三代佛学大师在此薪火相传,形成了底蕴深厚、影响广泛的现代佛学文化。而金陵刻经处历经风雨,慧灯不熄,为近现代中国佛教复兴的发源地,中国佛教经典刻印流通中心,影响近现代社会至深,被梁启超论为近代以来中国思想的"伏流"。(参见徐清祥编《欧阳竟无先生学术年表》,载欧阳竟无《欧阳竟无内外学》,商务印书馆2017年版)

赵紫宸继续任教于东吴大学。是年,发表《杂说四则:幽暗先生、北地老人、洗衣妇、孝子》和《论教会之自立人才》。(参见赵晓阳编《中国近代思想家文库·赵紫宸卷》及附录《赵紫宸年谱简编》,中国人民大学出版社2014年版)

汤寿潜6月24日受学部委任为中央教育会会员,并邀请参加首届会员会议。同月,以清廷组织"皇族内阁"大失民心,汤寿潜与张謇、赵凤昌、沈曾植等联名向载沣上书,劝他"危途知返",改组内阁,"重用汉大臣之有学问阅历者"。10月19日,新军革命党人为响应武昌起义,在杭州城隍山开会讨论发动起义及筹组新政权事宜,议定杭州光复后,推举汤寿潜为都督,"以资号召"。11月3日,革命党人即派人赴上海迎接汤寿潜。5日晨,杭州光复。汤寿潜在陈时夏等人的陪同下当日抵达杭州。各界立即在咨议局开会,正式选举汤寿潜为浙江军政府都督,汤寿潜即日就任视事。14日,与程德全联名致电沪军都督陈其美,建议于上海设立临时会议机关,并提出集议方法。18日,致书清廷袁氏内阁,希望袁世凯"捐弃瑕衅,共襄大业",响应共和。12月2日,赴沪参加各省代表会议,商议组织中央政府、定都、选举大元帅等事宜。10日,浙江省临时议会举行开会式,汤寿潜在会上宣读开会颂词,希望临时议会能尽快制定各项法规,"敷陈治理,共图至计,将惟代表诸君是赖"。并提出了辞职要求。11日,致函黎元洪,认为此次议和,袁世凯必多要挟,主张"不妨与之决裂,因合词以布其罪于海内外,而遂以联军讨之"。15日,汤寿潜亲莅南京,慰问参加攻宁的浙军将士。16日,浙军官兵在司令部集结,汤寿潜发表演说,赞扬浙军以极短之时日,攻克南京,勉励浙军珍重前途,努力前进,勿稍涉松懈,完成共和大业。24日,连续两次致电伍廷芳、程德全、陈其美,认为袁世凯首先违约,唐绍仪并非全权代表,反对迁就和示弱,主张停止议和,谋继续北伐。25日,与程德全、陈其美等同至南京,调和驻宁诸军,并会商组织临时政府事宜。(参见汪林茂编《中国近代思想家文库·汤寿潜卷》及附录《汤寿潜年谱简编》,中国人民大学出版社2015年版)

陈黻宸仍任浙江省咨议局第一任议长,陈时复、沈钧儒为副议长,10月武昌起义爆发后,陈黻宸谓"清之天命尽矣,革命军必成!"立即会同曾经总理全浙铁路的汤寿潜,秘密筹划组织民团以响应。又以议长名义联络商会、绅士组建省城民团。由汤寿潜任总理,自任副理,并由汤尔和、楼守光,马叙伦分管上、中、下城的巡守。(参见陈谧《陈介石先生(黻宸)年谱》,载《晚清名儒年谱》17,北京图书馆出版社2006年版)

沈钧儒10月与陈时夏一起担任浙江起义的政治组织方面的布署准备工作,草拟浙江光复的通电和布告等。11月5日,浙江通电全国,宣告独立。与陈黻宸、褚辅成、马叙伦4人具名,打电报给在上海的汤寿潜,报告浙江光复情况,促其速来杭州。11月7日,任临时警察局长。任职期间,处事严正。嘉兴光复时,嘉兴光复会向杭州求援。沈钧儒与时任浙江省政治部部长的褚辅成支持派兵到嘉兴,促进了嘉兴的光复。(参见沈谱、沈人骅编《沈钧儒年谱》,中国文史出版社1992年版)

许寿裳继续任译学馆史地教员。秋,武汉起义,清廷震动,译学馆停课,许寿裳携从兄世瑞离京,乘海轮由津抵沪,在沪小住数日,复同往杭州。9月15日,浙江军政府成立,许寿裳被任为财政司秘书。是时,与董鸿祎常相过从。(参见倪墨炎、陈九英编《许寿裳文集》下卷附录二《许寿裳先生年谱》,百家出版社2003年版)

张尔田所撰《梁说驳谬》刊登于《克复学报》第1期;《梁说驳谬续完》刊登于《克复学报》第2期。是年辞官返杭,以遗老自居。所著山阴平毅聚珍本《史微》4卷刊行,深受国内和日本学者的重视。朱孝臧选编《沧海遗音集》,收入张尔田《遁庵乐府》1卷。又初写成《玉溪生年谱会笺》。(参见孙文阁、张笑川编《中国近代思想家文库·张尔田、柳诒徵卷》及附录《张尔田年谱简编》,中国人民大学出版社2015年版)

马一浮自日本回国,赞同孙中山领导的辛亥革命。夏,与彭逊之、马叙伦、叶左文、田毅侯、陈独秀等同游,探南屏山摩崖。10月,陈独秀弃学投戎,参加辛亥革命,因作书勉之。11月,汤寿潜被推举为浙江省首任都督,马一浮为其拟写公文等。是年,因谢无量之介,马一浮与安徽陈独秀、程演生、扬州王无生相识。(张雨晴《马一浮学术年谱整理(1911—1949)及其儒学践履活动研究》,贵州大学硕士学位论文,2019年)

马叙伦是夏随同汤尔和赴日考察医学教育,在东京拜访章炳麟。又到上野图书馆查阅《省心杂言》日本刻本、《睡庵集》《雪庵注史》抄本等。10月,武汉新军起义,陈介石组省城民团,汤尔和、楼守光、马叙伦分管上中下城巡守者。11月5日,汤寿潜就浙江首任都督,陈介石任民政司长,马叙伦为都督府秘书。11月9日前后,马叙伦应江苏都督府职员杜士珍之邀,赴苏州,接受在沪办报的委托。12月,诸暨蒋尊簋被推举为浙江第二任都督。马叙伦与应德闳、楼守愚、楼守光、夏超随蒋返杭,供职于秘书处。不久楼守光调离都督府印铸局,马叙伦接任局长。(参见《马叙伦年表》,载卢礼阳《马叙伦》,群言出版社2014年版)

鲁迅1月辑校唐刘恂的《岭表录异》3卷,作《拾遗》18条和校勘记。手抄的校定本现收入《鲁迅辑校古籍手稿》。2月下旬绍兴府中学堂开学,继续任监学,兼教博物。5月,去日本催周作人夫妇回国,在日本居半月而返。冬,创作第一篇小说文言小说《怀旧》,阅二年始发表于《小说月报》第4卷第1号,后收入《集外集拾遗》。(参见鲁迅博物馆、鲁迅研究室编《鲁迅年谱》,人民文学出版社1981年版)

周作人1月21日在《绍兴公报》发表《盲从主义》,署名顽石。9月,从日本回国。帮助鲁迅翻看古书类书,抄录《古小说钩沉》和《会稽郡故书杂集》等材料。11月6日,为庆贺绍兴独立而发表《庆贺独立》。(参见鲁迅博物馆、鲁迅研究室编《鲁迅年谱》,人民文学出版社1981年版;张菊香、张铁荣主编《周作人年谱》,南开大学出版社1985年版)

钱玄同是春任浙江省嘉兴中学堂国文教员。2月,于故乡吴兴拜见崔适(鲤甫),借诸康有为《新学伪经考》。自此笃信“古文经为刘歆所伪造”之说,认为康有为、崔适两君为清代公羊学派的殿军,他们推翻伪古的著作在考证学上的价值,较阎若璩的《尚书古文疏证》,犹远过之。10月,“武昌起义”后,钱玄同参考《礼记》等书及清代黄宗羲、任大椿、张惠言、黄以周等人关于古代深衣之说的考证,作《探衣冠服说》,并照做了一身,表示推翻满清政府便应恢复汉族的一切典章文物了。是年,曾参与浙江《通俗白话报》的创办工作。(参见刘思源整理《钱玄同自撰年谱》,《鲁迅研究月刊》1999年第5期;曹述敬《钱玄同年谱》,齐鲁书社1986年版)

沈兼士从日本留学归国,与钱玄同、马裕藻均在嘉兴中学任教。(参见郦千明、汪素梅《沈兼士年谱简编》,《湖州师范学院学报》2021年第3期;朱元曙、朱乐川《朱希祖先生年谱长编》,中华书局2013年版)

朱希祖在嘉兴第二中学任教。秋,朱希祖与朱蓬仙校勘《洛阳伽蓝记》。11月9日,海盐光复。朱希祖被推为海盐民政长,会后改为民事长、知事。是年,朱希祖编纂《太史公年表》。(参见朱元曙、朱乐川《朱希祖先生年谱长编》,中华书局2013年版)

马裕藻从日本东京帝国大学毕业回国,经朱希祖推荐,任浙江教育司视学。(参见马思猛编著《马衡年谱长编》上,故宫出版社2020年版)

夏丏尊继续任教于浙江官立两级师范学堂。秋,姜丹书至浙江两级师范学堂任教,始与夏丏尊相识,成为挚友,同事近10年。(参见葛晓燕、何家炜编著《夏丏尊年谱》,中国文史出版社2012年版)

胡愈之2月18日以县试第一名的成绩,越级考入绍兴府中学堂实科二年级。深受学监兼博物教员鲁迅的影响,曾参加实科二年级要求撤换动物教员的风潮。9月,患伤寒症,被迫休学回家疗养。(参见朱顺佐、金普森《胡愈之传》及附录《胡愈之生平大事年表》,杭州大学出版社1991年版)

郁达夫2月离富阳,到杭州,考入杭州府中学,后因膳费不足,加之校中宿舍紧张,与家乡3位同学另考嘉兴府中学。9月,转入杭州府中学,与徐志摩同班。是年,作旧体诗《咏史》3首。此为目前所能见到的郁达夫最早的诗作。(参见陈其强《郁达夫年谱》,浙江大学出版社1989年版)

会泉创办虎溪莲社,禅净双修。秋,朝五台山礼文殊菩萨,返回途中,在宁波与圆瑛、太虚二法师见面,共同讨论如何振兴中国佛教。(参见于凌波《中国近现代佛教人物志》,宗教文化出版社1995年版)

秉韬在浙江绍兴组织僧教育会。

许地山年初仍居广州。辛亥革命爆发后,父许南英接福建漳州友人电,告知起义大事,毅然充职,赴漳州,并被推举为漳州民事局长。举家迁居福建海澄县海沧墟。父许南英名其宅为"借沧海居"。后又迁居龙溪县所属石美黄氏别庄。(参见周俟松、王盛《许地山年表》,《世界华文文学论坛》1992年第2期)

陈独秀是春修改《存殁六绝句》。10月,陈独秀得知武昌起义消息后,于杭州陆军小学积极进行革命活动,起草"革命檄文多篇",使人到处张贴。11月5日,杭州光复,陈独秀与安徽同盟会管鹏、吴旸谷、韩衍、金维系、顾景文、李乾玉、万兴安、蕲少斋、龚克定、葛瑞芝等,督促新军响应,又与韩衍、陶寿铭等成功劝降安徽巡抚朱家宝。11日,安徽宣布独立,安徽临时参事会选举孙毓筠为安徽都督,并派员赍印到沪迎孙毓筠。陈独秀即离杭赴沪与孙毓筠会合返皖。12月中旬,陈独秀应孙毓筠邀请,任安徽都督府秘书长,与高君曼一起住安庆宣家花园,并与韩衍、孙养癯、杨尘因等人在怀宁驿口创办《安徽船报》,为辛亥革命后安徽第一份革命报纸,陈独秀任总编辑,韩衍任社长。

按:陈独秀与上年作《存及六绝句》诗,怀念亡友吴孟侠、何梅士、汪仲尹、熊子政、章谷士、葛循叔以及存友赵伯先、章行严、孙少侯、郑赞承、江彤侯、苏曼殊,并随信抄寄给苏曼殊。(参见唐宝林、林茂生《陈独秀年谱》,上海人民出版社1988年版)

高一涵于安徽高等学堂预科毕业后,供职于安徽民政司教育司署,任科员。其间,安徽高等学堂同学如王星拱、刘胎燕、邵逸周、程振钧、程振基、俞希禹等为寻求救国之道,都先后到英、法、德、意、日本等国留学,对其影响很大。(参见高大同编著《高一涵先生年谱》,上海文化出版社2011年版)

胡思敬3月知国事不可为,愤然南归故里,隐居南昌,潜心学术,有藏书20万卷。是年,著成《国闻备乘》24卷,有自序。集中记述了清末掌故、逸事,翔实有据,是研究清末政治学术的重要参考资料之一。

按:胡思敬在《国闻备乘》中曾以其在京师面交之人为主要依据,历数宣统初年朝士,与学术史息息相关,曰:"新政兴,名器日益滥。京朝官嗜好不一,大约专以奔走宴饮为日行常课。其稍能自拔于流俗者,讲诗词有福建陈阁学宝琛、陈学部衍、四川赵侍御熙、广东曾参议习经、罗员外惇曧、黄员外孝觉、温侍御肃、潘主事博、湖南夏编修寿田、陈部郎兆奎、袁户部钦绪、章郎中华、江西杨参事增荦。讲古文者有林教习纾、陈教习澹然、姚教习永概。讲汉学者有贵州程侍讲棫林、福建江参事瀚、江苏张教习闻远。讲宋学者有湖南吴郎中国镛、浙江夏主事震午、湖北周主事景涛。讲史学者有广西唐尚书景崇、山东柯参议劭忞、江西龙中书学泰。讲国朝掌故学者有浙江汪中书康年、江苏冒郎中广生、刘京卿澄如。讲目录学者有江苏缪编修荃孙、山东徐监丞坊、湖北陈参事毅、王推事基磐、江西雷员外凤鼎、熊教习罗宿。讲六朝骈体文者有江苏孙主事雄、山西王推丞式通、四川宋观察育仁、江西黄主事锡朋、广东梁员外志文。讲笺注考据者有陈参议毅、苏员外舆。讲绘画学者有安徽姜孝廉筠。讲舆地学者有湖南韩主事朴存、谭教习绍裳。讲金石兼工书法者有浙江罗参事振玉、江西赵内翰世骏。讲词章兼通政事、志趣卓然不为时俗所污者有安徽马主事其昶、湖南郭编修立山、江西刘监督廷琛、魏推事元旷、湖北陈员外曾寿、甘肃安侍御维峻;次则贵州陈给谏田、广西赵侍御炳麟、湖南郑侍读沅、郑编修家溉、胡参议祖荫、江西华编修焜、广西廖郎中振矩、四川乔左丞树楠。其人品不尽纯粹而稍具文才者有汪参议荣宝等。其人品学问俱好而文才稍逊者有吴国镛等。其余与余同时在京而不相闻知者盖亦有之,然大概具于此矣。辛亥出京时,访友于马通伯。据云有武昌饶学部叔光、华亭钱征士同寿、潍县陈征士星灿,皆君子人。鲍心增简放莱州时,为予述三士:一广东许主事汝棻,一广东驻防平学部远,一贵州驻防云编修书。唯平学部有一面之交,余皆未之见也。"(载荣孟源、章伯锋主编《近代稗海》第1辑,四川人民出版社1985年版)

黄远庸参与宪友会,任该会江西省支部负责人,共和党干事,进步党党务部交际科主任。许德珩因江西九江光复,以许础的名字,投笔从戎,参加宪兵队。

王若飞毕业于贵阳达德学校。在校期间因有感于《栏辞》中"万里赴戎机,关山度若飞"的佳句,故改名王度,字若飞。

冯友兰年初考取中州公学中学班。同班同学有张仲鲁、张遂青等。学监为暴式甫,所请的教员都是有比较进步的思想的人,有些人还是同盟会的人。9月,返校开学。10月,武昌起义后,学校停课,冯友兰与堂兄大哥培兰、二哥瀛兰、四哥湘兰雇马车沿京汉铁路回唐河。(参见蔡仲德编撰《冯友兰先生年谱长编》,中华书局2014年版)

王树枏年初在新疆。袁大化来任新疆巡抚,请留新疆,王树枏再三不肯,以家有八旬老母辞。由俄国西伯利亚铁路回京。8月,适逢国变,遂避乱至山西。友人邀住介休迎源堡,买郭家楼房一所。(参见江合友《王树枏先生年谱简编》,载王京州编《河北近现代学者年谱辑要》,国家图书馆出版社2017年版)

徐德源任北洋大学堂学监。北洋大学堂从1895年创办至1911年共有毕业或肄业生518人,其中资送出国52人(不包括自费留学生)。该校为我国近现代科技教育事业培养了一大批奠基的专家学者,他们多为国家社会所倚重,对采矿、冶金、土木、水利、机械工程、铁路交通、财政金融、政法、外交等事业的发展作出了开创性的贡献。

张相文在天津任北洋女子高等学校校长,兼中国地学会会长,与同盟会其他会友秘密组织天津共和会。10月,武昌起义爆发,张相文和中国地学会秘书白雅雨立即行动,共谋策应,与同盟会其他会友秘密组织了"天津共和会",谋划发动滦州起义,张相文撰写了起义文件,委派白雅雨前去滦州策反。张相文又由地学会陶懋立陪同,经山海关至秦皇岛,秘密航海南下。抵达上海后,张相文建议松江军政分府都督钮永建以海军移驻秦皇岛为应援,又赴宁致书担任临时政府大元帅黄兴,提出光复河北规划,请求南军北伐。同时,向黄兴元帅请求援军,准备里应外合,直取津京。12月31日,滦州起义爆发。但因起义计划事先泄露,在援军未到达前,就被反动势力扑灭。

按:次年1月,白雅雨及滦州义士牺牲。国民政府表彰令曰:"辛亥光复,发轫于武昌,而滦州一役,实促其成。"

按:1909年9月28日(清光绪元年八月十五日),中国地学会在天津河北第一蒙养院成立,公推张相文为会长。此为中国地理学科的第一个学术团体,也是中国最早成立的三个学术团体之一。在清朝1909年大事记上,文化类大事记载只有三项,中国地学会在天津成立是其中之一。另外两项是于佑任创办的《民呼日报》在上海成立,容闳的《西学东渐记》在美国出版。次年,地学会创办了中国第一本地理学术刊物《地学杂志》。中国地学会的成立和《地学杂志》的创办,标志着舆地之学向现代地理学发展的开端。(参见江苏省泗阳县政协编《泗阳张沌谷居士(张相文)年谱》,载江苏省泗阳县政协编《张相文》,中国文史出版社2008年版)

李大钊是春响应以白毓昆为首的革命党人,潜入滦州、永平一带的新军中,推动起义工作的进行。是年,作《哭蒋卫平》七律二首刊于1913年9月1日《言治》月刊第4期,署名李大钊,沉痛悼念为民族民主革命而牺牲的亡友蒋卫平。(参见李大钊年年谱编写组《李大钊年谱》,甘肃人民出版社1984年版)

李石曾与黄复生等组织了京津同盟会。12月20日,李石曾与赵铁桥等编辑的《民意报》在天津创刊,出版9个月后,被袁世凯政府以"言论激烈"而禁止销售,被迫停刊。

李叔同4月东京美术学校毕业后,携同日本妻子回国,先任教于直隶高等工业学堂,此为李叔同艺术教育的起点。

张奚若奉命前往日本购买军火,准备举义。武昌起义爆发不久,张奚若再去日本,将军械运回陕西,成为陕西辛亥革命的功臣。

杨杏佛8月从中国公学毕业后考入唐山路矿学堂,分在预科第六班,同班十余人中,与茅以升、李俨、裘荣交往最密,情同手足。10月,辛亥革命武昌首义成功,社会动荡,唐山路矿学堂停课,学生纷纷回家。杨与炎荣一同奔赴武昌,投身革命。(参见许为民《杨杏佛年谱》,《中国科技史料》1991年第2期)

蒋百里回任东三省督练公所总参议。10月,以武昌起义胜利,蒋百里在奉天与新军蓝天蔚及谐议局议长吴景濂等策动东三省独立,响应革命。(参见皮民勇、侯昂好编《中国近代思想家文库·蒋百里、杨杰卷》及附录《蒋百里年谱简编》,中国人民大学出版社2015年版)

张榕发起组织成立奉天联合急进会,以"尊重人道主义,建设满汉联合共和政体"为宗旨。

伍连德1月在哈尔滨建立了第一个鼠疫研究所,并出任所长。4月,出席在奉天(今沈阳)召开的万国鼠疫研究会议,任会议主席。在会上系统地介绍了中国这次防治鼠疫的经验,与会的各国专家交流了各国的研究成果,并推动收回了海港检疫的主权。

按:1910年12月东北爆发肺鼠疫,疫情蔓延迅速,吉林、黑龙江两省死亡达39679人,占当时两省人口的1.7%。经外务部施肇基推荐,清政府派伍连德为全权总医官,赴东北领导防疫工作。结果不到4个月,在伍连德的精心组织指挥下,就扑灭了这场震惊中外的鼠疫大流行,被国内外誉为防疫科学的权威。清政府为表彰其功绩,授予陆军蓝翎军衔及医科进士。之后,伍连德又分别组织扑灭了1919年、1920年、1926年、1932年在东北、上海等地爆发的鼠疫和霍乱。

张国淦3月初步修成《黑龙江志略》。

按：此为作为黑龙江历史第一部通志，分地理、人种、官制、财政、外交、实业、交通、边务、宗教等14卷。

连横任职于《新吉林报》。

黎民伟加入同盟会，发起组织香港第一个文明戏团体——清平乐白话剧社，宣传革命。同年，出演革命电影《爱河潮》。

康有为是春仍居新加坡。5月8日，返港省母。6月7日，离港重游日本，在日本须磨与分别8年的门生梁启超重逢。10月10日武昌起义爆发后，与梁启超谋划临时应变之策。10月26日，康有为致徐勤密信，以时势危迫，欲胁政府改制救亡，著筹款汇来应急。10、11月间，康有为作《救亡论》10篇，发表他对时局的看法，历数革命将带给中国的种种危机，又以外国革命的案例来说明革命会带来的灾难，法国革命带来的是大规模的杀戮，印度革命则导致了国家的分裂，南美诸国革命后，每每因为总统之争让国家陷入内乱。11月3日，清廷在3天内仓促制定、公布了《宪法重大信条十九条》。康有为受此鼓舞，作长文《共和政体论》，论说英国式的共和政体，认为虚君共和才适合中国。12月南北议和之际，康有为致书黎元洪、黄兴、汤化龙等，论总统共和与君主共和之利弊，主张君主共和。年底，发表《汉族宜忧外分勿内争论》。是年，康有为撰《南海诗集》13卷刊行。（参见康有为著、楼宇烈整理《康南海自编年谱》，中华书局1992年版；吴天任《康有为年谱》，广东人民出版社2018年版）

梁启超3月24日赴台湾考察。4月1日，台湾遗老百余人于台北故城之荟芳楼举行欢迎会。6月7日，康有为抵达日本，梁启超与之重逢于须磨。10月29日，梁启超致立宪派骨干徐勤一封万言密信，详述两年来与满族亲贵来往情形及辛亥年的宫廷政变计划。10、11月间，发表《新中国建设问题》一文，上篇论单一国体和联邦国体的问题，下篇论虚君共和政体和民主共和政体的问题。鉴于是时全国扰攘，舆论纷纭，梁启超欲就理论方面提出解决当前问题的意见。11月3日，梁启超致书康有为门人徐勤，称他已确定了"和袁、慰革、逼满、服汉"的行动方针。6日，梁启超乘日本天草丸号客轮返国。9日，秘密抵达大连，企图在东北与同党熊希龄、蒋百里、吴禄贞等人会晤，布署政变计划。但因起义计划被泄密，吴禄贞被袁世凯派人暗杀。以事未谐，不得已复返日本。16日，袁世凯内阁组织成立，梁启超被任命为法部副大臣，辞未就，并建议以开国民会议为解决时局办法。21日，接袁世凯电，谓"公抱天下才，负天下望，简命既下，中外欢腾。务祈念神州之陆沉，悯生灵之涂炭，即日脂车北上，商定大计，同扶宗邦"。12月23日，又接袁世凯电劝驾。清廷亦于12月3日及次年1月9日致电恳召归国。是年，发表《粤乱感言》《对外与对内》《敬告国人之误解宪政者》《政党与政治上之信条》《收回干线铁路问题》《为川汉铁路事敬告全蜀父老》等文。（参见丁文江、赵丰田编著《梁启超年谱长编》，上海人民出版社2009年版）

王国维1月撰《古剧脚色考》1卷，文末附有《面具考》《涂面考》《男女合演考》，寄与铃木虎雄，译为日文，刊于《艺文》杂志第4年第1、4、7号。2月，校《梦溪笔谈》《容斋随笔》《大唐六典》。同月，王国维为罗振玉在上海创办的《国学丛刊》双月刊作《序》，提出"学无新旧、无中西、无有用无用"之说。

按：王国维在《国学丛刊序》中提出了"学术三无"说的观点，并作了详细阐述，其曰："学之义不明于天下久矣。今之言学者，有新旧之争，有中西之争，有有用之学与无用之学之争。余正告天下曰：学无新旧也，无中西也，无有用无用也。凡立此名者，均不学之徒。即学焉，而未尝知学者也。学之义广矣。古人所谓学，兼知行言之。今专以知言，则学有三大类：曰科学也，史学也，文学也。凡记述事物，而求其原因,定其理法者,谓之科学;求事物变迁之迹,而明其因果者,谓之史学;至出入二者间,而兼有玩物适情之效者,谓之文学。然各科学,有各科学之沿革。而史学又有史学之科学(如刘知几《史通》之类)。若夫文学,则有文学之学(如《文心雕龙》之类)焉,有文学之史(如各史文苑传)焉。而科学、史学之杰作,亦即文学之杰作。故三者非斠然有疆界,而学术之蕃变,书籍之浩瀚,得以此三者括之焉。凡事物必尽其真,而道理必求其是,此科学之所有事也。而欲求知识之真与道理之是者,不可不知事物道理之所以存在之由,与其变迁之故,此史学之所有事也。若夫知识、道理之不能表以议论,而但可表以情感者,与夫不能求诸实地,而但可求诸想象者,此则文学之所有事也。古今东西之为学,均不能出此三者。惟一国之民,性质有所毗,境遇有所限,故或长于此学而短于彼学。承学之子,资力有偏颇,岁月有涯涘,故不能不主此学,而从彼学。且于一学之中,又择其一部而从事焉。此不独治一学当如是,自学问之性质言之,亦固宜然。然为一学,无不有待于一切他学,亦无不有造于一切他学。故是丹而非素,主入而奴出,昔之学者或有之,今日之真知学、真为学者,可信其无是也。夫然,故吾所谓学无新旧,无中西,无有用、无用之说,可得而详焉。何以言学无新旧也? 夫天下之事物,自科学上观之,与自史学上观之,其立论各不同。自科学上观之,则事物必尽其真,而道理必求其是。凡吾智之不能通而吾心之所不能安者,虽圣贤言之有所不信焉。虽圣贤行之有所不慊焉。何则? 圣贤所以别真伪也,真伪非由圣贤出也。所以明是非也,是非非由圣贤立也。自史学上观之,则不独事理之真与是者,足资研究而已,即今日所视为不真之学说,不是之制度风俗,必有所以成立之由,与其所以适于一时之故。其因存于邃古,而其果及于方来,故材料之足资参考者,虽至纤悉,不敢弃焉。故物理学之历史,谬说居其半焉。哲学之历史,空想居其半焉。制度、风俗之历史,弁髦居其半焉。而史学家弗弃也。此二学之异也。然治科学者,必有待于史学上之材料。而治史学者,亦不可无科学上之知识。今之君子,非一切蔑古,即一切尚古。蔑古者,出于科学上之见地,而不知有史学。尚古者,出于史学上之见地,而不知有科学。即为调停之说者,亦未能知取舍之所以然,此所以有古今新旧之说也。何以言学无中西也? 世界学问,不出科学、史学、文学。故中国之学,西国类皆有之。西国之学,我国亦类皆有之。所异者,广狭、疏密耳。即从俗说而姑存中学、西学之名,则夫虑西学之盛之妨中学,与虑中学之盛之妨西学者,均不根之说也。中国今日,实无学之患,而非中学、西学偏重之患。京师号学问渊薮,而通达诚笃之旧学家,屈十指以计之,不能满也。其治西学者,不过为羔雁禽犊之资,其能贯串精博,终身以之如旧学家者,更难举其一二。风会否塞,习尚荒落,非一日矣。余谓中、西二学,盛则俱盛,衰则俱衰。风气既开,互相推助。且居今日之世,讲今日之学,未有西学不兴,而中学能兴者;亦未有中学不兴,而西学能兴者。特余所谓中学,非世之君子所谓中学;所谓西学,非今日学校所授之西学而已。治《毛诗》、《尔雅》者,不能不通天文博物诸学;而治博物学者,苟质以《诗》、《骚》草木之名状而不知焉,则于此学固未为善。必如西人之推算日食,证梁虞剟、唐一行之说,以明《竹书纪年》之非伪,由《大唐西域记》以发见释迦之支墓,斯为得矣。故一学既兴,他学自从之,此由学问之事,本无中、西,彼鳃鳃焉虑二者之不能并立者,真不知世间有学问事者矣。顾新旧、中西之争,世之通人率知其不然,惟有用、无用之论,则比前二说为有力。余谓凡学皆无用也,皆有用也。欧洲近世农、工、商业之进步,固由于物理、化学之兴。然物理、化学高深普遍之部,与蒸气、电信有何关系乎? 动植物之学,所关于树艺、畜牧者几何? 天文之学所关于航海、授时者几何? 心理社会之学,其得应用于政治、教育者亦尠。以科学而犹若是,而况于史学、文学乎? 然自他面言之,则一切艺术,悉由一切学问出。古人所谓不学无术,非虚语也。夫天下之事物,非由全不足以知曲,非致曲不足以知全。虽一物之解释,一事之决断,非深知宇宙人生之真相者,不能为也。而欲知宇宙、人生者,虽宇宙中之一现象,历史上之一事实,亦未始无所贡献。故深湛幽渺之思,学者有所不避焉;迂远繁琐之讥,学者有所不辞焉。事物无大小,无远近,苟思之得其真,纪之得其实,极其会归,皆有裨于人。类之生存福祉,己不竟其绪,他人当能竟之;今不获其用,后世当能用之,此非苟且玩愒之徒所与知也。学问之所以为古今、中西所崇敬者,实由于此。凡生民之先觉,政治教育之指导,利用厚生之渊源,胥由此出,非徒一国之名誉与光辉而已。世之君子可谓知有用之用,而不知无用之用者矣。以上三说,其理至浅,其事至明,此在他国所不必言,而世之君子犹或疑之,不意至今日而犹使余为此哓哓也。适同人将刊行《国学杂志》,敢以此言序其端。此志之刊,虽以中学为主,然不敢蹈世人之争论,

此则同人所自信,而亦不能不自白于天下者也。"(《观堂别集》卷四,上海书店1983年版)

王国维是年春就罗振玉所辑《隋唐兵符图录》撰《隋唐兵符图录附说》,后刊入《国学丛刊》第3册,为其治古器物学之始。7月,撰《唐写本太公家教跋》。11月,在日本本愿寺教主大谷光瑞、京都大学旧友内藤教授等人的力劝下,由藤田剑峰安排,携家眷随罗振玉东渡,寄居日本京都田中村,王国维之师藤田丰八等人皆来相聚。是年,王国维将近年所作校书的题跋集成《庚辛之间读书记》。此后侨居日本达五年之久,其治学转而专攻经史小学。(以上参见陈鸿祥《王国维年谱》,齐鲁书社1991年版;袁英光等编《王国维年谱长编》,天津人民出版社1996年版)

按:罗振玉所撰《狩野君山博士六十寿序》曰:"辛亥仲秋,革命军起,君与内藤、富冈诸君移书劝予浮海东渡,且为之卜宅于京都,感君高义,乃与海宁王忠悫公携家投止,舟至神户,君与东西两京知好咸来迎迓。"(《后丁戊稿》)

罗振玉2月在北京创办《国学丛刊》双月刊,分设经、史、小学、地理、金石、文学、目录、杂识等八类,由北京国学会发行。所撰《殷墟书契前编》20卷刊于《国学丛刊》第1—3册。3月9日,罗振玉遣其弟罗振常等赴小屯调查并收购、发掘甲骨,前后获得3万余片,罗振常作《洹洛访古记》。5月31日,罗振玉为学部奏设之中央教育会会员,反对废除读经。12月避居日本后,由王国维协助,致力于甲骨学、敦煌学与简牍学研究。(参见罗继祖《永丰乡人行年录(罗振玉年谱)》,江苏人民出版社1980年版)

按:罗振玉发表于1909年的《敦煌石室书目及其发现之原始》和《莫高窟石室秘录》,为敦煌学之开端。

唐群英为编辑兼发行人的《留日女学会杂志》4月在日本东京创刊。

杨杰从日本陆军士官学校毕业。深感清政府腐败,不推翻无以救中国,决意回国参加辛亥革命。(参见皮民勇、侯昂妤编《中国近代思想家文库·蒋百里、杨杰卷》及附录《杨杰年谱简编》,中国人民大学出版社2015年版)

林励儒公费留学日本,就读于东京高等师范学校。

吴孟嘉任总编辑的《公理报》在菲律宾马尼拉创刊。

陈焕章在美国哥伦比亚大学完成英文博士论文《孔门理财学》(The Economic Principles of Confucius and His School)通过论文答辩,获哲学博士学位。陈焕章在此书《前言》中说:"我所有的研究皆基于原始文本,并与孔子的整个制度相一致,这种制度通过对各种材料的比较研究被揭示出来。为支持自己的观点,我参考了大量文献。儒家文献是一座蕴含丰富宝藏的大山,而我则是一名采矿者,我将宝藏采出,贡献给世界生产。采矿者并不创造宝藏,而是通过自己的勘探、挖掘、提炼,使得宝藏对人类有用,我只想为人类知识作出一些贡献。"随后,此书被收入由哥伦比亚大学政治学系编辑的"历史、经济和公共法律研究"丛书,分两册精装本出版,为中国人在西方刊行的各种经济学科论著中的最早的一部名著。

按:《孔门理财学》出版后受到西方学术界高度关注:著名经济学家凯恩斯在《经济学杂志》专门为该书撰写书评,熊彼特在其经济思想史名著《经济分析史》中特别强调了该书的重要性,马克斯·韦伯在其著作《儒教与道教》中将其列为重要参考文献。(参见孙洪升、聂立申《阅历非凡学贯中西的经济学家陈焕章》,《金融博览》2023年第1期)

马寅初1月在《中国留美学生月刊》第6卷第3期发表《良心的自由》,以为宗教歧视易导致流血斗争,然宗教自由则为"哲学和科学之用",应提倡之。2月4日,当选哥伦比亚大学中国学生俱乐部主席。6月,完成硕士论文《中国的国家税收》(Public Revenues in China），获得哥伦比亚大学文学硕士学位。秋，留美中国学生同盟于普林斯顿大学召开年会，任会议委员会秘书兼会计。辛亥革命爆发后，官费停发，大多数留美官费学生应清政府命召归国。马寅初决计修完哥伦比亚大学博士学业，遂以擦皮鞋、扛猪肉赚取学费及生活费。

　　按：是年3月，国内发生粮荒消息传来，马寅初受命组建留美中国学生同盟"同盟救荒委员会"（Alliance Famine Relief Committe），并撰文《他们在挨饿！救命啊！》，呼吁大家捐款。（参见徐斌、马大成编著《马寅初年谱长编》，商务印书馆2012年版）

　　胡适在康奈尔大学就读已半年，对农学不很感兴趣。2月26日，胡适用英文作《美国大学宜立中国文字·一科》。3月23日，作书致郑仲诚，马君武，"颇多感喟之言，实以国亡在旦夕，不自觉其言之哀也"。4月13日，读《诗经》之《召南》《邶风》，发愿要"推翻《毛传》，唾弃《郑笺》，土苴《孔疏》，一以己意为造《今笺新注》，自信此笺果成，当令三百篇大放光明，永永不朽"！

　　按：胡适写其心得谓："汉儒解经之谬未有如《诗笺》之甚者矣。盖诗之为物，本乎天性，发乎情之不容已。诗者，天趣也。汉儒寻章摘句，天趣尽湮，安可言诗？而数千年来，率因其说，坐令千古至交，尽成糟粕，可不痛哉！"

　　胡适8月10日在爱国会被举为主笔。同月，撰成4月起属稿的《康南耳传》。9月2日，胡适被选为赔款学生会中文书记兼任会报事。10月4日，胡适得新近来美留学的梅光迪一书，当日答书2000言"论宋儒之功"。11日，梅光迪复书表示反对。是年，撰有《诗三百篇言字解》《适庵说诗杂记》（草稿）。

　　按：《适庵说诗杂记》（草稿）称《诗经》是"古代情诗艳歌之词，谲谏之语，里巷歌谣，宗庙之乐颂，合一炉而冶之。……虽谓三百篇为前无古人后无来者之绝作可也"。但如此好书却为汉儒穿凿附会，支离万状，真趣都失。宋儒注诗，虽有进步，但于"附会史事之处，大率都仍其旧"。主张"当以二十世纪之眼光读之"，即"以三百篇作诗读，勿作经读"，"须唾弃《小序》，土苴《毛传》，培击《郑笺》"，然后可发现其诗之真趣所在。（参见耿云志《胡适年谱（1891—1962）》，四川人民出版社1989年版）

　　梅光迪3月30日致函胡适，信中还表达了对于"文"与"人"关系的认识："文以人重。文信国、岳忠武诸公，文章皆非至者，而人特重其文。明之严嵩，在当时文名亦甚好，然至今无人道及。"勉励胡适"坚持为学之旨，以文、岳二公为师，不必求以文传而文自传耳"。信中还提到："近日考试分班，至昨始毕。迪有多门不能及格，今岁西渡无望矣。"夏，考取官费奖学金，被美国威斯康辛大学录取。8月18日，胡适见到梅光迪名列清华学校留美学生名单时，在日记中称自己"狂喜不已"。暑期，梅光迪赴美国威斯康辛大学留学。11月28日，梅光迪致函胡适，就"程朱学派"与"颜李学派"这一话题与胡适展开激烈论辩。（参见眉睫《梅光迪年谱初稿》，海豚出版社2017年版；眉睫《梅光迪致胡适信函时间考辨》，《黄冈师范学院学报》2013年第1期）

　　赵元任继续在康奈尔大学学习。在暑期学校注册，选修心理学（Boring教授）及投影几何（Virgil Snyder教授）课程。8月间，开始学习世界语，当时正是世界语运动的早期。是年，开始用英文记日记。最初隔天用英文记，12月以后则全部用英文记。（参见赵新那、黄培云编《赵元任年谱》，商务印书馆2001年版）

　　蒋梦麟继续在加州大学社会科学院学习教育学。是年，与孙中山多次见面，讨论教育学术问题。兼《大同日报》撰述。（参见马勇、黄令坦编《中国近代思想家文库·蒋梦麟卷》及附录《蒋梦麟年谱简编》，中国人民大学出版社2018年版）

　　竺可桢在伊利诺大学农学院读书。入校半年后，竺可桢就觉得对学农不感兴趣，再想转到理科。向华盛顿使馆留美学生监督黄佑庭申请改选理科,但没有得到许可,只好硬着头皮读到毕业。夏,到美国第一个夏天,竺可桢和三个学农的中国同学到美国南方路易斯安那省和得克萨斯省旅行,勘察种水稻和甘蔗的情形,目睹了黑色人种受歧视的情况。(参见李玉海编《竺可桢年谱简编》,气象出版社 2010 年版)

郭秉文获美国伍斯特学院理学士。乌斯特大学的学习经历,使他意识到教育改变命运和社会的重要性,于是放弃了学习法律,进入纽约哥伦比亚大学师范学院深造。

陆懋德 3 月入清华学堂。8 月,与姜立夫、杨光弼等 63 人作为清廷的第三批赴美留学学生赴美学习。

陈长蘅赴美国留学,在美国密西根州立大学工学院化工系学习。

蒋廷黻由教会资助赴美求学。先就读于派克学院。

胡明复赴美国留学,入康乃尔大学学习。

曾长福与卢信等在美国檀香山集资创办华文学校,宣传民族主义。

章士钊在留英期间为国内报刊撰写多篇政治论文,介绍西欧资产阶级政治学说,于立宪政治尤多发挥,对当时政坛很有影响。冬,在攻读硕士学位离结业不到一周之际,应孙中山之邀,毅然停学启程归国。(参见袁景华《章士钊先生年谱》,吉林人民出版社 2001 年版)

杨昌济在苏格兰阿伯丁大学攻读哲学、伦理学。4 月,闻广州起义失败,杨昌济与杨毓麟闻之痛极。7 月,杨毓麟感国事日非,加之脑疾复发,在英国利物浦蹈海而死,杨昌济对老友逝世极感悲痛,亲自为料理后事,并撰写《蹈海烈士杨君守仁事略》,以志纪念。10 月,武昌起义成功,送别章士钊回国。(参见《杨昌济年谱》,载王兴国《杨昌济的生平及思想》,湖南人民出版社 1981 年版)

丁文江在英国葛拉斯哥大学毕业,取得动物学和地质学双科毕业证书。在葛拉斯哥大学学习期间,得到中国驻英公使汪大燮的帮助,每月补助 10 镑的半官费。据该校的《学位与奖学金名单》(Degree and Prize List),先生在读期间,在其所修的动物学、地质学、天文学三门学科中多次获得奖励,均名列前茅。(参见欧阳哲生主编《丁文江文集》第七卷附编《丁文江先生年谱》,湖南教育出版社 2008 年版)

翁文灏以优异成绩获得比利时鲁文大学博士候选学位,即攻读博士学位资格。暑假,因公费停止,翁文灏被迫回国筹款。但此时其父因商业经营不善,家中境况窘迫,对翁文灏留学已不热心,最后还是由妻子卖掉陪嫁的首饰,助其返欧继续学习。翁文灏在比利时闻国内爆发武昌起义,颇为振奋。当孙中山自美国经欧洲返国时,曾热情地捐款相助,俾其从早返回,领导革命。当时翁文灏对国家政局之革新,国势复振,期望极殷。(参见李学通《翁文灏年谱》,山东教育出版社 2005 年版)

陈寅恪是春旅居柏林。秋,从柏林大学转入瑞士苏黎世大学学习。其间,利用转学之机有过一次跨国旅游。先游法国,再经卢森堡入德境,溯莱茵河往瑞士,最后抵达苏黎世。在法国游览期间在热拉梅(Gerardmer)时有诗寄给俞大纯、陈介、李傥。10 月,闻国内武昌起义,急借《资本论》阅之。当时江浙联军攻南京,陈寅恪父陈三立挈家至沪避乱。冬,陈寅恪归国抵上海。

按:陈寅恪于 1910 年自费留学,就读德国柏林大学。(参见卞僧惠《陈寅恪先生年谱》,中华书局 2010 年版)

梁晟 12 月 1 日出席海牙第二届"万国禁烟会议",任代表团团长,国际知名医学专家伍连德博士、清华学堂副监督唐国安为代表团成员随行,至次年 1 月底会议结束,三人通力合作,不辱使命。

按:1912年2月1日,会议通过《海牙国际禁止鸦片公约》,共6章,规定对于"鸦片烟膏"的制造、使用及管制,渐次采取禁止的措施,并要求缔约国减少在中国国内的生鸦片及鸦片烟膏贩卖店的数量。

冯秉钧获索邦大学法学士学位,续入法兰西学院师从汉学家伯希和。

张家树于徐汇公学毕业后赴法国留学。

英国马尔克·奥莱尔·斯坦因11月启程返回印度,开始撰写第二次中亚考察报告,至11月完成,取名《契丹沙漠废墟——在中亚和中国西部地区考察实纪》。

按:该书共两大卷,97章,1063页,插图照片333幅,彩版及全景照片13幅,地图3幅,1912年由伦敦麦克米兰出版公司出版。敦煌学的成为国际显学,则与斯坦因于本年11月完成《契丹沙漠废墟——在中亚和中国西部地区考察实纪》密不可分。

法兰西学院汉学家埃玛纽埃尔·爱德华·沙畹年初完成斯坦因于1909年春所托第二次中亚考察中获得的近千件简牍的考释,并将释文和注释交给了斯坦因。(参见许光华《法国汉学史》,学苑出版社2009年版)

意大利教育官员Coriui于5月12日自罗马致函张元济,张元济随即复书,谓"贵国强迫教育及学校卫生章程将来发表时,务祈寄交敝国在罗马使署,感谢之至,又敬赠丝绸一包,聊表微忱"。(《张元济全集》第3卷,参见张人凤、柳和城编著《张元济年谱长编》,上海交通大学出版社2011年版)

日本橘瑞超和吉川小一郎从王道士处,取走约600件敦煌经卷。

三、学术论文

梁启超《学与术》刊于《国风报》第2册第15期。

按:梁启超又作《学与术》一文,对传统"学术"作了融通中西的新阐释,曰:"近世泰西学问大盛,学者始将学与术之分野,厘然画出,各勤厥职以前民用。试语其概要,则学也者,观察事物而发明其真理者也;术也者,取所发明之真理而致诸用者也。例如,以石投水则沉,投以木则浮。观察此事实,以证明水之有浮力,此物理也;应用此真理以驾驶船舶,则航海术也。研究人体之组织,辨别各器官之机能,此生物学也。应用此真理以治疗疾病,则医术也。学与术之区分及其相互关系,凡百皆准此。善夫生计学大家倭儿格之言,曰:科学(英Science,德Wissenschaft)也者,以研索事物原因结果之关系为职志者也。事物之是非良否非所问,彼其所务者,则是一结果以探索所由来,就一原因以推理所究极而已。术(英Art,德Kunst)则反是。或有所欲焉者而欲致之,或有所恶焉者而欲避之,乃研究致之避之之策以何为适当,而利用科学上所发明之原理原则以施之于实际者也。由此言之,学者术之体,术者学之用。二者如辅车相依而不可离,学而不足以应用于术者,无益之学也。术而不以科学上之真理为基础者,欺世误人之术也。"

罗振玉编纂《殷虚书契前编》前3卷连载于《国学丛刊》第1—3册。

按:罗振玉编纂的《殷虚书契前编》20卷为一其部重要的甲骨文著录书,但1911年《国学丛刊》只刊出其中的3卷,共有甲骨292片,未出全,流传甚少。1913年重编影印的8卷本,共收甲骨2229片,始在学界产生重要反响,其研究成果及文献材料被学界广泛引用。

皕诲《进步弁言》刊于《进步杂志》第1卷第1号。

皕诲《东方旧文明之新研究》刊于《进步杂志》第1卷第1号。

颐谷《世界和平之希望》刊于《进步杂志》第1卷第1号。

紫宸《学术进化之大要》刊于《进步杂志》第1卷第1号。

颐谷《人生履行之本务》刊于《进步杂志》第 1 卷第 1 号。

斐章、皕诲《释物》刊于《进步杂志》第 1 卷第 1 号。

陶懋立《中国地图学发明之原始及改良进步之次序》刊于《地学杂志》第 2 年第 11 号。

佩玉《再记巴拿马运河开凿之现象》刊于《地学杂志》第 2 年第 11 号。

佩玉《俄国中亚经营策》刊于《地学杂志》第 2 年第 11 号。

侗生《小说丛话》刊于《小说月刊》第 2 年第 3 期。

采南《二十世纪理学界奇谭（未完）》刊于《小说月刊》第 2 年第 4—8 期。

采南《二十世纪理学界奇谭》刊于《小说月刊》第 2 年第 10—12 期。

张謇《改盐法议》刊于《北洋政学旬报》第 4 册。

吴兴让辑《光绪以来外交史料（续）》刊于《北洋政学旬报》第 4 册。

杨度《论国家主义与家族主义之区别》刊于《北洋政学旬报》第 5—6 册。

吴兴让辑《光绪以来外交史料（续）》刊于《北洋政学旬报》第 5—6 册。

吴兴让《预祝宣统三年筹备宪政成绩》刊于《北洋政学旬报》第 7—8 册。

吴兴让辑《光绪以来外交史料（续）》刊于《北洋政学旬报》第 7—8 册。

吴兴让《国民程度论》刊于《北洋政学旬报》第 9 册。

吴兴让辑《光绪以来外交史料（续）》刊于《北洋政学旬报》第 9 册。

唐祖绳《论各省亟宜改练民兵》刊于《北洋政学旬报》第 10 册。

吴兴让辑《光绪以来外交史料（续）》刊于《北洋政学旬报》第 10 册。

张肇熊《各处宜亟兴工厂以救民穷议》刊于《北洋政学旬报》第 11 册。

吴兴让辑《光绪以来外交史料（续）》刊于《北洋政学旬报》第 11 册。

顾实来《论学堂奖励（未完）》刊于《北洋政学旬报》第 11 册。

吴兴让辑《光绪以来外交史料（续）》刊于《北洋政学旬报》第 12 册。

顾实来《论学堂奖励（续）》刊于《北洋政学旬报》第 12 册。

吴兴让辑《光绪以来外交史料（续）》刊于《北洋政学旬报》第 13 册。

顾实来《论学堂奖励（续）》刊于《北洋政学旬报》第 13 册。

吴兴让辑《光绪以来外交史料（续）》刊于《北洋政学旬报》第 14 册。

顾实来《论学堂奖励（续完）》刊于《北洋政学旬报》第 14 册。

崔云松《新刑律争论之感言》刊于《北洋政学旬报》第 15 册。

吴兴让辑《光绪以来外交史料（续）》刊于《北洋政学旬报》第 15 册。

选稿《论中国家族制度》刊于《北洋政学旬报》第 20 册。

吴兴让《利害说》刊于《北洋政学旬报》第 22 册。

吴兴让辑《光绪以来外交史料（续）》刊于《北洋政学旬报》第 22 册。

吴兴让《论今日之选举》刊于《北洋政学旬报》第 23 册。

吴兴让辑《光绪以来外交史料（续）》刊于《北洋政学旬报》第 24 册。

戴鸿慈《澳大利陆军制度考（续）》刊于《北洋政学旬报》第 24 册。

吴兴让辑《光绪以来外交史料（续）》刊于《北洋政学旬报》第 25 册。

戴鸿慈《澳大利陆军制度考（续）》刊于《北洋政学旬报》第 25 册。

潘树声《论教科书与教育进化之关系》刊于《北洋政学旬报》第 25 册。

吴兴让辑《光绪以来外交史料（续）》刊于《北洋政学旬报》第 26 册。

戴鸿慈《澳大利陆军制度考(续完)》刊于《北洋政学旬报》第26册。

王镕之《顺直城邑源流考(未完)》刊于《北洋政学旬报》第28册。

吴兴让辑《光绪以来外交史料(续)》刊于《北洋政学旬报》第28册。

王镕之《顺直城邑源流考(续)》刊于《北洋政学旬报》第29册。

吴兴让辑《光绪以来外交史料(续)》刊于《北洋政学旬报》第29册。

刘冕执《申论整理大清银行足令全国致富之理由》刊于《北洋政学旬报》第30册。

吴兴让辑《光绪以来外交史料(续)》刊于《北洋政学旬报》第30册。

王镕之《顺直城邑源流考(续)》刊于《北洋政学旬报》第30册。

许志毅《论中学生》刊于《北洋政学旬报》第31册。

吴兴让辑《光绪以来外交史料(续)》刊于《北洋政学旬报》第31册。

金其堡《舆论争议》刊于《北洋政学旬报》第33册。

吴兴让辑《光绪以来外交史料(续)》刊于《北洋政学旬报》第33册。

杜亚泉《政党论》刊于《北洋政学旬报》第35册。

吴兴让辑《光绪以来外交史料(续)》刊于《北洋政学旬报》第35册。

无名氏《社会主义与社会政策》刊于《北洋政学旬报》第36册。

[日]岛田翰《皕宋楼藏书源流考(未完)》刊于《北洋政学旬报》第37册。

吴兴让辑《光绪以来外交史料(续)》刊于《北洋政学旬报》第37册。

[日]岛田翰《皕宋楼藏书源流考(续)》刊于《北洋政学旬报》第38册。

吴兴让辑《光绪以来外交史料(续)》刊于《北洋政学旬报》第38册。

[日]岛田翰《皕宋楼藏书源流考(未完)》刊于《北洋政学旬报》第39册。

吴兴让辑《光绪以来外交史料(续)》刊于《北洋政学旬报》第39册。

[日]岛田翰《皕宋楼藏书源流考(未完)》刊于《北洋政学旬报》第40册。

吴兴让辑《光绪以来外交史料(续)》刊于《北洋政学旬报》第40册。

喜马拉耶《南风观(本报出世辞)》刊于《南风报》第1期。

南国恨人《越南亡国始末谈(未完)》刊于《南风报》第1期。

南人《南疆之英法竞争》刊于《南风报》第2期。

喜马拉耶《英国派兵占据片马问题》刊于《南风报》第2期。

病武《军国民教育草案(未完)》刊于《南风报》第2期。

关西魂《法国陆军军制一般》刊于《南风报》第2期。

南国恨人《越南亡国始末谈(续完)》刊于《南风报》第2期。

喜马拉耶《广西军政抗议》刊于《南风报》第3期。

病武《军国民教育草案(续)》刊于《南风报》第3期。

喜马拉雅《军国社会论(未完)》刊于《南风报》第4期。

南人《南疆军事统一悬议》刊于《南风报》第4期。

尹昌衡《兵事纲要(未完)》刊于《南风报》第4期。

虎啸子《俄国虚无党(革命党)之行动》刊于《南风报》第4期。

喜马拉雅《法人对于广西之包围政策》刊于《南风报》第5期。

喜马拉雅《军国社会论(续)》刊于《南风报》第5期。

病武《四面八方之革命党》刊于《南风报》第5期。

梦绛《军队卫生论》刊于《南风报》第 5 期。

尹昌衡《军事纲要(续)》刊于《南风报》第 5 期。

辜天保《马贼纪要(未完)》刊于《南风报》第 5 期。

喜马拉雅《联结安南华侨论》刊于《南风报》第 6 期。

喜马拉雅《广西征兵杂感》刊于《南风报》第 6 期。

辜天保《马贼纪要(续)》刊于《南风报》第 6 期。

喜马拉雅《中法国情比较论(未完)》刊于《南风报》第 8 期。

[日]竹越与三郎著,冥飞译《南国游记(未完)》刊于《南风报》第 8 期。

逖《白兵战及格斗(未完)》刊于《南风报》第 8 期。

逖译《印度之英国陆军志》刊于《南风报》第 8 期。

陈时夏《论提法使为司法上必要之机关否耶》刊于《法政杂志》第 1 年第 1 期。

按:《法政杂志》1911 年在上海创刊,由法政杂志社编辑,商务印书馆总发行。以"研究法律政治现象,参证学理,以促进群治"为刊物宗旨。

存厚《议员为国民之代表说》刊于《法政杂志》第 1 年第 1 期。

[日]穗积陈重著,蔡文森译《礼与法》刊于《法政杂志》第 1 年第 1 期。

[日]上杉慎吉著,秦瑞玠译《非立宪》刊于《法政杂志》第 1 年第 1 期。

庸园《议员之德义》刊于《法政杂志》第 1 年第 1 期。

[日]五来欣造著,云五译《家族制度与个人制度之得失》刊于《法政杂志》第 1 年第 1 期。

贺绍章《就吾国目前之财政观》刊于《法政杂志》第 1 年第 2 期。

陶保霖《论编订法典之主义》刊于《法政杂志》第 1 年第 2 期。

[日]美浓部达吉著,邵义译《国家之性质》刊于《法政杂志》第 1 年第 2 期。

[日]河上肇著,王家榘译《政体与国体》刊于《法政杂志》第 1 年第 2 期。

留庵译《日本冈田博士论改正刑律草案》刊于《法政杂志》第 1 年第 2 期。

孟森《新刑律修正案汇录书后》刊于《法政杂志》第 1 年第 3 期。

陶保霖《论新刑律果为破坏家族制度否》刊于《法政杂志》第 1 年第 3 期。

[日]花井卓藏著,秦瑞玠译《英国之刑事法庭》刊于《法政杂志》第 1 年第 3 期。

陶保霖《论新内阁官制》刊于《法政杂志》第 1 年第 4 期。

[日]鸠山秀夫著,孟森译《法人论(未完)》刊于《法政杂志》第 1 年第 4 期。

[日]美浓部达吉著,陈承泽译《欧美各国立宪政治近时之趋势》刊于《法政杂志》第 1 年第 4 期。

[日]山田三良著,蔡文森译《空中飞行与法律之关系》刊于《法政杂志》第 1 年第 4 期。

[日]神户正雄著,郑钊译《租税及国费法则之新提案》刊于《法政杂志》第 1 年第 4 期。

[日]神户正雄著,郑钊译《论财政上二大原则之应制限》刊于《法政杂志》第 1 年第 4 期。

张元济《法学协会杂志序》刊于《法政杂志》第 1 年第 5 期。

邵义《论府厅州县自治》刊于《法政杂志》第 1 年第 5 期。

[日]鸠山秀夫著,孟森译《法人论(续)》刊于《法政杂志》第 1 年第 5 期。

金井延著,陈承泽译《财政学之近况》刊于《法政杂志》第 1 年第 5 期。

吴琼《比较预算制度论（总论）》刊于《法政杂志》第 1 年第 5 期。

秦瑞玠《著作权律释义（绪论）》刊于《法政杂志》第 1 年第 5 期。

［英］克兰敦著，甘永龙译《读英国民政大臣监狱议案书后》刊于《法政杂志》第 1 年第 5 期。

陶保霖《论就地正法》刊于《法政杂志》第 1 年第 6 期。

［日］岗村司著，莒苓译《法文解释法》刊于《法政杂志》第 1 年第 6 期。

［日］清水澄著，蔡文森译《论枢密顾问》刊于《法政杂志》第 1 年第 6 期。

雪堂《司法独立之缺点》刊于《法政杂志》第 1 年第 6 期。

景藏《再论新刑律议案二百八十四条之亲告罪》刊于《法政杂志》第 1 年第 6 期。

沧江《论法治国之公文格式》刊于《法政杂志》第 1 年第 7 期。

林长明《资政院改章之研究（未完）》刊于《法政杂志》第 1 年第 7 期。

［日］田中穗积著，陈承泽译《欧美租税之沿革》刊于《法政杂志》第 1 年第 7 期。

蕴华《论惯习与法律之关系》刊于《法政杂志》第 1 年第 7 期。

林长明《资政院改章之研究（续完）》刊于《法政杂志》第 1 年第 8 期。

［日］上杉慎吉著，蔡文森译《大臣责任论》刊于《法政杂志》第 1 年第 8 期。

贺邵章《都察院改废问题》刊于《法政杂志》第 1 年第 8 期。

陈承泽《宪法大纲释疑》刊于《法政杂志》第 1 年第 9 期。

陈时夏《论议员之质问权》刊于《法政杂志》第 1 年第 9 期。

［日］美浓部达吉著，蔡文森译《大臣责任论》刊于《法政杂志》第 1 年第 9 期。

［日］上杉慎吉著，傅易铭译《官僚政治》刊于《法政杂志》第 1 年第 9 期。

秦瑞玠《大清新刑律释义绪论》刊于《法政杂志》第 1 年第 9 期。

孙荣《日本财政调查录》刊于《法政杂志》第 1 年第 9 期。

铎人《对于宪政之民心与立宪之不可得和平》刊于《民心》卷 1。

剑南《私心说》刊于《民心》第 1 卷。

天民《生死辩》刊于《民心》第 3 卷。

南公《自治学社序（未完）》刊于《民心》第 4 卷。

南公《自治学社序（续完）》刊于《民心》第 5 卷。

虚无子《民治道德心》刊于《民心》第 5 卷。

天民《不平说》刊于《民心》第 5 卷。

席洋《读高丽亡国史有感》刊于《民心》第 5 卷。

莹《论宪法上之君主神圣不可侵犯之谬说》刊于《民心》第 6 卷。

黄孙《忠告清政府之贵族》刊于《民心》第 6 卷。

剑南《说耻》刊于《民心》第 7 卷。

［英］季理斐《宗教天演合论（未完）》刊于《左海公道报》第 1 期。

按：《左海公道报》1911 年 3 月创刊，由闽北圣书公会刊发，是基督教刊物之一。

［英］丁义华著，福建国民禁烟分会译《论中国禁烟》刊于《左海公道报》第 1 期。

［英］季理斐《宗教天演合论（续）》刊于《左海公道报》第 2 期。

弥履仁《迷信酿祸》刊于《左海公道报》第 3 期。

［英］季理斐《宗教天演合论（续）》刊于《左海公道报》第 3 期。

林则语《基督教与禁烟有何相关论》刊于《左海公道报》第 4 期。

[英]季理斐《宗教天演合论(续)》刊于《左海公道报》第 4 期。

[英]丁义华译《英国禁烟之新鼓动(未完)》刊于《左海公道报》第 4 期。

[英]丁义华《往者不可谏来者犹可追》刊于《左海公道报》第 5 期。

[英]季理斐《宗教天演合论(续)》刊于《左海公道报》第 5 期。

[英]丁义华译《英国禁烟之新鼓动(续)》刊于《左海公道报》第 5 期。

万国改良会《论鸦片续约之失败》刊于《左海公道报》第 6 期。

籁余《禁军学两界不使效忠之感言》刊于《左海公道报》第 6 期。

[英]季理斐《宗教天演合论(续)》刊于《左海公道报》第 6 期。

陈德候《耶稣望耶路撒冷而哭论》刊于《左海公道报》第 6 期。

[英]丁义华《普及教育之法(未完)》刊于《左海公道报》第 6 期。

[英]丁义华《敬告直隶同胞》刊于《左海公道报》第 7 期。

[英]季理斐《宗教天演合论(续)》刊于《左海公道报》第 7 期。

[英]丁义华《普及教育之法(续)》刊于《左海公道报》第 7 期。

[英]季理斐《宗教天演合论(续)》刊于《左海公道报》第 8 期。

籁余节译《教法裁判所记》刊于《左海公道报》第 8 期。

[英]丁义华《普及教育之法(续)》刊于《左海公道报》第 8 期。

[英]丁义华《宣统三年当禁绝鸦片》刊于《左海公道报》第 9 期。

[英]季理斐《宗教天演合论(续)》刊于《左海公道报》第 9 期。

[英]丁义华《普及教育之法(续)》刊于《左海公道报》第 9 期。

[英]季理斐《宗教天演合论(续完)》刊于《左海公道报》第 10 期。

何乐益、林友书《教育宗旨(未完)》刊于《左海公道报》第 10 期。

黄治基《卫生浅说序》刊于《左海公道报》第 11 期。

籁余译《鼠祸守防法(未完)》刊于《左海公道报》第 11 期。

何乐益、林友书《教育宗旨(续)》刊于《左海公道报》第 11 期。

[英]丁义华《明日之中国》刊于《左海公道报》第 12 期。

[美]古力著,[美]柯志仁译,黄治基述《卫生浅说(未完)》刊于《左海公道报》第 12 期。

籁余译《鼠祸守防法(续)》刊于《左海公道报》第 12 期。

何乐益译《美国之神童》刊于《左海公道报》第 12 期。

[美]古力著,[美]柯志仁译,黄治基述《卫生浅说(续)》刊于《左海公道报》第 13 期。

[美]古力著,[美]柯志仁译,黄治基述《卫生浅说(续)》刊于《左海公道报》第 14 期。

[英]丁义华《英国禁烟会书记亚力山大氏致丁义华先生书》刊于《左海公道报》第 14 期。

[英]丁义华《英国议院七月二十六号之今昔观》刊于《左海公道报》第 16 期。

[美]何乐益译《中国四大要》刊于《左海公道报》第 16 期。

[美]林乐知著,范祎述《最新之哲论人学序》刊于《左海公道报》第 16 期。

[美]古力著,[美]柯志仁译,黄治基述《卫生浅说(续)》刊于《左海公道报》第 17 期。

籁余《福善说》刊于《左海公道报》第 17 期。

[美]李约各原本,[美]林乐知译,范祎述《人学(未完)》刊于《左海公道报》第 17 期。

［英］丁义华《敬告新中国同胞》刊于《左海公道报》第 18 期。

［美］古力著，［美］柯志仁译，黄治基述《卫生浅说(续)》刊于《左海公道报》第 18 期。

［美］李约各原本，［美］林乐知译，范祎述《人学(续)》刊于《左海公道报》第 18 期。

允宗《人天郄视》刊于《克复学报》第 1 期。

因一《衍孔篇》刊于《克复学报》第 1 期。

孟劬《梁说驳谬(未完)》刊于《克复学报》第 1 期。

寂照《辟俗学之蔀》刊于《克复学报》第 2 期。

观复斋主《明代诸儒阐微录》刊于《克复学报》第 2 期。

愤民《论道德(未完)》刊于《克复学报》第 2 期。

召裔《革命党解》刊于《克复学报》第 2 期。

佛掌《中央集权发微》刊于《克复学报》第 2 期。

吞海《新内阁官制驳议》刊于《克复学报》第 2 期。

孟劬《梁说驳谬(续完)》刊于《克复学报》第 2 期。

太初《论泰西政治家学派》刊于《克复学报》第 3 期。

亮人《论史学之变迁》刊于《克复学报》第 3 期。

愤民《论道德(续完)》刊于《克复学报》第 3 期。

耐可《记英国工党与社会党之关系(未完)》刊于《克复学报》第 3 期。

怀霜《报梁任公书(未完)》刊于《克复学报》第 3 期。

林粹芳《女学杂志发刊意见书》刊于《留日女学会杂志》第 1 年第 1 号。

按:《留日女学会杂志》1911 年 5 月在日本东京创刊,中国留日女学会所组织,女学会杂志编辑所编辑,"以注重道德,普及教育,提倡实业,尊重人权为宗旨"。

林士英《论女子当具独立性质》刊于《留日女学会杂志》第 1 年第 1 号。

晋昌《女权正说(未完)》刊于《留日女学会杂志》第 1 年第 1 号。

定原《女子复权论》刊于《留日女学会杂志》第 1 年第 1 号。

履夷《婚姻改良论》刊于《留日女学会杂志》第 1 年第 1 号。

逸如、隐庵《心理学》刊于《留日女学会杂志》第 1 年第 1 号。

义庵《植物学(上卷)》刊于《留日女学会杂志》第 1 年第 1 号。

昙华《今日中国女子之三大急务》刊于《留日女学会杂志》第 1 年第 1 号。

顽石《女学之必要》刊于《留日女学会杂志》第 1 年第 1 号。

钱云辉《论女界积弊》刊于《妇女时报》第 1 期。

赵媛《家庭教育论》刊于《妇女时报》第 1 期。

徐�灵《嫉妒哲学》刊于《妇女时报》第 1 期。

星一《美国勃灵马尔女子大学记》刊于《妇女时报》第 1 期。

张士一《妇女教育丛谈之一:论童话》刊于《妇女时报》第 1 期。

汪杰梁《论今日急宜创设妇女补助学塾》刊于《妇女时报》第 2 期。

徐一冰《组织女子军事研究会缘起》刊于《妇女时报》第 2 期。

李桂年《家政根于教育说》刊于《妇女时报》第 2 期。

凤石《女子宜注重医学说》刊于《妇女时报》第 2 期。

星一《美国婚嫁之风俗》刊于《妇女时报》第 2 期。

星一《美国妇女杂谈》刊于《妇女时报》第 2 期。

无用《妇人经济论》刊于《妇女时报》第 3 期。

叶陶《儿童之观念》刊于《妇女时报》第 3 期。

汤剑我《说女子之体操》刊于《妇女时报》第 3 期。

褚琦珍《家庭教育与女子教育之关系》刊于《妇女时报》第 3 期。

妩灵《人类羞耻心之解剖》刊于《妇女时报》第 3 期。

朱惠贞《苏州婚嫁之风俗》刊于《妇女时报》第 3 期。

侯官林复《妇女心理学》刊于《妇女时报》第 4 期。

魏宏珠《对于女学生之卮言》刊于《妇女时报》第 4 期。

圣匋《论贵族妇女有革除装饰奢侈之责》刊于《妇女时报》第 4 期。

笑《最大之敬告》刊于《妇女时报》第 4 期。

徐一冰《理想中之新家庭》刊于《妇女时报》第 4 期。

陆守真《论土耳其女子》刊于《妇女时报》第 4 期。

杨荫杭《民彝说》刊于《法学会杂志》第 1 年第 1 期。

寄簃《变通异姓为嗣说》刊于《法学会杂志》第 1 年第 1 期。

蒙盦《论亲权》刊于《法学会杂志》第 1 年第 1 期。

寄簃《论断罪无正条》刊于《法学会杂志》第 1 年第 1 期。

［日］冈田朝太郎《论大清新刑律重视礼教(未完)》刊于《法学会杂志》第 1 年第 1 期。

［日］桑田熊藏《穷民救助制之方针》刊于《法学会杂志》第 1 年第 1 期。

孙润宇《缓刑论(未完)》刊于《法学会杂志》第 1 年第 1 期。

毅盦《不定期刑制度》刊于《法学会杂志》第 1 年第 1 期。

毅盦《幼年犯罪人特别审判制度》刊于《法学会杂志》第 1 年第 1 期。

［日］志田钾太郎《各国商法法典编纂小史(未完)》刊于《法学会杂志》第 1 年第 1 期。

徐谦、许世英《第八次万国监狱会报告书》刊于《法学会杂志》第 1 年第 1 期。

张伯桢《国家论(未完)》刊于《法学会杂志》第 1 年第 2 期。

毅盦《三权分立论》刊于《法学会杂志》第 1 年第 2 期。

王振声《中国财政史论(未完)》刊于《法学会杂志》第 1 年第 2 期。

杨荫杭《英美契约法(未完)》刊于《法学会杂志》第 1 年第 2 期。

蒙盦《论子孙违犯教令》刊于《法学会杂志》第 1 年第 2 期。

许世英、徐谦《考察各国司法制度报告书(未完)》刊于《法学会杂志》第 1 年第 2 期。

毅盦《美国法院之组织权限》刊于《法学会杂志》第 1 年第 2 期。

［日］志田钾太郎《各国商法法典编纂小史(续)》刊于《法学会杂志》第 1 年第 2 期。

宋樾园《累犯处分论(未完)》刊于《法学会杂志》第 1 年第 3 期。

［日］冈田朝太郎《论大清新刑律重视礼教(续第一年第一期完)》刊于《法学会杂志》第 1 年第 3 期。

张伯桢《国家论(续)》刊于《法学会杂志》第 1 年第 3 期。

许世英、徐谦《考察各国司法制度报告书(续)》刊于《法学会杂志》第 1 年第 3 期。

杨荫杭《和奸罪》刊于《法学会杂志》第 1 年第 3 期。

张荩臣译《幼年犯罪者之处遇与纪律之意义》刊于《法学会杂志》第 1 年第 3 期。

黄为基《论宪法上列举主义之非》刊于《法学会杂志》第 1 年第 4 期。

宋樾园《累犯处分论(续)》刊于《法学会杂志》第 1 年第 4 期。

寄簃《军台议》刊于《法学会杂志》第 1 年第 4 期。

寄簃《官司出入人罪唐明律比较说》刊于《法学会杂志》第 1 年第 4 期。

蒙盦《服制与亲等》刊于《法学会杂志》第 1 年第 4 期。

吉同钧《六父十三母之解释并各项服制考》刊于《法学会杂志》第 1 年第 4 期。

毅盦《论不动产登记制度》刊于《法学会杂志》第 1 年第 4 期。

寄簃《删除同姓为婚律议》刊于《法学会杂志》第 1 年第 5 期。

余绍宋《论犯人死亡与刑罚之关系》刊于《法学会杂志》第 1 年第 5 期。

金台真逸《历代刑法考略》刊于《法学会杂志》第 1 年第 5 期。

张嘉森《国际立法条约集序》刊于《法学会杂志》第 1 年第 5 期。

伧父《论政策》刊于《时事新报月刊》第 1 号。

樊《论司法之前途》刊于《时事新报月刊》第 1 号。

樊《论就地正法》刊于《时事新报月刊》第 1 号。

樊《论军队独立权》刊于《时事新报月刊》第 1 号。

樊《论仕隐之新理》刊于《时事新报月刊》第 2 号。

樊《论宪法大纲之第十一条》刊于《时事新报月刊》第 2 号。

元文《发刊词》刊于《社会星》第 1 号。

按:《社会星》1911 年 7 月创刊,在上海出版,为江亢虎所发起组织的"社会主义研究会"主办。

元文《社会主义研究会开会记》刊于《社会星》第 2 号。

江亢虎《社会主义研究会开会宣言》刊于《社会星》第 2 号。

文元《介绍地税归公之学说》刊于《社会星》第 2 号。

天恨《发刊辞》刊于《朔望报》第 1 号。

按:《朔望报》1911 年 7 月在宁波创刊,由朔望报社编辑发行。以"唤起国民爱国思想,古力国民尚武精神,灌输学术,针砭社会为宗旨"。

毋我《论中国之近状及国民救亡之责任》刊于《朔望报》第 1 号。

陆瑞清《改高等学堂为大学议》刊于《朔望报》第 1 号。

胡贻清《体育理论(未完)》刊于《朔望报》第 1 号。

了庵《法国哲学大家刚德(Auguste Comte)之学说(未完)》刊于《朔望报》第 1 号。

德观《与友人论中国近状书》刊于《朔望报》第 1 号。

何澄《旅顺要塞战之研究(未完)》刊于《军华》第 1 册。

杨曾蔚《神圣军人论》刊于《军华》第 2 册。

何澄《中国大接济编制之研究》刊于《军华》第 2 册。

何澄《最新海军基本战术(续)》刊于《军华》第 2 册。

镇仑《对于西北边防之研究》刊于《军华》第 2 册。

灵石《中国马队改良编制之私议》刊于《军华》第 2 册。

何澄《旅顺要塞战之研究(续)》刊于《军华》第 2 册。

方咸五《中国辎重一百难题研究录》刊于《军华》第 3 册。

何澄《旅顺要塞战之研究(续)》刊于《军华》第 3 册。

何澄《战败后之俄国近状（未完）》刊于《军华》第 3 册。

何澄《最新海军基本战术（续）》刊于《军华》第 3 册。

朱庭祺《美国留学界》刊于《留学生年报》第 1 期。

裘昌运《论留美学生对于家国义务之预备》刊于《留学生年报》第 1 期。

胡彬夏《中国学会留美支会之缘起》刊于《留学生年报》第 1 期。

朱进《美洲问题六种》刊于《留学生年报》第 1 期。

卞寿孙《英诗史略（未完）》刊于《留学生年报》第 1 期。

顾维钧《中国外交私议》刊于《留学生年报》第 1 期。

孙元方《兴学刍言》刊于《留学生年报》第 1 期。

胡彬夏《杂说五章》刊于《留学生年报》第 1 期。

薛锦琴《论德育之必要》刊于《留学生年报》第 1 期。

陈焕章《论哥仑比亚大学堂》刊于《留学生年报》第 1 期。

周家华《芝加哥大学大略情形》刊于《留学生年报》第 1 期。

郭经《法律中之三纲》刊于《北京法政学杂志》第 1 期。

单毓华《选举法私议（未完）》刊于《北京法政学杂志》第 1 期。

周衡《被保护国之经营（未完）》刊于《北京法政学杂志》第 1 期。

陈彦彬《论领土主权之制限而及于中国外交之己事（未完）》刊于《北京法政学杂志》第 1 期。

马有略《论大清宪法亟宜规定领土得失变更宪法所及之明文》刊于《北京法政学杂志》第 1 期。

余绍宋《论条约之履行与国法上之关系》刊于《北京法政学杂志》第 2 期。

陈彦彬《论领土主权之制限而及于中国外交之己事（续）》刊于《北京法政学杂志》第 2 期。

马有略《宪法解释权大清宪法有规定之必要乎如谓有规定之必要则当何属》刊于《北京法政学杂志》第 2 期。

郭经《论司法权独立及司法权与大权之关系》刊于《北京法政学杂志》第 2 期。

单毓华《选举法私议（续）》刊于《北京法政学杂志》第 2 期。

周衡《被保护国之经营（续）》刊于《北京法政学杂志》第 2 期。

马有略《大清新刑律规定缓刑之理由及各国缓刑制度之比较》刊于《北京法政学杂志》第 2 期。

郭经《礼与法之比较（未完）》刊于《北京法政学杂志》第 2 期。

马有略《股份有效公司之利害》刊于《北京法政学杂志》第 2 期。

马有略《刑事诉讼与民事诉讼之差异》刊于《北京法政学杂志》第 2 期。

马有略《国家之性质》刊于《北京法政学杂志》第 2 期。

马有略《国家财政与个人经济之差异》刊于《北京法政学杂志》第 2 期。

一际《民国报发刊辞》刊于《民国报》第 1 号。

按:《民国报》1911 年创刊,在上海出版。是辛亥革命时为配合革命而创办的宣传刊物,发刊辞称:"译历史观念发扬民族之精神;以社会趋向审择政治之方法;搜集文告,撰录传记及纪事本末,以为他日之史料;迻译外论,旁征野史,以为现今之借镜。"

鸡鸣《民国报六大主义之宣言》刊于《民国报》第1号。

朴庵《建设共和政府之研究(未完)》刊于《民国报》第1号。

朴庵《二百六十年汉人不服满人表序》刊于《民国报》第1号。

剑农《武昌革命始末记(未完)》刊于《民国报》第1号。

大陆报伍博士著,禅真译《万国承认中国新政府之问题》刊于《民国报》第2号。

朴庵《建设共和政府之研究(续)》刊于《民国报》第2号。

汉立《万难捨去之民主论》刊于《民国报》第2号。

剑农《武昌革命始末记(续)》刊于《民国报》第2号。

剑农《经济恐慌问题及救济之法》刊于《民国报》第3号。

鲍格私著,禅真译《中国对于万国公法之今昔观》刊于《民国报》第3号。

禅真《共和军之位置》刊于《民国报》第3号。

朴庵《建设共和政府之研究(续)》刊于《民国报》第3号。

剑农《武昌革命始末记(续)》刊于《民国报》第3号。

罗振玉《波斯教残经》刊于《国学丛刊》第2册。

宣樊《政治之因果关系论》刊于《东方杂志》第7卷第12号。

高风谦《利害篇》刊于《东方杂志》第8卷第1号。

杜亚泉《减政主义》刊于《东方杂志》第8卷第1号。

杜亚泉《政党论》刊于《东方杂志》第8卷第1号。

按:是文写于"宪法将颁矣,国会将开矣。……自今以后,吾国民休戚利害相关至切者,则政党是矣"之时。全文围绕"政党"问题,主要讨论了以下三个问题:"第一问题,即政党之有无问题。此问题当自两面观察之,自一方面言,则我国今日之人民,固能发生政党否乎,此能有之问题也。自又一方面言,则立宪政治之下,固不可不结合政党乎,此可有不可之问题也";"第二问题,即政党之目的是也。此问题为吾国今日所正当研究者,今之论者,辄谓'吾国政府,政权重大,往往不顾舆论,行专制之旧习,政策纷乱,无奋发之精神。将来国会成立,而为乌合之议员,涣散无力,绝不足以限其权势,督促其进步。故必集合政党,以舆论谓后援,与政府抗争'";"第三问题,则政党之种类是也。将来吾国发生之政党,种类如何。中外认识,不少臆度之说。……或谓'中国向行专制政治,官吏之权威甚重,宪政实施以后,民气日张,习于威福自恣之官吏,为拥护其固有之权势计,必出死力以争之。而民间急进之士,欲促宪政之进行,决不能不排除其权势,于是民吏两党,互相凌轹,如日本议会制初期然。'"

甘永龙、杜亚泉《英国政界之现在与将来》刊于《东方杂志》第8卷第1号。

詹麟来《日英同盟之将来》刊于《东方杂志》第8卷第1号。

张其勤《西藏宗教源流考》刊于《东方杂志》第8卷第1号。

按:《东方杂志》第8卷第4—6号连载。

蒋瑞藻《小说考证》转载于《东方杂志》第8卷第1号。

按:据编者跋文,此书于1910年成稿,稍后又完成续篇,最初刊于上海《神州日报》,后由商务印书馆印行。其中内容主要涉及《琵琶记》《西厢记》《三国志》《水浒传》《西游记》《金瓶梅》《红楼梦》《施公案》等小说戏曲经典,为中国古典小说史料辑录考证的拓荒之作,已开此后胡适小说考证的先河。

朱文劭《管制私议》刊于《东方杂志》第8卷第2号。

杜亚泉《论今日之教育行政》刊于《东方杂志》第8卷第2号。

伧父《加查氏之东西两洋论》刊于《东方杂志》第8卷第2号。

杜亚泉《论处世哲学》刊于《东方杂志》第8卷第2号。

孙毓修《唐写本公牍契约考》刊于《东方杂志》第 8 卷第 2 号。

按：此文从社会经济的维度敦煌公牍契约文献进行诠解,为利用敦煌文书社会经济资料进行历史研究的早期成果。

圣心《论现今国民道德堕落之原因及其救治法》第 8 卷第 3 号。

孙毓修《元西域宗王致法兰克王书考》第 8 卷第 3 号。

徐家庆《论蒙古之羊毛事业》刊于《东方杂志》第 8 卷第 3 号。

伧父《日本人对于四国借款之言论》刊于《东方杂志》第 8 卷第 3 号。

傅运森《元西域宗王致法兰西王书考》刊于《东方杂志》第 8 卷第 3 号。

笑凡《利用自然说》刊于《东方杂志》第 8 卷第 4 号。

杜亚泉《论蓄妾》刊于《东方杂志》第 8 卷第 4 号。

佩玉《日本之帝国主义》刊于《东方杂志》第 8 卷第 4 号。

盈之《论对于责任内阁制人民与政府两方面的误解》刊于《东方杂志》第 8 卷第 5 号。

高劳《马可波罗事略》刊于《东方杂志》第 8 卷第 5 号。

钱智修《美国精奇氏选举论》刊于《东方杂志》第 8 卷第 5 号。

甘永龙《满洲之将来》刊于《东方杂志》第 8 卷第 5 号。

杜亚泉《永历太妃遣使于罗马教皇考》刊于《东方杂志》第 8 卷第 5 号。

钱智修《社会主义与社会政策》刊于《东方杂志》第 8 卷第 6 号。

史久润《马可波罗游记书后》刊于《东方杂志》第 8 卷第 6 号。

蓬仙《人种别之起源》刊于《东方杂志》第 8 卷第 6 号。

甘永龙《英国储君之教育》刊于《东方杂志》第 8 卷第 7 号。

赵修五《宗教科学并行不悖论》刊于《东方杂志》第 8 卷第 7 号。

王我臧《动物与催眠术》刊于《东方杂志》第 8 卷第 7 号。

伧父《英国政争之经过》刊于《东方杂志》第 8 卷第 8 号。

孔庆莱《天下之愚论》刊于《东方杂志》第 8 卷第 8 号。

陈裕青《浙江处州府之畲客》刊于《东方杂志》第 8 卷第 8 号。

伧父《革命与战争》刊于《东方杂志》第 8 卷第 9 号。

钱智修《女子职业问题》刊于《东方杂志》第 8 卷第 9 号。

前留《犹太人之帝国》刊于《东方杂志》第 8 卷第 9 号。

伧父《论俄德协约》刊于《东方杂志》第 8 卷第 9 号。

蓬仙《俄国大学学生之活动》刊于《东方杂志》第 8 卷第 9 号。

四、学术著作

(唐)刘肃编《唐新语》由上海藜光社刊行。

(唐)薛稷书,邓秋牧集印《宋拓薛少保书随信行禅师碑》由上海神州国光社刊行。

(明)仇英绘,(明)文徵明书《西厢记合册》(上下册)由上海文明书局刊行。

(明)文徵明绘,文明书局审定《文徵明潇湘八景册》由上海文明书局刊行。

(明)文徵明绘,邓秋牧集《文衡山山水花鸟册》由上海神州国光社刊行。

(明)沈周绘《沈石田灵隐山图卷十四帧》由上海文明书局刊行。

（清）邵懿辰著《礼经通论》刊行。

（清）刘石庵书，邓秋牧集印《刘石庵小楷写经》由上海神州国光社刊行。

（清）觉罗绍昌呈报《汪兆铭庚戌被逮供词》由北京呈报者刊行。

（清）吴观岱著《吴观岱南湖诗意画册》由上海文明书局刊行。

（清）马江香绘《马江香女士花鸟册》由上海文明书局刊行。

（清）马抆曦绘《马抆曦花鸟草虫拟古册》由上海文明书局刊行。

（清）王翚绘，邓秋牧集印《王石谷西山雾雪卷》由上海神州国光社刊行，有跋。

（清）华岩绘，文明书局审定《华新罗写景山水册》由上海文明书局刊行。

（清）杨晋绘，邓秋牧集印《杨西亭仿古山水册》由上海神州国光社刊行。

（清）吴渔山绘，邓秋牧集印《吴渔山雪山图卷》由上海神州国光社刊行。

（清）黄鼎绘，文明书局审定《黄尊古仿山水册》由上海文明书局刊行。

（清）萧云从绘，邓秋牧集印《萧尺木松下纳凉图卷》由上海神州国光社刊行。

（清）龚贤绘《龚半千细笔画册》由上海有正书局刊行，有龚贤的跋。

（清）戴本孝绘，邓秋牧集印《戴务旃山水册》由上海神州国光社刊行。

（清）戴熙绘《戴文节仿古山水册》由上海文明书局刊行。

（清）叶德辉著《书林清话》由观古堂刊行。

陆费逵著《伦理学大意讲义》由上海商务印书馆刊行。

按：是书第一章序论，包括伦理学之意义、伦理学与修身书之别、吾国学说与西洋学说之异同、德教与伦理学、伦理学之效果、实际道德论之当慎重、伦理学之特质、研究伦理学之方法、伦理学之内容；第二章道德的判断之对象论，包括善恶、行为、意志、动机与意向、品性、约说；第三章道德之发达，包括道源、风俗、法律及道德、初期之良心、良心之发达、良心与心理学之关系；第四章论道之本质，包括主义、本质论约说；第五章论道之应用，包括自由、本务、德；第六章实际道德论，包括综论、诚实、勤勉、正义、博爱；第七章结论，包括德目须与社会精神一致、道德之修养等。

张亮采编《中国风俗史》由上海商务印书馆刊行。

按：张亮采在《中国风俗史·序例》中说："盖视风俗之考察，为政治上必要之端矣。"是为中国风俗史第一本专著，以后多次再版。是书包括浑朴时代、骄杂时代、浮靡时代，由浮靡而趋敦朴时代4编，共12章，论述由黄帝以前至明代止的我国历代社会之风俗。

康有为著、麦仲华辑《戊戌奏稿》印行。

按：此书辑录康有为在戊戌年间所上《应诏统筹全局折》等20份奏章而成。

宋教仁《中华民国鄂州约法及官制草案》由上海时事新报馆刊行。

时事问题研究会编《世界资本主义总危机中的经济状况》由抗战书店刊行。

沈敦和辑《清国新事业之一斑》(清日实业家交欢之纪念)由上海商务印书馆刊行。

蔡锷辑，曾国藩、胡林翼治兵语录为《曾胡治兵语录》成书，并附以按语。

卢彤著《中国历史战争形势全图》由北京同伦学社刊行。

吴曾祺编、赵玉森重订《中国历史读本》(上下册)由上海商务印书馆刊行。

沈则宽编著《古史参箴》(1—4卷)由上海土山湾印书馆刊行。

屠寄编纂《蒙兀儿史记》初刻54卷本自行刊行。

按：《蒙兀儿史记》为纪传体蒙古族通史，开创了民族专史编纂的先河。作者于1895年奉命赴黑龙江查办漠河金矿，事后被留任黑龙江舆图局总办，主持编绘《黑龙江舆地图》。其间研究兴趣转向蒙元史，并开始着手撰写《蒙兀儿史记》。1913年辞武进县知事职,自是一意著述,朝夕寝馈于蒙兀儿史者,前后凡五年。至1921年病卒,全书尚未完成。其子孝宦将已刊及未刊稿本汇总整理,于1934年刊行定本,共28册,160卷,包括本纪18卷,列传129卷,表12卷,志1卷。1911年辛亥革命爆发之际,发生了所谓"蒙古独立"事件,屠寄出于维护国家统一的热忱而在常州自家首次刊刻此书,继之又先后二次将先写成的《蒙兀儿史记》部分在常州自家刻印,并继续撰写、修订,直至1921年病卒为止,对蒙古史以及元史学研究作出了重要贡献。

刘彦《中国近时外交史》由上海太平洋书店刊行。

按:此书初版共十四章,依次论述第一次鸦片战争、第二次鸦片战争、俄罗斯对中国之侵略、琉球之丧失、云南马嘉里事件、安南之丧失、缅甸之丧失、中日战争、列强瓜分中国、八国联军、日俄战争、西藏问题、日本与中国之关系、清末时期各列强对话之态度等。1914年8月出版增订版,1921年6月出版增订三版。

殷鉴社编《近世亡国史》由上海编者刊行。

蛰隐生编《鄂乱汇录初编》由新记印字馆刊行。

商务印书馆编译所编辑《大革命写真画》由上海商务印书馆刊行。

按:此书为最早的辛亥革命史图册,至1912年4月陆续出版14集,每集收录有关辛亥革命时期军政人物和时事的照片40—50幅,以中英文对照编排,富有史料价值。

顾鸣凤著《泰西人物志》由讷庵丛稿本出版。

梁启超等著《中国六大政治家》由上海广智书局刊行。

按:书中被称为六大政治家的是管仲、商鞅、诸葛亮、李德裕、王安石、张居正。作者是梁启超、麦孟华、李岳瑞、佘守。

时事新报馆编《革命党小传》(第2册)由上海时事新报馆刊行。

钱茂著《历代都江堰功小传》由成都作者刊行。

马其昶著《桐城耆旧传》12卷刊行。

按:是书涉及上起明初、下至清末桐城地方人物九百余人,荟萃了明清之旧闻,撰述了先贤之事迹,肯定了明清两代人士在重大历史变革中所表现出来的高尚气节。作者著述本书之时,正值清政府经历两次鸦片战争和甲午中日战争,国家内忧外患,大多数国人选择明哲保身贪生避祸。作者著述此书,旨在为国人在国难之时的选择树立一个可借鉴的道德榜样。

丁宝铨著《傅青主先生年谱》由山阳丁氏刊行。

杨永澍辑《杨忠武公记事录》由杨氏宝环堂刊行。

苕水外史著《沈敦和》由上海集成图书公司刊行。

慕优生编《海上梨园杂志》(上下册)由上海振聩社刊行。

林万里编《加里波的》(少年丛书)由上海商务印书馆刊行。

王闿运作《四岳诗》1卷,并自跋。

王闿运辑著《湘绮楼丛书》18种刊行。

沈同芳著《公言集》3卷、《刻鹄集》刊行。

虞景璜著《澹园文集》2卷首1卷由浙江镇海虞和钦在北京刻行。

慕优生编《海上梨园杂志》(上下册)由上海振聩社刊行。

林万里编《加里波的》由上海商务印书馆刊行。

谷应泰撰《博物要览》由上海商务印书馆刊行。

曹恭翊编《集权资宪通史——教育学》刊行。

丁福保编著《学校健康之保护》由上海译书公会刊行。

李廷翰编《贫民教育谭》由上海教育杂志社刊行。

陆费逵编《世界教育状况》(教育杂志临时增刊)由上海商务印书馆刊行。

江苏教育总会编辑部著录《江苏教育总会文牍六编》由上海中国图书公司刊行。

朱鸿寿著《拳艺学初步》由上海商务印书馆刊行。有编者序。

江谦著《古今音异读表》刊行。

怀恩光编《官话初阶》由山东大学堂书局刊行。

陈普则编《国文讲义》由上海商务印书馆刊行。

按:此书讲述文字源流、六书释别、音韵学、训诂学及经史子集4部文体等。

章士钊编纂《中等国文典》(第3版)由上海商务印书馆刊行。

吴天民编《奉天世界语学社发生之历史》由奉天世界语学社刊行。

陆启编《公文式》由上海商务印书馆刊行。

按:分上行、平行、下行、批答、诉讼、杂文等8章。文言体,有圈点。

赵灼编《(新撰)英文作文教科书》由上海群益书社刊行。

张省机编著《辣丁文津》由上海土山湾印书馆刊行。

穆耀枢辑西竺达摩祖师著,西竺般剌必谛译《易筋经》由上海勤益号刊行。

按:《易筋经》相传是西竺和尚达摩所著。达摩祖师为传真经,只身东来,一路扬经颂法,后落迹于少林寺。然而现代考古资料证明,《易筋经》实为明末天台紫凝道人所创,原系道家导引之术,与佛教实无干系。

沈则宽编著《古史参箴》(1—4卷)由上海土山湾印书馆刊行。

黄宾虹、邓实编《美术丛书》(1—20册)由上海神州国光社刊行,有编者序。

邓实(秋牧)集印《周栎园手辑名人画册》由上海神州国光社刊行。

邓实(秋牧)集印《风雨楼扇粹》1—8集由上海神州国光社刊行。

新舞台编演《黑籍冤魂图说》由编演者刊行。

李文彬编,甘永龙增订《(增订)华英翻译金针》(上编)由上海商务印书馆刊行。

李光恒编《汉语德文解释汇编》由北京京师武学官书局刊行。

宾步程编《中德字典》由上海商务印书馆刊行。

公教进行会编《中华公教进行会简章》由北京编者刊行。

李问渔著《亚物演义》由上海慈母堂刊行,有自序。

[日]竹内楠三著,汪惕予译《动物催眠术》由上海民国编译书局刊行。

[日]和田垣谦三著,徐宗稚、周保銮译述《世界商业史》由上海商务印书馆刊行。

[日]中泽忠太郎著,周维城、陆承谟编译《教授法批评要诀》由上海中国图书公司刊行。

[日]比野雷风著,汉魂译《剑武术》(武道根本)由南洋官书局刊行。

[日]菊池幽芳著,方庆周译述《电术奇谈》(一名催眠术)由上海广智书局刊行。

[英]库全英口译,李永庆笔述《圣教真诠》由上海广学会刊行。

[美]销司倭司女士(今译索思沃丝)著,林纾、陈家麟译《薄幸郎》2卷刊行。

[美]沈威廉著,张默君译述《尸光记》(科学小说)由译者刊行。

[美]白乃杰著,陈鸿璧、默君译《盗面》由上海广智书局刊行。

[法]赛渠尔著,李问渔译《勤领圣体说》由上海土山湾慈母堂刊行。

[德]鲍雷而著,沈羽编译《(附详解)世界语教科书》由上海中国图书公司刊行。

[俄]谋康斯著,陆钟灵、马逢伯译《毒药案》(侦探小说)由上海改良小说社刊行。

[意]亚尔方骚·利高烈著《申尔福疏解》由上海土山湾慈母堂刊行。

[波兰]柴孟河著,沈羽译《(袖珍)世界语字典》由上海土山湾印书馆刊行。

商务印书馆编译所编《菲利滨独立战史》由上海商务印书馆刊行。

商务印书馆编译所编《法国革命战史》由上海商务印书馆刊行。

商务印书馆编译所编《美国独立战史》由上海商务印书馆刊行。

欧阳钧编译《社会学》由上海商务印书馆刊行。

贾丰臻编译《女子教育》由上海舌耕社刊行。

章起渭编译、傅运森校订《西洋通史》由商务印书馆刊行。

林振翰译《汉译世界语》由上海科学会编辑部刊行。

按:林振翰在京师译学馆学习期间,开始将柴门霍夫的《世界语第一书》译成汉语,书名定为《汉译世界语》,并由英国乌克那博士校订。以后又编写《汉文世界语互译辞典》。

杨保恒、周维城编译《单级教授法》由上海江苏教育总会刊行。

基督复活安息日会编《真道诗歌》由上海时兆月报馆刊行。

青州神道学堂著《耶稣实录讲义》由撰者刊行。

时兆报馆编《得救攸关》由上海时兆报馆刊行。

《天主十诫劝论圣迹》由上海土山湾印书馆刊行。

《圣教鉴略》由上海土山湾印书馆刊行。

《祈祷会友便览》由上海土山湾印书馆刊行。

《圣歌宝集》刊行。

五、学者生卒

钱慧安(1833—1911)。慧安初名贵昌,字吉生,号清路渔子,别号清溪樵子、退一老人,室名双管楼,上海高桥人。布衣,于沪上邑庙一带鬻画自给。光绪中叶,一度应邀北上,先后为天津杨柳青齐健隆、爱竹斋诸画铺出年画样稿,计有《红楼梦》《皆大欢喜》《谢庭咏絮》及唐人诗意稿样四十余种。1909年与高巨之、蒲作英、吴昌硕、杨东山、程瑶签、王一亭、汪仲山、张善男、马骆等发起"豫园书画善会"于得月楼,会员数百人,被推为首任会长。画稿曾被编辑为《钱吉生画谱》《清溪画谱》等。

李恩绶(1835—1911)。恩绶字丹叔,号亚白,晚号讷庵,江苏镇江人。清末附贡生。因科举不利,以教馆、作幕和卖文自给。光绪初参加修纂《丹徒县志》。修成后,继续搜集地方掌故,编纂成《丹徒县志摭余》10卷,卒后由长子李丽荣继续编采,扩充成20卷。另著有《读骚阁赋存》《讷庵骈体文存》《缝月轩词》《冬心草堂诗选》《巢湖志》《香花墩志》《紫逢山志》《采石志》《庐阳名胜辑要》《润州赋钞》《历代诗人祠堂记》《讷庵类稿》等。

杨文会(1837—1911)。文会字仁山,安徽石棣人。自26岁学佛,先后出使英、日搜寻佛经,结识日本佛教学者南条文雄。又与李提摩太将《大乘起信论》译成英文。1866年在南京创立金陵刻经处,搜求佛经,刻印流通。1878年随曾纪泽出使英、法,在伦敦得识日本佛教学者南条文雄。在其帮助下,自日本、朝鲜觅得中国宋元以来散佚的佛教典籍300多种。1907年在南京创办佛教学堂"祇洹精舍",自编课本,招生教习佛典和梵文、英文,培养佛教人才。晚年广事搜求,刊布佛像佛经,曾编刻《大藏辑要》2000卷。1910年任佛学研究会会长。先后从杨仁山居士学佛者,有陈三立、梁启超、章太炎、夏曾佑、欧阳渐、梅光羲、谭嗣同、桂伯华、李证刚、蒯若木、黎端甫、孙少侯、李澹缘、高鹤年、谢无量等人。著作汇为《杨仁山居士遗著》10册。

按:梁启超《清代学术概论》(三十)曰:"石埭杨文会,少曾佐曾国藩幕府,复随曾纪泽使英,凤栖心内典,学问博而道行高。晚年息影金陵,专以刻经弘法为事。至宣统三年武汉革命之前一日圆寂。文会深通法相、华严两宗,而以净土教学者。学者渐敬信之。谭嗣同从之游一年,本其所得以著《仁学》,尤常鞭策其友梁启超。启超不能深造,顾亦好焉,其所著论,往往推挹佛教。康有为本好言宗教,往往以己意进退佛说。章炳麟亦好法相宗,有著述。故晚清所谓新学家者,殆无一不与佛学有关系,而凡有真信仰者率皈依文会。"

按:张立文主编《中国学术通史》(清代卷)第十三章说:"(杨文会)一生积极倡导佛学,为振兴近代佛教事业殚精竭虑,深受后人景仰。他创立的金陵刻经处,广搜佛经,刻印典籍,除了校勘刻印《大藏经》以外,还编纂刊行其他佛教经典论著。他弘扬佛法,宣传佛教,还开办了释氏学堂、祇洹精舍,编写《佛教初学课本》,培养了一批佛学研究人才。经过他的努力,西洋的宗教学方法、日本的唯识学佚著都传入中国,中国的一些思想家也在他的影响下开始对佛教产生一种异乎寻常的兴趣和热情,对近代佛学研究做出了贡献。"

孙葆田(1840—1911)。葆田字佩南,山东荣成人。张裕钊弟子。少嗜学,笃好《左传》《国语》、韩愈、欧阳修、苏轼之文。1874年进士,授刑部主事。1882年改任安徽宿松知县。1885年分校江南乡试,调署合肥知县。后有御史劾其误致人死罪,遂免归。数年后,安徽巡抚福润调其主事,辞不赴。后历主山东尚志书院、河南大梁书院。曾两度总纂《山东通志》。著有《宋人经义约钞》3卷、《删定马氏所辑汉儒经解》、《孟志编略》6卷、《汉儒传经记》1卷、《国朝经师汉学师承记》、《南阳县志》12卷卷首1卷、《策对名文约选》1卷、《历代策论约编》2卷、《汉人经解辑存序目》1卷、《方苞查慎行评点韩文合钞》、《明文正气集前编》1卷、《明文正气集后编》1卷、《校经室文集》6卷、《校经室文集补遗》1卷、《望溪文集续补遗》1卷等。事迹见《清史稿》卷四七九、姚永朴《孙佩南大令》(《碑传集补》卷二六)。

按:《清史稿》本传曰:"葆田故从武昌张裕钊受古文法,治经,实事求是,不薄宋儒。历主山东、河南书院,学者奉为大师。巡抚张曜疏陈其学行,赐五品卿衔。中外大臣迭荐之,诏征,不出。"

按:刘声木《桐城文学渊源考》卷一〇曰:"师事张裕钊、单为鏓,受古文法。其为文修词立诚,朴实而有理致、曲而有直,体运事实于文字之中。尤墨守方苞学,《望溪文全集》每篇皆识其旨趣。历主令德、宛南、尚志、河朔、泺源、大梁、尊经等书院讲席,以尚气节敦名检为教。""孙葆田,古文最得张裕钊之传,其文朴实弇雅,泽以经术,一以方苞为归;熟悉方苞文,随举一文,辄琅琅诵其旨趣。"

李问渔(1840—1911)。问渔其名秋,原名浩然,字问渔,以字行,上海人。徐汇公学初期学生。1862年入耶稣会。1872年升神父。曾任震旦学院院长,南洋公学教师。1879年创办并主编《益闻录》半月刊。1887年始创《圣心报》月刊,曾翻译《福音书》。主要译著有《新经译义》《宗徒大事录》《理窟》等。

按:徐华博《李问渔与近代西学传播》说:"李问渔是近代著名的天主教学者、神学家、哲学家和报人,以其拥有的西学与神学基础,精通外语的天才,尽力于翻译工作,出版报刊,为近代西学传播做出了重大的贡献。李问渔一生著作等身,他的著作与译著总共达 60 多种,其中译著达 39 种,可谓'无年无书';他也被誉为'浦东第一报人',一直由他担任主编和主笔的《益闻录》是近代上海除了《上海新报》和《申报》之外最早创办的报刊。他通过著译与出版报刊等手段,致力于西学传播长达 33 年之久,内容涉及西方自然科学、西政与西教(天主教),对普及自然科学知识、开启民智,以及促进社会风俗的改良都起了重大的作用。"(杭州师范大学硕士学位论文,2011 年)

陶浚宣(1846—1911)。浚宣字心云,号稷山,浙江会稽人。李慈铭弟子。1876 年举人。王先谦视学江苏时,曾受聘佐其辑《东华录》。张之洞督两广时,曾聘其主讲广雅书院。后辞归,建东湖书院,宣统元年改为法政学堂。博通经史,深于金石碑版之学。著有《稷山文存》《修初堂集》《通艺堂诗录》《稷山论书诗》等。

贺涛(1847—1911)。涛字松坡,直隶武强人。吴汝纶弟子。1886 年进士,官刑部主事。著有《易说》《书说》《仪礼钞》《文章大观》《舆地图说》《韩昌黎年谱》1 卷、《国语记》《贺先生文集》等。事迹见《清史稿》卷四八六、《碑传集补》卷五三。

按:《清史稿》卷四八六曰:"初,汝纶牧深州,见涛所为《反离骚》,大奇之,遂尽授以所学,复使受学于张裕钊。涛谨守两家师说,于姚鼐义理、考据、词章三者不可偏废之说,尤必以词章为贯彻始终,日与学者讨论义法不厌。与同年生刘孚京俱治古文,涛言宜先以八家立门户,而上窥秦、汉;孚京言宜先以秦、汉为根柢,而下揽八家,其门径大略相同。涛有《文集》四卷。"

按:徐世昌《大清畿辅先哲传》曰:"初,汝纶倡为桐城古文之学,其牧深州时,见涛所为《反离骚》,大奇之,遂尽授以所学。及武昌张裕钊北来主讲保定之莲池书院,汝纶复使往受学于裕钊,裕钊叹曰:'北游得松坡,不负此行矣。'"(民国刻本)

按:刘声木《桐城文学渊源考》卷一〇曰:"师事张裕钊、吴汝纶,受古文法,相从最久。读书辄究讨其文章义法,因文以探作者之微旨,既冥契于古人,有以自得。其为文导源盛汉,泛滥周秦诸子,矜练生创,意境自成,善能敛其才于学之中。其规模藩域,一仿张、吴二公。历主信都、文瑞、文学馆等讲席。讲求古文义法,以为义法明而古人之精神乃可见。目盲二十年,诵讲不辍。于安章宅句之法尤必深研而详讨之。评骘古书最精当。撰《贺先生文集》四卷、《尺牍》二卷。""贺涛,主讲信都书院十八年,又主文学馆即莲池书院,终日与学者讨论文章义法不厌,谨守张、吴两家师说。"

按:吴汝纶 1871 年任深州知州,见贺涛文章,十分欣赏,收为弟子。其师之一张裕钊,晚期桐城派代表人物,1883 年任莲池书院院长,吴汝纶推荐贺涛以张裕钊为师,学习古文义法。后来张裕钊写信给吴汝纶说:"近所得海内英俊之士,惟肯堂及贺松坡最所厚期。松坡,深感阁下遗我奇宝。"(参见丁有国《张裕钊论学手札》助读,第 81 页,湖北美术出版社 1994 年版)1880 至 1889 年,吴汝纶任冀州知州,而首重教育,1887 年,吴汝纶欲聘贺涛为信都书院院长,"本年冀州缺山长,州人专信向阁下举天下之宿儒硕学,无以易执事也。"(《吴汝纶全集》第三册第 632 页)较之前任王树枏、范当世,贺涛任教时间更长,成就也更大。"北方学人对之极推崇之盛,谓继吴挚甫先生而后之第一人。主讲冀州书院久,其门第遍燕南北,蔚为北方大师"(杨佑茂《吴汝纶与冀州的文教》,《衡水师专学报》2003 年第 3 期)。袁世凯任直隶总督期间,于莲池书院旧址创办保定文学馆,聘请贺涛为之主持。贺涛离任保定文学馆长后,陈启泰、徐世昌等争相延请其为家庭教师,徐世昌更是对贺涛推崇备至,贺涛去世后,他还亲自主持编成《贺先生文集》4 卷。总之,贺涛不能算作新式文人,但他在培养人才、传播桐城古文方面有所贡献,为直隶文教增加了更多的内容,延续了传统文化。吴汝纶题河北武强贺氏家祠联:太行左转,山川清淑之气钟焉,其族世所谓甲乙;明德代兴,祖宗诗礼之传远矣,乃今大发为文章。

张亨嘉(1847—1911)。亨嘉字燮钧,号铁君,福建侯官人。1883 年进士。选庶吉士;散馆授编修。1888 年任提督湖南学政。1893 年充广西乡试正考官。后入值南书房,升授国子监司业,迁詹事府、右春坊右中允,升授司经局洗马,迁翰林院侍讲,升授太常寺少卿,迁大理寺少卿。1901 年任督浙江学政。旋回京,仍在南书房行走,并充京师大学堂总监督,补授光禄寺卿,迁都察院左副都御史,升授兵部右侍郎,调补礼部左侍郎,充玉牒馆副总裁、经筵讲官。曾在1898年与林旭集合寓京的闽籍人士,在福建会馆成立维新组织闽学会。1904年至1906年任北京大学校长。著有《张文厚公文集》4卷、《赋钞》2卷。

杨调元(1855—1911)。调元字孝羹,一字和甫,贵州贵筑人。1877年进士。历官户部主事、陕西长安、紫阳、华阳、宝鸡、沔县、富平等县知县,华州知州。1911年任渭南县令时值辛亥革命,因变起殉难。平生嗜书史,勤纂述,擅长篆书,古朴典雅,刊有《训纂堂丛书》。著有《训纂堂集》《说文解字均谱》《集石鼓文楹帖》《绵桐馆词》等。编有《楹联集古》。

汪康年(1860—1911)。康年字穰卿,号醒醉生,晚号恢白,浙江杭州。1892年进士。曾参加强学会。1896年与夏曾佑等创办《时务报》,与汪大钧等办《时务日报》(改名《中外日报》)。1904年任内阁中书。1907年在京创办《京报》《刍言报》等。著有《汪穰卿先生师友手札》《汪穰卿笔记》《汪穰卿遗著》等。

王钟声(1880—1911)。钟声原名熙普,浙江上虞人。1894年赴上海学外文。1898年自费赴德国攻读法政。1906年回国,在湖南某校任教习。后入广西巡抚幕,旋任广西法政学堂监督和洋务局总办。1907年赴上海从事新剧运动,组织新剧团体春阳社。1908年与任天知等创办通鉴学校。后参与上海武装起义,任都督府参谋。其编演的主要剧目有《迦茵小传》《孽海花》《官场现形记》《宦海潮》《新茶花》《张文祥刺马》《秋瑾》《徐锡麟》《热血》《革命家庭》《血手印》《爱国血》《禽海石》等。

林觉民(1887—1911)。觉民字意洞,号抖飞,又号天外生,福建福州人。14岁考入全闽大学堂,开始接受民主革命思想,推崇自由平等学说。1905年回乡与陈意映结婚。1907年自费去日本留学,专攻日语。翌年补为官费生,入庆应大学文科,攻读哲学,兼习英文、德文。同时加入同盟会。1911年春回国,准备在广州发动起义,4月24日晚留下情真意切的绝笔《与妻书》,4月27日与族亲林尹民、林文随方声洞等革命党人勇猛地攻入总督衙门,转战途中受伤力尽被俘。在提督衙门受审时慷慨宣传革命道理,最后从容就义,史称"黄花岗七十二烈士"之一。

赵声(1881—1911)。声原名毓声,字伯先,号百先,江苏丹徒人。1901年考入江南水师学堂和陆师学堂,开始接触资产阶级民主政治学说。1903年2月东渡日本考察,与黄兴结识,同年夏回国,任南京两江师范教员和长沙实业学堂监督,积极宣传革命思想,曾撰写七字唱本《保国歌》,秘密散发。1905年秋后任江阴新军教官。旋随郭人漳到广西,任广西巡防营管带。后回南京任33标2营管带,后升为标统。曾秘密传播革命思想,外联同志,积极策动反清武装斗争。任香港同盟会会长。1911年3月29日率部赶往广州参加起义。5月18日在香港病逝。1912年被南京临时政府追赠为陆军上将。章士钊著有《赵伯先事略》。

李文甫(1892—1911)。文甫字炽,号夷丘,广东东莞兰人。1908年春离家赴港,与胡汉民、冯自由等共同组织同盟会南方支部。1909年参加孙中山的同盟会,活动于省、港之间。初任《中国日报》协理,后任经理兼主《时事画报》笔政。1910年2月从香港回穗,参加广州新军起义,失败后潜回香港。1911年4月27日广州黄花岗起义发动后,率敢死队跟随黄兴攻打总督衙门,不幸足部中弹,转战至北教场时被俘,翌日壮烈殉国。

萧红(—1942)、蒲风(—1942)、王闻识(—1942)、谭小麟(—1948)、陈田鹤(—1955)、卜青茂(—1956)、黄敬(—1958)、曹末风(—1963)、高名凯(—1965)、陈梦家(—1966)、叶以群(—1966)、袁勃(—1967)、李嘉言(—1967)、黄昇(—1968)、丁瓒(—1968)、郑君里(—

1969)、何家槐(—1969)、曹日昌(—1969)、文士域(—1970)、陈烟桥(—1970)、徐懋庸(—1977)、卢元骏(—1977)、吴栋村(—1980)、潘朗(—1981)、朱星(—1982)、金山(—1982)、王竹溪(—1983)、李伯钊(—1983)、孟庆树(—1983)、魏猛克(—1984)、李仲生(—1984)、鲁方明(—1984)、李旭旦(—1985)、田辛甫(—1985)、江栋良(—1986)、杨士惠(—1987)、盛彤笙(—1987)、傅衣凌(—1988)、邢舜田(—1988)、刘诗普(—1989)、孔昭恺(—1990)、李辉英(—1991)、张安治(—1991)、张舜徽(—1992)、谭其骧(—1992)、何洛(—1992)、周楞伽(—1992)、康克清(—1992)、葛佩琦(—1993)、刘熊祥(—1994)、唐长孺(—1994)、陈凝丹(—1995)、胡厚宣(—1995)、权少文(—1996)、丁善德(—1996)、匡扶(—1996)、罗竹风(—1996)、龚祥瑞(—1996)、黄绍芬(—1997)、胡铁生(—1997)、张阶平(—1998)、周振甫(—2000)、柴木兰(—2002)、张庚(—2003)、陈省身(—2004)、梁树年(—2005)、钱学森(—2009)、季羡林(—2009)、韩德培(—2009)、孙起孟(—2010)、何兹全(—2011)、徐邦达(—2012)、侯仁之(—2013)、李育中(—2013)生。

六、学术评述

　　关于现代学术史的起点,学界向来存有分歧与争议。根据罗福惠、许小青《对近二十年民国学术史研究的回顾》(中国社会科学院近代史研究所编《中华民国史研究三十年(1972—2002)(下卷)》,社会科学文献出版社2008年版)一文的归纳,大致有三种不同的观点:一是主张中国现代学术产生于19—20世纪之交,以刘梦溪为代表。刘梦溪《中国现代学术经典总序》(河北教育出版社1996年版)主张中国现代学术产生于清末民初,其主要标志是1898年严复发表《论治学与治事宜分二途》、1902年梁启超发表《论学术之势力左右世界》《新史学》以及1904年王国维发表《红楼梦评论》。二是主张中国现代学术产生于五四时期,以朱汉国、雷颐为代表。朱汉国《创建新范式:五四时期学术转型的特征及意义》(《北京师范大学学报》1999年第2期)认为"五四时期的中国学术,无论是精神、旨趣,还是方法、语体、文体都处在扬弃旧范式、创建新范式的转型阶段。五四时期新学术的创建,迈开了建立中国现代学术的步伐,其成就影响了几代学人"。同样,雷颐《关于现代学术传统》(《学人》第1辑)也主张中国学术的现代化是"五四"以后才正式开始的,认为胡适、顾颉刚、傅斯年等人的学术研究,较好地将现代学术方法与中国固有的学术传统结合起来,的确开一代风气之先。三是主张中国现代学术的产生有一个过程,是晚清与"五四"两代人共同作用的结果,以陈平原、刘克敌等人为代表。陈平原《中国现代学术之建立——以章太炎、胡适之为中心》(北京大学出版社1998年版)选择章太炎、胡适之为中心,"突出晚清和五四现代学人的'共谋',开创了中国现代学术的新天地"。刘克敌《学人学术与学术史》(《北方论丛》1999年第3期)将20世纪中国的学术划分为四个阶段,即20世纪初到"五四"前后为现代学术的创建期;20年代到40年代为现代学术的成长期;50年代到80年代末为现代学术的迷失期;90年代到世纪末为现代学术的回归期。

　　《中国现代学术编年》以发生辛亥革命的1911年为起点,首先是为了与我们此前所编纂的《中国学术编年》(华东师范大学出版社2013年版)的下限(1911年)相衔接,但更为重要的是此年在中国历史上的划时代意义及其对现代学术进程的巨大、深刻而持续的影响。因为正是此年武昌起义的爆发,清帝的退位,共和政体的建立,标志着数千年之久的帝制的终结,中国由此告别了古代而进入现代时期,从而开辟了中国历史新纪元。如果把时间拉长一点,这场革命的酝酿,从戊戌变法之后就已开始。先是孙中山等人在广东组织革命团体,宣扬革命思想。庚子事变之后,大量留日学生接受革命宣传,成为反清的最主要参与者。而在武昌起义之后,许多原清廷的地方大员,在很短的时间内就宣布响应,这一点也大出人们的意料。凡此种种,不但影响着辛亥年之后的中国政治走向,而且很大程度上形塑了民国时期的思想与学术的基本格局。首先,梁启超、康有为、严复、章炳麟等在辛亥前十年舆论界影响深远的人士,他们的基本学术观点在民国时期引起了非常多的回响,即便是对他们观点的反思与批判,也是建立在他们所树立的学术路径之上的。其次,辛亥革命所宣扬的基本政治理念,如民主、共和等,成为民国时期学术发展背后的基本政治意识,如果一旦对此有所非议,将很难在主流学术界中占有位置。换言之,辛亥革命是民国时期不同学术流派都默认的一个思考中国问题的政治前提。最后,辛亥革命的最主要鼓吹者,要么是国内的士绅阶层,要么是与他们有着千丝万缕联系的留学海外(特别是留学日本的)学生。这些人的阶级出身、成长经历、知识结构、政治立场,很大程度上影响着民国时期的学术风格。当新一代知识分子登上历史舞台时,很大程度上也是在对他们的"扬弃"中形成自己的学术意识的。总而言之,1911年的辛亥革命既是开启中国历史新纪元的重大事件,又是改变现代学术方向、进程、命题、理论与方法的动力源泉,不能充分理解辛亥革命的历史意义,将很难深入探讨中国现代学术的基本特征。

基于中西交融与新旧转型的时空坐标,1911年的现代学术版图结构模型延续着近代以来逐步形成的北京—上海双都轴心(1911—1927)而加速了现代学术的转型进程。回溯中国近代史的重大变化与趋势,即是上海新型国际化都市的崛起,以及逐步形成以京沪为两大轴心的新的政治、文化、学术版图。在中西交融、新旧蜕变的文化背景下,文人群体的进退分合相互交错,新兴社团、书馆、报刊、学校,更是令人眼花缭乱,伴随传统文人的率先转型与新型学者的快速聚合,上海最终以非凡业绩确立了自己作为商业新都、文化新都、学术新都的崇高地位,成为洋务运动、维新变法与辛亥革命的前沿阵地,成为国人出境、外人入境两相对流交融的纽带。近代学者群体正是通过留学、出使、出访与游历等途径由上海—域外通道走向世界,近代学术地理版图因此进一步从本土延伸至海外,呈现出以日本为主、以美国与英国为辅的空间流向与区域结构,由此可见上海这一新型国际都会崛起之于近代中国走向现代与世界以及重构北京—上海双都轴心的特殊意义。田光在《上海之今昔感》一文中称"上海北京为新旧两大鸿炉"的比喻甚为精到,从戊戌变法失败之后,分别作为革命派与立宪派大本营的上海与北京,直至民国政府从南京迁往北京以及此后袁世凯的称帝,显然一直处于尖锐的南北对立之中,但更准确地说,彼此既有新旧对峙,又有共趋互动。根据北京—上海双都轴心以及学术版图的分布与演变趋势,本年的学术活动空间流向大致著录为北京、上海、各省以及海外四大板块。

在北京轴心中,处于覆灭前夜的清王朝还在为自己的命运作最后的努力。5月8日,清廷宣布废除军机处,诏改立"皇族内阁"失败后,不得已于11月1日授袁世凯内阁总理大臣,命组织完全内阁。16日,由清廷批准,总理大臣袁世凯完成组阁:外务大臣梁敦彦,副大臣胡维德;度支大臣严修,副大臣陈锦涛;法律大臣沈家本,副大臣梁启超;邮传大臣杨士琦,副大臣梁如浩;农工商大臣张謇,副大臣熙彦;陆军大臣王士珍,副大臣田文烈;海军大臣萨镇冰,副大臣谭学衡;理藩大臣达寿,副大臣荣勋;学务大臣唐景崇,副大臣杨度;民政大臣赵秉钧,副大臣乌珍,这些大臣多数兼具学者身份。在此改朝换代的特殊时期,国家教育制度正在发生新旧转型的重大变革,其中先后出任清廷责任内阁与袁世凯内阁学务大臣的唐景崇发挥了重要作用。5月31日,学部奏请仿照日本高等教育会议章程,设立中央教育会。6月20日,清廷谕旨:学部奏设中央教育会遵章开会,请派张謇充该会会长,张元济、傅增湘充该会副会长一折,著依议。7月15日,中央教育会在京师举行会议,138人出席会议,至8月14日闭幕,历时30天。会议推举张謇为会长,张元济、傅增湘为副会长,达成军国民教育案、振兴实业教育案、统一国语办法案等决议案12件。鉴于中央教育会各方意见难以协调,相关讨论难免不流于形式,成为清廷谢幕前的一场闹剧,张元济决意另行发起成立民间组织中国教育会。8月11日午后,张元济等筹组的中国教育会假北京政法学堂召开成立大会,到会200余人。张元济致开幕辞,就该会章程第一章"应世界之趋势,以定教育方针,察社会之现状,以求教育之进步"引伸其义,会议公决通过《中国教育会章程草案》20条。张元济被推举为会长,伍光建、张謇为副会长。张元济利用出席与主持官方中央教育会的机会,在中央教育会尚未闭幕的情况下,竟然另行发起成立民间的中国教育会,这种公开与政府争夺教育资源的事件充分说明清政府社会控制能力日渐式微,从张謇的敷衍塞责到张元济的另立门户,均为当时社会复杂面向的表现。同月,原本作为北京轴心学术重镇的京师大学堂也受到严重冲击。刘廷琛继续任京师大学堂总监督。11月26日,劳乃宣继任京师大学堂总监督。12月,兼署学部副大臣。其实当时京师大学堂受武昌起义的影响,学生和教习也都无心上课。清政府为稳定人心,维持局面,由学部通令大学堂照常上课。但局面终究无法继续维持,大学堂当局只得咨呈学部,请求"暂时停办",于是清末的京师大学堂到此结束。其间值得关注的是:任教于京师大学堂的林纾继续在翻译发表外国小说,在知识界依然拥有广泛影响;章鸿钊是年夏从东京帝国大学理科大学地质学科毕业,获理学学士学位。9月,京师学部举行留学生考试,章鸿钊赴京考试,以最优等成绩获得"格致科进士"。同榜中还有从英国学地质归来的丁文江,两人相谈甚洽,都抱有一颗开创中国地质事业的决心。随后,章鸿钊在京师大学堂任教,成为国人在大学讲授地质学的第一人;胡先骕是年春负笈北京入京师大学堂预科学习。其时师友著名者有郭立山、林纾、柯劭忞、何育杰、李仪祉、秉农山、李麟玉、姚鹤雏、汪辟疆、林庚白、黄秋岳、梁鸿志等。北京轴心的另一重要事件是清华学堂的开办。1月5日,学部札核准"游美肄业馆"改名"清华学堂"并应将初等科改名中等科,编定高等、中等两科课程报部查核。2月,制订《清华学堂章程》。4月9日,外务部会同学部奏请批准,将游美肄业馆改名为"清华学堂"并订立章程。《清华学堂章程》规定:清华学堂"以培植全材、增进国力为宗旨""以进德修业、自强不息为教育之方针";高等科"以美国大学及专门学堂为标准"。11日,外务部游美学务处总办周自齐兼任清华学堂监督,会办范源濂、唐国安兼任副监督,胡敦复任教务长,唐孟伦任庶务长。29日,清华学堂在清华园正式开学。这就是清华历史的开端。自此之后,清华学堂成为当时学者出国留学深造的摇篮。7月27日,张伯苓赴京往清华学堂。8月,张伯苓到校接任教务长。11月9日,因10月10日武昌起义爆发,以及清政府挪用这一年"退还"的"庚子赔款"去弥补军费,清华学堂经费断绝。清华学堂于本日宣布停课。需要特别提及的是,是年考入清华的吴宓、梅光迪、汤用彤、陈达、金岳霖、陈鹤琴日后皆成长为学术大师。

　　在京沪双都轴心中,上海轴心更具开放与创新的特殊功能与意义。辛亥革命爆发后,章炳麟、蔡元培分别从日本、欧洲回归上海,作为学界领袖共同引领学坛。章炳麟原在日本东京讲学,武昌起义的消息传到东京后,即中断讲学,于 11 月 15 日回到上海从事学术与政治活动。次日,上海《民立报》发表章太炎"回国返沪"的消息,并专门刊载《欢迎鼓吹革命之文豪》社论。12 月 1 日,章炳麟《民国报》第 2 号上发表《宣言》9 则,其中第九则谓"学部莫宜于蔡元培",或许对次年蔡元培出任民国政府首任教育总长产生一定影响。蔡元培于 10 月 18 日接吴稚晖由伦敦发来的长信,详述所获武昌起义的各方讯息。11 月 5 日,又接陈其美电报促其归国。13 日晚 11 时,由柏林启行,从西伯利亚回国。28 日中午 12 时,抵上海。12 月 4 日,出席各省代表在江苏省教育会举行的会议。12 月 26 日,蔡元培、章炳麟电请孙中山,请其出面保释被资州军政府拘押的刘师培。在教育界,马相伯继续任复旦公学校长。12 月 2 日,马相伯组织江浙联军前锋部队之"镇军",从太平门攻入南京。中华民国临时政府委任马相伯担任南京府尹(市长)。辛亥革命中,复旦公学校园被光复军总部占用,图籍设备毁去。12 月中旬,校长马相伯、教务长胡敦复等人,在无锡士绅的支持下,借惠山李鸿章公祠为课堂,昭忠祠为宿舍,筹备复学。拟建成为哲理、文学、政治、象数、理化各科大学。马相伯说:"民国光复,吾复旦亦光复矣。吾十余年来所梦想共和政府下的学校,今始遂愿矣。"但因该地"接近花市,箫鼓画船,实不宜建设学校",上课月余,被迫迁回上海。唐文治继续任上海高等实业学堂监督。2 月,颁布修订后的《邮传部上海高等实业学堂章程》,云:"本学堂分设高等科学,造就专门人才,尤以学成致用振兴中国实业为宗旨,并极意注重中文,以保国粹。"4 月 29 日至 5 月 12 日,江苏省教育总会发起联络,邀请江苏、安徽、山东、湖北、直隶、福建、湖南、浙江、河南等 13 省代表 20 余人,在上海举行各省教育总会联合会,决议建立全国机构,唐文治作为东道主代表在所致欢迎词中强调:"鄙会发起联合会之目的,在沟通各省教育界之知识与情谊,以期对于学部可发表共同一致之意见。"会议最后决议称:"唐文治等于宣统二年发起各省教育总会联合会,意在公议关系全国教育事宜,期于共同一致,改良进步,为帝国教育会之预备,促各省教育之进行。"10 月 23 日,唐文治出席江苏教育总会召开的常年大会,继续当选会长,张謇、蒋炳章继续当选副会长。11 月 6 日下午 4 时,上海实业学堂举行更名大会,改"邮传部上海高等实业学堂"为"中国南洋大学堂"。唐文治宣布"开会宗旨",其内容概括而言,约为五端,其中第一条为:"本校自即日起改名为中国南洋大学堂。本校全体师生员工要以坚定毅力维护新中国,本校将来须成为中国第一大学,校旗所到之地,即中国国旗所到之地。"在出版界,商务印书馆张元济依然基于领袖地位,而且不断向政学两个方向"开疆拓土"。其中"学"的方向已见上文,"政"的方向则如:2 月 6 日,张元济在预备立宪公会新年大会暨补行上年年会上,以通信投票方式当选为副会长,张謇为会长。3 月 25 日,张元济与方表、沈钧儒、林长民、孟森、孟昭常、邵羲、金泯澜、秦瑞珍、高凤谦、陶保霖、陈承泽、陈时夏、陈敬第、陆尔奎、贺绍章、雷奋、杨廷栋、蒲殿俊、蔡文森、熊范舆、刘春霖、刘崇祐、刘崇杰共 24 人发起成立《法政杂志》社,并创刊《法政杂志》月刊,聘陶保霖为编辑主任,由商务印书馆印刷发行。11 月 4 日,上海光复。13 日,张元济被推为浙江省代表,参与议定《组织全国会议团通告书稿》。22 日,因昨日报被袁世凯任为学部副大臣,张元济致电袁世凯拒绝。杜亚泉 2 月任商务印书馆《东方杂志》主编,对《东方杂志》进行重大的改革,扩大篇幅,活跃版面,增加内容,增设"科学杂俎"等栏目传播科学知识,设"谈屑"等栏目议论时弊,从而面目一新,使其销量大增,成为当时国内销量最大、最有影响的文、理、政论综合性学术期刊。武昌起义后,杜亚泉撰写《革命战争》,刊于《东方杂志》第 8 卷第 9 号,旗帜鲜明地公开站在革命军一边。居于上海轴心的重要学者还有杨守敬、陈三立、郑观应、黄侃、邓实、陆费逵、沈曾植、宋教仁、伍廷芳、胡汉民、陶成章、戴季陶、吴稚晖、邵力子、王宠惠、马叙伦等,又有傅增湘南下客居上海,张謇也不时前来上海。杨守敬是年主持编纂《历代舆地图》完成,1906—1911 年间陆续刊行,共 34 册,358 卷,45 个图组,其中图集首为《历代舆地沿革险要图》71 幅,概略表示历史境域大势,是一部贯通古今的历史地图,为中国历史地图的代表作。此外,又有江亢虎先于 7 月 10 日在上海组织"社会主义研究会",以研究广义的社会主义为宗旨,继办《社会星》杂志。再至 11 月 5 日,在上海发起成立中国社会党,明确以社会主义为纲领,对传播社会主义发挥了重要作用。

各省板块中,广东沿承晚清以来的格局,仍然占据一定的优势。湖北为辛亥革命的风暴中心,先后汇聚了大批革命者,其中不乏政学两兼者。但就学术活动与成果而言,则以四川与江浙为两大学术亚中心。四川既为保路风潮中心,也是区域学术高地所在。其中四川以廖平、谢无量与刘师培等为代表。廖平年初仍在井研杜门家居。春,应川汉铁路公司总理曾培聘请,任《铁路月刊》主笔,因复携眷至省,仍居汪家拐。廖平在《铁路月刊》刊文支持四川保路运动。8 月,遣眷回县,独留成都。10 月,四川军政府成立,聘廖平为枢密院院长,对于川中军政多有谋略。谢无量仍任四川存古学堂监督。6 月 17 日,出席四川保路同志会成立大会,与张澜、蒲殿俊、杨沧白等投入四川保路运动。12 月 15 日,廖平、吴虞至谢无量处,并与刘师培晤谈。5 月 18 日,端方被委任为督办粤汉、川汉铁路大臣。22 日,端方南下接收鄂、湘、粤、川四省铁路公司。刘师培充参议官,随同赴任。7 月,刘师培撰成《周书补正》6 卷,为刘师培经学研究的代表性论著之一。9 月,端方受命率湖北新军两千人增援四川,镇压保路运动,刘师培随同入川。11 月 27 日,刘师培在资州被资州军政分府拘押。刘师培在安徽芜湖执教时的弟子刘文典闻讯,急赴上海找章炳麟设法营救。章炳麟不念旧恶,全力救助。12 月 1 日,章炳麟在上海《民国报》发表《宣言》,呼吁军方不要杀刘师培。江浙也是辛亥革命的前沿阵地,学界更是人才济济。江浙分别由程德全、汤寿潜主持新政,在教育改革上也多有作为,其间汇聚了孟森、王宠惠、黄炎培、丁文江、张东荪、蓝公武、屠寄、胡小石、柳诒徵、吕思勉、赵紫宸、陈黻宸、沈钧儒、张尔田、马一浮、沈兼士、钱玄同、马裕藻、鲁迅、周作人、朱希祖等,日后都成长为学术大家。

海外板块中,系由"出"与"进"两个层面所构成。其中"出"的方面仍以日本为主导,因继续流亡于日本的康有为、梁启超与因辛亥革命而新移居日本的罗振玉、王国维而大幅提升了日本的海外学术中心地位。康有为 10—11 月间作《救亡论》10 篇,发表他对时局的看法。11 月 3 日,清廷在 3 天内仓促制定、公布了《宪法重大信条十九条》。康有为受此鼓舞,作长文《共和政体论》,论说英国式的共和政体,认为虚君共和才适合中国。12 月南北议和之际,康有为致书黎元洪、黄兴、汤化龙等,论总统共和与君主共和制利弊,主张君主共和。年底,发表《汉族宜忧外分勿内争论》。梁启超 10—11 月间发表《新中国建设问题》一文,上篇论单一国体和联邦国体的问题,下篇论虚君共和政体和民主共和政体的问题。鉴于是时全国扰攘,舆论纷纭,梁启超欲就理论方面提出解决当前问题的意见。11 月 21 日,梁启超接袁世凯电,谓"公抱天下才,负天下望,简命既下,中外欢腾。务祈念神州之陆沉,悯生灵之涂炭,即日脂车北上,商定大计,同扶宗邦"。12 月 23 日,又接袁世凯电劝驾。清廷亦于 12 月 3 日及次年 1 月 9 日致电恳召归国。王国维 11 月在日本本愿寺教主大谷光瑞、京都大学旧友内藤教授等人的力劝下,由藤田剑峰安排,携家眷随罗振玉东渡,寄居日本京都田中村,王国维之师藤田丰八等人皆来相聚。罗振常、王国维避居日本后,由王国维协助罗振常,致力于甲骨学、敦煌学与简牍学研究,从而一同开创了这一新显学。日本以外是美国与欧洲。当时留学美国的有陈焕章、马寅初、胡适、梅光迪、赵元任、蒋梦麟、竺可桢、郭秉文等。陈焕章在美国哥伦比亚大学完成英文博士论文《孔门理财学》,通过论文答辩,获哲学博士学位。随后此书被收入由哥伦比亚大学政治学系编辑的"历史、经济和公共法律研究"丛书,为中国人"在西方刊行的各种经济学科论著中的最早的一部名著"。留学欧洲的有章士钊、杨昌济、丁文江、翁文灏、陈寅恪等。至于"进"的方面,主要有:英国马尔克·奥莱尔·斯坦因11月启程返回印度,开始撰写第二次中亚考察报告,至11月完成《契丹沙漠废墟——在中亚和中国西部地区考察实纪》,凡两卷,97章,1063页,插图照片333幅,彩版及全景照片13幅,地图3幅,次年由伦敦麦克米兰出版公司出版。这意味着与甲骨学、简牍学并立的敦煌学即将成为世界显学;法兰西学院汉学家埃玛纽埃尔·爱德华·沙畹年初完成斯坦因于1909年春所托第二次中亚考察中获得的近千件简牍的考释,并将释文和注释交给了斯坦因;日本橘瑞超和吉川小一郎从王道士处,取走约600件敦煌经卷。

近代以来,从洋务运动到戊戌变法,再到辛亥革命,学术与政治始终纠缠在一起,因为不仅有不少学坛精英本身处于政治纷争的漩涡,而且的确也有太多的政治命题需要学界作出及时的反应和回答。比如,章炳麟是年在日本东京讲学,武昌起义的消息传到东京后,即中断讲学。10月25日,以中国革命本部名义在东京发布《中国革命宣言书》。10月26、28、31日,在马来西亚的《光华日报》上连载《诛政党》一文,逐一评点康有为、梁启超、张謇、杨度、蒋智由、严复、马良、陈景仁、汤化龙、汤寿潜、林长民、郑孝胥等人。11月24日,于上海主持召开国民自治会,并发表演说,称时势危急,诸君毋多财以贾祸。至于政治,宜先认武昌为中央政府。12月1日,在《民国报》第2号上发表《宣言》9则,就辛亥革命成功后的一系列重大问题发表意见。12月3日,作《致赵凤昌书》,谈到关于建都地点的意见。12月12日,章炳麟给武昌谭人凤等人的电文在天津《大公报》上发表,章炳麟提出"革命军起,革命党消"的主张;严复4月12日以海军部一等参谋官被特授为海军协都统衔。8月12日,与张謇、张元济、江谦、杨度等联名在《大公报》发表《中国教育会章程草案》。10月12日,在北京会见袁世凯商谈国事,并被任命为北方代表团的代表,参加南北议和的谈判。12月26日,在北京东城金鱼胡同致信英国人莫理循,分析武昌起义的起因和过程,国民党和保皇会的作用,对起义后中国的发展动向极为忧虑。信中表达了反对共和,主张立宪的思想,并希望国际干涉中国革命。再如尚在海外流放的梁启超9月被袁世凯任命为法部副大臣,辞未就。10月,与康有为发起"虚君共和"主张,并遣人从日本赴国内与各方联络。11月,南北议和成,"虚君共和"主张卒不能行。是年,发表《粤乱感言》《对外与对内》《敬告国人之误解宪政者》《政党与政治上之信条》《收回干线铁路问题》《为川汉铁路事敬告全蜀父老》等文章;蔡元培10月19日赴柏林,访俞大纯、李倜君、顾梦渔等,集会演说,声援武昌起义,希望革命早日成功。26日,蔡元培致信孙中山,拟为革命军购炮。11月13日,因接陈其美电报促启程归国。12月,取道西伯利亚回国,抵达上海。其余如黄侃(署名奇谈)闰六月初一日在汉口《大江报》撰文《大乱者救中国之妙药也》,反对改良,疾呼革命;刘师培10月随端方入川,镇压保路运动。11月17日,因端方在资州被部将所杀,刘师培被资州军政分府拘押;辜鸿铭10月25日写信给上海租界里最有影响的西方报《字林西报》,阻止刊登有关武昌起义和排满文章;……这些学坛领袖与大师的经历足以证明辛亥革命时期学术与政治的难解难分,而这一鲜明特色与趋势一直贯穿于整个现代学术时段。但另一方面,以王国维、罗振玉为代表的学术群体则致力于更具纯学术意义的探索与研究。除了各自的学术研究之外，两人于是年2月在北京创办了《国学丛刊》双月刊，分经、史、小学、地理、金石、文学、目录、杂识等八类。尤为重要的是，王国维在《国学丛刊序》中提出了"学术三无"说的观点，谓"学之义不明于天下久矣。今之言学者，有新旧之争，有中西之争，有有用之学与无用之学之争。余正告天下曰：学无新旧也，无中西也，无有用无用也"（《国学丛刊》1911年2月创刊号），此与梁启超同年所作《学与术》谓"学也者，观察事物而发明其真理者也；术也者，取所发明之真理而致诸用者也""学者术之体，术者学之用。二者如辅车相依而不可离，学而不足以应用于术者，无益之学也。术而不以科学上之真理为基础者，欺世误人之术也"（1911年6月26日《国风报》第2册第15期）正好相互参看。彼此都对传统"学术概念"作了富有现代意义的阐释，堪称是现代"学术"何以为"学术"的两篇宣言，都是基于中西交融与新旧转型的学术思考与探索的崭新成果，但彼此在偏于科学与人文精神上则各有侧重，尤以王国维深得现代"学术"之精髓，较之梁启超更具会通古今中西以及回归学术本质的超越性意义。饶有意味的是，是年11月，王国维、罗振玉的东渡日本，正与梁启超的从日归国形成有趣的对比，至少反映了彼此对辛亥革命的不同政治态度及其不同的学术取向。诚然，最值得学界重点关注的是罗振玉以其特有的学术敏感，当他获知甲骨文出自安阳小屯，即遣其弟赴小屯调查并收购、发掘甲骨，前后获得3万余片，并开始著述《殷墟书契前编》前3卷，连载于《国学丛刊》第1—3册。11月避居日本后，由王国维协助，撰成《殷墟书契考释》及《流沙坠简考释》。自此方有甲骨学、简牍学这两大现代新显学的崛起以及"二重证据法"的总结。

本年度出版的重要学术著作有：张亮采编《中国风俗史》（上海商务印书馆），包括浑朴时代、骄奢时代、浮靡时代、由浮靡而趋敦朴时代4编，共12章，论述由黄帝以前至明代止的历代社会之风俗，为中国风俗史第一本专著，此后多次再版；屠寄编纂《蒙兀儿史记》初刻54卷（著者刊行）为纪传体蒙古族通史，开创了民族专史编纂的先河，对蒙古史以及元史学研究作出了重要贡献；杨守敬主持编纂《历代舆地图》全部告成，终于完成了以疆域沿革为主体的贯通各朝、详细完整的历史地图之集成；马其昶《桐城耆旧传》12卷（著者刊行）采录明初至清末桐城籍人物900多人的行迹，旨在表彰明清两代人士在重大历史变革中所表现出来的高尚气节与道德力量；刘彦《中国近时外交史》（上海太平洋书店）以介绍我国外交失败之历史于国民为主眼，俾国人知国家演成今日现象之由来，为中国近代外交史的早期代表作；商务印书馆编译所编辑《大革命写真画》（商务印书馆）为最早的辛亥革命史图册，每集收录有关辛亥革命时期军政人物和时事的照片40—50幅，以中英文对照编排，富有史料价值。另有刘师培撰成《周书补正》6卷，这是在朱骏声、田普实、戴望、孙诒让等人对《周书》研究的基础上关于《周书》的再研究，为刘师培早期经学研究的代表作，同样富有学术价值。

就本年度聚焦于重要学术论题与学术史的论著来看，前者除了上文所述梁启超《学与术》、王国维《国学丛刊序》之外，尚有：康有为《救亡论》（《不忍》杂志第7期）、《共和政体论》（作者刊行），梁启超《新中国建设问题》（《饮冰室合集》文集之二十七）、《将来百论》（《国风报》第2年第1、3、5、6、15期），杜亚泉《政党论》（《东方杂志》第8卷第1号），罗振玉编纂《殷虚书契前编》前3卷（《国学丛刊》第1—3册），刘师培《周书略说》（《国粹学报》第76期）、《敦煌新出唐写本提要》（《国粹学报》辛亥第4号），孙毓修《唐写本公牍契约考》（《东方杂志》第8卷第2号），王国维《隋唐兵符图录说》（《国学丛刊》第3册）、《古剧角色考》（日本《艺文》杂志第 4 年 1、4、7 号)，丽海《东方旧文明之新研究》(《进步杂志》第 1 卷第 1 号)等。王国维《古剧角色考》是其戏剧研究的重要成果，而《隋唐兵符图录说》则为其治古器物学之始。刘师培《敦煌新出唐写本提要》为中国最早的敦煌文献提要。孙毓修《唐写本公牍契约考》为利用敦煌文书进行社会经济历史研究的早期成果。学术史的论著方面主要有：紫宸《学术进化之大要》(《进步杂志》第 1 卷第 1 号)，亮人《论史学之变迁》(《克复学报》第 3 期)，陶懋立《中国地图学发明之原始及改良进步之次序》(《地学杂志》第 2 年第 11 号)，刘师培《白虎通义源流考》(《国粹学报》第 74 期)，蒋瑞藻《小说考证》(《东方杂志》第 8 卷第 1 号)，佀生《小说丛话》(《小说月报》第 2 年第 3 期)，观复斋主《明代诸儒阐微录》(《克复学报》第 2 期)，太初《论泰西政治家学派》(《克复学报》第 3 期)，张其勤《西藏宗教源流考》(《东方杂志》第 8 卷第 1、4、5、6 号号)。刘师培《白虎通义源流考》认为《通义》是在《议奏》的基础上"撰集"而成的，"体宜于旧，谓之撰，会合众家谓之集""嗣则《议奏》泯湮，唯存《通义》，而歧名孳生"。《白虎通》则为《白虎通义》"文从省约"，去"义"而存"通"。至于《后汉书·班固传》所见《白虎通德论》一名，他认为是《白虎通》和《功德论》二书，"德论"之上，脱"功"字。从版本源流上认定"以礼名为纲，不以经义为区，此则《通义》异于《奏议》者也"。之后，刘师培又于 1913 年 3 月完成《白虎通义（定本）》。钱玄同后来在编辑《刘申叔遗书》时称赞刘师培"分析极为精当，虽寥寥数语，实是一字千金，于经学上有极大之功绩"。蒋瑞藻《小说考证》内容主要涉及《琵琶记》《西厢记》《三国志》《水浒传》《西游记》《金瓶梅》《红楼梦》《施公案》等小说戏曲经典，为中国古典小说史料辑录考证的拓荒之作，已开此后胡适小说考证的先河。佀生《小说丛话》论及林纾翻译与创作小说，谓"近代小说家，无过林琴南、李伯元、吴趼人三君。李君不幸蚤世，成书未多；吴君成书数种后，所著多雷同，颇有江郎才尽之消；惟林先生再接再厉，成书数十部，益进不衰，堪称是中泰斗矣"。然后将当时已出版的林译小说分为三类："《黑奴吁天录》为一类，《技击余闻》为一类，余书都为一类。一以清淡胜，一以老练胜，一以浓丽胜。一手成三种文字，皆臻极点，谓之小说界泰斗，谁曰不宜？林先生所译名家小说，皆能不失原意，尤以欧文氏所著者，最合先生笔墨。"同时也注意到 1911 年以后林纾的翻译开始走下坡路。(以上参见本书"学术背景""学术活动""学术著作""学者生卒"栏所引文献与出处，以及章恒忠、王亚夫主编《中国学术界大事记(1919—1985)》，上海社会科学出版社 1988 年版；王学典《20 世纪史学编年(1900—1949)》，商务印书馆 2014 年版；付喜祥《20 世纪前期中国文学史写作编年史》，北京师范大学出版社 2013 年版；中国大百科全书总编辑委员会编《中国大百科全书·考古学》，中国大百科全书出版社 2002 年版；王学珍等编《北京大学纪事(1898—1997)》，北京大学出版社 1998 年版；清华大学校史研究室编《清华大学一百年》，清华大学出版社 2011 年版；北京师范大学党委办公室、北京师范大学校长办公室《北京师范大学纪事》，北京师范大学出版社 2012 年版；南京大学高教研究所编《南京大学大事记(1902—1988)》，南京大学出版社 1989 年版；沈卫威编《学衡派编年文事》，南京大学出版社 2015 年版；吴永贵《国民出版史编年：1912—1949》，社会科学文献出版社 2018 年版；黄剑《甲辰开复后的张元济与清末教育新政》，《中山大学学报》2021 年第 5 期；张凯《"义与制不相遗"：蒙文通与民国学界》，中山大学博士学位论文，2009 年；张凯《"今""古"之争：四川国学院时期的廖平与刘师培》，《四川大学学报》2009 年第 2 期)

1912 年　民国元年　壬子

一、学术背景

1月1日（宣统三年十一月十三日），孙中山由沪莅宁，各省代表至车站欢迎。午后，孙中山在南京总统府宣誓就任中华民国临时大总统，发布《临时大总统就职宣言》和《告全国同胞书》。誓词是："倾覆满洲专制政府，巩固中华民国，图谋民生幸福，取民之公意，文实遵之，以忠于国，为众服务。至专制政府既倒，国内无乱，民国卓立于世界，为列邦公认，斯时文当解临时大总统之职。谨以此誓于国民。"（《东方杂志》第8卷第10号《中国大事记》，1911年）各省代表上印绶，大总统盖印，各省代表致词，海陆军代表致颂词。

按：《临时大总统就职宣言》曰："国家之本，在于人民。合汉、满、蒙、回、藏诸地为一国，即合汉、满、蒙、回、藏诸族为一人。是曰民族之统一。武汉首义，十数行省先后独立。所谓独立，对于清廷为脱离，对于各省为联合，蒙古、西藏意亦同此。行动既一，绝无歧趋，枢机成于中央，斯经纬周于四至。是曰领土之统一。血钟一鸣，义旗四指，拥甲带戈之士遍于十余行省。虽编制或不一，号令或不齐，而目的所在则无不同。由共同之目的，以为共同之行动，整齐划一，夫岂其难？是曰军政之统一。国家幅员辽阔，各省自其有风气所宜。前此清廷强以中央集权之法行之，遂其伪立宪之术。今者各省联合，互谋自治，此后行政期于中央政府与各省之关系，调剂得宜。大纲既挈，条目自举。是曰内治之统一。满清时代藉立宪之名，行敛财之实，杂捐苛细，民不聊生。此后国家经费，必期合于理财学理，而犹在改良社会经济组织，使人民知有生之乐。是曰财政之统一。"（《孙中山全集》第1卷，中华书局1981年版）

是日，中华书局在上海开业，为中国历史最悠久的出版社之一。

1月2日（宣统三年十一月十四日），孙中山通令改行公历，定1912年为中华民国元年。

是日，袁世凯撤议和代表团唐绍仪职，电告南方议和代表团伍廷芳以后直接与他电商。

1月3日（宣统三年十一月十五日），中华民国南京临时政府正式成立。任命黄兴为陆军总长，蒋作宾为次长；黄钟英为海军总长，汤芗铭为次长；王宠惠为外交总长，魏宸组为次长；程德全为内务总长，居正为次长；伍廷芳为司法总长，吕志伊为次长；陈锦涛为财政总长，王鸿猷为次长；蔡元培为教育总长，景耀月为次长；张謇为实业总长，马君武为次长；汤寿潜为交通总长，于右任为次长。成立临时参议院，举林森、王正廷为正副议长。各省代表会议又选举黎元洪为中华民国临时副总统。临时议长赵士北主持会议。与会者有张蔚森、马步云、赵世钰、袁希洛、许冠尧、王竹怀、林森、王有兰、俞应麓、黄群、潘祖彝、邓宪甫、马君武、章勤士、邹代藩、廖名缙、刘揆一、马伯援、杨时杰、胡瑛、居正、周代本、吴景濂、谷钟秀、李鉴、谢鸿焘、景耀月、吕志伊、张一鹏、段宇清等（刘星楠《辛亥各省代表会日志》，《辛亥革命回忆录》第6集)。

按:南京临时政府,是近代中国人民和辛亥革命奋斗成果的集中体现,它存在时间虽然短暂,但却在中国近代史上有不可忽视的地位和历史贡献。它构建了中国现代国家的雏形,展示了中国未来的图景,开辟了中国历史的新纪元。它的最大的特点,是历史的首创性。第一,建立了中国历史上第一个民主共和国。这是破天荒的、前无古人的大事件。它标志着与两千多年历代王朝不同质的新政权的诞生。它使中国跨入了现代社会的新时代。第二,确立了建设现代中国的基本原则。这就是A.实行民主共和,反对封建专制。B.“国家之本,在于人民”,一切事业均以人民利益为出发点。C.“民族的统一”。D.“领土之统一”。第三,制定了共和国的政治体制。第四,颁布了第一部具有宪法性质的《中华民国临时约法》。第五,制定并颁布了具有中国特色和改革性质的各种条例法规。这些条例法规,涉及社会习俗、道德风尚、工矿商业、财政金融、文化教育、婚姻家庭等许多方面。它使民主共和国的建设目标更加具体化,使南京临时政府作为现代国家的形象更加明确。第六,推行选举制度。选举制度是现代民主政治的重要体现,也是区别专制政治和民主政治的重要标志。它是现代国家决策政治大事时充分发扬民主、最大限度反映民意的重要方式。南京临时政府第一次用投票方式选举国家主要领导人,是政治上的重要变革,是走向政治现代化的一个重要标志。第七,大力提倡做人民公仆。(参见张宪文《辛亥革命若干问题的再认识》,《复旦学报》2002年第2期)

是日,独立各省代表选举黎元洪为临时副总统,通过孙中山任命的国务委员名单:陆军总长黄兴、海军总长黄钟瑛、司法总长伍廷芳、财政总长陈锦涛、外交总长王宠惠、内务总长程德全、实业总长张謇、交通总长汤寿潜、教育总长蔡元培等。

是日,章炳麟脱离同盟会,在上海另组中华民国联合会,被选为会长,程德全为副会长。创刊《大共和日报》,章炳麟任社长,并作《发刊辞》。

按:《民立报》1912年1月5日报道:“联合会成立大会记:十五日午后一时,中华民国联合会成立大会于江苏教育总会。到会者二百余人。首由主席唐文治报告开会。次由章炳麟君演说本会宗旨,次行选举,用投票法。章炳麟君是126票,被选为正会长。程德全君得81票,被选为副会长。次由各省会员互选参议员,其得票最多数者,江苏为唐文治、张謇二君,浙江蔡元培、庆德闳,湖南熊希龄、张通典,湖北黄侃,安徽王德渊、程承泽,四川黄云鹏、贺孝齐,江西刘树堂、邹凌元,广西陈郁常,云南陈荣昌,广东邓实,甘肃牛载坤,贵州符诗镕、王朴诸君当选。复次由唐文治君报告驻会干事由会长指任,但会长以本日仓卒,须详审方能指定宣布。唐君复提议增设特别干事,专取有学识者充之,无定员,由职员会公推。复次蔡元培提议,请愿临时政府组织民选参议院,因现在临时参议院诸员皆由各军政府所派,非公意也。复次由黄云鹏君提议各省设立分会事,均满场一致表决,至六钟散会。”

按:3月2日中华民国联合会又更名为统一党,推举章炳麟、程德全、张謇、熊希龄、宋教仁为理事,唐文治、赵凤昌、汤化龙、汤寿潜等为参事。

1月5日(宣统三年十一月十七日),南京临时政府发布《告友邦书》,宣告承认清政府在革命前与各国所缔结的一切条约、所借外债、所认赔款及让与权利继续有效。

是日,孙中山发表告国民书,列举民族统一,领土统一,军政统一,内治统一,财政统一为政务方针,洗去满清时代辱国举措、排外心里,与各友邦益增睦谊。

是日,林宗素代表“女子参政同志会”拜会临时大总统孙中山,恳切阐述女子参政的迫切要求,孙中山表示:“将来必予女子以完全参政权,惟女子须急求法政学知识,了解平等自由之真理。”

按:受此影响,一批女子参政团体相继诞生,如吴木兰组织的女子同盟会,沈佩贞组织的男女平权维持会,张默君与伍廷芳夫人联合发起的神州女界共和协济社等等。(参见党德信《民国初年中国女子参政运动记事》,《中华儿女》2012年第3期)

1月10日（宣统三年十一月二十二日），中华民国女子同盟会在上海成立，以扶助民国，促进共和，发达女权，参预政事为唯一宗旨，并以普及教育为前提，以整军经武为后盾。吴木兰为会长、林复为副会长。设评议、内务、调查、执行和纠察五部。

1月12日（宣统三年十一月二十四日），孙中山就国旗问题咨复各省代表会议。

按：孙中山曰："一、清国旧例，海军以五色旗为一二品大官之旗。今黜满清之国旗，而用其官旗，未免失体。二、其用意为五大民旗，然其分配代色，取义不确，如以黄代满之类。三、既言五族平等，而上下排列，仍有阶级。夫国旗之颁用，所重有三：一旗之历史，二旗之取义，三旗之美观也。武汉之旗，以之为全国之首义尚矣；苏浙之旗，以之克复南京；而天日之旗，则为汉族共和党人用之南方起义者十余年。自乙未年陆皓东身殉此旗后，如黄冈、防城、镇南关、河口，最近如民国纪元前二年广东新军之反正，倪映典等流血，前一年广东城之起义，七十二人之流血，皆以此旗。南洋、美洲各埠华侨，同情于共和者亦已多年升用，外人总认为民国之旗。至于取义，则武汉多有极正大之主张；而青天白日取象宏美，中国为远东大国，日出东方，为恒星之最者。且青天白日，示光明正照自由平等之义，著于赤帜，亦为三色，其主张之理由尚多，但本总统以为非于此时决定，则可勿详论。因而知武汉所主张，亦有完满之解说。究之革命用兵之际，国旗统一，尚非所急。有如美国，亦几经更改而后定现所行用之旗章。故本总统以为暂勿颁定施行，而俟诸民选国会成立之后。"（《大总统复参议会论国旗函》，《南京临时政府公报》第6号，1912年2月3日，载存萃学社编集，周康燮主编《中国近代史资料汇编·辛亥革命资料汇编》第5册（以下简称《辛亥革命资料汇编》），大东图书公司1980年版）

是日，清王公会议，反对退位，良弼、铁良、载涛、毓朗、载洵、善耆、溥伟等组织宗社党，反对清帝退位及与革命政府议和，企图保存清皇朝的统治。

按：宗社党的正式名称是"君主立宪维持会"，由满清贵族组成。

1月15日（宣统三年十一月二十七日），孙中山致电南方议和代表伍廷芳，告之如清帝退位，自己将解除职务，推举袁世凯为临时大总统。

是日，陆军部颁发《陆军军官学校章程》，招选全国优秀军人，进一步加以训练，以期养成正规军官。

1月16日（宣统三年十一月二十八日），黎元洪、王正廷、蓝天蔚、孙武等24人在上海发起成立民社，宣称"援卢梭人民社会之旨"，对于统一共和政治持进步主义，以谋国利民福，主张"反孙倒黄""捧黎拥袁"，发表《民社缘起》及《民社规约》，创办《民声日报》。

按：是年5月，民社与统一党、国民协进会、民国公会、国民党（不同于宋教仁的国民党）合并成共和党。

按：《民社缘起》于刊登1月20日《民立报》，曰：

昔卢梭有言：国家者，人民同意所约成之社会也。既不能有脱离国家之社会，同时不能有违悖民意之国家。果国家而违悖民意者，其社会即得合全体之力监督而纠正之，或竟取消而改造之，以无僣民意为究竟。武汉起义，二三同志，以人民消极之分子，岂敢犯天下之不韪，而为此芟夷根株、摧廓习惯之举动乎？诚以某等奔走国事，数年于兹。默觇人心，或表同情。所幸民意所指，如矢在括［栝］；义声一倡，响应者十余省，景从者逾同胞全额之半。满清之覆，当在不日，成绩固良好矣。虽然，此岂高唱凯歌，文驰祝电，铺张功业，侈意肆志之日乎？行百里者半九十，前途之艰臣，正未可一息自卸也。破坏易，建设难。破坏之事业，得少数热心志士，鼓其百折不挠之气，牺身命，糜汗血，皆优为之。建设之事业，非团结我国民全体中之多数有能力者，护惜萌芽，防范流弊，审慎结构，不能达完全良好之目的。一有不慎，启破坏之端，而流不可收拾之祸，共负罪于天下后世、世界万国者为何如？更毋宁不先发难，而贻此大任于来哲之为苟安旦夕也。以故破坏之事业得少数人民之同意，即可以无敌于天下者；建设之事业非合多数人民之同意，即不能收万弩齐发、趋于一鹄之效果。某等发难于机先，自不能不绸缪于事后。援卢梭人民社会之旨，发起民社。我父老兄弟,其能集思广益,铸造舆论,以国民联合之大多数,造成统一共和之新国家乎?是岂独本社之赐邪?公定规约如左。(《湖北军政府文献资料汇编》)

《民社规约》:

第一章　总纲

第一条　本社对于统一共和政治持进步主义,以谋国利民福。

第二章　社员

第二条　本社社员,须中华国民年满二十岁以上、有公民权、具普通常识者,由社员一人以上之介绍,经评议部审查后,得为本社社员。

第三条　凡社员入社时,须缴入社金二元,常年社费六元,分正、六两月缴纳;有逾一年未缴者,销除社员资格。

第四条　社员有违背本社规约,或败坏本社名誉者,经评议部议决,由社长宣布除名。

第五条　本社本部及各支部社员,其权利义务一切均等,有相互维系之责任。

第三章　职员

第六条　本社设社长一员,总理本社一切事务;副社长一员,协助社长,率同各干事、评议员执行任务。社长不在本社及因事故不能任务时,由副社长代为执行。社长、副社长均二年一任,投票选举,得连任。

第七条　本社干事部设总干事一员、干事若干员,分任书记、会计、庶务、招待各事宜。其办事职任权限,另以细则定之。

第八条　本社评议部设评议员若干员,每社员二十人选举评议员一人,评议员有五人以上即得组织评议会。其议事职任权限,另以细则定之。

第九条　干事部各员由评议会选举任之,干事有缺额及因事故不能任务时,由评议会临时选补,须得社长之认可。

第十条　本社干事及评议员均一年一任,改选时亦得连任,但不得继续连至三任。

第四章　经费

第十一条　本社经费以社员常捐及特别捐充之。

第十二条　本社经费每月收入支出,须于下月第一星期内由会计员选具报告册,交评议部审查决定,由社长公布之。

第五章　会期

第十三条　本社会期计分五种如下:

一、大会　每年秋季开大会一次,其日期须两月以前登报布告,支部社员得一体与会。

一、特别大会　凡重大问题发生,经社员三分之一以上之要求,由社长临时登报召集,开特别大会。

一、职员常会　每月第二星期六日午后二时,合职员全体开常会一次,如临时发生事件,得由总干事通知开职员谈话会。

一、干事会　每星期六午后二时,由干事员开干事会一次,如临时发生事件,得由总干事通知开临时干事会。

一、评议会　每月第一星期六日午后二时,由评议员开评议会一次,其特别事故发生,经评议员三分之一以上之要求,得由总干事通知开评议会。开评议会时,干事员得到会陈述意见,但不加入议决之数。

第六章　附则

第十四条　本社先在上海设立本部,各省地方以次设立支部。各职员未经正式选举时,由发起人先行推定分任职务。

第十五条　本社先就上海组织《民声日报》,为发表言论机关。

第十六条　本社规约有应行修改者,于开大会时经多数社员之同意,得提议修改。

第十七条　本社事务所暂设上海江西路A字五十号四明银行间壁。

发起人:黎元洪、蓝天蔚、谭延闿、王正廷、王鸿猷、李登辉、孙武、朱瑞、张振武、吴敬恒、杨曾蔚、刘成禺、项骧、宁调元、孙发绪、周恢、张伯烈、汪彭年、高正中、朱立刚、徐伟、高彤墀、郭健霄、何雯(《湖北军政府文献资料汇编》)

1月18日(宣统三年十一月三十日),孙中山电伍廷芳转告唐绍仪,清帝退位,共和既定,决推袁世凯为总统,惟须以五条件要约:一、清帝退位,不得以政权私授予其臣;二、北京不得设临时政府;三、实行退位后,由民国政府电闻各国,要求承认中华民国,待其回音;四、本人即向参议院辞职;五、公举袁世凯为总统。

1月19日(宣统三年十二月初一日),中华民国临时政府教育部正式成立,启用印信,借碑亭巷江苏外务司开始办公。

按:教育部呈文曰:"中华民国教育部总长蔡为呈报事:正月十九日奉大总统令,颁给印信一颗,遵即敬谨祗领,即日启用,为此呈报钧案。"(1912年1月31日《临时政府公报》第3号)

是日,中华民国临时政府教育部颁布《普通教育暂行办法通令》十四条及《普通教育暂行课程标准》十一条,明确提出"民国既立,清政府之学制,最必须改革者",规定初小可男女同校,小学一律废止读经。

按:新政权建立后,迫切需要颁布新法以代替旧制,为此,蔡元培亲自赴上海,委托陆费逵、蒋维乔起草《普通教育暂行办法》。经陆费逵、蒋维乔拟定后,蔡元培亲自审定。《普通教育暂行办法》的颁布,标志着中华民国教育的发端。据1912年1月25日《民立报》所载《普通教育暂行办法通令》,曰:

中华民国教育部普通教育暂行办法通令。民国既立,清政府之学制,有必要改革者,各省都督府或省议会鉴于学校之急当恢复,发临时学校令,以便推行,具见维持学务之苦心。本部深表同情。惟是省自为令,不免互有异同,将使全国统一之教育界俄焉分裂,至为可虑,本部特拟普通教育暂行办法若干条,为各地方不难通行者,电告贵府,望即宣布施行。至于完全新学制,当征集各地方教育家意见,折衷至当,正式宣布。兹将办法及暂行课程表列下:

1. 从前各项学堂均改称为学校,监督、堂长应一律通称校长。

2. 各州县小学应于元年3月5日(即阴历壬子年正月十六日)一律开学;中学校、初级师范学校视地方财力,亦以能开学为主。

3. 在新制未颁以前,每年仍分二学期,阳历3月开学,至暑假为第一学期;暑假后开学至来年2月底为第二学期。

4. 初等小学可以男女同校。

5. 特设之女学校章程暂时照旧。

6. 凡各种教科书[应]合乎共和民国宗旨,清学部颁行之教科书,一律禁用。

7. 凡民间通行之教科书,其中如有尊崇满清朝廷及旧时官制军制课并避讳、抬头字样,应由各该书局自行修改,呈送样本于本部及本省民政司、教育总会存查。如学校教员遇有教科书中不合共和宗旨者,可临时删改,亦可指出呈请民政司或教育总会通知该书局改正。

8. 小学读经科一律废止。

9. 小学手工科应加注重。

10. 高等小学以上体操科应注重兵式。

11. 初等小学算术科自第三学期起兼课珠算。

12. 中学校为普通教育,文实不必分科。

13. 中学校初级的师范学校,均改为四年毕业,惟现在修正已逾一年以上,骤难照改者,得照旧办理。

14. 废止旧时奖励出身。高等小学毕业者,称高等小学毕业生;中学校师范学校毕业者,称中学校及师范学校毕业生。

蔡元培发布《普通教育暂行办法通令》,反映中华民国新政府对教育的新要求,宣布废除清学部颁行的一切教科书和读经、尊崇清廷的一切旧时的惯用行文,便宣告旧教育制度的结束和中国近代新教育的诞生。(参见贾兴权、唐伽编著《科教文化卷·百年中国大事要览》,党建读物出版社2002年版;林家有《辛亥革命与中国教育的近代化》,《中山大学学报》2001年第6期)

1月20日(宣统三年十二月初二日),民国临时政府向袁世凯正式提出清帝退位优待条件,同意保存清帝尊号,优定岁俸等。

按:甲、关于大清皇帝宣布赞成共和国体,中华民国于大清皇帝辞位之后,优待条件如左:一、大清皇帝辞位之后,尊号仍存不废,中华民国以待各外国君主之礼相待。二、大清皇帝辞位之后,岁用四百万两,俟改铸新币后,改为四百万元。此款由中华民国拨用。三、大清皇帝辞位之后,暂居宫禁,日后移居颐和园。侍卫人等,照常留用。四、大清皇帝辞位之后,其宗庙、陵寝,永远奉祀,由中华民国酌设卫兵,妥慎保护。五、德宗崇陵未完工程,如制妥修,其奉安典礼,仍如旧制,所有实用经费,均由中华民国支出。六、以前宫内所用各项执事人员,可照常留用,惟以后不得再招阉人。七、大清皇帝辞位之后,其原有之私产,由中华民国特别保护。八、原有之禁卫军,归中华民国陆军部编制,额数俸饷,仍如其旧。

乙、关于清族待遇之条件:一、清王公世爵,概仍其旧。二、清皇族对于中华民国国家之公权及私权,与国民同等。三、清皇族私产,一体保护。四、清皇族免当兵之义务。设在太和殿的隆裕太后灵堂。丙、关于满、蒙、回、藏各族待遇之条件:今因满、蒙、回、藏各民族赞同共和,中华民国所以待遇者如左:一、与汉人平等。二、保护其原有之私产。三、王公世爵,概仍其旧。四、王公中有生计过艰者,设法代筹生计。五、先筹八旗生计,于未筹定之前,八旗兵弁俸饷,仍旧支放。六、从前营业、居住等限制,一律蠲除,各州县听其自由入籍。七、满、蒙、回、藏原有之宗教,听其自由信仰。(《东方杂志》第8卷第10号《中国大事记》,1911年)

1月21日(宣统三年十二月初三日),徐企文等在上海发起成立中华民国工党。

按:中华民国政党,初以朱志尧、徐企文为正副领袖,后改选徐企文为正领袖。境内各业参加者甚多,如沪南铁业即全体加入。徐企文,原同盟会会员,反袁甚坚。民国二年5月29日,策动上海制造局驻军排长唐尧臣等起义,亲率七八十人进攻上海制造局,因陈其美告密而中埋伏失败,徐企文被俘,解送北京,6月8日牺牲。起义失败后,中华民国工党基本解体。民国五年9月,韩恢宣言恢复中华民国工党,不久改名"中华工党",总部设霞飞路(今淮海中路)。民国六年5月12日,在打铁浜苏州集议公所为陈其美举行国葬时,中华工党3000多人参加送葬。民国九年2月,工党与一些工会领导人,与来沪外籍"过激党"人,在贝勒路(今黄陂南路)一法国总会旧址,曾组织"农工联合会",并草有《章程》。

1月22日(宣统三年十二月初四日),参议院继续开会,与会者有常恒芳、汤漪、文群、王有兰、刘显治、熊范舆、陈承泽、潘祖彝、谷钟秀、刘彦、张一鹏、段宇清、赵世钰、张伯烈、时功玖、赵士北、周代本、李磐、吴景濂、凌文渊,大总统派秘书长胡汉民到院,紧急交议和议条件五款:一、清帝退位,由袁世凯同时知照驻京各国公使,电知民国政府;二、袁世凯须宣布政见,绝对赞成共和主义;三、大总统接到外交团通知清帝退位布告后,即行辞职;四、大总统辞职后,由参议院另举袁世凯为临时大总统;五、袁世凯被举为大总统后,须誓守参议院所定之约法,乃能接受事权。经议员全体可决(刘星楠《辛亥各省代表会日志》,中国人民政治协商会议全国委员会文史资料研究委员会编《辛亥革命回忆录》第6集,中国文史出版社2012年版)。

1月26日(宣统三年十二月初八日),北洋军将领段祺瑞、姜桂题、张勋、段芝贵、倪嗣冲、曹锟、王占元、李纯、陈光远、孟恩远、靳云鹏、吴光新、曾毓隽、徐树铮、鲍贵卿、卢永祥、李厚基、何丰林、王汝贤、赵倜等人联衔电奏,吁请清帝即日退位,立定共和政体,以现内阁暂时代表政府。袁世凯、徐世昌、冯国璋、王士珍电段祺瑞转劝各将领,切勿轻举妄动。

是日,女子尚武会在上海召开成立大会,选举沈佩贞为首任会长,詹寿恒为副会长,张汉英为监学,叶慧哲为书记,钱秀荣为庶务,刘既嘉、李元庆、杨露瀛3人为干事,张振武为名誉总理。

1月28日(宣统三年十二月初十日),临时参议院正式成立,林森任议长,王正廷任副议长。

按:本日开成立大会,孙总统祝词曰:"人有恒言,革命之事,破坏难,建设尤难。夫破坏云者,仁人志士,任侠勇夫,苦心焦虑于隐奥之中,而丧元断脰于危难之际,此其艰难困苦之状,诚有人所不及知者,及一旦时机成熟,倏然而发,若洪波之决危堤,一泻千里,虽欲御之而不可得,然后知其事似难而实易也。若夫建设之事则不然。建一议,赞助者居其前,则反对者居其后矣。立一法,今日见为利,则明日见为弊矣。又况所议者国家无穷之基,所创者亘古未有之制,其得也五族之人受其福,其失也五族之人受其祸。鸣呼,破坏之难,各省志士先之矣,建设之难,则自今日以往,诸君子与文所黾勉仔肩,而弗敢推谢者也。矧为北虏未灭,战云方急,立法事业,在在与戎机相待为用。破坏建设之二难,毕萃于兹,诸君子勉哉!各尽乃智,竭乃力,以固民国之始基,以扬我族之大烈,则不徒文一人之颂祷,其四万万人实嘉赖之。"(《东方杂志》第8卷第10号《中国大事记》,1911年)

1月30日(宣统三年十二月十二日),中华民国实业协会在南京成立,推举李四光为会长,万葆元为副会长,马君武为名誉会长。

是日,教育部致电全国各省,督促各地筹办社会教育。

按:电文说:"唯社会教育,亦为今日急务。入手之方,宜先注重宣讲,即请贵府就本省情形,暂定临时宣讲标准,选辑资料,通令各州县实行宣讲,或兼备有益之活动画、影画,以为辅佐,并由各地热心宣讲员集会,研究宣讲方法,以期易收成效。所需宣讲经费,宜令各地方于行政费或公款中酌量开支补助。至宣讲标准,大致应专注此次革新之事实,共和国民之权利、义务,及尚武、实业诸端,而尤注重于公民之道德。当此改革之初,人心奋发,感受较易,即希贵府迅予查照施行。"(璩鑫圭、唐良炎《中国近代教育史资料汇编·学制演变》,上海教育出版社1991年版)此通电是民国教育部所颁布的最早的社会教育电文。

是日,章炳麟、张謇、程德全、熊希龄、唐绍仪、汤化龙、庄蕴宽、林长民、温宗尧、蒋尊簋、汤寿潜、唐文治、王印川等在上海组织统一党。

按:统一党由从同盟会中分化出来的中华民国联合会和预备立宪公会联合而成。推举章太炎、程德全、张謇、熊希龄为理事,以唐文治、赵凤昌、汤化龙、温宗尧、唐绍仪、汤寿潜等13人为参事。黄云鹏、林长民、孟森、章驾时等17人为干事。总部迁至北京后,又吸收赵秉钧、陆建章等人为参事。其宗旨是"巩固全国之统一,建设中央政府,促进共和政治"。在政治上拥护袁世凯的统治,同当时控制临时国会的中国同盟会对抗。1912年5月,同民社、国民协进会、民国公会、国民共进会、国民党(由潘鸿鼎等组织的)合并组成共和党。

2月1日(宣统三年十二月十四日),南京临时政府教育总长蔡元培发表《对于新教育之意见》。

按:蔡元培曰:近日在教育部与诸同人新草学校法令,以为征集高等教育会议之预备,颇承同志饷以说论。顾关于教育方针者殊寡,辄先述鄙见以为嚆引,幸海内教育家是正之。

教育有二大别:曰隶属于政治者,曰超轶乎政治者。专制时代(兼立宪而含专制性质者言之),教育家循政府之方针以标准教育,常为纯粹之隶属政治者。共和时代,教育家得立于人民之地位以定标准,乃得有超轶政治之教育。清之季世,隶属政治之教育,腾于教育家之口者,曰军国民教育。夫军国民教育者,与社会主义僻驰,在他国已有道消之兆。然在我国,则强令交逼,亟图自卫,而历年丧失之国权,非凭借武力,势难恢复。且军人革命以后,难保无军人执政之一时期,非行举国皆兵之制,将使军人社会,永为全国中特别之阶级,而无以平均其势力。则如所谓军人国民教育者,诚今日所不能不采者也。虽然,今之世界,所恃以竞争者,不仅在武力,而犹在财力。且武力之半,亦由财力而孳乳。于是有第二之隶属政治者,曰实利主义之教育,以人民生计为普通教育之中坚。其主张最力者,至以普通学术,悉寓于树艺、烹饪、裁缝及金、木、土工之中。此其说创于美洲,而近亦盛行于欧陆。我国地宝不发,实业界之组织尚幼稚,人民失业者至多,而国甚贫。实利主义之教育,固亦当务之急者也。

是二者,所谓强兵富国之主义也。顾兵可强也,然或溢而为私斗,为侵略,则奈何? 国可富也,然或不免知欺愚,强欺弱,而演贫富悬绝,资本家与劳动家血战之惨剧,则奈何? 曰教之以公民道德。何谓公民道德? 曰法兰西之革命也,所标揭者,曰自由、平等、亲爱。道德之要旨,尽于是矣。孔子曰:匹夫不可夺志。孟子曰:大丈夫者,富贵不能淫,贫贱不能移,威武不能屈。自由之谓也。古者盖谓之义。孔子曰:己所不欲,勿施于人。子贡曰:我不欲人之加诸我也,吾亦欲毋加诸人。《礼·大学记》曰:所恶于前,毋以先后;所恶于后,毋以从前;所恶于右,毋以交于左;所恶于左,毋以交于右,平等之谓也。古者盖谓之恕。自由者,就主观而言之也。然我欲自由,则亦当尊人之自由,故通于客观。平等者,就客观而言之也。然我不以不平等遇人,则亦不容人之以不平等遇我,故通于主观。二者相对而实相成,要皆由消极一方面言之。苟不进之以积极之道德,则夫吾同胞中,固有因生禀之不齐,境遇之所迫,企自由而不遂,求与人平等而不能者。将一切恝置之,而所谓自由若平等之量,仍不能无缺陷。孟子曰:鳏寡孤独,天下之穷民而无告者也。张子曰:凡天下疲癃残疾茕独鳏寡,皆吾兄弟之颠连而无告者也。禹思天下有溺者,由已溺之。稷思天下有饥者,由已饥之。伊尹思天下之人,匹夫匹妇有不与被尧舜之泽者,若己推而纳之沟中,孔子曰:已欲立而立人,已欲达而达人。亲爱之谓也。古者盖谓之仁。三者诚一切道德之根源,而公民道德教育之所有事者也。

教育而至于公民道德,宜若可为最终之鹄的矣。曰未民。公民道德之教育,犹未能超轶乎政治者也。世所谓最良政治者,不外乎以最大多数之最大幸福为鹄的。最大多数者,积最少数之一人而成者也。一人之幸福,丰衣足食也。无灾无害也,不外乎现世之幸福。积一人幸福而为最大多数,其鹄的犹是。立法部之所评议,行政部之所执行,司法部之所保护,如是而已矣。即进而达礼运之所谓大道为公,社会主义家所谓未来之黄金时代,人各尽所能,而各得其所需要,要亦不外乎现世之幸福。盖政治之鹄的,如是而已矣。一切隶属政治之教育,充其量亦如是而已矣。虽然,人不能有生而无死。现世之幸福,临死而消灭。人而仅仅以临死消灭之幸福为鹄的,则所谓人生者有何等价值乎? 国不能有存而无亡,世界不能有成而无毁,全国之民,全世界之人类,世世相传,以此不能不消灭之幸福为鹄的,则所谓国民若人类者,有何等价值乎? 且如是,则就一人而言之,杀身成仁也,舍生取义也,舍己而为群也,有何等意义乎? 就一社会而言之,与我以自由乎,否则与我以死,争一民族之自由,不至沥全民族最后之一滴血不已,不至全国为一大冢不已,有何等意义乎? 且人既无一死生破利害之观念,则必无冒险之精神,无远大之计划,见小利,急近功,则又能保其不为失节堕行身败名裂之人乎? 谚曰当局者迷,旁观者清。非有出世间之思想者,不能善处世间事,吾人即仅仅以现世幸福为鹄的,犹不可无超轶现世之观念,况鹄的不止于此者乎? 以现世幸福为鹄的者,政治家也;教育家则否。盖世界有二方面,如一纸之有表里:一为现象,一为实体。现象世界之事为政治,故以造成现世幸福为鹄的;实体世界之事为宗教,故以摆脱现世幸福为作用。而教育者,则立于现象世界,而有事于实体世界者也。故以实体世界之观念为其究竟之大目的,而以现象世界之幸福为其达于实体观念之作用。

然则现象世界与实体世界之区别何在耶? 曰:前者相对,而后者绝对;前者范围于因果律,而后者超轶乎因果律;前者与空间时间有不可离之关系,而后者无空间时间之可言;前者可以经验,而后者全恃直观。故实体世界者,不可名言者也。然而既以是为观念之一种矣,则不得不强为之名,是以或谓之道,可谓之太极,或谓之神,或谓之黑暗之意识,或谓之无识之意志。其名可以万殊,而观念则一。虽哲学之流派不同,宗教家之仪式不同,而其所到达之最高观念皆如是。(最浅薄之唯物论哲学,及最幼稚之宗教祈长生求福利者,不在此例。)

然则,教育家何以不结合于宗教,而必以现象世界之幸福为作用? 曰:世固有厌世派之宗教若哲学,以提撕实体世界观念之故,而排斥现象世界。因以现象世界之文明为罪恶之源,而一切排斥之者。吾以为不然。现象实体,仅一世界之两方面,非截然为互相冲突之两世界。吾人之感觉,既托于现象世界,则所谓实体者,即在现象之中,而非必灭乙而后生甲。其现象世界间所以为实体世界之障碍者,不外二种意识:一、人我之差别,二、幸福之营求是也。人以自卫力不平等而生强弱,人以自存力不平等而生贫富。有强弱贫富，而彼我差别之意识起。弱者贫者，苦于幸福之不足，而营求之意识起。有人我，则于现象中有种种之界画，而与实体违。有营求则当其未遂，为无已之苦痛。及其既遂，为过量之要索。循环于现象之中，而与实体隔。能剂其平，则肉体之享受，纯任自然，而意识界之营求泯，人我之见亦化。合现象世界各别之意识为混同，而得与实体吻合焉。故现世幸福，为不幸福之人类到达于实体世界之一种作用，盖无可疑者。军国民、实利两主义，所以补自卫自存之力之不足。道德教育，则所以使之互相卫互相存，皆所以泯营求而忘人我者也。由是而进以提撕实体观念之教育。提撕实体观念之方法如何？曰：消极方面，使对于现象世界，无厌弃而亦无执著；积极方面，使对于实体世界，非常渴慕而渐进于领悟。循思想自由言论自由之公例，不以一流派之哲学一宗门之教义梏其心，而惟时时悬一无方体无始终之世界观以为鹄。如是之教育，吾无以名之，名之曰世界观教育。

虽然，世界观教育，非可以旦旦而聒之也。且其与现象世界之关系，又非可以枯槁单简之言说袭而取之也。然则何道之由？曰美感之教育。美感者，合美丽与尊严而言之，介乎现象世界与实体世界之间，而为津梁。此为康德所创造，而嗣后哲学家未有反对之者也。在现象世界，凡人皆有爱恶惊惧喜怒悲乐之情，随离合生死祸福利害之现象而流转。至美术则即以此等现象为资料，而能使对之者，自美感以外，一无杂念。例如采莲煮豆，饮食之事也，而一入诗歌，则别成兴趣。火山赤舌，大风破舟，可骇可怖之景也，而一入图画，则转堪玩。是则对于现象世界，无厌弃而亦无执著也。人既脱离一切现象世界相对之感情，而为浑然之美感，则即所谓与造物为友，而已接触于实体世界之观念矣。故教育家欲由现象世界而引以到达于实体世界之观念，不可不用美感之教育。五者，皆今日之教育所不可偏废者也。军国民主义，实利主义，德育主义三者，为隶属于政治之教育。（吾国古代之道德教育，则间有兼涉世界观者，当分别论之。）世界观、美育主义二者，为超轶政治之教育。

以中国古代之教育证之，虞之时，夔典乐而教胄子以九德，德育与美育之教育也。周官以乡三物教万民，六德六行，德育也。六艺之射御，军国民主义也。书数，实利主义也。礼为德育；而乐为美育。以西洋之教育证之，希腊人之教育为体操与美术，即军国民主义与美育也。欧洲近世教育家，如海尔巴脱氏纯持美育主义。今日美洲之杜威派，则纯持实利主义者也。

以心理学各方面衡之，军国民主义毗于意志；实利主义毗于知识；德育兼意志情感二方面；美育毗于情感；而世界观则统三者而一之。

以教育界之分言三育者衡之。军国民主义为体育；实利主义为智；公民道德及美育皆毗于德育；而世界观则统三者而一之。以教育家之方法衡之，军国民主义，世界观，美育，皆为形式主义；实利主义为实质主义；德育则二者兼之。譬之人身：军国民主义者，筋骨也，用以自卫；实利主义者，胃肠也，用以营养；公民道德者，呼吸机循环机也，周贯全体；美育者，神经系也，所以传导；世界观者，心理作用也。附丽于神经系，而无迹象之可求。此即五者不可偏废之理也。

本此五主义而分配于各教科，则视各教科性质之不同，而各主义所占之分数，亦随之而异。国语国文之形式，其依准文法者属于实利，而依准美词学者，属于美感。其内容则军国民主义当占百分之十，实利主义当占其四十，德育当占其二十，美育当占其二十五，而世界观则占其五。

修身，德育也，而以美育及世界观参之。历史、地理，实利主义也。其所叙述，得并存各主义。历史之英雄，地理之险要及战绩，军国民主义也；记美术家及美术沿革，写各地风景及所出美术品，美育也；记圣贤，述风俗，德育也；因历史之有时期，而推之于终始，因地理之有涯涘，而推之于无方体，及夫烈士、哲人、宗教家之故事及遗迹，皆可以为世界观之导线也。算学，实利主义也，而数为纯然抽象者。希腊哲人毕达哥拉士以数为万物之源，是亦世界观之一方面；而几何学各种线体，可以资美育。物理化学，实利主义也。原子电子，小莫能破，爱耐而几（Energy），范围万有，而莫知其所由来，莫穷其所究竟，皆世界观之导线也；视官听官之所触，可以资美感者尤多。博物学，在应用一方面，为实利主义；而在观感一方面，多为美感。研究进化之阶段，可以养道德，体验造物之万能，可以导世界观。图画，美育也。而其内容得包含各种主义：如实物画之于实利主义，历史画之于德育是也。其至美丽至尊严之对象，则可以得世界观。唱歌，美育也，而其内容，亦可以包含种种主义。手工，实利主义也，亦可以兴美感。游戏，美育也；兵式体操，军国民主义也;普通体操,则兼美育与军国民主义二者。上之所著,仅具荦较,神而明之,在心知其意者。

满清时代,有所谓钦定教育宗旨者,曰忠君,曰尊孔,曰尚公,曰尚武,曰尚实。忠君与共和政体不合,尊孔与信教自由相违(孔子之学术,与后世所谓儒教、孔教当分别论之。嗣后教育界何以处孔子,及何以处孔教,当特别讨论之,兹不赘),可以不论。尚武,即军国民主义也。尚实,即实利主义也。尚公,与吾所谓公民道德,其范围或不免有广狭之异,而要为同意。惟世界观及美育,则为彼所不道,而鄙人尤所注意,故特疏通而证明之,以质于当代教育家,幸教育家平心而讨论焉。(《民立报》1912年2月8日、9日、10日)

按:蔡元培任民元教育总长后,发表此篇。先后刊载于《民立报》1912年2月8、9、10日,《教育杂志》第3卷第11号(1912年2月10日出版),《东方杂志》第8卷第10号(1912年4月出版)。1912年9月,北京教育部公布《教育宗旨令》如下:"兹定教育宗旨,特公布之,此令。注重道德教育,以实利教育、军国民教育辅之,更以美感教育完成其德。中华民国元年九月初二日部令第二号。"(《教育杂志》第4卷第7号"法令"栏,1912年10月10日出版。)

2月3日(宣统三年十二月十六日),清皇太后懿旨,授袁世凯全权,与民军商酌条件奏闻。

按:时岑春煊、袁树勋、陆征祥、段祺瑞等请速定共和国体,以免生灵涂炭,故不俟国会召集,决定自让政权,遂有是命。

是日,中华民国自由党在上海正式成立,以维持社会之自由,扫除共和障碍为宗旨。

2月4日(宣统三年十二月十七日),冯国璋、段祺瑞、张勋等60余名将领致电议和代表伍廷芳,请承认优待清室条件原文,和平解决南北纷争。

2月5日(宣统三年十二月十八日),教育部在《临时政府公报》发布征集国歌词谱的公告。

按:公告曰:"国歌所以代表国家之性质,发扬人民之精神,其关系至大。今者民国成立,尚未有美善之国歌,以供国民讽咏良用恧焉。本部现拟征集歌谱,俟取材较多,再敦请精于斯学者,共同审订颁行全国。倘蒙海内音乐名家制作曲谱并附歌词邮寄本部,不胜企盼之至。"(《教育部征集国歌广告》,1912年2月5日《临时政府公报》第8号)

是日,段祺瑞、王占元、何丰林、李纯、鲍贵卿等9名将领自信阳电奏,斥责王公,阻挠共和,败坏大局,即率全军将士入京,与之剖陈利害。

2月6日(宣统三年十二月十九日),袁世凯召集王公大臣会议,传阅昨日段祺瑞等电报,决定赞同共和。

2月7日(宣统三年十二月二十日),参议院开始修订临时约法。

是日,南洋华侨联合会在南京成立,明确规定以联合国外华侨,共同一致协助祖国政治、经济、外交之活动为宗旨。汪精卫为会长,吴世荣为副会长。

按:此为我国第一个侨界群众组织,获得孙中山的赞许和支持。翌年,侨联会迁址上海,由吴世荣主持会务。

2月8日(宣统三年十二月二十一日),清隆裕太后召见袁世凯,商优待条件,有所修正,袁世凯即致电伍廷芳、唐绍仪。

2月10日(宣统三年十二月二十三日),参议院通过优待清室条件八款,清帝退位后,尊号仍存,以待外国君王之礼相待,每年与岁用400万元,暂居宫禁,日后移居颐和园,侍卫等照常留用。又待遇皇族条件四款,待遇满蒙回藏条件七款。以上条款,由南北代表照会各国公使。

是日,清皇室贵族良弼、毓朗、溥伟、载涛、载泽、铁良等组成的君主立宪维持会宣布取消。

按:1912年1月12日,为对抗辛亥革命,清皇室贵族分子良弼、毓朗、溥伟、载涛、载泽、铁良等秘密召开会议,1月19日以"君主立宪维持会"名义发布宣言,强烈要求隆裕太后坚持君主政权,反对共和。他们密谋打倒内阁总理大臣袁世凯,以毓朗、载泽出面组阁,铁良出任清军总司令,然后与南方革命军决一死战。袁世凯通过汪精卫授意京津同盟会分会暗杀宗社党首脑。1月26日,同盟会杀手彭家珍炸死良弼,在京满族权贵惶恐不安,君主立宪维持会遂告解散。

2月12日(宣统三年十二月二十五日),袁世凯奏与南方代表伍廷芳议,赞成共和,并进皇室优待条件八,皇族待遇条件四,满、蒙、回、藏待遇条件七,凡十九条。皇太后命袁世凯以全权成立临时共和政府,与民军商统一办法。

按:袁世凯遂承皇太后懿旨,宣示中外曰:"前因民军起义,各省响应,九夏沸腾,生灵涂炭。特命袁世凯遣员与民军代表讨论大局,议开国会、公决政体。两月以来,尚无确当办法。南北暌隔,彼此相持。商辍于涂,士露于野。国体一日不决,民生一日不安。今全国人民心理,多倾向共和。南中各省,既倡义于前,北方将领,亦主张于后。人心所向,天命可知。予亦何忍因一姓之尊荣,拂兆民之好恶。是用外观大势,内审舆情,特率皇帝将统治权公诸全国,定为立宪共和国体。近慰海内厌乱望治之心,远协古圣天下为公之义。袁世凯前经资政院选为总理大臣,当兹新旧代谢之际,宜为南北统一之方。即由袁世凯以全权组织临时共和政府,与民军协商统一办法。总期人民安堵,海宇乂安,仍合满、蒙、汉、回、藏五族完全领土为一大中华民国。予与皇帝得以退处安闲,优游岁月,受国民之优礼,亲见郅治之告成,岂不懿欤!"又曰:"古之君天下者,重在保全民命,不忍以养人者害人。现将新定国体,无非欲先弭大乱,期保乂安。若拂逆多数之民心,重启无穷之战祸,则大局决裂,残杀相寻,必演成种族之惨痛。将至九庙震惊,兆民荼毒,后祸何忍复言。两害相形,取其轻者。此正朝廷审时观变,恫瘝吾民之苦衷。凡尔京、外臣民,务当善体此意,为全局熟权利害,勿得挟虚矫之意气,逞偏激之空言,致国与民两受其害。著民政部、步军统领、姜桂题、冯国璋等严密防范,剀切开导。俾皆晓然于朝廷应天顺人,大公无私之意。至国家设官分职,以为民极。内列阁、府、部、院,外建督、抚、司、道,所以康保群黎,非为一人一家而设。尔京、外大小各官,均宜慨念时艰,慎供职守。应即责成各长官敦切诚劝,勿旷厥官,用副予凤昔爱抚庶民之至意。"又曰:"前以大局阽危,兆民困苦,特饬内阁与民军商酌优待皇室各条件,以期和平解决。兹据覆奏,民军所开优礼条件,于宗庙陵寝永远奉祀,先皇陵制如旧妥修各节,均已一律担承。皇帝但卸政权,不废尊号。并议定优待皇室八条,待遇皇族四条,待遇满、蒙、回、藏七条。览奏尚为周至。特行宣示皇族暨满、蒙、回、藏人等,此后务当化除畛域,共保治安,重睹世界之升平,胥享共和之幸福,予有厚望焉。"遂逊位。(《清史稿·宣统皇帝本纪》)

是日,清隆裕太后偕同宣统皇帝溥仪在乾清宫颁布退位诏书,胡惟德代表袁世凯率领民政大臣赵秉钧、度支大臣绍英、陆军大臣王士珍、海军大臣谭学衡、学部大臣唐景崇、司法大臣沈家本、邮传大臣梁士诒、工农商大臣熙彦、理藩大臣达寿,以及侍卫官唐在礼、姚宝来、刘恩源、蔡成勋等14人出席。

按:"退位诏书"曰:"朕钦奉隆裕皇太后懿旨:前因民军起事,各省响应,九夏沸腾,生灵涂炭,特命袁世凯遣员与民军代表讨论大局,议开国会,公决政体。两月以来,尚无确当办法。南北暌隔,彼此相持。商辍于途,士露于野。徒以国体一日不决,故民生一日不安。今全国人民心理多倾向共和,南中各省既倡议于前,北方诸将亦主张于后。人心所向,天命可知,予亦何忍因一姓之尊荣,拂兆民之好恶?是用外观大势、内审舆情,特率皇帝将统治权公诸全国,定为共和立宪国体。近慰海内厌乱望治之心,远协古圣天下为公之义。袁世凯前经资政院选举为总理大臣,当兹新旧代谢之际,宜有南北统一之方。即由袁世凯以全权组织临时共和政府,与民军协商统一办法。总期人民安堵、海宇乂安,仍合满、汉、蒙、回、藏五族完全领土为一大中华民国,予与皇帝得以退处宽闲、优游岁月,长受国民之优礼、亲见郅治之告成,岂不懿欤?钦此。"(赵彦龙等编著《中国古代经典文书档案导读》,宁夏人民出版社2018年版)至此,中国最后一个封建王朝被推翻。

是日，清朝皇族良弼、溥伟、铁良等组成的宗社党宣告解散。

按：宗社党是指辛亥革命爆发后，清朝皇族中的顽固分子良弼、溥伟、铁良等结成集团，反对清帝退位及与革命政府议和，企图保存清皇朝的统治的组织。其主要成员是满洲贵族，不久后旋即覆灭。日本后来为了分裂中国，在日本东京又重建了宗社党，以肃亲王善耆和浪人川岛浪速为首，其主要活动就是策划分割中国满蒙地区的满蒙独立运动。

2月13日（宣统三年十二月二十六日），孙中山向临时参议院提出辞职咨文，在所附三项条件中，强调临时政府设在南京、新总统到南京受任和遵守临时参议院所颁布的一切法制章程，同时推荐袁世凯继任临时大总统。

按：孙中山本日向参议院提出辞职书，略谓当被选之初，曾宣言以倾覆专制，巩固民国，图谋民生幸福为任誓。至专制政府既倒，国内无变乱，民国卓立于世界，为列邦公认，本总统即行解职。现在清帝退位，专制已除，南北一心，更无变乱，民国为各国承认，旦夕可期，本总统当践前言辞职引退。（《东方杂志》第8卷第10号《中国大事记》，1911年）

是日，同盟会员李怀霜、戴天仇（季陶）等联合部分立宪派组成中华民国自由党。发行机关刊物《民权报》。本部先设在上海。

2月14日（宣统三年十二月二十七日），临时参议院接受孙中山辞职，以新总统接事为解职期。通过临时政府改设北京的提案，孙中山等极力反对，要求复议。次日复议，决定临时政府仍设南京。

2月15日（宣统三年十二月二十八日），南京临时参议院选举袁世凯为临时大总统。

是日上午11时，孙中山率领临时政府各部总长及文武官员谒明孝陵，行祭告礼，宣告已驱逐鞑虏，光复中华，建立共和，统一民国。下午2时，在总统府举行庆贺南北统一共和成立礼，鸣二十一礼炮，奏军乐，唱国歌。孙中山发表演说。

按：载1912年2月16日《民立报》，祭文有曰："从此中华民国完全统一，邦人诸友，享自由之幸福，永永无已，实维我高皇帝光复大义，有以牖启后人，成兹鸿业。文与全国同胞，至于今日，始敢告无罪于我高皇帝。"（《孙中山全集》第2卷，中华书局1982年版）

2月16日（宣统三年十二月二十九日），袁世凯致电孙中山及参议院，说明南下为难，俟南京专使到后再行商议。

是日，上海工商勇进党宣布成立，以"振兴工业、扩张商务、扶持工商业之建设"为宗旨。

按：上海工商勇进党自称"纯全之民党"。发表宣言简章，以"振兴工业、扩张商务、扶持工商业之建设"为宗旨。"联合全国工业商业两大团体，互通声气，互换知识，互相保卫，互为维持，以成一巩固广大纯全之民党"。此后，中华民国工业建设会和各省实业协会等实业团体相继建立。

2月17日（宣统三年十二月三十日），孙中山致电袁世凯，已托唐绍仪等北上面陈，仍盼其南来任职。

2月28日，《民立报》刊登《国学会缘起》。国学会由章门弟子发起，请章炳麟任会长。

按：是月，章门弟子马裕藻、钱玄同、朱宗莱、沈兼士、龚宝铨、朱希祖、范古农、许寿裳等发起"国学会"，请章炳麟担任会长，在《民立报》发表的《国学会缘起》中说："先民不作，国学日微，诸言治兴学，以逮艺术之微音，罔不圭臬异国，引为上策。古制沦于草莽，故籍鬻为败纸，十数稔于兹矣。……语曰：'国将亡，本必先颠。'典章制度名物训诂，玄理道德之源，粲然莫备于经子，国本在是矣。今言者他不悉知，唯欲废绝经籍，自诩上制，何其乐率中国而化附于人也。方当匡复区夏，谓宜兴废继绝，昭明固有，安所得此亡国之言，以为不祥之征耶？……学术之败，于今为烈，补偏救弊，化民成俗，非先知先觉莫能为，为亦不能举其效。"（引自姚奠中等《章太炎学术年谱》，山西古籍出版社1993年版，第196页）章门师徒决定成立

"国学会",并提出教授的科目为:甲,文,小学(音韵训诂,字原属焉);乙,文章(文章流别,文学史属焉);丙,子(诸子异义);丁,史(典章制度、史评);戊,学术流别;己,释典。

3月1日,中华民国女子教育研究会本部在苏州正式成立。

3月2日,孙中山通令全国禁绝鸦片、禁止买卖人口。

3月3日,中国同盟会在南京召开本部全体大会。宣布其宗旨为"巩固中华民国,实行民生主义"。

3月4日,同盟会大会通过政纲:一、完成行政统一;二、促进地方自治;三、实行种族同化;四、采取国家社会政策;五、普及义务教育;六、主张男女平权;七、厉行征兵制度;八、整理财政,厘定税制;九、力谋国际平等;十、注重移民垦殖事业。选举孙中山为总理,黄兴、黎元洪为协理,汪兆铭、胡汉民、宋教仁、刘揆一、张继、平刚、田桐、居正、马和(君武)、李肇甫为干事,汪兼总务部主任,宋兼政事部主任。

是日,临时政府内务部制定并颁布《民国暂行报律》。

按:该项法令要求:"一、新闻杂志已出版及今后出版者,其发行及编辑人姓名,须向本部呈明注册,或就近地方高级官厅呈明,咨部注册。兹定自暂行报律颁到之日起,截至阳历四月初一号止,在此期限内,其已出版之新闻杂志各社,须将本社发行及编辑人姓名呈明注册。其以后出版者,须于发行前呈明注册,否则不准其发行。二、流言煽惑,关于共和国体有破坏弊害者,除停止其出版外,其发行人、编辑人并坐以应得之罪。三、调查失实,污毁个人名誉者,被污毁人得要求其更正。要求更正而不履行时,经被污毁人提起诉讼,讯明得酌量科罚。"(叶再生《中国近代现代出版通史》第2卷,华文出版社2002年版)

3月5日,孙中山颁发《饬内务部晓示人民一律剪辫令》。

按:令曰:"满虏窃国,易于冠裳,强行编发之制,悉从腥膻之俗。当其初,高士仁人,或不屈被执,从容就义,或遁入缁流,以终余年,痛矣先民,惨罹荼毒,读史至此,辄用伤怀。嗣是而后,习焉安之,腾笑五洲,恬不为怪。……今者满廷已覆,民国成功,凡我同胞,允宜涤旧染之污,做新国之民。……凡未去辫者,于令到之日限二十日一律剪除净尽,有不遵者以违法论!"(中国社科院近代史所《孙中山全集》,中华书局1981年版)

3月6日,中国报界俱进会和上海《申报》《新闻报》《时报》《时事新报》《神州日报》《民立报》《天铎报》《大共和日报》《启民爱国报》《民报》等联名致电孙中山,并通电全国,抵制《民国暂行报律》。

按:通电曰:"今统一政府未立,民国国会未开,内务部拟定报律,侵夺立法之权,且云煽惑,关于共和国体有破坏弊害者,坐以应得之罪;政府丧权失利,报纸监督,并非破坏共和。今杀人行劫之律尚未定,而先定报律,是欲袭满清专制之故智,钳制舆论,报界全体万难承认。"(叶再生《中国近代现代出版通史》第2卷,华文出版社2002年版)

是日,临时参议院因北方兵变频繁,同意袁世凯在北京就任临时大总统。

是日,孙中山令司法、内务二部通令全国,今后一概不准使用刑讯,销毁一切刑具,以重人权。禁止买卖人口,以示一律平等。

3月7日,上海各报破例同时刊登章太炎起草的《却还内务部所定报律议》,抨击临时政府"欲导恶政府之覆辙"。

3月9日,临时大总统孙中山颁布《大总统令内务部取消暂行报律文》,反对限制报刊出版自由。

按:令曰:"案言论自由,各国宪法所重,善从恶改,古人以为常师,自非专制淫威,从无过事摧抑者,该部所布暂行报律,虽出补偏救弊之苦心,实昧先后缓急之要序,使议者疑满清钳制舆论之恶政,复见于今,甚无谓也。又民国一切法律,皆当由参议院议决宣布,乃为有效。该部所布暂行报律,既未经参议院议决,自无法律之效力,不得以暂行二字,谓可从权办理。寻三章条文,或为出版法所必载,或为国宪所应稽,无所特立报律,反形裂缺。国民此后应否设置报律,及如何订立之处,当俟国会议会议决,勿遽亟亟可也。除电复上海各报外,合行令仰该部知照此令。"(叶再生《中国近代现代出版通史》第2卷,华文出版社2002年版)

3月10日,袁世凯在北京就任临时大总统。

3月11日,孙中山颁布《中华民国临时约法》,共7章56条。

按:《中华民国临时约法》(民国元年三月十一日公布):

第一章 总纲

第一条 中华民国由中华人民组织之。

第二条 中华民国之主权属于国民全体。

第三条 中华民国领土为二十二行省、内外蒙古、西藏、青海。

第四条 中华民国以参议院、临时大总统、国务员、法院行使其统治权。

第二章 人民

第五条 中华民国人民一律平等,无种族、阶级、宗教之区别。

第六条 人民得享有左列各项之自由权。

一、人民之身体非依法律,不得逮捕、拘禁、审问、处罚。二、人民之家宅非依法律不得侵入或搜索。三、人民有保有财产及营业之自由。四、人民有言论、著作、刊行及集会结社之自由。五、人民有书信秘密之自由。六、人民有居住迁徙之自由。七、人民有信教之自由。

第七条 人民有请愿于议会之权。

第八条 人民有陈诉于行政官署之权。

第九条 人民有诉讼于法院受其审判之权。

第十条 人民对于官吏违法损害权利之行为,有陈诉于平政院之权。

第十一条 人民有应任官考试之权。

第十二条 人民有选举及被选举之权。

第十三条 人民依法律有纳税之义务。

第十四条 人民依法律有服兵之义务。

第十五条 本章所载民之权利,有认为增进公益、维持治安或非常紧急必要时,得依法律限制之。

第三章 参议院

第十六条 中华民国之立法权以参议院行之。

第十七条 参议院以第十八条所定各地方选派之参议员组织之。

第十八条 参议员每行省、内蒙古、外蒙古、西藏各选派五人;青海选派一人。其选派方法由各地方自定之。

参议院会议时每参议员有一表决权。

第十九条 参议院之职权如左:一、议决一切法律案。二、议决临时政府之预算决算。三、议决全国之税法币制及度量衡之准则。四、议决公债之募集及国库有负担之契约。五、承诺第三十四条、三十五条、四十条事件。六、答复临时政府咨询事件。七、受理人民之请愿。八、得以关于法律及其他事件之意见建议于政府。九、得提出质问书于国务员,并要求其出席答复。十、得咨请临时政府查办官吏纳贿违法事件。十一、参议院对于临时大总统认为有谋叛行为时,得以总员五分四以上之出席,出席员四分三以上之可决弹劾之。十二、参议院对于国务员认为失职或违法时,得以总员四分三以上之出席,出席员三分二以上之可决弹劾之。

第二十条 参议院得自行集会开会闭会。

第二十一条 参议院之会议须公开之。但有国务员之要求或出席参议员过半数之可决者,得秘密之。

第二十二条　参议院议决事件咨由临时大总统公布施行。

第二十三条　临时大总统对于参议院议决事件,如否认时,得于咨达后十日内声明理由,咨院复议。但参议院对于复议事件,如有到会参议员三分二以上仍执前议时,仍照第二十二条办理。

第二十四条　参议院议长由参议员用记名投票法互选之,以得票满投票总数之半者为当选。

第二十五条　参议院参议员于院内之言论及表决,对于院外不负责任。

第二十六条　参议院参议员除现行犯及关于内乱外患之犯罪外,会期中非得本院许可,不得逮捕。

第二十七条　参议院法由参议院自定之。

第二十八条　参议院以国会成立之日解散。其职权由国会行之。

第四章　临时大总统、副总统

第二十九条　临时大总统、副总统由参议院选举之。以总员四分三以上出席得票满投票总数三分二以上者为当选。

第三十条　临时大总统代表临时政府,总揽政务,公布法律。

第三十一条　临时大总统为执行法律或基于法律之委任,得发布命令并得使发布之。

第三十二条　临时大总统统帅全国海陆军队。

第三十三条　临时大总统得制定官制官规,但须提交参议院议决。

第三十四条　临时大总统任免文武职员,但任命国务员及外交大使公使须得参议院之同意。

第三十五条　临时大总统经参议院之同意,得宣战媾和及缔结条约。

第三十六条　临时大总统得依法律宣告戒严。

第三十七条　临时大总统代表全国接受外国之大使、公使。

第三十八条　临时大总统得提出法律案于参议院。

第三十九条　临时大总统得颁给勋章并其他荣典。

第四十条　临时大总统得宣告大赦、特赦、减刑、复权。但大赦须经参议院之同意。

第四十一条　临时大总统受参议院弹劾后,由最高法院全院审判官互选九人组织特别法庭审判之。

第四十二条　临时副总统于临时大总统因故去职,或不能视事时得代行其职权。

第五章　国务员

第四十三条　国务总理及各部总长均称为国务员。

第四十四条　国务员辅佐临时大总统负其责任。

第四十五条　国务员于临时大总统提出法律案公布法律及发布命令时须副署之。

第四十六条　国务员及其委员得于参议院出席及发言。

第四十七条　国务员受参议院弹劾后,临时大总统应免其职。但得交参议院复议一次。

第六章　法院

第四十八条　法院以临时大总统及司法总长分别任命之法官组织之。

法院之编制及法官之资格以法律定之。

第四十九条　法院依法律审判民事诉讼及刑事诉讼。

但关于行政诉讼及其他特别诉讼,别以法律定之。

第五十条　法院之审判须公开之。但有认为妨害安宁秩序者得秘密之。

第五十一条　法官独立审判不受上级官厅之干涉。

第五十二条　法官在任中不得减俸或转职。非依法律受刑罚宣告或应免职之惩戒处分,不得解职。惩戒条规以法律定之。

第七章　附则

第五十三条　本约法施行后限十个月内,由临时大总统召集国会。其国会之组织及选举法由参议院定之。

第五十四条　中华民国之宪法由国会制定。宪法未施行以前,本约法之效力与宪法等。

第五十五条　本约法由参议院参议员三分二以上，或临时大总统之提议，经参议员五分四以上之出席，出席员四分三之可决得增修之。

第五十六条　本约法自公布之日施行。

临时政府组织大纲于本约法施行之日废止。（罗元铮《中华民国实录》，吉林人民出版社1998年版）

是日，孙中山下令劝禁缠足。

按：1912年3月11日，孙中山令内务部通饬各省劝禁缠足。令文说：夫将欲图国力之坚强，必先图国民体力之发达。至缠足一事，残毁肢体，阻阏血脉，害虽加于一人，病实施于子孙，生理所证，岂得云诬？至因缠足之故，动作竭蹶，深居简出，教育莫施，世事罔问，遑能独立谋生，共服世务？以上二者，特其大端，若他弊害，更仆难数。曩者仁人志士尝有天足会之设，开通者已见解除，固陋者犹执成见。当此除旧布新之际，此等恶俗，尤其先事革除，以培国本。为此令仰该部速行通饬各省，一体劝禁，其有故违禁令者，予其家属以相当之罚。（中国社科院近代史所《孙中山全集》，中华书局1981年版）

是日，上海伶界联合会成立，以改良旧曲、排演新戏、发扬革命真诠、发阐共和原理，使萎靡之社会日就进化，旁及教育慈善事业为宗旨。夏月珊任会长。

3月14日，夏廷桢等发起、改组中国共和研究会而为国民公党，推岑春煊、伍廷芳、程德全为名誉总理，王人文为总理、温宗尧为协理。以"组成健全政党，制造正确舆论，巩固民国基础，增进国利民福"为宗旨。发表纲领：主张实行平民政治，整理地金，减除苛税，尊重法律，保护人权，调剂国用，休养民力；提倡国民外交等。旋与同盟会、统一共和党、国民共进会、共和实进会等合组为国民党。

3月16日，张昭汉、汤国梨、吴芝瑛、陈撷芬等各界妇女100余人发起在上海四川路9号成立神州女界共和协济社，以"联合全国女界，普及教育，研究法政，提倡实业，养成共和国完全高尚女国民"为宗旨，推举张昭汉为社长。

3月23日，黄兴与蔡元培、宋教仁、刘揆一等在南京发起组织中华民族大同会，黄兴任总理。

3月24日，中华共和宪政会在上海改名为中华民国宪政会，推举伍廷芳、李平书为正副领袖。

3月29日，南京参议院同意唐绍仪内阁国务员（各部总长）人选。下午5时，参议院召开临时会议，出席者39人，列席者有孙中山、唐绍仪等，议长林森主席，先由唐国务总理发表政见及介绍10个部的总长简历。7时开议、投票选举，除交通总长梁如浩未过半数之外，其余部长全部通过，依次为：外交总长陆征祥、内务总长赵秉钧、财政总长熊希龄、陆军总长段祺瑞、海军总长刘冠雄、司法总长王宠惠、教育总长蔡元培、农林总长宋教仁、工商总长陈其美。

3月30日，袁世凯总统正式任命各部总长，并以唐绍仪兼长交通，唐内阁遂告成立。

3月31日，在宁同盟会会员为孙中山解职离宁举行的饯别会，各部总长、次长及唐绍仪、汪精卫、王芝祥等1000余人与会。孙中山即席发表关于民生主义的演说。

是月，袁世凯以总统名义发布"劝谕蒙藏令"。

4月1日下午2时，孙中山到参议院，行解除中华民国临时大总统职务的典礼，正式宣告解职。同日，向全国通告解职。同日，孙中山公布参议院法，凡18章105条。

按：《中华民国参议院法》的主要内容：《中华民国参议院法》共18章（总纲、参议员、议长副议长、委员、会议、委员会、选举、弹劾、质问、建议、请愿、国务员及政府委员、参议院与人民官厅及地方议会之关系、警察与纪律、惩罚、秘书厅、经费、附则）105条。其主要内容如下：（一）规定参议院设置地、参议院的开会与休会。参议院,设于临时政府所在地。孙中山本意临时政府设在南京,参议院自然设在南京,如当时的南京参议院然。而袁世凯力主临时政府设在北京。南京临时政府和参议院议员中间也出现是否迁都之争。1912年2月14日,参议院以20票对8票的多数,议决临时地点设在北京。15日,孙中山临时大总统咨请参议院复议临时政府地点,仍主张临时政府设于南京。参议院复议时争论异常激烈,最后以19票对7票之多数,议决临时政府仍设于南京。4月1日,孙中山解除临时大总统职务公布《参议院法》之时,仍寄希望此。可是4月5日,参议院议决临时政府迁北京。参议院,以《临时约法》所定,各地方有3/5以上派参议员到院,即行开会。参议院经议长提议,参议员过半数可决,得休止开会;但休会期间,不得过15日。休会期中,有紧急应议事件,议长得通告开会。(二)规定了参议会的组织。参议院以《临时约法》所定各地方选派之参议员组成。设议长、副议长各1人,任期与参议院同。议长维持参议院秩序、整理议事,对于院外,代表参议院。议长得任免秘书厅之秘书长及其下各职员,并指挥监督之。议长、副议长因故请假或辞职,须提出理由书,付院议决定;但请假期间在5日以内者,不在此限。参议院设3种委员会:全院委员会、常任委员会和特别委员会。参议院遇有重要问题,由议长或参议员10人以上之提议,经多数议决者,得开全院委员会审议。全院委员以全院参议员充之。常任委员分设法制、财政、廉政、请愿、惩罚5部,各担任审查本部事件,由参议员用无记名连记投票法选之,其文部员数由院议决定。特别委员,担任审查特别事件,由议长指定或本院选出之。常任委员,得兼任特别委员。全院委员会,非有委员1/3以上出席,常任委员会及特别委员会,非有该委员半数以上出席,不得开会。各委员长,须将委员会议决之结果报告于参议院。全院委员长由本院选定,但议长、副议长不在被选之列。常任委员长及特别委员长,由各委员会选之。(三)规定了参议员的资格条件、委任和自律罚则。中华民国之男子,年龄满25岁以上者,得为参议员;但有下列条件之一者,即失其资格:(1)剥夺公权者及停止公权者;(2)吸食鸦片者;(3)现役海陆军人;(4)现任行政职员及现任司法职员。显然,这个规定剥夺了中国广大妇女参政议政的权利。参议员到院后,须提出委任状于议长。参议员委国民付托,不得任意缺席;非有正当理由,不得请假;辞职亦受限制。参议员为民众服务,除公费及旅费(议长、副议长有津贴费)外,不受岁费。参议员要遵守会议纪律,不得违背《参议院法》及《参议院议事细则》。参议院对参议员有惩罚之权,此权由议长或议员5人以上提议,经由惩罚委员会审查,由院议决定宣告施行。惩罚种类有:(1)于公开议场谢罪;(2)一定之期间内停止发言:(3)一定之期间内停止出席;(4)除名。《中华民国临时约法》"参议院"规定了"参议员于院内之言论及表决,对于院外不负责任","除现行犯及关于内乱外患之犯罪外,会期中非得本院许可,不得逮捕"等诸多保障,但对参议员的纪律与惩罚则未作规定。《参议院法》则作了上述重要规定,体现了参议员民主自律之精神,对于议会尊严之维持与民主政治之实践关系甚大,这仿效了英、美、日各国宪法及议事法中的有关规定,更表明了以孙中山为代表的资产阶级革命派刷新政治、建设民主共和制度的积极努力。(四)规定了参议院会议规则、议事秩序。参议院除休会外,每星期一至星期五上午为寻常会议时间;但有紧急事件,特别开会不在此限。议事日程,由议长编定,先两日通知各参议员,并登载公报。参议院非有到院参议员过半数之出席,不得开会。会议时,以出席参议员过半数之可决为准。参议院议决可否同数时,应依议长之所决。参议员于议案有关系本身及其亲属者,不得参预表决。凡未出席参议员,不得反对未出席时所议决之议案。关于法律、财政及重大议案,须经三读会始得议决(但依政府之要求,或议长、议员之提请,经多数可决,得省略三读会之顺序)。政府提出之议案,非经委员审查不得议决(但紧急之际,由政府要求经多数可决者,不在此限)。议员提出法律案,须有10人以上之赞成者;其他提议,除别有规定者外,须有3人以上之赞成者,会同署名,先期交议长通告各参议员。参议员于议场上临时动议,附议在1人以上,方成议题,得请议长付讨论。委员于议场得自由发表意见,不受该委员会报告之拘束。参议院会议须公开之,但有下列事由,经多数可决者,不在此限:(1)依政府之要求;(2)依议长或参议员之提请。参议院会议之结果,按期编成速记录、议事录、决议录,惟秘密会议事件,不得宣布。(五)规定了参议院的选举、弹劾、质问、建议、请愿等职权的行使。参议院选举临时大总统或副总统时,应于5日前,将开选举会日期布告全国。施行选举之前1日,参议员以10人以上之连署,得推举临时大总统或副总统候补(选)人。选举用无记名投票法,对于候补人以外之投票,作为无效。弹劾大总统案,非参议员20人以上之连署,弹劾国务员案,非参议院18人以上之连署,不得提出。决定弹劾,须用无记名投票法表决。弹劾大总统案通过后,即日将全案通告最高法院,限5日内,互选9人组织特别法庭,定期审判。参议员对于政治上有疑义时,得以10人以上之连署,提出质问书,由参议院转咨政府,酌量缓急,限期答复。政府答复后,如提出质问者,认为不得要领时,由参议院咨请国务员,限期到院答辩或委员代理。建议案非有参议员5人以上之连署,不得提出。建议案通过后,即日将全案咨告政府。国民请愿书,非有参议员3人以上之介绍,不得受理。请愿书,当付请愿委员会审查。请愿事件,如有委员会或参议员10人以上之要求,得提付院议。参议院对以下四种情况不得受理:除法律上认为法人者外,以总代之名义请愿者;请愿书对于政府或参议院有侮辱之语者;变更《临时约法》之请愿;干预司法和行政裁判之请愿。(六)规定了参议院会议与国务员、政府委员,参议院与人民官厅及地方议会之关系。国务员及政府委员,无论何时,得到院发言,但不得因此中止议员之演说。委员会,得经议长,要求国务员或政府委员之说明。国务员及政府委员,于各会议均不得参与表决。参议院不得向人民发布告示,因审查事件召唤人民。参议院为审查事件,得向政府要求报告,或调集文书。政府除事涉秘密者外,不得拒绝。参议院审查关系地方之政务,得咨询该地方议会,令其答复。(夏新华、胡旭晟整理《近代中国宪政历程:史料荟萃》,中国政法大学出版社2004年版)

4月2日,民国临时政府决定迁往北京。

4月3日上午11时,孙中山等乘专车由南京启行,欢送者万人空巷,火车所经各站,迎送者亦是人山人海。下午5时,抵达上海。

4月6日,孙中山在上海创办《民国西报》英文晚报,主编李登辉、马素。

4月8日,由上海女子参政同志会、女子后援会、尚武会、金陵女子同盟会、湖南女国民会等联合而成的女子参政同盟会在南京四象桥湘军公所成立,以实行男女平等,实行参政为宗旨,男女嘉宾3000余人出席。会议选举唐群英为中华民国女子参政同盟会会长,发表《女子参政同盟会宣言书》,通过《女子参政同盟会简章》11条,为民国妇女运动的第一部行动纲领。

按:是年2月20日,鉴于南京临时参议院起草的《中华民国临时约法》没有"男女平权"的条文,女子后援会会长唐群英等在南京联合筹组中华民国女子参政同盟会,"要求中央政府给还女子参政权"。26日,唐群英向参议院递交《女界代表唐群英等上参议院书》,并先后5次向孙中山和临时参议院上书,但未被临时参议院接受。3月20日,唐群英趁参议院开会之机,率领一群女子冲进会场,造成轰动全国的"大闹参议院事件"。至4月8日,唐群英与张汉英、林宗素、张昭汉、沈佩贞、吴木兰等发起成立女子参政同盟会,本部设于南京,各省设立支部。唐群英主持大会,说明"以实行男女平等,实行参政为宗旨"。会议通过《女子参政同盟会简章》11条纲领为:一、实行男女权利均等;二、实行普及教育;三、改良家庭习惯;四、禁止买卖奴婢;五、实行一夫一妻制;六、禁止无故离婚;七、提倡女子实业;八、实行慈善事业;九、实行强迫放脚;十、改良女子装饰;十一、禁止强迫卖娼。会议发表《女子参政同盟会宣言书》,宣布:"吾党今日冲决网罗,扫除障碍,其第一步之事业,即在争取公民之地位。"为此政治权利"当挟雷霆万钧之力以趋之,苟有障碍吾党之进行者即吾党之公敌,吾党当共图之"。4月12日,中华女子参政同盟会向各省都督、各政党、各报馆发出通电,拒绝承认无理剥夺女权之《临时约法》。

4月10日,五族共和会在北京成立,赵秉钧任总理,陆建章任协理。

按:五族共和是中华民国成立初期的政治口号。这一原则强调了在中国的五大族群和谐相处。以五色旗作为国旗,分别代表汉(红);满(黄);蒙(蓝);回(白);藏(黑)。其中回族泛指穆斯林民族,包括新疆维吾尔族等。清朝曾将新疆称为回疆。

4月11日,中华佛教总会于上海留云寺召开成立大会,订立章程23条,规定本会系中华民国全体僧界共同组织,其宗旨为"统一佛教,阐扬法化,以促进人群道德,完全国民幸福",其基本任务是"明昌佛学""普及教育""组织报馆""整顿教规""提倡公益""增兴实业"等。

是日,共和统一会、国民共进会、政治谈话会等联合而成立共和统一党,举蔡锷、张凤翔、王芝祥、孙毓筠、沈秉堃为总务干事。其宗旨为"巩固全国统一,建设完美共和政治,循世界之趋势,发展国力,力图进步"。

4月13日,汤化龙、林长民、刘崇佑等组织共和建设讨论会,汤化龙任主任。

4月17日,谭人凤、李经羲、苏本言、郑鉴宇、刘正秋等在上海发起成立中华进步党,以"消灭阶级,伸张人权,扫除人道之障碍,救济众生苦恼"为宗旨。谭人凤、李经羲任正、副总裁。

4月24日,统一党、国民协进会、国民公会、国民党决定合组为共和党。黎元洪为理事长,张謇、章太炎、伍廷芳、那彦图等4人为理事。

4月30日,《删修新刑律与国体抵触各章条》公布。

4月,袁世凯宣令:"现在五族共和,凡蒙、藏回、疆各地方同为我中华民国领土,则蒙、藏、回疆各民族即同为我中华民国国民。"

5月1日,因辛亥革命而停顿的清华学堂,本日重新开学,学生返校者360人。10月更名清华学校,监督改称校长,由唐国安任校长,周诒春为副校长。

5月2日,北京全国军界统一会解散。

5月3日,京师大学堂改名为北京大学校,严复任校长。全校分文、法、商、农、工等科,学生增至818人。标志着我国兴办现代大学的开始。(参见罗耀九主编《严复年谱新编》,鹭江出版社2004年版;孙应祥《严复年谱》,福建人民出版社2014年版)

5月5日,孙中山在潮州旅省同乡会演讲"地方自治"。同日,孙中山在广州发表讲话,认为解决民生问题须从税契入手。

5月6日,孙中山在中国同志竞业社欢迎会上演讲"大众当勉为爱国国民",同日在广东第二女子师范学院演讲"提倡女子教育"。

5月7日,临时参议院议决,国会采取两院制,定名为参议院和众议院。

5月8日,教育部发三通令:一、请各省详报当时教育情形;二、请各省速发教育财产;三、拟于暑假前召开临时教育会议。

5月9日,教育部通饬各书局,将各种教科书送部审查。

是日,共和党在上海成立。

5月13日,袁世凯颁布《劝告政团学会不许干涉立法行政令》,规定"私立团体对于立法行政两机关尽可陈请建言以资博采,不许动辄干涉,致妨进行"。

5月14日,参议院议决以五色旗为国旗(左上角加十九星为陆军旗,加青天白日为海军旗)。

按:五色旗又称五族共和旗,是中华民国建国之初北洋政府的国旗,旗面按顺序为红、黄、蓝、白、黑的五色横条,比例为5:8。红、黄、蓝、白、黑分别表示汉、满、蒙、回、藏五族共和,所选用的五色为五个民族传统上所喜爱的颜色。

5月15日,孙中山祭黄花岗烈士。

同日,教育部将京师优级师范学堂改为北京高等师范学校。

按:分预科、本科、研究科,本科分国文部、英文部、历史地理部等6部,至1923年7月1日改为北京师范大学。

5月18日,梁士诒、朱启钤、田步蟾、姚锡光等在北京发起成立中国实业会,以"合群策群力，振兴全国实业”为宗旨。

5 月 24 日，袁世凯通令禁售排满及诋毁前清各项书籍。

5 月 25 日，教育部颁布《审定教科书章程》。

5 月 26 日，中华民国回教联合会在南京成立。

按：中华民国回教联合会是中国全国性伊斯兰教团体，1912 年初由江苏南京回族代表人物蒋新吾、刘维霖、沙仰之、杨质卿、陈沛生、改实君、白苹洲、沙丹如、马和阶、艾峻斋、马鉴臣、陶润之、金崎生、马绍岭、伍玉田、金殿臣、袁钜桥等 30 人发起组织。开始用“中华民国回族联合会”名称，呈报南京临时政府内务部，该部批复改称“回教联合会”。其宗旨是：团结回族，赞助共和，维护宗教，联络声气。金鼎为会长，沙丹如、梁义成为副会长。

5 月 30 日，《民立报》刊登《留法俭学会缘起及会约》。

按：其曰：“今共和初立，欲造成新社会、新国民，更非留学莫济，而尤以民气民智先进之国为宜。兹由同志组织留法俭学会，以兴勤俭苦学之风，以助其事之实行也。”

6 月 2 日，上海《新世界》半月刊第 2 期发表朱执信（署名蛰伸）翻译的《社会主义大家马儿克之学说》，摘译了《共产党宣言》第 2 章中的十大措施。同期刊登施仁荣翻译的恩格斯著作《理想社会主义与实行社会主义》（即《社会主义从空想到科学的发展》），以后各期连载。

6 月 4 日，中国报界俱进会改名为中华民国报馆俱进会。

6 月 6 日，陆军部将前清陆军兵官学校改为陆军军官学校。

6 月 8 日，中华民国政府公布五色旗为国旗，十九星旗为陆军旗，青天白日旗为海军旗。

6 月 12 日，中国回教俱进会在北京成立，马邻翼任会长，王振益、王宽任副会长。其宗旨是：“联合国内回民，发扬回教教义，提高回民知识，增进回民福利。”

6 月 15 日，北京优级师范学堂更名为北京高等师范学校。

6 月 30 日，全国铁路协会在北京成立。

7 月 3 日，中华民国第一所陆军军官学校——保定陆军军官学校正式成立。

7 月 9 日，由蔡元培倡议，在北京国子监旧址筹办历史博物馆。后迁往故宫午门，对外开放，成为第一个国立公共博物馆。

7 月 10 日，教育部在蔡元培主持下，于北京召开临时教育会议，重订学制，规定初小 4 年、高小 3 年、中学 4 年、大学预科 3 年、本科 3 年或 4 年。

按：学制规定：初等小学 4 年，为义务教育，毕业后得入高等小学 3 年或乙种实业学校 3 年；高等小学毕业后始得入中学校 4 年、师范学校本科 4 年，预科 1 年或甲种实业学校 3 年，预料 1 年；中学校毕业后得入大学，本科 3 至 4 年，预科 3 年、专门学校本科 3 至 4 年，预科 1 年或高等师范学校本科 3 年，预科 1 年；7 岁入学，全部教育年限为 18 年。这个学制亦称“壬子·癸丑学制”。

7 月 14 日，蔡元培辞教育总长职，26 日由范源濂继任。

7 月 15 日，上海《新世界》杂志第 5 期译载恩格斯著作《社会主义从空想到科学的发展》，该刊译文题为《理想社会主义与实行社会主义》。

7 月 19 日，北洋政府设蒙藏事务局，隶属国务总理，以加强对蒙藏地区的管理。

8 月 2 日，公布教育部官制。

按：第一条　教育总长。管理教育学艺及历象事务。监督全国学校及所辖各官署。

第二条　教育部职员。除各部官制通则所定外。置职员如下。视学（荐任）计正（荐任）技士（委任）

第三条　视学十六人。承长官之命。掌学事之视察。

第四条 技正二人。技士八人。承长官之命。掌技术事务。

第五条 教育部总务厅。除各部官制通则所定外。掌事务如下。一、关于直辖学校及公立学校职员事项。二、关于教育会议事项。三、关于审查及编纂事项。四、关于学校卫生事项。五、关于学校图书馆博物馆等修建事项。六、关于教育博览会事项。

第六条 教育部置左列各司。普通教育司、专门教育司、社会教育司。

第七条 普通教育司掌事物如下。一、关于师范学校事项。二、关于中学校事项。三、关于小学校及蒙养园事项。四、关于普通实业学校事项。五、关于聋哑学校及其他残废等特种学校事项。六、关于与以上相等之各种学校事项。七、关于学龄儿童就学事项。八、关于检定教员事项。

第八条 专门教育司掌事务如下。一、关于大学校事项。二、关于高等专门学校事项。三、关于与以上相等之各种学校事项。四、关于外国留学生事项。五、关于历象事项。六、关于博士会事项。七、关于国语统一会事项。八、关于医士药剂士开业试验委员会事项。九、关于各种学术会事项。十、关于授学位事项。

第九条 社会教育司掌事务如下。一、关于厘正通俗礼仪事项。二、关于博物馆图书馆事项。三、关于动植物园等学术事项。四、关于美术馆美术展览会事项。五、关于文艺音乐演剧等事项。六、关于调查及搜索古物事项、七、关于通俗教育及讲演会事项、八、关于通俗图书馆巡行文库事项。九、关于通俗教育之编辑调查规划等事项。

第十条 教育部主事员额。至多不得逾八十人。

第十一条 教育部参事佥事主事定额。以部令定之。

第十二条 本制自公布日施行。(《东方杂志》第9卷第3号《中国大事记》,1912年)

8月5日,同盟会、统一共和党、国民公党同意合并为国民党。

8月10日,袁世凯大总统颁布《中华民国国会组织法》《参议院议员选举法》《众议院议员选举法》。

8月11日,同盟会、统一共和党、国民公党、国民共进会和共和实进会5个政团集会于北京安庆会馆,就合并为国民党一事达成协议。

8月13日,同盟会、统一共和党、国民公党、国民共进会、共和实进会,发表国民党合并宣言,说:"共和之制,国民为国主体,吾人于使人不忘其义,故颜其名曰国民党。"

8月17日,中华民国政府颁布《礼制》。规定男子平常相见,施脱帽礼;公务活动中施脱帽一鞠躬礼;庆典、祀典、婚礼、聘问等隆重场合,施脱帽三鞠躬礼。女子礼与男子礼相类,惟不脱帽。

按:盖志芳说:"这是临时政府第一次发布命令宣布废除跪拜之礼,也是中华民族两千年历史上首次废除跪拜。长久以来,祭祀之神圣,君权制的尊崇,被专制主义者代代累加,何曾这般与众人平等!鞠躬礼的推行是平等实现的重要一步。"(盖志芳《民国礼学的历史考察》,山东师范大学硕士学位论文,2007年)

8月25日,孙中山在北京湖广会馆主持国民党成立大会,并且被公推为国民党首领,中国国民党宣告成立。孙中山在会上致辞。大会通过《国民党政见宣言》及政纲,并且推举孙中山、黄兴、宋教仁等9人为理事,阎锡山、张继、李烈钧、胡瑛等30人为参议。国民党成立后,为国内第一大党。

按:在北京出席成立大会的有阎锡山、张继、李烈钧、胡瑛、王传炯、温宗尧、陈锦涛、陈陶遗、莫永贞、褚辅成、松毓、杨增新、于右任、马君武、田桐、谭延闿、张培爵、徐谦、王善荃、姚锡光、赵炳麟、柏文蔚、沈秉堃、景耀月、虞汝钧、张琴、曾昭文、蒋翊武、陈明远、孙毓筠等,上述人员同时被推举为参议。

8月27日,京师图书馆正式开馆。

是月,教育部通过《采用注音字母案》,确立国字注音的基本方针。

9月2日,教育部颁布《教育宗旨》:"注重道德教育,以实利教育,军民国教育辅之,更以美感教育完成其道德。"

按:这是中国历史上第一个具有近代化色彩的教育宗旨。它充分考虑了教育事业本身的规律,结合了我国当时的历史环境,对初创时期民国教育的转型起了推动作用。

9月3日,教育部公布《学校系统令》,分别规定初等、中等、高等教育范围及修业年限。

9月9日,袁世凯特授孙中山策划全国铁路全权。

9月20日,袁世凯饬内务部颁布《通行各处请将各项集会结社详细调查列表送部文》,对全国的结社集会活动进行调查。

9月26日,教育部公布《全国儿童艺术展览会搜集条例》《全国儿童艺术展览会审查规则》《全国儿童艺术展览会阅览规则》,筹备举办全国儿童艺术展览会,并就作品征集、审查、观览规则事项加以规定。展览由鲁迅和陈师曾发起筹办,于1914年4月21日在京举行。

9月28日,教育部公布《小学校令》《中学校令》。《小学校令》共47条,规定小学校教育以留意儿童身心之发育,培养国民道德之基础,并授以生活必需之知识技能为宗旨;《中学校令》共16条,规定中学校以完足普通教育、造成健全国民为宗旨。

《中学校令》就教育宗旨、办学权限、学校经费等问题分别加以规定说明。

9月29日,袁世凯颁布《临时大总统饬禁秘密结社令》。

是月,袁世凯发布的《通令国民尊崇伦常文》,宣称"中华立国,以孝、悌、忠、信、礼、义、廉、耻为人道之大经",儒教"八德"乃"人群秩序之常",命令全国人民"恪循礼法,共济时艰"。

是月,教育部公布《审定教科用图书规程》,规定学校用书须经教育部审定。

是月,教育部颁布《师范教育令》,包括男女师范学校和高等师范学校的实施大纲。将初级师范学堂和初级女子师范学堂,分别改为师范学校和女子师范学校;优级师范学堂改为高等师范学校。

10月1日,内务部为筹设古物保存所上呈大总统,计划于京设立古物保存所,用于放置、保存文物。

10月7日,陈焕章、康有为、陈三立、林纾、梁鼎芬、沈曾植等在上海发起成立孔教会,陈焕章为主任干事。

按:孔教会是北洋军阀统治时期专事尊孔读经、复辟倒退的社团,1912年10月7日成立于上海。孔教会的发起人为康有为的学生陈焕章,主要成员有劳乃宣、张勋、李佳白等人,在全国各地设有若干分会。次年2月发行《孔教会杂志》作为机关刊物。9月在山东曲阜召开第一次全国孔教大会,举行大规模的祀孔典礼,陈焕章任主任干事,决定迁总会于北京,并在曲阜设立孔教总会事务所。11月推康有为任总会会长,张勋任名誉会长。标榜"昌明孔教,救济社会",实际上投靠北洋军阀政府,反对革命。在1917年张勋复辟前后活跃一时。1919年"五四"运动期间,孔教会受到沉重打击。1932年9月迁到曲阜的孔教总会按国民政府的命令改为"孔教协会",遂成文化团体。(申铉武《中国政党政团大观》,延边大学出版社1988年版)

10月14日,孙中山宣告中国铁路总公司已在上海成立。

10月14—16日,孙中山应中国社会党本部之请连续3日发表演说,在上海中华大戏院作《社会主义之派别及批评》的讲演,重点介绍和评述了社会主义的历史及主要流派,并称赞马克思"垂三十年之久,著为《资本论》一书","遂成为有统系之学理"。

10月22日,教育部公布《专门学校令》,规定专门学校以教授高等学术、养成专门人才为宗旨,按种类分为法政、医学、药学、农业、工业、商业、美术、音乐、商船、外语等。专门学校划归高等教育范畴,允许私人依法筹办。

10月24日,教育部颁布蔡元培先行手订的《大学令》22条,规定"大学以教授高深学术,养成硕学宏材,应为国家需要为宗旨"。

按:《大学令》是中国现代史上第一部教育行政法规,其中第一条即规定:"大学以教授高深学术,养成硕学宏材,应为国家需要为宗旨。"大学分文科、理科、法科、商科、医科、农科、工科等,而以文理二科为主。大学各科之修业年限三年或四年,预科三年,大学院不设年限。大学预科生修业期满,试验及格,授以毕业证书,升入本科。大学各科学生修业期满,试验及格,授以毕业证书,得称学士。大学院生在院研究有新发明之学理或重要之著述,经大学评议会及该生所属某科之教授会认为合格者,得遵照学位令授予学位。

10月27日,中国民协会、共和建设讨论会、共和促进会、共和统一会、民国新政社、共和俱进会等政团在上海张园召开大会,成立民主党,选举汤化龙为干事长,马良、陈昭常、谢远涵、李经羲、孙洪伊等为常务委员。

10月28日,袁世凯发表恢复十三世达赖名号的命令:"现在共和成立,五族一家,前达赖喇嘛诚心内向,从前误解自应捐释,应即复封为诚顺赞化西天大善自在佛,以期维持黄教,赞翊民国,同我太平。"(《西藏文史资料选辑》第11辑,民族出版社1989年版)达赖喇嘛在12月的复电中表达了"五族人民永远相安"的心愿。

10月30日,南京临时政府公布《参谋本部官制》,规定其职权为掌管全国国防用兵事宜;统辖全国参谋将校,并监督其教育;管辖陆军大学、海军大学、陆军测量;监督各国驻扎武官,掌办军事交通等。

是月,女子参政同盟会会长唐群英等人在北京创办《女子白话旬报》,为女子参政同盟会的机关刊物,以"为普及女界知识""以至浅之言引申至真之理,务求达到男女平权目的"为宗旨。

11月2日,教育部公布法政专门学校规程令,规定法政专门学校分为三科:一、法律科,二、政治科,三、经济科,前项政治、经济二科不分设者,得别设政治经济科。

11月3日,中华民国工党在南京举行联合大会,号称支部已发展到16省,"党员几达四十万。"

11月9日,袁世凯颁布《临时大总统解散秘密结会布告》,严令各省"都督民政长分别解散,及按法惩办"。

11月14日,教育部公布《公立私立专门学校规程》。

11月18日,袁世凯公布《国籍法》,凡5章22条。

11月29日,国家颁布《中央学会章则》,创办全国性学术研究机构——中央学会。

按:1　中央学会章则(1912年11月—1913年3月)

(1)　中央学会法(1912年11月29日)(法律第八号)

第一条　中央学会直隶于教育总长,以研究学术,增进文化为目的。第二条　中央学会会员无定额,由具左列资格之一者互选之:一、在内国、外国大学或高等专门学校三年以上毕业者。二、有专门著述,经中央学会评定者。前项互选,以得满五十票以上者为当选。互选细则以教育部令定之。第三条　外国人对于民国学术之发达有特别功绩者,得由中央学会推为名誉会员。第四条　中央学会会员任期三年,任满改选,但得连举连任。第五条　中央学会依学术之种类分为若干部,会员各依其专攻学科分属之。分部方法,以中央学会会章定之。第六条 中央学会设会长一人,副会长一人,由中央学会会员互选之。第七条 中央学会各部各设部长一人,由各部会员互选之。第八条 会长总理会务,会长有事故时副会长代理之。第九条 部长辅助会长,分理部务。第十条 中央学会随时开会讨论关于学术及文化各事项。第十一条 中央学会得募集关于学术之论文及材料。第十二条 中央学会经教育总长之认可,得与外国各学术团体联合研究。第十三条 中央学会关于学术及文化事项,得陈述意见于教育总长。第十四条 中央学会每年应将会内事项作成报告书,呈报教育总长并宣布之。第十五条 中央学会会员得随时就其专攻之学科提出论文,经中央学会认可宣布之。第十六条 中央学会会长、副会长及各部长得酌给公费。第十七条 中央学会会章由中央学会定之。第十八条 本法自公布日施行。中华民国元年十一月二十九日。

(2) 中央学会互选细则(1913年3月17日)(教育部部令第十四号):

第一条 中央学会会员之互选,由中央及各省举行之。第二条 互选日期由教育总长规定于一个月以前布告之。第三条 在内国、外国大学或高等专门学校三年以上毕业者,应于互选日期布告后二十日以内,呈验毕业证书。具有前项资格居住北京者,可将毕业证书送教育部审查;居住各省者,送该省教育司审查,合格者得列入中央或各省互选人名册。第四条 凡有高深著述经中央学会评定者,由中央学会会长于互选日期布告后十日以内汇送教育部列入互选人名册。前项规定在第一届互选时不适用之。第五条 互选用记名投票法。第六条 投票纸在京由教育部发给,在各省由教育司发给。第七条 中央及各省均于互选之次日开票,并须通知该地之投票者二人以上莅场监察。第八条 左列各款之投票均作为无效:1.选举人姓名不在互选人名册内者。2.不用发给之投票纸者。3.不依式填写者。4.污损投票纸者。5.字迹不明者。第九条 各省选出之人,无论票数多寡,应由教育司于互选之次日将姓名及得票之数电告教育总长,并将投票纸呈送教育部。第十条 凡得票满五十票以上者为当选。前项票额得汇集于中央及各省投票之数计算之。第十一条 凡当选者由教育总长给予当选证书。第十二条 各省互选办事规则,由教育司定之。第十三条 本细则自公布日施行。(《中华民国史档案资料汇编·文化》,江苏古籍出版1991年版)

是月,教育部订定《小学校则及课程表》,对小学教育主旨、教学内容及课时加以规定。将图画科纳入小学教育必修课程。

是月,"神州女界协济社"社长张昭汉等在上海创办《神州女报》以"发挥共和,代表社会言论,导启女界政治及实业思想,鼓吹国民道德与尚武精神"。

12月2日,教育部颁发《中学校令实施规则》,对教学科目、课程分配、学校编制、设备、学费、学生入学及惩戒问题加以规定。

是日,教育部公布《读音统一会章程》,筹设国语统一办法。定读音统一会职务为:1.审定一切字音为法定国音;2.将所有国音均析为至单纯之音素,核定所有音素总数;3.采定字母,每一音素均以一字母表之。

12月4日,中华民国光复纪念邮票发行,首次以孙中山像为邮票图案。

12月10日,教育部公布《师范学校规程》,对师范学校教育要旨、修业时间、所学科目、课时安排、学费及义务等内容分别进行规定。

12月15日,《戒严法》公布。

12月23日,教育部批准孔教会立案。

是年,陆军预备大学堂迁往北京,正式更名为陆军大学,是当时是军事教育的最高学府。

是年,陈其美联合于右任、李燮和、谭人凤、宋教仁等36人在上海发起中华和平会。

是年,《大共和报》《中华教育界》《越铎日报》《新浙江潮》《彙报》《风俗改良报》《共和急进报》《临时政府公报》《法曹杂志》《安徽船》《临时公报》《越社丛刊》《农友会报》《湖南交通报》《云南政治公报》《社会世界》《社会党月刊》《社会日报》《国民公报》《共和言论报》《山西实业报》《女权》《中华周刊》《江苏司法汇报》《通俗教育研究录》《云南教育杂志》《古学汇刊》《湖南实业杂志》《湖南教育杂志》《真相画报》《惜阴周刊》《直隶实业杂志》《中国同盟会杂志》《实业公报》《经济杂志》《宝山共和杂志》《军学杂志》《新世界》《湖南司法旬报》《生活杂志》《农林公报》《海军杂志》《黑龙江实业月报》《文艺俱乐部》《新纪元星期报》《四川国学杂志·国学荟编》《独立周报》《西蜀新闻》《铁道》《民国经济杂志》《女子白话旬报》《湖北教育会报》《国学丛选》《军事杂志》《铁路协会月刊》《佛学丛报》《中国学报》《军事月报》《民谊》《民誓杂志》《神州女报》《西北杂志》《生计》《庸言》《亚东丛报》《盐政杂志》《女铎报》《星期杂志》《文艺杂志》《京师学务局一览》《铁路协会会报》《圣教杂志》《北京新报》《大自由报》《数学杂志》《九澧共和报》《女铎》《奉天公报》《汇学杂志》《教育杂志》《天籁季刊》《佛学月报》《军声》《中国文学研究汇编》《山西公报》《湖北教育厅公报》《大陆报（英文）》《民国西报（英文）》《亚东新闻》《中央新闻》《中国日报》《长沙日报》《寰一报》《福建民报》《群报》《天职报》《华国报》《指南报》《公言报》《良知报》《觉魂报》《新闻迅报》《民听报》《实报》《国权报》《京津时报》《国华报》《大自由报》《大共和日报》《闽侯晚刊》《上海日日新闻》《白话晚报》《旭日报》《江南教育杂志》《湖北教育杂志》《吉林教育杂志》《测量界》《南京医学报》《工业世界》《交通旬报》《中华矿业同志会会志》《山东实业公报》《湖北农林会报》《东三省公报》《满洲日报（英文）》《实业杂志》等报刊创刊。

二、学术活动

蔡元培1月3日被任命为南京临时政府教育总长。同日下午，在上海江苏教育总会出席中华民国联合会成立大会，由唐文治任主席，选出章太炎、程德全为正、副会长。同月4日晚，乘专车抵达南京。5日，出席孙中山主持的临时政府成立后首次国务会议。11日，与章太炎联名在上海《大共和日报》登出寻找刘师培的启事。又联名电请临时大总统孙中山出面保释刘师培。29日，大总统府、南京临时政府教育部分别致电四川都督府，保释刘师培。（参见刘桂秋《唐文治年谱长编》，上海交通大学出版社2020年版）

按：《大共和日报》1912年1月11日发表蔡元培与章炳麟联名启事寻找刘师培（申叔）："刘申叔学问渊深，通知今古，前为宵人所误，陷入范笼。今者，民国维新，所望国学深湛之士，提倡素风，任持绝学。而申叔消息杳然，死生难测。如身在他方，尚望发一通信于国粹学报馆，以慰同人眷念。章炳麟、蔡元培同白。"

按：大总统府电报云："四川资州军政署鉴：刘光汉被拘，希派人护送来宁。勿苛待。总统府。宥。"教育部电报云："四川都督府转资州分府：报载刘光汉在贵处被拘。刘君虽随端方入蜀，非其意。大总统府已电贵府释放，由贵部护送刘君来部，以崇硕学。教育部。宥。"

蔡元培13日午后谒临时大总统孙中山。18日，蔡元培在南京出席徐锡麟、陈伯平烈士追悼会，并发表激烈演说。

按：《时事新报》1912年1月18日报道曰："徐烈士锡麟及陈烈士伯平灵柩，于14号（即26日）运抵南京后，即停放下关商埠局，定今日发引赴沪，马烈士子畦灵柩，已先由该家属领归。当陈、徐二柩发引之先，于午后2时，在商埠局开追悼会。徐总督固卿代表孙大总统，其他则陆军长黄克强，学务长蔡鹤卿，林女士素皑及政界各重要人物，均荟会演说、尤以蔡鹤卿君演说为最激烈，即分别致奠，旋将灵柩送至沪宁车站。"

蔡元培 1 月 19 日以教育总长主持教育部正式成立,启用印信,开始办公。同日发布《中华民国教育部普通教育暂行办法通令》14 条及《普通教育暂行课程标准》11 条,由教育部向各省都督发出电报及咨文,请其"饬发所属,转发各学校一体遵行"。此为蔡元培就任教育总长后的第一个重要文件,标志旧教育制度的结束和中国近代新教育的诞生。

按:《中华民国教育部普通教育暂行办法通令》反映中华民国新政府对教育的新要求,宣布废除清学部颁行的一切教科书和读经、尊崇清廷的一切旧时的惯用行文,便宣告旧教育制度的结束和中国近代新教育的诞生。(林家有《辛亥革命与中国教育的近代化》,《中山大学学报》2001 年第 6 期)

蔡元培 1 月 24 日邀请黄炎培、俞子夷自苏州来南京,与蒋维乔等讨论学制系统。26 日,由教育部致电四川都督府转资州分府,谓:"报载刘光汉(师培)在贵处被拘。刘君虽随端方入蜀,非其本意,大总统已电贵府释放,请由贵府护送刘君来部,以崇硕学。"28 日,莅临参议院演说。30 日,由教育部通电各省都督,促其推行社会教育。31 日,视察南京江南图书馆。

按:蔡元培1912年2月6日《复缪荃孙函》曰:"元培到南京后,即时有以江南图书馆事相告者。适马相伯先生代理江宁都督,询之则言此图书馆当属于地方政府权限内,故一切事仍请马先生主持之。驻扎馆中之军队,曾属徐固卿总督下令迁地,亦复无效。马先生因请丹徒茅子贞君入馆任事,因茅君之子在宪兵司令部,有约束军人之权也。元月三十一日,元培曾到馆中一观,王君懋熔并出最精之本相示,一饱眼福。先生之赐也。陈君善余及李君仁圃,均曾来此一谈,陈君并递一节略,详述图书馆情形。将来划定中央与地方政府权限时,如以此馆直隶教育部,则元培等必当加意保护,不负先生当年搜罗之苦心。即目前虽无直接管理之权,然从旁助之,亦不敢不尽心也。"(王世儒编《蔡元培先生年谱》上册,北京大学出版社1998年版)

蔡元培 2 月 3 日令由教育部通告全国,征集国歌词谱。5 日,与蒋维乔商定编制教育部暂时的经费预算。6 日,复缪荃孙函,言视察江南图书情况。8—10 日,蔡元培在《民立报》连载《对于新教育之意见》一文,提出以"军国民教育、实利主义、公民道德、世界观、美育"五项为民国教育方针。

按:蔡元培《自写年谱》曰:"我那时候,发表《对于教育方针之意见》一文,据清季学部忠君、尊孔、尚公、尚武、尚实的五项宗旨而加以修正,改为军国民教育、实利主义、公民道德、世界观、美育五项。前三项与尚武、尚实、尚公相等;而第四、第五两项却完全不同。以忠君与共和政体不合,尊孔与信仰自由相违,所以删去。至提出世界观教育,就是哲学的课程,意在采周秦诸子、印度哲学,以打破二千年来墨守孔学的旧习。提出美育,因为美感是普遍性,可以破人我彼此的偏见;美感是超越性,可以破生死利害的顾忌,在教育上应特别注重。对于公民道德的纲领,揭法国革命时代所标举的自由、平等、友爱三项,以古义证明说:自由者,富贵不能淫,贫贱不能移,威武不能屈是也,古者盖谓之义。平等者,己所不欲,勿施于人,是也,古者盖谓之恕。友爱者,己欲立而立人,己欲达而达人是也,古者盖谓之仁。"(王世儒编《蔡元培先生年谱》上册,北京大学出版社1998年版)

蔡元培 2 月 8 日出席第五次内阁会议,讨论教育部内部组织。

按:《民立报》1912年2月14日报道:"2月8日午后1时开第五次阁议,到会者较前为多,除交通、实业、司法等部总长来未至外,余部总次长俱至。海军部则派代表到会。秘书长胡汉民、法制院宋教仁亦列席。所议各事如下:(一)议地方官制,(二)议教育与内务部之权限,(三)议决增拓殖部。……法制院所拟官制,大抵全仿日本教育部。现自拟草案,除总长次长下设承政厅外,特分为三司:(一)学校教育司,所属有二科,曰普通教育科,曰专门教育科。实业教育不另分科,而分隶于普通与专门,以示教育需重实质之意。(二)社会教育司,所属有三科,曰宗教科,美术科,编辑科。(三)历象司,所属二科,曰天文科,曰测候科。已呈请总统,转致法制院修改。"

蔡元培2月12日在中国地学会的改选中被选为中国地学会总裁,袁希涛、张伯苓、英敛之、王桐龄、蔡儒楷、傅运森、姚明辉等为评议员,张相文为会长,章鸿钊为干事部长。18日,蔡元培被派为北上迎袁世凯来宁就总统职的专使。教育次长景耀月代理部务。23日,蔡元培与唐绍仪、李石曾等在东海舟次发起组织"六不会"与"社会改良会"。29晚,袁世凯的亲信、驻北京第镇曹键所部发动兵变。3月10日,蔡元培出席袁世凯在北京举行的就任临时大总统的典礼,代表孙中山致祝词,"希望我大总统为我中华民国造成巩固之共和政体,为全国四万万同胞造无量之幸福焉"。17日,蔡元培返回南京。18日,蔡元培与黄兴、胡汉民、徐绍桢、宋教仁、熊希龄、张继等44人发起的拓殖学会在南京中正街悦宾楼举行成立大会。19日,蔡元培到参议院报告北京兵变始末。20日午后,蔡元培主持讨论学制系统,晚间,主持讨论教育部官制。22日午后2时,召开教育部全部人员的大会,宣布新的临时政府不久将在北京成立,南京原教育部应暂时解散,以待交替。25日,新任国务总理唐绍仪到南京,组织内阁,坚请蔡元培仍任教育总长。

蔡元培、汪精卫、唐绍仪、宋教仁、李石曾、张竞生、黄复生、魏宸组、吕超、胡汉民、雷国能等32人4月7日列名发起出版天津《民国报》。因蔡元培举荐,范源濂被袁世凯任命为教育次长。21日,国务院成立。国务总理及各部总长齐集总统府,参加国务员会议,议定各部交替或暂行继续办理事宜。22日,蔡元培致电范源濂、夏曾佑、袁希涛、钟观光、蒋维乔、许寿裳、周树人、谢冰、汤中、王云五、杨曾诰、胡朝梁、曹典球、钱方度、高鲁、陈墨涛、马邻翼、林冰骨、赵幼梅、胡豫、张鼎荃、洪逵、杨乃康、张邦华、顾澄、许季上等,谓国务院成立,教育部亟须组织,请即日北来,参与教育部工作。22日,发致黄炎培电,邀任教育部普通教育司司长。23日,发布《接收前清学部谕示》。26日,蔡元培与教育次长范源濂一同到任视事。27日,再致电黄炎培邀任教育部司长,又致电伍光建、夏曾佑,邀任教育部司长。

蔡元培5月1日呈请任命教育部的参事、秘书长及司长。5月3日,袁世凯发布命令:任命钟观光、马邻翼、蒋维乔为教育部参事,董鸿祎为教育部秘书长,袁希涛、林柴、夏曾佑为教育部司长。同日,蔡元培呈准由袁世凯发布命令,将京师大学堂改名为北京大学校,任命严复署理北京大学校校长。9日,由教育部公布《审定教科图书暂行章程》11条。15日,蔡元培以教育总长身份出席北京大学开学典礼,在演讲中强调"大学为研究高尚学问之地",此为蔡元培第一次阐述他的大学观。同日,蔡元培在北京纪念黄花岗烈士就义一周年大会上演说。18日,出席国务院的新闻记者谈话会。20日,与唐绍仪等提出辞职,被慰留。27日,由教育部公布《临时教育会议章程》9条、《临时教育会议议事规则》7章。是月,邀请吴稚晖来教育部,负责推动读音统一、国语注音字母事宜。

蔡元培6月1日致书中华民国世界语会予以勉励。23日,蔡元培参加同盟会全体职员会,发表演说。7月10日上午9时55分,全国临时教育会议正式开幕,蔡元培报告开会宗旨,提出废止读经主张,提出"普通教育废止读经,大学校废经科,而以经科分入文科之哲学、史学、文学三门",以破除"自大旧习"。13日下午,蔡元培总长、范源濂次长召集教育部各厅、司长开部务常会,讨论教育方针的提案。14日,蔡元培因不愿与袁世凯政府合作而辞职,教育次长范源濂暂行代理。同日,撰发《答客问》一文,对因坚持辞职引起的流言蜚语有所辩解。15日午后3时,教育部为蔡先生开送别会,全部人员合摄一影,又为蔡先生独摄一影。

按：袁世凯批蔡先生辞呈曰："据呈已悉。该总长道德学问，举世罕侪。任事以来，于全国教育行政，筹画大纲，规模宏远，天下学子，称颂弥殷。前此呈请辞职，本大总统殊深叹惜。当此国基甫创，二三君子，弃我如遗，使本大总统蹈弃贤之咎，固不足惜，其如国事何！沥胆披肝，劝导再四，并代表全国四万万人谆切挽留，私意该总长必能谅此苦衷，勉停高蹰。乃复据呈请解职，情词坚切，出于至诚，若再不如所请，又恐邻于强迫，过拂该总长之意。不得已，勉徇所请，准免教育总长本官。尚望身在江湖，勿忘国事，时惠箴言，用匡不逮，本大总统有厚望焉。此批。"（1912年7月《政府公报》）

蔡元培7月25日下午4时半乘火车离开北京赴天津，在津与唐绍仪晤聚后，再乘轮前往上海。8月13日，陈陶遗、吴稚晖、姚勇忱等发起成立《民国新闻》社，以保障共和政体、宣扬民生主义为宗旨，蔡元培被推为社长并组织董事会，总编辑吕志伊及编辑邵元冲、邓恢宇实际负责。14日，蔡元培为陆尔奎等所编《新字典》撰序。17日，蔡元培在中华民国世界语会发表演说。18日，蔡元培为孙中山离沪北上送行。20日，法律维持会在上海张园召开成立，千人出席，蔡元培被推为会长。23日，蔡元培出席社会党为江亢虎在汉口被捕召开的会议，发表演说。

蔡元培9月初撰《徐锡麟墓表》。9月3日，蔡元培与马君武、胡瑛、罗焕章、陈润夫等校董出席中国公学开学式，发表演说。5日，蔡元培与黄兴、陈其美、徐绍桢、张謇、钮永建、吴稚晖等42人联名发起举行追悼熊成基、白雅雨、王汉、刘敬庵四烈士大会。8日，到中华民国世界语会演讲。16日，携夫人黄仲玉、长女威廉、三子柏龄乘奥轮"阿非利加"号再度赴德国。10月24日，蔡元培手订的《大学令》22条，经临时教育会议通过，教育部以第17号部令公布。11月1日，再入莱比锡大学研修，主要在文明史与世界史研究所进行研究。（以上参见高平叔编著《蔡元培年谱长编》，人民教育出版社1996年版；王世儒编撰《蔡元培先生年谱》，北京大学出版社1998年版）

胡汉民1月3日任南京临时政府秘书长。3月17日，领衔与黄兴、王宠惠、宋教仁、马君武、王鸿猷、于右任、钮永建、蒋作宾、居正、黄钟瑛、汤芗铭、吕志伊、徐绍桢、秦毓鎏、任鸿隽、萧友梅、冯自由、吴永珊、谭熙鸿、耿觐文、陈晋、张通典、郑宪武、但焘、刘元梓、程明超、金溥崇、胡肇安、汪廷襄、伍崇珏、王夏、唐支厦、彭素民、易廷熹、廖炎、林启一、卢仲博、余森、李晓生、邵逸周、刘式庵、林朝汉、梅乔林、刘鞠可、胡秉柯、张炽章、贺子才、朱和中、覃师范、仇亮、杜纯、黄中恺、金华祝、汤化龙、张铭彝、巴泽惠、林大任、傅仰虞、梁能坚、侯毅、翁继芬、蔡人奇、田桐、林长民、张大义、萧翼鲲、孙润宇、于德坤、史青、高鲁、王庆华、程华鑫、马伯瑗、林文庆、方潜、熊传第、刘健、瞿方书、刘馥、仇鳌、杨勉之、姜廷荣、曹昌麟、刘伯昌、张周、周泽苞、黄复生、彭丕昕、饶如焚、史久光、王孝缜、何浚、唐豸、陈宽沅、喻毓西、黄大伟等呈请孙大总统速设国史院撰辑中华民国建国史文。文曰："溯自有文字，遂有记载，古称史官，肇于沮苍，历代相沿，是职咸备。盖以纪一时之事，昭万世之鉴，甚盛典也。窃概观中国前史，《春秋》《史记》而外，多一人一家之传记，无一足称社会史，可以传当时而垂后世者。抑典午东渡而还，中原涂炭，自时厥后，国统淆杂，殊方入主，尤间代相闻，以云正史，不足十六。而所称正史者，亦复狃于君主政体，其典章制度，人物文词，见于纪、传、表、志者，多未能发挥民族之精神，方诸麟经迁史，去之忧远。若藉为民国之借鉴，犹南辕北辙，凿枘不能相容。诚以立国之政体不良，而记载遂不衷于至当耳。今我中华，聿新民国前，自甲午而后，明识远见之士，怵于国之不可以见辱，而政体之不可以不改变也，于是奔走号呼，潜移默运，垂二十年。兹者民国确立，以前以艰钜挫折，起蹶兴踬，循环倚伏，不可纪极。若非详加调查，笔之于书，著为信史，何以彰前烈而昭方来，正史成而坚国本。为此连同众意，合词呈请大总统速设国史院,遴员董理,刻日将我民国成立始末,调查详彻,撰辑中华民国建国史,颁示海内,以垂法戒,而巩邦基。如蒙俯允,即请作为议案,提交参议院议决,并祈从速特委专员筹办一切,民国幸甚。"4月3日,南京临时政府解散,胡汉民随孙中山离南京到上海、武汉等地。(参见陈红民、方勇编《中国近代思想家文库·胡汉民卷》及附录《胡汉民年谱简编》,中国人民大学出版社2015年版;张仁善《王宠惠先生年谱》,载《王宠惠法学文集》,法律出版社2008年版)

黄兴1月3日被任命为南京临时政府陆军总长。3月31日,袁世凯任命黄兴为南京留守,办理政府机关的结束事项,并接收管理驻南京的军队。同月,黄兴与刘揆一、吴景濂、景耀月、谭延闿、陈其美、宋教仁、张继、马君五、王正廷、黎元洪等112人发起在南京成立中华民族大同会,创办《大同杂志》和《大同日报》。后以南京临时政府北迁,中华民族大同会亦同时移至北京。

按:中华民族大同会启说:"今既合五大民族为一国矣,微特藩属之称,自是铲除,即种类之界,亦将渐归融化,洵吾华轶代之鸿沟。顾五族语文互异,忧恫或有难乎;居处殊方,接洽未免多阻。如无集合之机关,安望感情之联络?况乎强邻逼处,虎视眈眈,唇齿互有相依之势,肥瘠敢存秦越之心。……组织斯会,谋意识之感通,相挈相提,手足庶无偏枯之患,同袍同泽,痛痒更有相关之情。"(《黄兴集》,中华书局1981年版)孙中山批示:"该会以人道主义提携五族共跻文明之域,使先贤大同世界之想象实现于廿世纪,用意实属可钦。"(同上)

黄兴6月14日因南京留守撤销,退居上海。30日,黄兴参加同盟会上海支部夏季常会,发表政见,强调要贯彻三民主义,特别是民生主义。8月,同盟会等组织改组为国民党,黄兴任理事。同月,作《铁道杂志序》,主张"先以铁道为救亡之策,急起直追,以步先进诸国后尘,则实业庶几兴勃也乎"!9月11日,黄兴应袁世凯邀请到北京,受到隆重接待。同月,在北京五族共和联合会欢迎会上发表演讲。

按:黄兴说:"现在民国既已统一,五族既已浃洽,且各族国民同立于五色旗下,界域现已不分,联合二字,似不应有。虽然从地理上的关系,于西北方一面,其感情尚有不能不联合者。贵会若能使五族同化无迹,同归一致,使自此以后,不但无五族意见,并无五族名目,协力同心,共跻大同。"(《黄兴集》,中华书局1981年版;毛注青《黄兴年谱长编》,中华书局1991年版)

张謇1月1日应黄兴邀请,自上海"至江宁",参加组建中华民国政府。3日,任南京临时政府实业部总长。同日,中华民国联合会在上海举行的成立会上,与唐文治、蔡元培、熊希龄、应德闳、张通典、刘树棠等被推为参议员,又被荐任特务干事。章炳麟、程德全分任正、副会长。6日,于《大共和日报》载致章炳麟函,论立法不妨参酌法、美,期适于我。

按:同日《大共和日报》载张謇致章炳麟函曰:"昔日之言改革者,一味抄袭日本;今日之言改革者,又有一味抄袭美国之势。鄙意法、美皆民主,而宪法不相袭,国势根本不同,未可削趾适履。今以共和为主义,立法不妨参酌法、美,期适于我。以大众权利、思想发达之象觇之,若政府不参法制,将来大总统非乡愿,恐鲜能平安终任者,是可虑也。"

张謇1月11日拟《革命论》上、下篇,将中国两千年间革命分为圣贤之革命、豪杰之革命、权奸之革命、盗贼之革命四种类型。14日,致函黄兴,赞同章炳麟主张同盟会销去党名,并以此为实现全国统一之前提。30日,在南京成立中华民国实业协会,以振兴实业,扩充民国生计,挽回利权为宗旨,事务所暂设马府街。2月5日,在《申报》刊载致各省都督电,恳请各省拨款,以助该会进行。21日,在《申报》刊载《论严格教育旨趣书》,谓"此后各校教师学生,须共念民国前途,服膺兹义。凡教之道,以严为轨;凡学之道,以静为轨。有害群者去之,无姑息焉。"28日,拟《〈南通(州)师范学校十年度支略〉序》。同月,在通州师范学校建甲种师范讲习所。同月下旬至3月中旬间,与夏敬观、梁维岳、陈作霖、叶景葵等拟文呈孙中山,谓"今者南北统一,民国成立,凡属学校,均宜及时起学以兴教育"。3月2日,出席统一党于江苏省教育会举行的"改党会议",被推为该党理事。

　　按:该党由中华民国联合会改称,以"统一全国建设,强固中央政府,促进完善共和政治为宗旨",章炳麟、程德全、熊希龄、宋教仁为理事,唐文治等为评议员。

张謇3月30日与李提摩太晤谈,探讨中国发达强盛方案。31日,拟《感言之设计》,谓"昨晤李提摩太,言中国非真能实行普及教育、公共卫生、大兴实业、推广慈善,必不能共和,必不能发达。行此四事,一二十年后,必跻一等国;能行二三事,亦不至落三等国"。4月6日,张謇往哈同花园参加统一党欢迎孙中山集会,并与孙中山、赵凤昌、汪精卫、蔡元培、谭人凤、程德全、唐绍仪、陈其美、熊希龄、黄郛、于右任、胡汉民、张继、马君武等人合影。8日,张謇在通崇海泰商务总会举行统一党南通县分部欢迎章炳麟大会,致欢迎辞。9日,邀章炳麟于通州师范学校发表演说。23日,张謇致电袁世凯,谓章炳麟"识正而量不宏,宜优处于学问言论之地……而不甚宜于政治,且其左右不尽知大体也"。5月7日,往江苏省教育会,参加统一党特别大会,发表演说。同日,与章炳麟于《民立报》刊载《发起通俗教育研究会宣言》,以研究通俗教育设施方法,为普通人民灌输常识,培养公德,并发启有关社会教育之各事物为宗旨。于右任、田桐、张继等参与发起。9日,张謇往张园,参加共和党成立大会,发表演说。

　　按:共和党由统一党与民社、国民协进会、国民公会、国民党(前)等合并成立,以保持全国统一,取国家主义为宗旨,到会者千余人,投票选举黎元洪为理事长,章炳麟、张謇、伍廷芳、那彦图为理事。

张謇5月22日在上海老西门举行的江苏省教育会常会上被推为会长,王同愈为副会长。另有黄炎培、沈恩孚、龚杰、袁希涛、姚文楠、伍达、仇坪、贾丰臻、夏仁瑞、王纳善、夏曰琳、邵长镕、蒋季和等为干事员。7月27日起,与伍廷芳、唐文治、梅光远等在《时报》连载《中华法政大学招生广告》。9月12日,往贤良寺,访章炳麟。15日,往北京图书馆,与江瀚晤谈。25日中秋节,与刘景山往清华学校,访唐国安校长。26日,拟文呈袁世凯,望"规定全国教育一切办法,及扩充实业教育进行手续"。28日,陆征祥来访,为言国际公法之重要,极愿与国中明法之士组织一研究会,以所得公之国民,俾吾国得以明习法学占世界上之位置。10月5日,与孟森抵天津迎候梁启超,黄兴、范源濂、杨度等同往。20日,与史量才、应德闳、赵凤昌、陈景韩等接办《申报》,由史量才任总经理,陈景韩任总主笔。是年,拟《筹设盲哑师范传习所之意旨》。(以上参见庄安正《张謇年谱长编(民国篇)》,上海交通大学出版社2018年版)

　　按:庄安正《张謇年谱长编(民国篇)》载是年7月10日日本驻沪总领事馆《成立共和后的中国新旧人物调查》一文谓张謇"尽毕生的精力搞起来的通州工业今日之发达,足以证明他是中国有力的实业家,再加上他的才学和声望,他今后将会活跃在中国的政界或实业界的。以他所具有相当的素质,可以估计,他的前径(景)是无量的"。(以上参见庄安正《张謇年谱长编(民国篇)》,上海交通大学出版社2018年版)

王宠惠1月任中华民国第一任外交总长。外长一职,众意应属国民军政府外交代表伍廷芳。此一要职,当时革命阵营中,伍廷芳之外无第二人。孙中山出任总统,乃任伍廷芳为司法总长,而以外长一职交之刚从耶鲁卒业的王宠惠,而王自知两人经历不能相比,不敢接任,亦曾推荐伍廷芳。孙中山曾对记者说明未任命伍廷芳为外交总长的原因:"本政府派伍廷芳博士为司法总长,并非失察。伍君固以外交见重于外人,惟吾华人以伍君法律胜于外交。"对王宠惠则说:"革命外交,非君莫属""吾人正当破除所谓官僚资格,外交问题,吾自决之,勿怯也"。孙中山暗中有意自主外交,而欲王宠惠挂其名,佐理之而已。王遂成为当时最年轻之总长,中外历史上极为罕见。3月11日,孙中山公布采行法国式责任内阁制的《中华民国临时约法》。13日,袁世凯任命唐绍仪为民国第一任国务总理,并负责组阁。29日,唐绍仪乃向南京参议院提出新阁人选。完成一切法律程序之后,袁、唐新政府乃正式确立,南北一统。王宠惠成为北京政府首任司法总长。同月,王宠惠与徐谦、陈锦涛、许世英等在北京发起成立国民共进会,以"完成健全共和政体"为宗旨,提出三大政治纲领:一、尊崇国家主义;二、反对政治复古;三、同化五大民族。选举伍廷芳、王宠惠为正、副会长。5月,王宠惠在参议院提出改良司法的五大愿望。6月27日,唐绍仪就职不过3个月,因与袁世凯政见不合而辞职,王宠惠亦随之去职,出任上海中华书局英文编辑部主任。孙中山为实践实业救国抱负,在上海组织中国铁路总公司,聘请王宠惠为顾问。王宠惠奉命与英国波令有限公司代表佛兰爵士(Lord French)草订关于广州至重庆再至兰州支线的借款与建筑的铁路合同,但未被北京政府批准。(参见张仁善《王宠惠先生年谱》,载《王宠惠法学文集》,法律出版社2008年版)

宋教仁1月1日参加孙中山就任临时大总统典礼。3日,孙中山在各省都督府代表会议宣布国务员名单,提名宋教仁时遭到反对。15日,宋教仁被孙中山委任为总统府法制院总裁。是月,宋教仁拟定《法制院官职令草案》《中华民国内务部官职令》《中华民国临时组织法草案》。2月15日,临时参议院选举袁世凯为临时大总统。18日,宋教仁被孙中山委任为欢迎员,随专使蔡元培赴北京,迎请袁世凯南下就职。23日,宋教仁与唐绍仪、蔡元培等20余人发起成立社会改良会。26日,迎袁专使团抵达北京,受到袁世凯欢迎和款待。3月2日,宋教仁与蔡元培等联名致电南京临时政府,主张速建统一政府,允许袁世凯不南下就职。3日,同盟会在南京召开会员大会,宋教仁被举为政务部主任干事。9日,宋教仁回到上海。黄兴主张以迎袁为名,统兵北上,扫荡北洋军阀及专制余毒。宋教仁表示反对,遭到马君武的斥责,指其为袁作说客,出卖南京政府。17日,宋教仁与胡汉民、黄兴等近百人提议设立国史院并派专员筹办。

宋教仁4月20日抵达北京。27日,就任唐绍仪内阁农林总长一职。5月上旬,宋教仁在北京创办《亚东新报》,仇鳌任社长,易象任总编辑。12日,宋教仁在北京临时参议院发表演说,宣布自己的施政纲领,以及发展农林的基本政策。24日,宋教仁召开水产司办事员会议,商定水产司行政方针。30日,宋教仁参加国务会议,提出关于官制、行政、裁兵、理财等政见。6月28日,宋教仁出席同盟会职员会议,讨论组织内阁问题,主张纯粹政党责任内阁,同盟会员加入他党内阁者,开除党籍。7月8日,宋教仁因不满袁世凯破坏《临时约法》,辞去农林总长之职。12日,针对共和党有关报纸诬谤其排挤唐绍仪、胁迫蔡元培等人退出内阁的言论,借《民立报》发表公开信,说明自身立场。16日,宋教仁参加同盟会职员会议,商讨同盟会改组事宜。21日,宋教仁出席同盟会会员大会,主张联合统一共和党,争取在正式国会中占多数席位。在会上被选为总务部主任干事,主持同盟会工作。8月5日,同盟会、统一共和党、国民公党开始商谈合并事宜,不久国民共进会、共和实进会也派代表参加,一致决定以"国民党"为新党名称,并通过五条政纲。11日,五党合并正式筹备会在北京举行,宋教仁被推为临时主席。25日,国民党在北京举行成立大会,宋教仁被选为理事。9月3日,宋教仁与黄兴等7位理事推举孙中山为理事长。不久,宋教仁被孙中山委任为代理理事长。10月18日,宋教仁离开北京,沿京汉铁路南下,布置国民党各省支部参加国会竞选事宜,并顺道回乡省亲。是年,与宁调元等致函湖南都督谭延闿,要求将杀害禹之谟之酷吏金蓉镜正法。作《程家柽革命大事略》。（以上参见郭汉民、暴宏博编《中国近代思想家文库·宋教仁卷》及附录《宋教仁年谱简编》，中国人民大学出版社2015年版）

吴稚晖1月4日由上海赴南京面见孙中山，在总统府与孙中山同室住四日，孙中山有意邀其出任教育总长一职，为吴稚晖所婉拒，随后返回上海。3月3日，吴稚晖出席中国同盟会全体大会。4月1日，迎接卸任大总统抵沪的孙中山。同日，与蔡元培、李石曾、张静江、汪精卫等人发起成立"八不会"与"进德会"，提倡不押邪、不赌博、不置妾、不做官吏、不做议员、不吸烟、不饮酒、不食肉。又发起留法俭学会，鼓励多送学生赴英法等国留学。5月，吴稚晖应蔡元培邀请来教育部负责推动读音统一、国语注音字母工作。7月，由上海抵京筹备，制定读音统一会章程八条公布之。是年，发表《中国之社会教育应兼西大责任》。（参见杨恺龄编《吴稚晖先生敬恒年谱》，台湾商务印书馆1981年版；金以林、马思宇编《中国近代思想家文库·吴稚晖卷》及附录《吴稚晖年谱简编》，中国人民大学出版社2015年版）

吴玉章1月下旬抵达南京。28日，与张懋隆、周代本一同作为四川代表出席正式成立的中华民国临时参议会。参加《临时政府组织法》《中华民国临时约法》等重要法令的讨论制定。所撰《四川光复始末记》在上海《民立报》开始连载。2月2日，在孙中山临时大总统府秘书处工作，负责总务。同日，日本宫崎寅癫偕夫人槌子谒见孙中山，谈话中对孙中山说不要忘了吴玉章。10日，吴玉章列名于汪精卫、冯自由筹组的华侨联合会名誉赞助员。中旬，任内务部参事。20日，吴玉章与孙中山、黄兴等人发起追悼赵声、熊成基等统赣烈士。22日，吴玉章出席四川旅南京各界追悼蜀中死难烈士大会。3月3日，出席中国同盟会全体会员大会，选为总务部干事。17日，与胡汉民、黄兴等联名呈请设立国史馆。孙中山深表赞同，批复后交参议院议决。吴玉章遴选为国史馆筹办专员。29日，会同黄复生等43名川籍革命党人呈文孙中山，为四川死难烈士请求追赠；出席同盟会为孙中山举行的饯别会。月底，吴玉章结束秘书处工作。经孙中山批准，获得官费留学的资格。因还有许多善后工作，没有立刻出洋。

吴玉章4月中旬与张继、景瑞星、黄复生等人先期北上，筹备同盟会本部移住北京。4月28日，同盟会本部北迁。5月中旬，吴玉章与吴稚晖、张继、张静江、褚重行、齐竺山、李石曾、孟仲璞、朱莘等9人发起组织"留法俭学会"。"欲输世界文明于国内"，"欲造成新社会、新国民"，鼓励中国青年赴法留学，以纳最俭之费用，实现留学之目的。6月上旬，与朱蒂煌、沈与白、黄复生、赵铁桥、刘天佑等人在北京发起组织四川留法学会。6月11日，与朱蒂煌一同作为中央政府派出的四川慰问使，启程赴川。7月28日，出席省议会的欢迎会，并发表演说。8月，吴玉章邀集同人，发起四川俭学会，筹办留法预备学校于少城济川公学。以留法俭学会名义动员一批青年赴法留学。10月上旬，回到北京。11月6日，与杨庶堪等八人为留法学会经费事致电四川都督、民政长和汪精卫、蔡元培。（参见刘文耀、杨世元《吴玉章年谱》，四川人民出版社1998年版）

王云五1月应同乡孙中山之邀任中华民国临时大总统孙中山秘书。同月又接教育总长蔡元培的亲笔信，邀其去教育部"相助为理"，于是经协调半天在总统府当秘书，半天去教育部工作。袁世凯在北京出任大总统后，王云五也离开总统府，随教育部北迁，被蔡元培任命为专门教育司第一科科长。其间曾参与北京大学的改组以及严复、何燏时两任校长的顺利交接，且与严复成为忘年之交。（参见王一心《王云五简明年表》，《文教资料》1991年第6期）

蔡锷等发起成立的统一共和党4月11日在南京举行正式成立大会，选举蔡锷、张凤翙、王芝祥、孙毓筠、沈秉堃为总务干事，殷汝骊、袁家普、陈陶遗、张树森、彭允彝为常务干事,景耀月、吴景濂、周钰、肖堃、沈钧儒、刘彦、欧阳振声等20人为参议员,褚辅成、仇预等25人为特派交际员。

　　按:统一共和党由共和统一会、国民共进会、政治谈话会等联合而成,其政治纲领为:一、厘定行政区域,以谋中央统一;二、厘定税制,以期负担公平;三、注重民生,采用社会政策;四、发达国民商工业,采用保护贸易政策;五、划一币制,采用虚金本位;六、整顿金融机关,采用国家银行制度;七、建设铁路干线及其他交通机关;八、实行军国民教育,促进专门学术;九、振兴海陆军备,采用征兵制度;十、保护海外移民,励行实边开垦;十一、普及文化、融合国内民族;十二、注重邦交,保持国家对等权利。随后迁至北京。同年8月,与中国同盟会等合并组成国民党。

　　冯自由 1月任临时大总统府机要秘书。不久,南北议和,孙中山辞去临时大总统职,冯自由经孙中山、黄兴推荐,任临时稽勋局局长,北上就职。在职15个月,他做了大量认真、谨慎的调查,搜罗征集国内外革命党人的大小事迹,调查、审议后分别呈请政府褒奖或抚恤,以贯彻"崇德报功养生恤死之大业"。其间,他还以"稽勋事大,入阁事小",拒绝出任工商总长。12月,冯自由发起创办的华侨联合会在北京成立,以联合国外华侨共同一致协助祖国内政外交及研究侨民之利弊为宗旨。12月14日,批准备案,设于内城细瓦厂,并设招待所于外城后孙公园,冯自由任会长。(参见冯自由《冯自由回忆录(上下)》,东方出版社2011年版;陈冰《冯自由:"马前一小童"著书写辛亥》,《深圳特区报》2011年9月29日)

　　王云五 1月应同乡孙中山之邀任中华民国临时大总统孙中山秘书。在离沪赴宁任秘书之前,王云五曾致函教育总长蔡元培,表述了对学制改革的三点建议。信中反映出王云五对学制改革有深刻切实的见解,引起蔡元培的重视,并由此改变了王云五的从政经历。同月,王云五又接教育总长蔡元培的亲笔信,邀其去教育部"相助为理",于是经协调半天在总统府当秘书,半天去教育部工作。袁世凯在北京出任大总统后,王云五离开总统府,随教育部北迁,被蔡元培任命为专门教育司第一科科长,起草教学法令。其间,曾参与北京大学的改组以及严复、何燏时两任校长的顺利交接,且与严复成为忘年之交。(参见王一心《王云五简明年表》,《文教资料》1991年第6期;郭太风《王云五评传》,北京师范大学出版社2015年版)

　　杨杏佛 1月在临时政府总统府秘书处任秘书,负责收发组工作。当时民主政治刚开始,百废待举,各地上条陈、提建议的信件如雪片飞来,杨以高度热情和认真态度,担负起看管民国政府"窗口"的重任。3月下旬,南北议和,新政府总理唐绍仪携员南下接收临时政府秘书处,宣布:愿意继续为官的,可随同北上任职。杨和秘书处中一部分人,对新政府存有疑虑,看到孙中山辞职后准备从事实业,便申请出国留学,以待将来投身国家建设事业。6月,应京津同盟会机关报《民意报》总编辑任鸿集之聘,杨任该报驻北京记者。杨与任每天有信件、电话往来,及时报告袁世凯政府的举动和内幕,使《民意报》成为反袁的重要喉舌。(参见许为民《杨杏佛年谱》,《中国科技史料》1991年第2期)

　　任鸿隽 1—3月出任中华民国临时总统府秘书处总务组秘书,吴玉章亦为同组秘书。任鸿曾为孙中山草拟《告前方将士文》《咨参议院文》《祭明陵文》等。4月,南北和议告成而易权于袁世凯之后,呈文请求政府资送赴美留学。经稽勋局考核批准,入选为第一批"稽勋"留学生。在等待出国期间,曾在唐绍仪内阁担任国务院秘书。7月,应京津同盟会《民意报》总经理赵铁樵之邀,赴天津任该报主笔。8、9月间,根据友人朱苕煌的日记撰写长文《共和建设别记》,披露袁世凯在南北和议中的行迹,《民意报》曾一度因此被停刊。(参见樊洪业、潘涛、王勇忠编《中国近代思想家文库·任鸿隽卷》及附录《任鸿隽年谱简编》,中国人民大学出版社2015年版)

汪荣宝2月3日应蔡元培令由教育部通告全国,征集国歌词谱,遂将传为上古时代舜所作卿云歌改编为国歌,由比利时音乐家约翰·哈士东(JoanHautstone)配乐谱。歌词为:"卿云烂兮,纠缦缦兮,日月光华,旦复旦兮。时哉夫,天下非一人之天下。"是年任临时参议院议员、读音统一会会员。

蒋维乔1月8日在上海应蔡元培邀任教育部秘书长。10日,同行去南京。协助蔡元培改革教育制度,主持拟订《中华民国普通教育暂行办法》《普通教育暂行课程标准》,参与草拟《大中小学学制方案》等。4月,蒋维乔亦随蔡总长到北京任事。7月,蔡元培辞职,范源濂继掌教育部,蒋维乔调参事职。同月24日晚间,蒋维乔到蔡元培处谈天、话别。

按:《近代中国教育史料》第四册中有一篇维乔自述教育部初设时的状况:民国元年(1912)临时政府成立于南京,蔡孑民先生为教育总长,斯时先生与余皆在上海,先生于未就职前,特来访余,邀余进部襄助为理,且谓之曰:"余在欧洲多年,于国内教育状况,多所隔膜,今拟将一切事务,全权托子,子其为我规划之。"(参见高平叔编著《蔡元培年谱长编》,人民教育出版社1996年版;于凌波《中国近现代佛教人物志》,宗教文化出版社1995年版)

夏曾佑接教育总长蔡元培4月27日电,谓"夏穗卿先生鉴:教育部待公来,始得完全组织,请速命驾",受邀赴京任教育部社会教育司司长。8月27日,京师图书馆正式向社会开放。12月19日,夏曾佑与鲁迅赴京师图书馆视察。26日,夏曾佑与教育部同事前往铁狮子胡同总统府,观见袁世凯总统。(参见全根先《夏曾佑年谱简编》,《文津学志》2016年)

许寿裳1月被教育总长蔡元培邀至南京,任教育部部员,推荐鲁迅先生亦到部任职。其时一切草创,规模未具,部中供给膳宿,月支三十圆而已。许寿裳与鲁迅先生朝夕共处,昼则同桌办公,夜则联床共话,并时相偕访图书馆,或往寻满清驻防旗营废址。4月中,偕鲁迅先生返绍兴。5月初,南北和议告成,教育部北迁,与鲁迅同由绍兴航海北上。抵北京后,住宣武门外南半截胡同山会邑馆嘉荫堂。许寿裳任教育部普通教育司第一科科长,鲁迅任社会教育司第一科科长,齐寿山(宗颐)任视学。许寿裳奉蔡元培总长之命,起草《中华民国教育宗旨》,其内容为"注重道德教育,以实利教育、军国民教育辅之,更以美感教育完成其道德"。又代蔡元培草拟《新教育意见》,后于9月4日部令颁布。7月22日晚,出席鲁迅等为举行的蔡元培饯别宴会。是年,教育部设"读音统一会",由许寿裳具体负责。(参见倪墨炎、陈九英编《许寿裳文集》下卷附录二《许寿裳先生年谱》,百家出版社2003年版)

鲁迅1月3日交卸山会师范学堂校长职。2月中旬,离绍兴到南京临时政府教育部担任部员。5月3日,与许寿裳一同北上就任北京教育部社会教育司第二科科员。6月25日,为筹建历史博物馆,视察国子监及学宫。7月19日下午,鲁迅与许寿裳同往访候蔡元培,不遇。22日晚,鲁迅等设宴于财政部库藏司司长陈公猛家,为蔡元培饯别,蔡元康、俞英用、王叔梅、许寿裳等在座。8月21日,任为教育部佥事。26日,任教育部社会教育司第一科科长,主管图书馆、博物馆与美术教育。28日,与钱稻孙、许寿裳同拟国徽告成,以交教育总长,并作《致国务院国徽拟图说明书》。是月公余纂辑谢承《后汉书》。10月10日,与许寿裳等至琉璃厂观中华民国首届共和纪念会。12日,得周作人所寄《古小说钩沉》草稿。12月22日,与许寿裳同往贤良寺探望章炳麟。(参见鲁迅博物馆、鲁迅研究室编《鲁迅年谱》,人民文学出版社1981年版)

按:鲁迅从是年从5月5日起开始记日记,直至1936年10月18日止。

高步瀛1月任清学部主事。4月,民国临时政府教育部承袭前清学部全部基业,高步瀛留任。8月,鲁迅与高步瀛同时被任命为教育部佥事。鲁迅职务为社会教育司第一科科长,高步瀛任职于审查科。公务之余,高步瀛与友人王紫珊创办国群铸一社,著演讲录数十篇。为导化风俗,开启民智,一律用通俗文字。在主持国群铸一社期间,还撰有《吴氏孟子文法读本笺注》2卷、《立国根本谈》1卷、《侠义国魂》1卷、《古文辞类纂笺注》等。(参见赵成杰《高步瀛学术年谱简编》,载王京州编《河北近现代学者年谱辑要》,国家图书馆出版社2017年版)

章鸿钊1月任中华民国临时政府实业部矿政司地质科科长,任实业部矿政司地质科科长。在任期间曾草拟《中华地质调查私议》,刊于《地学杂志》,文中积极倡导开展地质调查工作,提出:"专设调查所,以为经营之基;树实利政策,以免首事之困;兴专门学校,以育人才;立测量计划,以制舆图。"并建议先"设立地质讲习所,以期造就调查人员。"文末附筹设地质研究所简章,意在培养青年。2月12日,中国地学会改选职员,选出蔡元培为总裁,章鸿钊为干事部长。4月,南京临时政府移至北京,实业部分为农林、工商两部,初议于工商部矿务司内设地质调查所,嗣因章鸿钊以赴长江调查水灾,转职于农林部。矿务司因缺乏可主持地质调查的工作人员,遂仍于矿务司下设地质科,以为之筹备。夏秋间,湘、皖两省水灾严重,撰写《湘皖水灾调查报告》一文,具体阐述治标治本的方法。是年,章鸿钊兼任北京高等师范学校博物系地质学矿物学讲师,同时在农商部开办的农政讲习所讲授地文学。拟地质调查计划,即《中国本部之地质总图》。(参见冯晖、马翠凤《章鸿钊年表》,载中国地质图书馆编《第三届地学文献学术研讨会暨纪念章鸿钊学术思想研讨会论文集》,地质出版社2016年版;参见李学通《翁文灏年谱》,山东教育出版社2005年版;龚克主编《张伯苓全集》第十卷附编《张伯苓年谱》,南开大学出版社2015年版)

吴承仕任中华民国临时政府司法部佥事,但与部中官吏意见每多不合,开始比较系统地涉猎历代典章制度、三礼名物,并把注意力投向当代著名的大学者章炳麟。(参见庄华峰编纂《吴承仕研究资料集》,黄山书社1990年版)

贺之才奉孙中山电召从比利时回国,任南京实业部二政司司长。同盟会改组为国民党后,任总务部干事。同年9月,政府迁往北京,由实业部司长降为工商部科长。

施今墨以山西代表身份到南京参加孙中山临时大总统就职典礼,后留在陆军部帮助黄兴制定陆军军法。

查光佛任南京临时政府稽勋委员及同盟会鄂支部交际处长。

欧阳竟无、李证刚、桂伯华等7人等在南京发起成立中国佛教会,曾得临时政府孙大总统复函准予筹设,由欧阳竟无执笔撰写缘起及章程,李证刚撰写《警告佛子文》,因主张政教分离,改革僧制,欲以居士佛教取代沙门,由此引起佛门缁素之诤以及全国佛教徒的反对,旋解散。欧阳竟无自此不再过问外事,埋首佛典,研治《瑜伽师地论》。

按:欧阳竟无与李证刚、桂伯华皆为江西人,在佛学上各有成就,时人称之为"佛门江西三杰"。(参见徐清祥编《欧阳竟无先生学术年表》,载欧阳竟无《欧阳竟无内外学》,商务印书馆2017年版)

太虚由仁山协助发起成立中华佛教协进会,旨在促进佛教改革,会址设于南京。1月,在江苏镇江金山寺召开成立大会,由于新旧派的对立,会场上发生冲突,震动佛教界。4月,应中华佛教总会会长敬安(寄禅法师)召并经劝告,佛教协进会并入总会。仁山驻会办公,为初成立的中华佛教总会订立章程制度,并处理日常会务。(参见释印顺编著《太虚法师年谱》,宗教文化出版社1995年版;于凌波《中国近现代佛教人物志》,宗教文化出版社1995年版)

梁启超与袁世凯多有电信往还。3月15日,接梁士诒致电,言袁世凯拟为其在沪组设报馆。4月,著成《中国立国大方针商榷书》,先由共和建设讨论会印刷两万册行世,后由《庸言报》出版,颇受各界欢迎。4、5月间,梁启超有请康有为宣布退隐之议,康有为似已同意,惟麦孺博反对最力,康梁分途就此起始。其间接章太炎书,述创办统一党经过,并论国内政党情形。5月28日,接张溥泉、刘霖生电,敦请归国。6月,又著成《财政问题商榷书》,仍由共和建设讨论会印刷行世。9月底,梁启超以总统电请和各方面热烈欢迎,决定结束14年的流亡生活,由神户启程返国。

按:胡适得到梁启超回国的消息,感慨地说:"阅《时报》知梁任公归国,京津人士都欢迎之。读之深叹公道之尚在人心也。梁任公为吾国革命第一大功臣,其功在革新吾国之思想界。十五年来,吾国人士所以稍知民族思想主义及世界大势者皆梁氏之赐,此百喙所不能诬也。去年武汉革命,所以能一举而全国响应者,民族思想、政治思想入人已深,故势如破竹耳。使无梁氏之笔,虽有百十孙中山、黄克强,岂能成功如此之速耶! 近人诗:'文字收功日,全球革命时',此二语惟梁氏可以当之无愧。"(胡适《留学日记》(一),上海商务印书馆1937年版)

梁启超10月5日抵大沽,8日抵达天津,20日入京。随后与马良、章太炎等发起"函夏考文苑"。11月1日,复返天津。12月1日,梁启超、吴贯因、黄远庸历任编辑的政论性综合刊物《庸言报》在天津创刊。撰稿者有丁世峄、孔昭焱、吴贯因、周善培、周宏业、周效璘、周季侠、张謇、林纾、林唯刚、林长民、夏曾佑、徐佛苏、姚华、梁启超、梁启勋、麦孟华、陈衍、陈家麟、景学钤、汤明水、汤觉顿、黄为基、张嘉森、熊垓、饶孟任、严复、魏易、蓝公武、籍忠寅等人。同月,张君劢、蓝志先所辑《梁任公先生演说集》第1辑出版,收录梁启超10月末旬在京赴各团体欢迎会时所发表演说辞13篇。(以上参见丁文江、赵丰田编著《梁启超年谱长编》,上海人民出版社2009年版)

按:梁启超《庸言》曰:"庸之义有三,一训常,言其无奇也;一训恒,言其不易也;一训用,言其适应也。"(《庸言》第1卷第1号)

范源濂2月22日与赵秉钧、胡维德、周自齐、王树堂、陈征宇、施鹤初、唐挚甫、颜惠庆、蹇念益、李孟鲁、汪荣宝、哈云裳等13人被袁世凯派定为招待蔡元培专使团的人员,与蔡元培结谊。3月,国民协进会在天津成立,被推为常务干事。4月8日,因蔡元培举荐被袁世凯任命为教育次长。7月26日,继蔡元培为教育总长,宣称蔡前总长对于整顿教育之办法,首重社会教育,盖共和国体贵在人人有普通之智识,本总长当接续进行。31日,范源濂在临时教育会议的大会上,又郑重声明教育宗旨及行政大纲,业由蔡总长宣布或规定,悉当遵行。7月10日至8月9日全国临时教育会议期间,蔡元培、范源濂提交教育部所交议47件。会后,范源濂主持教育部根据已议决、已审查以及未议的各项提案再作研讨,定为以部令公布的重要法规,由此初步奠定了中国现代新教育系统。8月,教育部通过《采用注音字母案》,确立国字注音的基本方针。9月2日,教育部颁布《教育宗旨》:"注重道德教育,以实利教育,军民国教育辅之,更以美感教育完成其道德。"28日,教育部公布《小学校令》《中学校令》。同月,教育部颁布《师范教育令》。10月22日,教育部公布《专门学校令》,规定专门学校以教授高等学术、养成专门人才为宗旨,按种类分为法政、医学、药学、农业、工业、商业、美术、音乐、商船、外语等。专门学校划归高等教育范畴,允许私人依法筹办。24日,教育部颁布蔡元培先行手订的《大学令》22条,规定"大学以教授高深学术,养成硕学宏材,应为国家需要为宗旨"。11月2日,教育部公布法政专门学校规程令。14日,教育部公布《公立私立专门学校规程》。29日,国家颁布《中央学会章则》,创办全国性学术研究机构——中央学会。其中第一条规定:"中央学会直隶于教育总长,以研究学术,增进文化为目的。"12月2日,教育部公布《读音统一会章程》,筹设国语统一办法。10日,教育部公布《师范学校规程》。23日,教育部批准孔教会立案。同月,《教育杂志》载,教育总长范源濂,因前清学部所订考试学生章程,过于宽弛,现特重新改订,颁发各校实行。

　　按:高平叔编著《蔡元培年谱长编》(人民教育出版社1996年版)载:"早在南京临时政府教育部成立之初,蔡先生即与部员及各方专家商拟各种教育方案。北迁后,加以研讨修订,成为议案,提交全国临时教育会议讨论。该会议于8月9日闭幕。教育部所交议案47件:(一)议决者23件,(二)经讨论有审查报告未及再读者9件,(三)未议者15件。各议员所提议案44件,(一)并案议决者3件,未议者41件。尽管因时间匆促,许多次要提案未及讨论,但重要议案,均获得相当之结果。随后,教育部根据已议决、已审查以及未议的各项提案,再四研讨,定为重要法规,以部令公布,着全国遵照实行。计有:教育宗旨、学制系统、小学校令、中学校令、师范教育令、实业学校令、专门学校令、大学令,以及学校的管理、制服、仪式、学年学期及休假日期、征收学费、学生操行成绩考查、学生学业成绩考查、视学、教育会、读音统一会、审定教科用图书等等规程。除大、中、小学令外,尚有各种学校(如师范学校、高等师范学校、法政专门学校、工业专门学校、医学专门学校、农业专门学校等等)的规程,合计三十八种。这一整套由蔡、范两先生先后主持和一同主持制定的方针政策与规章制度,对于中国的现代教育,无疑是奠定了影响深远的基础。"(《教育部行政纪要》1912年4月至1915年12月,甲编)(参见高平叔编著《蔡元培年谱长编》,人民教育出版社1996年版;王学珍等编《北京大学纪事(1898—1997)》,北京大学出版社1998年版)

　　严复2月12日以清帝溥仪宣告退位,授袁世凯全权组织临时共和政府,作《民国初建,政府未立,严子乃为此诗》,以美人喻政府,盼望早日成立。24日晚,拜会袁世凯,被派入2月19日成立、为袁世凯就职前咨询筹划之机关临时筹备处。25日,中华民国临时大总统命令"所有京师大学堂总监督事由严复暂行管理"。26日,严复被派为京师大学堂总监督,接管大学堂事务。3月8日,严复到堂接受京师大学堂总监督关防。10日,出席袁世凯就职典礼。29日,京师大学堂总监督严复召开教员会议,提议各科改良办法,如将经文两科合并改名国学科等。4月8日,议合京师大学堂经、文两科为国学科。11日,经反复交涉,向华俄道胜银行借款7万两,以充京师大学堂开学经费。26日,教育总长蔡元培到部视事。5月1日,教育总长蔡元培呈大总统任命严复为北京大学校校长。3日,国民政府批准教育部呈请京师大学堂改称为北京大学校,大学堂总监督改称为大学校校长。同日,临时大总统袁世凯令:"任命严复署理北京大学校校长。此令。"

　　按:1月24日,京师大学堂总监督劳乃宣咨呈学部文:本总监督因病躯不能理事,请以本学堂庶务提调刘经绎暂行代理。

　　按:5月1日,教育总长蔡元培呈文曰:"北京大学堂前奉大总统令,京师大学堂监督事务由严复暂行管理等因,业经该监督声报接任在案。窃惟部务甫经接收,大学堂法令尚未订定颁布。北京大学既经开办,不得不筹商目前之改革,定为暂行办法。查从前北京大学职责,有总监督,分科监督,教务提调各种名目,名称似欠适当,事权亦觉纷歧。北京大学堂今拟改为北京大学校;大学堂总监督改称为大学校校长,总理校务。分科大学监督改称为分科大学学长,分掌教务;分科大学教务提调即行裁撤;大学校校长须由教育部于分科大学学长中荐一人任之,庶几名实相符,事权划一,学校经费亦得藉以撑节,现已由本部照会该总监督任文科大学学长,应请大总统任命该学长署理北京大学校校长,其余学科除经科并入文科外,暂任其旧。俟大学法令颁布后,再令全国大学一体遵照办理,以求完善而归统一。"(1912年5月5日《政府公报》第5号)

　　严复5月4日就任北京大学校校长职,又自兼文科学长,以张祥龄为法科学长,吴乃琛为商科学长,叶可樑为农科学长,胡仁源为工科学长。15日,北京大学举行开学典礼,教育总长蔡元培出席并发表演说,强调"大学为研究高尚学问之地"。此时北京大学分文、法、商、农、工等学科,全校有学生818人。24日,"北京大学校之关防"启用。7月7日,教育部以经费困难,遂有停办大学校之议,严复具《论北京大学校不可停办说帖》,藉以挽回影响。随后,又鉴于北京大学内容缺点久为社会所洞悉,严复因之具呈《分科大学改良办法说帖》,用资补救。

> 按:严复任校长后,拟定了文、法、理工、农、商诸科的改良办法,其中文科的改良意见是:"本校从前经文原分两科,经科只开《毛诗》、《周礼》、《左传》三门,文科只开中国文学、中国史学二门。今已将经科并入文科。至毕业期限,原定在明年之秋,惟从前主课教授大半依文顺释,既非提纲挈领,亦非大义微言。夫经史浩繁,如此,则届时何能卒业?窃以为既称大学,正不必如此繁碎,今已为更择教习,改定课程。至原列补助各门,有已经授讫者,可毋庸议。其所余未完者,只史学之地理沿革,经学之中外地理较为有用;其外国语文,现习程度虽不甚高,但比较所资,亦不宜废。若缩短期限,专授主课,加增钟点,补助课除外国文及地理外,一律停授,似于学生转有实益。则今年年底毕业,似亦可以勉行。此次开校时,学生要求附讲法政,本校长以此类学生大半旧日举贡及高等毕业生,年龄已长,中文素优,平日于乡里常有坊表之望,令其略通近代法政,于民国甚有裨益,故允其请,区为兼习,不入正科。后来考试,别给文凭,但若年终毕业,亦只能授以法学通论而已。此结束旧班之法也。至将来更定办法则拟分哲学、文学、历史、舆地各门。中国经学、周秦诸子、汉宋各家学说,本为纯美之哲学,而历史、舆地、文学亦必探源于经.此与并经于文办法亦合。惟既为大学文科,则东西方哲学。中外之历史、舆地、文学,理宜兼收并蓄,广纳众流,以成其大。但办颇不易,须所招学生于西文根柢深厚,于中文亦无鄙夷。先训之思,如是兼治,始能有益。应俟校费充裕,觅有相当宿学,徐立专门,以待来者。本校长前于分科不宜停办说帖中,已发其凡。今之所议,犹此志也。此文科改良办法之大略也。"(王学珍、张万仓编《北京高等教育文献资料选编1861—1948》,首都师范大学出版社2004年版)

严复8月被聘为海军部设编译处总纂,令部员翻译外国海军图籍。9月中旬,严复被袁世凯聘为总统府顾问官。9月25日,杨曼青发表《论严复》一文,对其进行人身攻击,并再次造谣惑众。由于以严复为首的北人师生的坚决斗争,北京大学才没有被取消,而得以坚持办下来。此事不仅关系到北京大学的存亡绝续,而且对我国新民主主义革命的发生和发展也具有重要意义。尽管严复在坚持继续办北京大学的斗争中取得了胜利,但因此却得罪了北洋政府。10月7日,严复被迫辞去北京大学校长。

> 按:严复辞职后,桐城派在北京大学的势力逐渐削弱。随着浙江籍的何燏时、胡仁源次第继任校长后,黄侃、马裕藻、沈兼士、沈尹默、钱玄同、刘师培等浙江籍的章炳麟(太炎)弟子纷纷北上,就任北大文科教授。他们反对桐城派古文,与林纾发生争论,而马其昶、姚永概则不屑与年轻且颇有些意气用事的章门弟子相抗衡,一气之下,三人咸离开北大,主动放弃了北大的阵地。

严复11月4日10点往见教育部范源濂总长,声明11月2日北京大学学生与马相伯代理校长发生严重冲突种种暴动与他无涉。11月,为北京大学预科《同学录》撰序。12月1日,梁启超在天津创办《庸言》杂志,严复与林纾陈衍、吴贯因夏曾佑、黄远庸、徐佛苏、麦孟华等被聘为撰述。11日,发表《论国民责望政府不宜太深》。20日,发表《矼时》。28日,发表《原贫》。是年,拟续译《穆勒名学》未果。(以上参见罗耀九主编《严复年谱新编》,鹭江出版社2004年版;孙应祥《严复年谱》,福建人民出版社2014年版;王学珍等编《北京大学纪事(1898—1997)》,北京大学出版社1998年版;萧超然等编《北京大学校史》,北京大学出版社1988年版;张旭、车树昇编著《林纾年谱长编:1852—1924》,福建教育出版社2014年版)

马相伯是年秋应袁世凯邀请到北京议政,遂决定北上,自此滞留京城有年。10月1日,临时大总统任命章士钊为北京大学校校长。18日,因章士钊南下未到任,临时大总统任命马相伯代理北京大学校长。21日,代理北京大学校校长马相伯到校接印视事。在就职演说时说大学"系道德高尚,学问渊深之谓也"。29日,《申报》载马相伯就任北京大学校代理校长职演说词,其中说明大学者"非校舍之大之谓,非学生年龄之大之谓,亦非教员薪水之大之谓,系道德高尚,学问渊深之谓也。诸君在此校肄业,须尊重道德,专心学业,庶不辜负大学生三字云"。同月,马相伯联络梁启超、章太炎等提出创建"函夏考文苑",主张仿法国"阿伽代米"之制,成立国家最高学术机构,以表彰学术、振兴道德和导引社会为任,主要从事语言文字、哲学、考古、数学、动植物、艺术等研究,旨在作新旧学、奖励著作。

按:一说马相伯提出创建"函夏考文苑"时在1913年2月,经多位学者考辨,应在本年10月。马相伯先后拟定《仿法国阿伽代米之意见》《函夏考文苑议》,并初拟了一份入选"函夏考文苑"的"苑士"名单,包括屠寄(史学)、陈汉章(群经史)、杨守敬(金石地理)、刘师培(群经)等15位,加上马氏及章太炎、梁启超、严复4位发起人,共19人。马相伯还为选择苑址和筹措开办经费到处奔波。尽管后因经费、人才等方面困难未办成,但倡议在中国仿设统一的最高学术研究机构——函夏考文苑,试图通过导扬法兰西文化精神,为本民族文化事业的振兴提供别一种参照。这一宏大的规划虽告流产,却在多方面开了成立于1927年的中央研究院之先河。

马相伯就任北京大学代理校长后,筹划用学校地产抵押向比利时银行贷款,与北京大学学生发生严重冲突,被学生指为"盗卖校产",破口叫其滚蛋,且有欲用武者。11月,马相伯致书袁世凯总统、熊希龄总理,申请拨给皇家静宜园,由英之开办"女工女学"。12月27日,临时大总统令:代理北京大学校校长马相伯呈请辞职,应照准。同日,临时大总统令:北京大学校校长章士钊呈请辞职。章士钊准免本官;临时大总统令:任命何燏时署北京大学校校长。是年,马相伯有《上教宗求为中国兴学书》,致书罗马教廷要求在中国"创一大学,广收教内外学生,以树通国中之模范,庶使教中可因学问辅持社会,教外可因学问迎受真光"。(参见朱维铮编《马相伯集》,复旦大学出版社1996年版;李天纲编《中国近代思想家文库·马相伯卷》及附录《马相伯年谱简编》,中国人民大学出版社2014年版;王学珍等编《北京大学纪事(1898—1997)》,北京大学出版社1998年版;萧超然等编《北京大学校史》,北京大学出版社1988年版;张荣华《"函夏考文苑"考略》,《复旦学报》1995年第2期)

林纾10月举家从天津迁回京城寓所,继续任教于北京大学。此前,因辛亥革命爆发而一直居天津,京师大学堂文科讲学中辍。入京后再主此讲习,与时任文科教务长姚永概共事。林纾居于天津之际,目睹时局混乱,心情郁闷不乐。尝在《离恨天·自序》中记其在津时遭遇:"余自辛亥九月,侨寓析津,长日所闻,均悲愕之事。西兵吹角伐鼓,过余门外,自疑身沦异域。"并作《十四夜天津果大掠》一诗纪其事。又在《离恨天·译余剩语》中,他又说:"今之法国,则纯以工艺致富矣;德国亦肆力于工商。工商者,国本也。独我国少年,喜逸而恶劳,喜贵而恶贱。方前清叔末之年,纯实者讲八股,佻猾者讲运动,目光专注于官场,工艺之衄,商务之靡,一不之顾,以为得官,则万事皆足。百耻皆雪,而子孙亦跻于贵阀。至于革命,八股亡矣,而运动之术不亡,而代八股以趋升途者,复有法政。于是父兄望其子弟,及子弟之自期,而目光又专注于官场,而工艺之衄,商务之靡,仍弗之顾也。譬之赁舆者,必有舆夫,舆乃可行,今人咸思为坐舆之人,又人人恒以舆夫为贱,谁则为尔抬此舆者? 呜呼! 法政之误人,甚于八股,此意乃无一人发其覆,哀哉,哀哉!"同月,陈宝琛召游皇家园林西苑(今中南海)。游览后,林纾赋诗《陈弢庵招游西苑》感叹清廷之兴亡,称赞陈宝琛的品节。10月至次年2月25日,林纾与陈家麟合译英国测次希洛原著小说《残蝉曳声录》,刊于《小说月报》第3卷第7至11期,标"哀情小说"长篇。书前有林纾撰于8月13日序文一篇。

按:1914年11月17日,上海商务印书馆以单行本印行,收入说部丛书第2集第40编,1915年10月再版。书名取唐人"蝉曳残声过别枝"(方干《字字有功》)之意,讽柳素夫人之再嫁沙乌拉。后收入1949

年 4 月世界书局出版的《春觉斋著述记》。林纾在《序》中对刚刚建立的共和政体表示忧虑,但也给以希望。他谈到了新生的民国必须重视海军建设,必须注重发展实业,以使国家尽快步入建设的轨道。同时也讲述了"革命易而共和难"的道理,期望国内各个政党能以"国家"为念。另一方面,他又外为中用,借此探究中外革命起因的动机,并大力批判了专制思想:"书中言革命事,述国王之险暴,议员之忿明,国民之怨望,而革命之局遂构。呜呼! 岂人民乐于革命邪? 罗之政府,不养其痈而厚其毒,一旦亦未至暴发如是之烈。凡专政之政体,其自尊也,必日积功累仁,崇仁厚泽,此不出于国民之本心,特专制之政府自言,强令国民尊之为功、为仁、为深、为厚也。呜呼! 功与仁者,加之于民者也,民不知仁与功,而强之使言,匪实而务虚,非民之本心,胡得不反而相稽,则革命之局已胎于是。故罗兰尼亚数月之中,而政府倾覆矣。虽然,革命易而共和难,观吾书所记议院之斗暴刺击,人人思逞其才,又人人思牟其利,勿论事之当否,必坚持而强辩,用遂其私,故罗兰尼亚革命后之国势,转岌岌而不可恃。夫恶专制倾覆之,合万人之力萃于一人,易也。言共和而政出多门,托平等之力,阴施其不平等之权,与之争,党多者虽不平,胜也,党寡者虽平,败也。则较之专制之不平,且更甚矣! 此书论罗兰尼亚事至精审,然于革命后之事局多愤词,译而出之,亦使吾国民读之,用以为鉴,力臻于和平,以强吾国,则鄙人之费笔墨为不虚矣。"

　　林纾 11 月 1 日与力树萱合译英国威利孙原著小说《情窝》,自本日起在《平报》上连载,至 1913 年 9 月 30 日尚未载完,1916 年 5 月上海商务印书馆以成书出版,2 卷 2 册,收入说部丛书第 3 集第 3 编;后又收入林译小说丛书第 2 集第 16 编。同日,徐树铮在北京创办的《平报》,臧荫松为主笔,聘林纾为编纂。《平报》为林纾开设了几个专栏,分别是"铁笛亭琐记"专栏,发表其笔记故事,署名餐英居士;"讽喻新乐府"专栏,发表其讽刺时事的乐府诗,署名射九;"践卓翁短篇小说"专栏,刊登其见闻杂志,均署餐英居士。同时他还在该报的"文苑""译论""社说"等专栏发表自己的著译作品。是日至次年 9 月 30 日间,林纾在《平报》共发表作品 340 篇,包括翻译外国报纸评论文章近 60 篇,这些翻译大部分均关涉中国,另一部分报道了世界局势。其中 89 篇作品收入于 1916 年 7 月都门书局版林纾著《铁笛亭琐记》,后臧荫松曾选辑其中 238 件作品汇集成册出版。

　　按:在北洋政客之中,徐树铮有"儒将"之称。他不仅能诗词,且雅好古文辞,曾计划出版由桐城派末代宗师吴汝纶点勘过的《史记》,并请林纾作序。林纾对徐亦颇赏识,曾作《徐又铮填词图记》盛赞徐之精于词律。二人还有一些其他交往,但均限于文化教育领域。林纾为《平报》撰稿期间,与主笔臧荫松共事多年。臧荫松与林纾交好,无日不过从,又多读林纾的作品,他们的许多见解颇为相似。故《践卓翁小说》单行本印行时,便请臧荫松作序。

　　林纾 12 月 1 日为梁启超创刊于天津的《庸言》半月刊撰稿人。12 月 1 日至次年 5 月 1 日,与陈家麟合译英国哈葛德(Henry Rider Haggard)原著小说《古鬼遗金记》(Bentia,1906)刊于天津《庸言》半月刊第 1 卷第 1—11 号;同年 12 月 1 日,又由上海广益书局以成书出版。有林纾序文一篇,上年农历 10 月作于宣南春觉斋。《序》中将这部西方的志异小说置于中国诗学文化中加以剖析。20 日,撰讽谕新乐府《哀崇陵》,后发表在《平报》上。诗中热情歌颂光绪的维新变法,真诚缅怀这位勤政忧国的皇帝,同时对崇陵迟迟不能竣工表示伤感。22 日,发表时局评论《论中国海军》,载《平报》。文中回顾了近代以来中国海军的三次厄运:其一是"甲午"之前为慈禧修建颐和园而挪用海军军费,结果贻误海军建设,致使"甲申一挫,甲午再挫";其二是"庚子"以后慈禧"变排外为媚外,以买船为应酬",结果"海军衙门长日闲坐而已";其三是"共和"后又有人以"中国财力单弱"为由,主张舍海军单备陆军。是年,康有为来函索画,林纾为其绘《万木草堂图》一幅,并题诗其上,表示对康有为戊戌变法未成的感慨;眷秋在《小说杂评》中说:"近日之译本小说,舍《茶花女遗事》外,大都千篇一律,一览之后,束之高阁,永不复忆及矣。"鸳鸯蝴蝶派早期代表作家徐枕亚在《民权报》

连载成名作骈文书信体哀情小说《玉梨魂》，讲述何梦霞与白梨影寡妇的爱情故事。故事明显有模仿林译《巴黎茶花女遗事》之痕迹。（参见张旭、车树昇编著《林纾年谱长编：1852—1924》，福建教育出版社2014年版）

姚永概6月24日应严复之请，正式加盟北京大学，出任该校文科学长，桐城派的学风在北大文科渐居优势。桐城派崇尚宋儒理学，以孔、孟、韩、欧、程、朱的"道统"自任，标榜"因文见道"，自诩"文道合一"，和汉学派（乾嘉时代的考据派）对立。其间，与亦在北京大学任教的林纾志同道合，结为知己。据姚氏当日《日记》："到大学校。熊纯如育锡，南昌人，监学桂纬臣邦杰，扬州人，地理教习饶岳樵龄，湖南人，醇于稚鸿恩，山东人，高潜子毓澎，静海人，陈遵统易园，闽人，宋致长发祥，闽人，林畏庐纾，闽人，旧交俞星枢同奎，浙人。以上均教习。"6月22日袁世凯发布《尊孔祀孔令》前后，知识界闻风而动，陈焕章先于是年2月在上海创办的《孔教会杂志》，接着又联络严复、梁启超、林纾、马其昶、姚永概、吴芝英等知识界名流200余人于同年6月发起成立孔教公会，倡导"尊孔读经"活动。林纾亦到会发表演讲。11月30日，姚永概在《日记》中记有："访琴南，小坐。"（参见张旭、车树昇编著《林纾年谱长编：1852—1924》，福建教育出版社2014年版；萧超然等编《北京大学校史》，北京大学出版社1988年版）

宋育仁2月在北京法源寺讲《大学》。4月，从京师大学堂离职，此前在京师大学堂任教两门课程。宋育仁带着全家前往江苏，居于颇有名气的茅麓。茅山以道教圣地扬名，宋育仁性格里也平添了几分清虚冲淡之气。（参见王东杰、陈阳编《中国近代思想家文库·宋育仁卷》附录《宋育仁年谱简编》，中国人民大学出版社2015年版）

唐国安4月被北京政府外交部任命为清华学堂监督，周诒春被聘为教务长。同月7日，游美学务处致函外务部和学部，申请撤销游美学务处，其一应事务交由清华学堂办理；同时致函驻美学生监督通告此事。5月1日，停顿了半年的清华学堂重新开学，返校的学生仅有360人。13日，监督唐国安发布本学堂为监督与学生会晤事宜布告。23日，外务部、学部呈报裁撤学务处归并学堂并将关防毁销。6月，清华学堂第一届16名学生毕业。但因学校当时缺乏经费无法出国留学，只能留下跟着下一级学习，称为"继续班（continuation class）"。9月，清华爆发第一次学潮。

按：美籍教师无理辱责因病缺考的中国同学，何鲁、黄秉礼等川籍学生为维护同学尊严，率众严词批评教师，对学校一些固陋制度和措施也提出批评。校方认定此为"闹学潮"，将这些学生开除学籍。这事引起了全校学生的公愤，于是推选代表，要求学校收回成命。后经清华美国教师调停，历时一个多月的学潮终告了息。但校方逼迫学生"签名悔过"，方可恢复学籍。学生们断然拒绝了此种无理要求，放弃了官费留学的机会。

按：按此前体制，所有清华留美生在美国都由游美学生监督处管理。此处为北京政府外交部游美学务处的派出机关。同月，北京政府外交部遂将游美学务处撤销，将其所有职权划归清华学堂，改称"清华学校驻美学生监督处"。该处设监督一人，受校长领导，其职权是"经理清华学校所派留美生学费、月费、川资暨已核准之自费生津贴，并考核课务，约束风纪，及统计报告庶务一切事宜"。此外，中国各机关学校资送留美的官费生也由清华驻美监督处管辖。驻美学生监督处设在华盛顿，第一任监督是清政府驻美公使馆参赞容揆。清华学校时期，赵国材、梅贻琦等人，也都先后做过驻美学生监督。

唐国安10月17日呈文外交部："教育部各令皆称学堂为学校，各省学堂亦相率改名学校。本校事同一律，自应改称清华学校，以规划一。"按照教育部关于《普通教育暂行办法通令》，清华学堂将"学堂"改称"学校"，把"监督"改称"校长"。唐国安任第一任清华学校的校长，周诒春为副校长。是年，继前三批选送的直接留美生之后，清华学校又遣送高等科毕业生侯德榜等 16 人赴美留学，这是由清华学校遣送留美的第一届毕业生。以后，清华学校每年高等科毕业生都全部资送留美。此外，还有一些留美自费生也接受流华的一部分津贴，称为津贴生。（参见清华大学校史编写组编著《清华大学校史稿》，中华书局 1981 年版；刘超《老清华的那些"未毕业生"》，《团结报》2015 年 12 月 24 日）

　　吴宓继续就读于清华大学。春，清华学校因清廷倒台，民国改制而暂时休学。正月下旬，考入学费征收最多而英文程度最高的上海圣约翰大学。3 月 24 日，吴宓《日记》载："昨晚，由邻室欧阳祖绶君处假得英文小说一本，名'Namiko'，系由东文译出者，林琴南译之《不如归》，由英文译出，即此本也。"27 日，吴宓《日记》载："闻林琴南之译本，文笔至佳而又能看看传神，不失毫厘真谛，亟欲一读，读之为日当不远也。"4 月初，清华复校，登报公布：本校定阳历 5 月 1 日开学，上课。旧生应速即回校。逾此期不到者，即除名，并取消其游美资格。中旬，吴宓偕清华同学陈达及表兄胡文豹乘海舟，经天津入京，回清华入学。暑假，清华允许学生留居校内。吴宓读完《龚定庵全集》，又翻阅各种丛书。暑假将终，与汤用彤合撰长篇小说《崆峒片羽录》。9 月，吴宓与陈达等各省代表亲身经历了清华第一次罢课风潮。是年，吴宓亦有《学堂日记》1 册。（参见吴宓著、吴学昭整理《吴宓自编年谱：1894—1925》，生活·读书·新知三联书店 1995 版；张旭、车树异编著《林纾年谱长编：1852—1924》，福建教育出版社 2014 年版）

　　汤用彤暑假与吴宓为阐发他们的人生道德理想，合著长篇章回体小说《崆峒片羽录》。全书拟撰 30 回，只完成了缘起及前 3 回（3 万余字）。楔子为吴宓撰作，略仿韩愈《毛颖传》，借毛颖之议论，以说明著作小说之原理及方法。以下则由二人共拟大纲，然后由汤用彤著笔，吴宓为之润色。全书大旨，在写二人之经历，及对于人生道德之感想。是年，汤用彤回故乡黄梅探亲。至 1915 年，发表《谈助》于《清华周刊》第 53 期，提到回乡观感。（参见汤一介、赵建永编《中国近代思想家文库·汤用彤卷》及附录《汤用彤年谱简编》，中国人民大学出版社 2015 年版）

　　陈达继续就读于清华学校。5 月 1 日，清华学堂重新开学。据陈自述："这一时期，由于我家里穷，用钱很少。书我不买，借图书馆的看，学校必须交的费用，我家里也供不起，就靠我自己替人抄抄写写，搞点翻译，弄些收入来解决。"秋，陈达与洪深、汤用彤、吴芳吉、吴宓同班，曾与闻一多、洪深组织国学研究会。（参见田彩凤《陈达先生年谱》，《清华大学学报》1995 年第 2 期）

　　陈鹤琴北上回清华读书，认识到清华经费是美国退还的庚子赔款，"读书是人民脂膏的栽培"，从而"萌发了救国爱民的思想"。（参见蔡怡曾、陈一鸣、陈一飞编《陈鹤琴生平年表》，载《陈鹤琴全集》第 6 卷，江苏教育出版社 2008 年版）

　　陈宝泉继续任北京高等师范学校校长。辛亥革命以后，民国成立，修订学制。优级师范学堂改称高等师范学校。全国划分 6 个国立高等师范区，直接属于教育部管辖。北京为首区，首先开办。5 月 15 日，明令改京师优级师范学堂为北京高等师范学校，陈宝泉任北京高等师范学校校长，负责筹备开学事宜。7 月，改五城中学堂为北京高等师范学校附属中学校，即现在北京师范大学第一附属中学。又设立了附属小学校，即现在的北京第一实验小学。8 月 20 日，北京高等师范学校举行开学典礼，教育总长蔡元培出席。当时教育部规定的学校教育的宗旨是："注意道德教育，以实利教育、军国民教育辅之；更以美感教育完成其道德。"高等师范学校以造就中学校、师范学校教员为目的。陈宝泉就任后，上书袁世凯论述发展师范教育之切要，主持制定《北京高师规程》《北京高师五年计划书》，并提出了"诚实、勤勉、勇敢、亲爱"的校训。9 月，《高等师范学校规程》颁布，将原京师优级师范学堂的二部,扩充为国文、英文、史地、数理、理化、博物六部,增设附属中小学、教育研究科、职工养成科、体育专修科及东三省师范养成班;筹集经费,完成研究室、图书馆、体育馆、各科实验室、工业部之建设;倡设运动会、辩论会、游艺会、新剧团、雅乐团、讲演会、平民学校,引导学生全面发展,初步奠定了日后北京师范大学规模。(参见北京师范大学校史编写组编《北京师范大学校史》,北京师范大学出版社1982年版)

张相文仍任北洋高等女学堂校长。2月12日,中国地学会改选职员,选出蔡元培为总裁,袁希涛、张伯苓、英敛之、王桐龄、蔡儒楷、傅运森、姚明晖等为评议员,张相文为会长,章鸿钊为干事部长。8月,张相文辞去北洋高等女学堂校长职务,与陶懋立等将中国地学会总会迁到北京,并在各地设立分会。当年聘请蔡元培兼任地学会总裁,推选留学日本刚回国的章鸿钊为干事长,陶懋立为第二任编辑部长。(参见江苏省泗阳县政协编《泗阳张沌谷居士(张相文)年谱》,载江苏省泗阳县政协编《张相文》,中国文史出版社2008年版;龚克主编《张伯苓全集》第十卷附编《张伯苓年谱》,南开大学出版社2015年版)

汤尔和年初重回浙江病院工作,被浙江都督蒋尊簋聘为民政司佥事。夏,汤尔和被蔡元培聘为教育部会员。8月,赴北京参加全国教育会议。会上,汤尔和主张少办法政学校,多办医学专门学校,以服务社会百姓。会议结束后,教育部长范源濂邀请汤尔和到家商议,打算在北京筹办一所全国首屈一指的模范医学校,并请汤尔和帮忙。汤尔和慨然允诺:"为社会事业献身,是自己的素志。尤其为医学界出汗,更是应当。不过,要办就得专门西医,不可中西合璧!"9月1日,浙江省立医药专门学校开学,汤任副校长兼组织学讲师。不久,北京教育部来电催促汤尔和北上筹备国立医学校,汤遂将病院和学校事务托付韩士鸿先生,辞去浙江一切职务,离杭赴京。汤尔和以原北京医学馆为校址,着手筹办国立北京医学专门学校。10月16日,教育部任命汤尔和为首任校长。26日,颁发校章。29日,呈报启用,标志着中国第一所由中央政府出资兴办的高等西医学校——国立北京医学专门学校正式成立。同月,订定的教职员先后到校,随后开始修理校舍,购置器具,接收教育部旧存书籍、药品和仪器模型等。当时聘请留日归国者周颂声(生理学)、葛成勋(外科)、陈魏(内科)、孙柳溪(外科)、朱其辉(内科)为教员,汤尔和自兼组织学教授。11月24日,由汤尔和校长呈请教育部提出法案,准予实行解剖。12月,从北京、上海两地招考新生,汤尔和校长亲赴上海、杭州办理招考事宜。(参见杨龙《中国第一所国立高等西医学校诞生记》,西安交通大学医学部,2017年10月15日)

陆征祥3月29日任为中华民国外交总长。5月,陆征祥从俄都回到北京。6月初,就任外交总长后,曾请林纾写下"不要忘记马关"六字,悬挂于总长办公室内,以志不忘清朝与日本签署《马关条约》时的奇耻大辱。陆征祥为展现雄心壮志,立即下令解散原有的外交部,依照西方国家外交部的模式进行改组,力图使之成为现代外交机构。先是按照西方国家模式拟订了新的外交部组织法。根据这个组织法,新的外交部,设一名总长,另设一次长,协助总长主持外交部事务。日常事务由下设的一厅四司负责,如总务厅,下设机要、文书、统计、会计、庶务五科;外政司,下设国界、词讼、条约、禁令四科。然后制订了选拔外交官的三项原则:一、建立外交官考试制度,根绝请托、徇情、用人唯亲的恶习;二、厉行省际考试制度,务使全国应考生共处一堂,以期树立全国统一的思想;三、应尽量选择留学国外,谙熟各种外国语的人才,以应付外交业务的需要。从而改变了晚清将那些既不懂外交、又不会说外语、不能代表中国的人员派往重要外国首都、要地充任使领馆官员的做法,也有助于打破任用私人的官场恶习,不仅大大提高了使领馆的工作效率,也提高了中国在国际舞台上的声誉。8月中旬，陆征祥因组阁危机失败而不再过问外交部事宜。9月初，陆征祥辞去外交总长职位。（参见石建国《外交总长陆征祥》，福建教育出版社2015年版；张旭、车树昇编著《林纾年谱长编：1852—1924》，福建教育出版社2014年版）

贡桑诺尔布继续在京主持蒙古王公联合会。1月11日，蒙古王公联合会致电南京的中华民国临时政府，表态不接受其领导。1月19日，贡桑诺尔布与川岛浪速互换关于以"支持大清皇位的存在""蒙古利益的自卫"为目的的契约书和借款书。2月1日，贡桑诺尔布及蒙古王公联合会接获孙中山关于对蒙"优待条件"的复电。2月5日，蒙古王公联合会发表"诸王公赞成共和""同建民国"的声明。北京兵变后，贡桑诺尔布及扎噶尔在川岛浪速的协助下逃出北京，旋即召集旗内高级官员会议，宣布在京王公和知识界内的蒙古独立计划，并说明从日本借款购买武器，需派人到铁岭接收等情况。各大员无一人同意。贡桑诺尔布又在赤峰与卓、哲、昭三盟王公开会研究形势与对策，商讨归附"大蒙古国"即外蒙古哲布尊丹巴政权。但大多数王公担心事若不成反招祸乱，使会议无结果而散。4月初，贡桑诺尔布委派管旗章京朝克巴达尔胡和商卓特巴喇嘛色日济扎木苏为代表，持函前往外蒙古库伦，表示愿意加入哲布尊丹巴政权。哲布尊丹巴甚表欢迎，并表示如果内蒙古合并过来，将任命贡桑诺尔布等人为大臣。但贡桑诺尔布的使者在库伦观察到哲布尊丹巴政权非常混乱，返回后向贡桑诺尔布称对内蒙古加入外蒙古哲布尊丹巴政权的前途表示忧虑，于是贡桑诺尔布遂打消了这种念头。另一方面，贡桑诺尔布密派吴恩和、于捷三赴铁岭，但在6月中旬，其所运武器被听命于袁世凯的奉军将领吴俊升截获，护送武器的日本人除被击毙外全部就擒。独立计划落空后，贡桑诺尔布邀请热河所属各旗县代表到喀喇沁王府，召开自治会议，提议"蒙汉民族团结自治"。与会代表300来人公推贡桑尔布为筹办热河自治的领导人，其一举一动都被热河都统熊希龄侦知密报袁世凯。8月，贡桑诺尔布应临时大总统袁世凯之召而进京，出任蒙藏事务局总裁。同时加入新成立的国民党。10月，被晋封为亲王，并致电外蒙古的哲布尊丹巴、杭达多尔济等，严词阻止其与沙俄缔约。11月，贡桑诺尔布在记者招待会上谴责《俄蒙协约》，指出"蒙古王公多数反对俄库条约，其赞成之少数，亦为俄国所迫胁，不得不然耳。总之，俄库条约损失蒙古领土，伤害蒙人自由，皆我人所不能不一德一心，极端以图取消此约也"。（参见贾荫生《贡桑诺尔布大事纪年》，《赤峰市文史资料选辑》第4辑，政协赤峰市委员会文史资料研究委员会，1986年）

顾维钧年初继续在美国哥伦比亚大学撰写博士学位论文《外国对中国政府的权利要求》，重点评析外国向中国提出权利要求的全部案例，以及解决这些权利要求的一般原则。3月13日，唐绍仪出任袁世凯内阁总理，立即向袁世凯举荐了顾维钧，邀请他回国担任总统府英文秘书。当时顾维钧论文只写了一个序章，于是找到导师约翰·缪尔征求意见，缪尔曾担任美国助理国务卿，在校期间就以一个外交官的标准来培养顾维钧。对于顾维钧提前回国任职表示赞同和支持，并对顾维钧说："你学习外交就是为了报效国家，眼下这么好的机会，你应该抓住。"同月，顾维钧以博士学位论文《外国对中国政府的权利要求》《外人在华地位》顺利通过哥伦比亚大学博士论文答辩。4月，顾维钧启程回国抵京，任袁世凯英文秘书兼国务总理唐绍仪秘书。8月，兼任外交部秘书。其间，顾维钧与外交总长陆征祥开始密切互动。不久，升任参事，仍兼袁世凯之英文秘书，深受袁世凯之赏识。（参见金光耀《顾维钧传》，河北人民出版社1999年版；唐启华《陆徵祥与顾维钧之传承与交谊》，《华东师范大学学报》2021年第2期）

孟森9月与张謇因建议组织中美银行和改革盐政以减轻政府财政困难，受到袁世凯的青睐，邀其北上，协商国事。随后第一届国会议员选举开始，孟森又南下参加竞选。(参见孙家红《师之大者：史学家孟森的生平和著述》，《书品》2007 年第 2 期；参见贾浩《孟森先生学术年表》，载孟森《明清史讲义》，商务印书馆 2011 年版)

杨度 1 月 25 日在袁世凯的支持下发起成立共和促进会，在成立大会上遍发宣言书，明确表示支持共和。参加者主要是北京的新闻记者、资政院议员。3 月，杨度在北京成立了共和促进会，转而支持共和。8 月 25 日，中国同盟会与统一共和党、国民共进会、国民公党等在北京召开改组成立大会，合组国民党，黄兴极力邀请杨度加入国民党，但没有答应。10 月 8 日，梁启超从国外返抵天津，杨度代表来宾致欢迎词，随后被推举为实业共济会副会长，出席了中华全国矿务联合会筹备会议。(参见左玉河编《中国近代思想家文库·杨度卷》及附录《杨度年谱简编》，中国人民大学出版社 2014 年版)

沈家本 2 月 12 日随清帝退位赋闲在家。袁世凯任大总统后，属意其出任司法总长，乃引疾不出，专心著述。秋，完成最后一部著作《汉律搪遗》22 卷。此为沈家本晚年完成的最后一部著作，征稽广博，取材严谨；考辨发微，务求穷尽，较之杜贵墀《汉律辑证》和张鹏一《汉律类纂》，使汉律研究达到了前所未有的广度和深度。(参见李贵连《沈家本年谱长编》，山东人民出版社 2010 年版；李欣荣编《中国近代思想家文库·沈家本卷》及附录《沈家本年谱简编》，中国人民大学出版社 2015 年版)

张君劢年初在上海发起成立共和建设讨论会。随后，赴京，出任农商部秘书。10 月，与汤化龙等人在国民协会和共和建设讨论会的基础上联合其他小团体发起成立民主党；代表民主党赴日迎梁启超返国，陪同梁演讲并作记录。与黄远生、蓝公武创办《少年中国》，发表《袁政府对蒙事失败之十大罪》，撰文数袁世凯误国十罪。袁世凯禁止该刊流通，并监视其行动。梁启超因此劝张君劢赴德国留学。(参见李贵忠《张君劢年谱长编》，中国社会科学出版社 2016 年版；翁贺凯编《中国近代思想家文库·张君劢卷》附录《张君劢年谱简编》，中国人民大学出版社 2015 年版)

陈衍客居北京，梁启超编《庸言》杂志，约请他每月写诗话一卷。这些诗话记载了同光体诗派的由来及武昌说诗、涛园说诗等活动，标举"开元、元和、元□"的"三元"之说，阐述了前人的诗歌理论，评述了前人注诗的得失，代表了陈衍本人以及同光体的诗学观点和主张

按：这些后来均收入于 1929 年上海商务印书馆出版的《石遗室诗话》。而《石遗室诗话》堪称空前的大型诗话，代表了同光体诗人的意见，为近代诗歌史的研究者，提供了较丰富的材料。其中第三卷论及林纾诗，其评诗独到，改诗更颇见功力："琴南号畏庐，多才艺，能画能诗，能骈体文，能长短句，能译外国小说百十种。自谓古文辞为最，沉酣于班孟坚、韩退之者三十年，所作兼有柏枧、桦湖之长，而世人第以小说家目之，且有深诋之者。余常为辩护，谓曾涤生所分阳刚、阴柔之美，虽不过言其大概，未必真画鸿沟，然畏庐于阴柔一道，下过苦功。少时诗亦多作，近体为吴梅村，古体为张船山、张亨甫。识苏堪后，悉弃去，除题画外，不问津此道者殆二十余年。庚戌、辛亥，同人有诗社之集，乃复稍稍为之，雅步媚行，力戒甚嚣尘上矣。今先录题画者数首，已与吴仲圭、王山农、沈石田诸人相仿佛，高者可追文兴可、米元章。"(参见张旭、车树昇编著《林纾年谱长编：1852—1924》，福建教育出版社 2014 年版)

辜鸿铭在 2 月袁世凯成为民国总统后，作文屡攻袁世凯，拒绝为其效劳。4 月，《中国牛津运动故事》一书在上海重版。是年，辜鸿铭自居遗老，留辫抗世。常往返于上海、青岛和北京之间，与诸遗老和卫礼贤以及来华游历的德国哲学家凯瑟琳(盖沙令)交游论学。(参见黄兴涛编《中国近代思想家文库·辜鸿铭卷》附录《辜鸿铭年谱简编》，中国人民大学出版社 2015 年版)

王闿运、郑沅、王式通、汪兆铭(精卫)等 11 月在北京创办《中国学报》，王闿运为总裁，郑沅、王式通、汪兆铭编辑，以"保存国粹，瀹发新知"为宗旨。

按：该刊由中国学报社编辑发行，至1913年7月第9期后停刊，1916年刘师培复刊后又出版5期。

蓝公武继续任《国民公报》记者。12月1日，梁启超在天津创办《庸言》半月刊。同月16日，蓝公武《庸言》第1卷第2号发表长文《大总统之地位及权限》，次年1月《庸言》第1卷第4号续载。文中开篇指出："夫总统之权，本于约法，约法所许，总统有之；约法所否，总统无之。苟就约法以行，其政安有越权溺职之诮？国民苟据约法以责总统，亦安有帝制恋位之谤？"文章又系统考察和论述了当时世界各国民主宪政制度下的总统权限，结合中国刚刚结束清朝帝制的具体情况，认定同临时约法相似的法国式的、以总统虚位为特点的内阁负责制，是符合中国国情的好制度，它可以有效地防止"大总统专权"或"帝制自为"的危险，否则"欲改行总统制，则后祸不可胜言"。此文系统考察和论述了当时世界各国民主宪政制度下的总统权限，认定同临时约法相似的法国式的、以总统虚位为特点的内阁负责制，可以有效地防止"大总统专权"或"帝制自为"的危险，否则"欲改行总统制，则后祸不可胜言"，其宗旨在于批评袁世凯的政治阴谋，在社会上产生了强烈反响。

陈翼龙7月与江亢虎一同赴北京，建立社会党北京支部，陈翼龙为总干事，在京创办"法律出版社""世界语学会""北京新剧社"和"平民学校"，陈翼龙兼平民学校校长。

李大钊所撰《隐忧篇》刊于6月1日《言治》月刊第3期。冬，李大钊为筹建北洋法政学会及《言治》杂志赴北京，在京与中国社会党北京支部负责人陈翼龙发生交往，由曹百善介绍加入中国社会党。

按是：年底，陈翼龙、曹嘉荫到天津组织建立中国社会党天津支部。李大钊、郭须静二人一同来京，与陈翼龙结识并参加社会党。（参见《李大钊年谱》编写组《李大钊年谱》，甘肃人民出版社1984年版）

顾颉刚12月2日托词跑出家庭，乘津浦车抵京，参加社会党北京支部工作。下旬，偕陈翼龙赴津，组天津支部。（参见顾潮编著《顾颉刚年谱》，中国社会科学出版社1993年版；顾潮编《中国近代思想家文库·顾颉刚卷》及附录《顾颉刚年谱简编》，中国人民大学出版社2013年版）

余日章7月应教育部长蔡元培邀请，参加第一次全国教育会议，充任英文《北京日报》助理主编。余日章参与英文《北京日报》编辑。

张申府在京津同盟会所办的《民国报》做暑期短工，多以"赤子"笔名在该报撰写《零金碎玉》专栏。（参见《张申府年谱简编》，载郭一曲《现代中国新文化的探索——张申府思想研究》，广东人民出版社2002年版）

梁漱溟与甄亮甫赴天津办报，定名为《民国报》。该报每日出三大张，规模之大为北方之首。总编辑是孙浚明，梁漱溟任编辑，一度担任过外勤记者。报馆原来馆址在天津，后来迁到北京顺治门外大街西面。

按：梁漱溟自称："从民国元年至民国五年，为完全静下来自修思考的第一时期。"（参见李渊庭、阎秉华编著《梁漱溟年谱》，商务印书馆2018年版；谢增寿编著《张澜年谱》，群言出版社2013年版）

黎锦晖参加同盟会，后经亲友介绍赴北京，任《大中华民国日报》编辑。

薛大可主编的《亚细亚日报》6月在北京创刊，丁佛言、樊增祥、易实甫等撰稿。该报曾在袁世凯政权的支持下，参加并操纵了北京的新闻团体——报界同志会，利用该团体，组织拥袁舆论。

刘星一编辑兼发行的《少年中国》周刊11月创刊于北京，黄远生、张君劢主要撰稿。

梁漱溟任京津同盟会刊《民国报》编辑与外勤记者。是年，曾两度自杀。

易宗夔任法典编纂会编修，为资政院之言论领袖。

汪怡任北京《新中国报》编辑、经理。

汪书城、马效田、贡少芹等 2 月 18 日创刊《群报》,马效田任社长,是共和促进会的机关报,后转为民主党的言论机关。

丁世峄当选为北京临时参议院议员,任《亚细亚日报》主笔。

姚锡光为会长的五族国民合进会 5 月 12 日在北京成立,按组织规则规定,分别选举汉、满、蒙、回、藏族代表赵秉钧、志钧、熙凌阿、王宽、萨伦为副会长。该会以"合五族国民之才识知能,对于共和政体种种设施作一致之进行,以巩固邦基而确保领土"为宗旨。

詹天佑、梁士诒、陈策、叶恭绰、朱启钤等 6 月 30 日在北京发起成立全国铁路协会,孙中山为名誉会长。

杨以俭等人 2 月在北京发起成立农工商共进会,以"建设大中华民国农工商业之机关,提倡农工商进行"为宗旨。

田耕莘为名誉会长的中华圣言会 4 月 5 日在北京成立,以"在中国传布天主教,开办各种学校",促进文化社会事业为宗旨。

蒋雁行为会长,冯国璋为副会长的直隶联合进行会 5 月 16 日在北京成立。

石万钟、谢责臣、王子权等 6 月 10 日在北京发起成立民权协进会,以"尊重人道,提倡民权,发起慈善"为宗旨。

刘景沂为会长,龚守仁、贺硕麟为副会长的我爱我社 6 月 23 日在北京成立。

林庄、蔡松龄、隆彬、赵文斌、胡文英等人 7 月发起成立北京公民会,以"征集北京住民之意见,促进市政,辅助自治,增进人民能力,以期实享地方之利益"为宗旨。

晏起等 2 月在北京发起成立共和实进会。

陈榥为会长的中国工业会 11 月在北京高等工业学校成立,以"研究工学,提倡工业,发达民国经济"为宗旨。

孟锡绶、杨以剑、汪砚田等人 12 月发起成立北京体育会。

孙洪伊为领袖的共和统一党在北京成立。

袁良曾任社长的北京体育研究社成立。

向瑞琨为会长,项骧为副会长的中央商学会在北京成立。

谭鑫培任北京正乐育化会会长,人称"伶界大王"。

王雪涛考入北平艺术专科学校西画系,后转读国画系,受教于陈师曾、王梦白等诸位前辈。

闻一多考入清华学校,列入五年级,邱椿、罗发祖、徐荫昌列入四年级,程其佳、萨本栋列入三年级。

张克诚随宣抚使姚锡光赴蒙古,在姚幕府参与机密,后由姚锡光推荐其任大同防护使署执法处处长。因日理刑事判决,心理压力极重,恒念此事非所应为。一日偶读《楞严经》,有所感悟,乃弃官,返回北京。初居广济寺,师从临济宗得道高僧清一禅师参究《楞严》奥旨。(参见于凌波《中国近现代佛教人物志》,宗教文化出版社 1995 年版)

净严游学北京,得识佛学名家韩清净居士,从此走上学佛之路。(参见于凌波《中国近现代佛教人物志》,宗教文化出版社 1995 年版)

王宽等人在北京发起成立中国回教俱进会,马邻翼任会长,王宽任副会长。

章炳麟 1 月 3 日与唐文治等 200 余人出席在上海江苏教育总会举行的中华民国联合会

成立大会,首由主席唐文治报告开会,次由章氏演说联合会宗旨,强调"本会性质,对于政府立于监督补助地位",继行选举,章被选为正会长,程德全被选为副会长。再由各省会员互选参议员,其得票最多数者,江苏为唐文治、张謇,浙江蔡元培、应德闳,湖南熊希龄、张通典,湖北黄侃,安徽汪德渊、程承泽,四川黄云鹏、贺孝齐,江西刘树堂、邹凌沅,广西陈郁瑞,云南陈荣昌,广东邓实、甘载坤,贵州符诗熔、王朴诸君当选。4日,中华民国联合会和统一党的机关报《大共和日报》在上海创刊,鼓吹"民主立宪、君主立宪、君主专制",章太炎任社长,并作《发刊辞》,杜杰风为经理,马叙伦为总编辑。

按:章炳麟自1911年10月返国后,即从事组织中华民国联合会的活动,1911年11月19日《民立报》列有《中华民国联合会通告》,言明"以促进中国临时共和政府成立,暂设临时外交总机关为宗旨。择于十月初一日(11月21日)在江苏教育总会开会。"发起人为"胡仰、胡瑛、何海鸣等,赞成员为章炳麟、伍廷芳"等。1911年11月20日《时报》载:《中华民国联合会启》,发起人为程德全、章炳麟等,谓"拟发起中华民国联合大会,附设言论机关,集合各省宏通达识之士,公同研究共和联邦政治与今时适用问题,发挥刊布,期以整一宗旨,并调查各省独立团之情况,而监察其行为,庶以扶助共和政府之完全成立,而保亚洲和平之大局"。下附《联合会简章》11条,第一条为"本会联合中华民国各省志士,为消除畛域,一意进行起见,故命名为联合会。"第二条为"一则扶助临时政府之成立,一则调查各独立团之性质,而监督其行为,务使共和国家前途毫无障碍"。末条谓如"有捐助经费者,概由苏州军政府及时报、民立报馆代收"。1911年11月21日《时报》载:《程都督章炳麟来电》,说明组织联合会,"并拟在沪开办《大共和报》。近以扶助临时政府之成立,远以催促共和政府之完全。其会所暂设苏州军政府内"。1911年11月22《时报》载:《记共和中国联合会开会》,沈缦云主持,何海鸣宣布章程。"宣言毕,即有人起而诘问,谓前日有中华民国共和联合会之传单,亦此数人发起,究竟是一是二? 朱少屏言:'且作缓议'。最后推举起草员为章太炎等六人,惟半未到会云。"1911年11月25日《民立报》载:"本月初一日(11月21日),江苏教育总会召开联合会,公举起草员等。现拟与苏州所发起之联合会商议合并,由章太炎赴苏接洽,其章程即以苏州所草者为蓝本,诸君意见有须修改增减者,请于初九日前,缮寄哈同花园章太炎可也。"据此,知联合会有二:一即何海鸣等所创,一即苏州程德全所创。1911年12月14日《民立报》列《中华民国联合会章程》第二条:"本会以联合全国、扶助完全共和政府之成立为宗旨。"设正副会长各一人,驻会干事每省一人,驻省干事每省四人,参议员每省二人。驻会干事下设办事各科,即总务科、会计科、书记科、交际科、调查科。创办员为章炳麟、程德全、赵凤昌、张謇、唐文治、陈三立等18人。至1912年1月3日举行第一次大会,宣告中华民国联合会成立。

章炳麟1月5日在《大共和日报》发布《宣言》,谓"本年改用阳历,由参事会所议定。寻今日南北未一,观听互殊,岂容遽改正朔"。6日,在《大共和日报》刊载《复张季直先生书》,对政体问题进行商榷。7日,在《大共和日报》刊载《敬告同职业者》,谓"报章之作,所以上通国政,旁达民情,有所弹正,比于工商传言。粤当扰攘之世,法律未颁,议员未选,托之空言,亦以救世。是故不侮鳏寡,不畏强御,是新闻记者之职也"。11日,与蔡元培联名在上海的《大共和日报》刊登启事。又联名电请临时大总统孙中山出面保释刘师培。14日,陶成章在上海被刺,光复会解体。17日,黄兴自南京电陈其美:"请照会法领事根缉严究,以慰死友,并设法保护章太炎君为幸。"20日,章炳麟在《大共和日报》刊载《与张季直先生书》,推张謇为特务干事。22日,章炳麟在《大共和日报》刊载《复浙江新教育会书》论教育方针。

按:《复浙江新教育会书》曰:"所论教育方针,以不离道德为宗旨,其言甚辩。至设立通俗讲演社,鄙人固陋,未知意趣所在。凡诸饬身修行之事,盖在以身作则,为民表仪,不闻以口舌化也。"

章炳麟1月28日在《大共和日报》刊载《章太炎先生致临时大总统书》,缕述光复会赫赫之功,以及与同盟会渐有差池,请孙中山力谋调处,并当谨饬。30日,章炳麟赴杭,日前浙江教育会开会选举,经公众举定章炳麟、沈衡山二君为正副会长。2月1日,章炳麟致电黎元洪,主张以袁世凯为临时总统,仍都北京。7日,赴南京与孙中山晤面,任总统府枢密顾问,旋即返沪。不久,因反对以将汉冶萍公司改为中日合办为条件向日本财团借款,以及反对建都南京而要求继续以北京为首都,与孙中山发生冲突。13日,章炳麟在《时报》发表《致南京参议会论建都书》。

按:章炳麟认为无论从地理位置、文化发展、反清斗争,还是从外交上看,北京最宜作为都城。若建都南京,则有五害:"中国幅员既广,以本部计,燕京虽偏在北方,以全邦计,燕京则适居中点,东控辽、沈,北制蒙、回,其力足以相及。若徙处金陵,威力必不能及于长城以外,其害一也。北方文化已衰,幸有首都,为衣冠所幅凑,足令癏瘝丕变。若徙处金陵,安于燠地,苦寒之域,必无南土足音,是将北民化为蒙古,其害二也。逊位以后,组织新政府者,当为袁氏。若迫令南来,则北方失所观望。日、露已侵及东三省,而中原又失重镇,必有土崩瓦解之忧,其害三也。清帝尚处颐和园,不逞之徒,思拥旧君以倡乱者,非止一宗社党也。政府在彼,则威灵不远,足以镇制;若徙处南方,是纵虎兕于无人之地,则独乱人利用其名,蒙古诸王,亦或阴相拥戴,是使南北分离,神州幅裂,其害四也。东交民巷诸使馆,物力精研,所费巨万,若迫令迁徙,必以重资备偿,民穷财尽之时,而复靡此巨帑,其害五也。"(《时报》1912年2月13日)

章炳麟被弟子马裕藻、朱希祖等推为2月28日发起成立的"国学会"会长。3月1日,中华民国联合会宣告改名为统一党。2日,中华民国联合会召开改党会议,推举章炳麟、程德全、张謇、熊希龄、宋教仁5人为理事。下旬,发布《宣言》,谓"本党本集革命、宪政、中立诸党而成,无故无新,惟善是与,只求主义不涉危险,立论不近偏枯,行事不趋狂暴,在官不闻贪佞者,皆愿相互提携,研求至当"。26日,章炳麟在《大共和日报》刊载《诘问南京政府一等匿名印电》,对"匿名印电"所云章炳麟主都北京,有功袁世凯,拟畀以教育总长或最高顾问之职,着"速晋京陛见",提出诘问。孙中山看到后,即于27日函复"已饬电局查报"。同月,章炳麟有《致袁世凯论治术书》,希望袁世凯厉精法治,酬报有功,慎固边疆,抚宁南服,以厝中夏于泰山磐石之安,而复一等国之资格。4月7日,章炳麟自沪至南通。8日,南通共和党分部成立,开会欢迎,张謇致辞,称"太炎先生学识宏富,道德高洁,尤为国人所崇拜"。9日,章炳麟至南通师范学校演说。11日,为苏州组织法政学校聘为名誉校长。同日返沪。22日,北京《新纪元报》创刊,章炳麟为撰《发刊词》。4、5月间,章炳麟有《致梁启超书》抨击同盟会。5月初,章炳麟与于右任、王正廷、田桐、张謇、张继、伍达(字博纯)等在上海发起通俗教育研究会。7日,与张謇于《民立报》刊载《发起通俗教育研究会宣言》,以研究通俗教育设施方法,为普通人民灌输常识,培养公德,并发启有关社会教育之各事物为宗旨,以注重卫生、谋生、公众道德、国家观念四主义为通俗教育方针。

按:《宣言》略谓:"革命未成以前,当注力于通俗教育,而期多数人民之能破坏;革命成功而后,当注力于通俗教育,而期多数人民之能建设。"又附《通俗教育研究会简章》,谓"本会以研究通俗教育设施方法,为普通人民灌输常识,培养公德,并发启有关社会教育之各事物为宗旨"。研究事项为:甲,以语言艺术及娱乐事物感化社会;乙,以印刷出版物感化社会。通俗教育研究会后改名为中华通俗教育会。

章炳麟5月初离沪抵京。7日,北京统一党人在虎坊桥湖广会馆开会欢迎,章炳麟发表演说,因詈骂同盟会以及在此前后反对孙中山、黄兴引发同盟会及舆论不满。9日,张謇筹备合并统一党、民社、国民协进会、民国公会、国民党等政团为共和党成立大会于上海张园举行,拥有国内支部27个,国外支部7个。选举黎元洪为理事长,章炳麟、张謇、伍廷芳、那彦图4人为理事,因章炳麟主张宜在京举行成立大会以及其他诸事分歧,发表《关于统一党不与他党合并之演说》发表宣言维持统一党,遂与张謇发生矛盾。6月5日,章炳麟在京重组统一党,被推为该党总理。15日,《时报》刊载《统一党暂行总理章炳麟宣言书》,宣告独立。16日,唐绍仪辞内阁总理职,章炳麟撰《内阁进退论》《处分前总理议》。7月下旬至8月中旬,访问武汉,会见黎元洪,答应担任共和党理事,邀请黎氏担任统一党名誉总理。8月28日,章炳麟因反对统一党并入共和党,被统一党公决,驱逐出党。9月初,章炳麟由鄂返京。12日,张謇至贤良寺访章炳麟。18日,黄孟曦所创《新纪元星期报》第1卷第1期在北京出版,首载章炳麟《发刊辞》。10月,章炳麟与马良、梁启超等发起"函夏考文苑"。11月27日,被袁世凯正式任命为东三省筹边使,章炳麟考虑沙俄觊觎边疆,欲以实业救国,慨然赴任。12月14日,启用东三省筹边使铜质关防。12月1日,发表《发起根本改革团意见书》,要求推进政治革命。22日,鲁迅、许寿裳赴贤良寺见章炳麟,坐少顷。23日,统一党为章炳麟举行欢送会。27日,启程前往东北赴任,与奉天都督张锡銮会晤。29日,抵达长春,决定在此组建筹边公署。(以上参见姚奠中、董国炎《章太炎学术年谱》,山西古籍出版社1996年版;汤志钧编《章太炎年谱长编(增订本)》,中华书局2013年版)

汪东年初追随章炳麟于1月3日新成立的中华民国联合会。1月4日,中华民国联合会机关报《大共和日报》创刊,章太炎为社长,汪东任编辑。其间因妻兄费树蔚介,得识吴江金松岑。2月,致书姨甥柳亚子,劝其勿反对南京临时政府和议主张,柳亚子撰万言公开信予以回应。3月13日,参加南社上海愚园第六次雅集,填写入社书。介绍人黄侃、柳亚子、叶楚伧,入社书编号234。3月,以复旦旧学生名义,与于右任等42人联名上书临时政府,请求帮助复旦复校。

按:《于右任等呈孙中山恩拨经费复办复旦公学文》:"前复旦公学学生于右任、张大椿、胡敦复、张轶欧、邵闻泰、王士枢、汪彭年、陈警庸、李谦若、汪东、叶永婆、钱智修、沈同社、许丹、郑蕃、胡朝梁、谢冰、郭翔、毛经学、金问洙、曹昌龄、伍特公、张晏孙、赵洪年、毕治安、郑允、李允、张宗翰、徐鼎、陈协恭、陈传德、夏传洙、陆秋心、熊仁、吴葭、吴盖铭、吴兆桓、章锡和、余光粹、张彝、吴士恩、邵闻豫为呈请事:窃照复旦公学创自乙巳,开办七载,毕业四次,一切课程悉仿欧美,成绩昭著,海内景从。始以经费支绌,乃借吴淞提辖暂作校舍,几经艰阻,始底于成。前由南洋教育经费项下,月拨二千元作常年经费。奈兵兴以还,光复军队借作机关部,青年三百一时星散,官费旋亦中止,遂致停办。今兹国是大定,兴材是亟,完美如复旦尤付阙如,奚以阐扬学术,启迪后进!右任等不得已呈请教育部立案,已蒙核准,并蒙咨请江苏都督指拨图书公司或牵公祠改作黉舍。惟前此校具、书籍、仪器悉以丧乱散失无遗,从始购置,动需巨款。是复旦虽蒙教育部赐予维持,而经费毫无,实难兴复。右任等再四思维,殊无良策,惟有仰恳大总统酌拨经费若干,以资开办,庶复旦得以重兴,而士子不至失学。昌胜吩祷,伏希钧裁批示遵行,须至呈者。右呈大总统孙。中华民国元年三月呈。"(转录自许有成《于右任传》,百花文艺出版社2007年版)

汪东5月9日出席在上海张园举行统一党(即前之中华民国联合会)、国民协进会、民社、民国公会、国民党合并为共和党的成立大会,选举黎元洪为理事长,张謇、章炳麟等为理事(章后辞去理事一职)。汪东与黄侃等后被选为共和党政务研究部调查委员,汪东兄汪荣宝为政务研究部研究委员。8月26日,刘瑗(仲蕙)卒。28日,汪东为撰《黄安刘君事略》,述刘仲蕙生平及二人交游大概。8月,中国同盟会改组为国民党。汪东与孙中山及同盟会日渐疏离,未加入国民党。12月2日,钱玄同、沈尹默自杭州抵沪,夜与汪东、黄侃等饮于酒肆。是年,汪东主《大共和日报》,编辑钱芥尘曾获手抄秘本小说《玉娇梨》,拟刊之日报副刊《报馀》,汪以其流于秽亵,有异议。后删节秽亵处,始在该报连载。《大共和日报》曾接受袁世凯津贴二万元,以致一度丧失言论立场;与黄侃(季刚)、刘瑗(仲蕙)等文酒诗会,过从甚密。时黄侃主《民声日报》,与汪东所居相近,尝相约同和《清真集》,又尝联句和李后主词,并录以向郑文焯请益。黄侃词集《编华词》编成刊行，汪东为序；沪上党报林立，主其事者多一时豪俊，如叶楚伧、柳亚子主《太平洋报》，于右任主《民立报》，陈匪石主《民权报》，汪东与诸人多相往还。（以上参见薛玉坤《汪东年谱》，河南文艺出版社2016年版）

戴季陶1月1日随孙中山入京，参加中华民国成立典礼后返沪。同月，随蓝天蔚赴东北北伐，任蓝军交通部长。2月18日，戴季陶随蔡元培、宋教仁、汪兆铭等北上迎袁世凯南下。见袁世凯后，料其"必有异图"，连夜离京。27日，因清帝已退位，袁世凯下令取消关外都督，并改编蓝军。鉴于已无事可干，登轮回沪。3月28日，戴季陶与李怀霜、周浩创刊《民权报》，任总编辑。4月9—10日，在《民权报》发表《区域问题》。5月22日，戴季陶因抨击袁世凯、唐绍仪、熊希龄、章太炎，被租界巡捕拘至捕房。23日，被保释出狱。22—27日，在《民权报》连载《资力集合论》。5月28日至6月2日，在《民权报》连载《今日之两大问题》，主要论述财政与选举两大问题的解决。6月13日，戴季陶被上海公共租界以妨害秩序罪判罚30元。25—27日，在《民权报》连载《共和政治与政党内阁》。7月1—10日，在《民权报》连载《今日之国是》，所论有民食、秩序、实业、教育、交通五大问题。8—10月，往南洋考察当地政治情况。8月4—5日，在《民权报》连载《指日本政治方针之误》。29—30日，在《民权报》连载《国民国家与国民党——我所希望于国民党者》。9月，戴季陶任孙中山机要秘书。百余日间，奉命记录孙中山讲授建国之道，辑成《民国政治纲领》及《钱币改革要义》两书。10月29日至11月3日，在《民权报》连载《征蒙与拒俄》。

戴季陶11月3—5日在《民权报》连载《省长民选问题》。12月4日，在《民权报》发表《民国存亡大问题》。17日，在《民权报》发表《民国之教育问题》，文中最后强调指出："今日之教育问题，其研究之范围有二：一则自根本上厘定统一之教育方针，一则于现在教育界之弊，极力刷新，以求渐进之方法。前者须自国家一设施政方针，全行整理，而后可收统一之功；后者须定完善之教育制度，而后可达改良之效。夫养成专门之人才，在高等教育；养成良善之公民，则在小学。小学不整，不特一国之学术不能发展，而种族之亡，亦即基于此焉。吾游南洋，见彼灰色之土人，其人种灭亡之惨祸，实令人悚惧不堪者。彼辈土人，盖失败于中国人者，而中国人又失败于白皙人种者也。苟今日而不急力从事于教育，行见他日之中国人，亦将不免沦于自灭之域矣。哀哉！至吾对于教育之意见，将著为专篇，载之别论栏中，以供全国人士之研究焉。"18—20日，在《民权报》连载《民国之省制问题》。同月，汇集当年3月至11月发表于《民权报》的文章为《天仇文集》出版。（参见桑兵、朱凤林编《中国近代思想家文库·戴季陶卷》及附录《戴季陶年谱简编》，中国人民大学出版社2015年版）

柳亚子1月任中华民国临时政府大总统府秘书。不久前往上海，初在《天铎报》任撰述，后转《民声日报》，再转《太平洋报》，任文艺编辑。在《天铎报》时期，柳亚子发表了《论袁世凯》等文，反对南京临时政府与袁世凯议和，认为"袁之为人，专制锢毒，根于天性，与共和政体无相容之理"，并提出"汉贼不两立，王业不偏安。今日之事，万绪千端，唯有乞灵于铁血"。又著文反驳《民立报》编辑邵力子、徐血儿对其反对议和的批评。2月上旬，《大共和报》主笔汪东致书柳亚子，劝他不要反对议和。12日，该报另一主笔金天羽派人到柳亚子处游说，威胁他不要反对"优待清室条件"，但柳亚子仍发表《答某君书》，继续揭露袁世凯的阴谋，反对南北议和。

柳亚子、李叔同、曾延年、黄宾虹、朱少屏、胡朴安、叶楚伧等42人3月13日在上海愚园举行南社第六次雅集。同月，叶楚伧、柳亚子、黄宾虹、朱少屏、曾少谷、李叔同等人在上海发起成立"文美会",以研究文学、美术为宗旨,每月举办"雅集"一次,会所设在《太平洋报》报社楼上,胡寄尘、苏曼殊、贺天健、姚鹓雏、林一厂、胡朴安、余天遂等人参与,李叔同主持社团事务会务。5月14日,在上海三马路大新街天兴楼酒馆举行了"文美会第一次雅集"。10月27日,于上海举行第七次南社雅集,柳亚子建议改编辑员三头制为一头制,并自荐,然遭否决柳亚子愤而宣布"出社"。(参见柳无忌编《柳亚子年谱》,中国社会科学出版社1983年版)

黄侃1月3日经各省会员互举,被选为参议员。2月20日,民社机关报《民声日报》创刊,标榜"进步主义"和卢梭的民权思想,拥护袁世凯、黎元洪,反对孙中山领导的南京临时政府,反对临时约法。黄侃任主编,刘仲蓬、汪旭初等编辑。同月,黄侃与柳亚子认识,后将柳亚子拉入《民声日报》。4月19日,与柳亚子、黄滨虹、胡朴安、叶楚伧、汪旭初等40位参加南社第六次雅集。7月,编《缋华词》。11月,章炳麟与马相伯(良)、梁启超发起"函夏考文苑",所拟名单中以黄侃列于"小学、文辞"类。12月23日,统一党宣布将上海分事务所改为机关部,黄侃被选为统一党参事。统一党本部北迁后,在上海设有分事务所,与东南各省通声气。同月,柳亚子集定公句《送黄季刚北上》为送行。是年,黄侃向郑文焯请教词学。

按:5月9日民社并入共和党后,《民声日报》转为共和党的机关报,旋停办。(参见司马朝军、王文晖《黄侃年谱》,湖北人民出版社2005年版)

张东荪1月参加南京临时政府并任内务部秘书。4月南京临时政府北迁时,张东荪辞去内务部秘书一职,未赴北京参加袁世凯政府,而到上海任《大共和日报》编辑,试图以评议政治的方式参与政治。其间,回绝孙中山邀请加入国民党与梁启超邀请加入进步党,在民初政坛上保持了相对独立的政治立场,但其政治态度实际上与进步党相近,故自认为同时是国民党和研究系的成员。夏,张东荪帮助兄长张尔田重刊《史微》8卷。11月,梁启超在天津创办以政论为主的综合性刊物《庸言》杂志,张东荪与吴贯因、梁启勋、蓝公武、黄远庸、林长民、林纾、张君劢、麦鼎华等为主要撰稿者,以评议政治的方式活跃于民初政治舞台。(参见左玉河编《张东荪年谱》,群言出版社2014年版)

章士钊1月抵南京,受黄兴、于右任之邀,任上海《民立报》主笔,兼江苏都督府顾问。3月,在上海与阔别6年的作为安徽省代表前来参加吴禄贞烈士追悼会的好友陈独秀见面。陈独秀便把1911年春写的《存殁六绝句》诗赠给他。4月,临时参议院北迁时,章士钊被湖南都督谭延闿推为临时参议员,未就任。4月7日,孙中山由南京乘联鲸号兵舰赴武昌,章士钊与汪精卫、胡汉民、廖仲恺等28人随孙中山赴鄂,专任采访孙中山武昌之行。5月2日,在《民立报》发表《〈苏报〉将复活乎》,以纪念苏报案十周年。10日,闻蔡元培教育总长谈振兴学业时,章士钊在《民立报》上发表《论遣生出洋不如整顿大学》一文。7月15—19日,章士钊在《民立报》上连续发表了《政党组织案》一文,阐述政党组织办法,提出著名的"毁党造学说"。此论遭各方攻击,同盟会内部大哗,章士钊乃脱离《民主报》。

按:当时同盟会正以执政党自许,对此尤为不满,纷纷著文批驳他。许多党人质问于右任,党报奈何用此非党人士来主持?"何事出此自杀之愚计,并何厚于章某而薄于本党。"吴敬恒认为这是"尽情怪诞之说"。胡汉民说章士钊"标榜无党以自高",办事"不仅不尊重同盟会之政纲与党议,且时事讥弹,立异说"。章因此愤然辞职。黄兴、于右任等一面说服党内同志,另方面极力挽留,争取他留下。但章士钊仍坚持要走,他说:"攻我个人旧事,我全不在意,惟我非同盟会员,以后问题日多,如果持论与同盟会机关攻同盟会壁垒,为同盟会奸细,我于道德上无以自解,故见坚辞不就。"脱离《民立报》。

章士钊8月与扬州王无生在上海小花园又创办了《独立周报》,公开打出"言论独立"的旗号。9月22日,章士钊主编,王无生为发行人的《独立周报》在上海创刊,设有纪事、政论、专论、投函、评论、文苑等栏目,从第 15 期开始改为纪事部、论说部、文艺部、杂俎部。同月,黄兴应袁世凯之邀北上调和国民党与北洋军阀之间的矛盾,并邀章士钊随其同赴北京。章士钊于途中停留天津之际,至《庸言》报馆拜访梁启超,论及当时舆论焦点制宪问题。到京后,袁世凯为拉拢章士钊,表示愿送章一座宅邸,让章士钊家眷移居北京。袁世凯还授意教育总长范源濂聘章士钊为北京大学校长。吴弱男从南京来电,谓"革命党不得自污为裙带官",促其南归。10 月,北京大学第一任校长严复因坚持继续办北京大学,得罪教育部的当权者,被迫辞职。章士钊被任命为北京大学校长之职,事已见报,章士钊以自己资历尚浅,而北大宿儒尚多等理由,固辞未就。13 日,章士钊署浙江省教育司司长职。(参见袁景华《章士钊先生年谱》,吉林人民出版社 2001 年版)

江亢虎 1 月 7 日赴南京出席当天南京支部的成立大会。14 日,出席苏州支部成立大会,发表演讲 4 个小时。顾颉刚、王伯祥、叶圣陶等当即签名入党。15 日,中国社会党在上海召开第一次联合会。自成立 3 个月来,此时党员已有 5000 多人,支部 30 多个。此次会议,江亢虎首先报告了会议的宗旨,主要是修订党的规章。江亢虎在此次会议上,被推举为"总代表",会后代表中国社会党发布了宣言。2 月 1 日,《社会日报》创刊,并以社论的名义刊发江亢虎撰写的发刊词,声明该报为中国社会党的机关报,以"鼓吹社会主义"为办报宗旨,内容包括:代表中国社会主义之思想,发布本党对于党员、非党员之意见,记载及评论国内、国外关系社会主义之事情。同月,撰写《和议纠正会宣言》。4 月 15 日,为中国社会党本部干事沙淦创刊的《社会世界》杂志写发刊词,再次强调在社会主义实行之前,当前的重点在于鼓吹社会主义。24 日,江亢虎参加中国社会党在上海张家花园举行悼念秋瑾烈士的追悼会。同月,结合中国社会党此时已有两万党员、思想不尽一致的具体情况,在《社会党月刊》第 1 期上发表《中国社会党重大问题》,就党名、党纲、党规、党员、党魁等问题,逐条提出自己的见解,征求意见,以集思广益。在同期杂志上,又给出《中国社会党重大问题之答案》,明确回答了以上各个问题。这两篇文章由各地各支部进行讨论,一直持续到 10 月份召开的第二次联合会为止。同月,为中国社会党党员沈达齐所著《社会鉴》一书作序。5 月,写信给大总统袁世凯,从十方面逐条宣讲社会主义的含义、中国社会党的性质和主张,最后表示中国社会党"其于民国前途,有百利而无一害"。此信刊载于《社会党日刊》第 78 号,随 4 月 25 日的《天铎报》发行。

江亢虎 6 月 2 日下午在上海参加例行的"星期演讲会"。与会者有男宾 5000 多人、女宾 200 余人。这次演讲会历时 3 个多小时,孙中山因故未能到会,吴稚晖、戴季陶、刘艺舟、李怀霜及西人马林、史特孟、李立德等参加,"会场座为之满,道为之塞,来者颇形拥挤"。6 月 19 日端午节,江亢虎偕秘书陈翼龙从上海乘海轮赴津、京,发表《北上宣言》,拟进京谒见大总统袁世凯,为中国社会党北方支部的建立,以及中国社会党湖北、湖南支部的合法发展,同政府进行沟通、交涉。同月到北京,时值同盟会行将改组为国民党之际,见同盟会、共和党两党及其报纸互相攻击,冲突激烈,遂发布《调和党争宣言》,以"第三人之资格"进行调停。7 月,呈文内务部,声明中国社会党并无呈请立案之事。同时撰写《社会党有益国家说》,分别从十个方面大讲中国社会党有益于国家的地方。7 月,江亢虎在北京受到临时大总统袁世凯的接见。在介绍了中国社会党的情况后,袁"颇为动容"。江亢虎婉拒了袁世凯希望其留在京城应聘为"顾问"的要求。在京期间,还会见了内务总长赵秉钧、步军统领江朝宗等军政要人。8 月 18 日,江亢虎在虎坊桥湖广会馆参加中国社会党北京支部成立大会并发表演讲。19日,参加中国社会党的欢送会。20日,应中国社会党武汉支都的函电邀约,乘京汉铁路快车南下,近百名中国社会党党员佩戴党的徽章到车站送行。21日,到达汉口,初被警视厅拘捕、审讯,22日上午才由民国副总统黎元洪派来的代表接出、释放,并到汉阳兵工厂出席午宴。23日晨,参议员陈世贞代表黎元洪接见江亢虎,并表示热烈欢迎之意。江亢虎的"历险"俨然成为武汉的一个新闻热点,各报记者纷纷前来采访,江口述其历险的经过。8月底,上海惜阴公会出版《缚虎记》一书,江亢虎为之撰写《汉口遇险出险记书后》。同月,江亢虎在汉口,再次写信给副总统黎元洪,交涉中国社会党被查禁之事。信中指出,"二十世纪者,社会党之勃兴时代也","社会主义之如日月经天、江河纬地",希望黎认清这一"世界之大势"。在汉期间,参加了中国社会党汉口支部召集的演讲会,并视察了孝感支部。9月,在长沙会见湖南都督谭延闿,谭延闿表示会禁止该省军警对中国社会党的干涉。同月,在长沙收到上海一无政府主义者的来信,信中对江亢虎推动建立的、以中国社会党上海支部女党员为主体的"女子参政同盟会"关于议会的言行表示不满,并归罪于中国社会党的宗旨和成立该会的始作俑者江亢虎。江亢虎遂写回信,论中国社会党、无政府主义与女子参政之间的关系。

　　江亢虎9月25日中秋节回到上海。随后发布《返沪宣言》,声称此次北上京、津,后南下两湖,东返宁、沪,为中国社会党南北支部事宜的对外交涉取得成功。宣言还特别告诫中国社会党党员,一定要按照党纲的要求来行动,要"惩前毖后,履薄临深",以使"团体坚牢,前途远大"。同月,中国社会党嘉兴支部的月刊《人道》杂志创刊,江亢虎为其写发刊词,感叹道:"吾尝谓主张人道者,必以社会主义为依归。"10月14—16日,江亢虎邀请孙中山到中国社会党本部作了三天的演讲,地点在上海中华大戏院。每天下午江都亲自到孙中山的寓所迎接,孙中山偕秘书宋霭龄与江同车来到会场,这时"全场欢呼,万头攒动"。每天的演讲都由江亢虎做主持,在孙中山演讲之前和讲完以后,都"申述其大义"。孙中山的演讲,中国社会党人记录、编辑后经孙中山增订审阅,由中国社会党出版单行本发行于世。江亢虎为孙中山演讲集撰写了弁言,分析了江亢虎自己同孙中山社会主义思想的异同点。同月下旬,为纪念中国社会党成立一周年,该党在上海召开第二次联合会,会期3天,江亢虎作为本部主任主持了这次会议。11月1日,中国社会党在中华大戏院召开纪念会,会上上千人观看了中国社会党人自编自演的十幕话剧《缚虎记》,并邀江亢虎走上舞台见面。话剧系根据惜阴公会出版的同名剧本改编,江亢虎在剧本的"后记"里赞道:"社会主义,人同此心。"同月,江亢虎代表中国社会党发布《中国社会党第二次联合会后宣言》,通报该党第二次联合会上不同派别、不同主张的分歧及其结果。同时,发表自己在中国社会党演讲会上的演说词《社会党党员之心得》。该演说系江对该党各部代表即将返回本地的临别赠言,其内容可视为对党员应尽义务的阐释。12月,江亢虎在中国社会党本部干事造访时得知,北京中央政府命令各省都督禁止新起的纯粹社会党,遂口授《致中央政府书论禁止纯粹社会党事》,从学术上和法理上驳斥查禁的理由。此书信分别寄大总统府及国务院,并投递上海各报刊发。12月,撰写《〈社会主义学案〉草例》,较为详细地介绍了社会主义的定义及流派,称马克思《资本论》,力翻经济学之旧案,主张土地、资本为社会共有之物,而分配之比例,当准劳力为报酬。拨云见天,其功至伟。(以上参见汪佩伟编《中国近代思想家文库·江亢虎卷》及附录《江亢虎年谱简编》,中国人民大学出版社2015年版)

　　陶成章继续任光复会副会长。1月1日,中华民国成立后,浙江都督汤寿潜任临时政府交通部总长,往南京赴任,继任都督候选人呼声最高的便是陶成章。14日凌晨,被暗杀于上海广慈医院。消息传出后,一片哗然,革命党内部将矛头指向上海督军陈其美,认为是他暗杀了陶成章。后因民国初建,政局混乱,该案成为了悬案。(参见谢一彪《陶成章传》,人民出版社2009年版)

夏廷桢等3月14日在上海发起、改组中国共和研究会而为国民公党,推岑春煊、伍廷芳、程德全为名誉总理,王人文为总理、温宗尧为协理,以"组成健全政党,制造正确舆论,巩固民国基础,增进国利民福"为宗旨。发表纲领:主张实行平民政治,整理地金,减除苛税,尊重法律,保护人权,调剂国用,休养民力;提倡国民外交等。旋与同盟会、统一共和党、国民共进会、共和实进会等合组为国民党。

马叙伦1月初创办《浙江军政府公报》,任经理,因与总纂杭辛斋、编辑邵飘萍意见不合而未就职,回浙一师教书。4日,《大共和日报》创刊于上海,社长章炳麟,经理杜士珍,马叙伦任总主笔。14日,陶成章遇刺于上海法租界,马叙伦从屈映光处得悉,赴广慈医院探视。不久,陶成章叔祖陶在宽取其枢运归杭州,适与马同寓清泰第二旅馆。5月,共和党组成,《大共和日报》成为共和党机关报。(参见《马叙伦年表》,载卢礼阳《马叙伦》,群言出版社2014年版)

陈焕章、麦孟华等秉持乃师康有为旨意,联络前清遗老沈曾植、朱祖谋、王人文、梁鼎芬、张振勋(勋)等人在10月7日孔子诞辰日于上海海宁路成立孔教会,陈焕章为主任干事,参与发起的还有朱祖谋、王人文、陈三立、陈作霖、姚文栋、沈守廉、姚丙然、沈恩桂。康有为、陈焕章分别作《孔教会序》。11月23日,所著《孔教论》出版。12月12日,孔教会发起人王人文、姚丙然、沈守廉、姚文栋、张振勋、陈作霖、沈恩桂、麦孟华、陈焕章、陈三立等发出《孔教会公呈》,分寄大总统、教育部、内务部,争取立案,取得组织的合法地位,以便开展更大的教务活动。(参见张颂之《孔教会始末汇考》,《文史哲》2008年第1期)

按:孔教会是辛亥革命后提倡以尊孔复古为中心的重要社团。陈焕章所拟《孔教会开办简章》列孔教会发起人:沈曾植、朱祖谋、王人文、梁鼎芬、陈三立、张振勋、麦孟华、陈作霖、姚文栋、沈守廉、姚丙然、沈恩桂、陈焕章。次年2月,发刊《孔教会杂志》和《经世报》。7月,在曲阜召开第一次全国孔教大会,举行大规模祀孔典礼,并决定迁总会于北京,在曲阜设立孔教总会事务所。同年11月,推康有为任总会会长,张勋任名誉会长。到五四运动后日趋瓦解。1937年9月,曲阜孔教总会改名孔学总会。孔教会代表了辛亥革命后的复古思潮,在当时产生重大影响。

按:康有为《孔教会序》曰:

中国数千年来奉为国教者,孔子也。大哉孔子之道,配天地,本神明,育万物,四通六辟,其道无乎不在。故在中古,改制立法,而为教主,其所为经传,立于学官,国民诵之,以为率由,朝廷奉之,以为宪法,省刑罚,薄税敛,废封建,罢世及,国人免奴而可仕宦,贵贱同罪而法平等,集会、言论、出版皆自由,及好释、道之说者,皆听其信教自由。凡法国革命所争之大者,吾中国皆以孔子之经说先得之二千年矣。学校遍都邑,教化入妇孺,人识孝弟忠信之风,家知礼义廉耻之化。故不立辩护士,法律虚设而不下逮,但道以德、齐以礼,而中国能晏然一统,致治二千年者何哉? 诚以半部《论语》治之也。

盖孔子之道,本乎天命,明乎鬼神,而实以人道为教。《中庸》曰:"道不远人,人之为道而远人,不可以为道。"故凡在饮食男女、别声被色而为人者,皆在孔教之中也。尚虑滞于时用,若冬裘之不宜于夏,水舟之不宜于陆,又预陈三统三世、小康大同、据乱升平之道,而与时推迁,穷变通久,使民不倦,盖如大医王,无方不备也。如使人能去饮食男女、别声被色,则孔子之道诚可离也。无如人人皆必须饮食男女、别声被色,故无论何人,孔子之道不可须臾离也。故范围不过,曲成不遗,人人皆在孔教中,故不须立会也。

惟今者共和政体大变,政府未定为国教,经传不立于学官,庙祀不奉于有司,向来民间崇祀孔子,自学政吴培过尊孔子,停禁民间之祀,于是自郡县文庙外,民间无祀孔子者。夫民既不敢奉,而国又废之,于是经传道息,俎豆礼废,拜跪不行,衿缨并绝,则孔子之大道,一旦扫地,耗矣哀哉!

夫国所与立,民生所依,必有大教为之桢干,化于民俗,入于人心,奉以行止,死生以之,民乃可治,此非政事所能也,否则皮之不存,毛将焉附? 中国立国数千年,礼义纲纪,云为得失,皆奉孔子之经,若一弃之,则人皆无主,是非不知所定,进退不知所守,身无以为身,家无以为家,是大乱之道也。即国大安宁,已大乱于内,况复国乱靡定乎? 恐教亡而国从之。夫耶路撒冷虽亡,而犹太人流离异国,犹保其教,至今二千年,教存而人种得以特存;印度虽亡,而婆罗门能坚守其教,以待后兴焉。若墨西哥之亡也,教化文字并灭,今人种虽存,而所诵皆班文,所行皆班化,所慕皆班人之豪杰,则墨人种面目虽有存乎,然心魂已非,实则全灭也。今中国人所自以为中国者,岂徒谓禹域之山川,羲、轩之遗胄哉? 岂非以中国有数千年之文明教化,有无量数之圣哲精英,融之化之,孕之育之,可歌可泣,可乐可观,此乃中国之魂,而令人缠绵爱慕于中国者哉! 有此缠绵爱慕之心,而后与中国结不解之缘,而后与中国死生存亡焉。故犹太人之流离去国二千年,而天下尚号之曰犹太人,为有此犹太魂,而爱慕缠绵其犹太故也。若徒以其人种与地域也,则今之巴比仑、雅典之遗黎,殆无存者,而山川易主,万国多有。过西贡之市,昔之孔庙皆毁,昔之诵四书五经者,今后生皆诵法文,而无识华文者矣。鉴于墨、秘,能无恫乎?

且夫虽为野蛮,岂有无教之国者,况欲立于天下者哉? 昔者吾国人人皆在孔教之中,鱼相忘于江湖,人相忘于道术,则勿言孔教而教自在也。今则各国皆有教而我独为无教之国,各教皆有信教奉教传教之人,坚持其门户而日光大之。惟孔教昔者以范围宽大,不强人为仪式之信从,今当大变,人人虽皆孔教,而反无信教奉教传教之人。夫人能宏道,非道宏人,无人任之,不殖将落,况今者废教停祀毁庙之议日有闻,甚至躬长教育之司,而专以废孔教为职志者,若无人保守奉传,则数千年之大教将坠于地,而中国于以永灭,岂不大哀哉! 印度为佛生之地,自回教行后,佛教遂灭,尽于今千年矣,乃至五印度反无一寺一僧,过舍卫而问佛迹,答之曰,佛乃中国者,印度无之。嗟乎! 不可畏耶? 或谓教者非以强力取,优胜劣败,教果优者,不患不传,则佛义岂不精深于回教,何以印度故国,荡灭埋夷,至于若是,则信乎在人之宏道也。嗟我同志,为兹忧恐,爰开大会,用宏斯道,以演孔为宗,以翼教为事,其亦仁人志士所不弃也耶? 其亦仁人志士所不弃也耶!?

按:陈焕章《孔教会序》曰:

以二千五百岁博深精切统天而治之孔教,产于五六千年声名文物自创自守之中国。抚有五六百兆聪明强力伟大蕃衍之华民,而适当九大洲瀛海交通物质发达之时代。昔子思子说圣祖之德有言,舟车所至,人力所通,天之所覆,地之所载,日月所照,霜露所队,凡有血气者,莫不尊亲。意在斯乎! 意在斯乎! 以其时考之则可矣,陈焕章曰:"宗教者人类之所不能外者也。"自野蛮半化,以至文明最高之民族,无不有教,无不有其所奉之教主。其无教者,惟禽兽斯已耳,非人类也。太古之时,大地未通,各尊所闻,各行所知,各信其聪明,首出者以为教主。而其教主之教义高下广狭,即以其时其地之文明程度为差。太古之时,民智幼弱,道同则不能相先,情同则不能相使,故为教主者,必托之鬼神,是故有群鬼之教,有多神之教,有合鬼神之教,有一神之教,有托之木石禽兽以为鬼神,有托之尸像以为鬼神,有托之虚空以为鬼神。其道虽殊,其以神道设教者则一而已。

我中国固全球最古最大之文明国也,自包牺、神农、黄帝、尧、舜,以至禹、汤、文、武,政教不分,皆以作君兼作师之任。周公以懿亲摄政,而不有天下,制礼作乐,实为师统渐离君统之始。周公者诚一过渡时代之重要人物也。天哀生民,黑帝降神,素王受命,宗教一新。孔子乎! 其中国特出之教祖哉。自有孔子,师统乃独立于君统之外矣。孔子既生于中国文明绚烂之时,而复在于礼乐彬彬之鲁,故其为教也。包举天地,六通四辟,此固由孔子之圣智,超越大地诸教祖,而亦由中国之文明,冠绝全球也。故大地诸教。皆不脱神道之范围,而教独以人道为重,取眇眇七尺之躯,而系之一元之始,天地之前,使人人皆有可以位天地育万物之道,魂灵如如,止于至善,孔教其至矣哉。乃无识者仅知有神道之教,而反疑人道之非教,是犹见欧美刀叉之用,而反谓中国七箸之不良于食,睹欧美毡裘之俗,而反谓中国丝帛之不足为衣,岂不愚妄也哉! 且孔教亦非绝不言鬼神也。其尤深切著明者。《易》曰:"圣人以神道设教而天下服。"《礼》曰:"合鬼与神,教之至也。因物之精,制为之极,明命鬼神,以为黔首。则百众以畏,万民以服。"盖春秋之时,神权太盛,孔子既扫除而更张之矣,而不为已甚,尚稍留其切近者以为据乱之制,此孔子所以为圣之时者也。而愚妄者乃谓孔子非宗教家,是诚瞽者无与于邱山之观,聋者不闻夫雷霆之响者也,适见其陋而已矣。

焕章不量绵薄,发愤任道,立会昌教,十有四年。发始于高要,推行于纽约,薄海内外,应者日多。方谓圣教之隆,指日可待,乃回国以后,所见全非。文庙鞠为武营,圣经摈于课本,俎豆礼阙,经传道丧,举国皇皇,莫知所依。甚至以教育部而倡废学校之祀孔,以内务部而不认孔教为宗教,倒行逆施,自乱其国。呜呼!痛矣。夫教育部之废孔祀也,以孔子为教主,而不欲杂宗教于教育耳。然教育部岂不认孔子为教育家乎?欲提倡教育,而必先推到中国之唯一大教育家,是欲求长生而自饮毒药也。苟不认孔子为教主,则何必停孔子之祀;苟认孔子为教主,又何停孔子之祀,吾见教育部之进退失据也。至内务部不认孔子为宗教家,以为非此不足以推尊孔子,然则内务部何不曰孔子非人乎?孔子为世界各教主之冠,而不得为宗教家,则孔子为生民未有之圣,岂尚得为人也哉!且内务部不认孔教为教,然人类有宗教之欲,必不能免,内务部其将以佛回耶诸外教代之乎?抑将以各土木偶像代之乎?欲求进化,而先不承认最文明之宗教,是却行而求前也。吾今且正告天下曰:道字与教字,本可互易,故谓曰孔道也可,谓曰孔教也亦可。

《中庸》曰:"修道之谓教,盖二者一而已矣。"然今处群言淆乱之时,虽以内务部犹妄分孔道孔教为二,故必当正孔教之名,而不曰孔道。盖近人视孔道二字,不过如一种理论、一派学说、不若孔教二字之包罗万象也。孔学二字,益偏狭矣,至以尊孔名会,又嫌肤泛。孔之可尊,岂非以其为教主乎?既尊其实,而复讳其名,果何为者。夫中国之教字,本含三义:曰宗教,曰教育,曰教化。惟孔教兼之,此孔教之所以为大也。然孔教虽具备三者,而究以宗教为本,盖惟孔教是一宗教,故能范围天地而不过,曲成万物不遗也。若徒以一家学说视之,则孔子之圣经,乃不过与老墨诸家并列。本欲尊孔子于释迦、耶稣、穆罕默德之上,乃反降孔子于诸子百家之中,以是为尊孔,不其倒置欤。希腊之哲学,为耶教所无,然而欧美之人心,不归依于希腊之哲学,而归依于耶教,此教与学效果之异也。夫释迦、耶稣、穆罕默德,虽不及孔子之大,然皆为教主,其教徒皆尊之以配上帝,乃我国人偏夺孔子配天之资格,降教主以为学者,而所谓尊孔,乃不过一种崇拜英雄之气味。

呜呼!我中国其真陷于无教也乎?夫国之所以立,民之所以生,必有教焉,以为之主,使无男无女,无老无少,无贵无贱,无智无愚,无贤无不肖,皆涵濡生息于其间。苟无教乎,则吾国数万万人,将何所依也。是故谓孔子为道德家,则孔子不过夷惠之班耳。谓孔子为哲学家,则孔子不过老庄之类耳。谓孔子为政治家,则孔子不过朱陆之畴耳。皆不足以尊孔子,而反陷中国于无教。惟以教主尊孔子,则孔子乃贤于尧舜,继于文王,其在中国集群圣之大成,而开万世太平之治。其在天下,补各教之未备,而管世界大同之枢。盖孔子既备道德、哲学、政治、教育诸家之资格,而萃于一身,即聚道德、哲学、政治、教育诸学之精华,而创为一教,乃近人竟嫌孔教之太大,必欲斲而小之,何其不思之甚耶?

吾尝谓孔道必不亡,孔学亦必不亡,惟不认孔教为宗教,则孔教必亡。何则?凡人之心思材力,苟其有不可磨灭者,自足以常存,况孔子之道德文章哉!故孔道孔学之不亡,有必然矣。然苟不认孔教为教,则孔道虽存,不过空文之理论,孔学虽存,不过私家之学说。即使六经不废,世之读者,不过视如诸子百家之书耳。既无尊信之诚心,必无奉行之实事,而世道人心,将无所维系,此则不认孔教为教者之罪也。且今之能读诸子百家之书者有几人乎?既不认孔教为教,于是学校不拜孔子,学校不读孔经,将来虽有读经之人,亦不过寥若晨星。然则孔道孔学虽不能亡,其所存者亦仅矣。是故诚欲昌明孔道,发挥孔学,以尊孔为目的,则孔教而字,必当加意保存,表而出之,使昭昭然揭日月而行,万不能避而不用也。

今夫国家之亡也,非必其国土变为沧海,其国民化为虫沙也。但使其国不能以其国名通于列国,斯其国亡也。宗教之亡也,亦非必其教义全坠于地,其教徒尽变其心也。但使其教不能以其教名显于世界,斯其教亡矣。古来各教之发生于大地者何可胜数,今其存者,不过数大教焉,斯亦亡教之覆辙也。今之攻孔废孔者,既不认孔子为教主,不认孔教为教,谬借孔道孔学之名目,以饰邪说而文奸言,阴怀废孔之心,而阳托尊孔之貌。乃吾党之真正尊孔者,亦以为用孔道孔学等名,便足以扶翼圣教,或仅用尊孔二字,使浑沦无迹,免受人攻。诸君子委屈苦心,固所钦佩,然而名不正言不顺,遂使神圣不可侵犯之教字,竟变为隐约忌讳之名词。将来孔教二字,无人敢用,而孔子非宗教家之谬论,遂成事实。是孔教之亡,始于废孔者,而实成于尊孔者也。夫废孔者之不认孔教为教,犹可言也。尊孔者之不称孔教为教,不可言也,不正其名,遂失其实,我尊孔子之诸君子,其念之哉!或谓教之优者,自能生存,无待于保,且教徒之才力,不逮教主,又安能保教,而不知皆非也。《中庸》曰:"待其人而后行。"此言教之有待于保也。今夫佛教固亦可谓优美之教矣,然其在出产之印度,反屈于回教而绝灭焉。教虽优美,苟无人保之,安能以自存哉!孔子曰:"人能宏道,非道宏人。"故教徒之才力,虽不逮教主,而足以保教。笃信好学,守死善道,岂非尽人可能之事耶!盖开创者难为功,保守者易为力,理势然也。安可自谢不敏,而放弃责任哉!

焕章目击时事,忧从中来,惧大教之将亡,而中国之不保也。谋诸嘉兴沈乙盦先生曾植,归安朱彊邨先生祖谋、番禺梁节闇先生鼎芬,相与创立孔教会,以讲习学问为体,以救济社会为用,仿白鹿之学规,守蓝田之乡约,宗祀孔子以配上帝,诵读经传以学圣人。敷教在宽,借文字语言以传布;有教无类,合释、老、耶、回而同归。创始于内国,推广于外洋。冀以挽救人心,维持国运,大昌孔子之教,聿昭中国之光,所望鸿儒硕学、志士仁人,效忠素王,报恩教祖,同声响应,大力提倡,或锡以鸿文,或助以巨款,为山九仞,各呈一篑之功;集腋千狐,慨助万金之费。庶几提纲挈领,肇开总会之基,合力同心,大震儒门之铎,当仁不让,见义勇为,其诸世之君子,亦有乐于是欤。

陈三立仍居沪上。年初,陈寅恪自瑞士归国后居上海,曾谒夏曾佑。2月12日,清帝宣布退位,陈三立因怀念清朝,不肯剪辫。同月,与沈曾植、梁鼎芬、郑孝胥、陈曾寿、沈瑜庆等交游;严复欲聘入京师大学堂任职,辞不受。9月21日,陈三立60岁生日,沈曾植、易顺鼎、胡思敬、夏敬观、程颂万、顾印愚、樊增祥、杨增荦等赋诗贺寿。11月15日,端方遇害一周年,于张园设祭悼之。(参见杨剑锋《陈三立年谱简编》,《中国韵文学刊》2007年第1期;李开军《陈三立年谱长编》,中华书局2014年版;卞僧慧《陈寅恪先生年谱长编》,中华书局2010年版)

马相伯继续任复旦公学校长。3月5日,南京临时政府教育部通告各省:大局初定,速令高等学校、专门学校开学。一时各校纷纷筹备复课,复旦则因校址无着,经费困难,束手无策。复旦学生于右任当时担任临时政府交通部次长,便与邵力子、张大椿、胡敦复、张轶欧、王士枢、汪彭年、陈警庸、李谦若、汪东、叶永鎏、钱智修、沈同祉、许丹、郑蕾、胡朝梁、谢冰、郭翔、毛经学、金问洙、曹昌龄、伍特公、张晏孙、赵洪年、毕治安、郑允、李允、张宗瀚、徐鼎、陈协恭、陈传德、夏传沫、陆秋心、熊仁、吴葭、吴盖铭、吴兆桓、章锡立、余光粹、张彝、吴士思、邵闻豫等42人将复旦情况向大总统孙中山先生汇报。孙中山以复旦富有反抗外国压迫的精神,且为提倡高等教育,极为关注,在经济十分拮据的情况下,当即拨发补助金1万元。于右任、胡敦复等又向教育部申请立案,拨借校舍。经教育部批准立案,江苏省都督庄蕴宽准借徐家汇李鸿章公祠为校舍。公推马相伯为校长。聘请孙中山、陈英士、沈缦云等为校董,积极筹备复校。4月27日,南京举行黄花岗起义1周年纪念会。马相伯发表演讲,主题为"富贵不能淫",警诫革命胜利后将官们不得骄奢淫逸。5月10日,由于李公祠内尚驻有军队,不得已暂借爱而近路(今安庆路)为临时校址,先行招生,并于是日开学,仍名复旦公学。8月,李公祠内驻军裁撤。9月,复旦迁入李公祠内。复旦复学后,虽经教育部批准照大学办理,但从实际出发,乃改高等正科为大学预科,分文、理两类,学制3年,并附设中学部,以研求学术、造就专科人才为宗旨。

按:5月11日,《民立报》1912年刊载《复旦公学始业式志盛》,曰:"吴淞复旦公学,自去年秋冬之间,其校舍为军士占据,随即散学后,由校长等设法迁往无锡李公祠开校,又以该处接近花市,萧鼓画船不宜建设学校,直至今年四月初,始由复旦旧同学叶君藻庭,邵君仲辉等五六人设立筹办处,着手布置,始在本埠爱而近路赁得民房一所为校舍,报名录取之学生约百人,又订聘复旦旧同学中留学欧美毕业回国分任教科,昨为其开校之期,记者亦与其盛焉。昨日下午二时三十分开会,由叶君藻庭司秩序,先行开校礼,次由校长马相伯先生报告,并演说于民国建立之急须趋重教育,理由阐发无遗。又及此次各军队行动之比较,亦以教育与否而判其文野,尤极痛切。终谓复旦开办已十载,初由震旦更名,即有希望光复之意,今幸达目的,益当名副其实,以为吾民国光华云云。次由校董陈英士君代表汤君济沧及来宾柳君人环演说。继由代理教务长沈君步洲宣布教课大纲,略谓教育有二,一人才教育,一国民教育。复旦即取人材教育主义,但现在仍不更名大学者,因大学二字,国内尚无比较之准绳,必与外国之大学相比较,复旦学期原定六年毕业,一切授课程序,必期毕业后可直接至欧洲各大学听讲,他时课业日进完全为大学之课程,然后改为复旦大学,亦未为迟也。若以近日社会一般好高之心理,急急易以名称,谓足以歆来学者之意思,则非本校所敢出此也,后又教员汪君汝舟演说,谓革命未成之先,与革命已成之后,教育者与受教育者皆有不同。革命未成,为学生者一方面读书,一方面又欲关心国事,故恒不能专一。革命既成,则专为造就建设人材,为学生者,亦得一心一志向业云云。礼成遂散会。”

按:9 月 4 日,《民立报》刊载《丞相祠堂作学堂——本学期之复旦公学》,曰:“复旦公学自假吴淞前清提辕为校舍,开办有年,成绩卓著。去秋光复军起,校舍改作吴淞军司令部,仓卒腾挪,损失颇多。今岁上学期暂租爱而近路三号房屋开办,光线黑暗,租费昂贵,种种不便,而吴淞旧地仍须改作江防司令部,因于三月间禀准苏都督以徐家汇李公祠拨作校舍,并经苏都督令知上海民政长在案。该祠驻有二十三师某营,现师长黄鹰白君自请取消裁并。又知复旦开学在即,伤该营子上月底一律迁移,复旦本学期能在该祠开办,不能不感谢苏都督与黄师长之热心兴学也。惟闻该祠迭经军队驻扎,房屋颇有损坏,所存器具,亦遗失甚多,现由该校庶务长向该营长取有移交清单,并先面陈上海民政长,以保学校信用。日内并雇匠修缕一切,故原定今日开学,现已展期至八号矣!”

按:9 月 9 日,《民立报》刊载《复旦公学开学记》,曰:“复旦公学禀准苏都督拨徐汇李公祠为校舍,本学期即在该祠开办,仍先办大学预科及补习科。昨午后二时行开学礼,学生已达二百数十人。首由教务长胡敦复君报告该校宗旨及教科概略(校长马君相伯赴京未归),大旨以循名核实,不汲汲改称大学;及按科分班,务求学生习一科造一科之深邃。并谓预科三年,补习科三年。较前清中学五年,高等三年,其时间短而学科更期精进。胡君前主持清华学校教务,力主按科分班,以权限不专,未行其志。至今清华学生犹追思之。现主持复旦教务,必能发挥此特色也。次校董于右任君演说,叙述复旦前次艰难缔造之历史,并言复旦命名,即含有光复祖国之意。今幸达此目的,益当勉力学问,以发扬祖国之光。终言董事会亟当扩充,其拳拳之意,溢于言外。又次教员沈步洲君演说,以爱公学,爱教师,爱同学为劝勉,而就公德心及学问各方面切实发挥,淋漓尽致。又次来宾邵仲辉君演说,引口山先生在京演词,昔为破坏时代,今为建设时代,破坏需学问少,建设需学问多数语,推阐其义,并自述前此求学困难失败之状况及前清学校腐败诸弊,以证此后求建设学问之不可不刻苦奋勉,时时以新民国为念,语亦深切动人。又次由庶务长叶藻庭君报告捐款及拨借校舍诸君之热心,表示感谢之意,并盼来宾此后益尽力辅助云,礼毕摄影散会。”

马相伯校长因在江苏都督府内担任重要职务,不能亲理校务。学校的实际负责人为教务长胡敦复,庶务长叶藻庭。他们面临的问题是经费困难。由于公费停发,学校收入全靠学费,员工薪金难于支付,校具设备无法维修。庶务长叶藻庭忙于筹集经费,未能及时处理学生与工友的纠纷。时值社会大变动之际,学生情绪偏激,稍有不满,动辄罢课。复旦学生亦因琐事,于 12 月中旬罢课。罢课以后,学校校董开会研究,认为校务涣散的主要原因,是校董会没有正式成立。于是正式组织学校董事会,聘请孙中山、陈其美、于右任、王宠惠等为校董,推举王宠惠为董事会长。王宠惠即召集校董陈英士、于右任、曹成父、虞和甫、郭健霄等人开会,决议学校务求学科完美,经费不足之处,由各董事共同负责。(参见《复旦大学百年志》编纂委员会编《复旦大学百年志:1905—2005》,复旦大学出版社 2005 年版;李天纲编《中国近代思想家文库·马相伯卷》及附录《马相伯年谱简编》,中国人民大学出版社 2014 年版)

李登辉继续任复旦公学教务长。1 月,南京临时政府财政总长陈锦涛邀请李登辉担任次长,辞不就。9 月,复旦公学迁徐家汇李公祠开学。年底,复旦公学学生罢课,再度陷入困境。10 月 10 日,孙中山到寰球中国学生会发表演说,李登辉与伍廷芳、王正廷陪同。是年,南北议和,李登辉任南方代表伍廷芳博士顾问。鼎革之际,李登辉一度参加政党活动,与唐绍仪、伍廷芳、钟文耀等在上海组织"中华共济会",旋被袁世凯解散。从此,李登辉再未涉足任何政党组织。(参见钱益民《李登辉传》及附录四《李登辉年谱简编》,复旦大学出版社 2005 年版)

邵力子在上海《民声报》兼任记者。为复旦公学复校奔走京沪。筹办"绍兴旅沪公学"于上海爱而近路,任校董。在为纪念秋瑾而设立的白克路竞雄女校兼教职。8 月,由宋教仁出面,以同盟会为基础,统一了共和党、国民党、国民共进会、共和突进会四个小政党,合并改组为国民党。邵力子参加了在北京湖广会馆召开的成立大会,加入国民党。(参见晨朵《邵力子生平大事纪要》,《浙江师范学院学报》1983 年第 1 期;朱顺佐《邵力子传》,浙江大学出版社 1988 年版)

唐文治继续任中国南洋大学堂监督。1 月 21 日,国民协会在江苏教育总会举行第一次代表大会,伍廷芳为名誉赞成员,唐文治为名誉会长,温宗尧为干事长,张公权等 22 人为干事。该会宗旨"以谋中华民国之统一,促进共和国体之完成"。28 日,又在江苏教育总会选举评议员,赵熙为评议部长。2 月 7 日,上海《申报》登载《唐蔚芝为民请命》一文。此文为唐文治致江苏都督庄蕴宽书。同月,麦斗门离校,前后任职三年半。10 月,聘美籍桑福(H. B. Sanford)继之,并聘美籍薛门(F. J. Seeman)为化学教员;"南菁高等学堂"改校名为"江苏公立南菁学校",组织校董会,校董会聘唐文治、张謇等 15 人为校董,主席为张謇。3 月 2 日,中华民国联合会在上海江苏教育总会进行改党大会,宣布改组为统一党,到会者 200 人。投票选举章炳麟、张謇、程德全、熊希龄、宋教仁为理事,由"理事主持一切党务,以合议体行其职权",并当场选出唐文治等 17 人为评议员。24 日,吴淞商船学堂师生推举代表前往南京,向政府建议延聘萨镇冰担任校长一职,并获得交通部的批准。25 日,萨镇冰到任,唐文治亲往迎接,并将商船学堂的"学款、房产等"资产"悉交与之"。27 日,唐景崇、唐文治、伍廷芳、张謇、严复等发起创办的神州大学举行开学典礼。学校设法政讲习、别科、预科,校长徐尔音。

唐文治 4 月为筹措经费事偕庶务长陆勒之取海道赴京,晤交通总长施肇基面商。施因无款可拨,嘱动用学校存款,并嘱改校名为上海交通部工业专门学校。同月 28 日,唐文治发起通俗教育研究会,设事务所于江苏教育总会,推定黄炎培、沈叔达、杨秉铨、伍博纯等 5 人为理事。该会系教育部部员伍博纯、伍崇学、陈应忠、王章祜与唐文治、黄炎培、林森等人发起组织,《宣言》略谓:"革命未成以前,当注力于通俗教育,而期多数人民之能破坏;革命成功而后,当注力于通俗教育,而期多数人民之能建设。""传布通俗教育之方术,不外二大端:一为借语言艺术及娱乐事物以传布者,二为借印刷出版物以传布者。""兹同人等谨发起通俗教育研究会,集思广益,先之以研究,继之以实行。"临时政府北迁后,通俗教育研究会部分成员随教育部到北京,成立通信处。4 月底,章炳麟率唐文治、李颂韩、龚焕辰、陆其昌、朱清华、王绍鏊、孙肇圻、易宗周等要员北上,设统一党本部于北京。5 月 7 日,北京统一党人在湖广会馆开会欢迎章炳麟,唐文治也作演说。9 日,共和党在上海张园召开成立大会,会议到者千余人,选举黎元洪为理事长,张謇、章炳麟、伍廷芳、那彦图为理事,唐文治等 54 人为干事。同月,沈云霈、唐文治在北京成立中华民国实业协会。9 月,黄兴在旅京时,应邀担任名誉会长。6 月 30 日,震旦学院创设 10 周年,并举行毕业礼,上海民政总长李平书、江苏教育总会会长唐文治及震旦学院院长马相伯相继演说。同月,江苏教育总会召开常年大会,唐文治申述四点"理由"力辞会长之职。至此,唐文治担任江苏教育总会会长一职历

3年。

唐文治是夏致函交通部总长朱启钤要求拨款。7月6日,交通部致函学校称"教育部所辖各学堂自民国成立后均已改称学校,其监督名目改称校长,本部自应一律照办"。事实上,唐文治在辛亥革命时已改称校长。7月,唐文治著《人格》成,定子弟学生师友等凡五格。8月31日,同盟会、统一共和党、国民共进会、共和实进会等五团体正式改组为国民党,在北京召开成立大会。胡汉民、尹昌衡、袁家普、唐绍仪、唐文治、王绍祖、高金钊、许廉、夏仁树、贺国昌10人被选为备补参议。同月,唐文治致函交通部总长朱启钤,陈述去年学校改名"南洋大学"之经过。学校正式隶属交通部,由该部总务厅编制科掌理。9月6日,中华法政大学开学,聘唐文治为名誉校长。唐文治在开学礼上演说"法理渊源",略谓:前清中国法政学之不发达,由于学部之不提倡,其不提倡之故,大概恐惹起革命思想,现在民国肇兴,尽除扞格,欲养成共和国民资格,当以法政学为最要,就现在时势而论,尤以国际公法及民律为吾辈必须注意之点。11日,唐文治致信教育部总长范源濂,呈请将南洋大学改定为工科大学。22日,吴淞商船正式迁入吴淞炮台湾新校舍,自是与高等实业学堂完全脱离。奉中华民国交通部令,萨镇冰出任改名后的中华民国交通部吴淞商船学校首任校长。10月21日,交通部复文南洋大学,提出"本部直辖学校以养成专门人才为宗旨,其学科应以专门为限"。22日和24日,根据教育法令的相关规定,南洋大学堂因已改隶于民国政府交通部,而且路、电两科"均属工业",并未达到《大学令》对于"大学"的学科设置条件,故此教育部令学校改名为"交通部上海工业专门学校"。11月21日,通俗教育研究会开第四次谈话会,唐文治致函"告退"。12月底,去职大总统已半年、在全国考察铁路建设的孙中山莅临南洋大学演讲。孙中山首先讲述交通建设的重要性,主张10年内建成10万里铁路、20万里公路以振兴实业和巩固国防,还讲到纸币政策及对日本和沙俄的外交方针,强调列强占我领土,侵犯我主权,要坚决抵抗,必须建设强大的国防。冬,所著《国文阴阳刚柔大义》8卷成,作为学生国文教材之一。《茹经先生自订年谱》记:本曾文正古文四象,发挥其义,又别选古人文以广大之,颇为详尽。(参见陆阳《唐文治年谱》,上海三联书店2013年版)

丁文江受上海南洋中学校长王培荪之聘,在该校担任化学及西洋史等课程,并加地质学入门一课。当时人们尚不知地质学为何物,校中设备亦缺乏,丁文江"即以日常所见者教之,如言'夏天阵雨之后,马路上之泥土,为雨水冲洗,石块露出,此谓之侵蚀'。其因地施教类如此"。5月2日,致英国《泰晤士报》驻北京记者乔·厄·莫理循一信,告其近半年来的情形。11月20日,应张元济之约,为商务印书馆编著《动物学》教科书。据当日《张元济日记》所载:"请丁文江(在君),编《动物学》。全书计润四百元。住西门外斜桥公兴里卅号。"从是年起,丁文江开始承担起赡养父亲和教育兄弟的责任。(参见欧阳哲生主编《丁文江文集》第七卷附编《丁文江先生年谱》,湖南教育出版社2008年版)

刘海粟11月与乌始光、张聿光创办上海图画美术学校(上海美术专科学校前身),任校长。首创男女同校,得蔡元培等学者支持,采用人体模特儿和旅行写生。(参见袁志煌、陈祖恩编著《刘海粟年谱》,上海人民出版社1992年版)

吕思勉1月至1914年6月在上海私立甲种商业学校任教,教授应用文字、商业地理、商业经济等课程。7月,由华国铨编、吕思勉修订的《高等小学国语课本》第1—2册改正本由上海中国图书公司出版。12月,《高等小学国语课本》3册改正本由上海中国图书公司出版。辛亥革命后不久,吕思勉曾撰写《文官考试宜严》一文,认为共和初建,百废待兴,其中最重要的，是设一定的标准选拔人才，以任国家行政官吏。（参见李永圻、张耕华编撰《吕思勉先生年谱长编》，上海古籍出版社 2012 年版）

　　林语堂继续在上海圣约翰大学读书。夏，林语堂返乡过暑假，应父亲林至诚的要求开堂讲道，题目是"把《圣经》像文学来读"。他提出应当把《旧约》当作个体的文学来读，如《约伯记》是犹太戏剧，《列王记》是犹太历史，《雅歌》是情歌，《创世记》和《出埃及记》是犹太神话和传说等。9 月，林语堂升入上海圣约翰大学文科（School of Arts）大一。他觉得大学课程太过容易，于是在课堂上偷看其他书籍。他读遍了学校图书馆里的 5000 多本图书，或精读，或泛读。他精读过的书籍主要包括法国拉玛克（Jean Baptiste Lamarck，1744—1829）的《动物哲学》（*Philosophie Zoologique*），英国达尔文（Charles Robert Darwin，1809—1882）的《物种起源》（*The Origin of Species*），德国哈克尔（Ernst Heinrich Haeckel，1834—1919）的《宇宙之谜》（德文 *Die Weltrathsel*，英文 *The Riddle of the Universe*）、《生物创造史》（德文 *Natürliche Schöpfungeschichte*，英文 *The History of Creation*）和《人类的进化》（德文 *Anthropogenie：Oder，Enturickelangs-geschichte des Menschen*，英文 *Anthropogeny：Or，the Evolutionary History of Man*），德国张伯林（Houston Stewart Chamberlain）的《十九世纪的基础》（德文 *Die Grundlagen des Neunzehnten Jahrhunderts*，英文 *The Foundations of the Nineteenth Century*）等。他还读过华尔德（Lester Frank Ward）的社会学著作，斯宾塞（Herbert Spence）的伦理学著作，韦司特墨（Edvard Westermarck）的婚姻论著作等。11 月，所撰英文文章《我们为何学习中文？》（Why We Study Chinese）刊于《约翰声》英文版第 23 卷第 9 期。（参见郑锦怀《林语堂学术年谱》，厦门大学出版社 2018 年版）

　　夏瑞芳继续任商务印书馆总经理。2 月 21 日，《申报》广告，商务印书馆编译小说数百种，以便旅居上海的人闲暇时消遣。全目见《图书汇报》，函索即寄。23 日，《申报》广告，商务印书馆出版共和适用之教科书："民国成立，政体共和，教育方针随以变动。本馆前编各种教科书，曩承海内教育家采用，许为最适用之本。今以时势移易，爰根据共和国教育之宗旨，先将小学用各种教科书，分别修订，凡共和国民应具之知识，与夫此次革命之原委，详编叙入，以养成完全共和国民。兹将修订已成各书分列于下，书面特加订正及中华民国字样，购者务请认明，以免讹误。"4 月 11 日，《申报》广告，民国纪元商务印书馆发行所落成大纪念，新编"共和国教科书"减收半价。同月，《教育杂志》第 4 卷第 1 号上刊有商务印书馆《编辑共和国小学教科书缘起》。5 月 4 日，《申报》广告，商务印书馆代印印刷各件，印刷所聘用东西洋技师，选取最新的机器负责印刷。所含技术有铅印、单色石印、五彩石印、三色版、玻璃版、雕刻铜版、雕刻钢版、照相铜版和照相锌版。10 日，《申报》广告，商务印书馆《新字典》预约出书。1912 年 9 月初版，1912 年 10 月 8 版，1923 年 12 月 13 版，《新字典》是中国继清代的《康熙字典》之后推出的第一部新型字典。陆尔奎、蔡文森、傅运森、张元济、方毅、沈秉钧、高凤谦等编，收字一万多个，按部首检字。分精装和线装两种版式，内容完全一样。6 月 5 日，《申报》广告，商务印书馆发行《中国革命纪事本末》。12 月 6 日，《申报》载商务印书馆经理夏瑞芳买卖股票案，后有后续报道。是年，商务印书馆上海发行所新厦落成；成立革命史编辑部，附设清史编辑社；增设博物部，制作标本模型；设铁工制造部，制作印刷机器和理化仪器；始用电镀铜版。（参见吴永贵《民国图书出版史编年：1912—1949》，社会科学文献出版社 2018 年版）

　　张元济仍任商务印书馆编译所长。1 月 26 日，南京临时政府教育部秘书长蒋维乔自南京来沪,至编译所访张元济。同月陆续出版蒋维乔、庄俞编纂,高凤谦、张元济校订《订正初等小学用最新国文教科书》10 册,高凤谦、张元济编纂《订正初等小学用最新修身教科书》10 册,姚祖义编纂,张元济、夏曾佑校订《订正初等小学用最新中国历史教科书》2 册,戴克敦等编纂,高凤谦、张元济校订《订正简明国文教科书》8 册,张元济、高凤谦、蒋维乔编纂《订正高等小学用最新国文教科书》8 册,张元济、高凤谦编纂《订正高等小学用最新修身教科书》4 册,傅运森编纂,高梦旦、张元济校订《高等小学用共和国教科书新历史》6 册,张元济及高凤谦校订,蒋维乔、戴克敦、庄俞编纂《订正国民学校用女子国文教科书》8 册等。2 月 17 日,张元济撰《战国策》跋。3 月,撰《吴授卿先生遗诗序》。4 月,商务印书馆上海棋盘街发行所新厦落成,在 4 月 14 日《申报》刊登《民国纪元商务印书馆发行所落成大纪念新编共和国教科书减收半价》广告,并列编辑人姓名(以姓之笔画多少为序)包公毅、杜亚泉、杜就田、沈颐、沈庆鸿、徐傅霖、秦瑞珍、秦同培、孙毓修、庄俞、张元济、陶保霖、高凤谦、傅运森、寿孝天、戴克敦、骆绍先。

按:《民国纪元商务印书馆发行所落成大纪念新编共和国教科书减收半价》广告曰:

今年欣逢中华民国新纪元而敝馆上海总发行所适于是时落成,不有纪念,曷志不忘? 伏念国家根本在国民,国民根本在教育,敝馆同人从事教科书十年,今者国体变迁。教育改革,同人应时势需要。本其年来编辑上之经验与教授上之心得,更编《共和国教科书》,注意于实验上之革新,非徒变更面目以求合于政体而已。刻小学各书大致粗具,陆续发行,赶于本年暑假出齐。特定于本日起至新历年底止,按照定价五折发行。以赞助民国教育之普及,并为发行所落成之纪念。现在社会经济困难,热心教育家竭蹶兴学,以促国家之进步,敝馆不敢不稍尽义务,藉副雅意。兹将编辑要点列下;

一、注重自由平等之精神,守法合群之德义,以养成共和国民之人格。一、注重表章中华固有之国粹特色,以启发国民之爱国心。一、注重国体、政体及一切法政常识,以普及参政之能力。一、注重满、汉、蒙、回、藏五族平等主义,以统一民国之基础。一、注重博爱主义,推及待外人、爱生物等事,以扩充国民之德量。一、注重体育及军事上之智识,以发挥尚武之精神。一、注重国民生活上之智识、技能,以养成独立自营之能力。一、联络各科教材,以期获教授上之统一。一、各科教材俱先选择分配,再行编辑成书,智识完全,详略得宜。一、各科均按照学生程度循序渐进,绝无躐等之弊。一、关于时令之材料依阳历编次。一、各书均编有详备之教授法,以期活用。一、书中附图画及五彩图,便与文(字)相引证,并以引起学生兴趣,而启发其审美之观念。一、初等科兼收女子材料以便男女同校之用。

张元济 4 月在商务印书馆成立"清史编辑社",提出清史编辑办法。5 月 1 日,张元济为傅增湘新购宋本《新刊诸儒批点古文集成》撰跋。6 月 8 日下午 4 时,张元济出席棋盘街发行所新楼出席商务印书馆股东常会,为主席,报告辛亥年营业情形并各项账略。常会选举鲍咸昌、印有模、张元济、夏瑞芳、郑孝胥、王子仁、奚若为新一届董事。10 月 4 日,张元济约请缪荃孙、徐乃昌来商务编译所观北京所购善本书目。12 月 21 日,张元济宴缪荃孙、沈曾桐、沈曾植、傅增湘。是年,张元济开始锐意收集全国方志。(以上参见张人凤、柳和城编著《张元济年谱长编》,上海交通大学出版社 2011 年版)

杜亚泉继续任商务印书馆《东方杂志》主编。年初,请杜山初、许善斋二人分担《东方杂志》编辑事,杜亚泉自己抽出时间编理科教科书。7 月,受蔡元培之邀,与吴稚晖同赴北京参加中华民国北洋政府教育部召开的国音统一会,被聘为该会会员,注重创立注音字母和新式标点,首创"逗号"用法,并以《二十四史》为对象试验新式标点,历两年多而成。是年,在《东方杂志》发表《革命成功记》《中华民国之前途》《论共和折衷制》《共和政体与国民心理》《论命令之性质及范围》《外蒙古之宣布独立》《清宫秘史(续)》《论省制及省官制》《论人民重视官吏之害》《论切音字母》《省制仿普鲁士州制之商榷》以及译文《日本明治时代之进步》（摘自日本东京日日新闻）、《日本明治天皇大丧纪》《独立命令论》等文。介绍辛亥革命，并提出治国建议。（参见陈镱文、亢小玉、姚远《杜亚泉先生年谱(1912—1933)》，《西北大学学报》（自然科学版)2008年第6期；周月峰编《中国近代思想家文库·杜亚泉卷》及附录《杜亚泉年谱简编》，中国人民大学出版社2014年版）

恽铁樵1月入商务印书馆编译所，后主编《小说月报》，以翻译西洋小说而著称于文坛。2月23日，包天笑（名公毅）年应张元济及商务印书馆同仁邀入编译商务印书馆所。6月14日，许志毅、凌文之应聘定入商务印书馆。（参见张人凤、柳和城编著《张元济年谱长编》，上海交通大学出版社2011年版）

朱东润上半年继续就读于南洋公学。秋，辍学，入上海文明书局任校对。年底入商务印书馆任《小说月报》编辑助理。

陆费逵1月1日与沈知方等集资在上海开办中华书局，任局长、总经理，沈知方任副经理，兼文明书局董事。陆费逵主持业务达30年之久。中华书局迅速成为民国时期仅次于商务印书馆的第二大出版机构。20日，中华书局开第一次股东会议。规定创办人为营业主体，重大事件由创办人会议决定。创办人之间订有合同，规定了具体的权利和义务。局长为营业代表，用人、行政由其主持。戴克敦任编辑长，陈寅任事务长。25日，陆费逵、范源濂、沈颐、顾树森、黎锦熙、周建人、黄炎培等为主要撰稿人的《中华教育界》杂志在上海正式创刊，以研究教育、促进文化为宗旨。

按：《中华教育界》根据教育发展需要，先后出版发行了39个专号或专辑，如"国语研究号""中国小学研究号""教育测验号""收回教育权运动号""国家主义的教育研究号""道尔顿制批评号""留学问题号""师范教育号""乡村教育专号""中国教育出路号""教科书专号""日本教育号""中国教育改造专号""普及教育专号""研究与实验专号""儿童年专号""各国教育特辑""中国教育学会第九届年会论文特辑"等等，这些专号大多对当时教育的热点与难点进行了深入探讨，对当时的教育改革与发展具有一定指导作用（喻永庆《中华教育界与民国时期教育改革》，华中师范大学博士学位论文，2011年）。

陆费逵2月23日在《申报》刊载《中华书局宣言书》，谓："立国根本，在于教育。教育根本，实在教科书。教育不革命，国基终无由巩固。教科书不革命，教育目的终不能达也。往者异族当国，政体专制，束缚抑压不遗余力，教科图书钳制弥甚。自由真理，共和大义，莫由灌输。即国家界说，亦不得明。最近史事亦忌直书。哀我未来之国民究有何辜，而受此精神上之惨虐也。"并提出本局宗旨四大纲：一、养成中华共和国国民；二、并采人道主义、政治主义、军国民主义；三、注重实际教育；四、融和国粹欧化。26日，《申报》广告，中华书局出版教科书，依然以"教科书革命"为号召。6月30日，《申报》广告，中华书局"中华字典"包括大本《中华大字典》，缩本《中华字典》《中华中字典》《中华小字典》开始发售预约。7月13日，《申报》载，中华书局答《中华字典》质疑。11月12日，《申报》广告，中华书局迁移抛球场南首5号三层楼洋房。

按：《申报》广告曰："本局自去年革命起事，着手编辑，力图进行，及共和成立，设局海上，广延东西洋毕业之学士、硕士、博士、富有经验之教育专家、曾任职官之政法巨子，编辑初等小学、高等小学、中学校、师范学校各种教科书、教授书，及地图、法令、杂志、字典、尺牍等书，计一百五十余种，共五百八十余册。宗旨正大，体裁精当，凡共和国民普通之学理知识，无不完备。出版以来，选承教育部审定，各省教育司批奖，海内外教育家称许，推为民国成立以后唯一适用之书籍，远如南洋美洲分埠，偏僻如云贵陕甘诸省，亦无不争先购用。未及一年，修身教科书已历三十余版，国文教科书已历五十余版，良以中华国民愿读中华之书,不独见敝局编辑之审慎,尤足见国民爱国之热忱。敝局用自益加勉励,更求精美,俾得仰副全国国民之雅望。爰于本月初十日,移居抛球场南首五号三层楼洋房,推广印刷部注查印刷,以期排印精良,成书迅速,种种设施,无非促进民国之文化,补助民国之教育,尚祈惠顾诸君赐教为幸。"(参见吴永贵《民国图书出版史编年:1912—1949》,社会科学文献出版社2018年版)

王缁尘(煮尘)5月19日在上海创办中国社会党绍兴支部机关报《新世界》半月刊,任主编,在该刊封面上印有"社会主义杂志",并在封面上宣示四条大纲:"一、社会主义之大本营;二、中国数千年破天荒之新学说;三、解决二十世纪之大问题;四、造成太平大同之新世界。"在与大白合撰创刊号《发刊辞》中标榜自己是"社会主义之大本营",目标是"使人人感知社会主义之良而信仰之,而实行之",并在《新世界》第1、3、5、6、8期上连载施仁荣所译恩格斯的《社会主义从空想到科学的发展》,题为《理想社会主义与实行社会主义》,这是恩格斯《社会主义从空想到科学的发展》的最早中译文。又在并在《新世界》第1期刊载煮尘《社会主义讲演集》《欧洲矿工大罢工》等;第2期刊载煮尘《社会主义大家马儿克之学说》《答亚泉》;第7期刊载煮尘《社会主义与社会政策》一文,与杜亚泉、钱智修展开有关"社会主义"的论争。

按:王缁尘(煮尘)于1911年冬离开家乡绍兴赴上海,参加江亢虎领导的中国社会党。当他在上海第一次访见商务印书馆《东方杂志》主笔杜亚泉时,杜认为中国还没有出现资本家与大地主,劳动者也没有遭受雇主的虐待,因此提出社会主义不宜行于中国。他对杜的这番说教"如骨鲠在喉"。但他考虑到由于杜的地位,其言论"足以动一般学者之视听",对社会党前途与社会主义之施行有所"窒碍",于是便毅然"作辩论以告当世,并以质之先生",遂有《答亚泉》一文刊于《新世界》第2期。文中联系中国的实际驳斥了杜亚泉所谓"社会主义不宜行于中国"的论说,说明了社会主义乃是中国救亡之"至计",强调指出"中国必宜行社会主义","煮尘上述对杜亚泉的反驳,逻辑严密,论证有力。虽然他所讲的社会主义还不能说就是马克思的科学社会主义,他的第二个论据也正是孙中山等民主主义者的思想,但是,他强调社会问题的根本解决,而且从中国所处的国际地位和国内阶级悬隔的实际出发,看到外国资本主义对中国的侵略和掠夺,从而认识到了只有社会主义能够救中国的真理。这是当时中国先进分子所能达到的最清醒的认识,给了'五四'时期马克思主义者以思想的启迪。"(王炯华《煮尘与民国初年马克思主义的介绍——附煮尘其人》,《浙江学刊》1987年第6期)

按:1911年8月钱智修发表于《东方杂志》第8卷第6号的《社会主义与社会政策》一文,批评社会主义"违反人性",在所谓经济学和社会学上都存在着"谬点",社会主义不仅不能成立,也不适合于中国。煮尘当时没有看到钱文,时过一年,他发现此文与他《社会主义讲演集》第八章《社会主义与社会政策》标题相同,乃"急披阅之。"他认为,钱文"主张社会政策而历诋社会主义者","往往流为外行语而不自知,本无辩驳之价值",但考虑到《东方杂志》销路广,钱文流失不浅,他便在《社会主义与社会政策》一文中作了"附驳",旨在驳斥钱智修鼓吹社会改良、诋毁社会主义的谬说,说明了社会主义与社会政策的区别,并正告反社会主义之徒:是折服《资本论》信仰社会主义,还是"为资本家作护符,与劳动者为公敌,以抗逆世界之大势乎? 选择似可自便;但是,社会主义是"无可否拒"的。它"发明于文明大进之时,用科学的观察,求人性之本源,其所设施无不循社会学经济学之公例",因此,不论迟早,"社会主义之目的必有达到之一日"!(参见王炯华《煮尘与民国初年马克思主义的介绍——附煮尘其人》,《浙江学刊》1987年第6期)

刘半农是年春在江阴光复前毅然投身革命,以书牍翻译之事佐戎幕。2月,溥仪退位后不久,刘半农因不满于当时革命军队内部的混乱,就返归江阴。2—3月之交,挈刘天华同往上海。初到上海,赋闲无事。后来有朋友请到上海开明剧社充当编辑,刘天华教授西乐。刘半农在开明剧社工作时,不仅编译过剧本《好事多磨》,时而也充当演员。自此开始著译生涯。夏,经徐半梅介绍,兼任上海《中华新报》社馆外特约编辑。9月,随上海开明剧社去嘉兴演出。10月,随上海开明剧社从嘉兴到宁波演出。演毕,回上海。

按:刘北茂《纪念长兄半农先生》云刘半农和刘天华初到上海一年,"生活是很艰苦的,辛勤所得仅能免于饥,而不能免于寒。到了冬天,两人仅有一件棉袍,一人穿了它出门,另一个则只得在家躲在被窝里取暖"。(参见徐瑞岳编《刘半农年谱》,中国矿业大学出版社1989年版)

邓实、缪荃孙合编的《古学汇刊》双月刊6月在上海创刊,由国粹学报社发行。是年,邓实主编的《国粹学报》停刊。

按:邓实、缪荃孙创办《古学汇刊》的缘起是,"邓实看到当时旧本古籍,多历兵厄,对于文物散佚、国学沦亡、忧心忡忡。于是在缪荃孙的赞助之下,编辑了《古学汇刊》",旨在"发明绝学,广罗旧闻,故所刊录专主经史杂记之有关系,而足资考订者,欲使读者得此足以增益见闻,助长学识"。分为经学、史学、奥地、掌故、目录、金石、杂记、诗文等八类。《古学汇刊发刊词》曰:

《国粹学报》刊行既七年,黄帝有云中夏,光复民国之成,半由国人言论心志所造,而其精神之胎育,实出于明季二三遗民遗老心力之为,苦志艰贞著书立说申明大义,以告天下,阅二百六十余年而诸夏乃食其福。呜呼!文字之感人深哉,今者,山河既复日月重新,举目中原,揽臂澄清谁其人者,则今之急务又不在乎言论,而在乎真实之学问,故《国粹学报》刊行之终,而本社复有《古学汇刊》之问世,由言论之鼓吹趋于学术,实际因思人类之在世欲为国家谋生存之幸福者,固不可一日而废学。夫宇宙变化万端,一纵一横经纬万端,人治运行于其间五日不需乎经验,故凡一现象之微,一事物之细储能研析之,君子无不深思而得其故。夫一国之历史风俗民性材质,贸然弃置,而从挟一虚文之法理,谓视天下如运诸掌其缪解。西人所谓半部《论语》可以治天下者,如趋一相则孰知一物之解释,一事之决断极深研,穷因究果,其为术至为多途,生有涯而知无涯是以君子学焉退然如日不足也。吾见世之竟进者,故书雅记十不窥一学,则未优遂剧起而从政,一旦居高位操国枋,国有大疑难大计划,则浮游纷扰瞠目而无所措。日本有诸多政治家起而帝政维新之局以成,是知政治之本能全在学术之孕育,根基愈固其致用愈宏。操术固不必一途归本,必在沪有学《古学汇刊》之作,固非谓大世界之学尽在于是然考古。考古学在欧美亦自成学派必不可废,以知今闻,一以知十当亦为学者所不废,同人等学问相求不与闻政治,孜孜抱此残缺,守而勿失,他日当有能光大而发挥之演而为政术尚而为风俗者得失虽微,其于国家兴废强弱之所以繁华,于是编不毋小补乎。

按:《国粹学报》创刊于1905年2月,刘师培、章炳麟、黄节、陈去病、马叙伦、廖平等撰稿。以发明国学,保存国粹为宗旨。

黄世仲等人1月1日在上海《申报》刊登倡议,提议为史坚如烈士造铜像、建纪念堂,并封墓树碑。

按:《申报》以《粤人议铸史烈士铜像》为题报道说:"粤省现由沈孝则、李孟哲、黄世仲、苏慎之等,以番禺史坚如烈士距今十二年前,早倡革命,轰炸德寿不成而死,大义昭然。特倡议募金为史烈士造像,并请都督拨给旅粤中学堂旧址为史烈士纪念堂,并封墓树碑,以资凭吊,搜讨遗著,以阐幽光云。"

林长民、孙洪伊、汤化龙、黄可权等4月13日在上海发起成立共和建设讨论会,发表《中国立国大方针商榷书》;10月联合国民协会、共和促进会等小政团组成民主党。

诸宛明、陆近中、邹兴帮、汪蕉生等人9月3日在上海发起成立民生国计总会。以"维持各界生计,促进国民实业"为宗旨。

钱均夫在上海创办"劝学堂",以传播民主革命的思想。

张默君发起成立神州女界共和协济社,任会长,又成立上海神州女校,任校长。

陈敬弟、黄群、诸翔九等人1月在上海发起成立民国公会。

徐企文、朱志尧等1月21日发起成立中华民国工党于上海,主张实业救国。

沈剑侯为掌理的中华民国公民急进党5月8日在上海成立。

黄炎培、沈庆鸿、杨择、史成、伍达等为理事的中华通俗教育会在上海成立。

颜伯卿、葛吉卿、余伯陶等人在上海发起成立神州国医学会。

吴木兰为会长，林复为副会长的同盟女子经武练习队1月12日在上海成立，以"练习武学，扶助民国"为宗旨。

陆镜若在上海发起成立新剧同志会，主要成员有马绛士、欧阳予倩、罗曼士、吴惠江、蒋镜澄、姚镜明、吴我尊、陆露沙等。

潘月樵、夏月珊等2月23日发起组织，3月11日经孙中山批准在上海成立中华伶界联合会（又称上海伶界联合会）。

周浩发行，戴季陶、何海鸣主编的《民权报》2月13日在上海创刊。

李怀霜时为《天铎报》社长，2月3日与《民权报》主笔戴季陶以及赵铨辛等人在上海发起成立自由党。

姚雨平为社长，朱少屏为经理，叶楚伧为总编辑的《太平洋报》4月1日创刊于上海，柳亚子、苏曼殊、李叔同、余天遂、林一厂、胡朴安、胡寄尘等撰稿。副刊由柳亚子、李叔同主编。

程思普为经理，沙淦为编辑的《社会世界》月刊4月在上海创刊，以"改革恶劣社会，促进革新事业，主张平等教育，鼓吹实行共产，维持世界和平，提倡无治主义"为宗旨。

按：《社会世界》为中国社会党本部在上海的机关报刊，同时创办的尚有《社会党月刊》《社会日报》等。中国社会党绍兴支部在上海创办了《新世界》。

邓家彦创办的《中华民报》7月20日创刊于上海。刘民畏为主笔。以"拥护共和进行，防止专制复活"为宗旨。

吕志伊任总编辑，邵元冲任主笔的《民国新闻》7月25日在上海创刊。以"保障共和政体，宣传民生主义"为宗旨。

陈屺怀在上海创设平民共济会，主办《生活杂志》。

张昭汉为经理，唐群英、汤国梨编辑的《神州女报》在上海复刊。

谈杜英参加神州女界协济社，任书记，负责编辑上海《神州女报》。

刘半农经徐半梅介绍，在上海任《中华新报》特约编辑员。生活艰难，以向鸳鸯蝴蝶派报刊投稿为生。

刘天华随兄刘半农去上海，工作于开明剧社，业余加入万国音乐队，并学习钢琴和小提琴，开始接触西洋作曲理论。曾任教于北京大学音乐研究会。（参见秦启明《刘天华年谱》，载《艺苑》1987第3期；方立平编《刘天华年谱》，载《刘天华记忆与研究集成》，上海教育出版社2009年版）

黄宾虹、宣哲等发起的贞社4月中旬成立，由宣哲任社长。其成员大多是《国粹学报》社的金石爱好者，主要为许荃孙、高奇峰、宣哲、黄宾虹、庞泽銮、王仁俊、王莲、庞莱臣等。社址在上海四明银行二楼。黄宾虹曾撰《贞社启》一文，论该社的创办缘起和宗旨。6月26日，举行第一次贞社雅集。同月，邀请王秋湄、高剑父、陈树人、黄节、蔡哲夫等组成贞社广州分社，以研究与鉴赏中国历代书画文物为事，并先后参加南社粤集、港集、湘集活动。是年，黄宾虹始以"宾虹"题画属款，以此纪念武昌起义成功。（参见王中秀《黄宾虹年谱》，上海书画出版社2005年版；王震《20世纪上海美术年表》，上海书画出版社2005年版）

高奇峰创办并主编的《真相画报》在上海创刊。

颜文梁继续在商务印书馆画图室学习西画，自行试制油画颜料创作出第一幅油画《石湖串月》。

周瘦鹃的小说《鸳鸯血》1月在陈景韩、包天笑主编的《小说时报》上发表,也是他与陈景韩日后频繁交往之始。

胡朴安应黄兴之邀请,到位于吴淞的中国公学教文字学课,并在专为纪念秋瑾烈士而办的竞雄女学任教,同时在该校任教的还有陈佩忍、叶楚伧、陈匪石、黄宾虹等。

岑仲勉在北京高等专门税务学校毕业。其后在上海海关及广东财政厅等处任职员,业余从事植物名实考订及中外史地考证。

丁福保在上海作《丁氏医学丛书序》,正式着手翻译《织田佛教大辞典》,编纂《佛学大辞典》。

按:丁福保《丁氏医学丛书序》热情欢呼医学发展日新月异,申述刊行《丁氏医学丛书》的目的为荟萃中外各科书籍,不分门户之见,不分骑墙之说,孳精覃思,冀有以得其会通。

狄楚青主办的《佛学丛报》10月在上海创刊,濮一乘编辑,有正书局出版。

敬安(寄禅法师)、清海、道兴等4月11日在上海留云寺成立中华佛教总会,以统一佛教,阐扬法化,促进人群道德,完善国民幸福为宗旨,推举宁波天童寺敬安为首任会长,清海、道兴为副会长,提出"保护寺产、振兴佛教"的口号,并得到南京临时政府的承认。其间,敬安亲赴南京,谒见临时大总统孙中山先生,吁请保护寺产。

敬安10月中旬应湘僧之请,约请各省僧界代表赴北京内务部请愿,要求阻止湖南、安庆等地攘夺寺产销毁佛像事件。11月1日抵北京,寓宣武门外法源寺。旋与法源寺方丈道阶法师赴内务部陈情,但因民政司长态度蛮横,争辩有顷,未获结果,乃愤而返回法源寺,次日去世。

按:敬安病逝后,寄禅的诗友熊希龄,以此事报告袁世凯,国务院以此核准了佛教总会的章程,佛教寺产得到了一点保障。(以上参见于凌波《中国近现代佛教人物志》,宗教文化出版社1995年版)

月霞应狄楚青等之请,前往上海讲授《大乘起信论》,又由狄楚青推荐,入住哈同花园,为哈同夫人罗迦陵讲说华严,开始筹办华严大学,并在上海参与出版《佛学丛报》。(参见于凌波《中国近现代佛教人物志》,宗教文化出版社1995年版)

谛闲驻锡上海留云寺,在寺内组织"佛学研究社",自任主讲,先后讲《圆觉经》《百法明门论》《八识规矩颂》等。(参见于凌波《中国近现代佛教人物志》,宗教文化出版社1995年版)

陈撄宁因姊夫乔种珊在上海行医,劝其来上海一同居住,自此之后,长久在上海老西门外白云观阅读《道藏》,历时3年,遂探得道教丹术之底蕴。陈撄宁所阅《道藏》,为明朝正统年间刊版,共计5480卷。当时,该《道藏》全书在中国不过7部,仅有沈阳太清宫、北京白云观、南阳玄妙观、武昌长春观、成都二仙庵、上海白云观等著名道观收藏(另一部或在陕西省某道观内)。据说,上海白云观所藏此前从未被人看完过,唯有陈撄宁一人从头到尾全部阅完,此后亦无人再看。(参见郭武编《中国近代思想家文库·陈撄宁卷》及附录《陈撄宁年谱简编》,中国人民大学出版社2014年版)

潘谷声发起并任主编的天主教《圣教杂志》月刊1月在上海创刊,为天主教圣教机关报,以提倡"教理与科学并行不悖说"为主,主要刊载天主教教义、教规、教仪、教史等内容的文章,以及一些重要的教会文件和全国的教务动态,并从教会立场发表对各种社会问题的主张和论说。

按:其前身为《圣教益闻汇报》。

尹昌衡时任四川都督府都督。1月,以整理四川文献、编写光复史等为由,将前大汉四川军政府枢密院改组为国学院,院址设于成都城东三圣街。2月,存古学堂改名为国学馆。6月,袁世凯任命四川军政府都督尹昌衡为征藏军总司令,以西藏叛乱。同月,国学院迁入存古学堂内,并与之合并,称"四川国学院",以研究国学,发扬国粹,沟通今古,切于实用为宗旨,吴之英任四川国学院院正,谢无量、刘师培任院副,又聘浙江诸暨楼黎然、温江曾学传、井研廖平、新繁曾瀛、资中李尧勋、天全杨赞襄、成都大慈寺大和尚释圆乘和谢无量8人为院员。

按:辛亥革命后,"大汉四川军政府"仿唐宋旧制,设咨询机关枢密院,聘廖平为院长,下设院士数人。1912年1月,军政府都督尹昌衡改枢密院为四川国学院,聘名宿任院事,吴之英为院正。刘师培资州被拘,章炳麟出面救助,谓:"如杀申叔,则读书种子绝矣。"故尹昌衡对刘师培"甚为礼重",国学院成立,当即聘为院副。四川国学院负责以下职责:一、编辑杂志;二、审定乡土志;三、搜访乡贤遗书;四、续修通志;五、编纂本省光复史;六、校定重要书籍;七、设立国学学校。同年11月,四川国学馆并入国学院。(参见陈奇编《刘师培年谱长编》,贵州人民出版社2007年版;彭华《谢无量年谱》,《儒藏论坛》2009年第1辑)

吴之英6月任四川国学院院正,手书"国学院"三大字于国学院校门,并亲撰一联曰:"斯道也将亡,留此四壁图书,尚谈周孔;后来者可畏,何惜一池芹藻,不压渊云。"吴之英又推荐刘师培、谢无量亦任国学院副院。是时,国学院广纳名流学者,楼藜然、廖平、曾瀛、李尧勋、曾学传、杨赞襄、释圆乘等纷纷执教于斯院。吴虞《国立四川大学专门部同学序录》云:"国学专校,创自民国,其时吴伯竭师、廖平前辈、刘申叔、谢无量诸公,聚于一堂。大师作范,群士响风,若长卿之为师,张宽之施教,蜀才之盛,著于一时。"(参见王承军《蒙文通先生年谱长编》,中华书局2012年版)

谢无量1月在四川军政府枢密院改组为国学院之际,举荐吴之瑛任院长,与刘师培同任副院长,主持院内主要事务。2月,存古学堂改名为国学馆,仍任校长。2月25日,与刘师培、吴虞、饶伯康、潘立三等主笔的《公论日报》在成都创刊。(参见彭华《谢无量年谱》,《儒藏论坛》2009年第1辑)

刘师培1月获释后,无颜赴南京,应蜀中名士谢无量邀请任新成立国学院副院长。1月13日,与吴虞晤谈。约1—2月,作《废旧历论》,反对改用公历。3月16日,撰《庄子斠补》成。春,刘师培妻何震到达成都,与刘师培相会,并随之居蜀中。7月10日,吴虞收到刘师培为其所开列汉学书目。11日,赴吴虞处。8月1日,劝吴虞勿辞《公论报》主笔事。9月,存古学堂改名为"四川国学院附属国学学校",刘师培任校长。

按:刘师培自谓:"民国元年,薄游蜀都,承乏国学院事,兼主国学学校讲习。""诸生六十人,人习一经。习《春秋左氏传》者计十有一人。讲授之余,课以纠记。有以疑义相质者,亦援据汉师遗说,随方晓答。璧山郑君刘(生兰),粗事纂录,辑为一编,计二十有七条,名曰《春秋左氏传答问》云"。

刘师培、谢无量、廖平、吴虞等9月共同发起成立"四川国学会",附设于国学馆。同月20日,《四川国学杂志》(后改为《国学荟编》)月刊在成都创刊,以发扬精深国粹、考证文献为宗旨,张子梁为发行人,曾学传、刘师培等为编辑,刘师培为作《四川国学会序》,撰稿人有廖平、刘师培、杨赞襄、吴之英、曾学传等。

按:《四川国学杂志》宣扬以国学拯救世道人心,争胜东西列强,刊登学术性、考据性文章为主,内容包括通论、经术、理学、子评、史学、政鉴、校录、技术、文苑、杂记、蜀略等。1913年8月20日出至第12号(期)停刊。1914年出版12期后由《国学荟编》继承,内容、形式不变,期数另起,约1919年停刊。

刘师培所撰《周历典》载10月20日《四川国学杂志》第2号。同月,为章炳麟等推荐主持"函夏考文苑"群经科。11 月 20 日，所撰《春秋左氏传古例考序略》始载《四川国学杂志》第 3 号。是年，自云"顾影寡俦""沉绵肺疾"。所著尚有《古本字考》《蜀中金石见闻录》《春秋繁露斠补》《致吴伯羯书三首》《春秋繁露爵国篇校补》《周历典》《与谢无量书二首》《与人论文书》《春秋左氏传古例诠微》《易卦应齐诗三基说》《成都黄帝庙碑》《废旧历论》《四川都督丁公墓志铭》等。（以上参见陈奇编《刘师培年谱长编》，贵州人民出版社 2007 年版；黄锦君《刘师培生平学术年谱简编》，《儒藏论坛》2009 年第 1 辑；彭华《谢无量年谱》，《儒藏论坛》2009 年第 1 辑）

廖平年初应刘师培之邀，于四川国学馆主讲经学。4 月，撰成《人寸诊比类篇》2 卷。8 月，撰成《古经诊皮篇》2 卷、《诊络篇》1 卷。又撰《中国文字问题三十论题解》《中小学不读经私议》。（参见廖幼平编《廖季平年谱》，巴蜀书社 1985 年版）

蒙文通 8 月正式进入四川国学院就读。同时入学的还有杨叔明、向宗鲁、杨润六、李晓舫等人。蒙文通《经学抉原》序云："文通于壬子、癸丑间学经于国学院，时廖、刘两师及名山吴师并在讲席，或崇今，或尊古，或会而通之。持各有故，言各成理，朝夕所闻，无非矛盾，惊骇无已。几历岁年，口诵心维而莫敢发一问。虽无日不疑，而疑终莫解。然依礼数以判家法，此两师之所同。"正是由于刘、廖两师不同的治学取径，砥砺和启发了蒙文通的思考，使他能够汲取两家之长而捄其所短，终成一代大师。

按：蒙文通《经学抉原》论诸师家法资不同："吴师亦曰：'五经皆以礼为断'，是固师门之绪论仅守而勿敢失者也。廖师曰：'齐、鲁为今学，燕、赵为古学。鲁为今学正宗，齐学则消息于今古之间。壁中书鲁学也，鲁学今文也。'刘师则曰：'壁中书鲁学也，鲁学古文也，而齐学为今文。'两先生言齐、鲁虽不同，其舍今、古而进谈齐、鲁又一也。廖师又曰：'今学统乎王，古学帅乎霸。'此皆足导余以先路而启其造说之端。"（参见王承军《蒙文通先生年谱长编》，中华书局 2012 年版）

张澜 1 月率队抵川北宣慰使署所在地阆中视事。秋，辞去川北宣慰使职。11 月，各省开始国会议员选举，张澜以其正直、敢言被川北各县推为众议院议员。（参见谢增寿编著《张澜年谱》，群言出版社 2013 年版）

吴虞 2 月 15 日应严雨楼请，任《西成报》总编辑。3 月 1 日，倪公伟、濮子谦约吴虞任《政进报》主笔。11 日，作《政进报》之发刊词。8 月 17 日，四川嘉定府知事方琢章请吴虞同过嘉定共事。30 日午后 3 时抵达嘉定府城。9 月，参与发起四川国学会。（参见朱玉、孙文周《吴虞年谱简编》，《吴虞诗词研究与整理》附录一，河南文艺出版社 2016 年版）

王光祈继续就读于成都高等学堂。3 月，成都高等学堂分设中学由于经济困难而停办，原丙、丁两班，合并到成都府中。王光祈也随之进入该校，编入第九班即新乙班学习辛亥革命后，由于成都兵变，藩库、商行、当铺及大小公馆，一夜之间被叛兵、土匪、流氓纵火焚烧，洗劫一空。这场浩劫，断绝了王光祈一家赖以生活的 40 两息银的来源，使他顿时陷入赤贫境地。在衣食交困中，他挣扎到当年 12 月，毕业于成都府中。（参见四川音乐学院、成都市温江区人民政府编《王光祈文集》及附录一《王光祈年谱》，巴蜀书社 2009 年版）

晏阳初是年春独自由巴中返回到成都，继续在辅仁学社工作。为史梯瓦特（James Stewart）牧师取中文名"史文轩"，因组织能力较强且爱好活动，于是负责组织辅仁学社的文娱节目，深受广大青年的欢迎。夏，回巴中老家待一段时间。返回成都继续在辅仁学社工作。史文轩建议到香港圣史梯芬孙书院（St. Stephens College）深造，望其成为一名传教士，在中国弘扬主道，并愿请香港的哥哥妹妹和同事帮助照顾和资助。（参见杜学元、郭明蓉、彭雪明《晏阳初年谱长编》，上海交通大学出版社 2017 年版）

　　汪象苏为社长的《国民公报》4月22日在成都创刊,由《中华国民报》与《四川公报》合并而成。

　　印焕门主持的《西蜀新闻》10月在成都创刊。

　　唐广体与康子林、萧楷臣等人发起创办川剧班社"三庆会",康子林任会长,唐广体任场外管事。

　　贾培之正式搭班演戏,成为川剧职业演员。

　　李四光1月被孙中山委任为南京临时政府特派汉口建筑筹备员。2月,民国政府建立后,同盟会总部从东京移到南京,改秘密为公开。湖北同盟会和共进会、文学社合并,重新建立支部,选石英为支部长,李四光为书记(秘书职)。同月7日,湖北军政府设立实业部,李四光在辛亥革命中建立了功绩,被推选为实业部部长。16日,实业部在武昌三道街旧盐通署开始办公,掌管全省农、林、工、商、矿及一切实业行政事务。3月5日,根据南京临时政府内务部指示,将实业部改为实业司,湖北实业部改为实业司,李四光担任司长。4月9日,孙中山来到武昌。12日,与湖北军政府总稽查处处长牟鸿勋、湖北军政府参议熊继贞等人前去探望孙中山。孙中山向他们讲述了社会革命的重要性,以及平均地权、兴办实业等政策问题。7月,李四光眼看革命胜利果实落到了北洋军阀袁世凯、黎元洪等人之手,多次向湖北督都黎元洪辞实业司长职。8月8日,李四光辞去实业司司长职。随后,向黎元洪提出继续到国外留学的要求。11月初,正当黎元洪极力打击、排挤湖北革命党人之际,黎见到李四光的要求,马上应允,并打电报给临时稽勋局,电文说:"李四光等二十二员,劳勋卓著,精力富强,咨送西洋俾宏造就。"(参见马胜云、马兰编著《李四光年谱》,地质出版社1999年版)

　　熊十力与詹大悲、胡瑛等联名上书黎元洪,请以王汉、何自新从祀于武昌烈士祠。秋冬间,鄂督特设武昌日知会调查记录所,编修日知会志,熊十力任编辑。是年,熊十力发起成立证人学会,企望以此同人组织讲论古学,以文会友,继绝学,开来哲,甚而风动社会,左右政界;又与自江南返武昌的同乡月霞法师会晤。(参见《熊十力年谱》,载叶贤恩《熊十力传》,湖北人民出版社2010年版)

　　孙武、蔡济民、季雨霖等主持武昌日知会调查记录所,熊十力任编辑,参加编纂日知会志。因形势逆转,未及成书。

　　王世杰受命与石瑛等人组建中国国民党湖北支部,担任组长。本年,在武昌创办经济杂志社,编印经济杂志。是年,因在辛亥革命中表现突出,得到稽勋局公费留学名额。(参见薛毅《王世杰传》及附录《王世杰大事年表》,武汉大学出版社2010年版)

　　蒋翊武2月15日在武昌创办《民心报》,杨玉鹏为经理,赵光弼、毕勤武、蔡寄鸥、方觉慧、吴月波、高仲和等编撰。

　　张振武4月15日在湖北汉口创办《震旦民报》,张樾任总经理,宛思演、方觉慧任正副总编辑。主笔有邓狂言(裕黎)、刘复、野马、蔡寄鸥等。

　　胡玉珍主办的《春秋报》3月在武昌创刊,范希仁、王缵承等编辑。

　　李华堂主办,陈宦资助,许止竞、朱凤岩等编辑的《国民新报》4月20日在汉口创刊。

　　曾毅、杨端六、周鲠生、周览、李剑农、皮宗石、任凯南等7月1日在汉口发起创办《民国日报》。1913年6月24日被黎元洪联合汉口租借当局查封。

　　张国溶4月1日在汉口创办《共和民报》。

　　杨端六任汉口《民国日报》总经理。

李剑农任汉口《民国日报》新闻编辑。

谭延闿委托湘人在汉口创办《共和日报》。

凤竹荪、高筹观主笔的《强国报》3月10日在汉口创刊。

谢石钦6月任湖北革命实录馆馆长。

陈时创办武昌中华学校,任校长。

张知本任江汉大学校长。

董必武下半年因受黎元洪派系排挤,离汉至宜昌盐税局任副局长。(参见田海燕《董必武年谱》,《社会科学战线》1980年第4期;《董必武年谱》编辑组编《董必武年谱》,中央文献出版社1991年版)

陈时5月创办私立武昌中华学校,为中国不靠洋人、不靠官府创办的最早的一所私立大学,陈时任校长。

张知本任由黄兴、宋教仁在武汉创建的江汉大学校长。

余家菊正月入教会学校文华大学预科。秋转入中华大学游美预科就读。中华大学创办于1912年,(参见余子侠、郑刚编《中国近代思想家文库·余家菊卷》,中国人民大学出版社2013年版)

余上沅考入教会所办的武昌文华书院。

冯友兰于春节后回开封中州公学上学。后转学入武昌中华学校。冬,至上海入中国公学预科。(参见蔡仲德编撰《冯友兰先生年谱长编》,中华书局2014年版)

陶希圣由其父带至武昌考学堂,先考博文书院,后改考英文馆,学习英文、国文、历史等课程。(参见陈峰编《中国近代思想家文库·陶希圣卷》及附录《陶希圣年谱简编》,中国人民大学出版社2015年版)

叶德辉6月1日编本年上半年诗作为《书空集》。8月19日,父浚兰卒于长沙,叶德辉此时在上海,月底,回长沙。发讣告至沈瑜庆、余诚格、庞鸿书、梁鼎芬、郑孝胥、李瑞清、金蓉镜、沈曾植、沈曾桐等,征求祭奠诗词。张元济为作谋章,金蓉镜有挽诗,郭焯莹为撰墓志铭,叶德辉汇为哀册。10月26日,孙运修生。11月,父浚兰大葬。是年,创办丽泽小学,自任校长。为丁艰,将同春班交予李芝云等31位艺人打理。所著《严东有诗集》10卷发刊。又将陆续刊印之叶梦得著作汇为《石林遗书》。(参见王维江、李鹜哲、黄田编《中国近代思想家文库·王先谦、叶德辉卷》及附录《叶德辉年谱简编》,中国人民大学出版社2015年版)

黎锦熙与贝允昕、任憨忱等4月在湖南长沙创办《湖南公报》,任总编辑,李抱一、曾星笠、陈天倪、龙兼公等编辑。由于批评时政,主张全国统一,绝对民治,因此该报被查封。是年,黎锦熙始任湖南省立编译局编译员,翻译美国民主政治等书,并编辑小学教科书,认为救国之路在于振兴教育,开发民智,教育要普及必改革教育,主张改革文言文教材为语体文,曾将《西游记》选入课本,这一创举引起教育界惊骇。(参见黎泽渝《黎锦熙先生年谱》,《汉字文化》1995年第2期)

陶思曾任湖南都督府参事兼公立法政专门学校校长。

徐特立是年春辞去湖南省教育司科长职务,任善化县第一高等小学堂校长。3月,应长沙县首任知事姜济寰之请,创办长沙县立师范学校,担任校长兼教员。为全省第一所县办正规中等师范学校。同月19日,长沙县立师范正式开学。其间,徐特立提出"读书不忘救国、救国不忘读书",聘请了朱剑凡、杨昌济、辛树帜、易培基、方维夏等学者名流和革命志士来校任教,铸就了长沙师范学校的优良传统。(参见《徐特立年谱》编纂委员会编《徐特立年谱》,人民出版社2017年版)

毛泽东是春以第一名成绩考入湖南全省高等中学校(后改名为省立第一中学)。秋读

《御批历代通鉴辑览》后,感到在校读书还不如自学,毅然退学寄居于湘乡会馆,每日到湖南省立图书馆自学,广读西方近代英、法、德国名著如《原富》《法意》《民约论》《穆勒名学》《天演论》等,第一次见到一幅世界大地图,反复细看,受到启发。(参见中共中央文献研究室编撰《毛泽东年谱(1893—1949)》,中央文献出版社2002年版)

曹典球为社长的《实业杂志》6月在湖南创刊,由湖南实业协会主办。编辑有张超、陶镭、陈震、朱经君。调查委员有王家桢、周培钧、傅芑犹、金训、万权、徐经纬、黄式廓、刘文蔚、欧阳世漾、罗春骀、李用初等。

李达上半年在祁阳县一个中学教书。暑假后,考入湖南工业专门学校,两个月后转入湖南高等师范读书。(参见宋俭、宋镜明编《中国近代思想家文库·李达卷》及附录《李达年谱简编》,中国人民大学出版社2014年版)

陶思曾任湖南都督府参事兼公立法政专门学校校长。

胡汉民4月25日到广州,复任广州都督。10月10日,举行首次国庆,胡汉民检阅广东陆、海军。胡汉民以建设"模范省"的目标,力图在广东全面试行孙中山的"建国方略",贯彻在南京临时政府期间未落实的政策,包括禁止种植鸦片与吸食鸦片,推动农业发展,采取保护工商业发展的措施与行动,加强基层政权建设等。

按:胡汉民在广东的作为,为袁世凯所嫉恨,他利用陈炯明的政治野心,抬陈以压制胡汉民,使广东内部不团结,"都督府徒负虚名",这也使得胡汉民第二次督粤虽取得局部性的成绩,但总体上没有大的作为。(参见陈红民、方勇编《中国近代思想家文库·胡汉民卷》及附录《胡汉民年谱简编》,中国人民大学出版社2015年版)

唐群英在湖南长沙成立女子参政同盟会湖南分会,创办《女权日报》、女子美术学校和自强职业学校。

李达是年秋分别在湖南工业专门学校和湖南优级师范读书。

朱执信佐理粤政,设计10余万民军的处理方案。2月,兼执法处长。4月,任广东核计院院长。5月,兼广阳绥靖处督办。为七十二烈士兴建纪念碑。(参见谷小水编《中国近代思想家文库·朱执信卷》附录《朱执信年谱简编》,中国人民大学出版社2015年版)

黄文山转学于香港皇仁书院。在香港读书期间,奠定极佳的英文基础,并组织香港世界语学会。(参见赵立彬编《中国近代思想家文库·黄文山卷》及附录《黄文山年谱简编》,中国人民大学出版社2013年版)

师复与莫纪彭、林直勉、郑彼岸等2月在杭州白云庵集会,酝酿拟定了"个人进德"的一系列条约。心社的社约,就在此时创议。4月,返回广东。5月,与莫纪彬、郑彼岸等在广州西关存善东街8号发起创建了中国第一个无政府主义组织"晦鸣学舍",主要任务是传播无政府主义。7月,与莫纪彭等创立"心社",制定了属于"个人进德"性质的12条社约。(参见唐仕春编《中国近代思想家文库·师复卷》及附录《师复年谱简编》,中国人民大学出版社2015年版)

陈树人5月毕业于京都市立美术工艺学校绘画科。回国后,受黄宾虹邀请,与王秋湄、高剑父、黄节、蔡哲夫等组成贞社广州分社,以研究与鉴赏中国历代书画文物为事,并先后参加南社粤集、港集、湘集活动。并一度出任广东优秀级师范绘画教员。不久重返日本。10月21日在东京私立立教大学文科预科注册入学。

詹天佑任成立于广州的中华工程师会会长。

马名隆在广州创办《华国报》,张镜藜、胡伯孝、林粲予等历任编辑。

卢以芝为社长的《天职报》创刊于广州。

虚云在云南成立了佛教分会，民政长罗容轩对佛教有成见，事多阻碍难行，滇督蔡松坡时为调解，亦不得圆满。（参见于凌波《中国近现代佛教人物志》，宗教文化出版社1995年版）

黄炎培继续在江苏都督府工作，极得都督程德全之信任。7月，程辞职隐居上海后，仍时往来，商谈国事。12月，被任为江苏省署教育司司长。（参见许汉三编《黄炎培年谱》，文史资料出版社1985年版；余子侠编《中国近代思想家文库·黄炎培卷》及附录《黄炎培年谱简编》，中国人民大学出版社2015年版）

陶行知继续就读于金陵大学。5月24日，邀请苏州东吴大学学生来南京联合举行运动会，以售票所得充"国民捐"，以帮助解决黄兴领导的南京留守机关的财政困难。倡议金陵大学的演说会（文艺会）增加汉语演说，原来该校举行文艺会时，演说只用英语。（参见余子侠编《中国近代思想家文库·陶行知卷》及附录《陶行知年谱简编》，中国人民大学出版社2015年版）

顾颉刚继续就读于苏州公立第一中学堂。1月14日，王伯祥、叶圣陶等往中国社会党苏州支部成立大会，听江亢虎演讲社会主义起源及进行方法。深感赞成，并劝王伯祥、叶圣陶共入社会党。21日，加入中国社会党，任支部文书干事，激烈地宣传社会主义。5日，作《社会主义与国家观念》，刊于《社会党日刊》。常与王伯祥、叶圣陶讨论社会主义，反对孔教，认为孔子之言乃事制帝王之脚本。从孔子之言，可以使人奴隶其心志，其害甚于宗教。7日，与叶圣陶访陈翼龙于利济寺。5、6月间，创办五年级报《学艺日刊》。7月，中学毕业。8月2日，与叶圣陶同被邀请担任《大声报》编辑。8月30日，入上海私立神州大学，因不满该校风气，不及一月即退学。9月17日，与叶圣陶重新组织放社，创办《放社丛刊》。（参见顾潮编《顾颉刚年谱》，中国社会科学出版社1993年版；顾潮编《中国近代思想家文库·顾颉刚卷》及附录《顾颉刚年谱简编》，中国人民大学出版社2013年版；商金林编《叶圣陶年谱》，江苏教育出版社1986年版）

叶圣陶继续就读于苏州草桥中学。1月14日，出席中国社会党苏州支部成立大会。陈翼龙任苏州支部主任干事，江亢虎到会演讲社会主义。同日，叶圣陶日记载：江亢虎于苏州留园演说社会主义，其语详括简要，条理明晰，不愧为此主义之先觉者，而其演说才亦至可钦佩。

按：《叶圣陶集》第19卷（江苏教育出版社1994年版）所载日记曰："漱餐已，即至校中，同学殊少。校门前一带，同学有试马者，因即作旁观。既而伯祥来，谓'今日下午，中国社会党苏州支部假留园开成立大会，盍往赴会乎？'余曰：'知之已数日，本有此心也。'午膳毕，遂同伯祥、笙亚、颉刚径往。时尚早，既而人渐渐集，有六七百人之多，遂开会。江君亢虎者素抱社会主义，曾周游各国，专为考察此主义，归国后竭力鼓吹。沪上光复后，即创中国社会党本部于沪上，君为其首领焉，今日亦来此演说。述社会主义之起源，则云宗教家之所谓极乐世界，所谓天堂，皆以人生最完美之幸福属之于理想界，而不知实可得之于真实界；社会主义即欲得此最完美之幸福于人世；而且并非臆想，其实实事也。述社会主义之进行方法，则曰破除世袭、遗产之制度：世袭之制去，斯无贵贱之阶级；遗产之制去，斯无贫富之阶级；提倡社会教育，则同胞之程度齐；提倡工商实业，则同胞之经济裕。于是绝对的平等，绝对的自由方达。述各国社会党之状况，则云英国为最发达，其故以英国之国家道德最高，取缔集党等事最少，故各国之党人趋焉；美国亦甚发达，则以美国经济尽握极少数人之手，而极多数人皆贫困无聊，由其反动力而致此；瑞士本为永久局外中立国，其国只有警察而无兵士，有议会而无元首，其人民亦多持社会主义，各国社会主义家方将以其国为模范，欲由此而再加改良也；其余如俄，则以假立宪之下，自无不反动而趋入于社会主义；如法，则本系民主国，奉此主义者亦属多数；如日本，则以去年社会党员幸德秋水被刑后，政府方严于取缔，一般社会亦少信此主义之观念，故此主义尚难鼓吹于东瀛三岛间；大放光明此主义，尚有待于吾中华也。次更述吾国之适合于社会主义等云云。其语详括简要，条理明晰，不愧为此主义之先觉者，而其演说才亦至可钦佩。惜当时未一一记其语，今灯下所记止其大略，遗漏多矣。"

叶圣陶1月21日出席社会党苏州支部党员谈话会,加入社会党。2月6日,作《宗教果必须有乎?》一文,寄陈翼龙投《社会日报》。经袁希洛和吴讷士的介绍,任苏州中区第三初等学校二年级任教员。7日,与顾颉刚访陈翼龙于利济寺,"作纯粹社会党员之谈话会"。8月2日,应李二我的邀请,担任《大声报》文艺副刊"杂录部"的编辑,并为"杂录部"作长篇理想小说《世界》。9月16日,《大声报》出版,因编辑擅自抽去稿件,改变版面。遂大怒,与报馆决裂。次日,与顾颉刚决定重新组织放社,创办《放社丛刊》。该社社会设在"苏城观前洙泗巷梓义公所内",通讯处设"苏城濂溪坊四十二号叶圣陶宅"。11月22日,加入"三二学社",即主张无政府,无宗教,无家庭,各尽所能,各取所需,所谓"三无二各"。(参见商金林编《叶圣陶年谱》,江苏教育出版社1986年版)

钱穆1月1日辍学家居,因念家贫,自此升学绝望,乃矢志自学。遂一人至又新小学校闭门补读《孟子》。后奉兄命往秦家渠三兼小学任教,一人兼任国文、算术、史地、体育、音乐等课程。此为钱穆此后七十五年从事教育生涯之始。应上海《东方》杂志征文,撰《论民国今后之外交政策》,获三等奖,未刊。为生投寄报章杂志之第一文。(参见韩复智编著《钱穆先生学术年谱》,中央编译出版社2012年版)

戈公振在东台夏寅官家当家庭教师,并在夏寅官所创办的淮南法政学堂听课。戈公振自幼酷爱美术、书法和音乐,有所专长。是年,在陈星南主编的《东台日报》社担任图画编辑,开始从事新闻工作。(参见洪惟杰《戈公振年谱》,江苏人民出版社1990年版)

蒋丙然获比利农业气象学博士学位,为我国最早派出学农的留学生之一。11月,学成回国,任苏州垦殖学校教务长。

谢无量等佛教居士年初在江苏扬州发起成立佛教大同会,主张佛道折衷并容,建立统一的中国宗教。后因各地佛教僧俗两众拟建立统一的中华佛教总会,经劝告旋即解散。(参见彭华《谢无量年谱》,《儒藏论坛》2009年第1辑)

汤寿潜1月8日以浙江军政府的名义急电孙中山,认为民国初建,尤宜示威,主张先发制人,分兵四路北伐,以操必胜之势。15日,浙江省议会批准汤寿潜辞去浙江都督一职。16日,汤寿潜被任命为中华民国临时政府交通总长。未赴任。同日,致电总统、副总统、各省军政长官,反对接受袁世凯续请停战14天的要求,认为袁某奸雄,谲诈,狡变,迭次违约,素无信义,主张"不应续认,迅与决一行战,庶不再受其愚寒气涌"。2月2日,接受孙中山委任,为南洋劝募公债总理。4月,受命远役,赴南洋劝募公债。历时两个多月,6月回国,即电北京辞职。6月19日,浙路公司股东会议决议,请汤寿潜复任公司总理。7月7日,浙路公司股东临时会决议,改变公司领导机构,董事会改为理事会,汤寿潜由总理改称理事长。8月,北洋政府提出"统一路政,干线国有"政策,欲将沪杭甬路收归国有。自9月后,汤寿潜多次致电、致函交通部、参议院等,要求沪杭甬路收归国有,必先认浙路之恤偿,以免亏损;必以废除《沪杭甬铁路借款章程》为前提。交涉持续年余。10月下旬,北洋政府电邀汤寿潜赴北京谈判,汤以路务"不克抽身"电辞北行。12月,受徐锡麟亲属故旧门人之托,为徐烈士撰写墓表。是年,按照新式学制,在故里天乐乡创办大汤坞、欢潭两所完全小学,帮助家乡子弟就近入学。(参见汪林茂编《中国近代思想家文库·汤寿潜卷》及附录《汤寿潜年谱简编》,中国人民大学出版社2015年版)

马一浮拟为教育总长蔡元培聘任秘书长职,襄助部务。10余天后,因不赞成废止读经等办学分歧,辞职归里。2—3月,汤寿潜受大总统之令前往南洋劝募公债,马一浮随行至南洋考察,作《新嘉坡道南学堂记》《张君榕轩别录》。6月,代汤寿潜作《浙军凯旋纪念碑并序》。7月,复马君武函,感谢马君武邀前往上海的好意,表示天下滔滔,岂有乐土? 杭州虽不是安居之地,自己仍视之为岩穴。9月,复函王钟麒书信二通,以自己过去所作不符合当世最新学理为由拒绝与王钟麒共办《独立周报》之请,并力荐谢无量之诗文。(参见张雨晴《马一浮学术年谱整理(1911—1949)及其儒学践履活动研究》,贵州大学硕士学位论文,2019年)

沈钧儒1月21日在杭州法政学校出席浙江省教育会成立大会,当选为副会长。章炳麟当选为会长。同月,浙江省临时省议会成立,任省议员。省议会制定省临时约法,通过军政府官制及本省预算。2月25日,被委任为军政府浙江省教育司司长。教育司设杭州九峰草堂。任内对省内学校进行了整顿,淘汰了一些无能的校长,并制定了一整套的教育规章制度。4月初,以担任有行政职务为由,辞教育会副会长职。11日,统一共和党在南京召开成立大会,沈钧儒等20人被选为参议。5月,经褚辅成、顾乃斌介绍加入中国同盟会。8月,继为国民党党员。同月,参加南社。7月14日,蔡元培辞教育总长职。不久,沈钧儒请辞教育司长职,但未获批准。10月13日,章士钊署浙江省教育司司长职。同月,沈钧儒离职。既离行政职务,遂参与国会议员及省议会议员选举。年底,各省开始进行正式国会选举,沈钧儒膺选为国会参议院候补议员,褚辅成为众议院议员。当时,国会参众两院议员,由各省军政府省议会选举。参议员共274名;众议员598名。浙江省有参议员6名。(参见沈谱、沈人骅编著《沈钧儒年谱》,群言出版社2013年版)

钱玄同在杭州浙江教育司任科员,视学。9月1日,钱玄同日记载:"在兄处见谭复堂丈《意林》校本。其中谭丈亲笔校录者,分朱墨二色,又有朱笔字,不知谁氏所写,绎其文义,似是谭丈倩人移录者。书为马彝初所新购,彼携带伯兄一观。逖先因怂恿余及冷僧分录一本,因借归。"11月5日,钱玄同点评《国粹学报》章、孙、刘、马、陆诸家作品。钱玄同日记载:"检订《国粹学报》,因忆申叔诸作,虽过于求博,又仓卒成篇,心不细,识不精,而疵颣甚多。要之,其人在近今实不可多得者,况彼治学之途,实能探诸清代诸先生之门径,不同专事目录之事者比,穿凿固有,精当亦甚多,真所谓瑕不掩瑜者也。《国粹报》中除章、孙两家外,刘氏实为第三,彼马夷初、陆绍明者,焉足比数!"(参见杨天石主编《钱玄同日记》上册,北京大学出版社2014年版;卢礼阳《马叙伦年谱》,浙江古籍出版社2021年版)

马裕藻继续任浙江教育司视学。2月28日,与朱希祖等发起成立"国学会",认为"学术之败,于今为烈",要"补偏救弊,化民成俗",必须弘扬"可以固国,可以立,可以诏后生,可以仪型万世"的国学。推乃师章炳麟为会长,发起者还有钱夏(玄同)、朱宗莱、沈兼士、龚宝铨、范古农、沈钧业、张传梓、张传璜等,会址暂设杭州方谷园。

按:1912年2月28日《民立报》载《国学会缘起》曰:

先民不作,国学日微,诸言治兴学,以逮艺术之微者,罔不圭臬异国,引为上第。古制沦于草莽,故籍嚣为败纸,十数稔于兹矣。……语曰:"国将亡,本必先颠。"典章制度名物训诂,玄理道德之源,粲然莫备于经子,国本在是矣。今言者他不悉知,唯欲废绝经籍,自诩上制,何其乐率中国而化附于人也。方当匡复区夏,谓宜兴废继绝,昭明固有,安所得此亡国之言,以为不祥之征耶? 刘子政有言,历山之田者善侵畔而舜耕焉,雷泽之渔者善争陂而舜渔焉,东夷之陶器苦窳而舜陶焉,故耕渔与陶,非舜之事,而舜为之以救败也。学术之败,于今为烈,补偏救弊,化民成俗,非先知先觉莫能为,为亦莫能举其效。余杭章先生以命世之材,为学者宗,魏晋以来大儒,罔有逮者。昔遭忧患,旅居日本,睹国学之沦胥以亡,赫然振董,思进二三学子,与之适道。裕藻等材知驽下,未能昭彻所谕教,然海内学校之稍稍知重国故,实自先生始。流风所被,不其远乎? 虏廷克减(灭),先生亦返国,昌言至论,既彰彰在人耳目,同人复以学会请,庶尽其广博,以贻后昆。先生许诺。且言令之所亟,亦使人知凡要,凡要微矣,诚得其故,如日星河岳然,虽月三数会,不病寡也。既获命,敢告海内贤士大夫,莫莫葛畜,施于条枚,岂第君子,求福不回。文武之道,未坠于地,十室之邑,必有忠信。宣扬而光大之,是在笃志自信者,可以固国,可以立,可以诏后生,可以仪型万世。凡百君子,其亦乐乎此也。学会规约别录如左:

一,定名曰国学会。

二,请章太炎先生为国学会会长,并随时延请者儒硕彦,分科讲授。

三,讲授科目大别有六:甲,文,小学(音韵训诂,字原属焉)、文章(文章流别,文学史属焉);乙,经(群经通义);丙,子(诸子异义);丁,史(典章制度、史评);戊,学术流别;己,释典。

四,讲授期以壬午阳历四月七日、阴历二月二十日房日始,自后凡房虚昴星日即为会期。

五,愿入会者,以得会员三人以上介绍而学长允许为准。

六,凡会员暂定月纳会费银二元。

七,凡所讲授,由会员分任,随为国学讲义,随时印行,以饷学者。刊行讲义,别有详章。

发起人:马裕藻、钱夏、朱宗莱、沈兼士、龚宝铨、范古农、朱希祖、沈钧业、张传梓、张传璜。

按:3月4日《大共和日报》刊登《国学会广告》曰:"兹者中夏光复,民国底定,振兴国学,微先生(按指章氏)其孰与能,同人念焉。爰设讲学会于湖上,乞先生主持之。"

朱希祖继续任海盐知事。2月28日,与马裕藻、钱玄同等发起成立"国学会"。3月20日,朱希祖以学人出而理民政,甚非夙愿,辞海盐知事。为浙江教育司司长沈钧儒聘为教育司第三科科长。沈兼士也任职于浙江教育司。同月,朱希祖介绍周作人于教育司任职。当时钱玄同任教育司第三科科员,周作人任浙江省视学。夏初,开始筹划刻印章太炎先生《文始》一书。12月,浙江省图书馆长钱念劬因事去,朱希祖代理馆长半月,旋被派为"读音统一会"代表。(参见朱元曙、朱乐川《朱希祖先生年谱长编》,中华书局2013年版)

周作人1月18日在《越铎日报》发表《望越篇》,旨在抨击几千年来中国的封建政教,并表达了对辛亥革命前途的忧虑和担心。22日,在《越铎日报》发表《望华国篇》,署名独应,重在批评国民性。2月1日,在《越铎日报》发表《尔越人勿忘先民之训》。2日,在《越铎日报》发表《民国之征何在》。约4月,由朱希祖先介绍到浙江军政府教育司工作,先被委任为课长,后又改任本省视学,因妻即将分娩未到差。约6月,去杭州浙江省军政府教育司就职。与也在浙江教育司供职的钱玄同,同住在头鬓巷丁氏三十六峰室楼上。约7月,因病辞去省教育司视学职,返回绍兴。10月1日,寄鲁迅信,并附《童话研究》改定稿半篇。2日,作《童话研究》讫。将后半篇稿于5日寄鲁迅。7日,将鲁迅辑录的《古小说钩沉》草稿及越人著书逸文抄本(即后来鲁迅编辑的《会稽郡故书杂集》)的底本及周作人自己所译安徒生童话《公主》稿寄给鲁迅。(参见张菊香、张铁荣主编《周作人年谱》,南开大学出版社1985年版)

经亨颐继续任浙江官立两级师范学堂教务长。4月,浙江官立两级师范学堂改名为浙江省立两级师范学校,经亨颐任校长。经亨颐开始对学校的发展作出新的谋划,以过去专科中独缺高级艺术师资科,请刚从南京两江师范毕业不久的姜丹书拟定培养方案,并与姜丹书一起又邀请李叔同加盟,决定于该年秋季开办一班高师图画手工专修科,学制3年,招生29名。此为浙江有艺术专科之始。8月14日,《都督蒋咨教育部据司呈报优级师范公共科概略文》转报《浙江两级师范学校优级部公共科概略五条》,其中教员11名,依次为:马叙伦、郑永禧、沈君默、叶谦、陈雄飞、范琦、唐德业、夏铸、胡浚济、陈景鎏、张希清。校长经亨颐。(参见陈星《美意延年——经亨颐人格教育的美育路径》,《西泠艺丛》2020年第3期;卢礼阳《马叙伦年谱》,浙江古籍出版社2021年版)

马叙伦下半年回浙江一师执教。8月14日,《都督蒋咨教育部据司呈报优级师范公共科概略文》转报《浙江两级师范学校优级部公共科概略五条》中,教员共有 11 名,第一名为:"马叙伦,前在广东方言学堂任国文教授,现任本校伦理,每周一时,月薪八元。"约 8 月,新得谭献《意林》校本,借与浙江图书馆总理(馆长)钱恂(念劬)过目。12 月,《彗星报》创办于上华光巷,任发行人兼主编。是年,应陈介石之嘱,分担统一党党务,然"决心做学术上的工作"。(参见卢礼阳《马叙伦年谱》,浙江古籍出版社 2021 年版)

沈尹默继续任教于浙江省立两级师范学堂。9 月 16 日,钱玄同来访,即至沈尹默处,共作质问汤尔和书。19 日,钱玄同、马裕藻来访。20 日,钱玄同、沈兼士来访。11 月 2 日,与来访的钱玄同讨论唐朝文学家、书法家李阳冰的篆书。22 日,得钱玄同所赠《释名疏证》。12 月 2 日上午 8 时,与钱玄同乘汽车赴上海,下午 2 时到达。3 日上午 10 时,与钱玄同、沈赜虞访吴昌硕。4 日下午 1 时,与钱玄同乘火车离开上海,回到杭州,钱玄同在嘉兴下车。31 日,钱玄同在日记中提及,沈尹默、朱希祖均赞同其篆书《文始》印行。(参见郦千明《沈尹默年谱》,上海书画出版社 2018 年版)

夏丏尊自告奋勇担任浙江省立两级师范学堂舍监。当时学校的风气是教员只管教书,职员任务庞杂而地位较低,尤以舍监为甚,常被学生欺侮,原任舍监因而辞职。夏丏尊自荐担任舍监之职,是出于他实施人格感化的教育理想。(参见葛晓燕、何家炜编著《夏丏尊年谱》,中国文史出版社 2012 年版)

李叔同任《太平洋报》文艺编辑,兼管副刊及广告,并同柳亚子发起组织文美会,主编《文美杂志》。同年 10 月,《太平洋报》停刊,应聘任浙江两级师范学校音乐图画教师,与夏丏尊结为挚友,情逾手足。(参见林子青编著《弘一法师年谱》,宗教文化出版社 1995 年版;林子青编《弘一大师年谱与遗墨》,时代文艺出版社 2010 年版)

杨贤江 2 月 1 日以名列前茅的成绩毕业于诚意高等小学堂。3 月 8 日,接受诚意高等小学堂的聘职,在诚意学堂任初年级国文助教。8 月 20 日,为继续求学辞去教职。离别故乡到杭州,以优异成绩考进浙江官立两级师范学堂,进预科班学习。(参见潘懋元等主编《杨贤江年谱长编》,光明日报出版社 2005 年版)

陈大齐毕业于日本东京帝国大学,获文学士学位。归国后任浙江高等学堂校长,兼浙江私立法政专门学校教授。

何炳松继续就读于浙江高等学堂。冬,毕业。在校期间,连年得第一名奖,毕业成绩列本届学生之首。因此,被浙江省公费资送美国留学。(参见房鑫亮《忠信笃敬:何炳松传》,浙江人民出版社 2006 年版)

陈黻宸(介石)1 月 23 日在温州组织民国新政社,发刊《东瓯日报》。3 月,推举章炳麟任社长,自任副社长,为章炳麟所拒绝,乃自任社长,吕文起任副社长。是年底,与亲袁世凯的立宪派政团一起并入民主党。

周予同入瑞安县立中学校。在中学开始接触中国古文化,对古典发生兴趣。据《周予同自传》载:"在中学时代才接触到中国古文化方面的书籍,当时的国文教师中有一位是北京大学教授陈黻宸先生的学生,对古籍颇有修养,选授《诗》《书》《庄子》《文选》等,对我颇有启发,并引起我对古文的兴趣,曾与同学组织小组,相互深入探讨。"(参见成棣《周予同先生年谱》,载上海社会科学院《传统中国研究集刊》编辑委员会编《传统中国研究集刊》第 20 辑,上海社会科学院出版社 2019 年版)

梁希从日本回国参加辛亥革命,在浙江湖属军政分府从事新军训练。

胡愈之是年春入杭州英语专科学校补习英语。冬,因学校停办,回上虞老家。(参见朱顺

佐、金普森《胡愈之传》及附录《胡愈之生平大事年表》,杭州大学出版社1991年版)

郁达夫9月转入美国长老会办的之江大学(原名育英书院)预科学习。此校"宗教色彩浓厚,管理严格,教规颇重"。因一次为了膳食问题而闹学潮。由于学校当局一味高压,终激成大乱。郁达夫、王启等10余人被开除。(参见陈其强《郁达夫年谱》,浙江大学出版社1989年版)

邵飘萍年初辞去金郡教学工作,赴杭与杭辛斋合办军政府机关报《汉民日报》,飘萍任主编。不久,杭转入政界,报纸实际由飘萍独力负责。邵飘萍被浙江新闻界推为省报界公会干事长。是年,邵飘萍又主编《浙江公报》。(参见郭佐唐《邵飘萍年谱》,《浙江师范大学学报》1986年第4期)

高鹤年第二度到普陀山法雨寺参谒印光法师,见法师有文稿数篇,鹤年求法师将文稿交付带到上海,以"常惭"之名,刊登于《佛学丛报》,是时尚无人知印光之名。(参见于凌波《中国近现代佛教人物志》,宗教文化出版社1995年版)

会泉应台湾佛教人士的邀请,乘船到台湾,与佛教界人士见面,并在基隆的灵泉寺讲《金刚经》。随后,由台湾回到闽南。未久,接任泉州承天寺住持。(参见于凌波《中国近现代佛教人物志》,宗教文化出版社1995年版)

许地山因家境窘困,开始独立谋生,在漳州任福建省立第二师范学校教员。课余撰《荔枝谱》。父许南英回台湾省亲扫墓,亲友们曾劝他让一两个儿子回台加入口籍,便可领回一部分产业,以解决全家生计,遭他拒绝。在大陆的儿辈也无人愿回乡入籍。此次省亲,三兄赞群、五弟赞能随父同行。长兄赞书任厦门同盟会长。三兄赞群任石美小学教员。(参见周俟松、王盛《许地山年表》,《世界华文文学论坛》1992年第2期)

陈独秀1月初任安徽都督府秘书长后,大力推行行政改革。30日,为保护累世传经之刘光汉,与邓艺孙、洪海间、汪津本、李德膏、陈仲、卢光浩、马汝简、目嘉德、李中一、龙炳等联名上书大总统。

按:上大总统书略谓:"仪征刘光汉累世传经。髫年岐嶷,热血喷溢,鼓吹文明。早从事于爱国学校、《警钟日报》《民报》等处,青年学子读其所著书报,多为感动。今之共和事业得已不日观成者,光汉未始无尺寸功,特惜神经过敏,毅力不坚,被诱金任,坠节末路,今闻留系资州,行将议罚,论其终始,实乖大法,衡其功罪,或可相偿,可否恳请赐予矜全,曲为宽宥,当玄黄再造之日,延读书种子之传,俾光汉得以余生,著书赎罪,某等不啻身受大法矣。谨此布闻,伏待后命。"

陈独秀时任安徽都督府秘书长。1月,与邓蓺荪、李光炯等人联名致电孙中山,呼请释放刘师培。

按:陈独秀等致电孙中山曰:"仪征刘光汉,累世传经。髫年岐嶷,热血喷溢,鼓吹文明。早从事于爱国学校、《警钟日报》《民报》等处,青年学子读其所著书报,多为感动。今之共和事业得已不日观成者,光汉未始无尺寸功,特惜神经过敏,毅力不坚,被诱金任,坠节末路,今闻留系资州,行将议罚。论其终始,实乖大法,衡其功罪,或可相偿,可否恳请赐予矜全,曲为宽宥,当玄黄再造之日,延读书种子之传,俾光汉得以余生,著书赎罪。"(以上参见陈奇编《刘师培年谱长编》,贵州人民出版社2007年版)

陈独秀3月作为安徽省代表赴上海参加"吴烈士"追悼会,并与阔别六年刚从英国归来的章士钊见面,录《存殁六绝句》见示,发表在《民立报》上。又与苏曼殊等约定前往拜访刘季平。6月,由安庆到浦口与柏文蔚密商皖事。11月,会见来安徽拜访的苏曼殊,并聘其在安徽高等学校任教。(参见唐宝林、林茂生《陈独秀年谱》,上海人民出版社1988年版)

杨杰1月任沪军威武军第二营营长。5月,任沪军威武军第一团团长,授陆军上校衔。因遇兵变,回云南参加蔡锷部队。(参见皮民勇、侯昂妤编《中国近代思想家文库·蒋百里、杨杰卷》

及附录《杨杰年谱简编》，中国人民大学出版社2015年版）

傅增湘1月在上海电请解职直隶提学使。同月，从书贾陈金和手中收宋本《古文集成》，生平所收宋刻书至两千余卷，此为发轫之始，携之见示杨守敬、沈曾植、缪荃孙、莫楚生和张菊生，留题识于书后。3月在沪期间，遍交沈曾植、杨守敬、莫棠、徐乃昌、张元济诸公，裒集古籍，千有余册。4月，南北和议结束，自沪北归，息影津沽，筑楼二人奉亲。此后多次入京访书，所获颇丰。24日，由申返津。同月，为其主持编纂的《天津直隶图书馆书目》撰《序》。

按：傅增湘5月10日入京访书。8月18日，省亲青岛归来，在青岛购地欲筑宅迁住，因搬移不易而作罢。9月17日，入京搜书。29日，抵京看书。10月1日，返津。11月6日，入京搜书。12月1日，抵申。携《韩轩使者绝代语释别国方言直解》相示于杨守敬、沈曾植和缪荃孙，诸位撰写题跋于书后。此书后又有邓邦述、章钰、王闿运、袁克文、内藤虎、吴昌绶、李盛铎为之撰写题跋，足以证明此书谓甲中之甲。（参见孙英爱《傅增湘年谱》，河北大学硕士学位论文，2012年）

张伯苓继续任清华学校教务长，总揽校务。往返于北京天津之间，日夜操劳。年初，任职约半年后，辞去清华学校教务长之职。2月12日，中国地学会改选职员，张伯苓等为评议员，张相文为会长。3月2日晚，天津发生兵变。南开已无学生来校，只得缓至4月开学。3日，张伯苓与严修同至警务公所，与各团体、学界、商界代表商议安定社会治安办法。5日，到劝学所，继之往警务公所，论学校和地方治安事宜。31日，赴严宅商议延请西文教师事宜。4月23日，出席直隶教育会成立会。26日，由教育部指定为出席全国临时教育会议成员。4月，遵照南京临时政府教育部《普通教育暂行办法》的规定，南开中学堂校名改称南开学校，学堂监督改称校长。7月8日，全国临时教育会议召开预备会议，公推张伯苓为临时主席。并推张伯苓、黄炎培、庄俞、何燏为代表，面见教育总长蔡元培。9日，全国临时教育会议议员到北京政府教育部开茶话会。张伯苓与黄炎培、庄俞、何燏向蔡元培表达全体议员对蔡挽留之意。

张伯苓7月9—17日在北京召开的第二次基督教青年会中国北方官立学校学生大会上发表演讲。10日，出席中华民国临时政府教育部召开的全国临时教育会议，张伯苓当选大会副议长，即表谢词，蔡元培总长付表决，全体不允，遂受任副议长职，并演讲。12日，在天津基督教青年会举办的北京西山夏令营会上发表题为《教育家之机会》的演讲，强调教育家之要从受教者之心理、能力及缺点的具体情况出发，顺其自然，因势利导。若此方能使之感化。不然，"直一机械教师而已"。13日，出席全国临时教育会议谈话会。21日，在南开学校与严修讨论教育总长蔡元培所提教育宗旨事。8月17日，出席张元济在北京发起的中国教育会成立大会。10月17日，原旧历九月初八的学校纪念日，今年恰为阳历10月17日。南开学校召开校庆8周年纪念会，张伯苓致辞，并与来宾合影留念。11月13日，邀请卢木斋、严修、王少泉为南开学校董事。12月13日，在中华基督教青年会第六次大会上被选举为大会主席，演讲《青年与国家》。24日，主持南开学校第三次毕业典礼。（参见龚克主编《张伯苓全集》第十卷附编《张伯苓年谱》，南开大学出版社2015年版）

徐德源继续任北洋大学堂的监督。2月，教育部任命原北洋大学堂的监督徐德源为北洋大学校校长，成为辛亥革命后北洋大学的第一任校长。次年，由直隶教育司司长蔡儒楷兼任北洋大学校长。徐德源虽然掌校时间仅仅一年，但是却正值社会大变革时期。教育性质由封建教育转变为资产阶级教育，发生了根本的变化。当时北洋大学设有3个学门、5个本科班，法律学门乙班、丙班，采矿冶金学门丙班、丁班，土木学门丙班。北洋大学的教学课程与学校管理进行了相应的调整。

按：1912 年，教育部令"北洋大学堂"改名为"北洋大学校"。1913 年，又令改称"国立北洋大学""监督"改称"校长"。

劳乃宣 2 月辞京师大学堂总监督，携家眷隐居直隶涞水县。作《共和正解》《君主民主平议》等，反对革命，倡言复辟。前文称中国民智低下，如果推行民主，必然丧失传统的权威，其后果是举国失控，不仅"乱民土寇"要趁机"作乱"，而且列强也会"坐收渔人之利"。作者引经据典，将帝制与共和混为一谈，极力维护传统政治文化的价值观念，以"护圣"和"布道者"自居。

林纾仍避居天津。1 月 8 日，严复 60 寿辰，林纾作诗《严几道六十寿，作此奉祝》。2 月 12 日，隆裕太后颁布清帝退位诏书，参议院选举清内阁总理大臣袁世凯为临时大总统。后林纾写下《读廿五日逊位诏书》，又在《畏庐诗存·自序》中又说："是岁九月，革命军起，皇帝让政，闻闻见见，均弗适于余心。"自此以后，林纾决计效法明末遗民孙奇逢，不再谋仕，誓以清举人终其身，并托友人高凤岐为其身后撰墓志铭。17 日，林纾在"安计明年何善策"的彷徨心情中，以杯酒浇块垒，闷闷度除夕。春，蔡元培等发起的《进化杂志》创刊。是年，冰心阅读了林纾翻译的法国名著《茶花女遗事》等。（参见张旭、车树昇编著《林纾年谱长编：1852—1924》，福建教育出版社 2014 年版）

刘奎龄被天津《新心画报》聘为画师。

金兆梓考入天津北洋大学矿冶系。

雷鸣远任天津教区副主教，创立中华公教进行会，主张中国人自办教会。

蒋百里撰写《参谋勤务书》。冬，任保定陆军军官学校校长。（参见皮民勇、侯昂妤编《中国近代思想家文库·蒋百里、杨杰卷》及附录《蒋百里年谱简编》，中国人民大学出版社 2015 年版）

李俨在河北唐山路矿学堂土木工程科学习。

张凤翙时为中华民国秦军政分府大都督，据建设西北和巩固国防的需要，提出创设西北大学的主张。3 月，成立西北大学创设会，张凤翙自任会长，委员有钱鸿钧、马凌甫、崔云松、郗朝俊、谭耀唐、党松年、康寄遥、寇锡三、惠甘亭、谢文卿、王芝庭等，并推原陕西法政学堂校长钱鸿钧为校长，积极筹建西北大学。春，西北大学开始招生，招生 500 多名，随即开学上课。11 月，陕西都署上书袁世凯政府要求为西北大学立案，袁世凯政府未予批准。

李桐轩、孙仁玉在陕西西安创办易俗社，以补助社会教育，移风易俗为宗旨。

丁惟汾任国民党山东党务主任、省议会议员，山东法政专门学校校长。本年底，被选为众议院议员。

孙百斛、王树翰等人 4 月在奉天发起成立共和俱进会，8 月与共和建设讨论会等合并组成民主党。

朱霁青在国民党奉天支部做宣传工作，兼关外垦殖协会会长，创办《东三省民报》。

达浦生任甘肃回民劝学所所长兼省视学。

杨缵绪 1 月领导伊犁武装起义，被选为汉、满、蒙、回、藏"五族共进会"会长。

王树枏等总纂《新疆图志》1 月完稿，为新疆建省后的第一部全省通志。是年，又撰成《武汉战记》1 卷。

按：1905 年 7 月，清廷饬令各省州县修订乡土志，至 1909 年新疆巡抚袁大化于设立新疆通志局，自任总裁，由布政使王树枏为总纂，王树枏、王学曾、宋伯鲁、钟镛、裴景福、郭鹏等人纂修，历时 3 年，至 1911 年撰成。（参见王广荣《〈新疆图志〉综述》，《新疆地方志》1988 年第 2 期；江合友《王树枏先生年谱简

编》,载王京州编《河北近现代学者年谱辑要》,国家图书馆出版社2017年版)

王国维2月留居日本京都,与居国内的缪荃孙等交流密切,并告以日本的各种情况。4月,以罗振玉藏书寄存京都大学,王国维逐日前往整理,遂与日本诸文学教授相过从,并与藤田丰八结为师友,自此放弃前所研究诸学问,而专攻古史考据。同月,始识日本著名汉学家青木正儿。7月,王国维继续研究《元刊杂剧三十种》的版本问题,认为其中十七种乃海内外秘笈。9月初,《古剧脚色考》修改完毕。10月10日,始著于是年春的《简牍检署考》写定,至此已四易其稿。日人学者铃木虎雄译为日文,刊于本年《艺文》第4—6期。12月,王国维以积年所得宋元戏曲诸材料始撰《宋元戏曲史》。月底,因突患胃病,且头痛与齿痛交作,遂暂停撰写。(参见陈鸿祥《王国维年谱》,齐鲁书社1991年版;袁英光等编《王国维年谱长编》,天津人民出版社1996年版)

按:王国维于12月26日致书于日本友人铃木虎雄,求借《尧山堂外纪》等书,信中写道:"前闻大学藏书中,有明人《尧山堂外纪》一书,近因起草《宋元戏曲史》,颇思参考其中金元人传部分,能为设法代借一阅否? 又郑樵《通志·金石略》中石鼓释文一本,亦奉借一观。"

罗振玉将在北平的藏书运抵日本,存京都大学,请王国维与其一同整理。4月,因罗振玉家人多地仄,同住不便,乃移王国维居于邻屋,故彼此常以书信往返论学。是年冬,罗振玉取旧稿《殷虚书契前编》重新编定8卷,在日本以珂罗版精印出版,共收录甲骨2221片,诸多重要材料被后来研究者广泛引用。(参见罗继祖《永丰乡人行年录(罗振玉年谱)》,江苏人民出版社1980年版)

康有为仍居日本。2月,据1906年国民宪政党之"国民"二字,改宪政党为国民党。1907年行君主立宪时曾改名帝国宪政党,至此再度更名。5月,发表《理财救国论》。春夏间,拟《中华民国国会代议院议员选举法案》,凡7章,118条,欲备参议院采择。又撰《中华救国论》,以警国人。其间因弟子梁启超劝隐而始生嫌隙,终至分道。9月,康有为以共和以来,议废孔祀,数千年中华之文明,将沦为无教之国,遂令门人陈焕章、孟麦华在上海发起成立孔教会,陈焕章、孟麦华等联络前清遗老沈曾植、朱祖谋、王人文、梁鼎芬、张振勋(勋)等人在10月7日孔子诞辰日于上海海宁路成立孔教会,请康有为作《孔教会序》。同月,梁启超自日本归国,康有为赋诗送之。又撰《来日大难五解》。12月,撰《大借债驳议》《废省议》。(参见吴天任《康有为年谱》,广东人民出版社2018年版,丁文江、赵丰田编著《梁启超年谱长编》,上海人民出版社2009年版)

盛宣怀逃亡日本后,注视国内政局,也关心他多年经营的轮船招商局和汉冶萍公司等企业。1月17日,孙中山通过他的代表告盛:"民国于盛并无恶感情,若肯筹款,自是有功,外间舆论过激,可代为解释。惟所拟中日合办,恐有流弊。"至于盛氏被没收的财产,"动产已用去者,恐难追回;不动产可承认发还"。2月23日,孙中山来函,"颇同情盛宣怀以垂暮之年,遭累重叠"的处境,拟让其回国"乐居故里"。3月8日,复孙中山函,盛赞孙中山欲大办实业,并对孙中山"保护维持"家族财产,表示了"感泂尤深"之意。5月20日,复郑观应函:称赞郑观应与张仲�、庄得之组织招商局维持会,使之转危为安。并邀郑观应到日本与之畅叙。郑未往。7月11日,致吕蛰盦函,历数自己东南互保、创办实业、创设大学堂等勋绩。10月间,作自日本回上海的准备。在日本期间,除关注他所办实业之外,对于文化事业仍一如既往地热心,他除自己在日本市肆购书外,还先交妥便者携二万日元交给寓居上海的赵凤昌,说接得收到款项的复信后,再寄交二万元,"大约以四万元为度,专买未见之书"。

准备将这些书置于刚办成的上海图书馆。10月中旬末,自日本回到上海。(参见夏东元《盛宣怀年谱长编》,上海交通大学出版社 2004 年版)

张为珊任经理,蒋志清(介石)、杜炳章为编辑兼发行人的《军声》11 月在日本创刊。

王正廷偕南开大学校长张伯苓等人,与菲律宾、日本的体育界人士协议,成立远东体育协会。

张俊、叶伯长、潘琅圃等人在日本东京发起组织中华南画会。张俊任会长。主要会员有张俊、叶伯长、潘琅圃等十几位旅日画家,同时还增加国内邮件作品会员,其中包括吴昌硕、高邕之、陆廉夫、黄山寿、李剑泉、胡郯卿、范守白等一批"海上画派"的著名画家。画会曾在东京上野举办规模甚大的"中华南画会展览会",赢得彼邦社会好评。

李石岑于年底赴日本留学,入东京高等师范学校。

高一涵在同乡刘希平的鼓动和支持下,自费留学日本。(参见高大同编著《高一涵先生年谱》,上海文化出版社 2011 年版)

何思敬进日本中等美术工艺学校学习。

任鸿隽 1—3 月出任中华民国临时总统府秘书处总务组秘书,吴玉章亦为同组秘书。任鸿曾为孙中山草拟《告前方将士文》《咨参议院文》《祭明陵文》等。4 月,南北和议告成而易权于袁世凯之后,呈文请求政府资送赴美留学。经稽勋局考核批准,入选为第一批"稽勋"留学生。在等待出国期间,曾在唐绍仪内阁担任国务院秘书。7 月,应京津同盟会《民意报》总经理赵铁樵之邀,赴天津任该报主笔。8、9 月间,根据友人朱芾煌的日记撰写长文《共和建设别记》,披露袁世凯在南北和议中的行迹,《民意报》曾一度因此被停刊。11 月,乘"蒙古"号海轮赴美,抵达纽约,同行者有杨杏佛等 11 人。事先根据胡适介绍,决定入康奈尔大学学习。12 月 1 日,抵纽约车站,由胡适迎接安排住宿,入康奈尔大学文理学院,学习科目偏重化学。故友重逢之后,与胡适、杨杏佛间常有唱和。(参见樊洪业、潘涛、王勇忠编《中国近代思想家文库·任鸿隽卷》及附录《任鸿隽年谱简编》,中国人民大学出版社 2015 年版)

胡适原先在美国康奈尔大学农科学习,年初改入文学院学习,深得梅光迪的赞许。胡适入文学院后,主修哲学,而以政治、经济、文学等为副修。在听克雷登教授的哲学课时,开始与同期来美的赵元任、胡明复相熟。10 月 5 日夜,学生会选举新职员,胡适被推为书记,力辞。13 日,听一个美国人演说日、中、印三国风俗,感觉毫无真知灼见,由此想到要著《中国社会风俗真诠》。11 月 16 日,所筹备的政治研究会成立,举行第一次会议。同月,阅《时报》知梁启超结束 14 年的流亡生活,从日本归国,京津人士都欢迎之,深叹"公道之尚在人心也,梁任公为吾国革命第一大功臣,其功在革新吾国之思想界"。12 月 1 日,任鸿隽、杨铨来美游学,是日到绮色佳。二人皆中国公学旧友,胡适迎于车站,当夜即宿于胡寓。12 月 26 日,胡适作为康奈尔大学代表启程赴费城参加世界大同会年会,被推为宪法部干事。(参见胡颂平编《胡适之先生年谱长编初稿》,台北联经出版事业公司 1984 年版)

杨杏佛 11 月经孙中山批准,由政府稽勋局办理,杨杏佛等 30 余名"稽勋留学生"被送往美国。杨杏佛和任鸿隽等 11 人在上海乘"蒙古号"海轮赴美,抵达纽约。12 月 1 日,杨杏佛与任鸿隽乘长途汽车从美国红约到康乃耳大学所在地绮色佳城(Ithaca)。康乃耳大学学科齐全,是全美最著名十来所大学组成的美国大学常青藤联盟(Ivy League)成员之一,也是当时中国留学生比较集中的学校。事先根据胡适介绍,杨杏佛从日后从事科学和实业的愿望出发,选读机械工程专业。任鸿隽入康奈尔大学文理学院,学习科目偏重化学。中午,杨杏佛和任鸿隽在车站受到胡适迎接。二人当晚留宿胡适处。三人多年不见,相逢海外,喜不可言。他们谈自己,谈国家,胡适日记中载:"二君为谈时下人物,有晨星寥落之叹。"故友重逢之后,与胡适、杨杏佛间常有唱和。(参见许为民《杨杏佛年谱》,《中国科技史料》1991年第2期;樊洪业、潘涛、王勇忠编《中国近代思想家文库·任鸿隽卷》及附录《任鸿隽年谱简编》,中国人民大学出版社2015年版)

梅光迪继续在威斯康辛大学学习。3月5日,致函胡适,对他弃农学文深表赞许,并劝他不要以改科事禀商留学生监督,恐其"照章办事",多生枝节,反而受阻。梅光迪信中已经有了"比较文学"和"文学之进化"的学术思想,称许胡适"实稼轩、同甫之流也。望足下就其性之所近而为之,淹贯中西文章,将来在吾国文学上开一新局面(一国文学之进化,渐恃以他国文学之长,补己之不足),则一代作者非足下而谁?",因而认为胡适的转科是"吾国学术史上一大关键,不可不竭力赞成"。7日,梅光迪致函胡适,因留美学生机关报主笔为迎合外国人、保全自身的官费资格,对孙中山辞去临时大总统职,由袁世凯接任总统一职这一政治变动大加赞赏,梅光迪在信中对此大加抨击:"主笔之人实系买办人才,于祖国学问及现状毫不知之,日以污蔑祖国名誉、逢迎外人为事。外人不知中国内情,盲以袁贼为吾国伟人,在吾人当力与之辩,今某等反而推波助澜,真非中国人也。"信中表示深望胡适"为吾国复兴古学之伟人,并使祖国学术传播异域,为吾先民吐气"。

梅光迪4月30日致函胡适,表示有转学之意:"来此半载,毫无长进,西语尚未纯熟,何况其他……迪欲东来以此故也。"5月,致函胡适,正在考虑是否从美国威斯康星大学转学康奈尔大学就读,并提交了一份"仿先辈之法"自拟的"省克法"18条,表示主要是为了"加意省身克己,务期于寡过而进道"。6月15日,梅光迪致函胡适,批两种腐儒。又谓:"迪颇信孔、耶一家,孔教兴则耶教自兴……将来孔、耶两教合一,通行世界,非徒吾国之福,亦各国之福也。"9月30日,致函胡适,谓生平最恨腐学究与通西文而数典忘祖之人。信中还言及"今奉上《习斋先生年谱》,《李先生年谱》及《瘳忘编》再续奉上"。可能是梅光迪建议胡适重新认识颜李学派,经过将近一年的交流,胡适决定阅读颜、李的著作,乃向梅光迪借阅。冬,致函胡适,曰:"兹奉上李先生年谱及《瘳忘编》,务望足下平心静气,细读一过,以得古人之真,再下以正当之批评,勿徒争意气也。"

按:梅光迪拟定的"省克法"18条如下:第一条,起居有时;第二条,饮食有节;第三条,处事有序;第四条,立志必为天下第一等人,文章、经史、政治、哲学,必须成家;第五条,勤学;第六条,敦品,应对进退、仪容动作、交际然诺,皆不可忽;第七条,主敬,出门如见大宾,入门如承大祭,不愧于屋漏;第八条,乐天,和平闲逸,有潇洒出尘之致,不以世俗毁誉得失分其心;第九条,寡欲,洗心涤虑,思无邪;第十条,坚苦,勇往凌厉,百折不回;第十一条,习劳,多运动操作;第十二条,谨细,事事留心,视思明,听思聪,察言观色;第十三条,谦让;第十四条,慎言,戒妄言恶言,不臧否人物;第十五条,择交;第十六条,爱人;第十七条,惜阴;第十八条,节用。(参见眉睫《梅光迪年谱初稿》,海豚出版社2017年版;眉睫《梅光迪致胡适信函时间考辨》,《黄冈师范学院学报》2013年第1期;段怀清《梅光迪年谱简编》,载《新文学史料·梅光迪专辑》2007年第1期;耿云志《胡适年谱(1891—1962)》,四川人民出版社1989年版)

赵元任继续在康奈尔大学主修数学,学习兴趣却日益广泛,不仅学习了很多物理学课程,还开始学习哲学以及语言学课程,深受弗朗克·西勒教授(Frank Thilly)以及访问讲师亨利·歇费尔(visiting lecturer Henry M. Sheffer)的影响。(参见赵新那、黄培云编《赵元任年谱》,商务印书馆2001年版)

蒋梦麟6月毕业于加利福尼亚大学教育系,获学士学位。然后前往位于纽约的哥伦比亚大学继续深造,师从杜威教授,继续哲学及教育学的研究。杜威是当时美国最著名的教育理论家、哲学家,胡适、陶行知等几位后来极负盛名的中国学生皆出其门下。(参见马勇、黄令坦编《中国近代思想家文库·蒋梦麟卷》及附录《蒋梦麟年谱简编》,中国人民大学出版社 2018 年版)

马寅初 1 月在留美学生爱国会董事会成立之际,任爱国董事会英文秘书,为中国新成立之民国政府积极宣传。8 月,民国政府对官费学生及部分自费优秀生、在读研究生重新发放学费及生活费,马寅初在列。(参见徐斌、马大成编著《马寅初年谱长编》,商务印书馆 2012 年版)

竺可桢继续在伊利诺大学农学院读书。夏,到美国乡下为农人家做了两个月帮工。回校后被选为伊利诺大学国际俱乐部的会员,住在俱乐部宿舍里。该俱乐部是在校的外国学生所组织的,里面有印度、日本、拉丁美洲各国学生,还有德裔和犹太裔的美国学生。(参见李玉海编《竺可桢年谱简编》,气象出版社 2010 年版)

胡先骕 2 月 12 日因京师大学堂停办,离京返里。9 月 2 日,参加江西省教育司选送赴美留学考试,名列第五。同时参与考试的有欧阳祖绥、饶毓泰、徐宝璜、熊遂、熊正瑾、王光守、卢其骏、余澜、罗英、熊正理、沈孟钦、段育华、吴照轩、李有枢、程孝刚。11 月初,起程赴美留学。途经日本,曾与诸同学上岸游览长崎,睹此东瀛风情,联想凋敝之中国,感慨良多,写有游记。年终,初至美国,即遇圣诞节,观彼国泰民安,作竹枝词十首,以记西方风情。此亦今存胡先骕最早之诗作。(参见胡宗刚编著《胡先骕先生年谱长编》,江西教育出版社 2007 年版)

蒋廷黻自费赴美留学,先后就读于密苏里州派克学堂、俄亥俄州奥伯林学院和哥伦比亚大学研究院。

徐宝璜毕业于北京大学,后考取官费留美,于密歇根大学攻读经济学、新闻学。

董显光入哥伦比亚大学普利策新闻学院攻读硕士学位,兼《独立》杂志特约书评撰稿人与当地报纸记者。

陶孟和继续在伦敦大学政治经济学院攻读社会学和经济学。在韦伯教授夫妇的影响下,陶孟和与同学梁宇皋在搜集大量资料的基础上,用英文撰写了《中国乡村与城镇生活》,此为以社会学理论方法分析研究中国社会问题的第一部专著,被称为中国社会学领域的开山之作。

按:伦敦大学政治经济学院于 1895 年由工人社会主义组织费边社成员韦伯夫妇(Sidney and Beatrice Webb)、格雷厄姆·华莱斯(GrahamWallas)和萧伯纳(Bernard Shaw)创立。至 1912 年,韦伯夫人又创建了"费边调查部",从事工业管理等问题的调查,企图以调查来对各个问题有一确切认识,以便通过立法以及各种改革措施实现社会的发展。因受英国费边社社会改良主义的影响,陶孟和便萌生一种心愿,要将中国社会全面调查一番,在归国后刊于《新青年》第 4 卷第 3 号的《社会调查》中曾说道:"追溯这个愿心,却是很早,六年前的春天,当时我在伦敦同一位同学梁君(梁宇皋)要编纂一部述中国社会生活的书,给外国人读。"(参见暴玉谨《陶孟和的早期活动及思想研究(1887—1926)》,河北大学硕士学位论文,2011 年)

王拱璧受同学林伯襄之邀,参加河南留学欧美预备学校的筹建工作,并讲授体育、音乐课程。他自编音乐教材,选用《中华男儿》《马赛革命》《美哉中华》、《新少年》《铁血长城》等歌曲,宣传爱国抗暴思想。(参见王拱璧著,窦克武、胡位中整理《年谱简编》,载《王拱璧文集》,河南大学出版社 2013 年版)

杨昌济是夏结束在勒伯丁大学 3 年的学习生活,获得文学士学位。随后,前往德国进行为期 9 个月的考察,重点考察教育制度,但也很留意政治、法律等各项制度,中途曾往瑞士一游。(参见《杨昌济年谱》,载王兴国《杨昌济的生平及思想》,湖南人民出版社 1981 年版)

萧友梅被任命为总统秘书。同年,孙中山被迫下野,萧友梅旋即回广东,在胡汉民主持的广东省都督府任教育司学校科长。11 月,萧友梅作为公派生赴德国入莱比锡音乐学院学

习教育学。(参见《萧友梅生平年表》,载陈聆群等编《萧友梅音乐文集》,上海音乐出版社1990年版)

青主以民国功臣的资格考取赴德国留学生,学习陆军,后改学法律。

翁文灏年初闻中华民国南京临时政府成立,在鲁汶大学"首悬新国旗志庆"。暑假,翁文灏全部时间都用于到比利时各地进行地质旅行,考察地质和煤田构造,特别多次随专家考察比利时南部煤矿。是年,在盖生教授的指导下,完成博士论文《勒辛地区的含石英玢岩研究》(La porphyrite quart zifere de Lessines)的写作及答辩,被授予博物学C组理学(矿科)博士学位(Doctouren Science[Minerale])。论文被评为最优等,并在由多尔罗托教授创办的鲁汶大学地质专刊(Memoires de Institute Geologique de Universite de Lounain)上发表。这是中国人撰写的第一篇地质学博士论文,翁文灏也是第一位习地质学而获得博士学位的中国人。12月下旬,翁文灏离开欧洲,乘法国邮轮回国。(参见李学通《翁文灏年谱》,山东教育出版社2005年版)

张竞生为首批公费留学生赴法国留学,12月10日抵达巴黎,就读于巴黎大学。(参见张枫《张竞生博士年表及其性学术思想》,《韩山师专学报》1992年第1期)

胡文虎参加创办《仰光日报》和《晨报》。

英国马尔克·奥莱尔·斯坦因在第二次中亚考察后名震欧洲,于1912年初载誉返回英属印度白沙瓦。斯坦因根据印度总督的建议,决定第三次来中国西北考察。11月,英国设于喀什噶尔总领事馆领事马继业从喀什致书斯坦因,请其进行一次新的中亚考察。11月23日,斯坦因正式向英属印度西北边境省政府提出考察申请书,次年5月17日获印度政府教育部批准。是年,斯坦因第二次中亚考察报告《契丹沙漠废墟—在中亚和中国西部地区考察实纪》由伦敦麦克米兰出版公司出版。(参见斯坦因著、向达译《斯坦因西域考古记》,新疆人民出版社2010年版)

美国著名记者沃尔特·威廉博士2月以世界报界联合会会长、美国密苏里大学新闻学院院长首次访华,邀请中国新闻界参加世界报界联合会。

按:世界报界联合会1915年7月成立于美国旧金山,加入者34国。

美国哈佛大学校长A. L. Lowell来南开学校参观,对理化课堂上只是老师自己拿实验器具演示实验提出意见,认为这种方法不会很好地训练学生的科学研究能力。张伯苓听罢立即把一排宿舍拆掉,盖成一排实验室,使每个学生都能亲自得到做实验的机会。(参见龚克主编《张伯苓全集》第十卷附编《张伯苓年谱》,南开大学出版社2015年版)

日本儿岛献吉郎《支那文学史纲》7月由日本东京富山房出版。此书为儿岛氏诸作中第一部完整地从上古至清代的通代文学史,设为5篇,分别为"序论""上古文学""中古文学""近古文学""近世文学",计92章。较之《支那大文学史·古代篇》,这部代表性论著更简明扼要。从初版到昭和三年(1928),印行了13版,对中国学者编写文学史产生重要影响,曾毅《中国文学史》直接以之为蓝本。(参见付祥喜《20世纪前期中国文学史写作编年研究》,北京师范大学出版社2013年版)

三、学术论文

邓实《古学汇刊序例》刊于《古学汇刊》第1编。

缪荃孙《国史儒林传叙录》刊于《古学汇刊》第1编。

按：此为缪氏对清代儒学的总结性概述。

缪荃孙编《蜀石经校记（未完）》刊于《古学汇刊》第 1 编。

缪荃孙编《清学部图书馆善本书目（未完）》刊于《古学汇刊》第 1 编。

丁谦《西辽立国本末考》1 卷刊于《古学汇刊》第 1 编。

按：丁谦另有《疆域考》1 卷、《都城考》1 卷载于《古学汇刊》。

佚名《记桐城方戴两家书案》刊于《古学汇刊》第 1 编。

缪荃孙编《蜀石经校记（续）》刊于《古学汇刊》第 2 编。

缪荃孙编《清学部图书馆善本书目（续）》刊于《古学汇刊》第 2 编。

缪荃孙编《蜀石经校记（续）》刊于《古学汇刊》第 3 编。

缪荃孙编《清学部图书馆善本书目（续）》刊于《古学汇刊》第 3 编。

李翊灼《敦煌石室经卷中未入藏论著述目录》刊于《古学汇刊》第 3 编。

按：此为敦煌文献第一个专题目录，王重民《敦煌遗书总目索引》称其"打开了我国研究敦煌佛经的门径"。

陈奂《毛诗九谷释义》刊于《古学汇刊》第 4 编。

缪荃孙编《清学部图书馆善本书目（续）》刊于《古学汇刊》第 4 编。

阮元《国史儒林传序录》刊于《古学汇刊》第 5 编。

缪荃孙编《清学部图书馆善本书目（续）》刊于《古学汇刊》第 5 编。

阮元《国史儒林传序录（续）》刊于《古学汇刊》第 6 编。

梁启超《庸言》刊于《庸言》第 1 卷第 1 号。

按：1912 年 12 月，梁启超等人在天津创办了《庸言》，由天津庸言报馆编辑出版，北京正蒙印书局印刷发行。梁启超担任主笔，吴贯因担任协助主编。主要撰稿人除梁启超和吴贯因外，还有在当时颇具影响的严复、林纾、夏曾佑、陈家麟、丁世峰、周善培、蓝公武、麦孟华、黄为基等人。栏目编排设五大块，分别是"建言""译述""艺林""特载""杂录"。"建言"栏所刊内容全是针对当时政治和社会的通论、专论、杂论、讲演等文稿；"译述"的内容包含世界名著、外论、杂译等；"艺林"刊登史料、艺谈、文苑、说部、文录、随笔等；"特载"有国闻、外纪、摭言等；"杂录"则是刊发一些法令和时事日志方面的文字。创办人梁启超在第 1 卷第 1 号刊首刊发了《梁启超启事》，启事共六条："一、启超所为文署姓名，文中辞义直接全负责人；二、本报撰述诸君指文，皆经启超校阅，负附带之责任；三、对于各种问题撰述诸君各自由发表意见，或互有异同，或与启超有异同，原不为病，故一号中或并载两方队之说，或前后号互相辩难，著者各负责任；四、启超除本报外，与一切日报丛报皆无直接关系，故对于他报之主义言论毫不负责任；五、启超独立发表意见，虽最敬爱之师友，其言论行事启超一切不负连带责任；六、启超现在对于国中各团体尚无深切关系，无论何体之言论行事，启超皆不负责任。"而在《庸言》一文中，梁启超说："庸之义有三：一训常言其无奇也；一训恒言其不易也；一训用言其适应也。"梁启超同时又论道："天下事物皆有原理原则，其原理之体常不易，其用之演为原则也，则常以适应于外界为职志。"此文可以看作是《庸言》杂志的发刊词。主笔梁启超是典型的改良主义者，也是当时改良运动倡导者之一。因此，《庸言》自始至终都贯穿有梁启超对政治和社会的改良思想，"建言"栏目文章的内容思想虽有偏激和狭隘成分，但也有不少积极的因素。《庸言》在当时的报刊界和社会群众中有一定的影响力。

梁启超《国性篇》刊于《庸言》第 1 卷第 1 号。

梁启超《政策与政治机关》刊于《庸言》第 1 卷第 1 号。

梁启超《省制问题》刊于《庸言》第 1 卷第 1 号。

梁启超《鄙人对于言论界之过去及将来》刊于《庸言》第 1 卷第 1 号。

吴贯因《释国名》刊于《庸言》第 1 卷第 1 号。

吴贯因《共和国之行政权》刊于《庸言》第 1 卷第 1 号。

吴贯因《外资及于国民生计之影响(未完)》刊于《庸言》第 1 卷第 1 号。

吴贯因《划田赋为地方税私议(附论改良田赋之法)(未完)》刊于《庸言》第 1 卷第 1 号。

罗惇曧《庚子国变记》刊于《庸言》第 1 卷第 1 号。

梁启超《中国道德之大原(未完)》刊于《庸言》第 1 卷第 2 号。

梁启超《罪言一:名实》刊于《庸言》第 1 卷第 2 号。

吴贯因《政府与国会之权限》刊于《庸言》第 1 卷第 2 号。

梁启超《箴立法家》刊于《庸言》第 1 卷第 2 号。

梁启超《治标财政策(未完)》刊于《庸言》第 1 卷第 2 号。

吴贯因《划田赋为地方税私议(附论改良田赋之法)(续)》刊于《庸言》第 1 卷第 2 号。

蓝公武《大总统之地位及权限(未完)》刊于《庸言》第 1 卷第 2 号。

按:此文系统考察和论述了当时世界各国民主宪政制度下的总统权限,认定同临时约法相似的法国式的、以总统虚位为特点的内阁负责制,可以有效地防止"大总统专权"或"帝制自为"的危险,否则"欲改行总统制,则后祸不可胜言",其宗旨在于批评袁世凯的政治阴谋。

吴贯因《限制官吏为议员之得失》刊于《庸言》第 1 卷第 2 号。

梁启超《论国务院会议》刊于《庸言》第 1 卷第 2 号。

吴贯因《中国动产私有制及不动产私有制之起源》刊于《庸言》第 1 卷第 2 号。

张裕珍译《中国复税制之起源》刊于《庸言》第 1 卷第 2 号。

王式通《答人问史稿凡例》刊于《中国学报》第 1 期。

郑业教《独芙斋金石文考》连载于《中国学报》第 1、2、4—7 期。

潘敬《中国国债与外国国债之比较》刊于《经济杂志》第 1 年第 1 期。

李大钧《借款与外交之关系》刊于《经济杂志》第 1 年第 1 期。

黄宗麟《英国之国家信用》刊于《经济杂志》第 1 年第 1 期。

黄艺锡《公债政策之成绩(未完)》刊于《经济杂志》第 1 年第 1 期。

陆定《民国初期之财政计划及整理(未完)》刊于《经济杂志》第 1 年第 1 期。

陆定《民国初期之财政计划及整理(续)》刊于《经济杂志》第 1 年第 2 期。

何福麟《米国新关税法之要报(未完)》刊于《经济杂志》第 1 年第 2 期。

黄宗麟《日本所得税之报告(未完)》刊于《经济杂志》第 1 年第 2 期。

黄艺锡《公债政策之成绩(续)》刊于《经济杂志》第 1 年第 2 期。

陆定《民国初期之财政计划及整理(续)》刊于《经济杂志》第 1 年第 3 期。

姚东彦译《日本中央财政及地方财政近情(未完)》刊于《经济杂志》第 1 年第 3 期。

何福麟《米国新关税法之要报(未完)》刊于《经济杂志》第 1 年第 3 期。

黄宗麟《日本所得税之报告(未完)》刊于《经济杂志》第 1 年第 3 期。

黄宗麟译《世界经济界》刊于《经济杂志》第 1 年第 3 期。

黄艺锡译《论国民经济》刊于《经济杂志》第 1 年第 3 期。

陆定《民国初期之财政计划及整理(续)》刊于《经济杂志》第 1 年第 4 期。

姚东彦译《日本中央财政及地方财政近情(续)》刊于《经济杂志》第 1 年第 4 期。

沈其昌《英日战后之财政与军国主义之关系》刊于《经济杂志》第 1 年第 4 期。

唐肯《日本官业之膨涨与其经济的效果》刊于《经济杂志》第 1 年第 4 期。

陆耀焜《各国财政近状(译日本时事集录)》刊于《经济杂志》第 1 年第 4 期。

崔学材《论农业与今后国家之前途(未完)》刊于《农林公报》第 1 年第 1 期。

王世杰《财政革命篇》刊于《民国经济杂志》第 1 卷第 2 期。

周昌甲《中国经济人物史》刊于《民国经济杂志》第 1 卷第 2 期。

寿珩《支那财政观》刊于《民国经济杂志》第 1 卷第 2 期。

孙振宗《论银之世界需给关系及其市价》刊于《民国经济杂志》第 1 卷第 2 期。

李焦《日本财界之现状及前途》刊于《民国经济杂志》第 1 卷第 3 期。

贾士毅《划分国税地方税私议》刊于《民国经济杂志》第 1 卷第 3 期。

徐方庭《欧亚财政比较观》刊于《民国经济杂志》第 1 卷第 3 期。

李志敏《厘定行政区域研究会公启》刊于《地学杂志》第 3 年第 3—4 号。

张德馨《青海改建行省刍言》刊于《地学杂志》第 3 年第 3—4 号。

熊秉穗《中国种族考》刊于《地学杂志》第 3 年第 3—4 号。

章鸿钊《中华地质调查私议》刊于《地学杂志》第 3 年第 3—4 号。

苏莘《中国产绵考》刊于《地学杂志》第 3 年第 3—4 号。

丁义明《自汉以来中国与西域之交通颇繁兵威所及使节所经及商人高僧之行迹能详其通路证以今名欤》刊于《地学杂志》第 3 年第 5—6 号。

幽毅《巴拿马运河之告竣》刊于《地学杂志》第 3 年第 5—6 号。

陶昌善《南北满洲森林调查书》刊于《地学杂志》第 3 年第 5—6 号。

贾树模《新疆归途记》刊于《地学杂志》第 3 年第 5—6 号。

采录《张家口调查录》刊于《地学杂志》第 3 年第 5—6 号。

松永听钊著，陶亚民译《桦太岛之气象》刊于《地学杂志》第 3 年第 5—6 号。

陶亚民《日本行政区划》刊于《地学杂志》第 3 年第 5—6 号。

邹宗孟《丹麦森林谈》刊于《地学杂志》第 3 年第 5—6 号。

宗嘉禄《长淮分省导淮议》刊于《地学杂志》第 3 年第 5—6 号。

白月恒《直隶絮谈二》刊于《地学杂志》第 3 年第 5—6 号。

刘仲仁《洪积期冰河与珊瑚礁之关系》刊于《地学杂志》第 3 年第 5—6 号。

邵公《长春民族生聚源流考》刊于《地学杂志》第 3 年第 5—6 号。

采录《西藏谭屑》刊于《地学杂志》第 3 年第 5—6 号。

侬公《说塞门德土》刊于《地学杂志》第 3 年第 5—6 号。

采南《二十世纪理学界奇谭(续)》刊于《小说月刊》第 2 年第 12 期。

采南《二十世纪理学界奇谭(续)》刊于《小说月刊》第 3 年第 1 期。

采南《二十世纪理学界奇谭(续)》刊于《小说月刊》第 3 年第 2 期。

李应梗《告江南父老文》刊于《北洋政学旬报》第 41 册。

吴兴让辑《光绪以来外交史料(续)》刊于《北洋政学旬报》第 41 册。

钮枢《论德国参议院》刊于《法政杂志》第 1 年第 10 期。

钮枢《语言之狱》刊于《法政杂志》第 1 年第 10 期。

[日]斋藤隆夫著，巽吾译《宪法习惯论》刊于《法政杂志》第 1 年第 10 期。

[日]穗积陈重著，息园译《法信说论评》刊于《法政杂志》第 1 年第 10 期。

[日]仁保龟松著，毕厚译《法律与经济之关系》刊于《法政杂志》第 1 年第 10 期。

陈承泽《外国商业机关》刊于《法政杂志》第 1 年第 10 期。

陶保霖《一院制与二院制之研究》刊于《法政杂志》第 1 年第 11 期。

［日］美浓部达吉著，卢尚同译《法国宪法百年间变迁》刊于《法政杂志》第 1 年第 11 期。

王庆骧《法国之行政权》刊于《法政杂志》第 1 年第 11 期。

郑之蕃《中央政府行政部之职权问题》刊于《法政杂志》第 1 年第 12 期。

吴了予《论新中国之财政宜采用社会政策及其采用之方法》刊于《法政杂志》第 1 年第 12 期。

［日］小野冢喜平次著，卢尚同译《英国宪法上一大段落》刊于《法政杂志》第 1 年第 12 期。

［日］美浓部达吉著，阙园著《选举法大姨（未完）》刊于《法政杂志》第 1 年第 12 期。

陶保霖《中华民国之宪法》刊于《法政杂志》第 2 卷第 1 期。

陶保霖《刑法草案书后》刊于《法政杂志》第 2 卷第 1 期。

A. V. Dicey 著，丁榕、王云五译《议院主权之疑问》刊于《法政杂志》第 2 卷第 1 期。

［日］西山广荣著，卢尚同译《北美合众国爱畦州共产主义之一村落》刊于《法政杂志》第 2 卷第 1 期。

卢尚同译《美国之少年裁判所》刊于《法政杂志》第 2 卷第 1 号。

福尔威著，钱智修译《论美国选举团体之组织》刊于《法政杂志》第 2 卷第 1 号。

孔昭焱《论最近之筹款案》刊于《法政杂志》第 2 卷第 2 号。

陶保霖《论财政部验契章程》刊于《法政杂志》第 2 卷第 2 号。

［日］有贺长雄著，沙颂宣译《少数选举及比例选》刊于《法政杂志》第 2 卷第 2 号。

［日］井上密著，卢尚同译《政治组织之变迁》刊于《法政杂志》第 2 卷第 2 号。

［日］二上兵沼著，华琴甫译《书信之秘密》刊于《法政杂志》第 2 卷第 2 号。

陶保霖《国会组织法第十四条之解释》刊于《法政杂志》第 2 卷第 3 号。

陶保霖《论参议院议员选举法》刊于《法政杂志》第 2 卷第 3 号。

［美］古德诺（Goodnow）著，甘永龙译《英美政党之比较》刊于《法政杂志》第 2 卷第 3 号。

［日］小野冢喜平次著，沙颂宣译《德意志最近之立宪政况》刊于《法政杂志》第 2 卷第 3 号。

钱智修译《墨西哥宪法》刊于《法政杂志》第 2 卷第 3 号。

陶保霖《论国民当注意选举》刊于《法政杂志》第 2 卷第 4 号。

陶保霖《众议院议员选举法疑问二则》刊于《法政杂志》第 2 卷第 4 号。

［美］史密斯著，甘永龙译《美国政党政府之情况》刊于《法政杂志》第 2 卷第 4 号。

［美］韦尔生著，甘永龙译《论美国必须有强有力之政党》刊于《法政杂志》第 2 卷第 4 号。

［日］高野岩三郎著，希白译《法兰西国债》刊于《法政杂志》第 2 卷第 4 号。

经家龄《改良司法制度商榷书》刊于《法政杂志》第 2 卷第 5 号。

陶保霖《舆论与法律》刊于《法政杂志》第 2 卷第 5 号。

甘永龙译《美国现行之联邦文官制及其改良之必要》刊于《法政杂志》第 2 卷第 5 号。

［日］岗村司著，陈力译《瑞士民法谈》刊于《法政杂志》第 2 卷第 5 号。

钱智修译《阿根廷共和国宪法》刊于《法政杂志》第 2 卷第 5 号。

陶保霖《立法与行政》刊于《法政杂志》第 2 卷第 6 号。

[美]麦哥文著,甘永龙译《以法律禁党邪论》刊于《法政杂志》第 2 卷第 6 号。

[日]小野冢喜平次著,蔡文森译《爱兰自治问题政治的观察》刊于《法政杂志》第 2 卷第 6 号。

[日]池岛城三著,天顽译《金库制度论》刊于《法政杂志》第 2 卷第 6 号。

血儿《中华民国万岁》刊于《左海公道报》第 20 期。

[美]古力著,[美]柯志仁译,黄治基述《卫生浅说(续)》刊于《左海公道报》第 20 期。

[美]李约各原本,[美]林乐知译,范祎述《人学(续)》刊于《左海公道报》第 20 期。

[英]丁义华《道德心为革命之急需》刊于《左海公道报》第 22 期。

耶《论国民进步》刊于《左海公道报》第 22 期。

[美]古力著,[美]柯志仁译,黄治基述《卫生浅说(续)》刊于《左海公道报》第 22 期。

融《破迷信说》刊于《左海公道报》第 22 期。

[美]李约各原本,[美]林乐知译,范祎述《人学(续)》刊于《左海公道报》第 22 期。

[美]古力著,[美]柯志仁译,黄治基述《卫生浅说(续)》刊于《左海公道报》第 23 期。

兴亚《新国民之义务》刊于《左海公道报》第 23 期。

[美]李约各原本,[美]林乐知译,范祎述《人学(续)》

[英]丁义华《独立之责任》刊于《左海公道报》第 24 期。

唐起运《民国统一后宜慎选举》刊于《左海公道报》第 24 期。

[美]古力著,[美]柯志仁译,黄治基述《卫生浅说(续)》刊于《左海公道报》第 24 期。

[美]李约各原本,[美]林乐知译,范祎述《人学(续)》刊于《左海公道报》第 24 期。

李崇真《真哲学家必知有真上帝》刊于《左海公道报》第 24 期。

[英]丁义华《中华民国之禁烟问题》刊于《左海公道报》卷 2 第 1 期。

[美]古力著,[美]柯志仁译,黄治基述《卫生浅说(续)》刊于《左海公道报》卷 2 第 1 期。

[美]李约各原本,[美]林乐知译,范祎述《人学(续)》刊于《左海公道报》卷 2 第 1 期。

陈守正《报章为最良之讲台》刊于《左海公道报》卷 2 第 1 期。

汪杰梁《理想的家庭模范》刊于《妇女时报》第 5 期。

韶懿《论娼妓之有百害而无一利》刊于《妇女时报》第 5 期。

江纫兰《妇女宜以俭德为本》刊于《妇女时报》第 5 期。

陆守真《论女子应有选举权》刊于《妇女时报》第 5 期。

穆生《女子教育与普及教育密切之关系》刊于《妇女时报》第 5 期。

织女前生《上海妇女生活之调查篇》刊于《妇女时报》第 5 期。

[法]莆罗拉著,瘦娟译《侬之处女时代》刊于《妇女时报》第 5 期。

顾李《吾人之爱情》刊于《妇女时报》第 5 期。

程佩清《安徽妇女之职业》刊于《妇女时报》第 5 期。

吴征兰《妇女与革命》刊于《妇女时报》第 6 期。

德林《裕朗西女儿之革命谈》刊于《妇女时报》第 6 期。

林宗素《女子参政同志会宣言书》刊于《妇女时报》第 6 期。

吴焕英《论死之轻重》刊于《妇女时报》第 6 期。

陆守真《论美国女天文家》刊于《妇女时报》第 6 期。

徐素英《我乡今昔婚嫁风俗谈》刊于《妇女时报》第 6 期。

哈斯京著，施义贞译《美国妇女之选举权》刊于《妇女时报》第 7 期。

江纫兰《女子争参政权当以自修为基础》刊于《妇女时报》第 7 期。

善哉《选举玩具与儿童教育》刊于《妇女时报》第 7 期。

善哉《妇女同性之爱情》刊于《妇女时报》第 7 期。

ＫＬ 女士著，觉民译《孕妇之饮食卫生谈》刊于《妇女时报》第 7 期。

怀冰《说女子参政之理由》刊于《妇女时报》第 7 期。

瑶天《女子参政之裨益》刊于《妇女时报》第 7 期。

江纫兰《说女子参政之理由》刊于《妇女时报》第 8 期。

倾孟《对于女子参政之研究》刊于《妇女时报》第 8 期。

返真《论妇女之当为》刊于《妇女时报》第 8 期。

汪杰梁《论初等教育》刊于《妇女时报》第 8 期。

江纫兰《斥白居易立言之谬》刊于《妇女时报》第 8 期。

张郁芗《论女界之嚣张》刊于《妇女时报》第 8 期。

佩玉《男女交际说》刊于《妇女时报》第 8 期。

新石《运动与美人之关系》刊于《妇女时报》第 8 期。

何张亚振《妇女与实业》刊于《妇女时报》第 9 期。

据梧《世界女子之新异彩》刊于《妇女时报》第 9 期。

徐斧言《女子职业问题之商榷》刊于《妇女时报》第 9 期。

徐斧言《玩具与幼稚教育之关系》刊于《妇女时报》第 9 期。

抗白《吾国商人之弱点（未完）》刊于《中国实业杂志》第 3 年第 1 期。

［日］根岸佶著，兰陵生编译《支那铁路政策之三大谬误》刊于《中国实业杂志》第 3 年第 1 期。

醒吾《论我国经济势力之幼稚实业因之不兴》刊于《中国实业杂志》第 3 年第 2 期。

吴我尊《兴实业以救奢靡论》刊于《中国实业杂志》第 3 年第 2 期。

李文权《奢侈亡国论（未完）》刊于《中国实业杂志》第 3 年第 2 期。

李文权《乘共和时代以兴实业论》刊于《中国实业杂志》第 3 年第 3 期。

李文权《奢侈亡国论（续）》刊于《中国实业杂志》第 3 年第 3 期。

抗白《吾国商人之弱点（续第三年第一期）》刊于《中国实业杂志》第 3 年第 4 期。

王道《小实业观（未完）》刊于《中国实业杂志》第 3 年第 4 期。

李文权《论亟宜兴办之小实业》刊于《中国实业杂志》第 3 年第 4 期。

李文权《论今后对待南洋华侨之方法》刊于《中国实业杂志》第 3 年第 4 期。

周宏业《论中国币制之本位（未完）》刊于《中国实业杂志》第 3 年第 5 期。

李文权《说玩具》刊于《中国实业杂志》第 3 年第 5 期。

周宏业《论中国币制之本位（续）》刊于《中国实业杂志》第 3 年第 6 期。

李文权《论衣服之过渡时代》刊于《中国实业杂志》第 3 年第 6 期。

［日］井上达子著，吴我尊译《支那化学工业制发达》刊于《中国实业杂志》第 3 年第 6 期。

吴我尊《对于我国实业家之要求》刊于《中国实业杂志》第 3 年第 7 期。

李文权《论国货与洋货之消长》刊于《中国实业杂志》第 3 年第 7 期。

吴我尊《我国亟宜提倡制造合金物品说》刊于《中国实业杂志》第 3 年第 8 期。

李文权《论特辣斯 Trust 宜否行于中国》刊于《中国实业杂志》第 3 年第 8 期。

李文权《何者为富强根本乎?》刊于《中国实业杂志》第 3 年第 8 期。

宓铁静《振兴实业商榷书》刊于《中国实业杂志》第 3 年第 9 期。

李文权《西北铁路急于东南说》刊于《中国实业杂志》第 3 年第 9 期。

李文权《忠告报界诸贤》刊于《中国实业杂志》第 3 年第 9 期。

撄宁《商标论》刊于《中国实业杂志》第 3 年第 11 期。

李文权《论借外债以兴实业之利害得失》刊于《中国实业杂志》第 3 年第 11 期。

剑农《论共和国民之资格》刊于《民国报》第 4 号。

朴庵《论中国今日宜采用国家主义之社会政策》刊于《民国报》第 4 号。

朴庵《建设共和政府之研究(续完)》刊于《民国报》第 4 号。

剑农《民国成立记》刊于《民国报》第 4 号。

王誉闻《轮作之利益》刊于《农友会报》第 2 期。

伯毅《农作物病学(未完)》《农友会报》第 2 期。

方圣华《农业与人生之关系》《农友会报》第 3 期。

龙文《停止刑讯之救济法》刊于《共和言论报》第 1 期。

余永策《论学说之改革》刊于《共和言论报》第 1 期。

曾传道《论山西振兴实业急应因时制宜》刊于《山西实业报》第 1 年第 8 期。

黻卿《欧美列强对中华贸易政策》刊于《山西实业报》第 1 年第 8 期。

逃禅子《研究口外黄河之关系实业(未完)》刊于《山西实业报》第 1 年第 9 期。

朴庵《论人民困苦当注重民生主义》刊于《山西实业报》第 1 年第 10 期。

逃禅子《研究口外黄河之关系实业(续完)》刊于《山西实业报》第 1 年第 10 期。

逃禅子《五原厅界乌拉河退水之关系(未完)》刊于《山西实业报》第 1 年第 12 期。

[日]鸟居信平著,醉愚子译《蒙古及山西省产业之真相》刊于《山西实业报》第 1 年第 12 期。

逃禅子《五原厅界乌拉河退水之关系(续完)》刊于《山西实业报》第 1 年第 13 期。

逃禅子《五原县渠道之考察》刊于《山西实业报》第 1 年第 13 期。

佩侨《扩张实业刍言》刊于《山西实业报》第 1 年第 15 期。

佩侨《论振兴实业之大计划》刊于《山西实业报》第 1 年第 18 期。

绍李《理财学纲要(循环论)(未完)》刊于《山西实业报》第 1 年第 18 期。

铁汉《晋北归包铁路之调查录》刊于《山西实业报》第 1 年第 18 期。

佩侨《论工业为实业之所注重》刊于《山西实业报》第 1 年第 19 期。

绍李《理财学纲要(循环论)(续)》刊于《山西实业报》第 1 年第 19 期。

佩侨《论晋省实业之现状》刊于《山西实业报》第 1 年第 20 期。

绍李《理财学纲要(循环论)(续)》刊于《山西实业报》第 1 年第 20 期。

殷仁《女权报序》刊于《女权》第 1 期。

按:《女权》1912 年 5 月于上海创刊,为辛亥革命后同盟会女会员发起的女子参政运动中出现的进步刊物,主要刊登宣传女权,提倡女子参政等文章。正如是文所说,"女权不振,人类之大不幸也","以为欲齐其家,必先齐其男女;欲齐其权,必先齐其学;盖男女齐,则可享平等之幸福"。

希班《女子参政权平议》刊于《女权》第1期。

亦民《欲女权发到必先普及女子教育》刊于《女权》第1期。

亚昭《女子参政同盟会宣言书》刊于《女权》第1期。

傑梁《美国女子之职业(未完)》刊于《女权》第1期。

潘咏雷《农田经营概论(未完)》刊于《农林公报》第1年第1期。

饶如焚《重农说之施诸民国论(未完)》刊于《农林公报》第1年第1期。

伍正名《水产学通论(未完)》刊于《农林公报》第1年第1期。

陈振先《东三省垦殖意见书(未完)》刊于《农林公报》第1年第1期。

崔学材《论农业与今后国家之前途(续)》刊于《农林公报》第1年第2期。

潘咏雷《农田经营概论(续)》刊于《农林公报》第1年第2期。

饶如焚《重农说之施诸民国论(续)》刊于《农林公报》第1年第2期。

伍正名《水产学通论(续)》刊于《农林公报》第1年第2期。

陈振先《东三省垦殖意见书(续)》刊于《农林公报》第1年第2期。

潘咏雷《农田经营概论(续)》刊于《农林公报》第1年第3期。

饶如焚《重农说之施诸民国论(续)》刊于《农林公报》第1年第3期。

邓礼寅《保全中小农刍言》刊于《农林公报》第1年第3期。

伍正名《水产学通论(续)》刊于《农林公报》第1年第3期。

[美]惠克生演说,章祖纯译《论农业教育及振兴农业之策》刊于《农林公报》第1年第3期。

潘咏雷《农田经营概论(续)》刊于《农林公报》第1年第4期。

饶如焚《重农说之施诸民国论(续)》刊于《农林公报》第1年第4期。

陈振先《东三省垦殖意见书(续第一年第二期)》刊于《农林公报》第1年第4期。

崔学材《论农业与今后国家之前途(续第一年第二期完)》刊于《农林公报》第1年第5期。

潘咏雷《重林以重农说》刊于《农林公报》第1年第5期。

饶如焚《重农说之施诸民国论(续)》刊于《农林公报》第1年第5期。

陈振先《东三省垦殖意见书(续)》刊于《农林公报》第1年第5期。

蔡元培《对于新教育之意见》刊于《东方杂志》第8卷第10号。

按:民国建立后,中国教育进入重要的转型期,作为民国的首任教育总长,蔡元培对具有纲领作用的新教育宗旨的确立倾注了大量心力。1912年2月,蔡元培在上海《民立报》发表《对于新教育之意见》一文,阐释了对于民国教育宗旨的认识;后经修改,又刊登在了《东方杂志》等杂志上,引发了一场关于新教育宗旨的大讨论,陆费逵、庄俞、黄炎培等纷纷撰文,各抒己见。蔡元培在是文中指出:"五者,皆今日之教育所不可偏废者也。军国民主义,实利主义,德育主义三者,为隶属于政治之教育(吾国古代之道德教育,则间有兼涉世界观者,当分别论之)。世界观、美育主义二者,为超轶政治之教育。"虽讲五育并举,但其关注重点在于形而上的道德教育和世界观教育、美感教育,创新之处更在于后二者。正如是文最后总结的那样:"满清时代,有所谓钦定教育宗旨者,曰忠君,曰尊孔,曰尚公,曰尚武,曰尚实。忠君与共和政体不合,尊孔与信教自由相违(孔子之学术,与后世所谓儒教、孔教当分别论之。嗣后教育界何以处孔子,及何以处孔教,当特别讨论之,兹不赘),可以不论。尚武,即军国民主义也。尚实,即实利主义也。尚公,与吾所谓公民道德,其范围或不免有广狭之异,而要为同意。惟世界观及美育,则为彼所不道,而鄙人尤所注重,故特疏通而证明之,以质于当代教育家,幸教育家平心而讨论焉。"

伧父《中华民国之前途》刊于《东方杂志》第 8 卷第 10 号。

高劳《革命成功记》刊于《东方杂志》第 8 卷第 10 号。

古研氏《中国秘密会党记》刊于《东方杂志》第 8 卷第 10 号。

许家庆《二十世纪之政治问题》刊于《东方杂志》第 8 卷第 10 号。

钱智修《美国妇女要求选举权之进步》刊于《东方杂志》第 8 卷第 10 号。

甘永龙《美利坚与加拿大之联邦制度比较观》刊于《东方杂志》第 8 卷第 10 号。

姚宝铭《中德画学之异同》刊于《东方杂志》第 8 卷第 10 号。

伧父《论共和折衷制》刊于《东方杂志》第 8 卷第 11 号。

徐家庆《美俄关于犹太人问题之交涉》刊于《东方杂志》第 8 卷第 11 号。

杨锦森《英国十一年来外交政策》刊于《东方杂志》第 8 卷第 11 号。

杨锦森《法兰西之宪法改革论》刊于《东方杂志》第 8 卷第 11 号。

高老《社会主义神髓》刊于《东方杂志》第 8 卷第 11 号。

伧父《中央财政概论》刊于《东方杂志》第 8 卷第 12 号。

汪迪凡《官俸论》刊于《东方杂志》第 8 卷第 12 号。

甘永龙《论各国社会党之势力》刊于《东方杂志》第 8 卷第 12 号。

杨锦森《一千九百十一年美国政治史撮要》刊于《东方杂志》第 8 卷第 12 号。

杨锦森《论中国留美学生》刊于《东方杂志》第 8 卷第 12 号。

钱智修《犹太人与中国人》刊于《东方杂志》第 8 卷第 12 号。

钱智修《劳动界之新革命》刊于《东方杂志》第 8 卷第 12 号。

杨锦森《古巴之政争及美国之干涉纪略》刊于《东方杂志》第 8 卷第 12 号。

伧父《论依赖外债之误国》刊于《东方杂志》第 9 卷第 1 号。

钱智修《中国教育问题》刊于《东方杂志》第 9 卷第 1 号。

钱智修《中国振济问题》刊于《东方杂志》第 9 卷第 1 号。

钱智修《英国外交政策及其政策之改良》刊于《东方杂志》第 9 卷第 1 号。

杨锦森《挪威妇女在法律上之地位》刊于《东方杂志》第 9 卷第 1 号。

高老《社会主义神髓》刊于《东方杂志》第 9 卷第 1 号。

钱智修《美国公立学校之职业教育》刊于《东方杂志》第 9 卷第 1 号。

高劳录《清宫秘史》连载于《东方杂志》第 9 卷第 1—2 号。

伧父《论命令之性质及范围》刊于《东方杂志》第 9 卷第 2 号。

欧阳溥存《社会主义商兑》刊于《东方杂志》第 9 卷第 2 号。

钱智修《法国社会党之势力》刊于《东方杂志》第 9 卷第 2 号。

陈衡哲《改历法议》刊于《东方杂志》第 9 卷第 2 号。

钱智修《哥仑布大学之家政学校》刊于《东方杂志》第 9 卷第 2 号。

伧父《论省制及省官制》刊于《东方杂志》第 9 卷第 3 号。

沙曾诒《论中国今日急待解决之三大问题》刊于《东方杂志》第 9 卷第 3 号。

按:民国肇始,是文认为"中国今日急待解决之三大问题"分别为:"一曰党争问题;二曰筹款问题;三曰统一问题。"

陈霆锐《世界女子参政之动机》刊于《东方杂志》第 9 卷第 3 号。

叶諴、潘树声《非洲之过去与现在》刊于《东方杂志》第 9 卷第 3 号。

钱智修《罗斯福之心理解剖》刊于《东方杂志》第 9 卷第 3 号。

钱智修《孟禄主义与日本》刊于《东方杂志》第 9 卷第 3 号。

许家庆《英国海权问题》刊于《东方杂志》第 9 卷第 3 号。

卢尚同《贫困论》刊于《东方杂志》第 9 卷第 3 号。

伧父《论人民重视官吏之害》刊于《东方杂志》第 9 卷第 4 号。

聂滋华《论中华民国无要求各之承认之必要》刊于《东方杂志》第 9 卷第 4 号。

陈曾谷《中国之煤矿》刊于《东方杂志》第 9 卷第 4 号。

陈裕菁《中国户口问题》刊于《东方杂志》第 9 卷第 4 号。

许家庆《日本对于英德关系与中国处分》刊于《东方杂志》第 9 卷第 4 号。

钱智修《英政府之社会政策》刊于《东方杂志》第 9 卷第 4 号。

章锡琛《欧美各小学教员待遇法》刊于《东方杂志》第 9 卷第 4 号。

钱智修《纪古巴之革命》刊于《东方杂志》第 9 卷第 4 号。

甘永龙《论德国自俾斯麦后失败种种》刊于《东方杂志》第 9 卷第 4 号。

叶諴《美利坚之女子监狱》刊于《东方杂志》第 9 卷第 4 号。

许家庆《土耳其政界之风潮》刊于《东方杂志》第 9 卷第 4 号。

许家庆《英美关于巴拿玛问题之争议》刊于《东方杂志》第 9 卷第 4 号。

钟衡臧《申论托氏想像的科学时代》刊于《东方杂志》第 9 卷第 4 号。

伧父《共和政体与国民心理》刊于《东方杂志》第 9 卷第 5 号。

高劳《省制仿普鲁士州制之商榷》刊于《东方杂志》第 9 卷第 5 号。

高劳《日本明治时代之进步》刊于《东方杂志》第 9 卷第 5 号。

甘永龙《论土耳其革命后之时局》刊于《东方杂志》第 9 卷第 5 号。

郁少华《中国之革命与世界和局之关系》刊于《东方杂志》第 9 卷第 5 号。

许家庆《英人统治印度策》刊于《东方杂志》第 9 卷第 5 号。

许家庆《俄法同盟之进步》刊于《东方杂志》第 9 卷第 5 号。

杜亚泉《论切音字母》刊于《东方杂志》第 9 卷第 5 号。

钱智修《中国两部及中亚细亚新出土之古物》刊于《东方杂志》第 9 卷第 5 号。

章锡琛《近代图书馆制度》刊于《东方杂志》第 9 卷第 5 号。

按:是文认为:"古代之图书馆,专务保守旧籍,而不图增加新书以期适于用,且其书掌于衰老闲散之夫,以供一二人之览观,此所谓文库主义,未尝有益于社会也。若近世之图书馆则不然,广收适用之图书,编撰精详之目录,据法分类,秩然陈列,以供社会之利用。""夫设立图书馆,既以谋利益于社会为主,故凡可以益人者,则必尽力图维,无或稍息。俾人人咸得读书之便利,而人民之知识,因之日进。"是文列举了图书馆制度发展中"最近之制度",分别是:(一)免阅览之费;(二)书库之开放;(三)阅书室与借出法之并行;(四)分馆及配置所收发所之制;(五)儿童阅书室。

伧父《独立命令论》刊于《东方杂志》第 9 卷第 6 号。

钱智修《论中国革新之现状》刊于《东方杂志》第 9 卷第 6 号。

玄览《青年支那党与青年土耳其党之比较论》刊于《东方杂志》第 9 卷第 6 号。

郁少华《日俄二国政治与经济之关系》刊于《东方杂志》第 9 卷第 6 号。

钱智修《论德国与列强之均势》刊于《东方杂志》第 9 卷第 6 号。

许家庆《日俄同盟论》刊于《东方杂志》第9卷第6号。

许家庆《巴尔干问题之破裂》刊于《东方杂志》第9卷第6号。

杨锦森《论中国新借款》刊于《东方杂志》第9卷第6号。

钱智修《论美国进步党之现状》刊于《东方杂志》第9卷第6号。

庄俞《论教育方针》刊于《教育杂志》第4卷第1期。

沈步洲《学校系统刍议》刊于《教育杂志》第4卷第1期。

[美]泼洛歇氏作，巽吾译《艺术教育之原理》刊于《教育杂志》第4卷第1期。

杨恩湛《教授咏读法》刊于《教育杂志》第4卷第1期。

蔡文森《小学理化器械制造实验之简法》刊于《教育杂志》第4卷第1期。

秦同培《喀费特传》刊于《教育杂志》第4卷第1期。

巽吾《美国之女子教育》刊于《教育杂志》第4卷第1期。

巽吾《法国教育之实际》刊于《教育杂志》第4卷第1期。

天笑《美国总统林肯轶话车后童子》刊于《教育杂志》第4卷第1期。

庄俞《论今日之高等教育会议》刊于《教育杂志》第4卷第2期。

葆灵《工业教育之先决问题》刊于《教育杂志》第4卷第2期。

巽吾《艺术教育之原理》刊于《教育杂志》第4卷第2期。

时成《教室内之管理》刊于《教育杂志》第4卷第2期。

庄适《教授法略说》刊于《教育杂志》第4卷第2期。

蔡文森《小学理化器械制造实验之简法》刊于《教育杂志》第4卷第2期。

杨恩湛《美国教育行政制度》刊于《教育杂志》第4卷第2期。

石川《美国教育琐谈》刊于《教育杂志》第4卷第2期。

庄俞《论教育权》刊于《教育杂志》第4卷第3期。

庾冰《言文教授论》刊于《教育杂志》第4卷第3期。

程璠《小学校之设备》刊于《教育杂志》第4卷第3期。

蔡文森《小学理化器械制造实验之简法》刊于《教育杂志》第4卷第3期。

杨恩湛《美国大教育家伊略脱小传》刊于《教育杂志》第4卷第3期。

匡《美国纽约教育行政制度》刊于《教育杂志》第4卷第3期。

杨恩《美国大教育家伊略脱演说词》刊于《教育杂志》第4卷第3期。

沈颐《普及教育议》刊于《教育杂志》第4卷第4期。

庄俞《论审查教科用书》刊于《教育杂志》第4卷第4期。

天一《实验教育学》刊于《教育杂志》第4卷第4期。

朱元善《暑假中儿童管理法》刊于《教育杂志》第4卷第4期。

贾丰臻《说学校风潮》刊于《教育杂志》第4卷第4期。

刘可大《单级教授例》刊于《教育杂志》第4卷第4期。

拙存《地理上之纠缪》刊于《教育杂志》第4卷第4期。

匡时《美国纽约教育行政制度》刊于《教育杂志》第4卷第4期。

叶诚《小学校与家庭》刊于《教育杂志》第4卷第4期。

费俊《敬告小学教师》刊于《教育杂志》第4卷第4期。

沈步洲《论学校规程》刊于《教育杂志》第4卷第5期。

沈步洲《学校由中央管辖与地方管辖之划分》刊于《教育杂志》第4卷第5期。

高凤谦《蒙回藏教育问题》刊于《教育杂志》第4卷第5期。

载克敦《小学教员优待及检定法》刊于《教育杂志》第4卷第5期。

沈颐《普及教育议》刊于《教育杂志》第4卷第5期。

太玄《癖性与训练之关系》刊于《教育杂志》第4卷第5期。

时成《教室之装饰法》刊于《教育杂志》第4卷第5期。

天民《地理科用语之注意》刊于《教育杂志》第4卷第5期。

天民《英美近时教育之倾向》刊于《教育杂志》第4卷第5期。

巽吾《德国之强制补习教育》刊于《教育杂志》第4卷第5期。

天民《英美社会教育四则》刊于《教育杂志》第4卷第5期。

黎际明《教育家宜较正历法之习惯》刊于《教育杂志》第4卷第5期。

贾丰臻《今后之教育界》刊于《教育杂志》第4卷第6期。

贾丰臻《予之教育观》刊于《教育杂志》第4卷第6期。

巽吾《艺术教育之原理》刊于《教育杂志》第4卷第6期。

时成《德国通俗教育之近况》刊于《教育杂志》第4卷第6期。

天民《美国通谷教育之近况》刊于《教育杂志》第4卷第6期。

我一《临时教育会议日记》刊于《教育杂志》第4卷第6期。

按：国家教育的宗旨往往随国家政体的变化而改变，民国成立，教育部特组织临时教育会议，征集全国教育家及议员于北京，讨论民国教育事业的发展，这是"中华民国教育史之第一幕"。民国元年七月初十举行临时教育会议开幕式，教育总长蔡元培，次长范源濂到场，首先由蔡元培报告开会缘由，并演说。演说内容如下：

今日之临时教育会议，即中华民国成立以后第一次之中央教育会议。此次会议，关系甚为重大，因有此次会议，而将来之正式中央教育会议，即以此次会议为托始。且中国政体既然更新，即社会上一般思想，亦随之改革；此次教育会议，即是全国教育改革的起点。此次议决事件，如果能件件实行，固为重要关系；即使间有不能实行者，然为本会已经议决之案，将来亦必有影响。诸君有远来者，即或在近处者，亦是拨冗而来，均以此次会议关系重大之故。

民国教育与君主时代之教育，其不同之点何在？君主时代之教育方针，不从受教育者本体上着想，用一个人主义或用一部分人主义，利用一种方法，驱使受教育者迁就他之主义。民国教育方针，应从受教育者本体上着想，有如何能力，方能尽如何责任；受如何教育，始能具如何能力。从前瑞士教育家(沛斯泰洛齐)有言：昔之教育，使儿童受教于成人；今之教育，乃使成人受教于儿童。何谓成人受教于儿童？谓成人不敢自存成见，立于儿童之地位而体验之，以定教育之方法。民国之教育亦然。君主时代之教育，不外利己主义。君主或少数人结合之政府，以其利己主义为目的物，乃揣摩国民之利己心，以一种方法投合之，引以迁就于君主或政府之主义。如前清时代承科举余习，奖励出身，为驱诱学生之计；而其目的，在使受教育者皆富于服从心、保守心，易受政府驾驭。现在此种主义，已不合用，须立于国民之地位，而体验其在世界在社会有何等责任，应受何种教育。

社会逃不出世界，个人逃不出社会。世界尚未大同，社会与世界之利害未能完全一致。国家为社会之最大者，对于国家之责任与对于世界之责任，未必无互相冲突之时，犹之对于家庭之责任与对于国家之责任，不能无冲突也。国家、家庭两种责任，不得兼顾，常牺牲家庭以就国家；则对于国家之责任，自以与对于世界之责任无冲突者为范围，可以例而知之。至于人之恒言，辄曰权利、义务。而鄙人所言责任，似偏于义务一方面，则以鄙人对于权利、义务之观念，并非相对的。盖人类上有究竟之义务，所以克尽义务者，是谓权利；或受外界之阻力，而使不克尽其义务，是谓权利之丧失。是权利由义务而生，并非对待关系。而人类所最需要者,即在克尽其种种责任之能力,盖无可疑。由是教育家之任务,即在为受教育者养成此种能力,使能尽完全责任,亦无可疑也。

当民国成立之始,而教育家欲尽此任务,不外乎五种主义,即军国民教育、实利主义、公民道德、世界观、美育是也。五者以公民道德为中坚,盖世界观及美育皆所以完成道德,而军国民教育及实行主义,则必以道德为根本。我国人本以善营业闻于世界。侨寓海外,忍非常之困苦,以致富者常有之,是其一例。所以不免为贫国者,因人民无道德心,不能结合为大事业,以与外国相抗;又不求自立而务侥幸。故欲提倡实利主义,必先养其道德。至于军国民主义之不可以离道德,则更易见。我国从前有勇于公战、怯于私斗之语。现在军队时生事端,何尝非尚武之人由无道德心以裁制之故耳。教育者,非为已往,非为现在,而专为将来。从前言人才教育者,尚有十年树木,百年树人之说,可见教育家必有百世不迁之主义,如公民道德是。其他因时势之需要,而亦不能不采用,如实利主义及军国民主义是也。吾人会议之时,不可不注意。

又有一层,我中国人向有一弊,即是自大;及其反动,则为自弃。自大者,保守心太重,以为我中国有四千年之文化,为外国所不及,外国之法制皆不足取;及屡经战败,则转而为崇拜外人,事事以外国为标准,有欲行之事,则曰,是某某国所有也。遇不敢行之事,则曰,某某等国尚未行者,我国又何能行? 此等几为议事者之口头禅,是由自大而变为自弃也。普通教育废止读经,大学校废经科,而以经科分入文科之哲学、史学、文学三门,是破除自大旧习之一端。

至现在我等教育规程,取法日本者甚多。此并非我等苟且,我等知日本学制本取法欧洲各国。惟欧洲各国学制,多从历史上渐演而成,不甚求其整齐划一,而又含有西洋人特别之习惯;日本则变法时所创设,取西洋各国之制而折衷之,取法于彼,尤为相宜。然日本国体与我不同,不可不兼采欧美相宜之法。即使日本及欧美各国尚未实行,而教育家正在鼓吹者,我等亦可采而行之。我等须从原理上观察,可行则行,不必有先我而为之者。例如十三个月之年历,十二音符之新乐谱,在欧美各国为习惯所限,明知其善而尚未施行,我国亦不妨先取而行之。学制之中,间亦有类此者。

此刻教育部预备之议案,大约有四十余种之多。第一类,是学校系统;第二类,是各学校令及规程;第三类,教育行政之关系;第四类,学校中详细规则;第五类,大概含有社会教育性质。

其中有一大问题,是国语统一办法。现在有人提议:初等小学宜教国语,不宜教国文。既要教国语,非先统一国语不可;然而,中国语言各处不同,若限定以一地方之语言为标准,则必招各地方之反对,故必有至公平之办法。国语既一,乃可定音标。从前中央教育会虽提出此案,因关系重要,尚未解决。

此外,又有种种问题,不能单从教育界解决者。如前清学部主张中学以上由中央政府直辖;中学以下,归地方政府管辖。日昨有几位谈及,谓废府以后,中学校应归省立或县立。此等须俟地方官制颁布后,始能规定。现在只能假定一划分之方法,即如中等以上教育,取给于国家税,或以国家产业作基本金;中等以下,取给于地方税,或用地方产业作基本金。亦只能为假定之方法。

诸君此次来京,想亦有许多议案提出。其间与本部及他议员提出之问题略同者,可以合并讨论。此次临时教育会议,时期甚短,而议案至多。若讨论过于繁琐,恐耽误时间,不能尽议。盖诸君多半担任教育事务者,即使延会,恐亦不能过于延长。所以,希望诸君于议案之排列,将重要者提前开议。又每案之中,先摘出重要诸点,详细讨论;其他无关宏旨者,不妨姑略之。鄙人今日所欲言者止此。

天民《赴美教育成绩品展览会记》刊于《教育杂志》第 4 卷第 6 期。

蔡元培《商务印书馆新字典序》刊于《教育杂志》第 4 卷第 6 期。

吴敬恒《书商务印书馆新字典后》刊于《教育杂志》第 4 卷第 6 期。

庄启《论实业学校令与专门学校令议决案》刊于《教育杂志》第 4 卷第 7 期。

庄启《论大学学位及学凭之颁给》刊于《教育杂志》第 4 卷第 7 期。

志厚《比奈氏之智能发达诊断法》刊于《教育杂志》第 4 卷第 7 期。

巽吾《德国之强制实习教育》刊于《教育杂志》第 4 卷第 7 期。

谢天恩《美国幼稚园略述》刊于《教育杂志》第 4 卷第 7 期。

庄俞《论小学校名称》刊于《教育杂志》第 4 卷第 8 期。

潘树声《论教授国文当以语言为标准》刊于《教育杂志》第 4 卷第 8 期。

巽吾《赏罚上之注意》刊于《教育杂志》第 4 卷第 8 期。

黎际明《初年级生国文练习法》刊于《教育杂志》第 4 卷第 8 期。

天民《美国之手工教育》刊于《教育杂志》第 4 卷第 8 期。

谢天恩《美国幼稚园略述》刊于《教育杂志》第 4 卷第 8 期。

庄俞《新学制实行之商榷》刊于《教育杂志》第 4 卷第 9 期。

贾丰臻《论道德教育》刊于《教育杂志》第 4 卷第 9 期。

贾丰臻《修身作法教授谈》刊于《教育杂志》第 4 卷第 9 期。

巽吾《游戏之类别》刊于《教育杂志》第 4 卷第 9 期。

志厚《英国中等学校之德育》刊于《教育杂志》第 4 卷第 9 期。

时成《法国之路休学校》刊于《教育杂志》第 4 卷第 9 期。

刘宪《新教授法之研究》刊于《教育杂志》第 4 卷第 9 期。

吴敬恒《中国之社会教育应兼两大责任》刊于《通俗教育研究录》第 1 期。

伍达《社会教育之性质及提倡设施意见》刊于《通俗教育研究录》第 1 期。

伍达《利用机会灌输知识之方法》刊于《通俗教育研究录》第 2 期。

范源濂《肉体精神平均发达说》刊于《通俗教育研究录》第 3 期。

伍达《今日施行通俗教育之方针》刊于《通俗教育研究录》第 3 期。

伍达《通俗教育责任论(未完)》刊于《通俗教育研究录》第 4 期。

伍达《通俗教育责任论(续)》刊于《通俗教育研究录》第 5 期。

［美］白马著,吴葭译《教育与群治之关系》刊于《通俗教育研究录》第 6 期。

一乘《中华民国之佛教观》刊于《佛学丛报》第 1 期。

中央《佛教进行商榷书》刊于《佛学丛报》第 1 期。

漪斐《佛学浅说(上篇)》刊于《佛学丛报》第 1 期。

孑民《佛学商榷书》刊于《佛学丛报》第 1 期。

沧江《论佛教与国民之关系》刊于《佛学丛报》第 1 期。

释谛闲《留云佛学研究社第一期讲义入识规矩颂》刊于《佛学丛报》第 1 期。

端甫《法性宗明纲论》刊于《佛学丛报》第 1 期。

释谛闲《禅宗六祖得道之原》刊于《佛学丛报》第 1 期。

杨仁山先生遗著《等不等观杂著》刊于《佛学丛报》第 1 期。

稼夫《无为馆笔记》刊于《佛学丛报》第 1 期。

华予《性命篇》刊于《佛学丛报》第 2 期。

一乘《中华民国之佛教观(续)》刊于《佛学丛报》第 2 期。

释谛闲《八职规矩颂讲义(续)》刊于《佛学丛报》第 2 期。

端甫《法性宗明纲论(续)》刊于《佛学丛报》第 2 期。

后裔瓯江闻樨集《台宗历祖真迹》刊于《佛学丛报》第 2 期。

亶中居士吴梼译迷《佛教历史问答》刊于《佛学丛报》第 2 期。

陈方恪《续居士传》刊于《佛学丛报》第 2 期。

端甫《香严阁答问》刊于《佛学丛报》第 2 期。

稼夫《无为馆笔记》刊于《佛学丛报》第 2 期。

了一居士辑《道说纪余初集》刊于《佛学丛报》第 2 期。

宗仰《校经室秋夜槃谭》刊于《佛学丛报》第 2 期。

端甫《论观音文殊普贤大乘有小乘无义》刊于《佛学丛报》第 3 期。

西楞《四方八面之佛教观》刊于《佛学丛报》第 3 期。

沧江《菡佛教总会欢迎会演说辞》刊于《佛学丛报》第 3 期。

释谛闲《八职规矩颂讲义(续)》刊于《佛学丛报》第 3 期。

梅光羲编《般若略说》刊于《佛学丛报》第 3 期。

释谛闲《世界宗教会讲义》刊于《佛学丛报》第 3 期。

端甫《法性宗明纲论(续)》刊于《佛学丛报》第 3 期。

李翌灼述《西藏佛教略史》刊于《佛学丛报》第 3 期。

吴檷译述《佛教历史问答(续)》刊于《佛学丛报》第 3 期。

陈方恪《续居士传》刊于《佛学丛报》第 3 期。

端甫《香严阁问答(续)》刊于《佛学丛报》第 3 期。

宗仰《校经室秋夜槃谭(续)》刊于《佛学丛报》第 3 期。

稼夫《无为馆笔记(续)》刊于《佛学丛报》第 3 期。

了一居士辑《道说记余初集(续)》刊于《佛学丛报》第 3 期。

高鹤年《名山游访记》刊于《佛学丛报》第 3 期。

四、学术著作

(明)沈周绘,邓秋牧集印《沈石田山水册》由上海神州国光社刊行。

(明)唐寅绘,邓秋牧集印《唐六如桐庵图卷》由上海神州国光社刊行。

(清)王翚绘,邓秋牧集印《王石谷仿唐宋元明清山水册》由上海神州国光社刊行。

(清)钱杜绘,邓秋牧集印《钱叔美燕园八景册》由上海神州国光社刊行。

(清)孙诒让辑校《永嘉郡记》由孙氏玉海楼石印刊行。

按:《永嘉郡记》又名《永嘉地记》,南朝宋郑缉之所纂,孙诒让始为之辑校成书,于 1878 年(光绪四年)初刊,至此石印再版并加标点和注释,并收录孙诒让所撰《永嘉郡记》校集本的三篇题跋及《温州建置沿革表引》。

章太炎著《国故论衡》由大共和日报馆刊行。

张嘉森等编《梁任公先生演说集》(第 1 辑)由正蒙印书局刊行。

天笑生编《新社会(共和国宣讲书)》(第 1 集)由上海商务印书馆刊行。

天笑生编《新社会(共和国宣讲书)》(第 2 集)由上海商务印书馆刊行。

陈焕章讲《孔教论》由上海孔教会刊行。

蒋智由著《蒋著修身书》由著者刊行。

鲍芳洲编《催眠学讲义录》(上下册)由上海中国精神研究会出版。

蒋维乔编《心理学讲义》由上海商务印书馆刊行。

彭世芳编《(中华)心理学教科书》由上海中华书局刊行。

金陵神学院编《金陵神学录》由上海商务印书馆刊行。

李问渔著《圣体记》由上海土山湾印书馆刊行。

陆安德著《善生福终正路》由上海土山湾印书馆刊行。

欧阳弁元著《东方救世军军歌》(第2编)刊行。

上海时兆报馆编《启示录句解》由上海编者刊行。

上海时兆月报馆编《人本来之性质人将来之结局》由上海编者刊行。

陈敬第编《政治学》由上海丙午社刊行。

按:是书根据小野冢喜平次口授的讲义,并参考其《政治学大纲》《帝国大学讲义》等书编辑而成。

胡一编辑《各国女子参政权运动史》由上海模范书局刊行。

程德全编撰《政见商榷会宣言书》由上海商务印书馆刊行。

陈嘉言编著《杞忧刍言》由编者刊行,有著者绪言。

共和党本部编《共和党第一次报告》由编者刊行。

贺廷桂撰辑《刍宫余录》刊行,有庞鸿书序言,撰辑者小引。

时事新报馆编《时事新报选粹》由编者刊行。

许家惺著《模范警察学》由上海群学社图书发行所刊行。

戴天仇著《天仇文集》由上海民权报发行部刊行。

潘敬著《文明者何》由著者刊行。

毕厚编《日本议会纪事本末》由个人刊行,有编者序及例言。

唐在礼、唐在章著《蒙古风云录》由江西南昌著者刊行。

华南圭译述《法国公民教育》由上海商务印书馆刊行。

吴稚晖著《改装必读》由上海文明书局刊行。

胡愿深编《法学通论表解总论》由上海科学书局刊行。

胡愿深编《法学通论表解各论前后编》由上海科学书局刊行。

汪庚年编《法学汇编》由北京京师法学编辑社刊行。

按:共20册,据清律编成,有的系综合法学名家及外国法律编述。封面书名为《汪辑京师法律学堂笔记》。

徐德源著《中国历代法制考》由天津北洋大学刊行。

上海自由社编《中华民国临时政府新法令》由上海自由社刊行。

参议院编《中华民国临时约法》由江苏南京参议院刊行。

启新合记书局编辑《中华民国暂行法典》由江苏南京启新合记书局刊行。

阳羡编《共和政体组织法》由上海中国图书公司刊行。

熊范舆编《行政法总论》由上海丙午社刊行。

外交部统计科编《外交部法令汇编》由北京编者刊行。

商务印书馆编《世界共和国政要》由上海商务印书馆刊行。

熊元翰编《商法总则》由北京安徽法学社刊行。

汉武社校订《野外勤务书》由上海汉武社刊行。

胡愿深编《经济原论表解》由上海科学书局刊行。

李佐庭编《经济学》第1集第6册由上海丙午社刊行。

按:是书分绪论、纯正经济学泛论、价值成立论、价值之变动、价值之消灭等5卷,讲述经济发展史、经济学的定义及生产、交换、分配等问题。

黎世蕾《中国经济史讲义》刊行。

中华全国铁路协会编辑部编《中华全国铁路协会第一次报告》由中华全国铁路协会事务所刊行。

华鹏飞编《中华商业尺牍》由上海中华书局刊行。

共和建设讨论会编《财政问题商榷书次编》由上海编者刊行。

周棠编《中国财政论纲》由上海政治经济学社国民图书集成公司刊行。

王俊臣著《最新银行学指南》由上海商务印书馆刊行。

卫聚贤著《古钱年号索引》由广西桂林中央银行经济研究室刊行。

沈心工编《学校唱歌全集》刊行，有黄炎培序。

商务印书馆编《(中华民国)教育新法令》(第1册)由上海商务印书馆刊行。

教育部总务厅文书科编《教育部令》(第5册)由北京编者刊行。

《民国元年中央教育会议决案》由上海中华书局刊行。

教育杂志社编《临时教育会议议决案审查报告》(教育杂志第四卷临时增刊)由上海商务印书馆刊行。

秦同培编撰《共和国教科书新国文教授法》(1)由上海商务印书馆刊行。

彭世芳编《中华心理学教科书》由上海中华书局刊行。

袁希洛编《教育行政数日谈》刊行。

傅运森编纂，高梦旦、张元济校订《高等小学用共和国教科书新历史》6册由上海商务印书馆刊行。

直隶学务公所编《直隶教育统计图表》(宣统二年份)由编者刊行。

华亭县教育会编《华亭县教育会第一届报告》由甘肃华亭编者刊行。

江苏都督府编《江苏教育令》由上海商务印书馆刊行。

江苏省编《江苏第一次省教育行政会议汇录》由编者刊行。

江苏教育总会编《江苏教育总会元年五、六月份报告》由编者刊行

周公才、袁福伦著《吴江县教育状况》由江苏无锡锡成印刷公司刊行。

周公才编《参观江苏学校笔记》(初编)由上海商务印书馆刊行。

贾丰臻编《美国初等教育最新之状况》由上海商务印书馆刊行。

耶稣教监理公会编《中西学校章程》由上海编者刊行。

王朝阳著《日本师范教育考察记》刊行。

费吴生订定《中国青年会半夜学堂辛亥简章》由上海中国青年会半夜学堂刊行。

罗振玉《殷虚书契前编》8卷在日本以珂罗版精印刊行。

按：1911年前罗振玉着手编纂此书，收录罗氏自藏及别家所藏甲骨拓片，当年前三卷石印连载于《国学丛刊》第1—3册，共有甲骨294片。辛亥革命爆发后，罗振玉将拓片带至日本，重编《殷虚书契前编》8卷，共收甲骨2229片。1932年修订再版。罗振玉在《殷虚书契前编序》写道："光绪二十五年(1899)，岁在己亥，实为洹阳出龟之年，予时春秋三十有四，越岁辛丑，始于丹徒刘君许见墨本。作而叹曰：此刻辞中文字与传世古文或异，故汉以来小学书若张、杜、杨、许诸儒所不得见者也。今幸山川效灵，三千年而一泄其密，且适当我之生，则所以谋流传而攸远之者，我之责也。夫于是尽墨刘氏所藏千余，为之编印之。"

陆尔奎等编《新字典》由上海商务印书馆刊行。

按：此书为单字字典，收汉字九千余字，按偏旁部首排列，以《康熙字典》中普通常用字为主，并收现

代科学新字,凡二字以上的词语,非与意义有关者,概不收录。书后附"拾遗",编入冷僻字一万二千字。所谓"新字典"是指继《康熙字典》之后,第一部收有现代科学新字的字典。书前有蔡元培等人序。书末附:中外度量衡币表、中国历代纪元表,以及检字、勘误、补编等。另有线装本,分订6册。

按:书前蔡元培序曰:"近世我国所习用者,有《康熙字典》,即同文之邻国,亦仍用之。其书行世已二百余年,未加增改。不特科学界新出之字概未收入,即市井通用者亦间或不具;其释义则直录古代字书,而不必适周乎世用,诉合乎学理;且往昔文字之用,每喜沿袭成语,而正名百物,初不求其甚解,故全书不附一图。是皆其缺点之最大者。商务印书馆诸君有鉴于此,爰有《新字典》之编辑。五年而书成,适为中华民国成立之岁,于是重加订正,以求适用于民国。如历史年代,率以民国纪元前若干年为标纪,其一例也。"

张文龄著《传音快字初阶》(南音上卷、北音下卷)由广东广州百忍堂刊行。

艮思氏编著《辞徽》由著者刊行。

戴克敦编《国文典》由上海商务印书馆刊行。

周越然编《英音引钥》由上海国华书局刊行。

张在新编《汉英辞典》由上海商务印书馆刊行。

叶鸿绩编著《最新实用演讲术》由上海国华书局刊行。

温宗尧编《英文文法易解》(上下册)由上海商务印书馆刊行。

商务印书馆编译所编辑《(华英对照)革命文牍撷要》由上海商务印书馆刊行。

刘崇裘编《(最新)华英启蒙集》由上海商务印书馆刊行。

陈家瑞编辑《英汉双解辞典》由上海群益书社刊行。

林纾著《畏庐诗存》(上下两卷)刊行。

傅运森编《东西洋史讲义》由上海商务印书馆刊行。

张采田撰《史微》由五孱守垒刊行。

钱恂《史目表》在杭州刊行。

孙静庵著《明遗民录》48卷由上海新中华图书馆刊行。

华鹏飞编《清史》由上海中华书局刊行。

缪荃孙著《国史儒林传》2卷由上海国粹学报社刊行。

时事新报馆编《中国革命史》由上海时事新报馆刊行。

按:是书集中记述了从1911年4月黄花岗起义至同年武昌起义取得胜利这段历史。

上海自由社编《中国革命记》(第23册)由上海编者刊行。

郭孝成著《中国革命纪事本末》(一、二、三编合订)由上海商务印书馆刊行。

按:是书取材于当时报刊及档案资料。

胡石庵著《革命实见记》(第1册)由湖北武昌大汉报社刊行。

朱通孺著《五十日见闻录》由北京通报社刊行。

寿臣选辑《辛亥革命始末记》12册由河北保定五族民报社刊行。

时事新报馆编《时事新报国庆纪念册》由上海时事新报馆刊行。

天笑生编《中华民国大事记》(1—4册)由上海有正书局刊行。

庾恩旸著《云南北伐军援黔纪事》刊行。

鹅湖仙人编(最新)《革命军名人尺牍》(上下卷)由雨叠轩书局刊行。

观渡庐(伍廷芳)编《共和关键录》由上海著易堂书局刊行。

按:是书实际上是第一次南北议和的会议记录和文件汇编,为研究辛亥革命和南北议和的重要的历史资料。

汤用彬著《新谈往》由国维报馆刊行。

中国公论西报编《一千九百十二年中国历史插画伍拾式幅》由编者刊行。

国事新闻社编《北京兵变始末记》由北京国事新闻社刊行。

时事新报馆编《革命文牍类编》由上海时事新报馆、自由出版社刊行。

黄觉时编《辛亥首义缘起实录》由善昌号出版。

按：是书收有武昌起义情况及纪战、武昌起义后各省情况、列强中立、各种露布（文告）、武昌军政府伟人黎元洪、黄兴、胡侠魂、汤化龙、胡经武等的列传。

上海自由社编辑《革命党小传》（第1—6册）由上海自由社刊行。

商务印书馆编《共和人物》（甲集）由上海商务印书馆刊行。

天啸生著《黄花岗福建十杰纪实》刊行。

黄魂编《诸烈士血书》由上海神州广文社刊行。

按：此书分"血史""血魂""血书"三部分，依次著录中国古代抗金、元、清英雄的事迹、民族英雄的诗歌以及明末清初一些抗清人士的绝命书。

朱德裳著《造时势之英雄刘揆一》由上海商务印书馆刊行。

蒯楚生编著《张振武》由上海新民书社刊行。

谢洪赉编，胡贻谷增订《后进楷模》由上海青年协会书报部刊行。

按：是书收录《美国黑种第一伟人》《通数十国语之铣工裴德之事略》《当代富豪之成功》《二十世纪大发明家爱迪生事略》《华盛顿之轶事》《林肯之律师时代》《罗斯福之轶事》《日本众议院片冈长吉事略》《大教育家哈伯博士之日程》等23篇文章。

陈一山笔述，曹卓人删润《美国宗教家劳遮威廉传》由上海广学会刊行。

林万里编《华盛顿》由上海商务印书馆刊行。

林万里编《哥仑布》由上海商务印书馆刊行。

林万里编《毕斯麦》由上海商务印书馆刊行。

吴金鼎等著《云南苍耳境考古报告》由国立中央博物院筹备处刊行。

李旭旦著《近代人生地理学之发达及其在我国之展望》刊行。

蒙藏委员会调查室编《宁属洛苏调查报告》由重庆编者刊行。

王树枏等总纂《新疆图志》由新疆官书局刊行。

按：全书共116卷，分建置、国界、天章、藩部、职官、实业、赋税、食货、祀典、学校、民政、礼俗、军制、交涉、山脉、土壤、水道、沟渠、道路、古迹、金石、艺文、奏议、名宦、武功、忠节、人物、兵事二十九门，共计200余万字。为新疆建省后的第一部全省通志。

严德一著《新疆与印度间之交通路线》由国立中央大学理科研究所地理学部刊行。

商务印书馆编译所编《中国旅行指南》由编者刊行。

章志云编绘《最新上海里弄图》由上海万国地图社刊行。

亚新地学社编《江苏全省份图》由湖北武昌编者刊行。

卢彤著《中华民国历史四裔战争形势图说附论》由江苏南京同伦学社刊行。

苏甲荣编《最近远东大地图》由日新舆地学社刊行。

［日］小野冢喜平次著，林觉民译《各国近时政况》由上海商务印书馆刊行。

［日］平山周著《中国秘密社会史》由上海商务印书馆刊行。

［日］工藤忠义著，李犹龙译《各国预算制度论》由上海群益书社刊行。

［日］冈野英太郎著，王蕃青、贾树模译《演说学》由保定直隶教育图书局刊行。

按：此书内容包括演说学原始、演说法、演说之三大派别、演说学之解剖等。后附实例图解。

［日］濑川秀雄著，章起渭编译《西洋通史》由上海商务印书馆刊行。

［日］平山周《中国秘密社会史》由商务印书馆刊行。

按：此书原名《支那革命党及秘密结社》，主要记载白莲会、天地会、三合会、哥老会、兴中会、同盟会、光复会等组织与活动。

［英］莫安仁译，许家惺述《英国立宪鉴》由上海广学会编译处刊行。

［英］甘格士编著，胡贻榖译《泰西民法志》由上海商务印书馆刊行。

［英］丕理师著，罗衡升译《西方战史》由上海广学会刊行。

［英］节丽春译，高献笾述（女大善士）《伊利赛伯传》由上海广学会刊行。

［英］威利孙著，林纾、力树萱译《情窝》2 卷成。

［英］测次希洛著，林纾、陈家麟译《残蝉曳声录》1 卷，并作序。

［英］哈葛德著，林纾、陈家麟译《古鬼遗金记》1 卷发表在《庸言》第 1 卷。

［英］C. Kingsley 著，Ma Shaoliang 译《西方搜神记》由上海光学会刊行。

［英］盖婆赛著，陈家麟译《白头少年》由上海商务印书馆刊行。

［英］麦开柏著，吴敬恒译《荒古原人史》由上海文明书局刊行。

按：是书以编年史方式简要叙述清王朝自建立到灭亡的全部历史史实。

［英］穆勒著，严复译《穆勒名学》（1—3 册）由上海商务印书馆刊行。

［英］勒舍尔著，张味久译《格兰斯顿》由上海广学会刊行。

［英］梅益盛译，许默斋笔述《巴赖德》由上海广学会刊行。

［英］节丽春译《女大善士伊利赛伯传》由上海广学会刊行。

［英］马尔克·奥莱尔·斯坦因《契丹沙漠废墟—在中亚和中国西部地区考察实纪》由伦敦麦克米兰出版公司刊行。

［苏格兰］Thomas Carlyle（托马斯·卡莱尔）著，Doraces Clint 译《世界英雄论略》由上海广学会刊行。

按：是书简要评述奥丁、穆罕默德、但丁、莎士比亚、路德、约翰逊、卢梭、克伦威尔、拿破仑等 11 人。

［美］湛罗弼著，亦镜述《中国今日的需要》由中华浸会书局刊行。

［美］W. Irving 著，李犹龙译注《三美姬》（第 5 编）由上海群益书社刊行。

［美］加撒林克罗著，甘永龙译《车中语》由上海商务印书馆刊行。

［美］脱埃海伦著，丁罗米译《赖麦培》由上海广学会刊行。

［美］卜舫济口述，陈宝琪译《哈密登》由上海广学会刊行。

［美］励德厚译，魏延弼笔述《林肯》由上海广学会刊行。

［美］沐尔赐著，曹卓人笔述《美国第二总统亚但氏约翰传》由上海广学会刊行。

［意］艾儒略著，明守璞译《耶稣行实》由河涧胜世堂刊行。

［法］裴德埒弥著，张其域、项方译《法国行政法》由上海商务印书馆刊行。

［法］德孚斐尔著，王鸿猷译《泉币通论》由著者刊行。

［德］奥伊肯（原题倭铿）著，郑次川译《现代思想与伦理问题》由上海公民书局刊行。

按：是书讲述现代思想与传统伦理的矛盾与解决的方法。全书分现代之伦理问题，伦理的原理，伦理的原理之辩护,伦理的原理之发展,道德与宗教之关系,道德之现状共 6 章。

[德]泡尔生著,蔡元培译《论理学原理》由上海商务印书馆刊行。

《华德进阶(华文本)》由山东青岛德华印书社刊行。

按:1903 年曾出版德文版。

[俄]柴索维著,李垣译《太平洋商战史》由北京新智囊刊行。

按:是书分为殖民地与倾销场、太平洋沿岸之商业、东南亚之销货场、各国欲开放战国门户的政策,以及日、英、法、德、俄在太平洋之竞争等 12 章。

[俄]布拉哥叶瓦著,许之桢译《季米特洛夫传》由山西辽县华北书店刊行。

[美]脱埃海伦著,丁罗米译《赖麦培》由上海广学会刊行。

[意]艾儒略著,明守璞译《耶稣行实》由河涧府胜世堂刊行。

[波兰]柴门合原著,[英]乌克那校订,林振翰编译《世界语》由上海科学会编译部刊行。

William Muirhead 编《圣书纲目》由上海广学会刊行。

P. Vercruydse 著《周年默想》(全 4 册)由上海土山湾印书馆刊行。

S. Stall 著,李荣春译《小讲台》由上海广学会刊行。

戴尔第著,凌云译《方言教理详解》由上海土山湾印书馆刊。

金季译《法国宪法释义》由上海商务印书馆刊行。

张嘉森译《国际立法条约集》由上海神州大学刊行。

浙江督练公所教练处编译《步队指挥顾问》由江苏陆军干部学校刊行。

过耀根等译《财政渊鉴》(上下册)由上海共和党刊行。

诚静怡编译《新约读范》由上海广学会刊行。

末铎译《修规益要》上卷由香港纳匝肋静院刊行。

日本通俗教育研究会著,伍达译《通俗教育事业设施法》由上海通俗教育研究会刊行。

徐福生译《体育之理论及实际》由上海商务印书馆刊行。

陈国权译、邓宗禹校勘《英国政府刊布中国革命蓝皮书》(第 1 编)由青山解堂刊行。

商务印书馆编译所编《葡萄牙革命史》由上海商务印书馆刊行。

陈鸿璧译《捕鬼奇案》(侦探小说)由译者刊行。

类斯田删定《遵主圣范》由北京救世堂刊行。

青州神道学堂著《耶稣实录讲义》由撰者刊行。

《安老会记》由上海土山湾印书馆刊行。

《勤领圣体说》由河间盛世堂刊行。

《圣味增爵德行圣训》由北京救世堂刊行。

《圣味增爵行实》由北京救世堂刊行。

《中国致命真福传略》由上海土山湾印书馆刊行。

《周年默想》(上册)刊行。

五、学者生卒

容闳(1828—1912)。闳字达萌,号纯甫,广东香山人。1841 年就读于澳门和香港马礼逊学校。1847 年随校长布朗赴美国学习，1854 年获耶鲁大学文学学士学位。回国后，先后在广州美国公使馆、香港高等审判厅、上海海关、英商宝顺公司任职。1863 年受曾国藩之命，筹建江南制造局，并赴美国购买机器。1870 年倡议派幼童前往泰西肄业之计划，获其好友丁日昌之赞成，并且得到曾国藩、李鸿章的支持，成立"驻洋肄业局"。遂与陈兰彬同任留学事务所监督。1873 年在家乡建容氏甄贤学校。1896 年建议设立铁路学堂。1912 年病逝于美国。著有《西学东渐记》等。

按：陈汉才说："（容闳）一生经历非常丰富多彩，在中国和世界近代历史大舞台上，扮演过五种历史角色，即留学教育事业上的创始人角色，中国近代化的先驱者角色，'永恒热爱'祖国的爱国者角色，在追求真理上的不断革新、不断前进的与时俱进角色，人生处境际遇上的边际人角色。容闳一生扮演过这五种角色，或说这五种角色兼而有之。但最本质、最主要的角色是第一个留学教育创始者的角色。因为容闳一生的根本目标和理想在留学教育，一生主要活动在留学教育，主要业绩在留学教育，主要贡献在留学教育，其在国内外主要影响也在留学教育。因此，留学教育创始者的角色是他最具本质属性、最有标志性和代表性的角色，这是容闳之所以是容闳、容闳不同于近现代其他历史人物最本质的区别。"（陈汉才《容闳评传》，广东高等教育出版社 2008 年版）

柯逢时（1844—1912）。逢时字懋修，号钦臣，一号逊庵，湖北武昌人。1883 年进士，选庶吉士，授翰林院编修。升任江西布政使、贵州巡抚、广西巡抚，迁户部侍郎，湖北商办铁路公司名誉总理。辛亥革命前，授浙江巡抚，未赴任。辛亥革命后，组织武昌保安社，自任社长。生平喜著书、刻书，尤嗜藏书。官余搜罗古籍善本极多。曾在江西主纂有《湖北通志》《武昌县志》《应山县志》。殷应庚、殷方钺合编有《鄂城柯尚书年谱》2 卷。刻印书籍有《武昌医学馆丛书》8 种 96 卷。

吴鲁（1845—1912）。鲁字肃堂，号且园，晚号老迟，又号白华庵主，福建晋江人。1890 年中进士，改官翰林院修撰。次年督安徽学政。后历任国史馆纂修、教习等。1906 年赴日本考察学制，继奉署吉林提学使。1908 年调学部丞参，充图书馆总校。著有《百哀诗》2 卷、《国恤恭纪》1 卷、《蒙学初编》2 卷、《读王文成经济集书后》6 卷、《兵学经学史学讲义》6 卷等。

李邦（1847—1912）。邦号梯云，上海人。从事教学 40 余年，参与江苏第一图书馆之创设。著有《〈周易〉述补》《〈切韵〉启蒙》《东莱博议集评》。李味青编有《先考梯云府君年谱稿》1 卷。

八指头陀（1852—1912）。八指头陀名敬安，俗名黄读山，别号八指头陀，湖南湘潭人。18 岁投湘阴县法华寺出家，拜东林和尚为师。同年冬到南岳祝圣寺，从贤楷律师受具足戒。19 岁赴衡阳岐山仁瑞寺学禅 5 年。后离开湖南，远游浙江各名山大寺，遍参禅林耆宿。1886 年参与王闿运集诸名士在长沙开福寺创设的碧湖诗社。从 38 岁起至 51 岁，先后担任过湖南衡阳大罗汉寺，南岳上封寺、大善寺，宁乡沩山密印寺，湘阴神鼎山资圣寺，长沙上林寺的住持。1902 年到宁波天童寺任住持。辛亥革命时，联合江苏、浙江的有志之士，在上海组织中华佛教总会，以期统一僧界，被推选为会长。著有《八指头陀诗集》《白梅集》等。

饶芝祥（1861—1912）。芝祥字符九，号占斋，江西南城县人。1885 年贡生，旋中举人，1889 年考授内阁中书。1894 年成进士，选授编修。1902 年赴汴充顺天乡试同考官，翌年典试湖北，因奔祖母丧未赴任。在家乡主建昌府中学堂讲席，兴办实业，创立厚生种植公司。1908 年被召回京，擢御史，补辽沈道，又转任四川道监察御史。参与清廷"预备立宪"事宜。1911 年四川爆发保路风潮，上疏请撤总督赵尔丰，但未被采纳，后调任贵州铜仁知府。著有

《占斋诗文集》。

丘逢甲(1864—1912)。逢甲又名秉渊,字仙根,又字吉甫,号蛰仙、仲阏,又号仓海,别署海东遗民、南武山人,广东镇平人。1887年中举人,1889年中进士,授任工部主事。1908年加入同盟会,辛亥革命胜利后任南京临时政府参议员等职。丘琮编有《仓海先生丘公逢甲年谱》一卷;郑喜夫编有《民国丘仓海先生逢甲年谱》;李树政编有《丘逢甲行年简谱》;丘铸昌编有《丘逢甲生平大事年表》;徐博东、黄志萍编有《丘逢甲生平大事简表》。

按:徐博东、黄志平说:丘逢甲是清末一位著名的爱国志士,也是一位进步的教育活动家。"他认为'欲强中国,必以兴起人才为先',早年在台即努力从事桑梓教育,抗日保台事败后,更认识到只有唤醒民众、广开民智、振奋民气,才能挽救国难。为此,他不避时忌、不畏艰难、冲破重重阻力,矢志改革封建教育,锐意新学,积极传播西方民主思潮,介绍自然科学知识,引导青年关心国家民族前途命运,勇敢地和腐朽没落的封建旧文化进行了不调和的斗争。他特别重视师范教育,认为这是广开学校、兴起人才的基础工作,并通过多种形式办学、劝学、不务虚名,重在实效,踏踏实实地为国家民族培养了一批有用人才。……丘逢甲又是我国近代一位杰出的爱国诗人。他丰富的诗歌创作,洋溢着爱国主义的思想激情,内容健康清新,诗风悲壮深沉,震撼了当时沉闷的诗坛,显示了近代'诗界革命'的实绩。"(《丘逢甲传·结束语》,九州出版社1996年版)

白毓昆(1868—1912)。毓昆字雅雨,江苏南通人。早年入江阴南菁书院。1899年5月入上海南洋公学师范院学习,并任外院教习。后来先后在上海澄衷学校、天津北洋女子师范学堂、北洋法政学堂等校任教。1909年9月27日联合张相文等人创办中国地学会,负责编辑出版《地学杂志》。1911年10月为响应辛亥革命,组织天津红十字会、共和会,参与创建北方革命协会。1912年1月5日起义失败,被清政府通永镇总兵王怀庆俘获;7日被杀害于通州古冶。1912年9月被国民政府追认为陆军上将。

钟昌祚(1871—1912)。昌祚一名元黄,字山玉,贵州开阳人。1896年入贵阳经世学堂,继入武备学堂,毕业后充靖边营哨官。1907年返贵阳,与张百麟、黄泽霖等组织"自治学社",被推为社长。后又创办公立法政学堂,任堂长,发行《自治学社杂志》和《西南日报》,任社长。1911年夏赴北京参加全国报界联合会。11月4日贵州光复后被推为都督府代表,至南京,又被推为贵州会议员。1912年初到云南,拟阻止唐继尧滇军入黔。3月返抵安顺,被宪政党人杀害。作有《致滇都督蔡锷书》《钟谱家训题辞》《辛亥五月黔楚道中》等。

于德坤(1875—1912)。德坤字业乾,又字静方,行七,贵州贵筑人。1901年中举,后入京,广交维新人士,接受新思想。1903年东赴日本求学,专攻法政。后加入同盟会,为监察员、评议员。1909年从日本返回国内,在东北从事教育工作。1912年任中华民国南京临时政府参事,同时任国民党总部干事,与胡德明一起受派为国民党贵州支部特派员,回省筹组国民党贵州省党部,途中被杀害。

王以成(1877—1912)。以成字簫九,山东海阳人。21岁考入登州文会馆,后入青岛工部局学习绘图。1903年东渡日本求学,学习土木工程。由丁惟汾介绍加入中国同盟会。1908年学成归国,任津浦铁路工程师。1910年任《国风日报》编辑。因抨击时政,报馆被查封,遂投笔从戎。武昌起义爆发后,奔走于天津、济南、青岛、安丘、乐陵、寿光、临沂等地,联络王长庆、王永福、邓天乙等数十人,组成民军,欲光复胶东诸县。1912年2月1日民军首领王长庆、王以成等率数百人由安丘挺进诸城,后占领诸城,组织军政府。2月10日,清兵反攻县城,终因寡不敌众,被俘殉难。著有《论铁路工程》《论铁路测量》等。

陶成章(1878—1912)。成章字焕卿,号陶耳山人,浙江会稽陶堰人。光复会创立者之一。少有志向,以排满反清为己任,曾两次赴京刺杀慈禧太后未果,后只身东渡日本学习陆军。回国后,积极参与革命活动,破衣敝屣奔走革命,"四至杭州而不归",奔走于浙、闽、皖各地联络革命志士。民国创立后,他力辞接任浙督,积极准备北伐,设北伐筹饷局、光复军司令部,任总司令。1912年1月14日凌晨,被受陈其美指使的蒋介石、王竹卿暗杀于上海广慈医院。著有《中国民族权利消长史》《浙案纪略》等。

　　按:樊光《辛亥革命光复会领袖陶成章传》说:"陶成章先生才力过人,坚苦卓绝,革命数十年,以身报国,置家不顾,敝衣恶食,绝不厌倦,对人则谦和诚实,信义相孚,其肩负巨任,胆识过人,当时革命党中人才,实无出其右者。"(汤志钧编《陶成章集》下编附录,中华书局2014年版)

　　聂耳(—1935)、叶紫(—1939)、穆时英(—1940)、朱生豪(—1944)、余清潭(—1961)、覃子豪(—1963)、钱笑呆(—1964)、邓拓(—1966)、周小舟(—1966)、叶盛章(—1966)、欧阳凡海(—1970)、霍应人(—1971)、汤由础(—1971)、谢仲墨(—1973)、袁世昌(—1975)、孙多慈(—1975)、何其芳(—1977)、穆中南(—1978)、孙宗慰(—1979)、楼邦彦(—1979)、崔嵬(—1979)、杨讷维(—1982)、黄葆芳(—1982)、王栻(—1983)、张其光(—1984)、鲁思(—1984)、郑季翘(—1984)、余钟志(—1984)、陈公亮(—1984)、费骅(—1984)、叶洛(—1985)、马璧(—1985)、范若愚(—1985)、柳璋(—1986)、姜椿芳(—1987)、马思聪(—1987)、冯星伯(—1987)、石西民(—1987)、黎澍(—1988)、柴子英(—1989)、戚叔玉(—1990)、冯绳武(—1991)、杨家骆(—1991)、叶隐谷(—1991)、胡乔木(—1992)、曹慕樊(—1993)、靖正恭(—1995)、徐盈(—1996)、王洛宾(—1996)、孔罗荪(—1996)、端木蕻良(—1996)、王利器(—1998)、葛介屏(—1999)、金克木(—2000)、关山月(—2000)、史念海(—2001)、陈大羽(—2001)、梁思达(—2001)、刘寅初(—2002)、王辛笛(—2004)、启功(—2005)、徐复(—2006)、陈振汉(—2008)、钱伟长(—2010)、力群(—2012)、王承绪(—2013)生。

六、学术评述

　　本年度是中华民国的开国之年,不仅告别了历经数千年的帝制纪年,而且由此开辟了共和政体的新纪元。1月1日,孙中山由沪莅宁,各省代表至车站欢迎。午后,孙中山在南京总统府宣誓就任中华民国临时大总统,发布《临时大总统就职宣言》和《告全国同胞书》。誓词是:"倾覆满洲专制政府,巩固中华民国,图谋民生幸福,取民之公意,文实遵之,以忠于国,为众服务。至专制政府既倒,国内无乱,民国卓立于世界,为列邦公认,斯时文当解临时大总统之职。谨以此誓于国民。"12日,孙中山通令改行公历,定1912年为中华民国元年。3日,中华民国南京临时政府正式成立。这一具有划时代意义的重大社会政治变革,对当年以及整个现代学术无疑产生了巨大而深远的影响。

　　从政治到学术,本年学界聚焦点莫过于思考如何建设共和政府。从历史进程来看,辛亥革命并不算十分曲折,也没有大规模的流血与杀戮,但关于中国未来的诸多重要问题,许多参与其中者却没有一个十分清晰的答案。清末的政治与学术思潮,除了继承中国传统学术(尤其是清代学术)的许多内容之外,很大程度上是受到被日本学者重新阐释过的西学之影响。这就导致多数从政从学者对于世界形势的认知,虽然接受了不少来自域外的思想资源,但深度、广度与准确度都极为有限。这一点在民国政府建立之后体现得尤为明显。虽然当时的中国号称亚洲第一个共和国,但何谓共和? 何谓民主? 约法内容与宗旨为何? 政治组织应该怎样？元首任命有何程序？这些关乎新政权能否稳定的基本要素,在当时成为不同政治团体与知识分子之间争论的焦点。不过,从学术发展的角度而言,这有助于人们进一步了解近代西方国家的政治、经济与社会面貌,有助于向国人普及现代政治学知识。但总体来看,这些论辩在深度上依然有着比较明显的局限性。在许多关键问题上,并非从中国社会的基本现实出发,而是向各种域外学说讨求答案,许多人对于中国问题的分歧,除了现实的利益诉求不同外,很大程度上是由于各自汲取了不同的西学资源。这种思想风气也深深影响着民国学术的面貌。

由于中华民国临时政府建都南京,近代以来逐步形成的北京—上海双都轴心由此演变为北京—上海—南京的三足鼎立。与此相契合,在本年的学术活动空间流向中,首先增加了南京—北京这一移动板块,因而形成南京—北京、北京、上海、各省与海外五大板块。民国政府首都南京对于全国著名学者的集聚和虹吸效应同样至为明显。1月3日,中华民国南京临时政府正式成立之际,任命:黄兴为陆军总长,蒋作宾为次长;黄钟英为海军总长,汤芗铭为次长;王宠惠为外交总长,魏宸组为次长;程德全为内务总长,居正为次长;伍廷芳为司法总长,吕志伊为次长;陈锦涛为财政总长,王鸿猷为次长;蔡元培为教育总长,景耀月为次长;张謇为实业总长,马君武为次长;汤寿潜为交通总长,于右任为次长。成立临时参议院,举林森、王正廷为正副议长。其中不少兼具政学的双重身份。此外,还有大量幕僚也是如此,比如,王云五任中华民国临时大总统孙中山秘书,吴玉章、柳亚子任中华民国临时政府大总统府秘书,施今墨以山西代表身份到南京参加孙中山临时大总统就职典礼,后留在陆军部帮助黄兴制定陆军军法,章鸿钊任中华民国临时政府实业部矿政司下设的地质科任科长……再以教育部为例,教育总长蔡元培先后邀请范源濂、夏曾佑、袁希涛、钟观光、蒋维乔、马一浮、许寿裳、周树人、谢冰、汤中、王云五、杨曾诰、胡朝梁、曹典球、钱方度、高鲁、陈墨涛、马邻翼、林冰骨、赵幼梅、胡豫、张鼎荃、洪逵、杨乃康、张邦华、顾澄、许季上等前来南京就职,其中不乏学术大家或者日后成长为学术大家。基于政治角力与学术发展的需要,当时在南京首都有关结社盟会活动盛极一时。3月3日,中国同盟会在南京召开本部全体大会,宣布其宗旨为“巩固中华民国,实行民生主义”。4日,同盟会大会通过政纲:一、完成行政统一;二、促进地方自治;三、实行种族同化;四、采取国家社会政策;五、普及义务教育;六、主张男女平权;七、厉行征兵制度;八、整理财政,厘定税制;九、力谋国际平等;十、注重移民垦殖事业。选举孙中山为总理,黄兴、黎元洪为协理,汪兆铭、胡汉民、宋教仁、刘揆一、张继、平刚、田桐、居正、马和(君武)、李肇甫为干事,汪兼总务部主任,宋兼政事部主任。23日,黄兴与刘揆一、吴景濂、景耀月、谭延闿、陈其美、宋教仁、张继、马君五、王正廷、黎元洪等112人发起在南京成立中华民族大同会,创办《大同杂志》和《大同日报》;同月,蔡元培与黄兴、胡汉民、徐绍桢、宋教仁、熊希龄、张继等44人发起的拓殖学会在南京中正街悦宾楼举行成立大会。4月11日,蔡锷等发起成立的统一共和党在南京举行成立大会,选举蔡锷、张凤翔、王芝祥、孙毓筠、沈秉堃为总务干事,殷汝骊、袁家普、陈陶遗、张树森、彭允彝为常务干事,景耀月、吴景濂、周钰、肖堃、沈钧儒、刘彦、欧阳振声等20人为参议,褚辅成、仇预等25人为特派交际员。此外,南京临时政府秘书长胡汉民3月17日领衔与黄兴、王宠惠、宋教仁、马君武、王鸿猷、于右任、钮永建、蒋作宾、居正、黄钟瑛、汤芗铭、吕志伊、徐绍桢、秦毓鎏、任鸿隽、萧友梅、冯自由、吴永珊、谭熙鸿、耿觐文、陈晋、张通典、郑宪武、但焘、刘元梓、程明超、金溥崇、胡肇安、汪廷襄、伍崇珏、王夏、唐支厦、彭素民、易廷熹、廖炎、林启一、卢仲博、余森、李晓生、邵逸周、刘式庵、林朝汉、梅乔林、刘鞠可、胡秉柯、张炽章、贺子才、朱和中、覃师范、仇亮、杜纯、黄中恺、金华祝、汤化龙、张铭彝、巴泽惠、林大任、傅仰虞、梁能坚、侯毅、翁继芬、蔡人奇、田桐、林长民、张大义、萧翼鲲、孙润宇、于德坤、史青、高鲁、王庆华、程华鑫、马伯瑗、林文庆、方潜、熊传第、刘健、瞿方书、刘馥、仇鳌、杨勉之、姜廷荣、曹昌麟、刘伯昌、张周、周泽苍、黄复生、彭丕昕、饶如焚、史久光、王孝缜、何浚、唐豸、陈宽沅、喻毓西、黄大伟等97人呈请孙大总统速设国史院撰辑中华民国建国史文,表达了中华民国开国同仁急于设立国史院纂修国史的迫切愿望。然而,袁世凯于3月接替孙中山担任临时大总统后,坚持定都北京,临时参议院未能坚持原议而同意迁都。4月,临时政府各机关北迁至北京,由此结束了南京短暂的轴心时期而向北京—上海双都轴心回归。而任职政府以及文化机构的大批学者多数随之北迁。此后,曾为民国首都的南京再次下降为学术亚中心。

　　教育为立国之本,亦是学术之基。由于蔡元培出任教育总长,大刀阔斧推进教育改革,为中国教育与学术的现代转型作出了巨大贡献,教育变革之于学术转型与繁荣的奠基与引领作用再次得到了充分的彰显,而蔡元培本人也因此初步确立了学界领袖的地位,故对此再略作申述:先是1月19日,蔡元培以教育总长主持教育部正式成立、启用印信之日,即发布《中华民国教育部普通教育暂行办法通令》14条及《普通教育暂行课程标准》11条,可见蔡元培就任教育总长之后对于教育改革心情之迫切以及工作效率之高。此为蔡元培就任教育总长后的第一个重要文件,宣布废除清学部颁行的一切教科书和读经、尊崇清廷的一切旧时的惯用行文,反映了中华民国新政府对教育的新要求,标志着旧教育制度的结束和中国近代新教育的诞生。2月1日,蔡元培发表《对于新教育之意见》,后连载于2月8—10日《民立报》,提出以"国民教育、实利主义、公民道德、世界观、美育五项"为民国教育方针,对于中国现代教育价值的国家导向具有奠基意义。20日午后,蔡元培主持讨论学制系统。晚间,主持讨论教育部官制。22日午后2时,召开教育部全部人员的大会,宣布新的临时政府不久将在北京成立,南京原教育部应暂时解散,以待交替。4月26日,蔡元培与教育次长范源濂一同到北京教育部视事。5月3日,蔡元培呈准由袁世凯发布命令,将京师大学堂改名为北京大学校,任命严复署理北京大学校校长,从而实现了北京大学的现代转型。7月10日,教育部在蔡元培主持下,于北京召开民国政府第一次教育会议,蔡元培报告开会宗旨,提出废止读经主张,即"普通教育废止读经,大学校废经科,而以经科分入文科之哲学、史学、文学三门",以破除"自大旧习"。教育部向大会提交了议案47件:(一)议决者23件,(二)经讨论有审查报告未及再读者9件,(三)未议者15件。各议员所提议案44件,(四)并案议决者3件,未议者41件。至8月日闭幕,历时1月。尽管因时间匆促,许多次要提案未及讨论,但重要议案均获得相当之结果。尤其是7月14日蔡元培因不愿与袁世凯政府合作而坚辞教育总长,教育次长范源濂于7月26日继任教育总长后,宣称蔡前总长对于整顿教育之办法,首重社会教育,盖共和国体贵在人人有普通之智识,本总长当接续进行。31日,范源濂在临时教育会议的大会上,又郑重声明教育宗旨及行政大纲,业由蔡总长宣布或规定,悉当遵行。会后,范源濂主持教育部根据已议决、已审查以及未议的各项提案再作研讨,定为以部令公布的重要法规,包括《学校系统令》《校学校令》《中学校令》《大学令》《专门学校令》等,由此初步奠定了中国现代新教育系统,并推动和加速了现代学术的转型进程,因而不妨将1912年称为"教育新政年"。其中对学术具有直接关联的是蔡元培总长主持制定、范源濂总长修订并于10月24日发布的《大学令》,规定:"大学以教授高深学术,养成硕

学宏材,应国家需要为宗旨。"《大学令》作为中国现代史上的第一部教育行政法规,与5月
15日蔡元培以教育总长身份在北京大学开学典礼演讲中强调"大学为研究高尚学问之地"
的主张相契合,集中体现了他对中国现代大学的预期、定位与设计。鲁幽、周安平《民国初
期"学术本位"现代大学观——基于〈大学令〉的法律表达》(《复旦教育论坛》2017年第6期)
一文通过从《奏定大学堂章程》到《大学令》在教育宗旨、科目标准、学位制度和治理结构四
个方面法律制度的比较,揭示了《大学令》呈现出以"学术本位"为核心思想的现代大学观,
认为学术是大学的立校之本,我国"学术本位"现代大学观在制度上予以确立始于民国初期
大学教育改革运动的代表成果《大学令》,资产阶级民主共和政体的创建、文化知识界学术
观的转变以及西方大学理念和制度在中国的引入共同为以"学术本位"为核心的现代大学
观的形成提供了现实条件,从清末《奏定大学堂章程》到民初《大学令》,标志着中国大学制
度从近代到现代的转变,蕴含其中的是中国大学观的重塑。陈平原《中国现代学术至建
立——以章太炎、胡适为中心》(北京大学出版社1998年版)认为,对于现代中国学术而言,
大学制度的建立至关重要。废除科举,只是切断了读书致仕之路;推广新学,方才是转变学
术范式的关键。有感于"科举一日不停,士人皆有侥幸得第之心……学堂决无大兴之望",
清廷只好于1905年"谕立停科举以广学校"。此前公布的《奏定学堂章程》(1903),使得新
教育在制度上真正确立;此后的《大学令》和《专门学校令》(1912),规定"私人或私法人亦得
以设立大学"或"专门学校",又使得高等教育有可能以较快的速度发展。从京师大学堂到
北京大学,官办的高等教育固然迅速成熟;大量私立或教会大学的出现,也使得中国的高等
教育完全走出了"国子监"。要说"西化",最为彻底的,也最为成功的,当推大学教育。学科
设置、课程讲授、论文写作、学位评定等,一环扣一环,已使天下英雄不知不觉中转换了门
庭。此外,教育部于12月2日公布《读音统一会章程》,筹设国语统一办法,也同样对中国
教育、学术以及社会生活产生重要影响。其中吴稚晖任国音统一会主任,主持制定了读音
统一会章程8条,而杜亚泉注重创立注音字母和新式标点,首创"逗号"用法,并以《二十四
史》为对象试验新式标点,历两年多而成。这些早期成果多为后来所吸取和继承。

　　从南京短暂的轴心回归北京轴心,加上北京轴心原有以及归国的学者,一同组合为新
的北京学术轴心。9月底,梁启超以总统电请和各方面热烈欢迎,决定结束14年的流亡生
活,由神户起程返国。10月20日,梁启超入京,从此毫无争议地成为北京轴心的学术领袖。
当时身在美国的胡适得到梁启超回国的消息,感慨地说:"阅《时报》知梁任公归国,京津人
士都欢迎之。读之深叹公道之尚在人心也。梁任公为吾国革命第一大功臣,其功在革新吾
国之思想界。十五年来,吾国人士所以稍知民族思想主义及世界大势者皆梁氏之赐,此百
喙所不能诬也。去年武汉革命,所以能一举而全国响应者,民族思想、政治思想入人已深,
故势如破竹耳。使无梁氏之笔,虽有百十孙中山、黄克强,岂能成功如此之速耶!近人诗:
'文字收功日,全球革命时',此二语惟梁氏可以当之无愧。"与此同时,当时政局的急剧变化
也为京师大学堂带来了革故鼎新的重要机遇。2月25日,中华民国临时大总统命令"所有
京师大学堂总监督事由严复暂行管理"。26日,严复被派为京师大学堂总监督,接管大学堂
事务。3月29日,京师大学堂总监督严复召开教员会议,提议各科改良办法,如将经文两科
合并改名国学科等。5月1日,教育总长蔡元培呈大总统任命严复为北京大学校校长。3
日,国民政府批准教育部呈请京师大学堂改称为北京大学校,大学堂总监督改称为大学校
校长。同日,临时大总统袁世凯令:"任命严复署理北京大学校校长。此令。"5月4日,严复

就任北京大学校校长职,又自兼文科学长,以张祥龄为法科学长,吴乃琛为商科学长,叶可樑为农科学长,胡仁源为工科学长。15 日,北京大学举行开学典礼,教育总长蔡元培出席并发表演说,强调"大学为研究高尚学问之地"。要之,京师大学堂的改名北京大学校以及严复出任校长,具有名实两个方面的革故鼎新之意义,但依然处于动荡变化之中。7 月 7 日,教育部以经费困难,遂有停办大学校之议,严复具《论北京大学校不可停办说帖》,藉以挽回影响。由于以严复为首的北人师生的坚决斗争,北京大学才没有被取消,而得以坚持办下来。此事不仅关系到北京大学的存亡绝续,而且对我国新民主主义革命的发生和发展也具有重要意义。尽管严复在坚持继续办北京大学的斗争中取得了胜利,但因此却得罪了北洋政府。随后被迫辞去北京大学校校长一职。10 月 1 日,临时大总统任命章士钊为北京大学校校长。18 日,因章士钊南下未到任,临时大总统任命马相伯代理北京大学校校长。21日,代理北京大学校校长马相伯到校接印视事。在就职演说时说大学"系道德高尚,学问渊深之谓也"。29 日,《申报》载马相伯就任北京大学校代理校长职演说词,其中说明大学者"非校舍之大之谓,非学生年龄之大之谓,亦非教员薪水之大之谓,系道德高尚,学问渊深之谓也。诸君在此校肄业,须尊重道德,专心学业,庶不辜负大学生三字云"。所论当与蔡元培强调"大学为研究高尚学问之地"的理念紧密相呼应,或许对后来清华大学校长梅贻琦名言"所谓大学者,非谓有大楼之谓也,有大师之谓也"有所启示。同月,马相伯联络梁启超、章太炎等提出创建"函夏考文苑",主张仿法国"阿伽代米"之制,成立国家最高学术机构,以表彰学术、振兴道德和导引社会为任,主要从事语言文字、哲学、考古、数学、动植物、艺术等研究,旨在作新旧学、奖励著作。马相伯还先后拟定《仿法国阿伽代米之意见》《函夏考文苑议》,其中一份入选"函夏考文苑"的"苑士"名单,包括屠寄(史学)、陈汉章(群经史)、杨守敬(金石地理)、刘师培(群经)等 15 位,加上马氏及章太炎、梁启超、严复 4 位发起人,共 19 人。尽管这一创立最高学术研究机构的宏大规划一时未能实现,却在多方面开了成立于 1927年的中央研究院之先河。然而,马相伯就任北京大学校代理校长后,筹划用学校地产抵押向比利时银行贷款,与北京大学学生发生严重冲突。12 月 27 日,临时大总统令:代理北京大学校校长马相伯呈请辞职,应照准;准免北京大学校校长章士钊呈请辞职;任命何燏时署北京大学校校长。在此,不能不提到桐城派领袖姚永概 6 月 24 日应严复之请,正式加盟北京大学,出任该校文科学长,此后桐城派的学风在北大文科渐居优势。再看北京其他高校:唐国安 4 月被北京政府外交部任命为清华学堂监督,周诒春被聘为教务长。5 月 1 日,停顿了半年的清华学堂重新开学,返校的学生仅有 360 人。10 月 17 日,按照教育部关于《普通教育暂行办法通令》,清华学堂改为清华学校,清华学堂"监督"改称清华学校"校长"。唐国安任第一任清华学校的校长,周诒春为副校长。5 月 15 日,教育部明令改京师优级师范学堂为北京高等师范学校,陈宝泉任北京高等师范学校校长,负责筹备开学事宜。陈宝泉就任后,主持制定《北京高师规程》《北京高师五年计划书》,并提出了"诚实、勤勉、勇敢、亲爱"的校训。9 月,《高等师范学校规程》颁布,将原京师优级师范学堂的二部,扩充为国文、英文、史地、数理、理化、博物六部,增设附属中小学、教育研究科、职工养成科、体育专修科及东三省师范养成班。另一方面,众多学会组织也是北京轴心的重要组成部分,主要有:杨度1 月 25 日在袁世凯的支持下发起成立共和促进会,在成立大会上遍发宣言书,明确表示支持共和。参加者主要是北京的新闻记者、资政院议员;杨以俭等人 2 月在北京发起成立农工商共进会,以"建设大中华民国农工商业之机关,提倡农工商进行"为宗旨;田耕莘为名誉会长的中华圣言会 4 月 5 日在北京成立,以"在中国传布天主教,开办各种学校",促进文化社会事业为宗旨;姚锡光为会长的五族国民合进会 5 月 12 日在北京成立,按组织规则规定,分别选举汉、满、蒙、回、藏族代表赵秉钧、志钧、熙凌阿、王宽、萨伦为副会长。该会以"合五族国民之才识知能,对于共和政体种种设施作一致之进行,以巩固邦基而确保领土"为宗旨;石万钟、谢责臣、王子权等 6 月 10 日在北京发起成立民权协进会,以"尊重人道,提倡民权,发起慈善"为宗旨;詹天佑、梁士诒、陈策、叶恭绰、朱启钤等 6 月 30 日在北京发起成立全国铁路协会,孙中山为名誉会长;陈槼为会长的中国工业会 11 月在北京高等工业学校成立,以"研究工学,提倡工业,发达国民经济"为宗旨。此外,还有张相文 8 月辞去北洋高等女学堂校长职务,与陶懋立等将中国地学会总会迁到北京,并在各地设立分会。当年聘请蔡元培兼任地学会总裁,推选留学日本刚回国的章鸿钊为干事长,陶懋立为第二任编辑部长。

上海轴心中,章炳麟继续居于学界领袖地位,除了一系列政治活动之外,其重要学术活动是 1 月 11 日与蔡元培联名在上海的《大共和日报》刊登启事,又联名电请临时大总统孙中山出面保释刘师培。2 月 28 日,支持弟子马裕藻、朱希祖等发起成立"国学会",被推为会长。5 月初,与于右任、王正廷、田桐、张謇、张继、伍达(字博纯)等在上海发起通俗教育研究会,以研究通俗教育设施方法,为普通人民灌输常识,培养公德,并发启有关社会教育之各事物为宗旨,以注重卫生、谋生、公众道德、国家观念四主义为通俗教育方针。10 月,与马相伯、梁启超等发起"函夏考文苑"。教育界方面,南京临时政府教育部 3 月 5 日通告各省:大局初定,速令高等学校、专门学校开学。一时各校纷纷筹备复课,复旦则因校址无着,经费困难,束手无策。复旦学生于右任当时担任临时政府交通部次长,便与邵力子、张大椿、胡敦复、张轶欧、王士枢、汪彭年等 42 人将复旦情况向大总统孙中山先生汇报。孙中山以复旦富有反抗外国压迫的精神,且为提倡高等教育,极为关注,在经济十分拮据的情况下,当即拨发补助金 1 万元。于右任、胡敦复等又向教育部申请立案,拨借校舍。经教育部批准立案,江苏省都督庄蕴宽准借徐家汇李鸿章公祠为校舍。公推马相伯为校长。聘请孙中山、陈英士、沈缦云等为校董,积极筹备复校。9 月,复旦迁入李公祠内。复旦复学后,虽经教育部批准照大学办理,但从实际出发,乃改高等正科为大学预科,分文、理两类,学制 3 年,并附设中学部,以研求学术、造就专科人才为宗旨。唐文治继续任上海高等实业学堂监督。4 月 28 日,唐文治发起通俗教育研究会,设事务所于江苏教育总会,推定黄炎培、沈叔达、杨秉铨、伍博纯等 5 人为理事。8 月,唐文治致函交通部总长朱启钤,陈述去年学校改名"南洋大学"之经过。9 月 11 日,唐文治致信教育部总长范源濂,呈请将南洋大学改定为工科大学。10 月 21 日,交通部复文南洋大学,提出"本部直辖学校以养成专门人才为宗旨,其学科应以专门为限"。22 日和 24 日,根据教育法令的相关规定,南洋大学堂因已改隶于民国政府交通部,而且路、电两科"均属工业",并未达到《大学令》对于"大学"的学科设置条件,故此教育部令学校改名为"交通部上海工业专门学校"。12 月底,去职大总统已半年、在全国考察铁路建设的孙中山莅临南洋大学演讲。孙中山首先讲述交通建设的重要性,主张10 年内建成 10 万里铁路、20 万里公路以振兴实业和巩固国防。还讲到纸币政策及对日本和沙俄的外交方针,强调列强占我领土,侵犯我主权,要坚决抵抗,必须建设强大的国防。在出版界,原为商务印书馆的陆费逵 1 月 1 日与沈知方等集资在上海创办中华书局。自此之后,陆费逵主持业务达 30 年之久,中华书局迅速成为民国时期仅次于商务印书馆的第二大出版机构,与商务印书馆形成上海出版界的"双子星座",一同造就了上海作为全国学术出版中心的重要地位。与1912年的"教育新政年"密切相呼应的重要学术活动和成果,一是1月19日由民国教育部颁布《普通教育暂行办法》引发的修订教科书运动,而且在上海中华书局与商务印书馆竞争中前者渐趋优势。陆费逵在上海开办中华书局之后,大举进入现代教科书市场,先于本年陆续出版了一套小学各年级的各门课本44种,称为"中华教科书",次年出齐27种中学和师范课本。由于"中华教科书"配合了政治形势,适应了共和政体的需要,中华书局也由此迅速崛起。张元济所在的商务印书馆更是充分利用和发挥自己的人脉优势,奋力抢占教科书市场,而且不少由张元济亲自领衔主编,诸如陆续出版蒋维乔、庄俞编纂,高凤谦、张元济校订《订正初等小学用最新国文教科书》10册,高凤谦、张元济编纂《订正初等小学用最新修身教科书》10册,姚祖义编纂,张元济、夏曾佑校订《订正初等小学用最新中国历史教科书》2册,戴克敦等编纂,高凤谦、张元济校订《订正简明国文教科书》8册,张元济、高凤谦、蒋维乔编纂《订正高等小学用最新国文教科书》8册,张元济、高凤谦编纂《订正高等小学用最新修身教科书》4册,傅运森编纂,高梦旦、张元济校订《高等小学用共和国教科书新历史》6册,张元济及高凤谦校订,蒋维乔、戴克敦、庄俞编纂《订正国民学校用女子国文教科书》8册等。二是1月25日中华书局主办的《中华教育界》杂志在上海正式创刊,以研究教育、促进文化为宗旨,陆费逵、范源濂、沈颐、顾树森、黎锦熙、周建人、黄炎培等为主要撰稿人。与商务印书馆创刊于1909年的《教育杂志》一同被誉为中国近代教育期刊史上的"双子星"。但《中华教育界》具有自己独特的定位与追求,不仅在创刊号刊载了《敬告民国办学诸君》《敬告民国教育总长》《中华书局宣言书》等,大力倡导共和国教育的新理念,对民国教育新政作出了的热情回应,而且根据新教育发展需要精心设计并出版发行了39个专号或专辑,包括"国语研究号""中国小学研究号""教育测验号""收回教育权运动号""国家主义的教育研究号""道尔顿制批评号""留学问题号""师范教育号""乡村教育专号""中国教育出路号""教科书专号""日本教育号""中国教育改造专号""普及教育专号""研究与实验专号""儿童年专号""各国教育特辑""中国教育学会第九届年会论文特辑"等等,这些专号大多对当时教育的热点与难点进行了探讨,对民国之初的教育新政以及教育学学科的发展发挥了重要的引领与促进作用。同年新创刊的重要刊物还有:程思普为经理,沙淦为编辑的《社会世界》月刊4月在上海创刊,以"改革恶劣社会,促进革新事业,主张平等教育,鼓吹实行共产,维持世界和平,提倡无治主义"为宗旨。王缁尘(煮尘)5月19日在上海创办中国社会党绍兴支部机关报《新世界》半月刊,任主编,在该刊封面上印有"社会主义杂志",并在封面上宣示四条大纲:"一、社会主义之大本营;二、中国数千年破天荒之新学说;三、解决二十世纪之大问题;四、造成太平大同之新世界。"邓实、缪荃孙合编的《古学汇刊》双月刊6月在上海创刊,由国粹学报社发行,旨在"发明绝学,广罗旧闻,故所刊录专主经史杂记之有关系,而足资考订者,欲使读者得此足以增益见闻,助长学识"。

各省板块中,主要以四川、浙江、天津为三大学术高地。四川都督府都督尹昌衡1月创办四川国学院,以研究国学,发扬国粹,沟通今古,切于实用为宗旨,以吴之英任四川国学院院正,谢无量、刘师培任院副,又聘楼黎然、曾学传、廖平、曾瀛、李尧勋、杨赞襄、释圆乘和谢无量8人为院员。随后创办《四川国学杂志》,以发扬精深国粹、考证文献为宗旨,宣扬以国学拯救世道人心,争胜东西列强,以刊登学术性、考据性文章为主,内容包括通论、经术、理学、子评、史学、政鉴、校录、技术、文苑、杂记、蜀略等。在浙江高地,主要由章炳麟弟子马裕藻、钱玄同、朱宗莱、沈兼士、龚宝铨、朱希祖、范古农、许寿裳、沈钧业、张传梓、张传璜等 2 月在杭州方谷园成立"国学会"，认为"学术之败，于今为烈"，要"补偏救弊，化民成俗"，必须弘扬"可以固国，可以立，可以诏后生，可以仪型万世"的国学，推乃师章炳麟为会长，标志着章门弟子的快速成长。天津之重要地位，一在于梁启超居于天津，常常出入于京津之间。12 月 1 日，梁启超更是在天津创刊政论性综合刊物《庸言报》，通过聘请全国各地撰稿人而形成强大的学术网络；二在于天津有南开学校、北洋大学堂。张伯苓任清华学校教务长，约半年后辞职，回到南开学校。7 月 8 日，全国临时教育会议召开预备会议，公推张伯苓为临时主席，并推张伯苓、黄炎培、庄俞、何燉为代表，面见教育总长蔡元培。徐德源继续任北洋大学堂的监督。2 月，教育部任命徐德源为北洋大学校校长，成为辛亥革命后北洋大学的第一任校长；三在于劳乃宣、林纾等遗老退居天津。劳乃宣 2 月辞京师大学堂总监督，携家眷隐居直隶涞水县。作《共和正解》《君主民主平议》等，反对革命，倡言复辟。前文称中国民智低下，如果推行民主，必然丧失传统的权威，其后果是举国失控，不仅"乱民土寇"要趁机"作乱"，而且列强也会"坐收渔人之利"。作者引经据典，将帝制与共和混为一谈，极力维护传统政治文化的价值观念，以"护圣"和"布道者"自居。林纾仍避居天津。2 月 12 日，隆裕太后颁布清帝退位诏书，参议院选举清内阁总理大臣袁世凯为临时大总统。后林纾写下《读廿五日逊位诏书》。自此以后，林纾决计效法明末遗民孙奇逢，不再谋仕，誓以清举人终其身，并托友人高凤岐为其身后撰墓志铭。以上三个方面一同提升了天津的学术影响力。

海外板块中，"出"的层面有日本与美国两大中心。前者汇集了康有为、罗振玉、王国维以及诸多留日学生。罗振玉将在北平的藏书运抵日本，存京都大学，王国维与其一同整理，随后陆续有甲骨学、敦煌学与简牍学论著问世。后者是胡适、梅光迪的成长与展望。其中一个小插曲是正在美国威斯康星大学留学的梅光迪 1 月 17 日致信同乡挚友胡适，对其在美国康奈尔大学由农科改入文学院学习表示赞赏和支持，称"将来在我国文学上开一新局面，则一代作者非足下而谁""足下之改科，乃我国学术史上一大关键，不可不竭力赞成""深望足下者为吾国复兴古学之伟人，并使祖国学术传播异域，为吾先民吐气"，颇有几分先见之明。欧洲区域中，陶孟和继续在伦敦大学政治经济学院攻读社会学和经济学。在韦伯教授夫妇的影响下，陶孟和与同学梁宇皋在搜集大量资料的基础上，用英文撰写了《中国乡村与城镇生活》，此为以社会学理论方法分析研究中国社会问题的第一部专著，被称为中国社会学领域的开山之作。至于"进"的层面，主要有英国斯坦因完成于去年的第二次中亚考察报告《契丹沙漠废墟——在中亚和中国西部地区考察实纪》由伦敦麦克米兰出版公司出版；美国著名记者沃尔特·威廉博士 2 月以世界报界联合会会长、美国密苏里大学新闻学院院长首次访华，邀请中国新闻界参加世界报界联合会；日本儿岛献吉郎《支那文学史纲》7 月由日本东京富山房出版。此书为儿岛氏诸作中第一部完整地从上古至清代的通代文学史，设为 5 篇，分别为"序论""上古文学""中古文学""近古文学""近世文学"，计 92 章，对中国学者编写文学史产生重要影响。

由于时代遭变的激发与牵引，本年代的学术活动与成果更加聚焦于一些急需学界作出回答的重大时代命题。

一方面是新旧两大阵营的纷争。以两大阵营学坛领袖为案例：一方面，尚在海外流亡的梁启超与袁世凯多有电信往还讨论国政问题。4 月，著《中国立国大方针商榷书》成。6 月，又著《财政问题商榷书》成。两书均由共和建设讨论会印刷行世。8 月，梁启超出任民主党领袖,企图在袁世凯政权下推行政党政治。10月,梁启超结束14年的流亡生活,从日本回到北京。12月1日,梁启超在天津创刊政论性综合刊物《庸言报》,撰稿者有丁世峄、孔昭焱、吴贯因、周善培、周宏业、周效璘、周季侠、张謇、林纾、林唯刚、林长民、夏曾佑、徐佛苏、姚华、梁启超、梁启勋、麦孟华、陈衍、陈家麟、景学钤、汤明水、汤觉顿、黄为基、张嘉森、熊垓、饶孟任、严复、魏易、蓝公武、籍忠寅等人,大致代表了以梁启超为学坛领袖的学术阵营。与此同时,仍居于日本的康有为先后撰写并发表《理财救国论》《中华救国论》《中华民国国会代议院议员选举法案》等,又授意国内弟子陈焕章、麦孟华等并联络前清遗老沈曾植、朱祖谋、王人文、梁鼎芬、张振勋等人于10月7日孔子诞辰日在上海海宁路成立孔教会,陈焕章为主任干事,参与发起的还有朱祖谋、王人文、陈三立、陈作霖、姚文栋、沈守廉、姚丙然、沈恩桂。康有为、陈焕章分别作《孔教会序》,则标示着康有为政治学术思想的严重倒退。另一方面,章炳麟1月4日在上海创办中华民国联合会和统一党的机关报《大共和日报》并任社长,杜杰风为经理,马叙伦为总编辑,鼓吹"民主立宪、君主立宪、君主专制",章炳麟作《发刊辞》。2月1日,章炳麟致电黎元洪,主张以袁世凯为临时总统,仍都北京。7日,到南京与孙中山晤面,任总统府枢密顾问,旋即返回上海。13日,发表《致南京参议会论建都书》,反对建都南京而要求继续以北京为首都,与孙中山发生冲突。4月9日,章炳麟被袁世凯聘为总统府高等顾问。6月5日,章炳麟在京重组统一党,被推为该党总理。7月下旬至8月中旬,访问武汉,会见黎元洪,答应担任共和党理事,邀请黎氏担任统一党名誉总理。8月28日,章炳麟因反对统一党并入共和党,被统一党公决,驱逐出党。12月1日,发表《发起根本改革团意见书》,要求推进政治革命。由上可见,无论是梁启超,还是章炳麟,都有着极为强烈的参政意识与欲望,也都游走于学政之间,并分别形成新旧两大阵营,其中明显具有改良派与革命派的不同价值取向,但梁启超与章炳麟皆处于激烈动荡之时代,他们的政治主张与学术追求也一直处于不断变换之中,所以他们两人及其两大阵营又多有相互交集之初,不能简单地以新旧划界,因为彼此往往新中有旧,旧中有新。

另一方面是新阵营内部的纷争。比较而言,也许新阵营中的内部纷争更为激烈。兹举二例略作说明。第一例发生在同盟会内部:章士钊1月抵南京,受黄兴、于右任之邀,任上海《民立报》主笔。7月15—19日,章士钊在《民立报》上连续发表了《政党组织案》一文,阐述政党组织办法,提出著名的"毁党造学说"。此论遭各方攻击,同盟会内部大哗,章士钊乃脱离《民主报》。当时同盟会正以执政党自许,对此尤为不满,纷纷著文批驳。许多党人质问于右任,党报奈何用此非党人士来主持?"何事出此自杀之愚计,并何厚于章某而薄于本党。"吴敬恒认为这是"尽情怪诞之说"。胡汉民说章士钊"标榜无党以自高",办事"不仅不尊重同盟会之政纲与党议,且时事讥弹,立异说"。章士钊因此愤然辞职。黄兴、于右任等一面说服党内同志,另一方面极力挽留,争取他留下。但章士钊仍坚持要走,他说:"攻我个人旧事,我全不在意,惟我非同盟会员,以后问题日多,如果持论与同盟会机关攻同盟会壁垒,为同盟会奸细,我于道德上无以自解,故见坚辞不就。"遂脱离《民立报》。8月,章士钊与扬州王无生在上海小花园又创办《独立周报》,公开打出"言论独立"的旗号。实际上是对此前批评者的反击。第二例发自社会党,旨在传播马克思主义与社会主义,其中以江亢虎为首的中国社会党继续发挥了重要作用。2月1日,《社会日报》创刊,并以社论的名义刊发江亢虎撰写的发刊词,声明该报为中国社会党的机关报,以"鼓吹社会主义"为办报宗旨。4月15日,江亢虎为中国社会党本部干事沙淦创刊的《社会世界》杂志撰写发刊词,再次强调在社会主义实行之前,当前的重点在于鼓吹社会主义。6月2日下午,江亢虎在上海参加例行的"星期演讲会"。这次演讲会历时3个多小时,孙中山因故未能到会,吴稚晖、戴季陶、刘艺舟、李怀霜及西人马林、史特孟、李立德等参加,"会场座为之满,道为之塞,来者颇形拥挤"。8月,江亢虎在汉口,再次写信给副总统黎元洪,交涉中国社会党被查禁之事。信中指出,"二十世纪者,社会党之勃兴时代也""社会主义之如日月经天、江河纬地",希望黎认清这一"世界之大势"。9月,中国社会党嘉兴支部的月刊《人道》杂志创刊,江亢虎为其写发刊词,感叹道:"吾尝谓主张人道者,必以社会主义为依归。"同月,在长沙收到上海一无政府主义者的来信,信中对江亢虎推动建立的、以中国社会党上海支部女党员为主体的"女子参政同盟会"关于议会的言行表示不满,并归罪于中国社会党的宗旨和成立该会的始作俑者江亢虎。江亢虎遂写回信,论中国社会党、无政府主义与女子参政之间的关系。10月14—16日,孙中山应中国社会党江亢虎之请,在上海中华大戏院作《社会主义之派别及批评》的讲演,重点介绍和评述了社会主义的历史及主要流派,并称赞马克思"垂三十年之久,著为《资本论》一书""遂成为有统系之学理"。表明经过中国社会党以及《新世界》的传播,马克思主义与社会主义业已融入孙中山的思想体系与救国方略之中。12月,江亢虎撰写《〈社会主义学案〉草例》,较为详细地介绍了社会主义的定义及流派,称马克思《资本论》,力翻经济学之旧案,主张土地、资本为社会共有之物,而分配之比例,当准劳力为报酬。拨云见天,其功至伟。由此可见,江亢虎主持的社会党在传播马克思主义与社会主义时的巨大感召力与影响力。这里再谈一下社会党王绲尘(煮尘)与《东方杂志》杜亚泉等的论争。先是上年冬,王绲尘离开家乡绍兴赴上海,参加江亢虎领导的中国社会党。至本年5月19日,中国社会党绍兴支部在上海创办《新世界》半月刊,王绲尘任主编,大白、煮尘在创刊号《发刊辞》中标榜自己是"社会主义之大本营",目标是"使人人感知社会主义之良而信仰之,而实行之"。然后在5—9月间,在《新世界》的第1、3、5、6、8期上连载施仁荣所译恩格斯的《社会主义从空想到科学的发展》,题为《理想社会主义与实行社会主义》,这是恩格斯《社会主义从空想到科学的发展》的最早中译文。6月初,《新世界》第2期又刊登了朱执信原译、主编煮尘整理的《社会主义大家马儿克(马克思)之学说》一文,对《共产党宣言》作了概略介绍,全译了宣言中的十条纲领,高度评价了《宣言》的巨大影响,同时还介绍了《资本论》的主要内容。同期又刊载了王绲尘《答亚泉》,发起对《东方杂志》杜亚泉的批判。究其缘由是,当王绲尘在上海第一次访见商务印书馆《东方杂志》主笔杜亚泉时,杜亚泉认为中国还没有出现资本家与大地主,劳动者也没有遭受雇主的虐待,因此提出社会主义不宜行于中国。王绲尘对杜亚泉的这番说教"如骨梗在喉",但他考虑到杜亚泉的地位,其言论"足以动一般学者之视听",对社会党前途与社会主义之施行有所"窒碍",于是便毅然"作辩论以告当世,并以质之先生",遂有《答亚泉》一文刊于《新世界》第2期。文中联系中国的实际驳斥了杜亚泉所谓"社会主义不宜行于中国"的论说,说明了社会主义乃是中国救亡之"至计",强调指出"中国必宜行社会主义"。王炯华《煮尘与民国初年马克思主义的介绍——附煮尘其人》(《浙江学刊》1987年第6期)认为:"煮尘上述对杜亚泉的反驳,逻辑严密,论证有力。虽然他所讲的社会主义还不能说就是马克思的科学社会主义,他的第二个论据也正是孙中山等民主主义者的思想,但是,他强调社会问题的根本解决,而且从中国所处的国际地位和国内阶级悬隔的实际出发,看到外国资本主义对中国的侵略和掠夺,从而认识到了只有社会主义能够救中国的真理。这是当时中国先进分子所能达到的最清醒的认识,给了五四时期马克思主义者以思想的启迪。"然后至 8 月 19 日，王缁尘又在《新世界》第 7 期发表《社会主义与社会政策》，对杜亚泉、钱智修展开有关"社会主义"的论争。相关论文尚有：高老《社会主义神髓》（《东方杂志》第 9 卷第 1 号），欧阳溥存《社会主义商兑》（《东方杂志》第 9 卷第 2 号），甘永龙《论各国社会党之势力》（《东方杂志》第 8 卷第 12 号），钱智修《法国社会党之势力》（《东方杂志》第 9 卷第 2 号）、《论中国革新之现状》（《东方杂志》第 9 卷第 6 号）。由社会党掀起的"社会主义热"以及有关"社会主义"的论争代表了一种新的学术趋向。

因受蔡元培"教育新政"的影响，本年度教育成为学术讨论与争鸣的焦点所在，《中华教育界》陆续刊出的有关"国语研究号""收回教育权运动号""国家主义的教育研究号""道尔顿制批评号""留学问题号""师范教育号""中国教育出路号""教科书专号""日本教育号""中国教育改造专号""各国教育特辑"等 39 个专号或专辑，实际上即是 39 个教育专题的研讨。此外，还有不少单篇重要论文，诸如：蔡元培《对于新教育之意见》（《东方杂志》第 8 卷第 10 号），钱智修《中国教育问题》（《东方杂志》第 9 卷第 1 号），庄俞《论教育方针》（《教育杂志》第 4 卷第 1 期）、《论教育权》（《教育杂志》第 4 卷第 3 期），章士钊《论遣生出洋不如整顿大学》（5 月 10 日《民立报》），戴季陶《民国之教育问题》（12 月 17 日《民权报》），吴敬恒《中国之社会教育应兼两大责任》（《通俗教育研究录》第 1 期），巽吾《艺术教育之原理》（《教育杂志》第 4 卷第 6 期）。蔡元培《对于新教育之意见》提出以"军国民教育、实利主义、公民道德、世界观、美育五项"为民国教育方针。由此引发了一场关于新教育宗旨的大讨论，钱智修、陆费逵、庄俞、黄炎培等纷纷撰文，各抒己见。戴季陶《民国之教育问题》最后强调指出："今日之教育问题，其研究之范围有二：一则自根本上厘定统一之教育方针，一则于现在教育界之弊，极力刷新，以求渐进之方法。前者须自国家一设施政方针，全行整理，而后可收统一之功；后者须定完善之教育制度，而后可达改良之效。夫养成专门之人才，在高等教育；养成良善之公民，则在小学。小学不整，不特一国之学术不能发展，而种族之亡，亦即基于此焉。吾游南洋，见彼灰色之土人，其人种灭亡之惨祸，实令人悚惧不堪者。彼辈土人，盖失败于中国人者，而中国人又失败于白皙人种者也。苟今日而不急力从事于教育，行见他日之中国人，亦将不免沦于自灭之域矣。哀哉！至吾对于教育之意见，将著为专篇，载之别论栏中，以供全国人士之研究焉。"

值此辞旧迎新的巨大变革时代，苛求学者真正潜心于书斋与学术并非一件易事，但也有不少学者为此付出了巨大努力，尽管彼此的动机往往有所不同。学术著作方面主要有：王国维《简牍检署考》定稿，又以积年所得宋元戏曲诸材料始撰《宋元戏曲史》。罗振玉取旧稿《殷虚书契前编》重新编定 8 卷，在日本以珂罗版精印出版，共收录甲骨 2221 片，诸多重要材料被后来研究者广泛引用。其他重要著作有章炳麟《国故论衡》（大共和日报馆），黎世蘅《中国经济史讲义》（京师大学堂讲义），蒋维乔编《心理学讲义》（上海商务印书馆），袁希洛编《教育行政数日谈》（出版者不详，上海图书馆藏），缪荃孙《国史儒林传》2 卷（上海国粹学报社），时事新报馆编《中国革命史》（上海时事新报馆），郭孝成《中国革命记事本末》2 册（商务印书馆刊行），天笑生《中华民国大事记》4 册（有正书局），王树枏等总纂《新疆图志》（新疆官书局），以及是年秋沈家本撰成的《汉律摭遗》22 卷等。其中《国故论衡》是章太炎系统论述文字音韵学、文学、文献学、周秦诸子学、经学及佛道之学等的重要著作，也是他在民国初年的学术代表作。《教育行政数日谈》分两部分，论述教育行政权的主体、客体、机关，并收有小学行政相关的讲演稿，或是早期中国学者比较系统研究教育行政的发轫之作。

《新疆图志》全书共 116 卷，共计 200 余万字，为新疆建省后的第一部全省通志。译著方面，可以重点关注湖北兴文社译（日）多浅治郎著《西洋历史教科书》（上海群益书社），日本学者平山著《中国秘密社会史》（商务印书馆），吴敬恒译（英）麦开柏著《荒谷原人史》（上海文明书局）。《中国秘密社会史》重点记载和论述了白莲会、天地会、三合会、哥老会、兴中会及同盟会、光复会等中国秘密组织，具有特殊的时代意义，后多次重版；《荒谷原人史》为人类学著作，对于中国本土人类学学科建设具有重要的借鉴意义。

　　本年度也有一批聚焦于重要学术论题与学术史的论著问世，前者主要有：余永策《论学说之改革》（《共和言论报》第 1 期），沙曾诒《论中国今日急待解决之三大问题》（《东方杂志》第 9 卷第 3 号），章炳麟《致南京参议会论建都书》（2 月 13 日《时报》），胡汉民等《呈请孙大总统速设国史院撰辑中华民国建国史文》，梁启超《财政问题商榷书》（共和建设讨论会），吴贯因《中国动产私有制及不动产私有制之起源》（《庸言》第 2 期），刘师培《周历典》（《四川国学杂志》第 2 号）。章炳麟《致南京参议会论建都书》认为无论从地理位置、文化发展、反清斗争，还是从外交上看，北京最宜作为都城。若建都南京，则有五害。至于学术史方面的论著主要有：陈衍《石遗室诗话》连载于《庸言》杂志（第 1 卷 10、12、14 号至 1914 年 5 月第 2 卷第 5 号），缪荃孙《蜀石经校记》（《古学汇刊》第 1 编）、《国史儒林传叙录》（《古学汇刊》第 1 编），李翊枌《敦煌石室经卷中未入藏论著述目录》（《古学汇刊》第 3 编），章锡琛《近代图书馆制度》（《东方杂志》第 9 卷第 5 号）。陈衍《石遗室诗话》记载了同光体诗派的来由及武昌说诗、涛园说诗等活动，标举"三元"之说，阐述了前人的诗歌理论，评述了前人注诗的得失，代表了陈衍本人以及同光体的诗学观点和主张。《国史儒林传叙录》为缪荃孙对清代儒学的总结性概述；《敦煌石室经卷中未入藏论著述目录》为敦煌文献第一个专题目录，王重民《敦煌遗书总目索引》称其"打开了我国研究敦煌佛经的门径"。（以上参见本书"学术背景""学术活动""学术著作""学者生卒"栏所引文献与出处，以及章恒忠、王亚夫主编《中国学术界大事记（1919—1985）》，上海社会科学出版社 1988 年版；王学典《20 世纪史学编年（1900—1949）》，商务印书馆 2014 年版；付喜祥《20 世纪前期中国文学史写作编年史》，北京师范大学出版社 2013 年版；中国大百科全书总编辑委员会编《中国大百科全书·考古学》，中国大百科全书出版社 2002 年版；王学珍等编《北京大学纪事（1898—1997）》，北京大学出版社 1998 年版；清华大学校史研究室编《清华大学一百年》，清华大学出版社 2011 年版；北京师范大学党委办公室、北京师范大学校长办公室《北京师范大学纪事》，北京师范大学出版社 2012 年版；南京大学高教研究所编《南京大学大事记（1902—1988）》，南京大学出版社 1989 年版；沈卫威编《学衡派编年文事》，南京大学出版社 2015 年版；吴永贵《国民出版史编年：1912—1949》，社会科学文献出版社 2018 年版；刘立德《陈宝泉师范教育思想探析》，中国教育学会教育史分会第十六届年会，2015 年；王天根《五四前后北大学术纷争与胡适"整理国故"缘起》，"近代中国与近代文化"学术研讨会，2007 年；王炯华《煮尘与民国初年马克思主义的介绍——附煮尘其人》，《浙江学刊》1987 年第 6 期；张荣华《"函夏考文苑"考略》，《复旦学报》1995 年第 2 期；喻永庆《中华教育界与民国时期教育改革》，华中师范大学博士学位论文，2011 年）

1913年　民国二年　癸丑

一、学术背景

1月4日,中美国民同盟会在北京成立,以增进中美两国国民睦谊,互换知识利益,维持世界和平为宗旨。推举孙中山、罗斯福为正会长,丁义华、丁韪良、吴景濂、金鼎勋为副会长。

1月12日,教育部公布《大学规程》4章28条,对大学分科、学习科目、修业年限、入学资格等作了具体规定。

按:《大学规程》:第一章　通则

第一条　大学依《大学令》第二条之规定,分为文科、理科、法科、商科、医科、农科、工科。

第二条　大学之文科分为哲学、文学、历史学、地理学四门,理科分为数学、星学、理论物理学、实验物理学、化学、动物学、植物学、地质学、矿物学九门,法科分为法律学、政治学、经济学三门,商科分为银行学、保险学、外国贸易学、领事学、税关仓库学、交通学六门,医科分为医学、药学二门,农科分为农学、农艺化学、林学、兽医学四门,工科分为土木工学、机械工学、船用机关学、造船学、造兵学、电气工学、建筑学、应用化学、火药学、采矿学、冶金学十一门。

第三条　大学之修业年限,文科、理科、商科、农科、工科及医科之药学门为三年,法科及医科之医学门为四年。

第四条　大学学生入学之资格,须在预科毕业或经试验有同等学力者。前项预科,或与预科相当之学校,非遵照本规程办理者,其毕业生应行入学试验。

第五条　大学毕业生欲更入他科修业者,得免除入学试验;但欲列在二年级以上,须经试验合格方许编入。

第六条　学生因不得已事故自请退学,在二年以内仍请人原级修业,得免除试验;但欲列在原级以上,须经试验合格方许编入。

第二章　学科及科目

第七条　大学文科之科目如下:

(一) 哲学门分为下之二类:中国哲学类:(1)中国哲学(《周易》《毛诗》《仪礼》《礼记》《春秋·公·谷传》《论语》《孟子》《周秦诸子》《宋理学》);(2)中国哲学史;(3)宗教学;(4)心理学;(5)伦理学;(6)论理学;(7)认识论;(8)社会学;(9)西洋哲学概论;(10)印度哲学概论;(11)教育学;(12)美学及美术史;(13)生物学;(14)人类及人种学;(15)精神病学;(16)言语学概论。

西洋哲学类:(1)西洋哲学;(2)西洋哲学史;(3)宗教学;(4)心理学;(5)伦理学;(6)论理学;(7)认识论;(8)社会学;(9)中国哲学概论;(10)印度哲学概论;(11)教育学;(12)美术及美术史;(13)生物学;

(14)人类及人种学;(15)精神病学;(16)言语学概论。

（二）文学门分为下之八类:

国文学类:(1)文学研究法;(2)说文解字及音韵学;(3)尔雅学;(4)词章学;(5)中国文学史;(6)中国史;(7)希腊罗马文学史;(8)近世欧洲文学史;(9)言语学概论;(10)哲学概论;(11)美学概论;(12)论理学概论;(13)世界史。

梵文学类:(1)梵语及梵文学;(2)印度哲学;(3)宗教学;(4)因明学;(5)中国哲学概论;(6)西洋哲学概论;(7)文学概论;(8)言语学概论;(9)论理学概论;(10)伦理学概论;(11)中国文学史。

英文学类:(1)英国文学;(2)英国文学史;(3)英国史;(4)文学概论;(5)中国文学史;(6)希腊文学史;(7)罗马文学史;(8)近世欧洲文学史;(9)言语学概论;(10)哲学概论;(11)美学概论。

法文学类:(1)法国文学;(2)法国文学史;(3)法国史;(4)文学概论;(5)中国文学史;(6)希腊文学史;(7)罗马文学史;(8)近世欧洲文学史;(9)言语学概论;(10)哲学概论;(11)美学概论。

德文学类:(1)德国文学;(2)德国文学史;(3)德国史;(4)文学概论;(5)中国文学史;(6)希腊文学史;(7)罗马文学史;(8)近世欧洲文学史;(9)言语学概论;(10)哲学概论;(11)美学概论。

俄文学类:(1)俄国文学;(2)俄国文学史;(3)俄国史;(4)文学概论;(5)中国文学史;(6)希腊文学史;(7)罗马文学史;(8)近世欧洲文学史;(9)言语学概论;(10)哲学概论;(11)美学概论。

意大利文学类:(1)意大利文学;(2)意大利文学史;(3)意大利史;(4)文学概论;(5)中国文学史;(6)希腊文学史;(7)罗马文学史;(8)近世欧洲文学史;(9)言语学概论;(10)哲学概论;(11)美学概论。

言语学类:(1)国语学;(2)人类学;(3)音声学;(4)社会学原理;(5)史学概论;(6)文学概论;(7)哲学概论;(8)美学概论;(9)希腊语学;(10)拉丁语学;(11)西洋近世语概论;(12)东洋近世语概论。

（三）历史学门分为下之二类:

中国史及东洋史学类:(1)史学研究法;(2)中国史(《尚书》《春秋左氏传》、秦汉以后各史);(3)塞外民族史;(4)东方各国史;(5)南洋各岛史;(6)西洋史概论;(7)历史地理学;(8)考古学;(9)年代学;(10)经济史;(11)法制史(《周礼》,各史志、通典、通考、通志等);(12)外交史;(13)宗教史;(14)美术史;(15)人类及人种学。

西洋史学类:(1)史学研究法;(2)西洋各国史;(3)中国史概论;(4)历史地理学;(5)考古学;(6)年代学;(7)经济学;(8)法制史;(9)外交史;(10)宗教史;(11)美术史;(12)人类及人种学。

（四）地理学门:(1)地理研究法;(2)中国地理;(3)世界各国地理;(4)历史地理学;(5)海洋学;(6)博物学;(7)殖民学及殖民史;(8)人类及人种学;(9)统计学;(10)测地绘图法;(11)地文学概论;(12)地质学;(13)史学概论。

第八条　大学理科之科目如下:

（一）数学门:(1)微分积分学;(2)微分方程式;(3)函数论;(4)近世代数学;(5)近世几何学;(6)平面及立体解析几何学;(7)四原(或诸原);(8)概率学及最小二乘法;(9)代数解析及方程式论;(10)变分学;(11)整数论;(12)积分方程式论;(13)理论物理学;(14)星学;(15)物理学实验;(16)数学演习。

（二）星学门:(1)天体物理学;(2)天体力学;(3)理论星学;(4)实地星学;(5)微分积分学;(6)近世几何学及演习;(7)概率学及最小二乘法;(8)一般函数及椭圆函数论;(9)高等微分方程式;(10)应用微分方程式;(11)气象学;(12)理论物理学;(13)力学;(14)光学;(15)物理化学;(16)结晶学;(17)地质学概论;(18)大地测量学;(19)星学实验;(20)制图术。

（三）理论物理学门:(1)理论物理学;(2)力学;(3)气体动力学;(4)热力学;(5)光学;(6)电学;(7)应用电学;(8)物理化学;(9)微分积分学;(10)高等微分方程式;(11)几何学;(12)星学及最小二乘法;(13)物理学实验;(14)理论物理演习。

（四）实验物理学门:(1)力学通论;(2)应用力学;(3)热学;(4)光学;(5)电学;(6)应用电学;(7)物理化学;(8)微分积分学;(9)星学及最小二乘法;(10)物理学实验;(11)物理化学实验;(12)化学实验;(13)星学实验;(14)理论物理学演习。

（五）化学门：(1)无机化学；(2)有机化学；(3)物理化学；(4)分析化学；(5)应用化学；(6)卫生化学；(7)数学；(8)物理学；(9)矿物学；(10)结晶学；(11)化学史；(12)物理学实验；(13)化学实验(定性分析、定量分析、重量分析、物理化学、气体分析、有机分析、显微镜分析)。

（六）动物学门：(1)动物学总论；(2)脊椎动物学；(3)无脊椎动物学；(4)骨骼学；(5)动物发生学；(6)动物学实验；(7)动物发生学实验；(8)比较组织学及讲习；(9)植物学；(10)植物学实验；(11)地质学及实验；(12)矿物学及实验；(13)地理学；(14)生理学；(15)水产学；(16)人类学；(17)古生物学；(18)生物进化论；(19)动物学山野演习；(20)临海实验；(21)实地研究。

（七）植物学门：(1)植物分类学；(2)植物形态学；(3)植物生理学；(4)植物生态学；(5)应用植物学；(6)植物分类学实验；(7)植物解剖学实验；(8)植物生理学实验；(9)细菌学实验；(10)动物学；(11)动物学实验；(12)地质学及实验；(13)矿物学及实验；(14)地理学；(15)生理学；(16)水产学；(17)古生物学；(18)生物进化论；(19)植物学山野演习；(20)临海实验；(21)实地研究。

（八）地质学门：(1)地质学；(2)应用地质学；(3)地质学实验；(4)岩石学；(5)岩石学实习；(6)矿物学；(7)矿床学；(8)矿物学实验；(9)结晶光学；(10)化学实验；(11)古生物学；(12)古生物学实验；(13)动物学及实验；(14)植物学及实验；(15)地理学；(16)测量学及实习；(17)测地学；(18)人类学；(19)制图术；(20)地质巡验；(21)实地研究。

（九）矿物学门：(1)矿物学；(2)应用矿物学；(3)矿物学实验；(4)矿床学；(5)采矿学；(6)地质学；(7)地质学实验；(8)岩石学；(9)岩石学实验；(10)结晶光学；(11)化学；(12)化学实验；(13)古生物学；(14)古生物学实验；(15)动物学及实验；(16)植物学及实验；(17)地理学；(18)冶金学大意；(19)制图术；(20)测量学及实习；(21)矿物巡验；(22)实地研究。

第九条　大学法科之科目如下：

（一）法律学门：(1)宪法；(2)行政法；(3)刑法；(4)民法；(5)商法；(6)破产法；(7)刑事诉讼法；(8)民事诉讼法；(9)国际公法；(10)国际私法；(11)罗马法；(12)法制史；(13)法理学；(14)经济学；(15)英吉利法、德意志法、法兰西法(选择一种)；(16)比较法制史；(17)＊刑事政策；(18)＊国法学；(19)＊财政学。(＊为选择科目之符号，后仿此。)

（二）政治学门：(1)宪法；(2)行政法；(3)国家学；(4)国法学；(5)政治学；(6)政治学史；(7)政治史；(8)政治地理；(9)国际公法；(10)外交史；(11)刑法总论；(12)民法；(13)商法；(14)经济学；(15)财政学；(16)统计学；(17)社会学；(18)法理学；(19)＊农业政策；(20)＊工业政策；(21)＊商业政策；(22)＊社会政策；(23)＊交通政策；(24)＊殖民政策；(25)＊国际公法(各论)；(26)＊政党史；(27)＊国际私法。

（三）经济学门：(1)经济学；(2)经济学史；(3)经济史；(4)经济地理；(5)财政学；(6)财政史；(7)货币论；(8)银行论；(9)农政学；(10)林政学；(11)工业经济；(12)商业经济；(13)社会政策；(14)交通政策；(15)殖民政策；(16)保险学；(17)统计学；(18)宪法；(19)民法；(20)商法；(21)经济行政法；(22)＊政治学；(23)＊行政法；(24)＊刑法总论；(25)＊国际公法；(26)＊国际私法。

第十条　大学商科之科目如下：

（一）银行学门：(1)经济原论；(2)经济史；(3)商业数学；(4)商业史；(5)商业地理；(6)商品学；(7)商业簿记学；(8)商业通论；(9)商业务论；(10)商业经济学；(11)财政原论；(12)应用财政学；(13)银行论；(14)银行史；(15)银行政策；(16)金融论；(17)外国汇兑及金融论；(18)货币论；(19)交易所论；(20)银行实务；(21)银行簿记学；(22)商业政策；(23)统计学；(24)民法概论；(25)商法；(26)破产法；(27)国际公法；(28)国际私法；(29)会计学；(30)英语；(31)第二外国语(德、法、俄、日之一)；(32)实地研究。

（二）保险学门：(1)经济原论；(2)商业数学；(3)商业史；(4)商业地理；(5)商品学；(6)商业簿记学；(7)商业通论；(8)商业各论；(9)商业经济学；(10)财政原论；(11)保险通论；(12)生命保险；(13)损害保险；(14)决疑数学；(15)商业政策；(16)统计学；(17)民法概论；(18)商法；(19)破产法；(20)国际公法；(21)国际私法；(22)会计学；(23)应用统计学；(24)英语；(25)第二外国语(德、法、俄、日之一)；(26)实地研究。

（三）外国贸易学门：(1)经济原论；(2)经济史；(3)商业数学；(4)商业史；(5)商业地理；(6)商品学；(7)商业簿记学；(8)商业通论；(9)商业各论；(10)商业经济学；(11)财政原论；(12)贸易论；(13)外国汇兑及金融论；(14)交易所论；(15)关税学；(16)运输论；(17)银行论；(18)商业经营法；(19)商品鉴识法；(20)外国贸易论；(21)商业政策；(22)工业政策；(23)工业学；(24)统计学；(25)民法概论；(26)商法；(27)破产法；(28)国际公法；(29)国际私法；(30)英语；(31)第二外国语（德、法、俄、日之一）；(32)实地研究。

（四）领事学门：(1)经济原论；(2)商业数学；(3)商业史；(4)商业地理；(5)商品学；(6)商业簿记学；(7)商业通论；(8)商业各论；(9)商业经济学；(10)财政原论；(11)外国贸易论；(12)商业政策；(13)外交史；(14)关税学；(15)殖民政策；(16)通商条约；(17)统计学；(18)民法概论；(19)商法；(20)比较民法及比较商法；(21)破产法；(22)商事行政法；(23)国际公法；(24)国际私法；(25)英语；(26)第二外国语（德、法、俄、日之一）；(27)实地研究。

（五）关税仓库学门：(1)经济原论；(2)商业史；(3)商业地理；(4)商品学；(5)商业簿记学；(6)商业通论；(7)商业各论；8)商业经济学；(9)财政原论；(10)外国贸易论；(11)商业政策；(12)统计学；(13)海关制度；(14)税率论；(15)仓库制度；(16)仓库证券论；(17)各国度量衡论；(18)通商条约；(19)民法概论；(20)商法；(21)破产法；(22)国际公法；(23)国际私法；(24)会计学；(25)工业学；(26)英语；(27)第二外国语（德、法、俄、日之一）；(28)实地研究。

（六）交通学门：(1)经济原论；(2)商业史；(3)商业地理；(4)商品学；(5)商业簿记学；(6)商业通论；(7)商业各论；(8)商业经济学；(9)财政原论；(10)外国贸易论；(11)商业政策；(12)工业政策；(13)商事行政法；(14)统计学；(15)交通政策；(16)铁道经济学；(17)陆运论；(18)水运论；(19)铁道管理法；(20)商船管理法；(21)邮电行政论；(22)邮便贮金论；(23)民法概论；(24)商法；(25)破产法；(26)国际公法；(27)国际私法；(28)工业学；(29)英语；(30)第二外国语（德、法、俄、日之一）；(31)实地研究。

第十一条　大学医科之科目（略）。

第十二条　大学农科之科目（略）。

第十三条　大学工科之科目（略）。

第十四条　大学讲座之种类及数目，由校长提出，评议会决定，呈请教育总长认可。

第十五条　大学各科目授业时间，及学生应选修之科目，由校长订定呈报教育总长。

第三章　预科

第十六条　预科学生入学之资格，须在中学校毕业，及经试验有同等学力者。中学校毕业生如超过定额时，应行竞争试验。

第十七条　预科分为三部：第一部为志愿入文科、法科、商科者设之，第二部为志愿入理科、工科、农科并医科之药学门者设之，第三部为志愿入医科之医学门者设之。

第十八条　第一部之科目为外国语、国文、历史、伦理、论理及心理、法学通论。在志愿入文科者，于前项科目之外加课经济通论。在志愿入文科之哲学门者，于前二项科目中缺伦理及心理，加课数学物理。外国语除继续中学校所习外，并须选习英、德、法之一种，为第二外国语。在志愿入法科者，于第一项科目之外，得加拉丁语为随意科。

第十九条　第二部之科目为外国语、国文、数学、物理、化学、地质学及矿物学、图画。在志愿入农科及医科之药学门、理科之动物学门、植物学门、地质学门者，于前项科目之外加课动物学及植物学。在志愿入工科之土木学门、机械学门、电气工学门、采矿学门、冶金学门、造船学门、建筑学门、理科之数学门、物理学门、星学门、农科之农学门、农艺化学门、林学门者，并加课测量学。外国语之选习，与第一部同；但志愿入农科之林学门及工科之电气工学门、应用化学门、造兵学门、采矿学门、冶金学门及医科之药学门者，应习德语。在志愿入医科之药学门、理科之动物学门、植物学门、地质学门、矿物学门、并农科之兽医学门者，得加拉丁语为随意科。

第二十条　第三部之科目为外国语、国文、拉丁语、数学、物理、化学、动物学及植物学。外国语之选习与第一部同,但应以德语为主。

第四章大学院

第二十一条　大学院为大学教授与学生极深研究之所。大学院之区分,为哲学院、史学院、植物学院等,各以其所研究之专门学名之。

第二十二条　大学院以本门主任教授为院长,由院长延其他教授或聘绩学之士为导师。

第二十三条　大学院不设讲座,由导师分任各类,于每学期之始提出条目,令学生分条研究,定期讲演讨论。

第二十四条　大学院之讲演讨论,应记录保存之。

第二十五条　大学院生经院长许可,得在大学内出席担任讲授或实验。

第二十六条　大学院生自认研究完毕,欲受学位者,得就其研究事项提出论文,请求院长及导师审定,由教授会议决,遵照学位令授以学位。

第二十七条　大学院生如有新发明之学理,或重要之著述,得由大学评议会议决,遵照学位令授以学位。

第二十八条　本规程自公布日施行。(王杰、祝士明编著《学府典章·中国近代高等教育初创之研究》,天津大学出版社2010年版)

1月16日,教育部颁布《私立大学规程》14条,从大学的办学条件、师资水平上予以规定。

按:是为中国近代专门针对私立大学的第一个成文法规。

1月19日,教育部公布《视学规程》,将全国划分为8个视学区,每区派视学2人,视察该区普通及社会教育。

按:是年,教育总长范源濂还规划实施"六大师范区制",把全国划为直隶、东三省、湖北、四川、广东、江苏六大师范区,每区辖数省。各区分设国立高等师范学校一所,直属教育部领导,区内其余高师或并入或降为中师。

1月20日,中华民国学生会在北京发起组织,4月上旬正式成立,吴稚晖任会长。

2月4日,北京参众两院复选,国民党获392席,共和、统一、民主三大党仅得223席。宪法讨论会在北京成立。

2月7日,宪法讨论会在北京召开成立大会,推举孙洪伊为主席,审订章程,推举汪荣宝、易宗夔为常驻干事。

2月15日,教育部召开读音统一会,讨论审定国音,采定字母,最后拟定注音字母39个。

2月16日,王芝祥、孙毓筠等19人发起国事维持会,召开成立大会,发表宣言。

2月24日,教育部颁发《高等师范学校规程》,对高师的培养目标、分科及修业年限、课程设置等都作规定。

按:《高等师范学校规程》分7章,共35条,规定高等师范学校分预科、本科、研究科。其中本科由预科毕业生升入,修业3年,分国文、英语、历史地理、数学物理、物理化学、博物6部,各部设分习科目和通习科目。研究科学生由校长从本科及专修科毕业生中选取,在国内外专门学校毕业及从事教育、有相当之学识经验者,经校长认可亦得自费入学,修业1—2年,就本科各部择二、三科目研究之。

是日,民国世界语传习所公布将在全国普及世界语。

是月,《孔教会杂志》在上海创刊,由该会会长陈焕章主编。

3月4日,全国禁烟联合会在北京开会,6日闭会。

3月12日,内务部通令全国禁止父母强迫子女为僧尼、官吏强迫僧尼还俗。

3月14日,湖南长沙成立孔道会,推举舒礼鉴为会长。

3月19日,教育部公布《中学校课程标准》,对中学四年课程标准作出明确规定。

3月20日,宋教仁奉袁世凯电召北上,在上海北站检票口突遭枪击。

按:3月22日凌晨,宋教仁不治身亡。凶手背后的操盘之人直指时任民国大总统袁世凯的手下健将赵秉钧。

3月25日,孙中山自日本回上海,当晚与陈其美、居正、戴季陶等会集黄兴寓所,商讨解决宋案的策略,决定武装倒袁,二次革命开始。

按:当时内部出现分歧,黄兴首先主张按法律程序倒袁。戴季陶反对,主张二次革命。黄兴认为"南方武力不足恃,苟或发难,必致大局糜烂",主张暗杀袁世凯。孙中山认为暗杀不足取,对法律解决也不以为然,指出:"所能解决者只有武力。""袁氏手握大权,发号施令,遣兵调将,行动极称自由。在我惟有出其不意,攻其不备,迅雷不及掩耳,先发始足制人。"并强调:"宋案证据既已确凿,人心激昂,民气愤张,正可及时利用。否则时机一纵即逝,后悔终嗟无及。"

3月27日,天津成立改良戏曲练习所。

是月,中国同盟会在美国檀香山创办中华民国飞船(机)学校,按孙中山电示,该公司设立飞行科。

是月,王锡蕃等在山东济南发起组织孔道会。

4月5日,中央佛教会在北京召开成立大会。

4月8日,中华民国第一届国会在北京开幕,并由参众两院各选30人为宪法起草委员。

4月15日,国民党留日支部创办《国民杂志》。

4月26日,袁世凯与英、法、德、俄、日五国银行团签订《善后借款合同》。

按:善后大借款,1913年袁世凯的北洋政府向英、法、德、俄、日五国银行团的一次大借款,款项高达2500万镑,年息5厘,分47年偿清,以解决政府的国库空虚问题。

4月27日,孔社在北京成立,徐世昌为名誉社长,徐琪为社长,以阐扬孔学、融会百家、讲求实用、巩固国基为宗旨。袁世凯出席"孔社"成立大会,并致祝词,强调"中国之尊孔,有数千年历史之关系,四万万人心理所同,况共和政治为人民全体已成,思想发达,言语自由,尤非专制时代学说,定于一尊可比。"

4月29日,参议院召开会议,通过反对大借款案。

5月7日,教育部读音统一会决议《国音推行方法》。

按:黎锦熙认为:"民五以前几十年间,创字母,定国音,都只能算是狭义的国语运动。"(黎锦熙《国语运动史纲》,商务印书馆2011年版)

5月11日,湖北科学研究会成立,分设文学、格致、美术、实业、算学、军事、法制科。

5月20日,国民党上海交通部主办的《国民》月刊创刊,孙中山为该刊作《出世辞》。

5月24日,首届华北运动会在北京天坛举行。

5月25日,中日国民协会在北京正式成立,张继为会长,汤化龙为副会长。

5月28日,北京大学预科应届毕业生要求免试升入本科爆发学潮。

5月29日,由共和党、统一党、民主党合并而成的进步党在北京成立,意在与国民党抗衡。黎元洪任理事长,梁启超、张謇、熊希龄、汤化龙、孙武、伍廷芳等9人为理事。出版《天铎报》为机关报。

6月2日,北京大学学潮惊动朝野,袁世凯颁发《注重德育整饬学风令》,要求规范、整饬学校校风,严格管理学生纪律。

6月20日,内务部公布《寺院管理暂行规则》。

6月22日,袁世凯发布《尊孔祀孔令》,强调"国有治乱,运有隆替,惟此孔子之道,亘古常新,与天无极,通令应俟各省一律议复到京,即查照民国体制,根据古义,将祀孔典礼,折衷至当,详细规定,以表尊崇,而垂久远"。自此开始恢复学校祀孔典礼。

7月12日,江西都督李烈钧在湖口县发动讨袁起义,檄告中外,宣布独立,成为"二次革命"的先导。

按:13日,李烈钧被举为江西讨袁军总司令,通电"誓诛民贼袁世凯","巩固共和政体"。接着,江苏、上海、安徽、广东、福建、湖南、四川等地革命党人相继宣布独立,成立讨袁军,通电声讨弃毁约法、蹂躏国会、破坏民国、帝制自为的独夫民贼袁世凯。

7月14日,交通部委任华南圭筹设交通博物馆,并制定《交通博物馆筹备大纲》。

是日,教育部批准武昌大学立案。

7月中旬,孙中山在沪发表讨袁通电,揭露袁世凯的倒行逆施,发动"二次革命"。

7月23日,教育部通知各省暂留劝学员,设立县视学。

是月,教育部公布《捐资于学褒奖条例》,规定对捐资入学或美术馆、博物馆等社会教育场所实行奖励,同时明确奖励条件和措施。

是月,江西、江苏等地宣布独立,并组织讨袁军,史称"二次革命"。

8月2日,孙中山鉴于东南各省讨袁斗争形势逆转,乘轮离沪,准备经闽赴粤,以广东为根据地。

8月4日,淞沪警察厅布告禁止出售《民立报》《民权报》及其他革命性报纸。

是日,教育部公布《实业学校令》和《实业学校规程》。

8月15日,孔教会代表陈焕章、夏曾佑、梁启超、王式通等上书参众两院,请于宪法中明文规定孔教为国教。

8月17日,中华工程师会在汉口举行成立大会。会上选举詹天佑为会长,颜德庆、徐文炯为副会长,周良钦、苏以昭等20人为理事员。同时通过《中华工程师会简章》。

按:中华工程师会的宗旨为:1.统一工程营造,规定正则制度,使无参差杆格之患;2.发达工程事业,俾得利用厚生,增进社会之幸福;3.日新工程学术,力求自阐新途,不至囿于成法(《中华工程师会简章》(1913),载《中华工程师会报告》1913年11月第1期)。

8月28日,教育部公布《管理留欧学生事务规则》,规定官费生由各省出资派遣,同时对留学生纪律、回国事项加以限定。同时发布《学生不得投身政党训令》。

9月1日,张勋军队攻入南京,"二次革命"失败,孙中山、黄兴再次逃亡日本。

9月4日,上海《民立报》被迫停刊,共出版1036号。

9月11日,"名流内阁"由进步党内社会名流熊希龄组成,梁启超、孙宝琦、张謇等入阁。

9月17日,教育部通电各省,宣布定孔子的诞辰日(旧历八月二十七日)为圣节,令各学校放假一日,并举行祀孔典礼。

9月27日,孔教会在山东曲阜召开第一次全国大会,并在北京成立环球尊孔总教会,推康有为为会长,陈焕章为主任干事,各省成立分会或支会,曲阜设总会事务所。

是日,北京孔社开"孔子诞日纪念会"。

9月28日,教育部官员到孔庙祭祀。

是月,南苑航空学校在北京正式开学,秦国镛任首任校长,王鄂任教育长,厉汝燕任飞行主任教官,蒋丙然、越干臣等人为地面学科教官。

按：南苑航空学校以培养航空人才为教育目标，开创了中国最早的空军教育。

10月1日，因预科风潮和财政困难，北京大学暂时停办。

10月3日，沈维礼等在上海成立环球尊孔总教会，以昌明礼教、振兴文化为宗旨。

10月4日，宪法会议议决并公布《大总统选举法》，规定大总统任期5年，如再被选，可以连任一次。

10月6日，国会投票选举总统，会议开始后，"公民团"包围国会，胁迫议员选举袁世凯为总统，连选3次，袁世凯当选正式大总统。

10月16日，北京政府公布《国务院厘定公文书用纸程式条例》。

10月17日，陆军部颁布《陆军军队常年教育顺序令》，要求各部队通过教育和训练，培养军人的严格的纪律性，强健的体魄以及"完全之学术"。

按：陆军部先后颁布《各兵科军士上等兵教育令》《陆军军官团教育实施令》等一系列法令。

10月31日，《天坛宪法草案》通过。

按：《天坛宪法草案》共11章，113条。主要内容包括：以列举方式规定了人民广泛的权利，非依法不得限制、停止或侵犯；总统由国会选举，并设副总统；政府组织采用议会内阁制，以限制总统的权力；国会采用参众两院制，在国会闭会期间，由议员中选出40名委员组成国会委员会作为常设机关；司法权由法院行使，除审理一般案件外，法院还受理行政诉讼；等等。后因当时临时大总统袁世凯阴谋称帝，以武力解散国会，这部宪法草案也随之被废除。

11月3日，袁世凯公布《国籍法施行规则》。

11月4日，袁世凯下令解散国民党，取消国民党议员资格。

11月26日，袁世凯发布《尊孔典礼令》，称"孔子之道，如日月经天，江河行地，树万世之师表，亘百代而常新。凡有血气，咸蒙覆帱，圣学精美，莫与比伦。溯二千余年，历史相沿，率循孔道，奉为至圣。现值新邦肇造，允宜益致尊崇"，规定"所有衍圣公暨配祀贤哲后裔，膺受前代荣典，祀典均仍其旧。惟尊圣典礼綦重，应由主管部详稽故事，博考成书，广征意见，分别厘定，呈候布行"。当日接见"衍圣公"孔令贻，授予一等嘉禾章。

11月27日，北京佛教、基督教、天主教、回教等团体，组成宗教联合会，抵制"定孔教为国教"。

12月4日，北京国务院下令查禁《社会杂志》。

12月8日，教育部下令整顿私立大学。

12月29日，内务部制定《古物陈列所章程》和《保存古物协进会章程》。

按：《古物陈列所章程》共分17条，对古物陈列所的职责、隶属、职员职务、组织分工等都作了详细说明，规定陈列所掌握古物保管事项，隶属于内务部。所内设所长、副所长、书记员和司事，并分设文书课、陈设课、庶务课，各负其责，每年年终，由所长将陈列物品造册及办理成绩上报内务部。

是年，《武德》《民国汇报》《江苏教育行政月报》《贵州实业杂志》《佛教月报》《不忍杂志》《教育部编纂处月刊》《中央商学会杂志》《星期汇刊》《实报》《震旦》《今闻类钞》《孔教会杂志》《平论报》《大陆国报》《文史杂志》《(杭州)教育周报》《宪法新闻》《言志》《国民杂志》《实业丛报》《谠报》《万国女子参政会旬报·月刊》《(上海)云南》《(上海)中华实业丛报》《大同周报》《国民》《教育研究》《新神州杂志》《国是》《论衡》《白阳》《宗圣汇志·宗圣学报》《宗圣杂志》《教育报》《山东实业报》《公论》《四川译学报》《浙江省农会报》《国会丛报》《商学协会杂志》《云南实业杂志》《楚学杂志》《中华》《学丛》《神州》《四川矿业杂志》《绍兴县教育会月刊》《如皋县公署通俗报》《中国商会联合会会报·中华全国商会联合会会报》《法政学报》

《吴县教育杂志》《神州医药学报》《中华工程师会会报》《沪报》《(上海)中华杂志》《蜀风报》《歌场新月》《(上海)华侨杂志》《雅言》《时事汇报》《香江杂志》《电气协会会报》《希社丛编》《游戏杂志》《藏文白话报》《文艺周报》《自由杂志》《香艳集》《时事汇报》《学渊》《内务公报》《谈盐丛报》《国报》《日知报》《天问》《人道周报》《文艺周报》《云南》《孔社杂志》《圣经报》《进化报》《赈务报告书》《通俗教育杂志》《博物杂志》《蒙学报》《上海公报》《神州丛报》《醒目》《山东教育报》《协群报》《林捐杂志》《秦中公报》《众议院公报》《醒氓》《东大陆报》《新纪元》《北京时报》《大东日报》《日日新闻》《正论报》《公论日报》《汉口先驱报》《吉长日报》《义声报》《社会新报》《湖北教育厅公报》《直隶教育界》《教育部月刊》《浙江教育周报》《无锡教育杂志》《教育部编纂处月刊》《金陵之光》《中华工程师会会报》《电气协会杂志》《四川矿业杂志》《交通丛报》《中国红十字会杂志》《中国商会联合会会刊》《国货调查录》《海外中外贸易统计年刊》《通商报》《吉林农业杂志》《陕西省农会杂志》《湖南农报》《滑稽杂志》《南大青年》《海关进出口贸易月报》《海关中外贸易统计年刊》《信义报》等报刊创刊。

二、学术活动

章炳麟1月1日在东北筹边公署正式开始办公,拟定发展东北实业计划书,但处处受到掣肘,无法有所作为。27日,返京面谒袁世凯,要求获得支持,但一无所获,激愤之下,提出了辞职,未获批准。29日,致书袁世凯,重申"为此沥诚恳请速予去职,以纾责任而免降俘"。2月中旬,再度赴长春,实地测量运河开凿线路。

> 按:章炳麟《致袁世凯呈文》曰:"东三省筹边使章炳麟为呈请事,前上辞职一电,蒙大总统覆电慰留,审思数四。亡国大夫难与图存,一薰一莸不可共器,如陈昭常之蟜藏盗款、宋小濂之阴作汉奸,事已彰明,而政府不能惩治,乃至烂羊焐胃,滥厕监司,义子龙阳窃叨非分,此东三省者终为朝鲜之续。虽实业成就,人民殷富,亦何救于危亡。炳麟身在东隅,置能鱼贯相随,与此曹同作第二季完用耶。为此沥诚恳请速予去职,以纾责任而免降俘。其办理实业经费,已向英比银行借款七十万镑,曾在上海签字,未经财政部核准,该代表奥西亚即于初一日来京,请速派贤员前来接任,庶此款不至落空也。"

章炳麟3月20日因宋教仁被刺愤然去职,撰《宋教仁哀辞》,由拥袁走向反袁,南下参与二次革命。4月17日,从长春返回上海,与孙中山、黄兴等共谋解决宋案对策,要求铲除腐败、专制。5月初,赴武昌,谒黎元洪。10日,在鄂致电袁世凯,要求罢黜四凶:梁士诒、赵秉钧、陈宦、段芝贵。下旬,由武汉抵达北京,25日,袁世凯发令授予章炳麟二级勋章一枚。6月4日,章炳麟离京来沪。8日,国民党上海交通部为先后到沪的章炳麟、蔡元培、汪精卫举行茶话会,章炳麟发表演说。15日,与吴兴汤国梨于上海哈同公园举行结婚礼。18日,致电总统及国务院辞去东三省筹边使职务。20日,章炳麟自沪出发,至杭州西湖度蜜月。7月12日,李烈钧在江西举兵讨袁,"二次革命"爆发。15日,南京宣布独立,黄兴任江苏讨袁军总司令。16日,章炳麟发布《宣言书》。同日,有《致黎元洪电》,冀其厉兵北向,请诛罪人,以为南方指导。22日,袁世凯宣布"讨伐令"。26日,章炳麟发表《第二次宣言》。27日,袁世凯令军警"保护"国会,进行监视。8月,为越南阮尚贤《南枝集》作序。同月11日,章炳麟冒险入京,即被袁世凯党羽秉钧派四巡警出入严密监视。其间,章炳麟曾致书袁世凯,正告袁世凯"防民之口,甚于防川。"

> 按:章太炎《与袁世凯书》后公开发表在1913年11月9日的《顺天时报》,引起社会极大关注,并曾一度迫使袁世凯及其党羽商议对章太炎的对策,其曰:

大总统执事:

清失其鹿,民国肇兴,虽兵不血刃,百日而成,追惟事前经营之力,所以摩荡人心者,盖十有余年矣。炳麟不佞,始以历史民族之义,提倡光复。时前总统孙公屏居日本,交游素寡,初与定交,同谋匡济。既而文字兴祸,絷于沪滨,海内为之激昂。幸得不死,东抵江户。以天之灵,黄农虞夏之佑我孙子,腾书驰说,不为四百兆人遐弃,内外喁喁,延颈望义。逮乎辛亥,大义举于武昌,十有四省,应如反掌。夫唯历史民族之义,足以为全国斗杓,故举兵不以为犯顺,推亡不以篡盗。

民国既定,以外患之亟,京宅之不可偏安,奠都宛平,躬实倡议。自以积年行事,可告无罪于同胞也。其后稍谋仕宦,发举贪墨数事,此则在官之责当然,亦以为无负于大总统也。不图谗谄交构,必欲制其死命。徒以语言不逊,谓之从乱。幽居京邸,宪兵围守者,已三月矣。

炳麟以眇眇之身,始执大象,以厉国民;涉险垂危,幸而克济。其于民国,本艰难困苦而致之,虑任邪佞以致覆亡,恩勤之心,自不能一日去于怀也。曩者孙公草创金陵,纲纪未具,政事小有凌乱,其于炳麟,又有同义肺腑之亲,然犹奋笔弹射,无所避回。今之政事,视金陵何如?此自大总统所明喻。纵欲为盛朝隐讳,心既不安,且无以对孙公于前日。四万万人之所具瞻者,又不能借好言美赂而终蔽之也。

防民之口,甚于防川。此之讥议,不专在炳麟一身明矣。既不相舍,故欲出居青岛,以反初服而养疴疾,抵书警备副司令陆君,以此喻意。七日以来,终无报命。

昔乐毅佐燕,以报强齐,故鼎返乎历室,大吕陈乎玄英,蓟丘之植,植于汶篁。谗人间之,亡奔于赵。以炳麟之愚戆,诚不敢自比古人也。若大总统犹以为恨,未能相释,虽仰药系组以从大命,势亦足以两解,而惧伤大总统之明耳。如可,且隐忍以导出疆,虽在异国,至死而不敢谋燕,亦犹乐生之志也。敢布腹心,惟大总统鉴之。章炳麟启。(朱维铮等编注《章太炎选集》,上海人民出版社1981年版)

章炳麟9月下旬发表《驳建立孔教议》,反对定孔教为国教。11月,拒绝袁世凯以国史馆总裁及开设弘文馆的诱惑。11月22日,致书袁世凯,要求三日内答复。信中提到"大总统羁之不舍,即使赵秉钧以国史相饵,又为别为置顿",并对袁世凯进行辛辣的嘲讽,重申自己出京的要求,同时又重提曾与马相伯同议的"考文苑"之建设,认为考文苑一事"经纬国常,著书传世,其职在民而不在官,犹古九两师儒之业。迩来方言国音、字典文例、文学史、哲学史等,皆未编成,而教育部群吏,又盲瞽未有知识,国华日消,民不知本,实愿有以拯济之",拟定计划考文苑有40人,经费数十万元,后终未成。

按:章炳麟11月22日再致袁世凯信曰:

大总统执事:

前上一书,未见答覆。迩者宪兵虽解,据副司令陆建章言,公以人才阙乏,必欲强留。炳麟不能受此甘言也。若有他故,能议公者岂惟一人!舆论纵不振于中土,若外人之烦言何?炳麟本以共和党独立,来相辅助,亦傥至而相行耳。而大总统羁之不舍,即使赵秉钧以国史相饵,又为别为置顿。炳麟以深山大泽之夫,天性不能为人门客。游于孙公者,旧交也;游于公者,初交也。既而食客千人,珠履相耀,炳麟之愚,岂能与鸡鸣狗盗从事耶?史馆之职,盖以直笔绳人,既为群伦所不便。方今上无奸雄,下无大佞,都邑之内,攘攘者穿窬摸金皆是也。纵作史官,亦倡优之数耳!窃闻史迁、陈寿之能谤议,而后世乐于览观者,以述汉、魏二武之事也,不幸遇朱全忠、石敬瑭,虽以欧阳公之叹息,欲何观焉!今大总统圣神文武,咸五登三,簪笔而颂功德者,盖以千亿,亦安赖于一人乎?

属有武汉人士招往讲学,北方亦有一二人耸之。愚意北方文化已衰,朝气光融,尚在江汉合流之地,不欲羁滞幽燕也。必若蔑弃约法,制人迁居,知大总统恪其宪典,必不为也。饱食终日,无所用心,以与朋辈优游谑浪,炳麟亦不能为也。苟图其大,得屈此身以就晦冥之地,则私心所祈向者,独考文苑一事,经纬国常,著书传世,其职在民而不在官,犹古九两师儒之业。迩者方言国音、字典文例、文学史、哲学史等,皆未编成,而教育部群吏,又盲瞽未有知识,国华日消,民不知本,实愿有以拯济之。同苑须四十人,书籍碑版印刷之费,数复不少,非岁得数十万元不就。若大总统不忘宗国,不欲国性与政治具衰,炳麟虽狂简,敢不从命？若縶维一人以为功,委弃文化以为武,凤翔翔于千仞,览德辉而下之,炳麟其何愧之有？设有不幸,投诸浊流而甘心也。书此达意,请于三日内答复。章炳麟启,十一月廿二日。（朱维铮等编注《章太炎选集》,上海人民出版社 1981 年版）

　　章炳麟 12 月 9 日在京被袁世凯软禁期间创办章氏国学讲习会,作《国学会告白》张贴在讲堂的墙壁上,强调"余主讲国学会,踵门来学之士亦云不少。本会专以开通智识,昌大国性为宗,与宗教绝对不能相混。其已入孔教会而后愿入本会者,须先脱离孔教会,庶免薰莸杂糅之病"。讲授经学、史学、玄学、子学,每科编有讲义。

　　按:《癸丙之间言行轶录》记其在北京讲学情形云:"穷愁抑郁既以伤生,纵酒谩骂尤非长局,党中同人商允先生讲学。国学讲习所遂克期成立。讲室设于党部会议厅之大楼,报名者杳至。袁氏私人受命来监察者,亦厕讲筵。讲授科目为经学、史学、玄学、子学,每科编讲义,党中此类书籍无多,先生亦不令向外间购借,便便腹笥,取之有馀。讲授时源源本本,如数家珍,贯串经史,融和新旧,阐明义理,剖析精要,多独到创见之处。讲学时绝无政治上感情,不惟专诚,学子听之忘倦,即袁氏之私人,无不心服,忘其来意矣。"听讲者百余人,多为北京各大学教员。北大学生傅斯年、顾颉刚也前来听讲。后由弟子吴承仕记录成《蓟汉微言》一书。

　　章炳麟是年冬为龚翼星《光复军志》撰序。是年,修改《小学答问》《文始》,并将《文始》手写本影行,鲁迅曾索得《文始》石印本。又为胡仰曾《国语学草创》撰序,并撰《自述学术次第》,有述治学经历与经验。

　　按:《自述学术次第》曰:"余生亡清之末,少甚异族,未尝应举,故得泛览典文,左右采获。中年以后,著纂渐成,虽兼综故籍,得诸精思者多,精要之言,不过四十万字,而皆持之有故,言之成理,不好与儒先立异,亦不欲为苟同,若《齐物论释》、《文始》诸书,可谓一字千金矣。晚更患难,自知命不久长,深思所窥,大畜犹众。即以中身而陨,不获于礼堂写定,传之其人,故略录学术次第,以告学者。"（以上参见姚奠中、董国炎《章太炎学术年谱》,山西古籍出版社 1996 年版;汤志钧编《章太炎年谱长编（增订本）》,中华书局 2013 年版;王学典《20 世纪史学编年（1900—1949）》,商务印书馆 2014 年版）

　　马相伯是年春为袁世凯聘为总统府高级政治顾问,与章炳麟待遇同。马相伯从此和年龄、经历、学见很不相同的章炳麟有很多合作。是年,因北上参政,马相伯请教务长李登辉接任复旦大学校长;清室聘请马相伯、郑孝胥担任溥仪师傅,负教导责。马相伯建议溥仪留学欧洲,不听,遂离去;历时十数年的努力,马相伯翻译的《新约》福音书《新史合编直讲》由上海土山湾印书馆出版。（参见李天纲编《中国近代思想家文库·马相伯卷》及附录《马相伯年谱简编》,中国人民大学出版社 2014 年版）

　　梁启超 2 月 24 日正式加入共和党。4 月 9 日,邀集一时名士 40 余人修禊于京西万牲园。14 日,共和党理事长黎元洪公宴该党参众两院议员于万牲园,与会者 300 余人,席间梁启超发表长达 3 小时之演说,题为《共和党之地位与其态度》,对于共和党以后应持的态度和应注意各事,论述极为详尽。同月,参与严复领衔 260 余人发起成立的北京孔教公会。5 月 29 日,由统一、共和、民主三党合并的进步党在京举行成立大会,到会千五百余人,梁启超、孙武、王印川并有演说,推举黎元洪为理事长,梁启超、张謇、伍廷芳、孙武、那彦图、汤化龙、王赓、蒲殿俊、王印川为理事。名誉理事有:阿穆尔灵圭、张绍曾、冯国璋、周自齐、熊希龄、阎锡山、胡景伊、尹昌衡、蔡锷、朱瑞、唐继尧、陆荣廷、张镇芳、杨增新、张凤期、程德全、陈国祥、徐勤、庄蕴宽、汪大燮、陈昭常、齐耀琳、陈炯明。8 月 15 日,与陈焕章、夏曾佑、梁启超、王式通等上书参众两院,请于宪法中明文规定孔教为国教。9 月 11 日,熊希龄内阁成立,梁启超任司法总长,发表《告乡中父老书》,表示要完善法制,并公正执法。

按：孙宝琦为外交总长，朱启钤为内务总长，汪大燮为教育总长，张謇为工商总长兼农林总长，周自齐为交通总长，段祺瑞为陆军总长，刘冠雄为海军总长，熊希龄自兼财政总长。当时人称之为"人才内阁"，因阁员九人中梁启超先生和熊、汪、张、周均系进步党党员，又称进步党内阁。

梁启超 10 月初代熊希龄总理起草《内阁大政方针宣言书》，由国会通过作为内阁文件发表。同月 6 日，袁世凯被选为正式大总统。11 月 4 日，令解散国民党并取消该党党籍之国会议员，是为消灭国会之先声。26 日，致书康有为，详陈用人之难，时康有为以母丧返国，袁世凯也曾三次电请。是年，梁启超发表《敬告政党及政党员》《革命相续之原理及其恶果》《进步党调查政费意见书》《进步党政务部特设宪法问题讨论会通告书》《进步党拟中华民国宪法草案》《同意权与解散权》《多数政治之试验》《国会之自杀》《述归国一年来所感》等文。
（以上参见丁文江、赵丰田编著《梁启超年谱长编》，上海人民出版社 2009 年版）

张謇 2 月 16 日因时局日扰，人情日诡激，士气日鄙薄，议长不可为，拟辞江苏议会议长职。2 月，为孙锦标《南通方言疏证》题写书名，该书由翰墨林编译印书局出版。3 月 18 日，《通海新报》创刊发行，社址设在寺街，由翰墨林编译印书局承印，张謇为题报名。3 月，张謇嘱南通县教育会举行大会，选举孙儆为会长，顾公毅、李元薆当选为正、副会长。4 月 19 日，于《通海新报》载所拟民国《国歌》三章。

按：教育部于 2 月 26 日约请蔡元培、梁启超等 15 人拟国歌歌词，后仅有章炳麟、张謇、钱恂与汪荣宝应约。张謇所拟民国《国歌》三章其一云："仰配天之高高兮，首昆仑祖峰；俯江河以经纬地舆兮，环四海而会同；前万国而开化兮，帝庖牺与黄农。巍巍兮尧舜，天下兮为公。贵胄兮君位，揖让兮民从。呜呼尧舜兮，天下为公。"

张謇 5 月 10 日在《教育研究》第 1 期载《发刊辞》，谓"夫政府者，社会之所自出也。有良社会，乃有良政府；有良教育，乃有良社会。革兴以来，海内同志故有社会教育之兴起"；"惟欲求社会之改良，必须谋教育之统一，而教育之统一必藉人材，人材之肇兴端资研究"。5 月 29 日，出席进步党在北京举行的成立大会，被推为理事。同月，与张詧、刘桂馨、陈琛建大聪电话公司，张詧任经理，陈琛继任。

按：3 月 18 日，张謇与张詧、刘桂馨、陈琛于《通海新报》连载《大聪电话公司招股启事》，其曰："世界日进文明，事务日臻复杂，斯交通不得不日求便利。""同人等应社会之需要，谋交通之敏捷，爰议组织大聪电话公司。以通城为总机关，逐渐扩充至海门、如皋各邻县。"（《新报》1913 年 3 月 18 日）至此，正式成立大聪电话公司，创办南通城乡邮政和电话业务。

张謇 6 月 29 日在江苏省教育会在上海举行的选举大会上，被推为会长，王胜之（同愈）副会长。另有蒋季和、陆基、贾丰臻、沈恩孚、王纳善、黄炎培、仇坪、沈颐、伍达、杨锦森、赵铨年、吴本善、吴家煦、夏曰琳等为干事员。9 月 11 日，奉袁世凯令，任工商总长职，并暂兼农林总长职。同月，筹建军山气象台。10 月 8 日，张謇与熊希龄、孙宝琦、朱启钤、段祺瑞、刘冠雄、梁启超、汪大燮、周自齐等获袁世凯授一等嘉禾章。10 日，张謇往南通代用师范学校，参加建校 10 周年纪念会与校友会，发表演说。

按：张謇发表演说略曰："中国私立之学、师范之校，本校为先例。嗣是而高等小学，而初等小学，而中学，而农学，而商学，而女师范学，无不根萌本校。处智识竞争时代，民而愚，固不足言竞争，与语自治亦不可得。""今海内谈教育者，南通屈指能及，是奚足哉？将以南通教育，树全国之模范，而不先自完一县之模范，何足云普及教育？且教育非徒谋普及而已！"（《时报》1913 年 10 月 15 日）

张謇 10 月 16 日下午 3 时至京，各部及各团体皆至车站欢迎，总统、总理派代表，梁任公则亲迓，颇极一时之盛。同日，与熊希龄、梁启超等晤谈，寓农林部东院。17 日，与熊希龄、梁启超等往总统府,访袁世凯并参加茶话会,会议大政方针。20日,往畅观楼,张謇出席参、众两院为各国驻华公使所设公宴。王家襄、王正廷、汤化龙、熊希龄、孙宝琦、朱启钤、荫昌、梁士诒等参加。11月16日,张謇往迎宾馆,出席国际法学会欢迎会,发表演说。29日,与熊希龄、汪大燮任中央高等文官甄别委员。12月21日,任全国水利局总裁,丁宝铨任副总裁。24日,任农商部总长,刘垣任次长。年底,拟《请就北海殿所收集奉天清宫、热河避暑山庄藏品建设中央大图书、博物馆议》《国家博物院、图书馆规画条议》。是年,致函汪大燮,谓"应请就所议决之字母拼法,及六书字之读音,重加审定,编成国音字书,颁发各师范学校学习",望聘劳乃宣、李文治主持其事。又作《尧舜论》。(以上参见庄安正《张謇年谱长编(民国篇)》,上海交通大学出版社2018年版)

沈家本4月将《枕碧楼丛书》整理编订完毕,收录珍稀古籍12种,交付刊印。7月12日,溘然长逝。临时大总统袁世凯颁令抚恤,派员致祭。8月14日,京师司法界召开追悼会,约200人云集湖广会馆,参加悼念仪式。次年归葬于浙江吴兴县之渡善桥。(参见李贵连《沈家本年谱长编》,山东人民出版社2010年版;李欣荣编《中国近代思想家文库·沈家本卷》及附录《沈家本年谱简编》,中国人民大学出版社2015年版)

严复4月6日与秘书郑沅、参议王式通、总长李盛铎、秘书顾瑗、编修袁励准、秘书杨增荦、主事姚华、参事易顺鼎、参政杨度、秘书夏寿田、秘书陈士广、总长梁启超等数十人,修禊京师万生园,觞咏流传,不减王羲之山阴兰亭之会。4月12日至5月2日,严复在北京《平报》上分12次发表《天演进化论》长文,宣传"进化"与"竞争"的观点。同月,姚子芳发起创办北京孔教公会,学界、政界名流由严复领衔260余人参与发起,包括廖平、王式通、曾习经、刘廷琛、马其昶、汤化龙、姚永概、陈黻宸、杨增荦、陈国祥、夏曾佑、林纾、安维峻、宋育仁、吴道镕、赵熙、屠奇、吴之英、梁鸿志、郭立山、梁启超、杨度、蔡锷、蓝公武、徐佛苏、张履谦、郭人漳、姚永朴、丁世峄、陈衍、蒲殿俊等。8月15日,严复、梁启超、夏曾佑、王式通等孔教会代表在陈焕章的鼓动下联名上书国会,要求于宪法上明定孔教为国教。自21日起,浙江、山东、湖北、河南、福建、吉林、广西、江西、安徽、云南等省的都督、民政长等先后通电,促参、众两院尽速通过陈焕章等定孔教为国教的申请。10月13日,被宪法起草委员会多数否决。是年,严复在中央教育会作题为《读经当积极提倡》的演说。演说强调学习儒家经典著作的重要性。严复分别驳斥了以"经书艰深""经书卷帙浩博""经之宗旨与时不合"为由而不读经的观点,强调不读经实际上等于亡天下,号召人们积极提倡读经。(参见罗耀九主编《严复年谱新编》,鹭江出版社2004年版;孙应祥《严复年谱》,福建人民出版社2014年版;张颂之《孔教会始末汇考》,《文史哲》2008年第1期)。

刘冠雄1月以海军总长兼署教育总长。同月12日,教育部公布《大学规程》4章28条,对大学分科、学习科目、修业年限、入学资格等作了具体规定。其中第二章《学科及科目》第七条《大学文科之科目》如下:(一)哲学门分为下之二类:中国哲学类、西洋哲学类;文学门分为下之八类:国文学类、梵文学类、英文学类、法文学类、德文学类、俄文学类、意大利文学类、言语学类;(三)历史学门分为下之二类:中国史及东洋史学类、西洋史学类;(四)地理学门。第九条《大学法科之科目》如下:(一)法律学门;(二)政治学门;(三)经济学门。第十条《大学商科之科目》如下:(一)银行学门;(二)保险学门;(三)外国贸易学门;(四)领事学门;(五)关税仓库学门;(六)交通学门。16日,教育部颁布《私立大学规程》14条,此为中国近代专门针对私立大学的第一个成文法规。19日,教育部公布《视学规程》,将全国划分为8个视学区,每区派视学2人,视察该区普通及社会教育。2月24日,教育部颁发《高等师范学校规程》,对高师的培养目标、分科及修业年限、课程设置等都作规定。3月,陈振先以农林总长兼署教育总长。同月19日,教育部公布《中学校课程标准》,对中学四年课程标准作出明确规定。4月,董鸿祎以教育次长代理教育总长。5月7日,教育部读音统一会决议《国音推行方法》。7月14日,教育部批准武昌大学立案。23日,教育部公布《捐资于学褒奖条例》。8月4日,教育部公布《实业学校令》和《实业学校规程》。28日,教育部公布《管理留欧学生事务规则》。(参见王学珍等编《北京大学纪事(1898—1997)》,北京大学出版社1998年版;王学珍、郭建荣主编《北京大学史料第二卷:1912—1937》,北京大学出版社2000年版)

汪大燮9月应召回国,出任熊希龄内阁的教育总长。同月17日,教育部通电各省,宣布定孔子的诞辰日(旧历八月二十七日)为圣节,令各学校放假一日,并举行祀孔典礼。28日,教育部官员到孔庙祭祀。10月1日,教育总长汪大燮发出"教育部指令"(第213号),说明规划将北京大学与北洋大学合并:"令北京大学校长何燏时:据呈已悉。本部上年规画全国国立大学,拟定四区,北京以外尚有三校,方冀国力稍纾,将来次第兴办。本部职司教育,但有整顿之意,并无撤废之心。惟设立大学区域具有规画,总需建筑合法,地点适宜,本为谋学子便利起见。现在北京大学原系就住房改设,均不甚合,若就城外拟建之大学,屋宇工程浩大,此时无此财力,且京津咫尺,与北洋大学距离太近,于学区分划之意,亦嫌不符。查北洋大学开办多年,成绩尚优,建筑地点均合大学之用,倘能将北京大学与北洋大学合并改组,以谋扩充,则事半功倍,轻而易举,撙节经费犹属余事。总之,本部所筹画者在合并,以图积极之进行,本非停校废学之意。原呈专就停办立论,似属误会。惟合并之手续甚繁,非仓卒所能藏事,本年新招学生,担签负笈远道来学,旷日太久,亦属非计,应即定期开学。所有学风功课,仍当加意整饬,期收实益而免就议,余俟审度情形,详细规定,再行核办。所有该校定期开学一切事宜,仍由该校长酌核办理。至呈请辞职一节,应候大总统批示祗遵。此令。"8日,国务总理熊希龄、教育总长汪大燮就北京大学校长何燏时呈恳维持北大不宜停办并请辞职文批复:"据呈已悉,大学办法已饬教育部妥善办理。该校长所请辞职之处,暂勿庸议,此批。"

汪大燮11月13日发出"教育部训令"(第89号),训令北京大学工科大学学长胡仁源,在北京大学与北洋大学尚未合并之前,暂行兼管校中一切事务。同月,汪大燮发出"教育部训令"(第94号):"令专门教育司司长汤中等:查各国国立大学办法,集合分立本属两制,各有其宜。日本国立大学原采用集合制度,近年以来,亦欲改为分立,惟已成之局,变更不易,利弊短长久已成为问题。民国肇造,国立大学自应首先整顿,设立区域,虽前经临时教育会会议设有办法,而集合分立尚待规画。查京津咫尺之地,北京、北洋两大学并立,于学区分划已嫌不符。本部前此拟将两大学归并为一,系本学区分划之规,并图将来扩充之举,但兹事体大,头绪纷繁,未能克期而举,筹度再四,当此规画之始,应合应分尤为先决问题,必先定根本之方针,而后有适宜之办法。兹委任该司长会同参事王振先、许寿裳,秘书杨彦洁等,审查各国办法,斟酌本国情形,立久远之规模。为植才之至计,除另令委任外,应即令知详细规画呈候核夺可也。此令。"12月16日,国务总理熊希龄呈大总统准教育部函,开查核达寿等请维持国立大学一案业经批示钞录原批希转呈等情请鉴核文,并批:"为转呈事,准教育部公函开,准院交奉大总统发下达寿等,呈请维持国立北京大学,迅饬教育总长将合并之令取消,俾仍继续办理。奉批交教育部查核办理等因,并原呈到部,当经本部批示在案,相应钞录原批,函请转呈各情到院,理合钞录该部原批转呈鉴核,谨呈批据呈已悉,此批。"

落款:国务总理熊希龄、教育总长汪大燮。同月,教育部公布收受转学学生规则。规则包括收受转学生的时间、转学学生须呈验的各项证明、编级试验、各类大学收受转学学生的呈报备案手续等共11条。(参见王学珍、郭建荣主编《北京大学史料第二卷:1912—1937》,北京大学出版社2000年版;王学珍等编《北京大学纪事(1898—1997)》,北京大学出版社1998年版)

何燏时继续任北京大学校长。1月12日,教育部电饬各省,北京大学校本年8月开文理法商农工各科新班,4月间开办预科新班,请饬合格学生志愿入学者,向本省教育司报名,等候赴考。2月23日,《政府公报》载北京大学校预科招生广告:本校拟添招新生160名,文法商科第一类80名,理工农科第二类80名,三月初六日在北京、上海、武昌三处同时举行试验。4月,《中华教育界》第1卷第4期报道"北京大学第一次毕业":北京大学开办10余年,先设预科、师范科。毕业4次,造就良多。本年为分科第一次毕业,全校计230人。按照中央学会议决,大学毕业授以学士学位。5月25日,何燏时校长着力对北大加以整顿,并经教育部同意,刊出布告宣布:"凡预科毕业学生欲入本科者,须先经过入学试验。"预科学生以教育部颁布的"大学令"明文规定:"预科学生修业期满,考试及格者,给以文凭,升入本科",认为校长的上述布告违法,群起反对。何燏时对学生失于疏导、强行贯彻,致使矛盾激化,酿成学潮。27日,预科学生举行集会,要求何燏时校长到会解释。何燏时置之不理,于是有130多名学生涌入校长办公室与何燏时校长辩论,并迫使何燏时校长当场亲书辞职字据。事后,何燏时上书教育部,要求严惩闹事学生。学生也公推代表13人赴教育部请愿,教育部命令学校当局"查明滋事为首之人,立即斥退"。29日,教育部指令北京大学校长何燏时:该校预科二、三年级学生屡生事端,目无法纪,应由该校长查明为首之人立即斥退。其余被胁者令遵守校规照常上课。30日,何燏时据此出布告开除为首学生8人。6月2日,北京大学学潮惊动朝野,袁世凯颁发《注重德育整饬学风令》,要求规范、整饬学校校风,严格管理学生纪律。3日,预科学生271人赴国会请求保障。6日,教育部指令北京大学校长何燏时:就斥退之生仍聚众滋事扰乱学校秩序一事,令将现时在校之预科学生暂行解散,暑假后开学时区别情况对待:经请假出校者均准回校;被胁迫者愿复校的由校长酌情照准;一二年级生准回校肄业;三年级生毕业考试及格者授予证书。至此,这次学潮遂被压制下去。11日,《政府公报》称:教育部复国务院审计处请拨译学馆房屋未便照准。因前本部已指定,在北京大学新校未建成前,以译学馆作为分校。

何燏时校长6月17日呈文陈明办理大学情形并恳辞职获大总统袁世凯批复:兴学育才为今日当务之急,还赖群策群力,相与有成,应仍遵照前令,妥为办理,所请辞职之处,著勿庸议。预科学潮平息后,何燏时积极筹备于9月25日举行本科学生开学典礼。同月,译学馆停办。高等学堂改为预科后,迁入北河沿译学馆原址。9月初,教育部忽又通知北大,本科开学,暂缓举行,并提出要将北大并入天津北洋大学。理由是北大"费用过多,风纪不正,学生程度尚低"。同时,按照上年教育部拟定的学区制(划全国大学教育为四区,分别以北京、南京、武昌、广州为本部,各设一大学),京津距离太近,不能设两座大学。此议一出,立即遭到北大师生和社会舆论的普遍反对。北大毕业同学会上书大总统袁世凯,指出:"唐虞三代以来,凡在国都,莫不修起大学以树风声。今东西各国,其著名大学亦多在首都。岂宜背古今中外之通例,而反以首都大学,归并省会?"又说:"我国教育,操自外人,忧时之士,常以为耻。京内外已有外人建设大学,万一我国方事裁并,而彼则大加改良,面面相形,恐伤国体。"何燏时校长也明确反对停办北大。他在给大总统的呈文中说:"办理不善,可以改良;经费之虚糜,可以裁节;学生程度之不齐一,可以力加整顿,而此唯一国立大学之机关,实不可遽行停止。"对停办北大之事,各界社会名流也多表示反对。国会开会时,有些议员也提出质问,要求教育部答复。停办北大的计划受到各方反对后,教育部只好自我解嘲地声明:"本部职司教育,但有整顿之意,并无撤废之心。"但仍认为"京津咫尺""倘能将北京大学与北洋大学合并改组,以谋扩充,则可事半功倍"。同时又表示:"唯合并之手续其繁,非仓促所能蒇事",北大"应即定期开学,所有学风功课仍当加紧整饬,而免訾议"。10月1日,教育部指令第213号向其说明规划将北京大学与北洋大学合并的考虑。13日,北大本科按照教育部要求正式开学。15日,《政府公报》第520号刊出北京大学校长何燏时呈教育部请维持大学并陈明辞职等情文,其中说明北京大学不可停办的理由主要为:从经费考虑得不偿失;从学业考虑,不应失全国学子之望;而从国家振兴考虑,外国竞投巨资办大学扩张国势,我则惜小费一校不存,致使莘莘学子依赖外国人,有失国体且教育实权旁落等。总之大学不可停办,请立予罢斥。何燏时校长在反对停办北大的斗争中与北大广大师生站在一起,为保全北京大学作了很大努力,但也因此得罪了教育部。11月5日,何燏时被迫辞去北大校长职务。

按:何燏时呈教育部请维持大学并陈明辞职文曰:

为呈请维持大学并恳立予罢斥事。窃燏时自奉大总统任命署北京大学校长,莅事以来,常虞陨越,曾于本年六月十四日,谨将办理为难情形并恳请准予辞职呈报在案。当蒙大总统批示:兴学育才为今日当务之急,正赖群策群力相与有成,应仍遵照前令妥为办理,所请辞职之处著无庸议等因。闻命之余,莫名感激。以燏时之愚昧,不受摈斥,尚赐优容,仰见大总统激励人才注重教育之至意,钦佩无极。燏时才学虽疏,敢不勉竭绵薄,爰于暑假内悉心规划。考收学生,预科除旧有学生外,此外录取一百十五名;实科录取二十六名;分科学生因南省乱事发生,应考者人数无几,此次录取仅百十七名,尚拟续行补考。此时报名者已至三百余名。预科学生业经上课,其已取之分科及实科学生,亦经牌示于本月二十五日开学。二十三日接奉教育部函开,大学本科本部现正筹划办法,即请暂缓行开学礼,并即日牌示学生。再二十四日午后三时,希贵校长来部接洽等因,当即牌示诸生暂缓开学,并即遵赴教育部晋谒总长会商一切。在总长之意,以为校中费用过多,风纪不正,学生程度尚低,拟将分科暂行停办。宏谋卓见,固自可钦,特兹事关系重大,有不得不通盘筹划,勉强维持,留此一线之延,以为全国教育之鹄者。谨就管见所及,为我大总统详细陈之。

北京大学自戊戌开办以来,迄今十余年矣。当时建筑房舍、购置器具,以及书籍、仪器、标本种种设备,不下一二百万金,经十余年缔造之艰,仅乃粗备。一旦停办,此时每年虽可省十万余元,而此种房舍、器具、书籍、仪器、标本等物,恐不免因之损蚀。将来如再开办,除损蚀无用者不计外,尚需种种修整之费,较此时停办所省之费必更加多,通盘筹算,得不偿失,此似宜筹及者一也。学堂费用以教员薪金为巨,尤以外国教员之薪金为最巨。本校所聘之外国教员,多已订立合同,我无故而辞彼,彼必多方要求,如不与则必与我交涉,与之则徒掷巨金。原因简费而特筹停办,卒因停办而竟至虚糜,用计之左无逾此,此似宜筹及者二也。以学生之程度言,现在各种学校诚未能一律完善,然亦不无一二可取者,即以本校之分科毕业生而论,工科学生充当工程师者有之;农科学生充当场长者有之。国家造就人才,固望有一士得一士之用,然当教育萌芽之日,尚未可执此以相绳,但使悬鹄以相期,必有中鹄之一日。此次考取分科各生,程度不敢谓尽合,然自高等各校毕业者实居十之八九,倘再加以磨砺,未必无一成材。此项学生散居各省,数百千里担簦负笈远道来游,其求学之苦心,实堪嘉许,岂必尽皆沙砾不受琢磨,一概摒弃亦殊可惜。且匪特此少数已录取之学生已也,一旦停办,全国具此资格之学生,亦且因此而阻其向学之志,故与其惜此赀财致失全国士子之望,曷若留兹基础,或收拨十得五之功,此似宜筹及者三也。抑尤其有进者。

国家设立大学,实振兴教育之总键,陶冶人材之巨炉,故东西各国莫不注重大学,其在该本国者无论已,即近来之在吾国设立者,几无不接踵而起。北京有汇文大学,青岛有德国大学,香港、上海有英美所立之大学。迄据报载,英国议院亦有将庚子赔款在中国兴办大学之提议。日本在旅顺亦设有工业专校,其用意之所在,已可概见。吾国国立大学仅只北京一校,只以财政困难不能力图扩充,然此一校之经费,倘能于不急之务稍事节省,把彼注兹,已属绰有余裕。彼方竞投巨资拓张国势,我则惜此小费一校不存,致使莘莘学子依赖外人,固属有失国体,而教育之实权势必旁落。千钧一发,关系匪轻,此似宜筹及者四也。总之,办理之不善可以改良;经费之虚糜可以裁节;学生程度之不齐可以力加整顿;而此唯一国立大学之机关,实不可遽行停止。且当此民国初基,正式政府将近成立之时,正应百端具举,树全国之表,则肃中外之观瞻,慰群生望治之诚,建国家伟大之业,当此之时忽有此停办大学之举,实足以贻笑友邦,触失民望,此非燏时一人之私言,抑亦全国之公论也。至于风纪之不正,虽自共和成立以后,人人挟一平等自由之见渐以酿成,亦由燏时表率无方有以致此。此种情形曾经两次呈报,早在大总统洞鉴之中,咎有攸归,责无旁贷,仍恳立予罢斥,另任贤能,留此一线之延,以为整顿之地,学界幸甚,民国幸甚。区区愚见是否有当,优维采择施行。谨呈。(参见王学珍等编《北京大学纪事(1898—1997)》,北京大学出版社1998年版;萧超然等编《北京大学校史》,北京大学出版社1988年版)

胡仁源时任北京大学工科大学学长。11月13日,教育部训令第89号,训令北京大学工科大学学长胡仁源,在北京大学与北洋大学尚未合并之前,暂行兼管校中一切事务。"训令北京大学工科大学学长胡仁源""查大学为最高学艺之府,全国人才之所自出。现值国基初奠,宜首将北京大学整顿扩充,力图完备。惟大学设立区域具有规画,总须求建筑合法,地点适宜,无非为谋求学便利起见。而京津咫尺之地,北京、北洋两大学并立,殊不符学区分划之意。且现在北京大学校舍系就住房改设,因陋就简,本未合宜,其城外拟建之屋宇,工程浩大,此时无此财力,度目前情形,虽欲扩充,事情财力均有为难。查北洋大学开办多年,成绩尚优,地段亦易推广,倘能将两大学合并,另行改组,集两处之财力经营一校,则整顿扩充轻而易举。所有归并一切事宜,业经委任直隶教育司长兼北洋大学校长蔡儒楷就近审度情形,详筹办法。应俟呈覆报部再行核夺。现大学校长何燏时既奉大总统命令准免本官,其在尚未归并以前,校务重要,自应派员管理,以专责成。兹委任该学长暂行兼管校中一切事宜,仰即妥为办理,并一面晓示学生,专心向学,照常上课,无庸怀疑观望,致荒学业为要。除另发委任令外,相应令知查照可也。此令。"12月4日,北京大学举行分科大学毕业授凭仪式,校长按名给凭。16日,国民政府批准教育部取消北京大学、北洋大学合并令。(参见王学珍等编《北京大学纪事(1898—1997)》,北京大学出版社1998年版;萧超然等编《北京大学校史》,北京大学出版社1988年版;北京大学校史研究室编《北京大学史料第一卷:1898—1911》,北京大学出版社1993年版)

林纾年初仍任教于北京大学。1月13—16日,翻译外论《论德人与中国之关涉》连载于《平报》"译论"栏。17日,翻译外论《论中国财政》载《平报》"译论"栏。文末有跋语说:"读此论,悚然久之。外人之眼似明于中国。若不从搏节入手,则黜虚履实,正恐无期。膝室之忧,其何时释耶?"27—28日,针对"南北之争",发表翻译外论《论南北断不可更分意见》,连载于《平报》,自署畏庐。在该文的末尾,林纾特作声明:"国必先自伐而后人伐之,诸君宁有不知者? 仆老矣,江关暮齿,寄食长安(指北京),卖文以为活者也。若云为机关报作说客,以取媚于政府,则仆既不仕于前清,于新政府亦未有一官之效。盖卖文生活,视民国之民与政府之民一也。苟可益我国民,知无不言,宁蒙丑词,谓取媚于政府? ……皇天后土,鉴此哀悃!"1月29—31日、2月2日,翻译外论《论中国时局之危》连载于《平报》"译论"栏。2月2日,在《平报》"社说"栏发表时局评论《译叹》,文中把抵御列强的欺凌和推进内政的改革联系起来进行思考。

按:《译叹》曰:"革命以来,外人颇拭目观我新政,亦震震然于人心之思议。报章中为我鼓吹也,亦似有力。"然而,西方列强却在其本国报刊上评论中国时,竟"言之无检,似我全国之人均可儿侮而兽玩之"的傲慢行径,故而他感叹道:"呜呼! 此足咎外人乎? 亦自咎耳!"然后,他又表述了自己为救国而从事翻译的一片赤诚之心:"呜呼!《译叹》为何而作也? 叹外国人之蔑我、铄我、蹂践我、吞并我。其谬也,至托言爱我而怜我,谋遂志得,言之无检,似我全国之人均可儿侮而兽玩之。呜呼,万世宁可忘此仇哉! 顾不译其词,虽恣其骂詈轻诋,吾人木然弗声,则亦听之而已。既译其词,讥诮之不已,加以鄙哕;鄙哕之不已,加以污蔑;污蔑之不已,公然述其瓜分之谋,而加以我奴隶之目。呜呼! 此足咎外人乎? 亦自咎耳!"

林纾翻译外论《论选举》刊于 2 月 3 日《平报》"译论"栏。5 日,翻译外论《论中国更革币制》刊于《平报》"译论"栏。15 日,翻译外论《蒙藏合约》刊于《平报》"译论"栏。18 日,翻译外论《论中国官场结习之未化》刊于《平报》"译论"栏。19 日,翻译外论《述法国赞助中国共和议员团演说词》刊于《平报》"译论"栏。20 日、21 日、22 日、24 日、25 日、27 日、28 日,翻译外论《论中国物产及其实业》连载于《平报》"译论"栏。24 日,《论中国丝茶之业》刊于《平报》。3 月 1 日,翻译外论《论选举总统各党之竞争》刊于《平报》"译论"栏。同日,康有为作诗《琴南先生写〈万木草堂图〉题诗见赠赋谢》,刊于《庸言》第 1 卷第 7 号。诗中除最后两句感谢绘画之外,其他六句都是赞扬林译小说的:"译才并世数严林,百部虞初救世心。喜剩灵光经历劫,谁伤正则日行吟。唐人顽艳多哀感,欧俗风流所入深。多谢郑虔三绝笔,草堂风雨日披寻。"

按:康有为的诗中将林纾与严复相提并论,赞美林纾翻译小说的功绩,不料林纾并不买账。林纾的不满,自有苦衷,他认为自己最为人称道的应当是古文,并不完全是对自己排名在严复之后不满。与林纾既是同乡、又素有交往的陈衍,后来曾经对钱锺书说起,林纾最恼别人称赞他的翻译和绘画,他认为自己最见功力、最有水平的是古文。

林纾翻译外论《论山东铁路情形》刊于 3 月 8、10 日《平报》"译论"栏。21、23 日,翻译外论《论中国盐税》刊于《平报》"译论"栏。25 日,翻译外论《论中国宪法》刊于《平报》"译论"栏。3 月 10 日,林纾致函五子林璐:"大学堂薪水,截至阴历三月止,四月便停课不上堂,须至八月招生。至于请我与不请我,尚在未定。校长何某,目不识丁,坏至十二分,专引私人。钟点既多,余老不能堪。幸《平报》尚可支至今年,得过且过,尚有译书可以添贴。"29 日,林纾致函五子林璐:"大学堂已停课,四月起薪水停支。幸《平报》馆尚存,可以支拄。汝只管安心读书,不必念家中。"3—4 月间,林纾与陈宝琛、陈衍等同游故宫太掖池子(即今之中南海及北海等湖泊),归来后撰《游西海子记》。目睹清宫陈迹,林纾"一一怀想当时,悲从中来,有不能自已者。游后经月,而太掖池光尚隐隐于梦中照余枕席也"。春,因外蒙、西藏问题造成的"边事"更趋紧张,国内议会中的"党争"有增无减,林纾在给陈宝琛的《边事日棘闻之腐心三叠前韵呈橘叟》诗中表示出对时局厌倦的心情,并表达了要与陈宝琛一同回福州故里专心著述的想法:"……螺江荒辟足避地,水光山色相笼含。拟欲从公赁左屋,探索十子穷二兰。著书欲竟未了业,知公不笑余生贪。"4 月 1 日,翻译外论《论中国矿产》及时局评论《论专制与统一》刊于《平报》,后文专为"南北之争"而作。

按:文中说:"且今日举国命脉,全悬于两议院之中。法当将遁初之冤付之法司。议员心中但空空洞洞,以国家为前提,须认定'统一'二字之宗旨。盖不统不一,则势必破碎。纵使采美制也,采法制也,终须有指臂运动之牵连,使上下成为一气,方是共和之真面目。若愤愤然挟遁初不白之冤载入议院,以英雄报仇之泪眼,定国家共和指南之盘针,则断无和平之议,亦断有偏毗之争端。究竟此次革命,南士固属有功,而北军亦未尝无力。彼此推让则谦德生,彼此收竞则恶声出。……鄙人一身如叶,在四万万人海中,特一寒蛩之鸣。顾身为国民，不能不持和平之论。今救亡之策，但有两言：一曰公，一曰爱。公者争政见不争私见；爱者爱本党兼爱他党。须知兄弟虽有意见，终是兄弟。外人虽肯借款，终是外人。但观此次借款，如何唆削，如何挑难，昭昭可见。吾辈同胞之亲，讵可授人以刀俎，而不筹其善后耶？"

　　林纾 4 月 7 日致函五子林璐："大学堂何燏时监督嫌余不通，不肯请。然余老矣，亦无此精力。每月尚可以笔墨得钱，《平报》尚可支撑，至年底再行打算。"12 日，前往易县梁格庄一谒崇陵（光绪皇帝陵寝）及孝定皇后陵。林纾在崇陵殿内跪下，失声痛哭，归来后赋诗一首，题为《癸丑上巳后三日谒崇陵》，抒发对光绪皇帝的无限思念。同日，林纾致函五子林璐："大学堂校长何燏时大不满意于余，对姚叔节老伯议余长短。余闻之失笑，以何某到校时，余无谄媚之容，亦无趋承之态，故憾我次骨。实则思用其乡人，亦非于我有仇也。然每礼拜立讲至十句钟，余年老亦不堪。失去此馆，亦无妨碍。前已为政学（法）大学延为讲师，每礼拜六点钟，月薪一百元，合《平报》社二百元，当支得去。唯搬入城内，屋租三十八元，稍贵耳。幸与铭盘、石孙、秀生三人译书，亦可得百余元。以盈挤（济）虚，尚不吃亏。"25 日，与力树萱合译英国希洛原著小说《罗刹雌风》（含序），发表于《小说月报》第 4 卷第 1 号，自署林纾。该期目录后有林琴南先生译言情小说《迦茵小传》《红礁画桨录》《洪罕女郎传》以及《玉雪留痕》的广告。同月，选评古文集《左孟庄骚精华录》2 卷由上海商务印书馆出版，选评者署林纾。内收文 52 篇，其中《左传》文 32 篇，《孟子》文 6 篇，《庄子》文 12 篇及《楚辞》中的《离骚》"九章"全部，每篇都加以诠释批评。随着严复的退隐，浙江诸暨人何燏时担任北京大学校长，林纾等人在北京大学与主魏晋文的章氏弟子一派不合，加之章太炎等浙系上台之后，极力排挤异己，林纾决意辞去讲习，以卖画卖文自给。马其昶、姚永概也相继离开北京大学。

　　按：林纾在《畏庐琐记·刍狗》中透露了他辞去北大教席的一些原委："余为大学教习十年，李（家驹）、朱（益藩）、刘（廷琛）、严（复）四校长，礼余甚至。及何某为校长时，忽就藏书楼取余《理学讲义》，书小笺与掌书者曰：'今之刍狗也，可取一来。'掌书告余，余笑曰：'校长此言，殆自居为行道之人，与樵苏者耳。吾无伤也。'即辞席。已而何君为学生拳殴，受大僇辱。"另外，钱基博在《现代中国文学史》中则说："初纾论文持唐宋，故亦未尝薄魏晋。及入大学，桐城马其昶、姚永概继之。其昶尤吴汝纶高等弟子，号为能绍述桐城家言者，咸与民国兴，章炳麟是为革命先觉，又能识别古书真伪，不如桐城派学者之以空文号天下。于是，章氏之学兴，而林纾之说衰。纾、其昶、永概咸去大学，而章氏之徒代之。纾愤甚。"林纾在是年给其第三子林璐的信中谈及辞去北京大学教职事时，亦强调主因是当时的北京大学校长何燏时"思用其乡人"。

　　按：陈平原《林纾与北京大学的离合悲欢》（《文艺争鸣》2016 年第 1 期）引朱羲冑《贞文先生年谱》1913 年则有云："是岁，仍与姚永概共事大学堂。既皆弗合而去，临别，赠永概序；越月，又与之书。"认为这篇收入于《畏庐续集》的《与姚叔节书》，颇有借他人之酒杯，浇自家之块垒的意味："仆潜蛰京师久，咫尺之地，不与足下相闻。既而足下南归，不居大学。有人言，校长不直足下；寻校长亦不见直于学子，且不见直于司学之人。而校长行矣，继其事者不知为谁。然以足下之鸿学方论，宜其不容于大学也。"接下来批判"庸妄钜子"如何排斥正学，暂且搁下不论。先说这段怨气冲天的话，隐藏着何等巨大的变故。《畏庐续集》中紧接着《与姚叔节书》的，是教育孩儿节俭以及"吾家累世农夫"、应忠厚传家的《示儿书》，其中"余年六十矣，自五岁后，每月不举火者可五六日"，可知该信大约写于被解聘前两年。因信中说的都是大道理，故"此书可装池悬之书室，用为格言"，也可收入自家文集。但在宜与《与姚叔节书》相对读的训子书中，林纾却不是这么平和中正。

　　林纾 4 月辞职北大之后仍居北京。5 月 1 日，在《平报》发表时局评论《辨党旨》。11 日，林纾独游陶然亭，后作诗一首，流露出离开北京，南归故里的想法。12 日，在《平报》发表讽谕新乐府《惩凶》。此诗实则是在警告革命党。22 日,翻译外论《论中国币值》刊于《平报》"译论"栏。24 日,在《平报》发表时局评论《国难私仇缓急辨》。25—26 日,《剑腥录·序》刊于《平报》,自署畏庐。此《序》透露了作者创作这部描写戊戌变法、庚子事件等历史巨变的长篇小说的动机。26、28 日,翻译外论《论法国商务输入中国情形》刊于《平报》"译论"栏。31 日,翻译外论《论中国铁路》刊于《平报》"译论"栏。同月,时值京师大学堂文科学生毕业,作《送大学文科毕业诸学士序》。《序》中说:"欧风既东渐,然尚不为吾文之累,敝在俗士以古文为朽败,后生争袭其说,遂轻蔑左、马、韩、欧之作,谓之陈秽,文始辗转日趋于敝,遂使中国数千年文学光气,一旦黯然而熸,斯则事之至可悲者也。"故而,他勉励学生"力延古文之一线,使不至于颠坠",并对追随章太炎、刘师培的魏晋文派"狂谬钜子"提出批评。其后,他又向毕业生姚梓芳讲授唐宋古文大家韩、柳、欧、曾的古文,称赞姚"不劫于庸妄,不沮于嚣竞。其视毁谤橇罾,夷然无动,一以古自勉",并撰《赠姚君憲序》送别。同在 5 月,林纾与闽县廖琇昆合译法国沙尔黎著小说《新婚别》刊于《震旦》第 4 期;林纾笔记小说《技击余闻》由上海商务印书馆出版。6 月 6 日,林纾致函五子林璐:"刻下大学堂学生大闹风潮,驱逐校长。何燏时系小人之尤,不知怪我何事,乃对缪荔生说我品行不端,学问卑下。其实怪我不会打他马屁,做此谣言。尔父义命自安,凡事任天,即不为大学堂教习,亦有啖饭之地。不图彼蹭蹬[糟蹋]我不成,转为学生驱逐。皇天有眼,一一不爽,可见为人不必奸邪。"9 日,林纾与王庆骥合译法国森彼得(Bernardin de Saint-Pierre,今译贝纳丹·德·圣比埃尔)原著小说《离恨天》(*Paul et Virginie*,1787,今译《保尔与维吉妮》或《保尔与薇吉妮》)1 卷由上海商务印书馆出版,标"哀情小说"。有林纾作于 4 月 9 日的《译余剩语》。

按:林纾《送大学文科毕业诸学士序》提及自己在大学堂的教学情况:"是时,分科立,余遂移主文科讲席,听讲者三十余人。辛亥之交,南士多以事不至,有自经科迁入文科者,为数亦三十有二。余则治经与史者合之,且百数焉。"陈平原《林纾与北京大学的离合悲欢》(《文艺争鸣》2016 年第 1 期)由此联系 1921 年 10 月林纾所作《七十自寿诗》"传经门左已千人"分析道:大学方面只记教员的入职与离去,不会有授课学生总数的计量,但林纾本人心里有数。1919 年所撰《赠张生厚载序》中,有这么一段:计余自辛丑就征至京师,主金台讲席,莅学者可四百人;主五城讲席十三年,先后毕业几六百人;主大学讲席九年,先后毕业者千余人;又实业学校二百七十人,今之正志学校,又四百人矣。视娄东之门左千人,门右千人,不审如何。林纾统计自家一辈子教书业绩,有以下几个特点:第一,从 1901 年晋京担任金台书院讲席说起,以前的不算;第二,兼及中学与大学,不分轩轾;第三,撰写此文前两年(1917)组织的文学讲习会,虽反响很好,且日后有朱羲胄笔记的《文微》刊行,但因不是正规学堂,听讲人数没有统计入内。可单是上述五校教过的学生,就有两千六七百,难怪林纾对自家"传经"的事业非常自信。可林纾忽略了一点,传统书院的山长与现代大学的教授,其职责与效果是很不一样的。现代学堂(尤其是大学)讲授的科目很多,每个教员只负责其中一小部分,很难说所有听过你课的,都是你的门生。同样传授古文,姚鼐主讲扬州梅花书院、安庆敬敷书院、歙县紫阳书院、南京钟山书院,与林纾在金台书院、五城学堂以及京师大学堂或北京大学教书,影响力不可同日而语。你只是现代学堂中众多授课教师之一,那些受制于学堂章程而进入教室听讲者,有人喜欢,有人崇拜,有人厌恶,有人反叛,不好都称其为"弟子"。你教过的学生固然很多,他听过的课程也正不少,除非"两相愉悦",否则,这师生关系是很不稳定的。因此,当年黄侃在北大教书,特意区分"听课学生"与"及门弟子"——必须是叩过头、奉上礼、常追随的,才是真正的"门生",也才值得认真地"传道授业解惑"。

林纾 6 月将京师大学堂讲授古典散文写作时用的讲义整理,题为《春觉斋论文》,自本月起连载于《平报》,至 9 月 30 日未载完,初名《春觉生论文》。1916 年都门印书局又以成书印行;1921 年上海商务印书馆新版时,易名《畏庐论文》。全书分"述旨""流别论""应知八则""论文十六忌""用笔八则""用字四法"6 章,是林纾散文学理论的重要成果。同月起,林纾笔记小说《践卓翁短篇小说》连载于《平报》为林纾专设的"践卓翁短篇小说"栏。同月 10 日,林纾致函五子林璐:"大学堂学生与校长何燏时大起冲突,校长骂学生为忘八蜑,学生大怒逐之。而教育次长董胡子左袒何燏时,将学生全数解散。学生不愿,将其罪状四布。此董、何二人,余并未得罪与他,何对人言,余品行不端,学问卑劣,可笑已极。究竟余一生靠天,即无大学堂一席,亦不至饿死。小人徒自为小人,不足校也。大概董胡纵极力保卫,何终立足不稳,将来必另易他人,何苦妄自作恶多端,留贻笑柄也? 何在讲堂,为学生三百余人骂辱至二小时之久,几欲推之出门,名曰欢送,真大奇事。"7 月 16 日,与力树萱合译《女祷杌》刊于《中华》第 1 册。18 日,在《平报》发表讽谕新乐府《十哀》,诗序中透露出他对共和制的绝望心绪。8 月 12 日,《哀党人》刊于《平报》。9 月 12 日,林纾致函五子林璐:"大学堂闻有变动之信,然吾终不愿入堂,再为教习。至中华学堂,本请吾出席,近又为人谋去此席,可笑可笑!"14 日,发表讽谕新乐府《共和实在好》,载《平报》。林纾这位曾经诚心诚意要做"共和制老民"的文人,在诗中对民国初年共和制下传统道德的瓦解和宪政实验的失败进行了辛辣的嘲讽和否定。9 月 25 日至 10 月 25 日,与廖琇昆合译法国德罗尼原著小说《义黑》刊于《小说月报》第 4 卷第 5—6 号。10 月 1 日,自撰长篇小说《剑胆录》2 卷由北京都门印书局出版,全书计 53 章。11 月 15 日,自撰短篇小说集《践卓翁小说》第一辑由北京都门印书局(平报社)出版,有自序。是年,作《畏庐漫录》,自序云:"余年六十以外,万事皆视若传舍。幸自少至老,不曾为官。自谓无益于民国,而亦未尝有害。屏居穷巷,日以卖文为生,然不喜论证,故着意为小说……盖小说一道,虽别于史传,然间有纪实之作,转可备史家之采撷。"与廖琇昆合译法国沙尔黎原著小说《新婚别》刊于《震旦》第 4 期。

按:上文所引林纾致五子林璐 7 函见商务印书馆版《林纾诗文选》,其中收录了《畏庐老人训子书》26 通,编者称这些信是 1921 年前后写给第五子林璐的。可惜原信多无日期,故商务版编排错乱。陈平原《林纾与北京大学的离合悲欢》(《文艺争鸣》2016 年第 1 期)据夏晓虹新编 66 封林纾训林璐书(夏晓虹、包立民编注《林纾家书》,商务印书馆 2016 年版),摘录其中有关大学堂事者,按时间排列,以见林纾心境的变化。这 7 封有关大学堂的信,涉及被解聘事,按林纾的立场及视角,大致可归纳为:第一,因校长何燏时的迫害,林纾自 1913 年阴历四月起薪水停支,好在有《平报》馆、政法大学以及译书的收入,"尚可支撑";第二,如此"目不识丁,坏至十二分"的校长,"转为学生驱逐",可见报应不爽;第三,林之所以被解聘,是因"余无谄媚之容,亦无趋承之态",而对方又"思用其乡人";第四,校长解聘林纾的理由是"嫌余不通",且"品行不端,学问卑劣"。何校长是否基于某种卑鄙心理而排斥异己,不能只听林纾的一面之词。校史资料告诉我们,这段时间北大处于极为艰难的状态。1912 年元旦,中华民国成立,2 月 25 日严复被任命为京师大学堂总监督;5 月 3 日京师大学堂改为北京大学校,严复于是成了北大首任校长。因争取办学经费没有着落,加上教育部义正词严的训令,不擅政务的严复,留下一封《论北京大学不可停办说帖》,挂冠而去。接下来,走马灯似的,从 10 月至 12 月,临时大总统先后任命章士钊、马良、何燏时为北大校长。原京师大学堂工科监督何燏时,接任北大校长后碰到一系列难题,先是学潮不断,后又经费无着,再加上教育部规划将北京大学与北洋大学合并,何校长 1913 年 6 月申请辞职,终于在 11 月获批。任期不到一年的何校长,同样留下了一则反对停办北京大学的呈文。作为个体的教员,林纾觉得很委屈;可作为校长的何燏时,同样别有苦衷。那位被林纾引为知己的姚永概(叔永),乃严复时代的北大文科教务长;严复辞职后,姚消极对待新任校长何燏时。这一点,在其《慎宜轩日记》中看得很清楚。日记中,除了记录南行省亲、在政法大学兼课,再就是风闻何校长辞职、大学合并以及停办文科等,显然对北大的事业很不看好。读其 1913 年 10 月 18 日日记,可知当初北大沦落到何等地步:"文科生只十人,又有二人欲改学法政,其八人尚有日本一生焉。教习只二人,余门尚缺。校长既不专任之余,又不加紧办理,部中又有停办文科之说,可叹也。余归心怦怦矣。"这里说的"文科生只十名",应该指新入学的学生。1913年5月,《政府公报》公布北京大学文理两科毕业生名单,其中文科史学门30名,文学门34名,应该说成绩相当可观。可因学校极度动荡,暑假后招生情况很不理想。某种意义上,林纾的被解聘以及姚永概之归心似箭,是整个大环境使然,不见得是何校长故意使坏。这其中确有人事因素(就像严复当了北大校长,马上礼聘姚永概为文科教务长,那是因为,此前严任安徽高等学堂监督时,与姚有很好的合作),严复一走,姚永概迟早是要退的。至于沈尹默提及"太炎先生门下大批涌进北大以后,对严复手下的旧人则采取一致立场,认为那些老朽应当让位,大学堂的阵地应当由我们来占领",是接下来几年陆续发生的事,与林纾的去职关系不大。文派之争的影响到底有多大,留待下面评说;这里只想指出一点,民国初年,基于政治、学术以及人事纠葛,原京师大学堂各科教员纷纷去职,像姚永朴那样熬到1917年方才离开的,实属凤毛麟角。(参见张旭、车树异编著《林纾年谱长编:1852—1924》,福建教育出版社2014年版;陈平原《林纾与北京大学的离合悲欢》,《文艺争鸣》2016年第1期)

　　姚永概时任北京大学文科学长,与马其昶皆为桐城派代表人物,彼此与林纾交往密切。1月9日,姚永概在《日记》中记有:"年考起。与琴南、师郑谈。"17日,姚永概在《日记》中记有:"赴琴南招饮。"3月7日,姚永概在《日记》中记有:"访师郑、叔遗,小谈,琴南未直。"8日,姚永概在《日记》中记有:"与金冠卿书,荐叔琴。"4月,姚永概与马其昶、林纾等以桐城派古文相号召,与其时任教北大提倡魏晋之学的章太炎弟子发生冲突,林纾率先愤而辞职。随后,与林纾交好的桐城派姚永概、马其昶也相继辞职离开北大。姚永概欲南归桐城,林纾作《送姚叔节归桐城序》与之告别,曰:"叔节虽不与吾居,精神当日处吾左右。"1月之后,林纾又有《与姚叔节书》,在信中继续宣讲桐城派古文才是唐宋韩、柳、欧、曾古文的真传,说:"桐城之派,非惜抱先生所自立。后人尊惜抱为正宗,未敢他逸而外轶,转转相承,而姚派以立。仆生平未尝言派,而服膺惜抱者,正以取径端而立言正。若弗务正,而日以挦撦饾饤震眩流俗之耳目,吾可计日而见其败。"同时对追随章氏的人大加挞伐:"敝在庸妄钜子,剽袭汉人余唾,以挦扯为能,以饾饤为富,补缀以古子之断句,涂垩以《说文》之奇字,意境义法,概置弗讲,侈言于众:'吾汉代之文也。'伧人入城,购缙绅残敝之冠服袭之,以耀其乡里,人即以缙绅目之,吾弗敢信也。"5月16日,林纾《送姚叔节归城序》刊于《庸言》第1卷第12号。20日,姚永概在《日记》中记有:"赴校。访幼老,未遇,过琴南小坐。"6月18日,姚永概在《日记》中记有:"琴南招饮于畿辅先哲祠。"11月15日,林纾《赠桐城马伯通先生序》刊于《庸言》第1卷第24号。

　　按:桐城学派姚永概、马其昶与林纾等相继辞职离开北大,与严复辞去北大校长、何燏新任北大校长密切相关。暂且撇开人事与学术纷争不论,实乃桐城派在北大文科失去优势地位的主要标志,并具有代际交替的风向标意义。

　　按:陈平原《林纾与北京大学的离合悲欢》(《文艺争鸣》2016年1期)说:"从今人的眼光看,严复、林纾、陈衍、马其昶、胡玉缙、姚永概、姚永朴等纷纷离开北京大学,对于北大中国文学门(系)来说,是很大的遗憾。可当时人未必这么看,旧的不去,新的不来,或许,这些'鸿学方论'确实不适合于新北大。因为,这涉及政治变迁以及知识转型,不以个人的好恶为转移。好在林纾很要强,也很自信,那句'究竟余一生靠天,即无大学堂一席,亦不至饿死',可不是随便说的。当然,大学堂教习一职,不仅意味着经济收入,还有社会地位及名声等。也正因此,林纾对于被解聘一事,始终耿耿于怀。这也埋下了日后在新文化运动时期,林纾奋起抗争,与北京大学诸君直接冲撞的远因。"(参见张旭、车树异编著《林纾年谱长编:1852—1924》,福建教育出版社2014年版)

　　陈黻宸是年春当选为进步党参议,国会成立,当选众议院议员,兼任北京大学教授,讲授史学和诸子哲学两门课程,参与北京大学早期哲学学科与课程建设,讲授"诸子哲学""中国哲学史"等课程。马叙伦、许德珩、冯友兰、陈中凡、金毓黻等著名人士出其门下或受其影响。10月,联合国会内政德会、集益会、相友会、宪政公会、超然议员社等五政团议员组织大中党。是年,著成《中国通史》讲义20卷。(参见洪振宁《陈黻宸:传播近代新文化的先进》,《温州人》2019年第21期)

　　沈尹默春节时接待好友许炳堃来访,谈起北京大学近况,允向代理校长何燏时、预科长胡仁源推荐,决定去北大预科执教。2月6日,朱希祖来访,相约同赴北京。7日,与朱希祖、戴克让离开杭州北上海。10日晚7时,抵达北京。11日,与朱希祖访胡仰曾,三人同访钱念劬,并晤前念劬长子、教育部主事钱稻孙和其女婿、教育部次长兼代理总长董鸿祎。同月,应聘北京大学预科后教授中国历史。3月1日晚,赴许寿裳宴,同席有鲁迅、朱希祖、陈子英、钱稻孙等。2日,与朱希祖、戴克让同访鲁迅。4日,与朱希祖至高等医学校访马叙伦,不遇。19日午后,偕朱希祖至马叙伦处,三人即至琉璃厂选购书籍。是年,沈尹默常与住在附近的鲁迅来往;课余时间,去故宫观摹唐宋以来的名家真迹,眼界大开,为其书法生涯中一个关键时期。

　　按:沈尹默《我与北大》回忆当时情景说:大约在1912年春节,许炳坤来访,谈及京师大学堂已改名为北京大学,严复(又陵)校长去职,由工科学长何燏时代理校长,预科学长是胡仁源。胡也是浙江吴兴人,在日本仙台高等学校留过学。何、胡都是许炳坤的朋友。据许炳坤说,在那以前,中国留学生在日本正式大学毕业的只有两个人,其一即何燏时。那天闲谈时,许炳坤告诉我:"何燏时和胡仁源最近都有信来,燏时对林琴南教书很不满意,说林在课堂上随便讲讲小说,也算是教课。"我笑着说:"如果讲讲小说,那我也可以讲。"我当时不过是随便讲讲罢了,不料炳坤认起真来,他说:"啊,你能讲,那很好,我介绍你去。"我还以为他也是随便讲讲的,就没有放在心上,过了一个多月,许炳坤忽来告诉我,何燏时、胡仁源电报来了,约我到北大预科去教书。我出乎意外,连忙说:"我不能去,我不会讲话,教不了书。"炳坤着了急,他说:"那不行! 人家已经请了你,不能不去。"何燏时、胡仁源为什么要请我到北大去呢? 当时,太炎先生负重名,他的门生都已陆续从日本回国,由于我弟兼士是太炎门生,何、胡等以此推论我必然也是太炎门下。其实,我在日本九个月即回国,未从太炎先生受业,但何、胡并未明言此一道理,我当时也就无法否认,只好硬着头皮,挂了太炎先生门生的招牌到北京去了。同去的有太炎先生门生朱希祖,他是应吴稚晖的邀请,到北京去参加教育部召开的关于注音字母的会议。其时是1913年2月。到北京后,一天早晨,我到北大去看何燏时。略谈后,燏时就请教务长姚叔节(桐城姚鼐之后,在北大教桐城派古文)来见面。姚叔节和我简单谈了几句,要我在预科教中国历史。姚三先生和我只会过一次,以后就没有再见过面。见到胡仁源,胡说:"我已经晓得你来了。昨天浮筠对很多人说,现在好了,来了太炎先生的学生,三十岁,年纪轻。"言下之意,对北大的那些老先生可以不理会了。"浮筠"是北大理科学长夏元瑮的别号,从胡仁源的这句话里就可以意味到,北大在辛亥革命以后,新旧之争已经开始了。……和我同到北京的朱希祖,在参加过教育部召开的注音字母会议以后不久,也进了北大。接着,何燏时、胡仁源把太炎先生的弟子马裕藻(幼渔)、沈兼士、钱玄同都陆续聘请来了。最后,太炎先生的大弟子黄侃(季刚)也应邀到北大教课。我虽然不是太炎弟子,但和他们是站在一起的。太炎先生的门下可分三派。一派是守旧派,代表人是嫡传弟子黄侃,这一派的特点是:凡旧皆以为然。第二派是开新派,代表人是钱玄同、沈兼士,玄同自称疑古玄同,其意可知。第三派姑名之曰中间派,以马裕藻为代表,对其他二派依违两可,都以为然。虽然如此,但太炎先生门下大批涌进北大以后,对严复手下的旧人则采取一致立场,认为那些老朽应当让位,大学堂的阵地应当由我们来占领。我当时也是如此想的。(参见郦千明《沈尹默年谱》,上海书画出版社2018年版)

　　朱希祖年初被派为"读音统一会"浙江代表。1月,作赴京出席会议准备。2月6日,访沈尹默,约其同行至京。10日晚7时,抵达北京。12日下午,再至琉璃厂,购得《古泉丛书》

等,晚作《跋〈古泉丛书〉》。13日下午,至手帕胡读音统一会报到。15日,读音统一会正式开会。16日,访鲁迅、许寿裳。21日,钱念劬索朱希祖简历,预备荐至北京大学。3月11日,朱希祖接北京大学信,聘为预科国文教授。12日,北京大学校长何燏时访朱希祖,聘其为北大预科教授。14日,至北京大学,见预科学长胡仁源,接洽预科国文事。15日,至北京大学,见校长何燏时、预科学长胡仁源。同日,作《章师文学总论集释》。秋,去年筹划为太炎先生刻印《文始》事告成。9月23日,访鲁迅,送《文始》1册。是年,马裕藻继朱希祖之后进入北京大学。(参见朱元曙、朱乐川《朱希祖先生年谱长编》,中华书局2013年版)

顾颉刚1月4日为华林《新世潮》一作序,鼓吹无政府无家庭无宗教。3月上旬,去沪报名应北大预科考试,因此次北大只有工科和预科招生。考试时与吴奎霄同入场。4月初,北大取新生通知在《民立报》刊出,为第9名,吴奎霄为第10名。20日前后,至沪,由海道北上,与吴奎霄同行。月底,抵京。顾颉刚自谓"梦想进的是农科",因编入二部学习。制图、数学功课吃力。12月9—27日,每晚与毛子水、朱孔平到化石桥共和党本部听章太炎所开国学会之讲学,所讲为文科的小学及文学、史科、玄科,甚佩。整理听讲笔记,成《化石停车记》1册。嗜观京戏,将看戏所感记为《檀痕日载》3册。(参见顾潮编著《顾颉刚年谱》,中国社会科学出版社1993年版;顾潮编《中国近代思想家文库·顾颉刚卷》及附录《顾颉刚年谱简编》,中国人民大学出版社2013年版)

唐国安继续任清华学校校长。4月7日,学校成立达德学会,其宗旨是"联络感情,交换智识",以"养成德、智、体三育兼优的完全人格"。学会组织上分三大部:文学、科学和美术,编辑出版杂志《益智》。到1914年底,有会员142人。5月3日,本校中等科学生成立新少年会,宗旨是"励进道德,联络感情"。该会约在1915年改名"仁友会",宗旨是"改良社会,振兴国家"。31日,学校举行第一次英语演讲竞赛,题目有"如何使中国的共和体制成为永久制度""完全人格"等。6月3日,学校发布校令,恢复高等科、中等科各4年毕业。29日,1912级的"继续班"和1913级学生发起组织清华同学会。其宗旨是振作校风、联络情谊,并通过章程,选举职员。选举杨永清为会长、李宝鎏为副会长。7月1日,举行第一届学生毕业典礼,有1912级和1913级高等科学生、1916级和1917级中等科学生毕业。典礼上宣布取得游美资格的学生名单。周诒春主持仪式。外交总长陆征祥的代表唐在复、美国使馆参赞威廉、代理教育总长董鸿祎等出席并讲话,副总统黎元洪亦派代表出席。7日,举行第一次级际英语辩论会,正方为1914级学生,反方为1915级学生。辩论题为"在现阶段的中国,政治改革比社会改革更重要"。

唐国安8月21日因病呈文外交部辞去清华大学校长,并推荐副校长周诒春接任,文曰:"为呈请事:窃国安以谫陋之才荷蒙钧部以本校校长之职,视事以来,时虞陨越。乃学风之嚣张,今非昔比,学款之支绌,罗掘俱穷。一年之间,精力耗于教务者半,耗于款务者亦半。入春以后,陡患心疾,比时旋轻旋重,方冀霍然,讵料渐入膏肓,势将不起。校长职务重要,未可一日虚席,谨恳钧部免官,另委贤员担任。惟国安有不能已于言者:查有留美文科硕士周诒春,老成练达,学识皆优,自充任副校长以来,苦心孤诣,劳怨弗辞。国安虽病,该副校长兼理一切,颇能措置裕如。若以之升任校长,必能胜任愉快。以任免之权操自本钧部,本不容他人置喙,而荐贤之忱,发于寸衷,实未敢安诸缄默、所有国安病势沉笃,敬谨辞职,并荐贤自代。"22日下午4时,唐国安校长病故,终年55岁。23日,代理副校长赵国材呈文外交部:"本校校长唐国安于本月二十二日午后四时病故,所有校长职务,暂由国材管理,敬祈钧部派员接办,以重职守,为此呈报钧部伏乞监核施行。"是年,严桢《前北京清华学校校长唐介臣先生传》刊于《中华教育界》第8期。(参见清华大学校史研究室编《清华大学一百年》,清华大学出版社2011年版;清华大学校史研究室编《清华大学史料选编》第一卷《清华学校时期:1911—1928》,清华大学出版社1991年版;清华大学校史编写组编著《清华大学校史稿》,中华书局1981年版)

周诒春时任清华学校副校长。8月2日,1912级毕业生侯德榜、王正序等16名赴美留学,由副校长周诒春带队护送。22日,校长唐国安因病逝世。28日,外交部任命周诒春为校长。在周诒春自美国回校任职之前,由赵国材代理副校长。同月,学校在上海举行招生考试,由赵国材负责。各省咨送中等科学生75名,高等科招生134名。10月27日,周诒春由美国回校任职,赵国材任副校长。同日,周诒春以清华学校校长呈文外交部:"八月二十八日由政府公报奉钧部部令,内开派周诒春充清华学校长,未到差以前,派赵国材暂行代理,此令,等因,诒春遵于十月二十七日就任清华学校校长之职,谨将到差日期呈报钧部备案。"11月3日,赵国材任教务长。同日,周诒春校长呈文外交部:"十月三十一日奉钧部部令派赵国材充清华学校副校长此令等因,赵国材业于十一月初三日就任本校副校长之职,理合呈报钧部鉴核备案。"5日,本校举办第一届戏剧节,全校8个年级都有剧目演出。12月6日,本校举行第一次社际国语辩论会,正方:国学研究会,反方:达德学会,辩题是"目前中华民国有能力推行义务教育"。是年,学校购得清华园西边的近春园和长春园东南隅,面积为480亩。由此奠定了日后清华主体校园之基础。周诒春校长开始筹划兴建早期的"四大建筑",即图书馆、体育馆、科学馆和大礼堂,教学等各方面得到较稳定的发展,清华学校的规模和"一切美国化"的教育传统,基本形成。(参见清华大学校史研究室编《清华大学一百年》,清华大学出版社2011年版;清华大学校史编写组编著《清华大学校史稿》,中华书局1981年版;清华大学校史研究室编《清华大学史料选编》第一卷《清华学校时期:1911—1928》,清华大学出版社1991年版)

吴宓从清华中等科五年级肄业,入清华学堂。英文课须读鲍尔温氏(Baldwin)《英文读本》共8册,埃尔森(Elson)的《英文读本》共5册,其中有Longfellow所作长诗"Evangeline",浦薛凤后译之为散文长篇小说,名《红豆怨史》。吴宓据之以撰成《沧桑艳传奇》。课外阅读之书,该年读完伊尔文《见闻杂记》(Sketch Book)。最爱其中"The Wife"一篇。中文书中,民国元、二年梁启超所主撰之《庸言》杂志,则每期每篇皆细读。其中"诗录"尤熟诵。清华周诒春校长极力提倡体育及学生之"课外作业",故清华中等科学生之进德会与智育励进会合并为达德学会(The Culture Union of Tsing Hua College),会长孙克基。达德学会成立后,即刊印《益智杂志》,每册皆有中文、英文两部分。吴宓任英文部编辑。《益智杂志》刊出吴宓所撰《沧桑艳传奇》第一至四出。暑假,吴宓在三原南馆撰成《沧桑艳传奇》叙及第一出传概。9月初,吴宓迁回清华。开学上课前,读商务印书馆所出之《小说月报》多册。元和陈钟麟所作《红楼梦曲》(七古),集唐人诗句,综述《石头记》全书之内容。吴宓读之,即能成诵。是年,吴宓有赠汤用彤七言律诗《示锡予》云:"风霜廿载感时迁,憔悴潘郎发白先。心冷不为尘世热,泪多思向古人涟。茫茫苦海尝忧乐,滚滚横流笑蚁羶。醉舞哀歌咸底事,沧桑砥柱励他年。"(参见吴宓著、吴学昭整理《吴宓自编年谱:1894—1925》,生活·读书·新知三联书店1995版;汤一介、赵建永编《中国近代思想家文库·汤用彤卷》及附录《汤用彤年谱简编》,中国人民大学出版社2015年版)

陈鹤琴在清华读书期间热心课外活动,与数同学创办学校青年会,旨在"互相砥砺,为社会服务,提倡教育",任干事;与同窗好友吴宓等创办墙报"日日警钟",每日一期,各择古人格言名训刊出,在同学中倡导"道德之修养,品行之砥砺";组织"仁友"同志会,意在"以文会友,以友辅仁"。自动办了校役补习夜校和城府村义务小学,自兼两校校长。重视体育锻炼,曾获全校学生体力测验总分第一名。自述在清华的三年里,"得着了不少有用的知识,认识了许多知己的朋友,还获得了一点服务社会的经验,立下了爱国爱人的坚强基础"。(参见蔡怡曾、陈一鸣、陈一飞编《陈鹤琴生平年表》,载《陈鹤琴全集》第6卷,江苏教育出版社2008年版)

闻一多2月寒假后开学,重新编班。被编入甲班。同班中还有徐笃恭、王朝梅、师淑庠、何钧、时昭涵、周兹绪、罗发组、吴世晋、高长庚等。6月,因英文跟不上而留级。9月,重新从中等科一年级读起。该级共73人,分甲乙丙三班。先生乙班24人,有师淑庠、贾观林、何钧、周兹绪、顾德铭、王际真、彭开煦、瞿世英、薛祖康、吴泽霖、钱宗堡、沈有乾、萨本栋、任宗济、徐宽年等,由陆锦文负责管理。甲班有时昭涵、潘光旦、王世圻、罗隆基等,丙班有何浩若、程绍迥等。11月8日,闻一多与何钧等在清华学校发起课余补习会,被推举为副会长。15日,清华学校举行全校性各级戏剧比赛。辛酉级演出独幕剧《革命军》(又名《武昌起义》),闻一多参与编剧,并饰革命党人。该剧获全校第二名。此为闻一多参加戏剧活动的第一试,此后便热衷戏剧。(参见闻黎明编著《闻一多年谱》,群言出版社2014年版)

陈宝泉继续任北京高等师范学校校长。2月,文科第二部,改称英语部。理科第二部,改称物理化学部。理科第三部,改称博物部。夏,陈宝泉在北京高师1913年毕业式上作了训话:"虽然,毕业云者,谓于确定期限内毕其应修之学业,非谓学业完足而弗资深造也。况师范生在修业时仅负成己之责任,至毕业后则兼负成人之责任。故鄙人所深冀于诸生者,在具有责任心而已。"8月,北京高等师范学校增设历史地理部。12月,商务印书馆出版《新编初等小学单级教科书》。其中《初等小学单级修身教科书》(甲编)全套18册,由张元济及高凤谦、陈宝泉、庄俞校订,王凤岐、秦同培、费焊编。《初等小学单级国文教科书》全套12册,由张元济及高凤谦、庄俞、陈宝泉校订,庄适、郑朝熙编纂。(参见北京师范大学校史编写组编《北京师范大学校史》,北京师范大学出版社1982年版;张人凤、柳和城编著《张元济年谱长编》,上海交通大学出版社2011年版)

陶孟和继续在伦敦大学政治经济学院攻读社会学和经济学。7月,严修到欧洲进行考察。陶孟和陪同其师游览了英国,并对英国当前的政治、社会、经济状况谈起自己的看法,认为英国的政党之争,不似中国国内"肆口谩骂",而是"有秩序,有范围,有裁制"。同时,英国伦敦的贫富差距"甚不平均"。而谈起中国的国患,严修认为当前国患以"游民"为最大,解决办法"必先救贫",同时建议陶孟和要"根据国情,平心静气,析其条目,列其次序,若发现可行之法,即可登报、上书,以求实施。如此,较之逞刺饥之快论,发愤激之危言,或有实济也"。这番"登报、上书"类建议影响了陶孟和,也反映出20世纪初期中国知识分子发展社会公共文化空间的方式。8月,北京高等师范学校增设历史地理学部,北京高等师范学校校长陈宝泉聘请陶孟和为历史地理部教务主任兼预科哲学教授。12月,陶孟和获英国伦敦大学经济政治学院经济学博士学位。是年,陶孟和在英国《社会学评论》上发表《中国的家族制度》。

按:陶孟和回国后,就立志开展社会调查研究活动。他在《社会调查(一)导言》一文中曾说:"我向来抱着一种宏愿,要把中国社会的各方面全调查一番,这个调查除了在学术上的趣味以外,还有实际功用。一则可以知道我国社会的好处,例如家庭生活种种事情,婚丧祭祀种种制度,凡是使人民全体生活良善之点,皆应保存;一则可以寻出吾国社会上种种,凡是使人民不得其所,或阻害人民发达之点,当讲求改良的方法。"(参见暴玉谨《陶孟和的早期活动及思想研究(1887—1926)》,河北大学硕士学位论文,2011年)

钱玄同年初仍任职于浙江教育司。当时其兄钱恂已赴北京任大总统府顾问。2月，钱玄同致函朱希祖，言"杭州教育司苛待科员，不可一朝居"。3月5日，朱希祖接信后，乃与钱念劬商，拟请钱玄同亦来北京。30日，助沈尹默北京大国文试卷。4月3日，钱稻孙访朱希祖，与商电招钱玄同来京为北京大预科文教员事。8月，钱玄同从杭州到北京。9月，钱玄同任国立北京高等师范学校及附属中学校国文、经学教员。此为钱玄同先生执教北京师范大学之始。不久，兼任北京大学预科文字学教员。同月27日，钱稻孙邀宴于广和居，为钱玄同至京接风，朱希祖、张稼庭、马裕藻、沈尹默、徐莘士、王维忱、鲁迅、何燏时等出席。是年，章太炎为袁世凯所监禁，钱玄同探询得其监禁地点在东城钱粮胡同，于是常去看望，并与章氏同门设法营救；所作《中小学校改良国文教授并加课语言文字之学》，刊于《独立周报》第15期。（参见曹述敬《钱玄同年谱》，齐鲁书社1986年版；朱元曙、朱乐川《朱希祖先生年谱长编》，中华书局2013年版）

汤尔和继续任国立北京医学专门学校校长。1月，首届在京、沪考录的72名新生到校。当时教职员仅有9人，他兼教授组织学。他的讲义，年年换材料，还亲自用水彩画成组织示教图约三四百张。该校曾聘日人石川喜直、中野铸太郎等来校任教。同月20日，举行开学典礼，教育部次长董鸿祎莅临致词。汤尔和校长在致词中开宗明义指出办学目的："医校目的，自主观言，在促进社会文化，减少人民痛苦。自客观言，西来宗教，都藉医学为前驱，各国的医学集会以及印刷物中，没有我们中国人的地位，实在是一件最惭愧不过的事。所以这所学校，不仅给诸位同学一种谋取职业的本领，使你们能挣钱，实在是希望诸位负起促进文明、用学术来和列强竞争的责任……"。春，聘马叙伦为国文讲席，先后拟定学校章程草案呈请教育部备案，汤尔和校长赴日本购办图书仪器。暑期派生理学教师周颂声赴日本调查各地医学专门学校解剖设备情况并研究生理学。8月1日，举办第二批入学考试，因入学人数不足定额，复于9月1日再行考录，并于当月开始上课。以后每年从北京、上海两地考录新生成为定例。11月，举办第一次周年纪念活动，教育总长汪大燮、次长董鸿祎等教育部官员莅临训词并全体合影。草创之时，用马叙伦的话说："本校方在经始，规模粗略，师徒数十人趣于十余室中，盖虽京师之小学犹有过之者。"（参见杨龙《中国第一所国立高等西医学校诞生记》，西安交通大学医学部，2017年10月15日）

马叙伦1月初致函钱玄同谈《说文校议》板片情况。仲春，应国立北京医学专门学校校长汤尔和之邀，入都当国文教员，兼办文书。在校期间鼓励学生洪式闾读了不少性理方面的书籍。经汤尔和介绍，结识同里、财政部主事邵长光（裴子），交往密切，书法得其"指导"。5月16—25日，《石屋馀瀋》连载于《时事新报》第四张杂俎，共53则。5月25日至9月10日，《嚼梅咀雪盦笔录》刊登于《时事新报》，不下47则。6月8—22日，又在《时事新报》发表《石屋馀瀋》35则。9月6日，在《时事新报》发表《石屋馀瀋》3则，其一记陆氏皕宋楼丛书出售日本事。11月16日，钱玄同来书讨论鞠躬与玄冠说。是年，章太炎被软禁于南下洼龙泉寺，绝食。马叙伦为此致书政治会议议长李经羲，称"太炎学通古今，名达中外，不特赤县为冠冕，亦宇内之昆仑也"，要求恢复其自由。马叙伦又撰《唐风集跋》《公祭沈子惇先生文》。（参见《马叙伦年表》，载卢礼阳《马叙伦》，群言出版社2014年版）

王云五继续任教育部专门教育司司长。3月，范源濂辞去教育总长，随后由农林总长陈振先奉命兼署教育总长。陈振先对王云五的文字功夫和写作速度均感满意，于是加给王云五主任秘书职衔。众议院要求教育部长官报告中央学会案讨论情况，陈振先总长不愿前往,董鸿祎次长已告病假,于是王云五奉陈总长之命,以"暂代次长名义前往报告"。4月,陈振先请辞教育总长兼职,国务院照准,并命董鸿祎次长暂理部务。5月,鉴于教育部的人事纠葛,王云五辞去教育部任职。8月,任由国民大学改名的中国公学大学部专任教授,讲授英文、政治学概论和英美法概况等课程。(参见王一心《王云五简明年表》,《文教资料》1991年第6期;郭太风《王云五评传》,北京师范大学出版社2015年版)

柳诒徵 7月二次革命爆发之际,在江苏参加讨袁战争,不久失败。因兵祸避灾至上海,事平还归。秋,应胡子靖之邀赴北京,任明德大学堂斋务主任兼历史教员。不久辞去斋务主任职。在北京,曾经兼任交通传习所事。(参见孙文阁,张笑川编《中国近代思想家文库·张尔田、柳诒徵卷》及附录《柳诒徵年谱简编》,中国人民大学出版社2014年版)

丁文江 1月应在北洋政府工商部矿政司工作的张轶欧之邀,赴北京任工商部矿政司佥事。同月24日,临时大总统袁世凯发布命令:"工商总长刘揆一呈请任命丁文江为佥事,应照准此令。"2月3日,国务总理赵秉钧、工商总长刘揆一联署为丁文江等5人呈请"叙五等"公文:"为呈请事。本部续行荐任之佥事郑宝善、王季点、邢端、华封祝、丁文江五员,拟请按照初任官均叙五等。"6月,丁文江与张轶欧商洽,呈请工商部改现有的管理机构地质科为地质调查所(团),另附设一教学机构——地质研究所。地质调查所所长由丁文江担任,地质研究所所长亦由其兼代。丁文江提交《工商部试办地质调查说明书》,就创办地质研究所、地质调查团详加规划。其中《地质研究所章程》规定:"本所专以就造地质调查员为宗旨。""招收中学校或相当之学校毕业且身体强健,能吃苦耐劳者。"同月,丁文江借北京大学旧址开办地质研究所。这是我国第一个从事地质研究和培养地质人才的机构。7月1日,丁文江主持的地质研究所招生考试工作在京、沪两地进行。内中来自江浙的学生如叶良辅、徐韦曼、徐渊摩、李学清、周赞衡,皆为丁文江在南洋中学时的学生。报考地质研究所,显然是受丁文江的影响。9月4日,北京政府工商部正式颁令:"特饬矿务司筹设地质调查、地质研究二所,于该司地质科原有人员外,酌聘中外地质专家分任职务,各以半年外出调查,半年担任教务,以期教学相长,切实进行。"并委任本部矿务司地质科长、佥事丁文江为地质调查所所长兼地质研究所所长。10月1日,地质研究所开学,校舍坐落在景山东街马神庙9号。时北京大学校长何燏时、理科学长夏元瑮皆赞助之,许以大学之图书、仪器、宿舍相假,复荐德人梭尔格博士为讲师。5日,中国地学会假北京前门内细瓦厂国事维持会之会场举行学术报告会,由丁文江报告"滇黔地质"。

丁文江 11月辞去地质研究所所长职务,由章鸿钊接任。丁文江与德国青年地质学家梭尔格(Dr. F. Solgar)、王锡宾一起去太行山区作地质调查。同月13日,到达井陉矿务的总机关所在地岗头村,与梭尔格会合。在岗头村做了3天调查,决定分工,梭尔格调查凤凰岭以北,丁文江调查凤凰岭以南,在正太路沿线进行调查。26日,从井陉步行到娘子关,因下大雪,改乘火车回太原,在太原停留两天。30日,到达阳泉,调查正太铁路附近地质。12月9日,离开阳泉,经过义井、南天门到平定;再由平定到上冠山,经宋家庄、镇簧、谷头、立壁、东上浮山,从浮山南坡下来,到昔阳。又从昔阳顺南河到柴岭,东南到蒙山,东北到凤凰山,然后北上风火岭,到张庄;再经马房、立壁、西郊、东沟、白羊墅,于12月23日回到阳泉。12月底,丁文江回到北京。随即接到农商部之令,派往云南调查滇东矿产。

按:黄汲清《丁文江——二十世纪的徐霞客》(《中国科技报》1986年8月25日)高度评价此次先生地质调查的意义:"1913年,他会同梭尔格、王锡宾调查正太铁路沿线地质矿产,填绘分幅地质图。这是中国人进行系统的野外地质和地质填图的开端，值得大书特书。"（参见欧阳哲生主编《丁文江文集》第七卷附编《丁文江先生年谱》，湖南教育出版社2008年版；宋广波编《中国近代思想家文库·丁文江卷》及附录《丁文江年谱简编》中国人民大学出版社2014年版；李学通《翁文灏年谱》，山东教育出版社2005年版）

章鸿钊与丁文江共同创办工商部地质研究所。6月，借北京大学旧址开办地质研究所。据本年《工商部地质研究所招生广告》："本部现试办地质调查所事宜，特设研究所，以造就地质人才，期以三年毕业，毕业后得为技士，充地质调查员。第一学期（九月）拟招生三十人，不取学费，膳宿自备。"考生资格"凡中学或与中学相当之学校毕业，年在十七以上、二十以下者，皆得报名投考"。考试科目为国文、英文、算术、物理、无机化学。考试地点在北京、上海和广东三处。研究所学制为三年，每个学年为三个学期。可见地质研究所具有学校性质与功能，实乃最早的地质专门学校。11月，丁文江前往山西等地从事地质调查时，其地质研究所所务工作由章鸿钊代理。章鸿钊全身心地投身于地质教育，夜以继日地整理讲义，不仅确保学生有扎实的基础知识和深厚的专业知识，而且十分重视野外地质工作能力的培养。

按：据章鸿钊《我对于丁在君先生的回忆》（《地质论评》1936年第1卷第3期"丁文江先生纪念专号"）回忆："记得民国元年，他（指丁文江）在上海南洋中学担任教课的时候，我正在南京设计一个地质研究所，但拟好章程，还未试办，南京临时政府便在那一年的初夏整个儿移到北京来了。民国二年，丁先生到了工商部，便借着北京大学的旧址，首先开办一个地质研究所，于是中国地质学界的雏声竟呱呱的出世了。丁先生偏偏不肯居功，硬要根据旧案，坚决邀我去承办。他又知道我一点古怪脾气，不肯无故去吃人家的现成饭，便悄悄地携着随身行李，跑到野外调查地质去了。"（参见冯晔、马翠凤《章鸿钊年表》，中国地质图书馆编《第三届地学文献学术研讨会暨纪念章鸿钊学术思想研讨会论文集》，地质出版社2016年版；宋广波编《中国近代思想家文库·丁文江卷》及附录《丁文江年谱简编》，中国人民大学出版社2014年版）

张相文继续任中国地学会会长，当选为众议院议员。袁世凯不久下令取消所有国民党籍的国会议员。对张相文一方面"兵警围宅，检查信件，追取徽章"，一方面强迫追还地学会会所。但他毫不畏惧，一边另觅会所，继续地学会的活动；一边撰写《解散国民党纪实》，揭露袁世凯的阴谋。（参见江苏省泗阳县政协编《泗阳张沌谷居士（张相文）年谱》，载江苏省泗阳县政协编《张相文》，中国文史出版社2008年版）

蒋丙然应中央观象台台长高鲁之邀，到北京中央观象台任技正。自上年夏北洋政府教育部在北京东城泡子河（今建国门附近）设立了中央观象台后，至是年又在观象台内增设了气象科，下辖北京西山碧云寺、库伦（今乌兰巴托）、张北、开封、西安等几个测候所，蒋丙然任气象科科长。

汪东6月30日偕黄侃谒况周颐。上年4月左右，况周颐自安徽宣城移居上海，曾为黄侃《编华词》题《减字浣溪沙》4首。7月10日，与黄侃有北京之行。7月26日，黄侃先行离京，汪东托其捎带家书。9月7日，黄侃复至。在京时，二人往来甚密。是时汪东伯兄汪荣宝任临时参议院议员，仲兄汪乐宝（廉士）任大理院书记官，均在北京。父汪凤瀛亦已退居，就养于汪荣宝处。30日，偕黄侃等赴共和党北京本部探视遭袁世凯软禁的章炳麟。10月3日，与黄侃同离京返沪。11月3日，黄侃在上海小有天酒楼为汪东饯行。是夜11时，汪东与姊汪梅未（春绮）同乘海船赴北京。抵京后寓杨仪宾胡同汪荣宝处，与父汪凤瀛共处，又与仲兄汪乐宝比邻。时陈衡恪（师曾）任职北洋政府教育部，亦来就居，与汪东谈画刻印，甚为相得。同月抵京后，数与黄侃书信往还，似为求职事，内心颇为悲苦。冬，得总统府咨议职。（参见薛玉坤《汪东年谱》，河南文艺出版社2016年版）

沈家本 4 月将《枕碧楼丛书》整理编订完毕,收录珍稀古籍 12 种,交付刊印。7 月 12 日,溘然长逝。临时大总统袁世凯颁令抚恤,派员致祭。8 月 14 日,京师司法界召开追悼会,约 200 人云集湖广会馆,参加悼念仪式。次年,归葬于浙江吴兴县之渡善桥。(参见李贵连《沈家本年谱长编》,山东人民出版社 2010 年版;李欣荣编《中国近代思想家文库·沈家本卷》及附录《沈家本年谱简编》,中国人民大学出版社 2015 年版)

杨度 9 月原拟出任熊希龄组织"名流内阁"交通总长,但因梁士诒从中作梗而泡汤。11 月,杨度被袁世凯指派为政治会议议员,充当了袁世凯背叛共和、走向独裁专制的得力干将。(参见左玉河编《中国近代思想家文库·杨度卷》及附录《杨度年谱简编》,中国人民大学出版社 2014 年版)

姚子芳 4 月发起创办北京孔教公会,任会长,以阐扬孔教、救济社会为宗旨,并颁布《孔教公会章程》,会址设于北京前门外延寿寺街。5 月 28 日批准备案,后创办白话报及杂志。6 月 12 日即端阳节后三日,姚子芳致书上海孔教总会,谓"得黄孝觉、罗拨东、刘洙源、丁静斋、唐天如诸君之赞助,草拟章程十条,号召同志,海内名流应和者二百余人,乃具呈教育、内务两部……先后批准在案"。(《本会纪事·北京支会》,《孔教会杂志》第 1 卷第 5 号)

徐世昌、徐琪等 4 月 27 日在北京成立"孔社",以"阐扬孔学,融汇百家,讲求实用,巩固国基"为宗旨。(参见崔建利、王云《徐世昌年谱及其编者考论》,《民国档案》2009 年第 1 期)

宋育仁于二次革命后与蜀人谢无量讨论时势政策,于是数日内草就文章,发联邦之议,抵制袁氏称帝篡位阴谋,且分头抄送汤寿潜、张謇、伍廷芳等人。后投入张勋幕府。是年,所作《上长沙张公牍》《再上长沙张公牍》,刊于《庸言》第 1 卷第 7 期、第 18 期。(参见王东杰、陈阳编《中国近代思想家文库·宋育仁卷》附录《宋育仁年谱简编》,中国人民大学出版社 2015 年版)

张耀曾任国会众议员、众议院法制委员长,主持起草《天坛宪法(草案)》。"天坛宪草",因于北京天坛祈年殿起草而得此名。4 月 8 日,辛亥革命后第一届国会于 1913 年宣告成立,并由参众两院各选 30 人为宪法起草委员。10 月 31 日,完成《中华民国宪法草案》。共 11 章,113 条。主要内容包括:(1)以列举方式规定了人民广泛的权利,非依法不得限制、停止或侵犯。(2)总统由国会选举,并设副总统。(3)政府组织采用议会内阁制,以限制总统的权力。(4)国会采用参众,在国会闭会期间,由议员中选出 40 名委员组成国会委员会作为常设机关。(5)司法权由法院行使,除审理一般案件外,法院还受理行政诉讼。这一宪法草案与《临时约法》相比,明显地扩大了总统的权力,但仍含有责任内阁的精神,因而遭到袁的敌视。11 月 10 日,宪法起草委员会自行解散,所定宪法草案也随之流产。(参见张耀曾《宪政救国之梦张耀曾先生文存》,法律出版社 2004 年版;沈谱、沈人骅编《沈钧儒年谱》,中国文史出版社 1992 年版)

沈钧儒是年春在浙江省私立法政专门学校任教。3 月 20 日,国民党代理理事长宋教仁遇刺后,支持褚辅成等议员对袁世凯联合弹劾,并参与褚辅成反对袁世凯向帝国主义银行大借款等活动,成为褚的主要助手。5 月 14 日晚,在北京往访鲁迅于其寓所。10 月 21 日,出席在北京宣武门大街民国报馆后院正式召开的民宪党成立会议。该党的宗旨为"贯彻民主精神,励行立宪政治"。是年,在北京协助张耀曾、褚辅成等起草《天坛宪法》。当时,国会议员推举以张耀曾为中心的 5 人小组(在宪法起草委员会中产生)代表集体执笔起草《天坛宪法草案》。(参见沈谱、沈人骅编《沈钧儒年谱》,中国文史出版社 1992 年版)

蓝公武继续任《国民公报》记者。因在《庸言》第 1 卷第 2 号发表长文《大总统之地位及权限》批评袁世凯的政治阴谋,在社会上产生了强烈反响,也引起袁世凯的不满。春夏之交,袁世凯派人到《国民公报》报馆寻事,被主编徐佛苏巧妙支走。袁世凯为了对蓝公武"恩威共济","引为己用",随后传谕接见蓝公武。约一月后,袁世凯指令江苏省督军李纯"选举"蓝公武以进步党当选参议员,蓝公武成为最年轻的参议员。9月,议会表决是否将孔教立为国教,蓝公武表示反对。10月,鉴于袁世凯被选为正式大总统后蓄意破坏《临时约法》,部分原国民党人张耀曾、谷钟秀、汤漪、钟才宏、杨永泰及部分原进步党人丁世峄、蓝公武、刘崇佑、李国珍、汪彭年等人决定联合组成民宪党,以"保障共和,拥护宪政"为宗旨。随后,袁世凯再次召见蓝公武,宣布任其为总统府参议,并资助去德国考察政教,许诺回国时予以重用。秋,蓝公武第二次出国留学,从东北满洲里出国,经俄国去德国。是年,蓝公武在《庸言》发表《论大借款》《中国道德之权威》《中国之将来》《宗教建设论》等文。

张澜3月与蒲殿俊、罗纶等国会议员赴京出席第一届国会。4月8日,出席第一届国会。在京期间,由汤化龙介绍,参加民主党。5月29日,在民主、共和、统一三党合并为进步党之际,蒲殿俊未经张澜同意,代其登记加入进步党,张澜断然退回党证,从此退出政党。在京期间,张澜与梁启超、张謇、汤化龙等人过从甚密,尤其与云南都督蔡锷将军私交甚好。(参见谢增寿编著《张澜年谱》,群言出版社2013年版)

陈垣以革命报人身份正式当选众议院议员,赴京上任。是春辞去《光华医事卫生杂志》主编职务,推举叶慧博主持。8月参加国会会议,反对陈焕章、梁启超等将孔教立为国教的主张,认为信教自由,不当强定一教为国教。(参见刘乃和、周少川、王明泽《陈垣年谱配图长编》,辽海出版社2000年版)

杨永泰4月任第一届国会参议员,参与起草宪法工作。10月下旬,杨永泰与张耀曾、谷钟秀、孙润宇、曹玉德、丁世铎、汪彭年、汤漪、钟才宏等国民党人与李国珍、刘崇佑、蓝公武等等进步党人发起成立民宪党,反对袁世凯,以"保障共和,拥护宪政"为宗旨。

蒋百里在保定军校锐意改革,整顿人事,严申军纪,加强管理,改进教学,讲述古今中外军事家的言论事迹进行精神教育。6月18日,以改革计划受陆军部掣肘,自杀未遂,后辞去保定陆军军官学校校长职务,改任总统府军事处一等参议。(参见皮民勇、侯昂妤编《中国近代思想家文库·蒋百里、杨杰卷》及附录《蒋百里年谱简编》,中国人民大学出版社2015年版)

孙毓筠、王芝祥、林述庆、杨曾蔚、温寿泉、王人文、于右任、章士钊等人2月17日在北京发起成立国事维持会,其宗旨在维持时局,巩固国家。以至诚大公之心,为排难解纷之举。凡议会与政府有意见隔阂,各省与中央有误会抵触,甲党与乙党有激生恶感,都将设法疏通,委曲解释,居间调停,实则极力维护袁世凯的统治,打击革命党人的势力。(参见蔡鸿源、徐友春主编《民国会社党派大辞典》,黄山书社2012年版)

陈翼龙2月与江亢虎决裂,将中国社会党北京总部改为万国社会党中国总部。3月20日宋教仁在上海遇刺后,陈翼龙决心配合孙中山、黄兴反对袁世凯,准备在京、津发动起义。袁世凯闻之,下令取消社会党天津支部。4月,陈翼龙向内务部强烈反驳,并典当衣物作路费去联络反袁。行前将其文稿信函,托付社会党员、北京大学学生顾颉刚,如其不幸遇害可整理成书,以存事迹。7月25日,陈翼龙由上海回京。次日,京师警察厅侦辑队包围社会党北京支部及平民学校,陈翼龙被捕。9月6日,被杀。

按:袁世凯即通电全国查禁社会党,江亢虎发表一篇《留别中国社会党人宣言》后去美国。(参见曹绥之、曹嘉荫《中国社会党兴亡简记》)

夏曾佑2月21日因教育部训令社会教育司在京师图书馆馆长江瀚调离后由司长直接管理馆务,开始直接管理京师图书馆馆务。2月,筹办全国儿童艺术展览会。原计划在3月开展,因"二次革命"爆发,推迟至次年4月21日。4月1日,夏曾佑与鲁迅、齐寿山、戴芦舲前往宣武门外青厂,参观京师图书馆分馆新租赁房屋。6月2日,与鲁迅、戴芦舲、胡梓方前往历史博物馆,观看所购明器土偶,所购明器土偶系北邙等地出土文物。8月15日,夏曾佑与孔教会代表陈焕章、严复、梁启超、王式通等人上书参、众两院,请于宪法中规定孔教为国教,舆论哗然。9月28日,根据汪大燮总长令,与教育部官员前往国子监祭拜孔子。10月21日,京师通俗图书馆开馆,馆址位于宣武门内大街。10月29日,讨论改组京师图书馆事宜,指派鲁迅等到会同馆员清理、移交藏书,以及准备迁址。11月1日,与鲁迅前往什刹海广化寺京师图书馆。(参见全根先《夏曾佑年谱简编》,《文津学志》2016年)

鲁迅2月15日由教育部指定为读音统一会会员。同月,所撰《拟播布美术意见书》刊于教育部《编纂处月刊》第1卷第1册,首次提出成立有关民俗研究会的建议。3月12日午后,赴读音统一会,与朱希祖、许寿裳、马幼渔、钱稻孙等提议采用注音字母,经表决得多数。同月,撰《〈谢承后汉书〉序》《〈谢沈后汉书〉序》《汪辑本〈谢承后汉书〉校记》《〈虞预晋书〉序》。5月8日,所译日本上野阳一的论文《艺术玩赏之教育》刊于《教育部编纂处月刊》第1卷第4、7册,未署名。8月27日,开始补写《台州丛书》中之《石屏集》。9月28日,对教育部祀孔丑剧表示愤慨,在《日记》中说:"闻此举由夏穗卿主动,阴鸷可畏也。"10月20日,校《嵇康集》毕,作《〈嵇康集〉跋》。(参见鲁迅博物馆、鲁迅研究室编《鲁迅年谱》,人民文学出版社1981年版)

许寿裳升任教育部参事,时汪大燮任总长,对于许寿裳之品学甚为推重,故有此拔擢。2月15日,"读音统一会"正式开会,许寿裳为浙江省代表会员出席,当时为核定音素,采定字母,争论纷纭,许寿裳与马裕藻、朱希祖及鲁迅联名提议以简单汉字为注音字母,遂成定案。(参见倪墨炎、陈九英编《许寿裳文集》下卷附录二《许寿裳先生年谱》,百家出版社2003年版)

王照2月15日出席在北京政府教育部召开的"读音统一会",被选为副议长,吴稚晖为议长。同日,朱希祖日记载:"午后一时至教育部音统一会,一点钟开会,余排在第三十二席。是日到会者共四十四人。有开会秩序单一纸,议事规则一份,别单一纸。是日演说,公举议长,正议长吴敬恒,副议长王照。散会摄影。教育部次长董鸿祎亦出席演说。"18日,王照、陈遂意分别发出字母表,并实验读音。19日,发王照字母表一份,审查湖南陈遂意字母表毕。3月3日,读音统一会为读音问题又起波澜,王照欲以北音统一读音,字母去浊声,韵母废入声。朱希祖与王照辩论,会场几乱秩序。4日,王照联络各省代表,通过其议案。5月22日,读音统一会会议结束。(参见朱元曙、朱乐川《朱希祖先生年谱长编》,中华书局2013年版)

梁漱溟年初仍任《民国报》编辑。春,中国国民党改为国民党本部之机关报。总部派议员汤漪负责。汤某漪到任后,从总编辑而下,换了一批新人。梁漱溟离开了《民国报》。约在上年底是年初,梁漱溟偶然一天从家里旧书堆中,捡得日本人幸德秋水所著《社会主义之神髓》加以阅读。冬,撰成《社会主义粹言》一小册子,自己写于蜡纸,油印数十本赠人。是年,原先归心佛法因时代热潮激转而折入出世一路。(参见李渊庭、阎秉华编著《梁漱溟年谱》,商务印书馆2018年版)

夏敬观10月北行入都,任农商部总长张謇秘书。12月15日,国民政治会议召开,夏敬观由工商部选派任议员。12月底,南归。(参见陈谊《夏敬观年谱》,黄山书社2007年版)

缪荃孙利用清点清内阁大库移交给京师图书馆方志的机会,编辑《清学部图书馆方志目》,著录明代方志224部,清代方志1676部,另有不全方志360部,这是现存最早的方志目录。

邝荣光为会长，张轶欧为副会长的中国矿业会1月在北京成立，以"研究矿学，讨论矿政，提倡矿业"为宗旨。

向瑞琨为会长，冯麟霈、王浩庭为副会长的中国保商会1月在北京成立，以"联络商情，开通商智，保护商业，辅助商政"为宗旨。

谢模佰为社长，刘叔敬、罗宗孟、许应时等为理事的祖国侨民社2月在北京成立。

朱启钤、熊希龄、范源濂、周学熙等人3月在北京发起成立中国经济学会，以"研究学术，调查事实，发表经济政策"为宗旨。

陆征祥在北京创办"中国史学研究会"(The China Historical Research Society)，任会长，以加强中西学者合作，进行古老国家民族历史的比较研究，以及培养对古老中国的热爱和尊敬，在年轻一代心中植根深厚的爱国主义为宗旨。北京大学外籍华人教授周慕西(Dr. Moses Chiu)任名誉干事。

朱颐年、赵连棣、袁光璧为理事的法政研究社4月23日在北京法政学校内成立，以联合同志，研究法政，主张切实学说为宗旨。

赵增樾为主要负责人的政学研究会10月4日在北京成立。

丁剑云、杨韵谱等河北梆子演员在北京成立奎德社。

许大洪在北京发起成立世界新闻团，以"联络各国新闻记者，以新闻事业改良社会；新闻务求真确，以讨论政见"为宗旨。

胡瑞霖等编辑的《中国商会联合会会报》10月在北京创刊。

伍宪子在北京与徐佛苏创办《国民公报》。

英敛之在香山创办辅仁社，提倡研究宗教史。

顾颉刚考入北京大学预科，自谓"梦想进的是农科"，因编入二部学习。12月，每晚与毛子水、朱孔平到化石桥共和党本部听章太炎所开国学会之讲学，所讲为文科的小学及文学、史科、玄科。

陈中凡考入北京大学哲学系。

范文澜考入北京大学文预科。

金毓黻考入北京大学文科。

傅斯年考入北京大学预科。

茅盾考入北京大学预科。

叶企孙考入北京清华学校高等科。

罗隆基在江西参加考试，以第一名的成绩考入北京清华学校。

吴泽霖考入清华学堂。

潘光旦在北京清华学校读书。

闻一多、瞿世英、吴泽霖、沈有乾、萨本栋等9月被编入清华学校乙班，时昭涵、潘光旦、王世圻、罗隆基等编入甲班，何浩若、程绍迥等编入丙班。

闻一多与何钧等11月8日在清华学校发起课余补习会，被推举为副会长。

袁复礼就读于清华学校高等科。

张申府考上北京大学预科。

李泰棻考入北京高等师范学校史地科就读。

老舍考入京师第三中学,数月后因经济困难退学。同年考取公费的北京师范学校。

蔡元培年初仍在莱比锡大学文明史与世界史研究所从事研究工作,并继续研习本学期所选课程。4月14日,参观柏林的国民图书馆。17日,获得莱比锡大学所发的修业证书。6月2日,应孙中山之召请,回国抵沪,即与孙中山、黄兴相晤,奔走调解南北关系事宜。3日,到商务印书馆访张元济、高梦旦、徐仲可、寿孝天、杜亚泉。5日,与汪精卫致电袁世凯,主张调和南北。15日,为章太炎、汤国梨证婚。22日,赴国民党新闻记者同志会,被选为会长。30日,到复旦公学演说。7月6日,到上海工业专门学校发表演说。是月,"二次革命"爆发,与吴稚晖、张继等在沪创办《公论》晚报,撰文抨击袁世凯。9月5日,偕夫人、儿女离沪赴法国,居巴黎近郊,学习法语,从事译著。又与李石曾等创办留法勤工俭学会。(参见高平叔编著《蔡元培年谱长编》,人民教育出版社1996年版;王世儒编撰《蔡元培先生年谱》,北京大学出版社1998年版)

宋教仁1月离开北京南下,沿途发表演说,批评时政,推崇政党内阁制。1月8日,在国民党湖南支部欢迎会上发表演说,阐述国民党的责任,开始国会竞选活动。9日,在湖南铁道协会欢迎会上发表演说,提倡民办铁路。11日,在湖南筹蒙会成立大会上演说,指出沙俄是侵略中国的"戎首"。17日,在湖南农务总会、工业总会、商务总会、木业公司联合举行的欢迎会上发表演说,强调发展实业。2月10日,在国民党武汉交通部欢迎会上发表演说,抨击袁世凯政府的内外政策。19日,在国民党上海交通部欢迎会上发表演说,指出宪法是共和政体的保障。23日,在杭州出席国民党浙江支部欢迎会,号召国民党员为建设政府而努力。3月9日,在国民党南京支部欢迎会上,发表演说,简述自己的政治主张。10日,由南京返回上海,开始与国民党其他领导人商讨在国会中的党略问题,并拟订《代草国民党之大政见》。12日、15日,在《民立报》上发表《驳某当局者》《答匿名氏驳词》,对"反宋"种种诬陷逐条进行驳斥。17日,出席救国社欢迎会,被推为名誉社长。18日,在国民党交通部公宴上发表演说,认为国民党的目的在于排除原有恶习,吸收文明空气,达到真正共和。20日晚10时45分,应袁世凯之邀拟北上赴京议事,在上海沪宁车站遭到枪击。入医院诊疗前尤授意黄兴代为致电袁世凯,要求其"开诚心,布公道,竭力保障民权"。22日凌晨4时48分,在上海铁路医院逝世,时年32岁。于是全国大哗,导致二次革命爆发。4月13日,国民党上海交通部在宋园举行追悼宋教仁大会,参加者2万余人。

按:宋教仁被刺案发,汉口《民国日报》发表申讨"袁贼"(袁世凯)、"赵犯"(赵秉钧)文章累月。黎元洪3月派人于法租界将杨端六与其同事周鲠生、皮宗石、李剑农等4人逮捕,拘禁于法租界巡捕房。经汉口法国领事会审判决无罪,杨端六被护送至上海释放。(参见郭汉民、暴宏博编《中国近代思想家文库·宋教仁卷》及附录《宋教仁年谱简编》,中国人民大学出版社2015年版)

王宠惠仍居上海。3月,所著《中华民国宪法刍议》由上海南华书局印行,此为系统讨论中华民国宪法的第一部专著。作者重点介绍了刚性宪法和柔性宪法的概念,认为刚性宪法符合世界趋势,中国应当采用刚性宪法,并遵循美国模式修订和解释宪法。张东荪不认可王宠惠的翻译,又以法国宪法为例质疑刚性宪法是世界趋势的论述。之后二人有数次交锋,论战中异中有同,二人都对宪法怀有巩固和提升传统的期待。6月27日至7月5日,在上海《民立报》连载《宪法刍议答客难》。其《民国经世文编》(法律)摘载此文,名为《与张东荪论宪法性书》。10月,上海成立中国的第一个比较法学组织——比较法学会,在第一届会议上被公推为学会会长。10月7日,《上海民立报》发表王宠惠在比较法学会上的演说《法学谈》。

　　按：《法学谈》文虽不长，却具有法学的学术史内涵与意义，曰："比较法学会，在中华饭店开成立大会，会长王君宠惠演说：今日比较法学会成立伊始，到会者皆法学专家，乃蒙公举鄙人为会长。一面宠以荣誉，一则界之义务，荣誉固非所克当。第就义务方面观之，鄙人虽学力未逮，亦当勉为担任，不敢固辞，以负诸君之雅望。兹欲有为诸君贡一言者，尝谓：法学与天然科学不同，天然科学，一成而不可变。如数学之方程式，二加二等于四，时无古今，地无中外，其理莫之或易。至法学，则不然，常受世界之变迁而与为变迁焉。是故同一法律也，昔之所是，而今或非之；或昔有而今无，或昔无而今有；或昔放任，而今干涉；或前禁止，而后励行；此因时代而变迁者。同一行为也，甲国之法律，以为适法者，乙国之法律，或以为违法；乙国之法律，视为有效者，甲国之法律，或视为无效也；此国法律所容许者，彼国法律或禁止之；此因地域变迁者。概言之，世界法律之变迁，恒因历史、地理、种族、宗教、政体、风俗、习惯之变迁而变迁，乃至因气候之变迁而变迁。如寒带国之法律，异于热带国之法律是也。夫法律之受变迁如此，吾人若仅研究一国之法律，则入异国必且有触其法纲而不知之患，问禁问俗曷胜其烦。故法律学者，贵乎研究世界之法律也。今世之法律，不外两大派，一为英美法派，一为欧洲大陆法派。大陆法派又有法派与德派之殊。而大陆中之小国为比利时者，复调和于二者之间，而为折衷派。日本法律其始采用法派，而继则崇尚德派。中国取法日本，亦为德派。惟德国之法律，其可法者固多，要亦非无可议之点。今欲集世界各国之法律，权衡损益，挈短较长，以期适用于我共和开幕之民国，殆非研究比较法学，不足以衷于一是。此比较法学会之发起，所以刻不容缓者也。夫法律，因人类思想而变。而人类思想亦复因法律而变，二者迭变而不已，故法律之进步亦不已。此法律家所以有社会铸造法律，法律铸造社会之说也。往者，印度习俗，初生子，必弃之于车辙之下，而毙之。以此事神，而求福利。其后英国以为大伤人道，以法令禁止之。人民思想始为一变。吾国人民思想之待变者，正复不少。吾辈所负之责任，当何如耶！考比较法学，发明于近二十年，创始于法兰西，继起于德意志，后乃流衍于英，而其输入于美，尚不过近五年间耳。夫英国法律，最重保守，而今且趋重比较。铝吾国法律之幼稚，其可故步自封耶！且是本国而非他国者，名为爱国，实则薄待本国。盖必知本国之所短取他国之所长，深明法律之比较，而改良进步以与世界各国竞，是乃真爱国也。博观而约取之，是所望于诸君子云。"

　　王宠惠是年又作《宪法平议》。文中最后"结论"指出："以上所述，均为吾国宪法所应采取之大原则，兹当革命成功，南北统一，制定一完美之宪法，实为目前首要之急务。宪法为国家之根本大法，于篇首已论及之，宪法若不确立，则一切法令均无所本，而宪法之当否，又为国家安危，政治良窳之所系，是不可不深切加以注意也。兹事体大，特比较各国成规，并顾及吾国特殊环境，略陈愚见。刍荛之言，圣人择焉，愿职司制宪诸公审度之。"（参见张仁善《王宠惠先生年谱》，载《王宠惠法学文集》，法律出版社2008年版；胡晓进《民初制宪中的刚性宪法与柔性宪法之争——兼释学界的相关概念误解》，全国法学与史学跨学科前沿论坛，2021年10月23日）

　　盛宣怀6月20日在上海致孙宝琦函，谈他对孙中山和袁世凯二人的某些看法，说：孙中山在办实业上是"有理想而无经验，不足与谋也"；对袁世凯却认为"措置大局，举重若轻，实超轶乎汉高、宋祖而上之，方之华盛顿、拿破仑亦有过无不及"。在谈到招商局事说，"招商局为一班粤人盘踞其中，终难整顿""闻各股东以鄙人老马识途，欲举会长"。说果然如此的话，"拟推泗州为长，吾为次"。6月22日，招商局开股东大会选举董事会，杨士琦为会长，盛宣怀副之；郑观应亦当选为董事。这样，既平衡了与袁世凯的关系，也缓和了与粤帮的矛盾。7月，盛宣怀暂时避居青岛，对于汉冶萍公司、轮船招商局"暗中主持"，以期"保全万一"。（参见夏东元《盛宣怀年谱长编》，上海交通大学出版社2004年版）

　　江亢虎鉴于外蒙古的库伦"独立"，国内关于处理满、蒙、回、藏的问题十分紧迫，代表中国社会党发表《社会党筹边策》，提出了解决满、蒙、回、藏边疆问题的六个主要办法和六条具体措施,其核心是让各地中国社会党人用"社会主义"来解决问题。先后两次呈递中央政府,并函寄各省都督,以寻求支持。2月,在上海为《社会》杂志题写刊名。3月,中国社会党北京支部向众参两院提交江亢虎撰写的《中国社会党请愿国会书》,提出了实行普选、教育平等、专征地税、限制遗产继承、废止死刑肉刑、限制军备、奖励劳动、废止婢妾制度等八项主张。4月14日,江亢虎在上海南市新舞台剧场主持召开中国社会党特别大会,追悼宋教仁,并发布江亢虎撰写的《中国社会党对于宋教仁暗杀案宣言》,党员1000多人参加会议。《宣言》指出"宋案"的发生,"实中华民国之奇耻大辱",并提出六条解决办法。5月1日,中国社会党在上海南市新舞台剧场举行纪念五一节演讲会,有1000多人参加。江亢虎在会上发表演讲,介绍五一节的由来,宣传社会主义的主张。2日,发布《中国社会党于宋案及借款反对兵力解决宣言》。6月15日,同旅沪的各国社会党人共同发起成立"万国社会党俱乐部",以"讨论学理,协助进行,交流消息,联络感情"为宗旨。江亢虎与英国社会党人查克逊一起被推举为书记。7月15日,江亢虎在万国社会党俱乐部第一次大会上,发表《中国社会党对于南方事变宣言》。

　　江亢虎8月3日在《新闻报》上看到浙江都督朱瑞关于解散该省社会党各支部的通告,遂以中国社会党总代表的名义写信进行交涉,希望朱瑞能收回成命。7日,所著《洪水集》由上海演说报馆印行,作自叙。同日,大总统袁世凯下令解散中国社会党,江亢虎召集本部紧急会议,起草《呈袁大总统文论解散社会党事》,并于15日寄出。呈文同样强调中国社会党"宗旨正大,方法稳健",要求袁世凯"收回成命"。31日,召集中国社会党特别联合大会,各地及本部党员代表百余人参加。根据会议五条决议之一,推举江亢虎"出洋,联络各国社会党",并参加第二国际的维也纳大会。江亢虎发布《中国社会党特别联合大会去职宣言》。《宣言》指出:中国社会党建立两年以来,社会主义的名词概念已普及于大多数人的心目之中,"四百余地之机关可以取消,五十万人之信仰不可没灭";而且,大总统的解散令和各地的文告,"皆传播社会主义之媒介","瞻望前途,乐观无量"。这次大会,给该党短暂的一年零十个月的历史,画上了一个句号。(参见汪佩伟编《中国近代思想家文库·江亢虎卷》及附录《江亢虎年谱简编》,中国人民大学出版社2015年版)

　　黄侃2月5日除夕以近来研究古音学始定古声为十九类、古韵为二十八部,开始撰写《音略》,分六节:略例、今声、古声、今韵、古韵、反切,为黄侃音韵学说的一种纲领式著作。3月8日,宋教仁在南京演说,主张组织政党内阁。黄侃与宋教仁相遇,并赠以诗。22日,宋教仁被暗杀于上海车站,不治身亡。黄侃撰写《思旧辞》,悼念宋教仁。

　　按:《思旧辞》文曰:"予以丁未始识钝初。钝初沉厚有大志,余则疏顽以不材自处,两人交莫逆也。其后于颠塞益甚,独钝初犹予。革命既成,钝初敢力当涂,无缘与常接近。今年春,予自鄂来沪,与钝初同舟,谈谐累日。予赠以诗,以庄惠前事为喻,且劝以深根宁极,救以横流,钝初亦以为知言也。违别几时,遮雁凶祸,生平已矣,怀旧何期?泫然不知涕之无从也。古人有言:'游于其篱,而无感其名。入则鸣,不入则止。'以钝初之明智,岂不知此?卒以不忍国民涂炭,九服崩离之故。遗弃一身以为之轩冕月楣,曾无容心于其间,将所谓弘毅之士者非也。有志不遂,伏恨黄墟,乌乎哀哉!"

　　黄侃6月20日自上海斜桥余庆里10号移居法租界打铁滨路明德里三弄底。同月,多次至章炳麟家拜访。7月10日,由上海出发,夕抵南京。13日,抵北京,至进步党本部。30日,返回上海家中。8月11日,章炳麟冒险入京,住化石桥共和党本部,立即遭到袁世凯软禁。29日,黄侃从海路赴京。9月7日,黄侃抵京,晚饭后至共和党总部,拜见章炳麟。10月7日,返回上海。(参见司马朝军、王文晖《黄侃年谱》,湖北人民出版社2005年版)

　　孟森2月在江苏第三区当选为众议院议员。4月,赴北京就任。5月29日,共和、统一、民主三党合并组成进步党,以此为与国民党争锋,孟森任进步党干事。7月,被选为国会宪法起草委员会委员,参与中华民国政府第一部正式宪法的起草工作。11月4日,袁世凯下令解散国民党,取消国民党籍议员资格,议会陷入瘫痪,遂返回上海,此后十年间仍不时赴北京参与政事。同月,在上海《时事新报》发表《朱三太子事迹》,开始转向明清史研究。(参见孙家红《师之大者:史学家孟森的生平和著述》,《书品》2007年第2期;贾浩《孟森先生学术年表》,载孟森《明清史讲义》,商务印书馆2011年版)

　　张东荪在《庸言》杂志上先后发表《国会性质之疑问》《论宪法的性质及其形式》《余之民权观》《论统治权总揽之有无》《行政权消灭和行政权转移》和《行政裁判论》《论普通裁判制度与行政裁判制度》《余之孔教观》《中国之社会问题》《关税救国论》《内阁制之精神》《法治国论》《对抗论之价值》等政论文章,对国会性质、主权性质、总统的连任、宪法的性质与制定、行政权与行政裁判、道德的堕落与补救、教育与财政等当时重要政治问题均进行了讨论,初版确立了改良与共和的政治立场,并对袁世凯的统治抱有极大希望,与其兄张孟劬消极悲观态度迥然不同。(参见左玉河编《张东荪年谱》,群言出版社2014年版)

　　黄炎培1月仍任江苏省教育司司长,并以此身份拟订《江苏今后五年间教育计划书》。江苏省按此计划推行全省教育,直至1927年国民党建都南京时始止。2月,撰《告教育界用人者》,认为"教育者,所以养成未来之人物,恃感化以为作用"。8月,撰《学校教育采用实用主义之商榷》一文并以单行本出版,随之刊发于上海《教育杂志》第5卷第7号,主张"打破平面的教育,而为立体的教育,改文字的教育,而为实物的教育",也就是说,在学校教育中采用实用主义。一时赞成或反对是说者蜂起,日报月刊亦多有转载此文者。(参见许汉三编《黄炎培年谱》,文史资料出版社1985年版;余子侠编《中国近代思想家文库·黄炎培卷》及附录《黄炎培年谱简编》,中国人民大学出版社2015年版)

　　庄俞10月在上海《教育杂志》第7期发表《采用实用主义》,指出当时中国教育"虚伪""剿袭""矜夸""敷衍"的种种表现,大声疾呼"欲救今日教育之弊,非厉行实用主义不可"。

　　按:黄炎培、庄俞两人的实用主义教育主张一经公开发表,应者如云。当时教育舆论界的重镇《教育杂志》《中华教育界》《教育研究》等刊物都登载了大量的讨论文章,为实用主义教育思潮的兴盛推波助澜。1914年7月,《教育杂志》第6卷临时出增刊,专门研究实用主义问题,由黄炎培、庄俞分别作序,廉方、邢定云等十余人分别就"今日之学校应否采用实用主义""实用主义实施法""实用主义教授法"等问题展开了讨论。《教育研究》则刊发了王朝阳的《读学校教育采用实用主义商榷书感言》(1913年11月)、《学校教育采用实用主义之研究》(1913年12月),江苏省立第二师范学校附小的《我校之施行实用主义》(1913年12月)、《读实用主义小学教育法》(1914年9月)、野鹤的《实用主义之教育法》(1914年3月)。1914年3月,该刊也推出新年号增刊,专门登载了黄炎培的《实用主义小学教育法》《学校教育采用实用主义第二回商榷书》。(参见王博《清末民初教育期刊对教学变革的影响之研究(1901—1922)》,湖南师范大学博士学位论文,2013年)

　　伍达在上海《教育杂志》第11期发表《教科以外之教育》一文,认为学生在课程之外所受的教育"其类别繁,其效用普,其影响于社会之远且大"。

　　按:该文将"教科以外之教育"分为10种,如"集会教育""修养教育""补充教育""仪式教育""锻炼教育"等。

　　马相伯继续兼任复旦公学校长,李登辉仍任复旦公学教务长。1月17日,《民立报》刊载《复旦之卷土重来》:"复旦公学创办十年,成绩昭著,去岁年底小有风潮,以致暂时停课,闻目前各校董集议办法,金以校务涣散,为董事会未经实行成立之故。惟此会为主持校务重要机关,而会长尤必有洞明中外学术,热心教育前途者方克胜任。即当举定王亮畴(宠惠)先生担任斯席,并议请李登辉先生重主校务,不日即可招生开学矣。"1月17日,《民立报》刊载《新复旦之观成》:"复旦公学昨由董事会长王亮畴先生召集第二次董事会议于寰球中国学生会。到会者于右任、陈英士、曹成父、虞和甫、郭健霄诸君暨校长李登辉先生。当议决三事:(一)修改校章,由校长起草后送交董事会长核定后,再请各董事会决。一面登报招考新生,定于三月一日(旧历正月二十四日)开学。(二)认筹经费于开学前编定预算,不足之数由各董事共同担任,务求学科完美,不因经费竭蹶,致有因陋就简之弊。(三)董事会中推举财政主任一人,凡校中出入总项均由主任负其全责,每月按照预算定额,由校长签字交会计员具领。其余又议定教科分配等事不具录。"

李登辉年初以马相伯校长推荐接任复旦公学校长。1月17日,为整顿校务,复旦公学成立董事会,推王宠惠为会长。董事会决定聘请李登辉重主校务,近期内开学。20日前后,李登辉被董事会聘为复旦公学校长。1月23日,于右任、陈英士、曹成父、虞和甫、郭健霄与新任校长李登辉在寰球中国学生会召开复旦公学第二次董事会议,决定由李登辉起草新校章。3月1日,复旦公学举行春季开学仪式。在校董于右任、邵力子等陪同下,李登辉在大礼堂向全校师生宣布办学方针。同月,老校友多人回复旦,协助李登辉办学。叶藻庭任庶务长,总揽一切庶务。毕静谦任监学,负管理学生之责。季英伯任校长秘书,帮助李登辉处理文案。不久,"二次革命"爆发,未几失败。复旦多位董事亡命海外,经济来源断绝。7月1日,《民立报》刊载《复旦公学章程》,其中第一章《纲领及宗旨》提出:(一)本公学以研求学术,造就专科人才为宗旨。(二)本公学业经呈教育部照大学办理,先设大学预备科及中学科。(三)大学预备科,学程3年,毕业后入大学。中学科学程4年,毕业后入大学预备科。

按:是年,复旦学制为大学预科3年,中学4年,中学毕业升大学预科,大学预科毕业升大学。经过两年的实践,复旦制定较为完备的学科体系。课程分为8大类,共60门。分别是国文、算学、物理、化学、外国文学、哲学、政治法律、历史地理8部。其中有23门采用原版外国教材,主要是物理、化学等课程。而外国文学、历史地理等无指定的教材。对课程的选修和必修有明确规定,如大学预科的三年必修国文、英文和体操;预科第一年必修名学和理财,第二年则是心理学和解析几何,第三年是哲学和作文论辩。

李登辉11月中旬为解决经济困难,前往北京,与梁启超、董鸿祎、蔡廷干等人协商,请政府拨款扩充复旦。30日,应北京政府总理熊希龄邀请,李登辉再次赴北京。在北上时表示,"决不愿入政界""唯一目的,在培养真才""此次到京拟建议政府筹拨巨款"以帮助复旦渡过难关。12月,李登辉与杨锦森合编的《最新英华会话大全》由中华书局出版。是年,任中华书局英文总编辑,与杨锦森合力主持英文编辑部;上海欧美同学会成立,李登辉任会长,曹云祥任总干事。

按:李登辉系归国华侨,美国耶鲁大学文学士。他精通多种语言文字,学问渊博,性格坚强,不慕荣利,矢志献身于祖国的教育事业,为把复旦办成全国第一流大学而终生奋斗。复旦的发展和他就任校长期间的奋发有为关系极大。(参见钱益民《李登辉传》及附录四《李登辉年谱简编》,复旦大学出版社2005年版;《复旦大学百年志》编纂委员会编《复旦大学百年志:1905—2005》,复旦大学出版社2005年版;李天纲编《中国近代思想家文库·马相伯卷》及附录《马相伯年谱简编》,中国人民大学出版社2014年版)

邵力子3月1日出席复旦公学开学典礼,兼任丁、戊班国文教员。10月20日,"二次革命"失败。因《民立报》积极响应孙中山讨袁,而遭禁停刊。邵力子另办《生活日报》创刊。
(参见晨朵《邵力子生平大事纪要》,《浙江师范学院学报》1983年第1期;朱顺佐《邵力子传》,浙江大学出

版社 1988 年版）

　　唐文治 1 月就新改名的上海工业专门学校经费问题呈文交通部。3 月，唐文治《致交通部公函商讨教育宗旨》，称："按照教育部宣布宗旨在注重道德教育，而以实业军国民辅之，此诚不刊之定论。……本校长于本学期开校时宣布教育宗旨，首提国民资格为训，以为有民而有国，必人人成其为民，而后可自成为国，兹事必从教育始，即从学生始，各项科学智识经验必须完备，方为国民之资；起居饮食言语动作一切品行，皆有法律程式，方为国民之格。今世而言教育，惟有先以注重道德为要点。"4 月，经交通部批准，《交通部上海工业专门学校章程》正式实行。7 月 1 日，震旦学院高等文理两专科及预科举行毕业礼，唐文治、李平书等到院颁给文凭，并相继演说，大致谓宜尊重国民资格及振兴国内实业等。9 月，学校召开国文大会。同月，唐文治向交通部呈送自编《高等国文讲义》8 册，请交通部核查并转教育部审查。云："方今民国代兴，政体改革，学制更新，按之学校系统，固已无高等之学级，是项讲义似将不适于用，然就目前国文程度而言，以之饷大学生徒，恰为合宜。""相应检齐讲义八册，函达大部，察核教正。转送教育部审查见复施行。"冬，编《论语大义》成，共 20 篇，先后删改多次乃成定本，作为学校国文教材。是年，上海群益书社翻译出版《美国公民学》，唐文治作序，称："吾观欧美之国民处群有序，行己有道，知其间必有不可磨之学术，不可易之教育，涵养滋化，以臻于此。"（参见陆阳《唐文治年谱》，上海三联书店 2013 年版）

　　吕思勉继续在上海私立甲种商业学校任教。2 月，所编《新编中华民国国文教科书》（1 至 12 册）由民国南洋图书沪局初版。3 月，《新编共和国修身教授书》（1 至 12 册）由民国南洋图书沪局初版。同月，由臧励和、杨晟编，杨择、吕思勉校订的《高等小学新修身教科书》（1 至 9 册）由上海中国图书公司（和记）初版。是年，撰常州名医郑湘溪先生传记《郑湘溪先生传》。（参见李永圻、张耕华编撰《吕思勉先生年谱长编》，上海古籍出版社 2012 年版）

　　林语堂继续就读于上海圣约翰大学。4 月，所撰"The Chinese Alphabet"（《汉语拼音》）载《约翰声》第 24 卷第 3 期英文版，署名"Y. T. Lin"。9 月，升入圣约翰大学文科大二，开始担任《约翰声》英文版的编辑。11 月，所撰英文文章"The Revival of Confucianism"（《儒教的复兴》）刊于《约翰声》第 24 卷第 8 期英文版"。12 月，所撰英文文章"Chinese Fiction"（《中国小说》）刊于《约翰声》第 24 卷第 9 期英文版。（参见郑锦怀《林语堂学术年谱》，厦门大学出版社 2018 年版）

　　夏瑞芳继续任商务印书馆总经理。1 月 3 日，《申报》广告，商务印书馆出版甲种、乙种"共和国教科书"。去年新编"共和国教科书"现定名为甲种，供春季开学之用；遵照教育部训令改编的教科书定名为乙种，供秋季开学之用。各书每年仍分两册。同日，《申报》广告，商务印书馆谨告各学校教员、校长、学员采购西文书籍者。4 月 19 日，商务印书馆召开股东常会，举定董事 7 人，姓名如下：郑孝胥、鲍咸昌、印锡璋、张元济、叶景葵、伍廷芳、夏瑞芳，又举定查账员 2 人：张廷桂、张葆初。5 月 9 日，《申报》广告，商务印书馆出版遵照教育部新章三学期编纂，秋季始业"共和国教科书""初等小学新修身、新国文"全书审定。8 月，商务印书馆与中华书局公开竞销教科书。中华书局登报攻击商务印书馆的秋季共和教科书，数说对方：课数参差，不合部章；将旧本割裂成书，不敷应用；课本内容有所顾忌，不言甲午赔款数额；定价过高；底面多系单页；字形过小等六大缺点。商务印书馆则以售价低廉减轻学生负担，便于普及教育为言；攻击对方分订几册，售价高出三分之一以上，以营利为目的。在报上你来我往，延续二十余日之久。分别见之于 8 月 10 日、8 月 14 日、8 月 15 日、8 月 16

日、8月17日《申报》。11月6日,《申报》广告,商务印书馆新出《民国三年座右日记》《民国三年学校日记》《民国三年国民日记》《民国三年袖珍日记》。是年,商务印书馆始用汤姆生自动铸字炉,开始经营原版西书,鲍咸昌、沈治生去英、法、德、奥、美、日诸国考察。(参见吴永贵《民国图书出版史编年:1912—1949》,社会科学文献出版社2018年版)

张元济1月在商务印书馆开办第二届师范讲习社。2月5日,致书在德国的蔡元培,论及师范讲习社。

按:张元济致蔡元培书曰:"谨启者,敝馆在清宣统二、三年间,曾组织师范讲习社,发行师范讲义,一年完毕,通信试验,社员甚盛,时越数年,学制屡有变更,学说亦多新异。兹遵照最近法令采取适用教材为第二次发行讲义之举。业请各省现任师范学校教员分科编辑,将次完成。久仰先生热心教育,奖被为怀,极思借重大名,共同发起。倘蒙慨诺,荣宠莫名。附呈简章,惟希教正,并乞赐复,不胜企祷之至。"

张元济3月16日拟《保护作工孕妇》议案。30日,访缪荃孙,观缪氏艺风堂藏书。31日,汪诒年介绍陆秋心编译小说。同月,为徐继畲《两汉志沿边十郡考略》《两汉幽、并、凉三州今地考略》撰《徐继畲地理著作两种序》。

按:《徐继畲地理著作两种序》曰:"五台徐松龛先生,道、咸间名臣也。博闻强识,尤长舆地考证之学。所著《瀛环志略》,为中士言外志者之先河,久已家置一编,不胫而走。晚年益究心东西北边徼诸地,尝取班、范《地理》《郡国》二志,与《一统志》互证参稽,间下己意,纂成两汉沿边十郡及幽、并、凉三州《今地考略》二书,意在疏通今古,俾言边事者得所考镜。削稿既竣,迄未行世。今从孙吉午,惧先著之就湮,亟谋付诸削厥剞劂,手稿本来索一言。元济知识闇昧,地学凤鲜研讨,于先生之书之懿,无能有所阐述。独念当先生著是书时,海禁初开,疆圉犹谧,凡所列汉时诸边郡,非我行省,即我近藩,当轴者视之固晏然衽席地也。曾不百年,而门阋洞开,东西强邻,鹰瞵鹗视,昔之行省近藩,或则视为机肉禁脔,宰割已定,或方张周结之网,盘远势以皋牢之甚者,喙我族类,为虎张,为雉化,冀以逞其耽耽驰逐之私,使我谋国之士,日燋然于边事外交,微绕纷挐而不可解,于以叹事变之至,如环无端。而一二前哲,深识远鉴,以匡居著述之意,动人以绸缪固圉之思。其为虑,信非逡人所能及。惜乎先生此书,未及与《瀛环志略》同时踵出,而今读者恨发噱之已晚也。民国二年仲春,海盐张元济谨序。"

张元济5月12日致刘承幹书,附去傅增湘拟出让之明人集部目录。6月2日,蔡元培自欧返沪,3日,蔡元培至商务印书馆访张元济、高凤谦、徐柯、寿孝天、杜亚泉。10日,徐乃昌于同兴楼宴张元济、缪荃孙、陈伯岩、刘承幹等。16日,张元济赠叶昌炽《涉园丛刻》。29日,张元济致信孙壮、傅增湘、梁启超。8月10日,接傅增湘书,告以在北京图书馆校书情形。同月,于清道光五年乙未夏重修本《词林纪事》书前题识;郑贞文决定重返日本,途经上海时,经时在商务印书馆编译所任职的同乡陈承泽介绍,与张元济、高梦旦二人结识。12月20日晚,张元济宴黄远生、孟森、李宣龚、高凤谦、郑孝胥。是年,辞谢熊希龄内阁拟请出任教育总长。(参见张人凤、柳和城编著《张元济年谱长编》,上海交通大学出版社2011年版,丁文江、赵丰田编著《梁启超年谱长编》,上海人民出版社2009年版)

蒋维乔4月29日辞北京教育部职后回沪重返上海商务印书馆,主持及编辑中学及师范学校教科书。是日午后至编译所晤张元济、高凤谦等。4月30日,商务印书馆于克尔登西餐馆宴蒋维乔,张元济、夏瑞芳、高凤谦、鲍咸昌、庄俞在座。5月8日,蒋维乔返北京教育部任职。6月21日,蒋维乔返沪,上午往编译所晤张元济、高凤谦、庄俞等。22日上午8时,蒋维乔再访张元济。晚,张元济邀往克尔敦西餐,高凤谦、庄俞等同席。10月11日,蒋维乔自南京抵沪,往访张元济等。22日晚,蒋维乔于通源菜馆宴张元济、高凤谦、庄俞、陆尔奎等17人。24日上午,蒋维乔访张元济。27日晚,张元济与夏瑞芳于杏花楼宴蒋维乔。

11月13日晚,张元济于寓所宴蒋维乔。(参见张人凤、柳和城编著《张元济年谱长编》,上海交通大学出版社2011年版)

杜亚泉继续主编商务印书馆《东方杂志》。春,在北京参加读音统一会。7月,撰《精神救国论》一文,刊于《东方杂志》,文中一反达尔文、斯宾塞进化论之唯物主义,集西方晚近新进化论之大成,辨生物界和人类社会进步理法与目的之异,力图破除生存竞争学说之蔽,以新唯心论唤起国民之精神。10月以后,针对辛亥革命后社会的动荡混乱,杜亚泉撰写了大量政论文章,大声疾呼社会改革。他主张渐变,反对激进,认为改造社会应先提高国民之素质和觉悟。在《东方杂志》发表的文章有《共和政体与国民心理》《论人民重视官史之害》《吾人将以何法治疗社会之疾病乎?》《论中国之社会心理》《论社会变动之趋势与吾人处世之方针》《现代文明之弱点》《国民今后之道德》等。冬,为与中华书局发行、梁启超等主笔的《中华杂志》竞争,杜亚泉与张元济邀请有革命党背景的蔡元培、汪精卫等人投稿。是年,杜亚泉参与编写商务印书馆初等小学单级教科书;著于1902年并由普通学书室编印的历史教科书《普通新历史》增订出版,流传甚广;所著教科书《植物学》由商务印书馆再版。(参见陈镱文、亢小玉、姚远《杜亚泉先生年谱(1912—1933)》,《西北大学学报(自然科学版)》2008年第6期;周月峰编《中国近代思想家文库·杜亚泉卷》及附录《杜亚泉年谱简编》,中国人民大学出版社2014年版)

郑孝胥、林贻书2月8日同至商务印书馆,介绍杨子勤、李梅庵、诸贞长入编译所。4月19日下午4时,在新建编译所三楼出席商务印书馆民国二年股东常会。郑孝胥主持并报告民国元年营业情形。选举郑孝胥、鲍咸昌、印有模、张元济、叶景葵、伍廷芳、夏瑞芳为董事,张廷桂、张葆初为查账人。9月10日,郑孝胥于日记中有"夏瑞芳将同长尾赴东京议购日本股票","闻日本海军第三舰队将封锁长江"之记载。11日,郑孝胥至商务晤先生等,"菊生愤愤言:'日人太无理,非收回日股不可。'"27日,郑孝胥于日记记载:"至印书馆。夏瑞芳自日本归,日本股东不肯售股。"10月10日,郑孝胥访张元济,其日记载:"菊生为美国人马可眉索诗及影片,云明年赛会将研究亚洲文学,故求中国文人著作以为陈列之用。"(参见张人凤、柳和城编著《张元济年谱长编》,上海交通大学出版社2011年版)

郭绍虞7月到上海任商务印书馆附设尚公小学教员,借阅"涵芬楼"藏书,开始学术研究与创作。(参见何旺生《郭绍虞学术年表》,《中国韵文学刊》2008年第1期)

陆费逵继续任中华书局总经理。1月6日,《申报》广告,中华书局《中华字典》重编缓出,预约展期。增加五彩精图、中外地名表、篆隶字谱、古字表、俗字表。大加内容,并不加价。同月,中华书局开始出版"新学制教科书",依照上年教育部公布的三学期为一学年的新学制,分初等小学修身、国文、算术3种,各12册,教授书同。高等小学有修身、国文、算术、历史、地理、理科6种,各9册。商业、农业各6册,教授书同。3月15日,《申报》广告,中华书局刊登教育部审定或正在审查的各种初等小学、高等小学中华教科书名录,及各所见之政府公报,计21种。4月20日,中华书局在东百老汇总公司新址召开第三次股东会,举定董事如下:陆费逵、范源濂、陈协恭、姚汉章、戴克敦、戴克恭、沈颐、沈芝芳、蒋孟苹、李登辉、萧哲夫。举定监察如下:沈继方、孙义卿。6月21日,《申报》广告,中华书局征集小说。征集要求:各种小说(编译均可)、剧本、传奇,笔记亦可;报酬分甲乙丙丁四种,甲种每千字五元、乙种两元五角、丙种一元五角、丁种一元;长篇小说至多以8万字为限,短篇小说至多以3000字为限;披露见本《小说界》第一期,10月中出版。11月3日,《申报》广告,中华书局发行《民国三年袖珍日记》。23日,中华书局开股东会,监察当选者为沈继方、蒋孟苹二君。董事当选者为戴劫哉、范静生、戴懋哉、陆费伯鸿、陈协恭、姚作霖、沈芝芳、高欣木、沈朵山、叶哲夫、陆费颂陈 11 人。12 月 10 日,《申报》广告,中华图书馆《中华历史地理大辞典》出版。是年,开始陆续出版的大型丛书有《中华童话》,先后出版了 30 种;《世界童话》由中华书局开始出版,先后出版了 50 种。(参见吴永贵《民国图书出版史编年:1912—1949》,社会科学文献出版社 2018 年版)

范源濂 1 月辞去北京临时政府教育总长职务。4 月 1 日,范源濂任中华书局编辑长。是年,在上海《中华教育界》第 7 期发表《论义务教育当规定于宪法》一文,提出"义务教育非规定于宪法,则人民公私家国之观念不易革之使新也""义务教育非规定于宪法,不足以追先进之前纵而挽国势于将来也"。(参见吴永贵《民国图书出版史编年:1912—1949》,社会科学文献出版社 2018 年版)

刘半农是年春因上海开明剧社解散,经徐半梅介绍,入中华书局编辑部工作,任编译员。夏因事,曾短期返江阴。8 月,在《小说月报》第 4 卷第 4 号发表短篇小说《假发》。10 月 13 日,在上海《时事新报·杂俎》上发表百字小说《秋声》,该小说内容揭露了张勋部下镇压二次革命、荼毒地方的罪行,获得该栏悬赏第三十三次一等奖。同月,在《小说月报》第 4 卷第 6 号上,发表"警世小说"《局骗》。(参见徐瑞岳编著《刘半农年谱》,中国矿业大学出版社 1989 年版)

陈独秀 3 月被安徽都督兼民政长柏文蔚任为安徽都督府秘书。春,建议芜湖科学图书社汪孟邹赴上海四马路惠福里筹办"亚东图书馆"。6 月 14 日,柏文蔚被袁世凯免职后,陈独秀亦呈请辞职。7 月 7 日获准后,陈独秀偕高君曼随柏文蔚同迁南京。17 日,安徽宣布独立,公推柏文蔚为讨袁军总司令,陈独秀协助制订讨袁大计,并起草独立宣言。8 月 27 日,陈独秀因"二次革命"在皖失败逃离安庆,抵达芜湖,被芜湖驻防军人龚振鹏逮捕入狱,遇救后亡命上海。是年冬至翌年春,陈独秀一直居于上海,打算闭户读书,以编辑为生,帮助汪孟邹经办"亚东图书馆",起草《亚东图书馆开幕宣言》。(参见唐宝林、林茂生《陈独秀年谱》,上海人民出版社 1988 年版)

汪孟邹在上海创办亚东图书馆,是为民营出版机构,曾首先使用新式标点编印《水浒传》《儒林外史》《红楼梦》《西游记》等古代小说。刊行《甲寅》《新潮》《少年中国》《建设》《嚶鸣》等刊物。9 月 30 日,《申报》广告,亚东图书馆最新出版《中华民国交通图》。(参见吴永贵《民国图书出版史编年:1912—1949》,社会科学文献出版社 2018 年版)

戈公振 2 月和兄戈曙东一起从东台赴南通,投考张謇创办的通州师范。两人同时被录取,戈公振名列榜首。由于家庭经济拮据,难以同时承担两人学费,戈公振将这次读书的机会让给其兄,决意离家到上海谋生。冬,经夏寅官介绍,与上海报界狄楚青相识,入狄氏创办的有正书局图画部当学徒。狄楚青是当时上海报界知名人士,其言行对刚刚步入上海报界的戈公振起着深刻的影响。

按:戈公振对狄楚青曾有如下评价(戈宝权《回忆我的叔父戈公振》):"先生是诗人、书画家。少时愤清政腐败,毅然以革新自任,曾因事败走日本。回国后为保存美术创办有正书局;为挽救舆论创办时报馆,至今其志不衰。先生著有《平等阁笔记》(四卷)、《诗话》(二卷),为士林所传诵。"(参见洪惟杰《戈公振年谱》,江苏人民出版社 1990 年版)

刘文典继续任《民立报》编辑和英文翻译。3 月中旬,袁世凯派人刺杀宋教仁,找错门致刘文典手臂中弹。宋教仁遇刺后,刘文典和范鸿仙等人在《民立报》连续撰文,追缅逝者,声讨凶手。此间,刘文典与范鸿仙等革命党人来往密切,经常聚会,密谈国事。7 月 12 日,李烈钧在湖口宣布江西独立,通电讨袁,"二次革命"正式爆发。14 日,刘文典与范鸿仙等赴安徽芜湖,决议成立讨袁第一军、第二军,酝酿讨袁行动。27日,刘文典好友范鸿仙等赴安徽安庆,协助安徽都督柏文蔚讨袁。是时,安徽都督府秘书长陈独秀在芜湖被龚振鹏扣押,生死系于一线。陈独秀被龚振鹏扣押期间,刘文典联络各方力量,积极奔走营救。(参见章玉政编著《刘文典年谱》,安徽大学出版社2011年版)

胡朴安时任《中华民报》记者兼编辑。3月,他目睹宋教仁被杀害事件的前后经过,以记者的身份多次实地采访,并以"朴庵"笔名在《中华民报》上发表数十篇文章,有力地揭露袁世凯妄图实行独裁的险恶用心与卑劣伎俩。

陈焕章2月28日在上海创办《孔教会杂志》,为孔教会机关刊物,任总编辑,张尔田、孙德谦、狄郁等主要撰稿。7月4日,陈焕章由沪到京,在西城太仆寺街衍圣公府内成立北京孔教会机构,并联合各种尊孔势力争取在即将起草的宪法中明确规定孔教为国教。9月27日在山东曲阜召开第一次全国孔教大会,举行大规模祭孔活动。11月,推康有为任总会会长,张勋任名誉会长,陈焕章为主任干事,总会迁至北京。(参见张颂之《孔教会始末汇考》,《文史哲》2008年第1期)

张尔田2月与孙德谦受陈焕章之邀,赴上海主持《孔教会杂志》编辑部事务。同月22日,沈曾植、陈三立、缪荃孙等作超社第一集于樊园,张尔田参加之。4月9日上巳日,周庆云与淞社同人修禊徐园,张尔田参加之。所撰《释君篇》《明教》《原史》《史学》(附史官沿革考)《遁堪庶言:论考据当注重微言大义》《孟劬先生来书》刊于2月《孔教会杂志》第1卷第1号;《政教终始篇》、《原艺》(附郑学辨)刊于2月《孔教会杂志》第1卷第2号;《释鬼神篇》《张儒篇》《明儒学案点勘》《案诗书》《遁堪言;论六经为经世之学》《闻广州一月三丁祭感慰恭赋》刊于4月《孔教会杂志》第1卷第3号;《说群》《明儒学案点勘》《案礼》《张孟劬先生来书》刊于5月《孔教会杂志》第1卷第4号;《祀天非天子之私祭考》《与人论昌明孔教以强固道德书》《案易》刊于6月《孔教会杂志》第1卷第5号;《通经》《明儒学案点勘》《原道》《陈重远先生来书》《史微题辞》刊于《孔教会杂志》5月第1卷第6号;《经辨》《宾孔》刊登于《孔教会杂志》第1卷第7号,《论孔教与东南兵祸之关系及一年来对于孔教诋毁者之心理》《古经辨》刊于9月《孔教会杂志》第1卷第8号;《为定孔教为国教事敬告两院议员》刊于《孔教会杂志》第9号;《礼论》刊登于《孔教会杂志》第10号;《驳某君论孔教非宗教孔子非宗教家书》刊登于《孔教会杂志》第11号。9月16日,《为定孔教为国教事敬告两院议员》刊于《庸言》第1卷第2号。(参见孙文阁、张笑川编《中国近代思想家文库·张尔田、柳诒徵卷》及附录《张尔田年谱简编》,中国人民大学出版社2015年版)

张东荪在《庸言》杂志上先后发表《国会性质之疑问》《论宪法的性质及其形式》《余之民权观》《论统治权总揽之有无》《行政权消灭和行政权转移》和《行政裁判论》《论普通裁判制度与行政裁判制度》《余之孔教观》《中国之社会问题》《关税救国论》《内阁制之精神》《法治国论》《对抗论之价值》等政论文章,对国会性质、主权性质、总统的连任、宪法的性质与制定、行政权与行政裁判、道德的堕落与补救、教育与财政等当时重要政治问题均进行了讨论,初版确立了改良与共和的政治立场,并对袁世凯的统治抱有极大希望,与其兄张孟劬消极悲观态度迥然不同。(参见左玉河编《张东荪年谱》,群言出版社2014年版)

秋墨、陈适吾、陈仄尘等是年春在上海发起组织大同学社,以"研究学术,编译各种书报,并寄售各埠最新出版物,一以诱进国民之常识,一以融通万有之学术,而蕲进斯世于大同"为宗旨。内设社长1人,副社长2人,编辑主任正副各1人,编辑员若干人,会计员、发行员、庶务员各1人。社员有柳亚子、王兼士、黄逸夫、王文楼等45人。5月4日，创办《大同周报》发行于世。（参见蔡鸿源、徐友春主编《民国会社党派大辞典》，黄山书社2012年版）

周庆云在上海创立淞社，自任社长。社员有王蕴章、徐珂、程颂万、郑孝胥、沈守廉、潘飞声、钱溯耆、刘炳照、许溎祥、吴俊卿、刘承干、沈焜、李瑞清、金武祥、刘世珩、陶葆廉、朱焜、钱绥槃、章梫、张钧衡、陆树藩、费寅、汪洵、缪荃孙、施赞唐、恽毓龄、吴宝坻、潘蠖、恽毓珂、唐宴、胡念修、吕景端、褚德彝、戴启文、白曾熺、戴振声、白曾然、杨兆鋆、孙德谦、长尾甲雨山（日本）、赵汤、吴昌言、喻长霖、李详、杨钟羲、汪煦、李岳瑞、缪朝荃等49人。

汪孟邹在上海创办亚东图书馆，是民营出版机构，曾首先使用新式标点编印《水浒传》《儒林外史》《红楼梦》《西游记》等古代小说。刊行《甲寅》《新潮》《少年中国》《建设》《嘤鸣》等刊物。

徐安镇主编的《人道周报》1月26日在上海创刊。

吕大任主编的《良心》月刊7月31日在上海创刊，以“改良人群心理，废除社会之恶制，联合全球之民党，建立大同之世界”为宗旨。

康宝忠12月在上海创办《雅言》半月刊，任主任，上海右文社发行，常刊载乃师章炳麟诗文。

按：《雅言》于1915年2月停刊。

董显光回国后，经孙中山介绍，任上海英文《民国西报》副总编辑，旋奉派代表国民党系统的几家报纸去北京采访。

周瘦鹃是秋辞去民立中学教师之职，做职业作家。

冯友兰上半年入上海中国公学上学。不久即由对逻辑的兴趣萌生学哲学的志向。（参见蔡仲德编撰《冯友兰先生年谱长编》，中华书局2014年版）

张石川、郑正秋等组成新民公司，承包亚细亚影戏公司全部摄片工作，本年拍摄成片长4本的《难夫难妻》，是中国第一部有完整故事情节的影片。

冶开与熊希龄3月31日在上海静安寺召开的中华佛教总会第一次全国代表大会改选中被推为会长，清海为副会长，圆瑛为参议长。决定创办《佛教月报》，为中华佛教总会会刊。（参见于凌波《中国近现代佛教人物志》，宗教文化出版社1995年版；印顺《太虚法师年谱》，宗教文化出版社1995年版）

太虚2月2日于上海静安寺参加中国佛教总会会长静安（寄禅大师）追悼会，演说佛教组织、财产、学理三种革命以抒悲愤。2月，太虚应式海约，住宁波延庆寺之观堂，凡月余。其间计划“佛教弘誓会”进行事宜，撰缘起及章程，拟刊行宏愿杂志，未成。3月31日，中华佛教总会第一次全国代表大会在上海静安寺召开，太虚未出席会议，被聘为《佛教月报》主编。5月31日佛诞节，《佛教月报》正式创刊。4月8日，北京召开第一届国会，太虚有《上参众两院请愿书》。6月，初识章太炎于哈同花园。时临二次革命前夕，座中月霞、宗仰，多询时局。

按：《请愿书》略谓：“吁请贵会：根据信仰自由一条，实行承认政教分权。凡佛教范围内之财产、居宅，得完全由佛教统一机关之佛教总会公有而保护之，以兴办教育、慈善、布教等事业。……否则，亦宜根据一律平等之条，切实保护；并规定佛教徒（僧众）同有参政之权。”（参见于凌波《中国近现代佛教人物志》，宗教文化出版社1995年版；印顺《太虚法师年谱》，宗教文化出版社1995年版）

宗仰主持《频伽精舍校刊大藏经》历时3年由上海频伽精舍铅印完毕，收经1916部8416卷，为近代出版的第一部铅印本《大藏经》，参与者有余船愿、黎端甫等。

按：宗仰出家后，精研三藏，兼通英、日文字，且善书画诗词，以此渐为世人所知。当时上海犹太富商哈同于静安路构筑爱俪园，哈同夫人罗迦陵崇信佛教，在爱俪园中建佛堂名"频伽精舍"，延僧讲经，慕宗仰名，特礼聘其主持讲座。宗仰建议罗迦陵酿资20万元刊印《频伽藏》，始刻于1909年，完成于1913年。（参见于凌波《中国近现代佛教人物志》，宗教文化出版社1995年版）

余日章赴上海任中华基督教青年会全国协会演讲部干事。是年，出席世界学生青年会第八次会议，会后漫游欧洲各国。

陆伯鸿3月将上海中华全体教友联合会改组为江南公教进行会。

吴之英继续任四川国学院首席院正。5月，吴之英因积劳成疾，上书尹昌衡、张培爵，请辞院正之职，并荐贤举能。《辞国学院院正致尹昌衡、张培爵书》云："院中群才济济，譬入琼林。最著者谢无量，硕学通敏；刘申叔，渊雅高文；重以曾笃斋、廖季平，淹该多方，历年历事之数子，佚足绝驭，负重致远。谓喻努马，亦副驽牛。"又有《答张培爵书》云："院中人士，美尽西南。德行如伯春，鸿括如季雅，记室如傅毅，主簿如崔骃。辐凑毂函，谓皆翘足独步。至于谢（无量）、刘（申叔）、曾（笃斋）、廖（季平），脱颖出囊，尤堪宗主关西，弁髦岷幡。"临行前，吴之英慷慨解囊，捐银元900元给国学院。谢无量曾撰一联相赠，云："自王伍以还，为人范，为经师，试问天下几大老？后扬马而起，有文章，有道德，算来今日一名山。"6月，刘师培返江苏。国学院院正由曾培担任。年底曾培坚辞，国学院于是停办，仅存四川国学馆。

按：存古学堂和国学院培养了众多人才，如郭沫若、王光祈、李劼人、周太玄、蒙文通、向宗鲁、彭云生、刘晦愚、杨子敬等。（参见王承军《蒙文通先生年谱长编》，中华书局2012年版；彭华《谢无量年谱》，载《儒藏论坛》2009年第1辑）

廖平年初与蒋言诗2月15日作为四川代表出席教育部召集的全国读音统一会会议，由成都赴京途中与王闿运相遇于天津，自是不复见。抵京后，旅京同乡举行欢迎会于湖广会馆，请廖平讲演，所讲为《孔学关于世界进化退化与大同小康之宗旨》。读音统一会开会凡三月，会中意见纷纭，廖平含意未申。8月28日，廖平又到山东曲阜参加孔教会第一次全国大会。秋初，出京赴沪。9月28日孔子诞日，孔教会第一次全国大会在曲阜圣庙奎文阁召开。廖平赴会，被推讲演。所撰《孔经哲学发微》1卷，付中华书局出版。冬，由沪返川。12月20日，由成都至家。作《中外比较改良篇》。（参见廖幼平编《廖季平年谱》，巴蜀书社1985年版）

刘师培2月12日为廖平弟子李尧勋《中国文字问题》作序。约2月，得廖平赠书《四变记》，读廖平《天人论》，复书论辩。3月10日，所撰《今文尚书无序说》载《四川国学杂志》第7号。3月，撰《白虎通义定本》，连载《四川国学杂志》4月20日、6月20日，第8号、第10号。4月20日，所撰《校雠通义笺言》载《四川国学杂志》第8号。6月20日，所撰《古重文考》《非虚名篇》《命定论》载《四川国学杂志》第10号。6月底，偕妻何震离川北上。7月20日，所撰《春秋原名》《国学学校同学录序》《荀子佚文辑补》载《四川国学杂志》第11号。25日，至湖北宜昌。8月20日，所撰《方伯考》《春秋左氏传传例解略》载《四川国学杂志》第12号。秋，至上海，先后会见先期离川的谢无量，以及章炳麟、陈去病、马叙伦等国学保存会的老朋友。继而至山西太原，经南桂馨介绍，被聘为山西都督府高等顾问。其间，作五言长诗《左庵长律·癸丑纪行六百八十八韵》。

刘师培所撰《清三等轻车都尉杨君墓志铭》《达苍党人考》《古尚书五服说》《周酺说》《舒兆熊妻夏孺人墓志铭》《非古虚》《周明堂考》等文9月刊载于《国故钩沉》第1期。11月，撰成《刑礼论》。又应承康心如（宝恕）等在上海创办的《雅言》杂志之约稿。（以上参见陈奇编《刘

师培年谱长编》,贵州人民出版社2007年版;黄锦君《刘师培生平学术年谱简编》,载《儒藏论坛》2009年第1辑)

谢无量2月在《四川国学杂志》第6号发表《蜀学原始论》。4月,谢无量因病离开学校,又辞院副之职。吴之英极力挽留,希望谢无量病愈后继续任职。7月,谢无量病愈,至南方各省游历,然后经上海转归芜湖。(参见彭华《谢无量年谱》,载《儒藏论坛》2009年第1辑)

蒙文通仍就读于国学院,刘师培讲授《说文解字》,尝以"大徐本会意之字,段本据他本改为形声,试条考其得失"为试题,先生答卷三千余言,刘师培阅后于卷首批云:"首篇精熟许书,于段、徐得失融会贯通,区辨条例,既昭且明,案语简约,尤合著书之体。"先生见刘师培嘉奖如此,尤喜段氏之书,廖平见之,言:"郝、邵、桂、王之书,枉汝一生有余,何曾解得秦汉人一二句,读《说文》三月,粗足用可也。"先生深韪其言,于是不再从事音韵训诂之学。(参见王承军《蒙文通先生年谱长编》,中华书局2012年版)

吴虞阴历五月二十经教员张星平推荐,在川西道观察使陈幼芝手下任顾问兼一等科员,主管教育之事。7月4日,共和党杨宏稣送来曾阆君、吴君毅党证及愿书,并推吴虞为参事。10月15日,新任川西观察使倪公伟聘吴虞堂弟吴君毅任顾问。21日,吴君毅推荐吴虞任川西道内务科长。25日,倪公伟来访,拟聘吴虞任顾问。26日,陈幼芝拟办《四川政治公报》,请吴虞任总编辑,曾阆君任分编辑、写生。29日,吴虞过民政院,晤陈幼芝,将《四川政治公报》定名为《四川政报》。11月1日,吴虞往川西道署,倪公伟任命其为代理内务科长。12月6日,吴虞之父吴兴杰去世。31日,辞去《四川政报》编辑。(参见朱玉、孙文周《吴虞年谱简编》,《吴虞诗词研究与整理》附录一,河南文艺出版社2016年版)

王光祈是年春在重庆与曾琦、郭步陶、宋小宋等人编辑《民国新报》,意图一展抱负。不久,报馆关门,他又到成都一家无聊的报社作主笔,空暇时间,常和李劼人一道在少城公园相对闷坐。随后回到家乡温江。其间,和赵君凯、崔干臣、彭云生等经常往还,或作诗唱和,或纵论国事。光祈的诗才、辩才,常为同辈倾慕。又读完了陶、谢、王、孟、韦、柳各家的专集,还看了许多经史的书籍。这一段时间的潜心钻研,为他进一步了解和掌握中国古代文化传统奠定了深厚的根基。(参见四川音乐学院、成都市温江区人民政府编《王光祈文集》及附录一《王光祈年谱》,巴蜀书社2009年版)

叶德辉1月底至2月初因唐群英等怂恿曾霖生将坡子街护国寺捐给富强女校并得到都督谭延闿应允而率领坡子街保安团值年以护国寺地权在街团为由拒绝。叶德辉撰文登报拒绝在坡子街护国寺开办女校。4月11日,遭唐蟒派人逮捕,旋即逃脱,至日清轮船公司码头,乘船逃亡上海。约15日,到达上海。28日,《申报》发文评论叶德辉事。5月,结识族人叶振宗,常与振宗和叶恭绰相商先德著作事。约7月,在上海,日与缪荃孙借抄校书,又参与超社、淞社活动。9月底,叶德辉回长沙,此时汤芗铭署理湖南都督,有意罗致德辉,拒之。约12月,叶德辉致信在京湘人杨度、李肖聘等,揭露芗铭禁止民间发行纸币、吞噬地方资产等事,由肖聘将信发于报上。芗铭甚怒。28日夜,至长沙叶宅欲捕之,德辉潜逃,匿于松崎鹤雄寓所。是年,《观古堂诗录》刊行。(参见王维江、李鹜哲、黄田编《中国近代思想家文库·王先谦、叶德辉卷》及附录《叶德辉年谱简编》,中国人民大学出版社2015年版)

杨昌济是春结束德国考察归国,湖南督军谭延闿欲聘其任省教育司司长,坚辞不就,表示专心从事学术研究和教育事业,"以直接感化青年为己任,意在多布种子,俟其发生"。任湖南高等师范学校教授,教授伦理学、心理学、教育学,兼任湖南第四师范学校修身和心理学教员。11月30日，在《湖南教育杂志》发表《余归国后对于教育之所感》，提出"欲合湖南之高等师范学校、高等工业学校、明德高等商业学校、法政学校、医学校等，组成一湖南大学"。（参见《杨昌济年谱》，载王兴国《杨昌济的生平及思想》，湖南人民出版社1981年版）

黎锦熙任湖南省立第四师范历史教员，当时毛泽东在预科一班读书。是年，黎锦熙出版《教育学讲义》。（参见黎泽渝《黎锦熙先生年谱》，《汉字文化》1995年第2期）

徐特立2月辞去长沙县立师范学校校长职务，任湖南省立第一师范学校教员，教授修身、教育、教授法课程，兼教育实习主任。所教学生有毛泽东、蔡和森、何叔衡、罗学瓒、李维汉、萧三、周世钊、张昆弟、陈章甫、张国基等。课堂上既注重以古今模范人物的嘉言懿行启发学生，也常以自己的生活体验感染学生；倡导学生自觉培养奋斗精神，锻炼坚强意志，陶冶崇高品质。（参见《徐特立年谱》编纂委员会编《徐特立年谱》，人民出版社2017年版）

毛泽东是春考入湖南省立第四师范学校预科。听从国文教员袁仲谦意见，购买《昌黎先生集》，精心钻研，学会古文文体。（参见中共中央文献研究室编撰《毛泽东年谱（1893—1949）》，中央文献出版社2002年版）

萧瑜考入湖南省立第一师范学校。

谢觉哉任湖南云山学堂教员。

汤芗铭创办，李华堂经理的《国民新报》7月在湖南长沙创刊。

罗介夫为总经理，胡谔城为总编辑的《国民日报》在湖南创刊。

贺孝齐接教育部令，就原方言学堂的校舍、图书设备及原有师资筹建国立武昌高等师范学校。贺孝齐先以武昌东厂口方言街武昌军官学校（清末方言学堂旧址、现湖北教育学院）西屋一栋为筹备处，着手聘请教员和招生工作。不久，湖北省都督批饬拨定武昌军官学校为高师校址。教育部正式颁给校章一枚，并任命贺孝齐为武昌高师第一任校长。8—9月，学校首批招生124人。11月2日，正式开学上课。29日，武昌军官学校与武昌高师办理了校产移交手续，学校正式迁入。是年，《博物杂志》《文史杂志》《楚学杂志》相继创刊。（参见吴贻谷主编《武汉大学校史（1893—1993）》，武汉大学出版社1993年版）

董必武二月被湖北军政府委任为宜昌川盐局协理。3月底，母亲病故，返黄安奔丧。不久得知袁世凯指使特务暗杀了宋教仁，未到宜昌返任。7月"二次革命"爆发后，董必武积极参与詹大悲、潘怡如等在湖北策动军队进行的反袁活动。秋，应聘到湖北省立第一师范教英文。（参见田海燕《董必武年谱》，《社会科学战线》1980年第4期；《董必武年谱》编辑组编《董必武年谱》，中央文献出版社1991年版）

张知本2月当选中华民国第一届国会参议院议员。7月，"二次革命"革命派败北，其根据地江汉大学遭到封闭，张知本遭追究，逃往上海。

恽代英父亲恽宗培失业，举家迁回武昌。夏，恽代英以优异成绩考进私立武昌中华大学预科，该校由陈宣恺、陈时父子于1912年5月创办。恽代英开始接触安那其主义（即无政府主义），并受其影响。（参见刘辉编《中国近代思想家文库·恽代英卷》附录《恽代英年谱简编》，中国人民大学出版社2015年版）

陶希圣休学赴黄陂县署读书。读完汉四史之后，又圈点《资治通鉴》，能作史论。（参见陈峰编《中国近代思想家文库·陶希圣卷》及附录《陶希圣年谱简编》，中国人民大学出版社2015年版）

陶行知1月倡办由金陵大学学生主持的学报《金陵光》中文版，完成筹组工作。2月，《金陵光》中文版（第4卷第1期）出版，任中文编辑，发表《〈金陵光〉出版之宣言》（《增刊中文版之缘启》）、《一夫多妻制之恶果》等文章。夏，全校考试，总分名列第一，获江苏省教育司奖励。在金陵大学校长包文博士(Dr. Bowen)及亨克博士(Dr. Henke)的指导下,又深受詹克教授(Prof. Jenke)的《基督教的社会意义》一书的影响,成为一个信仰基督教义的信徒。9 月,任《金陵光》主笔。发表《伪君子篇》,针砭时弊。是年,著名基督教活动家艾迪应基督教青年会之邀来金陵大学演讲《中华民国之将来》,陶行知担任翻译。(参见余子侠编《中国近代思想家文库·陶行知卷》及附录《陶行知年谱简编》,中国人民大学出版社 2015 年版)

贾丰臻时任江苏省立中等学校校长。6 月,"二次革命"南北战争起,两江优级师范学堂校内驻兵。9 月 1 日,南京独立失败,北军入校,连遭数日之抢劫,学堂内除房屋外,荡然无存,员工竭力护校,重伤殒命者有之。10 月 25 日,省行政公署命令驻军迁出学校。北洋政府教育部商议在北京、南昌、武汉、广州四处设立高等师范学校。贾丰臻等建议早日筹办南京高等师范学校,以应培养中等学校师资之急需。(参见南京大学高教研究所编《南京大学大事记 1902—1988》,南京大学出版社 1989 年版)

钱穆转入荡口镇私立鸿模学校任教,教高等三年班国文与史地课。暑期后,受聘梅村镇无锡县立第四高等小学,仍兼鸿模课一年。(参见韩复智编著《钱穆先生学术年谱》,中央编译出版社 2012 年版)

范烟桥考入南京民国大学,因"二次革命"爆发而辍学,回家向表舅钱祖翼学书法。

瞿秋白继续在常州府中学堂读书。秋,与同班同学吴南柱、任乃圉、李子宽等人组织一个班会,类似诗社。是年,屠元博担任国会议员,常州中学堂由童斐继任校长。童斐对元曲、昆腔很有研究,影响了瞿秋白对音乐、昆曲的爱好。(参见周永祥《瞿秋白年谱新编》,学林出版社 1992 年版)

慈舟是夏到扬州长生寺亲近元藏老和尚,听讲《楞严经》。冬,赴镇江焦山江天寺参禅,有所领悟。(参见于凌波《中国近现代佛教人物志》,宗教文化出版社 1995 年版)

汤寿潜 8 月在杭州建朱舜水祠,成立舜水学社,亲任社长,并授意女婿马一浮重新编定《舜水遗书》。是年,汤寿潜继续与北洋政府收沪杭甬路为国有的企图抗争,一再强烈要求"刻日移款废约"(即移沪杭甬路借款于别路,废除《沪杭甬铁路借款章程》)。同月,为给查禁浙路公司制造口实,北洋政府交通部诬陷浙路公司向德国礼和洋行商借款 26 万两,汤寿潜愤而多次致电、致函北洋政府内阁、交通部、外交部,以及浙江都督、民政长等,谴责当局是"论功行谬、为敌报仇","无风而捕、无影而捉","仇视商办,倚势摧残",要求追查"所闻谰语,明白赐复"。(参见汪林茂编《中国近代思想家文库·汤寿潜卷》及附录《汤寿潜年谱简编》,中国人民大学出版社 2015 年版)

马一浮 8 月据汤寿潜要求重新编订《舜水遗书》,并代撰《舜水遗书序》。冬,叶左文来访,留居三月。二人取十一种古人集注、纂疏之《论语》,上午各自诵习,午后共同探讨。叶左文离开后,马一浮作《赠叶左文》《与叶左文、陈伯冶同游烂柯山,登石梁,相约赋诗,别后却寄》等诗。(参见张雨晴《马一浮学术年谱整理(1911—1949)及其儒学践履活动研究》,贵州大学硕士学位论文,2019 年)

周作人 3 月被选为浙江绍兴教育会会长,又应蒋庸生邀请为浙江省立第五中学英语教师。8 月 6、7 日,作《童话略论》,后寄给中华书局,被退稿。9 月,应成章女校校董会长陈子英邀,同意为成章女校教英语。10 月,主编《绍兴县教育会月刊》。同月,所译英国枢密院教育委员长戈斯德著《民种改良之教育》刊于《绍兴县教育会月刊》第 1 号,署名启明。11 月 15 日,发表《童话略论》。12 月 15 日,在《绍兴县教育会月刊》第 3 号发表《儿童研究导言》,署名持光,在中国最先使用"民俗学"一词。

按:文章认为:"儿童研究,亦称儿童学。以研究儿童身体精神发达之程度为事。应用于教育,在使顺应自然,循序渐进,无有扞格或过不及之弊。""儿童研究者,实谓为教育之根本学也"。文中又论述了儿童期,约分四个时期,即"婴儿期""幼儿期""少年期""青年期"。一般所谓儿童研究,侧重于对前三个时期的研究。并指出:"儿童研究故与人类学相关,歌谣游戏之研究,亦莫不有借于此,以进化论见地论儿童之发达,推究所极,自以是为之源宿矣。"(参见张菊香、张铁荣主编《周作人年谱》,南开大学出版社1985年版)

沈兼士《广新方言》论文连载于2月23日、3月2日、3月9日《独立周报》第21—23期。此文仿老师章太炎《新方言》而作,通过对现代方言的调查和记录,根据声韵转变的原理,广引古代文献,考察方言词语音韵层次的历时变化,以见语言文字的变化轨迹,从而探寻语根,推求本字。它是早期中国现代方言学研究的一篇重要论述。3月23日,在《独立周报》第25期发表《小学起废》。后被《庸言》第2卷第6号转载。此文认为古人将"小学"附入六艺,用以研习经学,而轻视训诂、音韵之学,是"渡江河而弃舟楫"。强调近代以来"小学"的范围有所扩张,实际已包括文字、音韵、训诂三种,因此赞同章太炎先生的提法,废"小学"之旧名,统一称为"语言文字学"。11月13日,钱玄同在日记中提及,沈兼士曾与其讨论象形字与会意字问题,观点有所不同。(参见郦千明、汪素梅《沈兼士年谱简编》,《湖州师范学院学报》2021年第3期)

翁文灏年初自欧洲乘船返抵上海,即回宁波省亲。翁文灏回国之时,英商泰和洋行买办劳敬修正欲与英国人合作开发湖北蒲圻的煤矿,以煤炼焦,于长江一带开办钢铁工业,以与日本相竞争。因翁家与泰和洋行多年的关系,劳敬修遂坚邀翁文灏出任总工程师。翁文灏考虑以后,觉得自己学的是地质,志在从事地质研究,去做总工程师,学非所用;而且他更不愿意帮助外国人争夺中国的资源,于是婉言谢绝了邀请。(参见李学通《翁文灏年谱》,山东教育出版社2005年版)

邵飘萍继续在杭州以《汉民日报》作阵地,撰写了大量评论,对军阀、政客,进行抨击。袁世凯曾两次派人谋刺飘萍未成。5月9日,时评栏署名振青的短文《呜呼,共和国人民之生命财产!》谓:"人但知强盗可怕,不知无法无天的官吏更可怕!"矛头直指袁世凯,斥他"共和其名,专制其实"。秋,以反袁及攻击军政执法处长许畏三,《汉民日报》被查封,邵飘萍被捕下狱。(参见郭佐唐《邵飘萍年谱》,《浙江师范大学学报》1986年第4期)

孙增大任总编辑的《教育周报》4月1日由浙江省教育会创刊,其目的"为本会研究教育、发表意思之用",主要辟有言论、学术(思潮)、纪闻、时评、感言等栏目,编辑何绍韩、李息、夏丏尊、经亨颐等19名。

按:共出235期,于1919年3月30日停刊。(参见葛晓燕、何家炜《夏丏尊年谱》,中国文史出版社2012年版)

夏丏尊4月1日被聘为浙江省教育会《教育周报》编辑。所译卢梭《爱弥儿》连载于4月1、8日,5月1日《教育周报》,为最早的《爱弥儿》译作。4月,浙江省立两级师范学校改名为浙江省立第一师范学校。夏丏尊为《浙江省立第一师范学校校歌》作词,李叔同谱曲。5月,在夏丏尊、李叔同策划指导下,浙江一师校友会出版《白阳》杂志,是我国近代最早的教育校刊。10月13日,浙江一师正式成立校友会。夏丏尊被推荐为文艺部部长。组织学生办校友会志,经常在该刊发表诗文。年底,浙江省立第一师范学校第1号出版,夏丏尊作序。(参见葛晓燕、何家炜《夏丏尊年谱》,中国文史出版社2012年版)

杨贤江继续就读于浙江省立第一师范学校。秋,升入浙江省立第一师范学校本科一年级。是年,在《浙江省立第一师范校友会志》第 1 号发表《论教育当注重实用》,文中云:"我国兴学校,迄今几二十年,历时非不久也""区域非不广也""职权非不专也"(《全集》卷一),但学校教育不适应社会生活的需要,建议"采用实用主义以药之"(《全集》卷一),目的是使我国学校皆能培养出实际有用的学生,以与列强相见于未来之舞台。一来古今大教育家如英国的洛克和斯宾塞、日本的汤原元一、我国的王安石都主张实利主义,注重实学。二来从学校教育原理和现代教育宗旨出发,采用实用主义也是十分必要的。学校教育属于精神教育之一,"其教育之道,当然在矫正不良习惯,使社会臻于美善之境""今之言教育之宗旨者,不外公民教育、军国民教育、实利教育。然在根本上言之,实用主义实为救济之方"。(参见潘懋元等主编《杨贤江年谱长编》,光明日报出版社 2005 年版)

孙振涛的《人格教育说》一文发表在杭州《教育周报》,第一个在国内宣传介绍人格教育学说。

胡愈之师从绍兴名宿薛朗轩,研读语文,并自学英语、世界语。(参见朱顺佐、金普森《胡愈之传》,杭州大学出版社 1991 年版)

陈半丁在上虞会馆与鲁迅相识。在蒙藏院任职,不久辞去。

周予同继续就读于瑞安县立中学校。夏,与李笠等人组建岘山文社。(参见成棣《周予同先生年谱》,载上海社会科学院《传统中国研究集刊》编辑委员会编《传统中国研究集刊》第二十辑,上海社会科学院出版社 2019 年版)

谛闲受宁波当局之请,出任四明山观宗寺住持。受任之后,仰礼四明大师遗志,立志恢复祖庭。他募集巨金,重建大殿、天王殿、念佛堂、禅堂、藏经阁等,重为佛像装金,重订规约,以三观为宗,说法为用,改观宗寺名为"观宗讲寺",数年之间,使观宗寺成为东南一大名刹。太虚法师曾应邀至观堂居住一个多月,为佛教弘誓会撰写缘起及章程。

按:谛闲在接主观宗寺之后,又成立了"观宗学社",自任主讲,专攻天台教观。(参见于凌波《中国近现代佛教人物志》,宗教文化出版社 1995 年版)

徐蔚如在上海遇高鹤年,询问在《佛学丛报》刊文署名"常惭"为何人?高鹤年告以即普陀山法雨寺印光法师。徐蔚如慕道心切,请高鹤年介绍,未久即与友人周孟由、张云雷等,渡海赴普陀山访谒印老,这次只听印老开示,并没有带回印老的文稿。(参见于凌波《中国近现代佛教人物志》,宗教文化出版社 1995 年版)

成舍我在安徽《民言报》任职。

熊十力参加孙中山领导的"二次革命"。失败后退伍离开武昌,回到江西德安乌石门芦塘畈定居读书。(参见蔡仁厚《熊十力先生学行年表》,明文书局 1987 年版;《熊十力年谱》,载叶贤恩《熊十力传》,湖北人民出版社 2010 年版)

许德珩再次投笔从戎,第二次到李烈钧部,参加江西湖口讨袁之役。

欧阳竟无是春因南京扰攘,闭户故里宜黄治梵经两年。(参见徐清祥编《欧阳竟无先生学术年表》,载欧阳竟无《欧阳竟无内外学》,商务印书馆 2017 年版)

虚云赴京拜会内阁总理熊希龄,请将对佛教有成见的云南民政长罗容轩调到北京,以任可澄为云南巡按使,虚云亦回到云南,推动佛教会事务。(参见于凌波《中国近现代佛教人物志》,宗教文化出版社 1995 年版)

杨杰 3 月任黔军步兵第十团团长,指挥了"黔东之捷",以少胜多,初显其军事指挥才能。9 月,任黔军第一旅旅长,兼重庆卫戍司令官、重庆道尹、四川政务厅厅长、重庆警察厅厅长,晋授陆军少将衔。(参见皮民勇、侯昂妤编《中国近代思想家文库·蒋百里、杨杰卷》及附录《杨

杰年谱简编》,中国人民大学出版社2015年版)

卢戆章修改厦门切音字母,改名"国语字母",撰成《中国新字》,这是他的第三个汉语拼音方案。2月15日,应邀出席在北京政府教育部召开的"读音统一会",此次会议决定推广"注音字母",卢戆章表示不满意,继续研究切音字。

按:《中国新字》于1915年出版。

朱谦之在福州省立第一中学读书,自编《中国上古史》,常以闽狂、古愚、左海恨人等笔名向报纸投稿。曾试办《历史杂志》未果,写有《英雄崇拜论》。(参见黄夏年编《中国近代思想家文库·朱谦之卷》及附录《朱谦之年谱简编》,中国人民大学出版社2015年版)

师复主编晦鸣学社之机关刊物《晦鸣录》(周刊)8月20日在广州创刊,以"令天下平民生活之幸福"为宗旨,宣传无政府主义。该刊仅出两期即被广东都督龙济光查禁,师复亡命澳门,《晦鸣录》改名《民声》继续出版。

按:由于葡萄牙当局接受了袁世凯和广东省省长的要求,《民声》出版两期后,再度被禁。《晦鸣录》每期均辟有世界语专栏,《民声》周刊为国内的最早世界语刊。《世界语第九次万国大会记事》一文为国内对国际世界语大会的最早报道。此后再迁上海印行。世界语为师复无政府主义的宣传和推广起到了非常重要的作用,而师复使世界语在国内的传播也产生积极的影响。(参见唐仕春编《中国近代思想家文库·师复卷》,中国人民大学出版社2015年版)

金曾澄继续任广东高等师范学校校长。因母辞世离任,后赴南洋新加坡等地考察。

王泽民任经理的《国报》创刊,康有为撰发刊词。

马士伟在山东创立一心堂,又称一真圣教会。

晏阳初1月20日以"晏遇春(Yu—chuen Yan)"名字在香港圣史梯芬孙书院注册入学,补习数、理、化各科,该校声誉卓著,遵英国教学制度和方法,学生多有志入牛津、剑桥或是香港大学。暑期,聘家庭教师辅导学业,以期参加圣保罗书院秋季入学考试。9月,"圣保罗书院"(即今香港大学前身)入学考试揭榜,以第一名考入政治系。按校方规定,如是英国籍学生可获得奖学金1600元。当校方召问是否愿成为英国公民时,摇头说:"这对中国人来说,代价太高了!"说罢即退出校长办公室而去。学生团体对此次奖学金事件表示抗议,校长因寄函北京,请求总统设立同样奖学金给中国籍优良学生。历时两年,往返函商才告成功。秋,在圣保罗书院结识了著名基督教布道家莫特(John R. Mott)与艾迪(Sherwood Eddy)以及中华基督教青年会全国协会总干事巴乐满(Fletcher S. Brockman),向他们请教美国求学和未来工作事宜,深受他们的喜爱。此后,频通书信,以求指教。(参见杜学元、郭明蓉、彭雪明《晏阳初年谱长编》,上海交通大学出版社2017年版)

黎民伟组织人我镜剧社,同年与美商合作在香港创办华美影片公司。

成舍我是年秋被安庆《民嵒报》聘为外勤记者,正式步入新闻记者行业。

马静生任总经理的《开封民立报》5月20日创刊于河南开封。

张伯苓1月27日在南开学校接待华侨选举会等华侨代表参观,并留饭宴请。华侨代表有缅甸摩洛棉代表周作霖、星洲代表丘醒虎、南洋参议院选举会会员吴湘、中华同盟会仰光支部,南洋同盟会总机关代表庄银安、上海华侨联合会代表连横等。同月,南开学校增设高等班,分文理两班,并增设中学补习班。不久,根据教育部令,将高等班裁撤,学生分送北京大学预科及保定优级师范学校。4月24日,在天津戈登堂举行的基督礼拜上发表讲演。5月29日,应邀出席天津商务总会欢迎美国团的招待宴会。31日,在天津浙江会馆主持严智惺追悼会,致开会辞及闭会词。7月1日午后,赴严宅,与高旷生为严修讲解欧洲各国重要地名。3—13日,第三次基督教青年会中国北方基督教学校和官立学校联合召开学生大会,张伯苓在开幕式上发表讲演。10月17日,南开学校成立日确定。规定由本年起以10月17日为南开学校周年纪念日。同日,南开学校举行9周年纪念会,张伯苓致辞。秋,基督教青年会在天津组织圣经学会,张伯苓讲演《圣经与社会》。(参见龚克主编《张伯苓全集》第十卷附编《张伯苓年谱》,南开大学出版社2015年版)

傅增湘仍居天津。2月3日,入京观书,得元版《扬子法言》3册。4日,返津。近日观李木斋藏书,略记宋元本佳者。8日,致信张元济,拟请章钰、吴佩伯校《汉书》,有李木斋所藏庆元本、大德本,自有景佑本,参证汪文盛、正统和崇正书院本,必有大获。3月,校汲古阁影宋本《谢宣城集》。4月1日,与张元济商量,商务印书馆是否能把李木斋所藏庆元本《两汉书》印行,此书稀世之宝,当出以公世,不可令其久锢。18日,因抵债决定廉价出售所藏明代诗文集部。夏,于厂肆得明刊本《史记集解一百三十卷》,杨守敬见之,视同宋本,并撰长跋于卷首。7月4日,动身至北京,准备校书京师图书馆。12月27日至1914年1月25日间,于抱经楼见明刊蓝印本《张文献集十二卷》、明刊本《唐诗始音一卷正音六卷遗响五卷》,并尽一日之力记卢氏藏书之大要。(参见孙英爱《傅增湘年谱》,河北大学硕士学位论文,2012年)

李俨是年至1935年,先后任陇海铁路局工务员、测量员、工程副段长、段长、总段长。

傅士鉴为社长的《实报》2月在沈阳创刊,由政务研究社和实业研究所联合主办。

罗振玉1月于净土寺町所建新居落成,乃迁入居住。秋,出所藏齐鲁封泥墨本,请王国维编成《齐鲁封泥集存》,与王国维并作序。秋,将法兰西学院著名汉学家埃玛纽埃尔·爱德华·沙畹3年来先后所寄《唐写本隶古定尚书》残卷等敦煌遗书照片编为《鸣沙石室佚书》,并作序,付工精印。此为其寓居日本期间整理出版的第一部敦煌文献集。(参见罗继祖《永丰乡人行年录(罗振玉年谱)》,江苏人民出版社1980年版;袁英光等编《王国维年谱长编》,天津人民出版社1996年版)

按:罗振玉自序冠于《鸣沙石室佚书》卷首,曰:"距晋太康初纪汲郡出《竹书》之年,又千七百余载,为我先皇帝光绪之季岁,海内再见古遗宝焉:一曰殷虚之文字,二曰西陲之简轴。洹阳所出,我得其十九。既已毡拓之,编类之,考证之。虽举世尚未知重,而吾则快然自足,一若天特为我出之者。鸣沙之藏,则石室甫开,缥缃已散。我国人士,初且未知。宣统改元,伯希和博士始为予言之。既就观目录,复示以行箧所携。一时惊喜欲狂,如在梦寐。亟求写形,遽承许诺。后先三载,次第邮致,则斯编所载者是也。自夏徂秋,校理斯毕。爱书其端曰:予于斯编之成,欣戚交并,有不能已于言者七事焉。古人有言,名世之生,期以五百。神物出世,数且倍之。即时会幸至,而我生不辰。今则大卜所掌,若诏予以典守;荒裔宝藏,亦并世而重开。此可欣者一也。厘象简册,载以数车。而诸家写定,仅得七十五篇。今则简册盈千,卷帙逾万。兹编所刊,千不逮一,数已相埒。此可欣者二也。秘藏既启,遗书西迈。东土人士,末由沾溉。博士念我所自出,亟许以传写。一言之诺,三岁不渝。邮使屡通,异书荐至。此可欣者三也。敦煌之游,斯丹前驱,伯氏继武,故英伦所藏,殆逾万轴;法京所弆,数亦略等。吾友狩野君山,近自欧归,为言诸国典守森严,不殊秘阁,苟非其人,不得纵览。英伦古简,法儒沙畹,考释已竟,行将刊布。其余卷轴,检理未完,刊行无日。此可戚者一也。往者伯君告予,石室卷轴,取携之余,尚有存者。予亟言之学部,移牒甘陇。乃当道惜金,濡滞未决。予时备官大学,护陕甘总督者,适为毛实君方伯庆蕃,予之姻旧;总监督刘幼云京卿廷琛,与同乡里。与议购存大学,既有成说,学部争之。比既运京,复经盗窃,然其所存尚六七千卷,归诸京师图书馆。及整比既终,而滔天告警,此六七千卷者,等于沦胥。回忆当时,自悔多事。此可戚者二也。遗书窃取,颇留都市。然或行籯字析,以易升斗。其佳者,或挟持以要高价,或藏匿不以示人。遇此伦荒,何殊覆瓿!此可戚者三也。往与伯君订约写影,初冀合力,已乃无助。予为浭阳端忠敏公言之,忠敏亦谓前约已定,义不可爽,因慨任所费。然时公已罢职,力实未逮。沪上书估某,适游京师,予为构合,偿忠敏金,约以估任剞劂,予任考订。顾时逾数年,未出一纸。乃复由予赎回,自任刊布。而既竭吾力,成未及半。此可戚者四也。呜呼!天不出神物于乾嘉隆盛之时,而见于国势凌迟之日,今且赤县崩沦,礼亡乐,澄清之事,期以百年。而予顾汲汲为此,急若捕亡。揆以时势,无乃至愚。而冥行孤往,志不可夺。此编既成,将如孔鲋所谓藏之以待其求,无宁守之以慰幽独。苟天不使我馁死海外,尚多移书博士,更求写影。节啬衣食之资,赓续印行,以偿夙愿。知我笑我,非所计也。癸丑九月。"(罗振玉《罗振玉自述》,安徽文艺出版社2013年版)

罗振玉是年冬接沙畹寄其所撰《斯坦因在东突厥斯坦沙漠中发现的汉文文书》(*Les documents chinois decouverts par Aurel Stein dans les sable du Turkestan oriental*)手校本,初阅后以为其中颇有不惬意之处,乃与王国维发愤重行分类考订,始编《流沙坠简》。

按:赵万里《王静安先生年谱》(清华国学研究院《国学论丛》第1卷第3号,1928年):"冬日,法人沙畹教授,寄其所撰所得之汉晋木简文字考释未印成本至。其中颇有不惬意之处,罗先生与先生乃发愤重行分类考订,其小学方技书及简牍遗文,均罗先生任之;其关于屯戍诸简,则由先生任之,盖以先生熟于两汉史事故也。"

按:据罗继祖《永丰乡人行年录(罗振玉年谱)》(江苏人民出版社1980年版)则载于是年秋,谓:"英人斯坦因先伯希和一年于我国新疆、甘肃两省窃取汉晋简牍千余,载归其国。乡人(罗振玉)恨未得见。嗣知法国学者沙畹为之考释将成书,遗书沙氏,欲得其影片。至是沙氏寄其手校本至,考释为欧文,移译始可读。乃与王静安重加编订,名以《流沙坠简》。"

王国维1月在日本撰成《宋元戏曲史》,并作序。随后连载于《东方杂志》第9卷第10、11号,第10卷第3—6、8、9号,此为中国第一部关于戏曲史的著作,亦为王国维近四五年来研究戏曲的总结。

按:王国维1月5日致缪荃孙信曰:"近为商务印书馆作《宋元戏曲史》,将近脱稿,共分十六章。润笔每千字三元,共五万余字,不过得二百元,但四五年中研究所得,手所疏记心所储藏者,借此得编成一书,否则荏苒不能刻期告成。惟其中材料皆一手搜集,说解亦皆自己所发明。将来仍拟改易书名,编定卷数,另行自刻也。"(《王国维全集·书信》)

按:《宋元戏曲史》始著于1908年,至此成稿,为中国戏曲史的开山之作,郭沫若称王氏此书与鲁迅的《中国小说史略》为近代中国文艺史研究上的"双璧"。全书凡十六章:一、上古至五代之戏剧,二、宋之滑稽戏,三、宋之小说杂戏,四、宋之乐曲,五、宋官本杂剧段数,六、金院本名目,七、古剧之结构,八、元杂剧之渊源,九、元剧之时地,十、元剧之存亡,十一、元剧之结构,十二、元剧之文章,十三、元院本,十四、南戏之渊源及时代,十五、元南戏之文章,十六、余论。最后附录元戏曲家小传。王国维为《宋元戏曲史》所作《自序》曰:"凡一代有一代之文学:楚之骚,汉之赋,六代之骈语,唐之诗,宋之词,元之曲,皆所谓一代之文学,而后世莫能继焉者也。独元人之曲,为时既近,托体稍卑,故两朝史志与《四库》集部,均不著于录;后世儒硕,皆鄙弃不复道。而为此学者,大率不学之徒;即有一二学子,以余力及此,亦未有能观其会通,窥其奥窔者。遂使一代文献,郁埋沈晦者且数百年,愚甚惑焉。往者读元人杂剧而善之;以为能道人情,状物态,词采俊拔,而出乎自然,盖古所未有,而后人所不能仿佛也。辄思究其渊源,明其变化之迹,以为非求诸唐宋辽金之文学,弗能得也;乃成《曲录》六卷,《戏曲考原》一卷,《宋大曲考》一卷,《优语录》二卷,《古剧脚色考》一卷,《曲调源流表》一卷。从事既久,续有所得,颇觉昔人之说,与自己之书,罅漏日多,而手所疏记,与心所领会者,亦日有增益。壬子岁莫,旅居多暇,乃以三月之力,写为此书。凡诸材料,皆余所蒐集;其所说明,亦大抵余之所创获也。世之为此学者自余始,其所贡于此学者亦以此书为多,非吾辈才力过于古人,实以古人未尝为此学故也。写定有日,辄记其缘起,其有匡正补益,则俟诸异日云。海宁王国维序。"

王国维2月20日撰《颐和园后记》。同月,为日本友人隅田吉卫撰《二田画顾记》。4月7日,撰《尼雅城北古城所出晋简跋》。春,撰《宋椠大唐三藏取经诗话跋》。

按：王国维《宋椠大唐三藏取经诗话跋》曰：

宋椠《大唐三藏取经诗话》三卷，日本高山寺旧藏，今在三浦将军许。阙卷上第一叶，卷中第二三叶。卷末有"中瓦子张家印"款一行。中瓦子为宋临安府街名，倡优剧场之所在也。吴自牧《梦梁录》卷十九云："杭之瓦舍，内外合计有十七处：如清冷桥、熙春桥下，谓之南瓦子；市南坊北、三元楼前，谓之中瓦子。"又卷十五："铺席门、保佑坊前，张官人经史子文籍铺，其次即为中瓦子前诸铺。"此云"中瓦子张家印"，盖即《梦梁录》之张官人经史子文籍铺。南宋临安书肆，若太庙前尹家、太学前陆家、鞔鼓桥陈家，所刊书籍，世多知之；中瓦子张家，惟此一见而已。

此书与《五代平活》《京本小说》及《宣和遗事》，体例略同。三卷之书，共分十七节，亦后世小说分章回之祖。其称诗话，非唐、宋士夫所谓诗话，以其中有诗有话，故得此名；其有词有话者，则谓之词话。《也是园书目》有宋人词话十六种，《宣和遗事》其一也。词话之名，非遵王所能杜撰，必此十六种中，有题词话者。此有诗无词，故名诗话。皆《梦梁录》《都城纪胜》所谓说话之一种也。

书中载元奘取经，皆出猴行者之力，即《西游演义》所本。又考陶南村《辍耕录》所载院本名目，实金人之作，中有《唐三藏》一本。《录鬼簿》载元吴昌龄杂剧有《唐三藏西天取经》，其书至国初尚存。《也是园书目》有吴昌龄《西游记》四卷；《曹栋亭书目》有《西游记》六卷；《无名氏传奇汇考》亦有《西游记》云。今用北曲，元人作，盖即昌龄所撰杂剧也。今金人院本、元人杂剧皆佚；而南宋人所撰话本尚存，岂非人间希有之秘笈乎！闻日本德富苏峰尚藏一大字本，题"大唐三藏取经记"，不知与小字本异同何如也。乙卯春，海宁王国维。（王国维《王国维文学论著三种》，商务印书馆2017年版）

王国维4月移居于京都吉田町神乐冈八番地；始撰《明堂庙寝通考》。同月9日，参加京都兰亭诗会。5月，拟将1912年和1913年所作诗编为《壬癸集》。同月，致书函缪荃孙，谓"现草《明堂庙寝通考》一书""此书全根据金文、龟卜文，而以经证之，无乎不合"，实已提出"二重证据法"。

按：1913年5月王国维致函缪荃孙云："顷多阅金文，悟古代宫室之制，现草《明堂庙寝通考》一书，拟分二卷，已说为第一卷（已成），次驳古人说一卷、次图一卷。此书全根据金文、龟卜文，而以经证之，无乎不合。"明堂庙寝之制，关乎我国之社会家庭制度，历来聚讼不决。王氏汇集众说，以传世文献与甲骨金文相结合，考证明堂之制为古代宫室宗庙燕寝的通制。据乔治忠考证，在罗振玉校补的《雪堂丛刻》（三）收录的《明堂庙寝通考》初稿中，有一段话显示王国维此时已经提出了"二重证据法"："宋代以后，古器日出。近百年之间，燕秦赵魏齐晋之墟，鼎彝之出，盖以千计，而殷虚甲骨乃至数万。其辞可读焉，其象可观焉。由其辞之义与文之形，参诸情事，以言古人之制，未知视晚周、秦汉人之说何如？其征信之度，固已过之矣……然则晚周、秦汉人之书遂不可信欤？曰不然！晚周、秦汉之际，去古未远，古之制度、风俗存于实事者，较存于方策者为多，故制度之书或多附会，而其中所见之名与物，不能创造也。纪事之文或加缘饰，而其附见之礼与俗，不能尽伪也。故今日所得最古之史料，往往于周秦、两汉之书得其证明，而此种书亦得援之以自证焉。吾辈生于今日，始得用此二重证明法，不可谓非人生之幸也！"（参见王学典《20世纪史学编年（1900—1949）》，商务印书馆2014年版）

王国维6、7月间撰《唐写本春秋后语背记跋》。夏，撰《译本琵琶记序》。8月，撰《唐写本兔园册府残卷跋》。9月，撰《杂剧十段锦跋》。秋，据罗振玉出所藏齐鲁封泥墨本，编成《齐鲁封泥集存》1卷，并作序。又撰《布帛通考》（后更名《释币》）2卷。10、11月间撰《秦郡考》《汉郡考》（上、下），又草《两汉魏晋乡亭考》2卷（稿本）。冬，撰《书齐鲁封泥集存后》。又与罗振玉始编《流沙坠简》。（参见赵万里《王静安先生年谱》，清华国学研究院《国学论丛》第1卷第3号，1928年；陈鸿祥《王国维年谱》，齐鲁书社1991年版；袁英光等编《王国维年谱长编》，天津人民出版社1996年版）

康有为2月拟赴香港省母，因病未果。有答廖平书，论伪古文问题。又发表《中国以何方救国论》，阐述救国方法。同月，撰《中国学会报题词》，重申欲正人心，救中国，宜尊孔子为教主。3月，令门人陈逊宜、麦鼎华创办《不忍》杂志，20日在上海创刊，倡导尊孔复辟，采用孔子纪年。康有为任主编，其弟子陈逊宜、麦鼎华、康思贯先后任编辑。同月，拟《中华民国宪法草案发凡》，凡 14 章，106 条。4 月，撰《孤愤语》，以痛箴时局。6 月，撰《国会叹》《中国还魂论》。8 月，撰《中国颠危误在全法欧美而尽弃国粹说》《保存中国古迹名器说》《问吾四万万国民得民权自由平等乎?》《中国不能逃中南美之形势》《以孔教为国教配天仪》《孔教会序》《复山东孔教会书》等。同月，接教育部书征集国歌，以协雅乐，复书严责教育部令将孔庙学田充公，废除祀孔典礼之谬举，名为教育，实无教化。同月 9 日，康有为母亲在香港病逝。11 月，康有为自日本赴港奔丧。同月，康有为被推为孔教会总会会长。12 月 13 日，康有为返还故里广东南海，择地安葬母亲和胞弟康广仁的遗骸，至此结束流亡生涯。治丧毕，仍归香港居住。冬，袁世凯大总统三次致电康有为出山，主持名教，康有为皆以母丧辞谢。（参见康有为著、楼宇烈整理《康南海自编年谱》，中华书局 1992 年版；吴天任《康有为年谱》，广东人民出版社 2018 年版）

徐勤 1 月应华侨选为国会议员，途经日本拜望其师康有为，康有为作序送之。归国后曾任进步党广东支部长、华侨宣慰使等。（参见吴天任《康有为年谱》，广东人民出版社 2018 年版）

黄兴 3 月 27 日在其寓所与孙中山商讨对策时，主张"联日""速战"，以便先发制人，并表示愿意亲任其事。大部分与会者则希望"法律解决"。7 月，任命章士钊为江苏讨袁军总司令部秘书长，随江苏讨袁军总司令黄兴赴南京举事。7 月 15 日，"二次革命"失败后，孙中山、黄兴被袁世凯扣上"乱党"之名，受到通缉，被迫再次亡命日本。章士钊随之去日本，继续进行反袁活动。（参见毛注青《黄兴年谱长编》，中华书局 1991 年版；袁景华编《章士钊先生年谱》，吉林人民出版社 2001 年版）

章士钊 3 月于袁世凯主使刺杀宋教仁反嫁祸于黄兴后，看清袁世凯之险恶，于是尽遣其行李仆从，南下上海，拜晤孙中山、黄兴，起草《二次革命宣言》。夏，奉孙中山、黄兴之命，联络岑春煊一起讨袁，继而他又前往武昌劝说黎元洪起兵讨袁，但黎元洪态度暧昧，无果返回上海。7 月，黄兴任命章士钊为江苏讨袁军总司令部秘书长，随江苏讨袁军总司令黄兴赴南京举事。15 日，受黄兴之命代拟《讨袁通电》。"二次革命"失败后，孙中山、黄兴被袁世凯扣上"乱党"之名，受到通缉，被迫再次亡命日本。章士钊随党人去了日本，继续进行反袁活动。（参见袁景华《章士钊先生年谱》，吉林人民出版社 2001 年版）

胡汉民 1 月 26 日在同盟会粤支部易名为国民党粤支部之际，仍任支部长。5 月 1 日，通电抗议袁世凯政府非法大贷款。6 月 14 日，被袁世凯免广东都督职，调为西藏宣抚使，拒不赴任。7 月，"二次革命"爆发，胡汉民到沪。二次革命失败后，胡汉民与孙中山流亡日本。（参见陈红民、方勇编《中国近代思想家文库·胡汉民卷》及附录《胡汉民年谱简编》，中国人民大学出版社 2015 年版）

戴季陶 2 月 10 日随孙中山、马君武、宋耀如、何天炯等访日，并担任孙中山秘书与翻译。同日，在《民谊》第 5 号发表《民国政治论》。3 月 25 日，因"宋教仁案"发生，戴季陶与孙中山返抵上海，并参加当晚在黄兴寓所召开的国民党高级干部会议，这是他第一次参与国民党高层决策。6 月 17—19 日，在《民权报》连载《理势论》。7 月 12 日，"二次革命"爆发后，戴季陶从上海赶往南京协助黄兴工作。9 月 25 日，戴季陶因"二次革命"失败后被北京政府通缉，装扮成日本新闻记者，化名岛田政一，乘"台南丸"轮流亡日本。29 日，戴季陶在东京谒见孙中山，继续任孙中山机要秘书，并协助其组建新的革命政党。10 月 2 日，戴季陶宣誓加入中华革命党。（参见桑兵、朱凤林编《中国近代思想家文库·戴季陶卷》附录《戴季陶年谱简编》，中国人民大学出版社 2015 年版）

朱执信 6 月辞核计院院长等职，前往香港。7 月，由香港到上海。以准备前往欧洲留学的一万余元捐助淞沪讨袁军。二次革命失败后，由上海经福州往香港，代表中山对粤事有所安排。冬，携眷属及弟秋如，并偕同廖仲恺一家前往日本。(参见谷小水编《中国近代思想家文库·朱执信卷》附录《朱执信年谱简编》，中国人民大学出版社2015年版)

李大钊2月任天津社会党支部干事。4月，任北洋法政学会编辑部长，负责出版《言治》月刊。7月，自北洋法政专门学校毕业，去北京。8月，决定接受研究系政客、北洋法政学校的举办人汤化龙等人的资助，赴日本留学。10月，看到日本出版的《支那分割之命运》一书狂热鼓吹瓜分中国之说，遂与北洋法政学会同人翻译，并附驳议数万言，"以为国人当头之棒，警梦之钟，知耻知惧，竞奋图存"。此书出版后，风靡一时，远及国外。11月，撰《欧洲各国选举制度考》等。冬，东渡日本，抵东京后，住基督教青年会中国留学生宿舍。(参见《李大钊年谱》编写组《李大钊年谱》，甘肃人民出版社1984年版；朱文通主编《李大钊年谱长编》，中国社会科学出版社2009年版)

高一涵就读于日本东京明治大学政治经济科，开始系统接受政治经济学教育。年末，因二次"二次革命"失败，友人多半亡命，资助中断，生活陷入窘境，靠写作勉强维持生计，坚持留在日本求学。(参见高大同编著《高一涵先生年谱》，上海文化出版社2011年版)

刘文典因8月17日上海《申报》刊载《袁世凯临时大总统命令》，通缉革命党人，乃着手流亡日本。9月10日，抵达东京，化名"刘平子""刘天民"，开始流亡生活。在日本期间，刘文典以"记者"身份，与范鸿仙等人来往密切，继续革命活动。12月21日，刘文典与友人一同访孙中山。(参见章玉政编著《刘文典年谱》，安徽大学出版社2011年版)

徐傅霖被袁世凯取消国会众议院议员资格，避走日本。

夏之时任社长的《国民杂志》4月在日本东京创刊，邓泽、桂念祖历任主编。

王宝径、王邦铨、王灿、方宗鳌等编辑的《谠报》月刊4月在日本创刊。

邓初民5月赴日本入东京法政大学攻读政治学。

郭沫若于成都府中毕业，考入成都高等学校理科。6月，报考天津陆军军医学校，被录取，但未就学。12月25日，经大哥郭开文同学张次瑜建议，由大哥决定，转赴日本留学。26日晚，与张次瑜同乘京奉线火车从北京出发前往日本留学。(参见龚济民、方仁年编著《郭沫若年谱》，天津人民出版社1982年版；王继权、童炜钢编《郭沫若年谱》，江苏人民出版社1983年版)

李达以第二名的成绩考取湖南留日官费生，赴日本留学，先集中精力学习日语、英语、德语，因用功过度患肺病，次年回国养病。(参见宋俭、宋镜明编《中国近代思想家文库·李达卷》，中国人民大学出版社2014年版)

郁达夫留学日本，先后入东京第一高等学校预科、名古屋第八高等学校、东京帝国大学，习医、法、经济等科。(参见陈其强《郁达夫年谱》，浙江大学出版社1989年版)

范寿康留学日本，先后就读于东京第一高等学校、东京帝国大学文学部。

许敦谷公费东渡日本，入东京绘画研究所学习。

梁希在日本东京帝国大学农学部林科学习。

陈树人转入日本立教大学文科本科学习。

陈抱一东渡日本，入白马会的葵桥洋画研究所。

高奇峰再度赴日本，学习版画。

江亢虎9月搭乘日本的邮船赴日，踏上了流亡海外的旅程。到日本后，专程去头山满宅邸，拜访住在那里的孙中山，受到热情款待。孙中山还为江专门写了一封给儿子孙科的信，嘱咐当时在美国加州留学的孙科夫妇接待江亢虎。孙中山还为江亢虎给在美的友人黄芸苏写了一信。秋冬间,江亢虎抵达美国加州旧金山。受到孙科夫妇的盛情接待,并帮助江在附近租了间住房。此后,江一直住在加州,任职加利福尼亚大学中文系,接替了该系退休的原英国在华传教士傅兰雅的职位,任讲师,成为当时在美国大学教汉语和中国文化的唯一中国人,直至1920年回国。(参见汪佩伟编《中国近代思想家文库·江亢虎卷》及附录《江亢虎年谱简编》,中国人民大学出版社2015年版)

任鸿隽4月初偕杨杏佛访问康奈尔大学附近之"佐治少年共和国"。6月,弟鸿年在赴天津出任《民意报》主笔途中转道经杭州时,感愤于时局险恶,在杭州投井自杀。7月3日,吴玉章致函任鸿隽,告其弟自杀情况。是年,与胡适等参与编辑《留美学生年报》。(参见樊洪业、潘涛、王勇忠编《中国近代思想家文库·任鸿隽卷》及附录《任鸿隽年谱简编》,中国人民大学出版社2014年版)

马寅初于美国哥伦比亚大学研究生院毕业,完成博士论文《纽约市的财政》(The Finances of New York City)。旋入纽约大学研究统计与会计,被聘为留美研究会荣誉会员。(参见徐斌、马大成编著《马寅初年谱长编》,商务印书馆2012年版)

赵元任继续在康奈尔大学三年级学习。3月28日,与胡适、胡明复同时入选大学优秀生联谊会(Phi Beta Kappa)荣誉学会会员。5月14日,举行新会员欢迎会。7月22日,与同学任鸿隽、邹秉文、杨铨(杏佛)等长途散步到托格汉诺克(Taughanock)瀑布,往返23英里。8月,决定正式选修音乐课程。(参见赵新那、黄培云编《赵元任年谱》,商务印书馆2001年版)

胡适1月在大同会演说《世界主义》;与上海《大共和日报》订立协议,每月写稿寄登该报,由该报月付20元寄至绩溪供母亲家用。3月28日,与赵元任、胡达同被选为最有名誉的美国大学生联谊会的会员。5月25日,在《大共和日报》发表译稿《纽约〈外观报〉之论民国》,是美国舆论界较有善意者。同月,被推为康奈尔大学世界学生会会长。任至次年5月辞职。7月1—3日,在《大共和日报》发表《美国政党概论》,但只写了《绪言》和《总论》两部分,以后不见续写下去。10月8日夜,第一次主持康奈尔大学世界学生会会议,叹议院法习之不易。(参见耿云志《胡适年谱(1891—1962)》,四川人民出版社1989年版)

梅光迪2月5日致函胡适,对其1至2月间关于"孔教"的讲演表示"倾倒之至",并称"足下所见与吾不约而同之点甚多"。16日,致函胡适,曰:"吾人复兴孔教,有三大要事,即new interpretation,leadership and organization是也。"又云:"迪或于秋间往芝加哥习群学……迪深悔在此校插第二年级,毕业在即,今决去此学校往他校多多几年再毕业……拙作与此校章程两册寄上。"暑假之后,梅光迪转入芝加哥西北大学。(参见眉睫《梅光迪年谱初稿》,海豚出版社2017年版;眉睫《梅光迪致胡适信函时间考辨》,《黄冈师范学院学报》2013年第1期;耿云志《胡适年谱(1891—1962)》,四川人民出版社1989年版)

蒋梦麟继续在哥伦比亚大学师从杜威教授研究教育学。在《留美学生年报》1913年第2期发表《加利福尼大学》,对加利福尼大学作了简要介绍,文中特别提到加利福尼大学所在"金山为亚美交通孔道,华人独多。统计营业于太平洋沿岸者,不下五万人。有中国报馆四家,日出报章万余纸,祖国要闻日有专电。故在加利福尼大学读书者,于祖国新闻甚为灵通。且巴拿马万国博览会,定千九百十五年在金山开会。彼时万国人民,联袂而至。加省大学将为世界教育之中心点。其学生得以课余之暇,参观会场,其得益良非浅鲜也。特志数语,以为国人来学者告"。(参见马勇、黄令坦编《中国近代思想家文库·蒋梦麟卷》及附录《蒋梦麟年谱简编》,中国人民大学出版社2018年版)

竺可桢是年夏在伊利诺大学农学院毕业,获学士学位。在伊利诺大学毕业之后,竺可桢转到哈佛大学研究院地学系气象专业继续学习。其间,与宋子文相识。曾偕往佐治亚州威斯里学院与宋庆龄、宋美龄聚会。(参见李玉海编《竺可桢年谱简编》,气象出版社 2010 年版)

胡先骕是年春入加州柏克莱大学农学院。年终,美国西部中国留学生在加州大学举行年会,胡先骕参加会务组织事宜,并作《西美中国学生年会纪事》,刊于次年《留美学生季报》第 1 卷第 4 号(1914 年)。当时,胡先骕为美国西部留学生中文书记。(参见胡宗刚《胡先骕先生年谱长编》,江西教育出版社 2007 年版)

何炳松 2 月初抵美,入伯克利加利福尼亚州立大学。后请假离校。夏,考入威斯康辛大学政治系。与胡适成为笔友。加入全美中国留学生会。(参见房鑫亮《忠信笃敬:何炳松传》,浙江人民出版社 2006 年版)

张奚若赴美国哥伦比亚大学攻读政治学。原本是想专修土木工程,后来因为他对数学不感兴趣,加上他认为国家要想富强就必须先学习西方的政治制度,权衡再三后,他才选择了政治学。

吴稚晖 2 月出席教育部读音统一会召开成立大会,被推举为议长,会议制定注音字母及审定 6500 多字的国音。7 月,因宋教仁被刺杀,国民党人举兵攻打袁世凯。同蔡元培、张继、汪精卫创立《公论》日刊,撰文讨袁。反袁失败后,乘轮逃至英国。是年,有《复蔡子民书》。(参见金以林、马思宇编《中国近代思想家文库·吴稚晖卷》及附录《吴稚晖年谱简编》,中国人民大学出版社 2014 年版)

李剑农遭受通缉,遂乘轮船西渡,到英国留学,进入英国伦敦政治经济学院,研究探讨欧美各国的政治理论和政治制度以及政治史与宪法史等有关资料。

杨端六 3 月与其同事周鲠生、皮宗石、李剑农等 4 人以刺杀宋教仁案而被逮捕,黎元洪派人将他们拘禁于法租界巡捕房。经汉口法国领事会审判决无罪,杨端六被护送至上海释放。随后,得黄兴资助,杨端六同年初到英国,入伦敦大学政治经济学院攻读货币银行专业。

李四光留学申请 1 月 30 日由临时稽勋局冯自由呈大总统,遂查黎副总统电称,李四光等拟汇送西洋留学一案,应准通融办理,分期遣送,请批示文。经袁世凯同意,李四光由临时稽勋局报准送英国官费留学。3 月后,孙中山发动"二次革命"失败,李四光感到很失望。7 月下旬,李四光怀着沉重的心情,到教育部办理出国手续,领取留学证书、出国费用,后与同时被批准的湖北军政府秘书王世杰等人乘船从武汉到上海,由上海启程赴英国伦敦。10 月,李四光入英国伯明翰大学,由于英语还不够熟练,数理化学科也需要补习,因此决定先进预科学习。11 月,结识同住一公寓在伯明翰学习的丁燮林。

按:12 月 27 日,中国教育部颁发了《留欧官费生规约》18 条,规定留欧官费生留学期间不得转学及改赴他国,未毕业前不得请假回国,违者停止官费。因此,李四光在英国伯明翰大学,一直学习到毕业,整整七年未曾回国探亲。(参见马胜云、马兰编著《李四光年谱》,地质出版社 1999 年版)

朱东润年初在上海参与蔡元培、吴稚晖、汪精卫等创办《公论报》,宣传革命。以成绩优异,经留英俭学会之助至英留学,攻读英国文学。

张君劢年初为躲避袁世凯政府的迫害,在梁启超的建议下经俄国赴德留学。3 月抵德,入柏林大学攻读政治学,学习瓦格纳的财政学、施密勒的经济学和李斯特的国际关系法。(参见翁贺凯编《中国近代思想家文库·张君劢卷》附录《张君劢年谱简编》,中国人民大学出版社 2015 年版)

蓝公武任国会参议员。是年秋,因受袁世凯的恩威并济,决定第二次留学,由东北满洲里出发,经俄国而至德国,继续哲学深造。

吴玉章 3 月仍在北京国民党本部工作,出席国民党本部职员会,就宋教仁被暗杀事商讨办法。4 月初,南去上海。13 日,出席上海国民党人追悼宋教仁大会,并发表演说强调政治革命。7 月 15 日后,匆匆赶往南京,参加黄兴和苏督程德全的江苏独立,响应江西讨袁的活动。抵南京后又往沪上追赶托故离宁赴沪的程德全。8—9 月,在上海等地继续奔走,企图挽救革命,曾筹划组织夺取"肇和"号军舰未果。11 月 9 日,收到北京教育部审查处朋友寄来的留学外国学生证书,被派往法国留学,学期 6 年,并要求在 1914 年 1 月 3 日前入法境。11 月 14 日,吴玉章乘日轮离沪赴法。(参见刘文耀、杨世元《吴玉章年谱》,四川人民出版社1998 年版)

徐旭生是年春考取公费赴法国留学,赴法国巴黎大学专攻哲学。除了在巴黎大学成体系的哲学教育之外,常去开放性的法兰西学院,听当时杰出的法国学者讲授他们领域中正在形成的知识和最新研究成果。这些学术取向各有差异又有交集的哲学与社会学传统,与中国传统学术共同培养了徐旭生的逻辑思维、判断力与行为能力。(参见李旻《信而有征——中国考古学思想史上的徐旭生》,《考古》2019 年第 6 期)

陈寅恪是年春留学巴黎大学。冬,在伦敦参观绘画展览会。(参见卞僧慧《陈寅恪先生年谱》,中华书局 2010 年版)

吴新吾赴法国留学,入巴黎美术专科学校,专攻西洋画。

梁冰絃任主笔的《觉民日报》9 月 1 日在仰光创刊。

许地山赴缅甸,在仰光任华侨中华学校教员。其间,曾游历缅甸、马来西亚各地,受一位信佛十分虔诚的舅父影响,自此对佛学发生浓厚的兴趣。(参见于凌波《中国近现代佛教人物志》,宗教文化出版社 1995 年版;周俟松、王盛《许地山年表》,《世界华文文学论坛》1992 年第 2 期)

转道因南普陀寺设立僧伽学院,乃赴南洋筹募经费,至新加坡时,受到侨胞的欢迎,纷纷为其捐款,购地兴工建造寺宇,取名"普陀寺"。以此机缘,转道得以在新加坡弘传佛法。(参见于凌波《中国近现代佛教人物志》,宗教文化出版社 1995 年版)

英国马尔克·奥莱尔·斯坦因向英属印度西北边境省政府提出考察申请书 5 月 17 日获印度政府教育部批准。8 月 1 日,斯坦因离开克什米尔,正式开始第三次中亚考察。9 月21 日,到达喀什,下榻于新建的英国领事馆客房。10 月 19 日,从马拉尔—巴什出发,沿天山最南端一座从未勘探过的贫瘠山岭的山脚下行进,10 天后至麻札塔格,在一座佛寺遗址认真检查了 1908 年忽略的垃圾堆,发现大量的古藏文文书。然后南下和田,12 月中在尼雅遗址和安德悦遗址进行了小规模的发掘,发现一批佉卢文简牍。

法兰西学院著名汉学家埃玛纽埃尔·爱德华·沙畹是年秋将其对斯坦因第二次中亚探险中所发现汉简研究成果《斯坦因在东突厥斯坦沙漠中发现的汉文文书》(*Les documents chinois découverts par Aurel Stein dans les sable du Turkestan oriental*)交付牛津大学出版社出版,并将此书初校本邮寄给罗振玉。同年又于巴黎 Leroux 书局出版《北中国考古旅行记》(*Mission archeologique dans la Chine*)附 498 张照片图。(参见罗继祖《永丰乡人行年录(罗振玉年谱)》,江苏人民出版社 1980 年版)

美国传教士、尚贤堂主持人李佳白 9 月在《孔教会杂志》第 1 卷第 8 号发表《读〈孔教会请愿书〉书后》,积极为孔教会的请愿活动辩护。文中称赞孔教会的请愿活动于国有益:"若不明定准,则势必渐趋于无教之状况。而中国无形之维系于出垂绝,大非民国前途之福。今观该会呈文所要求者,大致分为两途:一为明定孔教会为国教,一为许信教自由。可谓斟酌时宜,折衷至当。盖孔教崇道德,尚伦理,尊为国教则民德无堕落之虞。此利于国者一也。孔教多言政治,包含各种重要之学科,尊为国教尤足以植政学之基础。此利于国者二也。"呼吁民国政府能够体察民情,批准孔教会的请愿。(参见左玉河《民国初年的信仰危机与尊孔思潮》,《郑州大学学报》2012 年第 1 期)

日本人贺长雄也 8 月在《孔教会杂志》第 1 卷第 7 号撰文《宪法须规定明文以孔教为国家风教之大本》,阐述宪法与孔教并不矛盾,宪法应当明文规定孔教为国教:"国家既于宪法保证信教之自由,而复公认一宗以为国教,而特别保证之,利用之,此与立宪政体,未尝相戾。"(参见左玉河《民国初年的信仰危机与尊孔思潮》,《郑州大学学报》2012 年第 1 期)

三、学术论文

罗惇曧《拳变余闻》刊于《庸言》第 1 卷第 3 号。

吴贯因《省制与自治团体》刊于《庸言》第 1 卷第 3 号。

梁启超《政治上之对抗力》刊于《庸言》第 1 卷第 3 号。

蓝公武《中国道德之权威(未完)》刊于《庸言》第 1 卷第 3 号。

梁启超《治标财政策(续完)》刊于《庸言》第 1 卷第 3 号。

梁启超《专设宪法案起草机关议》刊于《庸言》第 1 卷第 3 号。

吴贯因《划田赋为地方税私议(附论改良田赋之法)(续)》刊于《庸言》第 1 卷第 3 号。

蓝公武《中国道德之权威(续第一卷第二号)》刊于《庸言》第 1 卷第 4 号。

周善培《词穷》刊于《庸言》第 1 卷第 4 号。

梁启超《宪法之三大精神(未完)》刊于《庸言》第 1 卷第 4 号。

汤明水《预算编制法》刊于《庸言》第 1 卷第 4 号。

吴贯因《划田赋为地方税私议(附论改良田赋之法)(续完)》刊于《庸言》第 1 卷第 4 号。

蓝公武《大总统之地位及权限(续第一卷第二号完)》刊于《庸言》第 1 卷第 4 号。

蓝公武《论大借款(未完)》刊于《庸言》第 1 卷第 4 号。

梁启超《欧洲政治革进之原因》刊于《庸言》第 1 卷第 5 号。

蓝公武《中国道德之权威(续第一卷第三号完)》刊于《庸言》第 1 卷第 5 号。

蓝公武《中国之将来(未完)》刊于《庸言》第 1 卷第 5 号。

籍忠寅《论中央集权与地方分权》刊于《庸言》第 1 卷第 5 号。

吴贯因《经济上政府之职掌(未完)》刊于《庸言》第 1 卷第 5 号。

吴贯因《社会与人物》刊于《庸言》第 1 卷第 5 号。

吴贯因《军事与政体之关系》刊于《庸言》第 1 卷第 5 号。

吴贯因《学者与政治家》刊于《庸言》第 1 卷第 5 号。

吴贯因《史家位置之变迁》刊于《庸言》第 1 卷第 5 号。

罗惇曧《中日兵事本末》刊于《庸言》第 1 卷第 5 号。

梁启超《罪言二:鼎革》刊于《庸言》第 1 卷第 6 号。

梁启超《宪法之三大精神(续第一卷第四号)》刊于《庸言》第 1 卷第 6 号。

蓝公武《宗教建设论(未完)》刊于《庸言》第 1 卷第 6 号。

张东荪《国会性质之疑问》刊于《庸言》第 1 卷第 6 号。

吴贯因《经济上政府之职掌(续完)》刊于《庸言》第 1 卷第 6 号。

吴贯因《弹劾之种类》刊于《庸言》第 1 卷第 6 号。

梁启超《罪言三:才难》刊于《庸言》第 1 卷第 7 号。

梁启超《敬告政党及政党员》刊于《庸言》第 1 卷第 7 号。

吴贯因《五族同化论(未完)》刊于《庸言》第 1 卷第 7 号。

吴贯因《舆论与人物》刊于《庸言》第 1 卷第 7 号。

吴贯因《宪法问题之商榷(未完)》刊于《庸言》第 1 卷第 7 号。

吴贯因《论会计年度之短长并其得失与岁出岁入施行效力之关系》刊于《庸言》第 1 卷第 7 号。

罗惇曧《中法兵事本末》刊于《庸言》第 1 卷第 7 号。

梁启勋《国民银行制度说略》刊于《庸言》第 1 卷第 7 号。

梁启超《说幼稚》刊于《庸言》第 1 卷第 8 号。

吴贯因《五族同化论(续)》刊于《庸言》第 1 卷第 8 号。

叶景莘《论利用外资振兴实业不能救财政之危险》刊于《庸言》第 1 卷第 8 号。

吴贯因《宪法问题之商榷(续)》刊于《庸言》第 1 卷第 8 号。

吴钧《风俗奢侈及于国民经济之关系》刊于《庸言》第 1 卷第 8 号。

梁启超《军事费问题答客难》刊于《庸言》第 1 卷第 8 号。

梁启超《罪言四:奖恶》刊于《庸言》第 1 卷第 9 号。

吴贯因《五族同化论(续完)》刊于《庸言》第 1 卷第 9 号。

梁启超《同意权与解散权》刊于《庸言》第 1 卷第 9 号。

梁启勋《英国之政党政治(未完)》刊于《庸言》第 1 卷第 9 号。

吴贯因《田赋余论》刊于《庸言》第 1 卷第 9 号。

怡墅《论人物何以有生死》刊于《庸言》第 1 卷第 9 号。

梁启超《一年来之政象与国民程度之映射》刊于《庸言》第 1 卷第 10 号。

吴贯因《宪法问题之商榷(续第一卷第八号)》刊于《庸言》第 1 卷第 10 号。

吴贯因《中央经费与地方经费》刊于《庸言》第 1 卷第 10 号。

张东荪《论宪法之性质及其形式》刊于《庸言》第 1 卷第 10 号。

梁启超《共和党之地位与其态度》刊于《庸言》第 1 卷第 10 号。

张东荪《论统治权总览者之有无》刊于《庸言》第 1 卷第 11 号。

吴贯因《宪法问题之商榷(续)》刊于《庸言》第 1 卷第 11 号。

马质《主权论》刊于《庸言》第 1 卷第 11 号。

贾士毅《论划分田赋当先决前提》刊于《庸言》第 1 卷第 11 号。

周宏业《大借款签字之评论》刊于《庸言》第 1 卷第 11 号。

吴贯因《评参议院议员选举法》刊于《庸言》第 1 卷第 11 号。

叶景莘《中国人之弱点》刊于《庸言》第 1 卷第 11 号。

吴贯因《平民政治与众愚政治》刊于《庸言》第 1 卷第 11 号。

吴贯因《政党政治与不党政治》刊于《庸言》第 1 卷第 11 号。

梁启超《多数政治之试验(未完)》刊于《庸言》第 1 卷第 12 号。

吴贯因《政治与人物》刊于《庸言》第 1 卷第 12 号。

张东荪《余之民权观》刊于《庸言》第 1 卷第 12 号。

吴贯因《宪法问题之商榷(续)》刊于《庸言》第 1 卷第 12 号。

周宏业《书币制委员会总报告后》刊于《庸言》第 1 卷第 12 号。

梁启勋《英国之政党政治(续第一卷第九号完)》刊于《庸言》第 1 卷第 12 号。

张东荪《道德堕落之原因》刊于《庸言》第 1 卷第 12 号。

汤尔和《广说幼稚篇》刊于《庸言》第 1 卷第 12 号。

吴贯因《关于立法权政府与国会之权限》刊于《庸言》第 1 卷第 13 号。

周宏业《善后借款详论》刊于《庸言》第 1 卷第 13 号。

吴贯因《宪法问题之商榷(续)》刊于《庸言》第 1 卷第 13 号。

周宏业《论政党内阁》刊于《庸言》第 1 卷第 13 号。

吴鼎昌《大借款与财政之将来》刊于《庸言》第 1 卷第 13 号。

罗惇曧《京师大学堂成立记》刊于《庸言》第 1 卷第 13 号。

梁启超《革命相续之原理及其恶果》刊于《庸言》第 1 卷第 14 号。

吴贯因《说政治欲》刊于《庸言》第 1 卷第 14 号。

吴贯因《宪法问题之商榷(续)》刊于《庸言》第 1 卷第 14 号。

张东荪《国会选举法商榷》刊于《庸言》第 1 卷第 14 号。

梁启勋《说银行公会》刊于《庸言》第 1 卷第 14 号。

梁启勋《中央银行制度概说》刊于《庸言》第 1 卷第 14 号。

张东荪《主权讨论之讨论》刊于《庸言》第 1 卷第 14 号。

吴贯因《中国文字之起源》连载于《庸言》第 1 卷第 14、15 号。

梁启超《国会之自杀》刊于《庸言》第 1 卷第 15 号。

张东荪《余之孔教观》刊于《庸言》第 1 卷第 15 号。

吴鼎昌《赣宁战祸之原因》刊于《庸言》第 1 卷第 15 号。

张东荪《论普通裁判制度与行政裁判制度》刊于《庸言》第 1 卷第 15 号。

吴贯因《中国文字之起源(续)》刊于《庸言》第 1 卷第 15 号。

吴彝叙《人伦何以千古不磨》刊于《庸言》第 1 卷第 15 号。

周宏业《论战时及乱后之财政》刊于《庸言》第 1 卷第 16 号。

张东荪《议员薪俸问题》刊于《庸言》第 1 卷第 16 号。

张东荪《中国之社会问题》刊于《庸言》第 1 卷第 16 号。

吴贯因《拟中华民国宪法草案》刊于《庸言》第 1 卷第 16 号。

吴贯因《宪法问题之商榷(续)》刊于《庸言》第 1 卷第 16 号。

张东荪《财政与道德》刊于《庸言》第 1 卷第 16 号。

吴贯因《今后政治之趋势》刊于《庸言》第 1 卷第 17 号。

吴贯因《宪法问题之商榷(续)》刊于《庸言》第 1 卷第 17 号。

张东荪《总统连任问题》刊于《庸言》第 1 卷第 17 号。

梁启勋《美国南北战后之财政》刊于《庸言》第 1 卷第 17 号。

梁启勋《加拿大之国民银行》刊于《庸言》第 1 卷第 17 号。

张东荪《乱后之经营》刊于《庸言》第 1 卷第 17 号。

吴贯因《元首无责任之释义》刊于《庸言》第 1 卷第 17 号。

吴贯因《社会崇拜之人物》刊于《庸言》第1卷第18号。

吴贯因《宪法问题之商榷(续)》刊于《庸言》第1卷第18号。

张东荪《预算制度论》刊于《庸言》第1卷第18号。

张东荪《关税救国论》刊于《庸言》第1卷第18号。

梁启勋《复体之立法机关及两院之关系》刊于《庸言》第1卷第18号。

吴贯因《政治家之品格》刊于《庸言》第1卷第19号。

吴鼎昌《未来之中国》刊于《庸言》第1卷第19号。

张东荪《内阁制之精神》刊于《庸言》第1卷第19号。

吴贯因《论今日欲整理财政宜采用社会政策(未完)》刊于《庸言》第1卷第19号。

刘馥《变盐法议(未完)》刊于《庸言》第1卷第19号。

罗惇曧《中俄伊犁交涉始末》刊于《庸言》第1卷第19号。

张东荪《国民之声》刊于《庸言》第1卷第20号。

吴贯因《共和国体与责任内阁》刊于《庸言》第1卷第20号。

吴贯因《减政之标准(未完)》刊于《庸言》第1卷第20号。

陈诜《吾之减政主义》刊于《庸言》第1卷第20号。

龙骧《整理中国税法议上》刊于《庸言》第1卷第20号。

张东荪《中国民国宪法草案略评》刊于《庸言》第1卷第20号。

按:《中华民国宪法草案》于1913年9月公布,该宪法草案所确立的内阁制,反映了当时资产阶级的民主共和思想,对袁世凯欲实行的独裁专制统治有很大的限制。宪法草案披露后,大总统袁世凯表示不满,各界议论纷纷,进而演变为激烈的争论。是文首先清晰地表明了自己对宪法草案的基本看法:"宪法条文,应有尽有者,无瑕瑜之可言",并对宪法草案全文逐条评述,以为"统观全文,尚为周密,要之与约法不啻天壤之判也",表示赞同该宪法草案。

吴贯因《论今日欲整理财政宜采用社会政策(续)》刊于《庸言》第1卷第20号。

陈培琛《中国文字议(未完)》刊于《庸言》第1卷第20号。

张东荪《国会委员会之研究》刊于《庸言》第1卷第20号。

刘馥《变盐法议(续)》刊于《庸言》第1卷第20号。

张东荪《国民会议之主张》刊于《庸言》第1卷第21号。

吴贯因《减政之标准(续)》刊于《庸言》第1卷第21号。

储亚心《论不信任投票与责任内阁制之关系》刊于《庸言》第1卷第21号。

吴贯因《论今日欲整理财政宜采用社会政策(续)》刊于《庸言》第1卷第21号。

张东荪《行政权消灭于行政权转移》刊于《庸言》第1卷第21号。

徐良《美国报纸史略》刊于《庸言》第1卷第21号。

吴贯因《中国共和政治之前途(未完)》刊于《庸言》第1卷第22号。

唐在章《墨西哥共和国之变乱暨与中国之比较》刊于《庸言》第1卷第22号。

陈培琛《中国文字议(续第一卷第二十号)》刊于《庸言》第1卷第22号。

刘馥《变盐法议(续第一卷第二十号)》刊于《庸言》第1卷第22号。

罗惇曧《太平天国战纪》连载于《庸言》第1卷第22、23、24号。

吴贯因《中国共和政治之前途(续)》刊于《庸言》第1卷第23号。

王桐龄《历史上汉民族之特性(未完)》刊于《庸言》第1卷第23号。

张东荪《政治会议之性质》刊于《庸言》第1卷第23号。

刘馥《变盐法议(续)》刊于《庸言》第 1 卷第 23 号。

张东荪《行政裁判论》刊于《庸言》第 1 卷第 23 号。

张东荪《司法问题与教育问题》刊于《庸言》第 1 卷第 23 号。

李华《论中国教育不普及及非文字之关系》刊于《庸言》第 1 卷第 23 号。

罗惇曧《太平天国战纪(续)》刊于《庸言》第 1 卷第 23 号。

陈诜《论国魂丧失之可吊》刊于《庸言》第 1 卷第 24 号。

王桐龄《历史上汉民族之特性(续)》刊于《庸言》第 1 卷第 24 号。

张东荪《对抗论之价值》刊于《庸言》第 1 卷第 24 号。

刘馥《变盐法议(续)》刊于《庸言》第 1 卷第 24 号。

张东荪《法治国论》刊于《庸言》第 1 卷第 24 号。

张东荪《论二院制与一院制》刊于《庸言》第 1 卷第 24 号。

康有为《中华救国论》刊于《不忍杂志》第 1 期。

按:《不忍杂志》1913 年 2 月在上海创刊,之所以取名为《不忍杂志》,《不忍杂志序》中是这样解释的:"观民生之多艰吾不能忍也,哀国土之沦丧吾不能忍也,痛人心之堕落吾不能忍也,嗟纪纲之亡绝吾不能忍也,视政治之腐败吾不能忍也,伤教化之陵夷吾不能忍也,见法律之蹂躏吾不能忍也,观政党之争乱吾不能忍也,慨国粹之丧失吾不能忍也,惧国命之分亡吾不能忍也","此所以为不忍杂志耶"。《不忍杂志》鼓吹以"孔教为国教",故采用孔子纪年。主要设有"政论""教说"等栏目,其主要论文均为康有为个人撰述。

康有为《大借债驳译》刊于《不忍杂志》第 1 期。

康有为《忧问一》刊于《不忍杂志》第 1 期。

康有为《理财救国论上》刊于《不忍杂志》第 1 期。

康有为《废省论》刊于《不忍杂志》第 1 期。

康有为《孔子改制考》刊于《不忍杂志》第 1 期。

康有为《上古茫昧无稽考》刊于《不忍杂志》第 1 期。

康有为《周末诸子并起创教考》刊于《不忍杂志》第 1 期。

康有为《孟子微》刊于《不忍杂志》第 1 期。

康有为《大同书甲部》刊于《不忍杂志》第 1 期。

康有为《突厥游记》刊于《不忍杂志》第 1 期。

康有为《中国以何方救危论》刊于《不忍杂志》第 2 期。

康有为《诸子创教改制考》刊于《不忍杂志》第 2 期。

康有为《大同书(续)》刊于《不忍杂志》第 2 期。

康有为《突厥游记(续)》刊于《不忍杂志》第 2 期。

康有为《忧问二》刊于《不忍杂志》第 3 期。

康有为《保存中国名迹古器说》刊于《不忍杂志》第 3 期。

康有为《以孔教为国教配天议》刊于《不忍杂志》第 3 期。

康有为《孟子微(续)》刊于《不忍杂志》第 3 期。

康有为《大同书(续)》刊于《不忍杂志》第 3 期。

康有为《突厥游记(续)》刊于《不忍杂志》第 3 期。

康有为《无政府》刊于《不忍杂志》第 4 期。

康有为《蓄乱》刊于《不忍杂志》第 4 期。

康有为《复教育部书》刊于《不忍杂志》第 4 期。

康有为《孟子微(续)》刊于《不忍杂志》第 4 期。

康有为《欧东阿连五国游记》刊于《不忍杂志》第 4 期。

康有为《中国不能逃中南美之形势》刊于《不忍杂志》第 5 期。

康有为《道府州划区管制议》刊于《不忍杂志》第 5 期。

康有为《诸子改制讬古考·孔子改制考卷四》刊于《不忍杂志》第 5 期。

康有为《大同书(续)》刊于《不忍杂志》第 5 期。

康有为《大同书乙部》刊于《不忍杂志》第 5 期。

康有为《中国颠危误在全法欧美尔尽弃国粹说》刊于《不忍杂志》第 6 期。

康有为《问吾四万万国民得民权平等自由乎》刊于《不忍杂志》第 6 期。

康有为《救亡论》刊于《不忍杂志》第 7 期。

康有为《中国颠危误在全法欧美尔尽弃国粹说(续)》刊于《不忍杂志》第 7 期。

康有为《孟子微(续)》刊于《不忍杂志》第 7 期。

康有为《大同书(续)》刊于《不忍杂志》第 7 期。

康有为《奏请尊孔圣为国教立教补教会以孔子纪年而废淫祀摺》刊于《不忍杂志》第 7 期。

康有为《中国还魂论》刊于《不忍杂志》第 8 期。

康有为《乱后罪言》刊于《不忍杂志》第 8 期。

孙德谦《孔子再传弟子考》刊于《孔教会杂志》第 3 号。

王树枏《新疆稽古录》刊于《中国学报》第 9 期。

琐尾生《小说从考序言》刊于《小说月刊》第 3 卷第 1 号。

东吴旧孙《欧美小说丛谈》刊于《小说月刊》第 3 卷第 1 号。

孙毓修《英国戏曲之发源及其种类》刊于《小说月刊》第 4 卷第 7 号。

孔昭焱《敬告新国会议员》刊于《法政杂志》第 2 卷第 7 号。

孔昭焱《论宪法上主权机关之必须确定》刊于《法政杂志》第 2 卷第 7 号。

［美］樵独思蒂纷汀(Theodosius Steven Tyng)著,甘永龙译《共和政体最良之宪法草案(未完)》刊于《法政杂志》第 2 卷第 7 号。

作霖《论直接立法》刊于《法政杂志》第 2 卷第 7 号。

希白《美国议会通过之八·时间劳动法案》刊于《法政杂志》第 2 卷第 7 号。

希白《欧洲各国工业监督官之现况》刊于《法政杂志》第 2 卷第 7 号。

［日］佐藤丑次郎著,天顽译《政党之观念》刊于《法政杂志》第 2 卷第 7 号。

钱智修译《巴西民主国宪法》刊于《法政杂志》第 2 卷第 7 号。

陶保霖《比较共和国宪法论(未完)》刊于《法政杂志》第 2 卷第 8 号。

［美］樵独思带粉汀著,甘永龙译《共和政体最良之宪法草案(续)》刊于《法政杂志》第 2 卷第 8 号。

［日］武田鬼十郎著,蔡文森译《瑞士刑法之统一》刊于《法政杂志》第 2 卷第 8 号。

［日］江水翼著,天顽译《英帝国之体制与英帝国会议》刊于《法政杂志》第 2 卷第 8 号。

［日］上杉慎吉著,毕厚译《近代政体之批评》刊于《法政杂志》第 2 卷第 8 号。

钱智修译《智利民主国宪法》刊于《法政杂志》第 2 卷第 8 号。

陶保霖《比较共和国宪法论(续)》刊于《法政杂志》第 2 卷第 9 号。

露喀斯氏（W. W. Lucas）著，求可译《论政府之根本任务》刊于《法政杂志》第 2 卷第 9 号。

赵以琛《英国谤毁专律要义》刊于《法政杂志》第 2 卷第 9 号。

〔日〕神户正雄著，天顽译《信托公司论》刊于《法政杂志》第 2 卷第 9 号。

陶保霖《比较共和国宪法论（续）》刊于《法政杂志》第 2 卷第 10 号。

〔美〕包活尔著，甘永龙译《论美洲合众国三权分立之真相》刊于《法政杂志》第 2 卷第 10 号。

达观《政治上及社会上之腐败》刊于《法政杂志》第 2 卷第 10 号。

〔日〕上杉慎吉著，天顽译《非自由法说》刊于《法政杂志》第 2 卷第 10 号。

〔日〕美浓部达吉述，天顽译《司他摩拉氏之法理学说梗概》刊于《法政杂志》第 2 卷第 10 号。

姚天顽《议员之俸给》刊于《法政杂志》第 2 卷第 11 号。

夏天民《论内阁制度》刊于《法政杂志》第 2 卷第 11 号。

于炳勋《论伪证罪》刊于《法政杂志》第 2 卷第 11 号。

陶保霖《论省长之职权及其选任》刊于《法政杂志》第 2 卷第 12 号。

〔美〕嘉纳（James W. Garner）著，钱智修译《论法兰西总统制地位》刊于《法政杂志》第 2 卷第 12 号。

〔日〕工藤重义著，天顽译《论年度开始前预算之未议决（未完）》刊于《法政杂志》第 2 卷第 12 号。

〔日〕工藤重义著，天顽译《国会两院议决财政案世界各国之现况》刊于《法政杂志》第 2 卷第 12 号。

陶保霖《论政治上之习惯》刊于《法政杂志》第 3 卷第 1 号。

〔德〕巴威尔逊著，〔日〕后藤新平译，王倬重译《政治与道德》刊于《法政杂志》第 3 卷第 1 号。

〔日〕工藤重义著，天顽译《论年度开始前预算之未议决（续完）》刊于《法政杂志》第 3 卷第 1 号。

〔日〕熊崎良著，天顽译《租税转嫁概论》刊于《法政杂志》第 3 卷第 1 号。

陶保霖《论法律之执行》刊于《法政杂志》第 3 卷第 2 号。

甘永龙译《大不列颠之律师养成及出庭法》刊于《法政杂志》第 3 卷第 2 号。

王倬译《英国之离婚法问题》刊于《法政杂志》第 3 卷第 2 号。

王予觉《刑乱国用重典释义》刊于《法政杂志》第 3 卷第 3 号。

陶保霖《论逮捕议员》刊于《法政杂志》第 3 卷第 3 号。

〔德〕爱力克华尔西华（Erich Warschauer）著，姚成瀚译《法国陪审裁判所之沿革》刊于《法政杂志》第 3 卷第 3 号。

〔日〕石坂著，姚成瀚译《法律之解释及法律之不备》刊于《法政杂志》第 3 卷第 3 号。

〔日〕稻田周之助著，王倬译《国家有机体说之概要及其批评》刊于《法政杂志》第 3 卷第 3 号。

张民彝《对于国会组织法之疑问》刊于《法政杂志》第 3 卷第 3 号。

刘揆一《修订矿法意见书》刊于《法政杂志》第 3 卷第 3 号。

谢碧田《修订矿法商榷书》刊于《法政杂志》第3卷第3号。

毕厚《责任内阁论》刊于《法政杂志》第3卷第4号。

哈斯经氏著,作霖译《论各国所得税制(未完)》刊于《法政杂志》第3卷第4号。

[日]小林丑三郎著,姚成瀚译《英国现行租税制度》刊于《法政杂志》第3卷第4号。

[德]朴维尔仁原著,[日]后藤新平译,王倬重译《代议制度衰颓论》刊于《法政杂志》第3卷第4号。

陶保霖《评宪法起草委员会议决各项》刊于《法政杂志》第3卷第5号。

作霖译《论各国所得税制(续)》刊于《法政杂志》第3卷第5号。

姚成瀚译《法国现行租税制度》刊于《法政杂志》第3卷第5号。

陶保霖《论官僚政治》刊于《法政杂志》第3卷第6号。

作霖译《论法律与时代之关系(未完)》刊于《法政杂志》第3卷第6号。

[日]小林丑三郎著,姚成瀚译《德国现行租税制度》刊于《法政杂志》第3卷第6号。

[日]小林丑三郎著,姚成瀚译《普国现行租税制度》刊于《法政杂志》第3卷第6号。

王倬《匈牙利民法草案》刊于《法政杂志》第3卷第6号。

沈家本《法学会杂志序》刊于《法学会杂志》复刊第1卷第1号。

按:沈家本是中国传统法律向近代转型时期的标杆式人物,1910年,中国近代第一个全国性的法学学术团体——北京法学会成立,德高望重的沈家本被推举为首任会长。1911年5月,第一本近代意义上的法学杂志——《法学会杂志》发刊,但第一次刊行未3月而中辍,第二次出版(第一次复刊)在1913年2月,沈家本先生《法学会杂志序》就是为第一次复刊而作。是文的最后,他说:"余虽老病侵寻,不获于法学界有所贡献。而窃喜斯会之已废而复举也,因述其缘起如此。异日法学昌明,钜子辈出,得与东西各先进国媲美者,斯会实为之先河矣。"对中国法律的复兴、近代法律人的成长和近代法学的发展寄托的无限情思,跃然纸上。《法学会杂志》这一次复刊后,到1914年12月又停刊,1921年7月第三次出版(第二次复刊)。

章宗祥《民国法治之前途及关系者之责任》刊于《法学会杂志》复刊第1卷第1号。

汪荣宝《国会组织法释义(未完)》刊于《法学会杂志》复刊第1卷第1号。

[日]冈田朝太郎《论豫审之应由检察厅掌管》刊于《法学会杂志》复刊第1卷第1号。

钱泰编译《法国内阁政治说略》刊于《法学会杂志》复刊第1卷第1号。

刘蕃译《托林式登记法概要》刊于《法学会杂志》复刊第1卷第1号。

[日]清水澄君夙著,由笙译《行政裁判论(未完)》刊于《法学会杂志》复刊第1卷第1号。

邓镕《律师制度述要》刊于《法学会杂志》复刊第1卷第2号。

江庸《选举诉讼释义》刊于《法学会杂志》复刊第1卷第2号。

钟赓言《参事院制度述略》刊于《法学会杂志》复刊第1卷第2号。

林行规编辑《英国内阁制度概论》刊于《法学会杂志》复刊第1卷第2号。

[日]清水澄君夙著,由笙译《行政裁判论(续)》刊于《法学会杂志》复刊第1卷第2号。

江庸《现行间接选举制之障碍》刊于《法学会杂志》复刊第1卷第3号。

胡诒穀《英国陪审制度述略》刊于《法学会杂志》复刊第1卷第3号。

[日]板仓著,刘蕃译《各国形势诉讼法之精髓》刊于《法学会杂志》复刊第1卷第3号。

[日]清水澄君夙著,由笙译《行政裁判论(续完)》刊于《法学会杂志》复刊第1卷第3号。

汪荣宝《中华民国宪法私案》刊于《法学会杂志》复刊第1卷第4号。

廖治《民法草案继子问题之研究》刊于《法学会杂志》复刊第 1 卷第 4 号。

[日]雉本郎造《民事诉讼制度之变迁及改正运动（未完）》刊于《法学会杂志》复刊第 1 卷第 4 号。

[日]有贺长雄《共和宪法上之条约权》刊于《法学会杂志》复刊第 1 卷第 5 号。

陈宗蕃《民法上未成年之制度（未完）》刊于《法学会杂志》复刊第 1 卷第 5 号。

[日]丰岛直通《刑事略式命令译论之一》刊于《法学会杂志》复刊第 1 卷第 5 号。

[日]高木国尚《刑事略式命令译论之二》刊于《法学会杂志》复刊第 1 卷第 5 号。

[日]牧野菊之助《略式命令译论之三》刊于《法学会杂志》复刊第 1 卷第 5 号。

陈宗蕃《民法上未成年之制度（续完）》刊于《法学会杂志》复刊第 1 卷第 6 号。

[日]尾佐竹猛著,庄景高译《戒严令与裁判所之实际的关系》刊于《法学会杂志》复刊第 1 卷第 6 号。

[日]雉本郎造《民事诉讼制度之变迁及改正运动（续第一卷第四号）》刊于《法学会杂志》复刊第 1 卷第 6 号。

[日]平沼骐一郎著,林棨译《英吉利之感化事业（未完）》刊于《法学会杂志》复刊第 1 卷第 7 号。

康有为《宪法商榷谈》刊于《法学会杂志》复刊第 1 卷第 8 号。

毕葛德《宪法上之纲要》刊于《法学会杂志》复刊第 1 卷第 8 号。

[日]有贺长雄《宪法演说》刊于《法学会杂志》复刊第 1 卷第 8 号。

[日]有贺长雄《革命时统治权移转之本末》刊于《法学会杂志》复刊第 1 卷第 8 号。

[日]有贺长雄《共和宪法持久策》刊于《法学会杂志》复刊第 1 卷第 8 号。

古德诺《中华民国宪法案之评议》刊于《法学会杂志》复刊第 1 卷第 8 号。

古德诺《拟中华民国宪法草案》刊于《法学会杂志》复刊第 1 卷第 8 号。

巴鲁《拟中华民国宪法草案》刊于《法学会杂志》复刊第 1 卷第 8 号。

[日]穗积陈重著,胡以鲁译《新日本民法论（未完）》刊于《法学会杂志》复刊第 1 卷第 9 号。

[日]平沼骐一郎著,林棨译《英吉利之感化事业（续第一卷第七号）》刊于《法学会杂志》复刊第 1 卷第 9 号。

[日]穗积陈重著,胡以鲁译《新日本民法论（续）》刊于《法学会杂志》复刊第 1 卷第 10 号。

王幕陶《论共和宪法二大模范及其行政立法两权之消长（未完）》刊于《法学会杂志》复刊第 1 卷第 10 号。

剑娥《妇人与经济》刊于《妇女时报》第 10 期。

傅梦兰《妇女实业宜速筹改良之方法论》刊于《妇女时报》第 10 期。

宋补天《家庭卫生论（一）》刊于《妇女时报》第 10 期。

慕兰《家庭卫生论（二）》刊于《妇女时报》第 10 期。

李珠润《学校之女生不容于家庭之理由》刊于《妇女时报》第 11 期。

周静楚《妇人与农业》刊于《妇女时报》第 11 期。

朱仍《妇人与慈善实业（译日本新妇人）》刊于《妇女时报》第 11 期。

张朱翰芬《论上海女学生之装束》刊于《妇女时报》第 11 期。

张朱翰芬《论女子之定力》刊于《妇女时报》第 11 期。

吴我尊《民国之实业观》刊于《中国实业杂志》第 3 年第 12 期、第 4 年第 1 期。

撄宁《读本溪湖煤矿略史感言》刊于《中国实业杂志》第 3 年第 12 期、第 4 年第 1 期。

李文权《余目中之日本工商业》刊于《中国实业杂志》第 3 年第 12 期、第 4 年第 1 期。

李文权《八年中之日本新年》刊于《中国实业杂志》第 3 年第 12 期、第 4 年第 1 期。

李文权《去年日本之阪神贸易》刊于《中国实业杂志》第 3 年第 12 期、第 4 年第 1 期。

李文权《实业家不宜入政党论》刊于《中国实业杂志》第 4 年第 2 期。

被选《论强国弱国振兴实业之不同》刊于《中国实业杂志》第 4 年第 2 期。

李文权《论广告与卖药之关系》刊于《中国实业杂志》第 4 年第 2 期。

［日］伊藤重治郎著，碭鱼译《美国商业政策之将来》刊于《中国实业杂志》第 4 年第 2 期。

胡瑛《论新疆大势》刊于《中国实业杂志》第 4 年第 2 期。

李文权《论国际贸易首重感情》刊于《中国实业杂志》第 4 年第 3 期。

撄宁《论吾国矿业之亟宜振兴》刊于《中国实业杂志》第 4 年第 3 期。

李文权《因神田大火而感服日本》刊于《中国实业杂志》第 4 年第 3 期。

碭鱼《本溪湖煤矿调查记》刊于《中国实业杂志》第 4 年第 3 期。

碭鱼《世界银行营业报告》刊于《中国实业杂志》第 4 年第 3 期。

李文权《道德心微盗贼心危》刊于《中国实业杂志》第 4 年第 4 期。

李文权《对于四公司三井之感言》刊于《中国实业杂志》第 4 年第 4 期。

碭鱼《台湾银行调查记》刊于《中国实业杂志》第 4 年第 4 期。

尹公明《论外国投资之对待方法》刊于《中国实业杂志》第 4 年第 5 期。

李文权《论借款与共资兴业而参以己见》刊于《中国实业杂志》第 4 年第 5 期。

李文权《论招商局昔年之失机》刊于《中国实业杂志》第 4 年第 5 期。

李文权《论机器入口者多有益于国无害于民》刊于《中国实业杂志》第 4 年第 6 期。

杨肇嘉《商品之魔性及其价值》刊于《中国实业杂志》第 4 年第 7 期。

李文权《台湾对华贸易比较表》刊于《中国实业杂志》第 4 年第 7 期。

李文权《悼中国已灭亡之实业》刊于《中国实业杂志》第 4 年第 8 期。

李文权《劝游台湾说》刊于《中国实业杂志》第 4 年第 8 期。

惕箴《烟草与财政之关系》刊于《中国实业杂志》第 4 年第 8 期。

李文权《欢迎新工商总长》刊于《中国实业杂志》第 4 年第 9 期。

李文权《中国无 Sole Agent 之营业说》刊于《中国实业杂志》第 4 年第 9 期。

沙海昂《踏勘陇秦豫海东路报告书》刊于《中国实业杂志》第 4 年第 9 期。

王侃叔《论中国西通大铁道之至要（未完）》刊于《中国实业杂志》第 4 年第 9 期。

李文权《今日以后之中国实业》刊于《中国实业杂志》第 4 年第 10 期。

李文权《中国人不买日货之真象（未完）》刊于《中国实业杂志》第 4 年第 10 期。

王侃叔《论中国西通大铁道之至要（续）》刊于《中国实业杂志》第 4 年第 10 期。

李文权《中国四千年盐政沿革考》刊于《中国实业杂志》第 4 年第 12 期。

李文权《中国人不买日货之真象（续）》刊于《中国实业杂志》第 4 年第 12 期。

辜显荣《论台湾之盐及将来中国之盐》刊于《中国实业杂志》第 4 年第 12 期。

静观《欧美盐业之概要》刊于《中国实业杂志》第 4 年第 12 期。

胡适《赔款小史（附美国退还庚子赔款纪事本末及预算分年退还赔款表）》刊于《留学生年报》第 2 年。

朱进《讨论进德会会约事》刊于《留学生年报》第 2 年。

张廷金《一夫多妻论》刊于《留学生年报》第 2 年。

沈文郁《美国政治述略》刊于《留学生年报》第 2 年。

邢契莘《论中央集权》刊于《留学生年报》第 2 年。

蒋梦麟《加利福尼大学》刊于《留学生年报》第 2 年。

侯景飞《康奈尔大学》刊于《留学生年报》第 2 年。

王仁辅《哈佛特大学》刊于《留学生年报》第 2 年。

罗惠侨《麻省理工学校》刊于《留学生年报》第 2 年。

谭颂瀛《密歇根大学》刊于《留学生年报》第 2 年。

孙继丁《普渡大学》刊于《留学生年报》第 2 年。

王健《威斯康新大学》刊于《留学生年报》第 2 年。

梅贻琦《胡思德工科大学》刊于《留学生年报》第 2 年。

孙恒《耶鲁大学》刊于《留学生年报》第 2 年。

陈庆尧《兴小学就中国论》刊于《留学生年报》第 2 年。

[美]儒洛史著,朱进摘译《中国社会之研究》刊于《留学生年报》第 2 年。

胡适《诗经言字解》刊于《留学生年报》第 2 年。

徐名材《麻省理工学校化学院述略》刊于《留学生年报》第 2 年。

[日]宇野哲人著,缩章译《满清一代学术思想之小史》（汉译）刊于《进步杂志》第 3 卷第 1 号。

聂滋华《二院制之真精神》刊于《进步杂志》第 3 卷第 3 号。

天翼《教育儿童之原理》刊于《进步杂志》第 3 卷第 3 号。

皕诲《与人论学文之法》刊于《进步杂志》第 3 卷第 3 号。

皕诲《过去时代之宗教观二》刊于《进步杂志》第 3 卷第 4 号。

皕诲《中国古代之哲学（未完）》刊于《进步杂志》第 3 卷第 4 号。

皕诲《承认问题外论之披露》刊于《进步杂志》第 3 卷第 5 号。

和士《论日本宜承认中华民国》刊于《进步杂志》第 3 卷第 5 号。

晓洲《财政救济基本之研究》刊于《进步杂志》第 3 卷第 5 号。

晓洲《国家原理与政治学宗派沿革史》刊于《进步杂志》第 3 卷第 5 号。

皕诲《中国古代之哲学（续完）》刊于《进步杂志》第 3 卷第 5 号。

晓洲《人民储蓄性质之必要》刊于《进步杂志》第 3 卷第 6 号。

天翼《社会与犯罪之关系》刊于《进步杂志》第 3 卷第 6 号。

[日]目贺田种太郎著,缩章节译《地方自治改良之急务》刊于《进步杂志》第 3 卷第 6 号。

皕诲《良心者共和国之本也》刊于《进步杂志》第 4 卷第 1 号。

皕诲《说党争》刊于《进步杂志》第 4 卷第 1 号。

晓洲《总统解散国会问题之研究》刊于《进步杂志》第 4 卷第 1 号。

〔日〕藤井健治郎著,绾章译《社会新到的之树立方针》刊于《进步杂志》第4卷第1号。

天翼《生物进化论探原》刊于《进步杂志》第4卷第1号。

天翼《蒙苏兰氏教育幼童之新成绩》刊于《进步杂志》第4卷第1号。

晓洲《法国现行之邮便储蓄考略》刊于《进步杂志》第4卷第2号。

〔日〕新渡户稻造著,绾章译《实业之精神富贵与道德欤》刊于《进步杂志》第4卷第2号。

〔日〕海野韦德著,绾章译《黄白人种优劣论》刊于《进步杂志》第4卷第2号。

䣝诲《唐人之哲学》刊于《进步杂志》第4卷第2号。

晓洲《共和政制商榷论上篇:论总统制之不适用》刊于《进步杂志》第4卷第3号。

天翼《述美国康士康逊大学教育势力之发展》刊于《进步杂志》第4卷第3号。

天翼《基督教与进化论》刊于《进步杂志》第4卷第3号。

绾章《欧洲之美国化与美国之欧洲化》刊于《进步杂志》第4卷第3号。

䣝诲《文中子书后》刊于《进步杂志》第4卷第3号。

䣝诲《人民心理之趋向点》刊于《进步杂志》第4卷第4号。

冰心《吾国借款成立与中华贸易之关系(译日本东洋经济会五月例会山田修作氏演说词)》刊于《进步杂志》第4卷第4号。

晓洲《共和政制商榷论下篇:论议会制之适宜于尽善》刊于《进步杂志》第4卷第4号。

〔日〕镰田荣吉著,绾章译《德语改新论》刊于《进步杂志》第4卷第4号。

和士《生物之起源》刊于《进步杂志》第4卷第4号。

䣝诲《与友人论中学校教授国文书》刊于《进步杂志》第4卷第4号。

䣝诲《吾国共和之前途》刊于《进步杂志》第4卷第5号。

冰心《中华币制改革委员报告之要领(译东洋经济新报)》刊于《进步杂志》第4卷第5号。

〔日〕稻垣末松著,绾章译《东欧文学之概观》刊于《进步杂志》第4卷第5号。

〔日〕横山又次郎著,绾章译《西部亚细亚分割之豫想》刊于《进步杂志》第4卷第5号。

〔日〕桑木严翼著,绾章译《实证主义与理想主义》刊于《进步杂志》第4卷第5号。

晓洲《改良币制论》刊于《进步杂志》第4卷第6号。

天翼《青年会在世界各国之造就》刊于《进步杂志》第4卷第6号。

〔日〕镰田荣吉著,绾章译《独立自尊之真意义》刊于《进步杂志》第4卷第6号。

天翼《公众卫生事业之计划》刊于《进步杂志》第4卷第6号。

亚飞《中国以伦理改革为必要说》刊于《进步杂志》第5卷第1号。

晓洲《国权民权(未完)》刊于《进步杂志》第5卷第1号。

〔日〕松木彦次郎著,和士译《列强均衡之新变局》刊于《进步杂志》第5卷第1号。

天翼《世界进步之将来》刊于《进步杂志》第5卷第1号。

天翼《学校与家庭》刊于《进步杂志》第5卷第1号。

庐隐《观察力养成法(未完)》刊于《进步杂志》第5卷第1号。

天翼《人寿保险与民生之关系》刊于《进步杂志》第5卷第1号。

天翼《徐晓教育之适用主义》刊于《进步杂志》第5卷第2号。

亚飞《德国之教育粹》刊于《进步杂志》第5卷第2号。

天翼《德国苗孟氏实验教育学之大概》刊于《进步杂志》第 5 卷第 2 号。

晓洲《美国盖雷城费柳伯公学之新教育主义》刊于《进步杂志》第 5 卷第 2 号。

冰心《日本浮田和民博士对于青年教育上之敬告》刊于《进步杂志》第 5 卷第 2 号。

和士《日本上衫慎吉博士女子教育之新主义》刊于《进步杂志》第 5 卷第 2 号。

天翼《教育万能记》刊于《进步杂志》第 5 卷第 2 号。

晓洲《共和国重道德说》刊于《进步杂志》第 5 卷第 3 号。

和士《土耳其之将来》刊于《进步杂志》第 5 卷第 3 号。

亚飞《说天然科学与精神科学》刊于《进步杂志》第 5 卷第 3 号。

庐隐《观察力养成法（续第五卷第一号完）》刊于《进步杂志》第 5 卷第 3 号。

绾章《巴黎劳动社会记》刊于《进步杂志》第 5 卷第 3 号。

佩侨《论实业之不振之原因》刊于《山西实业报》第 1 年第 21 期。

焕堂《实业不能振兴之平议》刊于《山西实业报》第 1 年第 21 期。

陆定《财政统一论》刊于《经济杂志》第 1 年第 5 期。

姚东彦译《日本中央财政及地方财政近情（续）》刊于《经济杂志》第 1 年第 5 期。

陈经《论日本新年度之预算案》刊于《经济杂志》第 1 年第 5 期。

黄宗麟《日本所得税之报告（续第一年第三期完）》刊于《经济杂志》第 1 年第 5 期。

黄艺锡《世界蚕业调查》刊于《经济杂志》第 1 年第 5 期。

伧父《再论减政主义》刊于《东方杂志》第 9 卷第 7 号。

杜亚泉等整理《十年以来中国政治通览》《十年以来世界大势综论》《十年以来中国大事记》《十年以来世界大事记》刊于《东方杂志》第 9 卷第 7 号出版"纪念增刊"。

按：四文旨在对庚子事变以后十年间中国与世界的发展进行简要梳理。

孙祖烈《俄罗斯瑞典挪威论》刊于《东方杂志》第 9 卷第 7 号。

黎佛恩作，钱智修译《论工团主义之由来及其作用》刊于《东方杂志》第 9 卷第 7 号。

章锡琛《欧洲物价问题》刊于《东方杂志》第 9 卷第 7 号。

杨锦森《欧洲之平民政治》刊于《东方杂志》第 9 卷第 7 号。

章锡琛《许弗阿氏之生命人造说》刊于《东方杂志》第 9 卷第 7 号。

邢岛《改革文字之意见书》刊于《东方杂志》第 9 卷第 7 号。

陆式蕙《世界语之世界观》刊于《东方杂志》第 9 卷第 7 号。

《十年以来中国政治通览》刊于《东方杂志》第 9 卷第 7 号纪念增刊。

凡将《十年以来世界大势综论》刊于《东方杂志》第 9 卷第 7 号纪念增刊。

陶履恭《平等篇》刊于《东方杂志》第 9 卷第 8 号。

钱智修《柏林条约与巴尔干战争之关系》刊于《东方杂志》第 9 卷第 8 号。

许家庆《巴尔干战争初期之欧洲心理状态》刊于《东方杂志》第 9 卷第 8 号。

许家庆《英国女子参政党之分裂》刊于《东方杂志》第 9 卷第 8 号。

高劳《独立后之库伦及俄蒙协约》刊于《东方杂志》第 9 卷第 8 号。

杨锦森《论心理交通》刊于《东方杂志》第 9 卷第 8 号。

章锡琛《新唯心论》刊于《东方杂志》第 9 卷第 8 号。

高劳《论中国之社会心理》刊于《东方杂志》第 9 卷第 9 号。

马玉藻《小学国语教授法商榷》刊于《东方杂志》第 9 卷第 9 号。

钱智修《威尔逊新自由论》刊于《东方杂志》第9卷第9号。

钱智修《波斯之近状》刊于《东方杂志》第9卷第9号。

屠孝实《蒙古风俗谭》刊于《东方杂志》第9卷第9号。

天顽《政治上及社会上之腐败》刊于《东方杂志》第9卷第9号。

许家庆《巴土战争记》刊于《东方杂志》第9卷第9号。

百友《美国之外交政策》刊于《东方杂志》第9卷第9号。

伧父《论社会变动之趋势与吾人处世之方针》刊于《东方杂志》第9卷第10号。

甘作霖《论南美洲巴列维亚共和国之开放》刊于《东方杂志》第9卷第10号。

章锡琛《美国民主党与海军政策》刊于《东方杂志》第9卷第10号。

王国维《宋元戏曲史》连载于《东方杂志》第9卷第10、11号，第10卷第3—6、8、9号。

按：《宋元戏曲史》共分十六章，依次为："古至五代戏剧""宋之滑稽戏""宋之小说杂剧""宋之乐曲""宋官本杂剧段数""金院本名目""古剧之结构""元杂剧之渊源""元剧之时地""元剧之存亡""元剧之结构""元剧之文章""元院本""南戏之渊源及时代""元杂剧之文章"等，作者由此得出元杂剧"为一代之绝作"，元曲"为中国最自然之文学"的结论。《宋元戏曲史》堪称中国戏曲史开山之作，郭沫若以此与鲁迅的《中国小说史略》誉为近代中国文艺史研究上的"双璧"。1915年商务印书馆又出版了单行本，略有一些改动。1928年编入《海宁王忠公遗书》，改名为《宋元戏曲考》。

高劳《现代文明之弱点》刊于《东方杂志》第9卷第11号。

高劳《西康建省谈》刊于《东方杂志》第9卷第11号。

孙祖烈《欧洲与近东之战争》刊于《东方杂志》第9卷第11号。

郁少华《物价增涨之原因》刊于《东方杂志》第9卷第11号。

孙祖烈《巴拿玛运河问题之外交》刊于《东方杂志》第9卷第11号。

许家庆《英国女子参政案之顿挫》刊于《东方杂志》第9卷第11号。

甘作霖《论亚细亚全洲之铁路及其关系》刊于《东方杂志》第9卷第11号。

章锡琛《记日本大政变》刊于《东方杂志》第9卷第11号。

许家庆《日人评论美国之脱离六国借款团》刊于《东方杂志》第9卷第11号。

钱智修《说政治家》刊于《东方杂志》第9卷第12号。

高劳《大借款之经过及其成立》刊于《东方杂志》第9卷第12号。

许家庆《土耳其政变及其巴土和议之决裂》刊于《东方杂志》第9卷第12号。

胡敦复《生理学上生死之新分界》刊于《东方杂志》第9卷第12号。

［英］R. F. Johnston 著，杨锦森译《联合中西各国保存国粹提倡精神文明意见书》刊于《东方杂志》第9卷第12号。

按：是文由英国19世纪报威海卫区官约翰斯顿 R. F. Johnston 所著，杨锦森将之翻译成中文，约翰斯顿在文章中疾呼中国要"保存国粹"，认为此事为"中国今日所不可不急行提倡之事"。他指出："中国今日主任革新之人，有曾在欧西留学多年而后归者，此辈爱国之热忱，固余侪所熟知，然其中必有不谙中国社会不知中国道德之人。凡泰西之物质文明，自战舰以至自来水笔，自革靴以至专事讹谋之新闻纸，一一引入中国，而中国古圣贤之智慧，中国文学之优美，中国美术之荣誉，则一一摈而弗用也。"的确，近代中国在输入西方物质文明的同时，东方精神文明之根基受到了动摇。"吾西人至今始不复以中国之文物为怪异，而中国多数少年，今反自以为怪异。吾西人至今始知敬爱中国之社会哲理政治哲理以及道德美术文学，而中国之人，今反自鄙夷其社会哲理政治哲理以及道德美术文化。吾西人向曾诋中国之哲学为逆理，其美术为幼稚，其宗教为邪恶，其诗歌为无情，其道德为蛮野，其习俗为失当，至今始恍然如梦觉，知向时所诋諆之言,无一不谬。然中国今日乃竟有人以为吾西人向时诋口之言,几无一部不确当者,此实今日中国最可骇诧之现象也。"诧异之余,约翰斯顿着手从实际行动上去保护中国传统文化,筹划"设立一万国之协会或同盟会,而名之日圣山同盟会(The League of Sacred Hills)。其宗旨则对于知识上道德上美术上之种种事物,使东西方人得自由交换思想,且融洽国民之交谊,而尤注重于华英两国。同盟会之总机关部,设于中国,他国欲设分部者,亦当鼓励"。

伧父《精神救国论》刊于《东方杂志》第 10 卷第 1 号。

[美]Eliot Blackwelder 著、梁宗鼎译《论中国地史及其与人民之关系》刊于《东方杂志》第 10 卷第 1 号。

甘永龙《论美宪法中之宗教及美政府之待遇传教士》刊于《东方杂志》第 10 卷第 1 号。

许家庆《世界军备趋势之转变》刊于《东方杂志》第 10 卷第 1 号。

钱智修《现今两大哲学家学说概略》刊于《东方杂志》第 10 卷第 1 号。

华林《人权进化观》刊于《东方杂志》第 10 卷第 1 号。

章锡琛《英国妇女之参政运动》刊于《东方杂志》第 10 卷第 2 号。

钱智修《葡萄牙之共和专制》刊于《东方杂志》第 10 卷第 2 号。

钱智修《克罗懋氏之中国论》刊于《东方杂志》第 10 卷第 2 号。

钱智修《瑞士平民政治之现状》刊于《东方杂志》第 10 卷第 2 号。

钱智修《世界大势变迁论》刊于《东方杂志》第 10 卷第 3 号。

钱智修《俄人在蒙古之势力》刊于《东方杂志》第 10 卷第 3 号。

钱智修《论日美交涉与世界种族问题之关系》刊于《东方杂志》第 10 卷第 3 号。

冯国福译《中国茶与英国贸易沿革史》刊于《东方杂志》第 10 卷第 3 号。

长风《币制考》刊于《东方杂志》第 10 卷第 3 号。

章锡琛《就职困难问题之解决》刊于《东方杂志》第 10 卷第 3 号。

高劳《革命战争之经过及其失败》刊于《东方杂志》第 10 卷第 3 号。

钱智修《华麦斯博士道德进化新论》刊于《东方杂志》第 10 卷第 3 号。

章锡琛《希佛博士之生命论》刊于《东方杂志》第 10 卷第 3 号。

钱智修《消极道德论》刊于《东方杂志》第 10 卷第 4 号。

余箴《论画一主义之教育》刊于《东方杂志》第 10 卷第 4 号。

钱智修《日耳曼统一主义与斯卡夫统一主义》刊于《东方杂志》第 10 卷第 4 号。

曾耀垣《说茶》刊于《东方杂志》第 10 卷第 4 号。

钱智修《论美国之对华贸易》刊于《东方杂志》第 10 卷第 4 号。

孙祖烈《印度中国之改用金币谈》刊于《东方杂志》第 10 卷第 4 号。

许家庆《巴尔干问题之经过》刊于《东方杂志》第 10 卷第 4 号。

廖乐鸣《英国地理与历史之关系》刊于《东方杂志》第 10 卷第 4 号。

章锡琛《群众心理之特征》刊于《东方杂志》第 10 卷第 4 号。

高劳《国民今后之道德》刊于《东方杂志》第 10 卷第 5 号。

毕厚《革命与外国人之损害赔偿问题》刊于《东方杂志》第 10 卷第 5 号。

钱智修《美墨交涉论》刊于《东方杂志》第 10 卷第 5 号。

章锡琛《中国之富力》刊于《东方杂志》第 10 卷第 5 号。

高劳《理性之势力》刊于《东方杂志》第 10 卷第 6 号。

孙祖烈《论万国工党》刊于《东方杂志》第 10 卷第 6 号。

钱智修《美政客舞弊之巨案》刊于《东方杂志》第 10 卷第 6 号。

钱智修《世界婚制考》刊于《东方杂志》第 10 卷第 6 号。

棠公《理财学沿革小史》刊于《东方杂志》第 10 卷第 6 号。

钱智修《世界财政观》刊于《东方杂志》第 10 卷第 6 号。

钱智修《笑之研究》刊于《东方杂志》第 10 卷第 6 号。

沈步洲《华法美革命之比较》刊于《中华教育界》第 1 期。

陆费逵《新学制之批评》刊于《中华教育界》第 1 期。

江梦梅《论现行教科书制度及前清制度之比较》刊于《中华教育界》第 1 期。

史礼绶《历史地理之教授》刊于《中华教育界》第 1 期。

默庵《授课馀时处置法》刊于《中华教育界》第 1 期。

允明《课外读物之研究》刊于《中华教育界》第 1 期。

DB 生达悁《理想之学校美国撒西氏原著》刊于《中华教育界》第 1 期。

天笑生《儿童历》刊于《中华教育界》第 1 期。

李廷翰《万竹小学校之第一年》刊于《中华教育界》第 1 期。

陈寅《中华书局一年之回顾》刊于《中华教育界》第 1 期。

顾公毅《师范学校英语问题》刊于《中华教育界》第 2 期。

陈武《村落学校论(美人福特氏原著)》刊于《中华教育界》第 2 期。

默庵《近世伦理学说大观》刊于《中华教育界》第 2 期。

愚公《新发明之电气教育》刊于《中华教育界》第 2 期。

默庵《成绩考查法》刊于《中华教育界》第 2 期。

允明《高等小学农业实习法》刊于《中华教育界》第 2 期。

摩斯《伦改良理化教授法》刊于《中华教育界》第 2 期。

沈步洲《大学课程刍议》刊于《中华教育界》第 3 期。

高君隐《论女校当注重家事科》刊于《中华教育界》第 3 期。

默龛《论教授案》刊于《中华教育界》第 3 期。

允明《学艺会展览会实施法》刊于《中华教育界》第 3 期。

億诚《运动会之研究》刊于《中华教育界》第 3 期。

摩斯《巴尔干半岛》刊于《中华教育界》第 3 期。

知非《美国之图书馆》刊于《中华教育界》第 3 期。

吴崑《欧美家事教授之实际(日本棚桥,源太郎著)》刊于《中华教育界》第 3 期。

吴敬恒《答友人问留法俭学会书》刊于《中华教育界》第 3 期。

陆费逵《论今日风化之坏及其挽救之法》刊于《中华教育界》第 4 期。

陈武《论顽儿矫正法》刊于《中华教育界》第 4 期。

秦文焕《欧美之通俗教育》刊于《中华教育界》第 4 期。

默龛《直观教授之研究》刊于《中华教育界》第 4 期。

允明《修身教授案编辑法》刊于《中华教育界》第 4 期。

佛初《博物教授资料》刊于《中华教育界》第 4 期。

陆费逵《女子教育问题》刊于《中华教育界》第 5 期。

戴端《论学校家庭当分担教育》刊于《中华教育界》第 5 期。

吴天《新制学年学期规程笺释》刊于《中华教育界》第 5 期。

默庵《处理劣等儿之研究》刊于《中华教育界》第 5 期。

咸山《训练之基础》刊于《中华教育界》第 5 期。

佛初《英国爱顿中学参观记》刊于《中华教育界》第 5 期。

顾树森《论普及教育宜推广单级小学》刊于《中华教育界》第 6 期。

彭佛初《从资格上论学校之教师》《中华教育界》第 6 期。

彭佛初《述通俗讲演之性质及其必要》《中华教育界》第 6 期。

佛初《夏期休业中管理儿童复习之方法》《中华教育界》第 6 期。

脉望《学校夏季之卫生》《中华教育界》第 6 期。

默庵《处理劣等儿童之研究(续)》《中华教育界》第 6 期。

宋铭之《德国教育界之近情》刊于《中华教育界》第 6 期。

范源濂《论义务教育当规定于宪法》刊于《中华教育界》第 7 期。

彭佛初《最近之陶冶问题》刊于《中华教育界》第 7 期。

佛初《新学年入学儿童之观察》刊于《中华教育界》第 7 期。

佛初《手工教授之研究》刊于《中华教育界》第 7 期。

毓材《初入学儿童一周间之训育》刊于《中华教育界》第 7 期。

默庵《处理劣等儿童之研究(续)》刊于《中华教育界》第 7 期。

约龛《吉林教育视察团过沪记》刊于《中华教育界》第 7 期。

[日]小西信八《盲哑教育谈》刊于《中华教育界》第 7 期。

彭佛初《论中国今日当振兴实业教育》刊于《中华教育界》第 8 期。

黎际明《新制小学编制法(二等当选)》刊于《中华教育界》第 8 期。

严桢《前北京清华学校校长唐介臣先生传》刊于《中华教育界》第 8 期。

默龛《体操基本形式及教授案例》刊于《中华教育界》第 8 期。

DB 生达恉《理想之学校美国撒西氏原著》刊于《中华教育界》第 8 期。

我佛《蒙铁梭利女史教育法》刊于《中华教育界》第 8 期。

苾蒭《满哈伊蒙组织之近况》刊于《中华教育界》第 8 期。

沈煦《教室中活动照相之使用》刊于《中华教育界》第 8 期。

我佛《美国之儿童俱乐部》刊于《中华教育界》第 8 期。

苾蒭《瑞士之小家庭》刊于《中华教育界》第 8 期。

缪文光《新制小学编制法》刊于《中华教育界》第 9 期。

汪冠洋《新学制之批评》刊于《中华教育界》第 9 期。

严桢《盲童教育论》刊于《中华教育界》第 9 期。

佛初《学校中疲劳之研究》刊于《中华教育界》第 9 期。

佛初《最新之学级教育法》刊于《中华教育界》第 9 期。

心一《德意志之商业教育克博士原著译英国罕列》刊于《中华教育界》第 9 期。

严桢《美洲纽约州教育制度》刊于《中华教育界》第 9 期。

佛初《欧美对于儿童之养护》刊于《中华教育界》第 9 期。

严枚《中国教育刍言(英人哈格原论译上海公论西报)》刊于《中华教育界》第 10 期。

沈颐《参观商船学校记》刊于《中华教育界》第 11 期。

沈颐《学校年假问题》刊于《中华教育界》第 11 期。

严桢《论教育儿童当注重初等工艺(美国玛司原著)》刊于《中华教育界》第 11 期。

黄炎培《学校教育采用实用主义之商榷》刊于《中华教育界》第 11 期。

佛初《低能儿算术初步教授》刊于《中华教育界》第 11 期。

记者《本薛文大学》刊于《中华教育界》第 11 期。

沈步洲《论今日中国教育界英文之位置》刊于《中华教育界》第 12 期。

摩斯《最近十年间德国学校调度之进步及改良》刊于《中华教育界》第 12 期。

黄炎培《学校教育采用实用主义之商榷(续)》刊于《中华教育界》第 12 期。

傅冻华《斐列宾之工业学校》刊于《中华教育界》第 12 期。

严桢《万国学校卫生研究会记》刊于《中华教育界》第 12 期。

庄俞《元年教育之回顾》刊于《教育杂志》第 4 卷第 10 期。

贾丰臻《教育家之岁暮感言》刊于《教育杂志》第 4 卷第 10 期。

贾丰臻《修身作法教授谈》刊于《教育杂志》第 4 卷第 10 期。

天民《非洲地理述要》刊于《教育杂志》第 4 卷第 10 期。

志厚《德国改革教育之趋势》刊于《教育杂志》第 4 卷第 10 期。

天民《各国实验教育学之现状》刊于《教育杂志》第 4 卷第 10 期。

余箴《教育与学术》刊于《教育杂志》第 4 卷第 11 期。

按:是文认为,"教育一语,有广狭二义焉。"狭义的教育专指学校事业。广义的教育则是"举凡传播学术扶翼文化之事,胥赅其中","学校教育者,教育事业之一部分而非其全体,又教育事业之初基而非其终点也。"关于教育与学术的关系,是文认为:"学校教育即豫想学术之存在,必先有真实之学问家为之开拓基址,而后所为教育者乃能有内容,乃能有进步","教育之与学术须相辅而行,必有教育而后有学术可言,亦必有学术而后有教育可言。""是故居今日而言教育(教化)先有一要义焉,则鼓吹社会之好学心是已。大抵一时代之学术所以有盛衰者,亦风气使然","世不悦学,则纵令二三杰出者,挟其天才与毅力孤行求学,而其人不见重于社会,或反从而沮害之,且无声气之感,以助其方便与兴趣而成功较难。学术衰败,良由于此。是故鼓吹社会之好学心,实今日振兴学术之第一步也。"如果社会"能以好学之美风楷模社会,使凡接近我身者默化潜移,迨学问之风气渐开,则不言教育而教育自兴矣。""学术之兴,必求之于社会安定元气充足","既因社会腐败而来学术衰颓之结果,若一任学术衰颓而不之挽救,使学校教育亦因之无从著手,则适足助长社会之腐败而已矣。"

伍达《教科以外之教育》刊于《教育杂志》第 4 卷第 11 期。

贾丰臻《修身作法教授谈》刊于《教育杂志》第 4 卷第 11 期。

志厚《德国初等教育之设备》刊于《教育杂志》第 4 卷第 11 期。

贾丰臻《今后教育界之希望》刊于《教育杂志》第 4 卷第 11 期。

沈步洲《论游艺》刊于《教育杂志》第 4 卷第 12 期。

贾丰臻《论儿童社会之教育》刊于《教育杂志》第 4 卷第 12 期。

时成《法国之修身教授》刊于《教育杂志》第 4 卷第 12 期。

太玄《体操成绩调查法》刊于《教育杂志》第 4 卷第 12 期。

志厚《德国初等教育之设备》刊于《教育杂志》第 4 卷第 12 期。

太玄《欧美特殊儿童之教育》刊于《教育杂志》第 4 卷第 12 期。

太玄《理想的黑板》刊于《教育杂志》第 4 卷第 12 期。

庄俞《中学课程私议》刊于《教育杂志》第 5 卷第 1 期。

帅群《论采用教科书》刊于《教育杂志》第 5 卷第 1 期。

天民《近世之伦理学说》刊于《教育杂志》第 5 卷第 1 期。

志厚《蒙台梭利女史之新教育法》刊于《教育杂志》第 5 卷第 1 期。

志厚《最新之理化教授法》刊于《教育杂志》第 5 卷第 1 期。

志厚《巴尔干半岛》刊于《教育杂志》第 5 卷第 1 期。

[美]威克司汀作，中达译《欧洲之废疾教育》刊于《教育杂志》第 5 卷第 1 期。

太玄《美国之野外学校》刊于《教育杂志》第 5 卷第 1 期。

幻龙《教育上之公园观》刊于《教育杂志》第 5 卷第 1 期。

庄俞《儿童体育论》刊于《教育杂志》第 5 卷第 2 期。

贾丰臻《师范学校论》刊于《教育杂志》第 5 卷第 2 期。

巽吾《小学新进学生之调查法》刊于《教育杂志》第 5 卷第 2 期。

志厚《巴尔干半岛》刊于《教育杂志》第 5 卷第 2 期。

巽吾《美国之夏期学校》刊于《教育杂志》第 5 卷第 2 期。

太玄《小学理科教室之设备》刊于《教育杂志》第 5 卷第 2 期。

刘世杰《上海市立养正学校苦学生戴元》刊于《教育杂志》第 5 卷第 2 期。

王懋镕《图书馆管理法》刊于《教育杂志》第 5 卷第 2 期。

庄俞《小学教育现状论》刊于《教育杂志》第 5 卷第 3 期。

余箴《国民性与教育》刊于《教育杂志》第 5 卷第 3 期。

贾丰臻《师范学校论》刊于《教育杂志》第 5 卷第 3 期。

巽吾《小学新进学生之调查法》刊于《教育杂志》第 5 卷第 3 期。

巽吾《美国之夏期学校》刊于《教育杂志》第 5 卷第 3 期。

幻龙《美国儿童裁判所》刊于《教育杂志》第 5 卷第 3 期。

孙毓修《张浣芬女士兴学记》刊于《教育杂志》第 5 卷第 3 期。

黄炎培《江苏今后五年间教育计划书》刊于《教育杂志》第 5 卷第 3 期。

朱元善《学校风潮论》刊于《教育杂志》第 5 卷第 4 期。

贾丰臻《教育上之信仰宗教观》刊于《教育杂志》第 5 卷第 4 期。

贾丰臻《师范学校论》刊于《教育杂志》第 5 卷第 4 期。

天民《近世之伦理学说》刊于《教育杂志》第 5 卷第 4 期。

悫生《暑假中高小学生处置法》刊于《教育杂志》第 5 卷第 4 期。

巽吾《各学年训练之异点》刊于《教育杂志》第 5 卷第 4 期。

陈文钟《教授法批评要项》刊于《教育杂志》第 5 卷第 4 期。

天民《暑假中少年学生之修养》刊于《教育杂志》第 5 卷第 4 期。

巽吾《英国图书馆与小学校之联络设施》刊于《教育杂志》第 5 卷第 4 期。

芸尘《美国康脱基州之月光学校》刊于《教育杂志》第 5 卷第 4 期。

太玄《最新式之十五分体操》刊于《教育杂志》第 5 卷第 4 期。

杨国华《参观后对于宁垣小学之意见》刊于《教育杂志》第 5 卷第 4 期。

帅群《论今日急宜维持学校》刊于《教育杂志》第 5 卷第 5 期。

尘末《遗人留学之商榷》刊于《教育杂志》第 5 卷第 5 期。

志厚《新开发教授论》刊于《教育杂志》第 5 卷第 5 期。

巽吾《教室外之管理》刊于《教育杂志》第 5 卷第 5 期。

悫生《蒙台梭利新教育法之设施》刊于《教育杂志》第 5 卷第 5 期。

贾丰臻《裴司泰洛齐传》刊于《教育杂志》第 5 卷第 5 期。

芸尘《美国纽罕什尔州之教育状况》刊于《教育杂志》第 5 卷第 5 期。

巽吾《美国小学校手工教授之近况》刊于《教育杂志》第 5 卷第 5 期。

余箴《美育论》刊于《教育杂志》第 5 卷第 6 期。

李法章《论代用小学编定法》刊于《教育杂志》第 5 卷第 6 期。

中达《教育为匡救罪恶之要素》刊于《教育杂志》第 5 卷第 6 期。

天民《近世之伦理学说》刊于《教育杂志》第 5 卷第 6 期。

贾丰臻《修身教授及操行调查说》刊于《教育杂志》第 5 卷第 6 期。

陈文钟《尚公小学校外教授案》刊于《教育杂志》第 5 卷第 6 期。

志厚《德国教员之修养》刊于《教育杂志》第 5 卷第 6 期。

太玄《德国大学学生法》刊于《教育杂志》第 5 卷第 6 期。

芸尘《美国洛梭安塞市之学校园》刊于《教育杂志》第 5 卷第 6 期。

芸尘《教授管理经历谈》刊于《教育杂志》第 5 卷第 6 期。

陈文钟《学校贮蓄法》刊于《教育杂志》第 5 卷第 6 期。

庄俞《采用实用主义》刊于《教育杂志》第 5 卷第 7 期。

宾四《中学校教科用书之商榷》刊于《教育杂志》第 5 卷第 7 期。

余箴《天才教育论》刊于《教育杂志》第 5 卷第 7 期。

志厚《司丹烈霍尔氏之教育学说》刊于《教育杂志》第 5 卷第 7 期。

巽吾《美国小学校手工教授之近况》刊于《教育杂志》第 5 卷第 7 期。

陈文钟《学事视察谈》刊于《教育杂志》第 5 卷第 7 期。

太玄《欧美体育界之新倾向》刊于《教育杂志》第 5 卷第 7 期。

黄炎培《实用主义之商榷》刊于《教育杂志》第 5 卷第 7 期。

无始《教育大政方针私议》刊于《教育杂志》第 5 卷第 8 期。

幻龙《今后之教育行政问题》刊于《教育杂志》第 5 卷第 8 期。

志厚《司丹烈霍尔之教育学说》刊于《教育杂志》第 5 卷第 8 期。

时成《最新之图画教授法》刊于《教育杂志》第 5 卷第 8 期。

钱智修《德国之学校制度及教育状况》刊于《教育杂志》第 5 卷第 8 期。

贾丰臻《理想的学校》刊于《教育杂志》第 5 卷第 8 期。

无始《论硬教育与软教育》刊于《教育杂志》第 5 卷第 9 期。

贾丰臻《说教育界之破产》刊于《教育杂志》第 5 卷第 9 期。

天民《测定知能等级说》刊于《教育杂志》第 5 卷第 9 期。

贾丰臻《说训育不振之原因》刊于《教育杂志》第 5 卷第 9 期。

郑朝熙《单级教授之要项》刊于《教育杂志》第 5 卷第 9 期。

贾丰臻《小学教师修养谈》刊于《教育杂志》第 5 卷第 9 期。

钱智修《德国之学校制度及教育状况》刊于《教育杂志》第 5 卷第 9 期。

经宇《美国之乡村学校》刊于《教育杂志》第 5 卷第 9 期。

太玄《记清气学校》刊于《教育杂志》第 5 卷第 9 期。

吴剑飞《说新学术与中国前途之关系》刊于《教育周报》第 2 期。

孙增大《论教育之神圣》刊于《教育周报》第 2 期。

孙振涛《人格教育说》刊于《教育周报》第 14 期。

大冥《国会建设大计》刊于《震旦月报》第 1 期。

按：是文曰"欧洲新出最有力之舆论谓，支那存立为二十世纪之一大问题，是语也，言之者无罪，闻之者足戒。吾人且无计此论之有当，试宜自量果有可恃以为自立之具者乎。夫国于天地，必有以立，以立者何，即对于国民有强有力之政府，对于世界有强有力之国家者也。"为此，是文提出国会建设的大计："第一，希望制定适于生存之宪法；第二，希望产出铁血内阁。"

少少《旧国情与新宪法》刊于《震旦月报》第 1 期。

大冥《对于宪法上争点之横议》刊于《震旦月报》第 1 期。

澧兰《省制问题之商榷》刊于《震旦月报》第 1 期。

臥羲《美国宪法会议及制定宪法论》刊于《震旦月报》第 1 期。

大隐《论约法上大总统之地位及其权限》刊于《震旦月报》第 1 期。

佛麈《民国不统一之三大原因与救济策》刊于《震旦月报》第 1 期。

志仁《国防标准问题》刊于《震旦月报》第 1 期。

太一《约法评议——约法之八大特色》刊于《震旦月报》第 1 期。

太一《谨拟中华民国国宪全文及说明》刊于《震旦月报》第 2 期。

少少《宪法上之国务院》刊于《震旦月报》第 2 期。

伯严《论责任内阁制度及其理由》刊于《震旦月报》第 2 期。

伯严《对于制定宪法机关之意见》刊于《震旦月报》第 2 期。

澧兰《省制问题之商榷》刊于《震旦月报》第 2 期。

大溟《财政商榷之根本计划》刊于《震旦月报》第 2 期。

臥羲《大借款与财政关系》刊于《震旦月报》第 2 期。

述耳《钱血教育论》刊于《震旦月报》第 2 期。

仙舟《今昔俄国对我之诡谋论》刊于《震旦月报》第 2 期。

志仁《国防标准问题》刊于《震旦月报》第 2 期。

剑侠《统一经济政策之研究》刊于《震旦月报》第 2 期。

锐《中国币制改革论》刊于《震旦月报》第 2 期。

南航《庸言报国防费及军事与政体之关系驳论》刊于《震旦月报》第 2 期。

幾道《宪法刍议》刊于《震旦月报》第 3 期。

大溟《余之四政论》刊于《震旦月报》第 3 期。

寓庸《杂论各报议会之误解》刊于《震旦月报》第 3 期。

季子《议会专制甚于君主专制》刊于《震旦月报》第 3 期。

天恣《一说解散权》刊于《震旦月报》第 3 期。

寓庸《二说解散权》刊于《震旦月报》第 3 期。

臥羲《三说解散权》刊于《震旦月报》第 3 期。

伯宣《论民国之副总统》刊于《震旦月报》第 3 期。

雪玉《说国权》刊于《震旦月报》第 3 期。

支任《军事区域划分论》刊于《震旦月报》第 3 期。

佛公《新思潮与鉴定法》刊于《震旦月报》第 3 期。

小孝《立国论》刊于《震旦月报》第 3 期。

卧義《两院议员之傣给问题》刊于《震旦月报》第 3 期。

华封老人《宪法的总统》刊于《震旦月报》第 3 期。

价人《世界风俗志》刊于《震旦月报》第 3 期。

往涛《近代中国国境变迁观》刊于《震旦月报》第 3 期。

云鹏《欧美地方制度比较论》刊于《震旦月报》第 3 期。

勤《法兰西宪法源流考》刊于《震旦月报》第 3 期。

窦维藩《世界最古之刑法》刊于《震旦月报》第 3 期。

伯严《飓风累日兀坐写怀》刊于《震旦月报》第 3 期。

天济《英国军备政策》刊于《震旦月报》第 3 期。

天济《美国修正宪法》刊于《震旦月报》第 3 期。

天济《法国新大统领教书》刊于《震旦月报》第 3 期。

蓝公武《中国道德权威失坠之缘由》刊于《宗圣汇志》第 1 卷第 2 期。

孟森《朱三太子事述》刊于 11 月《时事新报》。

按：孟森对朱三太子本传，更为补正，指出康熙四十七年所获朱三太子，实为崇祯四子封为永王者。此文为孟森从政治领域转向文史研究之始。

阙名译《中国借款之历史》刊于《独立周报》第 3 期。

鸟目山僧《论尊崇佛教为今日增进国民道德之切要》刊于《佛学丛报》第 4 期。

华予《性命篇(续)》刊于《佛学丛报》第 4 期。

杨仁山《十宗略说》刊于《佛学丛报》第 4 期。

杨仁山《读法华经妙音品》刊于《佛学丛报》第 4 期。

端甫《法性宗明纲论(续)》刊于《佛学丛报》第 4 期。

李翊灼证正《三国佛教略史卷中(日本岛地墨雷、生田得能合著)(楚南沙门聽去、海秋仝译)》刊于《佛学丛报》第 4 期。

李翊灼述《西藏佛教略史(续)》刊于《佛学丛报》第 4 期。

端甫《香严阁答问(续)》刊于《佛学丛报》第 4 期。

端甫《燉煌石室佛经校勘语》刊于《佛学丛报》第 4 期。

稼夫《无为馆笔记(续)》刊于《佛学丛报》第 4 期。

鹤年《名山游访记(续)》刊于《佛学丛报》第 4 期。

迦陵《频伽漫笔》刊于《佛学丛报》第 4 期。

了一居士《道说记余(续)》刊于《佛学丛报》第 4 期。

钝根译《王阳明之惟心论(日本里见常次郎著)》刊于《佛学丛报》第 4 期。

端甫《论净土法门贯通诸法大义》刊于《佛学丛报》第 5 期。

杨仁山《圆觉经别记》刊于《佛学丛报》第 5 期。

释谛闲《湛然尊者始终心要解》刊于《佛学丛报》第 5 期。

端甫《法性宗明纲论(续)》刊于《佛学丛报》第 5 期。

吴檽译《佛教历史问答(续)》刊于《佛学丛报》第 5 期。

李翊灼证正《三国佛教略史卷中(日本岛地墨雷、生田得能合著)》刊于《佛学丛报》第 5 期。

李翌灼《西藏佛教略史(续)》刊于《佛学丛报》第 5 期。

二世孙式海谨录《专西大师略传》刊于《佛学丛报》第 5 期。

冯毓孪《中华佛教总会会长天童寺方太寄禅和尚行述》刊于《佛学丛报》第 5 期。

宗仰《校经室秋夜槃谭》刊于《佛学丛报》第 5 期。

稼夫《无为馆笔记》刊于《佛学丛报》第 5 期。

了一居士《道说纪余》刊于《佛学丛报》第 5 期。

鹤年《名山游访记(续)》刊于《佛学丛报》第 5 期。

钝根节译《佛教与学问》刊于《佛学丛报》第 5 期。

一乘《略释真如生灭之理》刊于《佛学丛报》第 6 期。

端甫《论净土法门贯通诸法大义(续)》刊于《佛学丛报》第 6 期。

释谛闲《台宗三观》刊于《佛学丛报》第 6 期。

释了余《念佛三昧摸象记》刊于《佛学丛报》第 6 期。

端甫《法性宗明纲论(续)》刊于《佛学丛报》第 6 期。

李翊灼证正《三国佛教略史卷中(日本岛地墨雷、生田得能合著)(楚南沙门聰去、海秋全译)》刊于《佛学丛报》第 6 期。

张宗儒《重兴宝莲寺越岸法师碑》刊于《佛学丛报》第 6 期。

稼夫《无为馆笔记》刊于《佛学丛报》第 6 期。

鹤年《名山游访记(续)》刊于《佛学丛报》第 6 期。

迦陵《频伽漫笔(续第四号)》刊于《佛学丛报》第 6 期。

钝根节译《佛教与学问(续前)》刊于《佛学丛报》第 6 期。

端甫《论净土法门贯通诸法大义(续)》刊于《佛学丛报》第 7 期。

端甫《法性宗明纲论(续)》刊于《佛学丛报》第 7 期。

后裔闻樨续集《台宗历祖真迹》刊于《佛学丛报》第 7 期。

宋李念祖《智林寺道一火莲记》刊于《佛学丛报》第 7 期。

稼夫《无为馆笔记》刊于《佛学丛报》第 7 期。

迦陵《频伽漫笔(续)》刊于《佛学丛报》第 7 期。

宗仰《校经室秋夜槃谭》刊于《佛学丛报》第 7 期。

鹤年《名山游访记(续)》刊于《佛学丛报》第 7 期。

钝根译《说灵魂》刊于《佛学丛报》第 7 期。

端甫《论净土法门贯通诸法大义(续)》刊于《佛学丛报》第 8 期。

端甫《法性宗明纲论》刊于《佛学丛报》第 8 期。

李翊灼《敦煌石室经卷中未入藏经论著述目录》刊于《佛学丛报》第 8 期。

宗仰《拟上佛教总会向政府请原布教蒙藏意见书》刊于《佛学丛报》第 8 期。

迦陵《频伽漫笔(续)》刊于《佛学丛报》第 8 期。

稼夫《无为馆笔记》刊于《佛学丛报》第 8 期。

鹤年《名山游访记(续)》刊于《佛学丛报》第 8 期。

四、学术著作

(宋)陈居中绘,宋高宗御书《曹大家女箴九章》由上海文明书局刊行。

（明）宝成编《释迦如来应化录》刊行。

（清）王概绘，邓秋牧集印《王安节山水册》由上海神州国光社刊行。

（清）金农绘，邓秋牧集印《金冬心人物山水册》由上海神州国光社刊行。

（清）恽寿平、恽格绘，邓秋牧集印《恽南田山水对题册》（附石谷仿云西小景）由上海神州国光社刊行。

（清）费晓楼绘，邓秋牧集印《费晓楼补景仕女册》由上海神州国光社刊行。

（清）黄慎绘，文明书局审定《黄瘿瓢人物册》由上海文明书局刊行。

（清）沈祖宪、吴闿生著《容庵弟子记》出版。

按：容庵为袁世凯的别号。沈，吴二人皆袁氏门生，故以《容庵弟子记》为名。该书是一部详述袁世凯生平事迹的著作，所记至辛亥革命前夕为止。

刘承干编纂《嘉业堂丛书》开始刊行。

按：刘承干清末民初著名藏书家，建有著名藏书楼嘉业堂，《嘉业堂丛书》为其最早刻印的一部丛书，收书57种220册，至1928年刻毕。

廖平著《孔经哲学发微》由上海中华书局刊行。

彭赓良著《孟子今义》刊行。

胡思敬《王船山读通鉴论辨正》2卷由南昌退庐全书本刊行。

周日济编《伦理学大要》由上海中华书局刊行。

陈文著《名学讲义》（中卷）由上海科学会编辑部刊行。

蔡元培著《中国伦理学史》由上海商务印书馆刊行。

按：蔡元培《中国伦理学史·序例》说："吾国凤重伦理学，而至今顾尚无伦理学史。迩际伦理界怀疑时之托始，异方学说之分道而输入者，如樊如烛，几有互相冲突之势。苟得吾族固有之思想系统以相为衡准，则益将彷徨于歧路。盖此事之亟此。而当世宏达，似皆未遑暇及。用不自量，于学课之隙，缀述是编，以大辂之椎轮。涉学既浅，参考之书又寡，疏漏抵牾，不知凡几，幸读者以正之。又是编辑述之旨，略具于绪论及各结论。"蔡尚思《卅年来的中国思想家》说："在这快要到民国时候，蔡元培既非正统派，亦非今文学家，即已开始用西洋形式和思想来编述固有思想。他在此时，著有《中国伦理学史》一书，实是用新体裁著中国思想史最早的一个人。"（《天籁》1936年第25卷第2期）

宗仰主持《频伽精舍校刊大藏经》由上海频伽精舍铅印完毕。

按：《频伽精舍校刊大藏经》简称《频伽藏》，始刻于1909年，完成于1913年。系由频伽精舍（设在英人哈同的私家花园内）的主人罗迦陵（法名大纶）发起，镇江金山寺宗仰主持，参与者有余船愿、黎端甫等。《频伽藏》以日本弘教书院编印的《缩刷藏》（又名《弘教藏》）为底本（略作取舍），以《嘉兴藏》、《龙藏》和各经坊单刻的善本为校本编成，为我国近代出版的第一部铅印本《大藏经》，全藏总计四十帙（帙号为天至霜），分为四百十四册（内含目录一册），收经一千九百十六部八千四百十六卷，包括：（一）大乘经，下分华严部、方等部、般若部、法华部、涅盘部等五大类，收四百五十三部。始《大方广佛华严经》，终《莲华面经》。（二）小乘经，收三百二十部。始《增一阿含经》，终《撰集百缘经》。（三）大乘律，收三十部。始《梵网经》，终《菩萨五法忏悔文》。（四）小乘律，收七十二部。始《四分律》，终《佛说目连问戒律中五百轻重事》。（五）印度大乘宗经论，收九十三部。始《瑜伽师地论》，终《菩提行经》。（六）印度大乘释经论，收二十六部。始《十住毗婆沙论》，终《遗教经论》。（七）印度大乘诸论释，收十一部。始《瑜伽师地论释》，终《佛母般若波罗蜜多圆集要义释论》。（八）印度小乘论，收四十六部。始《佛说立世阿毗昙论》，终《部执异论》。（九）印度撰述杂部（附外道论、疑似经），收六十三部。始《四十二章经》，终《大明仁孝皇后梦感佛说第一希有大功德经》（疑似经）。（十）秘密部，下分录内（日本檗山宝藏院刻本）、录外（日本丰山、檗山、灵运寺、高野山刻本）、知津（《阅藏知津》所录）

三大类,收五百七十六部。始《受菩提心戒仪》,终《密咒圆因往生集》。(十一)支那撰述,下分经疏、论疏、忏悔、诸宗(又分三论宗、法相宗、华严宗、天台宗、净土宗、禅宗六目)、传记、纂集、护教、目录、音义、序赞诗歌十大类,收二百十三部。始《大方广佛华严经疏》,终《诸佛世尊如来菩萨尊者名称歌曲》。(十二)日本撰述,下分天台宗、真言宗、临济宗、曹洞宗、黄檗宗五大类,收十三部。始《显戒论》,终《融通圆门章》。(参见于凌波《中国近现代佛教人物志》,宗教文化出版社1995年版)

杨保恒编《修身礼仪法》由上海中国图书公司刊行。

何丽堂著《清真释义》由北京静观书舍刊行。

俞伯禄著《圣母祷文疏解》由上海土山湾印书馆刊行。

赫德思著《传道金鉴》由上海广学会刊行。

劳玙著《金训》由上海土山湾慈母堂刊行。

利高烈著《备终录》由上海土山湾慈母堂刊行。

苗仰山著《方言圣人行实摘录》由上海土山湾印书馆刊行。

公进会编《中华民国二年冬季江南公教进行会支部第一次报告》由上海土山湾印书馆刊行。

孔昭焱编著《议会通诠》由上海商务印书馆刊行。

梁启超编著《中国魂》由上海广智书局刊行。

向岩著《新中华民国》由江苏南京印刷局刊行。

刘士木编辑《华侨参政权全案》由上海华侨联合会刊行。

陈锡畴、沈豫善合编《国际重要条约》由江苏镇江启润书社刊行。

方光撰述《统筹满洲方略》由北京直隶官书局刊行。

林唯刚编《俄蒙交涉始末之真相》由上海个人刊行。

蒋筠编《警察实务表解》(上下册)由上海科学书局刊行。

胡挹琪编《法学通论》由长沙府正街集成书社刊行。

熊元翰编《法学通论》由安徽法学社刊行。

陈敬第编著《法学通论》由天津丙午社刊行。

按:是书根据日本梅谦次郎口授及日本法政大学法学讲义编译。包括法律的定义、法律与国家、法律与道德、法律与政治、法律与经济、法律的分类、权利与义务、法律与习惯、法律的沿革、法律的解释、法律的时效等。

方刚编《法政提要》由上海法政学会刊行。

陈承泽编《法制大要》由上海商务印书馆刊行。

商务印书馆编译所编《中华民国法令大全》由上海商务印书馆刊行。

尹仲材编《宪法争议》由编者刊行。

宪法起草委员会编《中华民国宪法案》由北京编者刊行。

王宠惠著《中华民国宪法刍议》由上海南华书局刊行。

按:作者说:"宪法者,立国之大本也。譬诸广厦,必其基础巩固,方能巍然卓立,虽疾风暴雨弗能破坏也。惟国亦然,必其宪法良好,国本巩固,乃足以自存,而不为政海波涛所摇动。今者吾国革命既告成矣,政体既更变矣,不祥之事亦既见矣,举国之人果能同心戮力,共济时艰,国家之前途,泯一己之私见,制定一巩固宪法,组织一良好政府,俾各安其居而乐其业,无相僭忒,国以保焉,民以宁焉。他日转贫为富,转弱为强,端赖乎此,然则所谓不祥之物,安知其不变而为最祥之物也哉。虽然,宪法固未易言也,无统观全国之眼光者,不足与言宪法。无盱衡久远之眼光者,不足与言宪法。故欲定一宪法,而求其犁然有当,久而无弊,非具有此两种眼光不可。质言之,则宪法之制定,有二要义焉。一曰,宪法者非因一人而定,乃因一国而定也。二曰,宪法者非因一时而定,乃因永久而定也。"

外交部统计科编《外交部法令汇编》由北京编者刊行。

袁永廉编《刑法各论》由天津丙午社刊行。

平江九思氏编《中外国籍法》由上海中华图书馆刊行。

民权编辑部编《军政及军备》由上海民权出版社刊行。

曲同丰编《步兵夜间教育》由北京武学书局刊行。

陆军部编《步兵战斗必携》由北京武学书局刊行。

陆军大学学友社《蒙古兵要地理》刊行。

贺绍章编《经济大要》由上海商务印书馆刊行。

李作栋编《中国今日之经济政策》(上下卷)由日本东京日清印刷株式会社刊行。

农林部编《全国农会联合会第一次纪事》由编者刊行。

垦殖协会编《垦殖协会报告》第1期由北京编者刊行。

工商部编纂科编《棉业论》(上卷)由编者刊行。

卢成章著《实业考》由上海科学仪器馆刊行。

刘揆一著《修订矿法意见书》由著者刊行。

北洋铁工厂编《北洋铁工厂标志》由编者刊行。

凌文渊著《中国盐业最近状况》由北京盐政计论总会刊行。

曾鲲化著《交通文学》由编者刊行。

张诚一编《铁道学表解》上卷由上海科学书局刊行。

杨震华编著《最新铁道簿记学》(上下册)由北京共合印刷公司刊行。

中国铁路总公司编《中国铁路总公司条例》由编者刊行。

中华工程师会编《京张铁路标准图》刊行。

陆定著《国库制度》由北京经济协会刊行。

杨汝梅著《财政实业集论》由著者刊行。

左树珍著《盐法纲要》由北京新学会社刊行。

黄遵楷著《金币制考》由著者刊行。

谢霖、李澂编纂《银行制度论》由中国图书公司刊行。

谢霖、李澂编纂《银行经营论》由中国图书公司刊行。

《新芥子园画谱》(初编、二编,1—8册)由上海神州图书局刊行,有陈蕃浩序。

叶中冷编《手风琴唱歌》由上海商务印书馆刊行。

钱辛绘《袁政府画史》刊行。

吴馨编《(简明)实用教育学》由上海中国图书公司刊行。

黎锦熙著《教育学讲义》由湖南长沙宏文图书城刊行。

黄炎培著《学校教育采用实用主义之商榷》由江苏省教育会刊行。

谢荫昌著《社会教育》由上海商务印书馆、中华书局、文明书局刊行。

按:是书为中国最早的社会教育专著,也是"社会教育"一词在出版书籍中第一次出现。社会教育、家庭教育和学校教育并列组成现代三大教育体系。

商务印书馆编《(中华民国)教育新法令》(第2册)由上海商务印书馆刊行。

商务印书馆编《(中华民国)教育新法令》(第 3 册)由上海商务印书馆刊行。

商务印书馆编《(中华民国)教育新法令》(第 4 册)由上海商务印书馆刊行。

商务印书馆编《(中华民国)教育新法令》(第 5 册)由上海商务印书馆刊行。

教育部总务厅文书科编《教育部布告汇编第一》由北京编者刊行。

教育部总务厅文书科编制《视学规程》(二年第四号部令)由北京编者刊行。

教育部编《中华民国第一次教育统计图表》(元年八月至二年七月)由北京编者刊行。

教育部编制《学校发绘证书条例》(二年部令第三十四号)由北京编者刊行。

傅运森编纂,高凤谦、张元济校订的《共和国教科书新历史》(高等小学 1—6 册)由商务印书馆刊行。

直隶学务公所编《直隶教育统计图表》(宣统三年份)由编者刊行。

朱鸿寿编《宝山县视学报告书》(民国二年第二、三学期)由江苏宝山县行政公署刊行。

蒋省盦编《太仓县教育状况》(中华民国二年)由江苏太仓县公署第三科刊行。

李煜瀛译《法兰西教育》由上海留法俭学会刊行。

王凤歧等编纂《单级教授要项》由上海商务印书馆刊行。

贾丰臻编《小学校作法教授要项》由上海商务印书馆刊行。

谭廉编辑《共和国教科书新国文教授法》(1—6)由上海商务印书馆刊行。

教育部编《高等师范学校课程标准》由北京教育部总务厅文书科刊行。

教育部编《高等师范学校规程》由北京教育部总务厅文书科刊行。

黄允文著《新学制实行法》由上海中华书局刊行。

按:是书分绪论、新学制之概要、义务教育之重要、小学教育宗旨之实施、学年学期之区分及假期教则之说明、课程表之活用、教科书之配用等 10 章。

中西中学校编《中西中学校章程》(附规则)由上海编者刊行。

上海清心中学校编《清心中学校简单》由上海编者刊行。

徐愚忻编《拳术教科书》由上海中华图书馆刊行,有苏畦陆序。

来裕恂编纂《汉文典》(第 11 版)由上海商务印书馆刊行。

马建忠著《马氏文通》(第 11 版)由上海商务印书馆刊行。

胡以鲁《国语学草创》刊行。

按:今藏北京大学图书馆。

商务印书馆编译所编纂《通俗新尺牍》由上海商务印书馆刊行。

商务印书馆编译所编纂《(中华民国)公文书程式举例》由上海商务印书馆刊行。

按:是书所列程序分呈、咨、公函、令、布告、批导 6 类。附录:公文书、专式文牍。

王梦曾编《(中华)中学文法要略》(修辞篇)由上海中华书局刊行。

区学家著《识字捷径》由著者刊行。

赵灼译述《(纳氏第二)英文法讲义》由上海英文研究会刊行。

王璞著《京音字汇》由北京民国书局刊行。

商务印书馆编译所编《(商务印书馆)英华新字典》由上海商务印书馆刊行。

李登辉、杨锦森编《最新英华会话大全》由上海中华书局刊行。

樊崧骏编《英文典图解》由上海科学会编译部刊行。

吴闿生编《古文范》(上下编)刊行。

宦懋庸著《论语稽》20卷、《孔子世家稽》1卷刊行。

陈焕章讲《孔教论》由孔教会刊行。

健儿编辑《戏考新编》(上册)由时中书局刊行。

林纾著《践卓翁小说》第1辑由都门印书局刊行,自署践卓翁,有自序。

按:《践卓翁小说》共出三辑,1922年商务印书馆更名为《畏庐漫录》合集出版。《践卓翁小说序》曰:"余年六十以外,万事皆视若传舍。幸自少至老,不曾为官。自谓无益于民国,而亦未尝有害。屏居穷巷,日以卖文为生。然不喜论政,故着意为小说。计小说一道,自唐迄宋,百家辈出,而余特重唐之段柯古。柯古为文昌子,文笔奇古,乃过其父。浅学者几不能句读其书,斯诚小说之翘楚矣,宋人如江邻几,为欧公所赏识者。其书乃似古而非古,胶沓绵覆,不审何以有名于时。宛陵梅叟,诗笔为余服膺,而《碧云騢》一书,至诋毁名辈,大不类圣俞之为人。吾恒举邻几杂志,疑为伪作。盖小说一道,虽别于史传,然间有纪实之作,转可备史家之采撷。如段氏之《玉格》《天咫》,唐书多有取者。余伏匿穷巷,即有闻见,或具出诸传讹,然皆笔而藏之。能否中于史官,则不敢知,然畅所欲言,亦足为敝帚之飨。书成,吾友臧硼秋先生,趣余为序,乃草此数语归之。至于流传与否,不惟不之计,且欲急急拉杂摧烧之也。民国二年十月践卓翁识。"(薛绥之、张俊才《林纾研究资料》,福建人民出版社1982年版)

林纾著《剑腥录》由都门印书馆刊行,署名"冷红生",并序。

按:1923年商务印书馆刊行该书时,易名《京华碧血录》。

罗振玉辑录《鸣沙石室佚书》4册由上虞罗氏宸翰楼影印刊行。

周希贤编《历史的研究》由宁波新学会社刊行。

普通学书室编《(增订)普通新历史》由上海商务印书馆刊行。

孙毓修编纂《世界读本》订正版3册由上海商务印书馆刊行。

陈祖懿编《明季痛史》由上海中华图书馆刊行。

吴曾祺编《清史纲要》(上下册)由上海商务印书馆刊行。

汪荣宝、许国英编《清史讲义》(上下册)由上海商务印书馆刊行。

钱基博著《无锡光复志》刊行。

郭希仁著《从戎记略》由北京共和印刷公司刊行。

洪越、殷榕编《癸丑战事汇录》由上海癸丑战事汇录总发行所刊行。

孙毓修编《张良》由上海商务印书馆刊行。

孙毓修著《班超》由上海商务印书馆刊行。

孙毓修编《诸葛亮》由上海商务印书馆刊行。

孙毓修编著《岳飞》由上海商务印书馆刊行。

徐天啸编《神州女子新史正续编》由上海神州图书局刊行。

按:是书分上古、中古、近古等章节,分别介绍了各个时代典型女子的事迹。

唐炯著《丁文诚公年谱》由贵阳文通书局刊行。

程德全、应德闳编《前农林总长宋教仁被刺案内应夔丞家搜获函电文件检查报告》由编者刊行。

国民图书局编著《宋教仁被刺始末记》(第2集)由上海国民图书局刊行。

杞人氏著《宋教仁被害记》刊行。

徐血儿、邵力子等著《宋渔父》(第1集)由民立报馆刊行。

宝宝编《共和花影》由编者刊行。

柳亚子编《春航集》(冯春航纪念集)由上海广益书局刊行。

王毅存编《公续先生哀挽录》由上海商务印书馆刊行。

汪锡增编《瞿仲戊先生哀挽录》由上海商务印书馆刊行。

林万里编《纳尔逊》由上海商务印书馆刊行。

金陵大学中国文化研究所编《金陵大学中国文化研究所长沙古器物展览目录》由四川成都编者刊行。

章嶔编《中华历史地理大辞典》由中华图书馆刊行。

商务印书馆编《中国名胜》由上海编者刊行。

林传甲编《黑龙江乡土志》由上海私立奎垣学校刊行。

缪学贤《黑龙江》由东三省筹边公署刊行。

黄人镜《沪人宝鉴》由上海美华书局刊行。

曾辑馨等编《祖国见闻录》由上海商务印书馆刊行。

季光周绘《宝山江湾乡全图》刊行。

神州编译社编辑部编《民国二年世界年鉴》由神州编译社发行部刊行。

天笑生编《新社会(共和国宣讲书)》(第3集)由上海商务印书馆刊行。

[日]清水澄著,金泯澜译《行政法泛论》由上海商务印书馆刊行。

[日]富井政章编,陈海瀛、陈海超译《民法原论》由上海商务印书馆刊行。

[日]织田万原著,刘崇佑译《法学通论》由上海商务印书馆刊行。

按:是书第一编法学,包括法学之性质、法学之分类、法学之各派、宇内法制之变迁;第二编法律,包括法律之定义、法律之汇类、法律之渊源、法律之效力、法律之变更及废止、法律之制裁;第三编国家及政权,包括国家之意义、国家之起源、国家之形体、国家之主权、主权之主体范围及机关、自治制度;第四编权利及义务,包括权利、义务、权利之主体、权利之客体、权利之得丧等。

[日]石坂橘树著,沈化夔译《农业经济教科书》由上海新学会社刊行。

[日]盐各廉、坂口直马著,王我臧译述《经济学各论》由上海商务印书馆刊行。

[日]川岛浪速著,龚德柏译《请看倭人并吞中国计划书》刊行。

[日]胜部国臣著,霍颖西译《中国商业地理》(上下册)由上海广智书局刊行。

[日]田中穗积著,陈与年译《公债论》由上海商务印书馆刊行。

[日]吉田熊次著,蒋维乔编译《新教育学》(中学生师范学堂用)由上海商务印书馆刊行。

[日]大濑甚太郎著,宋嘉钊译《中华教育教科书》由北京女子师范学校刊行。

[日]服部宇之吉著,商务印书馆编译所译《(订正)伦理学教科书》由上海商务印书馆刊行。

[日]服部讲《论理学》由上海文明书局刊行。

[英]杰文斯(原题耶方斯)著,严复译《名学浅说》由上海商务印书馆刊行。

[英]斯迈尔斯著,林万里校订《自助论》(一名《西国立志编》)由上海商务印书馆刊行。

[英]V. R. Morrlson编《五车韵府》(上下卷)由上海中华图书馆刊行。

[英]司提文森著,薛一谔、陈家麟译述《笑里刀》(社会小说)由上海商务印书馆刊行。

[英]哈葛德著,林纾、魏易译《迦茵小传》(言情小说)(上下卷)由上海商务印书馆刊行。

[英]哈葛德著,林纾、魏易译《英孝子火山报仇记》(伦理小说)由上海商务印书馆刊行。

［英］货尔兑奈司著，汪治译《印度古今事迹考略》由上海广学会刊行。

［英］哈葛德著，朱引年译《鸳鸯血》（侦探小说）由上海尚古书局刊行。

［英］柯南达利著，林纾、魏易译《电影楼台》由上海商务印书馆刊行。

［英］色东麦里曼著，林纾、魏易译《芦花余孽》由上海商务印书馆刊行。

［英］阿瑟毛利森著，林纾、魏易译《神枢鬼藏录》由上海商务印书馆刊行。

［英］赫拉著，商务印书馆编译所译《波乃茵传》由上海商务印书馆刊行。

［英］华尔登著，商务印书馆编译所译《尸椟记》由上海商务印书馆刊行。

［英］吉布林著《新小儿语》由上海美华书馆刊行。

［英］迈尔斯著，任保罗译《史源》由上海广学会刊行。

［英］马搜译，许家惺述文《非洲播道之开祖》由上海广学会刊行。

［美］约翰·温泽尔著，杨铈森、张荟农合译《美法英德四国宪法比较》由上海中华书局刊行。

［美］卜布尔著，沈允昌译《美国宪法释义》由上海商务印书馆刊行。

［美］摆韬劳著，杨豹灵、汪彭年、叶达前译《共和真谛》由上海神州编译社刊行。

［美］狄丁编辑《风琴谱》初阶由上海美华书馆刊行。

［美］休曼著，史青译《实用新闻学》由上海广学会刊行。

［美］伊利著，熊崇煦、章勤士译《经济学概论》由上海商务印书馆刊行。

［美］麦加利著，罗黑子译《儿童自力研究之启导法》（小学教育参考书）由湖南图书编译局刊行。

［美］威尔逊著，［日］高田早苗译，章起渭重译《政治泛论》（上下册）由上海商务印书馆刊行。

［美］丁韪良著，［英］包尔腾译《天道溯源直解》由上海中国基督圣教书会刊行。

［美］盖斯德著，任保罗译《格勒德播道历史》由上海广学会刊行。

［美］钟约翰著，黎道援译《（最新）汉字传音速记法》由广州著者刊行。

［美］布理登著，任保罗译《贫子成名鉴》由上海广学会刊行。

［美］李斐绮著，潘慎文等译《美国军事家李统帅传》由上海广学会刊行。

［法］狄骥编著，唐树森译《法国宪政通论》由上海神州编译社刊行。

［法］森彼得著，林纾、王庆骥译《离恨天》由上海商务印书馆刊行。

［法］雨果著，东亚病夫译《九十三年》由上海有正书局刊行。

［德］科培尔著，蔡元培译《哲学要领》由上海商务印书馆刊行。

［德］苏德蒙著，吴梼译《卖国奴》由上海商务印书馆刊行。

A. Layman 著《基督教（文理）》由上海刊行。

P. Vercruydse 著《周年默想》（全4册）由上海土山湾印书馆刊行。

陈家瓒译述《社会经济学》由上海群益书社刊行。

按：是书分三部分。第一部分论述价值问题（价值学说的发生与演进、各派价值论的分析批评）；第二部分论述生产问题（生产各因素之研究、现代生产机构之组成等）；第三部分论述分配问题（工资、利润、利息、地租等）。

覃寿公译著《经济政策要论》由北京顺天时报馆刊行。

按：是书论述了货币、银行、运输交通、农业、工业、商业、殖民、社会政策等9部分内容,同时述及各国国内及对外的经济政策。

商务印书馆编译《德国六法》由上海商务印书馆刊行。

商务印书馆编译《法国六法》由上海商务印书馆刊行。

商务印书馆编译所编《世界现行宪法》由上海商务印书馆刊行。

商务印书馆编译所编《世界现行宪法续编》由上海商务印书馆刊行。

李穆编译《民事诉讼法》由天津丙午社刊行。

黄祖诒编译《民事诉讼法》由天津丙午社刊行。

胡翔云编译《日本地租论》由湖南长沙编者刊行。

杨保恒、陆承谟编译《日本模范小学校要鉴》由江苏省教育会刊行。

李觉译《华英商业会话大全》由上海中华书局刊行。

魏易译述《元代客卿马克博罗游记》2册由北京正蒙书局刊行。

按：此书为《马可波罗游记》早期中文译本。

江宗海译《圣经历史简课》由基督教青年会组合刊行。

《读马可福音识字法》(上海土白)由上海土山湾慈母堂刊行。

《方言问答》由上海土山湾慈母堂刊行。

《圣味增爵行实》由北京救世堂刊行。

《天演辨证》由上海商务印书馆刊行。

《新史合编直讲》(共10册)由上海土山湾印书馆刊行。

《新史合编直讲》(卷一之二)由上海土山湾印书馆刊行。

《周年默想》(下册)刊行。

五、学者生卒

李士彬(1835—1913)。士彬字百之,晚号石叟,安徽英山人。1865年中进士,授翰林院庶吉士。1870年补军机章京兼方略馆协修。1872年就安襄郧荆道聘,主讲"鹿门书院",从游者众。1873年12月回京,仍供职刑部兼方略馆差。1875年补福建司主事,历任刑部安徽司员外郎、刑部四川郎中。1878年补江南道监察御史、河南道监察御史。1878年仍供职御史,校勘《御制诗文集》及《九朝圣训》。1883年3月奉旨简放浙江杭州府遗缺,历任严州、金华、温州等府,调补杭州知府。1894年10月简放广州府遗缺。1899年底卸潮州事,既归,筑"石我园"吟咏寄兴,以娱晚年。著有《石我园图咏》。

沈家本(1840—1913)。家本字子淳,别号寄簃,浙江吴兴人。1883年进士,任奉天司正主编,兼秋审处坐办、律例馆帮办,后又升为协理、管理等。1893年出任天津知府。调任保定知府,后升任通永道、山西按察使。1901年起,历任刑部右侍郎、修订法律大臣,并兼大理院正卿、法部右侍郎等职。1910年兼任资政院副总裁。次年任法部右侍郎。又奉命主持修订法律,建议废止凌迟、枭首、戮尸等酷刑,用修订的《大清现行刑律》取代《大清刑律》,并研究和参照国外刑律,制订《大清新刑律》。曾主持法律馆翻译各国法律。著有《历代刑官考》《历代刑法考》《汉律摭遗》《明律目笺》《文字狱》《刑案汇览》《读律校勘记》《古今官名异同考》等。后人编有《沈寄簃先生遗书》《沈碧楼丛书》。

按：饶鑫贤《沈家本评传序》说："沈家本是近代史上的一个封建官吏。清代光绪九年(1883)举进士，供职刑部前后达三十年。为了试图从改革并加强法制建设和法学研究着手以维护濒于崩溃的清王朝的腐朽的统治，几乎付出了毕生的精力。在职期间，他曾致力于历代法典与刑狱档案的研究，审知法制的因革得失；同时在西方文化东渐、东西文化交流的大趋势下，竭力了解和熟悉资本主义国家的法律并接受资产阶级法律思想的影响，因而形成了他在法制和法学方面的一系列新的观点和主张。在受命主持修订法律期间，他以'参考古今，博稽中外'的思想为指导，开引进和研究西方法律的风气之先，倡导并实践改革封建法律，先后组织翻译了大量西方国家的法典，删改了旧有的《大清律例》和制订了《刑事、民事诉讼法》等法律。在这过程中，作为当时法理派的首领，他曾同以张之洞、劳乃宣为首的坚持守旧的礼教派展开了被称为近代史上的'礼法之争'的尖锐的论战，同时还为后世留下了《沈寄簃先生遗书》《秋谳须知》《律例偶笺》《律例杂说》等大量法律著作。其鲜明的法治和民主主义法律思想、内容广泛的'变法自强'和革新法制的主张，以及关于加强法学研究与法学教育的倡议，等等，集中地反映了他作为近代中国资产阶级新学在法律方面的代表者所具有的法律思想的基本特点，这就是：一方面对中国的封建法制作出了具有一定深度的批判总结，另一方面又对资产阶级法律思想和法律原则进行了全盘的考察和有选择的吸收，把二者结合起来，渗透到具体的修律活动中去，为野蛮、落后的中国封建法律的资本主义化，作出了最初的、卓有成效的努力。因此，人们誉之为近代中国在法学和立法实践方面'甄采中外'的第一人，是并不过分的。"(李贵连《沈家本与中国法律现代化》，光明日报出版社 1989 年版)

金晦(1849—1913)。晦初名鸣昌，字其章，号稚莲，又字韬甫，谱名"志曾"，40 岁以后名晦，字遁斋，号瓯海畸民，浙江瑞安人。著有《清官仪》《心经了义》《员始以来天人性命之本原》《遁庵遗稿》《治平述略》。陈谧编有《瓯海畸民年谱》。

吕佩芬(1855—1913)。佩芬号晓初，又号筱苏，外号季兰子，安徽旌德人。1880 年中进士，授翰林院编修。历任福建、顺天、贵州、湖南乡试主考官和同考官，京城经济特科收掌官，国史馆、武英殿和起居注协修，编修处总纂、功臣馆纂修、文处行走、文渊阁校理、直隶永定河道员以及二品衔侍讲等职。1907 年在家乡庙首倡办正蒙初等小学堂，为旌德县五所最早的新学之一。著有《东瀛参观学校记》《湘轺日记》《特科记事》等。

王锡祺(1855—1913)。锡祺字寿萱，别号瘦髯，江苏清河人。1872 年考中秀才，捐刑部候补郎中。自僻书室名曰"小方壶斋"，研究中外舆地之学，并亲赴日本考察明治维新后的政治情况，归来写有《方舆诸山考》《中俄交界记》《西藏建行省议》等。家富藏书，有书楼名"小方壶斋"，图籍纵横。又编成《小方壶斋舆地丛钞》，包括补编、再补编共 64 卷，收书 1348 种。另编有《小方壶斋丛书》。

邓艺荪(1858—1913)。艺荪，安徽怀宁人。邓石如四世孙。曾任安徽都督府教育司长。著有《毛诗讲义》《离骚解诗》等。

唐国安(1858—1913)。国安字国禄，号介臣，广东香山人。曾考入美国耶鲁大学法律系，1881 年因清政府终止留学而肄业回国，先后任教于上海梵王渡约翰书院等地。1908 年作为翻译员，随同军机大臣毓朗在厦门迎接美国太平洋舰队。1909 年作为中国政府代表团专员代表参加在上海举行的首届万国禁烟会议。由庚子赔款还款建立的游美学务处建立后，任会办。1910 年任外务部考工司主事，1911 年兼任清华学堂副监督，1912 年任清华学堂监督，5 月清华学堂改办清华学校，任校长，在任期间选派大批学生赴美留学。

王仁俊(1866—1913)。仁俊一名人俊，字捍郑，亦杆郑、干臣，江苏吴县人。俞樾弟子。1892 年进士。初为黄彭年、张之洞幕僚，后任吏部主事。中日甲午战争时，在上海创办《实学报》。1897年再入张之洞幕,力倡旧学,反对变法维新。曾赴日本考察学务,回国后任宜昌知府、苏州存古学堂教务长。1907年至京师任学部图书局副局长兼大学堂教习。长于辑佚,领域极广,《玉函山房辑佚书续编》《玉函山房辑佚书补编》和《经籍佚文》3部是在马国翰《玉函山房辑佚书》的基础上增辑而成。又辑成《十三经汉注四十种辑佚书》。著述甚多,如《敦煌石室真迹录》《辽史艺文志补证》《西夏艺文志》《西夏文缀》《辽文萃》《说文解字引汉律今考》《汉书艺文志校补》等。

按:胡玉冰《浅谈清代学者王仁俊对敦煌学西夏学的贡献》说:"清代学者王仁俊对敦煌学的突出贡献是完成了世界上第一部敦煌文献资料集《敦煌石室真迹录》编纂工作,这也是敦煌文书搜集、整理、刊布工作之始。他对西夏学的贡献是完成了第一部西夏公文的汇辑之作《西夏文缀》,编写了第一部介绍西夏人著述情况的目录之作《西夏艺文志》,此举不仅为研究西夏学奠定了资料基础,同时也为后人继续进行类似的工作提供了参照和借鉴。"(《西北第二民族学院学报》(哲社版)2001年第2期)

顾栋臣(1869—1913)。栋臣号枚良,江苏无锡人。光绪进士,曾任学部郎中等职。1911年加入帝国宪政实进会,并作为钦选大臣参与清末立宪。好金石字画收藏,曾藏有清朱岵所作《鉴真渡海图》等。

吴保初(1869—1913)。保初字彦复,号君遂,晚号瘿公,安徽庐江人。曾学诗于宝廷。1884年授主事。后入京师,分兵部学习。1895年补授刑部山东司主事。次年致书孙家鼐,推荐梁启超至自强书局任事。后《苏报》案发,章炳麟入狱,全力加以营救。晚年依女婿章士钊居。以文章气节闻于世,与谭嗣同、陈三立、丁惠康并称"清末四公子"。工诗文,善书法。著有《北山楼集》3卷。

黄小配(1872—1913)。小配又名世仲,笔名黄帝苗裔,还别号禺山世次郎,广东番禺人。1901年加入中和堂。次年到香港任《中国日报》记者。1903年撰文批驳康有为的《论革命书》。1905年参加同盟会。辛亥革命前在港粤从事过革命宣传活动,曾主编过同盟会的报纸。1911年任广州民团局局长。1913年被广东军阀陈炯明杀害。所作小说有《洪秀全演义》《廿载繁华梦》《党人碑》《大马扁》《岑春煊》《宦海升沉录》《黄粱梦》《宦海潮》《陈开演义》《五日风声》《镜中影》等。

按:梁冬丽《黄小配近事小说研究》说:"黄小配的近事小说在反映近代历史巨变、宣传资产阶级民主革命、推动社会历史变革等方面,曾发生过相当广泛的社会影响,具有比较重要的认识价值和进步意义。他是自觉地以小说为武器,来参与当时的政治思想斗争的。救国的热忱、济世的抱负、变革现实的强烈政治愿望等,构成了其近事小说创作的主要思想动因。惟其如此,他才能以敏锐的政治眼光,烛察当时政治运动的走向,及时地反映重大的社会事件,揭批清末官场腐败和专制独裁的本质,反对保皇党的政治改良主义,宣扬资产阶级民主革命,为当时的中国寻求救世的良方。"(广州大学硕士学位论文,2006年)

宋教仁(1882—1913)。教仁字钝初,号渔父,湖南桃源人。1904年2月在长沙任华兴会副会长。同年12月13日抵达日本,在日本东京成立同盟会,成为同盟会的主要领导人。1910年底从日本返抵上海,任《民立报》主笔,以"渔父"笔名撰写大量宣传革命的文章。1911年7月与谭人凤、陈其美等在上海组建同盟会中部总会。武昌起义后,参与起草《鄂州临时约法草案》。1912年1月1日中华民国在南京成立,被任命为法制院院长,起草宪法草案《中华民国临时政府组织法》。7月21日当选为同盟会总务部主任干事,主持同盟会工作。8月25日成立国民党,当选为理事,并任代理理事长。1913年3月20日在上海火车站(老北站)遭枪击,22日不治身亡。著有《我之历史》《二十世纪之支那》《宋教仁集》等。

按:刘景泉、张健、王雪超著《宋教仁·引子》说:"宋教仁是旧民主主义革命时期著名的革命活动家和政治家,革命党内资产阶级自由派的典型代表人物,也是中部同盟会的主要决策人,武昌起义后《鄂州约法》的主要设计者,一直到《临时约法》的制定,民国初年国会的运作,他都是中心人物。他不仅提出和阐释了资产阶级自由分权主义议会政治的政治纲领,而又身体力行,坚持不懈,人称'议会迷'。湘楚文化蕴涵的自强不息精神,成为宋教仁一生从事革命活动的真实写照。作为一位充满革命热情的理想主义者,面对国事、家事和疾病的折磨,并且经历了多次革命失败后,他没有消沉,而是毅然从逆境中奋起,振作精神,投入到轰轰烈烈的革命洪流中去。他与孙中山、黄兴等革命领袖一起,为中国的民主革命摇旗呐喊,并且在斗争实践中,将自己锻炼成为一位出色的革命组织者和领手者。"(团结出版社 2011 年版)

沙淦(1885—1913)。淦又名愤,笔名愤侠,江苏南通人。早年加入同盟会。辛亥革命后参加江亢虎的中国社会党。1912 年另创社会党,出版《社会世界》月刊,任主编,宣传无政府主义。1913 年 7 月参与创办《良心》月刊。8 月参加反袁斗争,被军阀当局杀害于南通。

邹铨(1887—1913)。铨字亚云,又作亚雄,别署民铎、天一子,江苏青浦人。1905 年就读于黎里自治学社,师事金天翮,与柳亚子同学。后考入杭州浙江高等学校,师事陈去病。1911 年武昌起义爆发,辍学至上海,助陈布雷编《天铎报》,并在华童公学兼课。参加文学团体南社,与柳亚子、陈去病、高旭、叶楚伧、庞树柏、胡怀琛等过从甚密,多有诗词唱和。著有《流霞书屋遗集》4 卷。

冯镜如(? —1913)。镜如英文译名经塞尔,祖籍广东南海人,生于香港。早年加入英国籍。父冯展扬,在香港经商,因结交"红头贼"(太平军士兵)而被捕入狱。为免受株连,便东逃日本,在横滨山下町开设文经商店(又名文经活版所),专营外国文具及印刷事业。1895 年在日本参与组建兴中会。1895 年经过孙中山的宣传策划,在文经商店成立兴中会,被推举为首任兴中会横滨分会会长。以后经常赞助孙中山在日本的革命活动,同时印刷宣传反清的刊物,并请陈少白编辑《华英字典》出版。1898 年积极倡议创办日本华侨学校——大同学校,并被推选为协理。后来又多次设法使梁启超与孙中山联合。1901 年回上海担任广智书局总经理。1903 年因发起张园国民议政会而被清政府通缉。晚年回广东闲居。1913 年冬病逝。

丁易(—1954)、任铭善(—1967)、张其春(—1967)、田烈(—1967)、胡德辉(—1968)、杨朔(—1968)、陈家康(—1970)、白大方(—1974)、陈子庄(—1976)、张契之(—1976)、吴则虞(—1977)、黄秋园(—1979)、胡零(—1979)、杨子颐(—1980)、沈克敏(—1981)、方殷(—1982)、贺彝复(—1982)、张启仁(—1983)、叶秋心(—1984)、陈士炯(—1985)、荣孟源(—1985)、彭铎(—1985)、王仲荦(—1986)、叶百丰(—1986)、余鸿业(—1986)、黎冰鸿(—1986)、巫峰(—1987)、王启无(—1987)、蒋南翔(—1988)、萧岱(—1988)、夏长馨(—1988)、陈企霞(—1988)、牟紫东(—1989)、舒群(—1889)、朱杰勤(—1990)、溥松窗(—1991)、邓长夫(—1991)、钱三强(—1992)、唐弢(—1992)、吴于廑(—1993)、范祥雍(—1993)、曹簴(—1996)、梁邦楚(—1996)、张思温(—1996)、陈荒煤(—1996)、季镇淮(—1997)、赵友培(—1999)、程千帆(—2000)、黄秉维(—2000)、周一良(—2001)、罗继祖(—2002)、张光年(—2002)、草明(—2002)、光未然(—2002)、梅益(—2003)、胡道静(—2003)、吴耦汀(—2005)、李国豪(—2005)、冯亦代(—2005)、任美锷(—2008)、林默涵(—2008)、刘又辛(—2010)、黄苗子(—2012)、纪弦(—2013)、姚奠中(—2013)、杜润生(—2015)生。

六、学术评述

本年度是南北易位之后袁世凯政权开始受到挑战的一年。表面看来,袁世凯似在依照

《临时约法》于全国实行选举。1月10日,袁世凯下达正式国会召集令,命令所有当选的参众议员,于同年3月齐集北京。3月19日,袁世凯又通电全国,宣布于4月8日举行国会开会礼。3月20日,宋教仁应袁世凯之邀从上海奔赴北京,在上海北站检票口突遭枪击。22日凌晨,宋教仁在沪宁铁路医院不治身亡。凶手背后的操盘之人直指时任民国大总统袁世凯的手下健将赵秉钧。尽管中华民国第一届国会开幕典礼按原计划4月8日在北京新落成的众议院议场隆重举行,共有参议员274人,众议员596人出席,总统府秘书长梁士诒受袁世凯大总统委派登台致贺:"我中华民国第一次国会正式成立,此实四千余年历史上莫大之光荣,四万万人亿万年之幸福。世凯亦国民一分子,当与诸君子同深庆幸",并高呼:"中华民国万岁!民国国会万岁!"但宋教仁被杀事件已经预示了袁世凯对《临时约法》的背叛以及对国民党的残酷镇压,孙中山终于认识到"非去袁不可"。3月25日,孙中山自日本回上海,当晚与陈其美、居正、戴季陶等会集黄兴寓所,商讨解决宋案的策略,决定武装倒袁,二次革命开始。7月12日,江西都督李烈钧在湖口县发动讨袁起义,檄告中外,宣布独立,成为"二次革命"的先导。13日,李烈钧被举为江西讨袁军总司令,通电"誓诛民贼袁世凯""巩固共和政体"。接着,江苏、上海、安徽、广东、福建、湖南、四川等地革命党人相继宣布独立,成立讨袁军,通电声讨袁世凯。8月2日,孙中山鉴于东南各省讨袁斗争形势逆转,乘轮离沪,准备经闽赴粤,以广东为根据地。9月1日,南京失守,"二次革命"宣告失败。孙中山、黄兴、李烈钧等逃亡日本。11日,"名流内阁"由进步党内社会名流熊希龄组成,梁启超、孙宝琦、张謇等入阁。10月6日,国会投票选举总统,会议开始后,"公民团"包围国会,胁迫议员选举袁世凯为总统,连选3次,袁世凯当选正式大总统。11月4日,袁世凯下令解散国民党,取消国民党议员资格。"无量金钱无量血,可怜换来假共和"(蔡济民《书愤》),袁世凯的倒行逆施不仅让曾经对选举政治颇为热衷的国民党人十分愤怒,同时也是对原先对他寄予厚望的学术精英的一次警醒。然而,袁世凯的权利根基依然十分牢固,而其文化复辟的重要举措——祭孔却迷惑并吸引了知识界的保守派阵营。4月27日,孔社在北京成立,学界、政界名流由严复领衔260余人参与发起,包括廖平、王式通、曾习经、刘廷琛、马其昶、汤化龙、姚永概、陈黻宸、杨增荦、陈国祥、夏曾佑、林纾、安维峻、宋育仁、吴道镕、赵熙、屠奇、吴之英、梁鸿志、郭立山、梁启超、杨度、蔡锷、蓝公武、徐佛苏、张履谦、郭人漳、姚永朴、丁世峄、陈衍、蒲殿俊等。推举徐世昌为名誉社长,徐琪为社长。以阐扬孔学、融汇百家、讲求实用、巩固国基为宗旨。袁世凯出席"孔社"成立大会,并致祝词,强调"中国之尊孔,有数千年历史之关系,四万万人心理所同,况共和政治为人民全体己成,思想发达,言语自由,尤非专制时代学说,定于一尊可比"。6月22日,袁世凯发布《尊孔祀孔令》,强调"国有治乱,运有隆替,惟此孔子之道,亘古常新,与天无极""通令应俟各省一律议复到京,即查照民国体制,根据古义,将祀孔典礼,折衷至当,详细规定,以表尊崇,而垂久远"。自此开始恢复学校祀孔典礼。8月15日,严复、梁启超、夏曾佑、王式通等孔教会代表在陈焕章的鼓动下联名上书国会,要求于宪法上明定孔教为国教。9月17日,教育部通电各省,宣布定孔子的诞辰日(旧历八月二十七日)为圣节,令各学校放假一日,并举行祀孔典礼。27日,孔教会在山东曲阜召开第一次全国大会,并在北京成立环球尊孔总教会,推康有为为会长,陈焕章为主任干事,各省成立分会或支会,曲阜设总会事务所。同日,北京孔社开"孔子诞日纪念会"。28日,教育部官员到孔庙祭祀。11月26日,袁世凯又发布《尊孔典礼令》,称"孔子之道,如日月经天,江河行地,树万世之师表,亘百代而常新。凡有血气,咸蒙覆帱,圣学精美,莫与比伦。溯二千余年,历史相沿,率循孔道,奉为至圣。现值新邦肇造,允宜益致尊崇",规定"所有衍圣公暨配祀贤哲后裔,膺受前代荣典,祀典均仍其旧。惟尊圣典礼綦重,应由主管部详稽故事,博考成书,广征意见,分别厘定,呈候布行",并于当日接见"衍圣公"孔令贻,授予一等嘉禾章。袁世凯对于祭孔的如此热心,对于孔教会的如此重视,正是为了借助孔子与孔教的力量厚植政治权利的文化基础,而康有为、严复、陈焕章等人则想借着袁世凯鼎力支持的态度,最大限度地扩张自己的政治地盘与社会影响,因为孔教会虽然表面上是学术团体,但实际上却带着鲜明的政治诉求。必须承认,孔教会的成员及其支持者在儒学阐释上有着不少的洞见,许多人对中国传统的热爱也是发自内心的。但是,由于他们与袁世凯集团的关系较为暧昧,因此他们的许多言说也就成为后来新文化运动打倒孔家店的直接对象。然而,值得庆幸或者说欣慰的是,由于蔡元培、范源濂两任教育总长的持续努力与影响,在本年孔教复古思潮甚嚣尘上的特定氛围中,教育改革依然在逐步推进,其中的最大成果是1月12日教育部公布《大学规程》4章28条,对大学分科、学习科目、修业年限、入学资格等作了具体规定,其中第一章《通则》第一条:"大学依《大学令》第二条之规定,分为文科、理科、法科、商科、医科、农科、工科。"第二条:"大学之文科分为哲学、文学、历史学、地理学四门,理科分为数学、星学、理论物理学、实验物理学、化学、动物学、植物学、地质学、矿物学九门,法科分为法律学、政治学、经济学三门,商科分为银行学、保险学、外国贸易学、领事学、税关仓库学、交通学六门,医科分为医学、药学二门,农科分为农学、农艺化学、林学、兽医学四门,工科分为土木工学、机械工学、船用机关学、造船学、造兵学、电气工学、建筑学、应用化学、火药学、采矿学、冶金学十一门。"从《京师大学堂章程》(《筹议京师大学堂章程》)(1898)、《钦定京师大学堂章程》(1902)和《奏定京师大学堂章程》(1904),直至《大学令》(1912)、《大学规程》(1913),经过20余年的探索,现代大学学科终于初步建立起来,现代学术的分科研究体系的基础也得以奠定。此外,1月16日教育部又颁布《私立大学规程》14条,从大学的办学条件、师资水平上予以规定,是为中国近代专门针对私立大学的第一个成文法规,同样具有开创性意义。

自1912年4月中华民国临时政府各机关北迁至北京之后,全国学术版图依然回归为北京—上海双都轴心,因而也同样分为北京、上海、各省与海外四大板块,至此并无出现根本性的变化。其中北京轴心以章炳麟、梁启超为学界领袖,但彼此在政、学主张上依然迥然有别,在7月"二次革命"爆发之后,章炳麟先后两度发布讨袁《宣言书》。8月11日,更是冒险入京,即被袁世凯党羽秉钧派巡警严密监视。其间,章炳麟曾致书袁世凯,正告袁世凯"防民之口,甚于防川"。11月,拒绝袁世凯给出的出任国史馆总裁及开设弘文馆的诱惑。冬,章炳麟被袁世凯囚禁期间举办国学讲习会,讲授经学、史学、玄学、子学,每科编有讲义,后由弟子吴承仕记录成《菿汉微言》一书。同时又修改《小学答问》《文始》,撰《自述学术次第》,有述治学经历与经验,弥足珍贵。但梁启超却忙于重组政治力量,先是于2月24日正式加入共和党,然后筹划由统一、共和、民主三党合并的进步党,于5月29日在京举行成立大会,推举黎元洪为理事长,梁启超、张謇、伍廷芳、孙武、那彦图、汤化龙、王赓、蒲殿俊、王印川为理事。9月11日,熊希龄"名流内阁"成立,梁启超任司法总长,发表《告乡中父老书》,表示要完善法制,并公正执法。10月初,代熊希龄总理起草《内阁大政方针宣言书》,由国会通过并作为内阁文件发表。另一重要方面,是彼此对待孔教为国教的相反态度,章炳麟于9月下旬发表《驳建立孔教议》,反对定孔教为国教。而梁启超则于6月参与严复领衔

260 余人发起成立的北京孔教公会。8 月 15 日,又与陈焕章、夏曾佑、梁启超、王式通等上书参众两院,请于宪法中明文规定孔教为国教。从是年 11 月 4 日袁世凯下令解散国民党并取消该党党籍之国会议员,是为消灭国会之先声,至 1915 年 12 月 12 日公然称帝,可见章炳麟堪称为一位先知先觉者。再看北京大学的动态变化:何燏时继续任北京大学校长。先是 5 月 25 日,何燏时校长着力对北大加以整顿,引发学潮。30 日,何燏时据此出布告开除为首学生 8 人。6 月 2 日,北京大学学潮惊动朝野,袁世凯颁发《注重德育整饬学风令》,要求规范、整饬学校校风,严格管理学生纪律。然后至 9 月初,教育部忽又通知北大,提出要将北大并入天津北洋大学。何燏时校长在反对停办北大的斗争中与北大广大师生站在一起,为保全北京大学作了很大努力,但也因此得罪了教育部。11 月 5 日,何燏时被迫辞去北大校长职务。其他具有风向标意义的事件是:一方面,浙江籍的何燏时校长接连聘用了章门弟子沈尹默、朱希祖、马裕藻。钱玄同也于 8 月从杭州到北京,并在 9 月被北京高等师范学校校长陈宝泉聘为国立北京高等师范学校及附属中学校国文、经学教员。此为钱玄同执教北京师范大学之始。当时陈宝泉校长还聘请了伦敦大学政治经济学院博士毕业的陶孟和为历史地理部教务主任兼预科哲学教授。不久,钱玄同兼任北京大学预科文字学教员。另一方面,桐城学派姚永概、马其昶与林纾等出于对何燏时校长以及章门弟子的不满,相继辞职离开北大。暂且撇开人事与学术纷争不论,此举实乃桐城派在北大文科失去优势地位的主要标志,这一进一出,更具代际交替的风向标意义。陈平原《林纾与北京大学的离合悲欢》(《文艺争鸣》2016 年第 1 期)说:"从今人的眼光看,严复、林纾、陈衍、马其昶、胡玉缙、姚永概、姚永朴等纷纷离开北京大学,对于北大中国文学门(系)来说,是很大的遗憾。可当时人未必这么看,旧的不去,新的不来,或许,这些'鸿学方论'确实不适合于新北大。因为,这涉及政治变迁以及知识转型,不以个人的好恶为转移。好在林纾很要强,也很自信,那句'究竟余一生靠天,即无大学堂一席,亦不至饿死',可不是随便说的。当然,大学堂教习一职,不仅意味着经济收入,还有社会地位及名声等。也正因此,林纾对于被解聘一事,始终耿耿于怀。这也埋下了日后在新文化运动时期,林纾奋起抗争,与北京大学诸君直接冲撞的远因。"此外,丁文江与章鸿钊等 6 月开办地质研究所。这是我国第一个从事地质研究和培养地质人才的机构。研究所学制为 3 年,每个学年为 3 个学期。实乃最早的地质专门学校,具有科研与教学的双重任务。

上海轴心中,尤可关注的一是蔡元培 6 月 2 日应孙中山之召请,从德国莱比锡大学回国抵沪,即与孙中山、黄兴相晤,奔走调解南北关系事宜。3 日,到商务印书馆访张元济、高梦旦、徐仲可、寿孝天、杜亚泉。5 日,蔡元培与汪精卫致电袁世凯,主张调和南北。7 月,"二次革命"爆发,与吴稚晖、张继等在沪创办《公论》晚报,撰文抨击袁世凯。但蔡元培已计划前往法国,所以只是在上海乡下短暂停留,9 月 5 日,蔡元培偕夫人、儿女离沪赴法国,居巴黎近郊,学习法语,从事译著。在法国与李石曾等创办留法勤工俭学会。二是陈独秀从安徽来到上海。7 月 17 日,安徽宣布独立,公推柏文蔚为讨袁军总司令,陈独秀协助制订讨袁大计,并起草独立宣言。8 月 27 日,陈独秀因"二次革命"在皖失败逃离安庆,抵达芜湖,被芜湖驻防军人龚振鹏逮捕入狱,遇救后亡命上海。陈独秀的重大影响力直至 1915 年在上海创办《青年杂志》而得以充分彰显。但这次来到上海,无疑是其人生与学术的关键转折点。在教育界,马相伯继续兼任复旦公学校长,李登辉仍任复旦公学教务长,聘请王宠惠任董事长。1 月 17 日,《民立报》刊载《复旦之卷土重来》:"复旦公学创办十年,成绩昭著,去岁年底小有风潮,以致暂时停课,闻目前各校董集议办法,佥以校务涣散,为董事会未经实行成立之故。惟此会为主持校务重要机关,而会长尤必有洞明中外学术,热心教育前途者方克胜任。即当举定王亮畴(宠惠)先生担任斯席,并议请李登辉先生重主校务,不日即可招生开学矣。"年初,李登辉以马相伯校长推荐接任复旦公学校长。7月,李登辉主持制定《复旦公学章程》公布,其中第一章《纲领及宗旨》提出:本公学以研求学术,造就专科人才为宗旨。唐文治继续任上海工业专门学校校长。3月,唐文治《致交通部公函商讨教育宗旨》,称:"按照教育部宣布宗旨在注重道德教育,而以实业军国民辅之,此诚不刊之定论。……本校长于本学期开校时宣布教育宗旨,首提国民资格为训,以为有民而有国,必人人成其为民,而后可自成为国,兹事必从教育始,即从学生始,各项科学智识经验必须完备,方为国民之资;起居饮食言语动作一切品行,皆有法律程式,方为国民之格。今世而言教育,惟有先以注重道德为要点。"4月,经交通部批准,《交通部上海工业专门学校章程》正式实行。在出版界,中华书局的快速成长,与商务印书馆的"双子星座"结构初步形成。1月,教育总长范源濂辞去职务,赴上海任中华书局总编辑。4月29日,教育部蒋维乔也于辞职后回沪重返上海商务印书馆。两人的加盟,分别使中华书局与商务印书馆的学术地位与经营能力得到了进一步的强化。刊物方面:杜亚泉继续主编商务印书馆《东方杂志》。10月以后,针对辛亥革命后社会的动荡混乱,杜亚泉撰写了大量政论文章,大声疾呼社会改革。他主张渐变,反对激进,认为改造社会应先提高国民之素质和觉悟。冬,为与中华书局发行、梁启超等主笔的《中华杂志》竞争,杜亚泉与张元济邀请有革命党背景的蔡元培、汪精卫等人投稿。陈焕章2月28日在上海创办《孔教会杂志》,为孔教会机关刊物,任总编辑,张尔田、孙德谦、狄郁等主要撰稿。7月4日,陈焕章由沪到京,在西城太仆寺街衍圣公府内成立北京孔教会机构,并联合各种尊孔势力争取在即将起草的宪法中明确规定孔教为国教。9月27日,在山东曲阜召开第一次全国孔教大会,举行大规模祭孔活动。11月,推康有为任总会会长,张勋任名誉会长,陈焕章为主任干事,总会迁至北京。

各省板块中,依然以四川、浙江、天津为学术高地。刘师培、谢无量所在的四川国学院已显衰落之象。4月,谢无量因病离开学校,又辞院副之职。吴之英极力挽留,希望谢无量病愈后继续任职。5月,四川国学院首席院正吴之英因积劳成疾,上书尹昌衡、张培爵,请辞院正之职,并荐贤举能。6月,刘师培返江苏。秋,至上海,国学院院正由曾培担任。年底,曾培坚辞,国学院于是停办,仅存四川国学馆。同样,浙江在章门弟子沈尹默、钱玄同、马裕藻、朱希祖北上之后,学术分量也有所下降。在天津,一是梁启超主编的《庸言》继续在天津出版,从而有力强化了天津与全国学术界的紧密联系;二是张伯苓10月17日确定南开学校成立日,规定由本年起以10月17日为南开学校周年纪念日。同日,南开学校举行9周年纪念会,张伯苓致辞。秋,基督教青年会在天津组织圣经学会,张伯苓讲演《圣经与社会》。三是傅增湘居天津致力于珍本刊印。2月8日,致信张元济,拟请章钰、吴佩伯校《汉书》,有李木斋所藏庆元本、大德本,自有景祐本,参证汪文盛、正统和崇正书院本,必有大获。4月1日,与张元济商量,商务印书馆是否能把李木斋所藏庆元本《两汉书》印行,此书稀世之宝,当出以公世,不可令其久锢。7月4日,动身至北京,准备校书京师图书馆。12月27日至1914年1月25日间,于抱经楼见明刊蓝印本《张文献集十二卷》、明刊本《唐诗始音一卷正音六卷遗响五卷》,并尽一日之力记卢氏藏书之大要。

海外板块中,"出"的方面,还是以在日本的王国维、罗振玉的学术研究最为显著。王国维于1月撰成《宋元戏曲史》，并作序，随后连载于《东方杂志》第9卷第10—11号，第10卷第3—6、8—9号。此为中国第一部关于戏曲史的著作，亦为王国维近四五年来研究戏曲的总结，郭沫若称此书与鲁迅的《中国小说史略》为近代中国文艺史研究上的"双璧"。然后至4月，王国维始撰《明堂庙寝通考》。5月，王国维致书函缪荃孙，谓"现草《明堂庙寝通考》一书""此书全根据金文、龟卜文，而以经证之，无乎不合"，实已提出"二重证据法"。此外，在《明堂庙寝通考》初稿中，也有一段话显示王国维此时已经提出了"二重证据法"，其曰："近百年之间，燕秦赵魏齐晋之墟，鼎彝之出，盖以千计，而殷虚甲骨乃至数万。其辞可读焉，其象可观焉。由其辞之义与文之形，参诸情事，以言古人之制，未知视晚周、秦汉人之说何如？其征信之度，固已过之矣……然则晚周、秦汉人之书遂不可信欤？曰不然！晚周、秦汉之际，去古未远，古之制度、风俗存于实事者，较存于方策者为多，故制度之书或多附会，而其中所见之名与物，不能创造也。纪事之文或加缘饰，而其附见之礼与俗，不能尽伪也。故今日所得最古之史料，往往于周秦、两汉之书得其证明，而此种书亦得援之以自证焉。吾辈生于今日，始得用此二重证明法，不可谓非人生之幸也！"王国维与罗振玉在甲骨学研究之后，又深入于敦煌学与简牍学研究，并进而总结为"二重证据法"，具有方法论创新的重要意义。罗振玉是秋将法兰西学院著名汉学家埃玛纽埃尔·爱德华·沙畹3年来先后所寄《唐写本隶古定尚书》残卷等敦煌遗书照片编为《鸣沙石室佚书》，并作序，付工精印。此为其寓居日本期间整理出版的第一部敦煌文献集。冬，罗振玉接沙畹寄其所撰《斯坦因在东突厥斯坦沙漠中发现的汉文文书》手校本，初阅后以为其中颇有不惬意之处，乃与王国维发愤重行分类考订，始编《流沙坠简》。至于"进"的方面，主要有：英国马尔克·奥莱尔·斯坦因向英属印度西北边境省政府提出考察申请书，并于5月17日获印度政府教育部批准。8月1日，斯坦因离开克什米尔，正式开始第三次中亚考察；法兰西学院著名汉学家沙畹是秋将其对斯坦因第二次中亚探险中所发现汉简研究成果《斯坦因在东突厥斯坦沙漠中发现的汉文文书》交付牛津大学出版社出版，并将校印本先行寄给罗振玉，由此激发了罗振玉、王国维的敦煌学研究。

本年度的学术讨论或论争，集中体现在以下三大热点论题上：

热点之一是关于立宪的论争。从4月8日第一届国会召开，到9月《中华民国宪法草案》公布。这个宪法草案所确立的内阁制，反映了当时资产阶级的民主共和思想，对袁世凯欲实行的独裁专制统治有很大的限制。大总统袁世凯深为不满，并怂恿各级行政官吏纷纷驳议，各界意见不一，互不相让，从而演变为宪法上激烈的争论。据左玉河编《张东荪年谱》（群言出版社2014年版）所载，当时在上海的张东荪无疑是这场论争的主将。正是基于对袁世凯的统治抱有极大希望，张东荪在年初即以极大的热情投入立宪的讨论。2月16日，张东荪在《庸言》第1卷第6号发表《国会性质之疑问》，对国会性质作了考察，提出自己的意见。后又发表《国会选举法之商榷》，对当时国民党人在国会性质问题上的见解提出了批评。4月8日，中华民国首届国会正式成立，其基本使命是制定宪法，由此引发各界激烈讨论与争论，主要围绕宪法性质、总统连任与其职权、行政裁判与普通裁判以及《中华民国宪法草案》等问题展开。此后，张东荪撰有《论宪法的性质及其形式》《余之民权观》《论统治权总揽之有无》《内阁制之精神》《行政裁判论》等文，重点对总统权限和地位、行政裁判等问题提出了看法。5月1日，张东荪在《庸言》第1卷第11号上发表《论统治权总揽之有无》，坚持内阁制，反对总统制。秋，国会开始草制宪法后，吴贯因、梁启超和王宠惠等人分别草拟了自己的宪法草案,供国会宪法起草委员会参考。张东荪先后发表了《王氏宪法刍议之商榷》和《王氏宪法刍议之商榷补论》,提出了自己的意见:反对分权主义,主张国家主义。9月,《中华民国宪法草案》公布,立即引起人们的关注和激烈争论。其间,张东荪先后发表《内阁制之精神》《中华民国宪法草案略评》《国民之声》等文阐述自己的主张。《内阁制之精神》刊于 9 月 1 日《庸言》第 1 卷第 19 号,主张中国宜实行内阁制。《中华民国宪法草案略评》《国民之声》刊于 9 月 16 日《庸言》第 1 卷第 20 号。前文清晰地表明了自己对宪法草案的基本看法:"宪法条文,应有尽有者,无瑕瑜之可言",并对宪法草案全文逐条评述,以为"统观全文,尚为周密,要之与约法不啻天壤之判也",表示赞同该宪法草案。后文试图站在公正的立场上对非难宪法草案者给予批评。11 月 16 日,张东荪在《庸言》第 1 卷第 24 号上发表《法治国论》。鉴于《中华民国宪法草案》公布后,袁世凯藐视法律,怂恿一批官僚政客群起反对,甚至出现了变更国体的言论,张东荪在文中对此表示警惕和批评。此外,曾起草宪法草案的吴贯因、梁启超、王宠惠也都以相关论著参与论争。王宠惠所著《中华民国宪法刍议》3 月由上海南华书局印行,此为系统讨论中华民国宪法的第一部专著。作者重点介绍了刚性宪法和柔性宪法的概念,认为刚性宪法符合世界趋势,中国应当采用刚性宪法,并遵循美国模式修订和解释宪法。张东荪不认可王宠惠的翻译,又以法国宪法为例质疑刚性宪法是世界趋势的论述。之后二人有数次交锋,论战中异中有同,二人都对宪法怀有巩固和提升传统的期待。6 月 27 日至 7 月 5 日,王宠惠在上海《民立报》连载《宪法刍议答客难》。王宠惠另有《宪法平议》一文,文中最后"结论"指出:"以上所述,均为吾国宪法所应采取之大原则,兹当革命成功,南北统一,制定一完美之宪法,实为目前首要之急务。宪法为国家之根本大法,于篇首已论及之,宪法若不确立,则一切法令均无所本,而宪法之当否,又为国家安危,政治良窳之所系,是不可不深切加以注意也。兹事体大,特比较各国成规,并顾及吾国特殊环境,略陈愚见。刍荛之言,圣人择焉,愿职司制宪诸公审度之。"吴贯因除了在《庸言》第 1 卷第 7、8、10、11、13、14、16、17、18 号连载《宪法问题之商榷》长文之外,还先后发表了《省制与自治团体》(《庸言》第 1 卷第 3 号)、《评参议院议员选举法》(《庸言》第 1 卷第 11 号)、《关于立法权政府与国会之权限》(《庸言》第 1 卷第 13 号)、《元首无责任之释义》(《庸言》第 1 卷第 17 号)、《共和国体与责任内阁》(《庸言》第 1 卷第 20 号)等文。梁启超参与论争的重要论文是《宪法之三大精神》(《庸言》第 1 卷第 4、6 号)。其他尚有:大冥《国会建设大计》(《震旦月报》第 1 期)、《对于宪法上争点之横议》(《震旦月报》第 1 期),少少《旧国情与新宪法》(《震旦月报》第 1 期)、《宪法上之国务院》(《震旦月报》第 2 期),幾道《宪法刍议》(《震旦月报》第 3 期),华封老人《宪法的总统》(《震旦月报》第 3 期),大隐《论约法上大总统之地位及其权限》(《震旦月报》第 1 期),蓝公武《大总统之地位及权限》(《庸言》第 1 卷第 2、4 号),太一《约法评议——约法之八大特色》(《震旦月报》第 1 期)、《谨拟中华民国国宪全文及说明》(《震旦月报》第 2 期),伯严《论责任内阁制度及其理由》(《震旦月报》第 2 期)、《对于制定宪法机关之意见》(《震旦月报》第 2 期),澧兰《省制问题之商榷》(《震旦月报》第 1、2 期),卧義《美国宪法会议及制定宪法论》(《震旦月报》第 1 期)。大冥《国会建设大计》谓:"欧洲新出最有力之舆论谓,支那存立为二十世纪之一大问题,是语也,言之者无罪,闻之者足戒。吾人且无计此论之有当,试宜自量果有可恃以为自立之具者乎。夫国于天地,必有以立,以立者何,即对于国民有强有力之政府,对于世界有强有力之国家者也。"为此,作者提出国会建设的大计:"第一,希望制定适于生存之宪法;第二,希望产出铁血内阁。"除了《庸言》《震旦月报》两大阵地之外,《法学会杂志》《法政杂志》也刊载了诸多立宪之争的文章。

　　热点之二是关于孔教的论争。由于袁世凯的极力提倡与鼎力支持,孔教会的活动与言论一时甚嚣尘上。2月,康有为在上海创办《不忍》杂志,自任主编,更为孔教会提供了重要阵地。之所以取名为《不忍》杂志,《不忍杂志序》是这样解释的:"观民生之多艰吾不能忍也,哀国土之沦丧吾不能忍也,痛人心之堕落吾不能忍也,嗟纪纲之亡绝吾不能忍也,视政治之腐败吾不能忍也,伤教化之陵夷吾不能忍也,见法律之蹂躏吾不能忍也,观政党之争乱吾不能忍也,慨国粹之丧失吾不能忍也,惧国命之分亡吾不能忍也""此所以为不忍杂志耶"。《不忍》杂志鼓吹以"孔教为国教",故采用孔子纪年。该刊设有"政论""教说"等栏目,其主要论文均为康有为个人撰述。康有为通过《中华救国论》《中华学会报题词》《中国以何方救危论》《救亡论》《中国还魂论》《以孔教为国教配天议》等系列论文,比较系统地阐述了自己的尊孔保教主张,建议国会将孔教定为国教,并在全国各地孔庙举行宗教仪式。8月,陈焕章、严复、夏曾佑等孔教会代表人士向北京政府呈送《孔教会请愿书》。同月下旬,孔教会发起组织在曲阜召开了第一次全国代表大会。据载:"尊亲孔圣,举国同情,赴会者竟异常踊跃""与祭者二千余人",在社会上引起强烈的反响。然而,孔教会的请立孔教为国教的主张和请愿活动也受到了部分学者、报人、官员、宗教人士等的抨击和反对,并由学坛延伸到议会的较量。据左玉河《民国初年的信仰危机与尊孔思潮》(《郑州大学学报》2012年第1期)、颜炳罡《孔教运动的由来及其评价》(《齐鲁学刊》2004年第6期)、干春松《制度儒学》(中央编译出版社2017年版)等的梳理:学界以章太炎、张东荪等为代表。章太炎《驳建立孔教议》一文系统地阐述了"孔教非教"的观点,严厉驳斥康有为的国教理论,论证中国历史上根本没有定儒教为国教之说,强调把孔子视为中国文明创造者和传承人,这是孔子应当受到尊敬之处,而不宜以"教主"冠之。既然孔子本非教主,中国历史上也并无孔教,那么所谓孔教的废兴便是子虚乌有的。饶有意味的是,张东荪与其兄张尔田都参与了这场论争,但观点迥异。张尔田先后于4月、9月在《孔教会杂志》第1卷第5、8号发表《与人论昌明孔教以强固道德书》《论孔教与东南兵祸之关系及一年来对于孔教诋毁者之心理》,主要从"立国之本,基乎法律与道德"的维度,认为孔教可以改善人们的道德,赞同定孔教为国教。张东荪则于7月1日在《庸言》第1卷第15号发表《余之孔教观》,从理论上对陈焕章等人定孔教为"国教"的主张进行批评,并从宗教和哲学两方面对孔教进行了系统考察,虽然承认"孔教所诠乃中国独有之文明,数千年之结晶,已自然的为国教矣",但反对定孔教为国教和祭孔等做法,认为这"无足为孔子增光,殆亦画蛇添足之类,无足取也"。尽管作者非常重视道德问题,主张设法挽救道德堕落的状况,又受兄长影响而对孔教抱有极大同情,但他毕竟接受了近代民主思想,所以在对待是否定孔教为"国教"的问题上,鲜明地表达了自己的否定态度。报人方面以上海邓家彦创办的《中华民报》为代表。《中华民报》以"拥护共和,进行防止专制复活"为宗旨,"讨袁之声无日或断",在同盟会系统各报中反袁最为坚决。6月25日,《中华民报》发表社论,抨击袁世凯尊孔祀孔令是"因孔氏力倡尊王之说,欲利用之以恢复人民服从专制之心理",指责其计虽至巧,然明眼人多能辨之。"由各方面观之,袁世凯近日之乱命,仍是愚民与防民之故耳。"因此,袁氏推崇孔子,有着利用孔教来维护和加强其专制统治之意。官员中,许世英《反孔教为国教呈》、艾知命《上国务院暨参众两院信教自由不立国教请愿书》等文主要针对孔教派要求宪法起草委员会规定孔教为国教于宪法的提议,认为孔教不是宗教，把孔教规定于宪法中是违背信教自由、破坏五族共和。艾知命《上国务院暨参众两院信教自由不立国教请愿书》强调信教自由是欧洲人基于长期的宗教战争而争取的权力，而制定国教本身也是为了定一统而消弭战争，而在这样的大背景下，中国不应该提出立国教的动议，理由主要有以下四点：（1）激起宗教之纷争；（2）破坏五族共和；（3）违背民国之约法；（4）阻碍政治之统一。"总之，中国本不以宗教为重轻，则国教可不必立，而一言五族共和，则国教尤不可立。"宗教人士以马相伯为代表，据薛玉琴整理的马相伯长篇佚文《尊孔说》（《历史教学问题》2018年第3期），原连载于是年3月16日、3月23日、5月4日、5月10日、5月18日、6月1日、6月8日《广益录》，其主要观点是：孔教并非宗教，孔子并非宗教家。儒教只是伦常日用之教，关注的是人伦实用、社会政治，并不具有宗教所应有的普世救赎性质。文中最后指出："故吾党之尊孔，不以名而以实，不在封孔不在祀孔，尤不在大总统封之祀之，有以荣之，而在五千年之文统、道统，赖孔子以传者。以后之文统、道统，赖孔子为法，服其服，诵其言，行其行，尊之为哲学也可，政学也可，道学也可，偏于一则不可，必一以贯之，乃不失孔子之谓集大成。"然后到了9月间，孔教与反孔教运动在议会的较量正式拉开序幕。就在议会即将表决前夕，朱瑞、赵炳麟已分别提出《上参众两院请尊孔为国教文》《致宪法起草委员会请定孔教为国教书》等，力争在宪法中写上"中华民国以孔教为国家风教之本"。而罗永绍、郑康人等26名参议员和陈燮枢、胡翔青等11名众议员先后上书众议院，指斥大总统祀孔典礼命令违背约法的信教自由是对约法和民意机关的蔑视。同月23日，赵炳麟议员提议立孔教为国教，表决之后列入议题。随后，国会围绕着孔教是否宗教及拜神自由是否与国教抵触等问题展开激烈争论。27日，继续讨论，陈铭鉴、汪荣宝等议员表示赞成，而何雯和伍朝枢等议员则从儒教的特质和信仰自由的角度反对将孔教定为国教，同时阐述了孔教不应定为国教的四条理由："（一）中国非宗教国；（二）孔子非宗教家；（三）信教自由宪法之通例，如定孔教为国教，与宪法抵触；（四）五族共和，孔教之外仍有喇嘛教、回教等种种，如定孔教为国教，易启蒙藏二心。"归根到底，确立孔教为国教必须妥善处理好宪法中"信仰自由"原则和独尊"孔教为国教"之间的矛盾。这是倡立国教与反对定孔教为国教者争论的焦点问题。就在双方争执不下的时候，有人提议"以孔子之道为风化之大本"的提案。10月13日，议案付诸表决，出席者有40人，首先表决"宪法中应规定孔教为国教"，赞成者8人；其次表决"中华民国以孔教为人伦风化之大本"，赞成者15人；第三次表决"中华民国以孔教为人伦风化之大本，但其他宗教不害公安，人民得自由信仰"，赞成者11人。因议案需三分之二以上的人赞成才能成立，因此这三个议案全部被取消。10月28日，在孔教案三读会上，汪荣宝议员率先提议在第3章第19条后加上"国民教育以孔子之道为修身之大本"，引起争议。蓝公武、陈铭鉴等议员分别提出在第19条后增加"国民教育以孔子之道不抵触共和国体者为大本"等。最后，黄云鹏议员提出"国民教育以孔子之道为修身之大本"的修正案。经表决，31人表示赞成，获得通过。10月31日，国会通过的《天坛宪法草案》的第19条第2项中确定了"国民教育以孔子之道为修身之大本"条文。这显然是双方争论和妥协的结果，因为孔子之道并非宗教教义，其伦理道德学说首在修身，"修己以安人"，修己以安天下，暗含了否定孔教为宗教而只以孔教为人生修养之根本。这种提法尽管离孔教会"定孔教为国教"要求有相当大的差距，但也取得了一定成效。"二次革命"爆发后，袁世凯取消议员资格，致使国会开会不足法定人数，遂于11月4日被迫解散，孔教定为国教案亦随之被搁置。在此还需补充一下。当时正在美国留学的梅光迪2月

5 日致函胡适,对其 1 至 2 月间关于"孔教"的讲演表示"倾倒之至",并称"足下所见与吾不约而同之点甚多"。16 日,又致函胡适,曰:"吾人复兴孔教,有三大要事,即 new interpretation, leadership and organization 是也。"另有美国传教士、尚贤堂主持人李佳白 9 月在《孔教会杂志》第 1 卷第 8 号发表《读〈孔教会请愿书〉书后》,积极为孔教会的请愿活动辩护;日本人贺长雄也 8 月在《孔教会杂志》第 1 卷第 7 号撰文《宪法须规定明文以孔教为国家风教之大本》,阐述宪法与孔教并不矛盾,宪法应当明文规定孔教为国教。两人都直接参与了有关孔教的论争。不过,是年的孔教论争与批判还是比较初步的,之后孔教会活动依然盛而不衰,直至 1915 年陈独秀在上海创办《青年杂志》之后,才开始受到全面而激烈的批判。

　　热点之三是关于教育的论争。值此新旧转型之际,教育问题受到学界内外的空前关注。黄炎培先于 8 月以《学校教育采用实用主义之商榷》一文出版单行本。10 月,此文又与庄俞《采用实用主义》同时刊发于上海《教育杂志》第 5 卷第 7 期。黄炎培极力主张"打破平面的教育,而为立体的教育,改文字的教育,而为实物的教育",也就是说,在学校教育中采用实用主义。一时赞成或反对是说者蜂起,日报月刊亦多有转载此文者。后文指出当时中国教育"虚伪""剿袭""矜夸""敷衍"的种种表现,大声疾呼"欲救今日教育之弊,非厉行实用主义不可"。黄炎培、庄俞两人的实用主义教育主张一经公开发表,应者如云。当时教育舆论界的重镇《教育杂志》《中华教育界》《教育研究》等刊物都登载了大量的讨论文章,为实用主义教育思潮的兴盛推波助澜。其他教育论文涉及论题更为广泛,主要有:无始《教育大政方针私议》(《教育杂志》第 5 卷第 8 期),余箴《教育与学术》(《教育杂志》第 4 卷第 11 期)、《国民性与教育》(《教育杂志》第 5 卷第 3 期)、《美育论》(《教育杂志》第 5 卷第 6 期),庄俞《元年教育之回顾》(《教育杂志》第 4 卷第 10 期),贾丰臻《今后教育界之希望》(《教育杂志》第 4 卷第 11 期)、《师范学校论》(《教育杂志》第 5 卷第 2 期),张东荪《司法问题与教育问题》(《庸言》1卷 23 号),孙振涛《人格教育说》(杭州《教育周报》)。余箴《教育与学术》认为:"学校教育即豫想学术之存在,必先有真实之学问家为之开拓基址,而后所为教育者乃能有内容,乃能有进步","教育之与学术须相辅而行,必有教育而后有学术可言,亦必有学术而后有教育可言"。"是故居今日而言教育(教化)先有一要义焉,则鼓吹社会之好学心是已。大抵一时代之学术所以有盛衰者,亦风气使然""世不悦学,则纵令二三杰出者,挟其天才与毅力孤行求学,而其人不见重于社会,或反从而沮害之,且无声气之感,以助其方便与兴趣而成功较难。学术衰败,良由于此。是故鼓吹社会之好学心,实今日振兴学术之第一步也"。如果社会"能以好学之美风楷模社会,使凡接近我身者默化潜移,迨学问之风气渐开,则不言教育而教育自兴矣"。"学术之兴,必求之于社会安定元气充足。""既因社会腐败而来学术衰颓之结果,若一任学术衰颓而不之挽救,使学校教育亦因之无从著手,则适足助长社会之腐败而已矣。"张东荪《司法问题与教育问题》对民初司法和教育问题进行评述,列举了司法弊端及其治本、治标之策。他认为"司法必采道德主义,以造就人材为始,则与教育有极大之关系"。故由司法问题进而讨论教育问题,对教育腐败的原因及其救治法亦作了分析。他认为,教育腐败的原因,一在教师,二在学风。改进之法应该是改造专门教师、改造师范教师并提倡德育;提出要重视国民教育和人才教育;主张采用"硬教育"。孙振涛的《人格教育说》是一篇最先在国内宣传介绍人格教育学说的论文。有关著作方面,则有黎锦熙《教育学讲义》(湖南长沙宏文图书城),谢荫昌《社会教育》(上海商务印书馆、中华书局、文明书局)。其中《社会教育》为中国最早的社会教育专著,也是"社会教育"一词在出版书籍中第一次出现。

　　本年度的学术成果同样比较丰硕,其中仍居于日本的王国维与罗振玉继续交出亮丽的成绩单(详上文)。王国维与罗振玉在甲骨学研究之后,又深入于敦煌学与简牍学研究,并进而总结为"二重证据法",都是现代学术经典名著。国内学界,章炳麟是年冬被袁世凯囚禁期间举办国学讲习会,讲授经学、史学、玄学、子学,每科编有讲义,后由弟子吴承仕记录成《菿汉微言》一书。同时又修改《小学答问》《文始》,撰《自述学术次第》,有述治学经历与经验,也是弥足珍贵。与立宪之争与经济发展相契合,本年度论著与译作中法律、经济著作都占较高比例,而在宋教仁于上海被刺杀的当年,即有程德全、应德闳编《前农林总长宋教仁被刺案内应夔丞家搜获函电文件检查报告》、国民图书局编著《宋教仁被刺始末记》(第2集)、杞人氏著《宋教仁被害记》以及徐血儿、邵力子等著《宋渔父》(第1集)相继出版,则从一个侧面反映了整个社会以及出版界对此的高度关注。此外,问世于本年的重要著作尚有:蔡元培著《中国伦理学史》(上海商务印书馆)与译德国科培尔所著《哲学要领》(上海商务印书馆),廖平著《孔经哲学发微》(上海中华书局),王宠惠著《中华民国宪法刍议》(上海南华书局),陈锡畴、沈豫善编《国际重要条约》(镇江启润书社),黎锦熙著《教育学讲义》(湖南长沙宏文图书城),谢荫昌著《社会教育》(上海商务印书馆、中华书局、文明书局),黄炎培著《学校教育采用实用主义之商榷》(江苏省教育会),曾鲲化著《交通文学》(著者刊行),章炳麟《文始》9卷(铅印本,浙江图书馆影印本),胡以鲁《国语学草创》(铅印本,藏北京大学图书馆),周希贤著《历史的研究》(宁波新学会社),吴曾祺《清史纲要》上下册(由上海商务印书馆),汪荣宝、许国英撰《清史讲义》(上海商务印书馆),章嵚编《中华历史地理大辞典》(中华图书馆),以及严复译英国杰文斯(原题耶方斯)所著《名学浅说》(上海商务印书馆)、陈家瓒译述《社会经济学》(上海群益书社)、史青译(美)休曼著《实用新闻学》(上海广学会)、霍颖西译日本胜部国臣所著《中国商业地理》上下册(上海广智书局)、魏易译述《元代客卿马克博罗游记》2册(北京正蒙书局)等。其中蔡元培著《中国伦理学史》被蔡尚思《卅年来的中国思想家》誉为"实是用新体裁著中国思想史最早的一个人";王宠惠《中华民国宪法刍议》为系统讨论中华民国宪法的第一部专著,王宠惠还在上海成立了中国的第一个比较法学组织——比较法学会,同样具有开创性意义;谢荫昌著《社会教育》为中国最早的社会教育专著,也是"社会教育"一词在出版书籍中第一次出现;章炳麟《文始》9卷以初文、准初文为系联基点,以声韵为经纬,在章太炎转注假借理论的基础上,运用"变易""孳乳"两大原则,将具有同源关系的字词系联在一起,从而展示出汉语词汇的规律性和系统性,是中国语源学史上具有开创性意义的重要著作;吴曾祺《清史纲要》为辛亥后出版最早的一部清史著作,史青所译休曼著《实用新闻学》为美国最早的实用新闻学专著,书中专列"破坏名誉之法律""美国版权法"两章,为我国新闻学最先引入有关新闻自由与新闻法规问题的论述;《马可波罗游记》为意大利马可波罗游记的早期中译本。另有刘承干编纂《嘉业堂丛书》开始刊行,为刘承干著名藏书楼嘉业堂最早刻印的一部丛书,收书57种220册,至1928年刻毕。

　　聚焦于重要学术论题的论著较之上年有所增加,主要有:杜亚泉(署名伧父)《精神救国论》(《东方杂志》第10卷第1号),章锡琛《新唯心论》(《东方杂志》第9卷第8号),钱智修《说政治家》(《东方杂志》第9卷第12号),张东荪《中国之社会问题》(《庸言》第1卷第16号)、《道德堕落之原因》(《庸言》第1卷第12号),亚飞《中国以伦理改革为必要说》(《进步杂志》第5卷第1号),杨锦森译英国R. F. Johnston著《联合中西各国保存国粹提倡精神文明意见书》(《东方杂志》第9卷第12号),邢岛《改革文字之意见书》(《东方杂志》第9卷第7号),吴贯因《史家位置之变迁》(《庸言》第5期)、《中国文字之起源》(《庸言》第14期)。杜亚泉《精神救国论》一反达尔文、斯宾塞进化论之唯物主义,集西方晚近新进化论之大成,辨生物界和人类社会进步理法与目的之异,力图破除生存竞争学说之蔽,以新唯心论唤起国民之精神。张东荪《中国之社会问题》认为政治革命必须与社会革命同步,政治革命必须以政治革命为基础,方才会有成功。而其《道德堕落之原因》开始从法治的角度讨论道德问题,认为道德是对人的行为进行规范的。社会的规范有两种,一是自律的,即道德;一是他律的,即法律。道德堕落之原因,除了自律的规范失调外,还由于法律不全,所以"修正法律及整理执法机关,实今日振兴民德之要图"。至于王国维所撰《布帛通考》《秦郡考》《汉郡考》《两汉魏晋乡亭考》,刘师培所撰《今文尚书无序说》《白虎通义定本》《校雠通义笺言》《古重文考》《非虚名篇》《命定论》《春秋原名》《荀子佚文辑补》《方伯考》《春秋左氏传传例解略》《古尚书五服说》《周䣛说》《周明堂考》等皆具论题与学识的双重意义。其中王国维所撰《布帛通考》2卷,稽考历代布帛之丈尺价值,创以实物证古文献之例。另有鲁迅所撰《拟播布美术意见书》首次提出成立有关民俗研究会的建议;周作人先后发表《童话略论》《儿童研究导言》等儿童研究论文,其中《儿童研究导言》在中国最先使用"民俗学"一词,也都有开拓性意义,由此昭示了新的学术方向。

学术史论著方面,《东方杂志》第9卷第7号出版"纪念增刊",刊载杜亚泉等整理的《十年以来中国政治通览》《十年以来世界大势综论》《十年以来中国大事记》《十年以来世界大事记》四个部分,重在对庚子事变以后十年间中国与世界的发展进行梳理。更为专题的论文则有孙德谦《孔子再传弟子考》(《孔教会杂志》第3号),皕诲《中国古代之哲学》(《进步杂志》第3卷第4—5号),李翊灼《敦煌石室经卷中未入藏经论著述目录》(《佛学丛报》第8期),王树枏《新疆稽古录》(《中国学报》第9期),谢无量《蜀学原始论》(《四川国学杂志》第6号),孙毓修《英国戏曲之发源及其种类》(《小说月刊》第4卷第7号),日本学者宇野哲人《满清一代学术思想之小史》(《进步杂志》第1号),晓洲《国家原理与政治学宗派沿革史》(《进步杂志》第3卷第5号),棠公《理财学沿革小史》(《东方杂志》第10卷第6号),默庵《近世伦理学说大观》(《中华教育界》第2期),天民《近世之伦理学说》(《教育杂志》第5卷第1、4期),志厚《德国改革教育之趋势》(《教育杂志》第4卷第10期),钱智修《现今两大哲学家学说概略》(《东方杂志》第10卷第1号),陈寅《中华书局一年之回顾》(《中华教育界》第1期)。皕诲《中国古代之哲学》是以"哲学"新概念对中国古代传统思想的新阐释。谢无量《蜀学原始论》与日本学者宇野哲人《满清一代学术思想之小史》则是分别注重区域与断代的比较典型的学术史之作。(以上参见本书"学术背景""学术活动""学术著作""学者生卒"栏所引文献与出处,以及章恒忠、王亚夫主编《中国学术界大事记(1919—1985)》,上海社会科学出版社1988年版;王学典《20世纪史学编年(1900—1949)》,商务印书馆2014年版;付喜祥《20世纪前期中国文学史写作编年史》,北京师范大学出版社2013年版;中国大百科全书总编辑委员会编《中国大百科全书·考古学》,中国大百科全书出版社2002年版;王学珍等编《北京大学纪事(1898—1997)》,北京大学出版社1998年版;清华大学校史研究室编《清华大学一百年》,清华大学出版社2011年版;北京师范大学党委办公室、北京师范大学校长办公室《北京师范大学纪事》,北京师范大学出版社2012年版;南京大学高教研究所编《南京大学大事记(1902—1988)》,南京大学出版社1989年版;沈卫威编《学衡派编年文事》,南京大学出版社2015年版;吴永贵《国民出版史编年:1912—1949》,社会科学文献出版社2018年版;张虹倩《〈文始〉研究》,复旦大学博士学位论文,2013年;左玉河《民国初年的信仰危机与尊孔思潮》,《郑州大学学报(哲学社会科学版)》2012 年第 1 期；张艳国《破与立的文化激流——五四时期孔子及其学说的历史命运》，华中师范大学博士学位论文，2001 年；张松智《中国现代孔教运动研究——以孔教会为中心》，上海师范大学博士学位论文，2007 年；颜炳罡《孔教运动的由来及其评价》，《齐鲁学刊》2004 年第 6 期；王博《清末民初教育期刊对教学变革的影响之研究(1901—1922)》，湖南师范大学博士学位论文，2013 年；薛玉琴、刘正伟《国教运动与近代话语转向》，《中国社会科学》2020 年第 5 期；崔海亮《廖平与早期"中国哲学"——以〈孔经哲学发微〉为中心》，《宜宾学院学报》2013 年第 7 期）

1914 年　民国三年　甲寅

一、学术背景

1月1日,中国邮政改制,是日起施行新邮区制,每省为一邮区,独上海、东三省各为一邮区,全国共成立 21 个邮区。

是日,《中华实业界》《中华小说界》由上海中华书局编辑出版。

1月7日,北京政府申令保护寺庙财产。

1月9日,袁世凯发布《严禁哥老会令》,不允许秘密结社。

1月10日,袁世凯宣布停止参、众两院议员职务,一律资遣回籍。

1月19日,教育部颁发《管理留学日本自费生暂行规则》,对自费留学生资格、留学经费筹措及保证人、成绩验明等事项进行规定,加强对自费生管理监督,将其纳入中央管理体系。

是日,北京政府内务部规定保护有系统、有经典、有历史之宗教。

1月26日,袁世凯公布由政治会议议定的《约法会议组织条例》。

是月,袁世凯向政治会议提出祭天祀孔案,政治会议议决:"崇祀孔子,乃因袭历代之旧典;议以夏时春秋两丁为祀孔之日,仍从大祀,其礼节、服制、祭品与祭天一律。京师文庙应由大总统主祭,各地方文庙应由该长官主祭。"

2月6日,教育部公布《侨民子弟回国就学规程》。

2月7日,袁世凯发布《规复祭孔令》,通令各省以春秋两丁为祀孔日。

按:《规复祭孔令》规定:"崇祭孔子,乃因袭历代之旧典,议以夏时春秋两丁为祭孔之日,仍从大祭,其礼节服制祭品,当与祭天一律。京师文庙应由大总统主祭,各地方文庙应由长官主祭,如有不得已之事故,得于临时遣员恭代。其他开学首日,孔子生日,仍听各从习惯,自由致祭,不必特为规定。"

2月19日,教育部发布筹办普及初等小学义务教育训令。

是日,教育部颁布《半日学校规程》。

2月20日,北京政府发布《崇圣典例令》,详细规定了曲阜孔庙的组织和制度,并重新颁发"衍圣公印"。

按:其中第一条规定:"衍圣公膺受前代荣典祀典,均仍其旧。其公爵按旧制由宗子世袭,报经地方行政长官呈由内务部核请承袭。"第四条规定:"圣贤后裔,旧有五经博士等世职,兹均改为奉祀官,世袭主祀。"

2月26日,内务部训令《河南民政长》,针对洛阳驻军损坏龙门石窟一案,要求河南省有关部门对此严加查处。

2月28日,袁世凯下令解散各省议会。

是月,教育部令各学校、商店将教科书中刊有孙文、黄兴照片及对孙、黄赞扬之词一律删除净尽。

3月1日,中华民国加入万国邮政联盟。

3月2日,袁世凯公布《治安警察条例》,禁止民众结社、集会、组织政党,并限制劳工团体活动,非政治性集会、屋外活动、集体游戏也均在被禁止、取缔之列。

3月9日,袁世凯发布大总统令,设立清史馆,纂修清史。9月1日清史馆开馆,赵尔巽为馆长,于式枚为总阅,柯劭忞、缪荃孙、夏孙桐、王树枏等11人为总纂,章钰、王式通、夏曾佑等10人为纂修。

按:1914年初,北洋政府国务院,呈请设立清史馆,纂修清史。国务院呈文曰:"在昔邱明受经,伯厱司籍,春秋而降,凡所陈之递嬗,每纪录而成编,是以武德开基,颜师古聿修隋史,元祐继统,欧阳修乃撰唐书。盖时有盛衰,制多兴革,不有鸿篇巨制,将奚以窥前代之盛,备后世考镜之资。况大清开国以来,文物灿然,治具咸饬……惟是先朝纪载,尚付阙如,后世追思,无从观感。及兹典籍具在,文献未湮,尤宜广召耆儒,宏开史馆,萃一代人文之美,为千秋信史之征。兹经国务会议议决,应请特设清史馆,由大总统延聘专员,分任编纂,总期元丰史院,肇启宏规,贞观遗风,备登实录,以与往代二十四史,同昭垂鉴于无穷"。3月9日,袁世凯以大总统令的形式,批准了国务院的呈请。大总统令写道:"应即准如所请,设置清史馆,延聘通儒,分任编纂,踵二十四史沿袭之旧例,成二百余年传信之专书"。8月,袁世凯又派贴身秘书吴璆,携亲笔信前往青岛,聘前清东三省总督赵尔巽为清史馆馆长。清史馆遂正式成立,馆址位于故宫东华门内,房子100余间,库房一座,原为清朝国史馆和会典馆馆址。(参见邹爱莲《〈清史稿〉纂修始末研究》,《清史研究》2007年第1期)

3月11日,袁世凯颁布维护纲常名教的《褒扬条例》。

3月18日,"约法会议"召开,修改孙中山所主持制定的《临时约法》。约法会议议长为孙毓筠。

3月20日,中国参加在日本东京开幕的日本大正博览会。

是月,袁世凯派总统府秘书梁士诒至北京孔庙代行祀孔礼。礼毕,梁士诒演讲《论语》中的"导之以德,齐之以礼"章。

是月,教育部公布《通咨各省请饬师范及小学校注重国文手工图画音乐文》,针对小学校多暂缺手工、图画、音乐等科一事,特令学校设置图画手工课程,未经允许者不得擅自免除该科教学。

4月2日,袁世凯公布《报纸条例》,限制言论自由。

按:《报纸条例》,主要内容共35条,其中规定:禁止军人、官吏、学生和25岁以下者办报;报纸出版须到警察机关登记并交纳保证金;禁止报纸刊登"淆乱政体""妨害治安"和各级官署禁止刊载的一切文字;每天的报纸在发行前须呈送报样给警察机关备案。同年12月袁政府颁布《出版法》,对包括报纸在内的一切文字、图画印刷物都作出了类似的规定。

按:清末始有专门的新闻出版法律,到中华人民共和国成立以前,主要的新闻出版法有:《大清印刷物专律》(1906)、《大清报律》(1908)、北洋政府《报纸条例》(1914)、北洋政府《出版法》(1914)、北洋政府《管理新闻营业条例》(1925)、南京国民党政府《出版法》(1930)及《修正战时新闻检查标准》(1940)、《军事新闻发布实施暂行办法》(1948)等。

是日,袁世凯发布《维持学校令》,提出整饬学风。

4月14日,北京政府公布《新闻条例》。

4月21日,第一次全国儿童艺术展览会在北京举行。参与者均为15五岁以内的孩童,作品包括绘画、手工、针黹、自制玩具等,共有11个陈列室作为展览场地。展览结束后,组织者从中挑选部分书画作品,由教育部送往国外参加国际展览。

按:该活动由时任教育部社会教育司科长的鲁迅与陈师曾一起共同发起筹办。

5月1日,袁世凯公布《中华民国约法》10章68条,废止《临时约法》,扩大总统权限,改责任内阁制为总统制。

是日,袁世凯撤销国务院,设政事堂于总统府,任命徐世昌为国务卿,章宗祥为司法部长,汤化龙为教育部长,张謇为农商部长,梁敦彦为交通部长。

5月10日,在孙中山支持下,《民国》杂志创刊于日本东京。居正为发行人,胡汉民任总编辑。后为中华革命党机关刊物。

按:参与编撰的有朱执信、邵元冲、田桐、周瘦鹃、苏曼殊、戴季陶、廖仲恺、汪精卫等,所写文章皆用笔名。《民国》杂志社不仅是党人的舆论机关,也是党人的活动中心,孙中山在这里召开会议,商讨党内重大问题。

是日,《甲寅》月刊在日本东京创刊,章士钊任编辑部主任,以条陈时弊,朴实说理为主旨,是"二次革命"后反对袁世凯的主要刊物之一。

按:章士钊在日本东京创刊《甲寅》杂志,5月10日于上海发行,陈独秀协助编辑,主要撰稿者有李大钊、吴敬恒、谢无量、张东荪、苏曼殊、梁漱溟、易白沙、高一涵、章太炎、王国维、蒋智由等。《甲寅》是梁启超的《新民丛报》之后,陈独秀的《新青年》之前,影响最大的一份大型杂志。1915年袁世凯以"妨碍治安"罪经统率办事处函请租界予以查禁。1917年1月28日在北京复刊,后又停刊。1925年7月20日再度于北京复刊,1927年2月终刊,共出45期。

5月19日,教育部批准北京私立民国大学、私立中华大学、私立明德大学、私立中国公学立案。

5月21日,北京体育竞进会发起的第二届全国运动会在北京举行。

5月25日,国史馆成立,王闿运为馆长。

5月26日,袁世凯任严复等70人为参政院参政,黎元洪为院长,汪大燮为副院长。

按:参政名单如下:李家驹、瞿鸿禨、于式枚、周学熙、陆征祥、张荫棠、唐景崇、熊希龄、梁士诒、联芳、李国杰、吕海寰、严修、梁启超、宝熙、施愚、黎渊、程树德、胡钧、蔡锷、蒋尊簋、王家襄、汪有龄、陈国祥、朱文劭、荫昌、徐绍桢、陈汉第、王世澄、邓镕、王印川、萨镇冰、王揖唐、赵尔巽、锡良、孙毓筠、宋小濂、姚锡光、阿穆尔灵圭、李经羲、袁树勋、赵惟熙、李盛铎、毛庆蕃、刘若曾、丁振铎、冯煦、那彦图、樊增祥、饶汉祥、陈钰、李开侁、杨守敬、王树枏、马其昶、宋炜臣、李湛阳、塔旺布鲁克札勒、劳乃宣、严复、张振勋、渠本翘、冯麟霈、王闿运、柯劭忞、马良、刘锦藻、孙多森、李士伟、钱恂、杨度、高增爵、秦望澜、增韫、孟继埙、江瀚、李兆珍、吕逵先、王祖同、凌福彭、王劭廉、张凤台、齐耀珊、袁金铠、徐鼐霖、萨福懋、张謇、李国筠、陈懋鼎、胡景伊、刘师培、谢桓武、王锡彤、林万里、戴戡、张元奇、陈璧、张锡銮、沈云沛、孙武、言敦源、吴肇邦、李鸿祥、汪瑞闿、龚心湛、杨士琦、李映庚、李景林、杨寿枢,秘书长:张国淦。

6月3日,孙中山发表《讨袁檄文》。

按:檄文曰:"壬子之五[二]月,国民悯构兵之惨,许清室旧臣自新,竭诚志以临时政府付袁世凯,四海之内,莫不走相告曰:息兵安民,以事建设,是大仁大义举也。吾民既竭诚以望袁,今袁所报民者何如哉?辛亥之役,深[流]血万里,人尽好生,何为而然?若知袁种之暴戾更甚于清,则又何苦膏血万户,以博一人皇帝之雄哉!所以宁死而不悔者,誓与共和相始长耳。今袁背弃前盟,暴行帝制,解散自治会,而闾阎无安民矣;解散国会,而国家无正论矣;滥用公款,谋杀人才,而陷国家于危险之地位矣;假民党狱,而良懦多为无辜矣。有此四者,国无不亡!国亡则民奴,独袁与二三附从之奸,尚可执挺衔璧以保富贵耳。呜呼！吾民何不幸，而委此国家生命于袁氏哉！自袁为总统，野有俄莩，而都下之笙歌不彻；国多忧患，而效[郊]祀之典礼未忘。万户涕泪，一人冠冕，其心尚有'共和'二字存耶？既妄[忘]共和，即称民贼。吾侪昔以大仁大义铸此巨错，又焉敢不犯难，誓死歼此民贼，以拯吾民。今长江大河，万里以内，武汉京津，扼要诸军，皆已暗受旗帜，磨剑以待。一旦义旗起，呼声动天地。当以秦陇一军，出关北指；川楚一军，规画中原；闽粤旌旗横海，合齐鲁以捣京左。三军既兴，我将与诸君子扼扬子江口，定苏浙，以树东南之威。掣庭扫穴，共戮国贼，期可指日待焉。《书》曰：'民惟邦本，本固邦宁。'又曰：'纣有臣亿万，惟亿万心。予有臣三千，惟一心。'正义所至，何坚不破？愿与爱国之豪俊共图之！孙文檄文。印。"(上海《生活日报》1914年6月3日)

6月10日，胡明复、赵元任、周仁、秉志、章元善、过探先、金邦正、杨铨、任鸿隽等9位中国留美学生在康奈尔大学成立中国科学社，初设董事会主持社务，选任鸿隽为社长，以"联络同志，共图中国科学之发达"为宗旨。社本部于1918年迁回国内。

按：中国科学社的主要事务包括创办刊物，以传播科学提倡研究；著译科学书籍；审定科学名词，便于学术交流；设立图书馆以供参考；设立研究机构，从事科学实验；设立博物馆，搜集学术上、工业上、历史上以及自然界动植矿物标本，陈列以供研究；举行科学演讲，普及科学知识；组织科学旅行研究团，进行实地调查研究；受公私机关之委托，研究解决科学上的一切问题。

6月14日，北洋政府发布禁止古物出口大总统申令，规定由内务部会同税务处核议文物售运，要求对售运古物应区别种类，严密稽察，规定惩罚，并由税务处拟定限制古物出口章程，通饬各海关一体遵照，以防国家留贻沦陷域外。

是日，国内第一个研究船山学的团体——船山学社在长沙正式成立，大总统府颁发题有"邹鲁津梁"的匾额一方，悬挂于学社正厅。刘人熙报告学社成立缘由，并被推举为总理和社长。

按：萧三回忆："长沙城里曾有人组织过'船山学社'，每逢星期日举行讲座，讲王夫之的学说。泽东同志邀请我们(笔者注：指何叔衡、蔡和森等)少数人也去听讲，他极其推崇王船山朴素的唯物主义和民族意识。"(萧三《毛泽东同志的青少年时代和初期革命活动》，中国青年出版社1980年版)

6月26日，袁世凯任命黎元洪为参政院院长，任命70名参议员，其中有周学熙、梁士诒、施愚、梁启超、熊希龄、蔡锷、马良、杨守敬、溥伦、赵尔巽等。严复被简任为参政院参政。

6月28日，教育部呈准筹办历史博物馆。

是月，教育部根据教育总长汤化龙的《上大总统言教育书》，发布《饬京内外各学校中小学修身及国文教科书采取经训务以孔子之言为指归文》的规定，要求中小学的修身与国文课，均以儒家典籍和孔子的言论为准。

按：《教育部为订定崇经尊孔教育方针致大总统呈》明确提出："微论孔圣，未可附会宗教之说，以相比伦。而按之国情及泰西宗教之历史，均难移植，致失孔道之真，而启教争之渐。"

是月，鸳鸯蝴蝶派代表刊物《礼拜六》在上海创刊。

7月5日，北京政府内务部公布祭孔制服图式。

7月6日，教育部颁布《教育部直辖专门以上学校教职员薪俸暂行规程》，具体制定各级各类学校教职员的薪俸级别及奖励津贴。

7月8日，孙中山在日本东京召开主持中华革命党成立大会，到会者300余人，孙中山当众宣誓加盟，并就任中华革命党总理职。会议通令海内外国民党一律改组为中华革命党。会议通过《中华革命党总章》《中华革命党宣言》《革命方略》《誓约》等文件。

按：孙中山在日本东京谋划第三次革命，将国民党改组为中华革命党，当选为总理，强调"此次重组革命党，首以服从命令为唯一要件，凡入党各员，必自问甘愿服从文一人，毫无疑虑而后可"，规定入党必须填写誓词，按手印，绝对服从总理领导。张静江被孙中山任命为中华革命党财政部长。

是日，袁世凯公布《学术评定委员会组织令》，决定设立学术评定委员会，"掌阅各科论文著述，奖励学问事务"。

按：是为民国时期政府部门第一次用制度文本的形式准备着手建立的学术评价和奖励的专门机构。《学术评定委员会组织令》：第一条　学术评定委员会掌校阅各学科论文著述奖励学问事务。第二条　委员会设委员长一人总理事务。由大总统于下列各项人员中选派之：现任或曾任教育总长；现任或曾任教育次长；现任或曾任京师大学校长。第三条　委员会设常任委员五人至十人，分校评定各学科论文、著述，以富有学识者由大总统选派之。第四条　委员会因校阅各学科论文或著述之必要，于常任委员外得由委员长随时聘请硕学通儒为襄校员。第五条　委员长、委员之薪金每月自二百元至四百元，由大总统定之。但委员长以现任人员兼任时不支薪金。聘请员之报酬由委员长定之。第六条　委员会校阅各论文、著述经评定后，随时以其应补学资名额及加奖或特派外国留学费之数，知会奖学基金监。第七条　委员会每年以其经办事件呈报大总统一次并刊行之。第八条　委员会校阅各论文、著述，认为学问优异可资考证者，得汇刊发行之。第九条　委员会得设事务员办理缮校及庶务。第十条　本令未尽事宜得由委员长酌核办理。第十一条　本令自公布日施行。（王学珍、张万仓编《北京高等教育文献资料选编1861—1948》，首都师范大学出版社2004年版）

7月9日，教育部颁发《奖学基金条例》，规定国家置专项存款1200万元，将年息金用于奖励学术。全国设奖学资额1200名，凡在本国或外国高等学校毕业者提出论文或著作，经学术评定委员会评取后，每名每年得领学资400元，满4年为止。若受资者每月有薪俸百元以上者，不享受此待遇。

7月10日，教育部公布《直辖专门以上学校职员薪俸暂行规程》，对国家直属专门以上学校各级职员的薪资及奖励措施加以明确规定。另外颁发《直辖专门以上学校职员任务暂行规程》，对直辖专门以上学校职员职务及所司事务进行规定。

7月11日，驻日公使陆宗舆照会日本政府，要求取消孙中山等人在日的活动。

是日，民国政府颁布《教育部官制》。

8月14日，教育部颁发《管理留美生事务规则》，规定留美学生监督管理教育部及各省留美生事务，并对留学各项经费、学业证明、归国事宜进行规定。

8月15日，清华学校男生100名，女生10名，以及自费男女生若干人，乘船赴美留学。从本年起，清华每隔一年选派10名女生赴美留学。

是月，教育部颁布《学术评定委员会分科评定规程》，对学术评价的范围进行分类，根据大学学科的设置，将学术评价分为文、法、理、工、农、商、医7科。

按：同时，教育部公布《学术评定委员会受验毕业证书细则》，准备对那些获得大学毕业证书的学者加以奖励，并明确规定受验毕业证书的资格。

8月30日，江苏省长韩国钧下令将停办的两江师范学堂改办为南京高等师范学校。

9月1日，孙中山发布《中华革命党宣言》，通告中华革命党正式成立。

9月20日，孙中山在东京主持召开《革命方略》讨论会第一次会议，目的是制定中华革命党的革命方略。

9月21日，教育部通饬全国，要求学生慎守中国在欧战中的中立态度，言论交际不可偏激。

9月25日，袁世凯发布《祭孔告令》，规定每年农历九月二十八日中央与各地方一律举行祀孔典礼："本大总统谨率百官，举行祀孔典礼，各地方孔庙由各该长官主祭，用以表示人民俾知国家以道德为重，群相兴感，潜移默化，治进大同。"

按：《祭孔告令》曰："中国数千年来，立国根本在于道德。凡国家政治、家庭伦纪、社会风俗，无一非先圣学说发皇流衍。是以国有治乱，运有隆污，惟此孔子之道，亘古常新，与天无极。……故尊崇至圣，出于亿兆景仰之诚。"

10月2日，袁世凯申令查禁小学教科书中排日言论。

10月27日，北京政府公布《立法院组织法》，但未实施。

是月，中华博物学会研究会创办《博物学杂志》，以调查全国物产及其区系，研究学术，交换知识，改良教科，促进实业为宗旨，以研究人类学、动物学、植物学、矿学为主。

11月15日（农历九月二十八日），北京政府依照政治会议的决定，在北京孔庙举行了秋季祀孔典礼，袁世凯率领官员在北京孔庙举行秋丁祀孔礼。

11月19日，教育部颁发《管理留日学生事务规则》，规定由国家派留学监督，各省派经理员管理留学生事务，并分别对留学经费、留学生纪律等内容给予限定。

11月30日，北京教育会呈请将义务教育列入宪法。

12月4日，北京政府颁布《出版法》。

按：第一条　用机械或印版及其他化学材料印刷之文书图画出售或散布者，均为出版。

第二条　出版之关系人如左：一、著作人。二、发行人。三、印刷人。著作人以著作者及有著作权者为限。发行人以贩卖文书图画为营业者为限，但著作人及著作权继承人得兼充之。印刷人以代表印刷所者为限。

第三条　出版之文书图画，应将左列各款记载之：一、著作人之姓名籍贯。二、发行人之姓名、住址及发行之年月日。三、印刷人之姓名、住址及印刷之年月日。其印刷所有名称者，并其名称。

第四条　出版之文书图画，应于发行或散布前，禀报该管警察官署。并将出版物以一份送该官署，以一份经由该官署送内务部备案。

官署或国家他种机关及地方自治团体机关之出版，应送内务部备案。但其出版关于职权内之记载或报告者，不在此限。

第五条　前条之禀报，应由发行人及著作人联名行之。但非卖品得由著作人或发行人一人行之。其不受著作权保护之文书图画，得由发行人申明理由行之。

第六条　以学校、公司、局所、寺院、会所之名义出版者，应用该学校等名称禀报。

第七条　已无主之著作发行者，应预将原由登载官报，俟一年内无人承认。方许禀报。

第八条　编号逐次发行或分数次发行之出版物，应于每次发行时禀报。

第九条　已经备案之出版，于再版时如有修改增删或添加注释、插入图画者，应依第四条之规定，重行禀报备案。

第十条　凡信柬、报告、会章、校规、族谱、公启、讲义、契券、凭照、号单、广告、照片等类之出版，不适用第三条、第四条之规定。但遇有违反第十一条、第十二条之规定时，仍依本法处理之。

其仿刻照印古书籍金石，载在四库书目，或经教育部审定者，适用前项之规定。

第十一条　文书图画有左列各款情事之一者，不得出版：一、淆乱政体者。二、妨害治安者。三、败坏风俗者。四、煽动曲庇犯罪人、刑事被告人或陷害刑事被告人者。五、轻罪、重罪之预审案件未经公判者。六、诉讼或会议事件之禁止旁听者。七、揭载军事、外交及其他官署机密之文书图画者。但得该官署许可时，不在此限。八、攻讦他人阴私，损害其名誉者。

第十二条　在外国发行之文书图画，违犯前条各款者，不得在国内出售或散布。

第十三条　依第十一条禁止出版之文书图画,及依第十二条禁止出售或散布之文书图画,有出版或出售散布者,该管警察官署认为必要时,得没收其印本及其印版。

第十四条　违反第三条、第四条、第八条、第九条之规定者,处发行人以五十圆以下、五圆以上之罚金。

第十五条　违反第十一条第一款、第二款者,除没收其印本或印版外,处著作人、发行人、印刷人以五等有期徒刑或拘役。

第十六条　违反第十一条第三款至第七款者,除没收其印本或印版外,处著作人、发行人以一百五十圆以下、十五圆以上之罚金。

第十七条　违反第十一条第八款经被害人告诉时,依刑律处断。

第十八条　违反第十二条者,依第十五条、第十六条、第十七条处罚。

第十九条　依第十三条、第十五条应没收之印本或印版,依其体裁可为分别时,得分割其一部分没收之。

第二十条　应受本法之处罚者,不适用刑律累犯罪、俱发罪暨自首之规定。

第二十一条　关于本法之公诉期间,自发行之日起,以一年为限。

第二十二条　本法所定属于警察官署权限之事项,其未设警察官署地方,以县知事处理之。

第二十三条　本法自公布日施行。(叶再生《中国近代现代出版通史》第二卷,华文出版社2002年版)

12月23日,袁世凯至天坛,模仿封建帝王登坛祭天。

12月29日,袁世凯炮制的《修正大总统选举法》中规定总统任期10年,且可以连任,继任人由现任总统推荐。

是月,教育部公布《教育部整理教育方案草案》,以自治教育、精神教育、全面教育为原则,着手进行教育改革。

按:《教育部整理教育方案草案》说:"凡一国政治之改革,不可不随以教育之革新。政治在于整理现在,教育在于整理未来。此定例也。前清之季,政治纠纷已达其极,所谓兴学者亦若莫名其所以然,上作而下不应,一也;有其名而无其实,二也;举一而漏百,见小而遗大,三也;民国仍之,弊亦相等。窃谓居今而言教育,非施以根本治疗不可;爰本斯旨,先立我国今日之教育方针,以概整理方案之凡焉。第一,变通从前官治的教育,注重自治的教育。教育本为地方人民应尽之天职,国家不过督率或助长之地位。英为立宪祖国,教育甚盛,以学官之外含有自治的精神也。我国教育放任诸民者数十百年,民久不知兴学为何事,一旦鉴于列强之盛衰,知无学不足以立国,国家收回教育权,欲以制度划一之,文书督促之,民间阒然弗相感应;欲立一校,动需国帑,否则终于无成。其结果,人民即学有一长,非赖国家之代为谋,即不能有所自见。是皆偏于官治之病,而未鼓舞其自治心,故父兄视子弟之就学与否,漠不相涉,子弟就学亦不知所以自效于国家,此习未除,教育终无良果。今后方针注重自治的教育者,国家根本在于人民,唤起人民的责任心,而后学务能起色也。第二,力避从前形式的教育,注重精神的教育。教育者教人之所以为人也,在孔谓之成己,成己必自诚始;诚者非局于外象,而在发展内部之精神。从前教育有所谓泥古之弊,泥古陷于形式也;又有所谓醉新之弊,其陷于形式亦同。所恶于形式教育者,应有尽有,不事深求;机械之作用日深,斯理性之会通日鲜;学科之排列,教材之增减,以及身心之修养,在有其精神所寄。如以不求甚解,出之则外形或有可观,而精神云亡,育成废材,不啻为阱于国内。今后方针注重精神的教育者,发扬人间固有之心灵,求能成己以适用于社会也。第三,摈弃从前支节的教育,企图全部的教育。教育范围最广,包举无遗;欲图学务之刷新,不能不谋全部之改善。前清未立中小学,先办大学,不特倒置,亦嫌骈枝;其后办理学务,类多头痛医头,脚痛医脚,支离破碎,成效难期。民国成立,于学校教育以外,加入社会教育,纲领已举;然学校教育,于普通则以推广改良为要,于专门则以实施为要,于实业则以利用为要;社会教育则在预为倡率以开其端,此非同时并举不可。今后方针注重全部的教育者,一子错则全局皆非,互相关联,未可以顾此失彼也。"本上要旨,列出整理方案 30 则,其中对中小学国文教学作出规定:"中小各学校修身国文教科书,采取经训,以保存固有之道德。大学院添设经学院,以发挥先哲之学说";此外,"各学校宜置国文于科学的基础上,格外注重,尤以适用为主。"(王学珍、张万仓编《北京高等教育文献资料选编1861—1948》,首都师范大学出版社 2004 年版)。这是袁世凯尊孔复古的前奏,虽未正式提出设立经科,却已明确要求国文和修身两科务必采取经训。

是年,《中华实业界》《中华小说界》《超然》《正谊杂志》《税务月刊》《京师教育报》《法律周报》《新民报》《金陵神学志》《清华周刊》《农林月报》《留美学生季报》《中华杂志》《民权素》《兵事杂志》《甲寅杂志》《新剧杂志》《民国杂志》《消闲钟》《四川税务汇刊》《教育公报》《礼拜六》《国学丛刊》《中华图书界》《财政经济杂志》《夏星杂志》《学生杂志》《国学》《娱闲录》《五铜元》《教育粹编》《欧洲战事汇报》《欧洲风云》《欧洲战纪》《余兴》《农商公报》《四川财政汇编》《山东教育公报》《小说旬报》《人籁》《俳优杂志》《织云杂志》《世界杂志》《共和杂志》《公言》《丙寅花》《医药观》《七襄》《剧场月报》《绍兴教育杂志》《眉语》《京都市政通告》《湖南省财政汇要月刊》《研究杂志》《垦务公报》《女子世界》《民口杂志》《东社》《销魂语》《朔望》《情杂志》《白相朋友》《亚东小说新刊》《好白相》《香艳杂志》《七天》《妇女》《最近滑稽杂志》《香艳小品》《金星杂志》《快活世界》《黄花旬报》《十日新》《小说丛报》《上海滩》《江东杂志》《中华童子界》《民强报》《扶风月报》《不忍杂志汇编》《礼拜六》《清华进步丛刊》《讲案》《旗族月报》《公民急进党丛报》《中西商务报》《农商部观测所》《民国》《汉口新闻报》《香港大学学报》《妇女杂志(上海)》《教育粹编》《京师教育画报》《福建教育行政月刊》《博物学志》《商学杂志(天津)》《财政月刊》《福幼报》《长春商业时报》《长郡周刊》等报刊创刊。

二、学术活动

章炳麟 1 月 3 日欲乘车离京,为军警所阻。7 日,章炳麟以大勋章作扇坠,临总统府之门,大诟袁世凯之包藏祸心。自此被袁世凯软禁于北京石虎胡同军事教练处,消息传出,舆论哗然。20 日,章炳麟迁于龙泉寺,仍被监禁。3 月,王静庵编辑的《章太炎文钞》由上海中华图书馆石印刊行。6 月上旬,开始绝食,以死抗争,持续七八日,引起社会各界关切。6 月16 日,被移至本司胡同铁如意轩医院,才恢复饮食。7 月 24 日,因黎元洪等再三疏解,被迁入东四牌钱粮胡同一家民房,由巡警充当门卫。但准其学生前来探视,同时可以读书和写作。8 月 22 日,弟子鲁迅、许寿裳往来访。冬,开始修订《訄书》,改名为《检论》,从分卷到内容,都有很大变动。是年,又撰《宋武帝颂》《魏武帝颂》《巡警总监箴》《肃政使箴》等,并有《民国经世文编》出版。(以上参见姚奠中、董国炎《章太炎学术年谱》,山西古籍出版社 1996 年版;汤志钧编《章太炎年谱长编》,中华书局 1979 年版)

按:《检论》共 62 篇,另有附录 7 篇,分为 9 卷。陈壁生通过《检论手稿》还原从《訄书》到《检论》的修订情况,认为章太炎在钱粮胡同软禁期间最重要的学术工作之一,就是根据《訄书》修订本,整饬旧章,增削篇目,作成一全新著作《检论》。至此,《訄书》初刻本至《訄书》重订本,最终定于《检论》,章太炎的"《訄书》—《检论》"系统得以完成。根据《检论手稿》30 篇,我们可以看到,章太炎对《訄书》重订本进行修改,重新编订成《检论》,大体上经历了三个步骤。第一步,是 1913 年以前初步写成的"自著《訄书》改削稿本"。《訄书》重订本出版之后,章太炎对此书并不满意,开始着手进行修改。修改的方式是直接在《訄书》重订本的 1906 年再版本上进行改动,同时重新编制目录,删除 5 篇,改题 8 篇,增目 29 篇。这部分的改动时间,可以确定在 1913 年之前,因为章太炎 1913 年在上海,8 月 10 日至天津,11 日入京,离开上海之前,此稿存于哈同花园。

第二步,是手写《检论手稿》30 篇。这 30 篇的内容,与《訄书》重订本进行对照,其特征特别明确,一是包括了《訄书》重订本所无、《检论》新增加的几乎所有文章。二是包括了 13 篇《訄书》重订本、《检论》作出大幅度修改的文章,分别为《订孔上》《道微》《原法》《儒侠》《本兵》《学变》《通程》《议王》《思葛》《原教》《争教》《官统上》《惩假币》。第三步,是章太炎对手稿内容的进一步修改。《检论手稿》有大量的作者自改痕迹。这一手稿诸多篇章都在红 8 行之外,增补了大量内容,这并非在写作过程中随写随改,而是在写作完成、修缮完稿之后,作者再一次进行修订,因此,删改极少,增补很多,而且增补内容大多在纸版上方空白处。这表明《手稿》是经过了二次抄写而成。自《訄书》至《检论》,年代自晚清而跨民国,典型反映了章太炎辛亥前到辛亥后的思想变化。其中,特别典型的是章氏对经学、对孔子态度的变化。《訄书》初刻本尊荀、客帝,《訄书》重订本文化上反孔,政治上更具革命思想,《检论》中加入“六艺论”,在《订孔》中进一步尊孔,转向建设性的“国学”,这种转向本来就超越了“革命”与“保守”政治立场的二元对立。通过章太炎在修改过程中的两批手稿,更加可以体察这一迁变过程的细微之思。朱维铮先生为《章太炎全集》之《訄书》《检论》所写前言与编校,汤志钧先生《章太炎年谱长编》之 1914 年部分,姜义华先生的《〈检论〉的文化史意义》,都专门讨论了《訄书》《检论》的各种版本及成书问题,主要的依据,即是这一国家图书馆藏《訄书》重订本的手改本。(参见陈壁生《从〈訄书〉到〈检论〉——章太炎先生〈检论手稿〉的价值》,《人文杂志》2019 年第 11 期)

梁启超 1 月辞去《庸言》报馆负责人,改由黄远庸担任,梁德獬任发行人。撰述者主要有丁世峄、孔昭焱、吴贯因、周善培、周宏业、周效璘、周季侠、张謇、林纾、林唯刚、林长民、夏曾佑、徐佛苏、姚华、梁启勋、麦孟华、陈衍、陈家麟、景学钤、汤明水、汤觉顿、黄为基、张嘉森、熊垓、饶孟任、严复、魏易、蓝公武、籍忠寅等。2 月 12 日,熊希龄辞去国务总理职以后,曾数次请辞未准。19 日,任币制局总裁。20 日,梁启超获准辞去司法总长职,上《呈请改良司法文》列举十事,请袁世凯采择施行。

按:《呈请改良司法文》列举以后司法上应当改进者十事为:一、法院审级宜图改正;二、审理轻微案件宜省略形式;三、宜明立审限;四、上诉宜分别限制变通;五、宜速编刑律施行法;六、宜酌复刺配笞杖等刑,以疏通监狱;七、宜设立法官养成所;八、宜严限律师资格;九、宜将一部分之罪犯划归厅外审判,而法外之干涉则严行禁绝;十、宜保存现有机关,而由国税支应经费。

梁启超 2 月撰写《清史商例》,系为讨论清史修纂体例而作,主张本纪宜简练,应批评帝王施政得失;后妃、诸王与国事无关,不立传而归诸表;各代政治大事均列事表,以便纵览始末、因果;增设都市、物产、学校、邮传、乡政、古物、宗教、国书等志;列传以名位为经,时代为纬,各为丛传。革新、创见之处颇多,然未被采纳。3 月 10 日,币制局开局,正式就任总裁。6 月 20 日,参政院成立,被任命为参政员。同日,在孔教会演讲《知命尽性》。8 月,《康梁文集》合刻由共和编译局出版。10 月 2 日,出席参政院第十五次会议,就日军侵占潍县车站事提出质问政府案,后经邓镕、黎渊、朱文邵等相继表示赞同之意后,由黎元洪议长指定梁启超、陈国祥、熊希龄、王家襄、宝熙等 5 人为起草员。11 月 6 日,在北京青年会演讲《欧战后思想之变迁》。11 月 20 日,梁启超在清华大学的演说词——《梁任公先生演说词》刊于《清华周刊》第 20 期,梁启超在演说中提出“自强不息”“厚德载物”应为“君子”之条件,又说:“清华学子,荟中西之鸿儒,集四方之俊秀,为师为友,改良我社会,改良我政治,所谓君子者,非清华学子,行将焉属?”,是为清华独立人文精神之孕育之标志,“自强不息”“厚德载物”成为清华大学之校训。12 月 27 日,坚辞去币制局总裁职。冬,假馆于北京西郊清华学校,著《欧洲战役史论》一书,书成后并为赋示该校校员及诸生诗一篇。是年,撰写《余之币制金融政策》《银行制度之建设》等。(以上参见丁文江、赵丰田编著《梁启超年谱长编》,上海人民出

版社 2009 年版；齐家莹编撰《清华人文学科年谱》，清华大学出版社 1999 年版）

张謇 1 月 1 日往总统府觐贺，参加袁世凯新年宴会，并代表全体演说。同日，与刘垣、孟昭常、蒋汝藻等游琉璃厂，观赏书画。5 日，将农商部机关由原农林部址迁至西城丰盛胡同全国水利局址。25 日除夕，与马相伯、张相文、管石臣、许德润往香山静宜园休憩，参观女子初等小学校。2 月 6 日，拟文呈袁世凯，谓"当并采万国度量衡通制，为法定之制度也"。7 日，与熊希龄制定《国币条例》《国币条例施行细则》。同月，南通图书馆建成，聘沙元炳任馆长，张謇自任名誉馆长。3 月 18 日，出席约法会议开幕式，孙宝琦、朱启钤、周自齐、章宗祥、蔡儒楷、梁士诒、马相伯等与会。同月，成立通俗教育社并任社长。4 月 2 日，与孙宝琦宴请赴美太平洋博览会代表团成员。

按：美国纪念巴拿马运河通航，在旧金山举行博览会。我国由部令各省征集物品，派员参加，并组织游美报聘实业团出发。部派陈琪及随行人员，于 12 月 29 日抵达旧金山。

张謇 6 月 15 日与江谦晤谈，荐任南京高等师范校长。24 日起，在《通海新报》连载《江苏测绘舆图议》。同月，所建南通医学专门学校附属医院新院舍落成，题"南通医院"院名。8 月 26 日，在江苏省教育会在上海举行的常会上当选为会长，黄炎培为副会长，沈恩孚、袁希涛、蒋季和、杨锦森、贾丰臻、庄俞、吴家煦、赵钲铎、沈颐、凌昌焕、王朝阳、杨保恒、杨同颖、徐善祥、陆裕柚、陆瑞清为干事员。10 月 6 日，与熊希龄、梁启超、诸宗元等于京华春小饮，又同往天乐园，观梅兰芳演《贵妃醉酒》。11 月 25 日起，在《通海新报》连载《关于导淮程序先宜注重淮河历史地理说帖》。（以上参见庄安正《张謇年谱长编（民国篇）》，上海交通大学出版社2018 年版）

孟森应农商总长张謇至邀，参与《商人通例》的修订。随后《商人通例》与《公司条例》以大总统令公布施行。其中《商人通例》多出自孟森之手。

按：清政府曾于光绪三十年（1904）初颁布《钦定大清商律》共 140 条，包括"商人通例"和"公司律"两部，是为中国近代民商法和企业法的开端。又于宣统二年编成《大清商律草案》，由修订法律馆重加修改，但资政院未及通过，清政府即被推翻。北洋政府成立后，农商总长张謇对上述公司法草案和商法总则草案加以修订，于 1914 年以大总统令公布施行，即《公司条例》与《商人通例》。据郑天挺《孟心史先生晚年著述述略》（《治史杂志》1939 年第 2 期）载，此《商人通例》实出自孟氏之手。（参见孙家红《师之大者：史学家孟森的生平和著述》，《书品》2007 年第 2 期）

严复等 70 人 5 月 26 日被袁世凯任为参政院参政，黎元洪为院长，汪大燮为副院长。10 月 27 日，严复在参政院第十九次会议上提出"导扬中华民国立国精神"议案，建议以"忠孝节义四者为驻华民族之特性""为立国志精神"。12 月，严复被海军部编史处聘为总纂，分派部员编辑《海军实纪》等。是年，严复加入乡人林纾倡组的晋安耆年会。后林纾作《晋安耆年会图》，严复在图上题诗。（以上参见罗耀九主编《严复年谱新编》，鹭江出版社 2004 年版；孙应祥《严复年谱》，福建人民出版社 2014 年版）

刘师培是年春由阎锡山推荐，入袁世凯总统府为内史。刘师培所著《左盦杂著》收录《古本字考》《古重文考》等文，由四川成都存古书局印行。4 月，所撰《廖氏学案序》载《国学荟编》（即原《四川国学杂志》）民国三年第 4 期。7 月 10 日，所撰《鞠躬解》载《雅言》第 7 期。25 日，所撰《答四川国学学校诸生问说文五通》载《雅言》第 8 期。8 月 10 日，所撰续篇《答四川国学学校诸生问说文四通》载《雅言》第 9 期。12 月，为吴虞《骈文读本》所作《序》付印。是年，又撰有《刑礼论》《民国三年答钱玄同书》《舒兆熊妻夏孺人墓志铭》《中国宗教原始》《清三等轻车都尉杨君墓志铭》等。（以上参见陈奇编《刘师培年谱长编》，贵州人民出版社 2007 年

版;黄锦君《刘师培生平学术年谱简编》,《儒藏论坛》2009年第1辑)

马相伯10月24日在天津广东会馆演讲,阐发"政教分离"的宗教主张。又发表《一国元首应兼主祭主事否》,反对以孔教为国教,以国家元首代为祭天。后发表《信教自由》等文,坚持政教分离、信仰自由的主张。《信教自由》最后说道:"国有国律,家有家法,不遵国律者为莠民,不守家法者为逆子。造物主亦颁法律规约,十诚七迹,非国律家法乎? 祭礼祀典,悉为造物主亲自颁行者,不能妄用淫祀滥祭,违者对于造物主有非常罪孽,关系非轻。故请研究宗教诸君,当按良心,慎择真宗教之所在。择定后,认识造物主为大君大父而敬奉之。譬如忠臣之事君,孝子之事亲,对于国法家法,凛凛焉守之弗敢违,然而孝子忠臣,亦何尝失其自由权耶?"是年,马相伯继续向后任总理熊希龄商讨筹建函夏考文苑一事,后因局势变化而搁置,计划胎死腹中。马相伯儿子马君远去世,儿媳马邱任我带养孤女马玉章,承嗣马氏。于右任、邵力子等复旦学子为马相伯捐助抚恤费万元,大部被转捐给启明女校办学。

按:马相伯后又有《信教自由》(1914)、《保持〈约法〉上人民自由权》(1916)等文,坚持政教分离、信仰自由的主张。(参见李天纲编《中国近代思想家文库·马相伯卷》及附录《马相伯年谱简编》,中国人民大学出版社2014年版)

杨度为袁世凯取得中华民国大总统之位立下了汗马功劳,但并未实现"帝师"的目标。袁世凯对杨度这位重要谋臣并未予以重用,而是授予诸如勋四位、汉口商场督办、参政院参政等闲职。9月,熊希龄组织"名流内阁",因杨度与熊希龄关系非常密切,原拟杨度出任交通总长,但因梁士诒从中作梗而未果,改为教育总长。自视甚高的杨度对教育总长没有多大兴趣,以"帮忙不帮闲"为由予以拒绝。从唐绍仪内阁到孙宝琦内阁,杨度在五届内阁中一席未占。原本想在政事堂中谋取国务卿以实现宰相之梦想的愿望,也彻底落空。杨度深感气闷至极,苦苦思索进身之路。(参见左玉河编《中国近代思想家文库·杨度卷》及附录《杨度年谱简编》,中国人民大学出版社2014年版)

汪大燮年初继续任教育总长。1月19日,教育部颁发《管理留学日本自费生暂行规则》,对自费留学生资格、留学经费筹措及保证人、成绩验明等事项进行规定。2月,汪大燮辞教育总长。同月20日,令严修继任教育总长,未就职。严未到任前,派蔡儒楷暂署教育总长。同在2月,教育部令各学校、商店将教科书中刊有孙文、黄兴照片及对孙、黄赞扬之词一律删除净尽。5月,汤化龙任教育总长。同月19日,教育部批准北京私立民国大学、私立中华大学、私立明德大学、私立中国公学立案。6月28日,教育部呈准筹办历史博物馆。同月,汤化龙在《上大总统言教育书》提出:"化龙洞观世变,默察民情,知非明定教育指针,昌明道德,不足以正人心而固国本。深维孔子之道,最切于伦常日用,为举国所敬仰,其言行多散见于群经。历代本其训诂、词章、性理、制艺之说以诠孔学,名为尊孔,而实则乖。兹拟宣明宗旨于中、小学校修身或就国文课程中采取经训,一以孔子之言为旨归;其有不足者,兼采与孔子同源之说为辅。一面厘定教育要目,自初等小学以迄中学,其间教材之分配,条目之编列,均按儿童程度,循序引伸。揆之教育原理,既获以善诱之法,树厥初基,按之全国人心,亦克衷至圣之言,范其趋步,崇经学孔,两利俱存。庶几救经学设科之偏,复不蹈以孔为教之隘。"随后,教育部根据教育总长汤化龙的《上大总统言教育书》,发布《饬京内外各学校中小学修身及国文教科书采取经训务以孔子之言为指归文》的规定,要求中小学的修身与国文课,均以儒家经籍和孔子的言论为准。7月6日,教育部颁布《教育部直辖专门以上学校教职员薪俸暂行规程》13条,其中规定了各级各类学校校长、学监主任、庶务主任、教务主任、分科学长、专任教员、兼任教员等的聘任手续、任职资格等;教育部公布《教育部直辖专门以上学校职员任务暂行规程》14 条,其中规定了专门以上学校设有校长、学长、教务主任、教员、学监主任、学监、庶务主任、事务员等职位,以及各职位应履行的职责。教育部公布《教育部直辖专门以上学校职员薪俸暂行规程》20 条,其中规定了各学校各职别的薪俸标准。9 日,教育部颁发《奖学基金条例》。8 月 14 日,教育部颁发《管理留美生事务规则》,规定留美学生监督管理教育部及各省留美生事务,并对留学各项经费、学业证明、归国事宜进行规定。同月,教育部颁布《学术评定委员会分科评定规程》,对学术评价的范围进行分类,根据大学学科的设置,将学术评价分为文、法、理、工、农、商、医 7 科。11 月 10 日,《政府公报》载《教育部呈筹拟接修北京大学工程办法》,大总统批令:"准如所拟办理,交审计院查照。"19 日,教育部颁发《管理留日学生事务规则》。12 月,教育部公布《教育部整理教育方案草案》,提出要对民国初年的教育体制进行改革,以自治教育、精神教育、全面教育为原则,着手进行教育改革。其核心也就是恢复读经。"中小学校修身国文教科书,采取经训,以保存固有之道德;大学添设经学院,以发挥先哲之学说。"(参见王学珍等编《北京大学纪事(1898—1997)》,北京大学出版社 1998 年版)

　　胡仁源 1 月任北京大学校长,拟订整顿大学计划书,对本科和预科分别进行调整充实。主要措施如下。一是扩大招生:暑假后本科添招新生。文科除中国文学外,增加中国哲学、英国文学二门。二是增聘教员:新聘专任教员 6 人,其中文、法科各 2 人,理、工科各 1 人。兼任教员也略有增加。当时,北大已拥有一批知名教授,诸如陈黻宸、黄侃、马裕藻、沈尹默、钱玄同、朱希祖、陈汉章、冯祖荀、俞同奎、胡濬济、张大椿、陶孟和、温宗禹、夏之璵、徐崇钦、王建祖、马叙伦、张耀曾等。三是改进教学方法:精简课程,订立考试规则,注重实地教授,理工科加强实验和校外实习。四是编写教材和教授要目:成立教科书编委会,分为六组:修身(即伦理学)、国文由沈尹默主编;物理由柯育杰主编;化学由俞同奎主编;数学由胡濬济主编;英语由严恩樰主编;图画由王季绪主编。此外,还要求教师编写各课的教授要目(即教学大纲)。五是添购教学设备:除原有实验室外,新设物理实验室、化学实验室、材料试验室、试金室各一处,还添购了一些实验仪器和图样模型。六是整理图书:大学图书馆所藏中西书籍不下十数万册。因管理不善,颇多散失。年初以来即大加整理,将所有书籍详细清查重新编定目录。此外还增设中、西书籍阅览室各一处,将常用方籍开架陈列,每日上午 8 时至晚 10 时开放,师生均可自由阅览。七是加强对预科的管理:预科设三主任:文科第一主任,管理伦理、国文、本国历史、地理等课的教学;文科第二主任,管理外语、外国历史、法制、经济、论理(逻辑)、心理等课的教学;理科主任:管理数学、物理、化学、地质、矿物、图画、测量等课的教学。预科专任教员每周授课不得少于 12 小时;请假时间长的须找人代课,时间短的自己补课。兼任教师计时授课,计时支俸。八是培养专门学者,强调"大学设立之目的,除造就硕学通才以备世用而外,尤在养成专门学者"。以上 8 项重要举措的实施取得了显著成效,为北大后续发展奠定了良好基础。

　　按:胡仁源在计划书中说:"我国创立大学垂十余年,前后教员无虑百数,而其能以专门学业表见于天下者,殆无人焉,不可谓非国家之耻矣。"他认为造成此种状况的原因有三:一是"社会心理大都趋重于官吏之一途,为教员者多仅以此为进身之阶梯,故鲜能久于其任";二是教师"每年所担任科目本已极多,而且逐年更换";三是"学问之士居本国而久,往往情形隔阂,学问日退"。为了解决这些问题,他提出三条措施。一、"延聘教员,务宜慎选相当人才,任用以后,不可轻易更换。国家对于教员尤宜格外优遇,以养成社会尊尚学术之风"。二、"各科功课由教员按照所学分别担任,至多不过三四科目。认定以后,每年相同,非有必要情形,不复更易"。三,"于各科教员中每年轮流派遣数人,分赴欧美各国,对于所担任科目为专门之研究。多则年余,少则数月,在外时仍支原薪"。这样才能使"校内人士得与世界最新知识常相接触,不致有望尘莫及之虞"。(参见萧超然等编《北京大学校史》,北京大学出版社1988年版)

夏锡祺8月19日由教育总长汤化龙签发委任为北京大学文科学长。此前姚永概任文科教务长,桐城派的学风在北大文科居于优势。夏锡祺代替姚永概主持北大文科后,引进了章太炎一派的学者,如黄侃、马裕藻、沈兼士、钱玄同等先后到北大文科教书,他们注重考据训诂,以治学严谨见称。这种学风以后逐渐成为北大文史科教学与科研中的主流,北大文科的学风也发生了显著变化。据《北京大学民国三年教职员录》,当时北京大学文科教员有:陈汉章、陈大齐、黄侃、陈衍、陈黻宸、阿德利(英国人)、姚永朴、马叙伦、胡玉缙、辜鸿铭、崔适、朱希祖及胡以鲁等10余人,韩述组、沈尹默、杨效曾、马裕藻、林损等5人为文科预科教员。(参见王学珍等编《北京大学纪事(1898—1997)》,北京大学出版社1998年版;萧超然等编《北京大学校史》,北京大学出版社1988年版;姚柯夫编著《陈中凡年谱》,书目文献出版社1989年版)

沈尹默继续在北京大学预科执教。6月13日,马裕藻、钱玄同、鲁迅等先后来访。7月1日,教育总长为教科书编纂纲要审查会事,饬知司长陈清震等,谈及沈尹默等为教科书编纂纲要审查会负责修身、国文学科查及编纂事宜。9月13日早晨,访钱玄同。14日,与沈士远、沈兼士同赴钱玄同生日宴,又由钱玄同代购书籍。16日,钱玄同借去《卷施阁文集》。18日,钱玄同偕崔适来访,又同访胡仁源。20日中午,赴康宝忠宴,同席有崔适、朱希祖、钱玄同等。27日,因康宝忠锵远行,与钱玄同、朱希祖等在瑞记饭店为其饯行,同席有黄侃、鲁迅等。12月13日,在马裕藻家遇见鲁迅、许寿裳等。31日,在马裕藻家遇见鲁迅等。是年,改教授北京大学预科国文,原授预科历史由刚从北大毕业的陈汉章接替。同年,沈尹默弟沈兼士也入职北京大学,讲述文字学、《说文解字》等。

按:至1918年,沈尹默大哥沈士远,响应蔡元培的感召,被聘为北京大学预科教授,讲述《国学概要》,于是兄弟三人皆为北京大学教授,号称"北大三沈"。

朱希祖1月3日与钱玄同、沈尹默同游厂甸,遇鲁迅。6月上旬,章太炎被袁世凯软禁于北平东四牌楼钱粮胡同后,朱希祖常往探视。下旬,章太炎派朱希祖赴上海接眷赴京。30日,朱希祖抵达上海。8月11日,致信鲁迅,欲引周作人为北大英文教授。12日,鲁迅回信,谢绝朱希祖的引荐。28日,访鲁迅。同月,黄侃为北大教授。同月,袁世凯于3月9日批准设立清史馆正式开馆。9月,朱希祖被聘为清史馆协修。为《清史稿》体例,作《拟〈清史〉宜先修志表后纪传议》。同月初,黄侃应北大教授之聘抵达北京。27日,北京章门弟子聚宴于瑞记饭店,此次聚宴当是为黄侃接风。12月8日,鲁迅致函朱希祖。12日,朱希祖致函鲁迅。冬,章太炎绝食时,曾呼朱希祖至榻前,指示学术门径,立授以生平著述草稿。(参见朱元曙、朱乐川《朱希祖先生年谱长编》,中华书局2013年版)

马裕藻与朱希祖2月22日晚同访鲁迅。6月13日,访沈尹默。12月13日,鲁迅、许寿裳、沈尹默、沈兼士、钱玄同会于马裕藻家。31日,鲁迅、许寿裳、沈尹默、沈兼士、朱希祖、钱玄同、汪东、胡仰曾等再会于马裕藻家。章太炎先被袁世凯监禁于龙泉寺,后被移居东四牌楼如意轩医院软禁。章门弟子极力营救。上述聚会,当是商讨营救章太炎事。(参见朱元曙、朱乐川《朱希祖先生年谱长编》,中华书局2013年版)

黄侃1月多次与钱玄同讨论音韵。同月,赴天津出任直隶都督赵秉钧幕僚长。3月,因赵秉钧被毒杀,离津返沪,专心撰述。9月,黄侃应北京大学教授之聘,讲授文字孳乳、词章学及中国文学史。同月27日,与钱玄同、朱希祖、马幼渔、沈尹默、沈兼士、刘通一、周豫才

(即鲁迅)等聚会。10月,与陈敲宸、林损订交,作《赠公铎》。是年,范文澜入北京大学文科国学门,授以《文心雕龙》之学;刘赜、张馥哉、孙世扬、曾缄、骆鸿凯、金毓黻、钟歆、楼巍等就学北京大学文科国学门,执贽称弟子;又编撰《制言》杂志。

　　按:黄侃论文有取于六代,欣赏阮元推重的"文笔说",尤深于《文选》之学,对桐城古文展开了激烈的批评。章炳麟(太炎)回忆:"余弟子黄季刚初亦以阮说为是,在北京时,与桐城姚仲实争,姚自以老髦,不肯置辩。或语季刚:呵斥桐城,非姚所惧;诋以'末流',自然心服。其后白话盛行,两派之争,泯于无形。"(章太炎《国学讲演录·文学略说》,华东师范大学出版社1995年版)范文澜《文心雕龙讲疏序》云:"曩岁游京师,从蕲州黄季刚先生治词章之学。黄先生授以《文心雕龙》札记二十余篇,精义妙旨,启发无遗。退而深惟曰:《文心》五十篇,而先生授我者仅半,殆反三之微意也。用是耿耿,常不敢忘。今兹此篇之成,盖亦遵师教耳。异日苟复捧手于先生之门乎,知必有以指正之,使成完书矣。"(参见司马朝军、王文晖《黄侃年谱》,湖北人民出版社2005年版)

　　陶孟和原任北京高师教授,1月,胡仁源接替何燏时继任北京大学校长,聘请了一些留学日本、欧美的青年学者到北京大学执教,陶孟和是其中被聘教授之一,主讲社会学、教育社会学、社会心理学、社会学原理及社会问题等新兴课程,成为北京大学社会学科的开山鼻祖。是年至次年,陶孟和参与了有关北平人力车夫生活与工作状况的调查研究,著有《北京人力车夫之生活情形》一文。(参见暴玉谨《陶孟和的早期活动及思想研究(1887—1926)》,河北大学硕士学位论文,2011年)

　　张耀曾继续就读于日本东京帝国大学。孙中山在日本准备将国民党改组为具有极严格纪律、步调统一的中华革命党。8月,孙中山在东京组织了这一团体。李烈钧、李根源、熊克武、钮永建、陈炯明、邹鲁、程潜、陈独秀、谷钟秀、张耀曾等100余人出席了会议。张耀曾从日本东京帝国大学毕业回国,任北京大学法科教授。(参见张耀曾《宪政救国之梦张耀曾先生文存》,法律出版社2004年版)

　　陈大齐年初继续任北京法政专门学校预科教授,后被北京大学聘为北京大学心理学教授。教授哲学概论、心理学和理则学等课程。在新旧观点激烈碰撞的年代,陈大齐强调"强国必先强种,强种必先强身,强身必先强心",认为国民的心理健康是"强国"根本,由此开始了在北大的心理学的学术建设。(参见周进华《经师人师——陈大齐传》,商务印书馆1986年版)

　　姚永朴应聘为北京大学文科教授,其任教于北京大学的课堂讲义《文学研究法》始撰于上年底,是年初成书。作者以史系文,涉及文学发展史、文学理论史、文学批评史三个层面,旨在构建文学发展史的谱系。卷一包括《起原》《根本》《范围》《纲领》《门类》《功效》六目,具有文学总说的性质,可以视为文学本质论。卷三篇目别为《性情》《状态》《神理》《气味》《格律》《声色》,为文学作品构成论。卷四篇目分别为《刚柔》《奇正》《雅俗》《繁简》《疵瑕》《工夫》,属于文学风格论。姚永朴弟子张玮言:"先生论文大旨,本之姜坞、惜抱两先哲。然自周秦以迄近代,通人之论,莫不考其全而撷其精。故虽谨守家法,而无门户之见存。"可见,此著对中国古代文论进行历时性的总结,采撷其精,并融之于桐城派的文论话语体系中,赋予晚期桐城文论更为融通开放的格局。(参见方盛良《"史识":姚永朴建构"文法"的一个灵魂》,《安徽大学学报》2009年第6期)

　　陈黻宸专任北京大学史学与诸子哲学教授,主讲中国哲学史和诸子学等课程。是年,著有《诸子通义》10卷,为诸子哲学课程讲义。此书作为现代中国哲学史学科创设时期的早期研究成果,对从传统诸子学转型为新型诸子哲学研究有所贡献,兼具一定的学术价值与历史意义。

按:陈中凡、黄建中、稽文甫、冯友兰等在中国哲学史领域先后有所建树的学者,皆为陈黻宸当年在北京大学的学生。冯友兰《我在北京大学当学生的时候》回忆道:"在中国哲学门里,有一位受同学尊敬的教授,叫陈介石(黻宸),他给我们讲中国哲学史、诸子哲学,还在中国历史门讲中国通史。他讲的是温州那一带的土话,一般人都听不懂,连好多浙江人也听不懂。他就以笔代口,先把讲稿印发出来,上课的时候,登上讲台,一言不发,就用粉笔在黑板上写,写得非常之快,学生们抄都来不及。下堂铃一响,他把粉笔一扔就走了。好在他写的跟讲义虽然大意相同,但是各成一套,不相重复,而且在下课铃响的时候恰好写到一个段落。最难得的,是他虽不说话,但却是诚心诚意地为学生讲课,真有点像庄子所说的'目击而道存',说话成为多余的了。他的课我们上了一年,到1916年暑假后我再回到北大的时候,听说他已经病死了,同学们都很悲伤。"

陈汉章从北京大学毕业。北大还是履行前约,让其留校任教,接替沈尹默授预科历史。

按:沈尹默《我与北大》载:"京师大学堂的怪人怪事不少。我进北大预科教书的那一年,见到差一年就要毕业的一位大名鼎鼎的老学生陈汉章。此人那时约四、五十岁,和陈石遗相仿,是一位经学大师,浙江象山人,读书甚多,颇为博杂。京师大学堂慕其名,请他去教书,他却宁愿去当学生。为什么呢?此人身体虽已入民国,脑袋却还在封建时代,平生有一大憾事,就是没有点翰林。清末废科举,兴学制,设立京师大学堂,然朝野之间,对科举记忆犹新,不少知识分子未能忘情,陈汉章就是其中之一。当时流行一种看法:京师大学堂毕业生,可称为洋翰林,是新学堂出来的,也是天子门生。陈汉章必欲得翰林以慰平生,因此宁愿做学生,从一年级读起。但是,不久辛亥革命起,清王朝被推翻,陈汉章洋翰林的梦也随之破灭。我进北大预科的第一年教历史,第二年,陈汉章毕业了,北大还是践前约,由他接我的手教历史,我则教国文去了。"

傅斯年继续在北京大学预科攻读。秋,与沈沅等发起成立"文学会",这是一个以学生为主体、以研究辞章作文、提高文学素养为宗旨的业余团体。同时创办《劝学》杂志,刊名由严复用草书体题写而成。后又进一步加以扩大,改组为"雄辩会",该会以修缮辞令,沟通思想,提高思辨能力,锻炼演讲能力为宗旨,内分国文、英文两部,每部下设演讲、著述二科,傅斯年担任国文部副部长兼编辑长。(参见欧阳哲生《傅斯年与北京大学》,《北京大学学报》1996年第5期;顾潮编《顾颉刚年谱》,中国社会科学出版社1993年版)

顾颉刚因欲改入北京大学文科,休学半年,每日看戏,由此认识到戏剧故事的变迁。因读刘知几《史通》,深喜其系统的记叙与批评,拟作《戏通》,列目五十题。欲将古今戏剧之演化,地方戏剧的风格,各角色的名目及任务,各种切末的意义及其使用,各种剧本与小说的关系,一一考出写出。受章太炎攻击今文经学家"通经致用"的启发,产生为求真知而治学的意志。春,为《古今伪书考》作跋。秋后入预科一部,始正式用功。从夏曾佑《中国历史教科书》里得知上古有"神话时代"和"传疑时代"。11—12月间,作《丧文论》,上一班同学沈沅、傅斯年等秋间发起"文学会",出版《劝学》杂志,来邀稿。顾颉刚因受章太炎影响,痛恨今文家的造谣,乃作是文斥孔教会。文中认为,《六经》是诸子共有,非孔子专属,把孔教徒、古文家、新小说家、新教育家都实实在在批判了一番。又说《六经》把它当作一般的书去看就好了,可是,"后人诡谀,钩为大法",整个行文语气颇为激烈。

按:当时学兄傅斯年准备把这篇文章放在他们打算创刊的杂志《劝学》上,还准备放在首篇,但其他同学有点不敢,于是拿给文科教员桂邦杰老先生看,老先生一看心下大惊:"这种东西哪里可以印出来!"此文便没有发出来。但这对顾颉刚并没有丝毫影响,他对学问的思考都写入了读书笔记,就孔子这个话题而言,顾颉刚在读书笔记记载了好多条,在1916年的笔记中,顾颉刚说,汉代讲究谶纬,受黄老之学影响,凡是为人所崇拜的对象几乎都成了神仙,"使非后来禁绝谶纬,则孔子亦三清教主之流耳。汉代最荒学术,无推理之思想,故今文家之邪说,与方士合为一也"。顾颉刚的这个想法后来就写成了一本小书《秦汉方士与儒生》。

顾颉刚是年冬记《寒假读书记》,此为毕生所记200册读书笔记之首。12月16日,顾颉刚读书笔记篇首所写一段话,不啻是自道心声:"余读书最恶附会,更恶胸无所见,作吠声之犬……吾今有宏愿在:他日读书通博,必举一切附会影响之谈悉揭破之,使无遁形,庶几为学术之豸。"顾颉刚主张读书要兼收并容,不可偏废,不存成见,多积常识。"豸"据说为传说中的神兽,可辨善恶曲直。从他日后的成就看,顾颉刚是做到了学术之豸。(参见顾潮编《顾颉刚年谱》,中国社会科学出版社1993年版;顾潮编《中国近代思想家文库·顾颉刚卷》及附录《顾颉刚年谱简编》,中国人民大学出版社2013年版;朱洪涛《大学生顾颉刚》,载《文学报》2022年4月20日)

朱羲胄就读于北京大学。7月,出于对林纾的景仰,到林纾所居北京宣南春觉斋拜访,并将平日所作诗文数十篇送与林纾请教。林纾看过朱羲胄的诗文,很是赞赏,把他请到春觉斋家中,鼓励他努力修学,成为国家之栋梁。林纾对他的文才、人品十分赞赏,甚至屈尊称其为"吾弟"。林纾后在给日本朋友原田的一封信中说:"朱悟园,古文好手也。"又在朱羲胄所著《悟园文存》中题词赞曰:"极力摹古,善转善折,年来古文一道,几绝响矣,不图竟见悟园也。"(参见张旭、车树异编著《林纾年谱长编:1852—1924》,福建教育出版社2014年版)

张申府未待完成预科即报考北大本科,进了哲学门,不到两月,又申请转入理科数学门。张申府如愿转入数学门后,对只学了两个月的哲学门又不能忘情,其间阅读了章士钊关于逻辑的文章以及严复的译著,复纵情读哲学书,尤其是逻辑书。这种介于数学与哲学之间的学习,对张申府一生的学术取向产生了不可磨灭的影响。(参见《张申府年谱简编》,载郭一曲《现代中国新文化的探索——张申府思想研究》,广东人民出版社2002年版)

周诒春继续任清华学校校长。1月7日,美国驻华公使保罗·芮恩施(Paul S. Reinsch)夫妇到校访问。2月24日,前国务总理熊希龄到校参观,并在礼堂发表有关教育的演说。3月14日,本校举行第一次级际国语辩论会。正方为1920级学生,反方为1921级学生,辩题是"读经应从小学开始"。24日,《清华周报》第1期出版,共4张。《清华周报》分言论、纪录、校闻、校声、清华阳秋、警钟、文苑等栏目,每周二出版,总编辑薛桂轮。《清华周报》从9月22日第13期起改为《清华周刊》。4月2日,张伯苓到校演讲"中国教育现状"。4月11日,学校举行第一届国语演说会。演讲题目有:"清华学生应做什么?""珍惜字纸""教育与工业的关系""清华学生如何养成完全人格",评比结果,陈达获得优胜,演讲题目为"教育与工业的关系"。12日,举行前校长唐国安纪念铜牌揭幕典礼。典礼在游美学务处大门(即今工字厅)前举行全校教职员学生及中外来宾参加,校长周诒春主持,总统府外交顾问蔡耀堂演述唐国安生平。唐国安纪念铜牌安置在游美学务处大门门廊之东侧的前壁上。5月2日,本校科学会成立。科学会以增进科学知识、培养科学兴趣为目的。会长为朱中道(1914级),本年有会员37人。该会于本年10月并入清华学会。5月21—23日,本校首次招考录取女生赴美留学。

周诒春校长6月请美国建筑师墨菲(Henry K. Murphy)规划校园,设计任务包括:(1)现有建筑的汇总;(2)学校未来的规划;(3)四大建筑(即大礼堂、图书馆、科学馆和体育馆)的位置规划和建筑设计。7月,《神州》第1卷第2期刊载《北京清华学校近章》,共分8章:总则、学程、学年及学期、入学、修业毕业、升级及游学、体育及卫生、管理。其中第一章《总则》内容如下。第一条《缘起》:本校系前清辛亥年由前外务、学部奏设,民国肇兴,赓续办理,一切经费,仍由外交部於美国退还赔款项下拨充。第二条《定名》:本校建设于北京西直门外海淀东北清华园内,因名清华学校。第三条《宗旨及范围》:本校以培植全才,增进国力为宗旨,以造成能考入美国大学与彼都人士受同等之教育为范围。第二章"学程"规定,"高等科分文、实两科,而两科之中,各有必修科及选科",并分别列出了文科必修科、文科选科、实科必修科、实科选科的课目表。8月3日,清华学校派遣男女学生110名及自费生30余人赴美留学。寰球中国学生会举行话别仪式,穆藕初应邀参加,代表上海工业专门学校校长唐文治演讲《中国之文学》,谓:"吾国今日大局,风俗浅薄,人心茫昧,诸事棘手,其故安在? 皆因吾国学生倾向西学,曾未窥其精萃,先弃吾国固有之美,以致人心世道风俗学术无不江河日下。何谓固有之美? 国学是也! 何谓国学? 吾国之国文是也! 凡文化盛者,其人种必强;文化衰者其人种必弱。未有提倡国学而国不兴者;未有自戕国学而国不亡者。所望诸君输入文明以开蒙而通闭塞,更当不忘国粹。期日后回国能行其所学于国家社会,非徒袭文明之外观而实有根本之裨益。"

按:寰球中国学生会,是由留学归来的李登辉、伍廷芳、颜惠庆等于1905年在上海成立。(参见陆阳《唐文治年谱》,上海三联书店2013年版)

周诒春校长8月15日护送清华留美学生乘"中国号"轮船赴美。这批留美生包括:1911年10月选拔的中等科学生10人,1913年和1914年两级高等科毕业生,1914年公开考录的女生9人。赴美留学女生(及以后所派女生)均直接进入美国大学学习。在赴美行程中,重修《清华同学会章程》,选举周自齐、范源濂为名誉会长,周诒春为名誉会员,杨永清为会长。8月,《清华年刊》第1卷(英文版)出版。本卷共8章,主要有清华的历史和现状、学校教职人员、1914级级史和其他各级介绍,学生组织、体育文艺活动,以及1913年5月—1914年4月学校主要事迹等。同月,校图书室从庶务处分出,由学校领导。图书室藏有中西文图书2000余册,并开始准予将书借出。9月14日,举行新学年开学典礼。赵国材副校长发表讲话指出:清华虽为留美预备学校,但须中西文学并重,今后更须注重国文;学年考试不满55分者或两次留级者,均令退学。本学期,中等科增设诗歌、文学史、法制史,高等科增设五经、四书、《史记》等课程。10月16日,全体学生在礼堂开会庆祝孔子诞辰。会上,赵国材副校长和国文教员李寿先发表演说,菲律宾副总督、陆军总司令丁家南来校参观访问。清华学会成立,由国学研究会、达德学会、英文文学会、法文学会、科学会等共同组成,朱继圣当选为会长。11月3日,《清华周刊》报道,本校推定马约翰为北京体育竞进会代表,并得知马约翰已被该会推举为评议员。5日,梁启超来校作题为"君子"的演说。在演说中,梁启超引用《周易》中乾、坤二卦的象辞:"天行健,君子以自强不息""地势坤,君子以厚德载物",鼓励清华学生"崇德修学,勉为真君子,异日出膺大任,足以挽既倒之狂澜,作中流之砥柱"。后来,"自强不息,厚德载物"成为校训。12月17日,本校在工字厅举行欢迎会,欢迎周诒春自美国归来。周诒春在讲话中指出:同学来清华读书,受国家厚待,当知责任之重;受亲友羡仰,当知期望之切。要求同学要有责任心,能耐劳,虚心向学。(参见清华大学校史研究室编《清华大学一百年》,清华大学出版社2011年版;清华大学校史编写组编著《清华大学校史稿》,中华书局1981年版;清华大学校史研究室编《清华大学史料选编》第1卷《清华学校时期:1911—1928》,清华大学出版社1991年版)

王天优等筹办的综合性学术刊物《国学丛刊(北京)》6月创刊于北京,由清华国学研究会刊行,以"阐明经史,籍挽颓波,研究旧学,用播国光"为创刊宗旨。主要撰稿人有何杰才、王天优、姚尔昌、何其伟、张毅菴、沈鹏飞、何孝沅等人。所载内容分为三类:义理类、词章类、杂俎类,下分各类主题和体裁,主要刊登经学、历史、文学、传奇、音乐、地理、诗词、小说、游记、笔记、演说、辩论等文章,弘扬中华民族的传统文化。其中义理类主要刊登学术文章,以国学为主题,具体又划分为经篇、史篇、文篇和统论,探讨了中国国学研究的门径、泰西哲学的源流、辛亥以来的文学观等内容。词章类分类明确,包括传奇、乐府、长歌、诗、词等,文字雅俗共济,阅读起来赏心悦目,代表作品有《家国恨传奇》《巴拿马运河有感》《全国运动会竹枝词》等。杂俎类文字偏向于大众口味,以趣味性和消闲性主题文章为主,包括小说、游记、笔记、诗乘、演讲词、辩论词等,具有浓厚的生活气息。创刊号特别刊登了《国学丛刊叙》和王天优所作《国学研究会宣言书》两文,分别介绍了《国学丛刊》的办刊由来、宗旨目标和内容以及国学研究会内部的办事准则。同期还刊载了沈鹏飞《泰西哲学源流考》、何其伟《五千年学术沿革略论》、赵师复《学堂读经论》、张毅庵《二统论》、张毅庵《正儒篇》、郑宗海《辛亥以来之文学观》、薛桂轮《论今日提倡王学足以救国及其提倡之法》、曹姚明《研究国学之门径》、王善栓《论中国文学》、廖承世《历代远东与西方之关系》、吴承洛《经学源流变迁考》等文。10月16日,清华学会成立,由国学研究会、达德学会、英文文学会、法文学会、科学会等共同组成,朱继圣当选为会长。

　　陈达3月初提出创办《清华周报》。7日,《清华周报》第1期出版。总编辑是薛桂轮,总经理陈鹤琴,编辑蔡正、陈达、李达,4人既做访问、校对,又做经理。每星期二出版。12期以后改周刊。4月11日,清华学校中文演说竞赛。参加者有蔡正、冯建统、洪深、陈达,讲题为“教育与实业的关系”,裁判员为教育部秘书许季黻,长沙耶路大学胡大夫及总统府秘书顾维均博士。评判结果,第一为陈达,次为洪深。9月29日,在《清华周刊》上发表译文《白博士之生物新论》,介绍法国白克莱博士之试验,谓天地间之生物,可以设法暂停其生长时间,一若使之休息,然后再继续生长。10月6日,在《清华周刊》第15期上发表《振兴国学吾侪之责也》,提出:“国学者,一国历代文化之本,风土人情之记载,史于象数之学术,靡不悉备,虽其因兴因革,宜及时而更张,要其大体所在,即一国国民之真精神所系,焉得以西学东渐,虽弃固有精髓而不讲,又焉得以课务之烦,蔑视国学。……近数十年来,外交屡次失败,议和割地,国土日蹙,读次段伤心史,宜潜心屏气究其所以。爱国之心当可勃然兴也,吾辈责任重大,对于国文、历史、地理断不可茫然无所晓,所以图国学之振兴,亦所以救民国之危急也。”

　　陈达10月20日在《清华周刊》发表《吾辈已有决断力》等3篇文章。27日,清华学会评议部举定陈达为该部部长,廖世承为书记。11月3日,在《清华周刊》第19期发表《责任与权利》等4篇文章。17日,在《清华周刊》上发表《正人心》《崇节俭》二文。24日,在《清华周刊》第22期上发表《国耻不可忘也》,文中说:“本校与圆明园相邻,观其遗址,宜乎触景伤怀。……清华学校由退还赔款而设立,饮水思源,已有无限之感,圆明园近在咫尺,身临其景,凝目一思,泪涔涔下,读书本校,自各有其志愿,然无忘国耻,尚记铭之肺腑,异日戮力国事,得以尽匹夫之责,不负国家育才之旨,不负天地生人之意,敢与同志共勉之。”12月1日,在《清华周刊》第24期发表《论学者自立之要》,指出:“父母师长主于教,教之不听,于我何益之有,朋友之责,主于劝,劝之不从,于我何益之有。教之必听,劝之必从,非有坚韧不拔、卓然自立之志不可,唯胸有成竹,然后可以听人之驯从,人之劝,否则枉然耳。……少年血气方盛之时,苟一遇波折,即退缩畏葸,裹足不前陋矣,须知人生于世,今日之困苦艰辛,他日立身成业之基也,有志自立者,其慎思之。”是年,校长召集高等科三、四年级中西文学兼长之同学陈达、吴宓、洪深、朱继圣、廖世承等20余人,商议拟将英文著名书籍译成中文,以

沟通中外学术。(以上参见田彩凤《陈达先生年谱》,《清华大学学报》1995年第2期)

汤用彤4月6日夜与吴宓讨论起国亡时"吾辈将何作"的沉重话题。吴宓说:"上则杀身成仁,轰轰烈烈为节义死,下则削发空门遁迹山林,以诗味禅理了此余生。如是而已。"汤用彤则谓:"国亡之后不必死,而有二事可为:其小者,则以武力图恢复;其大者,则肆力学问,以绝大之魄力,用我国五千年之精神文明,创出一种极有势力之新宗教或新学说,使中国之形式虽亡,而中国之精神、之灵魂永久长存宇宙,则中国不幸后之大幸也。"9月至次年1月,汤用彤在《清华周刊》第13—29期连续17期发表《理学谵言》,集中体现出他力图熔铸古今中西道德文明的初步尝试,字里行间洋溢着他对弘发中国文化真精神的无限激情,认为引介西方文化应当注意中国国情,尤其是国民心理的特点。9—10月,在《清华周刊》第13、15、16期连载短篇实事《孤嫠泣》。10月,《理论之功用》刊于《清华周刊》第15期。

汤用彤《新不朽论》11月刊于《清华周刊》第20期。12月至次年1月,《植物之心理》连载于《清华周刊》第27—29期。是年,汤用彤担任清华学校达德学会刊物《益智》的总编辑;《惜庐笔记》刊于《益智》第2卷第3期;《道德为立国之本议》刊于《益智》杂志第2卷第4期"文篇"栏目,此为现知汤用彤最早的学术论文,虽仅千余字,但在其思想发展中却具有创作始基的关键作用,是揭示他早年心路历程和学衡派思想形成的珍贵历史文献。在如何确立"道德人格"这一主调下,作者从外来文化中国化的角度重点论述了新旧关系、家族主义与国家主义的关系、自由在中国传播过程中的异化、道德立国还是宗教立国等时代关键问题,提纲挈领地宣示了其试图熔铸古今中西文化之优长的初步尝试和学思理路。(参见汤一介、赵建永编《中国近代思想家文库·汤用彤卷》及附录《汤用彤年谱简编》,中国人民大学出版社2015年版)

吴宓在清华读毕高等科一年级课程。美国教师Julia S. Pickett女士,本期授《欧洲古代史》课,谓北京城郊,名胜古迹甚多,诸生须各选其一,撰成考古论文一篇(英文),并附图画,作为本课程之成绩。吴宓与施济元合撰成《天坛》(*Temple of Heaven*)一册。吴宓主搜集材料,编成,口述其内容,而施济元以英文写出之,并负打印(type-write)及摄制殿宇、楼阁、亭台、园地影片之责。课余,续撰成《沧桑艳传奇》第二、三、四册,刊登《益智杂志》。是年,吴宓有《甲寅日记》。(参见吴宓著、吴学昭整理《吴宓自编年谱:1894—1925》,生活·读书·新知三联书店1995版)

闻一多2月因清华学校课余补习会改选,任书记,兼任《课余一览》中文编辑。是夏,参加图画校外写生团。暑假后,升入中等科二年级,编入甲班,与时昭涵、吴泽霖、萨本栋、罗隆基、熊祖同、聂鸿逵等成为同学。9月18日,任课余补习会会长。(参见闻黎明编著《闻一多年谱》,群言出版社2014年版)

陈宝泉继续任北京高等师范学校校长。2月,北京高等师范学校校歌问世,由章嵚作词、冯孝思编曲,此为北京师大历史上的第一首校歌。歌词如下:"礼陶乐淑教之基,依京国,重声施,英才天下期,党庠州序仰师资,师资肇端在于斯。学日进,德务滋,诚勇勤与爱,力行无愧为人师。"歌词风韵古雅,言短意长,高度概括了中国几千年的教育传统,也融汇了学校的校训、育人理念和社会服务追求,彰显了北京高师在国家教育系统中的地位、成就与追求。是年,学校将1912年陈宝泉校长提出的"诚实、勤勉、勇敢、亲爱"八字校训,进一步浓缩为"诚勤勇爱",并写进校歌,要求师生"学日进,德务滋",力行校训,"无愧为人师"。这个校训在北京学界影响较大,有一定的社会关注度。(参见北京师范大学校史编写组编《北京师范大学校史》,北京师范大学出版社1982年版)

钱玄同继续任教于国立北京高等师范学校。2月,尊崔适为师,自称弟子。如此则钱玄同的"经学"就有了两个老师:一是章太炎,主"古文"经学,一是崔觯甫,主"今文"经学。可见钱玄同研究经籍,向来就不守什么"家法"。他不但破经学家的"家法",进一步,就连"经"的本身,也一律"重新估定价值"。北京师大国文系的科目有"经学史略"一门,他每年总要自己担任,说怕人家把它教得乌烟瘴气的。他是以"史眼"穷经,目经为"国故",而"国故"就是史料。"国学""经学"的名称他都不赞成。

　　按:民国初年,崔适在北京大学任教,后病死于绍兴会馆,钱玄同为之治丧。(参见曹述敬《钱玄同年谱》,齐鲁书社1986年版)

　　马叙伦继续任教于国立北京医学专门学校,兼北京大学教职。1月,《儒学论》刊于陈焕章主编《孔教会杂志》第1卷第12期。春,从北京大学教授、众议员陈介石返京任教,道经天津,同访梁启超;孙诒让应马之约邀赋诗《马彝初以所藏李云谷研拓本属题》:"何年紫云髓,流传在君手。空山自著书,莫负岭南叟。"小注:"研有陈白沙铭。云谷名孔修,为白沙弟子。"6月,南社柳亚子寄入社书并附信,要求马"补填"并汇缴"社款"。夏,应邀为黄晦闻琉璃厂所得明陈云淙手札作跋:"余往喜网罗宋明忠义之士,载其遗闻轶事,以为最足动人肝鬲,存正谊而扶元气,舍此盖稀矣。至遇其故物,虽寸缣一字,缺剑敝研,抚摩流涕,往往不能自已。古人之感余,与余之感古人欤,亦不复质其所以也。今过晦闻寓斋,出观其所藏陈云淙先生手札,墨渖烂然,三百年如一日。晦闻固与余有同志者,况其乡贤手泽哉!宝爱之固宜,余惟崇祯甲申之役,天地变易,冠履倒置,云淙与张文烈、瞿忠宣之俦,皆维持西南,使海角山隈,犹有人义,岂非贞元之所钟,而为光复旧物之符验者与?辄附记数语,以质晦闻。甲寅相月处暑节日,杭东里人石屋父马叙伦谨书于宣城南舍。"是年,《彗星报》迁址,改为胡醒囚负责,次年停刊。撰《黄文献集跋》《次孙为后议》《解难守丧》《毛诗正韵后序》。(参见卢礼阳《马叙伦年谱》,浙江古籍出版社2021年版)

　　马其昶入都,法政学校聘其为教务主任,简任参政院参政。参与纂修清史。10月,林纾《韩柳文研究法》2卷由上海商务印书馆出版,马其昶序文一篇,说:"今之治古文者稀矣,畏庐先生最推为老宿,其传译稗官杂说遍天下,顾其所自为者,则矜慎敛遏。一根诸性情,劬学不倦。其于《史》《汉》及唐宋大家文,诵之数十年,说其义,玩其辞,醰醰乎其有味也。"同时还说林纾"独举其生平辛苦以获有者,倾困竭廪,唯恐其言之不尽。后生得此,其知所津逮矣。虽然,此先生之所自得也,人不能以先生之得为己之得,则仍诵读如先生焉,久之而悠然有会,乃取先生之言证之。或反疑其不必言,然而不言则必不能久诵读如先生,决矣。故先生言之也,人之得不得,于先生何欤?乃必倾困竭廪,唯恐其言之不尽。呜乎!同类之相感相成,其殆根于性情,亦有弗能自已者乎?"(参见陈祖壬编《桐城马先生(其昶)年谱》,载《晚清名儒年谱16》,北京图书馆出版社2006年版;张旭、车树昇编著《林纾年谱长编:1852—1924》,福建教育出版社2014年版)

　　王光祈是年春到泸州李劼人处小住,筹措赴京旅费。当时,李劼人的舅父官任泸县知事。李劼人任秘书兼文教科长。王光祈在泸州致函在上海读书的周太玄,对当时中国的政治和文化,表露了许多惊人而宝贵的见解。结论是"要彻底地打破现状,创造新路子"。春末,赴重庆,乘船东下,抵上海,再到北京。在清史馆总裁赵尔巽的帮助下,到清史馆任书记员。月薪8元,后升为30元。这一工作一直持续到赴德留学时为止。秋,考入北京中国大学专门部法律本科。着重研究《国际公法》和《中西外交史》,寓居北池子一间狭陋不堪的小屋,过着半工半读的艰苦生活。(参见四川音乐学院、成都市温江区人民政府编《王光祈文集》及附录一《王光祈年谱》,巴蜀书社2009年版)

丁文江继续在西南进行地质考察。1月，与梭尔格、王锡宾联名在《农商公报》第1卷第1—2期连载《调查正太铁路附近地质矿务报告书》。2月2日，从上海出发，取道香港、越南，乘滇越铁路火车进入云南。19日，《农商总长张謇农商部委任令第四十六号》任命"地质调查所技正丁文江、章鸿钊、王季点"。《农商总长张謇农商部委任令第四十七号》任命"派第三科科长……丁文江充矿政局地质调查所所长"。4月24日，离开昆明，"复北行考查，经富民、禄劝、元谋，过金沙江，至四川之会理。由会理折而东南行，再渡金沙江，入云南东川府属考查铜矿。复由东川东行入贵州威宁县，又折而南，经云南之宣威、曲靖、陆良，而返昆明"。5月7日，从武定起身，经过母西村、石腊他、糯谷、阿洒拉，在杨家村西的大岭，第一次看到金沙江。12日，从阿洒拉到达环州。在此开始接触到猓猓文，并留意对猥猥文的研究。7月10日，离开汤丹。8月15日，由农商部发行的《农商公报》第1卷第1册创刊，该册刊登了丁文江与梭尔格、王锡宾合撰的《调查正太铁路附近地质矿务报告书》。9月15日，《农商公报》第1卷第2册续登了丁文江与梭尔格、王锡宾合撰的《调查正太铁路附近地质矿务报告书》。另在该册刊登了张謇就任农商部总长时的政见宣言。11月25日，丁文江所撰《动物学教科书》，由商务印书馆出版。该书为"民国新教科书"之一种，供中学校、师范学校用，署名"英国格拉斯哥大学理科学士丁文江编"。12月24日，丁文江回到北京，与本年初进入地质研究所任教的翁文灏相识。丁文江还在地质研究所兼授"古生物学"及"地文学"课程。

按：关于此次地质调查，丁文江在《漫游散记》中有《云南个旧》《云南的土著人种》《四川会理的土著人种》《金沙江》《东川铜矿》五节记载，内容详细。另据尹赞勋在先生去世后回忆："丁先生在个旧调查五十天，测得《个旧县地质图》《个旧附近地质总图》《老厂大沟地质分图》《个旧锡矿区地质概要图》各一幅，编有《调查个旧附近地质矿务报告书》一本，末附《调查鸟格地质矿务报告书》。在东川调查四十天，其结果民国四年在《远东时报》发表，文曰《云南东川铜矿》。所著《改良东川矿政意见书》并未公布。还有关于云南全省矿产之两种英文稿二十余页，亦未出版。"此次地质调查，丁文江还对西南地区寒武纪、志留纪、泥盆纪、石炭纪和二叠纪的地层及其分布情况进行了深入的考察，建立起滇东地层层序。丁文江认为，云南曲靖的妙高山层，是我国当时能称得上志留纪的唯一地层。除地质调查外，丁文江还重点调查了个旧锡矿和东川铜矿的采矿工程和矿业发展，调查了金沙江水道，搜集了一些人类学材料，并绘制了1:20000的《云南东部路线地质图(1—5)》。

按：黄汲清《丁在君先生在地质学上的工作》(《独立评论》第188号，1936年2月16日)认为："丁先生之工作，一方面改正法国人 Deprat 的错误，一方面建立滇东地层之基础，为后来调查之基。"黄汲清又在《丁文江——二十世纪的徐霞客》(《中国科技报》1986年8月25日)中指出："这是中国人第一次开展边远地区的大规模地质工作，是地道的探险工作。"黄汲清在编辑《丁文江先生地质调查报告》时，对这次地质调查略有评述："民国三年云南之行：这是丁先生初期工作的最重要者，所得标本化石以及野外记录等十分丰富。丁先生原想根据这些材料做一篇有声有色的文章，终以事冗不果。我们在本书里发表的都是一些事实记录。"

按：据章鸿钊《我对于丁在君先生的回忆》(《地质论评》1936年第1卷第3期"丁文江先生纪念专号")回忆："到了第二年的秋季，最感困难的，是请不到古生物学的先生，除非丁先生回来，才可以担任下去。丁先生的古生物学，虽然不像现在北京大学教授葛利普先生那样专门，但他是一位富于生物学知识的地质学家，对于这门学问，也颇感兴趣，所以在当时我国范围内也是求之不得的了。丁先生也预料到这一层，便早早从云南赶了回来，毫不踌躇地担承了这个讲座。"(参见欧阳哲生主编《丁文江文集》第七卷附编《丁文江先生年谱》，湖南教育出版社2008年版；宋广波编《中国近代思想家文库·丁文江卷》及附录《丁文江年谱简编》，中国人民大学出版社2014年版)

章鸿钊继续任地质研究所所长。2月19日，《农商总长张謇农商部委任令第四十六号》

任命"地质调查所技正丁文江、章鸿钊、王季点"。《农商总长张謇农商部委任令第四十八号》任命章鸿钊为地质研究所所长。此前,丁文江前往山西等地从事地质调查时,其地质研究所所务工作,仅由章鸿钊代理。至此,丁文江、章鸿钊分任地质调查所与地质研究所所长。当时,农林部与工商部合并为农商部,新任农商总长张謇因部中经费困难,欲解散地质研究所。因张轶欧、章鸿钊等力争,又欲移交教育部,但因教育部无适当学校接办,遂命该所于此届学生毕业后即停办。因此,地质研究所才得以如期培养出我国第一批地质人才,其中不少成为知名的地质学家和地质调查骨干。12月26日,章鸿钊呈文农商部,请委派翁文灏为地质研究所专任教员。章鸿钊在呈文中报告:"翁文灏今春由职所聘充岩石学教员,秋后以虞教员去职,又兼地质通论。两学期以来热心教育,诸生翕然。"并称其"学问翔实,任事忠厚,堪充本所专任教员之职"。是年,章鸿钊两次率领学生野外实习。(参见冯晔、马翠凤《章鸿钊年表》,载中国地质图书馆编《第三届地学文献学术研讨会暨纪念章鸿钊学术思想研讨会论文集》,地质出版社2016年版;李学通《翁文灏年谱》,山东教育出版社2005年版)

翁文灏年初应北京政府农商部矿政司长张轶欧邀赴北京,担任地质研究所讲师。4—6月,翁文灏自为地质研究所第一学年第三学期教授岩石学课程,是亦为地质研究所有专职教员之始。此前,地质研究所授课教员无定额,除所长章鸿钊兼任外,多半以农商部部员兼充,还有一些计时授薪的临时人员。7月21日,张轶欧被任命为农商部矿政司司长。9月,自地质研究所第二学年第一学期始,翁文灏教授地质通论和岩石学两门课程。10月3日,与地质研究所全体学生赴北京玉泉山实习。12月,与刚从云南调查地质回京的丁文江相识。丁文江于是年初回乡奔父丧,随即奉派直接由上海赴云南调查地质,同月24日方返回北京。

按:张轶欧,清末留学比利时,学习冶金,曾任职于南京临时政府实业部,时任农商部矿政司司长。作为民初矿政主管官员,在中国地质学发展之初,积极提倡,引贤育才,发挥了不可替代的作用,被誉为"中国地质学家之伯乐"。(参见李学通《翁文灏年谱》,山东教育出版社2005年版;宋广波编《中国近代思想家文库·丁文江卷》及附录《丁文江年谱简编》,中国人民大学出版社2014年版)

王闿运4月7日到京就任国史馆馆长,编修国史。兼任参议院参政。5月25日,国史馆正式成立,然有名无实,形同虚设。11月12日,王闿运在复辟声潮中辞职返湘。袁世凯准其遥领史职,并任命杨度为副馆长维持馆务,亦无所作为。

赵尔巽9月1日于北洋政府开清史馆任首任馆长,于式枚为总阅,柯劭忞、缪荃孙、夏孙桐、王树枏等11人为总纂,章钰、王式通、夏曾佑等10人为纂修。赵尔巽接聘后,立即着手延聘人员,组织队伍,开始编纂工作。先后聘任编纂人员100多人进馆,另外还聘任名誉总纂、纂修顾问等亦近百,多为旧朝遗臣。所聘编纂人员如下:馆长:赵尔巽;总纂:郭曾炘、沈曾植、宝熙、樊增祥、柯劭忞、吴廷燮、缪荃孙;纂修兼总纂:李家驹、劳乃宣、于式枚、金兆蕃、吴士鉴、李瑞清、耆龄、陶葆廉、于式棱、王乃征、谢远涵、朱钟琪、温肃、杨钟羲、袁励准、万本端、邓邦述、秦树声、王大均、章钰、王式通、顾瑗;协修:宋书升、唐晏、宗舜年、李葆恂、安维峻、张仲炘、俞陛云、姚永朴、罗惇曧、吴广霈、袁金铠、吴怀清、张书云、张采田、张启后、韩朴存、陈敬第、陈毅、袁嘉谷、蓝钰、李岳瑞;后来添聘者有:马其昶、唐恩溥、刘师培、黄翼曾、夏曾佑、王树枏、夏孙桐、吴昌绶、奭良、瑞洵、姚永概、戴锡章、朱师辙、邵瑞彭、檀玑、刘树屏、何震彝、陈曾则、陈田;受聘未到或到馆未久者有:简朝亮、袁克文、朱孔彰、王崇烈、陈能怡、方履中、商衍瀛、秦望澜、史恩浩(培)、唐邦治、陈曾矩、吕钰、余嘉锡、王以慜;校勘兼协修:王庆平、齐忠甲、吴璆、叶尔恺、田应璜、李景濂、傅增浯、何葆麟、(骆)成昌、徐鸿宝、赵世骏、杨晋、金兆丰、胡嗣芬、朱希祖、李哲明、朱方饴；提调：陈汉第、李经畲、金还、周肇祥、邵章；收掌：谢绪璠、黄葆奇、尹良、王文著、尚希程、容潢、曹文燮、文炳、孟昭墉；收掌校对科长：董峻清、周仰公、秦化田、金善、刘景福、赵佰屏、史锡华、曾恕传、诸以仁、惠澂、胡庆松、刘济、伍元芝、锡荫、张玉藻、金梁。以上受聘者131人，实际到馆工作者前后共117人，其中撰稿者68人，收掌、提调等30余人。(参见邹爱莲《〈清史稿〉纂修始末研究》，《清史研究》2007年第1期)

张尔田应聘入清史馆任纂修，对清史异闻皆阙疑不书，被刘文典赞为"最为得体""清一代，宫廷中十口相传，有三异闻：孝庄文皇后之下嫁睿亲王多尔衮，世宗之暴崩丧元，与世祖之出家为僧是也。虽世代匪遥，而文献靡征，未可遽加论断，修史者但当阙疑，不可倚掘传闻，书之史册也。吾友张孟劬教授，与修清史，于孝庄下嫁、世祖为僧二事，皆阙而不书，实最为得体。余斯篇所记，亦仅以动疑而已，非敢谓天台山寺中之遗蜕果即清之世祖也。寺后配殿中，塑有侍阁像三数躯，各有名号，谓即当时随从内臣。此则更丁以意为之者，愈不足凭信矣。"张尔田在清史馆前后达10年，撰写了《清史稿·乐志》8卷，《刑法志》2卷，《地理志·江苏篇》1卷，《图海、李之芳列传》1卷。亦撰《后妃传》，未被采用。在京期间，兼任北京大学、北京师范大学教授。所撰《孔教五首》刊于8月10日《甲寅》杂志第1卷第3号。(参见刘文典《清世祖为僧说》，载《刘文典全集》卷三，安徽大学出版社、云南大学出版社1999年版；孙文阁、张笑川编《中国近代思想家文库·张尔田、柳诒徵卷》及附录《张尔田年谱简编》，中国人民大学出版社2015年版)

姚永概应清史馆馆长赵尔巽聘请，与姚永朴为《清史稿》纂修，兄弟同撰《名宦传》，记事完备，立言精确，同仁叹服。

夏曾佑继续任社会教育司司长。1月23日，与鲁迅等前往京师图书馆，盖因教育部拟买石桥别业为图书馆馆舍。4月21日，全国儿童艺术展览会开展，展址设于教育部礼堂等处，按展品省份，共分11个展室，有字画、刺绣、编织、玩具等，展期为一个月，为民国成立以后第一次全国性官办美术展览会。9月，北洋政府开清史馆，夏曾佑参与了清史馆前期体例审查等工作，并与叶尔恺负责撰写《外教志》(或《宗教志》)，后因清史馆决定删去，遂无此志。是年，夏曾佑兼任高等文官甄别委员会委员，根据规定，对所有未经考试任命的官员都要进行甄别。又撰写《王文韶传》。(参见全根先《夏曾佑年谱简编》，载《文津学志》2016年)

鲁迅仍在教育部任职，公余研究佛经。10月6日，参与编订社会教育规程草案。11月3日，撰《〈会稽郡故书杂集〉序》。11月27日夜，译日本高岛平三郎的论文《儿童观念界之研究》毕。是年，撰《〈范子计然〉序》《〈魏子〉序》《〈任子〉序》《〈广林〉序》。(参见鲁迅博物馆、鲁迅研究室编《鲁迅年谱》，人民文学出版社1981年版)

许寿裳继续任教育部参事，兼任北京大学及北京高等师范学校讲师。公余，与鲁迅先生共同开始研究佛经，分别购入佛教经论多种。8月22日，与鲁迅前往北京钱粮胡同探望被袁世凯软禁的章太炎。黄侃、钱玄同、吴承仕、周树人、朱希祖、马裕藻等一批学生获准前来探视。

按：两人又于次年1月31日、2月14日，5月29日等多次看望章太炎。(参见倪墨炎、陈九英编《许寿裳文集》下卷附录二《许寿裳先生年谱》，百家出版社2003年版；鲁迅博物馆、鲁迅研究室编《鲁迅年谱》，人民文学出版社1981年版)

吴承仕1月7日对章太炎大闹总统府的不畏奸佞、敢作敢为的精神异常佩服，以司法官的身份，亲往章氏被囚禁的地方探视，送衣送饭，真正做到尊师如事亲。在此期间，还时

常向章氏请教学问。吴承仕受业章门，自此开始。（参见庄华峰编纂《吴承仕研究资料集》，黄山书社 1990 年版）

汪东 2 月 25 日因内务部奉准设立编订礼制会，被聘为会员。7 月 1 日，政事堂礼制馆开馆，延聘通儒，分类编辑吉、凶、军、嘉、宾五礼礼制，汪东被聘为嘉礼主任编纂。7 月 23 日，汪东被任命为内务部金事，旋派在民治司办事。12 月 31 日，在马裕藻宅遇同门鲁迅、朱希祖、沈兼士、钱玄同、许寿裳等。鲁迅先于汪东师从章炳麟。是年，章炳麟继续遭袁世凯幽禁，其间汪东时往探问，并尝致信总统府机要局长张一廖（仲仁），请其设法营救。（参见薛玉坤《汪东年谱》，河南文艺出版社 2016 年版）

傅增湘 2 月 4 日入京搜书，得《永乐大典》一部。3 月，当选四川约法会议议员。春游沪渎，于沈曾植海日楼得见明万历洗墨池刊本《薛涛诗》，甚为喜爱。又得宋本《论语篡疏十卷》1 册，遂于 1912 年所得 19 册合璧，成为完书。4 月 27 日，张元济托关灼堂携《河岳英灵集》2 册、《韩非子》4 册，抵津交傅增湘鉴定版本。5 月 9 日，致信张元济，《河岳英灵集》为书棚本无疑。8 月 8 日，由大总统任命为肃政厅肃政史，“在职岁余，内弹部长，外劾疆吏，旁及仕途积弊，事咸报可”。10 月 2 日，收宋本《通鉴》。11 月 7 日，致信张元济：影元钞本《元典章》绝对可贵；叹“此等节衣缩食之资，乃欲与海上富人争宋元本，宜其不胜也。然书归若辈，殆亦有长门永巷之悲。”12 月 27 日，告张元济，总统有改学制之议，学生教材编印需略缓，已与徐相国谈过几次。冬，于厂肆中得宋蜀本《孟东野集》一册。是年，得见敦煌卷子本《刘子》七篇，为何秋辇旧藏，并于 12 月进行校勘。（参见孙英爱《傅增湘年谱》，河北大学硕士学位论文，2012 年）

董康任任大理院院长，提出匡救司法的意见，再次主张在一定程度上恢复旧制。在第三点“编刑律施行法”中，指出“新刑律采大同主义者固多，依据唐以来旧制，亦复不少”，有旧律素养者不难融会贯通，然而“法曹诸彦率皆昧己国法制之源流，拘泥外国之判例、学说，适用之际，凿枘诚多”。可见董康已发现《暂行新刑律》施行中存在文本与实践冲突的问题。因此主张部分恢复旧制，同时将《暂行新刑律》中不详尽之处另行编撰“施行法”，从而为法庭提供定罪量刑之标准，以杜绝法律适用产生严重出入。此外，第四点“强盗从严”乃是借鉴唐律律法与清代“就地正法”而来，第七点“行秋谳”亦是对于前清秋审制度之适度规复。（参见刘舟祺《“知新—温故”：董康后期立法改革思想新论》，《近代史研究》2020 年第 4 期）

沈钧儒继续进行秘密倒袁活动。1 月，袁世凯正式宣布解散国会。6 月，见时局日非，浙江省亦已改制，遂辞去各职。在杭州寄居阮性存处，与反袁各方爱国人士密切联系，从事倒袁活动。9 月，参加以黄兴为首组织的“欧事研究会”。9 月 22 日晚，访鲁迅于其京寓。是年，主要从事倒袁活动，时在南方，时在北京。在京居甘石桥英子胡同 13 号。参加旅京禾群同乡会活动，当时填报职务为“汉口建筑商场督办处办事员”“禾群”指嘉兴府属六县。（参见沈谱、沈人骅编《沈钧儒年谱》，中国文史出版社 1992 年版）

蒋百里潜心学问，研究《孙子》，撰成《孙子新释》，发表于《庸言》杂志，后收入其所著《国防论》中。《孙子新释》大量运用西方近代兵学家克劳塞维次、毛奇、伯卢麦等的言论，与《孙子》相互参证，加以阐发。是年，蒋百里与蔡锷发起组织“军事研究会”。向袁世凯建言成立模范团，拟制教育计划，提出以德国模式组建新的国防军。（参见皮民勇、侯昂妤编《中国近代思想家文库·蒋百里、杨杰卷》及附录《蒋百里年谱简编》，中国人民大学出版社 2015 年版）

林纾居北京宣南春觉斋。自上年辞去京师大学堂讲习以来，林纾“长日闭门，浇花作画”“日必作山水半幅”，并继续著书、译书。1 月 1 日，沈瓶庵主编《中华小说界》月刊在上海创刊,林纾为主要撰稿者。1月1日至5月1日,与王庆通合译法国老昔倭尼原著小说《情铁》,连载于《中华小说界》第1卷第1—5期,标"言情小说"。同年9月,由上海中华书局推出单行本,2卷2册,系"小说汇刊"第34种。4月,自撰第二部小说《金陵秋》由上海商务印书馆出版,1卷1册。4月25日至7月25日,与陈家麟合译英国马尺芒忒(Arthur W. Marchmont,今译马支孟德)原著小说《黑楼情孽》(The Man Who Was Dead,1907),连载于《小说月报》第5卷第1—4号。同年11月,由上海商务印书馆以单行本印行,1卷1册。4月底至5月初,与山东济南道尹陈懋鼎以及陈篆、林志钧同游山东。7月1日至12月1日,与陈家麟合译俄国托尔斯泰原著小说《罗刹因果录》连载于《东方杂志》第11卷第1—6号。次年5月12日,上海商务印书馆以单行本印行,标"笔记小说"。7月14日,《教育杂志》扉页登有商务印书馆推出的"林译小说丛书"广告:"闽县林琴南先生为当代文豪,所有译述欧美名家小说久为海内所倾倒,惟从前所印版本大小不齐,易散难聚,不足以餍读者之望。本馆用特汇刊林译小说五十种,内分伦理、言情、冒险、寓言、社会、实业、历史、军事、滑稽、哀情、侦探、神怪,各类共订九十七册装成一箱,俾资披览,兼便携带。计原书价值三十六元,现定价廉,仅售十六元。"

　　林纾与陈宝琛、严复等6月在北京发起晋安耆年会,推陈宝琛为会长,林纾作《晋安耆年会图》《晋安耆年会序》。8月1日,与闽侯陈器(字献琛,一字献丁)合译英国倭尔吞原著小说《深谷美人》,由北京宣元阁出版,1卷1册,自署林纾。其作于上年5月7日《序》曰:"余老矣,羁旅燕京十有四年,译外国史及小说,可九十六种,而小说为多。其中皆名人救世言,余稍微渲染,求合于中国之可行者。"并发自内心地说:"小说之功,宁不伟哉!"9月之前,清史馆拟聘林纾为名誉纂修,林纾以"畏庐野史耳,不能参政史之局"为由谢却之。至9月,又撰成《劫外昙花》《虎牙余息录》两部小说。10月25日至12月25日,与陈家麟据英文合译法国巴鲁萨(Honore de Balzac,今译奥诺雷·德·巴尔扎克)原著小说《哀吹录》(Adieu,1830)连载于《小说月报》第5卷第7—10号。10月,所著《韩柳文研究法》2卷由上海商务印书馆出版。是书不分卷,首列《韩文研究法》,次列《柳文研究法》。虽然题作"研究法",实际上是作者自己对韩柳古文分别进行的研究和评论,是他数十载阅读、研究韩愈、柳宗元的古文心得与感受。书前有马其昶序文一篇。12月7日,为光绪忌辰,林纾同前清大臣梁鼎芬及前御史温肃谒崇陵,是为林纾三谒崇陵。林纾主动列布衣之位,行九叩首大礼。祭罢作记,再次称颂光绪帝及皇后。是年,林纾应邀为康有为主持的孔教会发表题为《古文虽为艺学然纯正者乃可载道》的讲演,力倡唐宋八家,讲稿刊山西太原宗圣会《宗圣汇志》第1卷第8—9号合刊。

　　按:林纾在演讲中讲述了古文的源流、作法与学者之所宜知宜忌及如何学习古文的问题,他说:"古文一道,本不能以一人之见,定为法律。一家之言,立为宗派。一先生之说,侈为嫡传。……虽然,《全唐文》一部,浩如渊海,何以后人不宗燕许而宗韩柳? 南北宋文家,亦人人各有所长。何以后人但称欧曾王苏六家? 讵上下数千年,仅有此八家能文耶? 正以此八家者,有义法,有意境,入手者不至于迷惑失次耳。惟其有义法,则文字始谨严,不至有傀佻、伧俗诸弊。惟其有意境,则文字始妖衍,不至有险恶、怪诞诸弊。夫文体之怀,岂但傀佻、伧俗、险恶、怪诞而止? 盖一染此病,则终身不药矣。有志之士,间有鄙八家而不为者,则高言周秦汉魏,猎采古子字句,摹仿《典引》《封禅书》及《剧秦美新》之体。又用换字之法,避熟字而用生字,舍俗书而用《说文》,一篇乍出,望者骇栗。以为文必如此,方成作手。不知此等文,直以健步与良车驯马斗力也。……文字有义法,有意境,推其所至,始得神韵与神味也。韵也味也,古文之止境也。"这些议论显然是针对章炳麟而发的。(参见张旭、车树昇编著《林纾年谱长编:1852—1924》,福建教育出

版社2014年版)

　　陈宝琛7月与旧福州府属籍旅京名流发起组成晋安耆年会,被推为会长。该会目的不只在于以文字相切磋,主要以"聚讲道德,叙礼秩"为宗旨。林纾既作《晋安耆年会图》,又为之序。在《晋安耆年会序》中,他说:"方今俗尚污鹜,少年多蹇纵,其视敦尚古谊者,往往恣其欢丑。敬长之道,既弛而弗行,吾辈尤宜聚讲道德,叙礼秩,为子孙表式!"并拟16人的会员名单:陈宝琛、傅嘉年、叶荩堂、曾福谦、林纾、林孝恂、李寿田、严复、卓孝复、郭曾炘、陈衍、力钧、李宗言、张元奇、孙葆晋、郑孝柽。严复作《题林畏庐〈晋安耆年会图〉》,曰:"长笑昌黎说霜菊,苦言既晚何须好。微生蜂蝶幸遭逢,复云婉娈死相保。纾也壮日气食牛,上追西汉擒文藻。十年大学拥皋比,每被冬烘笑头脑。虞初刻露万物情,东野受才逊雄鸷。兴来铺纸写云山,双管生枯兼润燥。自言得法自吴(墨井)王(石谷),定价百金酬译稿。文章艺事总延年,六十容颜未枯槁。苦遭恶俗不相放,儿童项领欺华皓。归来洛社聚耆英,抵制少年老吾老。岂知世运久更新,肮脏人生苦不早。君看画里十三人,一已墓门将宿草。(林君伯颖已于七月化去。)不如及早竖降旗,成功者退循天道。更将此意向橘叟(会长),渠指岁寒松合抱。"是年,陈宝琛时常从宫中借出各种书画供林纾观赏,林纾从此对山水画又有所得,并开创以画论画的先河。(参见张旭、车树异编著《林纾年谱长编:1852—1924》,福建教育出版社2014年版)

　　辜鸿铭参与"北京东方学会"的活动,并以英文向该会提交《中国人的精神》一文。6月,《中国人的精神》刊于《中国评论》。8月,第一次世界大战爆发,辜鸿铭作文屡攻西方文明,鼓吹儒学救世。(参见黄兴涛编《中国近代思想家文库·辜鸿铭卷》附录《辜鸿铭年谱简编》,中国人民大学出版社2015年版)

　　蓝公武继续在德国留学。夏,蓝公武回国。鉴于袁世凯加快复辟称帝,孔教会甚嚣尘上,蓝公武在归国后不久专门撰写了《辟近日复古之谬》一文,后刊于1915年1月《大中华》创刊号。文中进而从历史进化观念来论证孔教就是礼教,把矛头直指"体制儒教",认为礼教"无一不与近世国家之文化相违背",然后归纳为五条理由:(1)礼教与近世国家之有机组织不相容;(2)礼教与近世之经济组织不相容;(3)礼教与近世之法治不相容;(4)礼教与近世教育制度不相容;(5)礼教与近世人格观念不相容。最后提出了如何对待孔孟和礼教的看法:"特吾所持以为改革之道者,不在复古而在革新,不在礼教而在科学;不欲以孔孟之言行为表率,而欲奉世界之伟人为导师。此吾所以视今日复古之举,不得不以辞辟之也。呜呼,祸机四伏,强邻日迫。国人当谋所以革新国运、发展文化之道,幸勿背道而驰而以自速其亡焉。"此文较早地打出了反对尊孔复古的旗帜,深刻地指出了尊孔和复辟的联系,及时地揭露了袁世凯称帝的阴谋,成为五四新文化运动"反孔"之先声。(参见左玉河《民国初年的信仰危机与尊孔思潮》,《郑州大学学报》2012年第1期;颜炳罡《孔教运动的由来及其评价》,《齐鲁学刊》2004年第6期;干春松《制度儒学》,中央编译出版社2017年版)

　　陆懋德在美国先后就读于威士康辛大学和俄亥俄大学学习,取得教育学学士和政治学硕士学位后回国,历任大总统府礼官、教育部视学和编审、华盛顿会议中国代表团成员。

　　陈寅恪仍在法国巴黎大学留学。8月,欧洲大战起,陈寅恪自法国巴黎启程取海道归国,居于北平,常与大哥陈衡恪见面。

　　按:秋,"江西省教育司(相当于后来教育厅)副司长符九铭电召回江西南昌,开留德生考卷。并许补江西省留官费。"(参见卞僧慧《陈寅恪先生年谱》,中华书局2010年版)

　　朱启钤时任北京政府内政部长,提议成立北京古物陈列所,主要保管故宫的历史档案、档案资料、宫廷建筑等中国古代艺术珍品。

徐蔚如再度入京，任财政部会计司司长。

梁士诒5月出任税务督办，聘陈垣为税务会办。

步济时为会长的北京社会实进会5月28日成立，以"破除迷信风俗，提倡公民教育，讲求公益及个人与公众卫生，讲求人伦道德，增进爱国思想"为宗旨。

易顺鼎、沈宗畸在北京创立艺社，社员有孙去疾、庆珍、陈明远、黄璟、定信、徐琪、许学源、沈宗畸、龚元凯、姜筠、张瑜、贺良璞、夏仁虎、吴坚、寿玺、狄郁、卢以洽、张景廷、袁祖光、曾福谦、唐复一、周焕坼、骆成昌、黄翘芝、嵩麟、张振麒、黄璟、宋大璋、黄光汻、萧亮飞、项乃登、李丙荣、李霈等人，刊有《艺社诗词钞》。（参见范志鹏《易顺鼎年谱长编》，华东师范大学博士学位论文，2013年）

丁世峰主编的《中华杂志》4月创刊于北京，李素、凌文渊、张东荪、汪馥炎等撰稿。1915年1月停刊。

薛桂轮任总编辑，陈鹤琴任总经理，蔡正、陈达、李达任编辑的《清华周报》3月7日在北京创刊。

范文澜考入北京大学本科国学门，受业于著名学者黄侃（季刚）、陈汉章和刘师培；从黄侃学《文心雕龙》。

陈中凡考入北京大学哲学系。

张克诚与北京佛教居士创立念佛会，聚会中同人共同念佛，并常到莲社讲经。（参见于凌波《中国近现代佛教人物志》，宗教文化出版社1995年版）

康有为3月致书袁世凯大总统，促保孔教会。4月9日，所撰《以孔教为国教配天议》刊载于《不忍》杂志，建议国会将孔教认作国教，并在全国各地孔庙作每周性的宗教仪式。7月，租寓上海新闸路16号辛家花园，自是定居于此。抵沪定居之际，英国李提摩太设宴欢迎，并作"大同之义"的演说，唐绍仪、伍廷芳、范源濂、王宠惠等中外200余人出席。秋，《康梁文集合刻》由共和编译局出版。10月，撰《曲阜大成节举行典礼序》。冬，为曲阜孔祥霖著《曲阜碑碣考》作序。又为韩国遗臣朴殷植《韩国痛史》作序。是年，门人张伯桢拟刊行丛书，康有为将生平所著诸稿编定，授以刊行。（参见康有为著、楼宇烈整理《康南海自编年谱》，中华书局1992年版；吴天任《康有为年谱》，广东人民出版社2018年版）

柳亚子等3月29日举行南社第十次雅集，同意柳亚子的意见，采取主任制。鉴于有少数社员依附袁世凯，会议通过特别条例，规定"本社以研究文学，提倡气节为宗旨。"（《南社纪略》）会后，柳亚子重行加入南社。10月，以通讯选举方式被选为南社主任。（参见柳无忌编《柳亚子年谱》，中国社会科学出版社1983年版）

孟森仍居上海，所著《心史史料》由上海时事新报馆出版，收录《满洲名称考》《清朝前纪》《清国号原称后金考》《朱三太子事述》4篇文章，着重探讨清入关前之历史，为孟森明清史研究早期代表作。此后，孟森渐以"心史"享誉史坛。又有编著《新编法学通论》，由上海商务印书馆刊行。（参见贾浩《孟森先生学术年表》，载孟森《明清史讲义》，商务印书馆2011年版；王学典《20世纪史学编年（1900—1949）》，商务印书馆2014年版）

谷钟秀与张东荪、杨永泰1月15日在上海创办《正谊》，以促进政治之改良，培育社会之道德为宗旨，张东荪、杨永泰、丁佛言、沈钧儒等撰稿。谷钟秀撰《发刊词》，谓本杂志"对于政府，希望其开诚心，布公道，刷新政治，纳入共和立宪之轨道；对于人民，希望其发展政治上之知识,并培育道德,渐移易今日之不良社会。"夏,杨永泰又与黄兴等人组织了欧事研究会。是年,泰东图书局创办于上海,欧阳振声任总经理,谷钟秀任总编辑。(参见左玉河编《张东荪年谱》,群言出版社2014年版)

　　张东荪1月15日在《正谊》创刊号上发表《正谊解》,提出"今日欲振兴社会,刷新政治,舍正谊莫由。"4月16日,张东荪与丁佛言在北京创办进步党机关刊物《中华杂志》,编辑人有李素、凌文渊、张东荪、汪馥言、杜师业、孙宸、胡家鑫、王常翰等。5月,张东荪专门从上海到北京,会晤丁佛言等人,商讨创办《中华杂志》事宜,重点交换了对政局的意见,比大多数进步党人先行看到了袁世凯专制的野心与本质,基本打消了对袁世凯所抱的幻想。自此着力思考如何对付像袁世凯这样的野心家专权及如何铲除腐败的官僚政治两大问题,并提出"法治国论""对抗论",主张实行"内阁制""地方制","多数政治","社会与政治分离"等等,逐步形成了较为系统的政治主张。又在《中华杂志》对袁世凯的独裁统治进行了抨击,时有"深度要算丁佛言,激烈当数张东荪"之说,张东荪亦因此声名鹊起,迅速成为民国初期著名的政论家。年底,张东荪闻讯美国实用主义的哲学家詹姆斯逝世的消息后,专门撰《吊美国乾母斯博士》,以示对这位哲学家的崇敬。(参见左玉河编《张东荪年谱》,群言出版社2014年版)

　　师复7月在上海发起成立旨在"传播主义,联络同志"的机构"无政府共产主义同志社",发表《宣言书》,说明无政府主义的意义及无政府党联合的必要,并在广州、南京、常熟等地设立分社。又刊布《无政府共产党之目的与手段》一文。与当时社会主义者江亢虎论战,使无政府主义的种子广布于国内。自《新世纪》发行以后,中国虽然也有怀抱无政府主义思想的人,但是没有国际间的联络。师复编印《民声》以后,在《民声》中特设世界语部,以为言论交通的机关,又和世界各团体对话通讯,交换杂志,讨论问题。8月,致书于万国无政府党大会,报告中国无政府主义者传播主义的过去及其进行状况,并向大会提议:(1)组织万国机关;(2)组织东亚的传播;(3)与工团联络;(4)万国总罢工;(5)采用世界语。于是,中国的无政府主义者始和世界发生关系。1912—1914年间,师复主持编印了《新世纪丛书》《无政府主义粹言》和《无政府主义名著丛刊》等,发行量达数万册。这些书刊的主要内容是传播无政府主义,特别是以巴枯宁为代表的无政府工团主义和以克鲁泡特金为代表的无政府共产主义,鼓吹绝对平均的无政府共产主义,提倡绝对自由,反对一切强权,反对一切政治和法律,对此后的无政府主义者产生重要影响。(参见唐仕春编《中国近代思想家文库·师复卷》及附录《师复年谱简编》,中国人民大学出版社2015年版)

　　黄炎培1月10日整理江苏省教育行政报告。随后递交辞呈,欲辞却省教育司司长职。2月22日,由上海赴南京,办理教育司交卸事。春,自交卸公职后,即以《申报》记者身份前往皖、赣、浙三省作考察教育之游。其目的乃为现时教育问题"寻病源",故而认定"凡夫一切现象,苟足以表示其一社会之特性、惯习、能力者,皆在所宜考"同行者二人:书记顾志廉(涟清)、摄影吕天洲(颐寿)。5月28日,返抵上海。此行往返95日间,所见三省教育及社会状况,得其共同点颇多,其宜注意改正者有数点:(一)各地中等学校,其教材类有过多之病,于脑力上既患用之过度,于知识上尤患食而不化。(二)中等以下学校教员,往往误认彼之职务以在授课时间为限,故授课以外,不尽肯有所致力。此层实为实施训练之一大障碍。(三)一般学校通行之教育法,多系注入式,求能用启发式者绝少。其各科普通之缺点则为:(1)国文课命题作文,论说体占大多数,其材料大多数为史事,令习书信及其他日常应用文者绝少;(2)修身科均用课本,以讲演为主,于德育实际无大影响。9月14日起,自上海启程前往山东、直隶(主要在北京、天津)等地考察。10月21日,返抵上海。(参见余子侠编《中国近代思想家文库·黄炎培卷》及附录《黄炎培年谱简编》,中国人民大学出版社2015年版)

李登辉继续任复旦公学校长。春季,复旦公学增设法律专科班,首批招生60名,这是上海法科首次大规模招生。为了解决办学场所的困扰,李登辉与李公祠代表人盛宣怀等订立租约。李公祠系清末用招商局、电报局之款建造,并非私产。李登辉不谙实情,上当受骗,致酿成10年后李公祠的诉讼案。是年,针对国民中,尤其是学生界民族主义情绪高涨的现状,李登辉准备搜集现代事关中国的重大世界性事件的文献,引导学生走向积极的、真正的爱国之途。

按:此书在12年后的1926年方出版,书名《中国问题之重要因素》。(参见钱益民《李登辉传》及附录四《李登辉年谱简编》,复旦大学出版社2005年版)

唐文治2月12日拟派美籍教员毕登、万特克率土木科三年级学生19名、二年级学生18名及木匠、校役数名于16日往杭州西湖一带山脉沿途测勘,实地练习,但闻该地尚在戒严状态,为保证学校学生测量实习顺利进行,学校专函致浙江民政厅和都督府,请予支持。3月23日,学生成行,历时一个月,并印行《旅杭测量日记》,唐文治作序,曰:"故学者必期学理畅明,试之实践,以资经验而辅助学理之未通,夫然后工程问题之来,可以迎刃而解。"6月1日,清华国学研究会《国学丛刊》创刊,唐文治作序。清华国学研究会由洪深、闻一多等于1月发起成立。《国学丛刊》仅出1期。6月13日,远东运动会筹备小组召开会议,宣布远东运动会赞助员领袖为袁世凯,赞助员则为黎元洪、孙宝琦、熊希龄、唐绍仪、伍廷芳、李经义、唐文治等共计27人。同月,唐文治为学生讲《易》,采用《程传》,并项平甫《周易玩辞》《御纂周易折中》及近代《易》师说。拟编《周易大义》,先作《易微言》3篇,寄曹元弼指正。曹元弼寄来《易》笺稿本,互相质证。7月,唐文治选印1908年来举办国文大会的菁华文章240篇,定名《南洋公学新国文》,共8卷4册,所选文章"无题不新,有美必录",并选印校门、校舍及校长照片。该书由苏州振华书社出版,由商务印书馆代售,成为风行一时的语文课本。冬,编《孟子大义》,其中《梁惠王》《公孙丑》《滕文公》3篇成。是年,国文科长李颂韩辑成《工业专门学校国文成绩录》,唐文治为之作"序"。(参见陆阳《唐文治年谱》,上海三联书店2013年版)

陈柱自日本读中学毕业回国,考入南洋大学电机系学习。因以文学见长,遂改习文学。读书既遍,而撰述亦随之渐夥。读书极富,每于同学中讲论。《庄子内篇学自序》:"回忆毕业南洋时,以文学受之于锡山唐蔚之先生。于经独好《易》《诗》《书》,于史独好马班,于子独好老庄荀韩,于文独好楚词汉赋,又好《说文》之学。同学闻风兴起,尝请柱讲论群书。听者恒二三十人,忘其班级之高下。校长知其然也,亦以极广之寝室置柱,每下午四时下课,而室未尝不为之满,且莫不正襟危坐以听,听时俨如师生。虽今之上庠讲坛,其肃穆不能及也。凡所论坛,以老庄及辞赋为多。"(参见张京华、王玉清《陈柱学术年谱》,《广西社会科学》2007年第2期)

林语堂继续就读于上海圣约翰大学。4月,所撰英文文章"A Mission to Heaven(西游记)"(《评李提摩太〈长春真人西游记〉英译本》)刊于《约翰声》第25卷第3期英文版。6月,所撰英文文章"A Mission to Heaven(西游记)(Continued)"(《评李提摩太〈长春真人西游记〉英译本(续)》)刊于《约翰声》第25卷第5期英文版,此文是对李提摩太(Timothy Richard,1845—1919)完成的《长春真人西游记》(*A Mission to Heaven:A Great Chinese Epic and Allegory*)英文译本的评论。7月,在1913—1914学年的休业典礼上获得英文演讲优胜奖章、英文写作优胜奖章,以及小说征文优胜奖章。9月,林语堂升入圣约翰大学文科大三。10月,所撰英文短篇小说《南方乡村生活》(*A Life in a Southern Village*)载《约翰声》第25卷第7期英文版,署名N. D. Ling。此为林语堂的第一篇文学作品。11月,所译《卜舫济先生论欧战之影响于中国》刊于《约翰声》第25卷第8期中文版;所撰英文文章"The Chinese Literary Language"(《中国文学语言》)刊于《约翰声》第25卷第8期英文版。12月,所撰英文文章(《中国文学语言(续)》"The Chinese Literary Language[Continued]")刊于《约翰声》第25卷第9期英文版。(参见郑锦怀《林语堂学术年谱》,厦门大学出版社2018年版)

高凤池为商务印书馆创办人之一。10月27日,出席上海书业商会10周年纪念活动,并被举为上海书业商会正董,叶九如、龚伯英为副董。据《申报》报道:"书业公所举行成立十周年纪念大会:书业公所全体大会纪事:上海书业公所开办已久,历来保全公益,维持版权,成效素著。向在小花园办事,近以新北门内原有旧址交通不便因,迁回城内,房屋重经修葺,焕然一新。昨特召集全体大会,举行落成式,并选举董事。到会者不下数百人,当经临时主席黄润生君宣读开会词,叶九如君报告历年概况,及创办时屡起屡蹶之困难情形,闻者为之动容。嗣由商务印书馆高翰卿君演说《团体及书业之要旨》,略谓书业与教育及国家之强弱,均有密切关系,与各业性质不同,非仅为图利者可比,当放大眼光,时时有辅助国家、普及教育、灌输新智识之观念。又谓凡一团体,必有富于责任心及希望心之两种人互相激励,任劳任怨,方可望其发达,同行营业亦当出以文明竞争,不可用破坏卑劣之手段。卒又表示其本业商会当与公所合并办理之意见,众皆拍手赞成。继由中国图书公司龚伯英君演说,大旨谓当破除私见,共谋公益,联络同行,实力团结云云,语甚恳切痛快。继乃投票选举,当众开票,选定高翰卿君为正董,叶九如、龚伯英二君为副董,事毕散会。是日会场整肃,秩序井然,演说者又皆学识高尚,多提撕商德之言,足见该业中大有人在也。"(参见吴永贵《民国图书出版史编年:1912—1949》,社会科学文献出版社2018年版)

夏瑞芳时任上海商务印书馆总经理。1月6日,商务印书馆与日本金港堂签订日方退股协议。从1912年开始,经过数十次会议,并由夏瑞芳等亲赴日本谈判,方签订此约。10日,《申报》载,商务印书馆股东特别会公告。同日晚6点,因收回日资股份,商务印书馆总经理夏瑞芳,在河南路本馆发行所门前遇刺身亡。11日晚,商务印书馆董事会举行紧急会议,举印有模为总经理,并商定夏瑞芳丧仪。14日,夏瑞芳举殡,商务印书馆同人全体休业一天。次日《申报》报道:"宝山路一带素车白马,路为之塞。音乐及一切仪仗均屏除,不用路祭。男女宾约二千余人,外国人也不少,马车约有百辆。"5月8日,伍廷芳、郑孝胥、周晋镳、朱葆三、张元济等104人在《申报》联名刊登《夏瑞芳先生追悼会》公启。9日,夏瑞芳追悼会下午2时在上海静安寺路味莼园举行,郑孝胥主礼,到会者数千人。夏君夫人深明大义,拟将一切赙仪集合成数,建设学校,永留纪念。《申报》对此有跟踪报道。

按:1月10日《郑孝胥日记》载:"至宝山路梦日新宅,甫坐进食,有走报者曰:'夏瑞芳于发行所登车时,被人暗击,中二枪,已入仁济医院。'梦旦、拔可先行,余亦继至,知夏已殁,获凶手一人。此即党人复闻北搜扣军火之仇也。众议:夏卒,公司镇定如常,菊生宜避之。余与菊生同出,附电车送至长吉里乃返。"张树年《我的父亲张元济》回忆云:"原来那天傍晚,父亲和夏瑞芳一起从发行所楼上办公室下楼回家,走到半楼梯,父亲想起一包公事应带回家批阅,于是返身上楼去取。夏一人先出门,将上马车时,一刺客向他开枪,夏当即倒在石阶上,血流如注。凶手向南逃跑,小马夫胡有庆奋不顾身追赶,凶手又开枪把小马夫打成轻伤,最后被迎面闻讯而来的巡捕抓住。父亲听到枪声,知道发生了大事,连忙重新上楼,知道夏被刺。商务同仁将夏送至山东路仁济医院,抢救无效而亡。商务同仁劝父亲当心。当晚,他偕闻讯赶来的商务董事会主席郑孝胥一同从后楼梯下来,出后门,离开发行所,穿过福建路,从几条小弄堂绕了个大圈子,步行回家,时已深夜。"孟森《夏君粹芳小传》(《商务印书馆九十五年》)云:"是夕,为暗杀党狙击于公司总发行所之门前,伤重不能语。昪至仁济医院,遂殁。年四十三。"次日刘承幹日记(《求恕斋日记》)载:"昨夜夏粹芳为人轰击而毙。……今日仲可来,述及三日前有党人某来函,谓夏因闽北事,该徒大有欲得甘心之势,将派人与交涉,犹疑恫吓之言,不谓竟事暗杀也。惨哉恨哉。闻此事乃革贼陈其美等所为。"(参见吴永贵《民国图书出版史编年:1912—1949》,社会科学文献出版社 2018 年版)

印有模(锡璋)1 月 12 日继任商务印书馆总经理。同日,商务印书馆董事会发布启事:"本公司总经理夏瑞方君不幸于民国三年一月十日午后六时遇害,经董事会举定印锡璋君为总经理,其经理一职仍由高翰卿君担任。本公司一切事务账目由印、高二君主持,特此声明。董事伍廷芳、郑孝胥、叶景葵、张元济、鲍咸昌同启。"13 日,伍廷芳、郑孝胥、叶景葵、张元济、鲍咸昌等董事联名在《申报》刊登《商务印书馆广告》曰:"本公司总经理夏粹芳君不幸于民国三年一月十日午后六时遇害。经董事会举定印锡璋君为总经理。其经理一职仍由高翰卿君担任。本公司一切事务、账目由印、高二君主持。特此声明。"3 月 3 日,《申报》载商务印书馆《出版界》准予备案之批示。4 月 10 日,《申报》载,商务印书馆收回外股后农商部准予备案批示:"商务印书馆呈奉农商部批云:呈悉。查该公司成立有年,于印刷出版事业,颇著成效,兹据称,印刷日精,营业亦颇发达,经股东特别会议决收回外股,现已为完全华商自行集股办理之公司等语,热诚毅力,至堪嘉许,附呈改订章程,亦均属妥洽,应准备案。此批。"14 日,《申报》载,商务印书馆于中国青年会讲堂续演幻灯。5 月 11 日,出席商务印书馆开股东年会,与郑孝胥、周晋镳、张元济、鲍咸昌、高梦旦被推为董事,张廷桂、丁斐章、叶揆初三人被推为监察人。11 月 21 日,《申报》载,宜兴县教育参观团莅沪,次日《申报》有报道:"日昨复参观商务印书馆印刷、编译二所,其规模之宏大,或称为亚东书业第一,洵属不诬。并闻该馆历经三次战事,不特未受影响,营业且日益发达,我华商自办之公司,有此成绩,诚可喜也。"(参见吴永贵《民国图书出版史编年:1912—1949》,社会科学文献出版社 2018 年版;张人凤、柳和城编著《张元济年谱长编》,上海交通大学出版社 2011 年版)

张元济 1 月 2 日出席商务印书馆董事会特别会议,议决收回日本股东所有之股份,照所拟合同办理。请夏瑞方与福间甲松签押,并推董事伍廷芳、印有模、张元济三人担任保证。5 日晚,黄炎培访来访,商印江苏省教育会行政报告。27 日,张元济邀李宣龚、郑孝胥、高凤谦、叶景葵、夏敬观午餐。31 日下午 3 时,商务印书馆于爱而近路纱业公会举行特别股东会。郑孝胥为议长,介绍新总经理印有模。张元济代表董事会报告收回日股情形。2 月 6 日,张元济访沈曾植,晤缪荃孙。9 日晚,张元济于卡尔敦西餐馆宴黄炎培,蒋维乔作陪。11 日晚,张元济于岭南楼西餐馆宴蒋维乔、黄筱棠、陆汇泉、庄俞。3 月 24 日,蒋维乔为沈朵山电邀至中华书局商教科书编纂事。26 日午 12 时,范源濂于小有天邀宴张元济、陆费逵、蒋维乔、麦孟华、李梅庵、王培生。4 月 1 日,张元济在《教育周报》(浙江省教育会编辑、发行)第 37 期刊载《贫困之教育》。

按:《贫困之教育》全文如下:

教育之道,广大精微,仆于兹事,安有所知?贵报发行一周,有纪念之举,以仆为浙人,属贡所怀,以告乡人。敬恭桑梓,义不敢却,姑为妄言,惟教育家有以教之。

古人言富而后教,吾国今日,贫困极矣,似必先有以富之而后能教之。然吾以为今之世界,非教必无由富,生计既随世运而进,一衣一食何莫不由智识而来,若必泥先富后教之说以衡吾民,则吾国恐永为极贫之国,吾民亦永为无教之民矣。

教育经费向取给于地方自治,今取消自治,国之人惴惴然虑教育经费之无着,而教育之事不免停滞也。且以某省都督,建议停止小学,又财政部因国库支绌,核减教育经费,又皇皇然虑各省已设之学校,且不免因之停罢也。然吾皆以为无足虑也。二十年前彼时何尝有教育经费,而各省督抚何尝不阻挠学堂?吾国人既可于一无凭藉之时,造成一种振兴教育之舆论,而卒能无中止,有使我国中有今日教育之现状,岂既有此可以凭藉之现状,而转无力以维持之耶?若教育之事,可以政府之一令,一都督之一电而废除之,则此教育之根本,本已朽腐,即无此一令,无此一电,而一切学校依然存立,亦不过一陈饰品耳,一活动影戏耳,曷足贵耶?

故吾谓自治之取消,经费之裁减,均不足为教育前途危。所可危者,我国民无真知教育之要,而能准时酌势谋切实以易行之法者耳。

所谓切实易行者何?贫困之国,宜以贫困之道行之,而不宜浮慕富厚之国之行为也。吾见今之学校矣,校舍必洋式,否则亦必有洋式之一窗一门,桌椅亦必以洋式为尚,是设备之费奢矣。图画唱歌教员殊鲜,内地聘用尤难,而科目必求完备,则俸给之数巨矣。毕业必限四年,生徒必留食宿,则所费增而来学者有所限制矣。凡此皆所以陷教育于艰窘之境,名曰振兴而实则以蹙阨之也。

谓政府不欲兴学,吾敢断言无是事。至糜费过巨不能自给,而必求助于政府,则必有爱莫能助之一日矣。西人有言,不良之法律犹愈于无法律,吾亦谓不完备之教育犹愈于无教育。及今不图,后悔无及,邦人君子以教育为今日必不可缓之事,其毋忘今日之贫困可矣。

张元济 5月11日下午3时出席商务印书馆民国三年股东常会,代表董事会报告民国二年营业情形。会议选举伍廷芳、郑孝胥、周晋镳、印有模、张元济、鲍咸昌、高凤谦为董事。18日,出席商务印书馆第124次董事会议,推伍廷芳为董事会主席,郑孝胥为副主席;议定增股议案、旧股添附新股办法。7月18日,撰稿本《明诗选》跋。8月29日晚,李宣龚邀宴,在座有朱祖谋、陈三立、孟森、张元济、陆费逵等。11月17日,出席商务印书馆第135次董事会议。"香港支店原系与港商刘君毓芸合资营业,因刘君办理不甚妥善,已于本年九月起收归独办,改为广东分馆支店,派荣君浩昌为经理。""广西分馆向在桂林,因省垣迁往南宁,交通又不便利,故桂林改为支店,而改设分馆于梧州。"上述两项董事会予以认可。25日,江苏省教育会演讲大会第三日。商务印书馆邀请参会代表参观商务印书馆,27日《申报》对此有详细报道:"首由张菊生先生致欢迎词,请省教育会会长黄韧之先生演述。黄先生首述商务印书馆为我国至大之公司,办事人尽力研究进行,成效卓著;继述露天学校及巡回讲演办法,引天津等处成事为证,精神奕奕,听者鼓掌如雷。"同月,康有为赠排印本《戊戌奏稿》一部。(参见张人凤、柳和城编著《张元济年谱长编》,上海交通大学出版社2011年版;吴永贵《民国图书出版史编年:1912—1949》,社会科学文献出版社2018年版)

杜亚泉继续主编商务印书馆《东方杂志》。7月,撰《接续主义》一文刊于上海《东方杂志》,力倡进步与保守相调和的政治接续主义,盛赞英国式自由主义传统。8月,第一次世界大战爆发,杜及时作了大量连续报道,并发表《大战争与中国》《大战争之所感》《战争杂话》等文章。11月,江苏省教育会理科教授研究会成立,当选编审员。是年,杜亚泉连续发表《个人之改革》《欧洲大战争开始》《策消极》《战争杂话》《大战争续记》《破除幸福之目的》等一系列文章,阐述其社会改革的思想。(参见陈镱文、亢小玉、姚远《杜亚泉先生年谱(1912—1933)》,《西北大学学报》(自然科学版)2008年第6期;周月峰编《中国近代思想家文库·杜亚泉卷》及附录《杜亚泉年谱简编》,中国人民大学出版社2014年版)

郑孝胥仍居上海,兼任商务印书馆董事。1月13日,与伍廷芳、叶景葵、张元济、鲍咸昌等董事联名在《申报》刊登《商务印书馆广告》,举定印锡璋为总经理。5月8日,与伍廷芳、周晋镳、朱葆三、张元济等104人在《申报》联名刊登《夏瑞芳先生追悼会》公启。11日下午

3时,出席商务印书馆民国三年股东常会,与伍廷芳、郑孝胥、周晋镳、印有模、张元济、鲍咸昌、高凤谦被推为董事。18日,出席商务印书馆第124次董事会议,被推为为副主席。7月3日,郑孝胥复林纾书,云:"《谒陵图记》拜读,悲怆不已,辄题一诗奉呈。古者,忠臣孝子常耻于自言,不忍以性情不幸之事稍涉于近名故也。兄虽忠烈,亦宜试味此言。人生大节,且待他人论之可矣。胥甚恶国人之不义,又叹士大夫名节扫地,不能使流俗有所忌惮。生于今日,洁身没世已恐不易,何暇与时人辨是非乎?兄如以我为偏,幸有以正之。"8月23日,张元济访郑孝胥,携《宋诗钞》示之,"将付石印"。25日,郑孝胥"过张菊生,以《宋诗钞》还之,并借以《广韵》三册,乃《古逸丛书》单行本。"9月6日,张元济访郑孝胥,"示《宋百家诗存》印本,甚佳。"(参见张人凤、柳和城编著《张元济年谱长编》,上海交通大学出版社2011年版;张旭、车树异编著《林纾年谱长编:1852—1924》,福建教育出版社2014年版)

陈叔通应邀来商务印书馆。陈叔通记述云:"民国三年(1914年),袁世凯解散国会,张给我一个电报,派李拔可来京与我面约。那时我的报馆(《北京日报》)在袁世凯的压力下,也办不下去,希望他来封闭,但又不来封,只是威胁很大。国会解散,我便摆脱《北京日报》而应商务之约离京南下。……当时中华也来约我,外间谣传中华薪金大,我将去中华,其实中华确实许我月金三百元,而我却应了商务月薪二百元之约,这是由于我与张的关系深,中华要以钱买我是买不到的。"(参见陈叔通《回忆商务印书馆》,载《商务印书馆九十年》,商务印书馆1987年版;张人凤、柳和城编著《张元济年谱长编》,上海交通大学出版社2011年版)

胡愈之是年夏听说商务印书馆招收编辑练习生,这是他理想的工作,就从家乡来到上海,通过父亲的一位朋友,把他写的几篇文章呈送给商务的张元济先生。张元济先生对这几篇文章十分赞赏,立即同意胡愈之到商务工作。10月,胡愈之"进入该馆当了编译所的练习生"。(参见胡序文《胡愈之和商务印书馆》,载《商务印书馆九十年》,商务印书馆1987年版;张人凤、柳和城编著《张元济年谱长编》,上海交通大学出版社2011年版)

陆费逵继续任中华书局总经理。2月10日,《申报》广告,中华书局出版教育部审定新编中华初小教科书,并述及要旨及优点。6月11日,中华书局订定公司章程。8月,中华书局编辑部迁至东百老汇路88号,编辑员增至百余人。10月15日,中华书局董事局第十三次会议,专题讨论与商务印书馆联合问题,用以消除彼此激烈的竞争,期免于"两伤两亡"的前途。11月3日,中华书局在《申报》上刊登征文启事,征文内容包括"中国公民读本编纂方法及要目""小学国文教授分读本、文法、习字、作文述及方法及教材要目"等12题。23日,《申报》广告,中华书局寄售《古今图书集成》。24日,江苏省教育会演讲大会第二日。中华书局到会各赠新出版书三种,并赠书券一纸及民国四年《中华教育界》全份。12月20日,出席中华书局召开第五次股东会,首由陆费逵致开会词:"略谓到会股东一百二十人,计九千一百余权,权数业已过半,照章可以开会。次推举唐少川君为临时主席,次由陆费伯鸿君报告营业情形,略谓去秋至今夏,大局不靖,营业之数不能达吾人豫计之希望,然尚有七十余万元,较之上年尚多十之三四,未始非不幸中之幸,现正竭力进行厂基,业已购定,正在规画图样,欧战无甚影响,存纸可敷一年之用。末谓拟于教科书之外,添营各种事业,编辑印刷较前大有进步,分局添至二十七处,将来希望甚大云云。"唐绍仪、陆费逵、周扶九、施子英、沈芝芳、范源濂、蒋抑厄、王宠惠、沈恩孚、蒋汝藻、陈玉麒11君当选为董事。是年,陆费逵对江苏、山东、直隶的教育进行实地考察后,撰写了《论人才教育职业教育当与国民教育并重》的文章,发表在上海《中华教育界》第1期。是年,本年度出版的大型丛书有:《小说汇刊》由中华书局开始陆续出版,先后出版了100种;《女学丛书》由中华书局开始陆续出版,至1917年出版了8种。(参见吴永贵《民国图书出版史编年:1912—1949》,社会科学文献出版社2018年版)

谢无量9月在上海经朱少屏、杨乃荣、马君武介绍,填写入社书,正式加入南社。随后任于右任创办的《神州日报》主笔,大力宣传资产阶级革命。还曾参与编辑《民权报》。以形势险恶,安全无保,谢无量遂转入中华书局,主要从事编书工作。是年,所编《(新制)哲学大要》《(新制)哲学大要参考书》《新制国文教本》(全四册)《伦理学精义》相继出版。(参见彭华《谢无量年谱》,《儒藏论坛》2009年第1辑)

丁福保11月26日于江苏省教育会演讲大会第四日将其译述之《肺痨病之天然疗法》及所辑《医学丛书提要》遍赠各听讲员。中华书局设晚宴招待与会代表,11月28日《申报》对此有详细报道:"中华书局欢迎会纪盛,欢迎江苏六十县教育界代表:前日中华书局开晚餐会于共和春,欢迎江苏省教育会演讲会诸君。餐室设在二层楼,演说场设在三层楼,七时入座,到者凡百六十余人,八时半餐毕,相率升楼至演说场。首由该局局长陆费伯鸿君致欢迎词,并谓敝局开办三年,诸事草创,务希明日参观时指教一切,又谓编辑之事,不免闭门造车,诸君实地教授,心得必多,如承见示,俾得改良,尤所欢迎,云云。继由前教育总长、该局编辑长范静生君演说……次由前教育部普通司长袁观澜君演说……演讲会代表章君慰高致答词,谓范袁两先生演说,字字见血,吾辈当服膺勿失。又谓吾国教科书,约分三时期,第一期草创,第二期凌杂,均无可言,惟入民国以来,举制既定,中华书局成立教科书,遂大放异彩。末谓希望中华书局,一则请编辑者参观各处学校,一则提倡国货,中华民国之中华书局,吾人固极满意,惟纸墨机器尚来自外洋,非设法自制不可。旋由省教育会副会长黄韧之君致谢词,又由陆费伯鸿君谢到会诸君,济济一堂,宾主尽欢,散会已十一时余矣。"(参见吴永贵《民国图书出版史编年:1912—1949》,社会科学文献出版社2018年版)

刘半农继续任职于中华书局。3月1日,首次在《中华小说界》第1卷第3期上发表"侦探小说"《七首》。5月1日,在《中华小说界》第1卷第5期上发表"滑稽小说"。6月1日,在《中华小说界》第1卷第6期上发表"滑稽小说"《顽童日记》。7月1日,在《中华小说界》第1卷第7期发表根据丹麦安徒生《皇帝之新衣》改写的"滑稽小说"《洋迷小影》,作品前有作者自述。8月1日,在《中华小说界》第1卷第8期发表"滑稽小说"《财奴小影》。同期,发表所译"社会小说"《伦敦之质肆》。9月1日,在《中华小说界》第1卷第9期发表"谈瀛"《美洲风俗趣谈》。10月1日,在《中华小说界》第1卷第10期发表"哀情小说"《默然》。11月1日,在《中华小说界》第1卷第11期发表"醒世小说"《咏而归》,同期发表所译"哀情小说"《此何故耶》。后在《中华小说界》第1卷第12期续载。12月5日,在《礼拜六》第27期发表所译"实业小说"《橡皮傀儡》。19日,在《礼拜六》第29期发表"实业小说"《奉赠一圆》。(参见徐瑞岳编《刘半农年谱》,中国矿业大学出版社1989年版;曹波、万兵《刘半农小说著译学术年谱(1913—1920)》,《广西社会科学》2020年第1期)

吕思勉继续在上海私立甲种商业学校任教。6月,与杨晟、臧励成合编的《高等小学新修身教授书》(1—9册)由上海中国图书公司(和记)出版。7月起,由沈颐介绍,任上海中华书局编辑,直至1918年。所撰36000余字长文《小说丛话》,署名成之,刊于《中华小说界》第3—8期。学者称其为晚清所有小说论著中篇幅最长、容量最大的一篇,作者就小说艺术的一些重要理论问题,提出了系统、深刻、富有创造性的见解,为建立我国的"小说学"作出了不可磨灭的贡献。或认为《小说丛话》的显著特点是注重运用西方美学的观点来分析小说的性质,对人物典型化及典型的客观意义,以及小说兴盛的原因、小说与社会的关系、创作小说的主要方法和译本小说等诸多问题,都有透辟的论述,堪称近代文论的丰碑,与管达如的《小说说》代表了近代小说理论发展的水平。是年,撰《古代人性论十家五派》,据王仲任《论衡·本性篇》所论,分世硕、孟子、告子、孙卿、陆贾、董仲舒、刘向、扬雄、王充、苟悦十家,十家之内又分无善无不善说(告子)、性有善有恶说(世子、董子)、性善说(孟子)、性恶说(荀子)、有性善有性不善说(王充)五派;所记日记名曰《今生记》。(参见李永圻、张耕华编撰《吕思勉先生年谱长编》,上海古籍出版社2012年版)

戈公振调至《时报》馆,正式踏入新闻界工作。从校对、助理编辑、编辑一直做到总编辑,在该报任职15年之久。实际上代狄楚青主持报馆事务。狄爱其才,以奖学金助戈公振入青年会补习英文。在《时报》馆工作期间,戈公振广交游,和蔡元培、胡适、杨杏佛、章炳麟、马相伯、沈尹默、叶恭绰、邵力子、黄炎培、史量才、胡愈之、胡政之、邹韬奋、王礼锡、严独鹤、周瘦鹃、包天笑、毕倚虹、王纯根、郑振铎、谢六逸、田汉、宋春舫、梅兰芳、黄宾虹、刘海粟等名流有书信往来;还同王光祈、徐悲鸿、陈学昭、王一之、李昭实、吕碧诚、鲍振青等有交往。(参见洪惟杰《戈公振年谱》,江苏人民出版社1990年版)

于天声10月1日在上海创办《世界杂志》月刊,辟有世界画苑、世界风云、世界时事、世界论坛、世界名著、世界思潮等栏目,以促进国民世界智识为志端,促使国人知彼知己,了解世界,周知列国之正俗文物,研究世界列强的盛衰史。该刊内容丰富,着眼于世界和时代前沿,对启发国人智识、增长国人见识、激发国人爱国热情等方面有一定程度的促进作用。此外,该刊着重刊载世界时事,且对其多有描绘和评述,相关的摄制图片也很多,对一战期间的战局有比较清晰的记载,因此质量较高,对当前学者研究一战的相关问题有重要的史料参考价值。

沈瓶庵主编《中华小说界》月刊1月1日在上海创刊,由中华书局印行。主要撰稿者有姚汉章、曾皙乡、林纾、许指严、包天笑、周瘦鹃、刘半农、徐枕亚、徐卓呆、天虚我生、泪囚等。内设画苑、短篇、长篇、笔记、新剧、文苑、名著、传奇、国闻、谈丛、谈瀛、谈荟、武库、邮乘、艺术史、美术史、杂录、来稿俱乐部等栏目。(参见张旭、车树昇编著《林纾年谱长编:1852—1924》,福建教育出版社2014年版)

丁德合在上海《教育杂志》第8期发表《读经问题之商榷》,认为一是经书"艰深不宜于儿童也",二是经书"浩博不宜于普通教育也"。

郑佩刚主编的《民声》4月由澳门迁往上海出版。

刘铁冷、蒋著超主编的文艺月刊《民权素》4月在上海创刊。

周瘦鹃翻译的长篇小说《霜刃碧血记》10月开始在《时报》连载,12月由南京正书局出版单行本。是为作者出版的第一个单行本。(参见范伯群、周全《周瘦鹃年谱》,载《新文学史料》2011年第1期)

徐忱亚、关双热为主编的《小说丛报》5月1日创刊于上海。

王钝根编辑的《礼拜六》周刊6月在上海创刊。

周瘦鹃协助王钝根编辑《礼拜六》周刊,不久停刊。

张丹斧、严独鹤先后任主编的《快活林》8月创刊,成为上海《新闻报》副刊。

高剑华主编的《眉语》文艺刊物11月在上海创刊。

张静庐自费编印《小上海》《小说林》《滑稽林》等小型报刊,因资金和经验不足而停办。

朱天民主编的《学生杂志》在上海创刊,商务印书馆出版。

徐枕亚创办《小说丛报》,从事小说创作。

范烟桥到吴江八坼第一小学任教兼八坼女子小学教员,同时向上海《时报》副刊《余兴》投稿,得到主编包天笑的赏识。

陈抱一因病回国,应聘为上海图画美术院教员。

宗白华在青岛大学中学部语言科毕业,并转学到上海同济医工学堂中学部二年级,学习德文。(参见林同华《宗白华生平及著述年表》,载《宗白华全集》第四卷附录,安徽教育出版社 1994 年版)

丁悚、张聿光、刘海粟、沈伯尘、陈抱一、汪亚尘、徐咏青、杨惺惺等人在上海图画美术学校成立振青社,是年 10 月编辑出版《振青社书画集》第 1 集,发表社员新作。

冶开到上海玉佛寺,创设"居士念佛会",接引沪上名流。一时缁素云集,法缘鼎盛。张寿波皈依于冶开长老座下,法名观本。

按:冶开后来又创立了"佛教慈悲会",专做社会上灾害贫困救济事业。(参见于凌波《中国近现代佛教人物志》,宗教文化出版社 1995 年版)

月霞法师是秋在上海哈同花园创办的华严大学正式开学,弟子应慈协助创办。园中新建禅堂、讲堂,招收学生 60 人,订为预科 3 年、正科 3 年,并以弘扬华严教义为主。自此华严宗一时门人遍天下,特出者有常惺、慈舟、持松、戒尘、蔼亭、智光等法师。(参见孙严《华严大学之研究》,河北师范大学硕士学位论文,2020 年)

慈舟考入月霞法师创办的华严大学正科班就读,随月霞法师专究华严教义。

按:慈舟 1916 年毕业后,从华严大学毕业后,他行脚参访,朝礼普陀、九华等名山。(参见于凌波《中国近现代佛教人物志》,宗教文化出版社 1995 年版)

宋育仁 6 月以王闿运在京主持国史馆,遂应邀赴京,最初委以协修之名,后转为纂修。11 月 13 日,得见劳乃宣《共和正解》《续共和正解》《君主民主平议》等文,意在比附共和政体为周召共和,以此督促袁世凯仿效周、召,还政清室。宋育仁阅后与同僚评论劳文得失,结果被告密,称有复辟清室嫌疑。17 日晚,宋育仁被步军统领衙门传讯,一夜未归。22 日,上书袁世凯,讲明评论劳乃宣文的宗旨所在。23 日,袁世凯就复辟案发布申令,严饬宋育仁、劳乃宣等遗民意图复辟行为"妨害国家,倾覆清室,不特为国民之公敌,且并为清室之罪人",以后再有复辟言行发生,即照内乱罪从严惩办。26 日,内务部以"年老荒悖,精神警乱"为由,未对宋育仁严加惩治,令人遣送回四川富顺原籍,以示保全。30 日晚 10 时,步军统领衙门派员护送,自北京启程,乘火车至武昌,交由湖北巡按使接收,再由彰武上将军巡按使派员用官轮护送至宜昌,换坐商轮,解赴重庆,交川东道接收,听候川将军巡按使派员赴重庆接收。沿途地方官吏均从优待遇。宋育仁此次回川有总统给银 1000 两,湖北段巡按又给川资 2000 元。12 月 28 日,抵达重庆。(参见王东杰、陈阳编《中国近代思想家文库·宋育仁卷》附录《宋育仁年谱简编》,中国人民大学出版社 2015 年版)

廖平年初仍在四川国学馆。春,四川国学馆改名四川国学学校,廖平任校长。冬,撰成《楚辞讲义》十课。是年,又撰成《脉学辑要评》1 卷、《分方异宜篇补证》1 卷、《营运运行篇补证》1 卷、《难经经释补证》2 卷、《脉经考证》、《诗纬新解》1 卷、《诗纬搜遗》1 卷、《释风》1 卷、《孔子闲居解》1 卷、《高唐赋新释》1 卷。(参见廖幼平编《廖季平年谱》,巴蜀书社 1985 年版)

蒙文通就读于四川国学学校,于是从廖氏学,且甚推崇之,但是始终没有接受廖氏二变以后之说。蒙文通《廖季平先生与清代汉学》云："年二十,从本师井研廖季平先生、仪征刘申叔先生问经学。廖师屡曰:'两《经解》卷帙虽繁,但皆《五礼通考》《经籍纂诂》之子孙耳。'又言清代各经疏及曩在江南见某氏未刊之某经正义稿,大要不能脱小学家窠臼。刘师则直谓'清代汉学未必即以汉儒治经学之法治汉儒所治之经'。又言'前世为类书者,《御览》《类聚》之类,散群书于各类书之中;清世为义疏者,正义之类,又散各类书于经句之下'。两师之讪讥清代汉学若此。余初闻而骇之,不敢问,以为两《经解》尚不足以言经术,称汉学,舍是则经术也,汉学也,于何求之? 亦竟不能揣测两师之意而想像其所谓。"(参见王承军《蒙文通先生年谱长编》,中华书局 2012 年版)

吴虞因《醒群报》曾于去年 6—7 月间刊登其主张宗教革命、家庭革命之文,1 月 11 日当局以"宗旨颇不纯正"为由将其封禁。31 日,川西道调查委员吴次东来谈,请吴虞任《法政杂志》名誉主笔。7 月 21 日,川西观察使继任者龚龙瞻,令人来请吴虞到署办公。9 月 21 日,吴次东来请任《共和》杂志主笔,吴虞只允担任文苑。23 日,代龚龙瞻作《共和杂志发刊词》。11 月 27 日,杨宏稣来,约吴虞同张锐夫、黄美涵、廖用之诸人发起宪法研究会。28 日,吴虞自此日起,不再去道署办公。同月,吴虞所编《骈文读本》在脱稿 9 年后,樊孔周拟为之出版。刘师培、谢无量均为之作序。(参见朱玉、孙文周《吴虞年谱简编》,《吴虞诗词研究与整理》附录一,河南文艺出版社 2016 年版;彭华《谢无量年谱》,《儒藏论坛》2009 年第 1 辑)

张澜因 1 月 9 日袁世凯下令解散国会后,与川籍议员相继返川。回南充后,任南充县立中学校长,在师生中鼓吹民主思想,不断揭露袁世凯篡权窃国的阴谋;增设军事课,聘请退役军人对学生进行军事训练。又根据南充县境蚕桑历史悠久的特点,与盛克勤、王行先等集资创办果山蚕业社,创办南充县乙种实业学校,开设蚕丝专业两个班,首任校长为林维干。南充蚕桑事业以后能蓬勃发展,首创之功,始于张澜。(参见谢增寿编著《张澜年谱》,群言出版社 2013 年版)

曾玉钦、温友松、周文钦 4 月 25 日在重庆创办《商务日报》。

叶德辉 1 月初,乘船离长沙,至汉口,旋至京。约本月,梁启超请李肖聃代笔致书王先谦,称已与德辉修好。3 月,德辉以事稍解,南返。12 日,在汉口为汤芗铭手下逮捕。约下旬,押至长沙,拘在都督府。得在京湘人着力营救,获释。叶德辉获释后,再赴京呈控汤芗铭。蒙难期间,王闿运颇营救德辉。约下旬,长沙商绅仿效上海外商成立商团,推德辉为团总。约月底,再赴京,拜谢为之出力者。在京晤董康。又由李肖聃陪同,探望章炳麟,相互称誉。约 6 月,国史馆筹备处成立,柯劭忞邀德辉入,婉拒。9 月,回长沙。是年,撰《癸丑蒙难记》1 卷,编在京诗作为《于京集》。所著《天地阴阳交欢大乐赋》1 卷、《青楼集》1 卷刊行。是年底或明年初,《吴中叶氏族谱》刊成。重编《双梅影闇丛书》印本发行。(参见王维江、李鹭哲、黄田编《中国近代思想家文库·王先谦、叶德辉卷》及附录《叶德辉年谱简编》,中国人民大学出版社 2015 年版)

黎锦熙因湖南省立第四师范与第一师范合并,改称湖南省立第一师范学校,继任历史教员。1 月,与杨昌济、徐特立、方维夏等同人组织等创办宏文图书编辑社,任主任,主要编写中小学教材。又与同人共同发起组织哲学研究小组,留学英国的一师伦理课教员杨怀中为指导,经常讨论一些哲学问题,学生中毛泽东、陈昌、蔡和森常来参加。10 月,创办《公言》月刊,批评教育界的歪风,但发行了 3 期就被迫停刊。(参见黎泽渝《黎锦熙先生年谱》,《汉字文化》1995 年第 2 期;《杨昌济年谱》,载王兴国《杨昌济的生平及思想》,湖南人民出版社 1981 年版)

黎锦晖从北京返回长沙,在其兄长黎锦熙主持的宏文图书编译社做编辑,协助编写小

学教科书,担任插画工作。(参见孙继南《黎锦晖年谱》,载《齐鲁艺苑》1988年第1—3期)

杨昌济继续在湖南高师任教,兼任第一师范修身、教育学两科教员。夏,所著《论语类钞》由宏文图书社出版。9—10月,参与创办宏文图书编辑社、《公言》月刊。在《公言》创刊号发表《劝学篇》,主张向西方学习,但反对全盘欧化;反对门户之见,主张言论自由,兼收并蓄。(参见《杨昌济年谱》,载王兴国《杨昌济的生平及思想》,湖南人民出版社1981年版)

徐特立1月与黎锦熙、杨昌济、方维夏等6位省立第一师范教员在长沙创办宏文图书社,编辑出版"共和国中小学各科教科书"。是年,为系统阐发师范教育专业课教学的方法,在宏文图书社先后出版《教育学》《小学各科教授法》《初等小学国文教授法》。其《小学各科教授法》试图构建起较为系统的小学学科体系,并努力探求科学的教学规律,是我国近现代教育史上第一部教学论专著。又在《公言》第1卷第3号发表《国文教授之研究》。(参见《徐特立年谱》编纂委员会编《徐特立年谱》,人民出版社2017年版)

毛泽东是秋因学校合并转到湖南省立第一师范就读,深受教员杨昌济、徐特立以及黎锦熙、袁仲谦等的影响。(参见中共中央文献研究室编撰《毛泽东年谱(1893—1949)》,中央文献出版社2002年版)

曹典球任湖南实业学校校长。

贺孝齐继续任武昌高等师范学校校长。9月开办本科,第一届预科学生毕业升入本科学习,分在英语部、历史地理部、数学物理部、博物部。这一年高师没有招收预科新生。11月,校长贺孝齐被调回教育部,张瑄任地理校长。为了加强各部的工作,学校又增设了各部教务主任,以地质矿物教员陈锦章兼博物部教务主任,以英语教员张锡周兼英语部教务主任,以史地教员姚明辉兼历史地理部教务主任,以数学教员黄任初兼数学物理部教务主任。是年起,学校相继成立了几个以学生为主体、有教师参加指导的学术团体,包括理学会(后改为数理学会、数理化学会)、英语谈话会、史地学会、博物学会等。这些学会的组织形式各不相同,但都由有名望的教员担任会长。(参见吴贻谷主编《武汉大学校史(1893—1993)》,武汉大学出版社1993年版)

恽代英继续就读于私立武昌中华大学预科。10月1日,在《东方杂志》第11卷第4号上发表《义务论》一文,此文后被南洋出版的《舆论》转载。文中将"今之持论者"分为"义务论"(利他派)和"权利论"(利己派)两端,反对利己主义的权利论,试图以义务论作为改造社会的思想武器。此文的发表,使恽代英大受鼓舞,他在《爱澜阁自序(续)》中认为这是"投稿之一新纪元""最得意之事"。(参见刘辉编《中国近代思想家文库·恽代英卷》附录《恽代英年谱简编》,中国人民大学出版社2015年版)

余家菊继续就读于私立武昌中华大学预科。受大学学长刘凤章(文卿)影响,研习国学。(参见余子侠、郑刚编《中国近代思想家文库·余家菊卷》,中国人民大学出版社2013年版)

陶希圣回湖北黄冈仓埠镇居家一年余,读史兵略,并涉庄子、老子、诸子书,读王船山《读通鉴论》及《宋论》之类,"自觉史论一门,大有可为"。(参见陈峰编《中国近代思想家文库·陶希圣卷》及附录《陶希圣年谱简编》,中国人民大学出版社2015年版)

韩国钧时任江苏民政长。1月5日,韩国钧令两江师范学堂保管员李承颐封闭学堂以备用。7月15日,韩国钧调皖,临行前,委任江谦为两江师范学堂校长,筹办开学。8月30日,江苏巡按使韩国钧委任江谦为南京高等师范学校校长。就前两江师范学堂校舍,筹备开办南京高等师范学校。经过一年的筹备,于次年8月招生,开设国文、理化两部,招生126人。(参见南京大学高教研究所编《南京大学大事记1902—1988》,南京大学出版社1989年版;于凌波

《中国近现代佛教人物志》,宗教文化出版社 1995 年版)

郭秉文以题为《中国教育制度沿革史》一文获得哥伦比亚大学博士学位,成为中国最早的教育学博士。归国后,收到正在筹备之中的南京高等师范学校江谦校长的聘书,任教务主任。

钱基博谢绝直隶都督赵秉钧、江苏都督冯国璋的邀请,任无锡县立第一小学国文、史地教员。1 月,钱基博撰《技击余闻补》,刊于《小说月报》第 5 卷第 1 号。在《前言》中,钱基博称赞林纾《技击余闻》"叙事简劲,有似承祚《三国》,以予睹闽侯文字,此为佳矣"。钱基博因读林纾的《技击余闻》不够过瘾,便亲著《技击余闻补》,由此引来林纾不快。

按:郑逸梅《恽铁樵奖掖后进》(载《郑逸梅选集》第 2 卷,黑龙江人民出版社 1991 年版)记其事曰:"他对于梁溪钱基博(子泉),有一事颇感歉仄。原来他编《月报》时,刊载林琴南的小说和笔记,同时又征得钱基博的《技击余闻》,在《月报》上连续刊载。某读者力誉钱氏笔墨劲峭苍古,在林琴南之上。不意这个消息,被林纾闻知,大不高兴,即致书商务编辑部,谓:'此后愿让贤路,不再贡拙。'商务当局以林译小说博得社会欢迎,今既两贤相厄,衡量轻重,只得慰藉林纾,而对钱则加以宕塞。此举恽氏大为不平,其正义感亦为常人所莫及"云云。这里似稍有差误,见钱基博《技击余闻补》所言,可见此番原委,《技击余闻》为林琴南所作,钱基博"补其阙略",本为跟在林纾后面亦步亦趋,林纾如何感受暂且不论,但钱基博还比"私自谓佳者决不让侯官出人头地也",自赏其事,林琴南的不满皆由钱基博出语菲薄引起。钱氏《技击余闻补》十五年后,钱基博在写给朋友、著名文学家李详(审言)的《再答李解叟书》(《李审言文集·学制斋书札》,江苏古籍出版社 1982 年版)的信中透露了他与林纾之间的一点过节:"十五年前,以博偶有持撩,见之不胜愤愤,无端于博,大施倾轧,文章化为戈矛,儒林沦于市道,属商务不印拙稿,而不知博本不赖市文为生。有友人介博任北师大国学讲座,其时畏庐在北京文坛,气焰炙手可热,口作臧否,致成罢论,知者多为不平。然博以为真读书人,正当化矜释燥,征其学养。何乃畏庐六十老翁,不能宏奖后进,而党同炉道若是! 胜我不武,不胜见笑。"

钱基博接《小说月报》主编恽树珏 10 月 29 日信:"近此公(指林纾)有《哀吹录》四篇,售与敝报。弟以其名足震俗,漫为登录(指《小说月报》第五卷七号)。其中杜撰字不少:'翻筋斗'曰'翻滚头''炊烟'曰'丝烟'。弟不自量,妄为窜易。以我见侯官文字,此为劣矣!"钱锺书《林纾的翻译》(《七缀集》)认为:"这几句话不仅写出林纾匆忙草率,连稿子上显著的'杜撰字'或别字都没改正,而且无意中流露出刊物编者对名作家来稿常抱的典型的两面态度。"(参见王玉德《钱基博学术年谱简编》,《儒藏论坛》2009 年第 1 辑;张旭、车树异编著《林纾年谱长编:1852—1924》,福建教育出版社 2014 年版)

宗仰任金山江天寺首座,致函中山先生,激游金山。

欧阳竟无携爱女欧阳兰入金陵刻经处主编校事。11 月,开始讲学于龚家桥陈氏空屋。听讲者有姚妙明、吕澂、黄树因、徐克明、苏心田等人。(参见徐清祥编《欧阳竟无先生学术年表》,载欧阳竟无《欧阳竟无内外学》,商务印书馆 2017 年版)

吕澂至南京金陵刻经处佛学研究部随欧阳渐研究佛学,后又协助欧阳渐在南京筹办支那内学院。

汤寿潜 3 月上旬主持召开股东大会讨论浙路国有问题。经激烈辩论,决议"浙路交归国有"。4 月 11 日,商办浙江铁路公司股东代表与袁世凯政府交通部议定,将杭州至枫泾段、曹娥至宁波段两段铁路,及杭州江干至湖墅段支线交归国有。公司所有股份由政府偿还。9 月 29 日,浙路公司与交通部在京签订《收回沪杭甬浙段铁路议订条款》。自此,江浙两省商办铁路全部国有。是年,袁世凯政府追论汤寿潜总理浙路功劳,以及总理浙路 4 年不支薪水之补偿,特赉奖金 20 万元。汤不受,致书股东,将 20 万元转给理事会。股东徐申如等人提出《浙路股东意见书》，建议此款仍应奖给汤寿潜。袁世凯政府派人将款送至杭州汤寿潜处，依照其子汤孝佶、婿马一浮之建议，将此款悉数捐赠浙江教育会，以此悉数用来筹办兼山师范学校。

按：见次年 7 月马一浮代汤寿潜撰《设立兼山师范学校缘起》。（参见汪林茂编《中国近代思想家文库·汤寿潜卷》及附录《汤寿潜年谱简编》，中国人民大学出版社 2015 年版）

周作人 1 月 20 日在《绍兴县教育会月刊》第 4 号发表《儿歌之研究》和《征求绍兴儿歌童话启》，并开始在绍兴收集儿歌的活动。2 月 18 日，应陈子英邀请任成章女校校长。3 月 20 日，在《绍兴县教育会月刊》第 6 号发表《儿童问题之初解》，倡导在中国开展"儿童之学"，以"振革"旧的观念。8 月，《绍兴县教育会月刊》改为《绍兴教育杂志》，仍为主编。11 月 23 日，校阅《会稽郡故书杂集》稿。12 月 20 日，所撰《妇女商说》刊于《绍兴教育杂志》第 2 期，署名启明。同月，所撰《英国最古之诗歌》刊于《叒社丛刊》第 2 期，署名启明，重点介绍了英国最古的长诗《培阿邬尔夫》，称该诗为"英国之圣书"。（参见张菊香、张铁荣主编《周作人年谱》，南开大学出版社 1985 年版）

夏丏尊 3 月与浙一师同仁徐作宾、徐道政、郦沉、姜丹书、陈子韶等加入南社，入社编号 454 号。在南社，夏丏尊积极主张废除读经书、闭门造车、尊孔崇古等陋习，增加世界新知识内容的教材。10 月，加入浙江一师"乐石社"。这是由学生邱志贞发起、以书法篆刻为主体的艺术社团。陈伟任首任社长，李叔同任总揽社务、主持选政的社主任。主要成员有经亨颐、费龙丁、张心尧等人。乐石社成立后，曾出版《乐石集》多集。

按：浙江第一师范学校的"乐石社"，是我国第一个在校师生组成的印学社团，曾聚集过许多美术教育界的精英。《乐石社印谱》是该社活动的艺术结晶，它反映了 20 世纪早期的社会思潮和我国近现代文化教育革新的情况，特别是教育界的美术革命。是中国新美术和美学思想逐渐发展成熟的见证。（参见葛晓燕、何家炜编著《夏丏尊年谱》，中国文史出版社 2012 年版）

丰子恺自幼爱好美术，是年入浙江省立第一师范学校，从夏丏尊习国文，从李叔同学习绘画和音乐。（参见葛晓燕、何家炜编著《夏丏尊年谱》，中国文史出版社 2012 年版）

李叔同加入西泠印社，与金石书画大家吴昌硕时有往来。课后集合友生丰子恺、潘天寿组织"乐石社"，从事金石研究与创作。（参见林子青编著《弘一法师年谱》，宗教文化出版社 1995 年版；林子青编《弘一大师年谱与遗墨》，时代文艺出版社 2010 年版）

王梦曾时任杭州浙江省立第一中学教员。8 月，所著《中国文学史》由上海商务印书馆印行，蒋维乔校订。此书系民初中学四年级国文科的兼授课本，为"教育部审定"的"共和国教科书"之一种，这说明王梦曾在书中的文学史写作，符合"教育部"的要求，具有示范性。全书按照文体演变叙述，尤为难得的，是在没有先例可循的情况，能做到述史体例眉目清晰。11 月，王梦曾编《中国文学史参考书》初版。此书系王梦曾为其《中国文学史》一书所编写的教学参考书。

按：日本汉学家青木正儿称赞其"理晰而事简""简净得体"，特施以点注后于 1918 年在日本出版，作为中国文学研究入门书，介绍给日本的初学者。（参见付祥喜《20 世纪前期中国文学史写作编年研究》，北京师范大学出版社 2013 年版）

吴载盛在杭州浙江安定中学创立课余诗学社，社员有王晴、钱湘、金寿祖、秋农、蒋敬驭、钱延祥、陈绩裳、吴士达、袁修德、程传恺、褚贤传、李启沅、胡家驹、陈荫柱、张湛、陆煐、吴昌履、李致祥、陈祖燮等人。

周予同继续就读于瑞安县立中学校。李笠编辑《岘山文社诗词稿》，周予同为之作序，并有词作六首发表于此。（参见成棣《周予同先生年谱》，载上海社会科学院《传统中国研究集刊》编辑委员会编《传统中国研究集刊》第二十辑，上海社会科学院出版社2019年版）

马公愚创设东瓯美术，推动温州近代美术发展。

马一浮倡导组织民间佛学研究团体"般若学会"，起草《般若会约》。该《会约》分为名字、宗趣、海众、善友、轨法、行布六个部分，并明言该团体是纯粹出于个人意志组织的学术集合，不含政治意味，不受各方权力牵制。当时作为新思潮中心的浙江省立第一师范学校的不少师生，如李叔同、夏丏尊、潘天寿、姜丹书、刘质平、丰子恺、马叙伦、梁漱溟等均参加了该会。（参见冷晓《近代杭州佛教史》，杭州市佛教协会1995年版；张雨晴《马一浮学术年谱整理（1911—1949）及其儒学践履活动研究》，贵州大学硕士学位论文，2019年）

太虚10月谢绝俗缘，于普陀山锡麟禅院闭关自修。印光大师为之封关，并题其关房曰"遁无闷庐"，太虚自署曰"昧庵"。闭关期间，坐禅、礼佛、阅读、写作，日有常课。初温习台贤禅净诸撰集，尤留意楞严、起信，于此得中国佛学纲要。于世学则尤喜章炳麟各文，多受其影响。（以上参见释印顺编著《太虚法师年谱》，宗教文化出版社1995年版）

詹天佑11月在汉口举行的中华工程师会一周年大会上再次高票当选会长，吴健、陈榥当选为副会长。

朱执信、邵元冲、田桐、周瘦鹃、苏曼殊、戴季陶、廖仲恺、汪精卫等为5月10日创刊于日本东京的《民国》杂志编辑。朱执信为《民国》杂志撰写了《暴民政治者何？》《开明专制》《革命与心理》等政论，旨在揭露袁世凯卖国独裁的真面目。9月奉命返粤，在广州及东莞、阳江、雷州等处，参与策划一系列武装斗争，并前往新加坡、马来亚等地筹款（参见谷小水编《中国近代思想家文库·朱执信卷》附录《朱执信年谱简编》，中国人民大学出版社2015年版）

胡朴安去福建任巡阅使署秘书，主办教育，旋告假返回中国公学继续任教。

马幼伯、陈雨生等在云南昆明创办《滇声》报，坚持讨袁，在护国运动中被誉为"护国起义的先声"。

杨杰随唐继尧回云南，任云南陆军讲武堂骑兵科长、日语教官。（参见皮民勇、侯昂妤编《中国近代思想家文库·蒋百里、杨杰卷》及附录《杨杰年谱简编》，中国人民大学出版社2015年版）

虚云年将云南佛教分会会务委人办理，回到鸡足山。（参见于凌波《中国近现代佛教人物志》，宗教文化出版社1995年版）

伊斯兰教《清真月刊》在云南创刊，为国内首份伊斯兰教刊物。

苏雪林是年秋得知安庆省立第一女师复办后，正在招收本科插班生，决定要去报名，一来可以实现求学上进的"野心"，二来借此躲避祖母的"逼婚"。招考本科班考试的作文题是《柳堂读书记》，苏雪林以作文满分的成绩引起徐方汉校长的注意，主考的先生们争相传阅她的试卷，啧啧称赏。结果苏雪林以优异成绩被录取为本科二年级插班生。（参见沈晖编著《苏雪林年谱长编》，安徽文艺出版社2017年版）

张伯苓1月8日出席南开学校师生举行的始业式，并发表训词。2月16日，《福州青年会报》载张伯苓的《青年与国家》。4月29日，在南开学校修身班发表题为《三育并进而不可偏废》的演讲，痛论社会沉溺于麻将牌之害，劝诸生各自担任规劝亲人，认为只有教育青年，才是中国的希望。5月6日，在南开学校约请各学校教职员商议发起成立戒嫖赌会，与会者众口同声无不赞成，名曰"学界正俗会"，入会者以各学校教职员为限，共推张伯苓、时子周等人为会章起稿员。15日，"学界正俗会"讨论会章草案，张伯苓致开会辞，旋即逐条讨论草章，然后通过。21—22日，张伯苓等与北京体育竞进会名誉秘书、北京基督教青年会干事、美国人侯格兰德(A. H. Hougland)共同组织在北京举行第二届全国运动会。25日,"学界正俗会"举行选举职员会,当场举定张伯苓、孙子文等13人为干事,张伯苓为干事长。6月22日,召开干事部第一次会议,正俗会改名"正习会"。6月29日至7月7日,出席中华基督教青年会中国北方官立学校学生大会并演讲。10月17日,南开学校举行成立10周年纪念仪式,张伯苓演讲。11月4日,在南开学校修身班演讲《对日本人的忠告》,要求日本把青岛交还中国。12月23日,南开中学举行甲一班、甲二班毕业式,张伯苓演说,毕业生代表梅贻琦致辞。(参见龚克主编《张伯苓全集》第十卷附编《张伯苓年谱》,南开大学出版社2015年版)

周恩来和同班同学张瑞峰、常策欧等3月5—14日发起成立学生社团敬业乐群会,拟就《敬业乐群会简章》,规定组织的宗旨为"以智育为主体,而归宿于道德,联同学之感情,补教科之不及"。10日,召开成立大会,到者数百人。张伯苓出席并代表教员讲话。周恩卡来被推为智育部长。10月15日,敬业乐群会会刊《敬业》创刊。周恩来担任编辑员。(参见中央文献研究室《周恩来年谱(1898—1976)》,中央文献出版社1997年版;龚克主编《张伯苓全集》第十卷附编《张伯苓年谱》,南开大学出版社2015年版)

钱鸿钧继续任西北大学校长。6月,袁世凯以扬威将军衔将张凤翙调入北京,遣其亲信陆建章率兵入陕,夺取了陕西都督兼西北大学创设会会长张凤翙的职位。冬,陆建章派兵将西北大学校长钱鸿钧逮捕入狱,派关中道尹宋焕彩接任西北大学校长。

严独鹤任《新闻报》编辑、副刊主编、副总编辑等前后达30年之久。

陈耿夫在香港与林焕廷创办《现象报》。

陈秋霖在香港任《现象报》记者。

蔡元培年初在巴黎近郊居住,继续从事著译,学习法语,并与汪精卫、李石曾等在法国筹办《学风》杂志,撰写《学风杂志发刊词》,提倡学习西方近世文化。是春到蒙达尔城,为俭学会举办的讲演会讲述《德儒康德之空间时间说》,并与吴稚晖等同游蒙城及巴黎。8月欧战爆发,与李石曾组织旅法学界西南维持会。是年底,筹划编印《学风丛书》。(参见高平叔编著《蔡元培年谱长编》,人民教育出版社1996年版;王世儒编撰《蔡元培先生年谱》,北京大学出版社1998年版)

罗振玉与王国维2月自法兰西学院著名汉学家埃玛纽埃尔·爱德华·沙畹所寄汉简研究手校本991枚中选取588枚,重新进行分类考订,编撰为《流沙坠简》3卷,考释3卷,为中国近代研究简牍学的开山之作,亦为近代关于西北古地理的第一部著作。4月,罗振玉即据王国维手写本付石印,罗振玉、王国维各有序。(参见罗继祖《永丰乡人行年录(罗振玉年谱)》,江苏人民出版社1980年版;袁英光等编《王国维年谱长编》,天津人民出版社1996年版)

按:1909年春斯坦因第二次中亚探险回国后,将其1907年在敦煌西北古长城废墟发现的千枚汉简及此前在尼雅及古楼兰遗址所得的魏晋木简,以及若干古纸文件帛书等物,交其老友、法兰西学院的沙畹教授代为研究。沙畹选取其中较完整者991枚,按出土地区汇集为三编,撰成考释付印。然后经过两人协商修改,于1913年由牛津大学出版社出版《斯坦因在东突厥斯坦沙漠中发现的汉文文书》。是年秋,沙畹将其在英国出版的初校本邮寄给罗振玉,罗振玉与王国维阅后发愤重行分类考订。至1914年2月,罗、王自沙畹书991枚中选取588枚,编撰为《流沙坠简》3卷,考释3卷,第1卷为小学术数方技书,共80片,由罗振玉署名;第2卷为屯戍丛残,由王国维署名;第3卷为简牍遗文,亦由罗振玉署名。

按:罗振玉《流沙坠简序》曰:"光绪戊申(1908),予闻斯坦因博士访古于我西陲,得汉人简册,载归英伦。神物去国,恻焉疚怀。越二年,乡人有自欧归者,为言往在法都亲见沙畹博士方为考释,云且板行,则又为之色喜,企望成书有如望岁。及神州乱作,避地东土,患难余生,著书遣日,既刊定石室佚书,而两京遗文顾未寓目,爰遗书沙君求为写影。嗣得报书,谓已付手民,成有日矣。于是望之又逾年。沙君乃亟寄其手校之本以至,爰竟数夕之力,读之再周,作而叹曰:千余年来,古简策见于世,载于前籍者,凡三事焉:一曰晋之汲郡,二曰齐之襄阳,三曰宋之陕石。顾厘冡遗编,亡于今文之写定;楚邱竹简,毁于当时之炬火;天水所得,沦于金源。讨羌遗檄,仅存片羽,异世间出,渐灭随之。今则斯氏发幽潜于先,沙氏阐绝业于后,千年遗迹,顿还旧观,艺苑争传,率土咸诵。两君之功,或谓伟矣。顾以欧文撰述,东方人士不能尽窥,则犹有憾焉。因与同好王君静安分端考订,析为三类,写以邦文,校理之功,匝月而竟。乃知遗文所记,裨益至宏,如玉门之方位,烽燧之次第,西域二道之分歧,魏晋长史之治所,部尉曲侯,数有前后之殊,海头楼兰,地有东西之异,并可补职方之记载,订史氏之阙遗。若夫不觚证宣尼之叹,马夫订《墨子》之文。字体别构,拾洪丞相之遗;书迹代迁,证许祭酒之说。是亦名物艺事,考镜所资,如斯之类,偻指难罄。惟是此书之成,实赖诸贤之力,沙氏辟其蚕丛,王君通其艺术,僧雯达识,知《周官》之阙文,长睿精思,辨永初之年月。予以谫劣,滥于编摩,蠡测管窥,裨益盖鲜。尚冀博雅君子,为之绍述,补阙纠违,俾无遗憾。此固区区之望,亦两京博士及王君先后述作之初心也。"(赵利栋辑校《王国维学术随笔》,社会科学文献出版社2000年版)

罗振玉创办的《国学丛刊》6月复刊。10月9日,罗振玉撰成《瓜沙曹氏年表》1卷。同月又撰《秦金石刻辞》3卷、《唐风楼秦汉瓦当文字》5卷等。冬,始撰《殷墟书契考释》。是年,罗振玉再将部分因骨质脆弱不能拓墨者加以摄影,编成《殷虚书契菁华》1卷,并作序,收自藏甲骨最大及细字68片,为不可多得的学术珍品。(以上参见罗继祖《永丰乡人行年录(罗振玉年谱)》,江苏人民出版社1980年版)

按:《瓜沙曹氏年表》利用敦煌文献对瓜沙曹氏世系和统治时间加以梳理,开辟了瓜沙归义军历史的系统整理与研究的新路径,末附《谯郡曹氏世系表》,列议金三世及宗寿一系二世。后姜亮夫作《〈瓜沙曹氏年表〉补正》对罗振玉《瓜沙曹氏年表》进行补正。

王国维2月在日本撰《罗布淖尔东北古城所出晋简跋》。同月,王国维所撰《屯戍丛残考释》合罗振玉所撰考释,次第校录,至4月写毕付印,名为《流沙坠简》。2月24日,王国维撰《流沙坠简序》。3月31日,再撰《流沙坠简后序》。4月,撰《流沙坠简附录考释并序》。

按:王国维撰《流沙坠简序》叙述木简出土之地及其情况,文长数万字,实为近代研究西陲古地理的第一篇文字,开篇有曰:"光绪戊申(1908),英人斯坦因博士访古于我新疆、甘肃,得汉晋木简千余以归,法国沙畹博士为之考释。越五年,癸丑岁暮,乃印行于伦敦。未出版,沙氏即以手校之本寄上虞罗叔言参事。参事复与余重行考订,握椠逾月,粗具条理,乃略考简牍出土之地,弁诸篇首,以诒读是书者。"又谓"古简所出,厥地凡三:一为敦煌迤北之长城,二为罗布淖尔北之古城,其三则和阗东北之尼雅城,及马咱托拉拔拉滑史德三地也。敦煌所出,皆两汉之物;出罗布淖尔北者,其物大抵出自魏末,讫于前凉;其出和阗旁三地者,都不过二十余简,又皆无年代可考;然其最古者犹当为后汉遗物,其近者亦当在隋唐之际也。今略考诸地古代之情状,而阙其不可知者,世之君子以览观焉。汉代简牍出于敦煌之北,其地当北纬四十度,自东经(据英国固林威治经度)九十三度十分至九十五度二十分之间;出土之地,东西绵亘一度有余。斯氏以此为汉之长城,其说是也。"

按:王国维《流沙坠简后序》略曰:"余与罗叔言参事考释流沙坠简,属稿于癸丑岁杪,及甲寅正月,粗具梗概。二月以后,从事写定,始得读斯坦因博士纪行之书,乃知沙氏书中每简首所加符号,皆纪其出土之地,其次自西而东,自敦一、敦二讫于敦三十四,大抵具斯氏图中。思欲加入考释中,而写定已过半矣。乃为图一、表一,列缝燧之次及其所出诸简,附于书后,并举其要如次。前序考定汉简出土之地,仅举汉长城至玉门关二事;又考释中所定候官、缝燧次第,全据简文。今据其所出之地,知前由文字所考定者虽十得七八,今由各地所出之简以定其地之名,有可补正前考者若干事。"

王国维4月撰《罗布淖尔北所出前凉西域长史李柏书稿跋》。同月7日,撰《尼雅城北古城所出晋简跋》。6 月，代罗振玉撰《国学丛刊序》（代罗叔言参事），又撰《宋代金文著录表》，并作序。7 月，读潘祖荫《攀古楼彝器款识》，并作跋。9 月，撰《国朝金文著录表》6 卷，并作序。10 月，为罗振玉校写《历代符牌图录》《蒿里遗珍》《四朝钞币图录》等书序目。岁末为罗振玉校写《殷虚书契考释》。是年又作《邸阁考》。

按：1911 年《国学丛刊》创刊，王国维所撰《国学丛刊序》提出著名的"学无新旧也，无中西也，无有用无用也"。至是年《国学丛刊》复刊，王国维再撰《国学丛刊序》，曰："宣统辛亥，某始创《国学丛刊》于京师，遭遇国变，中道而辍。今年春，海上友人乞赓续之，亟允其请，编类既竟，乃书其端曰：秦、汉以还，迄于近世，学术兴替，可得而言。自九流之学，并起衰周，六艺之传，独出孔氏。战国以为迂阔，强秦燔其诗书。而诸儒偃蹇戎马之间，崛强刀锯之下，鲋、腾父子，藏其家书，高、赤师弟，嬗其口说。犹闻制氏之乐，不废徐生之容。偶语之诛不能加，挟书之律无所用。暨乎中阳受命，王路小亨，柱下御史，独明律历，咸阳博士，还定朝仪。乃孝武之表章，兼河间之好古。古文间出，绝学方兴。山岩甫出之书，遽登秘府；太常未立之学，或在民间。旋校中秘之文，并增博士之数，此一盛也。建武以降，群籍颇具。子春笃老，始通《周官》之读；康成晚出，爰综六艺之文。赵、张问难于生前，孙、王辨证于身后，此又一盛也。黄初君臣，雅擅词翰；正始贵胄，颇尚清谈。洎于六朝，此风犹盛，竭神思于五言，罄辨论于二氏。然而崔、皇特起于江南，徐、熊并驰于河北，二刘金声于隋代，孔、贾玉振于唐初。综七经而定正义，历两朝而著功令，此又一盛也。先秦学术，萃于六经，炎汉以还，爰始分道。则有若子长述史，成一家之言；叔重考文，发六书之旨。善长山川之说，君卿制度之书，并自附庸，蔚为大国。义兼于述作，体绝于古今，此又旷世之鸿裁，难语一时之风会者矣。爰逮晚唐，兹音不嗣，天水肇建，文物鼎兴。原父小传，别启说经之途；次道二书，聿新方志之体。长睿余论，存中笔谈，并示考古之准绳，穷格物之能事。至于欧、赵之集金石，宣和之图彝器，南仲释吉金之文，鄱阳录汉碑之字，旨趣既博，局涂大开。洎于元、明，流风稍坠，天道剥复，钟美本朝。顾、阎濬其源，江、戴拓其宇。小学之奥，启于金坛；名物之赜，理于通艺。根柢既固，枝叶遂繁。爰自乾、嘉以还，迄于同、光之际，大师间出，余裔方滋。专门若西京之师，博综继东都之业，规摹跨唐代之大，派别衍宋人之多。伊古以来，斯为极盛矣！畇畇先畴，巍巍遗构，高曾之所耕获，祖父之所经营，绵延不替，施于今日。保世滋大，责在后人。自顷孟陬失纪，海水横流，大道多岐，《小雅》尽废。番番良士，劣免儒硎，莘莘胄子，翻从城阙。或乃舍我熊掌，食彼马肝，土苴百王，秕糠三古。闵父知其将落，宣圣谓之不祥，非无道尽之悲，弥切天崩之惧。然而问诸故府，方策如新，瞻彼前修，典刑未沫。重以地不爱宝，天启之心。殷官太卜之所藏，周礼盟府之所载，两汉塞上之牍，有唐壁中之书，并出尘埃，丽诸日月。芒、洛古冢，齐、秦故墟，丝竹如闻，器车踵出。上世礼器之制，殊异乎叔孙；中古衣冠之奇，具存于明器。并昔儒所未见，幸后死之与闻。非徒兴起之资，弥见钻求之亟。至于先人底法，仅就椎轮，历代开疆，尚多瓯脱。作室俟堂构之饰，析薪资负荷之劳。功有相因，道无中止。譬诸注坡之马，造父不能制其势；建瓴之水，神禹不能回其流。观往昔之隆汙，抚今兹之际会，盛衰之数，盖可知矣。某爰始志学，颇识前闻。暨乎遁荒，益多暇日。思欲标艺林以寸草，助学海以涓流。乃因同气之求，重续春明之梦，尽发敝箧，聿求友声。聊供研悦之新知，并刊散亡之故籍。先民有作，同惊风雨之晨；来者方多，终冀昌明之日。甲寅五月。"此《序》从复刊缘起论及历代学术变迁，观昔抚今，感慨良多，最后归结于复刊宗旨，显与 1911 年之《国学丛刊序》意旨不同。

按：王国维《宋代金文著录表序》《国朝金文著录表序》有论金文历史演变。《宋代金文著录表》收欧阳修《集古录》10 卷、吕大临《考古图》10 卷、宋徽宗敕撰《宣和博古图录》30 卷、赵明诚《金石录》30 卷、黄伯思《东观余论》2 卷、董迪《广川书跋》10 卷，王俅《啸堂集古录》2 卷、薛尚功《钟鼎款识法帖》20 卷、无名氏《续考古图》5 卷、张抡《绍兴内府古器评》2 卷、王厚之《复斋钟鼎款识》1 卷，共 11 家。表中诸著皆标简称，各器一一予以类分，便于检阅。我国学者重视索引之书，此表实起筚路蓝缕之功。《国朝金文著录表》区分器名、诸家著录、字数、杂记四个项目，现分 6 卷，前 5 卷为三代器，末卷为秦汉以后器。（以上参见赵万里《王静安先生年谱》，清华国学研究院《国学论丛》第 1 卷第 3 号，1928 年；陈鸿祥《王国维年谱》，齐鲁书社 1991 年版；袁英光等编《王国维年谱长编》，天津人民出版社 1996 年版）

黄兴3月24日致函章士钊,促主编国民党机关刊物《民国》杂志,进行反袁宣传。7月,因与孙中山组党意见不合,拒绝加入中华革命党,同月抵达美国。秋,黄兴发起抵制袁世凯向美国政府借款的运动,对于美国政府中止与袁世凯的代表接洽借款条件,产生一定影响。(参见毛沱青《黄兴年谱长编》,中华书局1991年版)

胡汉民5月1日加入中华革命党。5月10日,《民国》杂志创刊,居正以中华革命党党务部长兼《民国》杂志总理,胡汉民任主编并撰发刊词,朱执信、邵元冲、田桐、周瘦鹃、苏曼殊、戴季陶、廖仲恺、汪精卫等编撰,邵元冲、邹鲁等任《民国》杂志编辑。7月8日,中华革命党正式成立,任政治部长。参与制定中华革命党《革命方略》。

按:在孙中山、黄兴的支持下,《民国》杂志创刊于日本东京。胡汉民任总编辑,参加编撰工作的有朱执信、邵元冲、田桐、周瘦鹃、苏曼殊、戴季陶、廖仲恺、汪精卫等,所写文章皆用笔名。《民国》杂志不仅是党人的舆论机关,也是党人的活动中心,孙中山在这里召开会议,商讨党内大问题。《民国发刊词》曰:"语曰:貌言华也,至言实也,苦言药也,甘言疾也。吾人以为今日根本之救济,非于民智民德民力三者急图其进步不可,而其为效,又当视决心实行之如何。子舆氏所谓动心忍性增益其所不能者,不为物所胜而求胜乎物也。不然世固有锢蔽民智而以为制治之巧,败坏民德而以为权变之能,摧残民力而以为当务之急者,其亦将惘惘而从之欤?抑犹有所择也。吾人固不肯为讳疾忌医之说,自欺欺世,而尤欲有以释悲观者之所怀,故作为《民国》杂志。"(叶再生《中国近代现代出版通史》第2卷,华文出版社2002年版)

戴季陶1月2日奉孙中山之命,与张继往大连联络第三次革命事宜,星期后返抵东京。1月26日,与陈其美、山田纯一郎从日本抵大连,筹设奉天革命党机关部。3月15日,与陈其美等返回东京。东北的革命机关团体初步建立。5月10日,与胡汉民等创办《民国》杂志,任编辑。8月,在《民国》杂志再次主张白话文。9月20日,参加制定中华革命党《革命方略》。(参见桑兵、朱凤林编《中国近代思想家文库·戴季陶卷》附录《戴季陶年谱简编》,中国人民大学出版社2015年版)

李根源等8月在东京发起成立欧事研究会,以黄兴的坚决反袁、稳重从事为本会方针,主要成员有李烈钧、熊克武、钮永建、冷遹、程潜、殷汝耕、陈炯明、邹鲁、李书诚、谷钟秀、沈钧儒、李明杨、张耀曾等100多人,皆为未加入中华革命党的原同盟会会员。黄兴为名誉主席,实际负责人为李根源。

按:孙中山在日本东京将国民党改组为具有极严格纪律、步调统一的中华革命党。一部分国民党元老对入党必须加盖指印、绝对服从领袖等规定不满,未参加该党。8月,黄兴拥护者在东京另行自检组"欧事研究会",此时黄兴已去美国,经李根源等去函请他加入,遂为会员。(参见袁景华《章士钊先生年谱》,吉林人民出版社2001年版)

章士钊5月10日与谷钟秀等人与在日本东京创刊《甲庚》月刊,由章士钊、李大钊,陈独秀,高一涵、胡适、易白沙,吴稚晖,杨昌济等人撰稿。章士钊在创刊号上发表《政本》一文,重申两党制的主张,指责袁世凯排除异己,独断专行,提出执政党应借反对党之刺激而维持其进步。6月10日,在《甲寅》第1卷第2号发表《国家与责任》《古德诺与新约法》,分别批判袁记约法以及袁世凯美籍顾问古德诺的谬论。同期刊发李大钊的《风俗》。同月,邀陈独秀来日本协助先生编辑《甲寅》。8月,章士钊任欧事研究会书记。11月10日,在《甲寅》第1卷第4号发表《联邦论》,引证西文学说,结合中国政治实际,论证联邦制可以用舆论力量达到革命的目的。(参见袁景华《章士钊先生年谱》,吉林人民出版社2001年版)

刘文典继续流亡日本。5月10日,章士钊在日本创办《甲寅》杂志,寄回上海发行,刘文典为早期作者之一。7月8日,中华革命党成立大会在东京召开,孙中山任总理。当时,入党人数已达数百人,两湖、安徽、江西占大多数,浙江、广东、四川、福建、江苏亦复不少。所有参与人员必须写誓约、按手印。嗣后,刘文典经人介绍,任中华革命党党部秘书,负责孙中山英文电报起草工作。9月20日,刘文典好友范鸿仙在上海遇刺身亡。"二次革命"后,范鸿仙曾与刘文典一同流亡日本,加入中华革命党,后来奉孙中山命令潜回上海,准备再度举事反袁,不料被上海镇守使郑汝成派人刺杀。孙中山为此痛悼不已,认为"其死与宋教仁相类"。范鸿仙逝世后,革命党人纷纷撰文痛悼,刘文典曾应范鸿仙家人之邀为其撰写行状。(参见章玉政编著《刘文典年谱》,安徽大学出版社2011年版)

李大钊是春考入东京早稻田大学政治本科。其间,广泛阅读社会科学书籍,并开始接触马克思主义的著作。不久,在早稻田大学组织经济学会任责任于事。6月,在东京结识同在日本留学的章士钊,在其创办的《甲寅》杂志中担任主要撰稿人。11月10日,在《甲寅》第1卷第4号上发表《国情》一文,指出袁世凯在"新约法"中,把总统的权力规定得同皇帝一样,这是其阴谋复辟的一个严重步骤,而为了当皇帝,取得帝国主义支持,又不惜"求国情于外人"。此文开启反对袁世凯称帝的先声,表现了李大钊坚定的民主主义立场和政治上的锐敏。(参见袁景华编《章士钊先生年谱》,吉林人民出版社2001年版;朱文通主编《李大钊年谱长编》,中国社会科学出版社2009年版)

陈独秀7月7日为苏曼殊带来的章士钊所著《双枰记》作序。同月,应章士钊之邀,去日本协助章编辑《甲寅》杂志,同时入雅典娜法语学校学习法语。始识助章编辑《甲寅》的高一涵,以文会友识李大钊、易白沙。8月,加入新成立的欧事研究会。9月,陈独秀在日本江户以"独秀山民"署名为《双枰记》作第二篇序。11月10日,首次用"独秀"发表《爱国心与自觉心》,批判传统的国家观。(参见唐宝林、林茂生《陈独秀年谱》,上海人民出版社1988年版)

高一涵继续在东京明治大学政治经济科学习。5月,章士钊在日本东京创办《甲寅》杂志(月刊),集结了当时中国最进步的一批知识分子,例如,陈独秀、李大钊、黄侃、周鲠生、杨端六、张东荪、易白沙和先生等,纵论时局,行文发论,高一涵积极为杂志投稿,先后发表《民国之称衡》《民福》《章太炎自性及学术人心之关系》《宗教问题》等文,深得章士钊赏识。章士钊记道:"愚囊违难东京,始为甲寅,以文会友,获交二子,一李君守常,一高君。"通过《甲寅》,高一涵与同乡陈独秀结为挚友,抨击时政,启蒙思想,发人震慑。(参见高大同编著《高一涵先生年谱》,上海文化出版社2011年版)

邵飘萍是年春在杭被营救出狱,由陆路回金华小住,再由父及汤夫人陪同从兰溪乘船赴杭。这是最后一次回金华。为避袁缉捕,急远走日本,入政法学校肆业。时值日本蓄谋侵略中国之际,飘萍组织"东京通讯社",继续与袁世凯作斗争。为京、津各报写东京通讯。主要内容为:预示日本将侵略中国,揭发《二十一条》的实质,报导东京反袁情况。(参见郭佐唐《邵飘萍年谱》,《浙江师范大学学报》1986年第4期)

董必武年初与张国恩东渡日本,考入东京私立日本大学学习法律。7月8日,孙中山在日本建立中华革命党。董必武经居正介绍谒见中山先生,加入中华革命党。(参见《董必武年谱》编纂组编《董必武年谱》,中央文献出版社1991年版)

郭沫若7月考入日本东京第一高等学校预备班医科,与郁达夫、张资平为同学。(参见龚济民、方仁年编著《郭沫若年谱》,天津人民出版社1982年版;王继权、童炜钢编《郭沫若年谱》,江苏人民出版社1983年版)

郁达夫7月考入日本东京第一高等学校医科部特设预科,与暑假考入东京第一高等学校预科的郭沫若同班同学。郁达夫开始尝试小说创作。(参见陈其强《郁达夫年谱》,浙江大学出

版社1989年版）

　　孔昭绶时任湖南第一师范校长，1月因发表反袁檄文，逃亡日本。

　　陈柱自日本读中学毕业回国，考入南洋大学电机系学习。因以文学见长，遂改习文学。

　　陈新政、朱慈祥等人在新加坡创办《国民日报》后改名为《新国民日报》，宣传三民主义。

　　马寅初的博士论文《纽约市的财政》（The Finances of New York City）6月通过答辩，专家委员会给予"杰出"评价，获美国哥伦比亚大学经济学博士学位。8月，《纽约市的财政》由哥伦比亚大学政治学院出版，列为本科一年级新生教材。

　　按：马寅初导师萨里格曼教授决定将博士论文列入哥伦比亚大学历史、经济学与公共法丛书出版，并称之为"论纽约市财政的最好的书"。《纽约市的财政》出版以后反响甚大。1915年5月，国际著名经济学杂志《政治经济学杂志》（The Journal of Political Economy）书评指出：该书是"在最近十年引进新的财政方法后，纽约市管理预算的生活史，作者的目的，正如他的绪论指出，是揭示新方法在多大程度上消除了城市财政的腐败和低效"；"通观整个研究，实际上充满了细节和实例，但是，作者对一个枯燥和专业的主题作了相当好的阐述"。1915年11月，《美国政治与社会科学学会年报》（Annals of the American Academy of Political and Social Science）发表书评："作者非常清楚和有效地强调预算估计分类的必要性，即'作为履行职能和支出目的'分离，揭示了它的众多好处"；"不动产税是城市税收最好的简单措施部分已引起评论者的注意"；"该书开始和最后一部分是最好的，主题材料的收集很有价值，分析清楚，令人信服。"1916年6月，《美国经济评论》（The American Economic Review）新书介绍栏刊载特评。哥伦比亚大学博士、历史学家何炳棣于《读史阅世六十年》中说："经济及财商方面人才甚多，要以马寅初为最杰出，试看他1914年出版的博士论文《纽约市的财政》，一直被认为标准著作。"

　　马寅初6月博士毕业后于美国纽约大学研究会计一年。12月，辞谢哥伦比亚大学萨里格曼教授留校任助手邀请，离美返国。（以上参见徐斌、马大成编著《马寅初年谱长编》，商务印书馆2012年版）

　　江亢虎5月针对"二次革命"爆发，在美发表《对时局宣言》，指出："宪法、国会、政党者，立宪国成立之要素也。此三者存在而有效时，政府、人民之间，无论冲突至何等程度，不应有武力解决之事。迨不幸而三者破坏尽净，则人民对于政府之公意，已别无正式表示之机关，万不得已，乃诉诸武力，求最后解决，此所谓革命也。"在旧金山，广泛接触和联系在此积极活动的各国社会党人，参加"社会主义同志会"的定期例会、演讲会和辩论会。是年，江亢虎在美国广泛阅读了社会主义和无政府主义的原著，积极参加美国各社会主义政党和工团组织的活动，并广交社会党、无政府党各派人士为朋友。多次应激用英语发表演讲，介绍"中国前后革命之因果"等，并撰写了《社会主义学说》《中国社会党略史》《中国无政府主义活动及余个人之意见》《中国革命之概观》《中国劳动家现状》《中国女学古今谭》等文，是其对社会主义认识的反思、深化的重要时期。

　　按：《社会主义学说》这篇长文，比较详尽地介绍了社会主义的概念、流派、主张、方法，并反思了自己此前的社会主义思想，文中特别提到马克思和恩格斯（"恩格尔氏"）的"科学社会主义"；《中国社会党略史》认真回顾了其亲手创建的中国社会党的历史，并比较系统地描述了该党的缘起、主张、组织、事业以及解散的经过；《中国无政府主义活动及余个人之意见》，则把中国古代哲学中的有关思想，归结为无政府主义，并对近代以来吴稚晖、李石曾、张继、刘师复、沙淦等人的思想活动，简单做了介绍，并自称："无政府主义之入中国，余亦为其介绍之一人，惟所主张则以无宗教、无国家、无家庭为度。"所撰《中国古来社会主义之思想》一文认为社会主义学说虽然是近代的思想，且由西方输入，但其实是"中国古来有之"的。《中国革命之概观》一文中，江把孙中山之前的"革命"，称之为"旧革命思想"，"而孙逸仙倡导民族、民权、民生之说，则以改革政体为主要之目的，是为世界历史上新革命思想"，而社会主义在中国可称为"第三新势力"。

由于中国革命的原因"仍从经济问题而起"，"而所谓根本的救济方法，乃愈不能不重望于社会党人"；《中国劳动家现状》对中国工人各个层面的介绍极其详尽，可惜缺乏其政治倾向等结论性的看法；《中国女学古今谭》从历史的角度，阐释了中国妇女的地位及女子教育问题。（参见汪佩伟编《中国近代思想家文库·江亢虎卷》及附录《江亢虎年谱简编》，中国人民大学出版社2015年版）

任鸿隽在1月《留美学生年报》改为《留美学生季报》之后，任主笔。3月，为纪念四弟鸿年去世一周年，将其书札、诗词等文编辑成书，题名《鹡鸰风雨集》。6月，在《留美学生季报》夏季号上发表《建立学界论》，认为中国之衰在于无"学界"而致"学术荒芜"。后于秋季号发表《建立学界再论》，进一步明确指出所主张建立之学界"当为格物致知、科学的学界"。6月10日，中国留学生在其寓内聚谈，众议拟创办刊物向国人介绍科学知识。遂与赵元任、周仁、胡适、秉志、章元善、过探先、金邦正、杨铨9人发起成立"科学社"，此为我国第一个科学团体，以"提倡科学，鼓吹实业，审定名词，传播知识为宗旨"。8月11日，组建科学社董事会，任鸿隽、赵元任、秉志、胡明复和周仁为中国科学社第一届董事会5名董事，任鸿隽任会长、赵元任任秘书、秉志任会计。杨铨被推为编辑部部长、过探先为营业部部长、金邦正为推广部部长。

按：任鸿隽在《五十自述》中也记有："吾于一九一四年（民国三年）夏间在康乃耳大学与同学十余人发起中国科学社，其目的在以提倡研究谋吾国科学之发达，其入手方法则发行一科学月刊以为传播鼓吹之工具。当时草拟章程，编辑文字，以杨杏佛、胡明复、秉农山、赵元任、周子竞、邹秉文诸君为最热心。"（参见樊洪业、潘涛、王勇忠编《中国近代思想家文库·任鸿隽卷》及附录《任鸿隽年谱简编》，中国人民大学出版社2015年版；赵新那、黄培云编《赵元任年谱》，商务印书馆2001年版；耿云志《胡适年谱（1891—1962）》，四川人民出版社1989年版）

赵元任上半年在康奈尔大学四年级学习，选修物理、哲学、和声学、教育心理学、生物实验、音韵学等课程。6月16日，参加康奈尔大学第47届毕业典礼，在数学系毕业，获学士学位。同月，与康奈尔大学的同学任鸿隽、胡适、胡明复、邹秉文、杨铨（杏佛）、秉志（农山）等9人酝酿成立中国科学社，并拟出版《科学》月刊。8月11日，赵元任在宿舍主持科学社会议，通过了会章，选举了中国科学社第一届董事会5名董事，赵元任为董事兼任秘书。9月，赵元任入研究生院，改学哲学。下半年，赵元任将业余投大量精力于科学社工作及《科学》月刊的编辑，为第1卷撰写文章、科学小品、翻译文章和新闻、谱写歌曲等。此时，赵元任对中国语言问题发生浓厚兴趣。

按：据赵元任6月10日日记载：晚上到任鸿隽宿舍进行热烈而严肃的议论，准备成立科学社，并出版月刊杂志。又据樊洪业1988年所撰《赵元任与中国科学社》介绍："开始筹划《科学》时是以'科学社'形式集资，发行股票40份，每份10美元，其中约20份以上由发起人负担。这对于靠奖学金（当时清华奖学金连学费一切包括在内仅每月60美元）维持留学生活的留学生们来说，要交出大约30美元以上，无疑是很困难的。没有别的办法，只有靠省吃俭用。他们中间发起过节食竞赛，有时每天只花5角钱，甚至减到3角5分。赵元任在一段时间内，午餐时只喝汤与苹果馅饼，以至于营养不足而病倒了。"据1977年加州大学内部出版的《口述传记》（*Oral History*），元任追忆当时餐费的最低纪录是每天2角3分美元，以至有两人因此而病倒。（参见赵新那、黄培云编《赵元任年谱》，商务印书馆2001年版）

胡适2月毕业于美国康奈尔大学，获文学学士学位。3月13日，《胡适留学日记》有载《言字》，此为最早出现关于语言文字讨论的札记，但此文主要以文字学为主，与文学与文学史联系并不大。4月1日，受留美学生会会长郑莱之聘，充该会哲学教育群学部委员长。5月9日，以所作《论英诗人卜朗吟之乐观主义》一文，得征文奖美金50元，引为殊荣，喜不自胜。20日，在世界会年终告别宴会上作题为《世界和平与种族界限》的谢职演说。27日，作札记《论律诗》。6 月 17 日,参加康奈尔大学毕业式。同月参与任鸿隽、赵元任等发起成立科学社。7 月 18 日,与任鸿隽、梅光迪、张耘,郭荫棠等发起读书会。22 日夜,在世界学生会夏季欢迎会上演说"大同主义"。29 日,作标点符号释例,为自己作文时用。8 月 21 日,读《韩非子》的《解老》《喻老》篇,始疑今本《道德经》已与古本次序不同。9 月 2 日,离绮色佳赴安谋司参加中国留美学生会年会,会中被举为英文《月报》主笔之一,主"国内新闻"。23 日,作札记《传记文学》,比较东西方传记文学的长短。11 月 16 日,得见袁世凯的"尊孔令",批抉其谬,不禁"掷笔一叹"。12 月 4 日晚,主持中国留学生举行的招待美国人的晚会(Chinese reception to Americans),赵元任做中心发言(principle speech)。24 日,胡适赴哥伦布城参加世界学生会总会年会。是年,在《留美学生季报》先后发表《自杀篇》《记欧洲大战祸》《非留学篇》等文。

按:胡适在 1 月 25 日《留学日记》(一)中记下他这样一种看法,认为"今日吾国之急需不在新奇之学说,高深之哲理,而在所以求学论事观物经国之术"。其术有三:"一曰归纳的理论,二曰历史的眼光,三曰进化的观念。"是日又记他最关心的学问:一、泰西之考据学;二、致用哲学;三、天赋人权说之沿革。这一记录比较真实地反映了当时胡适的学术观。(参见耿云志《胡适年谱(1891—1962)》,四川人民出版社 1989 年版;张学谦《迟到的文白交锋——胡适与中国现代文学概念之生成》,《华侨大学学报》2017 年第 1 期;赵新那、黄培云编《赵元任年谱》,商务印书馆 2001 年版)

杨杏佛继续在康奈尔大学学习。6 月 10 日,第一次世界大战爆发在即,杨杏佛与其他 10 多位留学生晚饭后在康乃耳大学世界大同俱乐部廊檐下闲谈。谈到世界局势风云变幻,在国外的同学能够做点什么为国效力时,杨杏佛和任鸿隽提出:中国所缺乏的其过于科学,我们为什么不能刊行一种杂志来向国内介绍科学呢?这一提议立刻得到一致响应,各人随后分工准备。杨、任与胡明复一起被推举起草章程。6 月 29 日,由赵元任、胡明复、周仁、秉志、章元善、过探先、金邦正、杨杏佛、任鸿隽 9 人签名的《科学月刊缘起》和由杨杏佛手写付印的《科学社招股章程》发出。章程包括定名、宗旨、资本、股份、交股法、权利、总事务所、期限、通讯处 9 条,考虑周全。章程规定:"本社发起《科学》(Science)月刊,以提倡科学,鼓吹实业,审定名词,传播知识为宗旨。""缘起"和章程发出不到几个月,就征集到社员 77 人,股金 500 美元,收到足以供三期杂志付印的稿件。9 月 2 日,杨杏佛主持召开《科学》月刊编辑部第一次正式会议,讨论审定创刊号稿件。9 月上旬,留美中国学生在康乃耳大学举行年会,杨杏佛在会上作《科学与中国》的演说,获全校华人演说第一名。他的演讲才能初露头角色。(参见许为民《杨杏佛年谱》,《中国科技史料》1991 年第 2 期)

梅光迪 8 月 14 日在《留美学生季报》第 1 卷第 3 号发表《民权主义流弊论》,指出了民权主义会导致的弊端:一曰人自为说无所宗仰也;二曰奖进庸众人群退化也;三曰道德堕落也。同日,同学许肇南发起社会改良会,胡适与任鸿隽、梅光迪、杨杏佛、陈晋侯、胡达等均予赞助。是年,在《留美学生年报》发表论学的系列通讯《藏晖室友朋论学书》,小标题为《论汉宋学者》《论正心诚意之学》《论读书之法》《论孔教》《论执笔报国》。是年,开始接触白璧德的著作。(参见眉睫《梅光迪年谱初稿》,海豚出版社 2017 年版;眉睫《梅光迪致胡适信函时间考辨》,《黄冈师范学院学报》2013 年第 1 期;耿云志《胡适年谱(1891—1962)》,四川人民出版社 1989 年版)

胡先骕 7 月经杨杏佛介绍与任鸿隽、梅光迪一同加入南社。是时南社盟主柳亚子准备隐居吴江分湖,做诗代简,并请陆子美绘图明志,广征题咏。杨杏佛赋《贺新郎》,云"乱世不容刘琨隐",劝柳亚子取消退念。胡先骕也赋《海国春·题柳亚子分湖归隐图》词,以他对革命的反感,则颇赞许柳亚子的隐居。6月11日,在美国留学同学任鸿隽、周仁、杨杏佛、秉志、赵元任等在绮色佳发起成立中国科学社。是年,经留美同乡同学杨杏佛、饶树人之绍介,得与留美之胡适通函。两人遂为定交。胡先骕甚敬佩胡适之学识,引为知音,但对中国传统文化更加珍爱。(参见胡宗刚《胡先骕先生年谱长编》,江西教育出版社2007年版)

　　梅贻琦是年夏毕业于伍斯特理工学院电机系,获电机工程学士学位,并入选Sigma Xi荣誉会员。在美求学期间,梅贻琦曾担任留美学生会书记、吴斯特世界会会长、《留美学生月报》经理等职,是留学生中最受欢迎的"fellow"之一。后来,人们回忆起他当时的表现有如下几条:1. 异常用功;2. 暇时常背诵、深思林肯之著名讲演词;3. 得到校长和主科教授的特别赏识和关照;4. 参加该校"世界会"组织,先后任秘书、会计与会长;5. 于同学中人缘甚佳,众人习惯于昵称他为Mike;6. 性极温良,从无怨怒;7. 寡言慎行,永远轻言细语;8. 笃信基督,留美期间,每周必赴教堂,并加入麻省青年会;9. 学业成绩优良。按留美学生章程,梅贻琦可以留美进一步攻读更高的学位,但因家庭困难,只好提前回国。

　　何炳松威斯康星大学当选为《留美中国学生季报》编辑兼干事,任期一年,自次年始,任鸿隽为总编辑。又被选为威斯康辛大学中国学生会副会长。被聘为助教,负责搜集有关远东和中日关系的史料。(参见房鑫亮《忠信笃敬:何炳松传》,浙江人民出版社2006年版)

　　蒋梦麟继续就读于哥伦比亚大学,师从杜威教授。在《留美学生季报》1914年第1卷第3期发表《教育真谛》,明确表达了作者的新教育观。文中先引《大学》有言:"古之欲明明德于天下者,先治其国;欲治其国者,先齐其家;欲齐其家者,先修其身;欲修其身者,先正其心;欲正其心者,先诚其意;欲诚其意者,先致其知,致知在格物。"然后结合现代教育原理作了新的阐释,认为《大学》之言教育,其大旨与现世教育原理,实相成而不相背。近世之教育有二要素,即个人与社会。二者同时并进,缺一则不可。教育与社会两相背驰,非20世纪之教育。自生理、心理、群学三科发明后,讲教育者不能离此三者而虚构。所谓20世纪之教育,即以此三者为根据之教育。最后总结道:"总之教育之原料,当取于自己民族累世所聚积之文化,而补之以他民族累世所聚积之文化也。科学者,吾所无而必取于人者也;美术者,吾所不足而必求助于人者也。文学经史,吾国固有者也,此皆吾国儿童教育上应享之权利也。于是乎作《教育真谛》,愿与吾国教育家共研究焉。"(参见马勇、黄令坦编《中国近代思想家文库·蒋梦麟卷》及附录《蒋梦麟年谱简编》,中国人民大学出版社2018年版)

　　陈鹤琴是年夏毕业于清华学堂,并考取庚款留美。8月15日,由上海乘船启程赴美,与陶行知同行。原选择学医,经反复思考,认为"我的志向是要为人类服务,为国家尽瘁""医生是医病的,我是要医人的""我是喜欢儿童的,儿童也是喜欢我的",确定了学教育和献身教育事业的志向。10月,插班约翰斯·霍普金斯大学二年级。自奉求学原则为"凡百事物都要知道一些,有一些事物,都要彻底知道"。除学本科课程及英、德、法文外,还学政治学、市政学、经济学、教育学、心理学等,对地质学、生物学的实验研究兴趣极大。暑假还到康奈尔大学和阿默斯特大学暑期学校选读园艺、养蜂、鸟学、普通心理学等。3年打下较广泛的知识基础,对霍普金斯大学重视实验和启发式教育感受很深,由此体会到留学"最重要的不是许许多多死知识,乃是研究的方法和研究的精神""方法是秘诀,方法是钥匙;得到秘诀,得到钥匙,你就可以任意去开知识的宝库了"。发起组织巴尔的摩中国学生会,宗旨为相互切磋,增进同美国人民之友谊。任霍普金斯大学基督教青年会外国学生部

主席。(参见蔡怡曾、陈一鸣、陈一飞编《陈鹤琴生平年表》,载《陈鹤琴全集》第 6 卷,江苏教育出版社 2008 年版)

陶行知年初在《金陵光》第 4 卷第 8 期上发表新年社论《民国三年之希望》。6 月 22 日,以第一名的成绩毕业于金陵大学文科。在毕业典礼上,宣读毕业论文《共和精义》,由应邀出席的黄炎培授予文凭,并面赠所编《金陵光》。秋,在金陵大学校长包文及亲友帮助下,赴美国留学。先在上海集中准备若干时日,后于 8 月 15 日在上海招商局码头乘"中国号"邮船离开祖国。9 月 7 日,抵旧金山。15 日,入伊利诺伊大学攻读市政学。(参见余子侠编《中国近代思想家文库·陶行知卷》及附录《陶行知年谱简编》,中国人民大学出版社 2015 年版)

郑晓沧毕业于北京清华学校文科,赴美国留学,在美国威斯康星大学攻读教育学。

金岳霖 9 月毕业于清华学校,以官费赴美留学。赴美前曾就专业问题征求五哥之意见。因当时簿计学(相当于现在的工商管理学)颇受欢迎,五哥建议金岳霖学簿计学。入美国宾夕法尼亚大学,读商业科专业。不久开始住在费城故德利区(Goodrich)家里。

陈衡哲是夏考取清华学堂官费留美生。8 月 15 日,赴美国瓦沙女子大学专修西洋史,兼学西洋文学。当时在北京的庄思缄从报上获悉,十分高兴,立即写信祝贺说:"清华招女生,吾知甥必去应考;即考,吾知必取。……吾甥积年求学之愿,于今得偿,喜慰可知矣。"8 月 15 日,从上海乘船去美国。秋,入纽约州普济布施(Poughkeepsie)一所名为 Putnam Hall 的女子学校学习,准备进瓦沙(Vassar)大学。

赵紫宸作为中国基督教监理会的代表,赴美国俄克拉荷马州参加美国南方基督教监理会总会会议。秋,进入美国田纳西州范德比尔特大学(Vanderbilt University)神学院,研读神学、社会学和哲学,师从著名系统神学家、范德比尔特大学神科主任威尔伯·F·蒂利特(Wilbur F. Tillett)。(参见赵晓阳编《中国近代思想家文库·赵紫宸卷》及附录《赵紫宸年谱简编》,中国人民大学出版社 2014 年版)

沈祖荣在韦棣华的资助下赴美国纽约州立图书馆学校学习。

蒋廷黻入美国俄亥俄州奥柏林学院,主修历史。

简又文入美国奥伯林学院学习,获文学士学位。

钱崇澍在美国伊利诺大学毕业,获理学士学位;随后到芝加哥大学进修一年,学习植物生理学和植物生态学。

蔡元培年初在巴黎近郊居住,继续从事著译,学习法语,并与汪精卫、李石曾等在法国筹办《学风》杂志,撰写《学风杂志发刊词》,提倡学习西方近世文化。是春到蒙达尔城,为俭学会举办的讲演会讲述《德儒康德之空间时间说》,并与吴稚晖等同游蒙城及巴黎。8 月欧战爆发,与李石曾组织旅法学界西南维持会。是年底,筹划编印《学风丛书》。(参见高平叔编著《蔡元培年谱长编》,人民教育出版社 1996 年版;王世儒编撰《蔡元培先生年谱》,北京大学出版社 1998 年版)

吴玉章 1 月 1 日在赴法海轮途中,因船上悬出万国旗无中国国旗,鼓动同胞提出抗议,船长道歉。到达巴黎后,与先期到法的川籍学生何鲁以及朱芾煌的三个弟弟等人合住一私家公寓。并共同学习法文。春,与在法的蔡元培、汪精卫、李石曾等时相过从,时时关注国内形势,企求革命再起;组织留法留学会,任会计。8 月欧战爆发,旅法中国学生骚然不安,一些学生提议归国。蔡元培、李石曾等发起组织旅法学界西南维持会,秋,吴玉章入巴黎法科大学,专攻政治经济学。学习了世界史特别是西洋史,尤其喜欢法国革命史。(参见刘文耀、杨世元《吴玉章年谱》,四川人民出版社 1998 年版)

张君劢在第一次世界大战爆发后决意留欧观战。(参见翁贺凯编《中国近代思想家文库·张君劢卷》附录《张君劢年谱简编》,中国人民大学出版社 2015 年版)

李四光是年秋在极其艰苦的环境中,顺利结束了伯明翰大学预科的学习。因为曾任湖北省军政府实业部(后改为实业司)部长,深知国家要富强必须有充足的煤、铁等资源,同时认为工矿是实业的基础,当时英国是世界上工业最发达的国家,采矿业很发达,而英国采矿方面著名高校是伯明翰大学,于是选择进入伯明翰大学采矿系学习。(参见马胜云、马兰编著《李四光年谱》,地质出版社 1999 年版)

朱东润进入伦敦西南学院读书,课余从事翻译,以济学费。

丁西林赴英国留学,就读于伯明翰大学,专攻物理。

英国马尔克·奥莱尔·斯坦因 3 月初离开若羌前往罗布泊盐泽西南的米阮,将第二次考察间未能拿走的精美壁画全部剥下,分成 11 块装进 6 只大箱中。继而考察楼兰遗址及其周围,发现汉魏时期用汉、佉卢、粟特、婆罗迷文写成的文书及丝绸、织锦、刺绣、毯毡、家具、铜镜等。3 月,到达敦煌,再访莫高窟,受到王道士的热情欢迎,并从其处获得一批敦煌写本。6 月,在喀拉浩特的垃圾堆与废塔中又发现大量用汉、西夏、吐蕃、回鹘文写成的文书,以及保存完好的一张波斯语文书。10 月,越天山去吐鲁番。冬,在木头沟进行考古发掘,让助手剥离木头沟石窟壁画,共获壁画 90 箱左右。(参见斯坦因著、向达译《斯坦因西域考古记》,新疆人民出版社 2010 年版)

按:斯坦因 1914 年 3 月 27 日致友人艾兰信中记录道:"王道士还照样快活、宽厚。他一点也不为在上次交易中表现的贪婪放肆害臊,现在只是后悔 1907 年因胆小未让我拿走全部藏经洞文物。1908 年伯希和来访之后,所余写本全被北京派的人拿走,所给的补偿费,王道士和他的寺庙未见一文,全都进了官僚的腰包。"

瑞典地质学家安特生(Johann Gunnar Andersson)8 月应邀来华任农商部矿政司顾问,协助调查煤矿、铁矿资源,培训地质人员,筹建地质陈列馆。

按:安特生(1874—1960),1901 年在瑞典萨普拉大学获博士学位,1906 年任教授。安特生后来兴趣转向古生物和古人类研究,曾参与"北京猿人"的发掘与研究工作,对华北、西北等地进行了广泛的地质调查,著有《龙和洋鬼》《黄土地之子》等著作。(参见欧阳哲生主编《丁文江文集》第七卷附编《丁文江先生年谱》,湖南教育出版社 2008 年版;李学通《翁文灏年谱》,山东教育出版社 2005 年版)

法国传教士保罗·埃米尔·黎桑(Emile Licent,中文名桑志华)3 月通过天主教会的安排和帮助,途经西伯利亚辗转来到中国天津。7 月 13 日开始在中国北方黄河和白河(即今海河)流域进行田野考古。

按:桑志华同时又是法国著名博物学家、地质学家、古生物学家、考古学家,1912 年在法国获得动物学博士学位后,即萌生了来中国北方考察的念头,至是年以法国天主教耶稣会神甫的身份来到中国,自此从事田野考察和考古调查工作 25 年,足迹遍及中国北方各省,行程 5 万多公里,采集地质、古生物标本达几十万件,创建了北疆博物馆(天津自然博物馆前身),尤其是发现和发掘了水洞沟遗址,使之成为中国最早发现、发掘和进行系统研究的旧石器时代晚期文化遗址,对中国的史前考古做出了重大贡献。1938 年回国,1952 年在法国逝世。著有《中国东北的山区造林》《华北(黄河及北直隶湾其他支流流域)十年查探记》《桑干河草原旅行记》,与他人合著有《华北及蒙古人种学上的探险记》《北疆博物馆的鸟类及北疆博物馆收藏的树木标本》。

俄国奥尔登堡率领考察队 8 月 20 日到达敦煌千佛洞,对敦煌进行测绘、复描、摄影和发掘等,获得一万多件文物碎片。

英国哈同 8 月 15—19 日在上海自家花园"爱俪园"举行游览大会,展出名家金石字画。

三、学术论文

沈鹏飞《泰西哲学源流考》刊于《国学丛刊(北京)》第 1 期。

何其伟《五千年学术沿革略论》刊于《国学丛刊(北京)》第 1 期。

王天优《国学研究会宣言书》刊于《国学丛刊(北京)》第 1 期。

赵师复《学堂读经论》刊于《国学丛刊(北京)》第 1 期。

张毅庵《二统论》刊于《国学丛刊(北京)》第 1 期。

张毅庵《正儒篇》刊于《国学丛刊(北京)》第 1 期。

郑宗海《辛亥以来之文学观》刊于《国学丛刊(北京)》第 1 期。

薛桂轮《论今日提倡王学足以救国及其提倡之法》刊于《国学丛刊(北京)》第 1 期。

曹姚明《研究国学之门径》刊于《国学丛刊(北京)》第 1 期。

王善栓《论中国文学》刊于《国学丛刊(北京)》第 1 期。

廖承世《历代远东与西方之关系》刊于《国学丛刊(北京)》第 1 期。

吴承洛《经学源流变迁考》刊于《国学丛刊(北京)》第 1 期。

远生《本报之新生命》刊于《庸言》第 2 卷第 1—2 号合刊。

按:作者撰写此文时,《庸言》已经办刊一年,之所以称"本报之新生命",是因为是文阐述了《庸言》今后的办刊宗旨及刊文方向的重大转变,正如是文所言:"此后将力变其主观的态度而易为客观";"视综合事实而后下一判断之主张较之凭恃理想所发挥之空论尤为宝贵";"凡社会的理论及潮流与社会事实,当为此后占有本报篇幅之一大宗也";"此后,当力求开拓心胸放眼观域外,盖所谓改造国群者,意在使吾国群合于国际上之平等位置,令一切潮流与之针对,故第一,必令知吾国群在国际上所际会之境遇;第二,当知际此境遇尚有若干时期何等方法足为回翔容与之地;第三,当知自国家政治意外群德群力皆息息与国际相关"。

严几道《民约平议》刊于《庸言》第 2 卷第 1—2 号合刊。

王侃叔《论列强对于中国瓜分保全两策之变迁》刊于《庸言》第 2 卷第 1—2 号合刊。

林志钧《免厘加税之研究》刊于《庸言》第 2 卷第 1—2 号合刊。

胡以鲁《论译名》刊于《庸言》第 2 卷第 1—2 号合刊。

梁启超《述归国后一年来所感》刊于《庸言》第 2 卷第 1—2 号合刊。

贺绍章《关税问题(未完)》刊于《庸言》第 2 卷第 1—2 号合刊。

刘馥《变盐法议(续)》刊于《庸言》第 2 卷第 1—2 号合刊。

严复《复黄君书》刊于《庸言》第 2 卷第 1—2 号合刊。

远生《消极之乐观》刊于《庸言》第 2 卷第 1—2 号合刊。

梁启超《整理滥纸币与利用公债》刊于《庸言》第 2 卷第 3 号。

长舆《法制与政治》刊于《庸言》第 2 卷第 3 号。

梁启勋《说感情》刊于《庸言》第 2 卷第 3 号。

王桐龄《中国文化之发源地》刊于《庸言》第 2 卷第 3 号。

卫西琴(Dr. Alfred Westharp)著,严几道译《中国教育议(续)》刊于《庸言》第 2 卷第 4 号。

梁任公谈,姚传驹笔记《银行制度之建设》刊于《庸言》第 2 卷第 4 号。

郑浩《法典编成根本说》刊于《庸言》第 2 卷第 4 号。

王侃叔《论巴尔干最近之情势（特别通信）》刊于《庸言》第 2 卷第 4 号。

王侃叔《记墨西哥革党残杀英侨奔董始末》刊于《庸言》第 2 卷第 4 号。

王桐龄《历史上中国六大民族之关系》刊于《庸言》第 2 卷第 4 号。

远生《论衡（一）》刊于《庸言》第 2 卷第 5 号。

吴钧《进化与退化》刊于《庸言》第 2 卷第 5 号。

胡以鲁《原乱（民族心理观）》刊于《庸言》第 2 卷第 5 号。

长舆《论人才消乏之原因》刊于《庸言》第 2 卷第 5 号。

长舆《论税制上》刊于《庸言》第 2 卷第 5 号。

贺绍章《关税问题（续）》刊于《庸言》第 2 卷第 5 号。

恽毓鼎《崇陵传信录》刊于《庸言》第 2 卷第 5 号。

吴鼎昌《新币制谈》刊于《庸言》第 2 卷第 6 号。

陈宗蕃《论今日之预算》刊于《庸言》第 2 卷第 6 号。

程树德《论审计制度意见书》刊于《庸言》第 2 卷第 6 号。

贺绍章《关税问题（续）》刊于《庸言》第 2 卷第 6 号。

陶保霖《论减政主义》刊于《法政杂志》第 3 卷第 7 号。

钱景贤《习惯与法律之冲突》刊于《法政杂志》第 3 卷第 7 号。

［日］小野冢喜平次著，王倬译《法国比例选举学说之一斑》刊于《法政杂志》第 3 卷第 7 号。

［日］小川乡太郎著，王倬译《论经济法律之演习》刊于《法政杂志》第 3 卷第 7 号。

姚成瀚《论通行税》刊于《法政杂志》第 3 卷第 8 号。

［美］福勒德著，作霖译《英美议长权力之原始》刊于《法政杂志》第 3 卷第 8 号。

［日］岗村司著，王倬译《民法小史》刊于《法政杂志》第 3 卷第 8 号。

［日］神户正雄著，毕厚译《财政负担之国际比较》刊于《法政杂志》第 3 卷第 8 号。

钱景贤《知事奖励惩戒条例书后》刊于《法政杂志》第 3 卷第 9 号。

作霖译《论国家有内乱等事不负外人所受损失责任之法理》刊于《法政杂志》第 3 卷第 9 号。

［美］李高克著，长风译《近世各国政府之保育政策》刊于《法政杂志》第 3 卷第 9 号。

［日］织田万著，姚成瀚译《权力分立论之变迁》刊于《法政杂志》第 3 卷第 9 号。

王倬译《法国人口减退救济方法之调查》刊于《法政杂志》第 3 卷第 9 号。

陶保霖《论今人对于司法机关之各种观念》刊于《法政杂志》第 3 卷第 10 号。

王焜富《论公司条例》刊于《法政杂志》第 3 卷第 10 号。

茫刚麻（D. H. Montgomery）著，廖应铎译《英国宪法沿革小史（未完）》刊于《法政杂志》第 3 卷第 10 号。

［日］野村淳治著，王倬译《亚美利加委员政治之市制》刊于《法政杂志》第 3 卷第 10 号。

［日］织田万著，姚成瀚译《权力分立论之变迁（续）》刊于《法政杂志》第 3 卷第 10 号。

姚成瀚《论全国商会联合会修改之公司条例》刊于《法政杂志》第 3 卷第 11 号。

茫刚麻著，廖应铎译《英国宪法沿革小史（续）》刊于《法政杂志》第 3 卷第 11 号。

姚成瀚译《美国所得税法之制定》刊于《法政杂志》第 3 卷第 11 号。

〔日〕荣当重著,王倬译《普国司法官采用试验规则》刊于《法政杂志》第3卷第11号。

陶保霖《新约法论》刊于《法政杂志》第3卷第12号。

甘作霖译《英国法部大臣在美洲律师协会之演说》刊于《法政杂志》第3卷第12号。

〔德〕泰赫古著,〔日〕横见补一原译,毕厚重译《预算值原则及其法典之编纂并监督之适用》刊于《法政杂志》第3卷第12号。

〔日〕松崎寿著,王倬译《论保险在经济学上之地位》刊于《法政杂志》第3卷第12号。

王倬译《北美法学教育方针之二派》刊于《法政杂志》第3卷第12号。

景藏《释条例》刊于《法政杂志》第4卷第1号。

景藏《参政院代行立法院职权之疑问》刊于《法政杂志》第4卷第1号。

摩塞士(Bernard Moses)著,吴乃琛译《美国国会之组织》刊于《法政杂志》第4卷第1号。

〔日〕佐佐木惣一著,姚成瀚译《自由裁量论》刊于《法政杂志》第4卷第1号。

〔日〕高柳贤三著,王倬译《英国法之收贿罪》刊于《法政杂志》第4卷第1号。

〔日〕神户正雄著,姚成瀚译《租税通论(未完)》刊于《法政杂志》第4卷第1号。

姚成瀚《论懋迁公司》刊于《法政杂志》第4卷第2号。

景藏《论劝诫剪发条规是否侵犯人民之身体自由》刊于《法政杂志》第4卷第2号。

毕厚译《论租税法与预算之国法的关系》刊于《法政杂志》第4卷第2号。

〔日〕牧野英一著,王倬译《由法治主义趋于科学主义及亚尔蔚斯倍尔通氏之事迹》刊于《法政杂志》第4卷第2号。

〔日〕神户正雄著,姚成瀚译《租税通论(续)》刊于《法政杂志》第4卷第2号。

钱景贤《自课税原则上观察吾国新旧诸税》刊于《法政杂志》第4卷第3号。

〔日〕小川乡太郎著,姚成瀚译《论逋税争斗》刊于《法政杂志》第4卷第3号。

〔日〕中岛玉吉著,姚成瀚译《英国陪审制度》刊于《法政杂志》第4卷第3号。

〔日〕神户正雄著,姚成瀚译《租税通论(续)》刊于《法政杂志》第4卷第3号。

钱景贤《政治罪恶论》刊于《法政杂志》第4卷第4号。

甘作霖译《战事影响及于契约之法律观》刊于《法政杂志》第4卷第4号。

〔日〕左田庄一著,王倬译《经济学之职分》刊于《法政杂志》第4卷第4号。

〔日〕神户正雄著,姚成瀚译《租税通论(续)》刊于《法政杂志》第4卷第4号。

陆定《全国厘金概要(附改革意见书)》刊于《法政杂志》第4卷第4号。

姚成瀚《论诉愿与行政诉讼之区别》刊于《法政杂志》第4卷第5号。

姚成瀚《公司条例之误点》刊于《法政杂志》第4卷第5号。

〔日〕田岛锦治著,姚成瀚译《经济与道德之关系》刊于《法政杂志》第4卷第5号。

甘作霖译《最近各国所得税法概论》刊于《法政杂志》第4卷第5号。

〔日〕泉精太郎著,陈承泽译《美利坚联邦所得税概论》刊于《法政杂志》第4卷第5号。

〔日〕神户正雄著,姚成瀚译《租税通论(续)》刊于《法政杂志》第4卷第5号。

陶保霖《俸给论》刊于《法政杂志》第4卷第6号。

康时敏译《英国刑事上陪审制度之沿革》刊于《法政杂志》第4卷第6号。

姚成瀚《公司条例释义绪论》刊于《法政杂志》第4卷第6号。

〔日〕神户正雄著,姚成瀚译《租税通论(续完)》刊于《法政杂志》第4卷第6号。

　　李文权《中国对外博览会之失败及对于本年日本巴拿马三宝垄三博览会出品意见书》刊于《中国实业杂志》第5年第1期。

　　李文权《余于日本大博览会之意见》刊于《中国实业杂志》第5年第1期。

　　李文权《论图案改良与博览会之关系》刊于《中国实业杂志》第5年第2期。

　　李文权《新年之上海》刊于《中国实业杂志》第5年第2期。

　　王守善《论博览会于共进会》刊于《中国实业杂志》第5年第2期。

　　[美]丁义华《巴拿马赛会与中国极有关系》刊于《中国实业杂志》第5年第2期。

　　李文权《爪哇糖与台湾糖之战》刊于《中国实业杂志》第5年第3期。

　　李文权《市价不二之利害比较》刊于《中国实业杂志》第5年第3期。

　　真室幸敬《中国糖业之现状》刊于《中国实业杂志》第5年第3期。

　　李文权《中国糖业调查》刊于《中国实业杂志》第5年第3期。

　　李文权《美国糖业调查》刊于《中国实业杂志》第5年第3期。

　　李文权《秘露糖业调查》刊于《中国实业杂志》第5年第3期。

　　李文权《爪哇及欧洲糖产额比较表》刊于《中国实业杂志》第5年第3期。

　　李文权《论足衣》刊于《中国实业杂志》第5年第4期。

　　李文权《论中国纺纱史述略》刊于《中国实业杂志》第5年第4期。

　　李文权《北方纱布之需要及设厂之不可缓说》刊于《中国实业杂志》第5年第4期。

　　王守善《论中国纱厂失败之根本及改良种棉之不可缓》刊于《中国实业杂志》第5年第4期。

　　李文权《中国各纺织厂沿革》刊于《中国实业杂志》第5年第4期。

　　李文权《四十年前中国之入口棉纱》刊于《中国实业杂志》第5年第4期。

　　李文权《日本全国纺织工厂调查》刊于《中国实业杂志》第5年第4期。

　　鹏云生《一九一三年之世界贸易》刊于《中国实业杂志》第5年第4期。

　　鹏云生《一九一三年之英国对华贸易》刊于《中国实业杂志》第5年第4期。

　　蒋锡韩《论商工业与地理上之关系》刊于《中国实业杂志》第5年第5期。

　　李文权《论中国茶之古今得失》刊于《中国实业杂志》第5年第6期。

　　李文权《南洋销包种茶之调查》刊于《中国实业杂志》第5年第6期。

　　李文权《印度茶之调查》刊于《中国实业杂志》第5年第6期。

　　宓铁铮《琉球之中国茶》刊于《中国实业杂志》第5年第6期。

　　王守善《日本盐鱼之销路》刊于《中国实业杂志》第5年第7期。

　　李文权《中国烟产调查记》刊于《中国实业杂志》第5年第7期。

　　李文权《中国十五年烟类入口调查记》刊于《中国实业杂志》第5年第7期。

　　宓铁铮《朝鲜烟草调查记》刊于《中国实业杂志》第5年第7期。

　　宓铁铮《日本烟草专卖局调查记》刊于《中国实业杂志》第5年第7期。

　　李文权《大正博览会出品图说序》刊于《中国实业杂志》第5年第8期。

　　杨士琦《实业开放论》刊于《中国实业杂志》第5年第8期。

　　李文权《日本最近四十五年之莫大小调查记》刊于《中国实业杂志》第5年第8期。

　　宓铁铮《东京之无大小商及其营业方针》刊于《中国实业杂志》第5年第8期。

　　李文权《兵战商战优劣说》刊于《中国实业杂志》第5年第9期。

李文权《中国事业之存亡在此欧战之一战(未完)》刊于《中国实业杂志》第 5 年第 9 期。

[日]阪谷《近年日本实业之进步》刊于《中国实业杂志》第 5 年第 9 期。

惕箴《吾国铁道枕木之概要》刊于《中国实业杂志》第 5 年第 9 期。

李文权《中国铁路所用枕木沿革考》刊于《中国实业杂志》第 5 年第 9 期。

李文权《美国木工所用之机器考》刊于《中国实业杂志》第 5 年第 9 期。

冯锦《中国蚕丝业不振兴之原因说》刊于《中国实业杂志》第 5 年第 10 期。

李文权《中国事业之存亡在此欧战之一战(续)》刊于《中国实业杂志》第 5 年第 10 期。

黄遵楷《述中国天蚕丝》刊于《中国实业杂志》第 5 年第 10 期。

宓铁铮《世界生丝之生产及消费》刊于《中国实业杂志》第 5 年第 10 期。

宓铁铮《俄国之生丝输入状况》刊于《中国实业杂志》第 5 年第 10 期。

宓铁铮《俄国增加丝税问题》刊于《中国实业杂志》第 5 年第 10 期。

宓铁铮《欧战与生丝贸易》刊于《中国实业杂志》第 5 年第 10 期。

李文权《论大阪华侨回国兴业者多》刊于《中国实业杂志》第 5 年第 11 期。

宓铁铮《京都织物调查记》刊于《中国实业杂志》第 5 年第 11 期。

宓铁铮《日本输往吾国织物之概况》刊于《中国实业杂志》第 5 年第 11 期。

骊鸿《经济政策之商榷》刊于《中国实业杂志》第 5 年第 11 期。

李文权《青岛之战终于将来之实业》刊于《中国实业杂志》第 5 年第 12 期。

李文权《中国不亡说》刊于《中国实业杂志》第 5 年第 12 期。

宓铁铮《青岛之价值》刊于《中国实业杂志》第 5 年第 12 期。

珠纫《对于儿童之保护》刊于《妇女时报》第 12 期。

斧《宁波妇女职业谭》刊于《妇女时报》第 12 期。

马小进《女子参政权论(未完)》刊于《妇女时报》第 12 期。

席上珍《文字非学问说》刊于《妇女时报》第 12 期。

沈维铮《国语统一于教育前途之利益》刊于《妇女时报》第 12 期。

冰心《进化学上之妇人观》刊于《妇女时报》第 13 期。

瞿鸿祥《疾名》刊于《妇女时报》第 13 期。

尘末《那威之女子选举权》刊于《妇女时报》第 13 期。

马小进《女子参政权论》刊于《妇女时报》第 13 期。

高效珊《说普及女子教育之要义》刊于《妇女时报》第 13 期。

张启新《说女子入学以求为国民为要素》刊于《妇女时报》第 13 期。

苏静蓉《说母教之重》刊于《妇女时报》第 13 期。

申陆是瑛《知行合一说》刊于《妇女时报》第 13 期。

孙宋我《论铸造国民母》刊于《妇女时报》第 14 期。

刘侠铃《废婢议》刊于《妇女时报》第 14 期。

柏柔《日本之工业与妇人力》刊于《妇女时报》第 14 期。

柏柔译《日本悲惨女工之境遇》刊于《妇女时报》第 14 期。

瞿鸿祥《新剧界》刊于《妇女时报》第 15 期。

蕉心《女子当有普通医学知识》刊于《妇女时报》第 15 期。

蕉心《关于女子之农业》刊于《妇女时报》第 15 期。

瑞华《夫人最弱为母则强说》刊于《妇女时报》第 15 期。

李毓珍《女子无才便是德辨》刊于《妇女时报》第 15 期。

袁俊《游历增学识论》刊于《妇女时报》第 15 期。

杨复权《论游历之益》刊于《妇女时报》第 15 期。

潘保慧《游历增学识论》刊于《妇女时报》第 15 期。

陆以振《取消地方自治论》刊于《妇女时报》第 15 期。

柏柔译《男女两性自由生产法之实验谈》刊于《妇女时报》第 15 期。

吴若安《民族之向上依性欲之节制而得》刊于《妇女时报》第 15 期。

[日]穗积陈重著,胡以鲁译《新日本民法论(续)》刊于《法学会杂志》复刊第 2 卷第 1—2 号。

王幕陶《论共和宪法二大模范及其行政立法两权之消长(未完)》刊于《法学会杂志》复刊第 2 卷第 1—2 号。

[法]铎尔孟《中华民国立法院组织私议》刊于《法学会杂志》复刊第 2 卷第 1—2 号。

邵修文《新律不适国情之商榷》刊于《法学会杂志》复刊第 2 卷第 1—2 号。

杨志洵《空域之主权(据美国约翰加斯比原著)》刊于《法学会杂志》复刊第 2 卷第 3—4 号。

杨志洵《古代刑制考》刊于《法学会杂志》复刊第 2 卷第 3—4 号。

[日]香坂驹大郎调查,杨志洵译《北美合众国司法制度》刊于《法学会杂志》复刊第 2 卷第 5—6 号。

[日]香坂驹太郎《英国司法制度》刊于《法学会杂志》复刊第 2 卷第 5—6 号。

[日]仲小路廉《英国法庭》刊于《法学会杂志》复刊第 2 卷第 5—6 号。

[日]仲小路廉《英国检事制度》刊于《法学会杂志》复刊第 2 卷第 5—6 号。

[日]仲小路廉《英国民事事件及刑事事件办理情形》刊于《法学会杂志》复刊第 2 卷第 5—6 号。

[日]马场愿治《英国民事实践办理详情》刊于《法学会杂志》复刊第 2 卷第 5—6 号。

[日]仲小路廉《英国裁判所之内容》刊于《法学会杂志》复刊第 2 卷第 5—6 号。

[日]香板驹大郎《英国辩护士》刊于《法学会杂志》复刊第 2 卷第 5—6 号。

胡以鲁《儒法之争》刊于《法学会杂志》复刊第 2 卷第 5—6 号。

[日]清水一郎调查,杨志洵译《法比义治安裁判制度》刊于《法学会杂志》复刊第 2 卷第 7—8 号。

[日]河村善益《法比二国豫审制度》刊于《法学会杂志》复刊第 2 卷第 7—8 号。

[日]河村善益《法比轻罪公判之情形》刊于《法学会杂志》复刊第 2 卷第 7—8 号。

[日]长森滕吉《法国警察及检事事务之实况》刊于《法学会杂志》复刊第 2 卷第 7—8 号。

[日]长森滕吉《法国刑事记录》刊于《法学会杂志》复刊第 2 卷第 7—8 号。

[日]棚桥爱七《德国裁判所之实况》刊于《法学会杂志》复刊第 2 卷第 7—8 号。

[日]斋藤十一郎《德国民事裁判》刊于《法学会杂志》复刊第 2 卷第 7—8 号。

[日]斋藤十一郎《德国裁判所民事审问情形》刊于《法学会杂志》复刊第 2 卷第 7—8 号。

胡以鲁《道德法律辨》刊于《法学会杂志》复刊第 2 卷第 7—8 号。

胡适《非留学篇》刊于《留学生年报》第 3 年。

黄汉樑《择学选校论》刊于《留学生年报》第 3 年。

沈子英《美洲华侨之弱点及将来之险象》刊于《留学生年报》第 3 年。

许先甲《论文学》刊于《留学生年报》第 3 年。

怡荪《论乐观》刊于《留学生年报》第 3 年。

怡荪《论存养》刊于《留学生年报》第 3 年。

观庄《论汉宋学者》刊于《留学生年报》第 3 年。

观庄《论正心诚意之学》刊于《留学生年报》第 3 年。

观庄《论读书之法》刊于《留学生年报》第 3 年。

观庄《论孔教》刊于《留学生年报》第 3 年。

观庄《论执笔报国》刊于《留学生年报》第 3 年。

藏晖《论汉宋说诗之家及今日治诗之法》刊于《留学生年报》第 3 年。

胡适《政党概论》刊于《留学生年报》第 3 年。

皕诲《人类大同之希望》刊于《进步杂志》第 5 卷第 4 号。

晓洲《国权与民权(续第五卷第一号)》刊于《进步杂志》第 5 卷第 4 号。

天翼《近世文化之缺点》刊于《进步杂志》第 5 卷第 4 号。

按：是文认为，近世社会对物质文明追求的结果，是"宗教道德不能维系人心"，故"人人存一偷安纵乐之念"，"则此世界将一变而为金钱之窟穴，再变而为游戏之舞台，人惟始而求富，继而求乐，以至道德净胜，反日见其退化"。

绾章《八十年来银价之涨落与其关系》刊于《进步杂志》第 5 卷第 4 号。

秋水《新发现之古大城(译美国科学杂志)》刊于《进步杂志》第 5 卷第 4 号。

绾章《新发明之纸制品及其应用》刊于《进步杂志》第 5 卷第 4 号。

晓洲《国权与民权(续完)》刊于《进步杂志》第 5 卷第 5 号。

绾章《宗教为社会之基础(节译开拓者)》刊于《进步杂志》第 5 卷第 5 号。

和士《吾人高尚趣味之涵养》刊于《进步杂志》第 5 卷第 5 号。

秋水《三十五日环游地球记》刊于《进步杂志》第 5 卷第 5 号。

秋水《养成伟大人物之要素》刊于《进步杂志》第 5 卷第 6 号。

［日］浮田和民著，绾章译《新旧道德之对照》刊于《进步杂志》第 5 卷第 6 号。

［日］松本彦次郎著，远瞻译《朝鲜人艺术与宗教之观察》刊于《进步杂志》第 5 卷第 6 号。

秋水《北美公众游戏事业之发达》刊于《进步杂志》第 5 卷第 6 号。

皕诲《述英国市政之大概》刊于《进步杂志》第 6 卷第 1 号。

佩我《美国之儿童问题》刊于《进步杂志》第 6 卷第 1 号。

远瞻《日本对于教育与宗教之态度》刊于《进步杂志》第 6 卷第 1 号。

［英］毕特门著，醴陵浮尘译《英国棉业史(未完)》刊于《进步杂志》第 6 卷第 1 号。

皕诲《吾人之奋斗主义》刊于《进步杂志》第 6 卷第 2 号。

远瞻《欧人目光中之美国与其共和政制》刊于《进步杂志》第 6 卷第 2 号。

公明《世界伟大思想之一斑》刊于《进步杂志》第 6 卷第 2 号。

秋水《美国对于失业者之救济策(译世界事业报)》刊于《进步杂志》第6卷第2号。

佩我《英国农乡问题之新研究(未完)》刊于《进步杂志》第6卷第2号。

公明《美国监狱改良之现在与将来》刊于《进步杂志》第6卷第2号。

[英]毕特门著,醴陵浮尘译《英国棉业史(续)》刊于《进步杂志》第6卷第2号。

[美]铁耳门(Tillman)著,观养译《回复健康之实验说》刊于《进步杂志》第6卷第2号。

远瞻《今后农民经济上之新时代》刊于《进步杂志》第6卷第3号。

公明《人身之感化力》刊于《进步杂志》第6卷第3号。

公明《近代美国名画之研究》刊于《进步杂志》第6卷第3号。

佩我《英国农乡问题之新研究(续)》刊于《进步杂志》第6卷第3号。

[英]毕特门著,醴陵浮尘译《英国棉业史(续)》刊于《进步杂志》第6卷第3号。

秋水《电气时代之电气世界》刊于《进步杂志》第6卷第3号。

公明《公娼制度亦输入文明之一乎》刊于《进步杂志》第6卷第4号。

公明《欧美政界之一斑》刊于《进步杂志》第6卷第4号。

大可《勃莱克交友论》刊于《进步杂志》第6卷第4号。

绾章《法兰西共和国民治特质》刊于《进步杂志》第6卷第4号。

[美]赫立斯著,亚光译《牺牲主义为社会进化之原动力》刊于《进步杂志》第6卷第4号。

秋水《气候与商业之关系》刊于《进步杂志》第6卷第5号。

佩我《英国农乡问题之新研究(续第六卷第三号)》刊于《进步杂志》第6卷第5号。

大可《活动影戏滥觞中国与其发明之历史》刊于《进步杂志》第6卷第5号。

汪国梁《中国现有实业调查记(通崇纱厂调查纪略)》刊于《进步杂志》第6卷第5号。

正则《维新与守旧》刊于《进步杂志》第6卷第6号。

[美]喀生(Herbert N. Casson)著,正则述略《钢铁事业发达小史(未完)》刊于《进步杂志》第6卷第6号。

正则《婚姻年龄之研究》刊于《进步杂志》第6卷第6号。

[美]乌得尔著,返观译《述万国函授学堂》刊于《进步杂志》第6卷第6号。

佩我《简易生活之主张》刊于《进步杂志》第6卷第6号。

庐隐《宗教之必要》刊于《进步杂志》第6卷第6号。

汪国梁《中国现有实业调查记(通崇纱厂调查纪略)(续完)》刊于《进步杂志》第6卷第6号。

皕诲《东方思想与西方思想》刊于《进步杂志》第7卷第1号。

皕诲《勤苦与逸乐》刊于《进步杂志》第7卷第1号。

秋水《均势与霸权》刊于《进步杂志》第7卷第1号。

皕诲《领袖与元首》刊于《进步杂志》第7卷第1号。

晓洲《挽近社会主义之派别与宗旨》刊于《进步杂志》第7卷第1号。

[美]喀生著,正则述略《钢铁事业发达小史(续)》刊于《进步杂志》第7卷第1号。

晓洲《述美国亚伯拉谦山森林重造之方法并书其后》刊于《进步杂志》第7卷第1号。

野马《租税之原则》刊于《进步杂志》第7卷第1号。

正则《欧美禁酒之趋势》刊于《进步杂志》第7卷第1号。

正则译《论战祸之原因(美国伊来如特[Glihn Root]演说词)》刊于《进步杂志》第 7 卷第 2 号。

返观《欧战声中之社会党》刊于《进步杂志》第 7 卷第 2 号。

[美]喀生著,正则述略《钢铁事业发达小史(续)》刊于《进步杂志》第 7 卷第 2 号。

[日]田中穗积著,野马译《税制整理之大纲》刊于《进步杂志》第 7 卷第 2 号。

钱智修《说体合》刊于《东方杂志》第 10 卷第 7 号。

杨荫元《论近世各国殖民的活动之原因》刊于《东方杂志》第 10 卷第 7 号。

章锡琛《中俄对蒙之成败》刊于《东方杂志》第 10 卷第 7 号。

樗生《论人民性质与地理之关系》刊于《东方杂志》第 10 卷第 7 号。

钱智修《罗斯福之民主政治谈》刊于《东方杂志》第 10 卷第 7 号。

章锡琛《台湾之革命运动》刊于《东方杂志》第 10 卷第 7 号。

钱智修《宇宙连续论》刊于《东方杂志》第 10 卷第 7 号。

方冽泉《少年中国之社会观》刊于《东方杂志》第 10 卷第 8 号。

钱智修《美国新税则之施行》刊于《东方杂志》第 10 卷第 8 号。

章锡琛《列强对于中国之经营》刊于《东方杂志》第 10 卷第 8 号。

铁僧译《历代饥馑史》刊于《东方杂志》第 10 卷第 8 号。

东海寓公《地理与文明之关系》刊于《东方杂志》第 10 卷第 8 号。

章锡琛《浮田和民之新道德论》刊于《东方杂志》第 10 卷第 8 号。

章锡琛《老死之研究》刊于《东方杂志》第 10 卷第 8 号。

余箴《现代人之救济策》刊于《东方杂志》第 10 卷第 9 号。

钱智修《现实之妇女问题》刊于《东方杂志》第 10 卷第 9 号。

章锡琛《欧美劳动者之独立自助运动》刊于《东方杂志》第 10 卷第 9 号。

章锡琛《文明国下之秘密岛》刊于《东方杂志》第 10 卷第 9 号。

许家庆《波斯之外债》刊于《东方杂志》第 10 卷第 9 号。

许家庆《列强海军之趋势》刊于《东方杂志》第 10 卷第 9 号。

钱智修《中国铁路之国际竞争》刊于《东方杂志》第 10 卷第 9 号。

许家庆《巴尔干诸国之新境界》刊于《东方杂志》第 10 卷第 9 号。

许家庆《波斯问题之新局面》刊于《东方杂志》第 10 卷第 9 号。

钱智修《中国宗教之前途》刊于《东方杂志》第 10 卷第 9 号。

章锡琛《身心合一论》刊于《东方杂志》第 10 卷第 9 号。

日夕《理想与实验》刊于《东方杂志》第 10 卷第 10 号。

章锡琛《英国今日之土地问题》刊于《东方杂志》第 10 卷第 10 号。

章锡琛《列强与中国之铁路》刊于《东方杂志》第 10 卷第 10 号。

许家庆《法兰西共和的之分裂》刊于《东方杂志》第 10 卷第 10 号。

甘作霖《英德在中国兴学之比较》刊于《东方杂志》第 10 卷第 10 号。

恕葊《再论理性之势力》刊于《东方杂志》第 10 卷第 11 号。

钱智修《英国军人之危言》刊于《东方杂志》第 10 卷第 11 号。

钱智修《英美巴拿马通行税之争议》刊于《东方杂志》第 10 卷第 11 号。

章锡琛《回教国现势之探察》刊于《东方杂志》第 10 卷第 11 号。

生入《西北水利新考》刊于《东方杂志》第 10 卷第 11 号。

许家庆《论法国总统选》刊于《东方杂志》第 10 卷第 11 号。

许家庆《巴尔喀之将来与俄国》刊于《东方杂志》第 10 卷第 11 号。

钱智修《男女性情之解剖》刊于《东方杂志》第 10 卷第 11 号。

钱智修《梦之研究》刊于《东方杂志》第 10 卷第 11 号。

伧父《个人之改革》刊于《东方杂志》刊于《东方杂志》第 10 卷第 12 号。

章锡琛《日本大隈伯爵之东方平和论》刊于《东方杂志》第 10 卷第 12 号。

甘作霖《铁路股价论》刊于《东方杂志》第 10 卷第 12 号。

钱智修《美国之事业问题及救济事业》刊于《东方杂志》第 10 卷第 12 号。

钱智修《评威尔逊之队墨政策》刊于《东方杂志》第 10 卷第 12 号。

阙名《修清史》刊于《东方杂志》第 10 卷第 12 号。

阙名《满洲名称考》刊于《东方杂志》第 10 卷第 12 号。

伧父《接续主义》刊于《东方杂志》第 11 卷第 1 号。

许家庆《美墨之交涉》刊于《东方杂志》第 11 卷第 1 号。

章锡琛《日本政界之风潮》刊于《东方杂志》第 11 卷第 1 号。

钱智修《爱尔兰问题之新局面》刊于《东方杂志》第 11 卷第 1 号。

钱智修《论日英对华同盟》刊于《东方杂志》第 11 卷第 1 号。

高劳《欧洲大战开始》刊于《东方杂志》第 11 卷第 2 号。

许家庆《俄蒙交涉之内容》刊于《东方杂志》第 11 卷第 2 号。

沈于白《西藏社会调查记》刊于《东方杂志》第 11 卷第 2 号。

甘作霖《大西洋古洲之陆沉说》刊于《东方杂志》第 11 卷第 2 号。

许家庆《巴尔干之新形势》刊于《东方杂志》第 11 卷第 2 号。

钱智修《世界妇女美观之异同》刊于《东方杂志》第 11 卷第 2 号。

章锡琛《风靡世界之未来主义》刊于《东方杂志》第 11 卷第 2 号。

伧父《大战争与中国》刊于《东方杂志》第 11 卷第 3 号。

高劳《战争杂话》刊于《东方杂志》第 11 卷第 3 号。

钱智修《英国现势论》刊于《东方杂志》第 11 卷第 3 号。

钱智修《国有铁路之利弊》刊于《东方杂志》第 11 卷第 3 号。

德园《最近星期学校之发展》刊于《东方杂志》第 11 卷第 3 号。

钱智修《正嫉国主义》刊于《东方杂志》第 11 卷第 4 号。

恽代英《义务论》刊于《东方杂志》第 11 卷第 4 号。

钱智修《中华盐政概论》刊于《东方杂志》第 11 卷第 4 号。

徐广德《美国之太平洋政策》刊于《东方杂志》第 11 卷第 4 号。

章锡琛《菲律宾独立问题之将来》刊于《东方杂志》第 11 卷第 4 号。

钱智修《布格逊哲学之批评》刊于《东方杂志》第 11 卷第 4 号。

德园《最近生物学之进步》刊于《东方杂志》第 11 卷第 4 号。

章锡琛《从文明史国际史上观察欧洲战争》刊于《东方杂志》第 11 卷第 5 号。

钱智修《德皇之铁腕与列强仇德之由来》刊于《东方杂志》第 11 卷第 5 号。

如如《近三十年之资本界与劳动界》刊于《东方杂志》第 11 卷第 5 号。

甘作霖《江南制造局之简史(上)》刊于《东方杂志》第 11 卷第 5 号。

江学辉《葡萄牙之将来》刊于《东方杂志》第 11 卷第 5 号。

乘骏《中国古瓷之研究》刊于《东方杂志》第 11 卷第 5 号。

黄炎培《景德之陶》刊于《东方杂志》第 11 卷第 5 号。

阙名《上海开埠史述》和《五十年前之上海》转载于《东方杂志》第 11 卷第 5 号。

钱智修《罗斯福之大战争观》刊于《东方杂志》第 11 卷第 6 号。

甘作霖《论德国之间谍制》刊于《东方杂志》第 11 卷第 6 号。

甘作霖《江南制造局之简史下》刊于《东方杂志》第 11 卷第 6 号。

许家庆《从战术上评论欧洲战争之经过》刊于《东方杂志》第 11 卷第 6 号。

章锡琛《大战争后之平和运动》刊于《东方杂志》第 11 卷第 6 号。

章锡琛《德国妇女问题之特征》刊于《东方杂志》第 11 卷第 6 号。

钱智修译《同盟制度与军国制度》刊于《东方杂志》第 11 卷第 6 号。

章锡琛《外交秘史》刊于《东方杂志》第 11 卷第 6 号。

林纾、陈家麟《罗刹因果录》刊于《东方杂志》第 11 卷第 6 号。

陆费逵《论人才教育职业教育当与普通教育并重》刊于《中华教育界》第 13 期。

顾树森《实用主义生活教育设施法》刊于《中华教育界》第 13 期。

翁长钟《学问之士之新界说》刊于《中华教育界》第 13 期。

侯鸿鉴《无锡私立竞志女学校概略》刊于《中华教育界》第 13 期。

丁锡华《日儒福泽谕吉之修身要领》刊于《中华教育界》第 13 期。

李廷翰《小学校之校长谈》刊于《中华教育界》第 13 期。

毓甫《英国殖民教育香港大学》刊于《中华教育界》第 13 期。

翁长钟《数量地理学》刊于《中华教育界》第 13 期。

严枚《理科教授用活动幻影之效力》刊于《中华教育界》第 13 期。

畹滋《儿童裁判》刊于《中华教育界》第 13 期。

生达恺《理想之学校·美国撒西氏原著》刊于《中华教育界》第 13 期。

范源濂《教师之大任》刊于《中华教育界》第 14 期。

李元薆《初等小学兼用行书之商榷》刊于《中华教育界》第 14 期。

李廷翰《小学校之校长谈(续第十三号)》刊于《中华教育界》第 14 期。

顾树森《实用主义生活教育设施法(续第十三号)》刊于《中华教育界》第 14 期。

严桢译《戏剧对于历史科之功用》刊于《中华教育界》第 14 期。

沈庆鸿《上海高等工业学校附属小学膳室卧室设施法》刊于《中华教育界》第 14 期。

严桢《美国输财兴学之实业家里伦史登福传》刊于《中华教育界》第 14 期。

生达恺《理想之学校·美国撒西氏原著(续第十三号)》刊于《中华教育界》第 14 期。

沈步洲《实施强迫教育之程叙》刊于《中华教育界》第 15 期。

侯鸿鉴《参观江苏省立第三师范学校附属小学笔记》刊于《中华教育界》第 15 期。

顾树森《实用主义生活教育设施法(续第十四号)》刊于《中华教育界》第 15 期。

太冲《生活教育之实施手工教授》刊于《中华教育界》第 15 期。

李廷翰《小学校之校长谈(续第十四号)》刊于《中华教育界》第 15 期。

叶达前《哈佛大学》刊于《中华教育界》第 15 期。

严桢《语言科教授利用留声机略说》刊于《中华教育界》第 15 期。

严枚《学校适用之无线电具》刊于《中华教育界》第 15 期。

生达悒《理想之学校·美国撒西氏原著(续第十四号)》刊于《中华教育界》第 15 期。

啬厂《中国教育上固有之特色及今后教育之要点》刊于《中华教育界》第 16 期。

欧化《欧洲教育家之派别及学说》刊于《中华教育界》第 16 期。

严枚《地理教授用活动幻影之效力》刊于《中华教育界》第 16 期。

太冲《分团式之作文教授》刊于《中华教育界》第 16 期。

袁培基《吴县木渎市教育状况》刊于《中华教育界》第 16 期。

顾树森《实用主义生活教育实施法(续第十五号)》刊于《中华教育界》第 16 期。

叶达前《哈佛大学(续第十五号)》刊于《中华教育界》第 16 期。

严枚《新发明教授用之显微镜与望远镜》刊于《中华教育界》第 16 期。

太冲《儿童个性及其环境之调查》刊于《中华教育界》第 16 期。

丁德合《读经问题之商榷》刊于《中华教育界》第 20 期。

严桢《英国教育家新发明之处世教育法》刊于《中华教育界》第 20 期。

欧化《柏林市配司泰洛齐佛罗比尔幼稚园参观记》刊于《中华教育界》第 20 期。

顾树森《蒙铁梭利女史新教育法(续第十九号)》刊于《中华教育界》第 20 期。

顾树森《欧美最近教育思潮(续第十九号)》刊于《中华教育界》第 20 期。

蔡珵《北京女子师范教授法研究录》刊于《中华教育界》第 20 期。

希甫《历史教授法之研究》刊于《中华教育界》第 20 期。

王宠惠《英美德法大学教育之比较》刊于《中华教育界》第 20 期。

卓呆、畹滋《纪念之纽扣·美国伯伦那梨星著(续第十八号)》刊于《中华教育界》第 20 期。

生达悒《理想之学校·美国撒西氏原著(续第十九号)》刊于《中华教育界》第 20 期。

天民《公民教育问题》刊于《教育杂志》第 5 卷第 10 期。

贾丰臻《教育上之根本改革》刊于《教育杂志》第 5 卷第 10 期。

志厚《凯善西台奈之教育说》刊于《教育杂志》第 5 卷第 10 期。

王葖《品性陶冶法》刊于《教育杂志》第 5 卷第 10 期。

时成《球里式之学校施设》刊于《教育杂志》第 5 卷第 10 期。

天民《巴拿马运河》刊于《教育杂志》第 5 卷第 10 期。

蒋维乔《王颂霖传》刊于《教育杂志》第 5 卷第 10 期。

庄启《德国之实业教育》刊于《教育杂志》第 5 卷第 10 期。

胡周辉《派赴日本考察校务报告》刊于《教育杂志》第 5 卷第 10 期。

昆仑客《现今教授之缺点》刊于《教育杂志》第 5 卷第 11 期。

钱智修《学校储蓄银行论》刊于《教育杂志》第 5 卷第 11 期。

志厚《凯善西台奈之教育说》刊于《教育杂志》第 5 卷第 11 期。

赵传璧《技能科教授细目编制法》刊于《教育杂志》第 5 卷第 11 期。

时成《高年级之复式教授》刊于《教育杂志》第 5 卷第 11 期。

天民《巴拿马运河》刊于《教育杂志》第 5 卷第 11 期。

巽吾《德国农业教育之近况》刊于《教育杂志》第 5 卷第 11 期。

太玄《俄罗斯教育之概况》刊于《教育杂志》第 5 卷第 11 期。

王荗《现今教育无实效之原由及应行改良之点》刊于《教育杂志》第 6 卷第 2 期。

贾丰臻《恐慌时代之教育》刊于《教育杂志》第 6 卷第 2 期。

天民《伦理学研究法》刊于《教育杂志》第 6 卷第 2 期。

巽吾《教育的发问法》刊于《教育杂志》第 6 卷第 2 期。

顾绍衣《理化新教授法》刊于《教育杂志》第 6 卷第 2 期。

巽吾《康菩尔博士传》刊于《教育杂志》第 6 卷第 2 期。

庄俞《论学校成绩》刊于《教育杂志》第 6 卷第 3 期。

侯鸿鉴《对于江苏教育现状之积极进行计划》刊于《教育杂志》第 6 卷第 3 期。

黄炎培《考察本国教育笔记》刊于《教育杂志》第 6 卷第 3 期。

按：1914 年 2 月，黄炎培辞去江苏省教育司司长之职，以《申报》旅行记者的身份，历时 95 天，对安徽、江西、浙江三省的教育状况、社会情况、民生疾苦等情况进行调查与考察，并将途经之地教育情况的考察内容，发表在商务印书馆《教育杂志》上。

志厚《疲劳说》刊于《教育杂志》第 6 卷第 3 期。

刘子蓉《习字教授之研究》刊于《教育杂志》第 6 卷第 3 期。

顾绍衣《暑假中之理化实验》刊于《教育杂志》第 6 卷第 3 期。

钱智修《蒙台梭利女史小传》刊于《教育杂志》第 6 卷第 3 期。

经宇《丹麦之平民中学校》刊于《教育杂志》第 6 卷第 3 期。

侯鸿鉴《徐州调查笔记》刊于《教育杂志》第 6 卷第 3 期。

贾丰臻《说教育界之魔障》刊于《教育杂志》第 6 卷第 4 期。

钱基博《国文教授私议》刊于《教育杂志》第 6 卷第 4 期。

马极良《初等小学珠算问题》刊于《教育杂志》第 6 卷第 4 期。

天民《柯尔文氏之本能及习惯说》刊于《教育杂志》第 6 卷第 4 期。

天民《电报文之教授》刊于《教育杂志》第 6 卷第 4 期。

庄俞《听考察欧美教育报告感言》刊于《教育杂志》第 6 卷第 6 期。

贾丰臻《欧战声中之教育谈》刊于《教育杂志》第 6 卷第 6 期。

贾丰臻《吾国教育上之疑问》刊于《教育杂志》第 6 卷第 6 期。

志厚《美少年与教育》刊于《教育杂志》第 6 卷第 6 期。

天民《柯尔文氏之本能及习惯说》刊于《教育杂志》第 6 卷第 6 期。

里旅《里爱巨或里爱殊》刊于《教育杂志》第 6 卷第 6 期。

张相文《河套与治河之关系》刊于《教育杂志》第 6 卷第 6 期。

庄启《比利时之四大学》刊于《教育杂志》第 6 卷第 6 期。

朱慰元《告教育参观团》刊于《教育杂志》第 6 卷第 6 期。

贾丰臻《时局与教育》刊于《教育杂志》第 6 卷第 7 期。

侯鸿鉴《参观大正博览会教育品感言》刊于《教育杂志》第 6 卷第 7 期。

侯鸿鉴《江苏视察会议感言》刊于《教育杂志》第 6 卷第 7 期。

天民《手工教育论》刊于《教育杂志》第 6 卷第 7 期。

志厚《摹仿记》刊于《教育杂志》第 6 卷第 7 期。

天民《校外教授与地图之利用》刊于《教育杂志》第 6 卷第 7 期。

赵傅璧《手工教授经历谈》刊于《教育杂志》第 6 卷第 7 期。

顾旭候《单级教授实习评案》刊于《教育杂志》第 6 卷第 7 期。

无我《爱伦该女史传》刊于《教育杂志》第 6 卷第 7 期。

侯鸿鉴《大正博览会参观笔记》刊于《教育杂志》第 6 卷第 7 期。

沈步洲《现今教授之缺陷》刊于《教育杂志》第 6 卷第 8 期。

潘文安《对于汤总长中学教育方针之赘言》刊于《教育杂志》第 6 卷第 8 期。

天民《手工教育论》刊于《教育杂志》第 6 卷第 8 期。

志厚《心理学研究法》刊于《教育杂志》第 6 卷第 8 期。

志厚《省时之教授》刊于《教育杂志》第 6 卷第 8 期。

顾旭候《单级教授实习评案》刊于《教育杂志》第 6 卷第 8 期。

侯鸿鉴《大正博览会参观笔记》刊于《教育杂志》第 6 卷第 8 期。

黄炎培《四周间之实况》刊于《教育杂志》第 6 卷第 8 期。

确厂《家庭访问时宜注意之点》刊于《教育杂志》第 6 卷第 8 期。

顾天放《美国斐力中学校》刊于《教育杂志》第 6 卷第 8 期。

钱智修《教员选任及成绩考验法》刊于《教育杂志》第 6 卷第 9 期。

志宜《论国文科施受之质性与运用》刊于《教育杂志》第 6 卷第 9 期。

天民《手工教育论》刊于《教育杂志》第 6 卷第 9 期。

樊炳清《明因明》刊于《教育杂志》第 6 卷第 9 期。

王葵《自治的训育》刊于《教育杂志》第 6 卷第 9 期。

巽吾《新闻教育之实际》刊于《教育杂志》第 6 卷第 9 期。

钱智修《鲍特温式学校之缘起与办法》刊于《教育杂志》第 6 卷第 9 期。

侯鸿鉴《东京通俗教育馆记》刊于《教育杂志》第 6 卷第 9 期。

潘文安《特殊教育上之心育园》刊于《教育杂志》第 6 卷第 9 期。

吴谷峰《涟水县立初等小学校概况》刊于《教育杂志》第 6 卷第 9 期。

侯鸿鉴《参观苏省联合运动会感言》刊于《教育杂志》第 6 卷第 10 期。

侯鸿鉴《说社会教育与学校教育联络之改进》刊于《教育杂志》第 6 卷第 10 期。

徐一冰《论学校体育》刊于《教育杂志》第 6 卷第 10 期。

天民《手工教育论》刊于《教育杂志》第 6 卷第 10 期。

樊炳清《明因明》刊于《教育杂志》第 6 卷第 10 期。

天民《巴台比阿式学级个别教授》刊于《教育杂志》第 6 卷第 10 期。

徐一冰《体操游技科单级教授法》刊于《教育杂志》第 6 卷第 10 期。

太玄《伊略脱传》刊于《教育杂志》第 6 卷第 10 期。

无我《德国最著名之民育机关》刊于《教育杂志》第 6 卷第 10 期。

杨锦森《教育之价值》刊于《教育杂志》第 6 卷第 10 期。

幻龙《校长与教员之关系》刊于《教育杂志》第 6 卷第 10 期。

顾天放《美国斐力中学校》刊于《教育杂志》第 6 卷第 10 期。

贾丰臻《吾国教育上之进步观》刊于《教育杂志》第 6 卷第 11 期。

昆仑客《小学教员之心得》刊于《教育杂志》第 6 卷第 11 期。

方毅《字学杂说》刊于《教育杂志》第 6 卷第 11 期。

天民《手工教育论》刊于《教育杂志》第 6 卷第 11 期。

樊炳清《明因明》刊于《教育杂志》第 6 卷第 11 期。

天民《分团教授之实际》刊于《教育杂志》第 6 卷第 11 期。

盛庠《小学校校训之研究》刊于《教育杂志》第 6 卷第 11 期。

侯鸿鉴《修身作法教材之商榷》刊于《教育杂志》第 6 卷第 11 期。

袁士琛《竞争游技》刊于《教育杂志》第 6 卷第 11 期。

太玄《伊略脱传》刊于《教育杂志》第 6 卷第 11 期。

无我《德国最著名之民育机关》刊于《教育杂志》第 6 卷第 11 期。

无我《德国瑞士良书出版及普及法》刊于《教育杂志》第 6 卷第 11 期。

蒋玉书《催眠术说略》刊于《教育杂志》第 6 卷第 11 期。

邢定云《学校考试之害及补救之法》刊于《教育杂志》第 6 卷第 12 期。

俞子夷《现今学校教育上急应研究之根本问题》刊于《教育杂志》第 6 卷第 12 期。

天民《手工教育论》刊于《教育杂志》第 6 卷第 12 期。

志厚《教育学与各科学之关系》刊于《教育杂志》第 6 卷第 12 期。

郭秉文《学校管理法》刊于《教育杂志》第 6 卷第 12 期。

无我《教授时间之研究》刊于《教育杂志》第 6 卷第 12 期。

太玄《伊略脱传》刊于《教育杂志》第 6 卷第 12 期。

太玄《世界最大之通俗教育》刊于《教育杂志》第 6 卷第 12 期。

志厚《教育上之色欲问题》刊于《教育杂志》第 6 卷第 12 期。

林原真《南侨教育谈》刊于《教育杂志》第 6 卷第 12 期。

刘元定《湖南高等师范学校博物部采集衡岳植物报告书》刊于《教育杂志》第 6 卷第 12 期。

卫系《说史学》刊于《学生杂志》第 1 号。

黄铁崖《本国历史研究之注意》刊于《学生杂志》第 5 号。

心史《文艺谈(对联)》刊于《小说月刊》第 5 卷第 1 号。

心史《文艺谈(名讳)》刊于《小说月刊》第 5 卷第 2 号。

端甫《法性宗明纲论(续)》刊于《佛学丛报》第 9 期。

程玉初《代光孝寺开学堂引》刊于《佛学丛报》第 9 期。

宗仰《中外教务联合会演说佛教之真义》刊于《佛学丛报》第 9 期。

释妙明《归宗寺桂花结子如青莲子相似》刊于《佛学丛报》第 9 期。

释大陆《佛儿再世记》刊于《佛学丛报》第 9 期。

鹤年《名山游访记(续)》刊于《佛学丛报》第 9 期。

迦陵《频伽漫笔(续)》刊于《佛学丛报》第 9 期。

释常惭《宗教不宜混滥论》刊于《佛学丛报》第 10 期。

普陀僧《佛教以孝为本论》刊于《佛学丛报》第 10 期。

普陀僧《如来随机生利浅近论》刊于《佛学丛报》第 10 期。

端甫《略论净土义》刊于《佛学丛报》第 10 期。

黄冈释显珠编《维摩结所说经讲义录卷二之上》刊于《佛学丛报》第 10 期。

端甫《法性宗明纲论(续)》刊于《佛学丛报》第 10 期。

端甫《法性宗之传承(即明纲论第六篇)》刊于《佛学丛报》第 10 期。

湖南衡山《南台寺日本僧赠藏经记》刊于《佛学丛报》第 10 期。

鹤年《名山游访记(续)》刊于《佛学丛报》第 10 期。

迦陵《频伽漫笔(续)》刊于《佛学丛报》第 10 期。

东印度僧達摩波罗说《佛学关系社会论》刊于《佛学丛报》第 11 期。

黄冈释显珠编《维摩诘所说经讲义录卷二之上》刊于《佛学丛报》第 11 期。

端甫《法性宗明纲论(续)》刊于《佛学丛报》第 11 期。

欧阳渐撰《观所缘缘论释解》刊于《佛学丛报》第 11 期。

端甫《法性宗之传承(续)》刊于《佛学丛报》第 11 期。

陆女士代撰《佛教总会常熟县分部恭请》刊于《佛学丛报》第 11 期。

魏晋卿《阅藏随笔百绝句》刊于《佛学丛报》第 11 期。

鹤《名山游访记(续)》刊于《佛学丛报》第 11 期。

迦陵《频伽漫笔(续)》刊于《佛学丛报》第 11 期。

端甫《圆门论》刊于《佛学丛报》第 12 期。

黄冈释显珠编《维摩诘所说经讲义录卷二之下》刊于《佛学丛报》第 12 期。

端甫《法性宗明纲论(续)》刊于《佛学丛报》第 12 期。

端甫《法性宗之东来》刊于《佛学丛报》第 12 期。

释显珠《尚贤堂演说佛教之希望》刊于《佛学丛报》第 12 期。

释常惭《释迦如来真身舍利来仪记(代撰)》刊于《佛学丛报》第 12 期。

释常惭《释迦如来玉像来仪记(代撰)》刊于《佛学丛报》第 12 期。

释常惭《石印极乐圆序》刊于《佛学丛报》第 12 期。

释常惭《重刻佛说阿弥陀经》刊于《佛学丛报》第 12 期。

释常惭《与大兴善寺体安和尚书》刊于《佛学丛报》第 12 期。

释显崇《育王寺募建养心堂缘启》刊于《佛学丛报》第 12 期。

平等阁笔记《世界宗教不同之要点》刊于《佛学丛报》第 12 期。

四、学术著作

(西晋)索靖书《索靖书出师颂》由上海商务印书馆刊行,杨钟羲等人作跋。

(宋)朱熹集注,刘法曾校《大学中庸》由上海中华书局刊行。

(清)石涛绘,邓秋牧编录《石涛墨笔山水精册》由上海神州国光社刊行。

(清)郑慕倩绘,邓秋牧编录《郑慕倩仿古山水十二帧》由上海神州国光社刊行。

(清)恽冰绘《(清千女史恽冰)仿宋人花果真迹》由上海商务印书馆刊行。

(清)顾殷绘,万寿祺书,神州国光社审定《国禹功画万年少书东海志交册》由上海神州国光社刊行。

(清)戴熙绘,邓秋牧集印《戴醇士赠何猿叟山水册》由上海神州国光社刊行。

《十三经》(上下册)由上海商务印书馆刊行。

林文庆著《孔教大纲》由上海中华书局刊行。

刘仁航著《孔教辨惑》由上海中华书局刊行。

辜鸿铭著《中国人的精神》(又名《春秋大义》)英文本刊行。

尹桐阳著《墨子新释》由衡阳湖南驻衡第五联合县立中学校刊行。

谢蒙编(新制)《哲学大要》由上海中华书局刊行。

谢蒙编《哲学大要参考书》由上海中华书局刊行。

侯书勋编《哲学发凡》由上海商务印书馆刊行。

谢蒙编《伦理学精义》由上海中华书局刊行。

张毓聪著《论理学》由上海商务印书馆刊行。

陆费逵著《实业家之修养》由上海中华书局刊行。

周维城编《儿童心理学》由北京指针社刊行,有自序。

按:是书乃作者在北京女师大的演讲,多参照日本高岛平三的《儿童心理学》一书。全书分 6 卷,卷 1、卷 2 为儿童心理与教育之关系,卷 3 为胎儿期及婴儿期,卷 4 为幼儿时期,卷 5 为幼儿后期及少年期,卷 6 为青年期。

翠峰子编著《洞天秘笈》由上海时中书局刊行。

范祎编《道之桴》由上海基督教青年会组合刊行。

李问渔著《心箴》由上海土山湾印书馆刊行。

[释]清海编《中华黄卍字会文志》刊行。

上海圣心报馆编《佘山圣母记》由佘山圣母大堂刊行。

天津大公报馆编《民国三年全国公教进行会联合大会纪事》由天津望海楼天主堂刊行。

伍光建著《耶稣事略》由上海中华基督教青年会刊行。

谢洪赍编《青年会创立者》由上海基督教青年会组合刊行。

谢洪赍编《证道集》由中华基督教青年会组合刊行。

谢洪赍著《德育故事》由上海基督教青年会刊行。

谢洪赍著《圣德管窥》由上海青年协会书报部刊行。

徐励编《路德圣母纪略》由上海土山湾印书馆刊行,有序、跋。

中华佛教总会编《中华佛教总会联合蒙藏事实记》由北京编者刊行。

中华公教进行会松江善导报社编《中华公教进行会成立册》由松江善导报社刊行。

中华续行委办会编《中华续行委办会议事录》由上海编者刊行。

仲觉是俺主人著《回头是岸》刊行。

窦田来编,顾葆光校订《国际条约要义》由上海中华书局刊行。

葛遵礼编《国际条约问答》由上海会文堂书局刊行。

陈锡畴编纂《国际条约简明表详解》由江苏镇江启润书社刊行。

王慕陶编纂《远东通信社丛录》(第 3、4 编)由上海商务印书馆刊行。

刘成勋著《征乡纪略》由四川印刷局刊行。

熊元翰编《法学通论》由北京安徽法学社刊行。

孟森编《新编法学通论》由上海商务印书馆刊行。

按:是书除绪言外,分法学和法律两编,论述法学和法律的基本理论,解释法学流派,叙述法律与其他各部门的关系、法律解释和法律效力等。

陶保霖编著《法制概要》由上海商务印书馆刊行。

顾有容著《民国新约法解释》由上海国华书局刊行。

狄梁孙著《中华民国约法释义》由上海法学研究社刊行。

王保民编《中华民国约法解释》由湖南长沙宏文图书社刊行。

陈文鼎著《新约法详解》由北京京都共和印刷局刊行。

李根源编《中华民国宪政史案》由国闻编辑社刊行。

汪大燮编《英国宪政丛书》由上海商务印书馆刊行。

姚华、许壬编《民法财产编》由上海群益书社刊行。

熊元翰编《国际诉讼条约》由北京安徽法学社刊行。

周家树编《古兵家学说辑要》刊行。

崔作模编辑《军事学大全》由北京武学官书局刊行。

按:是书分22章。内容包括命令、通报、报告、详报、搜索勤务、候察、前哨、驻军、部队战斗、步兵机关炮战斗、射击等。

饶景星编《战术学》由北京武学书局刊行。

周应时著《战学入门》由上海泰东图书局刊行。

陆军第六师参谋处重印《军制学提要》刊行。

胡祖舜编《二十世纪世界大战记》(卷一)由北京陆军学校刊行。

贺忠良著《应用战法命令正篇》由北京武学书局刊行。

王兴文著《野外战术实施讲授录》刊行。

周家树著《简明战法图解》由北京编者刊行。

陆军部军学司编《野战炮兵兵卒教程》刊行。

参谋本部编《地形原图图式》由浙江陆军测量局刊行。

参谋本部编《地形原图图式解说》刊行。

陆军部审定《野战筑垒教范》由北京武学书局刊行。

滕利芳编,王文清修《临时筑垒学》由北京武学官书局刊行。

张斌元编《舰机名目分图初集》刊行。

陆军部制定《炮兵射击教范》刊行。

陆军部审定《机关枪之战术》由北京武学书局刊行。

冯仁全编《民国经世论说文集》由文明进行社刊行。

胡祖同编《经济概要》由上海商务印书馆刊行。

陈宗劭编《经济学问答》由上海会文堂书局刊行。

安徽法学社编《经济学》由编者刊行。

周锡经编《经济学讲义》刊行。

按:是书分为6篇,详论国民经济发展的主要条件及生产、交易、分配、消费等问题。

东方法学会编《经济学要览》由上海泰东图书局刊行。

经界局编《经界法规草案》由广东财政厅土地局刊行。

孙观澜著《南通农校主任调查日本农业日记·台湾糖业调查日记》由著者刊行。

李建德编辑,刘谦、耿步蟾校订《中国矿业调查记》由北京共和印刷公司刊行。

孙寿恩著《最新实用铁路簿记》由上海商务印书馆刊行。

财政部公债司辑《铁路借款合同汇编》刊行。

关赓麟著《京汉铁路之现在及将来》由京汉铁路管理局刊行。

李文权编《大正博览会出品图说》由上海中国实业杂志社、商务印书馆刊行。

中华书局编《商业指南》由上海编者刊行。

徐珂编《商业文件举隅》由上海商务印书馆刊行。

曾熵编《商品学教本》由上海中华书局刊行。

盐务署编《中国盐政沿革史》(长芦)由编者刊行。

安徽法学社编《财政学》由编者刊行。

陈宗劢编《财政学问答》由上海会文堂书局刊行。

东方法学会编纂《财政学要览》由上海泰东图书局刊行。

按:是书多取材于日本小林丑三郎的《财政学提要》《比较财政学》及松崎藏之助的《最新财政学》,内分总论、公共经费论、公共收入论、岁计 4 编。

马国文著《货币学》由著者刊行。

刘冕执著《中国币制及生计问题》由北京生计研究社刊行。

吴廷燮《清财政考略》铅印本刊行。

按:此书历论其清代顺治、康熙、雍正、乾隆、嘉庆、道光、咸丰、同治、光绪、宣统朝的财政情况,书后附有一些统计表格,系从整体上研究清代财政的第一部著作。

庄荫棠著《观剧必携》第 1 册由著者刊行,有李毓如的序。

齐如山著《观剧建言》由京华印书局刊行。

按:是书从"观剧"来论戏。作者提出:"吾国戏剧之退化,不能都归罪于戏界,看戏的错处也不小",他认为观众的欣赏口味,直接影响到了戏曲改良运动的展开。全书分为 8 章:论观剧、论观剧宜注重全局、论观剧宜注重道德、论观剧宜注重戏情、论观剧不可分党派、论时下观剧叫好者之派别、论北京名观剧曰听戏之不妥,都是从接受的角度来探讨问题,对戏曲的功能、观剧的注意事项、观众不同的审美习惯等方面均有相关论述,并提出了独特的见解。

许慕羲编,王景文评曲《观剧指南》第 1—2 册由上海东方书局刊行。

范石渠编辑《新剧考》第 1 集由上海中华图书馆刊行,有序。

《书业商会十年概况》由上海中华书局刊行。

余慈度编《复兴诗歌》由上海基督徒查经祈祷处刊行。

红尘说梦客编著《游艺小志》由上海沪报馆营业部刊行。

张毓聪编著《教育学》由上海商务印书馆刊行。

刘以钟编《(新制)教育学》(师范学校适用)由上海中华书局刊行。

按:是书分绪论、教育目的论、方法论、场所论 4 编。

杨游编《教育史》(师范学校新教科书)由上海商务印书馆刊行。

张子和编《大教育学》由上海商务印书馆刊行。

按:《大教育学》由张子和编纂、蒋维乔校订,是张子和在两江师范学校和安徽省立师范学校讲授《教育学》一课时的讲义。1912 年 9 月完稿,1914 年 11 月由商务印书馆正式出版。《大教育学》的写作既是两江师范学堂教育学课程教学的需要,又深受当时引进的日本教育学的影响,更体现了国人对教育学中国化的朦胧追求。

顾树森著《蒙铁梭利女史新教育法》由上海中华书局刊行。

陆费逵编《管理法讲义》由上海商务印书馆刊行。

金承望编《学校管理法》(师范学校新教科书)由上海商务印书馆刊行。

按：是书分教育制度、学校管理法、学校卫生3编。

章炳麟著，周文钦编《章太炎教育今语》由重庆启渝印刷公司刊行。

商务印书馆编《(中华民国)教育新法令》(第6册)由上海商务印书馆刊行。

教育部编《中华民国普通教育法令》由上海中华书局刊行。

教育部编《中华民国第二次教育统计图表》(二年八月至三年七月)由北京编者刊行。

黄炎培著《黄炎培考察教育日记》(第1集)由上海商务印书馆刊行。

直隶学务公所编《直隶教育统计图表》(中华民国元年份)由编者刊行。

教育杂志社编《学教成绩写真》(第1、2集)由上海商务印书馆刊行。

顾树森著《生活教育设施法》由上海中华书局刊行。

按：是书分吾国现今小学教育之现象、实用主义当以生活教育为标准、学级编制、各种补习科、训育、儿童自动事业、设施法9章。

庄庆祥编《幼稚作法教授法》由上海商务印书馆刊行。

寿孝天编《幼稚识数教授法》由上海商务印书馆刊行。

徐傅霖编《中华幼稚识数教授书》由上海中华书局刊行。

张方镐编纂《单级教授谈》由上海商务印书馆刊行。

徐寯著《新制单级初等小学实行法》由上海中华书局刊行。

沈澄清编《简要单级教法》由湖南长沙宏文图书社刊行。

潘文安辑《实用主义单级教授法》由上海嘉定匡华书局刊行。

侯鸿鉴编《最新式七个年单级教授法》由上海中华书局刊行。

郑朝熙等编纂，庄俞、胡君复校订《单级教授讲义》(第2、4期)由上海商务印书馆刊行。

李步青编《新制各科教授法》(师范学校适用)由上海中华书局刊行。

商务印书馆编译所编《小学教师必携》由上海商务印书馆刊行。

私立上海女子中学校编《私立上海女子中学校章程》由上海编者刊行。

上海务商中学编《上海务商中学现行章程》由上海编者刊行。

江苏省立第四中学校编《江苏省立第四中学校毕业纪念录》由江苏太仓编者刊行。

上海基督教青年会编《体育图说五种》由上海编者刊行，有弁言。

沈一帆著《(绘图)麻雀牌谱》由上海时务书馆刊行。

诸应验著《(百战百胜)麻雀经》由上海广南书局刊行。

张之纯、庄庆祥编《文字源流》由上海商务印书馆刊行。

张之纯编《文字源流参考书》由上海商务印书馆刊行。

商务印书馆编译所编辑《行政文牍》(第1—4册)由上海商务印书馆刊行。

按：此书共8卷。选辑各级政府机关往来公函作为公文程式。

秦同培评选《小学作文入门》(初集)由上海商务印书馆刊行。

胡君复评选《小学作文入门》(第2集)由上海商务印书馆刊行。

嵇毅复、李味青编《高等小学作文示范》由上海商务印书馆刊行。

奉天两级师范学校选录《奉天两级师范学校国文讲义》由奉天惠工有限公司刊行。

沈瓶庵编《(中华)尺牍大全》由上海中华书局刊行。

按：是书上卷包括政界、学界、军警界、实业界、妇女界、普通社会界6类，下卷包括尺牍类腋、尺牍选粹、尺牍摘锦、尺牍称谓4类。

张士一编《英文尺牍教科书》由上海商务印书馆刊行。

朱华编《分类世界语汇》由编者刊行。

圣母小昆仲会编《法文捷径》(法语入门第 2 集)由圣母小昆仲会出版刊行。

潘宗骐著《英语捷成》由上海文生氏英文学校刊行。

疾侵编《世界语文规》由上海出版合作社刊行。

许伏民等编《新编中华字典》由上海群学书社刊行。

按:此书收 4 万多字。—分正编和补编两部分,正编收普通常用字,补编收生僻字。按笔画多少编排。

汪荣宝等著《新辞典》由明权社刊行。

陆尔奎主编《(缩本)新字典》由上海商务印书馆刊行。

按:此书缩印时删去原书补编中的生僻字。书前有蔡元培序及高凤谦的《缘起》。

陆伯鸿等编译《法华新字典》由上海商务印书馆刊行。

刘继善编《新纂新华字》由编者刊行。

商务印书馆编译所编《日用须知》由上海商务印书馆刊行。

罗振玉、王国维撰《流沙坠简》在日本石印刊行。

按:《流沙坠简》分作小学术数方技书、屯戍丛残、简牍遗文三部分,有释文和考释,王国维又有《序》《后序》加以论述考证,为中国近代简牍研究的开山之作。

王梦曾编《中国文学史》由上海商务印书馆刊行。

按:是书分孕育时代、词胜时代、理胜时代、词理两派并胜时代 4 编。

王梦曾编《中国文学史参考书》(中学校教员用)由上海商务印书馆刊行。

林纾著《韩柳文研究法》由上海商务印书馆刊行。

按:是书作者通过展现并分析韩愈及柳宗元的书法名作,指出韩愈和柳宗元是唐代古文运动的出色领导者,都是杰出的散文家。韩愈和柳宗元为古代散文的多样性的发展做出了贡献。

王梦阮、沈瓶庵著《红楼梦索隐》由上海中华书局刊行。

按:是书根据《红楼梦》原书 120 回本逐回、逐段、逐句加以评批、注释、考证,揭示小说中所隐之事,指出作者的真实之意,帮助读者阅读与理解小说的隐喻,从而形成《红楼梦》研究中的索隐派。

冯叔鸾著《啸虹轩剧谈》由上海中华图书馆刊行。

朱双云著《新剧史》刊行。

柳亚子编《子美集》由上海光文印刷所刊行。

徐吁公、村田江城编辑《云红集》由北京会友书社刊行。

陈痴剑编《林鳍卿集》由杭州彗星报馆刊行。

上海经世文社编辑《民国经世文编》(共 40 册)由该社刊行。

冯仁佺编(冯辑)《民国经世论说文集》由文明进行社刊行。

袁世凯著,徐有鹏编辑《袁大总统书牍汇编》由上海广益书局刊行。

黎元洪著,汪钰孙编《黎大总统书牍汇编》由上海新中国图书局刊行。

《政治会议议决案》刊行。

《政治会议文件图表汇编》刊行。

姚永朴《历史研究法》由京师京华印书局刊行。

按:此书共 8 篇,依次为史原、史义、史法、史文、史料、史评、史翼、结论,系早期讨论中国历史研究法之著作。

钟山著《中国历史》由四川成都著者刊行。

刘法曾著《清史纂要》由上海中华书局刊行。

按：是书分清史概论、崛兴时期、极盛时期、衰弱时期、改革及灭亡时期、清世文明史等。

谷钟秀著《中华民国开国史》由上海泰东图书局刊行。

按：是书共5编，除绪论与结论外，分组织政府时代、南京临时政府时代，北京临时政府时代三个时期。

李圭撰《太平军中被难记》由上海振环书局刊行。

李秉钧编《新制东亚各国史》由中华书局刊行。

钟毓龙著《新制本国史教本》由中华书局刊行。

按：是书把中国历史分为五期：远古史，邃古至秦统一前；中古史，秦统一至南北朝；近古史，隋至南宋末；近世史，元至清末；现代史，中华民国。

朱子廉等著，林传甲选定《龙江史论》由奎垣学校刊行。

孟森(原题心史)著《心史史料》(第1册)由上海时事新报馆刊行。

刘守荣、李登华编《反对国教始末记》由天主教中华全国进行会刊行。

傅运森编《世界大事年表》由上海商务印书馆刊行。

虞新社编译部编《欧洲战事纪》(第1集)由上海虞新社刊行。

欧洲战纪社编《欧洲战纪》(第1—8编)由上海编者刊行。

日本东亚同文会编《欧亚风云录》(1—4卷)由编者刊行。

梁启超著《欧洲战役史论》(前编)由上海商务印书馆刊行。

连文澂著《长春六月外交记》刊行。

董一道编及绘画《古滇土人图志》(第1—2册)由云南崇文石印书馆刊行。

钟广生著《西疆备乘》刊行。

李鼎著《藏事十则》刊行。

孙毓修编《文天祥》由上海商务印书馆刊行。

孙毓修编《王阳明》由上海商务印书馆刊行。

袁世凯著，徐有鹏编《袁大总统书牍汇编》由上海广益书局刊行。

常州保安会编《钱烈士死事纪略》由编者刊行。

王德照等编《王君莪章哀挽录》由编者刊行。

上海时报馆编《新惊鸿影》由编者刊行。

徐吁公等编《云红集》由北京会友社刊行。

按：杜云红是京剧演员，是书介绍其事迹。

陈痴剑编《林颦卿集》(京剧女演员)由杭州慧星报馆刊行。

叶恭绰编《叶仲鸾先生寿言集》由北京日报馆刊行。

林万里编《大彼得》由上海商务印书馆刊行。

按：是书介绍彼得一世的生平事略。

达古斋主人著《博物汇志》由编者刊行。

傅运森编《人文地理》由上海商务印书馆刊行。

蒋筠编《政治地理表解》(下册)由上海科学书局刊行。

胡晋接著《(新编)中华民国地理讲义》由上海亚东图书馆刊行。

商务印书馆编《北京宫苑名胜》由上海编者刊行。

无名氏编《孔林大观》由四川成都昌福公司刊行。

林传甲著《龙江进化录》由上海私立奎垣学校刊行。

林传甲编《龙江旧闻录》由上海私立奎垣学校刊行。

内务部职方司第一科编《全国行政区划表》由编者刊行。

谢观编《各省区域沿革一览表》由上海商务印书馆刊行。

行政区划研究社编《民国行政区划要览》由北京编者刊行。

胡寄尘编《近人游记丛钞》由上海广益书局刊行。

无名氏编《欧洲战局地图》由上海商务印书馆刊行。

李海澄绘《宁波城厢图》由上海新学会社刊行。

商务印书馆编译所编《中国新舆图附录》由编者刊行。

罗云、赵震有测绘《杭州省城及西湖江墅明细图》由上海商务印书馆刊行。

童士亨绘《历代州域形势通论》（彩色印本）刊行。

童士亨著《历代疆域形势一览图》由上海商务印书馆刊行。

童士亨编《七省沿海形胜全图》由上海中外舆图局刊行。

叶春墀著《济南指南》由大东日报社刊行。

黄征编《株萍旅行指南》由上海株萍铁路管理局刊行。

［日］大西祝著，胡茂如译《论理学》由上海泰东图书局刊行，书前有李鸣阳序。

［日］樱井彦一郎原译，商务印书馆编译所译述《航海少年》（冒险小说）由上海商务印书馆刊行。

［日］矶谷倖次郎著，王国维译述《法学通论》由上海商务印书馆刊行。

按：是书分绪论和本论。绪论概述研究法学的必要性、法律与道德及其他学科的关系等；本论则论述法律的定义、种类、渊源、制定、发布、变更与废止、适用、解释，以及法律的制裁、法律的宗旨等。

［日］三宅彦弥原译，商务印书馆编译所重译《珊瑚美人》由上海商务印书馆刊行。

［日］井上清著，黄率真译《南洋与日本》由上海中华书局刊行。

按：原著意在敦促日本政府鼓动日人从速开发南洋。中译本删去第七、八两章，分为南进论概说、南洋之咽喉——新加坡、马来半岛之开发、荷属诸岛之情形、各岛观察之概要、南洋之五大产业等6章。有译者序。

［日］远藤源六著，沈豫善译《国际法要论》由江苏镇江启润书社刊行。

［日］归帆子原著，徐梦成、周绳武译《见习军官修养》由军官学校刊行。

［日］伊藤芳松著，姜钧译《决心问题与着眼点》由河北保定集文石印局刊行。

［日］佐藤原著，易骧译《略图指针》刊行。

［日］日本研究会著，杨言昌译《战术难题之解决》由北京广智书局刊行。

［日］小林丑三郎著，陈启修译《财政学提要》由上海科学会编译部刊行。

［日］小泉又一著，顾倬译著《教育学》由上海文明书局刊行。

［日］泽柳政太郎著，彭清鹏译《实际教育学》由教育杂志社刊行。

按："实际教育学"主张以教育的事实为对象进行科学研究，使教育学成为"记载的科学或记述的科学"。

［日］中岛半次郎著，周焕文、韩定生译《中外教育史》由上海商务印书馆刊行。

按:是书分总论、中国教育史、外国教育史三部分。讲述中国周至清代的教育史,日本、希腊、雅典等8国各时代的教育情况。

[日]松本孝次郎著,江仁纶、彭清鹏译《普通儿童心理学》由吉林图书馆刊行。

[日]濑川昌耆著,商务印书馆编译所译述《学校卫生学》由上海商务印书馆刊行。

[日]黑岩泪香著,吴梼译述《寒桃记》(侦探小说)(上下卷)由上海商务印书馆刊行。

[日]尾崎红叶著,吴梼译述《寒牡丹》(哀情小说)(上下卷)由上海商务印书馆刊行。

[日]尾崎德太郎著,吴梼译述《侠黑奴》(义侠小说)由上海商务印书馆刊行。

[日]尾崎德太郎著,吴梼译述《美人烟草》(立志小说)由上海商务印书馆刊行。

[日]樱井彦一郎著,金石译述《澳洲历险记》由上海商务印书馆刊行。

[日]樱井彦一郎著,商务印书馆编译所译述《朽木舟》(冒险小说)由上海商务印书馆刊行。

[日]押川春浪著,金石译述《秘密电光舞》(科学小说)由上海商务印书馆刊行。

[日]渡边氏著,商务印书馆编译所译述《世界一周》(冒险小说)由上海商务印刷馆刊行。

[日]少栗风叶著,商务印书馆编译所译述《鬼士富》(写情小说)由上海商务印书馆刊行。

[日]枫村居士著,商务印书馆编译所译述《橘英男》(侦探小说)由上海商务印书馆刊行。

[日]樱井彦一郎原译,商务印书馆编译所译述《航海少年》(冒险小说)由上海商务印书馆刊行。

[日]三宅彦弥原译,商务印书馆编译所重译《珊瑚美人》由上海商务印书馆刊行。

[日]稲叶君山著,但焘译《清朝全史》由上海中华书局刊行。

按:是书分两卷,84章。史料取自《实录》等史籍与佚闻传说。对清初几大疑案详加记述。此外还大量吸取日人与西文的著作资料。书后附有《太平党之扬子江日记》《国际大事年表》。卷首有清代帝王像以及历史图片多幅。

[日]小川银次郎著,樊炳清、萨端译《西洋史要》由上海商务印书馆刊行。

[日]内藤顺太郎著,范石渠译《袁世凯》由上海文汇图书局刊行。

[日]内藤顺太郎著,张振秋译《袁世凯》(正传)由上海广益书局刊行。

[英]蔡博敏编《近世英文选》由上海中华书局刊行。

[英]荷利阿克著,高葆真译《演说与辩论》由上海广学会刊行。

[英]斯迈尔斯著,中华书局编辑所编译《勤俭论》由上海中华书局刊行。

[英]华林泰著,李诘元译《进德篇》由四川成都公记印别公司刊行。

[美]马尔腾著,奚若译《成功宝诀》由上海中华基督教青年会刊行。

[英]巴德文著,商务印书馆编译所译述《希腊神话》由上海商务印书馆刊行。

[英]伊门斯宾塞尔原著,林纾、曾宗巩译《荒唐言》由上海商务印书馆刊行。

[英]达孚(笛福)著,林纾、曾宗巩译《鲁滨孙漂流记》由上海商务印书馆刊行。

[英]达孚(笛福)著,林纾、曾宗巩译《鲁滨孙漂流记》(冒险小说)(上下卷)由上海商务印书馆刊行。

[英]格得史密斯著,商务印书馆编译所译《双鸳记》(义侠小说)由上海商务印书馆

刊行。

[英]司各德著,林纾、魏易译《撒克逊劫后英雄略》(国民小说)(上下卷)由上海商务印书馆刊行。

[英]路易司地文、佛尼司地文著,林纾、曾宗巩译《新天方夜谭》(社会小说)由上海商务印书馆刊行。

[英]司的反生著,商务印书馆编译所译《金银岛》(冒险小说)由上海商务印书馆刊行。

[英]马尺芒忒著,林纾、陈家麟译《黑楼情孽》(哀情小说)由上海商务印书馆刊行。

[英]哈葛德著,林纾、曾宗巩译《埃及金塔剖尸记》(神怪小说)由上海商务印书馆刊行。

[英]哈葛德著,林纾、曾宗巩译《鬼山狼侠传》(神怪小说)(上下卷)由上海商务印书馆刊行。

[英]哈葛德著,林纾、魏易译《玉雪留痕》(言情小说)由上海商务印书馆刊行。

[英]哈葛德著,林纾、魏易译《洪罕女郎传》(言情小说)(上下卷)由上海商务印书馆刊行。

[英]哈葛德著,林纾、曾宗巩译《蛮荒志异》(神怪小说)(上下卷)由上海商务印书馆刊行。

[英]哈葛德著,林纾、魏易译《红礁画桨录》(言情小说)(上下卷)由上海商务印书馆刊行。

[英]哈葛德著,林纾、曾宗巩译《雾中人》(冒险小说)(上中下卷)由上海商务印书馆刊行。

[英]哈葛德著,林纾、魏易译《橡湖仙影》(社会小说)(上中下卷)由上海商务印书馆刊行。

[英]罗达哈葛德、安度阑俱著,周逴译述《红墨佚史》(神怪小说)由上海商务印书馆刊行。

[英]哈葛德著,陈家麟译,林纾笔述《双雄较剑录》(言情小说)由上海商务印书馆刊行。

[英]柯南道尔著,陆康华、黄大钧译《降妖记》由上海商务印书馆刊行。

[英]柯南道尔著,林纾、魏易译《金风铁雨录》由上海商务印书馆刊行。

[英]柯南达利著,林纾、魏易译《髯刺客传》由上海商务印书馆刊行。

[英]柯南达利著,林纾、魏易译《恨绮愁罗记》由上海商务印书馆刊行。

[英]柯南达利著,林纾、魏易译《歌洛克奇案开场》由上海商务印书馆刊行。

[英]柯南达利著,林纾、魏易译《蛇女士传》由上海商务印书馆刊行。

[英]柯南达利著,林纾、魏易译《黑太子南征录》由上海商务印书馆刊行。

[英]安东尼贺迫著,林纾、魏易译《西奴林娜小传》由上海商务印书馆刊行。

[英]恩苏霍伯著,甘永龙、朱炳勋译《卢宫秘史》由上海商务印书馆刊行。

[英]孛来姆著,商务印书馆编译所译《一束缘》由上海商务印书馆刊行。

[英]勃拉锡克著,吴梼译《车中毒针》由上海商务印书馆刊行。

[英]巴尔勒斯著,商务印书馆编译所译《阱中花》由上海商务印书馆刊行。

[英]赫穆著,商务印书馆编译所译《三字狱》由上海商务印书馆刊行。

[英]格利吾著,商务印书馆编译所译《帘外人》由上海商务印书馆刊行。

[英]亚力杜梅著,甘永龙译《炼才炉》由上海商务印书馆刊行。

[英]勃兰姆司道格著,商务印书馆编译所译《七墨宝石》由上海商务印书馆刊行。

[英]殷福德伦纳著,商务印书馆编译所译《铁锚手》由上海商务印书馆刊行。

[英]许复古著,商务印书馆编译所译《二俩案》由上海商务印书馆刊行。

[英]博兰克巴勒著,商务印书馆编译所译《空谷佳人》由上海商务印书馆刊行。

[英]华司著,商务印书馆编译所译《秘密地窟》由上海商务印书馆刊行。

[英]麦区兰著,商务印书馆编译所译《指中秘录》由上海商务印书馆刊行。

[英]葛雷著,商务印书馆编译所译《圆室案》由上海商务印书馆刊行。

[英]白髭拜著,商务印书馆编译所译《宝石城》由上海商务印书馆刊行。

[英]特渴不厄拔仁著,何心川等译《双冠玺》由上海商务印书馆刊行。

[英]晓公伟著,商务印书馆编译所译《画灵》由上海商务印书馆刊行。

[英]狄克多那文著,商务印书馆编译所译《多那文包探案》由上海商务印书馆刊行。

[英]殷福德伦纳著,商务印书馆编译所译《一万九千镑》由上海商务印书馆刊行。

[英]格离痕著,商务印书馆编译所译《金丝发》由上海商务印书馆刊行。

[英]密罗著,黄序译《冢中人》由上海商务印书馆刊行。

[英]蒲斯培著,商务印书馆译《盗窟奇缘》由上海商务印书馆刊行。

[英]白来登著,商务印书馆编译所译《苦海余生录》由上海商务印书馆刊行。

[英]波士俾著,商务印书馆编译所译《复国轶闻》由上海商务印书馆刊行。

[英]谭伟著,商务印书馆编译所译《情侠》由上海商务印书馆刊行。

[英]白朗脱著,商务印书馆译《蝶孽奇谈》由上海商务印书馆刊行。

[英]经司顿著,商务印书馆编译所译《冰天渔乐记》由上海商务印书馆刊行。

[英]倍来著,商务印书馆编译所译《铁血痕》由上海商务印书馆刊行。

[英]安顿著,商务印书馆编译所译《化身奇谈》由上海商务印书馆刊行。

[英]模利孙著,商务印书馆译《海卫侦探案》由上海商务印书馆刊行。

[英]约翰沃克森罕著,林纾、魏易译《天囚忏悔录》由上海商务印书馆刊行。

[英]司丢阿贰著,林纾、魏易译《脂粉议员》由上海商务印书馆刊行。

[英]倭尔吞著,林纾译《深谷美人》由北京宣元阁刊行。

[英]司达渥著,李定夷译《红粉劫》由上海国华书局刊行。

[英]测次希洛著,林纾、陈家麟译《残蝉曳声录》由上海商务印书馆刊行。

[英]格多士著,江山渊译《辣女儿》由上海国华书局刊行。

[英]颚克瑞著,商务印书馆编译所译《蠹情记》由上海商务印书馆刊行。

[英]格里尼著,商务印书馆编译所译《青酸毒》由上海商务印书馆刊行。

[英]卫梨雅著,觉我译《英德战争未来记》由上海中国图书公司刊行。

[英]加仑汤姆著,刘幼新译《侠女破奸记》由上海商务印书馆刊行。

[英]蔡尔司那维斯著,梦痴、耕者译《娜兰小传》由上海商务印书馆刊行。

[英]戴雪著,谢无量编译《宪法论》由上海右文社刊行

[英]奥斯威尔著,张铁民译《印度政治家事略》由上海广学会刊行。

[英]马林译,陶隆撰述《(美国)翟斐生》由上海广学会刊行。

[英]斯密甫著,[美]G. D. Wilder 译《帕勒斯听历史地理学》由上海广学会刊行。

[英]马林译著《兵器学》(第二、三卷)由北京武学书局刊行。

［英］史德匪编《中华名画》（史德匪藏品复印件）由上海商务印书馆刊行。

［英］蔡博敏编《近世英文选》由上海中华书局刊行。

［英］哈华德著，杨心一译《海漠侦探案》（侦探小说）由上海群学书社刊行。

［美］梅真耐著，［美］亮乐月译，李馥秀、陈玉娇演语《婴孩学堂教授法》由上海广学会刊行。

［美］马维克、斯密司著，苏锡元译《公民鉴》由上海商务印书馆刊行。

［美］布济时著，杨培栋译《经课基督指要》由上海青年会组合刊行。

［美］顾德迈著，胡贻穀译《保罗传之研究》由上海中华基督教青年会组合刊行。

［美］顾德迈著，谢洪赉译《圣经要道读课》由中华基督教青年会刊行。

按：《圣经要道读课》共计 14 课，分论《圣经》、论上帝、论人三部分来解说《圣经》的要义；美国沙尔孟著《耶稣譬喻之研究》分 15 课，阐发《马太福音》所载耶稣譬喻的意旨，书后附录"查经班领袖要则"；美国富司迪著《祈祷发微》由祈祷乃神交上帝等 10 章组成，着重介绍了基督教祈祷的意义。

［美］梅尔著，［英］山雅各、王宗仁译《青年宝筏》由上海青年会刊行。

［美］墨独克，［英］罗密士辑，胡贻穀译《泰西名人证道谭》由基督教青年会刊行。

［美］穆德、艾迪著，奚若译《立德篇》（上）由上海中华基督教青年会刊行。

［美］沙尔孟著，胡贻穀译，谢洪赉教订《耶稣譬喻之研究》由上海青年会刊行。

［美］蜇立伯倭本翰著，林纾、魏易译《藕孔避兵录》（侦探小说）由上海商务印书馆刊行。

［美］黎卡克著，梁同译《政府论》由上海科学会编译部刊行。

［美］斯密史著，曾鲲化译《经济统计》由北京共和印刷公司刊行。

［美］梅真耐著，［美］亮乐月译，李馥秀、陈玉娇演语《婴孩学堂教授法》由上海广学会刊行。

［美］销司倭司著，陈家麟口译、林纾笔述《薄幸郎》由上海商务印书馆刊行。

［美］励德厚著《美国开始大总统华盛顿纪事本末》由上海广学会刊行。

［美］文龙著，商务印书馆编译所译《中山狼》由上海商务印书馆刊行。

［美］玛林克罗福著，诗庐译《孤士影》由上海商务印书馆刊行。

［美］步奈特著，亮乐月意译、周澈郎演话《小公主》（学堂小说）由上海广学会刊行。

［美］戈尔登著，季里斐译《欲我何为（官话）》由上海广学会刊行。

［美］戈尔腾著，季理斐译，潘桢述《活水永流》由上海广学会刊行。

［法］伯雷华斯德著，商务印书馆编译所译《漫郎摄实戈》由上海光华书局刊行。

［法］森彼得著，林纾、王庆骥译《离恨天》由上海商务印书馆刊行。

［法］大仲马著，林纾、李世中译《玉楼花劫前编》（下册）由上海商务印书馆刊行。

［法］大仲马著，林纾、李世中译《玉楼花劫后编》（下册）由上海商务印书馆刊行。

［法］雨果著，商务印书馆编译所译《孤星泪》（下册）由上海商务印书馆刊行。

［法］裘尔俾奴著，叔子译述《八十日》由上海商务印书馆刊行。

［法］克林各尔著，君牧译《情仇》由上海国学书室刊行。

［法］沛那著，林纾、李世中译《爱国二童子传》（上下卷）由上海商务印书馆刊行。

［法］路易·普罗耳著，高仲和译《政治辨惑论》由译者刊行。

［德］安保罗著《孟子本义官话》由上海美华书馆刊行。

［德］卫西琴著，严复译《中国教育议》由天津庸言报馆刊行。

［德］沙穆著，［英］瑞思义译，虞家惺述《教会历史》由上海广学会刊行。

［奥］维尔彩著，陆军部译《各国陆军年鉴》由北京陆军部刊行。

［俄］托尔斯泰著，马君武译《心狱》由上海中华书局刊行。

［俄］溪崖霍夫著，吴梼译《黑衣教士》由上海商务印书馆刊行。

［俄］萨拉斯科夫著，商务印书馆译所译述《昙花梦》(义侠小说)由上海商务印书馆刊行。

尾楷忒星期报社著，商务印书馆编译所译述《新飞艇》(科学小说)由上海商务印书馆刊行。

苗仰山著，杜席珍译《数圣芳标》由河北献县张家庄胜世堂刊行。

Alphonso Hubrecht 编《中华辣丁合注问答不二字》由北京救世堂刊行。

L. Y. T 译《中西四书》由上海中华图书馆刊行。

F. R. Graves 著《家庭讲话》由上海美华书馆刊行。

Alphonso Hubrecht 编《中华辣丁合注问答不二字》由北京救世堂刊行。

增米自记，亚丁编辑，林纾等译《美洲童子万里寻亲记》由上海商务印书馆刊行。

乐林司郎治著，商务印书馆编译所译《黄金血》(侦探小说)由上海商务印书馆刊行。

沙斯惠夫人著，商务印书馆编译说译《一仇三怨》(婚事小说)由上海商务印书馆刊行。

爱克乃斯格平著，商务印书馆编译所译《幻想翼》由上海商务印书馆刊行。

杜伯著，商务印书馆编译所译《双乔记》(言情小说)由上海商务印书馆刊行。

查普霖著，商务印书馆编译所译《剖脑记》(新译侦探小说)由上海商务印书馆刊行。

乐林司郎治著，商务印书馆编译所译《三人影》(侦探小说)由上海商务印书馆刊行。

威士著，商务印书馆编译所译《回头看》(理想小说)由上海啥玩意印书馆刊行。

柏拉蒙著，商务印书馆编译所译《红柳娃》(探险小说)由上海商务印书馆刊行。

诺阿布罗克士著，金石等译《旧金山》(冒险小说)由上海商务印书馆刊行。

张子和编译《新论理学》由上海商务印书馆刊行。

黄展云编译《母道》由上海中华书局刊行。

欧阳溥存编译《母道》由上海中华书局刊行。

按：是书为女学丛书之一，讲述做母亲者应如何培养儿童道德观念的教育方法。

翁长钟编译《公民模范》由上海中华书局刊行。

包克私口译，费赓周笔述，赵指云演文《新约概论》由上海广学会刊行。宋任译述《傅克思氏经济学》由上海泰东图书局刊行。

按：是书根据德国傅克思所著的《国民经济学》，并参考意、英经济学者著作的译述。分5编，阐述了生产、交易、分配、消费各方面的内容。

益友社编译《经济政策大全》由天津编者刊行。

杨保恒、黄炎培译《实用主义小学教育法》由上海江苏省教育会教育研究部刊行。

谢冰、易克枭译《学校管理法要义》由上海商务印书馆刊行。

宋嘉钊、张沂编译《教育学教科书》(讲习适用)由上海中华书局刊行。

范祥善辑译《小学成绩订正法》由江苏省教育会教育研究部刊行。

高寿田译述《和声学》由上海商务印书馆刊行。

王作新译述《最新基本战术》由北京武学书馆刊行。

应时选译《德诗汉译》由杭州浙江印刷公司刊行。

李杕译《宗教大事录》由上海土山湾印书馆刊行。

商务印书馆编译所编译《双指印》（侦探小说）由上海商务印书馆刊行。

商务印书馆编译所译述《指环党》（侦探小说）由上海商务印书馆刊行。

商务印书馆编译所译述《巴黎繁华记》（社会小说）由上海商务印书馆刊行。

商务印书馆编译所译述《桑伯勒包探案》（侦探小说）由上海商务印书馆刊行。

恨逸译《情竞》由上海中华书局刊行。

卢寿篯编译《美国十大富豪》由上海中华书局刊行。

神州编译社编辑部编《民国三年世界年鉴》由编者刊行。

孔廷璋等编译《中国地理全志》由上海中华书局刊行。

按：是书根据日本西山荣久的《支那大地志》编译而成。分绪论、本论两部分。绪论为中国的地质地理；本论分5卷，第1卷上为中华本部各省地志，第1卷中为中华本部沿海志，第1卷下为中华本部人文地理，第2卷东三省，第三卷新疆省，第4卷蒙古，第5卷西藏与青海。

商务印书馆编译所编《欧洲战事地图中西地名表》由上海商务印书馆刊行。

《领圣体前后诵》刊行。

《勤领圣体说》由河北献县张家庄胜世堂刊行。

《圣道指引》由上海时兆报馆刊行。

《圣母发现于露德实传》由香港纳匝肋静院刊行。

《圣女斐乐默纳传》由上海土山湾印书馆刊行。

《天津基督教青年会开幕纪念》刊行。

《中华辣丁合注早晚课不二字》由北京救世堂刊行。

五、学者生卒

丁振铎（1842—1914）。振铎字声伯，号巡卿，河南罗山人。1859年中举，1871年中进士，授庶吉士。先后任翰林院编修、武英殿功臣馆纂修官、国史馆总纂官、监察御史、京畿道台、布政使、云南和广西巡抚、云贵总督、协理资政院事兼弼德院顾问大臣。1914年袁世凯起用他为总统府参政、审计院院长兼大总统高级顾问，同年8月病故于北京。

翁长森（1855—1914）。长森字铁梅，江苏扬州人。诸生。官云和知县，当地土瘠民贫，文化落后，购地百亩作农业试验场，导农种棉。又建课农别墅，传授农业知识，刊印《农业汇要》散发四乡，推广科学。又作"津寄藏书楼"，购置古今图书万卷，让好学之辈借读。家藏图书甚多，尤留心乡邦文献收集，辑成《金陵丛书》。

赵秉钧（1859—1914）。秉钧字智庵，河南汝州人。1878年考秀才未中，遂投入左宗棠楚军效力，随军进驻新疆。1889年改捐典史，分发直隶省，次年到省。1891年补直隶新乐县典史。1895年调署东明县典史。1895年12月随袁世凯小站练兵。1897年调署东明县中汛管河巡检。1899年调署天津北仓大使，充直隶保甲局总办，兼统率巡防营。1901年被袁世凯委以创办巡警的重任。翌年初命其担任保定巡警局总办，同时还奏保他为"知府加盐运使衔"，遂"参照东西成法"拟订警务章程，创设警务学堂。1912年3月任内务总长，代理国务总理,9月25日由代理改为实任国务总理。1914年被袁世凯毒死。

夏瑞芳(1871—1914)。瑞芳字粹芳,江苏春浦人。1897年集资在上海创办商务印书馆,任经理。1901年创办《外交报》杂志。1904年后,先后创办发行《东方杂志》《教育杂志》《小说月报》《少年杂志》等。成为中国近代出版业中历史最悠久的中央组出版机构。

程家柽(1872—1914)。家柽,安徽休宁县人。1897年考入武昌两湖书院。1899年考入东京帝国大学农科,结识孙中山,接受反清革命思想。1901年参与创办《国民报》。1902年与章炳麟等发起"支那亡国二百四十二年纪念会"。1903年参加拒俄学生军、军国民教育会。1905年与宋教仁等创办《二十世纪之支那》,任编辑长;同年参与筹建中国同盟会,被推举为外务科科长。1906年被延聘为京师大学堂农科教授。1909年出任清陆军部陆军中小学教科书编辑。1911年创办《国风日报》。武昌起义后参与谋划攻取北京,未果。1912年1月参与谋炸袁世凯,事败避往南京,后任安徽军政府高等顾问。1913年在北京策动"二次革命"。在《国风日报》上发表《袁世凯黄粱梦》一文,檄讨袁世凯复辟。1914年初与熊世贞等人组织"铁血团",图谋暗杀袁世凯。后因计划泄露,遭到逮捕。9月23日在北京被害。

苏舆(1874—1914)。舆字嘉瑞,号厚庵,湖南平江人。幼从父苏渊泉读书,补县学生员,稍长,入长沙湘水校经堂肄习,从王先谦受学。1897年选拔贡生,1904年成进士,入翰林。著有《校定晏子春秋》《春秋繁露义证》17卷卷首1卷、《公羊董义述》《董子年表》1卷考订1卷等。编有《翼教丛编》。

　　按:刘声木《桐城文学渊源考》卷一一曰:苏舆字厚康,亦字厚庵,平江人。光绪举人,师事杜贵墀、王先谦,受古文法。撰《翼教丛编》六卷。

王钟麒(1880—1914)。钟麒字毓仁,号旡生、无生,别署天僇、天僇生、僇民、大哀等,祖籍安徽歙县,生于江苏扬州。1906年赴上海,任《申报》笔政,加入国学保存会。次年起,先后协助于右任创办《神州日报》《民呼报》《民吁报》《民立报》。1910年加入南社。南京临时政府成立,任总统府秘书。1912年与章士钊创办《独立周报》。一生著作甚富。有《三国史略》《晋初史略》《太平天国革命史》《中日战争》《世界史》《本国地理》《世界地理》《三国志选注》等。诗集有《天僇生诗钞》《旡生诗钞》;小说有《玉环外史》《恨海鹃声谱》《孤城碧血记》《学究教育谈》《劫花泪史》《销魂狱》《郑成功》等;剧本有《血泪痕传奇》《穷民泪传奇》《轩亭复活记》等;笔记有《述庵秘录》《述庵读书志》《佚史》《述庵笔记》《文坛挥麈录》等;诗论、词论、剧论有《旡生诗话》《惨离别楼词话》等。

麦新(—1947)、骆何民(—1948)、宋之的(—1956)、张棣赓(—1957)、朱怀思(—1960)、曹陇丁(—1961)、柳无垢(—1963)、张葱玉(—1963)、卢云生(—1968)、徐高阮(—1969)、林珏(—1971)、纳·赛音朝克图(—1973)、谢国镛(—1975)、胡明树(—1977)、李白凤(—1978)、叶盛兰(—1978)、汤义方(—1980)、陈楚平(—1980)、张立朝(—1982)、李云(—1982)、方诗恒(—1983)、邝明(—1983)、刘持生(—1984)、张令琦(—1984)、余武章(—1986)、邹尚录(—1986)、王天池(—1986)、陶一清(—1986)、夏冰流(—1987)、贺宜(—1987)、黄叶村(—1987)、王人美(—1987)、黑伯龙(—1988)、陈翰伯(—1988)、梁思懿(—1988)、王瑶(—1989)、秦佩珩(—1989)、杨联升(—1990)、司徒越(—1990)、雷震(—1990)、夏风(—1991)、陈守礼(—1991)、郝进贤(—1993)、黄典诚(—1993)、杨沫(—1995)、李广(—1995)、周祖谟(—1995)、景乐民(—1995)、徐迟(—1996)、方敬(—1996)、梁斌(—1996)、方冰(—1997)、叶君健(—1999)、袁静(—1999)、王西彦(—1999)、阮章竞(—2000)、

陈国符(—2000)、龚望(—2001)、朱家溍(—2003)、马三立(—2003)、梅志(—2004)、杜宣(—2004)、周而复(—2004)、金宝祥(—2004)、王永兴(—2008)、冯法祀(—2009)、王世襄(—2009)、刘曾复(—2012)生。

六、学术评述

　　本年度是袁世凯复辟称帝与孙中山谋划"第三次革命"的准备之年,尤其是12月23日袁世凯在天坛模仿封建帝王登坛祭天,其复辟称帝之心已昭然若揭。大典之前,袁世凯穿的是大元帅、大总统的服装;祭天之时,袁世凯和当时的内阁大臣们全都换上了仿汉代的冠服,正是其发起"帝制复辟"之前的一次预演。12月29日,袁世凯炮制《修正大总统选举法》,规定总统任期10年,且可以连任,继任人由现任总统推荐,进而在法律上为其复辟称帝做好了相应的准备与铺垫。在此一年间,袁世凯复辟称帝紧锣密鼓的筹划可以概括为"四管齐下":

　　首先,在政治上削弱共和,走向帝制。一是解散议会,取消"临时约法":1月10日,袁世凯宣布停止参、众两院议员职务,一律资遣回籍。26日,袁世凯公布由政治会议议定的《约法会议组织条例》。2月28日,袁世凯下令解散各省省议会。5月1日,袁世凯公布《中华民国约法》10章68条,废止《临时约法》,扩大总统权限,改责任内阁制为总统制。12月29日,袁世凯炮制的《修正大总统选举法》中规定总统任期10年,且可以连任,继任人由现任总统推荐。二是重行党禁,禁止结社:1月9日,袁世凯发布《严禁哥老会令》,不允许秘密结社。3月2日,袁世凯公布《治安警察条例》,禁止民众结社、集会、组织政党,并限制劳工团体活动,非政治性集会、屋外活动、集体游戏也均在被禁止、取缔之列。三是消除国民党影响:2月,教育部令各学校、商店将教科书中刊有孙文、黄兴照片及对孙、黄赞扬之词一律删除净尽。7月11日,驻日公使陆宗舆照会日本政府,要求取消孙中山等人的在日活动。在袁世凯的强势主导与打压下,不仅之前以熊希龄为首的"一流内阁"最终遭遇的却是大好抱负付诸东流,而且如进步党等其他政治力量进一步被边缘化。

　　其次,在文化上提倡祭孔,立孔教为国教。2月,袁世凯向政治会议提出祭天祀孔案,政治会议议决:"崇祀孔子,乃因袭历代之旧典;议以夏时春秋两丁为祀孔之日,仍从大祀,其礼节、服制、祭品与祭天一律。京师文庙应由大总统主祭,各地方文庙应由该长官主祭。"2月20日,北京政府发布《崇圣典例令》,详细规定了曲阜孔庙的组织和制度,并重新颁发"衍圣公印"。3月,袁世凯派总统府秘书梁士诒至北京孔庙代行祀孔礼。礼毕,梁士诒演讲《论语》中的"导之以德,齐之以礼"章。6月,教育部根据教育总长汤化龙的《上大总统言教育书》,发布《饬京内外各学校中小学修身及国文教科书采取经训务以孔子之言为指归文》的规定,要求中小学的修身与国文课,均以儒家经籍和孔子的言论为准。7月5日,北京政府内务部公布祭孔制服图式。9月25日,袁世凯发布《祭孔告令》,规定每年农历九月二十八日中央与各地方一律举行祀孔典礼,并于该日率领官员在北京孔庙举行秋丁祀孔礼。袁世凯的公开祭孔,是当时政治与学术界的一件大事。与此同时,袁世凯主要政治伙伴徐世昌担任新成立的"孔社"社长,陈焕章等人的孔教会又上书政府,请求立孔教为国教,这彰显出袁世凯政权的基本文化立场,但本质上是为其最终复辟帝制铺设文化轨道。

　　再次,在舆论上加强管控,限制自由。4月2日,袁世凯公布《报纸条例》,禁止报纸刊登

"淆乱政体""妨害治安"和各级官署禁止刊载的一切文字;每天的报纸在发行前须呈送报样给警察机关备案。4月14日,北京政府公布《新闻条例》。12月4日,北京政府颁布《出版法》,其中第十一条规定:"文书图画有左列各款情事之一者,不得出版:一、淆乱政体者。二、妨害治安者。三、败坏风俗者。四、煽动曲庇犯罪人、刑事被告人或陷害刑事被告人者。五、轻罪、重罪之预审案件未经公判者。六、诉讼或会议事件之禁止旁听者。七、揭载军事、外交及其他官署机密之文书图画者。但得该官署许可时,不在此限。八、攻讦他人阴私,损害其名誉者。"《报纸条例》《新闻条例》《出版法》的连续颁布实施并非是为了强化法制,而是如章炳麟所斥责的"防民之口,胜于防川"。

最后,在学术上主导官学、笼络人心。这集中体现在3月9日袁世凯发布大总统令,设立清史馆纂修清史。5月25日,国史馆成立,王闿运为馆长。9月1日,清史馆开馆,赵尔巽为馆长。7月8日,袁世凯公布《学术评定委员会组织令》,决定设立学术评定委员会,"掌阅各科论文著述,奖励学问事务"。7月9日,教育部颁发《奖学基金条例》,规定国家置专项存款1200万元,将年息金用于奖励学术。全国设奖学资额1200名,凡在本国或外国高等学校毕业者提出论文或著作,经学术评定委员会评取后,每名每年得领学资400元,满4年为止。若受资者每月有薪俸百元以上者,不享受此待遇。8月,教育部颁布《学术评定委员会分科评定规程》,对学术评价的范围进行分类,根据大学学科的设置,将学术评价分为文、法、理、工、农、商、医7科。袁世凯的上述举措,可谓是延续古代帝王通过修典网络遗老、收获人心的"攻心术"以及现代奖励制度的奇妙混合体。

与此同时,孙中山、黄兴等自1913年"二次革命"失败逃亡日本后依然继续进行反袁斗争。6月3日,孙中山发表《讨袁檄文》:"自袁为总统,野有饿莩,而都下之笙歌不彻;国多忧患,而郊祀之典礼未忘。万户涕泪,一人冠冕,其心尚有'共和'二字存耶?既忘共和,即称民贼。吾侪昔以大仁大义,铸此巨错,又焉敢不犯难,誓死戮此民贼,以拯吾民。今长江大河,万里以内,武汉京津,扼要诸军,皆已暗受旗帜,磨剑以待。一旦义旗起呼,义动天地。当以秦陇一军,出关北指;川楚一军,规画中原;闽粤旌旗横海,合齐鲁以捣京左。三军既兴,我将与诸君子扼扬子江口,定苏浙,以树东南之威。掣庭扫穴,共戮国贼,期可指日待焉。"7月8日,孙中山在日本东京召开主持中华革命党成立大会,到会者300余人,孙中山当众宣誓加盟,并就任中华革命党总理职。会议通令海内外国民党一律改组为中华革命党。会议通过《中华革命党总章》《中华革命党宣言》《革命方略》及《誓约》等文件。9月20日,孙中山主持召开东京革命方略讨论会第一次会议,目的是制定中华革命党的革命方略。而在舆论上,则有5月10日《甲寅》与《民国》月刊在日本东京创刊,前者由章士钊任编辑部主任,陈独秀协助编辑,以条陈时弊,朴实说理为主旨;后者由中华革命党党务部长居正兼杂志总理,胡汉民任总编辑,邵元冲、邹鲁等任编辑,彼此都是"二次革命"后反对袁世凯的主要刊物。所不同者,《民国》杂志不仅是党人的舆论机关,也是党人的活动中心,孙中山在这里召开会议,商讨党内大问题。

在学术版图结构上,依然延续此前的北京—上海双都轴心以及北京、上海、各省以及海外四大板块。其中北京轴心以章炳麟、梁启超两位领袖为代表。章炳麟继续被袁世凯囚禁,1月20日迁于龙泉寺,6月上旬,开始绝食,以死抗争,引起社会各界关切。7月24日,因黎元洪等再三疏解,章炳麟被迁入东四牌钱粮胡同一家民房,由巡警充当门卫,但准其学生前来探视,同时可以读书和写作。冬,开始修订《訄书》,改名为《检论》,从分卷到内容,都有很大变动。其间,章门弟子鲁迅、许寿裳、黄侃、钱玄同、吴承仕、朱希祖、马裕藻等不时前来探视章炳麟,皆为太炎学派的中坚,在日后的京都学坛中发挥重要作用。梁启超先辞去司法总长,后辞币制局总裁,其学术活动主要有:2月撰写《清史商例》,系为讨论清史修纂体例而作。年底再著《欧洲战役史论》一书。其学术圈汇聚于《庸言》报馆,主要撰述者有丁世峄、孔昭焱、吴贯因、周善培、周宏业、周效璘、周季侠、张謇、林纾、林唯刚、林长民、夏曾佑、徐佛苏、姚华、梁启勋、麦孟华、陈衍、陈家麟、景学钤、汤明水、汤觉顿、黄为基、张嘉森、熊垓、饶孟任、严复、魏易、蓝公武、籍忠寅等。此外,活跃于京都政学两界的还有张謇、严复、王闿运、刘师培等。尤为重要的是,经过此前的革故鼎新,北京大学业已成为北京轴心的学术引擎与核心力量。首先,胡仁源校长拟订整顿大学计划书,对本科和预科分别进行调整充实。主要措施有:一是扩大招生;二是增聘教员;三是改进教学方法;四是编写教材和教授要目;五是添购教学设备;六是整理图书;七是加强对预科的管理;八是培养专门学者,强调"大学设立之目的,除造就硕学通才以备世用而外,尤在养成专门学者"。以上8项重要举措的实施,取得了显著成效,为北大后续发展奠定了良好基础。其次,夏锡祺8月19日由教育总长汤化龙签发委任为北京大学文科学长。此前姚永概任文科教务长,桐城派的学风在北大文科居于优势。夏锡祺代替姚永概主持北大文科后,继续引进章门弟子,开始慢慢改变后者由桐城派占据的局面。当时章太炎高足黄侃、钱玄同、沈尹默、马裕藻、朱希祖等任教于北京大学文科,他们注重考据训诂,以治学严谨见称,这种学风以后逐渐成为北大文史科教学与科研中的主流,北大文科的学风也发生了显著变化。后来的白话文运动、反传统思潮,无论是赞成,还是反对,都有章门弟子的参与。再次,北大还是一个新旧交融、代际兴替的大熔炉。据《北京大学民国三年教职员录》,当时北京大学文科教员有:陈汉章、陈大齐、黄侃、陈衍、陈黻宸、阿德利(英国人)、姚永朴、马叙伦、胡玉缙、辜鸿铭、崔适、朱希祖及胡以鲁等10余人,韩述组、沈尹默、杨效曾、马裕藻、林损等5人为文科预科教员。可见北大汇聚、包容各方、各类知名学者的能力日益强化。其中如北京大学史学与诸子哲学教授陈黻宸即具有新旧交融、代际兴替的鲜明特征。当时陈黻宸在北大主讲中国哲学史和诸子学等课程,著有《诸子通义》10卷,为诸子哲学课程讲义。此书作为现代中国哲学史学科创设时期的早期研究成果,对从传统诸子学转型为新型诸子哲学研究有所贡献,兼具一定的学术价值与历史价值。陈中凡、黄建中、嵇文甫、冯友兰等在中国哲学史领域先后有所建树的学者,皆为陈黻宸当年在北京大学的学生。冯友兰《我在北京大学当学生的时候》回忆道:陈黻宸上课"讲的是温州那一带的土话,一般人都听不懂,连好多浙江人也听不懂。他就以笔代口,先把讲稿印发出来,上课的时候,登上讲台,一言不发,就用粉笔在黑板上写,写得非常之快,学生们抄都来不及。下堂铃一响,他把粉笔一扔就走了。好在他写的跟讲义虽然大意相同,但是各成一套,不相重复,而且在下课铃响的时候恰好写到一个段落。最难得的,是他虽不说话,但却是诚心诚意地为学生讲课,真有点像庄子所说的'目击而道存'"。最后,说一下北大弟子的学术抱负。以顾颉刚为例,因读刘知几《史通》,顾颉刚深喜其系统的记叙与批评,拟作《戏通》,列目50题。欲将古今戏剧之演化,地方戏剧的风格,各角色的名目及任务,各种切末的意义及其使用,各种剧本与小说的关系,一一考出写出。12月16日,顾颉刚读书笔记篇首所写一段话,不啻是自道心声:"余读书最恶附会,更恶胸无所见,作吠声之犬……吾今有宏愿在:他日读书通博,必举一切附会影响之谈悉揭破之,使无遁形,庶几为学术之乂。"顾颉刚主张读书要兼收并容,不可偏废,不存成见,多积常识。

"豸"据说为传说中的神兽,可辨善恶曲直。从他日后的成就看,顾颉刚是做到了学术之豸。顾颉刚学生时代既有如此宏大抱负,正预示了其日后的非凡业绩。与此同时,清华大学也进入了一个快速发展时期,周诒春校长6月请美国建筑师墨菲(Henry K. Murphy)规划校园,设计任务包括:(1)现有建筑的汇总;(2)学校未来的规划;(3)四大建筑(即大礼堂、图书馆、科学馆和体育馆)的规划位置和建筑设计。7月,《北京清华学校近章》刊于《神州》第1卷第2期,共分为8章:总则、学程、学年及学期、入学、修业毕业、升级及游学、体育及卫生、管理。11月5日,梁启超来校作题为"君子"的演说。在演说中,梁启超引用《周易》中乾、坤二卦的象辞:"天行健,君子以自强不息""地势坤,君子以厚德载物",鼓励清华学生"崇德修学,勉为真君子,异日出膺大任,足以挽既倒之狂澜,作中流之砥柱"。后来,"自强不息,厚德载物"成为清华校训。同月,清华弟子也有不俗的抱负:王天优等筹办的综合性学术刊物《国学丛刊(北京)》6月创刊于北京,由清华国学研究会刊行,以"阐明经史,藉挽颓波,研究旧学,用播国光"为创刊宗旨。主要撰稿人有何杰才、王天优、姚尔昌、何其伟、张毅菴、沈鹏飞、何孝沅等人;陈达3月初提出创办《清华周报》。10月6日,在《清华周刊》第15期上发表《振兴国学吾侪之责也》,提出:"国学者,一国历代文化之本,风土人情之记载,史于象数之学术,靡不悉备,虽其因兴因革,宜及时而更张,要其大体所在,即一国国民之真精神所系,焉得以西学东渐,虽弃固有精髓而不讲,又焉得以课务之烦,蔑视国学。……近数十年来,外交屡次失败,议和割地,国土日蹙,读此段伤心史,宜潜心屏气究其所以。爱国之心当可勃然兴也,吾辈责任重大,对于国文、历史、地理断不可茫然无所晓,所以图国学之振兴,亦所以救民国之危急也。"汤用彤4月6日夜与吴宓讨论起国亡时"吾辈将何作"的沉重话题。吴宓说:"上则杀身成仁,轰轰烈烈为节义死,下则削发空门遁迹山林,以诗味禅理了此余生。如是而已。"汤用彤则谓:"国亡之后不必死,而有二事可为:其小者,则以武力图恢复;其大者,则肆力学问,以绝大之魄力,用我国五千年之精神文明,创出一种极有势力之新宗教或新学说,使中国之形式虽亡,而中国之精神、之灵魂永久长存宇宙,则中国不幸后之大幸也。"9月至次年1月,汤用彤在《清华周刊》第13—29期连续17期发表《理学谵言》,集中体现出他力图熔铸古今中西道德文明的初步尝试,字里行间洋溢着他对弘发中国文化真精神的无限激情,认为引介西方文化应当注意中国国情,尤其是国民心理的特点。陈宝泉继续任北京高等师范学校校长。2月,北京高等师范学校校歌问世,由章嵚作词、冯孝思编曲,此为北京师大历史上的第一首校歌。是年,学校将1912年陈宝泉校长提出的"诚实、勤勉、勇敢、亲爱"八字校训,进一步浓缩为"诚勤勇爱",并写进校歌,要求师生"学日进,德务滋",力行校训,"无愧为人师"。这个校训在北京学界影响较大,有一定的社会关注度。除了原有的高校之外,教育部5月19日又批准了北京私立民国大学、私立中华大学、私立明德大学、私立中国公学立案。另与学术密切相关的是:王闿运4月7日到京就任国史馆馆长,编修国史。兼任参议院参政。5月25日,国史馆正式成立,然有名无实,形同虚设。11月12日,王闿运在复辟声潮中辞职返湘。袁世凯准其遥领史职,并任命杨度为副馆长维持馆务,亦无所作为。9月1日,北洋政府开清史馆,赵尔巽任首任馆长,于式枚为总阅,柯劭忞、缪荃孙、夏孙桐、王树枏等11人为总纂,章钰、王式通、夏曾佑等10人为纂修。赵尔巽接聘后,立即着手延聘人员,组织队伍,开始编纂工作。先后聘任编纂人员100多人进馆,另外还聘任名誉总纂、纂修顾问等亦近百,旧朝遗臣几乎全部汇聚于此。

上海轴心中,首先是康有为结束海外流亡生活,7月租寓上海新闸路16号辛家花园,自是定居于此。抵沪定居之际,英国李提摩太设宴欢迎,并作"大同之义"的演说,唐绍仪、伍廷方、范源濂、王宠惠等中外 200 余人出席。在此之前,康有为 3 月致书袁世凯大总统,促保孔教会。4 月 9 日,所撰《以孔教为国教配天议》刊载于《不忍》杂志,建议国会将孔教认作国教,并在全国各地孔庙举行每周性的宗教仪式。10 月,撰《曲阜大成节举行典礼序》。康有为的落伍于时代的主张正与袁世凯的需求相合拍,令人感慨良多。此外,居于上海的杜亚泉、张东荪、谢无量、柳亚子等学者也作出了各自的贡献。张东荪年初与谷钟秀等人在上海创办《正谊》杂志。4 月,与丁佛言在北京创办《中华杂志》,在两个京沪刊物上先后发表《内阁论》《政治革命与社会革命》《根本救国论》《中国之将来与近世文明国立国之原则》等文,主张"社会与政治分离",倡导"多数政治""以议代政"主张,鼓吹法治国论,在评议政治时局、抨击袁氏专制统治、不断总结政治经验和失败教训的过程中声名鹊起,迅速成为民国初期著名的政论家。师复 7 月在上海发起成立旨在"传播主义,联络同志"的机构"无政府共产主义同志社",发表《宣言书》,说明无政府主义的意义及无政府党联合的必要,并在广州、南京、常熟等地设立分社。又刊布《无政府共产党之目的与手段》一文。与当时社会主义者江亢虎论战,使无政府主义的种子广布于国内。在教育界,复旦公学李登辉校长针对国民中,尤其是学生界民族主义情绪高涨的现状,准备搜集现代事关中国的重大世界性事件的文献,引导学生走向积极的、真正的爱国之途。唐文治 7 月选印 1908 年来举办国文大会的菁华文章 240 篇,定名《南洋公学新国文》,共 8 卷 4 册。所选文章"无题不新,有美必录",并选印校门、校舍及校长照片。林语堂继续就读于上海圣约翰大学。7 月,在 1913—1914 学年的休业典礼上获得英文演讲优胜奖章、英文写作优胜奖章,以及小说征文优胜奖章,业已显示出了过人的才华。在出版界,高凤池为商务印书馆创办人之一。10 月 27 日,出席上海书业商会 10 周年纪念活动,并被举为上海书业商会正董,叶九如、龚伯英为副董。夏瑞芳时任上海商务印书馆总经理。1 月 6 日,商务印书馆与日本金港堂签订日方退股协议。从 1912 年开始,经过数十次会议,并由夏瑞芳等亲赴日本谈判,方签订此约。10 日晚 6 点,因收回日资股份,商务印书馆总经理夏瑞芳在河南路本馆发行所门前遇刺身亡。12 日,印有模(锡璋)继任商务印书馆总经理。然而,商务印书馆的主心骨依然是张元济。5 月 11 日下午 3 时,张元济出席商务印书馆民国三年股东常会,代表董事会报告民国二年营业情形。会议选举伍廷芳、郑孝胥、周晋镳、印有模、张元济、鲍咸昌、高凤谦为董事。18 日,出席商务印书馆第 124 次董事会议,推伍廷芳为董事会主席,郑孝胥为副主席。张元济又邀陈叔通加盟商务印书馆。当时商务印书馆、中华书局均欲聘请陈叔通,但陈叔通与张元济关系深厚,最后选择了商务印书馆。但中华书局还聘请到了著名学者谢无量。谢无量在上海曾任于右任创办的《神州日报》主笔,大力宣传资产阶级革命。还曾参与编辑《民权报》。以形势险恶,安全无保,谢无量遂转入中华书局,主要从事编书工作。作为上海乃至全国出版界的"双子星座",随着中华书局的快速崛起,彼此之间的竞争日益激烈。10 月 15 日,中华书局董事局第十三次会议,专题讨论与商务印书馆联合问题,用以消除彼此激烈的竞争,以期免于"两伤两亡"的前途。报刊方面,杜亚泉继续主编商务印书馆《东方杂志》。8 月,第一次世界大战爆发,杜亚泉及时作了大量连续报导,并发表《大战争与中国》《大战争之所感》《战争杂话》等文章。11 月,江苏省教育会理科教授研究会成立,当选编审员。是年,杜亚泉连续发表《个人之改革》《欧洲大战争开始》《策消极》《战争杂话》《大战争续记》《破除幸福之目的》等一系列文章,阐述其社会改革的思想;戈公振调至《时报》馆,正式踏入新闻界工作。从校对、助理编辑、编辑一直做到总编辑,在该报任职15年之久。实际上代狄楚青主持报馆事务。戈公振在《时报》馆工作期间,交游广泛,和蔡元培、胡适、杨杏佛、章炳麟、马相伯、沈尹默、叶恭绰、邵力子、黄炎培、史量才、胡愈之、胡政之、邹韬奋、王礼锡、严独鹤、周瘦鹃、包天笑、毕倚虹、王纯根、郑振铎、谢六逸、田汉、宋春舫、梅兰芳、黄宾虹、刘海粟等名流有书信往来;还同王光祈、徐悲鸿、陈学昭、王一之、李昭实、吕碧诚、鲍振青等有交往。于天声10月1日在上海创办《世界杂志》月刊,辟有世界画苑、世界风云、世界时事、世界论坛、世界名著、世界思潮等栏目,以促进国民世界智识为志端,促使国人知己知彼,了解世界,周知列国之正俗文物,研究世界列强的盛衰史。

　　各省板块中,四川优势犹在,宋育仁6月以王闿运在京主持国史馆,遂应邀赴京,最初委以协修之名,后转为纂修。11月13日,得见劳乃宣《共和正解》《续共和正解》《君主民主平议》等文。这些文章意在比附共和政体为周召共和,以此督促袁世凯仿效周、召,还政清室。宋育仁阅后与同僚评论劳文得失,结果被告密,称有复辟清室嫌疑。26日,内务部以"年老荒悖,精神瞀乱"为由,未对宋育仁严加惩治,令人遣送回四川富顺原籍,以示保全。廖平年初仍在四川国学馆。春,四川国学馆改名四川国学学校,廖平任校长。蒙文通就读于四川国学学校,于是从廖氏学,且甚推崇之,但是始终没有接受廖氏二变以后之说。吴虞因《醒群报》曾于去年6—7月间刊登其主张宗教革命、家庭革命之文,1月11日当局以"宗旨颇不纯正"为由将其封禁。31日,川西道调查委员吴次东来谈,请吴虞任《法政杂志》名誉主笔。再者,两湖学术地位显著上升。黎锦熙因湖南省立第四师范与第一师范合并,改称湖南省立第一师范学校,继任历史教员。1月,与杨昌济、徐特立、方维夏等同人组织等创办宏文图书编辑社,任主任。又与同人共同发起组织哲学研究小组,留学英国的一师伦理课教员杨怀中为指导,经常讨论一些哲学问题,学生中毛泽东、陈昌、蔡和森常来参加。10月,创办《公言》月刊,批评教育界的歪风,但发行了3期就被迫停刊。6月14日,国内第一个研究船山学的团体——船山学社在长沙正式成立,大总统府颁发题有"邹鲁津梁"的匾额一方,悬挂于学社正厅。刘人熙报告学社成立缘由,并被推举为总理和社长。贺孝齐继续任武昌高等师范学校校长。9月开办本科,第一届预科学生毕业升入本科学习,分在英语部、历史地理部、数学物理部、博物部。此后,武昌高等师范学校逐步成为湖北学术高地。江苏学术地位的上升,也与南京高等师范学校开办密切相关。江苏巡按使韩国钧8月30日委任江谦为南京高等师范学校校长。就前两江师范学堂校舍,筹备开办南京高等师范学校。郭秉文获得哥伦比亚大学博士学位,成为中国最早的教育学博士。归国后,收到正在筹备之中的南京高等师范学校江谦校长的聘书,任教务主任。南京高等师范学校日后也快速成长为江苏学术高地。

　　海外板块中,"出"的方面依然以日本与美国为重心。由于当时日本又是反袁的大本营,国民党领袖孙中山、黄兴以及章士钊、陈独秀、李大钊等皆汇聚日本。而5月创办于日本的《甲寅》与《民国》更是汇聚了在日流亡与留学的学界精英。其中《甲寅》杂志创办者章士钊曾留学英国,深谙英国的政治理论,而且较为精通逻辑学,因此这份杂志在内容上与风格上都居于上流。它向国人介绍了不少近代西方政治思想,而且内容上比较稳健,同时形成了一种逻辑性与典雅性兼具的文风。更为重要的是,后来新文化运动中的一些主将,如李大钊、高一涵等,都和章士钊以及这份杂志有着千丝万缕的关系。而在学术上,仍以王国维、罗振玉的学术成果最为显著。罗振玉与王国维 2 月自法兰西学院著名汉学家埃玛纽埃尔·爱德华·沙畹所寄汉简研究手校本 991 枚中选取 588 枚,重新进行分类考订,编撰为《流沙坠简》3 卷,考释 3 卷,为中国近代研究简牍学的开山之作,亦为近代关于西北古地理的第一部著作。4 月,罗振玉即据王国维手写本付石印,罗振玉、王国维各有序。6 月,罗振玉又将 1911 年 2 月创刊而后因辛亥革命停刊的《国学丛刊》于日本复刊,王国维代罗振玉撰《国学丛刊序》。《国学丛刊》的复刊,为罗振玉与王国维的学术研究与交流提供了重要阵地。在美国,胡适从美国康奈尔大学毕业,入哥伦比亚大学研究生部,师从杜威研究哲学。虽然今天不少研究都已证明胡适很可能并未对杜威的学术有很全面的了解,但胡适后来在国内长期以杜威高徒自居,介绍他所理解的"实验主义",对民国学界,特别是不少年轻人颇有影响。成为他们认识哲学,甚至认识美国的基本知识来源。还有一件要事是胡明复、赵元任、周仁、秉志、章元善、过探先、金邦正、杨铨、任鸿隽等 9 位中国留美学生 6 月 10 日在康奈尔大学成立中国科学社,初设董事会主持社务,选任鸿隽为社长,以"联络同志,共图中国科学之发达"为宗旨。社本部于 1918 年迁回国内。中国科学社的主要事务包括创办刊物,以传播科学提倡研究;著译科学书籍;审定科学名词,便于学术交流;设立图书馆以供参考;设立研究机构,从事科学实验;设立博物馆,搜集学术上、工业上、历史上以及自然界动植矿物标本,陈列以供研究;举行科学演讲,普及科学知识;组织科学旅行研究团,进行实地调查研究;受公私机关之委托,研究解决科学上的一切问题。对此后中国科学的研究、传播与组织产生重要影响。欧洲区域,蔡元培年初在巴黎近郊居住,继续从事著译,并与汪精卫、李石曾等在法国筹办《学风》杂志,撰写《学风杂志发刊词》,提倡学习西方近世文化。春,到蒙达尔城,为俭学会举办的讲演会讲述《德儒康德之空间时间说》,并与吴稚晖等同游蒙城及巴黎。8 月,欧战爆发,与李石曾组织旅法学界西南维持会。是年底,筹划编印《学风丛书》。至于"进"的方面,主要有:英国斯坦因 3 月至新疆将第二次考察间未能拿走的精美壁画全部剥下,分成 11 块装进 6 只大箱中。再访莫高窟又从王道士处获得一批敦煌写本。冬,在木头沟进行考古发掘,让助手剥离木头沟石窟壁画,共获壁画 90 箱左右;瑞典地质学家安特生 8 月应邀来华任农商部矿政司顾问,协助调查煤矿、铁矿资源,培训地质人员,筹建地质陈列馆;俄国奥尔登堡率领考察队 8 月 20 日到达敦煌千佛洞,对敦煌进行测绘、复描、摄影和发掘等,获得一万多件文物碎片。上述多与敦煌相关。另法国传教士保罗·埃米尔·黎桑(Emile Licent,中文名桑志华)7 月 13 日开始在中国北方黄河和白河(即今海河)流域进行田野考古,自此从事田野考察和考古调查工作 25 年,足迹遍及中国北方各省,行程 5 万多公里,采集地质、古生物标本达几十万件,都是令时贤及后人无法回首的重要事件。

本年度的学术论争,上年的三个热点依然在延续,但具体内容和重心有所变化。

1. 关于孔教论争的延续。从袁世凯 1 月向政治会议提出祭天祀孔案,2 月 7 日发布《规复祭孔令》,通令各省以春秋两丁为祀孔日,直至 9 月 25 日发布《祭孔告令》,规定每年农历九月二十八日中央与各地方一律举行祀孔典礼并于该日率领官员在北京孔庙举行秋丁祀孔礼,官方的孔子崇拜与祭孔活动终于一步步被推向高潮,而且更为严重的是全面向学校教育渗透。6 月,就任教育总长不久的汤化龙即有《上大总统言教育书》:"化龙洞观世变,默察民情,知非明定教育指针,昌明道德,不足以正人心而扶国本。深维孔子之道,最切于伦常日用,为举国所敬仰,其言行多散见于群经。历代本其训诂、词章、性理、制艺之说以诠孔学,名为尊孔,而实则乖。兹拟宣明宗旨于中、小学校修身或就国文课程中采取经训,一以孔子之言为旨归;其有不足者,兼采与孔子同源之说为辅。一面厘定教授要目,自初等小学以迄中学,其间教材之分配,条目之编列,均按儿童程度,循序引伸。揆之教育原理,既获以善诱之法,树厥初基,按之全国人心,亦克衷至圣之言,范其趋步,崇经学孔,两利俱存。庶几救经学设科之偏,复不蹈以孔为教之隘。"同月,《教育部为订定崇经尊孔教育方针致大总统呈》中明确提出:"微论孔圣,未可附会宗教之说,以相比伦。而是按之国情及泰西宗教之历史,均难移植,致失孔道之真,不过,启教争之渐。"并发布《饬京内外各学校中小学修身及国文教科书采取经训务以孔子之言为指归文》的规定,要求中小学的修身与国文课,均以儒家经籍和孔子的言论为准。不过,严复等议员则并不满足于此,而是要进一步将孔子儒家精神上升为中华民国的立国精神。10月27日,在参议院会议上,参政严复以及20位名流政要连署,提出了《导扬中华民国立国精神建议案》。这个提案的主旨,是要将"忠孝节义"四端作为中华民国的立国精神。就反孔教一方来看,依然是由学者、报人、官僚与宗教人士所组成。先看学者的反击:章士钊5月10日在《甲寅》杂志第1卷第1号《孔教》一文中,针对形形色色的尊孔派正为定孔教为国教一事闹得乌烟瘴气而指出:"今之尊孔者,舍其所习,丧其所守,离学而言教,意在奉孔子以抗耶稣使中华之教定于一尊,则甚唉其无当也。"不同意将孔学改造成宗教。饶有意味的是,是年继续被袁世凯囚禁于京而悉心著述《检论》的章炳麟的孔子观发生了微妙的变化:如《检论》《订孔》对"仲尼名独尊"有所称誉。增加的篇文,在9卷本《检论》的第二卷,几乎都是儒家经籍的"故言";其余即使有些总结辛亥革命失败的言论,也多"清焉洷涕"的"感事"之言。说明"手改本"服膺清儒的迹象已渐显露,《检论》又拉向右转,"殆将希踪古贤",力求"醇谨"了。《检论》把《订孔》析为上、下,自称"逼于舆台,去食七日,不起于床",而对周文王的"厄"于"羑里"、孔子的为"匡人"所困"若有瘤者"。以为"圣人之道,罩笼万有",孔子的"洋洋美德乎,诚非孟、荀之所逮闻也"。还加上"道在一贯,持其枢者,忠恕也"一段,对儒家"忠恕"之义也去发挥一通。革命时期的"订孔"已落在他的视野之外。章太炎想把《检论》改为"传世"的"文苑"之作,其实是向后倒退。在此需要补充一下的是,当时就读于北京大学的顾颉刚因受章太炎影响,痛恨今文家的造谣,乃于11—12月间作《丧文论》斥孔教会。文中认为,《六经》是诸子共有,非孔子专属,把孔教徒、古文家、新小说家、新教育家都实实在在批判了一番。又说将《六经》当作一般的书去看就好了,可是,"后人诡诙,钩为大法",整个行文语气颇为激烈。正逢上一班同学沈沉、傅斯年等秋间发起"文学会",出版《劝学》杂志,来向顾颉刚邀稿,开始傅斯年拟将此刊于《劝学》杂志,并置于首篇,但其他同学有点不敢,于是拿给文科教员桂邦杰老先生看,老先生一看心下大惊:"这种东西哪里可以印出来!"此文便没有发出来。这也说明章太炎的反对以孔教为国教的思想已经传播开来,并已开花结果。此外,还有观庄(梅光迪)《论孔教》(《留学生年报》第3年)、丁德合《读经问题之商榷》(《中华教育界》第20期)等文。报人的代表是蓝公武,其所撰《辟近日复古之谬》一文,进而从历史进化观念来论证孔教就是礼教,把矛头直指"体制儒教",认为礼教"无一不与近世国家之文化相违背",然后归纳为五条理由:(1)礼教与近世国家之有机组织不相容;(2)礼教与近世之经济组织不相容;(3)礼教与近世之法治不相容;(4)礼教与近世教育制度不相容;(5)礼教与近世人格观念不相容。最后提出了如何对待孔孟和礼教的看法:"特吾所持以为改革之道者,不在复古而在革新,不在礼教而在科学;不欲以孔孟之言行为表率,而欲奉世界之伟人为导师。此吾所以视今日复古之举,不得不以辞辟之也。呜呼,祸机四伏,强邻日迫。国人当谋所以革新国运、发展文化之道,幸勿背道而驰而以自速其亡焉。”这些观点超越了孔教是教非教和是否定孔教为国教的争执,直接将矛头指向孔子,成为“五四”新文化运动“反孔”之先声。要之,此文文风犀利,痛快淋漓,脍炙人口,其在中国近代思想史上的重要地位在于,较早地打出了反对尊孔复古的旗帜,深刻地指出了尊孔和复辟的联系,及时地揭露了袁世凯称帝的阴谋。此文后刊于1915年1月《大中华》创刊号,故其引起思想界的强烈反响。文中官员方面以山东巡按使蔡儒楷为代表。7月,蔡儒楷上书教育总长汤继武,对孔教会诸君子提出严厉批评:“惟孔教会诸人毫无知识,肆口谩骂,若辈穷极无赖。思扰乱政局,借题发挥。”“孔教会何人竟敢捏造谣言,诋毁政府,而置大总统之批示于不顾。”其中言辞的激烈、尖刻程度比较罕见。宗教人士则有马相伯。10月24日,马相伯在天津广东会馆演讲,阐发“政教分离”的宗教主张。又发表《一国元首应兼主祭主事否》,反对以孔教为国教,以国家元首代为祭天。后又发表《信教自由》等文,坚持政教分离、信仰自由的主张。《信教自由》最后说道:“国有国律,家有家法,不遵国律者为莠民,不守家法者为逆子。造物主亦颁法律规约,十诫七迹,非国律家法乎?祭礼祀典,悉为造物主亲自颁行者,不能妄用淫祀滥祭,违者对于造物主有非常罪孽,关系非轻。故请研究宗教诸君,当按良心,慎择真宗教之所在。择定后,认识造物主为大君大父而敬奉之。譬如忠臣之事君,孝子之事亲,对于国法家法,凛凛焉守之弗敢违,然而孝子忠臣,亦何尝失其自由权耶?”由此可见,马相伯主要站在基督教的立场反对以孔教为国教。此外,还有林文庆《孔教大纲》(上海中华书局)、刘仁航《孔教辨惑》(上海中华书局)两部著作出版。

2. 关于立宪论争的转向。5月1日,袁世凯公布《中华民国约法》10章68条,废止《临时约法》,扩大总统权限,改责任内阁制为总统制。至此,《临时约法》已死,此前的关于立宪论争逐步转向法治善政问题。其中张东荪依然是主将。1月15日,张东荪与谷钟秀等人先在上海创办《正谊》杂志。4月16日,张东荪又与丁佛言在北京创办《中华杂志》。以此两大刊物为阵地,张东荪在《正谊》上先后发表《内阁论》《政治革命与社会革命》《根本救国论》《中国之将来与近世文明国立国之原则》等文,在《中华杂志》上发表《国民性与立法》《用人与守法》《美国宪法会议之大教训》等文,主张“社会与政治分离”,提出了“多数政治”“以议代政”主张,鼓吹法治国论。所谓“正谊”,意即“正义”,也就是倡导“正义政治”,包含政治、道德、法律与社会之正义。张东荪的系列论述皆由此而展开,一方面继续对当时政治上的许多问题进行讨论和评议,另一方面对袁世凯专制统治进行揭露和批驳。张东荪在评议政治时局、抨击袁氏专制统治、不断总结政治经验和失败教训的过程中,声名鹊起,逐步形成了较为系统的政治主张,迅速成为民国初期著名的政论家。其中的重头文章有:1月15日,张东荪在《正谊》第1卷第1—2号上连载了长文《内阁论》,对内阁制作了进一步阐述,公开主张中国应该实行内阁制。作者认为,现在中国仍非法治国,必须努力成为法治国,并分析了中国应当厉行法治的六大原因。3月15日,张东荪在《正谊》第1卷第3号上发表《中国共和制度之最后裁判》,对袁世凯假共和之名、行专制之实的做法进行了揭露和批评,指出中国共和的前途决定于是搞真共和还是搞假共和。民智较低,固然易于导致伪共和,但只有提倡教育开发民智,消除伪共和而进于真共和,绝不能由伪共和倒退到专制。4月15日,张东荪在《正谊》第1卷第4号上发表《政治革命与社会革命》,主张“政治革命必与社会革命同时而存在”“社会革命者,政治革命之根本也,政治革命之后盾也”。7月16日,张东荪在《中华杂志》第 1 卷第 7 号上发表《地方制之终极观》，认为为了制限袁世凯权限，除了中央实行内阁制外，地方上必须实行自治制度，以避免中央专制。12 月 15 日，张东荪在《正谊》第 1 卷第 6 号上发表《复辟论之评判》，文中坚持共和立场、对袁世凯政府猛烈抨击和揭露，表明张东荪至此已直接投入了倒袁的时代洪流中。章士钊 5 月 10 日与谷钟秀等人在日本东京创办《甲寅》月刊，由章士钊、李大钊，陈独秀，高一涵、胡适、易白沙，吴稚晖，杨昌济等人撰稿。《甲寅》成为海外讨论包括法治善政在内的政见的重要阵地。两个刊物之间政见互有异同。同在 5 月 10 日，章士钊在《甲寅》月刊创刊号上发表《政本》一文，指出："为政有本，本何在？曰：在有容。何为有容？曰：不好同恶异。"即在政治上必须容许对立面两方同时存在，这样才能互相监督，取长补短，促进政治进步。这与张东荪对抗论的观点不谋而合，而论述更加透彻，故张东荪对此十分赞赏，立即撰写《读章秋桐"政本"论》，刊于《正谊》第 1 卷第 4 号。文中发挥了"对抗论"的主张，强调指出："国家社会之进步，在调剂，不在统一；在竞争，不在专制；在活动，不在一定而不变也。"6 月 10 日，章士钊在《甲寅》第 1 卷第 2 号发表《国家与责任》《古德诺与新约法》《开明专制》等 13 篇文章，其中长篇政论文《国家与责任》系统地批判了袁记约法。文中还分析了"伪国家主义"在中国流行的原因。《古德诺与新约法》批判了袁世凯美籍顾问古德诺的谬论。8 月 1 日，丁佛言在《中华杂志》第 1 卷第 8 号发表《民国国是论》，对张东荪的《地方制之终极观》表示支持，宣称：中国之国情，在地方而已，不改进省的制度，国家无从发展。主张采用美国联邦制。9 月 15 日，张东荪在《正谊》第 1 卷第 5 号上发表《予之联邦组织论》，认为联邦制的精神，第一是"自治"，第二是"分权"。作者考察了加拿大、德意志等国的联邦制后，认为中国采用联邦制，不能采取美国、德国之制，宜采用加拿大之制。11 月 10 日，章士钊在《甲寅》第 1 卷第 4 号上发表《学理上之联邦论》，推动了对该问题的讨论，并认为张东荪之所以不敢公开用"联邦论"的名义，是慑于舆论和政局的压迫。对此，张东荪后来作了《联邦论辩》，表明不同意章士钊的观点，并解释了其中的原因。同期《甲寅》还刊登了陈独秀《爱国心与自觉心》一文，系作者第一次署名"独秀"发表文章。此文重点批判传统的"国家观"，认为"土地人民主权者，成立国家之形式耳"；近世国家是指"为国人共谋安宁幸福之团体"。而如今之中国，"民无建国之力"，即没有建设这种近世国家的自觉心；袁世凯又"滥用国家威权"，进行种种卖国害民的罪恶活动。所以，文章在列数袁政府的罪恶后，惊呼"其欲保存恶国家者，实欲保存恶政府""恶国家甚于无国家""瓜分之局，何法可逃，亡国之奴，何事可怖"。陈的文章中表现出了强烈的忧国忧民的爱国主义思想，以及急切盼望出现一个"为国人谋幸福"的国家的心情。但由于采用了"故作危言，以耸国民力争自由"及"正言若反"的表达方法，引起不少人的误解。当时就有十余封信问《甲寅》，诘问斥责，"以为不知爱国，宁复为人，何物狂徒，放为是论"。数月后，章士钊发表文章回答那些抗议信。他说："读者大病，愚获诘问叱责之书，累十余通，以为不知爱国，宁复为人，何物狂徒，敢为是论。"盛赞陈独秀是"汝南晨鸡先登坛唤"。此外，《东方杂志》《进步杂志》《庸言》等刊物也多涉及上述论题。梁启超 2 月 20 日获准辞去司法总长职后，上《呈请改良司法文》列举十事，请袁世凯采择施行。呈文列举以后司法上应当改进者十事为：一、法院审级宜图改正；二、审理轻微案件宜省略形式；三、宜明立审限；四、上诉宜分别限制变通；五、宜速编刑律施行法；六、宜酌复刺配笞杖等刑，以疏通监狱；七、宜设立法官养成所；八、宜严限律师资格；九、宜将一部分之罪犯划归厅外审判，而法外之干涉则严行禁绝；十、宜保存现有机关，而由国税支应经费。此文意义不在理论，而在实务。此外,正在美国留学的梅光迪则就"民权主义"发出了自己的声音。8月14日,梅光迪在《留美学生季报》第1卷第3号发表《民权主义流弊论》,指出了民权主义会导致的弊端:一曰人自为说无所宗仰也;二曰奖进庸众人群退化也;三曰道德堕落也。这同样显示了梅光迪保守的政治观,正与他比较保守的文化观相契合。

3. 关于教育讨论的拓展。因为教育这个论题具有前沿性、急迫性与广泛性,所以继续受到教育界内外的高度关注。其中首先关注的是现实困境引发的反思。主要有:潘文安《对于汤总长中学教育方针之赘言》(《教育杂志》第6卷第8期),王葰《现今教育无实效之原由及应行改良之点》(《教育杂志》第6卷第2期),张元济《贫困之教育》(浙江省教育会编辑、发行《教育周报》第37期),沈步洲《现今教授之缺陷》(《教育杂志》第6卷第8期),贾丰臻《说教育界之魔障》(《教育杂志》第6卷第4期)、《吾国教育上之疑问》(《教育杂志》第6卷第6期)、《吾国教育上之进步观》(《教育杂志》第6卷第11期),侯鸿鉴《说社会教育与学校教育联络之改进》(《教育杂志》第6卷第10期),沈步洲《现今教授之缺陷》(《教育杂志》第6卷第8期),陆费逵《论人才教育职业教育当与普通教育并重》(《中华教育界》第13期)。张元济《贫困之教育》主要提出穷国办教育的困境与对策:"故吾谓自治之取消,经费之裁减,均不足为教育前途危。所可危者,我国民无真知教育之要,而能准时酌势谋切实以易行之法者耳。所谓切实易行者何? 贫困之国,宜以贫困之道行之,而不宜浮慕富厚之国之行为也。吾见今之学校矣,校舍必洋式,否则亦必有洋式之一窗一门,桌椅亦必以洋式为尚,是设备之费奢矣。图画唱歌教员殊鲜,内地聘用尤难,而科目必求完备,则俸给之数巨矣。毕业必限四年,生徒必留食宿,则所费增而来学者有所限制矣。凡此皆所以陷教育于艰窘之境,名曰振兴而实则以蹙陁之也。谓政府不欲兴学,吾敢断言无是事。至糜费过巨不能自给,而必求助于政府,则必有爱莫能助之一日矣。西人有言,不良之法律犹愈于无法律,吾亦谓不完备之教育犹愈于无教育。及今不图,后悔无及,邦人君子以教育为今日必不可缓之事,其毋忘今日之贫困可矣。"其次,"实用主义"教育理念依然为学界所关注,主要见之于潘文安辑《实用主义单级教授法》(上海嘉定匡华书局),顾树森《生活教育设施法》(上海中华书局)、《实用主义生活教育设施法》(《中华教育界》第13、14、16期)。其中《生活教育设施法》分吾国现今小学教育之现象、实用主义当以生活教育为标准、学级编制、各种补习科、训育、儿童自动事业、设施法等9章。再次,是关注教育调查和考察。国内方面主要有:黄炎培《考察本国教育笔记》(《教育杂志》第6卷第3期),侯鸿鉴《江苏视察会议感言》(《教育杂志》第6卷第7期)、《徐州调查笔记》(《教育杂志》第6卷第3期)。是年2月,黄炎培辞去江苏省教育司司长的职务,以《申报》旅行记者的身份,历时95天,对安徽、江西、浙江三省的教育状况、社会情况、民生疾苦等情况进行调查与考察,并将途经之地教育情况的考察内容,发表在商务印书馆《教育杂志》上。国际方面,则有庄俞《听考察欧美教育报告感言》(《教育杂志》第6卷第6期)、侯鸿鉴《东京通俗教育馆记》(《教育杂志》第6卷第9期),胡周辉《派赴日本考察校务报告》(《教育杂志》第5卷第10期)等。最后,也有少数学者致力于理论探索与建构,比如:蒋梦麟《教育真谛》(美国《留美学生季报》1914年第1卷第3期),杨锦森《教育之价值》(《教育杂志》第6卷第10期),贾丰臻《教育上之根本改革》(《教育杂志》第5卷第10期),张毓聪编著《教育学》(上海商务印书馆),张子和编《大教育学》(上海商务印书馆),金承望编《学校管理法》(商务印书馆)。蒋梦麟《教育真谛》明确表达了作者的新教育观。文中先引《大学》有言:"古之欲明明德于天下者,先治其国;欲治其国者,先齐其家;欲齐其家者,先修其身;欲修其身者,先正其心;欲正其心者,先诚其意;欲诚其意者,先致其知,致知在格物。"然后结合现代教育原理作了新的阐释。最后总结道:"总之教育之原料,当取于自己民族累世所聚积之文化,而补之以他民族累世所聚积之文化也。科学者,吾所无而必取于人者也;美术者,吾所不足而必求助于人者也。文学经史,吾国固有者也,此皆吾国儿童教育上应享之权利也。于是乎作《教育真谛》,愿与吾国教育家共研究焉。"《大教育学》由张子和编纂、蒋维乔校订,是张子和在两江师范学校和安徽省立师范学校讲授《教育学》一课时的讲义。1912年9月完稿,1914年11月由商务印书馆正式出版。《大教育学》的写作既是两江师范学堂教育学课程教学的需要,又深受当时引进的日本教育学的影响,更体现了国人对教育学中国化的朦胧追求。金承望编《学校管理法》则为辛亥革命后国人为师范学校学生编写的第一本学校管理学教科书。

在本年度问世的学术论著中,则以章炳麟《检论》,罗振玉、王国维《流沙坠简》,罗振玉《殷虚书契菁华》等臻于经典之列。章炳麟《检论》共62篇,另有附录7篇,分为9卷,为章太炎在钱粮胡同软禁期间最重要的学术成果,作者根据《訄书》修订本,整饬旧章,增削篇目,作成一全新著作《检论》。至此,《訄书》初刻本至《訄书》重订本,最终定于《检论》,章太炎的"《訄书》—《检论》"系统得以完成。藉此可以观察章太炎辛亥前到辛亥后的思想变化,其中特别典型的是章氏对经学、对孔子态度的变化。《訄书》初刻本尊荀、客帝,《訄书》重订本文化上反孔,政治上更具革命思想。罗振玉、王国维《流沙坠简》3卷、考释3卷(日本京都东山学社),分作小学术数方技书、屯戍丛残、简牍遗文三部分,有释文和考释,王国维又有《序》《后序》加以论述考证,为中国近代简牍研究的开山之作,亦为近代关于西北古地理的第一部著作。沈颂金《二十世纪简帛学研究·前言》(学苑出版社2003年版)认为,《流沙坠简》"奠定了汉简研究的基础,王国维可以说是近代汉简研究的开创人,他对汉简研究的某些论点和研究方法,一直影响到第二阶段中居延汉简的研究,在学术上有很高的声誉。他很注意把汉简的内容与敦煌汉代烽燧遗址的情况联系起来,力图恢复汉代烽燧的排列和组织,这是极有见识的"。《殷虚书契菁华》系作者罗振玉将部分因骨质脆弱不能拓墨者加以摄影编成史书,并作序,收自藏甲骨最大及细字68片,为不可多得的学术珍品。此外,罗振玉《秦金石刻辞》《唐风楼秦汉瓦当文字》《瓜沙曹氏年表》,王国维《宋代金文著录表》,刘师培《左盦杂著》,辜鸿铭《中国人的精神》(又名《春秋大义》,英文刊本),谢蒙(谢无量)编《伦理学精义》(上海中华书局),吴廷燮《清财政考略》(铅印本),陆费逵编《管理法讲义》(商务印书馆),金承望编《学校管理法》(商务印书馆),严复译[德]卫西琴著《中国教育议》(天津庸言报馆),周焕文、韩定生译[日]中岛半次郎《中外教育史》(上海商务印书馆),王梦曾《中国文学史》(上海商务印书馆)、《中国文学史参考书》(上海商务印书馆),林纾《韩柳文研究法》(上海商务印书馆),齐如山《观剧建言》(京华印书局),孟森《心史史料》第1册(上海时事新报馆),刘法曾《清史纂要》(上海中华书局),谷钟秀《中华民国开国史》(上海泰东图书局),梁启超《中国四十年来大事记》(中华书局)、《欧洲战役史论》,姚永朴《历史研究法》(京师京华印书局),以及但焘译(日)稻叶君山著《清朝全史》(上海中华书局)、孔廷璋等编译日本西山荣久的《支那大地志》为《中国地理全志》(上海中华书局)等都富有学术价值。吴廷燮《清财政考略》历论其清代顺治、康熙、雍正、乾隆、嘉庆、道光、咸丰、同治、光绪、宣统朝的财政情况,书后附有一些统计表格,系从整体上研究清代财政的第一部著作;金承望编《学校管理法》为辛亥革命后国人为师范学校学生编写的第一本学校管理学教科书;周焕文、韩定生译［日］中岛半次郎著《中外教育史》（上海商务印书馆）分总论、中国教育史、外国教育史三部分，讲述中国周至清代的教育史，日本、希腊、雅典等8国各时代的教育情况，具有比较教育研究的性质；齐如山《观剧建言》从"观剧"来论戏，即从接受的角度来探讨问题，对戏曲的功能、观剧的注意事项、观众不同的审美习惯等方面均有相关论述，并提出了独特的见解；姚永朴《历史研究法》共8篇，依次为史原、史义、史法、史文、史料、史评、史翼、结论，系早期讨论中国历史研究法之著作；孟森所著《心史史料》收录《满洲名称考》《清朝前纪》《清国号原称后金考》《朱三太子事述》4篇，着重探讨满清入关前史，为孟森明清史研究早期代表作与成名作，此后孟森渐以"心史"享誉史坛；焘译（日）稻叶君山著《清朝全史》所依据的清太祖、太宗、世祖三朝实录为未经修改过的日本传抄本，保存了许多未被隐没的材料，而且还有朝鲜官方的《李朝实录》和各种私家记载以及日本、西方的相关记载，这些都是中国史家此前未能采用的，所以较之本土学者更能发挥史料优势。进而对清代历史进行全面研究，出版后在日本风行一时，在中国也产生很大反响。又有《康梁文集》合刻由共和编译局出版，则具学术总结的意义。

就本年度聚焦于重要学术论题与学术史的论著而论，前者主要有：任鸿隽《建立学界论》（《留美学生季报》夏季号），胡适《政党概论》（《留学生年报》第3年），汤用彤《新不朽论》（《清华周刊》第20期），志厚《心理学研究法》（《教育杂志》第6卷第8期），天民《伦理学研究法》（《教育杂志》第6卷第2期），薛桂轮《论今日提倡王学足以救国及其提倡之法》（《国学丛刊（北京）》第1期），胡以鲁《道德法律辨》（《法学会杂志》复刊第2卷第7、8号），茆海《东方思想与西方思想》（《进步杂志》第7卷第1号），东海寓公《地理与文明之关系》（《东方杂志》第10卷第8号），王桐龄《中国文化之发源地》（《庸言》第3期）、《历史上中国六大民族之关系》（《庸言》第4期），杜亚泉《接续主义》（《东方杂志》第11卷第1号），黄铁崖《本国历史研究之注意》（《学生杂志》第5号），梁启超《清史商例》（为清史修纂撰写），恽毓鼎《崇陵传信录》（《庸言》第5期），天翼《近世文化之缺点》（《进步杂志》第5卷第4号），以及《东方杂志》第10卷第8号译载《历代饥馑史》等。任鸿隽《建立学界论》认为中国之衰在于无"学界"而致"学术荒芜"。后于秋季号发表《建立学界再论》，进一步明确指出所主张建立之学界为"当为格物致知、科学的学界"。天翼《近世文化之缺点》认为，近世社会对物质文明追求的结果，是"宗教道德不能维系人心"，故"人人存一偷安纵乐之念""则此世界将一变而为金钱之窟穴，再变而为游戏之舞台，人惟始而求富，继而求乐，以至道德净胜，反日见其退化"。

相关学术史论著则主要有：吴承洛《经学源流变迁考》（《国学丛刊（北京）》第1期），观庄《论汉宋学者》（《留学生年报》第3年），罗振玉《瓜沙曹氏年表》，王国维《宋代金文著录表》，何其伟《五千年学术沿革略论》（《国学丛刊（北京）》第1期），藏晖《论汉宋说诗之家及今日治诗之法》（《留学生年报》第3年），郑宗海《辛亥以来之文学观》（《国学丛刊（北京）》第1期），沈鹏飞《泰西哲学源流考》（《国学丛刊（北京）》第1期），顾树森《欧美最近教育思潮》（《中华教育界》第19、20期），欧化《欧洲教育家之派别及学说》（《中华教育界》第16期），晓洲《挽近社会主义之派别与宗旨》（《进步杂志》第7卷第1号）。其中何其伟《五千年学术沿革略论》是一篇通代学术史论，所惜过于简略。此外，吕思勉撰《古代人性论十家五派》，据王充《论衡·本性篇》所论，分世硕、孟子、告子、孙卿、陆贾、董仲舒、刘向、扬雄、王充、荀悦十家，十家之内又分无善无不善说（告子）、性有善有恶说（世子、董子）、性善说（孟子）、性恶

说(荀子)、有性善有性不善说(王充)五派。这也是一篇学术史论之作。吕思勉又有 36000
余字长文《小说丛话》刊于《中华小说界》的第 3—8 期,注重运用西方美学的观点来分析小
说的性质,就小说艺术的一些重要理论问题,提出了系统、深刻、富有创造性的见解,为建立
我国的"小说学"作出了不可磨灭的贡献,与管达如的《说小说》代表了近代小说理论发展的
水平。(以上参见本书"学术背景""学术活动""学术著作""学者生卒"栏所引文献与出处,以及章恒忠、
王亚夫主编《中国学术界大事记(1919—1985)》,上海社会科学出版社 1988 年版;王学典《20 世纪史学编
年(1900—1949)》,商务印书馆 2014 年版;付喜祥《20 世纪前期中国文学史写作编年史》,北京师范大学
出版社 2013 年版;中国大百科全书总编辑委员会编《中国大百科全书•考古学》,中国大百科全书出版社
2002 年版;王学珍等编《北京大学纪事(1898—1997)》,北京大学出版社 1998 年版;清华大学校史研究室
编《清华大学一百年》,清华大学出版社 2011 年版;北京师范大学党委办公室、北京师范大学校长办公室
《北京师范大学纪事》,北京师范大学出版社 2012 年版;南京大学高教研究所编《南京大学大事记(1902—
1988)》,南京大学出版社 1989 年版;沈卫威编《学衡派编年文事》,南京大学出版社 2015 年版;吴永贵《国
民出版史编年:1912—1949》,社会科学文献出版社 2018 年版;陈壁生《从〈訄书〉到〈检论〉——章太炎先
生〈检论手稿〉的价值》,《人文杂志》2019 年第 11 期;颜炳罡《孔教运动的由来及其评价》,《齐鲁学刊》
2004 年第 6 期,左玉河编《张东荪年谱》,群言出版社 2014 年版;左玉河《民国初年的信仰危机与尊孔思
潮》,《郑州大学学报(哲学社会科学版)》2012 年第 1 期;张艳国《破与立的文化激流——五四时期孔子及
其学说的历史命运》,华中师范大学博士学位论文,2001 年;徐斯雄《民国大学学术评价制度研究》,西南
大学博士学位论文,2011 年;金景芝《民国时期的戏曲理论研究》,中央民族大学博士学位论文,2012 年)

1915 年　民国四年　乙卯

一、学术背景

1月6日,北京政府教育部令将《孟子》《论语》列为初等和高等小学教材。

1月7日,教育部通饬各校一律禁用翻版图书,如有误用翻版图书者,应随时纠剔,改用原本。

1月18日,日本驻华公使日置益向袁世凯递交"二十一条",主要内容有五项:(1)承认日本继承德国在山东享有的一切权利;(2)延长租借旅大及南满、安奉铁路期限,并承认日本在南满的特权;(3)汉冶萍公司改为中日合办;(4)中国沿海港湾岛屿不得租借或割让他国;(5)中国中央政府须聘用日本人为政治、军事、财政顾问。

1月20日,梁启超主编的综合性政治刊物《大中华》月刊在上海创刊,中华书局发行。

1月22日,北京政府制定《特定教育纲要》。重申教育宗旨中道德、实利、尚武的重要性,并对教科书、学校建设、学位奖励进行相关规定,要求各学校均应崇奉古圣贤,尊孔尚孟,中小学加读经一科,于大学外独设经学院,各省各处设经学会,以养成中小学读经科教员及升入经学院之预备。

按:纲要规定"大学为最高教育机关,除法、商大学外,如文、理、工、医、农大学,均应由国家设置","拟将全国划为四大学区,每区设大学一所,每校分科,暂不必六科皆备,以互相辅益为主。六科之中,应以理、工、医、农为先,文、商次之,法又次之",并恢复经学,将经学院独立于大学之外,"按各经种类,分立科门"(璩鑫圭、唐良炎编《中国近代教育史资料汇编·学制演变》,上海教育出版社2007年版)。

是月,袁世凯以大总统令公布《颁定教育要旨》。

按:1915年1月大总统袁世凯颁:"凡一国之盛衰强弱,视民德、民智、民力之进退为衡;而欲此三者程度日增,则必注重于国民教育。盖在闭关之世,帝王专制愚民之术,未尝不可为天下雄。乃者万国交通,文明日启,举一切政教艺术乃至琐琐日用之微,无不由科学发明,分功并进,举全国之心思才力奔凑于一途。纵言之,则自家庭教育以至学校教育,层递而日新;衡言之,则自社会教育以至世界教育,周流而无极。无人不学,无时不学,无地不学。故能合群进化,蔚为大观。若以蒙昧柔靡之民,当生存竞争之世,其亦殆矣。吾国开化最先,钟毓独厚,远溯成周学制,人人有士君子之行,渺矣不可复追。秦汉以后二千余年,未与外国文明相接触,新知莫启,旧学又荒,过渡时期,方针不定。本大总统在前清从政,即以废科举、设学校为先。筚褛初开,设施未竟,形式或是,精神则非。重以政体革新,神州云扰。民国成立,荏苒三年,财政困难,未遑兴作,根本大计,缺焉莫修。顾念治国犹治家然,家虽贫子孙愈不可以不读书,国虽弱人民愈不可以不求学。东西各国,专门纪述,著作如林;识字人民,十得八九。返观吾国,则出版之书大都稗贩专利之品,寥若晨星;甚至高才无升学之途,童䎃鲜求师之地。固由公家竭蹶,补助无资。然中养不中,才养不才,微独处高明之地者宜然,凡为公民皆有与有责焉者也。本大总统既以兴学为立国要图,今兵气渐销,邦基粗定,提倡斯旨,岂容蹰躇。矩矱本诸先民,智慧求诸世界。使中华民族为大仁、大智、大勇之国民,则必于忠孝节义植其基,于智识技能求其阙,尚武以备军人资格,务实以微末俗虚浮,矢其忠诚,以爱国为前提,苦其心志,以猎官为大戒,厚于责己,耻不若人,严则如将领之部其弁兵,亲则如父兄之爱其子弟。此本大总统对于学校之精神教育,尤兢兢于变化气质,而后种种学业乃有所施也。文明各邦皆厉行义务教育制度,其学区分配,即就各区内学龄儿童人数分担其延师设学之费。吾国亦定初等小学四年为义务教育年限,但国民罕知义务,往往放弃其青年可贵之光阴。今将以教育普及为期,必使人人有自治之精神而去其依赖之性质。即私家学塾,但能合乎教授管理之法,亦当与各学校受同一之制裁。而入手办法则有二端:师范者中小学所从出,宜极力整顿以造就良师;课本者各学校所通行,宜从速编订以画一学制。着教育部切实筹办,并将义务教育原理分投演说;俟物力稍有余裕,即将各级学校依次扩充。《记》曰:'学然后知不足,知不足然后自反也。'创巨痛深之后,宜有艰苦卓绝之儒。凡我士民,当效阳明、夏峰、习斋、刚主之身体力行,而兼以各国理化博物等名家深思好学,精诚所至,金石为开,痛惩虚憍自大之风,以不学无术为深耻。庶几胜残去杀,礼让彬彬,利国福民,跂予望之。"(舒新城编《中国近代教育史资料》(上册),人民教育出版社1981年版)

是月,中国科学社主编的《科学》杂志在上海创刊。

2月5日,中华医学会在上海成立,同年创办《中华医学杂志》。

3月10日,孙中山指示中华革命党党务部发表通告,揭露日本"二十一条"要求交涉真相及与袁世凯帝制活动的关联。

3月12日,袁世凯颁布《国民会议组织法》。

4月1日,袁世凯颁布《四年内国公债条例》,发行定额2400万元。

4月23日,全国教育会联合会在天津召开第一次会议,为各省教育会推选教育家组成,讨论教育改进的专家会议。

> 按:在会上,以符定一为会长的湖南省教育会提出议案,要求改革学校系统,并实行文实分科。当时的《教育杂志》《中华教育界》等许多教育期刊均报道了此事,江苏省教育会的《教育研究》杂志还全文刊发了湖南省的议案。但议案未被通过。

5月7日,日本提出最后通牒,要中国政府在18小时内答复是否接受"二十一条"。

5月9日,袁世凯屈服日本,接受丧权辱国的"二十一条"。同日,各城市纷纷集会,拒不承认"二十一条",誓雪国耻。全国教育联合会决定,各学校每年以5月9日为"国耻纪念日"。

5月15日,第二届远东运动会在上海举行,中国代表队获得总分第一。

5月25日,中方代表陆征祥和日方代表日置益在北京签订"中日条约"和换文。

6月2日,教育会联合会代表推举陈宝泉等创办全国师范教育研究会。

6月7日,《中俄蒙协约》签订。

是月,《全国师范校长会议规程》规定定期召开由教育总长主持的全国师范校长会议,交流情况,研究问题。

是月,蔡元培、李石曾等在法国巴黎发起组织勤工俭学会,以勤于工作,俭于求学,以进劳动者之智识为宗旨。

7月15日,教育部中央观象台创办《观象丛报》,是当时中国研究天文学的唯一刊物。1921年9月停刊。

7月31日,教育部公布《国民学校令》,规定国民学校由自治区或私人设立,并对学校设置、教科及编制、学校设备、职员、经费、学生就学、教学管理等事项进行相关规定。

是日,教育部公布《高等小学校令》,对高等小学的教育宗旨、教学内容、授课时限等内容进行规定。

是月,教育部颁布《通俗教育研究会章程》。

按:教育部总长汤化龙呈请设立通俗教育研究会,称研究会研究事项,为调查审核并编辑改良小说、戏曲及演讲材料,调查影片、留声机片,调查并改良画报、白话报、俚俗图画。7 月教育部成立通俗教育研究会,以研究通俗教育、改良社会、普及教育为宗旨;研究事项分为三部分:小说、戏曲和讲演。据民初对 26 个省市的调查统计,通俗教育会有 233 处,图书馆 107 所以上,通俗图书馆 286 所,阅报所 1825 处,巡回文库 259 处,博物馆 13 处,演讲所 1881 处,巡回演讲团 943 处,公共补习学校 82 校,简易识字学校 4587 校。(参见徐锡龄《中国民众教育发展之经过》,《教育与民众》第 3 卷第 6 期,1932 年 2 月)

是月,为进一步加强全国的陆军教育与训练,陆军部军学司、军学编辑局和参谋本部第五局合并组成陆军训练总监,专门掌管陆军教育训练。

按:陆军训练总监成立后,对军事学校进行整顿。在清末建立的四级三类军事教育体系的基础上,改初级军官培训三级为两级制。将各省陆军小学堂合并或停办,各陆军中学堂、陆军贵胄学堂、陆军速成学堂和有关军事学堂一律停办,实行陆军预备学校、陆军军官学校和陆军大学的三级教育体系。

8 月 3 日,袁世凯的宪法顾问、美国政客古德诺发表《共和与君主论》,鼓吹帝制。

8 月 8 日,各省的袁党或被收买的社会名流组成"请愿团",要求实行帝制。

8 月 20 日,杨度、孙毓筠、严复、刘师培、李燮和、胡瑛等以"研究国体问题"为名,组成"筹安会",宣传帝制。杨度为理事长,孙毓筠为副理事长,严复、刘师培、李燮和、胡瑛为理事。

8 月 24 日,"筹安会"通电各省将军、巡按使派代表来京讨论国体。

是月,上海女子青年体育师范学校设立。

9 月 6 日,黎元洪鼓吹总统世袭,为世界开先例。

是日,教育部设通俗教育研究会,分小说、戏曲、讲演三股。

9 月 15 日,陈独秀在上海创办《青年杂志》(《新青年》),提出"民主"和"科学"的口号,为新文化运动兴起的标志。

按:《青年杂志》(《新青年》),上海群益书社印行(月刊)。6 期为一卷。陈独秀所写的发刊词《敬告青年》是该刊的纲领性文章。此文向青年们提出了六条处世精神,即"自主的而非奴隶的"精神;"进步的而非保守的"精神;"进取的而非退隐的"精神;"世界的而非锁国的"精神;"实利的而非虚文的"精神;"科学的而非想象的"精神。贯穿于六项标准中的一条红线是科学与民主。科学与民主是检验一切政治、法律、伦理、学术以及社会风俗,人们日常生活一言一行的惟一准绳,凡违反科学与民主的,哪怕是"祖宗之所遗留,圣贤之所垂教,政府之所提倡,社会之所崇尚,皆一文不值也"。《新青年》的创刊是新文化运动兴起的标志,《敬告青年》一文则成为新文化运动的宣言书。

按:博古(秦邦宪)《五四运动——中国现代史研究之一》说:"新文化运动的功绩,首先就在民主主义的提倡。'没有真正的民主主义的高涨,中国人民就不能解脱千百年来的奴隶制,因为,这种高涨激动劳苦群众并使之能完成奇特的事业。'(列宁)'五四'的反对日本帝国主义的伟大壮烈,正是由于民主主义的提倡而造成的群众的爱国主义的热潮,其结果才能达到拒签和约及撕破'二十一条'后并且复能够使全国思想蓬蓬勃勃扬葩吐艳,而成为对收效既伟大又久远之思想界空前大变动。当今天神圣抗战的时候尤其在精神动员中,'五四'这个光荣传统值得极大的发扬。第二,在于科学精神之提倡。科学对于人类社会发展之重大作用是不容忽视的,任何有着光明前途的人们和阶级,是勇敢地提倡科学,忠诚于科学。而现在在抗战建国之中,科学的重要尤其不容忽视。但是科学要求得真正的远大的发展,它必须依靠于唯物辩证法的基础之上。把'五四'文化运动这个特点发扬起来并于中国科学的发展提高到新的阶段上，这是纪念'五四'的重要的任务之一。第三，就是文学的革新，白话文的提倡。正因文学是思想表达的形式，所以这一改革对于新思想之发展有着重大影响。第四，在于向旧礼数、旧制度、旧习惯——首先是孔教勇敢的宣战。……第五，就在这个运动中已经发现了社会主义斗争思潮——这里不能不纪念我们伟大的先驱战士李大钊同志，他在当时完全与陈独秀、胡适之等资产阶级民主主义者相反，他是以中国无产阶级天才的最初的代表者出现于运动中。"（1939年5月4日《新华日报》）

9月19日，梁世诒在北京发起全国请愿联合会，请求组成国民代表大会，投票解决国体问题。

10月1日，《新中华》杂志在上海创刊。

10月5日，袁世凯任命张一麟为教育总长。

10月8日，袁世凯颁布《民国代表大会组织法》，共16条。

10月23日，教育部拟定《社会教育各项规程呈并大总统批令》得到国务卿徐世昌批准，内容涉及图书馆、通俗图书馆、通俗教育讲演所事项。

是日，教育部颁布《通俗教育讲演所规程》《通俗教育讲演规则》和《图书馆规程》《通俗图书馆规程》。

10月25日，各省国民代表大会开始国体投票。

是日，中国科学社在美国在美国康乃尔大学成立，通过《中国科学社总章》，规定科学社的办事机关包括董事会、分股委员会、期刊编辑部、书籍编译部、经理部、图书部。

按：总章共11章60条，内容包括中国科学社的定名、宗旨、社员类型、社员权利及义务、分股委员会事宜、办事机构事宜、职员的任期和责任、会费、年会、选举等方面的细则。总章规定中国科学社的宗旨为"联络同志共图中国科学之发达"，列举了5种会员类型，即普通社员、特社员、仲社员、赞助社员和名誉社员。普通社员，从事科学事业，赞同中国科学社宗旨，由两名社员介绍，由董事会选定即可；特社员，指普通社员在科学事业上做出特别成绩，经董事会或者20名社员提名，且在年会得到半数以上通过的社员，蔡元培、马君武、张轶欧、周美权、竺可桢、葛利普（Amadeus William Grabau）、吴稚晖、孙科等先后被邀任特社员；仲社员，即预备社员，指在中学学习3年以上，立志从事科学事业，由社员介绍，经董事会同意即可；赞助社员，凡资助科学社200元以上，经董事会提出，年会半数以上通过的选举者，如伍廷芳、唐绍仪、范源濂、黄炎培、徐世昌、黎元洪、熊克武、傅增湘、袁希涛、王搏沙、谭祖安、蒋介石、张静江、宋子文、陈陶遗、傅筱庵、江恒源、张乃燕等；名誉社员，凡在科学事业上有特别贡献，由董事会提名，经年会半数以上选举通过即可。此外，社员一次交纳100元即成为永久社员，永久社员有胡敦复、任鸿隽、胡明复、竺可桢、李垕身、刘柏堂、杨铨、胡刚复、李协、过探先、邹秉文、胡先骕、许寿裳、王琎等。（参见刘敏《民国时期〈科学〉杂志研究》，内蒙古师范大学博士学位论文，2013年）

是日，孙中山与宋庆龄到日本著名律师和田瑞家中办理了手续，在知友廖仲恺和日本友人田纯三郎等数人前举行了结婚礼。

11月7日，袁世凯在北京公布《著作权法》，共5章45条。

按：第一章　总　纲

第一条　下列著作物，依本法注册专有重制之利益者，为有著作权：一、文书、讲义、演述；二、乐谱、戏曲；三、图画、帖本；四、照片、雕刻、模型；五、其他有关学艺美术之著作物。

第二条　著作权之注册，由内务部行之；关于注册之程序及规费，以教令定之。

第三条　著作权得转让于他人。

第二章　著作人之权利

第四条　著作权归著作人终身有之。著作人死亡后，并得由其承继人享有三十年。

第五条　数人共同之著作,其著作权各著作人共同终身有之。各著作人死亡后,并得由各承继人继续享有三十年。

第六条　著作人死亡后,承继人将其遗著发行者,其著作权亦得享有三十年。

第七条　以官署、学校、公司、局所、寺院、会所之名义发行之著作,其著作权亦得享有三十年。

第八条　不著姓名或以别号发行之著作,其著作权得享有三十年;但于期间未满以前改正真实姓名时,适用第四条之规定。

第九条　照片之著作权得享有十年;但附属于他著作物者不在此限。

第十条　从外国著作适法以国文翻译成书者,翻译人得依第四条之规定享有著作权。但不得禁止他人就原文另译国文,其译文无甚异同者不在此限。

第十一条　著作权之年限,自注册之日起算。

第十二条　第四条承继人之著作权,自著作人死后之翌年起算;第五条各承继人之著作权,自各著作人中最后死亡之翌年起算。

第十三条　编号逐次发行之著作或分数次发行之著作,均应于首次注册时预行声明;嗣后每次发行,仍应禀报。

第十四条　编号逐次发行之著作,其著作权之年限,自每号禀报之日起算。分数次发行之著作,其著作权之年限,自最后部分禀报之日起算,但该著作虽未完成其应行继续之部分已逾三年尚未发行者,以业已禀报之部分视为最后之部分。前项之规定,若于第一次注册时预行声明继续发行之期限者,得不适用之。

第十五条　著作人死亡后,若无承继人,其著作权即行消灭。

第十六条　著作权之移转及承继,均须注册。

第十七条　在专有著作权年限内,将原著作重制时,修改章句或插入图画者,应附具样本,禀报于原注册之官署。

第十八条　数人合成之著作,其中如有一人不愿发行者,其著作之体裁如可分割,应将该著作之一部分提开,听其自主。如不能分割时,应由各发行人酬以相当之利益,其著作归各发行人公有;但其人不愿列名于该著作者,应所其便。

第十九条　适法搜集多数之著作编成一种著作者,编辑人于其编成之著作,得依第四条之规定专有著作权;但出于剽窃割裂者,不在此限。

第二十条　出资聘人所成之著作或照片,其著作权归出资者有之。

第二十一条　讲义演述,虽经他人笔述或经官署、学校印刷,其著作权仍归讲演者有之;但依契约之所定或经讲演者之允许时,不在此限。

第二十二条　就他人之著作阐发新理,或以与原著作物不同之技术制成美术品者,均得视为著作人,享有著作权。

第二十三条　下列著作物不得享有著作权:一、法令约章及文书案牍;二、各种善会宣讲之劝诫文;三、各种报纸记载关于政治及时事之论说新闻;四、公开之演说。

第二十四条　依出版法之规定不得出版之著作物,不得享有著作权。

第三章　著作权之侵害

第二十五条　著作权经注册后,遇有他人翻印仿制及其他各种假冒方法损害其权利时,得提起诉讼。

第二十六条　著作权之转让及抵押,非经注册,不得与第三者对抗。

第二十七条　接受或承继著作权者,不得就原著作加以割裂、改窜及变匿姓名或更换名目发行;但得原著作人之同意或受有遗嘱时,不在此限。

第二十八条　著作权年限已满之著作,视为公共之物;但不问何人不得加以割裂、改窜及变匿姓名或变更名目发行。

第二十九条　假托他人姓名发行自己之著作者,以假冒论。

第三十条　不得以他人未发行之著作物作为债权之抵押,但经本人允许者不在此限。

第三十一条　下列各款之著作物不以假冒论:一、节选众人著作成书,以供普通教科书及参考之用者;二、节录、引用他人著作,以供自己著作之考证、注释者;三、仿他人图画以为雕刻、模型或仿他人雕刻、模型以为图画者。

第三十二条　著作权之侵害经著作人提起诉讼时,除依本法处罚外,被害人所受之损失,应由侵害者赔偿。

第三十三条　数人合成之著作,其著作权受侵害时,不必俟余人之同意,得径行提起诉讼,并请求赔偿一己之损失。

第三十四条　因著作权之侵害提起民事或刑事诉讼,得由原告请求法院,将涉于假冒之著作物,暂行停止其发行。此项之诉讼,若由法院审明并非假冒,其判决确定后,被告因停止发行时所受之损失,应由原告人赔偿。

第三十五条　著作权之侵害,若由法院判决其并非有心假冒,得免处罚,但须将被告已得之利益偿还原告。

第四章　罚则

第三十六条　翻印仿制及以其他方法假冒他人之著作者,处五百元以下五十元以上之罚金;其知情代为出售者亦同。

第三十七条　违反第二十七条、第三十条之规定者,处四百元以下四十元以上之罚金。

第三十八条　违反第二十八条、第三十一条第二项之规定者,处以三百元以下三十元以上之罚金。

第三十九条　注册时禀报不实,或不依第十七条之规定禀报者,除将著作权取消外,处二百元以下二十元以上之罚金。

第四十条　未经注册之著作,于其末幅加填注册年月者,处一百元以下十元以上之罚金。

第四十一条　依本章处罚之著作物没收之。

第四十二条　第三十六条、第三十七条之违犯,经被害者告诉乃论;但因违犯第三十七条之规定,原著作人已死亡时,不在此限。

第四十三条　关于本法之公诉期间,自注册之日起,以二年为限。

第五章　附　则

第四十四条　本法自公布日施行。

第四十五条　本法施行前已注册之著作物,自本法施行之日起,得受本法之保护。(《东方杂志》第12卷第12号)

11月20日,国体投票完成,全体赞成君主立宪,总委参政院为国民代表大会总代表,推戴袁世凯为中华帝国皇帝。

是月,清华学校师生合编的《清华学报》季刊发刊,分著述、记述、译述三部,中文、英文各一种。

12月12日,袁世凯宣布恢复帝制,改国号为"中华帝国",改明年为洪宪元年。

12月13日,袁世凯称帝后发布第一道申令:捕杀乱党。

12月15日,日本公使联合英、法、俄、意公使至外交部,劝告袁世凯缓改国体。

是日,教育部公布《劝学所规程》,于各县设劝学所辅佐县知事办理县教育行政事宜。

12月22日,教育部试办注音字母传习所。

12月23日,唐继尧、任可澄致电袁世凯府,要求立将杨度、孙毓筠、严复、刘师培、李燮和、胡瑛、段芝贵、朱启钤、周自齐、梁士诒、张镇芳、袁乃宽等即日明正典刑,以谢天下,涣发明誓,拥护共和。

12月24日,蔡锷、戴裁致电袁世凯,要求取消帝制,惩办元凶,将发起筹安会之杨度、孙毓筠、严复、刘师培、李燮和、胡瑛等6人及通电各省之朱启钤、段芝贵、周自齐、梁士诒、张镇芳、袁乃宽等7人明正典刑。

12月25日,蔡锷、唐继尧等通电各省宣告云南独立,组织护国军,讨伐袁世凯。

是月,中华革命党总理孙中山发表《讨袁宣言》,痛斥袁世凯"暴行帝制"等种种罪行。

按:《讨袁宣言》曰:"文自束发受书,知忧国家,抱持民族、民权、民生三大主义,终始不替;所与游者,亦类为守死善道之士。民国成立,五族共和,方幸其目的之达。乃袁氏推翻民国,以一姓之尊而奴视五族,此所以认为公敌,义不反兵〔顾〕。今是非已大白于天下之人心,自宜猛厉进行,无遗一日纵敌之患,国贼既去,民国始可图安。若夫今后敷设之方,则当其事者所宜一切根据正确之民意,乃克有济。文自审立身行事,早为天下共见,末俗争夺权利之念,殆不待戒而已除。惟忠于所信之主义,则初不为生死祸福而少有屈挠。袁氏未去,当与国民共任讨贼之事;袁氏既去,当与国民共荷监督之责,决不肯使谋危民国者复生于国内。唯父老昆弟察之!"(据上海《民国日报》一九一六年五月九日《孙文宣言》,这是孙中山从日本回到上海以后发表的宣言。)

是月,中国参展美国旧金山巴拿马太平洋博览会物品,共获大奖章57枚,金牌258枚,银牌337枚,铜牌258枚等,奖牌总数在31个参展国中名列首位。

是年,《大中华杂志》《中华妇女界》《中华学生界》《科学》《文艺杂志》《中国银行业务会计通信录·中国银行通信录》《学生会会报》《小说海》《妇女杂志》《广西教育公报》《四川第四区教育杂志》《广济医报》《双星杂志》《戏剧丛报》《小说新报》《女子杂志》《国学杂志》《正志》《光华学报》《中国白话报》《崇德公报》《交通部上海工业专门学校学生杂志》《教育月刊》《安徽教育杂志》《观象丛报》《小说大观》《船山学报》《通俗杂志》《日本潮》《国货月报》《世界观杂志》《亚细亚日报》《四川公报》《大公报》《文星杂志》《中华国货月报》《新青年》《新中华》《益世报》《杭州青年》《中华新报》《大夏丛刊》《清华学报》《中华医学杂志》《英商公会华文报》《民信日报》《复旦杂志》《笑林杂志》《风雅杂志》《摩尼》《秋星》《滑稽时报》《文艺杂志》《游艺杂志》《莺花杂志》《家庭》《家庭杂志》《上海杂志》《文友社杂志》《秋季星》《诗声:雪堂月报》《空中语》《浙江公立图书馆年报》《安徽省立第二师范学校杂志》《大同月报》《都市教育》《贵州政治公报》《焱社》《爱国月报》《艺苑真赏集》《实业汇报》《教育杂志》《新学镜》《四川旬报》、《富强》《都市教育》《教师杂志》《山西教育会杂志》《江苏教育评论》《初等教育研究杂志》《吴江县教育月刊》《铁路会计统计年报》《江苏公立医学专门学校校友会杂志》《中国科学社年会报告》《光华医社月报》《南洋》《湖北财政》《烟酒杂志》《实业浅说》《国货汇刊》《江西农会报》《消遣的杂志》《繁华杂志》《北洋大学校季刊》《商务日报》《英文杂志》《英语周刊》等报刊创刊。

二、学术活动

章炳麟仍被袁世凯囚禁在北京钱粮胡同。1月31日,弟子许寿裳、鲁迅前往看望。2月14日春节,弟子许寿裳、鲁迅、钱玄同、朱希祖、马裕藻、马叙伦一同前往看望。4月,钱须弥编《太炎最近文录》由上海国学书室发行,收录辛亥以来章氏发表的宣言、函电、演说及发刊词等,章炳麟对此书深为不满。大共和日报馆为特约购买所。5月,有意修改《宋史》,未果。

按:5月16日《时报》刊载《章太炎近状记闻》,言及"诸史之中《宋史》最为芜杂,褒贬亦多不公。太炎顷已着手改修,政府亟赞成此举,遣人通意,且允助以经费"。

章炳麟所著《国故论衡》5月增订完毕。《检论》定稿,共分9卷,正文60篇,附录7篇,大半为新写或据《旭书》旧稿修改而成。29日,弟子许寿裳、鲁迅前往看望。6月,撰《南夏英贤题名记》。7月,章炳麟自定的《章氏丛书》由上海右文社出版,收录《春秋左传读叙录》《刘子政左氏说》《文始》《新方言》《小学答问》《说文部首韵语》《庄子解诂》《管子余义》《齐物论释》《国故论衡》《检论》《太炎文录初编》12种,多为学术专著,先前登在报刊上的富有战斗性的文章,竟多被刊落。8月23日,杨度、孙毓筠等成立筹安会,要求改共和国体为帝制。章炳麟得知后,遂用七尺宣纸篆书"速死"二字高悬于壁上,并自跋云:"含识之类,动止则息,苟念念趣死,死则自至,故书此二字,在自观省,不必为士燮之祷也",表示决不与帝制共存。9月章炳麟预言,筹安会诸人鼓吹复辟帝制,徒造成亡国之基础,虽暂得富贵,其覆可待。10月,撰《终制》。11月,撰《诚意伯集序》。是年至次年年初,司法部佥事吴承仕常往探视,并执弟子之礼,章炳麟为其口述《菿汉微言》,内容涉及阐释印度哲学、中国先秦诸子、宋明理学等。(以上参见姚奠中、董国炎《章太炎学术年谱》,山西古籍出版社1996年版;汤志钧编《章太炎年谱长编(增订本)》,中华书局2013年版;王小红《章太炎学术年谱》,载《儒藏论坛》2009年第1辑;庄安正《张謇年谱长编(民国篇)》,上海交通大学出版社2018年版;王学典《20世纪史学编年(1900—1949)》,商务印书馆2014年版)

张謇1月3日与管石臣、许德润、薛弢游武英殿,观赏前清热河行宫之金石、陶瓷、书画藏品15日,接受《京报》记者采访,谓"今则愈知欲富强吾国,舍实业无由也。就各项实业而言,最为吾所主张者为棉、铁二项,以其于近世界中为必不可少之物也"。23—24日,在《时报》刊载《河海工程专门学校旨趣书》。3月15日,在南京创办河海工程专门学校,出席开学典礼。

按:此为河海大学之前身。

张謇4月30日安排熊辅龙于南通医学专门学校进行人体解剖实验,为全国首例。5月17日,与迎元、张督、范铠、薛蘅、周警斋等发布《中华佛教总会江苏南通分部开正式大会通告》。约8月20日,以请假南返向袁世凯辞行,劝其做中国第一人的华盛顿,不要效法法国上断头台的路易。8月29日,在江苏省教育会在上海举行的常会上当选为会长,黄炎培当选为副会长,沈恩孚、庄俞、郭秉文、凌昌焕、张世鎏、蒋季和、沈颐、杨锦森、吴家煦、王朝阳、朱亮、吕侠、包公毅、俞复、贾丰臻、陆裕柚为干事员。10月1日,所筹国货展览会开幕。20日闭会。同月,借博物苑建盲哑师范传习所(亦称盲哑师范科),以造就盲哑教员为宗旨。12月28日,张謇致电政事堂,四辞水利局总裁并(参政院)参政职。31日,张謇电辞袁世凯子袁克定等师傅。(以上参见庄安正《张謇年谱长编(民国篇)》,上海交通大学出版社2018年版)

杨度4月撰《君宪救国论》一文,全面阐述了"君宪救国"思想,袁世凯赐"旷代逸才",由政事堂制成匾额赐赠杨度,给予表彰。8月14日,杨度与孙毓筠、严复、刘师培、李燮和、胡瑛等联名发表组织筹安会宣言,以讨论国体问题为名支持袁世凯称帝,称为"筹安六君子"。23日,杨度公开发表亲自起草的筹安会宣言,大声疾呼道:"我等身为中国人民,国家之存亡,即为身家之生死,岂忍苟安漠视、坐待其亡?度特纠集同志,组成此会,以筹一国之治安。"筹安会于北京石驸马大街挂牌宣布正式成立,杨度为理事长,孙毓筠为副理事长,严复、李燮和、胡瑛、刘师培为理事。29日,筹安会发表第二次宣言,声称"全体一致主张君主立宪",废除共和制。10月15日,杨度等改筹安会为宪政协进会。12月12日,袁世凯接受了推戴书,宣布复辟帝制,接受百官朝贺,杨度因推戴有功被授予最高级的公爵。25日,蔡锷在云南发起护国运动,领衔致电袁世凯,要求将杨度等人明正典刑,以谢天下。

按:杨度《筹安会宣言》曰:"彼外人之轸念吾国者,且不惜大声疾呼,以为吾民忠告,而吾国人士乃反委生任运,不思为根本解决之谋,甚或明知国势之危,而以一身毁誉利害所关,瞻顾徘徊,惮于发议,将爱国之谓何? 国民义务之谓何? 我等身为中国人民,国家之存亡,即为身家之生死,岂忍苟安漠视,坐待其亡。度特纠集同志,组成此会,以筹一国之治安。"(参见左玉河编《中国近代思想家文库·杨度卷》及附录《杨度年谱简编》,中国人民大学出版社 2014 年版;陈奇编《刘师培年谱长编》,贵州人民出版社 2007 年版)

刘师培约于 1 月发表《告旧中国同盟会诸同志书》。6 月,《刘申叔文钞》由上海进步书局出版。8 月 14 日,参与联名发表组织筹安会宣言,为"筹安六君子"之一。月底,发表《国情论》,以证民主之不可以治中国。又发表《唐虞禅让与民国制度不同论》。9 月 5 日,袁世凯政府派警士保护刘师培等筹安会发起人。同月中旬,刘师培召集首都学者名流,演说鼓吹帝制,寻求支持,遭北京大学教授黄侃当场抵制,遂罢。

按:黄侃 1907 年在日本与刘师培相识,当时政治见解与学术门径均同于刘师培,尤佩服刘师培的学术,至此在恢复帝制上彼此发生冲突。(参见司马朝军、王文晖《黄侃年谱》,湖北人民出版社 2005 年版)

刘师培 10 月 23 日任参政院参政。同月,安徽寿县方勇致函刘师培,请其为所著《方子丛稿》作序,刘师培即撰《方子丛稿序》。11 月 2 日,出席参政院会议。9 日,出席参政院会议,任《修正商会法案》审查委员。15 日,刘师培为袁世凯授为上大夫。19 日,为受封事上书袁世凯谢恩。12 月上旬,刘师培呈政府以贾逵附祀孔庙。约于是年,呈请设京师图书馆。

按:呈文云:"今虽草昧经纶,百度待理,而维新旧物,非此孰先! 是宜选歆、向之才,就老、彭之业,兴废继绝,以光大化。"(以上参见陈奇编《刘师培年谱长编》,贵州人民出版社 2007 年版;黄锦君《刘师培生平学术年谱简编》,《儒藏论坛》2009 年第 1 辑)

严复 3 月 4 日致书熊纯如,谈日本向袁世凯政府提出"二十一条",又谓"欧战告终之后,不但列国之局,将大变更;乃至哲学、政法、理财、国际、宗教、教育,皆将大受影响"。5 月 9 日,袁世凯接受丧权辱国的"二十一条"修正案。严复为之辩解。7 月 1 日,袁世凯令参政院推举中华民国宪法起草委员。3 日,推举李家驹、汪荣宝、达寿、梁启超、施愚、杨度、严复、马良、王世澂、曾彝进为宪法起草委员。8 月 12 日,杨度到严复寓所,宣布宗旨,邀其发起筹安会。14 日,严复参与杨度、孙毓筠、刘师培、李燮和、胡瑛联名发表组织筹安会宣言。11 月,为《马氏文通要例启蒙》作序。12 月 11 日,参政院以"国民代表大会"总代表名义,向袁世凯上推戴书。次日,袁宣布承受帝位。13 日上午,在中南海居仁堂接受百官朝贺,严复未入场。12 月 23 日,唐继尧、任可澄致电袁世凯,请取消帝制,诛除祸首,称"立将杨度、孙毓筠、严复、刘师培、李燮和、胡瑛等六人,及朱启钤、段芝贵、周自齐、梁士诒、张镇芳、雷震春、袁乃宽等七人,即日明正典刑,以谢天下!"(参见罗耀九主编《严复年谱新编》,鹭江出版社 2004 年版;孙应祥《严复年谱》,福建人民出版社 2014 年版)

梁士诒 9 月 19 日发起的全国请愿联合会在北京安福胡同成立。当时北京政府参政院准备表决公民请愿团的请愿书时,袁世凯派其亲信到会传达其旨意,暗示必须采用"国民公意"的形式推戴他为皇帝。梁士诒等亲信迅即行动,于是日组织了全国请愿联合会,以沈云沛为会长,那彦国、张镇芳为副会长,文牍主任谢桓武,副梁鸿志、方表,会计主任阮忠桓,副蒋邦彦、夏仁虎,庶务主任胡壁城,副权量、乌泽声,交际主任郑万瞻,副袁振黄、康士铎。全国请愿联合会向参政院请愿,要求召开国民代表大会,投票解决国体问题。

按:全国请愿联合会的发起宣言如下:"民国肇建,于今四年,风雨飘摇,不可终日,父老子弟,苦共和而望君宪,非一日矣! 自顷以来,廿二行省及特别行政区域暨各团体,各推举尊宿,结合同人,为共同之呼吁,其书累数万言,其人以万千计,其所蕲向,则君宪二字是已! 政府以兹事体大,亦尝特派大员,发表意见于立法院,凡合于巩固国基,振兴国势之请,代议机关,所以受理审查,以及于报告者,亦既有合于吾民之公意,而无悖于政府之宣言,凡在含生负气之伦,宜有舍旧图新之望矣! 惟是功亏一篑,则为山不成,锲而不舍,则金石可贯。 同人不敏,以为我父老子弟之请愿者,无所团结,则有如散沙在盘,无所权商,则未必造车合辙,又况同此职志,同此目标,再接再厉之功,胥以能否声合进行为断;用是特开广坐,毕集同人,发起全国请愿联合会,议定简章凡若干条。此后同心急进,计日成功,作新邦家,慰我民意,斯则四万万人之福利光荣,匪特区区本会之厚幸也。"

马相伯继续留京,居培根学校南轩。4月,作《〈主制群征〉序》,云:"明末清初,有汤若望者,来自日耳曼,于当时之科学,无所不窥,于治历外,尤受知于顺治朝;著有《主制群征》,盖即万有万物之固然者,推极于天主至大至公之所以然也。吾友英敛之,自幼求道,弗得弗措,年至弱冠,始得此书,乃恍于加特力教所称天主,实即万有真原,万民父母。一身之父母,不孝事,犹不可以为人。万民之大父母而不之孝事,乃曰:此科学也,此哲学也。学云,学云,非学以为人乎? 以不孝倡天下,孰如此甚! 因拟重刊汤著以救正之。而或曰:惜乎! 汤所征引,间与现今科学不同。序者曰:无伤也! 此一时,彼一时,譬之追王而偶愆昭穆,与数典而忘者不迥异乎? 我中国之言天,与佛氏之言天,其可笑盖不胜枚举,彼犹不改,汤之著何以改为?"5月7日,在北京中央公园演讲,阐发"信仰自由"的主张。12月,曾与北京天主教徒英华一起,商议重刊《天学初函》。其《重刊〈辩学遗牍〉跋》云:"《大公报》主任英敛之喜见《天学初函》,亟为重校,刊报尾广布。计余所见重刊,此其四矣。然则是非自有大公,纪氏之言'佛教非天主教所可辟'云云,特徇势位为是非,何足沮人特刊而不一刊哉?"(参见李天纲编《中国近代思想家文库·马相伯卷》及附录《马相伯年谱简编》,中国人民大学出版社2014年版)

汤化龙继续任教育总长。1月6日,北京政府教育部令将《孟子》《论语》列为初等和高等小学教材。7日,教育部通饬各校一律禁用翻版图书,如有误用翻版图书者,应随时纠剔,改用原本。11日,教育部教育总长汤化龙令北京大学校长胡仁源,外交部、铨叙局文称,民国三年(即1914年)七月二十三日奉大总统策令北京大学教员芬来孙、毕善功、巴和、巴特尔、米娄、龙讷根均给予四等嘉禾章,克特来、纽纶、白来士均给予五等嘉禾章。22日,北京政府制定《特定教育纲要》,重申教育宗旨中道德、实利、尚武的重要性,并对教科书、学校建设、学位奖励进行相关规定,要求各学校均应崇奉古圣贤,尊孔尚孟。同月,袁世凯以大总统令公布《颁定教育要旨》,强调"凡一国之盛衰强弱,视民德、民智、民力之进退为衡;而欲此三者程度日增,则必注重于国民教育"。"本大总统既以兴学为立国要图,今兵气渐销,邦基粗定,提倡斯旨,岂容踌躇。矩矱本诸先民,智慧求诸世界,使中华民族为大仁、大智、大勇之国民,则必于忠孝节义植其基,于智识技能求其阙,尚武以备军人资格,务实以儆末俗虚浮,矢其忠诚,以爱国为前提,苦其心志,以猎官为大戒,厚于责己,耻不若人,严则如将领之部其弁兵,亲则如父兄之爱其子弟。此本大总统对于学校之精神教育,尤兢兢于变化气质,而后种种学业乃有所施也。""创巨痛深之后,宜有艰苦卓绝之儒。凡我士民,当效阳明、夏峰、习斋、刚主之身体力行,而兼以各国理化博物等名家深思好学,精诚所至,金石为开,痛惩虚憍自大之风,以不学无术为深耻。庶几胜残去杀,礼让彬彬,利国福民,跂予望之。"4月23日,全国教育会联合会在天津召开第一次会议,为各省教育会推选教育家组成,讨论教育改进的专家会议。7月31日,教育部公布《国民学校令》。同日,教育部公布《高等小学校令》。同月,教育部颁布《通俗教育研究会章程》。9月,汤化龙请假,由章宗祥兼代教育总长。10月,张一麐继任教育总长。同月23日,教育部拟定《社会教育各项规程呈并大总统批令》得到国务卿徐世昌批准,内容涉及图书馆、通俗图书馆、通俗教育讲演所事项。同日,教育部颁布《通俗教育讲演所规程》《通俗教育讲演规则》和《图书馆规程》《通俗图书馆规程》。12月15日,教育部公布《劝学所规程》。22日,教育部试办注音字母传习所。(参见王学珍等编《北京大学纪事(1898—1997)》,北京大学出版社1998年版)

胡仁源继续任北京大学校长。3月6日,教育部饬令,北京大学校长胡仁源,去年政府举行公债,不三月间即逾定额,财政藉以维持。大总统应时事之要求,四年公债批令准照办理,公债条例计十六条,与三年条例大体相同。寄上四年公债条例拾本,着再版广为分布。务求始终赞助。10月26日,《北京大学分科暨预科周年概况报告书》将一年来北大分科及预科职员的变更,教员任课、房屋、饭厅、仪器、标本等设备情况,学生休学、退学、转学、记过、留级名单,学校经费,各学期课程表,以及未来计划,均一一详细介绍。11月3日,大总统批准财政部呈请复核教育部指拨建设各费分别办理案。11日,校长胡仁源呈教育部王建祖、张耀曾、陶孟和三人履历,请从中选定一人为法科学长。同月,根据教育部公布的《大学令》,北京大学开始设立评议会,选举会员报教育部备案。由每科选出评议员二人组成。当选评议员的有:文科陈黻宸、辜汤生,理科冯祖荀、俞月奎,法科张耀曾、陶孟和,工科温禹、孙瑞林,预科朱锡龄、张大椿。评议会为"商决校政最高机关"。(王学珍等编《北京大学纪事(1898—1997)》,北京大学出版社1998年版;萧超然等编《北京大学校史》,北京大学出版社1988年版)

黄侃是春返上海,接家人来京。赴京后,与章炳麟同寓钱粮胡同新居,冀得扶持。黄侃与章炳麟重点讨论音韵等学术问题,并得以借阅章炳麟《音理论》《二十三部音准》手稿本。又以十九纽二十八部之说授钱玄同。黄侃在音韵学上取得突破性进展,初步建立了一个集大成的古音学体系,得到章炳麟、刘师培以及钱玄同等师友的赞许和认同,成为20世纪前半期音韵学研究最重要的代表人物之一。

按:章炳麟所撰《音理论》与《二十三部音准》之手稿本前其亲笔识语一篇,感叹知音难觅,曰:"《音理论》及《二十三部音准》,皆去岁拘囚龙泉寺中所作。时箧中唯有戴氏遗书,潜研堂集,日夕翻阅,未尝厌也。忽悟泰部古音,正如今人呼麻韵之去入,而《广韵》麻部正音实与歌戈非有大异,未有不归喉音开口者,而并音记字之法,亦不能尽契音理,作是二篇,草创未有证验。今年季春,复取诸书参伍商订,盖自以为至精矣。乌呼,世无钟期,谁知声音之眇者乎?乙卯季春章炳麟识。"而在《菿汉微言》则称许道:"黄侃曰:'歌部音本为元音,观《广韵》歌、戈二韵音切,可以证知古纽消息,如非、敷、奉、微、知、彻、澄、娘、照、穿、床、审、禅、喻、日诸纽,歌、戈部中皆无之,即知古无是音矣。'此亦一发明。"

按:刘师培《音论序赞》曰:"蕲春黄侃字季刚,清四川按察使云鹄季子也。自行束惰,聪明睿智,日新其德,焕乎有文。余杭章君裁其狂简。颇闻司乐成均之法,明于因革损益之序,以为国风十五,各被弦歌,五音七始,唐虞所以同声律也。是其高下清浊巨细之差,宜有部居,不得惟变所适。故曰方以类聚,知天下之至赜而不可乱也。周衰失官,秦汉无文,久令《诗》《礼》雅言失其音读。瞀蒙之业,阒而不传。夫古音,阴阳喉鼻之别而已。是以阴阳有偶而对转生,奔佚相次而旁通成。若夫原始要终,则非入声不备,是宜别立,应天列辰,合二十八部。又儒家难音声类,或曰言不雅驯。幸有三十六之文,守温遗制,可且消息以示因监。其照、穿、床、审、喻五类,当各析二,乃可施今为无穷法。至于开合洪细,俗所共传。音学所从,莫能原察。实考古音二等,广韵四等。一与四音,古音之本;其二与三,本音变也。以有升降飞伏,故或异位同功,是皆夔、旷所未传,吕忱、李登之所忘阙。自非耳顺,性与天通,孰能与此。退惟述作之功,欲罢不能。三十之年,撰为《音论》。首列通例,正始履端。比类相从,缀联同贯。有经有纬,无相夺伦。其在未明,旁行为表。若网就纲,不紊其条。今具录存,定著九篇,万口千言,为上下卷。著在篇籍,厥谊显传······"

　　按:钱玄同曰:"乙卯仲春,黄君季子来都中,语余曰:顷细绎声均,有所著录。知守温卅六字纽,未足据信,当从陈氏《切韵考》,区喻纽为二,照、穿、床、审四纽为八,而明、微分二,则从守温。又古韵即在《广韵》之中,凡舍《广韵》而别求古音者,皆妄也。又曰,古纽止十有九,古韵则阴声阳声以外,入声当别立。顾、江、段、孔诸公皆以入声散归阴声各部中,未为审谛。谓宜埤戴氏分阴声、阳声、入声为三部之说,爰就余杭师所分古韵二十三部益为二十八部。余闻其论而韪之,因假取其稿,违著是册。其中颇有未定之论,季子谓此乃草创,它日尚须修正云。"

　　黄侃是春寓于章炳麟幽禁之地钱粮胡同,深夜被警察逼令迁出,章炳麟因之复有绝食之事。黄侃与同门组织营救章炳麟,作《致教育总长汤化龙书》。

　　按:徐一士《一士类稿》曰:

　　章氏民国三年夏末,由本司胡同迁入钱粮胡同新居(房租每月五十四元)后,眷属未至,甚感寂寞。未几,其门人黄季刚(侃)应北京大学教席之聘来京,所担任讲授之科目,为中国文学史及词章学。谒章之后,即请求借住章寓。盖词章学教材等在黄觉不甚费力;即可应付裕如。惟文学史一门,其时治者犹罕,编撰讲义,为创作之性质,有详审推求之必要,故欲与章同寓,俾常近本师,遇有疑难之处,可以随时请教也。黄本章氏最得意之弟子,章亦愿其常相晤谈,以稍解郁闷,因欣然许之。不料不数日,而黄突为警察逐出,而章氏因之复有绝食之事。

　　某日之深夜,黄正在黑甜乡中,忽有警察多人,排闼直入,其势汹汹,立促黄起,谓奉厅中命令,前来令其即时搬出此宅。黄愕然问故,警察惟言奉令办理,催促实行而已。黄谓:"我之寓此,系章先生之好意,纵须搬出,亦当俟天明后向章先生告别再行。"警察曰:"如使章先生知之,必加阻挠,徒添许多麻烦,故汝宜即搬,不必候见章先生也。"遂不由分说,立将黄氏押出章寓。

　　黄氏之在章寓,往往早出晚归,且有时寄宿他处,与章亦非每日必见面;翌日章未见黄,以不知其事,故未以为意也。二三日后,他门人有来访候者,乘人力车进大门时,门首岗警即作势欲止之,不顾而入。谈次,章曰:"季刚数日不见矣,汝见之否?"经以实告,乃知之。正诧怪间,警察数人入,命来访者速去,并谓以后不准再来,即引之而出。盖章之见客自由亦被剥夺矣。章愤恚极甚,谓凌逼至此,尚有何生趣,于是复实行绝食,以祈速死。当其前清被禁上海西牢时,即曾绝食多日,因同囚之难友相劝而止。在龙泉寺时,又曾一度开始绝食。此次绝食之举,盖第三次也。

　　按:黄侃《致教育总长汤化龙书》曰:"近世学废,国故将泯,老宿倦于教授,后生靡所师资,独有余杭章太炎先生大雅宏达,并通儒玄。往岁居东,聚徒讲贯,侃与诸人,事之最久。自其从政,踪迹始疏。中更留滞,音问几绝。近数月来,政府复修优容之礼,先生则谢事杜门,颐志著述,侃等稍复得进而请益。窃谓斯文未丧,微学可弘,不图尔来警厅加以拘束,阻间往还,先生以非罪见辱,遂愤而绝粒,已及二旬,奄然殆尽。推迹致此之由,岂曰无故?惟其事实有无,则不能不辨。今兹警厅所借以为口实者,以先生与日本国人往来也。不知日本国人固非先生所愿延接,时以阍人不在,自入室内。亦既相见,何能过绝?且所访问,不过文艺之事。日人凤高仰先生,故持所作碑传,烦相定正。而仆役旁窥,不晓文义,疑为秘密,遂相加诬,以为罪状。盖此辈仆役,即警厅中人,日伺先生过差,借以邀功,而先生不知也。夫主之于仆,不能有恩而无威,先生方严,每加诃责。又分为主仆,不堪使令,法当遣去,而彼辈既为生事图功之人,宁复有主仆之谊?夕被恶言,朝即兴祸,此所以甫遣一仆,即遭此幽囚之厄也。侃等闻见较确,知非其过。而警厅相待如彼者,明为左右所构也。方今海内大定,礼乐间作,宜修文事,以宏太平之业。观并世名儒耆旧,政府所以崇礼之者备至,而执事掌邦之教,兴学励贤,以昭德化,固其职也。若太炎先生者,才学宏博,求之古人,未知何如,今日实罕其匹。夫麟凤为世所珍,贤哲宁非国宝,时方向治,安可独使斯人长此仰日月而不见照烛,临风尘而不得经纬,怅恨郁塞,槁饿以死乎?《诗》不云乎:'人之云亡,邦国殄瘁。'文献之存,国有赖焉。侃等哀师资之困辱,冀政府之明察,用敢竭情上闻,伏愿执事垂意,俾区区微忱,得达于大总统之前,庶或乞师之诏,不得专美于汉廷矣。"

　　黄侃4月21日因患重病,拟辞教职回乡,学生多次来信相催,故有《复北京大学文科同学书》。8月23日,筹安会宣告成立,杨度、孙毓筠为正副会长,刘师培亦为筹安会的重要成员,遂以筹安会名义在北京召集学术界知名人士开会,动员大家拥戴袁世凯称帝。黄侃抵制袁世凯称帝,但与"师培善,阳应之,语及半,即瞑目曰:'如是,请先生一身任之!'遽引退,诸学士皆随之退"。是年,黄侃在北京大学讲授《文选》《文心雕龙》等课,引导龙榆生走上治学之路。

按:冯友兰《三松堂自序》曰:当时北大中国文学系,有一位很叫座的名教授,叫黄侃。他上课的时候,听讲的人最多,我也常去听讲。他在课堂上讲《文选》和《文心雕龙》,这些书我从前连名字也不知道。黄侃善于念诗念文章,他讲完一篇文章或一首诗,就高声念一遍,听起来抑扬顿挫,很好听。他念的时候,下边的听众都高声跟着念,当时称为"黄调"。在当时宿舍中,到晚上各处都可以听到"黄调"。黄侃也常出题叫学生作诗。有一个本系的学生不会作诗,就叫我替他作。我作了几首拟古诗十九首的诗,他抄好送给黄侃,黄也居然加圈加点,还写了赞赏的批语。

我的这种课外学习,倒是在家里发生了作用,那就是,我把我的一知半解传授给我的妹妹沅君,引她走上了文学的道路。自从我们从崇阳回老家以后,沅君就不上学了。我从北大放假回家,在家中也常念诗念文章,沅君听了很爱慕,就叫我教她。我照着黄侃的路数,选了些诗文,给她讲,教她念。她真是绝顶聪明,在一个暑假的很短时间内就学会了,不但会讲会念,而且会写,居然能写出像六朝小赋那样的小品文章。……于是沅君就开始走上了文学创作和学术研究的道路。

按:又《冯友兰自述》曰:"当时中国文学门的名教授是黄侃(季刚)。在当时的文学界中,桐城派古文已经不行时了,代之而起的是章太炎一派的魏晋文(也可以称为'文选派',不过和真正的'文选派'还是不同,因为他们不作四六骈体)。黄侃自命为风流人物,玩世不恭,在当时及后来的北大中传说他的佚闻佚事,我也不知道是真是假。他在堂上讲书,讲到一个要的地方,就说:'这里有个秘密,专靠北大这几百块钱的薪水,我还不能讲,你们要我讲,得另外请我吃饭。'又比黄侃有个学生,在'同和居'请客,他听见黄侃在隔壁一间说话,原来黄侃也在请客。这个学生就赶紧过去问好,不料黄侃就抓住他批评起来,批评越来越多,这个学生所请的客已经在隔壁房间到齐了,黄侃还不让这个学生走。这个学生心生一计,就把饭馆的人叫来交代说:'今天黄先生在这里请客,无论花多少钱都在我的账上。'黄侃一听,就对那个学生说:'好了,你就走吧。'"(以上参见司马朝军、王文晖《黄侃年谱》,湖北人民出版社2005年版)

汪东1月31日偕沈尹默、鲁迅等公宴章炳麟。7月17日,被授予上士官秩。8月中下旬,杨度、孙毓筠、严复、刘师培、李燮和、胡瑛联名发起成立"筹安会",为袁世凯称帝鼓吹。时任总统府高等顾问的汪凤瀛毅然反对,撰《致筹安会与杨度论国体书》,传诵南北。汪凤瀛初拟定此文,曾示汪荣宝、汪东诸子。(参见薛玉坤《汪东年谱》,河南文艺出版社2016年版)

陈黻宸仍在北京大学讲授中国哲学史和诸子学等课程,是年著成《老子发微》2卷、《庄子发微》2卷讲义。冯友兰《三松堂自序》曾忆及陈黻宸在北大讲授中国哲学史课程的情况:"他给我们讲中国哲学史、诸子哲学,还在中国历史门讲中国通史。据说,他是继承浙江永嘉学派的人,讲历史为韩侂胄翻案。他说,到了南宋末年,一般人都忘记了君父之仇,只有韩侂胄还想到北伐,恢复失地。""他讲的是温州那一带的土话,一般人都听不懂,连浙江人也听不懂。他就以笔代口,先把讲稿印出来,当时称为发讲义……最难得的,是他有一番诚恳之意,溢于颜色,学生感觉到,他虽不说话,却是诚心诚意地为学生讲课。真是像《庄子》所说的'目击而道存矣'了。"并认为1915前后的北京学术界,陈黻宸在中国哲学史方面的影响类似于章太炎在文学领域的影响。(参见田文军《陈黻宸与中国哲学史》,《武汉大学学报》2010年第1期)

沈尹默1月17日接待钱玄同来访,就有关学术问题交换意见。31日,与马裕藻、钱玄同、沈兼士、朱希祖、汪东、许寿裳、鲁迅等8人公宴章太炎于章宅,谈笑甚欢。2月7日中午,赴致美斋朱希祖宴席,同席有钱念劬、钱玄同、钱稻孙、沈兼士、马裕藻等人。14日,为正月初一,与鲁迅、钱玄同、朱希祖、马裕藻等赴章太炎寓所拜年。20日,朱希祖、钱玄同来访,受鲁迅委托,将《会稽集》3册分赠给沈尹默、沈兼士和马裕藻。是年,章太炎代别伯温后人言求书写《诚意集》序,以为刻石之用。结果拖延一个月尚未写就,章太炎不悦,命朱希祖索回原稿。(参见郦千明《沈尹默年谱》,上海书画出版社2018年版)

朱希祖2月9日致函鲁迅,并借给其《类说》10册。2月,改任北京大学文科教授,授中国文学史,编《中古代文学史》。3月4日,鲁迅致函朱希祖并还《类说》10册。4月,与何炳松、陶孟和、蒋梦麟、翁文灏等人共同参与发起成立北京高等师范学校校史地学会。4月24日,章太炎来函,为刻钞《国故论衡》《检论》事。6月20日,与钱玄同访鲁迅,鲁迅赠朱希祖《会稽杂集》1册,并以3册分赠沈尹默、沈兼士、马裕藻。24日,鲁迅致函朱希祖并赠《建初买地》《永明照像》拓本各一张。冬,袁世凯为复辟帝制,欲致名士,使为己用,不持异议,特于议会设硕学通儒一格,清史馆中延朱希祖等10人为议员,朱希祖等4人抗辞不就。(参见朱元曙、朱乐川《朱希祖先生年谱长编》,中华书局2013年版)

陶孟和继续在北大讲授社会学课程。年底,留学英国时与梁宇皋合著的英文著作《中国乡村与城镇生活》(*Village and Town Life in China*)在伦敦出版,此书分为两部分,梁宇皋论述了乡村生活、家庭、宗族、乡村组织,陶孟和则论及城镇的管理与社会生活,以及佛教在中国的发展,提出家族是中国社会结构的基层单位和核心,并用比较的研究方法,通过比较中国与欧洲指出中国与欧洲社会的历史发展和社会结构各有其特点,各有其利弊。著名社会学家霍布豪斯为此书作序,指出,本书让人了解到中国并非一个完全中央专制的国家,而是由许多自治社区组成。中国的家庭在家长的管理下,承担着多种有效的社会功能,人们平和且有秩序地处理各项事务。同时,此书也作为英国伦敦政治经济学院《经济政治研究丛书》中的《社会学专刊》第四种出版,成为中国人用社会学观点研究中国社会生活的最早的一部著作,也是我国社会学研究史的开创性著作。(参见暴玉谨《陶孟和的早期活动及思想研究(1887—1926)》,河北大学硕士学位论文,2011年)

辜鸿铭4月以英文由北京每日新闻社出版《春秋大义》(《中国人的精神》)一书,阐明中国人的精神,揭示中国文化的价值,鼓吹中国文明救西论,在西方引起轰动。9月前,辜鸿铭被北京大学聘为教授,讲授英诗和拉丁语等课程,课堂上常鼓吹春秋名分大义。9月,他在北大开学典礼上,大骂民初官场和社会文化风气。(参见黄兴涛编《中国近代思想家文库·辜鸿铭卷》附录《辜鸿铭年谱简编》,中国人民大学出版社2015年版)

张克诚在北京大学讲授"唯识学"课程,深受学生们的欢迎,为早期将佛学带入校园的学者。是年,徐蔚如曾介绍蒋维乔到广济寺从克诚学"唯识"。

按:东初法师所著《中国近代佛教史》之《华北佛教革新运动》章中称:"华北经月霞、谛闲、太虚三大师,先后宣讲化导,佛教对于社会文化,及国民思想启发,日渐增大;各大学于文学院哲学系中列印度哲学,而讲佛学者,首为北大张克诚、邓伯诚、许季平、梁漱溟等,后有熊十力、汤用彤等。韩清净、徐森玉于1927年创立三时学会,专讲奘基之学,学者教授入室执弟子礼者,颇不乏人。"(参见于凌波《中国近现代佛教人物志》,宗教文化出版社1995年版)

张申府在北大升二年级,开始在北大图书馆博览外文书籍,发现美国芝加哥 OPEN COURT 书店出版的数学丛书以及两种期刊:《公开法庭》(OPEN COURT)、《一元家》(THE MONIST),《一元家》是当时讲论哲学问题的重镇,罗素就在这个期刊上发表了不少文章,此后一生对罗素痴迷。(参见《张申府年谱简编》,载郭一曲《现代中国新文化的探索——张申

府思想研究》,广东人民出版社 2002 年版)

顾颉刚 1 月 3 日因同舍吴奎霄患猩红热病故深受刺激,彼此同窗 7 年,尤其近二年共学于北大,情如兄弟,为之伤痛已极,精神殊觉恍惚,乃于 1 月中旬归家休息。3 月 12 日,返回北大。始读康有为《新学伪经考》《孔子改制考》,方知金文家自有其立足点,古文家亦有不可信处。读书极勤,且著书之念自去秋勃起不可自遏,欲先著目录平议之书:"计三十岁可卒业者,一为《周秦篇籍考》,一为《清代著述考》,一为《书目答问解题》,都八十卷。""兹三籍殊有成思,目录条最之事当备四要:一寻其学派,二述其作意,三评其优劣,四考其版本。前此各家,多持一体,未能融全。"因读书时,深感没有学术史的痛苦。因发宏愿,要编纂《国学志》。6 月,因伤寒病休学一年。是年,记笔记《乙舍读书记》《乙舍读书续记》毕。(参见顾潮编著《顾颉刚年谱》,中国社会科学出版社 1993 年版;顾潮编《中国近代思想家文库·顾颉刚卷》及附录《顾颉刚年谱简编》,中国人民大学出版社 2013 年版)

冯友兰下半年毕业于上海中国公学,考入北京大学法科,入学后转入文科中国哲学门,开始接受较为系统的哲学训练。同班同学有孙本文、黄芬、胡鸣盛、李相因、谷源瑞、陆达节、唐伟、嵇文甫等。是年,冯友兰与弟冯景兰收集合编台异公遗作,编为《复斋遗集》7 卷,第一至第二卷,判牍;第三卷,《勘川汉铁路记》;第四卷,诗;第五卷,文;第六卷,杂著;第七卷,附录。(参见蔡仲德编撰《冯友兰先生年谱长编》,中华书局 2014 年版)

许德珩考入北京大学后,结识李大钊、毛泽东等人,后经李大钊介绍,参加少年中国学会,并和邓中夏等人组织北京大学平民教育讲演团,向人民群众进行宣传,以扩大新文化运动和爱国民主运动的影响。他是当时全国学生统一组织"学生救国会"负责人之一。(参见朱文通主编《李大钊年谱长编》,中国社会科学出版社 2009 年版)

黄文山赴上海考取清华学校,到北京求学,旋转入北京大学哲学系。到北京后,黄迅速接受"人道主义与自由的社会主义",北京留法勤工俭学学会成立,黄加入为会员。(参见赵立彬编《中国近代思想家文库·黄文山卷》及附录《黄文山年谱简编》,中国人民大学出版社 2013 年版)

周诒春继续任清华学校校长。2 月 8 日,举行开学典礼。校长周诒春发表演说,以"自治、自爱、有始、有终"八字赠予同学,并宣布新拟订中等科两则规定:(1)凡学生家中汇银,须交斋务处代为收管,至学生用时再到斋务处说明用途,始准领用;(2)学生每两星期必写一家信,以慰亲心。3 月 11 日,美使馆汉务参赞丁家立(Charles Daniel Temney)来校在高等科发表演讲,题为"人文学科研究在理论和实际生活中的价值"。6 月,《清华学会月刊》第 1 期出版,赠全体同学每人一册。夏,本校学生数十人组成西山消夏团,设社会服务部以服务社会,内分演讲、调查两科。演讲科利用幻灯片向村民演讲 20 余次,内容为中国近年之大变、森林于人民之利益、卫生大要、世界大观等;调查科调查内容为住民生活之情形、教育之情形、工商业之情形。9 月 29 日,本校教员部召开学术研究会成立大会。研究会主席周诒春发表演说,要旨是:(1)该会以研究各种学术为旨归,以交换智识而表团结精神;(2)各教员应各抒己见,刊印成册,以广传诵而启后学。12 月,《清华学报》创刊,两个月一期,分著述、记述、译述三部分,有中文本、英文本两种。(参见清华大学校史研究室编《清华大学一百年》,清华大学出版社 2011 年版)

梅贻琦是年春留学归国,先于天津基督教青年会服务半年,以报乡梓。8 月,接到母校清华学校长周诒春的礼聘,至该校任物理教师。秋,周诒春校长在清华校园工字厅的一间侧室里接见了梅贻琦。周校长早已听说此人是南开学堂张伯苓的高足,且作为第一批留美学生刚刚学成回国。但出乎意料的是,站在周校长面前的梅贻琦并非西装革履,洋味十足。

他细高的身材，黑色长袍映衬着略显苍白的脸，多少有些风尘仆仆的样子，清瘦的面庞上一双大而细长的眼睛，平静深邃。周校长与他目光相接，不禁一愣，在这位年轻人的眼里，没有一丝拘谨和局促，没有一丝浮躁和霸气，一切都显得沉默而又从容。周校长脸上流露出满意的微笑。当时清华还不是一所大学，一般没有"教授"称号，但给梅贻琦的聘书上明确写着聘他为教授，聘约3年，第一年工资345元，第二年345元，第三年365元。

　　杨恩湛等负责的《清华学报》12月在北京创刊。《清华学报》是我国最早使用中英文两种版本出版，且初以英文版为主的高校学报，也是最早在刊名上缀以"学报"二字的高校学术期刊。其编辑出版人员分为教师（专任中英文掌校、编辑）和学生（兼任总编辑、中英文编辑和经理）两部分。在教师中，先后任职者有杨恩湛、饶枢龄、高祖同、陈桢、戴元龄、王文显、狄玛、刘大钧、吴景超、朱自清、吴宓等；在学生中，先后任总编辑或负责者有陈烈勋、陈达、杨振声、浦薛凤等。学生时代的叶企孙、梁思成亦曾做学报英文编辑，教师中梅贻琦、闻一多、曾昭抡、潘光旦、萨本栋、顾毓琇曾任编辑。

　　按：知名学者梁启超、胡适、王国维、周培源、赵元任、马寅初、杨树达、冯友兰、杨振声、罗家伦、金岳霖、吴有训、陈寅恪、翁文灏、闻一多、王力、俞平伯、张光斗、刘仙洲等都曾参与学报的编、审、撰等工作。

　　陈达1月12日在《清华周刊》发表5篇短文：（1）积分法；（2）国文札记；（3）名人演说；（4）体育；（5）会务。2月16日，在《清华周刊》言论专栏发表《振兴本校会务说》，指出："以教育之真谛不仅在于多读书，而在于运用其所读，于是教育之方针趋而至于实用一途。"同日，在《清华周刊》第30期发表《军事新发明与欧战》《甲寅九日书怀》。23日，在《清华周刊》第23期发表译文《军事新发明与欧战》（续）。6月26日，请假回籍。9月29日，在《清华周刊》第48期言论专栏发表《论自强》指出："吾人为学之志愿，非仅咕哔呫哗，窃取学者虚名而已。亦将以究国家兴废之理，中外俗尚之判，取人之长，补己之短，以造福于社会也。若然，则凡一举一动，不得不有自立之精神，庶乎可以自勉而勉人，故曰自强为上。"秋，《清华周报》改为《清华周刊》，陈达为总编辑。10月5日，陈达在《清华周刊》第49期言论栏发表《振挽颓俗说》，提出："衣不求华，而以适体为主，食不求丰，而以清洁为要。"11月3日，在《清华周刊》第53期发到《申论骄与怠之弊》，提出："学者欲有所就，非难事也，苟勤以待之，静以处之，虽进益有迟速，要必能造其极焉。涓滴成河，土壤为山，功之所至，如行影之相依，理有然也。故曰，学贵虚心，志崇专纯，虚其心以博见闻，专其志以谋进取。久而久之则学日宏矣。"11月17日，在《清华周刊》第55期文苑专栏发表《韩振岳谋》。24日，陈达作为主辩人之一参加文学会与文友会在高等科礼堂举行的辩论，辩题是"普通教育与人才教育孰为重要"。（参见田彩凤《陈达先生年谱》，《清华大学学报》1995年第2期；闻黎明、侯菊坤编著《闻一多年谱长编》（增订本），上海交通大学出版社2012年版）

　　闻一多在6月26日出版的《清华周刊第一次临时增刊》列名编辑，此为其初次担任《清华周刊》编辑。该刊目的有二："一、求同学之自励，促教育之进步，以光大我校固有之荣誉，培养完全国民之性格。二、荟集全校之新闻，编列新鲜之历史，使师生之感情日益密，上下之关系日益切。"9月13日，清华学校开学典礼。闻一多升入中等科三年级，编入乙班，并担任班长。同班有时昭涵、顾德铭、薛祖康、何浩若、罗隆基、王昌林、熊祖同等。同月，《清华周刊》改为单行小册子式样，闻一多继续担任编辑。总编辑为陈达，副编辑为曾宏邃、施济元，编辑还有吴宓、沈鹏飞、洪深、汤用彤、罗发组、张鹤年，经理为陈俊。11月3日，清华决定出版《清华年报》，为"中国高等学校中最早的周年出版物，印刷这报的宗旨，是送到巴拿马赛会展览。全书用英文,多图画照片,附以简单说明,所以使人一看,即如见清华一样"。职员由校长指定,高等科学生任正职,中等科学生为副职,闻一多被指定担任图画副编辑。当时,图画编辑为朱彬,副编辑还有曹栋、欧阳勋、徐笃恭、陶世杰。12月25日,参与创办贫民小学。(参见闻黎明、侯菊坤编著《闻一多年谱长编》(增订本),上海交通大学出版社2012年版)

汤用彤2月16日与吴宓谈到献身中国文化要从办杂志入手,"他日行事,拟以印刷杂志业,为入手之举。而后造成一是学说,发挥国有文明,沟通东西事理,以熔铸风俗、改进道德、引导社会,虽成功不敢期,窃愿常自勉也"。乐黛云教授据此推断,这就是后来《学衡》杂志所标举的"昌明国粹,融化新知"的最早提法,可见创办《学衡》杂志的理想早有酝酿。同月,汤用彤于《清华周刊》第30—31期发表《快乐与痛苦》。5月9日,袁世凯政府签订《二十一条》后,汤用彤愤于国耻,联合吴宓、黄华诸友,在清华学校组织起"天人学会"。会名为汤用彤所定,吴宓的解释甚为符合全会成员的共识:"天者天理,人者人情。此四字实为古今学术、政教之本,亦吾人方针所向。至以人力挽回天运,以天道启悟人生,乃会天人之责任也。"是年,汤用彤所撰《谈助》发表于《清华周刊》第47期,文中提到北大和清华园及其周边环境典故。(参见汤一介、赵建永编《中国近代思想家文库·汤用彤卷》及附录《汤用彤年谱简编》,中国人民大学出版社2015年版)

吴宓春初因读梁启超编撰之《中国六大政治家》,其中《王荆公》附录王安石之诗甚多,可当《王荆公诗选》细读过。由是遂启读"专家诗"之兴趣。此前,惟民国二年暑假中,读过《剑南诗钞》。并即购得曾文正公所选《十八家诗钞》一部,石印本上下两套,以后恒读。本学期,有新来美国教师Dittmar讲授"欧洲中世及近世史"课,用迈尔(Myer)的《通史》为课本。因愤于袁世凯政府签订"二十一条",与汤用彤刘朴、黄华4人发起成立"天人学会"。随即制订《天人学会缘起及章程》《入会介绍书》《入会志愿书》等,均付铅印。9月17日,吴宓日记评论汤用彤:"喜愠不轻触发,德量汪汪,风概类黄叔度。而于事之本原,理之秘奥,独得深窥。交久益醇,令人心醉,故最能投机。"(参见吴宓著、吴学昭整理《吴宓自编年谱:1894—1925》,生活·读书·新知三联书店1995版;汤一介、赵建永编《中国近代思想家文库·汤用彤卷》及附录《汤用彤年谱简编》,中国人民大学出版社2015年版)

陈宝泉继续任北京高等师范学校校长。1月,袁世凯颁布《大总统教育要旨》,强调"各学校均应崇奉古圣贤以为师法,宜尊孔子以端其基,尚孟以致其用",并命令教育部将《教育要旨》1000本发给北京高师的学生。袁世凯为了利用学校多培养些顺从他的人,决定将北京高师加以扩充,使能收容学生1000人。为此,他以个人名义捐款1万元,并批准教育部给北京高师拨款6万元。利用这两笔款项,北京高师于是年建筑自习室、寝室楼房72间,教室8座,并接收了一部分房产。次年,添设了工场、图书馆、阅览室等。其间,学校增设了国文部,数理部,教育专攻科,国文专修科,手工图画专修科(三年毕业)。又受东三省之委托,特设东三省教员养成班。为了培养教育学科的专门人才,陈宝泉校长一手主持开办了教育专攻科和教育研究科,是为教育学科在高等教育体系中获得独立建制的开端。3月,北高师即拟定了教育专攻科规程,并从5月开始招生。4月,北京高等师范学校史地学会成立,会员有何炳松、陶履恭、王桐龄、白月恒、朱希祖、蒋梦麟、翁文灏、陈映璜等人,研究范围包括历史、社会、地理、地质、人类学等多个领域。6月2日,陈宝泉等人在北京创办全国师范教育研究会,并经教育部批准立案。此为我国第一个专门研究师范教育的学校机构,以便联络全国教育界人士共同研究师范教育。

按：1912年中华民国建立后，教育部开始对各级教育进行大刀阔斧的改革，师范教育便是其中的一项重要内容。而高等师范学校在其初创时期也面临着教育内外的种种挑战。是年在天津举行的第一届全国教育会联合会上，湖南省教育会代表即提议"取消高等师范学校，而设师范研究科于大学"，高等师范教育的地位岌岌可危。鉴此，北高师陈宝泉校长选择了一条在迷路中求索、在困境中突破的改革道路，即开办教育研究科，以祈在保留师范性质的基础上增强学校的学术内涵。1918年，陈宝泉在《北京高等师范学校报告》中对教育专攻科的设立宗旨作出明确说明："此科之设，在输入德国教育学说，以振起国人教育思想，故科目以德育及教育为主，聘德人梅约翰为教员。现时学生已能直接听讲，将来可充教育或德语教员，四年毕业。"教育专攻科的设立是教育学科在高等教育体系中获得独立建制的开端，也是探索师范教育的改革与创新的正确选择。（参见北京师范大学校史编写组编《北京师范大学校史》，北京师范大学出版社1982年版；沈杰《北高师教育研究科的创办及评价》，《扬州大学学报（高教研究版）》2019年第2期；朱元曙、朱乐川《朱希祖先生年谱长编》，中华书局2013年版；查晓英《地质学与现代考古学知识在中国的传播》，《历史研究》2006年第4期）

钱玄同因北京高等师范学校增设国文部，任国文部教授，仍兼任北京大学文字学讲师。1月13日，钱玄同访沈尹默。14日早晨，访沈尹默。16日傍晚，访沈尹默。17日，访沈尹默，交换学术意见。17日，探望章太炎。钱玄同日记载："晨访崔师，旋至章师处，见警确已撤去。师今日欣然起床。旋夷初来，谈至傍晚始归。"2月12日早晨，访沈尹默。14日，为正月初一，再次探望软禁中的章太炎，留晚饭，同席为沈尹默、朱希祖、周树人、许寿裳、马裕藻等人。钱玄同日记载："晚餐本师宴，同座者为尹默、逖先、季茀、豫才、仰曾、夷初、幼渔诸人。"15日上午，访沈尹默。（参见郦千明《沈尹默年谱》，上海书画出版社2018年版；卢礼阳《马叙伦年谱》，浙江古籍出版社2021年版）

马叙伦1月17日探望章太炎。2月14日正月初一，再次探望软禁中的章太炎，留晚饭，同席为沈尹默、朱希祖、周树人、许寿裳、马裕藻等人。6月30日，《大共和日报》停刊。下半年，兼任北京大学文科教授。开讲"宋学"，受业者有冯友兰、孙本文、黄文弼、于登瀛诸人。10月10日，大总统袁世凯下令停止国庆日阅兵、宴会和其他庆祝仪式，暗示民国命运告终。22日，周树人寄赠《会稽郡故书杂集》。12月12日，袁世凯下令"明年著改为洪宪元年"。马叙伦即日毅然辞去北大、医专教职。北大哲学门学生聚会饯行，并合影留念，合影者共32人。马叙伦作记："乙卯之冬，余以归省先垄，言去京国。将遂伏影海隅，静修行履。太学之友，缅惟讲肆之久，欲慰离索之思。既造歌以宠行色，复命术人抚成是图。謦欬暂违，须眉永对。《书》曰：天工人其代之，维兹有矣。独念余学惭脱席，行愧人师，有《汝坟》之感，非行役之才。遂乃滥窃浮声，屡污黉序，虽复不掩固陋，倾吐所闻，未足宏赞兹道，裁成大雅。咨惟君子，不鄙其人，相从以来，弥彰情愫。嗟夫！余南遵番禺，北极宛平，虽仁义末由，敢云矜式；而肝鬲相照，幸有同心。方今之时，仲道发叹于洛下，幼安高举于海东，远览存亡，未知何极！塞此乱离，允惟履德，用勉君子，以为世则。异日有报余以四方高行之士者，余知其必吾党矣。中华民国四年十二月，石屋农人记于北京大学。"《国立北京大学校史略》（1933年编印）："袁世凯叛国称皇帝，文科教授马叙伦愤然曰：'是不可以久居矣。'即日离职去，一时有挂冠教授之称。"12月中旬，乘车抵沪，在卡德路祥福里租房住下。25日，云南宣布独立讨袁。29日，函复褚传诰（九云），感谢见赠王荼《柔桥文钞》。是年，章梫（一山）撰《题马彝初茂才所藏明李云谷残研》；马叙伦撰《为外王母请褒扬状》（《天马山房文存外篇》）。（参见卢礼阳《马叙伦年谱》，浙江古籍出版社2021年版）

徐树铮时任北洋政府陆军部次长，西北筹边使兼西北边防军总司令，在北京创办京师私立正志中学。正志中学"采军事教育体制,规模章则,仿自德国""以克己深省,尊师重道为诸生训。四年作业,首重古文学之修养,次数理,再次为德语"。徐树铮早年留学日本,喜谈桐城派古文,每见林纾,必称以师。故聘林纾任任正教长,姚永概等亦应聘任教于此校。据《民国徐又铮先生树铮年谱》:"是时桐城姚氏昆季以文章气节著称于时,先生(徐树铮)因聘永概叔节先生任教务长,永朴仲实先生授《文选》,其余执教之士,皆一时名德。马其昶通伯先生授《春秋左氏传》,闽侯林纾琴南先生授《史记》。仲实、叔节、琴南三先生均年届古稀,须发皤然……先生往往率诸生亲执其役,屏息危坐听讲,参弟子列。……民国九年之后,这个学校,改名'成达中学',由先生的几位朋友维持,大概到民国十七年北伐之后,才停办的。……也就是在这个时候,先生和他所尊敬的几位老先生常常见面。他们每星期三晚上在一起吃馆子。参加的有林琴南纾,姚叔节永概……林先生谈锋最健,主要是他一个人说话。……吃完饭多半是到虎坊桥平报馆聊天,或者到琉璃厂的松华斋南纸店去坐坐。"5月9日,徐树铮作《采桑子》"再题填词图,用畏庐韵。时乙卯春三月廿有六日,新历四年五月九日也"。词曰:"楼高望极斜阳外,乱叠云山,颙颔阑干,盼尽春光一半寒。吹化搅絮东风恶,静阒悲欢,不上眉端,暗引湖波当镜看。"是年,徐树铮所写《致马通伯书》,内有"辛壬之际,始与畏庐老人交"之句。

按:据林纾的儿子林璐、林琮讲述,徐树铮每见林纾,必称以师,给林纾写信,亦皆称"琴师",自署弟子。(参见张旭、车树异编著《林纾年谱长编:1852—1924》,福建教育出版社2014年版)

林纾到徐树铮创办的北京私立正志学校任教,任正教长,姚永概、马其昶、姚永朴亦至,彼此一同继续推重桐城派古文。1月1日,《中华小说界》第2卷第1期登有读者来信,对"林译"在这一时期好久没有新作出现表示关心和不解。1月1日至2月1日,长篇小说《劫外昙花》刊于《中华小说界》第2卷第1—2期,标"历史小说",有林纾自序。10日,与唐瑛昆合译法国德罗尼原著小说《义马》由上海商务印书馆出版,注明"教育部奖"。1月20日至6月20日,与陈家麟合译法国马格内原著《石麟移月记》连载于《大中华杂志》月刊第1卷第1—6号。2月9日,与王庆通合译法国大仲马原著小说《蟹莲郡主传》2卷由上海商务印书馆出版,标"政治小说"。3月,撰倡尚武之文《原习》,后收入《畏庐续集》。

按:文中说:"西人之崇耻而尚武,宁尽出于共性?亦积习耳。习成,则与习相悖者,众咸斥之。故一人见辱弗校,众且涕唾而不之齿,势在不能不死。中国不尔,以忍辱为让,以全身为智,故数千年受异族凌践而不愧,此亦谓之性乎?无为之倡,习遂日即于扉,即亦不知其所以可耻者。庚子团民之哄,似知耻矣,而病无学。辛亥南士之轻生,似知耻矣,而病冒利。无学冒利,安能倡而成习?故移时而光焰熸焉。设人人存其宁死不辱之心,彼此相虞其中,衡之以公理。又人人自励以诚节,长养其勇概,中国庶几其成尚武之习乎?"文中还关心中国政局之变迁,对庚子团民、辛亥南士都有评价。作者对中国自古以来就有"以忍辱为让,以全身为智,故数千年受异族凌践而不愧"的"无为"积习痛下针砭,期望养成完全相反的"崇耻而尚武"的民族习性,这样就可以免受异族之凌践。文中透露出了林纾的一片爱国热忱。

林纾《古文谭》刊于4月14日《国学杂志》第1期。5月25日至9月25日,与铅山胡朝梁合译英国鹃则伟原著小说《云破月来缘》连载于《小说月报》第6卷第5—9号。6月,与陈家麟合译英国哈葛德著小说《双雄较剑记》由上海商务印书馆出版,同年9月再版。7—8月间,南游徐州、南京、上海等地。在上海会见郑孝胥、沈瑜庆、高梦旦等人。8月14日,与王庆通合译法国辟厄略纸(Pierre Loti)原著小说《鱼海泪波》1卷由上海商务印书馆出版。9月10日至1917年8月15日,与侯官王庆骥合译法国孟德斯鸠原著《鱼雁抉微》(今译《波斯人信札》)连载于上海商务印书馆出版的《东方杂志》第12卷第9—10号、第13卷第1—4、

6—8号、第14卷第1—8号(1917年8月15日),一共连载17次,全文计书信161函,标"哲学小说"。《东方杂志》第12卷第9号同时刊出林纾序一篇。原作假托波斯人的通讯,讥讽当时的社会风俗,其内容正迎合了当时正在进行的旧的社会制度的改革运动。9月,参议院假意"征求多数国民之公意",内务部以"硕学通儒"征林纾赴衙署名"劝进表",林纾称病坚辞。10月2日,与王庆通合译法国爽梭阿过伯(今译科佩)原著小说《涠中花》上下二册由上海商务印书馆出版。10月7日,与马其昶、姚永朴、朱孔彰等共17人,同游于净业湖上,为姚永概贺50岁生日。12月1日,短篇小说《傅眉史》首次以"武侠小说"的专称在上海包天笑主编的《小说大观》季刊第3集发表,此事标志着武侠小说终于经过了演化阶段,进入了发展时期。12月15日,《桐城派古文说》刊于上海蒋箸超编辑的《民权素》月刊第13集。同月,陆费逵、欧阳溥存等编的《中华大字典》由中华书局出版,与李家驹、熊希龄、廖平、梁启超、王宠惠、陆费逵、欧阳溥存等八大名家为此书作序。是年,为"国学扶轮社"编纂的《文科大辞典》作序;古文集《林琴南文钞》由上海进步书局出版;应邀到北京某青年会讲演,演讲题目为《青年宜尊重国家》。

　　按:《青年宜尊重国家》中说道:"吾人但有'生'字,'死'字,并无所谓'老''病'者,'生'即少年,'死'即少年之收局。惟中间有一轴矣,是'国家'两字。有了国家思想,替国家出力即到八十、九十,还算少年,无国家思想,步步为己,事事徇私,即年力极强,官阶荣显,总算是无用而夭'死'。"并表示:"自愿'仗此一颗赤心,一张苦口,在少年车队后,尽力往前推之,到中华民国平安之地,方遂吾愿'。"演讲末,林纾还喊出:"中华民国万岁! 中华民国青年万岁!"

　　按:《桐城派古文说》曰:"文字有义法,有意境,推其所至,始得神韵与味。神也,韵也,味也,古文之止境也。不知者多咎惜抱妄辟桐城一派。以愚所见,万非惜抱之意。古文无所谓派,犹之方言不能定何者为正音,亦唯求其近与是而已。近者,得圣人立言之旨;是者,言可为训,不轶于伦常以外。惜抱正深得此意耳。当桐城、阳湖二派未盛以前,则有竟陵、公安二派。钟伯敬文,篇幅具矣,病乃流走而不凝。若谭友夏者,则千力万气,无所不学,而往往举鼎绝膑,而又不检,如自称'家君性佻达',及呼其寡母为'未亡之人'之类,故未移时而光焰遂熠。中郎兄弟,几以香奁谐笑入文字矣,一堕其樊中,即生魔障。终不若桐城一派之能自立。盖姚文最严净。吾人喜其严净,一沉溺其中,便成薄弱。法当溯源而上,求诸欧、曾。然归文正习此两家者,离合变化,较姚为优。总而言之,欧、曾二氏不得韩,亦无能超凡入圣也。"(参见张旭、车树异编著《林纾年谱长编:1852—1924》,福建教育出版社2014年版)

　　姚永概任徐树铮创办的北京私立正志学校副教长。1月19日,姚永概在《日记》中记有:"访琴南,此校伊为正教长,余为之副,各兼教习。"23日,姚永概在《日记》中记有:"又铮招饮于中华饭庄,晤陆军部秘书张君、梁君、塔君及琴南弟子林君。"26日,姚永概在《日记》中记有:"林琴南招饮。"4月28日,姚永概在《日记》中记有:"偕李生访畏庐。"5月6日,林纾撰《跋姚叔节所藏石田山水长卷》,体现出作者对画论的修养。9月7日,姚永概在《日记》中记有:"畏庐来。又铮来。访仲兄、通老。又铮约饮。"10月7日,林纾与马其昶、姚永朴、朱孔彰等共17人,同游净业湖上,为姚永概贺50寿。11月1日,姚永概在《日记》中记有:"上课,又代林畏老课。"22日,姚永概在《日记》中记有:"上课。畏庐归,访之。"12月12日,姚永概在《日记》中记有:"约马相伯、又铮及两张、两林、塔、梁、陶、刘、陈、吴、朱、胡诸人于陶然亭,报净业湖之招也。朱、塔未到,畏庐来而先去,大佺为代陪一席。子善来。"28日,姚永概在《日记》中记有:"阅正志卷毕。赴校。畏庐来求作集序,为成一篇。"29日,姚永概在《日记》中记有:"阅中华卷毕。冠卿来。仲斐来,同访畏庐。"(参见张旭、车树异编著《林纾年谱长编:1852—1924》,福建教育出版社2014年版)

王光祈继续在北京中国大学专门部法律本科学习,并趁在清史馆工作之便,接触了大量清政府与各国所订的条约。他潜心披阅、研究,为后来从事社会活动及有关近代历史和近代外交方面的著译事业打下基础。夜晚,到青年会补习英语。秋,袁世凯大造帝制舆论,准备复辟称帝。王光祈目睹内忧外患的祖国,十分苦闷和愤慨,发誓要为国家民族尽炎黄子孙的一份力量。时值中秋佳节,王光祈23岁生辰时,与友人黄廷锐登陶然亭,议古论今,思绪纷然,赋诗二首,遥寄温江挚友崔干臣。全诗铿锵有力,既表达了对班超、谢翱(字皋羽)爱国精神的崇敬和为国效力的宏图壮志,也流露出了一些对黑暗现实无能为力的忧愤情绪。(参见四川音乐学院、成都市温江区人民政府编《王光祈文集》及附录一《王光祈年谱》,巴蜀书社2009年版)

丁文江继续任农商部地质调查所所长。年初,上书农商总长,详陈云南矿务情形及改良矿政。丁文江根据他在云南调查过程中所掌握的资料,就锡、银、铅、铁、锑等矿分别作了说明,指出:"吾国矿业之不振,虽由于资本之不充,知识之幼稚,而其最大之障碍,实由于行政之不良。故往往五金小矿,土法开采未始不宜。而所在不能发达者,诚以一著成效,人争趋之。争之胜负,视争者之势力为转移。故全国利源非劣绅所垄断,即为贪吏所把持,不然则重征叠税,务使其力尽自毙而始止。文江以为此等弊政一日不除,矿业一日无发达之希望。虽有千万之基金,十百之矿务大臣,亦无益也。"又向农商部呈交了一份《改良东川铜政意见书》。该《意见书》回顾了乾(隆)嘉(庆)以来铜厂经营的历史,分析了各个时期铜厂盛衰的原因,以及当时的东川矿业公司所存在的诸种问题,并提出具体的改良意见。春,与时在北京政府农商部矿政司担任顾问的安特生相识。4月3—12日,带领农商部地质研究所学生去北京宛平县斋堂一带作地质旅行。5月27日,因章鸿钊"奉派调查皖省铁矿",丁文江被任命为地质研究所代理所长。6月16日,呈报农商部:地质研究所将于本月21—30日考试,7月1日起放暑假,9月10日开学。6月,地质研究所由北京景山东街马神庙北京大学预科旧址移至西城丰盛胡同3号师范学校旧舍。7月19日,呈报农商部地质研究所第二学年年终考试成绩。秋,丁文江两次带领学生前往北京西山旅行。11月13—23日,带领学生又往山东旅行,翁文灏教师亦同往。同月,在《远东时报》(*Far Eastern Review*)第12卷第6期发表《云南东川铜矿》(Tungchwanfu,Yunnan,Copper Mines)一文。冬,带领学生前往北京西山旅行。12月30日,农商部奏请设立地质调查局。此请次年1月4日批准。(参见欧阳哲生主编《丁文江文集》第七卷附编《丁文江先生年谱》,湖南教育出版社2008年版;宋广波编《中国近代思想家文库·丁文江卷》及附录《丁文江年谱简编》,中国人民大学出版社2014年版)

章鸿钊继续任地质研究所所长。1月7日,农商部批准章鸿钊的呈文,聘翁文灏为地质研究所专任教员,并于课余兼任地质调查工作。随即发表饬令:"查地质研究所教授需人,兹派翁文灏为该所专任教员,并于课余兼任本部地质调查事宜。"4月,与丁文江、翁文灏参酌缓急,对地质研究所课程进行较大规模的调整。章鸿钊本月3日呈报农商部,次日即获批准。其中废除原矿物学与古生物学分科的设置,增加采矿、冶金等应用科学课程,同时增加学生赴野外实习时间,规定实习由所长及各教员分途督率指导,而且与正课并重。还专门订立了学生撰写实习报告的章程。5月27日,章鸿钊"奉派调查皖省铁矿",丁文江被任命为代理所长。章鸿钊回京后立即又带毕业生实地训练,获取经验。对学生的实习报告都亲自批阅并改正错误。地质研究所毕业生叶良辅所编写实习报告《北京西山地质志》,成为我国第一部地质专著。(参见冯晔、马翠凤《章鸿钊年表》,中国地质图书馆编《第三届地学文献学术研讨会暨纪念章鸿钊学术思想研讨会论文集》,地质出版社 2016 年版;李学通《翁文灏年谱》,山东教育出版社 2005 年版)

　　翁文灏 1 月 7 日经农商部批准为地质研究所专任教员,并于课余兼任地质调查工作。9 日,地质研究所第二学年第二学期开学,11 日开始上课,翁文灏教授岩石学和矿物学课程。2 月 22 日,参加北京政府举办的回国留学生甄拔考试。翁文灏等 12 人参加矿科考试,获矿科超等。此外胡文耀为理科第一,徐新六为商科第一。4 月 3—12 日,率地质研究所部分学生赴外地实习。地质研究所学生于 3 月 24 日学期考试结束后,分 3 组,分别由翁文灏、丁文江和王烈率领,赴宛平县斋堂、房山县、滦县实习。4 月 5 日,大总统袁世凯发表策令,回国留学生甄拔考试获超等者授为上士。5 月 2 日,以超等及第回国留学生身份赴总统府觐见大总统袁世凯。按当时北京政府有关规定,获回国留学生考试超等、甲等者,在分发使用前应觐见大总统。翁文灏因率学生赴外地实习,未参加统一于 4 月 12 日举行的觐见,故于本日补行觐见礼。此后不久,翁文灏获农商部“技正上任事”衔。因农商部荐任职技正名额已满,派为技正上任事,即寓荐任待遇之意。6 月,应京绥铁路鸡鸣山煤矿之约,与丁文江往勘地质 10 余日。同月,地质研究所由景山东街马神庙北京大学理学院,移至西城丰盛胡同原北京师范学校旧址。7 月 10 日,翁文灏应绥远土默特旗总管之邀,利用地质研究所放暑假之机赴绥远调查地质。自北京出发,乘京绥铁路车西行,调查绥远各地之地质矿产。同行者为地质调查所调查员曹树声。此次调查旅行,迂回曲折,全程约 3000 余里。12 月 24 日,翁文灏率地质研究所学生叶良辅、谢家荣赴江西,调查余干、乐平、鄱阳等地煤田及地质。30 日,与叶良辅、谢家荣由九江出发,西南行 30 余里,至金鸡头铁矿所在地,会同调查德化县境内铁矿及城门以西一带煤田,寓于近村人家。31 日,3 人分途研究测量。

　　按:次年 1 月 1 日,顺刘家河南行进城门口,又调查杨家桥等处煤矿及附近地区地质,寓于王毛堰村。2 日,由村向东,经枫树根煤窑,计行 30 里而至沙河车站,乘车返九江。(参见李学通《翁文灏年谱》,山东教育出版社 2005 年版)

　　黄节 8 月 18 日致书刘师培,斥其复倡君主,倾覆民国,劝其洞察得失,速为罢止。30 日,刘师培发表《国情论》《唐虞禅让与民国制度不同论》,以证民主之不可以治中国。8 月 31 日,黄节再致书刘师培,谓“日昨阅报,见足下有《国情》之论,所陈土俗民情关乎政治,是与国体何涉? 至谓管子之法不可以治秦,犹商君之法不可以治齐,斯论犹为当……政术之穷变本无一定,足下何必强为区制,以证民主之不可以治中国”,并以中外历史事实驳《唐虞禅让与民国制度不同论》。(参见陈奇编《刘师培年谱长编》,贵州人民出版社 2007 年版)

　　蒋百里出版与刘邦骥合著的《孙子浅说》。以《孙子》十家注本为依据,对十三篇详加释说,引申论述军政与主德、财政、外交、内政之关系,论述奇正运用、虚实原理,论述战争基本方略、应变方略等。是年,与蔡锷密商讨袁计划。(参见皮民勇、侯昂妤编《中国近代思想家文库·蒋百里、杨杰卷》及附录《蒋百里年谱简编》,中国人民大学出版社 2015 年版)

　　鲁迅 1 月 11 日将历来所购石印名人手书及石刻小册清理汇集,请工人装订成册,并开始大量搜集古碑和研究金石。同月 31 日、2 月 14 日、5 月 28 日,鲁迅与许寿裳相约多次至钱粮胡同看望章炳麟。2 月 21 日,大总统批令准给五等嘉禾章。8 月 3 日,被教育总长汤化龙指定为通俗教育研究会会员。同日,通俗教育研究会设会址于京师通俗图书馆内。9 月 1 日,鲁迅被任为通俗教育研究会小说股主任。6 日,参加通俗教育研究会成立大会。12 日,得上海蝉隐庐寄来《流沙坠简》3 册。10 月 28 日,鲁迅出席通俗教育研究会第二次大会。12 月 27 日,出席通俗教育研究会第三次大会。

按：9月15日鲁迅主持召开通俗教育研究会小说股第一次会议,讨论"本股办事细则""例会日期"及"进行方法"。会议决定：由鲁迅指定三人起草办事细则。例会日期定为每星期三下午一至三时。进行方法暂缓讨论。小说股成员,包括主任、干事、职员计十九人；名誉股员五人。其中有教育部的佥事、主事、视学、秘书、办事员、编审员等,也有由京师警察厅、北京通俗教育会、北京高等师范学校、化石桥法政学校、京汉铁路局总管理处等单位选派的人员。但是,经常出席会议并担任实际工作的,只有教育部十五、六人。据《小说股股员会议事录》记载,自本日起,次年1月19日止,鲁迅主持召开了小说股会议10余次。本年会议日期及内容依次为：9月22日第二次会议,继续讨论办事细则；9月29日第三次会议,讨论该股进行方法；10月6日第四次会议,讨论审核小说标准；10月13日第五次会议,修正审核小说标准；10月27日第六次会议,讨论向通俗图书馆借书办法等事宜；11月10日第七次会议,讨论编译小说标准；11月17日第八次会议,讨论查禁小说宜预先通饬案；1月24日第九次会议,讨论查禁及改良小说案；12月1日第十次会议,续议查禁小说及公布良好小说两案。(参见鲁迅博物馆、鲁迅研究室编《鲁迅年谱》,人民文学出版社1981年版)

陈寅恪在北京曾短期担任经界局局长蔡锷秘书。4月6日,鲁迅有书相赠。秋,为江西教育司阅留德学生考卷。(参见卞僧慧《陈寅恪先生年谱长编》,中华书局2010年版)

汪东1月31日偕沈尹默、鲁迅等公宴章炳麟。7月17日,被授予上士官秩。8月中下旬,杨度、孙毓筠、严复、刘师培、李燮和、胡瑛联名发起成立"筹安会",为袁世凯称帝鼓吹。时任总统府高等顾问的汪凤瀛毅然反对,撰《致筹安会与杨度论国体书》,传诵南北。汪凤瀛初拟定此文,曾示汪荣宝、汪东诸子。(参见薛玉坤《汪东年谱》,河南文艺出版社2016年版)

高步瀛8月继夏曾佑之后,任教育部社会教育司司长,任职共12年。任职期间,设立模范讲演所,以培植社会教育人才；设通俗教育研究会,编著通俗教育书籍60余种,以化导民俗；复监督正俗育化会,审定剧本；指导评书改良会,辑录话本等；次第实施,成绩昭著,收效明显。9月,教育部通俗教育研究会成立,设立小说、戏剧、讲演三股,由梁善济出任会长。鲁迅任小说股主任,高步瀛任总理干事。鲁迅主持小说股的日常工作,"股内会议虽有本股主任直接主持和安排,但在一般情况下,大会的'经理干事'高步瀛,'庶务干事'徐协贞和'会计干事'王丕谟都要出席了解情况,协助工作"。9月30日,《鲁迅日记》载："高步瀛参加通俗教育研究会成立大会,会上由首任会长梁善济发表有关该会宗旨的演说,并推选高步瀛等三十三人为干事。"

黎锦熙应教育部之聘,赴北京任教科书特约编纂员(后为编审员),提倡白话文,反对小学"读经",开始促成"国文科"改"国语科"的活动。是年,出版与徐特立、杨昌济等合编《初等小学国文读本》3卷。

按：是年至1920年,黎锦熙与毛泽东常有书信往来,讨论各种问题。(参见黎泽渝《黎锦熙先生年谱》,《汉字文化》1995年第2期)

梁漱溟9月编成《晚周汉魏文钞》,请黄远生作序。交商务印书馆,因商谈发行具体条件未洽而作罢。梁漱溟在该书自序中曾说："夫一民族之与立,文化也；文化之中心,学术也；学术所藉以存且进者厥为文字。存者叙述故典,综事之类也；进者扬攉新知,布意之类也。今举国以治古文,图耀观览而废综事布意之本务,则是斨毁学术阻逆文化而使吾族不得竟存于世也!"可见当时梁漱溟已注意到中国文化与学术问题。(参见李渊庭、阎秉华编著《梁漱溟年谱》,商务印书馆2018年版)

马寅初年初归国抵达上海,旋即返回浙江嵊县老家,与阔别多年的慈母、妻女团聚。随后,已逾而立之年的马寅初惜别家人,只身北上。先任明德大学商科主任。而后辗转交通部和财政部，历任财政部统一金库评议员、交通部铁路稽核员、铁路账务调查员。

按：徐斌、马大成编著《马寅初年谱长编》（商务印书馆 2012 年版）是年所载为：奉职民国政府财政部，历任财政部统一金库评议员、交通部铁路稽核员、铁路账务调查员。后因袁氏复辟称帝前后扰乱财政与金融之举大悖事理，遂辞去财政部等政府职衔，转任北京大学法学教授，兼任明德大学（北京）商科主任、高等师范教员。（美国耶鲁大学档案资料及 1918 年 9 月《北京大学职员履历表》）李仲民《马寅初早年在京足迹考》（《北京晚报》2022 年 12 月 13 日）认为有待商榷，马寅初任教北京大学当在 1917 年 1 月就任北京大学校长之后。

夏曾佑 6 月负责筹备改组京师图书馆，决定将京师图书馆至方家胡同前国子监南学。8 月，实任京师图书馆馆长，免去社会教育司司长职。9 月 4 日，教育部饬令京师图书馆派员赴古物陈列所接收文津阁《四库全书》。10 月 7 日，文津阁《四库全书》清点工作完成。

按：夏曾佑在《点收〈四库全书〉完竣呈文》中写道："统计是书项籍，凡二百五十六夹六千一百四十四函，又目录二十函、架图四册，另为一夹。内除第三百二十六、第三百二十七两函原庋藏〈日讲诗经解义〉，今系空函，业经双方查明签字外，均已一律点收完竣，陆续装运到馆。"（参见全根先《夏曾佑年谱简编》，载《文津学志》2016 年）

傅增湘继续任肃政厅肃政史。1 月 1 日，张元济致信傅增湘，商讨改革学制之利弊。2 月 12 日，张元济收到傅增湘信，告知教育案确定，增加读经，而学制无大变。2 月 14 日至 3 月 15 日间，傅增湘于厂肆收明刊本《东观余论》2 卷。3 月 28 日，交商务印书馆分馆《新书》4 册、《越绝书》2 册、《风俗通》2 册、《太玄经》2 册，《书目》6 本。5 月 18 日，张元济致信傅增湘，馆开股东会，请指定代表。19 日，张元济再致信傅增湘，明刻《两汉书》80 册交发书处送呈；商务馆拟印《四部举要》，附上目录，代为察核，应增应减指示，所缺藏本拟借藏园，所选之本如不善代为改定。6 月 5 日，《四部举要》目录改定。秋，以董康所收宋刊本《自警编》4 册，配莫氏所藏残本和缪荃孙所藏残卷，成为完书，归到藏园。10 月，傅增湘作为肃政史，派为稽查国民大会选举事宜。（参见孙英爱《傅增湘年谱》，河北大学硕士学位论文，2012 年）

李时灿任清史馆协修，兼中州文献征集处总编辑。整理成《中州先哲传》《续文征》《中州诗征》《艺文录》，共 127 卷。

陈垣因文津阁《四库全书》从承德移贮北京京师图书馆。从此开始阅读、研究、查对《四库全书》。以后写成《四库书目考异》5 卷和《四库全书纂修始末》1 卷。

俞剑华考入北京高等师范手工图画专修科，从名画家陈师曾、李毅士学画。

朱桂辛发起成立北京行健会。

华南圭当选为中华工程师会北京分会总干事

汤尔和、侯希民等 9 月发起成立中华民国医药学会，汤尔和任会长。

余绍宋等人在北京发起组织宣南画社，是民国初期北京较早出现，同时也是存在时间较长的绘画社团。

陈半丁、汤定师、陈师曾、林宰平、胡子贤、杨劲苏、王梦白等参与宣南画社的活动。

梅兰芳首创戏剧古装新戏出现，代表剧目有《嫦娥奔月》《天女散花》等。姜妙香与梅兰芳配演小生，长期合作达 46 年之久。

陶希圣春初随父入京，投考北京大学预科。秋，编入北京大学预科一年级。（参见陈峰编《中国近代思想家文库·陶希圣卷》及附录《陶希圣年谱简编》，中国人民大学出版社 2015 年版）

俞平伯考入北京大学文科国文门。入京后，自字直民，号屈斋。

梁思成在北京清华学校学习。

梁思永考入清华留美班。在清华期间,梁思永与兄长梁思成积极参加文娱社会活动。

梁实秋考入清华学校。

曾昭抡考入清华学校。

谛闲应北京名流居士的邀请,北上在京中讲《楞严经》,京中善信,踊跃赴会,使他道誉远播。(参见于凌波《中国近现代佛教人物志》,宗教文化出版社1995年版)

陈独秀5月选录四川吴虞的《辛亥杂诗》,并加诠释,刊载于《甲寅》第1卷第7期,两位"打倒孔家店"的名将从此发生密切关系。6月中,自日回国,住上海法租界嵩山路南口吉谊里21号,与妻君曼、子延年、乔年、松年及女玉莹聚居。20日,陈独秀参加汪孟邹等举行的"洗尘"宴会。陈独秀在上海组织安徽的革命者,积极进行倒袁活动,被人誉为"鲁肃"。8月10日,《甲寅》发表李大钊的《厌世心与自觉心》,批评陈独秀《自觉心与爱国心》一文"厌世之辞嫌其泰多,自觉之义嫌其泰少";人心所蒙之影响"甚钜"。

按:《甲寅》自第1卷第5期起,移至上海出版。

陈独秀9月15日在上海创办《青年杂志》,经汪孟邹介绍,由陈子佩、陈子寿兄弟开办"群益书店"发行。陈独秀在《青年杂志》创刊号上发表发刊词《敬告青年》,明确以西方文明为典范,高举科学和民主两面大旗,同时在创刊号上发表《法兰西人与近代文明》《妇人观》以及译文《现代文明史》,从而揭开了中国近代文明新文化运动的序幕。又在创刊号上所载答王庸工文中驳斥筹安会诸人鼓吹君主制的种种论调。10月6日,汪孟邹致函胡适,介绍陈独秀与《青年杂志》。15日,在《青年杂志》第1卷第2号发表《今日之教育方针》,提出建设"人民为主人,以执政者为公仆"的民主国家。11月15日,在《青年杂志》第1卷第3号发表《抵抗力》,探讨了国民无"自觉心"的原因。12月15日,在《青年杂志》第1卷第4号发表《东西民族根本思想之差异》。(以上参见唐宝林、林茂生《陈独秀年谱》,上海人民出版社1988年版)

按:陈独秀《敬告青年》向青年们提出了六条处世精神,即"自主的而非奴隶的"精神;"进步的而非保守的"精神;"进取的而非退隐的"精神;"世界的而非锁国的"精神;"实利的而非虚文的"精神;"科学的而非想象的"精神(《青年杂志》第1卷第1号)。

按:《青年杂志》第1卷第1号所登的《社告》第一条:"国势凌夷,道衰学弊,后来责任,端在青年。本志之作,盖欲与青年诸君商榷将来所以修身治国之道。"第二条:"今后时会,一举一措,皆有世界关系。我国青年,虽处蛰伏研求之时,然不可不放眼以观世界。本志于各国事情,学术思潮,尽心灌输,可备攻错。"第三条:"本志以平易之文,说高尚之理,凡学术事情足以发扬青年志趣者,竭力阐述,冀青年诸君于研习科学之余,得精神上之援助。"第五条:"本志特辟通信一门,以为质析疑难,发抒意见之用。凡青年诸君对于物情学理有所怀疑,或有所阐发,皆可直缄惠示。本志当尽其所知,用以奉答,庶可启发心思,增益神志。"

按:《新青年》自1915年9月15日创刊到1926年7月25日停刊,历时10年多。胡适说:"二十五年来,只有三个杂志可代表三个时代,可以说是创造了三个新时代:一是《时务报》;一是《新民丛报》;一是《新青年》。"(胡适《与高一涵等四位的信》,《努力周报》第75期,1923年10月)

章士钊接黄兴1月29日函,催寄文稿及资料,编印反袁宣传品。3月14日,章士钊致信胡适,对他投寄所译《柏林之围》一稿表示谢意,并告知已刊入第4期。4月,章士钊和周孝怀一起拜会了孙中山,商讨欧事研究会与中华革命党捐弃前嫌,共同讨袁。5月9日,当袁世凯接受"二十一条"的消息传来时,章士钊怀着悲愤的心情写下了《时局痛言》一文,对袁世凯政府提出严厉的批判。10日,章士钊将其主编的《甲寅》杂志自第1卷第5期起,从日本移至上海印刷出版，并改为周刊。

按：《甲寅》第1卷第5期刊载章士钊所撰"秋桐启事"，曰：仆以孱弱之躯，旅居海外，去岁夏间，同志数辈创作《甲寅》杂志，属仆主任其事，社务严唑，益以屡病，出版愆期，至用惭歉。今为分工之计，以印刷发行两事，析与上海亚东图书馆代为理治，仆只任编辑一部，心一意专，庶可期诸久逮。自后凡属印刷发行事项，请向上海接洽，其有关文字者，则直函日本东京小石川区林町七十番地甲寅杂志社编辑部交仆收可也。

章士钊5月10日在《甲寅》第1卷第5号发表《学理上之联邦论》，引证西文学说，结合中国政治实际，论证联邦制可以用舆论力量达到革命的目的，这是当时反袁的重要理论之一。6月10日，日本提出"二十一条"，欧事研究会议决通电全国，以逼使袁世凯投入日本怀抱为"理由"，主张对袁采取缓进主义，通电由黄兴领衔，章士钊起草。8月31日，在《甲寅杂志》第1卷第9号上发表《帝政驳义》一文，驳斥古德诺及筹安会的帝政说，捍卫民主共和。同月，陈独秀在上海创办《青年杂志》，章士钊在《甲寅》上发表《评新文化运动》《评新文学运动》，反对新文化、新文学。10月，《甲寅》被禁停刊。（参见袁景华《章士钊先生年谱》，吉林人民出版社2001年版）

苏曼殊7月10日在章士钊于上海主编的《甲寅》杂志第1卷第7号上发表小说《绛纱记》，以四对年轻人的爱情为题材，展现辛亥革命前"山雨欲来风满楼"的革命形势，批判以金钱财富为主轴的婚姻。（参见袁景华《章士钊先生年谱》，吉林人民出版社2001年版）

梁启超1月避地天津，从事著述事业。1月20日，中华书局《大中华》月刊在上海创刊，为以时事政治为主的综合性刊物，以"养成国民世界知识，增进国民人格，研究事理真相，以为朝野上下之南针"为宗旨，梁启超应邀任主撰述。陆费逵作《大中华宣言书》，梁启超作《大中华发刊词》，此文及《吾今后所以报国者》《西疆建置沿革序》刊于《大中华》第1卷第1期，所撰《吾之币制度政策》《欧战蠡测》始在《大中华》第1卷第1期连载。又任是中华书局发起的时局小丛书主编。

按：梁启超《大中华发刊词》曰："问者曰：吾子不云乎，我国民积年所希望所梦想，今殆已一空而无复馀。夫我国民前此固共信国之可救也，奔走谋救之者，亦既有年，仁人志士既竭心力继之以血者，且不知几何姓矣。而结果竟若此，自今以往，即共持吾子所谓明瞭坚强之自觉心者，而报国亦有何道？应之曰：不然，我国民前此之失望，政治上之失望也，政治不过国民事业之一部分，谓政治一时失望，而国民遂无复他种事业，此大惑也。且政治者，社会之产物也，社会凡百现象皆凝滞麻败，而独欲求政治之充实而有光辉，此又大惑也。夫今日之政治与吾侪之理想的政治甚相远，此何必讳言者，虽然平心论之，在此等社会之上，其或者此种政治尚较适切，易以吾侪所怀想者，其敝或且更甚于今日。盖谁与行之，而谁与受之者，吾以为中国今日膏肓之疾，乃在举全国聪明才智之士悉揍集于政治之一途。夫一国政治茕其枢者，恒不过一二人，而政治之为物，其本质原无绝对之美，其美恶之效，又非可决于旦夕，国民既有所倚任之人，则宜尽其长，以观其后。国中有多数野心之政治家，其易地能改良政象与否殊未可知，而政局已日在飘摇不安之境，则政治之易使人失望者，此其一矣。一国中执行政务之人，所需亦不过此数，今乃举全国无量数不知谁何之人，而皆欲托于政治以自养，官吏之供给过于其所需要数十百倍，人人皆患得之患失之，所以奔竞倾轧者，无所不用其极，政象安得不混浊？则政治之易使人失望者，此其二矣。从政人才既未尝养之于豫，今日欲举一事，则于多数竞争者之中探筹取若干人以任之，明日欲举一事，又于多数竞争者之中探筹取若干人以任之，其能任耶，不能任耶？任焉者不敢确信，受任焉者亦不敢确信，更探筹而易若干人，其不敢信也如故。传不云乎，未能操刀而使割，其伤实多，如此虽有良法美意，安由设施，则政治之易使人失望者，此其三矣。而以举国聪明才智之士，悉揍集于政治，故社会事业一方面虚无人焉。既未尝从社会方面培养适于今世政务之人才，则政治虽历十年百年终无根本改良之望。其间接恶影响之及于政治一部分者,既若彼矣,而政治以外之凡百国民事业悉预废摧坏而无复根株之可资长养,故政治一有阙失,而社会更无力支柱,以待继起者之补救,其直接恶影响所及,则国家存亡,所攸判也。夫我国民曷为积年所希望所怀想遽一空而无复馀,则以其所希望所怀想者专属于无根蒂无意味之政治生涯,则其对于自身前途之失望,固宜什人而八九,而对于国家前途之失望,则亦随之,此所以举国沉沉,悉含鬼气也。呜呼!我国民乎,当知吾侪所栖托之社会,孕乎其间者不知几许大事业,横乎其前者不知几许大希望,及中国一息未亡之顷,其容我回旋之地不知凡几,吾侪但毋偷毋倦,毋躁毋骛,随处皆可以安身立命,而国家已利赖之。本报同人不敏,窃愿尽其力所能逮;日有所贡献,以赞助我国民从事个人事业社会事业者于万一,此则本报发行之职志也。"(《饮水室合集·文集》之三十三,第89—90页)

按:《大中华》创刊号有载袁世凯就任大总统时的近照,以及大量的辛亥中国陆军大操练时的照片与我国最早自主建设的京张(北京至张家口)铁路的照片,皆为现存不多的罕见收藏品。至1916年12月20日停刊,共出2卷,每卷各12期,共24期。

梁启超2月12日拒绝出任袁世凯政治顾问。3月31日,袁世凯派其赴沿江考察司法教育,亦未就。4月末旬,返粤省亲前,作致袁世凯长信,劝其悬崖勒马,急流勇退。

按:此函略曰:"大总统钧鉴:前奉温谕,冲挹之怀,悱挚之爱,两溢言表,私衷感激,不知所酬,即欲竭其愚诚,有所仰赞,既而复思简言之耶,不足以尽怀,详言之耶,则万机之躬似不宜哓渎,以劳清听,且启超所欲言者,事等于忧天,而义存于补阙,诚恐不蒙亮察,或重咎尤,是用吮笔再三,欲陈辄止。会以省亲南下,远暌国门,瞻对之期,不能预计,缅怀平生知遇之感,重以方来世变之忧,公义私情,两难悡默,故敢卒贡其狂愚,惟大总统垂察焉。"

梁启超6月4日北返至沪。6月底,与冯国璋入京。7月6日,宪法起草委员会成立,与李家驹、汪荣宝、达寿、梁启超、施愚、杨度、严复、马良、王世澂、曾彝进等10人被参政院推举为宪法起草委员。8月14日,杨度、孙毓筠、严复、刘师培等人于北京发起筹安会。9月3日,梁启超在《京报》上发表《异哉所谓国体问题者》一文,对即将实行的帝制大加嘲讽,引起社会震动,并引发了袁世凯的恐慌。

按:梁启超此文章未发表以前,袁世凯曾使人以巨金贿请,勿为发表。发表以后,梁启超接连着接到许多意图架陷的匿名信件。

梁启超在袁世凯于12月12日宣布称帝后秘密离京南下,行前上袁世凯一书,声称将赴美养疴。16日,梁启超由天津乘中国新济轮赴沪。18日,抵达上海,住在上海静安寺,与在上海的蓝公武、黄溯初、吴贯因、黄炎培、张东荪等人积极策划倒袁活动。此后居沪七十余日,筹划滇、黔、桂三省举义各事,又游说南京冯华甫赞助起义事。19日,梁启超弟子蔡锷抵达昆明。25日,蔡锷联络督理云南军务唐继尧、巡按使任可澄等发动护国运动,正式宣告云南独立。梁启超预先拟就所发各方电文,如《致北京警告电》《致北京最后通牒电》《致各省通电》《云贵檄告全国文》等。是年,所发表论文尚有《政治之基础与言论家之指针》《伤心之言》《中日最近交涉平议》《中日时局与鄙人言论》《中国地位之动摇与外交当局之责任》《中国财政学不发达之原因》《孔子教义实际裨益于今日国民者何在欲昌明之其道何由》《实业与虚业》《复古思潮平议》《国体问题与外交》等。(以上参见丁文江、赵丰田编著《梁启超年谱长编》,上海人民出版社2009年版)

康有为仍寓居上海辛家花园。2月14日春节,门人麦孟华、潘若海来谒,谈国事。25日,麦孟华病逝于上海。3月8日,梁启超致书康有为,哀悼麦孟华。17日,康有为撰《祭孺博文》。4月,重游杭州西湖。10月,日本乘欧战爆发,各国无暇东顾之机,向我国提出"二十一条"要求,康有为发表专文多篇,极论将见亡国之惨。又撰治械、迁都、知耻、备兵诸篇,主张惩前毖后、自强拒敌,以救危亡之计。11月,蔡锷起兵讨袁,康有为致电门人徐勤在香港接船保护。梁启超南下抵沪，康有为促其移寓彼处，梁启超以避嫌不便往，随后潜往广西，策动都督陆荣廷响应讨袁义师。（参见康有为著、楼宇烈整理《康南海自编年谱》，中华书局1992年版；吴天任《康有为年谱》，广东人民出版社2018年版；丁文江、赵丰田编著《梁启超年谱长编》，上海人民出版社2009年版）

谢无量1月18日因日本提出灭亡中国之"二十一条"，在报上撰文呼吁，"炎黄领土，岂容出卖""血肉同胞，誓与争还"。4—6月，在上海《大中华》杂志第1卷第4—6期连载《老子哲学》。7—8月间，在上海《大中华》杂志第1卷第7—8期连载《德国大哲学者尼采之略传及学说》。是年，在上海中华书局出版《阳明学派》《孔子》。（参见彭华《谢无量年谱》，《儒藏论坛》2009年第1辑）

张相文严词拒绝袁世凯派"筹安会"骨干刘师培拉拢入会并允事成授予要职。为躲避便衣侦探在其住宅附近昼夜监视，被迫化装成老农出走，绕道至丰台，乘火车潜往上海，并作《咏史》诗骂袁，首句为"窃国从来胜窃钩"，末句为"价重燕云十六州"。（参见江苏省泗阳县政协编《泗阳张沌谷居士（张相文）年谱》，载江苏省泗阳县政协编《张相文》，中国文史出版社2008年版）

师复3月27日因肺病逝于上海，葬于西湖烟霞洞旁。墓碑祭文全文用世界语雕琢而成，墓表全文如下："师复为人道主义者，又为世界语学者。生平谋炸悍将，厉行革命，被锢三年终而组织东方谋杀团。辛亥以后，舍其单纯破坏，转而为自由社会主义之宣传，创晦鸣学舍、世界语研究会及心社；旋发刊《民声杂志》，淬砺自刻，尽瘁其主义，呕血而死。死年才三十有一，不终其纪。痛哉！君以公元一八八四年六月廿七日生于东亚之广东香山县；以一九一五年三月廿七日殁于上海。同年葬于浙江西湖之烟霞洞，越四年而修其墓，以志不忘！新世纪二十一年一月十日。佩刚作表，思翁书。"（参见唐仕春编《中国近代思想家文库·师复卷》及附录《师复年谱简编》，中国人民大学出版社2015年版）

黄炎培1月在《教育杂志》第7卷第1号发表《实用主义产出之第一年》。文内介绍各省教育界讨论和实行实用主义教育的情况颇详。认为一年之间，实用主义教育学说发展极为迅速，是一可喜现象。所谓实用主义，即学生在学校所学之知识，应注意其离校后的应用。如语文应注意写信、便信条、明信片、电报、各种广告、各种票据、各种规则、请帖、签条等应用文的学习；图画应注意图案和写生等等。其他学科大致相同。4月9日，参加农商部组织游美实业团访美，7月回国。8月29日，出席江苏省教育会第十一次常年大会，并作游历美国考察教育的报告，最后谓"吾国亟须仿行之要点有三；一实用教育，二体育，三校外教育"。会议选举张謇为会长，黄炎培为副会长；沈恩孚、庄俞、郭秉文、凌昌焕、张世鎏、蒋炳章、沈颐、杨锦森、吴家煦、王朝阳、朱亮、吕侠、包公毅、俞很、贾丰臻、陆裕神十六人为干事。12月，黄炎培撰《实用主义产出之第二年》《东西两大陆教育不同之根本谈》，刊于次年《教育杂志》1月号。后文论其根本不同有四：（一）彼之教育大都取自然，我取强制；（二）彼取个别，我取划一；（三）彼重创造，我重模仿；（四）彼重公众，我重一己。同月，应教育总长张一麐之约，在教育部讲演美国之学制和学风。大意谓美国中学以下毕业生，皆有独立谋生、独立办事之能力。上流绅耆多活动于实业界，中人以下始以政治为生涯，中国则反是，知识分子和士绅群以做官为目的。救济之法，一须将学制改取实用主义，二须提倡社会事业，三须略减官吏权利；江苏省教育会附设之体育传习所举行开幕式，以教育会长资格到会主持，并报告筹备经过及内部设施甚详；以江苏教育会名义反对袁世凯称帝。（参见许汉三编《黄炎培年谱》，文史资料出版社1985年版；李永圻、张耕华编撰《吕思勉先生年谱长编》，上海古籍出版社2012年版）

李登辉继续任复旦公学校长，所教科目有英文、法文、心理学。春，参照耶鲁报告、课程说明等相关文件,制定中英文《复旦公学章程》。章程为复旦确立了较为完备的通识课程体系。课程分八大部类,60 余门。学生按大类选课,实行有一定限度的选课制和学分制。这一课程体系一直沿用至 1923 年。章程还规定了校徽、校训。秋,《复旦》杂志创刊,每年刊出一期。中文占四分之三,英文占四分之一。李登辉任该杂志顾问。是年,李登辉当选为美国地理学会会员;李登辉与杨锦森合编的《中华新英文读本》3 卷由中华书局出版。读本系初级配图英文教本。(参见钱益民《李登辉传》及附录四《李登辉年谱简编》,复旦大学出版社 2005 年版)

王宠惠继续兼任复旦公学校董。袁世凯阴谋称帝,骨干梁士诒曾托美国人安德逊向王宠惠游说,希望王宠惠能写文章赞成帝制,答应酬以高官或优厚酬金,任其选择,为王宠惠严词拒绝:"余之笔专为共和民主而作,不能以拥护帝制受辱,且君曾为中华民国临时政府向外宣传共和,今竟以此相助,实出意料之外。君志虽变,余则不能同流合污。"5 月,王宠惠就任复旦公学副校长,协助校长李登辉经办复旦公学。王宠惠与李登辉均为美国耶鲁大学高材生。不久,王宠惠辞去所兼复旦董事长职务。7 月,王宠惠与李登辉一起参照母校耶鲁大学的课程说明书等文献,制定出一个综合课程体系,由课程、教材、学分、学时、必修课和选修课等几个方面组成。当时共设课程 60 余门,按类设课,分为国文部、算学部、物理部、化学部、外国文学部、哲学部、政治法律部、历史地理部八大部类,供各年级学生选修,每一部类各由一位资深的教员担任学长,其中政治法律部由王宠惠担任。使复旦的课程体系和管理机构都明显接近美国式大学。

按:复旦图书馆至今仍完整了保留着钤有"王宠惠藏书章"字样的《1912—1913 年度耶鲁大学校长报告书》《1920—1921 年度耶鲁大学法学院课程说明》等资料。(参见钱益民《李登辉传》及附录四《李登辉年谱简编》,复旦大学出版社 2005 年版;张仁善《王宠惠先生年谱》,载《王宠惠法学文集》,法律出版社 2008 年版)

唐文治继续任上海工业专门学校校长。1 月 13 日,学校社团组织"南洋学会"于大礼堂举行成立大会。出席会议百余人,会议推选唐文治为名誉会长,各教员为名誉会员。学会有正副会长,下设语言、编辑、游艺三个部。其中言语部从 1915 年秋起先后延请蔡元培、梁启超、黄炎培、俞庆恩、周厚坤、李登辉等名流到社区演说。编辑部则编辑出版《交通部上海工业专门学校学生杂志》。3 月,南洋公学同学会办的季刊《南洋》第 1 期出版。内有陈容的《南洋公学之精神》一文,谓学校校风其重要者有三:"注重体育以矫文弱之弊""注重国学国文以保存国粹""注重科学工艺以增进民智"。还发表修改后的《南洋公学校歌》,歌词为:"五色备,如虹霓,美哉吾国徽。醒狮起,搏大地,壮哉吾校旗。愿吾师生全体,明白旗中意。既醒勿睡,既明勿昧,精神常提起。实心实力求实学,实心实力务实业。光辉吾国徽,便是光辉吾校旗。"

唐文治是年春讲授《易》上经毕。先后阅姚配中《周易姚氏学》和安徽陈世镕《周易廓》。李颂韩从书商处送来《周易集解》钞本一巨册。惜其下册,已为他人定购。书商取去,唐文治仅临得上册。6 月,南洋学会主办《上海工业专门学校学生杂志》第 1 卷第 1 号出版,唐文治作序。7 月 6 日,举行毕业典礼,唐文治与美孚公司经理司徒文、博士李家白以及伍廷芳等先后讲话。11 月 8 日,唐文治、王清穆、姚文楠、沈信卿、耿道冲、秦锡田、莫锡纶、吴馨、黄炎培、黄庆澜等致函北京政事堂、财政部、南京巡按使,请免江苏加漕,称:苏漕困民已久,本年又值灾歉,部议每石漕价加征五角,民力实有未逮,请陈明总统收回成命,以舒民困。12月 4 日,美国旧金山市"巴拿马—太平洋国际博览会"闭幕。中国作为国际博览会的初次参展者,第一次在世界舞台上公开露面。上海工业专门学校向博览会送交学校图片,蒸汽机、学生练习册等展品,被国际评委授予大奖"Grand Prize"。唐文治也因"精心主办本次展出"被授予勋章。冬,编《孟子大义》,其中《离娄》《万章》《告子》《尽心》4篇成,并作自序。《茹经先生自订年谱》记:颇中时弊。有能读此书者,或可救世道于万一也。(参见陆阳《唐文治年谱》,上海三联书店2013年版)

　　林语堂继续就读于上海圣约翰大学。1月,所撰英文文章《我们的大学行话》(Our University Jargon)刊于《约翰声》第26卷第1期英文版。4月,所撰英文文章《中国弱小吗?》(Is China Weak?)刊于《约翰声》第26卷第3期英文版。6月,所撰英文文章《纪念顾斐德教授》(In Memoriam:Prof. F. Clement Cooper)刊于《约翰声》第26卷第5期英文版。9月,林语堂升入圣约翰大学文科大四。10月,所撰英文短篇小说《山坡》(San-po)刊于《约翰声》第26卷第7期英文版;所撰英文文章《圣约翰大学基督教协会:1914—1915》(The University Christian Association:1914—1915)刊于《约翰声》第26卷第7期英文版。11月,所撰英文文章《学生荣誉答辩》(A Plea for Student Honor)刊于《约翰声》第26卷第8期英文版。12月,所撰英文文章《音乐在典籍中的地位》(The Place of Music in the Classics)刊于《约翰声》第26卷第9期英文版。(参见郑锦怀《林语堂学术年谱》,厦门大学出版社2018年版)

　　印有模继续任商务印书馆总经理。2月11日,江苏省教育会召开审查医学名词谈话会,是日到会者,有教会医学界、江苏教育会副会长黄炎培等人。出版界出席此会的有商务印书馆的郭秉文、庄俞、张元济、蒋维乔,中华书局的陆费逵、范源濂、吴家煦、欧阳溥存。3月1日,《申报》广告,商务印书馆中学校用"共和国教科书"完全出版,"单级教科书"第3期出版。3月10日,《申报》广告,商务印书馆《辞源》开始发售预约。《辞源》为陆尔奎、高凤谦、方毅等主编,编纂始于1908年春,历时8年而后竣事。1915年10月,以甲乙丙丁戊五种版式出版正编,为中国有新式辞书之始。3月11日,《申报》载,商务印书馆拟刊《四部举要》说略。5月29日,商务印书馆开股东大会,伍廷芳、郑孝胥、印有模、高凤池、张元济、张謇、叶景葵、鲍咸昌、黄远庸、曹锡庚、张蟾芬当选为董事,张国杰、王亨统、吴麟书为监事。7月7日,《申报》广告,商务印书馆各种经书出版,包括《论语白文》《诗经》《书经》《四书白文》《易经》。7月10日,《申报》载,此次巴拿马太平洋万国博览会,我国出品与会者颇占优胜。上海商务印书馆得有特等奖、金牌、银牌等奖,为数不少。14日,《申报》广告,商务印书馆出版各种辞典,包括《经学辞典》《哲学辞典》《地理辞典》《法政辞典》《动物辞典》《理科辞典》等专门科,和《成语辞典》《作文辞典》《家庭辞典》《学生辞典》等普通科。8月8日,《申报》载农商部关于商务印书馆完全华股呈请咨文。11月16日,商务印书馆总经理印有模在日本神户病逝。11月20日《申报》载,商务印书馆董事会为印锡璋总经理病故及高翰卿代任总经理启事:"商务印书馆有限公司股东公鉴:本公司总经理印锡璋先生,自本年夏间得病告假调治,久未见效,旋赴日本就医,不意于本月十六日在神户病故,同人实深怅惜。所有本公司事务,自印君告假后,即由经理高翰卿先生兼办,现经董事会议决,本公司总经理一席公推高君翰卿兼代。此布。董事会:张謇、郑孝胥、伍廷芳、叶景葵、张桂华、曹雪赓、黄远庸、鲍咸昌、张元济全启。"(参见吴永贵《民国图书出版史编年:1912—1949》,社会科学文献出版社2018年版)

　　高凤池11月16日接替在日本神户病逝的印有模,继任商务印书馆总经理,张元济任经理。11月18日,商务印书馆举行特别董事会。因印有模病故,"总经理一席公推高翰卿先生接办。高君力辞不就,拟改推张菊生先生。后经同人研究,张君接办总理实有为难情形,为大局计,仍非高君担任不可。高君仍再三谦让,仅允暂兼代,并声明俟明年股东会时必须另定办法"。同日,《申报》有报道:商务书馆总理在东作古:"商务印书馆总理、源盛洋货号主印锡璋君,近因患脑筋病,遍延中西医生医治,未见就痊。据医生云,须赴外洋调养半载,方可有效。故印君于上礼拜五,乘日本某公司轮船,前往日本延医调治。讵昨晨十时,印君之家属接神户我国领事馆来电谓,印君于昨日傍晚抵神户正欲登岸上扶梯时,讵驻足不稳,立时跌仆,当经人扶起,已不省人事,未及片时,即行气绝,着赶紧派人来神户棺殓云云。闻印君家属及长子某某,已于昨晚前往矣。"19日,商务印书馆董事会伍廷芳、郑孝胥、叶景葵、张謇、张桂华、黄远庸、鲍咸昌、曹雪赓、张元济于《时报》刊登《商务印书馆有限公司股东公鉴》:"本公司总经理印锡璋先生自本年夏间得病,告假调治,久未见效,旋赴日本就医,于本月十六日在神户病故,同人实深惋惜。所有本公司事务自印君告假后即由经理高翰卿先生兼办。现经董事会议决,本公司总经理一席公推高君翰卿暂行兼代,特此布告。"(参见吴永贵《民国图书出版史编年:1912—1949》,社会科学文献出版社2018年版)

张元济1月1日致傅增湘书,问学制等问题,曰:"明年直隶发起省教育会联合会,江苏省教育会同人正在研究议案,其对于学制亦多不主张更改,惟于中学有仍取文实分科制之说。即使提出后多数通过,亦期以三年为实行期。从前改革学制每以颁布之日为施行之期,往往学校基础未定,而纷更已来,故永无良善之效果。此层似亦不可不虑。该联合举行在即,议定其事自必上诸政府。既议改革,何妨稍致须臾,参以众论,似于实际较有裨益。"5日,出席商务印书馆第137次董事会议,讨论"本公司与中华整顿行规草约二十一条""经阅过可以允行"。6日,接傅增湘书,悉教育方针尚未定。2月12日,再接傅增湘书,悉"教育案已定,学制无大变更,但酌加读经耳"。3月11日,张元济致书赵凤昌,谓"本馆新出《辞源》样张,谨先呈览"。同日,《申报》载,商务印书馆拟刊《四部举要》说略。

按:《四部举要》后来改名为《四部丛刊》,1919年开始出版,1923年印成,集合经、史、子、集之书323种,8548卷,用六开纸印,线装订成2100百册,采用的底本,以涵芬楼所藏为主,同时遍访海内外公私藏家所藏的宋元明旧本。1926年,开始重版(部分书调换版本),1929年结束,后改称《四部丛刊初编》,册数稍增至2112册。1934年,出版《四部丛刊续编》,收书81种,1438卷。1935年,开始编印《四部丛刊三编》,计70种,500册。1936年,又出版了《缩本四部丛刊》初编。张元济写有《四部丛刊印行启例》,与本日《申报》上所载,略有不同。兹抄录《申报》如下:"睹乔木而思故家,考文献而爱旧邦,知新温故,二者并重。自咸同以来,神州几经多故,旧籍日就沦亡,盖求书之难,国学之微,未有甚于此时者也。敝馆留意收藏,十载孳孳,颇储善本。今出所蓄,以资津逮,为此《四部举要》之刻,提挈宏纲,网罗巨帙,虽不敢云学海之功臣,亦庶几书林之创举。缕陈之,有六善焉:汇刻群书,昉于南宋,后世踵之。顾其所收,类多小种,足备专门之流览,而非常人所必需,此之所收,皆四部之中家弦户诵之书,如布帛菽粟,四民不可一日缺者,其善一矣;明之《永乐大典》,清之《图书集成》,无所不包,诚为鸿博,而所收古书,悉经翦裁,此则仍存原本,其善二矣;刊行书籍,苟不精校,则麻沙恶椠,谬种流传!此则广事购借,务得善本,其善三矣;求书者纵胸有晁陈之学,冥心搜访,然其聚也,非在一地,其得也岂能同时?此则所求之本,具于一编,省事省时,其善四矣;雕版之书,卷帐浩繁,藏之充栋,载之专车,平时翻阅,亦屡烦乎转换。此用石印,但略小其匡,而不并其页,故册小而字大。册小则便庋藏,字大则能悦目,其善五矣;群书校印,非出一手,往往小大不齐,缥缃异色,以之插架,殊伤美观,此则式样纸色,斠若划一,列之清斋,实为精雅,其善六矣。凡此六者,皆敝馆刊行本书之要义。夫书贵流通,流通之要,又在于廉价。本书所包,奚止万卷,而议价不特视今时旧板书廉至倍蓰,即较市上新板书,亦减至再三。复仿《知不足斋丛书》之例,分集刊行,既可出书迅速,冀读者先睹为快,亦便分年纳价,使购者举重若轻。今第一集所收,皆经史子集中之煌煌大部,人所必不可少者，几及万卷。其他群籍，以次刊行。敝馆之意，以为有是亦足资应用，求益又不厌精详，见深见浅，随人自审，此又敝馆分集之用意也。至于别裁伪体，妙选佳椠，自应盱衡时世之所宜，属访通人而是正，不敢率尔以操觚，差堪求谅于有众。邦人君子，或欲坐拥书城，或拟宏开邑馆，依此取求，庶有当焉。"

　　张元济4月6日出席商务印书馆第141次董事会议，决定股东常会于5月29日举行。4月20日，梁启超来沪，寓张元济宅中。5月25日，出席商务印书馆第143次董事会议，报告新设"东昌、哈尔滨、宝庆、衡州、九江、袁州支店六处"及筹备股东会事宜。29日，出席商务印书馆于爱而近路纱业公所举行的民国四年股东常会，代表董事会作报告。会议选举伍廷芳、郑孝胥、印有模、高凤池、张元济、张謇、叶景葵、鲍咸昌、黄远庸、曹雪赓、张桂华为新一届董事。10月，陆尔奎主编《辞源》由商务印书馆出版，收汉字单字约13000字，两字及两字以上组成之辞约6万个，全书释文400万字，后附《世界大事年表》。11月19日起，张元济与伍廷芳、鲍咸昌、郑孝胥、叶景葵、黄远生等在《申报》《新闻报》《时报》连载《商务印书馆有限公司股东公鉴》：公司总经理印锡璋已于本月16日"在神户病故""现经董事会议决，本公司总经理一席，公推高（凤池）君暂行兼代"。张元济无意担任总经理之原因，据陈叔通《回忆商务印书馆》（《商务印书馆九十年》）回忆："张元济既对商务如此重视，如此出力，为何始终不肯当总经理呢？这是因为总经理是公司的代表，要向官厅进呈，要与官方应酬，而这件工作在士大夫中认为是不体面的。张在维新失败以后，断绝与官场往来，故由夏瑞芳出面。夏死后由印锡璋出面。张始终不出面。"是年，《中国人名大辞典》开始编纂。编辑者有方毅、胡君复、徐珂、高凤谦、张元济、庄俞、陆尔奎、傅运森、樊炳清、蔡文森、钱智修等23人。（参见张人凤、柳和城编著《张元济年谱长编》，上海交通大学出版社2011年版；吴永贵《民国图书出版史编年：1912—1949》，社会科学文献出版社2018年版）

　　杜亚泉继续主编商务印书馆《东方杂志》。鉴于世界大战及国家危难之形势，杜亚泉在《东方杂志》撰写大量文章以图唤起国人之爱国心和自觉性。又认为现代战争多由意识形态引起，提倡国与国之间之沟通、调和，主张社会协力。1月，在《东方杂志》第12卷第1号发表《社会协力主义》，倡导协力主义即国家的平和主义。文中主要讨论了国家主义与平和主义之冲突、极端的国家主义之危险、极端平和主义之弊害、竞争与协力、国民协力与人类协力之过程、协力主义为平和的国家主义、协力主义即国家的平和主义。2月，在《东方杂志》第12卷第2号发表《自治之商榷》。3月，在《东方杂志》第12卷第3号发表《论思想战》就"吾国民欲发达其思想，而又避免思想战之发生"，提出四点意见：一、宜开浚其思想；二、宜广博其思想；三、勿轻易排斥异己之思想；四、勿极端主张自己之思想。11月，在《东方杂志》第12卷第11号发表《国民共同之概念》，提出："是故善为国者，一方面熟察人民之概念，顺其势而善用之，而他方面则又默化潜移，养成人民同一之概念。"其他论文尚有：《国家自卫论》《差等法》《政争》《战争与文学》《波海会》《隐逸》《国民对外方法之考案》《国家意思之发表》《产业组合》《谈名利》《消极之兴业谈》《命运说》《职业智识》《知事试验》《国情之歧异》《国民对外方法之考案》《吾人今后之自觉》《欧战之感想》等。（参见陈镱文、亢小玉、姚远《杜亚泉先生年谱（1912—1933）》，《西北大学学报（自然科学版）》2008年第6期；周月峰编《中国近代思想家文库·杜亚泉卷》及附录《杜亚泉年谱简编》，中国人民大学出版社2014年版）

　　郑孝胥仍居上海，兼任商务印书馆董事。1月7日，郑孝胥在《日记》中记有："朵云轩李伟卿持手卷三件求题，云自北京寄来者，且介林琴南作函致余。"8日，郑孝胥在《日记》中记有："昨林琴南来书介绍者为陆军中将徐又铮，何陆军之好文也。"3月9日，张元济访郑孝胥。3月21日，郑孝胥"过张菊生，见新购徐健庵《续通鉴》稿本，乃未刊之稿。毕秋帆《宋元通鉴》即本于此云"。5月14日,郑孝胥至商务印书馆,取《四部举要目录》一册。17日,郑孝胥至商务印书馆,晤李宣龚,谈《四部举要》。郑意:"有总集,无别集,殊不可解。宜择别集数十种列入第一集。"6月8日,商务印书馆举行第144次董事会议,举伍廷芳为新一届董事会正主席,郑孝胥为副主席。7月1日,"杨寿彤谈《四部举要》中全史几居其半,若仍用武英殿本,则与各家所印无异,不若自《宋史》以上别觅佳本,四史可用宋本,《三国志》有明本,注用大字,低一格,似亦可用。"郑孝胥"深然之",遂"至印书馆以告拔可,使转语菊生"。8—9月间,林纾访郑孝胥于海藏楼,作有《喜晤涛园诗》:"当年老猛今遗老,海上相逢话故林。流寓真成栖隐地,先皇早鉴谒陵心。艰难不死天非靳,酸梗无言味转深。明日别君逢建业,霜风又想鬓毛侵。"11月4日,林纾在上海与沈瑜庆、高梦旦、江伯训同访郑孝胥。5日,在上海应乡人之邀赴张园公宴。晚上,由郑孝胥约同李宣龚、江伯训、高梦旦同在小有天聚餐。18日,由郑孝胥送至沪宁车站。(参见张人凤、柳和城编著《张元济年谱长编》,上海交通大学出版社2011年版;张旭、车树异编著《林纾年谱长编:1852—1924》,福建教育出版社2014年版)

陈叔通入商务印书馆后,经调查研究,并得到张元济支持后,筹设总务处,协调编译、印刷、发行三所工作。"一处三所"体制,是商务印书馆行政管理体制上一次重大改革和进步。据陈叔通《回忆商务印书馆》(《商务印书馆九十年》)回忆:"我是民国四年(1915年)进商务的。""到了商务,每天只是看看各分馆的信札,有头无尾,使我觉得无事可办。有一天我便与张谈,想回杭州扫墓。张看出我的意见,要我说出应办什么。我就提出商务有三个所(编译所、发行所、印刷所),各搞各的互不相关,如何搞下去,计划从那里来,你(指张)在编译所下班后再到发行所,辛苦忙碌之极,没有一个制度怎么办得下去,以我看来应建立一个统一机构,把三所联系起来。这个机构的名称,我最初提出叫总管理处,后来正式定名叫总务处。张同意了我的意见,我就说有了事可办,那么扫墓就可以后再说。这就是总务处这个组织的发起和来源。但是要建立机构还不是很简单的,我和张谈完后,张就把高翰卿、鲍咸昌、高梦旦约齐了五个人一块儿谈。我就自荐抓总务处工作,大家同意,工作由我来承担。讲明三所所长定期叙谈,最重要的是每年订计划,所与所发生关系开会解决,讨论什么事,除五人之外,再通知其他有关的人员出席。对这个倡议,初时印刷、发行二所并不感到有此必要。讨论结果总算大家同意,我拉了盛同孙参加并在棋盘街三楼开始筹划,正式成立总务处。从此商务才有一个统一的机构来联系三所的事,开会时三所所长皆出席,意见一致便通过执行,意见倘若不一致,便将意见写下来或在会外商量,或在下次开会时商量。在这个基础上逐渐订出许多规则来。我在商务便做了这一件事。"(参见张人凤、柳和城编著《张元济年谱长编》,上海交通大学出版社2011年版)

孟森在《小说月报》上发表《董小宛考》,考证冒襄侍妾董小宛与顺治皇帝妃子董鄂氏并非一人。同年,参与商务印书馆《辞源》编写。(参见贾浩《孟森先生学术年表》,载孟森《明清史讲义》,商务印书馆2011年版)

陆费逵继续任中华书局局长、总经理。1月2日,《申报》刊登启事,中华书局征集初等小学单级教科书以及教科书教授案。14日,《申报》载,《中华大字典》陆费逵序文和林纾序文。20日,《大中华》月刊在上海创刊,由中华书局发行,设政治、专题论文、文苑、时事日记、要牍、选报、余录等栏目,其中有不少翻译文章,为当时重要的学术和政治刊物。陆费逵与梁启超定三年契约,邀其任总撰述,主要撰稿人有康有为、章太炎、吴贯因、任致远、谢无量、蓝公武、张东苏、张謇、林纾等。陆费逵所撰《大中华宣言书》刊于该杂志创刊号。

　　按:陆费逵《大中华宣言书》曰:"梁任公先生学术文章海内自有定评。窃谓吾国中上流人稍有常识,固先生之功居多,而青年学子作应用文字其得力于先生者尤众。吾《大中华》杂志与先生订三年契约,主持撰述。此外担任著译诸君,亦皆学术专家,文章泰斗,人才一端,亦勿庸赘述。"《大中华》至1917年初停刊。(参见丁文江、赵丰田编著《梁启超年谱长编》,上海人民出版社2009年版)

　　陆费逵、刘半农、沈恩孚、张士一、吴家煦等主要撰稿的《中华学生界》1月25日创刊于上海。其宗旨是培养学生品德,指导学生读书,介绍国外科技文化。2月11日,江苏省教育会召开审查医学名词谈话会,到会者有教会医学界、江苏教育会副会长黄炎培等人。中华书局陆费逵、范源濂、吴家煦、欧阳溥存应邀出席。同月,《图书月刊》在上海创刊,由中华书局主办,至同年5月出至第4期。5月1日,《申报》广告,《中华大字典》上册出版。《中华大字典》由徐元诰、欧阳溥存、汪长禄主编,林纾、李家驹、熊希龄、廖平、梁启超、王宠惠、陆费逵、欧阳溥存等八大名家作序。5月,由中华书局开始出版上册,至12月出版下册。缩本《中华大字典》同时发行。全书400万言,收48000余字,其中包括方言字和翻译的新字,较《康熙字典》多出1000余字。这部字典分部与《康熙字典》相同,仍为214部,惟笔画相同的部首在排列次序上小有移动。每字下的注音都采用《集韵》的反切,并加直音,但又加注《佩文韵府》106韵的韵目,以资参照。书前冠切韵指掌图及篆字谱,书末附补遗表及正误表。林纾认为《康熙字典》有四大病:"解释欠详确,一也;讹误甚多,二也;世俗通用之语多未采入,三也;体例不善,不便检查,四也。"林纾《叙》还就译名统一问题提出了自己的看法:"中国则一字但有一义,非联合之,不能成文。故翻译西文,往往词费,由无一定之名词,故与西文左也。"他提议"由政府设局,制新名词,择其醇雅可与外国之名词通者,加以界说,以惠学者。则后来译律、译史、译工艺生植诸书,可以彼此不相龃龉,为益不更溥乎?"12月,5月1日,《申报》广告,中华书局大征文发表展期。10日,《申报》公布中华书局大征文全案,公布特等1名、一等1名、二等2名、三等3名,四等和五等各10名,并有奖金。(参见吴永贵《民国图书出版史编年:1912—1949》,社会科学文献出版社2018年版;张旭、车树昇编著《林纾年谱长编:1852—1924》,福建教育出版社2014年版)

　　刘半农继续任职于中华书局。1月1日,在《中华小说界》第2卷第1期发表"言情小说"《未完工》。2日,在《礼拜六》第31期发表"实事小说"《疗妒》。文前注有"译《大陆报》"。25日,《中华学生界》月刊在上海创刊,刘半农为主要撰稿人,在创刊号发表短篇小说《终身恨事》。同日,《中华妇女界》在上海创刊,刘半农为主要撰稿人,在创刊号发表"家庭小说"《忏吻》。2月1日,在《中华小说界》第2卷第2期发表"滑稽小说"《福尔摩斯大失败》(1—3案)。同期,发表书信《剧话》。此系刘半侬与恽铁樵有关戏剧问题见解的通信摘录。2月6日,在《礼拜六》第36期发表所译"滑稽小说"《哲学家》。27日,在《礼拜六》第39期发表所译"实业小说"《幸运之怪物》。3月1日,在《中华小说界》第2卷第3期发表"滑稽小说"《影》。同月,在《中华小说界》3—5月第2卷第3—5期连载所译"家庭小说"《帐中说法》。4月1日,在《小说海》第1卷第4号发表翻译小说《八月二十》。5月1日,在《小说海》第1卷第5号发表翻译小说《翠田院客》。同日,在《中华小说界》第2卷第5期发表所译"外交小说"《烛影当窗》。作者自注:"英国近代唯一之冒险小说家柯南达里氏(A. Conan Doyle)所著福尔摩斯侦探各案,一时风行,各国移译殆遍,吾国亦一译再译,价值之高,可无赘述。兹自其集中得外交小说《烛影当窗》一篇。原名A Foreign Office Romance,寒宵无事,偶念吾国外交上种种失败,因挑灯呵冻,捉笔译之,以资考镜焉。"又在《中华小说界》第2卷第5期上,发表"哀情小说"《悯彼孤子》,作有《后记》。

刘半农译著"外交小说"《欧陆纵横秘史》5月作为小说汇刊第43种,由上海中华书局初版。6月1日,在《中华小说界》第2卷第6期发表"言情小说"《情悟》。7月1日,在《中华小说界》第2卷第7期发表所译《杜瑾讷夫之名著》,作者自注:"俄国文学家杜瑾讷夫,与托尔斯泰齐名。托氏为文,浅淡平易者居大半,其书易读,故知之者较多;杜氏文以占健胜,且立言不如托氏显,故知之者少,至举二氏并论,则实不能判仲伯。"又在同期《中华小说界》初次发表"国事小说"《黑肩巾》,后又在第2卷第8—12期、第3卷第1—6期上连载。7月31日,在《礼拜六》第61期发表"滑稽小说"《吃河豚》。8月1日,在《中华小说界》第2卷第8期发表所译"历史小说"《英王查理一世喋血记》。9月1日,在《中华小说界》第2卷第9期发表"哲理小说"《诛心》。10月1日,在《中华小说界》第2卷第10期发表所译"哲理小说"《希腊拟曲·盗江》。同日,在《小说大观》第2集发表翻译所译"政治小说"《玉簪花》。同期发表译作"喜剧"《戌獭》。11月1日,在《中华小说界》第2卷第11期发表所译"社会小说"《如是我闻》,后在第2卷第12期续载。12月1日,在《中华小说界》第2卷第12期发表所译"哀情小说"《暮寺钟声》。30日,在《小说大观》第4集发表所译"侦探小说"《一身六表之疑案》。31日,在《中华小说界》第3卷第1期发表"社会小说"《我矛我盾》。

吕思勉继续任上海中华书局编辑。8月29日,吕思勉参加江苏省教育会第十一次常年大会,被选为学校教育部干事。此次会上,时任江苏省教育会副会长的黄炎培作游历美国考察教育的报告,吕思勉会后撰有《记黄任之先生考察美国教育演词并所感》,后刊于12月出版的《中华教育界》,文中载黄炎培报告"历述在美数月间,遍经美国全境,所到城市二十六处,阅过大小学校五十六所"。文中有"于物质上观之,教育已极完备;而精神上之教育,尤足致其崇拜。末谓吾国亟须仿行之要点有三;一实用教育,二体育,三校外教育"。同在8月,吕思勉所著《苏秦张仪》由上海中华书局初版发行,并编入《学生丛书》。9月,所撰《敬告中等以上学生》刊于《中华学生界》。11月,所撰《蒙古种族考》刊于《大中华》杂志第1卷第11期,是为作者在民族史方面最早的论文。(参见李永圻、张耕华编撰《吕思勉先生年谱长编》,上海古籍出版社2012年版)

赵南公继欧阳振声为泰东图书局经理,初期曾出版谷钟秀著《中华民国开国史》、杨尘因著《新华春梦记》等。

邵飘萍是年冬怀抱"新闻救国"志愿毅然从日本归国,应上海新闻界电邀归国,主《时事新报》笔政。并为《申报》《时报》写反袁文稿,署名"阿平",笔锋犀利。在全国舆论界影响极大。口诛笔伐,使袁惶恐,袁以10万大洋收买邵,被断然拒绝。(参见郭佐唐《邵飘萍年谱》,《浙江师范大学学报》1986年第4期)

王蕴章、胡彬夏、章锡深等历任主编的《妇女》月刊1月5日在上海创刊。恽代英、胡愈之、沈雁冰、叶圣陶、胡寄尘、张季鸾等撰稿。是年,王蕴章、陈匪石、周庆云等于上海发起成立春音词社,公推晚清大词人朱祖谋为社长,第一批社员尚有庞树柏、吴梅、袁思亮、夏敬观、徐珂、潘飞声、曹元忠、白曾然等。最后一批入社者为叶楚伧、况周颐、郭则沄、邵瑞彭、林葆恒、叶玉森、杨玉衔、林鹍翔、黄孝纾等人。

铁樵7月25日在《〈作者七人〉序》中说:"吾国新小说之破天荒,为《茶花女遗事》《迦因小传》;若其寝昌寝炽之时代,则本馆所译《福尔摩斯侦探案》是也。《侦探案》有为林琴南先生笔述者,又有蒋竹庄先生润辞者,故为违译小说中最善本。士大夫多喜阅之,诧为得未曾有⋯⋯。"(参见张旭、车树昇编著《林纾年谱长编:1852—1924》,福建教育出版社2014年版)

伍连德、颜福庆、俞凤宾等36名西医师2月在上海筹建全国性的中华医学会,推选颜福庆为首任会长,出版《中华医学杂志》。

陈英士5月20日于上海创办《五七报》。

康心如在上海与张季鸾等创办《民信日报》,任经理。

胡愈之任《东方杂志》编辑,并发表评论文章。

包天笑编辑的《小说大观》季刊8月在上海创刊。

周瘦鹃经孙警僧介绍参加南社,5月9日在上海愚园参加第十二次南社雅集。其《亡国奴之日记》由中华书局出版。9月中秋节顾无咎、柳亚子等人结酒社,顾自号"神州酒帝"。

乌始光、汪亚尘、俞寄凡、陈抱一、刘海粟、沈伯尘、丁悚等人在上海图画美术学校成立东方画会,专门研究西洋画。乌始光任会长,汪亚尘任副会长,陈抱一为艺术指导。他们试图以画会的形式,来共同研究和促进西画运动,提倡以写生为宗旨。同年暑假假画会举行到普陀山写生旅行活动,是开中国西画户外写生的最早先例。

贺天健在上海从事书画艺术的创作和研究。

郭绍虞任上海进步书局编辑。

金通尹毕业于北洋大学,历任上海中华书局编辑、太湖水利局绘图主任。

段熙仲考入武昌中华大学预科,后又考取上海大同大学,师从胡敦复。

王正廷任设于上海的中华基督教青年会全国协会总干事,为该会第一位中国籍总干事。

　　按:在本年于上海召开的中华基督教青年会第七次全国大会上,将"中华基督教青年会全国协会组合"更名为"中华基督教青年会全国协会",并决定基督教青年会全国协会的总干事由中国人来担任。

朱瑞时任浙江都督,开始筹建浙江通志局,聘请徐定超、喻长霖任提调,沈曾植任总纂,又聘朱祖谋、吴庆邸、陶葆廉、章梫、叶尔恺、朱福清、金蓉镜、喻长霖、孙德谦、王国维、张尔田、刘承干、缪荃孙等人为分纂,并设立浙江征书处等附属机构。

张尔田应沈曾植邀,参加编修《浙江通志》。张尔田与王国维共同负责贤寓、掌故、杂记、仙释、封爵五门之撰述。所撰《杨仁山居士别传》刊于《甲寅》第6期。(参见孙文阁、张笑川编《中国近代思想家文库·张尔田、柳诒徵卷》及附录《张尔田年谱简编》,中国人民大学出版社2015年版)

马一浮7月代汤寿潜撰《设立兼山师范学校缘起》,阐明办校缘由,附《论校长之名不可用》一文。(参见张雨晴《马一浮学术年谱整理(1911—1949)及其儒学践履活动研究》,贵州大学硕士学位论文,2019年)

沈钧儒继续奔波于南北。5月9日,袁世凯正式承认日本提出的"二十一条",举国愤激。沈钧儒撰有激昂文字以寄愤。6月16日,为营救褚辅成,离杭经沪赴蚌埠,往将军府见倪嗣冲。倪推说病足不见,并推说诸事要请示北京。遂赴京。此次营救活动以无结果告终。是年,在杭州,通过张耀曾、李根源、李烈钧等与西南方面有联系。并曾一度入川。(参见沈谱、沈人骅编《沈钧儒年谱》,中国文史出版社1992年版)

柳亚子5月16日受丁有之、丁善之、丁宣之兄弟之邀,与陈忠尊、陈越流兄弟、南社诸友丁和甫、楼辛壶、李叔同、王漱岩、程光甫、林之夏、费龙丁至西泠印社召开临时雅集,到会者30余人。宴后,齐聚柏堂合影留念,取名《西泠雅集图》。尔后,李叔同、邱梅白、张心芜等分韵赋诗,社友纷纷吟诗唱和。(参见柳无忌编《柳亚子年谱》,中国社会科学出版社1983年版)

潘天寿是年至 1920 年在浙江省立第一师范学校读书,得经子渊、李叔同指导。

夏丏尊继续任教于浙江省立第一师范学校。2 月 23 日,夏丏尊开始为杨贤江讲授日文,教材为《学修法》。10 月 17 日,重阳节,乐石社借西泠印社举行雅集。乐石社研讨木刻,编辑出版中国最早的现代版画艺术集《木版画集》,其中收有李叔同、夏丏尊木刻作品。是年,夏丏尊开始兼教国文课。他从语文教学和新的文学观点着眼,选讲具有较高文学价值和学术价值的文章,特别是桐城派组织严谨或富有意境的文学。(参见葛晓燕、何家炜编著《夏丏尊年谱》,中国文史出版社 2012 年版)

李叔同继续任教于浙江省立第一师范学校。应南京高等师范学校校长江谦之聘,兼任该校图画音乐教员,在假日倡立金石书画组织"宁社",借佛寺陈列古书、字画、金石。(参见于凌波《中国近现代佛教人物志》,宗教文化出版社 1995 年版)

杨贤江继续就读于浙江省立第一师范学校。是年,在《浙江省立第一师范校友会志》第 6 期发表《说自觉》。文中云:自觉是随时、地、能力三者而明悟自己所处的地位,即就一事而以负责任之心而出之。古今中外凡名传千秋、事著后世的人,都是有自觉力的人。其中,养成高尚人格、丰富学识、强毅体魄以完成身心发育并具备为师为范条件的自觉,是师范生最重要的自觉。(参见潘懋元等主编《杨贤江年谱长编》,光明日报出版社 2005 年版)

周作人是春将所搜集的绍兴儿歌,整理出初稿。3 月 6 日,校阅鲁迅辑录的《会稽郡故书杂集》下册。4 月 25 日,继任绍兴教育会会长。10 月 17 日,寄鲁迅《会稽郡故书杂集》10 册。(参见张菊香、张铁荣主编《周作人年谱》,南开大学出版社 1985 年版)

夏衍 9 月因品学兼优,被德清县公费保送入浙江省立甲种工业学校染色科学习,遇到国文老师谢绩先生。(参见沈宁、沈旦华、沈芸编《夏衍全集·书信日记》,浙江文艺出版社 2005 年版)

金兆梓因母病辍学回家,应聘为浙江省立第七中学校(今为金华一中)国文教员。

月霞在上海所创办的华严大学因异教徒从中作障,以及哈同夫人要求僧众向她下跪拜年,不得不中止办学。月霞接受康有为的提议,在护法居士和诸山长老的帮助下,率全体师生,将华严大学迁往杭州海潮寺续办,开启近代杭州佛教教育事业的先声。夏,以日本要求传教自由,孙毓筠、杨度、严复等乃承袁政府意,发起"大乘讲习会",邀请月霞、谛闲主讲。8 月,筹安会帝制议兴,孙毓筠等名列六君子,月霞称病南还。(参见孙严《华严大学之研究》,河北师范大学硕士学位论文,2020 年;释印顺编著《太虚法师年谱》,宗教文化出版社 1995 年版)

太虚是春掩关于普陀山之锡麟禅院中开始精研《三论玄疏》,特于《百论疏》用功尤多,契其妙辩。所撰首成《佛法导论》,继作《教育新见》《哲学正观》《论周易》《论荀子》《论韩愈》《辩严译》《订天演》《百法明门论的宇宙观》等,大率以佛理论衡世学及世学之涉及佛法者,折其偏邪,诱摄世学者以向佛宗。是夏起,专心于楞伽、深密、瑜伽、摄大乘、成唯识论,尤以唯识述记及法苑义林章用力最多,将及二年之久。10 月,北京政府公布《管理寺庙条例》31 条,条文中予地方官以限制僧徒及侵害寺产的大权。太虚在关内阅及,审度时势,欲据教理教史以树立佛教改进运动,乃作《整顿僧伽制度论》一书,备异日施行。(参见释印顺编著《太虚法师年谱》,宗教文化出版社 1995 年版;于凌波《中国近现代佛教人物志》,宗教文化出版社 1995 年版)

周孟由再到普陀法雨寺参谒印光法师,带了几篇旧信稿,寄给在京的徐蔚如。(参见于凌波《中国近现代佛教人物志》,宗教文化出版社 1995 年版)

江谦继续任南京高等师范学校校长。1 月 8 日,江苏巡按使齐耀琳复饬江谦筹备南京高等师范学校。18 日,邀请前教育部视学袁希涛来宁,约同省教育会会长沈恩孚、副会长黄炎培等在省议会内筹议一切进行事宜。筹备处始设在省议会内,由袁希涛常川驻宁,主任筹备事宜。29日,筹备处迁入前两江师范学堂的教室,开始办公。2月15日,江苏巡按使齐耀琳饬原两江师范学堂内驻军全部迁出学校,进行修葺。5月,校内驻军次第迁让,学校由筹备委员胡昌涛和保管员李承颐接管。8月10日,全国师范学校会议在本校召开。同日,校长江谦总结南京高等师范学校的开办工作,其内容包括:筹备处成立缘起、学生资格、师生关系以及训育、智育、体育之主张等等。制订第一次招考简章。定8月11日至14日为本校入学试验日期。招收国文、理化两部预科各一级,国文专修科一级,录取学生126人。9月10日,举行开学式。实到学生110人,是时,南京高等师范学校始告正式成立,设有国文、理化两部。分国文、体育、工艺、农业、英文、教育、商业七科。11月2日,教育部视学钱钧甫、张春庭到校视察。12月,增设体育专修科,为全国首创。次年4月招生,39人入学。(参见南京大学高教研究所编《南京大学大事记1902—1988》,南京大学出版社1989年版)

　　郭秉文1月18日被江谦校长聘为南京高等师范学校教务主任,陈容为学监主任。6月11日,教务主任郭秉文和学监主任陈容赴日考察教育。(参见南京大学高教研究所编《南京大学大事记1902—1988》,南京大学出版社1989年版)

　　李仪祉参与创办中国第一所高等水利专门学府南京河海工程专门学校,任教授、教务长,曾一度主持教务,主讲河工学、水文学、大坝设计等课程,培养了中国第一批水利专门人才。(参见胡步川《李仪祉先生年谱》,河海大学出版社2019年版)

　　过探先回国,任江苏省立第一农业学校校长。

　　刘天华执教于江苏省立第五中学,即前常州府中学堂。

　　江谦任南京高等师范学校校长。

　　陈裕光毕业于金陵大学。

　　欧阳竟无11月在金陵刻经处设佛学研究部,于双塘巷赁屋讲学、研究。是年,姚妙明、吕澂、黄树因、徐克明、苏心田、刘抱一、黄子山、陈真如、黄忏华、邱晞明、姚伯年、黄健、邬爱平、黄民、刘遴等人在南京听欧阳竟无讲经。(参见徐清祥编《欧阳竟无先生学术年表》,载欧阳竟无《欧阳竟无内外学》,商务印书馆2017年版)

　　贾玉铭在金陵神学院任教,不久赴山东滕县华北神学院出任副院长。

　　叶德辉约3月当选湖南教育会会长。4月,因北京政府与日签订《二十一条》,长沙爆发排日风潮,德辉曾组织学生游行,又被推为长沙排日会会长,捐出自家部分房屋设为长沙排日会总部,时人目为有侠义之风。8月,在长沙发起成立经学会,自任会长。约下旬,汤芗铭于长沙组建筹安会湖南分会,推德辉为会长。9月12日,汤芗铭召开湖南国民大会,指定德辉为"硕学通儒"代表。约此时,弟子蔡传奎代笔,德辉具名,建议增加读经课。所著《经学通诰》印行,被指定为教科书。12月9日,德辉以教育会长领衔湖南绅要致电北京政府,请君主立宪。是年,所著《经学通诰》6卷、《百川书志》29卷、《汪文摘谬》1卷、《观古堂藏书目》4卷刊行。(参见王维江、李鹫哲、黄田编《中国近代思想家文库·王先谦、叶德辉卷》及附录《叶德辉年谱简编》,中国人民大学出版社2015年版)

　　徐特立6月与杨昌济、方维夏、王季范等教员反对校长张干开除为抗议缴学杂费而"闹事"的毛泽东等17名学生。张干被迫收回决定。秋,与杨昌济、方维夏、王季范、袁仲谦等第一师范教员,以部分学生的名义致信修身教员廖名缙,指斥其两面行径。9月19日,湖南省教育会改选,徐特立当选为湘江道候补干事。(参见《徐特立年谱》编纂委员会编《徐特立年谱》,人民出版社2017年版)

　　杨昌济继续任教于湖南高师。8月,开始翻译日本人吉田静致所著之《西洋伦理学史》。

9月,陈独秀主办的《新青年》出版。自此,杨昌济很爱读《新青年》,并购买若干本分送毛泽东、蔡和森等人。杨昌济曾在日记中写道:"毛泽东资质俊秀若此,殊为难得。"(参见《杨昌济年谱》,载王兴国《杨昌济的生平及思想》,湖南人民出版社 1981 年版)

毛泽东 5 月阅读一师学生集资编印的有关日本帝国主义侵略中国的《明耻篇》,在封面上题写:"五月七日,民国奇耻;何以报仇? 在我学子!"

按:是年 1 月 18 日,日本向袁世凯提出旨在灭亡中国的"二十一条"。5 月 7 日,日本帝国主义向袁世凯提出最后通牒,限 48 小时内答复签订。5 月 9 日,袁世凯竟然接受日本要求。消息传到长沙,第一师范国文教师石润山赶写了揭露袁世凯与日本勾结、出卖祖国罪行的文章。毛泽东读后深受教育,建议石润山老师再收集其他教师文章,编为《明耻篇》。

毛泽东 5 月 30 日同熊光楚、王季范在教师黎锦熙处讨论改造社会问题。又与同学蔡和森、陈昌、萧子升、熊光楚、萧三等组织哲学研究小组,请杨昌济指导,对哲学和伦理学问题进行定期讨论。9 月中旬,毛泽东为征求志同道合的朋友,以"二十八画生"之名,向长沙各校发出征友启事,得到长沙第一联合中学学生罗章龙的响应。同月,经杨昌济介绍,毛泽东、蔡和森等人成为《新青年》的热心读者,深受其影响。(参见中共中央文献研究室编撰、逄先知主编《毛泽东年谱(1893—1949)》人民出版社、中央文献出版社 1993 年版;王炯华《毛泽东读书记》附录《毛泽东读书与著作年表》,长江文艺出版社 2004 年版)

刘人熙 8 月在湖南长沙创办《船山学报》,参与其事者还有曹佐熙、徐明谔、廖名缙和彭政枢等人。

按:《船山学报》在每一期的首页都登载《船山学社征文条例》:"本社为研究学术,集思广益起见,按期征文,其目如左:一、船山师友述;二、船山语类叙例;三、论现在教育之缺点及改良方法;四、提倡国货条议;五、续修各省通志议;六、史学丛书叙目;七、绎史拾遗;八、经籍纂诂拾遗。海内通正有以右开各题,文稿见惠者,除择优等入学报外,并赠以学报一分及四元以上十元以下之酬劳金。"(湖南船山学社编《船山学报》1,湖南师范大学出版社 2009 年版)从这征文条例可窥见《船山学报》的内容特点及其宗旨。

李抱一、张秋尘任总编辑的湖南长沙《大公报》9 月 1 日创刊,至 1947 年停刊,历时 32 年。

按:《本刊宣言》宣布其办刊宗旨有三:一为反对帝制,维护共和;二为反对党争,主张报纸中立;三为立足湖南,注重实际。(《大公报》创刊号,1915 年 9 月 1 日)

李石岑加入湖南同乡为主的"学术研究会"。

马宗霍毕业于湖南南路师范学堂,留校工作。

道阶从北京回返回湘南,历任南岳祝圣寺、罗汉寺、花药寺住持。(参见于凌波《中国近现代佛教人物志》,宗教文化出版社 1995 年版)

张澜仍在南充办中小学教育和蚕桑实业。12 月中旬,袁世凯称帝的野心逐渐暴露后,云南都督蔡锷摆脱袁世凯的监视回到云南,准备于袁世凯称帝后在云南发动起义,而后扩展至西南,及至全国。蔡锷派密使赴四川南充联络张澜商议起义大事,蔡锷亲笔信写道:"川北有管夷吾在,我放心矣!"(参见谢增寿编著《张澜年谱》,群言出版社 2013 年版)

张渲年初继续任武昌高师代理校长。5 月,武昌高师建立了校友会,全校师生均为会员。校友会有会长一人,下设 3 部、3 科、9 股,即评议部、干事部、总务部、德育科、智育科、体育科、文牍股、庶务股、会计股、交际股、论道股、研究股、自治股、公益股、杂志股。评议部长以及特别评议员为推定,其他职员每年改选一次。11 月,张渲被正式任命为武昌高师校长。(参见吴贻谷主编《武汉大学校史(1893—1993)》,武汉大学出版社 1993 年版)

　　恽代英是年春应邀在武昌共进会作题为《愚蠢的提问》的讲演,该讲演词后来刊登在《学生杂志》第2卷第2期(1915年2月)英文版上。又与黄负生、梁绍文、冼震等人创办《道枢》杂志(油印),并在该刊发表《怀疑论》一文,批判了哲学上的不可知论,进而分析了认识主体不能正确认识事物的"四蔽"。此文后来被中华大学学报《光华学报》转载。5月1日,在《光华学报》创刊号上发表《新无神论》一文。作者针对袁世凯称帝后掀起的复古逆流,该文斗争锋芒直指封建迷信和孔孟之道,运用现代科学成就反驳有神之说,公开宣传无神论思想。9月,从中华大学预科毕业,转入该校文科中国哲学门学习。此时,陈独秀创办《青年杂志》,恽代英是该刊的热心读者。此后经常与陈独秀等《新青年》编辑通信。12月10日,在《东方杂志》第12卷第12号上发表《文明与道德》一文,认为"欲研究道德之为进化或退化,不可离文明而单独说之",两者之关系,"非固定不可移易",并号召"有志之士,善用其由文明进化所得之智力,群出于善之一途,使道德有进化无退化,以早促黄金世界之实现也"。(参见刘辉编《中国近代思想家文库·恽代英卷》附录《恽代英年谱简编》,中国人民大学出版社2015年版)

　　余家菊6月中华大学预科毕业。12月,往上海投考北洋大学。因一同赴考的胡幼文携带先生英文书《迈尔通史》入考场,监试老师发现后记下书上所写的姓名,于是余家菊被除名,而胡幼文反被取中。(参见余子侠、郑刚编《中国近代思想家文库·余家菊卷》,中国人民大学出版社2013年版)

　　董必武6月受孙中山派遣,和张国恩一起回国策动军队反袁。路过上海时,与中华革命党人潘怡如取得联系。到武汉后,发觉北洋军阀政府对革命党人的活动监视甚严,便潜回黄安家中。夏,秘密来往于黄安与武汉之间,和革命党人李愈友、张国恩等策动反袁斗争。被黄安县当局逮捕,在黄安坐牢三个月,后由陈遂九等具保获释。冬,袁世凯为称帝加紧镇压革命党人,董必武张国恩同案,再次被捕,在黄安坐牢。(参见田海燕《董必武年谱》,《社会科学战线》1980年第4期;《董必武年谱》编辑组编《董必武年谱》,中央文献出版社1991年版)

　　宋育仁1月7日到渝半月余,巴县周知事得将军巡按使覆电,称应派员护送到省城。15日,由渝起行至成都。四川督军陈宧为鼓吹袁世凯称帝,要求四川士绅联名劝进,宋育仁被迫逃往蒙顶山吴之英处躲避风头。(参见王东杰、陈阳编《中国近代思想家文库·宋育仁卷》附录《宋育仁年谱简编》,中国人民大学出版社2015年版)

　　骆成骧时任四川高等学校(即清末创立的四川省城高等学堂)校长。9月,以四川高等学堂校长名义,向四川巡按使陈宧呈文,提出在四川高等学校的基础上设立四川大学。(参见四川省文史研究馆编《辛亥革命到五四时期四川大事记》,四川人民出版社2002年版;王承军《蒙文通先生年谱长编》,中华书局2012年版)

　　廖平仍任国学学校校长。是年,撰成《三部九候篇补证》2卷,并作自序,后附《论任冲篇》《十二经动脉表》。又撰成《内经平脉考》1卷及《素问灵台秘典论新解》。(参见廖幼平编《廖季平年谱》,巴蜀书社1985年版)

　　蒙文通是年春作《孔氏古文说》,辨旧史与六经之别,廖平嘉之,并刊于《国学荟编》第8期。约3月17日,购《太炎文集》。是年,蒙文通又撰《世界新趋势论》,刊于《世界观杂志》第1期第2卷。

　　按:蒙文通《古史甄微》自序云:"乙卯春间,蒙尝以所述《孔子古文说》质之本师井研廖先,廖先不以为谬。因命曰:'古言五帝疆域,四至各殊;祖孙父子之间,数十百年之内,日辟日蹙,不应悬殊若是。盖纬说帝各为代,各传十数世,各数百千年。五行之运,以子承母,土则生金,故少昊为黄帝之子。详考论之,可破旧说一系相承之谬,以见华夏立国开化之远,迥非东西各民族所能及。凡我国人,皆足以自荣而自勉

也。'蒙唯诺受命,已十余年,终未遑撰集。"(参见王承军《蒙文通先生年谱长编》,中华书局 2012 年版)

吴虞 1 月 28 日退还共和党证。9 月 13 日,作《明李卓吾别传》。10 月 11 日,作《对于国体问题意见》一篇,并寄送《四川群报》。15 日,作《书马良国体论后》。(参见朱玉、孙文周《吴虞诗词研究与整理》附录一《吴虞年谱简编》,河南文艺出版社 2013 年版)

王泽民在广州创办《国华报》。

金曾澄兼任广东省教育会会长。

杨杰任弥勒县县长。12 月,参加护国战争,任护国军第三军第五支队长,后改任第一纵队司令,驻滇川边界昭通、叙府一带。(参见皮民勇、侯昂妤编《中国近代思想家文库·蒋百里、杨杰卷》及附录《杨杰年谱简编》,中国人民大学出版社 2015 年版)

李厚基聘沈瑜庆、陈衍为《福建通志》正、副总纂。

许地山返国,先后任教于漳州华英中学、福建省立第二师范。(参见于凌波《中国近现代佛教人物志》,宗教文化出版社 1995 年版)

苏雪林考入安庆省立初级女子师范。

张伯苓 1 月 11 日主持南开学校始业式,并在讲话中勉励学生殷勤向学,孜孜仡仡以进三育。5 日,敬业乐群会召开大会,校长张伯苓及诸位先生演说。2 月 1 日,参观清华学校。校长周诒春宴请午饭,赠学校章程、图书等。下午,应清华教员之约发表演讲。2 日,与严修访陶孟和,在北京大学校长室与校长胡仁源晤谈。9 日,赴北洋大学参观。4 月 3 日,南开学校自治励学会、青年会、敬业乐群会发起春季联合俱乐大会,张伯苓演说。9 日,出席天津基督教青年会会员大会并演讲。11 日,与严修同往北京。13 日,在北京与严修访陶孟和。15 日,与严修、严智崇等往北海,访徐世昌。19 日,与严修等人在辉县考察旧行宫建大学之地址。23 日,与严修乘车回北京。次日回津。30 日,出席在天津召开的全国省教育会联合会第一次会议,并往晤江益园、经子渊等教育名流。5 月 10 日,率南开运动员赴上海参加第二届远东运动会,担任远东运动大会副会长。16 日,应上海基督教青年会约请出席德育演讲会,主讲《基督教之体育主义》。17 日,晤唐绍仪、范源濂、张元济等。18 日,同严修、陶孟和等赴杭州。22 日,参观浙江省立第一师范学校。26 日晚,同严修、范源濂等赴南通。28 日,同严修、范源濂等到南通师范学校,张謇迎候,并导观全校。6 月 7 日,返回天津。

张伯苓 6 月 13 日与严修、李琴湘、林墨青等共同讨论发展天津教育问题。18 日,出席天津基督教青年会 19 周年纪念大会。19 日,出席社会改良会在广东会馆举办的讲演会,由英敛之、雷鸣远、马相伯等演讲。夏,订定南开学生容止:"面必净,发必理,衣必整,纽必结;头容正,肩容平,胸容宽,背容直。气象:勿傲,勿暴,勿怠;颜色:宜和,宜静,宜庄。"7 月 5 日,赴车站迎接王正廷。13 日,邀请到严修宅与李琴湘等讨论学校事。8 月 20 日,南开学校举行始业式,发表演讲。30 日,南开学校自治励学会开本学期第一次会议,张伯苓演讲,略述该会历史及将来进行之方法。同日,南开学校《校风》创刊。10 月 13 日,请东南大学体育教员、美国人麦克乐(C. H. Mocloy)来校演讲。17 日,南开学校 11 周年校庆纪念,发表演讲。约请陶孟和出席天津学界茶话会,介绍美国教育情况,会上决议成立教育促进会。11 月 8 日,与严修商议南开学校添设师范班事宜。25 日,听余日章讲中国与各国教育之比较。29 日,直隶巡按使委任张伯苓代理北洋女子师范学校校长,马千里同往任学监。12 月 1 日,高等普通学社在南开学校举行讲演会,本校美籍教员陶尔图讲演教育学、心理学,时子周翻译,到者百余人。8 日,张伯苓为辅助国文高才生,造成有用之文学,特请国文教员筹组国文学会特别科,由教员义务辅导,组织会员阅读中国文史诸书,写读书札记,教员批阅发落,优异者奖励。15日,在南开学校听本校教员陶尔图讲演《观念之联合及兴味注意》。17日,晤黄炎培。在青年会听黄炎培讲演《在美国调查学务之状况》。19日,赴新车站送黄炎培、吴怀玖、余日章南归。23日,在南开学校毕业式上演讲,严修颁发毕业证书及奖品。27日,出席北洋女子师范学校毕业典礼,并演讲。（参见龚克主编《张伯苓全集》第十卷附编《张伯苓年谱》,南开大学出版社2015年版）

严修1月5日收到张伯苓所拟筹建河南大学的办法。8日,严修赴南开学校,与张伯苓商讨河南建大学事宜。24日,徐世昌拜会严修,告知张伯苓所拟《河南辉县建大学简章》,已经袁世凯总统批出。30日,严修在北海约梁启超与张伯苓相聚,又约陈宝泉、金邦正、陶孟和等作陪。下午,与张伯苓规划筹建河南大学事。5月24日,严修访商务印书馆,其日记记述云:"到商务印书馆之印刷制造厂,晤菊生,梦旦导观全厂。是厂用男女工约一千五六百人,事业之发达,视五年前又不同矣。观试美国运到最新式之五色印刷机器,一点钟可印四千张,较旧式之速率为一与六之比。厂中机器新旧间用。菊生云,旧式诚不如新式,然势不能弃而不用,此亦如吾国政局今日之用人也。"（参见严修《严修年谱》,齐鲁书社1990年版）

顾随报考北京大学,通过北大国文系的入学考试。北大校长阅卷时,发现顾随的中国文学水平卓异,建议他改学西洋文学。于是,顾随先到北洋大学预科专攻英语,两年后转入北京大学英文系。是年,在《学生杂志》第2卷第1期发表古体诗《余读板桥孤儿行不知泪之何从也因仿其体为之》。（参见闵军《顾随年谱新编》,载王京州编《河北近现代学者年谱辑要》,国家图书馆出版社2017年版）

雷鸣远创办并任董事长的《益世报》10月10日在天津创刊。

宋则久在天津创办《售品所半月报》,提倡实业救国。

宋焕彩年初继续任西北大学校长。春季开学时,仅有学生百余人,于开学不久即被陆建章宣布撤销,改为公立陕西法政专门学校,由周镛任校长。

陆建章撤销西北大学,改为公立陕西法政专门学校,由周镛任校长。

喜饶嘉措考得西藏格西拉仁巴学位。

罗振玉1月在日本京都撰成《殷虚书契考释》1卷,并作序,释出单字485个,多得到学界认可,为甲骨文研究中的里程碑著作。王国维参与著述并作前后两序。4月9日,罗振玉启程归国扫墓,与3月中旬携眷返国扫墓的王国维会于上海。时罗振玉欲亲往河南考察安阳、洛阳等地古迹,约王国维同行,王国维因患眼疾而未果。5月13日,罗振玉赴河南安阳小屯村探访,成为中国学者第一位亲赴小屯考察者。（参见罗继祖《永丰乡人行年录（罗振玉年谱）》,江苏人民出版社1980年版）

按:《殷虚书契考释》凡八篇,一都邑,二帝王,三人名,四地名,五文字,六卜辞,七礼制,八卜法。罗振玉为《殷虚书契考释》所作自序曰:

宣统壬子（民国元年）冬,予既编印《殷虚书契》,欲继是而为考释,人事乖午,因循不克就者,岁就再周,感庄生吾生有涯之言,乃发愤键户者四十余日,遂成考释六万余言。既竟,爰书其端曰:予读《诗》《书》及周秦之间诸子、《太史公书》,其记述殷事者,盖寥寥焉。孔子学二代之礼,而曰杞宋不足征,殷商文献之无征,二千余年前则已然矣。吾侪生三千年后,欲根据遗文,补苴往籍,譬若观海,茫无津涯。予从事稍久,乃知兹事实有三难:史公撮录商事,本诸《诗》《书》,旁揽《系本》,顾考父所校,仅存五篇;《书》序所录,亡者逾半。《系本》一书,今又久佚,欲稽前古,津逮莫由,其难一也。卜辞文至简质,篇恒十余言,短者半之;又字多假借,谊益难知,其难二也。古文因物赋形,繁简任意,一字异文,每至数十,书写之法,时有凌猎，或数语之中，倒写者一二，两字之名，合书者七八，体例未明，易生炫惑，其难三也，今欲祛此三难，勉希一得，乃先考索文字，以为之阶。由小篆以溯金文，由金文以窥书契，穷其蕃变，渐得指归，可识之文，遂几五百。循是考求典制，稽证旧闻，途径渐启，扃鐍为开。稽其所得，则有六端。一曰帝系：商自武汤，逮于受辛，史公所录，为世三十，见卜辞者二十有三。史称太丁未立，而卜辞所载，祀礼俨同于帝王。又大乙、羊甲、卜丙、卜壬，校以前史，并与此异。而庚丁之作康祖丁，武乙之称武祖乙，文丁之称文武丁，则言商系者之所未知，此可资考订者一也。二曰京邑：商之迁都，前八后五，盘庚以前，具见《书序》，而小辛以降，众说多违。洹水故虚，旧称亶甲，今证之卜辞，则是徙于武乙，去于帝乙。又称盘庚以后，商改称殷，而遍搜卜辞，既不见殷字，又屡言入商，田游所至，曰往曰出，商独言入，可知文丁、帝乙之世，国尚号商。《书》曰戎殷，乃称邑而非称国，此可资考订者二也。三曰祀礼：商之祀礼，迥异周京，名称实繁，义多难晓，人鬼之祭，亦用柴煮，牢芑之数，亦依卜定。王宾之语，为《洛诰》所基，驿刚之荐，非镐京始创，此可资考订者三也。四曰卜法，商人卜祀，十干之日，各依祖名；其有爽者，则依爽名。又大事贞龟，小事骨卜；凡斯异例，先儒未闻，此可资考订者四也。五曰官制；卿士之名，同于雅颂；大史之职，亦具春官，爰及近臣，并符周制。乃知姬旦六典，多本殷周，此可资考订者五也。六曰文字：召公之名，是爽非奭，鸟鸣之字，从鸡非鸟，佳鸟不分，子鼊殊用，牝牡诸字，牛羊任安，牢牧诸文，亦同斯例。又藉知大小二篆，多同古文。古文之真，间存今隶，此可资考订者六也。（赵利栋辑校《王国维学术随笔》，社会科学文献出版社2000年版）

　　鉴于《殷虚书契考释》在内容上多采王国维之说，及成书，又请王国维为之校写，并为之撰前后序各一以附之，则此书实乃罗振玉与王国维合撰而成，故而作者向有争议。郭沫若《鲁迅与王国维》说："罗振玉对于王国维的一生是关系最密切的一个人……王对于罗似乎始终是感恩怀德的。他为了要报答他，竟不惜把自己的精心研究都奉献给了罗，而使罗坐享盛名。例如《段虚书契考释》一书，实际上是王的著作，而署的却是罗振玉的名字。这本是学界周知的秘密。单只这一事也足证罗之卑劣无耻，而王是怎样的克己无私，报人以德了。"（郭沫若《历史人物》，中国人民大学出版社2005年版）溥仪《我的前半生》说："王国维求学时代十分清苦，受过罗振玉的帮助，王国维后来在日本的几年研究生活，是靠着和罗振玉在一起过的。王国维为了报答他这份恩情，最初的几部著作就以罗振玉的名字付梓问世。罗振玉后来在日本出版的轰动一时的《殷虚书契》，其实也是窃据了王国维甲骨文的研究成果。"至上世纪80年代初，罗振玉的长孙罗继祖开始在《永丰乡人行年录》及《庭闻记略——回忆祖父罗振玉的一生》中，为罗氏辩诬。著名文献学家张舜徽又发表文章，驳斥郭沫若、溥仪之说的荒谬（参见《王国维学术研究论集》第1辑《王国维与罗振玉在学术研究上的关系》。张舜徽早在1957年他的《中国史论文集》中，就有《考古学者罗振玉对整理文化遗产的贡献》一文，批驳了郭沫若之说的不可靠）。1996年，罗振玉的孙女罗琨、孙女婿张永山出版了《罗振玉评传》一书，在第六章中，又比较详细地论证了罗振玉对《殷虚书契考释》享有著作权的不可动摇性。目前学界大致有罗振玉著、王国维著以及罗振玉、王国维合著三说。（参见彭玉平《关于〈殷虚书契考释〉的一桩公案》，《中州学刊》2008年第6期）

　　王国维1月为罗振玉校写《殷虚书契考释》，并作前后序，纵论三百年小学发展演变，谓《殷虚书契考释后序》为"此三百年来小学之一结束也"。

　　按：王国维《殷虚书契考释序》曰：

　　商遗先生《殷虚书契考释》成，余读而叹曰：自三代以后，言古文字者未尝有是书也。炎汉以来，古文间出，孔壁、汲冢与今之殷虚而三。壁中所得简策殊多，《尚书》《礼经》颇增篇数，而淹中五十六卷不同于后氏者十七，孔氏四十五篇见于今文者廿九。因所已知，通彼未见，事有可藉，功非至难。而太常所肄，不出曲台之书；临淮所传，亦同济南之数。虽师说之重，在汉殊然，将通读之方，自古不易。至于误厨作"序"，以"祕"为"祔""文人"之作"宁人""大邑"之书"天邑"，古今异文而同缪，伏、孔殊师而沿讹。言乎释文，盖未尽善。晋世《中经》，定于荀束，今之存者，《穆传》而已。读其写定之书，间存隶、古之字，偏旁缔构，殊异古文。随疑分释，徒存虚语。校之汉人，又其次矣。其余郡国山川，多出彝器，始自天水，讫于本朝。吕、薛编集于前，阮、吴考释于后。恒轩晚出，尤称绝伦。顾于创通条例，开拓闻奥，概乎其未有闻也。夫以壁经、冢史，皆先秦之文。姬嬴汉晋，非绝远之世。彝器多出两周，考释已更数代。而校其所得，不过如此,况乎宣圣之所无征,史籀之所未见。去古滋远,为助滋寡,欲稽而明之,岂易易哉。殷虚书契者,殷商王室命龟之辞,而太卜之所典守也。其辞或契于龟,或勒于诸骨。大自祭祀、征伐,次则行幸、畋渔,下至牢匄之数,风雨之占,莫不畛于鬼神。比其书命,爰自光绪之季,出于洹水之墟。先生既网罗以入秘藏,摹印以公天下,复于暇日撰为斯编。余受而读之,见其学足以指实,识足以洞微。发轸南阁之书,假途苍姬之器,会合偏旁之文,剖析孳乳之字,参伍以穷其变,比校以发其凡。悟一形繁简之殊,起两字并书之例。上池既饮,遂洞垣之一方;高矩攸陈,斯举隅而三反。颜黄门所谓"隐括有条例,剖析穷根源"者,斯书之谓矣。由是太乙、卜丙,正传写之讹文;入商宅殷,辨国邑之殊号。至于诹日、卜牲之典,王宾、有奭之名,櫋燎、薶沈之用,牛羊、犬豕之数,损益之事,羌难问于周京,文献之传,凤无征于商邑。凡诸放佚,尽在敷陈。驭烛龙而照幽都,拊彗星而扫荒翳。以视安国之所隶定,广微之所撰次者,事之难易,功之多寡,区以别矣。是知效灵者地,复开宛委之藏。弘道惟人,终伫召陵之说。后有作者,视此知津。甲寅冬十有二月旬有一日。海宁王国维。

　　按:王国维《殷虚书契考释后序》曰:

　　余为商遗先生书《殷虚书契考释》竟,作而叹曰:三代以后言古文者,未尝有是书也。夫先生之于书契文字,其搜集流通之功,盖不在考释下。即以考释言,其有功于经史诸学者,颇不让于小学。以小学言,其有功于篆文者亦不让于古文,然以考释之根柢在文字,书契之文字为古文,故姑就古文言之:我朝学术所以超绝前代者小学而已。顺康之间,昆山顾亭林先生实始为说文音韵之学;说文之学,至金坛段氏而洞其奥;古韵之学,经江戴诸氏,至曲阜孔氏,高邮王氏而尽其微,而王氏父子与栖霞郝氏复运用之,于是训诂之学大明。使世无所谓古文者,谓小学至此观止可矣。古文之学,萌芽于乾嘉之际,其时大师宿儒,或殂谢,或笃老,未遑从事斯业,仪征一书,亦第祖述宋人,略加铨次而已。而俗儒鄙夫,不通字例,未习旧艺者,辄以古文所托者高,知之者鲜,利荆棘之未开,谓鬼魅之易画,遂乃肆其私臆,无所忌惮。至庄葆琛、龚定庵、陈颂南之徒,而古文之厄极矣。近惟瑞安孙氏,颇守矩矱,吴县吴氏,独具悬解,顾未有创通条例,开发奥突,如段君之于《说文》,戴、段、王、郝诸君之于声音训诂者。余尝恨以段君之邃于文字,而不及多见古文;以吴君之才识不后于段君,而累于一官,不获如段君之优游寿考以竟其学,遂使我朝古文之学,不能与训诂、说文、古韵三者方驾,岂不惜哉。先生早岁即治文字故训,继乃博综群籍,多识古器,其才与识固段吴二君之俦,至于从容问学,厌饫坟典,则吴君之所有志而未逮者也。而此书契文字者,又段吴二君之所不及见也。物既需人,人亦需物,书契之出,适当先生之世,天其欲昌我朝古文之字,使与诂训说文古韵匹,抑又可知也。余从先生游久,时时得闻绪论,比草此书,又承写官之乏,颇得窥知大体,扬榷细目,窃叹先生此书,铨释文字,恒得之于天人之表,而根源脉络,一一可寻,其择思也至审,而收效也至宏。盖于此事自有神诣,至于分别部目,创立义例,使后之治古文者,于此得其指归,而治说文之学者,亦不能不探源于此。窃谓我朝三百年之小学,开之者顾先生,而成之者先生也。……先生之书,足以弥缝旧阙,津逮来学者,固不在顾书下也。

　　王国维2月撰《殷虚书契前编》一、二卷释文,作《洛诰解》。3月,写成《鬼方昆夷獯狁考》(初名《古代外族考》),首次提出殷代鬼方为匈奴的族祖之论。3月中旬,携眷返国,并回海宁扫墓。4月上旬,罗振玉亦返国,王国维迎之于沪上。因患眼疾而未能与罗振玉同往安阳小屯村考察。中旬,经罗振玉介绍与沈曾植相见,此后时往沈氏寓居之麦根路11号请教,问以古音韵之学,遂定交。

　　按:此次学术会晤,对王国维产生重要影响,王氏撰于1017年的《尔雅草木虫鱼鸟兽释例》即受沈氏启迪而作,其《尔雅草木虫鱼鸟兽释例自序》曰:

　　甲寅岁莫余侨居日本,为上虞罗叔言参事作《殷虚书契考释后序》,略述三百年来小学盛衰。嘉兴沈子培方伯见之,以为可与言古音韵之学也。然余于此学殊无所得,惟窃怪自来治古音者,详于叠韵而忽于双声。夫三十六字母,乃唐宋间之字母,不足以律古音,犹二百六部乃隋唐间之韵,不可以律古韵。乃近世言古韵者十数家,而言古字母者,除嘉定钱氏论"古无轻唇舌上二音"及番禺陈氏考定《广韵》四十字母,此外无闻焉。因思由陆氏《释文》上溯诸徐邈、李轨、吕忱、孙炎,以求魏晋间之字母;更溯诸汉人"读为""读若"之字与经典异文,以求两汉之字母;更溯诸经传之转注、假借与篆文、古文之形声。以为如此,则三代之字母虽不可确知,殊可得而拟议也。然后类古字之同声同义者以为一书,古音之学至此乃始完具。

乙卯春,归国展墓,谒方伯于上海,以此愿质之。方伯莞然曰:"君为学乃善自命题,何不多命数题,为我辈遣日之资乎?"因相与大笑。余又请业曰:"近儒皆言古韵明而后诂训明,然古人假借、转注多取诸双声,段、王二君虽各自定古音部目,然其言诂训也,亦往往舍其所谓韵而用双声。其以叠韵说诂训者,往往扞格不得通。然则谓古韵明而后诂训明,毋宁谓古双声明而后诂训明欤?"方伯曰:"岂直如君言,古人转注、假借虽谓之全用双声可也,双声或同韵,或不同韵。古字之互相假借、转注者,有同声而不同韵者矣,未有同韵而不同声者也。君不读刘成国《释名》乎? 每字必以其双声释之,其非双声者,大抵讹字也。"余因举首章"天,颠也"三字以质之。方伯曰:"颠与瀀(济漯之漯)俱从𤎩声。瀀读它合反,则颠亦当读舌音,故成国曰'以舌腹言之'。"余大惊,且自喜其亿而中也。是岁,复赴日本,长夏无事,稍就陆氏《释文》,以反切之第一字部分诸字,及五、六卷而中辍。

丙辰春,复来上海,寓所距方伯居颇近,暇辄诣方伯谈。一日方伯语余曰:"栖霞郝氏《尔雅义疏》于《诂》《言》《训》三篇皆以声音通之,善矣。然《草》《木》《虫》《鱼》《鸟》《兽》诸篇以声为义者甚多,昔人于此似未能观其会通,君盍为部分条理之乎?"又曰:"文字有字原,有音原。字原之学,由许氏《说文》以上溯殷周古文止矣,自是以上,我辈不获见也。音原之学,自汉魏以溯诸群经《尔雅》止矣,自是以上,我辈尤不能知也。明乎此,则知文字之孰为本义,孰为引申假借之义,盖难言之。即以《尔雅》权舆,二字言,《释诂》之,权舆,始也;《释草》之'其萌虇蕍';《释虫》之'蠸舆父,守瓜',三实一名,又《释草》之'权,黄华';《释木》之'权,黄英',其义亦与此相关。故谓'权舆'为'虇蕍'之引申可也,谓'虇蕍''蠸舆'即用'权舆'之义以名之可也。谓此五者同出于一不可知之音原,而皆非其本义,亦无不可也。要之,欲得其本义,非综合其后起诸义不可。而亦有可得,有不可得,此事之无可如何也。"

余感是言,乃思为《尔雅声类》,以观其会通。然部分之法,辄不得其衷,盖但以喉、舌、牙、齿、唇分类,则合于《尔雅》之义例,而同义之字,声音之关系读之苦不甚显。若以字母分之,声音之关系显矣,然古之字母有几? 又某字当属何母,非由魏晋六朝之反切以溯诸汉人"读为""读若"之字,及诸经传之异文,篆文、古文之形声,无由得之。即令假定古音为若干母,或即用休宁戴氏古二十字母之说,以部分《尔雅》,则又破《尔雅》之义例。盖古字之假借、转注,恒出入于同音诸母中,又疑"泥""来""日""明"诸母字,虽不同音亦互相出入。若此者《尔雅》既类而释之,今欲类之而反分之,颠倒孰甚。因悟此事之不易,乃略推方伯之说,为《尔雅草木虫鱼鸟兽释例》一篇。既以释例名,遂并其例之无关音声者,亦并释之。虽未必能尽方伯之意,然方伯老且多疾,未可强以著书。虽以不佞犬马之齿,弱于方伯者二十余载,然曩者研求古字母之志,任重道远,间以人事,亦未敢期以必偿,而方伯音学上之绝识,与余一得之见之合于方伯者,乃三百年来小学极盛之结果。他日音韵学之进步,必由此道。此戋戋小册者,其说诚无足观,然其指不可以不记也,故书以弁其首。丙辰仲冬。海宁王国维。

王国维 5月下旬携长子随罗振玉往日本。同月,撰《不娶敦盖铭考释》《三代地理小记》。春夏间,始识日本学者神田喜一郎。8月,撰成《袴褶服考》,后改为《古胡服考》。9月,王国维《宋元戏曲史》由上海商务印书馆印行。此书先是在《东方杂志》第9卷第10—11号及第10卷第3、4、5、6、8、9号共分8次刊完,始自1913年4月1日,迄于1914年3月。至是年9月,由商务印书馆出版单行本,印行时以《宋元戏曲史》为书名,列为"文艺丛刻甲集"丛书之一。与鲁迅《中国小说史略》并称为"中国文艺史研究上的双璧"。10月9日,撰《元刊杂剧三十种序录》。10月,撰《古礼器略说》1卷。11月,作《与林浩卿博士论洛诰书》,对日本学者林浩卿就《洛诰解》据甲骨文以释王宾杀禋之说提出商榷意见作出回应。是年,撰《浙江考》《汉会稽东部都尉治所考》《后汉会稽郡东部候官考》等。

按:《三代地理小记》刊于《国学丛刊》第11卷,后改为《说自契至于成汤入迁》《说商》《说亳》《说耿》

《说殷》《秦郡考》六篇。（以上参见赵万里《王静安先生年谱》，清华国学研究院《国学论丛》第 1 卷第 3 号，1928 年；陈鸿祥《王国维年谱》，齐鲁书社 1991 年版；袁英光等编《王国维年谱长编》，天津人民出版社 1996 年版）

胡汉民继续流亡日本。5 月 1 日，加入中华革命党。10 日，在孙中山支持下，《民国》杂志在日本东京创刊，该刊不仅是党人的舆论机关，也是党人的活动中心，孙中山在这里召开会议，商讨党内大问题。胡汉民任总编辑并撰发刊词，居正为发行人。参加编撰工作的有朱执信、邵元冲、田桐、周瘦鹃、苏曼殊、戴季陶、廖仲恺、汪精卫等，所写文章皆用笔名。6 月，作《强有力之政府辩》，文中最后引法布罗尔氏曰：“‘诈术暴力之胜利，刹那之顷而已。’以长岁月视之，未有能免于失败者，人生如朝露，故为恶者或未及受罚而死。国民之生命，非是之比，故政治之罪恶，虽收利益于一时，终不能不被其罚，然则吾民不能取诈术暴力之政府而罚之，将必有同受其罚之日，是在所自择也。”7 月 8 日，中华革命党正式成立，任政治部长。参与制定中华革命党《革命方略》。（参见陈红民、方勇编《中国近代思想家文库·胡汉民卷》及附录《胡汉民年谱简编》，中国人民大学出版社 2015 年版）

戴季陶在日继续襄助孙中山筹措革命事业，并常往大连从事革命活动。为《民国》杂志编“世界大事记”栏目。被孙中山任命为中华革命党浙江支部长。6 月 8 日，在东京《民国》第 1 年第 2 号发表《中国革命论》，作者开篇论撰写此文的缘起：“二次革命以来，复杂混沌，对于过去将来之系统的论评，几于无有，此至大之革命问题，竟未有人焉，就其势理因果，深究而精研之者，岂以革命为不祥，不欲研究之耶？疾病至不祥也，而医士乃研究而治理之，革命虽不祥，舍之不问，亦恶疾病而自讳者之类耳。予深感之，究历史之事实，察今日之现状，测将来之推移，作《中国革命论》。”文中集中讨论了以下五个问题：一、历史上之五程序；二、八月十九日革命之思想及其动机独；三、裁政治与二次革命；四、独裁政治与国民保障；五、世界之大势与中国革命之将来。7 月 10 日，在东京《民国》第 1 年第 3 号发表《中华民国与联邦组织》。8 月 10 日，在东京《民国》第 1 年第 4 号发表《答问》，已回答有关《中华民国与联邦组织》的问题。（参见桑兵、朱凤林编《中国近代思想家文库·戴季陶卷》附录《戴季陶年谱简编》，中国人民大学出版社 2015 年版）

刘文典 3 月 2 日与友人一道拜访孙中山。9 月 10 日，在章士钊主办的《甲寅》杂志第 1 卷第 9 号上发表《唯物唯心得失论》，评述西方唯物论、唯心论哲学来源及主要流派，首段交代文章缘起：“眇觌希腊，近观当世，明道之哲，穷理之士，不归于唯物，则归于唯心，或谓性理学案所以纪二派之消长，非虚语也。近世方术昌明，唯物之论大盛，今日又寖衰矣。此争虽千祀犹将不息，是此惑将终不解。伏曼容曰万事由惑而起，事诚有之，理学亦然，且以惑起者或遂以惑终也。斯宾塞辈倡不可思议之论，岂无故哉，余以顽质，得闻诸说，论其得失，较其长短，亦儒者所当有事也。”15 日，陈独秀在上海创办《青年杂志》，后改名《新青年》，标志着新文化运动拉开序幕。刘文典系“新青年群体”首批重要作者之一。11 月 15 日，《青年杂志》第 1 卷第 3 号问世，刊有刘文典译作《近世思想中之科学精神》。12 月 15 日，在《青年杂志》第 1 卷第 4 号上发表《叔本华自我意志说》，是该杂志第一篇全面阐述叔本华哲学思想的文章。文前有作者序。12 月，在上海《新中华》杂志第 1 卷第 3 号“通信”栏目刊发《英法革政本末》，介绍英国、法国政治革新情形。署名“叔雅”，分三期连载，前有引言，道明用意，“述列邦之往迹，召吾国之来兹”。（参见章玉政编著《刘文典年谱》，安徽大学出版社 2011 年版）

李大钊 2 月被留日学生总会推举为文牍干事，起草通电，反对卖国条约“二十一条”。同时起草《敬告全国父老书》，并迅速传遍全国。6 月，当袁世凯接受日本提出的“二十一条”

后，又编印《国耻纪念录》，发表《国民之薪胆》，激励全国人民奋起自救。8月10日，在《甲寅》第1卷第8号上发表《厌世心与自觉心》，批评陈独秀刊于1914年冬《甲寅》上发表的《爱国心与门觉心》一文"厌世之辞，嫌其太多，自觉之义，嫌其太少"。年底，与李墨卿、高一涵等组织神州学会，以"研究学术、敦崇气节、唤起国民自觉、图谋国家富强"为宗旨，设评议部、编辑部，机关刊物为《神州学丛》，主要通过"分科研究、演讲和编撰书报"等方式进行活动。

按：李墨卿在《墨园随笔》记道："山西马鹤天、李墨卿，湖南易梅僧、仇亦山、申月麓、荆嗣佑、易家钺，湖北邓初人、孙戴人、蔡天民，广东苏理平、林励儒、黄霖生，贵州艾一情，江西黄界民、张慧疢，安徽姚子才、高一涵，陕西黄天行、蔡藩，甘肃赵世英、苏景山，直隶李大钊、张润之，河南王杰、张国威，浙江殷汝耕、山东陈玉五、李益三、井雨岑，福建柯建宇，四川曾天宇及其它各省同志组织神州学会。每于星期六讲演一次，并讨论政治及世界大事，汇集讲演录与撰述，刊于神州学会杂志。"（转引自《李大钊史事综录》第132页，参见《神州学会简章》，载《神州学丛》第1号；《李大钊年谱》编写组《李大钊年谱》，甘肃人民出版社1984年版；朱文通主编《李大钊年谱长编》，中国社会科学出版社2009年版；高大同编著《高一涵先生年谱》，上海文化出版社2011年版）

高一涵继续在东京明治大学政治经济科学习。2月11日，留日学生两千人在青年会馆冒雨举行大会，抗议日方向中国提出"二十一条"，成立留日学生总会，高一涵参加了大会和总会工作。留日学生总会后遭袁当局严令解散。6月，陈独秀回国，积极筹办《青年杂志》，并特约高一涵为其担纲助阵。9月15日，陈独秀主编的《青年杂志》在上海创刊（第2卷改名为《新青年》），创刊号发表了高一涵的连载文章《共和国家与青年之自觉》（至第3号载毕）。同年在《青年杂志》发表《近世国家观念与古相异之概略》《民约与邦本》《国家非人生之归宿论》《读梁任公革命相续之原理论》等系列文章。年底，参加在日留学生组织神州学会。（参见高大同编著《高一涵先生年谱》，上海文化出版社2011年版）

邵飘萍仍流亡日本，曾登门造谒孙中山。与黄克强、陈英士、黄膺白、陈友仁、诸觉人结识交往。与李大钊也在此时相识，并以激烈反对《二十一条》而共获声誉。（参见郭佐唐《邵飘萍年谱》，《浙江师范大学学报》1986年第4期）

邓初民参与领导留日学生反对"二十一条"的爱国运动，组织成立中国留日学生总会，被推选为评议会会长，同李大钊等创办会刊《民彝》。（参见吴汉全、吴颖编《邓初民先生学术年表》，载《新政治学大纲》，商务印书馆2017年版）

曾毅继续流亡日本。9月，所著《中国文学史》由上海泰东书局出版。此书以诗文为主，即以诗文流变为叙述线索，同时包括词曲和小说，其文学观处于中国传统的"泛文学"观向近代西方输入的与"literature"相对应的新文学观转换的过渡阶段，在中国文学史述史体例上也有所创新。年底，曾毅回国，出任上海《中华新报》总编，继续投入讨袁护法运动。（参见付祥喜《20世纪前期中国文学史写作编年研究》，北京师范大学出版社2013年版；陈广宏《曾毅〈中国文学史〉与儿岛献吉郎〈支那文学史纲〉之比较研究》，韩国岭南中国语文学会《中国语文学》2003年第42辑）

李石岑与潘培敏、李大年、丘夫之等在日本东京发起组织"学术研究会"，以"研究学术，促进文化"为宗旨。

按：次年6月，编辑出版《民铎》杂志，反对袁世凯复辟称帝、政治混乱和日本帝国主义的侵略行径，被日本政府查封。1918年，总会移设上海，并先后成立北京、湖北、广东、湖南以及英、美、德、法、日和南洋巴达维亚等分会。总会设执行、监察两委员会。执行委员会以李大年等为常务委员，下设秘书及总务、研究两部。总务部分设文牍、会计、庶务、交际4科；研究部分设政治、经济、法律、社会、心理、哲学、军事

7 科。此外还设有心理研究所，金属材料研究所和各种专门委员会。1930 年 10 月在教育部备案。地址迁设南京。创办有《民铎》《民鸣》等刊物，并编有丛书专著 30 多种。（参见蔡鸿源、徐友春主编《民国会社党派大辞典》，黄山书社 2012 年版）

陈望道年初赴日本留学。到达东京，在"日华同人共立东亚高等预备学校"进修日语。其间，与留日同学一起，参加反对袁世凯接受日本"二十一条"卖国条约以及反对洪宪帝制的运动。（参见上海鲁迅纪念馆编《陈望道先生纪念集》，复旦大学出版社 2006 年版）

郭沫若就读的日本第一高等学校预科 1 月 8 日开学。春，初次接触印度诗人泰戈尔的诗。7 日，为抗议日本帝国主义向中国提出的"二十一条"不平等条约，与吴鹿苹、叶季孚一起归国到上海。11 日，返回日本。7 月 1 日，领取预科毕业文凭。9 月 11 日，入第六高等学校就读，并参加迎新会。中旬，购得《王文成公全集》，开始接触王阳明。不久又开始练习静坐。同月，与成仿吾相识。（参见龚济民、方仁年编著《郭沫若年谱》，天津人民出版社 1982 年版；王继权、童炜钢编《郭沫若年谱》，江苏人民出版社 1983 年版）

成仿吾继续在冈山第六高等学校二部（工科）学习。7 月，郭沫若也入了冈山六高。和郭沫若还有两个中国同学同住一小套房子，几个人常聚在一起谈论。日本中学学习第一外国语是英文，高等学校学习第二外国语是德文。成仿吾在掌握英文、德文之后，在大学开弹道学时又学了法文。学习外文的同时，开始接触外国文学。他喜欢读英国、德国文学作品，哥德、席勒、海涅的作品读得不少。是年，据戴美尔的德文译诗（法国诗人威尔伦原作），译成中文诗，收《论译诗》一文。（参见张傲卉、宋彬玉《成仿吾年谱》，《东北师大学报》1985 年第 5 期）

郁达夫 7 月以优异成绩在东京第一高等学校预科毕业。毕业学生共 320 名，其中中国留学生 48 名。9 月初，被分发至名古屋第八高等学校三部学习。（参见陈其强《郁达夫年谱》，浙江大学出版社 1989 年版）

张资平 9 月升入日本九州熊本第五高等学校。其间，英法文教师为学生介绍了许多欧美名著，系统地讲述了欧洲文学思潮，张资平开始有了真正的文学意识。他"在青年的声誉欲智识欲，和情欲的混合点上"，产生了文学创作的冲动。（参见张资平《张资平自传》，江苏文艺出版社 1998 年版）

蔡培火赴日本留学，入国立东京高等师范理科。曾先后创办《青年月刊》《新民报》等。

吕澂由南京金陵刻经处赴日留学，进入日本高等预备学校深造，继而在日本美术学院专攻美术。

蔡元培年初仍在法国西南地区从事著译，并参与旅欧教育工作。6 月，蔡元培、李石曾、吴稚晖、汪精卫等人在法国发起成立"留法勤工俭学会"，提倡"勤以做工，俭以求学"，鼓励青年向西方学习，并在里昂、北京等地设立分会，招寻自愿赴法求学的青年。8 月，又发起组织世界编辑社。10 月，所著《石头记索隐》脱稿。又复函任鸿隽，对其在美国发起成立中国科学社之举表示支持。12 月下旬，与唐绍仪、汪精卫联名反对袁世凯称帝。是年，受教育部委托，撰写《1900 年以来教育之进步》一文，以提交在巴拿马举行的万国教育会议。（以上参见高平叔编著《蔡元培年谱长编》，人民教育出版社 1996 年版；王世儒编撰《蔡元培先生年谱》，北京大学出版社 1998 年版）

吴玉章春末收到《科学》杂志主编任鸿隽自上海的来信及《科学》杂志创刊号。任鸿隽并请代为向蔡元培、汪精卫、李石曾等转致信函，分递刊物。请求匡助。6 月，吴玉章与蔡元培、李石曾等人发起组织的"勤工俭学会"正式成立，以"勤于工作，俭以求学，以增进劳动者之智识"为宗旨。下半年，吴玉章继续在巴黎法科大学攻读政治经济学，其间受到欧洲社会

主义思潮影响,同时喜欢克鲁泡特金的无政府主义。(参见刘文耀、杨世元《吴玉章年谱》,四川人民出版社1998年版)

张君劢是年秋自德赴法,并到比利时观察西线战事。10月,抵英考察英国议会政治,并在伦敦《每日先锋报》撰文抨击袁世凯阴谋复辟帝制、变更国体。(参见翁贺凯编《中国近代思想家文库·张君劢卷》附录《张君劢年谱简编》,中国人民大学出版社2015年版)

李四光通过在伯明翰大学一年的学习,感到矿产资源的开发必须依靠地质科学,同时也了解到,英国在近代地质学的启蒙运动中占有重要位置。因此决定由采矿系转理科地质系从基础学起,并兼修物理学。从此,在英国地质学家鲍尔敦(W. S. Boulton)教授指导下学习。李四光与英国地质学家威尔士(L. J. Wills)和卢(F. Row)两位伯明翰大学地质系老师来往比较密切。威尔士经常邀请李四光到他家作客。李四光喜欢音乐,课余时学会了拉小提琴。有时间就去威尔士老师家即兴演奏,很得他们一家的欣赏。(参见马胜云、马兰编著《李四光年谱》,地质出版社1999年版)

张振勋、聂云台受张謇委派于4月9日率中华实业团乘“满洲号”轮赴美,参加巴拿马太平洋博览会,余日章兼任秘书,黄炎培随行,任笔墨之役。5月抵达旧金山。26日,实业团成员在华盛顿白宫受到美国总统威尔逊、国务卿布里安接见。团长张振勋致词陈谢,余日章译以英语。(参见庄安正《张謇年谱长编(民国篇)》,上海交通大学出版社2018年版)

江亢虎继续在加州大学任教。除教汉语外,还开设“中国文化”讲座,听课者前后有200多人。撰写《中国氏族考》,介绍了中国古代姓氏的起源和演变。是年暑假,受聘美国国会图书馆中文部(现为东方部)主任。此后三年的暑期,都在这里工作,对库存的五六万册中国图书和大量典籍进行分类、编目。(参见汪佩伟编《中国近代思想家文库·江亢虎卷》及附录《江亢虎年谱简编》,中国人民大学出版社2015年版)

赵元任继续在康奈尔大学研究生院哲学系学习。1月,《科学》在上海出版,赵元任在创刊号发表《心理学与物质科学之区别》和音乐作品《和平进行曲》。暑期,到图书馆阅读了大量语言学书籍,并与胡适多次交谈中国语言问题,两人用英文撰写了《中国语言问题》(*The Prob-lems of the Chinese Language*)系列文章,发表在1916年的《中国留美学生月刊》(*The Chinese Students' Monthly*)上。9月10日,转学到哈佛大学,住在哈佛广场(Harvard Square)一神教堂(Unitarian Church)钟楼对面建筑的角屋,开始了历时3年的哈佛大学研究生生活。继续为《科学》月刊撰写文章、译文、科学小品及音乐作品。12月12日,在波士顿听著名盲聋女作家海伦·凯乐(Helen Keller)演讲。(参见赵新那、黄培云编《赵元任年谱》,商务印书馆2001年版)

胡适1月18日离绮城去波士顿,应该地卜朗吟会之邀前往演说。其间曾与同学竺可桢、张子高、郑莱等聚谈发展祖国教育文化问题。途中又萌发“不争主义”。2月13日,胡适代表康校赴纽约参加抵制增兵会。在纽约见到了黄兴。同月,《胡适留学日记》有载《裴伦论文字之力量》,真正出现了有关文学改良的札记。从此以后,胡适在其日记中撰写了大量涉及文学革命与语言改良的诸多札记。3月19日夜,写英文《致留学界公函》,强调“我们的职责是读书”,“不应让报章所传的纠纷耽误了我们神圣的任务”。应该严肃、冷静。毫不惊慌继续专心学习。指责主张对日作战者是“发狂”。此公函发表后,受到留学界的强烈批评。

按:胡适3月3日致函张奚若,谓“今日大患在于学子不肯深思远虑,平日一无所预备,及外患之来,始惊扰无措,或发急电,或作长函,或痛哭而陈词,或慷慨而自杀,徒乱心绪,何补实际?至于责人无已,尤

非忠恕之道。吾辈远去祖国,爱莫能助,当以镇静处之,庶不失大国国民风度耳"。(《留学日记》(三))

　　胡适5月28日决定"自今以往,当屏绝万事,专治哲学,中西兼治"。6月6日,因读诗词,作比较,从而得到"词乃诗之进化"的观念。15日起,参加和平主义者在绮城举行的国际政策讨论会,会期15天。8月2日,为《科学》月刊撰《论句逗及文学符号》,尽三昼夜始成,约一万字。其中列举十种文字符号,成为日后提倡标点符号的张本。3日,读白居易《与元九书》,悟得文学自古分理想主义与写实主义两大派。9日,作日记,主张废别号。18日,因闻袁世凯称帝的消息,为纽约《外观报》作《中国与民主》论此事。26日,撰成《如何可使吾国文言易于教授》,预备在本年东美学生会年会上宣读。在这篇文章里,提出了古文的文字乃是"半死的文字",白话的文字才是活文字的观念,由此初步形成文学革命与白话文运动的思想。29日,撰成《古德诺与中国之顽固反动》,批驳古氏所谓中国人无共和程度的谬说,投登《新共和国周报》。9月17日,梅光迪转入哈佛大学研究院,专攻西洋文学,师从美国新人文主义大师白璧德,胡适作《送梅觐庄往哈佛大学诗》,在诗中便提到"文学革命":"新潮之来不可止,文学革命其时矣"。20日,作答任鸿隽的诗,其中两句:"诗国革命何自始? 要须作诗如作文。"同日,胡适离绮色佳,转入哥伦比亚大学研究院。21日,抵纽约,遂入哥伦比亚大学研究院,从杜威研究哲学,此对胡适的学术方向具有决定性意义。12月,胡适游康桥,宿赵元任处,与之竟日长谈。

　　按:胡适《口述自传》谓其所以选定到哥大从杜威研究哲学,其中"原因之一便是因为康乃尔哲学系基本上被新唯心主义学派所占据了的缘故。所谓'新唯心主义'又叫做'客观唯心论',是十九世纪末期英国思想家葛里茵等由黑格尔派哲学中流变出来的。康乃尔的塞基派的哲学动不动就批评'实验主义'。他们在讨论班上总要找出一位重要的对象来批评。杜威便是他们经常提出的批判对象。……在聆听这些批杜的讨论和为着参加康大批杜的讨论而潜心阅读些杜派之书以后,我对杜威和杜派哲学渐渐地发生了兴趣,因而我尽可能多读实验主义的书籍。在1915年暑假,我对实验主义作了一番有系统的阅读和研究之后,我决定转学哥大向杜威学习哲学"。(转引自《传记文学》第199号)

　　按:胡适9月离绮色佳,转入哥伦比亚大学研究院,其在绮城读书的几位同学好友都纷纷作诗相送,彼此互相赠答的诗往往涉及文学见解问题。胡适赠答任鸿隽、杨杏佛、梅光迪的诗都是白话诗,并已有"作诗如作文"的主张,甚至在已明确提出"诗国革命""文学革命"的口号,如答任鸿隽的诗中有:"诗国革命何自始,要须作诗如作文。琢镂粉饰丧元气,貌似未必诗之纯。"(《留学日记》(三))再如送梅光迪的长诗有:"梅生梅生毋自鄙,神州文学久枯馁。百年未有健者起,新潮之来不可止。文学革命其时矣,吾辈誓不容坐视。且复号召二三子,革命军前杖马箠。"(《留学日记》(三))胡适自跋称:"此诗凡用十一外国字,一为抽象名,十为本名,人或以为病。其实,此种诗不过是文学史上一种实地试验,前不必有古人,后或可诏来者。知我罪我,当于试验之成败定之耳。"(《留学日记》(三))。(参见耿云志《胡适年谱(1891—1962)》,四川人民出版社1989年版;眉睫《梅光迪致胡适信函时间考辨》,《黄冈师范学院学报》2013年第1期;张学谦《迟到的文白交锋——胡适与中国现代文学概念之生成》,《华侨大学学报》2017年第1期)

　　任鸿隽与杨杏佛等筹办的我国最早综合性科学杂志《科学》月刊1月25日正式创刊。该刊在美国编辑,由上海商务印书馆印行出版,任鸿隽任主编,朱少屏任经理,杨铨任编辑部长。创刊号首创汉字横排版,采用西式标点符号。黄炎培、唐绍仪、伍廷芳、沈恩孚、黎元洪、张謇、黄兴、蔡元培及美国科学家爱迪生等发来贺词、贺信。任鸿隽在为创刊号撰写的发刊词中,重点论述了科学在增进物质文明、破除愚昧迷信、增强人类健康和提高道德修养等方面的社会功能,旨在表达"科学救国"之理想。创刊号载有例言以及任鸿隽、赵元任、陈茂康、胡明复、杨孝述、周仁、李室身、秉志、过探先、金邦正、杨铨(杏佛)等人的文章,以及调查、新闻、杂俎、附录等。

按：中国科学社对传播和介绍西方现代自然科学作出过巨大贡献。《科学》创刊35年后，任鸿隽回忆当时创刊的缘起时说："当时我们看见世界各国生存竞争的剧烈，无论是战争或和平，设如没有科学，便休想在世界上立住脚。而环顾我们国内，则科学十分幼稚，不但多数人不知道科学是什么，就连一个专讲科学的杂志也没有。于是十几个还在外国留学的学生怵然于'国力之发展必与其学术思想之进步为平行线，而学术荒芜之国无幸焉'。就'相与攫讲习之暇，抽日月所得，著为是报，将以激荡求是之心，引发致用之理'，这样，《科学》就在1915年1月与世界见面了。"（参见任鸿隽《〈科学〉三十五年回顾》，樊洪业、张久春编《科学救国之梦——任鸿隽文存》，上海科技教育出版社2002年版）

任鸿隽与胡明复、邹秉文3人4月负责起草《中国科学社总章》。夏，收到陈衡哲（莎菲）为《留美学生季报》的投稿《来因女士传》，后向其约稿，开始建立通信关系。6月，因有人觉得以杂志为主科学社为属，未免本末倒置，因此提议改组科学社为学会，中国科学社董事会以改组事通知社员，结果大多数社员皆表赞成。由董事会推定胡明复、邹秉文、任鸿隽3人起草总章，计11章60条，定名为《中国科学社总章》，印交社员讨论修改，并于10月25日获得通过，中国科学社正式成立，以"联络同志共图中国科学之发达"为宗旨。是年发表的重要文章中还有《说中国无科学之原因》《科学家人数与一国文化之关系》《科学与工业》《科学与教育》等，由此形成了个人撰述中终生坚持的特别关注领域，也成为《科学》杂志的一大特色专栏。（参见樊洪业、潘涛、王勇忠编《中国近代思想家文库·任鸿隽卷》及附录《任鸿隽年谱简编》，中国人民大学出版社2015年版；赵新那、黄培云编《赵元任年谱》，商务印书馆2001年版）

梅光迪获芝加哥西北大学文学士。1914、1915年间，梅光迪因偶然的机会，听到R. S.克来恩教授的一次演讲。克来恩指着白璧德的新著《现代法国评论大家》对同学们说："这本书能让你们思考。"一种顶礼帽膜拜的热忱，使梅光迪吃不惯托尔斯坦泰式的人文主义框框中走出，沉迷于白璧德的世界里。使梅光迪从托尔斯泰式的人文主义框框中走出，沉迷于白璧德的世界里。梅光迪由白璧德思想的启发而认识到，中国也必须在相同的智能和精神的引导下，以冷静、理智的态度，在中国人的思想观念中牢固树立起历史继承感并使之不断加强。只有这样才能跨越新旧文化的鸿沟，使西方的人文主义思想与中国古老的儒家传统相映生辉。9月，为了能够聆听这位新圣哲的教诲。梅光迪决定转学到哈佛大学研究院，专攻西洋文学，师从美国新人文主义大师白璧德。17日，胡适作《送梅觐庄往哈佛大学诗》，在诗中便提到"文学革命"，引起梅光迪的反思和质疑。18日，杨杏佛作《送梅觐庄之哈佛序》。10月，梅光迪加入中国科学社。（参见眉睫《梅光迪年谱初稿》，海豚出版社2017年版；眉睫《梅光迪致胡适信函时间考辨》，《黄冈师范学院学报》2013年第1期；沈卫威《梅光迪反思中国的人文主义运动》，《二十一世纪》2002年10月号；段怀清《梅光迪年谱简编》，载《新文学史料·梅光迪专辑》2007年第1期；耿云志《胡适年谱（1891—1962）》，四川人民出版社1989年版）

杨杏佛继续在康奈尔大学学习。1月，《科学》月刊一经问世，便以其取材丰富、编排新颖吸引了读者。为便于传播科学知识、刊登数理化公式和西文字符，《科学》自创刊始就采用左起横排、使用标点符号等新式排版法，这在中国书刊印刷史上是首创。9月，胡适在康乃耳大学毕业将赴哥伦比亚大学攻读博士学位。杨杏佛作词赠别："三稔不相见，一笑遇他乡，暗惊狂奴非故，收束人名场。""欲共斯民温饱，此愿几时偿？"表现出放弃故我、重视修学立身、为民造眉的宏志。胡适感之，也作词答谢。同月，梅光迪转入哈佛大学研究院，杨杏佛作《送梅觐庄之哈佛序》。10月25日，原以发行《科学》月刊为主旨的科学社经过改组，正式定名为中国科学社。当时社中五人董事会之下最主要机构为期刊编辑部，杨杏佛任编辑部长。根据《科学社期刊编辑部章程》，编辑部长的职责为：（一）总理编辑一切事宜；（二）实行编辑部章程;(三)对董事会负编辑部全责。编辑部长兼任负责期刊体裁、审定期刊文稿的审查委员会委员长。从《科学》创刊到1921年,杨杏佛任编辑部长前后7年,经手主编共6卷69期杂志。除审定、修改他人文稿外,自己译、著见诸《科学》的计57篇。第一年发表的文章有:《伽利略传》《牛顿传》《电学略史》(1—4)《战争与科学》《学会与科学》《电灯》《瓦特传》《人事之效率》《东西厄灵辟克运动会与中国之前途》,译作有《康乃耳大学校长Schumon开学词》,大发明家贝尔的《发见与发明》等。11月25日,中国留美学生《季报》上发表杨杏佛《遣兴》诗一首,表达了海外游子无限思绪:"黄叶舞秋风,白云自西去。落叶归深涧,云倦之何处?"胡适见后"极喜之,以为杏佛年来所作诗,当以此20字为最佳",欣然抄于日记中。(参见许为民《杨杏佛年谱》,《中国科技史料》1991年第2期;眉睫《梅光迪年谱初稿》,海豚出版社2017年版)

竺可桢继续在哈佛大学研究院学习。1月20日,宴请澄衷同学胡适于红龙楼,同席7人,畅谈极欢,谈及设国立大学、学会、图书馆和博物馆等发展中国教育、文化事业等事。夏,在哈佛大学研究院获硕士学位。论文以《1900—1911年中国之雨量》(Rainfall In China,1900—1900)为题,发表于次年出版的《每月天气评论》(Manthly Weather Revieu),是其发表于国际知名学术刊物上的首篇学术论文。随后,继续攻读博士学位。10月25日,中国科学社在康奈尔大学成立,社章规定"本社以联络同志共图中国科学之发达为宗旨"。竺可桢为第一批社员。(参见李玉海编《竺可桢年谱简编》,气象出版社2010年版)

胡先骕年初加入中国科学社,交会费5美金。任《留美学生季报》《科学》杂志通讯员及加利福尼亚学生会副会长。(参见胡宗刚《胡先骕先生年谱长编》,江西教育出版社2007年版)

黄远生拒绝袁世凯的拉拢,9月3日离开北京奔走上海,并在上海各大报刊刊出《黄远生反对帝制并辞去袁系报纸聘约启事》,明确表示反对帝制,与袁世凯决裂。抵上海后,他又在《申报》和《时事新报》上连续9天刊登启事,宣布自己与曾担任的《申报》驻京通讯员及上海《亚细亚报》的撰述,一概脱离关系。10月24日,乘日轮离开上海经日本赴美国。12月25日下午,在美国旧金山唐人街被暗杀。(参见《黄远生年谱》,载王红军《清末民初思想界的黄远生——新闻撰述生涯及生平史实之考辨与补正》,复旦大学博士学位论文,2010年)

黄炎培应邀参加农商部组织游美实业团。4月9日,乘太平洋公司"满洲利亚号"船由沪启行。船抵横浜,中国青年会开会邀往演说。舟中偶翻阅日人伊东氏所编之《世界年鉴》,其中插图之一日东洋地图者,竟将我山东之青岛及辽东半岛等地和日本之四国九州及朝鲜、台湾等处绘成同一颜色。26日,抵檀香山。5月,与江苏沈恩孚、杨保恒、浙江经亨颐等函商决定,联合发起组织全国教育联合会。6月16日,撰《旅美随笔》第一篇,刊于《教育杂志》第7卷第8号,介绍美国南部、中部及东部的中小学教育情况。同月,撰《旅美随笔》第二、三篇,分别刊于《教育杂志》第7卷第10—11号,前文记述美国西部、北部及东北部的教育发达情况。在华盛顿偕余日章访全国教育部长克拉司顿君,被邀参加8月16日在加利福尼亚举行之万国教育联合会。因将于7月归国,乃请蒋梦麟参加,并请其特别注意关于职业教育和体育方面的问题。7月初,撰《万国教育联合会议预记》,刊于《教育杂志》1915年第7卷第12号,记此会的性质及其讨论的问题颇详。在旧金山遇傅兰雅,介其子傅步兰相见。步兰学盲人教育。傅兰雅言:盲人甚苦,而中华独无盲校,嘱带其来华办盲人教育,闻之大为感动。其后在曹家渡办一盲童学校,即以傅步兰为校长。(参见许汉三编《黄炎培年谱》,文史资料出版社1985年版)

蒋梦麟继续就读于哥伦比亚大学。6月，黄炎培访美，蒋梦麟陪同黄炎培处理相关事务，并代表黄炎培出席8月16日在加利福尼亚举行的万国教育联合会。是年，在《留美学生季报》1915年第2卷第1期发表《与吾国学者某公论学书》，强调"立国之要图，不外乎教育"。又在《教育研究》1915年第25期发表《美国纽约小学预备职业教育》，文前有黄炎培志："余游美至纽约参观学校日，与蒋君梦麟偕六月四日访市立华盛顿欧文第六十四小学，睹其种种预备职业教育之设施，为之惊叹。脚跟蓬转不能久淹，乃浼蒋君重复往观详记，而摄其景，蒋君则遂纵论美国职业教育之起源，为文寄示。蒋君者，留古仑比亚大学，习教育。以明锐之头脑，用深邃之功夫，明春且毕业得博士位以归。余将借是介蒋君于吾教育界也。"文中论及职业教育之原理、职业教育之实际问题、职业教育之种类、小学预备职业教育、纽约预备职业小学等问题，并配有多幅图画。（参见马勇、黄令坦编《中国近代思想家文库·蒋梦麟卷》及附录《蒋梦麟年谱简编》，中国人民大学出版社2018年版）

陈鹤琴继续在美国普鲁斯金大学留学。因对袁世凯接受丧权辱国条约的卖国行径极为愤慨，遂于每星期五绝食一餐，以示卧薪尝胆之志，达半年之久。（参见蔡怡曾、陈一鸣、陈一飞编《陈鹤琴生平年表》，载《陈鹤琴全集》第6卷，江苏教育出版社2008年版）

陶行知继续在美国伊利诺伊大学攻读政治学。5月，《中国进入美国物产大宗之研究》刊于《安徽公报》第40期。6月中下旬，参加基尼法（Geneva Lake）湖畔美中基督教学生联合会举办的夏季会议。夏，获伊利诺伊大学政治学硕士学位。9月，入哥伦比亚大学师范学院专攻教育行政，该院指导教授有：孟禄、施吹耳、克伯屈、杜威等教授。与胡适同学，指导教师施吹耳（Gearge D. Strayer）。（参见余子侠编《中国近代思想家文库·陶行知卷》及附录《陶行知年谱简编》，中国人民大学出版社2015年版）

陶孟和6月3日受外交部派遣，参加8月在美国加利佛尼亚省俄克兰城召开的万国教育会，并为名誉副会长。（王学珍等编《北京大学纪事（1898—1997）》，北京大学出版社1998年版）

何炳松3月在《留美中国学生季报》民国四年春季第1号上发表《课余杂录》。夏，从威斯康辛大学毕业，获政治科学士学位及荣誉奖。秋，考入普林斯顿大学研究院，专业为现代史与国际政治。（参见房鑫亮《忠信笃敬：何炳松传》，浙江人民出版社2006年版）

张彭春获哥伦比亚大学文学硕士学位、教育学硕士学位。

袁复礼利用庚子赔款赴美留学，在布朗大学学习生物学、考古学。

洪业于英华书院毕业，同年赴美国就读俄亥俄州卫斯良大学。

廖世承毕业于北京清华学校后，留学美国。

吴铁城到檀香山主持党务，任《自由新报》主笔。

胡汉民8月14日撰文声讨杨度与"筹安会"。11月12日，赴菲律宾筹款。（参见陈红民、方勇编《中国近代思想家文库·胡汉民卷》及附录《胡汉民年谱简编》，中国人民大学出版社2015年版）

美国卜凯受基督教长老会的派遣到中国安徽省的南宿州，以传教士的身份从事农业技术推广和农业改良工作。

英国马尔克·奥莱尔·斯坦因1月开始发掘阿斯塔那墓地和哈拉和卓墓地，获大量写本、丝织品、陶俑、钱币等文物。2月初，派人将获自吐鲁番周围的141箱文物运往喀什。3月25日到达孔雀河畔，往西向喀什方向进发。5月上旬至库车，访问克孜尔千佛洞，认为这里是敦煌莫高窟与巴米羊石窟之间的重要环节。5月31日，返回喀什，在喀什的英国领事馆将第三次中亚考察间所获文物与资料重新集中装箱，共有文物182箱，胶卷、底片等物八大皮箱。7月16日离开喀什，取道俄属帕米尔，10月至萨马尔罕，11月3日到波斯的马什哈德,12 月 1 日至锡斯坦,首次在伊朗土地上发现佛教壁画。(参见斯坦因著、向达译《斯坦因西域考古记》,新疆人民出版社 2010 年版)

俄国奥尔登堡 1 月 26 日返回俄国,劫走一批敦煌写卷、雕塑、壁画、艺术品等。

英国哈同在上海自家花园"爱俪园"中仓圣明智小学、中学,后又成立仓圣明智大学。

三、学术论文

陈独秀《敬告青年》刊于《青年杂志》第 1 卷第 1 号。

按:《敬告青年》原载 1915 年 9 月 15 日《青年杂志》第 1 卷第 1 号,是陈独秀为自己主编的《青年杂志》所写的发刊词。从 1916 年 9 月第 2 卷开始,《青年杂志》改名为《新青年》。本文是陈独秀在《新青年》发表的第一篇文章,表达了他反对封建礼教,追求民主与科学的强烈愿望。他满怀激情地讴歌"青年如初春,如朝日,如百卉之萌动,如利刃之新发于硎,人生最可宝贵之时期也"。他以进化论的观点,论证"青年之于社会,犹如新鲜活泼细胞之在人身。新陈代谢,陈腐朽败者无时不在天然淘汰之途,与新鲜活泼者以空间之位置及时间之生命。……社会遵新陈代谢之道则隆盛,陈腐朽败之分子充塞社会则社会亡"。陈独秀"涕泣陈辞",寄希望于活泼之青年,呼唤青年"自觉其新鲜活泼之价值与责任",号召青年"奋其智能,力排陈腐朽败者以去"。但怎样判断"孰为新鲜活泼而适于今巨之争存,孰为陈腐朽败而不容留置于脑里"呢?陈独秀提出了六项标准。《敬告青年》一文是陈独秀发动新文化运动的宣言书,贯穿于六项标准中的一条红线是科学与民主。科学与民主是检验一切政治、法律、伦理、学术以及社会风俗、人们日常生活一言一行的惟一准绳,凡违反科学与民主的,哪怕是"祖宗之所遗留,圣贤之所垂教,政府之所提倡,社会之所崇尚,皆一文不值也"。这篇文章充分表达了"五四"时期的启蒙主义知识分子改造国民性的思想主张、体现出他们瞩望于青年但又必须改造青年国民性的深刻意识。该文在"五四"运动和中国现代思想文化史上均有重要的影响。全文如下:

窃以少年老成,中国称人之语也;年长而勿衰(Keep young while growing old)英美人相勖之辞也。此亦东西民族涉想不同现象趋异之一端欤?青年如初春,如朝日,如百卉之萌动,如利刃之新发于硎,人生最可宝贵之时期也。青年之于社会,犹新鲜活泼细胞之在人身。新陈代谢,陈腐朽败者无时不在天然淘汰之途,与新鲜活泼者以空间之位置及时间之生命。人身遵新陈代谢之道则健康,陈腐朽败之细胞充塞人身则人身死;社会遵新陈代谢之道则隆盛,陈腐朽败之分子充塞社会则社会亡。

准斯以谈,吾国之社会,其隆盛耶?抑将亡耶?非予之所忍言者。彼陈腐朽败之分子,一听其天然之淘汰,雅不愿以如流之岁月,与之说短道长,希冀其脱胎换骨也。予所欲涕泣陈词者,惟属望于新鲜活泼之青年,有以自觉而奋斗耳!

自觉者何?自觉其新鲜活泼之价值与责任,而自视不可卑也。奋斗者何?奋其智能,力排陈腐朽败者以去,视之若仇敌,若洪水猛兽,而不可与为邻,而不为其菌毒所传染也。

呜呼!吾国之青年,其果能语于此乎!吾见夫青年其年龄,而老年其身体者十之五焉;青年其年龄或身体,而老年其脑神经者十之九焉。华其发,泽其容,直其腰,广其膈,非不俨然青年也,及叩其头脑中所涉想,所怀抱,无一不与彼陈腐朽败者为一丘之貉,其始也未尝不新鲜活泼,浸假而为陈腐朽败分子所同化者,有之,浸假而畏陈腐朽败分子势力之庞大,瞻顾依回,不敢明目张胆作顽狠之抗斗者,有之。充塞社会之空气,无往而非陈腐朽败焉,求些少之新鲜活泼者,以慰吾人窒息之绝望,亦杳不可得。

循斯现象,于人身则必死,于社会则必亡。欲救此病,非太息咨嗟之所能济,是在一二敏于自觉、勇于奋斗之青年,发挥人间固有之智能,抉择人间种种之思想,——孰为新鲜活泼而适于今世之争存,孰为陈腐朽败而不容留置于脑里,——利刃断铁,快刀理麻,决不作牵就依违之想,自度度人,社会庶几其有清宁之日也。青年乎！其有以此自任者乎？若夫明其是非，以供抉择，谨陈六义，幸平心察之。

（一）自主的而非奴隶的

等一人也，各有自主之权，绝无奴隶他人之权利，亦绝无以奴自处之义务。奴隶云者，古之昏弱对于强暴之横夺，而失其自由权利者之称也。自人权平等之说兴，奴隶之名，非血气所忍受。世称近世欧洲历史为"解放历史"——破坏君权，求政治之解放也；否认教权，求宗教之解放也；均产说兴，求经济之解放也；女子参政运动，求男权之解放也。

解放云者，脱离夫奴隶之羁绊，以完其自主自由之人格之谓也。我有手足，自谋温饱；我有口舌，自陈好恶；我有心思，自崇所信；绝不认他人之越俎，亦不应主我而奴他人；盖自认为独立自主之人格以上，一切操行，一切权利，一切信仰，唯有听命各自固有之智能，断无盲从隶属他人之理。非然者，忠孝节义，奴隶之道德也（德国大哲尼采[Nietzsche]分道德为二类：有独立心而勇敢者曰贵族道德[Morality of Noble]，谦逊而服从者曰奴隶道德[Morality of Slave]）；轻刑薄赋，奴隶之幸福也；称颂功德，奴隶之文章也；拜爵赐第，奴隶之光荣也；丰碑高墓，奴隶之纪念物也；以其是非荣辱，听命他人，不以自身为本位，则个人独立平等之人格，消灭无存，其一切善恶行为，势不能诉之自身意志而课以功过；谓之奴隶，谁曰不宜？立德立功，首当辨此。

（二）进步的而非保守的

人生如逆水行舟，不进则退，中国之恒言也。自宇宙之根本大法言之，森罗万象，无日不在演进之途，万无保守现状之理；特以俗见拘牵，谓有二境，此法兰西当代大哲柏格森（H. Borgson）之"创造进化论"（L'Evolution Creatrice）所以风靡一世也。以人事之进化言之，笃古不变之族，日就衰亡；日新求进之民，方兴未已；存亡之数，可以逆睹。矧在吾国，大梦未觉，固步自封，精之政教文章，粗之布帛水火，无一不相形丑拙，而可与当世争衡？

举凡残民害理之妖言，率能征之故训，而不可谓诬，谬种流传，岂自今始！固有之伦理、法律、学术、礼俗，无一非封建制度之遗，持较皙种之所为，以并世之人，而思想差迟，几及千载；尊重廿四朝之历史性，而不作改进之图，则驱吾民于二十世纪之世界以外，纳之奴隶牛马黑暗沟中而已，复何说哉！于此而言保守，诚不知何项制度文物，可以适用生存于今世。吾宁忍过去国粹之消亡，而不忍现在及将来之民族，不适世界之生存而归削灭也。

呜呼！巴比伦人往矣，其文明尚有何等之效用耶？"皮之不存，毛将焉傅？"世界进化，骎骎未有已焉。其不能善变而与之俱进者，将见其不适环境之争存，而退归天然淘汰已耳，保守云乎哉！

（三）进取的而非退隐的

当此恶流奔进之时，得一二自好之士，洁身引退，岂非希世懿德。然欲以化民成俗，请于百尺竿头，再进一步。夫生存竞争，势所不免，一息尚存，即无守退安隐之余地。排万难而前行，乃人生之天职。以善意解之，退隐为高人出世之行；以恶意解之，退隐为弱者不适竞争之现象。欧俗以横厉无前为上德，亚洲以闲逸恬淡为美风，东西民族强弱之原因，斯其一矣。此退隐主义之根本缺点也。

若夫吾国之俗，习为委靡，苟取利禄者，不在论列之数；自好之士，希声隐沦，食粟衣帛，无益于世，世以雅人名士目之，实与游惰无择也。人心秽浊，不以此辈而有所补救，而国民抗往之风，植产之习，于焉以斩。人之生也，应战胜恶社会，而不可为恶社会所征服；应超出恶社会，进冒险苦斗之兵，而不可逃遁恶社会，作退避安闲之想。呜呼！欧罗巴铁骑，入汝室矣，将高卧白云何处也？吾愿青年之为孔、墨，而不愿其为巢、由；吾愿青年之为托尔斯泰与达噶尔（R. Tagore，印度隐遁诗人），不若其为哥伦布与安重根。

（四）世界的而非锁国的

并吾国而存立于大地者，大小凡四十余国，强半与吾有通商往来之谊。加之海陆交通，朝夕千里，古之所谓绝国，今视之若在户庭。举凡一国之经济政治状态有所变更，其影响率被于世界，不啻牵一发而动全身也。立国于今之世，其兴废存亡，视其国之内政者半，影响于国外者恒亦半焉。以吾国近事证之：日本勃兴，以促吾革命维新之局；欧洲战起，日本乃有对我之要求；此非其彰彰者耶？投一国于世界潮流之中，笃旧者固速其危亡，善变者反因以竞进。

吾国自通海以来,自悲观者言之,失地偿金,国力索矣;自乐观者言之,倘无甲午庚子两次之福音,至今犹在八股垂发时代.居今日而言锁国闭关之策,匪独力所不能,亦且势所不利。万邦并立,动辄相关,无论其国若何富强,亦不能漠视外情,自为风气。各国之制度文物,形式虽不必尽同,但不思驱其国于危亡者,其遵循共同原则之精神,渐趋一致,潮流所及,莫之能违。于此而执特别历史国情之说,以冀抗此潮流,是犹有锁国之精神,而无世界之智识。国民而无世界知识,其国将何以图存于世界之中? 语云:"闭户造车,出门未必合辙。"今之造车者,不但闭户,且欲以《周礼·考工》之制,行之欧美康庄,其患将不止不合辙已也!

(五) 实利的而非虚文的

自约翰·弥尔(J. S. Mill)"实利主义"唱道于英,孔特(Comte)之"实验哲学"唱道于法,欧洲社会之制度,人心之思想,为之一变。最近德意志科学大兴,物质文明,造乎其极,制度人心,为之再变。举凡政治之所营,教育之所期,文学技术之所风尚,万马奔驰,无不齐集于厚生利用之一途。一切虚文空想之无裨于现实生活者,吐弃殆尽。当代大哲,若德意志之倭根(R. Eueken),若法兰西之柏格森,虽不以现时物质文明为美备,咸揭橥生活(英文曰 Life,德文曰 Leben,法文曰 La vie)问题,为立言之的。生活神圣,正以此次战争,血染其鲜明之旗帜。欧人空想虚文之梦,势将觉悟无遗。

夫利用厚生,崇实际而薄虚玄,本吾国初民之俗;而今日之社会制度,人心思想,悉自周、汉两代而来,——周礼崇尚虚文,汉则罢黜百家而尊儒重道。——名教之所昭垂,人心之所祈向,无一不与社会现实生活背道而驰。倘不改弦而更张之,则国力莫由昭苏,社会永无宁日。祀天神而拯水旱,诵《孝经》以退黄巾,人非童昏,知其妄也。物之不切于实用者,虽金玉圭璋,不如布粟粪土。若事之无利于个人或社会现实生活者,皆虚文也,诳人之事也。诳人之事,虽祖宗之所遗留,圣贤之所垂教,政府之所提倡,社会之所崇尚,皆一文不值也!

(六) 科学的而非想象的

科学者何? 吾人对于事物之概念,综合客观之现象,诉之主观之理性,而不矛盾之谓也。想象者何? 既超脱客观之现象,复抛弃主观之理性,凭空构造,有假定而无实证,不可以人间已有之智灵,明其理由,道其法则者也。在昔蒙昧之世,当今浅化之民,有想象而无科学。宗教美文,皆想象时代之产物。近代欧汾之所以优越他族者,科学之兴,其功不在人权说下,若舟车之有两轮焉。今且日新月异,举凡一事之兴,一物之细,罔不诉之科学法则,以定其得失从违;其效将使人间之思想云为,一遵理性而迷信斩焉,而无知妄作之风息焉。

国人而欲脱蒙昧时代,羞为浅化之民也,则急起直追,当以科学与人权并重。士不知科学,故袭阴阳家符瑞五行之说,惑世诬民,地气风水之谈,乞灵枯骨。农不知科学,故无择种去虫之术。工不知科学,故货弃于地,战斗生事之所需,一一仰给于异国。商不知科学,故惟识罔取近利,未来之胜算,无容心焉。医不知科学,既不解人身之构造,复不事药性之分析,苗毒传染,更无闻焉;惟知附会五行生克寒热阴阳之说,袭古方以投药饵,其术殆与矢人同科;其想象之最神奇者,莫如"气"之一说,其说且通于力士羽流之术;试遍索宇宙间,诚不知此"气"之果为何物也!

凡此无常识之思,惟无理由之信仰,欲根治之,厥为科学。夫以科学说明真理,事事求诸证实,较之想象武断之所为,其步度诚缓,然其步步皆踏实地,不若幻想突飞者之终无寸进也。宇宙间之事理无穷,科学领土内之膏腴待辟者,正自广阔。青年勉乎哉!

陈独秀《法兰西人与近代文明》刊于《青年杂志》第1卷第1号。

高一涵《共和国家与青年之自觉》刊于《青年杂志》第1卷第1号。

汪叔潜《新旧问题》刊于《青年杂志》第1卷第1号。

陈独秀《妇人观》刊于《青年杂志》第1卷第1号。

陈独秀《现代文明史》刊于《青年杂志》第1卷第1号。

[美]马克威博士、斯密士学士著,中国一青年译《青年论(英汉对译)》刊于《青年杂志》

第1卷第1号。

陈独秀《今日之教育方针》刊于《青年杂志》第1卷第2号。

按：是文认为："吾人所需于教育者，亦去其不适以求其适而已。盖教育之道无他，乃以发展人间身心之所长而去其短，长与短即适与不适也。以吾昏惰积弱之民，谋教育之方针，计惟去短择长，弃不适以求其适；易词言之，即补偏救弊，以求适世界之生存而已。外览列强之大势，内鉴国势之要求，今日教学相期者，第一当了解人生之真相，第二当了解国家之意义，第三当了解个人与社会经济之关系，第四当了解未来责任之艰巨。准此以定今日教育之方针，教于斯，学于斯。"按照这一确定"今日教育方针"之思路，陈独秀先生将"今日之教育方针"概括为以下四点："一是现实主义，二是惟民主义，三是职业主义，四是兽性主义。"

李亦民《人生唯一之目的》刊于《青年杂志》第1卷第2号。

易白沙《述墨》刊于《青年杂志》第1卷第2号。

高一涵《近世国家观念与古相异之概略》刊于《青年杂志》第1卷第2号。

陈独秀《抵抗力》刊于《青年杂志》第1卷第3号。

高一涵《民约与邦本》刊于《青年杂志》第1卷第3号。

陈独秀《现代欧洲文艺史谈》刊于《青年杂志》第1卷第3号。

谢鸿《德国青年团》刊于《青年杂志》第1卷第3号。

陈独秀《欧洲七女杰》刊于《青年杂志》第1卷第3号。

［英］赫胥黎著，刘叔雅译《近世思想中之科学精神》刊于《青年杂志》第1卷第3号。

陈独秀《东西民族根本思想之差异》刊于《青年杂志》第1卷第4号。

按：在是文中，陈独秀将"东西民族根本思想之差异"归纳为：（一）西洋民族以战争为本位，东洋民族以安息为本位；（二）西洋民族以个体为本位，东洋民族以家庭为本位；（三）西洋民族以法治为本位，以实利为本位；东洋民族以感情为本位，以虚文为本位。有学者认为陈独秀撰写的中西文化比较研究的专论——《东西民族根本思想之差异》所采用的理论坐标依然是严复以来的历史进化论，而且依然保持了先前启蒙思想家立于时代精神的扬西抑中的倾向。所不同的是，这里的中西文化比较研究已经上升到一种更高程度的理性抽象—民族文化根本精神的抽象：比起严复的散见于若干著述的中西文化比较的言论来，它显得集中而系统，而且说明着它的作者在同一问题上达到了更加自觉的程度；比起梁启超的中西学术思想、国家观念诸方面的比较来，它赋有总体的意义，这意义中包含更高的立足点和更宏阔的视野（黄克剑《陈独秀和他的〈东西民族根本思想之差异〉》，载《读书》1986年第3期）。

高一涵《国家非人生之归宿论》刊于《青年杂志》第1卷第4号。

高一涵《读梁任公革命相续之原理论》刊于《青年杂志》第1卷第4号。

李亦民《安全论》刊于《青年杂志》第1卷第4号。

刘叔雅《叔本华自我意志说》刊于《青年杂志》第1卷第4号。

陶保霖《法制变化论》刊于《法政杂志》第5卷第1号。

A. Pearce Higgins 著，作霖译《论战时之海法》刊于《法政杂志》第5卷第1号。

［日］井浦仙太郎著，姚成瀚译《财与财产权》刊于《法政杂志》第5卷第1号。

吴乃琛《领事裁判权缘始考》刊于《法政杂志》第5卷第1号。

［日］高柳贤三著，王倬译《英国法之收贿罪（续第四卷第一号）》刊于《法政杂志》第5卷第1号。

［英］惠勒氏（J. F. Wheeler）著，王官彦译述《证券交易所通论（未完）》刊于《法政杂志》第5卷第1号。

希斋《正当防卫过当之程度》刊于《法政杂志》第5卷第1号。

姚成瀚《论修正印花税法》刊于《法政杂志》第5卷第2号。

甘作霖译《论法律教育》刊于《法政杂志》第5卷第2号。

［日］美浓部达吉著，王倬译《最近十年间欧洲列国选举法之改正》刊于《法政杂志》第5卷第2号。

［英］惠勒氏著，王官彦译《证券交易所通论(续)》刊于《法政杂志》第5卷第2号。

希斋《对于不法行为预约之罚款与违约金》刊于《法政杂志》第5卷第2号。

陶保霖《理财十弊》刊于《法政杂志》第5卷第3号。

［日］小川乡太郎著，姚成瀚译《意大利最近财政小史》刊于《法政杂志》第5卷第3号。

何博《刑法上责任能力之观念及新刑律规定之批评》刊于《法政杂志》第5卷第3号。

［英］惠勒氏著，王官彦译《证券交易所通论(续完)》刊于《法政杂志》第5卷第3号。

云云《离婚之相当赔偿》刊于《法政杂志》第5卷第3号。

陈承泽《妾制之研究》刊于《法政杂志》第5卷第4号。

［日］田中穗积著，刘崎一译《二十世纪财政十五年史》刊于《法政杂志》第5卷第4号。

约翰郏资培著，甘作霖译《论日本刑事诉讼法之沿革》刊于《法政杂志》第5卷第4号。

［美］费斯克著，廖应铎译述《国际商业政策(未完)》刊于《法政杂志》第5卷第4号。

陈承泽《胁迫罪之意义》刊于《法政杂志》第5卷第4号。

陈承泽《裁判官之立法》刊于《法政杂志》第5卷第4号。

陈承泽《法之认识》刊于《法政杂志》第5卷第5号。

刘君素《易笞条例之评论》刊于《法政杂志》第5卷第5号。

［日］牧野英著，铸夫译《最近十五年间刑法学说之变迁》刊于《法政杂志》第5卷第5号。

［日］石坂音四郎著，铸夫译《最近十五年间民法学说之变迁》刊于《法政杂志》第5卷第5号。

［美］费斯克著，廖应铎译述《国际商业政策(续)》刊于《法政杂志》第5卷第5号。

陈承泽《习惯之适用》刊于《法政杂志》第5卷第5号。

陈承泽《中华民国之新发明》刊于《法政杂志》第5卷第6号。

［德］意林著，无悲译《权利争斗论》刊于《法政杂志》第5卷第6号。

［美］费斯克著，廖应铎译述《国际商业政策(续)》刊于《法政杂志》第5卷第6号。

陈承泽《婚姻之要件》刊于《法政杂志》第5卷第6号。

［法］勒旁著，陈承泽译《群众心理学》刊于《法政杂志》第5卷第7号。

甘作霖译《流通证券之起源》刊于《法政杂志》第5卷第7号。

甘作霖译《论日本诉讼法之缺点》刊于《法政杂志》第5卷第7号。

［美］佑尼干著，甘作霖译《论上海租界及会审公堂》刊于《法政杂志》第5卷第7号。

晏才杰《评论中外人士整理田赋之意见》刊于《法政杂志》第5卷第7号。

陶保霖《中华民国宪法之沿革》刊于《法政杂志》第5卷第8号。

［日］中岛玉吉著，姚成瀚译《论婚姻之豫约》刊于《法政杂志》第5卷第8号。

［日］小岛爱三郎著，铸夫译《战胜与新法律》刊于《法政杂志》第5卷第8号。

［德］待尔葡利由克著，［日］后藤新平译，姚成瀚重译《政治与民意(未完)》刊于《法政杂

志》第 5 卷第 8 号。

天顽《保险者对于加害人之求偿权》刊于《法政杂志》第 5 卷第 8 号。

钱景贤《辨别政治良恶之标准》刊于《法政杂志》第 5 卷第 9 号。

［日］稻田周之助著,陈承泽译《国民意思及民意代表》刊于《法政杂志》第 5 卷第 9 号。

［日］小野冢喜平次著,陈承泽译《英国联合内阁之政治的观察》刊于《法政杂志》第 5 卷第 9 号。

铸夫译《英国法庭之奇习惯》刊于《法政杂志》第 5 卷第 9 号。

铸夫译《美国之风纪裁判所》刊于《法政杂志》第 5 卷第 9 号。

铸夫译《英国法界名人之逝世》刊于《法政杂志》第 5 卷第 9 号。

铸夫译《欧洲都市之警察》刊于《法政杂志》第 5 卷第 9 号。

［德］待尔葡利由克著,［日］后藤新平译,姚成瀚重译《政治与民意(续)》刊于《法政杂志》第 5 卷第 9 号。

晏才杰《评论中外人士整理田赋之意见(续第五卷第七号完)》刊于《法政杂志》第 5 卷第 9 号。

钱景贤《比较司法制度论》刊于《法政杂志》第 5 卷第 10 号。

甘永龙译《论刑事犯之意思与目的》刊于《法政杂志》第 5 卷第 10 号。

［美］霍伯斯金著,甘作霖译《美国法庭中之女子事业》刊于《法政杂志》第 5 卷第 10 号。

［日］福田山寿著,刘君素译《累进狱制论》刊于《法政杂志》第 5 卷第 10 号。

［德］待尔葡利由克著,［日］后藤新平译,姚成瀚重译《政治与民意(续)》刊于《法政杂志》第 5 卷第 10 号。

天顽《刑之加重减轻》刊于《法政杂志》第 5 卷第 10 号。

陈承泽《刑法新派之共犯论》刊于《法政杂志》第 5 卷第 11 号。

陈其权《民事诉讼简易程序法草案编纂主旨》刊于《法政杂志》第 5 卷第 11 号。

［德］待尔葡利由克著,［日］后藤新平译,姚成瀚重译《政治与民意(续完)》刊于《法政杂志》第 5 卷第 11 号。

李文权《善夫整饬国货以利民生说》刊于《中国实业杂志》第 6 年第 1 期。

李文权《论国际贸易之根本在国民外交》刊于《中国实业杂志》第 6 年第 1 期。

李文权《中国人之心理尚不注重实业乎》刊于《中国实业杂志》第 6 年第 1 期。

［美］李佳文《开放门户与一国独占说》刊于《中国实业杂志》第 6 年第 1 期。

顾琅《论东三省矿产丰富亟宜设法开采以保权利》刊于《中国实业杂志》第 6 年第 1 期。

顾琅《最近最新中国开滦矿务总局调查记》刊于《中国实业杂志》第 6 年第 1 期。

李文权《论货币与欧战之关系》刊于《中国实业杂志》第 6 年第 2 期。

李文权《日本农商务省之通饬感言》刊于《中国实业杂志》第 6 年第 2 期。

文劝《再论国际贸易之根本在国民外交》刊于《中国实业杂志》第 6 年第 2 期。

林兵爪《华侨之能力》刊于《中国实业杂志》第 6 年第 2 期。

李文权《各国金银币种类分量一览》刊于《中国实业杂志》第 6 年第 2 期。

权《日本去年之海外贸易》刊于《中国实业杂志》第 6 年第 2 期。

李文权《述美孚煤油公司而感言》刊于《中国实业杂志》第 6 年第 3 期。

李文权《山东人与广东人之性质》刊于《中国实业杂志》第 6 年第 3 期。

李文权《安置游民与奖励国货之关系》刊于《中国实业杂志》第 6 年第 3 期。

［日］藤山雷太《论日本糖业与中国之关系》刊于《中国实业杂志》第 6 年第 3 期。

李文权《中国煤油调查记》刊于《中国实业杂志》第 6 年第 3 期。

宓铁铮《日本石油调查记》刊于《中国实业杂志》第 6 年第 3 期。

梁焕涛《糖业改良论》刊于《中国实业杂志》第 6 年第 3 期。

李文权《论抵制与提倡之区别》刊于《中国实业杂志》第 6 年第 4 期。

李文权《倡模范小工场意见书》刊于《中国实业杂志》第 6 年第 4 期。

李文权《余之观巴拿马赛会之希望》刊于《中国实业杂志》第 6 年第 4 期。

［日］三岛《去年日本全年之金融》刊于《中国实业杂志》第 6 年第 4 期。

李文权《论陈列商品之不易》刊于《中国实业杂志》第 6 年第 5 期。

李文权《整饬国货当以日本为师说》刊于《中国实业杂志》第 6 年第 5 期。

李文权《三论国际贸易之根本在国民外交》刊于《中国实业杂志》第 6 年第 5 期。

［日］西村政之助《设立商品研究所议》刊于《中国实业杂志》第 6 年第 5 期。

李文权《日本广岛县共进会出品调查》刊于《中国实业杂志》第 6 年第 5 期。

李文权《中国提倡国货利在日本说》刊于《中国实业杂志》第 6 年第 6 期。

李文权《四论国际贸易之根本在国民外交》刊于《中国实业杂志》第 6 年第 6 期。

［日］鹤见左吉雄《中日贸易策》刊于《中国实业杂志》第 6 年第 6 期。

宓铁铮《日本之景德镇瓷器观》刊于《中国实业杂志》第 6 年第 6 期。

李文权《壮哉太平洋》刊于《中国实业杂志》第 6 年第 7—8 期。

张謇《对于救国储金之感言》刊于《中国实业杂志》第 6 年第 7—8 期。

［日］末广《日支国交观》刊于《中国实业杂志》第 6 年第 7—8 期。

李文权《读六月十四日大总统申令书后》刊于《中国实业杂志》第 6 年第 9—10 期。

张振勋《中美商业联合会之不容或缓》刊于《中国实业杂志》第 6 年第 9—10 期。

周长喜《说巴拿马运河之关系》刊于《中国实业杂志》第 6 年第 9—10 期。

李文权《何哉所谓华侨生计者》刊于《中国实业杂志》第 6 年第 11 期。

范永增《参观巴拿马博览会记》刊于《中国实业杂志》第 6 年第 11 期。

静观《所望夫中国邮船公司者》刊于《中国实业杂志》第 6 年第 12 期。

李文权《能吸全世界之文明者其中国人乎》刊于《中国实业杂志》第 6 年第 12 期。

皕诲《法律与权威》刊于《进步杂志》第 7 卷第 3 号。

秋水《世界联盟和平会之提倡（译美国独立报）》刊于《进步杂志》第 7 卷第 3 号。

佩我《德皇威廉第二之雄心》刊于《进步杂志》第 7 卷第 3 号。

冰心《英国外交人才选择法之研究》刊于《进步杂志》第 7 卷第 3 号。

［美］喀生著，缉熙述略《钢铁事业发达小史（续）》刊于《进步杂志》第 7 卷第 3 号。

缉熙《战争声中希望和平之言论》刊于《进步杂志》第 7 卷第 4 号。

佩我《法兰西今总统制生平》刊于《进步杂志》第 7 卷第 4 号。

秋水《非战争国工商业之机会》刊于《进步杂志》第 7 卷第 4 号。

佩我《俄国苦学生之惨淡生活纪》刊于《进步杂志》第 7 卷第 4 号。

冰心《美国宾州改良人种法规之讨论》刊于《进步杂志》第 7 卷第 4 号。

冰心《英美最近流行之小说观》刊于《进步杂志》第 7 卷第 4 号。

皕诲《东方家族主义与个人主义之革代》刊于《进步杂志》第7卷第5号。

秋水《罗斯福世界和平之主张》刊于《进步杂志》第7卷第5号。

[日]米田庄太郎著,江白痕译《大战乱与人口问题》刊于《进步杂志》第7卷第5号。

和士《婴儿及少壮时代心灵上之变化》刊于《进步杂志》第7卷第5号。

大可《儿童体育问题之研究》刊于《进步杂志》第7卷第5号。

大可《美国最近提倡之废物利用会与其说明》刊于《进步杂志》第7卷第5号。

[美]杰莱生(C. E. Jefferson)著,佩我译《欧战探源论》刊于《进步杂志》第7卷第6号。

凌道扬《林业与民生之关系》刊于《进步杂志》第7卷第6号。

大可《最近人类学遗传性之研究》刊于《进步杂志》第7卷第6号。

大可《幼童及成人分等之量智法》刊于《进步杂志》第7卷第6号。

佩我《战争声中和平谭》刊于《进步杂志》第8卷第1号。

公明《农乡小学适用之自动的教育法》刊于《进步杂志》第8卷第1号。

和士《现世界思想艺术之一览(未完)》刊于《进步杂志》第8卷第1号。

赤城《世界和平之大议案》刊于《进步杂志》第8卷第2号。

和士《文明释义》刊于《进步杂志》第8卷第2号。

冰心《西暹罗富源考》刊于《进步杂志》第8卷第2号。

[美]波临登著,秋水译《职业上之胜利术》刊于《进步杂志》第8卷第2号。

大可《促进二十世纪文化之大发明家爱迪生》刊于《进步杂志》第8卷第2号。

和士《现世界思想艺术之一览(续完)》刊于《进步杂志》第8卷第2号。

伍廷芳《远东运动会考略》刊于《进步杂志》第8卷第3号。

柯克乐《远东运动会于中国前途之关系》刊于《进步杂志》第8卷第3号。

钟文耀《论童子侦探对》刊于《进步杂志》第8卷第3号。

王正廷《观第二次远东运动会之感言》刊于《进步杂志》第8卷第3号。

皕诲《国语统一之希望》刊于《进步杂志》第8卷第4号。

[美]柏雷司(H. Price)著,秋水译《战争中之经济观》刊于《进步杂志》第8卷第4号。

大可《日耳曼民族德意志帝国之发展谭(译美国地理学会报)(未完)》刊于《进步杂志》第8卷第4号。

秋水《人生胜利术之途径》刊于《进步杂志》第8卷第4号。

静斋《贫穷与救济术》刊于《进步杂志》第8卷第4号。

和士《世界产金之近况》刊于《进步杂志》第8卷第4号。

皕诲《二千年前之战国与今日之欧洲》刊于《进步杂志》第8卷第5号。

公明《世界大战局延长之推测》刊于《进步杂志》第8卷第5号。

大可《大战争导线塞尔维亚之考察》刊于《进步杂志》第8卷第5号。

大可《日耳曼民族德意志帝国之发展谭(续完)》刊于《进步杂志》第8卷第5号。

达观《病与疫之来源及其预防法》刊于《进步杂志》第8卷第5号。

[美]Herbert E. Walter 著,佩我译《人种改良问题之大呼声》刊于《进步杂志》第8卷第5号。

[美]希尔夫著,公明译《欧战问题之解决谭》刊于《进步杂志》第8卷第6号。

公明《巴拿马博览会之概况》刊于《进步杂志》第8卷第6号。

任夫《潜水艇之创造者哈伦德事略（未完）》刊于《进步杂志》第 8 卷第 6 号。

大可《电光影戏与儿童关系之商榷》刊于《进步杂志》第 8 卷第 6 号。

大可《美国园林之害虫及其防制法》刊于《进步杂志》第 8 卷第 6 号。

冰心《金刚石史》刊于《进步杂志》第 8 卷第 6 号。

皕诲《道德与权威之消长谭》刊于《进步杂志》第 9 卷第 1 号。

公明《理论与事实》刊于《进步杂志》第 9 卷第 1 号。

任夫《欧战一年内人事上之影响》刊于《进步杂志》第 9 卷第 1 号。

佩我《学校造就人才之大要》刊于《进步杂志》第 9 卷第 1 号。

冰心《新文明之妇女位置》刊于《进步杂志》第 9 卷第 1 号。

任夫《潜水艇之创造者哈伦德事略（续）》刊于《进步杂志》第 9 卷第 1 号。

佩我《青年交友之方针（未完）》刊于《进步杂志》第 9 卷第 1 号。

任夫译意《唤醒中国卫生上之觉魂（伍连德博士在博医会演说词）》刊于《进步杂志》第 9 卷第 2 号。

［美］斯洛生（Edevin E. Slosson）著，佩我译《日耳曼商战精神》刊于《进步杂志》第 9 卷第 2 号。

大可《慈善实业根本论》刊于《进步杂志》第 9 卷第 2 号。

佩我《欧洲城市之发展谭》刊于《进步杂志》第 9 卷第 2 号。

佩我《青年交友之方针（续完）》刊于《进步杂志》第 9 卷第 2 号。

伧父《社会协力主义》刊于《东方杂志》第 12 卷第 1 号。

郭炳文《中国现今教育问题之一》刊于《东方杂志》第 12 卷第 1 号。

许家庆《欧洲战乱小史》刊于《东方杂志》第 12 卷第 1 号。

钱智修《大战争中之非战论》刊于《东方杂志》第 12 卷第 1 号。

章锡琛《论统治殖民地之两大主义》刊于《东方杂志》第 12 卷第 1 号。

钱智修《伍廷芳君之中西文化观》刊于《东方杂志》第 12 卷第 1 号。

徐大纯《述美学》刊于《东方杂志》第 12 卷第 1 号。

庄启《电业之历史及其作用》刊于《东方杂志》第 12 卷第 1 号。

夏元瑮《欧洲战祸之原因》刊于《东方杂志》第 12 卷第 2 号。

伍连德《论中国当筹防病之方实行卫生之法》刊于《东方杂志》第 12 卷第 2 号。

高劳《自治之商榷》刊于《东方杂志》第 12 卷第 2 号。

章锡琛《德意志之将来》刊于《东方杂志》第 12 卷第 2 号。

钱智修《意大利与三国同盟》刊于《东方杂志》第 12 卷第 2 号。

章锡琛《欧洲之思想战争》刊于《东方杂志》第 12 卷第 2 号。

钱智修《新侦探学之原则与应用》刊于《东方杂志》第 12 卷第 2 号。

章锡琛《战争绝灭论》刊于《东方杂志》第 12 卷第 2 号。

伧父《论思想战》刊于《东方杂志》第 12 卷第 3 号。

俞凤宾《论公众卫生之必要及其范围》刊于《东方杂志》第 12 卷第 3 号。

达权《德国与孟禄主义》刊于《东方杂志》第 12 卷第 3 号。

章锡琛《大日耳曼主义与大斯拉夫主义》刊于《东方杂志》第 12 卷第 3 号。

钱智修《德国战时财政论》刊于《东方杂志》第 12 卷第 3 号。

许家庆《大隈伯之回转时代论》刊于《东方杂志》第 12 卷第 3 号。

彭金夷《二十世纪之三大问题》刊于《东方杂志》第 12 卷第 3 号。

章锡琛《社会党对于大战争之运动》刊于《东方杂志》第 12 卷第 3 号。

许家庆《美国之总选举》刊于《东方杂志》第 12 卷第 3 号。

伧父《国家自卫论》刊于《东方杂志》第 12 卷第 4 号。

丁榕《上海公共租界之治外法权及会审廨》刊于《东方杂志》第 12 卷第 4 号。

甘作霖《土耳其加入战局之原因》刊于《东方杂志》第 12 卷第 4 号。

章锡琛《国际关系之人种问题》刊于《东方杂志》第 12 卷第 4 号。

章锡琛《辟战争哲学》刊于《东方杂志》第 12 卷第 4 号。

陆尔奎《辞源说略》刊于《东方杂志》第 12 卷第 4 号。

伧父《战争与文学》刊于《东方杂志》第 12 卷第 5 号。

胡祖同《答客问实业》刊于《东方杂志》第 12 卷第 5 号。

梁宗鼎《余之矿政观》刊于《东方杂志》第 12 卷第 5 号。

章锡琛《欧战大战与中立各国之态度》刊于《东方杂志》第 12 卷第 5 号。

徐墀《欧战与中立国财政之关系》刊于《东方杂志》第 12 卷第 5 号。

章锡琛《列强之对华政策》刊于《东方杂志》第 12 卷第 5 号。

许家庆《欧战平和之预言》刊于《东方杂志》第 12 卷第 5 号。

高劳《德国般哈提将军主战论之概略》刊于《东方杂志》第 12 卷第 5 号。

阙名《新修清史宜增图学一门议》刊于《东方杂志》第 12 卷第 5 号。

伧父《国民对外方法之考案》刊于《东方杂志》第 12 卷第 6 号。

章锡琛《日本之军国主义》刊于《东方杂志》第 12 卷第 6 号。

甘作霖《旅顺青岛两役与德国远东势力之关系》刊于《东方杂志》第 12 卷第 6 号。

黄炎培《可惊哉日本在华之贸易》刊于《东方杂志》第 12 卷第 6 号。

许家庆《意大利加入战局之推测》刊于《东方杂志》第 12 卷第 6 号。

章锡琛《德意志教育之特色》刊于《东方杂志》第 12 卷第 6 号。

陈陳《欧洲战时之经济及财政》刊于《东方杂志》第 12 卷第 6 号。

许家庆《英国战时社会政策》刊于《东方杂志》第 12 卷第 6 号。

高劳《日人开发中国富源论》刊于《东方杂志》第 12 卷第 6 号。

章锡琛《世界目前之两大滑稽》刊于《东方杂志》第 12 卷第 6 号。

许家庆《对于欧战终局之观念》刊于《东方杂志》第 12 卷第 6 号。

高劳《消极之兴业谈》刊于《东方杂志》第 12 卷第 7 号。

陈启天《治外法权与领事裁判权辨》刊于《东方杂志》第 12 卷第 7 号。

伧父《命运说》刊于《东方杂志》第 12 卷第 7 号。

甘作霖《意大利宣战之原因》刊于《东方杂志》第 12 卷第 7 号。

述曾《古代中西交通考》刊于《东方杂志》第 12 卷第 7 号。

蔡钟瀛《太阳历与太阴历》刊于《东方杂志》第 12 卷第 7 号。

章锡琛《大战后欧洲合众国组织问题》刊于《东方杂志》第 12 卷第 7 号。

张文生《战后之欧罗巴》刊于《东方杂志》第 12 卷第 7 号。

许家庆《英俄两国报纸之论战》刊于《东方杂志》第 12 卷第 7 号。

许家庆《日人之对华贸易发展策》刊于《东方杂志》第 12 卷第 7 号。

高劳《日人对于中日交涉解决后之言论》刊于《东方杂志》第 12 卷第 7 号。

如如《太平洋英属之海军政策》刊于《东方杂志》第 12 卷第 7 号。

伧父《读色纳嘉幸福论书后》刊于《东方杂志》第 12 卷第 8 号。

甘作霖《论欧战原因中之中国问题》刊于《东方杂志》第 12 卷第 8 号。

王毓祥《中国之将来》刊于《东方杂志》第 12 卷第 8 号。

甘作霖《西藏之女权》刊于《东方杂志》第 12 卷第 8 号。

章锡琛《各国之红十字事业》刊于《东方杂志》第 12 卷第 8 号。

许家庆《战争与劳动家》刊于《东方杂志》第 12 卷第 8 号。

甘作霖《君士坦丁堡与美洲及东亚之历史关系》刊于《东方杂志》第 12 卷第 8 号。

张文生《欧战中之民食问题》刊于《东方杂志》第 12 卷第 8 号。

杜其均《英国慈善家救济比国难民之概略》刊于《东方杂志》第 12 卷第 8 号。

章锡琛《科学与道德》刊于《东方杂志》第 12 卷第 8 号。

胡愿深《论美国之海军》刊于《东方杂志》第 12 卷第 9 号。

胡学愚《俄国现势论》刊于《东方杂志》第 12 卷第 9 号。

许家庆《日人评论中国抵制外货事》刊于《东方杂志》第 12 卷第 9 号。

高劳《吾人今后之自觉》刊于《东方杂志》第 12 卷第 10 号。

上之《论战后之俄罗斯上》刊于《东方杂志》第 12 卷第 10 号。

许家庆《军国主义之将来》刊于《东方杂志》第 12 卷第 10 号。

蒋保和《德国之战地邮递制度》刊于《东方杂志》第 12 卷第 10 号。

许家庆《巴尔干与欧洲战争》刊于《东方杂志》第 12 卷第 10 号。

高劳《国民共同之概念》刊于《东方杂志》第 12 卷第 11 号。

许家庆《欧洲合众国论》刊于《东方杂志》第 12 卷第 11 号。

上之《论战后之俄罗斯下》刊于《东方杂志》第 12 卷第 11 号。

章锡琛《德俄接近论》刊于《东方杂志》第 12 卷第 11 号。

胡学愚《君士坦丁堡之逐鹿观》刊于《东方杂志》第 12 卷第 11 号。

许家庆《对于巴尔干及苏彝士之德国外交政策》刊于《东方杂志》第 12 卷第 11 号。

张文生《印度名流对英之议论》刊于《东方杂志》第 12 卷第 11 号。

恽代英《文明与道德》刊于《东方杂志》第 12 卷第 12 号。

［美］勒塞尔作,上之译《巴尔干诸邦与联军国》刊于《东方杂志》第 12 卷第 12 号。

许家庆《大战中罗马教皇之态度》刊于《东方杂志》第 12 卷第 12 号。

上之《论英德相竞之前途》刊于《东方杂志》第 12 卷第 12 号。

许家庆《土德关系与巴尔干之向背》刊于《东方杂志》第 12 卷第 12 号。

许家庆《瑞典之对俄政策》刊于《东方杂志》第 12 卷第 12 号。

刘璕《中华妇女界祝辞》刊于《中华妇女界》第 1 卷第 1 期。

按:1915 年 1 月 25 日,《中华妇女界》在上海创刊,由中华书局出版。其与同年 1 月 5 日在上海创刊、由商务印书馆出版的《妇女杂志》共同开启了中国近代大型商业化女性杂志的出版新格局。《中华妇女界》总体上思想保守,维护传统"妇德",宣扬"贤母良妻淑女之主义",但注重知识性和教育性,正如《中华妇女界》第 1 卷第 2 期的广告中所指出的:"本志仿东西洋家庭杂志、妇女杂志办法,为女学生徒、家庭妇女,增进知识,培养性灵。凡昔贤学说,女界美德,无不殚述二表章之。而立身处世之道,裁缝烹任之法,教养儿童之方,以及中外妇女之技术、职业情形,悉为搜辑,以资模范而供研究。"

汪长禄《妇德》刊于《中华妇女界》第1卷第1期。

梁令娴《所望于吾国女子者》刊于《中华妇女界》第1卷第1期。

高君隐《论女界修饰奢侈之害》刊于《中华妇女界》第1卷第1期。

伍崇敏《男女自由平等之真解》刊于《中华妇女界》第1卷第1期。

欧阳溥存《结婚问题之研究》刊于《中华妇女界》第1卷第1期。

卢寿篯《妇人独身生活问题》刊于《中华妇女界》第1卷第1期。

汪秀群《旷古未有之欧洲大战争》刊于《中华妇女界》第1卷第1期。

张裕珍《美国妇女之职业》刊于《中华妇女界》第1卷第1期。

徐绍芬《秦白起阬赵降卒四十万说》刊于《中华妇女界》第1卷第1期。

马春和《项羽不用范增论》刊于《中华妇女界》第1卷第1期。

杨秀吾《说女子宜求自立》刊于《中华妇女界》第1卷第1期。

谭绣颖《论女子教育当注重道德》刊于《中华妇女界》第1卷第1期。

陈麒《择偶自由论》刊于《中华妇女界》第1卷第2期。

高君隐《中等社会之家计》刊于《中华妇女界》第1卷第2期。

Max O'Rell 著,瓣秾译《妇女天职论》刊于《中华妇女界》第1卷第2期。

陈庭悦译《儿童饮食品之研究(译英国妇女杂志)》刊于《中华妇女界》第1卷第2期。

致远《妊娠中母体与食物之注意》刊于《中华妇女界》第1卷第2期。

李君著,青霞译《中国园艺学之将来(译中国留美学生月报)》刊于《中华妇女界》第1卷第2期。

潘悦琨《振兴女教论》刊于《中华妇女界》第1卷第2期。

游桂芬《女子无才便是德辩》刊于《中华妇女界》第1卷第2期。

卢寿篯《妇女立身之道》刊于《中华妇女界》第1卷第3期。

C. A. Ellwood 著,邢定云译《论婚制》刊于《中华妇女界》第1卷第3期。

李范娴增《女子之对于后母》刊于《中华妇女界》第1卷第3期。

王步兰《为母之责任》刊于《中华妇女界》第1卷第3期。

叶碧芬《德意志之家庭教育》刊于《中华妇女界》第1卷第3期。

致远《家政整理法》刊于《中华妇女界》第1卷第3期。

汪秀林《论学校与家庭联络之必要》刊于《中华妇女界》第1卷第3期。

谭采芳《秦始皇论》刊于《中华妇女界》第1卷第3期。

李佛如《我之妇女职业谈》刊于《中华妇女界》第1卷第4期。

王步兰《论女子早婚之害》刊于《中华妇女界》第1卷第4期。

瘦娟《德国女人之大战争观》刊于《中华妇女界》第1卷第4期。

海澄译《英人之女子治家谈(译英国妇女杂志)》刊于《中华妇女界》第1卷第4期。

吴秉筠《姚宋优劣论》刊于《中华妇女界》第1卷第4期。

吴秉筠《读苏子瞻贾谊论书后》刊于《中华妇女界》第1卷第4期。

吴秉筠《邓太后亲录囚徒论》刊于《中华妇女界》第1卷第4期。

吴秉筠《汉武帝杀钩弋夫人论》刊于《中华妇女界》第1卷第4期。

沈莲芳《智德体三育论》刊于《中华妇女界》第1卷第4期。

顾肇煦《学问为立身之本说》刊于《中华妇女界》第1卷第4期。

马淑德《重男轻女论》刊于《中华妇女界》第1卷第4期。

刘瑥《中华妇女之移殖观》刊于《中华妇女界》第1卷第5期。

[日]珂子著,蔡静媛译《教育子女之三大方针》刊于《中华妇女界》第1卷第5期。

郑剑云《德法英美近来之妇人问题(未完)》刊于《中华妇女界》第1卷第5期。

吴雪焦《木兰代父从军论》刊于《中华妇女界》第1卷第5期。

吴筠《强迫教育实行后国民程度当日益增进说》刊于《中华妇女界》第1卷第5期。

曹如兰《女子为国民之母论》刊于《中华妇女界》第1卷第5期。

刘瑥《中国女学师范论》刊于《中华妇女界》第1卷第6期。

李佛如《就学之经验》刊于《中华妇女界》第1卷第6期。

张咏梅《为救国储金敬告女同胞》刊于《中华妇女界》第1卷第6期。

郑剑云《德法英美近来之妇人问题(续完)》刊于《中华妇女界》第1卷第6期。

瘦娟《德国最有名之女小说家》刊于《中华妇女界》第1卷第6期。

厄公《妇女卫生之研究》刊于《中华妇女界》第1卷第6期。

吴鋬《女子书法之研究》刊于《中华妇女界》第1卷第6期。

效彭《中西乐器概说》刊于《中华妇女界》第1卷第6期。

顾南瑞《通俗教育之必要》刊于《中华妇女界》第1卷第6期。

章梅卿《尧舜传贤不传子论》刊于《中华妇女界》第1卷第6期。

沙学聪《论中国发行公债票》刊于《中华妇女界》第1卷第6期。

吴贯因《文王之婚姻》刊于《中华妇女界》第1卷第7期。

唐谢耀钧《家庭生活摄影自述》刊于《中华妇女界》第1卷第7期。

刘瑥《中华妇女之美术》刊于《中华妇女界》第1卷第7期。

予倩《上海岁时风俗记(未完)》刊于《中华妇女界》第1卷第7期。

式公《蒙铁梭利女士之幼稚园》刊于《中华妇女界》第1卷第7期。

孙桂荣《论文字》刊于《中华妇女界》第1卷第7期。

吴贯因《孔子之婚姻》刊于《中华妇女界》第1卷第8期。

刘瑥《中国各省妇女之特性》刊于《中华妇女界》第1卷第8期。

予倩《上海岁时风俗记(续完)》刊于《中华妇女界》第1卷第8期。

吴学竟《研究儿童心理之实验谈》刊于《中华妇女界》第1卷第8期。

式公《勤劳学校之历史》刊于《中华妇女界》第1卷第8期。

徐大纯《德国女子教育沿革(未完)》刊于《中华妇女界》第1卷第8期。

李桂馥《我国女子蚕业之普及方法》刊于《中华妇女界》第1卷第9期。

宝琼《儿童与玩具之关系》刊于《中华妇女界》第1卷第9期。

式公《女子室内体操之研究》刊于《中华妇女界》第1卷第9期。

汪治译《芝加哥之育婴实业(译美国学术杂志)》刊于《中华妇女界》第1卷第9期。

[日]富美子著,厄公译《美国女学生寄宿舍生活》刊于《中华妇女界》第1卷第9期。

徐大纯《德国女子教育沿革(续完)》刊于《中华妇女界》第1卷第9期。

欧阳玉《论学问与道德之关系》刊于《中华妇女界》第1卷第9期。

余瑞玉《自由论》刊于《中华妇女界》第 1 卷第 9 期。

郭长安《日本遣学生留学于隋》刊于《中华妇女界》第 1 卷第 9 期。

赵仲霞《周公相成王论》刊于《中华妇女界》第 1 卷第 9 期。

李佛如《女界箴言》刊于《中华妇女界》第 1 卷第 10 期。

程洛《论妇容》刊于《中华妇女界》第 1 卷第 10 期。

致远《妇人之交际》刊于《中华妇女界》第 1 卷第 10 期。

徐大纯《法国女子教育沿革（未完）》刊于《中华妇女界》第 1 卷第 10 期。

王步兰《论女子早婚之害（续第一卷第四期）》刊于《中华妇女界》第 1 卷第 10 期。

孙筠《与友人论文书》刊于《中华妇女界》第 1 卷第 10 期。

陈栩卿《游子力学以慰亲论》刊于《中华妇女界》第 1 卷第 10 期。

拜农译《中国妇女之教育计划（译上海教育季报）》刊于《中华妇女界》第 1 卷第 11 期。

翁长钟译《西国古今女界名人之研究（译美国科学杂志）（未完）》刊于《中华妇女界》第 1 卷第 11 期。

徐大纯《法国女子教育沿革（续）》刊于《中华妇女界》第 1 卷第 11 期。

唐谢耀钧《论吾国民族未真能重视家族》刊于《中华妇女界》第 1 卷第 12 期。

翁长钟译《西国古今女界名人之研究（续完）》刊于《中华妇女界》第 1 卷第 12 期。

咏香《论妇女羞耻心之必要》刊于《中华妇女界》第 1 卷第 12 期。

徐大纯《法国女子教育沿革（续完）》刊于《中华妇女界》第 1 卷第 12 期。

陈瑞兰《美国女学生与英国女学生》刊于《妇女时报》第 16 期。

陈瑞兰译《肉体上男女能力之比较》刊于《妇女时报》第 16 期。

沈玮《关于女子之农业》刊于《妇女时报》第 17 期。

蕉心《对于近世妇女界之针砭》刊于《妇女时报》第 17 期。

慧译《女子参政运动之最近十五年史》刊于《妇女时报》第 17 期。

王如琼《人类对于自然之变化论》刊于《妇女时报》第 17 期。

宫本桂仙著，慧译《西洋男女交际法（未完）》刊于《妇女时报》第 17 期。

余天遂《余之女子教育观》刊于《妇女杂志》第 1 卷第 1 号。

李素筠《论女子宜通小学》刊于《妇女杂志》第 1 卷第 1 号。

虞琬正《读荀子劝学篇》刊于《妇女杂志》第 1 卷第 1 号。

谢授《论泥古之非》刊于《妇女杂志》第 1 卷第 1 号。

华慧纬《论游历有益于文学》刊于《妇女杂志》第 1 卷第 1 号。

吴峥嵘《女子职业造福社会论》刊于《妇女杂志》第 1 卷第 1 号。

马恩绍《女子宜广习各项工艺说》刊于《妇女杂志》第 1 卷第 1 号。

赵尚达《记许稚梅先生之演说》刊于《妇女杂志》第 1 卷第 1 号。

秦之葆《艾迪演说记略》刊于《妇女杂志》第 1 卷第 1 号。

沈维桢《论小半臂与女子体育》刊于《妇女杂志》第 1 卷第 1 号。

沈芳女士《妇女卫生谈》刊于《妇女杂志》第 1 卷第 1 号。

［美］马龙麦尔柯著，调均译《女子发育时代之运动》刊于《妇女杂志》第 1 卷第 1 号。

倦鹤《原口氏之女子参政论》刊于《妇女杂志》第 1 卷第 1 号。

韵唐《英国女子之经商实验谈》刊于《妇女杂志》第 1 卷第 1 号。

韵唐《家庭新智识》刊于《妇女杂志》第 1 卷第 1 号。

王三《妇女之天职》刊于《妇女杂志》第 1 卷第 2 号。

李素筠《论女子宜通小学(续)》刊于《妇女杂志》第 1 卷第 2 号。

吴庆会《召平矫命拜项梁为楚王上柱国论》刊于《妇女杂志》第 1 卷第 2 号。

梁雪颖《论近今之女学》刊于《妇女杂志》第 1 卷第 2 号。

梁雪颖《论学校成绩》刊于《妇女杂志》第 1 卷第 2 号。

虞琬正《为学日益为道日损论》刊于《妇女杂志》第 1 卷第 2 号。

刘璕《女子教育宜谋经济独立策》刊于《妇女杂志》第 1 卷第 2 号。

沈芳女士《妇女卫生谈(续)》刊于《妇女杂志》第 1 卷第 2 号。

金山望平《早婚说》刊于《妇女杂志》第 1 卷第 2 号。

[英]柏蓉夫人著,天行译《英国内阁应特置女政卿说》刊于《妇女杂志》第 1 卷第 2 号。

韵唐《欧战轶闻》刊于《妇女杂志》第 1 卷第 2 号。

韵唐《论小儿梦中惊悸及预防施治法》刊于《妇女杂志》第 1 卷第 2 号。

韵唐《家庭新智识》刊于《妇女杂志》第 1 卷第 2 号。

飘萍《理想之女学生》刊于《妇女杂志》第 1 卷第 3 号。

钟寿芝《突厥分裂列国联盟与今日战争皆有绝大关系论》刊于《妇女杂志》第 1 卷第 3 号。

钱德华《太平洋现势力论》刊于《妇女杂志》第 1 卷第 3 号。

张菊姝《试述小学教育本旨》刊于《妇女杂志》第 1 卷第 3 号。

丁宝琳《屈原论》刊于《妇女杂志》第 1 卷第 3 号。

高君韦《中山狼义虎二传平议》刊于《妇女杂志》第 1 卷第 3 号。

潘蕴玉《女子无才便是德辨》刊于《妇女杂志》第 1 卷第 3 号。

潘悦琨《论女子教育当江重道德》刊于《妇女杂志》第 1 卷第 3 号。

金若兰《读初等修身书后》刊于《妇女杂志》第 1 卷第 3 号。

金若兰《读初等国文书后》刊于《妇女杂志》第 1 卷第 3 号。

撷华女士《家庭教育简谈》刊于《妇女杂志》第 1 卷第 3 号。

[英]柏蓉夫人著,天行译《英国内阁应特置女政卿说》刊于《妇女杂志》第 1 卷第 3 号。

王三《妇女职业论》刊于《妇女杂志》第 1 卷第 4 号。

遐珍《余之忠告于女学生》刊于《妇女杂志》第 1 卷第 4 号。

素琴《妇女劳动感》刊于《妇女杂志》第 1 卷第 4 号。

刘璕《妇女迷信与宗教道德关系》刊于《妇女杂志》第 1 卷第 4 号。

吴秉筠《女学宜注重缝纫烹煮论》刊于《妇女杂志》第 1 卷第 4 号。

周薇织《论推广幼稚园之必要》刊于《妇女杂志》第 1 卷第 4 号。

林逸媎《女子工艺不可废绣论》刊于《妇女杂志》第 1 卷第 4 号。

非指《蒙台梭利教育法广义》刊于《妇女杂志》第 1 卷第 4 号。

瀛鹤《西洋诸国之博物馆及动物园》刊于《妇女杂志》第 1 卷第 4 号。

遐珍《农村妇人俱乐部》刊于《妇女杂志》第 1 卷第 4 号。

无逸《桐邑妇女职业谈》刊于《妇女杂志》第 1 卷第 4 号。

汉侠《敬告女同胞文》刊于《妇女杂志》第 1 卷第 6 号。

高冠南《学无止境说》刊于《妇女杂志》第1卷第6号。
谢挽《廉颇思用赵人论》刊于《妇女杂志》第1卷第6号。
游桂芬《论女子教育当注重道德》刊于《妇女杂志》第1卷第6号。
马春和《宋高宗颁戒石铭于州县》刊于《妇女杂志》第1卷第6号。
庄英《家事经济谈》刊于《妇女杂志》第1卷第6号。
瞻庐《对于主持女学者之卮言》刊于《妇女杂志》第1卷第6号。
朱翰芬《推广女子初等小学私议》刊于《妇女杂志》第1卷第6号。
刘璘《义务教育贵在妇女议》刊于《妇女杂志》第1卷第6号。
庐振华《德国风俗记(续)》刊于《妇女杂志》第1卷第6号。
刘璘《调查黑龙江各县女学记》刊于《妇女杂志》第1卷第6号。
郁文《吴中女子生活谈》刊于《妇女杂志》第1卷第6号。
陈志贞《读汉书东方朔传》刊于《妇女杂志》第1卷第8号。
王懋成《申鲁敬姜劳则思善之旨》刊于《妇女杂志》第1卷第8号。
陈桂彬《沈云英论》刊于《妇女杂志》第1卷第8号。
施淑仪《对于烈妇殉夫之感言》刊于《妇女杂志》第1卷第8号。
沈静《世界小家庭主义观》刊于《妇女杂志》第1卷第8号。
天婴《研究女性与男性之别及其适宜之教育(续)》刊于《妇女杂志》第1卷第8号。
[日]安部矶雄著,倦鹤译《英美德法妇人运动史》刊于《妇女杂志》第1卷第8号。
Rebo N. Porter著,澍生译《巴德女士之教育经验谈》刊于《妇女杂志》第1卷第8号。
Carrie Chapman Catt著,玄父、予广译《女权国(续)》刊于《妇女杂志》第1卷第8号。
莼农《然脂余韵》刊于《妇女杂志》第1卷第8号。
庐振华女士《新见闻随笔》刊于《妇女杂志》第1卷第8号。
李华《湖南平江启明分校旅行纪盛》刊于《妇女杂志》第1卷第8号。
曼彬《瞟城之风俗谈》刊于《妇女杂志》第1卷第8号。
王三《敬告全国女学校》刊于《妇女杂志》第1卷第9号。
蔡咏彤《原富》刊于《妇女杂志》第1卷第9号。
白雪《女子职业谈》刊于《妇女杂志》第1卷第9号。
庞明权《英法百年战争与若安亚尔格》刊于《妇女杂志》第1卷第9号。
范姚倚云《论为继母之义》刊于《妇女杂志》第1卷第9号。
梦梅《女学校宜废结线手工注重裁缝刺绣之商榷》刊于《妇女杂志》第1卷第9号。
麦克费敦著,天行译《儿童体育之研究》刊于《妇女杂志》第1卷第9号。
澍生《欧美妇人家庭经济实验谈》刊于《妇女杂志》第1卷第9号。
庐振华女士《新见闻随笔》刊于《妇女杂志》第1卷第9号。
丁逢甲《我所见之本地妇女生活现状》刊于《妇女杂志》第1卷第9号。
刘璘《黑龙江救国储金团演说书》刊于《妇女杂志》第1卷第9号。
周闵《原理》刊于《妇女杂志》第1卷第10号。
谢授《秦始皇微行逢盗论》刊于《妇女杂志》第1卷第10号。
朱文芳《论狄仁杰姨母庐氏》刊于《妇女杂志》第1卷第10号。
余瑞玉《学问可变化气质论》刊于《妇女杂志》第1卷第10号。

刘宗平《商鞅变法以强秦论》刊于《妇女杂志》第1卷第10号。

刘宗平《战胜艰难说》刊于《妇女杂志》第1卷第10号。

杨宝瑜《依萨伯拉时代之西班牙》刊于《妇女杂志》第1卷第10号。

周婉《论人宜有冒险性》刊于《妇女杂志》第1卷第10号。

庐振华女士《新见闻随笔》刊于《妇女杂志》第1卷第10号。

丁逢甲《我所见之本地妇女生活现状》刊于《妇女杂志》第1卷第10号。

钱基博《吴江丽则女中学国文教授宣言书》刊于《妇女杂志》第1卷第11号。

钱基博《丽则女学国耻纪念碑阴》刊于《妇女杂志》第1卷第11号。

张浣英《丽则女学国耻纪念碑阴》刊于《妇女杂志》第1卷第11号。

钱基博《拟丐桐城吴芝瑛女士写本校国耻纪念碑碑阴启》刊于《妇女杂志》第1卷第11号。

张浣英《拟丐桐城吴芝瑛女士写本校国耻纪念碑碑阴启》刊于《妇女杂志》第1卷第11号。

陆振权《拟丐桐城吴芝瑛女士写本校国耻纪念碑碑阴启》刊于《妇女杂志》第1卷第11号。

金蘅《拟丐桐城吴芝瑛女士写本校国耻纪念碑碑阴启》刊于《妇女杂志》第1卷第11号。

吴会兰《女界缘起》刊于《妇女杂志》第1卷第11号。

张菊姝《论男女之分业》刊于《妇女杂志》第1卷第11号。

张菊姝《说女子贵养勇》刊于《妇女杂志》第1卷第11号。

瀛鹤《说园艺》刊于《妇女杂志》第1卷第11号。

〔美〕马尔科伦著,天行译《女子身材之今昔观》刊于《妇女杂志》第1卷第11号。

庐振华女士《新见闻随笔(续)》刊于《妇女杂志》第1卷第11号。

詹雁来《衢州女学谈》刊于《妇女杂志》第1卷第11号。

尚实《晋江妇女职业谈》刊于《妇女杂志》第1卷第11号。

陆费逵《宣言书》刊于《大中华》第1卷第1期。

按:《大中华》1915年1月于上海创刊,中华书局总发行,梁启超担任主撰。其《宣言书》称:"一国学术之盛衰,国民程度之高下,论者恒于其国杂志发达与否观之,盖杂志多则学术进步,国民程度亦高,而学术愈进步。国民程度愈高,则杂志之出版亦愈进也。我国杂志之出版,肇始于《时务报》,梁任公实主持之,其后《清议》《新民》《国风》《庸言》相继而起,皆风靡一时,然以牵于人事,中道停歇,为世所惜。"民国初期杂志大多办不长久,除了"风气未开,阅者不多"外,"组织之基础不顽固,实为一大原因"。在作者看来,办好杂志,"非有适当之人才与目的,适当之资本与机关"。中华书局发行《大中华》杂志,资本、机构基础雄厚,且与梁启超先生"订三年契约主持撰述,担任著译诸君,亦皆学术专家",故人才上也没有问题。"今吾所欲宣言者,则大中华杂志之目的而已",《宣言书》指出,《大中华》杂志之目的有三:"一曰养成世界知识;二曰增进国民人格;三曰研究事理真相以为朝野上下之南针。欲达第一项目的,故多论述各国大势介绍,最新之学术。欲达第二项目的,故多叙述个人修养之方法,及关于道德之学说;欲达第三项目的,故研究国家政策与社会事业之方针,不拘乎成见,不限于一家之言。"这里所说《大中华》杂志的三大目的,与梁启超在《大中华发刊词》篇首所写的"中国之前途,国民之自觉心,本报之天职"是一致的,其刊物的栏目设置和刊发的论文也符合《宣言书》中所说的实现目的之途径。

梁启超《欧战之动因(欧战蠡测之一)》刊于《大中华》第1卷第1期。

梁启超《吾今后所以报国者》刊于《大中华》第 1 卷第 1 期。

梁启超《西疆建置沿革考序》刊于《大中华》第 1 卷第 1 期。

蓝公武《辟近日复古之谬》刊于《大中华》第 1 卷第 1 期。

蓝公武《英国政治论》刊于《大中华》第 1 卷第 1 期。

梁启勋《个人主义与国家主义》刊于《大中华》第 1 卷第 1 期。

梁启勋《今日与百年前之今日》刊于《大中华》第 1 卷第 1 期。

吴贯因《议员资格与财产》刊于《大中华》第 1 卷第 1 期。

吴贯因《局外中立条规质疑》刊于《大中华》第 1 卷第 1 期。

献公《欧洲大战开幕记》刊于《大中华》第 1 卷第 1 期。

杨锦森《欧洲战争中之新事物》刊于《大中华》第 1 卷第 1 期。

杨锦森《巴拿马运河总工程师甘脱尔斯传》刊于《大中华》第 1 卷第 1 期。

林则蒸《报馆之战地通信员》刊于《大中华》第 1 卷第 1 期。

子云《中国国债票与欧洲战争》刊于《大中华》第 1 卷第 1 期。

严桢《导淮与美国工程师》刊于《大中华》第 1 卷第 1 期。

严桢《中国之盲人教育》刊于《大中华》第 1 卷第 1 期。

青霞《活动幻影之发达及影片之制造》刊于《大中华》第 1 卷第 1 期。

梁启超《政治之基础与言论家之指针》刊于《大中华》第 1 卷第 2 期。

梁启超《孔子教义实际裨益于今日国民者何在欲昌明之其道何由》刊于《大中华》第 1 卷第 2 期。

梁启超《欧战之动因(欧战蠡测之一)(续第 1 期)》刊于《大中华》第 1 卷第 2 期。

梁启超《中日最近交涉平议》刊于《大中华》第 1 卷第 2 期。

王宠惠《德国民法浅说》刊于《大中华》第 1 卷第 2 期。

梁启勋《俾斯麦时代之德国》刊于《大中华》第 1 卷第 2 期。

吴贯因《尊孔与读经》刊于《大中华》第 1 卷第 2 期。

吴贯因《英雄与社会》刊于《大中华》第 1 卷第 2 期。

吴贯因《中国古代之社会政策》刊于《大中华》第 1 卷第 2 期。

献公《欧洲大战开幕记(续第 1 期)》刊于《大中华》第 1 卷第 2 期。

杨锦森《欧洲战争中之新事物(续第 1 期)》刊于《大中华》第 1 卷第 2 期。

张士一《瑞典挪威丹马三国之欧战观》刊于《大中华》第 1 卷第 2 期。

陈霆锐《美人之欧洲新局势论》刊于《大中华》第 1 卷第 2 期。

陈霆锐《美人之远东新局势论》刊于《大中华》第 1 卷第 2 期。

严桢《中国之盐税问题》刊于《大中华》第 1 卷第 2 期。

青霞《活动幻影之发达及影片之制造(续第 1 期)》刊于《大中华》第 1 卷第 2 期。

青霞《香港上海之公众卫生问题》刊于《大中华》第 1 卷第 2 期。

林则蒸《埃及之学校状况》刊于《大中华》第 1 卷第 2 期。

蓝公武《英国政治论(续第 1 期)》刊于《大中华》第 1 卷第 2 期。

梁启超《余之币制金融政策》刊于《大中华》第 1 卷第 3 期。

梁启超《各国交战时之举国一致(欧洲蠡测之三)》刊于《大中华》第 1 卷第 3 期。

梁启超《作官与谋生》刊于《大中华》第 1 卷第 3 期。

梁启超《中国与土耳其之异》刊于《大中华》第 1 卷第 3 期。

王宠惠《德国民法浅说(续第 2 期)》刊于《大中华》第 1 卷第 3 期。

梁启勋《俾斯麦时代之德国(续第 2 期)》刊于《大中华》第 1 卷第 3 期。

吴贯因《说国性》刊于《大中华》第 1 卷第 3 期。

吴贯因《改良家族制度论》刊于《大中华》第 1 卷第 3 期。

吴贯因《政治与道德》刊于《大中华》第 1 卷第 3 期。

献公《欧洲大战开幕记(续第 2 期)》刊于《大中华》第 1 卷第 3 期。

青霞《欧洲战局后之推测》刊于《大中华》第 1 卷第 3 期。

陈霆锐《欧洲列强之军用汽车》刊于《大中华》第 1 卷第 3 期。

范石渠《近世民族主义之争霸》刊于《大中华》第 1 卷第 3 期。

杨荫樾《东方与世界平和之关系》刊于《大中华》第 1 卷第 3 期。

修平《论国民会议》刊于《大中华》第 1 卷第 3 期。

贾士毅《清丈议》刊于《大中华》第 1 卷第 3 期。

梁启超《余之币制金融政策(续第 3 期)》刊于《大中华》第 1 卷第 4 期。

梁启超《菲斯的人生天职论述评》刊于《大中华》第 1 卷第 4 期。

梁启超《中日时局与鄙人之言论(中日交涉汇评之一)》刊于《大中华》第 1 卷第 4 期。

梁启超《解决悬案耶新要求耶(中日交涉汇评之二)》刊于《大中华》第 1 卷第 4 期。

王宠惠《德国民法浅说(续第 3 期)》刊于《大中华》第 1 卷第 4 期。

梁启勋《欲望与希望》刊于《大中华》第 1 卷第 4 期。

吴贯因《中国经济进化史论》刊于《大中华》第 1 卷第 4 期。

按:是文认为:"人类之生存,实与经济相终始。盖凡属人类,无论为圣为狂,为智为愚,皆不能无所资以生活。而为求此生活之资料,即有经济之行为。此等行为,直为日用之所不能离,非若他事之可或作或辍者。故人类生存之历史,即经济之历史也。经济之势力,既能支配乎人类,而与同始终。则欲研究人类之生存,不可不研究经济之历史。"全文内容如下:"第一节绪论;第二节衣食住;第三节自然时代;第四节渔猎时代;第五节牧畜时代;第六节农业时代;第七节手工业时代;第八节大工业时代。"前五节刊登在《大中华》第 1 卷第 4 期,后三节刊登在《大中华》第 1 卷第 5 期。

吴贯因《改良家族制度论(续第 3 期)》刊于《大中华》第 1 卷第 4 期。

谢无量《老子哲学》刊于《大中华》第 1 卷第 4 期。

翁长钟《欧洲战争与天时》刊于《大中华》第 1 卷第 4 期。

林则燕《巴尔干与欧洲战争之关系》刊于《大中华》第 1 卷第 4 期。

范石渠《近世民族主义之争霸(续第 3 期)》刊于《大中华》第 1 卷第 4 期。

范石渠《现代思潮之文明史的观察》刊于《大中华》第 1 卷第 4 期。

青霞《中国之赘民》刊于《大中华》第 1 卷第 4 期。

梁启超《菲斯的人生天职论述评(续第 4 期)》刊于《大中华》第 1 卷第 5 期。

梁启超《外交轨道外之外交(中日交涉汇评之三)》刊于《大中华》第 1 卷第 5 期。

梁启超《交涉乎命令乎(中日交涉汇评之四)》刊于《大中华》第 1 卷第 5 期。

梁启超《中国地位之动摇与外交当局之责任(中日交涉汇评之五)》刊于《大中华》第 1 卷第 5 期。

梁启超《再警告外交当局(中日交涉汇评之六)》刊于《大中华》第 1 卷第 5 期。

梁启超《示威耶挑战耶》刊于《大中华》第 1 卷第 5 期。

王宠惠《德国民法浅说(续第 4 期)》刊于《大中华》第 1 卷第 5 期。

吴贯因《改良家族制度论(续第 4 期)》刊于《大中华》第 1 卷第 5 期。

吴贯因《中国经济进化史论(续第 4 期)》刊于《大中华》第 1 卷第 5 期。

谢无量《老子哲学(续第 4 期)》刊于《大中华》第 1 卷第 5 期。

叶景莘《学理与经验》刊于《大中华》第 1 卷第 5 期。

农生《日人之中国军事观》刊于《大中华》第 1 卷第 5 期。

照丹《美国人之中日交涉观》刊于《大中华》第 1 卷第 5 期。

青霞《德意志作战方略之评论》刊于《大中华》第 1 卷第 5 期。

青霞《中国之赘民(续第 4 期)》刊于《大中华》第 1 卷第 5 期。

陈霆锐《近世海战之真相》刊于《大中华》第 1 卷第 5 期。

柯闳義《吾所告于国民者》刊于《大中华》第 1 卷第 5 期。

郭宇镜《正经界议》刊于《大中华》第 1 卷第 5 期。

梁启超《痛定罪言》刊于《大中华》第 1 卷第 6 期。

王宠惠《德国民法浅说(续第 5 期)》刊于《大中华》第 1 卷第 6 期。

梁启勋《伦理学与心理学之关系》刊于《大中华》第 1 卷第 6 期。

吴贯因《改良家族制度后论》刊于《大中华》第 1 卷第 6 期。

吴贯因《人子之正当防卫权》刊于《大中华》第 1 卷第 6 期。

谢无量《老子哲学(续第 5 期)》刊于《大中华》第 1 卷第 6 期。

严枚《德国克虏伯炮厂之大观(续第 2 期)》刊于《大中华》第 1 卷第 6 期。

青霞《欧洲战争与地理》刊于《大中华》第 1 卷第 6 期。

陈霆锐《军队卫生之研究》刊于《大中华》第 1 卷第 6 期。

农生《最近欧洲外交十五年史》刊于《大中华》第 1 卷第 6 期。

林则蒸《英国之女新闻记者》刊于《大中华》第 1 卷第 6 期。

丁锡华《日本梅谦次郎博士传》刊于《大中华》第 1 卷第 6 期。

青霞《中国之赘民(续第 5 期)》刊于《大中华》第 1 卷第 6 期。

梁启超《敬举两质义促国民之自觉》刊于《大中华》第 1 卷第 7 期。

梁启超《复古思潮平议》刊于《大中华》第 1 卷第 7 期。

张君劢《战时欧洲外交之新秘史》刊于《大中华》第 1 卷第 7 期。

吴贯因《强权与公理》刊于《大中华》第 1 卷第 7 期。

吴贯因《在野之政治家》刊于《大中华》第 1 卷第 7 期。

凤兮《今后国民教育之研究》刊于《大中华》第 1 卷第 7 期。

谢无量《德国大哲学者尼采之略传及学说》刊于《大中华》第 1 卷第 7 期。

谢无量《韩非》刊于《大中华》第 1 卷第 7 期。

陈仁《民国原论》刊于《大中华》第 1 卷第 7 期。

严桢《列强海军力之比较》刊于《大中华》第 1 卷第 7 期。

青霞《科学与宗教》刊于《大中华》第 1 卷第 7 期。

张謇《江苏测绘舆图议》刊于《大中华》第 1 卷第 7 期。

乌传溱《法律上之航空机观》刊于《大中华》第 1 卷第 7 期。

梁启超《异哉所谓国体问题者》刊于《大中华》第 1 卷第 8 期。

梁启超《国体问题与外交》刊于《大中华》第 1 卷第 8 期。

梁启超《宪法起草问题答客问》刊于《大中华》第 1 卷第 8 期。

张君劢《战时欧洲外交之新秘史(续第 7 期)》刊于《大中华》第 1 卷第 8 期。

吴贯因《追评民国初元国会之程度》刊于《大中华》第 1 卷第 8 期。

吴贯因《古史索隐》刊于《大中华》第 1 卷第 8 期。

兼士《国民生存之大问题》刊于《大中华》第 1 卷第 8 期。

谢无量《德国大哲学者尼采之略传及学说(续第 7 期)》刊于《大中华》第 1 卷第 8 期。

谢无量《韩非(续第 7 期)》刊于《大中华》第 1 卷第 8 期。

陈仁《民国原论(续第 7 期)》刊于《大中华》第 1 卷第 8 期。

廖惕园《最近世界空中战》刊于《大中华》第 1 卷第 8 期。

青霞《德国对于战俘之待遇》刊于《大中华》第 1 卷第 8 期。

青霞《科学与宗教(续第 7 期)》刊于《大中华》第 1 卷第 8 期。

吴贯因《敬告全国生计委员会》刊于《大中华》第 1 卷第 9 期。

吴贯因《下流社会之人物》刊于《大中华》第 1 卷第 9 期。

谢无量《韩非(续第 8 期)》刊于《大中华》第 1 卷第 9 期。

抱木《孔子教义实际之研究》刊于《大中华》第 1 卷第 9 期。

廖惕园《最近世界空中战(续第 8 期)》刊于《大中华》第 1 卷第 9 期。

翁长钟《德国军备主义之影响》刊于《大中华》第 1 卷第 9 期。

叶达前《活动中之新法兰西》刊于《大中华》第 1 卷第 9 期。

叶达前《德意志与列强》刊于《大中华》第 1 卷第 9 期。

陈政《大战争中协约国之中坚人物》刊于《大中华》第 1 卷第 9 期。

农生《最近十五年世界财政史》刊于《大中华》第 1 卷第 9 期。

严桢《伟人与遗传性之关系》刊于《大中华》第 1 卷第 9 期。

吴延清《推行新国币宜速定新辅币及其种类私议》刊于《大中华》第 1 卷第 9 期。

王毓祥《中国之将来》刊于《大中华》第 1 卷第 9 期。

梁启超《良心麻木之国民(伤心之言一)》刊于《大中华》第 1 卷第 10 期。

周宏业《论欧洲战争与中国之地位》刊于《大中华》第 1 卷第 10 期。

叶景莘《过渡时代之实业政策》刊于《大中华》第 1 卷第 10 期。

谢无量《韩非(续第 9 期)》刊于《大中华》第 1 卷第 10 期。

廖惕园《最近世界空中战(续第 9 期)》刊于《大中华》第 1 卷第 10 期。

青霞《欧洲战争之与文化》刊于《大中华》第 1 卷第 10 期。

青霞《大战争中之新俄罗斯》刊于《大中华》第 1 卷第 10 期。

叶达前《美国人之日本观》刊于《大中华》第 1 卷第 10 期。

叶达前《美国日报之中日交涉评》刊于《大中华》第 1 卷第 10 期。

翁长钟《美国政府之公众卫生局》刊于《大中华》第 1 卷第 10 期。

严桢《艾迪氏之袁世凯观》刊于《大中华》第 1 卷第 10 期。

徐大纯《经济上之变态政策与常态政策》刊于《大中华》第 1 卷第 10 期。

枝菴《国体政体之要论》刊于《大中华》第 1 卷第 10 期。

王景贤《美国总统威尔逊大扩张海陆军之计划》刊于《大中华》第 1 卷第 10 期。

吴德亮《都市之卫生》刊于《大中华》第 1 卷第 10 期。

叶景莘《过渡时代之实业政策(续第 10 期)》刊于《大中华》第 1 卷第 11 期。

谢无量《韩非(续第 10 期)》刊于《大中华》第 1 卷第 11 期。

廖惕园《最近世界空中战(续第 10 期)》刊于《大中华》第 1 卷第 11 期。

陈霆锐《七百万比利时人之救济》刊于《大中华》第 1 卷第 11 期。

谢补华《欧洲战局之发展如何》刊于《大中华》第 1 卷第 11 期。

陈政《世界名人之体育观》刊于《大中华》第 1 卷第 11 期。

陈政《地质学上之中国观》刊于《大中华》第 1 卷第 11 期。

姚大中《欧美日本国会异同论》刊于《大中华》第 1 卷第 11 期。

晏杰才《田赋刍议总论》刊于《大中华》第 1 卷第 11 期。

轻根《蒙古种族考》刊于《大中华》第 1 卷第 11 期。

梁启超《论中国财政学不发达之原因及古代财政学说之一斑》刊于《大中华》第 1 卷第 12 期。

谢无量《韩非(续第 11 期)》刊于《大中华》第 1 卷第 12 期。

廖惕园《最近世界空中战(续第 11 期)》刊于《大中华》第 1 卷第 12 期。

耕莘《欧战中之德国观》刊于《大中华》第 1 卷第 12 期。

叶达前《中国与大战争》刊于《大中华》第 1 卷第 12 期。

叶达前《说美国之国务部》刊于《大中华》第 1 卷第 12 期。

叶达前《巴拿马运河区域卫生问题之借鉴》刊于《大中华》第 1 卷第 12 期。

旦光《现代德意志之军国主义与妥末起克之学说》刊于《大中华》第 1 卷第 12 期。

[日]佐藤丑次郎作,农生译《最近十五年政治史》刊于《大中华》第 1 卷第 12 期。

陈霆锐《鸦片问题之结束》刊于《大中华》第 1 卷第 12 期。

姚大中《欧美日本国会异同论(续第 11 期)》刊于《大中华》第 1 卷第 12 期。

范源濂《论教育当注重训练》刊于《中华教育界》第 4 卷第 1 期。

吴家煦《论小学理科教师宜自备教授器械》刊于《中华教育界》第 4 卷第 1 期。

公短《论江苏省立学校第一次联合运动会》刊于《中华教育界》第 4 卷第 1 期。

袁希涛《南通县之教育》刊于《中华教育界》第 4 卷第 1 期。

姚大中《公民教育论》刊于《中华教育界》第 4 卷第 1 期。

吴鼎昌《德美手工教授最近之趋势》刊于《中华教育界》第 4 卷第 1 期。

顾树森《新开发教授法》刊于《中华教育界》第 4 卷第 1 期。

程瞻庐《小学作文教授之研究》刊于《中华教育界》第 4 卷第 1 期。

北京女子师范学校《教授法研究录(续第二十四号)》刊于《中华教育界》第 4 卷第 1 期。

吴钟仁《张居正为救时良相论》刊于《中华教育界》第 4 卷第 1 期。

费揽澄《论学校养成公德心之方法》刊于《中华教育界》第 4 卷第 2 期。

顾台僧《师范教育为一般教育之本吾国现今毕业之师范生颇有苦于致用不足者究意其受病何在对于师范教育有无改良之意见试推论之》刊于《中华教育界》第 4 卷第 2 期。

吴家煦《军国明教育救国篇》刊于《中华教育界》第 4 卷第 2 期。

顾树森《儿童作业上之训练价值》刊于《中华教育界》第 4 卷第 2 期。

杨锦森《学童父母聊合说》刊于《中华教育界》第 4 卷第 2 期。

青霞《男女合校之实验谈》刊于《中华教育界》第 4 卷第 2 期。

姚大中《动的教育概念》刊于《中华教育界》第 4 卷第 2 期。

王维祺《作战计划之教育》刊于《中华教育界》第 4 卷第 3 期。

陈耀《论学校奖励之弊及其当行法则》刊于《中华教育界》第 4 卷第 3 期。

缪文功《论学校养成公德心之方法》刊于《中华教育界》第 4 卷 3 期。

侯鸿鉴《手工概论》刊于《中华教育界》第 4 卷第 3 期。

施述尧《释训练》刊于《中华教育界》第 4 卷第 3 期。

翁长钟《教育之科学观》刊于《中华教育界》第 4 卷第 3 期。

李康复《作法教授要项》刊于《中华教育界》第 4 卷第 3 期。

陈霆锐《美国在东方教育之上势力》刊于《中华教育界》第 4 卷第 3 期。

翁长钟《美国生活教育之一面观》刊于《中华教育界》第 4 卷第 3 期。

北京女子师范学校《教育法研究法(续第四卷第一期)》刊于《中华教育界》第 4 卷第 3 期。

上海工业专门学校体育会《体育一斑(续第四卷第一期)》刊于《中华教育界》第 4 卷第 3 期。

李廷翰《余所得与考验新生之感想》刊于《中华教育界》第 4 卷第 7 期。

李元蘅《倡用国货声中之儿童训练谈》刊于《中华教育界》第 4 卷第 7 期。

张士一《运动会与体育》刊于《中华教育界》第 4 卷第 7 期。

潘文安《暑假期内小学生之修养法》刊于《中华教育界》第 4 卷第 7 期。

李桂馥《予之农业教育观》刊于《中华教育界》第 4 卷第 7 期。

耕莘《二十世纪教育十五年史》刊于《中华教育界》第 4 卷第 7 期。

严桢《近今欧美各国教育理想之比较》刊于《中华教育界》第 4 卷第 7 期。

朱元善《尊重个性》刊于《教育杂志》第 7 卷第 1 期。

侯鸿鉴《对于欧战后之吾国教育计划》刊于《教育杂志》第 7 卷第 1 期。

黄炎培《实用主义产出之第一年》刊于《教育杂志》第 7 卷第 1 期。

庄俞《提倡勤劳主义》刊于《教育杂志》第 7 卷第 1 期。

陈容《现今我国思想应趋之正轨》刊于《教育杂志》第 7 卷第 1 期。

贾丰臻《赴美博士艾迪布道大会感言》刊于《教育杂志》第 7 卷第 1 期。

天民《勤劳教育》刊于《教育杂志》第 7 卷第 1 期。

志厚《现代教育思潮》刊于《教育杂志》第 7 卷第 1 期。

郭秉文《学校管理法》刊于《教育杂志》第 7 卷第 1 期。

钱智修《体育讲义》刊于《教育杂志》第 7 卷第 1 期。

天民《勤劳学校之经营》刊于《教育杂志》第 7 卷第 1 期。

志厚《英国训育之概观》刊于《教育杂志》第 7 卷第 1 期。

黄炎培《考察本国教育笔记》刊于《教育杂志》第 7 卷第 1 期。

太玄《日本之打破固定教科书制度论》刊于《教育杂志》第 7 卷第 1 期。

孙增大《中国教育政策》刊于《教育杂志》第 7 卷第 2 期。

贾丰臻《民国四年之教育如何》刊于《教育杂志》第 7 卷第 2 期。

贾丰臻《教育与诸方面》刊于《教育杂志》第 7 卷第 2 期。

朱景宽《职业教育论》刊于《教育杂志》第 7 卷第 2 期。

志厚《现代教育思潮》刊于《教育杂志》第 7 卷第 2 期。

郭秉文《管理法讲义》刊于《教育杂志》第 7 卷第 2 期。

钱智修《郁根传》刊于《教育杂志》第 7 卷第 2 期。

侯鸿鉴《海州视察记》刊于《教育杂志》第 7 卷第 2 期。

庄俞《参观苏省一师附属小学记略》刊于《教育杂志》第 7 卷第 2 期。

庄俞《参观武进冠英小学十周纪念记略》刊于《教育杂志》第 7 卷第 2 期。

朱元善《整理师范课程》刊于《教育杂志》第 7 卷第 3 期。

俞子夷《现今学校教育上急应研究之根本问题》刊于《教育杂志》第 7 卷第 3 期。

钱基博《论学校作文之文题》刊于《教育杂志》第 7 卷第 3 期。

侯鸿鉴《江苏冬季视学会议报告感言》刊于《教育杂志》第 7 卷第 3 期。

朱景宽《职业教育论》刊于《教育杂志》第 7 卷第 3 期。

志厚《现代教育思潮》刊于《教育杂志》第 7 卷第 3 期。

钱智修《体育讲义》刊于《教育杂志》第 7 卷第 3 期。

巽吾《初学年之图书教授》刊于《教育杂志》第 7 卷第 3 期。

侯鸿鉴《劣等儿之德性及其涵养法》刊于《教育杂志》第 7 卷第 3 期。

郭秉文《德法教员之状况》刊于《教育杂志》第 7 卷第 3 期。

太玄《欧美露天学校之设施》刊于《教育杂志》第 7 卷第 3 期。

朱元善《预备学校问题》刊于《教育杂志》第 7 卷第 4 期。

王蓥《小学教师对于教授效果之省察》刊于《教育杂志》第 7 卷第 4 期。

李元蘅《论小学作文教授》刊于《教育杂志》第 7 卷第 4 期。

贾丰臻《吾国最近教育之变相》刊于《教育杂志》第 7 卷第 4 期。

天民《勤劳教育论》刊于《教育杂志》第 7 卷第 4 期。

天民《勤劳主义之教授法》刊于《教育杂志》第 7 卷第 4 期。

志厚《英国训育之概况》刊于《教育杂志》第 7 卷第 4 期。

侯鸿鉴《视察江浦记》刊于《教育杂志》第 7 卷第 4 期。

侯鸿鉴《高淳视察记》刊于《教育杂志》第 7 卷第 4 期。

侯鸿鉴《记参观日本宗良女师范及附属高等女校并偕野尻校长之谈话》刊于《教育杂志》第 7 卷第 4 期。

秋星《青灯回味录》刊于《教育杂志》第 7 卷第 4 期。

易培基《清史例目证误》刊于《甲寅》第 6 号。

吴邦俊《春秋列国疆域考》刊于《学生杂志》第 1 号。

张大钚《两晋南北朝时代中国伦理上之变态观》刊于《学生杂志》第 12 号。

张相文《成吉思汗园寝之发现》刊于《地学杂志》第 3 期。

教育部教科书编纂纲要审查会编纂《高等小学校历史教科书编纂纲要草案》刊于《京师教育报》第 24 期。

按：同期还刊载了教育部教授要目编纂会编纂的《高等小学历史教授要目草案》《中学师范中国历史教授要目草案》《中学师范东亚各国史教授要目草案》《中学师范西洋历史教授要目草案》。

四、学术著作

(宋)米芾(原题米襄阳)书《宋拓米襄阳行书》由上海商务印书馆刊行。

(宋)苏轼书《苏文忠天际乌云帖真迹》由上海商务印书馆刊行。

(宋)李公麟绘《李龙眠九歌图人物》由上海文明书局刊行。

(明)仇英、(明)文徵明绘《名人画册》(上下册)由上海文明书局刊行。

(唐)褚遂良书《褚河南临兰亭绢本真迹》由上海商务印书馆刊行。

(清)王翚绘《王石谷山水册》由上海神州国光社刊行。

(清)王翚绘《王石谷溪山晴霭图卷》由上海神州国光社刊行。

(清)王翚绘《王耕烟画西陂六景册》由上海有正书局刊行。

(清)陈烺(原题玉狮老人)著《读画辑略》由上海商务印书馆刊行,有自序及杨葆光、秦敏树序。

(清)顾沄绘,神州国光社审定《顾若波山水册》由上海神州国光社刊行。

(清)黄慎(原题黄瘿瓢)绘《名人画册》由上海文明书局刊行。

(清)包世臣著《艺舟双楫》由上海古今书室刊行。

(清)王初桐纂辑《方泰志》刊行。

章炳麟《章氏丛书》由上海右文社刊行。

谢无量(原题谢蒙)著《孔子》由上海中华书局刊行。

吕思勉著《苏秦张仪》由上海中华书局刊行,有自序。

谢无量著《阳明学派》由上海中华书局刊行。

按:是书介绍了王阳明生平及其与陆象山的关系,王阳明的哲学、伦理学观点,还总结了王阳明对前人学术观点的评论。

蔡元培编《哲学大纲》由上海商务印书馆刊行。

按:是书讲述了哲学的一般问题。分通论、认识论、本体论、价值论4编。书末附《译语志要》。

刘世杰著《辩学讲义详解》由著者刊行。

萨端《社会进化论》由商务印书馆刊行。

太虚著《严译小辨》由著者刊行。

蒋瑞华著《基德新篇》由厚和纯一善社刊行。

梁启超著《德育鉴》由上海广益书局刊行。

国群铸一通俗讲演社《立国精神详解》由该社刊行。

盛在珦编著《陶业道德(商业学校用)》由上海商务印书馆刊行。

孙鑫源编《(新编)泰西学案》由上海进步书局刊行。

谢福生辑《名贤集》由辑者刊行。

严慎修辑《处世格言》由上海中华书局刊行。

鲍方洲编《催眠术独习》由上海商务印书馆刊行。

樊炳清著《心理学要领》由上海商务印书馆刊行。

按:是书分上、中、下3篇,共12章。内容有:感觉,注意,握住及联合,知觉、记忆及想象、推考,本能,感情及情绪,运动及意志,操作及疲劳,研究儿童心身发达之必要等。

顾公毅编《新制心理学》由上海中华书局刊行。

刘仁航著《乐天却病法》(第1卷、第2卷)由上海商务印书馆刊行。有伍廷芳及著者序。

张毓聪、沈澄清编《心理学》由上海商务印书馆刊行。

张子和著《广心理学》（上册）由上海商务印书馆刊行，有日本松本孝次郎序及著者自序。

陈蕴真著《中国之阿弥陀佛》刊行。

中华续行委办会编《中华基督教会年鉴》由上海商务印书馆刊行。

谢洪赉编《基督教与大国民》由上海基督教青年会组合刊行。

刘赖孟多著《默想全书》（6 册）由河北献县天主堂刊行。

上海报恩佛社编《佛说盂兰盆经讲话》由上海中华书局刊行。

上海报恩佛社编《夫妇编（弘法护国报恩伦理）》由上海中华书局刊行。

上海报恩佛社编《父子编（弘法护国报恩伦理）》由上海中华书局刊行。

上海报恩佛社编《师弟朋友编（弘法护国报恩伦理）》由上海中华书局刊行。

徐励编《会赦撼陈（附圣物大赦）》由上海土山湾印书馆刊行。

台湾银行总务部调查课编《南洋华侨与金融机关》由编者刊行。

魏秉钧编纂，张继忠校《黑龙江政务报告统计表》由黑龙江巡按使署刊行。

庾恩旸著《云南普防巡阅管见录》刊行。

郭孟文编著《警界必携》（上下册）由上海商务印书馆刊行。

朱章宝编《德国富强之由来》由上海商务印书馆刊行。

中华法政学社编《中华六法全书》由上海中华法政学社刊行。

王宠惠、徐仟编《法规类编大全》由上海中华书局刊行。

司法讲习所编《司法讲习所讲义录》由北京司法讲习所刊行。

王倬编著《法制参考书》（上）由上海商务印书馆刊行。

黄右昌编著《罗马法》由北京大学出版部刊行。

陆懋德著《美法民政之比较》由编者刊行。

京师警察厅编《京师警察法令汇编》由北京编者刊行。

蟾倚著《最新结婚学》由上海中国图书公司刊行。

周维城著《青年教育》由上海中华书局刊行。

蒋百里、刘邦骥著《孙子浅说》由上海教育书店刊行。

胡承祐编《军队教育》由北京军林馆刊行。

孙毓修编《空中战》（教育部审定）由上海商务印书馆刊行。

葛海涵、何伟业辑《粮秣经理教程》刊行。

黑龙江军畜牧养场编著《黑龙江军畜牧养场经过实纪》刊行。

刘光编《战术讲授录》由北京他山别墅刊行。

混成模范团编《夜间动作》由北京武学书局刊行。

王亮澂著，沈康校订《国家经济概论》由利福活版部刊行。

冯自由编《巴拿马太平洋万国大赛会游记》由美国旧金山大埠少年中国报社刊行。

廖卓庵编，司徒南达等译《巴拿马万国博览会指南》由巴拿马博览会指南公司刊行。

伍廷芳辑《斐律滨塞会记》由上海大东书局刊行。

程家颖编《台湾土地之地考察报告书》刊行。

叶弼著述《公司条例详解》由利福印刷公司刊行。

曾瑺编《商业算术》由上海商务印书馆刊行。

经界局编译所编辑《各国经界纪要》由编者刊行。

经界局编译所编《中国历代经界纪要》由都门印刷所刊行。

蔡文鑫著《无锡实业志略》刊行。

张鸿藻著《中国铁路现势地图附表》由上海中华书局刊行。

涂恩泽著《铁路计划》由编者刊行。

丁怀瑾著《云南航路问题》由云南官印局刊行。

刘大坤编,蒋维乔校订《商事要项》由上海商务印书馆刊行。

张士杰编《商人宝鉴》由上海商务印书馆刊行。

赵玉森编《商业历史》由上海商务印书馆刊行。

盛在珣编《商品学》由上海商务印书馆刊行。

王汉强等编《国货调查录》由上海中华国货维持会刊行。

胡翔云编《全国最近盐场录》由北京求志学社刊行。

盐务署编《中国盐政沿革史》(奉天)由编者刊行。

盐务署编《中国盐政沿革史》(山东)由编者刊行。

盐务署编《中国盐政沿革史》(福建)由编者刊行。

张公权编《各省金融概论》由编者刊行。

章宗元著《中国泉币沿革》由北京经济学会刊行。

钱香如编著《游戏科学》(1—4册)由上海锦江图书局刊行。

朱元善编《艺术教育之原理》由上海商务印书馆刊行。

沈仲礼、沈鼎臣监制《中国新美术品留影》(美国巴拿马万国博览会陈列)由上海退思斋刊行。

《风雨楼名人尺牍集妙》由上海神州国光社刊行。

《风雨楼名人墨迹集妙》由上海神州国光社刊行。

徐宝仁编《乐典》由上海商务印书馆刊行。

蒋恨编《风琴戏曲谱》由文汇书局刊行。

王梦生著《梨园佳话》由上海商务印书馆刊行。

民鸣社编辑部编《民鸣新剧社一周年纪念书》由个人刊行。

姚石子、高君深等辑《张堰救国演剧纪念录》刊行。

庄庆祥编《文法要略》(上下册)由上海商务印书馆刊行。

欧阳溥存、徐元诰、汪长禄编《中华大字典》由上海中华书局刊行。

按:此书的参订者有陆费逵、范源濂、戴克敦。全书收四万八千余单字,包括籀、古、俗、讹、翻译新字等,并有辨释。用反切和同音汉字注音。释义引例注明出处。按部首编排。书前冠切韵指掌图及篆字谱,书末附补遗及正误表。

欧阳溥存、徐元诰、汪长禄编《(缩本)中华大字典》由上海中华书局刊行。

陆尔奎等编《辞源》(上下册)由上海商务印书馆刊行。

陆尔奎、方毅编《学生字典》由上海商务印书馆刊行。

按:此书收字四千多个,按部首编排。小学适用。

蔡璋编著《音标简字》由北京速记传习所刊行。

《汉音集字》由湖北汉口个人出版刊行。

程善之著《文字初桄》由上海有正书局刊行。

施列民编《国语指南》由上海时兆报馆刊行。

浙江公立图书馆编《浙江公立图书馆年报》由编者刊行。

徐珂编《酬世文柬指南》由上海商务印书馆刊行。

翁良等编纂《(增订)英华合解辞汇》由上海商务印书馆刊行。

王宠惠编辑《英文名人论说》(英文名人丛书)由上海中华书局刊行。

蒲编使者编《新辑写信必读分韵撮要合璧》由上海锦章书局刊行。

刘崇裘著《中等英文法》由上海中华书局刊行。

刘崇裘著《初等英文法》由上海中华书局刊行。

李澄辉、杨锦森编《英文尺牍大全》由上海中华书局刊行。

克罗福特、拉伍林桑编《沪话开路》由上海华美书馆刊行。

关应麟编注《(汉文注释)伊索寓言》(初版英文丛书第2种)由上海中华书局刊行。

樊炳清著《现代教育思潮》(教育丛书)由上海商务印书馆刊行。

李步青著《(新制)教育史》由上海中华书局刊行。

按：是书分绪论、我国海禁前之教育、世界新教育之潮流、清季教育及民国学制等4章。

周维城、林壬著《实用教育学讲义》由上海中华书局刊行。

朱元善编《教育学与各科学》(教育丛书)由上海商务印书馆刊行。

樊炳清著《凯善西台奈民教育说》(教育丛书)由上海商务印书馆刊行。

樊炳清著《司丹烈霍尔氏教育学说》(教育丛书)由上海商务印书馆刊行。

潘武、屠元礼编《中华故事》(1—12册)由上海中华书局刊行。

范祥善编《复式教授法》由上海商务印书馆刊行。

周维城、林壬、孙世庆著《实用各科教授法讲义》由上海中华书局刊行。

顾公毅编辑《(新制)心理学》由上海中华书局刊行。

樊炳清著《柯尔文氏本能及习惯说》(教育丛书)由上海商务印书馆刊行。

朱光、杨保恒著《实用儿童义、心理学讲义》由上海中华书局刊行。

周日侪编辑《修身教科书》(讲习适用)由上海中华书局刊行。

周维城、林壬著《实用管理法讲义》由上海中华书局刊行。

俞庆恩著《学校卫生讲义》由上海江苏省教育会刊行。

贾丰臻著《(实用主义)学校园》由上海中国图书公司刊行。

顾树森著《小学理科设备》由上海中华书局刊行。

北京高等师范学校校友会编《教育法令》(民国元年至四年)由北京编者刊行。

全国教育会编《民国第一次全国教育会联合会报告》由编者刊行。

教育部编《中华民国第三次教育统计图表》(三年八月至四年七月)由北京编者刊行。

黄炎培著《黄炎培考察教育日记》由上海商务印书馆刊行。

直隶教育司编《直隶教育统计图表》(中华民国二年份)由编者刊行。

江苏巡按使公署政务厅教育科编《江苏第二次省教育行政会议汇录》(中华民国四年教育行政月报临时增刊)由编者刊行。

江苏巡按使公署政务厅教育科编《江苏六十县教育近状汇录》由编者刊行。

江苏省教育会编《江苏省教育会十年概况》由编者刊行。

周公才、袁福伦著《吴江县教育状况》由江苏无锡锡成印刷公司刊行。

沈镜清编《（实用主义）儿童训练法》由上海商务印书馆刊行。

顾树森编《小学修身作法要项》由上海中华书局刊行。

按：是书从小学生对于学校、自身、家庭、社会、国家、生物等方面的态度，讲述了修身的基本要求。

钱体纯编《教授法》（师范学校新教科书）由上海商务印书馆刊行。

李元薌编《初级小学单级教授法》由上海中华书局刊行。

林景贤著《实用单级管理法讲义》由上海中华书局刊行

林景贤著《实用单级教授法讲义》由上海中华书局刊行。

单级教授讲习社讲述《单级教授案例》由上海商务印书馆刊行。

杨祥麟著《实用主义科外教育设施法》由上海商务印书馆刊行。

姚铭恩著《小学校国文教授之研究》（中华教育界社临时增刊）由上海中华书局刊行。

按：是书分教授之目的、读本、文法、习字、作文、教授之研究等篇。

江苏省立第一师范学校附属小学校编《国文科读法研究》（上册）由上海江苏省教育会刊行。

江苏省立第一师范学校附属小学校读法研究部编《国文科读法研究》（下册）由江苏江苏省教育会刊行。

谭竞公编《小学游技》由上海商务印书馆刊行。

小学教员讲习社编《（实用）小学教员讲义》（1—6期）由上海中华书局刊行。

按：是书内容包括实用体操讲义、参观上海万竹小学记、实用单级管理法讲义、实用单级教授法讲义、改良私塾法、实用修身讲义、实用伦理讲义、实用算术讲义、实用历史讲义、实用地理讲义、实用理科讲义等。

姚明德编《小学教员须知》由黑龙江嫩江进化书局刊行。

方洌生编《改良私塾法》由上海中华书局刊行。

按：是书内容包括改良私塾之意义及必要、改良私塾之组织、改良私塾之教授、改良私塾之管理及训练等4章。

秦同培著《学校园》（教育丛书）由上海商务印书馆刊行。

上海竞雄女学编《竞雄》由上海编者刊行。

上海自立学校编《上海自立学校章程》由上海编者刊行。

裴德煌著《家庭新教育之研究》由江西新建个人刊行。

朱庆澜著《（白话讲演）家庭教育》由黑龙江巡按使公署刊行。

陈莘著《读书法》（学生丛书）由上海中华书局刊行。

郭延谟笔记《黄炎培君调查美国教育报告》由北京教育部刊行。

徐傅霖著《实用体操讲义》由上海中华书局刊行。

按：是书分体操之目的、基本形式、基本姿势、基本动作、初小一至四年级教材、高小一至三年级教材等。

朱鸿寿著《拳艺学进阶》由上海商务印书馆刊行，有编者序。

孙福全编《形意拳学》由编者刊行，有赵衡等人序及编者自序。

尊我斋主人著《少林拳术秘诀》由上海中华书局刊行。

黄蔷英编《室内游戏》由上海商务印书馆刊行。

张之纯编著《中国文学史》(上卷)由上海商务印书馆刊行。

曾毅著《中国文学史》由上海泰东图书局刊行。

王国维著《宋元戏曲史》由上海商务印书馆刊行。

按：此书原名《宋元戏曲考》，商务印书馆刊行时易名。是为中国第一部戏曲发展史著作。作者在书中说："凡一代有一代之文学，楚之骚，汉之赋，六代之骈语，唐之诗，宋之词，元之曲，皆所谓一代之文学，而后世莫能继焉者也。"梁启超《王静安先生纪念号序》说："若创制宋元戏曲史，搜述《曲录》，使乐剧成为专门之学。斯二者实空前绝业。后人虽有补苴附益，度终无以度越其范围。"(《国学论丛》1928年第1卷第3号)

戴名世著、周贞亮校《南山集》刊行，马其昶作《南山集序》，周贞亮作题记。

按：《南山集序》曰："当康熙朝，吾县方望溪侍郎以古文名天下，而同时同邑与之齐名最为侍郎所心折者，则戴先生名世也。……侍郎笃于经学，风检严峻，文肖其行。先生则负逸才，生际鼎革，读《太史公书》而慕之，网罗放佚，将欲成一家言，于朝章国故，及伦纪义烈，瑰玮之行，周谘博访，若耆欲之切于身，唯恐其不当。不幸家贫，卖文四方，无从容一日之暇得就其业也。其迈往不屑之气，睥睨一切，时时发现于文字，诸公贵人畏其口，尤忌嫉之。……杭县邵君伯絅，好先生文特甚，谋欲精刻之，以校订之役见属，因本先生别择更定之义，集录其文百六十四首，为十四卷，盖先生文之精者具此矣。至其藏之胸中而未得出者，已终古不可复见，又宁独先生之不幸也哉。故余颇推论其学行及被祸始末，以待后人考鉴焉。民国乙卯春，桐城马其昶撰。"(《戴名世集》附录)"吾友邵伯絅近抄得是集，欲谋付梓，属马君通伯为别择，定为百六十四篇，马君为之序。余既点定是集，并搜遗篇，邵君见之，以重校之役见属，因手录马序于此。退舟民国六年三月廿五日记。"(《戴名世集》附录)

按：周贞亮《南山集题记》曰："《南山集》旧得袖珍刻本十四卷，为桐城戴存庄先生所编辑，题曰《宋潜虚集》。以为南山被祸，书遭焚毁，刊集者特讳其名，后读萧敬孚所撰《戴忧庵先生事略》，乃知桐城乡人于南山本有此称，盖戴出于宋，非讳之也。其书久置案头，不知何时为人携出，复见大字活本，亦十四卷。后多纪事文四首，则讹脱百出，不及刻本远甚。此本近时所出，亦活印本，校大字本多文数首，喜多未见之篇，因勉留之。乃一展卷，则讹谬之多较大字本又加甚，因叹近时活版盛行，旧籍名编无不遭其坏乱，真书妖也。南山文学下中，生平以古文自负，其实眼光识力不出时文当家，以视方、姚两家，未能并驾。特其下笔超逸，雅有隽才，而得祸之奇，为古今文人所罕有，故海内咸深惜之。而其乡人遂为搜辑遗篇，宝爱流传于无已，以此见公道之在人心，而文人之不幸而以文得祸者，其精气卒不可泯灭，有如此也。余得此集，既喜其多文数首，回忆旧藏刻本已不可得，因假大字活本细加校勘，正其讹脱，居然改观。中间有目无文者六首，从大字本抄出三首，附于简末。特较近时国光社所印《戴褐夫集》，又得未见之文三首，当并补入，庶几此集亦可读矣。然吾闻戴氏编此集时，删去文八十余首，而萧氏于戴本外得文百余首，并诗三十首，今皆不知流落何所。海内好事者倘并得之，用以编成全集，重刊以广流传，岂非艺林盛事耶，书以俟之。民国四年十月国庆日，退舟识。"(《戴名世集》附录)

徐树铮刻《桐城吴先生点勘史记读本》刊行，林纾为之序。

林纾著《林琴南文钞》由上海进步书局刊行。

上海进步书局编《现代十大家文钞》由上海进步书局刊行。

按：十大家是王湘绮、王益吾、樊樊山、康有为、严几道、林琴南、张季直、章太炎、梁启超、刘师培。

容闳著《西学东渐记》由上海商务印书馆刊行。

章炳麟著，钱须弥编《太炎最近文录》由上海国学书室刊行。

茗溪生编《闺秀诗话》由上海广益书局刊行。

蒋箸超著《蔽庐非诗话》(甲集)由上海海上蔽庐刊行。

宗天风著《若梦庐剧谈》由上海泰东图书局刊行。

扬铎著《汉剧丛谈》由上海法言书屋刊行。

问恨生著《聊斋发微》由上海中华图书馆刊行。

丁谦《中国人种从来考》由浙江图书馆刊行。

王先谦《尚书孔传参正》30卷由虚受堂刊行。

吴曾祺译注《左传菁华录》(上中下册)由上海商务印书馆刊行。

王先谦《〈后汉书〉集解》120卷由虚受堂刊行。

刘承干《明史例案》9卷吴兴刘氏嘉业堂刊行。

黄鸿寿编《清史纪事本末》80卷由上海文明书店刊行。

小横香室主人编《清朝野史大观》12册由上海中华书局刊行。

上海进步书局编辑《太平天国轶闻》4册刊行。

亚苏著《救亡》(袁世凯叛国自帝之真相)由亚强社刊行。

青溪散人著《救亡》(第四册:中日交涉纪事本末)由上海进步书局刊行。

无名氏编《君宪纪实》(第1册)由全国请愿联合会刊行。

徐焕斗著,王夔清补,彭天觉等校《汉口小志》由湖北汉口爱国图书公司刊行。

梁启超等原著,警铎编《世界亡国惨史》由上海醒社刊行。

殷汝骊编《亡国鉴》(附国耻录)由上海泰东图书局刊行。

义隐编、恨亡等著《五月九号国耻史》由上海国文书局刊行。

知耻社编《国耻》(上下册)由上海编者刊行。

南华居士编,傅家骧等校刊《国体问题》(首卷(上下册))由北京直隶书局刊行。

鹤戾生编《最近国体风云录》由编者刊行。

全国商会联合会著《全国商会联合会为改君主立宪请愿书》刊行。

金世和等编《君宪纪盛》由奉天国民代表选举事务所刊行。

约法会议秘书厅编《修正大总统选举法庆祝会纪盛》由北京编者刊行。

王建中著(洪宪惨案)《京畿军政执法处冤狱录》由北京京兆商会联合会刊行。

伍平一著《国体精理》由南洋民治社刊行。

大日本东亚同文会编《欧亚风云录补遗》由编者刊行。

协和报馆编《欧亚大战史》(第8号)由编者刊行。

雷殷编著《世界战祸由来》刊行。

太白狂奴辑《韩国痛史》大同编译局刊行。

倪轶池、庄病骸著《亡国影》(上下册)由爱国社刊行。

李放著《中国艺术家征略》由天津利亚书局刊行。

孙毓修编《信陵君》由上海商务印书馆刊行。

孙毓修编《郭子仪》由上海商务印书馆刊行。

孙毓修著《模范军人》8册由上海商务印书馆刊行。

　　按:《模范军人》是一套丛书,共8册,第一册记述关壮穆、岳武穆的事迹;第二册记述张飞、赵云、王濬、谢玄的事迹;第三册记述韩擒虎、贺若弼、李靖的事迹;第四册记述尉迟敬德、苏定方、李光弼、郭子仪的事迹;第五册记述曹彬、王彦章、狄青的事迹;第六册记述韩世忠、刘錡的事迹;第七册记述旭烈兀、郭侃、徐达、常遇春的事迹;第八册记述冯胜、蓝玉、戚继光、周遇吉的事迹。作者之所以编著这套丛书,目的是崇扬尚武精神。

　　嵇晦滋著,逸如编《明季佚闻》由上海小说丛报社刊行。

按:是书分上、中、下3卷,辑入明朝烈士、烈女96人小传。其中包括韩平儿、何可刚、周元哥、祖伟、徐日升、严氏、唐翠姑、崔五姑、戴珙、丘铭、金凤姑、志明等人的小传。

岑梦楼编《王金发》由上海醒世新社刊行。

鸿蒙亮志著《吴烈士追忆录》出版。

栖霞、澹如编《海上花影录》由上海新中华图书馆刊行。

中国京都古物陈列所编《中国京都古物陈列所周铜器》由编者刊行。

直隶省视学编《直隶风土调查录》由上海商务印书馆刊行。

卢彤著《最新大中华帝国道县形势全图说明书附论》由北京同伦学社刊行。

卢彤著《中华民国分省形势全图附表》由北京同伦学社刊行。

陈镐基编《中华民国行政区划一览表》由上海商务印书馆刊行。

徐曦著《东三省纪略》由上海商务印书馆刊行。

刘仁甫编《前明十三陵始末图说》刊行。

傅增湘、袁希涛编《避暑山庄》由上海商务印书馆刊行。

商务印书馆编《直隶名胜》由上海编者刊行。

黄炎培、吕颐寿编《西湖》由上海商务印书馆刊行。

李雨村编《粤东笔记》由上海会文堂新记书局刊行。

许世英著《闽海巡记》刊行。

傅樵斧著《松潘游记》刊行。

张英编《本国新游记》由上海商务印书馆刊行。

张公诚辑录《波兰略说》由国群铸一通俗讲演社刊行。

胡焕庸编著《法国地理》由重庆京华印书馆刊行。

伍廷芳著,陈政译《美国视察记》由上海中华书局刊行。

夏思痛著《南洋》由上海泰东图书局刊行。

梅公毅著《越南新志》由上海中华书局刊行。

张命诚辑录《印度略说》由国群铸一通俗讲演社刊行。

张幽诚辑录《埃及略说》由国群铸一通洛讲演社刊行。

郭希仁著《洲游记》刊行。

卢彤著《中国历史战争形势图说附论》由同伦学社刊行。

北京大学预科文学会编《劝学》由编者刊行。

教育部总务厅文书科编《(重编)教育部图书目录》(上下册)由编者刊行。

商务印书馆编《商务印书馆图书目录》(第一编小学之部)由编者刊行。

商务印书馆编《学生必携》由编者刊行。

陆费逵、欧阳溥存主编《中华大字典》由上海中华书局刊行。

陆尔奎、傅运森、蔡文森等主编《辞源》由上海商务印书馆刊行。

[日]浅井虎夫编著,陈重民编译《中国法典编纂沿革史》由北京内务部编译处刊行。

按:是为日本京都法学会法律学研究丛书之一,名为《中国法典编纂之沿革》,编译者改译为现名。全书分14章。第1章总论;第2章法经;第3—5章为汉、魏晋南北朝至隋时期的法典;第6—13章为唐、宋、元、明、清各时期法典;余章简述中国法典的特色。书中搜集中国法典旧籍较详,并将书目及其旨要附于注文中。

[日]今井嘉幸著,李大钊、张润之译《中国国际法论》由健行社刊行。

[日]今井嘉幸著,冯大树译《中国国际法论》由湖北崇阳冯仁义德记刊行。

[日]今井嘉幸著,张森如译《中国国际法论》由上海商务印书馆刊行。

[日]青田有美著,陈适吾译《最新结婚学》由上海有正书局刊行。

[日]如风居士著,周斌译《(战史摘例)步兵操典证解》由北京武学书局刊行。

[日]津村秀松著,马凌甫译《国民经济学原论》由上海群益书社刊行。

按:是书卷首有康炳勋所写的序及译者弁言,各章后附注释及参看书目。

[日]槙山荣次著,吴鼎昌译《德美教育新潮》由上海中华书局刊行。

[日]野田义夫著,朱叔源、赵南编译《英德法典国民性与教育》(上册)由上海江苏省教育会刊行。有黄炎培题词,袁希涛序。

[日]野田义夫著,朱叔源、赵南编译《英德法典国民性与教育》(下册)由上海江苏省教育会刊行,有黄炎培题词,袁希涛序。

[日]雅川春浪著,吴梼译述《侠女郎》(冒险小说)由上海商务印书馆刊行。

[日]横井时敬著,唐人杰、徐凤书译《模范町村》(政治小说)由上海商务印书馆刊行。

[日]晓风山人著,郭家声、孟文翰译述《秘密怪洞》(社会小说)由上海商务印书馆刊行。

[日]和田万吉著,唐真如编译《泰西轩渠录》(又名西洋笑林广记)由上海东方书局刊行。

[英]斯宾塞著,严复译《群言辩言》由上海商务印书馆刊行。

[英]斯迈尔斯著,叶农生译《克己论》由上海中华书局刊行。

[英]斯迈尔斯著,叶农生译《职分论》由上海中华书局刊行。

按:是书论述不同职业者的道德修养。译稿为16章:职分、良心,行为上之职分,正直、真实,金钱不能收买之人,勇气、忍耐,沙威奈罗,海军军人及水夫,陆军军人,博爱,传道之勇气,行善之勇气,同情,对于动物之同情,对于马之慈悲,责任,人之最后。

[英]格铁夫人著,季理斐夫人译《喻言丛谈》由上海广学会刊行。

[英]连若兰著,[英]瑞思义、许家惺译《保罗布道遗规》由上海广学会刊行。

[英]陶安著,黄理中译《开战时之德意志》由上海商务印书馆刊行。

[英]勃拉斯著,南溟译《南美共和政治之评论》由北京个人刊行。

[英]马克丹诺保德庆著,林纾、陈家麟译《贝克侦探谈初稿》(侦探小说)由上海商务印书馆刊行。

[英]马克丹诺保德庆著,林纾、陈家麟译《贝克侦探谈续编》(侦探小说)由上海商务印书馆刊行。

[英]哈葛德著,贡少芹译《秘密女子》(奇情侦探小说)由上海进步书局刊行。

[英]哈葛德著,天笑生、蟠溪子译《大侠锦帔客传》由上海有正书局刊行。

[英]柯南达利著,李薇香译《洪荒鸟兽记》由上海商务印书馆刊行。

[英]威尔士著,心一译《八十万年后之世界》由上海进步书局刊行。

[英]威尔士著,心一译《火星与地球之战争》由上海进步书局刊行。

[英]希洛著,林纾等译《罗刹雌风》由上海商务印书馆刊行。

[英]勃雷登著,王蕴章译《劫花小影》由上海商务印书馆刊行。

[英]葛丽斐史著,天游译《飞将军》由上海商务印书馆刊行。

[英]韦烈著,卫听涛、朱炳勋译《合欢草》由上海商务印书馆刊行。

[英]威连勒格克司著,胡克、赵尊岳译《玉楼惨语》由上海商务印书馆刊行。

[英]却而斯佳维著,常觉、小蝶译《柳暗花明录》由上海文明书局刊行。

[英]却而斯士著,黄翠凝译《牧羊少年》由上海中国图书公司刊行。

[英]林德力著,孟宪承译《太平天国外纪》(上中下册)由上海商务印书馆刊行。

[英]丁格尔著,陈曾谷译《丁格尔步行中国游记》由上海商务印书馆刊行。

[英]裘昔司著,程灏译述《上海通商史》由上海商务印书馆刊行。

[美]艾迪、谢洪赉著《道德之研究》由上海青年会书报发行所刊行。

[美]道来著,陈崇桂译《怎样祷告》由上海广学会刊行。

[美]丁尼著,[英]莫安仁、戴师铎译《世界教化进行论》由上海广学会刊行。

[美]福斯狄克著,凌启鸣译述,李升培修摹,陈时利校正《欧洲警察制度》由个人刊行。

[美]柯洛克、麦克乐著,胡贻穀译订《柔软体操》由上海基督教青年会组合刊行。

[美]华盛顿·欧文著,林纾、魏易译《拊掌录》(滑稽小说)由上海商务印书馆刊行。

[美]华盛顿·欧文著,林纾、魏易译《旅行述异》(滑稽小说)由上海商务印书馆刊行。

[美]华盛顿·欧文著,林纾、魏易译《大食故宫余载》(历史小说)由上海商务印书馆刊行。

[美]斯土活著,林纾、魏易译《黑奴吁天录》由上海文明书局刊行。

[美]爱德娜温飞尔著,汪德祎译《城中鬼蜮记》由上海商务印书馆刊行。

[美]美林孟著,诗庐译《稗苑琳琅》由上海商务印书馆刊行。

[美]卡尔著,健公译《清慈禧太后画像记》由上海商务印书馆刊行。

[美]卡尔著,陈霆锐译《慈禧写照记》由上海中华书局刊行。

[美]卡奔德著,孙毓修译述《欧罗巴洲》由上海商务印书馆刊行。

[法]孟司铎著《圣心临格》由河北献县张家庄胜世堂刊行,有自序。

[法]巴鲁萨著,林纾、陈家麟译《哀吹录》由上海商务印书馆刊行。

[法]大仲马著,君朔译《续侠隐记》(第 1—4 册)由上海商务印书馆刊行。

[法]大仲马著,君朔译《法宫秘史前编》由上海商务印书馆刊行。

[法]大仲马著,君朔译《法宫秘史后编》由上海商务印书馆刊行。

[法]大仲马著,林纾、王庆通译《蟹莲郡主传》(上册)由上海商务印书馆刊行。

[法]大仲马著,贡少芹译《盗盗》由上海文明书局、中华书局刊行。

[法]嚣俄著《孤星泪》(励志小说)由上海商务印书馆刊行。

[法]洛蒂著,林纾、王庆通译《鱼海泪波》由上海商务印刷馆刊行。

[法]德罗尼著,林纾等译《义黑》由上海商务印书馆刊行。

[法]阿猛查登著,林纾、曾宗巩译《利俾瑟战血余腥记》由上海进步书局刊行

[德]泡尔生著,蔡振译《道德与宗教》由上海中华基督教青年会组合刊行。

[德]克劳塞维茨著,瞿寿褆译《大战学理》(上下册)由北京译者刊行。

[德]罗彦著,方鼎英译述《野战炮兵战术》由北京共和印刷局刊行。

[德]鲍姆拔黑著,陈牧民译《双婿案》(妒情小说)由上海进步书局刊行。

[俄]托尔斯泰著,林纾、陈家麟译《罗刹因果录》由上海商务印书馆刊行。

　　[俄]托尔斯泰著,雪生译《雷花圈》由上海商务印书馆刊行。

　　[俄]托尔斯泰著,朱东润译《骠骑父子》由上海商务印书馆刊行。

　　[俄]奇霍夫著,天笑声译《六号室》由上海有正书局刊行。

　　[葡]阳玛诺译《圣经直解》(上下册)由上海土山湾慈母堂刊行。

　　[意]亚尔方骚·利高烈著,黄仰山译《方言备终录》由上海土山湾慈母堂刊行。有译者序。

　　[意]翟彬甫著,李问渔译《通史辑览》由上海土山湾慈母堂刊行。

　　[波兰]罗琛著,华通斋译《女博士》由著者刊行。

　　彼得巴利著,曾宗巩译《希腊兴亡记》(历史小说)由上海商务印书馆刊行。

　　蜚立伯倭本翰著,林纾、魏易译《藕孔避兵录》由上海商务印书馆刊行。

　　M. M. F 著,Tiang Ai Lan 译《无形之画》由上海美华书馆刊行。

　　冒京著,徐凤书、唐人杰重译《破天荒》(军事小说)由上海东方书局刊行。

　　麦克脱麦罗著,包公毅译《苦儿流浪记》(上中下卷)由上海商务印书馆刊行。

　　宋家钊、费保彦译《结婚论》由上海中华书局刊行。

　　过耀根编译《战争与进化》由上海商务印书馆刊行。

　　漆英译著《财政与军备》由武学社刊行。

　　保定府陆军军官学校教育部译《(最新)改正阵中要务详解》由北京武学书局刊行。

　　王立才译著《致富锦囊》(原名《成功锦囊》)由上海开明书局刊行。

　　徐励编译《圣母善导记要》由上海土山湾慈母堂刊行。

　　群益书社编译部编译《日本潮》由上海群益书社刊行。

　　朱元善编译《手工教育论》(教育丛书)由上海商务印书馆刊行。

　　胡大望译著《茶叶论》由上海新学会社刊行。

　　胡大望译著《糖业论》由上海新学会社刊行。

　　徐卓呆、包天笑译《八一三》由上海中华书局刊行。

　　商务印书馆编译《错中错》(言情小说)由上海商务印书馆刊行。

　　陶祝年、庄梦英译《爱儿小传》(艳情小说)

　　孙毓修编译《伊索寓言演义》由上海商务印书馆刊行。

　　枕流译《续笑里刀》(社会小说)(上下卷)由上海商务印书馆刊行。

　　叶农生译述《德国军事侦探谈》由上海中华书局刊行。

　　乐天生、铁冷译《野草花》由上海小说丛报社刊行部刊行。

　　商务印书馆编译《西班牙宫闱琐语》(历史小说)由上海商务印书馆刊行。

　　陆秋心译述《葡萄劫》由上海民权出版部刊行。

　　天笑声编译《蓓德小传》由上海有正书局刊行。

　　刘半农译《欧陆纵横秘史》(外交小说)由上海中华书局刊行。

　　雷斯赍译《欧战纪事本末》由译者刊行。

　　蒋景缄译《刺蔷薇》(军事小说)由上海进步书局刊行。

　　天行译《雪市孤踪》(言情小说)由上海商务印书馆刊行。

　　欧阳沂编译《恋海之恶波澜》由上海中华书局刊行。

蒋景缄编译《碧血巾》(哀情小说)由上海进步书局刊行。

筹甫译,天笑修词《纪克麦再生案》由上海中华书局刊行。

瘦腰郎、胡寄尘编译《孤雏劫》(奇情小说)由上海进步书局刊行。

包天笑译《云想花因记》由上海中华书局刊行。

包天笑译《拿破仑之情网》由上海中华书局刊行。

亚华、祝龄译《生死美人》由上海进步书局刊行。

杨锦森编《英文名人演说》(英文名人丛书)由上海中华书局刊行。

杨锦森编《英文名人小说》(英文名人丛书第5种)由上海中华书局刊行。

杨锦森编《英文名人述异》(英文名人丛书第4种)由上海中华书局刊行。

杨锦森编《英文名人尺牍》(英文名人丛书第2种)由上海中华书局刊行。

张世鎏等编译《英汉新字汇》由上海商务印书馆刊行。

Mrs. Jewell 编著《启蒙读本》(1—3册)由上海广学会刊行。

《虽母小日课》刊行。

《贞女热玛传》由北京救世堂刊行。

五、学者生卒

秦敏树(1828—1915)。敏树字散之,号冬木老人、林屋散人,江苏苏州人。工诗画,书法长于小楷。早年有意功名,曾入湘军幕府。太平天国运动被镇压后,遂舍弃仕途,回西山隐居,寄情于山水之间,把自己的书屋名为"小睡足寮"。诗文高超,得俞樾赏识,并曾为其诗集作序。

王咏霓(1839—1915)。咏霓初名霓,字子裳,一字旌甫,号六潭,浙江黄岩人。1870年举人,1880年进士。1884—1887年随使官出行德、法、荷,订购舰艇,考察军事。著有《归程日记》《六潭文集》《濠上集》《清源唱和集》等。项士元编有《王六潭先生年谱》钞本二册。

杨守敬(1839—1915)。守敬字惺吾,号邻苏,湖北宜都人。同治间举人。25岁进京应会试,七试皆不中,开始厌倦科名而专心著述。42岁应召赴日本国任驻日钦使随员。46岁回国就任黄冈教谕。61岁担任两湖书院教习,3年之后为勤成学堂总教长。1903年应经济特科,名居第一。68岁时被选任安徽霍山知县,以"年老,不耐簿书"而辞之。次年,被推举为礼部顾问官,曾参与《湖北通志》纂校。1914年袁世凯聘其为顾问,虽多次拒绝,但被迫迁居北京,任参政院参政。著有《水经注疏》《历代舆地图》《平碑记》《平帖记》《学书迩言》《日本访书志》等。

按:邓剑秋说:"(杨守敬)一生埋头学问,勤勤恳恳,寒暑不辍,数十年如一日,著书数十种。他既是历史地理学家,又是版本目录学家、金石学家、书法家、藏书家。他在这些学科领域内,作出了重大贡献。特别是在历史地理学方面,贡献尤为卓越。以其所撰《历代舆地图》和《水经注疏》为例,就可足证。《历代舆地图》三十四册,包括从《禹贡》九州到明代疆域共绘历代地图1928幅,是研究我国历史地理沿革的一部重要图册史料;《水经注疏》是我国舆地学发展史上占有重要地位的一部名著,也是杨守敬代表作之一,称之为'开舆地学之新纪元';在金石学和版本目录学方面,他的贡献也是很突出的。主要著作有《湖北金石志》《三续寰宇访碑录》《日本访书志》《丛书举要》等。《日本访书志》是杨守敬担任出使日本大臣黎庶昌的随员期间,在日本书肆收集我国流传日本的古籍而编辑成的一部重要目录学著作。杨守敬在书法方面,造诣亦很深,擅长隶、楷、行、草诸种字体。他的书法不仅在国内影响至深,对日本也很有影响,日本大书法家日下部鸣鹤曾虚心向他请教,两人相互切磋琢磨,成为师友之交。直到现在,日本书法界,还在研究、提倡杨守敬的书法。……在藏书方面,杨守敬的功劳也是不可磨灭的。"(《加大"杨学"研究力度,弘扬民族优秀文化——在"杨守敬学术交流会"开幕式上的致辞》,陈上岷主编《杨守敬研究学术论文选集》,崇文书局 2003 年版)

陆润庠(1841—1915)。润庠字云洒,号凤石,卒谥文端,江苏吴县人。同治年进士第一,授翰林院修撰。擢侍读。出督山东学政。迁祭酒,累官至吏部尚书。宣统间充实录馆政总裁、东阁大学士,任弼德院院长。工书法,意近欧、虞。又善医学。著有《内经运气病释》。一鸣编有《陆凤石先生事略》。

宋书升(1842—1915)。书升字晋之、贞阶,号旭斋,山东潍县人。1892 年中进士,钦点翰林院庶吉士。后放弃仕途,归里潜心著述。其间曾掌教于济南高等学堂、师范学堂。1907 年为光绪皇帝召见,赏五品卿衔。著有《周易要义》《孟氏易考》《春秋长历》《读春秋随笔》《续春秋三界考》《禹贡说义》《夏小正释义》《礼记大旨》《尔雅拾雅小尔雅广韵校》《考经大旨》《尚书要义》《古韵微》《校订三元甲子编年》《诗略说》《山左金石约录》《旭斋文钞》《灯商随笔》等。

沈廷杞(1842—1915)。廷杞字幼塍,号楚卿,晚年又号桐香退叟,原籍浙江会稽,寄籍顺天大兴。中年入仕,四次摄山东按察使,官至光禄大夫。后人辑《桐香馆诗抄》1 卷。沈宝莹、沈宝瑨合编有《沈廉访楚卿先生年谱》。

邹福保(1852—1915)。福保字咏春,号芸巢,江苏元和人。1886 年一甲二名进士,授翰林院编修。1892 年任会试同考官。次年任江西乡试副考官。1894 年大考名列高等,由编修升任詹事司经局洗马。1896 年擢翰林院侍讲,出任福建乡试主考官。1897 年以洗马出任顺天乡试同考官。1907 年引疾还乡,任江苏师范学堂监督。后曾执教于苏州紫阳书院、存古学堂。家有藏书 10 万卷。著有《文钥》《读书灯》等。

杨模(1852—1915)。模字范甫,号蛰庵,江苏无锡人。早年善诗与古文辞,与邓濂、秦敦世、秦宝玑、华蘅芳、裘廷梁、杨楷并称"梁溪七子"。1885 年被选为拔贡。翌年应直隶总督李鸿章之招,任天津武备学堂汉文教习;后又入湖广总督张之洞幕,襄办自强学堂,任教习,编译海外书籍。1894 年考中经济特科举人。次年会试未中,便绝意于科举功名。1896 年应山西巡抚之聘,任山西武备学堂监督兼总教习。1897 年与无锡人秦谦培等集资创办埃实学堂。1903 年春赴日本考察教育,赞助成立东京留学生江苏同乡会,并先后资助本校教习吴震修、侯鸿鉴留学日本。1904 年再次应张之洞的邀请任湖北学务处专门科专办,兼德道师范学堂及女子高等师范学堂监督。后去北京为学部总务司科员,在图书编译局负责编撰教科书,并兼大学堂文、两科学文。著有《文泽堂诗集》。

陈夔麟(1855—1915)。夔麟字少石,号少室、少樵,贵州开阳人。1880 年进士,改翰林院庶吉士。1883 年任湖北谷城县知县,后改湖北江夏县知县。1904 年任湖南粮储道。后升任湖北荆宜施道。1907 年任湖北按察使。次年改江西按察使。后兼署江西布政使。1909 年任广东布政使。工书画。著有《宝迂阁书画录》。

许鼎霖(1857—1915)。鼎霖字九香,江苏赣榆人。1882 年中举,1890 年受命为内阁中书,充本衙门撰文。1893 年为秘鲁领事。1896 年至 1903 年调皖先后任盐运使、庐州知府、署理凤阳知府、大通税监、安徽道员,代理芜湖道署务。1903 年调浙江省任洋务局总办。1911 年初任本溪湖煤铁公司督办、盐政正监督、奉天交涉使。1913 年初加入国民党,为江苏省议会议员。1914年任苏北荡营垦务督办、江北贩务主办。与张謇、沈云霈同为"实业救国"的"苏北三大名流"。工书法。

吉亮工（1857—1915）。亮工字柱臣，一字住岑，别署莽书生，自号风先生，江苏扬州人。书法先效二王，得其自然潇洒之风韵；稍后浸渍六朝碑版，得其沉雄扑茂之神态。中年后稍变其体，多为狂草，狂放多姿，有"龙草风篆"之称。又善花鸟画，无论苍松、怪树、走兽、飞禽以及佛像皆妙，画作往往不拘成法，随意气所之，有"扬州八怪"遗风。冶春后社成员。著有《诗律传真》《风先生传》等。

李葆恂（1859—1915）。葆恂原名恂，字宝卿，号文石，更号叔默、戒庵、猛庵，别号红螺山人，50岁后熙怡叟，1911年复改名理，字寒石，号兔翁，又称孤笑老人，直隶易州人。李鹤年子。官至江苏候补道。精鉴赏，为端方所重，题跋其所收藏之古文物300余篇。工诗善书。著有《读水经注志疑》、《中国艺术家征略》6卷、《中国美术品征略》2卷、《宝范室爇余书画录》、《清朝书史》、《无益有益斋读画诗》2卷、《偶园所见书画录》1卷、《梵天庐丛录》、《工余谈艺》、《红螺山馆诗抄》、《海土村所见书画录残稿》2卷、《义州李氏丛刻六种》、《猛庵文略》、《燃犀录》1卷、《三邕翠墨簃题跋》4卷、《归学庵笔记》1卷、《偶园读书志》2卷、《偶园小稿》1卷、《击辑集》1卷、《读画诗》2卷、《猛庵杂著》2卷、《庚癸小草》1卷、《津步联吟集》1卷、《天籁阁所藏书画目》等。

按：刘声木《桐城文学渊源考》卷一一曰："治经专《尚书》，治诸史殚精班氏，为文承姚鼐、梅曾亮之传，简雅有法，诗效玉溪涪翁。撰《猛庵文略》二卷、《红螺山馆诗抄》二卷。"

李刚己（1872—1915）。刚己字刚己，以字行，直隶南宫人。少师事吴汝纶、贺涛、范当世，受古文法。1894年进士，以知县用分发山西，旋丁父忧。服阕，补授大同知县，未赴任。历署代州知州，灵丘、繁峙、五台、静乐知县。1911年辛亥革命后，始赴大同任，兼署大同府知事，旋告归。著有《李刚己先生遗集》5卷、《救务纪略》4卷首末2卷。事迹见刘登瀛《李刚己传》、姚永概《李刚己墓志铭》、赵衡《李刚己墓志铭》、贾恩绂《李君刚己墓表》、李葆光《先府君行述》（均见《李刚己先生遗集》附录）。

按：刘声木曰："师事张裕钊、吴汝纶、贺涛、范当世，受古文法，从汝纶尤久。其为文雄肆淋漓，才气宏伟，涵浑迤演，殆为绝诣。评点古文，批窍中綮，食古人奥，仅二十余篇。撰《李刚己遗集》五卷、《附录》一卷。""诗文雄伟特出，张、吴同门中推为第一。"（刘声木《桐城文学渊源考》卷一〇）。

麦孟华（1874—1915）。孟华字孺博，广东顺德人。康有为弟子。光绪举人。1894年赴京会试，参与公车上书。1897年在上海与梁启超、汪康年等创不缠足会。1898年参加保国会。戊戌政变后，协助梁启超在日本创办《清议报》。著有《蜕庵诗词》。

仇亮（1879—1915）。亮原名式匡，字蕴存，号冥鸿，湖南湘阴人。1900年肄业于长沙求是学院。1903年赴日本陆军士官学校留学。1905年参加同盟会，任湖南分会会长。先后编辑《二十世纪之支那》《民报》《汉帜》，宣传革命。又主办《民主报》，反对袁世凯与进步党。1915年被袁世凯杀害。

师复（1884—1915）。复原名刘思复，广东香山人。光绪末年秀才。1904年留学日本，次年加入同盟会。1906年回国，在香山创办隽德女学，后在香港编辑《东方报》。1907年计划暗杀水师提督李准，未成，制造炸药过程中受伤，后入狱3年。在狱中始读吴稚晖等编辑的无政府主义杂志《新世纪》。1909年出狱。1910年春与谢英伯、高剑父等组织支那暗杀团。1911年与丁湘田北上，曾准备暗杀袁世凯。1912年与丁湘田、郑彼岸、莫纪彭等在广州白云庵聚会,创办心社。1912年秋发起世界语运动,担任环球世界语言学会广州分会会长。1913年创办期刊《晦鸣录》。1914年编辑期刊《民声》。创办无政府共产主义同志社。主张除社会政策的改变外,仍需有社会革命。对孙中山、江亢虎、吴稚晖等皆发起批判。著有《师复文存》。

黄远生(1884—1915)。远生名为基,字远庸,笔名远生,江西九江人。少年时勤奋好学,曾在两年内连中秀才、举人、进士三榜而文名大盛。曾以进士资格赴日本中央大学攻读法律。1909年回国,被清政府授予邮传部员外郎兼参议厅行走和编译局纂修官等职。1912年创办和主编《少年中国》周刊。先后任《少年中国》《庸言》《申报》《时报》《东方日报》《东方杂志》《论衡》《国民公报》等报刊特派记者、主编和撰述。1915年冬赴美访问。同年12月25日晚在旧金山被中华革命党美洲总支部负责人林森指派刘北海枪杀。曾与徐彬彬、刘少少一起,被誉为"民国初三大名记者",是中国现代新闻通讯的奠基人。著有《远生遗著》。

陆镜若(1885—1915)。镜若名辅,字扶轩,艺名镜若,江苏武进人。清末留学日本,就读于东京帝国大学文科,参加坪内逍遥博士组织的文艺协会。1908年加入春柳社,改编并主演话剧《热血》。1912年在上海组织新剧同志会,主持其事。创作剧本有《家庭恩怨记》《痴儿孝女》《渔家女》《豹子头》《爱欲海》《催眠术》《爱晚亭》《一缕麻》《浪里鸳鸯》等。译编剧本有《社会钟》《热泪》《新不如旧》《猛回头》《奥赛罗》《异母兄弟》《血蓑衣》等;翻译作品有托尔斯泰的《复活》、易卜生的《海达·高布社拉》及两部莫里哀的喜剧。

徐血儿(1893—1915)。血儿原名大裕,字天复,笔名血儿,别署衣谷,江苏金坛人。早年参加同盟会。1906年考入苏州商船学堂。1909年任《民呼报》《民吁报》记者,同年加入南社。1911年任《民立报》主政,得于右任赏识。1912年任同盟会本部驻沪机关部文事长。二次革命失败后,与叶楚伧创办《世界杂志》。1915年在上海病故。1927年7月,经柳亚子、章士钊、邵力子等社会名流联名呈报申请,国民党政府追认徐血儿为革命烈士。著有《沪上春秋》等。

刘心源(? —1915)。心源字幼丹,湖北嘉鱼人。光绪进士,授编修。历任重庆、成都知府,官至广西按察使。辛亥革命后,任湖北省临时议会议长、湖南巡安使等。长于金石学,专治钟鼎古文。著有《奇觚室古文审》《吉林文述》《乐石文述》《火齐木难三代文书存》《海书》等。

钱理和(—1960)、余元盦(—1961)、安波(—1965)、李秀峰(—1966)、远千里(—1968)、王亢之(—1968)、舒绣文(—1969)、吕荧(—1969)、黄叱石(—1970)、饶彰风(—1970)、高授予(—1973)、顾准(—1974)、高一峰(—1975)、蓝马(—1976)、马基光(—1979)、黄宁婴(—1979)、赵丹(—1980)、叶之威(—1981)、王仙圃(—1982)、袁水拍(—1982)、王小古(—1982)、萧殷(—1983)、蔡天心(—1983)、言少朋(—1984)、蒋鹍平(—1984)、李家载(—1986)、白汝瑗(—1987)、赵枫川(—1988)、胡耀邦(—1989)、杨西光(—1989)、单克伦(—1989)、刘岘(—1990)、骆秀峰(—1992)、潘素(—1992)、许国璋(—1994)、冯契(—1995)、周原冰(—1995)、吕蒙(—1996)、吕荧光(—1996)、苏克勤(—1998)、刘九庵(—1999)、刘大年(—1999)、赵宏本(—2000)、刘辽逸(—2001)、潘絜兹(—2002)、杜运燮(—2002)、赵冷月(—2002)、严文井(—2005)、黎莉莉(—2005)、陈辛仁(—2005)、项堃(—2009)、杨宪益(—2009)、董寅初(—2009)、华君武(—2010)、白雪石(—2011)、崔子范(—2011)、于光远(—2013)、葛林(—2013)、邓力群(—2015)、黄绍湘(—2015)生。

六、学术评述

本年度是袁世凯复辟称帝与反袁力量决战以及文化启蒙开启的特殊年份。其中的先导因素是 1 月 18 日日本驻华公使日置益向袁世凯递交"二十一条"。3 月 10 日,中华革命党揭露日本"二十一条"要求交涉真相及与袁世凯帝制活动的关联。5 月 7 日,日本提出最后通牒,要中国政府在 18 小时内答复是否接受"二十一条"。5 月 9 日,袁世凯屈服于日本,接受丧权辱国的"二十一条"。同日,各城市纷纷集会,拒不承认"二十一条",誓雪国耻。全国教育联合会决定,各学校每年以 5 月 9 日为"国耻纪念日"。与此同时,袁世凯加快了复辟称帝的步伐。3 月 12 日,袁世凯颁布《国民会议组织法》。8 月 3 日,袁世凯的宪法顾问、美国政客古德诺发表《共和与君主论》,鼓吹帝制。8 日,各省的袁党或被收买的社会名流组成请愿团,要求实行帝制。20 日,杨度、孙毓筠、严复、刘师培、李燮和、胡瑛等以"研究国体问题"为名,组成"筹安会",宣传帝制。杨度为理事长,孙毓筠为副理事长,严复、刘师培、李燮和、胡瑛为理事,号称"筹安六君子"。24 日,"筹安会"通电各省将军、巡按使派代表来京讨论国体。9 月 6 日,黎元洪鼓吹总统世袭,为世界开先例。19 日,梁士诒在北京发起全国请愿联合会,请求组成国民代表大会,投票解决国体问题。10 月 8 日,袁世凯颁布《民国代表大会组织法》16 条。25 日,各省国民代表大会开始国体投票。11 月 20 日,国体投票完成,全体赞成君主立宪,总委参政院为国民代表大会总代表,推戴袁世凯为中华帝国皇帝。12 月 12 日,袁世凯宣布恢复帝制,改国号为"中华帝国",改明年为洪宪元年。13 日,袁世凯称帝后发布第一道申令:捕杀乱党。23 日,唐继尧、任可澄致电袁世凯府,要求立将杨度、孙毓筠、严复、刘师培、李燮和、胡瑛、段芝贵、朱启钤、周自齐、梁士诒、张镇芳、袁乃宽等即日明正典刑,以谢天下,涣发明誓,拥护共和。24 日,蔡锷、戴戡致电袁世凯,要求取消帝制,惩办元凶,将发起筹安会之杨度、孙毓筠、严复、刘师培、李燮和、胡瑛等 6 人及通电各省之朱启钤、段芝贵、周自齐、梁士诒、张镇芳、袁乃宽等 7 人明正典刑。25 日,蔡锷、唐继尧等通电各省宣告云南独立,组织护国军,讨伐袁世凯。同月,中华革命党总理孙中山发表《讨袁宣言》,痛斥袁世凯"暴行帝制"等种种罪行。至此,袁世凯复辟称帝与反袁斗争终于趋于最后摊牌阶段。本来,袁世凯以为在古德诺这样的美国政治学家的支持下,在"筹安六君子"的精心策划下,复辟称帝这一行为会较为顺利地进行,没想到却遭到各方的反对,而且康、梁与革命派等不同政治势力迅速结成统一战线,梁启超除了自己劝诫袁世凯悬崖勒马之外,还全力支持其弟子蔡锷联合西南地区的其他军事领袖,组建讨袁军。而在北洋系内部,支持袁世凯复辟称帝的也不多。因此,袁世凯此举反而加剧了北洋系内部的分裂。今人常说袁世凯的失败是由于民主共和观念深入人心,也有学者认为与袁世凯的政治整合能力有限、公论袁世凯"德不配位"颇有关系,但从本质上说,任何逆时代潮流而动者都终将受到历史的惩罚。然而,袁世凯称帝的行为毕竟对民国思想界、学术界造成了极大的冲击,启发人们开始思考为何共和政体已经成立数载,帝制思想却依然存在。后来一波又一波的反传统思考与此也不无关系,袁世凯由此成为中国近代史上的著名负面形象。

尽管本年度依然延续北京—上海双都轴心以及四大板块结构,但彼此的学术群体与内涵却发生了新的变化。北京首先是袁世凯复辟称帝的策源地与大本营,而杨度、孙毓筠、严复、刘师培、李燮和、胡瑛等所谓"筹安六君子"原本多是著名学者,却自觉卷入政治漩涡之中。

但另一方面,政治立场原本对立的两位学界领袖章炳麟与梁启超则在反袁的大旗下走到了一起。章炳麟继续被袁世凯囚禁于北京钱粮胡同,反倒造就了他的学术高产时期。5月,章炳麟所著《国故论衡》增订完毕。《检论》9卷定稿。7月,自定《章氏丛书》由上海右文社出版,收录《春秋左传读叙录》《刘子政左氏说》《文始》《新方言》《小学答问》《说文部首韵语》《庄子解诂》《管子余义》《齐物论释》《国故论衡》《检论》《太炎文录初编》12种,多为学术专著。是年至次年初,司法部佥事吴承仕常往探视,并执弟子之礼,章炳麟为其口述《菿汉微言》,内容涉及印度哲学、中国先秦诸子、宋明理学等。另一方面,是章门弟子的探视与交流。1月31日,弟子许寿裳、鲁迅前往看望。2月14日春节,弟子许寿裳、鲁迅、钱玄同、朱希祖、马裕藻、马叙伦前往看望。29日,弟子许寿裳、鲁迅前往看望。但更为重要的是章炳麟的反袁意志与决心,当8月23日得知杨度、孙毓筠等成立筹安会,要求改共和国体为帝制后,章炳麟遂用七尺宣纸篆书"速死"二字高悬于壁上,并自跋云:"含识之类,动止则息,苟念念趣死,死则自至,故书此二字,在自观省,不必为士燮之祷也。"表示决不与帝制共存。9月,章炳麟进而预言,筹安会诸人鼓吹复辟帝制,徒造成亡国之基础,虽暂得富贵,其覆可待。因而,从一定意义上说,被袁世凯囚禁的章炳麟业已成为一种精神力量的象征。与章炳麟静处北京不同,梁启超则从拒不合作直接走向反袁前线。先是在2月12日梁启超拒绝出任袁世凯政治顾问。4月末旬返粤省亲前,梁启超作致袁世凯长信,劝其悬崖勒马,急流勇退。针对8月14日杨度、孙毓筠、严复、刘师培等人在北京发起筹安会,梁启超于9月3日在《京报》上发表《异哉所谓国体问题者》一文,对即将实行的帝制大加嘲讽,引发社会震动和袁世凯的恐慌。因为此文未发表以前,袁世凯曾使人以巨金贿请,勿为发表。所以此文一经问世,梁启超接连着接到许多意图架陷的匿名信件。《异哉所谓国体问题者》一文所引发的如此强烈的社会反响,使得那些支持帝制的论调黯然失色。至12月12日袁世凯宣布称帝后,梁启超秘密离京南下。16日,梁启超由天津乘中国新济轮赴沪。18日,抵达上海,与在上海的蓝公武、黄溯初、吴贯因、黄炎培、张东荪等人积极策划倒袁活动。此后居沪70余日,筹划滇、黔、桂三省举义各事。19日,梁启超弟子蔡锷抵达昆明。25日,蔡锷联络督理云南军务唐继尧、巡按使任可澄等发动护国运动,正式宣告云南独立。梁启超预先拟就所发各方电文,如《致北京警告电》《致北京最后通牒电》《致各省通电》《云贵檄告全国文》等。梁启超离京南下并居沪70余日的意义还在于由此将双都轴心连为一体。由于上海远离北京的优势,因而成为反袁的策源地与大本营。居于上海的康有为旗帜鲜明地站到了反袁一边。11月,蔡锷起兵讨袁,康有为致电门人徐勤在香港接船保护。梁启超南下抵沪,康有为促其移寓彼处,梁启超以避嫌不便往,随后潜往广西,策动都督陆荣廷响应讨袁义师。同样居于上海而积极参与反袁斗争的学者还有谢无量、张相文、陈独秀等。陈独秀6月中自日本回国后,在上海组织安徽的革命者,积极进行倒袁活动,被人誉为"鲁肃"。当然,陈独秀载入史册的更大贡献则集中体现在9月15日在上海创办《青年杂志》。陈独秀在《青年杂志》创刊号上发表发刊词《敬告青年》,明确以西方文明为典范,高举"科学"和"民主"两面大旗,从而揭开了中国新文化运动的序幕,同时也极为深远地影响着民国时期的思想与学术。值得注意的是,早期《青年杂志》的撰稿人,多为陈独秀的安徽同乡,并且与《甲寅》杂志联系紧密,不少人在清末也积极参加革命活动。因此,虽然这份杂志名曰"青年",但从主编到主要撰稿人,实为经历了不少政局变动的中年人。正是因为对之前政坛的失望,才使得他们将言说对象寄托在青年身上。在这个意义上,《青年杂志》在论说风格与预期读者方面,与梁启超在清末撰写《少年中国说》颇有一脉相承之处。

就京沪双都轴心而论,还需关注一下教育界、出版界的最新动向。胡仁源继续任北京大学校长。11月,根据教育部公布的《大学令》,北京大学开始设立评议会,选举会员报教育部备案。由每科选出评议员二人组成。当选评议员的有:文科陈黻宸、辜汤生,理科冯祖荀、俞月奎,法科张耀曾、陶孟和,工科温禹、孙瑞林,预科朱锡龄、张大椿。评议会为"商决校政最高机关"。黄侃在京与被袁世凯囚禁的章炳麟同寓钱粮胡同新居,冀得扶持。黄侃与章炳麟重点讨论音韵等学术问题,并得以借阅章炳麟《音理论》《二十三部音准》手稿本。又以十九纽二十八部之说授钱玄同。黄侃在音韵学上取得突破性进展,初步建立了一个集大成的古音学体系,得到章炳麟、刘师培以及钱玄同等师友的赞许和认同,成为 20 世纪前半期音韵学研究最重要的代表人物之一。陶孟和留学英国时与梁宇皋合著的英文著作《中国乡村与城镇生活》年底作为英国伦敦政治经济学院《经济政治研究丛书》中的《社会学专刊》第四种出版,成为中国人用社会学观点研究中国社会生活的最早著作,也是我国社会学研究史的开创性成果。周诒春继续任清华学校校长。6月,《清华学会月刊》第 1 期出版。9月 29 日,清华教员部召开学术研究会成立大会,周诒春校长发表演说,要旨是:(1)该会以研究各种学术为旨归,以交换智识而表团结精神;(2)各教员应各抒己见,刊印成册,以广传诵而启后学。12月,清华学校师生合编的《清华学报》季刊创刊,两月一期,分著述、记述、译述三部分,有中文本、英文本两种。这是我国最早使用中英文两种版本出版,且初以英文版为主的高校学报,也是最早在刊名上缀以"学报"二字的高校学术期刊。陈宝泉继续任北京高等师范学校校长。为了培养教育学科的专门人才,陈宝泉校长一手主持开办了教育专攻科和教育研究科,是为教育学科在高等教育体系中获得独立建制的开端。4月,北京高等师范学校史地学会成立,会员有何炳松、陶履恭、王桐龄、白月恒、朱希祖、蒋梦麟、翁文灏、陈映璜等人,研究范围包括历史、社会、地理、地质、人类学等多个领域。6月 2 日,陈宝泉等人在北京创办全国师范教育研究会,并经教育部批准立案。此为我国第一个专门研究师范教育的学术机构,以便联络全国教育界人士共同研究师范教育。徐树铮时任北洋政府陆军部次长,西北筹边使兼西北边防军总司令,在北京创办京师私立正志中学。正志中学"采军事教育体制,规模章则,仿自德国""以克己深省,尊师重道为诸生训。四年作业,首重古文学之修养,次数理,再次为德语"。林纾到徐树铮创办的北京私立正志学校任正教长,姚永概、马其昶、姚永朴亦至,彼此一同继续推重桐城派古文。

上海轴心中,李登辉继续任复旦公学校长,王宠惠 5 月任复旦公学副校长,协助校长李登辉经办复旦公学。春,参照耶鲁报告、课程说明等相关文件,制定中英文《复旦公学章程》,为复旦确立了较为完备的通识课程体系,使复旦的课程体系和管理机构都明显接近美国式大学。秋,《复旦》杂志创刊,每年刊出一期。中文占四分之三,英文占四分之一。唐文治继续任上海工业专门学校校长。3月,南洋公学同学会办的季刊《南洋》第 1 期出版。内有陈容的《南洋公学之精神》一文,谓学校校风其重要者有三:"注重体育以矫文弱之弊""注重国学国文以保存国粹""注重科学工艺以增进民智"。12月,唐文治也因"精心主办本次展出"被授予勋章。冬,编《孟子大义》,其中《离娄》《万章》《告子》《尽心》4 篇成,并作自序。《茹经先生自订年谱》记:"颇中时弊。有能读此书者,或可救世道于万一也。"在出版界,依然以商务印书馆与中华书局为"双子星座"。重要刊物有:1 月 20 日,中华书局《大中华》月刊在上海创刊,以"养成国民世界知识,增进国民人格,研究事理真相,以为朝野上下之南针"为宗旨,为当时重要的学术和政治刊物。梁启超应邀任总撰述,主要撰稿人有康有为、章太炎、吴贯因、任致远、谢无量、蓝公武、张东苏、张謇、林纾等。中华书局意欲与商务印书馆《东方杂志》相抗衡,彼此构成名刊的"双子星座";1月25日,任鸿隽等筹办的《科学》杂志在上海正式创刊,朱少屏任经理,杨铨任编辑部长,黄炎培、唐绍仪、伍廷芳、沈恩孚、黎元洪、张謇、黄兴、蔡元培及美国科学家爱迪生等发来贺词、贺信,对传播和介绍西方现代自然科学作出过巨大贡献。5月,章士钊主编的《甲寅》杂志,自第1卷第5期起,从日本移至上海印刷出版,并改为周刊。10月,被禁停刊。

各省板块的重心有所变化。江浙、两湖、四川皆具一定的优势。在江浙区域,江谦继续任南京高等师范学校校长。1月18日,郭秉文被江谦校长聘为南京高等师范学校教务主任,陈容为学监主任。同日,邀请前教育部视学袁希涛来宁,约同省教育会会长沈恩孚、副会长黄炎培等在省议会内筹议一切进行事宜。9月10日,南京高等师范学校举行开学式。南京高等师范学校始告正式成立,设有国文、理化两部。朱瑞时任浙江都督,开始筹建浙江通志局,聘请徐定超、喻长霖任提调,沈曾植任总纂,又聘朱祖谋、吴庆邸、陶葆廉、章梫、叶尔恺、朱福清、金蓉镜、喻长霖、孙德谦、王国维、张尔田、刘承干、缪荃孙等人为分纂,并设立浙江征书处等附属机构。一时人才济济。在两湖区域,叶德辉约3月当选湖南教育会会长。4月,因北京政府与日签订"二十一条",长沙爆发排日风潮,叶德辉曾组织学生游行,又被推为长沙排日会会长,捐出自家部分房屋设为长沙排日会总部,时人目为有侠义之风。8月,在长沙发起成立经学会,自任会长。徐特立、杨昌济继续任教湖南高师。6月,徐特立与杨昌济、方维夏、王季范等教员反对校长张干开除为抗议缴学杂费而"闹事"的毛泽东等17名学生。张干被迫收回决定。9月,陈独秀主办的《新青年》出版。杨昌济爱读《新青年》,并购买若干本分送毛泽东、蔡和森等人。杨昌济曾在日记中写道:"毛泽东资质俊秀若此,殊为难得。"刘人熙8月在湖南长沙创办《船山学报》,参与其事者还有曹佐熙、徐明谔、廖名缙和彭政枢等人。在四川区域,骆成骧时任四川高等学校(即清末创立的四川省城高等学堂)校长。9月,以四川高等学堂校长名义,向四川巡按使陈宧呈文,提出在四川高等学校的基础上设立四川大学。蒙文通是年春作《孔氏古文说》,辨旧史与六经之别,廖平嘉之,并刊于《国学荟编》第8期。是年,蒙文通又撰《世界新趋势论》,刊于《世界观杂志》第2卷第1期。天津区域,主要还是得益于南开学校以及张伯苓的影响力。张伯苓4月30日出席在天津召开的全国省教育会联合会第一次会议,并往晤江益园、经子渊等教育名流。5月10日,率南开运动员赴上海参加第二届远东运动会,担任远东运动大会副会长。6月13日,张伯苓与严修、李琴湘、林墨青等共同讨论发展天津教育问题。以上为本年度各省板块中的四个学术高地。

海外板块中,"出"的方面,依然以日本、美国与欧洲为重心。在日本,其一是反袁力量的聚集,包括李大钊、邓初民、黄远生以及国民党领袖与中坚分子,并与国内各界形成互动;其二是王国维、罗振玉的前沿研究,并在甲骨学、敦煌学、简牍学研究中不断推出新的成果。是年,王国维、罗振玉相继返国,经罗振玉介绍,王国维与沈曾植相见,问以古音韵之学,遂定交,对王国维产生重要影响,由此拓展了王国维的研究领域与方法,其撰于1917年的《尔雅草木虫鱼鸟兽释例》即受沈氏启迪而作。此外,李石岑与潘培敏、李大年、丘夫之等在日本东京发起组织"学术研究会",以"研究学术,促进文化"为宗旨。在美国的重要学术活动,一是胡适有关文学改良的酝酿,以及是年夏与梅光迪、任叔永、赵元任等在美留学生讨论文学革命。2月,《胡适留学日记》有载《裴伦论文字之力量》,正式出现了有关文学改良的札记。从此以后,胡适在其日记中撰写了大量涉及文学革命与语言改良的内容。6月6日,胡适因读诗词并作比较,从而得到"词乃诗之进化"的观念。8月2日,为《科学》月刊撰《论句逗及文学符号》,成为日后提倡标点符号的发端。8月3日,读白居易《与元九书》,悟得文学自古分理想主义与写实主义两大派。8月26日,撰成《如何可使吾国文言易于教授》,预备在本年东美学生会年会上宣读。在这篇文章里,提出了古文的文字乃是"半死的文字",白话的文字才是活文字的观念,由此初步形成文学革命与白话文运动的思想。9月17日,梅光迪转入哈佛大学研究院,专攻西洋文学,师从美国新人文主义大师白璧德,胡适作诗送之,诗曰:"梅生梅生毋自鄙! 神州文学久枯馁,百年未有健者起。新潮来之不可止,文学革命其时矣!""且复号召二三子,革命军前杖马箠。"其中首次提到"文学革命",引起来梅光迪的反思和质疑。20日,胡适作答任鸿隽的诗,其中两句:"诗国革命何自始? 要须作诗如作文。"由此可知,胡适当时已进入文学革命的酝酿时期。同月,胡适进入美国哥伦比亚大学研究院,从杜威研究哲学,此在日后的新文化运动以及现代学术转型与创新中产生重要影响。二是任鸿隽等筹办的中国科学社10月25日在美国康乃尔大学成立,通过《中国科学社总章》,以"联络同志共图中国科学之发达"为宗旨,规定科学社的办事机关包括董事会、分股委员会、期刊编辑部、书籍编译部、经理部、图书部。蔡元培、马君武、张轶欧、周美权、竺可桢、葛利普、吴稚晖、孙科等先后被邀任特社员。欧洲方面,则以旅法的蔡元培为代表。10月,蔡元培复函任鸿隽,对其在美国发起成立中国科学社之举表示支持。12月下旬,蔡元培与唐绍仪、汪精卫联名反对袁世凯称帝。是年,蔡元培在法国著成《石头记索隐》,堪称索隐派红学的集成之作。至于"进"的方面,俄国奥尔登堡1月26日从中国西北返回俄国,劫走一批敦煌写卷、雕塑、壁画、艺术品等,而英国斯坦因则从1月开始发掘阿斯塔那墓地和哈拉和卓墓地,获大量写本、丝织品、陶俑、钱币等文物。2月初,派人将获自吐鲁番周围的141箱文物运往喀什。5月,返回喀什,在喀什的英国领事馆将第三次中亚考察间所获文物与资料重新集中装箱,共有文物182箱,胶卷、底片等物八大皮箱。另有瑞典地质学家安特生时任北京政府农商部矿政司担任顾问。春,与丁文江相识。两人的会见,对安特生在华的工作产生了决定性的影响。

与上年比较,原先有关法治、孔教、教育论争或讨论的三个热点问题依然在延续,而且随着袁世凯的复辟称帝与反袁力量激烈决战而逐步提升反袁非孔的力度,其中章士钊主编的《甲寅》尤其发挥了先锋作用。5月9日,当袁世凯接受"二十一条"的消息传来时,章士钊怀着悲愤的心情写下了《时局痛言》一文,对袁世凯政府提出了严厉的批判。10日,章士钊将其主编的《甲寅》杂志自第1卷第5期起,从日本移至上海印刷出版,并改为周刊。5月10日,章士钊在《甲寅》第1卷第5号发表《学理上之联邦论》,引证西文学说,结合中国政治实际,论证联邦制可以用舆论力量达到革命的目的,这是当时反袁的重要理论之一。6月10日,日本提出"二十一条",欧事研究会议决通电全国,以逼使袁世凯投入日本怀抱为"理由",主张对袁采取缓进主义,通电由黄兴领衔,章士钊起草。8月31日,章士钊在《甲寅》第1卷第9号发表《帝政驳义》一文,驳斥古德诺及筹安会的帝政说,捍卫民主共和。10月,《甲寅》被禁停刊。相较于《甲寅》等所有刊物以及所有反袁非孔的文章,《青年杂志》的横空出世,迅速实现了全方位的超越。这就好像此前所见皆为高原,而《青年杂志》则突现顶峰,大有"会当临绝顶,一览众山小"的感觉。首先,陈独秀《青年杂志》首次明确提出"民主"和"科学"的口号,高举"民主"和"科学"两面大旗,正式揭开了新文化运动的序幕,因而《青年杂志》的创刊也就成为新文化运动兴起的标志。其次,陈独秀所撰写的发刊词《敬告青年》是该刊的纲领性文章。《敬告青年》开篇道:"窃以少年老成,中国称人之语也;年长而勿衰(Keep young while growing old),英、美人相勖之辞也,此亦东西民族涉想不同、现象趋异之一端欤?青年如初春,如朝日,如百卉之萌动,如利刃之新发于硎,人生最可宝贵之时期也。青年之于社会,犹新鲜活泼细胞之在人身。新陈代谢,陈腐朽败者无时不在天然淘汰之途,与新鲜活泼者以空间之位置及时间之生命。人身遵新陈代谢之道则健康,陈腐朽败之细胞充塞人身则人身死;社会遵新陈代谢之道则隆盛,陈腐朽败之分子充塞社会则社会亡。"作者向青年们提出了六条处世精神,即"自主的而非奴隶的"精神;"进步的而非保守的"精神;"进取的而非退隐的"精神;"世界的而非锁国的"精神;"实利的而非虚文的"精神;"科学的而非想象的"精神。贯穿其中的一条红线是科学与民主。科学与民主是检验一切政治、法律、伦理、学术以及社会风俗、人们日常生活一言一行的唯一准绳,凡违反科学与民主的,哪怕是"祖宗之所遗留,圣贤之所垂教,政府之所提倡,社会之所崇尚,皆一文不值也"。如果说《新青年》的创刊是新文化运动兴起的标志,则《敬告青年》一文则成为新文化运动的宣言书。其次,陈独秀又在《青年杂志》创刊号上发表《法兰西人与近代文明》以及译文《现代文明史》。其《法兰西人与近代文明》认为:"近世文明,东西洋绝别为二。代表东洋文明者,曰印度,曰中国。此二种文明虽不无相异之点,而大体相同,其质量举未能脱古代文明之窠臼,名为近世,其犹古之遗也。可称曰近代文明者,乃欧罗巴人之所独有,即西洋文明也,亦谓之欧罗巴文明。移植亚美利加,风靡亚细亚者,皆此物也。欧罗巴之文明,欧罗巴各国人民皆有所贡献,而其先发主动者率为法兰西人。"然后总结道:"近代文明之特征,最足以变古之道而使人心社会划然一新者,厥有三事:一曰人权说,一曰生物进化论,一曰社会主义是也。""此近世三大文明,皆法兰西人之赐。"此文不仅以法兰西的改造中国之样板,而且引进其"人权说""生物进化论""社会主义",以此作为"武器批判"的"批判武器"。再次,陈独秀12月15日在《青年杂志》第1卷第4号发表《东西民族根本思想之差异》,认为东西文化的不同是因为根本思想"各成一系":"(一)西洋民族以战争为本位,东洋民族以安息为本位;(二)西洋民族以个人为本位,东洋民族以家族为本位;(三)西洋民族以法治为本位,以实利为本位,东洋民族以感情为本位,以虚文为本位。"因此,他认为中西之不同,非轮船、火车、飞机、声、光、化、电不如西方,实中西思想有根本之差异,中国固有之思想已不适宜于今日之社会。在此,陈独秀将中西文化或文明的空间差异转换为时代差距,由此开启了长时段的中西文化大论战。按照张泓林《五四时期东西文化问题论战》(《中国社会科学报》2016年8月23日)的归纳,现代中西文化大论战大致可以划分为三个阶段:1915—1919年为第一阶段,论争主要集中于比较东西文化优劣方面;1919—1921年为第二阶段,东西文化能否调和是这一时期争论的焦点;1921—1927年为第三阶段,开始关注东西文化如何结合的实践问题。陈独秀《东西民族根本思想之差异》即是正式开启以上三个阶段中西文化大论战的始点。最后,陈独秀还发表了涉及其他相关论题的文章,如在创刊号上发表提倡妇女解放的《妇人观》以及《答王庸工》,驳斥筹安会诸人鼓吹君主制的种种论调;在《青年杂志》第1卷第2号发表《今日之教育方针》,提出建设"人民为主人,以执政者为公仆"的民主国家;按照"今日教育方针"之思路,陈独秀将"今日之教育方针"概括为以下四点:"一是现实主义,二是惟民主义,三是职业主义,四是兽性主义。"在《青年杂志》第1卷第3号发表《抵抗力》,探讨了国民无"自觉心"的原因。上述所论以及《青年杂志》所刊其他学者的论文,从不同维度延伸到理论与现实、批判与建设诸方面。有比较,才能有鉴别。在《青年杂志》创刊之前,章士钊主编的《甲寅》杂志一直被视为反袁批孔的主阵地。然而,至9月15日,陈独秀在上海创办《青年杂志》后,章士钊却在《甲寅》杂志上发表《评新文化运动》《评新文学运动》,反对新文化、新文学。说什么"近年士习日非,文词鄙俚,国家未灭文字先亡""白话文体盛行而后,……海盗海淫,无所不至,此诚国命之大创,而学术之深忧",并在广告中宣布:"文字须求雅驯,白话恕不刊登。"再如张东荪作为政论家的杰出代表,健步走在全国学界的前列,更是立宪、孔教论争中的主将。至是年4月15日、6月15日,在《正谊》第1卷第8—9号上连载了长文《吾人之统一的主张》,总结了民国成立以来的政治经验和教训,对民国以来自己的政治主张作了全面梳理,然后基于中央采取内阁制、地方采取联邦制的基本政治框架,系统阐述了自己对于中国政治、经济、社会和教育等方面问题的主张。是一篇经过较长时间的思考而撰写的富有内蕴与新见的文章。然而,就如何把握和回答世界大变局下中国文化革新的时代主潮与命题来看,彼此显然无法相提并论。关键在于陈独秀基于现实而又富有思想,基于理性而又充满激情,基于中国而又通观世界,基于当下而又关注未来,因而具有时代性、深邃性与超越性。

　　本年度最具代表性的学术著作有章炳麟自定的《章氏丛书》,由上海右文社出版,收录《春秋左传读叙录》《刘子政左氏说》《文始》《新方言》《小学答问》《说文部首韵语》《庄子解诂》《管子余义》《齐物论释》《国故论衡》《检论》《太炎文录初编》12种,多为学术专著,而作者先前登在报刊上的富有战斗性的文章,竟多被刊落。所惜印制不精,颇多误字。诸子研究方面,蒋百里出版与刘邦骥合著的《孙子浅说》。以《孙子》十家注本为依据,对十三篇详加释说,引申论述军政与主德、财政、外交、内政之关系,论述奇正运用、虚实原理,论述战争基本方略、应变方略等。甲骨学方面,居于日本京都的罗振玉与王国维继续贡献新的成果,罗振玉撰成《殷虚书契考释》1卷,并作序,释出单字485个,多得到学界认可,为甲骨文研究中的里程碑著作。王国维参与著述并作前后两序,纵论三百年小学发展演变,谓《殷虚书契考释后序》为"此三百年来小学之一结束也"。王国维也撰成《殷虚书契前编》一、二卷释文。王国维于1913年连载于《东方杂志》的《宋元戏曲史》由上海商务印书馆出版。历史学方面,王先谦《尚书孔传参正》30卷(虚受堂)、《〈后汉书〉集解》120卷(虚受堂),刘承干《明史例案》9卷(刘氏嘉业堂),黄鸿寿编《清史纪事本末》80卷(上海文明书店),以及容闳著、恽铁樵等译《西学东渐记》(上海商务印书馆)相继出版。《西学东渐记》为容闳晚年用英文撰写的自传式回忆录,原名为 My Life In China & America,1909年在纽约出版。后由徐凤石、恽铁樵两人节译为中文,改名为《西学东渐记》,1915年1月开始在《小说月报》第6卷第1期发表,连载至第8期。同年由商务印书馆出版。文学研究方面,除了王国维于1913年连载于《东方杂志》的《宋元戏曲史》由上海商务印书馆出版之外,又有张之纯编著《中国文学史》上卷(上海商务印书馆),曾毅著《中国文学史》(上海泰东图书局),问恨生著《聊斋发微》(上海中华图书馆),上海进步书局编《现代十大家文钞》(上海进步书局)相继出版。问恨生著《聊斋发微》为研究《聊斋志异》的第一部学术专著。《现代十大家文钞》之十大家是王湘绮、王益吾、樊樊山、康有为、严几道、林琴南、张季直、章太炎、梁启超、刘师培。蔡元培在法国著成《石头记索隐》,堪称索隐派红学的集成之作。此外,丁谦《中国人种从来考》(浙江图书馆),谢无量《阳明学派》(上海中华书局),朱世溱《欧西报业举要》(连载于3—12月《申报》"著述"栏目),朱元善编《艺术教育之原理》(上海商务印书馆),梁启超等原著、警铎编《世界亡国惨史》(上海醒社)、陆费逵、欧阳溥存主编《中华大字典》(上海中华书局)、傅运森、蔡文森等主编《辞源》上下册(上海商务印书馆),以及陈重民编译(日)浅井虎夫编著《中国法典编纂沿革史》(北京内务部编译处)、李大钊、张润之合译(日)今井嘉幸原著《中国国际法论》(健行社)等,都值得重点关注。

　　再就聚焦于重要学术论题的论著而言,除了上文已时有涉及之外,还有伧父《论思想战》(《东方杂志》第12卷第3号)、伧父《命运说》(《东方杂志》第12卷第7号),余瑞玉《自由论》(《中华妇女界》第1卷第9期),张东荪《根本救国论》(《正谊》第1卷第7号)、《中国之将来与近世文明国立国之原则》(《正谊》第1卷第7号)、《制治根本论》(《甲寅》第1卷第5号)、《就纯理论上答〈甲寅〉杂志秋桐君》(《中华杂志》第2卷第1号)、《行政与政治》(《甲寅》第1卷第6号)、《吾人理想之制度与联邦》(《甲寅》第1卷第10号)、《对于古博士国体论之质疑》(《神州日报》8月26—27日),章锡琛《科学与道德》(《东方杂志》第12卷第8号),欧阳玉《论学问与道德之关系》(《中华妇女界》第1卷第9期),吴贯因《政治与道德》(《大中华》第1卷第3期)、《尊孔与读经》(《大中华》第1卷第2期),梁启勋《论理学与心理学之关系》(《大中华》第1卷第6期),陈政《地质学上之中国观》(《大中华》第1卷第11期),丁谦《中国人种从来考》(浙江图书馆),彭金夷《二十世纪之三大问题》(《东方杂志》第12卷第3号),王毓祥《中国之将来》(《东方杂志》第12卷第8号),汪叔潜《新旧问题》(《青年杂志》第1卷第1号),钱智修《伍廷芳君之中西文化观》(《东方杂志》第12卷第1号),梁启超《政治之基础与言论家之指针》(《大中华》第1卷第2期)、《异哉所谓国体问题》(8月底在《京报》)、《复古思潮平议》(《大中华》第1卷第7期)、《孔子教义实际裨益于今日国民者何在欲昌明之其道何由》(《大中华》第1卷第2期),抱木《孔子教义实际之研究》(《大中华》第1卷第9期),章士钊《学理上之联邦论》《复辟平议》(《甲寅》第1卷第5号)、《政治与社会》《国民心理之反常》(《甲寅》第1卷第6号)、《共和平议》(《甲寅》第1卷第7号),章锡琛《欧洲之思想战争》(《东方杂志》第12卷第2号),高劳《吾人今后之自觉》(《东方杂志》第12卷第10号),高一涵《共和国家与青年之自觉》(《青年杂志》第1卷1号)、《近世国家观念与古相异之概略》(《青年杂志》第1卷第2号)、《民约与邦本》(《青年杂志》第1卷第3号)、《国家非人生之归宿论》(《青年杂志》第1卷第4号)、《读梁任公革命相续之原理论》(《青年杂志》第1卷第4号),陶保霖《法制变化论》(《法政杂志》第5卷第1号),砳诲《东方家族主义与个人主义之革代》(《进步杂志》第7卷第5号),冰心《新文明之妇女位置》(《进步杂志》第9卷第1号),佩我《学校造就人才之大要》(《进步杂志》第9卷第1号),吴邦俊《春秋列国疆域考》(《学生杂志》第1号),述曾《古代中西交通考》(《东方杂志》第7号),吕思勉《蒙古种族考》(《大中华》杂志第1卷第11期),张相文《成吉思汗园寝之发现》(《地学杂志》第3期),阙名《新修清史宜增图学一门议》(《东方杂志》第12卷第5号),林纾《桐城派古文说》(《民权素》月刊第13集),刘文典译赫胥黎著《近世思想中之科学精神》(《新青年》第1卷第3号)。其中伧父《论思想战》、钱智修《伍廷芳君之中西文化观》、梁启超《异哉所谓国体问题》、高一涵等文《读梁任公革命相续之原理论》、张东荪《就纯理论上答〈甲寅〉杂志秋桐君》《对于古博士国体论之质疑》具有论争性质。先是袁世凯8月授意其美国顾问古德诺发表《共和与君主论》,诬称中国民智低下,不适宜实行共和国体,为袁世凯复辟帝制大造舆论。同月14日,杨度等人在袁世凯授意下组织"筹安会",公开鼓吹帝制。梁启超、谷钟秀、张东荪等人立即进行了反击。月底,梁启超在《京报》发表《异哉所谓国体问题》,各报竞相转载,打出反对帝制的旗号。张东荪随后撰写《对于古博士国体论之质疑》，刊于 8 月《神州日报》，后为美国传教士李佳白所办的《尚贤堂纪事》第 6 期第 9 册转载。作者以进化论为思想武器，批驳了古德诺所谓从历史习惯、社会经济状况看中国"以君主制行之为易"的谬论。至于更为专题性的重要论题，则有王国维《洛诰解》《古代外族考》《三代地理小记》《袴褶服考》(后改为《古胡服考》)《元刊杂剧三十种序录》《古礼器略说》《与林浩卿博士论洛诰书》《浙江考》《汉会稽东部都尉治所考》《后汉会稽郡东部候官考》等，其中《三代地理小记》刊于《国学丛刊》第 11 卷，后改为《说自契至于成汤八迁》《说商》《说亳》《说耿》《说殷》《秦郡考》6 篇。由此可见，王国维学术成果之丰硕以及研究方法之娴熟。

学术史论著方面，主要有：容闳著、恽铁樵等译《西学东渐记》(上海商务印书馆)，吴贯因《古史索隐》(《大中华》第 1 卷第 8 期)，陈重民编译(日)浅井虎夫编著《中国法典编纂沿革史》(北京内务部编译处)，陆尔奎《辞源说略》(《东方杂志》第 12 卷第 4 号)，张大钚《两晋南北朝时代中国伦理上之变态观》(《学生杂志》第 12 号)，梁启超《论中国财政学不发达之原因及古代财政学说之一斑》(《大中华》第 1 卷第 12 期)，吴贯因《中国经济进化史论》(《大中华》第 1 卷第 4 期)，张相文《成吉思汗园寝之发现》(《地学杂志》第 3 期)，谢无量《阳明学派》(上海中华书局)、《德国大哲学者尼采之略传及学说》(《大中华》第 1 卷第 7—8 期)，志厚《现代教育思潮》(《教育杂志》第 7 卷第 2—3 期)，范石渠《现代思潮之文明史的观察》(《大中华》第 1 卷第 4 期)，大可《最近人类学遗传性之研究》(《进步杂志》第 7 卷第 6 号)，冰心《英美最近流行之小说观》(《进步杂志》第 7 卷第 4 号)，朱世溱《欧西报业举要》(连载于 3—12 月《申报》"著述"栏)，黄炎培《实用主义产出之第一年》(《教育杂志》第 7 卷第 1 号)。《西学东渐记》共 22 章，起自 1828 年迄于 1901 年，从追忆幼稚时代和小学时代，到记录在美国留学，再到叙述其学成归国以及经历太平天国运动、洋务运动、戊戌变法等重大历史事件和生平从事教育、政治、经济等活动，堪称是第一个留美毕业的学者在中国和美国生活的真实记录，为研究 19 世纪晚期中西思想学术交流史和晚清思想史提供了重要材料。梁漱溟在 9 月所编《晚周汉魏文钞》自序中说："夫一民族之与立，文化也；文化之中心，学术也；学术所藉以存且进者厥为文字。存者叙述故典，综事之类也；进者扬搉新知，布意之类也。今举国以治古文，图耀观览而废综事布意之本务，则是斲毁学术阻逆文化而使吾族不得竟存于世也！"可见当时梁漱溟已注意到中国文化与学术问题，同时也反映了梁漱溟的学术史观。(以上参见本书"学术背景""学术活动""学术著作""学者生卒"栏所引文献与出处，以及章恒忠、王亚夫主编《中国学术界大事记(1919—1985)》，上海社会科学出版社 1988 年版；王学典《20 世纪史学编年(1900—1949)》，商务印书馆 2014 年版；付喜祥《20 世纪前期中国文学史写作编年史》，北京师范大学出版社 2013 年版；中国大百科全书总编辑委员会编《中国大百科全书·考古学》，中国大百科全书出版社 2002 年版；王学珍等编《北京大学纪事(1898—1997)》，北京大学出版社 1998 年版；清华大学校史研究室编《清华大学一百年》，清华大学出版社 2011 年版；北京师范大学党委办公室、北京师范大学校长办公室《北京师范大学纪事》，北京师范大学出版社 2012 年版；南京大学高教研究所编《南京大学大事记(1902—1988)》，南京大学出版社 1989 年版；沈卫威编《学衡派编年文事》，南京大学出版社 2015 年版；吴永贵《民国出版史编年：1912—1949》，社会科学文献出版社 2018 年版；朱鲜峰《近代留美学生的多重面相(1909—1927)》，中国教育学会教育史分会第十六届年会，2015 年；王哲《传统与变革之间：学衡派与新文化派文化论争研究》，青岛大学硕士学位论文，2019 年；刘敏《民国时期〈科学〉杂志研究》，内蒙古师范大学博士学位论文，2013 年)

1916 年 民国五年 丙辰

一、学术背景

1月1日,袁世凯改元洪宪,洪宪元年开始。

是日,中华民国护国军政府在云南昆明成立,云南取消将军行署、巡按使署,改为都督府,唐继尧为都督。

是日,袁世凯令孔令贻仍袭封衍圣公,并加郡王衔。

1月5日,袁世凯调集大军向云南用兵。

1月8日,教育部公布《国民学校令实行细则》《高等小学校令实行细则》。

1月12日,教育部通知各书局修改教科书。

1月22日,《民国日报》在上海创刊。该报系中华革命党为反对袁世凯复辟帝制而创刊,邵力子任经理,叶楚伧任主笔。

1月27日,贵州宣布独立,刘显世任都督。

是月,复旦公学学报《复旦》在上海创刊,主要刊载文艺作品、哲学和社会科学著译作品等。

2月2日,农商部成立地质调查局,负责地质矿产调查事务。

2月18日,中华革命党于湖北起义失败。

2月22日,内务部通饬各省保存古物。

2月23日,袁世凯宣布延期实行帝制。

是月,中华医学会在上海召开第一次大会。

3月10日,冯国璋等5人联合发电给袁世凯,迫其退位,取消帝制。

3月11日,内务部为切实保存前代文物古迹训令各省民政长,要求各省加大文物保护力度,对损毁私售现象严加治理。

3月15日,广西宣布独立,拥护共和。陆荣廷任广西都督及两广护国军总司令,梁启超任总参谋。

是日,全国专门以上学校成绩展览会在北京开幕,历时一个月。

3月18日,教育部颁行《露天学校简章及暂行规则》。

3月22日,袁世凯宣布取消帝制,复称大总统,恢复黎元洪副总统的职务,并致电请蔡锷等停战,商议善后办法。

3月23日,袁世凯颁令废止洪宪年号。徐世昌、段祺瑞、黎元洪致电护国军,请停战议和。护国军于26日复电,要求袁世凯即日退大总统位。

3月28日,《民国日报》发表各省商人团体的《敬告全国商务界书》,宣称:"袁一日不退位,商务一日无起色","今日宜认明时势,群起逼袁氏退位,还我共和"。

3月29日,华法教育会发起会在巴黎召开,举蔡元培、欧乐(法)为会长,汪精卫、穆岱(法)为副会长,吴玉章等为会计,李石曾等为书记。该会以发展中法两国之交通,尤重以法国科学与精神之教育,图中国道德知识经济之发展为宗旨。

是月,中国社会政治学会在北京成立,出版会刊《中国社会及政治学报》。

4月6日,粤督龙济光被迫宣布独立。

4月9日,孙中山、廖仲恺、宋庆龄、何香凝等在东京集会,声讨袁世凯。

4月12日,浙江宣布独立。

4月15日,教育部颁行《通俗教育讲演传习所办法》。

按:《通俗教育讲演传习所办法》:现在通俗教育讲演所规程业由教育部呈奉大总统批准施行在案,将来各处此项讲演所即须次第成立,所有讲演人才似应亟筹养成,以资应用。拟请先由京师讲演传习所以此推及各省,谨拟办法六条如下:一、名称定为通俗教育讲演传习所。一、此项传习所在京师由京师学务局筹设,在各省由省行政公署筹设。一、传习生以年在二十五岁以上、品行端正并具有下列资格之一者,得受入所试验:甲、曾经学习师范并有毕业证书或修业证书者;乙、曾经高等小学以上学校毕业者;丙、国文具有根柢者。入所试验科目由设立机关定之。一、传习科目如下:甲、社会学大意;乙、社会教育概要;丙、心理学大意;丁、雄辩法;戊、法制经济大意;己、讲演实习。前项各种钟点由设立机关分配之,但每周讲授及实习时间须在九小时以上。一、讲演实习应占全传习时间三分之一。一、毕业期限为一年,如每周传习钟点加多,则毕业期限可酌量缩短。(《教育公报》第3年第2期,附录)

4月21日,袁世凯公布《政府组织令》,宣布恢复责任内阁。

4月23日,段祺瑞第一次内阁成立。国务卿段祺瑞,外交总长陆征祥(后由曹汝霖兼署),内务总长王揖唐,财政总长孙宝琦,陆军总长段祺瑞兼,海军总长刘冠雄,司法总长章宗祥,教育总长张国淦,农商总长金邦平,交通总长曹汝霖,参谋总长王士珍,审计院长庄蕴宽。

4月27日,孙中山由日本启程返沪。

5月1日,护国军在肇庆设都司令部,以岑春煊为都司令,梁启超为都参谋,发布宣言,否认袁世凯为总统,拥黎元洪继任。

5月8日,护国军务院在广东肇庆成立,唐继尧为抚军长,岑春煊为副抚军长,梁启超为政务委员长。

5月9日,孙中山在上海发表《第二次讨袁宣言》。表示"不徒以去袁为毕事","决不肯使谋危民国者复生于国内"。

5月15日,环球中国学生会会刊《环球》在上海创刊,主要报道留学生和各省教育界情况,经常介绍新的科技知识。

5月18日,袁世凯派人在上海刺杀中华革命党总务部部长陈其美。

5月22日,四川宣布独立。

5月29日,湖南宣布独立。

6月6日,袁世凯在忧惧中病故。

6月7日,黎元洪代理大总统。自本日起,各省陆续取消独立。

6月9日,孙中山发表恢复《临时约法》宣言,并致电黎元洪,要求"恢复约法""尊重国会"。

是日,张勋等在江苏徐州举行会议,成立七省军事攻守同盟。

6月10日,唐继尧致电黎元洪要求恢复民元临时约法,召集旧国会,惩办策划帝制元凶。

6月15日,留日学生组织学术研究会在日本东京创办《民铎》杂志,重点介绍尼采、罗素、杜威等资产阶级哲学家的哲学思想。

按:《民铎》杂志于1931年1月停刊。

6月29日,黎元洪申令恢复民国元年约法和召集国会;任命段祺瑞为国务总理,申令民国三年5月1日以后各项条约继续有效,法令一切照旧。

6月30日,段祺瑞内阁改组。国务总理段祺瑞,外交总长唐绍仪(唐未到前由陈锦涛兼署,9月唐抵达,因督军团通电反对,旋即辞职,伍廷芳接任),内务总长许世英,财政总长陈锦涛,陆军总长段祺瑞兼,海军总长程璧光,司法总长张耀曾(张耀曾未到前由张国淦兼署),教育总长孙洪伊(次长吴闿生代理,范源濂继任总长,孙洪伊改任内务总长,原内务总长许世英改任交通总长),农商总长张国淦,交通总长汪大燮。

7月6日,黎元洪令各省督理军务长官改称督军,民政长改称省长。

7月8日,北京政府内务部命令通知各省区,为之前被停刊和查禁的《民国杂志》《少年中国晨报》《党民日报》《民国月刊》《甲寅》《爱国报》《救亡报》等21家报刊宣布解禁。

7月14日,黎元洪大总统下令惩办帝制祸首:"自变更国体之议起,全国扰攘,几陷沦亡。始祸诸人,实尸其咎。杨度、孙毓筠、顾鳌、梁士诒、夏寿田、朱启钤、周自齐、薛大可,均着拿交法庭,详确训鞫,严行惩办,为后世戒。其余一概宽免。此令。"

按:刘师培、严复本均属"帝制祸首",政治会议议长、参政院参政、审计院院长李经羲以"爱惜人才"为由,受到宽免。

7月21日,段祺瑞以大总统申令,废止《报纸条例》。

8月1日,参众两院议员在北京举行国会,黎元洪在会上宣誓就任总统,段祺瑞出任总理。

8月8日,周厚坤发明的华文打字机获农商部批准,享受专利5年。

8月25日,进步党人梁启超、汤化龙等在北京组织的宪法研究会成立。研究会以《晨钟报》和《时事新报》为阵地,并邀严复撰文稿。

9月1日,《青年杂志》自第2卷第1号改名《新青年》,李大钊在该期发表《青春》一文。

9月7日,教育部废除1915年袁世凯颁布的《教育纲要》等法规。

9月9日,张继、林森、居正等原国民党议员在北京组织"宪政商榷会"。

9月11日,陈焕章等再次上书,要求北京参议院和众议院在宪法上"明定孔教为国教"。

9月15日,国会开会,审议宪法草案,关于省制问题发生争论。国民党议员主张规定省制大纲,省长民选;研究系议员反对,主张省长由总统委任。

9月20日,康有为发表《致总统总理书》,要求将孔教"编入宪法",祀孔行拜跪礼。

9月21日,张勋等召开第二次徐州会议,组成"十三省区联合会"。

9月22日,宪法审议会开始审议宪法草案。争议焦点是以孔教为国教及省制加入宪法问题。商榷系主张省制入宪,而研究系反对省制入宪,主张省长由总统委任。

是日,教育部规定高等小学以上学生一律身着制服。

是月,教育部通俗教育研究会订审核小说标准,分小说为教育、政事、哲学及宗教、史地、实质科学、社会情况、寓言及谐语、杂记八类,大要以适合国情、有益学识、服务道德为归。同时,教育部通俗教育研究会通令查禁鸳鸯蝴蝶派的《眉语》文艺月刊,以其提倡淫乱思想、毒害青年而查禁,随后查禁《金屋梦》《鸳鸯梦》等小说。

10月3日,教育部通令各省区广求志书,以充实京师图书馆藏书。

10月5日,教育部通饬各省征集碑碣石刻拓印寄送教育部,交京师图书馆收藏。

10月9日,教育部公布修正《国民学校令》,并呈准废止《预备学习令》。

10月10日,上海《时事新报》开辟"上海黑幕"专栏,黑幕小说开始风行,主要作家有向恺然、陆士谔等,代表作品有《绘画中国黑幕大观》及其《续集》。

10月12日,全国教育会联合会在北京召开第二次大会。会议建议把普通中学的办学宗旨由"完足普通教育,造成健全国民"改为"以完足普通教育为主,而以职业教育、预备学校为辅"。

10月14日,北京政府内务部令革除妇女缠足陋习。

10月18日,河南省长田文烈给内务部回函,谓在接到内务部的训令后就立即会同洛阳县知事遵照办理,对龙门各处进行调查登记,同时拟定保护条规,并请当地驻军协同保护。同时将《保守龙门山石佛规条》《龙门山等处造象数目表》咨复到内务部。

按:《保守龙门山石佛规条》共8条,主要内容为:严禁外人毁坏或窃盗;严禁兵士毁坏或窃盗;责成该管和尚加意保守,若有人毁坏或窃盗,准予报告或亲自扭送到案;责成该管地保随时稽查,若有人毁坏或窃盗,准予报告或亲自扭送到案;布告严禁毁坏窃盗;知事随时密派侦探前往稽查;对拿获毁坏或窃盗者,赏银20两;对游览者,准该管和尚每人取游资20文以资津贴。(中国第二历史档案馆《保守龙门山石佛规条》,《中华民国史档案资料汇编第三辑·文化》,江苏古籍出版1991年版)

10月18日,教育部颁发《遣派留学外国学生规则》,并对留学各国经费给予限定,规定留学生回国后听从国家指派,加强国家管理能力。

10月30日,国会参、众两院选举冯国璋为副总统。

是月,蔡元培向教育部建议成立国立专门美术学校,得到教育部长范源濂批准。

是月,蔡元培、吴敬恒、吴稚晖、张一麐、黎锦熙等发起的中华民国国语研究会在北京成立,主张言文一致、国语统一。

是月,以北京政府工商部地质调查所为基础成立实业部地质调查所。

按:北京政府工商部地质调查所成立于1913年。

11月2日,北洋政府内务部颁布《各省结社集会呈报程序文》,进一步规范社团的申报程序。

11月12日,北京参议院和众议院100余名议员组成国教维持会,通电各省督军支持。

11月19日,周善培、谷钟秀、张耀曾、李根源、杨永泰等在北京组织"政学会",声称以"研究政务、实行改进为宗旨"。

按:韩玉辰《政学会的政治活动》说:"政学会为1916年国内党派之一,参众两院以外无会员,各省区无支会,会员自由进退,不填愿书,不缴会费,其核心组织取干事制,不设总理或总裁,与一般政党组织有所不同。其种种决策,种种活动,一以国会任务或其任务有关涉者为准。……政学会适于1916年11月成立,其简短宣言,推张耀曾起草,主要内容,一承国民党精神,特别注重发扬民主与厉行法治,唯民主可革专制之积威,唯法治可纳庶政于轨物。政学会活动八年,殆以此为指南也。假顺治门大街江西会馆开成立会,到会者逾300人(其中有若干是来看看风色的),除贵州外,各省区议员都有加入的。由谷钟秀主席,通过会章、宣言,投票选出干事13人,以得票数较多者李根源、张耀曾、谷钟秀、欧阳振声、韩玉辰、文群、杨永泰、金兆棪、李肇甫、郭椿森、李述膺、张鲁泉、周之翰当选。热心加入而又愿意担任联络的人,忆有徐傅霖、雷焕猷、陈祖烈、秦锡圭、杨择、王源汉、章兆鸿、陈鸿钧、陈国玺、王侃、潘大道、陈子斌、李自芳、李英铨、沈智夫、刘治洲、王有兰、高家骥、高仲和、骆继汉、蒋举清、梁士模、孙光庭、程莹度、钟才宏、殷汝骊、丁文莹、郑际平、刘楚湘、朱腾芳、孙镜清、饶芙裳、张大义、文登瀛、符鼎升、车林桑都布等其中坚也。会址设西单舍饭寺胡同,干事会议推李根源、张耀曾、谷钟秀为会议主持人。下设各组,由会员自行填认,大致与两院各委员会所担任之职别相同,互推组长,主持各组事宜。另设通讯组,每月向西南各省通讯一次,介绍中央各方面政治动态,并交换意见。其宣传机构,有上海中华新报,设法租界二洋泾桥,由徐傅霖、吴稚晖、吴应图、老谈等主之。北京中华新报设绒线胡同,由李述膺、韩玉辰、高仲和、张季鸾等主之。其会外人士如章士钊、钮永建、章太炎、丁佛言,会中人多与往还,共商国事。以上政学会之形成及其组织轮廓,大略如是。"(中国人民政治协商会议全国委员会文史和学习委员会编《文史资料选辑》合订本,第17卷,总第48—50辑,中国文史出版社2011年版)

11月22日,北京政府教育、内务两部呼吁续修县志。

是月,四川高等师范学校易名为国立成都高等师范学校。

12月3日,留日帝国大学、早稻田大学、高等工业学校、高等师范学校中国学生发起组织丙辰学社,以研究真理、昌明学艺、交换知识、促进文艺为宗旨。

12月8日,国会开会,又讨论省制问题,研究系议员和国民党议员发生斗殴。

12月10日,孙中山致电黎元洪,以国史馆馆长王闿运去世,推举章炳麟继任国史馆馆长。

孙中山电报云:"民国既设国史以求实录,开办未有成绩,馆长王君遽逝,总统知人善任,继职者自必妙选长才。以文所见,则章君太炎硕学卓识,不畏强御,古之良史,无以过之,为事择人,窃谓最当。"

12月26日,由黎元洪大总统签署"中华民国五年十二月二十六日简字第七百九十二号"命令:"任命蔡元培为北京大学校长。"

12月31日,道德学社在北京召开成立大会,标榜以"阐明圣学,敦崇道德,实行修身"为宗旨,王士珍为社长。

是月,中华民国新国歌确定:《日月光华,旦复旦兮》。

按:歌词分为两部分,分别为《卿云歌》和《南风》:"(一)卿云烂兮,糺缦缦兮,日月光华,旦复旦兮。(二)南风之薰兮,可以解吾民之愠兮;南风之时兮,所以解吾国民之财兮。"(《中华民国新国歌》,《民国日报》1916年12月15日)临时政府教育部于1912年公开征集国歌,社会名流如梁启超、章太炎、严复、张謇、蔡元培等都曾为国歌作词。后经反复筛选,教育部选定国会议员汪荣宝所作之《卿云歌》为歌词,后由比利时作曲家约翰·哈士东配乐。该词前四句出自《尚书大传·虞夏传》,传为舜所作。后两句为汪氏创作,意在体现民国政府的民主思想。

是年,内务部在制定古物调查表及说明书的同时,制定《保存古物暂行办法》,通令各省一面认真调查,一面切实保管。

按:此《办法》乃民国时期第一部具有法律效力的文物保护条规,是当时文物保护工作者凭借的政策依据,在一定程度上限制了文物的私售与毁坏。其主要内容有5条:第一条,历代帝王陵寝和先贤坟墓"应由各属地方官于历代陵墓设法保护"。第二条,"古代城郭关塞、壁垒岩洞、楼观祠宇、台榭亭塔、堤堰桥梁、湖池井泉之属,凡系名人遗迹,皆宜设法保存"。第三条,"历代碑版造象,画壁摩崖,古迹流传至为繁赜,文艺所关尤可宝贵。凡属此类,应由地方官各就所在地,责成公正绅士或公共团体、寺庙住持,认真保存,不得任意榻摹、毁坏或私相售运;其为私家所藏及所发现者,即断碑残石,亦宜妥为保存,或由公家设法收买,要[在]勿使奸商串卖,运往海外"。第四条,"故国乔木,风景所关,例如秦槐汉柏,所在多有,应与碑碣造象同一办法,责成所在地加意防护,禁止斩伐"。第五条,"金石竹木,陶瓷锦绣,各种器物及旧刻书帖、名人书画,既为美术所留遗,且供历史之研究。……应筹设保存分所,或就公共场所附入陈列,严定保管规则。……其私人所藏,一时即不能收买,亦应设法取缔,以免私售外人"。(中国第二历史档案馆《内务部拟定保存古物暂行办法致各省长都统饬属遵行咨》,《中华民国史档案资料汇编第三辑·文化》,江苏古籍出版社1991年版)

是年,中华国民党在美国纽约创办中国国民党飞行学校,设飞行、制造、修理三科;孙中山在加拿大创办中华革命党强华航空学校。

是年秋,北京大学发起成立包括国乐、西乐两部的北京大学音乐会,后演变为北京大学乐理研究会、北京大学音乐研究会。

是年,《新青年》开始使用两种标点符号(句号、顿号)。

是年,中国科学社在美国举行第一次年会,选举产生首届理事会,投票表决任鸿隽、胡明复、赵元任、秉志4人为两年理事,周仁、竺可桢、钱天鹤3人为一年理事,以后每年以3人、4人间或换届。

是年,《中华小说界》《眉语》《礼拜六》《艺文杂志》《民权素》等杂志停刊。

是年,北京《新中国报》《北京日报》《中华新报》《公民日报》《现象日报》《泰东日报》《民信报》《蜀报》《兴中报》《公言报》被查禁。

是年,《民国日报》《商学杂志》《直隶商品陈列所月报》《直隶省商品陈列所年报》《江苏省教育会临时刊布》《春声》《四川教育杂志》《卫生丛报》《实业汇报》《福建劝业杂志》《护国军纪事》《民彝杂志》《环球》《民铎杂志》《学术丛编》《国防报》《汉口中西报(晚报)》《江苏省教育会月报》《湖北交涉署交涉节要》《晨钟报》《旅欧杂志》《国华报》《大公论》《宪法会议公报》《广东农林月报》《诚报》《宪法公言》《新民德》《民声杂志》《新申报》《公民杂志》《云南实业周刊·云南实业要闻周刊》《晨钟报》《中华新报》《瓯海潮》《丙辰杂志》《邗江杂志》《益世女报》《弘毅》《义声日报汇刊》《云南学术批评处周刊》《官话注音字母报》《广仓学演说报》《国立北京农业专门学校杂志》《暨南杂志》《平安》《政治学报》《小说画报》《太阳周刊》《宪法会议审议会速记录》《宪法会议速记录》《宪法起草委员会会议录》《神户华侨商业研究会季报》《清华同学会中文期刊》《空中战与防空》《大中报》《之江日报》《西南日报》《大青岛报》《晋阳日报》《吴县日报》《市乡公报》《北平晨报》《江苏省教育团公有林报告书》《江苏省教育会临时刊布》《科学时代》《新学书院季报》《重庆红十字会集刊》《云南学术批评处周刊》《励学》《南开校风》《敬业》《浙江省甲种工业学校校友会年刊》《农业旬报》《民国日报·觉悟》《旅欧杂志》等报刊创刊。

二、学术活动

章炳麟继续被袁世凯"幽禁"在北京钱粮胡同。3月30日,《答黄宗仰书》专述"幻梦事状",系因幽居日久,自1915年12月后,夜多梦幻,久亦习以为常。4月,接汪太冲书请见,并言愿为作传,汪太冲拜见章炳麟后不久,撰《章太炎外纪》,于次年11月由北京文史出版社出版。19日,屈映光电北京政事堂,请释章太炎、褚辅成。5月18日,章炳麟欲逃离北京,被暗探跟踪,拥至巡警总厅。6月6日,袁世凯病死。7日,副总统黎元洪代理大总统,章炳麟作书请见,并求解禁。8日,传章炳麟被释。9日《中华新报》重载章炳麟1913年7

月 27 日《第二次宣言》，强调"严惩从逆诸逆"。

> 按：《中华新报》冠以弁言曰："现袁逆虽死，而帝制派诸逆犹复负隅北京，横张凶焰，数日来聒于吾人之耳者，殆较诸袁逆未死之前犹形跋扈。惩制附逆诸祸首之谓何？乃自任保持北京秩序之伪内阁，竟任其横行无忌耶？癸丑二次革命，章太炎即主张讨袁非仅讨袁逆一人，并严惩从逆诸奸，证以今日之事，愈以见章公有先见之明也。"

章炳麟 6 月 25 日离开北京南下，7 月 1 日抵达上海。3 日，浙江国会议员等百数十人设宴于一品香欢迎章炳麟，首由陈黻宸述章炳麟从前提倡革命之功，及癸丑民党失败后，先生为袁逆幽系京师，至今始得重见天日，章炳麟继之起立演说，以为"今日中国，尤不宜有政党"，说是要"痛念前尘"，竟至"失声哭"。5 日，赴浙省墓。6 日，浙江参议会欢迎章太炎、褚辅成，并发表欢迎词。5 日后返回上海。13 日，唐绍仪、黄兴等以驻沪国会议员不日北上，特于本埠三马路汇中饭店举行欢送大会，并请孙中山、章炳麟光陪，议员莅会者约 200 余人，民党诸领袖殆全集于斯，章炳麟发表演说。15 日，粤省驻沪国会议员假法界尚贤堂，请海上诸名流国会议员开茶话会，孙中山、黄兴、伍廷芳、章炳麟等发表演说。7 月 23 日，日本青木中将、有吉总领事在上海举行中国国会议员欢送会，张继、王正廷、谷钟秀、李述膺诸议员，与孙中山、黄兴、唐绍仪、伍廷芳、章炳麟、温宗尧、孙洪伊、王宠惠等南方重要人物应邀出席，章炳麟致辞谓"日本盛行王阳明之学，而日本维新之力，多本于阳明学，王阳明重初一念，即中日两国之亲善，亦当于初一念"。8 月 5 日，应邀至江苏省教育局附属小学教员暑期补习学校演讲。10 日，致电黎元洪，谓"今日所患，不在殷遗，而在帝孽；不在塞外，而在中原"。8 月，南赴肇庆，拜访岑春煊。27 日，章士钊抵肇庆。9 月，章炳麟与章士钊同居军幕，章士钊有中兴《甲寅》之议，章氏实怂恿之，并为题词约四百言。

> 按：《重刊甲寅杂志题词》曰："《甲寅》杂志之迹，起长沙章士钊行严，行严少居江南陆师学堂，始弱冠已有济世意，以《苏报》讼言光复，与沧张继、巴邹容及余歃血而盟。行严与余本同祖，而因弟畜之矣。其后马福益起湘东，善化黄克强与行严为主谋。事败，窜日本。中国同盟会起，余主《民报》，欲行严有所发抒，行严以修业明法为辞，余甚恨之。及武昌兵起，而行严自伦敦归，其妻党与袁氏有连，夫妇相誓不受暴人羁縻，余以为难能也。民国二年，故人宋遁初以议改选死，余亦自长春解官归。是时行严再起，慨然有废昏立明之志，与余先后上武昌，议不就而有二次革命。既败，行严复东窜日本，知袁氏不可与争锋，始刊《甲寅》杂志，言不急切，欲徐徐牖启民志，以俟期会，逾一岁乃有云南倡义之事，行严则走肇庆，为两广都司令秘书长，多与废兴大计。袁氏早夭，功未就，以民气之巽快，国难之未已，退复缵嗣前迹，重刊《甲寅杂志》以示国人，于是知其志之果也。余闻言之中者，在适其时。方行严初为《甲寅杂志》，主联邦议甚力，是时元凶专宰，吏民人人在其轭中，不有征诛，虽主联邦何益焉。时物动移，父象相变，至于今而联邦为不可已，又非为向者之难行也。余愿行严无忘昔之言矣。民国五年九月，章炳麟。"（参见《甲寅》第 1 卷第 2 号，1925 年 7 月 25 日）

章炳麟 10 月 7 日以岑春煊等回广西，见南方无可与谋者，遂出游南洋群岛。12 月初，由南洋返沪。同月 10 日，孙中山致电黎元洪，推举章炳麟为国史馆馆长，谓"民国既设国史以求实录，开办未有成绩，馆长王君遽逝，总统知人善任，继职者自必妙选长才。以文所见，则章君太炎硕学卓识，不畏强御，古之良史，无以过之。为事择人，窃谓最当。敢陈鄙见，以待采择"。11 日，黎元洪于电复称"章君德望学识，迥异时流，夙所钦佩。承荐继任国史馆一节，已交院议"。

> 按：章炳麟赴南洋期间，国史馆长王闿运病逝，1916 年 10 月 28 日《时报》所载《未来之国史馆长》曰："政府意中，以目下堪称是职者，无过于康长素、章太炎，拟于二人中择一任命，已分别拍电征询意见矣。"但因清朝旧官僚、民国新军阀反对，遂由缪荃孙出任国史馆长。

章炳麟12月15日由沪赴杭。20日，撰《黄克强遣奠辞》哀悼黄兴逝世，系与孙中山、唐绍仪、岑春煊、李烈钧等同署。24日，致电黎元洪，请表彰陶成章。是年《菿汉微言》出版。（以上参见姚奠中、董国炎《章太炎学术年谱》，山西古籍出版社1996年版；汤志钧编《章太炎年谱长编（增订本）》，中华书局2013年版；王小红《章太炎学术年谱》，《儒藏论坛》2009年第1辑；王学典《20世纪史学编年（1900—1949）》，商务印书馆2014年版）

张一麐继续任教育总长。1月8日，教育部公布《国民学校令实行细则》《高等小学校令实行细则》。12日，教育部通知各书局修改教科书。3月15日，全国专门以上学校成绩展览会在北京开幕，历时一个月。4月15日，教育部颁行《通俗教育讲演传习所办法》。4月23日，段祺瑞第一次内阁成立，张国淦任教育总长。6月30日，段祺瑞内阁改组，教育总长为孙洪伊，由教育次长吴闿生代理。7月12日，范源濂再次任教育总长。表示要"切实实行（民国）元年所发表的教育方针"。同月，邀请蒋维乔重回教育部，仍任参事职，掌管教育法令工作。9月22日，教育部规定高等小学以上学生一律身着制服。同月，教育部通俗教育研究会订审核小说标准，同时，教育部通俗教育研究会通令查禁鸳鸯蝴蝶派的《眉语》文艺月刊，以其提倡淫乱思想、毒害青年而查禁，随后查禁《金屋梦》《鸳鸯梦》等小说。10月3日，教育部通令各省区广求志书，以充实京师图书馆藏书。5日，教育部通饬各省征集碑碣石刻拓印寄送教育部，交京师图书馆收藏。9日，教育部公布修正《国民学校令》，并呈准废止《预备学习令》。12日，全国教育会联合会在北京召开第二次大会。会议建议把普通中学的办学宗旨，由"完足普通教育，造成健全国民"改为"以完足普通教育为主，而以职业教育、预备学校为辅"。18日，教育部颁发《遣派留学外国学生规则》。同月，蔡元培向教育部建议成立国立专门美术学校，得到教育部长范源濂批准。是年，经浙籍陈介石头、马叙伦的提议、教育部专门教育司司长沈步洲的极力促成，以及黎元洪总统的肯首，范源濂电邀蔡元培回国就任北京大学校长。

按：范源濂电文曰："国事渐平，教育宜急。现已首都最高学府，万顿大贤主宰，师表群俭。海内人士，咸深景仰。用特专电敦请我公担任北京大学校长一席，务祈鉴允，早日归国，以慰瞻望。"（参见高平叔《蔡元培年谱》，中华书局1980年版）

胡仁源继续任北京大学校长。4月，本校刊印《国立北京大学分科规程》，其中《北京大学分科通则》7节49条，包括学年学期起始日期，入学试验及入学、退学、休学的手续，招收选科生的条件及选科生改为本科生试验要求，应缴纳的各种费用等内容；北京大学公布了《分科规程》。其中的"各种细则"包括以下三部分：（一）学生操行考查规则，由职教员随时审察学生的心性行为，打分记册，年末与学业成绩汇总平均。（二）惩戒规则：凡学生违犯校规，将据情节严重程度，给予谴责、记过、停学、休学、退学五种处罚。（三）请假规则；北京大学图书馆制订借书规则8条，对借书手续、出借书籍范围、出借册数限额、借阅时间，以及损坏遗失图书的赔偿等均有规定；北京大学图书馆制订阅览室规则7条，对入室阅览人员及阅览时间、取阅图书手续、室内秩序、损坏图书赔偿、违规处理等均作规定。5月4日，北京大学发布《国立北京大学分科规程：北京大学分科通则》。6月2日，《政府公报》载国立北京大学招生广告。7月，《教育公报》第3年第8期登载，北京大学文理工三科毕业学生名单经核准备案：文科金毓绂等17名，理科孙国封等17名，工科学生赵家驹等31名。秋，北京大学发起成立包括国乐、西乐两部的北京大学音乐会，后演变为北京大学乐理研究会、北京大学音乐研究会。12月26日，大总统任命蔡元培为北京大学校长。（参见王学珍等编《北京大学纪事（1898—1997）》，北京大学出版社1998年版；张旭、车树异编著《林纾年谱长编：1852—1924》，福建教

育出版社2014年版)

蔡元培10月2日应北京政府教育总长范源濂之请,拟回国就任北京大学校长。11月8日,与吴玉章一起乘船由马赛回国,抵达上海。26日,在浙江第五师范学校发表演说。12月11日,应邀去江苏教育会发表《教育界之恐慌及救济方法》的演说。同月,在上海爱国女校发表演说。21日,蔡元培由上海到北京后,先访医专校长汤尔和,问北大情形,汤尔和推荐陈独秀为文科学长。

　　按:汤尔和对蔡元培说:"文科学长如未定,可请陈仲甫君,陈君现改名独秀,主编《新青年》杂志,确可为青年的指导者。"

蔡元培12月26日正式就任北京大学校长。是日,由黎元洪大总统签署任命状:任命蔡元培为北京大学校长,并经国务总理段祺瑞与教育总长范源濂附署生效。次年1月4日到职。

　　按:蔡元培《我在教育界的经验》说:"我认大学为研究学理的机关,要偏重文理两科,所以于大学令中规定:设法商等科而不设文科者不得为大学;设医工农等科而不设理科者,亦不得为大学;但此制迄未实行。而我于任北大校长时,又觉得文理二科之划分,甚为勉强;一则科学中如地理、心理等等,兼涉文理;二则习文科者不可不兼习理科,习理科者不可不兼习文科。所以北大的编制,但分十四系,废止文理法等科别。我五十一岁至五十八岁(民国六年至十二年),任国立北京大学校长。民国五年,我在法国,接教育部电,要我回国,任北大校长。我遂于冬间回来。到上海后,多数友人均劝不可就职,说北大腐败,恐整顿不了。也有少数劝贺的,说:腐败的总要有人去整顿,不妨试一试。我从少数友人的劝,往北京。北京大学所以著名腐败的缘故,因初办时(称京师大学堂)设仕学、师范等馆,所收的学生,都是京官。后来虽逐渐演变,而官僚的习气,不能洗尽。学生对于专任教员,不甚欢迎,较为认真的,且被反对。独于行政、司法界官使兼任的,特别欢迎;虽时时请假,年年发旧讲义,也不讨厌,因有此师生关系,毕业后可为奥援。所以学生于讲堂上领受讲义,及当学期、学年考试时要求题目范围特别预备外,对于学术,并没有何等兴会。讲堂以外,又没有高尚的娱乐与自动的组织,遂不得不于学校以外,竟为不正当的消遣。这就是著名腐败的总因。我于第一次对学生演说时,即揭破'大学学生,当以研究学术为天职,不当以大学为升官发财之阶梯'云云。于是广延积学与热心的教员,认真教授,以提起学生研究学问的兴会。并提倡进德会(此会为民国元年吴稚晖、李石曾、张溥泉、汪精卫诸君发起,有不赌、不嫖、不娶妾的三条基本戒,又有不作官吏、不作议员、不饮酒、不食肉、不吸烟的五条选认戒),以挽奔竞及游荡的旧习;助成体育会、音乐会、画法研究会、书法研究会,以供正当的消遣;助成消费公社、学生银行、校役夜班、平民学校、平民讲演团与《新潮》等杂志,以发扬学生自动的精神,养成服务社会的能力。北大的整顿,自文科起。旧教员中如沈尹默、沈兼士、钱玄同诸君,本已启革新的端绪;自陈独秀君来任学长,胡适之、刘半农、周豫才、周岂明诸君来任教员,而文学革命、思想自由的风气,遂大流行。理科自李仲揆、丁巽甫、王抚五、颜任光、李书华诸君来任教授后,内容始以渐充实。北大旧日的法科,本最离奇,因本国尚无成文之公、私法,乃讲外国法,分为三组:一曰德、日法,习德文、日文的听讲;二曰英美法,习英文的听讲;三曰法国法,习法文的听讲。我深不以为然,主张授比较法,而那时教员中能授比较法的,止有王亮畴、罗钧任二君。二君均服务司法部,止能任讲师,不能任教授。所以通盘改革,甚为不易。直到王雪艇、周鲠生诸君来任教授后,始组成正式的法科,而学生亦渐去猎官的陋见,引起求学的兴会。我对于各家学说,依各国大学通例,循思想自由原则,兼容并包。无论何种学派,苟其言之成理,持之有故,尚不达自然淘汰之运命,即使彼此相反,也听他们自由发展。例如陈君介石、陈君汉章一派的文史,与沈君尹默一派不同;黄君季刚一派的文学,又与胡君适之的一派不同;那时候各行其是,并不相妨。对于外国语,也力矫偏重英语的旧习,增设法、德、俄诸国文学系,即世界语亦列为选科。那时候,受过中等教育的女生,有愿进大学的;各大学不敢提议于教育部。我说:一提议,必通不过。其实学制上并没有专收男生的明文;如招考时有女生来报名,可即著录;如考试及格,可准其就学;请从北大始。于是北大就首先兼收女生,各大学仿行,教育部也默许了。

我于民国十二年离北大,但尚居校长名义,由蒋君梦麟代理,直到十五年自欧洲归来,始完全脱离。"(高平叔编《蔡元培全集》,中华书局1944年版。以上参见高平叔编著《蔡元培年谱长编》,人民教育出版社1996年版;王世儒编撰《蔡元培先生年谱》,北京大学出版社1998年版)

张相文年初参与秘密反袁活动。4月,化装离京,秘密抵沪。政治风波所及,中国地学会暂停会务。6月6日,袁世凯去世,黎元洪接任总统,有意恢复法统。国会有望重开,张相文回到北京,正逢第一届国会被大总统黎元洪恢复,张相文继续担任国会议员,并续办中国地学会。8月,国会开幕。9月,召开宪法会议,在《天坛宪草》的基础上制定宪法。会中多有国会议员的中国地学会,注意研究地方制度,特别是与"政治有莫大关系"的省制问题。由于与张相文甚有渊源的范源濂出任教育部总长,以教育部及农商部的补助为主要经费来源的中国地学会,迎来难得的发展良机,事业迅速恢复。是年,张相文因获知段祺瑞总理希望其皖系军阀政客徐树铮出任北京大学校长,不畏势力,极力反对,并力荐蔡元培为校长,为段祺瑞记恨在心。(参见江苏省泗阳县政协编《泗阳张沌谷居士(张相文)年谱》,载江苏省泗阳县政协编《张相文》,中国文史出版社2008年版;谢皆刚《学术与政治:民初中国地学会的行政区域研究》,《历史教学》2020年第2期)

马叙伦年初仍流寓上海租界。应广东廖容之约撰寄讨袁檄文。2月2日,赋《桃源忆故人》两阕,其二夹注:"时避地上海,故乡襟带间,竟不得归。"4月,浙江独立。吕公望接任浙江都督。5月10日,莫永贞(伯恒)被任命为浙江财政厅长。7月5日,章太炎、褚辅成(慧僧)到浙江都督府访晤都督吕公望与财政秘书马叙伦。7月上旬,陈介石自沪来书,嘱马与浙督顾问姜桐轩随时接洽,推心置腹商讨政治问题。8月22日,浙江省长公署指令第344号令财政厅长莫永贞,呈一件为请任命马叙伦、楼聿新为该厅秘书由:"呈及履历均悉。据称拟任马叙伦、楼聿新两员为该厅秘书,应即照准,仰将发去任命状二张转给祗领。此令。履历存。八月二十二日。"此职系龚宝铨介绍,马先期回杭,住饮马井巷。9月,莫永贞赴京参加财政会议。马先期进京,下榻大同公寓。与陈介石、汤尔和诸人策划,推荐旅法同乡蔡元培回国主持北大。得到教育总长范源濂首肯后,留条告别莫,径返杭州。10月11日,钱恂请客。15日,钱恂再次请客。31日,黄兴在沪病逝。11月,马叙伦代莫永贞拟挽黄兴联。联云:"勋庸在国,妇女也争传姓氏;豪杰为神,英灵犹自镇山河。"又云:"赤手造新邦,千载勋名书册府;银涛归客柩,万家鸡黍哭先生。"12月,蔡元培被任命为国立北京大学校长。(参见卢礼阳《马叙伦年谱》,浙江古籍出版社2021年版)

陈独秀11月26日为"群益"与"亚东"两书社打算合并改公司之事,与汪孟邹同车赴北京。27日,下榻天津大安旅社。28日,抵北京,下榻前门中西旅馆。

按:11月2日上午,陈独秀与汪孟邹、陈子佩、陈子寿等人继续商议亚东与群益合并扩充事,认为首即资本问题,次即人材问题,然后方及内部如何组织之法。11月3日晚间,陈独秀与汪孟邹、陈子佩、陈子寿等人开会两次,拟二书店合并的"意见书"和"招股章程"。11月5日晚间,陈独秀与汪孟邹、陈子佩、陈子寿等人同饮并开会三次,决定二书店合并的各种文稿。11月7日晚间,11月7日晚间,陈独秀与章士钊、汪孟邹、陈子佩、陈子寿等人同饮,并与章详商书店合并事。10日又为此事,与柏烈武、章士钊同饮共商。11月23日,汪孟邹来访,决定26日一同北上。

陈独秀12月走访北京大学,在校园内始遇沈尹默。沈便把陈独秀正在北京的事告诉蔡元培,意在聘其为北京大学文科学长。12月26日,蔡元培到陈独秀所居前门外中西旅馆拜访,邀其出任文科学长。是年,陈独秀还先后发表《吾人最后之觉悟》《我之爱国主义》《宪法与孔教》《驳康有为〈致总统总理书〉》《孔子之道与现代生活》《袁世凯复活》等,继续宣传进化论思想,对中国传统文化展开系统猛烈的批判,矛盾直指三纲教义的核心,并强调政治制度的变革,要以国民觉悟为根本。(以上参见唐宝林、林茂生《陈独秀年谱》,上海人民出版社 1988年版)

　　按:据唐宝林、林茂生《陈独秀年谱》载:"12 月 26 日,蔡元培来寓所拜访。汪孟邹说,这几天'蔡先生差不多天天要来看仲甫,有时来得很早,我们还没有起来。他招呼茶房,不要叫醒,只要拿凳子给他坐在房门口等候'。此时,蔡刚被任命为北京大学校长(次年 1 月 4 日到校视事),他力约陈独秀出任北大文科学长。陈起初回绝说:'不干,因为正在办杂志,……'蔡说:'那没关系,把杂志带到学校里来办好了。'蔡后来回忆说:'民国五年冬,我在法国,接教育部电,促回国,任北大校长。''我到京后,先访医专校长汤尔和君',他说,'文科学长如未定,可请陈仲甫君','我对于陈君,本有一种不忘的印象','现听汤君话,又翻阅了《新青年》,决意聘他,从汤君处探知陈君高前门外一旅馆,我即往访,与之订定;于是陈君来北大任文科学长'。陈独秀回沪后对邻居岳相如说:'蔡先生约我到北大,帮助他整顿学校。我对蔡先生约定,我从来没有在大学教过书,又没有什么学位头衔,能否胜任,不得而知。我试干三个月,如胜任即继续干下去,如不胜任即回沪。'后来,三个月后,接高君曼、陈松年和子美住北大,延年、乔年仍在上海。"

　　按:沈尹默《我和北大》则载于 1917 年,其实应在 1916—1917 年之交,沈文曰:

　　一九一七年,蔡先生来北大后,有一天,我从琉璃厂经过,忽遇陈独秀,故友重逢,大喜。我问他:"你什么时候来的?"他说:"我在上海办《新青年》杂志,又和亚东图书馆汪原放合编一部辞典,到北京募款来的。"我问了他住的旅馆地址后,要他暂时不要返沪,过天去拜访。

　　我回北大,即告诉蔡先生,陈独秀到北京来了,并向蔡推荐陈独秀任北大文科学长。蔡先生甚喜,要我去找陈独秀征其同意。不料,独秀拒绝,他说要回上海办《新青年》。我再告蔡先生,蔡云:"你和他说,要他把《新青年》杂志搬到北京来办吧。"我把蔡先生的殷勤之意告诉独秀,他慨然应允,就把《新青年》搬到北京,他自己就到北大来担任文科学长了。我遇见陈独秀后,也即刻告诉了汤尔和,尔和很同意推荐独秀到北大,他大约也向蔡先生进过言。

　　《新青年》搬到北京后,成立了新的编辑委员会,编委七人:陈独秀、周树人、周作人、钱玄同、胡适、刘半农、沈尹默。并规定由七个编委轮流编辑,每期一人,周而复始。我因为眼睛有病,且自忖非所长,因此轮到我的时候,我请玄同、半农代我编。我也写过一些稿子在《新青年》发表,但编辑委员则仅负名义而已。

　　章士钊 1 月为维护革命党人起兵讨袁与岑春煊去日本,允获贷款与炮械后秘密经香港回国。1 月 28 日毛泽东致信萧子升,请帮助借章士钊主编的《甲寅》第 11、12 两期。第 11、12 期并未出版,毛泽东当时尚不知道。3 月 10 日,汪孟邹致信胡适,告其"《甲寅》名义上虽另立发行所,仍由敝处经理。目前秋桐以国事奔走,未遑执笔,故暂停刊。俟大局略定,即当继续出版,且有改为周刊之议。"4 月 14 日,岑春煊、章士钊为起兵讨袁,抵达澳门。19日,抵达肇庆。5 月 1 日,岑春煊通电全国宣布脱离袁政府独立,并在肇庆成立两广护国军都司令部,自任都司令,梁启超、李根源为正副都参谋,章士钊为秘书长。同日,为了统一各独立省的行动,滇、黔、桂、粤四省护国军军务院在广东肇庆成立,章士钊出任军务院秘书长,随后受派赴上海活动。7 月 21 日,南方军务院解散后,章士钊代表岑春煊北上,与黎元洪洽商善后。自此章士钊便以参议员资格留居北京。9 月,章士钊有了中兴《甲寅》之议,章炳麟为其题词。11 月 7 日,章士钊与陈独秀、汪孟邹、陈子佩、陈子寿等人同饮,章士钊并与陈独秀详商书店合并事。(参见袁景华《章士钊先生年谱》,吉林人民出版社 2001 年版)

　　李大钊 1 月在留日学生总会召开紧急会议上被推为文事委员会编辑主任,以加强讨袁的宣传活动。月底,李大钊由日本横滨搭法轮到上海,以同国内各方取得联系,协同讨袁事宜。2 月中旬,返回东京,住东京郊外高田村的月印精舍,主编中国留日学生总会的机关刊物《民彝》杂志。春,发起在东京成立"神州学会"。5月15日,在《民彝》创刊号发表《民彝与政治》一文,以进化论为依据,阐明代议政治是时代前进的需求,是不可抗拒的历史潮流,并猛烈抨击了封建专制制度,强调了人民群众的作用。中旬,为推动反袁事宜,毅然弃学回到上海,参加了汤化龙、梁启超、孙洪伊等人组织的宪法研究会,并任汤化龙的私人秘书。7月11日,李大钊与霍例白、宋仲彬,乘通州轮离沪北上。李大钊此行是应汤化龙、孙洪尹之约,赴京创办《晨钟报》,出任总编辑。8月15日,《晨钟报》创刊。李大钊在创刊号发表《"晨钟"之使命——青春中华之创造》《新生命诞孕之努力》二文。

按:李大钊在北上的轮船上,即为报纸拟定了"晨钟"之名,寓意以"振此晨钟"唤起"吾民族之自我的自觉",担当起"青春中华之创造"的使命。又在第1期刊发警语"少年人望前,老年人望后",引领青年走上创造青春中华之路。《"晨钟"之使命——青春中华之创造》相当于"发刊词",曰:

一日有一日之黎明,一稘有一稘之黎明,个人有个人之青春,国家有国家之青春。今者,白发之中华垂亡,青春之中华未孕,旧稘之黄昏已去,新稘之黎明将来。际兹方死方生、方毁方成、方破坏方建设、方废落方开敷之会,吾侪振此"晨钟",期与我慷慨悲壮之青年,活泼泼地之青年,日日迎黎明之朝气,尽二十稘黎明中当尽之努力,人人奋青春之元气,发新中华青春中应发之曙光,由是——叩发——声,——声觉——梦,俾吾民族之自我的自觉,自我之民族的自觉,——彻底,急起直追,勇往奋进,径造自由神前,索我理想之中华,青春之中华,幸勿姑息迁延,韶光坐误。人已汲新泉,尝新炊,而我犹卧榻横陈,荒娱于白发中华、残年风烛之中,沉酣于睡眠中华、黄粱酣梦之里也。

外人之诋吾者,辄曰:中华之国家,待亡之国家也;中华之民族,衰老之民族也。斯语一入吾有精神、有血气、有魂、有胆之青年耳中,鲜不勃然变色,思与四亿同胞发愤为雄,以雪斯言之奇辱者。顾吾以为宇宙大化之流行,盛衰起伏,循环无已,生者不能无死,毁者必有所成,健壮之前有衰颓,老大之后有青春,新生命之诞生,固常在累累坟墓之中也。吾之国家若民族,历数千年而巍然独存,往古来今,罕有其匹,由今论之,始云衰老,始云颓亡,斯何足讳,亦何足伤,更何足沮丧吾青年之精神,销沉吾青年之意气!吾人须知吾之国家若民族,所以扬其光华于二十稘之世界者,不在陈腐中华之不死,而在新荣中华之再生;青年所以贡其精诚于悟之国家若民族者,不在白发中华之保存,而在青春中华之创造。《晨钟》所以效命于胎孕青春中华之青年之前者,不在惜恋黭黭就木之中华,而在欢迎呱呱坠地之中华。是故中华自身无所谓运命也,而以青年之运命为运命;《晨钟》自身无所谓使命也,而以青年之使命为使命。青年不死,即中华不亡,《晨钟》之声,即青年之舌,国家不可一日无青年,青年不可一日无觉醒,青春中华之克创造与否,当于青年之觉醒与否卜之,青年之克觉醒与否,当于《晨钟》之壮快与否卜之矣。

过去之中华,老辈所有之中华,历史之中华,坟墓中之中华也。未来之中华,青年所有之中华,理想之中华,胎孕中之中华也。坟墓中之中华,尽可视为老辈之纪录,而拱手以让之老辈,俾携以俱去。胎孕中之中华,则断不许老辈以其沉滞颓废、衰朽枯窘之血液,侵及其新生命。盖一切之新创造,新机运,乃吾青年独有之特权,老辈之于社会,自其长于年龄、富于经验之点,吾人固可与以相当之敬礼,即令以此自重,而轻蔑吾青年,嘲骂吾青年,诽谤吾青年,凌辱吾青年,吾人亦皆能忍受,独至并此独有之特权而侵之,则毅然以用排除之手段,而无所于踌躇,无所于逊谢。须知吾青年之生,为自我而生,非为彼老辈而生,青春中华之创造,为青年而造,非为彼老辈而造也。

老辈之灵明,蔽翳于经验,而青年脑中无所谓经验也。老辈之精神,局囿于环境,而青年眼中无所谓环境也。老辈之文明,和解之文明也,与境遇和解,与时代和解,与经验和解。青年之文明,奋斗之文明也,与境遇奋斗,与时代奋斗,与经验奋斗。故青年者,人生之王,人生之春,人生之华也。青年之字典,无"困难"之字,青年之口头,无"障碍"之语;惟知跃进,惟知雄飞,惟知本其自由之精神,奇僻之思想,锐敏之直觉,活泼之生命,以创造环境,征服历史。老辈对于青年之道义,亦当尊重其精神,其思想,其直觉,其生命,而不可抑塞其精神,其思想,其直觉,其生命。苟老辈有以柔顺服从之义,规戒青年,以遏其迈往之气,豪放之才者,是无异于劝青年之自杀也。苟老辈有不知苏生,不知蜕化,而犹逆宇宙之进运,投青年于废墟之中者,吾青年有对于揭反抗之旗之权利也。

　　李大钊 9 月 1 日在《新青年》第 2 卷第 1 号上发表本年春在日本时所写《青春》一文,系统地表达了他对宇宙、对人生、对国家和民族前途的看法。9 日,因政见上的对立,招致研究系政客的不满和阻挠,发表《李守常启事》,声明离开《晨钟报》。10 月 1 日,李大钊与白坚武、秦立庵等共同创办的不定期刊物《宪法公言》出版。12 月 1 日,赴中央公园参加黄兴和蔡锷的追悼会。同月,鉴于保皇党人康有为上书黎元洪、段祺瑞,主张定孔教为"国教",列入宪法,而后在草拟的宪法中,公然规定:"国民教育以孔子之道为修身大本",李大钊发表《宪法与思想自由》(1916 年《宪法公言》第 7 期)等文予以坚决地驳斥。(以上参见《李大钊年谱》编写组《李大钊年谱》,甘肃人民出版社 1984 年版;朱文通主编《李大钊年谱长编》,中国社会科学出版社 2009 年版)

　　高一涵 1 月 15 日在《青年杂志》第 1 卷第 5 期发表《自治与自由》一文,论及自治与自由之关系。2 月 2 日,留日学生总会正式成立评议、执行两部,总会设事务所于魏(曲)町区饭田町六町目一番地。高一涵被推选为留日学生总会文事委员会委员长,总会评议员、经费委员。李大钊被推选为文事委员会编辑主任。主编机关刊物《民彝》。2—3 月,李大钊在《青年杂志》读到高一涵的《共和国家与青年之自觉》等文,知其在东京,访问半年余,终在东京所租居的房屋相见,结为无话不谈的挚友。7 月,高一涵于东京明治大学政治经济科毕业,获政治学士学位。随后由日本神户出发,与许怡荪同船回国。8 月 16 日,梁启超、汤化龙、蒲殿俊主办的《晨钟报》在北京创刊,李大钊任编辑主任,先后三次致电高一涵,催其速到北京,共负编辑之责。9 月 2 日,高一涵抵北京。7 日,李大钊在老便宜坊宴请高一涵与白坚武、秦立庵、田克苏并商谈《宪法公言》主旨等事。12 月 1 日,高一涵与李大钊赴中央公园参加黄兴和蔡锷的追悼会,并作挽蔡松坡将军联。(参见高大同《高一涵先生年谱》,上海文化出版社 2011 年版)

　　陈黻宸继续在北京大学讲授中国哲学史和诸子学等课程,是年著成《中国哲学史》讲义,作者依据自己理解的哲学观念考察中国的传统学术,不仅在国家的最高学府把中国哲学史作为正式课程讲授,而且率先著成哲学史著作《中国哲学史》,初具中国哲学史由古典形态向现代形态转换时期的特色,对于现代中国哲学史学科的建立,具有开创性意义和价值。

　　按:陈黻宸诸子哲学讲义《诸子通义》实为一部先秦哲学史,属断代史性质的哲学史著作,而其《中国哲学史》则是一部尚未完成的通史性的哲学史著作,内容上还只是"上古"哲学部分。由于陈黻宸对于西方哲学的了解有限,他当年虽曾在北大讲授中国哲学史,但对于西方哲学与哲学史的定义,以及西方哲学涵括的基本内容和西方哲学的历史演变,都缺乏深入的了解,这使得他还没有可能从现代哲学史学科的角度确定中国哲学史所应当探讨的问题的范围和内容。但正是陈黻宸在中国哲学史研究方法方面的局限,启发了冯友兰等后辈学者追求对西学的了解,深化对现代中国哲学史研究方法的思考,促进了中国哲学史学科的创立与发展。因此,可以说"早期形态"与"不成熟性"既构成了陈黻宸中国哲学史研究成果的学术特色,又体现了陈黻宸中国哲学研究成果的学术价值及其历史的贡献。若以陈黻宸《中国哲学史》与同年出版的谢无量《中国哲学史》相比,其草创时期的缺陷更为明显。总体而论,从陈黻宸《诸子哲学》到其《中国哲学史》,尽管这两种性质有别的哲学著作,不论是其内容,还是体例方法,都具有中国哲学史由古典形态向现代形态转换时期的特色,但他依据自己理解的哲学观念考察中国的传统学术,不仅在国家的最高学府把中国哲学史作为正式课程讲授,而且率先著成哲学史著作《诸子哲学》《中国哲学史》,这对于现代中国哲学史学科的建立,无疑具有开创性意义和价值。(参见田文军《陈黻宸与中国哲学史》,《武汉大学学报》2010 年第 1 期)

黄侃在北京大学讲授词学，从周济《词辨》选录凡 22 首，称为"词辨选"，作为讲义发给学生；指导俞平伯学习《清真词》；郑奠考入北京大学国学门，执贽称弟子。又撰讲稿《咏怀诗笺》。

按：有金毓黻辑录稿，并加案语云："往岁就学京师，蕲春黄季刚先生为讲阮嗣宗《咏怀诗》，复为此笺，以发其蕴。谨手录之，藏于箧中者多年。外间固未之见也。顷者友人董袖石，撰《阮步兵年谱》，采搜甚备，将付手民。爰出此笺，以实其后。或能为读本刊者，瀹启性灵之一助乎。民国十九年三月重校一过，附识此语。"（参见司马朝军、王文晖《黄侃年谱》，湖北人民出版社 2005 年版）

沈尹默 1 月 9 日向来访的钱玄同谈起将去北京医学专门学校讲授修身的事。2 月 5日，向来访的钱玄同出示最近编写的《伦理学讲义》。10 月 6 日，钱玄同在日记中谈及沈尹默已拟就有学术思潮的著作篇目，作为在北京大学的授课材料。7 日下午，钱玄同来访，并约马裕藻来，商为大学及预科选编《学术文绿》事。11 日，钱念劬来访，并赴其在西安饭店所设晚宴，同席有马叙伦、马裕藻、钱玄同等。是年，在北京医学专门学校兼课，曾告诉医专校长汤尔和，认为蔡元培应该去北大任校长。不久，蔡元培即赴北京大学译学馆走访。（参见郦千明《沈尹默年谱》，上海书画出版社 2018 年版）

朱希祖 6 月 6 日将袁世凯病死于北京消息走告章太炎。6 月 7 日，章太炎致黎元洪，命朱希祖呈。7 月，辞去清史馆职务，以示与帝制党人决绝。秋，兼高等师教授，于北大和北高师同时讲授中国文学史，编《中国文学史要略》，流传颇广。是年，曾将明汪士贤刊本《谢康乐集》校勘一过。（参见朱元曙、朱乐川《朱希祖先生年谱长编》，中华书局 2013 年版）

徐宝璜回国，先任北京《晨报》编辑，继任北京大学教授兼校长室秘书。周诒春继续任清华学校校长。7 月 27 日，周诒春继续任清华学校校长为逐渐扩充学程预备设立大学事，呈文外交部总长、次长。文曰："窃以清华学校系于前清宣统三年就游美肄业馆改设，开办至今，先后已历八年。留学毕业回国学生，日见其众。年来志切来学者，更见络绎不绝。只以限于定章，未克广庇英才。故拟以原定学程上，分年扩充增加，俾于数年之后，得完全成一大学本科之程度，以应时势之需要。"然后总括赫尔陈述"扩充最切要之理由三端"：一可增高游学程度，缩短留学年期以节学费也；一可展长国内就学年限，缩短国外求学之期，庶于本国情形不致隔阂也；一可谋善后以图久远也。"综此三端，皆为广育高才，博节经费藉图久远之大计。今本校已有基地九百余亩，每年接收退还赔款不下百余黄金，机会之佳，当务之急，未有过于此者。且以我国地大物博，已设之完全大学，寥寥无几。当此百度维新之候，尤宜广育人材，以应时需。"8 月 9 日，外交部指令："清华学校校长周诒春：据详逐渐扩充学程、预备设立大学，已悉。所具理由尚属适当，自应照准，即由该校长将扩充办法悉心规划，随时详部核夺可也。此令。"是年，《清华周刊》第 91 期刊载周诒春校长《周校长演说社会事业申义》，文中重点强调：（一）社会事业为学生时代惟一有助于国之举也。（二）学生宜改良社会教育及从事调查也。（三）学生宜提倡贫民教育也。（四）学生从事社会事业亦即开扩己之命运也。（参见清华大学校史研究室编《清华大学史料选编》第一卷《清华学校时期：1911—1928》，清华大学出版社 1991 年版）

田北湖时任北京大学预科教授。日俄战后，日本势力进入东三省南部、内蒙古东部，扩张军事以外，学术与舆论上强分中国为"本部""藩部"，鼓吹"满蒙特殊论"，以图长期占据，其险恶用心引起中国学界的注意与驳斥。田北湖应中国地学会征文，作《中国名义释》，刊于《地学杂志》第 9 期。文中以西方领土、主权等观念，辨析历史上不同时期关于中国的称呼及其内涵，指出古来成法"判以内地、外藩行政之方法虽殊，而中国领土未尝有所区别"，即是说政府统治的土地皆是本部,但日本依据治理方法不同,妄称长城以南内地18省为本部,尤其荒谬。国人不知本部"一若表示主权者",也引入使用"见愚于外人也"。(参见谢皆刚《学术与政治:民初中国地学会的行政区域研究》,《历史教学》2020年第2期)

康心孚任国立北京大学教授。秋,在北京大学讲授社会学、伦理学、中国法制史等课程,是最早开设社会学课程的中国学者。他自编社会学讲义,以介绍美国社会学家F. H. 吉丁斯的社会进化理论为主,着重阐发其"同类意识"的概念。是年,在北京大学开设的第一班社会学授课,是为国人自授社会学之始。

辜鸿铭继续任教北京大学。1月1日,袁世凯复辟帝制。辜鸿铭正在北大上课,当时他站在讲台上,从第一分钟骂到最后一分钟,用词往往令人拍案叫绝,学生们在下面拼命鼓掌助兴。6月,袁世凯死,他在家大宴宾客,庆祝袁氏归天。是年,《春秋大义》德译本在德出版,译者为瑞典学者斯万伯。随后在西方国家掀起一阵"辜鸿铭热"。(参见黄兴涛编《中国近代思想家文库·辜鸿铭卷》附录《辜鸿铭年谱简编》,中国人民大学出版社2015年版)

张申府读北大三年级,暑假前夕,带头发动"不考运动",号召只读书学习,不考试,不要文凭,响应者寥寥。是年,在蔡元培与李石曾于北京东城创办的孔德小学任教,蔡元培的儿女都在此就读。(参见《张申府年谱简编》,载郭一曲《现代中国新文化的探索——张申府思想研究》,广东人民出版社2002年版)

顾颉刚1月始以《书目问答》之《国朝著述诸家姓名略》为基础,依学术派别分作者,在作者名下列著述,按著述的版本见存佚,并集录作者的自序及他人的批评,编纂《清代著述考》20册。又着手编纂《国学志》,将《著述考》列为其中之一,此外有仿《太平御览》之《学览》,每天立一题目,钉成一册,有得即抄;有仿《经世文编》之《学术文钞》,雇人抄写百余篇;其余诸种,如《学人传》《学术名词解诂》《学术年表》等均未及动手。

按:《清代著述考》为顾颉刚早期的学术成绩,为此后的学术研究奠立基础。胡适阅后予以高度赞赏,认为其抓住了300年研究的中心思想。

顾颉刚4月上旬赴杭省亲,得观章学诚文集钞本,甚有裨益。顾颉刚笔记中《学览》之序意,可见是时作者的治学态度。秋,顾颉刚考入北京大学文科中国哲学门,聆听陈汉章讲《中国哲学史》、崔适讲《春秋公羊学》、陈大齐讲《西洋哲学史》等课。同学有狄福鼎、周烈亚、陈家蔼、吴光第等。是年,记笔记《余师录》6册毕。(参见顾潮编著《顾颉刚年谱》,中国社会科学出版社1993年版;顾潮编《中国近代思想家文库·顾颉刚卷》及附录《顾颉刚年谱简编》,中国人民大学出版社2013年版;王学典《20世纪史学编年(1900—1949)》,商务印书馆2014年版)

傅斯年6月毕业于北京大学预科。秋,升入北京大学文本科国文门。与俞平伯、许德珩为同班同学,曾著《文学革新申义》以响应胡适的《文学改良刍议》,提倡白话文。毛子水谓(《傅孟先生年谱》)傅斯年"那时志愿,实在是要通当时所谓国学的全体;惟以语言文字为读一切的门径,所以托身中国文学系。当时北京大学文史科学生读书的风气,受章太炎先生学术的影响很大。傅先生最初亦是崇信章氏的一人,终因资性卓荦,不久就冲出章氏的藩篱"。(参见韩复智《傅斯年先生年谱》,《台大历史学报》1996年第20期;欧阳哲生编《中国近代思想家文库·傅斯年卷》及附录《傅斯年年谱简编》,中国人民大学出版社2015年版;焦润明《傅斯年传》,人民出版社2002年版)

俞平伯是年秋与由预科升入文本科国文门的傅斯年和由英文学门转入文本科国文门的许德珩为同班同学。是年,俞平伯在北京大学教授黄侃的指导下,在正课以外开始读周邦彦的《清真词》。黄侃盛称周氏选录之精,又推荐各书:源流:张炎《词源》、周济《介存斋论词杂著》(附《词辨》中);作法:万树《词律》、叶申芗《天籁轩词谱》;选本:张惠言《词选》、董士锡《续词选》、周济《宋四家词选》及《词辨》、冯煦《唐五代词选》《花间集》《绝妙好词》;专集:柳永《乐章集》、周邦彦《清真集》、姜夔《白石道人歌曲》、吴文英《梦窗甲乙丙丁稿》。这为俞平伯后来研究《清真词》打下了良好的基础。(参见孙玉蓉编《俞平伯年谱》,天津人民出版社 2006年版)

冯友兰仍在北京大学哲学门求学,任班长。约是年,应张广舆之邀加入清华天人学会。据冯友兰回忆:"在清华上学的张广舆(张仲鲁)原是我在开封上中学时候的同学。他同我说,美国大学中有一种兄弟会,在清华他们也组织了一个,叫'天人学会',希望我也入会。我同意了。到清华开了一次会,每人发了一个本子,其中载有会员名录。"会员中有吴宓、吴芳吉、汤用彤、曹理卿(曹明銮)、张广舆等。(参见蔡仲德编撰《冯友兰先生年谱长编》,中华书局 2014年版)

陈中凡继续在北京大学读书。3 月 27 日、5 月 14 日,两次获读马叙伦教授复书,并附词作五首。孟冬,为《北大同乡同学录》题耑。11 月 8 日,接乡丈陶然信,论及诸子之学。12月 5 日,获胡玉缙教授复函,续结文字之契。函曰:"觉圆同学诸君鉴:弟自八月二十七号南旋,月前二十九回京,藉稔足下曾经枉顾,并承感《卜子年谱》,敬领,谢谢。惕庵先生,弟在兴化教谕任时常通函。除《后乐堂文钞》及《释例》《异文笺》已见同本外,尚有他著否? 际此国学衰歇,非足下亟为整理之,恐后更无知之者矣。此弟之以惕庵先生为心而深有望于足下者也。同学诸君,现孟晋若何? 经学讲师是否陈石遗? 颇以为念。弟虽离讲席,而诸君苟有质疑处,尽可函问。弟知则答之,不知则亦不强作解人也。……望转告诸君,是所深盼。以上所言,意在结文字之契。由于结习未忘,并无他意,幸勿误会。手此布臆,敬颂日祉。弟玉绍再拜十二月五号,同学诸君均此。"(参见姚柯夫编著《陈中凡年谱》,书目文献出版社 1989年版)

周诒春继续任清华学校校长。2 月 7 日,本校在礼堂举行开学典礼。周诒春校长报告本学期的校务工作。20 日,教育总长张一麐、教育次长袁希涛来校参观。3 月 24 日,学校举行演讲会,请伍连德博士为高等科四年级学生发表"高等教育与卫生"的演讲。25 日,北京六校联合辩论会举行预赛,辩题为"现今中国普通教育较之人才教育尤为重要"。两场比赛结果,清华正方组和清华反方组均获胜。31 日,《清华学报》学生部职员改选,下学期总编辑为陈烈勋,总经理为向哲濬。4 月 18 日,北京政府教育部通知驻南洋总领事,每年派送华侨学生 2 名入清华学校肄业。21 日,本校和北大、通州协和学校三校联合英文辩论会举行,本校正、反方两组均获胜。26 日,外交部批准周诒春辞去兼任的教务长职务,由王文显任教务长。29 日,本校高等科音乐团在北京青年会举行音乐会,以演出售票所得为贫民学校筹募经费。同月,《清华年报》第 1 期出版。由 1916 级高等科学生编辑,内容与 1914 年 8 月出版的《清华年刊》相衔接,刊名曾翻译为《大清华》。同月,校长特派之委员会通过:本校下学期在教育方面拟用美国积分法。改行积点新制后,各人所学科目可以自由选择。5 月 10日,《清华周刊》刊载《学校体育之真精神》。

按:文章指出:"国弱者何? 民不强也。民胡为而不强? 体育之未普而民力无由振也。""吾校讲求运动,注意体育,冀使同学皆有强健之身体,活泼之精神。以之为学,则学业必进。以之服务,则治举必张。……体育之真精神又不贵乎竞争也。精神维何? 是在普及;普及之责,又在吾辈。"

周诒春校长 6 月 13 日在本校高等科和中等科毕业生大会发表演讲。他说:"我清华学校历来之宗旨,凡所以造成一完全人格之教育,未尝不悉心尽力而为种种设备。"7 月 27 日,周诒春给外交部呈文《逐渐扩充学程预备设立大学》,陈述设立大学的三项理由:"可增高游学程度,缩短留学年期以节学费""可展长国内就学年限,缩短国外求学之期,庶于本国情形不致隔阂""可谋善后以图久远"。并认为,清华学校有良好的基地,充足的经费,为图久远计,将清华"逐年扩充至大学程度",是学校今后发展上的"当务之急"。8月10日,外交部指令周诒春称:"所具理由尚属适当,自应照准,即由该校长将扩充办法悉心规划,随时详部核夺可也。"夏,本校学生继上年仍组成西山消夏团,在西山卧佛寺消夏,除分演讲、调查两科外,另增学校、工业讨论、童子、查经等4科。9月10日,学校发布校令:"凡本校学生在肄业或在游美学习期间一概不得婚娶,违者即令退学或停给官费。"该校令于本日发布并函知学生家属,"自本学期始,凡本校学生在肄业年限内,不准结婚,违者即认为退学,除径行函告各生家属外,特此通告"。9月,清华学堂大楼东半部建成,作为教室、高等科寝室。同月,1918级科学社改组,重定名为"清华科学社",选举余泽兰为社长,对新会员的加入制定了严格条件。该社邀请多名教师作顾问,并吸收对科学有兴趣的校外人士作通讯会员。该社活动有研究、翻译和调查。本学期聘请美国普林斯顿大学历史及政治系教授麦克罗博士(Robert M. McElroy)为本校演讲员。从9月21日至11月,每周或隔周为高等科学生和教员团体分别演讲,主题为代议制政治的溯源、英美政治体制的特点等。11月4日,本校孔教会召开成立大会,嘉宾陈焕章、教员徐镜澄、会员郑重等发表演说。大会发布清华孔教会宣言书。15日,《清华周刊》报道,本校学生社团有孔教会、文学会、文友会、仁友会、青年会、体育会、丽泽会、科学社、辞社、游艺社、摄影团、达辞社、物理研究社、竞进会、演习辞令会等23个,以及8个级会。26日,周诒春带领教职员及学生150人,分5队修筑校外南上坡马路。当晚周诒春召集全校同学于礼堂,作题为"社会事业申义"的演说,指出:"社会事业为学生时代惟一有助于国之举""学生宜改良社会教育及从事调查",学生"宜提倡贫民教育""学生从事社会事业亦即开扩己之命运也"。(参见清华大学校史研究室编《清华大学一百年》,清华大学出版社2011年版;清华大学校史编写组编著《清华大学校史稿》,中华书局1981年版;清华大学校史研究室编《清华大学史料选编》第一卷《清华学校时期:1911—1928》,清华大学出版社1991年版)

林语堂7月毕业于上海圣约翰大学。因听说清华学校教职员到校服务三年后便可以申请官费赴美留学,于是接受了清华学校校长周诒春的执教邀请。周诒春亦是圣约翰大学毕业生,所以乐于将圣约翰大学校友引入清华学校。孟宪承跟林语堂同时赴清华学校执教。9月,林语堂正式开始在清华学校西文部担任英文教员,仍用"林玉堂"之名。当时清华学校中等科二年级英文课程教员有:马约翰、林玉堂(林语堂)、席德柄、梁福初、孟宪承、刘锦章。林语堂还担任了《清华年报》编辑,《清华周刊》指导教师,清华学校中等科各级级会及文学会、辩论会指导教师(顾问)。(参见郑锦怀《林语堂学术年谱》,厦门大学出版社2018年版)

袁同礼年6月从北京大学预科毕业,由清华学校职员会会长王文显介绍,进清华学校图书馆,担任参考部分工作,同时兼教英语,班上学生有梁实秋、张洪沅、袁伯焘、何永佶等。8月,袁同礼被聘到清华图书馆襄理馆务。9月11日,清华开学,袁同礼供职清华学校,任作英文教师,并兼图书助理,清华同时聘定孟宪承、林语堂等17人。10月18日,教育部更定了官派留学外国学生规程,新规程对留学资格的提高,有下列五项规定:"曾任本国大学教授或助教继续至二年以上者""曾任本国专门学校、高等师范教授继续至二年以上者""曾经留学外国大学高等专门学校、高等师范学校本科毕业者""本国大学本科毕业生""本国专门学校、高等师范学校本科毕业生",而满足前三项者,"得免实验之全部或一部"。据新规程,袁同礼预科毕业时,尚未满足官派资格,在清华服务两年以后,不仅获得官派留学资格,而且享有免试权利。(参见《袁同礼先生年谱初编(1895－1965)》,载张光润《袁同礼研究(1895－1949)》,华东师范大学博士学位论文,2018年)

吴宓与丙辰级20余同学6月底均在清华留美预备学校高等科毕业。毕业前夕,清华周诒春校长逐一召见高等科丙辰级将毕业之学生,商定最后由校长决定。各生赴美所习之专科及所入之学校。学院,或大学,吴宓自己提出专习"新闻学"即"报业"(Journalism),美国哥伦比亚大学之新闻专修科最著名。否则学习化学工程。周校长谓:"宓无交际及活动之才能,不谙习实际事务与社会人情,决不宜为报馆访员(记者)。统观宓之才性,最适合于文学(Literature)。故派定宓学习'文学',即欲在杂志、期刊中,以言论指导社会,亦必先在大学中,习'普通文科'(Liberal Arts)。其中包括文学、历史、政治、经济、心理、社会学等课目,而仍以文学为首要,故所议定者暂止于此。学校,则拟派宓赴美国之勿吉尼亚省立大学。谓:该校虽在美国之南方,实东方之中南段。以'保守'(Conservative)著名,然该校之传统、风气及课程、教授,实皆甚好。且清华驻美学生监督黄佐廷先生(名鼎),圣约翰大学卜舫济校长之内兄,或内弟。即由该校毕业者。故该校曾一再表示:盼清华派学生前往肄业。故今选派宓往。实深资倚重,云云。"但不幸吴宓本学期成绩中之"体育"一门,体育科给出成绩竟是"不及格"。

吴宓暑期独留在清华,则由高等科学生宿舍奉令迁往"游美学务处"。周校长下令聘吴宓任职于清华学校文案处(即秘书处)。吴宓在文案处一年,得阅读许多秘密之档案,备悉早年清华创办之实况与详情。办公余暇,吴宓自读美国出版之社会学书若干部,作有《读书笔记》。9月初,清华开学。清华图书馆主任戴超新聘来国立北京大学预科甫毕业之袁同礼为助手,被派来与吴宓同住,遂互为知交。冬,夜半,周校长独乘自行车,持手电炬,到校内各处巡察,适吴宓与袁同礼隔室对语,为其所闻。次日,周校长召宓往,责吴宓曰:"吾所闻者之外,汝平日与朋辈当必更多评论校长及校务。须知学校之所施行,校长之所筹计,断非汝等所能知、所能解。局外论人,是学者大病。今社会中人及各报纸之责难政府、反对当局者,亦同犯此病。汝此后其慎戒之!"就此一事,亦足见周校长之精勤施教矣。(参见吴宓著、吴学昭整理《吴宓自编年谱:1894—1925》,生活·读书·新知三联书店1995年版)

陈达3月22日往汇文大学参加六校辩论比赛,为清华国语辩论员及英语辩论员。6月17日下午,清华学校举行第四次毕业大典,陈达在清华学校毕业。8月,陈达等毕业生34人,专科生10人,女生10人,齐集上海。9月9日,由沪乘"中国轮"赴美。10月3日,入美国波德伦市里得大学习外交。(参见田彩凤《陈达先生年谱》,《清华大学学报》1995年第2期)

汤用彤2—3月在《清华周刊》第65、66、68、70期发表《谈助》。刊于《清华周刊》第65期的《谈助》,阐述其文学观。书评《护民官之末运》刊于《清华周刊》第74期。4月12日,《清华周刊》调整职员,汤用彤仍担任中文编辑。是时,总编辑为汤用彤,中文编辑还有沈鹏飞、苏乐真、刘庄、汪心渠、李权时、沈浩、曹明銮、桂中枢、严继光、廖永忠。英文编辑为王祖廉、刘崇鋐。经理为林志煌,副经理为姚永励。此外,学校还加派了顾问,顾问为夏廷献、杨恩湛、叶醴文、周辨明、王文显、唐悦良、陈达、吴宓、洪深、谭少藩。5月,汤用彤在《清华周刊》第75期发表书评两篇。书评中关于当时美国日益发达的汽车业从身体到心灵摧残人类的引述,大概是国人最早对环境污染和现代化弊端的关注。同月,又有书评两篇刊于《清华周刊》第76期;《说衣食》刊于《清华周刊》第78期,文中论及清华校风;书评《托尔斯泰传》《侠隐记》刊于《清华周刊》第 78 期。是年，洪深所编《贫民惨剧》的演出轰动戏剧界，汤用彤也参与了该项工作。(参见汤一介、赵建永编《中国近代思想家文库·汤用彤卷》及附录《汤用彤年谱简编》，中国人民大学出版社 2015 年版；闻黎明、侯菊坤编著《闻一多年谱长编》(增订本)，上海交通大学出版社 2012 年版)

闻一多、陈达、刘崇鋐、陈长桐、汤用彤、向哲浚、罗发祖、李济、陆梅僧、时昭涵等清华学校学生 2 月为创办贫民小学筹募资金。同月 26 日晚，清华学校学生为创办贫民小学筹募资金，在市内米市大街基督教青年会演出《卖梨人》与《贫民惨剧》。该《卖梨人》为趣剧，《贫民惨剧》为悲剧，由洪深编写。《贫民惨剧》剧情紧扣人民困苦生活，说明"贫贱小民幼时无适当之教育，长成无一定之职业，不能自活，强横者或竟为社会蟊贼，愚儒者亦冻馁而死，哀惨莫甚"。闻一多参加总务部与招待部工作。这是清华的一次大规模活动，参加者颇多，如陈达、刘崇鋐、陈长桐、汤用彤、向哲罗、李济、陆梅僧、林志煌、时昭瀛等均担任了组织或演出工作。是晚，观者中有外交部次长、教育部总长及次长、萨镇冰上将。外交次长曹汝霖当场捐款百元。3 月 4 日，复在青年会再次演出该两剧。4 月 19 日，在《清华周刊》第 73 期开始连载读书札记 16 篇，总名为《二月庐漫纪》。5 月 17 日，《论振兴国学》刊于《清华周刊》第 77 期。当时，清华课程分西学、国学两部。西学课程与留学密切，学生多所重视；而国学课程相反，且为下午开课，即使不及格，亦可毕业。于是某些学生在国学课上常演闹剧，闻一多很看不惯，故撰文强调国学乃国运所寄。

按：《论振兴国学》文云："国于天地，必有与立，文字是也。文字者，文明之所寄，而国粹之所凭也。希腊之兴以文，及文之衰也，而国亦随之。罗马之强在奥开斯吞时代，及文气尔散，礼沦乐弛，而铁骑遂得肆其蹂躏焉！吾国汉唐之际，文章彪炳，而郅治跻于咸五登三之盛。晋宋以还，文风不振，国势披靡。洎乎晚近，日趋而伪，亦日趋而微。维新之士，醉心狄鞮，么么古学。学校之有国文一科，只如告朔之饩羊耳。致有心之士，三五晨星，欲作中流之柱，而亦以杯水车薪，多寡殊势，卒莫可如何焉。呜呼！痛孰甚哉！痛孰甚哉！吾国以幅员寥廓，人物骈阗之邦。而因循苟且，廓庐自大，政治窳黜能是，工艺薛暴若是者，职是故也。夫赋一诗不能退虏，撰一文不能送穷，恒年矻矻，心瘁肌瘦。而所谓诵《诗》三百，使于四方，不能专对者，遍于天下，斯诚然矣。顾《礼》以节人，《乐》以发和，《书》以道事，《诗》以达意，《易》以道化，《春秋》以道义。江河行地，日月经天，亘万世而不渝，胪万事而一理者，古学之为用，亦既广且大矣。苟披天地之纯，阐古人之真，俾内圣外王之道，昭然若日月之揭。且使天下咸知圣人之学在实行，而戒多言，葆吾国粹，扬吾菁华，则斯文不终丧，而五帝不足六矣。尤有进者，以吾国文字，发明新学，俾不娴呫庐文字者，咸得窥其堂奥，则诇第新学日进，新理日昌而已耶。即科斗之文，亦将渡太平洋而西行矣。顾不盛欤？今乃管蠡自私，执新病旧，斥鹦笑鹏，泽鲵嗤鲲。新学浸盛而古学浸衰，古学浸衰而国势浸危。呜呼！是岂首倡维新诸哲之初心耶？《易》曰：'硕果不食。'《诗》曰：'风雨如晦，鸡鸣不已。'吾言及吾国古学，吾不禁怒焉而悲。虽然，亡羊补牢，未为迟也。今之所谓胜朝遗逸，友麋鹿以终岁；骨鲠耆儒，似中风而狂走者，已无能为矣。而惟新学是骛者，既已习于新务，目不识丁，则振兴国学，尤非若辈之责。惟吾清华以预备游美之校，似不遑注重国学者，乃能不忘其旧，刻自濯磨。故晨鸡始唱，踞皋高吟，其惟吾辈之责乎！诸君勉旃。"

闻一多《美国学校毕业典礼之一斑》6 月 17 日刊于《清华周刊第二次临时增刊》。9 月 11 日，清华学校举行开学典礼。闻一多升入中等科四年级，编入甲班。同班中有王朝梅、王德郅、时昭涵、周兹绪、袁昶熙、顾德铭、王际真、姚永励、薛祖康、吴泽霖、钱宗堡、沈有乾、萨本栋等。26 日，清华学校成立全校性文艺团体"游艺社"，下分演剧、音乐两部。闻一多担任副社长，当时社长为林志煌，后为罗发组。12 月 7 日，担任《清华年报》图画副编辑。21 日，《新君子广义》刊于《清华周刊》第 92 期。同月 8 日，周辨明在中等科作伦理演说，题为"童子军之创始者英将波威事略"。演说中提出"新君子",闻一多听后甚觉"良新,退而思其义,盖精且博,因为之说以广先生之意",乃作此文。文中主张提倡进取的新君子精神。冬,因病住进校医院,触景生情,想起同学贾观林,作《招亡友赋》,刊于次年 2 月 8 日《清华周刊》第 95 期。闻一多很喜欢这篇赋,后将它编入中等科毕业纪念刊《辛酉镜》。(参见闻黎明、侯菊坤编著《闻一多年谱长编》(增订本),上海交通大学出版社 2012 年版)

陈宝泉继续任北京高等师范学校校长。为提倡美育及职业教育起见,北京高师附设音乐训练班,职工科(学生毕业后为乙种实业学校教员)。10 月,北京高师博物部学生和教员发起成立了博物学会,讨论通过了《北京高等师范学校博物学会章程》。该《章程》规定:学会定名为"国立北京高等师范学校博物学会"。该会以研究博物学理及博物教授方法为宗旨。学会会员涉及广泛,不仅包括本校本部学生,外校生愿意入会者也可介绍入会。会务方面分讲演部、研究部及杂志部分别开展各项工作。经首届选举干事会选举,决定由徐中昱任正会长、李景阳任副会长。会场设在北京高师博二教室,事务所设在校内的博物研究室。学会在成立之日起就设讲演部,负责学术演讲的相关事宜。从是年 10 月创办学会至1919 年 4 月间,共举行讲演会 22 次,44 篇演讲稿涉及动物学、植物学、遗传学、卫生学等知识的介绍。演讲者多以博物部教员、学生为主体。其中有博物部助手兼附属小学教员张起焕、附属中学教员雍克昌,以及诸多毕业后从事博物教员工作的学生,如李开定、李景阳、李焕彬等;从事博物学教科书编著工作的朱隆勋、张起焕,他们以培养中学生的兴趣和思想为目的,编写了许多由北平文化学社出版的动物学、卫生学方面的? 教科书,图文丰富、内容详实。(参见北京师范大学校史编写组编《北京师范大学校史》,北京师范大学出版社 1982 年版;杨可鑫、李斌《北京高等师范学校博物学会及其会刊〈博物杂志〉》,《中国科技史杂志》2022 年第 2 期)

钱玄同与马裕藻在《北京高等师范学校校友会杂志》第 1 期发表《高等师范学校预科国文教授法》,文中指出:"高等师范,所以造就将来之中学教师。是以学生自预科始,于听受而外尤贵能自己讲解。且程度较高,尤宜启发其自觉心,不当专以注入为主义。教师可随时将新选文辞先行发给,令学生各自参考预备。至讲授时,教师任指数人,各令讲解一节。讲毕,教师则奖其讲解明瞭者而摘其谬误者。其学生讲解忽略之处,则重申讲明之。"可见当时有识见的教师们很注重启发式的教学方法,重视预习,重视学生的讲课训练,反对注入式教学。此文署名"钱夏"。9 月 12 日起,开始用"玄同"的名字。是年,钱玄同在北京大学初见《国语学草创》的著者胡以鲁,对其教的一门"国语学"课程深为不满,说:"国语"成什么名词? "国语学"算什么功课? 可是很快发生转变,成为国语运动的积极推动者。(参见曹述敬《钱玄同年谱》,齐鲁书社 1986 年版;北京师范大学校史编写组编《北京师范大学校史》,北京师范大学出版社 1982 年版)

周予同是年秋以第一名考入北京高等师范学校国文部。北京高师的生活环境刺激着周予同反省自家身世,关注教育公平问题。据《周予同自传》载:"那时上师范大学的,都是穷学生。从我的境遇,再看到绝大多数的穷苦人民没有受教育的希望,使我痛感学校制度极不平等、极不合理,于是便去研究原因。"因受钱玄同、匡互生等影响,周予同接受无政府主义,认为与康有为《大同书》《礼运注》相合。周予同《过去了的"五四"》说:"当时流行于这些青年们间的秘密书籍,是《自由录》《伏虎集》(反对江亢虎的冒充的社会主义)等无政府主义的小册子。……而且康有为的《大同书》,谭嗣同的《仁学》,在当时尚有相当的权威,这些思想与无政府主义有相通之道,青年们在辛亥革命之后不看《扬州十日记》等小册子而看克洛泡特金、托尔斯泰的著作,也自有其时代的必然性。"

受钱玄同、马玉藻、朱希祖熏陶,逐渐打下经学基础。在北平购读康有为《新学伪经考》,得窥为学门径。(参见成棣《周予同先生年谱》,载上海社会科学院《传统中国研究集刊》编辑委员会编《传统中国研究集刊》第二十辑,上海社会科学院出版社2019年版)

常乃惪是年夏毕业于阳兴中学。旋赴北京,考入北京高等师范学校史地部。阅《新青年》杂志,与陈独秀通信,讨论文学改革与孔教问题。12月,常乃惪致信陈独秀,质疑胡适关于古文之弊,尤以骈体、用典为最的观点。他坚决反对"废骈体"和"禁用古典",以为此二者乃"真正之国粹……而非可以漫然抛弃者也"。从此之后,常乃惪多次在《新青年》上就"古文""孔教"与"新道德"等问题与陈独秀、胡适等新文化主将展开讨论。虽然他对陈、胡等人的文化主张持有同情的理解,且自觉地归属到《新青年》派的思想阵营,但在对待传统文化的态度上又自认有异,彼此思想论争备受时人关注。(参见查晓英编《中国近代思想家文库·常乃惪卷》及附录《常乃惪年谱简编》,中国人民大学出版社2014年版;杨彩丹《北京高师对新文化运动的贡献》,《光明日报》2010年10月19日)

胡先骕9月获柏克莱大学学士学位回国后,在北京任教于私立法政专门学校,教授英文,月薪40元。其寓于铁门之亲戚家。是时,欲入北京大学寻一教职,未能如愿。10月初,往上海,拜谒沈曾植师于海日楼,出示海外所作诗词若干请益。11日,在上海,往商务印书馆,拜谒张元济,欲觅一编辑之职位,未果。下旬,旋即回里,与家人团聚。在南昌,与王易、王浩昆季游。王易乃京师大学堂预科同学,而王浩系新识,胡先骕极赏其文词。12月间,胡适应陈独秀之请,作《文学改良刍议》一文,其于第五"务去烂调套语",以胡先骕此前在《留美学生季报》所刊之词《齐天乐·听临室弹曼陀铃》为例,进行批评:"今试举吾友胡先骕先生一词以证之:'荧荧夜灯如豆,映幢幢孤影,凌乱无据。翡翠衾寒,鸳鸯瓦冷,禁得秋宵几度?幺弦漫语,早丁字帘前,繁霜飞舞。袅袅余音,片时犹绕柱。'此词骤观之,觉字字句句皆词也,其实仅一大堆陈词套语耳。'翡翠衾''鸳鸯瓦',用之白香山《长恨歌》则可,以其所言乃帝王之衾之瓦也。'丁字帘''幺弦',皆套语也。此词在美国所作,其夜灯决不'荧荧如豆',其居室尤无'柱'可绕也。至于'繁霜飞舞',则更不成话矣。谁曾见繁霜之'飞舞'耶?"(参见胡宗刚《胡先骕先生年谱长编》,江西教育出版社2007年版)

林纾继续任正志学校正教长。1月1日至5月1日,与陈家麟合译英国杨支(Charlotte Mary Yonge)原著小说《鹰梯小豪杰》,连载于黄山民在上海编辑的《小说海》月刊第2卷第1—5号,同年5月由上海商务印书馆单行本印行,1卷1册。林纾所作《序》述及翻译外国文学作品时的亲身感受。25日,与陈家麟合译美国包鲁乌因(今译鲍德温)原著小说《秋灯谭屑·织锦拒婚》(今译《泰西三十轶事》)和英国莎士比亚原著《雷差得纪》(今译《理查二世》)刊于《小说月报》第7卷第1期。其中后者又收入上海商务印书馆是年4月版林译《秋灯谭屑》。同月,所著《修身讲义》由上海商务印书馆出版,共2卷,内分周子、大程子、二程子、张子(上卷)、朱子、陆子、薛子(下卷)等7篇,作为"师范学校、中学校"教科书。此为1906年到1908年间林纾任京师大学堂预科和川币范馆"经学"教员时,特摘取明代孙奇峰编《理学宗传》中诸理学家语录,诠释讲解,历时3年编成,可视为林纾有意"于学堂中昌明圣学,以挽人心"之见证,也是林纾唯一一部修身教科书。3月25日至10月25日,与陈家麟合译英国希登希路(Headon Hill)原著小说《红箧记》,连载于《小说月报》第7卷第3—10号和1917年1月第8卷第1号。同月,《践卓翁小说》第二辑由上海商务印书馆出版。春夏之交,林纾撰咏史诗8首,借古讽今,对参与袁世凯称帝活动的人物致以讽刺,并以陶渊明自况。4月5日,清明节,林纾四谒崇陵。同谒者有守陵人梁鼎芬。礼毕,两人慨然于世风颓败,寡廉鲜耻,忠义无存。16日,以1913年5月所作《送大学文科毕业诸学士序》刊于《民权素》月刊第17集。同月,刊入上海商务印书馆版《畏庐续集》。

　　按:林纾在《送大学文科毕业诸学士序》中强烈地意识到古文的末运,其曰:"自余至大学八年,曾见师范第一次毕业,校长为前清尚书左丞李公柳溪,其所以倡道学者,动必律以矩矱,且为义至笃;迨既告归,复聚而觞之,余且为之序,为之图,用记其盛。李公既行,继其事者为刘公幼云,是时分科立,余遂移主文科讲席,听讲者凡三十余人。民国既立,南士多以事不至,有自经科先入文科者,为数亦三十有二。余则治经与史者,合之且百数焉。余惜李公之不更出,而刘公之隐也。今兹毕业盛典,能媲于李公之时否?愿同学叙朋友之谊,仪之丰杀可勿计也。呜呼!古文之弊久矣,大老之自信而不惑者,立格树表,俾学者望表赴格而求其合度,往往病拘牵而痿于盛年;其尚恢富者,则又矜多务博,舍意境,废义法,其去古乃愈远。夫所贵撷经史之腴,乃所以佐吾文,非专恃多书,即谓之入古,眩俗眼而噤读者之口也。今之狂谬巨子,趣怪走奇,填砌传记,如缩板? 土,务取其杳且瞀者以为能,则宜乎讲意境、守义法者之益不见直也。欧风既东渐,然尚不为吾文之累,敝在俗士以古文为朽败,后生争袭其说,遂轻蔑左、马、韩、欧之作,谓之陈秽,文始辗转日趣于敝,遂使中华数千年文字光气,一旦黯然而熸,斯则事之至可悲痛者也。今同学诸君子,均彬彬能文者,乱余复得聚首,然人人皆悉心以古自励,意所谓中华数千年文字之光气,得不黯然而熸者,所恃其在诸君子乎! 世变方滋,文字固无济于实用。苟天心厌乱,终有清平之一日,则诸君子力延古文之一派,不至于颠坠者,未始非吾华之幸也。临别郑重,申之以文,余虽笃老,尚欲与君子共勉之。"(《中国近代文论选》下册)

　　林纾与陈家麟合译美国包鲁乌因(James Baldwin)原著小说集《秋灯谭屑》4月由上海商务印书馆出版;与陈家麟合译英国莎士比亚原著《亨利第六遗事》(今译《亨利六世》)1卷由上海商务印书馆出版;编撰古文集《畏庐续集》由上海商务印书馆出版,内收自辛亥以来至本月前所写各种古文83篇,由姚永概作序。5月,与王庆通合译法国小仲马原著小说《香钩情眼》(今译《安东尼》)2卷由上海商务印书馆出版;与陈家麟合译英国克拉克(Mary Cowden Clarke)原著小说《奇女格露枝小传》1卷由上海商务印书馆出版;编选古文集《浅深递进国文读本》6卷由上海商务印书馆出版,有林纾序文、例言各一篇,均作于是年2月。此为林纾为小学生选作的古读本,选《战国策》至王夫之等历代古文170篇为范文,自己各按原题原意重写两篇。其中一篇文字较深,一篇文字较浅。这样既可帮助小学生读懂古文,又可帮助小学生掌握古文的写法,可见其良苦用心。5月25日至7月25日,林纾与陈家麟合译英国戏剧家莎士比亚著《凯彻遗事》(今译《凯撒大将》或《裘力斯·凯撒》),连载于《小说月报》第7卷第5—7号。原作底本为故事集,林译改作小说。6月,时为国务总理的段祺瑞上任第四日即屏从亲至林纾家中,厚意延请林纾为顾问,林纾予以谢绝,所赋《段上将军屏从见枉即席赋呈》诗纪其事。同月,自撰长篇小说《冤海灵光》由商务印书馆出版。7月,上海中华编译社特设立国文函授部,印行《文学讲义》,月出1期,共12期。林纾为《文学讲义》的编辑主任。第1—4期连载林纾的《论文讲义》和《文法讲义》。其中第2期附录部分有林纾的文章3篇:《与本社社长论讲义书》《再与本社社长论讲义书》和《螺江太保七十寿文》。7月,臧荫松搜集《平报》"铁笛亭琐记"专栏林纾所写古文笔记,共236则,由北京都门印书局出版,书名题为《铁笛亭琐记》,有臧荫松丙辰5月所写序文,交代了成书过程及特点。7—8月间,与陈家麟合译《石麟移月记》由上海中华书局出版。8月25日至12月25日,与王庆通合译法国小仲马原著小说《血华鸳鸯枕》(今译《克列孟梭的事业》),连载于《小说月报》第7卷第8—12号,林纾作小引。

　　林纾《〈诸家评点古文辞类纂〉序》刊于9月10日《东方杂志》第13卷第9号。11月16

日,为光绪忌辰,林纾五谒崇陵,同谒者尚有梁鼎芬、毓廉。同月,与陈家麟合译美国巴苏谨原著小说《橄榄仙》2卷由上海商务印书馆出版。12月25日,与陈家麟合译英国曹西尔(Geoffrey Chaucer)原著《鸡谈》(今译《女尼的教士的故事》)、克拉克(Charles Cowden Clarke)的小说《三少年遇死神》(今译《赦罪僧的故事》),刊于《小说月报》第7卷第12号。同月,与陈家麟合译英国情伯司戏辑笔记小说《诗人解颐语》2卷由上海商务印书馆出版。冬,结集文论《春觉斋论文》由北京都门印书局出版。此书实为林纾在京师大学堂讲授古文时的讲义,全书分为“述旨”“流别论”“应知八则”“论文十六忌”“用笔八则”“用字四法”六个部分。作者论古典散文写作以人为本,先求作者思想、学识的纯正、丰富,以“理”奠定古文内容主体,再论古典散文创作的技艺。是年,撰《读〈烈女传〉》(后收入《畏庐续集》),文章既不满于“古礼”之于妇女过于苛刻,又不满于当时妇女“解放”的一些现象;撰成《左传撷华》,选《左传》文83篇,其中30篇《左孟庄骚精华录》亦选入。每篇之末,均缀以评语。(参见张旭、车树异编著《林纾年谱长编:1852—1924》,福建教育出版社2014年版)

姚永概继续任正志学校副教长。1月7日,姚永概在《日记》中记有:“访畏庐、碉秋。”20日,姚永概在《日记》中记有:“校中会议毕,约畏庐、又铮、碉秋、仰韩至寓小饮,并招陈师。是日畏庐未到。”5月5日,姚永概在《日记》中记有:“上两校课。编讲义。招畏庐、碉秋、又铮、奏丹、次梅、仰韩家中小宴。”18日,姚永概在《日记》中记有:“上两校课。畏庐招饮广和居。”23日,姚永概在《日记》中记有:“上两校课。招又铮、畏庐、碉秋饮致美斋。”7月1日,姚永概在《日记》中记有:“段总理前托又铮致意,欲延琴南及余为顾问,皆辞。今日欲相访,余以寓所甚狭,因往琴南处一见,止其来。”7月4日,姚永概在《日记》中记有:“琴南招饮。”8日,姚永概在《日记》中记有:“校会议。夕招畏庐、又铮、碉秋、仰韩、辟疆小饮。”24日,是日晴。姚永概在《日记》中记有:“访畏庐、碉秋。”11月10日,姚永概在《日记》中记有:“上课。访林畏庐。”12月4日,姚永概在《日记》中记有:“赴畏庐之招,以先君子诗册求题。”20日,姚永概在《日记》中记有:“赴校开学,畏庐与健吾大闹,此老气太盛,同人颇不然之,予劝健吾与之和解,以敬老为宜。”(参见张旭、车树异编著《林纾年谱长编:1852—1924》,福建教育出版社2014年版)

王光祈继续在北京中国大学专门部法律本科学习,由《四川群报》主笔李劼人介绍,王光祈兼任该报驻京通讯记者。每天向成都寄剪报、发消息,从事反袁护国斗争和介绍新思想、新文化的活动。秋,周太玄由上海至北京,与潘力山共同创办《京华日报》,王光祈在该报任编辑工作。两人同在一个报馆,经常工作到深夜,理想和报负便成为这时倾心交谈的主题。他们深感“国中一切党系皆不足有为,过去人物,又使人绝望”,决心“联合同辈,杀出一条道路,把这个古老腐朽、呻吟垂绝的被压迫、被剥削的国家改变为一个青春年少、独立富强的国家”。于是决定:首先,要坚持发扬志气,艰苦奋斗,绝不同流合污,得过且过。其次,一定要奋勇向前,为国家民族找出一条道路。第三,只依靠少数人的一点友谊还不够,必须扩大圈子,使有为的青年都能团结在一起。他们还设想,要有一个不单在学问方面,还要在事业方面共同奋斗的团体。然后把以上这些想法,以通信的方式和在东京留学的陈消、曾琦、雷宝菁等进行讨论。当时,王光祈正醉心于国际外交的研究,毅然以所得稿费20元买了一部商务出版的《外交月报》全份。(参见四川音乐学院、成都市温江区人民政府编《王光祈文集》及附录一《王光祈年谱》,巴蜀书社2009年版)

张轶欧时任农商部矿政司司长。1月12日,农商部任命张轶欧兼任地质调查局局长。

同月,《农商部地质调查局规程》颁布。该规程规定,地质调查局设四股(地质股、矿产股、地形股、编译股)一馆(地质矿产博物馆),共有职员 39 人。2 月 2 日,地质调查局正式成立。由矿政司司长张轶欧兼任局长,张轶欧和安特生担任会办,下设四股一馆。新成立的地质调查局独立预算,每年经费预算 68000 元,办公地点则由粉子胡同农商部搬迁到丰盛胡同 3号及其兵马司附属房屋。3 月,周自齐任农商部总长后,鉴于 1914 年 3 月颁布的《矿业条例》存在诸种难行之处,遂于部内设修订矿法委员会,以英国人林锡(G. G. Lindsey)为起草员,张轶欧、安特生、翁文灏等为委员,研究修订矿法。草案初成,共五部分,365 条。8 月,谷钟秀任农商总长后,对农商部机构进行裁并,地质调查局复改为地质调查所。10 月 28日,农商总长谷钟秀呈大总统为修订地质调查局章程呈明备案:"窃本部于本年一月呈准将本部矿政司原有之地质调查所改为地质调查局,设有局长、会办等职名目,非惟组织与本部所辖其他之附属机关均不符合,即按诸现行官制,亦嫌割裂。现拟修订该局章程,改名为所,仅设所长一人,裁去局长、会办名目,并将该局之地形股一股裁撤,地质矿产陈列室即归矿产股兼理,不另设馆长。其原定技师、调查员额数亦酌量核减,以云撙节,而昭划一。"(参见欧阳哲生主编《丁文江文集》第七卷附编《丁文江先生年谱》,湖南教育出版社 2008 年版;李学通《翁文灏年谱》,山东教育出版社 2005 年版)

丁文江年初在皖南、浙西一带从事地质考察。1 月 12 日,农商部成立地质调查局,顾问安特生(J. G. Andersson)、技正丁文江充任该局会办。2 月 2 日,调查局正式成立。按《地质调查局规程》规定,矿产股负责关于矿物岩石鉴定、矿产调查、矿业调查、矿质化验及地质图编制事项。地形股负责关于地形测量、经纬测算、地形制图、照相事项。10 日,农商总长周自齐任命地质调查局会办丁文江兼任地质矿产博物馆馆长,翁文灏充矿产股股长兼地形股股长,章鸿钊充地质股股长兼编译股股长。同时被任命的地质调查局技师为丁格兰、新常富,调查员为张景澄、罗文柏、曹树声,学习员叶良辅、赵志新、王竹泉、刘季辰、谢家荣等。6月,在《远东时报》第 13 卷第 1 期发表《中国之煤矿》一文。7 月 14 日,农商部地质研究所举行第一届学生毕业典礼。共有学生 22 人毕业,实际得毕业证书者仅 18 人,另有 3 人得修业证书,1 人未得证书。获毕业证书者为:叶良辅、王竹泉、谢家荣、刘季辰、朱庭祜、徐渊摩、徐韦曼、赵志新、谭锡畴、李学清、李捷、卢祖荫、周赞衡、赵汝钧、仝步瀛、陈树屏、马秉铎、杨佩伦。在毕业典礼上,丁文江忠告诸君:第一,"不可染留学生习气",从中国国情出发,不计较个人薪水和办事经费;第二,"不可染官僚习气",当以勤俭自励,不可以肉体欲望为人生惟一之目的。"然则诸君生活之趣味安在?一可以看山水之乐""一可以恢复吾民族之名誉"。他勉励"诸君能尽出其所学,实心去做,使吾国对于此种学问、此种事业有一班真有能力之人,则国家之兴未始不可以此为嚆矢。要之,吾人处于现世,如能与所处之境遇相合,而又不为境遇所限,则诸君可以不负所学,而吾辈做教员者亦不虚此两三年之牺牲矣"!农商部地质研究所仅办一期,这期毕业生中有 13 人进入地质调查所工作。以丁文江为所长的地质调查所自 1913 年成立以后,有所长而缺少调查员,难以开展地质工作。现在有了这一批人才,我国的地质调查才能有规模地开展工作。8 月,谷钟秀任农商总长后,将地质调查局复改为地质调查所。11 月 1 日,丁文江被任命为地质调查所所长兼地质股股长。技师为丁格兰、新常富、王臻善;调查员为曹树声、张景澄、叶良辅、赵志新、王竹泉、刘季辰、谢家荣;周赞衡、徐渊摩、徐韦曼、谭锡畴、朱庭祜、李学清、卢祖荫为学习调查员;马秉铎、李捷、仝步瀛、刘世才、陈树屏、赵汝钧仍留所学习。全所人员定额 24 人。是年,丁文江邀请瑞典自然历史博物馆古植物学部教授赫勒(T. G. Halle)来华从事古植物学的研究工作;地质调查所图书馆正式成立,设于丰盛胡同3号。

按:该馆自民国元年筹备,初仅有图书400余册。同年,于地质研究所毕业生成果展览的基础上成立地质调查所地质矿产陈列馆。安特生对该馆的发展计划、古生物化石及史前古物的采集鉴定贡献甚多。1920年,农商部任命安特生兼任地质调查所地质矿产陈列馆馆长,但其外出调查繁多,地质调查所又派技师卢祖荫主任馆事,负责实际整理布置工作。(参见欧阳哲生主编《丁文江文集》第七卷附编《丁文江先生年谱》,湖南教育出版社2008年版;李学通《翁文灏年谱》,山东教育出版社2005年版)

章鸿钊继续任地质研究所所长。1月,农商部奏请将地质调查所改为地质调查局。2月10日,章鸿钊任新成立的地质调查局地质股股长兼编译股股长。7月14日上午,出席地质研究所学生毕业典礼。地质研究所学生按计划完成3年学习,于本日举行毕业典礼,农商部次长以下众多官员及外国顾问等出席典礼。章鸿钊在演说中提到,由于"留比博士翁泳霓先生归国允任教务,于是各种重要科学得以循序渐进。翁先生实本所最有功之教员也"。典礼结束以后,举行了毕业生成绩汇报陈列展览,展品为地质研究所师生数年来所采集的岩石、矿产标本、照片、地质图表等。地质研究所就此结束。虽然地质研究所只办了一期,但培养出了中国第一批地质调查研究人才,为中国地质科学的发展奠定了第一块基石。正如胡适所言,"中国地质学界的许多领袖人才,如谢家荣、王竹泉、叶良辅、李捷、谭锡畴、朱庭祜、李学清诸先生,都是地质研究所出来的"。在地质研究所结束之时,章鸿钊将开办始末情形、章程、课程名目、收付款项、图书、仪器、标本等,编写成《农商部地质研究所一览》一册。又与翁文灏一起,将地质研究所师生历年所做地质调查报告等成果汇集成册,编为《农商部地质研究所师弟修业记》一册,此为中国地质学专业出版物的萌芽。8月,地质调查局复改为地质调查所。11月1日,章鸿钊任地质调查所编译股长。(参见冯晔、马翠凤《章鸿钊年表》,载中国地质图书馆编《第三届地学文献学术研讨会暨纪念章鸿钊学术思想研讨会论文集》,地质出版社2016年版;李学通《翁文灏年谱》,山东教育出版社2005年版)

翁文灏1月5日与叶良辅、谢家荣再从九江出发,先乘车至南昌,然后3人即行分途调查。翁文灏行3日抵余干县枫港煤矿,8日开始进行地质调查与测量,11日结束工作。叶良辅、谢家荣赴丰城、进贤二县调查。1月12日,自枫港官矿至呈山一带,从13日起,查勘万余公司所领之矿区。15日,赴万年县。20日,由鄱阳雇船涉湖而返回九江。26日,返抵北京。翁文灏等人此行,为中国地质工作者在江西从事地质调查之始。2月10日,被任命为农商部地质调查局矿产股股长兼地形股股长。4月1—10日,率地质研究所全体学生赴滦县实习,归作《直隶迁安县鹦鹉山钨矿报告》呈报农商部。翁文灏还在该报告中附列《钨矿略》,介绍了世界钨矿大致情形,说明:"钨为现行《矿业条例》所未载,鹦鹉山实为吾国第一次有人呈请试探之钨矿",因"事属初见,知之者少,故略举世界钨矿之情形,附于报告之末"。7月14日上午,出席地质研究所学生毕业典礼,发表演说:"科学研究虽有一定范围,然亦随时变迁。此变迁之趋向即可为学者研究之方针……至数十年来,则地质一科不特专寓理科,其与工科及实业关系变渐密切……趋向所及,地质之应用日著。虽地质学范围甚广,不专以矿产为目的,然大势所趋,研究矿产者不得不利用地质研究,地质者亦遂不得不注重矿产。"号召学生们"一方面发挥学理,以增吾人科学之智识,一方面尤须留心实用,尽科学之能事,以发明吾国之地利矿质,庶不负诸君励学之辛勤耳"。安特生及法籍技师新常富等在演说中认为:"此次卒业生之成绩极佳,其程度甚高……实与欧美各大学三年毕业生无异""为中国科学上第一次光彩"。

翁文灏与章鸿钊在7月地质研究所结束之际编辑《农商部地质研究所师弟修业记》,并作序言一篇。翁文灏在序言中写道:"欲图斯学之进步,亦惟有担斧入山,披荆棘斩榛莽,以求益吾事实上之知识而已。"在由地质人才培养为主转向开展全面地质调查工作之时,翁文灏就中国地质学未来发展方向和工作方针与丁文江、章鸿钊商讨并制定了以下基本原则:"(一)地质调查所的工作以实地调查为宗,室内研究为辅。(二)学校教课与调查任务性质固相辅而行,工作则不易同时兼任,故调查人员以不兼校课为宜。(三)念国势之艰危,人才之消乏,任事诸人务必坚贞自守,力求上进,期为前途之先驱。(四)报告出版应特为慎重,不可率而操觚,期合科学之标准,而免为空疏之浮文。(五)报告宜按照性质,兼重西文。"再就外来地质名词如何翻译使用问题,翁文灏与章鸿钊、丁文江一起进行了专门研讨。章鸿钊主张中国应全盘使用日本人所用译名,不宜另起炉灶。丁文江不赞成,认为日本人把Cambrian称为寒武纪,把Devonian称为尼盆纪,虽于日文声音相符,但在中国便绝对不通。翁文灏折衷二人意见,为大家所接受,成为此后科技名词翻译时所遵循的原则。11月,地质调查局又改为地质调查所后,翁文灏仍任该所矿产股长。是年,翁文灏参与农商部"修订矿法委员会"工作。周自齐任农商部总长后,鉴于1914年3月颁布的《矿业条例》存在窒碍难行之处,遂于部内设修订矿法委员会,以英国人林锡(G. G. Lindsey)为起草员,张轶欧、丁文江、安特生、翁文灏等为委员,研究修订矿法。3月,草案告成,分五部分共365条。谷钟秀任总长后,又于本年冬另设起草委员会,完成《矿业法》105条,其中对于前修订矿法委员会的草案仅采用其中一小部分。(参见李学通《翁文灏年谱》,山东教育出版社2005年版)

杨度1月初在袁世凯按公、侯、伯、子、男五个档次封授爵位名单中,成为最高一级的"公",且单享"文宪公"的称号,其地位远高于一些握有重兵的封疆大吏。3月22日,袁世凯正式宣布撤销帝制,杨度对此举极为不满,辞去参政院参政职务。4月20日,杨度发表通电,表示"君宪有罪,罪在度身",如果杀他有补于国事,他万死不辞,甚至到了这个时候,杨度还反对要求"元首退位"。5月1日,杨度对《京津太晤士报》记者公开声称:"政治运动虽然失败,政治主张绝无变更。我现在仍是彻头彻尾主张'君宪救国'之一人,一字不能增,一字不能减。"6月6日,袁世凯在忧愤中死去,杨度写就一副挽联:"共和误民国,民国误共和?百世而后,再平是狱。君宪负明公,明公负君宪?九泉之下,三复斯言。"7月14日,北洋政府发布通缉惩办洪宪祸首文告,杨度名列榜首,被迫躲进天津租界。10月,王闿运在湖南湘潭辞世,杨度撰写挽联:"旷古圣人才,能以逍遥通世法。平生帝王学,只今颠沛愧师承。"(参见左玉河编《中国近代思想家文库·杨度卷》及附录《杨度年谱简编》,中国人民大学出版社2014年版)

刘师培1月奉袁世凯令与迎"衍圣公"孔令贻入京。同月,刘师培在北京与康宝忠发起重刊《中国学报》,作《重组〈中国学报〉缘起》。刘师培为响应袁世凯改中华民国为中华帝国,改民国五年为"洪宪元年",于《中国学报》从"洪宪元年"1月推出第1期,所撰《立庙议》刊于《中国学报》复刊第1册,所撰《君政复古论》《春秋左氏传略》始连载于复刊第1期。2月,所撰《老子斠补》始连载于《中国学报》复刊第2册。3月,所撰《联邦驳议》刊于《中国学报》复刊第3册,所撰《荀子斠补》始连载于《中国学报》复刊第3册。5月,所撰《中古文考》《答方勇书论太誓答问》刊于《中国学报》复刊第5册。6月6日袁世凯病亡之后,南方军务院致电继任总统黎元洪,重申云南宣布独立前夕要求,请将刘师培与杨度、朱启钤等13人"按名查拿拘管,听候法律裁判,庶内绝祸乱之源,外平军民之气"。7月14日,黎元洪下令惩办帝制祸首,刘师培、严复本均属"帝制祸首",由于政治会议议长、参政院参政、审计院院长李经羲以"爱惜人才"为由，刘师培受到宽免，杨度、孙毓筠依然在列。严复、刘师培皆避祸于天津，刘师培生活几陷于绝境。是年发表之文尚有《文说五则》《故民吴骏卿义行碑》《清故四川郡补道苏君墓碑》《联邦驳议》《贞孝唐大姑诔》《古周礼公卿说》《清故云南试用巡检方寅亮神祠铭》《故山西知县汪征典神祠铭》《清故四川侍卫杨君阙铭》《清故内阁中书韩君阙铭》《清故四川参将沈君阙铭》等。（参见陈奇编《刘师培年谱长编》，贵州人民出版社2007年版；黄锦君《刘师培生平学术年谱简编》，《儒藏论坛》2009年第1辑）

按：冯自由《记刘光汉变节始末》谓："袁世凯既逝，光汉（刘师培）流寓天津，几无以为生。"（参见《革命逸史》（第二集），中华书局1981年版）

严复1月11日到瀛台，议宪法。17日，到公府会议。2月15日，到美国驻华使馆演说。27日下午5时，应约会见国务卿兼外交总长陆征祥。3月20日，袁世凯召集国务卿、各部总长及参政院参政等议商撤销帝制，与会者无异辞。次日，袁又召集有关人物开紧急会议，讨论此问题。同日，严复在日记写上"大总统取消帝制"七字。3月，要求袁世凯下台的呼声响遍全国，严复则不以为然。5月2日，致书熊纯如，告以袁氏去位，已成不可解免的问题。6月6日袁世凯毙命，严复闻之曰："末路如此，岂非大哀。后此国事，思之令人芒背。"6月，致国务总理段祺瑞书，反对恢复《临时约法》及旧国会。7月8日，邓曼云来告政府惩办帝制祸首决议，嘱急赴津。行前，亲友劝其远避，林纾甚至涕泣以迫，严复皆以俯仰无愧怍，泰然处之。14日，黎元洪发表惩办杨度、孙毓筠、顾鳌、梁士诒、夏寿田、朱启钤，周自齐、薛大可等帝制祸首令。严复不在其中。8月24日，严复由天津回京闲居。31日，严复与熊纯如书，谈变法、共和与西学。9月22日，严复致熊纯如书，再论康、梁。同月，再次批阅《庄子》。11月4—5日，先后访英公使朱尔典（Sir John Newell Jordan）、美公使芮恩施（Paul Samuel Reinsch）。冬，气喘复烈。12月，严复以英文撰写的《中国古代政治结社小史》（A Historical Account of Ancient Political Societies in China）一文发表于英文杂志《中国社会与政治科学学报》（*The Chinese Social and Political Science Review*）第1卷第4期。是年，又拟续译《法意》和《穆勒名学》。

按：严复以英文撰写的《中国古代政治结社小史》一文刊于英文杂志《中国社会与政治科学学报》第1卷第4期，编者在文前以近半页的篇幅介绍先生的简历及译著说："严复先生是一位有成就的学者，以其通晓英语学问而备受推崇，其精深的国学造诣就更不用说了。其初在福州船政学堂开始接受西学，继派至英国格林尼次进修。回国后，他接连被任命为北洋水师学堂总教习、会办、总办。1900年后，受聘于学部，在北京从事翻译，后接连出任安徽高等学堂监督、吴淞复旦公学校长、北京大学校长。他对国家最大而恒久的贡献，是将一些具有代表性的英文著作译成中文，著名者如赫胥黎的《天演论》、亚丹·斯密的《原富》、赫伯特·斯宾塞的《群学肄言》、约翰·穆勒的《穆勒名学》《群己权界论》，以及孟德斯鸠的《法意》。严复先生的译著，文笔优美，在知识界广为流传，影响深远，成功地为接受西方文化开辟了道路。"（参见罗耀九主编《严复年谱新编》，鹭江出版社2004年版；孙应祥《严复年谱》，福建人民出版社2014年版）

马相伯留京，仍居培根学校。作《〈圣经〉与人群之关系》，提出一要恕道，二要诚实，三要谦恭，四要知止。书《〈天坛草案〉第十九条问答录》后："西人于中国书，以新学术探讨古今事理者众矣，意不在文辞也。近因慕玄父君，见德国学者于屈宋文，则以考证中国之巫祝；英国学者于诸史乘，则以编次中国社会演成之统计，凡三大册。首册数百张已付刊，合左右两半张为一表，极新颖可观。其在上海徐家汇，年二十岁上下者，于经史率能背诵，而比人乏乃所诵极多，欧战以前回国，回国后，译刊有甄鸾、李淳风等算书辨误。由此可见西国人民知识之高，苟有所刊，虽艰涩如统计辨误等书亦无不售；又可见我国民情民俗与历史等,不可复以谰辞给西人矣。"又作《书〈请定儒教为国教〉后》再次申述反对孔教为国教的意见。另有代拟《反对孔道请愿书》五篇。(参见李天纲编《中国近代思想家文库·马相伯卷》及附录《马相伯年谱简编》,中国人民大学出版社 2014 年版)

陈垣 8 月因国会恢复,仍任众议院议员。9 月,参加国会会议,继续坚持信教自由,反对将孔教定为国教。是年,马相伯为陈垣《元代也里可温考》作序。陈垣视马相伯如父亲,曾谓"垣游京师十年,父事者二人,曰丹徒马先生相伯,曰梅县黄先生均选"。(参见刘乃和、周少川、王明泽《陈垣年谱配图长编》,辽海出版社 2000 年版;李天纲编《中国近代思想家文库·马相伯卷》及附录《马相伯年谱简编》,中国人民大学出版社 2014 年版)

汤化龙、刘崇佑等 8 月 22 日召集在京进步党议员 90 多人,于安庆会馆讨论筹建宪法案研究会。31 日,召开正式成立大会,通过《宣言》和《简约》,以"以自由精神按国情、察外势、据学理,以研究宪法案,以期成良宪"为宗旨,猛烈攻击国民党"偏于党见""理想过高",决心"组强固无形之党,左提北洋系,右掣某党一部稳健分子,摧灭流氓草寇两派"。

林森、岑春煊、褚辅成、白逾桓、马君武、居正、田桐等 8 月 31 日建立丙辰俱乐部,成员多为旧国民党中的激进分子以及中华革命党议员。9 月 9 日,由林森等为首的丙辰俱乐部、以张继等为首的客庐系旧进步党人孙洪伊、丁世铎的韬园派组成宪法商榷会,形成了 360 余人的政治团体,在国会议席中居多数,主张以临时约法为宪法基础,将省制大纲写入宪法,省长民选等,与段祺瑞的"中和俱乐部"、梁启超的"研究系"相抗衡。后商榷系分成三支,激进派的"民友社",温和派的"益友社"和"政学会"。

张耀曾参与护国战争。6 月,入段祺瑞内阁任司法总长,制定法典、审判官职责、监狱制度等重大法规。11 月,与周善培、谷钟秀、李根源、杨永泰等在北京发起成立"政学会",以"研究政务、实行改进为宗旨"。其政治主张主要有:(1)对于政权取恬静主义;(2)对于政治取稳和改进主义;(3)对于政府取劝告监督主义;(4)对于各政团取亲善联络主义;(5)对于会务取公开主义;(6)对于会员取平等主义。同月 19 日,在顺治门大街江西会馆开成立会,到会者逾 300 人。张耀曾负责起草《宣言》,李根源、张耀曾、谷钟秀、欧阳振声、韩玉辰、文群、杨永泰、金兆梭、李肇甫、郭椿森、李述膺、张鲁泉、周之翰 13 人当选干事。由于政学会成员"百分之九十多是两院议员或由议员而入政府者",因而在国会、政府中的主张与活动对北京民国政府的政治变迁产生了重要的影响。

康心如继续任上海《民信日报》经理。8 月,该报迁往北京继续出刊,康心如也随之到了北京,并在北洋政府侨务局任佥事,同时给上海《新闻报》投寄特约通讯,又任重庆《新蜀报》访员。9 月,上年 10 月 10 日在上海创刊的《中华新报》发行北京版,张耀曾任社长,张季鸾曾先后担任北京版和上海版总编辑,康心如应邀任经理兼编辑。11 月,张耀曾、谷钟秀、杨永泰等在北京发起成立"政学会"后,《中华新报》成为政学会在旧国会复会后的重要阵地。

梁漱溟 8 月因司法总长张耀曾推荐,任司法部机要秘书。在上海《东方杂志》发表长篇哲学论文《究元决疑论》,批评熊十力在《庸言》上发表的辟佛言论。随后经范源濂介绍,携带此文拜访北京大学校长蔡元培,蔡元培表示要聘其为北大讲师,讲授印度哲学,因在司法部任职而未应承。

按:梁漱溟《漱溟卅前文录》(《人物》1986 年第 1 期)曰:"《究元决疑论》是我二十四岁时作的一篇文章。我自二十岁后,思想折入佛家一路,专心佛典者四五年。同时复常从友人张申府假得几种西文哲学书读之。至此篇发表,可以算是四五年来思想上的一小结果。当时自己固甚满意。至今好些朋友关系还是从这篇文字发生出来的。即我到北京大学担任讲席，也是因范静生先生的介绍而以此文为贽去访蔡元培先生，蔡先生看了此文就商同陈仲甫（独秀）先生以印度哲学一课相属。——当时因在司法部任秘书未能承应，而转推许季上先生代课；至翌年许先生病辞，乃继其任。"（参见李渊庭、阎秉华编著《梁漱溟先生年谱》，广西师范大学出版社 2003 年版）

　　沈钧儒5月7日任都督府机要秘书，居住于都督府中。6月6日，袁世凯死。次日，黎元洪继任大总统。恢复临时约法，召开旧国会。各省推代表到北京共商国策。吕公望初派何遂为浙江代表，不久，又派沈钧儒及葛敬恩为代表到北京接替何遂。7月14日，西南护国军宣告撤销军务院。一时南北统一，恢复民国元年官制。云南参议员张耀曾出任南北统一内阁司法总长。冬，函召先生北上共事。（参见沈谱、沈人骅编《沈钧儒年谱》，中国文史出版社1992 年版）

　　夏曾佑2月27日在京师图书馆青厂分馆开馆之际举行茶话会，鲁迅出席。3月8日，教育部向内务部报文，请求将内务部立案之出版图书送交一份给京师图书馆。4月1日，北洋政府国务院批准教育部呈文，京师图书馆作为国家图书馆、国家总书库的地位得以确立。6月，夏曾佑撰成《京师图书馆善本书目》4 册，向教育部报送《呈送善本书目请教育部鉴定文》。8月21日，根据教育部指令 31 号，同意《京师图书馆善本书目》印行，以广流播而资考核。

　　按：《京师图书馆善本书目》是夏曾佑作为京师图书馆馆长主编完成的。此前，缪荃孙、江瀚、王懋镕均编有京师图书馆善本书目。夏曾佑在认真考察各本优劣之后，对其中的讹误进行了修订。他在呈文中说："三者之中，以缪本为最详。而草创成书，不能无误。江本、王本盖即就缪本蓑录而成，所不同者，仅增删书目十数种耳。"现存的《京师图书馆善本书目》，即由他编定。（参见全根先《夏曾佑年谱简编》，《文津学志》2016 年）

　　鲁迅1月2日整理《寰宇贞石图》。19日，主持召开通俗教育研究会小说股第十二次会议，修正《劝导改良及查禁小说办法案》。2月14日，呈请辞去通俗教育研究会小说股主任获准。18日，被教育总长张一麐任命为全国专门以上学校成绩展览会干事。3月15日，鲁迅出席全国专门以上学校成绩展览会开幕式。6月15日，被教育部派赴总统府吊祭袁世凯。7月，鲁迅与杨莘士、许寿裳、钱家治、张宗祥等联合写信给教育总长范源濂，反对尊孔读经。10月4日被通俗教育研究会推定为小说股审核干事。11月9日，鲁迅因筹办全国专门以上学校成绩展览会，得教育部颁发的三等奖章。（参见鲁迅博物馆、鲁迅研究室编《鲁迅年谱》，人民文学出版社 1981 年版）

　　黎锦熙继续任教育部教科书特约编审员，在京发起成立"国语研究会"，任委员，宣传"国语统一"（即推广普通话），"言文一致"（即普及白话文），积极从事选定标准语的运动。（参见黎泽渝《黎锦熙先生年谱》，《汉字文化》1995 年第 2 期）

　　黎锦晖赴京，受聘为众议院秘书厅议事科职员。同时兼任中央女校、怀幼中学、孔德学校的国文、图画、历史等课。（参见孙继南《黎锦晖年谱》，《齐鲁艺苑》1988 年第 1—3 期）

　　马寅初任职于北洋政府交通部铁路会计司，该司下设总务、稽核、计理、编订四科，司长为王景春，兼任北洋政府交通部统一铁路会计会副会长。马寅初在交通部铁路会计司担任稽核科稽核员。5月17日，北洋政府大总统批令中有以下内容："交通部呈：办理铁路会计华洋人员王景春等成绩卓著，拟请特奖勋章文并批令（附单）"，而且在这份授勋令名单中，马寅初榜上有名，他与其他 5 人一起获得六等嘉禾章。马寅初获此勋章，表明他到交通部任职绝非一天半日。7月1日，由王景春发起并主持修订《北京东西洋留学会员录》。8月

17日,交通部令100号记载:"署主事马寅初派充邮政司科员。"马寅初在交通部职位发生了变化。10月24日,马寅初正式由交通部转投财政部。财政部令125号:"马寅初调部任用,派在会计司办事。"11月2日,交通部发令应准马寅初调任财政部。

按:徐斌、马大成编著《马寅初年谱长编》(商务印书馆2012年版)载,马寅初是年"任北京大学法科教授,主讲《银行货币学》课程,租住北京石驸马大街内后闸",应在次年蔡元培就任北京大学校长之后。(参见李仲民《马寅初早年在京足迹考》,《北京晚报》2022年12月13日)

马其昶任清史馆聘为总纂,主修儒林、文苑及光宣大臣传。凡一代的名臣宿儒遗闻轶事,搜求极勤,撰稿内容颇丰,而又褒贬矜慎,成《清史稿·儒林·文苑》若干卷。实有清一代的重要文献。(参见陈祖壬编《桐城马先生(其昶)年谱》,载《晚清名儒年谱16》,北京图书馆出版社2006年版)

陈宝琛主持编纂的《德宗景皇帝本纪》11月4日全书告成,溥仪传旨嘉奖有功人员,主要执笔者陈宝琛被授为"太保",并赏给御书匾额。是年,林纾撰成《左传撷华》,陈宝琛将之进呈废帝宣统。"上读而善之,询君行谊风貌,知其善画,君因恭绘两篷以进,上亲书'烟云供养'四字赐之。"又经常通过太傅陈宝琛把内府名画拿出供林纾观赏。林纾狂喜,以为此系"三公不与易"的殊荣,遂命其楼为"烟云楼",并题纪恩诗。(参见张旭、车树昇编著《林纾年谱长编:1852—1924》,福建教育出版社2014年版)

林白水、王士澄、黄秋岳、梁鸿志等主持的《公言报》9月1日在北京创刊,由徐树铮资助。林白水系林纾早年的同事和同乡,其时刚辞去议员职位。林纾向徐推荐以白话文扬名舆论界的"白话道人"林白水主持《公言报》笔政。(参见张旭、车树昇编著《林纾年谱长编:1852—1924》,福建教育出版社2014年版)

邵飘萍被《申报》聘为驻京特派记者。7月,离沪赴京,因感外人设在我国之通讯社任意左右我国政闻,深以为耻,在北京创办北京新闻编译社,为国人自办新闻社之始。(参见郭佐唐《邵飘萍年谱》,《浙江师范大学学报》1986年第4期)

严鹤龄主编,陈锦涛、陶履恭、张煜全、韩安、王锦春、王文显、林竹规等编辑的《中国政治社会科学学报》4月在北京创刊。

张静庐是秋任中华革命党华北总部机关报《公民日报》副刊编辑,不久报社迁北京,又兼编新闻。

田际云8月在北京创办崇雅社,是近代戏曲史上第一个女科班。

姚永朴为余氏六修宗谱撰写序文。

刘瀚在北京北洋无线电传习所学习,编出《汉字注音字母电码本》。

金毓黻毕业于北京大学,任奉天省立第一中学教员。

翦伯赞考入北京政法专门学校,转入武昌商业专门学校学习。

杨秀峰考入国立北京高等师范学校(北师大前身)史地部。

罗常培考入北京大学文科国文门,继入哲学门学习。

康白情考入北京大学。

朱自清考入北京大学预科。

段锡朋考入北京大学政法科学习。

沈尹默主持北京大学书法研究会。

黎锦晖参加北京大学音乐团,学习西洋音乐。

张景钺考入北平清华学堂。

饶孟侃考入清华学堂习读外语。

陈独秀1月15日在《青年杂志》第1卷第5号发表《一九一六年》，批判纲常名教，号召国人从头忏悔，改过自新，从一九一六年开始，一新其心血，以新人格，以新国家，以新社会，以新家庭，以新民族。

按：《一九一六年》相当于《青年杂志》的"新年献词"，曰：

任重道远之青年诸君乎！诸君所生之时代为何等时代乎？乃二十世纪之第十六年之初也。世界之变动即进化，月异而岁不同，人类光明之历史愈演愈疾。十八世纪之文明，十七世纪之人以为狂易也；十九世纪之文明，十八世纪之人以为梦想也；而现代二十世纪之文明，其进境如何，今方萌动，不可得而言焉。然生斯世者，必昂头自负为二十世纪之人，创造二十世纪之新文明，不可因袭十九世纪以上之文明为止境。人类文明之进化，新陈代谢，如水之逝，如矢之行，时时相续，时时变易。二十世纪之第十六年之人，又当万事一新，不可因袭二十世纪之第十五年以上之文明为满足。盖人类生活之特色，乃在创造文明耳。假令二十世纪之文明，不加于十九世纪，则吾人二十世纪之生存为无价值，二十世纪之历史为空白；假令千九百十六年之文明，一仍千九百十五年之旧，而无所更张，则吾人千九百十六年之生存为赘疣，千九百十六年之历史为重出。故于千九百十六年入岁之初，敢珍重为吾任重道远之青年诸君告也。

自世界言之，此一九一六年以前以后之历史，将灼然大变也欤？欧洲战争延及世界，胜负之数日渐明了。德人所失，去青岛及南非洲、太平洋殖民地外，寸地无损；西拒英、法，远离国境；东入俄边，夺地千里；出巴尔干，灭塞尔维亚，德、土二京，轨轴相接。德虽悉锐南征，而俄之于东，英、法之于西，仅保残喘，莫越雷池。回部之众，倾心于德。印度、波斯、阿拉伯、埃及、摩洛哥，皆突厥旧邦，假以利器，必为前驱。则一九一六年以前英人所据欧亚往还之要道，若苏彝士，若亚丁，若锡兰，将否折而入于德人之手；英、法、俄所据亚洲之殖民地，是否能保一九一六年以前之状态；一九一六年之世界地图，是否与一九一五年者同一颜色；征诸新旧民族相代之先例，其略可得而知矣。英国政党政治之缺点，日益暴露，强迫兵役，势在必行。列国鉴于德意志强盛之大原，举全力以为工业化学是务。审此，一九一六年欧洲之形势，军事、政治、学术、思想，新受此次战争之洗礼，必有剧变，大异于前。一九一六年固欧洲人所珍重视之者也。

自吾国言之，吾国人对此一九一六年，尤应有特别之感情，绝伦之希望。盖吾人自有史以讫一九一五年，于政治，于社会，于道德，于学术，所造之罪孽，所蒙之羞辱，虽倾江、汉不可浣也。当此除旧布新之际，理应从头忏悔，改过自新。一九一五年与一九一六年间，在历史上画一鸿沟之界：自开辟以讫一九一五年，皆以古代史目之。从前种种事，至一九一六年死；以后种种事，自一九一六年生。吾人首当一新其心血，以新人格，以新国家，以新社会，以新家庭，以新民族。必迫民族更新，吾人之愿始偿，吾人始有与晰族周旋之价值，吾人始有食息此大地一隅之资格。青年必怀此希望，始克称其为青年而非老年。青年而欲达此希望，必扑杀诸老年而自重其青年，且必自杀其一九一五年之青年而自重其一九一六年之青年。

一九一六年之青年，其思想动作，果何所适从乎？

第一，自居征服To Conquer地位，勿自居被征服Be Conquered地位。全体人类中，男子征服者也，女子被征服者也。白人征服者也，非白人皆被征服者也。极东民族中，蒙、满、日本为征服民族，汉人种为被征服民族。汉人种中，尤以扬子江流域为被征服民族中之被征服民族所生聚，姑苏江左之良民，其代表也。征服者何？其人好勇斗狠，不为势屈之谓也。被征服者何？其人怯懦苟安，惟强力是从，但求目前生命财产之安全，虽仇敌盗窃，异族阉宦，亦忍辱而服事之，颂扬之，所谓顺民是也。吾人平心思之，倘无此种之劣根性，则予获妄言之咎矣；如其不免焉，自负为一九一六年之男女青年，势将以铁血一洗此浃髓沦肌之奇耻大辱！

第二，尊重个人独立自主之人格，勿为他人之附属品。以一物附属一物，或以一物附属一人而为其所有，其物为无意识者也。若有意识之人间，各有其意识，斯各有其独立自主之权。若以一人而附属一人，即丧其自由自尊之人格，立沦于被征服之女子、奴隶、捕房、家畜之地位。此白晰人种所以兢兢于独立自主之人格,平等自由之人权也。集人成国,个人之人格高,斯国家之人格亦高;个人之权巩固,斯国家之权亦巩固。而吾国自古相传之道德政治,胥反乎是。儒者三纲之说,为一切道德政治之大原。君为臣纲,则民于君为附属品,而无独立自主之人格矣。父为子纲,则子于父为附属品,而无独立自主之人格矣。夫为妻纲,则妻于夫为附属品,而无独立自主之人格矣。率天下之男女,为臣,为子,为妻,而不见有一独立自主之人者,三纲之说为之也。缘此而生金科玉律之道德名词,曰忠,曰孝,曰节,皆非推己及人之主人道德,而为以己属人之奴隶道德也。人间百行,皆以自我为中心,此而丧失,他何足言? 奴隶道德者,即丧失此中心,一切操行,悉非义由己起,附属他人以为功过者也。自负为一九一六年之男女青年,其各奋斗以脱离此附属品之地位,以恢复独立自主之人格!

第三,从事国民运动,勿囿于党派运动。人生而私,不能无党,政治运用,党尤尚焉。兹之非难党见者,盖有二义。其一,政党政治将随一九一五年为过去之长物,且不适用于今日之中国也。纯全政党政治,惟一见于英伦,今且不保。英之能行此制者,其国民几皆政党也,富且贵者多属保守党,贫困者非自由党即劳动党。政党殆即国民之化身,故政治运行鲜有隔阂。且其民性深沉,不为已甚,合各党于"巴力门",国之大政,悉决以三 C。所谓三 C 者,第一曰 Contest,党争是也;第二曰 Conference,协商是也;第三曰 Compromise,和解是也。他国鲜克臻此,吾人尤所难能。政党之岁月尚浅,范围过狭,目为国民中特殊一阶级,而政党自身,亦以为一种之营业:利权分配,或可相容;专利自恣,相攻无已。故曰,政党政治,不适用于今日之中国也。其二,吾国年来政象,惟有党派运动,而无国民运动也。法兰西之革命,法兰西国民之恶王政与教权也。美利坚之独立,十三州人民之恶苛税也。日本之维新,日本国民之恶德川专政也。是乃法、美、日本国民之运动,非一党一派人之所主张所成就。凡一党一派人之所主张,而不出于多数国民之运动,其事每不易成就,即成就矣,而亦无与于国民根本之进步。吾国之维新也,复古也,共和也,帝政也,皆政府党与在野党之所主张抗斗,而国民若观对岸之火,熟视而无所容心,其结果也,不过党派之胜负,于国民根本之进步,必无与焉。

第四,自负为一九一六年之男女青年,其各自勉为强有力之国民,使吾国党派运动进而为国民运动,自一九一六年开始。世界政象,少数优秀政党政治,进而为多数优秀国民政治,亦将自一九一六年始。此予敢为吾青年诸君预言者也。

陈独秀 2 月 3 日接在美留学的胡适函,谓"今日欲为祖国造新文学,宜从输入欧西名著入手,使国中人士有所取法,有所观摩,然后乃有自己创造之新文学可言也"。15 日,在《青年杂志》第 1 卷第 6 号发表《吾人最后之觉悟》。同期刊载易白沙《孔子平议》。8 月 13 日,陈独秀复函胡适,告《青年杂志》依发行者之意,已改名为《新青年》。9 月 1 日,《青年杂志》第 2 卷第 1 号起易名为《新青年》,陈独秀发表《新青年》,号召青年做"新青年"。18 日,到汪孟邹处,赞助"亚东"与"群益"两书店合并改组,并愿为此北上,收集资本。10 月 5 日,致信胡适,提出"文学改革,为吾国目前切要之事""此事务望足下赐以所作写实文字,切实作一改良文学论文,登之下期《青年》"。同月,在《新青年》第 2 卷第 2 号发表《驳康有为〈致总统总理书〉》。11 月 1 日,陈独秀在《新青年》第 2 卷第 3 号发表《宪法与孔教》一文,驳宪法草案中关于尊孔的规定。

按:《宪法与孔教》曰:"今之尊孔者,率分甲乙两派:甲派以三纲五常,为名教之大防,中外古今,莫可逾越,西洋物质文明,固可尊贵,独至孔门礼教,固彼所未逮。此中国特有之文明,不可妄议废弃者也。乙派则以为三纲五常之说,出于纬书,宋儒盛倡之,遂酿成君权万能之末弊,原始孔教,不如是也。持此说之最有条理者,莫如顾实君,谓宋以后之孔教,为君权之伪孔教;原始孔教,为民间化之真孔教。三纲五常,属于伪孔教范畴,取司马迁之说,以四教(文,行,忠,信),四绝(毋意,毋必,毋固,毋我),三慎(齐,战,疾),为原始之真孔教范畴。(以上皆顾实君之说,详见第二号民彝杂志《社会教育及共和国魂之孔教论》)愚则宁是甲而非乙也。三纲五常之名词,虽不见于经,而其学说之实质,非起自两汉、唐、宋以后,则不可争之事实也。……吾人倘以为中国之法,孔子之道,足以组织吾之国家,支配吾之社会,使适于今日竞争世界之生存,则不徒共和宪法为可废,凡十余年来之变法维新,流血革命,设国会,改法律(民国以前所行之大清律,无一条非孔子之道),及一切新政治,新教育,无一非多事,且无一非谬误,应悉废罢,仍守旧法,以免滥费吾人之财力。万一不安本分,妄欲建设西洋式之新国家,组织西洋式之新社会,以求今世之生存,则根本问题,不可不首先输入西洋式社会国家之基础,所谓平等人权之新信仰,对于与此新社会新国家新信仰不可相容之孔教,不可不有彻底之觉悟,猛勇之决心;否则不塞不流,不止不行!"(以上参见唐宝林、林茂生《陈独秀年谱》,上海人民出版社1988年版)

易白沙2月15日在《新青年》杂志第1卷第6号上发表《孔子平议》(上)。9月1日,在《新青年》杂志第2卷第1号发表《孔子平议》(下)。文中开篇提出:"天下论孔子者,约分两端:一谓今日风俗、人心之坏,学问之无进化,谓孔子为之厉阶;一谓欲正人心、端风俗、励学问,非人人崇拜孔子,无以收拾末流。此皆瞽说也。国人为善为恶,当反求之自身,孔子未尝设保险公司,岂能替我负此重大之责。国人不自树立,一一推委孔子,祈祷大成至圣之默祐,是谓惰性;不知孔子无此权力,争相劝进,奉为素王,是谓大愚。"强调:"中国二千余年尊孔之大秘密,既揭破无余,然后推论孔子以何因缘被彼野心家所利用,甘作滑稽之傀儡,是不能不归咎孔子之自身矣!"然后就此作了集中分析与批判:一、孔子尊君权,漫无限制,易演成独夫专制之弊。二、孔子讲学不许问难,易演成思想专制之弊。三、孔子少绝对之主张,易为人所藉口。四、孔子但重作官,不重谋食,易入民贼牢笼。最后总结道:"儒家用心,较汤武尤苦,而诛残贼、救百姓之绩,为汤武所不逮,以列国之君,罪浮于桀、纣也。墨翟、庄周不明此义,竟以乱党之名词诬孔门师弟,千载以后,遂无人敢道孔子革命之事。微言大义,湮没不彰。愚诚冒昧,敢为阐发,使国人知独夫民贼利用孔子,实大悖孔子之精神。孔子宏愿,诚欲统一学术、统一政治,不料为独夫民贼作百世之傀儡,惜哉!"此文通过对孔子学说的学理分析,揭示了历代封建统治者利用尊孔、祭孔、垄断天下之思想,以维护自己的统治,实大悖于孔子之精神,开新文化运动批孔之先声。

梁启超继续居沪,布局反袁斗争。1月8日起,先后八次致蔡锷书。1月27日,贵州宣布独立,梁启超是时有渡日之议,但未果行。2月中旬,又有入滇之议,但是至终也未成行。3月4日,由沪乘日轮横滨丸赴港转桂,说陆幹卿举义。15日,广西宣布独立。4月4日,梁启超抵南宁,艰险备至。6日,广东宣布独立。12日,浙江宣布独立。5月1日,两广都司令部成立,举岑春煊为都司令,梁启超为都参谋。2日,与岑春煊署名发表《告爱国诸军人书》。5日,梁启超赴广州。6日,军务院成立,举唐继尧与岑春煊为正副抚军长,梁启超为政务委员长兼抚军,并应蔡锷之请,任滇、黔、桂三省总代表。18日,梁启超出香港转赴上海,20日到达。月底,因父病逝而辞去各职。6月6日袁世凯羞愤成疾卒后,黎元洪就职大总统,段祺瑞出任政府总理,邀梁启超出任秘书长,力辞不就。29日,政府申令恢复民国元年约法与旧国会。7月15日,经梁启超等斡旋,军务院撤销。8月1日,国会开会。同月,梁启超为副总统、宪法、省长等问题,对报馆记者发表谈话三篇。9月2日,梁启超与林长民、王家襄、陈国祥、蓝公武等召集部分进步党国会议员180多人组成宪法研究同志会,召开成立大会,通过《公启》和《简章》,以"抛开党见,精研宪法"为宗旨。12日,为对付国民党各派合组的商榷会,梁启超与以汤化龙、刘崇佑为首的"宪法案研究会"宪合并为宪法研究会。

按:丁文江、赵丰田编著《梁启超年谱长编》(上海人民出版社2009年版):"是时大多数议员仍系前进步、国民两大党党员,不过此时都纷纷改变名目,原属国民系者有客庐派、丙辰俱乐部,以后与旧进步系的韬园派合组为宪法商榷会,后来再分为四个小政团。原属进步系者至是分组宪法研究会和宪法讨论会,以后合并为宪法研究会。"

　　梁启超9月中旬游杭州数日,月底游南京,兼晤冯国璋,居数日复返沪上。同月,由此次护国运动中所为各种文电而成的《盾鼻集》出版。10月16日,由沪往香港省亲灵殡,然后返回上海。11月8日,蔡锷病故于日本福冈医院。12月5日,梁启超与旅沪人士举行公祭。同月,发起创办松坡图书馆以纪念之。18日,梁启超与张謇于《申报》载创设松坡图书馆《缘起》,王士珍、王占元、王家襄、田文烈、吕公望、朱家宝、朱庆澜、任可澄、谷钟秀、李纯、李经羲、岑春煊、周树模、唐继尧、范源濂、倪嗣冲、徐树铮、孙宝琦、曹锟、陈锦涛、庄蕴宽、陆荣廷、许世英、戚扬、汤化龙、张耀曾、程璧光、齐耀琳、赵倜、熊希龄、阎锡山、谭延闿、严修等参与发起创办松坡图书馆,以纪念蔡锷。梁启超又发表《护战争躬历记》《蔡松坡遗事》《松坡军中遗书》等。是年发表的文章尚有《袁世凯之解剖》《袁政府伪造民意密电书后》《辟复辟论》《五年来之教训》《番禺汤公传》《南海王公略传》《新会谭公略传》等。(以上参见丁文江、赵丰田编著《梁启超年谱长编》,上海人民出版社2009年版;庄安正《张謇年谱长编(民国篇)》,上海交通大学出版社2018年版)

　　康有为3月以徐勤回粤讨袁,作诗送行。3月22日,袁世凯被迫颁令取消帝制。次日,取消洪宪年号,康有为电请袁世凯,劝其迅速隐退,无自取辱。同月,撰《中国善后议》,就中国危亡之际如何善后提供三策。6月6日袁世凯病逝后,康有为电大总统黎元洪,希望早日召开正式的国会,又请求"以孔子为大教,编入宪法,复祀孔子之拜跪明令,保守府县学官及祭田,皆置奉祀官,勿得荒废汗莱,勿得以以他职事假赁侵占"。又以共和以来,五年三乱,思复前朝,见张勋拥重兵坐镇徐州,举足轻重,乃致书张勋,力劝其乘时勤王,扶立故主,以安中国,继又发表《中国今后筹安定策》,鼓吹逊帝复辟,时在广西军中的梁启超次日即作《辟复辟论》以驳之,彼此分道扬镳。6、7月间,黎元洪总统、段祺瑞总理分别致电康有为,请教国事意见,并派员赴沪招邀,康有为分别复电,并派徐勤赴京面谒成述。7月,撰《论效法欧美之道》。8月,应月霞法师邀请,至望江门外海潮寺中华佛教华严大学发表演说。同月28日,以蔡锷病致电问候,勉其珍摄。9月12日,蔡锷复电致谢。同月,至曲阜,祭孔陵。同月,作《致教育总长范静生书》,反对取消读经。10月,自南京游镇江,政学两界于江苏第六中学举行欢迎会,与会者2000余人,康有应邀为发表演说,论求政教相通之理。同月,赴徐州,为拟《请订孔教为国教电》。11月,由徐州赴南京,寓住督军府中,备受冯国璋、齐耀林军民两长欢迎。南京学界以康有为为学界泰斗,借高等师范大学校举行欢迎大会,与会者三四千人。11月,康有为闻蔡锷病逝日本,为文祭之。(参见康有为著、楼宇烈整理《康南海自编年谱》,中华书局1992年版;吴天任《康有为年谱》,广东人民出版社2018年版)

　　王国维1月撰《生霸死霸考》,提出周代"四分月说",对以后的先秦年代学、青铜器研究影响巨大。同月,再作《再与林博士论洛诰书》。2月4日,应同乡邹安(景叔)之邀,赴上海英籍犹太人哈同创办的哈同花园仓圣明智大学,任《学术丛编》主编之职,携长子自日本京都启程归国,罗振玉及其子君美、君楚、君羽兄弟,日本友人狩野直喜博士至车站话别。至此王国维在日已历四暑五冬。

　　按:王国维在日记中曰:"自辛亥十月寓京都,至是已五度岁,实计在京都已四岁余。此四年中生活,在一生中最为简单,惟学问则变化滋甚。客中书籍无多,而大云书库之书,殆与取诸宫中无异。若至沪后则借书綦难。海上存书推王雪澄方伯为巨擘,然方伯笃老,凡取携书籍皆躬为之,是讵可以屡烦耶?此次临行购得《太平御览》《戴氏遗书》残本,复从韫公乞得复本书若干部,而以词曲书赠韫公。盖近日不为此学已数年矣。"

　　按:袁英光等编《王国维年谱长编》(天津人民出版社1996年版)载:"先生流居日本京都已历四暑五

冬,罗振玉既为别赁室以居,又月致食用之需,至是时,京都百物腾跃,日常费用渐觉不裕,而振玉以历年印书,所费甚多,先生亦极不愿再有累于罗氏,欲先返国。会同乡邹安(景叔)为上海英籍犹太人哈同致书先生,约任学术杂志编辑之职,乃决计于春节后返国。罗氏所办之《国学丛刊》也因之停版。"

王国维 2 月 11 日至沪。21 日,移居爱文义路大通路吴兴里 392 号。下旬,与邹安分任《学术丛编》和《艺术丛编》主编。2 月 24 日,撰《仓圣明智大学发刊学术丛编条例》。同月,撰成《史籀篇疏证》1 卷。3 月 4 日,又撰叙录一篇,述此书的变迁,并志真疑问二事,一为《史篇》之时代,一为史籀之为人名与否。同月,又撰《殷礼小记》《周书顾命礼征》《流沙坠简考释补证》及序。

按:王国维为《流沙坠简考释补证》所作自序言曰:"甲寅之春,与罗叔言参事共考敦煌及罗布淖尔北古城尼雅古城所出木简,阅两月而成。虽粗有发明,而违失漏略,时所不免。既于考释后序及烽燧表中一一正之。二年以来,浏览所及,足以补苴前说者,辄记于书眉,共得数十事。"

王国维 4 月撰《殷礼征文》《释史》《周乐考》《乐诗考略》等。同月 7 日,撰《书作册诗尹氏说》。23 日,撰《毛公鼎考释》。5 月,作《毛公鼎考释序》。

按:王国维《释史》提出古史字"从中之意",并认为古之官名多从史字出,对此后的史学史研究产生深远影响。

按:王国维《乐诗考略》后订正为《释乐次》,《周大武乐章考》《说勺舞象舞》《说周颂》上,《说商颂》下,及《汉以后所传周乐考》等七篇,收入《观堂集林》中。

按:王国维《毛公鼎考释》撰于 4 月 23 日,5 月作《毛公鼎考释序》,至 8 月 27 日写定。王国维 4 月 23 日致罗振玉信说:"今日作《毛公鼎考释》,拟专就诸家所略及未确之字考之。"8 月 27 日,王国维又在致罗振玉的信中提到:"今日自写《毛公鼎考释》毕,共一十五纸,虽新识之字无多,而研究方法则颇开一生面,尚不失为一小种著述也。"(《王国维书信日记》,浙江教育出版社 2015 年版)。

按:王国维《毛公鼎考释序》曰:"三代重器存于今日者,器以盂鼎、克鼎为最巨,文以毛公鼎为最多。此三器,皆出道光、咸丰间,而毛公鼎首归潍县陈氏,其打本、摹本亦最先出,一时学者竞相考订。嘉兴徐寿臧明经同柏、海丰吴子苾阁学式芬、瑞安孙仲颂比部诒让、吴县吴清卿中丞大澂,先后有作。明经首释是器,有凿空之功,阁学矜慎,比部闳通,中丞于古文字尤有县解,于是此器文字可读者十且八九。顾自周初讫今垂三千年,其讫秦、汉亦且千年。此千年中,文字之变化脉络不尽可寻,故古器文字有不可尽识者,势也。古代文字假借至多,自周至汉,音亦屡变。假借之字,不能一一求其本字,故古器文义有不可强通者,亦势也。自来释古器者,欲求无一字之不识,无一义之不通,而穿凿附会之说以生。穿凿附会者,非也,谓其字之不可识,义之不可通而遂置之者亦,非也。文无古今,未有不文从字顺者。今日通行文字,人人能读之、能解之,《诗》《书》、彝器亦古之通行文字,今日所以难读者,由今人之知古代不如现代之深故也。苟考之史事与制度文物,以知其时代之情状;本之《诗》《书》,以求其文之义例;考之古音,以通其义之假借;参之彝器,以验其文字之变化。由此而之彼,即甲以推乙,则于字之不可释、义之不可通者,必间有获焉。然后阙其不可知者,以俟后之君子,则庶乎其近之矣。孙、吴诸家之释此器,亦大都本此方法,惟用之有疏密,故得失亦准之。今为此释,于前人之是者证之,未备者补之,其有所疑则姑阙焉。虽于诸家外所得无多,然可知古代文字自有其可识者与可通者,亦有其不可识与不可强通者,而非如世俗之所云云也。丙辰四月。"

王国维 4 月为姬佛陀代作《学术丛编序》,尝论学术传播之于学术盛衰的作用与意义。5 月,再次为《学术丛编》作序。

按:王国维 4 月为姬佛陀代作《学术丛编序》曰:"学术之盛衰,其故万端,而传播之道亦居其一焉。古代传经率用口说,宗庙之美必入门而始见。灾变之书,待枕翮而后传,其事至难,其途至狭。既而贞石刊其文,竹帛著其说;阛车巷陌,观太学之碑;买纸洛阳,写三都之赋。而驰驱犹病,迻录为劳,爰逮有唐,始有刊板,益州字书,广陵历日,并藉摹印之助,以代缮写之烦,文选六经,相继而出,肇自日用之书,遂及私家之作。然而专门之业,不朽之事,恒写定于暮年,或刊行于身后,蔡王异世,始获《论衡》之书,刘扬同时,未睹《方言》之目,其于学术之流通,可云易而未可云速也。近世以来,始有学报,创自东欧,施及东土。或网罗百家,或研钻一术,道人之所采获,学子之所考订,往往草稿甫定,剞劂已陈,所以通学海之置邮,供同方之讨论,广知识于大宇,得切磋于他山,法至善也。爱俪园主人产自西土,久客东方,每发思古之情,深知为善之乐。德配罗夫人凤版正觉兼嗜外典,二乘秘文,复兹结集,三苍横舍,于焉宏开。复刊是编,以饷学者。海宁王静安徵君噬肯适我,出其书,上虞罗叔言参事远自异邦,假以秘籍,故书新著,萃为一书,月为一编,岁成编帙。佛陀承乏校事,坐观厥成,冀使子云绝言尽示其最目,孝公论难渐得夫道真,于流通学术之道,庶几无憾云尔。"

王国维 5 月编成《裸礼榷》1 卷,将与日本学者林浩卿博士往返各函汇合,以待海内外学者进一步讨论论定。同 2 日,撰《跋大元马政记》。3 日,校《水经注》。下旬始草《魏石经考》。7 月,撰《石鼓文考》。9 月,写定《魏石经考》上下两卷,后附《隶续魏石经图》五。又撰《汉魏博士考》3 卷。10 月 4 日,撰《周书·顾命后考》及序。26 日,撰《书绩溪胡氏〈西京博士考〉、昭文张氏〈两汉博士考〉后》。同月,撰《元秘书监志跋》《隋志跋》,代罗迦陵作《创设广仓学会启》。秋,撰《彊村校词图序》。11 月,撰《汉代古文考》3 卷。12 月草《尔雅草木虫鱼鸟兽释例》。是年,撰《周开国年表》;与钱塘张尔田、吴县孙德谦订交;参与刘翰怡在上海建立的淞社;常常借观刘承干《求恕斋》藏书。是年,王国维著《太史公系年考略》由上海仓圣明智大学广仓学窘丛书甲类本刊行。(以上参见赵万里《王静安先生年谱》,清华国学研究院《国学论丛》第 1 卷第 3 号,1928 年;陈鸿祥《王国维年谱》,齐鲁书社 1991 年版;袁英光等编《王国维年谱长编》,天津人民出版社 1996 年版)

盛宣怀 4 月 27 日在上海病逝,终年 73 岁。去世时,送挽联者甚多,与盛宣怀共事半个世纪了解最深的郑观应的挽联为:"忆昔同办义赈,创设电报、织布、缫丝、采矿公司,共事轮船、铁厂、铁路阅四十余年,自顾两袖清风,无惭知己;记公历任关道,升授宗丞,太理、侍郎、尚书官职,迭建善堂、医院、禅院于二三名郡,此是一生伟业,可对苍穹。"盛宣怀遗嘱将其家产的一半,捐赠为慈善基金。庄夫人为他办了极其盛大的葬礼,轰动上海,耗资 30 万两白银,送葬队伍从斜桥弄(吴江路)一直排到外滩,为此租界当局进行了交通管制。盛宣怀病逝后,其 10 余万卷的藏书被民国政府一分为三,分别给了圣约翰大学、交大和山西铭贤学校。解放后,又对这些藏书的分配进行了重新调整,安徽大学、华东师大、山西农大成为新的受益者。甚至连盛宣怀与朋友来往的 600 封信札,也被香港中文大学所收藏。(参见夏东元《盛宣怀年谱长编》,上海交通大学出版社 2004 年版)

戴季陶任孙中山的秘书。4 月 27 日,随孙中山、廖仲恺秘密离日返沪,参加国内的斗争。8 月 16—20 日,与胡汉民随孙中山游杭州。(参见桑兵、朱凤林编《中国近代思想家文库·戴季陶卷》附录《戴季陶年谱简编》,中国人民大学出版社 2015 年版)

吴稚晖任《中华新报》主笔。是年后屡屡在《新青年》上发表文章,鼓吹科学和工业文明。10 月 1 日,吴稚晖在《新青年》第 2 卷第 2 号发表《青年与工具》,提出"物质文明为精神文明所由寄之而发挥"。陈独秀特意在文后附以长篇说明,称赞:"全文无一语非药石,我中国人头脑中得未曾有,望读者诸君珍重读之,勿轻轻放过一行一句一字也。"其中原由有二:其一,吴稚晖被称为"民国第一骂将",胡适、陈独秀等人想借他的声势。其二,《新青年》的主张,多是吴稚晖早就提出过的,胡适、陈独秀等奉吴为先行者。(参见金以林、马思宇编《中国近代思想家文库·吴稚晖卷》,中国人民大学出版社 2014 年版)

陈其美筹办的中华革命党的机关报《民国日报》1 月 22 日在上海创刊,叶楚伧、邵力子任主编,朱执信、戴季陶、沈玄庐等编撰。同月,正当袁世凯忙着筹备"登基"大典之时,全国军民迅猛地兴起了反袁护国运动。为了增强舆论力量,进一步团结人民大众,《民国日报》进行了大量的反袁宣传,对袁世凯窃取革命果实、恢复帝制的罪行进行了无情的揭露与抨击,给予革命运动以强烈的舆论支持,成为中华革命党在国内的主要言论阵地。6月,邵力子去除了原先一些庸俗的栏目,开辟"觉悟"副刊,他除了亲自任副刊主编外,又邀我国第一个翻译《共产党宣言》的陈望道协助,从而为副刊增添革命亮色。所刊文章提倡推翻旧文化、旧文学、旧制度,向新文化进军,号召广大知识青年向旧社会作斗争,主张妇女解放、男女平等。邵力子一度每日亲撰短评、时论以大力宣传马列主义,鼓吹革命。当时《民国日报》的"觉悟"副刊在社会上产生了强烈影响,吸引了许多革命青年。(参见晨朵《邵力子生平大事纪要》,《浙江师范学院学报》1983年第1期;朱顺佐《邵力子传》,浙江大学出版社1988年版)

　　胡汉民4月化名从日本回到上海,协助陈其美进行讨袁工作。9月,与廖仲恺到北京考察政局。(参见陈红民、方勇编《中国近代思想家文库·胡汉民卷》及附录《胡汉民年谱简编》,中国人民大学出版社2015年版)

　　焦易堂在上海谒见孙中山后,奉命秘密来往于广州、上海、天津、北京、西安等地开展斗争。其间,还将自己的儿子焦步辕从上海派回陕西,参加靖国军起义,后在岐山战斗中阵亡。孙中山称赞他说:"易堂兄,秦中杰士也。为国奔走有年,于民国创造颇有功焉。其为人也,端直温厚,不类近世子。"

　　吴玉章9月30日偕蔡元培启程回国。10月13日,船经吉布提,吴玉章结识来自马达加斯加的侨商吴汝炎,并了解华侨艰苦创业但生命财产缺乏保障的情况。10月26日,船经新加坡,吴玉章与蔡元培去通美公司拜访林义顺,林义顺、林文庆、陈楚楠三人回访,并受邀参观其橡胶制造厂。11月初,吴玉章由安南入滇,蔡元培原船北上至上海。吴玉章至昆明谒唐继尧,交华法教育会数文件和蔡元培、汪精卫、李石曾联名的《致所推名誉会员唐继尧函》,筹商在云南发展华法教育会。因唐继尧正图谋向全国(首先是四川)扩张,无意旁骛,发展华法教育会事没有结果;在云南及安南、海防等地招募华工,并为华法教育会募得资金数千元。12月,吴玉章返程安南,由海道北上至上海。(参见刘文耀、杨世元《吴玉章年谱》,四川人民出版社1998年版)

　　张东荪1月14日在《中华新报》上刊载《共和军之真精神》一文,公开为武力反袁辩护。3月4日,梁启超与蓝公武、黄溯初、吴贯因等人离沪赴广西,策动陆荣廷倒袁,张东荪继续留在上海进行舆论倒袁工作。一度为袁世凯政府所通缉,避居上海租界。6月袁世凯败亡后,当时刚刚恢复的国会中两个最大的政党是孙中山领导的国民党和梁启超领导的研究系(进步党演化而成),张东荪极力主张孙中山领导的国民党与梁启超为首的研究系顾全大局,消除争端,进行合作,共同建立立宪共和的民主政体。由于目睹民初政坛乱象及政治运动的失败,张东荪对政治失去信心和希望,感到在军阀统治的局面下很难再通过评议政治、言语文字对政治产生实际的影响,开始将主要精力向文化运动转移。(参见左玉河编《张东荪年谱》,群言出版社2014年版)

　　张尔田2月9日与自日本返沪的王国维再次"相聚海上,无三日不晤"。王氏因先生之介,结识孙德谦。张、王、孙"齐名交好,时人目为海上三子"。所撰《史微》之"郑学辨""百家篇""原道篇""原墨篇""原杂篇""原名篇"连载于《中国学报》是年1月第1期至5月第5期;《孔教会上参众两院请定国教书》刊于9月第17号第2卷第5册。(参见孙文阁、张笑川编《中国近代思想家文库·张尔田、柳诒徵卷》及附录《张尔田年谱简编》,中国人民大学出版社2015年版)

张君劢3月在梁启超敦促下自英返国，参加反袁斗争。4月，任浙江交涉署署长，参与浙省独立事。11月，辞浙事赴上海任《时事新报》总编辑。冬，判断德国必败，主张与德断交、对德宣战。（参见李贵忠《张君劢年谱长编》，中国社会科学出版社2016年版；翁贺凯编《中国近代思想家文库·张君劢卷》附录《张君劢年谱简编》，中国人民大学出版社2015年版）

孟森校订补注明人周同谷《霜猿集》。其明清史论文集《心史丛刊》开始由商务印书馆出版。（参见贾浩《孟森先生学术年表》，载孟森《明清史讲义》，商务印书馆2011年版）

黄炎培1月3日赴松江演说，谓提倡"职业教育"，一宜注意其普遍性，二宜注意其特殊性。总之，职业教育宜以经济为中心，而以教育为手段。21日，应基督教幼稚园联合会邀请，到会作题为《幼稚园宜废读书》的演说。2月5日，参加川沙县教育会议，提议设教育图书馆。馆内购置征集，限于教育图书和教科参考图书。3月4日，请柯乐恺夫人至江苏省教育会讲演意大利教育家蒙特梭利教育法。18日，美国传教士博兰雅（上年游美在旧金山曾拜见）以私蓄5万元创办盲童学校于曹家渡北，其子傅步兰为校长。今日举行校舍落成式，折柬见招，携家人往。同月，以江苏省教育会名义邀集省立各甲种实业学校校长和职业介绍部各主任开谈话会，讨论学校与实业界联络之方法及毕业生职业问题。4月，作《1914年度至1915年度留美学生统计表》，刊于《教育杂志》第8卷第6号。6月5日，应寰球中国学生会邀请讲《学业与事业》，主张办事与学习应结合进行。6月6日，闻袁世凯病死，作《我教育界之袁世凯观》，谓袁之失败，可结为几点教训。其要者为："凡违反大多数人心理之行为必败""以诈伪尽掩天下人之耳目，终必暴露，以强力禁遏天下人之行动，终必横决"。又谓"今后即使有人操术更上于彼；据势更雄于彼，但可深信其结果之必无异于彼"。30日，为郭秉文所著《中国教育制度沿革史》作序，对中国教育制度有所论述。

黄炎培与袁希涛、沈恩孚、贾季英、庄百俞等7月7日发起组织"教育法令研究会"，是日举行成立会，通过简章并推袁希涛为主任。8月5日，请章太炎在江苏教育会讲演教育问题。章氏谓"教育家非能教人育人，在能使人自教育而已"。其立论和自动主义、自学主义、发挥本能主义之教育学说暗合。10月11日，全国教育会联合会议在北京开幕。本届会议由北京教育会主持。同日，假青年会会所开招待宴会。席间请美人麦顾黎（Dr. Mc Groy）演说，谓："无论何国，必须先解决生活问题，而后可施高尚教育。生活教育须先从农业办起，次则工业教育。德意志全国注重农工，故有今日之强。"同日，全国教育会联合会开议题审查会，分甲、乙两组。乙组审查专门教育、实业教育、社会教育、教育行政等议题，被推为组长。17日，代表江苏省教育会报告江苏教育状况。12月10日，为江苏省教育会实用教育丛书之一《欧美职业教育》作序，载于《教育杂志》第9卷第2号。13日，请蔡元培在江苏教育会讲演，题为《中国教育界之恐慌及其救济方法》。恐慌之现象在于毕业生无出路。恐慌原因有三：（一）高等教育机关太少；（二）学生能力不足，由于无相当之职业教育；（三）道德不完全，由于无责任心。21日，请梁启超在江苏教育会讲演，题为《良能增进之教育》。良能，意即本能。能力就个人言，为生活之源泉；就人群言，为进化之基本。（参见许汉三编《黄炎培年谱》，文史资料出版社1985年版；余子侠编《中国近代思想家文库·黄炎培卷》及附录《黄炎培年谱简编》，中国人民大学出版社2015年版）

李登辉继续任复旦公学校长。1月，与圣约翰大学校长卜舫济、中西女塾校长连吉生等加入中国基督教教育会华东分会。定期举行年会，邀请学者演讲。本月11日，该会邀请美国哥伦比亚大学师范学院山乐博士到会演说。另由塞史顿女士演说《中国之妇女教育》、沪江大学葛普演讲《学生之身体检查》、青年会中学校长曹雪赓演讲《教会学校与华人之协助》。5月，在校董聂云台陪同下，美国马塞诸塞州前州长威尔喜参观复旦公学，并作题为《共和国教育之价值》的演讲。李登辉致欢迎辞，称赞中美友谊。同月27日，美国哈佛大学硕士余日章在寰球中国学生会夜校发表题为《真教育主义》的演讲，李登辉作陪。李登辉主张"大学之教，百家渊薮"。复旦在徐家汇办学期间，曾有请康有为讲学一事。（参见钱益民《李登辉传》及附录四《李登辉年谱简编》，复旦大学出版社2005年版）

　　唐文治继续任上海工业专门学校校长。1月7日，上海《申报》以《工业专门学校近事纪》为题报道学校各方面情况。农历三月，唐文治购得唐令狐德棻撰《周书》20卷，明崇祯中毛氏汲古阁刻本。唐文治作题跋："刘知几《史通》讥《周书》文而不实，雅而不检，《四库提要》辨之綦详……今春旅沪上购得此本，首尾稍残破，略为补缀，其圈点不知为谁氏手笔，虽未精善，然到底不懈，亦可敬也。"5月19日，内外交困的北洋政府由冯国璋提出八条主张，旅沪22省知名人士，由唐绍仪领衔，包括湖南谭延闿、湖北汤化龙、四川胡景伊、江苏唐文治、奉天吴景涤、江西彭程万、直隶谷钟秀、云南张耀曾、广西张其锽等共13971人联名致函冯国璋，痛斥提出的所谓的议和八条。宣言说："袁氏目无法纪，我国人起而诛之。苟借此而有效袁氏之行，或其行动较袁氏尤为卑劣者，我国人万难姑容。盖根本革新在此一举，决不再为敷衍苟且之谋而天下后世祸。"夏，因货币贬值，存款者纷纷提款，挤兑风起，致使交通银行"停闭"，停付学校经费。唐文治四处奔走，竭力挪垫，幸得勉强维持。8月，上海工业专门学校创办20周年，教员朱文鑫以诸葛八阵图原理设计建亭纪念，是为"槃亭"。该亭由唐文治命名、由张謇题额。唐文治并效古人例赋有《槃亭记》一篇，以纪其盛。康有为、叶楚伧等为之赋诗作画。唐文治又为上海工业专门学校创办20周年《纪念刊》发表的大事记写《弁言》。

　　按：《弁言》云："吾校在中国倡设最早，迄今垂二十年。"开始"为南洋公学，一变更而为商部高等实业学堂，再变更为邮传部高等实业学堂，辛亥之冬，迫于时局，又变更为南洋大学。壬子之夏，再三呈请于交通部，四变更而为交通部工业专门学校。回溯二十年间，飘摇风雨，屡濒于危。而本校地居沪渎，离京师较远，当事者或不审其事实，或未烛其苦心，虽维持而调护之，终不复于隔阂，又况癸丑海疆之战役，丙辰银市之恐慌，皆不减于辛亥之役""校内诸生既惴惴栗栗，余则朝谋餐夕谋食。虽以基本金济之，而恒虑其不继。""追思历年困难，不觉涕泪之交流也。然而孔子有言，危者保其安者也。孟子有言，生于忧患。一国如此，一校何独不然？向今吾校无累次变更，成效或不止此。然而安常习故，进步与否，殆未易言。今虽当晓音瘏口之后，而稽核成绩，犹复稍稍可观，考其功课，无一日之或间也；较其学额，并有加增而未已也；综其工厂事业，有扩充而无损失也。此非赖大部之经营提倡与夫社会诸君子诸同学奔走相助，指示南针，何可臻此，言念及斯，则又有破涕为笑者矣。""迩者大局粗定，国民喁喁，皆有拭目以视太平之望，倘当局者果能镇定从容，殚心教育，十年以后，吾校大事，将有累叶而不胜书者，愿为吾校视之，愿与同学诸生共勉之。"

　　按：唐文治并为盛宣怀立"传"，曰：我校之设，迄今已二十周年。溯其经营之始开创之功，度宏规而大起者咸啧啧称已故前督办盛杏荪先生。先生讳宣怀，为实业巨子。其所奏办如轮船、电报、路政、邮政诸伟绩皆著在国史。麟麟焉炳炳焉，无待重为敷陈也。我校之设于丙申年，即由先生奏准轮电两局拨费十万两为经常之用，时先生为督办，佐理之者为美博士福开森君，外有总理及提调之名。始假徐家汇民房，逾年而中院校舍成，又逾年而上院校舍成。时先生总挈大纲以学成派遣出洋务，知所急也。于戊戌冬有学生章宗祥等六人派至日本留学，辛丑有学生曾宗鉴等六人派至英国留学。自后赴比、赴美，岁有派遣。此先生对于吾校殷殷栽培之厚意。如此先生非于学生派遣也，时以吾校名义派遣当世高材生如胡君振平即其一也。此汲汲于人才之造就又如此。其离职也，在甲辰之下学期，当是时，吾校改隶商部。诸生殷勤挽留先生,先生曰:"但求学校得人斯可矣。我虽去,苟有可以助斯校者无不尽其力也。"又阅三年,适文治长是校,先生甚喜,每过从必谈校务。欲命二子来校读书,文治亟赞成之,会即出洋不果来。先生之殁也,诸生开会追悼,诸旧同学相与追念甘棠之德有泣下者。呜呼,先生当文化未开之会即创建我校以储东南之人才,亦可谓先知先觉者矣。谨为之传,以告后世之有志于教育者。

　　唐文治校长是年秋在此亲自命题举行国文大会。10月17日下午,复旦大学校长李登辉莅校演讲。11月3日下午,为盛宣怀召开追悼大会。除在校师生外,"沪、苏各地之同学均来与会"。同月,校友黄炎培莅校演讲,介绍"美国旧金山城市之勃兴及美国汽车工业之宏大"。12月1日,唐文治亲拟《交通部上海工业专门学校交通会议案》提交交通部会议讨论审定,并派庶务员阮惟和出席会议。但由于当时军阀段祺瑞、黎元洪之间的"府院之争"激烈,政局不稳,形势混乱,学校提案被束之高阁。交通部未能对学校扩充为工科大学作出决定。11日,曾任南洋特班总教习的蔡元培来校演讲,"听者甚众"。蔡元培演讲强调工业教育的重要性,认为"工业为最有价值之学问。工业种类颇多,而以路、电关于交通为尤要"。冬,编《大学大义》1卷成。《茹经先生自订年谱》记:用郑注本,参以朱注及刘蕺山、孙夏峰、李二曲诸先生说,共1卷。又可编入《曾子大义》中也。其叙文颇为曹叔彦谱弟所推重,赍书谓可资诵读云。(参见陆阳《唐文治年谱》,上海三联书店2013年版)

　　林语堂继续就读于上海圣约翰大学。1月,所撰英文文章"China's Call for Men"(《中国对民众的呼唤》)刊于《约翰声》第27卷第1期英文版。3月,所撰英文小说"Chaou-li, the Daughter of Fate"(《周礼,命运之女》)刊于《约翰声》第27卷第2期英文版,《约翰声》第27卷第3期英文版续载;所撰英文文章"Y. M. C. A. Notes"(《基督教青年会活动记录》)刊于《约翰声》第27卷第2期英文版。4月,所撰英文文章"Y. M. C. A. Notes"(《基督教青年会活动记录》)载《约翰声》第27卷第3期英文版。6月,所撰英文文章"The Chinese Conception of 'Li'(礼)"(《中国人的"礼"观念》)刊于《约翰声》第27卷第5期英文版;所撰英文文章"U. C. A. Notes"(《圣约翰大学基督教协会活动记录》)刊于《约翰声》第27卷第5期英文版;所撰英文文章"History of the Class of 1916"(《1916级级史》)刊于林语堂本人担任主编的英文版毕业班纪念年刊《约翰年刊(第二卷,1915—1916)》(The Johannean, Volume Ⅱ 1915—1916)。7月1日下午5时至6时半,圣约翰大学在该校南草场举行第20次休业礼。校长卜舫济首先致辞欢迎来宾,向获奖学生颁发奖品,给中学毕业生颁发毕业证书。随后,美国驻华公使拉萨博士(即芮恩施,Paul Reinsch)发表演说,卜舫济给大学各科毕业生颁发毕业证书,又授予该校1895年第一届毕业生吴任之名誉学位与理学博士学位。最后,吴任之发表演说,称中国之衰弱是由于实业不振,所以学生应当"注重实业,勿仅虚骛文字之学"。林语堂以第二名的优异成绩从圣约翰大学文科毕业,获文学士学位。(参见郑锦怀《林语堂学术年谱》,厦门大学出版社2018年版)

　　张元济是年始任商务印书馆经理。1月14日,《申报》广告,商务印书馆称:出版教育部审定教科、教授书300余种,共1000余册。3月8日,张元济为与中华书局联合折价售书事,约见范源濂、戴懋哉等,但"时间匆促,尚未解决"。与中华书局之竞争由来已久,张元济以为"联合之后彼此仍系自由竞争",但主张协商解决彼此争端。6月7日,致梁启超书,索其所著之《袁世凯之解剖》。又催印梁著《国民浅训》2万部及黎元洪小像。8日,同意高凤谦建议,请孙毓修更选《名人尺牍》十数种。11日,访梁启超,言将编滇黔起事文牍函件,汇印一集。7月1日,赴民立中学演说,题为《新国家当以旧道德相维持》,借袁氏之不道德立论。25日,孙中山、黄兴偕同参众两院议员数人,参观商务印书馆编印两部,8月1日《申报》对此有报道。8月18日晚,王国维为《尚书释文》事往拜张元济。25日,章炳麟夫人汤国梨来商印《章太炎全集》事。26日,张元济约请张君劢担任杂志论说、德文书之校阅。29日,拟托黄炎培联络余日章,请撰论说,或阅定所编英文书,或聘请来馆。同日,与黄炎培、郭秉文商,拟聘蒋梦麟入馆。30日,致郭秉文书,为延聘蒋梦麟事,又与邝富灼商拟聘余日章事,与邝富灼商拟约英文研习社人共同修订《英华大辞典》事。9月3日,张元济为《庸言》权属事访梁启超。同日,梁启超荐蒋百里,蒋欲在沪伴蔡锷疗养,须兼谋生计。9月,《涵芬楼秘笈》第一集出版。

按:在张元济主持下,商务印书馆自影印《涵芬楼秘笈》开始,连续辑印了《四部丛刊》《续古逸丛书》《道藏》《续道藏》《道藏举要》《学津讨原》《宛委别藏》《百衲本二十四史》《影印元明善本丛书》《四库全书珍本初集》《丛书集成初编》等数十种大型丛书,其中《四部丛刊》《续古逸丛书》《百衲本二十四史》《丛书集成初编》等四大丛书的出版,更是凝聚了张元济多年的心血,是他整理古籍的突出成果。

张元济11月18日约郭秉文谈编《新英华辞典》事。21日,应康有为约往其寓所晚餐。27日,得蔡元培书,允发行《红楼梦索隐》。秋,丁泽周、谢观等14人发起筹设上海中医学校,张元济与张謇、虞和德、汤寿潜、朱佩珍、孟森等40人为名誉成员。同月,张元济与孙毓修、郁厚培、吕颐寿合编《中国名胜》第八种《孔林》由商务印书馆出版。12月17日,梁任公为创设松坡图书馆,邀请沪上绅商学各界会宴,在松坡图书馆筹办及劝捐简章中,将上海商务印书馆及各省分馆、上海中华书局及各省分局,作为本筹办处临时委托之机关。23日,拟印《戊戌六君子遗集》。24日,《申报》介绍,商务印书馆新出共和新国文教授书。25日,《申报》载,上海县公署奉道尹公署通令,采用商务印书馆新出教科书。是年,商务印书馆开始出版的大型丛书有:《饮冰室丛书》由商务印书馆出版,先后出版了13种;《教育丛书》由商务印书馆开始陆续出版,至1917年6月出版了第一集12种、第二集12种、第三集12种;《通俗教育丛书》由商务印书馆开始陆续出版,先后出版了16种。(参见张人凤、柳和城编著《张元济年谱长编》,上海交通大学出版社2011年版;吴永贵《民国图书出版史编年:1912—1949》,社会科学文献出版社2018年版)

杜亚泉继续任商务印书馆《东方杂志》主编。3月,在《东方杂志》第13卷第3号发表《家庭与国家》。4月,在《东方杂志》第13卷第4号发表《再论新旧思想之冲突》。文中开篇有2月17日杜亚泉"志":"远生论文谓:'新旧之冲突,莫甚于今日,犹两军相攻,渐逼本垒,最后胜负,且夕昭布,识者方忧恐悲危,以为国之大厉,实乃吾群进化之效。'又谓:'新旧异同,其要不在枪炮工艺以及政法制度等等。若是者,犹滴滴之水,青青之叶,非其本源。本源所在,在其思想。'予以远生兹言颇足诠释现时吾国之状况,因复就此论题,抒予之意见。惜远生已死,不能以予之意见与之质证矣。"5月8日,杜亚泉致函张元济,拟编理化、博物器械说明书,并须另行制图。午后,张元济至同日编译所"与之面谈"。同月,在《东方杂志》第13卷第5号发表《爱与争》《论国音字母》。6月,于袁世凯称帝失败病逝后,撰写《帝制运动始末记》连载于《东方杂志》上,详细阐述了袁世凯帝制运动整个事件的过程。同月,在《东方杂志》第13卷第6号发表《力之调节》。7月,在《东方杂志》第13卷第7号发表《天意与民意》。7、8月,在《东方杂志》第13卷第7、8号发表《集权与分权》。9月,在《东方杂志》第13卷第9号发表《论民主立宪之政治主义不适于现今之时势》《梁任公先生之谈话》。10月,在《东方杂志》第13卷第10号发表《静的文明与动的文明》《予所想望于大总统者》。前文总结东西方文明之不同,归结为"西洋社会为动的社会,我国社会为静的社会。由动的社会,发生动的文明;由静的社会,发生静的文明。"主张两相调和,取长补短,融为一体,被称为"东西文明调和论"。

按:《静的文明与动的文明》为杜亚泉"东西文明调和论"的代表作。文中开篇即鲜明地亮出自己的观点:"吾人对于向所羡慕之西洋文明,已不胜其怀疑之意见,而吾国人之效法西洋文明者,亦不能于道德上或功业上表示其信用于吾人。则吾人今后不可不变其盲从之态度,而一审文明真价之所在。盖吾人意见,以为西洋文明与吾国固有之文明,乃性质之异,而非程度之差。而吾国固有之文明,正足以救西洋文明之弊,济西洋文明之穷者。西洋文明酸郁如酒,吾国文明淡泊如水;西洋文明腴美如肉,吾国文明粗粝如蔬。而中酒与肉之毒者,则当以水及蔬疗之也。"然后追溯造成东西方文明差异的两大原因:一是民族的原因:"西洋社会,由多数异民族混合而成。如希腊、腊丁、日尔曼、斯拉夫、犹太、马其顿、匈奴、波斯、土耳其诸民族,先后移居欧洲,叠起战斗,有两民族对抗纷争至数百年之久者,至于今日仍以民族的国家互相角逐,至有今日之大战。吾国民族,虽非纯一,满、蒙、回、藏及苗族,与汉族之言语风俗亦不相同,然发肤状貌大都相类,不至如欧洲民族间歧异之甚,故相习之久,亦复同化。"二是地理的原因:"西洋社会,发达于地中海岸之河口及半岛间,交通便利,宜于商业,贸迁远服,操奇计赢,竞争自烈。吾国社会,发达于大陆内地之黄河沿岸,土地沃衍,宜于农业,人各自给,安于里井,竞争较少。"继之总结东西方文明五个方面的不同:西洋重人为,中国重自然;西洋人之生活为向外的,中国人之生活为向内的;西洋社会团体林立,中国社会以个人为中心;西洋重竞争轻道德,中国重道德轻竞争;西洋社会以和求战争,中国以战争求和平等等。在上述分析的基础上,作者作了如下归纳:"综而言之,则西洋社会为动的社会,我国社会为静的社会。由动的社会,发生动的文明;由静的社会,发生静的文明。两种文明各现特殊之景趣与色彩,即动的文明具都市的景趣,带繁复的色彩;而静的文明具田野的景趣,带恬淡的色彩。吾人之羡慕西洋文明者,犹之农夫牧子偶历都市,见车马之喧阗,货物之充积,士女之都丽,服御之豪侈,目眩神迷,欲置身其中以为乐,而不知彼都人士方疾首蹙领(额),焦心苦虑于子矛我盾之中,作出死入生之计乎?彼西洋人于吾国文明,固未尝加以注意,然观丁格尔步行游记所言,亦时怀帐(怅)触,彼于滇蜀万山之中与吾国最旧式之社会相接,乃谓欧美文明使人心中终日扰扰不能休息,而欲以中国人真质朴素之风引为针石,是亦都市之人览田野之风景而有所领略者也。至就两文明发生之效果而论,则动的社会,其个人富于冒险进取之性质,常向各方面吸收生产,故其生活日益丰裕。静的社会,专注意于自己内部之节约,而不向外部发展,故其生活日益贫啬。盖身心忙碌者,以生活之丰裕酬之;而生活贫啬者,以身心之安闲偿之。以个人幸福论,丰裕与安闲孰优孰劣,殊未易定,惟二者不可得兼,而其中常具一平衡调剂之理。"

按:周月峰编《中国近代思想家文库·杜亚泉卷》(中国人民大学出版社2014年版)"导言"曰:在第一次世界大战之前,中国是步步深入模仿西洋,大致从坚船利炮到政治制度,再到西洋文化精神。正如杜亚泉文中所说:"近年以来,吾国人之羡慕西洋文明无所不至,自军国大事以至日用细微,无不效法西洋,而于自国固有之文明,几不复置意。"但第一次世界大战发生,使得很多时人对"欧洲文明之权威,大生疑念"。陈独秀《一九一六》认为受此次战争之洗礼,1916年以后欧洲的形势、军事、政治、学术、思想,"必有剧变,大异于前"。杜亚泉有其自己的判断,对"向所羡慕之西洋文明,已不胜其怀疑","对于固有文明,乃主张科学的刷新,并不主张顽固的保守;对于西洋文明,亦主张相当的吸收,惟不主张完全的仿效而已"。在杜氏看来,这比戊戌时代的"新"更新,是"现时代之新思想"。这种论调与时代流风格格不入,也受到陈独秀《新青年》一派的激烈批判。其实,当时双方都自认为代表了"新",顺应了时代潮流,仅是对"新"与潮流的判断不同。更可见当时的新旧远比我们一般认知中的复杂。然而到了因为"五四"前后,《新青年》一派的激进主张成为时代潮流,使杜亚泉显得格格不入。这就急坏了商务印书馆当局,竭力劝说杜氏不要再反驳,并要他改变立场,避免违反时代潮流。至1920年,杜亚泉迫于情势,只得辞去《东方杂志》主编职务。(参见陈镱文、亢小玉、姚远《杜亚泉先生年谱(1912—1933)》,《西北大学学报》(自然科学版)2008年第6期;周月峰编《中国近代思想家文库·杜亚泉卷》及附录《杜亚泉年谱简编》,中国人民大学出版社2014年版;张人凤、柳和城编著《张元济年谱长编》,上海交通大学出版社2011年版)

郑孝胥5月6日出席商务印书馆民国五年股东常会。会议选举伍廷芳、高凤池、鲍咸昌、郑孝胥、张謇、梁启超、张桂华、聂其杰、李宣龚、张廷桂、曹锡赓11人为新一届董事,王亨统、张葆初、叶景葵为监察人。16日,出席商务印书馆第159次董事会议,被推举郑孝胥为新一届董事会主席,高凤池为副主席。7月1日,郑孝胥"得林琴南书,去年赌袁必败,琴南今愿输画一幅,又自言《海藏楼诗》已读至十五遍矣"。13日,李宣龚送林纾函与郑孝胥,信中是段祺瑞托林纾询问郑肯否任国务员,郑予以拒绝。郑孝胥在《日记》中亦记其事:"拔可送来琴南信,段祺瑞托林询余肯任国务员否,即复,却之。"20日,托李宣龚带信给郑孝胥。(参见张旭、车树昇编著《林纾年谱长编:1852—1924》,福建教育出版社2014年版;张人凤、柳和城编著《张元济年谱长编》,上海交通大学出版社2011年版)

夏敬观任商务印书馆涵芬楼撰述。2月,自京南归。同月29日,张元济收到夏敬观北京信。3月28日,夏敬观自北京返,赴商务印书馆,与张元济谈印有奖实业债券事。4月13日,赴商务印书馆,言有奖债券事。16日,赴郑孝胥邀宴,同席有张元济、赵竹君、孟莼孙、陈衍、高子益、高凤谦、李宣龚、萧子栗等。5月8日,赴商务印书馆,取公债票9500元。定明日入都。13日,张元济致夏敬观北京信,告其平市印价最好乞得国库证券,至万不得已时,即中(央银行)、交(通银行)纸币亦无不可。18日,张元济致夏敬观北京信,预定通知中、交两行纸币市价密语。又谓来信所拟三项:一、领上海中国银行纸币,前未发行,沪行不认不能领。二、领国库证券,此时情事不同,亦不能行。三、领纸币,当是指北京之币,虽在上海可折售,然多数难兑。6月7日,夏敬观返沪,就涵芬楼聘。11月15日,皖省学界欲组中华分局。夏敬观赴商务印书馆与张元济商议。是年,周庆云约同人为贞元会,"一月三集,饮于酒家。每会以一人轮值,周而复始,取贞下起元之意。与会者有恽季申、恽瑾叔、徐积馀、程定夷、林诒书、刘锡之、俞绥丞、夏剑丞、萧屋泉、李凤池、朱企晖、吴董卿、姚虞琴诸人"。(参见陈谊《夏敬观年谱》,黄山书社2007年版)

茅盾7月毕业于北京大学预科。8月,到上海商务印书馆编译所工作。9月,致函总经理张元济,对正在发行的《辞源》提出修改建议,颇受重视。旋即被介绍到编译所,所长高梦旦找谈话,安排与一老先生孙毓修合作译书。10月,与孙毓修合译《人如何得衣》之后,又编译《人如何得住》《人如何得食》,此均为"科学性的通俗读物"。(参见唐金海、刘长鼎主编《茅盾年谱》,山西高校联合出版社1996年版)

陆费逵继续任中华书局总经理。1月5日,《申报》广告,中华书局出版《清朝野史大观》,洋装12册,印有样本,函索即寄。8日,《申报》载,总统题颁中华书局匾额,略谓上海中华书局系专营印刷出版、制造印刷用品、教育器械各业,自民国元年设立以来,资本已达100万元,业务之进步扩张,至为敏速,足征办理完善,成绩昭然,似应特予褒扬,以示优异云云。呈既上总统,当即题颁匾额,其文曰"富拟琅璟"云。21日,《申报》广告,中华书局出版空前进步新式小学教科书。2月19日,《申报》广告,中华书局出版"新制单级教科书"。26日,《申报》广告,中华书局出版《学生丛书》。同月,张相编的《古今文综》由中华书局出版,共40册。5月25日,《申报》广告,中华书局《饮冰室全集》出版预告。6月8日,中华书局举行第六次股东常会,决议增加资本100万元,选举董事11人:施子英、唐少川、范静笙、梁任公、周扶九、陈仲瑞、陆费逵、朱幼宏、陈筱石、廉惠青、蒋孟革。监察二人:潘宪臣、郭亮甫。7月1日,《申报》载,教育部审定中华书局新制单级教科书。8月间,董事会以范源濂去京就任教育总长、陈黻龙因病辞职,以次多数王宠惠、王正廷递补;又陈玉麟病故,以沈知方递补。董事中梁任公、朱幼宏、廉惠青及王正廷4人为初选。13日,《申报》载,中华书局广告:"本局股本原收一百万元,现添集一百万元。自建总厂于静安寺路,为地四十余亩,现已落成迁入。自建总店于四马路棋盘街转角最新式五层楼洋房,为屋百余间,将次落成,本年八月可以迁入。董事唐绍仪、梁启超等十一人，编辑员范源濂、王宠惠、沈恩乎、袁希涛、李登辉等百余人，备有德、英各种新式机器，编辑出版教科图书、杂志、字典、小说及新旧书籍，无不具备，兼售理化仪器、博物馆标本、各种文具、信封、信纸、折扇、中国笔墨、各种纸张、印书机器、铜模铅字。代印书报、章程、商标、股票、公债票、传单、文凭、明信片、月份牌等，无不精益求精，价目克己，如蒙惠顾，无任欢迎。"9月30日，《申报》载，介绍中华书局出版的《饮冰室全集》。10月1日，《申报》广告，中华书局总店新屋落成。（参见吴永贵《民国图书出版史编年：1912—1949》，社会科学文献出版社2018年版）

谢无量继续在上海为中华书局编书。所撰《中国哲学史》《中国妇女文学史》由上海中华书局出版。前书分三编，第一编上古哲学史（古代及儒家，道墨诸家及秦代），第二编中古哲学史（两汉，魏晋六朝隋唐），第三编近世哲学（宋元，明清）。后书为中国妇女文学史开山之作，作者在《中国妇女文学史·绪言》中称："上世男女同等，中世贵男贱女，近世又倡男女同等者，自然之法也；中世贵男贱女者，势力之所致也；近世复倡男女平等者，公理之日明也。"并列举了蔡文姬、李清照、薛涛、左芬、班昭、谢道韫、花蕊夫人、朱淑贞等。此书初步勾勒出中国古代妇女文学史的脉络，把历来被传统士大夫视为陪衬和点缀的妇女文学创作列为研究对象，从此"妇女文学"成为多数中国文学史写作不可缺少的内容之一，对其后文学史写作产生重要影响。12月，谢无量《中国六大文豪》由上海中华书局印行。是年，谢无量还出版了《韩非》《朱子学派》《佛学大纲》等书。（参见刘长荣、何兴明编《谢无量年谱》，《文教资料》2001年第3期；彭华《谢无量年谱》，载《儒藏论坛》2009年第1辑；付祥喜《20世纪前期中国文学史写作编年研究》，北京师范大学出版社2013年版）

刘半农继续任职于上海中华书局。2月1日，在《中华小说界》第3卷第2期发表"历史小说"《拿破仑瘐死之翻案》。3月1日，在《中华小说界》第3卷第3期发表"哀情小说"《呱呱默默》。同期发表"家庭名剧"《小伯爵》，后在第3卷第4—5期连载。同期，又发表译作《托尔斯泰之情书》。同月，在《小说大观》第5集发表了翻译的"侦探小说"《X与O》。春，中华书局同人合译《福尔摩斯侦探案全集》，刘半农负责全书的校阅工作。5月校完。4月1日，在《中华小说界》第3卷第4期发表《福尔摩斯大失败》（第4案）。同月，《福尔摩斯侦探案全集》由中华书局出版。全书实收44案。原著者英国柯南道尔，由刘半侬、严独鹤、程小青、陈小蝶、天虚我生、周瘦鹃、陈霆锐、常觉、渔火等10人分译。刘半侬为此书作"跋"，并附刘半侬撰《英国财士柯南道尔先生小传》。

按：刘半侬在此书"跋"语中申明了柯南道尔创作侦探小说的最初宗旨后，认为创作侦探小说，乃至于从事侦探事业，必须具备文学、哲学、天文学、政治学、植物学、地质学、化学、解剖学、法律学等各种学识，"无一非为侦探者所可或缺也"，侦探事业，"乃集合种种科学而成之一种混合科学，决非贩夫走卒，市井流氓，所得妄假其名义，以为Ⅳ欧饭之地者也"。他还认为，侦探其事和侦探小说的写作，首先要注意一个"索"字，即一案既出，"均当搜索靡遗，一一储之脑海，以为进行之资"；接着要注意一个"剔"字，"即根据搜索所得，使侦探范围缩小……庶乎糟粕见汰，而精华独留"；最后要注意一个"结"字，"荷非布置周密，备卫严而手眼快，则凶徒险诈，九仞一篑，不可不慎也"。更为重要的是，他还指出，侦探者，应当有人格，有道德，不爱名，不爱钱，否则"一念及吾国之侦探，殊令人惊骇惶汗，盖求其与莱斯屈来特相类者，尚不可得也。柯氏荷闻其事，不知亦能挥其如橼之笔，为吾人一痛招之否？"

刘半农5月1日在《中华小说界》第3卷第5期发表《福尔摩斯大失败》（第5案）。同日，在《小说海》第2卷第5号发表小说《二十六人》，作者自注："是篇为俄国高尔基原著。"同月，在《中华学生界》月刊第2卷第5期发表"少年小说"《立志难》；所译英国马戛尔尼《乾隆英使觐见记》由中华书局初版,内收是年春刘半农所撰的《乾隆英使觐见记·序》。6月1日,在《中华小说界》第3卷第6期发表"社会小说"《愚民术》。内容包括《国师》和《叶仙》两篇。同月,在《小说大观》第6集上发表所译"社会小说"《塾师》。同期发表所译"宫廷小说"《韩卢忆语》;发表所译"侦探小说"《铜塔》。后书系与小青合译。7月1日,在《小说海》第2卷第7号发表短篇小说《庸人自扰》。10月1日,在《新青年》第2卷第2期首次发表《灵霞馆笔记·爱尔兰爱国诗人》。内收爱尔兰柏伦克德《火焰诗七首》《悲天行三首》、爱尔兰麦克顿那《谚爱国诗人:首》、爱尔兰皮亚士《割爱六首》《绝命词两章》。他在文中高度赞许了这些资革命诗人的爱国主义精神。同月,在《小说火观》第7集上发表所译"社会小说"《柳原学校》。同期发表所译"哀情小说"《君护妇》。秋,任上海实业学校和中华铁路学校教员。11月1日,在《新青年》第2卷第3期上发表9月译于上海的《灵霞馆笔记·欧洲花园》。12月1日,在《新青年》第2卷第4期上发表《灵霞馆笔记·拜轮遗事》。同月,在《小说大观》第8集上发表所译"侦探小说"《髯侠复仇记》。冬,从上海回江阴居住约半年。是年,由于中华书局发生财政危机,辞去编辑工作。(参见徐瑞岳编《刘半农年谱》,中国矿业大学出版社1989年版)

吕思勉继续任上海中华书局编辑。1月,所撰《今后学术之趋势及学生之责任》刊于《中华学生界》第2卷第1期,谓:"今日之为学,所以异于往昔者,其荦荦大端,盖有三事。昔时崇古之念太深,凡一学说,为古人所创者,不独以为不当轻议也,且以为不当置议。夫至以古人之学说为不容置议,则其耳目心思,皆有所窒,而不能尽其用,而真理晦矣。今则畏神服教之念除,自由研究之风盛,知古人之学说,所为江河不废者,正以研究焉而弥见其可贵,而非不研究焉遂出于盲从。一也。发明学术,虽藉灵明,而探索推求,必资事物。神州大陆,统一既二千年,盛衰治乱,常若循环,事变鲜更,承学者之心思,亦为所锢蔽。今则瀛海大通,学术为一,有异国数千年之历史,以资参证;有环球亿万里之事物,以广见闻。耳目既恢,灵明亦因之日出,且欧非美澳,进化皆后于神州。彼其事实,颇有足与吾国古籍相证明者,则不独新义环生,而旧说亦因之复活矣。二也。阴阳刚柔,相互为用,形上形下,本如鸟之双翼、车之两轮。自汉以降,儒者多薄为曲艺而弗为,考工遗规,渐归废坠;制器尚象,日以晻瘝;强国富民,皆虑其弗周于用。今得远西之学,引其绪緖,备物致用,复当方驾古初,不特有利烝民,亦且小道微言,因物质之阐明而愈显。三也。综是三者,则今人之聪明才力,虽未必远过古人,而其所遭逢,则实为古人所不逮,其所成就,亦必突过古人矣。英雄造时势,时势亦造英雄,我学生诸君,其勉之哉。"同月,《教育本论》刊于《中华教育界》第5卷第1期。

吕思勉所撰《修习国文之简易法》2月刊于《中华学生界》第2卷第1期。同月,所著《关岳合传》由中华书局编入"学生丛书"初版,后曾多次再版,至1929年已发行到第十版。2、4月,所编《新式高等小学国文教科书》(1—6册)由上海中华书局出版。3月,《高等小学用新式地理教科书》(1—6册)由上海中华书局出版,卷首有"编辑大意"。6月,所作《新教育与旧教育》刊于《中华教育界》第5卷第6期,认为吾国"旧日之私塾,断不容界以教育之名称。然今日之学校教育,确亦有未能尽善。以新旧二者衡量之,则旧日私塾,于无意之中所得之利益,尚有为今日之学校所不能逮者",并从道德、智识和体力三方面加以比较。吕思勉遗稿中有一篇《论科举与学校不可偏废》的未刊文稿,主张科举的考试之制可与学校并行不悖。后又作《考试论》,诸文主旨相近。是年,所撰《本论》12篇曾交呈金松岑诸一阅,为其所激赏。(参见李永圻、张耕华编撰《吕思勉先生年谱长编》,上海古籍出版社2012年版)

周瘦鹃由杨一心介绍加入上海中华书局,任编译。11月,古体叙事诗《新情歌》收入南社作家的作品集《南社丛刻》第19集。是年,被《新申报》聘为特约撰稿人。(参见范伯群、周全《周瘦鹃年谱》,载《新文学史料》2011年第1期)

丁辅之、丁善之(三在)兄弟摹拟北宋欧体刊本字体,将楷书笔画和宋体字的间架结构融合在一起,设计了一种新的印刷字体,名曰"聚珍仿宋",提供上海中华书局用于排印诗文集。

戈公振继续为任时报》记者和有正书局编辑。是年,戈公振回故里,送侄儿戈宝权一盒积木,并在积木盒盖的里面,用工整的小楷题有"房子是一块砖头一块砖头造成的,学问是一本书一本书读成的"文字。这几句话,对戈宝权以后的生活、学习和思想均产生很大的影响。(参见洪惟杰《戈公振年谱》,江苏人民出版社1990年版)

胡朴安任北京交通部部长、同乡暨亲家许世英秘书。陈独秀曾托请胡朴安向许世英招股以将上海群益书局扩充为公司。许世英答以"多少总有报命"。言毕未及一月,许世英因津浦铁路租书、购书受贿案等政界风潮而被迫辞职,胡朴安也去职回到上海。在上海,陈独秀犹追问招股事下落,胡朴安"不得已逡巡而退"。

何诹被誉为清末民初文坛三位文言文小说大师之一,曾模仿林译《巴黎茶花女遗事》创作了文言文长篇小说《碎琴楼》。故事取材于一个爱情悲剧,讲述一对男女对封建礼教婚姻的反抗。小说抨击黑暗社会,歌颂光明与自由,书成后得到当时社会名流林琴南的赏识和推介,由上海商务印书馆接受并出版,轰动全国,该书几年间一连十多次印刷。后来,这部书还由上海联华电影公司改编成电影,由一流明星胡蝶主演,火爆一时。(参见张旭、车树异编著《林纾年谱长编:1852—1924》,福建教育出版社2014年版)

懋治在上海8月18日《申报》刊登长文《初小改设国语科意见书》,建议改初小国文科为国语科。

陆基在8月19日《申报》发表《改国民学校国文为国语科议》,倡议国语统一,改设国语科,并尽快修订国语课本以供教学之用。

后雕在《中华教育界》第2期上发表《中国教育之危机及其救济法》,认为缺乏职业教育是当时中国教育的一大危机。

庄俞在《教育杂志》第8卷第9号发表《今日之职业教育》,认为"欲发达职业教育,必先于普通教育注意之"。

李剑农留英学成归国,在上海担任《中华新报》编辑,专写政论,揭露反动军阀的暴行,倡导政治改良。

朱东润放弃学业,毅然回国参加反对袁世凯复辟称帝的斗争。在上海,入《中华新报》社,任地方新闻编辑。

成舍我在上海入《民国日报》社工作。

张季鸾任上海《新闻报》驻北京记者。又任北京、上海两地的《中华新报》总编辑。

席子佩11月26日在上海创办《新申报》。

宗白华8月受聘上海《时事新报》副刊《学灯》,任编辑、主编。

刘翰怡在上海建立文人雅集组织淞社,入社者多为前清遗老和知名人士。

按:据《雪桥自订年谱》载,"翰怡与周湘妗主淞社,集者艺风、子颂、鞠裳、息存、梅庵、叔问、橘农、元素、聚卿、积余、金粟香、钱昕邠、吴仓硕、刘谦甫、王旭庄、刘语石、汪渊若、戴子开、金甸丞、恽孟乐、季申、瑾叔、崔磐石、宗子戴、潘兰史、王静安、洪鹭汀、陶拙存、朱念陶、褚礼堂、夏剑丞、张孟劬、姚东木,迭为主客,与乙庵论文。谓董江都之说理,晁家令之言事,虽贾生刘更生不逮。宋人大文字,为王荆公上仁宗书,苏文忠上神宗书,朱子戊申封事,可谓鼎足而三。朱子道理极足,文忠事理极明,荆公多空言,不过文理好耳。近人好言荆公,仅学其一二短篇,善学荆公者惟叶水心,皆独到语也。"(引自袁英光、刘寅生《王国维年谱长编》,天津人民出版社1996年版,第194页)(参见桑兵《民国学界的老辈(之一)》,《历史研究》2005年第6期)

郁葆青与里中故旧有同嗜者方骏乎、郑永诒等10人在上海成立鸣社,公推孙玉声为社长。

杨芄械家居,与施槁蟫、王鼎梅、刘炳照、周庆云、王承霖、吴承烜、朱家驹等人结社于沪北之小罗浮吟馆,称小罗浮社,刊行《小罗浮唱和诗存》。

余日章代理设在上海的中华基督教青年会全国协会总干事。

黄绍兰是年春得黄炎培等教育界知名人士支持,在上海法租界贝勒路创办博文女子学校,自任校长。

丁甘仁集资创办上海中医专门学校、女子中医专校。

张大壮到上海,随李汉靖学习恽派花卉,又从汪洛年习山水画。

李璜毕业于上海震旦学院。

慈舟毕业于上海华严大学。

徐悲鸿入上海复旦大学法文系半工半读,并自学素描。

张謇1月2日接政事堂电,同意辞水利局总裁并(参政院)参政职。11日,阅杨廷栋所编程德全辛亥年奏稿集,倘恍怆恻,不翅隔世矣。3月22日,分别举行南通残废院、狼山盲哑学校与观音禅院开幕、动工或落成仪式。6月15日,在中国银行商股联合会在上海举行的成立大会上,被推为联合会会长,叶景葵、林嵩寿任副会长。20日,与汤化龙、张一麐、严修、章炳麟、汪精卫、吴景濂、汤寿潜、张继、王正廷、袁希涛、吴稚晖、余日章、江谦等于《大中华》刊载《介绍中华书局教科书》。7月1日,与严修、唐绍仪、王宠惠、蔡元培、张一麐、伍廷芳、梁启超、汤化龙、黄炎培等于《大公报》刊载《推荐商务印书馆共和国民国教科书》。8月27日,在江苏省教育会在上海举行的常会上当选为会长,黄炎培为副会长,沈恩孚、庄俞、蒋季和、张世鎏、凌昌焕、周厚坤、吴家煦、贾丰臻、朱亮、沈颐、张谔、张志鹤、李廷翰、顾树森、夏清贻、陆裕柚为干事员。10月10日,在中华工程师学会在北京举行的第四届常年大会上被推为名誉会长,沈琪为会长,陈西林、邝景阳为副会长。同月,张謇为林道扬《森林学大意》撰序。11月25日,与张詧、管云臣、卢鸿钧、杨懋荣、周坦、陈琛、姚锦堂、陈星槎等往盲哑学校,参加建成开学仪式,并发表演说。同日,往军山气象台参加开幕仪式,马德赉派代表鲁廷美光临。

按:此为全国第一所民办气象台。

张謇11月27日在《通海新报》载《南通气象台概略》。28日,撰《气象台新路记》,石刻,楷书。12月18日,率南通、如皋、泰兴、海门、东台等县各界代表500余人往天生港,登"运川"舰祭祀蔡锷,赋《送蔡松坡丧过南通》,并发表《公祭蔡松坡之演说词》。同日,与梁启超于《申报》载创设松坡图书馆《缘起》。同月,与庄俞、水楚琴、师仲五谈论教育。是年,作《〈春晖小识〉书后》,谓"今吴中论教育者,江以南必数无锡,江北则南通。两县规画效用不同,而任事之人克称其事则一"。又为顾琅《中国十大矿厂调查记》题写书名,由商务印书馆

出版。（以上参见庄安正《张謇年谱长编（民国篇）》,上海交通大学出版社 2018 年版）

江谦继续任南京高等师范学校校长。1 月,江谦校长向巡按使齐耀琳呈报学校开办情形。5 月,增设工艺专修科。7 月上旬,举行各科入学考试,录取工艺专修科学生 25 人,国文部预科生 40 人,理化部预科生 30 人。同月,吴有训入理化部物理系学习,1920 年毕业。10 月 2—4 日,应南高师等九校的联合邀请,康有为、梁启超来宁讲学。本年度,本校有教职员 30 余人,学生 204 人,毕业生 26 人。经费 12 万余元。（参见南京大学高教研究所编《南京大学大事记 1902—1988》,南京大学出版社 1989 年版）

叶德辉 4 月底至苏州,此后常住苏州,与陆恢、朱锡梁等吴中学人交往。约 5 月,启倬在长沙整理叶德辉历年题跋,编订《郋园读书志》。9 月 24 日,王闿运卒,叶德辉有挽联。是年,编本年诗为《还吴集·丙辰》。所著《通历》12 卷、《六书古微》10 卷刊行。是年起,陆续发刊丛书《午梦堂全集》。（参见王维江、李骛哲、黄田编《中国近代思想家文库·王先谦、叶德辉卷》及附录《叶德辉年谱简编》,中国人民大学出版社 2015 年版）

蒋维乔任江苏省教育厅长,与黄炎培等共同商议,将江苏省的屠宰税和卷烟税从财政厅拨出,划作教育经费,使江苏省的教育经费得以独立维持。

金松岑、柳亚子、陈蝶仙、顾悼秋、凌莘安、许盥孚、叶楚伧、胡石予、徐慎侯等 58 人在苏州成立合社,刊行《合社诗钞词钞》。

钱崇澍从美国回国,曾担任南京金陵大学教授。

刘国钧考入南京金陵大学哲学系。

桂伯华在日本东京去世,因陈真如尝从学于伯华,故欧阳竟无命陈真如从金陵去日本看望。（参见徐清祥编《欧阳竟无先生学术年表》,载欧阳竟无《欧阳竟无内外学》,商务印书馆 2017 年版）

欧阳竟无是秋在南京叙成《百法五蕴论叙》和《世亲摄论释叙》,从义理和经论两边判法相、唯识为两宗。冬,撰成《成实论叙》。（参见徐清祥编《欧阳竟无先生学术年表》,载欧阳竟无著《欧阳竟无内外学》,商务印书馆 2017 年版）

刘天华被江苏省立五中聘为音乐教员,并在该校组织了丝竹部和军乐部两支乐队。

陈恭禄考入美国教会办的江苏扬州美汉中学。

朱自清从江苏省立第八中学毕业。是秋,考入北京大学文预科,去北京读书。

汤寿潜在萧山临浦镇牛场头汤宅养病。是年,撰"遗诫",总结自己一生的生平行事,并告诫家人:"吾终之后,敛用野服,勿称故官,毋赴于在位,毋受膊赠。在位者苟以追饰之礼见加,勿受也。"6 月,袁世凯死,黎元洪继任总统。汤电贺黎元洪"正位居体,天下归仁",并谓:"今群情所望,在复约法,召国会,正名顺言。盖必由此,诚不宜须缓以失众心。"（参见汪林茂编《中国近代思想家文库·汤寿潜卷》及附录《汤寿潜年谱简编》,中国人民大学出版社 2015 年版）

马叙伦年初仍流寓上海租界。应广东廖容之约撰寄讨袁檄文。4 月,浙江独立。5 月,莫永贞（伯恒）接任浙江财政厅长,经龚宝铨介绍,马叙伦任莫永贞秘书。为此搬回杭州,住饮马井巷。7 月,陈黻宸（介石）致书马叙伦,嘱与"浙督顾问"姜桐轩随时接洽,"开怀与谈政治关系"。9 月,莫永贞赴京参加财政会议。马叙伦先期进京,下榻大同公寓。与陈介石、汤尔和诸人策划,推荐旅法同乡蔡元培回国主持北大。得到教育总长范源濂首肯后,留条告别莫永贞,径返杭州。10 月黄兴在沪病逝,随后代莫永贞拟挽联。（参见《马叙伦年表》,载卢礼阳《马叙伦》,群言出版社 2014 年版）

马一浮 5 月 7 日致书汤寿潜问候其病况。7 月 29 日,由卧病的汤寿潜口述,为其代草《诫子书》。初冬,苏曼殊来杭州拜望马一浮,两人一起研究梵文及西方文学,弥相契合。

（参见张雨晴《马一浮学术年谱整理(1911—1949)及其儒学践履活动研究》，贵州大学硕士学位论文，2019年）

夏丏尊是年夏看到日本杂志登载村井氏介绍其妻断食经验的文章，说断食可以治疗各种疾病，使人除旧换新，改掉恶习，生出伟大的精神力量。自古宗教上的伟人，如释迦、耶稣等，都曾断过食。夏丏尊读了此文后，觉得很有趣，就把它介绍给李叔同。李叔同看后十分感兴趣，彼此都有"断食一试"的念头。年底，李叔同独自到虎跑寺断食，三周后返校。夏丏尊得知后深感意外。（参见葛晓燕、何家炜编著《夏丏尊年谱》，中国文史出版社2012年版）

李叔同在浙江省立第一师范学校发起成立洋画研究会，兼任会长，以研究学习油画为活动内容，参加画会的主要成员有刘志平、丰子恺、李鸿梁、黄继慈、金咨甫、吴梦非、李增庸、潘天寿、吕伯攸、傅彬然等人。会员在李叔同等留学日本归国的美术教师指导下，曾进行中国美术史上首例人体写生活动。李叔同因日本杂志介绍"断食"以修养身心之方法，遂生入山断食之念。冬，入杭州虎跑定慧寺，试验断食17日，有《断食日志》详记。（参见林子青编著《弘一法师年谱》，宗教文化出版社1995年版；林子青编《弘一大师年谱与遗墨》，时代文艺出版社2010年版）

杨贤江继续就读于浙江省立第一师范学校。6月，在《浙一师校友会志》第9期上发表第一篇译作，即从日文转译的托尔斯泰短篇小说《人生》。暑假，由经亨颐介绍，前往上海参加江苏省教育会小学教员暑期补习学校学习。乘机在商务印书馆编译所拜访《学生杂志》主编朱元善，质疑请益。经黄任之介绍，得以谒见蒋竹庄，询问关于静坐及废止朝食诸事。8月5日，在《学生杂志》第3卷第8号发表《学生与国语》。11月5日，在《学生杂志》第3卷第11期发表《说人》。（参见潘懋元等主编《杨贤江年谱长编》，光明日报出版社2005年版）

周作人1月2日修订旧《周氏宗谱列传》3本。11月26日，往花巷布业会馆听从欧洲回国的蔡元培演说。次日往笔飞街访蔡元培，未遇。12月5日，所撰《听蔡先生演说记》载于12月4、5日《笑报》。7日晨，鲁迅自北京回绍兴，当晚与鲁迅长谈至午夜2时。（参见张菊香、张铁荣主编《周作人年谱》，南开大学出版社1985年版）

何炳松是年夏从普林斯顿大学毕业，获政治科硕士学位，并获校论文第一名奖。7月，回国，任浙江省长公署助理秘书。（参见房鑫亮《忠信笃敬：何炳松传》，浙江人民出版社2006年版）

金兆梓任浙江省立第七中学校(今为金华一中)校长。

太虚继续在普陀山之锡麟禅院。夏，所撰《首楞严经摄论》成稿。8月25日，孙中山以察视舟山群岛之便，偕胡汉民等来山，为太虚手题"昧煮诗录"，太虚奉诗一律。冬，应陈涌洛《浙江月刊》索文，为撰《释中华民国》。是年，大师于唯识义有所悟入。从此真俗交彻，表现于理论之风格一变。幽思风发，妙义泉涌，万非逞辩竞笔者能及，应与此悟有关。

按：太虚闭关期中，曾有《续宏明集》《新宏明集》《佛教诗醇》《佛教文醇》之选辑，均创始而未竟。（参见释印顺编著《太虚法师年谱》，宗教文化出版社1995年版）

刘人熙在湖南长沙创办船山学校，彭政枢兼任校长。

向警予在周南女校毕业，回乡创办溆浦女校。

谭延闿7月任湖南省长兼督军，延聘陈寅恪任湖南交涉使署。

杨昌济所撰《各种伦理主义之略述及概评》连载于2—4月《东方杂志》第13卷第2—4号。11月，所著《哲学上各种理论之略述》一文刊于长沙出版的《民声》杂志第1卷2号。12月，所撰《治生篇》刊于《新青年》杂志第2卷第4—5号。（参见《杨昌济年谱》，载王兴国《杨昌济的生平及思想》，湖南人民出版社1981年版）

徐特立 12 月协助学监主任方维夏试办一期工人夜校,招收产业工人、人力车夫、蔬菜小贩和其他劳动者 70 多人,分两个班,授以国文、算术、常识,帮助"引车卖浆之徒""瓮牖绳枢之子"进学校,学文化,受教育。(参见《徐特立年谱》编纂委员会编《徐特立年谱》,人民出版社 2017 年版)

蔡和森、毛泽东、任弼时等湖南一师同学 11 月 27 日参加湖南省教育会举行的蔡锷追悼大会。(参见李永春编著《蔡和森年谱》,湘潭大学出版社 2008 年版)

毛泽东 1 月 28 日致信萧子升,请他帮助借《甲寅》杂志第 11、12 两期。7 月 25 日,毛泽东致信萧子升,其中有对中日关系及前景的预测,沉痛告诫国人:"二十年内,非一战不足以图存,而国人犹沉酣未觉,注重东事少。愚意吾侪无他事可做,欲完自身以保子孙,只有磨砺以待日本。"(参见中共中央文献研究室编撰、逄先知主编《毛泽东年谱(1893—1949)》,人民出版社、中央文献出版社 1993 年版)

陈昌 1 月 1 日接到同学毛泽东所寄书,是日日记有载"上午八时,接润之书,并承赐《汤康梁三先生之时局痛言》一本",并发表了一通感慨。

张渲年继续任武昌高师校长。11 月,教育部授予武昌高师专门以上学校成绩展览会一等奖。12 月,农商部第三棉业试验场召开棉业品评会,授予高师博物部 7 个一等奖。先期毕业的武昌高师学生在社会上也赢得了较好的声誉。若干年以后,华中地区中等学校的优良师资大多出自武昌高师,其中以史地,生物等科教员最受欢迎。毕业生中也有一部分出国深造,回国后在各大学担任教职或行政职务,社会对他们也有较好的评价。(参见吴贻谷主编《武汉大学校史(1893—1993)》,武汉大学出版社 1993 年版)

董必武初夏和张国恩一起被释放。稍后,赴武汉从事革命活动。6 月,袁世凯死,黎元洪继任大总统,宣布仍遵守《临时约法》,各省恢复省议会。詹大悲出狱由上海返回武汉,被省议会以多数票推选为议长,董必武被推荐为秘书长,然以督军王占元反对未成。(参见田海燕《董必武年谱》,《社会科学战线》1980 年第 4 期;《董必武年谱》编辑组编《董必武年谱》,中央文献出版社 1991 年版)

恽代英 1 月 7 日在《光华学报》第 1 年第 2 期上发表《苗族之文明》一文,这是较早研究苗族历史的文章之一。8 月 21 日,在《学生杂志》第 3 卷第 8 期上发表《自讼语》,鞭策自己,加强修养。(参见刘辉编《中国近代思想家文库·恽代英卷》附录《恽代英年谱简编》,中国人民大学出版社 2015 年版)

余家菊正月任汉口民新小学教员,教英文夜课。旋就读于中华大学本科中国哲学门,同班同学有恽代英、刘凤阳、冼震等共 13 人。(参见余子侠、郑刚编《中国近代思想家文库·余家菊卷》,中国人民大学出版社 2013 年版)

翦伯赞 7 月常德中学毕业。9 月,考入北京法政专门学校。入学一月即退学。10 月转入武昌商业专门学校读书。(参见张传玺《翦伯赞传》及附录张怡青《翦伯赞大事年表》,北京大学出版社 1998 年版)

张澜 5 月初以个人名义专函袁世凯的心腹、四川巡按使、督理四川军务的陈宦,晓以大义,促其力谏袁世凯退位,早定国是,希望陈宣告独立,以弭兵端。22 日,陈宦通电宣布四川独立。8 月 14 日,以蔡锷举荐,被北京政府正式任命张澜为嘉陵道尹,道尹公署由阆中迁至南充县城。其间,为改变南充丝绸技术落后局面,曾派盛克勤、王行先赴日考察学习蚕丝技术,后盛克勤留学日本攻读蚕丝专业。(参见谢增寿编著《张澜年谱》,群言出版社 2013 年版)

宋育仁在袁世凯洪宪帝制失败后返回成都,改号"道复"。任四川国学院主讲。撰有

《宋评〈封神演义〉》，对明代神魔小说《封神演义》加以评述注疏，"世界之守旧、维新，世间、出世间法，概括略见一斑于此也夫"。书中多有影射、非议清末民初革命党人、袁世凯等处。又撰有《诗经异文补释书后》，收入蜀人张慎仪《蔓园丛书》。（参见王东杰、陈阳编《中国近代思想家文库·宋育仁卷》附录《宋育仁年谱简编》，中国人民大学出版社 2015 年版）

　　廖平仍任国学学校校长，兼任华西大学教授。4 月，撰成《大学中庸演义》1 卷。是年，又撰成《诊筋篇补证》1 卷，附《十二经筋病表》；《诊骨篇补证》1 卷，附《中西骨格辨正》；《仲景三部九候诊法》1 卷。（参见廖幼平编《廖季平年谱》，巴蜀书社 1985 年版）

　　吴虞 5 月 22 日作《独立后之商榷》。8 月 10 日，作《对于美德联邦制之概说》。12 月 3 日，致信《新青年》主任陈独秀，言其多有反孔之作。6 日，将《消极革命之老庄》《家族制度为专制主义之根据》《儒家大同之义本于老子说》《读〈荀子〉书后》四文寄予陈独秀。9 日，作《书〈女权平议〉》。（参见朱玉、孙文周《吴虞年谱简编》，《吴虞诗词研究与整理》附录一，河南文艺出版社 2016 年版）

　　蒙文通上半年仍就读于四川国学学校。其间，与同学彭云生、杨叔明、杨润六、向宗鲁、曾宇康、曾道侯、廖次山等友善，数十年交往未绝。当时曾学传在校教授理学，并著《皂江全书》，中有《宋儒学案简编》，可能即其时所用教材。曾氏学宗陆象山，蒙文通后来亦宗陆象山，可能即受曾氏影响。下半年，毕业返盐，在家自学。后出资在破庙设帐授徒，教学生"学要深""文要实"。（参见王承军《蒙文通先生年谱长编》，中华书局 2012 年版）

　　许寿裳年初仍兼任北京大学及北京高等师范学校讲师。秋，被任命为奉天省教育厅长，力辞不就，旋改任为江西省教育厅长，孑身前往就职。时厅制初立，许寿裳力开风气，于学校教育外，注意社会教育，设立博物馆、通俗图书馆等。（参见倪墨炎、陈九英编《许寿裳文集》下卷附录二《许寿裳先生年谱》，百家出版社 2003 年版）

　　许地山在福建漳州华英中学任教。曾加入"闽南基督教伦敦会"、渐不满其教义，开始有志于宗教比较学研究。（参见周俟松、王盛《许地山年表》，《世界华文文学论坛》1992 年第 2 期）

　　王宠惠任广东国民政府军务院外交副使，从事讨袁运动。7 月 20 日，作《宪法危言》刊于上海《大中华杂志》第 2 卷第 7 期。文中开篇即写下了如此沉痛之言，也道出了作者作此文的目的："国于二十世纪殆未有无宪法而可以立国者，纵观环球各国之宪法，远者或已行之数百年，近者行之亦不下数十年，而回顾吾国则何如者，自前清以预备立宪愚全国黔首，而人莫不知其为假立宪，然犹可诿诸专制政府之有以致之也。迨民国成立，主权还之国民，宜若可以制定宪法以应国民之要求矣，乃不幸而遇背信弃誓之野心家，施其强暴之力远过前清，卒致解散国会，推翻民国，虽欲求假立宪而不可得。而幸也，此毒焰方张之独夫今已自毙，共和复活，国会开会有日，制定宪法之声再闻于吾人之耳鼓。呜呼！居今日而始言宪法，实属吾国之大不幸，然至今日而尚可言宪法，又未始非不幸中之幸也。此千载一时之会，有制定宪法之责者其可不珍之而慎之哉！"是年，所编著的《比较民法概要》总则上卷由南京美利印书馆出版。（参见张仁善《王宠惠先生年谱》，载《王宠惠法学文集》，法律出版社 2008 年版）

　　蒋百里参与讨袁战争，南下任两广护国军都司令部出师计划股主任。（参见皮民勇、侯昂妤编《中国近代思想家文库·蒋百里、杨杰卷》及附录《蒋百里年谱简编》，中国人民大学出版社 2015 年版）

　　陈耿夫回广州办《民主报》，支持孙中山的护法军政府。

　　杨永泰赴广东参加护国运动。

　　陈柱任广西省立梧州第二中学校长，着力整顿。

按:陈柱《待焚文稿自序》说:"年二十五,长广西省立梧州中学校,锐志整饬,始则革去学生八九十人,全省哗然,省议会且将弹劾,已而学生说服,德学卓越,兀然冠一省,而文学尤彬彬日成。凡群经、诸子说、《文选》诸书,诸生皆能诵之。以军法部勒学生,整齐划一,自衣履以至头发,长短无敢有异状,而食饮谈笑则视如父兄子弟。禁早婚,兴图书馆,造学校林,岁植树数十万株。令学生课余为竹木藤器,凡校中器具,次第以学生制品代之,皆先试于一校,而后白于省府,冀次第推行于一省。故当时虽为一校之长,而隐隐欲转移全省教育矣。凡入训于校,出昭于众,皆谆谆以孔孟荀卿为师法,相与讲学之士,若湖南陈天倪、谭戒甫、刘柏云,安徽程演生,江苏朱东润,及同邑冯振心,皆卓然积学能文之士,今皆为上庠教授主任者也。志气既行,声应益盛,以故省中大吏,多敬重之。"(陈柱《守玄阁文稿选》,上海中国学术讨论社1938年版)

王力在广西博白高等小学任国文教员。

杨杰2月任滇军第四军参谋长,兼叙南卫戍司令、第一梯团长。6月,晋授陆军中将。(参见皮民勇、侯昂妤编《中国近代思想家文库·蒋百里、杨杰卷》及附录《杨杰年谱简编》,中国人民大学出版社2015年版)

陈衍受福建督军李厚基重托,回乡主持《福建通志》的编纂。临行前,林纾以诗送别:"明知行促故牵裾,门外新泥已溅车。名辈渐稀君愈贵,清贫能耐计非疏。灰心忍挂沧桑眼,索画仍描水竹居。病起定饶相见地,风前不盼雁来书。"陈衍评价道:"次联极见用意。"(参见张旭、车树昇编著《林纾年谱长编:1852—1924》,福建教育出版社2014年版)

苏雪林继续就读于安庆第一女师。女师校长徐方汉重教怜才,见苏雪林不仅功课优秀,课余还能作旧体诗,能画几笔颇见功力的山水画,视其为女师的才女,倍加青睐。教国文的杨铸秋先生,旧文学很有根底,见到苏雪林的文章总是浓圈密点,又是眉批,又是总批,淋漓满纸,叫全班学生传阅。苏雪林所作《读白乐天〈隋堤柳〉》《与友人论南北朝风气书》二文,由女师推荐,分别刊发于《安徽教育月刊》1918年第11、12期。年冬,校长徐方汉带领女师本科班师生赴南京,参观江苏省师范教育,至江宁,游玄武湖,谒明孝陵,登台城,祭拜方孝孺先生血迹石。苏雪林有感而发,赋诗数首,收入《灯前诗草》集中。(参见沈晖编著《苏雪林年谱长编》,安徽文艺出版社2017年版)

李光炯任安徽第一师范学校校长。

左汝霖、李统球、谢子厚等人发起成立旅京山东国民协会。

王献唐任《山东日报》编辑。

傅增湘上半年继续任肃政厅肃政史。3月4日至4月2日间,从苏州书友刘蓉村手中以重价获元刻《乐府诗集》;于上海得明刊本《水心先生文集二十九卷》,沈曾植和缪荃孙撰写题识。6月9日,肃政厅裁撤,不再担任肃政使,返居天津。秋,览所藏明刊本《注陆宣公奏议十五卷》,此本收于1911年冬,考其行款、体例,断为明初本,而不是号称元刊本,但罕见为贵,董康以一页一金之价求购于京中持此本者,不易。12月5日,撰《百衲宋本资治通鉴书后》,忆及祖父厉生公在南京任职时,于1865年得元刊《资治通鉴》胡注,即世称兴文署本,即为傅家藏书之鼻祖。今岁得端方旧藏百纳宋本《资治通鉴》,正可与祖父所获之本先后辉映,故特在天津建藏书楼,名为"双鉴楼","上以表先人之清德,下以策小子之孟晋焉。"冬,览明刊本《华阳国志十二卷》,叙此本之行款、体例,与顾涧滨校本之异同。是年,建议当时政府收购杨守敬藏书,先保存在松坡图书馆,后转归北京图书馆,使杨氏大量从日本购回的善本得以永久保存;手稿《津逮阁藏书目》,二册,记一九一六年以前所藏善本。(参见孙英爱《傅增湘年谱》,河北大学硕士学位论文,2012年)

张伯苓1月10日在南开学校始业式演讲。19日晚,在南开学校修身班讲演南开学校的教育宗旨,指出:"本校宗旨,系造就学生将来能通力合作,互相扶持,成为活泼勤奋、自治治人之一般人才。"3月1日,在修身班以"舞台、学校和世界"为题演讲,谓学校犹一剧场,师生即其角色。欲为其优者、良者,须有预备。以备将来登上世界舞台,成为"世界中之角色矣"。3月17日中午12时,率南开学校足球队和篮球队赴北京,抵达清华学校进行比赛。并应邀演讲教育问题。20日,会见来南开学校参观的美国教育家霍伯金。27日,直隶学务联合会在天津开会,被推选为会长。5月6日,出席天津基督教青年会20周年纪念会。10日,在南开学校运动会闭幕式上演讲,指出德智体三育之中,中国人所最缺者为体育。17日,率南开体育代表队赴北京参加第四届华北运动会。发表《中国急宜讲求体育》的演讲,其间并当选华北体育联合会会长。

张伯苓8月21日主持开学典礼,全校师生齐集礼堂。述开会词并报告本学期新请教员及担任职务。并作演讲。23日,在南开学校修身班做报告宣布本学期学校的新定政策。10月17日,南开学校举行建校12周年纪念会。全校师生齐集礼堂。唱歌团唱校歌。张伯苓致开会辞,勉励同学"发愤图强,磨砺不息,以期学校与国家熔为一炉,是故吾所厚望于诸生"。下旬,赴吉林、哈尔滨、双城、安东(丹东)、奉天(沈阳)等地讲演,并赴朝鲜游历,费时间约3周,演讲39次。23日,应沈阳基督教青年会邀请演讲《中国之希望》,指出中国之希望不在任何党派,亦不在任何官吏,而在每一个中国人之发愤图强,努力救国。张学良"奇而往听""志气为之大振"。随后通过沈阳基督教青年会总干事普赖得(J. E. Platt)结识张伯苓。11月1日,在南开学校修身班谈"爱国",勉励学生发扬爱国精神,要以火把自命,不仅自燃,而且助燃。11日,天津西讲演所通俗教育讲演练习所开幕,张伯苓到会演讲。22日,在修身班就考察东北所见、所感、所想,发表讲话,深感日本对东北的侵略野心。12月10日,请校董到校,商议明年学校进行事宜。23日,南开学校举行第九次毕业式。严修、熊希龄、李琴湘等出席,张伯苓主持开会,并致训词。同月,张伯苓接受多尔蒂(W. V. Doherty)采访,谈东北之行。(参见龚克主编《张伯苓全集》第十卷附编《张伯苓年谱》,南开大学出版社2015年版)

严修继续任南开大学校董。4月13日,严修致函张伯苓。午后,严修面见张伯苓贺寿。6月26日,与张伯苓商议在北戴河开设暑期学校。8月8日,与张伯苓等乘车赴南口。10日,抵张家口,考察张家口、宣化教育。13日,由宣化返津。16日,严修陪徐世昌来南开学校参观,张伯苓、陶孟和、梅贻琦、张彭春迎接。(参见龚克主编《张伯苓全集》第十卷附编《张伯苓年谱》,南开大学出版社2015年版)

张彭春回到天津,协助其兄张伯苓主持南开中学并任南开大学教授,同时兼任南开新剧团副团长。是年,张彭春代表张伯苓出席南京金陵大学董事会,在会上积极反对取消已有两年历史的农林科,认为中国以农立国,农林科异常重要,应加以扩充。(参见龚克主编《张伯苓全集》第十卷附编《张伯苓年谱》,南开大学出版社2015年版)

吴经熊考入上海的沪江大学,与徐志摩为同窗好友。入读沪江大学后不久,就转学入天津的北洋大学法律科预科。

胡霖任天津《大公报》经理兼总编辑。

宋则久加入基督教,随任天津基督教联合会副会长。

张锡纯在沈阳创办我国第一间中医医院——立达中医院。

梁希从日本毕业回国,在奉天安东鸭绿江采木公司任技师。

喜饶嘉措应达赖喇嘛之邀,至罗布林卡行宫主持校编《大藏经》。

蔡元培与欧乐、李石曾、吴玉章等中法人士发起组织的华法教育会3月在法国巴黎成立,后任中方会长,穆岱、汪精卫为副会长,以"发展中法两国之交通,尤重以法国科学与精神之教育,图中国道德、知识、经济之发展"为宗旨。蔡元培在成立大会上发表《华法教育会之意趣》的长篇演说。中国方面参加学会的尚有吴稚晖、李麟玉、吴玉章、方君瑛、李晓生、李骏、余顺乾、范淹、姚蕙、陈璧君、陈子英、张静江、张竞生、陆悦琴、曾醒、彭济群、褚民谊、黄仲玉、齐致、谭熙鸿等30人。4月,在巴黎与李石曾等开办华工学校,编成《华工学校讲义》40篇,并亲自讲授;撰写《以美育代宗教说》《康德美学述》等文,介绍和研究康德的美学思想;所著《石头记索隐》在上海《小说月报》连载。8月15日,蔡元培、李石曾、汪精卫、褚民谊编撰的《旅欧杂志》在法国都尔创刊,蔡元培任主编,发表《文明之消化》一文。10月,蔡元培与黎锦熙、吴稚晖、张一麟等同人发起成立"中华民国国语研究会"。黎锦熙为该会拟定的宗旨是:一、国语统一,即规定标准语。我国地域广大,人口众多,方言复杂,进行国语的统一工作,意义重大。二、言文一致,即普及白话文。(以上参见高平叔编著《蔡元培年谱长编》,人民教育出版社1996年版;王世儒编撰《蔡元培先生年谱》,北京大学出版社1998年版)

吴玉章1月致信云南党人,声援讨袁义举。3月29日,吴玉章与蔡元培、李石曾、汪精卫等人和法国有关人士发起成立"华法教育会"。是日,在巴黎自由教育会会所召开发起人会议。4月2日,云南护国军政府唐继尧来电,赞在欧外交活动"具有国家水平",并正式托以外交事务。3日,华法教育会为实现华工工学兼顾目的而开办的华工学校开学。华工学校通过考试聘请了24名教师,开设法文、中文、算学、普通理化、图画、工艺、卫生、修身等课。15日,随同法议员、华法教育会副会长穆岱为出席联军议院委员会议,抵伦敦。16—24日,在伦敦经穆岱介绍,得识英国国民党领袖阿可洛,工党领袖戈斯登、瓦德尔,自由党领袖郝尔蒙等四名议员。经晤谈后,他们均愿意赞助民军。同时请各党议员在国会提议不要借款与袁世凯,颇有成效。其间,撰成《日美战争未来记》。4月25日,返回法国。6月22日,华法教育会在巴黎召开成立大会。会长蔡元培、欧乐(法);副会长汪精卫、穆岱(法);书记李石曾、李圣章、辈纳(法)、法露(法);会计吴玉章、宜士(法)。8月15日,华法教育会主办,蔡元培任主编的《旅欧杂志》创刊。9月30日,吴玉章偕蔡元培启程回国。(参见刘文耀、杨世元《吴玉章年谱》,四川人民出版社1998年版)

李四光因第一次世界大战经费困难,便利用暑假,到伯明翰附近煤矿找了个临时工作(矿工),赚点生活费,继续自己的学业。同时对英国煤矿开采的知识进行实地了解,并实地学习这一带的煤田地质知识。李四光为查阅资料,在外语方面除掌握了英语,还学习了德语和法语。(参见马胜云、马兰编著《李四光年谱》,地质出版社1999年版)

王世杰自英国伦敦政治经济学院毕业,获得政治经济学学士学位。是年,担任中国留英学会执行部中文书记。(参见薛毅《王世杰传》及附录《王世杰大事年表》,武汉大学出版社2010年版)

萧友梅以论文《十七世纪以前中国管弦乐队的历史研究》获得德国莱比锡音乐学院博士学位。

胡适接梅光迪1月25日来信,信中对去夏胡适在赠任鸿隽的诗中提出的"诗国革命"的主张,提出反对意见。2月3日,胡适复信给梅光迪,指出"今日文学大病在于徒有形式而无精神,徒有文而无质,徒有铿锵之韵,貌似之辞而已。今欲救此文胜之弊,宜从三事入手:

第一,须言之有物;第二,须讲文法;第三,当用文之文字时,不可避之"。内容与同日胡适所作日记《与梅觐庄论文学改良》相同。此"三事"正是胡适在整个1915年对中国语言文学,尤其是文言文与白话文写作问题不断思索的初步结论。凭借"三事",胡适否定了文言文的书写系统,并经由对中国古代文学语言的考察与批评,胡适重新建立了一套能够替代文言写作模式,适合白话文书面表达的理论评价与写作实践系统。可以说是胡适1917年在《新青年》中所提最终提出"八事"的雏形。同日,胡适从美国哥伦比亚大学致书陈独秀,谓"今日欲为祖国造新文学,宜从输入欧西名著入手,使国中人士有所取法,有所观摩,然后乃有自己创造之新文学可言也"。3月14日,梅光迪致信胡适,对其文学革命、白话作诗的主张,仍极不谓然。4月5日,胡适作札记《吾国历史上的文学革命》。16日,胡适改定表示其文学革命决心的《誓诗·沁园春》。17日,胡适作札记《吾国文学三大病》:一曰无病而呻;二曰摹仿古人;三曰言之无物。

按:胡适后来回顾这一时期他对文学革命的认识,曾说到大约1916年2、3月间,在他的思想上"起了一个根本的新觉悟",就是"一部中国文学史,只是一部文学形式(工具)新陈代谢的历史,只是'活文学'随时起来代替了'死文学'的历史。文学的生命全靠能用一个时代的活的工具来表现一个时代的情感与思想。工具僵化了,必须另换新的、活的,这就是'文学革命'。……历史上的'文学革命'全是文学工具的革命"。(《逼上梁山》,载《新文学大系·建设理论集》)胡适对文言文写作与文体彻底革命态度,使之与清末民初时兴起的"俗语文体"等白话创作有了质的区别。重要的是,胡适"根本的新觉悟"的产生与梁启超、刘师培等提倡"语言文字合一"的"天演"观或者民族政治观不同,胡适对"活文学"的倡导是建立在其以实验主义的方法对语言与文学言语的考察之上的,亦可以说胡适对于语言文学研究是其进入并推行文学革命的起点与基础。

胡适6月16日至绮色佳访康乃尔大学历史学教授勃尔,与谈历史考据之学。又与任鸿隽、杨杏佛、唐钺等畅谈文学革命问题。胡适力主以白话作文作诗作戏曲小说。明确提出"今日之文言乃是一种半死的文字",而白话"是一种活的语言"。(《留学日记》(四))6月21日至7月1日,胡适出席在克利夫兰参加第二次国际关系讨论会,与郑莱担任"门户开放"政策的讨论发言。由克利夫兰返纽约途中,与时在绮城的梅光迪就文学革命问题再次辩论。7月11日,胡适与友人去美国绮色佳凯约湖泛舟,事后任鸿隽将自己作的《泛湖即事》四言长诗寄给胡适,请其"改削"。12、16日,胡适两信予以批评,梅光迪看了胡适16日给任鸿隽的信后,却大抱不平,致信胡适,大攻其以"俗语白话"写诗的主张,于是二人之间开始了新一轮的激烈争论。22日,胡适写了一首打油诗答梅光迪,梅光迪读后回信讽刺如儿时听"莲花落",表示自己不轻易依附"新潮流"的文学态度,反对偏执激进的文学观念。信中还攻击欧美所谓"新潮流"是"不祥物",胡适答复他说:"老夫不怕'不祥',单怕一种大不祥。大不祥者何?以'新潮流'为人间最不祥之物,乃人间之大不祥已。"(《留学日记》(四))

按:7月22日胡适答梅光迪的打油诗如下:"人闲天又凉,老梅上战场。老梅牢骚发了,老胡呵呵笑。且请平心静气,这是什么论调!文字没有古今,却有死活可道。古人叫做'欲',今人叫做'要'。古人叫做'至',今人叫做'到'。古人叫做'溺',今人叫做'尿'。……古人乘舆,今人坐轿……若必叫帽作巾,叫轿作舆,何异张冠李戴,认虎作豹?"梅光迪读罢,回信讽刺说:"读大作如儿时听'莲花落',真所谓革尽古今中外诗人之命者!"

胡适7月26日复信给任鸿隽,谓"白话之能不能作诗,此问题全待吾辈解决。解决之法不在乞怜古人,谓古人所无,今必不可有;而在吾辈实地试验。强调今人当作今日之诗,不宜求似古人"。(《留学日记》(四))8月4日,再次致信任鸿隽,申明"文字者,文学之器也。我私心以为,文言决不足为吾国将来文学之利器。施耐庵、曹雪芹诸人已实地证明小说之利器在于白话。今尚需人实地试验白话是否可为韵文之利器耳"。(《留学日记》(四))表示自己立定志愿,试作白话韵文,为诗界革命开一新天地。19日,胡适复函朱经农,提出建设新文学的八项要点:(一)不用典。(二)不用陈套语。(三)不讲对仗。(四)不避俗字俗语(不嫌以白话作诗词)。(五)不讲求文法。(以上为形式的方面)。(六)不作无病之呻吟。(七)不模仿古人。(八)须言之有物。堪称胡适首次系统提出的文学革命的纲领。稍后,胡适致函当时亦在美的江亢虎,亦提此"八事"。21日,胡适致信给陈独秀,赞成他"趋向写实主义"的说法。对《青年》杂志在登载谢无量的旧体诗时所加案语,表示不以为然,进而指出今日文学腐败,"盖可以'文胜质'一语包之,今日欲言文学革命,须从八事入手"。遂将他在前数日给朱经农信中提出的文学革命八条件向陈氏复述一遍。这八条后来成为《文学改良刍议》的主题。

　　按:胡适在这封信里还批评了南社诸子。说他们还不如清末的郑孝胥、陈三立等人,这一批评激起南社中人的大不满。后来,南社的重要分子柳亚子在给杨杏佛的一封信中,对胡反唇相讥:"胡适自命新人,其谓南社不如郑、陈,则犹是资格论人之积习。南社虽程度不齐,岂竟无一人能摩陈郑之垒而夺其鳌弧者耶?又彼创文学革命,文学革命非不可倡,而彼所言殊不了了。所作白话诗直是笑话。……弟谓文学革命所革在理想,不在形式。形式宜旧,理想宜新,两言尽之矣。"杨杏佛将此信转示胡适。胡认为:"此书未免有愤愤之气。其言曰'形式宜旧,理想宜新。'理想宜新,是也;形式宜旧,则不成理论。若果如此说,则南社诸君何不作《清庙》《生民》之诗,而乃作'近体'之诗与更'近体'之词乎?"

　　胡适在美国留学作《寄陈独秀》载10月1日《新青年》第2卷第2号,对"今日文学之腐败极矣"的状况痛加批评:"其下焉者,能押韵而已矣。稍进,如南社诸人,夸而无实,滥而不精,浮夸淫琐,几无足称者。更进,如樊樊山、陈伯严、郑苏盦之流,视南社为高矣,然其诗皆规摹古人,以能神似某人某人为至高目的,极其所至,亦不过为文学界添几件赝鼎耳,文学云乎哉!"10月5日,胡适接陈独秀回信,表示"文学改革为吾国目前切要之事,此非戏言,更非空言。"希望胡适切实作一改良文学论文寄登《新青年》。12月,应陈独秀之请,为作《文学改良私议》(发表时改为《文学改良刍议》)。同月26日,胡适作札记《论训诂之学》《论校勘之学》。在这前后,还写了《吾我篇》《尔汝篇》两篇考证训诂文字。他自认为,这时期已开始领悟到一种治学的方法,主要是归纳的方法。(以上参见耿云志编《胡适年谱》,福建教育出版社2012年版)

　　梅光迪1月25日致函胡适,对去夏胡适赠任鸿隽诗中提出的"诗国革命"主张表明了反对意见,谓"足下谓'诗国革命'始于'作诗如作文',迪颇不以为然。诗、文截然两途,诗之文字与文之文字自有诗、文以来,已分道而驰"。3月14日,梅光迪致信胡适,对其文学革命、白话作诗的主张,仍极不谓然,谓"迪方惊骇而不知所措,又何从赞一词",声明:"自今与文学专业断绝关系。"信中谓胡适"近来为民党发表意见,乃至可佩之事"。19日,梅光迪复有信谓:"文学革命自当从'民间文学'入手,此无待言。惟非经一番大战争不可,骤言俚俗文学必为旧派文家所讪笑攻击。"可知胡适在给他的信中曾提出以"民间文学"的研究来推动文学革命的意见,此与胡适他提倡白话文学的基本主张相契合。7月,胡适出席在克利夫兰参加第二次国际关系讨论会的返纽约途中,与时在绮城的梅光迪就文学革命问题再次辩论。同月16日,梅光迪见胡适批评任鸿隽《泛湖即事》四言长诗而打抱不平,于是二人之间开始了新一轮的激烈争论。7月22日,胡适写了一首打油诗答梅光迪,诗中有些读谐的笔法，梅光迪读后动了几分肝火，很不客气地答说："读大作如儿时听'莲花落'，真所谓革尽古今中外诗人之命者"，并攻讦胡适是"诡立名字，号召徒众，以眩骇世人之耳目，而己则从中得名士头衔以去"，信中且攻击欧美所谓"新潮流"是"不祥物"，认为胡适鼓吹文学革命即是受此"新潮流"摇惑所致。（《留学日记》（四））

梅光迪对于胡适的文学主张反对最为激烈。8月8日，梅光迪致函胡适："读致叔永（即任鸿隽）书知足下疑我欲与足下绝，甚以为异。足下前数次来信，立离如斩钉截铁，自居宗师，不容他人有置喙之余地矣。夫人之好胜，谁不如足下？足下以强硬来，弟自当以强硬往。处今日'天演'之世，理固宜然。此弟所以于前书特特强项态度，而于足下后片之来，竟不之答者也。"10月5日，又致函胡适："足下将弟前片掷还，本无足怪。因弟之讽刺惯习，固不宜施之好友如足下者也。正拟作书自解。复来手片作道歉之语，足下待友可谓真切大度矣。"梅光迪仍坚持反对"新潮流"的立场，认为它使价值混乱，标准丧亡，天下皆如盲人瞎马。指责新道德讲"个人自由"，遂使"个人放僻邪侈"。稍后还有一信，在激烈反对"自由"之说时，主张"凡世界上事，惟中庸则无弊"。否认文艺、美术、道德也和科学一样是进化的。12月28日，梅光迪再致信胡适，劝其不要从事文学革命，致使"贻祸后世"，甚至认为中国文化的主要课题是发扬"孔教之文化"。（参见眉睫《梅光迪年谱初稿》，海豚出版社2017年版；眉睫《梅光迪致胡适信函时间考辨》，《黄冈师范学院学报》2013年第1期；耿云志编《胡适年谱》，福建教育出版社2012年版）

朱经农赴美留学，先入华盛顿大学，后转入哥伦比亚大学师范学院攻读教育学，获硕士学位。8月12日，朱经农致函胡适，谓："兄于文学界能自竖一帜，本为弟所倾慕。但愿勿误入歧途，则同志幸甚！中国文学幸甚！"约在8月19日，胡适复信朱经农，第一次系统提出了文学革命的纲领。（参见耿云志编《胡适年谱》，福建教育出版社2012年版）

江亢虎年初应加拿大博吟社来函索文，主题为论"大同"。继而友人谢应伯自纽约来信，询问中国社会党的前途问题。3月，撰写《将来之中国社会党》以回应，认为将来的中国社会党，"或径标明为社会民主党"，"社会主义必为大同主义"，国家社会主义和无政府社会主义都不能称之为社会主义。9月10日，参加美国华侨举行的追悼会，写《陈英士谏词》。9月15日，江亢虎复函胡适论文学革命"八事"，谓："第一条万难赞同。第三条不讲对仗，可也。然废骈废律亦为多事。……第四条不避俗字俗语，亦须视体裁如何，未可一概论也。第五条讲求文法，自不待言。然文学上之文法与普通应用之文法异趣，有决不能以寻常绳墨求之者。"又提出几个原则："第一，须承认文学者与普通应用之文字不同。""第二，须承认中国文学之特色，一在'言''文'分离，故'文言'亘数千年而变更不剧。……二在各字独立，故有骈有律。""三、须承认诗与文截然两途，绝不可以'文'之法论'诗'之法。""四、须承认文字各有体裁、各有作用。"是年，江亢虎在加州发起成立"弘道会"，有会员200多名。每月两次的讲学活动，江亢虎均为主讲人，主题都是中国文化的问题。（参见汪佩伟编《中国近代思想家文库·江亢虎卷》及附录《江亢虎年谱简编》，中国人民大学出版社2015年版；耿云志《胡适年谱（1891—1962）》，四川人民出版社1989年版）

赵元任继续在哈佛大学研究生院主修哲学，胡明复、杨铨等人到哈佛大学。赵元任继续为《中国留美学生月报》（The Chinese Students' Monthly）撰写《中国语言的问题》（The Problem of the Chinese Language），与胡适用英文共撰4篇，于1916年5、6月刊出。9月2日，在安多佛举行的科学社首次年会作，赵元任作了秘书工作报告。是年，赵元任、任鸿隽、胡明复、秉志、周仁联名发出《致留美同学书》（《科学》1916年第10期），认为创立中国科学社，"其宗旨在输入世界新知，并图吾国科学之发达，其事业在发刊杂志，译著书籍，建设图书馆，编订词典。《科学》杂志之发行，迄今将及两载，颇蒙海内外达者称许。书籍词典图书馆等事，亦正依次进行"。同时诚邀留美生热情参与："惠然肯来，共襄盛业，则岂特本社之幸，其中国学界前途实嘉赖之。"(参见赵新那、黄培云编《赵元任年谱》，商务印书馆2001年版)

杨杏佛1月为胡适离开康大时摄影留念的照片冲洗出后，胡适为与任鸿隽、杨杏佛、梅光迪的合影题诗。2月，中国科学社分股委员会成立，下设物理、数学、化学、机械工程、土木工程、农林、生物、电机、矿冶、普通9个股，以便分学科开展学术活动。杨杏佛被推举为机械工程股长。6月15日晚上，中国科学社部分社员在康大旧寄宿舍401室开科学社成立2周年纪念会。会议推举杨杏佛在康大征求编辑部委员。6月，写信给已到哈佛学习的胡明复，要他催促负责编辑部在坎布里奇(Cambridge)支部工作的赵元任给《科学》寄稿。夏，杨杏佛结束在康乃耳大学学习，获学士学位。暑假后入哈佛大学商业管理学院攻读硕士学位。随着杨等人的转学，《科学》编辑部也移至哈佛大学，而在康乃耳大学设编辑支部。

杨杏佛9月2—3日出席在美国廊省菲力浦学院(Phillips Academy)举行的中国科学社第一次年会(始称常年会)，并作期刊编辑部工作报告，指出："不论办什么事起头精神总好，团结力亦坚固，但是时候越久精神就越低，团结力亦渐衰。若没有新精神新能力，这件事不是敷衍苟且，就要关门散伙。我们《科学》月刊自然是与众不同，到死不懈，但就现在情形而论总不能不怕。"针对稿件来源不足问题，他提出增加负责的常期撰述员等建议。10月，中国留美学生会在哈佛大学举行年会，杨杏佛在会上作《中国之实业》演讲，指出："二十年来朝野呼号，莫不以实业为救亡之本；然漏卮日甚，外货充市，旧长之商品日蹙，而新式之实业旷焉无闻。叩商人以所业损耗之轻重不能对，询当局以实业失败多寡不可得。中国将以穷蹙亡，三尺之童子能言之。欲其不亡，必振兴实业，欲振兴实业必先知过去失败之地位。"杨杏佛在演说中大声疾呼建立中国自己的统计制度："生计学者、社会学者欲谋改良实业，有统计如暗中得炬，空谈玄论不扫自匿矣。夫国有国史族得族谱，降至一人一物莫不有此传记，而此厚用利生之实业独任其沉淹消灭寂然无间，以此而谋富贵，吾见其去富贵日益远耳。"是年，在《科学》上发表的文章有：《恺而文男爵传》《科学与共和》(译作)、《科学与商业》《生计与教育》《富兰克林传》《防火篇》《法拉第传》《欧洲之水电业》《说时：实业时》。(参见许为民《杨杏佛年谱》，《中国科技史料》1991年第2期)

任鸿隽1月在《科学》第2卷第1期发表《科学精神论》，是为国人阐述和提倡"科学精神"之先声。文中谓"科学精神者何？求真理是已。"包括"崇实""贵确"两大要素，又批评"学界风气有与科学精神绝对不相容者"：(一)重文章而忽实学。(二)笃旧说而贱特思。最后总结道："要之，神州学术，不明鬼神，本无与科学不容之处。而学子暖姝，思想锢蔽，乃为科学前途之大患。吾国学者自将之言曰：'守先待后，舍我其谁。'他国学子自将之言曰：'真理为时间之娇女。'中西学者精神之不同具此矣。精神所至，蔚成风气；风气所趋，强于宗教。吾国言科学者，岂可以神州本无宗教之障害，而遂于精神之事漠然无与于心哉。"5月，在《科学》第2卷第5期发表《论学》。文中通过中西比较反思中国学术不足：第一，吾人学以明道，而西方学以求真。第二，西人得其为学之术，故其学繁衍滋大，浸积而益宏。吾人失其为学之术，故其学疾萎枯槁，浸衰以至于无。

任鸿隽6月于康乃尔大学毕业，获化学学士学位。后曾赴哈佛大学、麻省理工学院，最后进入哥伦比亚大学化学工程系攻读硕士学位。夏，为中国文字和文学问题，同胡适发生激烈辩论,后自称此时"承认白话有其用处,但不承认除白话外无文学,且于白话诗之能否成立,为尤断断耳"。7月8日,任鸿隽与胡适等友人去美国绮色佳凯约湖泛舟,此次得与陈衡哲初会,"一见如故,爱慕之情与日俱深"。11日,事后,任鸿隽将自己所作《泛湖即事》四言长诗寄给胡适,请其"改削"。12日,胡适回信批评其诗写得不真实。16日,胡适一信更指出诗中写翻船一段"皆前人用以写江海大风浪之套语","故全段无一精采"。又批评诗中用了许多今人已不用的死字。17日,任鸿隽复书仍很诚恳地表示"极喜足下能攻吾之短",并将诗再改过,寄请批评。因此引发新一轮有关文学革命的激烈争论。任鸿隽对胡适的白话诗亦不以为然,批评他是"完全失败",认为他是"舍大道不由,而必旁逸斜出",劝他不可再"以白话诗为事"。(《留学日记》(四))胡适于7月26日、8月4日两次复函加以申明与反驳。8月9日,任鸿隽在《科学》第2卷第1期发表《本社致留美同学书》。

任鸿隽9月在《留美学生季报》第3卷第3号发表《西方大学杂观》。其中有论西方大学"教育精神":"西方大学之教育精神,一言以蔽之曰:重独造、尚实验而已。独造者,温故知新,独立研几,不以前人所已至者为足,而思发明新理新事以增益之。其硕师巨子,穷年累月,孜孜于工场,兀兀于书室者,凡以此耳。此精神不独于高深研究见之,乃至平常课室之中,亦此精神所贯注。"同月2日,科学社举行首次年会在Andover(会址在马萨诸塞州安道弗高等学校)举行,社员30余人到会,上午讨论社务,下午举行学术讲演,晚上进行游艺活动。任鸿隽社长主持会议并作了开幕发言。3日,任鸿隽发表以"外国科学社及本社之历史"为题的讲演。后刊于次年《科学》第23卷第1期。12月,在《科学》第2卷第12期发表《吾国学术思想之未来》。文中提出了三个问题:"今试返观吾国思想之趋势,第一当问吾国承学之士于旧有之学术,遂已满足乎? 吾必应之曰'否'。如其'然'也,吾人何不以钻研故纸为已足,而必汲汲于所谓新学术、新知识也。第二当问吾承学之士,值此道丧学敝之余,将遂坐视其偃野退化,与榛胚未开之族同伍乎? 抑尚有振起学术中兴文化之决心也。吾观于当今学子之皇皇焉以教育为务,无学为忧,而知吾人向学之心,盖隐然若灯之在帷矣。第三当问欲救旧时学术之弊,其道何从? 欲得此问题之答解,则当知吾国旧时学术之弊何在。吾既言之矣,吾国之学术思想,偏于文学的。所谓文学者,非仅策论词章之伦而已。凡学之专尚主观与理想者,皆此之类也。是故经师大儒之所训诂,文人墨士之所发舒,非他人之陈言,则一己之情感而已。人之知识,不源于外物,不径于官感者,其知识不可谓真确。无真确之知识而欲得完美之学术,固不可得之数矣。是故循物极则反之例,推有开必先之言,思想之变迁,既有然矣。其变也,必归于科学。"(参见樊洪业、潘涛、王勇忠编《中国近代思想家文库·任鸿隽卷》及附录《任鸿隽年谱简编》,中国人民大学出版社2014年版;赵新那、黄培云编《赵元任年谱》,商务印书馆2001年版;耿云志编《胡适年谱》,福建教育出版社2012年版)

竺可桢2月在《科学》上发表据其硕士论文改写的《中国之雨量及风暴说》一文,是以中文发表的第一篇研究论文。6月,发表《地理与文化之关系》一文,文中全面阐述了气象要素、地理环境与人类生活、生产、居住及文明发展的关系,指出了渔猎对环境的破坏性和对资源的掠夺性,是对资源环境问题的最早关注。9月3日,在美国举行的中国科学社第一次年会上,当选为任期一年董事,并担任《科学》第2卷编辑员。10月,《1911年夏季台风期间中国雨量的分布》(Distribution of Precipitation in China During the Typhoons of the Summer of 1911)一文发表,是其关于台风研究的首篇著作。是年,发表的文章还有《朝鲜古代之测雨器》《五岳》《钱塘江怒潮》《古谚今日观》《全集》(第1卷第9—29页)以及《中央观象台》(The Chinese Weather Bureau)等。(参见李玉海编《竺可桢年谱简编》,气象出版社2010年版)

胡先骕接王易2月9日来函,谈唐诗与宋诗之别,并告其家中生活情形及南昌汪辟疆诸同学近况,盼望胡先骕早日归国。3月,来美之后,诗词创作甚多,《留美学生季报》第3卷第1号刊胡先骕来美后所作词若干首,名之曰《忏庵词稿》。4月,被选入Sigma Xi和Beta Kappa名誉学会。6月,《留美学生季报》第3卷第2号刊胡先骕来美后所作诗若干首,名之曰《忏庵诗稿》。上半年,汪辟疆有怀胡先骕诗。7月,获柏克莱大学学士学位,旋即回国。(参见胡宗刚《胡先骕先生年谱长编》,江西教育出版社2007年版)

陶行知2月经孟禄博士(Dr. Monroe)推荐,获得"利文斯顿奖学金"(Livingston Scholarships)。随后致函当时的哥伦比亚大学师范学院院长罗素(J. E. Russell)表示感谢,并简介本人生活经历和今后打算。(参见余子侠编《中国近代思想家文库·陶行知卷》及附录《陶行知年谱简编》,中国人民大学出版社2015年版)

晏阳初1月从史超域牧师处得知恩师史文轩在法国战场死去,因受其恩惠深重,悲痛至极,遂以史文轩的第一个英语字James作为自己的英文名字,即James Yen,永远纪念这位良师益友。且香港殖民气味十分浓厚,难以忍受,遂决定赴美国奥柏林学院(Oberlin College)深造。夏,从香港乘海轮启程赴美,在横渡太平洋途中遇一位耶鲁大学毕业校友,受其鼓励,改变留学初衷,决定前往新港(New Haven, Conn.)入耶鲁大学。该校距华盛顿、纽约、波士顿等地不远,学术氛围浓郁,名师众多,各项设施完善,是求学的好去处。9月,以"晏遇春"之名正式在耶鲁大学注册,在三年级肄业,攻政治经济学。10月,获选参加大学唱诗班,为中国学生首次获选,甚感喜悦。经常自承:孔子的道理给予了做中国人的基本性格,耶稣的积极战斗、不惜牺牲自己的精神,指引着为国为民服务的正确道路。11月,加入中国留美学生秘密组织"成志会",按时参加各种会议或活动。冬,在耶鲁参加"学生自愿到外国去传教运动"(Student Volunteer Movement for Foreign Missions)的活动。(参见杜学元、郭明蓉、彭雪明《晏阳初年谱长编》,上海交通大学出版社2017年版)

陈达3月22日前往汇文大学参加六校辩论比赛,为清华国语辩论员及英语辩论员。8月毕业,9月9日赴美国留学,10月3日入美国波德伦市里得大学学习外交。(参见田彩凤《陈达先生年谱》,载《清华大学学报》1995年第2期)

李铁夫加入纽约艺术学生联盟,以及国际画理学会。

洪深毕业于清华学校,赴美国入俄亥俄州立大学学习工程。

陈翰笙毕业于长沙明德中学后,赴美国留学。

茅以升入美国康奈尔大学土木系学习。

陈裕光赴美国哥伦比亚大学留学。

陈树人4月18日毕业于立教大学文科本科。奉命以特派员身份赴加拿大任中华革命党美洲加拿大总部部长。8月,审美书馆印行的高剑父、陈树人、高其峰三人作品合集《新画选》。夫人居若文同年毕业于东京女子美术学校造花科。

罗振玉3月10日携三子福苌归国赴绍兴扫墓。返回日本后,拓录《殷虚书契前编》中文字所未备者1104片,辑为《殷虚书契后编》2卷,刊于哈同《艺术丛编》第1集中。4月,撰《古器物范图录》《历代符牌后录》以及《金泥石屑》2卷。5月,撰《殷虚古器物图录》1卷和附说1卷。6月5日,致书王国维论鉴赏之事。

按:1916年6月5日罗振玉致书王国维曰:"鉴赏一事,非可但凭理想,弟十余年来,皆凭理想鉴定,近二年来,始有根据。盖必见古大家名迹确然可信者数人,以为研究之标准,则源流乃可寻溯,非仅天资理想优胜,便可得之也。近于山水源流派别,颇自谓能决别无疑,而于人物尚不能。弟于人物,能知二周而止,虎头、吴生不能悉知(虽见《女箴》《洛神》之一斑,不足以为根据),则其源流正变,不能洞悉。甚矣,兹事之难也。乙老天资高,理想富,弟所深信,其经验何如与否,曾得重要之根据否,则尚未与详论,不能知也。弟尝与论吾浙学术,即绘事一端,若老莲,若冬心,若撝叔,皆不与社会通往还,一意孤行。老莲融铸唐宋人为一手(乃专门画家),冬心摄取金石彝鼎之气味入画,撝叔则以六朝书法浩逸之气入画(金赵皆非专门画家,朴雅典重)。自问此论至确,而乙老则(诋)撝叔而誉萧山之二任(以书法言,赵与包安吴不同趣,乙服膺安吴,故诋赵)。此二人但可描写图样付手民雕刻耳,摹老莲形似,全无一毫心得),弟乃不复言矣。甚矣!此事知者之难遇也。弟此次所撰诸画跋尾,自问如与华亭共语,当相视而笑,先生或不以我为诞乎?"

罗振玉6月将未识别的卜辞中的千余字编成《殷虚书契待问编》,供学界探讨。7月,撰《高昌壁画菁华》。8月,撰《石鼓文考释》。9月,撰《古镜图录》《邺下冢墓遗文》。10月,撰《墨林星凤》《隋唐以来官印集成》。是年,所著《古明器图录》4卷出版。(以上参见罗继祖《永丰乡人行年录(罗振玉年谱)》,江苏人民出版社1980年版)

刘文典仍居日本。1月15日,在《青年杂志》第1卷第5号"英汉对译"栏目内发表译文《富兰克林自传》。此文系美国开国元勋之一本杰明·富兰克林自传节选,所选内容为富兰克林青年时代经历。刘文典在译文前的短序中解释道:"斯篇乃其七十九岁所作自传,吾青年昆弟读之,倘兴高山仰止之思,群效法其为人,则中国无疆之休而不佞所馨香祷祝者也。"2月15日,刘文典响应陈独秀高唱"自由之歌声抑扬"的号召,翻译英国保守主义思想家伯克的著名演讲《美国人之自由精神》,发表在《青年杂志》第1卷第6号上。文前写有短序,称伯克"其在国会演说之辞皆安雅可诵。'Conciliation with America'一篇尤为世所称。兹所译者即斯篇之精英也"。10月1日,在《新青年》第2卷第2号上发表政论文章《欧洲战争与青年之觉悟》,感慨第一次世界大战令其意识到"战斗乃人生之天职,和平为痴人之迷梦",遂撰文呼吁:"青年而能自觉其责任,孟晋自强,努力奋斗,则吾青年自身之福祉亦邦家无疆之休;青年而苟偷怀佚,不能努力奋斗,则邦家覆败,吾青年亦必及身为虏。"而解决之良方,则为科学。11月1日,在《新青年》第2卷第3号上发表政论文章《军国主义》,认为"今日之天下,军国主义之天下"。年底,刘文典由日本回国,潜心于学术研究。(参见章玉政编著《刘文典年谱》,安徽大学出版社2011年版)

陈启修、杜国庠、王兆荣、吴永权、周昌寿、郑贞文、李石岑、陈承泽、文元模等47人12月3日在日本东京发起成立丙辰学社,因年属丙辰,乃定名为丙辰学社,社址设在东京小石川原町,以"研究真理,昌明学艺,交换知识,促进文艺"为宗旨,

按:1917年创办社刊《学艺》杂志,文元模任编辑长。1922年社名改作"中华学艺社"。中华学艺社、中国科学社、中国自然科学社为近代三大民间科学机构,其中中华学艺社主要由留日学生组成;中国科学社主要由留美学生组成;中华自然科学社则主要吸收本国毕业的社员。

引夫等筹办的大型综合性刊物《民铎》6月在日本东京创刊,初定为季刊,后又改为月刊、双月刊。由中国留日学生组织的"学术研究会"主办。该刊以民主主义为主导,初期的宗旨是:"促进民智、培养民德、发扬民力。""网罗各门著述,纯从根本上讨论是非得失。"内容多为论文,间有诗词、戏剧、小说等,不分栏目。主要撰稿者有朱谦之、杨昌济、郭绍虞、易家钺、严既澄、张东荪、黎锦熙、梁漱溟、耿继之、徐志摩、范寿康、李大年、欧阳竟无、盛朗西、章锡琛、陈兼善、樊仲云、黄卓、周予同、许兴凯、杨东莼等。李大钊和郭沫若也发表过文章和新诗。引夫为新创刊的杂志撰写《发刊辞》。

按:《民铎》自 1918 年 12 月 1 日第 1 卷第 5 号起,迁至上海出版。宣称"本志今后之责任,纯以阐扬平民精神,介绍现代最新思潮为主"。1919—1928 年,由李石岑主编。1931 年 1 月停刊,共出 10 卷52 期。

按:引夫《发刊辞》刊于《民铎》第 1 号,曰:

吾闻之,英儒甄克思之言曰:学之为道,有通有微。通者,辽远之璇玑也;微者,显微之测验也。通之失在肤,微之失在狭,故爝火可烫室,而不可以觇敌;明月利望远,而不可以细书,是亦在用之何如耳。彼徒执显微之管以观物者,又乌识璇玑之为用大乎? 善夫其言之也! 夫进化公例,循序以立。世事当前,试一澄心展眼,执其果而求其因,观其巨而察其简,其所历程涂,莫不由粗而精,由野而文,本末先后,有条不紊。苟忽而不察,执盲者而语以锦绣之纹,执聋者而听以黄钟之乐,凸凹之型不进,操作之功不与,则虽力诲不倦,亦将徒劳无功。此立本道生,君子所务时明用,立言之士所当审慎者也。

今夫圆颅方趾之伦,戴天履地而立于世界之上,轻迅矫捷,不如飞禽;蹈厉猛奋,不如走兽;而乃递演递进,与他动物相博击、相追逐,而卒获胜利,为万物之宰者,何也? 无他,智慧优渥,群力深固为之耳。然而人类不齐,程度有等。是以一国之中,必有人焉,卓立于群众之上,为之观变察机,操钥导窾,孰缓孰急,厘然秩然,从容不迫,以应万事。又更为之高视阔步,蹑自由之神,发同类之感,见哀伤之鬼,起援手之思,降心抑志,鸠其民而张其纪,去其暴以安其良,先天下之忧而忧,后天下之乐而乐。呜乎! 此孔席所以不暖,墨突所以不黔,先觉之士,所以冒险阻,甘困厄,致命遂志,本所学以为民请命。

虽然,学之为道,亦难言矣。顾亭林曰:圣人之学,其行在孝弟忠信,其职在应对进退;其用之身,在出处辞受取与;其施诸世,在政令教化刑法;其所著书,皆以拨乱反正,移风易俗,以驯至治平之用。今之学者,异乎是矣。上然者葆贞守道,亢志孤行,见群言之纷纭,愤世途之污秽,不甘以察察之身,受物之汶汶,则胶口卷舌,遁世而不见。其次则古简其词,玄奥其旨,虽陈义甚高,而或不适乎世用。若夫俗流之徒,虽日日言学,而声势烜赫,则利禄熏其心;歌哭昏沉,则家人丧其志;曲学阿世之风长,而刚劲不挠之气消;其学也为利,其言也为名;迹其所以自处而处人者,亦不外乎是。以是为学,学云乎哉? 是又必先逾乎此,然后其志清,其气肃;其神超越,其目光明;皆大禹之鼎,便铸神奸,燃温峤之犀,直烛妖隐;以言乎学,则庶几近之耳。

夫学为之用,根于意识,应乎时势。刻舟求剑,招执迷讥;撷管窥天,贻见小之诮。立己固有道,立人亦有方也。夷观念世纪之大势,外则国际问题之纠纷,内则社会问题之勃发,言立法既属于过去之事,而行政乃为今日切要之图。质言之,政体如何确立,国家如何统一,是为十九世纪之问题。若夫政体既立,国已统一,如何行政,如何发展,斯即二十世纪今日之问题也。顾反觇吾国,则立法部仍属缺如,行政之改良且梦未见。各国对内之社会政策,既已繁兴,对外势力又复日展,而我则纷纷扰扰,以求治制之立,国之统一。即此荦荦大端,犹未脱 19 世纪之故态,他尚何说哉! 噫! 十数年来,爱国之士,曷尝不以整理政治为号召乎? 则道揆法守,两无所有。又曷尝不以国民经济为提倡乎? 则工商凋散,等诸前此。其余若人心风俗,社会道德,皆莫不背道而驰,求前却反。是何也? 盖以求病之瘳,不得其药,欲适越而北其辙,未明其道,故实效不彰也。夫天下大矣,审势尚已,苟欲本其天赋之资,以行其明道淑人之志者,顾可不以此自策耶?

吾国数千年来,焚书于秦,黜百家于汉,学术衰熄,政教未备。枭杰之徒,则以愚黔首之谋,为苟安之计。于是民聪日塞,民智日卑,通海以后,又卷入于世界潮流中。政府已无术自脱,而人民又复昏昏沉沉,不知不识,伛偻卷局,呼虑胡思;面外人则恐畏。睹国弱不为羞。纲维废裂,廉耻道丧;知有家而不知有国,图利身而不图利群。夫精气绝则人死,道德亡、学术丧,则国危。吾国之有今日,岂自今日始哉? 其所由来亦远矣!

嗟夫! 吾国之病也深矣! 待医也久矣! 是非有人焉,抱生死骨肉之情,怀拯民水火这念,而又秉运世回天之力者,殆莫为功。其人谫劣,焉敢云学。惟生兹国步艰难之时,复深宗邦殒灭之惧,辄不自揣,乃自砥自砺,相磨相研,指陈弊谬,究厥根本。惟遂普及,深遂是梗,推言出辞,务求明显,为之述其旨以正告国人曰:民为邦本,本固邦宁;民德磅礴,国运以亨;天生蒸民,咸秉良知;内以维己,外以纲世。维玉须琢,维民须学,准古酌今,厥知乃博。大道之行,天下为公,共和盛制,宇内同从。人权表证,自由精神,失此不保,时乃匪人。公权裁制,人类以康,恣嗟暴戾,厥质弗良。芸芸万众,一切平等,时或利己,公谊不泯。惟聚一群,相为唇齿,爱他之行,利己之旨。淬厉而前,冲破阻力,除旧布新,匹夫有责。四民失教,学殖日荒。恺悌君子,筑我官墙;稔知屋漏,瞻彼宇下,指陈时政,端在草野。兄弟阋墙,外御其侮,冀我黄裔,共扬祖武。嗟维近世,国力不张,充溢内力,竞存天壤。呜呼噫嘻! 予言无已,予望无际!(参见《上海出版志》编辑委员会编《上海出版志》,上海社会科学院出版社2000年版)

郭沫若7、8月间往房州海滨洗海水浴,遇成仿吾及东京一高预科时同学张资平。秋,在冈山图书馆阅读泰戈尔的《曷檀伽哩》《园丁集》《暗室王》《伽毗百吟》等诗集和译诗集。(参见龚济民、方仁年编著《郭沫若年谱》,天津人民出版社1982年版;王继权、童炜钢编《郭沫若年谱》,江苏人民出版社1983年版)

成仿吾春假期间和郭沫若游日本四国杲林园和濑户内海。在房山洗海水澡时,经友人介绍认识了张资平。张资平《曙新期的创造社》回忆当年成仿吾给他的印象:"他的最初印象,在我,比郭、郁两人更好。因为他的谈吐和态度都无不是自然而真挚的""也是最努力读书的青年""不单对语学有天才,连数理化也非常之好"。(参见张傲卉、宋彬玉《成仿吾年谱》,《东北师大学报》1985年第5期)

田汉夏初由长沙师范学校毕业。8月1日晚,随赴日本任湖南留日学生经理员的舅父易象搭乘沙市轮离长沙赴日本留学,入东京高等师范英文系学习,开始接触电影,并产生浓厚兴趣。(参见张向华《田汉年谱》,中国戏剧出版社1992年版)

田汉得易象之助,随舅父去日本东京高等师范英文系学习。

陈抱一去日本学习,入川端洋画研究所,后入东京美术学校学习西画。

许敦谷进入东京美术学校学习油画。

英人哈同在上海的爱俪园总管、哈同洋行经理、仓圣明智大学校长姬觉弥是年春联合邹安在"爱俪园"内发起成立"广仓学会",创办《学术丛编》《艺术丛编》以及仓圣大学杂志,以学习和研究中国古代文字、古董和典章制度为宗旨,冯煦为首任会长,参与者有王国维、张砚孙、李汉青、费恕皆、罗振玉等。

美国洛克菲勒基金会韦尔斯(E. H. WELLS)6月27日致函张伯苓,谓洛克菲勒基金会驻华医社为致力于发展中国的医学教育,希望了解南开学校理科,包括物理、化学、生物,特别是实验室和教师培训的表现。8月12日,回复韦尔斯6月27日来信,介绍学校情况,强调南开的学生素质能够为北京协和医学院提供理想的生源。信后附有"南开学校理科课程表"。9月7日,张伯苓陪美国罗氏基金团(洛克菲勒基金会)代表顾临在校参观。14日,北京协和医学院校长麦克林(Mclean)和洛克菲勒基金会驻华办事处主任顾临参观考察南开学校,张伯苓接待并引导参观校园,全面详细地介绍了学校的历史和现状,包括学生、教师、课程、经费及学生的课外组织等情况。21日,顾临在给罗氏驻华医社主任巴垂克(Buttrick)等人的信中谈到这次访问说,"麦克林博士和我都被南开学校深深打动"。10月23日,韦尔斯就顾临9月21日关于访问南开的报告回信指出:您对张伯苓和南开学校的印象,与洛克菲勒基金会中国医学教育考察团第一次和第二次得到的印象非常一致。(参见龚克主编《张伯苓全集》第十卷附编《张伯苓年谱》,南开大学出版社2015年版)

英国马尔克·奥莱尔·斯坦因3月初返回印度。3月16日,抵达达克什米尔的斯利那加,第三次中亚考察至此正式结束。

按:斯坦因第三次中亚考察历时2年8个月,行程17700公里,北至准噶尔盆地和内蒙古高原,南至兴都库什山谷,东至甘肃河西与青海北部,西到伊朗。后经十余年整理研究,撰成第三次考察的详尽研究报告《亚洲腹地——在中亚、甘肃和伊朗东部考察的详尽报告》4卷,其中前两卷为正文与插图照片及附录,第三卷为图版,第四卷为地图,1928年由牛津克拉兰顿出版社出版,是斯坦因一生最重要的著作。

法国保罗·伯希和新任驻中国使馆武官次官,途经上海,拜访张元济等。7月21日,张元济、沈曾植等在上海与会晤,并设宴招待,沈曾植、叶昌炽、张均衡、缪荃孙、蒋汝藻作陪。沈曾植与伯希和谈契丹、蒙古、畏兀儿国书及末尼、婆罗门诸教源流,滔滔不绝,而伯希和则展示敦煌唐写本《经典释文》之《尧典》《舜典》两篇残帙照片。(参见张人凤、柳和城编著《张元济年谱长编》,上海交通大学出版社2011年版;王学典《20世纪史学编年(1900—1949)》,商务印书馆2014年版)

按:据叶昌炽《缘督庐日记》记载,张元济在上海设宴招待伯希和,席上"乙庵(沈增植,其人被王国维推崇为'光(绪)宣(统)以后学术之准的')与客(伯希和)谈契丹、蒙古、畏兀儿国书及末尼、婆罗门诸教源流,滔滔不绝,座中亦无可挿言"。

三、学术论文

陈独秀《一九一六年》刊于《青年杂志》第1卷第5号。

高一涵《自治与自由》刊于《青年杂志》第1卷第5号。

高语罕《青年与国家之前途》刊于《青年杂志》第1卷第5号。

易白沙《述墨(续二号)》刊于《青年杂志》第1卷第5号。

陈独秀《吾人最后之觉悟》刊于《青年杂志》第1卷第6号。

按:是文首先回顾了西洋文明输入后,其与中华文明冲突的过程与结果。"欧洲输入之文化,与吾华固有之文化,其根本性质极端相反。数百年来,吾国扰攘不安之象,其由此两种文化相触接相冲突者,盖十居八九。凡经一次冲突,国民即受一次觉悟。"明清以来,国人由中西文化之冲突而起的觉悟共有七期:"第一期在有明之中叶,西教西器初入中国";"第二期在清之初世,火器历法,见纳于清帝";"第三期在清之中世,鸦片战争以还,西洋武力,震惊中土,情见势绌,互市局成,曾、李当国,相继提倡西洋制械练兵之术,于是洋务西学之名词发现于朝野";"第四期在清之末季。甲午之役,军破国削,举国上中社会,大梦初觉,稍有知识者,多承认富强之策,虽圣人所不废";"第五期在民国初元。甲午以还,新旧之所争论,康、梁之所提倡,皆不越行政制度良否问题之范围,而于政治根本问题去之尚远";"第六期则今兹之战役也。三年以来,吾人于共和国体之下,备受专制政治之痛苦";"自今以往,共和国体果能巩固无虞乎?立宪政治果能施行无阻乎?以予观之,此等政治根本解决问题,犹待吾人最后之觉悟。此谓之第七期民国宪法实行时代"。是文最后的结论是:"自西洋文明输入吾国,最初促吾人之觉悟者为学术,相形见绌,举国所知矣;其次为政治,年来政象所证明,已有不克守缺抱残之势。继今以往,国人所怀疑莫决者,当为伦理问题。此而不能觉悟,则前之所谓觉悟者,非彻底之觉悟,盖犹在惝恍迷离之境。吾敢断言曰:伦理的觉悟,为吾人最后觉悟之最后觉悟。""这一觉悟过程伴随着中西文明冲突的创痛,在经历了学术之相形见绌、政治之抱残守缺的困境后,陈独秀痛定思痛,提出了一种新的改革思想:文明是整体性的,学习西方的现代化运动绝非枝枝节节的改革所能奏效,只有从伦理的革新入手,才是根本的改革。陈独秀寄希望于伦理革命,以废除儒教为彻底的'最后之觉悟'。陈独秀的这一'觉悟史'论,揭示了新文化运动之伦理变革的时代主题,成为民国初年新文化界反思中国现代化运动的经典观点。"(详见高力克《新文化运动之纲领——论陈独秀的〈吾人最后之觉悟〉》,载《天津社会科学》2009年第4期,第129—130页)

易白沙《孔子平议上》刊于《青年杂志》第1卷第6号。

按:《孔子平议》是一篇较为系统评价孔子的论文,首开五四新文化运动批孔之先声。是文开头就指出:"天下论孔子者,约分两端:一谓今日风俗人心之坏,学问之无进化,谓孔子为之厉阶;一谓欲正人心、端风俗、励学问,非人人崇拜孔子,无以收拾末流。此皆瞽说也。国人为善为恶,当反求之自身,孔子未尝设保险公司,岂能替我负此重大之责。国人不自树立,一一推委孔子,祈祷大成至圣之默祐,是谓惰性;不知孔子无此权力,争相劝进,奉为素王,是谓大愚。"从学术史发展的角度看,孔子在春秋之时,"虽称显学,不过九家之一",只是由于历代封建统治者"欲蔽塞天下之聪明才智",才利用孔子为傀儡,"中国二千余年尊孔之大秘密既揭破无余"。但"孔子以何因缘被彼野心家所利用,甘作滑稽之傀儡,是不能不归咎孔子之自身矣的",也就是说,孔学本身存在的缺点使其容易被统治者所利用:"(1)孔子尊君权,漫无限制,易演成独夫专制之弊";"(2)孔子讲学不许商榷问题,易演成思想专制之弊";"(3)孔子少绝对之主张,易为人所借口";(4)"孔子单重做官,不重谋食,易入民贼牢笼。"难得的是,是文强调要将孔子原有的思想精神和被统治者利用的"傀儡孔子"区分开来,要"使国人知独夫民贼利用孔子,实大悼孔子精神,孔子宏愿,诚欲统一学术,统一政治,不料为独夫民贼作百世之傀儡,惜哉"!

[英]濮爱尔著,澍生《巡视美国少年团记》刊于《青年杂志》第1卷第6号。

李大钊《青春》刊于《新青年》第2卷第1号。

易白沙《孔子平议(下)》刊于《新青年》第2卷第1号。

高一涵《乐利主义与人生》刊于《新青年》第2卷第1号。

易白沙《述墨(续三号)》刊于《新青年》第2卷第1号。

陈独秀《当代二大科学家之思想》刊于《新青年》第2卷第1号。

王涅《时局对于青年之教训》刊于《新青年》第2卷第1号。

陈圣任《青年与欲望》刊于《新青年》第2卷第1号。

陈独秀《我之爱国主义》刊于《新青年》第2卷第2号。

吴稚晖《青年与工具》刊于《新青年》第2卷第2号。

刘叔雅《欧洲战争与青年之觉悟》刊于《新青年》第2卷第2号。

陈独秀《驳康有为〈致总统总理书〉》刊于《新青年》第2卷第2号。

马君武《赫克尔之一元哲学》刊于《新青年》第2卷第2号。

谢鸿《法国青年团》刊于《新青年》第2卷第2号。

罗佩宜《论生活上之协力与倚赖》刊于《新青年》第2卷第2号。

陈独秀《宪法与孔教》刊于《新青年》第2卷第3号。

刘叔雅《军国主义》刊于《新青年》第2卷第3号。

马君武《赫克尔一元哲学(续第2号)》刊于《新青年》第2卷第3号。

陈独秀《当代二大科学家之思想(续第1号)》刊于《新青年》第2卷第3号。

吴稚晖《再论工具》刊于《新青年》第2卷第3号。

陈独秀《孔子之道与现代生活》刊于《新青年》第2卷第4号。

按:袁世凯复辟,尊孔复古,在各地先后成立了"孔教会""尊孔会"等,康有为一直以来作为变法改革的领军人物,"前致总统总理书,以孔教与婆、佛、耶、回并论,其主张以'孔子为大教,编入宪法'",宣扬"有孔教乃有中国,散孔教势无中国矣"。面对这股潮流,《新青年》旗下的很多知识精英发表文章给予抨击。《孔子之道与现代生活》就是在这样的背景下刊发的,可以看做是陈独秀在新文化运动前期全面反儒学的一面旗帜。是文曰:"自古圣哲之立说,宗教属出世法,其根本教义,不易随世间差别相而变迁,故其支配人心也较久。其他世法诸宗,则不得不以社会组织生活状态之变迁为兴废。一种学说,可产生一种社会;一种社会,亦产生一种学说。影响复杂,随时变迁。其变迁愈复杂而期间愈速者,其进化之程度乃愈高。其欲独尊一说,以为空间上人人必由之道,时间上万代不易之宗,此于理论上决为必不可能之妄想,而事实上惟于较长期间不进化之社会见之耳。若夫文明进化之社会,其学说之兴废,恒时时视其社会之生活状态为变迁。故欧美今日之人心,不但不为其古代圣人亚里士多德所拘囚,且并不为其近代圣人康德所支配。以其生活状态有异于前也。""即以不进化之社会言之,其间亦不无微变。例如吾辈不满于康先生,而康先生曾亦不满于张之洞与李鸿章,而张之洞、李鸿章亦曾不满于清廷反对铁路与海军之诸顽固也。宇宙间精神物质,无时不在变迁即进化之途。道德彝伦,又焉能外?'顺之者昌,逆之者亡',史例俱在,不可谓诬。此亦可以阿斯特瓦尔特之说证之:一种学说,一种生活状态,用之既久,其精力低行至于水平,非举其机械改善而更新之,未有不失其效力也。此'道与世界'之原理,非稽之古今中外而莫能破者乎?"可见,作为新文化运动的领军人物,陈独秀以他所倡导的西方"民主"和"科学"两面旗帜对以孔子之道代表的封建文化进行了猛烈抨击,认为孔子之道和"民主""科学"是不相容的,前者是落后的,后者才是我们所要追求的进步的现代社会,封建体制下的封建文化与现代生活是完全不相容的。

　　杨昌济《治生篇》刊于《新青年》第 2 卷第 4 号。

　　胡适《藏晖室札记》刊于《新青年》第 2 卷第 4 号。

　　马君武《赫克尔一元哲学(续前号)》刊于《新青年》第 2 卷第 4 号。

　　梁启超《禹贡九州考》刊于《大中华》第 2 卷第 1 期。

　　欧阳仲涛《论现今国民之心理及中流社会之责任》刊于《大中华》第 2 卷第 1 期。

　　欧阳法孝《欧洲之战争与外交》刊于《大中华》第 2 卷第 1 期。

　　欧阳法孝《交战列强之成绩》刊于《大中华》第 2 卷第 1 期。

　　欧阳法孝《东瀛说林》刊于《大中华》第 2 卷第 1 期。

　　友箕《战后世界之金融》刊于《大中华》第 2 卷第 1 期。

　　欧阳季瀛《呜呼近世之文明》刊于《大中华》第 2 卷第 1 期。

　　王国维《流沙坠简考释补证》刊于《学术丛编》第 1 期。

　　李本道《五德终始西汉主胜东汉主生考》刊于《中国学报》第 1 期。

　　吴廷燮《北宋经抚年表》连载于《中国学报》第 3—5 期。

　　曹鸿文《中国民族同化之研究》刊于《学生杂志》第 5 号。

　　李启沅《中国历代工业考》刊于《学生杂志》第 10 号。

　　引夫《发刊辞》刊于《民铎》第 1 号。

　　按:《民铎》是留日学生组织"学术研究会"的刊物,编辑部设在日本东京小石川区杂司谷町一四二番地,1918 年 12 月迁址上海出版。其主要撰稿人有李石岑、严既澄、朱谦之等。《民铎》的"本社启示"指出了其宗旨:"本志网罗各门著述,纯从根本上讨论是非得失。豫悬一鹄,然后求新政府措诸实际。"引夫《发刊词》对其办刊目的进行了更为系统的阐述。

　　实存《国民性篇》刊于《民铎》第 1 卷第 1 号。

　　小巫《军国主义》刊于《民铎》第 1 卷第 1 号。

　　引夫《宪政与政党》刊于《民铎》第 1 卷第 1 号。

　　铭心《革命与政党》刊于《民铎》第 1 卷第 1 号。

　　世英《总统制与内阁制》刊于《民铎》第 1 卷第 1 号。

　　晓东《银行制度改革论》刊于《民铎》第 1 卷第 1 号。

　　急先锋《论我国对外之国防政策》刊于《民铎》第 1 卷第 1 号。

　　晓东《论我国农业之前途》刊于《民铎》第 1 卷第 1 号。

　　虚吾《吾国工业改良之研究》刊于《民铎》第 1 卷第 1 号。

　　叔琴《元论》刊于《民铎》第 1 卷第 1 号。

东里《科学之威力与实业之将来》刊于《民铎》第 1 卷第 1 号。

独放《各国自治沿革》刊于《民铎》第 1 卷第 1 号。

李文权《论新年与海产物之关系》刊于《中国实业杂志》第 7 年第 1 期。

静观《论海产值亟宜提倡》刊于《中国实业杂志》第 7 年第 1 期。

静观《日本海产物之对华贸易调查记》刊于《中国实业杂志》第 7 年第 1 期。

侨晶译《吉长铁路与日本之野心》刊于《中国实业杂志》第 7 年第 2 期。

李文权《华侨之重要问题(未完)》刊于《中国实业杂志》第 7 年第 2 期。

冷眼《商品陈列贩卖之利害及得失》刊于《中国实业杂志》第 7 年第 2 期。

静观《满洲实业调查记》刊于《中国实业杂志》第 7 年第 2 期。

李文权《五年前中国之胰皂》刊于《中国实业杂志》第 7 年第 3 期。

李文权《读古巴中华商会开幕理由书有感》刊于《中国实业杂志》第 7 年第 3 期。

李文权《劝华侨归国巡游说》刊于《中国实业杂志》第 7 年第 3 期。

李文权《论欧战之结果及于中国实业将来之恶影响》刊于《中国实业杂志》第 7 年第 4 期。

冷眼《贩卖员与顾客之关系》刊于《中国实业杂志》第 7 年第 4 期。

李文权《论欧战之结果及于中国实业将来之恶影响(续)》刊于《中国实业杂志》第 7 年第 5 期。

冷眼《论实业与失业》刊于《中国实业杂志》第 7 年第 5 期。

[日]一木喜德郎《国货奖励与教育》刊于《中国实业杂志》第 7 年第 5 期。

守愚《日本火柴调查记》刊于《中国实业杂志》第 7 年第 5 期。

李文权《论欧战之结果及于中国实业将来之恶影响(续)》刊于《中国实业杂志》第 7 年第 6 期。

李文权《论华侨之外籍事》刊于《中国实业杂志》第 7 年第 6 期。

[日]藤山雷太《中华民国视察谈(未完)》刊于《中国实业杂志》第 7 年第 6 期。

李文权《新大总统就任为中国实业前途庆》刊于《中国实业杂志》第 7 年第 7 期。

李文权《余以不知福建而述福建》刊于《中国实业杂志》第 7 年第 7 期。

[日]藤山雷太《中华民国视察谈(续)》刊于《中国实业杂志》第 7 年第 7 期。

守愚《福建之海外移民》刊于《中国实业杂志》第 7 年第 7 期。

熊希龄《疏浚洞庭湖刍议》刊于《中国实业杂志》第 7 年第 7 期。

李文权《论实业与教育之根本》刊于《中国实业杂志》第 7 年第 8 期。

李文权《误解之由来及消除方法》刊于《中国实业杂志》第 7 年第 8 期。

[日]藤山雷太《支那视察谈(续)》刊于《中国实业杂志》第 7 年第 8 期。

净生《美国加省移民调查记》刊于《中国实业杂志》第 7 年第 8 期。

程又雄《商务扼要论》刊于《中国实业杂志》第 7 年第 8 期。

李文权《原心篇》刊于《中国实业杂志》第 7 年第 9 期。

李文权《论国民外交之不可少》刊于《中国实业杂志》第 7 年第 9 期。

[日]藤山雷太《支那视察谈(续)》刊于《中国实业杂志》第 7 年第 9 期。

李文权《劝游日本说》刊于《中国实业杂志》第 7 年第 10 期。

李文权《国庆日所感》刊于《中国实业杂志》第 7 年第 11 期。

李文权《中国人物道德心矣》刊于《中国实业杂志》第 7 年第 11 期。

俞逢清《中国今日之保商政策（未完）》刊于《中国实业杂志》第 7 年第 11 期。

李文权《借款感言》刊于《中国实业杂志》第 7 年第 12 期。

伍廷芳《理财篇》刊于《中国实业杂志》第 7 年第 12 期。

俞逢清《中国今日之保商政策（续）》刊于《中国实业杂志》第 7 年第 12 期。

邹应宪《富农策》刊于《中国实业杂志》第 7 年第 12 期。

[美]希韦川著，公明译《战争与德意志科学之发展》刊于《进步杂志》第 9 卷第 3 号。

任夫《欧战中之黄金谭》刊于《进步杂志》第 9 卷第 3 号。

公明《改良监狱之新模范》刊于《进步杂志》第 9 卷第 3 号。

任夫《近代教育中之缺点》刊于《进步杂志》第 9 卷第 3 号。

大可《生物遗传突变例之发明》刊于《进步杂志》第 9 卷第 3 号。

任夫《巴尔干最近风云之导火线》刊于《进步杂志》第 9 卷第 4 号。

淡兮《法国国民之精神》刊于《进步杂志》第 9 卷第 4 号。

葆和《学校中之军事教育谈》刊于《进步杂志》第 9 卷第 4 号。

和士《大日耳曼主义之德意志历史家托兰鸠克传（未完）》刊于《进步杂志》第 9 卷第 4 号。

葆和《欧战与美国商业之关系》刊于《进步杂志》第 9 卷第 4 号。

任夫《道德标准论》刊于《进步杂志》第 9 卷第 5 号。

佩我《拿破仑晚年之基督观》刊于《进步杂志》第 9 卷第 5 号。

和士《大日耳曼主义之德意志历史家托兰鸠克传（续完）》刊于《进步杂志》第 9 卷第 5 号。

任夫《美国公家律师制度之大概》刊于《进步杂志》第 9 卷第 5 号。

王水公《吾人与世界之关系》刊于《进步杂志》第 9 卷第 6 号。

任夫《宗教原理之三大释疑》刊于《进步杂志》第 9 卷第 6 号。

佩我《西方思想之道德学说史（未完）》刊于《进步杂志》第 9 卷第 6 号。

按：是文认为："西方思想之道德学说，首创于纪元前四百年间希腊之哲学家苏格拉底，然其滥觞，已见于六百年前。盖希腊为西方文明之渊源地，自天文地理医学美术，以至兵法，一时专门名家者，颇不乏人。惟其文明为渐进的，故其步武较迟，于哲学一门，尤不过就宇宙现象，而推论其本源，人类之心性伦理，未遑及焉。迨苏格拉底出，始大振其木铎，而沈迷之世人，反仇杀之。继苏氏而起者，为其弟子柏拉图。柏拉图之说，又参酌苏氏，自成一家，虽不拘师说，然亦不甚相背。自此以后，学者踵接，顾宗派纷歧，未能偻举矣。"

任夫《人生圆满之方针（未完）》刊于《进步杂志》第 9 卷第 6 号。

佩我《家庭圆满之基础》刊于《进步杂志》第 9 卷第 6 号。

葆和《组织世界联邦问题之论集》刊于《进步杂志》第 9 卷第 6 号。

郢石《法兰西民族对于世界政治学术上之贡献》刊于《进步杂志》第 9 卷第 6 号。

葆和《瑞士共和国之国民军》刊于《进步杂志》第 9 卷第 6 号。

陌海《平等主义中之道德普及》刊于《进步杂志》第 10 卷第 1 号。

佩我《教育为完成人格之机关》刊于《进步杂志》第 10 卷第 1 号。

郢石《说爱》刊于《进步杂志》第 10 卷第 1 号。

佩我《西方思想之道德学说史（未完）》刊于《进步杂志》第 10 卷第 1 号。

任夫《加利福尼大学之警政研究科》刊于《进步杂志》第 10 卷第 1 号。

秋水《吾人营业上之胜利术》刊于《进步杂志》第 10 卷第 1 号。

任夫《人生圆满之方针(续完)》刊于《进步杂志》第 10 卷第 1 号。

郢石《世界食物志(未完)》刊于《进步杂志》第 10 卷第 1 号。

皕诲《国民自治之精神》刊于《进步杂志》第 10 卷第 2 号。

郢石《吾人品性之修养》刊于《进步杂志》第 10 卷第 2 号。

郢石《新伦理上之夫妇关系》刊于《进步杂志》第 10 卷第 2 号。

葆和《近世战术之变迁》刊于《进步杂志》第 10 卷第 2 号。

佩我《美国孤贫儿及顽童教育法》刊于《进步杂志》第 10 卷第 2 号。

佩我《西方思想之道德学说史(续完)》刊于《进步杂志》第 10 卷第 2 号。

郢石《世界食物志(续完)》刊于《进步杂志》第 10 卷第 2 号。

任夫《释放与自由》刊于《进步杂志》第 10 卷第 3 号。

秋水《吾国农业上之改良问题》刊于《进步杂志》第 10 卷第 3 号。

任夫《大同主义与战争》刊于《进步杂志》第 10 卷第 3 号。

佩我《今日之俄罗斯》刊于《进步杂志》第 10 卷第 3 号。

佩我《健全之人生》刊于《进步杂志》第 10 卷第 3 号。

郢石《古今文学界之大伟人》刊于《进步杂志》第 10 卷第 3 号。

佩我《世界神秘之研究》刊于《进步杂志》第 10 卷第 3 号。

葆和《指印之研究》刊于《进步杂志》第 10 卷第 3 号。

皕诲《共和政治之促进论》刊于《进步杂志》第 10 卷第 4 号。

佩我《世界各国上院制考略》刊于《进步杂志》第 10 卷第 4 号。

葆和《英国之殖民政策》刊于《进步杂志》第 10 卷第 4 号。

郢石《法兰西之国民性》刊于《进步杂志》第 10 卷第 4 号。

旷观《宇宙之究竟》刊于《进步杂志》第 10 卷第 4 号。

佩我《最近医学界之大伟人》刊于《进步杂志》第 10 卷第 4 号。

菩生《血压与健康之研究》刊于《进步杂志》第 10 卷第 4 号。

佩我《爱尔兰革命之经过》刊于《进步杂志》第 10 卷第 5 号。

任夫《德国商业行政之大概与其商战术》刊于《进步杂志》第 10 卷第 5 号。

葆和《战事中之间谍生涯》刊于《进步杂志》第 10 卷第 5 号。

谢庐隐遗著《以宗教哲学证心灵界之实在》刊于《进步杂志》第 10 卷第 6 号。

葆和《国际法浅说》刊于《进步杂志》第 10 卷第 6 号。

皕诲《吾人快乐之源》刊于《进步杂志》第 10 卷第 6 号。

葆和《美国乡村学校之再造》刊于《进步杂志》第 10 卷第 6 号。

佩我《近代制纸法之变迁》刊于《进步杂志》第 10 卷第 6 号。

秋水《电气园艺术之大概》刊于《进步杂志》第 10 卷第 6 号。

谢庐隐遗著《人世之害恶问题》刊于《进步杂志》第 11 卷第 1 号。

任夫《军国民教育制之提倡》刊于《进步杂志》第 11 卷第 1 号。

佩我《二年间欧洲大战之经过》刊于《进步杂志》第 11 卷第 1 号。

皕诲《一夫一妇之提倡》刊于《进步杂志》第 11 卷第 1 号。

葆和《社会进步之前驱（未完）》刊于《进步杂志》第 11 卷第 1 号。

葆和《美国道路之新政策》刊于《进步杂志》第 11 卷第 1 号。

葆和《美国渔业之概况》刊于《进步杂志》第 11 卷第 1 号。

蛰庵《意大利古代美术揽胜记》刊于《进步杂志》第 11 卷第 1 号。

任夫《欧战之解决与中立国之责任》刊于《进步杂志》第 11 卷第 2 号。

葆和《社会进步之前驱（续完）》刊于《进步杂志》第 11 卷第 2 号。

蛰庵《葡萄牙新共和国政党之现象》刊于《进步杂志》第 11 卷第 2 号。

葆和《阿根廷与智利实业上之觉醒》刊于《进步杂志》第 11 卷第 2 号。

葆和《肺痨预防与社会改良之关系》刊于《进步杂志》第 11 卷第 2 号。

徐宝谦《人生哲学：郁根氏学说之介绍（未完）》刊于《进步杂志》第 11 卷第 2 号。

李张绍南《西方文化根于宗教说》刊于《进步杂志》第 11 卷第 2 号。

张君劢《欧东新战区之外交潮流》刊于《东方杂志》第 13 卷第 1 号。

章锡琛《欧亚两洲未来之大战争》刊于《东方杂志》第 13 卷第 1 号。

高劳《英德海上对抗之大势》刊于《东方杂志》第 13 卷第 1 号。

民质《倭铿人生学大意》刊于《东方杂志》第 13 卷第 1 号。

曹素宸《中外文字之比较》刊于《东方杂志》第 13 卷第 1 号。

远生《新旧思想之冲突》刊于《东方杂志》第 13 卷第 2 号。

家义《个位主义》刊于《东方杂志》第 13 卷第 2 号。

许家庆《地中海之今昔观》刊于《东方杂志》第 13 卷第 2 号。

王衡《美国军备之内容》刊于《东方杂志》第 13 卷第 2 号。

许家庆《大战争与妇人问题之将来》刊于《东方杂志》第 13 卷第 2 号。

俞颂华《德意志军国主义之经济》刊于《东方杂志》第 13 卷第 2 号。

宣颖《铁路与战争》刊于《东方杂志》第 13 卷第 2 号。

高劳《欧洲战乱与社会党》刊于《东方杂志》第 13 卷第 2 号。

许家庆《大战争中中立国之态度》刊于《东方杂志》第 13 卷第 2 号。

许家庆《列国均势之由来及将来》刊于《东方杂志》第 13 卷第 2 号。

杨昌济《各种伦理主义之略述及概评》刊于《东方杂志》第 13 卷第 2 号。

家义《建国根本问题》刊于《东方杂志》第 13 卷第 3 号。

伧父《家庭与国家》刊于《东方杂志》第 13 卷第 3 号。

君劢《欧战杂记》刊于《东方杂志》第 13 卷第 3 号。

章锡琛《南满铁路论》刊于《东方杂志》第 13 卷第 3 号。

病骥《日僧入藏取经记》刊于《东方杂志》第 13 卷第 3 号。

周鳌山《时局与美德英法之经济界》刊于《东方杂志》第 13 卷第 3 号。

高劳《从生物现象上观察之战争》刊于《东方杂志》第 13 卷第 3 号。

伧父《再论新旧思想之冲突》刊于《东方杂志》第 13 卷第 4 号。

王水公《吾人与世界之关系》刊于《东方杂志》第 13 卷第 4 号。

章锡琛《欧美大学之过去与现在》刊于《东方杂志》第 13 卷第 4 号。

许家庆《论他国内乱时交战团体之承认》刊于《东方杂志》第 13 卷第 4 号。

高劳《妇女参政运动小史》刊于《东方杂志》第 13 卷第 4 号。

甘作霖《欧洲战后之女权》刊于《东方杂志》第 13 卷第 4 号。

胡学愚《大战争中最小之交战国》刊于《东方杂志》第 13 卷第 4 号。

章锡琛《日本统治台湾制度之商榷》刊于《东方杂志》第 13 卷第 4 号。

许家庆《农业与兵力之关系》刊于《东方杂志》第 13 卷第 4 号。

许家庆《科学界之新知识》刊于《东方杂志》第 13 卷第 4 号。

海期《中国物价腾贵问题》刊于《东方杂志》第 13 卷第 5 号。

许家庆《欧洲交战国持久力之比较》刊于《东方杂志》第 13 卷第 5 号。

章锡琛《大亚细亚主义之运命》刊于《东方杂志》第 13 卷第 5 号。

胡学愚《战争中之英国海军力》刊于《东方杂志》第 13 卷第 5 号。

胡学愚《犹太人之呼吁声》刊于《东方杂志》第 13 卷第 5 号。

止戈《美与英法德之经济比较》刊于《东方杂志》第 13 卷第 5 号。

伧父《论国音字母》刊于《东方杂志》第 13 卷第 5 号。

梁漱溟《究元决疑论》刊于《东方杂志》第 13 卷第 5 号。

雪江《今后之行政》刊于《东方杂志》第 13 卷第 6 号。

胡学愚《近世战术之变迁》刊于《东方杂志》第 13 卷第 6 号。

胡学愚《中国现时之经济》刊于《东方杂志》第 13 卷第 6 号。

胡学愚《论学校军事教育》刊于《东方杂志》第 13 卷第 6 号。

许家庆《土耳其与印度》刊于《东方杂志》第 13 卷第 6 号。

陈仲子《近代中西音乐之比较观》刊于《东方杂志》第 13 卷第 6 号。

孟森《财政学序》刊于《东方杂志》第 13 卷第 6 号。

山山《论达尔文派对于战争之态度》刊于《东方杂志》第 13 卷第 6 号。

伧父《天意与民意》刊于《东方杂志》第 13 卷第 7 号。

伧父《集权与分权》刊于《东方杂志》第 13 卷第 7 号。

高劳《帝制运动始末记》刊于《东方杂志》第 13 卷第 7 号。

白雪《余之文化促进观》刊于《东方杂志》第 13 卷第 7 号。

章锡琛《欧洲战争与劳动运动》刊于《东方杂志》第 13 卷第 7 号。

俞颂华《论社会学理上之欧战主因》刊于《东方杂志》第 13 卷第 7 号。

许家庆《论英国之外交与内治》刊于《东方杂志》第 13 卷第 7 号。

烈公《中国赔款述略》刊于《东方杂志》第 13 卷第 7 号。

胡学愚《革命之权利》刊于《东方杂志》第 13 卷第 7 号。

许家庆《战争之知识》刊于《东方杂志》第 13 卷第 7 号。

章锡琛《生存竞争在伦理学上之价值》刊于《东方杂志》第 13 卷第 7 号。

梁宗鼎《催眠说》刊于《东方杂志》第 13 卷第 7 号。

蒋瑞藻辑撰《小说考证》连载于《东方杂志》第 7 号

按:《小说考证》系列论文是蒋瑞藻 1911 年所作《小说考证》基础上的进一步扩充完善,连载至《东方杂志》1919 年第 12 号,1919 年 9 月由商务印书馆结集出版。

胡学愚《美国扩张军备以制日本之问题》刊于《东方杂志》第 13 卷第 8 号。

许家庆《和兰领有东印度之沿革及其殖民政策之变迁》刊于《东方杂志》第 13 卷第 8 号。

伧父《论民主立宪之政治主义不适于现今之时势》刊于《东方杂志》第 13 卷第 9 号。

章锡琛《大战后之殖民问题》刊于《东方杂志》第 13 卷第 9 号。

许家庆《日俄新协约论》刊于《东方杂志》第 13 卷第 9 号。

高劳《日本人之领土购买政策论》刊于《东方杂志》第 13 卷第 9 号。

蒋瑞藻《小说考证卷一》刊于《东方杂志》第 13 卷第 9 号。

伧父《静的文明与动的文明》刊于《东方杂志》第 13 卷第 10 号。

按："伧父"是杜亚泉先生的笔名,杜亚泉是近代著名科普出版家、翻译家,曾任《东方杂志》主编。是文是其论述西方文明和中国文明差异的经典论文。是文认为,"近年以来,吾国人之羡慕西洋文明,无所不至","吾人对于向所羡慕之西洋文明,已不胜其怀疑之意见,而吾自人之效法西洋文明者,亦不能于道德上或功业上表示其信用于吾人,则吾人今后,不可不变其盲从之态度,而一审文明真价之所在。盖吾人意见,以为西洋文明与吾国固有之文明,乃性质之异,而非程度之差"。的确,文明是社会的产物,"西洋文明与吾国文明之异,即由于西洋社会与吾国社会之差异",这种差异性表现在:"(一)西洋社会,由多数异民族混合而成。如希腊、腊丁、日尔曼、斯拉夫、犹太、马其顿、匈奴、波斯、土耳其诸民族,先后移居欧洲,叠起战斗;有两民族对抗纷争至数百年之久者。至于今日,仍以民族的国家互相角逐,至有今日之大战。吾国民族虽非纯一,满蒙回藏及苗族,与汉族之言语风俗,亦不相同;然发肤状貌,大都相类;不至如欧洲民族间歧异之甚;故相习之久,亦复同化。南北五代及辽金之割据,与元清两朝之创立,虽不无对抗纷争之迹;但综揽大局,仍为一姓一家兴亡之战,不能视为民族之争。(二)西洋社会,发达于地中海岸之河口及半岛间,交通便利,宜于商业,贸迁远服,操奇计底竞争自烈。吾国社会,发达于大陆内地之黄河沿岸,土地沃衍,宜于农业,人各自给,安于里井,竞争较少。""两社会间之观念,既有如此之差异,则影响于社会之文明者,差异自必更多","综而言之,则西洋社会为动的社会,我国社会为静的社会。由动的社会,发生动的文明;由静的社会,发生静的文明"。"动的社会"冒险进取,生活固"日益丰裕",但"身心忙碌";"静的社会"消极柔弱,"日益贫窘",但"身心安闲"。西洋社会虽"无饥饿疾病之丧",但竞争既烈,兵燹屡兴,人为苦痛正未有已。反之,中国固穷,"死亡枕藉",但于"政治问题能已则已,不欲更事吹求,亦所以减轻其苦痛之法耳"。

许家庆《战后远东列强之地位》刊于《东方杂志》第 13 卷第 10 号。

许家庆《海战术之新倾向与造舰政策》刊于《东方杂志》第 13 卷第 10 号。

许家庆《欧战之主因与旧式政策之灭亡》刊于《东方杂志》第 13 卷第 10 号。

章锡琛《英德海战之前途》刊于《东方杂志》第 13 卷第 10 号。

章锡琛《英日在远东之争伯》刊于《东方杂志》第 13 卷第 10 号。

胡学愚《开放中国门户政策之矛盾》刊于《东方杂志》第 13 卷第 10 号。

章锡琛《笑之研究》刊于《东方杂志》第 13 卷第 10 号。

钱智修《惰性之国民》刊于《东方杂志》第 13 卷第 11 号。

孙恒《银辅币赢余问题》刊于《东方杂志》第 13 卷第 11 号。

章锡琛《国民意识与国民政策》刊于《东方杂志》第 13 卷第 11 号。

章锡琛《德意志思想关于民族主义之变调》刊于《东方杂志》第 13 卷第 11 号。

胡学愚《亚洲土耳其之将来》刊于《东方杂志》第 13 卷第 11 号。

许家庆《大战争与男女之关系》刊于《东方杂志》第 13 卷第 11 号。

泳之《越儒研究科学之一斑》刊于《东方杂志》第 13 卷第 11 号。

钱智修《循环政治》刊于《东方杂志》第 13 卷第 12 号。

梁宗鼎《中国矿业参观记》刊于《东方杂志》第 13 卷第 12 号。

章锡琛《论中国之矿业行政》刊于《东方杂志》第 13 卷第 12 号。

许家庆《纸之学问与物之学问》刊于《东方杂志》第 13 卷第 12 号。

胡学愚《女医之今昔观》刊于《东方杂志》第 13 卷第 12 号。

章锡琛《国民意识与国家政策》刊于《东方杂志》第 13 卷第 12 号。

晚秀《贤母良妻主义与救国问题》刊于《妇女时报》第 18 期。

慧生《妇女道德之维持论》刊于《妇女时报》第 18 期。

新华《日本的家庭》刊于《妇女时报》第 18 期。

［日］宫本桂仙著，慧译《西洋男女交际法（续）》刊于《妇女时报》第 18 期。

晚秀《上海贫女生涯之调查》刊于《妇女时报》第 18 期。

新华译《战时之英吉利人与法兰西人》刊于《妇女时报》第 18 期。

莗涯《班马异同论》刊于《妇女时报》第 18 期。

邵萍清、慧侬《孔子作春秋说》刊于《妇女时报》第 18 期。

慧生《女子与国民经济发展之关系》刊于《妇女时报》第 19 期。

瑾侬译《美国之新女子》刊于《妇女时报》第 19 期。

顽译《夫妇间之爱情及其进化》刊于《妇女时报》第 19 期。

恽代英《科学家之结婚观（译体育杂志）》刊于《妇女时报》第 19 期。

高克兰遗著《江西女俗谈》刊于《妇女时报》第 19 期。

令均《绍兴妇女之生活》刊于《妇女时报》第 19 期。

［日］宫本桂仙著，慧译《西洋男女交际法（续）》刊于《妇女时报》第 19 期。

尘芥《妇女装饰品考原》刊于《妇女时报》第 19 期。

张惠如《自由平等必以道德为本说》刊于《妇女时报》第 19 期。

［英］歇赖特著，小青译《欧美妇女男子生活》刊于《妇女时报》第 20 期。

恽代英《家庭教育论（未完）》刊于《妇女时报》第 20 期。

晚秀《妇人心理之剖解》刊于《妇女时报》第 20 期。

彭年《欧战中朴子茅之妇人（译英国妇人界约）》刊于《妇女时报》第 20 期。

瑾侬译《记法国女子之勇敢》刊于《妇女时报》第 20 期。

张昭泗《印度女子风俗谈》刊于《妇女时报》第 20 期。

［日］宫本桂仙著，慧译《西洋男女交际法（续）》刊于《妇女时报》第 20 期。

朱胡彬夏《二十世纪之新女子》刊于《妇女杂志》第 2 卷第 1 号。

朱志淑《家庭经验谈》刊于《妇女杂志》第 2 卷第 1 号。

詹雁来《论住家在教育上宜以分居为必要》刊于《妇女杂志》第 2 卷第 1 号。

孟久《儿童卧具之研究》刊于《妇女杂志》第 2 卷第 1 号。

陈景康《家庭经验谈》刊于《妇女杂志》第 2 卷第 1 号。

丁逢甲《吴江风俗记》刊于《妇女杂志》第 2 卷第 1 号。

黄佩珍《我之求学生活》刊于《妇女杂志》第 2 卷第 1 号。

王岑媛《松本氏子女教育经验谭》刊于《妇女杂志》第 2 卷第 1 号。

祝宗梁《与龙江女弟子论背景女学书》刊于《妇女杂志》第 2 卷第 1 号。

计宗兰《我之学校生活》刊于《妇女杂志》第 2 卷第 1 号。

真言《民国四年之中国》刊于《妇女杂志》第 2 卷第 1 号。

真言《一年半之欧战》刊于《妇女杂志》第 2 卷第 1 号。

贝李素筠《教授国文作法之状况》刊于《妇女杂志》第 2 卷第 1 号。

钱基博《记保加利亚之妇人》刊于《妇女杂志》第 2 卷第 1 号。

赵仁镜《记保加利亚之妇人》刊于《妇女杂志》第 2 卷第 1 号。

殷同薇《记保加利亚之妇人》刊于《妇女杂志》第 2 卷第 1 号。

张浣英《记保加利亚之妇人》刊于《妇女杂志》第 2 卷第 1 号。

陆振权《记保加利亚之妇人》刊于《妇女杂志》第 2 卷第 1 号。

彬夏《孟得梭利教育法（续）》刊于《妇女杂志》第 2 卷第 4 号。

倚惊《女子成人之秘诀》刊于《妇女杂志》第 2 卷第 4 号。

陈姚穉屏《中国今日宜养成产婆论》刊于《妇女杂志》第 2 卷第 4 号。

周傅俊《辟七夕乞巧之谬》刊于《妇女杂志》第 2 卷第 4 号。

李镜澄《辟七夕乞巧之谬》刊于《妇女杂志》第 2 卷第 4 号。

李卓《申妇从女帚之义》刊于《妇女杂志》第 2 卷第 4 号。

陈式甄《申妇从女帚之义》刊于《妇女杂志》第 2 卷第 4 号。

汪荣宝《节孝金母袁太君墓志铭》刊于《妇女杂志》第 2 卷第 4 号。

金祖泽《先姚节孝袁太君行实》刊于《妇女杂志》第 2 卷第 4 号。

李素筠《论夫妻平等无疑于三纲》刊于《妇女杂志》第 2 卷第 5 号。

季理斐夫人《论小学教员当注重搏节与清洁》刊于《妇女杂志》第 2 卷第 5 号。

寒蕾《欧战中国妇女之现状》刊于《妇女杂志》第 2 卷第 5 号。

真言《取消帝制中之第一月》刊于《妇女杂志》第 2 卷第 5 号。

殷同薇《妇从女帚释》刊于《妇女杂志》第 2 卷第 5 号。

金蘅《妇从女帚释》刊于《妇女杂志》第 2 卷第 5 号。

陆振权《妇从女帚释》刊于《妇女杂志》第 2 卷第 5 号。

钱基博《妇从女帚释》刊于《妇女杂志》第 2 卷第 5 号。

彬夏《何者为吾妇女今后五十年内之职务》刊于《妇女杂志》第 2 卷第 6 号。

朱穗秋《住居之选择及其建筑设计法》刊于《妇女杂志》第 2 卷第 6 号。

孟久《儿童体育》刊于《妇女杂志》第 2 卷第 6 号。

[美]范奇尼氏原著，恼侬译《血厚于水谈》刊于《妇女杂志》第 2 卷第 6 号。

倚惊《世界第一德国爱国妇人会》刊于《妇女杂志》第 2 卷第 6 号。

Miss Edith Keen 著，成舍我、韵唐译《德宫琐记》刊于《妇女杂志》第 2 卷第 6 号。

真言《欧战之大势》刊于《妇女杂志》第 2 卷第 6 号。

丁世英《汉文帝劳军细柳论》刊于《妇女杂志》第 2 卷第 6 号。

汤潕筠《管子内政寓军令论》刊于《妇女杂志》第 2 卷第 6 号。

朱胡彬夏《基础之基础》刊于《妇女杂志》第 2 卷第 8 号。

倚惊《母爱与父爱》刊于《妇女杂志》第 2 卷第 8 号。

边书怡《知祸福均由自取而迷信自破说》刊于《妇女杂志》第 2 卷第 8 号。

丁世英《所贵乎天下士者为能排难解纷而无所取论》刊于《妇女杂志》第 2 卷第 8 号。

凌庭镜《介子推论》刊于《妇女杂志》第 2 卷第 8 号。

薛声巽《缇萦上书救父而除肉刑论》刊于《妇女杂志》第 2 卷第 8 号。

李文煜《缇萦上书救父而除肉刑论》刊于《妇女杂志》第 2 卷第 8 号。

金蘅《读曾子固列女传目录序书后》刊于《妇女杂志》第 2 卷第 8 号。

陆振权《读曾子固列女传目录序书后》刊于《妇女杂志》第 2 卷第 8 号。

殷同薇《读曾子固列女传目录序书后》刊于《妇女杂志》第 2 卷第 8 号。

钱基博《读曾子固列女传目录序书后》刊于《妇女杂志》第 2 卷第 8 号。

聂会纪芬、朱胡彬夏《宗教》刊于《妇女杂志》第 2 卷第 10 号。

庄庆祥《家庭改良谈》刊于《妇女杂志》第 2 卷第 10 号。

魏寿镛《改良家庭问题之研究》刊于《妇女杂志》第 2 卷第 10 号。

严琳《我之女子教育观》刊于《妇女杂志》第 2 卷第 10 号。

[美]爱尔邓氏原著,恼侬译《盲童之教养》刊于《妇女杂志》第 2 卷第 10 号。

王文宁《霍光不学无术论》刊于《妇女杂志》第 2 卷第 10 号。

聂会纪芬《述会文正公家训》刊于《妇女杂志》第 2 卷第 11 号。

彬夏《脑筋与肌肉的教育》刊于《妇女杂志》第 2 卷第 11 号。

刘麟生《家庭功效论》刊于《妇女杂志》第 2 卷第 11 号。

庄庆祥《家庭改良谈(续)》刊于《妇女杂志》第 2 卷第 11 号。

盛竞存女士《小学校校风谭》刊于《妇女杂志》第 2 卷第 11 号。

真言《近二个月之欧战》刊于《妇女杂志》第 2 卷第 11 号。

吴凤洲《孟母断机教子论》刊于《妇女杂志》第 2 卷第 11 号。

亶父《闺秀诗话》刊于《妇女杂志》第 2 卷第 11 号。

抱木《人格教育之精神》刊于《中华教育界》第 5 卷第 1 期。

轻根《教育本论》刊于《中华教育界》第 5 卷第 1 期。

熊翥高《论学校不当迁就社会习惯》刊于《中华教育界》第 5 卷第 1 期。

吴研蘅《革新主义之作文教授》刊于《中华教育界》第 5 卷第 1 期。

史礼绶《巴达维亚式之个别教法》刊于《中华教育界》第 5 卷第 1 期。

顾树森《英国少年义勇团之组织法》刊于《中华教育界》第 5 卷第 1 期。

耕莘《学习法之刷新》刊于《中华教育界》第 5 卷第 1 期。

陶履恭《美国格利学校之活教育》刊于《中华教育界》第 5 卷第 1 期。

侯鸿鉴《乙卯暑假之旅行记》刊于《中华教育界》第 5 卷第 1 期。

严枚《研究教育之理论与实验》刊于《中华教育界》第 5 卷第 1 期。

后凋《中国教育之危机及其救济法》刊于《中华教育界》第 5 卷第 2 期。

陈耀《学校惩罚论》刊于《中华教育界》第 5 卷第 2 期。

吴家煦《学校园之设施及其利用法》刊于《中华教育界》第 5 卷第 2 期。

顾树森、王维尹《蒙铁梭利教育之儿童》刊于《中华教育界》第 5 卷第 2 期。

李步青《国民学校国文教授之新研究》刊于《中华教育界》第 5 卷第 2 期。

吴研蘅《革新主义之作文教授》刊于《中华教育界》第 5 卷第 2 期。

史礼绶《美国童子义勇团说略》刊于《中华教育界》第 5 卷第 2 期。

效彭《美国教育家安苏德之图画教授法》刊于《中华教育界》第 5 卷第 2 期。

陈恩荣《与友人论教育书》刊于《中华教育界》第 5 卷第 2 期。

王维祺《中小学校之辅助教育》刊于《中华教育界》第 5 卷第 3 期。

稼畦《对于宣讲之意见》刊于《中华教育界》第 5 卷第 3 期。

吴家煦《理科教授之革新谈》刊于《中华教育界》第5卷第3期。

陈霆锐《学术中之强迫游戏》刊于《中华教育界》第5卷第3期。

顾树森《英国少年义勇团组织法》刊于《中华教育界》第5卷第3期。

翁长钟《美国新创之残废人工艺学校》刊于《中华教育界》第5卷第3期。

张克恭《万国伦理学会伦理教授细目》刊于《中华教育界》第5卷第3期。

李廷翰《教育谈话》刊于《中华教育界》第5卷第3期。

侯鸿鉴《乙卯暑假旅行记》刊于《中华教育界》第5卷第3期。

抱木《修养说》刊于《中华教育界》第5卷第4期。

杨鄂联《始入学儿童编织之商榷》刊于《中华教育界》第5卷第4期。

吴家煦《理科教授之革新谈》刊于《中华教育界》第5卷第4期。

稼畦《论女学为教育之母》刊于《中华教育界》第5卷第4期。

史礼绶《作业主义之教授准则》刊于《中华教育界》第5卷第4期。

顾树森《英国少年义勇团组织法》刊于《中华教育界》第5卷第4期。

翁长钟《实用数学之教授》刊于《中华教育界》第5卷第4期。

丁锡华《社会教育设施法》刊于《中华教育界》第5卷第4期。

张克恭《万国伦理学会伦理教授细目》刊于《中华教育界》第5卷第4期。

李廷翰《教育谈话》刊于《中华教育界》第5卷第4期。

沈颐《平民教育与平民政治》刊于《中华教育界》第5卷第7期。

李廷翰《教育方面之新希望》刊于《中华教育界》第5卷第7期。

王莐《勒笃氏行为哲学》刊于《中华教育界》第5卷第7期。

顾树森《人格教育学说》刊于《中华教育界》第5卷第7期。

余寄《德国之教育制度》刊于《中华教育界》第5卷第7期。

欧化《北美联邦国小学教育制度》刊于《中华教育界》第5卷第7期。

杨嘉椿《小学校教授乡土科之研究》刊于《中华教育界》第5卷第7期。

赵亮伯《教授小学国文之研究》刊于《中华教育界》第5卷第7期。

陈霆锐《美国小学校之职业教育》刊于《中华教育界》第5卷第7期。

顾树森《儿童智力检查法》刊于《中华教育界》第5卷第7期。

杨嘉椿《我校举行拟战之研究》刊于《中华教育界》第5卷第7期。

顾树森《论共和国国民教育之精神》刊于《中华教育界》第5卷第8期。

台僧《劳动学校之意义》刊于《中华教育界》第5卷第8期。

王莐《勒笃氏行为哲学》刊于《中华教育界》第5卷第8期。

余寄《美国教育制度》刊于《中华教育界》第5卷第8期。

李廷翰《两室制之小学校》刊于《中华教育界》第5卷第8期。

王莐《人格的教育学与算术教授》刊于《中华教育界》第5卷第8期。

赵亮伯《教授小学国文之研究》刊于《中华教育界》第5卷第8期。

德园《研究入学儿童身心状态之方法》刊于《中华教育界》第5卷第8期。

顾树森《儿童智力检查法》刊于《中华教育界》第5卷第8期。

台僧《英国训练上之生徒自治制》刊于《中华教育界》第5卷第8期。

姚大中《英美法国小学校手工教授之状况》刊于《中华教育界》第5卷第8期。

大中《德国盲人教育鼻祖喀赖因传》刊于《中华教育界》第 5 卷第 8 期。

陈耀《论学校管理当注意之点》刊于《中华教育界》第 5 卷第 12 期。

汪治《教员之圭桌》刊于《中华教育界》第 5 卷第 12 期。

王葵《原良心》刊于《中华教育界》第 5 卷第 12 期。

静庵《论伦理与涵养之关系》刊于《中华教育界》第 5 卷第 12 期。

静庵《欧美小学理科教授之概况》刊于《中华教育界》第 5 卷第 12 期。

马灵源《积极与消极之儿童教育》刊于《中华教育界》第 5 卷第 12 期。

严枚《论手工教授之价值》刊于《中华教育界》第 5 卷第 12 期。

范青胜《儿童个性考察法》刊于《中华教育界》第 5 卷第 12 期。

顾树森、王维尹《蒙铁梭利教育之儿童》刊于《中华教育界》第 5 卷第 12 期。

育荪《学校家庭体格检查法》刊于《中华教育界》第 5 卷第 12 期。

严桢《纽约中央铁道学徒之补习训练法》刊于《中华教育界》第 5 卷第 12 期。

方克和《美国职业教育之设施》刊于《中华教育界》第 5 卷第 12 期。

朱元善《教育独立》刊于《教育杂志》第 8 卷第 1 期。

黄炎培《实用主义产出之第二年》刊于《教育杂志》第 8 卷第 1 期。

黄炎培《东西两大陆教育不同之根本谈》刊于《教育杂志》第 8 卷第 1 期。

侯鸿鉴《论社会大势与今后之教育》刊于《教育杂志》第 8 卷第 1 期。

贾丰臻《今之师范教育问题》刊于《教育杂志》第 8 卷第 1 期。

贾丰臻《民国四年教育之回顾》刊于《教育杂志》第 8 卷第 1 期。

过瑶圃《新理想主义之教育》刊于《教育杂志》第 8 卷第 1 期。

天民《勤劳学校之实际施设》刊于《教育杂志》第 8 卷第 1 期。

太玄《动的教育之建设》刊于《教育杂志》第 8 卷第 1 期。

天民《分团式动的教育法》刊于《教育杂志》第 8 卷第 1 期。

钱智修《布格逊传》刊于《教育杂志》第 8 卷第 1 期。

太玄《美国小学校学科课程之变迁》刊于《教育杂志》第 8 卷第 1 期。

蒋维乔《湘省教育视察记》刊于《教育杂志》第 8 卷第 1 期。

天民《战争与国民教育》刊于《教育杂志》第 8 卷第 1 期。

天笑《科学者之家庭》刊于《教育杂志》第 8 卷第 1 期。

朱元善《今后之教育方针》刊于《教育杂志》第 8 卷第 4 期。

贾丰臻《教育危言》刊于《教育杂志》第 8 卷第 4 期。

侯鸿鉴《校训统一法》刊于《教育杂志》第 8 卷第 4 期。

庄启《今日当以任何西文教授科学》刊于《教育杂志》第 8 卷第 4 期。

过瑶圃《新理想主义之教育》刊于《教育杂志》第 8 卷第 4 期。

侯鸿鉴《天津教育讲演录》刊于《教育杂志》第 8 卷第 4 期。

志厚《近世教育与哲学之关系》刊于《教育杂志》第 8 卷第 4 期。

天民《作文之一气呵成》刊于《教育杂志》第 8 卷第 4 期。

孙揆《小学校行进游技之新研究》刊于《教育杂志》第 8 卷第 4 期。

赵傅璧《手工新教材》刊于《教育杂志》第 8 卷第 4 期。

太玄《挪威师范教育之现状》刊于《教育杂志》第 8 卷第 4 期。

蒋维乔《湘省教育视察记》刊于《教育杂志》第 8 卷第 4 期。

黄炎培《抱一日记》刊于《教育杂志》第 8 卷第 4 期。

天笑《科学者之家庭》刊于《教育杂志》第 8 卷第 4 期。

朱元善《少年义勇团与儿童之心理》刊于《教育杂志》第 8 卷第 5 期。

侯鸿鉴《对于江苏最近教育状况感言》刊于《教育杂志》第 8 卷第 5 期。

侯鸿鉴《江苏纷扰中之教育感论》刊于《教育杂志》第 8 卷第 5 期。

天民《公民教育论》刊于《教育杂志》第 8 卷第 5 期。

侯鸿鉴《天津教育讲演录》刊于《教育杂志》第 8 卷第 5 期。

天民《学习之心理》刊于《教育杂志》第 8 卷第 5 期。

孙揆《小学校行进游技之新研究》刊于《教育杂志》第 8 卷第 5 期。

杨祥香《低能儿之情意作用》刊于《教育杂志》第 8 卷第 5 期。

赵传璧《手工新教材》刊于《教育杂志》第 8 卷第 5 期。

太玄《德国少年之战时教育》刊于《教育杂志》第 8 卷第 5 期。

天民《美国少年义勇团》刊于《教育杂志》第 8 卷第 5 期。

蒋维乔《湘省教育视察记》刊于《教育杂志》第 8 卷第 5 期。

黄炎培《抱一日记》刊于《教育杂志》第 8 卷第 5 期。

希三《童子军之讨论》刊于《教育杂志》第 8 卷第 5 期。

天笑《科学者之家庭》刊于《教育杂志》第 8 卷第 5 期。

庄俞《教育与教训之能力》刊于《教育杂志》第 8 卷第 6 期。

贾丰臻《根本大计》刊于《教育杂志》第 8 卷第 6 期。

贾丰臻《道德教育之明星》刊于《教育杂志》第 8 卷第 6 期。

天民《公民教育论》刊于《教育杂志》第 8 卷第 6 期。

侯鸿鉴《天津教育讲演录》刊于《教育杂志》第 8 卷第 6 期。

天民《学习之心理》刊于《教育杂志》第 8 卷第 6 期。

太玄《算术上应用问题之初步教授》刊于《教育杂志》第 8 卷第 6 期。

太玄《卒业儿童与学校之联络》刊于《教育杂志》第 8 卷第 6 期。

赵光绍《克罗开球游戏法》刊于《教育杂志》第 8 卷第 6 期。

蒋维乔《湘省教育视察记》刊于《教育杂志》第 8 卷第 6 期。

黄炎培《抱一日记》刊于《教育杂志》第 8 卷第 6 期。

黄炎培《学校言语练习会之组织》刊于《教育杂志》第 8 卷第 6 期。

希三《小学校儿童用之桌椅》刊于《教育杂志》第 8 卷第 6 期。

庄启《今后教育之治本论》刊于《教育杂志》第 8 卷第 7 期。

贾丰臻《今后之教育问题》刊于《教育杂志》第 8 卷第 7 期。

侯鸿鉴《对于今日最危险时代教育维持之商榷》刊于《教育杂志》第 8 卷第 7 期。

张觉初《对于高小教育之新研究》刊于《教育杂志》第 8 卷第 7 期。

过瑶圃《新理想主义之教育》刊于《教育杂志》第 8 卷第 7 期。

经宇《蒙台梭利教育法演说词》刊于《教育杂志》第 8 卷第 7 期。

天民《学习之心理》刊于《教育杂志》第 8 卷第 7 期。

太玄《由儿童观察家庭之法》刊于《教育杂志》第 8 卷第 7 期。

天民《学校之社会的训练》刊于《教育杂志》第8卷第7期。

天民《德国之公民教育》刊于《教育杂志》第8卷第7期。

黄炎培《抱一日记》刊于《教育杂志》第8卷第7期。

庄俞《刷新教育之机会》刊于《教育杂志》第8卷第8期。

庄启《实业教育改制论》刊于《教育杂志》第8卷第8期。

过瑶圃《新理想主义之教育》刊于《教育杂志》第8卷第8期。

侯鸿鉴《天津教育讲演录》刊于《教育杂志》第8卷第8期。

志厚《释注意》刊于《教育杂志》第8卷第8期。

天民《学校之社会的训练》刊于《教育杂志》第8卷第8期。

钱智修《郁根传》刊于《教育杂志》第8卷第8期。

天民《德国之公民教育》刊于《教育杂志》第8卷第8期。

贾丰臻《教育识小》刊于《教育杂志》第8卷第8期。

黄炎培《抱一日记》刊于《教育杂志》第8卷第8期。

濂浦《八段锦商榷》刊于《教育杂志》第8卷第8期。

庄俞《今日之职业教育》刊于《教育杂志》第8卷第9期。

贾丰臻《教育上之觉悟》刊于《教育杂志》第8卷第9期。

庄启《造成良教员之法》刊于《教育杂志》第8卷第9期。

天民《各国学校系统之研究》刊于《教育杂志》第8卷第9期。

天民《级团编制之教育方案》刊于《教育杂志》第8卷第9期。

俞子夷《算术教授上之谬误》刊于《教育杂志》第8卷第9期。

王怀琪《最新旗操》刊于《教育杂志》第8卷第9期。

天民《交战国之教育》刊于《教育杂志》第8卷第9期。

陆规亮《调查日本乡村小学日记》刊于《教育杂志》第8卷第9期。

钱士青《英国学制精》刊于《教育杂志》第8卷第9期。

蒋维乔《答范静生总长书》刊于《教育杂志》第8卷第9期。

黄炎培《抱一日记》刊于《教育杂志》第8卷第9期。

贾丰臻《理想之教育》刊于《教育杂志》第8卷第10期。

贾丰臻《童子军与教育主义》刊于《教育杂志》第8卷第10期。

严琳《小学教师之自身问题》刊于《教育杂志》第8卷第10期。

过瑶圃《新理想主义之教育》刊于《教育杂志》第8卷第10期。

侯鸿鉴《天津教育讲演录》刊于《教育杂志》第8卷第10期。

志厚《释注意》刊于《教育杂志》第8卷第10期。

天民《自主的学习法》刊于《教育杂志》第8卷第10期。

杨祥香《算术科之自学转导法》刊于《教育杂志》第8卷第10期。

钱智修《郁根传》刊于《教育杂志》第8卷第10期。

天民《交战国之教育》刊于《教育杂志》第8卷第10期。

黄炎培《抱一日记》刊于《教育杂志》第8卷第10期。

天笑《科学者之家庭》刊于《教育杂志》第8卷第10期。

濂浦、铁崖《八段锦商榷》刊于《教育杂志》第8卷第10期。

钱基博《中学校国文科教授文法之商榷》刊于《教育杂志》第 8 卷第 12 期。

侯鸿鉴《对于小学国文教授研究之针砭》刊于《教育杂志》第 8 卷第 12 期。

马瀛《字典同部同画文字次序商榷》刊于《教育杂志》第 8 卷第 12 期。

贾丰臻《教育界之送旧迎新》刊于《教育杂志》第 8 卷第 12 期。

过瑶圃《新理想主义之教育》刊于《教育杂志》第 8 卷第 12 期。

天民《艺术教育上之诸问题》刊于《教育杂志》第 8 卷第 12 期。

天民《学校生活之完成》刊于《教育杂志》第 8 卷第 12 期。

天民《交战国之教育》刊于《教育杂志》第 8 卷第 12 期。

黄炎培《抱一日记》刊于《教育杂志》第 8 卷第 12 期。

天笑《科学者之家庭》刊于《教育杂志》第 8 卷第 12 期。

杨祥香《今之教科书问题》刊于《教育杂志》第 8 卷第 12 期。

任鸿隽《吾国学术思想之未来》刊于《科学》第 2 卷第 12 期。

按：是文曰："一新时代之将至，必以思想变迁为之先导。人亦有言，思想者事实之母。……今夫思想之为物，其变幻若蜃气云雾而不可方物，其幽眇若人罷鱼网而不可析理；人之用思想，则不出乎两途。有用于主观者，以一人之心知情感为主，而外物之条理不与焉。有用于物观者，以外物之条理为主，而一己之心知情感不与焉。属于前者，为人生之观念，为性理之启瀹。属于后者，为物性之阐辟，为智识之泉源。要言之，属于前者为文学之事，属于后者为科学之事。"而纵观"吾国思想之历史，属于何者，此问题可不待再思而答曰，文学的也"。"神州学术，于晚周号称发达。然九流皆出王官，则亦历史的滥觞也"，"秦汉以后，人守一经，发言论事，必以古义为依归，则历史的文学，于斯为盛，魏晋之间，清谈转盛，其思想所托，率以一人之情感为主，而客观格物之意少，其文学则渐趋骈丽，乃至重文词而贱思想。唐以后文学返古，思想则不出乎历史的范围"，"宋世则有理学，别开生面，然其讲学之旨，主静存诚，杂糅禅宗"。"自元以后，异族迭主，民坠涂炭，救死不暇，其思想之无进步，又不待言。综观神州四千年思想之历史，盖文学的而非科学的。一说之成，一学之立，构之于心，而未尝征之于物；任主观之观察，而未尝从客观之分析；尽人事之繁变，而未暇究物理之纷纭。取材既简，为用不宏，则数千年来停顿幽沉而无一线曙光之发见，又何怪乎！易曰：'穷则变，变则通。'吾中国社会制度，既经变更，且日在变更之中矣。其思想之变更，自有不可避之势。质言之，吾国社会制度，既经根本上之革命矣，而学术思想之革命，将何出乎？此今日最有趣味而最重要之问题也。"

针对这样的现实，中国学术思想的未来该如何发展？是文曰："第一当问吾国承学之士于旧有之学术，遂已满足乎？吾必应之曰'否'。如其'然'也，吾人何不以钻研故纸为已足，而必汲汲于所谓新学术、新智识也。第二当问吾承学之士，值此道丧学散之余，将遂坐视其僬野退化，与榛狉未开之族同伍乎？抑尚有振起学术中兴文化之决心也。吾观于当今学子之皇皇焉以教育为务，无学为忧，而知吾人向学之心，盖隐然若灯之在帷矣。第三当问欲救旧时学术之弊，其道何从？欲得此问题之答解，则当知吾国旧时学术之弊何在。吾既言之矣，吾国之学术思想，偏于文学的。所谓文学者，非仅策论词章之伦而已。凡学之专尚主观与理想者，皆此之类也。是故经师大儒之所训诂，文人墨士之所发舒，非他人之陈言，则一己之情感而已。人之智识，不源于外物，不径于官感者，其智识不可谓真确。无真确无智识而欲得完美之学术，固不可得之数矣。是故循物极则反之例，推有开必先之言，思想之变迁，既有然矣。其变也，必归于科学。"

蔡元培《石头记索隐（未完）》刊于《小说月刊》第 7 卷第 1 号。

姚公鹤《上海小史（未完）》刊于《小说月刊》第 7 卷第 1 号。

蔡元培《石头记索隐（续）》刊于《小说月刊》第 7 卷第 2 号。

姚公鹤《上海小史（续）》刊于《小说月刊》第 7 卷第 2 号。

蔡元培《石头记索隐（续）》刊于《小说月刊》第 7 卷第 3 号。

姚公鹤《上海小史(续)》刊于《小说月刊》第 7 卷第 3 号。

胡朝梁《蒋少颖先生家传》刊于《小说月刊》第 7 卷第 3 号。

夏静志《滑稽小史(未完)》刊于《小说月刊》第 7 卷第 3 号。

蔡元培《石头记索隐(续)》刊于《小说月刊》第 7 卷第 4 号。

姚公鹤《上海小史(续)》刊于《小说月刊》第 7 卷第 4 号。

夏静志《滑稽小史(续)》刊于《小说月刊》第 7 卷第 4 号。

蔡元培《石头记索隐(续)》刊于《小说月刊》第 7 卷第 5 号。

姚公鹤《上海小史(续)》刊于《小说月刊》第 7 卷第 5 号。

蔡元培《石头记索隐(续完)》刊于《小说月刊》第 7 卷第 6 号。

姚公鹤《上海小史(续)》刊于《小说月刊》第 7 卷第 6 号。

姚公鹤《上海小史(续)》刊于《小说月刊》第 7 卷第 8 号。

散原《老子注叙》刊于《小说月刊》第 7 卷第 8 号。

姚公鹤《上海小史(续)》刊于《小说月刊》第 7 卷第 9 号。

姚公鹤《上海小史(续)》刊于《小说月刊》第 7 卷第 11 号。

石遗《二十四史校勘记叙》刊于《小说月刊》第 7 卷第 11 号。

姚公鹤《上海小史(续完)》刊于《小说月刊》第 7 卷第 12 号。

四、学术著作

(东晋)王羲之书《(宋仲温藏)定武兰亭肥本》由上海有正书局刊行。

(元)赵孟頫书《赵孟頫四札墨迹》由上海有正书局刊行,有跋。

(明)张宏绘《张君度仿宋元诸家册》由上海有正书局刊行。

(明)邵弥绘《邵瓜畴东南名胜图册》由上海神州国光社刊行。

(明)萧云从绘,王渔洋题《萧尺木山水·王渔洋对题双绝册》由上海神州国光社刊行。

(清)王廉州绘,神州国光社审定《王廉州仿古山水精册》由上海神州国光社刊行。

(清)任熊绘《任渭长范湖草堂图》由上海有正书局刊行。

(清)查士标绘《查梅壑山水袖卷》由上海神州国光社刊行。

(清)恽寿平绘《(清宫秘藏)南田墨戏册》由上海有正书局刊行。

(清)康有为著《广艺舟双楫》由上海广艺书局刊行。

(清)包世臣著《艺舟双楫》由上海有正书局刊行

(清)梁廷枏撰《曲话》由上海有正书局刊行。

李杕著《哲学提纲》(名理学)由上海土山湾印书馆刊行。

按:此书是在《哲学提纲》总题之下的一个分册《名理学》,即逻辑学。内有学问总论、总论哲学、论简意、论判断、论推想、论引证法像与式、论谬辨诸式等七部分及学题 26 个。

谢无量编《中国哲学史》由上海中华书局刊行。

梁启超著《墨学微》由上海商务印书馆刊行。

谢蒙(谢无量)《韩非》由上海中华书局刊行。

江谦编《两汉学风》由江苏省教育会刊行。

谢无量著《朱子学派》上海中华书局刊行,书末附有《朱子门人及宋以来朱学略述》。

朱元善著《近世伦理学说》由上海商务印书馆刊行。

梁启超节钞,黄宗羲《(节本)明儒学案》由上海广智书局刊行。

陈柱著《庄子内篇学》由中国学术讨论社刊行。

邹德谨、蒋正陆编译《常识修养法》由上海商务印书馆刊行。

鲍方洲著《(简易独习)催眠新法》由上海中华书局刊行,有自序。

刘钰墀著《催眠实用学》由上海中国心灵研究总会刊行。

谢蒙(谢无量)编《佛学大纲》由上海中华书局刊行。

梁启超著《西哲学说一脔》由上海商务印书馆刊行。

骆维康著《基督教要旨之研究》由上海青年协会书报部刊行。

谢洪赉著《基督教与科学》由上海青年会书报发行所刊行。

陈若瑟著《人生必读》由山东兖州府天主堂刊行,有自序。

丁立美著《立志传道阻碍解决法》由中华基督教青年会全国协会书报部刊行。

杭海著《有神论》由上海广学书局刊行。

浩然主人编《仙术秘传》由上海神州催眠学会刊行。

监理公会编《监理公会第二十一次中华年会记录》由上海编者刊行。

李友兰编著《师主篇》由河北献县胜世堂刊行。

马相伯演说《圣经与人群之关系》刊行。

祁祖默德神人著《灵命观》刊行。

明嘉禄编著《慎思录》由河北献县天主堂刊行。

青年会全国协会编《(民国四年)青年会成绩之报告》由上海编者刊行。

孙璋述《性理真诠提纲》由上海土山湾印书馆刊行。

太虚著《昧盦诗录》由浙江宁波宏久印刷局刊行。

王炳堃著《耶儒月旦》由上海广学会刊行。

谢洪赉著《名牧遗徽》由上海中华基督教育青年会全国协会刊行。

中华续行委办会编《中华基督教会年鉴》(第3期)由上海商务印书馆刊行。

吴双热著《海虞风俗记》由上海小说丛报刊行。

杨觐东著《粤海报政录》由著者刊行。

按:是书收电文、呈文、说帖、书信、章程、序文等。有《布告莅任视事维持现状文》《粤海道公署办事章程》《上龙都督说坫》等。有易学清、叶镜堤序各1篇。

张嘉森著《省制草案》由上海泰东图书局刊行。

黄瘦生著《正言》由著者刊行。

梁启超著《盾鼻集》第1、2册由上海商务印书馆刊行。

梁启超著《政闻时言》(上下册)由上海商务印书馆刊行。

梁启超著《饮冰室自由书》由上海商务印书馆刊行。

按:饮冰室指梁启超故居书斋。书斋"饮冰室"为浅灰色两层洋楼,建于1924年。《饮冰室合集》就是在这里完成的。

商务印书馆编《中华民国临时约法》由上海商务印书馆刊行。

康有为著《拟中华民国宪法草案发凡》由上海广智书局刊行。

司法部秘书厅编《法令全书分类目录》由北京编者刊行。

张东荪编《宪法与省制》由上海泰东图书局刊行。

李大钊、田解编《宪法公言》由北京编者刊行。

京师警察厅编《京师警察法令汇编》由北京撷华书局刊行。

吴道南编著《违警罚法详解》由北京顺天时报社刊行。

陆军训练总监编《陆军经理学大要》刊行。

陆军训练总监订《战术学教程》刊行。

阮焦斗、范尚之著译《欧洲战史》由集益修书局刊行。

日本兵学研究会著，刘润生译《由欧洲大战所得军事上之教训》由北京陆军学会本部刊行。

饶景星改订《军语》由北京武学书局刊行。

雁荡山人改订《步兵须知》由杭州浙江印刷公司刊行。

仲侯氏、饶景星编《步兵操典问答》由北京武学书局刊行。

陆军训练总监编《交通学教程》(第 1—2 卷)由编者刊行。

李待琛编《现代武器》由上海泰东书局刊行。

李作栋著《最近各国经济状况纪实》由北京经济学会刊行。

屠坤华著《万国博览会游记》由上海商务印书馆刊行。

章祖纯编《巴拿马博览会农业调查报告》刊行。

按：是书介绍了农业馆陈列概况，美国农产品，美国农业教育，南美产品，加拿大、大洋洲、日本产品，产品包括农具、食品、园艺、牲畜等。卷首有陈琪、陈介、陶昌善、田步蟾作序及编者自序。

山西农桑总局编《山西农桑总局成绩报告》由编者刊行。

农商部编《中华游美实业团报告》由上海商务印书馆刊行。

卢寿篯编《实业致富新书》由上海中华书局刊行。

李恩藻著《烟酒税法提纲》由北京万成斋南纸铺刊行。

林振翰编《川盐纪要》由上海商务印书馆刊行。

卢南生编《工业与电气》由天津工业电气社刊行。

顾琅编《中国十大矿厂调查记》由上海商务印书馆刊行。

叶春墀著《簿记》由上海商务印书馆刊行。

王景春等编《中国铁路借款合同全集》由铁路协会刊行。

张竞立编著《铁路借款提要》由编者刊行。

交通部统计委员会编《宣统三年邮传部统计图表》由交通部统计委员会刊行。

柳准编《商业经济》由上海商务印书馆刊行。

盛在珣编，刘大坤校订《商业实践》由上海商务印书馆刊行。

按：是书分为总论、零售业、批发业、媒介商业 4 编共 38 章，论述商业实践问题。

吴江、王言纶编《最新商业学》下册由上海中国图书公司和记刊行。

北京财政讲习所编《财政讲习所讲义录》由编者刊行。

黄遵楷编《调查币制意见书》由上海商务印书馆刊行。

张廷健著《银行论》刊行。

康有为著《书镜》(原名《广艺舟双楫》)由上海商务印书馆刊行。

陆养晦编《古画大观》(1—3册)由上海国华书局刊行。

美术研究会审定《中国名画》(1—25集)由上海有正书局刊行。

商务印书馆编译所编《名人书画》(1、2、3、6集)由上海商务印书馆刊行。

景氏编《景氏收藏名画录》由个人刊行。

文艺编译社编《戏法大观》1—4册由上海文艺编译社刊行。

丙辰学社编《丙辰学社齿录》由编者刊行。

民鸣社书记室编《民鸣》由上海华商印刷公司刊行。

许家庆编纂《西洋演剧史》由上海商务印书馆刊行。

按：是书介绍了西洋演剧的意义、种类，剧场的发展，技艺的进步，戏曲的潮流，名剧作家，爱尔兰的新戏曲，俄罗斯的新剧场，德意志的舞台等。

沈肇州辑录《瀛洲古调》由上海江苏省教育会刊行。

顾鸣盛编辑《魔术大观》由上海文明书局、中华书局刊行。

朱元善编纂《教授时间之研究》(教育丛书)由上海商务印书馆刊行。

朱元善编纂《教育的发问法》(教育丛书)由上海商务印书馆刊行。

樊炳清著《比奈氏智能发达诊断法》(教育丛书)由上海商务印书馆刊行。

郭秉文著《学校管理法》(教育丛书)由上海商务印书馆刊行。

蔡文森著《实验简易理化器械制造法》(教育丛书)由上海商务印书馆刊行。

妇女杂志社编《余日章先生教育演说》由上海商务印书馆刊行。

北京教育会编《第二次全国教育会联合会会务纪要》由编者刊行。

通俗教育研究会编《通俗教育研究会第一次报告书》由北京编者刊行。

教育部编《教育部行政纪要》由北京编者刊行。

教育部编《教育部第一次教育行政会议录要》由编者刊行。

卢殿虎、臧祜辑述《全国教育行政会议纪略》(中华民国五年十二月)由上海商务印书馆刊行。

教育部编《中华民国第四次教育统计图表》(四年八月至五年七月)由北京编者刊行。

江苏省长公署教育科编《江苏教育近五年间概况》由编者刊行。

江苏省教育会编《江苏省教育会年鉴》(第1期)由编者刊行。

宝山县公署第三科编《宝山县教育状况》由江苏宝山编者刊行。

常熟县公署第三科编《常熟县三年间教育状况》由江苏常熟编者刊行。

丙辰视学团编《丙辰东游视学记》由编者刊行。

朱元善著《儿童研究》(教育丛书)由上海商务印书馆刊行。

范祥善编《吴江巡回讲习笔记》由吴江江苏省立第一师范学校刊行。

李廷翰编《训育谈》(浙江小学教育研究会讲义)由上海中华书局刊行。

李登辉等著《小学教材商榷书》由上海中华书局刊行。

顾树森编辑《单级教授法》(浙江小学教育研究会讲义)由上海中华书局刊行。

按：是书论述单级小学校的意义、单级教授与儿童分组的关系、单级教授的阶段和形式，以及修身、国文、算术、体操等科的教授法。

蒋维乔编《各科教授法》由上海商务印书馆刊行。

熊翥高编《实用手工参考书》由上海商务印书馆刊行，有范祥善，王朝阳等人序。

王怀琪编《实验拟战游技》(第1集)由上海澄衷中学校刊行。

尚公小学校编《尚公记》由上海商务印书馆刊行。

朱元善编《理化新教授法》(教育丛书)由上海商务印书馆刊行。

浦东中学化学工业科编《浦东中学化学工业科纪念录》由上海编者刊行。

上海南洋中学编《南洋中学》(1915—1916)由上海编者刊行。

世界社编《旅欧教育运动》由法国都尔旅欧杂志社刊行。

周维城著《特别教育》由上海商务印书馆刊行。

朱元善编《天才教育论》(教育丛书)由上海商务印书馆刊行。

郭秉文《中国教育制度沿革史》由商务印书馆刊行

按:此书系作者在1914年在美国哥伦比亚大学的教育学博士学位论文,旨在对中国从上古到民国时期中国教育制度的变迁加以系统梳理与研究,原文以英文撰写,1915年由哥伦比亚大学出版,是年由商务印书馆出版了周盘翻译的中文版,黄炎培作序,称誉此书为"一部中国教育制度简史,也是中国第一部具有通史性质的教育制度史"的"空前之作"。

国民体育社编,[美]麦克乐订正《足球》(体育丛书)由上海商务印书馆刊行。

向逵著《拳术》由上海中华书局刊行。

王怀琪编《(订正)八段锦》由上海中国体操学校刊行。

郑绍皋编《端艇游泳术》由上海商务印书馆刊行,有编者序。

潘定思、谢宣著《国耻纪念象棋新局》由上海商务印书馆刊行。

乐于时著《扑克指南》由上海新中华图书馆刊行。

庄适编纂《国文成语辞典》由上海中国图书公司刊行。

徐元诰等主编《中华中字典》由上海中华书局刊行。

沈恩孚编《国文自修书辑要》由上海中华书局刊行。

按:此书就文字、文章范围介绍自修国文所需的重要著作。包括《说文解字部首》《说音》《四书》《汉书艺文志》《四库全书总目提要叙》《古文辞类纂序目》等6种。书前有《国文自修书辑要说明书》。

陶散生著《马氏文通要例启蒙》(上下册)由北京华新印刷局刊行。

宋文蔚编《(评注)文法津梁》(中册)由上海商务印书馆刊行。

宋文蔚编《(评注)文法津梁》(下册)由上海商务印书馆刊行。

宋文蔚编《(评注)文法津梁》(上册)由上海商务印书馆刊行。

景亮钧编《文牍》由编者刊行。

张莘农编注《威匿思商人》(初级英文丛书第4种)由上海中华书局刊行。

张莘农编注《瑞士家庭鲁滨孙》(初级英文丛书)由上海中华书局刊行。

张谔著《英文学生会话》由上海中华书局刊行。

庄则忠编注《(附国文注释)琉璃山》(小本英文说苑第4种)由上海中华书局刊行。

杨锦森选编《华盛顿文选》(英美名人文选第1种)由上海中华书局刊行。

杨锦森选《罗斯福文选》(英美名人文选第2种)由上海中华书局刊行。

颜惠庆等编《英华大辞典》由上海商务印书馆刊行。

严枚注释《格列佛游记》(初级英文丛书第5种)由上海中华书局刊行。

吴康注释《(附国文注释)雪儿》(小本英文说苑第3种)由上海中华书局刊行。

沈步洲编《高等英文法》由上海中华书局刊行。

欧阳溥存、徐元诰、汪长禄编《(缩本)中华大字典》由上海中华书局刊行。

马润卿编注《(附国文注释)山中人》(小本英文说苑第 1 种)由上海中华书局刊行。

金问洙等注释《(附国文注释)三姊妹》(小本英文说苑第 2 种)由上海中华书局刊行。

华言学堂编《南京华言学堂课本》由编者刊行。

东亚同文书院编《华语萃编》(1—4 集)由上海东亚同文书院支那研究部刊行。

陈独秀编《(中学程度)模范英文教本》(1—4 册)由上海群益书社刊行。

林纾著《畏庐续集》刊行,共收录古文 83 篇。

按:《畏庐续集》出版,人始以古文家看待林纾,而林纾持韩、柳、欧、曾及桐城义法者愈力。

林纾著《春觉斋论文》1 卷由北京都门印书局刊行,署名林畏庐。

按:《春觉斋论文》是一部详尽论述古文要旨、流别、应知、禁忌、用笔的入门指导性著作,也是对古文写作理论、技法与桐城派义法说的系统概括与总结。

林纾著《铁笛亭琐记》由都门印书局刊行。

林纾著《冤海灵光》刊行。

林纾著《践卓翁小说》第二辑,署名践卓翁。

姚永概著《慎宜轩文集》刊行,作《畏庐续集序》。

按:姚永概《畏庐续集序》曰:"畏庐长余十四年,弟视余,余亦兄事之。"(《畏庐续集》卷首)

姚永朴编《文学研究法》由上海商务印书馆刊行。

按:是书讲述研究中国古典文学的方法。

谢无量著《中国妇女文学史》由上海中华书局刊行。

按:是书一扫历代轻视女性的偏见,对薛洪度等女性作品予以充分赞扬和肯定,开研究中国妇女文学之先河。

孙毓修编纂《欧美小说丛谈》由上海商务印书馆刊行。

吴梅编著《顾曲麈谈》(上下册)由上海商务印书馆刊行。

钱静方编著《小说丛考》(上下卷)由上海商务印书馆刊行。

李泰棻编《西洋大历史》(上卷)由北京编者刊行,陈独秀、刘复、章士钊作序。

按:李泰棻的史学著作有十几种,他 19 岁时写的《西洋大历史》一版刊行,出四版时,章士钊、李大钊、陈独秀、刘半农等为之写序,称此书为中国编著西洋历史开一新纪元。

梁启超著《外史鳞爪》(上中下册)由上海商务印书馆刊行。

黄毅著《袁氏盗国记》(上下册)由上海国民书社刊行。

云南政报发行所编《袁世凯伪造民意纪实》由编者刊行。

云南政报发行所编《民意征实录》(大盗移国之确据·袁世凯之所谓民意·顾鳌等之鬼蜮伎俩)由编者刊行。

梁启超著《袁政府伪造民意密电书后》刊行。

高明镜著《袁前大总统略传》由顺天时报社刊行。

民心社编《最新袁世凯》由编者刊行。

中华新报馆编《护国军纪事》(第 1—4 期)由上海编者刊行。

徐进笔述《贵州独立记》由上海泰东图书局刊行。

志恢编《再造共和新文牍》(唐梁诸大名杰之文录)由上海崇义书庄刊行。

两广都司令部参谋厅编著《军务院考实》由上海商务印书馆刊行。

武宁(李烈钧)著,姑射编辑《武宁文牍》由岭南文学社刊行。

梁启超著《中国之武士道》由上海商务印书馆刊行。

王国维著《太史公系年考略》由上海仓圣明智大学广仓学窘丛书甲类本刊行。

谢无量编《中国六大文豪》由上海中华书局刊行。

按:是书分别对屈原、司马相如、扬雄、李白、杜甫、韩愈等6位文学家的生平及其在文学史上的成就等进行了介绍和分析。

董景安编《中国历代名人故事》由上海协和书局刊行。

按:是书分天命、教化、仁义、忠信、贫富、志节等30条类,收录中国历代名人故事120则,依时代次序编排。

孟森刊载《东方杂志》等清史论文汇编为《心史丛刊》第1集由商务印书馆刊行。

陈邦福著《卢子干年谱》由中国学报社刊行。

上海有正书局编《霓裳艳影》由上海有正书局刊行。

黄狂狂著《坤伶小传》由华新印刷局出版。

按:是书收录金凤奎、金玉兰、刘喜奎、杨玉琴、李桂芬、李凤云、赵紫云、宋凤云等30多位民初戏剧演员的小传。

吕思勉著《关岳合传》由上海中华书局刊行。

贡少芹著《黎黄陂轶事》由上海翼文编译社刊行。

天忏生、冬山编《黄克强、蔡松坡轶事》由上海文艺编译社刊行。

无名氏编《朱兴武将军哀挽录》刊行。

沈石公编《最新百颜图》由上海国华书局刊行。

朱元善著《裴司泰洛齐传》由上海商务印书馆刊行。

沈阳博物馆编《历史与考古》由辽宁沈阳编者刊行。

游筱溪编《中华国粹汇编》由上海商务印书馆刊行。

花楞编述《内蒙古纪要》由北京经纬书局刊行。

景亮钧著《地理》(中国篇)由北京著者刊行。

梁启超著《新大陆游记》由上海商务印书馆刊行。

首都警察厅编《南京市地理乃社会概况》由编者刊行。

陶履恭等编《中外地理大全》由上海中华书局刊行。

志成印书馆著《邗上指南》由著者刊行。

张遵旭编《福州及厦门》由编者刊行。

萧萍编《长生术》由大众书局刊行。

梁启超著《国学蠡酌》由上海商务印书馆刊行。

吴明浩编《青年宝鉴》由上海中华书局刊行。

［日］鸭田游水著,陈适吾译《实用矫癖法》由上海有正书局刊行。

［日］内田良平著,无名子译《日本黑龙会对华之密谋》刊行。

［日］长谷著,进步书局编《现代之女子》由上海进步书局刊行。

［日］吉田熊次著,华文祺等编译《德国教育之精神》由上海商务印书馆刊行。

按:是书详细介绍了德国大学的基本理念。它认为德国大学是"真为自由之神境",并进一步总结说:"德国大学之教育主义,可以自由研究四字尽之,德之学校教育,本施极严肃之教育,唯大学则全然不同,而施无制限之自由主义教育。大学教授得以己所欲讲者讲之,大学学生亦得学己之所欲学,潜心于己所欲研究之问题,遂以是为学制而公认之"。

[日]菊池幽芳著,韵琴译《乳姊妹》(上下册)由上海中国图书公司刊行。

[英]马司特曼著,梅益盛译《民政发展精义》由上海商务印书馆刊行。

[英]斯迈尔斯(原题苏曼雅士)著,秦同培译《品性论》由上海中华书局刊行。

[英]拔柯著,孟宪承译述《鬼语》由上海商务印书馆刊行。

[英]季理裴译《基督模范》(官话)由上海广学会刊行。

[英]马开著,[英]梅益盛口授,蒋茂森笔述《圣道诠证》由上海广学会刊行。

[英]聂格里著,[英]季理裴译《基督传》由上海广学会刊行。

[英]白資勃那著,周越然译《德国学校近世语教授法》由上海商务印书馆刊行。

按:此书系著者1897年去德国考察外国语教学法后写成。分论新式教授法、论文法及作文、论教授外国语之用辨音学、德国近世语教员之养成等7章。介绍德国大学和中学校外国语课程设置、教学方法、考核及教师配备等方面的情况。

[英]包鲁乌因著,林纾、陈家麟译《秋灯谭屑》由上海商务印书馆刊行。

[英]莎士比亚著,林纾、陈嘉麒译《亨利第六遗事》由上海商务印书馆刊行。

[英]倩伯司著,林纾、陈家麟译《诗人解颐语》(上下册)由上海商务印书馆刊行。

[英]克拉克著,林纾、陈家麟译《奇女格露枝小传》由上海商务印书馆刊行。

[英]奥尔嫩著,潜夫译《侠贼小史》由上海中国图书公司刊行。

[英]加兰了伦著,冯汉译《世界著名之大骗子》由上海中国图书公司刊行。

[英]威利孙著,林纾等译《情窝》由上海商务印书馆刊行。

[英]亨旦著,甘永龙、朱炳勋译《二义同囚录》由上海中国图书公司刊行。

[英]C. Garvice著,倪灏森译《双凤夺妻录》由上海小说丛报社刊行。

[英]巴科著,朱世溙译《小拿破仑别记》由上海中华书局刊行。

[英]柯南道尔著,周瘦鹃、严独鹤等合译《福尔摩斯侦探案全集》由上海中华书局刊行。

按:是书由刘半农、严独鹤、程小青、陈小蝶、天虚我生、周瘦鹃、陈霆锐、天侔、常觉、渔火等分译。刘半农在该书"跋"语中说:"丙辰之春,同人合译《福尔摩斯侦探案全集》既竟,以校雠之家属余。……彼柯南道尔抱启发民智之宏愿,欲使侦探界上大放光明。而所著之书,乃不为侦探教科书,而为侦探小说者,即因天下无论何种学问,多有一定系统,虽学理高深至于极顶,亦为一部详尽的教科书足以了之。……独至侦探事业,……夫以如是不可捉摸之奇怪事业,而欲强编之为科教书,曰侦探之定义如何,侦探之法则如何,其势必有所不能。……以至精微至玄妙之学理,托诸小说家言,俾心有所得,即笔而出之。于是乎美具难并,启发民智之宏愿乃得大伸。"书后附有刘半农撰的《英国勋士柯南道尔先生小传》。

[英]马戈尔尼述,刘复译《乾隆英使觐见记》刊行。

[英]朴笛姆·威尔著,陈冷太、陈诒光译《庚子使馆被围记》由上海中华书局刊行。

[美]司徒雷登著,陈金镛译《圣教布道近史》(初、中、下编)由上海中华基督教青年会全国协会书报部刊行。

[美]赫士著,李新民代笔《教会历史》由上海广学会刊行。

[美]胥温德著,胡贻毅译《圣经教授法》由中华基督教青年会全国协会书报部刊行。

[美]亮乐月著,袁玉英译述《圣诞抉微》由上海广学会刊行。

[美]泰罗著,穆湘玥译《学理的管理法》(工厂适用)由上海中华书局刊行。

[美]施脱兰欧著,俞子夷译述《施脱兰欧教授法概要》由上海国光书局印刷所刊行。

[美]弗兰克·爱地普著,吕鹏搏译《新世纪家庭教育谈》由上海中华书局刊行。

［美］麦克乐译述《体育释名》由上海基督教青年会全国协会书报部刊行。

［美］富善编《官话萃珍》由上海美华书馆刊行。

［美］沙路顿著，耀华、祝龄编译《罪影》由上海中华新教育社刊行。

［美］巴苏谨著，林纾、陈家麟译《橄榄仙》由上海商务印书馆刊行。

［法］小仲马著，林纾、王庆通译《香钩情眼》（上下册）由上海商务印刷馆刊行。

［法］勒东路易著，魏易译《冰叶徐生记》（上下册）由上海商务印书馆刊行。

［法］曲特拉痕脱著，梁禾青、赵尊岳译《大荒归客记》由上海商务印书馆刊行。

［法］余增史著，双石轩译《铜国雪恨录》（上下册）由上海商务印书馆刊行。

［德］F. 额尔德、［美］K. E. 约旦编《（英汉对照）中国文体举例》（汉文本）由上海商务印书馆刊行。

［俄］契诃夫著，陈家麟等译《风俗闲评》由上海中华书局刊行。

［意］亚尔方骚·利高烈著《拜圣体录》由河北献县张家庄胜世堂刊行。

［波兰］胡利著，路钧译《女虚无党》由上海有正书局刊行。

J. R. Hykes 著《美国圣经会在华八十三年之历史》刊行。

J. F. Johnson 主编《真神爱人》由上海中国圣教书会刊行。

P. Richardson 著，倪瀚森译述《甘萨女郎》由上海小说丛书社刊行。

J. Swift 著，周越然注释《海外轩渠录》由上海商务印书馆刊行。

杨支著，林纾、陈家麟译《鹰梯小豪杰》由上海商务印书馆刊行。

嚚俄著，东亚病夫译《枭欤》由上海有正书局刊行。

达马南著，金玛、陈雅译《善择地位规则》由上海土家湾印书馆刊行。

冯马利亚著，刘永龄译《道腴一贯》由上海广学会刊行。

戈尔腾著，季理斐译，潘桢述《活水永流》由上海广学会刊行。

慕尔腓著，赫士编，谭延铭等校《司牧良规》由上海广学会刊行。

苏里和辑，陈雅各译《圣多玛斯小传》由上海土山湾印书馆刊行。

朱景宽编译《职业教育论》（教育丛书）由上海商务印书馆刊行。

邹德谨、蒋正陆编译《人格修养法·独立自尊合册》由上海商务印书馆刊行。

邹德谨、蒋正陆编译《实务才干养成法》由上海商务印书馆刊行。

邹德谨、蒋正陆编译《意志修养法》由上海商务印书馆刊行。

张问行著《礼貌撮要》由上海土山湾印书馆刊行。

渔人译《如庇来翁大赦考》由上海土山湾印书馆刊行。

陈政译述《泰西礼仪指南》由上海文明书局刊行。

顾树森译述《英国少年义勇团组织法》由上海中华书局刊行。

陈寿凡译述《欧美列强国民性之训练》由上海商务印书馆刊行。

陆规亮编译《德国教育之实况》由上海中国图书公司刊行。

唐碧译述《调查日本社会教育纪要》由通俗教育研究会刊行。

麦东意编译《分级器械运动》由上海基督教青年会全国协会书报刊行，有译者序。

邹德谨、蒋正陆编译《读书法》（通俗教育丛书）由上海商务印书馆刊行。

蒋景缄译《猩娘小传》（奇情小说）由上海进步书局刊行。

天笑声译《镜台写影》(家庭小说)由上海有正书店刊行。

黄士淇编译《海天情孽》由上海商务印书馆刊行。

郭演公编译《名优遇盗记》由上海商务印书馆刊行。

蒋景缄译《猿幻奇案》(侦探小说)由上海进步书局刊行。

蒋景缄译《六十万元之惨史》(侦探小说)由上海进步书局刊行。

袁午南编译《法国拿破仑》(历史小说)由上海民学图书局刊行。

徐卓呆译《木乃伊》由上海中华书局刊行。

袁午南编译《法国拿破仑》由上海民学图书局刊行。

苏里和辑,陈雅各译《圣多玛斯小传》由上海土山湾印书馆刊行。

《袖珍日课要备》刊行。

《拯亡会祖母传》由河北献县张家庄胜世堂刊行。

五、学者生卒

王闿运(1833—1916)。闿运字壬秋、壬父,号湘绮,湖南湘潭人。1857 年举人。依曾国藩于湘军中,后退归林下。1880 年,应四川丁宝桢聘,监督成都尊经书院。1908 年授翰林院检讨、礼学馆顾问。著有《王湘绮先生全集》。事迹见《清史稿》卷四八八、王代功编有《湘绮府君年谱》,汪辟疆《近代诗人小传稿》等。

按:《晚晴簃诗汇》卷一五五曰:"自曾文正公提倡文学,海内靡然从风,经学尊乾嘉,诗派法西江,文章宗桐城。壬秋后起,别树一帜,解经则主简括大义,不务繁征博引,文尚建安典午,意在骈散未分,诗拟六代,兼涉初唐。湘蜀之士多宗之,壁垒几为一变。"

魏光焘(1837—1916)。光焘别名石龙山人、湖山老人,湖南隆回人。早年隶左宗棠部,光绪时初任道员,累擢按察使、布政使。历任江西布政使、陕西巡抚、陕甘总督、云贵总督、两江总督等。1891 年任新疆巡抚时,创立博达书院,并任第一任校长,为新疆早期教育提供了先例。署理两江总督期间,继刘坤一、张之洞之后,实施筹建三江师范学堂,聘任湖南进士翰林吴獬为汉文总教习,制订《三江师范学堂章程》。1905 年罢官,回家养老。著有《勘定新疆记》《湖山老人自述》。

许珏(1843—1916)。珏字静山,晚号复庵,江苏无锡人。1876 年因薛福保之荐入山东巡抚丁宝桢幕。1882 年中举人。1885 年随出使美、西、秘大臣张荫桓驻外。1890 年薛福成出任驻英、法、意、比大臣,为参赞。叙资由同知保充知府加盐运使衔。1898 年杨儒出使美、西、秘,为参赞,上奏《请修改税则片》,主张进口关税由中国自主。1906 年回国,以道员衔赴广东候补。辛亥革命后隐居不出。著有《复庵遗集》24 卷。

盛宣怀(1844—1916)。宣怀字杏荪,幼勖,号次沂、补楼,号愚斋,江苏武进人。入李鸿章幕。督办轮船招商局,华盛纺织总厂、中国铁路公司,总办中国电报局,接办大冶铁矿,兼办萍乡煤矿,创办中国通商银行、南洋大学等。历任天津海关道、邮传部右侍郎等。1911 年任邮传部大臣期间,不顾全国人民反对而贸然下令铁路收归国有,引发四川保路运动,导致辛亥革命爆发,清朝被推翻。工于诗文。藏书极富。大多数是购自江标"灵鹣阁"、巴陵方功惠"碧琳琅馆"等家旧藏,后又在日本和其他各处采购书籍,先后积 10 余万卷,其中有 600

余种方志，有 7 种为国内孤本，300 余种医书有 30 余种孤本，历代状元手迹，凡 200 余家。建"愚斋图书馆"于上海住所内，聘请名家如缪荃孙、罗榘臣为他编辑《愚斋图书馆书目》。著有《愚斋存稿》《盛宣怀未刊信稿》等。

按：左舜生《清末建设与盛宣怀》说："（盛宣怀）其在清末政治上地位之重要，不下于李鸿章、张之洞、袁世凯，而所从事建设各端，对于国家关系之大，尤远非李、张辈所能及。世徒以其铁道国有政策为引起革命之导火线，乃并其一生之绩业而忘之。又以其身后颇为富有，甚至以之与今日毫无建树但有贪污之腐败官僚相提并论，似欠平允。余因其一生事迹之有关建设者，以实吾随笔，俾今日谈建设者有所借镜，而使一辈大言炎炎其实毫无事业可稽者得稍知愧怍，或于挽回风气一点，不无若干裨益也。"（左舜生《春风燕子楼——左舜生文史杂记》，学林出版社 1997 年版）

吴庆云（1845—1916）。庆云字石仙，后以字行，晚号泼墨道人，江苏上元人，流寓上海。早年参加沪上著名画会"萍花书画社"，与吴大澂、顾茗波、胡公寿、钱慧安、倪墨耕、吴秋农、金心兰、陆恢等名家并称近代国画中的"萍花九友"。代表作品有《海州全图》《远寺夕照图》《秋山夕照图》《烟溪渔艇图》《溪山烟雨图》《远浦归帆图》《秋景山水》《剑阁云深图》等。

王存善（1846—1916）。存善字子展，浙江仁和人。早年随父至广东，光绪中署知南海，官虎门同知，并管理广州税局。与梁鼎芬、杨锐等人关系密切。1900 年迁居上海，因善于理财而受盛宣怀赏识，主持招商局并担任汉冶公司董事，擢保道员。其家世有藏书，1911 年编有《知悔斋存书总目》。辛亥革命后，又出巨资购得众多流散的图书，殿本、明本、抄校本数百种。1914 年又编《知悔斋检书续目》，藏书共达 20 余万卷。辑刊有《寄青霞馆弈选》和《续编》各 8 卷。

姚晋圻（1857—1916）。晋圻字彦长，号东安，湖北罗田人。1889 年中举，3 年后取进士，选翰林院庶吉士，后改刑部主事。曾参与戊戌变法，失败后回归故里，专事著述。1898 年应张之洞之聘，任武昌两湖书院史学教习，兼任黄州经古书院院长。1903 年任两湖书院院长。1906 年后，历任湖北省教育会会长、法学会会长、咨议局议员、《湖北通志》纂修、礼事馆顾问官。1912 年任湖北教育司司长。著有《三家书义发微》《春秋备疏》《经论》《礼经杂记》《汉志矿地记》《九宫随释》《小学教育法》等 20 余种。

袁世凯（1859—1916）。世凯字慰亭，号容庵，河南项城人。曾任满清王朝的军机大臣、驻朝鲜的代理总督、内阁总理大臣。中华民国成立后，经南北议和，就任首任大总统。1913 年制订《国会组织法》《公务员奖惩条例》和《文官考试法》，建立中国近代司法制度。1914 年 1 月下令解散国会。废止中华民国临时约法，于 5 月正式推出新的《袁氏记法》，改内阁制为总统制。同年改革厘金制度，积极发展民族工业，统一货币，铸造"袁世凯银元"（又称袁大头）。同年成立审判官吏贪污罪行的特别法院——平政院。1915 年 1 月以大总统令公布《颁定教育要旨》，大力发展教育。同时公布《权度法施行细则》，开始施行度量衡标准。11 月颁布《著作权法》。12 月宣布恢复中国的君主制，建立中华帝国，并改元洪宪。12 月 25 日，全国举行国体投票，同时蔡锷、唐继尧等在云南宣布起义，发动护国战争。1916 年 1 月 12 日公布《传染病预防条例》。3 月 22 日被迫取消帝制，恢复"中华民国"年号，5 月下旬忧愤成疾。6 月 6 日因尿毒症不治而病逝。

按：陈独秀在《新青年》1916 年第 2 卷第 4 期上发表《袁世凯复活》，指出："袁世凯之废共和复专制，乃恶果，非恶因，乃枝叶之罪恶，非根本之罪恶。若夫别尊卑、重阶级、主张人治、反对民权之思想学说，实为制造专制帝王之根本恶因。吾国思想界不将此根本恶因铲除净尽，则有因必有其果，无数废共和复帝制之袁世凯当然接踵应运而生，毫不足怪。"

徐坊(1864—1916)。坊字士言,一字矩庵,号梧生,直隶州临清人。不喜举子业,光绪中以父荫任户部江南司主事。1909年任京师图书馆副监督,负责京师图书馆的藏书整理和收集。辛亥革命后,弃官,以清朝遗老自居。家有藏书楼"归朴堂"。所藏善本书520余种,宋元刻本27种。又收藏同邑藏书家李毓恒的大部分藏书。还藏有杨复吉《昭代丛书》续编手稿本,共收书250种,与张氏《昭代丛书》甲乙丙3集相接,学术价值颇高。

王树中(1868—1916)。树中字建侯,号百川,又号梦梅生,甘肃皋兰人。1894年考中进士,首任安徽太和县。1899年治亳州,筹设社仓,建立书院。政事之余,尚潜心学术研究。嗜好收藏图书。著有《梦梅轩诗草》《细阳小草》等。

谢洪赉(1873—1916)。洪赉字鬯侯,别号寄尘,晚年自署庐隐,浙江绍兴人。1901年10月被选为青年会全国协会委员。1902年又被选为上海青年会董事。1902年青年会总委办会成立"书报部",专门负责文字宣传工作。1906年辞去中西书院和商务印书馆的工作,加入书报部,任《青年会报》副主编,开始青年会翻译撰写基督教书籍的工作。曾自行传道,发行《基督徒报》,鼓吹自主。编译有《格物质学》《旧约注释》《瀛环全志》等。

黄兴(1874—1916)。兴原名轸,改名兴,字克强,一字廑午,号庆午、竞武,革命时期化名李有庆、张愚诚、张守正、冈本义一、今村长藏等,湖南善化人。1902年赴日留学,入东京弘文书院速成师范科学习,并参与创办《湖南游学译编》杂志,组织"湖南编译社"。1903年4月为反对沙俄拒不从东北撤兵,同留日学生200多人组织拒俄义勇队(后改称学生军、军国民教育会)。随后以军国民教育会运动员的名义归国。回长沙后,任教于明德、修业等学堂,暗中进行反清革命活动。1903年11月4日邀陈天华、宋教仁、张继、刘揆一、章行严等人筹商成立秘密革命团体华兴会,后被选为会长。事泄后被迫流亡日本。在东京,大力支持孙中山筹组全国革命团体同盟会。1905年8月被选为同盟会庶务(相当于协理),成为同盟会中仅次于孙中山的重要领袖。1907至1908年间,参与或指挥钦州、防城起义,镇南关起义,钦州、廉州、上思起义与云南河口之役。1909年秋受孙中山委派,到香港成立同盟会南方支部,策划广州新军起义。1911年初在香港成立领导起义的总机关统筹部,任部长。武昌起义爆发后,被任命为革命军战时总司令。南京光复后,独立各省代表会议先举他为大元帅,后改为副元帅代行大元帅职权,他均未赴任。1916年10月31日于上海去世。1917年4月15日受民国元老尊以国葬于湖南长沙岳麓山。著有《黄克强先生全集》《黄兴集》《黄兴未刊电稿》《黄克强先生书翰墨迹》等。

按:根据萧致治《黄兴·引言》:"1920年,当黄兴逝世四周年之际,青年毛泽东在长沙《大公报》9月6日、7日发表连载的文章《湖南受中国之累以历史及现实证明之》中说:'湖南出了黄克强,中国乃有实行的革命家。'就是说,中国有实行的革命家,是从湖南的黄兴开始的。因为有组织、有领导、有纲领、有明确革命目标的革命,严格地说,是从辛亥革命开始的。首倡此次革命者,无疑是孙中山;而身体力行,亲自组织、推动这次革命一步一步地走向高潮,并最后推翻清朝专制统治、建立民主共和国的,当首推黄兴。毛泽东的评论如此,国外的学者也有同感。1925年,孙中山去世,曾经做过孙中山法律顾问的美国人保罗·林百克在纽约世纪公司出版了一本《孙中山和中华民国》,1926年由徐植仁译成中文,书中有一节专论《中山与黄兴》,作者说:'没有黄克强的武力运动,中山虽有他的才具,也很难说究竟能否推倒满清。所以,我们大胆地说,没有中山就没有克强;没有克强,满清有了外国帮助,也许到今天还是安然坐在紫禁城的龙位上受百官朝贺。'""黄兴对辛亥革命的贡献,概括地说来,主要有以下几个方面:一、与孙中山团结一心,创建联合全国革命志士的中国同盟会,为推进辛亥革命提供组织保证。中国同盟会的成立,标志着中国民主革命进入由分散走向联合的新阶段,是辛亥革命进入高潮的起点。同盟会是以孙中山和黄兴为轴心建立的。……二、维护孙中山的领袖地位,维护革命团结,保证各项革命活动在同盟会领导下顺利进行。众所周知,同盟会成立时,80%以上的会员,是与黄兴早前联系的。但黄兴从不居功自傲,一心一意拥护孙中山作同盟会的领袖。同盟会成立时,黄兴主动提议,由孙中山出任总理,不必经过选举手续,得到大家鼓掌赞成。……三、领导发动了一系列武装起义,为革命的最后胜利铺平了道路。武装反清是推翻清朝君主专制统治的主要斗争形式;黄兴是辛亥革命时期武装斗争的主要领导人和发动者。……四、运筹帷幄,驰骋疆场,为建立共和民国立下了殊勋。创建开创中国历史新纪元的中华民国,乃辛亥革命的最大成果。在建立民主共和国的全过程中,黄兴作为革命主帅,筹谋划策,奋力拼搏,为共和国的成立作出了特别重大的贡献。……五、民国建立后,矢志不移,为维护和巩固民主共和制度奋斗终生。"(萧致治《辛亥著名人物传记丛书·黄兴》,团结出版社2011年版)

董鸿祎(1876—1916)。鸿祎字达甫,恂士,浙江仁和人。清末举人,任学部候补主事。1901年赴日本早稻田大学留学,加入励志会,参与创立青年会。1903年参加拒俄运动,任军国民教育会执行员。1905年加入光复会。又加入同盟会。中华民国成立后历任教育部秘书长、教育部次长。1913年4月以次长代理教育总长。1914年5月任平政院庭长。

邓华熙(1876—1916)。华熙字莜赤,又作小赤、小石,广东顺德人。咸丰元年(1851)中举,先后任京师巡防处办事员、刑部郎中、江南道监察御史、云南大理知府等、云南按察使、湖北布政使、江苏布政使,之后又分别担任山西巡抚、贵州巡抚、署漕运总督等。1895年将郑观应《盛世危言》推荐给光绪皇帝,诏命印刷2000部,分发诸大臣阅读。在安徽巡抚任上,曾奏请筹办求是学堂,强调以西学造就"既通西学、又切时务"的人才。又在安庆创办安徽武备学堂。

何震彝(1880—1916)。震彝字鬯威,号穆忞,江苏扬州人。与杨圻、汪荣宝、翁玉润号称"江南四公子"。1904年进士,官内阁中书,既而分发直隶入北洋幕府未就。民国时为教育部佥事,参与修撰《清史稿》,任协修。1913年在北京与袁克文、易哭庵、闵葆之、步林屋、梁众异、黄秋岳、罗瘿公,结吟社于南海流水音,请画师汪鸥客作《寒庐茗话图》,被时人目为"寒庐七子"。著有《何震彝宪法草案》《一微尘集》《八十一寒词》《词苑珠尘》《鞿芬室近诗》等。

蔡锷(1882—1916)。锷原名艮寅,字松坡,湖南宝庆人。1898年考入长沙时务学堂,师从梁启超、谭嗣同,接受梁启超等人维新思想。后入上海南洋公学。1899年赴日本,就读于东京大同高等学校、横滨东亚商业学校。1900年随唐才常回国参加自立军起义,失败后改名"锷",立志"流血救民"。复去日本,先入成城学校,继入陆军士官学校,学习军事,曾参与组织"拒俄义勇队"。1904年毕业回国,先后在湖南、广西、云南等省教练新军。1911年初调云南,任新军第十九镇第三十七协协统。10月30日与革命党人李根源等在昆明领导新军响应武昌起义,被推为临时革命总司令。旋成立云南军政府,任都督。1913年被袁世凯调至北京,先后被授予参政,将军府昭威将军,军官模范团副团长,经界局督办,陆海军大元帅统帅办事处上将办事员等职。1915年袁世凯称帝,他由北京潜回云南,与唐继尧等人于12月25日宣布云南独立,组织护国军,发动护国战争。任护国军第一军总司令。1916年春率部在四川纳溪、泸州一带击败袁军,迫袁取消帝制,袁死后任四川督军兼省长。1916年8月经上海去日本治病,11月8日病逝于福冈大学医院。遗著被编为《蔡松坡集》。

施景舜(1882—1916)。景舜字虞琴,号二明,河南睢州人。1903年中举人。曾任河南高等学堂经史国文教习。主讲项城存古学堂。著有《松心堂集》。

高剑僧(1894—1916)。剑僧又名剑争,广东番禺人。与兄剑父、奇峰合称"岭南三高"。

自幼得剑父扶持,并亲授画艺。1912年随兄赴沪,创办审美书馆,发行《真相画报》。后留学日本进修工艺美术,归国前染疾而卒。有《三高遗画合集》。

邵子南(—1955)、韩俊卿(—1966)、孔厥(—1966)、万晓塘(—1966)、李宗津(—1978)、柳青(—1978)、何磊(—1978)、满涛(—1978)、于立群(—1979)、黄新波(—1980)、陈戈(—1981)、沈家铭(—1982)、袁水拍(—1982)、田间(—1985)、虞一风(—1986)、梁钊韬(—1988)、胡爽庵(—1988)、普文治(—1988)、李天祜(—1988)、卢村禾(—1989)、牙含章(—1989)、王蘋(—1990)、苏葆桢(—1990)、汝龙(—1991)、吕忠恕(—1991)、周珏良(—1992)、杨希枚(—1993)、秦兆阳(—1994)、王佐良(—1995)、蒋礼鸿(—1995)、严耕望(—1996)、张龙翔(—1996)、方毅(—1997)、曹恭(—1997)、喜彩莲(—1997)、雷振邦(—1997)、詹锳(—1998)、徐子鹤(—1999)、谷斯范(—1999)、陈其通(—2001)、黎遇航(—2002)、袁世海(—2002)、浦克(—2004)、龚秋霞(—2004)、刘白羽(—2005)、余明善(—2005)、梁思宁(—2006)、吴大琨(—2007)、郁风(—2007)、碧野(—2008)、任继愈(—2009)、丁聪(—2009)、许麟庐(—2011)、朱季海(—2011)、胡绩伟(—2012)、艾世菊(—2012)、刘西尧(—2013)、甘惜分(—2016)生。

六、学术评述

本年度是袁世凯复辟称帝的洪宪元年,也是袁世凯经历政治疯狂而走向灭亡之年。就在新年伊始的元旦之日,袁世凯改元洪宪,并令孔令贻仍袭封衍圣公,加郡王衔,进一步激发了倒袁力量的空前大集合。首先是承担倒袁先锋的中华民国护国军政府在云南昆明成立。然后至1月27日,又有贵州宣布独立。此后至5月底,广东、浙江、四川、湖南相继宣布独立。5月1日,护国军在肇庆设都司令部,以岑春煊为都司令,梁启超为都参谋,发布宣言,否认袁世凯为总统,拥黎元洪继任。5月8日,护国军务院在广东肇庆成立,唐继尧为抚军长,岑春煊为副抚军长,梁启超为政务委员长。其次是袁世凯集团内部出现了明显的分化。3月10日,冯国璋等5人联合发电给袁世凯,迫其退位,取消帝制。23日,徐世昌、段祺瑞、黎元洪致电护国军,请停战议和。护国军于26日复电,要求袁世凯即日退大总统位。再次是中华革命党的反袁斗争。4月9日,孙中山、廖仲恺、宋庆龄、何香凝等在东京集会,声讨袁世凯。5月9日,孙中山发表《第二次讨袁宣言》。此外,3月28日《民国日报》发表各省商人团体的《敬告全国商务界书》,宣称"袁一日不退位,商务一日无起色""今日宜认明时势,群起逼袁氏退位,还我共和"。鉴于以上反袁力量的强力抵抗,袁世凯被迫一步步退却。先是1月5日调集大军向云南用兵。然后至2月23日,被迫宣布延期实行帝制。3月22日,袁世凯进而宣布取消帝制,复称大总统,恢复黎元洪副总统的职务,并致电请蔡锷等停战,商议善后办法。23日,袁世凯颁令废止洪宪年号。4月21日,袁世凯公布《政府组织令》,宣布恢复责任内阁。23日,以段祺瑞为国务卿的内阁成立。6月6日,袁世凯最终在忧惧中突然病故。7日,黎元洪代理大总统。自本日起,各省陆续取消独立。9日,孙中山发表恢复《临时约法》宣言,并致电黎元洪,要求"恢复约法""尊重国会"。29日,黎元洪申令恢复民国元年约法和召集国会;任命段祺瑞为国务总理,申令民国三年5月1日以后各项条约继续有效,法令一切照旧。至此,袁世凯匆匆忙忙上演的复辟称帝活动最终在一片讨伐声中终结,而后便是一系列的善后工作,比如7月8日,北京政府内务部命令通知各省区,为之前被停刊和查禁的《民国杂志》《少年中国晨报》《觉民日报》《民国月刊》《甲寅》《爱国报》《救亡报》等21家报刊宣布解禁。7月14日,黎元洪大总统下令惩办帝制祸首:"自变更国体之议起,全国扰攘,几陷沦亡。始祸诸人,实尸其咎。杨度、孙毓筠、顾鳌、梁士诒、夏寿田、朱启钤、周自齐、薛大可等,均着拿交法庭,详确讯鞫,严行惩办,为后世戒。其余一概宽免。此令。"8月1日,参众两院议员在北京举行国会,黎元洪在会上宣誓就任总统,段祺瑞出任总理。

其实从清末开始,一直有不少新派士人对作为一代枭雄的袁世凯寄予厚望,认为他政治能力突出,具有一定的变法思想,希望他能带领中国走出颓境。而袁世凯的政治生涯却以这样的方式落幕,则让很多人以他为样本而量身定制的各种政治方案彻底落空。章炳麟、梁启超、严复等曾经寄希望于袁世凯的诸多著名学者,也必须重新思考未来中国的道路应该如何走。而在比他们小一辈的人看来,这些清末的思想先驱已经逐渐"落伍"了,他们不再是过去的思想学术弄潮儿,而是必须予以反思甚至批判的对象。只有把他们的"局限性"曝光于世,新一代知识分子才能更为自信地登上历史舞台。时势造英雄抑或英雄造时势,并非因果的循环,而是同一命题的两个层面,正是在此特定背景下,同时拥有中西学知识谱系而又曾出任民国政府教育总长的蔡元培从法国归来,被黎元洪总统任命为北京大学校长,北大自此成为全国新思潮的中心,由那里产生的许多学说与思想,深深影响着民国时期的学术进程,蔡元培也自此稳居于现代学术领袖的第一把交椅,直至1940年逝世为止。

在北京—上海双都轴心中,前者以6月为界发生了巨大变化。首先,作为学界领袖的章炳麟继续被袁世凯"幽禁"在北京钱粮胡同,至6月6日袁世凯病死的两天,即6月8日,被囚禁三年之久的章炳麟终于获释。25日,章炳麟离开北京南下。7月1日,抵达上海。10月10日,孙中山致电黎元洪,推举章炳麟为国史馆馆长。次日,黎元洪于电复称:"章君德望学识,迥异时流,夙所钦佩。承荐继任国史馆一节,已交院议",但最后未果,而由缪荃孙出任国史馆馆长。其次,刘师培、杨度等"筹安六君子"也在6月遭遇了不同的命运。就在章炳麟离京南下前的6月9日,《中华新报》重载章炳麟1913年7月27日《第二次宣言》,强调"严惩从逆诸逆"。6月10日,唐继尧致电黎元洪要求惩办策划帝制元凶。7月14日,黎元洪大总统下令惩办帝制祸首,刘师培、严复本均属"帝制祸首",由于政治会议议长、参政院参政、审计院院长李经羲以"爱惜人才"为由,受到宽免,但杨度、孙毓筠依然在列。严复、刘师培皆避祸于天津,刘师培生活几陷于绝境。再次,是反袁倒袁力量的分化与重组:一是梁启超、汤化龙、刘崇佑等为首的"宪法研究会"系统,以"以自由精神按国情、察外势、据学理,以研究宪法案,以期成良宪"为宗旨,猛烈攻击国民党"偏于党见""理想过高",决心"组强固无形之党,左提北洋系,右挈某党一部稳健分子,摧灭流氓草寇两派";二是张继、林森、居正等为首的"宪政商榷会"系统,由林森等为首的丙辰俱乐部、以张继等为首的客庐系以及旧进步党人孙洪伊、丁世铎的韬园派组成,在国会议席中居多数,主张以临时约法为宪法基础,将省制大纲写入宪法,省长民选等,与段祺瑞的"中和俱乐部"、梁启超的"研究系"相抗衡。后商榷系分成三支,激进派的"民友社",温和派的"益友社"和"政学会";三是以周善培、张耀曾、谷钟秀、李根源等为首的"政学会"系统,以"研究政务、实行改进为宗旨";四是以陈焕章等为首的"孔教会"系统。9月11日,陈焕章等再次上书,要求北京参议院和众议院在宪法上"明定孔教为国教"。最后,是蔡元培就任北京大学校长。这是对1912年蔡元培就任教育总长的回应,由此重新确立了其作为全国学术领袖的崇高地位。10月2日,蔡元培应北京政府教育总长范源濂之请,拟回国就任北京大学校长。11月8日,与吴玉章一起乘船由马赛回国,抵达上海。12月21日,蔡元培由上海到北京后,先访医专校长汤尔和,问北大情形,汤尔和推荐陈独秀为文科学长。12月26日,由黎元洪大总统签署任命状:任命蔡元培为北京大学校长,并经国务总理段祺瑞与教育总长范源濂附署生效。而在此前的11月26日,陈独秀为"群益"与"亚东"两书社打算合并改公司之事,与汪孟邹同车赴北京。27日,下榻天津大安旅社。28日,抵北京下榻前门中西旅馆住下。就在被任命为北京大学校长的12月26日,蔡元培到陈独秀所居前门外中西旅馆拜访,邀其出任文科学长,并请陈独秀将《青年杂志》从上海迁至北大,由此奠定了北京大学作为新文化运动策源地的重要地位。诚然,《青年杂志》迁至上海之前,依然是上海思想批判的旗帜。回顾1月15日陈独秀在《青年杂志》第1卷第5号发表的"新年献词"《一九一六年》,文中批判纲常名教,号召国人从头忏悔,改过自新,从1916年开始,一新其心血,以新人格,以新国家,以新社会,以新家庭,以新民族。其实这就是为1916年的《新青年》定调,同时也力图为1916年的中国定向。然后,至9月1日《青年杂志》第2卷第1号起易名为《新青年》,陈独秀发表《新青年》,号召青年做"新青年"。由此正式开启了《新青年》的辉煌历史。其间,从《青年杂志》第1卷第6号同时发表陈独秀《吾人最后之觉悟》、易白沙《孔子平议》(《新青年》第2卷第1号续载),到陈独秀后续刊出系列文章《驳康有为〈致总统总理书〉》(《新青年》第2卷第2号)、《宪法与宗教》(《新青年》第2卷第3号)、《孔子之道与现代生活》(《新青年》第2卷第4号)等,又明确标示了《新青年》已经锁定孔教的集中批判之对象。易白沙《孔子平议》重在批评孔子尊君权漫无限制,强调要将孔子原有思想精神和被统治者利用的"傀儡孔子"区分开来,要"使国人知独夫民贼利用孔子,实大悼孔子精神。孔子宏愿,诚欲统一学术,统一政治,不料为独夫民贼作百世之傀儡,惜哉"!实乃新文化运动批判孔子的第一篇文章,首开五四新文化运动批孔之先声,后来许多批判孔子、批判礼教的论述,皆与易白沙此文一脉相承,而此后陈独秀的连续助攻,尤其是到了《宪法与孔教》一文将尊孔与民初的政局联系起来,进一步凸显了新文化运动反传统思潮的政治动因与意图。关于《新青年》,还需关注李大钊、高一涵的呼应、参与《新青年》及其重要作用。高一涵1月15日在《青年杂志》第1卷第5期发表《自治与自由》一文,论及自治与自由之关系。2—3月,李大钊在《青年杂志》读到高一涵的《共和国家与青年之自觉》等文,知其在东京,访问半年余,终在东京所租居的房屋相见,结为无话不谈的挚友。7月11日,李大钊乘通州轮离沪北上,赴任《晨钟报》总编辑。8月15日,《晨钟报》创刊。李大钊在创刊号发表《"晨钟"之使命——青春中华之创造》《新生命诞孕之努力》两文。9月1日,李大钊在《新青年》第2卷第1号上发表本年春在日本时所写《青春》一文,系统地表达了他对宇宙,对人生、对国家和民族前途的看法,全文充满激情和诗意。其他高校中,周诒春继续任清华学校校长。4月,《清华年报》第1期出版。由1916级高等科学生编辑,内容与1914年8月出版的《清华年刊》相衔接,刊名曾译为《大清华》。11月4日,清华孔教会召开成立大会,嘉宾陈焕章、教员徐镜澄、会员郑重等发表演说。大会发布清华孔教会宣言书。15日,《清华周刊》报道,本校学生社团有孔教会、文学会、文友会、仁友会、青年会、体育会、丽泽会、科学社、辞社、游艺社、摄影团、达辞社、物理研究社、竞进会、演习辞令会等23个,以及8个级会。26日晚,周诒春召集全校同学于礼堂,作题为"社会事业申义"的演说,指出:"社会事业为学生时代惟一有助于国之举""学生宜改良社会教育及从事调查",学生"宜提倡贫民教育""学生从事社会事业亦即开扩己之命运也",由此可见周诒春校长的人才观与治校理念。常乃惪是年夏考入北京高等师范学校史地部。阅《新青年》杂志,与陈独秀通信,讨论文学改革与孔教问题。12月,常乃惪致信陈独秀,质疑胡适关于古文之弊,尤以骈体、用典为最的观点。他坚决反对"废骈体"和"禁用古典",以为此二者乃"真正之国粹……而非可以漫然抛弃者也"。从此之后,常乃惪多次在《新青年》上就"古文""孔教"与"新道德"等问题与陈独秀、胡适等新文化主将展开讨论。虽然他对陈、胡等人的文化主张持有同情的理解,且自觉地归属到《新青年》派的思想阵营,但在对待传统文化的态度上又自认有异。这一新阵营中的小分歧随着时间的推移而不断扩大。此外,还需提及一下,经丁文江、章鸿钊、翁文灏的共同努力,地质研究所首届学生毕业。7月14日上午,举行毕业典礼。虽然地质研究所只办了一期,但培养出了中国第一批地质调查研究人才,为中国地质科学的发展奠定了第一块基石。正如胡适所言:"中国地质学界的许多领袖人才,如谢家荣、王竹泉、叶良辅、李捷、谭锡畴、朱庭祜、李学清诸先生,都是地质研究所出来的。"在地质研究所结束之时,章鸿钊将开办始末情形、章程、课程名目、收付款项、图书、仪器、标本等,编写成《农商部地质研究所一览》一册。又与翁文灏一起,将地质研究所师生历年所做地质调查报告等成果汇集成册,编为《农商部地质研究所师弟修业记》一册,此为中国地质学专业出版物的萌芽。

与《青年杂志》北上相对应的是北京轴心领袖章炳麟的南下居沪,并与康梁、罗、王同居于上海。梁启超先是赴两广直接参与倒袁军事斗争,然后至9月,梁启超为对付国民党各派合组的商榷会,与以汤化龙、刘崇佑为首的"宪法案研究会"合并为宪法研究会。同月,返回上海。12月5日,梁启超与旅沪人士为病故于日本的蔡锷举行公祭。18日,梁启超与张謇于《申报》载创设松坡图书馆《缘起》,王士珍、王占元、王家襄、田文烈、吕公望、朱家宝、朱庆澜、任可澄、谷钟秀、李纯、李经羲、岑春煊、周树模、唐继尧、范源濂、倪嗣冲、徐树铮、孙宝琦、曹锟、陈锦涛、庄蕴宽、陆荣廷、许世英、戚扬、汤化龙、张耀曾、程璧光、齐耀琳、赵倜、熊希龄、阎锡山、谭延闿、严修等参与发起创办松坡图书馆,以纪念蔡锷。康有为也继续居于上海。3月23日,康有为电请袁世凯,劝其迅速隐退,无自取辱。同月,撰《中国善后议》,就中国危亡之际如何善后提供三策。6月6日袁世凯病逝后,康有为电大总统黎元洪,希望早日召开正式的国会,又请求"以孔子为大教,编入宪法,复祀孔子之拜跪明令"。又以共和以来,五年三乱,思复前朝,见张勋拥重兵坐镇徐州,举足轻重,乃致书张勋,力劝其乘时勤王,扶立故主,以安中国。继又发表《中国今后筹安定策》,鼓吹逊帝复辟,时在广西军中的梁启超次日即作《辟复辟论》以驳之,彼此分道扬镳。在日已历四暑五冬的王国维2月4日应同乡邹安(景叔)之邀,赴上海英籍犹太人哈同创办的哈同花园仓圣明智大学,任《学术丛编》主编之职,于是以王国维为核心的甲骨学、敦煌学、简牍学研究即由日本回归于上海。上海轴心中,还需关注一下盛宣怀4月27日在上海病逝,终年73岁。去世时,送挽联者甚多,与盛宣怀共事半个世纪了解最深的郑观应的挽联为:"忆昔同办义赈,创设电报、织布、缫丝、采矿公司,共事轮船、铁厂、铁路阅四十余年,自顾两袖清风,无惭知己;记公历任关道,升授宗丞,太理、侍郎、尚书官职,迭建善堂、医院、禅院于二三名郡,此是一生伟业,可对苍穹。"盛宣怀遗嘱将其家产的一半,捐赠为慈善基金。盛宣怀病逝后,其10余万卷的藏书被民国政府一分为三,分别给了圣约翰大学、交大和山西铭贤学校。解放后,这些藏书的分配又被重新调整,安徽大学、华东师大、山西农大成为新的受益者。而盛宣怀与朋友来往的600封信札,则被香港中文大学所收藏。另外,反袁舆论主将张东荪目睹民初政坛乱象及政治运动的失败,对政治失去信心和希望,感到在军阀统治的局面下很难再通过评议政治、言语文字对政治产生实际的影响,开始将主要精力向文化运动转移。在教育界,李登辉继续任复旦公学校长。5月,在校董聂云台陪同下,美国马塞诸塞州前州长威尔喜参观复旦公学,并作《共和国教育之价值》的演讲。李登辉致欢迎辞,称赞中美友谊。同月 27 日,美国哈佛大学硕士余日章在寰球中国学生会夜校发表《真教育主义》的演讲,李登辉作陪。李登辉主张"大学之教,百家渊薮"。唐文治继续任上海工业专门学校校长。8月,上海工业专门学校创办 20 周年,唐文治为上海工业专门学校创办 20 周年《纪念刊》发表的大事记撰写《弁言》,云:"吾校在中国倡设最早,迄今垂二十年",开始"为南洋公学,一变更而为商部高等实业学堂,再变更为邮传部高等实业学堂,辛亥之冬,迫于时局,又变更为南洋大学。壬子之夏,再三呈请于交通部,四变更而为交通部工业专门学校。回溯二十年间,飘摇风雨,屡濒于危",真是令人感慨万千。在出版界,依然以商务印书馆与中华书局为"双子星座"。3月8日,张元济为与中华书局联合折价售书事,约见范源濂、戴懋哉等,但"时间匆促,尚未解决"。与中华书局之竞争由来已久,张元济以为"联合之后彼此仍系自由竞争",但主张协商解决彼此争端。是年,商务印书馆开始出版的大型丛书有《饮冰室丛书》《教育丛书》《通俗教育丛书》。

　　各省板块中,伴随张謇的 1 月 2 日接政事堂电,同意辞水利局总裁并(参政院)参政职而回归原籍南通举办实业、教育、学术、文化事业,江苏南通遂在诸省中脱颖而出,而且张謇常常出入上海,连接北京,比如在 6 月 15 日中国银行商股联合会于上海举行的成立大会上,被推为联合会会长,叶景葵、林嵩寿任副会长。8 月 27 日,在江苏省教育会于上海举行的常会上当选为会长,黄炎培为副会长,沈恩孚、庄俞、蒋季和、张世鎏、凌昌焕、周厚坤、吴家煦、贾丰臻、朱亮、沈颐、张谔、张志鹤、李廷翰、顾树森、夏清贻、陆裕柚为干事员。10 月 10 日,张謇在中华工程师学会于北京举行的第四届常年大会上被推为名誉会长,沈琪为会长,陈西林、邝景阳为副会长。四川依然具有一定的优势,除了前辈宋育仁在袁世凯洪宪帝制失败后返回成都,改号"道复",任四川国学院主讲;廖平仍任国学学校校长,兼任华西大学教授,新秀吴虞即将脱颖而出。8 月 10 日,吴虞作《对于美德联邦制之概说》。12 月 3 日,致信《新青年》主任陈独秀,言其多有反孔之作。6 日,将《消极革命之老庄》《家族制度为专制主义之根据》《儒家大同之义本于老子说》《读〈荀子〉书后》四文寄与陈独秀。9 日,作《书〈女权平议〉》。张伯苓继续致力于南开学校的精神熔铸。10 月 17 日,南开学校举行建校 12 周年纪念会。全校师生齐集礼堂,张伯苓致开会辞,勉励同学"发愤图强,磨砺不息,以期学校与国家熔为一炉,是故吾所厚望于诸生"。23 日,应沈阳基督教青年会邀请演讲《中国之希望》,指出中国之希望不在任何党派,亦不在任何官吏,而在每一个中国人之发愤图强,努力救国。张学良"奇而往听""志气为之大振"。此为张伯苓办好南开大学的法宝之一。

　　海外板块中,"出"的方面依然为美、日、欧三大重心,但美国逐渐居于首位,其中既有同在美国留学的胡适致书友人梅光迪、朱经农、江亢虎,讨论文学改良问题。这不仅是文体上的变革,更是思想领域的巨大转变,后来新文化运动中轰轰烈烈的白话文运动实肇始于此。2 月 3 日,胡适复信梅光迪,指出今欲救此文胜之弊,"宜从三事入手"。4 月 17 日,胡适作札记抨击"吾国文学三大病":一曰无病而呻;二曰摹仿古人;三曰言之无物。8 月 12 日,朱经农致函胡适,谓:"兄于文学界能自竖一帜,本为弟所倾慕。但愿勿误入歧途,则同志幸甚! 中国文学幸甚!"8月19日,胡适致函朱经农,信中论建设新文学的八项要点,第一次系统提出了文学革命的纲领。9月15日,江亢虎复函胡适论文学革命"八事",谓:"第一条万难赞同。第三条不讲对仗,可也。然废骈废律亦为多事。……第四条不避俗字俗语,亦须视体裁如何,未可一概论也。第五条讲求文法,自不待言。然文学上之文法与普通应用之文法异趣,有决不能以寻常绳墨求之者。"又提出几个原则:"第一,须承认文学者与普通应用之文字不同。""第二,须承认中国文学之特色,一在'言''文'分离,故'文言'亘数千年而变更不剧。……二在各字独立,故有骈有律。""第三,须承认诗与文截然两途,决不可以'文'之法论'诗'之法。""第四,须承认文字各有体裁、各有作用。"12月,胡适向陈独秀提交先前所约的《文学改良刍议》,至此,胡适终于形成了系统的文学革命纲领与观点,而胡适与梅光迪、朱经农、江亢虎等人的分合与论争也可以视为次年国内文学革命高潮的预演,同时通过胡适与陈独秀的通信形成内外互动与交流。就此而论,"文学革新"的发起者是胡适,然后由陈独秀将胡适的"文学改良论"推演为"文学革命论"。在日本区域,罗振玉依然留在日本从事甲骨学、敦煌学等研究,并继续取得显著成果。而李大钊先于4—5月间从日本回国,到北京为宪法研究会即研究系创办机关报《晨钟报》,任《晨钟报》总编辑。年底又返回日本,为留日学生总会编辑《民彝》杂志。至12月3日,李大钊、陈启修、杜国庠、王兆荣、吴永权、周昌寿、郑贞文、李石岑、陈承泽、文元模等人在日本东京发起成立丙辰学社,以"研究真理,昌明学艺,交换知识,促进文艺"为宗旨,创办《学艺》杂志。于是,以李大钊为核心,在日本形成了一个学者团体,另有东京留日学生学术研究会主办的《民铎》6月15日创刊,重点介绍尼采、罗素、杜威等资产阶级哲学家的哲学思想,引夫撰写《发刊辞》,撰稿人有李石岑、朱谦之、杨昌济、郭绍虞、易家钺、张东荪、梁漱溟、范寿康以及李大钊和郭沫若等,彼此有一定交集。欧洲的重心仍在法国。蔡元培与欧乐、李石曾、吴玉章等中法人士发起组织的华法教育会3月29日在法国巴黎成立,举蔡元培、欧乐(法)为会长,汪精卫、穆岱(法)为副会长,吴玉章等为会计,李石曾等为书记。该会以"发展中法两国之交通,尤重以法国科学与精神之教育,图中国道德、知识、经济之发展"为宗旨。蔡元培在成立大会上发表《华法教育会之意趣》的长篇演说。中国方面参加学会的尚有吴稚晖、李麟玉、吴玉章、方君瑛、李晓生、李骏、余顺乾、范淹、姚蕙、陈璧君、陈子英、张静江、张竞生、陆悦琴、曾醒、彭济群、褚民谊、黄仲玉、齐致、谭熙鸿等30人。8月15日,蔡元培、李石曾、汪精卫、褚民谊编撰的《旅欧杂志》在法国都尔创刊,蔡元培任主编。10月,蔡元培与黎锦熙、吴稚晖、张一麟等同人发起成立"中华民国国语研究会"。黎锦熙为该会拟定的宗旨是:一、国语统一,即规定标准语。我国地域广大,人口众多,方言复杂,进行国语的统一工作,意义重大。二、言文一致,即普及白话文。"进"的方面,主要有英人哈同在上海的爱俪园总管姬觉弥是年春联合邹安发起成立"广仓学会",创办《学术丛编》《艺术丛编》以及仓圣大学杂志,以学习和研究中国古代文字、古董和典章制度为宗旨,冯煦为首任会长,参与者有王国维、张砚孙、李汉青、费恕皆、罗振玉等;英国斯坦因历时2年8个月、行程17700公里的第三次中亚考察至是年3月正式结束,后经10余年整理研究,撰写成第三次考察详尽研究报告《亚洲腹地——在中亚、甘肃和伊朗东部考察的详尽报告》,为斯坦因一生最重要的著作;法国保罗·伯希和新任驻中国使馆武官次官,于7月途经上海,张元济、沈曾植等在上海与会晤,并设宴招待,沈曾植、叶昌炽、张均衡、缪荃孙、蒋汝藻作陪。沈曾植与伯希和谈契丹、蒙古、畏兀儿国书及末尼、婆罗门诸教源流,而伯希和则展示敦煌唐写本《经典释文》之《尧典》《舜典》两篇残帙照片。

　　本年度的学术空间与阵营发生了大规模的裂变与重组。蔡元培的从法国回归北京出任北京大学校长,陈独秀从上海带着《新青年》进入北大,彼此实现了最佳组合,加之胡适即将从美国应聘至北大,如此"三驾马车"堪称黄金搭档,为次年全面发动文学革命与新文化运动奠定了坚实的基础。其间,《新青年》从上海横空出世,然后进军北京,已逐步赢得了左翼学者的热烈响应与支持。在上海:一是吴稚晖任《中华新报》主笔。是年后,屡屡在《新青年》上发表文章,鼓吹科学和工业文明。10月1日,吴稚晖在《新青年》第2卷第2号发表《青年与工具》,提出"物质文明为精神文明所由寄之而发挥"。陈独秀特意在文后附以长篇说明,称赞:"全文无一语非药石,我中国人头脑中得未曾有,望读者诸君珍重读之,勿轻轻放过一行一句一字也。"其中原由有二:其一,吴稚晖被称为"民国第一骂将",胡适、陈独秀等人想借他的声势。其二,《新青年》的主张,多是吴稚晖早就提出过的,胡适、陈独秀等奉吴为先行者;二是陈其美筹办的中华革命党的机关报《民国日报》1月22日在上海创刊,叶楚伧、邵力子任主编,朱执信、戴季陶、沈玄庐等编撰。6月,邵力子去除了原先一些庸俗的栏目,开辟"觉悟"副刊,除了亲自任副刊主编外,还邀我国第一个翻译《共产党宣言》的陈望道协助,从而为副刊增添革命亮色。所刊文章提倡推翻旧文化、旧文学、旧制度,向新文化进军,号召广大知识青年向旧社会作斗争,主张妇女解放、男女平等。邵力子一度每日亲撰短评、时论以大力宣传马列主义,鼓吹革命。当时《民国日报》的"觉悟"副刊在社会上产生了强烈影响,吸引了许多革命青年。在北京,因陈独秀晚至12月才进入北大,则其后续效应需至次年才会全面凸显,但北大的学术支撑以及李大钊、高一涵等通道的支持和加盟,已经为《新青年》的风生水起乃至风卷残云铺平了道路。放眼望去,无论就理论的前沿性、思想的深邃性还是在学界的潜在影响力而言,《新青年》已无真正的对手,唯有杜亚泉主编的商务印书馆《东方杂志》还勉强可以对阵。3月,杜亚泉在《东方杂志》第13卷第3号发表《家庭与国家》。4月,在《东方杂志》第13卷第4号发表《再论新旧思想之冲突》。文中开篇有2月17日杜亚泉"志"曰:"远生论文谓:'新旧之冲突,莫甚于今日,犹两军相攻,渐逼本垒,最后胜负,旦夕昭布,识者方忧恐悲危,以为国之大厉,实乃吾群进化之效。'又谓:'新旧异同,其要不在枪炮工艺以及政法制度等等。若是者,犹滴滴之水,青青之叶,非其本源。本源所在,在其思想。'予以远生兹言颇足诠释现时吾国之状况,因复就此论题,抒予之意见。惜远生已死,不能以予之意见与之质证矣。"5月,在《东方杂志》第13卷第5号发表《爱与争》。6月,在《东方杂志》第13卷第6号发表《力之调节》。7月,在《东方杂志》第13卷第7号发表《天意与民意》。7—8月,在《东方杂志》第13卷第7—8号发表《集权与分权》。9月,在《东方杂志》第13卷第9号发表《论民主立宪之政治主义不适于现今之时势》《梁任公先生之谈话》。10月,在《东方杂志》第13卷第10号发表《静的文明与动的文明》《予所想望于大总统者》。前文总结东西方文明之不同,归结为"西洋社会为动的社会,我国社会为静的社会。由动的社会,发生动的文明;由静的社会,发生静的文明",主张两相调和,取长补短,融为一体,被称为"东西文明调和论"。以上具有明显回应《新青年》论题与观点的意味,尤其是《静的文明与动的文明》为杜亚泉"东西文明调和论"的代表作。文中开篇即鲜明地亮出自己的观点:"吾人对于向所羡慕之西洋文明,已不胜其怀疑之意见,而吾国人之效法西洋文明者,亦不能于道德上或功业上表示其信用于吾人。则吾人今后不可不变其盲从之态度,而一审文明真价之所在。盖吾人意见,以为西洋文明与吾国固有之文明,乃性质之异,而非程度之差。而吾国固有之文明,正足以救西洋文明之弊,济西洋文明之穷者。西洋文明浓郁如酒,吾国文明淡泊如水;西洋文明腴美如肉,吾国文明粗粝如蔬。而中酒与肉之毒者,则当以水及蔬疗之也。"然后追溯造成东西方文明差异的两大原因:一是民族的原因;二是地理的原因。继之总结东西方文明五个方面的不同:西洋重人为,中国重自然;西洋人之生活为向外的,中国人之生活为向内的;西洋社会团体林立,中国社会以个人为中心;西洋重竞争轻道德,中国重道德轻竞争;西洋社会以和平求战争,中国以战争求和平等等。在上述分析的基础上,作者作了如下归纳:"综而言之,则西洋社会为动的社会,我国社会为静的社会。由动的社会,发生动的文明;由静的社会,发生静的文明。两种文明,各现特殊之景趣与色彩,即动的文明,其都市的景趣,带繁复的色彩;而静的文明,具田野的景趣,带恬淡的色彩。吾人之羡慕西洋文明者,犹之农夫牧子偶历都市,见车马之喧闹,货物之充积,士女之都丽,服御之豪侈,目眩神迷,欲置身其中以为乐,而不知彼都人士方疾首蹙额,焦心苦虑,于子矛我盾之中,作出死入生之计乎? 彼西洋人于吾国文明,固未尝加以注意,然观丁格尔《步行游记》所言,亦时怀怅触。彼于滇蜀万山之中,与吾国最旧式之社会相接,乃谓欧美文明,使人心中终日扰扰,不能休息,而欲以中国人真质朴素之风,引为针石,是亦都市之人,览田野之风景,而有所领略者也。至就两文明发生之效果而论,则动的社会,其个人富于冒险进取之性质,常向各方面吸收生产,故其生活日益丰裕。静的社会,专注意于自己内部之节约,而不向外部发展,故其生活日益贫啬。盖身心忙碌者,以生活之丰裕酬之;而生活贫啬者,以身心之安闲偿之。以个人幸福论,丰裕与安闲,孰优孰劣,殊未易定,惟二者不可得兼,而其中常具一平衡调剂之理。"鉴于陈独秀先入为主地将中西文化或文化解释并确认为时代的差距,而杜亚泉则力图将其解释和定位为性质的差异,即分别归结为"静"的文明与"动"的文明。周月峰编《中国近代思想家文库・杜亚泉卷》(中国人民大学出版社2014 年版)"导言"曰:在第一次世界大战之前,中国是步步深入模仿西洋,大致从坚船利炮到政治制度,再到西洋文化精神。正如杜亚泉文中所说:"近年以来,吾国人之羡慕西洋文明无所不至,自军国大事以至日用细微,无不效法西洋,而于自国固有之文明,几不复置意。"但第一次世界大战发生,使得很多时人对"欧洲文明之权威,大生疑念"。陈独秀《一九一六》认为受此次战争之洗礼,1916 年以后欧洲的形势、军事、政治、学术、思想"必有剧变,大异于前"。杜亚泉有其自身的判断,对"向所羡慕之西洋文明,已不胜其怀疑""对于固有文明,乃主张科学的刷新,并不主张顽固的保守;对于西洋文明,亦主张相当的吸收,惟不主张完全的仿效而已"。在杜氏看来,这比戊戌时代的"新"更新,是"现时代之新思想"。这种论调与时代流风格格不入,也受到陈独秀《新青年》一派的激烈批判。其实,当时双方都自认为代表了"新",顺应了时代潮流,仅是对"新"与潮流的判断不同。更可见当时的新旧远比我们一般认知中的复杂。然而,到了"五四"前后,因为《新青年》一派的激进主张成为时代潮流,使杜亚泉显得格格不入。这就急坏了商务印书馆当局,竭力劝说杜氏不要再反驳,并要他改变立场,避免违反时代潮流。至 1920 年,杜亚泉迫于情势,只得辞去《东方杂志》主编职务。归根到底,这是"革命"与"改良"的不同路向。然而,新文化运动乃不可阻挡的时代潮流,顺之者昌,逆之者亡,但也因此遮蔽甚至淹没了"改良"者的合理诉求与正确意见。

　　本年度的学术论著在学术研究与思想批判两个方面进一步趋于分化。其中学术著作成果依然丰硕。王国维、罗振玉虽分隔中日两地,但对先前的甲骨学、敦煌学、简牍学研究又作了新的拓展。王国维的重要论著有：《生霸死霸考》《史籀篇疏证》1卷、《殷礼小记》《周书顾命礼征》《流沙坠简考释补证》《殷礼征文》《释史》《周乐考》《乐诗考略》《书作册诗尹氏说》《毛公鼎考释》《裸礼榷》1卷、《石鼓文考》《魏石经考》2卷（后附《隶续魏石经图》五）、《汉魏博士考》3卷、《周书·顾命后考》《汉代古文考》3卷、《尔雅草木虫鱼鸟兽释例》《周开国年表》等。又有所著《太史公系年考略》由上海仓圣明智大学广仓学窘丛书甲类本刊行。其中《生霸死霸考》提出周代"四分月说"，对以后的先秦年代学、青铜器研究影响巨大。《毛公鼎铭》在由古文字学开辟史事与制度文物研究上具有重大意义，王国维《毛公鼎考释序》所总结的"苟考之史事与制度文物，以知其时代之情状；本之《诗》《书》，以求其文之义例；考之古音，以退其义之假借；参之彝器，以验其文字之变化。由此而之彼，即甲以推乙，则于字之不可释、义之不可通者，必间有获焉"，更具方法论的创新与示范价值。罗振玉的重要论著有《殷虚书契后编》2卷、《古器物范图录》《历代符牌后录》《金泥石屑》2卷、《殷虚古器物图录》1卷（附说1卷）、《殷虚书契待问编》《高昌壁画菁华》《石鼓文考释》《古镜图录》《邺下冢墓遗文》《墨林星凤》《隋唐以来官印集成》1卷、《古明器图录》4卷。上述论著意味着罗振玉的研究领域开始由文字扩充到器物的研究，并转移视线于殷商一代之文化，或许受到王国维学术路径的影响。其他领域的学术著作主要有：章炳麟《菿汉微言》（北京刊印本），陈柱《庄子内篇学》（中国学术讨论社），陈黻宸《中国哲学史》（讲义），谢无量《中国哲学史》（上海中华书局）、《中国妇女文学史》（上海中华书局），许家庆编纂《西洋演剧史》（上海商务印书馆），黄狆狆《坤伶小传》（华新印刷局），姚永朴《文学研究法》（上海商务印书馆），郭秉文著、周般译《中国教育制度沿革史》（商务印书馆），李泰棻编《西洋大历史》上卷（北京编者刊行）等。其中《菿汉微言》为哲学短论集，是章炳麟被袁世凯囚禁于北京3年期间的重要学术成果，由章炳麟口述，其弟子吴承仕笔录，再由章炳麟审定成书，至是年出版，内容广泛涉及古今中外哲学学说以及医道、天文历法、数学、声学、古建筑、语音声韵等问题，尤有大量篇幅论述佛教唯识宗哲理，并与孔子、庄子的思想互相参证。陈黻宸《中国哲学史》与谢无量《中国哲学史》是现代从经学、子学转换为哲学史研究的早期成果，也是最初命名为"中国哲学史"的两部学术著作，前者为陈黻宸在北京大学讲授中国哲学史课程的讲义，但在时段上只是撰写了"上古"哲学部分，而在内容上还留有传统经学、子学史研究的痕迹。谢无量《中国哲学史》由中华书局出版，作者将中国哲学史分为上古、中古、近世三个阶段，具备了中国哲学通史的规模，不仅比陈黻宸等人的中国哲学史更完整，在学术观念上也更接近哲学史的规范要求，确有拓荒之功，但就总体而论，史料多于阐释，继承多于创新，依然处于新旧转型的过渡之中。谢无量《中国妇女文学史》为中国妇女文学史开山之作，已初步勾勒出中国古代妇女文学史的脉络，把历来被传统士大夫视为陪衬和点缀的妇女文学创作列为研究对象，从此"妇女文学"成为多数中国文学史写作不可缺少的内容之一，对其后文学史写作产生重要影响。谢无量是一位高产学者，本年出版的尚有《韩非》（上海中华书局）、《朱子学派》（上海中华书局）、《佛学大纲》（上海中华书局）、《中国六大文豪》（上海中华书局）四书，但以《中国哲学史》《中国妇女文学史》学术价值更高，曾受到孙中山的高度评价。郭秉文《中国教育制度沿革史》系作者在哥伦比亚大学的学位论文，1915年以英文在美国出版，至是年周般译为中文出版，黄炎培作序，称誉此书为"一部中国教育制度简史，也是中国第一部具有通史性质的教育制度史"的"空前之作"。许家庆《西洋演剧史》重点介绍了西洋演剧的意义、种类，剧场的发展，技艺的进步,戏曲的潮流,名剧作家,爱尔兰的新戏曲,俄罗斯的新剧场,德意志的舞台等,具有一定的开创性意义。黄狄狄著《坤伶小传》收录了金凤奎、金玉兰、刘喜奎、杨玉琴、李桂芬、李凤云、赵紫云、宋凤云等30多位民初戏剧演员的小传。姚永朴《文学研究法》主要讲述研究中国古典文学的方法,为早期文学研究方法专题研究之作。此外,梁启超《饮冰室丛著》以及张元济主持的《涵芬楼秘笈》第一集由商务印书馆出版,皆为出版界的重要成果。前者收录了梁启超《新民说》《墨学微》《史传今义》《中国之武士道》《外史鳞爪》《饮冰室自由书》《新大陆游记》等13种论著。

　　就聚焦于重要学术论题的论著而言,正值文学革命的前夜,学术研究与思想批判的两向分化更为显著。前者诸如:任鸿隽《科学精神论》(《科学》第2卷第1期)、《论学》(《科学》第2卷第5期)、《西方大学杂观》(《留美学生季报》第3卷第3号),闻一多《论振兴国学》(《清华周刊》第77期),田北湖《中国名义释》(《地学杂志》第9期),梁启超《禹贡九州考》(《大中华》第1期),恽代英《苗族之文明》(《光华学报》第1年第2期),刘师培《老子斠补》(《中国学报》复刊第2册)、《荀子斠补》(《中国学报》复刊第3册)、《中古文考》(《中国学报复刊》第5册),吴廷燮《北宋经抚年表》(《中国学报》第3期),曹鸿文《中国民族同化之研究》(《学生杂志》第5号),梁漱溟《究元决疑论》(《东方杂志》第13卷第5—7期),苣洭《班马异同论》(《妇女时报》第18期),李启沅《中国历代工业考》(《学生杂志》第10号),黄炎培《东西两大陆教育不同之根本谈》(《教育杂志》1月号)等等。任鸿隽《科学精神论》谓"科学精神者何? 求真理是已",包括"崇实""贵确"两大要素,又批评"学界风气有与科学精神绝对不相容者":(一)重文章而忽实学。(二)笃旧说而贱特思。是为国人阐述和提倡"科学精神"之先声。任鸿隽《论学》通过中西比较反思中国学术不足。任鸿隽《西方大学杂观》有论西方大学"教育精神",其曰:"西方大学之教育精神,一言以蔽之曰:重独造、尚实验而已。独造者,温故知新,独立研几,不以前人所已至者为足,而思发明新理新事以增益之。其硕师巨子,穷年累月,孜孜于工场,兀兀于书室者,凡以此耳。此精神不独于高深研究见之,乃至平常课室之中,亦此精神所贯注。"闻一多《论振兴国学》鉴于当时清华课程分西学、国学两部以及学生的重西学而轻国学,故撰文强调国学乃国运所寄。田北湖《中国名义释》以西方领土、主权等观念,辨析历史上不同时期关于中国的称呼及其内涵,指出古来成法"判以内地、外藩行政之方法虽殊,而中国领土未尝有所区别",即是说政府统治的土地皆是本部,但日本依据治理方法不同,妄称长城以南内地18省为本部,尤其荒谬。国人不知本部"一若表示主权者",也引入使用"见愚于外人也"。恽代英《苗族之文明》是较早研究苗族历史的文章之一。梁漱溟长篇哲学论文《究元决疑论》主要批评熊十力在《庸言》上发表的辟佛言论。黄炎培《东西两大陆教育不同之根本谈》论其根本不同有四:(一)彼之教育大都取自然,我取强制;(二)彼取个别,我取划一;(三)彼重创造,我重模仿;(四)彼重公众,我重一己。后者最具代表性的是陈独秀、易白沙、李大钊等连续发表于《新青年》的论文,包括易白沙《孔子平议》(《青年杂志》第1卷第6号、《新青年》第2卷第1号),以及陈独秀《驳康有为〈致总统总理书〉》《吾人最后之觉悟》《宪法与宗教》《孔子之道与现代生活》《再论孔教问题》《复辟与尊孔》《偶像破坏论》以及讨孔檄文等。此外,王宠惠《宪法危言》(《大中华杂志》第2卷第7期),李大钊《宪法与思想自由》(《宪法公言》第7期)、《民彝与政治》(《民彝》创刊号),高一涵《自治与自由》(《青年杂志》第1卷第5期),以及梁启超的讨袁之作《袁世凯之解剖》《辟复辟论》《五年来之教训》等亦具类似性质。王宠惠《宪法危言》开篇即道出了作者作此文的目的："国于二十世纪殆未有无宪法而可以立国者，纵观环球各国之宪法，远者或已行之数百年，近者行之亦不下数十年，而回顾吾国则何如者，自前清以预备立宪愚全国黔首，而人莫不知其为假立宪，然犹可诿诸专制政府之有以致之也。迨民国成立，主权还之国民，宜若可以制定宪法以应国民之要求矣，乃不幸而遇背信弃誓之野心家，施其强暴之力远过前清，卒致解散国会，推翻民国，虽欲求假立宪而不可得。而幸也，此毒焰方张之独夫今已自毙，共和复活，国会开会有日，制定宪法之声再闻于吾人之耳鼓。呜呼！居今日而始言宪法，实属吾国之大不幸，然至今日而尚可言宪法，又未始非不幸中之幸也。此千载一时之会，有制定宪法之责者其可不珍之而慎之哉！"李大钊《宪法与思想自由》对保皇党人康有为上书黎元洪、段祺瑞，主张定孔教为"国教"，列入宪法，而后在草拟的宪法中公然规定"国民教育以孔子之道为修身大本"，予以坚决驳斥。李大钊《民彝与政治》以进化论为依据，阐明代议政治是时代前进的需求，是不可抗拒的历史潮流，并猛烈抨击了封建专制制度，强调人民群众的作用。介于上述两者之间的则有：杜亚泉《再论新旧思想之冲突》（《东方杂志》第13卷第4号）、《论民主立宪之政治主义不适于现今之时势》（《东方杂志》第13卷第9号）、《静的文明与动的文明》（《东方杂志》第13卷第10号），家义《建国根本问题》（《东方杂志》第13卷第3号），远生《新旧思想之冲突》（《东方杂志》第13卷第2号），任鸿隽《吾国学术思想之未来》（《科学》第2卷第12期），蔡元培《文明之消化》（《旅欧杂志》），陆基《改国民学校国文为国语科议》（8月19日《申报》），吕思勉《教育本论》（《中华教育界》第5卷第1期）、《新教育与旧教育》（《中华教育界》第5卷第6期），朱元善《教育独立》（《教育杂志》第8卷第1期），贾丰臻《教育危言》（《教育杂志》第8卷第4期），后雕《中国教育之危机及其救济法》（《中华教育界》第2期），过瑶圃《新理想主义之教育》（《教育杂志》第8卷第1、4、8期），庄俞《今日之职业教育》（《教育杂志》第8卷第9号），等等。任鸿隽《吾国学术思想之未来》就中国学术思想的未来该如何发展提出三问：第一当问吾国承学之士于旧有之学术，遂已满足乎？第二当问吾承学之士，值此道丧学敝之余，将遂坐视其僿野退化，与榛狉未开之族同伍乎？第三当问欲救旧时学术之弊，其道何从？最后得出结论："是故循物极则反之例，推有开必先之言，思想之变迁，既有然矣。其变也，必归于科学。"陆基《改国民学校国文为国语科议》倡议国语统一，改设国语科，并尽快修订国语课本以供教学之用。后雕《中国教育之危机及其救济法》认为缺乏职业教育是当时中国教育的一大危机。庄俞《今日之职业教育》认为"欲发达职业教育，必先于普通教育注意之"。

关于学术史论著方面，首推顾颉刚《清代著述考》。当时尚处学生时代的顾颉刚著成《清代著述考》20册，以《书目问答》之《国朝著述诸家姓名略》为基础，依学术派别分作者，在作者名下列著述，按著述的版本见存佚，并集录作者的自序及他人的批评，是作者的初试牛刀之作，为其日后的学术研究奠立了基础，胡适阅后赞赏有加，认为抓住了300年研究的中心思想。顾颉刚着手编纂《国学志》，将《著述考》列为其中之一，此外有仿《太平御览》之《学览》。其他尚有：任鸿隽《吾国学术思想之未来》（《科学》第2卷第12期），严复《中国古代政治结社小史》（英文杂志《中国社会与政治科学学报》第1卷第4期），杨昌济《哲学上各种理论之略述》（《民声》杂志第1卷第2号）、《各种伦理主义之略述及概评》（《东方杂志》第13卷第2、3、4号），李本道《五德终始西汉主胜东汉主生考》（《中国学报》第1期），吕思勉《今后学术之趋势及学生之责任》（《中华学生界》第2卷第1期），佩我《西方思想之道德学说史》（《进步杂志》第9卷第6号、第10卷第1号、第10卷第2号），黄炎培《实用主义产出之第二年》(《教育杂志》1月号)。吕思勉《今后学术之趋势及学生之责任》云:"今日之为学,所以异于往昔者,其荦荦大端,盖有三事。昔时崇古之念太深,凡一学说,为古人所创者,不独以为不当轻议也,且以为不当置议。夫至以古人之学说为不容置议,则其耳目心思,皆有所窒,而不能尽其用,而真理晦矣。今则畏神服教之念除,自由研究之风盛,知古人之学说,所为江河不废者,正以研究焉而弥见其可贵,而非不研究焉遂出于盲从。一也。发明学术,虽藉灵明,而探索推求,必资事物。神州大陆,统一既二千年,盛衰治乱,常若循环,事变鲜更,承学者之心思,亦为所锢蔽。今则瀛海大通,学术为一,有异国数千年之历史,以资参证;有环球亿万里之事物,以广见闻。耳目既恢,灵明亦因之日出,且欧非美澳,进化皆后于神州。彼其事实,颇有足与吾国古籍相证明者,则不独新义环生,而旧说亦因之复活矣。二也。阴阳刚柔,相互为用,形上形下,本如鸟之双翼、车之两轮。自汉以降,儒者多薄为曲艺而弗为,考工遗规,渐归废坠;制器尚象,日以呰窳;强国富民,皆虑其弗周于用。今得远西之学,引其端绪,备物致用,复当方驾古初,不特有利烝民,亦且小道微言,因物质之阐明而愈显。三也。综是三者,则今人之聪明才力,虽未必远过古人,而其所遭逢,则实为古人所不逮,其所成就,亦必突过古人矣。英雄造时势,时势亦造英雄,我学生诸君,其勉之哉。"(以上参见本书"学术背景""学术活动""学术著作""学者生卒"栏所引文献与出处,以及章恒忠、王亚夫主编《中国学术界大事记(1919—1985)》,上海社会科学出版社1988年版;王学典《20世纪史学编年(1900—1949)》,商务印书馆2014年版;付喜祥《20世纪前期中国文学史写作编年史》,北京师范大学出版社2013年版;中国大百科全书总编辑委员会编《中国大百科全书·考古学》,中国大百科全书出版社2002年版;王学珍等编《北京大学纪事(1898—1997)》,北京大学出版社1998年版;清华大学校史研究室编《清华大学一百年》,清华大学出版社2011年版;北京师范大学党委办公室、北京师范大学校长办公室《北京师范大学纪事》,北京师范大学出版社2012年版;南京大学高教研究所编《南京大学大事记(1902—1988)》,南京大学出版社1989年版;沈卫威编《学衡派编年文事》,南京大学出版社2015年版;吴永贵《国民出版史编年:1912—1949》,社会科学文献出版社2018年版;陈镱文、亢小玉、姚远《杜亚泉先生年谱(1912—1933)》,《西北大学学报(自然科学版)》2008年第6期;周月峰编《中国近代思想家文库·杜亚泉卷》及附录《杜亚泉年谱简编》,中国人民大学出版社2014年版;王代莉《五四前后文化调和论研究——以杜亚泉和〈东方杂志〉为中心的考察》,中国社会科学院研究生院博士学位论文,2009年;刘素娟《冯友兰中西文化观研究》,郑州大学博士学位论文,2020年)

1917 年　民国六年　丁巳

一、学术背景

1月1日,《新青年》第2卷第5号出版发行,载有胡适的《文学改良刍议》。

1月7日,宪法促进会在北京成立,推举吴琴荪为会长。

1月8日,宪法会议以孔教是否列为国教进行表决,反对孔教列入宪法者占多数。

1月9日,张勋召集各省督军在徐州举行第三次徐州会议,提出取缔国会、修改约法、改组内阁、改组总统府等四项主张。

1月27日,京师图书馆在北京安定门万家胡同举行开馆典礼。

是月,中华佛教会上书国会,为避免宗教战争在中国出现,请勿定孔教为国教。

2月1日,《新青年》第2卷第6号出版发行,载有陈独秀《文学革命论》、吴虞《家族制度为专制主义之根据论》。

2月6日,教育部下令重申禁止学生加入政党。

2月13日,万国改良会在上海举行禁烟大会。

是日,广东举行第六次运动大会。

2月21日,孙中山在上海著述《民权初步》(又名《社会建设》),后编为《建国方略之三:社会建设》。

按:《建国方略》是孙中山于1917年至1919年期间所著的三部曲——《孙文学说》《实业计划》《民权初步》的合称,分别从思想层面、经济层面、政治层面对中国的现代化进程进行了前瞻性、系统化的总体设计,堪称民国政府标榜为立国的第一指导纲领,具有强烈的时代精神和重大历史意义,是一份标志性的重要史料文献,同时也是研究民国史、近现代史的必读经典。其中《民权初步》又名《会议通则》,是一本关于民主政治建设的论著。作者落款:"民国六年二月二十一日,孙文序于上海。"后编为《建国方略之三:社会建设》。

孙中山《民权初步·序》曰:中华民族,世界之至大者也,亦世界之至优者也。中华土地,世界之至广者也,亦世界之至富者也。然而以此至大至优之民族,据至广至富之土地,会此世运进化之时、人文发达之际,犹未能先我东邻而改造一富强之国家者,其故何也?人心涣散,民力不凝结也。

中国四万万之众,等于一盘散沙,此岂天生而然耶?实异族之专制有以致之也。在满清之世,集会有禁,文字成狱,偶语弃市,是人民之集会自由、出版自由、思想自由,皆已削夺净尽,至二百六十余年之久。种族不至灭绝亦云幸矣,岂复能期其人心固结、群力发扬耶!

乃天不弃此优秀众大之民族。其始也,得欧风美雨之吹沐。其继也,得东邻维新之唤起。其终也,得

628 中国现代学术编年(1911年—1949年)

革命风潮之震荡。遂一举而推覆异族之专制,光复祖宗之故业,又能循世界进化之潮流,而创立中华民国。无如国体初建,民权未张,是以野心家竟欲覆民政而复帝制,民国五年已变洪宪元年矣!所幸革命之元气未消,新旧两派皆争相反对帝制自为者,而民国乃得中兴。今后民国前途之安危若何,则全视民权之发达如何耳。

何为民国?美国总统林肯氏有言曰:"民之所有,民之所治,民之所享。"此之谓民国也。何谓民权?即近来瑞士国所行之制:民有选举官吏之权,民有罢免官吏之权,民有创制法案之权,民有复决法案之权,此之谓四大民权也。必具有此四大民权,方得谓为纯粹之民国也。革命党之誓约曰:"恢复中华,创立民国。"盖欲以此世界至大至优之民族,而造一世界至进步、至庄严、至富强、至安乐之国家,而为民所有、为民所治、为民所享者也。

今民国之名已定矣。名正则言顺,言顺则事成,而革命之功,亦以之而毕矣。此后顾名思义,循名课实,以完成革命志士之志,而造成一纯粹民国者,则国民之责也。盖国民为一国之主,为统治权之所出。而实行其权者,则发端于选举代议士。倘能按部就班,以渐而进,由幼稚而强壮,民权发达,则纯粹之民国可指日而待也。

民权何由而发达?则从固结人心、纠合群力始。而欲固结人心、纠合群力,又非从集会不为功。是集会者,实为民权发达之第一步。然中国人受集会之厉禁,数百年于兹,合群之天性殆失,是以集会之原则、集会之条理、集会之习惯、集会之经验、皆阙然无有。以一盘散沙之民众,忽而登彼于民国主人之位,宜乎其手足无措,不知所从,所谓集会,则乌合而已。是中国之国民,今日实未能行民权之第一步也。

然则何为而可?吾知野心家必曰:非帝政不可。曲学者必曰:非专制不可。不知国犹人也,人之初生,不能一日而举步,而国之初造,岂能一时而突飞?孩提之学步也,必有褓姆教之,今国民之学步,亦当如是。此《民权初步》一书之所由作,而以教国民行民权之第一步也。

2月23日,张勋联合16省区督军、省长通电要求国会定孔教为国教。

2月25日,中国国民禁烟会成立,章太炎为主任,唐绍仪为副主任。

3月4日,章太炎在上海发起成立亚洲古学会,以研究亚洲文学、联络感情为宗旨。

按:章太炎有感于西欧势力东渐,东亚古学垂亡,特发起组织亚洲古学会,以研究亚洲文学、联络感情为宗旨,在政治上丝毫不生何种关系。是日,在西门外林荫路江苏省教育会开成立会,莅会者共约30人。章以为欲求亚洲不沦为欧洲附属品,非先谋统一之法;欲谋统一,非先联络各国感情;欲联络感情,非从源于一脉的亚洲古文学共同研究入手。提倡每人先学两种语言,以方便联络。又谓"须于政治上经济上联络,必互相洞悉,始无隔膜"。(记工编著《历史年鉴》,吉林文史出版社2006年版)

3月5日,北京中国公学改名为中国大学。

3月7日,上海成立各省公民尊孔会。由山东、浙江等16省尊孔会社在沪代表发起组织,陈焕章为会长,张勋、康有为等为名誉会长,设总事务所于上海,以组织各地尊孔会代表进京请愿,以"定孔教为国教列入宪法"为宗旨。

3月10日,教育部训令留日监督《限制留学生兼校办法》,规定官费留学生未经允许不得私自转校。

3月14日,中国宣布与德国绝交,开始收回汉口与天津的德国租界。

3月25日,北京各专门学校校长组织民国教育会,以研究教育促进全国文化之发展为主旨。

是月,中国科学社正式在中华民国教育部立案,成为中华民国法定的科学团体。

按:在呈请教育部立案报告中,中国科学社阐发了事业规划:(1)发行月刊,学理与实用并重,使学者有所参考,实业家亦有所取法;(2)择译他国科学书籍,或请专家著述,使吾国学子不须假经西文,即能研究高深学术;(3)编订专门名词以期划一而便学者;(4)创办图书馆,搜集科学及他种书籍,以便学者参考;

(5)设立研究所,施行科学上之实验,以期发明而谋学术之进步;(6)设立特别研究所,作实业上之研究,公布其结果以助实业之发展;(7)设立博物馆,搜集学术上、工业上、历史上以及自然界草木禽兽昆虫微菌矿石诸标本,陈列之以供众览而增常识;(8)组织科学演讲团以普及科学知识;(9)受政府之委托,或社会之咨询,解决关于实业及科学上之疑难问题。(范铁权《体制与观念的现代转型:中国科学社与中国的科学文化》,人民出版社2005年版)

是月,在全国教育会联合会的力主之下,教育部通令全国普通中学增设第二部,课程的单科制逐步向分科制过渡。

4月1日,江皖水利联合研究会在上海召开成立大会,该会以研究治水学术和联络督促苏、皖两省水利规划进行为宗旨,推举韩国钧、柏文蔚为理事长。

4月25日,段祺瑞在北京组织督军团,向黎元洪总统和国会施压。

5月3日,教育部颁布《国立大学职员作用及薪俸规定》。

5月6日,中华职业教育社在上海成立,选举黄炎培为办事处主任,蒋梦麟为总书记。发表《中华职业教育社宣言书》《中华职业教育社组织大纲》和《募金通启》。

按:《中华职业教育社宣言书》说:"今之策国是者,莫不重教育;策教育,莫不谋普及。夫教育曷贵乎普及,岂不曰教育普及,则社会、国家一切至重要、至困难问题,根本上皆得缘以解决也。今吾中国至重要、至困难问题,尚有过于生计者乎? 兴学二十余年,全国学校亦既有十万八千余所,何以教育较盛之区,饿莩载涂如故,匪盗充斥如故? 更进言之,谓今之教育而能解决生计问题,则必受教育者之治生,较易于其未受教育者可知。而何以国中自小学以至大学,学生之毕业于学校而失业于社会者比比? 此国人所谛观现象,默审方来,而不胜其殷忧大惧者也。甲寅之秋,同人有考察京津教育者。某中学学生数百人,其校长见告:吾校毕业生,升学者三之一,谋事而不得事者二之一。乙卯、丙辰两岁,江苏省教育会以毕业生之无出路也,乃就江苏公私立各中学调查其实况。乙卯升学者得百分之二十三,丙辰得百分之三十九,以外大都无业,或虽有业而大都非正当者也。今岁全国教育联合会各省区代表报告,则升学者仅及十之一,或不及十之一。若夫高等小学,今岁调查江苏全省毕业者四千九百八十三人,而收容于各中等学校者,不及四之一。此外大都营营逐逐,谋一业于社会,而苦所学之无可以为用者也。或曰:此之所云,普通学校耳。则试观夫实业学校、专门学校,有以毕业于纺织专科而为普通小学校图画教员者矣;有以毕业于农业专科而为普通行政机关助理员者矣;甚有以留学欧美大学校专门毕业,归而应考试于书业机关,充普通编译员者矣。所用非其所学,滔滔皆是。虽然,此犹足以糊其口也。其十之六七,乃并一啖饭地而不可得。实业学校毕业者且然,其他则又何说? 然则教育幸而未发达、未普及耳。苟一旦普及,几何不尽驱国人为高等游民,以坐待淘汰于天演耶? ……同人于此,既不胜其殷忧大惧。研究复研究,假立救济之主旨三端:曰推广职业教育;曰改良职业教育;曰改良普通教育,为适于职业之准备。……其实行方法奈何? 曰调查,曰研究,曰劝导,曰指示,曰讲演,曰出版,曰表扬,曰通信答问。其所注意之方面,为政府,为学校,为社会,而又须有直接之设施。曰择地创立都市式、乡村式男女子职业学校,日、夜、星期职业补习学校。而又须有改良普通教育之准备。曰创立教育博物院,迨夫影响渐广,成效渐彰,又须设职业介绍部。其为事曰调查、曰通告、曰引导。"(张元济《教育救国论》,高等教育出版社2010年版)

按:中华职业教育社《募金通启》说:"敬通启者:同人等组织中华职业教育社,其理由及办法,具如刊布。兹定六年一月开始募集社员并分筹社费,由其杰、元济、家修任临时基金管理员,以上海中国银行及上海商业银行为收款机关。一俟经费筹募成数,即行宣布开办。同人等或居发起,或表赞同,咸认斯举为救国家、救社会唯一事业。凡我同志,尚鉴微忱,宏此远谟,端资大力。倘加欣助,实所拜嘉。幸公鉴焉。敬通启:伍廷芳、袁希涛、张寿春、邓萃英、聂其杰、梁启超、张元济、周诒春、于定一、陈容、张謇、江谦、杨廷栋、朱友渔、蒋梦麟、蔡元培、陈宝泉、史家修、庄俞、顾树森、严修、宋汉章、刘垣、刁信德、沈恩孚、唐绍仪、陈辉德、穆湘玥、朱庭祺、余日章、范源濂、陆费逵、蒋维乔、朱胡彬夏、郭秉文、汤化龙、张嘉璈、龚杰、贾丰臻、黄炎培、王正廷、穆湘瑶、刘以钟、朱叔源。"(张元济《教育救国论》,高等教育出版社2010年版)

5月10日,北京国民请愿团围攻众议院,反对对德宣战议员10余人被殴伤,国会被围困10多小时。

5月11日,北京宪法审议会否决将孔教定为国教的提案。

5月22日,张勋召集第四次徐州会议,与会各省相继宣告独立。

5月23日,北京政府免国务总理兼陆军总长段祺瑞职。

按:因府院之争,段祺瑞第一次内阁结束。

5月28日,北京政府任李经羲为国务总理。

5月29日,八省宣告与政府脱离关系。

是日,教育部核定京师图书馆《藏书流布暂行规则》。

6月1日,黎元洪召张勋入京共商国是。

6月7日,张勋率辫子军自徐州北上进京。

6月12日,黎元洪被迫解散参众两院。

6月19日,孙中山所著《实业计划》一书的"第一计划"发表,详细阐述了开发中国实业的途径、原则和计划。

按:自是年2月起,孙中山在多年勤读细思、多方考察的基础上开始撰写《实业计划》一书,至1920年7月才最终完稿。

6月21日,教育部公布《留本部欧美官费学额二十四缺为直辖各学校教员出洋研究专额》训令。

6月26日,黎元洪令将国史馆并入北京大学,在文科附设国史编纂处,处长由蔡元培校长兼任。

7月1日,张勋借调停府院之争为名,带兵入京。拥清废帝溥仪复辟。爱新觉罗·溥仪再次登基,颁布多条新政,意图恢复大清。当日改用旧历,是日定为宣统九年五月十三日。同日,黎元洪电令各省兴师讨逆。

是日,中华全国学生救亡会在上海成立,以联合学生、唤醒国民、扶持正谊、拯救中华民国危亡为宗旨。

7月3日,段祺瑞偕同徐世昌等人,兴兵讨伐张勋。

7月6日,冯国璋在南京宣布就任代理大总统,任段祺瑞为国务总理。段祺瑞拒绝遵守《临时约法》和恢复国会而自行组阁,是为段祺瑞第二次内阁。

是日,孙中山偕朱执信等南下广州,联合西南各省进行护法活动。

7月12日,段祺瑞讨逆军进入北京,张勋逃入驻京荷兰公使馆。爱新觉罗·溥仪在全国人民的声讨声中再次写下退位诏书。

7月17日,段祺瑞第二次内阁正式成立:国务总理段祺瑞,外交总长汪大燮,内务总长汤化龙,财政总长梁启超,陆军总长段祺瑞(兼),海军总长刘冠雄,司法总长林长民,教育总长范源濂,农商总长张国淦,交通总长曹汝霖。

8月14日,中国政府对德、奥宣战。

8月18日,孙中山在广州黄埔公园宴请南下国会议员,协议在粤召开非常会议。

8月25日,国会非常会议在广州开幕,通过《国会非常会议组织大纲》《中华民国军政府组织大纲》,决议组织军政府,以裁平叛乱和恢复临时约法。规定军政府设大元帅1人,元帅2人,下设6部。

9月1日,国会非常会议选举孙中山为大元帅,唐继尧、陆廷荣当选为元帅。

9月6日,教育部公布《教育厅暂行条例》,于各省设教育厅,隶属于教育部,处理全省教育行政事务。

9月10日,孙中山就任中华民国军政府海陆军大元帅职,发布受任宣言和就职宣言,决心"根除元凶,恢复约法"。

9月29日,《北京英文晚报》被京畿警备总司令部以"该报议论妨害战事,扰乱听闻"的罪名查封。

是月,教育部颁布《修正大学令》,规定大学分为文科、理科、法科、商科、医科、农科、工科;设二科以上者得称为大学,设一科者得称为某科大学。

按:周春岳次年发表《大学改制之商榷》一文,认为大学是教授高等学术各科之综合体,反对设单科大学。蔡元培在《新青年》第4卷第5号发表《读周春岳君"大学改制之商榷"》,分析大学与高等专门学校的区别:"鄙人以为治学者可谓之'大学',治术者可谓之'高等专门学校'。两者有性质之别,而不必有年限与程度之差。在大学,则必择其以终身研究学问者为之师,而希望学生于研究学问以外,别无何等之目的。其在高等专门,则为归集资料,实地练习起见,方且于学校中设法庭、商场等雏形,则大延现任之法吏、技师以教之,亦无不可。即学生日日悬毕业后之法吏、技师以为的,亦无不可。以此等性质之差别,而一谓之'大',一谓之'高',取其易于识别,无他意也。"

10月10日,上海《民国日报》在要闻版头条位置报道了十月革命的消息。

按:11月10日为俄国十月革命爆发后第三天,上海《民国日报》在要闻版头条位置报道了十月革命的消息,还重点介绍了列宁(译为里林)于11月7日晚在第二次全俄苏维埃代表大会上的演说。此外,上海的《申报》《时报》《中华新报》等也纷纷予以报道。

是日,全国教育会联合会第三次会议在杭州召开,向北洋政府教育部提交《请定国语标准并推行注音字母以期国语统一案》,提倡"言文一致,国民统一"主张。

按:次年,全国各地院校开设国语讲习科,培育国文教员,兴起了一股国语热潮。史称统一国语运动。此后,《教育部公布注音字母令》(1918年5月)、《国语统一进行方法》(1919年4月)、《推行国语以期言文一致案》(1919年10月)等决案先后问世,屡次提请教育部改设国语科,并以国语编辑、讲授其他科目。至1920年1月教育部正式下令初等小学国文教学改为国语教学,国语科才真正得以确立和发展。

是月,孙中山通电斥责段祺瑞把持的北京政府"背叛约法",命令各军讨伐。护法战争开始。

11月2日,《蓝辛石井协定》签订。美国承认日本在中国东北特殊权益,日本承认美国对华门户开放政策。

11月7日,俄国十月革命胜利,世界上第一个社会主义国家宣告诞生,马克思列宁主义开始引入中国。

按:毛泽东于1949年6月30日写成的《论人民民主专政》曾经指出:"十月革命一声炮响,给我们送来了马克思列宁主义。"

11月10日,临时参议院在北京开会。

11月11日,上海童子军联合会召开第一次联合运动会。

11月15日,《太平洋》杂志第1卷第8号发表沧海的《革命后之俄罗斯政变》,最早报道苏联十月革命的消息。

11月20日,《北京英文京报》被北洋政府罚款,停止营业。

11月22日,段祺瑞内阁因第二次府院之争结束。

是月,全国各地宣告独立护法。

12月,北京大学通过《学科教授会组织法》,将各科各门的重要学科,各自合成一部,共成立国文、英文、数学、物理、化学、法律、政治、哲学、经济商业、法文、德文 11 个部,每部设立教授会,负责协调各学科的学术性事务,教授会的主要职责是审查本学科教授法的改良、教科书的选择、学生选科的指导以及成绩考核等。

> 按:蔡元培执掌北京大学时期设立的大学评议会、教授会是落实"教授治校"制度的组织保障,它在一定程度上保证了大学学术的独立。

是年,齐鲁大学在山东济南成立,设有文、理、医三学院。

是年,上海中国美术专科学校举办人体素描展览,引起争议,出现"人体风波"。

是年,《新青年》特辟妇女专栏,呼吁女权,编辑部迁往北京。

是年,《经世报》《太平洋》《青年进步》《商务日报》《银行周报》《北平益世报》《四邑新商报》《电界》《说蒙》《政法学会杂志》《北京大学日刊》《通俗周报》《治言季刊》《京兆公报》《道德学志》《寸心杂志》《丁巳》《同德杂志》《盐政汇览》《民事统计年报》《甲寅日刊》《楚宝》《司法部统计年报》《学生周刊》《牗民》《墨梯》《调查周刊》《商业杂志》《新体师范讲义》《文艺》《少年进德汇编》《教育与职业》《神州学丛》《广仓学会杂志》《农学杂志》《新国民》《闽声》《银行周报》《闽癸卯》《中华编译社社刊》《小说画报》《中国名画》《文坛艺丛》《艺文杂志》《同文游艺报》《公余杂志》《矿业杂志》《湖南省农会报》《九十天的杂志》《直隶教育旬刊》《南开思潮》《河海月刊》《妇女旬刊》《广东省会学生联合会旬报》《公医青年》《中华医报》《广东基督教联合季刊》《财政经济周报》《福建公报》《崇实报》《中论》《尚志》《昆明教育》《公民周刊》《安徽实业杂志》《太原教育报》《豫言》《达德周刊》《奉天通俗教育讲演录》《国际协报》《华工杂志》《南洋华侨杂志》《教育丛刊》《菲律宾华侨教育丛刊》《工读》《中华药学杂志》《教会警钟》《精神杂志》《周南杂志》等报刊创刊。

二、学术活动

梁启超 1 月 5 日接张君劢书,报告在徐、南京与张勋、冯国璋接洽内阁问题的经过情形。1 月 6 日入京,应黎元洪之邀商讨宪法、内阁与对德外交等国事。同月 7 日至 2 月 7 日,《申报》多次刊载梁启超所论政见。3 月 2 日,梁致书段祺瑞陈述他与美国驻京使节晤谈情形。4 日,段祺瑞请黎元洪与德绝交未允,即提出辞国务总理职,前往天津。6 日,冯国璋赴天津邀段回京供职,段祺瑞回京后,梁启超连续致书献计。6 月 1 日,大总统令召安徽督军张勋入京。14 日张勋入京,当日即有强迫总统解散国会之令。7 月 1 日,张勋拥溥仪复辟,梁启超立即致电冯国璋和各省督军长,反对复辟,后即参与段祺瑞、冯国璋讨伐复辟之役。6 日,冯国璋副总统通告就代理大总统职。17 日,段祺瑞内阁成立,梁启超受任为财政总长。19 日,梁启超通电宣布就职。

> 按:丁文江、赵丰田编著《梁启超年谱长编》(上海人民出版社 2009 年版)说:"这次阁员中属于研究会会员者,尚有内务总长汤化龙、司法总长林长民两氏,此外教育范源濂、外交汪大燮、农商张国淦,也都与先生有旧,所以他这次与段氏合作,实在是对整个的政治抱有很大的希望。"

梁启超 7 月 24 日力主国务院通电各省,征求对于召集临时参议院之意见。8 月,众议院议员赵炳麟代康有为致梁启超一书,对于梁启超民国以来的政治表现,大加抨击。9 月 1

日,粤非常国会选举孙中山为军政府大元帅,从此南北遂成对立的局面。11 月 15 日,段祺瑞内阁总辞职。18 日,梁启超单独再辞财政总长职。30 日,正式去职,从此退出政坛。是年,发表《余与此次对德外交之关系及其主张》《外交方针质言》《永川黄公略传》《都匀熊公略传》《贵定戴公略传》《麻哈吴公略传》等文章。(参见丁文江、赵丰田编著《梁启超年谱长编》,上海人民出版社 2009 年版)

范源濂继续任教育总长。1 月 13 日,范源濂签发教育部第 3 号令,派陈独秀为北京大学文科学长。同月,范源濂签署教育部训令,令北京大学查究大学学生入学资格,有无弊端,查明后具复。2 月 6 日,教育部下令重申禁止学生加入政党。3 月 10 日,教育部训令留日监督《限制留学生兼校办法》,规定官费留学生未经允许不得私自转校。12 日,教育部训令北京大学,北京大学校长蔡元培,系曾任特任人员,与初任简任资格不同,经国务会议议决,给予月俸 600 元。同月,在全国教育会联合会的力主之下,教育部通令全国普通中学增设第二部,课程的单科制逐步向分科制过渡。4 月 11 日,教育部指令第 247 号,准北京大学呈报该校评议会简章及会员履历备案。5 月 3 日,教育部颁布《国立大学职员作用及薪俸规定》。17 日,教育部通咨各省区,各学校校长不得兼任他项职务,以使校长心无旁骛。责有专归,视校务为唯一天职。18 日,教育部布告,北京大学现有商科改为商业学门,隶于法科。28 日,教育部训令北京大学,国史馆业经清理就绪,即将所存文卷书籍史料发交你校,望即来部分别接收。同日,教育部指令北京大学,先行改定大学修业年限为预科 2 年,本科 4 年。5 月 29 日,教育部核定京师图书馆《藏书流布暂行规则》。7 月 17 日,段祺瑞第二次内阁正式成立,教育总长仍为范源濂。8 月 22 日,范源濂签发教育部令第 531 号,准夏元瑮辞职由温宗禹代理工科学长。9 月 6 日,教育部公布《教育厅暂行条例》。同月,教育部颁布《修正大学令》,规定大学分为文科、理科、法科、商科、医科、农科、工科;设二科以上者得称为大学,设一科者得称为某科大学。10 月 10 日,全国教育会联合会第 3 次会议在杭州召开,向北洋政府教育部提交《请定国语标准并推行注音字母以期国语统一案》,提倡"言文一致,国民统一"主张。12 月,范源濂辞教育总长。同月 4 日,在王士珍和冯国璋的荐举下,时任代总统的冯国璋任命傅增湘为教育总长。

按:据傅增湘《藏园居士六十自述》(《天津文史资料选辑》1996 年第 4 期)回忆:因时局动荡之时,"在职一年有半,总统一易,总理三易,而余连任如故"。(参见王学珍等编《北京大学纪事(1898—1997)》,北京大学出版社 1998 年版)

蔡元培 1 月 4 日正式到北京大学就任校长。前此 1 日,北京大学贴出告示:"蔡新校长定于本月四日上午十时到校视事,此示。"9 日,蔡元培发表《就任北京大学校长之演说》的就职演说,强调"大学者,研究高深学问者也",并向北大学生提出三个希望"抱定宗旨""砥砺德行""敬爱师友"。蔡元培新任北京大学校长之后,提倡学术研究,主张"思想自由,兼容并包",支持新文化运动,由此开启北大辉煌的十年。

按:蔡元培《就任北京大学校长之演说》曰:"五年前,严几道先生为本校校长时,余方服务教育部,开学日曾有所贡献于同校。诸君多自预科毕业而来,想必闻知。士别三日,刮目相见,况时阅数载,诸君较昔当必为长足之进步矣。余今长斯校,请更以三事为诸君告。

一曰抱定宗旨。诸君来此求学,必有一定宗旨,欲求宗旨之正大与否,必先知大学之性质。今人肆业专门学校,学成任事,此固势所必然。而在大学则不然,大学者,研究高深学问者也。外人每指摘本校之腐败,以求学于此者,皆有做官发财思想,故毕业预科者,多入法科,入文科者甚少,入理科者尤少,盖以法科为干禄之终南捷径也。因做官心热,对于教员,则不问其学问之浅深,惟问其官阶之大小。官阶大者,特别欢迎,盖为将来毕业有人提携也。现在我国精于政法者,多入政界,专任教授者甚少,故聘请教员,不得不聘请兼职之人,亦属不得已之举。究之外人指摘之当否,姑不具论。然弭谤莫如自修,人讥我腐败,而我不腐败,问心无愧,于我何损?果欲达其做官发财之目的,则北京不少专门学校,入法科者尽可肄业法律学堂,入商科者亦可投考商业学校,又何必来此大学?所以诸君须抱定宗旨,为求学而来。入法科者,非为做官;入商科者,非为致富。宗旨既定,自趋正轨。诸君肄业于此,或三年,或四年,时间不为不多,苟能爱惜分阴,孜孜求学,则其造诣,容有底止。若徒志在做官发财,宗旨既乖,趋向自异。平时则放荡冶游,考试则熟读讲义,不问学问之有无,惟争分数之多寡;试验既终,书籍束之高阁,毫不过问,敷衍三四年,潦草塞责,文凭到手,即可借此活动于社会,岂非与求学初衷大相背驰乎?光阴虚度,学问毫无,是自误也。且辛亥之役,吾人之所以革命,因清廷官吏之腐败。既在今日,吾人对于当轴多不满意,亦以其道德沦丧。今诸君苟不于此时植其基,勤其学,则将来万一因生计所迫,出而任事,担任讲席,则必贻误学生;置身政界,则必贻误国家。是误人也。误己误人,又岂本心所愿乎?故宗旨不可以不正大。此余所希望于诸君者一也。

　　二曰砥砺德行。方今风俗日偷,道德沦丧,北京社会,尤为恶劣,败德毁行之事,触目皆是,非根基深固,鲜不为流俗所染。诸君肄业大学,当能束身自爱。然国家之兴替,视风俗之厚薄。流俗如此,前途何堪设想。故必有卓绝之士,以身作则,力矫颓俗。诸君为大学学生,地位甚高,肩此重任,责无旁贷,故诸君不惟思所以感己,更必有以励人。苟德之不修,学之不讲,同乎流俗,合乎污世,己且为人轻侮,更何足以感人。然诸君终日伏首案前,芸芸(营营)攻苦,毫无娱乐之事,必感身体上之苦痛,为诸君计,莫如以正当之娱乐,易不正当之娱乐,庶于道德无亏,而于身体有益。诸君入分科时,曾填写愿书,遵守本校规则,苟中道而违之,岂非与原始之意相反乎?故品行不可以不谨严。此余所希望于诸君者二也。

　　三曰敬爱师友。教员之教授,职员之任务,皆以图诸君求学便利,诸君能无动于衷乎?自应以诚相待,敬礼有加。至于同学共处一堂,尤应互相亲爱,庶可收切磋之效。不惟开诚布公,更宜道义相劝,盖同处此校,毁誉共之。同学中苟道德有亏,行有不正,为社会所訾詈,己虽规行矩步,亦莫能辩,可以观察未周而为悬断也。余在德国,每至店肆购买物品,店主殷勤款待,付价接物,互相称谢,此虽小节,然亦交际所必需,常人如此,况堂堂大学生乎?对于师友之敬爱,此余所希望于诸君者三也。

　　余到校视事仅数日,校事多未详悉,兹所计划者二事:一曰改良讲义。诸君既研究高深学问,自与中学、高等不同,不惟恃教员讲授,尤赖一己潜修。以后所印讲义,只列纲要,细微末节,以及精旨奥义,或讲师口授,或自行参考,以期学有心得,能裨实用;二曰添购书籍。本校图书馆书籍虽多,新出者甚少,苟不广为购办,必不足供学生之参考。刻拟筹集款项,多购新书,将来典籍满架,自可旁稽博采,无虞缺乏矣。今日所与诸君陈说者只此,以后会晤日长,随时再为商榷可也。"(《蔡元培全集》第3卷,浙江教育出版社1997年版)

　　按:蔡元培《自写年谱》说:"我到北大时,北大设文、理、工、法四科及预科。设备都不完备……教学上的改革,自文科始。旧教员中,如沈尹默、沈兼士、钱玄同诸君,本已启革新的端绪;自陈独秀君来任学长,胡适之、刘半农、周豫才、周岂明诸君来任教员,而文学革命、思想自由的风气遂大流行……我对于各家学说,依各国大学通例,循思想自由原则,兼容并包。无论何种学派,苟其言之成理,持之有故,尚未达自然淘汰之命运,即使彼此相反,也听他们自由发展。例如陈君介石、陈君汉章一派的文学,与沈尹默一派的不同;黄君季刚一派的文学,又与胡君适之的一派不同;那时候各行其是,并不相妨。"蔡元培初入北京大学之时,聘用了一些他所熟悉的浙江学者,其中又以章太炎的弟子、门生居多。但是他选聘教师并不从派系利益出发,而是以北大的学术发展为重。正如蔡元培日后所言:"我素信学术上的是相对的,不是绝对的;所以每一种学科的教员,即使主张不同,'言之成理,持之以恒'的,就让他们并存,令学生有自由选择的余地。若都是最明白的,是胡适之君与钱玄同君等绝对的提倡白话文学,而刘申叔、黄季刚诸君仍极端维护文言的文学;那时候就让他们并存。"(高平叔编《蔡元培教育论著选》,人民教育出版社1991年版)蔡元培采取"兼容并包"的聘任教师原则,在文科方面,聘请《新青年》主编陈独秀为北京大学文科学长,同时聘请章士钊、鲁迅、胡适、钱玄同、李大钊、刘半农等人担任北大的教师;在理科方面,聘请中国第一位介绍爱因斯坦相对论的夏元瑮为学长,同时聘任李四光、冯祖荀、温宗禹、任鸿永、翁文灏、孙云铸、丁文江等一批知名教授;在法科方面,聘任周鲠生、马寅初、王宠惠、张耀曾等。这些学者尽管政治倾向不同、学术观点相异,但是他们在北大各施所长,宣讲自己的学说,使北大的学术风气焕然一新。时为中文系教授的朱希祖认为当时北京大学的文风分为三派。他在日记中写道:"黄君季刚与仪征刘君申教主骈文,而刘与黄不同者,刘为以古文饬今文,古训代今义,其文虽骈,佶屈聱牙,颇难诵读共同体则以音节为主,闻饬古字,不若刘之甚,此一派也。桐城姚君仲实,闽侯陈君石遗主散文,世所谓桐城派者也。今姚、陈二君已辞职矣。余则主骈散不分,与汪先生中、李先生兆洛、谭先生献,及章先生(太炎)议论相同此又一派也。"

按:美国著名哲学家、教育家杜威曾这样评价蔡元培:"拿世界各国的大学校长来比较,牛津、剑桥、巴黎、柏林、哈佛、哥伦比亚等大学校长中,在某些学科上有卓越贡献的不乏其人,但是,以一个校长的身份,能领导一所大学对一个民族和一个时代起到转折作用的,除蔡元培以外,找不出第二个人。"

蔡元培1月为动员陈独秀出任北大文科学长,已三顾茅庐。同月11日,蔡元培致函教育部,请求批准陈独秀任北京大学文科学长,曰:"敬启者,顷奉函开,据前署北京大学校长胡仁源呈称,顷据本校文科学长夏锡祺函称,锡祺拟于日内归省加有他事相累,一时不克来校,恳请代为转呈准予辞去文科学长职务等语,理合据情呈请钧部鉴核施行等因到部。查文科学长夏锡祺既系因事不克来校,应即准予辞职,所遗文科学长一职,即希贵校遴选相当人员,开具履历送部,以凭核派等因到校,本校亟应遴选相当人员,呈请派充以重职务,查有前安徽高等学校校长陈独秀品学兼优,堪胜斯任,兹特开具该员履历函送钧部。恳祈督核施行为荷。此致教育部。"并附上一份陈独秀简历:"陈独秀,安徽怀宁县人,日本东京日本大学毕业,曾任芜湖安徽公学教务长、安徽高等学校校长。"

按:庄森《飞扬跋扈为谁雄》曰:"蔡元培的《函致教育部请派文科学长》中所附的陈独秀'日本东京日本大学毕业,曾任芜湖安徽公学教务长、安徽高等学校校长'都是假的,北京大学官方认定《函致教育部请派文科学长》是'蔡元培正式致函',所以,完全可以肯定陈独秀履历是蔡元培所拟的。也就是说,陈独秀'日本东京日本大学毕业'的假学历、'曾任芜湖安徽公学教务长、安徽高等学校校长'的假任职由蔡元培编造。"

按:蔡元培《我在北京大学的经历》(《东方杂志》第31卷第1号,1934年1月1日)曰:"我到京后,先访医专校长汤尔和君,问北大情形。他说:'文科预科的情形,可问沈尹默君;理工科的情形,可问夏浮筠君。'汤君又说:'文科学长如未定,可请陈仲甫君;陈君现改名独秀,主编《新青年》杂志,确可为青年的指导者。'因取《新青年》十余本示我。我对于陈君,本来有一种不忘的印象,就是我与刘申叔君同在《警钟日报》服务时,刘君语我:'有一种在芜湖发行之白话报,发起的若干人,都因困苦及危险而散去了,陈仲甫一个人又支持了好几个月。'现在听汤君的话,又翻阅了《新青年》,决意聘他。从汤君处探知陈君寓在前门外一旅馆,我即往访,与之订定。于是陈君来北大任文科学长,而夏君原任理科学长,沈君亦原任教授,一仍旧贯。乃相与商定整顿北大的办法,次第执行。"

按:蔡元培《五四前后的北大》说:"北大的整顿,自文科起。旧教员中如沈尹默、沈兼士、钱玄同诸君,本已启革新的端绪;自陈独秀君来任学长,胡适之、刘半农、周豫才、周启明诸君来任教员,而文学革命,思想自由的风气,遂大流行。"(《新文学史料》1979年第3期)

蔡元培1月27日出席国立高等学校校务讨论会,提出大学改制的议案。8月1日,此大学改制的议案以《大学改制之事实及理由》为题刊载于本年《新青年》第3卷第6号。文中提出:"窃查欧洲各国高等教育之编制,以德意志为最善。其法科、医科既设于大学,故高等学校中无之。理工科、商科、农科,既有高等专门学校,则不复为大学之一科。而专门学校之毕业生,更为学理之研究者,所得学位,与大学毕业生同。普通之大学学生会,常合高等学校之生徒而组织之。是德之高等专门学校,实即增设之分科大学,特不欲破大学四科之旧例,故别列一门而已。我国高等教育之制,规仿日本,既设法、医、农、工、商各科于大学,而又别设此诸科之高等专门学校,虽程度稍别浅深,而科目无多差别。同时并立,义近骈赘。且两种学校之毕业生,服务社会,恒有互相龃龉之点。殷鉴不远,即在日本。特我国此制行之未久,其弊尚未著耳。今改图尚无何等困难,爰参合现代之大学及高等专门学校制而改编大学制。"

按:《大学改制之事实及理由》曰:"窃查欧洲各国高等教育之编制,以德意志为最善。其法科、医科既设于大学,故高等学校中无之。理工科、商科、农科,既有高等专门学校,则不复为大学之一科。而专门学校之毕业生,更为学理之研究者,所得学位,与大学毕业生同。普通之大学学生会,常合高等学校之生徒而组织之。是德之高等专门学校,实即增设之分科大学,特不欲破大学四科之旧例,故别列一门而已。我国高等教育之制,规仿日本,既设法、医、农、工、商各科于大学,而又别设此诸科之高等专门学校,虽程度稍别浅深,而科目无多差别。同时并立,义近骈赘。且两种学校之毕业生,服务社会,恒有互相龃龉之点。殷鉴不远,即在日本。特我国此制行之未久,其弊尚未著耳。今改图尚无何等困难,爰参合现代之大学及高等专门学校制而改编大学制。"又曰:"大学改制,有种种不得已之原因,如上所述,惟未经宣布。又新旧两章,同时并行,易滋回惑。故外间颇多误会,如前数日《北京日报》之法律、冶金并入北洋大学之说,其实毫无影响,又八月三日、四日之《晨钟报》揭载余以智君之《北京大学改制商榷》,其对于本校之热诚,深可感佩,惟所举事实,均有传闻之误。即如引蔡元培氏之言,谓'文科一科,可以包法、商等科而言也,理科一科,可以包医、工等科而言也'。询之蔡君,并不如是。蔡君不过谓法、商各科之学理,必原于文科;医、农、工各科之学理,必原于理科耳。若如余君所引之言,则蔡君更主张设文、理二科足矣,何必再为法、医、农、工、商各为独立大学之提议乎? 其他类此者尚多,故述大学改制之事实及理由,以告研究大学学制者。如承据此等正确之事实,而加以针砭,则固本校同人之所欢迎也。"

蔡元培 1 月应通俗教育研究会的邀请,发表演说,阐述小说、讲演、戏剧、影戏等与通俗教育的关系。2 月 18 日,蔡元培任会长,张一麟任副会长的中华民国国语研究会在北京宣武门外学界俱乐部举行第一次大会,会议决定该会的任务是调查各省区方言,选定标准语,编辑语法辞典,用标准语编辑国民学校教科书,编辑《国语杂志》等。会后发表征求会员书,发起人有蔡元培、张一麟、严修、高步瀛、陈宝泉、王璞、高丕基、梁善济、唐文治、袁希涛、吴稚晖、陈去病、王达、陈任中、陈衡恪、徐协贞、黎锦熙、杨昌济、王章祜、钱家治、杨乃康、邓萃英、梁启超、毛邦伟、赵厚达、李膺恩等 85 人。3 月 3 日,蔡元培、梁启超、褚辅成、刘彦等应邀出席国民外交后援会在江西会馆举行的成立大会,并发表演说。4 月 8 日,蔡元培在北京神州学会发表题为《以美育代宗教说》的演讲。

按:《以美育代宗教说》的演讲刊载在当年 8 月 1 日的《新青年》第 3 卷第 6 期上,其中提出"鉴激刺感情之弊,而专尚陶养情感之术,则莫如舍宗教而易以纯粹之美育",成为蔡元培大学教育理念体系中极其重要的核心思想。

蔡元培、范源濂、徐谦 4 月 29 日应邀出席北京社会改良会在中央公园举行的大会,并发表演说。5 月 9 日,蔡元培为林语堂《汉字索引制》一书作序。6 月 26 日,蔡元培因教育部同意将国史馆并入北京大学,改为国史编纂处,兼任处长。7 月 3 日,蔡元培因张勋复辟离京抵津,首次辞北京大学校长之职。同月 23 日,以张勋复辟事件平息回校复任。秋,蔡元培在北京大学组建评议会,使其成为全校最高立法机构与最高权力机构。是年的评议员有校长蔡元培、文科学长陈独秀、理科学长夏元瑮、法科学长王建祖、工科学长温宗禹、文本科胡适、章士钊,文预科沈尹默、周思敬,理本科秦汾、俞同奎,理预科张大椿、胡浚济,法本科陶孟和、黄振声,法预科朱锡龄、韩述祖,工本科孙瑞林、陈世璋等 19 人。9 月 10 日,经陈独秀举荐,聘胡适为北京大学教文科教授。秋,亦由陈独秀举荐,聘刘师培为北京大学文科教授。12月5日,出席并主持国史编纂处会议,钱恂、张相文、刘师培、屠寄、叶浩吾、王书衡、周作人、童亦韩、孙诒徵等到会,就屠寄提出的《通史编纂条例之商榷》一案进行讨论。

蔡元培、黎锦熙、沈彭年、陈颂平、陆雨庵、董懋堂、沈尹默、钱玄同、胡适、刘半农、朱希祖等12月11日出席中华民国国语研究会与北京大学国文门研究所国语部联合举行的会议。31日,蔡元培与北京各国立大专校长发起组织学术讲演会,领衔呈请教育部资助。同月,主持通过北京大学《学科教授会组织法》,将各科各门的重要学科,各自合成一部,共成立国文、英文、数学、物理、化学、法律、政治、哲学、经济商业、法文、德文11个部,每部设立教授会。年底,蔡元培仿照德国、美国大学之研讨会(Seminar)办法,在北京大学创立研究所制度。是年,蔡元培兼任国语研究会会长、孔德学校校长等职。又就宗教信仰问题发表演讲,认为科学不能解决的有关时间、空间的问题,要靠哲学来解决。

按:胡晓《蔡元培与北京大学研究所的创办》(《中国社会科学报2015年2月4日》)说:"蔡元培结合北大教育体制改革,与文、理、法三科学长陈独秀、夏元瑮、王建祖反复协商,并充分发挥评议会、教授会等决策管理组织的作用,陆续出台了一系列规章制度,如《研究所通则》《研究所总章》《研究所办法》《文科研究所办法》《文科研究所办事细则》《文科研究所通信研究细则》《理科研究所杂志室规则》《理科研究所事务员人物规则》《理科研究所通信研究规则》《法科研究所办事细则》《法科研究所研究手续》等。根据北大研究所章程,研究所的任务有十项:1.研究学术;2.研究教授法;3.特别问题研究;4.中国旧学钩沉;5.审定译名;6.译述名著;7.介绍新书;8.征集通讯研究员;9.出版杂志;10.有奖征文。""1917年底,蔡元培在北大文、理、法三科相续创办了九个研究所,分别为国文门研究所、英文门研究所、哲学门研究所、数学门研究所、物理门研究所、化学门研究所、法律门研究所、政治门研究所、经济门研究所。九个研究所首任主任依次为:沈尹默、黄振声、胡适、秦汾、张大椿、俞同奎、黄右昌、陈启修、马寅初。文科三个研究所中,国文门研究所导师有沈尹默、黄侃、陈汉章、沈兼士、钱玄同、周作人、刘半农、刘师培、朱希祖、吴梅、田北湖等,设立了音韵、训诂、注音字母、标准韵、修辞学、字典编纂法、语典编纂法、文典编纂法、诗、词、曲、散文、小说等研究科目,研究员20余人。英文门研究所导师有黄振声、辜鸿铭、威尔逊、徐仁静、徐宝璜、王彦祖等,设立了诗歌、散文、戏剧、修辞学、文字学、译名、教授法等研究科目,研究员近10人。哲学门研究所导师有胡适、章士钊、马叙伦、陶孟和、陈大齐、林损、韩述祖等,设立了逻辑学史、中国名学钩沉、伦理学史、心理学史、社会哲学史、希腊哲学、欧美哲学、唯心论、身心之关系、儒家玄学、二程学说等研究科目,研究员10余人。理科三个研究所导师有秦汾、冯祖荀、王仁辅、胡浚济、金涛、罗惠侨、叶志、张大椿、何育杰、王鎏、李祖鸿、俞同奎、王星拱、丁绪贤、陈世璋等,设立了科学通论、高等数学、函数论、几何学、微积分学、代数解析几何、力学、电学、光学、理论物理、实验物理、物理化学、无机化学、分析化学、卫生化学、化学史等研究科目,研究员数十人。法科三个研究所导师有黄右昌、王宠惠、张君劢、罗文干、陈启修、张慰慈、高一涵、周家彦、左德敏、康宝忠、陈长乐、张耀曾、王景岐、马寅初、陈兆焜、胡钧、徐崇钦等,设立了比较法律、国际法、行政法、刑法、保险法、中国法制史、美国宪法、政治学、国际关系、经济学、财政学、贫民生计、银行货币、商业、企业管理等研究科目,研究员数十人。"(参见高平叔编著《蔡元培年谱长编》,人民教育出版社1996年版;王世儒编撰《蔡元培先生年谱》,北京大学出版社1998年版)

陈独秀1月1日在《新青年》第2卷第5号发表《再论孔教问题》一文。11日,蔡元培以北京大学名义,正式致信教育部,推荐陈独秀担任北大文科学长,随函附陈独秀履历一纸。13日,北京政府教育部以函字第13号达北京大学,批准陈独秀为北大文科学长。随此复函附教育部长范源濂令乙件:"教育部令第三号:兹派陈独秀为北京大学文科学长。"同日,汪孟邹复胡适上月1日来函,告独秀代胡适谋职等事。15日,蔡元培以校长名义发布第三号布告:"本校文科学长夏锡祺已辞职,兹奉部令派陈独秀为本校文科学长。"陈独秀到北京接任北大文科学长后,《新青年》社随之迁到北京箭杆胡同9号,编辑室即住宅。不久吸收钱玄同、刘半农、沈尹默等人参与编辑工作。这为《新青年》社团的正式形成奠定了基础。

按：陈万雄《五四新文化的源流》曰："这时期进入北大任教职的，《新青年》杂志的重要作者占了一个很大的比例，陈独秀不用说，胡适、周作人、刘半农、杨昌济、程演生、刘叔雅以及高一涵、李大钊、王星拱皆属之。经此考察，显示了蔡元培之用陈独秀，以及蔡陈两氏的援引胡适诸人，不纯在学术上的'兼容并包'的考虑。援引思想先进、用心改革文化教育和致力整顿社会风气的志士，自是蔡元培和陈独秀在北大初期用人的重要倾向。"

按：庄森《飞扬跋扈为谁雄》曰："依据新青年社团核心成员的三个条件，可以确定的核心社员有陈独秀、胡适、钱玄同、刘半农、李大钊、高一涵、周作人、鲁迅等八人。普通社员有吴虞、杨昌济、刘文典、沈尹默、吴敬恒、傅斯年、罗家伦、易白沙、陶孟和、张慰慈、王星拱等人。"

陈独秀1月致信仍在美留学的胡适，谓读《文学改良刍议》"快慰无似"，求胡"月赐一文，作或译均可"。又谓蔡元培校长"力约弟为文科学长，弟荐足下以代，此时无人，弟暂充乏。子民先生盼足下早日回国，即不愿任学长，校中哲学、文学教授俱乏上选，足下来此亦可担任"。2月1日，陈独秀在《新青年》第2卷第6号发表《文学革命论》，要求文学不仅在形式上，而且在内容上进行一次革命，成为中国现代文学史上首举革命大旗的第一人。又撰《现代欧洲文艺史谭》介绍欧洲文艺思想发展史。

按：《文学革命论》曰：今日庄严灿烂之欧洲，何自而来乎？曰，革命之赐也。欧语所谓革命者，为革故更新之义，与中土所谓朝代鼎革，绝不相类；故自文艺复兴以来，政治界有革命，宗教界亦有革命，伦理道德亦有革命，文学艺术，亦莫不有革命，莫不因革命而新兴而进化。近代欧洲文明史，宜可谓之革命史。故曰，今日庄严灿烂之欧洲，乃革命之赐也。吾苟偷庸懦之国民，畏革命如蛇蝎，故政治界虽经三次革命，而黑暗未尝稍减。其原因之小部分，则为三次革命，皆虎头蛇尾，未能充分以鲜血洗净旧污；其大部分，则为盘踞吾人精神界根深蒂固之伦理道德文学艺术诸端，莫不黑幕层张，垢污深积，并此虎头蛇尾之革命而未有焉。此单独政治革命所以于吾之社会，不生若何变化，不收若何效果也。推其总因，乃在吾人疾视革命，不知其为开发文明之利器故。

孔教问题，方喧哗于国中，此伦理道德革命之先声也。文学革命之气运，酝酿已非一日，其首举义旗之急先锋，则为吾友胡适。余甘冒全国学究之敌，高张"文学革命军"大旗，以为吾友之声援。旗上大书特书吾革命军三大主义：曰，推倒雕琢的阿谀的贵族文学，建设平易的抒情的国民文学；曰，推倒陈腐的铺张的古典文学，建设新鲜的立诚的写实文学；曰，推倒迂晦的艰涩的山林文学，建设明了的通俗的社会文学。《国风》多里巷猥辞，《楚辞》盛用土语方物，非不斐然可观。承其流者，两汉赋家，颂声大作，雕琢阿谀，词多而意寡，此贵族之文古典之文之始作俑也。魏、晋以下之五言，抒情写事，一变前代板滞堆砌之风，在当时可谓为文学一大革命，即文学一大进化；然希托高古，言简意晦，社会现象，非所取材，是犹贵族之风，未足以语通俗的国民文学也。齐、梁以来，风尚对偶，演至有唐，遂成律体。无韵之文，亦尚对偶。《尚书》《周易》以来，即是如此。（古人行文，不但风尚对偶，且多韵语，故骈文家颇主张骈体为中国文章正宗之说。——亡友王无生即主张此说之一人——不知古书传抄不易，韵与对偶，以利传诵而已，后之作者，乌可泥此？）

东晋而后，即细事陈启，亦尚骈丽。演至有唐，遂成骈体。诗之有律，文之有骈，皆发源于南北朝，大成于唐代。更进而为排律，为四六。此等雕琢的阿谀的铺张的空泛的贵族古典文学，极其长技，不过如涂脂抹粉之泥塑美人，以视八股试帖之价值，未必能高几何，可谓为文学之末运矣！韩、柳崛起，一洗前人纤巧堆朵之习，风会所趋，乃南北朝贵族古典文学，变而为宋、元国民通俗文学之过渡时代。韩、柳、元、白，应运而出，为之中枢。俗论谓昌黎文章起八代之衰，虽非确论，然变八代之法，开宋、元之先，自是文界豪杰之士。吾人今日所不满于昌黎者二事：一曰，文犹师古。虽非典文，然不脱贵族气派，寻其内容，远不若唐代诸小说家之丰富，其结果乃造成一新贵族文学。二曰，误于"文以载道"之谬见。文学本非为载道而设，而自昌黎以讫曾国藩所谓载道之文，不过抄袭孔、孟以来极肤浅极空泛之门面语而已。余尝谓唐、宋八家文之所谓"文以载道",直与八股家之所谓"代圣贤立言",同一鼻孔出气。

以此二事推之,昌黎之变古,乃时代使然,于文学史上,其自身并无十分特色可观也。元、明剧本,明、清小说,乃近代文学之粲然可观者。惜为妖魔所厄,未及出胎,竟尔流产,以至今日中国之文学,萎琐陈腐,远不能与欧洲比肩。此妖魔为何?即明之前后七子及八家文派之归、方、刘、姚是也。此十八妖魔辈,尊古蔑今,咬文嚼字,称霸文坛。反使盖代文豪若马东篱,若施耐庵,若曹雪芹诸人之姓名,几不为国人所识。若夫七子之诗,刻意模古,直谓之抄袭可也。归、方、刘、姚之文,或希荣慕誉,或无病而呻,满纸之乎者也矣焉哉。每有长篇大作,摇头摆尾,说来说去,不知道说些甚么。此等文学,作者既非创造才,胸中又无物,其伎俩惟在仿古欺人,直无一字有存在之价值,虽著作等身,与其时之社会文明进化无丝毫关系。今日吾国文学,悉承前代之弊:所谓"桐城派"者,八家与八股之混合体也;所谓"骈体文"者,思绮堂与随园之四六也;所谓"江西派"者,山谷之偶像也。求夫目无古人,赤裸裸地抒情写世,所谓代表时代之文豪者,不独全国无其人,而且举世无此想。文学之文,既不足观,应用之文,益复怪诞:碑铭墓志,极量称扬,读者决不见信,作者必照例为之。寻常启事,首尾恒有种种谀词。居丧者即华居美食,而哀启必欺人曰"苫块昏迷"。赠医生以匾额,不曰"术迈歧、黄",即曰"著手成春"。穷乡僻壤极小之豆腐店,其春联恒作"生意兴隆通四海,财源茂盛达三江"。此等国民应用之文学之丑陋,皆阿谀的虚伪的铺张的贵族古典文学阶之厉耳。

际兹文学革新之时代,凡属贵族文学,古典文学,山林文学,均在排斥之列。以何理由而排斥此三种文学耶?曰:贵族文学,藻饰依他,失独立自尊之气象也;古典文学,铺张堆砌,失抒情写实之旨也;山林文学,深晦艰涩,自以为名山著述,于其群之大多数无所裨益也。其形体则陈陈相因,有肉无骨,有形无神,乃装饰品而非实用品;其内容则目光不越帝王权贵,神仙鬼怪,及其个人之穷通利达。所谓宇宙,所谓人生,所谓社会,举非其构思所及,此三种文学共同之缺点也。此种文学,盖与吾阿谀夸张虚伪迂阔之国民性,互为因果。今欲革新政治,势不得不革新盘踞于运用此政治者精神界之文学。使吾人不张目以观世界社会文学之趋势,及时代之精神,日夜埋头故纸堆中,所目注心营者,不越帝王,权贵,鬼怪,神仙,与夫个人之穷通利达,以此而求革新文学,革新政治,是缚手足而敌孟贲也。欧洲文化,受赐于政治科学者固多,受赐于文学者亦不少。予爱卢梭、巴士特之法兰西,予尤爱虞哥、左喇之法兰西;予爱康德、赫克尔之德意志,予尤爱桂特郝、卜特曼之德意志;予爱倍根、达尔文之英吉利,予尤爱狄铿士、[英]王尔德之英吉利。吾国文学豪杰之士,有自负为中国之虞哥、左喇、桂特郝、卜特曼、狄铿士、[英]王尔德者乎?有不顾迂儒之毁誉,明目张胆以与十八妖魔宣战者乎?予愿拖四十二生之大炮,为之前驱。(《海上文学百家文库蔡元培陈独秀胡适卷》,上海文艺出版社2010年版)

按:蔡元培聘请陈独秀为北京大学文科学长后,李大钊、杨昌济、刘半农、鲁迅、周作人、胡适等人相继被聘为北大教授。陈独秀、周作人与先于蔡元培进校的钱玄同等人,以《新青年》为阵地,以桐城派为靶子,向旧文学、旧文化发起勇猛的进攻。

陈独秀是年春聘任刘半农等人改革北大预科课程,实行白话文教学。3月1日,在《新青年》第3卷第1号发表《对德外交》,同时发表与读者钱玄同、蔡元培、佩剑青年、傅桂馨、常乃悳、淮山逸民、俞颂华、莫芙卿等讨论文学革命、宗教、孔教、儒教与家庭、时局、道德、青年修养、宗教与孔教等问题的通信。4月1日,在《新青年》第3卷第2号发表《俄罗斯革命与我国民之觉悟》。5月1日,陈独秀在《新青年》第3卷第3号发表《旧思想与国体问题》。6月1日,在《新青年》第3卷第4号发表《时局杂感》,与钱玄同、胡适讨论世界语与古典文学问题的通信。7月1日,在《新青年》第3卷第5号发表在南开大学的演讲稿——《近代西洋教育》。8月1日,在《新青年》第3卷第6号发表《政局之根本解决》及《复辟与孔教》。11月21日,陈独秀约请胡适、沈尹默、黄振生、陶履恭、章士钊、陈大齐、钱玄同等开会,讨论改变文科课程。30日,北京大学公布专任教员名单,其中文科本科教授有:黄侃、朱希祖、陈大齐、陈汉章、马叙伦、徐仁錥、康宝忠、钱玄同、黄节、周作人、胡适、章士钊、吴梅、叶浩吾、徐宝璜、贺之才、顾兆熊、张相文、辜汤生；文科预科教授有：周思敬、马裕藻、朱希祖、沈尹默、杨敏曾、田北湖、沈兼士。（以上参见唐宝林、林茂生《陈独秀年谱》，上海人民出版社 1988 年版；章玉政编著《刘文典年谱》，安徽大学出版社 2011 年版；郦千明《沈尹默年谱》，上海书画出版社 2018 年版）

胡适 1 月 1 日在《新青年》第 2 卷第 5 号上发表《文学改良刍议》，反对文言文，首批桐城派，主张以白话文代替文言文。此文揭开文学革命的序幕。

按：《文学改良刍议》曰：

今之谈文学改良者众矣，记者末学不文，何足以言此？然年来颇于此事再四研思，辅以友朋辩论，其结果所得，颇不无讨论之价值。因综括所怀见解，列为八事，分别言之，以与当世之留意文学改良者一研究之。吾以为今日而言文学改良，须从八事入手。八事者何？一曰，须言之有物。二曰，不摹仿古人。三曰，须讲求文法。四曰，不作无病之呻吟。五曰，务去烂调套语。六曰，不用典。七曰，不讲对仗。八曰，不避俗字俗语。

一曰须言之有物。吾国近世文学之大病，在于言之无物。今人徒知"言之无文，行之不远"，而不知言之无物，又何用文为乎？吾所谓"物"，非古人所谓"文以载道"之说也。吾所谓"物"，约有二事：（一）情感：《诗序》曰："情动于中而形诸言。言之不足，故嗟叹之。嗟叹之不足，故咏歌之。咏歌之不足，不知手之舞之，足之蹈之也。"此吾所谓情感也。情感者，文学之灵魂。文学而无情感，如人之无魂，木偶而已，行尸走肉而已（今人所谓"美感"者，亦情感之一也）。（二）思想：吾所谓"思想"，盖兼见地，识力，理想三者而言之。思想不必皆赖文学而传，而文学以有思想而益贵；思想亦以有文学的价值而益贵也：此庄周之文，渊明、老杜之诗，稼轩之词，施耐庵之小说，所以夐绝千古也。思想之在文学，犹脑筋之在人身。人不能思想，则虽面目姣好，虽能笑啼感觉，亦何足取哉？文学亦犹是耳。文学无此二物，便如无灵魂无脑筋之美人，虽有秾丽富厚之外观，抑亦末矣。近世文人沾沾于声调字句之间，既无高远之思想，又无真挚之情感，文学之衰微，此其大因已。此文胜之害，所谓言之无物者是也。欲救此弊，宜以质救之。质者何？情与思二者而已。

二曰不摹仿古人。文学者，随时代而变迁者也。一时代有一时代之文学：周秦有周秦之文学，汉魏有汉魏之文学，唐宋元明有唐宋元明之文学。此非吾一人之私言，乃文明进化之公理也。即以文论，有《尚书》之文，有先秦诸子之文，有司马迁、班固之文，有韩、柳、欧、苏之文，有语录之文，有施耐庵、曹雪芹之文：此文之进化也。试更以韵文言之：击壤之歌，五子之歌，一时期也；三百篇之诗，一时期也；屈原、荀卿之骚赋，又一时期也；苏、李以下，至于魏晋，又一时期也；江左之诗流为排比，至唐而律诗大成，此又一时期也；老杜、香山之"写实"体诸诗（如杜之《石壕吏》《羌村》，白之《新乐府》），又一时期也。诗至唐而极盛，自此以后，词曲代兴。唐五代及宋初之小令，此词之一时代也；苏、柳（永）、辛、姜之词，又一时代也。至于元之杂剧传奇，则又一时代矣；凡此诸时代，各因时势风会而变，各有其特长，吾辈以历史进化之眼光观之，决不可谓古人之文学皆胜于今人也。左氏、史公之文奇矣，然施耐庵之《水浒传》视《左传》《史记》，何多让焉？《三都》《两京》之赋富矣，然以视唐诗宋词，则糟粕耳——此可见文学因时进化，不能自止。唐人不当作商周之诗，宋人不当作相如、子云之赋，即令作之，亦必不工。逆天背时，违进化之迹，故不能工也。既明文学进化之理，然后可言吾所谓"不摹仿古人"之说。今日之中国，当造今日之文学，不必摹仿唐宋，亦不必摹仿周秦也。前见《国会开幕词》有云："于铄国会，遵晦时休。"此在今日而欲为三代以上之文之一证也。更观今之"文学大家"，文则下规姚、曾，上师韩、欧；更上则取法秦汉魏晋，以为六朝以下无文学可言，此皆百步与五十步之别而已，而皆为文学下乘。即令神似古人，亦不过为博物院中添几许"逼真赝鼎"而已，文学云乎哉？昨见陈伯严先生一诗云："涛园抄杜句，半岁秃千毫。所得都成泪，相过问奏刀。万灵噤不下，此老仰弥高。胸腹回滋味，徐看薄命骚。"此大足代表今日"第一流诗人"摹仿古人之心理也。其病根所在，在于以"半岁秃千毫"之工夫作古人的钞胥奴婢，故有"此老仰弥高"之叹。若能洒脱此种奴性，不作古人的诗，而唯作我自己的诗，则决不致如此失败矣！吾每谓今日之文学，其足与世界"第一流"文学比较而无愧色者，独有白话小说（我佛山人、南亭亭长、洪都百炼生三人而已）一项。此无他故，以此种小说皆不事摹仿古人(三人皆得力于《儒林外史》《水浒》《石头记》。然非摹仿之作也),而唯实写今日社会之情状,故能成真正文学。其他学这个,学那个之诗古文家,皆无文学之价值也。今之有志文学者,宜知所从事矣。

三曰须讲文法。今之作文作诗者,每不讲求文法之结构。其例至繁,不便举之,尤以作骈文律诗者为尤甚。夫不讲文法,是谓"不通"。此理至明,无待详论。

四曰不作无病之呻吟。此殊未易言也。今之少年往往作悲观,其取别号则曰"寒灰""无生""死灰";其作为诗文,则对落日而思暮年,对秋风而思零落,春来则惟恐其速去,花发又惟惧其早谢。此亡国之哀音也。老年人为之犹不可,况少年乎? 其流弊所至,遂养成一种暮气,不思奋发有为,服劳报国,但知发牢骚之音,感喟之文。作者将以促其寿年,读者将亦短其志气,此吾所谓无病之呻吟也。国之多患,吾岂不知之? 然病国危时,岂痛哭流涕所能收效乎? 吾惟愿今之文学家作费舒特(Fichte),作玛志尼(Mazzini),而不愿其为贾生、王粲、屈原、谢皋羽也。其不能为贾生、王粲、屈原、谢皋羽,而徒为妇人醇酒丧气失意之诗文者,尤卑卑不足道矣!

五曰务去烂调套语。今之学者,胸中记得几个文学的套语,便称诗人。其所为诗文处处是陈言滥调,"蹉跎""身世""寥落""飘零""虫沙""寒窗""斜阳""芳草""春闺""愁魂""归梦""鹃啼""孤影""雁字""玉楼""锦字""残更",……之类,累累不绝,最可憎厌。其流弊所至,遂令国中生出许多似是而非、貌似而实非之诗文。今试举吾友胡先骕先生一词以证之:"荧荧夜灯如豆,映幢幢孤影,凌乱无据。翡翠衾寒,鸳鸯瓦冷,禁得秋宵几度。幺弦漫语,早丁字帘前,繁霜飞舞。袅袅余音,片时犹绕柱。"此词骤观之,觉字字句句皆词也,其实仅一大堆陈套语耳。"翡翠衾""鸳鸯瓦",用之白香山《长恨歌》则可,以其所言乃帝王之衾之瓦也。"丁字帘""幺弦",皆套语也。此词在美国所作,其夜灯决不"荧荧如豆",其居室尤无"柱"可绕也。至于"繁霜飞舞",则更不成话矣。谁曾见繁霜之"飞舞"耶? 吾所谓务去烂调套语者,别无他法,惟在人人以其耳目所亲见亲闻、所亲身阅历之事物,一一自己铸词以形容描写之。但求其不失真,但求能达其状物写意之目的,即是工夫。其用烂调套语者,皆懒惰不肯自己铸词状物者也。

六曰不用典。吾所主张八事之中,惟此一条最受友朋攻击,盖以此条最易误会也。吾友江亢虎君来书曰:"所谓典者,亦有广狭二义。饾饤獭祭,古人早悬为厉禁;若并成语故事而屏之,则非惟文字之品格全失,即文字之作用亦亡。……文字最妙之意味,在用字简而涵义多。此断非用典不为功。不用典不特不可作诗,并不可写信,且不可演说。来函满纸'旧雨''虚怀''治头治脚''舍本逐末''洪水猛兽''发聋振聩''负弩先驱''心悦诚服''词坛''退避三舍''无病呻吟''滔天''利器''铁证',……皆典也。试尽抉而去之,代以俚语俚字,将成何说话? 其用字之繁简,犹其细焉。恐一易他词,虽加倍蓰而涵义仍终不能如是恰到好处,奈何? ……"此论甚中肯要。今依江君之言,分典为广狭二义,分论之如下:(一)广义之典非吾所谓典也。广义之典约有五种:(甲)古人所设譬喻,其取譬之事物,含有普通意义,不以时代而失其效用者,今人亦可用之。如古人言"以子之矛,攻子之盾",今人虽不读书者,亦知用"自相矛盾"之喻,然不可谓为用典也。上文所举例中之"治头治脚","洪水猛兽""发聋振聩",……皆此类也。盖设譬取喻,贵能切当;若能切当,固无古今之别。若"负弩先驱","退避三舍"之类,在今日已非通行之事物,在文人相与之间,或可用之,然终以不用为上。如言"退避",千里亦可,百里亦可,不必定用"三舍"之典也。(乙)成语:成语者,合字成辞,别为意义。其习见之句,通行已久,不妨用之。然今日若能另铸"成语",亦无不可也。"利器""虚怀""舍本逐末",……皆属此类。此非"典"也,乃日用之字耳。(丙)引史事:引史事与今所论议之事相比较,不可谓为用典也。如老杜诗云:"未闻殷周衰,中自诛褒妲。"此非用典也。近人诗云,"所以曹孟德,犹以汉相终",此亦非用典也。(丁)引古人作比:此亦非用典也。杜诗云,"清新庾开府,俊逸鲍参军",此乃以古人比今人,非用典也。又云,"伯仲之间见伊吕,指挥若定失萧曹",此亦非用典也。(戊)引古人之语:此亦非用典也。吾尝有句云,"我闻古人言,艰难惟一死"。又云,"尝试成功自古无,放翁此语未必是"。此乃引语,非用典也。以上五种为广义之典,其实非吾所谓典也。若此者可用可不用。(二)狭义之典,吾所主张不用者也。吾所谓"用典"者,谓文人词客不能自己铸词造句,以写眼前之景、胸中之意,故借用或不全切,或全不切之故事陈言以代之,以图含混过去,是谓"用典"。上所述广义之典,除戊条外,皆为取譬比方之辞。但以彼喻此,而非以彼代此也。狭义之用典,则全为以典代言,自己不能直言之,故用典以言之耳。此吾所谓用典与非用典之别也。狭义之典亦有工拙之别,其工者偶一用之,未为不可,其拙者则当痛绝之。(子)用典之工者此江君所谓用字简而涵义多者也。客中无书不能多举其例,但杂举一二,以实吾言:(1)东坡所藏'仇池石',王晋卿以诗借现,意在于夺。东坡不敢不借,先以诗寄之,有句云:"欲留嗟赵弱,宁许负秦曲。传观慎勿许,间道归应速。"此用蔺相如返璧之典,何其工切也。(2)东坡又有"章质夫送酒六壶,书至而酒不达"。诗云:"岂意青州六从事,化为乌有一先生。"此虽工已近于纤巧矣。(3)吾十年前尝有读《十字军英雄记》一诗云:"岂有鸩人羊叔子,焉知微服赵主父?十字军真儿戏耳,独此两人可千古。"以两典包尽全书,当时颇沾沾自喜,其实此种诗,尽可不作也。(4)江亢虎代华侨诔陈英士文有"未悬太白,先坏长城。世无锄麑,乃戕赵卿"四句,余极喜之。所用赵宣子一典,甚工切也。(5)王国维咏史诗,有"虎狼在堂室,徒戎复何补?神州遂陆沉,百年委榛莽。寄语桓元子,莫罪王夷甫。"此亦可谓使事之工者矣。上述诸例,皆以典代言,其妙处,终在不失设譬比方之原意。惟为文体所限,故譬喻变而为称代耳。用典之弊,在于使人失其所欲譬喻之原意。若反客为主,使读者迷于使事用典之繁,而转忘其所为设譬之事物,则为拙矣。古人虽作百韵长诗,其所用典不出一二事而已(《北征》与白香山《悟真寺诗》皆不用一典),今人作长律则非典不能下笔矣。尝见一诗八十四韵,而用典至百余事,宜其不能工也。(丑)用典之拙者。用典之拙者,大抵皆懒惰之人,不知造词,故以此为躲懒藏拙之计。惟其不能造词,故亦不能用典也。总计拙典亦有数类:(1)比例泛而不切,可作几种解释,无确定之根据。今取王渔洋《秋柳》一章证之:"娟娟凉露欲为霜,万缕千条拂玉塘,浦里青荷中妇镜,江干黄竹女儿箱。空怜板渚隋堤水,不见琅琊大道王。若过洛阳风景地,含情重问永丰坊。"此诗中所用诸典无不可作几样说法者。(2)僻典使人不解。夫文学所以达意抒情也。若必求人人能读五车书,然后能通其文,则此种文可不作矣。(3)刻削古典成语,不合文法。"指兄弟以孔怀,称在位以曾是"(章太炎语),是其例也。今人言"为人作嫁"亦不通。(4)用典而失其原意。如某君写山高与天接之状,而曰"西接杞天倾"是也。(5)古事之实有所指,不可移用者,今往乱用作普通事实。如古人灞桥折柳,以送行者,本是一种特别土风。阳关、渭城亦皆实有所指。今之懒人不能状别离之情,于是虽身在滇越,亦言灞桥;虽不解阳关渭城为何物,亦皆言"阳关三叠","渭城离歌"。又如张翰因秋风起而思故乡之莼羹鲈脍,今则虽非吴人,不知莼鲈为何味者,亦皆自称有"莼鲈之思"。此则不仅懒不可救,直是自欺欺人耳!凡此种种,皆文人之下下工夫,一受其毒,便不可救。此吾所以有"不用典"之说也。

　　七曰不讲对仗。排偶乃人类言语之一种特性,故虽古代文字,如老子、孔子之文,亦间有骈句。如:"道可道,非常道;名可名,非常名。无名天地之始,有名万物之母。故常无,欲以观其妙;常有,欲以观其微。"此三排句也。"食无求饱,居无求安""贫而无谄,富而无骄""尔爱其羊,我爱其礼",此皆排句也。然此皆近于语言之自然,而无牵强刻削之迹;尤未有定其字之多寡,声之平仄,词之虚实者也。至于后世文学末流,言之无物,乃以文胜;文胜之极,而骈文律诗兴焉,而长律兴焉。骈文律诗之中非无佳作,然佳作终鲜。所以然者何?岂不以其束缚人之自由过甚之故耶?(长律之中,上下古今,无一首佳作可言也。)今日而言文学改良,当"先立乎其大者",不当枉废有用之精力于微细纤巧之末,此吾所以有废骈废律之说也。即不能废此两者,亦但当视为文学末技而已,非讲求之急务也。今人犹有鄙夷白话小说为文学小道者,不知施耐庵、曹雪芹、吴趼人皆文学正宗,而骈文律诗乃真小道耳。吾知必有闻此言而却走者矣。

　　八曰不避俗语俗字。吾惟以施耐庵、曹雪芹、吴趼人为文学正宗,故有"不避俗字俗语"之论也(参看上文第二条下)。盖吾国言文之背驰久矣。自佛书之输入,译者以文言不足以达意,故以浅近之文译之,其体已近白话。其后佛氏讲义语录尤多用白话为之者,是为语录体之原始。及宋人讲学以白话为语录,此体遂成讲学正体(明人因之。)当是时,白话已久入韵文,观唐宋人白话之诗词可见也。及至元时,中国北部已在异族之下,三百余年矣(辽、金、元)。此三百年中,中国乃发生一种通俗行远之文学。文则有《水浒》《西游》《三国》之类,戏曲则尤不可胜计(关汉卿诸人,人各著剧数十种之多。吾国文人著作之富,未有过于此时者也)。以今世眼光观之,则中国文学当以元代为最盛;可传世不朽之作,当以元代为最多,此可无疑也。当是时,中国之文学最近言文合一,白话几成文学的语言矣。使此趋势不受阻遏,则中国几有一

"活文学出现",而但丁、路德之伟业(欧洲中古时,各国皆有俚语,而以拉丁文为文言,凡著作书籍皆用之,如吾国之以文言著书也。其后意大利有但丁(Dante)诸文豪,始以其国俚语著作。诸国踵兴,国语亦代起。路德(Luther)创新教,始以德文译《旧约》《新约》,遂开德文学之先。英法诸国亦复如是。今世通用之英文《新旧约》乃一六一一年译本,距今才三百年耳。故今日欧洲诸国之文学,在当日皆为俚语。迨诸文豪兴,始以"活文学"代拉丁之死文学。有活文学而后有言文合一之国语也),几发生于神州。不意此趋势骤为明代所阻,政府既以八股取士,而当时文人如何李七子之徒,又争以复古为高,于是此千年难遇言文合一之机会,遂中道夭折矣。然以今世历史进化的眼光观之,则白话文学之为中国文学之正宗,又为将来文学必用之利器,可断言也(此"断言"乃自作者言之,赞成此说者今日未必甚多也)。以此之故,吾主张今日作文作诗,宜采用俗语俗字。与其用三千年前之死字(如"于铄国会,遵晦时休"之类),不如用二十世纪之活字;与其作不能行远不能普及之秦汉六朝文字,不如作家喻户晓之《水浒》《西游》文字也。结论:上述八事,乃吾年来研思此一大问题之结果。远在异国,既无读书之暇晷,又不得就国中先生长者质疑问难,其所主张容有矫枉过正之处。然此八事皆文学上根本问题,——有研究之价值。故草成此论,以为海内外留心此问题者作一草案。谓之刍议,犹云未定草也,伏惟国人同志有以匡纠是正之。民国六年一月。
(1917年1月1日《新青年》第2卷第5号)

胡适1月接陈独秀函,告知:"《甲寅》准于二月间可以出版,秋桐兄不日谅有函于足下,《青年》《甲寅》均求足下为文。足下回国必甚忙迫,事畜之资可勿顾虑。他处有约者倘无深交,可不必应之。"(《胡适往来书信选》上册,中华书局1979年版)4月,胡适完成题为《中国古代哲学方法之进化史》的博士学位论文,但在5月22日进行的博士学位最后考试——口试——时,未能顺利通过。4月9日,胡适写信给陈独秀,其论白话文学的部分,单独以《历史的文学观念论》的题目作为论文刊发。

按:胡适的信及《历史的文学观念论》中有两处涉及桐城古文派。至此,两位新文化、新文学的提倡者都已把反对旧文学的矛头明确无误地指向桐城派及桐城古文。

胡适7月10日从美国回到上海,在上海停留12天,专门调查了上海的出版界。7月27日,回到故乡安徽绩溪上庄。9月1日,离开家乡。5日,到上海。10日,到达北京,被聘为北京大学教授,讲授英文学问、英文修辞学和中国古代哲学三门科目,与高一涵同住。9月21日,因蔡元培校长特意安排,在北京大学新学年开学礼上做题为《大学与中国高等学问之关系》的演讲。12月3日,创办哲学研究所,自任主任。同时兼任英文科教授会主任。是年,胡适、章士钊、王宠惠、秦汾、夏元瑮、王建祖、陈独秀等当选为北京大学编译会评议员,任务是编译西方学术著作。

按:胡适在此年1月所作的《归国杂感》(载《新青年》第4卷第1号)一文有载其从美国回到上海专门调查上海出版界的情况,表达了对中国出版界著作稀少的强烈不满:"我就花了一天的工夫,专去调查上海的出版界。我是学哲学的,自然先寻哲学的书。不料这几年来,中国竟可以算得没有出过一部哲学书。找来找去,找到一部《中国哲学史》,内中王阳明占了四大页,《洪范》倒占了八页!还说了些'孔子既受天之命''与关地合德'的话。又看见一部《韩非子精华》,删去了《五蠹》和《显学》两篇,竟成了一部《韩非子糟粕》了。文学书内,只有一部王国维的《宋元戏曲史》是很好的。又看见一家书目上有翻译的莎士比亚剧本,找来一看,原来把会话体的戏剧,都改作了《聊斋志异》体的叙事古文!又看见一部《妇女文学史》,内中苏蕙的回文诗足足占了六十页!又看见《饮冰室丛著》内有《墨学微》一书,我是喜欢看看墨家的书的人,自然心中很高兴。不料抽出来一看,原来是任公先生十四年前的旧作,不曾改了一个字!此外只有一部《中国外交史》,可算是一部好书,如今居然到了三版了。这件事还可以使人乐观。此外那些新出版的小说,看来看去,实在找不出一部可看的小说。有人对我说,如今最风行的是一部《新华春梦记》,这也可以想见中国小说界的程度了。总而言之,上海的出版界——中国的出版界这七年来简直没有两三部以上可看的书！不但高等学问的书一部都没有，就是要找一部轮船上火车上消遣的书，也找不出！（后来我寻来寻去，只寻得一部吴稚晖先生的《上下古今谈》，带到芜湖路上去看。）我看了这个怪现状，真可以放声大哭。"

按：《大学与中国高等学问之关系》重点阐述了大学保留储积国家高等知识、高级人才及精研、开拓最新科学、发展国家文化的重要地位，鼓励要用西方现代的大学概念和管理观念来改造和管理中国的大学。在讲演的最后，胡适异常动情且激昂地说："记得还在1915年1月，我和竺可桢谈过创办国内著名大学的强烈愿望，以后又和英文教师亚舟谈到过中国无著名大学的耻辱。我在当天的日记中，大发感叹地写道：'吾他日能见中国有一国家大学，可比此邦的哈佛，英国之剑桥、牛津，德国之柏林，法国之巴黎，吾死瞑目矣。'第二天我仍觉意犹未尽，又在日记上写道：'国无海军，不足耻也；国无陆军，不足耻也；国无大学，无公共藏书楼，无博物馆，无美术馆，乃可耻耳！'今天，我终于回来了。我胡适之今天郑重宣布，回国后别无奢望，但求以一张苦口，一支秃笔，献身于北大迈向世界著名大学的进程！"（参见胡颂平编《胡适之先生年谱长编初稿》，台北联经出版事业公司1984年版；张旭、车树异编著《林纾年谱长编：1852—1924》，福建教育出版社2014年版）

章士钊1月28日在北京创办《甲寅》日刊，因赏识李大钊的才华，请李大钊、邵飘萍、高一涵参加编辑工作。5月8日，章士钊在湖南长沙明德学校讲演，谓"今日之世界，一经济竞争之世界也"。15日，在学术研究会之演说，题为《经济学之总则》。19日，出席沪北总商会股东年会，郑孝胥为议长，张元济报告公司民国五年营业情形及账略，经股东会通过本届分派红利一分五厘，继即选举高凤池、鲍咸昌、聂其杰、张謇、张元济、叶景葵、梁启超、高风谦、章士钊、郑孝胥、金邦平11人当选为新一届董事。25日，章士钊在东京中国留学生组织的神州学会演讲《欧洲最近思潮与吾人之觉悟》，后载于《东方杂志》第14卷第12期。7月，张勋复辟事起，章士钊移居天津，对政治感到厌倦。《甲寅》随之停刊。9月，应陈独秀之邀任北京大学文科逻辑学教授，兼图书馆主任（即馆长）。10月2日，与张元济谈译介欧美新著事，并介绍日本翻译欧美新书"进步甚猛"情形。30日，致信张元济商量《太平洋》杂志由商务代印发行，或将其编辑招为商务杂志撰稿。11月，推荐李大钊来北大任图书馆主任，蔡元培欣然同意。章士钊仍受聘为北京大学教授，在北京大学专门讲授《逻辑学》课。11月21日，应陈独秀约请，章士钊与胡适、沈尹默、黄振生、陶履恭、陈大齐、钱玄同等开会讨论改变文科课程。12月3日，章士钊参加北京大学哲学门研究所第一次研究会，先听取主任胡适之报告研究会成立及报告研究者之科目、人数，后听取蔡元培校长的《哲学与科学之关系》的演讲。16日，与胡适、王宠惠、秦汾、夏元瑮、王建祖、陈独秀7人当选为北京大学编译会（后改名为编译处）评议员，任务是编译西方学术著作。17日下午2时，章士钊在法科大讲堂出席北京大学成立二十周年纪念演说会，并作演讲。（参见袁景华《章士钊先生年谱》，吉林人民出版社2001年版）

李大钊年初应当时任北洋政府内政部长的孙洪伊之托，与高一涵负责起草地方自治法规，经三个月草成。1月28日，章士钊创刊《甲寅》，李大钊应邀任编辑，并与高一涵两人轮流撰写社论。李大钊在创刊号上发表《"甲寅"之新生命》一文。

按：《"甲寅"之新生命》相当于"发刊词"，曰：

大易之道，太极生两仪，两仪生四象，四象生八卦。老氏之说，一生二，二生三，三生万物。是知宇宙进化之理，由浑而之画，由一而之杂，乃为一定不变之律。因之宇宙间，循此律以为生存者，其运命之嬗蜕，亦遂莫不由固定而趋于流动，由简单而趋于频繁，由迟滞而趋于迅捷，由恒久而趋于短促，此即向上之机，进化之象也。

《甲寅》者，亦于天演中而有其生存之资能者也。故亦不能外此大法，而不从此大机轴以为回旋；故亦不能不择其适于生存之道,以顺应厥环境而之画也。《甲寅》不能自封于浑环境而之杂也,《甲寅》不能自守于一环境而日趋于流动也,《甲寅》不能自拘于固定环境而日趋于频繁也,《甲寅》不能自止于简单环境而日趋于迅捷也,《甲寅》不能自胶于迟滞环境而日趋于短促也,《甲寅》不能自废于恒久。今日之世界进化,其蜕演之度,可谓流动矣,频繁矣,迅捷矣,短促矣。《甲寅》于此而欲有以自贡以求助,进其功能则自所自尽之努力,亦宜千百万倍于畴昔也。

今《甲寅》蜕化而为周刊矣,是一周一《甲寅》也,是《甲寅》一周而有一新生命也。今《甲寅》蜕化而为日刊矣,是一日一《甲寅》也,是《甲寅》一日而有一新生命也。此《甲寅》之努力也,此《甲寅》之进化也,由是更进而谋以其自身之努力,奋发我国民使之努力,以其自身之进化,开导我国民使之进化,此又《甲寅》之唯一责任。所愿自勉,以与我国民共勉者矣!

李大钊1月30日又在《甲寅》上发表《孔子与宪法》一文,对主张定孔教为国教并列入宪法的谬论进行猛烈攻击。

按:本月,中华佛教会上书国会,为避免宗教战争在中国出现,请勿定孔教为国教。李大钊在《孔子与宪法》中指出,孔丘是"数千年前之残骸枯骨""历代帝王专制之护符""保护君主政治之偶象"。如将孔教列入宪法,"则其宪法将为陈腐死人之宪法,非我辈生人之宪法;荒陵古墓中之宪法,非光天化日中之宪法也";"野心家利用之宪法,非为平民百姓日常享用之宪法也",提出删去《宪法草案》中尊孔的条文,反对孔丘,宣传真理。李大钊所写的文章只讲真理,不顾情面,不合心意,就要痛骂。章士钊不赞成李大钊的主张,但又不敢直接面谈。于是托高一涵和李大钊商量,彼此谈妥:不谈内政,只写国外新闻。(参见袁景华《章士钊先生年谱》,吉林人民出版社2001年版)

李大钊3月19—21日连续发表《俄国革命之远因近因》,叙述俄国二月革命的梗概,自此开始关注俄国革命运动。27日,在《甲寅》上发表《俄国共和政府之成立及其政纲》。29日,在《甲寅》上发表《俄国大革命之影响》,专述俄国二月革命对我国及世界政治前途的影响。4月29日,在《甲寅》上发表《政治之离心力与向心力》,第一次提到社会主义的新概念:"对于专制主义,而有民主主义;对于资本主义,而有社会主义。"不仅确立了民主主义思想,而且初步打下了社会主义的思想基础。5月,因与章士钊在政治见解上的分歧日益加深,令《甲寅》的编辑工作陷入困境。7月1日,张勋在北京拥清废帝溥仪复辟,李大钊避走上海,寄住友人家中。11月7日,俄国发生十月革命,李大钊从报刊上得知消息,开始对这一事件密切关注。11日,北上返京。12月,接受章士钊推荐,到北京大学图书馆任职。(参见《李大钊年谱》编写组《李大钊年谱》,甘肃人民出版社1984年版;朱文通主编《李大钊年谱长编》,中国社会科学出版社2009年版)

高一涵1月1日在《新青年》第2卷第5期上发表《1917年豫想之革命》。文中大声疾呼:"往岁之革命为形式,今岁之革命在精神。政治制度之革命,国人已明知而实行之矣。惟政治精神与教育主义之革命,国人犹未能实行。实行之期自一九一七年始。"28日,章士钊在北京复刊《甲寅》,改为日刊发行,高一涵应章士钊之约与李大钊、邵飘萍等人担任编辑及撰稿工作。同月,随同李大钊搬至朝阳门内竹竿巷一个僻静的宅院,依然同租一室,专事《甲寅》的撰稿、编辑等工作。又北洋政府内政部长约见李大钊与高一涵,请负责起草地方自治法规,经过三个月而草成,因主张分权被北洋政府否决。6月9日,张勋率辫子军进入北京,扶持溥仪复辟帝制,章士钊、李大钊、邵飘萍等人相继离京,高一涵滞留竹竿巷4号。9月,李大钊与高一涵等留日学生创办的《神州学会》成员回国后,是年还在北京继续召开过会议,曾邀蔡元培校长为该会作《美育代宗教》的演说。10月,刚刚到北京大学任教的胡适,经友人许怡荪介绍,和高一涵共同租居竹竿巷。12月14日,参加发起组织"工读互助团"。

按:《工读互助团募款启事》曰:

做工的穷人,没有力量读书受教育,这不是民智发达上一种缺憾吗?读书的人不能做工,教育越发达,没有职业的流氓越多,这不是教育界的一种危机吗?占全国民半数的女子不读书不做工,这不是国民智力及生产力一种大大的损失吗?父兄养子弟,子弟靠父兄,这种寄生的生活,不但做子弟的有精神上的痛苦,在这财政紧急的时代,做父兄的也受不了这种经济上的重累。同人等因此种种理由,特组织"工读互助团",来帮助北京的青年,实行半工半读主义,庶几可以达教育和职业合一的理想。倘然试办有效,可以推行全国,不但可以救济教育界和经济界的危机,并且可以免得新思想的青年和旧思想的家庭,发生许多无谓的冲突。照眼前试办的预算需费不过千元,凡赞成此举者,请量力捐助,为荷。发起人:顾兆熊、陶履恭、李大钊、程演生、蔡元培、王星拱、陈独秀、高一涵、胡适、张松年、周作人、李辛白、孟寿春、徐彦之、陈溥贤、罗家伦、王光祈。(当日《晨报》,参见高大同《高一涵先生年谱》,上海文化出版社 2011 年版)

鲁迅 1 月 26 日参加京师图书馆开馆仪式,该馆原址在什刹海广化寺,至是迁至安定门大街方家胡同,鲁迅曾参与选择馆址和计划布置等一系列工作。2 月 3 日,与陈任中等 6 人被委任筹办图书馆事务。2 月,鲁迅为周作人多方谋职,经向北大校长蔡元培推荐成功后,于 2 月 28 日致信告之周作人。4 月 1 日,周作人抵北京后,鲁迅将所住补树书屋南头的一间房让出来供周作人居住,而把北头那间阴暗的房子留给自己。7 月 3 日,因张勋复辟而愤然离职。13 天后又回教育部复职。7 日,为避难与周作人移寓东城船板胡同新华旅馆。8 月 7 日,将设计好的北京大学徽章寄给蔡元培。9 日,钱玄同来访,至夜分去。钱玄同鼓励鲁迅"做点文章",后来便有了最初的一篇《狂人日记》,从此以后一发而不可收。11 月 12 日,鲁迅往北京高等师范学校,审听国歌。30 日,与周作人合拟的《〈欧美名家短篇小说丛刊〉评语》刊于《教育公报》第 4 年第 15 期。是年,继续搜集各种墓志、碑帖、造象、石刻拓片,共达 1800 余枚。(参见鲁迅博物馆、鲁迅研究室编《鲁迅年谱》,人民文学出版社 1981 年版)

周作人 1 月 24 日收到鲁迅 19 日自北京寄来的《青年杂志》10 本等书。3 月 4 日,接鲁迅北京来信,嘱即北上。27 日晚,周作人启行北上。4 月 1 日下午 8 时,抵北京。3 日,去北京大学访蔡元培校长,不值。4 日,得蔡元培来信,约次日上午 10 时来访。5 日,蔡元培来访,此为周作人与蔡元培首次相会。蔡元培云因学期中间不能添开课程,拟要周作人担任预科国文。10 日,往北大访蔡元培校长,辞教国文事,并告拟南归。在北大初次见到陈独秀、沈尹默二人,陈、沈竭力留周担任国文,周力辞。11 日,得蔡元培信,邀暂至北大附设的国史编纂处任编纂。16 日,开始在北京大学国史编纂处工作,始与沈兼士相识。9 月 4 日,得北京大学聘书,被聘为文科教授,兼国史编纂处编辑员。同月,开始起草"近世文学史"讲义及"希腊文学史"讲义。11 月 13 日,往北京大学文科研究所开会,选择"改良文学问题"和"文章"类第五的小说组两项。30 日,在北京大学与刘半农同拟小说研究表;与鲁迅合拟的《〈欧美名家短篇小说丛刊〉评语》刊于《教育公报》第 4 年第 15 期。12 月 14 日,往北大文科研究所参加小说组第一次会议。27 日,为蔡元培校阅函送《支那美术释稿》。(参见张菊香、张铁荣主编《周作人年谱》,南开大学出版社 1985 年版)

钱玄同 1 月在看了胡适刊于《新青年》第 2 卷第 5 号的《文学改良刍议》一文后,深受触动,如觅知音。于是立即给陈独秀写信,响应文学革命主张。此信以《致陈独秀:赞文艺改良附论中国文学之分期》为题,刊于《新青年》第 2 卷第 6 期"通信"栏内,同期《新青年》又刊出陈独秀的《文学革命论》。钱玄同在此信中率先喊出"选学妖孽,桐城谬种",把当时旧文学中的桐城派和文选派列为主要抨击对象:"顷见六号(应为五号)《新青年》胡适之先生文学刍议,极为佩服。其斥骈文不通之句,及主张白话体文学说,最精辟。……具此识力,而言改良文艺,其结果必佳良无疑,惟选学妖孽,桐城谬种,见此又不知若何咒骂。虽然,得此辈多咒骂一声,便是价值增加一分也。"从此,"选学妖孽,桐城谬种"成为批判桐城派和文选派的锐利武器,指明了文学革命的对象,在当时深受欢迎,引发强烈反响。文中也谈到中国文学当以自魏至唐为一期,自宋至清为一期,宋代文学为"启后",并非"承前"。

按:桐城派强调义理,效法唐宋诸家,自清代中叶以后就占据了中国古文的正统地位。文选派则注重骈俪、华藻,崇尚魏晋,取法《昭明文选》,与桐城派并行。这样就使一向服膺程朱和宗法桐城的林纾,不能不破门而出,来护卫礼教和古文了,双方的论战渐趋激烈。

按:舒芜在1989年第10—12期《读书》杂志上发表《"桐城谬种"问题之回顾》。其说:"五四"新文学运动为什么尖锐地批判了桐城派,谥之曰"桐城谬种"? 当时的现实意义何在? 对于整个新文学运动的历史意义何在? 今天科学地看,当时的批判有哪些合理的核心? 这些都是近些年来研究清代文学史和新文学运动史的人所关心的问题。我谈谈我的看法。新文学运动一开始,胡适的《文学改良刍议》里面,已经批判了"今之'文学大家',文则下规姚、曾,上师韩、欧",这实际上就是指桐城派;还批判了以陈三立为代表的"今日'第一流诗人'",实际上就是指江西派;还指出"骈文律诗乃真小道耳",实际上就是指"选学"。胡适这篇文章的正面主张,所谓"文学改良八事",看来似乎也平常,然而一发表出来震惊一世者,原因之一,就在于它同时批判了当时统治文坛的三大权威流派。但是,胡适的批判,还不是很尖锐的。他只说不该模仿姚、曾(以及一切古人),不该制造假古董;至于姚、曾本人如何,他没有说。他只说施耐庵、曹雪芹为文章正宗;至于过去一向被奉为正宗的明之前后七子和归有光,清之桐城派,地位又该怎样摆法,他也没有说。《新青年》第2卷第5号发表胡适此文,主编陈独秀加了简短的案语,指出"施、曹价值远在归、姚之上",这是把胡适的锋芒磨利了一些。紧接着《新青年》第2卷第6号上,陈独秀自己发表了《文学革命论》,便明确点出当时统治文坛的三大流派的名字,施以抨击:"今日吾国文学,悉承前代之蔽。所谓桐城派者,八家与八股之混合体也。所谓骈体文者,思绮堂与随园之四六也。所谓西江派者,山谷之偶像也。"他特别着重批判了桐城派,把桐城派三祖方、刘、姚,和明代的前后七子,以及桐城派所尊奉的明代的归有光,并称为"十八妖魔"。……对于桐城派,则是从他们文章的内容上的"希荣誉墓""无病而呻",到形式上的"摇头摆尾,说来说去,不知道说些甚么",全面地给以批判,语气特别激愤。这就给整个新文学运动对桐城派的批判定下了基调。同在《新青年》这一期上,发表了钱玄同致陈独秀函,热情支持胡适的《文学改良刍议》,认为:"具此识力,而言改良文艺,其结果必佳良无疑。惟选学妖孽,桐城谬种,见此又不知若何咒骂。虽然,得此辈多咒骂一声,便是价值增加一分也。"这是比胡适、陈独秀更为鲜明的战斗姿态。"选学妖孽,桐城谬种"这八个字,是钱玄同的一大发明,从此成为新文学运动者通用的语言,而为桐城派人士和骈文家们所痛心疾首。钱玄同自己也很看重这个发明,以后他在《新青年》上发表的文章几乎每次都要重申。……钱玄同在"五四"运动之后,逐渐脱离现实的斗争,退为宁静的学者,但是他的坚决反对桐城派和"选学"的立场,却一直未有改变。1934年,他作自嘲诗,次联云:"推翻桐选驱邪鬼,打倒纲伦斩毒蛇。"所谓"邪鬼"仍是"妖孽谬种"之意。他将这首诗抄寄给周作人看,对这一联自评云:"火气太大,不像诗而像标语,真要叫人齿冷。"(周作人《过去的工作·饼斋尺牍》)用这种自嘲的口气来说话,可见他实在很自喜,明知可能被人嘲笑,亦在所不辞。钱玄同诗句将"桐选"与"纲伦"相提并论,这也是"五四"时期新文化运动者的共同认识。他们反对桐城派和"选学"这些旧文学的斗争,是同反对儒家的"三纲五常"旧道德的斗争紧密联系在一起的。早在1917年,钱玄同已经说过:"比来忧心如焚,不敢不本吾良知,昌言道德文章之当改革。"(《论应用之文亟宜改良》,载《新青年》第3卷第5号"通信"栏)道德之改革就是打倒纲伦,文章之改革就是推翻桐选。

上述胡、陈、钱对桐城派的批判,发难之始,自然都还比较笼统。《新青年》上接着便有傅斯年出来,对桐城派进行了深入的分析:"今世流行之文派,得失可略得言。桐城家者,最不足观,循其义法,无适而可。言理则但见其庸讷而不畅微旨也,达情则但见其陈死而不移人情也,纪事则故意颠倒天然之次序以为波澜,匿其实相,造作虚辞,曰不如是不足以动人也。故析理之文,桐城家不能为,则饰之曰,文学家固有异夫理学也。疏证家之文,桐城家不能为,则饰之曰:文章家固有异夫朴学也;抒感之文,桐城家不能为,则饰之曰:古文家固有异夫骈体也。举文学范围内事皆不能为,而忝颜曰文学家,其所谓文学之价值,可想而知。故学人一经瓣香桐城,富于思想者,思力不可见;博于学问者,学问无由彰;长于情感者,情感无所用;精于条理者,条理不能常。由桐城家之言,则奇思不可为训,学问反足为累。不崇思力,而性灵终必泯灭。不尚学问,而智识日益空疏。托辞曰'庸言之谨',实则戕贼性灵以为文章耳。桐城嫡派无论矣,若其别支,则恽子居异才,曾涤笙宏才,所成就者如此其微,固由于桎梏拘束,莫由自拔。钱玄同先生以为'谬种',盖非过情之言也。世有为桐城辩者,谓桐城义法,去泰去甚。明季末流文弊,一括而去之。余则应之曰:桐城遵循矩矱,自非张狂纷乱者所可诃责。然吾不知桐城之矩矱果何矩矱也。其为荡荡平平之矩矱,后人当遵之弗畔;若其为桎梏心虑、戕贼性情之矩矱,岂不宜首先斩除乎?”(《文学革新申义》,载《新青年》第4卷第1号)傅斯年这样的分析,最足以显示出“五四”时期对桐城派的批判是有历史渊源的。原来,对桐城“义法”的批判,不自“五四”时期始。早在乾嘉时代,钱大昕就引用王若霖的话,指出方苞是“以古文为时文,以时文为古文”,认为这两句话“深中望溪之病”(《潜研堂文集卷三十一·跋方望溪文》)。钱大昕又曾批判方苞的“义法”“特世俗选本之古文,未尝博观而求其法,法且不知而义于何有”,断言方苞“乃真不读书之甚者”(《潜研堂文集卷三十三·与友人书》)。鸦片战争以后,早期改良主义者起来,对桐城派“义法”的批判便展开了。例如,冯桂芬说:“……文之佳者,随其平奇浓淡,短长高下,而无不佳。自然有节奏,有步骤,反正相得,左右咸宜,不烦绳削而自合,称心而言,不必有义法也;文成法立,不必无义法也。”(《显志堂稿卷五·复庄卫生书》)着重批判了“义法”的桎梏作用,响起了文学要求解放的新声。另外,沿着钱大昕的路子,继续批判桐城派“义法”实是八股文之法的,则有如蒋湘南,他对桐城派的三祖方苞、刘大櫆、姚鼐进行了全面的分析。他指出三家文章之所以成为变相的八股文,病根在于他们取径不广,只晓得追随唐宋八大家,而且只是明代八股文家所选的唐宋八大家:“八家者,唐宋人之文,彼时无今代功令文之式样,故各成一家之法。自明代以八股文为取士之功令,其熟于八家古文者,即以八家之法,就功令文之范。于是,功令文中钩伸缩动宕诸法,往往具入八家遗意,传习既久,千面一孔,有今文无古文矣。豪杰之士欲为古文,自必力研古文,争胜负于韩、柳、欧、苏之外,别辟一径,而后可以成家……今三家之文,仍是千面一孔之功令文,特少对仗耳。以不对仗之功令文为古文,其所谓法者非也。”(《游艺录卷下·论近人古文》)这是很精辟的论述,清理出一条文学史的谱系:就是唐宋八大家至明代而与八股文联姻,至清代而生产出桐城派。可见后来钱玄同的“谬种”二字之评实在不是随便下的。不仅如此,蒋湘南还从内容方面指出:“夫文以载道,而道不可见,于日用饮食见之,就人情物理之变幻处阅历揣摩,而准之以圣经之权衡,自不为迂腐无用之言也。今三家文误以理学家语录中之言为道,于人情物理无一可推得去,是所谈者乃高头讲章中之道,其所谓道者非也。”(同上)这仍然是钱大昕以来对桐城派的批判的深化,因为八股文(功令文)并不只是形式,更重要的还是它的内容,它所载的本来就是理学家语录中之道,高头讲章中之道。蒋湘南还用“奴、蛮、丐、吏、魔、醉、梦、嚣”八个字来形容桐城派(《七经楼文钞卷四·与田叔子论古文书》),更是穷形尽相。特别值得一提的是,“五四”之前,桐城籍的旧派文人当中已有痛斥桐城派的,其人名曰陈澹然,字剑潭。据汪辟疆回忆:“余于宣统初元屡见之宣南,大骂桐城派,又语余曰:'桐城文,寡妇之文也。寡妇目不敢斜视,耳不敢乱听,规行矩步,动辄恐人议其后。君等少年,宜从《左》《策》讨消息,千万勿再走此路也。'”(章士钊《论近代诗家绝句·陈剑潭》附汪辟疆注,载《江海学刊》1985年第4期)。这位陈先生并没有什么新的政治思想、文化思想,连他都这样痛感桐城“义法”有如束缚寡妇的礼法。谆谆教导非桐城籍的后辈青年千万不要再走这条路,这本身就表现出桐城派的存在已经丧失合理性了。前引傅斯年的一段话,可以说是乾嘉以来对桐城派的批判的一个完整的总结。他以清楚的条理,严密的逻辑,论证了桐城派“义法”在说理、抒情、记事各方面,也就是文章作用的一切方面,如何桎梏心虑,戕贼心情,如何束缚住作者的手脚,会形成什么样的恶果,而又惯作哪些饰词,特别指出桐城派一向自矜的“矩矱”正是“宜首先斩除”的,桐城派之所以为“谬种”正是谬在这里。这种批判用现代科学的方法,把乾嘉以来对桐城派批判的水平,提高到一个新的阶段;“五四”时期对桐城派的集中批判,乃是乾嘉以来文学力求解放的历史趋势的一个必然发展。

“五四”时期不能不对桐城派进行激烈的批判,还有文化政治上的现实原因。首先是辛亥革命失败的刺激。例如,钱玄同不止一次回顾他自己从旧垒中来,反戈一击的道路。他说,他在1903年以前,固然纯粹是清朝科举教育下的少年,有全套的封建思想,……"点过半部《文选》,在中学校里讲过什么桐城义法"(《新青年》第5卷第6号"通信"栏载陈大齐《保护眼珠与换回人眼》附钱玄同答语),原来对于"选学"和桐城派,他都不是外行。可是,自袁世凯称帝以来,辛亥革命一连串的失败启发了他:"玄同自丙辰春夏以来,目睹洪宪皇帝之返古复始,倒行逆施,卒致败亡也;于是大受刺激,得了一种极明确的教训。知道凡事总是前进,决无倒退之理。"(《论应用之文亟宜改良》,载《新青年》第3卷第5号"通信"栏)其次是桐城派人士在当时的现实表现。关于这方面,钱基博《现代中国文学史》说得很详细:"初(林)纾论文持唐宋,顾亦未尝薄魏晋。及入(北京)大学,桐城马其昶、姚永概继之;其昶尤(吴)汝纶高第弟子,号为能绍述桐城家言者,咸与纾欢好。而纾亦以得桐城学者之盼睐为幸;遂为桐城张目,而持韩柳欧苏之说益力! 既而民国兴,章炳麟实为革命先觉;又能识别古书真伪,不如桐城学者之以空文号天下! 于是章氏之学兴,而林纾之说熸! 纾、其昶、永概咸去大学;而章氏之徒代之。纾愤甚!《与姚永概》书曰:(引文略。大要詈章炳麟为'庸妄巨子'。——舒芜)益卑之无甚高论,而持唐以前之古为不可法,立说与前殊矣! 既不得志于大学,会徐州徐树铮为段祺瑞谋主,以北洋军人魁桀,盗国之钩,自谓有文武才,喜谈桐城学;以纾三人文章尊宿,遂引之入所办正志学校。一时言桐城者咸得皈依,而纾尤倾心焉,其撰《徐氏评点古文辞类纂序》曰:'……吾友徐君又铮崇礼姚氏全集,已一一加墨;且集诸家评语标之眉间,间亦出以己意。又铮韬钤中人,而笃嗜古文如此! 较余之驽朽为甚矣。……其刊成是篇,益发明古人用心所在,用以嘉惠后学。呜呼! 天下方汹汹! 又铮长日旁午于军书,乃能出其余力以治此;可云得儒将之风流矣!'其所以推姚氏学者甚矣! 顾徐树铮军人干政,时论不予,而纾称为儒将,或者以莽大夫扬雄《剧秦美新》比之,惜哉! ……。""未几,绩溪胡适自美国哥伦比亚大学卒业归,倡文学革命之论,蕲于废古文,用白话;以民国七年入北京大学为教授,陈独秀、钱玄同诸人和之,斥纾三人为桐城余孽。纾心不平,作小说《妖梦》《荆生》诸篇,微言讽刺,以写郁愤。又致北京大学校长蔡元培书曰:(引文略。——舒芜)。是时胡适之学既盛,而信者寡矣! 于是纾之学,一绌于章炳麟,再蹶于胡适。会徐树铮又以段祺瑞为奉直联军所败,纾气益索! 然纾初年能以古文辞译欧美小说,风动一世;信足为中国文学另辟蹊径。独以不晓时变,姝姝守一先生之言;力持唐宋,以与崇魏晋之章炳麟争;继又持古文,以与倡今文之胡适争;纵举世之诟尤,不以为悔! 殆所谓'俗士可与虑常'者耶!"钱基博这位学者,无论如何不会有分毫的偏袒新文学运动的嫌疑,他这大段的叙述和分析,是比较公允可信的。从中可见,当时桐城派人士,特别是林纾,自己要站在文学进步过程的对立面,站在新文化运动的对立面,自己要依附当时声名狼藉的皖系军阀,特别是吹捧政治上臭无可闻的屠夫徐树铮,想借刺刀来维护桐城派,镇压新文化(林纾的小说《荆生》《妖梦》赤裸裸地表达了这种愿望),这就理所当然地激起了新文学运动对他们的愤怒声讨。只是钱基博说胡适、陈独秀、钱玄同诸人斥林纾、马其昶、姚永概三人为桐城余孽,这一点不太符合实际。胡、陈、钱的言论中从未说过"桐城余孽"的话。陈独秀还曾指出:"林老先生自命为古文家,其实从前吴挚甫先生就说他只能译小说不能做古文;现在桐城派古文正宗马先生也看不起他这种野狐禅的古文家;至于选派文家更不消说了。"(《新青年》第7卷第3号"通信"栏载臧玉海《林纾与育德中学》附陈独秀答语)可见对林纾的态度是与对马、姚不同的。真正的桐城正宗看不起林纾,而林纾却引桐城派以自重,这也是事实。况且当时社会上被认为桐城派的还有不少,例如严复、王树枏、贺涛等人,都是非桐城籍的,桐城籍的则尚有姚永概之兄姚永朴,吴汝纶之子吴闿生,等等,总之他们还是能够组成一个阵容,并不像钱基博说的只是寥寥三个人而已。不过,桐城派正宗文人也未尝不想联络利用林纾。章炳麟对桐城派估价不高,对林纾尤其鄙视。他说:"并世所见,王闿运能尽雅,其次吴汝纶以下,有桐城马其昶为能尽俗,(萧穆犹未能尽俗)下流所仰,乃在严复、林纾之徒。"(《与人论文书》)章炳麟特别瞧不起的是林纾"浸润唐人小说之风","与蒲松龄相次",这与桐城派正宗的看法同是一个偏见。但是他看出林纾为"下流所仰",换个褒义词来说,就是群众影响大。桐城派正宗文人同样会看到林纾的这个价值,加以他捍卫桐城派又是如此积极,这就是他们不能不联络林纾的原因。可惜林纾捍卫桐城派,除了无限的积极性之外,实在说不出任何像样的道理。他的一篇文章郑而重之地以《论古文之不当废》为题,里面却说:"知腊丁之不可废,则马、班、韩、柳亦自有其不宜废者。吾识其理,乃不能道其所以然,此则嗜古者之痼也。"一出马便宣告自己的理绌辞穷了。于是,桐城派在"五四"时期的现实形象,便是仗着"两杆子"来把守大门:一是国人皆曰可杀的徐树铮的枪杆子(他另一只手也拿着批点《古文辞类纂》的笔杆子),一是行家所轻视的理绌辞穷,胡搅蛮缠的林纾的笔杆子(他也恨不得亲手拿起枪杆子)。今天稍有科学和民主精神的论者,都应该承认当时新文化运动者说的"桐城谬种",已经是很克制的说法。

　　钱玄同《写给陈独秀的信》3月1日刊于《新青年》第3卷第1期。信中如此影射林纾:"某氏(指林纾)与人对译欧西小说,专用《聊斋志异》文笔,一面又欲引韩柳以自重;此其价值,又在桐城派之下,然世固以'大文豪'目之矣。"5月15日,钱玄同在《新青年》第3卷第3期上发表致陈独秀信,最先提出应用文改革的倡议:"我固绝对主张汉文须改用左行横迤,如西文写法也,人目系左右相并,而非上下相垂;试立室中,横视左右,甚为省力,若纵视上下,则一仰一俯,颇为费力。以此例彼,知看横行较易于直行。且右手写字,必自左至右,均无论汉文西文,一笔走势,罕有自右至左者。然则汉文右行,其法实拙。若从西文写法,自左至右横迤而出,则无一不便。我极希望今后新教科书从小学起,一律改用横写,不必专限于算学理化唱歌教本也。"7月1日,钱玄同在刊于《新青年》第3卷第5期的《致陈独秀》信中提出应用文"改革大纲十三事",其中的汉字拼音化、拼音标准化成为他毕生努力的方向。8月1日,钱玄同《与胡适谈文学革命问题》《关于汉文改用左行横排的意见及文学、白话文等问题》刊于《新青年》第3卷第6期。前文再次抨击"选学妖孽,桐城谬种";后文向陈独秀建议《新青年》杂志从第4卷第1号就改用横式排版。他还说:所谓"标准国语",要由我们提倡白话的人实地研究"尝试",才能制定。我们正好借《新青年》杂志来做白话文章的试验场。对于钱玄同的这几篇通信,陈独秀、胡适非常重视。陈独秀在一篇通信后面的复语中说:"以(钱)先生之声韵训诂学大家而提倡通俗的新文学,何忧全国之不景从也。可为文学界浮一大白。"正是在钱玄同的坚持下,《新青年》从第4卷第1号起全部改用白话,并引入新式标点。8月9日起,钱玄同为《新青年》约稿多次访鲁迅,得鲁迅应允,于是催生了鲁迅的第一篇经典名作《狂人日记》。是年,钱玄同结识胡适、黎锦熙。

　　按:胡适后来在《新文学的建设理论》一文中说:"这时候,我们一班朋友聚在一处,独秀、玄同、半农诸人都和我站在一条路线上,我们的自信心更强了。"黎锦熙在《钱玄同先生传》中也说,《新青年》杂志的"编辑人中,只有他(指钱玄同)是旧文学大师章太炎先生的高足,学有本源,语多'行话',振臂一呼,影响更大"。(参见曹述敬《钱玄同年谱》,齐鲁书社1986年版;张旭、车树昇编著《林纾年谱长编:1852—1924》,福建教育出版社2014年版)

　　刘半农是年夏从上海返回江阴,一方面在家中赋闲,一方面思考着自己未来的人生道路。由于没有固定收入,只好靠变卖家中物品度日,妻子甚至不得不经常到娘家去借贷。值此贫困潦倒之际,忽然接到了北京大学蔡元培校长寄来的聘书,正式聘任为北京大学预科国文教授。刘半农回忆此必与不久前在上海与《新青年》主编陈独秀的一次会面有关。正是通过那次会面,陈独秀慧眼识珠,以为刘半农是一个可造之才,于是向不拘一格选人才的蔡元培校长作了大力推荐。刘半农进入北大之后,即参与《新青年》杂志编辑工作。其间,积极投身文学革命,反对文言文,提倡白话文,成为新文化运动的主将。9月5日,刘半农在《小说海》第3卷第9期上发表短篇小说《地图与珠》。10月16日,致书钱玄同,表示了对文学革命的极大热情。

　　按:刘半农在信中这样写道:文学改良的话说,我们已锣鼓喧天的闹了一闹;若自己从此阴干,恐怕不但人家要说我们是程咬金的三大斧,便是自己问问自己,也有些说不过去罢!

先生说的积极进行,又从这里说出"造新洋房"的建设,和"打鸡骂狗"的破坏两种方法来,都与我的意思吻合;虽然这里面千头万绪,主张各有进出,那最大的目标,想来非但你我相同,连适之、独秀,亦必一致赞成。然前天适之说,"独秀近来颇不起劲",不知是何道理?

先生说"本是个顽固党"。我说我们这班人,大家都是"半路出家",脑筋中已受了许多旧文学的毒。——即如我,国学虽少研究,在一九一七年以前,心中何尝不想做古文家,遇到几位前辈先生,何尝不以古文家相助;先生试取《新青年》前后所登各稿比较参观之,即可得其改变之轨辙。——故现在自己洗刷自己之外,还要替一般同受此毒者洗刷,更要大大的用些加波力克酸,把未受毒的清白脑筋好好预防,不使毒菌侵害进去;这种事,说是容易,做就很难;譬如做戏,你,我,独秀,适之,四人,当自认为"台柱",另外再多请名角帮忙,方能"押得住座""当仁不让",是毁是誉,也不管他……

刘半农11月18日致书钱玄同,讨论新文学和今韵问题。17月,在《小说时报》第33号上发表短篇小说《恶作剧》。12月11日,出席北大国文门研究所国语部与国语研究会联合召开的国语讨论会。北大方面出席的还有蔡元培、沈尹默、钱玄同、朱希祖、胡适之;国语研究会方面出席的有黎锦熙、陈颂平等。会上讨论了双方的分工和合作问题。14日,出席北京大学国文门研究所第一次小说科研究会并讲演。到会的教员还有周作人,到会的研究员为袁振英、崔龙文。刘半农在讲演中,他强调要用历史的、系统的、比较的方法研究小说。25日,在《小说月报》第8卷第12期上发表所译小说《猫之圣诞》。28日,出席北京大学国文门研究所第二次小说科研究会并发言。是年,担任北京大学预科一年级(万班)国文教员,兼理预科一年级(丁班)国文教员和三年级(乙班)小说科教员。始与蔡元培、钱玄同、周作人、胡适之等相识。初与周作人相识时,曾将《灵霞馆笔记》的资料拿给周作人看。

按:周作人《知堂回想录》(香港三育图书文具公司1974年版)回忆:"原是些极普通的东西、但经过他的安排组织,却成为很可诵读的散文,当时就很佩服他的聪明才力。"(参见徐瑞岳编《刘半农年谱》,中国矿业大学出版社1989年版)

沈尹默与弟沈兼士继续任教北大。沈尹默兄沈士远是年亦被聘至北京大学预科乙部任教。三兄弟同任北大教授,合称"三沈"。1月1日,钱玄同来访,商谈应用文字改革的办法。2日,对钱玄同说蔡元培任大校长可为学生表率。3日,钱玄同来访。4日,蔡元培正式就任北京大学校长。不久,沈尹默拜访蔡元培,向其提出三点治校建议:第一,北大经费要有保障;第二,成立评议会,派教员与学生到国外留学。13日,教育部任命陈独秀为北京大学文科学长。此前,沈尹默曾向蔡元培校长推荐陈独秀任北大文科学长。20日,晚,赴庆华春陈独秀宴席,同席有高一涵、李大钊、刘三等。21日下午,钱玄同、马裕藻来访,商北京大预科教国文标准事。4月4日下午,钱玄同送来关于古今学术思想升降变迁文说明书稿,又邀来马裕藻商谈关于群经义旨文事。10日,在北大校园和陈独秀碰到周作人,得知周作人准备辞去国文教员职务,并拟南归,遂力劝其留下。6月,由刘三介绍,正式加入南社。7月,张勋复辟,蔡元培出走。沈尹默联络同人,依靠评议会,维持北大。8月18日,与朱希祖、刘文典、马裕藻、周作人等同阅预科试卷。30日上午,遇周作人,收其《域外小说集》二册。

沈尹默9月2日与朱希祖、周作人、刘文典、钱玄同等在北京大学阅卷。12日,赴六味斋蔡元培宴席,同席有胡适、蒋竹庄、汤尔和、刘文典、陶孟和、沈兼士、马裕藻、钱玄同等。15日,打电话给钱玄同,告知陈独秀、吴梅、刘三即将来京。10月19日,与陈百年、马裕藻、朱希祖设晚宴,来客有钱玄同、伍仲文、许寿裳等。20日,被选为北京大学评议会评议员。参加在陈独秀处召开的修订北京大学规程第一次会议,其他与会者有章士钊、陶孟和、陈大齐、胡适和钱玄同。11 月 30 日,北京大学公布转任教员名单,沈尹默为文科预科教授。12 月 11 日,参加北京大学国文门研究所国语部与国语研究会联合召开的国语讨论会。12 日,参加国文部教授会第一次会议,出席会议的还有刘师培、吴梅、钱玄同、朱希祖、朱宗莱、马裕藻、刘三、刘文典、伦明、林损、沈尹默、沈颐、魏友枋、程演生、刘复,最终沈尹默以 12 票当选国文教授会主任。25 日,北京孔德学校成立,蔡元培任校长,沈尹默任该校教务评议会会员。(参见郦千明《沈尹默年谱》,上海书画出版社 2018 年版;章玉政编著《刘文典年谱》,安徽大学出版社 2011 年版)

朱希祖仍任教北大。8 月 25 日,访鲁迅、周作人。10 月 2 日,钱玄同向朱希祖介绍了胡通的学术水平,并盛赞胡适的《墨经新诂》"做得非常之好"。朱希祖始识胡适。10 月 30 日,朱希祖代北大购得明藏晋叔原刻元人杂居百种,共 80 册。11 月 16 日,北京大学公布《研究所通则》,成立 9 个研究所。国文学研究所主任先为沈尹默,后为朱希祖。11 月 18 日,前清史馆协修张书云来访。同月 18、19、22 日,《横家出于道家说》连载于《中华新报》。12 月 5 日,于二道桥国文学研究所演讲文学史。11 日,参加北京大学国文门研究所国语部与国语研究会联合召开的国语讨论会。12 日,参加国文部教授会第一次会议。12 月 20 日,马裕藻赠以明祝允明所著《九朝野史》4 卷。本学期,朱希祖任文本科中国文学门一、三两个年级的中国文学史课程,并于文学研究所每星期开一次文学史讲座。是年,作《日本国名考》。(以上参见朱元曙、朱乐川《朱希祖先生年谱长编》,中华书局 2013 年版)

马寅初年初就任北京大学教授,但仍在财政部兼职。1 月 9 日,蔡元培履职北大校长后规定:(一)本校专任教员,不得再兼他校教科。(二)本校教员担任教科钟点以 20 小时为度。(三)教员中有为官吏者,不得为本校专任教员。(四)教员请假过多,本校得扣其薪金或辞退。25 日,财政部令 14 号:"筹办会计金库统一事宜处业经成立。派马寅初充兼任评议员。"2 月 15 日,财政部令 25 号:"马寅初派充财政讨论会额外会员。"16 日,马寅初致信蔡元培校长,质疑学校评议会对本校教授在外兼职决议,认为该决议很难实行,亦无公平可言,提出改进建议。8 月 15 日,依财政部令 137 号,马寅初"兼任"和"额外"任职的两项机构同被裁撤。9 月,财政部编印的《财政部职员录》中也未见其名,表明此前他已从财政部离职,专任北京大学教授。10 月,马寅初任中国银行顾问。11 月 3 日,当选北京大学编译会评议员。25 日,提议创办学生银行,获评议会通过。12 月 8 日,出席评议会会议,讨论夏浮筠、陈聘丞提出"减发决议案"。11 日,受聘北京大学经济门研究所银行货币教员研究员。22 日,北大法科研究所成立,任经济门研究所主任。为北大法科研究所首位专职研究员,即导师。

按:是年 5 月 15 日,蔡元培呈请教育部:拟仿美、日等国大学法科兼设商业学之例,即以现有商科改为商业学,而隶于法科。俟钧部筹款创立商科大学时,再将法科之商业学门定期截止。5 月 23 日,教育部予以核准。6 月 18 日,教育部发布报告:北京大学现有商科改为商业学门,隶于法科。(参见徐斌、马大成编著《马寅初年谱长编》,商务印书馆 2012 年版;李仲民《马寅初早年在京足迹考》,《北京晚报》2022 年 12 月 13 日)

马叙伦年初接蔡元培电邀回北大任教授。于是向莫永贞请假,先到北京讲课,后再辞浙江财政厅秘书职。取"只教书,不问别事"的态度。孟夏,于京师之城南跋瑞安孙宣所赠孙诒让《籀庼述林》10 卷。6 月下旬,从廖容处得悉张勋复辟的预谋,离京南下度暑。7 月下旬,致函蔡元培。31 日,恩师陈介石在瑞安辞世,享年 59 岁。闻讯后从杭州赶往瑞安奔丧。8 月 31 日,访晤符璋。秋,返北大任教。与朱家骅、胡适、李大钊共事。10 月 15 日,钱玄同

来借孙诒让著《名原》新刻本。25 日,徐仲可为马所赠李云谷残研拓本题词发表。11 月 19
日,孙诒让著《籀庼述林》赠与朱希祖。30 日,《北京大学日刊》专任教员题名:文科本科教授
马叙伦哲学门研究所,三年级每周 6 小时,二年级每周 3 小时。12 月 7 日,列名《陈介石先
生追悼会启事》,蔡元培领衔,会衔人共 34 人。(参见卢礼阳《马叙伦年谱》,浙江古籍出版社 2021
年版)

　　刘文典作为陈独秀至交以及《新青年》早期作者,在 1 月 13 日陈独秀任北京大学文科
学长之后,自在受邀之列。刘文典后来曾多次表达,他进北大教书是应陈独秀之邀。学者
庄森认为,刘文典目光远大且通晓英、德、日文,先后翻译了赫胥黎(英)、叔本华(德)、海克
尔(德)、佛兰克林(美)等人的著作,并撰写了《欧洲战争与青年之觉悟》《军国主义》等一批
文章。刘叔雅的大名赫然与陈独秀、胡适、高一涵等并列,成为《新青年》的骨干。陈独秀长
北京大学文科后,刘文典"由陈独秀介绍到北京大学任教,从此,开始了他著书立说和教学
的生涯"。而新青年社团则分为核心成员和普通成员两种,刘文典应属后一种。9 月 21 日,
北京大学举行新学年开学礼。经陈独秀介绍,刘文典任北京大学预科教授兼国文门研究所
教员。同时担任《新青年》编辑部英文编辑和翻译。据 1918 年《国立北京大学廿周年纪念
册·现任职员录》记载,刘文典时任"理预科教授兼文预科教授又兼国文门研究所教员",住
址为"西华门外北长街兴隆胡同"。12 月 12 日,刘文典参加国文教授会第一次会议。12 月
21 日,出席北大理科全体教员会议,刘文典时为理科预科教授。29 日,刘文典开讲《文学
史》。(参见章玉政编著《刘文典年谱》,安徽大学出版社 2011 年版;庄森《飞扬跋扈为谁雄:作为文学社
团的新青年研究》,武汉出版社 2020 年版)

　　黄侃 8 月 18 日闻张勋夺门而逃,赋《七月一日作》以嘲之。秋,因刘师培在天津期间,
穷困潦倒。黄侃一日往见,顿生同情之心,极力向蔡元培建议聘其为北京大学教授。黄侃
与刘师培在北京大学携手合讲中国文学课,使《文选》派一举占领北京大学讲坛。姚永朴亦
于是年离开北大,象征着桐城文派退出讲坛。从此,北大由崇尚唐宋古文转为提倡魏晋六
朝文。是年,黄侃开始谩骂新文化及其提倡者,尤其"抨击白话文不遗余力,每次上课必定
对白话文谩骂一番,然后才开始讲课。五十分钟上课时间,大约有三十分钟要用在骂白话
文上面。他骂的对象为胡适、沈尹默、钱玄同几位先生"。又撰《补文心雕龙隐秀篇》。(参见
杨亮功《早期三十年的教学生活》,《杨亮功先生丛著》,台北商务印书馆 1988 年版;司马朝军、王文晖《黄
侃年谱》,湖北人民出版社 2005 年版)

　　刘师培是秋由陈独秀向蔡元培校长推荐,任北京大学文科教授,主讲中国文学、中国古
代文学史课程,所授《中国中古文学史》深受学生欢迎,北大学生冯友兰、杨亮功、罗常培、杨
振声、俞平伯、傅斯年、许德珩、郑天挺、罗庸、夏承栋、张煦等均听过刘师培的授课。所编
《中国中古文学史讲义》后由北京大学印行(1920 年),为近现代中国文学史研究的经典名
著。10 月 22 日,黄节致书蔡元培,斥责"申叔之无耻,甚于蔡邕之事董卓"。年底,北大文、
理、法三科分别成立研究所,刘师培兼任文科研究所国文门指导教师,指导"文""文学史"两
个研究方向。(参见陈奇编《刘师培年谱长编》,贵州人民出版社 2007 年版;黄锦君《刘师培生平学术年
谱简编》,载《儒藏论坛》2009 年第 1 辑)

　　按:冯自由《刘光汉事略补述》(《革命逸史》第 3 集):"光汉流寓天津,几无以为主。北京大学校长蔡
元培闻之,以念旧情切,延充北京大学教授,寻兼任女子高等师范学校讲师,生活赖以不匮。自兹谢绝交
游,神志颓丧。"

　　按:台静农《〈早期三十年的教学生活〉读后》(《龙坡杂文》):"关于申叔之人北大教授,据我听到的,还

是陈独秀先生的意思。当袁世凯垮台后,独秀去看他,借住在庙里,身体羸弱,情形甚是狼狈。问他愿不愿教书,他表示教书可以,不过目前身体太坏,需要短期休养。于是独秀跟蔡先生说,蔡先生也就同意了。"一说由章炳麟推荐于蔡元培。

　　按:蔡元培《刘君申叔事略》:"余长北京大学后,聘君任教授。君是时病瘵已深,不能高声讲演,然所编讲义,元元本本,甚为学生所欢迎。"

　　按:鲁迅在《魏晋风度及文章与药及酒之关系》中,对《中国中古文学史讲义》给予中肯的评价,他说:"研究那时的文学,现在较为容易了,已经有人做过工作:在文集一方面的有清严可均辑的《全汉文》《全三国文》《全晋文》。在诗一方面有丁福保辑的《全汉三国晋南北朝诗》。……辑录关于这时代的文学评论有刘师培编的《中国中古文学史》。这本书是北大的讲义,刘先生已死,此书由北大出版。上面三种书对我们的研究有很大的帮助。能使我们看出这时代的文学的确有点异彩。我今天所讲,倘若刘先生书里已详的,我就略一点,反之,刘先生所略的,我就较详一点。"(《鲁迅全集》第3卷《而已集》)

　　辜鸿铭7月参与张勋复辟帝制活动,负责有关外交联络工作,被任命为外务部侍郎。12天后,复辟失败,仍回北大教书。8月,将一战前后所作的有关大战和中西文明关系的论文合成《呐喊》一集,由德国朋友带回德国翻译。(参见黄兴涛编《中国近代思想家文库·辜鸿铭卷》附录《辜鸿铭年谱简编》,中国人民大学出版社2015年版)

　　梁漱溟年初继续任司法部秘书。5月,司法部长张耀曾随政府改组而下野,梁漱溟亦去职南游,经苏州、杭州而至湖南。10月,梁漱溟由湖南回北京,一路所见,触目惊心。回京后有感于南北军阀战祸之烈,撰写《吾曹不出如苍生何》一文,呼吁社会各界有心人出来组织国民息兵会,共同阻止内战,培植民主势力,并自费印了数千册,分送与人。同月,正式受聘到北京大学任课,讲印度哲学,声明"此来除为释迦、孔子发挥外,更不作旁的事"。是年,在《东方杂志》发表《无性谈》,又撰《中华学友会宣言》一文。

　　按:梁漱溟到北大任教后,还拿了《吾曹不出如苍生何》若干册放在教员休息室,供人翻阅或自取。当时亦在北大任教的旧派学者辜鸿铭教授翻阅后,自言自语地说:"有心人哉!"梁漱溟说:"我在北大任课未久,胡适之先生亦是初从美国回来到北大。这篇文章很得胡适之先生的同情与注意。"事隔数年,他还提起来说,当日见了那篇文章,即在日记上记了一句话:"梁先生这个人将来定会要革命的。"

　　按:据李渊庭、阎秉华编著《梁漱溟年谱》(广西师范大学出版社2003年版)载:十月间,梁漱溟返回北京,恰逢许先生(季上——先生头年向蔡先生推荐)大病,从暑假开学后一直缺课。蔡先生促先生到校接替,于是先生正式到北大任课。先生讲:"就这样从一九一七年至一九二四年,我在北大前后共七年,这七年之间,我从蔡先生和诸同事、同学所获益处,直接间接,有形无形,说之不尽。论年龄,蔡先生长我近三十岁,我至多只能算个学生,其他同事也大都比我年长。所以我说北京大学培养了我,绝非是谦词。更应该指出的是,论我个人资历,一没有上过大学,二没有留过洋,论专长不过是对某些学科经过自学、钻研才一知半解,至多也只能说是一技之长吧。蔡先生引我到北大,并且一住就是七年,这表明蔡先生兼容并包之量,也说明蔡先生在用人上称得上是不拘一格的。只要符合他的办学宗旨,哪怕只有一技之长,他也容纳、引进,并给以施展之地。蔡先生以前清翰林而为民国元老,新旧资望备于一身,当时的新旧派学者无不对他深表敬重。"先生讲:"民国六年,蔡孑民先生约我到大学去讲印度哲学。我的意思不到大学则已,如果要到大学作学术方面的事情,就不能随便作个教师便了;一定要对于释迦、孔子两家的学术,至少负一个讲明的责任。所以我第一日到大学,就问蔡先生他们对于孔子持什么态度。蔡先生沉吟的答道:我们也不反对孔子。我说:我不仅是不反对而已,我此来除替释迦、孔子发挥外,更不作旁的事!后来晤陈仲甫先生,我也是如此说。"(参见《梁漱溟文存·梁漱溟生平大事记》,山东人民出版社1989年版;李渊庭、阎秉华编著《梁漱溟年谱》,商务印书馆2018年版)。

　　张君劢1月5日午后3时抵达南京,与冯国璋晤谈。旋遵梁启超之嘱,代劝孙中山及康有为赞同对德宣战主张,皆不可得,乃由沪北返。同日,致书梁启超,报告在徐、宁与张勋、冯国璋接洽内阁问题的经过情形。2月17日,梁启超致函张勋,并派张君劢前往面陈。25日,与梁启超、刘彦、蔡元培等社会文化精英发起的国民外交后援会在北京开发起会,该会"以研究外交,匡助政府为宗旨"。3月8日,梁启超致书段祺瑞,对段政府当时迫切要解决的问题提出意见。特别向段祺瑞提起张君劢,建议段政府将其聘为国际政务委员会委员兼书记长。13日,北洋政府国务院成立的临时国际政务评议会开首次评议会,宣告该会成立。张君劢被聘为书记长。任职期间,在段祺瑞面前"不苟言笑",刻意保持学人风度,每日与段共进午餐。4月25日,张君劢写信给在天津的梁启超,商宣战布告问题。30日,致书梁启超,商谈宣战问题。5月5日,致书梁启超,报告外交进行情况,并请梁启超发表主张。8日,致书梁启超报告政局情形与宣战问题。11日,致梁启超书报告时局各事情形。21日,致书梁启超报告政局情形。6月1日,致梁启超书报告政局各事情形。

张君劢7月初由马厂入京,告各国使馆,以段军不日返京,万不可承认宣统。7月8日,到南京,面见冯国璋,劝其早日北上继任代理总统,并为冯代理总统一事游说各方。10日,至上海与弟公权、张耀曾等晤面。13日,致梁启超书,谈时局和个人出处问题。8月6日,冯国璋在北京通电就任代理大总统,张君劢任总统府秘书。7日,北洋政府国务院组织战时国际事务委员会,取代原国际政务评议会,陆征祥、陆宗舆、魏宸组、汤铸新(芗铭)、张君劢等50人为委员。年底,段内阁垮台后,张君劢辞去总统府秘书职,心情极悲凉、寂寥,作感想曰:"岁云阑矣!问此一年来,所为何事,则茫然不知所以。盖自来救国者,未有不先治己。方今海内鼎沸,已同瓦解,求所以下手之方,而不可得,惟有先尽其在我,此治己之谓也。明年所定方针,约举其要者有四:第一,学书写圣教序;第二,读《汉书》每日廿页;第三,习法文;第四,编大学国际法讲义。平生所志,往往以牵于外务,行之数日。又复舍此他求。故标明于此,以自儆戒而已。"年底,应北京大学法科学长之聘,拟担任法科研究所研究教员,给法科研究所研究员讲授国际法。(参见李贵忠《张君劢年谱长编》,中国社会科学出版社2016年版;翁贺凯编《中国近代思想家文库·张君劢卷》附录《张君劢年谱简编》,中国人民大学出版社2015年版)

陶孟和在《新青年》上发表《社会》一文,批评了人们在抱怨政治、教育、经济等种种问题时将"社会"视为一切原因的做法。指出,虽然"社会"就基本意义而言,是"人与人相集之团体",但社会学的"社会"并不等于任何个别的社会群体,如公司、学校。社会不是"人类群居生活之一方面",而是"人类群居生活之全体",表现在具体生活中是性质不同的各种"关系"。由此出发,陶孟和将社会的学问视为对个人之间、个人与团体以及团体之间关系的研究,它并不具有一个有限的、实体性的研究对象,个体也没有任何理由以此推卸他对于他人的无限责任。是年,陶孟和还发表了题为《北京人力车夫之生活情形》的报告。这一报告以北京实进会提供的材料为基础,可被视为1930年前后社会调查部(所)发表社会调查系列报告的开端。它不仅介绍了被调查者的婚姻家庭情况,还详细地分析了他们的经济生活状况。然而,与完全注重账本的经济调查不同,陶孟和不仅细致地为车夫们"算账",也描述了车夫的心态和文化生活状况。如在"工作时间"一节中,陶孟和在说明了车夫工作的负荷后,立马谈道,车夫们"属能思考、能感觉、能意志之有知之生物","每日于单调、劳苦之筋肉劳动以外,必须有可以舒畅其精神或快活其身心之事物"。接下来,陶孟和描写了车夫们是如何喜爱听戏、赌博,以及其中一些成员如何沉溺于不良消遣方式的。这类生计调查既不是完全的经济调查,也不同于基于访谈来理解人们情志的社会学调查,其中的夹叙夹评,来自作者的生活经验和对被调查者的道德关怀。（参见张正涛、王利平《陶孟和：从士人改良到整体性的社会科学》,《中国社会科学报》2023 年 1 月 31 日）

　　陈大齐在蔡元培校长的支持下于北京大学创建我国第一个心理学实验室。真正意义上的心理学家是从"五四"运动以后,留学生在西方学习心理学,把心理学传播到中国。其中的第一个标志性事件即是陈大齐在北京大学建立中国第一心理学实验室,由此直接开创了科学意义上的中国现代心理学。此举对我国早期心理学工作具有开创性的影响。

　　按：此后的第二个标志性事件是 1920 年在南京师大建立了我国第一个心理学系。

　　李石曾继续主持与蔡元培、吴玉章等人在北京建立华法教育会和留法勤工俭学会,又在高阳县布里村创办全国第一所留法工艺学校。李石曾曾来高阳布里村探望好友段宗林,发现布里村文风兴盛,还有不少华工懂法文,认为很适合在此开办留法预备学校。于是立即给国内教育部呈报了建校申请,请示获批。9 月,留法"第一预备学校"在村东北角的一所民宅里开学。年底,李石曾应蔡元培之邀回国担任北京大学生物系教授。

　　陈豹隐受蔡元培之邀,任北京大学法科教授,讲授宪法、统计学、财政学、现代政治等课程,并任政治门研究所主任,"政治演习"课指导教师。陈豹隐用马克思主义观点讲授的新课程和专题演讲,开北大学术风气之先,深受学生欢迎,其讲课的教室一再由小到大,且场场爆满。

　　吴君毅 8 月从日本学成归国。9 月,任北京法政专门学校教授兼北京大学讲师。其间,堂兄吴虞令其往访陈独秀,替他转送文稿给胡适和高一涵。10 月 18 日,吴君毅致函吴虞,谓："北京究为吾国人材荟萃之地,所见人物较多,于四川且公道较彰,怀才抱器之士,来此间者不愁无用武之地。若在四川徒遭白眼,终于发展之日矣。"11 月 27 日,吴虞再接吴君毅来函,言拟荐其主讲中国文学于北京大学。（参见袁景华《章士钊先生年谱》,吉林人民出版社 2001 年版;参见朱玉、孙文周《吴虞年谱简编》,载《吴虞诗词研究与整理》附录一,河南文艺出版社 2016 年版）

　　邓之诚与江阴缪荃孙同婚于成都庄氏,为姑侄辈。邓之诚自蜀出鄂,沿江东下,始返吴中。秋,赘见缪荃孙于上海虹口联珠楼寓所,倍觉亲切。适以叶瀚之介,应聘于北京大学,乃浮海北上。缪荃孙亦为议清史事抵京,两人同寓都中者数月,得时相过从,深蒙奖许。当时国史馆初改为国史编纂处,隶教育部,以北京大学校长蔡元培兼任处长,礼聘屠寄、刘师培、叶瀚、童学琦、崩寿田、孙诒械诸名家为国史纂辑,而张相文与邓之诚任民国史纂辑。邓之诚尝欲编纂民国以来诸大事,成一专书,未果。不久,任北京《新晨报》总编辑近一年,曾一度逐日撰写社论,大抵为斥责当时柄国者独夫专制祸国殃民之篇。事后剪贴哀辑,成两巨册,题名曰"千金簿"。是年,《省志今例发凡》刊于《地学杂志》1917 年第 9 卷第 1—6 期。（参见邓珂《邓之诚学术纪念文集》,北京大学出版社 1991 年版）

　　吴梅 8 月前仍在上海民立中学任教。年初,北京大学校长蔡元培在旧书肆中购得《顾曲麈谈》一书,阅览之后,颇为赞赏。时值陈独秀主持北大文科,特出面礼聘至北大任古乐曲教授。9 月,吴梅应蔡元培之邀,赴北京大学任教,先后开设古乐曲及有关词曲、戏曲诸课程,成为近代高等院校讲授词曲第一人,从而揭开了北大与戏曲结缘的篇章。（参见王卫民《吴梅年谱》,载《吴梅全集·日记卷》,河北教育出版社 2002 年版）

　　陈半丁经远亲蔡元培介绍至北京大学图书馆工作,与图书馆主任章士钊相处甚洽。后与陈师曾在北京大学商办书画研究室,因经费不足未果。是年,陈半丁和齐白石通过陈师曾的关系相互结识,相互欣赏,俩人一见如故。陈半丁的创作对齐白石多有启发,对齐白石的"衰年变法"起到推动作用。

范文澜是年夏北京大学毕业后,经叔父介绍,给校长蔡元培当私人秘书。两人既是师生,又有乡谊,关系融洽。其间,范文澜还在北大文科研究所国学门做研究员,继续进修,当时的北大文研所由本校文科毕业生自愿入所做研究员,在校的本科高年级学生经主任教员认为合格,也可以入所。毕业后,和他同在文研所的本科生有三年级的冯友兰,二年级的傅斯年、俞平伯等。担任文研所国学门各研究科目的教员,音韵是钱玄同,训诂是陈汉章,文字学是黄侃,文学史是刘师培、吴梅(瞿安)等。由于范文澜一向专心向学,缺乏应对社会事务的经验,加上蔡元培要的是语体文,而范文澜却习惯于国文言文,所以半年后辞去秘书的职务。(参见陈其泰《范文澜学术思想评传》,北京图书馆出版社2000年版)

陈中凡上半年仍在北大读书,暑期毕业后留校工作。据陈中凡《陈独秀先生印象记》载:春,"新任校长蔡元培、文科学长陈独秀到职。蔡提倡学术思想自由,实行兼收并蓄的办学方针,并树立新的校风;宣称'大学生应当以学术研究为天职,不当以大学为升官发财的阶梯'。深得同学们爱戴。其人也是个温厚长者,蔼然可亲。陈锐意改革文科教学为人似乎风概豪宕,崖岸崭绝,其议论见于《新青年》杂志中,多为一般笃旧学人所惊异"。这些都给陈中凡留下了深刻的印象。夏,陈中凡等10余人成为北大中国哲学门首届毕业生。在返乡度假时,接同窗黄建中一信,商量入北大研究所深造事。秋后开学,经蔡校长决定,陈中凡和黄建中担任北大文科预科补习班的国文教员;同时为文科哲学门、文学门研究所研究生。11月,认定研究项目。发起组织哲学研究会,为撰《会启》,提倡商兑精神。与乡友朱卓等联名申请研究津贴,获准。是年,与乡友通书讨论诸子学说。(参见姚柯夫编著《陈中凡年谱》,书目文献出版社1989年版)

张申府因倡导和参与"不考运动",在北大理科数学门修学3年肄业。所有的学校教育已告结束,全为跳跃式,无一毕业,无一文凭。暑假后,以助教名义留校工作,主要教补习班课程。所撰《青年问题》刊于章士钊主办、李大钊主编《甲寅》日刊,又撰《教育中的科学之需要》刊于胡适等留美学生主办《科学》。(参见《张申府年谱简编》,载郭一曲《现代中国新文化的探索——张申府思想研究》,广东人民出版社2002年版)

顾颉刚在1月陈独秀就任北京大学文科学长之后,自言:"以前我虽敢作批评,但不胜传统思想的压迫。……到这时,大家提倡思想革新,我始有打破旧思想的明了的意识,知道清代学者正因束缚于信古尊闻的旧思想之下,所以他们的学问虽比郑玄好了千百倍,但终究不敢打破他的偶像,以致……妨碍了自己的求真的工作。于是我更敢作大胆的批评了。"同月27日,京师图书馆开馆,与狄福鼎、潘家洵往观。暑假,赴杭省亲。9月下旬,离家北行。30日,抵京。宿西斋丙字12号宿舍,同舍有狄福鼎、傅斯年等,颇有谈论之乐。又与俞平伯、罗家伦、杨振声、汪敬熙、柯昌泗等诗相识。10月1日,校中开课,听章士钊逻辑课,胡适中国哲学(后改为中国哲学史)、修辞学课,康宝忠伦理学课、李石曾生物学课等。尤其听胡适"中国哲学史"课,所编讲义第一章"中国哲学结胎的时代",用《诗经》作时代说明,丢开唐、虞、夏、商,径从周宣王之后讲起,产生极大震动,加深了对上古史的疑问。从胡适学作白话文。冬,在《太平洋》杂志读胡适《诸子不出于王官论》,大受启发。是年,读郑樵《通志》,并与傅斯年论之,认为此书综合了作者一生的学问,涉及范围极广,而且甚有批判精神,有创见;记笔记《敄寻集》5册,又《西斋读书记》第一册至次年毕。(参见顾潮编著《顾颉刚年谱》,中国社会科学出版社1993年版)

冯友兰1月9日与全校其他同学一起,听蔡元培训词,训词略谓学生应抱定宗旨(指读书为研究高深学问,不为做官发财),砥砺德行,敬爱师友。2月18日,购得谢无量《中国哲学史》。3月3日,购得释德清《庄子内篇注》(光绪十四年金陵刻经处本)。暑假后,升入北京大学三年级。11月17日下午2时,至校长室出席哲学门研究会议,商讨研究工作进行事宜,指定所原研究之科目,选定三项研究题目:欧美最近哲学之趋势,导师胡适;逻辑学史,导师章士钊;中国名学钩沉,导师胡适。选欧美最近哲学之趋势者还有哲学门上届学生张崧年及唐伟;选逻辑学说史者还有哲学门上届学生陈中凡、黄建中、李光宇、张崧年、国文门学生范文澜及李相因;选中国名学钩沉者还有李光宇、张崧年、胡鸣盛、谷源瑞、唐伟、稽明。此后各研究科目每周活动一次。12月3日晚7时,在校长室出席哲学门研究所成立后第一次月会,听蔡元培讲哲学与科学之关系,参加者有哲学门各教授及研究员。17日下午2时,在法科大讲堂出席北京大学成立20周年纪念演说会,听蔡元培致开会词,前教育总长范源濂及北大法科学长王长信,教授胡千之、章士钊、陶孟和等讲演。(参见蔡仲德《冯友兰先生年谱长编》,中华书局2014年版;袁景华《章士钊先生年谱》,吉林人民出版社2001年版)

　　俞平伯9月末与由苏州返回学校、和傅斯年同宿西斋丙字12号宿舍的顾颉刚相识。10月,在北京大学听章士钊讲授逻辑课,同月31日,与舅父许引之的女儿许宝驯结婚,北京大学教授黄侃及同班同学许德珩、傅斯年等皆来致贺。许宝驯自幼受到良好的家庭教育,能弹琴、度曲,还能作诗、绘工笔画,并善书法,会唱昆曲,俞平伯开始爱好昆曲。11月23日,俞平伯与同学顾颉刚、傅斯年、潘家洵、徐彦之、杨振声等联名,为"取览印刷品不便上校长公呈"。是年,选定自己的研究科目为小说,同班同学中志在研究小说的只有俞平伯与傅斯年。时任小说研究科目指导教师的是周作人、胡适和刘半农。(参见孙玉蓉编《俞平伯年谱》,天津人民出版社2006年版)

　　朱自清是年秋进入北京大学文科中国哲学门读一年级,与陈公博、康白情、谭平山、徐彦之、潘菽、苏甲荣、杨晦、江绍原、区声白、吴康等人同班。一年级课程有胡适的"中国哲学"和"中国哲学史",陈大齐的"哲学概论"和"心理学",章士钊的"伦理学",陶孟和的"社会学"以及英文等。课余爱读《新青年》和佛学书,当时佛经流通处在西城卧佛寺街鹫峰寺。冬,因祖母逝世,回扬州奔丧。丧事完毕后,朱自清返校,其父去南京谋职,于是父子同行,至浦口车站分手。散文《背影》即取材于此。(参见姜建、吴为公编著《朱自清年谱》,光明日报出版社2010年版)

　　邓中夏6月30日以优异的成绩从湖南高等师范学堂毕业,并领到校长刘宗向签署的毕业文凭。8月,随父亲到北京,报考了北京大学预料,未被取录。当时北京大学先后三次招生,邓中夏第二次直接报考了北京大学本科,以优异成绩取录在北京大学国文学门(即中国文学系),与许宝驹、罗庸、罗常培、杨亮功等同班。9月21日,参加北京大学新学期开学礼,正式成为北大国文门的学生。邓中夏立志高远,不满足于成为纯粹的学者,从南宋文天祥的《正气歌》和唐代孙樵的《与王秀才书》中集成一联:"清操厉冰雪,赤手缚龙蛇",以此表达对高洁品质和勇敢精神的追求,以及打碎旧世界的远大抱负。10月,报名参加由蔡元培等人发起成立的"哲学研究会",该会宗旨是"研究东西诸家哲学,瀹启新知"。12月27日,与湘籍学生廖书仓等在《北京大学日刊》刊载启事,发起成立"北京大学消费公社"。29日,召开消费公社筹备会议,商讨拟定章程,送请校长审核,并请求校长借用房屋作社址。(参见冯资荣、何培香编著《邓中夏年谱》,中国文史出版社2014年版)

　　太侔、李震瀛、竞成、超海等5月在北京大学发起成立实社,其成员大都为北京信仰无政府主义的学生,"以进德修学为宗旨,而以研究无政府主义为范围"。组织上无社长、职员和一般社员之分,凡赞成其宗旨而又不参加政治活动的人,不分地域、国界、男女都可入社。7月,实社创办不定期刊物《自由录》,较系统地宣传和介绍无政府主义。黄凌霜、区声白等常为《自由录》撰稿。(参见蔡鸿源、徐友春主编《民国会社党派大辞典》,黄山书社2012年版)

　　按:1919年,实社并入"进化社"。

　　黄文山继续就读于北京大学。与赵太侔等组织无政府主义团体"实社",主编不定期刊物《自由录》,为主要撰稿人,以凌霜为笔名。这一刊物在思想上承接巴黎《新世纪》,以激进著称。6月,在《新青年》第3卷第4号以凌霜为笔名发表《托尔斯泰之生平及其著作》,介绍托尔斯泰的主要思想观点和主要著述。7月,在实社《自由录》第1集以凌霜为笔名发表《实社〈自由录〉弁言》《答思明君》《素食与道德》《竞争与互相》《答思明君》《托尔斯泰之平生及其著作》,介绍创建实社的宗旨和宣传无政府主义思想。(参见赵立彬编《中国近代思想家文库·黄文山卷》及附录《黄文山年谱简编》,中国人民大学出版社2013年版)

　　陶希圣由二年级升入三年级,读《吕氏春秋》《淮南子》《文心雕龙》《日知录》《十驾斋养新录》《文史通义》及《国故论衡》等。(参见陈峰编《中国近代思想家文库·陶希圣卷》及附录《陶希圣年谱简编》,中国人民大学出版社2015年版)

　　朱谦之就读格致书院半年,专修英文,著《宗教废绝论》。暑假应北京高师(北京师范大学前身)在闽考试,列第一。至北京,考入北京大学法预科。(参见黄夏年编《中国近代思想家文库·朱谦之卷》及附录《朱谦之年谱简编》,中国人民大学出版社2015年版)

　　周诒春继续任清华大学校长。1月1日,本校学生试办《白话报》出版,计划每周一期,向校工和附近村民发放,以期传播知识,改良风习。10日,梁启超在礼堂发表"为人作事及修学之方法"的演讲。29日,新学期开学,校长周诒春给全体学生演讲,训育学生重视反省、克己、务本、注意功课、操练身体及顾全大局等。2月16日,周诒春为高等科四年级即将毕业学生作择业问题的演讲,提出"择业不当贪货利、骛虚名,亦不可拘于时世之盲论,及父兄亲友之成见,当以(一)天性之所近,(二)国家所急需,及(三)能造福于人类为权衡"。同日,学校为高等科四年级学生开设择业演讲,以便学生到美选择专业方向。择业演讲的专业学科涉及农林业、工商业、军事科学、土木工程、电力工程、机械工程、应用化学、医学、教育、法律、新闻等。2月,《清华周刊》刊载《送本校第五次毕业生赴美留学报告》。同月,《清华学校校务报告》(1915年夏—1916年秋)出版,列校内各方状况及因革增损各事。学校图书室改为"图书馆"。4月12日,周诒春出席高等科举行伦理演说会,勉励同学:"砥砺自治,敦厚德行,尚清洁,崇节俭。"4月,学校开始建大礼堂和科学馆,由美籍建筑师墨菲(H. K. Merphy)设计。5月19日,本校科学社开会,选举刘树墉为会长。

　　周诒春校长6月14日出席高等科四年级级日活动,并发表演讲,提出:(1)宜发展在我之本能而勿徒墨守师说;(2)宜阐明自出之心裁而勿徒崇拜西人;(3)宜注重调查而克己修省;(4)宜服务社会而宣扬国光。16日,清华举行第五次毕业典礼,外交部和教育部两位次长出席,典礼上有学生兵式体操表演和成绩展览等活动。8月18日,清华高等科毕业生35人、专科生6人由上海启程赴美留学,周诒春校长和教员周辨明护送。8月27日,北洋政府外交部长汪大燮发布第79号外交部令,颁令成立"清华学校基本金委员会",旨在加强对清华经费和校长职权的控制。同日,汪大燮发布第80号外交部令:"现本部拟设筹备清华学校基本金委员会为永久计划之准备,业已明令发表,自应派定专员从速组织委员会,以便会商进行。兹派章祖申、周传经、许同莘、吴台、李殿璋、陈海超、吴佩洗、于德浚、赵国材、林则勋充筹备清华学校基本金委员会委员。仰即悉心规划,妥议章程,尅日呈候核夺,是为至要。此令。"9 月 13 日,汪大燮发布第 94 号外交部令,公布《筹备清华学校基本金章程》,该《章程》规定:"设清华学校董事会。董事员额定为十人,由外交总长遴员派充董事会董事""董事会职权以稽核用途,增进利益,巩固基本为主,其关系教务方面不得干预"。14 日,汪大燮发布第 95 号外交部令,颁令设立清华学校董事会,派外交部官员章祖申、周传经、张煜全、许同莘、吴台、李殿璋、陈海超、吴佩洗、林则勋、饶衍馨 10 人为清华学校董事会董事。同月,自本学年起,教员确定学生成绩,高等科、中等科均用"科学计分法"。此计分法采用相对标准,按比例把学生分成五组、分"超等、上等、中等、下等、不列等"共 5 等,其中:超等占 5%,上等占 20%,中等占 50%,下等占 20%,不列等占 5%。10 月 25 日,汪大燮发布第 111 号外交部令,公布施行《清华学校董事会章程》。共 18 条,内容包括:董事会随时稽核清华学校及游美监督处经费的收入和支出,审核年度预算,核定工程及购置费,以及董事会建制与开会规定。董事会的任务是具体负责"稽核"清华经费的用途,并"限定经费"。同月,清华大学英文校报"Bulletin Information"封面上首次出现镌以"自强不息,厚德载物"的校徽图案。同年,修建大礼堂,又以校徽嵌于舞台上正额,以壮观瞻,而广流传。皆为对清华"自强不息,厚德载物"校训的诠释与传播。

周诒春校长 10 月尚在美国,但外交部对其的审计已经开始。10 月 15 日,外交部次长高而谦、审计院副院长许士熊,天津南开学校代校长张彭春及施伯彝、张彦云先后到校参观。11 月 23 日,应本校国语辩论会邀请,北京大学哲学系教授胡适为该会会员,并对高等科学生演讲《中国文学之改良问题》,演讲中提倡白话文,并讲解他提出的 8 条改良方法。12 月 20 日,清华董事会董事吴佩况等撰写了关于"彻查清华学校校长周诒春被控各款"的调查报告。是年,美国《纽约星期报》的一篇文章在论述吸收中国学生留美的作用时,说:"学成归国之中国少年,一日在中国教育、商业诸界具有势力,即美国之势力一日将为中国历史上操纵一切之元素。此在今日尤有特别意味,盖日本目前正执亚洲之牛耳,然不得谓日本将永执牛耳。"可见从美国方面看,它对清华同样抱有造就领袖人才的希望。此与其退款办学的意图相契合。(参见清华大学校史研究室编《清华大学一百年》,清华大学出版社 2011 年版;清华大学校史研究室编《清华大学史料选编》第一卷《清华学校时期:1911—1928》,清华大学出版社 1991 年版;清华大学校史编写组编著《清华大学校史稿》,中华书局出版社 1981 年版;吴洪成《生斯长斯 吾爱吾庐——清华大学校长梅贻琦》,山东教育出版社 2003 年版)

林语堂继续任教于清华学校。3 月,所撰英文文章"Li: The Principle of Social Control and Organization in China"(《礼:中国社会控制与组织之原则》)刊于《中国社会及政治学报》(*The Chinese Social and Political Science Review*)第 2 卷第 1 期。林语堂后来曾担任《中国社会及政治学报》的助理编辑。5 月,所撰英文文章"An Index System for Chinese Characters"(《汉字索引制》),刊于《清华学报》英文版第 2 卷第 7 期,其后标注"Tsing Hua College"。这是林语堂所撰《汉字索引制》的英文版。正文附前有编辑的说明:"这个新体系已经获得蔡元培先生及其他知名权威的认同。"6 月,《清华年报》第 2 期出版,有 7 位师长编辑顾问,其中包括林玉堂(林语堂)、周辨明、刁德仁 3 位中国人。9 月,开始 1917—1918 学年,林语堂继续担任《清华周刊》指导教师(顾问)。10 月 25 日,所撰《创设汉字索引制议》载《科学》第 3 卷第 10 期的附录部分。正文包括"康熙部首之不适用""汉字索引制之大纲""检字之法则""新制之学习及便利迅速""新制之困难"五部分,文末附"汉字索引制证解"。12 月 14 日,清华学校中等科三年级(1923 级)四个班(学生总数将近百人)的主任教员孟宪承、林玉堂(林语堂)、邝煦坤、刘大钧发起成立英文演说会,由各班推举代表 2 人,共计 8 人,并于当日发表演说,请王文显、梅贻琦、卓克博士 3 人担任裁判。结果,赵敏恒、陈肇彰、全增与裴庆彪分获前 4 名。(参见郑锦怀《林语堂学术年谱》,厦门大学出版社 2018 年版)

梅贻琦 4 月作伦理演说,题为《卓满德(Drummond)事略》,同月,为高四级作学业讲演,题为《电机工程》,共分六大部分:①工程之定义,②电机工程之定义,③工程学之分类,④电机工程之科目,⑤电机工程师之资格,⑥电机工程师在中国之机会及其需要。5 月,讲演《留美之经验》。10 月,出任清华童子军第一团团长及参决处秘书。12 月 29 日,梅贻琦、杨孟赍约请清华科学会会员茶叙,并选举下学期职员,叶企孙当选会长。(参见黄延复、钟秀斌《清华校长梅贻琦》,九州出版社 2011 年版;吴洪成《生斯长斯 吾爱吾庐——清华大学校长梅贻琦》,山东教育出版社 2003 年版;清华大学校史研究室编《清华大学一百年》,清华大学出版社 2011 年版)

袁同礼继续任职于清华学校图书馆。夏,清华学校图书馆主任戴志骞赴美进修,目的是"专习图书管理法"。周诒春校长和戴志骞主任在赴美之前,安排袁同礼主持图书馆事务,为代理主任,并给他添聘了两名新人为副手,北京高师的毕业生章寅和清华学校的毕业生查良钊,"襄理"馆务。由此,入职务一年后,袁同礼开始了在清华图书馆独当一面的工作。尽管袁同礼由"襄理"馆务到"代理主任"馆务的时间很短,但在协助戴志骞的一年内,也获得了相应的业务训练。从戴志骞用"字母分类",将英文书目,"另作一表,悬于图书室内",再到以近似编制索引的方法,"将同学或教员所借阅之各种杂志,其中所载题目,列成一表,俾同学易于寻索",以及装订新书、赠书致谢等一切以服务读者为主的改进馆务措施中,皆由袁同礼亲力亲为所成。盖彼时图书馆管理人员,除戴志骞外,仅袁同礼一人而已。(参见《袁同礼先生年谱初编(1895—1965)》,载张光润《袁同礼研究(1895—1949)》,华东师范大学博士学位论文,2018 年)

吴宓上半年继续在清华学校文案处供职。2 月份起,校长将吴宓之月薪由 60 圆提升为 80 圆整,以与袁同礼、孟宪承、林语堂等胥同。当时吴宓在清华学校文案处之工作,全力编辑并印行《游美回国同学录》(*Who's Who of American Returned Students*)一书。此书系清华周诒春校长所发起,而命赵国材副校长为总编辑,特辟编辑办公室,聘梁福初主办英文编辑事,而调吴宓来室办公。6 月初,经近一年的体育运动,以及积极治疗目疾,校医 Dr. Bolt 作出鉴定:"宓之目疾已全愈。"其后,美国公使馆派来之美国医生检查,亦云:"宓无任何疾病。"学校宣布:"宓与丁巳级今年夏毕业者。学生一同游美",并发给治装费 100 圆及赴上海旅费。约在 7 月 22—23 日,《游美回国同学录》数百部,已全印制完成。吴宓乃雇人力车二三辆,由联兴印务局载运该书全部回清华。见赵副校长,将书及联兴有关之事,交代清结。(参见吴宓著、吴学昭整理《吴宓自编年谱:1894—1925》,生活·读书·新知三联书店 1995 年版)

汤用彤 6 月因在清华工作出色,荣获金奖。这枚金质奖章现存于北京大学校史馆。同月,《清华周刊》第三次临时增刊的"课艺"栏目发表《论成周学礼》。夏,吴宓入美国弗吉尼亚州立大学学习文学。汤用彤在清华 7 年半学习结束终于毕业,留校任国文和中国历史课教员。年底,《小大之辨》刊于《清华周刊》第 94 期。是年,汤用彤担任 1917 届学生年级手册编辑。(参见汤一介、赵建永编《中国近代思想家文库·汤用彤卷》及附录《汤用彤年谱简编》,中国人民大学出版社 2015 年版)

闻一多 3 月 15 日参加清华学校辛酉级中等科毕业纪念刊编辑部召开的会议,决定将该刊名称定为《辛酉镜》,任总编辑,罗隆基、何浩若、钱宗堡、周兹绪任编辑,杨仲达、李寿先、赵瑞侯为该刊顾问。3 月 22 日,《辨质》刊于《清华周刊》第 101 期。4 月 19 日,《清华周刊》更换职员,闻一多与桂中枢、廖永忠、邱椿(大年)等任中文编辑。时总编辑为李权时。6月15日,《辛酉镜》印行,闻一多为总编辑,所作《发刊词》述《辛酉镜》成书原因及编辑思想、体例,反映了先生对各项栏目的认识。所载《生于忧患死于安乐论》对孟子这一名言发生了疑问;《马赋》是今存闻一多的第一首古体译诗。《辛酉镜》之序,为林纾所作,迄今林纾之集均未见收入,故录以参考:"余尝再至清华园讲论语,见学者彬彬然,部署井井然,司其事者温温而有礼。余太息以为此校讲新学,乃一本于礼衷古道一线其犹存于斯矣。兹者薛君书来,以其级所刊之《辛酉镜》一书属余序于余。书分十三类,文咸通赡,不悖于理,将刊以行世。方今学者东涂西抹,鲜能专心致志以崇实际,而诸君乃能聿自濯励,勤学不懈。兹植中学毕业复辑其四年来之成绩著于篇,此固有志之所为,而未可数数觏者也。故草数言以归之,益以励其响往焉。丁巳四月闽县林纾叙。"9月,闻一多升入清华学校高等科一年级,与高士其、李效泌、汤佩松、王造时、杨世恩等同级。(参见闻黎明编著《闻一多年谱》,群言出版社2014年版)

陈宝泉继续任北京高等师范校长。从1917年起,与当时高师的六部设置相应,以本学科的教学为中心,成立了国文学会、史地学会、英语学会、数理学会、理化学会、博物学会。11月,教育研究会稍晚成立。与其他学会学科特色明确相比,教育研究会是由全校学生自行发起,其组织成员也来自于史地、理化、数理等各部。据"教育研究会职员名录",教育研究会组织成员:23人,教育专攻科学生只有马师儒、袁易、许本震3人。教育专攻科学生并未表现出特殊优势或者发挥主导作用。其讨论会规定:凡属教育、心理、哲学等问题共同讨论之;凡属国文、外国语、史地、理化、数理、博物、图画手工等问题分组研究之。教育学作为教育专攻科的专业并不具有独立地位。从课时安排来看,教育专攻科以德语和教育为主,教育教员为德国人梅约翰,以德语主讲教育专攻科的教育、心理课程。据是年12月《北京高等师范学校周报》"德育部纪事",德育部请梅约翰讲演,题目为《新中国教育之目的》,"以对于教育之言论包含德育之意义,洋洋洒洒约一点半钟始毕"。教育专攻科学生对梅约翰很信服,演讲当日,"该科同学虽寄宿校外,亦联袂偕来,操棚座为之满""听讲之余,群对于梅先生之讲演暨毛先生(毛曜东)之翻译同深钦佩。当时或以德文,或以中文私自速记者颇多",可见当时教育专攻科的学生接受的是中德双语教学。教育专攻科的学生接受中德双语教学。按照陈宝泉计划,在学理上接受的确实是来自德国的教育学术训练。对于教育学术研究来说,这是必不可少的基础。但是这似乎并不完全符合教育专攻科设置的"研讨教育上之新理",回应各种主义的初衷。面对让人眼花缭乱的教育现实和各种主义,北高师全校日益浓厚的教育研究氛围,比较贴切地贯彻了这一理念。

陈宝泉主持的北京高等师范学校在1913—1917年短短3年内,本科增设了3个部,连同以前的3个部,共设6个部。《高等师范学校规程》中规定的国文、英语、史地、数理、理化、博物六部已经完全成立。并且设了教育专攻科,手工图画专修科和国文专修科;还附设了音乐训练班、职工科。可以说,北京高等师范学校不仅发展的速度比较快,尽可能地照顾了全国各地中等学校各种师资的需要,而且为后来的北京师范大学的系科的发展奠定了基础。其中教育专攻科的设立4年毕业。当时以学德国教育学说为主,科目以德语及教育为主,聘德国人为教员,在高等师范学校具有特殊意义。本年增设的体育专修科(开始是二年半毕业)是我国最早设立的训练体育人才的机构,它不仅为各级学校培养了体育教师,而且训练了一些为国家取得荣誉的运动员,对后来北京师范大学体育系的建立和发展,乃至全国体育事业的发展,都产生了重要影响。(参见北京师范大学校史编写组编《北京师范大学校史》,北京师范大学出版社1982年版;张小丽《北高师教育专攻科的历史境遇》,《教育学报》2010年第4期)

何炳松仍在浙江省教育厅视学任上。5月,何炳松就接到了北京高等师范学校——北师大的前身——的聘请,请其兼任教员,教授西洋历史,课时每月4周半,每周4小时,薪俸每小时4元。8月,何炳松又接到了北京大学聘请担任文科预科讲师的公函,并要求他于9月10日开课。当时的大学教师分专任和兼任两类,专任教师假期照领薪水,兼任者则以课时计薪,但薪金较高。在薪金方面,兼任讲师与专任教授大致相当,不少学校还禁止专任教师到校外兼职。就当时学校工役每月薪水只有几元却能勉强养活一大家子的物价水平而言,北高师的薪金还是不算低的。9月1日,何炳松辞去省视学之职,启程北上,在北大开学前一天到了北京,很快就在永光寺中街安顿下来。中旬,何炳松留美时的朋友胡适开始在北大哲学系执教,两人又碰到了一起。何炳松在北大教文科预科英文一、二、三年级,德文二、三年级几个班级的"西洋文明史"课程。在北大预科讲授外语和"西洋文明史"等课,学生有蒋复璁、何思源等人。鉴于当时外国史教材多从日本转译而来,质量普遍比较低下,何炳松就参照欧美原著,除三年级英语程度较好,直接使用原本外,其他年级以自编中文讲义作为课本。试用以后,发现比旧教材的效果要好得多,学生反映尤佳。此后,何炳松开设其他课程时,都直接根据西方原版著作改编为教材,并不断修改,公开出版。在北京的几年中,何炳松翻译或编译了《新史学》《中古欧洲史》《近世欧洲史》《历史教学法》等著作,以后陆续得以出版,这些书绝大多数是他上课时所用的教材。何炳松兼授北大、北高师两校,但工作的重点在北高师。先在史地部上课,用英文原本作课本,学生中有后来成为经学研究权威的周予同、盛叙功等人,不久,又兼任英语部教员,学生中有周谷城、楚图南等人。由于对西方历史极为稔熟,加之备课认真,讲授灵活,他的课深受学生欢迎,甚至还吸引了校外人士前来听课。

按:据我国著名书画家俞剑华回忆,何炳松到校执教时,他已经从北高师毕业,正在北京美术高等学校任职,为了补习英文,他重返母校旁听,与此同时,又去听了何炳松所上的西洋通史课,所用教材是德国史学家迈尔的原著——《迈尔通史》。这位编外学生不仅从此与何炳松结下了深厚的师生情谊,还在何炳松出长暨大后,除了抗战时短期投笔从戎外,追随其左右近10年,大被倚重,历任校长秘书、总务长等职。(参见房鑫亮《何炳松年谱》,载刘寅生、房鑫亮编《何炳松文集》第4卷,商务印书馆1997年版;房鑫亮《忠信笃敬:何炳松传》,浙江人民出版社2006年版)

周予同继续就读于北京高等师范学校。6月,诗作《登江中孤屿》发表于《北京高等师范学校友会杂志》1917年第3期。夏,借暑假返乡之机,于瑞安推广注音字母教育。叶建《温州老期刊》云:"(周予同)1917年暑假自北高师回温,曾借助于县小校址,以个人筹办注音字母讲习班。来学者有当地小学教师百余人。瑞安人知道拼音国语,实自此始。"(参见成棣《周予同先生年谱》,载上海社会科学院《传统中国研究集刊》编辑委员会编《传统中国研究集刊》第二十辑,上海社会科学院出版社2019年版)

常乃惪继续就读于北京高师。4月,常乃惪在《新青年》第3卷第1号上发表《我之孔道观》,继续与陈独秀讨论文学革命与孔教问题,逐渐认同陈独秀的一些观点,也仍存在不同的意见,即既反对康有为要求定孔教为"国教"的政治诉求,也不赞成陈独秀"孔教与帝制有不可离散之因缘"的观点,主张应当把后人"所依傍之孔教"与"真正孔子之教"区别开来,认为前者具有宗教的性质,是封建专制政体的粉饰,自然应当打倒;但是后者"与宗教之实质,全然殊科。孔子之言,未尝专主于专制政体",因此反"孔教"不可以全盘否定"孔学"。常乃憙也不赞同陈独秀对待旧道德的简单态度,例如,反对"不经破坏,不能建设"的说法,提倡积极的言论。5月,常乃憙在《新青年》上发表《记陈独秀君演讲辞》,指出道德不是铁板一块,而是包括"元知"和"推知"两部分。"元知"即人类本心所固有的良知良能,是亘古不变的。"推知"是依照进化论处于不断变化之中的,当代的"推知"必然胜过古代,因此应该反对"旧推知",提倡"新推知"。常乃憙在分析西方个人主义新道德的基础上提出了适用于今日社会的新推知——"自利之道"。总之,新文化运动的主将们认为,"不经破坏,不能建设",要在革除一切封建旧习之后,建设"民主"与"科学"的新文化,但是常乃憙以为现代西方文明的引进、消化不能建立在思想的空地之上,而是有赖于中国文化传统的导引、承接与整合,即需要民族精神这一强大的支柱。常乃憙的思想观念代表了《新青年》派的一种自我反思精神。(参见查晓英编《中国近代思想家文库·常乃憙卷》及附录《常乃憙年谱简编》,中国人民大学出版社2014年版;杨彩丹《北京高师对新文化运动的贡献》,《光明日报》2010年10月19日)

　　林纾继续任职于正志学校。1月1日,胡适在《新青年》第2卷第5号发表《文学改良刍议》,文中明确地提出用白话文取代文言文的主张。这是"五四"文学革命向旧文学发难的第一个信号。同月,钱玄同在看了胡适的《文学改良刍议》一文后,致函胡适之,率先喊出"选学妖孽,桐城谬种",把当时旧文学中的桐城派和文选派列为主要抨击对象。1月5日至8月5日,与陈家麟合译英国大威森原著小说《孪云手》连载于上海《小说海》月刊第3卷第1—8期。1月25日至6月25日,与陈家麟合译爱尔兰小说家利华奴(Joseph Sheridan Le Fanu)原著小说《柔乡述险》刊于《小说月报》第8卷第1—6号。2月1日,陈独秀在《新青年》第2卷第6号发表《文学革命论》一文,正式高举起文学革命的大旗,矛头直指"十八妖魔"。同日,林纾在天津《大公报》"特别记载"栏发表《论古文之不宜废》,又载2月8日上海《国民日报》。文中主要批驳胡适的观点,认为不应当废止古文。林纾阐明自己虽然赞成提倡白话,但不以废除古文为前提。

　　　　按:《论古文之不宜废》曰:"文无所谓古也,唯其是。顾一言是,则造者愈难。汉唐之《艺文志》及《崇文总目》中,文家林立,而何以马、班、韩、柳独有千古?然则林立之文家均不是,唯是此四家矣。顾寻常之笺牒简牍,率皆行之以四家之法,不惟伊古以来无是事,即欲责之以是,亦率天下而路耳。吾知深于文者万不敢其设为此论也。然而一代之兴,必有数文家撑拄其间。是或一代之元气,盘礴郁积,发泄而成至文,犹大城名都,必有山水之胜状,用表其灵淑之所钟。文家之发显于一代之间亦正类此。呜呼!有清往矣!论文者独数方、姚。而攻掊之者麻起,而方、姚卒不之踣。或其文固有其是者存耶?方今新学始昌,即文如方、姚,亦复何济于用?然而天下讲艺术者,仍留古文一门,凡所谓载道者,皆属空言,亦特如欧人之不废腊丁耳。知腊丁之不可废,则马、班、韩、柳亦自有其不宜废者。吾识其理,乃不能道其所以然,此则嗜古者之痴也。民国新立,士皆剽窃新学,行文亦泽之以新名词。夫学不新而唯词之新,匪特不得新,且举其故者而尽亡之,吾甚虞古系之绝也。向在杭州,日本斋藤少将谓余曰:'敝国非新,盖复古也。'时中国古籍如丽宋楼藏书,日人则尽括而有之。呜呼!彼人求新而惟旧之宝,吾则不得新而先殒其旧!意者后此求文学之师,将以厚币聘东人乎?夫马、班、韩、柳之文虽不协于时用,固文字之祖也。嗜者学之,用其浅者以课人,辗转相承,必有一二巨子出肩其统,则中国之元气尚有存者。若弃掷践唾而不之惜,吾恐国未亡而文字矣先之,几何不为东人之所笑也!"

　　林纾与陈家麟合译英国曹西尔(Geoffrey Chaucer)原著小说《格雷西达》2月25日刊于《小说月报》第8卷第2号。同月,林纾创作剧本《蜀鹃啼传奇》1卷由上海商务印书馆出版;剧本《合浦珠传奇》1卷由上海商务印书馆出版;剧本《天妃庙传奇》1卷由上海商务印书馆出版。上述为林纾一生创作的三部传奇。2—3月间,与刘世珩在北京再次相见。刘世珩

"积诸家记载诗文,成《双忽雷本事》一卷",林纾为之写序。序中说:"自辛亥至今,此七年中,长安如置棋,权纲灌驰,人情骚扰,予一置不问,闭门译书。"3月25日,与陈家麟合译英国曹西尔(Geoffrey Chaucer)原著小说《林妖》,发表于《小说月报》第8卷第3号。同月,汇编笔记集《畏庐笔记》,由上海中华图书馆出版。4月25日,与陈家麟合译美国包鲁乌因(James Baldwin)原著小说《悔过》刊于《小说月报》第8卷第4期。同月,与陈家麟合译英国哈葛德(Henry Rider Haggard)原著小说《天女离魂记》3卷由上海商务印书馆出版。5月25日,与陈家麟据英文合译俄国托尔斯泰(Leo Tolstoy)原著小说《路西恩》(Lucerne,1857)刊于《小说月报》第8卷第5号,后由上海商务印书馆出版。同月,与陈家麟合译英国哈葛德原著小说《烟火马》3卷由上海商务印书馆出版;与陈家麟据英文转译俄国托尔斯泰原著小说《社会声影录》由上海商务印书馆出版。

林纾与陈家麟合译英国曹西尔(Geoffrey Chaucer)原著小说《死口能歌》《公主遇难》6月25日刊于《小说月报》第8卷第6号。同月,《践卓翁小说》第三辑由北京都门印书局出版。7月1日,张勋等拥立宣统溥仪在京复辟。林纾作诗《五月十三日纪事》一首,对复辟寄予一定希望。12日,段祺瑞组"讨逆军"驱逐张勋,林纾恐清宫被毁,忧惧不已,遂做长诗一首,希望段祺瑞的"讨逆军"保护清宫及宣统溥仪。7月15日至次年9月15日,与陈家麟合译英国参恩女士原著小说《桃大王因果录》刊于《东方杂志》第14卷第7—12号、第15卷第1—9号。7月25日至10月25日,与陈家麟合译俄国托尔斯泰原著小说《人鬼关头》(今译《伊凡·伊里奇之死》)连载于《小说月报》第8卷第7—10号。同月,与陈家麟合译布司白(今译布思比)原著小说《女师饮剑记》1卷由上海商务印书馆出版;与陈家麟合译英国陈施利原著小说《牝贼情丝记》2卷由上海商务印书馆出版。8月,自撰长篇小说《巾帼阳秋》由上海中华小说社出版,全书共31章,书前有苦海余生序。次年9月,上海普通图书馆再版时易名《官场新现形记》。10月25日,与陈家麟合译英国曹西尔(Geoffrey Chaucer)原著小说《决斗得妻》(今译《武士的故事》)刊于《小说月报》第8卷第10号。11月25日至12月25日,与王庆通合译法国海斯班(今译让·黎施潘)原著心理小说《白夫人感旧录》连载于《小说月报》第8卷第11至12号。12月5日,为光绪忌辰。时张勋复辟闹剧已结束,林纾六竭崇陵。叩拜之后,再赋诗以抒悲怆凄凉之情。冬,林纾在北京组织古文讲习会,亲自讲解《庄子》《左传》以及汉、魏、唐、宋古文,传授古文之道,听者近百人,直至1920年才告结束。是年,林纾闻有人欲立会尊孔子为教宗。林纾尊孔,但反对把孔孟之道视为宗教,因此作《宣尼》(后收入《畏庐诗存》)一诗,斥之为"幽陋愚暗";林纾在绘画上完成了法律尊古,化合名家之长的过程,在遵循古轨范的同时又能不落古人窠臼,很多画作显露出独树一帜的意趣。

按:次年10月,林纾在《〈古文辞类纂选本〉序》中说明了发起古文讲习会的缘起:"呜呼!文运之盛衰,关国运也。……前清之末,作者属谁?彼割裂古子,填写古字,用以骇众,且持古文宜从小学入手之论。然则王西庄、钱竹汀诸老,宜奉为古文之祖矣。而又谓读书宜多,夫读书固宜多,而刘贡父讥欧九为不读书,试问学古文者,宜宗欧耶?抑宗刘耶?此等鼠目寸光,亦足啸引徒类,谬称盟主,仆尚何暇而与之争?然此辈亦非废书不观者。所苦英俊之士,为报馆文字所误,而时时复换入东人之新名词。新名词何尝无出处?如'请愿'二字出《汉书》,'顽固'二字出《南史》,'进步'二字出《陆象山文集》。其余有出处者尚多。惟刺目之字,一见之字里行间,便觉不韵。而近人复倡为马、班革命之说。夫马、班之学,又焉可及?不能学马、班者,正与革命无异。且浮妄不学者,尚不知马、班为谁,又何必革?仆为此惧,故趁未朽之年,集合同志,为古文讲演之会。"(参见张旭、车树异编著《林纾年谱长编:1852—1924》,福建教育出版

社 2014 年版)

姚永概继续任职于正志学校。7 月 24 日,姚永概在《日记》中记有:"携康儿入京住校。访林畏老及通伯。"25 日,姚永概在《日记》中记有:"又铮来,同车访畏庐老。"8 月 25 日,姚永概在《日记》中记有:"过通伯、畏庐。上课。"27 日,姚永概在《日记》中记有:"赴校。赴史馆。畏庐招饮,后过通伯。"(参见张旭、车树昇编著《林纾年谱长编:1852—1924》,福建教育出版社 2014 年版)

许地山建初任福建省立第二师范学校教员,兼任附小主事(相当于校长)。考入北京私立汇文大学读书,暑假后去北京。父许南英在苏门答腊闻讯,喜不自禁,作词一首,题为《丑儿入京游学作此送之,花发沁园春》。父许南英思乡心切,急欲回国,扶病将《张君事略》编就,但由于第一次世界大战。海上航信无定,精神大为沮丧,纵饮,啖水果,得痢疾,于 11 月 11 日猝然长逝。友人将其安葬于棉兰城外,称其墓为"诗人之墓"。(参见周俟松、王盛《许地山年表》,《世界华文文学论坛》1992 年第 2 期)

吴玉章 2 月到北京,向外交部申请批准华工条约。春,重办留法预备学校。按华法教育会的决定,组织中国会所。在方家胡同原会所天收回前,暂以南湾广石达子庙为临时会所。筹建勤工俭学留法预备学校,校址初步定在四川会馆,由华林负责教务。将外侄张克勤召来,负责学校庶务。4 月,经洽商,得到马景融创办的民国大学的赞成,将筹建中的留法俭学会预备学校附设于宣武门外储库营民国大学内。留法预备学校呈请教育部、内务部备案。5 月 11 日,留法预备学校获京师警察厅批准。5 月 23 日,吴玉章应天津南开学校自治励学会、敬业乐群会和演说会的邀请,和蔡元培、李石曾赴天津南开学校演讲。5 月 27 日,北京留法检学会预备学校开学,与蔡元培先后发表演说。8 月,返回北京。9 月,经与孔德学校洽商,留法预备学校由储库营迁至方巾巷,附设在孔德学校内。又拟在孔德学校内筹办华法女校;在河北蠡县、保定育德中学和四川成都筹办留法预备学校。年底,吴玉章多方了解俄国革命情况,搜寻列宁的著作。(参见刘文耀、杨世元《吴玉章年谱》,四川人民出版社 1998 年版)

王光祈继续在北京中国大学专门部法律本科学习。春,《京华日报》停办,周太玄到北京《中华新报》工作。王光祈继续在清史馆任职,并兼任《群报》驻京记者。5 月,四川泸县陈清(愚生)从日本回国。他和王光祈早有书信往还,北京会面后十分高兴,经常在一起研究学问,砥砺品行,探讨国家前途。夏,由于报纸编辑工作的关系,也由于陈清的介绍,王光祈和周太玄结识了李大钊,当时,李大钊任《甲寅》日刊编辑。在交往中,王光祈、周太玄十分敬重李大钊。李大钊虽然工作异常忙碌,但对和王光祈、周太玄接谈却十分重视。每次约集,一定早到,而且谈话不限时间。曾有两次谈到深夜两三点钟。彼此十分投契,相见恨晚。7 月,张勋、康有为拥溥仪复辟。王光祈积极向成都发专电,写通讯,揭露张勋复辟的丑剧。11、12 月,上海《民国日报》《申报》《东方杂志》等均开始报导俄国十月革命的消息。王光祈密切注视有关报刊介绍的情况和文章。(参见四川音乐学院、成都市温江区人民政府编《王光祈文集》及附录一《王光祈年谱》,巴蜀书社 2009 年版)

瞿秋白是年春到北京后,因无力进北京大学文学院读书,就和常州老同学到北京大学旁听,曾听过陈独秀、胡适等人的讲课,接受新思想的影响。4 月,到天津与久别重逢的江苏常州中学的老同学任乃讷、张太雷、李子宽、吴炳文等会晤,大家尽情交谈,并合影留念。9 月,考入北京政府外交部立俄文专修馆学习俄语,自修英语、法语,并继续研究文学、社会科学和哲学。其间,开始学习和翻译托尔斯泰、果戈里等的著作。曾和俄专同班同学耿济之合译了一本《托尔斯泰短篇小说集》，由蒋百里主编的"共学社丛书"编辑部交上海商务印书馆出版。（参见周永祥《瞿秋白年谱新编》，学林出版社 1992 年版）

丁文江继续任农商部地质调查所所长。年初，他在河南六河沟作地质调查，春，去湖南、江西。此行主要目的在调查萍乡煤田和上株岭铁矿，关于后者丁文江有简报发表在丁格兰著《中国铁矿志》一书中。7 月，在《远东时报》(Far Eastern Review)第 13 卷第 14 期发表《中国矿业立法及其发展》。8 月 8 日，乔·厄·莫理循致丁文江一信，告其将藏书卖给日本岩崎久弥男爵。9 月 22 日，农商部发布命令："丁文江现出差，派佥事翁文灏暂行兼代地质调查所所长。此令。"（参见欧阳哲生主编《丁文江文集》第七卷附编《丁文江先生年谱》，湖南教育出版社 2008 年版）

翁文灏 2 月 3 日经大总统黎元洪批准，任农商部佥事。2 月 9 日，批准叙五等官。2 月 13 日，批准给六级俸。4 月，作《调查民国六年一至三月地震说明》。在翁文灏的主持下，地质调查所制成地震调查表示寄请各省财政厅技术员、各铁路站长、海关税务司及各县知事，查明填注。地质调查所将调查所得结果绘图列表，以供参考。调查格式系分为时刻、烈度、方向三项。5 月，与谭锡畴赴山东胶县调查铁矿。7—8 月间，奉农商部命与安特生研讨中国钢铁工业发展规划。张国淦 7 月 16 日就任北京政府农商总长后，计划积极推进中国钢铁工业发展。当时，美国欲防止日本对中国钢铁工业的垄断，亦由驻华公使介绍美国东方公司的代表 Finley 及 Foster Bain 二人来华，商洽与中国合作开发事。张国淦即命地质调查所依据所有全部资料与美方商谈，并着翁文灏与农商部顾问安特生商议钢铁业发展规划。翁文灏与安特生商讨了中国铁矿及炼焦煤田，中国钢铁厂建议计划，中国政府战时矿政方针等急需研究的问题。除以安特生名义提出《振兴中国钢铁业意见书》外，翁文灏还将与安特生的谈话要点整理呈报，并根据自己掌握的资料，编著了《中国铁煤矿纪要》和《战事中矿产品之需要及供给》，8 月 25 日呈报农商部。翁文灏在《铁煤矿纪要》中，比较系统地介绍了已探明的中国重要铁矿及炼焦煤田分布及储量。第二篇报告《战事中矿产品之需要及供给》中，则介绍分析了战争对矿产品供求关系的影响及欧战各国目前矿产品的产需矛盾。9 月 22 日，暂行兼代地质调查所所长是年。是年，翁文灏为萨缪尔·库林(Samual Couling)编辑的《中国百科全书》作"中国地质"条目。（参见李学通《翁文灏年谱》，山东教育出版社 2005 年版）

黎锦熙继续任教育部教科书特约编审员，主持中华国语研究会。4 月 16 日，黎锦熙从北京回到长沙，几天后他专门去见了毛泽东。两个人又进行了一次畅谈。几天后，黎锦熙收到毛泽东来信，当晚，在日记中写道："得润之书，大有见地，非庸碌者。"8 月 23 日，毛泽东致黎锦熙长信，有"近日以来，颇多杂思，四无亲人，莫可与语。弟自得阁下，如婴儿之得慈母。盖举世昏昏，皆是斫我心灵，丧我志气，无一可与商量学问，言天下国家之大计，成全道德，适当于立身处世之道。自恫幼年失学，而又日愁父师"云云。信中重点探讨救国救民的"大本大源"问题。又谈到："毕业之后，自思读书为上，教书、办事为下"，很久以来就想办私塾，取古代讲学与现今学校二者的长处，"暂只以三年为期，课程则以略通国学大要为准。过此即须出洋求学，乃求西学大要，归仍返于私塾生活"，继续深造。是年，黎锦熙为国语研究会拟订《国语研究调查之进行计划书》，呈教育部，提出编订《国音字典》，调查全国方言，审查白话教科书及开办国语讲习所等任务。又赴湖北、山西宣传注音字母。（参见黎泽渝《黎锦熙先生年谱》，《汉字文化》1995 年第 2 期；中共中央文献研究室编撰、逄先知主编《毛泽东年谱(1893—

1949)》,人民出版社、中央文献出版社 1993 年版)

沈钧儒 3 月 3 日经张耀曾推荐,任司法部秘书,主要主持对外应付周旋之事。时梁漱溟亦在司法部任机要秘书。此时,沈钧儒参加了"政学会"。与张耀曾、李根源的关系更为密切。6 月 29 日,因"府院之争"张耀曾辞司法总长职。7 月下旬,辞去司法部秘书职。7 月 19 日,孙中山在广州倡议召集国会,组织护法军政府。政学会在北京开会,一致赞成孙中山的护法运动,响应孙的号召去广州。8 月,国会议员纷纷南下赴粤,在广州举行国会非常会议,拥孙中山为海陆军大元帅。褚辅成、张耀曾等均赴粤,沈钧儒与他们保持密切联系。秋,在京寓编撰《沈氏家谱》。(参见沈谱、沈人骅编《沈钧儒年谱》,中国文史出版社 1992 年版)

蒋百里以参加护国战争有功,晋升陆军中将。任黎元洪总统府顾问。所著《军事常识》由商务印书馆出版,包括《政略与战略(敌与兵)——论战志之确定》《国力与武力与兵力》《五十年来军事大纲表》等篇章,逐年记述中国、日本及世界其他国家军情发展变化情况。(参见皮民勇、侯昂好编《中国近代思想家文库·蒋百里、杨杰卷》及附录《蒋百里年谱简编》,中国人民大学出版社 2015 年版)

杨度 7 月拒绝入京参加张勋复辟,并通电张勋、康有为:"所可痛者,神圣之君主立宪,经此牺牲,永无再见之日。度伤心绝望,更无救国之方。从此披发入山,不愿再闻世事。"(参见左玉河编《中国近代思想家文库·杨度卷》及附录《杨度年谱简编》,中国人民大学出版社 2014 年版)

严复在北京闲居。1 月 24 日,致熊纯如书,告以"京中政界,依然不见曙光",又评梁启超论学。2 月 1 日,德国宣告将实行"无限制潜水艇作战"。9 日,北京政府提出抗议。严复主张加入协约国。3 月 11 日,论俄国革命。4 月 5 日,与熊纯如书,论日本帝国主义。24 日,英使馆邀观电影。26 日,复熊纯如书,论欧战局势。同月,手批《左传》。5 月 26 日,与熊纯如书,赞同复辟论。7 月 1 日,张勋等拥废帝复辟。11 月 3 日下午 4 时,拜谒冯国璋总统。10 日,林纾宴请严复。次日,林纾 66 岁生日。27 日,张元济购入《穆勒名学》版片及版权,又书 300 部。12 月 7 日,张元济函请续译《穆勒名学》。10 日,气喘又作,入东交民巷法国医院诊治。(参见罗耀九主编《严复年谱新编》,鹭江出版社 2004 年版;孙应祥《严复年谱》,福建人民出版社 2014 年版)

王宠惠时任复旦公学副校长。6 月 6 日,袁世凯死后,黎元洪继任大总统,王宠惠赴北京,担任法律编查会会长。民国初年,修订法律馆改为法律编查会,司法总长章宗祥曾兼会长,聘请董康、汪有龄为副会长。张镕西执掌司法部时,改为独立机关,会长及副会长均为聘任。是年,王宠惠主张对德宣战。(参见张仁善《王宠惠先生年谱》,载《王宠惠法学文集》,法律出版社 2008 年版;钱益民《李登辉传》及附录四《李登辉年谱简编》,复旦大学出版社 2005 年版)

陈垣时任众议院议员。10 月 21 日,随梁士诒一同出访日本。途经上海停留 4 天,拜访马相伯,并在时为法国天主教所设的徐家汇藏书楼遍读藏书目录后,有目的地阅读了明末清初传教士的著述和其他图书,然后详细做了笔记,请人抄写了部分文字。(参见刘乃和、周少川、王明泽《陈垣年谱配图长编》,辽海出版社 2000 年版)

蒋维乔 1 月与黄炎培等 5 人组成教育考察团,前往日本、菲律宾考察。回国后,在京、津、沪、宁等地演说考察结果。9 月,仍回教育部任旧职。在京与财政部会计司长的浙江海盐徐蔚如相识,受其影响而开始研究佛学,至此始知佛学之博大圆融,一改其早年排斥佛教之心理,而虔心信佛,并参加北京佛教界的居士学人组织讲经会。又经徐蔚如介绍,从张克诚学唯识。(参见于凌波《中国近现代佛教人物志》,宗教文化出版社 1995 年版)

夏曾佑 1 月 8 日接教育部指令,根据大总统令第六十号,将故宫午门楼划归京师图书馆。20日,夏曾佑与京师图书馆彭清鹏主任联名上《呈教育部拟订开馆日期恳请鉴核文》。26日,京师图书馆从广化寺迁至方家胡同国子监南学,并举行开馆仪式。11月6日,张元济致函夏曾佑,拟请其续撰《中国古代史》。(参见全根先《夏曾佑年谱简编》,载《文津学志》,国家图书馆出版社2016年版)

缪荃孙于京师图书馆重新开馆之际,应教育部长傅增湘之请赴京考察,就大总统黎元洪欲将京师图书馆迁到故宫午门或端门提出反对意见,最终傅增湘以"连年战乱,地据冲要,易遭燹毁,不如原址幽僻"否决。是年,缪荃孙开始编纂《江阴县续志》。

程德梓等人2月12日发起组织"五族语文同进会",以"联络经验人才,交换语文知识,鼓吹文学昌盛,辅助国语统一"为宗旨。

邓子安为主任干事的实业同志会于12月15日在北京成立。

刁敏谦任英文《北京导报》总编辑。

朱谦之就读格致书院半年,专修英文,著《宗教废绝论》。暑假应北京高师(北京师范大学前身)在闽考试,列第一。至北京,考入北京大学法预科。

潘菽中学毕业后,跳过两年的预科,考入北京大学哲学系。

罗家伦入北京大学,积极参与新文化运动。

姚从吾考入国立北京大学文科史学门。

郑天挺考入北京大学中文系。

杨钟健考入北京大学预科。

许地山赴北京,考入燕京大学文学院,并研究神学。

程俊英从福建考入北京女子师范学校国文专修科,与庐隐、王世瑛、陈定秀同学。

张克诚在北京广济寺讲经。当时叶恭绰、蒯若木、梅光羲、黄幼希、徐蔚如等北京佛教界的居士学人组织讲经会,公推徐蔚如南下宁波四明山观宗寺,迎请谛闲法师北上讲经。(参见于凌波《中国近现代佛教人物志》,宗教文化出版社1995年版)

徐蔚如将普陀山法雨寺参谒印光法师信稿印出来赠人结缘,题名曰《印光法师信稿》。(参见于凌波《中国近现代佛教人物志》,宗教文化出版社1995年版)

张德明等4月30日在北京发起成立伊斯兰教民间文化团体"清真学社",社址设在北京牛街礼拜寺以"专在研究学术、阐明教理"为宗旨,刊行《清真周刊》。

按:"清真学社"为中国伊斯兰教现代史上早期学术团体之一,对以后的伊斯兰学术研究产生过一定的影响。设社长1人、综理一切,干事4人,辅助社长,分担社务。订立《社员规约》(章程)10条。一般每周集议一次,研讨学术,并将研究所得公布于宗教界。1921年以后,因社员南北分散,社务乃陷停顿。

徐谦在北京发起成立宗教自由总会,自任会长。

诚静怡在北京参与发起成立宗教自由总会。

魏保罗在北京发起组织真耶稣教会总部。

王国维1月为沈曾植编辑诗稿。下旬,受罗振玉招至日本,寓居罗振玉家,即在京都过春节。2月5日,由日本返回上海。中旬起,着手草拟《太史公年谱》。3月,所撰《殷卜辞中所见先公先王考》脱稿后,即寄给罗振玉,听取罗振玉的意见,罗氏读后,惊为绝作,且为证成上甲二字之释。又撰《殷虚书契待问编简端记》1卷,校《竹书纪年》。同月,日本友人内藤虎次郎及高桥、稻叶、富冈谦藏等来上海,王国维介绍内藤博士等与刘翰怡相见,又介绍富冈谦藏与徐乃昌相见。是月21日,撰成《殷先公先王附注》。4月,撰成《古本竹书纪年辑校》,并作序。中旬,撰成《殷卜辞中所见先公先王续考》。

按:《殷卜辞中所见先公先王考序》曰:

甲寅岁莫,上虞罗叔言参事撰《殷墟书契考释》,始于卜辞中发现王亥之名。嗣余读《山海经》《竹书纪年》,乃知王亥为殷之先公,并与《世本·作篇》之胲、《帝系篇》之核、《楚辞·天问》之该、《吕氏春秋》之王冰、《史记·殷本纪》及《三代世表》之振、《汉书·古今人表》之垓,实系一人。尝以此语参事及日本内藤博士(虎次郎)。参事复博搜甲骨中之纪王亥事者得七、八条,载之《殷墟书契后编》。博士亦采余说,旁加考证,作《王亥》一篇,载诸《艺文杂志》,并谓"自契以降诸先公之名,苟后此尚得于卜辞中发现之,则有裨于古史学者当尤钜"。余感博士言,乃复就卜辞有所攻究,复于王亥之外得王恒一人。案《楚辞·天问》云:"该秉季德,厥父是臧。"又云:"恒秉季德。"王亥即该,则王恒即恒,而卜辞之季之即冥(罗参事说),至是始得其证矣。又观卜辞中数十见之田字,从甲在口中(十,古甲字),及通观诸卜辞而知田即上甲微,于是参事前疑卜辞之 乙、丙、囗(即乙丙丁三字之在[中或]中者,与田字甲在口中同意),即报乙、报丙、报丁者,至是亦得其证矣。又卜辞自上甲以降皆称曰"示",则参事谓卜辞之示壬、示癸即主壬、主癸,亦信而有徵。又观卜辞,王恒之祀与王亥同,太丁之祀与太乙、太甲同,孝己之祀与祖庚同。知商人兄弟,无论长幼与已立未立,其名号典礼盖无差别,于是卜辞中人物,其名与礼皆类先王而史无其人者,与夫父甲兄乙等名称之浩繁,求诸帝系而不可通者,至是亦理顺冰释。而《世本》《史记》之为实录,且得于今日证之。又卜辞人名中有嚳字,疑即帝嚳之名。又有土字,或亦相土之略。此二事虽未遽定,然容有可证明之日。由是有商一代先公先王之名,不见于卜辞者殆鲜。乃为此考,以质诸博士及参事,并使世人知殷墟遗物之有裨于经史二学者,如斯也。丁巳二月。

王国维《殷卜辞中所见先公先王考》《殷卜辞中所见先公先王续考》为王国维先生结合地下出土文献研究古史、重点运用"二重证据法"的经典论著。作者根据甲骨文中所见的商王名字,大体排出了商代一个可靠世系,同时以卜辞研究证明了司马迁《史记·殷本纪》大致可信,而且还纠正了《殷本纪》中所排"先公先王"次序的错误。如"报丁"应在"报乙""报丙"之后,而《史记》放在二者之前;又考证出"祖乙"当为"中丁"子,纠正了《殷本纪》以"祖乙"为"河亶甲"子之误;还指出文献中的"主壬""主癸"即甲骨文中的"示壬""示癸"等。从而以"二重证据法"开创了甲骨学以及上古史的新境界。诚如郭沫若所论:"我们要说,殷墟的发现,是新史学的开端;王国维的业绩,是新史学的开山。那是丝毫也不算过分的。"屈万里《中国传统古史说之破坏和古代信史的重建》(《第三届亚洲历史学家会议论文集》)认为"甲骨文字虽然发现于清光绪二十五年,而用它来证史则始于王国维",在其所作《殷卜辞中所见先公先王考》和《续考》中,"证实了殷先公自上甲以下的次序,是报乙报丙报丁,而不是像《史记》和《汉书·人表》的次序——报丁、报乙、报丙,他证实了殷中宗是祖乙而不是太戊。他证实了祖乙是中丁的儿子而不是河亶甲的儿子。另外,关于殷代帝王的世系,《史记·殷本纪》和《汉书·人表》不合的地方,都证实了是《汉书·人表》之误。他固然纠正了《史记·殷本纪》中不少的错误,可也证实了《殷本纪》所记殷代帝王的世系大致正确可信。这告诉人们对于《史记》所记的古史,固然不能全盘相信,但也使疑古的人们对于《史记》增加了不少的信心。利用甲骨文的材料,重建殷代的信史,王国维的这两篇文章,无疑是开山之作"。

按:王国维《古本竹书纪年辑校自序》曰:"《汲冢竹书纪年》佚于两宋之际,今本二卷,乃后人搜辑,复杂采《史记》《通鉴外纪》《路史》诸书成之,非汲冢原书。然以世无别本,故三百年来学人治之甚勤,而临海洪氏颐煊,栖霞郝氏懿行,闽县林氏春溥三校本,尤为雅驯。最后嘉定朱氏右曾,复专辑古书所引《纪年》,为《汲冢纪年存真》二卷,顾其书传世颇希,余前在上虞罗氏大云书库假读之,独犁然有当于心。丁巳二月,余复作《殷先公先王考》毕,思治此书,乃取今本《纪年》一一条其出处,注于书眉,既又假得朱氏辑本,病其尚未详备,又所出诸书异同,亦未尽列。至其去取亦不能无得失,乃取朱书为本,而以余所校注者补正之。凡增删改正若干事,至于余读此书有所考证,当别为札记,将继是而写定焉。"

王国维4—5月间撰《殷文存序》《元高丽纪事跋》。5月上中旬,为哈同花园举行乡饮之礼事,致函邹安、费恕皆,并《乡饮礼席次图》。6月,撰《今本竹书纪年疏证》,并作序。同月,辑英伦哈同氏所藏龟甲兽骨文字,编就《戬寿堂所藏殷墟文字》及序,作《戬寿堂所藏殷墟文字考释》《释句》《释昱》。并写释文一卷附于书后,刊《艺术丛编》第 13、14、15 期。乃代姬觉弥所作。又撰《元代画塑记跋》。

按:王国维《今本竹书纪年疏证自序》曰:余治《竹书纪年》,既成古本辑校一卷,复怪今本《纪年》为后人搜辑,其迹甚著。乃近三百年学者,疑之者固多,信之者亦且过半,乃复用惠(定宇)孙(颐谷)二家法,一一求其所出,始知今本所载殆无一不袭他书,其不见他书者不过百分之一,又率空洞无事实,所增加者年月而已。且其所出,本非一源,古今杂陈,矛盾斯起,既有违异,乃生调停,纷纠之由,皆可剖析。夫事实既具他书,则此书为无用,年月又多杜撰,则其说为无征,无用无征则废此书可,又此疏证亦不作可也。然余惧后世复有陈逢衡辈为是纷纷也,故写而刊之,俾与古本辑校并行焉。

王国维 7 月应友人张尔田之约撰《玉溪生诗年谱会笺序》。7—8 月间,撰《大元仓库跋》《大元毡罽工物记跋》。8 月,撰《唐韵别考》《唐写本〈唐韵〉校勘记》2 卷。23 日,因颇看不起缪荃孙的为人,在致罗振玉信中称之为“缪种”。9 月 13 日,所撰《殷周制度论》写定,开制度与文化变迁研究之先河。17 日,应友人孙德谦(字益庵)之约而撰《汉书艺文志举例后序》。同月,撰《唐韵又考》《广雅疏证补正跋》以及《周代金石文韵读》及序。

按:9 月 13 日王国维致书罗振玉曰:“《殷周制度论》于今日写定。其大意谓周改商制,一出于尊尊之流者为嫡庶之制,由是孳生有三:一、宗法,二、服术,三、为人后之制。与是相关者二:一、分封子弟之制,二、君天子臣诸侯之制。其出于亲亲之统者,曰庙制。其出于尊贤之统者,曰天子诸侯世,而天子诸侯之卿大夫皆不世之制(此殆与殷制同)。又同姓不婚之制,自为一条。周世一切典礼皆由此制度出,而一切制度典礼皆所以纳天子、诸侯、卿大夫、庶人于道德,而合之以成一道德之团体。政治上之理想,殆未有尚于此者。文凡十九页,此文于考据之中,寓经世之意,可几亭林先生。”

按:王国维《两周金石文韵读自序》曰:“自汉以后,学术之盛无过于近三百年,此三百年中经学文学皆足以陵驾前代,然其尤卓绝者则曰小学,小学之中,如高邮王氏、栖霞郝氏之于训估,歙县程氏之于名物,金坛段氏之于《说文》,皆足以上掩前哲。然其尤卓绝者,则为韵学。古韵之学,自昆山顾氏,而婺源江氏,而休宁戴氏,而金坛段氏,而曲阜孔氏,而高邮王氏,而歙县江氏,作者不过七人,然古音二十二部之目,遂今后世无可增损,故训诂名物文字之学,有待于将来者甚多,至古韵之学,谓之前无古人后无来者可也。……其时亦上起宗周,下讫战国,亘五六百年,然其用韵,与三百篇无乎不合,故即王江二家部目谱而读之,虽金石文字用韵无多,不足以见古韵之全,然足证近世古韵学之精密,自其可征者言之,其符合固已如斯矣。”

王国维 10 月初拟考订《礼记》(大小戴)诸篇时代。26 日,为日本友人内藤虎次郎所赠《魏毋邱俭丸都山纪功刻石残卷》作跋。27 日,撰《南越黄肠木刻字跋》。28 日,撰《克钟克鼎跋》。同月,撰《韵学余说》《江氏音学跋》《五声说》。10—11 月间,撰《二十二部谐声表跋》。11 月,汇集近年间所撰文,成《永观堂海内外杂文》。12 月,撰成《古本尚书孔氏传汇校》(稿本)。11—12 月间,撰《商三句兵跋》,又据 1911 年所撰《隋唐兵符图录附说》重订为《隋铜虎符跋》(又名《隋虎符跋》《记隋铜虎符》)。12 月,撰成《古本尚书孔氏传汇校》(稿本),又据《唐语林》以校《封氏闻见记》。是年,撰《仓圣庙配享暨从祀诸贤姓名事由》。(以上参见赵万里《王静安先生年谱》,清华国学研究院《国学论丛》第 1 卷第 3 号,1928 年;陈鸿祥《王国维年谱》,齐鲁书社 1991 年版;袁英光等编《王国维年谱长编》,天津人民出版社 1996 年版)

章炳麟 1 月 21 日致函友人谓自己别有所志,不愿就国史馆馆长。2 月,致电黎元洪,反对加入协约国参加第一次世界大战。同月,拟《会议通则序》。3 月 4 日,在上海发起成立亚洲古学会,以研究亚洲文学、联络感情为宗旨,希望联合亚洲各国有关人士研究“亚洲古学”以抗击“西势东渐”,挽救亚洲传统文化。29 日,与谭人凤联合致电黎元洪等,请放斥梁启超。4月8日,亚洲古学会开第二次大会,通过章太炎所拟"暂定简章",就亚洲古学会的定名、宗旨、责任、义务、会期等作出了简要规定。

按:1917年4月9日《时报》所载《亚洲古学会第二次开会纪事》曰:

亚洲古学会昨日假虹口日本人俱乐部开第二次人会,到会者有:西本省三、柏田忠一、筱崎都香佐、小川尚义、植村久吉、南井几久司、大西斋中、世古梯次、波多博、平川清风、章太炎、童亦韩、朱少屏、周越然、严潜宣、顾企渊及某某等国数人。二时开会,首由西本省三报告开会宗旨,次为章太炎君逐一朗读暂定简章,征求与会诸人意见,并由西本省三君译以日语,周越然君译以英语,结果全体通过,略加修改而已。兹将该会简章附记如下:

一,定名:本会由亚洲各国同志组合而成,名曰亚洲古学会。

二,宗旨:本会以联合同洲情谊,昌明古代哲学为宗旨。

三,责任:列如左:(一)本会有将亚洲书籍互相输送之责任;(二)本会有劝导亚洲人士互相敬爱之责任;(三)亚洲大事,本会有通信于亚洲人之责任;(四)有侮慢损害亚洲各国及亚洲人者,本会有劝告匡正之责任。

四,入会:会员资格如左:(一)籍隶亚洲者;(二)与宗旨无悖者;(三)无不正当之名誉被有指摘者;(四)有会员三人之介绍,经评议会认可者。

五,义务:会员之义务如左:(一)入会时缴入会银五元;(二)每月缴常费银一元;(三)会员有谋本会发达之义务;(四)会员有被举为职员之义务;(附)亚人之热心赞助本会及捐助经费,或力任他项义务,本会当认为名誉赞成员。

六,职员:本会职员数任期及职务列如左:(一)本会暂不设会长;(二)总干事一,执行会务,于会员选举之,任期一年,续举者得连任;(三)干事八,分任书记、会计、庶务、调查、选举,任期同前;(四)评议员十二,评议会务,各就本国会员中公推二人或三人为之,并得互选,主任之任期同前。

七,会期:列如左:(一)大会由总干事召集全体会员行之,每年一次,会期应由总干事决定。(二)职员会由总干事召集全体职员行之,每月一次,会期亦由总干事决定;(三)干事会由总干事召集全体干事行之,会期决定同前;(四)评议会由评议主任召集全体评议员行之,会期应由评议主任决定;(五)临时会准本款第一、二两项办理。

八,出会:事由列下:(一)失第四款二、三两项之资格者;(二)一年以上不尽第五款第二项之义务者;(三)经职员议决辞退者;(附)因第四款第二项之事由而出会者,其事由解除后仍得入会。

九,会所:本会事务,暂设爱多亚路某号,其临时会所于开会前十日布告。"十,附则:此章经职员会议决定后,当即公布实行,如有未尽妥协,应于下次大会提议修改。"

按:1917年4月9日《时报》所载戈公振且撰《亚洲古学会》评曰:"亚洲开化最先,其间文物之流传,亦历久而不敝。乃洎西学东渐,世风丕变,浅尝之士,徒骛新知,而几欲尽弃其旧学,有识者早引为隐忧。夫同洲宗教虽殊,而以道德为根本,则颇属一致,是其精神上之关系,诚有不能磨灭者。发挥而光大之,夫岂其难。今者亚洲古学会之发起,其为全洲思想界联络之一大枢纽欤?"

章炳麟5月下旬主持召开亚洲古学会开第三次例会,议决发行机关杂志。7月1日,亚洲古学会开第四次会,决定发刊《大亚洲》杂志。同日,张勋复辟。7月6日,与孙中山、廖仲恺、朱执信、何香凝等乘海琛舰由上海启程赴广州,发动护法战争。9月1日,广东非常国会选孙中山为大元帅,10日,孙中山宣言就职,组织护法军,以保护中华民国临时约法为名,出兵讨伐段祺瑞,章炳麟被任为护法军政府秘书长,作《代拟大元帅就职宣言》。随后被任命为军政府总代表,经越南转道去昆明,赍送军政府元帅印信给唐继尧,说服唐氏支持护法,然因唐缺乏诚意未果。是年,与吴承仕的论学通信较多,其中有《与吴承仕论宋明道学利病书》刊于《国学丛编》第1期第1册。(以上参见姚奠中、董国炎《章太炎学术年谱》,山西古籍出版社1996年版;汤志钧编《章太炎年谱长编(增订本)》,中华书局2013年版;王小红

《章太炎学术年谱》,《儒藏论坛》2009年第1辑;王学典《20世纪史学编年(1900—1949)》,商务印书馆2014年版)

康有为春节赋长篇诗,备述60年来经过与感想。又致书徐世昌,劝其扶立故主以安中国。6月7日,张勋率"辫军"北上,黎元洪被迫下令解散国会。14日,张勋到达北京。6月30日,张勋潜入清宫,决定当晚发动复辟。7月1日凌晨1时,张勋率领刘廷琛、康有为、陈毅、沈曾植、王士珍、江朝宗及几位辫子军统领共50余人,乘车进宫。同日,溥仪发布"即位诏",称"共和解体,补救已穷",宣告亲临朝政,收回大权。康有为因谋划拥戴张勋复辟,任弼德院副院长。12日,为皖系军阀段祺瑞的"讨逆军"所击败。康有为遭通缉,居美使馆数月。8月,著《共和平议》3卷。又整订旧著,补成《春秋笔削大义微言考》刊行。11月,辑录20年来政论为《不幸而言中不听则国亡》一书。又编写《藏书目录》。同月28日,美公使派参赞与武官,以专车护送出京。冬,还居上海沁园。(参见康有为著、楼宇烈整理《康南海自编年谱》,中华书局1992年版;吴天任《康有为年谱》,广东人民出版社2018年版)

张尔田9月11日与孔教总会代表陈焕章、林传甲等人,再次上书参众两院,请定孔教为国教。所撰《张尔田君对于李佳白教士演说之意见》刊于《宗圣学报》第2卷第6册。所著《玉溪生年谱会笺》刊行,收入南林刘氏求恕斋丛书。(参见孙文阁、张笑川编《中国近代思想家文库·张尔田、柳诒徵卷》及附录《张尔田年谱简编》,中国人民大学出版社2015年版)

张东荪年初正式接替张君劢任《时事新报》主笔,开始致力于文化运动。夏,张东荪在政治上仍然主张调和国会中研究系与国民党两大势力,但并不被两党要员重视。民国初期西方民主制度在中国尝试过程出现种种的弊端,及建立民主共和国理想破灭的现实刺激,使张东荪开始从民国初年主张立宪共和、赞同议会制度,转向对议会制度怀疑和批判。11月15日张东荪在《东方杂志》第14卷第11号发表长达3万多字的《贤人政治》,系统阐述了"贤人政治"的政治主张。(参见左玉河编《张东荪年谱》,群言出版社2014年版)

邵力子继续任《民国日报》主编。俄国十月革命爆发后,邵力子等人开始关注这个新生的国家政权。11月10日,邵力子在《民国日报》以"要闻"版显著地位,最早在我国报导苏联十月革命胜利消息。之后,邵力子以更大的热情投入到撰写文章当中去,介绍俄国的革命盛况,并积极参与学生工人集会(参见晨朵《邵力子生平大事纪要》,《浙江师范学院学报》1983年第1期;朱顺佐《邵力子传》,浙江大学出版社1988年版)

王云五继续在上海任苏粤赣三省禁烟特派员。6月30日,以存土案激起公愤,并受到报界猛烈抨击,被迫提出辞职。秋,王云五将"禁烟善后事宜"交由江海关监督冯国勋办理。王云五辞去公职后,因为名声不好,决定闭门读书。从秋季起,王云五以读书购书为乐事,大量购买英、法、德、日文著作,藏书达万余册,天天在家看书。第一次世界大战结束后,国际问题成为热点,王云五一度研读国际关系和国际法,浏览各类欧美新著作,间或学习法文、德文。凭了天生的博闻强记和从小养成的苦读习惯,王云五的学识大为长进。在广泛阅读中,罗素的《社会改造原理》一书引起他很大的兴趣,他边精读边翻译,完成20余万字的译稿。

按:1920年春秋之交,公民书局约请王云五主编一套《公民丛书》。这是一家新开设的书局,由原中国公学的学生赵汉卿与友人合办,以出版新编译的图书为主旨。赵汉卿很佩服旧日老师王云五的才学,就请他策划、主编一套丛书。这套丛书以王云五翻译的《社会改造原理》为第一种。(参见郭太风《王云五评传》,北京师范大学出版社2015年版)

黄炎培1月在《教育杂志》第9卷第1期发表《职业教育实施之希望》《实用主义教育产

出的第三年》。前文认为要实施职业教育,第一"须确立职业教育之制度";第二"须审择职业之种类与其性质"。5月6日,黄炎培联合48位教育界、实业界知名人士在上海创立中华职业教育社,以"无业者有业,有业者乐业"为宗旨。联署者为:伍廷芳、袁希涛、张寿春、邓萃英、聂其杰、梁启超、张元济、周诒春、于定一、陈容、张謇、江谦、杨廷栋、朱友渔、蒋梦麟、蔡元培、陈宝泉、史家修、庄俞、顾树森、严修、宋汉章、刘垣、刁信德、沈恩孚、唐绍仪、陈辉德、穆湘玥、朱庭祺、余日章、范源濂、陆费逵、蒋维乔、朱胡彬夏、郭秉文、汤化龙、张嘉璈、龚杰、贾丰臻、黄炎培、王正廷、穆湘瑶、刘以钟、朱叔源。黄炎培为该社成立而撰写《中华职业教育社宣言书》,后有附一:"中华职业教育社组织大纲";附二:"募金通启"以及附:"本社宣言书之余义",刊于同年10月《教育与职业》第1期。宣言叙述中国教育之最大危机在于毕业者失业;就业者所学亦不能适于用。章程揭示中华职教社之目的在于(甲)推广职业教育,(乙)改良职业教育;(丙)改良普通教育,俾为适于生活之准备。7月29日,中华职业教育社成立办事部,黄炎培被选为主任。

　　按:《中华职业教育社宣言书》先有1月铅印本,后至10月刊于《教育与职业》第1期,其中附一"中华职业教育社组织大纲"的内容在文字与条目数序上稍有改变。《中华职业教育社宣言书》全文如下:

　　今之策国是者,莫不重教育;策教育,莫不谋普及。夫教育曷贵乎普及?岂不曰教育普及,则社会国家一切至重要、至困难问题,根本上皆得缘以解决也。今吾中国至重要、至困难问题,尚有过于生计者乎?兴学二十余年,全国学校亦既有十万八千余所,何以教育较盛之区,饿莩载途如故,匪盗充斥如故?更进言之,谓今之教育而能解决生计问题,则必受教育者之治生,较易于其未受教育者可知。而何以国中自小学以至大学学生之毕业于学校而失业于社会者比比?此同人所谛观现象,默审方来,而不胜其殷忧大惧者也。

　　甲寅之秋,同人有考察京津教育者。某中学学生数百人,其校长见告:"吾校毕业生升学者三之一,谋事而不得事者二之一。"乙卯、丙辰两岁,江苏省教育会以毕业生之无出路也,乃就江苏公私立各中学调查其实况。乙卯升学者得百分之二十三,丙辰得百分之三十九;此外大都无业,或虽有业而大都非正当者也。今岁全国教育联合会、各省区代表报告,则升学者仅及十之一或不及十之一。若夫高等小学,今岁调查江苏全省,毕业者四千九百八十三人,而收容于各中等学校者,不及四之一;此外大都营营逐逐,谋一业于社会,而苦所学之无可以为用者也。

　　或曰:"此之所云,普通学校耳。"则试观夫实业学校、专门学校,有以毕业于纺织专科,而为普通小学校图画教员者矣;有以毕业于农业专科,而为普通行政机关助理员者矣;甚有以留学欧美大学校专门毕业,归而应考试于书业机关,充普通编译员者矣。所用非其所学,滔滔皆是。虽然,此犹足以糊其口也。其十之六七,乃并一啖饭地而不可得。实业学校毕业者且然,其他则又何说?然则教育幸而未发达,未普及耳。苟一旦普及,几何不尽驱国人为高等游民,以坐待淘汰于天演耶?曩岁,同人鉴于教育之不切实用,相与奔走呼号,发为危言,希图教育当局之省悟。今则情见势绌,无可为讳,盖既不幸言而中矣。简而言之,吾侪所深知、确信而敢断言者,曰今吾中国至重要、至困难问题,厥惟生计;曰求根本上解决生计问题,厥惟教育;曰吾中国现时之教育,决无能解决生计问题之希望;曰吾中国现时之教育,不惟不能解决生计问题,且将重予关于解决生计问题之莫大障碍。此而不思所以救济,前途其堪问耶?救济之道奈何?或曰:"此社会事业不发达之故。"夫人才而有待夫现成之事业耶?抑事业实待人才而兴也?或曰:"此用人而违其长者之咎。"然吾闻农场尝用农学生矣,其知识、其技能,或不如老农也;商店尝用商学生矣,其能力未足应商业用,而其结习,转莫能日一安也。吾侪所深知确信而复敢断言者,曰方今受教育者之不能获职业,其害决非他方面贻之,而实现时教育有以自取之也。

　　且教育曷贵也?语小,个人之生活系焉;语大,世界、国家之文化系焉。今吾国文明之进步何如乎?行行于野,农所服者,先畴之畎亩也;游于市,工所用者,高曾之规矩也。夫使立国大地,仅我中华,则率其旧章,长此终古,亦复何害。独念今世界为何等世界,人绝尘而奔,我蛇行而伏。试观美利坚一国,发明新器物,年至四万种;安迭生(爱迪生)一人,发明新器物,多至九百种。我未有一焉。谁为为之? 无新学识以应用于实际,无新人才以从事于改良。教育不与职业沟通,何怪百业之不进步! 由是吾侪深知确信而复敢断言曰:吾国百业之不进步,亦实现时教育有以致之也。

同人于此,既不胜其殷忧大惧,研究复研究,假立救济之主旨三端:曰推广职业教育;曰改良职业教育;曰改良普通教育,为适于职业之准备。

依教育统计,全国中学四百有三所,而甲种实业学校仅九十有四;高等小学七千三百一十五所,而乙种实业学校仅二百三十。夫中学毕业力能升学者,或不及十分之一;高等小学毕业力能升学者,或不及二十分之一。数若是其少,谋生者数若是其多,乃为学生升学地之中学、高等小学数若是其多,为学生谋生地之实业学校数若是其少,供求不相剂若此,职业教育之推广,其可缓耶? 又况甲、乙种实业学校,固未足以括职业教育,而尽给社会分业之所需也。虽然,属普通性质之中学、高等小学数既若是其多,则一时欲广设职业学校,俾适合乎十分之一、二十分之一中学、高等小学毕业生升学者与谋生者之比,不惟财力将有所不胜,其进行亦嫌其太骤。故同人所主张,一方推广职业学校、职业补习学校,一方于高等小学、中学分设职业科。谓惟此于事实较便,影响较广耳。

虽然,仅言推广职业教育,而谓足解从症结,则又何解于实业学校毕业生失业者之纷纷? 盖吾国非绝无职业教育,其所以致此,亦有数原因焉。一曰,其设置拘统系而忽供求也。美瑟娄博士有言:"苟与我六十万金办中国职业教育,我必以二十万金充调查费。"夫职业教育之目的,一方为人计,曰以供青年谋生之所急也;一方又为事计,曰以供社会分业之所需也。然则今时之社会,所需者何业? 某地之社会,所需者何业? 必一一加以调查,然后立一校,无不当其位置;设一科,无不给其要求;而所养人才,自无见弃之患。今则不然,曰农、曰工、曰商,不可不备也。农若干科,工商各若干科,苟为法令所无,匪所宜立也。其所汲汲者,在乎统系分明,表式完备,上以是督,下以是报。而所谓时也、地也,孰所需,孰非所需,均在所不暇计。二曰,其功课重理论而轻实习也。自小学校令有加设农、商科之规定,各地设者不少。顾农无农场也,商无商品也,不过加读农、商业教科书数册。其结果成为农业国文、商业国文而已。所谓乙种农、工商学校,亦复如是。即若甲种,其性质既上近专门,其功课更易偏理论。今之学生,有读书之惯习,无服劳之惯习。故授以理论,莫不欢迎;责以实习,莫不感苦。闻农学校最困难为延聘实习教师。夫实习既不易求之一般教师,则所养成之学生,其心理自更可想。而欲其与风蓑雨笠之徒,竞知识之短长、课功能于实际,不亦难乎? 三曰,其学生贫于能力而富于欲望也。实习非所注重,则能力无自养成。然而青年之志大言大,则既养之有素矣。上海某银行行长,录用学校毕业生有年,一日,本其经验语人曰:"今之学生,学力不足而欲望有余,不适于指挥,徒艰于待遇耳!"夫银行,新式事业也,犹且如此,则凡大多数之旧式事业,学徒执役,则极其下贱,学成受俸,则极其轻微,其掉头不屑一顾可知。夫生活程度,必与其生活能力相准;办事酬报,必与其办事能力相当。若任重有所不胜,位卑又有所不屑,奚可哉? 此第三病根,实于受普通教育时代种之。故同人所主张,改良职业教育必同时改良普通教育。

救济之主旨如上述,其施行方法奈何? 曰调查,曰研究,曰劝导,曰指示,曰讲演,曰出版,曰表扬,曰通信答问。其所注意之方面,为政府、为学校、为社会。而又须有直接之设施,曰择地创立都市式、乡村式男、女子职业学校,曰夜、星期职业补习学校;而又须有改良普通教育之准备,曰创立教育博物院。迫夫影响渐广,成效渐彰,又须设职业介绍部。其为事:曰调查,曰通告,曰引导。

今欧美之于职业教育,可谓盛矣。德国一职业学校,分科至三百多种。美国黑人实业学校,凡房屋以及房屋之砖、之瓦、之钉,屋内一切家具,马车以及车之轮、之铁、之褥、之油幔,马之缰及马之豢养,御者之衣及履,食物如面包,以及制面包之麦、之粉,若牛肉、若牛油、若鸡蛋、若牲畜之豢养及屠宰,无一非出学生手。凡归自欧美者,莫不艳称而极道。然试考其发达之源,英仅自一九　八年苏格兰设教育职业局始;美仅自一九　七年波士顿设少年职业顾问所始,其后经舆论之赞成,极一时之响应,以有今日。可知谋事无所为难,作始不嫌其简。同人不敏,所为投袂奋起,以从事于本社之组织。十年而后,倘获睹夫欧美今日之盛,学校无不用之成材,社会无不学之执业;国无不教之民,民无不乐之生;乃至野无旷土,肆无窳器,市无游氓,因之而社会、国家秩序于以大宁,基础于以确立。斯皆有赖夫全国同志群策群力之赞助,以底于成,而非同人一手一足之所能为役矣。同人所敢言者,矢愿本其忠诚,竭其才力,终始其事。一切组织,具如别订。盖诚目击夫现象之大危,心怵夫方来之隐患,以谓方今最重要、最困难之问题,莫生计若,而求根本上解决此问题,舍沟通教育与职业,无所为计。惟我教育家、实业家与夫热心谋所以福国家、利社会诸君子有以教之。

黄炎培8月23日赴南洋教育调查毕,返抵上海。29日,出席并主持江苏省教育会举行的第十三次常会,报告南洋视察情形。会议选举职员,被选为副会长,张謇为会长。9月5日,至北京,向教育部报告南洋之行经过。6日,访蔡元培。7日,被冯国璋总统任命为直隶省教育厅厅长,未就。18日,参加中华职业教育社第二次议事员会。10月1日,代表江苏省教育会和南洋荷属各地教育界赴杭州参加全国教育联合会议,至26日毕。20日,在上海创办《教育与职业》,由中华职业教育社编辑发行,蒋梦麟任总编辑。第1期所载中华职业教育社特别社员有:张謇、伍廷芳、梁启超、蔡元培、严修、唐绍仪、范源濂、汤化龙、袁希涛、袁希洛、王正廷、张元济、江谦、陈宝泉、宋汉章、陈光甫、陆费逵、张嘉璈、穆湘瑶、穆湘玥、周诒春、杨廷栋、史量才、刘垣、蒋维乔、龚杰、于定一、庄俞、贾丰臻、朱叔源、朱少屏、聂云台、蒋梦麟、顾树森、沈恩孚、余日章、郭秉文、黄炎培、姚文楠、雍涛、钱永铭、严智怡、韩安、仇坪、过探先、邹秉文、朱绍文、李维格、金其堡、金其照、张一鹏、施肇曾、刘树森、应德闳、王舜成、王震、朱葆三、郭守纯、蒋季和、朱兆莘、柳诒徵、孙观澜、韩国钧、吴兆曾、朱庆澜、陶湘、刘树棠、钱以振、李锡纯、梅贻琦、方还、王式通、马士杰、谷钟秀、潘复、赵正平等。31日,职业教育社宴请参加全国教育会议之各省代表,代表江苏省教育会及职教社报告社务进行状况及江苏省两年来对于职业教育之研究及实施状况。

> 按:《教育与职业》是中国第一份以职业教育研究为主,兼职业教育通讯的教育期刊。至1949年12月,《教育与职业》共出版32年、208期。黄炎培、蒋梦麟、顾树森、郑文汉、秦翰才、何清儒、潘文安、邹恩润、廖世承等都曾担任该刊主编。(参见许汉三编《黄炎培年谱》,文史资料出版社1985年版;余子侠编《中国近代思想家文库·黄炎培卷》及附录《黄炎培年谱简编》,中国人民大学出版社2015年版;庄安正《张謇年谱长编(民国篇)》,上海交通大学出版社2018年版)

吴稚晖以北京大学校长蔡元培拟聘为北京大学学监,教授语言概论,推辞不就。2月,在上海《中华新报》特辟一专栏"朏盦客座谈话",以问答体的方式介绍外国风俗见闻,并为出国留学的青年介绍海外见闻,提供建议。吴稚晖极力宣扬其出国留学的新观点,即将留学与科学工艺教育紧密结合起来的设想,旨在尽快培养出社会急需的科学工艺人才。吴稚晖认为,当今的新教育,无不趋向"力役"教育,就力役教育而论,是世界的,非一国的。中国力役教育尚不发达,而西洋社会是科学工艺发达的社会,整个环境是力役教育的环境,中国青年学子去西洋留学,都可深受力役教育之益。吴稚晖还提倡大家尽量移家就读,既可免除为求学一家分两地、开销增加的负担,又可两代人共沐科学工艺的浸淫。开设专栏,同月,在《东方杂志》第14卷第2号发表《学问标准宜迁高其级度说》。3月23日,在上海《新华日报》发表《予之个人今日外交观》。7月,受邀编辑《国音字典》,按照读音统一会审定的国音汇编,并按《康熙字典》部首排列整理,编定13700余字,命名为《国音字典》。是年,吴稚晖先后发表《论国家不可为西方的孤注》《忠告国际政务评议会》《川乱之真相何在?》《总统违法之后稳健论》《论善恶之进化》《论善也进恶也进》《论国利民福》《论普及教育》《论道德教育》等文,就内政外交发表意见。(参见金以林、马思宇编《中国近代思想家文库·吴稚晖卷》及附录《吴稚晖年谱简编》,中国人民大学出版社2015年版;赵慧峰、李园《吴稚晖与教育救国》,《烟台师院学报》2001年第4期)

　　李登辉继续任复旦公学校长,任教科目有法文、群学、心理学。2月10日,寰球中国学生会在一品香举行第十二次常年大会。李登辉报告1916年会务、财务决算及新选董事名单。朱少屏报告第六次征求会员结果:征求分五队进行,结果李登辉队得1135分。本次共计吸收新会员132人,其中永久会员两人,赞助会员8人,普通会员122人,寰球中国学生会新旧会员合计达1523人。是年,复旦公学改名复旦大学,分文、理、商三科。原有文理两科,本年增设实用性的商科(即商学院)。世界著名的哈佛商学院设于1908年,复旦设立商学院仅比哈佛晚9年。李登辉重新制订1917—1918年《复旦大学章程》。王宠惠任副校长,叶秉孚、苏振拭任监学,季英伯任文牍,姚登瀛任会计。全校职员仅七人而已。(参见钱益民《李登辉传》及附录四《李登辉年谱简编》,复旦大学出版社2005年版)

　　唐文治继续任上海工业专门学校校长。2月18日,中华民国国语研究会在北京成立,由蔡元培和张一麐任正、副会长。15省84位社会名流为发起人,唐文治列名其中。3月13日,唐文治、王清穆、吴稚晖、蒋炳章、沈庆鸿、袁希洛等发起扶持民德社,该社以"发达国民之道德心"为目的。同日,章太炎来校发表演说,内容为"交通事业之大概"与加强国防的重要性,激励南洋学子"百尺竿头,再进一步,有伟大计划之决心,则我中国之交通事业,横绝大地莫之与京矣"!20日,校友吴稚晖来校演讲,介绍其在西欧见闻,论述工业救国的道理。22日,奉大总统令,授予唐文治二等嘉禾章,以表彰其办学功绩。春,作《许文肃公遗集跋》。庚子之变后,唐文治搜罗许景澄遗稿,编辑得奏疏2卷、出使函稿14卷,由文明书局印数百帙分赠同人,不数年告罄。春,外交总长陆征祥见之,再印千帙。唐文治为之作跋。同月,成立建筑图书馆筹备会,并购学校东南坂地三四亩,用于建馆。同时制定图书馆募捐简章12条。4月8日,交通部向大总统呈文《上海工业专门学校拟建设图书馆请予提倡由》,大总统黎元洪指令交通部许世英并转示唐文治:"该校办迄今二十载,兹复拟建设图书馆以资纪念,萃琅嬛之册籍,供学子之搜求。洵为切要之图,即由该部督饬妥筹兴办以成盛举。"9日,国务院准交通部"上海工业学校建设图书馆请予提倡一案"。4月16日下午课后,唐文治特为建筑图书馆事在大礼堂开谈话会。17日,《申报》刊载《南洋公学二十周年纪念图书馆募捐启》,发起人23人:张元济、杨士琦、叶恭绰、曹汝霖、范源濂、许世英、蔡元培、王清穆、胡诒毅、杨廷栋、尤桐、陆梦熊、刘成志、李维格、章宗元、黄炎培、林祖浯、徐恩元、傅运森、陈锦涛、穆湘瑶、唐文治、沈庆鸿等。

　　唐文治校长4月26日下午出席在大礼堂隆重举行的上海工业专门学校20周年校庆庆祝大会。到会千人,盛况空前。出席会议的有:冯国璋副总统代表沪海道尹王庆廷,国务院顾问、前监院福开森,交通部代表陆梦熊、刘成志、张铸、胡鸿猷、韦以黻、徐德培、谢式瑾等7人,教育部代表周企虞,海军总司令萨镇冰,江苏驻沪交涉使朱兆莘,江苏财政厅长胡翔林,沪宁杭甬铁路局长江伯虞,北京大学代表王于敏,交通部唐山专门学校校长骆梧生,学校前总理张让三、提调李维格,北京邮电学校代表王荫承,上海县知事王宝昌,江苏省教育会会长沈信卿,留美同学会代表刘楚材等。蔡元培寄来贺词。唐文治在庆祝大会上祝词,慷然以范仲淹"先天下之忧而忧,后天下之乐而乐"的情怀,以及越王勾践"十年生聚、十年教训"的雄志,通过对学校创立以来的历史的真情回顾,向时人表剖了实现工科大学事业目标的壮志和雄心。

　　按:唐文治校长在庆祝大会上祝词曰:"回溯二十年来飘摇风雨,屡濒于危;最难堪者,改革之际,经济困迫,彼时今日不知明日,本月不知下月,本学期不知下学期,诸生相对凄惶,至今思之犹堪坠泪。……

鄙人接办此校以后,中央议裁小学者三次,议裁中学者二次,议归并土木科者一次,议裁电机科者一次。每当议裁议并之时,鄙人之心摇摇如悬旌。每念及诸生被裁后未知往何处读书,各父兄家属更不知若何忧虑,对于诸生未便宣布,而笔舌力争之余,亦几经下泪,故今日对于诸君子不觉喜极而悲。……目下详加考核,追溯从前,以功课而言,则一日未尝停课;以工厂器械而言,则屡有扩充;以学生额数而言,则历年悉有加增。费几许心血,历无限艰辛,乃得稍稍有此成绩,故今日对于诸君子更不觉悲极而喜! 范文正公有言,先天下之忧而忧,后天下之乐而乐,鄙人拟易忧字为苦字,凡天下至乐之事,每从至苦得来。昔越王勾践之兴,十年生聚,十年教训,积二十年之成绩,遂能雄伯诸侯。吾民国政府倘能尽心教训,注重道德教育,俾莘莘学子俱成完全之人格,譬之一家无论如何艰苦,而子弟能读书勤学,自然蒸蒸日上。"

按《交通部上海工业专门学校原名南洋公学二十周年纪念册》刊登"现任职员姓氏录":校长:唐文治;学监:沈健生、陆修瀛、刘天成、周熙;庶务长:阮惟和;庶务:陈观杓、陆新;会计:叶尔松;西医:俞庆恩;西文文案:黄锡蕃;西文文案兼西文图书室:柴福沅;中文文案:季丰、陆修祐;管理物理测量仪器:陆尔康;管理化学仪器:郑炳铭;佐理会计庶务员:杨启瑞;中文缮校:吴镜清、徐启瑞;中文缮校兼中文图书室:许铭德;西医室配药员:杨永庆;附属小学主事兼理科唱歌教授:沈庆鸿;小学庶务兼会计员:陆承济,小学学监兼修身:张孝申,小学书记:王长龄;电气科科长兼教员:谢尔屯;土木科科长兼教员:万特克;土木科:毕登、朴尔弗;电气机械科:桑福;化学:薛门;物理:卢克;体育:莫礼逊;童子军:裴克士、李思廉;中学科长兼教员:徐经郭;国文科长兼教员:李联珪;土木科教员兼管工厂:胡士熙;英文:胡克、戴粹、程其达;算学:朱文鑫、甘育材、朱鼎元;电机科兼小学物理木工:李雨卿;法文:庄振声、徐绍甲;电机科兼专科算学:张廷金;英文法制:黄添福;博物生理:林鹏;历史地理:陈石英;国文:黄世祚、黄宗幹、朱文熊;国文修身历史:邹登泰;体操:魏廷晖;拳术:刘震南;小学国文历史:汤寸德;小学国文:沈世康;小学国文历史地理:吴汉声;小学国文地理:龚忠淦;小学算术:吴廷璜;小学图画:张在恭;小学英文:许复来;小学体操手工:沈维桢;小学拳术:周仁山;音乐:王信斋。

按《交通部上海工业专门学校原名南洋公学二十周年纪念册》刊登"退任职员姓氏录":

督办:盛宣怀。总理:何嗣焜、张元济、劳乃宣、沈曾植、汪凤藻、刘树屏、张美翊、张鹤龄。总教习:张焕纶。监院:福开森。提调:李维格、张美翊、伍光建。监督:王清穆、杨士琦、杨文骏。监学:汪荣宝、张应谷、王清华、王康寿、张方培、陈璋、王渭源、蔡殿斋、单闻、张公玙、王厚生、归舜臣、金汝励(兼书记)、范本安、汪家栋(兼教员)、蒋昂(兼教员)。庶务长:唐浩镇、夏曰瑊、陆规亮、王善植、周煌。教务长:冯琦、辜鸿铭。庶务:江绍墀、汪龙标、朱焕章、唐锡翰、王乃昌、钱峻楣、钱钟祥。会计:黄补生、赵建寅、顾启洛。文案:余世和、徐佩琨、张时雨(兼庶务)、傅焕光、高恭安、章宗宪(兼收支)、黄守路。书记:汪轶欧、林祖涆。校医:黄子静、考克司(英国)、周邦俊。中学科长:胡诒穀。小学主任:林祖涆。船科斋务长:庄蕴宽。船科主任:夏孙鹏。铁路科科长:胡栋朝。图书室管理员:刘润士。藏书室管理员:张允中、陈世琦、王保诜。物理室管理员:吴兆楎、王永礼。工厂管理员:胡寿颐。缮校员:秦钟秀。沙田管理员:朱锡琦。

教员:蔡元培、李维格、伍光建、陆之平、颜明庆、颜志庆、吴敬恒、陈懋治、钮永建、潘绅、吴治俭、陈锦涛、黄国英、关应麟、王宠惠、吴佩璋、梁业、姚文柟、王丹瑶、徐崇钦、陈廷甲、徐兆熊、张天爵、李士元、陈伯涵、吴镜寰、薛来西(美国)、宓奇尔(美国)、华抟云(美国)、司铎克(美国)、璞德(美国)、麦率门(美国)、余宾王(德国)、李德晋、温其濬、王兼善、金绍基、姚履亨、邝翰光、赵士北、林孚、秦汾、郑桐荪、卫国垣、钱宝琮、康时清、沈宏豫、许传音、孙鉴、施仁耀、麦斗门(英国)、粤斯德(英国)、马勋(英国)、何活(新加坡)、林则荡、史元恺、李伍元、陈辛恒、李照松、火学初、祝君舜、尤挺伦、翁玉振、孟柏、乐提摩(美国)、陈守先、宋辉曾、黄明道、叶达前、戴继恩、吴家高、张谔、范永增、陈同寿、杨锦森、张世揆、项衡方、尤桐、沈祖縣、许志毅、王寿曾、徐福墉、程璋、徐艾枝、胡翔青、章圭琢、赵玉森、储丙鹋、徐敬仪、蒋尔燮、冯善徵、徐公锡、唐禅虞、朱葆芬、李复几、张云骧、程炳熙、王明照、屠慰曾、汪世瀛、陆文蔚、黄灏、周德裕、王鸣时、王鸣和、朱念椿、周同愈、陈容、蔡景滨、唐文栋、沈文惠、沈葆奎、沈仍穀、顾树森、许宝铭、周文藻、张之纲、顾宝璜。

按《交通部上海工业专门学校原名南洋公学二十周年纪念册》刊登"现在留学外国同学姓氏录":

张毅盦、张光圻、张行恒、陈昌骥、陈苏孙、陈廷锡、陈体诚、陈大启、郑思聪、蒋梦麟、袁维裕、周铭、陈福恒、方於桶、冯介、谢仁、徐佩璜、徐佩琨、薛桂轮、胡正祥、何孝沅、许坤、郭守中、刘宝濂、凌鸿勋、陆法曾、陆费执、廖世承、李铿、李大中、劳兆丁、林绍诚、钮因祥、潘承圻、薛次莘、孙多蕙、苏鉴、施銮、唐庆诒、曹丽明、戴芳澜、曹维钧、王成志、韦增复、汪夔龙、杨毅、尤乙照、杨培璋、张为儒、胡刚复、胡明复、甘镜先、甘鉴先、邱培涵、郑荣华。

按:《上海工业专门学校学生杂志》第 2 卷第 1 期为"二十周年纪念增刊"。邹韬奋在上发表《对于吾校二十周年纪念之感言》。文中历数学校在工程技术、政治、经济、军事、文学、艺术、教育等各方面均人才辈出,实行"吾中华新学之先锋,而优秀人才之渊源也。树东南之风气,扬声誉于环球"。云:"一曰:吾同学皆知自尊其人格而同时且知力尊他人之人格;二曰:吾同学皆知勤奋学问而同时且极敬重他人之勤奋学问者;三曰:吾同学毫无奢侈恶习而同时且知敬重他人俭朴,而惟学是务者,吾同学以此似庸行无足奇乎? 人格为人基,勤奋为成功之诀,俭朴为立身之本,而吾校风皆具此而吾同学皆行所无事以自淑其身,此吾侪所当自省而保存广大之者也。此全国学校所当闻风兴起而共效法者也。"

唐文治 6 月著《先儒静坐集说》1 卷成。夏,《交通部上海工业专门学校新国文》(二集)出版,收录 1914 年以来国文大会菁华 351 篇,全书共 8 卷,由国文科长李颂韩编辑,汇集学生优秀作文。唐文治题写书名并作"序"。7 月,交通部成立交通研究会,次长叶恭绰为会长,陆梦熊、蒋尊祎、姚国桢、关赓麟等 105 人为会员,另函聘 39 人为名誉会员,唐文治列名。农历八月,著《近思录札记》《思辨录札记》各 1 卷成。冬,编《中庸大义》1 卷成。《茹经先生自订年谱》记:如《大学大义》例,惟郑注本以君子之道费而隐,属于索隐行怪章。又末章分节多舛误,不及朱注,特纠正之。又作提纲,推及于天人,本原于诚孝,自谓稍有功于世道也。是年,作《书洪范言无党论语言不党论》《孟子善战者服上刑论》。(参见陆阳《唐文治年谱》,上海三联书店 2013 年版)

陈柱 10 月 29 日作《答唐蔚之先生论文书》,答复此前唐文治的《与陈生柱尊书》,其曰:"文者,物象之本,字者,孳乳而寖多也,凡为文词宜多识字,晁以道经,日课识十五字,前事之师,奚独说文?"

按:《与陈生柱尊书》,载《茹经堂文集》二编卷四。陈柱《答唐蔚之先生论文书》,载《学术世界》第 1 卷第 4 期(1937 年)。(参见陆阳《唐文治年谱》,上海三联书店 2013 年版)

胡小石 7 月因与江苏第一女师校长吕惠如意见不合,离开该校。胡小石自 1910 年两江毕业后直至 1917 年为中学博物教员,在采集动植物标本中不断发现日本人所定的我国动植物名的不妥之处,并根据《说文》《尔雅》等典籍加以改正,就此对考订之学产生了浓厚的兴趣。他钦佩乾嘉学者程瑶田作《九谷考》的治学精神,经过实地调查考察,辨证《周礼》"九谷"之名实,论点精确,启发很大。因此,胡小石所作考订,除坚守乾嘉学风"无徵不信"外,特别注重对实物的调查研究,核对文献资料,务求互相印证,得到比较准确的结论。8月,由李瑞清介绍,去沪任上海仓圣明智大学国文教员。(参见谢建华《胡小石先生年表(1888—1962 年)》,载《胡小石文史论丛》,南京大学出版社 2008 年版)

张元济 1 月 6 日呈教育部文,欲假图书馆《四库全书》及其他各本影印。1 月 8 日 10 时到码头送黄炎培、蒋维乔、郭秉文赴日。1 月 18 日,借印京师图书馆《四库全书》呈文被教育部批驳。同月,张元济与伍廷芳、袁希涛、张寿春、邓萃英、聂其杰、梁启超、张謇、蒋梦麟、蔡元培、严修、黄炎培等 44 人发起成立中华职业教育社,发表《中华职业教育社宣言书》,并附《中华职业教育社组织大纲》。2 月 11 日午,约吴敬恒、陆尔奎、傅运森、臧励龢、蔡松如、胡君复、谢观、钱经宁、高凤谦在寓午餐,商出版诸事。2 月 14 日,致蔡元培电,拟邀汪兆铭来馆编译。19 日,接梁鼎芬书,述印张之洞全集事。28 日,以章炳麟就本馆印《八家文钞》有伊文字在内,不以为然,来信诘责,遂访章炳麟道歉,又谈《章太炎文集》出版等事。4 月 7 日,任江苏教育会地名、人名译音委员会主席。17 日,张元济与王清穆、范源濂、蔡元培、黄炎培、杨廷栋、唐文治等 21 人联名在《申报》刊登《南洋公学二十周纪念图书馆募捐启》。5 月 6 日,中华职业教育社于西门外林荫路 165 号江苏教育会举行成立大会,张元济与聂云台、史量才、王正廷、杨廷栋、郭秉文、沈恩孚、朱葆康、黄炎培 9 人推定为临时干事。15 日午后,张元济与沈恩孚、庄俞、蒋维乔同赴码头,为黄炎培赴南洋考察华侨教育送行。19 日下午 3 时,赴上海总商会出席商务印书馆股东常会,会议选举高凤池、鲍咸昌、聂其杰、张謇、张元济、叶景葵、梁启超、高凤谦、章士钊、郑孝胥、金邦平为董事;王亨统、谭海秋、吴馨为监察人。同月,撰《戊戌六君子遗集序》。8 月 20 日,张元济改定《四部举要》书目,交夏敬观复核。9 月 20 日,与杜亚泉商编《欧洲大战》事。10 月 9 日,赴旅沪粤籍教徒办中华基督教会演说。30 日,章士钊来信,商《太平洋杂志》由商务代印发行事。11 月 7 日,蔡元培来信,言大学设研究会,拟出杂志,与商务印书馆合办。10 日,与高凤谦、蒋梦麟、张叔良、陈俊生商定统一译名事。11 日,撰明嘉靖十八年刊本《淮海集》跋。27 日,买入《穆勒名学》甲、乙、丙版片及版权。同月,罗振玉抵沪,先生请为吴大澂《愙斋集古录》序。12 月 3 日,与高凤谦商章士钊著作出版办法。7 日,函请严复续译《穆勒名学》,照版税办法。12 日,为清乾隆六年海盐张氏清绮斋刊本《王荆公诗笺注》题识。(参见张人凤、柳和城编著《张元济年谱长编》,上海交通大学出版社 2011 年版,以上参见高平叔编著《蔡元培年谱长编》,人民教育出版社 1996 年版;王世儒编撰《蔡元培先生年谱》,北京大学出版社 1998 年版)

　　杜亚泉继续任商务印书馆《东方杂志》主编。1 月,在《东方杂志》第 14 卷第 1 号发表《外交曝言》《豫言与暗示》《中国人果惰乎?》《男女及家庭》。2 月,在《东方杂志》第 14 卷第 2 号发表《选举与考试》。3 月,在《东方杂志》第 14 卷第 3 号发表《个人与国家之界说》《妇女职业》。4 月,在《东方杂志》第 14 卷第 4 号发表《战后东西文明之调和》《家庭之改革》。前文基于经济与道德的双重维度明确提出"东西文明之调和论":"平情而论,则东西洋之现代生活,皆不能认为圆满的生活,即东西洋之现代文明,皆不能许为模范的文明;而新文明之发生,亦因人心之觉悟,有迫不及待之势。但文明之发生,常由于因袭而不由于创作,故战后之新文明,自必就现代文明,取其所长,弃其所短,而以适于人类生活者为归。此固吾人所深信不疑者也。"又谓:"世界各国之贤哲所阐发之名理,所留遗之言论,精深透辟,足以使吾人固有之观念益明益确者,吾人皆当研究之。近日美国卫西琴博士在北京教育会联合会演说,谓中国须'将固有之经史,借西国最新之学理及最新之心理学,重新讲译',盖深得我心者也。且吾人之所取资于西洋者,不但在输入其学说,以明确吾人固有之道德观念而已。读西洋道德史,不论何学派何宗教,皆有无数之伟人杰士,大冒险,大奋斗,以排除异论,贯澈主张,或脱弃功名富贵,数十年忍耐刻苦,以传宣义理,感化庸众。虽其宗派之间,盛衰兴替,更起迭乘,而献身之精神,亘上世、中世、近世而如出一辙。其中诚不无过于偏激者,然以彼之长,补我之短,对于此点,吾人固宜效法也。是故吾人之天职,在实现吾人之理想生活,即以科学的手段,实现吾人经济的目的;以力行的精神,实现吾人理性的道德。以主观言,为理想生活之实现;以客观言,即自由模范之表示也。"5 月,在《东方杂志》第 14 卷第 5 号发表《俄国大革命之经过》。7 月,在《东方杂志》第 14 卷第 7 号发表《未来之世局》,文中重点讨论了大战争后之预言、民主政治之前途、政党必灭论、武人必灭论四个论题。8 月,在《东方杂志》第 14 卷第 8 号发表《今后时局之觉悟》《国会之解散》。9 月,在《东方杂志》第14卷第8号发表《真共和不能以武力求之论》《宣战与时局之关系》。12月,在《东方杂志》第14卷第12号发表《革命后之俄国近情》,对俄国十月革命予以及时关注。

按:汪晖《文化与政治的变奏——战争、革命与1910年代的"思想战"》(《中国社会科学》2009年第4期)指出:

推动"五四"之"文化转向"的不仅是从器物、制度的变革方向向前延伸的进步观念,而且更是再造新文明的"觉悟"。在第一次世界大战和中国的共和危机之中,18、19世纪的欧洲现代性模式正处于深刻危机之中——资产阶级民族国家、自由竞争的资本主义经济,以及与此相关的价值系统,突然失去了自明的先进性;共和危机与国家危亡不再仅仅被归咎于中国传统,而且也被视为19世纪西方现代文明的产物。因此,如何评价共和的制度与价值,如何看待19世纪末期以降被视为楷模的西方模式,以及由此引发的如何看待中国传统等问题,构成了"五四文化转向"的基本问题。促成这一转折的,除了共和危机外,欧洲战争与革命时代西方形象的变化也是重要因素:如果将梁启超早年的《新民说》与他写作于欧洲战争期间的《欧游心影录》相比,我们不难发现前者内含完美的西方形象,而后者却显示了西方文明的百孔千疮。梁启超此时谈论的"中国人之自觉"不再是借鉴西方文明的自觉,而是从西方文明危机中反观自身的自觉。

这一"文化转向"仅仅是"保守派"的观点吗?显然不是。胡志德通过对黄远庸的文章的分析,清晰地论证说"《青年杂志》大胆专断的论述方式很可能直接因袭于当时有名的《东方杂志》"。《新青年》的基本政治主张在于奠定真正的共和根基,不仅反击帝制复辟的政治企图,而且铲除帝制复辟的社会基础。但他们不可能对战争危机视而不见,而俄国革命及德国革命也给了他们重新看待西方历史的契机。陈独秀在《一九一六年》中说:"创造二十世纪之新文明,不可因袭十九世纪以上之文明为止境。"他断言:在欧洲战争的影响下,军事、政治、学术、思想"必有剧变,大异于前";中国在1915年经历了帝制复辟及其失败,"理应从头忏悔,改过自新","自开辟以讫一九一五年,皆以古代史目之"。一年之后,俄国二月革命爆发,陈独秀断言:"此次大战争,乃旷古未有;战后政治学术、一切制度之改革与进步,亦将为旷古所罕闻。吾料欧洲之历史,大战之后必全然改观。以战争以前历史之观念,推测战后之世界大势,无有是处。"越二年,李大钊宣称:"一七八九年法兰西革命,不独是法兰西人心变动的表征,实是十九世纪全世界人类普遍心理变动的表征。一九一七年俄罗斯的革命,不独是俄罗斯人心变动的显兆,实是廿世纪全世界人类普遍心理变动的显兆。"新文化运动高举"科学"与"民主"的大旗,忠诚于共和的价值,并以此展开对于康有为及其同道的复辟主张的全面批判,但他们所揭橥的口号不再是重复19世纪的老调,他们对法国大革命及其价值的重申逐渐地和一种与19世纪的政治一经济体制诀别的意蕴相互缠绕。

没有一种与19世纪的政治一经济模式断裂的意志,中国的激进政治不可能形成;同样,没有这一断裂的意识,中国的那些被称之为"保守主义"的文化理论也不可能形成。这一对"19世纪"的态度并非从一开始就已经明确,但随着战争进程的发展,文化论战的两个方面都逐渐地展开了对于这一问题的深入思考。将"五四文化转向"置于由第一次世界大战造成的人类震惊之中,我们或多或少可以理解这一"意识的转变"的普遍意义。这是一个"自觉"的时代,一个通过"自觉"激活新政治的时代,一个以相互对立的"自觉"展开论战并对各种立场进行理论化的时代。翻阅这个时期的各种印刷物,"自觉"与"觉悟"的字样扑面而来。1915年《青年杂志》第1卷第1—3号连载高一涵的长文《共和国家与青年之自觉》,同年10月,《东方杂志》第12卷第10号发表杜亚泉的《吾人今后之自觉》;1916年2月,陈独秀在《青年杂志》第1卷第6号刊布《吾人最后之觉悟》,同年10月,刘叔雅在《新青年》第2卷第2号发表《欧洲战争与青年之觉悟》;1917年4月,《新青年》第3卷第2号刊载陈独秀的《俄罗斯革命与我国民之觉悟》,同年8月,杜亚泉在《东方杂志》第14卷第8号发表《今后时局之觉悟》;1917年年底,《东方杂志》第14卷第12号刊登章士钊的《欧洲最近思潮与吾人之觉悟》,一年之后,1918年12月,只眼(陈独秀)在《每周评论》第2号发表《欧战后东洋民族之觉悟及要求》;1919年1月,《东方杂志》第16卷第1号发表杜亚泉的《大战终结后国人之觉悟如何》,同年,在"五四"运动过程之中,天津学生团体"觉悟社"成立,并于次年1月出版社刊名《觉悟》,而上海《民国日报》副刊《觉悟》是"五四"时期著名的四大副刊之一。所有这些"自觉"或"觉悟"均以欧洲战争和共和危机为前提——前者击破了晚清以降中国知识人创造的近于完美的西方形象,后者打碎了仅凭共和政治本身(但不同立场的自觉对于共和价值的评价则截然对立)就可以拯救中国于水火的幻觉。总之,新的政治必须建立在新的"自觉"之上,但政治与自觉的这种关联究竟意味着什么呢?我认为意味着政治与历史之间的断裂——政治不能从历史中自然延伸,政治产生于历史断裂的意识——"保守主义"以断裂为前提讨论接续传统的问题,而"激进主义"则以断裂为前提讨论创造一个完全不同的新世界的问题。

　　文化与政治都是人类生活的基本特质,它们之间并无必然分界。但为什么在战争与共和危机的政治背景下,"五四"文化运动刻意地在文化与政治这两个有着密切联系的范畴之间作出区分?为什么这一有着明显政治动机的运动被理解为文化运动?在深入历史资料的分析之前,我在这里以《新青年》的姿态为据,勾勒几个不同的问题提供进一步思考的契机:首先,在什么条件下,"五四"文化运动将文化与政治区分开来?其次,为什么《青年杂志》必须以一种与政治隔绝的方式介入政治?第三,什么是与政治相隔绝但又能够重造政治的文化?很明显,20世纪政治并没有脱离18、19世纪的基本框架,国家、政党仍然是"政治"的主要承载者。革命政治同样如此。"五四"文化运动和政治运动的直接产物是新型政党政治的形成——从共产党的成立到国民党的改组,以及青年党等其他政治团体的诞生。"文化"因此承担着双重的任务,即一方面在社会的基础上创造和培育新的政治主体,另一方面通过内在于国家与政党的运动(或"革命")促成政治的生成、造化和改易。20世纪的"文化"命运始终在外在于国家政治与内在于国家政治之间摆荡,前者的范例是"五四"文化运动,而后者的范例是政党与国家内部的持续不断的"文化革命"。无论是"外在",还是"内在",一种通过文化与政治的区分而介入、激发政治的方式构成了20世纪中国的独特现象。在这个意义上,"五四"文化运动是后19世纪新政治的重要开端之一。(参见陈镱文、亢小玉、姚远《杜亚泉先生年谱(1912—1933)》,《西北大学学报(自然科学版)》2008年第6期;周月峰编《中国近代思想家文库·杜亚泉卷》及附录《杜亚泉年谱简编》,中国人民大学出版社2014年版)

　　夏敬观 2月4日午赴张元济约宴于家中,同至者高凤池、张廷桂、张蟾芬(桂华)、王莲溪、俞志贤、陈培初、包文信、鲍咸昌、顾晓舟、李宣龚等10人。17日晚,赴张元济约宴于家中,同至者陈慎侯、瞿凤书、范秋帆、陈俊生、高凤谦等人。3月22日,赴商务印书馆,"谈及杭馆同人意见事"。4月8日,赴郑孝胥邀宴于海藏楼,"同座有丁衡甫、张元济、许鲁山、赵竹君、高凤谦、李宣龚等"。12日,因湖南百枚票印刷事赴湘。6月3日晚,由京返沪。4日晚,赴张元济约宴于家中,"同至者高凤池、鲍咸昌、陈叔通、李宣龚、王莲溪等人"。7月2日晚,赴张元济约宴于家中,"同至者高凤池、鲍咸昌、陈叔通"。30日,张元济致书梁启超,为夏敬观介绍。8月20日,张元济改定《四部举要》书目,带至总务处,交夏敬观复核。9月7日晚,赴张元济约宴一枝香,"同至者李宣龚、陈叔通、鲍咸昌、包文德、高凤谦、江伯训、杨公亮等人"。席间谈购印机事。11月2日午,与张元济、陈叔通宴请俞明震、谭延闿昆仲、吕抒生于古渝轩。(参见陈谊《夏敬观年谱》,黄山书社2007年版)

　　蒋梦麟 8月离美回国。秋,任商务印书馆编辑兼江苏教育会理事,开始在《教育杂志》发表文章,在上海一些公共场所就教育、社会问题发表公开演讲。9月23晚,蒋梦麟作关于职业教育的演讲。略谓职业教育,乃辅助国民教育,以养成有完全生活能力之人才。欧美各国,无论何种职业,均有学校,以养成专门人才。我国则师徒承授而已,是以愈趋愈下,生计日蹙也。近来各国对于职业教育最注重者有五:"(一)专门高等职业,(二)工艺,(三)商业,(四)农业,(五)家政。法国尚多水产一科,各国均未加入。其组织设备,总以体察地方情形为主旨,务使合于社会之需要。使学成后,无不适之虞也。"后以《蒋梦麟博士之职业教育谈》为题刊于《环球》第2卷第4期。10月,在《教育与职业》第1期发表《教育与职业》《美国圣路易之兰根职工学校》。前文集中探讨职业教育问题。12月,在《教育与职业》1917年第2期发表《职业界之人才问题为教育界所当注意者》。(参见马勇、黄令坦编《中国近代思想家文库·蒋梦麟卷》及附录《蒋梦麟年谱简编》,中国人民大学出版社2018年版)

茅盾继续任职于上海商务印书馆编译所。1月5日,从英文杂志上选译科幻小说《三百年后孵化之卵》,刊于《学生杂志》正月号,署名雁冰。此为茅盾在报刊上发表的第一篇译作。春,与孙毓修合编《中国寓言初编》,10月由商务印书馆出版。秋,助编《学生杂志》,陆续编写童话。12月5日,在《学生杂志》第4卷第12号发表《学生与社会》,此为茅盾公开发表的第一篇论文。(参见唐金海、刘长鼎主编《茅盾年谱》,山西高校联合出版社1996年版)

陆费逵仍任中华书局局长。1月8日,《申报》广告,中华书局发行新式教科书。2月3日,《申报》载,中华书局杂志改为丛书并征稿启事。4月14日,《申报》广告,中华书局《实用大字典》开始发售预约。该书杨誉龙等编,陆费逵、戴克敦参订,以《中华大字典》为蓝本,加以增删补遗和正误,收字以普通实用为主,按部首编排。全书收字约两万余,150万言,1918年5月正式出版。同月,《小小说》儿童丛书由中华书局陆续出版,至1923年5月,共出版了100种。6月16日,中华书局召开第七届股东常会。这是《申报》首次披露中华书局的"民六危机"。中华书局由于固定资产投资过多,资金周转失灵,几无法维持,与商务印书馆谈判联合,旋以商务印书馆内部意见不一致"暂行缓议"。25日,中华书局董事会决定中华书局全部财产由徐静仁、吴蕴斋、史量才等组织的新华公司承租经营。同月,陆费逵因被控告挪用资金入狱,后经法院判决,以中华书局印刷厂机器抵押给信业银行,使总厂关门,才被释放。嗣后,中华书局董事局改组,陆费逵辞去董事局局长职务,以司理名义处理业务。8月,中华书局开始出版《清外史丛刊》。

按:《清外史丛刊》收录(英)马嘎尔尼著、刘半农译《乾隆英使觐见记》,(英)朴笛南·姆威尔著、陈冷汰等译《庚子使馆被围记》,(英)普兰德著、陈冷汰等译《清室外纪》,(美)卡尔著、陈霆锐译《慈禧写照记》等。(参见吴永贵《民国图书出版史编年:1912—1949》,社会科学文献出版社2018年版)

沈知方时任中华书局副局长兼文明书局协理。1月21日,沈知方提出辞职,董事会决议副局长不再补人,所办各事即由诸理事分任。沈知方辞职信云:"因他方关系兼办别业,以致事务纷繁,日不暇给,……所办华昌火柴公司正在扩张,中华制药公司亟待进行,兼筹并顾则力有不支,舍彼就此又势所不能。"陆费逵在《中华书局二十年之回顾》一文中指出中华书局发生经济危机原因之三,为"副局长某君个人破产,公私均受其累"。又在复股东查账代表的信中说,"董事兼副局长沈知方欠款三万元……系先挪用后改为押款的,并非债务抵进押品"。28日,沈知方在《申报》发表启事:"鄙人因经营事业过多,日不暇给,已将中华书局副局长、文明书局协理两席辞卸。各界如有惠顾接洽之事,每日午后请至海宁路北山西路五百七十七号敝寓新宅,午后请至闸北虬江路华昌火柴公司或三马路中华制药公司。来函请迳寄敝宅为幸。"(参见吴永贵《民国图书出版史编年:1912—1949》,社会科学文献出版社2018年版)

刘半农离开中华书局之后仍居上海,以译书著述为生。1月1日,在《新青年》第2卷第5期上发表翻译小说《磁狗》。同期刊有胡适的《文学改良刍议》。5日,在《小说海》第3卷第1期上发表小说《女侦探》。同月,由包天笑、钱病鹤编辑的《小说画报》月刊创刊。刘半农在该刊创刊号发表小说《歌浦陆沉记》,后在该刊第2—5期连载。2月1日,在《新青年》第2卷第6期发表所译《灵霞馆笔记·阿尔萨斯之重光》,文内尚收有法国李塞尔作、刘半侬译词的《马赛曲》。同期刊有陈独秀《文学革命论》。2月5日,在《小说海》第3卷第2期发表"短篇小说"《失魂药》。12日,在上海《时事新报·报余丛载》发表《卧佛寺游记》,后在

20 日续载。25 日,在《小说月报》第 8 卷第 2 期发表"寓言"《交谪》。同月,在《小说画报》第 2 期发表"短篇小说"《催租叟》;在《小说时报》第 80 期发表所译"熟世小说"《文明》。3 月 25 日,在《小说月报》第 8 卷第 3 期发表所译"寓言"《钱房之言》。同期发表所译"寓言"《万国胜篋会》。同月,在《小说画报》第 3 期发表"短篇小说"《可怜之少年》。4 月 1 日,在《新青年》第 3 卷第 2 期发表《灵霞馆笔记·咏花诗》。5 日,在《小说海》第 3 卷第 4 期发表"短篇小说"《最后之跳舞》。25 日,在《小说月报》第 8 卷第 4 期发表"寓言"《新闻电稿》。同期发表"寓言"《村长女》。同月,由上海中华书局出版译述美国梅丽维勤原著"侦探小说"《猫探》。

刘半农 5 月 1 日在北京《新青年》第 3 卷第 3 期发表《我之文学改良观》。文中对《新青年》所倡导的新文化运动和文学革命积极响应,明确表态:"文学改良之议,既由胡君适之提倡之于前,复由陈君独秀、钱君玄同赞成之于后。不佞学识谫陋,固亦为立志研究文学之一人。除于胡君所举八种改良,陈君所揭三大主义,及钱君所指旧文学种种弊端,绝端表示同意外,复举平时意中所欲言者,拉杂书之。"作者先从明确"文学之界说"起笔,认为"文字"和"文学"不可混为一谈,"必须列入文学范围者,惟诗歌、戏曲、小说杂文、历史传纪",并断言:"凡可视为文学上有永久存在之资格与价值者,只是个戏曲、小说杂文二种也。"认为散文的改良应注意三个问题:第一是破除迷信。新文学的建立非破除对旧文学的迷信才可以成功。第二是文言、白话暂时可处于对等的地位。努力促使文言化为白话,以早日淘汰文言。第三是不用不通之文字。用典之不通,僻字之不妥,尤其是生搬硬套之不通之字,都在彻底扫除之列。在谈到韵文的改良时,他认为也有三个问题需要注意:第一是破坏旧韵、重造新韵。第二是增多诗体。第三是提高戏曲在文学上之位置。并具体提出了改革戏曲的四点意见:无论南词北曲,皆须用当代方言之白描笔墨为之;近人推崇昆剧、鄙视皮黄,实为迷信古人之谬见,应根据时代的要求,扭转这种偏向;除部分人从事昆剧艺术外,其他人都应全力以赴从事皮黄之改良,以顺应时势之需要;成套之曲,可以不作,改作皮黄剧本,零碎小词,可以不填,改填皮黄之一节或数节。他最后预言,在白话文学剧本兴盛起来之后,皮黄也总有一天和昆剧一样,退居于历史的艺术地位。最后,他还就文学作品形式上的改革,提出了分段、运用句逗符号和坚决废除圈点的三点意见。

按:刘半农此文出现在文学革命倡导之初,使《新青年》首倡的文学革命在理论上更加鲜明、系统和丰富。它不仅起到了推波助澜的作用,也成为现代文学运动史上极为重要和珍贵的历史文献。文中还继续批评了林译小说,当时新文学阵营对林译的攻讦主要集中在文言不通和翻译的选本流品不一两点。刘半农此文还摘引林译小说中诘屈聱牙之句以为诟病:"近人某氏译西文小说(指林译《巴黎茶花女遗事》),有'其女珠,其母下之'之句。以'珠'字代'胞珠',转作'孕'字解,以'下'字作'堕胎'解。吾恐无论何人,必不能不观上下文而能明白其意者。是此种不通之字,较诸'附骥''续貂''借箸''越俎'等通用之典,尤为费解。"

刘半农 6 月 1 日在《新青年》第 3 卷第 4 期发表所译"短剧"《琴魂》。同期发表所译《灵霞馆笔记·缝衣曲》。30 日,在《小说大观》第 10 集发表所译"社会小说"《卖花女侠》。后连载于 9 月 30 日第 11 集,12 月 30 日第 12 集。7 月 1 日,在《新青年》第 8 卷第 5 期发表所译《诗与小说精神上之革新》,初收《平农杂文》第 1 册,删改更题为《诗人的修养》。有译者自注。译文着力于诗论的章节,探讨诗人的修养。认为诗人不能仅仅效法古人,单纯摹仿:"天下岂有只从摹仿上着力,而能成其为伟人哲士者?"首先应当观察自然,其次还应当了解人生,还应当"自能剥夺其时代上及国界上实不可破之偏见,而从抽象的及不变的事理中判断是非;犹须不为一时的法律与舆论所羁累,而超然高举,与至精无上万古不移的真理相接触"。最后强调诗人"不可不习各种语言,不可不习各种科学;诗格亦当高尚,俾与思想相配;至错词必如何而后隽妙,音调必如何而后和叶"。8月1日,在《新青年》第3卷第6期发表《灵霞馆笔记·倍那儿》。25日,在《小说月报》第8卷第8期发表小说《稗史罪言》,后连载于11月25日第8卷第11期和12月25日第8卷第12期。(参见徐瑞岳编《刘半农年谱》,中国矿业大学出版社1989年版)

吕思勉继续任上海中华书局编辑。2月,编著《国耻小史》(上下册)列入"通俗教育丛书",由中华书局初版印行。此书详细地叙述了列强对中国的野蛮侵略,并检讨了满清政府在对外交涉中的种种失误。同月,编著《中国地理大势》(上下册)由中华书局编入"通俗教育丛书"初版。4月中旬,编撰《欧战简览》一篇,起于1914年6月26日的斐迪南在波士尼亚省遇害,终于德休战条约签字。(参见李永圻、张耕华编撰《吕思勉先生年谱长编》,上海古籍出版社2012年版)

梁希与张謇等在上海创立的中华农学会1月呈报教育农、商两部核准立案。梁希为理事长,推张謇为名誉会长。其宗旨在于联络同志,共图中国农学之发达及农业之改进。该会设总务部、编辑部、委员会。总事务所设在上海,在日本、美国设有分会。成立后,相继开年会于南京、苏州、杭州、北京、济南、安庆、无锡、上海、广州等处,发表计划,宣读论文,刊行会报及学术专刊,会务日趋发达,机关会员曾发展到40余处,个人会员达1000余人,会员踪迹遍及海内外。

按:后又创办《中华农学会报》,以"研究农学革新,促进农村建设"为宗旨。

李石曾主编的《农学杂志》5月11日由蔡元培与吴稚晖、汪精卫联名推介于上海商务印书馆,商请该馆代为出版。该刊提出"农学乃实业之根本",应积极提倡农学、振兴农业,设有图画、论著、调查、辑要、家畜饲养、农作物栽培等栏目。主要撰稿人有陈镇海、胡锷钧、谢田、刘厚、罗世嶷、蔡无忌、李煜瀛、李乃垚、李寅恭等。

贾丰臻在《教育杂志》第3期发表《实施职业教育之注意》,强调在培养职业技能的同时,要加强职业精神的培养。

马相伯在京参与组织推进自治团体"民治学会"。是年,南归上海,再居徐家汇土山湾。(参见李天纲编《中国近代思想家文库·马相伯卷》及附录《马相伯年谱简编》,中国人民大学出版社2014年版)

余日章任中华基督教青年会全国协会总干事,连任17年,并兼任中华全国基督教协进会会长。是年曾参与孙中山《建国方略》的撰写工作。

皕海编辑的《青年进步》杂志3月在上海创刊,是中华基督教青年会全国协会的机关报,由基督教青年会总委办(全国协会的前身)于1897年创办的《青年》杂志和1911年11月创办的《进步》杂志合并而成。撰述委员有赵紫辰、刘廷芳、简又文、洪煨莲、李荣芳、罗运炎、谢宗羔、沈嗣庄、余日章、徐宝谦、余绍武、梅贻琦、陈霆锐、张仕章、来会理、乐露生等。

按:皕海《青年进步发刊辞》曰:"《青年进步》者,在其英文曰:Association Progress。详言之即青年会之进步也。青年会成立于中国,二十有二年矣。皕海曩日之持论,以为一国在上之机关为政府,在下之机关为会、社。政府之政治,虽至善而无遗憾,然常有其权力所不能及者,如人心风俗之属,非有良好之社会,为之下级机关,以潜移而默化之,亦决不能收其效果也。吾国今日之不振,政府固当然负其责,而亦由国民未尝有正当会、社之成立,团体散漫,人自为异,无以为在上者之辅佐,则存此孤立之政府,其能有所作为者亦仅矣。呜呼!此青年会之所欲出而承其乏者也。……青年会之建立也,上必冠'基督教'三字,此非即哲斐孙所指之宗教的会、社,丁尼所指之正义的会、社耶。会之宗旨,以造就青年德育、智育、体育三者,而以三角形为其徽章与符号。会之普及,分城市、学校两种。城市各会遍及绅商各界,学校各会,则教习学生咸在焉。近年以来,青年会所做之工,已大有感动于吾国上游社会之中。而所谓三育者,融洽于人心风俗间。视前二十年,不啻霄壤之隔矣。民国肇造,政治革新。共和国之主权,操诸人民。人民程度之优劣,操诸社会之教育。则青年会者,将为今日至重要之一种会、社,入社会而执其中枢。斯亦事实之彰著,而不可诬者也。抱以上无穷之希望,于是有《青年进步》之发行,用为全国青年会之机关,负有提倡、启导之两责任焉。内容分为十门。一门曰德育门:凡论宗教、道德、伦理、哲学,有益吾人德性修养者,皆属焉。二门曰智育门:凡政治之理论,教育之本原,以及科学、实业,皆属焉。三门体育门:凡为公众卫生、个人卫生,与夫病理之发明,及一切运动、游戏之要则,皆属焉。四曰社会服务门:凡人事交际之要端,及改良风俗,励行慈善事业,皆属焉。五曰会务门:则所以发明青年会之总是与其办法,干事员之练习以及其他,是也。六曰经课门:则所以阐明基督教之经义与教旨,是也。七曰通讯门:如城市青年会消息,学校青年会消息,个人消息,欧美会务消息均入之。八曰记载门:如国内大事,国外大事,并掇拾时论之可采者,均入之。九曰杂俎门:有文苑,有笔记,有故事,有小说,均入之。十曰附录门:以新书介绍,来函问答,终焉。综是诸门,虽不必求备于一册,要之或撰或译,或征取名人言论,务求有益青年。而无愧进步,则本杂志发行之微旨也。丽海于五年前,曾作《进步杂志发刊辞》四千余言。论杂志与社会之关系详矣。计《进步杂志》供给社会,充国人之阅读物者,六十有四回,每回出版或四五千册,约其总数,在二十万册以上。丽海无能,晨夕从事于编辑,不仅戢看整齐,亦时时发其言论,就正于有道君子,自尽其以文字服务之天职焉。今者更以二十年资格之《青年杂志》,纳入同一范围之内,而为《青年进步》之合并,仍俾丽海以编辑之役,盖以《进步杂志》之高掌远蹠,似偏于成人方面,俾城市青年,适用此精神,以出于省力 Effciency 之途,而不可不以《青年杂志》之绳墨准则,规法基督,立其基于学校青年中之学生时代,以深造于健全 Sound 之城。物理学之公例,两异性相交接,则其结果必加良焉。是则丽海做希望于《青年进步》者乎! 遂拉杂书此,以弁其首。"

杨杏佛时任上海《科学》的第一任主编,6月通过以他为首制订《科学期刊编辑部章程》(《科学》1917年第1期)。

按:该章程共11条决议,明确编辑部的构成、编辑部长和编辑部部员的任命形式、职责、任期及部内分工,特别规定在编辑部中设审查委员会,其职责为:一、酌议期刊体裁,待编辑部全体决议;二、审定期刊稿件,决定登载与否。

李剑农与同学在上海创办政论刊物《太平洋》杂志,任编纂主任,发表一系列文章,宣传调和,鼓吹各派势力互相让步,在联省自治的基础上实现国家统一。

张公权、陈光甫、宋汉章等5月在上海创办《银行周报》。

许建屏任上海《大陆报》记者。

秦翰才任上海中华职业教育社总务科任秘书、通讯股主任。王云五在上海从事编译工作,并创办公民书局,开始出版商生涯。

谢观与丁甘仁创办上海中医专门学校,任校长。

祝味菊移居上海,与神州国医学会诸友襄办景和医科大学。

恽铁樵因两年内三个儿子殁于伤寒,开始潜心研究《伤寒论》,师从伤寒名家汪莲石。

周瘦鹃将高尔基的《叛徒的母亲》改名为《大义》,首次翻译到国内来。收入《欧美名家短篇小说丛刊》3月由中华书局出版。是年,兼任上海《新闻报·快活林》特约撰述。(参见范伯群、周全《周瘦鹃年谱》,载《新文学史料》2011年第1期)

成舍我与张春帆在1月底至2月初在《民国日报》《神州日报》上展开的关于小说《九尾龟》的笔战,是中国文学史上较早(甚至可以说是最早)以报纸副刊为平台进行的文学论争。

杨小楼、谭小培带领尚小云、荀慧生赴沪演出,被京剧界称誉为"三小一白"下江南。

尚小云加入同馨社,与王又宸、龚云莆、沈华轩、荀慧生、许德义、郝寿臣等演出《彩楼配》《四郎探母》《落花园》《桑园寄子》等戏。

陈乔年入上海震旦大学学习法语。

谢冠生入上海震旦大学法科学习,并兼任校长秘书。

吴经熊转学入读上海的东吴大学法科,并受洗礼入美以美会。

潘玉良在上海师从洪野学习绘画。

太虚2月4日立春出关。时台湾基隆月眉山灵泉寺住持善慧,请圆瑛法师去讲演佛学,圆瑛事繁不克分身,荐太虚以自代。10月,太虚赴台湾弘法。12月2日,善慧陪太虚作游日之行。15日登轮,别善慧回国。19日晚,归抵上海,结束二月余之游化。

按:太虚此行考察所得,深觉《整理僧伽制度论》之分宗,颇合于日本佛教之情况;而本原佛教以联成一体,则犹胜一等。乃于革新僧制之素志,弥增信念。(参见释印顺编著《太虚法师年谱》,宗教文化出版社1995年版)

张謇1月1日为马子贞《中华新武术·拳脚科》等撰序。同月,嘱军山气象台即日起每天预报天气,并用英京格林维次测验台东经一百二十度之子午线之时为标准,每日午正报时一次。25日,所题"启论新知"载本日出版的《科学杂志》第3卷第1期。同期另载黎元洪、蔡元培、范源濂题词。30日,在中华农学会在江苏省教育会举行的成立大会上被推为名誉会长,王舜成为会长。

按:农学会系王舜成、过探先、邹秉文、陆水范、陈嵘等发起成立,事务所设苏州省立第二农业学校。农学会《缘起》云:"创举斯会,冀收教学相长之效,藉尽鼓吹提倡之职。学理昌明,影响很大,是合或足开农业改进之先声,亦意料中事,宁止侈谈学理而已。"

张謇1月在《中华职业教育社宣言书》载《募金通启》,发起人或赞成人有:伍廷芳、梁启超、蔡元培、严修、唐绍仪、范源濂、汤化龙、王正廷、袁希涛、张元济、江谦、陈宝泉、宋汉章、陈光甫、陆费逵、张嘉璈、穆湘瑶、周诒春、杨廷栋、史量才、刘垣、穆湘玥、蒋维乔、庄俞、贾丰臻、聂云台、蒋梦麟、顾树森、沈恩孚、余日章、郭秉文、黄炎培等。5月6日,参与发起的中华职业教育社在上海江苏省教育会举行成立大会,萨镇冰任临时主席,聂云台、张元济、史量才、王正廷、杨廷栋、郭秉文、沈恩孚、朱少屏、黄炎培被推为临时干事。7月22日,作《汤(寿潜)君挽词》。8月29日,在江苏省教育会在上海举行的常会上当选为会长,黄炎培为副会长,沈恩孚、顾树森、杨鄂联、蒋昂、庄俞、张世鎏、吴研蘅、吴家煦、沈颐、陆裕柚、陆规亮、贾丰臻、凌昌焕、朱亮等为干事员。同月,荐崔朝庆往商务印书馆担任编译。9月5—7日,在中国科学社在美国罗岛州勃朗大学举行的第二次年会上被推为名誉社员,伍廷芳、唐绍仪、范源濂、黄炎培为赞助社员,蔡元培为特社员。10月12日,在中华工程师学会在北京举行的第五届常年大会上,与叶恭绰被推为名誉会长,詹天佑为会长,邝景阳、陈西林为副会长。10月20日,在《教育与职业》第1期所载中华职业教育社特别社员之列。是年,为陆师凯、陆师通《拳术学教范》题写书名,由商务印书馆出版。(参见庄安正《张謇年谱长编(民国篇)》,上海交通大学出版社2018年版)

叶德辉9月由吴县俞守将其收藏历代书画及题跋编为《艺苑留真》第一集出版,此后陆续出第二、三集。12月,始知王先谦去世,有挽诗,并迁子侄往祭,询其遗书。是年,编在苏沪诗作为《还吴集·丁巳》。所著《观画百咏》4卷、《疏香阁遗录》4卷、《已畦文集》20卷(《诗集》10卷、《残余诗稿》1卷、《原诗》4卷)、《秦云撷英小谱》1卷、重刊《六书古微》刊行。(参见王维江、李骛哲、黄田编《中国近代思想家文库·王先谦、叶德辉卷》及附录《叶德辉年谱简编》,中国人民大学出版社2015年版)

江谦继续任南京高等师范学校校长。3月12日,教育部视学钱钧甫、周仲容到校视察。6月,本校增设农业、商业、英文三专修科。8日,聘请美籍商科英文教员罗培来校任教,月薪300元。日本教育考察团松原一彦等人到校访问。9月,聘请美籍体育教员祁屋光来校任教。月薪300元。同月,成立南高师校友会,10月,公布校友会简章及规程。(参见南京大学高教研究所编《南京大学大事记1902—1988》,南京大学出版社1989年版)

陶行知9月应南京高等师范学校校长江谦之聘,提前回国,任南京高等师范学校教育学专任教员,主讲教育学、教育行政、教育统计等课程,介绍各科新观点,主张课堂教学与社会实际结合。12月,加入教育社团中华职业教育社,为"特别社员"。(参见余子侠编《中国近代思想家文库·陶行知卷》及附录《陶行知年谱简编》,中国人民大学出版社2015年版;南京大学高教研究所编《南京大学大事记1902—1988》,南京大学出版社1989年版)

王德钟在江苏吴县与朱灵修创立正始社,提倡国学,刊有《正始社丛刻》。参与者有田兴奎、陈家庆、余其锵、朱汝昌、赵家杰、叶秀英、柳冀高、丁奉甲、许观曾、黄复、顾无咎等人。

丁祖荫12月4日于《重修常昭合志》正式启动之时被聘为主纂,常熟县为修志特别设立"修志征访处"以征集史料。

按:《重修常昭合志》22卷至1924年方完稿,共计170余万字。

钱穆继续专任梅村镇县四高小教职。夏,七房桥五世同堂遭火灾后,又遭回禄之灾,无屋可居,乃又迁家至荡口镇。为朝夕侍养母亲,乃辞梅村镇县四高小教职,回荡口镇鸿模学校任教。《论语文解》积年所写已成一书,乃模仿《马氏文通》体例著成,邮寄上海商务印书馆出版,此为钱穆正式撰述的第一部著作。(参见钱穆《八十忆双亲师友杂忆》,三联书店2005年版;韩复智编著《钱穆先生学术年谱》,中央编译出版社2012年版)

陈寅恪上半年继续在湖南交涉使署任职。秋,卸交涉使署任,将留学美国,寄寓长沙雅礼学会,旋回江宁。(参见卞僧慧《陈寅恪先生年谱》,中华书局2010年版)

欧阳竟无是春著成《瑜伽师地论叙》,系作者对唯识宗根本论典《瑜伽师地论》之提要,共分五分叙事、十要提纲、十支畅义、十系广学、绪言五个部分,旨在构画佛教学理规模,阐明法相唯识一本十支精义,被誉为有唐以来精研《瑜伽师地论》的第一部重要的诠释之作。秋,在金陵刻经处刻成《瑜伽师地论》100卷,历时20年始成书。(参见徐清祥编《欧阳竟无先生学术年表》,载欧阳竟无《欧阳竟无内外学》,商务印书馆2017年版)

月霞是春应湖北教育会邀请,赴汉口讲《楞严经》,后至宜兴磐山寺宣扬《华严一乘教义分齐章》。夏,月霞又奉冶开和尚之命,将华严大学移至常熟兴福寺,改名为"法界学苑",并任兴福寺住持。7月1日,在兴福寺升座,继之返回杭州办华严大学迁校事,因积劳过甚,胃病复发,叹曰:"三次发病,将不复药",遂率弟子去西湖玉泉寺养疴。10月3日,月霞圆寂于杭州西湖玉泉寺,世寿六十。

按:月霞法师最初学习天台宗,后改华严宗,对于杜顺和尚的法界观,及法藏、澄观诸师的章疏,均有深入研究,可谓近代华严宗的代表人物。尤其是创办华严大学,培育出一批弘扬华严的学者,著名弟子有应慈、常惺、慈舟、持松、戒尘、了尘、霭亭、智光等。(参见于凌波《中国近现代佛教人物志》,宗教文化出版社1995年版;孙严《华严大学之研究》,河北师范大学硕士学位论文,2020年)

慈舟随侍月霞法师到湖北汉阳。月霞在归元寺讲《楞严经》,在武昌为居士讲《大乘起信论》,首开武汉讲经的风气,慈舟于汉阳归元寺辅讲《愣严经》《起信论》。(参见于凌波《中国近现代佛教人物志》,宗教文化出版社1995年版)

应慈协助月霞法师在江苏常熟兴福寺办华严大学。月霞法师在杭州玉泉寺临终前,持应慈手曰:"应弟,善弘华严,莫作方丈。"应慈遵受师之遗嘱,自是三十余年,云游海内,传讲晋唐三译《华严》,始终不作方丈,兴办华严学府,以弘扬华严精义之大德。(参见于凌波《中国近现代佛教人物志》,宗教文化出版社1995年版)

赵紫宸获范德比尔特大学神学学士学位(BD),论文题为"The Problem of Evil",并因成绩优异获校方颁发的创校者奖牌。回国,就任东吴大学哲学系教授。(参见赵晓阳编《中国近代思想家文库·赵紫宸卷》及附录《赵紫宸年谱简编》,中国人民大学出版社2014年版)

马一浮1月17日复信蔡元培,以平日治学异于时贤为由,辞谢蔡元培之请,并向其推荐谢无量。9月,致信谢无量。得谢无量寄来的英译《康德论衡》,由此谈及谢无量所著《中国哲学史》及《佛学大纲》,称其"理无不融,事无不摄",为当世学者中的佼佼者。是年,与彭逊之、曹赤霞往来论学甚密。帮助彭逊之油印《周易明义》,并代其作《周易明义〈小引〉》,与曹赤霞论儒佛老氏之学,探讨"定命""气""数""易""中庸""圆教"等问题。又有与谢无量、沈上道、叶左文、宗白华等人论学书。(参见张雨晴《马一浮学术年谱整理(1911—1949)及其儒学践履活动研究》,贵州大学硕士学位论文,2019年)

汪东约在1月23日春节后离开北京,南下赴任浙江会稽道尹公署秘书长。时任会稽道尹刘邦骥,与汪东父汪凤瀛有旧。3月31日,赴任途中在杭州与夏敬观、诸宗元游灵峰寺看梅。春,自杭州赴宁波,道出海上,遇旧友应德闳。时汪东欲谋鬻画偿债,德闳作书为介,并偿代其债。秋,在会稽道尹公署秘书长任。尝从会稽道尹刘邦骥游接待寺、梁山伯庙、阿育王寺,初识太虚大师。10月14日,出任浙江象山知事。任上曾创议重修文庙,并礼请乡绅欧仁衡督修。(参见薛玉坤《汪东年谱》,河南文艺出版社2016年版)

沈曾植自上海回浙江嘉兴。王蘧常仰慕已久,但不敢贸然当面请教,托名"黄阿龙",把平时读书所遇疑难问题20余条写成一信,寄去请教,引起沈曾植注意。(参见王蘧常编《沈寐叟先生年谱》,上海商务印书馆1938年版,许全胜《沈曾植年谱长编》,华东师范大学博士学位论文,2004年)

夏丏尊6月17日应经亨颐之约,与朱听泉、王赓山赴其宅商谈校务改进等计划。6月底,李叔同准备入山,打算先在寺里住一年后再行出家。夏丏尊恳留不住,深悔不该坚留李叔同在杭州教书,更不该介绍李叔同读关于断食的文章。离校前,李叔同将所藏之艺术珍品、金钱、衣物全部分赠朋友、学生及校工们。金表、诗词、历年所写的字、所有的折扇等贵重品均留与夏丏尊,许多字画上留有"息霜旧藏,今将入山修行,以贻丏尊"的跋语。7月初,夏丏尊去虎跑寺看望李叔同,见他已穿了出家人的衣裳,颇感惊讶,便对他说:"既住在寺里,又穿了出家人的衣裳而不出家,那有什么意思?还是赶紧剃度吧!"12月8日,嘱弘一法师为其书写"勇猛精进"横幅。(参见葛晓燕、何家炜编著《夏丏尊年谱》,中国文史出版社2012年版)

李叔同7月25日复信夏丏尊,希望给予夏寿恒佛门的临终关怀。8月19日,李叔同在杭州虎跑定慧寺剃度出家,正式定法名演音,法号弘一。10月23日,在李叔同38岁生日那天,在灵隐寺举行受戒仪式,发愿研习戒律,弘扬律学。8月,弘一法师复信夏丏尊,告诉他,若要了解"判教",应先看华严宗小乘、始、终、顿、圆五教,再看天台宗的化仪四教和化法四教,并建议将满益智旭所著《选佛谱》作为熟悉佛教名位的工具。11月初,弘一法师在灵隐寺接受为期49天的比丘大戒。戒期中,夏丏尊前去探望,并告知父亲去世的消息。弘一法师即延请宏祥、永志二法师为其父念普佛一日,并详告灵位的布置方法。(参见葛晓燕、何家炜

编著《夏丏尊年谱》,中国文史出版社2012年版)

丰子恺与沈本千、李增荣等在浙江省立第一师范学校组织桐荫画会。是年,李叔同至延定巷拜访马一浮,丰子恺随行,与马一浮相识,随后一同研究佛经。

> 按:马一浮约于1902年与李叔同相识沪上。1912年,李叔同至浙江省立第一师范学校任教后,与马一浮破颇多往,一同研究佛典、游佛寺、结交方外之友等。与楚泉法师相识于月霞法师封龛仪式上,此后常去听其说法,与之论禅。是年,马一浮居杭州宝极观巷专研佛学,常与李叔同谈佛学、赠佛经,因先生的熏陶和点化,李叔同决心皈依。(参见张雨晴《马一浮学术年谱整理(1911—1949)及其儒学践履活动研究》,贵州大学硕士学位论文,2019年)

杨贤江7月以全优的成绩毕业于浙江省立第一师范学校。在校期间,多得名师夏丏尊、李叔同等着意栽培。8月,应聘回余姚县担任暑期教育研究会讲师。秋,由经亨颐向郭秉文推荐,受聘为南京高等师范学校学监处事务员,公余开始旁听大学课程。(参见潘懋元等主编《杨贤江年谱长编》,光明日报出版社2005年版)

夏衍受俄国十月革命影响,开始阅读《时事新报》《民国日报》《新青年》《解放与改造》等报刊上各种介绍新思潮的文章。(参见沈宁、沈旦华、沈芸编《夏衍全集·书信日记》,浙江文艺出版社2005年版)

唐兰从嘉兴中医陈仲南学医,后在城区项家漾开设景兰医院。

圆瑛在宁波当选为宁波佛教会会长,创办两所"僧民学校",对入学者施以义务教育。继之又创办"宁波佛教孤儿院",收容无依孤儿,施以工读教育,各省闻风争相仿效。(参见于凌波《中国近现代佛教人物志》,宗教文化出版社1995年版)

谛闲在宁波观宗寺传戒,倓虚9月间南下宁波,在观宗寺受具足戒,随后留在谛闲法师所办的佛学研究社,学习天台教法。(参见于凌波《中国近现代佛教人物志》,宗教文化出版社1995年版)

范古农皈依宁波观宗寺谛闲法师,法名幻修,又受优婆塞满分戒,在寺中随众听讲,自此通达天台教义。认为佛经学理高深,莫过《成唯识论》;行持方法,莫过《瑜伽师地论》,劝人重视这两点,解行并重。(参见于凌波《中国近现代佛教人物志》,宗教文化出版社1995年版)

胡汉民1月19日被总统黎元洪授智威将军上将衔。5月12日,各界在上海公祭陈其美,代表总统黎元洪致祭。6月,胡汉民到广州、南宁联络护法力量,协助孙中山领导护法。9月,护法军政府成立,胡汉民任交通总长。(参见陈红民、方勇编《中国近代思想家文库·胡汉民卷》及附录《胡汉民年谱简编》,中国人民大学出版社2015年版)

戴季陶6月16日奉孙中山之命赴日,以探清日方对张勋图谋复辟的态度。9月1日,中华民国军政府在广州成立,被孙中山任命为法制委员会委员长。后兼任大元帅府代理秘书长,不久,复兼任外交部次长。(参见桑兵、朱凤林编《中国近代思想家文库·戴季陶卷》附录《戴季陶年谱简编》,中国人民大学出版社2015年版)

朱执信在孙中山大元帅府负责军事联络和掌管机要文书工作。夏,由孙中山口授撰成《中国存亡问题》一书。全书分为十部分,从国家与战争的关系、战争的性质、参战的利害、中国自身的地位和实力、外交得失和帝国主义对华政策诸方面,论述中国决不可参战,必须"维持严正之独立"。《中国存亡问题》以朱执信名义印行,是"因国际障碍,有所顾忌"。7月6日,朱执信、廖仲恺、章太炎、何香凝等陪同孙中山由沪乘军舰赴穗,举起护法运动的旗帜。(参见张萍、张磊编《中国近代思想家文库·孙中山卷》附录《孙中山年谱简编》,中国人民大学出版社2015年版)

谢无量7月与孙中山上海会晤。此前，孙中山已阅谢无量在《民权报》《神州日报》等发表反对袁世凯卖国求荣的文章和专著《中国妇女文学史》《中国哲学史》等，特致信约见，彼此会面后谈论极欢洽。孙中山在上海著述《建国方略》，一再征求谢无量的意见，且多予采纳。同月，孙中山由上海至广州，号召"护法"。9月，孙中山在广州成立护法军政府，自任为大元帅，谢无量被聘为大元帅府大本营秘书。

按：谢无量夫人陈雪湄《漫谈谢无量的书法及其他》（《国学大师谢无量》附录，中国文史出版社2006年版）回忆说："当时孙先生正草拟孙文学说建国大纲，无量参与其事。采故实于前代，观通变于当今，理既切至，言亦贞明，许多意见都被采纳。"又谓："1917年，谢无量结识了孙中山先生，这是他一生中的转折点。这时他才三十来岁，见到孙中山后，在崎岖的征途中他找到了燃犀之照。从此投身革命（参加了同盟会），前进的步伐更坚定了。"（参见刘长荣、何兴明编《谢无量年谱》，《文教资料》2001年第3期；彭华《谢无量年谱》，《儒藏论坛》2009年第1辑）

马一浮1月17日复书蔡元培，以平日治学异于时贤为由辞谢蔡元培之请，并向其推荐谢无量。9月，致书谢无量。得谢无量寄来的英译《康德论衡》，由此谈及谢无量所著《中国哲学史》及《佛学大纲》，称其"理无不融，事无不摄"，为当世学者中的佼佼者。是年，与彭逊之、曹赤霞往来论学甚密。帮助彭逊之油印《周易明义》，并代其作《周易明义〈小引〉》，与曹赤霞论儒佛老氏之学，探讨"定命""气""数""易""中庸""圆教"等问题。又有与谢无量、沈上道、叶左文、宗白华等人论学书。（参见张雨晴《马一浮学术年谱整理（1911—1949）及其儒学践履活动研究》，贵州大学硕士学位论文，2019年）

刘成禺8月任广州国会非常会议参议院议员；9月被孙中山聘为大元帅府顾问。

熊十力再晤月霞法师。孙中山领导的护法运动兴起。秋，熊十力曾由江西入湖南参预民军，不久与天门白逾桓赴粤，佐孙中山幕。蔡元培掌校北京大学，改革北大，并创进德会。熊十力贻书赞助，极声应气求之雅，与熊十力始结文字之交。（参见郭齐勇编《中国近代思想家文库·熊十力卷》及附录《熊十力年谱简编》，中国人民大学出版社2014年版）

容肇祖考入广东高等师范学校英文专业。

范古农皈依宁波观宗寺谛闲法师，法名幻修，又受优婆塞满分戒，在寺中随众听讲，自此通达天台教义。认为佛经学理高深，莫过《成唯识论》；行持方法，莫过《瑜伽师地论》，劝人重视这两点，解行并重。（参见于凌波《中国近现代佛教人物志》，宗教文化出版社1995年版）

杨昌济仍任湖南高师教授，兼任一师修身、教育学教员，向《新青年》推荐发表毛泽东（"二十八画生"）的《体育之研究》。萧子升、蔡和森与毛泽东为其三位得意弟子，人称"湘江三友"。5月，北洋政府决定撤销湖南高师，杨昌济坚决反对，并与朱剑凡、易培基、杨树达、胡元倓、刘宗向等人联名呈文湖南省政府，倡议将岳麓高等师范校址改办省立湖南大学。又致信当时北洋政府教育总长、留日同学范源濂，力争保留高师，未果。9月，湖南省政府正式在岳麓书院半学斋设立湖南大学筹备处，聘任杨昌济、孔昭绶、胡元倓、易培基等四位先生为筹备员，杨昌济主其事。（参见《杨昌济年谱》，载王兴国《杨昌济的生平及思想》，湖南人民出版社1981年版）

徐特立2—7月在湖南高等师范学堂执教教育学，其间著名学生有蔡和森、舒新城等。10月28日，参加长沙城教育会在长沙县教育会召开的成立大会，与杨树达同当选为副会长，凌奎耀当选为会长。10—12月，与方维夏共同建议，夜校交由毛泽东任总务（主席）的学友会举办，并提议由第一师范拨出400元作为办校经费。（参见《徐特立年谱》编纂委员会编《徐特立年谱》，人民出版社2017年版）

毛泽东4月1日以"二十八画生"为笔名,在《新青年》第3卷第2号上发表体育论文——《体育之研究》,阐述体育的重要性。暑假期间,与萧子升结伴步行漫游长沙、宁乡、安化、益阳、沅江五县,历时一个月,行程900余里。8月23日,致黎锦熙长信,探讨救国救民的"大本大源"问题。秋,听杨昌济讲授修身课,对教材《伦理学原理》写下12000余字批注,突出强调个人价值,主张"唯我论",提倡个性解放。

按:《伦理学原理》为德国新康德主义哲学家泡尔生(今译保尔森)著,蔡元培译。(参见中共中央文献研究室编撰、逄先知主编《毛泽东年谱(1893—1949)》,人民出版社、中央文献出版社1993年版)

蔡和森6月以优异成绩毕业于湖南高等师范学校,随后动员母亲把全家搬到岳麓山下定居。从此,蔡家成了毛泽东、张昆弟、罗学瓒、陈章甫等进步同学的聚会场所。冬,开始酝酿成立新民学会,并推举邹鼎承、毛泽东起草会章。(参见李永春编著《蔡和森年谱》,湘潭大学出版社2008年版)

张渲是年继续任武昌高师校长。5月29日,武昌高师根据全国各地发展教育和学生毕业后择业的实际情况,打破部定章程和日本高师的章程,在全国率先将博物部改为博物地学部,数学物理部改为数学理化部,历史地理部改为国文史地部,对原有课程作了相应的调整,又增加了许多新课程,从此学校的专业设置开始形成自己的特色。6月,武昌高师图书馆正式建立。是年,高师第一届学生毕业。张渲校长在给大家的题词中写道:"今人皆知重视教育矣,而吾校固学为人师者也,将来国家教育事业是否循正,以与世界争衡,吾校友胥负其责焉。呜呼,吾人于国家之负荷,何如今日严师诤友岂徒增,学识亦且励责任心,以为立身当世之基也"。(参见吴贻谷主编《武汉大学校史(1893—1993)》,武汉大学出版社1993年版)

李芳柏11月3日在国立武昌高等师范学校数理学会成立大会上发表题为《奈端(牛顿)力学与非奈端力学(爱因斯坦狭义相对论)》的演讲,第一次在中国引入爱因斯坦相对论的内容。

马宗霍以治音韵学,派赴武昌高等师范参加当时教育部所主办的注音字母讲习讨论会。

沈祖荣从美国回国,任武昌华中大学文华图书馆主任。

恽代英1月7日在《光华学报》第2年第1期发表《社会性之修养》一文,提出"欲改良社会,以建设社会事业",必须加强国人之社会性修养,并从多方面论证了如何修养国人之社会性。3月1日,在《新青年》第3卷第1号发表《物质实在论——哲学问题之研究》一文,集中阐发了"物质必为实在"的唯物主义观点,同时还分析和批判了欧洲近代哲学史上存在的各派"物质"观。6月20日,作《论信仰》一文,刊于7月《新青年》第3卷第5号。文中开宗明义指出,"今日已为宗教之末日矣",并从道德的角度提出以教育代宗教的主张。认为既然正确的信仰能达到宗教功用,又可以避免宗教的危害,那么最好的情形就是用知识来维持正确的信仰。7月,因才学出众,被中华大学校长陈时聘请为《光华学报》主编。

恽代英10月15日在《东方杂志》第14卷第10号上发表《经验与智识》一文,论证了经验与智识两者之间的关系,深入表达了自己的唯物主义观点。恽代英对该文深为自得,"自许为认识论中最有价值之文字"。10月,与梁绍文、黄负生、冼震、余家菊等创立互助社,这是武汉地区诞生的第一个进步团体,也是全国最早的进步社团之一。该社以"群策群力,自助助人"为宗旨。并议定八条自助戒约:不谈人过失、不失信、不恶待人、不做无益事、不浪费、不轻狂、不染恶嗜好、不骄矜。12月12日,作《学问与职业一贯论》一文,刊于次年3月

《青年进步》第 11 册。文中认为,学问与职业不能一贯是中国百业疲敝、学术荒废的根本原因。(参见刘辉编《中国近代思想家文库·恽代英卷》附录《恽代英年谱简编》,中国人民大学出版社 2015 年版)

余家菊继续就读于武昌华中大学。7 月 8 日,学校公布学年度成绩,文科甲等计五人:恽代英、洗震、刘凤阳、雷在阳、余家菊。夏暑假期间,在本村倡议创立阅报社。9 月 18 日,与恽代英、梁绍文等商议学生会运作办法。是年,为光华社编辑。应邀参加恽代英发起的互助社。(参见余子侠、郑刚编《中国近代思想家文库·余家菊卷》,中国人民大学出版社 2013 年版)

董必武 2 月 11 日离武汉再赴日本,参加东京私立日本大学法科毕业考试。在日期间,开始接触马克思主义和无政府主义的书籍。3 月 31 日经考试合格后,在东京私立日本大学正式结业。4 月,由日本返武汉,和张国恩合办律师事务所。因第一个案件办得迅速而且获得胜诉,在社会上赢得一定的声誉。9—11 月,董必武偕姚汝婴经云阳、万县、重庆到达成都,见张澜后,姚汝婴被张任命为安岳县知县。赴任途中到简阳,正值熊克武与刘存厚作战,不能前进,两人遂返成都。(参见田海燕《董必武年谱》,《社会科学战线》1980 年第 4 期;《董必武年谱》编辑组编《董必武年谱》,中央文献出版社 1991 年版)

李芳柏 11 月 3 日在国立武昌高等师范学校数理学会成立大会上发表题为《奈端(牛顿)力学与非奈端力学(爱因斯坦狭义相对论)》的演讲,第一次在中国引入爱因斯坦相对论的内容。

沈祖荣从美国回国,任武昌华中大学文华图书馆主任。

马宗霍以治音韵学,派赴武昌高等师范参加当时教育部所主办的注音字母讲习讨论会。

王华轩为经理,喻迪兹为主编的《汉口日报》9 月 16 日创刊。

张澜 2 月遵照蔡锷离开成都前的嘱托:川局不稳,应相机进行调停。8 月 24 日,北京政府任命张澜暂行护理四川省长。11 月 5 日,张澜至成都,接省长印视事。6 日,张澜致电北京政府,报告已到成都就职,并陈述"川局纷扰,善后艰难","惟有勉竭驽骀,暂行管播,仍恳我大总统总理迅简继人员,冀免丛脞滋戾"。20 日,北京政府正式任命张澜为四川省长。(参见谢增寿编著《张澜年谱》,群言出版社 2013 年版)

廖平仍任四川国学学校校长,兼任成都高等师范学校教授。12 月,辞去国学学校校长职,由宋育仁继任。是年,廖平撰成《伤寒古本考》1 卷、《伤寒平议》10 卷。(参见廖幼平编《廖季平年谱》,巴蜀书社 1985 年版;王东杰、陈阳编《中国近代思想家文库·宋育仁卷》附录《宋育仁年谱简编》,中国人民大学出版社 2015 年版)

吴虞 1 月 19 日订购《新青年》全年杂志。2 月 1 日,在《新青年》第 2 卷第 6 号上发表《家族制度为专制制度之根据论》,认为家族制度是君主专制的基础。3 月 5 日,应柳亚子所邀,加入南社。15 日,吴虞收到陈独秀复信,陈氏称其为"蜀中名宿",并邀其向《新青年》投稿。

按:袁景华《章士钊先生年谱》(吉林人民出版社 2001 年版)以陈独秀复函时在 1 月 1 日,曰:"久于章行严、谢无量二君许,闻知先生为蜀中名宿。《甲寅》所录大作,即是仆所选载,且妄加圈识,钦仰久矣。兹获读手教并大文,荣幸无似。《甲寅》拟即续刊。尊著倘全数寄赐,分载《青年》《甲寅》,嘉惠后学,诚盛事也。窃以无论何种学派,均不能定为一尊,以阻碍思想文化自由发展。况儒术孔道,非无优点,而缺点则正多。尤与近世文明社会绝不相容者,其一贯伦理政治之纲常阶级说也。此不攻破,吾国之政治、法律、社会、道德,俱无由出黑暗而入光明。神洲大气,腐秽蚀人,西望峨眉,远在天外,瞻仰弗及,我劳如何!"

吴虞 3 月 18 日发陈独秀《书〈女权平议〉》稿。25 日,作《礼论》。28 日,民国经济协进会成立,公举杨宏稣为总干事,吴虞及开县议员谢海栩为副总干事。4 月 14 日,吴虞之妻曾兰亦应柳亚子所邀,加入南社。24 日,川、滇巷战爆发,吴虞令仆人老唐将香祖及楷、桓、棱、樯、樱、柚诸女送往成都城外万佛寺避难。5 月 3 日,发陈独秀信,附去《儒家主张阶级制度之害》文。10 月 18 日,吴虞收到堂弟吴君毅来信,劝其离川,到京发展。12 月 27 日,吴虞收到吴君毅来信,言拟荐其主讲中国文学于北京大学。（参见袁景华《章士钊先生年谱》吉林人民出版社 2001 年版;朱玉、孙文周《吴虞年谱简编》,《吴虞诗词研究与整理》附录一,河南文艺出版社 2016 年版）

赵熙、宋育仁、邓鸿荃、方旭、张慎仪、胡玉津等于成都成立春弹词社。

杨杰 1 月调任北京大总统府军事谐议,兼陆军部顾问。6 月,回到云南,任靖国联军第四军参谋长。8 月,任靖国联军中央军总指挥兼泸州卫戍司令,指挥著名的泸州之役,有诸葛亮草船借箭再现之佳传。被任命为靖国军中央军总指挥,兼泸州卫戍司令,指挥著名的泸州之役。（参见皮民勇、侯昂妤编《中国近代思想家文库·蒋百里、杨杰卷》及附录《杨杰年谱简编》,中国人民大学出版社 2015 年版）

能海法师在成都主办少城佛学社。

朱东润应聘至广西省立第二中学任教,开始他长达 70 余年的教学生涯。

陈柱作《乾卦通论》《坤卦通论》《泰否二卦合论》《庄子内篇通论》《诗经正葩》《答某前辈论文书》。又因唐文治有《与陈生柱尊书》,10 月 29 日作《答唐蔚之先生论文书》。（参见张京华、王玉清《陈柱学术年谱》,载《广西社会科学》2007 年第 2 期）

陈衍自北京返归福州故里,家住文儒坊大光里,其后院名匹园。2 月,建于匹园中建花光阁的落成,陈衍撰联云:“移花种竹刚三径,听雨看山又一楼。”由陈宝琛书写,郑孝胥书“花光阁”匾。林纾亦从北京寄诗来贺,诗题《匹园图并诗》:“卷帘处处是青山,目力应无片晌闲。何用四时将竹轿,居然万绿满紫关。我短清福归前定,天许先生隐此间。一事最教人健羡,看山兼看鸟飞还。”首句系套用陆放翁诗意。陈衍见赠诗,甚喜,随即和了一首《畏庐寄诗题匹园新楼次韵》,云:“敢云隐几日看山,只拟千忙博一闲。联扁分书已坡谷,画图传本待荆关。谁知五柳孤松客,却住三坊七巷间。循例吾家悬榻在,何妨上冢过家还。”此诗流传开后,其中“谁知五柳孤松客,却住三坊七巷间”点睛之句,让福州“三坊七巷”这一名号闻名海内外。（参见张旭、车树异编著《林纾年谱长编:1852—1924》,福建教育出版社 2014 年版）

胡先骕 2 月得一江西籍议员之介绍函而往江西省实业厅求职,被派任庐山森林局副局长,月薪 100 元。而家室仍在南昌。是时,胡先骕甚感不得志,以游览庐山山水,作宋诗排遣。3 月,致书柳亚子,赞誉同光体诗派,却遭柳亚子奚落。然南社其他成员则抱不平,朱鸳雏、成舍我、王无为、闻野鹤等纷纷著文,与柳亚子大开笔战,导致驱朱驱成出社,引起内讧。4 月 23 日,柳亚子又在《民国日报》发表《与杨杏佛论文学书》,继续批评胡先骕。10 月 24 日,为重阳节,在南昌与王易、王浩、龙吟潭、吴端任诸诗友,登市中心酒楼,歌呼竟日。11 月,调往南昌,任省政府实业厅技术员,居南昌。与王浩交往更密。秋末或冬初,有事往徐州、南京等地,有《过徐州》《客邸夜读有感》等诗,此行盖欲离开江西而另谋职业。是年,《科学》杂志第 10 期刊出胡先骕所译《中国西部植物志》,原著者系闻名于世的中国植物采集家威尔逊,有译者所作《引言》。（参见胡宗刚编著《胡先骕先生年谱长编》,江西教育出版社 2007 年版）

苏雪林 6 月中旬毕业安徽省立第一女师,因各科成绩优异,留校担任附属两等小学教员,同时留校的还有同班的陈清芸、周寅颐,校长徐方汉向三人颁发国民学校教员许可状。

苏雪林担任附属小学国文、修身、历史、地理四科教学，每周授课 20 节。应好友舒畹苏之邀，又在她担任校长的安庆实验小学兼课数节。（参见沈晖编著《苏雪林年谱长编》，安徽文艺出版社 2017 年版）

张伯苓 1 月 8 日在南开学校开学典礼上述开会词，引导师生行谒见礼。礼毕，致训词，谓今日乃民国六年开学之首，吾南开新训条，请以德育为万事之本，继而演讲德育之如何重要及本年学校新计划。31 日，邀请梁启超到校演讲，并在梁启超演讲后发表感想，指出"梁先生今日谓磨炼意志，锻炼学问为青年最要"。3 月 14 日，在南开学校修身班对学生进行性知识教育。23 日，与马千里谈话，决定派马千里、时子周赴日本考察教育。28 日，邀请新近从菲律宾考察教育归来的陈宝泉、韩诵裳在学校演讲。4 月 6 日，与前来北京观摩话剧演出的南开新剧团周恩来等 10 余师生"观志德社演《一元钱》剧"。11 日，在南开学校修身班作《旧中国之新希望与旧南开之新责任》演讲，谈春假期间拜访北京政府顾问莫理逊（G E. Morrison），并向学生介绍莫理逊藏书情况。演讲着重指出，旧中国的新希望在于为国家培养"五十年或百年后造福利之人"。所谓旧南开新责任，即为诸生立志唤醒自己，唤醒国人，醒后负责任为世界发明新理论，新学说，使世界得平安，为人类造幸福。18 日，在修身班训话，强调"改造中国须去旧材料，用新方法"，当此改革时代，南开"造就之人才，须应世界变化之能力，乃为真正之教育"。同日，哥伦比亚大学师范学院孟禄博士受院长委托致函张伯苓，告知师范学院为其提供与本年度学费等额的荣誉奖学金。

张伯苓 5 月 1 日赴上海参加全国教会学校教育会议。会后，由沪赴日，任中国总领队，参加在东京举行的第三届远东运动会。8 日，远东运动会开幕。名誉会长大畏重信、会长嘉纳治五郎讲话，中国代表张伯苓讲话。12 日，远东运动会闭幕。17 日，离开日本东京返国。5 月 23 日，欢迎蔡元培、李石曾、吴玉章来南开学校演讲。蔡元培取"思想自由"为题，就智育、体育、德育发表见解。最后赞扬南开学生社团"各会会章不一，入者纯属自由选择，无丝毫信仰之束缚。此种自由足为未来之道德开一新径"。26 日，在直隶女子师范学校演讲"满洲、朝鲜之现状"。29 日，师生齐集礼堂，周恩来致开会辞，欢迎在日本参加远东运动会归来的南开运动员。张伯苓发表专门演讲，分析远东运动会失利原因，激励学生爱国图强。6 月 26 日，举行南开学校第十次毕业式，校董徐世昌及章秋桐、陈独秀等出席。张伯苓致训词，章秋桐、陈独秀演说，周恩来等代表毕业生致答词。7 月 1 日，邀请陈独秀来校演讲《近代西洋教育》。张伯苓致欢迎词时，强调中国要学习西方，必须舍旧维新。陈独秀称赞张的这话，是对那些自以为中国比欧美文明制度优胜的中国人在"说法"。7 月 24 日，在劝学所请张彭春讲《小学教育史》。（参见龚克主编《张伯苓全集》第十卷附编《张伯苓年谱》，南开大学出版社 2015 年版）

傅增湘仍居天津。4 月 17 日，为周叔弢所藏《周易程朱传义》题识。6 月 23 日前，以一百六十金于肆雅堂购明刊本《资治通鉴二百九十四卷考异三十卷》。9 月 27 日，致信张元济，告藏书未被积水所害。10 月 9 日，张元济致信，与沈曾植同贺傅所得景佑本《史记》。（参见孙英爱《傅增湘年谱》，河北大学硕士学位论文，2012 年）

胡石青 1 月 30 日在河南创刊《新中州报》。

杨秀峰因家庭经济拮据，辍学一年，返乡执教于河北迁安县师范讲习所，以筹集学习费用。

胡适1月在美国接陈独秀函,告知"《甲寅》准于二月间可以出版,秋桐兄不日谅有函于足下,《青年》《甲寅》均求足下为文。足下回国必甚忙迫,事畜之资可勿顾虑。他处有约者倘无深交,可不必应之"。4月7日,胡适在《日记》中"林琴南《论古文之不宜废》"条下引上海《国民日报》(六年二月八日)记有:"此文中'而方姚卒不之踪'一句,'之'字不通。"9日,胡适写信给陈独秀,其论白话文学的部分,单独以《历史的文学观念论》为题作为论文刊发。胡适的信及《历史的文学观念论》中有两处涉及桐城古文派。至此,两位新文化、新文学的提倡者都已把反对旧文学的矛头明确无误地指向桐城派及桐城古文。

按:胡适在致陈独秀的信中说:"顷见林琴南先生新著《论古文之不宜废》一文,喜而读之,以为定足供吾辈攻击古文者之研究,不意乃大失所望。"信中再次挑出"而方、姚卒不之踪"一句,认为是"不合文法,可谓'不通'。所以者何? 古文凡否定动词之止词,若系代名词,皆位于'不'字与动词之间,如'不我与''不吾知也''未之有也''未之前闻也',皆是其例! 然'踪'字乃内动词,其下不当有止词,故可言'而方、姚卒不踪',亦可言'方、姚不因之而踪',却不可言'方、姚卒不之踪'也。林先生知'不之知''未之有'之文法,而不知'不之踪'之不通,此则学古文而不知古文之'所以然'之弊也"。并说:"林先生为古文大家,而其论'古文之不当废''乃不能道其所以然',则古文之当废也,不亦既明且显耶?"

胡适4月完成题为《中国古代哲学方法之进化史》的博士学位论文,但在5月22日进行的博士学位最后考试——口试时,未能顺利通过。5月1日,陈独秀在《答胡适之》的信件中十分明确地表示:"改良中国文学,当以白话为文学正宗之说,其是非甚明,必不容反对者有讨论之余地,必以吾辈所主张者为绝对之是,而不容他人之匡正也。"同日,胡适从美国致函陈独秀,对林纾的《论古文之不宜废》一文提出反驳:"'吾识其理,乃不能道其所以然',此正是古文家之大病。古文家作文,全由熟读他人之文,得其声调口吻。读之烂熟,久之亦能仿效。却实不明其'所以然'。……林先生为古文大家,而其论'古文之不当废''乃不能道其所以然',则古文之当废也,不亦既明且显耶?"胡适此信公开发表后,林纾并未予以反击。(参见胡颂平编《胡适之先生年谱长编初稿》,台北联经出版事业公司1984年版;耿云志编《胡适年谱》,福建教育出版社2012年版;张旭、车树昇编著《林纾年谱长编:1852—1924》,福建教育出版社2014年版)

张伯苓8月7日启程赴美国研究教育。严修等知名人士、张氏亲友、南开教职员及在校学生和校友百余人齐集相送。8日,抵上海。乘日本轮船"天洋丸"离沪。18日,出席东京留日南开同学会欢迎会,演讲中以"团结、为公"勉励留日学生,并说"诸事可变,南开精神不可变,一致为公,始终不渝",希望留学生"设想造新中国,使与世界列强平等"。晚,应日本美以美会监督平岩煊保邀请,与之谈中日问题。19日,对留日中国学生演讲《中国青年之前途》。20日,邀赴日本东京基督教青年会茶话,江元贵族院议员日迁将军及热心宗教的要人参加。张伯苓演讲,强调中日应该友爱互助。30日,船到美国檀香山。9月10日,到美国爱荷华州格林奈尔大学,诺伯博士(Dr. Noble)和波克博士(Dr. Pock)迎接。11日,抵纽约,旋入哥伦比亚大学师范学院研究科,主修近代教育学、教育哲学、心理学、教育行政等课程。其间加入中国留美学生成志会(CCH)。24日,哥伦比亚大学师范学院詹姆士·E.罗素致函张伯苓,正式通知他获得荣誉奖学金。次日,张伯苓复函:"我极其愉快地接受您的这一帮助,并请您转达我对董事和全体教员的衷心感谢。"

杨杏佛继续主持《科学》月刊编务。6月,胡适学成将回国,杨在外地就工,寄诗3首为胡适送行。7月,中国科学社各分股委员会改选,杨继续当选为机械工程股长。年底,因编辑部事务繁忙,不能兼顾,遂辞去机械股长之职。8月31日,出席中国科学社在美国普林斯顿城市布朗大学召开的特别职员会,讨论办社方针。会上决定《科学》月刊为中国科学社机关报。9月5—7日,中国科学社第二次常年会在美国布朗大学举行,到会29人。杨在会上作编辑部工作报告,并报名演讲"科学的管理法在中国应用"。会后,他为常年会写纪事:"吾科学社今日之常年会,他日中国全国科学大会之原生动物耳。读者能以生物学研究进化史之眼光观吾社常年会纪事,则此作不虚矣。"愿中国科学社之星火早成燎原之势的心情溢于言表。10月,在《科学》编辑部月会上提出改良杂志内容议案,为扩大杂志发行量,增加财政收入,克服文章深浅难以统一的矛盾,杨杏佛提议《科学》用两种体裁:一是月刊,专载通俗文字;另一为增刊,专载艰深文字。此议经董事会讨论,准备另办一季刊专登研究文章。后经国内社友调查,认为办季刊尚不成熟,未实行。是年,根据课程学习需要,杨杏佛到福特汽车公司实习,考察美国企业的生产、管理和销售。这给他的印象极为深刻,回国后,在授课和著作中10多次介绍福特公司先进管理方法;在《科学》上发表的文章有:《中国之实业》(1—4)、《中国实业之未来》《发明家之奖报》(译作)、《日本与朝鲜之机力》(译作)、《效率之分类》。(参见许为民《杨杏佛年谱》,《中国科技史料》1991年第2期)

任鸿隽4月7日偕胡适至瓦萨女子学院访问陈衡哲。9月6—7日,出席在勃朗大学校内召开的科学社第二次年会,社员约40人到会。与会期间改选董事3人,周仁、竺可桢、邹秉文当选。任鸿隽续任董事会会长,赵元任任书记,胡明复任会计。(参见樊洪业、潘涛、王勇忠编《中国近代思想家文库·任鸿隽卷》及附录《任鸿隽年谱简编》,中国人民大学出版社2015年版;赵新那、黄培云编《赵元任年谱》,商务印书馆2001年版)

竺可桢继续在哈佛大学研究院学习。从《科学》第3卷第4期起,负责编辑"卫生谈"专栏,专为此栏撰写的文章有《卫生与习尚》《中国人之体格》《论早婚及姻属嫁娶之害》《食素与食荤之利害论》。其中有多篇为国内《东方杂志》等刊物所转载。7月,担任中国科学社物算股分股长。9月5—7日,出席在美国举行的中国科学社第二次年会,连任董事。被接纳为美国地理学会会员。获得哈佛大学埃默森奖学金。是年,发表文章还有《微苏维火山之历史》《字赖施奈豆〈中国植物学〉短评》《中外茶业略史》《四川自流井盐矿》;译文有《说风》《中国之煤矿》。(参见李玉海编《竺可桢年谱简编》,气象出版社2010年版)

赵元任在哈佛大学结识语言学家里查德(Ivor A. Richards)。后赵元任著汉语《通字方案》,受到里查德与奥格登(C. K. Ogden)创造的"基本英语"(Basic English)的学术思想的一定启发和影响。9月6—7日出席在勃朗大学校内召开的科学社第二次年会,任书记。是年,在《科学》第3卷发表《中西星名图考》《生物界物质与能力代谢之比较》等文章(articles)5篇,以及杂俎(short notes)、《纸连环》等12篇,社务2篇(书记报告,常年会干事部报告)及插图(星图)8幅。(参见赵新那、黄培云编《赵元任年谱》,商务印书馆2001年版)

梅光迪1月向哈佛大学研究生院填写硕士研究生学位申请表。同月,在《留美学生月刊》第12卷第3期发表《我们这一代人的任务》(英文)。2月23日,哈佛大学研究生院致信梅光迪,提醒他若要获得研究生学位,应该提交拉丁文考试成绩。同月,在《留美学生月刊》第12卷第4期发表《我们需要关切国事》(英文)。5月,在《留美学生月刊》第12卷第7期发表未完稿《新的中国学者》(英文)。上述诸文以及是年所作《中华民族的生命力》等,其实正是对国内的新文化运动以及对胡适倡导新文学的回应,重在阐述梅光迪对当时中国的政治文化变动的看法,对东西方各种哲学思潮的批评探讨,以及介绍中国的历史和文化,从思想和学术的方法角度,表达对传统的尊敬和对蔑视传统行为的不满,从而奠定日后反思新文化运动的思想基础。9月2日,《科学》杂志所载《演讲会纪事》有梅光迪的发言。同月初,吴宓抵达美国,由清华校友施济元介绍,与其相识。(参见眉睫《梅光迪年谱初稿》,海豚出版社2017年版;段怀清《梅光迪年谱简编》,载《新文学史料·梅光迪专辑》2007年第1期)

陈鹤琴是年夏在霍普金斯大学毕业,得文学学士学位。秋,入哥伦比亚大学师范学院,专攻教育学和心理学。师从基尔帕特里克、孟禄、桑代克、罗格等名教授,受益匪浅。冬,与郑晓沧等随孟禄去南方考察黑人教育,对布克·T.华盛顿等黑人办学精神至为赞赏,深受启迪,认为要学习他们的精神,"奋发惕励,为国努力"。被选为北美基督教中国学生会会长。担任纽约一队中国童子军的队长,为华侨少年儿童服务。(参见蔡怡曾、陈一鸣、陈一飞编《陈鹤琴生平年表》,载《陈鹤琴全集》第6卷,江苏教育出版社2008年版)

陶行知是年夏获哥伦比亚大学师范学院都市学务总监资格凭(证书)。7月26日,哥伦比亚大学师范学院院长孟禄博士致函该校学位评议委员会主席伍德布里奇博士,建议为其取得博士学位安排一场考试,待回国后搜集有关资料再完成博士论文。8月2日,参加哥大博士学位评议委员会为其初试。试后回国。(参见余子侠编《中国近代思想家文库·陶行知卷》及附录《陶行知年谱简编》,中国人民大学出版社2015年版)

陈达4月从美国寄信给清华学校,题为《西游见闻录》,载《清华周刊》第104期。信中写道:"舟行至东海中,遇雨,因口占两绝句云:'风急势如吼,两声似转蓬,云天浑一色,何处认西东。碧海茫无际,水天一样平,涛兴惊客梦,浪急震行船。'"13日,抵横滨,日医及警官数人,验视毕,索护照,否则不许登岸。其主因有二:一则因舟中有高丽人,日政府欲拦阻之,一则不过玩弄吾耳,同舟各西人除德人外可以自由登岸,何独于吾须有护照,非过意为难而何,弱国国民处处见侮,为之奈何,然吾固拒之,卒得自由登岸。(参见田彩凤《陈达先生年谱》,《清华大学学报》1995年第2期)

吴宓8月18日乘"委内瑞拉"号海船S. S. Venezuela由上海开航。海途情形,具见《吴宓诗集》卷四《美洲集》。行前,周诒春校长曾在上海青年会宴请全体清华学生一次,详细教以吃西餐之仪注。清华寄发给每人《留美须知》铅印小册。9月3日,船到美国本土,抵旧金山。中旬,吴宓与王正基由芝加哥城,乘Cheaspeake & Ohio Railway铁路火车,抵勿吉尼亚省立大学所在地之霞洛脱城(Charlottesville, VA)。次日,吴宓与王正基君至大学,先谒见校长Edwin Anderson Alderman,呈缴清华公函及教育部凭证。校长甚表欢迎。次谒见教务长某,则十分刁难。本学年,吴宓选修"英国文学""经济学""近世史""哲学""法文"5门课程。(参见吴宓著、吴学昭整理《吴宓自编年谱:1894—1925》,生活·读书·新知三联书店1995版)

晏阳初1月8日由宾州归途中至纽约市,特别前往拜访巴乐满牧师,相见甚欢,深谈数小时。在当时工作与未来计划方面受到巴乐满指导,甚感欣幸。冬,当选为耶鲁华人协会会长。与容闳之孙及康有为之侄成为好友。与纽约市华阜首先创立基督教堂的许芹牧师次女、时为哥伦比亚大学师范学院体育系高材生的许雅丽相识。因自身素爱体育活动,尤喜网球,加之两人同是基督教青年会成员,在若干集会和活动中,常有交往,遂由友好而至恋爱。许雅丽有志于为中国的体育教育服务,于是年毕业后来到上海担任体育教师。(参见杜学元、郭明蓉、彭雪明《晏阳初年谱长编》,上海交通大学出版社2017年版)

洪业入美国哥伦比亚大学美国联合神学研究院,主攻教会史,撰写《失败者》一文,以孔子、苏格拉底、耶稣并论,尝试融汇中西思想文化。

蒋梦麟6月获哥伦比亚大学哲学博士学位,毕业论文题为《中国教育原理之研究》(A Study in Chinese Principles of Education)。(参见马勇、黄令坦编《中国近代思想家文库·蒋梦麟

卷》及附录《蒋梦麟年谱简编》,中国人民大学出版社 2018 年版)

江亢虎撰写《中国古来公学制度》,分为科举以前之公学制度、科举以后之公学制度、书院或地方公学制度等三部分。7 月,回国为美国国会图书馆收集中国地方史志 2000 多部,并促成中美两国政府签订了图书交换协议,使此后美国国会图书馆的中文藏书量不断扩大。(参见汪佩伟编《中国近代思想家文库・江亢虎卷》及附录《江亢虎年谱简编》,中国人民大学出版社 2015 年版)

刘芦隐赴美入加利福尼亚大学学习政治经济学。

袁复礼转入哥伦比亚大学学习地理学、地质学。

李景汉赴美国留学,专攻社会学及社会调查研究方法。

李四光 7 月在英国伯明翰大学通过学士考试之后,利用暑期,查阅、收集有关中国地质的科学文献,编出了一幅中国若干地区地质情况的路线踏勘图,鲍尔敦教授看后,提出:既要总结前人的工作,说明今天已认识到的程度,还要进一步提出今后研究的突破点。鲍尔敦的这番话,激起了热爱祖国的李四光强烈的责任感。他首先把自己的毕业论文题目定为《中国之地质》,然后立即重新更广泛地收集有关中国的地质资料,对收集到的资料进行仔细研读、重点摘录、全面系统分析,着手编写毕业论文《中国之地质》。(参见马胜云、马兰编著《李四光年谱》,地质出版社 1999 年版)

王世杰是年秋考入法国巴黎大学,攻读公法博士学位。是年,多次为在上海发行的《太平洋》月刊投寄政论方面的文章。(参见薛毅《王世杰传》及附录《王世杰大事年表》,武汉大学出版社 2010 年版)

袁昌英入苏格兰爱丁堡大学学习。

罗振玉 2 月在日本闻王国维撰《殷卜辞中所见先公先王考》,索观甚亟,王国维以草稿寄东,罗振玉读之,积疴若失,复书为证成上甲二字之释。3 月,罗振玉编辑《鸣沙石室佚书续编》一书,收录《姚秦写本大云无想经・卷九》、《唐写本老子化胡经・卷一及卷十》、《唐写本摩尼教规》残卷、《唐写本景教三威蒙度赞》,以为后世留心宗教及西陲佚籍者有所稽焉。是年,所著尚有《梦郼草堂吉金图》《恒农专录》《芒洛冢墓遗文续补》《六朝墓志菁英》《两浙佚金佚石集存》五种。又编印石室所出六朝至唐写本经籍《鸣沙石室古籍丛残》,所录个数皆作跋尾,详论其与今本得失,与《石室佚书》并行;所编《殷文存》3 卷及自序由上海仓圣明智大学影印出版,收录商代铭文拓本 755 器,堪称金文的汇集。(参见罗继祖《永丰乡人行年录(罗振玉年谱)》,江苏人民出版社 1980 年版)

黄炎培 1 月 8 日偕蒋维乔、陈宝泉、郭秉文等 6 人组成的教育考察团赴日本及菲律宾考察普通教育、职业教育、师范教育、社会教育状况。20 日,参观大阪育英小学,此为日本小学中唯一注重职业教育者。同月,在日本东京,参观高等师范学校,与其小学部负责人佐佐木谈职业教育问题。2 月 6 日,参观菲律宾马尼拉市圣恩台斯小学。3 月 15 日,回到广州后,参观岭南南武数校。4 月 23 日,至北京。在教育部讲演二次。26 日,返抵沪。5 月 14 日,受教育部之托,赴南洋英、荷两属各地,调查华侨教育状况。是日,访英、荷领事及旅居上海之重要侨商,作准备工作。15 日,搭日轮加贺丸离沪。16 日,在舟中草拟南洋行程及南洋各地状况撮要。同日,阅《南洋与日本》一书竟。25 日,至新加坡,参观粤商所办养正学校。30 日,在养正学校演说,题为《理想之华侨青年》。同日,在星洲书报社演说,题为《华侨教育之目的》。

黄炎培 6 月 1 日抵马六甲,参观培风小学。同日,在中华图书报社演说,题为《国语、国货与鸦片》。2日,在阅书报社演说,题为《兴教育为发达侨民事业之根本》。3日,学务总会假同德书报社邀演说,讲《华侨教育问题》,听者教员百余人。5日,在端蒙学校讲演,题为《实用教育》。6日,抵吉隆坡,参观尊孔学校。7月6日,至三宝垄,参观中华学校。16日,参加南洋荷属华侨教育研究会数日,详记其经过,作《南洋荷属华侨教育研究会之盛况》,刊于《教育杂志》第9卷第10期。29日,开始草拟《南洋华侨教育之商榷》,8月12日完成,连载于《教育杂志》第9卷第11—12期。8月15日,返抵香港。21日,在南洋调查教育毕,于归舟中作《南风篇》,提出如下四问题以与南侨教育界相商榷:(一)南洋职业教育之设施法;(二)南洋国语之推行法;(三)南洋学校儿童脑力、体力之保护法;(四)南洋学校儿童中途入学退学之处置法。后刊于《教育杂志》第9卷第9期。(参见许汉三编《黄炎培年谱》,文史资料出版社1985年版;余子侠编《中国近代思想家文库·黄炎培卷》及附录《黄炎培年谱简编》,中国人民大学出版社2015年版)

李达年初再次东渡日本,考入日本第一高等学校(即帝国大学预科),毕业后入帝国大学理科。十月革命爆发后,开始学习和研究马克思主义理论。(参见宋俭、宋镜明编《中国近代思想家文库·李达卷》及附录《李达年谱简编》,中国人民大学出版社2014年版)

许崇清时为日本东京帝国大学学生,在9月出版的《学艺》第2期上发表《再批判蔡子民先生在信仰自由会演说之订正并质问蔡先生》一文,文章中引用爱因斯坦于1905年发表的"相对性原理"为论据,对蔡元培提出的观点予以反驳,从而成为中国引入相对论术语的第一篇文章。

郭沫若暑假中选译《泰戈尔诗选》,英汉对照,并加解释,向国内商务印书馆、中华书局写信求售,均遭拒绝。9月,从德语课学习中开始接近德国文学,特别是歌德、海涅等的诗歌。同时接近了哲学上的泛神论思想。由歌德又认识了斯宾诺莎,陆续读了斯宾诺莎的《伦理学》等著作。(参见龚济民、方仁年编著《郭沫若年谱》,天津人民出版社1982年版;王继权、童炜钢编《郭沫若年谱》,江苏人民出版社1983年版)

田汉受到十月革命的影响,为当时神州学会的会刊《神州学丛》撰写《俄国今次之革命与贫富问题》。此后,积极参加一些社会活动,"和日本以及在东京的各国革命家和学生组织过'可思母俱乐部'"引起了日本警察的注意,经常遭到他们特务的"访问"。(参见张向华《田汉年谱》,中国戏剧出版社1992年版)

成仿吾是年夏怀着崇高的爱国热情,考入东京帝国大学造兵科,攻读枪炮专业。他认为要富国强兵,就要有现代化的武器。刻苦钻研炼钢、枪炮、弹道学、鱼雷水雷等课程。(参见张傲卉、宋彬玉《成仿吾年谱》,《东北师大学报》1985年第5期)

王拱璧是冬入日本早稻田大学研究生院攻读教育,被选为河南留日学生会会长和中国留日学生总会干事。

范文澜毕业于北京大学后赴日本留学,曾任蔡元培私人秘书。

王若飞考取贵州黔中道留学日本官费生。

李达再次赴日本留学。

关良东渡日本,先后入川端研究所师从画家藤岛武二,转入"太平洋画会",师从中村不折先生学习素描和油画。

於达望在日本东京被推选为中华药学会会长,并负责编辑《中华药学杂志》。

太虚十月赴台湾讲学,并跨海东游,在日本进行一个多月的考察。

庄希泉创办南洋女校,探索"教育救国"的道路。

林群贤在印尼自办《书林》，不久停刊，转亚齐经商。

加拿大传教士詹姆斯·梅隆·明义士所著《殷墟卜辞》刊行。

按：詹姆斯·梅隆·明义士，来自加拿大安大略省的传教士，著有甲骨著录三种：《殷墟卜辞》《殷墟卜辞后编》和《柏根氏旧藏甲骨文字》。根据明义士本人自述，《殷墟卜辞》由其从自己所收藏的5万片甲骨中选出2369片，亲手临摹而成，是明义士的第一部甲骨文著作，也是西方学者研究甲骨文的第一部著作。

瑞典地质学家安特生继续任农商部地质调查所顾问。3月，得知周口店附近发现"龙骨"，亲往调查。7—8月间，奉农商部命与翁文灏等研讨中国钢铁工业发展规划，提出《振兴中国钢铁业意见书》。（参见李学通《翁文灏年谱》，山东教育出版社2005年版）

三、学术论文

陈独秀《再论孔教问题》刊于《新青年》第2卷第5号。

杨昌济《治生篇（续前号）》刊于《新青年》第2卷第5号。

高一涵《一九一七预想之革命》刊于《新青年》第2卷第5号。

胡适《文学改良刍议》刊于《新青年》第2卷第5号。

按：1916年底，胡适在美国将其《文学改良刍议》寄给陈独秀主编的《新青年》，刊于第2卷第5期，为倡导文学革命的第一篇文章。陈独秀则在下一期刊出自己撰写的《文学革命论》进行声援，从而揭开了五四文学革命与白话文运动的序幕。

陶履恭《人类文化之起源》刊于《新青年》第2卷第5号。

胡适《藏晖室札记（续前号）》刊于《新青年》第2卷第5号。

马君武《赫克尔一元哲学（续前号）》刊于《新青年》第2卷第5号。

康普《中国童子军》刊于《新青年》第2卷第5号。

陈独秀《文学革命论》刊于《新青年》第2卷第6号。

按：是文曰："文学革命之气运，酝酿已非一日，其首举义旗之急先锋，则为吾友胡适。余甘冒全国学究之敌，高张'文学革命军'大旗，以为吾友之声援。"陈独秀撰写《文学革命论》，可以说是对胡适《文学改良刍议》的声援，不过与胡适相比，陈独秀的文学革命立场更为坚定："旗上大书特书吾革命军三大主义：曰，推倒雕琢的、阿谀的贵族文学，建设平易的、抒情的国民文学；曰，推倒陈腐的、铺张的古典文学，建设新鲜的、立诚的写实文学；曰，推倒迂晦的、艰涩的山林文学，建设明了的、通俗的社会文学。"对封建旧文学从内容到形式上都予以了彻底的否定，主张以革新文学作为革新政治、改造社会之途。

吴虞《家族制度为专制主义之根据论》刊于《新青年》第2卷第6号。

光昇《中国国民性及其弱点》刊于《新青年》第2卷第6号。

陶履恭《人类文化之起源（续前号）》刊于《新青年》第2卷第6号。

胡适《藏晖室札记（续前号）》刊于《新青年》第2卷第6号。

李张绍南《哀青年》刊于《新青年》第2卷第6号。

陈钱爱琛《贤母氏与中国前途之关系》刊于《新青年》第2卷第6号。

陈独秀《对德外交》刊于《新青年》第3卷第1号。

吴虞《读荀子书后》刊于《新青年》第3卷第1号。

恽代英《物质实在论》刊于《新青年》第3卷第1号。

陶履恭《人类文化之起源（续前号）》刊于《新青年》第3卷第1号。

胡适《藏晖室札记(续前号)》刊于《新青年》第3卷第1号。

［美］Henry Ward Beecher 著,程师葛译《天才与勤勉》刊于《新青年》第3卷第1号。

李次山《少年共和国》刊于《新青年》第3卷第1号。

梁华兰《女子教育》刊于《新青年》第3卷第1号。

陈独秀《俄罗斯革命与我国民之觉悟》刊于《新青年》第3卷第2号。

吴虞《消极革命之老庄》刊于《新青年》第3卷第2号。

陶履恭《社会》刊于《新青年》第3卷第2号。

李大钊《青年与老人》刊于《新青年》第3卷第2号。

章士钊《经济学之总原则》刊于《新青年》第3卷第2号。

胡适《藏晖室札记(续前号)》刊于《新青年》第3卷第2号。

朱如一《活动与人生》刊于《新青年》第3卷第2号。

陈独秀《旧思想与国体问题》刊于《新青年》第3卷第3号。

吴虞《礼谕》刊于《新青年》第3卷第3号。

刘半侬《我之文学改良观》刊于《新青年》第3卷第3号。

按:是文曰:"文学改良之议,既由胡君适之提倡之于前,复由陈君独秀钱君玄同赞成之于后。不佞学识谫陋、固亦为立志研究文学之一人。除于胡君所举八种改良、陈君所揭三大主义、及钱君所指旧文学种种弊端、绝端表示同意外,复举平时意中所欲言者、拉杂书之、草为此文。幸三君及世之留意文学改良者有以指正之。"在这篇文章中,刘半侬先生对"文学之界说如何乎、文学与文字、散文之当改良者三、韵文之当改良者三、形式上的事项"等问题发表了"我之文学改良观"。文章最后,陈独秀发表了对此文的看法:"刘君此文、最足唤起文学界注意者二事:一曰改造新韵,一曰以今语作曲。至于凡百文字之共名、皆谓之文。文之大别有二、一曰应用之文、一曰文学之文。刘君以诗歌戏曲小说等列入文学范围、是即余所谓文学之文也。以评论文告日记信札等列入文字范围、是即余所谓应用之文也。'文字'与'应用之文'名词虽不同、而实质似无差异。质之刘君及读者诸君以为如何。"

胡适《历史的文学观念论》刊于《新青年》第3卷第3号。

高硒石《生存竞争与道德》刊于《新青年》第3卷第3号。

［日］桑原隲藏著,J. H. C. 生译《中国学研究者之任务》刊于《新青年》第3卷第3号。

胡哲谋《偏激与中庸》刊于《新青年》第3卷第3号。

高素素《女子问题之大解决》刊于《新青年》第3卷第3号。

陈华珍《论中国女子婚姻与育儿问题》刊于《新青年》第3卷第3号。

陈独秀《时局杂感》刊于《新青年》第3卷第4号。

吴虞《儒家主张阶级制度之害》刊于《新青年》第3卷第4号。

胡适《藏晖室札记(续前号)》刊于《新青年》第3卷第4号。

吴曾兰《女权平议》刊于《新青年》第3卷第4号。

孙鸣琪《改良家庭与国家有密切之关系》刊于《新青年》第3卷第4号。

陈独秀《近代西洋教育》刊于《新青年》第3卷第5号。

刘半侬《诗与小说精神上之革新》刊于《新青年》第3卷第5号。

吴虞《儒家大同之义本于老子说》刊于《新青年》第3卷第5号。

恽代英《论信仰》刊于《新青年》第3卷第5号。

胡适《藏晖室札记(续前号)》刊于《新青年》第3卷第5号。

Sydney Smith 著,胡善恒译《智乐篇》刊于《新青年》第3卷第5号。

［美］高曼著，震瀛译《结婚与恋爱》刊于《新青年》第 3 卷第 5 号。

易明《改良文学之第一步》刊于《新青年》第 3 卷第 5 号。

吴葆光《论中国卫生之近况及促进改良方法》刊于《新青年》第 3 卷第 5 号。

陈独秀《复辟与尊孔》刊于《新青年》第 3 卷第 6 号。

蔡孑民《以美育代宗教说》刊于《新青年》第 3 卷第 6 号。

胡适《藏晖室札记(续前号)》刊于《新青年》第 3 卷第 6 号。

李寅恭《说竹》刊于《新青年》第 3 卷第 6 号。

陈独秀《科学与基督教》刊于《新青年》第 3 卷第 6 号。

蔡元培《大学改制之事实及理由》刊于《新青年》第 3 卷第 6 号。

按：大学改制的议题发端于 1917 年 1 月 27 日之国立高等学校校务讨论会，在这次会议上，蔡元培提出了大学改制的议案，其核心内容主要是："(一)大学专设文理二科。其法、医、农、工、商五科，别为独立之大学，其名为法科大学、医科大学等。(二)大学均分为三级。(1)预科一年，(2)本科三年，(3)研究科二年，凡六年。"

康有为《共和平议第一卷》刊于《不忍杂志》第 9—10 期。

康有为《共和平议第二卷》刊于《不忍杂志》第 9—10 期。

康有为《共和平议第三卷》刊于《不忍杂志》第 9—10 期。

康有为《与徐太傅书》刊于《不忍杂志》第 9—10 期。

康有为《圣学会缘起》刊于《不忍杂志》第 9—10 期。

康有为《春秋董氏学自序》刊于《不忍杂志》第 9—10 期。

康有为《参政院提议立国之精神议书后》刊于《不忍杂志》第 9—10 期。

康有为《人民祭天及圣裖配以祖先说》刊于《不忍杂志》第 9—10 期。

姚公鹤《上海报纸小史(未完)》刊于《小说月刊》第 8 卷第 1 号。

叔节《评点本古文辞类纂序》刊于《小说月刊》第 8 卷第 1 号。

心史《西楼记传奇考证(未完)》刊于《小说月刊》第 8 卷第 1 号。

酉云《董小宛非董鄂妃考证》刊于《小说月刊》第 8 卷第 1 号。

姚公鹤《上海报纸小史(续)》刊于《小说月刊》第 8 卷第 2 号。

心史《西楼记传奇考证(续完)》刊于《小说月刊》第 8 卷第 2 号。

蔡元培《欧战所得教训》刊于《中国实业杂志》第 8 年第 1 期。

张宗华《现行烟酒税法改良办法治意见书》刊于《中国实业杂志》第 8 年第 1 期。

喻定民《救国根本大计意见书》刊于《中国实业杂志》第 8 年第 1 期。

李文权《中国不亡是无天理中国若亡是无地理说》刊于《中国实业杂志》第 8 年第 2 期。

李文权《货币管见》刊于《中国实业杂志》第 8 年第 2 期。

李文权《日本银行发行纸币之最近调查》刊于《中国实业杂志》第 8 年第 2 期。

李文权《台湾银行票发行数之最近调查》刊于《中国实业杂志》第 8 年第 2 期。

李文权《朝鲜银行票发行数之最近调查》刊于《中国实业杂志》第 8 年第 2 期。

李文权《十一年之棉纱慨言》刊于《中国实业杂志》第 8 年第 3 期。

林辂存《南进与六三问题之关系》刊于《中国实业杂志》第 8 年第 3 期。

戴乐尔《中国蚕桑亟宜讲求整顿说》刊于《中国实业杂志》第 8 年第 4 期。

伴石《中国海关沿革及其组织之概要》刊于《中国实业杂志》第8年第4期。

李文权《实业观念与政治观念之消长》刊于《中国实业杂志》第8年第7期。

梦译《俄国革命谈(未完)》刊于《中国实业杂志》第8年第7期。

李文权《印刷事业之痛心史(未完)》刊于《中国实业杂志》第8年第8期。

晒海《共和进步说:民国六年之希望》刊于《进步杂志》第11卷第3号。

蛰庵《人生论》刊于《进步杂志》第11卷第3号。

佩我《国民市政教育之实施》刊于《进步杂志》第11卷第3号。

任夫《学校储蓄之提倡》刊于《进步杂志》第11卷第3号。

葆和《美国罪犯筑路之成效》刊于《进步杂志》第11卷第3号。

葆和《化学工业与战争》刊于《进步杂志》第11卷第3号。

徐宝谦《人生哲学:郁根氏学说之介绍(续完)》刊于《进步杂志》第11卷第3号。

佩我《宗教与高尚生活》刊于《进步杂志》第11卷第4号。

佩我《世界金融问题之放眼观》刊于《进步杂志》第11卷第4号。

蛰庵《美国之政党与舆论》刊于《进步杂志》第11卷第4号。

远瞻《希腊大政治家维纳瑞洛》刊于《进步杂志》第11卷第4号。

佩我《国家保护事业之原则与方法》刊于《进步杂志》第11卷第4号。

任夫《美国定式的教育制之抨击》刊于《进步杂志》第11卷第4号。

重圻《动植物进种新论》刊于《进步杂志》第11卷第4号。

葆和《机器耕种之经济观察》刊于《进步杂志》第11卷第4号。

重圻《萨罗尼加考察记》刊于《进步杂志》第11卷第4号。

《本志宣告》刊于《太平洋》第1卷第1号。

按:1917年3月于上海创刊,李剑农、杨端六先后主编,先由泰东书局发行,后改由商务印书馆发行。从其《本志宣告》看,其办刊主旨"旨在考证学理,斟酌国情,以求真是真非。于财政经济各问题,尤多所列,不为何种政团张其党势,亦不自立门户,别成一新政团之机关"。

剑农《调和之本义》刊于《太平洋》第1卷第1号。

剑农《宪法与政习》刊于《太平洋》第1卷第1号。

端六《金融机关之独立》刊于《太平洋》第1卷第1号。

鲠生《外蒙议员问题》刊于《太平洋》第1卷第1号。

端六《中国币制改革论·篇一》刊于《太平洋》第1卷第1号。

端六《税制与产业》刊于《太平洋》第1卷第1号。

钱天任《评伦敦泰晤士报论老西开交涉事》刊于《太平洋》第1卷第1号。

剑农《英国之旧内阁与新阁》刊于《太平洋》第1卷第1号。

剑农《美国新任旧总统》刊于《太平洋》第1卷第1号。

沧海《奥匈国之旧元首与新元首》刊于《太平洋》第1卷第1号。

端六《英国经济政策之新趋势》刊于《太平洋》第1卷第1号。

沧海《欧战和议之观察》刊于《太平洋》第1卷第1号。

元翼《日本最近之政情》刊于《太平洋》第1卷第1号。

[美国]喀南科萨喀尼特原著,复庵译《所得税制》刊于《太平洋》第1卷第1号。

端六《卫士林支那货币论》刊于《太平洋》第1卷第1号。

蔚庐《为灭国不为亡国有耻乃可与国论》刊于《太平洋》第1卷第1号。

吴敬恒《杂志界之希望》刊于《太平洋》第1卷第1号。

汪兆铭《外交》刊于《太平洋》第1卷第1号。

曾嵩崎《孔子未尝集大成》刊于《太平洋》第1卷第1号。

介石《抵抗力》刊于《太平洋》第1卷第1号。

周春岳《国教》刊于《太平洋》第1卷第1号。

尚愚《何谓贤人政治》刊于《太平洋》第1卷第1号。

剑农《读甲寅日刊之舆论一束》刊于《太平洋》第1卷第2号。

剑农《地方制之终极目的》刊于《太平洋》第1卷第2号。

鲠生《日俄新协约·篇上》刊于《太平洋》第1卷第2号。

端六《中国币制改革论·篇二》刊于《太平洋》第1卷第2号。

皓白《各国现行关税制度概论》刊于《太平洋》第1卷第2号。

虞裳《战后之经济战与中国之危机》刊于《太平洋》第1卷第2号。

鲠生《法兰西第三共和制宪史论》刊于《太平洋》第1卷第2号。

剑农《日本之议会改选与地方长官》刊于《太平洋》第1卷第2号。

沧海《白格达城陷落与土耳基之命运》刊于《太平洋》第1卷第2号。

沧海《德皇统与社会党》刊于《太平洋》第1卷第2号。

端六《卫士林支那货币论》刊于《太平洋》第1卷第2号。

复庵《所得税制》刊于《太平洋》第1卷第2号。

化农《美国固应与日本协力以经营支那乎》刊于《太平洋》第1卷第2号。

吴敬恒《以政学治非政学》刊于《太平洋》第1卷第2号。

狷公《奢侈与贫弱》刊于《太平洋》第1卷第2号。

周春岳《国会充实说(二首)》刊于《太平洋》第1卷第2号。

徐天授《孔道》刊于《太平洋》第1卷第2号。

S. R. 生《先烈纪念与奖学金》刊于《太平洋》第1卷第2号。

曾士宏《赌之害群》刊于《太平洋》第1卷第2号。

剑农《对德外交平议》刊于《太平洋》第1卷第3号。

嵩崎《我之孔道全体观》刊于《太平洋》第1卷第3号。

端六《银行券发行制度·篇一》刊于《太平洋》第1卷第3号。

赣父《斯密亚丹与理财学》刊于《太平洋》第1卷第3号。

鲠生《日俄新协约·篇下》刊于《太平洋》第1卷第3号。

鲠生《外交使节与国会同意权》刊于《太平洋》第1卷第3号。

沧海《廿纪世界之大变化·俄罗斯之革命·美之对德宣战》刊于《太平洋》第1卷第3号。

端六《英之对抗潜艇策》刊于《太平洋》第1卷第3号。

端六《卫士林支那货币论》刊于《太平洋》第1卷第3号。

复庵《所得税制》刊于《太平洋》第1卷第3号。

戴成祥《论暂行刑律补充条例之效力》刊于《太平洋》第1卷第3号。

戴成祥《说主婚》刊于《太平洋》第1卷第3号。

豕虫虫生《亲子间之财产关系》刊于《太平洋》第 1 卷第 3 号。

张一湖《政学与非政学》刊于《太平洋》第 1 卷第 3 号。

曾嵩崎《孔道》刊于《太平洋》第 1 卷第 3 号。

王业浩《旧官僚与新进》刊于《太平洋》第 1 卷第 3 号。

杨树人《女子自身之责任》刊于《太平洋》第 1 卷第 3 号。

T. Y. 生《决议案与法律案》刊于《太平洋》第 1 卷第 3 号。

剑农《时局罪言》刊于《太平洋》第 1 卷第 4 号。

鲠生《责任内阁与元首》刊于《太平洋》第 1 卷第 4 号。

端六《中国币制改革论·篇三》刊于《太平洋》第 1 卷第 4 号。

赣父《斯密亚丹与理财学》刊于《太平洋》第 1 卷第 4 号。

梦和《有形之政府与无形之政府》刊于《太平洋》第 1 卷第 4 号。

沧海《英帝国之特别战时会议与英帝国之前途》刊于《太平洋》第 1 卷第 4 号。

沧海《欧战之目的》刊于《太平洋》第 1 卷第 4 号。

沧海《俄德社会党之平和运动与德政府之狡谋》刊于《太平洋》第 1 卷第 4 号。

爱常《欧战与经济界》刊于《太平洋》第 1 卷第 4 号。

皓白《俄罗斯大革命及其影响》刊于《太平洋》第 1 卷第 4 号。

端六《卫士林支那货币论》刊于《太平洋》第 1 卷第 4 号。

复庵《所得税制》刊于《太平洋》第 1 卷第 4 号。

豕虫虫生《贪黩之原因》刊于《太平洋》第 1 卷第 4 号。

李泰棻《共和》刊于《太平洋》第 1 卷第 4 号。

姜伯明《外交》刊于《太平洋》第 1 卷第 4 号。

实生《小学义务教育》刊于《太平洋》第 1 卷第 4 号。

吴敬恒《释非政学》刊于《太平洋》第 1 卷第 4 号。

周春岳《调和与俄国革命》刊于《太平洋》第 1 卷第 4 号。

剑农《呜呼中华民国之国宪》刊于《太平洋》第 1 卷第 5 号。

鲠生《法理上之中德绝交观》刊于《太平洋》第 1 卷第 5 号。

端六《银行券发行制度　篇二》刊于《太平洋》第 1 卷第 5 号。

之奇《人口问题》刊于《太平洋》第 1 卷第 5 号。

赣父《斯密亚丹与理财学》刊于《太平洋》第 1 卷第 5 号。

端六《德国财政与金融》刊于《太平洋》第 1 卷第 5 号。

端六《新闻界之黑暗》刊于《太平洋》第 1 卷第 5 号。

复庵《不列颠帝国战时会议之召集》刊于《太平洋》第 1 卷第 5 号。

复庵《英国趋于保护贸易之倾向》刊于《太平洋》第 1 卷第 5 号。

松子《英国之共和运动》刊于《太平洋》第 1 卷第 5 号。

松子《英法两国渡美之使节》刊于《太平洋》第 1 卷第 5 号。

松子《法军干部之改组》刊于《太平洋》第 1 卷第 5 号。

松子《英国陆军部之新组织》刊于《太平洋》第 1 卷第 5 号。

鲠生《狄骥之法学评》刊于《太平洋》第 1 卷第 5 号。

李寅恭《论现代教育之趋势》刊于《太平洋》第 1 卷第 5 号。

周春岳《报纸法案》刊于《太平洋》第 1 卷第 5 号。

李春萊《共和》刊于《太平洋》第 1 卷第 5 号。

张一湖《对于时局之舆论一》刊于《太平洋》第 1 卷第 5 号。

邓希禹《对于时局之舆论二》刊于《太平洋》第 1 卷第 5 号。

杨树人《对于时局之舆论三》刊于《太平洋》第 1 卷第 5 号。

守常《辟伪调和》刊于《太平洋》第 1 卷第 6 号。

雪艇《平政院制平议》刊于《太平洋》第 1 卷第 6 号。

端六《银行券发行制度·篇三》刊于《太平洋》第 1 卷第 6 号。

鲠生《俄国革命与日俄新协约》刊于《太平洋》第 1 卷第 6 号。

鲠生《伦敦不单独讲和宣言论》刊于《太平洋》第 1 卷第 6 号。

赣父《俄罗斯政变感言》刊于《太平洋》第 1 卷第 6 号。

松子《爱兰自治问题》刊于《太平洋》第 1 卷第 6 号。

松子《英帝国会议之结果与联邦主义》刊于《太平洋》第 1 卷第 6 号。

松子《美国与伦敦不单独讲和宣言》刊于《太平洋》第 1 卷第 6 号。

松子《潜艇战与英国食物问题》刊于《太平洋》第 1 卷第 6 号。

松子《法军干部之再改组》刊于《太平洋》第 1 卷第 6 号。

端六《英国战时财政》刊于《太平洋》第 1 卷第 6 号。

绍塈《中国土耳其革命异同论》刊于《太平洋》第 1 卷第 6 号。

李寅恭《对于"满蒙物产馆"之感言》刊于《太平洋》第 1 卷第 6 号。

李寅恭《採处公坟制之商榷》刊于《太平洋》第 1 卷第 6 号。

周春岳《国会政治》刊于《太平洋》第 1 卷第 6 号。

周春岳《西藏问题》刊于《太平洋》第 1 卷第 6 号。

邓大任《政治与伦理》刊于《太平洋》第 1 卷第 6 号。

曾毅《宗教与民德》刊于《太平洋》第 1 卷第 6 号。

剑农《专制与秩序》刊于《太平洋》第 1 卷第 7 号。

守常《暴力与政治》刊于《太平洋》第 1 卷第 7 号。

端六《我国银行券发行政策》刊于《太平洋》第 1 卷第 7 号。

胡适《诸子不出于王官论》刊于《太平洋》第 1 卷第 7 号。

鲠生《东亚之新局面》刊于《太平洋》第 1 卷第 7 号。

之奇《我之中日新善观》刊于《太平洋》第 1 卷第 7 号。

松子《英国新选举法案》刊于《太平洋》第 1 卷第 7 号。

沧海《国际社会党之讲和运动》刊于《太平洋》第 1 卷第 7 号。

沧海《韩德生退出战时内阁》刊于《太平洋》第 1 卷第 7 号。

沧海《俄国废帝与西北利亚之因缘》刊于《太平洋》第 1 卷第 7 号。

钱天任《德意志东方问题》刊于《太平洋》第 1 卷第 7 号。

端六《卫士林支那货币论·下卷》刊于《太平洋》第 1 卷第 7 号。

光石士《穆勒论理想之最良政制论》刊于《太平洋》第 1 卷第 7 号。

邓希禹《对抗力》刊于《太平洋》第 1 卷第 7 号。

张一湖《雷德佐治之被捕》刊于《太平洋》第 1 卷第 7 号。

曾斯鲁《约法上之参议院》刊于《太平洋》第 1 卷第 7 号。

李寅恭、皮宗石、陈源、杨冕《剑桥大学图书馆》刊于《太平洋》第 1 卷第 7 号。

剑农《民国统一问题》刊于《太平洋》第 1 卷第 8 号。

郁嶷《政治与民意》刊于《太平洋》第 1 卷第 8 号。

端六《会计与商业》刊于《太平洋》第 1 卷第 8 号。

鲠生《俄国远东政策之过去未来》刊于《太平洋》第 1 卷第 8 号。

沧海《革命后之俄罗斯政变》刊于《太平洋》第 1 卷第 8 号。

沧海《罗马教皇之讲和运动》刊于《太平洋》第 1 卷第 8 号。

沧海《德国海军之谋变》刊于《太平洋》第 1 卷第 8 号。

松子《爱兰国民会议之前途》刊于《太平洋》第 1 卷第 8 号。

端六《卫士林支那货币论·续第七期》刊于《太平洋》第 1 卷第 8 号。

复庵《所得税制》刊于《太平洋》第 1 卷第 8 号。

光石士译《穆勒论政制选择之限度》刊于《太平洋》第 1 卷第 8 号。

端六《今日岂借款之时乎》刊于《太平洋》第 1 卷第 8 号。

王诘《中日亲善》刊于《太平洋》第 1 卷第 8 号。

李寅恭《国民教育与国文》刊于《太平洋》第 1 卷第 8 号。

李寅恭《英国女子教育及其生活》刊于《太平洋》第 1 卷第 8 号。

陈启天《省制论略》刊于《东方杂志》第 14 卷第 1 号。

章锡琛《中国民族性论》刊于《东方杂志》第 14 卷第 1 号。

按：该文由章锡琛节译自日本《中央公论》杂志，是文曰："中国地广而人众，言语殊音，风俗异习，加以山川原隰之间隔，满蒙回藏之散处，故其民族性至为复杂。……然而有史以来，帝王治化所沾溉，圣贤教训之所染，历世既久，人人遂深，故纷然杂糅中，实有普遍统一之性。约而举之，有三端焉。"此三端分别是："其一曰卑弱""其一曰务实""其一曰耐久"。并从地理、历史、文化等角度分析了中国民族性形成的原因。

胡学愚《重栽中国森林论》刊于《东方杂志》第 14 卷第 1 号。

胡学愚《欧洲大战中之日本》刊于《东方杂志》第 14 卷第 1 号。

胡学愚《美国选举总统之终结》刊于《东方杂志》第 14 卷第 1 号。

王怡柯《中国币制考略及近时之改革》刊于《东方杂志》第 14 卷第 1 号。

屠寄《答张蔚西成吉思汗陵寝辩证书》刊于《东方杂志》第 14 卷第 1 号。

庄启《苗文略述》刊于《东方杂志》第 14 卷第 1 号。

胡学愚《世界语发达之现势》刊于《东方杂志》第 14 卷第 1 号。

白亮《中国速记学将来之研究》刊于《东方杂志》第 14 卷第 1 号。

吴敬恒《学问标准宜迁高其级度说》刊于《东方杂志》第 14 卷第 2 号。

鲍少游《欧洲战争与世界之宗教问题》刊于《东方杂志》第 14 卷第 2 号。

君实《论中国之革命运动》刊于《东方杂志》第 14 卷第 2 号。

忍侬《中国地图作制之研究》刊于《东方杂志》第 14 卷第 2 号。

卢可封《中国催眠术》刊于《东方杂志》第 14 卷第 2 号。

邹彬如《科学与家庭经济之关系说》刊于《东方杂志》第 14 卷第 2 号。

高劳《个人与国家之界说》刊于《东方杂志》第 14 卷第 3 号。

君实《日人对于中日亲善论之意见》刊于《东方杂志》第 14 卷第 3 号。

君实《日人之放论》刊于《东方杂志》第 14 卷第 3 号。

黄华《记中国邮船公司》刊于《东方杂志》第 14 卷第 3 号。

美意《美京国会图书馆中国图书记》刊于《东方杂志》第 14 卷第 3 号。

尚一《中国工业教育之趋势》刊于《东方杂志》第 14 卷第 3 号。

愈之《女权发达与平和之关系》刊于《东方杂志》第 14 卷第 3 号。

海期《日本银行建设之成功》刊于《东方杂志》第 14 卷第 3 号。

曹素宸《文章之形式与精神》刊于《东方杂志》第 14 卷第 3 号。

伧父《战后东西文明之调和》刊于《东方杂志》第 14 卷第 4 号。

按：五四前后的东西文化论争，从 1915 年陈独秀创办《新青年》发起新文化运动起，到 1927 年社会性质论战发生为止。东西方文化论争涉及对国家前途命运的关注，以及对中国文化向何处去的思考。1914 年的第一次世界大战的爆发，使中国人看到文明程度居世界领先地位的西方将先进的科学技术用于互相残杀给世界带来的巨大灾难，这一残酷的现实使一些重伦理、轻功利的中国学人不得不用另一种眼光来看待西方文明，对西方文明加以重新审视。正如是文所言："此次大战，使西洋文明，露显著之破绽，此非吾人偏见之言，凡研究现代文明者，殆无不有如是之感想。盖文明之价值，不能不就其影响于人类生活者评定之。西洋人对于东洋文明之批评，亦常以东洋文明发源地之中国，日积于贫弱，为东洋文明劣点之标准。此不特西洋人之眼光如是，即在吾国人，亦不免自疑其固有之文明，而生崇拜西洋文明之倾向。然自受大战之戟刺之后，使吾人憬然于西洋诸国，所以获得富强之原因，与夫因富强而生之结果，无一非人类间最悲惨最痛苦之生活。吾人至此，纵不敢谓吾国人之贫弱，可以脱离悲惨与痛苦，为吾国有文明之所赐与，然信赖西洋文明，欲藉之以免除悲惨与痛苦之谬想，不能不为之消灭。平情而论，则东西洋之现代生活，皆不能认为圆满的生活，即东西洋之现代文明，皆不能许为模范的文明。而新文明之发生，亦因人心之觉悟。有迫不及待之势。但文明之发生，常由于因袭而不由于创作，故战后之新文明，自必就现代文明，取其所长，弃其所短，而以适于人类生活者为归。此固吾人所深信不疑者也。"

高劳《家庭之改革》刊于《东方杂志》第 14 卷第 4 号。

愈之《中国田赋制度改革议》刊于《东方杂志》第 14 卷第 4 号。

君实《协约国经济同盟之实况》刊于《东方杂志》第 14 卷第 4 号。

俞颂华《欧洲交战国之人口问题》刊于《东方杂志》第 14 卷第 4 号。

恽代英《和平损失与战争损失》刊于《东方杂志》第 14 卷第 4 号。

愈之《评德国之战争哲学》刊于《东方杂志》第 14 卷第 4 号。

钱智修《英雄与群众之调和》刊于《东方杂志》第 14 卷第 5 号。

高劳《俄国大革命之经过》刊于《东方杂志》第 14 卷第 5 号。

申凤章《论欧洲战事与俄国革命之关系》刊于《东方杂志》第 14 卷第 5 号。

尚一《世界平和运动之发达》刊于《东方杂志》第 14 卷第 5 号。

陈启天《改订关税论》刊于《东方杂志》第 14 卷第 6 号。

君实《太平洋霸权与美国之外交》刊于《东方杂志》第 14 卷第 6 号。

少游《战后之中国与日本》刊于《东方杂志》第 14 卷第 6 号。

愈之《美国与世界商业》刊于《东方杂志》第 14 卷第 6 号。

愈之《欧美各国记时法之改革》刊于《东方杂志》第 14 卷第 6 号。

愈之《不列颠帝国之殖民地问题》刊于《东方杂志》第 14 卷第 6 号。

君实《记山西票号》刊于《东方杂志》第 14 卷第 6 号。

愈之《论道德上之势力》刊于《东方杂志》第 14 卷第 6 号。

伧父《未来之世局》刊于《东方杂志》第 14 卷第 7 号。

恽代英《结婚问题之研究》刊于《东方杂志》第 14 卷第 7 号。

按：是文曰："读伧父先生《自由结婚》一篇，结婚之关于人生甚大。其主权究应属于结婚之男女自身，或应属于男女之父母，此诚一极可研究，而亦极当研究之问题也。就吾国社会已事观之，以结婚主权，属于男女之父母，其为弊甚明显。就西国社会已事，乃至吾国一二自由结婚之成绩观之，以结婚属于男女之自身，其为弊亦不可掩饰。然则此等主权，究应属于何方面为合宜乎？伧父先生自谓昔日主张应属于男女自身，今日则主张应属于男女之父母，然窃以为皆非最良之解决也。""子女自身主婚，所以有弊，由于无结婚之知识；父母代子女结婚，所以有弊，亦由于无结婚之知识。子女苟既有结婚知识，其自为谋，必较父母之代谋者为更详慎，此乃无疑之事。主张由父母代子女主婚者，持父母较子女为有经验之说。然经验既与智识，迥不相涉，则此说根本破坏矣。故吾之主张，则以为结婚仍宜由子女自主，而又必以学校中设结婚学之学科，或另设研究结婚学之速成学校，为附加之条件也。"

愈之《论民主政治与外交》刊于《东方杂志》第 14 卷第 7 号。

君实《中国之喇嘛教及回回教》刊于《东方杂志》第 14 卷第 7 号。

萨孟武《俄国宫廷秘史》刊于《东方杂志》第 14 卷第 7 号。

周宝华《论中日军备之关系》刊于《东方杂志》第 14 卷第 7 号。

君实《西藏与之特征》刊于《东方杂志》第 14 卷第 7 号。

吕琴仲《新画派略说》刊于《东方杂志》第 14 卷第 7 号。

愈之《长生新论》刊于《东方杂志》第 14 卷第 7 号。

高劳《今后时局之觉悟》刊于《东方杂志》第 14 卷第 8 号。

君实《论战后之世界和平耐久策》刊于《东方杂志》第 14 卷第 8 号。

君实《新时代之形势》刊于《东方杂志》第 14 卷第 8 号。

忠民《欧洲大战之里面观察》刊于《东方杂志》第 14 卷第 8 号。

高劳《运河政策》刊于《东方杂志》第 14 卷第 8 号。

愈之《世界民政流行图说》刊于《东方杂志》第 14 卷第 8 号。

赵仙洲《战后之平和同盟》刊于《东方杂志》第 14 卷第 8 号。

愈之《跳舞之意义及其种类》刊于《东方杂志》第 14 卷第 8 号。

伧父《宣战与时局之关系》刊于《东方杂志》第 14 卷第 9 号。

君实《中日亲善之根本义》刊于《东方杂志》第 14 卷第 9 号。

愈之《中国之邮政》刊于《东方杂志》第 14 卷第 9 号。

愈之《中国之矿产》刊于《东方杂志》第 14 卷第 9 号。

黄花《俄罗斯民主论》刊于《东方杂志》第 14 卷第 9 号。

愈之《希腊政变之经过》刊于《东方杂志》第 14 卷第 9 号。

素心《欧洲战后多妻主义之预论》刊于《东方杂志》第 14 卷第 9 号。

君实《疲劳之研究》刊于《东方杂志》第 14 卷第 9 号。

华尔德《颜色与人生幸福之关系》刊于《东方杂志》第 14 卷第 9 号。

钱智修《劳力主义》刊于《东方杂志》第 14 卷第 10 号。

恽代英《经验与知识》刊于《东方杂志》第 14 卷第 10 号。

蔡元培《植物大辞典序》刊于《东方杂志》第 14 卷第 10 号。

君实《亚细亚主义》刊于《东方杂志》第 14 卷第 10 号。

君实《西班牙之危机》刊于《东方杂志》第 14 卷第 10 号。

高劳《中国回教传衍之历史与各省回教之近况》刊于《东方杂志》第 14 卷第 10 号。

愈之《英美国富之比较及战后英国实业之称霸》刊于《东方杂志》第 14 卷第 10 号。

程承祖《原战》刊于《东方杂志》第 14 卷第 10 号。

愈之《造化无限论》刊于《东方杂志》第 14 卷第 10 号。

张东荪《贤人政治》刊于《东方杂志》第 14 卷第 11 号。

高劳《美国之参战与战后之变动》刊于《东方杂志》第 14 卷第 11 号。

尤怀《世界共和国之今昔观》刊于《东方杂志》第 14 卷第 11 号。

甘作霖《西人所述哥会之历史》刊于《东方杂志》第 14 卷第 11 号。

李俨《中国算学史余录》刊于《东方杂志》第 14 卷第 11 号。

行严《欧洲最近思潮与吾人之觉悟》刊于《东方杂志》第 14 卷第 12 号。

高劳《革命后之俄国近情》刊于《东方杂志》第 14 卷第 12 号。

君实《美国劳动者运动之趋势》刊于《东方杂志》第 14 卷第 12 号。

高劳《世界人之世界主义》刊于《东方杂志》第 14 卷第 12 号。

愈之《西伯利亚铁路谈》刊于《东方杂志》第 14 卷第 12 号。

风欠《近世社会之三大倾向》刊于《东方杂志》第 14 卷第 12 号。

愈之《婴儿当由国家保护论》刊于《东方杂志》第 14 卷第 12 号。

寿白《物形与其大小之关系》刊于《东方杂志》第 14 卷第 12 号。

《国史编纂处纂辑股编纂略》刊于《北京大学日刊》第 1 号。

洪铭《长城考》刊于《学生杂志》第 2 号。

恽代英《家庭教育论(续)》刊于《妇女时报》第 21 期。

彭年《法国之妇人律师》刊于《妇女时报》第 21 期。

[日]宫本桂仙著,慧译《西洋男女交际法(续)》刊于《妇女时报》第 21 期。

吴蔷《女子之责任》刊于《妇女时报》第 21 期。

浦秀芳《说名誉与金钱之比较》刊于《妇女时报》第 21 期。

陈翠娥《张仪苏秦论》刊于《妇女时报》第 21 期。

宗良《论补救小学教育之缺点》刊于《妇女杂志》第 3 卷第 3 号。

西神《妇人与专门之知识》刊于《妇女杂志》第 3 卷第 3 号。

宗良《养老费之预备》刊于《妇女杂志》第 3 卷第 3 号。

宗良《家庭与学校教育儿童之要义(续)》刊于《妇女杂志》第 3 卷第 3 号。

陈麒《西国婚姻制度进化史》刊于《妇女杂志》第 3 卷第 3 号。

杨祥麟《家庭体操》刊于《妇女杂志》第 3 卷第 3 号。

[英]兰勃洛斯著,宗良译《纪伦敦女学生之爱国联合会》刊于《妇女杂志》第 3 卷第 3 号。

杨芳《参观苏州慕家花园幼稚园记》刊于《妇女杂志》第 3 卷第 3 号。

汤潕筠《光武赐强项令钱三十万论》刊于《妇女杂志》第 3 卷第 3 号。

丁世英《光武赐强项令钱三十万论》刊于《妇女杂志》第 3 卷第 3 号。

金蕙《难鲁相公仪休》刊于《妇女杂志》第 3 卷第 3 号。

殷同薇《难鲁相公仪休》刊于《妇女杂志》第 3 卷第 3 号。

江山渊《女艺文志(续)》刊于《妇女杂志》第 3 卷第 3 号。

亶父《闺秀诗话(续)》刊于《妇女杂志》第3卷第3号。

莼农《玉台艺乘(续)》刊于《妇女杂志》第3卷第3号。

李趋理《结婚改良说》刊于《妇女杂志》第3卷第5号。

徐康民、陈蜎隐《图画与刺绣之关系》刊于《妇女杂志》第3卷第5号。

[美]梅令福司著,鸳湖寄生译《天然之玩具》刊于《妇女杂志》第3卷第5号。

西神《儿童必要之宗教教育》刊于《妇女杂志》第3卷第5号。

[美]老莱司攀著,鸳湖寄生译《儿童之职务与奇珍》刊于《妇女杂志》第3卷第5号。

Mrs. Sarah K. Bolton 著,高君珊译《泰西列女传》刊于《妇女杂志》第3卷第5号。

弗洛伊斯他著,恽代英译《顽童》刊于《妇女杂志》第3卷第5号。

宗良《纪英后玛丽之妇女职工义赈会》刊于《妇女杂志》第3卷第5号。

蒋维乔《锡山杜太夫人家传》刊于《妇女杂志》第3卷第5号。

莼农《玉台艺乘(续)》刊于《妇女杂志》第3卷第5号。

宗良《对于不良家庭之感想》刊于《妇女杂志》第3卷第9号。

[美]迪克生著,鸳湖寄生译《日光与爱情之使者》刊于《妇女杂志》第3卷第9号。

王庭干《日本女界肺病之新研究》刊于《妇女杂志》第3卷第9号。

天风、无我《先期产生婴儿之养育法》刊于《妇女杂志》第3卷第9号。

Denton 著,恽代英译《儿童游戏时间之教育》刊于《妇女杂志》第3卷第9号。

西神《矫正儿童恶癖之法及其惯例》刊于《妇女杂志》第3卷第9号。

宗良《少年夫妇破产之危险》刊于《妇女杂志》第3卷第9号。

汪集庭《母教业谈(续)》刊于《妇女杂志》第3卷第9号。

天风、无我《西藏女子之自述》刊于《妇女杂志》第3卷第9号。

Mrs. Sarah K. Bolton 著,高君珊译《泰西列女传(续)》刊于《妇女杂志》第3卷第9号。

西神《世界各国妇人夏季之生活》刊于《妇女杂志》第3卷第9号。

徐敬乔《奉天锦县三节妇事略》刊于《妇女杂志》第3卷第9号。

亶父《闺秀诗话(续)》刊于《妇女杂志》第3卷第9号。

西神《玉台艺乘(续)》刊于《妇女杂志》第3卷第9号。

刘云舫《论节食》刊于《妇女杂志》第3卷第10号。

宗良《小学生偷窃之研究》刊于《妇女杂志》第3卷第10号。

天风、无我译《瑞典妇女之运动》刊于《妇女杂志》第3卷第10号。

Mrs. Sarah K. Bolton 著,高君珊译《泰西列女传(续)》刊于《妇女杂志》第3卷第10号。

艾者《日本妇女职业指南(续)》刊于《妇女杂志》第3卷第10号。

亶父《闺秀诗话(续)》刊于《妇女杂志》第3卷第10号。

西神《玉台艺乘(续)》刊于《妇女杂志》第3卷第10号。

丁堃生《论族制》刊于《妇女杂志》第3卷第11号。

天风、无我译《颜色影响与快乐论》刊于《妇女杂志》第3卷第11号。

漱石《说纸烟之有害于卫生》刊于《妇女杂志》第3卷第11号。

西神《教育儿童之秘诀》刊于《妇女杂志》第3卷第11号。

[日]木村久一著,王庭干译《培植天才之教育》刊于《妇女杂志》第3卷第11号。

西神《家庭中所以出不良少年之故》刊于《妇女杂志》第3卷第11号。

李淑珩《家庭栽花利益谈》刊于《妇女杂志》第3卷第11号。

汪集庭《母教业谈(续)》刊于《妇女杂志》第3卷第11号。

[日]中根沧海著,艾耆译《欧洲之女性》刊于《妇女杂志》第3卷第11号。

Mrs. Sarah K. Bolton 著,高君珊译《泰西列女传(续)》刊于《妇女杂志》第3卷第11号。

林德育《破除月宫之迷信》刊于《妇女杂志》第3卷第11号。

鸳湖寄生《美国妇女预备中之战时生活》刊于《妇女杂志》第3卷第11号。

萱父《闺秀诗话(续)》刊于《妇女杂志》第3卷第10号。

西神《玉台艺乘(续)》刊于《妇女杂志》第3卷第11号。

冯懊侬《通俗演讲及游艺会最通用之幻术》刊于《妇女杂志》第3卷第11号。

胡宗瑗《男女宜依生理四质结婚说》刊于《妇女杂志》第3卷第12号。

西神《提倡家庭副业说》刊于《妇女杂志》第3卷第12号。

[美]鲍世飞氏著,鸳湖寄生译《家庭园艺谈》刊于《妇女杂志》第3卷第12号。

宗良《多食与卫生》刊于《妇女杂志》第3卷第12号。

西神《儿童之体育问题》刊于《妇女杂志》第3卷第12号。

王季烈《长洲王君九先生训女词》刊于《妇女杂志》第3卷第12号。

Mrs. Sarah K. Bolton 著,高君珊译《泰西列女传(续)》刊于《妇女杂志》第3卷第12号。

林德育《泰西女小说家论略》刊于《妇女杂志》第3卷第12号。

蒋维乔《教育行政刍言》刊于《教育杂志》第9卷第4期。

蒋维乔《菲律宾之体育》刊于《教育杂志》第9卷第4期。

侯鸿鉴《对德绝交后之教育计划及注意事项》刊于《教育杂志》第9卷第4期。

贾丰臻《教育杂感》刊于《教育杂志》第9卷第4期。

过瑶圃《新理想主义之教育》刊于《教育杂志》第9卷第4期。

天民《国民经济发展与职业教育》刊于《教育杂志》第9卷第4期。

天民《台威氏之教育哲学》刊于《教育杂志》第9卷第4期。

天民《自动作业之实际》刊于《教育杂志》第9卷第4期。

美我《理科数学教授之难所》刊于《教育杂志》第9卷第4期。

俞子夷《算术教授之科学的研究》刊于《教育杂志》第9卷第4期。

王怀琪《高等游技》刊于《教育杂志》第9卷第4期。

太玄《各国实业教育之大势》刊于《教育杂志》第9卷第4期。

太玄《小学教师之托尔斯泰》刊于《教育杂志》第9卷第4期。

侯鸿鉴《台湾教育与漳泉厦门教育考察记》刊于《教育杂志》第9卷第4期。

蒋维乔《实业教育谈》刊于《教育杂志》第9卷第4期。

天民《手工科教授之所省》刊于《教育杂志》第9卷第5期。

贾丰臻《今后中等学校之设施》刊于《教育杂志》第9卷第5期。

蒋维乔《菲律宾之农业教育》刊于《教育杂志》第9卷第5期。

过瑶圃《新理想主义之教育》刊于《教育杂志》第9卷第5期。

天民《现代教育思潮之种类》刊于《教育杂志》第9卷第5期。

天民《手工科教授之设备》刊于《教育杂志》第9卷第5期。

善我《学级训练诸问题》刊于《教育杂志》第9卷第5期。

秦子衡《纽约市立小学预备职业教育》刊于《教育杂志》第 9 卷第 5 期。

钱智修《布格逊传》刊于《教育杂志》第 9 卷第 5 期。

蒋维乔《论女学校之家事实习》刊于《教育杂志》第 9 卷第 6 期。

贾丰臻《教育慨言》刊于《教育杂志》第 9 卷第 6 期。

过瑶圃《新理想主义之教育》刊于《教育杂志》第 9 卷第 6 期。

蒋维乔《菲律宾之家事教育》刊于《教育杂志》第 9 卷第 6 期。

天民《家事教授上教师及生徒之态度》刊于《教育杂志》第 9 卷第 6 期。

俞子夷《算术教授之科学的研究》刊于《教育杂志》第 9 卷第 6 期。

天民《家事科教授之研究》刊于《教育杂志》第 9 卷第 6 期。

秦之衔《纽约市立小学预备职业教育》刊于《教育杂志》第 9 卷第 6 期。

陆规亮《日本秋田县立师范附属小学记》刊于《教育杂志》第 9 卷第 6 期。

侯鸿鉴《积极的市乡教育行政谈》刊于《教育杂志》第 9 卷第 6 期。

庄俞《补习教育与职业教育》刊于《教育杂志》第 9 卷第 7 期。

庄俞《中日教育之四大异点》刊于《教育杂志》第 9 卷第 7 期。

张显光《暑假学校》刊于《教育杂志》第 9 卷第 7 期。

厚生《论儿童之选择职业》刊于《教育杂志》第 9 卷第 7 期。

蒋维乔《菲律宾之工业教育》刊于《教育杂志》第 9 卷第 7 期。

天民《解题力增进之实际》刊于《教育杂志》第 9 卷第 7 期。

天民《学校市之组织》刊于《教育杂志》第 9 卷第 7 期。

天民《小学校职业指导之研究》刊于《教育杂志》第 9 卷第 7 期。

秦之衔《纽约市立小学豫备职业教育》刊于《教育杂志》第 9 卷第 7 期。

庄俞《视察日本补习教育记》刊于《教育杂志》第 9 卷第 7 期。

庄俞《补习教育与普通教育》刊于《教育杂志》第 9 卷第 8 期。

贾丰臻《戡乱后之教育》刊于《教育杂志》第 9 卷第 8 期。

厚生《论儿童之选择职业》刊于《教育杂志》第 9 卷第 8 期。

蒋维乔《菲律宾之师范教育》刊于《教育杂志》第 9 卷第 8 期。

天民《作文教法之新分类及其活用》刊于《教育杂志》第 9 卷第 8 期。

张显光《实用主义潮流中之作文教授》刊于《教育杂志》第 9 卷第 8 期。

天民《学级组织之种类及研究》刊于《教育杂志》第 9 卷第 8 期。

秦之衔《纽约市立小学豫备职业教育》刊于《教育杂志》第 9 卷第 8 期。

蒋维乔《考察菲律宾教育记》刊于《教育杂志》第 9 卷第 8 期。

贾丰臻《考察日本东京学校笔记》刊于《教育杂志》第 9 卷第 8 期。

庄俞《日本教育家之谈话》刊于《教育杂志》第 9 卷第 8 期。

天民《今后之理科教育》刊于《教育杂志》第 9 卷第 9 期。

天民《台威氏明日之学校》刊于《教育杂志》第 9 卷第 9 期。

太玄《练习基本加减问题之简洁构成法》刊于《教育杂志》第 9 卷第 9 期。

天民《理科教授之根本革新》刊于《教育杂志》第 9 卷第 9 期。

太玄《小学理科之校外教授》刊于《教育杂志》第 9 卷第 9 期。

太玄《美国小学校理科教授细目》刊于《教育杂志》第 9 卷第 9 期。

蒋维乔《考察菲律宾教育记》刊于《教育杂志》第9卷第9期。

庄俞《日本教育家之谈话》刊于《教育杂志》第9卷第9期。

周由庐《女学校与家庭联络法》刊于《教育杂志》第9卷第9期。

天笑《科学者之家庭》刊于《教育杂志》第9卷第9期。

顾倬《检定小学教员管见》刊于《教育杂志》第9卷第10期。

贾丰臻《教育罪言》刊于《教育杂志》第9卷第10期。

抱鲁《中等学校学生学诗问题》刊于《教育杂志》第9卷第10期。

天民《各国大学之特色》刊于《教育杂志》第9卷第10期。

蒋维乔《菲律宾之商业教育》刊于《教育杂志》第9卷第10期。

天民《儿童创造力养成法》刊于《教育杂志》第9卷第10期。

太玄《运动会施设法》刊于《教育杂志》第9卷第10期。

太玄《小学理科之校外教授》刊于《教育杂志》第9卷第10期。

太玄《美国小学校理科教授细目》刊于《教育杂志》第9卷第10期。

黄炎培《南洋荷属华侨教育研究会之盛况》刊于《教育杂志》第9卷第10期。

庄俞《日本之幼稚园》刊于《教育杂志》第9卷第10期。

蒋维乔《职业教育进行之商榷》刊于《教育杂志》第9卷第11期。

黄炎培《职业教育析疑》刊于《教育杂志》第9卷第11期。

天民《各国大学之特色》刊于《教育杂志》第9卷第11期。

太玄《教育学与社会学》刊于《教育杂志》第9卷第11期。

天民《自习主义读法豫习法》刊于《教育杂志》第9卷第11期。

太玄《从断式读法教授》刊于《教育杂志》第9卷第11期。

太玄《日记文教授之发展》刊于《教育杂志》第9卷第11期。

天民《气质教育之研究》刊于《教育杂志》第9卷第11期。

太玄《美国小学校理科教授细目》刊于《教育杂志》第9卷第11期。

蒋维乔《考察菲律宾教育记》刊于《教育杂志》第9卷第11期。

梦麟《全国教育会联合会第三届开会记略》刊于《教育杂志》第9卷第11期。

黄炎培《南洋华侨教育商榷书》刊于《教育杂志》第9卷第11期。

天笑《科学者之家庭》刊于《教育杂志》第9卷第11期。

贾丰臻《检定小学教员疑问》刊于《教育杂志》第9卷第12期。

顾实《比较言语学上国民智育观》刊于《教育杂志》第9卷第12期。

侯鸿鉴《对于教育成绩品之新触》刊于《教育杂志》第9卷第12期。

天民《各国大学之特色》刊于《教育杂志》第9卷第12期。

太玄《教育学与社会学》刊于《教育杂志》第9卷第12期。

天民《小学校成绩考查问题》刊于《教育杂志》第9卷第12期。

太玄《儿童成绩考查法》刊于《教育杂志》第9卷第12期。

太玄《关于目的指示之研究》刊于《教育杂志》第9卷第12期。

孙捷《手工图画连络教授之研究》刊于《教育杂志》第9卷第12期。

太玄《美国小学校理科教授细目》刊于《教育杂志》第9卷第12期。

屠方《武进教育计划之商榷》刊于《武进教育汇编》第1期。

徐学竞《乡土教授概目之研究》刊于《武进教育汇编》第1期。

顾镜明《文切法之研究》刊于《武进教育汇编》第1期。

巢桢《无锡教育参观记》刊于《武进教育汇编》第1期。

剑修笔述《顾荫亭先生讲演词》刊于《武进教育汇编》第1期。

王国维《苍颉篇残简跋》刊于《学术丛编》第23期。

王国维《流沙坠简序》刊于《学术丛编》第24期。

王国维《流沙坠简后序》刊于《学术丛编》第24期。

四、学术著作

（明）沈周绘，神州国光社审定《沈石田八段锦册》由上海神州国光社刊行，有绘者跋。

（明）陆治绘《陆包山秋夜六景图册》由上海神州国光社刊行。

（明）董其昌著，杨补编《画禅室随笔》由上海广智书局刊行，有清朝梁穆的序。

（清）吕留良书《吕晚邨墨迹》由上海商务印书馆刊行，有张季直跋。

（清）汪体斋述《天下有山堂墨竹兰石谱》由学海图书馆刊行，有自序。

（清）姚鼐书《姚惜抱墨迹》由上海商务印书馆刊行，有跋。

（清）黄向坚绘《黄孝子万里寻亲图卷》由上海神州国光社刊行，有朱彝尊跋。

（清）程庭鹭绘，神州国光社审定《程序伯精细山水图册》由上海神州国光社刊行。

（清）孙梅编著，刘铁冷选辑《精选四六丛话》由上海藜青阁刊行。

（清）章学诚著《章实斋遗书》由刘承干嘉业堂刊行。

林亨理著《五经解义适今》由上海广学会刊行。

谢无量著《王充哲学》由上海中华书局刊行。

郑禄钟著《大衍义》由作者刊行。

钱智修编《德国哲学家郁根传》由上海商务印书馆刊行。

易县中学编辑，林传甲评阅，连德纯校《易学进阶》由河北易县中学公卖所刊行。

欧阳竟无编辑《瑜伽师地论》100卷由金陵刻经处刊行。

按：历时20年始成书，又撰《瑜伽师地论叙》，系作者对唯识宗根本论典《瑜伽师地论》之提要。

贾丰臻编《佛学易解》由上海商务印书馆刊行。

石约翰、高果能著《教会辑史》由湖南信义会刊行。

谢洪赉编《世界名人与圣经》由中华基督教青年会全国协会书报部刊行。

谢洪赉著《圣经锥指》由中华基督教青年会全国协会书报部刊行。

半圃斋主人著《迷信谈全卷》刊行。

晁德莅述《敬礼圣心月》由上海土山湾印书馆刊行。

陈若瑟著，赵大司牧审定《奉教须知》由山东翰墨林石印局代印刊行。

段德林著《一知录》刊行。

关洞源著《宗教法言》由上海新学书局刊行。

按：是书分宗教诠名、宗教定义、宗教之起源、辨迷信、成唯物论等。

郭仁林著《有鬼论》刊行。

李问渔(原题李袄)著《默思圣难录》由上海土山湾印书馆刊行。

沈宰熙著《诸巷会记》刊行。

石振铎述《哀矜炼灵说》由上海土山湾印书馆刊行。

谢洪赉著《天国伟人》由上海中华基督教育青年会全国协会书报部刊行。

中华续行委办会编《中华基督教会年鉴》(第4期)由上海广学会刊行。

余寄编《心理学要览》由上海商务印书馆刊行。

姜琦编《中国国民道德概论》由北京丙辰学社刊行。

按:是书论述了中国国民道德之意义、沿革、特质及教养等。

谢无量编《国民立身训》由上海中华书局刊行。

吴梓箴编《(白话)家庭模范》由北京京话日报社刊行。

谢无量著《妇女修养谈》由上海中华书局刊行。

卢寿笺辑《中国妇女美谈》由上海中华书局刊行。

云石编《妇女之百面观》(1—4册)由上海文艺编译社刊行。

卢寿笺著《婚姻训》由上海中华书局刊行。

严愚椿著《家庭进化论》由上海商务印书馆刊行。

张亮采编《中国风俗史》由上海商务印书馆刊行。

王溥仁著《统计学》由北京陆军军需学校刊行。

李葆森著《交际学略论》由香港萃文书坊总发行刊行。

王道编《中国选举史略》由内务部编译处刊行。

高梦弼编辑,吴贯因校《各国地方制度纲要》由北京内务部编译处刊行。

吴昆吾、戴修骏译述《万国比较政府议院之权限》由上海商务印书馆刊行。

黄绶著《民国六年罗戴祸川事实》由著者刊行。

朱执信著,黄种强校订《中国存亡问题》刊行。

宁协万著《青年成功策》由上海泰东图书局刊行。

汪洋编《台湾》由上海中华书局刊行,有著者序言。

陈篆著《止室笔记》由个人刊行,有林纾序。

李春煊著《倭寇之野心》由对倭同志社刊行。

王讷著《警日篇》由北京共和印刷局刊行。

许企谦编《法制浅说》由上海中华书局刊行。

按:是书乃当时法制宣传的小册子,介绍国家和法律、公法和私法、公民的权利和义务等。

陈寿凡编著《欧美宪政真相》由上海商务印书馆刊行。

王家驹编《比较商法论》由上海中华书局刊行。

按:是书分公司通论、无限公司、两合公司、股份有限公司、股份两合公司、外国公司等6章。

陆军军官学校编《军制学教程》刊行。

彭泽民编《最新军制学》由北京武学书局刊行。

按:是书共5卷。上册为1—3卷:总论、国军之主脑及中央统辖机关、地方统辖机关。下册为第5卷:平时编制。有编者自识及附录。

周予觉编《应用武学问答》由上海商务印书馆刊行。

日本军事研究会原著,徐梦成译《野战炮兵操典详解》由陆军军官学校第五、六期炮科同学刊行。

饶景星著《各兵战法初步》由北京武学书局刊行。

陆军部编《陆军法规》刊行。

贺忠良著《步兵战法篇》由北京武学书局刊行。

傅在田著《炮兵应用战术》由北京武学书局刊行。

陈雪吟编《野战炮兵射击情况》刊行。

李祖荫、金汤编《野战炮兵射击教范解义》由保定陆军军官学校刊行。

邵飘萍编,王蕴章校订《实用一家经济法》由上海商务印书馆刊行。

秦开编《新制簿记教本》由上海中华书局刊行。

刘大绅编《簿记》由上海商务印书馆刊行。

李蓉荪编著《普通簿记教程》由陆军军需学校刊行。

行政院新闻局编《审计制度》由编者刊行。

曹经沅编《民国经界行政纪要》由北京内务部编译处刊行。

殖产协会编《殖产协会报》由编者刊行。

张援编著《中华农业地理》由上海商务印书馆刊行。

农商部吉林林务局编《考察日本林政报告书》由编者刊行。

梁津编,尤则程校《福建矿务志略》由福建财政厅刊行。

陈家锟编,朱寿朋校《中国工业史》由上海中国图书公司刊行。

交通部铁路联运事务处编《中日铁路联运会第一至第五次会议协定书》由编者刊行。

交通部路政司编查科编《交通部直辖各铁路民国四年兴革事项表》由编者刊行。

范彦矧讲述《商业科讲义》由平民义乌教育同志社刊行。

陈铭勋著《店员须知》由上海商务印书馆刊行。

黄序鹓著《关税改正问题》由北京著者刊行。

贾士毅《民国财政史》由上海商务印书馆刊行。

王振先编《中国厘金问题》由上海商务印书馆刊行。

　　按:是书为国内学者研究厘金问题的第一部著作。

胡寄尘编《科学演义》由上海文明书局刊行。

沈祖荣编《仿杜威书目十类法》由湖北汉口圣教书局刊行。

朱元善编纂《图书馆管理法》由上海商务印书馆刊行。

浙江公立图书馆编《浙江公立图书馆年报》(民国五年)由编者刊行。

天津博物院筹备处编《天津博物院陈列品说明书》(第 1 辑天然部)由编者刊行,有编者序。

天津博物院筹备处编《天津博物院陈列品说明书》(第 1 辑历史部—人种风俗及古迹风景类)由编者刊行。

天津博物院筹备处编《天津博物院陈列品说明书》(第 1 辑历史部—货币类)由编者刊行。

天津博物院筹备处编《天津博物院陈列品说明书》(第 1 辑历史部—美术类)由编者刊行。

姜丹书编著《美术史》由上海商务印书馆刊行。

齐宗康编《论编戏道德主义与美术主义并重》由通俗教育研究会刊行。

杜宇绘《画海》子册由上海民权出版社刊行。（子册）

吴清卿编《恳斋临黄小松司马嵩洛访碑图二十四种》由上海有正书局刊行。

谢功肃著《豪素丛谈》二卷由武汉印书馆营业部刊行。

百代公司编《（法商）百代公司戏片总目录》3册由编者刊行。

吴秋帆编《唱戏入门》由上海进步书局刊行。

余寄编《教育史要览》由上海商务印书馆刊行。

钱智修编纂《实效教育论》（教育丛书）由上海商务印书馆刊行。

朱元善编纂《勤劳教育论》（教育丛书）由上海商务印书馆刊行。

孙增大著《教育危言》由杭州著者刊行。

朱元善编《学校之社会的训练》（教育丛书）由上海商务印书馆刊行。

朱元善编纂《分团教授之实际》（教育丛书）由上海商务印书馆刊行。

朱元善编纂《学习之心理》（教育丛书）由上海商务印书馆刊行。

朱元善编《学校生活指导法》（教育丛书）由上海商务印书馆刊行。

浙江省教育会编《第三次全国教育会联合会会务纪要》由编者刊行。

通俗教育研究会编《通俗教育研究会第二次报告书》由北京编者刊行。

教育部编《中华民国第五次教育统计图表》（五年八月至六年七月）由北京编者刊行。

《吉林省会试办义务教育模范区成立概略》刊行。

上海县知事公署编《上海县教育状况》由上海编者刊行。

黄炎培等编著《考察日本菲律宾教育团纪实》由上海商务印书馆刊行。

陈天元等编辑《东边道游东教育参观团日记》由辽宁沈阳东边道教育会刊行。

黄炎培著《新大陆之教育》（黄炎培考察教育日记第3集上下编）由上海商务印书馆刊行。

朱元善编《小学商业科教授法》（教育丛书）由上海商务印书馆刊行。

教育部普通教育司编《全国中学校一览表》由编者刊行。

上海中西女校编《墨梯》（第1期）由上海编者刊行。

顾树森著《德美英法四国职业教育》由上海中华书局刊行，有袁希涛、黄炎培序。

刘大绅编《公民须知》由上海商务印书馆刊行。

按：是书系教育部审定的教科书，供国民学校修身科学生用，是最早以"公民"命名的初级教科书。内容涵盖公民之资格、公民之权利（自由、平等、选举与从政）、公民之义务（纳税与公债、服兵、守法、教育）、地方自治、国家之组织（国体与政体、立法、司法与行政）等。

朱天民、华文祺编《卫生勉学法》由上海商务印书馆刊行。

孙揆编《体育界汇刊》由上海中国体操学校校友会刊行。

朱鸿寿著《实验拳法讲义》由上海中华书局刊行。

滕学琴编《女子拳法》由上海中华书局刊行，有刘元群、编者序。

陆师凯、陆师道编著《拳术学教范》由上海商务印书馆刊行，有徐治文等7人序。

马良等编《中华新武术拳脚科》由上海商务印书馆刊行。

王怀琪编《易筋金廿四式图说》由上海商务印书馆刊行。

王怀琪编《易筋经十二势图说》由上海商务印书馆刊行，有自序及原序。

濂浦、铁崖编《八段锦图解》由上海商务印书馆刊行。

孙福全编《八卦拳学》由北京编者刊行,有陈曾则等人序。

马良著《中华新武术率角科》上编由上海商务印书馆刊行,有自序。

罗振玉《鸣沙石室古籍丛残》6 册影印刊行。

徐道政编《中国文字学》由杭州武林印书馆刊行。

按:是书分两编,一编包括绪论、文字原始、六书区分、说文解字五百四十部首之详解;二编包括翻切法、切音捷诀便读、古音十七部声母解释、双声同义谱。

谢无量著《实用文章义法》(上下册)由上海中华书局刊行。

按:是书分总论、文意论、文势论、字法及句法、篇法、实用记事文、实用文与辞赋杂体等。

谢无量编,朱宝瑜评注《(新制)国文教本评注》(第 3 册)由上海中华书局刊行。

钱基厚著《中国文学史纲》由锡成公司刊行。

按:钱基厚(1877—?),字孙卿,号孙庵,江苏无锡人。钱基博之弟、钱锺书之叔父。《中国文学史纲》,1917 年 8 月初版,锡成公司代印,油光纸线装,仅 9 页,5000 余字。本书为作者 1914—1915 年间授课时的讲义,原名为《中国文学史》。目次:第一节正名;第二节原始;第三节考论;第四节谭史;第五节攻子;第六节阐经考文;第七节完体。(参见付祥喜《20 世纪前期中国文学史写作编年研究》,北京师范大学出版社 2013 年版)

蔡元培编《石头记索隐》由上海商务印书馆刊行。

按:作者认为:"《石头记》者,清康熙朝政治小说也。作者持民族主义甚挚,书中本事,在吊明之亡,揭清之失。而尤于汉族名士仕清者,寓痛惜之意。当时既虑触文网,又欲别生面,特于本事以上,加以数层障幕,使读者有横看成岭侧成峰之状况。"书中的人物、事件皆有所寄托和隐喻。此书出版后,影响甚大,胡适发表《红楼梦考证》一文,批评蔡元培的"索隐"说,提出"自传"说。蔡元培在该书第六版出版之机,补写了一篇自序,题为《对于胡适之先生〈红楼梦考证〉之商榷》,以后红学研究遂引出"索隐"说和"自传"说两大派的争论。

齐宗康编《编剧浅说》由通俗教育研究会刊行。

袁泽民编《演说》由上海商务印书馆刊行。

胡暇编著《司法公文式例解》由上海商务印书馆刊行。

按:此书分通则、本则两编。

张谔选编《培根文选》(英美名人文选第 8 种)由上海中华书局刊行。

张世鎏编《自修英文读本》(第 1 集)由上海商务印书馆刊行。

张季源编《英文造句教科书》由上海商务印书馆刊行。

杨锦森编《速成英文读本》由上海中华书局刊行。

杨锦森编《(袖珍)英华双解字典》由上海中华书局刊行。

严桢注释《海客谈瀛录》(初级英文丛书第 6 种)由上海中华书局刊行。

严桢注释《洛滨荷德传》(初级英文丛书第 7 种)由上海中华书局刊行。

薛田资编《华德字典》由山东济宁中西中学校刊行。

吴研薾主编《新式学生字典》由上海中华书局刊行。

按:此书收单字 5000 多个。按部首编排。供高小学生用。封面题:江苏省立第一师范附属小学教员编辑。

王公蕃编注《(附国文注释)人心兽语》(小本英文说苑第 5 种)由上海中华书局刊行。

陶士英编注《(附国文注释)蕊中儿》(小本英文说苑第 7 种)由上海中华书局刊行。

沈彬改订《(改订)纳氏英文法》(第2册)由上海中华书局刊行。

商务印书馆编译所编《复式英语会话》由上海商务印书馆刊行。

商务印书馆《华英初阶》由上海商务印书馆刊行。

程祖编《(袖珍)英华作文范本》(第1编甲级)由上海中华书局刊行。

程承祖等编《(袖珍)英华会话范本》(第1—8册)由上海中华书局刊行。

程承祖编注《(附国文注释)魔窟奇闻》由上海中华书局刊行。

陈霁辰编《新幼学句解》(上下册)由上海中国图书公司刊行。

程承祖编《(袖珍)(附注释)英华尺牍范本》(第1编甲级)由上海中华书局刊行。

林任编纂《评注论说轨范》(第1—2集)由上海商务印书馆刊行。

王楚香编辑《(新著骈体)政界尺牍大观》(上下册)由上海文明书局刊行。

林传甲编著《(实用主义)公文法程》由北京共和印刷局刊行。

按:此书分公文之字法、句法、章法3篇。文言体,有圈点。封面加题:"中学师范适用,文法官必备"。

廖宇春编著《(普通官话)国音统一字母音谱》由北京东华印书局刊行。

厉鼎骧编《(袖珍)(附注释)英华尺牍范本》(第2编甲级)由上海中华书局刊行。

李定夷编纂《艳情书牍》(上下册)由上海国华书局刊行。

杨尘因编《春雨梨花馆丛刊》由上海民权出版部刊行。

谢无量编《实用美文指南》由上海中华书局刊行。

薛凤昌编《邃汉斋谜话》由上海商务印书馆刊行。

张起南编《橐园春灯话》(上下卷)由上海商务印书馆刊行。

王国维著《今本竹书纪年疏证》由上海仓圣明智大学刊行。

陈垣《元代也里可温考》由上海商务印书馆刊行。

按:陈垣述其著述宗旨曰:"此书之目的,在专以汉文史料,证明元代基督教之情形。先认定元史之也里可温为基督教,然后搜集关于也里可温之史料,分类说明之,以为研究元代基督教史者之助。"遂以廓清隐晦七八百年、无人能道的元代也里可温之称谓、本义、词源等问题而成为史学经典。1917年12月陈垣访问日本时宣读《元也里可温教考》,震惊了日本学术界。12月8日他在日本东京《致慕元甫函论刻公教丛书》云:"拙著也里可温,此间学者颇表欢迎,将引起此邦学界之注意。"有评论认为该书"把沉埋了几百年的这段历史,作了充分的阐明",因而著成之后,"不但引起了我国研究元史和宗教史家的注意,而且引起了国际学者和宗教史家的重视"。初稿梓世后,陈垣继续研究元也里可温,由于"续获资料几及倍,其中复有有力之证据数条"。于是对原稿作重大补充修改,并于8月再版。1918年1—5月又刊于《东方杂志》第15卷第1—5号。以后他又搜集国内外有关资料,经1920、1924、1934年3次修订,题目改为《元也里可温教考》。(参见王学典《20世纪史学编年(1900—1949)》,商务印书馆2014年版)

黄毅著《中国耻辱记》由上海国民书社刊行。

李泰棻编《西洋大历史》(中卷)由北京编者刊行。

黄慎图著《参观欧洲大战记》由上海商务印书馆刊行。

陶成章著,魏兰补注《浙案纪略》由浙江著者刊行。

游悔原著,吴稚晖鉴定《中华民国再造史》由上海民权出版部刊行。

李日垓口述,李根源、刘寿朋、周隐硕笔记《李印泉李梓格幡关于护国军之谈话》由北京中华新报社刊行。

庾恩旸著《云南首义拥护共和始末记》(上下册)由云南图书馆刊行。

云南都督府秘书厅编《会泽首义文牍》(上下册)由云南图书馆刊行。

文艺编译社编《复辟始末记》由上海文艺编译社刊行。

张懋盦著《复辟详志》由著者刊行。

翘生著《复辟纪实》由著者刊行。

天忏生著《复辟之黑幕》由上海冀文编译社刊行。

叶夏声起草、顾时济等编《军政府内政方针草案》由军政府内政部总务厅刊行。

旅京东三省公民会编《旅京东三省公民会辽源交涉纪实》由北京编者刊行。

朱炳熙编《李白传记》由四川成都经纬书局刊行。

孙毓修编著《司马光》由上海商务印书馆刊行。

徐世昌主编《大清畿辅先哲传》40 卷刊行。

葛虚存编辑《清代名人轶事》由上海会文堂新记书局刊行。

按:是书收清代名人轶事 566 则。分学行、气节、治术、将略、文艺、怜才、吏治、先德、异征、度量、情操,以及科名、风趣、境遇、闺阁、杂录等 16 类。

庾恩旸编著《中国对外三十六大军事家》由云南昆明云南图书馆刊行。

按:是书收录历代军事家黄帝、赵武灵王、李牧、蒙恬、卫青、霍去病、张骞、傅介子、马援、班超、窦宪、谢玄、李靖、薛仁贵、郭子仪、寇准、狄青、宗泽、岳飞、韩世忠、元太祖、郑和、戚继光、袁崇焕、郑成功、清太祖、左宗棠、冯子材等 36 人的事略,作后有编著者评论文字。

文艺编译社编《民国叛人张勋传》由上海编者刊行。

按:张勋复辟事件发生后,文艺编译社就出版了此书,详细介绍张勋的生平、家室、罪恶及其主要活动,并说明他与清室、袁世凯之间的关系,具有强烈的时代性,传记的写作非常及时。

冒广生著《永嘉高僧碑传集》8 卷由如皋冒氏丛书本刊行。

野史氏著《袁世凯全传》由上海文艺编译社刊行。

吴秋帆编辑《伶界大王事略》由上海文艺编译社刊行。

胡贻榖著《谢庐随先生传略》由上海青年协会书报部刊行。

庾恩旸著《中华护国三杰传》由云南图书馆刊行。

按:是书叙述唐继尧、蔡锷、李烈钧三人自辛亥革命前到袁世凯倒台以后的事略。

曹子正等编《陕西莫山县曹氏族谱》刊行。

庾恩旸著《墨江庾烈节妇传》由著者刊行。

汪嶔等编《汪母甘恭人哀挽录》刊行。

张謇等编《章靖悫先生哀悼录》刊行。

孙毓修编《富兰克林》由上海商务印书馆刊行。

孙毓修编《格兰斯顿》由上海商务印书馆刊行。

李济著《西阴村史前的遗存》由清华学校研究院刊行。

郁厚培等编《孔林》由上海商务印书馆刊行。

景憼著《环球周游记》由上海中华书局刊行。

易县中学编《易水文源》由北京编者刊行。

吕思勉编《中国地理大势》(上下册)由上海中华书局刊行。

按:是书分总论、本部十八省、黄河、长江、粤江流域、东三省、蒙古、新疆等 10 章。

京奉铁路管理局总务处编《京奉铁路旅行指南》由天津编者刊行。

施良编著《菲律宾研究》由上海正中书局刊行。

童世亨著《京兆地方直隶省明细全图》由上海商务印书馆刊行。

姚明辉注《(姚氏注解)汉书艺文志》由上海大中书局刊行。

徐珂编著《清稗类钞》(第 1—48 册)由上海商务印书馆刊行。

康盛德著《兆启王临》由上海时兆报馆刊行。

汪瀚编《秘术海》(应用常识宝库)由上海广益书局刊行。

康盛德著《兆启王临》由上海时兆报馆刊行。

[日]织田万著,刘崇佑译《法学通论》由上海商务印书馆刊行。

按:分总论和各论两卷。总论分 4 编,论述法学、法律、国家和政权及权利与义务;各论分 6 编,对宪法、行政法、刑法、民法、商法、诉讼法予以总括论述。

[日]松本蒸治著,陈寿凡译《商法原论》由上海商务印书馆刊行。

[日]佐藤直著,马仲侯译、崔作模校《略图指针(后编)》由北京武学书局刊行。

[日]吉田良三著,张永宣译《会计学》由上海商务印书馆刊行。

[日]民友社编,上海人演社译《家庭教育》由上海文明书局刊行。

按:是书受教育部通俗教育会褒奖。

[日]藤田灵斋著,刘仁航译《身心强健秘诀》由上海商务印书馆刊行。

[日]井上圆了著,蔡元培译《妖怪学讲义录总论》由上海商务印书馆刊行。

[日]田中义一著,董瑞椿译《社会的国民教育》由通俗教育研究会刊行。

[日]小林丑三郎著,宋教仁译《比较财政学》(上下卷)由林文昭藏版刊行。

[日]崛江归一著,李翰章、李克谦译《货币学》由东京稻田大学中华研学社刊行。

[日]今井嘉幸著,马鸣鸾、吴炳南译《列强在中国之竞争》由晋新书社刊行。

[日]加藤政吉等著《东三省官绅史》由大连东三省官绅发行局刊行。

按:是书介绍张作霖、王永江、于冲汉、马廷亮、金梁等 114 人生平事迹。

[英]甄克思原著,严复译述《社会通诠》由上海商务印书馆刊行。

按:是书分开宗、蛮夷社会、宗法社会、国家社会四部分,共 14 篇:社会形式、图腾群制、宗法通论、搀扰禽兽、种人群制、耕家民族、工贾行社、拂特封建、国家初制、产业法制、国家之形法权、国家之议制权、国家之行政权、治制不同等。

[英]濮兰德、白克好司著,陈冷汰等译《慈禧外纪》由上海中华书局刊行。

[英]洛加德著,林纾、魏易译《拿破仑本纪》由上海商务印书馆刊行。

[英]斯迈尔斯著,蒋方震译《职分论》由上海商务印书馆刊行。

[英]李提摩太拟题,谢恩光著《华人接受基督教》由上海广学会刊行。

[英]苏道味著《基督教之十字架》由上海广学会刊行。

[英]辟奇著,余秦杜编辑《棉业论》由上海新学会社刊行。

[英]W. Rippmaun《英文字课图说》由上海中华书局刊行。

[英]Cons Tance 和 Mary Maud 著,W. V. Doherty、沈步洲注释《(英汉双解)新体莎氏乐府演义》(英文学丛书)由上海中华书局刊行。

[英]司各得著,陈家麟、陈大镫译《惊婚记》由上海中华书局刊行。

[英]亨利瓦特夫人著,铁樵译《蓬门画眉录》(上下册)由上海商务印书馆刊行。

[英]亨利瓦特著,丁宗一、陈坚编译《贤妮小传》(上下卷)由上海商务印书馆刊行。

[英]亨利瓦特著,丁宗一、陈坚编译《续贤妮小传》(上下卷)由上海商务印书馆刊行。

[英]亨利瓦特著,丁宗一、陈坚编译《再续贤妮小传》(上下卷)由上海商务印书馆刊行。

[英]铿斯莱著,甘永龙译,汤颐琐校订《航海复仇记》由上海中国图书公司刊行。

[英]斯蒂温森著,陈家麟、陈大镫译《革心记》由上海中华书局刊行。

[英]哈葛德著,林纾、陈家麟译《天女离魂记》(上中下卷)由上海商务印书馆刊行。

[英]哈葛德著,林纾、陈家麟《烟火马》(上中下卷)由上海商务印书馆刊行。

[英]柯南达里著,刘延陵译《围炉琐谈》由上海商务印书馆刊行。

[英]布司白著,林纾、陈家麟译《女师饮剑记》由上海商务印书馆刊行。

[英]麦拉特著,常觉、小蝶译《弃儿续编》由上海中华书局刊行。

[英]勃烈特著,李定夷译《辽西梦》由上海国华书局刊行。

[英]可林克洛悌著,刘泽沛、高卓译《慧劫》由上海商务印书馆刊行。

[英]华特生著,王汝荃、胡君复译《历劫恩仇》由上海商务印书馆刊行。

[英]洛平革拉著,陆秋心译《墨沼疑云录》由上海商务印书馆刊行。

[美]布林顿(原题波临登)著,皕诲等译,青年协会书报部编辑《人生胜利术汇编》由上海青年协会书报部刊行。

[美]丁韪良著,[英]包尔腾译《天道溯源直解》由津汉基督圣教协和书局刊行。

[美]富司迪著,谢乃壬译《完人之范》由上海青年协会书局刊行。

[美]那夏礼注《旧约但以理注释》由上海中国圣教书会刊行。

[美]沙尔孟著,胡贻穀译,谢洪赉校订《耶稣传之研究》由上海中华基督教青年会书报部刊行。

[美]克赖克著,穆湘玥译《中国花纱布业指南》由上海厚生纱厂刊行。

[美]哈渥著,吴之椿译《德国实业发达史》由上海商务印书馆刊行。

[美]麦克乐著,李德晋译《田径赛运动》(体育丛书)由上海商务印书馆刊行。

[美]麦克乐著,上海中华基督教青年会译《体操步法撮要》由上海商务印书馆刊行,有著者弁言。

[美]麦克乐订正,国民体育社编《网球》(体育丛书)由上海商务印书馆刊行。

[美]达拉斯著,许金源译《夺产案》由上海中华书局刊行。

[美]C. C. Andrews 著,丁宗一、陈坚译述《魔冠浪影》由上海商务印书馆刊行。

[美]梅丽维勒著,刘半农译《猫探》由上海中华书局刊行。

[美]亚赛李芙著,周瘦鹃译《怪手》(侦探小说)由上海中华书局刊行。

[美]伊凡羌宁著,胡军夏、恽铁樵译述《乡里善人》由上海商务印书馆刊行。

[美]亚塞李芙著,丁宗一、陈坚译《蛇首》由上海中华书局刊行。

[美]奥瑟黎敷著,范况、张逢辰译《蛇首党》由上海商务印书馆刊行。

[美]A. Stringer 著,羽仙编辑《铁手》由上海交通图书馆刊行。

[美]但依理著《普世战局》由上海时兆报馆刊行

[美]沙尔孟著,胡贻谷译,谢洪赉校订《耶稣传之研究》由上海中华基督教青年会书报部刊行。

[美]华莱士著,梁纯夫、小鱼编《华莱士的呼声》由上海峨嵋出版社刊行。

[加]詹姆斯·梅隆·明义士著《殷墟卜辞》刊行。

[法]格老编,圣心报馆译《圣女日多达小传》由上海土山湾印书馆刊行。

［法］格老编，圣心报馆译《圣女日多达小传》由上海土山湾印书馆刊行。

［法］罗林斯著，胡贻穀译《天人感应》由上海广学会刊行。

［法］柴尔时著，冷血译《祖国》由上海有正书局刊行。

［法］大仲马著，无我译述《侠骨忠魂》由上海泰东图书局刊行。

［法］玛利瑟·勒勃朗著，周瘦鹃译《福尔摩斯别传》（上下册）由上海中华书局刊行。

［法］哈伦史著，商务印书馆编译所译《纳里雅侦探谈》由上海商务印书馆刊行。

［法］嘉择义著，沈良能译《透视法》由上海商务印书馆刊行。

［法］瓦尔斯著，何颂岩、谢幕连译《就是我》由上海时还书局刊行。

［德］斐嘉乐著，廖安仁译《路德改教史》由上海中华书局刊行。

［德］赫德明编著《教理问答》（上卷）由山东兖州天主堂印书馆刊行。

［德］施米德著，明嘉禄译《花篮子》由河北献县张家庄天主堂刊行。

［德］雷瑰特著，许金源译《比德临阵笔记》由上海有正书局刊行。

［俄］托尔斯泰著，林纾、陈家麟译《社会声影录》由上海商务印书馆刊行。

［俄］托尔斯泰著，朱世溁译《克利米战血录》由上海中华书局刊行。

［俄］托尔斯泰著，陈家麟等译《婀娜小史》由上海中华书局刊行。

［意］福拉西乃狄著，李西满译《司铎金鉴》由河北献县张家庄胜世堂刊行。

［意］亚尔方骚·利高烈著《申尔福义》由河北献县张家庄胜世堂刊行。

Mary Cholmondeley 著，贡少芹、石知耻译述《一粒钻》由上海文明书局刊行。

叶农生译《儿童矫弊论》（教育丛书）由上海中华书局刊行。

朱元善译述《职业教育真义》由上海商务印书馆刊行。

时中书局编译《丈夫之本领》由上海编者刊行。

萧若瑟译《圣教史略》由河北献县张家庄胜世堂刊行。

冯秉正编译《圣经广益》（上卷）由上海土山湾印书馆刊行。

冯秉正编译《圣经广益》（下卷）由上海土山湾印书馆刊行。

徐励编译《圣女德肋撒行实》由上海土山湾印书馆刊行。

徐燕谋译《潜水艇》由上海商务印书馆刊行。

俞子夷编译《美国施特兰欧教授法概要》（教育丛书）由上海商务印书馆刊行。

王仁夔、顾树森编译《德国教育新调查》（上下册）由上海商务印书馆刊行。

余寄编译《德英法美国民教育比较论》（教育丛书）由上海中华书局刊行。

余寄编译《社会教育》（教育丛书）由上海中华书局刊行。

陈霆锐译《西洋拳术》由上海中华书局刊行。

徐卓呆译述《日本柔术》由上海中华书局刊行。

严桢注译《（袖珍）（附汉文译注）英文谈丛》（甲集第 1—6 册）由上海中华书局刊行。

李梅龄编译《（别体德文读本）德华浅显小说》由上海中华图书馆刊行。

程耀臣编译《华俄合璧商务大字典》由哈尔滨广吉印书馆刊行。

程耀臣编译《俄语自通》由哈尔滨商务印书局刊行。

黄成垿口述，陈籙笔译《蒙古逸史》由上海编者刊行。

陈仲子、黄中译《德皇外妾自述记》由开智社刊行。

陈泠汰、陈诒先译《世界第一大战》(第 1—2 册)由上海中华书局刊行。

魏易译《泰西名小说家略传》由通俗教育研究会刊行。

按：是书收录大仲马、司各特、班扬、狄更斯等西方作家的传略 40 余篇。前有《泰西小说家略传序》，后附《泰西小说沿革简说》及勘误表。

朱世溱译述《积雪东征路》由上海中华书局刊行。

吴雄倡译《情仇》由上海中华书局刊行。

谢直君译述《巴黎之剧盗》由上海中华书局刊行。

周瘦鹃译述《情崇》由上海中华书局刊行。

程小青译《冬青树》由上海中华书局刊行。

卓呆译《地狱礁》由上海商务印书馆刊行。

姜汉声、徐亚星译《雄风孤岛》由上海中华书局刊行。

《但以理讲义》由上海时兆报馆刊行。

《教中宝藏》由香港纳匝肋静院刊行。

《圣经摘录》刊行。

《司铎默想宝书》(卷 1)由山东兖州天主堂刊行。

《特来义圣母记》由河北献县胜世堂刊行。

《贤女笃慎传》由河北献县张家庄胜世堂刊行。

《主必速临》由上海时兆报馆刊行。

《专务精修》由河北献县张家庄胜世堂刊行。

五、学者生卒

王先谦(1842—1917)。先谦字益吾,因宅名葵园,学人称为葵园先生,湖南长沙人。1865 年进士,授翰林院庶吉士,散馆授编修,累迁翰林院侍讲。1880 年任国子监祭酒。复在国史馆、实录馆兼职,充云南、江西、浙江三省乡试正副考官。1885 年督江苏学政。在江阴南菁书院开设书局,校刻《皇清经解续编》,成书 1000 余卷;又刻《南菁书院丛书》。1889 年卸江苏学政任,定居长沙。次年主讲湖南思贤讲舍,并在讲舍设局刻书。1891 年任城南书院山长。1894 年转任岳麓书院山长,主讲岳麓书院达 10 年之久。1911 年武昌起义后,改名遯,避居平江,闭门著书,凡 3 年,乃还长沙。著有《尚书孔传参正》26 卷、《汉书补注》120 卷卷首 1 卷、《国朝后妃皇子公主备考》3 卷、《后汉书集解》90 卷续志集解 30 卷、《后汉书律历注补注》《后汉书西域传补注》《日本源流考》22 卷、《景教碑纪事考证》3 卷、《五洲地理志略》36 卷卷首 1 卷、《合校水经注》40 卷首末 1 卷附录 1 卷、《魏文贞公故事拾遗》3 卷、《魏文贞公年谱》1 卷、《校定衢本郡斋读书志》4 卷后志 2 卷、《考异》1 卷附志 2 卷、《魏书校勘记》1 卷、《释名疏证补》8 卷附续释名 1 卷、《释名补遗》1 卷疏证补附 1 卷、《后汉书集解》、《十朝东华录》430 卷、《元史拾补》10 卷、《唐书魏郑公传注》1 卷、《汉铙歌释文笺正》1 卷、《鲜虞中山国事表》1 卷、《鲜虞中山疆域图说》1 卷、《王祭酒自订年谱》3 卷、《外国通鉴》32 卷、《乾隆东华录》120 卷、《嘉庆东华录》50 卷、《咸丰东华录》100 卷、《同治东华录》100 卷、《葵园校士录》、《荀子集解》20 卷卷首 1 卷、《庄子集解》8 卷、《律赋类纂》14 卷(与苏舆同辑)、《骈文类纂》46 卷、《续古文辞类纂》34 卷、《国朝十家四六文钞》10 卷、《清嘉集》3 编、《六字词钞》6 卷、《劝学琐言》2 卷、《诗三家义集疏》28 卷卷首 1 卷、《诗余偶钞》6 卷、《诗义标准》《近科分韵馆诗汇编》4 卷、《近科馆分韵诗初二集》4 卷等。事迹见《清史稿》卷四八二、陈毅《先师长沙祭酒王先生墓表》《王先谦自定年谱》。

按:刘声木《桐城文学渊源考》卷一一曰:"私淑桐城文学,其为文一以姚鼐宗旨为归。其为文考核详密,源流毕赅,遣字积语,校量铢黍,粹然出于醇雅。诗亦雅致深思,剥肤存液。于经史诸子、国朝掌故,皆钩稽考订,辑有成书。历主思贤、城南、岳麓等书院讲席。撰《虚受堂文集》十六卷、《诗集》十七卷、《书札》二卷、《续古文辞类纂》三十四卷尤有益于文学。""王先谦,古文以姚鼐宗旨为归,而进求合于先儒义理之学,清劲有气,尤习于国家故事,著书二千六百数十卷。"

史悠厚(1842—1917)。悠厚字芩宾,一字夷清,号阆仙,晚号酒翁,自署平陵子,江苏常州人。编有《醉翁年录》1 卷。

谭鑫培(1847—1917)。鑫培名谭金福,又名谭金培,号鑫培,艺名小叫天,人称谭叫天,湖北武昌人。京剧演员,工生行。曾师事程长庚、余三胜,并向张二奎、卢胜奎、王九龄问艺。1890 年 5 月与孙秀华、陈德霖、罗寿山四人被选入升平署进宫承差,宫内艺名谭金培。1905 年在北京拍中国史上第一部电影《定军山》,同时是世界史上首部京剧电影。开创京剧生行的谭派,与汪桂芳、孙菊仙并称老生后三杰,新三鼎甲。代表剧目有《空城计》《当铜卖马》《李陵碑》《击鼓骂曹》《捉放曹》《洪羊洞》《桑园寄子》《四郎探母》《武家坡》《汾河湾》《定军山》《战太平》《连营寨》《南阳关》《珠帘寨》《打渔杀家》《八大锤》《琼林宴》《胭脂褶》《南天门》《坐楼杀惜》《清风亭》《战宛城》《别母乱箭》等。

按:傅谨《谭鑫培的文化意义与美学品格》说:"谭鑫培是京剧进入鼎盛时期最重要的标志,他的美学意义与历史意义是形成其艺术成就相互关联的两大支柱。谭鑫培追求演唱的含蓄蕴藉和行腔中的韵味,形成了沉郁顿挫的独特风格,恰如杜甫的艺术精神在清末的化身,成为中国诗文传统在近代的传承载体。他塑造了一大批落魄悲情的末路英雄,其艺术风格充满末日的无奈和苍凉,因而成为那个时代民族命运的写照与投影,具有特殊的美学内涵与时代意义。"(《戏剧艺术》2012 年第 3 期)

叶昌炽(1849—1917)。昌炽字菊裳,号颂鲁,又号缘裳、缘督,文章署名有幡瓠叟、几希叟、惇史等,江苏长洲人。1889 年进士。其学在稽考目录、辨别版本。著有《语石》《藏书纪事诗》《奇觚廎文集》《寒山诗志》《缘督庐日记抄》等。郑伟章编有《叶昌炽年谱简编》。

刘岳云(1849—1917)。岳云字韭青,亦字佛青,号震庵,后以震为名,别号致庵,江苏宝应人。1886 年成进士,以主事分户部江西司观政,授国子诸生数学,主四川尊经书院。1901 年补云南司主事,后又补江西司员外郎、四川司郎中,官至浙江绍兴府知府。著有《测圜海镜通释》《四元代数合释》《格物中法》和《光绪会计表》等。

孔祥霖(1852—1917)。祥霖字少霑,山东曲阜人。1877 年中进士,为翰林院庶吉士,后授职翰林院编修、国史馆协修、功臣馆纂修,历任甘肃正考官,顺天府乡试、会试磨勘官,并到湖北视察学务。后回曲阜创办算学馆。1902 年调省办理学务,次年与孔祥桐去日本护送留学生,并调查学务。回国后,筹设省内外各师范和实业学堂。1906 年署河南提学使,先后开设教育官员练习所、实业教导讲习所等。1914 年任曲阜孔教会总理。著有《曲阜清儒著述记》2 卷、《曲阜碑碣考》4 卷等。

许南英(1855—1917)。南英字子蕴,号蕴白,别号窥园主人、龙马书生等,广东揭阳人,移居台湾安平。1890 年中进士,授兵部主事。1894 年应台湾巡抚唐景崧之聘为台湾通志馆协修。1897 年任广东某知县。1900 年委充佛山汾水税务总办。次年署徐闻县知县。其后调署阳春知县、阳江军民同知,兼办清乡事务。曾开办阳江习艺所、阳江师范传习所,选派留日生。1908 年改任三水知县。后调电白知县,未及赴任。武昌起义后,回漳州,被举为革命政府民事局长。1913 年任龙溪县长,旋辞职。著有《窥园留草》《窥园词》等。

汤寿潜(1856—1917)。寿潜原名震,字蛰仙,浙江山阴人。1890 年撰《危言》,倡导变法图强。1892 年中进士。1903 年擢两淮盐运使,未就。1904 年任上海龙门书院山长。1905年与张元济创办浙江全省铁路公司。1906 年与张謇等在上海组织预备立宪公会。1911 年任浙江军政府都督。1912 年任南京临时政府交通总长。参加由章炳麟、张謇组织的统一党。著有《三通考辑要》《尔雅小辨》《理财百策》等。

按:孙祥伟《东南精英群体的代表人物——汤寿潜研究(1890—1917)》说:"汤寿潜是近代早期维新派的代表人物之一,又是江浙立宪运动的领袖,是清末立宪派中唯一与戊戌变法和立宪运动相始终并经历了辛亥革命的重要人物。汤寿潜早年深受浙东经世实学的影响,后来从事政治和教育活动,又成为西学的积极主张者。汤寿潜 1890 年以《危言》的发表奠定了其维新思想家的地位,他坚信从传统文化中寻求思想资源以拯救当时面临的社会危机,同时坚持'西学中源观',对西艺、西学、西政都有所借鉴,从发表《危言》,力倡维新到参与组织预备立宪公会、倡导国会请愿运动、参与辛亥革命到最后归隐乡里,不问政事,其人生经历是清末东南精英群体参与维新、立宪、革命等的政治与社会活动的缩影和个案,在思想史上具有典范意义。"(上海大学博士学位论文,2010 年)

月霞法师(1858—1917)。月霞俗姓胡,名显珠,湖北黄冈人。因科举失利,1878 年辞亲往南京大钟寺礼禅定大师求度出家,并住大通莲花寺,在因如律师前受具足戒。随又参学于金山、高昊、天宁等名刹,习上乘六年,为天宁寺冶开和尚法嗣。初究天台宗教义,后研华严宗,以"教弘贤首、禅继南宗"为己任。1893 年起,往来于汉阳归元寺、山西五台山、安徽九华山、翠峰寺、武昌宝通寺、西安终南山嘉午台、河南太白顶、南京亦山、京山竹林寺、武昌莲溪寺、汉口九莲寺讲《楞伽经》《华严经》《法华经》《楞伽观记》《楞摩经》《维摩经》。曾应邀至日本设佛学研究社,宣讲《楞伽》等经论;到印度、逻罗、缅甸考察圣迹,搜集遗经。1911 年在江苏、湖北创立僧教育会多处,在南京创办僧立师范学堂。1912 年在上海哈同花园开办华严大学。1916 年往九华山续办华严大学,以胃病发作不果。次年受湖北教育会邀请,讲《大乘起信论》全部。继又至馨山讲《法华》及《一乘教义章》。晚年编有《维摩经讲义》《法界法源》等疏论,未竟者有《楞严经讲义》及《语录》等。

陈黻宸(1859—1917)。黻宸字介石,晚年更名芾,浙江瑞安人。历主乐清梅溪书院、平阳龙湖书院、永嘉罗山书院、杭州养正书院讲席。1893 年中举,1898 年与蔡元培、汪康年等创办保浙会。又与陈虹在瑞安创办利济学堂与医院。1901 年在杭州府中学堂任总教习。1903 年中进士,1909 年任浙江咨议局议长。曾先后任国会众议员、世界宗教会长、上海时务学堂总教习、京师大学堂史学教习、两广高等学堂监督、北京大学教授等职。著有《中国通史》《京师大学堂中国史讲义》《诸子哲学》《中国哲学史》《史地原理》《老子发微》《庄子发微》《陈黻宸集》等。

按:齐砚奎《近代经史嬗变过程中的陈黻宸》说:"在近代诸子学研究的'现代转型'中,章太炎、刘师培、梁启超以及胡适可谓扛鼎之士。而陈黻宸关注诸子学时间与这四人不相上下,其在诸子学现代化的研究中的筚路蓝缕之功不容忽视。与章太炎、梁启超以及胡适一样,陈黻宸诸子学的重心不是'考据之学',而是'义理之学',从而有别于乾嘉考据派的诸子学研究。当然,陈黻宸在阐释诸子学义理方面与章、梁相比相形见绌,但在以'史学'方法整理诸子学方面都有不谋而合之处。梁启超注重阐释诸子学的社会学说,把诸子学纳入西方近代哲学社会科学的框架之中,章太炎则较多的从哲学层面诠释诸子义理,他试图以佛学和近代西方哲学重建一个诸子的理论世界,试图把西方哲学溶解在佛学或诸子学的理论之中。陈黻宸治诸子学从学理上看更加接近章太炎,却没有章氏那么具有主观性的把西方哲学嵌入诸子学中。陈氏能够在诸子学挣脱经学附庸地位,剥离意识形态化后,用其认为能总括一切学问的史学,条理诸子,管窥一二,这不失为一种研究诸子学的好方法。"(华东师范大学硕士学位论文,2007 年)

恽毓鼎(1862—1917)。毓鼎字薇孙,一字澄斋,河北大兴人,祖籍江苏常州。1889 年中进士,历任日讲起居注官,翰林院侍讲,国史馆协修、纂修、总纂、提调,文渊阁校理,咸安宫总裁,侍读学士,国史馆总纂,宪政研究所总办等职。著有《恽毓鼎澄斋日记》。

胡以鲁(?—1917)。以鲁字仰曾,浙江宁波人。曾留学日本,初于日本大学习法政,获法学士学位,后又就学日本帝国大学博言科,学语言学,获文学学士。1914 年任教于北京大学。著有《国语学草创》。

唐涤生(—1959)、苏育民(—1966)、陈笑雨(—1966)、周荣鑫(—1976)、孙龙父(—1979)、陈克寒(—1980)、周榆瑞(—1980)、钟四宾(—1983)、陈体强(—1983)、易问耕(—1984)、秦似(—1986)、莫耶(—1986)、张平(—1986)、石西民(—1987)、刘叶秋(—1988)、丰村(—1989)、裴慎(—1989)、陈敬容(—1989)、钟伟虞(—1990)、曲子贞(—1993)、侯宝林(—1994)、骆宾基(—1994)、邹荻帆(—1995)、凌子风(—1999)、袁美云(—1999)、宗其香(—1999)、苗力田(—2000)、徐昌霖(—2001)、刘渡舟(—2001)、韦君宜(—2002)、赵易亚(—2002)、宋则行(—2003)、吴祖光(—2003)、钱荣堃(—2003)、李赋宁(—2004)、赵俪生(—2007)、藤维藻(—2008)、曾克(—2009)、张仃(—2010)、莫绍揆(—2011)、吴承明(—2011)、段文杰(—2011)、何炳棣(—2012)、孙绳武(—2014)、周小燕(—2016)生。

六、学术评述

本年度是新文学运动全面展开之年。元旦伊始,经过此前的酝酿与准备,《新青年》主编陈独秀刻意将胡适寄自美国的《文学改良刍议》一文刊于 1 月 1 日出版的《新青年》第 2 卷第 5 号,然后 2 月 1 日,陈独秀以自己更为激进的《文学革命论》刊于《新青年》第 2 卷第 6 号,从而一同正式拉开了新文学运动的序幕,因而可以将本年度称之为"文学革新年"(包括胡适的"文学改良论"与陈独秀的"文学革命论")。然而,袁世凯政权覆亡之后政治乱局的重大变故,却直接制约和影响着由陈独秀、胡适联手发起的文学革命的方向与进程。最为荒唐的是在袁世凯之后再次上演张勋复辟的闹剧,在辛亥革命之后一直以清室忠臣自居的张勋在康有为等遗老的支持下,让已经退位数年的儿皇帝溥仪重新"即位"。先是 1 月 9 日,张勋召集各省督军在徐州举行第三次徐州会议,提出取缔国会、修改约法、改组内阁、改组总统府等四项主张。5 月 22 日,张勋召集第四次徐州会议,与会各省相继宣告独立。29 日,八省宣告与政府脱离关系。6 月 1 日,黎元洪召张勋入京共商国是。7 日,张勋率辫子军自徐州北上进京。12 日,黎元洪被迫解散参众两院。7 月 1 日,张勋借调停府院之争为名,带兵入京,拥清废帝溥仪复辟。爱新觉罗·溥仪再次登基,颁布多条新政,意图恢复大清。当日改用旧历,是日定为宣统九年五月十三日。同日,黎元洪电令各省兴师讨逆。3 日,段祺瑞偕同徐世昌等人,兴兵讨伐张勋。12 日,段祺瑞讨逆军进入北京,张勋逃入驻京荷兰公使馆。爱新觉罗·溥仪在全国人民的讨伐声中再次写下退位诏书,于是张勋复辟的闹剧没能上演多久就作鸟兽散。与此相伴随的是"定孔教为国教"运动以及孙中山的护法斗争。2 月 23 日,张勋联合 16 省区督军、省长通电要求国会定孔教为国教。3 月 7 日,上海成立各省公民尊孔会。由山东、浙江等16省尊孔会社在沪代表发起组织,陈焕章为会长,张勋、康有为等为名誉会长,设总事务所于上海,以组织各地尊孔会代表进京请愿,以"定孔教为国教列入宪法"为宗旨。5月11日,北京宪法审议会否决将孔教定为国教的提案。7月6日,孙中山偕朱执信等南下广州,联合西南各省进行护法活动。8月25日,南下国会议员在广州召开非常会议,决定成立中华民国军政府,通过军政府组织大纲十三条。9月1日,国会非常会议选举孙中山为大元帅,唐继尧、陆廷荣当选为元帅。11月,全国各地宣告独立护法。当陈独秀等人再次经历张勋复辟闹剧的上演与落幕,自然更加警惕中国传统所可能出现的弊端,于是发起了对孔子、儒学、礼教更为猛烈的抨击。在民国学界,与这一立场比较接近的论述,时常会举袁世凯与张勋的例子作为孔学必须要予以彻底清算的理由。从胡适《文学改良刍议》把他在美国关于白话文的思考通过国内的舆论传播开来,到陈独秀《文学革命论》进而将白话文与文言文之间的关系提升到革命与被革命的高度,从传播的角度而言,这样做固然有助于宣扬他们的文学主张,但是如此评价中国古文,对整个文教体系的损伤将会十分深远,难以愈合。殊不知近代许多仁人志士之所以义无反顾地投身于救亡运动,多半也是读着古圣先贤的文章而成长的,他们热爱的是作为政治与文化共同体的中国。一旦切断了人们与历史文化之间的联系,那么各种政治与文化虚无主义将会慢慢流行开来。这一点,恰恰是陈独秀等人未曾料及的,也是仰慕美国文明的胡适所不愿意花太多精力去思考的。

发生于本年底的另一重大事件是11月7日俄国十月革命胜利,世界上第一个社会主义国家宣告诞生,马克思主义开始引入中国,当时京沪等地报刊都迅速报道了相关消息。其实,自从1914年第一次世界大战以来,在《东方杂志》等刊物上,不少知识分子就通过观察欧洲的战局,思考未来世界局势的变化与中国的前途。他们意识到阶级、文明、帝国主义等因素对现实政治的影响,同时注意到欧洲资本主义文明在这次大战中显现出来的各种弊病。这些言说其实已经为十月革命之后很快就引起中国知识分子的瞩目做好了铺垫。诚如李大钊在《俄国大革命之影响》(1917年8月29日《甲寅》日刊)一文中所指出的:"俄国大革命之酝酿,非一朝一夕之故,其由远因近因纷综累积,卒以演成今兹壮快淋漓之活剧,余既于本报略述其梗概矣。惟其影响所及于吾国并世界之政治前途,关系绝非浅鲜。"的确,这一重大历史事件一直广泛、持久、深入地影响和作用于此后中国的文学、文化、学术以及社会的深刻变革,但在本年度的学术界则首先感知并融入了俄国十月革命的诸多因素。陈独秀《俄罗斯革命与我国民之觉悟》、李大钊《俄国大革命之影响》、杜亚泉《俄国大革命之经过》《革命后之俄国近情》、梦译《俄国革命谈》、申凤章《论欧洲战事与俄国革命之关系》等等,都对俄国十月革命给予了及时关注与思考。

在北京轴心中,蔡元培新任北京大学校长并成为学界领袖与梁启超退出政界、章炳麟离京居沪形成有趣的呼应与衔接。无论是面对袁世凯还是张勋的复辟逆流,梁启超不仅立场坚定,旗帜鲜明,而且走在反抗复辟的第一线,也因此与极力拥护张勋复辟的康有为最终分道扬镳。7月1日,张勋拥溥仪复辟,梁启超立即致电冯国璋和各省督军长,反对复辟,后即参与段祺瑞、冯国璋讨伐复辟之役。6日,冯国璋副总统通告就任代理大总统职。17日,段祺瑞内阁成立,梁启超任财政总长。8月,众议院议员赵炳麟代康有为致梁启超一书,对于梁启超民国以来的政治表现,大加抨击。11月18日,梁启超辞财政总长职。30日,正式去职,从此退出政坛。毫无疑问,蔡元培取代梁启超、章炳麟成为新的学界领袖,即是从其1

月4日正式就任北京大学校长开始的。同月9日,蔡元培发表《就任北京大学校长之演说》的就职演说,强调"大学者,研究高深学问者也",并向北大学生提出三个希望"抱定宗旨""砥砺德行""敬爱师友",由此唤醒大学精神之精髓,亦是对大学灵魂的精神重塑。1月11日,蔡元培致函教育部,请求批准陈独秀任北京大学文科学长。27日,出席国立高等学校校务讨论会,提出大学改制的议案。2月18日,蔡元培以会长身份出席中华民国国语研究会在北京宣武门外学界俱乐部举行的第一次大会。3月3日,蔡元培与梁启超、褚辅成、刘彦等应邀出席国民外交后援会在江西会馆举行的成立大会,并发表演说。4月8日,蔡元培在北京神州学会发表《以美育代宗教说》的演讲。4月29日,蔡元培、范源濂、徐谦应邀出席北京社会改良会在中央公园举行的大会,并发表演说。6月26日,因教育部同意将国史馆并入北京大学,改为国史编纂处,蔡元培兼任处长。7月3日,蔡元培因张勋复辟离京抵津,首次辞北京大学校长之职。同月23日,以张勋复辟事件平息回校复任。9月10日,经陈独秀举荐,聘胡适为北京大学文科教授。秋,亦由陈独秀举荐,聘刘师培为北京大学文科教授。同在是秋,蔡元培在北京大学组建评议会,使其成为全校最高立法机构与最高权力机构。12月,蔡元培主持通过北京大学《学科教授会组织法》,将各科各门的重要学科,各自合成一部,共成立国文、英文、数学、物理、化学、法律、政治、哲学、经济商业、法文、德文11个部,每部设立教授会。12月11日,蔡元培与黎锦熙、沈彭年、陈颂平、陆雨庵、董懋堂、沈尹默、钱玄同、胡适、刘半农、朱希祖等出席中华民国国语研究会与北京大学国文门研究所国语部联合举行的会议。31日,蔡元培与北京各国立大专校长发起组织学术讲演会,领衔呈请教育部资助。年底,蔡元培仿照德国、美国大学之Seminar办法,在北京大学创立研究所制度。由上可见,蔡元培新任北京大学校长之后,首先对标世界一流大学,提倡学术研究,主张"思想自由,兼容并包",支持文学革命与新文化运动,推动社会变革与进步,由此开启了北大辉煌的十年。概而言之,就是通过制度创新、精神重塑、人才汇聚、社会参与以及国际交流等有效途径,以迅速改变北京大学的旧面貌,并通过改变一所大学而改变了一个民族。美国著名哲学家、教育家杜威曾这样感慨万千地说道:"拿世界各国的大学校长来比较,牛津、剑桥、巴黎、柏林、哈佛、哥伦比亚等大学校长中,在某些学科上有卓越贡献的不乏其人,但是,以一个校长的身份,能领导一所大学对一个民族和一个时代起到转折作用的,除蔡元培以外,找不出第二个人。"于是,以蔡元培为新的学术领袖,以北京大学为中心舞台,重新建构了现代崭新的学术版图与进程,其中最为关键的是"汇聚天下英才以培养天下英才"。兹以年底蔡元培在北大文、理、法三科相续创办的九个研究所为观察点,首任主任依次为:沈尹默、黄振声、胡适、秦汾、张大椿、俞同奎、黄右昌、陈启修、马寅初。文科三个研究中,国文门研究所导师有沈尹默、黄侃、陈汉章、沈兼士、钱玄同、周作人、刘半农、刘师培、朱希祖、吴梅、田北湖等,英文门研究所导师有黄振声、辜鸿铭、威尔逊、徐仁静、徐宝璜、王彦祖等,哲学门研究所导师有胡适、章士钊、马叙伦、陶孟和、陈大齐、林损、韩述祖等;法科三个研究所导师有黄右昌、王宠惠、张君劢、罗文干、陈启修、张慰慈、高一涵、周家彦、左德敏、康宝忠、陈长乐、张耀曾、王景歧、马寅初、陈兆煜、胡钧、徐崇钦等;理科三个研究所导师有秦汾、冯祖荀、王仁辅、胡浚济、金涛、罗惠侨、叶志、张大椿、何育杰、王崟、李祖鸿、俞同奎、王星拱、丁绪贤、陈世璋等。诚如蔡元培校长的后继者蒋梦麟在《苦难与风流》所言:"蔡元培时代的北大,保守派、维新派和激进派都同样有机会争一日之短长。"其中本年度北大新增重量级学者有马寅初、章士钊、李大钊、刘半农、周作人、沈士远、马叙伦、刘文典、梁漱溟、张君劢、李石曾、陈豹隐、吴君毅、邓之诚、吴梅。马寅初年初就任北京大学教授,但仍在财政部兼职。马叙伦年初接蔡元培电邀回北大任教授。刘文典1月应陈独秀邀任北大教授。周作人4月11日得蔡元培信,邀暂至北大附设的国史编纂处任编纂。16日,开始在北京大学国史编纂处工作,始与沈兼士相识。9月4日,得北京大学聘书,被聘为文科教授,兼国史编纂处编辑员。刘半农接到了北京大学蔡元培校长寄来的聘书,正式聘任为北京大学预科国文教授。刘师培是秋由陈独秀向蔡元培校长推荐,任北京大学文科教授。邓之诚是年秋以叶瀚之介应聘于北京大学。章士钊9月应陈独秀之邀,任北京大学文科逻辑学教授,兼图书馆主任(即馆长)。吴梅9月应蔡元培之邀,赴北京大学任教。吴君毅9月任北京法政专门学校教授兼北京大学讲师。梁漱溟10月正式受聘到北京大学任教,讲印度哲学。李大钊12月接受章士钊推荐,到北京大学图书馆任职。张君劢年底应北京大学法科学长之聘,拟担任法科研究所研究教员。李石曾年底应蔡元培之邀回国担任北京大学生物系教授。陈豹隐是年受蔡元培之邀任北京大学法科教授。沈士远是年被聘至北京大学预科乙部任教,与弟沈尹默、沈兼士三兄弟同任北大教授,合称"三沈"。由此可见蔡元培与陈独秀之于著名学者的感召力与聚合力。这里还要重点说一下鲁迅,尽管鲁迅当时继续任职于教育部,但因与蔡元培校长的同乡兼部下的情谊,与蔡元培校长以及北大保持密切的关系。蔡元培还委托鲁迅为北大设计校徽。8月7日,鲁迅将设计好的北京大学徽章寄给蔡元培。9日,钱玄同来访,至夜方去。钱玄同鼓励鲁迅"做点文章",后来便有最初的一篇《狂人日记》,从此以后便一发而不可收。这是鲁迅后来之所以成为文坛领袖的关键转折点。再至1920年8月,鲁迅接受蔡元培的邀请到北大任教。另外,范文澜、陈中凡于北大毕业后,留校工作。张申府因倡导和参与"不考运动",在北大理科数学门修学3年肄业。所有的学校教育已告结束,全为跳跃式,无一毕业,无一文凭。暑假后,以助教名义留校工作,主要教补习班课程。

与北大相比,当时的清华大学逊色得多。1月29日,新学期开学,校长周诒春给全体学生演讲,训育学生重视反省,克己、务本、注意功课、操练身体及顾全大局等。2月16日,周诒春为高等科四年级即将毕业学生做择业问题的演讲,提出"择业不当贪货利、骛虚名,亦不可拘于时世之盲论,及父兄亲友之成见,当以(一)天性之所近,(二)国家所急需,及(三)能造福于人类为权衡"。6月14日,周诒春出席高等科四年级级日活动,并发表演讲,提出:(1)宜发展在我之本能而勿徒墨守师说;(2)宜阐明自出之心裁而勿徒崇拜西人;(3)宜注重调查而克己修省;(4)宜服务社会而宣扬国光。这些理念自有清华的传统特色,但基点与格局无法与北大校长蔡元培相比。值得一提的是,是年美国《纽约星期报》的一篇文章在论述吸收中国学生留美的作用时,说:"学成归国之中国少年,一日在中国教育、商业诸界具有势力,即美国之势力一日将为中国历史上操纵一切之元素。此在今日尤有特别意味,盖日本目前正执亚洲之牛耳,然不得谓日本将永执牛耳。"可见从美国方面看,它对清华同样抱有造就领袖人才的希望。此与其退款办学的意图相契合。其他高校中,陈宝泉继续任北京高等师范校长。从本年起,与当时高师的六部设置相应,设立了国文、英语、史地、数理、理化、博物六部,并设教育专攻科。本年增设的体育专修科(开始是二年半毕业)是我国最早设立的训练体育人才的机构,它不仅为各级学校培养体育教师,而且训练了一些为国家取得荣誉的运动员,对后来北京师范大学体育系的建立和发展,以至全国体育事业的发展,都是有影响的。吴玉章2月到北京。春,重办留法预备学校。4月,经洽商,得到马景融创办的民国大学的赞成,将筹建中的留法俭学会预备学校附设于宣武门外储库营民国大学内。留法预备学校呈请教育部、内务部备案。5月11日,留法预备学校获京师警察厅批准。5月27日,北京留法检学会预备学校开学,吴玉章与蔡元培先后发表演说。8月,返回北京。9月,经与孔德学校洽商,留法预备学校由储库营迁至方巾巷,附设在孔德学校内。又拟在孔德学校内筹办华法女校;在河北蠡县、保定育德中学和四川成都筹办留法预备学校。这些学校成为赴法勤工俭学人才的摇篮。

与北京轴心的大开大阖有所不同,上海轴心呈现为局部的变化。除了王国维依然守望自己的学术领地开疆拓土之外,最大的变量是离京居沪的章炳麟。先是1月21日,章炳麟致函友人,称别有所志,不愿就国史馆馆长一职。3月4日,他在上海发起成立亚洲古学会,以研究亚洲文学、联络感情为宗旨,希望联合亚洲各国有关人士研究"亚洲古学"以抗击"西势东渐",挽救亚洲传统文化。29日,与谭人凤联合致电黎元洪等,请放斥梁启超。4月8日,亚洲古学会召开第二次大会,通过章太炎所拟"暂定简章",就亚洲古学会的定名、宗旨、责任、义务、会期等作了简要规定。5月下旬,章炳麟主持召开亚洲古学会第三次例会,议决发行机关杂志。7月1日,亚洲古学会召开第四次会,决定发刊《大亚洲》杂志。同日,张勋复辟后,章炳麟于7月6日与孙中山、廖仲恺、朱执信、何香凝等乘海琛舰由上海启程赴广州,发动护法战争,后被任为护法军政府秘书长、军政府总代表,经越南转道去昆明,次年入川,再返回上海,似乎重复着当年梁启超倒袁护法的经历。与此相反,康有为7月1日谋划拥戴张勋复辟,任弼德院副院长。7月12日,张勋为皖系军阀段祺瑞的"讨逆军"所击败。康有为遭通缉,居美使馆数月。8月28日,美公使派参赞与武官,以专车护送出京。同月,致书梁启超大加抨击,康梁至此走向决裂。冬,还居上海沁园。此外,黄炎培5月6日联合蔡元培、梁启超、张謇、宋汉章、张元济、沈恩孚、严修、唐绍仪、范源濂、袁希涛、蒋梦麟等48位教育界、实业界知名人士在上海创立中华职业教育社,为该社成立撰写《中华职业教育社宣言书》,发表《职业教育实施之希望》。10月20日,在上海创办《教育与职业》,蒋梦麟任总编辑。应聘为中华职业教育社特别社员的有:张謇、伍廷芳、梁启超、蔡元培、严修、唐绍仪、范源濂、汤化龙、袁希涛、袁希洛、正廷、张元济、江谦、陈宝泉、宋汉章、陈光甫、陆费逵、张嘉璈、穆湘瑶、穆淋玥、周诒春、杨廷栋、史量才、刘垣、蒋维乔、龚杰、于定一、庄俞、贾丰臻、朱叔源、朱少屏、聂云台、蒋梦麟、顾树森、沈恩孚、余日章、郭秉文、黄炎培、姚文楠、雍涛、钱永铭、严智怡、韩安、仇坪、过探先、邹秉文、朱绍文、李维格、金其堡、金其照、张一鹏、施肇曾、刘树森、应德闳、王舜成、王震、朱葆三、郭守纯、蒋季和、朱兆莘、柳诒征、孙观澜、韩国钧、吴兆曾、朱庆澜、陶湘、刘树棠、钱以振、李锡纯、梅贻琦、方还、王式通、马士杰、谷钟秀、潘复、赵正平等,从一个侧面反映了职业教育的空前盛况;而吴稚晖则热衷于留学教育。当时,北京大学校长蔡元培拟聘吴稚晖为北京大学学监,教授语言概论,吴稚晖推辞不就。2月,在上海《中华新报》特辟一专栏"脃盒客座谈话",以问答体的方式介绍外国风俗见闻,并为出国留学的青年介绍海外见闻,提供建议。吴稚晖极力宣扬其出国留学的新观点,即将留学与科学工艺教育紧密结合起来的设想,旨在尽快培养出社会急需的科学工艺人才。吴稚晖认为,当今的新教育,无不趋向"力役"教育,就力役教育而论,是世界的,非一国的。中国力役教育尚不发达,而西洋社会是科学工艺发达的社会,整个环境是力役教育的环境,中国青年学子去西洋留学,都可深受力役教育之益。另可关注的是,4月26日下午,在大礼堂隆重举行上海工业专门学校20周年校庆庆祝大会。到会千人,盛况空前。出席会议的有:冯国璋副总统代表沪海道尹王庆廷,国务院顾问、前监院福开森,交通部代表陆梦熊、刘成志、张铸、胡鸿猷、韦以黻、徐德培、谢式瑾等7人,教育部代表周企虞,海军总司令萨镇冰,江苏驻沪交涉使朱兆辛,江苏财政厅长胡翔林,沪宁杭甬铁路局长江伯虞,北京大学代表王于敏,交通部唐山专门学校校长骆梧生,学校前总理张让三、提调李维格,北京邮电学校代表王荫承,上海县知事王宝昌,江苏省教育会会长沈信卿,留美同学会代表刘楚材等。蔡元培寄来贺词。唐文治校长在庆祝大会上祝词,慨然以范仲淹"先天下之忧而忧,后天下之乐而乐"的情怀,以及越王勾践"十年生聚、十年教训"的雄志,通过对学校创立以来的历史的真情回顾,向时人表剖了实现工科大学事业目标的壮志和雄心。在出版界,商务印书馆与中华书局以及各自的《东方杂志》《中华学术界》,"双子星座"的格局依然未变。商务印书馆的宏大计划是影印《四库全书》。1月6日,张元济呈教育部文,欲假图书馆《四库全书》及其他各本影印。18日,借印京师图书馆《四库全书》呈文被教育部批驳。6月16日,《申报》首次披露中华书局的"民六危机"。中华书局由于固定资产投资过多,资金周转失灵,几无法维持,与商务印书馆谈判联合,旋以商务印书馆内部意见不一致"暂行缓议"。25日,中华书局董事会决定中华书局全部财产由徐静仁、吴蕴斋、史量才等组织的新华公司承租经营。同月,陆费逵因被控告挪用资金入狱,后经法院判决,以中华书局印刷厂机器抵押给信业银行,使总厂关门,才被释放。此外,杨杏佛时任上海《科学》的第一任主编,6月通过以他为首制订的《科学期刊编辑部章程》。该章程共11条决议,明确编辑部的构成、编辑部长和编辑部部员的任命形式、职责、任期及部内分工,特别规定在编辑部中设审查委员会;李剑农与同学在上海创办政论刊物《太平洋》杂志,任编纂主任,发表一系列文章,宣传调和,鼓吹各派势力互相让步,在联省自治的基础上实现国家统一;晒海编辑的《青年进步》杂志3月在上海创刊,是中华基督教青年会全国协会的机关报,由基督教青年会总委办(全国协会的前身)于1897年创办的《青年》杂志和1911年11月创办的《进步》杂志合并而成。撰述委员有赵紫辰、刘廷芳、简又文、洪煨莲、李荣芳、罗运炎、谢宗悫、沈嗣庄、余日章、徐宝谦、余绍武、梅贻琦、陈霆锐、张仕章、来会理、乐露生等。

各省板块中,依然江苏、广东、两湖、四川为学术高地。江苏区域中,张謇拥有立足南通、连通上海、北京双都以及全国的巨大能量。1月30日,在中华农学会在江苏省教育会举行的成立大会上被推为名誉会长,王舜成为会长。5月6日,参与发起的中华职业教育社在上海江苏省教育会举行成立大会。8月29日,在江苏省教育会于上海举行的常会上当选为会长,黄炎培为副会长,沈恩孚、顾树森、杨鄂联、蒋昂、庄俞、张世鎏、吴研薇、吴家煦、沈颐、陆裕柚、陆规亮、贾丰臻、凌昌焕、朱亮等为干事员。9月5—7日,在中国科学社于美国罗岛州勃朗大学举行的第二次年会上被推为名誉社员,伍廷芳、唐绍仪、范源濂、黄炎培为赞助社员,蔡元培为特社员。10月12日,在中华工程师学会于北京举行的第五届常年大会上,与叶恭绰一同被推为名誉会长,詹天佑为会长,邝景阳、陈西林为副会长。同在江苏,江谦继续担任南京高等师范学校校长。9月,陶行知应南京高等师范学校校长江谦之聘,提前回国,任南京高等师范学校教育学专任教员,主讲教育学、教育行政、教育统计等课程,介绍各科新观点,主张课堂教学与社会实际结合。在广东,因为讨袁以及护法军政府成立而迅速聚集了诸多政学人才,比如戴季陶任法制委员会委员长。后兼任大元帅府代理秘书长,不久,复兼任外交部次长。胡汉民在广州协助孙中山护法。护法军政府成立后,任交通总长。朱执信在孙中山大元帅府负责军事联络,并掌管机要文书工作。夏,由孙中山口授撰成《中国存亡问题》一书。全书分为十部分,从国家与战争的关系、战争的性质、参战的利害、中国自身的地位和实力、外交得失,并帝国主义对华政策诸方面,论述中国决不可参战,必须"维持严正之独立"。谢无量7月与孙中山上海会晤。此前,孙中山已阅谢无量在《民权报》《神州日报》等发表的反对袁世凯卖国求荣的文章和专著《中国妇女文学史》《中国哲学史》等,特致信约见,彼此会面后谈论极为欢洽。孙中山在上海著述《建国方略》,一再征求谢无量的意见,且多予采纳。同月,孙中山由上海至广州,号召"护法"。9月,孙中山在广州成立护法军政府,自任为大元帅,谢无量被聘为大元帅府大本营秘书。熊十力由江西入湖南参预民军,不久与天门白逾桓赴粤,佐孙中山幕。两湖区域中,杨昌济仍任湖南高师教授,兼任一师修身、教育学教员,萧子升、蔡和森与毛泽东为其三位得意弟子,人称"湘江三友"。9月,湖南省政府正式在岳麓书院半学斋设立湖南大学筹备处,聘任杨昌济、孔昭绶、胡元倓、易培基等4位为筹备员,杨昌济主其事。张瑄继续任武昌高师校长。5月29日,武昌高师根据全国各地发展教育和学生毕业后择业的实际情况,打破部定章程和日本高师的章程,在全国率先将博物部改为博物地学部,数学物理部改为数学理化部,历史地理部改为国文史地部,对原有课程作了相应的调整,又增加了许多新课程,从此学校的专业设置开始形成自己的特色。恽代英在《新青年》发表《物质实在论——哲学问题之研究》《论信仰》。7月,因才学出众,被中华大学校长陈时聘请为《光华学报》主编。四川区域中,廖平仍任四川国学学校校长,兼任成都高等师范学校教授。12月,辞去国学学校校长职,由宋育仁继任。吴虞2月1日在《新青年》发表《家族制度为专制制度之根据论》,并与陈独秀保持通讯联系,受到陈独秀的好评与鼓励。10月18日,吴虞收到堂弟吴君毅来信,劝其离川,到京发展。12月27日,吴虞收到吴君毅来信,言拟荐其主讲中国文学于北京大学。后来吴虞演绎了"只手打倒孔家店"的传奇。由此亦可见《新青年》对吴虞的重要影响。

　　海外板块中,"出"的方面,仍以美国与日本为两大中心。年初,胡适仍在美国。4月9日,胡适写信给陈独秀,其论白话文学的部分,单独以《历史的文学观念论》的题目作为论文刊发。胡适的信及《历史的文学观念论》中有两处涉及桐城古文派。至此,两位新文化、新文学的提倡者都已把反对旧文学的矛头明确无误地指向桐城派及桐城古文。同月,胡适完成题为《中国古代哲学方法之进化史》的博士学位论文,但在5月22日进行的博士学位最后考试——口试时,未能顺利通过。杨杏佛继续主持《科学》月刊编务。8月31日,出席中国科学社在美国普林斯顿城市布朗大学召开的特别职员会,讨论办社方针。会上决定《科学》月刊为中国科学社机关报。9月5—7日,中国科学社第二次常年会在美国布朗大学举行,到会29人。杨在会上作编辑部工作报告,并报名演讲《科学的管理法在中国应用》。与会期间,改选董事三人,周仁、竺可桢、邹秉文当选。任鸿隽续任董事会会长,赵元任任书记,胡明复任会计。会后,杨杏佛为常年会写纪事:"吾科学社今日之常年会,他日中国全国科学大会之原生动物耳。读者能以生物学研究进化史之眼光观吾社常年会纪事,则此作不虚矣。"愿中国科学社之星火早成燎原之势的心情溢于言表。在日本,依然以罗振玉为代表。2月,罗振玉在日本闻王国维撰《殷卜辞中所见先公先王考》,索观甚亟,王国维以草稿寄东,罗振玉读之,积疴若失,复书为证成上甲二字之释。3月,罗振玉编辑《鸣沙石室佚书续编》一书,收录《姚秦写本大云无想经·卷九》《唐写本老子化胡经·卷一及卷十》《唐写本摩尼教规》残卷、《唐写本景教三威蒙度赞》四种书残卷而成,以为后世留心宗教及西陲佚籍者有所稽焉。是年,又编石室所出六朝至唐写本经籍为《鸣沙石室古籍丛残》影印出版,所录个数皆作跋尾,详论其与今本得失,与《石室佚书》并行;所编《殷文存》3卷及自序由上海仓圣明智大学影印出版,收录商代铭文拓本755器,堪称金文的汇集。黄炎培1月8日偕蒋维乔、陈宝泉、郭秉文等6人组成的教育考察团赴日本及菲律宾考察普通教育、职业教育、师范教育、社会教育状况。夏,又赴南洋考察教育。7月16日,作《南洋荷属华侨教育研究会之盛况》,刊于《教育杂志》第9卷第10期。29日,开始草拟《南洋华侨教育之商榷》,至8月12日完成,连载于《教育杂志》第9卷第11—12期。21日,在南洋调查教育毕,于归舟中作《南风篇》,提出如下四问题以与南侨教育界相商榷:(一)南洋职业教育之设施法;(二)南洋国语之推行法;(三)南洋学校儿童脑力、体力之保护法;(四)南洋学校儿童中途入学退学之处置法。后刊于《教育杂志》第9卷第9期。至于"进"的方面,主要有:加拿大传教士詹姆斯·梅隆·明义士从自己所收藏的5万片甲骨中选出2369片,亲手临摹而成的《殷墟卜辞》刊行;瑞典地质学家安特生继续任农商部地质调查所顾问。3月,得知周口店附近发现"龙骨",亲往调查。7—8月间,奉农商部命与翁文灏等研讨中国钢铁工业发展规划,提出《振兴中国钢铁业意见书》。

值此文学革命年,以陈独秀、胡适为主将,以《新青年》为阵地的思想批判风头正劲,在一定意义上盖过了学术研究,也盖过了其他问题的讨论和论争。除了陈独秀《文学革命论》、胡适《文学改良刍议》这两篇核心论文之外,胡适《历史的文学观念论》、刘半农《我之文学改良观》《诗与小说精神上之革新》、易明《改良文学之第一步》等多延续文学革命的中心主题。与此同时,又从文学革命进而引向文化反思与批判,从而为两年后的"五四"新文化运动做了重要铺垫,甚至不妨说是"五四"新文化运动的预演。诚然,《新青年》也载有蔡元培《以美育代宗教说》《大学改制之事实及理由》、陶履恭《人类文化之起源》以及译载日人桑原骘藏《中国学研究者之任务》之类相对平实与理性的论文,故能兼容思想批判与学术研究于一体。鉴于当时新旧阵营的矛盾与冲突日趋激烈,则如杜亚泉(署名伧父)刊于《东方杂志》第14卷第4号的《战后东西文明之调和》之类的论文,认为东西方文明各有所长,应取长补短,相互调和融合,颇为难能可贵。究其主旨乃是对"五四"前后东西方文化论争的理论回应,涉及对中国文化向何处去以及国家前途命运的思考,充分显示了与陈独秀等不同的文化立场与价值取向,其超越东西方文化的通观眼光与理性精神于今依然具有重要的启示意义。然而,处于当时"激情燃烧"的岁月、新旧两派各走偏锋的特定背景下,此类比较理性的声音还是过于微弱。由此大致可以归纳为以下几点:

1. 以《新青年》为阵地而赋予北大作为文学革命中心的地位。因为《新青年》设在北大,《新青年》的编辑人员与作者群也主要在北大。陈独秀1月到北京接任北大文科学长后,《新青年》社随之迁到北京箭杆胡同9号,编辑室即住宅。不久吸收钱玄同、刘半农、沈尹默等人参加编辑工作。这为《新青年》社团的正式形成奠定了基础。陈万雄《五四新文化的源流》曰:"这时期进入北大任教职的,《新青年》杂志的重要作者占了一个很大的比例,陈独秀不用说,胡适、周作人、刘半农、杨昌济、程演生、刘叔雅以及高一涵、李大钊、王星拱皆属之。经此考察,显示了蔡元培之用陈独秀,以及蔡陈两氏的援引胡适诸人,不存在学术上的'兼容并包'的考虑。援引思想先进、用心改革文化教育和致力整顿社会风气的志士,自是蔡元培和陈独秀在北大初期用人的重要倾向。"庄森《飞扬跋扈为谁雄》曰:"依据新青年社团核心成员的三个条件,可以确定的核心社员有陈独秀、胡适、钱玄同、刘半农、李大钊、高一涵、周作人、鲁迅等八人。普通社员有吴虞、杨昌济、刘文典、沈尹默、吴敬恒、傅斯年、罗家伦、易白沙、陶孟和、张慰慈、王星拱等人。"尽管当时在北大也有强烈的反对声音,比如黄侃开始谩骂新文化及其提倡者,尤其"抨击白话文不遗余力,每次上课必定对白话文谩骂一番,然后才开始讲课。五十分钟上课时间,大约有三十分钟要用在骂白话文上面"。他骂的重点对象为胡适、沈尹默、钱玄同,但在以陈独秀、胡适为领袖、以蔡元培校长为后盾的新文学群体面前,显得势单力薄。

2. 文学革命的批判对象是"选学妖孽,桐城谬种"。胡适在1月刊于《新青年》第2卷第5号的《文学改良刍议》一文中批判了"今之'文学大家',文则下规姚、曾,上师韩、欧",这实际上就是指桐城派;文中还批判了以陈三立为代表的"今日'第一流诗人'",实际上就是指江西派;又指出"骈文律诗乃真小道耳",实际上就是指"选学"。钱玄深受触动,如觅知音。于是立即给陈独秀写信,响应文学革命主张。此信以《致陈独秀:赞文艺改良附论中国文学之分期》为题刊于《新青年》第2卷第6期的通信栏内,同期《新青年》又刊出陈独秀的《文学革命论》。文章进而明确点出当时统治文坛的三大流派的名字,施以抨击:"今日吾国文学,悉承前代之蔽。所谓桐城派者,八家与八股之混合体也。所谓骈体文者,思绮堂与随园之四六也。所谓西江派者,山谷之偶像也。"他特别着重批判了桐城派,把桐城派三祖方、刘、姚,和明代的前后七子,以及桐城派所尊奉的明代的归有光,并称为"十八妖魔"。……对于桐城派,则是从他们文章的内容上的"希荣誉墓""无病而呻",到形式上的"摇头摆尾,说来说去,不知道说些甚么",全面地予以批判,语气特别激愤。这就给整个新文学运动对桐城派的批判定下了基调。钱玄同在此信中更是率先喊出"选学妖孽,桐城谬种",把当时旧文学中的桐城派和文选派列为主要抨击对象。"选学妖孽,桐城谬种"这八个字,是钱玄同的一大发明,比胡适、陈独秀更为鲜明的战斗的姿态。从此,"选学妖孽,桐城谬种"成为新文学运动者通用的语言,成为批判桐城派和文选派的锐利武器,因其指明了文学革命的对象,在当时深受欢迎,引发强烈反响,同时也为桐城派人士和骈文家们所痛心疾首。2月1日,即陈独秀《文学革命论》刊于《新青年》第2卷第6号之际,林纾在天津《大公报》"特别记载"栏发表《论古文之不宜废》,又载2月8日上海《国民日报》。文中主要批驳胡适的观点,认为不应当废止古文。林纾阐明自己虽然赞成提倡白话,但不以废除古文为前提。结果引来新文学阵营更为激烈的反击。4月9日,胡适写信给陈独秀,说:"顷见林琴南先生新著《论古文之不宜废》一文,喜而读之,以为定足供吾辈攻击古文者之研究,不意乃大失所望。"5月1日,胡适从美国致函陈独秀,对林纾的《论古文之不宜废》一文提出反驳:"'吾识其理,乃不能道其所以然',此正是古文家之大病。古文家作文,全由熟读他人之文,得其声调口吻。读之烂熟,久之亦能仿效。却实不明其'所以然'。……林先生为古文大家,而其论'古文之不当废''乃不能道其所以然',则古文之当废也,不亦既明且显耶?"胡适此信公开发表后,林纾并未予以反击。可见在新文学阵营已明确无误地把倡导新文学、反对旧文学的矛头指向桐城派及桐城古文。

3. 由以北大为中心向全国各地传播。历史地看,《新青年》与全国学界的联网有一个逐步拓展的过程,早期阶段《新青年》的发行并不理想。王奇生《新文化是如何"运动"起来的》(《近代史研究》2007年第1期)比照相关史料之后指出:"1917年8月,《新青年》出完第3卷后,因发行不广,销路不畅,群益书社感到实在难以为继,一度中止出版。后经陈独秀极力交涉,书社到年底才勉强应允续刊。"此文又通过查阅《胡适往来书信选》和《吴虞日记》发现:"据吴虞称,1916年底《新青年》初到成都时只卖了5份;3个月后,销数超过30份。"据朱玉、孙文周《吴虞年谱简编》(《吴虞诗词研究与整理》附录一,河南文艺出版社 2016 年版)载,吴虞 1 月 19 日订购《新青年》全年杂志。2 月 1 日,在《新青年》第 2 卷第 6 号上发表《家族制度为专制制度之根据论》,认为家族制度是君主专制的基础。3 月 15 日,吴虞收到陈独秀复信,陈氏称其为"蜀中名宿",并邀其向《新青年》投稿。3 月 18 日,吴虞发陈独秀《书〈女权平议〉》稿。25 日,作《礼论》。5 月 3 日,致函陈独秀,附去《儒家主张阶级制度之害》文。10 月 18 日,吴虞收到堂弟吴君毅来信,劝其离川,到京发展。12 月 27 日,吴虞收到吴君毅来信,言拟荐其主讲中国文学于北京大学。由于吴虞处于西部,又合读者与作者于一体,因而从一个侧面反映了《新青年》从北大向西部进而向全国传播的大致情况。在两湖地区,恽代英 3 月 1 日在《新青年》第 3 卷第 1 号发表《物质实在论——哲学问题之研究》一文。7 月,又在《新青年》第 3 卷第 5 号发表《论信仰》一文。杨昌济时任湖南高师教授兼任一师教员,向《新青年》推荐发表毛泽东的《体育之研究》。4 月 1 日,毛泽东以"二十八画生"为笔名,在《新青年》第 3 卷第 2 号上发表体育论文——《体育之研究》。而当时在浙江的夏衍受俄国十月革命影响,开始阅读《新青年》等报刊上各种介绍新思潮的文章。总的来看,在《新青年》向全国各地的传播过程中,主要通过作者群以及更为庞大的读者群来实现。陈独秀还有意设置通信栏目,比如 3 月 1 日在《新青年》第 3 卷第 1 号同时发表与读者钱玄同、蔡元培、佩剑青年、傅桂馨、淮山逸民、俞颂华、莫芙卿等讨论文学革命、宗教、孔教、儒教与家庭、时局、道德、青年修养、宗教与孔教等问题的通信,就是为了拓宽传播渠道,扩大社会影响。当然,即便因《新青年》发生论争,实际上也有助于刊物的传播。当时仍在美国留学的梅光迪曾有意针对《新青年》发表系列文章:1 月在《留美学生月刊》第 12 卷第 3 期发表《我们这一代人的任务》(英文)。2 月,在《留美学生月刊》第 12 卷第 4 期发表《我们需要关切国事》(英文)。5 月,在《留美学生月刊》第 12 卷第 7 期发表未完稿《新的中国学者》(英文)。上述诸文以及是年所作《中华民族的生命力》等,其实正是对国内的新文化运动以及对胡适倡导新文学的回应,重在阐述梅光迪对当时中国的政治文化变动的看法,对东西方各种哲学思潮的批评探讨,以及介绍中国的历史和文化,从思想和学术的方法角度,表达对传统的尊敬和对蔑视传统行为的不满,从而奠定日后反思新文化运动的思想基础,但同时也有助于新文学理念与思想在美国留学生间的传播。

4. 由以文学为主题向更为广泛的文化拓展。胡适与陈独秀的代表作《文学改良刍议》《文学革命论》等皆以文学为中心主题,但无论是陈独秀、胡适还是其他作者刊于《新青年》的文章都未尝局限于文学。1 月 1 日,陈独秀在《新青年》第 2 卷第 5 号发表《再论孔教问题》。3 月 1 日,在《新青年》第 3 卷第 1 号发表《对德外交》。4 月 1 日,在《新青年》第 3 卷第 2 号发表《俄罗斯革命与我国民之觉悟》。5 月 1 日,在《新青年》第 3 卷第 3 号发表《旧思想与国体问题》。6 月 1 日,在《新青年》第 3 卷第 4 号发表《时局杂感》,与钱玄同、胡适讨论世界语与古典文学问题的通信。7 月 1 日,在《新青年》第 3 卷第 5 号发表在南开大学的演讲稿——《近代西洋教育》。8 月 1 日,在《新青年》第 3 卷第 6 号发表《政局之根本解决》《复辟与孔教》。其他还有:高一涵《一九一七预想之革命》(《新青年》第 2 卷第 5 号),陶履恭《人类文化之起源》(《新青年》第 2 卷第 5—6 号),第 3 卷第 1 号)、《社会》(《新青年》第 3 卷第 2 号),吴虞《家族制度为专制主义之根据论》(《新青年》第 2 卷第 6 号)、《儒家主张阶级制度之害》(《新青年》第 3 卷第 4 号),光昇《中国国民性及其弱点》(《新青年》第 2 卷第 6 号),恽代英《物质实在论》(《新青年》第 3 卷第 1 号)、《论信仰》(《新青年》第 3 卷第 5 号),常乃惪

《我之孔道观》(《新青年》第 3 卷第 1 号),章士钊《经济学之总原则》(《新青年》第 3 卷第 2 号),吴曾兰《女权平议》(《新青年》第 3 卷第 4 号),蔡元培《大学改制之事实及理由》《以美育代宗教说》(《新青年》第 3 卷第 6 号)。就其中的学脉观之,此前的孔教、法治、教育三大论争则承中有变,但从更宽泛的意义上说,是以文学为中心,然后向文化诸方面拓展。所以,从 1917 年的新文学到 1919 年的新文化运动也就一步之遥了。

5.《新青年》与《东方杂志》之异同。杜亚泉继续任商务印书馆《东方杂志》主编,其代表作是 4 月在《东方杂志》第 14 卷第 4 号发表的《战后东西文明之调和》《家庭之改革》。此文基于经济与道德的双重维度明确提出"东西文明之调和论""平情而论,则东西洋之现代生活,皆不能认为圆满的生活,即东西洋之现代文明,皆不能许为模范的文明;而新文明之发生,亦因人心之觉悟,有迫不及待之势。但文明之发生,常由于因袭而不由于创作,故战后之新文明,自必就现代文明,取其所长,弃其所短,而以适于人类生活者为归。此固吾人所深信不疑者也"。又谓:"世界各国之贤哲所阐发之名理,所留遗之言论,精深透辟,足以使吾人固有之观念益明益确者,吾人皆当研究之。近日美国卫西琴博士在北京教育会联合会演说,谓中国须'将固有之经史,藉西国最新之学理及最新之心理学,重新讲译',盖深得我心者也。且吾人之所取资于西洋者,不但在输入其学说,以明确吾人固有之道德观念而已。读西洋道德史,不论何学派何宗教,皆有无数之伟人杰士,大冒险大奋斗,以排除异论,贯澈主张,或脱弃功名富贵,数十年忍耐刻苦,以传宣义理,感化庸众。虽其宗派之间,盛衰兴替,更起迭乘,而献身之精神,亘上世、中世、近世而如出一辙。其中诚不无过于偏激者,然以彼之长,补我之短,对于此点,吾人固宜效法也。是故吾人之天职,在实现吾人之理想生活,即以科学的手段,实现吾人经济的目的;以力行的精神,实现吾人理性的道德。以主观言,为理想生活之实现;以客观言,即自由模范之表示也。"此外,杜亚泉是年还在《东方杂志》发表《外交曝言》《豫言与暗示》《中国人果惰乎?》《男女及家庭》《个人与国家之界说》《妇女职业》《俄国大革命之经过》《未来之世局》《今后时局之觉悟》《国会之解散》《真共和不能以武力求之论》《宣战与时局之关系》《革命后之俄国近情》等文,再大致比较一下《新青年》与《东方杂志》的其他文章,彼此论题多有契合。汪晖《文化与政治的变奏——战争、革命与1910 年代的"思想战"》(《中国社会科学》2009 年第 4 期)谈到胡志德通过对黄远庸的文章的分析,清晰地论证说:"《青年杂志》大胆专断的论述方式很可能直接因袭于当时有名的《东方杂志》。"《新青年》的基本政治主张在于奠定真正的共和根基,不仅反击帝制复辟的政治企图,而且铲除帝制复辟的社会基础,但他们不可能对战争危机视而不见,而俄国革命及德国革命也给了他们重新看待西方历史的契机。不过,二者的观点明显有别,此即革命论与调和论的根本不同。

不同于上述思想批判的学术研究,则主要来自以王国维、罗振玉等为代表的"纯学者"群体。罗振玉的重要著作有《鸣沙石室佚书续编》《鸣沙石室古籍丛残》《殷文存》等,其中《殷文存》3 卷收录商代铭文拓本 755 器,堪称金文的汇集。但比较而言,王国维成就更为卓著,主要有《殷卜辞中所见先公先王考》《殷卜辞中所见先公先王续考》《殷虚书契待问编简端记》《殷先公先王附注》《戬寿堂所藏殷虚文字》《戬寿堂所藏殷虚文字考释》《殷周制度论》《古本尚书孔氏传汇校》《古本竹书纪年辑校》《今本竹书纪年疏证》《太史公年谱》《周代金石文韵读》《唐韵别考》《唐写本〈唐韵〉校勘记》《唐韵又考》《韵学余说》《五声说》《隋铜虎符跋》(又名《隋虎符跋》《记隋铜虎符》)等。其中,《殷卜辞中所见先公先王考》《殷卜辞中所见先公先王续考》成为利用甲骨文重建殷代信史的开山之作，由此开拓了甲骨学的新境界。所以不难理解，当王国维所撰《殷卜辞中所见先公先王考》脱稿后，即寄给罗振玉，听取罗振玉的意见，罗氏读后，惊为绝作。屈万里认为甲骨文字虽然发现于清光绪二十五年，而用它来证史则始于王国维。《殷卜辞中所见先公先王考》《殷卜辞中所见先公先王续考》二文告诉人们："对于《史记》所记的古史，固然不能全盘相信，但也使疑古的人们对于《史记》增加了不少的信心。利用甲骨文的材料，重建殷代的信史，王国维的这两篇文章，无疑是开山之作。"傅斯年认为，《殷卜辞中所见先公先王考》和《续考》二文，"实在是近年汉学中最大的贡献之一"，并指出最重要的几个贡献：一是证明《史记》袭《世本》说之不虚构；二是改正了《史记》中所有由于传写而生的小错误；三是于间接材料之矛盾中（《汉书》与《史记》）取决了是非。这些都是"史学上再重要不过的事"。郭沫若也说："卜辞的研究，要感激王国维。是他，首先由卜辞中把殷代的先公先王剔发了出来，使《史记·殷本纪》和《帝王世系》等书所传的殷王世统得到了物证，并且改正了他们的讹传。"王国维《殷周制度论》提出"中国政治与文化之变革，莫剧于殷周之际"的核心观点，然后围绕这个中心论点，从地理和制度两方面进行了论述。因首开制度与文化变迁研究之先河，受到学界的高度评价。罗振玉在《观堂集林·序》曰："君撰《殷卜辞中所见先公先王考》及《殷周制度论》，义据精神，方法缜密，极考证家之能事，而于周代立制之源及成王、周公所以治天下之意，言之尤为真切。自来说诸经大义，未有如此之贯串者。"郭沫若称《殷周制度论》是"一篇轰动了全学界的大论文，新旧史家至今都一样地奉以为圭臬"。赵万里推举《殷周制度论》，义剧精深，方法缜密，极考据家之能事，海内外久已称道无间言"。顾颉刚更是盛赞王国维《殷周制度论》和《殷礼征文》"对于殷代礼制的探讨及殷周制度的异同，亦均发千古之秘"。在以上两大新的学术路径的基础上，王国维还进一步拓展至古音韵研究，这是得益于向浙江同乡沈曾植学习音韵的结果，主要有《周代金石文韵读》《唐韵别考》《唐写本〈唐韵〉校勘记》《唐韵又考》《韵学余说》《五声说》等。本年度其他重要著作尚有：贾士毅《民国财政史》（商务印书馆），王振先《中国厘金问题》（商务印书馆），陈柱《庄子内篇通论》《诗经正葩》，谢无量《王充哲学》（上海中华书局），钱基厚《中国文学史纲》（锡成公司），蔡元培《石头记索隐》（商务印书馆），徐道政编《中国文字学》（杭州武林印书馆），廖宇春《（普通官话）国音统一字母音谱》（北京东华印书局），黄毅《中国耻辱记》（上海国民书社），陈垣《元代也里可温考》（商务印书馆），徐世昌主编《大清畿辅先哲传》（著者刊行），徐珂编撰《清稗类钞》（商务印书馆），中华书局开始出版的《清外史丛刊》，吕思勉编《中国地理大势》上下册（上海中华书局），沈祖荣编《仿杜威书目十类法》（湖北汉口圣教书局）。其中陈垣《元代也里可温考》以廓清隐晦七八百年、无人能道的元代也里可温之称谓、本义、词源等问题而成为史学经典，作者于1917年12月访问日本时宣读《元也里可温教考》，震惊了日本学术界。徐世昌主编《大清畿辅先哲传》是年成书并刊行，为有清一代畿辅（今京、津、冀）地区的人物传记，以事迹为重，尤其突出品行、文学、学术等，为研究清代学术文化的重要文献。新任北京大学文科教授刘师培编成《中国中古文学史讲义》，为近现代中国文学史研究的经典名著。此外，欧阳竟无著成《瑜伽师地论叙》，后由金陵刻经处刊行，是作者对唯识宗根本论典《瑜伽师地论》之提要，共分五分叙事、十要提纲、十支畅义、十系广学、绪言五个部分，旨在构画佛教学理规模，阐明法相唯识一本十支精义，被誉为有唐以来精研《瑜伽师地论》的第一部重要的诠释之作。另有加拿大传教士詹姆斯·梅隆·明义士从自己所收藏的5万片甲骨中选出2369片，亲手临摹而成的《殷墟卜辞》刊行,这是明义士的第一部甲骨文著作,也是西方学者研究甲骨文的第一部著作。

关于本年度书聚焦的重要学术论题,上文多有涉及,此处再略作补充,主要有:章锡琛《中国民族性论》(《东方杂志》第 14 卷第 1 号),喻定民《救国根本大计意见书》(《中国实业杂志》第 8 年第 1 期),李文权《中国不亡是无天理中国若亡是无地理说》(《中国实业杂志》第 8 年第 2 期),剑农《调和之本义》(《太平洋》第 1 卷第 1 号),李大钊《孔子与宪法》(1 月 30 日《甲寅》日刊)、《政治之离心力与向心力》(4 月 29 日在《甲寅》日刊)、《辟伪调和》(《太平洋》第 1 卷第 6 号),周春岳《国教》(《太平洋》第 1 卷第 1 号),曾嵩峤《孔子未尝集大成》(《太平洋》第 1 卷第 1 号),徐天授《孔道》(《太平洋》第 1 卷第 2 号),嵩峤《我之孔道全体观》(《太平洋》第 1 卷第 3 号),康有为《参政院提议立国之精神议书后》(《不忍杂志》第 9—10 期),剑农《民国统一问题》刊于《太平洋》第 1 卷第 8 号,恽代英《经验与智识》(《东方杂志》第 14 卷第 10 号),邓大任《政治与伦理》(《太平洋》第 1 卷第 6 号),愈之《论道德上之势力》(《东方杂志》第 14 卷第 6 号),恽代英《结婚问题之研究》(《东方杂志》第 14 卷第 7 号),张东荪《贤人政治》(《东方杂志》第 14 卷第 11 号),行严《欧洲最近思潮与吾人之觉悟》(《东方杂志》第 14 卷第 12 号),吴敬恒《学问标准宜迁高其级度说》(《东方杂志》第 14 卷第 2 号),黄炎培《职业教育实施之希望》(《教育杂志》第 9 卷第 1 期)、《职业教育析疑》(《教育杂志》第 9 卷第 11 期),蒋维乔《职业教育进行之商榷》(《教育杂志》第 9 卷第 11 期),贾丰臻《实施职业教育之注意》(《教育杂志》第 3 期)、《教育罪言》(《教育杂志》第 9 卷第 10 期),忍侬《中国地图作制之研究》(《东方杂志》第 14 卷第 2 号),曹素宸《文章之形式与精神》(《东方杂志》第 14 卷第 3 号),端六《中国币制改革论》(《太平洋》第 1 卷第 1、2、4 号),王怡柯《中国币制考略及近时之改革》(《东方杂志》第 14 卷第 1 号),君实《中国之喇嘛教及回回教》(《东方杂志》第 14 卷第 7 号),洪铭《长城考》(《学生杂志》第 2 号),姚公鹤《上海报纸小史》(《小说月报》第 8 卷第 1—2 号),林德育《泰西女小说家论略》(《妇女杂志》第 3 卷第 12 号),许崇清《再批判蔡孑民先生在信仰自由会演说之订正并质问蔡先生》(《学艺》第 2 期),等等。章锡琛《中国民族性论》节译自日本《中央公论》杂志,是文曰:"中国地广而人众,言语殊音,风俗异习,加以山川原隰之间隔,满蒙回藏之散处,故其民族性至为复杂。……然而有史以来,帝王治化所沾溉,圣贤教训之所染,历世既久,人人遂深,故纷然杂糅中,实有普遍统一之性。约而举之,有三端焉。"此三端分别是:"其一曰卑弱""其一曰务实""其一曰耐久",并从地理、历史、文化等角度分析了中国民族性形成的原因。李大钊《孔子与宪法》对主张定孔教为国教并列入宪法的谬论,进行猛烈攻击。李大钊《政治之离心力与向心力》,第一次提到社会主义的新概念:"对于专制主义,而有民主主义;对于资本主义,而有社会主义。"不仅确立了民主主义思想,而且初步打下了社会主义的思想基础。恽代英《经验与智识》论证了经验与智识两者之间的关系,深入表达了自己的唯物主义观点。恽代英对该文深为自得,"自许为认识论中最有价值之文字"。姚公鹤《上海报纸小史》主要叙述了从《申报》创刊至民初 40 余年上海报业发展变化的历史,为中国最早的地方新闻史论著。另有日本东京帝国大学学生许崇清时在 9 月出版的《学艺》第 2 期上发表的《再批判蔡孑民先生在信仰自由会演说之订正并质问蔡先生》一文,引用爱因斯坦于 1905 年发表的"相对性原理"为论据,对蔡元培提出的观点予以反驳,从而成为中国引入相对论术语的第一篇文章。

关于学术史论著则主要有:胡寄尘编《科学演义》(上海文明书局刊行),胡适《诸子不出于王官论》(《太平洋》第 1 卷第 7 号),康有为《春秋董氏学自序》(《不忍杂志》第 9—10 期),李俨《中国算学史余录》(《东方杂志》第 14 卷第 11 号),江谦编《两汉学风》(江苏省教育会),王国维《流沙坠简序》(《学术丛编》第 24 期)、《流沙坠简后序》(《学术丛编》第 24 期),天民《现代教育思潮之种类》(《教育杂志》第 9 卷第 5 期),尚一《中国工业教育之趋势》(《东方杂志》第 14 卷第 3 号),李寅恭《论现代教育之趋势》(《太平洋》第 1 卷第 5 号),黄炎培《实用主义教育产出的第三年》(《教育杂志》第 9 卷第 1 期)。胡适《诸子不出于王官论》开篇谓:"今之治诸子学者,自章太炎先生以下,皆主九流出于王官之说。此说关于诸子学说之根据,不可以不辩也。此说始见《汉书·艺文志》,盖本于刘歆《七略》",然后对此提出质疑:"此所说诸家所自出,皆汉儒附会揣测之辞,其言全无凭据,而后之学者乃奉为师法,以为九流果皆出于王官。甚矣先入之言之足以蔽人聪明也。夫言诸家之学说,间有近于王官之所守,如阴阳家之近于古占侯之官,此犹可说也。即谓古者学在官府,非吏无所得师,亦犹可说也。至谓王官为诸子所自出,甚至以墨家为出于清庙之守,以法家为出于理官,则不独言之无所依据,亦大悖于学术思想兴衰之迹矣。"继之从以下四个方面加以驳斥:第一,刘歆以前之论周末诸子学派者皆无此说。第二,九流无出于王官之理。第三,《文艺志》所分九流乃汉儒陋说,未得诸家派别之实。第四,章太炎先生之说亦不能成立。江谦编《两汉学风》介绍西汉和东汉时期治学而不废工作者 38 人。江亢虎在美国撰写《中国古来公学制度》,分为科举以前公学制度、科举以后之公学制度、书院或地方公学制度等三部分。(以上参见本书"学术背景""学术活动""学术著作""学者生卒"栏所引文献与出处,以及章恒忠、王亚夫主编《中国学术界大事记(1919—1985)》,上海社会科学出版社 1988 年版;王学典《20 世纪史学编年(1900—1949)》,商务印书馆 2014 年版;付喜祥《20 世纪前期中国文学史写作编年史》,北京师范大学出版社 2013 年版;中国大百科全书总编辑委员会编《中国大百科全书·考古学》,中国大百科全书出版社 2002 年版;王学珍等编《北京大学纪事(1898—1997)》,北京大学出版社 1998 年版;清华大学校史研究室编《清华大学一百年》,清华大学出版社 2011 年版;北京师范大学党委办公室、北京师范大学校长办公室《北京师范大学纪事》,北京师范大学出版社 2012 年版;南京大学高教研究所编《南京大学大事记(1902—1988)》,南京大学出版社 1989 年版;沈卫威编《学衡派编年文事》,南京大学出版社 2015 年版;吴永贵《国民出版史编年:1912—1949》,社会科学文献出版社 2018 年版;彭华《一代名流谢无量——生平志业、学术成就与蜀学因缘》,《商丘师范学院学报》2014 年第 8 期;沈发亮《国立武汉大学初创时期学校与政府关系探究(1928—1933)》,华中师范大学硕士学位论文,2020 年;刘琰《黄侃人际交往研究》,三峡大学硕士学位论文,2020 年;王代莉《五四前后文化调和论研究——以杜亚泉和〈东方杂志〉为中心的考察》,中国社会科学院研究生院博士学位论文,2009 年;舒芜《"桐城谬种"问题之回顾》,《读书》1989 年第 10—12 期)